2025년판 개정증보판 TAX AFFAIRS

부가가치세 실무

황종대 · 백지은 공저

SAMIL | 삼일인포마인

머리말

부가가치세는 간접세의 기간세목으로서 1977년 도입된 이후 내국세 세수 비중이 소득세, 법인세에 이어 세번째를 점유하면서 간접세 체계의 간소화, 근거과세의 구현, 수출 및 투자의 촉진, 간접세의 중립성 유지 등에 기여해 왔다.

하지만 복잡·다양화되고 전문화되어가는 경제사회의 거래형태를 수시로 법령에 반영할 수 없어 법 조문 수에 비해 어느 세목 못지 않은 유권해석, 심판결정 및 판례를 가지고 있을 뿐만 아니라 법적거래형식과 거래의 실질을 어떻게 파악하느냐 또는 어느 관점에 초점을 맞추냐에 따라 과세관청과 납세자, 조세심판원과 법원이 서로 상반된 입장을 보이는 경우가 많다. 따라서 특정 거래에 대한 부가가치세법 적용에 있어 부가가치세법령에 대한 연혁과 입법취지, 기본원리에 대한 이해뿐만 아니라 관련된 유권해석과 심판·판례에 대한 폭넓은 이해와 논리적 분석 그리고 추이를 꼼꼼히 살펴볼 필요가 있는 세목이다.

2013년 6월 조세법령을 명확히 하고 납세자가 알기 쉽게 하고자 부가가치세법 전면개정이 있었으나, 조세법이 다루고 있는 실체적 내용의 복잡성으로 인해 조문 수의 증가나 조세이론에 맞는 조문정리만으로는 각 거래형태 등에 따른 명확한 부가가치세법 적용에 어려움이 있는 것은 사실이다. 따라서 기획재정부와 국세청의 해석이나 불복 및 소송결과에 의존할 수밖에 없는 것이 현실이다.

이에 그간 국세청에서의 유권해석 업무과 실무경험, 김앤장 세무법인에서의 상담사례, 현직 직원들 및 민원인들과의 상담사례를 분석·정리하고, 조세심판결정과 법원의 판례들을 다양하게 수집·분석하여 기술하였으며, 각종 논문과 기고문도 빠짐없이 살펴 수록하였다. 특히 과세관청과 납세자 간 다툼이 많았던 실무사례들을 중점적으로 분석하여 심층분석 사례집(Ⅰ, Ⅱ)에 수록함으로써 불복업무에 활용할 수 있는 이론적 근거를 마련하는데 노력하였다.

종전 회신(판결)과 다른 새로운 회신(판결)이 있는 경우, 잘못되었거나 오해할 수 있는 해석들도 지면이 허락하는 한 수록하였고, 독자의 새로운 요구사항과 세법 개정사항을 반영하면서 복잡한 사안과 개정연혁이 필요한 사안들은 그림이나 표를 이용하여 독자들이 쉽게 이해할 수 있도록 하였다.

아울러 본서는 세무공무원, 납세자, 세무대리인, 경리담당자들에게 실질적으로 도움이 될 수 있는 실무서가 되도록 다음과 같은 사항에 역점을 두었다.

첫째, 부가가치세법 조문에 맞추어 목차, 문장구조, 용어의 정의 등을 정비하였다.

둘째, 각 조문별 입법취지와 최신 대법원 판례를 빠짐없이 설명·수록하였고, 이를 보완하기 위해 중요하면서도 기본이 되는 예규 및 심판결정을 수록하여 각 기관 전체의 논리 전개를 이해할 수 있도록 기술하였다.

셋째, 논란이 있는 특정 주제들, 지면상 한계가 있어 생략되었던 더 폭넓은 분석사례들을 심층분석 사례집Ⅱ에 전자책 형식(홈페이지에 수록)으로 만들어 지면 수를 줄이면서 독자들이 집중적으로 기획재정부, 조세심판원, 법원 간의 입장과 그 논리적 배경 등을 알 수 있도록 하였다.

넷째, 법조문이 난해하거나 내용 설명이 복잡하고 정리가 필요하다고 판단되는 경우에는 도표와 예제를 수록하였으며, 실무상 어려운 쟁점, 최근 이슈가 되었던 쟁점, 법령미비 등으로 해석상 이견이 있는 쟁점을 모아 심층분석 사례집Ⅰ에서 상세하게 기술함으로써 독자의 이해를 돕도록 하였다.

다섯째, 세법 해설서로서 있을 수 있는 논리적 오류를 최소화하기 위하여 기존 유권해석이나 판례의 논거를 바탕으로 기술하고, 잘못된 것으로 판단되는 해석이나 심판례 등은 자유롭게 비판하되 저자의 의견임을 명확히 하였다.

여섯째, 세법 외의 법령을 준용하는 경우 독자가 일일이 찾아야 하는 불편을 없애기 위해 지면이 허락하는 한 관계 법령을 수록하거나 최소한의 관련 조문을 기재하였다.

일곱째, 특히 본서에서는 불복소송 과정에서 과세논리나 인용논리를 가감없이 수록하여 공무원의 업무집행, 납세자나 그 대리인들이 활용할 수 있도록 지면을 많이 할애하였다.

끝으로 본서의 출간에 많은 관심과 시간을 할애해 주신 삼일피더블유씨솔루션 이희태 대표이사님과 편집부 직원분들, 특히 많은 시간을 할애하여 본서를 검수해 주신 백지은 사무관님께 진심으로 감사드린다.

2025. 2. 28.
저자 올림

차 례

제1장 총 칙

제 2 장 과세거래

제 4 장 과세표준과 세액의 계산

제 5 장 신고와 납부 등

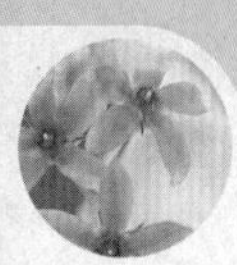

제 6 장 결정 · 경정 · 수시부과 · 징수와 환급

제 7 장 간이과세

제 8 장 보 칙

주요쟁점 심층분석 사례집(Ⅰ)

주요쟁점 심층분석 사례집(Ⅱ)

예규집

이 책을 구입한 독자는 삼일아이닷컴 제품몰에서 해당 도서를 검색 후 자료를 다운받아 볼 수 있습니다.

※ 「예규집」, 「주요쟁점 심층분석 사례집(Ⅱ)」은 2023년 개정판부터는 PDF 방식으로 제공하고 있습니다.
이 책을 구입한 독자는 삼일아이닷컴 제품몰에서 해당 도서를 검색 후 자료를 다운받아 볼 수 있습니다.

제 1 장

총 칙

제 1 절

기본이론

1 | 부가가치의 개념

부가가치세(Value Added Tax)는 재화나 용역의 생산 또는 유통의 각 단계에서 부가된 가치를 과세대상으로 부과하는 조세이다. 또한 부가가치(Value Added)란 생산 또는 거래단계에 있는 사업자가 독자적으로 새로이 창출한 가치의 증분으로 정의된다.

> 부가가치 = 매출액(매입액 + 임금 + 지대 + 이자 + 이윤) - 매입액

부가법에서의 부가가치란 용어는 금액적 측면으로만 판단될 수 있는 것으로 실질적이라거나 주관적 효용의 증가로 판단되는 것이 아니다. 이는 경제학적 관점에서 부가가치로서 주관적 효용을 고려하지 않는 개념으로 사업자가 얻은 총수익(공급가액)에서 공급받은 재화 또는 용역의 총비용(매입가액)을 차감한 가액이다.

2 | 부가가치세제의 도입

부가가치세가 조세로서 최초로 제안된 것은 독일이었으며, 우리나라는 1977. 7. 1.부터 아시아 최초로 EC형 부가가치세 시행국가가 되었고 세계 23번째가 된다. 이러한 부가가치세제의 도입배경은 복잡한 간접세 체계의 간소화, 세금계산서 수수에 의한 근거과세의 구현, 수출투자의 촉진, 간접세의 중립성 유지, 탈세의 방지 등을 위한 것이었다.

3 | 부가가치세의 유형

부가가치세는 부가가치에 대하여 과세되는 조세인 만큼 그 과세대상이 되는 부가가치의 범위를 어디까지로 볼 것인가에 따라 총생산형[GNP형(Gross Product Type)], 소득형(Income Type), 소비형(Consumption Type)으로 분류한다.

(1) 총생산형 또는 GNP형(Gross National Product Type)

GNP형이란 생산 및 판매된 총수입금액에서 중간재 투입액을 차감하여 계산한 국민총생산액을 부가가치로 본다. 즉, 일정기간의 모든 소비재와 자본재(자본재의 매입비용이나 감가상각비는 공제하지 않음)를 부가가치로 인식함으로써 국민총생산액과 일치된다.

GNP형 부가가치
= 총수입금액 - 중간재 구입액 = 임금 + 지대 + 이자 + 감가상각비 + 이윤

(2) 소득형(Income Type)

소득형이란 일정기간의 모든 최종재와 용역의 생산, 판매된 총수입금액에서 중간재 투입액뿐만 아니라 자본재의 감가상각까지 공제하여 계산한 국민순생산액(NNP)을 부가가치로 본다. 따라서 부가가치세의 과세표준은 국민소득(Net National Income)과 일치된다.

소득형 부가가치
= 총수입금액 - 중간재 구입액 - 감가상각비 = 임금 + 지대 + 이자 + 이윤

(3) 소비형(Consumption Type)

소비형이란 일정기간의 모든 최종재와 용역의 생산 및 판매된 총수입금액에서 중간재 구입액과 자본재 구입액을 차감한 소비액·지출액을 부가가치로 보며, 소비형은 자본재에 대한 투자를 즉시 공제해 줌으로써 투자를 촉진하는 장점이 있다.

소비형 부가가치
= 총수입금액 - 중간재 구입액 - 자본재 구입액
= 임금 + 지대 + 이자 + 이윤 - 순투자액(자본재 구입액 - 감가상각비)

4 | 부가가치세 과세방법

부가가치세의 과세표준이 되는 부가가치를 계산하는 방법에는 공제법과 가산법이 있으며, 공제법은 다시 전단계거래액공제법과 전단계세액공제법으로 나누고, 가산법은 직접가산법과 간접가산법으로 나눈다.

(1) 공제법

공제법은 전단계까지의 거래액 또는 부담세액을 공제하여 과세표준과 세액을 계산하

는 방법이며, 공제대상이 거래액이냐 또는 세액이냐에 따라 전단계거래액공제법과 전단계세액공제법으로 나눈다.

1) 전단계거래액공제법

전단계거래액공제법은 특정거래단계의 부가가치세 과세표준과 세액을 계산하는 경우 매출액에서 매입액을 차감한 금액을 과세표준으로 하여 부가가치세액을 산출하는 방법이다. 이러한 공제방법은 성실한 기장을 바탕을 전제로 하지 아니하면 조세회피의 가능성이 높으며, 복수세율이나 면세제도를 두는 경우 중간단계에서는 그 효과가 상쇄되어 세부담의 전가가 불확실하게 되는 단점을 가지고 있다.

부가가치세 납부세액 = (매출액 - 매입액) × 세율

2) 전단계세액공제법

매출액에서 부가가치세율을 곱하여 산출한 매출세액에서 전단계에서 거래징수당한 매입세액을 공제하여 납부세액을 계산하는 방법이다.

개별거래의 부가가치세 과세표준과 세액을 계산하는 경우 매출시점의 매출세액에서 매입시점의 매입세액을 차감하여 부가가치세액을 간접적으로 산출하는 방법으로 거래별로 세액을 계산하기 때문에 개별재화 등이 부담하는 세액을 정확하게 산정할 수 있어 국경세 조정이 편리하며, 거래 시 세액이 구분표시되므로 부가가치세액의 전가가 명확해지며 품목별로 부가가치세를 면제하거나 경감세율을 적용하는데 편리한 장점이 있다.

부가가치세 납부세액 = 매출액 × 세율 - 매입세액

우리나라가 세금계산서 수수를 통한 전단계세액공제법 적용으로 인하여 세금계산서 수수를 못한 경우 경제학적 의미의 부가가치를 기준으로 한 부가가치세(납부세액)가 일치하지 아니하는 문제가 발생하지만 헌법재판소는 어떠한 방식으로 부가가치세를 부과할 것인지는 입법정책의 문제로 보아 부가가치세 본질에 반하지 않는다고 판단하였다.

(2) 가산법

일정기간 동안 지급한 임금, 지대, 이자, 이윤 등 부가가치를 구성하는 기본요소를 합한 금액에 세율을 곱하여 부가가치세를 산출하는 방법으로, 생산요소의 합계액을 과세표준으로 하는 소득형 부가가치세에 적용될 수 있는 방법이다.

부가가치세 납부세액 = 부가가치의 합계액 × 세율

5 국경세의 조정

국경세 조정이란 국제거래의 대상이 되는 재화에 대한 간접세의 과세권을 조정하는 것으로, 원산지국과세원칙과 소비지국과세원칙이 있다.

(1) 원산지국과세원칙(생산지국과세원칙)

원산지국과세원칙이란 국제거래의 대상이 되는 재화에 대하여 생산지국에서 수출재화에 대하여 간접세를 부과하고, 재화의 수입에 대하여는 간접세를 부과하지 않는 원칙을 말한다.

(2) 소비지국과세원칙

소비지국과세원칙이란 국제거래의 대상이 되는 재화에 대하여 생산지국에서 수출 시에는 간접세를 면세 또는 환급하고 수입재화에 대하여는 국내에서 생산된 재화와 동일하게 과세하는 원칙으로, 국가 간의 세율차이에 따른 재화의 가격경쟁력의 왜곡문제가 발생하지 않는 조세의 중립성이 보장된다는 장점을 가진다.

6 우리나라 부가가치세제의 주요특성

(1) 소비형 부가가치세

사업자가 납부하여야 할 부가가치세 납부세액은 매출세액에서 자기의 사업을 위하여 사용되었거나 사용될 재화나 용역의 구입 시 부담한 매입세액을 공제함으로써 자본재에 대하여 과세하지 아니하고 소비지출에 대하여 과세하는 소비형 부가가치세제를 채택하고 있다. 따라서 자본재에 대한 완전공제가 허용되어 투자를 촉진하게 된다.

이는 최종소비과세원칙 및 중립성원칙의 근간으로 사업자가 사업을 영위하기 위하여 취득한 재화 또는 용역에 부가가치를 창출하여 다음 공급자에게 차례로 이전됨으로써 종국에는 최종소비자가 이를 구입하여 사용·소비하는 경우 각 공급자의 부가가치를 누적합산하면 최종소비자의 구입가격과 일치하게 된다. 따라서 최종소비과세원칙 및 중립성의 원칙하에서 최종소비자의 구입가격이 동일하다면 국가가 징수할 부가가치세의 총액은 생산 및 판매 등 유통단계의 수에 관계없이 동일한 부가가치세가 부과되어야 하며, 결과적으로 최종소비자가 실제로 지급한 대가에 부가가치세율을 곱한 금액과 일치하게 된다.

(2) 전단계세액공제법의 채택

사업자가 납부하여야 할 부가가치세 납부세액은 매출세액에서 재화 또는 용역의 구입시 수취한 세금계산서상의 매입세액을 공제하여 주고 있으므로 전단계세액공제법을 채택하고 있다.

(3) 다단계거래세

부가가치세는 제조, 도매, 소매 등 모든 유통단계에 대하여 각각 부과하는 다단계거래세이다.

(4) 물 세

납세의무자의 부양가족, 기초생계비 등 인적사항의 고려없이 재화 또는 용역의 소비사실에 대하여 과세하는 물세이다.

(5) 일반소비세

우리나라의 부가가치세는 개별소비세, 주세, 인지세 등과 같이 특정물품에 대하여 특정거래단계에서 과세하는 개인소비가 아니라, 모든 거래단계에서 재화 또는 용역의 공급과 재화의 수입에 대하여 포괄적·일반적으로 과세대상으로 하고 있다.

다만, 예외적·제한적으로 「부가가치세법」 또는 「조세특례제한법」에서 면세대상을 열거하고 있다.

(6) 국세이며, 간접세

부가가치세는 국세에 속하며, 부가법 제15조에서 공급받는 자로부터 부가가치세를 거래징수하도록 규정함으로써 세금을 납부하는 납세의무자와 세금을 부담하는 담세자가 다른 간접세이다.

(7) 소비지국과세원칙의 채택

부가가치세제에 있어서 일반적으로 채택되고 있는 소비지국과세원칙은 일반적으로 재화나 용역이 국내에서 소비되기 위하여 제공되는 경우에는 국내에서 일정한 세율로 과세되고, 국외로 제공되는 경우에는 영세율을 적용하여 소비지에서 부가가치세가 과세되는 제도로서 이는 소비자가 부가가치세를 최종적으로 부담한다는 점에서나 국제무역의 측면에서 국내에서 생산된 상품이나 수입된 상품이 모두 동일한 조세부담을 가지기 때문에 무역의 왜곡이 발생하지 않는다는 점에서 그 정당성이 인정된다. 이러한 소비지국과세원칙의 부가가치세 체계에서 재화와 용역의 거래에 대한 납세의무가 어디에서 발생하는지를 결정하기 위한 개념으로 사용되는 것이 공급장소이며, 부가가치세 과세권의 핵심은 부가가치세 납세의무가 발생하는 장소를 의미하는 이 공급장소를 어디로 볼 것인가에 있는 것이다.

우리나라도 부가가치세에 있어서 소비지국과세원칙을 채택하여 제도적으로 반영하고 있는데, 대표적으로 수출품에 대한 영세율 적용과 수입품에 대한 부가가치세 부과(수입자가 사업자인지를 불문한다), 그리고 대리납부제도가 이에 해당된다(서울고등법원 2003누9369, 2003누9376(병합), 2004. 6. 10.). 그 밖에 국외사업자의 용역공급 등에 관한 특례, 전자적 용역을 공급하는 국외사업자의 용역공급 특례 등이 있다.

(8) 소기업에 대한 과세특례

소규모 영세사업자의 경우 기장능력, 세금계산서의 작성 · 교부, 신고서의 작성 및 납부 등에 있어 납세순응력 부족 및 조세부담을 덜어주기 위하여 업종별 부가가치율에 세율을 적용하여 간편하게 납부세액을 계산하도록 하는 간이과세제도를 두고 있다.

(9) 종가세

과세표준을 화폐 외의 단위인 개수, 중량, 부피 등으로 측정하는 종량세와는 달리 부가가치세는 과세표준을 화폐단위로 측정하는 종가세이다.

제 2 절

목적과 정의

I 목 적

이 법은 부가가치세의 과세(課稅) 요건 및 절차를 규정함으로써 부가가치세의 공정한 과세, 납세의무의 적정한 이행 확보 및 재정수입의 원활한 조달에 이바지함을 목적으로 한다(부가법 §1).

II 정 의

이 법에서 사용하는 용어의 뜻은 다음과 같다(부가법 §2). 이 절에서는 부가가치세법에 규정된 용어의 정의만 간략히 보고, 자세한 것은 해당 장에서 설명하기로 한다.

① "재화"란 재산 가치가 있는 물건 및 권리를 말한다. 물건과 권리의 범위에 관하여 필요한 사항은 대통령령으로 정한다.

② "용역"이란 재화 외에 재산 가치가 있는 모든 역무(役務)와 그 밖의 행위를 말한다. 용역의 범위에 관하여 필요한 사항은 대통령령으로 정한다.

③ "사업자"란 사업 목적이 영리이든 비영리이든 관계없이 사업상 독립적으로 재화 또는 용역을 공급하는 자를 말한다.

④ "간이과세자"(簡易課稅者)란 직전연도의 재화와 용역의 공급에 대한 대가(부가가치세가 포함된 대가를 말하며, 이하 "공급대가"라 한다)의 합계액이 기준금액에 미달하는 사업자로서, 제7장에 따라 간편한 절차로 부가가치세를 신고·납부하는 개인사업자를 말한다.

⑤ "일반과세자"란 간이과세자가 아닌 사업자를 말한다.

⑥ "과세사업"이란 부가가치세가 과세되는 재화 또는 용역을 공급하는 사업을 말한다.

⑦ "면세사업"이란 부가가치세가 면제되는 재화 또는 용역을 공급하는 사업을 말한다.

⑧ "비거주자"란 「소득세법」 제1조의2 제1항 제2호에 따른 비거주자를 말한다.

⑨ "외국법인"이란 「법인세법」 제1조 제3호에 따른 외국법인을 말한다.

제 3 절

납세의무자

1 의 의

"납세의무자"란 세법에 의하여 국세를 납부할 의무(국세를 징수하여 납부할 의무를 제외한다)가 있는 자를 말한다. 즉, 조세채권 · 채무 관계에 있어서 조세채무를 부담하는 자를 의미한다.

직접세인 소득세 및 법인세 등의 납세의무자가 담세자와 동일한 것과 달리 부가가치세의 납세의무자는 공급받는 자로부터 부가가치세를 거래징수하여 납부할 의무가 있는 자를 말하고, 간접세인 부가가치세의 담세자는 부가가치세의 과세대상인 재화 또는 용역을 최종적으로 소비하게 되는 최종소비자가 된다.

부가가치세의 납세의무자는 부가법 제31조에 따른 거래징수의 권리와 의무를 부여받아 과세대상인 재화 또는 용역을 공급하는 때에 그에 대한 공급가액에 세율을 적용하여 계산한 부가가치세를 공급받는 자로부터 징수하며, 납부세액은 전단계세액공제방법에 따라 매출세액에서 매입세액을 공제한 금액을 납부하게 된다.

2 납세의무자

사업목적이 영리이든 비영리이든 관계없이 사업상 독립적으로 재화 또는 용역을 공급하는 사업자 및 재화를 수입하는 자에 해당하는 자로서 개인, 법인(국가 · 지방자치단체와 지방자치단체조합을 포함한다), 법인격이 없는 사단 · 재단 또는 그 밖의 단체는 부가가치세를 납부할 의무가 있다(부가법 §3 ①).

사업목적이 영리이든 비영리이든 관계없이 사업상 독립적으로 재화 또는 용역을 공급하는 자에 해당한다면 사업자등록의 유무, 부가가치세의 거래징수 여부에 관계없이 납세의무자가 된다(부가통칙 3-0-1).

(1) 영리목적의 유무에 불구한다

부가가치세의 납세의무자는 영리를 목적으로 하는 자뿐만 아니라 영리를 목적으로 하지 아니하는 자라 하더라도 과세대상인 재화 또는 용역의 공급에 대하여 부가가치세를 납부하도록 함으로써 영리를 목적으로 하는 다른 사업자와의 관계에 있어서 조세의 중립성을 유지할 수 있게 하고 있다.

영리목적의 유무에 불구하는 이유는 부가가치세가 대물세로서 사업자가 공급하는 재화 또는 용역 그 자체에 대하여 부가가치세가 과세되는 것이지 사업자가 영업활동을 통하여 축적한 소득에 대하여 부과되는 것은 아니기 때문이다. 또한 부가가치세가 간접세로서 부가가치세의 부담을 최종소비자가 지도록 하는데 있다(대법원 84누347, 1985. 1. 29.).

(2) 사업성이 있어야 한다

사업이란 일반적으로 인적 및 물적 설비를 갖추어 영리활동을 실현하는 경제적 조직체인 기업이 영리를 목적으로 지속적인 경제활동을 수행하는 것을 의미하나, 일반사회에서 다양하고 이질적인 의미로 사용되고 있으며 세법에도 사업에 대한 구체적 정의규정을 두고 있지 않다. 다만, 대법원 판례에서 "부가가치세는 각 사업자 단계에서 발생된 부가가치에 대하여 과세되는 조세이므로 사업자라 함은 부가가치를 창출해 낼 수 있는 정도의 사업형태를 갖추고 계속적으로 그리고 반복적인 의사로 재화 또는 용역을 공급하는 자로서 자기가 영위하는 사업에서 생산한 재화 또는 용역의 공급 자체를 사업으로 하는 자뿐만 아니라 그 사업 범위 내(그 사업에서 생산하지 아니한 재화나 용역은 제외)에서 이와 관련 또는 부수하여 생산한 재화 또는 용역을 공급하는 자를 포함한다"로 정의하고 있으므로 사업의 정의에 있어서도 이를 준용하면 될 것이다(대법원 84누629, 1984. 12. 26. ; 대법원 88누11339, 1989. 7. 25. ; 대법원 89누6952, 1990. 4. 24. ; 대법원 86누622, 1987. 1. 20.).

여기서 "사업의 계속적이고 반복적인 의사"란 사실판단의 문제로서 수차례에 걸쳐 재화 또는 용역의 공급이 계속적으로 있는 경우와 계속성과 반복성이 없다 하더라도 사업의 실체를 객관적으로 갖추었다면 단 1회의 공급이 있었다 하더라도 사업성이 있는 것으로 보아 납세의무가 있다. 사업으로서의 실체를 객관적으로 갖추어 사업성이 인정되는 사례로는 다세대주택, 공동주택, 상가 1동을 평생 1회 신축・분양한 경우이다.

(3) 독립성이 있을 것

1) '독립성'에 대한 개요

부가법 제3조 제1항은 사업목적이 영리이든 비영리이든 관계없이 사업상 독립적으로 재화 또는 용역을 공급하는 사업자 및 재화를 수입하는 자에 해당하는 자로서 개인, 법인(국가・지방자치단체와 지방자치단체조합 포함), 법인격이 없는 사단・재단 또는 그 밖의 단체는 부가가치세를 납부할 의무가 있다(부가법 §3 ①).

여기서 '사업상 독립하였다'는 것은 ① 사업과 관련하여 자기책임 및 자기계산 하에

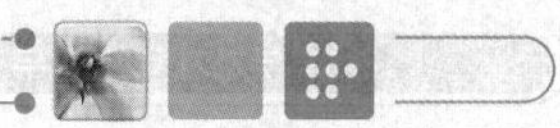

재화 또는 용역을 공급하여야 한다는 의미로서 다른 사업자나 타인에게 종속 또는 고용되어 있지 아니하거나(인적 독립성), ② 둘 이상의 사업을 겸영하는 경우 한 사업이 다른 사업의 단순연장에 불과하거나 주된 사업에 부수되지 아니하고 대외적으로 독립하여 재화 또는 용역을 공급하는 것을 말한다(물적 독립성). 아울러 ③ 지점이 본점을 위하여 시장조사, 업무연락 또는 물품매도확약서 발행 등의 용역을 공급하고 이에 대한 필요경비를 본점으로부터 받는 것도 독립적으로 용역을 공급하는 것에 해당하지 아니하므로 이하에서 설명을 생략하기로 한다.

2) 인적 독립성과 물적 독립성의 개념

가. 인적 독립성

"독립하여"란 인적 독립성의 견지에서 볼 때, 자기의 책임과 계산에 의하여 재화 또는 용역을 공급하는 것으로서 경제적 활동의 내용과 형식을 사업자 본인이 스스로 결정하고 그 경제활동의 성과를 자신이 취하거나 그 위험부담을 본인이 지는 것이다. 즉, 계약상 또는 법률상의 행위(사업활동)로 인한 경제적 또는 법적 효과가 사업자 자신에게 귀속된다는 것을 의미한다.

법원의 판례를 보면, 화장품 방문판매원들이 부가법상 독립된 사업자에 해당하는지 여부는 방문판매원들이 인적·물적시설을 갖추었는지, 판매회사와 방문판매원들 사이에 화장품 공급에 관한 거래약정이 체결되었는지, 방문판매원들이 화장품 판매가격을 독자적으로 결정할 수 있는지, 화장품 판매 수입금에 대한 실질적인 관리·처분권이 있는지를 종합적으로 판단하여야 한다고 판시하였다(대법원 2016두41194, 2016. 9. 7. ; 대구고법 2015누6454, 2016. 5. 27.).

나. 물적 독립성의 의미

① 개요

앞서 둘 이상의 사업을 겸영하는 경우 한 사업이 다른 사업의 **단순연장에 불과**하거나 **주된 사업에 부수되지 아니하고 대외적으로 독립**하여 재화 또는 용역을 공급하는 것을 말한다고 정의하였다. 그렇다면 우리나라의 부가법상 물적 독립성에 관한 규정을 살펴보고자 한다.

② 면세되는 인적용역이 독립적으로 공급된 것인지에 대한 판단기준

부가법 제26조 제1항 제15호에서는 부가가치세가 면제되는 용역의 공급 중 하나로 저술가·작곡가나 그 밖의 자가 직업상 제공하는 인적(人的) 용역으로서 대통령령으로

정하는 것을 규정하고 있고, 그 위임에 따른 부가령 제42조는 부가법 제26조 제1항 제15호에 따른 인적(人的) 용역은 독립된 사업(여러 개의 사업을 겸영하는 사업자가 과세사업에 필수적으로 부수되지 아니하는 용역을 독립하여 공급하는 경우를 포함한다)으로 공급하는 다음 각 호의 용역으로 한다고 규정하면서(이상 **"제1호의 용역"**이라 한다), 그 제2호 나목에서는 개인, 법인 또는 법인격 없는 사단·재단, 그 밖의 단체가 독립된 자격으로 용역을 공급하고 대가를 받는 다음 인적용역의 하나로서 학술연구용역과 기술연구용역 등을 들고 있다(이상 **"제2호의 용역"**이라 한다).

위 제1호의 용역의 경우, 제1호 각목의 인적용역을 공급하더라도 독립된 사업으로 영위하면서 과세사업에 부수되지 아니하는 경우라야 부가가치세가 면제된다고 할 것인바, 사업자가 과세재화(플랜트 공급계약에 따른 건설용역을 포함한다)를 공급하는 한편 그에 부수하여 소속 직원들을 현장에 파견하여 기술검토, 종합관리 및 자문 등에 관한 용역을 공급하였다면 그 용역은 재화의 공급과 관련하여 부가가치세 과세대상인 재화의 공급에 부수되는 업무지원에 불과하므로 면세되는 인적용역을 독립된 사업으로 영위하면서 과세사업에 부수되지 아니하는 경우에 해당한다고 볼 수 없다(대법원 98두2713, 2000. 8. 18. ; 대법원 95누1071, 1996. 11. 22.).

위 제2호의 용역의 경우, 개인이나 법인이 일정한 기술연구용역 등을 공급하더라도 이를 독립된 사업으로 영위하면서 과세사업에 부수되지 아니하는 인적용역을 공급하는 경우라야 부가가치세가 면제된다(대법원 99두10131, 2001. 11. 27.). 여기서 독립된 사업으로 영위하는 경우라고 함은 다른 과세사업에 부수되지 않고 부가가치를 창출할 수 있는 정도의 사업형태를 갖추고, 해당 용역을 계속적, 반복적인 의사로 공급하는 경우를 말한다. 해당 용역을 제공하기 위한 인적·물적 설비 등 사업형태를 갖추었다면, 다른 과세사업을 함께 영위하여 그 인적·물적 설비가 다른 과세사업과 공통된다는 사정이 있거나, 해당 용역을 실제로 공급한 횟수가 많지 않더라도 공급기간, 규모, 태양 및 상대방 등에 비추어 계속적, 반복적인 의사로 공급한 것으로 볼 수 있다면 독립된 사업으로 영위하는 경우에 해당한다고 보아야 한다(대법원 2015두53978, 2016. 3. 10.).

3) 면세재화를 국내에서 독점공급하기로 하고 받는 계약금의 면세 여부

면세되는 도서(전자출판물 포함)만을 공급하는 출판업자가 약정기간 동안 해당 도서를 특정 업체 또는 특정업체가 지정하는 사업자에게만 거의 독점적으로 공급하기로 약정하고 그 특정업체로부터 (전속)계약금을 받은 경우(해당 계약금은 약정기간 중에 해지되면 잔여기간 분을 반환한다), 해당 계약금의 가지는 성격이 소위 "독점 공급권"으로서 면세도서와 구분되는 독립된 경제적 가치를 가지는 것으로 볼 수 없고, 상당한 노력에 의하여 비밀로 유지된 생산방법, 판매방법 그 밖에 영업활동에 유용한 기술상 또는 경영상의 정보가 체화된 것이라거나 그 자체로 사용가치가 있어 양도대상이 된다거나 이를 양수한 사업자가 부가가치를 창출하는 사업에 이를 직접 사용하거나 소비될 성질을 가진 것도 아니다(동지 : 대법원 2009다12528, 2011. 7. 14.).

위 "②"에서 살펴본 바와 같이, 사업자가 과세재화를 공급하면서 그에 부수하여 소속 직원들을 현장에 파견하여 그에 대한 인적용역을 공급하였다면 과세대상 재화의 공급에 부수하여 인적용역이 제공된 것이므로 인적용역 부분도 과세되어야 하고, 면세되는 인적용역 등을 공급하더라도 다른 과세사업에 부수되지 않고 부가가치를 창출할 수 있는 정도의 사업형태를 갖추고 해당 용역을 계속적, 반복적인 의사로 공급하면서 과세사업에 부수되지 아니하는 인적용역을 공급하는 경우라야 비로소 부가가치세가 면제된다. 그렇다면 오로지 면세재화나 면세용역을 공급하는 경우 그에 부수하여 공급되는 용역이 과세되기 위해서는 해당 면세재화나 용역의 공급과는 독립된 별개의 사업형태로서 공급되면서 그 별개로 공급되는 재화나 용역 자체가 과세대상이 되어야 부가가치세가 과세되는 것이고, 독립성을 갖추지 못하고 면세공급에 포함되거나 부수된다면(그 자체가 면세대상인 경우를 포함) 부가가치세가 면제되어야 "물적 독립성"에 비추어 충실한 해석이 된다.

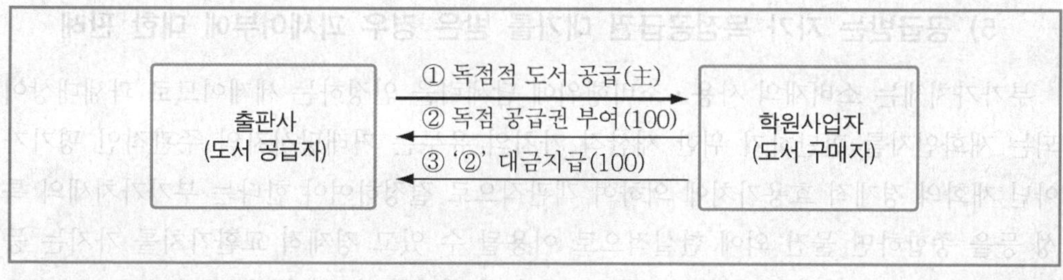

따라서 출판업자가 학원 등 특정업체(면세사업자)로부터 부여받은 독점공급권이라는 것은 도서의 공급과 독립된 별개의 거래로 분리 · 파악할 수 없고, 그 자체로 독립성을 지닌 권리로서 사용 · 수익할 수 없을 뿐만 아니라 특정 업체에게 면세되는 도서를 약정기간 동안 계속적으로 공급하여야 (전속)계약금이 출판업자에게 온전히 귀속되는 것이어서 해당 도서 공급에 독립적이지 못하고 물적으로 부수되어 공급되고 있으므로 부가가치세가 면제되어야 한다.

아울러 아래 "5)"의 판례와 같이 독점공급권이라는 권리(재화)를 특정업체(면세사업자)가 출판업자에게 부여하면서 그 대가를 지급받았다면 재화의 공급이 성립할 수 있으나, 특정업체(면세사업자)가 공급하면서 오히려 대가를 지급하였다는 점에서도 부가가치세 과세대상이 될 수 없다(기준-2024-법규부가-0110, 2024. 9. 6.).

4) 독점 수입권에 대한 부가가치세 과세 여부

내국법인이 국내사업장이 없는 외국법인과 재화(수입재화)를 국내에 독점적으로 판매할 수 있는 권한을 부여받는 내용 및 계약기간 동안 해당 과세재화의 상표권에 대한 독점권이 보장되는 내용이 포함되어 있는 계약을 체결하고 제품가격과 별도로 지급하는 대가는 **로얄티**(상표사용 및 기술사용료) **명목**으로서 사용료 소득에 해당하고 대리납부대상이 된다(서면-2019-전자세원-4128, 2019. 12. 20. ; 부가 46015-3653, 2000. 10. 26.). 이러한 독점권을 국내의 제3자에게 유상으로 판매한다면 재화의 공급에 해당한다(법인 46012-72, 1997. 1. 10.).

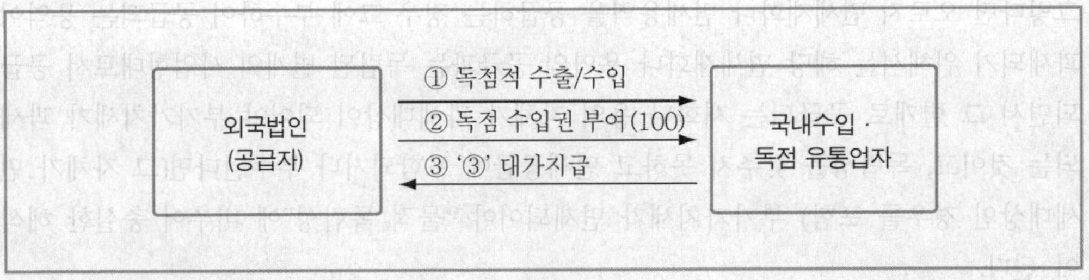

5) 공급받는 자가 독점공급권 대가를 받은 경우 과세여부에 대한 판례

부가가치세는 소비재의 사용·소비행위에 담세력을 인정하는 세제이므로 과세대상이 되는 재화인지를 판단하기 위한 재산적 가치의 유무는 거래당사자의 주관적인 평가가 아닌 재화의 경제적 효용가치에 의하여 객관적으로 결정하여야 한다는 부가가치세의 특성 등을 종합하면 물건 외에 현실적으로 이용될 수 있고 경제적 교환가치를 가지는 등 객관적인 재산적 가치가 인정되는 것은 '권리'에 해당할 수 있다(대법원 2017두65524, 2018. 4. 12.).

○○항공사와 기내식 납품업체 간에 맺은 "기내식 독점공급계약"상에 갑법인(기내식 납품업체)은 항공사에게 30년간 독점적으로 기내식을 공급하기로 하고 항공사는 제3자로부터 기내식을 공급받는 계약을 체결할 수 없으며, 항공사가 이를 위반하였을 때 갑법인은 항공사에 대하여 시정요구 등을 한 후에 공급계약을 해지할 수 있고, 계약위반으로 인하여 발생한 모든 손해를 배상받을 권리를 가지기로 계약한 경우로서 결국 갑법인은 항공사에게 기내식을 독점공급하고 그 대금을 지급받거나 계약해지 시 손해배상을 받을 권리 등을 가지게 되는데 이러한 권리는 단순한 공급조건이 아니라 갑법인이 현실적으

로 이용할 수 있는 계약상 권리가 된다. 항공사는 기내식 독점공급권을 부여하면서 수백억을 받았고 기내식 독점공급권을 통해 천억대의 매출과 수백억 원의 순이익을 창출하였다면 동 기내식 독점권은 시장에서 상당한 경제적 교환가치를 가지고 있다고 볼 수 있다. 그렇다면 기내식 독점권은 '재산적 가치가 있는 권리'로서 부가법상 '재화'에 해당하고, 항공사가 갑법인에 부가법상 권리인 기내식 독점권을 부여하는 것은 권리 등 재화를 사용하게 하는 것에 해당하는 것으로 볼 수 있다. 결국 기내식 독점권은 항공사의 항공운송업이나 그 영업력에서 유래하는 것일 뿐만 아니라 항공사 스스로 기내식 공급사업을 영위할 수도 있는 권리를 갑법인에 일정기간 부여한 것으로도 볼 수 있다(서울행법 2022구합85942, 2024. 5. 31.).

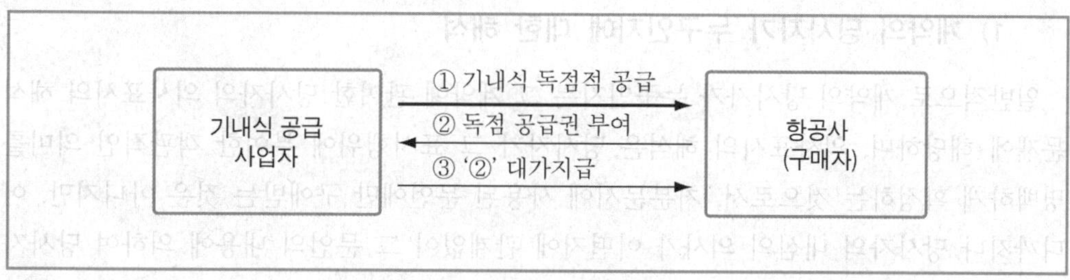

(4) 과세대상 재화 또는 용역을 공급할 것

부가법 제9조부터 제12조에 따른 부가가치세 과세대상인 재화 또는 용역을 공급하는 자가 부가가치세의 납세의무자가 되며, 부가법 제26조, 제27조 및 「조세특례제한법」 등에 열거된 부가가치세 면세대상 재화 또는 용역을 공급(수입)하는 자는 부가가치세의 납세의무자가 아니다.

(5) 재화를 수입하는 자

위 "(1)"부터 "(4)"에 따른 재화의 공급과 용역의 공급에서 공급자가 사업자인 경우에 한하여 과세되는 것과 달리 재화의 수입은 수입자의 사업자 여부에 관계없이 재화를 수입하는 자는 부가가치세의 납세의무를 지게 된다(부가법 §3 2).

(6) 거래징수 여부와 납세의무

납세의무자에 대한 거래징수 규정은 사업자로부터 징수하고 있는 부가가치세 상당액을 공급받는 자에게 차례로 전가시킴으로써 궁극적으로 최종소비자에게 이를 부담시키겠다는 취지에 불과한 것이어서 위 "(1)" 내지 "(4)"의 요건을 충족한다면 부가법 제31조에서 사업자가 재화 또는 용역을 공급하는 때에는 그 공급을 받는 자로부터 부가가치세를 징수하도록 규정되어 있다 하여 공급을 받는 자가 거래의 상대방이나 국가에 대하여 부가가치세를 지급하거나 납부할 의무가 있는 것은 아니다. 따라서 그 공급을 받는 자로부터 실제로 부가가치세를 거래징수하였는지의 여부나 그 거래징수를 하지 못한데 대한 책임의 유무, 징수 가능성 등을 따져 납세의무의 유무를 가리거나 납세의무의 존부나 범위가 달라지는 것은 아니다(대법원 90누10209, 1991. 4. 23. : 대법원 90누6958, 1991. 2. 22.).

(7) 계약당사의 판정과 실질과세원칙상 납세의무자

1) 계약의 당사자가 누구인지에 대한 해석

일반적으로 계약의 당사자가 누구인지는 그 계약에 관여한 당사자의 의사표시의 해석 문제에 해당하며, 의사표시의 해석은 당사자가 그 표시행위에 부여한 객관적인 의미를 명백하게 확정하는 것으로서, 처분문서에 사용된 문언에만 구애받는 것은 아니지만, 어디까지나 당사자의 내심의 의사가 어떤지에 관계없이 그 문언의 내용에 의하여 당사자가 그 표시행위에 부여한 객관적 의미를 합리적으로 해석하여야 한다. 이 경우 문언의 객관적인 의미가 명확하다면, 특별한 사정이 없는 한 문언대로 그 의사표시의 존재와 내용을 인정하여야 한다.

2) 납세의무자 판정에 있어 실질과세원칙 적용

국기법 제14조 제1항에서 규정하는 실질과세의 원칙은 소득이나 수익, 재산, 거래 등의 과세대상에 관하여 귀속명의와 달리 실질적으로 귀속되는 자가 따로 있는 경우에는 형식이나 외관을 이유로 귀속명의자를 납세의무자로 삼을 것이 아니라 실질적으로 귀속되는 자를 납세의무자로 삼겠다는 것이므로, 재산의 귀속명의자에게 이를 지배 · 관리할 능력이 없고 명의자에 대한 지배권 등을 통하여 이를 지배 · 관리하는 자가 따로 있는 경우 등에는 그 재산에 관한 소득은 그 실질적인 지배 · 관리자에게 귀속된 것으로 보아 그를 납세의무자로 삼아야 할 것이다. 그리고 그러한 경우에 해당하는지는 명의사용의 경위와 당사자의 약정 내용, 명의자의 관여 정도와 범위, 내부적인 책임과 계산 관계, 과세대상에 대한 독립적인 관리 · 처분 권한의 소재 등 여러 사정을 종합적으로 고려하여 판단하여야 한다. 그러한 명의와 실질의 괴리가 없는 경우에는 소득의 귀속명의자에게 소득이 귀속된 것으로 보아야 한다. 한편, 과세요건사실의 존부 및 과세표준에 관하여는 원칙적으로 과세관청이 증명할 책임을 부담하고, 이는 거래 등의 귀속명의자와 실질적인 귀속주체가 다르다고 다투어지는 경우에도 특별한 사정이 없는 한 마찬가지이다. 그러나 과세관청이 귀속명의자를 소득의 실질귀속자로 보아 과세를 한 이상 거래 등의 귀속명의와 실질이 다르다는 점은 그 과세처분을 받은 귀속명의자가 주장·증명할 필요가 생기는데, 이 경우에 증명의 필요는 법관으로 하여금 과세요건이 충족되었다는 데 대하여 상당한 의문을 가지게 하는 정도면 족하지만, 그 증명이 상당한 의문을 가지게 하는 정도에 이르지 못한다면 귀속명의자에 대한 과세처분을 위법하다고 볼 것은 아니다(대법원 2015두55844, 2019. 10. 17. ; 대법원 2011두9935. 2014. 5. 16. ; 대법원 2008두8499, 2012. 1. 19.).

다만, 이 경우에도 납세의무자는 경제활동을 할 때 특정 경제적 목적을 달성하기 위하여 어떤 법적 형식을 취할 것인지 임의로 선택할 수 있고, 과세관청으로서도 그것이 가장행위라거나 조세회피 목적이 있다는 등의 특별한 사정이 없는 한 납세의무자가 선택한 법적 형식에 따른 법률관계를 존중하여야 한다(대법원 2015두49320, 2017. 4. 7.).

(8) 계약내용의 해석 기준

계약당사자 사이에 어떠한 계약내용을 처분문서인 서면으로 작성한 경우에 문언의 객관적인 의미가 명확하다면 특별한 사정이 없는 한 문언대로의 의사표시의 존재와 내용을 인정하여야 하고, 그 문언의 객관적인 의미가 명확하게 드러나지 않을 경우에는 그 문언의 내용과 계약이 이루어지게 된 동기 및 경위, 당사자가 계약에 의하여 달성하려고 하는 목적과 진정한 의사, 거래의 관행 등을 종합적으로 고찰하여 사회정의와 형평의 이념에 맞도록 논리와 경험의 법칙, 그리고 사회일반의 상식과 거래의 통념에 따라 계약내용을 합리적으로 해석하여야 한다. 특히 문언의 객관적 의미와 달리 해석함으로써 당사자 사이의 법률관계에 중대한 영향을 초래하는 경우에는 그 문언의 내용을 더욱 엄격하게 해석하여야 한다(대법원 2000다72572, 2002. 5. 24. ; 대법원 2007다11996, 2008. 3. 14. ; 대법원 2008다46531, 2008. 11. 13. ; 대법원 2010다37080, 2010. 9. 9.).

(9) 법인격 부인의 요건

어떤 회사가 외형상으로는 법인의 형식을 갖추고 있으나 실제로는 법인의 형태를 빌리고 있는 것에 지나지 아니하고 그 실질에 있어서는 완전히 그 법인격의 배후에 있는 다른 회사의 도구에 불과하거나, 배후에 있는 회사에 대한 법률 적용을 회피하기 위한 수단으로 함부로 쓰이는 경우에는, 비록 외견상으로는 그 해당 회사의 행위라 할지라도 그 회사와 배후에 있는 회사가 별개의 인격체임을 내세워 해당 회사에게만 그로 인한 법적 효과가 귀속됨을 주장하면서 배후에 있는 회사의 책임을 부정하는 것은 신의성실의 원칙에 위반되는 법인격의 남용으로서 심히 정의와 형평에 반하여 허용될 수 없고, 따라서 해당 회사는 물론 그 배후에 있는 회사에 대하여도 해당 회사의 행위에 관한 책임을 물을 수 있다고 보아야 한다. 그러나 그 해당 회사가 그 법인격의 배후에 있는 회사를 위한 도구에 불과하다고 보려면 원칙적으로 문제가 되고 있는 법률행위나 사실행위를 한 시점을 기준으로 하여 두 회사 사이에 재산과 업무가 구분이 어려울 정도로 혼용되었는지 여부, 주주총회나 이사회를 개최하지 않는 등 법률이나 정관에 규정된 의사결정절차를 밟지 않았는지 여부, 해당 회사 자본의 부실 정도, 영업의 규모 및 직원의 수 등에 비추어 볼 때 그 해당 회사는 이름뿐이고 실질적으로는 배후에 있는 회사를 위한 영업체에 지나지 않을 정도로 형해화되어야 한다. 또한 위와 같이 법인격이 형해화될 정도에 이르지 않더라도 그 배후에 있는 회사가 해당 회사의 법인격을 남용한 경우 그 해당 회사는 물론 배후에 있는 회사에 대하여도 해당 회사의 행위에 대한 책임을 물을 수 있으나, 이 경우 채무면탈 등의 남용행위를 한 시점을 기준으로 하여 배후에 있는 회사가 해당 회사를 자기 마음대로 이용할 수 있는 지배적 지위에 있고, 그와 같은 지위를 이용하여 법인제도를 남용하는 행위를 할 것이 요구되며, 그와 같이 배후에 있는 회사가 법인제도를 남용하였는지 여부는 앞서 본 법인격 형해화의 정도 및 거래 상대방의 인식이나 신뢰 등 제반 사정을 종합적으로 고려하여 개별적으로 판단하여야 한다(대법원 2007다90982, 2008. 9. 11. ; 대법원 2009다73400, 2010. 1. 28. ; 대법원 2011다103984, 2013. 2. 15.).

위와 같은 견지에서 보면, 법인사업자로 사업자등록만 하였을 뿐 인적·물적설비를 갖추지 아니하고 그 법인명의의 거래나 손익의 귀속자가 다른 개인사업자로 확인되는 경우 법인실체의 존부에 불구하고 그 실질귀속자인 개인사업자를 부가가치세의 납세의무자로 볼 수도 있다(동지 : 대법원 97다21604, 2001. 1. 19.).

(10) 우회거래 및 다단계거래의 부인

국기법 제14조 제3항의 제3자를 통한 간접적인 방법이나 둘 이상의 행위 또는 거래를 거치는 방법으로 국기법 또는 세법의 혜택을 부당하게 받기 위한 것으로 인정되는 경우에는 그 경제적 실질내용에 따라 당사자가 직접 거래를 한 것으로 보거나 연속된 하나의 행위 또는 거래를 한 것으로 보아 국기법 또는 세법을 적용한다. 이러한 우회거래 및 다단계거래가 부인되기 위해서는 다음의 적용 요건이 필요하다.

① 제3자를 통한 간접적인 방법 또는 둘 이상의 행위 또는 거래를 거쳐야 한다.
② 선택한 거래 또는 행위의 외관 또는 형식이 경제적 실질과 다른 경우이어야 한다.
③ 세법의 혜택을 부당하게 받기 위한 것으로 인정되는 경우이어야 한다.

다음의 중간거래의 경우에는 세법의 혜택을 부당하게 받기 위한 것으로 인정된다.

① 중간의 거래를 거치는 것에 조세회피목적 이외의 다른 사업목적이 없을 것

② 중간의 거래는 거래의 최종 목적을 위한 수단으로서만 이용되었을 것

③ 중간의 거래와 관련하여 거래당사자가 아무런 경제적 위험부담이나 지위 변동의 가능성이 없을 것

(11) 독립채산제 및 사내독립기업 운영 사업자의 부가가치세 등 신고방법

1) 독립채산제

법인의 본점과 지점으로 등록된 경우 독립채산제인지 여부에 관계없이 법인세법이나 부가가치세법상으로 하나의 사업자에 불과하고, 다만 부가법은 사업장별 과세원칙에 따라 부가가치세 납세의무를 이행(세금계산선 수수 및 신고·납부 등)하는 것이다. 즉, 법인의 본점과 주사무소 또는 분사무소가 아무리 별산제 또는 독립채산제로 운영되더라도 이는 내부적으로 경제적 이익의 분배에 관한 것에 불과하고, 법인의 명의로 거래가 이루어지고 그 재화나 용역의 대가 또한 법인의 수입으로 귀속되므로 법인에게 법인세의 납세의무가 있다(심사기타 2019-0009, 2019. 4. 24.).

사업장이 2 이상인 법인사업자가 특정 용역을 공급함에 있어 본사에서 취득한 재화를 자기의 다른 사업장(지점, 독립채산제 사업장)으로 반출하여 지점 사업장에서 특정 용역을 공급하기 위한 재화(사업용 고정자산)로 사용하는 경우에 자기의 다른 사업장으로 재화를 반출하는 것은 재화의 공급에 해당하지 아니하고, 판매목적으로 재고자산을 다른 사업장(지점, 독립채산제 사업장)으로 반출하는 경우에는 직매장 반출에 해당하여 재화의 공급에 해당한다. 사업장이 2 이상인 법인사업자가 독립채산제 지점 사업장에서 특정 용역을 제공하고 그 대가를 지점에서 받는 경우 지점 사업장을 공급자로 하여 세금계산서를 교부하여야 하는 것이며, 그 대가를 본사에서 지급받는 경우에도 실질적으로 용역을 제공하는 지점 사업장을 공급자로 하여 세금계산서를 발급하는 것이다(독립채산제와 무관하게 사업장별 과세원칙과 직매장 반출과세 취지에 따른 것이다).

아울러 본사에서 지점 사업장으로 특정 용역의 대가를 분배하는 것은 재화 또는 용역의 공급에 해당하지 아니하므로 세금계산서를 발급할 수 없다(부가 46015-2525, 1999. 8. 23. ; 서삼 46015-11781, 2003. 11. 14. ; 부가 46015-1250, 1998. 6. 11.).

법인세 신고에 있어서도 법인이 사업장소별(지점 등)로 각각 독립채산제를 실시하고 있다 하더라도 법인 본점을 기준으로 전체를 합산하여 신고·납부하는 것으로 해석하고 있다(법인 1264.21-62, 1985. 1. 10.).

2) 사내독립기업

사내 독립 기업(CIC, Company In Company)은 크고 복잡해진 조직에서 더 이상 혁신이 없을 때 조직의 규모를 작게 쪼개 빠른 성과를 내게 하기 위해 만들어졌다. 분사 조직과 달리 하나의 독립된 사업체처럼 운영되며, 사내 조직형태로 존재함으로써 계층구조가 최소화되어 빠른 의사결정이 가능하여 시장변화에 더욱더 능동적으로 대응할 수 있다.

본사와 구분된 독립자본으로 사내 기업 손익계산서를 작성하는 독립채산제 성격을 띠고, 투자와 신규 사업 개발에 필요한 기획 기능, 회계 · 자금 · 구매 등 재무 기능, 사내 독립 기업 내 구성원에 대한 인사권 및 책임을 포함하는 총무 기능 등 독립회사 운영에 필요한 모든 조직과 기능을 보유한다. 무엇보다도 보상제도를 특정 부서에만 적용해 동일 사업장 내에서 다른 급여체계를 구성하면 노동법 위반이지만 사내 독립 기업으로 독립시키면 다른 급여 체계를 구성할 수 있어 높은 인센티브를 제공하고 동기 부여를 할 수 있다는 장점을 가진다. 사내 독립 기업의 경우에도 동일 법인 하에 있으므로 법인의 독립채산제 적용기업과 동일하에 위와 같이 세무처리함이 타당하다고 본다.

3 | 특수한 경우의 납세의무자

(1) 농가부업 소득자

영리목적 유무에 불구하고 사업상 독립적으로 부가가치세 과세대상이 되는 재화나 용역을 공급하는 자는 원칙적으로 부가가치세 납세의무가 있다. 그러나「소득세법 시행령」제9조 제1항에 따라 소득세가 과세되지 아니하는 농가부업은 부가령 제4조에 따라 사업을 구분할 때에 독립된 사업으로 보지 아니한다. 다만,「소득세법 시행령」제9조 제1항에 따른 민박, 음식물 판매, 특산물 제조, 전통차 제조 및 그 밖에 이와 유사한 활동은 독립된 사업으로 본다(부가칙 §2 ③).

농가부업 규모를 초과하는 사육두수에서 발생한 소득과 그 밖의 부업에서 발생한 소득이 있는 경우 독립된 사업으로 보는 것이나, 동 사업에서 발생된 소득이 부가가치세 면제대상 재화 또는 용역의 공급에 해당하는 경우 부가가치세의 납세의무자가 아니다. 다만, 농 · 어민이 상설판매장(영업장)을 특설하여 농산물 · 축산물 또는 수산물 등을 판매하는 경우에는 농가부업에 해당되지 아니하며 따라서 그 물품이 면세되지 아니하는 한 부가가치세의 납세의무가 있다(부가 1265-732, 1984. 4. 23.).

(2) 공동사업

2인 이상의 개인 또는 법인이 공동으로 사업을 영위하는 경우에 소득세 및 법인세는 각자의 지분에 따라 귀속되는 소득에 대하여 각각 납세의무를 지나 부가가치세는 「국세기본법」 제25조에 따라 그 공동사업체를 하나의 납세의무자로 보며, 이와 같이 개인과 법인이 공동으로 사업을 영위하는 경우 해당 공동사업체의 인격에 따라 개인 또는 법인으로 한다(부가 46015-2281, 1999. 8. 3.).

(3) 합병의 경우

법인이 합병을 하는 경우 법인의 합병으로 인하여 소멸되는 법인(피합병법인)의 사업이 그대로 합병법인에게 연속되는 것이 아니라 소멸되는 법인의 사업은 합병등기일에 폐업한 것이므로 합병으로 인하여 소멸하는 법인의 최종 과세기간은 그 과세기간 개시일부터 합병등기일까지라는 것이 현행 부가통칙이 있다(부가통칙 5-7-1). 따라서 동 통칙의 규정으로 볼 때 소멸법인의 최종 과세기간에 대한 확정신고·납부를 하는 때에는 합병 후 존속하는 법인 또는 합병으로 인하여 설립된 법인이 소멸법인을 납세의무자로 하여 신고·납부하여야 할 것이다(부가통칙 49-91-1).

다만, 2020. 2. 11. 합병에 따라 소멸하는 법인이 합병계약서에 기재된 합병을 할 날부터 합병등기일까지의 기간에 재화 또는 용역을 공급하거나 공급받는 경우 합병 이후 존속하는 법인 또는 합병으로 신설되는 법인이 세금계산서를 발급하거나 발급받을 수 있다는 세금계산서 발급특례규정이 신설되었다(부가령 §69 ⑳). 이후 국세청은 종전 합병등기일 이전에 실제 합병한 경우에도 합병등기일까지는 피합병법인의 사업장에서 거래된 재화의 공급 및 매입에 대하여 피합병법인 명의로 세금계산서를 발급하여야 한다는 기존 통칙(부가통칙 3-0-7)을 삭제하였다.

아울러 합병 시 사업주체(세금계산서 수수의 주체)의 변경일이 합병기일(합병을 할 날), 합병등기 신청일, 합병등기일 중 언제인지에 대하여 혼란스러울 수 있는데 합병기일 이후 공급시기가 도래하는 분부터는 부가령 제69조 제20항에 따라 합병 이후 존속법인 또는 합병으로 신설되는 법인이 세금계산서를 수수할 것을 권한다.

부가통칙 5-7-1에 따라 부가법은 합병등기일을 기준으로 과세기간을 판정하므로 사업자등록증도 합병등기일을 기준으로 함이 타당한 면이 있고 부가령 제69조 제20항은 세금계산서 발급에 있어 특례의 규정에 해당하므로 합병등기일을 합병신설법인의 사업개시일로 봄이 타당할 수 있으나, 법인세 법령은 달리 보고 있고 합병등기일은 과세기간 종료일로 보는 것은 법령상의 규정이 아닌 기본통칙에 기재된 내용이어서 합병기일을 사업개시일로 하여 사업자등록신청하고 사업자등록증을 발급받았다고 하여 부가법이나 법인세법상 가산세 등 문제의 소지가 될 것은 없다고 본다.

(4) 분할의 경우

법인사업자가 「상법」 제530조의2 내지 제530조의12에 따라 회사를 분할하여 법인을 설립함에 있어서 분할등기일 전에 실제 분할한 경우 실제 분할일부터 분할등기일까지 분할되는 법인의 사업장에서 거래된 재화 또는 용역의 공급 및 매입분에 대하여는 분할되는 법인명의로 세금계산서를 발급하거나 발급받고, 분할등기일 이후에 법인의 분할로 신설되는 법인의 사업장에서 거래된 재화 또는 용역의 공급 및 매입분에 대하여는 해당 법인명의로 세금계산서를 발급하거나 발급받고 부가가치세를 신고·납부하여야 한다(부가 46015-329, 2000. 2. 7. ; 부가 46015-1176, 1999. 4. 22.).

물론 부가령 제69조 제20항의 규정과 같이 분할의 경우에도 다를 바 없이 유추적용하거나 시행령 신설이 필요하다.

반면, 법인세법에서는 사실상 분할한 날부터 분할등기일까지 실질적으로 분할신설법인에 귀속되는 손익은 그 손익이 최초로 발생한 날을 분할신설법인의 최초 사업연도의 개시일로 하여 당해 사업연도의 소득금액 계산상 익금 및 손금에 산입하는 것으로 해석하고 있다(서면3팀-1217, 2008. 6. 17. ; 부가 46015-3397, 2000. 10. 4. ; 법인 46012-1027, 2000. 4. 26.).

(5) 법인전환이 있는 경우

개인사업자가 현물출자에 의해 법인을 설립하여 해당 법인에 사업을 포괄적으로 양도함에 있어서 사업양도 이후 법인설립등기 전까지 개인명의 거래분이 실질적으로 해당 법인에 귀속되는 경우에는 해당 법인명의로 신고·납부하여야 하는 것으로 사실상의 사업양도일을 기준으로 그 이후의 거래의 귀속이 법인에 귀속된다면 법인을 납세의무자로 본다. 이 경우 해당 거래분 중 수출재화분에 대해 영세율 첨부서류상의 명의가 법인설립 미등기로 인해 법인명의로 변경이 불가능하여 개인명의로 해당 서류를 제출하는 경우에도 법인에게 영세율을 적용한다(부가 46015-566, 1996. 3. 23. ; 사전-2017-법령해석부가-0302, 2017. 5. 19.).

(6) 상속의 경우

사업에 대한 상속이 있는 경우 상속이 개시된 때에 피상속인이 사업을 폐지하고 상속인이 사업을 신규로 개시하는 것으로 보지 아니하고 사업자의 변경에 의한 사업자등록의 정정사항으로 한다. 따라서 상속으로 인하여 피상속인의 사업을 상속인이 승계한 때에 해당 사업은 그대로 연속되는 것으로 보므로 상속개시일이 속하는 과세기간의 예정신고 또는 확정신고를 상속인이 함에 있어서는 그 예정신고기간 또는 과세기간에 피상속인이 공급한 재화 또는 용역의 과세표준과 납부세액 또는 환급세액을 포함하여야 한다(부가 1265-3030, 1982. 12. 1.).

▌사업상속이 있는 경우 소득금액 구분계산

과세연도 중에 사망한 피상속인의 소득금액에 대한 소득세의 납세의무는 상속인이 지게 되는 것이며, 이때 해당 소득세는 상속개시일 이후 상속인의 소득금액에 대한 소득세와 구분하여 각각 소득세의 납세의무를 지는 것임(소득 46011-1036, 1998. 4. 24.).

(7) 위탁판매 또는 대리인에 의한 판매의 경우

위탁판매 또는 대리인에 의한 판매에 있어서는 부가법 제10조 제7항에 따라 위탁자 또는 본인(피대리인)이 직접 재화를 공급한 것으로 보므로 그에 대한 납세의무 역시 위탁자 또는 본인에게 있다. 다만, 이 경우에 있어서 위탁자 또는 본인을 알 수 없는 때(익명거래)에는 위탁자 또는 본인은 수탁자 또는 대리인에게 재화를 공급한 것으로 보므로 위탁자 또는 본인과 수탁자 또는 대리인은 각각 독립하여 납세의무를 진다.

여기서 "위탁자 또는 본인을 알 수 없는 경우"란 위탁매매 또는 대리인에 의한 매매를 하는 해당 거래의 재화의 특성상 또는 보관·관리상 위탁자 또는 본인을 알 수 없는 경우를 말한다.

(8) 미등록자의 납세의무

사업자가 부가가치세가 과세되는 재화를 공급하거나 용역을 제공하는 경우에는 해당 사업자의 사업자등록 여부 및 공급 시 부가가치세의 거래징수 여부에 불구하고 해당 재화의 공급 또는 용역의 제공에 대하여 부가가치세를 신고·납부할 의무가 있는 것이므로 미등록사업자도 부가가치세의 납세의무가 있다(부가통칙 3-0-1).

(9) 국외거래에 대한 납세의무

부가가치세의 납세의무는 대한민국의 주권이 미치는 범위 내에서 적용하므로 사업자가 대한민국의 주권이 미치지 아니하는 국외에서 재화를 공급하는 경우에는 납세의무가 없다. 이 경우 우리나라 국적의 항공기 또는 선박에서 이루어지는 거래는 국외거래로 보지 아니한다(부가통칙 3-0-3).

(10) 새마을금고의 납세의무

「새마을금고법」에 따라 설립된 새마을금고가 사업상 독립적으로 부가가치세가 과세되는 재화를 공급하는 경우에는 납세의무가 있다(부가통칙 3-0-4).

(11) 청산 중에 있는 내국법인의 납세의무

청산 중에 있는 내국법인은 「상법」 제229조에 따른 계속등기 여부에 불구하고 사실상 사업을 계속하는 경우에는 납세의무가 있다(부가통칙 3-0-5).

(12) 농민이 일시적으로 재화를 공급하는 경우의 납세의무

농민이 자기농지의 확장 또는 농지개량작업에서 생긴 토사석을 일시적으로 판매하는 경우에는 납세의무가 없다(부가통칙 3-0-6).

(13) 명의자와 사실상 귀속자가 서로 다른 경우의 납세의무

과세의 대상이 되는 소득·수익·재산·행위 또는 거래의 귀속이 명의일 뿐이고 사실상 귀속되는 자가 따로 있는 때에는 사실상 귀속되는 자를 납세의무자로 하여 세법을 적용하는 것이므로 과세의 대상이 되는 행위 또는 거래의 귀속이 명의일 뿐이고 사실상 귀속되는 자가 따로 있는 경우에는 사실상 귀속되는 자에게 부가가치세의 납세의무가 있다(국기법 §14, 부가통칙 3-0-2).

(14) 명의신탁 부동산의 처분에 대한 납세의무자

단순 명의신탁한 부동산을 매각처분한 경우 양도의 주체 및 납세의무자는 명의수탁자가 아니고 명의신탁자이다(국기통 14-0-6).

(15) 위법행위에 기한 사업을 영위하는 경우 납세의무자 해당 여부

부가법 제2조 제3호는 사업상 독립적으로 재화 또는 용역을 공급하는 자를 부가가치세 납세의무자인 사업자로 규정하고 있는바, 「국세기본법」 제14조가 규정하는 실질과세원칙에 비추어 볼 때 과세대상이 되는 수익, 행위 또는 거래가 그 명의자 아닌 다른 자에게 사실상 귀속되는 경우에는 그 사실상의 귀속자가 실질적으로 사업을 영위한 것으로 보아 부가가치세의 납세의무자에 해당한다고 할 것이고, 그 사업을 실질적으로 영위하게 된 원인관계에 대한 법률적 평가가 반드시 적법하고 유효하여야 하는 것은 아니다(서울행정법원 2009구합53380, 2010. 5. 28.).

(16) 특수목적회사의 부가가치세 납세의무

프로젝트 파이낸싱(Project Financing)에 있어 해당 프로젝트(사업)를 수행하기 위하여 설립된 특수목적회사(SPC)가 금융기관 등으로부터 차입한 자금으로 특정 재화를 매입 및 매출하여 그 법률효과가 특수목적회사에 귀속되는 경우에는 그 재화의 매입 및 매출에 관한 업무를 타인에게 위임하는 경우라 하더라도 그 재화의 매입 및 매출자는 그 특수목적회사가 된다(부가가치세과-561, 2012. 5. 18.).

(17) 파산관재인의 부가가치세 납세의무

파산회사가 파산선고 후에 부가가치세법 소정의 재화 또는 용역을 공급한 때에는 그 과세요건이 되는 사업자 여부와 사업장소재지, 관할 세무서 등은 파산회사를 기준으로 하여야 할 것이다.

그러나 그와 같은 과세요건이 파산선고 전의 원인으로 생긴 것이거나 파산선고 후의 원인으로 파산재단에 관하여 생긴 때에는 이는 재단채권에 해당하고 이는 파산자의 재산으로 구성되는 파산재단에 관한 파산관재인의 관리처분권의 범위에 포함된다고 보아야 할 것이므로 그와 같은 과세처분의 납세의무자는 파산관재인이 되어야 한다(동지 : 서울중앙지법 2006가합17725, 2006. 9. 6.).

▌공급자의 대손세액공제로 발생한 부가가치세액에 대한 납세의무

1. 사실관계
   파산선고 전에 파산회사가 재화를 공급받고 매입세액을 공제받았으나 이후 대가를 변제하지 아니하여 파산관재인이 선임된 후에 소멸시효 완성으로 공급자가 대손세액을 공제받고, 파산관재인은 소멸시효가 완성된 과세기간에 대한 확정신고 시 매입세액에서 이를 차감하여 납부하지 아니하여 쟁점 부가가치세를 추징당하였다.

2. 부가가치세 납세의무 요약
   파산법은 "국세징수법 또는 국세징수의 예에 의하여 징수할 수 있는 청구권을 재단채권"으로 규정하면서 "파산선고 후의 원인으로 인한 청구권은 파산재단에 관하여 생긴 것에 한한다"라고 규정하고 있으므로 부가가치세가 재단채권에 해당하기 위해서는 파산선고 전의 원인으로 생긴 것이거나 파산선고 후의 원인으로 인한 청구권으로서 파산재단에 관하여 생긴 것이어야 한다.

3. 법원의 판단

쟁점 부가가치세는 파산선고 후에야 성립한 채권이고, "**파산재단**에 관하여 생긴 것"이란 파산재단에 속한 자산의 소유사실 또는 그 자산의 양도・처분사실에 근거하여 과세되거나 그 자산으로부터 얻은 수익 그 자체에 대하여 과세되는 조세로서 쟁점 부가가치세는 여기에도 해당하지 않음이 명백하므로 **재단채권**(파산재단으로부터 일반 파산채권자에 우선하고 또 파산절차에 의하지 아니하고 변제를 받을 권리)에 포함되지 않는다.

그리고 **파산채권**이란 파산자에 대하여 파산선고 전의 원인에 의하여 생긴 재산상의 청구권(또는 파산절차에서 그 채권을 신고하고 파산재단으로부터 공동변제를 받을 수 있는 채권)을 의미하는데 쟁점 부가가치세를 **파산채권에 해당한다고 볼 수도 없다.**

따라서 쟁점 부가가치세는 재단채권이나 파산채권에 속하지 아니하고 그 결과 파산선고 시 파산자의 재산으로 구성되는 파산재단에 관한 관리처분권만을 가지게 되는 파산관재인의 관리처분권 범위에 포함되지 않으므로 쟁점 **부가가치세의 납세의무자는 파산관재인이 아닌 파산회사이다**(대법원 2007두7697, 2007. 6. 15.).

(18) 내적조합에 대한 부가가치세 등의 납세의무

갑과 을(참가인)이 건물을 공유하면서 그 부지를 갑 단독으로 소유하고, 동 건물에 대한 임대와 관련하여 갑과 을 공동으로 권한을 행사하며, 임대수입의 사용관계 등 여러 사정 등을 종합하면 갑과 을이 공동으로 출자하여 동 건물의 임대사업을 영위하였고, 다만 대외적인 행위는 을 1인의 이름으로 활동하도록 하여 그 임대수입을 공동사용하였다면 이러한 법률관계는 공동사업을 위한 조합재산을 가지는 민법상 조합이나, 당사자 일방이 상대방의 영업을 위해 출자하는 형태인 상법상 익명조합에 해당하지 아니하고 내적조합에 해당한다.

그렇다면, 2인 이상이 공동으로 사업을 경영하여 그 이익을 분배하기로 약정한 경우에는 편의상 외부적으로는 그중 1인의 이름으로 활동을 하더라도 실질과세원칙과 「소득세법」 제43조 제2항에 따라 그 공동사업으로 인한 소득은 각 그 지분 또는 손익분배 비율에 의하여 분배되었거나 분배될 소득금액에 따라 각 그 소득금액을 계산하여야 한다(대법원 94누8884, 1995. 11. 10. 외).

한편, 내적조합도 특수한 형태의 조합이므로 민법상 조합에 관한 내부관계 규정이 그대로 적용된다. 따라서 내적조합의 조합원은 「민법」 제716조, 제717조에 따라 조합을 탈퇴할 수 있고, 이때 조합관계는 종료된다(서울고법 2013누30065, 2014. 7. 16. ; 서울행법 2012구합42946, 2013. 9. 27.).

(19) 둘 이상 사업자 간 공동조직 운영

유사업종을 영위하거나 계열회사 등 수 개의 사업자가 공동판매조직이나 공동연구소를 운영하면서 소요된 경비를 매출액이나 연구결과물 등에 대한 소유권의 비율로 사업자 간 정산하는 경우에 해당 공동조직은 독립된 사업자로 볼 수 없다(자세한 것은 “심층분석사례집(Ⅰ)” 참조).

(20) 용역매출채권 양도가 공급자 지위에 영향을 미치는지 여부

어떤 사업자가 역무의 제공을 완료하였으나 그 공급가액이 확정되지 아니한 상태에서 다른 사업자에게 용역대금 채권을 양도하고 그 후 비로소 공급가액이 확정된 경우에는 역무의 제공을 완료한 것은 당초 사업자일 뿐만 아니라 용역대금 채권의 양도로 공급자의 지위에 어떠한 영향을 미치지 못하므로 당초 사업자를 공급자로 보아야 할 것인 바, 사업자가 용역을 수행할 당시 공급가액이 확정되지 아니한 상태에서 다른 사업자에 특정 용역수행의 결과물의 소유권을 이전함으로써 용역대금 채권을 양도하였더라도 특정 용역의 공급자는 여전히 해당 사업자로 보아야 한다(대법원 2014두13812, 2016. 2. 18.). 아울러 용역공급이 완료된 후에 채권이 양도되거나 그 대가가 감액되었다고 하더라도 이는 공급완료 이후의 사정에 불과하여 이미 성립한 부가가치세 및 법인세 납세의무 등에 영향을 미치지 아니한다(대법원 2017두47564, 2019. 9. 9.).

4 납세의무의 장소적 범위

부가가치세의 납세의무는 부가법 제4조에 따른 과세대상인 재화 또는 용역의 공급에 대하여 발생하고 그 과세대상은 공급장소가 국내인 것에 한한다(부가통칙 3-0-3). 따라서 사업자가 우리나라의 주권이 미치지 아니하는 국외에서 재화를 공급하는 경우(이 경우 우리나라 국적의 항공기 또는 선박에서 이루어지는 거래는 국내거래로 봄)와 국외에서 용역을 공급하는 경우에는 부가가치세 과세대상이 아니므로 납세의무가 없는 것이 원칙이다.

또한, 국내사업장이 없는 비거주자 또는 외국법인과 국내사업장이 있는 비거주자 또는 외국법인(비거주자 또는 외국법인의 국내사업장과 관련없이 용역을 제공하는 경우로서 부가법 제52조 제1항 제2호의 규정에 해당하는 경우에 한함)으로부터 용역을 국내에서 제공받아 공급받은 해당 용역을 부가가치세가 면제되는 사업에 사용하는 경우에는 그 대가를 지급하는 때에 부가가치세를 징수하여 "대리납부"하여야 한다.

5 납세의무자의 범위

(1) 개 요

부가가치세의 납세의무자에는 개인, 법인(국가 · 지방자치단체와 지방자치단체조합을 포함한다), 법인격이 없는 사단 · 재단 또는 그 밖의 단체를 포함한다. 부가가치세는 간접세이므로 납세의무자인 법인에는 국가 및 지방자치단체와 지방자치단체조합을 포함한다(부가법 §3).

1) 개인

「소득세법」 제1조의2에서 규정하는 거주자, 비거주자 및 거주자로 보는 단체가 이에 해당된다.

① 거주자

국내에 주소를 두거나 183일 이상 거소를 둔 개인을 말한다.

② 비거주자

거주자가 아닌 개인을 말한다.

③ 거주자로 보는 단체

「국세기본법」 제13조에 따라 법인으로 보는 단체 외의 단체 중 대표자 또는 관리인이 선임되어 있고 이익의 분배방법 및 분배비율이 정하여져 있지 아니한 단체는 그 단체를 하나의 거주자로 보며, 이에 해당하지 아니하는 단체는 공동사업자로 본다. 이때, 이익의 분배방법 등과 관련하여 명시적으로는 이익의 분배방법이나 분배비율이 정하여져 있지 않더라도 사실상 이익이 분배되는 경우에는 공동사업자로 본다.

2) 법인

「법인세법」 제1조에서 규정하는 내국법인 및 외국법인과 법인으로 보는 단체가 이에 해당된다.

① 내국법인

국내에 본점이나 주사무소 또는 사업의 실질적 관리장소를 둔 법인을 말하며, 「민법」 제32조 또는 「사립학교법」 제10조에 따라 설립된 법인과 그 밖의 특별법에 의하여 설립된 법인으로서 「민법」 제32조에 따른 법인과 유사한 설립 목적을 가진 비영리내국법인과 그 밖의 영리내국법인으로 구분된다.

② 외국법인

외국에 본점이나 주사무소 또는 사업의 실질적 관리장소를 둔 법인을 말하며, 영리를 목적으로 하지 아니하는 비영리외국법인과 영리를 목적으로 하는 영리외국법인으로 구분된다.

③ 법인격 없는 사단 · 재단 · 그 밖의 단체

「국세기본법」 제13조에 따라 법인으로 보는 단체를 말하는 것으로, 주무관청의 허가를 받아 설립한 사단 · 재단 또는 그 밖의 단체로서 등기되지 아니한 단체와 공익을 목적으로 출연된 기본재산이 있는 재단으로서 등기되지 아니한 단체 등이 이에 해당된다.

3) 법인으로 보는 법인격 없는 단체

법인으로 보는 단체는 당연히 법인으로 보는 단체와 단체의 신청과 승인에 의하여 법인으로 보는 단체의 2종류로 구분된다(국기법 §13).

① 당연히 법인으로 보는 단체

법인(「법인세법」 제2조 제1호에 따른 내국법인 및 같은 조 제3호에 따른 외국법인을 말한다)이 아닌 사단, 재단, 그 밖의 단체(이하 “법인 아닌 단체”라 한다) 중 다음의 어느 하나에 해당하는 것으로서 수익을 구성원에게 분배하지 아니하는 것은 법인으로 보아 국세기본법과 세법을 적용한다(국기법 §13 ①).

가. 주무관청의 허가 또는 인가를 받아 설립되거나 법령에 따라 주무관청에 등록한 사단 · 재단, 그 밖의 단체로서 등기되지 아니한 것

나. 공익을 목적으로 출연된 기본재산이 있는 재단으로 등기되지 아니한 것

② 신청과 승인에 따라 법인으로 보는 단체

가. 요건

위 "①"에 따라 법인으로 보는 사단, 재단, 그 밖의 단체 외의 법인 아닌 단체 중 다음의 세 가지 요건을 모두 갖춘 것으로서 대표자나 관리인이 관할 세무서장에게 신청하여 승인을 받은 것도 법인으로 보아 국세기본법과 세법을 적용한다. 이 경우 해당 사단, 재단, 그 밖의 단체의 계속성과 동질성이 유지되는 것으로 본다(국기법 §13 ②).

㉠ 사단·재단, 그 밖의 단체의 조직과 운영에 관한 규정을 가지고 대표자나 관리인을 선임하고 있을 것

㉡ 사단·재단, 그 밖의 단체 자신의 계산과 명의로 수익과 재산을 독립적으로 소유·관리할 것

㉢ 사단·재단, 그 밖의 단체의 수익을 구성원에게 분배하지 아니할 것

나. 승인절차

「국세기본법」 제13조 제2항에 따라 법인으로 승인을 받으려는 법인(「법인세법」 제1조 제1호 및 제3호에 따른 내국법인 및 외국법인을 말한다. 이하 같다)이 아닌 사단, 재단, 그 밖의 단체(이하 "법인 아닌 단체"라 한다)의 대표자 또는 관리인은 ① 단체의 명칭, ② 주사무소의 소재지, ③ 대표자 또는 관리인의 주소 또는 거소, ④ 고유사업, ⑤ 재산상황, ⑥ 정관 또는 조직과 운영에 관한 사항, ⑦ 그 밖의 필요한 사항 등을 기재한 승인신청서를 관할 세무서장에게 제출하여야 하며, 그 승인신청서를 받은 세무서장은 신청일로부터 10일 내에 승인 여부를 통지하여야 한다(국기령 §8 ①, ②).

다. 거주자로서 변경 제한 및 승인취소

비영리법인이 가지고 있는 공공성을 인정하고 비영리법인으로서 부여받은 혜택만큼 존속해야 할 의무가 있는 것이므로 위와 같이 승인을 받아 법인이 된 법인 아닌 단체는 그 신청에 대하여 관할 세무서장의 승인을 받은 날이 속하는 과세기간과 그 과세기간이 끝난 날부터 3년이 되는 날이 속하는 과세기간까지는 「소득세법」에 따른 거주자 또는 비거주자로 변경할 수 없다. 다만, 위 "가"의 승인 요건을 갖추지 못하게 되어 승인이 취소되는 경우에는 그러하지 아니하며, 동 단체가 이에 해당하는 경우 관할 세무서장은 지체 없이 그 승인을 취소하여야 한다(국기법 §13 ③, 국기령 §8 ④).

③ 납세번호의 부여

관할 세무서장은 법인으로 승인을 얻은 법인격 없는 단체에 대하여는 승인과 동시에

부가령 제12조 제2항에 규정된 고유번호를 부여하여야 한다. 다만, 해당 단체가 수익사업을 영위하고자 하는 경우로서 「법인세법」 제67조에 따라 사업자등록을 하여야 하는 경우는 그러하지 아니한다(국기령 §8 ③).

④ 납세의무 이행

법인으로 보는 단체는 국세에 관한 의무의 이행을 대표자 또는 관리인이 이행하여야 하며, 대표자나 관리인을 선임하거나 변경한 경우에는 대표자나 관리인(변경의 경우 변경 전 또는 변경 후의 대표자나 관리인)의 성명과 주소 또는 거소 그 밖의 필요한 사항을 기재한 문서, 즉 법인으로 보는 단체의 대표자 등 선임(변경)신고서를 관할 세무서장에게 신고하여야 한다(국기법 §13 ④·⑤, 국기령 §9).

또한, 대표자 등의 신고가 없는 때에는 관할 세무서장은 그 구성원이나 관계인 중 1인을 국세에 관한 의무를 이행하는 자로 지정할 수 있으며, 다음의 사항을 기재한 문서로 지체 없이 해당 법인으로 보는 단체에 통지하여야 한다(국기법 §13 ⑥, 국기령 §9의2).

㉠ 국세에 관한 의무를 이행하는 자의 성명과 주소 또는 거소
㉡ 지정연월일
㉢ 지정사유
㉣ 그 밖의 필요한 사항

⑤ 법인으로 보는 단체에 대한 세법상 취급

가. 「법인세법」

㉠ 과세소득의 범위

「국세기본법」 제13조 제4항에 따라 법인으로 보는 단체는 비영리내국법인으로 보고 법인세법을 적용하므로 일정한 수익사업에서 생긴 소득에 대한 법인세와 토지 등 양도소득에 대한 법인세를 납부할 의무가 있으나, 청산소득에 대한 납세의무는 없다.

㉡ 납세지

법인으로 보는 단체의 납세지는 해당 단체의 사업장 소재지를 말하되, 주된 소득이 부동산인 단체의 경우에는 그 부동산의 소재지로 한다. 2개 이상의 사업장 또는 부동산을 가지고 있는 단체의 경우에는 주된 사업장 소재지를 말하며, 사업장이 없는 단체의 경우에는 해당 단체의 정관 등에 적혀 있는 주사무소의 소재지(정관 등에 주사무소에 관한 규정이 없는 단체의 경우에는 그 대표자 또는 관리인의 주소)를 납세지로 한다.

나. 「부가가치세법」

「부가가치세법」은 법인격 없는 단체에 대하여 명문의 규정을 두고 있지 아니하여 국세기본법의 규정이 적용된다.

(2) 부가가치세 납세의무자의 구분

부가가치세제가 지니는 조세부담의 역진성을 완화하기 위한 면세제도와 영세사업자에 대한 간이과세제도를 두고 있다.

1) 과세사업자

부가법 제26조 또는 「조세특례제한법」 제106조 제1항에 따라 부가가치세가 면제되는 재화 또는 용역을 공급하는 사업 외의 재화 또는 용역을 공급하는 사업자를 말한다.

이러한 과세사업자에 대하여는 일반세율 또는 영세율이 적용된다.

① 일반과세자

부가법 제37조에 규정하는 바에 따라 전단계세액공제방법에 의하여 매출세액에서 매입세액을 공제한 금액을 납부세액으로 하여 납세의무를 지는 과세사업자를 말한다.

② 간이과세자

부가법 제7장에서 규정하는 바에 따라 과세표준에 부가가치율과 세율을 적용하여 계산한 금액을 납부세액으로 하여 납세의무를 지는 과세사업자를 말한다.

2) 면세사업자

부가법 제26조 또는 「조세특례제한법」 제106조에 따라 재화 또는 용역의 공급에 대하여 부가가치세가 면제되는 사업을 영위하는 사업자로서 법체계상 이러한 면세사업자도 납세의무자에 포함되나 법에서 규정하고 있는 납세의무의 이행에 관련된 제반의무, 즉 사업자등록, 거래징수, 세금계산서의 교부, 예정신고·납부 및 확정신고·납부 등의 의무가 배제되므로 실질적으로는 납세자에서 제외된다.

3) 과세 및 면세사업 겸영사업자

한 사업자가 면세사업과 과세사업을 결합하여 수행하는 경우로서 두 사업이 수직적으로 통합되어 있는 때에는 이는 각각 독립된 사업을 영위하는 것으로 보아 면세사업과 과세사업을 겸영하는 것으로 보며, 과세사업과 관련된 재화 또는 용역의 공급에 대하여

부가가치세의 납세의무를 진다.

4) 법인사업자의 목적사업과 부가가치세 과세

부가가치세의 납세의무자가 되기 위해서는 사업상 독립적으로 재화 또는 용역을 공급하는 자이면 족하고 그 사업과 관련된 매입세액은 전단계세액공제법하에서 공제대상이 되어야 하는 것으로 법인이 정관상 목적사업을 영위하는 경우 그 목적사업이 부가가치세 과세사업에 해당되어야 관련 매입세액이 공제대상이 되고, 법인의 목적사업이 아니더라도 그것이 부가가치세 과세사업에 해당된다면 재화 또는 용역의 공급에 대하여 부가가치세를 과세하여야 하고 사업과 관련된 매입세액은 공제되는 것이다(부가 22601-804, 1989. 6. 13. ; 서삼 46015-12034, 2003. 12. 30. ; 부가 46015-2203, 1996. 10. 22. ; 국심 92부978, 1992. 6. 15. ; 부가 46015-1827, 1997. 8. 7.). 여기에서 사업 관련성의 유무는 지출의 목적과 경위, 사업의 내용 등에 비추어 그 지출이 부가가치를 창출하는 과세사업의 수행에 필요한 것이었는지를 살펴 개별적으로 판단하여야 할 사안이다(대법원 94누1449, 1995. 12. 21. ; 대법원 2010두12552, 2012. 7. 26. ; 부가 46015-536, 1995. 3. 22. 외 다수). 이러한 결론은 결국 부가가치세가 간접세인 이상 개인사업자이든지 법인사업자이든지 부가가치세 납부세액 산출방식은 매출세액에서 매입 부가가치에 대하여 지출된 세금계산서상의 매입세액을 공제하는 기본적 구조는 동일함에서 비롯된다.

6 | 신탁 관련 납세의무 등(현행)

(1) 신탁에 따른 납세의무자

1) 신탁재산 관련 원칙적 납세의무자

신탁재산[「신탁법」 또는 다른 법률에 따른 신탁재산(해당 신탁재산의 관리, 처분 또는 운용 등을 통하여 발생한 소득 및 재산을 포함한다)을 말한다. 이하 "신탁재산"이라 한다]과 관련된 재화 또는 용역을 공급하는 때에는 「신탁법」 제2조에 따른 수탁자(이하 부가법 제3조, 제3조의2, 제8조, 제10조 제9항 제4호, 제29조 제4항, 제52조의2 및 제58조의2에서 "수탁자"라 한다)가 신탁재산별로 각각 별도의 납세의무자로서 부가가치세를 납부할 의무가 있다(부가법 §3 ②, 부가령 §5의2 ①).

2) 신탁재산 납세의무자에 대한 예외

다음의 어느 하나에 해당하는 경우에는 「신탁법」 제2조에 따른 위탁자(이하 부가법 제3조, 제3조의2, 제10조 제8항, 제10조 제9항 제4호, 제29조 제4항 및 제52조의2에서 "위탁자"라 한다)가 부가가치세를 납부할 의무가 있다(부가법 §3 ③, 부가령 §5의2 ②).

가. 신탁재산과 관련된 재화 또는 용역을 위탁자 명의로 공급하는 경우

나. 위탁자가 신탁재산을 실질적으로 지배·통제하는 경우로서 다음의 어느 하나에 해당하는 경우

① 수탁자가 위탁자로부터 「자본시장과 금융투자업에 관한 법률」(이하 "자본시장법"이라 한다) 제103조 제1항 제5호 또는 제6호의 재산을 수탁받아 같은 조 제4항에 따라 부동산개발사업을 목적으로 하는 신탁계약을 체결한 경우로서 그 신탁계약에 따른 부동산개발사업비의 조달의무를 수탁자가 부담하지 않는 경우. 다만, 수탁자가 「도시 및 주거환경정비법」(이하 "도시정비법"이라 한다) 제27조 제1항 또는 「빈집 및 소규모주택 정비에 관한 특례법」(이하 "소규모주택정비법"이라 한다) 제19조 제1항에 따른 재개발사업·재건축사업 또는 가로주택정비사업·소규모재건축사업의 사업시행자인 경우는 제외한다.

② 수탁자가 도시정비법 제28조 제1항 또는 소규모주택정비법 제56조 제1항에 따른 재개발사업·재건축사업 또는 가로주택정비사업·소규모재건축사업·소규모재개발사업의 사업대행자인 경우

③ 수탁자가 위탁자의 지시로 위탁자와 국기령 제1조의2 제1항, 제2항, 같은 조 제3항 제1호 또는 법인령 제2조 제8항 각호의 관계에 있는 자(특수관계인)에게 신탁재산과 관련된 재화 또는 용역을 공급하는 경우(2022. 1. 1. 이후부터 2022. 2. 15. 전까지 수탁자가 공급한 경우에도 적용한다)

④ 자본시장법 제9조 제18항 제1호에 따른 투자신탁[집합투자업자인 위탁자가 신탁업자에게 신탁한 재산을 신탁업자로 하여금 그 집합투자업자의 지시에 따라 투자·운용하게 하는 신탁 형태의 집합투자기구("투자신탁")]의 경우

다. 그 밖에 신탁의 유형, 신탁설정의 내용, 수탁자의 임무 및 신탁사무 범위 등을 고려하여 대통령령으로 정하는 경우

3) 공동수탁자에 대한 연대납세의무

위 "1)"에 따라 수탁자가 납세의무자가 되는 신탁재산에 둘 이상의 수탁자(이하 "공동수탁자"라 한다)가 있는 경우 공동수탁자는 부가가치세를 연대하여 납부할 의무가 있

다. 이 경우 공동수탁자 중 신탁사무를 주로 처리하는 수탁자(이하 "대표수탁자"라 한다)가 부가가치세를 신고 · 납부하여야 한다(부가법 §3 ④).

4) 사업자등록 신청

위 "1)"과 "3)"에 따라 수탁자가 납세의무자가 되는 경우 수탁자(공동수탁자가 있는 경우 대표수탁자를 말한다)는 해당 신탁재산의 등기부상 소재지, 등록부상 등록지 또는 신탁사업에 관한 업무를 총괄하는 장소를 사업장으로 하여 사업자등록을 신청하여야 한다(부가법 §8 ⑥, 부가령 §8 ⑦).

수탁자가 사업자등록을 신청하는 경우로서 다음의 요건을 모두 갖춘 경우에는 둘 이상의 신탁재산을 하나의 사업장으로 보아 신탁사업에 관한 업무를 총괄하는 장소를 관할하는 세무서장에게 사업자등록을 신청할 수 있다(부가령 §11 ⑪).

① 수탁자가 하나 또는 둘 이상의 위탁자와 둘 이상의 신탁계약을 체결하였을 것

② 신탁계약이 다음의 어느 하나에 해당할 것

i. 수탁자가 위탁자의 채무이행을 담보하기 위해 위탁자로부터 자본시장법 제103조 제1항 제5호 또는 제6호의 재산을 수탁하여 운용하는 신탁계약

ii. 자본시장법에 따른 신탁업자가 같은 법 제103조 제1항 제7호의 재산을 수탁하여 운용하는 신탁계약

iii. 「저작권법」 제2조 제26호에 따른 저작권신탁관리업을 영위하는 자가 같은 호에 따른 권리를 수탁하여 운용하는 신탁계약

iv. 「기술의 이전 및 사업화 촉진에 관한 법률」 제2조 제8호에 따른 기술신탁관리업을 영위하는 자가 같은 호에 따른 기술과 그 사용에 관한 권리를 수탁하여 운용하는 신탁계약

※ 적용시기: 2024. 2. 29. 시행령 개정 전에 사업자등록을 신청하여 이 영 시행 당시 그 절차가 진행 중인 경우에도 적용된다. 위 "①" 등 2022. 2. 15. 개정분의 경우에도 그러하다.

법인법 제5조 제2항 각호에 규정된 법인 과세 신탁재산[① 「신탁법」에 따른 목적신탁, ② 수익증권발행신탁, ③ 유한책임신탁, ④ 그 밖에 유사한 신탁으로서 대통령령으로 정하는 신탁은 내국법인으로 보아 사업자등록 신청] 외의 신탁재산에 대하여 각각 개인사업자로 등록한다. 아래 수탁자가 납세의무자가 되어 신탁재산별로 사업자등록을 하여야 하므로, 아래 요령에 따라 인적사항을 기재하여 등록처리하게 된다.

|인적사항 기재 요령|

인적사항	수탁자가 법인인 경우	수탁자가 개인인 경우
상호(단체명)	신탁재산 상품명	신탁재산 상품명
성명(대표자)	수탁자 법인명	개인 대표자 성명
주민등록번호	수탁자 사업자등록번호*	개인 대표자 주민등록번호
사업장(단체) 소재지	신탁재산의 등기부상 소재지, 등록부상 등록지 또는 신탁사업에 관한 업무를 총괄하는 장소	

* 주로 법인사업자가 수탁자로 개인사업자 등록을 신청할 것으로 예상됨.

(2) 신탁 관련 제2차 납세의무 및 물적납세의무

1) 제2차 납세의무

위 "(1)의 1)"에 따라 수탁자가 납부하여야 하는 다음의 어느 하나에 해당하는 부가가치세 또는 강제징수비(이하 "부가가치세등"이라 한다)를 신탁재산으로 충당하여도 부족한 경우에는 그 신탁의 수익자(「신탁법」 제101조에 따라 신탁이 종료되어 신탁재산이 귀속되는 자로서 위탁자, 수익자, 귀속권리자 등을 말함)는 지급받은 수익과 귀속된 재산의 가액을 합한 금액을 한도로 하여 그 부족한 금액에 대하여 납부할 의무(이하 "제2차 납세의무"라 한다)를 진다. 이 규정은 2022년 1월 1일 이후 납세의무가 성립하는 분부터 적용한다(부가법 §3의2 ①, 부칙 §3).

① 신탁 설정일 이후에 국기법 제35조 제2항에 따른 법정기일이 도래하는 부가가치세로서 해당 신탁재산과 관련하여 발생한 것(신탁 설정일은 「신탁법」 제4조에 따라 해당 재산이 신탁재산에 속한 것임을 제3자에게 대항할 수 있게 된 날로 한다. 다만, 다른 법률에서 제3자에게 대항할 수 있게 된 날을 「신탁법」과 달리 정하고 있는 경우에는 그 날로 한다)(부가령 §5의3 ②)

② "①"의 금액에 대한 강제징수 과정에서 발생한 강제징수비

신탁의 수익자가 제2차 납세의무를 지는 경우에 신탁의 수익자에게 귀속된 재산의 가액은 신탁재산이 해당 수익자에게 이전된 날 현재의 시가(時價)로 하며, 시가의 기준은 부가령 제62조에 따른다(부가령 §5의3 ①).

2) 물적납세의무

위 "(1)의 2)"에 따라 부가가치세를 납부하여야 하는 위탁자가 위 "1)"의 "①"과 "②" 중 어느 하나에 해당하는 부가가치세등을 체납한 경우로서 그 위탁자의 다른 재산에 대

하여 강제징수를 하여도 징수할 금액에 미치지 못할 때에는 해당 신탁재산의 수탁자는 그 신탁재산으로써 부가법에 따라 위탁자의 부가가치세등을 납부할 의무(이하 "물적납세의무"라 한다)가 있다(부가법 §3의2 ②).

※ 2020년 1월 1일 전에 납세의무가 성립된 분에 대해서는 위 개정규정에도 불구하고 종전의 규정에 따른다.

(3) 물적납세의무 등에 대한 납부 특례

1) 제2차 납세의무에 대한 납부특례

위 "(1)의 1)"에 따라 부가가치세를 납부하여야 하는 수탁자의 관할 세무서장은 제2차 납세의무자로부터 수탁자의 부가가치세등을 징수하려면 다음의 사항을 적은 납부고지서를 제2차 납세의무자에게 발급하여야 한다. 이 경우 수탁자의 관할 세무서장은 제2차 납세의무자의 관할 세무서장과 수탁자에게 그 사실을 통지하여야 한다(부가법 §52의2 ①).

① 징수하려는 부가가치세등의 과세기간, 세액 및 그 산출근거
② 납부하여야 할 기한 및 납부장소
③ 제2차 납세의무자로부터 징수할 금액 및 그 산출 근거
④ 그 밖에 부가가치세등의 징수를 위하여 필요한 사항

2) 물적납세의무에 대한 납부특례

① 개요

위 "(1)의 2)"에 따라 부가가치세를 납부하여야 하는 위탁자의 관할 세무서장은 수탁자로부터 위탁자의 부가가치세등을 징수하려면 다음의 사항을 적은 납부고지서를 수탁자에게 발급하여야 한다. 이 경우 수탁자의 관할 세무서장과 위탁자에게 그 사실을 통지하여야 한다(부가법 §52의2 ②).

㉠ 부가가치세등의 과세기간, 세액 및 그 산출 근거
㉡ 납부하여야 할 기한 및 납부장소
㉢ 그 밖에 부가가치세등의 징수를 위하여 필요한 사항

② 신탁이익 포기 또는 이전 등이 있는 경우

물적납세의무에 따른 고지가 있은 후 납세의무자인 위탁자가 신탁의 이익을 받을 권리를 포기 또는 이전하거나 신탁재산을 양도하는 등의 경우에도 고지된 부분에 대한 납세의무에는 영향을 미치지 아니한다(부가법 §52의2 ③).

③ **수탁자 변경이 있는 경우**

신탁재산의 수탁자가 변경되는 경우에 새로운 수탁자는 이전의 수탁자에게 고지된 납세의무를 승계한다(부가법 §52의2 ④). 따라서 납세의무자인 위탁자의 관할 세무서장은 최초의 수탁자에 대한 신탁 설정일을 기준으로 그 신탁재산에 대한 현재 수탁자에게 위탁자의 부가가치세등을 징수할 수 있다(부가법 §52의2 ⑤).

④ **유익비 등의 우선변제**

신탁재산에 대하여 「국세징수법」에 따라 강제징수를 하는 경우 「국세기본법」 제35조 제1항에도 불구하고 수탁자는 「신탁법」 제48조 제1항에 따른 신탁재산의 보존 및 개량을 위하여 지출한 필요비 또는 유익비의 우선변제를 받을 권리가 있다(부가법 §52의2 ⑥).

(4) 신탁재산에 대한 강제징수의 특례

위 "(1)의 1)"에 따라 수탁자가 납부하여야 하는 부가가치세가 체납된 경우에는 「국세징수법」 제31조에도 불구하고 해당 신탁재산에 대해서만 강제징수를 할 수 있다(부가법 §58의2).

(5) 물적납세의무의 범위

위탁자의 관할 세무서장이 수탁자로부터 체납한 위탁자의 부가가치세 등을 징수하려면 납부고지서를 수탁자에게 발급하여야 하고 수탁자는 납부고지가 있은 후에야 물적납세의무를 부담하여야 하는 것이고 납부고지 후 위탁자가 신탁재산을 양도하는 경우에도 고지된 부분에 대한 납세의무를 지게 된다. 즉, 납부고지서 발급 이후 수탁자가 신탁재산을 보유하고 있는 경우에 물적납세의무제도가 실효성을 가진다.

만약 납부고지 전에 위탁자가 정상적으로 신탁재산을 매각함으로써 수탁자에게 신탁재산이 전무한 경우 신탁재산이 잔존하는 범위 내에서 물적납세의무를 지는 것이므로 수탁자가 이러한 사실을 입증한다면 물적납세의무를 질 수 없다. 부가법 제52조의2 제5항에서 정하는 최초의 수탁자에 대한 신탁 설정일을 기준으로 그 신탁재산에 대한 현재 수탁자에게 위탁자의 부가가치세 등을 징수할 수 있다는 의미는 신탁설정일의 신탁재산을 기준으로 수탁자에게 물적납세의무 범위를 정한 것은 아니다.

조세심판원도 납부고지일 현재 신탁사업에서 발생한 소극재산이 적극재산을 초과하여 채무초과상태로 확인되어 수탁자가 물적납세의무를 부담하게 될 신탁재산이 존재하였다고 보기 어렵다면 수탁자에게 물적납세의무자로 지정하여 납부고지한 당초 처분은 잘못된 것이라고 결정하였다(조심 2020중0634, 2020. 12. 22.).

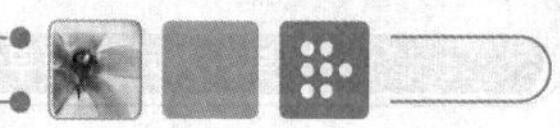

(6) 적용시기

2022년 1월 1일 전에 설정한 신탁의 경우 다음의 구분에 따른 자를 위 "(1)의 1) 및 2)"의 개정규정에 따른 납세의무자로 본다(부칙 §5).

① 다음의 처분을 하는 경우: 수탁자

㉠ 수탁자가 위탁자로부터 「자본시장과 금융투자업에 관한 법률」 제103조 제1항 제5호 또는 제6호의 재산을 위탁자의 채무이행을 담보하기 위하여 수탁으로 운용하는 내용으로 체결되는 신탁계약을 체결한 경우로서 그 채무이행을 위하여 신탁재산을 처분하는 경우

㉡ 수탁자가 「도시 및 주거환경정비법」 제27조 제1항 또는 「빈집 및 소규모주택 정비에 관한 특례법」 제19조 제1항에 따라 지정개발자로서 재개발사업 · 재건축사업 또는 가로주택정비사업 · 소규모재건축사업을 시행하는 과정에서 신탁재산을 처분하는 경우

② 위 "①" 외의 경우: 위탁자

(7) 신탁재산 귀속 소득에 대한 납세의무의 범위

신탁재산에 귀속되는 소득은 그 신탁의 이익을 받을 수익자(수익자가 사망하는 경우에는 그 상속인)에게 귀속되는 것으로 본다. 다만, 수익자가 특별히 정하여지지 아니하거나 존재하지 아니하는 신탁 또는 위탁자가 신탁재산을 실질적으로 통제하는 등 대통령령으로 정하는 요건을 충족하는 신탁의 경우에는 그 신탁재산에 귀속되는 소득은 위탁자에게 귀속되는 것으로 본다(소득법 §2의3 ①, ②).

7 | 신탁 관련 납세의무 등(2021. 12. 31. 이전)

(1) 신탁재산의 이전 또는 매각에 따른 부가가치세 납세의무

1) 신탁재산 매매 시 부가가치세 납세의무자

신탁재산을 수탁자의 명의로 매매할 때에는 「신탁법」 제2조에 따른 위탁자(이하 "위탁자"라 한다)가 직접 재화를 공급하는 것으로 본다(부가법 §10 ⑧).

2) 신탁재산 매매 시 납세의무의 예외

다음의 어느 하나에 해당하는 경우에는 수탁자가 재화를 공급한 것으로 본다(부가법 §10 ⑧ 단서).

가. 채무이행을 위한 신탁재산 이전 시 납세의무의 예외

위탁자의 채무이행을 담보할 목적으로 신탁계약(수탁자가 위탁자로부터 「자본시장과 금융투자업에 관한 법률」 제103조 제1항 제5호 또는 제6호의 재산을 위탁자의 채무이행을 담보하기 위하여 수탁으로 운용하는 내용으로 체결되는 신탁계약을 말한다)을 체결한 경우로서 수탁자가 그 채무이행을 위하여 신탁재산을 처분하는 경우에는 수탁자가 재화를 공급하는 것으로 본다(부가법 §10 ⑧ 1, 부가령 §21의2).

나. 도시정비법 등에 따른 지정개발자로서 사업을 시행하는 경우

수탁자가 「도시 및 주거환경정비법」 제27조 제1항 또는 「빈집 및 소규모주택 정비에 관한 특례법」 제19조 제1항에 따라 지정개발자로서 재개발사업·재건축사업 또는 가로주택정비사업·소규모재건축사업을 시행하는 과정에서 신탁재산을 처분하는 경우에는 수탁자가 해당 사업의 납세의무자가 된다(부가법 §10 ⑧ 2, 2020. 1. 1. 이후 수탁자명의로 매매하는 분부터 적용).

3) 신탁재산의 신탁회사 이전 등과 관련된 부가가치세 과세 여부

신탁재산의 소유권 이전으로서 다음의 어느 하나에 해당하는 것은 재화의 공급으로 보지 아니한다(부가법 §10 ⑨ 4).

① 위탁자로부터 수탁자에게 신탁재산을 이전하는 경우
② 신탁의 종료로 인하여 수탁자로부터 위탁자에게 신탁재산을 이전하는 경우
③ 수탁자가 변경되어 새로운 수탁자에게 신탁재산을 이전하는 경우

(2) 신탁 관련 수탁자의 물적납세의무

1) 개요

신탁을 이용한 부가가치세 체납 등을 방지하기 위하여 수탁자에 대한 보충적 물적납세의무를 신설하였다(2018. 1. 1. 이후 납세의무자 성립되어 체납된 분부터 적용).

2) 물적납세의무 요건

다음의 어느 하나에 해당하는 부가가치세·가산금 또는 체납처분비(이하 "부가가치세등"이라 한다)를 체납한 부가법 제3조에 따른 납세의무자에게 대통령령으로 정하는 신탁재산(이하 "신탁재산"이라 한다)이 있는 경우로서 그 납세의무자의 다른 재산에 대하여 체납처분을 하여도 징수할 금액에 미치지 못할 때에는 그 신탁재산으로써 「신탁법」 제2조에 따른 수탁자(이하 부가법 제3조의2, 제10조 제8항, 제10조 제9항 제4호 및 제52조의2에서 "수탁자"라 한다)는 부가법에 따라 납세의무자의 부가가치세등을 납부할 의무가 있다(부가법 §3의2, 국기법 §3 ① 4).

① 신탁 설정일 이후에 「국세기본법」 제35조 제2항에 따른 법정기일이 도래하는 부가가치세 또는 가산금(부가가치세에 대한 가산금으로 한정한다)으로서 해당 신탁재산과 관련하여 발생한 것

② 위 "①"의 금액에 대한 체납처분 과정에서 발생한 체납처분비

여기서 "대통령령으로 정하는 신탁재산"이란 「신탁법」 또는 다른 법률에 따른 신탁재산(해당 신탁재산의 관리, 처분 또는 운용 등을 통하여 발생한 소득 및 재산을 포함한다)을 말한다(부가령 §5의2 ①).

그 밖에 "신탁설정일"이란 「신탁법」 제4조에 따라 해당 재산이 신탁재산에 속한 것임을 제3자에게 대항할 수 있게 된 날로 한다. 다만, 다른 법률에서 제3자에게 대항할 수 있게 된 날을 「신탁법」과 달리 정하고 있는 경우에는 그 달리 정하고 있는 날을 말한다(부가령 §5의2 ②).

3) 물적납세의무에 대한 납부특례 등 절차

가. 납부통지서 고지

부가법 제3조의2에 따른 납세의무자를 관할하는 세무서장은 수탁자로부터 납세의무자의 부가가치세등을 징수하려면 다음의 사항을 적은 납부통지서를 수탁자에게 고지하여야 한다. 이 경우 수탁자의 주소 또는 거소를 관할하는 세무서장과 납세의무자에게 그 사실을 통지하여야 한다(부가법 §52의2 ①).

① 부가가치세등의 과세기간, 세액 및 그 산출 근거

② 부가가치세등의 납부기한 및 납부장소

③ 그 밖에 부가가치세등의 징수를 위하여 필요한 사항

나. 납부통지의 효력 및 승계

위 "가"에 따른 고지가 있은 후 납세의무자가 신탁의 이익을 받을 권리를 포기 또는 이전하거나 신탁재산을 양도하는 등의 경우에도 위 "가"에 따라 고지된 부분에 대한 납세의무에는 영향을 미치지 아니한다.

또한, 신탁재산의 수탁자가 변경되는 경우에 새로운 수탁자는 위 "가"에 따라 이전의 수탁자에게 고지된 납세의무를 승계한다(부가법 §52의2 ②, ③).

다. 관할 세무서장의 부가가치세등 징수 및 우선변제권

위 "가"에 따른 납세의무자의 관할 세무서장은 최초의 수탁자에 대한 신탁 설정일을 기준으로 부가법 제3조의2에 따라 그 신탁재산에 대한 현재 수탁자에게 납세의무자의 부가가치세등을 징수할 수 있으며, 신탁재산에 대하여 「국세징수법」에 따라 체납처분을 하는 경우 「국세기본법」 제35조 제1항에도 불구하고 수탁자는 「신탁법」 제48조 제1항에 따른 신탁재산의 보존 및 개량을 위하여 지출한 필요비 또는 유익비의 우선변제를 받을 권리가 있다(부가법 §52의2 ④·⑤, 국기법 §3 ① 4).

라. 국세의 우선

국세·가산금 또는 체납처분비는 다른 공과금이나 그 밖의 채권에 우선하여 징수한다. 다만, 부가법 제3조의2에 따라 신탁재산에서 부가가치세등을 징수하는 경우에는 부가법 제52조의2 제1항에 따른 납부통지서의 발송일 전에 전세권, 질권 또는 저당권 설정을 등기하거나 등록한 사실이나 「주택임대차보호법」 제3조의2 제2항 또는 「상가건물 임대차보호법」 제5조 제2항에 따른 대항요건과 확정일자를 갖춘 사실이 증명되는 재산을 매각할 때 그 매각금액 중에서 국세 또는 가산금(그 재산에 대하여 부과된 국세와 가산금은 제외한다)을 징수하는 경우의 그 전세권, 질권 또는 저당권에 의하여 담보된 채권이나 확정일자를 갖춘 임대차계약증서 또는 임대차계약서상의 보증금에 대해서는 그러하지 아니한다(국기법 §35 ① 3 아목).

4) 불복

부가법 제3조의2에 따라 물적납세의무를 지는 자로서 부가법 제52조의2 제1항에 따른 납부통지서를 받은 자는 국기법 또는 세법에 따른 처분에 의하여 권리나 이익을 침해당하게 될 이해관계인으로서 위법 또는 부당한 처분을 받은 경우 그 처분의 취소 또는 변경을 청구하거나 그 밖에 필요한 처분을 청구할 수 있다(국기법 §55 ② 2의2).

5) 물적납세의무자의 체납과 관련된 특례

① 고액 · 상습체납자 등 명단공개 제외

부가법 제3조의2에 따른 물적납세의무가 있는 수탁자가 물적납세의무와 관련된 부가가치세를 체납한 경우 고액 · 상습체납자 등 명단공개 제외된다(국기령 §66 ① 1 라목).

② 납세증명서 발급 가능

부가법 제3조의2에 따라 신탁재산으로써 납세의무자의 부가가치세 · 가산금 또는 체납처분비(이하 "부가가치세등"이라 한다)를 납부할 의무(이하 "물적납세의무"라 한다)가 있는 「신탁법」 제2조에 따른 수탁자(이하 "수탁자"라 한다)가 그 물적납세의무와 관련하여 체납한 부가가치세등을 제외하고는 다른 체납이 없다는 납세증명서 발급이 가능하다(국징령 §2 4).

③ 관허사업의 제한에 대한 예외

부가법 제3조의2에 따라 물적납세의무가 있는 수탁자가 그 물적납세의무와 관련한 부가가치세등을 체납한 경우 관허사업의 제한에 대한 예외로 본다(국징법 §7 ①, 국징령 §8 8).

④ 체납자료 제공에 대한 예외

부가법 제3조의2에 따라 물적납세의무가 있는 수탁자가 그 물적납세의무와 관련한 부가가치세등을 체납한 경우 체납자료 제공에 대한 예외가 적용된다(국징법 §4의2 ①, 국징령 §10의2 ① 3).

8 | 재화의 수입에 대한 납세의무자

재화의 수입에 대한 납세의무자는 해당 재화를 수입하는 자이며, 재화를 수입하는 자는 사업자인지의 여부에 관계없이 또한 어떠한 용도나 목적으로 수입하는지에 관계없이 모두 납세의무자에 해당된다. 다만, 이 경우에서도 부가법 제27조(재화의 수입에 대한 면세) 또는 그 밖의 법률의 규정에 의하여 재화의 수입에 대하여 부가가치세가 면제되는 때에는 납세의무 그 자체는 없게 된다.

제 4 절

과세대상

I 과세대상의 의의

과세대상은 세법이 과세의 대상으로 정하고 있는 물건, 행위 또는 사실 등 담세력을 추정할 수 있는 세원의 존재를 나타내는 것으로 해당 세법에 의한 납세의무의 성립 또는 발생을 위하여 조세가 부과되는 객체 또는 과세물건을 말한다.

부가가치세의 과세대상은 공급자가 공급받는 자로부터 부가가치세를 거래징수하여야 할 물건, 행위 또는 사실 등으로써 구체적으로 "재화 또는 용역의 공급"과 "재화의 수입"이란 거래행위가 된다.

부가가치세의 과세대상은 일반적으로 기업에서 창출한 부가가치라 할 수 있으나, 우리나라의 부가가치세제는 '전단계세액공제방법'을 채택하고 있어 사업자가 창출한 부가가치와 부가가치세의 과세표준과는 아무런 연관이 없이 법에서 정하고 있는 과세대상에 대하여 거래상대방으로부터 부가가치세로써 거래징수하였거나 거래징수하여야 할 매출세액에서 거래상대방에 의하여 부가가치세로써 거래징수당하였거나 거래징수당할 매입세액을 공제한 금액을 부가가치세로 납부하게 된다.

II 과세대상의 범위

부가가치세의 과세대상은 재화 또는 용역 그 자체 또는 부가가치로 규정하지 아니하고 부가가치세의 전가를 전제로 이루어지는 "재화 또는 용역의 공급"과 "재화의 수입"이라는 거래행위(동적상태)로 규정하고 있다.

이 경우 부가법 제3조에 규정하는 납세의무자인 사업자에 의하여 국내에서 공급된 재화 또는 용역만이 과세대상이 되고 재화의 수입에 대하여는 재화의 수입자가 누구인가(사업자, 비사업자)에 관계없이 과세대상이 된다.

용역의 공급을 과세대상으로 하는 것과 달리 용역의 수입은 과세대상으로 규정하고 있지 아니하나, 동일한 용역을 국내사업자로부터 공급받을 때는 부가가치세가 과세되고, 국외사업자로부터 공급받을 때 과세되지 않는 불형평을 제거할 필요가 있다. 따라서 동일한 세부담이 되도록 부가법 제52조에서 대리납부의 규정을 두어 국외사업자로부터 용역을 공급받고 해당 용역의 대가를 지급하는 자가 용역을 공급하는 자를 대리하여 부가가치세를 징수하여 납부하도록 하는 "대리납부제도"를 운용하고 있다.

III 과세대상의 요건

1 재화 및 용역의 공급

(1) 공급주체

재화 또는 용역의 공급에 대한 납세의무자를 부가법 제3조에서 사업자로 규정함으로써 납세의무자인 사업자가 재화 또는 용역을 공급하는 경우에만 과세대상에 해당한다. 따라서 사업자가 과세대상인 재화 또는 용역을 공급하는 경우에는 공급받는 자가 사업자인지 또는 사업자가 아닌지, 과세사업자인지 또는 면세사업자인지의 여부에 불구하고 과세대상이 되는 것이며, 또한 어떠한 용도에 사용하거나 소비할 것인지, 공급자의 공급목적과 의도가 무엇인지에 관계없이 모두 부가가치세의 과세대상이 된다.

> 부가가치세는 재화나 용역이 생산 · 제공되거나 유통되는 모든 단계에서 창출된 부가가치를 과세표준으로 하고 소비행위에 담세력을 인정하여 과세하는 소비세로서의 성격을 가지고 있지만, 부가가치세법은 부가가치 창출을 위한 '재화 또는 용역의 공급'이라는 거래 그 자체를 과세대상으로 하고 있을 뿐 그 거래에서 얻은 소득이나 부가가치를 직접적인 과세대상으로 삼고 있지 않다(대법원 2012두22485, 2017. 5. 18.). 즉, 사인 간의 계약을 통한 재화나 용역의 공급 및 그에 상응하는 반대급부인 소비지출이 있다는 점에 근거하여 설계된 조세제도로서 계약상 대가관계의 이전당사자가 부가가치세의 납세의무자 및 공급받는 자를 구성하는 바, 법률상 공급과 재화의 수입, 부가법상 공급의제를 제외하고는 '사법상 계약 및 그 대가의 지급'을 과세대상으로 삼고 있다고 보면 된다.

(2) 공급장소

부가가치세는 간접세이다. 따라서 속지주의과세에서의 소비지국과세원칙에 따라 부가가치세의 과세권이 미치는 지역적인 장소는 국내이므로 재화 또는 용역의 공급에 대한 거래장소가 국내인 것에 한하여 과세대상이 된다(부가통칙 3-0-3, 20-0-1).

다만, 예외적으로 위탁판매수출 등 국외에서 재화를 공급하거나 국외에서 용역을 제공하는 경우, 우리나라 선박에 의하여 국외에서 채포된 수산물을 외국으로 반출하는 경우 및 거주자 또는 내국법인에 의한 선박 또는 항공기의 외국항행용역 중 국외에서 국내로 또는 국외에서 국외로 수송하는 경우에는 해당 재화 또는 용역을 공급하는 장소가 국외라 하더라도 부가법 제23조에 따라 영세율이 적용되는 바, 이는 해당 사업장에서 발생한 매입세액을 환급하여 부가가치세 부담을 배제하기 위한 조세정책적 지원이다.

참고로 거래장소가 '국내'라 함은 우리나라의 과세권이 미치는 지역적 범위를 말하는 것으로써 보세구역(자유무역지역 및 관세자유지역 포함)과 해저천연자원의 탐사와 채취를 위하여 국제법에 따라 우리나라 영해 밖에서 주권을 행사하는 지역으로서 우리나라의 연안에 인접한 해저구역의 해상과 하층토를 포함하며, 우리나라 국적의 항공기 또는 선박에서 이루어지는 거래는 국내거래로 본다(부가통칙 9-18-7).

▌속인주의

과세권의 적용기준을 납세의무자의 국적 · 본적 · 거소 · 주소 등을 기준으로 하는 것으로 납세의무자가 국적 등이 국내에 있으면 국내 · 외의 모든 과세대상에 대하여 과세한다.

▌속지주의

과세권의 적용기준을 재원(財源)의 소재지나 그 원천지를 기준으로 하는 것으로 납세의무자의 국적 · 본적 · 거소 · 주소 등에 관계없이 재원의 소재지나 그 원천지가 국내인 때에는 과세대상으로 한다.

▌속인 · 속지혼합주의

속인주의와 속지주의를 혼용하는 것으로 혼합관계의 결정은 관련되는 경제적 이익에 따라 여러 가지의 혼합관계에 의할 수 있다.

(3) 공급거래에 의한 요건

재화 또는 용역을 공급하는 자와 이를 공급받아 사용 또는 소비하는 자 사이의 거래가 존재하고 이에 대한 반대급부로서 대가가 수반되는 것이 일반적이다. 즉, 어떠한 행위 또는 거래가 일어남으로써 그에 대한 대가를 받는 경우에도 그 대가가 재화 또는 용역의 공급에 대한 반대급부 관계가 성립되지 아니하는 한 과세대상이 아니다.

다만, 재화의 무상공급, 간주공급 등과 같이 소유권의 이전이 없거나, 판매를 위한 직매장 반출, 과세사업장과 면세사업장을 별도로 운용하는 사업자가 과세사업장에서 면세사업장으로 반출하는 경우에는 대가의 수반이 없는 거래에 대하여도 과세거래로 인정하는 특례규정을 두고 있다.

2 재화의 수입의 경우

재화가 수입되는 경우에는 국내에서 소비 또는 사용될 것으로 예측하여 부가가치세를 징수하는 것이며, 국내에서 생산된 재화를 공급받는 경우와 동일한 조세부담이 되도록 하여 국내 산업을 보호하고 국내생산 재화와의 과세형평을 유지하기 위한 조치이다. 따라서 재화를 수입하는 경우 모든 수입자는 그 수입자가 사업자인지의 여부 및 그 수입 용도에 불구하고 납세의무자에 해당하게 된다.

IV 과세대상의 구분

부가가치세는 간접세로서 그 소비에서 나타나는 담세력의 역진성을 회피하거나 또는 외국에서 사용되거나 소비될 재화 또는 용역의 공급에 대한 부가가치세의 부담을 완전 배제하기 위한 목적 등 사회적 또는 경제적인 필요에 의하여 그 취급을 달리함으로써 다음과 같이 나누어진다.

1 | 과세대상

(1) 일반세율 적용대상

일반세율이 적용되는 과세대상은 영세율이 적용되는 과세대상을 제외한 모든 과세대상을 말하며, 해당 과세대상에 대한 과세표준에 일반세율을 적용하여 계산한 부가가치세(매출세액)를 거래상대방 또는 수입자로부터 거래징수하여 매출세액으로 계상하고 부담한 매입세액을 차감한 납부세액을 국가에 납부하게 된다.

(2) 영세율 적용대상

영세율이 적용되는 과세대상은 부가법 제21조부터 제24조까지, 「조세특례제한법」 또는 그 밖의 법률에 따라 영의 세율이 적용되는 과세대상을 의미하는 것으로, 이러한 영세율이 적용되는 과세대상에 대하여는 부가가치세의 납세의무는 있으나 재화 또는 용역을 공급할 때 부가가치세로서 거래징수하여야 할 금액이 없게 되므로 해당 사업을 영위하는 과정에서 부담한 매입세액은 국가로부터 환급받게 되어 영세율이 적용되는 과세대상을 공급하는 사업자나 공급받는 자는 부가가치세를 전혀 부담하지 않는 완전면세가 된다.

2 | 면세대상

면세대상은 부가법 제26조, 제27조 또는 「조세특례제한법」, 그 밖의 법률에 따라 부가가치세가 면제되는 대상으로 규정된 것만을 의미하며 이러한 면세대상에 대하여는 부가가치세의 납세의무가 면제되어 재화 또는 용역을 공급하는 사업자가 거래상대방으로부터 부가가치세를 거래징수하여 이를 납부할 의무가 없으며, 재화를 수입하는 경우에는 세관장이 해당 재화를 수입하는 자에게 수입재화에 대한 부가가치세를 징수하지 아니한다.

3 | 비과세 대상

부가가치세법은 '재화 또는 용역의 공급'을 과세대상으로 규정하여 사업자가 재화나 용역을 공급하는 경우 부가가치세를 과세하는 한편, 재화나 용역의 공급에는 해당하지만 부가가치세법에서 면세로 정하고 있는 것에 대하여는 부가가치세를 면제하고 있다.

한편, 부가가치세법에서 비과세사업에 대하여 직접 규정하고 있지는 않지만, 부가가치세법상 비과세사업이란 그 문언상 부가가치세가 과세되지 않는 사업, 즉 부가가치세법에서 규정한 재화나 용역의 공급에 해당하지 않는 사업이라 할 것이다. 따라서 부가가치세법상 비과세사업에 해당하는 것은 부가가치세법에서 재화나 용역의 공급에 해당하지 않는다고 명시적으로 규정하고 있는 것(사업자가 대가를 받지 아니하고 타인에게 용역을 공급하는 것은 용역의 공급으로 보지 아니한다고 규정하고 있는바, 사업자가 제공하는 용역의 무상공급), 부가가치세의 개념상 부가가치를 창출하는 것이 아니어서 부가가치세 과세대상에 해당하지 아니함이 명백한 도박수입(카지노시설물에 입장한 고객이 도박하기 위해 건 돈에서 고객이 받아간 돈을 제외한 도박수입) 외에 한국방송공사의 일반방송용역(용역의 무상공급), 한국교육방송공사의 방송용역 중 수신료 등에 의하여 이루어지는 방송용역 제공분 등이 이에 해당한다(대법원 2004두13288, 2006. 10. 27. ; 대법원 98다47184, 2000. 2. 25. ; 대법원 2009두16268, 2011. 9. 8.).

실질과세원칙과 부가가치세법의 적용 등

(1) 국세기본법상 실질과세원칙

실질과세의 원칙은 헌법상의 기본이념인 평등의 원칙을 조세법률관계에 구현하기 위한 실천적 원리로서, 조세의 부담을 회피할 목적으로 과세요건사실에 관하여 실질과 괴리되는 비합리적인 형식이나 외관을 취하는 경우에 그 형식이나 외관에 불구하고 실질에 따라 담세력이 있는 곳에 과세함으로써 부당한 조세회피행위를 규제하고 과세의 형평을 제고하여 조세정의를 실현하고자 하는데 주된 목적이 있다. 이는 조세법의 기본원리인 조세법률주의와 대립관계에 있는 것이 아니라 조세법규를 다양하게 변화하는 경제생활관계에 적용함에 있어 예측가능성과 법적 안정성이 훼손되지 않는 범위 내에서 합목적적이고 탄력적으로 해석함으로써 조세법률주의의 형해화를 막고 그 실효성을 확보한다는 점에서 조세법률주의와 상호보완적이고 불가분적인 관계에 있다고 할 것이다. 그러나 그렇다고 하여 실질과세원칙에 따라 과세요건 해당 여부 판단에 있어 그 목적 범위 내에서 실질적인 귀속관계를 파악하는 것으로 족하지 그 원인이 된 민사법적 구성까지 부인하는 것은 아니다.

따라서 부가가치세 과세대상에 해당되는지의 여부와 재화 또는 용역 공급의 구분은 그 행위 또는 거래의 명칭이나 형식에 불구하고 실질내용에 따라 판단하고 적용하여야 할 것이다(국기법 §14 ②). 다만, 이때 납세의무자가 선택한 거래형식을 함부로 부인할 수 없으나, 가장행위에 해당한다고 볼 수 있는 특별한 사정이 있을 때에는 과세상 의미를 갖지 않는 그 가장행위를 제외하고 그 뒤에 숨어 있는 실질에 따라 과세할 수 있다(대법원 2013두17343, 2014. 1. 23.).

1) 납세의무자 및 거래의 실질에 따른 과세

부가가치세 과세의 대상이 되는 행위 또는 거래의 귀속이 명의(名義)일 뿐이고 사실상 귀속되는 자가 따로 있을 때에는 사실상 귀속되는 자를 납세의무자로 하여 부가세법을 적용하고, 부가가치세 과세대상에 해당되는지의 여부와 재화 또는 용역 공급의 구분은 그 행위 또는 거래의 명칭이나 형식에 불구하고 실질내용에 따라 판단하고 적용하여야 할 것이다(국기법 §14 ①, ②).

2) 실질에 따라 직접 거래나 하나의 거래로 보는 경우

국기법 제14조 제3항은 "제3자를 통한 간접적인 방법이나 둘 이상의 행위 또는 거래를 거치는 방법으로 국기법 또는 세법의 혜택을 부당하게 받기 위한 것으로 인정되는 경우에는 그 경제적 실질 내용에 따라 당사자가 직접 거래를 한 것으로 보거나 연속된 하나의 행위 또는 거래를 한 것으로 보아 국기법 또는 세법을 적용한다."라고 규정하고 있다.

국기법에서 이와 같이 제14조 제3항을 둔 취지는 과세대상이 되는 행위 또는 거래를 우회하거나 변형하여 여러 단계의 거래를 거침으로써 부당하게 조세를 감소시키는 조세회피행위에 대처하기 위하여 그와 같은 여러 단계의 거래형식을 부인하고 실질에 따라 과세대상인 하나의 행위 또는 거래로 보아 과세할 수 있도록 한 것으로서, 실질과세의 원칙의 적용 태양 중 하나를 규정하여 조세공평을 도모하고자 한 것이다.

이 경우에도 납세의무자는 경제활동을 할 때에 동일한 경제적 목적을 달성하기 위하여 여러 가지의 법률관계 중의 하나를 선택할 수 있고 과세관청으로서는 특별한 사정이 없는 한 당사자들이 선택한 법률관계를 존중하여야 하며(대법원 2000두963, 2001. 8. 21.), 또한 여러 단계의 거래를 거친 후의 결과에는 손실 등의 위험 부담에 대한 보상뿐 아니라 외부적인 요인이나 행위 등이 개입되어 있을 수 있으므로 그 여러 단계의 거래를 거친 후의 결과만을 가지고 그 실질이 하나의 행위 또는 거래라고 쉽게 단정하여 과세대상으로 삼아서는 아니된다(대법원 2011두9935, 2014. 5. 6.).

(2) 부가가치세법상 실질과세원칙 적용의 한계

우리 부가법은 국세기본법상 실질과세원칙을 부정하는 예외적 규정을 두고 있지 아니하므로 부가법도 이를 적용하여야 할 것이다. 그러나 소득의 귀속주체를 판단하는 소득세법, 법인세법과 달리 부가법은 법률적 외관 및 거래질서를 중요시하므로 실질과세원칙을 무제한적으로 적용하기는 어렵다.

부가가치세법은 전단계세액공제법을 채택하여 납세의무자가 거래상대방으로부터 거래징수한 매출세액에서 매입 시 거래징수된 매입부가세를 차감하여 납부세액을 계산하며, 이러한 점을 고려하여 현행 부가법은 거래징수 편의를 위하여 귀속의 실질을 포기한 규정(예를 들어 공동매입 규정 등)을 두고 있다. 위탁매매에 있어서 위탁자를 알 수 없는 경우에는 위탁자는 수탁자에게, 수탁자는 구매자에게 각각 세금계산서를 발급하도록 하거나, 매입 시 실제 거래징수당한 매입세액을 과세기간 경과 후 수취 등을 이유로 실질과세원칙에 불구하고 매입세액을 불공제하는 규정을 두고 있어 법인세법이나 소득세법처럼 폭넓게 적용하는 것은 불합리할 수 있다.

부가가치세법은 계약상 또는 법률상 모든 원인에 의하여 재화를 인도하는 것을 재화의 공급으로 규정하고 있으므로 동 규정에 의할 경우 부가법상 거래당사자는 계약상 원인에 의한 당사자로 보아야 할 것이므로 부가가치세법은 경제적 실질보다는 법률적 실질을 더 중요시한다고 보아야 한다.

(3) 법적 거래형식의 존중

조세회피를 위한 가장행위(민법 §108)라면 법적 형식에 불구하고 경제적 실질에 따라 실질과세원칙을 적용할 수 있다. 국세기본법은 제3자를 통한 간접적인 방법(제3자 우회거래)이나 둘 이상의 행위 또는 거래를 거치는 방법(다단계거래)으로 세법의 혜택을 부당하게 받기 위한 것으로 인정되는 경우에는 그 경제적 실질 내용에 따라 당사자가 직접 거래를 한 것으로 보거나 연속된 하나의 행위 또는 거래를 한 것으로 보아 실질과세원칙을 적용한다(국기법 §14 ③).

그러나 거래당사자 간의 거래로 인한 경제적 목적 또는 이익이 동일할지라도 그 목적을 달성하기 위한 선택 가능한 여러 법률관계 중 하나를 선택하였다면 당사자의 거래행위가 가장행위에 해당하는 등 특단의 사정이 없는 한 당사자들이 선택한 법률관계는 존중되어야 하며, 법적 형식의 차이에 불구하고 당사자에게 귀속되는 경제적 이익이 동일하다는 이유로 그 실질이 같다고 주장하거나 조세법상 동일한 취급을 할 수 없다(대법원 2000두963, 2001. 8. 21. ; 대법원 2006두13008, 2008. 3. 14. ; 대법원 97누1155, 1992. 12. 8.).

한편, 대법원 전원합의체 판결(대법원 2008두8499, 2012. 1. 19.)에서는 실질과세의 원칙에 의하여 납세의무자의 거래행위를 그 형식에도 불구하고 조세회피행위라고 하여 그 효력을 부인할 수 있으려면 조세법률주의 원칙상 법률에 개별적이고 구체적인 부인규정이 마련되어 있어야 한다(대법원 2010두3916, 2011. 5. 13.)는 기존 입장에서 "개별적이고 구체적인 부인규정에 해당하지 않더라도 국기법 제14조에 따라 실질과세의 원칙을 적용할 수 있다"고 판시하였다. 위 전원합의체의 보충의견은 "납세자가 선택한 거래형식이 비록 가장행위의 정도에 이르지 않아도 법인법상 부당행위계산부인 규정과 같은 구체적인 규정의 요건에 해당하지 않더라도 국기법상의 실질과세원칙에 관한 규정에 근거하여 이를 부인할 수 없다"고 하였다.

▌법적 거래형식의 존중 사례

법인 또는 개인이 다른 법인 소유의 부동산을 취득하고자 하는 경우 이를 위한 거래의 법적 형식은, 당해 부동산을 매매에 의하여 직접 취득하는 방식과 그 부동산을 소유하는 법인 자체에 대한 지배권을 취득할 수 있는 주식을 양수하는 방식으로 나눌 수 있는바, 당사자가 부동산을 매도·매수하기 위하여 어느 방식을 취할 것인가의 문제는, 그 목적 달성의 효율성, 조세 등 관련비용의 부담 정도 등을 고려하여 스스로 선택할 사항이라고 할 것이며, 그들이 어느 한 가지 방식을 선택하여 부동산 매매를 위한 법률관계를 형성하였다면, 그로 인한 조세의 내용이나 범위는 그 법률관계에 맞추어 개별적으로 결정된다 할 것이고, 서로 다른 거래(주식매매)의 궁극적 목적이 부동산 매매에 있다 하여 그 법적 형식의 차이에도 불구하고 그 실질이 같다고 하거나 조세법상 동일한 취급을 받는 것이라고 할 수는 없다(대법원 2000두963, 2001. 8. 21.).

※ 과세관청은 부가가치세법이 수많은 거래행위를 과세대상으로 삼고 있으므로 거래당사자 사이에 약정한 거래의 외관을 무시하고 거래결과에 따른 경제적 실질만을 따져서는 아니되며, 부가가치세에 관해서는 특히 법적 안정성을 존중하면서 가능한 한 간명하게 해석할 필요가 있다.

(4) 사적자치원칙의 존중

계약자유의 원칙 및 사적자치의 원칙상 그 개인의 선택 또는 당사자의 의사는 당연히 존중되어야 할 것이다. 그러나 사적자치의 원칙에서 당사자의 의사란 외부로 표시된 의사를 말하는 것이므로, 당사자의 의사가 내심에 머물러 있는 한 과세관청이 내심의 의사를 반영하여야 하는 것은 아니다.

아울러 대법원에서는, 주식의 매도가 자산거래인 주식의 양도에 해당하는지 또는 자본거래인 주식의 소각 내지 자본의 환급에 해당하는지는 법률행위 해석의 문제로서 그 거래의 내용과 당사자의 의사를 기초로 하여 판단하여야 할 것이지만 실질과세의 원칙상 단순히 해당 계약서의 내용이나 형식에만 의존할 것이 아니라 당사자의 의사와 계약체결의 경위, 대금의 결정방법, 거래의 경과 등 거래의 전체 과정을 실질적으로 파악하여 판단하여야 한다고 판시하였다(대법원 2008두19628, 2010. 10. 28.).

VI 재화의 범위

1 과세대상 재화

재화는 인간의 복지에 도움이 되는 수단으로서 효용을 지니고 있는 모든 물건과 물질을 말하며, 희소성이 있기 때문에 재산가치가 있는 경제재(상품 등)인 유체물과 무체물 등이 부가가치세의 과세대상인 재화에 해당한다. 따라서 재산가치가 없는 유체물과 무체물은 재화에 해당되지 아니한다(부가령 §2, 부가통칙 2-2-1).

구 분		구체적 범위
물건	유체물	상품, 제품, 원료, 기계, 건축물 등 모든 유형적 물건
	무체물	전기, 가스, 열 등 관리할 수 있는 자연력
권 리		광업권, 특허권, 저작권 등 유체물과 무체물 외에 재산적 가치가 있는 모든 것
기 타		선하증권, 창고증권, 화물상환권 등

(1) 재산적 가치

재산적 가치가 있다는 것은 그 재화나 용역의 경제적 효용가치에 의하여 객관적으로 결정되어야 하고, 그것이 현실적으로 이용(현실적 이용성)될 수 있고 경제적 교환가치(화폐가치로 측정할 수 있는 경제적 교환가치)를 지닌 경우에 해당하여야 한다(대법원 2017두65524, 2018. 4. 12.). 즉, 「민법」 제98조에 따른 물건 중 재산가치가 있는 것을 부가가치세법에서는 재화의 범위로 정하고 있다.

(2) 유체물

유체물은 재화 중 유형적 존재(일정한 공간을 차지하고 용량을 가지는 유형적 존재)를 가지는 물건을 말하는 것으로 상품, 제품, 원료 등과 같이 회계학상의 재고자산뿐만 아니라 기계, 건물, 비품과 같은 고정자산을 포함한 모든 유형적 물건은 유체물에 해당된다. 따라서 과세사업을 위하여 구입한 재고자산 및 사업용 고정자산을 공급하는 때에는 모두 과세대상이 된다.

(3) 무체물

전기, 가스, 열 등 관리할 수 있는 자연력은 과세대상 재화에 해당한다. 여기서 '관리할 수 있다'는 의미는 사람이 이를 지배할 수 있다는 의미로서 배타적 지배가능성 및 관리가능성으로서 이는 시대변화에 따라 상대적인 것이다.

(4) 권 리

위 "(2)"의 유체물과 위 "(3)"의 무체물 외의 재산적 가치가 있는 모든 것을 포함한다(부가령 §2 ②). 그 밖에 자세한 것은 "심층분석 사례집(Ⅰ)"을 참조한다.

부가가치세의 과세대상에 해당하는 권리에는 다음과 같은 것이 있다.

ⓐ 음반저작물에 대한 복제·판매권(부가 46015-514, 1995. 3. 17.)

ⓑ 영업권(부가 22601-946, 1989. 7. 6.)

ⓒ 사업자의 채석허가권의 양도(부가 46015-2429, 1999. 8. 12. ; 국심 85광1680, 1985. 12. 18.)

ⓓ 신제품개발을 위하여 연구 중인 신기술개발에 관한 권리(부가 22601-1876, 1985. 9. 23.)

ⓔ 한국자산관리공사 등으로부터 경락받은 건물 및 기계장치에 대한 매수인의 지위(부가 1265-2313, 1984. 11. 2.)

ⓕ 건물임차권(부가가치세과-3067, 2008. 9. 16.)

ⓖ 광업권(부가 1265-956, 1983. 5. 19.)

ⓗ 사회기반시설 등을 지방자치단체에 기부채납하고 취득한 무상사용권(부가 1265.1-2122, 1981. 8. 10.)

ⓘ 어업면허권, 입어허가권(부가 1265-696, 1980. 4. 17. ; 서삼 46015-11052, 2003. 7. 1.)

ⓙ 수입권(간세 1235-1792, 1977. 7. 9.)

ⓚ 지상권(부가 1235-3276, 1978. 9. 4.)

ⓛ 온라인게임에서 사용(아이템 취득)할 수 있는 게임머니(서면3팀-188, 2005. 2. 7.)

ⓜ 건설업 면허권(부가 22601-1962, 1992. 12. 31.)

부가가치세 과세대상이 아닌 권리는 다음과 같다.

ⓐ 외상매출금

ⓑ 출자지분의 양도(부가통칙 9-18-2)

ⓒ 토지를 취득할 수 있는 권리(부가 46015-1632, 2000. 7. 10.)

ⓓ 토지사용승낙을 받아 정지작업 중 양도하는 건설업자의 토지(서면3팀-359, 2005. 3. 15.)

ⓔ 토지와 건물을 취득할 수 있는 권리(분양권)를 양도하는 경우 토지 해당분(서면3팀-124, 2005. 1. 25.)

※ ⓒ, ⓓ, ⓔ는 면세대상임.

2 과세대상으로 보지 아니하는 재화

부가가치세의 과세표준이 되는 공급가액이란 금전으로 받는 경우 재화나 용역의 공급에 대가관계가 있는 가액, 곧 그 대가를 말한다 할 것이므로 재화나 용역의 공급대가가 아닌 위약금이나 손해배상금 등은 공급가액이 될 수 없다. 다만, 재화나 용역을 공급하는 자가 이를 공급받는 자로부터 위약금 명목의 돈을 지급받았다고 하더라도 그 실질이 재화나 용역의 공급과 대가관계에 있는 것이라면 이는 부가가치세의 과세표준이 되는 공급가액에 포함된다고 봄이 타당하다(대법원 81누412, 1984. 3. 13. ; 대법원 97누15722, 1997. 12. 9. ; 대법원 2017두61119, 2019. 9. 10.).

(1) 손해배상금 등

각종 원인에 의하여 사업자가 받는 다음에 예시하는 손해배상금 등은 재화 또는 용역의 공급(상대방에 인도 또는 사용 등)이 일어나지 않거나, 계약상 또는 법률상의 원인이 없기 때문에 과세대상이 되지 아니한다(부가통칙 4-0-1).

1) 손해배상금

소유재화의 파손·훼손·도난 등으로 인하여 가해자로부터 받는 손해배상금은 과세대상이 아니다. 도난의 경우에는 재화의 공급이 있었으나 계약상 또는 법률상 원인에 의한 공급이 아니므로 비록 절취자가 확인되었다 하여 재화의 공급이 되는 것은 아니다.

다만, 재산적 가치가 있는 파손 또는 훼손된 재화를 가해자에게 인도하는 경우 해당 재산적 가치 상당액은 과세대상이 된다(부가 22601-2198, 1987. 10. 22.).

2) 지체상금

도급(都給)공사 및 납품계약서상 그 기일의 지연으로 인하여 발주자가 받는 지체상금은 부가가치세의 과세대상이 아니다.

3) 위약금

공급받을 자의 해약으로 인하여 공급할 자가 재화 또는 용역을 공급하지 않고 받는 위약금 또는 이와 비슷한 손해배상금은 과세대상이 아니다.

4) 대여한 재화의 망실에 대하여 받는 변상금

대여한 재화의 망실로 인하여 받는 변상금 등도 과세대상이 아니다. 예를 들어 임가공사업자에게 제공한 원자재의 파손・훼손・도난・망실 등으로 인하여 원자재를 반출한 사업자가 임가공사업자로부터 지급받는 손해배상금 등은 과세대상이 아니다(부가 22601-803, 1991. 6. 25. ; 부가 46015-1465, 1996. 7. 20.).

이는 임차인이 대여받은 재화가 파손・훼손・도난 등이 발생하여 반환할 수 없어 부득이 현금지급하는 경우를 상정한 것으로서 이 경우에는 임대인과 임차인 간에 당초 대여재화를 임대인에게 공급한다는 계약상 또는 법률상의 원인이 존재하지 아니하기 때문이다.

반면, 재화나 용역을 공급하는 자가 이를 공급받는 자로부터 위약금 등의 명목으로 돈을 지급받았다 하더라도 그 실질이 재화나 용역의 공급과 대가관계가 있다면 이는 재화의 공급에 해당하는 바, 임대차계약 및 특약 등에 근거하여 임차인이 대여받은 자산 중 일부 감모분을 사용・소비하고 그 대가를 산정하여 임대료와는 별도로 지급받기로 하였다면 재화의 공급과 대가관계에 있다고 보아야 한다.

즉, 임대기간 종료 후 반환하는 단계에서 임차인이 임대인에게 부족물량이 발생한 경우 그에 상응하는 대가를 받기로 하였다면, 해당 대가를 지급하는 이유는 대여받은 임차자산이 망실되어 받는 변상금이라거나 당초 약정한 물량을 반환하지 못한 위약금이 아니다. 임차인이 사업에 사용하면서 정상적인 감모가 발생한 것이고 그러한 감모가 예정되어 당초 대여한 임차자산의 중량을 반환하기로 약정한 것이므로 임차물건이 임대인의 동의없이 또는 제3자에게 계약상 또는 법률상의 원인이 없이 이전된 것이 아니라 임차인이 이를 사용・소비함에 따라 감모된 재화의 대가를 지급하는 것이므로 부가세법 제9조에 따른 재화의 공급에 해당한다.

5) 손실보상금 또는 부당이득금

부당이득금(손실보상금)은 자기의 재산을 이용하여 소득을 얻을 수 있는 기회를 상실한 데 대한 손실보상의 성격으로 그 기회비용 상당액을 정상적인 임대료가액 등을 기준으로 산정하였다 하여 부가가치세 과세대상인 용역공급의 대가가 되는 것은 아니다.

(2) 특별회비 등

협회 등 단체가 재화 또는 용역의 공급에 따른 대가관계 없이 회원으로부터 받는 협회비, 찬조비 및 특별회비 등은 과세대상이 아니다(부가통칙 4-0-2).

재화 또는 용역의 공급과 관계없이 받는 회비 등에 한하므로 협회 또는 조합이 회원을 위하여 공동구매 또는 공동판매 등을 하여 주고 그에 대한 일정률의 수수료를 회비로 받는 경우 이는 대가관계가 있는 것이므로 과세대상에 해당된다(서면3팀-364, 2008. 2. 20. ; 부가 1235-1493, 1978. 4. 15.).

(3) 유가증권 등

수표, 어음 등의 화폐대용증권은 과세대상이 아니다(부가통칙 4-0-3).

1) 유가증권

주권이나 채권 등의 유가증권을 공급하는 경우 부가가치세가 과세되지 아니한다(부가 22601-2572, 1986. 12. 19.). 유가증권이라 함은 재산가치를 가지는 사권(私權)을 표시하는 증권으로 다음과 같이 나눌 수 있다.

① 화폐대용증권: 권리의 발생에 관하여서도 증권의 발행을 필요로 하는 것(어음, 수표, 은행권, 상품권 등)

② 상품(물품)증권: 권리의 이전과 행사에 증권의 점유를 필요로 하는 것(화물상환증, 선하증권, 창고 증권)

③ 자본증권: 권리의 이전에는 증권의 점유를 필요로 하지만, 권리의 행사는 증권에 의하여서가 아니라 주주명부의 기재에 의하여 행하여지는 것(공사채권, 기명주권)

| 유가증권에 대한 과세 여부

구 분	과세대상	사 례	비 고
화폐대용증권	제외	화폐, 수표, 어음	그 자체가 소비의 대상이 아님.
지분증권, 채무증권	제외	주식, 출자지분, 사채	
물품증권	과세	화물상환권, 선하증권, 창고증권	재화의 소유권을 나타냄.

※ 단순한 가치저장 수단에 불과한 주식은 부가가치세 과세대상이 아니다.

2) 수표 · 어음 등의 화폐대용증권

화폐, 수표, 어음 등의 화폐대용증권은 대금지급수단으로서 그 자체가 재산가치가 있는 유체물이나 무체물이라 할 수 없으므로 재화의 범위에서 제외된다.

그러나 수집용 화폐의 경우와 같이 「한국은행법」 제47조에 따라 발행된 화폐로서 같은 부가법 제48조에 의하여 통용되는 화폐라 하더라도 재산적 가치가 있는 유체물로서 거래되는 경우에는 부가가치세의 과세대상이 된다(재무부 부가 22601-1075, 1990. 11. 9.).

3) 상품권

상품권은 일종의 무기명증표에 지나지 아니하므로 이를 재화로 보지 않는다(부가 46015-3566, 2000. 10. 23.).

① 상품권 유통업자

상품권을 자기책임과 계산하에 구입하여 판매하는 경우에 있어서 해당 상품권은 부가가치세가 과세되지 아니하는 것으로, 세금계산서 및 계산서 발급의무가 없다.

제3자가 발행한 상품권을 구입하여 재판매하는 상품권매매업은 단지 상품권의 매매차액에 대하여 그 밖의 금융업으로 소득세 또는 법인세 과세대상이 된다(서일 46011-10437, 2001. 11. 12.).

② 상품권 발행업자

상품권 발행업자가 상품권가맹점과의 계약에 의하여 상품권을 제작하여 유통, 상품권의 회수 등의 업무를 수행하고 받는 상품권 발행수익을 얻는 사업은 사업지원서비스업으로서 부가가치세 과세대상인 용역의 공급에 해당한다(재소비 46015-120, 2002. 5. 2.).

③ 자기발행형 상품권

사업자가 발행한 상품권에 의하여 그 소지자에게 현물로 교환하여 주는 경우 해당 사업자가 발행한 상품권은 과세대상인 재화에 해당하지 아니하고 상품권과 교환하여 주는 현물이 과세대상인 재화에 해당한다(부가 46015-764, 2000. 4. 4.).

④ 그 밖의 상품권

가. 항공기의 외국항행 용역을 제공하는 사업자로부터 항공권을 구매하여 자기의 책임과 계산하에 판매하는 경우에 항공권 및 전화카드는 과세대상에 해당하지 아니한다(재소비 46015-117, 2003. 4. 28. ; 서면3팀-896, 2005. 6. 20.).

나. 사업자가 자기의 인터넷 홈페이지에 접속한 회원에게 상품권을 교부하고 그 대가를 받는 것에 대하여는 부가가치세가 과세되지 아니한다(부가 46015-349, 2001. 2. 23.).

다. 사업자가 영화를 관람할 수 있는 영화예매선물권을 발행하여 판매하는 것도 과세대상에 해당하지 아니한다(부가 46015-980, 2001. 7. 3.).

라. 사업자가 공연티켓을 구입하여 판매하는 것은 부가법 제4조의 과세대상에 해당하지 아니한다(부가가치세과-3637, 2008. 10. 15.).

마. 자유이용권을 구매하여 자기 책임과 계산으로 판매하는 경우 동 자유이용권은 일종의 상품권으로서 화폐대용증권에 해당되어 부가가치세 과세대상 권리에 해당되지 아니한다(국심 2005서1541, 2005. 10. 14.).

4) 유가증권 및 출자지분을 취득할 수 있는 권리의 양도

유가증권 및 출자지분 자체의 양도는 부가가치세 과세대상이 아니므로 (세금)계산서 발급대상이 아니다. 반면 이러한 유가증권 등을 취득할 수 있는 권리의 양도도 부가가치세 과세대상은 아니지만 유가증권 그 자체의 양도가 아니므로 계산서 발급대상에는 해당된다(서삼 46015-11584, 2003. 10. 9. ; 법규부가 2013-151, 2013. 5. 24. ; 서면3팀-359, 2005. 3. 15. ; 서면3팀-2215, 2005. 12. 7.).

(4) 골프장 입회금 등

골프장, 스키장, 테니스장, 수영장, 헬스클럽 등의 경영자가 동 장소이용자로부터 받는 입회금으로서 일정기간 거치 후 반환하지 아니하는 입회금은 과세대상이 된다. 다만, 일정기간 거치 후 반환하는 입회금은 과세대상이 아니다(부가통칙 4-0-6).

골프장 경영자가 아닌 사업자가 취득한 골프회원권을 양도하는 경우 그 양수인에 대해 입회보증금의 반환의무를 부담하지 아니하고, 그 양수인 또한 양도인에게 입회보증금의 반환을 요구할 권리가 없다 할 것인바, 골프회원권 거래에 대한 부가가치세 과세표준은 골프회원권의 양도가액으로 함이 타당하다고 그 양도대금 속에 일정기간 경과 후에 돌려받게 되어 있는 입회보증금 상당액이 포함되어 있다 하여 달리 볼 것은 아니다(조심 2015서0621, 2015. 3. 19. ; 대법원 2000두6961, 2001. 10. 9. ; 대법원 2004두11299, 2005. 9. 9.).

입회보증금 반환채권은 골프회원권에 사실상 화체되어 그 일부가 되었다고 할 것이므로 일반적인 금전채권과는 달리 보아야 한다. 따라서 일반사업자가 분양받은 골프회원권을 타인에게 매도하는 경우 공급가액 중 반환가능한 입회보증금은 부가가치세 과세표준에 포함되므로 부가가치세가 과세된다(대법원 2016두31524, 2016. 4. 29.).

(5) 외상매출채권의 양도

외상매출금은 매매 등을 원인으로 채무자에 대하여 발생하는 금전채권에 불과하여 이를 배타적으로 소유 또는 관리할 수 있는 권리에 해당하지 아니하므로 부가가치세의 과세대상이 아니다(부가 46015-2459, 1997. 11. 1.).

(6) 집합건물 자치관리단이 받는 관리비 등

「집합건물의 소유 및 관리에 관한 법률」에 따라 집합건물의 구분소유자로 구성된 자치관리기구인 관리단이 해당 집합건물의 유지 및 관리를 위하여 실지 소요된 비용만을 입주자에게 분배하여 징수하거나 전기료, 수도료 등의 공과금을 별도로 구분하여 단순 납입대행만을 하는 경우 부가가치세가 과세되지 않는다(재소비 46015-90, 2000. 2. 28.).

(7) 부당이득금

개인이나 법인이 계약상 또는 법률상의 원인이 없이 타인의 토지 또는 건축물의 소유자의 의사에 반하여 무단점용하는 불법행위에 기하여 사용 또는 수익함으로써 그 소유자가 받는 부당이득금은 비록 임대료 상당액으로 산정하였다 하더라도 해당 부당이득금은 부가가치세의 과세대상에 해당하지 아니한다. 부당이득금은 자기 자산을 이용하여 소득을 획득할 기회를 상실한 데 대한 손실보상차원이기 때문에 과세대상으로 보지 아니한다(재소비 46015-339, 1996. 11. 14. ; 재소비 46015-352, 1996. 11. 26. ; 재부가-362, 2010. 6. 3.).

(8) 비사업자가 공급하는 권리

사업자가 자기소유의 재산적 가치가 있는 권리를 양도하는 경우에는 부가법 제4조 및 부가령 제2조에 따라 부가가치세가 과세되는 것이나, 사업자가 아닌 자가 직접 고안하여 특허청에 등록한 특허권을 양도하는 경우에는 부가가치세가 과세되지 아니한다(서면3팀-451, 2008. 2. 29.).

또한, 비사업자인 거주자가 산업재산권 등을 양도하고 받는 대가는 「소득세법」 제21조 제1항 제7호에 따른 기타소득에 해당하며, 해당 소득금액의 계산에 있어서 매출액의 일정비율로 지급받는 금액도 총수입금액에 포함될 것이다. 이 경우 해당 소득의 귀속시기는 대금청산 전이므로 해당 자산의 인도일 또는 사용·수익일이 속하는 연도가 되는 것이나, 매출액에 비례하여 지급받는 금액은 해당 매출이 발생한 연도를 귀속시기로 하여 기타소득(양도대가를 단순히 분할하여 받는 것에 불과함)으로 과세하는 것이므로 산업재산권 등의 양도대가 중 일부를 수년간 양수자의 매출액의 일정률을 받는다고 하여 계속적·반복적으로 발생하는 사업소득으로 보아 부가가치세를 과세할 수 없다고 판단된다(소득 46011-3196, 1998. 10. 30.).

(9) 농가부업소득

「소득세법 시행령」 제9조 제1항에 따라 소득세가 과세되지 아니하는 농가부업은 독립된 사업으로 보지 아니한다. 다만, 동항의 규정에 의한 민박, 음식물판매, 특산물 제조, 전통차 제조 및 그 밖에 이와 유사한 활동의 경우에는 이를 독립된 사업으로 본다(부가칙 §2 ③).

농민이 영농조합법인과 위수탁계약을 체결하고 새끼 오리 및 사료 등을 제공받아 오리를 사육해 주고 사육비를 받는 경우 해당 사육용역에 대하여는 부가법 제11조에 따라 부가가치세가 과세된다. 다만, 해당 사업에서 발생하는 소득이 「소득세법 시행령」 제9조 제1항에 따라 소득세가 과세되지 아니하는 농가부업소득에 해당하는 경우에는 부가칙 제2조 제3항에 따라 부가가치세 납세의무가 없다(조심 2010전0101, 2010. 12. 14. ; 통계기준팀-1963, 2010. 9. 15. ; 서면법규과-346, 2014. 4. 10.). 반면, 「농어업경영체 육성 및 지원에 관한 법률」 제16조 및 제19조에 따른 영농조합법인 및 농업회사법인에 해당하지 아니하는 법인사업자가 계육납품업체로부터 종란을 받아 부화용역을 제공하고 위탁수수료를 받는 경우, 법인은 농가부업규모 수준으로 사업을 영위하더라도 독립된 사업을 영위하는 경우에 해당하는 것이므로 해당 종란부화용역의 제공은 부가법 제26조 및 「조세특례제한법」 제106조가 적용되지 아니한다(법규과-349, 2014. 4. 10.).

(10) 영업손실보상금

재화 또는 용역의 공급에 대한 대가관계 없이 이주보상비(이사비용) 및 영업손실보상금을 지급받는 경우에는 부가법 제4조에 따른 부가가치세 과세대상에 해당하지 아니한다(부가가치세과-3001, 2008. 9. 9.).

또한, 사업자가 지방자치단체에 소각시설 등을 계약상 또는 법률상의 원인에 의하여 양도하고 대가를 받는 경우에는 재화의 공급으로서 부가가치세가 과세되는 것이나, 해당 소각시설 등의 양도대가와는 별도로 지방자치단체의 행정조치로 정상영업을 하지 못하여 지급받는 영업손실보상금도 부가가치세 과세대상에 해당하지 아니한다(서면3팀-136, 2006. 1. 19.).

| 영업손실 등에 대한 보상금의 과세 여부 |

구 분	부 가	소 득	비 고
시설물, 부동산, 재고자산	1. 과세(원칙) -다만, 면세분 제외 2. 과세 제외 -자기책임하에 철거	과세 제외 (단, 재고자산양도액은 총수입금액산입)	서면3팀-136, 2006. 1. 19. 서면3팀-1741, 2005. 10. 10. 재부가-463, 2008. 3. 14.
이전불가능한 시설에 대한 대체취득 보상금 영업시설보상금 시설물 폐기 보상금 인테리어비용(이전불능)	1. 과세 제외(원칙) -양도자 책임하에 철거 2. 과세(예외) -유상양도의 경우 과세대상	사업용고정자산에 대한 보상으로 총수입금액 불산입	서면1팀-359, 2008. 3. 19. 서면1팀-1049, 2004. 7. 29.
상행위를 못함으로 인한 영업손실보상금(휴폐업보상금) 사업장이전 보상금(비품, 재고자산, 시설물, 기계장치 등)	과세 제외	사업내용에 따라 사업소득, 부동산소득으로 구분하여 총수입금액산입 (이사비용의 수입시기는 사업장 이전사업연도임)	부가-3001, 2008. 9. 9. 서면3팀-865, 2007. 3. 22. 서면3팀-533, 2005. 4. 22. 소득-4547, 2008. 12. 4. 서면1팀-208, 2006. 2. 16. 대법원 2006두9535, 2008. 1. 31.
조속한 이전을 위한 합의금 또는 법적의무없이 지급하는 합의금	과세 제외	기타소득으로 원천징수	소득-3894, 2008. 10. 24. 서면1팀-112, 2006. 1. 27.
영업권	1. 과세(원칙) 2. 과세 제외 -양도자의 사업을 폐지하여 사업상 가치 없이 지급하는 손실 보상성격의 보상금일 때	사업소득 또는 기타소득	대법원 2007두25879, 2008. 1. 28. 감심 2000-244, 2000. 7. 19. 심사부가 99-876, 2000. 1. 7.

구 분	부 가	소 득	비 고
사업용고정자산과 영업권을 함께 양도	1. 과세(원칙) 2. 과세 제외 -사업양도 해당 시	양도소득	
타인의 사업용건물 손괴로 인해 지급받는 피해보상금	과세 제외	사업소득 또는 부동산소득	소득 46011-644, 1995. 3. 7.
보험차익	과세 제외	사업소득 또는 부동산소득	
위약금 등	과세 제외	기타소득 (임대차계약의 위약 또는 해약으로 인하여 받는 위약금과 배상금에 해당하는 경우)	재소득-465, 2008. 11. 16. 서면1팀-495, 2008. 4. 8.

※ 귀속시기 원칙: 실제로 지급받은 날(공탁한 날). 다만, 토지 및 건물 수용의 경우 소유권이전등기일 또는 보상금수령일 중 빠른 날

(11) 투자원금과 이익의 배분

2인 이상의 사업자가 민법상 공동사업계약에 의하여 공동으로 사업을 영위하는 경우에는 공동사업자로 사업자등록을 하여야 하는 것으로 공동으로 사업을 영위하는 경우 공동사업자가 그 공동사업에서 발생한 이익금을 각자의 투자비율에 따라 투자자끼리 각각 분배하는 경우의 해당 분배하는 이익금과 사업자가 단순하게 다른 사업자의 사업에 투자하고 추후 다른 사업자로부터 수령하는 투자원금과 이익은 부가가치세 과세대상이 아니다(서면3팀-1497, 2006. 7. 20. ; 부가 46015-1095, 2000. 5. 20. ; 서면3팀-1725, 2007. 6. 15.).

(12) 채권의 매매

채권(국공채) 매매거래에 대하여는 부가가치세가 과세되지 아니한다(제도 46015-11726, 2001. 6. 27. ; 재소비 46015-17, 2003. 1. 14.).

(13) 공병(용기) 반환보증금 및 구형제품의 반환

1) 공병(용기) 반환보증금

특정 제품이나 상품을 담아 함께 공급되는 공병, 용기, 박스상자 등의 반환을 위하여 공급자가 제품이나 상품의 대가 외에 반환보증금을 수취하기도 한다. 이때 인도된 공병, 용기, 박스상자 등은 여전히 공급자가 소유권을 가지는 사업용(고정)자산으로서 공급된

상품등의 공급가액을 구성할 수 없다. 다만, 동 공병등을 공급받는 자로부터 회수할 수 없게 되었을 때 공병등 사업용고정자산이 구매자에게 이전된 것이므로 이때 비로소 공병등에 대한 재화의 공급이 이루어진 것으로 본다(부가 22601-19, 1993. 1. 9. ; 소비세과 46420-248, 1983. 3. 5. ; 법인 46012-1896, 2000. 9. 8. ; 서면-2022-법규부가-2380, 2022. 6. 28.).

2) 구형제품의 반환

공급한 제품이 일정기간 동안 사용된 후 공급자가 사용기간 등이 만료된 제품(구형제품)을 회수할 필요가 있을 때 신형제품을 공급하면서 회수한 제품의 가치만큼 신형제품 가격을 할인하는 경우가 있는데 동 할인액이 신형제품의 에누리가 되는 경우는 구형제품이 경제적 유용성 내지 가치가 없어 폐기처분하는 때이다. 구형제품이 경제적 가치 등이 있어 일정 가격으로 구입하거나 재판매 또는 자기사업에 사용하는 경우는 신형제품의 할인 전 가액이 공급가액이 된다(서면3팀-555, 2008. 3. 13. ; 부가 46015-1790, 1998. 8. 10. ; 부가 46015-675, 1998. 4. 9.).

아울러 구형제품의 반환을 독려하기 위해 공급자가 반환예정인 구형제품의 가치상당액을 당초 공급가액에서 차감하여 공급하는 경우, 당초 공급 시에는 조건부에누리로 보아 공급가액에서 가치상당액을 차감하고, 구매자가 지정한 기간까지 반환하지 아니한 경우에는 에누리액을 공급자의 과세표준에 가산하여야 한다. 구매자가 반환하는 구형제품은 폐기처분되지 아니하는 한 구매자의 재화의 공급으로 보아 부가가치세가 과세된다(부가 46015-675, 1998. 4. 9.).

(14) 원상복구비로 임대인에게 지급한 금전의 과세

부동산을 임차함에 있어 임차인이 자기의 부담으로 실내장식(인테리어) 등을 하고 임차기간 만료 시 원상복구하여 주는 조건으로 임대차계약을 하였을 경우 임차기간 만료 시 임차인의 부담으로 원상복구를 하는 때에는 임대인에 대한 재화 또는 용역의 공급으로 보지 아니하나, 임차기간 만료 시 임차인이 원상복구를 이행하지 아니하고 원상복구에 필요한 대가를 임대인에게 별도로 지급하는 때에는 해당 대가에 대하여 부가가치세가 과세되는 것이며, 부가가치세 과세표준에는 거래상대자로부터 받은 대가관계에 있는 모든 금전적 가치가 있는 것을 포함하므로 임차인이 임대차계약을 불이행하여 임대인이 해당 임대부동산의 원상회복을 위해 사용한 부동산임대보증금 또는 임차인으로부터 수령한 금전은 부가가치세과세표준에 포함한다는 것이 국세청과 기획재정부의 회신이었다(서면3팀-753, 2007. 3. 9. ; 부가 46015-1779, 1994. 9. 1. ; 재부가 22601-4, 1992. 1. 13.).

반면 대법원은 임대인이 임차인과 임대기간이 만료되고 임대차계약에 따른 약정이나 상호협의각서에 따라 임차인의 임대차목적물 원상회복의무의 이행에 갈음하여 금전으로 지급한 경우, 이는 임대인이 손해배상금 명목으로 받은 것이고 임대인이 철거용역을 제공하지도 않았다면 임대인이 부동산 임대용역 또는 철거용역을 공급하고 그 대가로 지급받은 것이 아니므로 이를 전제로 부가가치세를 과세한 처분은 잘못되었다고 판시하였다(대법원 2011두8178, 2013. 4. 11.). 부언하면 임차인이 임대인과 철거용역에 관한 공사약정을 하고 임대인이 직접 또는 하도급을 주어 철거용역을 제공함에 따라 그 대가를 지급한 경우가 아니면 원상회복의무에 갈음하는 금전은 계약상 또는 법률상 원인에 의하여 임대인이 임차인에게 용역을 공급하고 받는 대가가 아니어서 과세대상이 될 수 없다는 취지로 이해된다.

위 두 논란은 2024. 10. 24. 기획재정부가 예규심을 통해 대법원 판례의 취지를 반영하는 해석을 생성하였지만 잘못된 기존 해석을 변경한 것인데 시행시기를 회신일 이후 납세의무 성립분부터 적용하도록 하여 아쉬운 점을 남겼다(기재부 부가가치세제과-585, 2024. 10. 24.).

(15) 재화의 공급대가와 손해보상금이 혼재되어 있는 경우

사업자가 재산적 가치가 있는 재화를 양도하고 그 대가를 지급받는 경우에는 부가가치세 과세대상에 해당하고, 타인의 재화를 파손, 훼손, 분실함으로 인하여 지급하는 금전은 손해보상금으로서 부가가치세가 과세되지 않는다(서면-2018-법령해석부가-2445, 2018. 12. 18.). 그러나 실무상 재화의 인도에 따른 대가와 손해보상금의 구분이 쉽지 않다. 파손 등의 정도에 따른 시가의 측정이 어렵기 때문이다.

예를 들어 홈쇼핑업체가 위탁자의 상품을 직접 배송하거나 택배회사에 위탁을 주어 구매고객에게 배송하는 과정에서 해당 상품이 파손, 훼손됨에 따라 그 파손재화를 홈쇼핑업체가 위탁자에게 인도하고 금전배상만 하는 경우 해당 금전배상액은 부가가치세 과세대상이 아니나, 파손재화를 인수하고 위탁자의 대고객 판매금액으로 보상금을 지급한 후에 경제적 가치가 있는 파손재화들을 모아 제3자에게 일괄 매각하는 경우가 있다. 이 경우 위 국세청 해석사례와 같이 재화의 공급대가와 손해보상금이 혼재되어 있으나 파손 등의 정도에 따른 시가측정이 어렵고 매각의 방법도 일괄매각이어서 파손재화의 시가 파악이 불가하다. 이러한 경우에는 홈쇼핑업체와 위탁자들이 특수관계인이 아니므로 재화의 고가 또는 저가공급에 따른 부가가치세법상 리스크(부당행위계산부인, 매입세액 불공제 등)가 적다. 따라서 다음과 같이 사전약정을 통해 세금계산서를 수수할 수 있다고 본다.

① 홈쇼핑업체가 위탁자에게 지급하기로 한 금액을 파손, 훼손된 재화의 인수가격으

로 정하고 해당 인수가격을 공급가액으로 기재한 세금계산서를 발급한다. 이때 계약서에 '홈쇼핑업체는 위탁자로부터 홈쇼핑사의 귀책으로 파손재화를 위탁자의 대고객 판매가격으로 인수한다'라고 명시한다.

② 홈쇼핑사의 과거 3~5년간의 ㉠인수받은 파손, 훼손된 재화의 판매가액의 누적액 대비 ㉡누적 손해보상금 지급액의 비율(㉠/㉡)을 산정하여 위탁자에 대한 지급액에 해당 비율에 해당하는 금액은 재화의 공급가액(부가가치세 별도)으로 보아 세금계산서를 발급하고, 잔여액은 손해보상금 지급으로 처리한다.

위 "①"의 경우 홈쇼핑업체가 위탁자로부터 인수 후 제3자에게 실제 판매한 금액보다 높은 금액으로 세금계산서를 수취하여(실제 판매금액이 "0"인 경우 포함) 과세관청에서 매입세액불공제 시도를 할 수 있으나 거래당사자 간의 고가매출 · 고가매입을 이유로 거짓세금계산서 수수로 보아 매입세액불공제, 세금계산서가산세(불성실기재 및 가공세금계산서 포함) 또는 세금계산서합계표불성실 가산세 부과나 세금계산서질서벌 처벌은 불가하다(사전-2022-법규부가-0110, 2022. 3. 21. ; 서이 46012-10861, 2003. 4. 25. ; 재법인 46012-165, 2002. 10. 16. ; 서면2팀-616, 2007. 4. 9. ; 부가 46015-3650, 2000. 10. 26. ; 부가가치세과-678, 2009. 5. 14. ; 감심 2011-23, 2011. 2. 10. ; 국심 2002부1600, 2003. 1. 21. ; 조심 2009중3805, 2010. 11. 16. ; 재소비-139, 2005. 9. 5. ; 재부가-546, 2007. 7. 18.).

"②"의 경우에도 거래당사자 간에 합의한 금액이 실제 판매액보다 다소 차이가 있더라도 혹은 홈쇼핑의 매수금액이 저가라고 하더라도 비특수관계인 간의 저가거래에 대한 부가가치세법상 가산세 등의 리스크나 조세범처벌법에 따른 처벌은 없다.

아울러 세법해석, 시가평가방법의 차이로 세금계산서가 미발급 또는 착오기재된 경우 등 거래처와의 통정의 입증이나 고의성이 없는 경우에는 세금계산서질서범으로 처벌할 수 없다고 회신한 바 있고 대법원도 그런 취지로 판시하고 있다(조사기획과-455, 2013. 3. 28. ; 대법원 2002두1588, 2004. 9. 23.).

3 | 과세대상으로 보는 재화의 예시

(1) 비영업용 승용차의 매각

부가가치세 과세사업에 사용하던 비영업용 승용차를 매각(간주공급 제외)하는 경우 당초 취득 시 매입세액의 공제 여부에 관계없이 부가가치세가 과세된다(부가 1265-2673,

1982. 10. 12.).

(2) 선하증권, 창고증권, 화물상환증의 양도

선하증권, 창고증권, 화물상환증 등의 화물대용증권의 양도는 부가가치세 과세대상인 재화에 해당된다(부가 1265-2951, 1981. 11. 14. ; 부가 1265-2717, 1982. 10. 20. ; 국심 79중533, 1979. 5. 28.).

이는 유가증권 중 물품증권의 매도에 대하여 부가가치세가 과세되는 것은 단순히 재산적 가치를 가지는 사권을 표시하는 증권이라기보다는 물품증권을 교부하는 것은 운송물을 인도하는 것과 동일한 효력이 있기 때문이다(상법 §133).

(3) 물, 흙, 퇴비 등의 공급

재화란 재산적 가치 있는 모든 유체물과 무체물을 말하므로 물, 흙, 퇴비 등은 재화의 범위에 포함하며, 재산가치가 없는 것은 재화의 범위에 포함하지 아니한다(부가통칙 2-2-1).

(4) 디지털콘텐츠(게임머니 등) 공급

법원은 사업자가 특정 온라인 게임에서 사용할 수 있는 게임머니(디지털콘텐츠의 하나)는 유상으로 매수하였다가 이윤을 남기고 매도한 경우 엄연히 재산적 가치가 있는 거래의 객체로서 온라인 게임서비스상의 게임 등을 이용할 수 있는 권리 내지 기타 재산적 가치가 있는 무체물의 일종으로 '재화'에 해당한다고 판결하였다(서면3팀-188, 2005. 2. 7. ; 대법원 2011두30281, 2012. 4. 13.).

「문화산업진흥기본법」 제2조에 따르면 '디지털문화콘텐츠는 문화적 요소가 체화되어 경제적 부가가치를 창출하는 디지털콘텐츠'로 정의하는 바, 이러한 디지털콘텐츠는 세법상 재화적 성격을 지니고 있으나, 전적으로 재화라고만 볼 수 없다. 현행 부가가치세법에서 재화와 용역의 구별은 디지털시대가 오기 전에 유형물에 대한 구별이기 때문에 디지털시대에는 맞지 않는 부분이 존재하기 때문이다.

예를 들어 온라인상에서 동 콘텐츠가 판매되는 경우 소비자가 이를 다운로드받아 1회적 행위로 끝나는 재화로 볼 수 있고, 회원인 소비자에게 영화, 애니메이션, 온라인게임, 교육정보 등을 (유료로) 제공하는 경우 특정회원에게 일정한 용역을 공급하는 것이 된다.

부가가치세법은 재화의 공급으로서 과세대상인 무체물에 대하여 폭넓은 규정을 두고 있어 게임머니를 재산적 가치가 있는 무체물로서 재화라는 판결이 무리가 있다고 볼 수 없고 또한 온라인상에서 거래하는 영역에 대하여 과세관청이 좀 더 용이하게 과세할 수 있는 길을 열어준 판결로 의미가 크다.

그러나 OECD(1998년 10월 오타와 각료회의)를 비롯한 EU에서는 게임머니를 포함한 디지털콘텐츠에 대하여 소비지국과세원칙과 아울러 이를 재화의 공급으로 취급해서는 아니되고 용역으로 취급해야 한다는 방침을 정한 바 있고, 이에 따라 기획재정부도 용역의 공급으로 해석하였다(재부가-388, 2010. 6. 10.). 용역공급이라는 해석으로 인해 과세대상에서 제외되는 것은 아니나 용역공급으로 보게 되면 용역의 무상공급에 대한 과세제외, 대리납부규정의 적용 및 국외에서 제공하는 용역에 대한 영세율 적용에서 차이가 발생한다.

(5) 유상사급에 대한 회계처리와 부가가치세 과세대상 여부

「조세특례제한법 시행령」 제2조【중소기업의 범위】를 판단함에 있어 매출액은 기업회계기준에 따라 작성한 손익계산서상의 매출액으로서(「조세특례제한법 시행규칙」 제2조 제4항 참조), 제조업을 영위하는 법인이 유상사급거래분에 대해 총액법에 의해 회계처리하였더라도 기업회계기준에 따라 순액법에 의한 회계처리로 수정 공시한 경우 '매출액'은 수정 공시한 손익계산서를 기준으로 하는 것이나(법인-100, 2011. 2. 10.), 부가가치세의 처리에 있어서는 유상사급 형태의 원료공급에 대하여는 세금계산서를 발급하여 부가가치세를 신고·납부하여야 한다(부가 46015-3262, 2000. 9. 20. ; 부가 46015-2369, 1998. 10. 20.).

▌유상사급의 세금계산서 수수를 인정한 사례

단순임가공인지 재화의 공급인지는 가격결정 주체, 거래당사자 간 원재료 가격변동 및 재고관리위험 부담 약정, 매매계약서의 존재, 완성된 제품의 독자적 판매 가능 여부 등을 종합하여 판단하는 것임(심사부가-2016-00681, 2016. 12. 29.).

기업회계는 유상사급 거래의 형식에도 불구하고 실질적으로 원재료의 소유에 따른 위험과 효익의 대부분이 임가공업체 등에 이전되지 않는다면, 임가공업체 등에 공급할 때에는 회계처리를 하지 아니하고, 임가공업체에서 발생한 가공비는 임가공업체로부터 당사로 제품이 입고될 때에 제조원가로 회계처리하며 원재료는 재공품 등으로 대체하고, 판매시점에서 제품매출로 처리한다. 이 경우 임가공업체로부터 원재료 반출 시 받은 금액은 보증금으로 회계처리하며, 완성된 제품 입고 후 대금 지급 시에는 보증금의 반환과 외주가공비의 지급으로 구분하여 회계처리한다(KQA 02-143, 2002. 8. 23. ; 회제일 8360-00387, 2003. 9. 24. ; 회제일 8360-00057, 2004. 2. 2.).

부가법은 국기법상 실질과세원칙을 부정하는 예외적 규정을 두고 있지 아니하므로 부가법도 이를 적용하여야 할 것이나, 소득의 귀속주체를 판단하는 다른 조세법과 달리 부가법은 법률적 외관 및 거래질서를 중요시하므로 실질과세원칙을 무제한적으로 적용할 수 없고, 계약상 또는 법률상 모든 원인에 의하여 재화를 인도하는 것을 재화의 공급으로 규정하고 있는바, 그 경제적 실질보다는 법률적 실질을 더 중요시하고 있다. 따라서 조세회피를 위한 가장행위 등이 아닌 한 거래당사자 사이에 약정한 거래의 외관을 무시하고 거래결과에 따른 경제적 실질만을 따져 거래관계를 재구성할 수는 없다.

또한, 납세의무자는 경제활동을 할 때 동일한 경제적 목적을 달성하기 위하여 여러 가지 법률관계 중의 하나를 선택할 수 있고, 과세관청으로서는 특별한 사정이 없는 한 당사자들이 선택한 법률관계를 존중하여야 하므로(대법원 2000두963, 2001. 8. 21. 등 참조) 거래당사자 간의 납품계약서나 생산약정서 등의 계약을 체결하여 자재 등을 인도하면서 과세재화에 대한 세금계산서를 발행한 경우 소유권 이전의 의사표시(계약)에 따라 재화가 인도된 것으로서 재화를 공급으로 보아야 함이 타당하고, 일부 임가공용역 요소가 존재하더라도 기업회계의 잣대를 엄격히 적용하는 것은 거래과정에서 조세탈루가 없는 한 불합리하다고 본다.

(6) 이축권 양도 관련 세무처리 요약

이축권이라 함은 건축관계법규나 도시계획법규상으로 개발제한구역 내에서의 건축행위의 일반적인 금지를 해지하여 건축허가를 받아 건축할 수 있는 권리를 의미할 뿐, 부동산 자체의 취득을 목적으로 하는 권리를 의미한다고 볼 수 없으므로 소득법상에 규정한 부동산을 취득할 수 있는 권리에 해당하지 않는다(대법원 98두205, 2000. 9. 29.). 따라서 2020. 1. 1. 이후 이축권(공익사업이축권, 재해이축권, 타인토지이축권) 가액을 별도로 평가하여 구분신고하는 경우 해당 이축권 양도소득은 기타소득(필요경비 60%, 원천징수세율 20%)으로 과세하고 그러지 아니하고 토지 또는 건물을 함께 일괄하여 이축권이 양도되면 양도소득으로 과세된다(소득법 §94 ①, 소득령 §158의2, 서면4팀-1425, 2010. 8. 16.). 또한 부동산임대사업자 등 과세사업자가 건물과 그 건물에 대한 이축권을 양도하는 경우 부가가치세도 과세된다(사전-2022-법규부가-0242, 2022. 4. 29.).

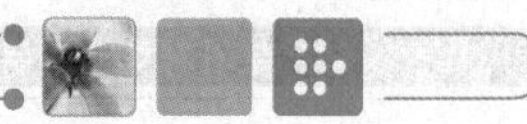

Ⅶ 용역의 범위

1 | 의의

용역이란 노동력에 의한 활동 또는 서비스 및 그 밖의 행위를 말한다. 부가법 제4조 제1호 및 부가령 제3조에 규정하는 용역은 재산가치가 있는 다음의 사업에 해당하는 모든 역무 및 그 밖의 행위를 말한다(**부가법 §4, 부가령 §3**).

① 건설업 ② 숙박 및 음식점업 ③ 운수 및 창고업 ④ 정보통신업(출판업과 영상·오디오 기록물 제작 및 배급업은 제외한다) ⑤ 금융 및 보험업 ⑥ 부동산업 ⑦ 전문, 과학 및 기술 서비스업과 사업시설 관리, 사업 지원 및 임대서비스업 ⑧ 공공행정, 국방 및 사회보장 행정 ⑨ 교육 서비스업 ⑩ 보건업 및 사회복지서비스업 ⑪ 예술, 스포츠 및 여가관련 서비스업 ⑫ 협회 및 단체, 수리 및 기타 개인서비스업과 제조업 중 산업용 기계 및 장비 수리업 ⑬ 가구 내 고용활동 및 달리 분류되지 않은 자가소비 생산활동 ⑭ 국제 및 외국기관의 사업

다만, 위 부가령과 타 법률에서의 사업의 구분이 일치하지 아니하는 경우가 있을 경우 어떻게 사업을 구분할 것인가에 대한 규정이 누락되었다. 예를 들어 염제조업(염전을 운영하는 자)의 경우 「농어업·농어촌 및 식품산업기본법」 제3조에서는 천일염을 수산물에 포함하고 이를 생산하는 자를 어민으로 확실히 규정하고 있는바 통계청에서 이를 간과하고 염제조업을 어업으로 분류하지 않고 광업으로 분류하고 있다. 특별법에 어업으로 명백히 규정하고 있으므로 통계자료 작성을 위해 만들어진 한국표준산업분류에 따라 광업으로 볼 것이 아니라 「농어업·농어촌 및 식품산업기본법」에 따라 어업으로 분류함이 타당할 것으로 판단된다(**농림축산식품부 식품산업진흥과-4920, 2010. 12. 22.**).

※ 전·답·과수원·목장용지·임야 또는 염전임대업, 「공익사업을 위한 토지 등의 취득 및 보상에 관한 법률」 제4조에 따른 공익사업과 관련하여 지역권·지상권(지하 또는 공중에 설정된 권리를 포함한다)을 설정하거나 대여하는 사업은 부동산업 및 임대업에서 제외한다(**부가령 §3 ① 6**).

2 | 주요 사례

(1) 농지 등의 임대

부동산업 중 전, 답, 과수원, 목장용지, 임야 또는 염전임대업은 대부분의 소유자가 농민 또는 어민인 것을 감안하여 용역의 범위에서 제외되며, 이때 전, 답, 과수원, 목장용지, 임야 또는 염전은 지적공부상의 지목에 관계없이 실지로 경작하거나 해당 토지의 고유용도인 경작 등에 사용하는 경우로 한다(부가칙 §2 ①).

(2) 면세재화를 운반하거나 가공하는 용역

사업자가 농산물, 축산물, 수산물, 임산물 등 면세재화를 공급하는 것이 아니라 이를 운반, 가공하거나 판매대행하는 등의 용역을 제공하고 그 대가를 받는 경우에는 용역의 공급으로서 부가가치세 과세대상이 된다(부가통칙 4-0-4).

(3) 분철료의 과세대상

광업권자가 광업권을 대여하고 그 대가로 분철료를 받는 경우에는 과세대상이 된다(부가통칙 4-0-5).

(4) 조출료 및 체선료

① 선주와 하역회사 간의 계약에 따라 하역회사가 조기선적을 하고 선주로부터 받는 조출료는 하역용역의 제공에 따른 대가이므로 하역용역 대가에 포함하나, 지연선적으로 인하여 선주에게 지급하는 체선료는 과세대상이 아니다.

② 선주와 화주와의 계약에 따라 화주가 조기선적을 하고 선주로부터 받는 조출료는 용역제공에 대한 대가가 아니므로 과세대상이 아니나, 선주가 지연선적으로 인하여 화주로부터 받는 체선료는 항행용역의 제공에 따른 대가이므로 항행용역 대가에 포함된다.

③ 화주와 선주 간에 용선계약을 체결하고 화주와 하역회사 간에는 본선하역에 대한 계약이 체결되어 있는 경우 화주가 선주로부터 받은 조출료의 일부 또는 전부를 하역회사에 지불하는 경우, 하역회사가 받는 동 조출료는 하역용역의 제공에 대한 대가에 포함된다(부가통칙 4-0-7).

(5) 김치의 가공용역

부가법 제26조 제1항 제1호, 부가령 제34조 제1항, 부가칙 제24조 제1항 [별표 1]의 규정에 따르면 김치의 재료가 되는 채소류와 김치를 면세대상으로 규정하고 있으나 김치의 가공용역에 대하여는 이를 면세대상으로 한다는 아무런 규정이 없으므로, 식품회사가 국방부로부터 공급받은 배추, 무, 마늘, 고춧가루, 젓갈류 등에 생강, 소금, 설탕, 조미료 등을 자체조달, 첨가하여 만든 김치를 국방부에 납품하는 경우와 같이, 면세재화인 김치에 부수하여 동시에 공급되는 용역으로서 주된 재화의 공급에 포함될 수 있는 경우가 아니라 그 용역이 별도로 공급되는 때에는 면세재화인 채소류를 재료로 하여 역시 면세재화인 김치를 제조하는 중간과정에서 발생한 거래라 하더라도 그 점만으로는 위 규정과는 달리 이를 면세대상으로 해석할 수는 없고, 김치를 재화로서 공급하는 경우에는 면세대상으로 하면서 김치의 가공용역에 대하여는 이를 면세대상으로 하지 아니하였다 하여 형평의 원칙에 반한다고 할 수 없고, 나아가 그것이 소비자에게 싼 값에 김치를 공급하고자 하는 부가가치세법의 입법취지에 반한다고 할 수도 없다(대법원 94누13381, 1995. 2. 14.).

(6) 구분지상권 설정대가의 과세 여부

토지소유자가 송전선로, 도시철도건설사업 등과 관련하여 구분지상권을 설정해 주고 일시불로 그 보상금(구분지상권 대가, 지하사용료, 일시사용료 등의 명목으로 지급되는 금전)을 받는 경우 소득세법은 해당 보상금을 기타소득으로 원천징수하면서 80%의 필요경비가 인정된다(대법원 2007두7505, 2009. 9. 24.). 또한 그 대가를 1회적 금품으로 수령하는 것이 아니라 당사자 사이에 지상권을 설정하고 지료에 관한 약정이 있는 경우 그 지료액 또는 지급시기를 등기하지 않았다 하더라도 토지소유자(부동산임대업자 포함)가 받는 지료는 계속적 · 정기적으로 받는지에 관계없이 기타소득에 해당하며, 지상권 설정대가를 받는 것이 소득세법상 기타소득을 창출하는 활동에 해당한다면 동일한 소득을 세목 간에 달리 평가할 수는 없으므로 부가가치세 과세대상 재화 또는 용역을 공급하는 사업으로 볼 수 없다는 것이 대법원의 판결이다(대법원 2016두33940, 2016. 5. 12.). 이는 2017년 12월 소득세법 개정 시 「공익사업을 위한 토지 등의 취득 및 보상에 관한 법률」 제4조에 따른 공익사업과 관련하여 지역권 · 지상권(지하 또는 공중에 설정된 권리를 포함한다)을 설정하거나 대여함으로써 발생하는 소득을 기타소득으로 규정하고 2019년 2월 부가령 개정 시 위 법률에 따라 지역권 · 지상권을 설정하거나 대여하는 사업을 용역의 범위에서 제외함으로써 해소되었다(소법 §21 ① 9, 부가령 §3 ① 6).

(7) 임대수익보장금에 대한 과세방법

시행사가 분양을 촉진하기 위한 방법으로 분양 시 공급대가 결정과 무관하게 수분양자의 임대실적 저조에 따른 손실을 보전하기 위한 보상차원에서 임대수익보장금이나 자가 사용자에 대한 대출이자를 지원하는 경우, 동 지원액은 분양공급대가 결정과 무관한 판매부대비용 또는 장려금에 해당하는 것으로 보아 부가법상 에누리액으로 인정하지 않고 있다(법령해석부가 2015-39, 2015. 2. 6. ; 조심 2014서2613, 2014. 6. 30. ; 서면법규과-354, 2013. 3. 27.).

시행사가 수분양자 등에게 분양하면서 분양가액에서 직접 차감하지 아니하고 분양 후 사용·수익과정에서 일정 보장금을 지급하는 경우 부가가치세 등 과세방법은 다음과 같다.

① 오피스텔을 분양하는 사업자가 분양촉진정책의 일환으로 분양시점에 분양계약서와 별도로 수분양자와 체결한 합의서에 따라 분양이 완료된 후 임대사업을 영위하는 수분양자에게 일정한 임대수익을 보장하는 차원에서 임대수익보장금액과 실제 임대료와의 차액을 별도로 지급하거나, 오피스텔을 자가 사용하는 수분양자에게 임대수익보장 혜택을 받지 않는 부분에 대한 보상차원에서 오피스텔 중도금 대출이자를 별도로 지급하는 경우 해당 임대수익보장지원액과 대출이자지원액은 부가법 제29조 제5항 제1호에 따른 에누리에 해당하지 아니함(서면-2017-법령해석부가-0865, 2017. 9. 27.).

② 사업자(A)가 상가를 신축하여 분양하는 과정에서 분양을 촉진하기 위하여 수분양자(B, 분양받는 자)와 『임대수익 보장확약』을 체결하고 이에 따른 1년간의 임대료 상당액을 해당 상가 분양가액에서 차감하여 지급받는 거래에서 해당 임대료 상당액이 매출에누리에 해당하는 경우에는 A사업자의 상가분양 공급대가(이하 'A의 과세표준'이라 한다)에 포함되지 아니하는 것이나, 해당 임대료 상당액이 상가를 임차한 입점업체를 대신하여 B에게 선불로 지급하는 임대료에 해당하는 경우에는 A의 과세표준 및 B의 과세표준에 포함하여야 하는 것임. 또한 분양사업자(A)가 상가를 분양하면서 미분양상가의 분양촉진을 위해 수분양자들에게 소유권이전을 완료한 후 임대권한을 부여받고 일정금액을 임대수익으로 보장하여 지급하는 경우, 수분양자가 보장받는 해당 임대수익보장금은 사업소득에 해당하나, 해당 수분양자가 임대사업 개시 전에 임대보장제에 따라 지급받는 금액은 기타소득임(서면3팀-715, 2006. 4. 17. ; 서면법규과-775, 2014. 7. 22. ; 서면1팀-1374, 2007. 10. 8.).

③ 호텔을 신축하여 분양하는 사업자(갑)가 분양률 제고 및 분양촉진을 위하여 위탁운영사(을)와 함께 10년간 분양대금의 8%에 해당하는 확정수익(이하 "확정수익

금")을 보장하기로 하는 내용의 확정수익지급보증 계약을 수분양자와 체결하였고, 을은 확정수익금을 월별로 매월 정산하여 수분양자에게 지급하기로 하는 내용(운영수익금이 확정수익금을 초과하는 경우에도 초과 운영수익금은 지급하지 아니함)의 호텔 위탁운영계약을 수분양자와 체결한 경우로서, 호텔 운영수익금이 확정수익금에 미달하는 경우 운영수익만큼은 을이 수분양자에게 지급하고, 그 차액은 갑이 수분양자에 지급하는 경우 수분양자는 을에게 확정수익금을 공급가액으로 하여 부가법 제32조에 따른 세금계산서를 발급하는 것임(사전-2018-법령해석부가-0385, 2018. 7. 2.).

④ 사업자(이하 "매수인")가 건물을 매수하며 매매거래 종결일로부터 일정기간 동안 매수인이 임차인들로부터 받는 임대수입금액이 매도인과 약정한 기준수입금액에 미달할 경우 실제 임대수입금액과의 차액을 매도인으로부터 보전받기로 약정한 경우 해당 보전금은 부가법 제4조에 따른 부가가치세 과세대상에 해당하지 아니하는 것임(사전-2018-법령해석부가-0454, 2018. 7. 11.).

⑤ 수분양자가 상가 등의 분양업자로부터 수익보장금 명목으로 일정기간 동안 일정금액을 받는 조건으로 상가 등을 분양받는 경우 수분양자가 분양업자로부터 수익보장금 명목으로 지급받는 금액의 합계액은 상가 등의 취득가액에서 차감하는 것임(소득세과-930, 2012. 12. 21.).

⑥ 주택신축판매업을 영위하는 법인이 분양률 제고를 위해 수분양자에게 확정수익을 보장하는 내용의 광고를 실시하고 이를 시행함에 따라 비용이 발생하는 경우 건전한 사회통념과 상관행에 비추어 정상적으로 소요되는 비용이라고 인정될 수 있는 범위 안의 금액은 법인규칙 제10조에 따른 판매부대비용에 해당하는 것이며, 재화 또는 용역의 공급대가가 아닌 경우에는 해당 거래와 관련된 제반서류(입금증, 계약서 등)를 수취·보관하여야 하는 것임(사전-2015-법령해석법인-0466, 2016. 6. 22. ; 법인세과-994, 2009. 9. 14.).

(8) 도박사업에 대한 과세

도박은 참여한 사람들이 서로 재물을 걸고 우연한 사정이나 사태에 따라 재물의 득실을 결정하는 것이기 때문에 부가가치를 창출하는 것이 아니므로 원칙적으로 부가세 과세대상은 아니지만, 도박사업을 하는 경우 고객이 지급한 돈이 단순히 도박에 건 판돈이 아니라 사업자가 제공하는 재화 또는 용역에 대한 대가에 해당한다면 부가가치세 과세대상이 된다(대법원 2004두13288, 2006. 10. 27.). 도박사업자가 정보통신망에 구축된 시스템 등을 통해 고객들에게 도박에 참여할 수 있는 기회를 제공하고 이에 대한 대가로서 금전을 지급받는 경우에는 비록 그 행위가 사행성을 조장하더라도 재산적 가치가 있는 재화 또는 용역의 공급에 해당하므로 부가가치세 과세대상이 된다(대법원 2016도19704, 2017. 4. 7.).

도박사이트를 운영하면서 피시방 등에 게임머니를 충전하여 주어 피시방 등에서 도박사이트에 접속한 사람들로 하여금 도박게임을 할 수 있도록 하면서 그 과정에서 판돈의 일정비율을 이익금으로 취득하였으므로 도박사업자가 얻은 수입은 자신이 운영하고 있는 도박사이트에 접속한 사람들에게 도박게임을 즐길 수 있는 용역을 제공한 대가로 보아야 한다고 판시하였다(서울행법 2013구합 7360, 2014. 2. 28. ; 대법원 2015두56489, 2016. 8. 24. ; 대법원 2008두23269, 2009. 2. 12.).

아래와 같은 운영형태를 보아도 도박사이트 운영으로 인한 수입은 부가가치세가 과세되는 용역에 해당한다.

① 도박사이트는 유사 체육진흥투표권을 발행·판매하고, 그 발행·판매대금을 재원으로 운동경기 결과를 적중시킨 사람들에게 배당금을 지급·환전하는 방식으로 운영

② 도박사이트 운영자는 유사 체육진흥투표권을 구매한 사람들과 사이에 직접 재물을 걸고 도박에 참여한 것이 아니라 유사 체육진흥투표권을 발행·판매하면서 이에 대한 대가를 지급받았을 뿐이고, 유사 체육진흥투표권을 구매한 사람들 사이에서만 운동경기 결과의 적중이라는 우연에 의하여 재물의 득실이 결정

③ 도박사이트에서 발행·판매하는 유사 체육진흥투표권을 구매하는데 지급된 돈은 그 즉시 도박사이트 운영자에게 전부 귀속되고, 운동경기 결과를 적중시킨 사람들에게 배당금이 지급되기는 하지만 유사 체육진흥투표권의 구입대금 자체는 반환되지 않음.

④ 도박사이트에서 발행·판매하는 유사 체육진흥투표권을 구매한 사람들로서는 이 사건 도박사이트를 이용하면서 운동경기 결과를 적중시킬 수 있을지, 배당금을 얼마나 받게 될지 등을 즐기고 그에 대한 대가를 지급하는 것이어서 이러한 과정에서 부가가치가 창출됨.

⑤ 도박사이트는 체육진흥투표권 수탁사업자가 운영하는 토토 및 프로토의 공식 인터넷 사이트를 모방하여 만든 사설 스포츠토토 사이트로서 유사 체육진흥투표권에 해당하는 베팅금액을 충전하도록 하고 그 대금을 지급받은 다음 추후 운동경기 결과를 적중시킨 이용자들에게 배당금을 지급하는데, 이는 도박사이트 이용에 관한 용역을 제공하여 부가가치를 창출한 것임.

⑥ 복권 등에 대하여 면세를 규정한 부가법 제26조 제1항 제9호는 합법적인 영업행위에 한하여 적용되는 것이므로 동 면세규정은 불법적인 사설 스포츠토토인 이 사건 도박사이트에는 적용되지 아니함.

나아가 불법 도박사이트 서버를 외국에 두었다 하더라도 서버와 같은 전산장비는 인터넷을 통하여 파일을 전송할 수 있도록 하는 것에 불과하고, 도박개장 용역의 본질적으로 중요한 사업활동이라고 할 수 있는 도박개장 수익 은닉 목적의 차명계좌 수집 · 관리 업무, 도박개장 수익금 분배 및 자금집행 업무 등이 모두 국내에서 이루어졌으며, 이용자 대부분이 국내 정보통신망을 이용하여 도박사이트에 접속한 후 도박에 참여할 기회를 제공받았으므로 국내에서 도박사이트를 운영함으로써 도박개장 용역을 제공하였다고 보아야 한다.

그 밖에 사업자가 선물거래시장의 실제 거래시세정보가 실시간으로 연동되는 사설 불법 선물거래 사이트를 개설하여 회원들이 선물지수를 기준으로 모의 투자를 할 수 있도록 서비스를 제공하고 거래금액의 일정률(금액)을 수수료로 수취한 경우에도 부가가치세 과세대상 용역으로 보아야 한다(대법원 2016도19704, 2017. 4. 7. ; 재부가-25, 2017. 1. 13.).

(9) 가입비 또는 연회비의 과세

사업자가 회원으로 가입하는 자에게 자기의 사업장 또는 제휴한 가맹점 등으로부터 특정 용역(재화 · 시설물 또는 권리의 사용)을 제공받거나, 재화나 용역을 염가로 구매할 수 있도록 각종 할인혜택(쿠폰이나 포인트 적립 등)을 부여하는 조건으로 비반환의 연회비 또는 가입비를 받는 경우에는 회원에게 용역(서비스 등)을 공급한 것으로 보아 부가가치세가 과세된다(부가 22601-1968, 1985. 10. 10 ; 부가 46015-2894, 1993. 12. 10. ; 조심 2009서4151, 2010. 10. 12. ; 대법원 2012두7158, 2012. 6. 28. ; 대법원 2012두28001, 2013. 5. 9. 등 다수). 이 때 회원이 중도에 회원가입을 탈퇴하면서 기간 경과분을 제외한 잔여 기간분에 상응하는 가입비 상당액을 반환하는 경우에는 반환금에 대한 부가가치세 상당액은 해당 과세기간의 과세표준에서 차감하여 부가가치세 신고를 하여야 한다(동지 : 부가가치세과-797, 2010. 6. 28. ; 대법원 97누14927, 1999. 7. 9.).

실례로 유료 연회원으로 가입한 고객에게 적립금, 할인쿠폰, 무료배송 서비스 제공 및 구매시점마다 일정률의 혜택을 제공하는 경우 가입회원들에게 경제적 가치가 존재하는 용역을 제공하고 그 대가를 가입비나 연회비 명목으로 받은 것인만큼 국세청 해석사례나 판례 등에 비추어 그 가입비나 연회비 상당액은 용역제공대가로서 부가가치세가 과세된다. 아울러 가입비의 전부를 고객에게 적립금(포인트)으로 지급한 경우에도 해당 적립금이 향후 현금으로 전환할 수 있다거나 구입시점마다 결제용으로 사용할 수 있다고 하더라도 그 자체가 현금지급은 아니므로 회원가입 시점 또는 적립금 지급 시점에 용역의 무상공급이 될 수 없다(적립금을 사용하는 2차 거래에서 에누리는 가능).

사업의 구분

1 | 의 의

사업의 구분 또는 분류란 산업활동을 분류한 것으로서 모든 생산주체들이 수행하는 각종 생산적 산업활동을 일정한 기준에 따라 체계적으로 유형화한 것을 말한다.

2 | 사업구분의 필요성

부가가치세는 간접세이면서 단일세율이 적용되므로 사업의 종류에 관계없이 세액을 계산하므로 사업구분의 실익이 없으나, 업종에 따른 세금계산서 발급의무, 의제매입세액공제 여부, 사업장 판정, 간이과세자의 업종별 부가가치세율 적용 및 간이과세배제 업종 판정, 공급시기의 판정 등에 있어서는 사업구분의 필요성이 있다.

3 | 사업의 구분기준

부가령 제3조에서는 용역의 범위를, 제4조에서는 사업구분은 부가령에 특별한 규정이 있는 경우를 제외하고는 한국표준산업분류에 의한다고 규정하고 있다. 따라서 특정 사업자의 사업이 부가법령 외의 법령에 한국표준산업분류와 달리 규정하고 있더라도 부가법령에 해당 업종에 대한 예외 규정을 두고 있지 아니한 부가법령의 적용에 있어서의 사업구분은 부가법령에 따라 한국표준산업분류에 의하여야 한다(서울고법 2020누37378, 2020. 11. 6.).

(1) 재화를 공급하는 사업의 구분

재화를 공급하는 사업의 구분은 통계청장이 고시하는 해당 과세기간 개시일 현재의 한국표준산업분류를 기준으로 한다(부가령 §4 ①). 다만, 한국표준산업분류상 용역을 공급하는 건설업과 부동산업 중 재화의 공급으로 보는 사업은 다음과 같다(부가령 §3 ②,

부가칙 §2 ②).

① 부동산 매매(주거용 또는 비거주용 건축물 및 그 밖의 건축물을 자영건설하여 분양·판매하는 경우를 포함한다) 또는 그 중개를 사업목적으로 나타내어 부동산을 판매하는 사업

② 사업상 목적으로 1과세기간 중에 1회 이상 부동산을 취득하고 2회 이상 판매하는 사업

(2) 용역을 공급하는 사업의 구분

용역을 공급하는 사업의 구분은 시행령에 특별한 규정이 있는 경우를 제외하고는 통계청장이 고시하는 해당 과세기간 개시일 현재의 한국표준산업분류에 의하되 부가령 제3조 제1항에 정하는 건설업, 숙박업 및 음식업 등 용역을 공급하는 사업과 유사한 사업은 한국표준산업분류에 불구하고 용역을 공급하는 사업에 포함되는 것으로 본다(부가령 §4 ①, ③).

※ 특정사업의 사업구분 방법은 ① 부가령이나 부가규칙에 열거된 사업인지, ② 한국표준산업분류에 열거된 사업인지, ③ "①"과 "②"에 열거되지 않았다면 부가령 제3조 제1항 각호에 열거된 사업과 유사한 사업인지를 판단하여 동 순서에 의하여 판단한다.

(3) 제조업

1) 제조업의 범위

사업자가 새로운 재화를 제조·가공하는 인적·물적 설비를 갖춘 장소에서 다음 예시하는 행위를 계속적으로 행하는 경우에는 제조업에 해당된다(부가통칙 2-4-1).

한국표준산업분류상 제조업이란 원재료에 물리적·화학적 작용을 가하여 투입된 원재료를 성질이 다른 새로운 제품으로 전환시키는 산업활동을 말하며, 단순히 상품을 선별·정리·분할·포장·재포장하는 경우 등과 같이 그 상품의 본질적 성질을 변화시키지 않는 처리활동은 제조활동으로 보지 않는다.

① 광업권소유자가 광구 외의 지역에 제련 또는 선광시설을 하고 자기가 채굴한 광물을 제련 또는 선광하는 경우. 다만, 단순히 자기가 채굴한 광물의 순도를 높이기 위하여 광물을 분쇄하는 것은 광산업에 해당된다.

② 도정업과 제분업(떡방앗간 포함)

③ 화장지 원지 및 필름 등을 구입하고 이를 절단하여 포장판매하는 경우

④ 타인소유 제조장을 임차하여 해당 제조장을 이용하여 제조·가공업을 영위하는 경우

2) 수탁가공하는 사업자의 업태

사업자가 주요자재의 전부 또는 일부를 부담하고 상대방으로부터 인도받은 재화에 공작을 가하여 새로운 재화를 만드는 사업은 제조업에 해당하는 것이나, 인도받은 재화에 주요자재를 부담하지 아니하고 가공만 하는 것은 용역업에 해당된다(부가통칙 2-4-2).

3) 위탁가공 · 판매하는 사업자의 업태

사업자가 특정제품을 자기가 직접 제조하지 않고 다른 제조업체에 의뢰하여 제조케 하여, 이를 판매하는 경우 다음의 4가지 조건이 모두 충족된다면 제조업을 영위하는 것으로 본다(부가통칙 2-4-3).

① 생산할 제품을 직접 기획(고안 및 디자인, 견본제작 등)하고
② 자기소유의 원재료를 다른 계약사업체에 제공하여
③ 그 제품을 자기명의로 제조케 하고(자기명의로만 된 고유상표를 부착하는 경우를 말하며, 거래처의 상표를 부착하거나 O.E.M 방식 및 상표 부착없이 판매하는 경우에는 이에 포함하지 않음)
④ 이를 인수하여 자기책임하에서 직접 판매하는 경우

4) 일부 위탁제조 · 가공하는 경우의 업태

제조장을 설치하고 재화를 제조 · 가공하는 사업자가 다음 각호의 행위를 하는 경우에는 제조업을 영위하는 것으로 본다(부가통칙 2-4-4).

① 계약된 수량의 일부를 약정된 기일 내에 제조 · 가공할 수 없어 일시적으로 위탁제조 · 가공하여 공급하는 경우
② 제품 제조공정의 일부를 다른 사업자에게 위탁가공하게 하여 동 제품을 완성하는 경우

5) 생선 등을 가공하여 냉동하는 경우의 업태

사업자가 시설을 갖춘 장소에서 생선의 머리, 뼈, 내장 등을 제거하여 사람이 소비하기에 적합한 상태로 공급하거나 구입한 생선을 그대로 냉동하여 공급하는 때에는 제조업을 영위하는 것으로 보는 것이나 단순히 세척, 포장하고 신선도를 유지하기 위하여 일정한 온도로 냉장하는 경우에는 그러하지 아니하다. 이 경우 냉동이란 제품이 전체적으로 동결될 때까지 빙점보다 아래로 냉각시킨 상태를 말한다(부가통칙 2-4-5).

(4) 도매 및 소매업의 범위

1) 도매업

도매업이라 함은 소매업자, 산업사용자, 상업사용자, 단체 또는 전문적인 이용자, 다른 도매업자, 구매상 또는 판매상의 대리점 등 개인 또는 회사에 새로운 상품 및 중고상품을 변형을 가하지 아니하고 재판매하는 산업활동을 말한다.

즉, 소비재 또는 산업용재를 가공(변경)하지 아니하고 다른 도매업자, 소매업자, 산업 및 상업사용자, 단체, 대량구매자를 대상으로 재판매하는 산업활동으로서 이에 해당되는지 여부는 영업의 형태 등에 의하여 사실판단한다(부가 1265-132, 1982. 1. 14. ; 부가 46015-1894, 2000. 8. 5.).

다만, 사업자가 제조장을 설치하지 아니하고 다른 제조업자에게 위탁가공(외주가공)하여 판매하는 사업은 판매업으로서 형태에 따라 도매업 또는 소매업에 해당된다.

2) 소매업

소매업은 상점, 백화점, 연쇄점, 우편주문, 주유소, 소비자협동조합, 경매소 등에서 개인 및 소비용 상품(신품 · 중고품)을 변형하지 않고 일반 대중에게 재판매하는 산업활동을 말한다.

3) 위탁매매업

상품중개업(위탁매매업)은 사업자가 상품에 대한 소유권을 갖지 않고 수수료 또는 계약에 의하여 타인의 명의로 타인의 상품을 거래하는 대리판매점, 상품중개인, 무역대리 또는 중개인 및 경매인, 그 밖의 대리도매인 등이 구매자와 판매자를 연결시켜 주어 그들의 상업적 거래를 대리하는 산업활동을 말한다. 부가가치세법에서는 이러한 상품중개업에 대하여 용역의 공급으로 본다.

4) 단순 위탁가공하여 판매하는 사업

사업자가 제조장을 설치하지 아니하고 타 제조업자에게 위탁가공(외주가공)하여 판매하는 사업은 판매업으로서 형태에 따라 도매업 또는 소매업에 해당된다(부가통칙 2-4-3).

5) 상품중개 및 전자상거래 관련 사업구분

재화 또는 용역의 사업자간 또는 사업자와 소비자 간의 거래를 중개하는 사업 및 동 거래를 인터넷플랫폼을 통하여 중개하는 경우 재화나 용역을 공급하는 사업자(위탁자)

및 이들 거래를 중개하는 사업자(인터넷 플랫폼운영자, 중개자 등)에 대한 사업구분(업종, 표준산업분류)을 요약하면 다음과 같다.

가. 상품중개업(461~)

상품중개업 유형에는 상품[유형재, 무형재(무체물, 서비스 등) 포함]에 대한 소유권을 갖지 않고 수수료 또는 계약에 의하여 타인을 대신하거나 타인을 위해 상품을 중개하는 상품 중개인, 수탁 및 대리 판매인, 대리 구매 및 대리 수집상, 무역 중개인, 농산물 공동판매조합 등이 있다.

분류코드 46101부터 46109에 해당하는 산업으로 기계 및 장비 중개업, 그 외 기타 특정 상품중개업[소프트웨어 등 각종의 서비스의 거래 포함] 등이 이에 해당한다.

상품중개업인지 구매(수입)대행용역인지에 대하여 서울지방법원 2019구합55613(서울고법에서 국승으로 종결) 판결을 살펴볼 필요가 있으며, 상품중개업인지는 도매업(B2B)으로서 중개업인지 소매업(B2C)으로서 중개업인지를 불문하고 상품중개한 것이라면 부가령상의 상품중개업으로 보아야 한다.

※ 상품중개업은 부가령 제33조 제2항 제1호 사목 및 제2호에 따라 영세율 적용대상 사업이 된다.

나. 전자상거래 소매 중개업(47911)

사회 관계망 서비스(소셜 네트워크 서비스, SNS)를 통하여 일반 대중을 대상으로 각종 상품을 소매할 수 있도록 중개하거나 개인 또는 소규모 업체가 온라인상에서 직접 상품을 등록해 판매할 수 있도록 만든 전자상거래 중개업무를 담당하는 산업활동을 말한다.

소셜 커머스(할인 쿠폰 공동 구매형 전자상거래 중개), 전자상거래 소매 중개(오픈마켓 사업자)가 이에 해당한다.

※ 전자상거래 소매중개업은 부가령 제33조 제2항 제1호 사목에 2022. 2. 15. 추가되었으나 소급하여 영세율 적용하도록 하였다.

다. 무형재의 전자상거래 소매 중개

각종 정보 및 기타 서비스를 전자상거래 방식(B2C 중개를 말함)으로 제공하는 경우 서비스 유형별로 분류한다.

※ 각 서비스유형이 부가령 제33조 제2항 제1호 각목에 해당하는 사업이면 영세율 적용이 가능하다.

라. 전자상거래 소매업(47912)

일반 대중을 대상으로 온라인 통신망을 통하여 각종 상품을 소매하는 산업활동을 말한다.

사업자가 제조업 또는 도소매업(매장 판매)과 같은 다른 산업활동은 수행하지 아니하고 전자상거래만을 전문적으로 운영하는 사업체로서 인터넷을 통하여 일반소비자를 대상(B2C)으로 자기 제품을 판매하는 경우 전자상거래업(소매)으로 분류한다.

마. 기타 통신판매업

온라인 통신망 이외의 기타 통신수단에 의하여 각종 상품을 소매하는 산업활동을 말한다.

인쇄물 광고형 소매, 카탈로그(상품안내서, catalog)형 소매, 전화 소매, 우편 소매, TV 홈쇼핑, 통신 판매 중개 등이 해당한다.

바. 주된 사업에 부수된 전자상거래

제조업 및 일반 도소매 사업체가 부수적으로 전자상거래방식을 통하여 제품을 판매하는 경우 주된 산업활동에 따라 해당 제품 제조업 또는 도소매업으로 분류한다.

사. 전자상거래를 통한 B2B 판매

제조업 및 일반 도소매업(매장판매) 등 다른 산업활동을 수행하지 아니하고 전자상거래만을 전문적으로 운영하는 사업체로서 인터넷을 통하여 제조업체 및 도소매 사업체를 대상(B2B)으로 각종 상품을 도매하는 산업활동을 수행하는 경우에는 상품 도매업으로 분류한다.

아. 그 밖의 인터넷을 통한 중개활동

① 인터넷을 통한 증권 중개활동을 수행하는 경우 증권 중개업(금융 및 보험 관련 서비스업)으로 분류

② 비정규교육기관으로 인터넷을 통하여 학생 등을 대상으로 수강료를 받고 교육하는 경우 온라인 교육학원(교육서비스업)으로 분류

(5) 노무, 인력공급 및 중개에 대한 사업분류

1) 인력공급업

사업자가 자기의 책임과 관리하에 인력을 고용하여 사업상 독립적으로 해당 인력을

타 업체에 수시로 제공하는 사업은 「인력공급업」에 해당하는 것으로 자기관리하에 있는 인력을 타인 또는 타사업체에 공급하는 것이 주된 산업활동인 경우는 인력공급업으로 분류된다(서면3팀-1038, 2006. 6. 5.).

「파견근로자 보호 등에 관한 법률」에 따라 근로자 파견사업을 영위하는 사업자가 근로자파견계약에 의하여 사용사업주에게 파견근로자를 공급한 후 사용사업주의 책임하에 출장업무 발생 시 동 근로자에게 지급하는 「소득세법」 제12조 제4호 아목 및 동법 시행령 제12조 제3호에 따른 실비변상 정도의 여비에 대하여는 파견사업자의 부가가치세 과세표준에 포함하지 않는 것이나, 사용사업주가 지급편의를 위하여 직접 파견근로자에게 별도의 수당을 지급하는 경우 수당지급내역을 파견사업주에게 통보하거나 파견사업자주가 이를 파악하여 동 수당을 부가가치세 과세표준에 포함하여 사용사업주에게 세금계산서를 발급하고 부가가치세 신고하여야 할 의무가 있다(대법원 2009두18455, 2010. 1. 28. ; 부가 46015-1387, 1999. 5. 15. ; 부가 46015-520, 2000. 3. 8.).

※ 단순인력공급업은 2025. 1. 1. 이후부터 부가가치세가 면제되고 근로자 파견법에 따른 파견업은 부가가치세가 기존대로 과세된다. 아래 4)도 이와 같다.

2) 고용알선업

고용주 또는 구직자를 대신하여 일자리 및 구직자 정보를 기초로 인력을 선발, 알선 및 배치하는 것이 주된 산업활동인 경우는 「고용알선업」으로 분류된다. 이때 인력공급업인지 고용알선업인지의 구분은 사업체의 구체적인 실제 사업내용에 따라 판단하는 것으로, 타 사업자에게 필요한 인력(자사 직원이 아님)을 알선하고 수수료만 받았다면 고용알선업 또는 직업소개업으로 보고 부가가치세가 면제된다(서면3팀-350, 2005. 3. 14. ; 조심 2008중3089, 2008. 12. 18.).

3) 사업자의 인사, 노무인력 파견

사업자가 자기의 사업을 영위하면서 타 사업자와의 계약에 의하여 인사, 노무에 대한 상담 및 강연용역을 제공하거나, 자기의 직원을 파견하여 타사 업무를 수행하고 그 대가를 받는 경우에는 부가령 제42조의 부가가치세가 면제되는 인적용역의 범위에 해당하지 아니하는 것이므로 부가가치세가 과세된다(부가 22601-855, 1991. 7. 2.).

※ 단순인력공급업인지 계열사 간 공동경비의 분담인지를 별도 판단이 필요하다.

4) 노무하도급

시공참여자가 건설업자와 건설공사에 대한 하도급계약을 체결한 후 해당 시공참여자가 인력을 고용하여 사업상 독립적으로 해당 공사의 시공용역을 제공하는 경우에는 부가법 제11조에 따른 용역의 공급에 해당한다(부가 46015-696, 1999. 3. 18.).

(6) 한국표준산업분류상의 음식점업

구내에서 직접 소비할 수 있도록 접객시설을 갖추고 조리된 음식을 제공하는 식당, 음식점, 간이 식당, 카페, 다과점, 주점 및 음료점 등을 운영하는 활동과 독립적인 식당차를 운영하는 산업활동을 말한다. 또한, 여기에는 접객시설을 갖추지 않고 고객이 주문한 특정 음식물을 조리하여 즉시 소비할 수 있는 상태로 주문자에게 직접 배달(제공)하거나 고객이 원하는 장소에 가서 직접 조리하여 음식물을 제공하는 경우도 포함한다.

4 | 한국표준산업분류

한국표준산업분류는 사업체가 주로 수행하는 산업활동을 그 유사성에 따라 체계적으로 유형화(분류)한 것으로서 산업분류는 사업체에서 수행하는 주된 산업활동의 특성(산출물, 원재료, 제조공정 및 방법, 기능 및 용도, 제공하는 서비스 및 제공방법 등)에 따라 분류된다.

이러한 한국표준산업분류는 2000년에 제8차 개정된 이래 7년이 경과하였으며, 국제표준산업분류가 개정됨에 따라 정보 및 커뮤니케이션, 환경관련 산업 등의 구조가 급격하게 변화함에 따라 우리나라 산업특성을 반영하고 아울러 국제비교성을 제고하기 위하여 2006년 4월 개정작업에 착수, 1년 8개월에 걸쳐 제9차 개정작업을 완료, 통계청 고시 제2007-53호(2007. 12. 28.)로 확정 · 고시하고, 2008년 2월 1일부터 시행하게 되었다.

한국표준산업분류 관련 파일을 다운받으려면 통계청 홈페이지를 방문하면 된다.
(http://www.nso.go.kr/ ⇒ 통계표준분류 ⇒ 한국표준산업분류 ⇒ 관련 파일 내려받기)

하지만 동 산업분류는 산업관련 통계자료의 정확성 및 비교성을 확보하기 위하여 작성된 것으로 일반 행정목적과 맞지 않을 수 있는 것이어서, 해당 법령에 맞는 최종적인 산업의 결정에 있어서는 동 산업분류를 참고로 하여 각 해당 기관에서 정하여야 할 것으로 판단된다.

제 5 절

과세기간

1 | 과세기간의 개요

과세기간이란 세법에 따라 국세의 과세표준의 계산에 기초가 되는 기간을 말하며 납세의무의 성립시기, 과세표준 및 납부세액의 계산시기, 신고·납부시기 등을 정하는 기준이 된다. 과세기간은 과세요건의 하나인 과세물건의 시간적 단위를 구성하는 것으로써 과세물건이 시간적으로 무한히 계속되어 있는 경우 이러한 과세물건을 조세채권으로 확정하는데 필요한 범위까지 제한을 가하여 국세의 과세표준계산의 기초가 되는 기간을 말한다(국기법 §2).

부가가치세에 있어서는 수입재화를 제외하고는 그 과세기간이 종료하는 때에 납세의무가 성립한다(국기법 §21 ① 7). 따라서 과세기간이 종료되기 전에는 해당 과세기간에 상당하는 납세의무를 확정할 수 없으므로 부가가치세를 과세할 수 없다. 또한 해당 과세기간 내에 귀속되는 과세물건만이 과세대상이 되며, 부가가치세의 과세표준은 과세기간 내 공급된 재화나 용역의 공급가액의 합계액이지 각 개별적인 공급가액이 곧 과세표준이 되는 것은 아니다. 그 밖에 과세기간은 과세유형 전환 판정에 있어 연간 공급대가 산정의 기준이 되며, 부가가치세 확정신고와 납부기한의 계산기준이 된다.

부가가치세법상의 과세기간은 인위적으로 과세단위를 확정하기 위한 편의 또는 기술상의 필요에 의한 제도로서 개별거래를 기본으로 하여 일정한 과세기간을 과세단위로 삼도록 하고 있는 것이 부가가치세법의 태도이다.

2 | 일반적인 경우의 과세기간

부가가치세는 수익비용대응의 원칙이나 기간계산의 원칙이 적용되지 않는 등의 물적 특성 때문에 부가가치세의 과세기간은 다음과 같이 일률적으로 역법에 의하여 1년을 2개 과세기간(간이과세자 제외)으로 나누어 다음과 같이 규정하고 있다(부가법 §5 ①).

1) 간이과세자

간이과세자의 일반적인 과세기간은 1월 1일부터 12월 31일까지로 한다.

다만, 부가법 제62조 제1항 및 제2항에 따라 간이과세자에 관한 규정이 적용되거나 적용되지 아니하게 되어 일반과세자가 간이과세자로 변경되거나 간이과세자가 일반과세자로 변경되는 경우 그 변경되는 해에 간이과세자에 관한 규정이 적용되는 기간의 부가가치세의 과세기간은 다음의 구분에 따른 기간으로 한다(부가법 §5 ④).

① 일반과세자가 간이과세자로 변경되는 경우 : 그 변경 이후 7월 1일부터 12월 31일까지

② 간이과세자가 일반과세자로 변경되는 경우 : 그 변경 이전 1월 1일부터 6월 30일까지

또한 간이과세자가 부가법 제70조에 따라 간이과세자에 관한 규정의 적용을 포기함으로써 일반과세자로 되는 경우 다음의 기간을 각각 하나의 과세기간으로 한다. 이 경우 다음 "㉠"의 기간은 간이과세자의 과세기간으로, "㉡"의 기간은 일반과세자의 과세기간으로 한다(부가법 §5 ⑤).

㉠ 간이과세의 적용 포기의 신고일이 속하는 과세기간의 개시일부터 그 신고일이 속하는 달의 마지막 날까지의 기간

㉡ 위 "㉠"에 따른 신고일이 속하는 달의 다음 달 1일부터 그 날이 속하는 과세기간의 종료일까지의 기간

2) 일반과세자

구 분	과세기간
제1기	1월 1일부터 6월 30일까지
제2기	7월 1일부터 12월 31일까지

3 | 신규 사업개시자의 최초 과세기간

(1) 신규사업자

신규로 사업을 시작하는 자에 대한 최초의 과세기간은 사업개시일부터 그 날이 속하는 과세기간의 종료일까지로 한다(부가법 §5 ②). 사업개시일의 기준은 부가령 제6조에서 규정하고 있는 '개업일의 기준'을 준용한다(사업개시일의 의미는 "사업자등록신청" 편에서 후술한다).

(2) 사업개시 전 사업자등록자

부가법 제8조 제1항 단서에 따라 신규사업자는 사업개시일 전이라도 사업자등록을 할 수 있다. 이 경우 사업개시일에 불구하고 사업개시일 이전에 사업자등록을 신청한 경우에는 그 신청한 날부터 그 신청일이 속하는 과세기간의 종료일까지가 최초 과세기간이 된다(부가법 §5 ② 단서).

사업자등록일은 납세자가 사업자등록증을 발급받은 날이라기보다는 사업자등록신청서가 과세관청에 접수되는 시점으로 한다(서삼 46015-10360, 2001. 9. 27.). 사업자등록증을 발급받음으로써 재화 또는 용역의 매입 등 거래에 편의를 제공받는 것뿐이지 이로 인하여 납세자에게 직접적으로 사업자로서의 권리 또는 의무에 영향을 주는 행위는 아니기 때문이다.

4 | 폐업하는 때의 과세기간

(1) 사업을 폐업하는 경우

사업자가 폐업하는 경우의 최종 과세기간은 폐업일이 속하는 과세기간의 개시일부터 해당 폐업일까지로 한다(부가법 §5 ③).

사업의 폐업이란 사업자가 계속하여 영위하던 사업을 완전히 폐지하고 더 이상의 사업활동을 하지 않음을 말한다. 부가가치세는 사업장별 과세를 원칙으로 하고 있으므로 사업장별로 납세자의 폐업신고서 접수, 부가가치세의 무신고, 과세관청의 직권폐업 여부 등 형식 여하에 불구하고 그 사업을 실질적으로 폐업하는 날이 폐업일이 된다(부가령 §7 ① 3).

이러한 폐업일의 기준에 대하여는 부가령 제7조의 규정을 특별히 달리 적용할 사정이 없는 한 해당 규정을 준용하여야 한다.

1) 합병의 경우

합병으로 인한 소멸법인의 최종 과세기간은 부가법 제5조 제1항 제2호에 따라 그 과세기간의 개시일로부터 합병법인의 변경등기일 또는 설립등기일까지로 한다(부가령 §7 ① 1). 따라서 합병등기일 전 실제 합병한 경우에도 합병등기일을 기준으로 피합병법인 또는 합병법인 명의로 세금계산서를 발급하여야 한다. 다만, 피합병법인이 전기·가스료에 대한 세금계산서를 합병등기일까지 발급받지 못하고 합병등기일 이후 합병법인이 피합병법인 명의로 전기·가스료에 대한 세금계산서를 발급받은 경우에 해당 세금계산서의 매입세액은 세금계산서를 발급받은 과세기간에 합병법인의 매출세액에서 공제할 수 있다(재소비 22601-687, 1990. 7. 16. ; 부가 46015-753, 2000. 4. 3. ; 서면3팀-2031, 2004. 10. 5.).

법인세법에서는 부가가치세법의 규정과 달리 합병등기일 전에 사실상 합병한 경우 사실상 합병한 날부터 합병등기일까지 발생하는 소득은 실질과세원칙에 따라 실질적으로 귀속되는 법인에게 과세하도록 하고 있다(법인 46012-4128, 1998. 12. 29.).

2) 분할의 경우

분할로 인하여 사업을 폐업하는 경우에는 분할법인의 분할변경등기일(분할법인이 소멸하는 경우에는 분할신설법인의 설립등기일)을 폐업일로 한다(부가령 §7 ① 2).

3) 폐업일이 분명하지 아니한 경우

위 "1)" 및 "2)" 외의 경우 사업장별로 그 사업을 실질적으로 폐업하는 날을 폐업일로 하되, 사업자의 폐업한 날이 분명하지 아니한 경우에는 폐업신고서의 접수일을 폐업일로 본다(부가령 §7 ① 3).

4) 법인전환에 따른 폐업일과 과세기간

개인사업자가 법인을 설립하여 당해 법인에게 사업을 포괄적으로 양도하는 경우 양도하는 개인사업자의 최종 과세기간은 그 과세기간의 개시일부터 사업의 양도로 해당 사업을 실질적으로 폐업하는 날까지로 한다(부가 46015-715, 1999. 3. 18.). 이때 사업양도 이후 법인설립등기 전까지 개인명의 거래분이 실질적으로 해당 법인에 귀속되는 경우에는 해당 법인명의로 신고·납부하여야 한다(부가 46015-566, 1996. 3. 23.).

사업자가 전기사업자로부터 전력을 공급받고 세금계산서를 발급받음에 있어 해당 사업자가 법인설립이 완료되기까지 폐업한 개인사업자등록번호로 세금계산서를 발급받은 경우 수정세금계산서를 발급받은 때에는 매입세액공제가 가능하다(부가가치세과-367, 2013. 4. 30.). 이러한 해석에 비추어 개인사업자가 법인으로 전환된 경우 법인사업자가 세금계산서를 발급받아야 할 것을 개인사업자 명의로 발급받은 세금계산서는 원칙적으로 매입세액으로 공제받을 수 없다. 다만, 사업양도자가 수입재화에 대한 수입세금계산서를 사업양도 시까지 발급받지 못하고 사업양도 후 사업양수자가 사업양도자 명의로 발급받은 경우에는 해당 수입세금계산서를 발급받은 과세기간에 매입세액으로 공제받을 수 있다고 예외를 인정하고 있다(부가통칙 38-0-3 ; 부가 46015-4063, 1999. 10. 4. ; 서면

3팀-141, 2007. 1. 15. ; 부가 46015-753, 2000. 4. 3. ; 부가 46015-566, 1996. 3. 23. ; 부가 46015-1921, 1996. 9. 16.).

그러나 개인명의로 발급한 세금계산서는 법인명의로 발급할 수 없었던 불가피성이 인정되고, 동일한 사업장에서 명의만 달리하여 이루어진 경우이므로 법인명의로 신고·납부하면 족하다고 판단된다. 이러한 관점에서 볼 때 개인명의로 수취한 세금계산서도 수정세금계산서 발급없이 법인사업자의 매출세액에서 공제할 수 있도록 예규를 개선할 필요가 있다고 본다.

(2) 해산의 경우

1) 원칙

법인의 해산으로 인하여 청산 중에 있는 내국법인 또는 「채무자 회생 및 파산에 관한 법률」에 따라 법원으로부터 회생계획인가 결정을 받고 회생절차를 진행 중인 내국법인에 있어서도 원칙적으로는 사업을 실질적으로 폐업한 날을 폐업일로 한다.

2) 예외

해산으로 청산 중인 내국법인(「법인세법」 제2조 제1호에 따른 내국법인을 말한다) 또는 「채무자 회생 및 파산에 관한 법률」에 따라 법원으로부터 회생계획인가 결정을 받고 회생절차를 진행 중인 내국법인이 사업을 실질적으로 폐업하는 날부터 25일 이내에 납세지 관할 세무서장에게 신고하여 승인을 받은 경우에는 잔여재산가액 확정일(해산일부터 365일이 되는 날까지 잔여재산가액이 확정되지 아니한 경우에는 그 해산일부터 365일이 되는 날)을 폐업일로 할 수 있다(부가령 §7 ②).

여기서 "잔여재산가액 확정일"이라 함은 ㉠ 해산등기일 현재의 잔여재산의 추심 또는 환가처분을 완료한 날, ㉡ 해산등기일 현재의 잔여재산을 그대로 분배하는 경우에는 그 분배를 완료한 날을 말한다(법인령 §124 ③).

(3) 사업개시 전 등록자로서 사업을 개시하지 아니하는 경우

부가법 제8조 제1항 단서 규정에 따라 사업개시일 전에 사업자등록을 한 자로서 사업자등록을 한 날부터 6개월이 되는 날까지 재화와 용역의 공급실적이 없는 자에 대해서는 그 6개월이 되는 날을 폐업일로 보아 폐업과 동일하게 취급하여 등록신청일부터 해당 폐업일까지를 최종 과세기간으로 규정하고 있다(부가령 §7 ③).

다만, 사업장의 설치기간이 6개월 이상이거나 그 밖의 정당한 사유로 인하여 사업의 개시가 지연되는 경우에는 그러하지 아니한다(부가령 §7 ③ 단서). 따라서 사업장의 설치기간이 6개월 이상인 경우에는 정당한 사유 여부에 구애받지 않고 6개월을 경과하여도 사업을 개시하지 아니한 상태로 보지 아니한다. 만약 사실상 투자가 중단되어 사업을 위한 건설 등 투자가 중단되었다면 폐업한 것으로 보아야 할 것이다(부가 1265.2-2107, 1982. 8. 10.).

(4) 간이과세포기 신고자

간이과세자가 일반과세자에 관한 규정을 적용받고자 하는 달의 전달 마지막 날까지 사업장 관할 세무서장에게 간이과세포기 신고를 함에 따라 일반과세자로 유형이 전환되는 사업자의 과세기간은 간이과세포기의 신고일이 속하는 과세기간의 개시일부터 그 신고일이 속하는 달의 말일까지의 기간과 그 신고일이 속하는 달의 다음 달 1일부터 해당일이 속하는 과세기간의 종료일까지의 기간을 각각 1과세기간으로 한다(부가법 §5 ⑤).

㉠ 간이과세의 적용 포기의 신고일이 속하는 과세기간의 개시일부터 그 신고일이 속하는 달의 마지막 날까지의 기간: 간이과세자의 과세기간

㉡ "㉠"에 따른 신고일이 속하는 달의 다음 달 1일부터 그 날이 속하는 과세기간의 종료일까지의 기간: 일반과세자의 과세기간

5 | 유형전환자에 대한 과세기간

부가법 제62조 제1항 및 제2항에 따라 간이과세자에 관한 규정이 적용되거나 적용되지 아니하게 되어 일반과세자가 간이과세자로 변경되거나 간이과세자가 일반과세자로 변경되는 경우 그 변경되는 해에 간이과세자에 관한 규정이 적용되는 기간의 부가가치세의 과세기간은 다음의 구분에 따른 기간으로 한다(부가법 §5 ④).

① 일반과세자가 간이과세자로 변경되는 경우: 그 변경 이후 7월 1일부터 12월 31일까지

② 간이과세자가 일반과세자로 변경되는 경우: 그 변경 이전 1월 1일부터 6월 30일까지

이 개정규정은 2014. 1. 1. 이후 1역년의 공급대가의 합계액이 부가법 제61조 제1항에 따른 기준금액에 미달하거나 그 이상이 되는 경우부터 적용한다. 즉, 2014년 유형전환 기준을 충족하는 분부터 적용한다.

※ 자세한 것은 "간이과세" 편을 참고한다.

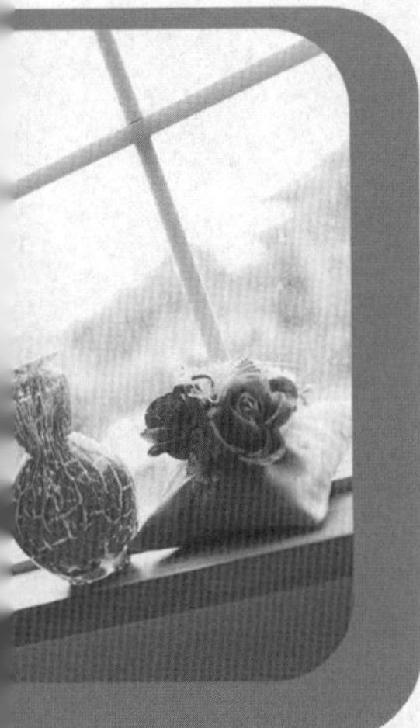

제 6 절

납세지와 과세관할

I 납세지와 사업장

1 납세지의 의의

납세지는 납세의무자가 세법에서 정하는 바에 따라 납세의무를 이행하고 정부가 조세를 부과·징수권을 행사함에 있어서 그 기준이 되는 장소를 말한다. 납세지는 추상적인 납세의무를 정부가 구체적이고 확정적인 조세채권으로 전환하는 권한 있는 기관을 정하는 요소이며, 조세의 법률관계를 생성, 변경, 소멸시키는 법 효력과 관련하여 중요한 의미가 있다.

조세법률관계는 특별한 규정이 있는 경우를 제외하고는 납세의무의 성립시기를 기준으로 해석·적용되어야 하며, 납세지는 납세의무성립일 현재의 납세지가 되는 것이며 납세지의 이동이 있는 경우에도 당초의 납세의무성립일 현재의 납세지가 그 기준이 되는 것이다. 다만, 「국세기본법」에서는 납세자의 편의 등을 위하여 과세표준의 신고 및 결정, 경정 또는 조세불복청구에 있어서 각 납세지 관할을 규정하고 있다.

2 사업장과 납세지와의 관계

납세지는 사업자가 세법에 의하여 계산된 세액을 어느 세무서에 신고·납부하고 어느 세무서에서 과세할 수 있는가의 과세관청을 정하는 기준을 규정한 것이며, 부가가치세법에서는 "사업자의 부가가치세 납세지는 각 사업장의 소재지로 한다"고 규정함으로써 사업장마다 부가가치세를 납부하여야 한다. 따라서 사업장은 부가가치세의 납세지를 결정하는 기준이 된다(부가법 §6 ①).

1) 일반적 의미의 사업장

사업장이란 사업활동이 수행되는 장소적 범위를 특정하기 위한 개념으로서 세법은 각 세법의 취지와 과세편의 등을 위하여 사업활동의 중심이 되는 곳 또는 특정시설물 등을 기준으로 사업장을 규정하고 있다.

2) 사업장 이전 시 납세지

납세의무자가 사업장을 이전한 경우 이전 전의 사업장에 대한 납세지는 해당 예정신고 또는 확정신고를 하는 때의 사업장으로 한다.

3) 하나의 사업장이 2개 이상의 세무서 관할에 속하는 경우 납세지

하나의 사업장에 속하는 토지·건물의 지번이 2개 이상으로 구성되어 있음으로써 2개 이상의 세무서 관할에 해당하는 경우에는 납세의무자의 신청에 의해 대표되는 지번을 기준으로 하여 납세지를 판정한다. 이 경우 해당 건물 내에 소재하는 다른 사업자의 납세지는 그 건물의 납세지와 동일한 것으로 한다(부가 1235-1022, 1978. 3. 16.).

4) 합병 시 소멸법인의 납세지

법인의 합병으로 인한 소멸법인의 최종 과세기간에 대한 납세지는 소멸법인의 사업장으로 한다(부가통칙 49-91-1).

5) 공급장소와 관계

공급장소도 장소라는 점에서 사업장 또는 납세지와 유사하나, 공급장소는 소비지과세원칙에 의거하여 재화나 용역이 국내에서 공급된 것인지 국외에서 공급된 것인지를 구분하여 부가가치세의 과세 여부를 판정하기 위한 기준이 되는 것으로서 사업장과는 그 개념이 일치하는 것은 아니다.

II 사업장별 신고·납부

1 사업장별 신고·납부의 원칙

부가법은 사업자를 납세의무자로 삼되, 사업장마다 따로 사업자등록을 하도록 정하여 사업장을 실질적인 납세단위로 삼아 사업장마다 부가가치세를 신고·납부하도록 하고 있다(대법원 2005두14608, 2006. 1. 26.). 이를 "사업장별 과세의 원칙"이라 한다. 사업장별 과세의 원칙에 의하면 한 명의 사업자가 2개 이상의 사업장을 가지고 있는 경우 종합소득세 또는 법인세는 인별로 합산하여 신고·납부하는 것이나, 부가가치세는 각 사업장별로 신고·납부하게 된다. 따라서 부가가치세 과세사업을 영위하는 사업자의 경우 부가가치세 과세표준과 세액의 신고 및 납부, 사업자등록, 세금계산서의 발급, 제출, 각종 조세협력의무 및 「국세기본법」상의 조세불복청구를 사업장단위로 이행하게 되며, 과세권자의 국세부과권과 징수권 등도 모두 사업장단위로 이루어진다.

최근 법원은 부가가치세가 사업장과세원칙에 따라 사업장마다 납부하여야 하고 원칙적으로 각 사업장 소재지가 납세지가 되며 각 사업장은 과세상 독립된 장소적 단위가 되므로 두 개의 사업장을 가진 사업자가 차명계좌 등을 통한 매출누락액이 있는 경우 총매출액을 종합소득세 경정 시 총수입금액에 산입하는 것을 별론으로 하더라도 2개 사업장의 매출누락액을 과세관청이 구분하지 아니하고 혼용하거나 특정 사업장에 전부 귀속시켜 부가가치세를 부과한 처분은 위법하며, 관할 세무서장이 변론종결일까지 매출누락액을 각각의 사업장에 특정할 자료의 제시가 없다면 해당 사업자에게 부과될 정당한 세액을 산출할 수 없으므로 부가가치세 부과처분은 그 전부를 취소할 수밖에 없다고 판시하였다(서울행법 2017구합64675, 2020. 2. 13.). 이후 2심 판결에서도 차명계좌 등을 통한 현금매출누락액이 상당하더라도 경험칙상 두 사업장(하나의 사업장 A는 본인명의, 다른 하나의 사업장 B는 명의위장 사업장임)의 현금매출누락액이 포함되어 있음이 분명한 바, 사업장별 과세원칙에 따라 두 사업장에 각각 별도의 부가가치세가 과세되어야 하고, 설령 B사업장이 수탁관리한 사업장이더라도 수탁관리용역대가를 별도로 산정하여 부가가치세 과세표준을 삼아야 했으므로 역시 위법하다고 판시하였다. 더 나아가 종합소득세 부과처분에 있어서도 B사업장의 명의자가 신고납부한 부가가치세 신고내용과 임차료, 인건비, 보험료, 투자금에 대한 비용 등을 고려하지 아니하고 소득금액을 산정하였는 바, 이는 위법한 처분으로 전부 취소되어야 한다고 판시하였고 대법원에서 심리불속행으로 확정되었다(서울고법 2020누37170, 2022. 2. 17. ; 대법원 2022두39413, 2022. 7. 14.).

다만, "사업장별 과세의 원칙"에 대한 예외로 부가가치세법에서는 "주사업장 총괄납부"와 "사업자단위과세"를 인정하고 있다.

「주사업장 총괄납부」는 납부세액계산에 한하여 사업장 간 통산이 가능하도록 한 제도이고, 「사업자단위과세」는 납부세액계산뿐만 아니라 부가가치세액의 신고, 사업자등록, 세금계산서의 수수를 사업자단위로 할 수 있도록 한 제도이다.

2 | 사업장의 범위

사업장은 일반적으로 사업자가 사업을 하기 위하여 거래의 전부 또는 일부를 하는 고정된 장소를 말한다(부가법 §6 ②).

1) 거래의 의미

거래란 재화 또는 용역을 공급하는 거래와 재화 또는 용역을 공급받는 거래를 모두 포함하는 것이 일반적이나, 부가가치세의 납세의무자를 재화 또는 용역을 공급하는 사업자로 규정하고 있는 점에 비추어 볼 때 과세장소로서의 사업장은 부가가치세의 과세대상 재화 또는 용역의 공급거래가 이루어지는 장소를 의미한다 할 수 있다.

2) 거래의 전부 또는 일부를 한다는 의미

"거래의 전부 또는 일부를 한다"는 것은 최소한 해당 사업자의 사업활동에 수반하는 거래의 일부 이상이 수행되어야 한다는 것이다.

3) 고정된 장소

"고정된 장소"라 함은 최소한 계약상 또는 법률상의 모든 원인이 이루어지는 장소, 재화의 인도 또는 양도의 원인행위가 이루어지는 장소를 의미하는 것으로 보아야 할 것이다.

4) 인적요소의 존재

사업장이 되기 위한 필수조건은 아니지만 사업자가 사업활동을 지휘·총괄하는 데 필요한 정도로 사업장에 주재하거나 사업설비 등의 가동이나 사업활동을 위한 최소한의 사용인은 어느 정도 사업장에 주재하여야 할 것이다.

▌사업장이 될 수 없는 장소

1. 제품의 판매목적이나 보관관리를 위한 별도의 시설을 갖추지 아니하고 단순히 견본품만을 전시할 목적으로 진열시설을 갖춘 장소
2. 재화 또는 용역의 공급없이 주문만을 받는 장소
3. 물품을 판매하지 아니하고 단순히 본점의 지시에 따라 판매업무에 수반하는 상품의 수주나 대금의 영수, 신용조사 및 주문처와의 단순한 업무연락만 하는 장소

4. 사업자가 자기가 생산한 재화를 판매하지 아니하고 단순히 보관 또는 관리하는 장소
5. 자기소유차량에만 급유하기 위한 유류구입 · 저장시설
6. 가스공급자가 사용량 검침 및 대금의 수금을 위하여 상주하는 장소
7. 단순하게 음성정보기계장치만을 설치한 장소

3 구체적인 사업장의 범위

(1) 광업의 사업장

광업에 있어서는 사업장은 광업사무소의 소재지가 된다. 이 경우 광업사무소가 광구 밖에 있을 때에는 그 광업사무소에서 가장 가까운 광구에 대한 광업원부의 맨 처음에 등록된 광구소재지에 광업사무소가 있는 것으로 본다(부가령 §8 ① 1). 이때 광업사무소란 등록을 한 일정한 광구 내에 설치되어 해당 광업에 관련한 업무를 총괄하는 장소를 의미한다.

1) 토사석 채취업의 납세지

토사석 등을 채취하는 광업의 사업장은 사업자 또는 그 사용인이 상시 주재하여 거래의 전부 또는 일부를 행하는 사무소의 소재지이다. 다만, 그 사무소가 토사석 채취장소의 안 또는 인근에 있지 아니하는 때에는 토사석의 채취장소를 사업장으로 본다(부가통칙 6-8-2).

2) 원재료용 광물 등의 채취 시 사업장

단순히 채굴 또는 채취한 광물 또는 토사석을 원시상태로서 판매하는 것이 아니라 추가적인 공정의 원재료로 투입되어 별도의 가공공정을 거친 상태로 판매함을 업으로 하는 경우에는 해당 광업의 사업장을 별도의 독립된 사업장으로 보는 것이 아니라 해당 광산물을 원료로 사용하여 최종제품을 완성하는 장소를 사업장으로 한다. 따라서 단순히 자기제품의 원재료 생산만을 위한 채석장은 사업장에 해당되지 아니한다(부가 1235-1857, 1979. 7. 12. ; 부가 1265-940, 1983. 5. 17.).

(2) 제조업의 사업장

제조업에 있어서는 최종제품을 완성하는 장소가 사업장이 된다. 다만, 제품 포장 및 용기에 충전만을 하는 장소와 석유제품의 단순 보관을 위한 「개별소비세법」 제10조의5에 따른 저유소는 사업장 범위에서 제외한다(부가령 §8 ① 2). 따라서 최종제품을 완성하기 위한 전단계의 원재료 구입 및 생산장소, 반제품 또는 재공품의 제조 장소, 최종제품 완성 이후의 제품 판매를 위한 장소나 대금회수 장소 등은 독립된 사업장이 되지 못하고 최종제품 완성장소인 사업장에 흡수되어 해당 사업장의 일부가 될 뿐이다.

그러나 반제품 또는 재공품이라 하더라도 이를 하나의 상품으로 하여 외부에 독립적으로 판매하는 경우에는 해당 반제품 또는 재공품을 최종제품으로 보아 이를 공급하는 장소를 별도의 사업장으로 보아야 한다.

반면, 최종제품 완성장소라 하더라도 단순히 따로 제품의 포장만을 하거나 용기에 충전만을 하는 장소는 별도의 사업장으로 보지 아니한다.

1) 제조장이 인접되어 있는 경우

제조업자의 제조장 부지가 도로 또는 하천으로 인하여 연속되지 아니하고 가까이 떨어져 있는 장소에 각각 제조장이 설치되어 있는 경우 그 제조장들을 일괄하여 한 장소에서 제조·저장·판매 등의 관리를 총괄적으로 하는 등 그 실태가 동일 제조장으로 인정되는 경우에는 동일한 사업장으로 본다(부가통칙 6-8-1).

2) 제품을 본사에서 수출하는 경우

사업자가 본사와 제조장 등 2개 이상의 사업장이 있는 경우에 자기가 제조한 수출재화에 대한 사업장은 수출을 증명하는 제증빙서류의 명의가 본사로 되어 있다 하더라도 최종제품을 완성하여 외국으로 반출하는 제조장으로 한다.

3) 수출품임가공계약의 경우

주된 사업장명의로 임가공계약을 체결하고 종된 사업장에서 임가공용역을 실제로 제공하여 제품을 인도하는 경우에는 임가공용역을 공급한 종된 사업장을 공급자로 본다.

4) 국외 위탁가공의 경우

국내 인건비 상승, 원자재 구입의 어려움 등을 이유로 해외에 진출하거나 국외에 소재하는 제조업체 등에 의뢰하여 주된 제조공정을 국외에서 수행하는 사업자는 그 해외 기업이 국내회사가 출자한 회사이거나 국내회사 직원이 직접 파견되어 생산공정 전반을 관리 또는 감독한다 하더라도 해외 임가공 사업장은 부가가치세법상 사업장이 아니며 해당 사업장의 업종도 무역업(도매업)으로 제조업으로 볼 수 없다(대법원 2001누11252, 2002. 4. 18.).

5) 그 밖의 경우

① 제조업자가 견본품만을 생산하는 장소는 사업장에 해당한다.

② 제조업을 영위하는 법인의 제조장에서 제조한 반제품을 본사가 타인에게 외주임가공을 주어 제품을 완성시킨 후 그 완성제품을 직접 거래처에 공급하는 경우에는 해당 본사를 사업장으로 한다.

③ 보세공장의 설영특허를 받아 무환수탁가공무역을 하는 법인이 「관세법」 제100조 제1항에 따라 세관장의 허가를 받아 보세공장이 아닌 장소에서 물품을 가공한 후 이를 다시 동 보세공장으로 반입하여 국외로 반출하는 경우의 사업장은 보세공장이 된다.

(3) 건설업 · 운수업과 부동산매매업의 사업장

1) 건설업의 사업장

건설업을 영위하는 사업자가 법인인 경우에는 해당 법인의 등기부상의 소재지(등기부상의 지점소재지 포함)가 사업장이 되나, 개인의 경우에는 그 사업에 관한 업무를 총괄하는 장소가 사업장이 된다(부가령 §8 ① 3). 따라서 법인이 등기된 본점과 지점이 따로 있는 경우에는 그 각각이 별개의 사업장이 되나 건설공사가 수행되는 현장은 등기부상 소재지가 아닌 한 사업장에 해당되지 아니한다.

예를 들어 건설업자가 미분양 건물을 일시적으로 임대에 공하다가 판매한 경우 건설업으로서 법인 소재지가 납세지가 되는 것이나, 미분양상가 등을 계속적으로 임대(부동산임대업으로의 전환)한 경우 해당 상가는 사업장에 해당한다(부가 1265.1-2134, 1984. 10. 10. ; 부가 1265.2-1320, 1983. 7. 5.). 반면 건설업자가 골재를 가공처리하는 장소를 신설하여 골재가공용역을 공급하는 등 건설업 외의 제조업, 도매업 등을 신설한 경우 해당 장소는 사업장에 해당하므로 별도로 사업자등록을 하여야 한다(부가 1265-1088, 1983. 6. 8.).

2) 운수업의 사업장

운수업을 영위하는 사업자의 사업장은 해당 사업자가 법인인 경우에는 해당 법인의 등기부상의 소재지(등기부상의 지점소재지 포함)가 사업장이 되나, 개인의 경우에는 업무를 총괄하는 장소가 된다. 다만, 지입차량의 운영에 관련하여 법인의 명의로 등록된 차량을 개인이 운용하는 경우에는 그 법인의 등기부상의 소재지가 사업장이 되고, 개인의 명의로 등록된 차량을 다른 개인이 운용하는 경우에는 그 등록된 개인이 업무를 총괄하는 장소를 사업장으로 한다(부가령 §4 ① 3).

3) 부동산매매업의 사업장

부동산매매업을 영위하는 사업자의 사업장은 매매목적물의 등기부상 소재지가 아니라 그 사업자가 법인인 경우 그 법인의 등기부상의 소재지(등기부상의 지점소재지를 포함), 개인인 경우에는 그 업무를 총괄하는 장소가 사업장이 된다(부가령 §8 ① 3). 또한 매매목적으로 취득한 부동산을 일시적으로 부동산임대용에 공하였다가 판매하는 경우 그 납세지는 부동산매매업의 사업장으로 하나 부동산임대사업으로 전용하여 사용하던 부동산을 판매한 경우의 납세지는 해당 부동산임대업의 사업장이 된다.

위 "1)"의 건설업의 사업장과 부동산매매업의 사업장 판정에 있어 '등기부상의 지점소재지를 포함한다'고 규정함에 따라 법인의 경우 등기된 지점을 가진 법인은 사업활동이 본점만큼 주요한지 아니면 부수적인지 관계없이 획일적으로 부가법상의 사업장이 되고, 등기되지 아니하였다면 별도로 사업장으로 사업자등록 신청하지 아니하는 한 부가법상의 사업장이 되지 아니하는 문제점이 발생한다. 등기된 지점을 미등록하여 과세관청이 미등록 사업장으로 과세한 사실이 있는 만큼 지점등기를 하는데 주의를 요하며, 해당 괄호의 조문은 과거 사업장별로 건설업 면허를 부여하거나 수주실적을 산정할 때 필요하였던 것으로 보이는 바, 납세편의나 세원관리차원에서도 삭제하는 것이 바람직하다.

※ 「상업등기법」에 의하면, 국내법인의 해외지점 등기는 본점등기부에 표시할 수 있지만 별도의 지점등기부등본을 발급받을 수는 없고, 해외지점에 대하여 대한민국의 세법에 의한 사업자등록을 할 수도 없는 바, 부가법상 위 사업장 범위 규정은 대한민국의 행정권과 과세권의 범위 안에 있을 것을 전제로 한다.

(4) 부동산임대업의 사업장

부동산임대업을 영위하는 사업자의 사업장은 각각 다음과 같이 구분된다.

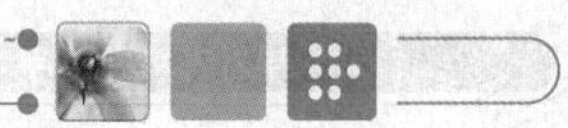

1) 일반적인 경우

부동산임대업을 영위하는 사업자의 사업장은 원칙적으로 해당 부동산의 등기부상의 소재지가 된다(부가령 §4 ① 15).

① 수 개의 임대용부동산을 소유한 사업자의 경우

사업자가 2개 이상의 부동산을 임대하는 경우 각 부동산의 등기부상의 소재지별로 사업자등록을 하고 부가가치세법상 제반의무를 이행하여야 하며, 해당 임대용부동산을 매각하는 때에도 마찬가지이다.

② 수 개의 임대용부동산이 인접해 있는 경우

수 개의 부동산이 서로 인접해 있어 사실상 한 사업장으로 볼 수 있는 때에는 납세편의 차원에서 하나의 사업장으로 보아 사업자등록을 할 수 있다.

같은 이유에서 복합건물 내의 상가를 층별 또는 동일 층으로 2개 이상 분양받아 부동산임대업 또는 판매업을 영위하는 경우에는 상가 호수별로 사업자등록을 하는 것이 원칙이나, 분양받은 2개 이상의 상가가 바로 인접하여 있어 사실상 한 사업장으로 볼 수 있는 때에는 해당 인접하는 상가 전체를 하나의 사업장으로 등록할 수 있다.

③ 동일 장소에서 임대업과 그 밖의 사업을 겸영하는 경우

국세청에서는 동일한 사업자가 동일 건물 내에서 2개 이상의 사업(부동산임대업과 제조업 등)을 영위하는 경우 이를 하나의 사업장으로 보아 사업자등록을 하도록 해석하고 있다(부가 22601-812, 1985. 5. 1.).

그러나 조세심판원에서는 "사업장이란 단순히 같은 장소 또는 인접된 장소 등의 장소적 개념으로만 구분할 수 없고 사업장별 · 사업별로 구분하는 것이 타당하고 또한 사업자가 2개의 사업을 영위하면서 사업자등록을 별개로 필하고 사업을 하였을 경우 비록 사업자는 동일인이라 하더라도 2개의 사업장은 별개의 사업장으로 보아야 한다"고 일관되게 결정하고 있다(국심 83서1562, 1983. 10. 26.).

동일 장소 또는 건물 내에서 수 개의 사업을 겸영하는 경우 하나의 사업장으로 볼 것인지 사업별로 사업장으로 볼 것인지의 여부에 대한 실익은 납세편의 제공 및 사업양도의 판정에 있어 의미가 있다.

④ 부동산매매업자 등의 일시적 임대

부동산매매업자 또는 건설업자가 분양목적의 부동산을 판매할 때까지 일시적으로 임대하다가 판매한 때의 납세지는 부동산매매업(건설업)의 사업장 규정에 따른다.

2) 부동산상의 권리만을 대여하는 경우

부동산상의 권리(전대업, 분묘기지권 대여업)만을 대여하는 경우에는 해당 부동산임대업의 사업장은 그 사업에 관한 업무를 총괄하는 장소가 된다(부가령 §8 ②). 따라서 부동산임대업자로서 사업자등록을 한 자가 다른 세무서 관할 소재지에 부동산상의 권리만을 대여하고 해당 업무를 기 등록된 사업장에서 총괄한다면 그 총괄장소가 사업장이 된다(부가 22601-765, 1988. 5. 10.).

3) 전기사업자, 한국토지공사, 한국철도시설공단, 전기통신사업자, 지방공사 등의 경우

아래에 해당하는 사업자 등이 부동산을 임대하는 경우 해당 부동산의 등기부상 소재지에 불구하고 그 사업에 관한 업무를 총괄하는 장소가 사업장이 된다. 이들 사업자가 수행하는 임대사업용 부동산이 전국에 걸쳐 산재하여 있고 또한 그 임대기간이 매우 한시적이어서 수시로 사업자등록 및 폐업신고를 하여야 하는 불편을 완화하기 위하여 제정되었다(부가령 §8 ② 단서, 부가칙 §6).

▌부동산임대의 경우에도 업무를 총괄하는 장소를 사업장으로 보는 경우

「금융회사부실자산 등의 효율적 처리 및 한국자산관리공사의 설립에 관한 법률」에 따른 한국자산관리공사, 「농업협동조합의 구조개선에 관한 법률」에 따른 농업협동조합자산관리회사, 「부동산투자회사법」에 따른 기업구조조정 부동산투자회사, 「예금자보호법」에 따른 예금보험공사 및 정리금융기관, 「전기사업법」에 따른 전기사업자, 「전기통신사업법」에 따른 전기통신사업자, 「지방공기업법」에 따라 설립된 지방공사(SH공사, 부산광역시·대구광역시·인천광역시·광주광역시·대전광역시도시개발공사, 울산광역시도시공사, 강원도개발공사, 전북개발공사, 경상북도개발공사, 경상남도개발공사, 경기도시공사, 제주특별자치도지방개발공사), 「한국농어촌공사 및 농지관리기금법」에 따른 한국농어촌공사, 「한국도로공사법」에 따른 한국도로공사, 「한국철도시설공단법」에 따라 설립된 한국철도시설공단, 「한국토지주택공사법」에 따른 한국토지주택공사, 「주택도시기금법」 제16조에 따른 주택도시보증공사

(5) 수자원개발공급사업의 사업장

수자원을 개발하여 공급하는 사업에 있어서는 그 사업에 관한 업무를 총괄하는 장소가 사업장이 된다(부가령 §8 ① 4).

(6) 다단계판매원의 사업장

「방문판매 등에 관한 법률」에 따른 다단계판매원이 재화나 용역을 공급하는 사업에 있어서는 해당 다단계판매원이 「방문판매 등에 관한 법률」 제13조에 따라 등록한 다단계판매업자의 주된 사업장의 소재지를 사업장으로 한다. 다만, 다단계판매원이 상시 주재하여 거래의 전부 또는 일부를 행하는 별도의 장소가 있는 경우에는 그 장소로 한다(부가령 §8 ① 6).

별도의 사업장이 없는 다단계판매원에 대해서 다단계판매업자의 소재지를 사업장으로 할 수 있고, 판매원에게 부여되는 판매원 관리번호로 사업장등록번호를 갈음할 수 있으며, 다단계판매회사를 납세관리인으로 지정하여 신고・납부를 대행할 수 있게 하였다(방문판매 등에 관한 법률 §2, §13 및 동령 §18).

(7) 통신요금 통합청구의 방법으로 요금을 청구하는 전기통신사업 및 이동통신역무를 제공하는 전기통신사업

「전기통신사업법」에 따른 전기통신사업자가 통신요금 통합청구의 방법으로 요금을 청구하는 전기통신사업에 있어서는 그 업무를 총괄하는 장소를 사업장으로 한다(부가령 §8 ① 7, 부가칙 §3).

부가가치세는 사업장별로 납부하는 것을 원칙으로 하고 있으나 한국통신에서는 군부대, 정부기관, 외국기관, 대기업 등에 대해서는 지역본부에서 요금을 징수하는 제도를 운용하고 있으므로 이 경우에는 해당 지역본부를 사업장으로 보도록 하는 것이다.

또한 아래의 이동통신역무를 제공하는 전기통신사업에 있어서는 사업자가 법인인 경우에는 그 법인의 본점소재지, 개인인 경우에는 그 사업에 관한 업무를 총괄하는 장소를 사업장으로 한다(부가령 §8 ① 8, 부가칙 §4).

㉠ 주파수를 이용하여 이동 중에 송신・수신할 수 있는 설비를 가진 자에게 교환설비를 통하여 음성 등을 송신하거나 수신하는 이동통신역무. 다만, 「전기통신사업법 시행령」 별표 2에 따른 설비 미보유 재판매사업은 제외한다.

㉡ 무선호출수신기를 휴대한 사람에게 용건을 알려주기 위하여 무선통신방식으로 신호 · 신호음 또는 전화번호나 문자를 보내는 역무

㉢ 주파수를 공용하는 무선통신방식으로 이동체에 장착하는 송신 · 수신할 수 있는 설비를 가진 자에게 전용 교환설비를 통하여 주로 음성을 송신하거나 수신하는 역무

㉣ 데이터통신을 위한 전용 교환설비를 설치하고 무선통신방식으로 데이터를 송신하거나 수신하는 역무

이동통신용역은 서비스자체의 이동성으로 용역의 공급장소가 불명확하고 변경 · 해지 · 수납 등이 전국 어디서나 가능하여 통신요금에 대한 사업장구분이 모호하여 업무를 총괄하는 본점소재지를 사업장으로 함으로써 납세편의를 제고하도록 하기 위함이다. 또한, 전기통신사업법에 의한 통신사업자가 통신용역을 제공하는 경우에 있어 통신용역을 제공하는 사업장 외의 장소에서 고객의 유지관리 목적으로 의견수렴, 가입, 해지, 각종 변경, 단말기 A/S, 홍보 및 본사의 지시사항을 대리점에 통보하는 연락사무소 업무를 수행하는 경우에 해당 장소는 사업장에 해당하지 아니한다(부가 46015-755, 2000. 4. 3.).

(8) 무인자동판매기를 통하여 재화 · 용역을 공급하는 사업

무인자동판매기를 통하여 재화 · 용역을 공급하는 사업에 있어서는 그 사업에 관한 업무를 총괄하는 장소를 사업장으로 한다(부가령 §8 ① 9).

수 개의 무인자동판매기를 지번 또는 행정구역을 달리하여 설치함에 따라 그 설치장소마다 사업자등록을 하게 되면 수입금액이 사업장별로 분산되어 간이과세가 적용되거나 납부의무가 면제되는 문제점이 있어 2002. 12. 30. 시행령 개정 시 무인자동판매기에 관한 업무총괄장소를 사업장으로 하여 수입금액을 합산하여 부가가치세를 고의로 회피하는 사례를 방지하였다.

(9) 「한국철도공사법」에 따른 한국철도공사가 영위하는 사업

「한국철도공사법」에 따른 한국철도공사가 영위하는 사업에 있어서는 그 사업에 관한 업무를 지역별로 총괄하는 장소를 사업장으로 한다(부가령 §8 ① 10).

(10) 우정사업조직이 소포우편물을 방문접수하여 배달하는 용역

「우정사업운영에 관한 특례법」에 따른 우정사업조직이 「우편법」 제1조의2 제3호에

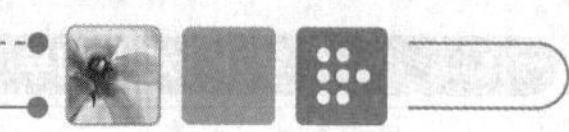

따른 부가우편역무 중 소포우편물을 방문접수하여 배달하는 용역을 공급하는 사업에 있어서는 그 사업에 관한 업무를 총괄하는 장소를 사업장으로 한다(부가령 §8 ① 11).

2005. 1. 1.부터 과세되는 우체국 택배사업에 대해 일반적인 사업장 기준을 적용할 경우 사업장의 수가 과다하게 되어 신고·납부에 따른 부담이 과중되므로 납세편의차원에서 그 사업에 관한 업무를 총괄하는 장소를 사업장으로 하도록 하여 2005. 1. 1. 이후 공급분부터 적용하도록 하였다.

(11) 전기요금 통합청구의 방법으로 요금을 청구하는 전기판매사업

「전기사업법」에 따른 전기판매사업자가 전기요금통합청구의 방법(전기판매사업자가 둘 이상의 전기사용계약단위를 통하여 각 사업장에서 이용자에게 전기를 공급하고, 각 사업장의 업무를 총괄하는 장소에서 전기요금을 일괄하여 청구하는 방법을 말한다)으로 요금을 청구하는 전기판매사업에 있어서는 그 사업에 관한 업무를 총괄하는 장소를 사업장으로 한다(부가령 §8 ① 12, 부가칙 §5).

(12) 국가·지방자치단체 또는 지방자치단체조합이 공급하는 부동산임대업 등

국가·지방자치단체 또는 지방자치단체조합이 공급하는 부가령 제46조 제3호에 따른 부가가치세 과세대상사업에 있어서는 그 사업에 관한 업무를 총괄하는 장소를 사업장으로 한다. 다만, 위임·위탁 또는 대리에 의하여 재화나 용역을 공급하는 경우에는 수임자·수탁자 또는 대리인이 그 업무를 총괄하는 장소를 사업장으로 한다(부가령 §8 ① 13).

국가 등이 부동산임대업, 도·소매업 등 부가령 제46조 제3호에 해당하는 사업에 대하여는 2007. 1. 1. 이후 최초로 공급하거나 공급받는 분부터 부가가치세가 과세되므로 해당 사업을 영위하는 경우에는 각 사업장별로 사업자등록신청 또는 정정신고를 하여야 할 것이다. 그러나 각 사업장별로 사업자등록을 하는 것은 과중한 납세협력비용이 필요한 바, 2007. 2. 28. 시행령 개정 시 그 사업에 관한 업무를 총괄하는 장소(위임·위탁 또는 대리에 의해 재화 또는 용역을 공급하는 경우에는 수임자·수탁자 또는 대리인이 그 업무를 총괄하는 장소)를 사업장으로 보도록 하였다.

(13) 송유관을 통하여 재화·용역을 공급하는 송유관설치자의 사업장

「송유관안전관리법」 제2조 제3호에 따른 송유관설치자가 송유관을 통하여 재화나 용역을 공급하는 사업에 있어서는 2008. 7. 1.부터 그 사업에 관한 업무를 총괄하는 장소를 사업장으로 한다(부가령 §8 ① 14).

(14) 위탁판매 또는 대리판매 경우의 사업장

위탁판매 또는 대리인에 의하여 재화를 공급하는 경우 수탁판매 재화에 대한 납세지는 수탁자 또는 대리인의 사업장으로 하지 아니하고 위탁자 또는 본인의 사업장으로 한다.

(15) 부수재화 및 부수용역 공급 시 사업장

주된 거래인 재화 또는 용역의 공급에 필수적으로 부수되는 재화 또는 용역의 공급에 대한 납세지는 해당 주된 거래인 재화 또는 용역을 공급하는 사업장으로 한다. 따라서 지점의 고정자산을 매각하는 경우의 그 고정자산의 공급에 대한 납세지는 지점이 되며 부동산임대에 공하던 건물을 매각하는 경우의 그 건물의 공급에 대한 납세지는 건물의 등기부상의 소재지로 한다(부가 22601-602, 1986. 4. 1. ; 부가 22601-970, 1986. 5. 22.).

(16) 면세사업자의 사업장

부가가치세가 면제되는 사업을 영위하는 경우 부가가치세법상 제반의무인 사업자등록의무, 세금계산서 발급의무, 과세표준과 세액의 신고·납부의무 등 제반의무가 없으므로 부가가치세의 신고·납세지를 규정한 부가령 제8조의 사업장과는 의미가 다르다. 따라서 면세사업장을 신설하는 경우 해당 사업장은 부가가치세법에 규정하는 사업장에 해당하지 아니한다(부가 46015-1740, 2000. 7. 21.).

(17) 도시가스업자의 정압시설 및 지사 사업장

「도시가스사업법」 제3조에 따라 허가를 받아 일반도시가스업을 영위하는 법인이 인적시설 없이 가스관의 압력에 의해 자동으로 가스가 공급되는 정압시설과 본점을 위하여 신규 수용가의 가스공급계약서 작성, 가스배관공사 현장관리업무 수행, 해당 지역의 사고 및 고장에 대처하는 출동업무를 수행할 뿐 독자적인 매매 거래행위를 하지 아니하는 지사를 설치하고 본점에서 가스의 검침, 구매 및 공급과 관련된 제반업무를 수행하는 경우 해당 정압시설과 지사는 부가법 제6조 및 부가령 제8조에 따른 사업장에 해당하지 아니한다(서면-2019-법령해석부가-1154, 2019. 4. 29.).

(18) 영업소가 사업장인지

사업장이란 사업자 또는 그 사용인이 상시 주재하여 거래의 전부 또는 일부를 행하는 장소를 말하고, 사업자가 자기의 사업과 관련하여 생산 또는 취득한 재화를 직접 판매하기 위하여 특별히 판매시설을 갖춘 장소는 사업장으로 본다.

재화를 수입하여 판매하는 법인의 본사가 영업소를 설치하고 영업소에서는 영업사원을 상시 주재시키면서 본사가 제시한 판매조건에 따라 고객과 매매계약을 체결, 계약금 및 매매대금의 수령 후 본사 송금, 할부판매 시의 채권확보 등의 업무를 수행하게 하고 판매하는 수입재화는 본사에서 직접 인도하는 경우 해당 영업소는 사업장에 해당하지 아니한다. 아울러 제조업자가 영업소를 설치하여 영업사원을 상시 주재시키면서 본사의 지시에 따라 서류 작성, 업무연락, 수주활동, 전시된 차량 등 재화의 인도 등의 활동만을 수행함에 따라 거래의 전부 또는 일부를 행하는 장소로 볼 수 없는 경우 해당 영업소 및 재화를 판매하지 아니하고 단순히 본점의 지시에 따라 판매 업무에 수반하는 상품의 수주나 대금의 영수 및 주문처와의 단순한 업무연락만을 취급하는 사실상의 연락사무소는 사업장에 해당하지 아니한다. 그러나, 영업소에서 매매계약의 체결 등 위 업무를 수행하면서 해당 영업소만을 위한 창고, 하치장 또는 전시장 등에 보관 또는 진열된 수입재화를 직접 인도하는 경우 그 영업소는 사업장에 해당한다(부가가치세과-419, 2011. 4. 19. ; 부가 46015-1703, 1996. 8. 24. ;부가 22601-1089, 1985. 6. 14.).

4 직매장과 하치장

부가가치세법상 직매장은 별도의 사업장으로 보며, 하치장은 별도의 사업장으로 보지 아니한다.

(1) 직매장

1) 직매장의 요건

직매장은 사업자가 자기의 사업과 관련하여 생산하거나 취득한 재화를 직접 판매하기 위하여 특별히 판매시설을 갖춘 장소를 말한다(부가령 §8 ③).

특별한 판매시설이란 독자적으로 판매계약을 체결하고 대금을 수령하며 판매상품의 인도 등에 필요한 정도의 시설을 말한다. 따라서 상품 또는 제품의 판매목적이나 보관관리를 위한 별도의 시설을 갖추지 아니하고 단순히 견본품만을 전시할 목적으로 진열시설을 갖춘 장소나 동 장소에서 단순히 구매신청을 받고 재화는 다른 사업장에서 인도하는 장소는 사업장으로 보지 아니한다.

2) 직매장 반출의 과세

직매장은 독립된 별개의 사업장으로 보아 부가가치세법상의 제반의무를 이행하여야 한다. 직매장을 둔 사업자가 자기의 사업과 관련하여 생산 또는 취득한 재화를 직접 판매할 목적으로 제조장에서 직매장으로 재화를 반출함은 재화의 공급으로 보아 부가가치세가 과세된다. 다만, 주사업장 총괄납부사업자 또는 사업자단위과세사업자가 총괄납부 또는 사업자단위과세기간 중에 직매장에 반출함은 재화의 공급으로 보지 아니한다.

(2) 하치장

1) 하치장의 요건 및 과세

직매장과 하치장은 실무상 구분하기는 어려운 면이 있으나, 대체로 "하치장"이란 사업자가 단순히 자기의 사업과 관련하여 생산 또는 취득한 '재화를 보관하고 관리할 수 있는 시설만 갖춘 장소'를 말하며, "보관하고 관리할 수 있는 시설"이라 함은 자기 소유의 시설 또는 타인의 시설을 임차하여 자기의 책임하에 보관·관리하는 것을 말한다(부가법 §6 ⑤ 1).

하치장으로의 분류방법에 있어 하치장의 역할이 재화의 보관·관리시설만을 갖추어 단순히 상품 등의 보관 및 타 사업장의 지시에 따른 인도행위만을 수행하는 경우이며, 사업상 독립적으로 법률상 또는 계약상의 모든 원인행위가 별도로 이루어지지 아니하여야 한다. 또한, 절차적 요건으로서 하치장설치신고서를 하치장 관할 세무서장에게 제출한 장소라야 한다.

하치장은 별도의 사업장으로 보지 아니하므로 제조장에서 하치장으로 재화를 반출하는 행위는 재화의 공급으로 보지 아니한다. 따라서 하치장에서 외부로 반출되는 재화에 대하여는 해당 하치장에 당초 재화를 반입시킨 제조장 등을 공급자로 하는 세금계산서를 발급하고 해당 제조장 관할 세무서장에게 부가가치세과세표준의 신고 및 납부의무를 이행하여야 한다(부가 1265.1-2410, 1984. 11. 14.).

사업자가 가진 특정장소가 보관 · 시설물관리 · 출고업무만을 수행하거나, 저장시설을 갖추고 출고행위를 하는 경우에는 하치장이 되는 것이나 동 장소에서 판매거래의 전부 또는 일부가 행하여지는 경우에는 별도의 사업장에 해당한다.

2) 하치장 설치신고

하치장을 설치한 사업자는 하치장을 둔 날로부터 10일 이내에 사업자의 인적사항, 하치장의 설치일자, 소재지 및 소속 구분, 그 밖의 참고사항을 기재한 하치장설치신고서를 하치장 관할 세무서장에게 제출하여야 하며, 하치장 설치신고를 받은 하치장 관할 세무서장은 하치장 설치신고를 받은 날부터 10일 이내에 납세지 관할 세무서장에게 그 사실을 통보하여야 한다(부가령 §9).

그러나 하치장 관할 세무서장 외의 세무서장에게 하치장설치신고서를 제출한 경우에도 「국세기본법」 제43조 제1항의 규정을 준용하여 해당 신고의 효력에는 영향이 없으며, 하치장 설치신고를 하지 아니하거나 법정기한 내에 신고하지 아니한 경우에도 그 실질내용이 하치장인 경우에는 하치장으로 본다.

3) 하치장 설치신고의 생략

「주세법 시행령」 제64조 제4항에 따라 관할 세무서장의 승인을 받은 주류하치장의 경우에는 하치장설치신고서의 제출을 생략할 수 있다(부가령 §9 ① 단서).

5 | 사업자의 신청에 의한 사업장

위에서 전술한 사업장 외의 장소도 사업자의 신청에 따라 추가로 사업장으로 등록할 수 있다(부가령 §8 ④). 즉, 사업장 외의 장소에 대하여 사업장으로 등록한 경우 부가가치세법에 의한 모든 권리와 의무가 발생하는 것이다. 그러나 부가가치세법에 규정하는 사업장 외의 장소에서 단순히 원천징수사무만을 수행하기 위하여는 사업장으로 등록할 수 없으며, 무인자동판매기를 통하여 재화를 공급하는 사업의 경우에도 그러하다.

6 | 사업장을 설치하지 아니한 경우의 사업장

사업자가 차량에 의한 이동판매행상 등과 같이 사업장이 고정되어 설치되지 아니한 경우 등 사업장을 두지 아니하면 사업자의 주소 또는 거소(居所)를 사업장으로 한다(부가법 §6 ③). 사업장을 설치하지 아니하고 사업자등록도 하지 아니한 경우에는 부가가치세과세표준 및 세액을 결정하거나 경정할 당시의 사업자의 주소 또는 거소를 사업장으로 한다(부가령 §8 ⑤).

사업자의 사업활동을 위한 사업장을 별도로 설치한 사실이 객관적으로 인정되는 경우에는 반드시 동 장소가 사업장이 되는 것이므로 사업자등록이 되지 않은 상태 또는 과세관청의 경정 당시 폐업자라 하여 그 주소 또는 거소를 사업장으로 할 수는 없다(대법원 2000두10304, 2002. 1. 25. ; 부가 22601-1160, 1986. 6. 17.).

여기서 주소란 국내에서 생계를 같이 하는 가족 및 국내에 소재하는 자산의 유무 등 생활관계의 객관적 사실에 따라 판단할 사항이며, 거소란 주소지 외의 장소에서 상당기간에 걸쳐 거주하여도 주소와 같이 밀접한 일반적 생활관계가 발생하지 아니하는 장소를 말한다.

사업자의 주소 또는 거소를 사업장으로 하는 경우(주소, 거소지가 둘 이상인 경우)에는 그 장소를 하나의 사업장으로 하여 하나의 사업자등록을 하여야 한다(기획재정부 부가가치세제과-83, 2023. 2. 2.).

7 | 비거주자 또는 외국법인의 사업장

(1) 부가법 규정

부가가치세의 납세의무가 있는 비거주자 또는 외국법인의 경우 비거주자는 「소득세법」 제120조에 따른 장소(비거주자가 국내에 사업의 전부 또는 일부를 수행하는 고정된 장소인 국내사업장)를 사업장으로 하고, 외국법인인 경우에는 「법인세법」 제94조에 따른 장소를 사업장으로 한다(부가령 §8 ⑥).

(2) 고정사업장 개요

1) 개요

법인세법상 외국법인은 국내원천소득에 대해서만 국내에서 납세의무를 부담하므로 국내에 사업장소 유무에 따라 사업소득에 대한 과세방식 및 범위가 달라진다. 다수의 조세조약도 고정사업장(permanent establishment)이 없으면 과세하지 못하도록 하는 조항이 삽입되는 것이 일반적이다(법인법 §3 ① 2, §93).

※ 법인세법상의 '국내사업장'은 조세조약상 "고정사업장'(P.E.: Permanent Establishment)의 개념과 기본적으로 유사하므로 이하 같은 의미로서 혼용하기로 한다.

2) 고정사업장의 일반적 정의

우리나라의 조세조약은 OECD모델조세협약과 UN모델조약을 많이 인용하는바 조세조약 및 국내세법상 고정사업장은 "기업의 사업이 전부 또는 부분적으로 수행되는 고정된 사업장소(a fixed place of business through which the business of an enterprise is wholly or partly carried on)"를 의미한다.

> 조세조약의 목적상 "고정사업장"이라 함은 기업의 사업이 전적으로 또는 부분적으로 영위되는 고정된 사업장소(fixed place of business)를 의미
>
> (OECD모델조세협약 제5조 제1항)

3) 고정사업장 존부에 따른 직접세 과세방법

가. 사업소득에 대한 과세 여부 결정

조세조약이 체결된 경우에 고정사업장이 없는 외국법인의 사업소득에 대하여 과세하지 아니하나, 조세조약이 체결되지 않은 경우에는 국내사업장과 실질적으로 관련되지 아니하거나 그 국내사업장에 귀속되지 아니하는 사업소득(국내사업장이 없는 외국법인에 지급하는 사업소득 포함)에 대하여 2%의 세율로 원천징수한다(법인법 §98 ① 3).

나. 과세방법 결정

① 개요

외국법인이 국내사업장을 두고 있는 경우 그 외국법인의 사업소득은 물론 해당 국내사업장과 관련된 국내원천소득까지 법인세를 신고·납부하여야 한다. 국내사업장이 없는 경우에는 원칙적으로 외국법인의 국내원천소득은 원천징수만으로 납세의무가 종결된다.

② 소득계산에 있어 총괄주의와 귀속주의

OECD모델협약이나 우리나라가 체결한 조세조약은 외국기업이 원천지국에 고정사업장이 있으면 그 외국기업의 사업소득에 대해 과세할 수 있도록 하되, 고정사업장이 존재한다는 이유만으로 외국기업이 실현하는 모든 소득을 과세하는 것이 아니라(총괄주의 과세 불인정), 아래와 같이 그 고정사업장을 통해 실현되는 부분만 과세할 수 있도록 하고 있다(귀속주의 과세원칙).

고정사업장 귀속소득계산의 기본적 접근은 고정사업장을 본점과 기능적으로 독립된 기업으로 가정하고, 이 독립된 기업과 본점, 제3국 고정사업장 간의 내부거래 그리고 외부거래에 독립기업의 원칙을 적용하여 소득을 산출해 내는 것으로 이렇게 산출된 소득을 원천지국에서 과세할 수 있는 고정사업장의 소득으로 보게 된다.

다. 이자 · 배당 · 사용료에 대한 제한세율 적용 여부 결정

조세조약상 외국법인의 이자, 배당, 사용료에 대하여는 제한세율(5~15%의 낮은 세율)이 적용되나, 국내사업장이 이러한 투자소득의 발생에 관여한 경우에는 제한세율이 적용되지 아니하고 해당 국내사업장에서 합산하여 신고 · 납부하여야 한다.

▌외국법인에 대한 법인세 과세방법

가. 법인세법상 과세방법

국내원천소득이 외국법인의 국내사업장에 귀속되거나, 부동산소득이 있는 외국법인은 종합하여 법인세를 신고 · 납부하여야 한다(신고 · 납부).

외국법인의 국내사업장에 귀속되지 않는 소득과 부동산소득 외의 소득은 그 소득을 지급하는 자가 원천징수하여 납부함으로써 납세의무가 종결된다(완납적 원천징수). 다만, 양도소득은 원천징수로써 납세의무가 종결되지 않고 양도하는 외국법인이 신고 · 납부를 통해 정산하여야 한다(신고 · 납부).

나. 조세조약이 없는 경우 과세방법

조세조약이 없는 외국법인에 대하여는 우리나라의 법인세법에 따라 과세하게 된다(대만, 아르헨티나 등의 국가와는 조세조약이 체결되어 있지 않음).

다. 조세조약이 있는 경우 과세방법

우리나라와 조세조약이 체결된 국가의 외국법인에 대한 과세방법도 조세조약상 특별한 규정이 없는 한 일반적으로 법인세법상의 과세절차 및 방법에 의한다.

다만, 『국내사업장이 없으면 사업소득 과세불가』, 조세조약상의 일반적 과세원칙 및 『이자 · 배당 · 사용료소득 등에 대한 제한세율 적용』 등의 적용만 상이하다.

4) 법인세법상 납세지

외국법인의 법인세 납세지는 국내사업장의 소재지로 한다. 다만, 국내사업장이 없는 외국법인으로서 법인법 제93조 제3호 또는 제7호에 따른 소득(국내원천 부동산 등 양도소득)이 있는 외국법인의 경우에는 각각 그 자산의 소재지로 하며, 둘 이상의 국내사업장이 있는 외국법인에 대하여는 주된 사업장의 소재지를 납세지로 하고, 둘 이상의 자산이 있는 법인에 대하여는 대통령령으로 정하는 장소를 납세지로 한다(법인법 §9 ②·③, 법인령 §7).

가. 주된 사업장 소재지

"주된 사업장 또는 주된 부동산의 소재지"라 함은 "직전 사업연도의 법인령 제11조 제1호에 따른 사업수입금액이 가장 많은 사업장 또는 부동산의 소재지를 말한다"는 규정을 준용하여 판정한 소재지를 말한다. 다만, 주된 사업장 소재지의 판정은 최초로 납세지를 정하는 경우에만 적용한다(법인령 §7 ②).

나. 대통령령으로 정하는 장소

"대통령령으로 정하는 장소"란 국내원천소득이 발생하는 장소 중 당해 외국법인이 납세지로 신고하는 장소를 말한다. 이 경우 그 신고는 2 이상의 국내원천소득이 발생하게 된 날부터 1월 이내에 기획재정부령이 정하는 납세지신고서에 의하여 납세지 관할 세무서장에게 하여야 한다(법인령 §7 ④).

5) 법인법 제94조 및 조세조약과 부가법상 사업장과의 관계

외국법인의 국내사업장과 관련된 법인법 제94조의 적용과 관련하여 조세조약의 우선원칙에 따라 법인법 제94조에 따른 국내사업장(실제로 법인법 제94조의 국내사업장은 조세조약보다 그 범위가 넓다)에 해당되지만 조세조약상 고정사업장에 해당하지 아니한다면 법인세 신고의무는 없지만, 외국법인의 부가법상 사업장에 대하여 부가법 제6조 및 부가령 제8조 제6항은 법인법 제94조에 따른 국내사업장을 준용하여 판단하도록 규정하고 있을뿐 조세조약을 우선하고 있지 않으며 조세조약은 법인세 측면에서만 우선이지 부가가치세를 대상 조세로 규정하고 있지 않아 법인법 제94조에 따른 국내사업장에 해당된다면 부가법상 사업장에 해당하므로 조세조약상 고정사업장인지에 불문하고 부가가치세를 신고·납부하여야 한다는 문리해석이 가능하다.

즉 외국법인이 보세구역 내에 설치한 창고가 저장, 보관, 인도기능 및 그 외 활동 등을 수행하여 동 창고가 법인법 제94조에 따른 국내사업장에 해당되지만 조세조약상으로는 국내사업장에 해당하지 아니한다고 가정할 경우, 법인세 신고·납부의무는 없으나 부가가치세는 국내사업장이 있는 것으로 보아 부가가치세를 신고·납부하여야 한다는 것이다(재정경제부 소비세제과-289, 2004. 3. 15.의 취지로 2010년 삭제된 해석이다[1]). 반대로 법인법 제94조에 따른 국내사업장에 해당하지 아니하나 조세조약상은 고정사업장에 해당하는 경우를 상정할 수 있는데, 법인세의 경우 조세조약상 과세대상이더라도 국내 세법상 과세되지 아니하는 경우 법인세가 과세되지 않고 부가법상으로도 사업장에 해당하지 아니하여 사업자등록이나 부가가치세 신고·납부의무가 없다고 보는 것이 위 법리상 타당해 보인다(이 점에 대한 유권해석들은 보이지 않는다).[2] 이러한 문제점에 대한 해석의 부재로 외국법인으로서는 법인법 제94조에 따른 사업장이거나 조세조약상 고정사업장에 해당한다면 보수적으로 사업자등록을 하여 부가가치세를 신고·납부하고 있는 듯하다. 물론 법인법 제94조의 국내사업장 및 조세조약상 고정사업장 모두에 해당하지 아니하면 부가법상 사업장에 해당하지 않고(기획재정부 부가가치세제과-742, 2010. 11. 10. : 국제세원-489, 2011. 10. 13.), 법인법 제94조의 국내사업장 및 조세조약상 고정사업장 모두에 해당하면 부가법상 사업장으로 보는 것은 자연스럽다.

구분	법인법 §94 (국내사업장)	조세조약 (고정사업장)	법인세 신고납부의무 OR 사업장 해당 여부
법인세	해당	해당	법인세 납세의무 해당
	미해당	미해당	법인세 납세의무 없음
	해당	미해당	법인세 납세의무 없음
	미해당	해당	법인세 납세의무 없음
부가세	해당	해당	부가세 납세의무 있음
	미해당	미해당	부가세 납세의무 없음
	해당	미해당	부가세 납세의무 있음[1]
	미해당	해당	부가세 납세의무 없음[2]

1) 법인세 납세의무가 없는데 굳이 부가가치세 납세의무를 부여하는 것이 타당한지에 의문이 든다. 저자 견해는 부가가치세 납세의무도 없다고 보는 것이 타당하다고 본다. 삭제된 "재정경제부 소비세제과-289" 및 그 원인이 된 "기획재정부 부가가치세제과-742"를 유추하면 부가법상 사업장으로 보기 어렵다고 본다. 물

1) 기획재정부 부가가치세과-742를 통해 변경/삭제된 해석이나, (한미)조세조약상 고정사업장에 해당하지 아니하나 법인법 제94조에 따르면 국내사업장인 경우 부가가치세 납세의무가 있다는 회신으로, 그 논리만 인용한 것임. 기획재정부 부가가치세과-742에서는 법인법 제94조에 따른 사업장이 아니어서 부가세 납세의무가 없다는 취지의 회신이며, 예규심 진행시 부가법상 사업장 해당여부 판정에 있어 법인법 제94조와 조세조약간 불일치할 경우 어떻게 적용할지에 대한 검토는 없었다.

2) 이러한 문제점을 인식하고 2012년과 2013년 국세청은 외국법인의 부가법상 사업장을 법인법 제94조에 따르도록 하되, 조세조약이 달리 규정하고 있는 경우 조세조약을 우선하도록 세법 개정건의한 바 있다.

론 현재까지 명확한 유권해석이나 내부논의나 검토는 없었던 것으로 보인다.

2) 법인세 납세의무도 없고 부가령 제8조 제6항의 문리해석상으로도 법인법 제94조에 따른 국내사업장이 아니어서 부가가치세 납세의무가 없다고 보는 것이 타당할 것이다. 역시 관련 유권해석은 없다.

6) 실질적 관리장소와의 구별

법인세법상 내국법인의 판단기준인 실질적 관리장소(법인법 §2 ①)와 고정사업장 인정을 위한 관리장소는 서로 다른 개념이다. 국내에 실질적 관리장소가 있다고 하여 국내사업장에서 모든 거래가 이루어졌다고 볼 수 없고, 공급장소가 어디인지를 별도 판단하여야 한다.

고정사업장 인정을 위한 관리장소는 지역 내에서 법무, 회계, 생산계획, 마케팅을 지원하는 지역사무소이고, 실질적 관리장소는 이러한 기능에서 더 나아가 법인의 경영전략, 기본정책, 핵심적인 소득처분 활동 등 회사의 근본적 의사결정을 하고 관리하는 장소를 말한다.

7) 조세조약과 고정사업장

가. 조세조약 의의

조세조약이란『소득 및 자본에 관한 조세의 이중과세회피 및 탈세방지를 위한 협약』을 말하며, 우리나라는 자본(capital)에 대한 조세를 가지고 있지 아니하므로 대부분의 조약명칭 및 내용에서 자본을 제외하고 있다.

실무적으로 조세조약(tax treaty), 조세협약(tax convention), 조세협정(tax agreement), 이중과세협약(double taxation convention), 이중과세방지협약 등으로 부르고 있다.

조세조약은 2개의 국가 간에 체결되는 것이므로 2개국 간 조약, 양자조약(Bilateral Treaty)의 특성을 가지며 서면의 형식으로 되어 있다.

나. 적용대상

조세조약은 체약국의 거주자(resident)에 대하여 적용된다. 즉, 조세조약은 국적에 관계없이 일방 체약국의 거주자 또는 양 체약국의 거주자에게 적용된다. 조세조약은 양국간 조약(bilateral treaty)이기 때문에 제3국의 거주자에게는 적용되지 아니한다. 예를 들면 영국법인의 일본지점이 한국법인으로부터 받은 배당소득은 한국에서 한·영 조세조약이 적용된다. 영국법인의 일본지점은 한·일 조세조약상 제3국(영국)의 거주자이므로 한·일 조약이 적용되지 않는다.

우리나라가 체결한 조세조약은 [소득에 관한 조세(taxes on income)]의 이중과세회피 및 탈세방지를 위한 것이므로 조세조약의 적용대상조세는 법인세와 소득세 및 지방소득세 등이 되는 것이며 부가가치세, 개별소비세 등의 간접세는 그 대상조세가 아니다.

다. 조세조약과 국내 세법 간의 관계

조세조약은 이중과세회피와 탈세방지를 주된 목적으로 하여 '체약국 간의 과세권의 배분문제'를 주요대상으로 규정하는 것으로서 양 체약국의 거주자에 국한하여 적용되며, 또한 특정 소득에 대한 과세문제를 특별히 규정하고 있으므로 조세조약은 국내 세법에 대한 특별법 관계에 있다. 그러므로 조세조약과 국내 세법의 내용이 서로 상이한 경우는 조세조약이 우선하여 적용된다.

조세조약상 과세대상이더라도 국내 세법상 과세되지 아니하는 경우는 과세되지 아니하며, 조세조약상 과세대상이 아니면 국내 세법상 과세대상이더라도 과세되지 아니한다. 아울러 조세조약상 규정되지 아니한 내용은 국내 세법에 의하며, 조세조약에 규정되어 있더라도 특별히 명시되지 않는 한 일반적으로는 국내 세법의 구체적인 적용방법, 절차 등에 의하여 과세된다.

라. 조세조약상 고정사업장

원천지국의 과세권 확보를 위한 사업소득 과세기준으로서 사업소득 과세를 위한 최소과세요건 등을 각국과의 조세조약을 통해 규정하고 있다.

(3) 고정사업장의 일반적 성립 요건

1) OECD모델조세조약상 고정사업장의 일반적 성립 요건

OECD모델조세조약 제5조 제1항의 경우 고정사업장을 기업의 사업이 전적으로 또는 부분적으로 영위되는 일정한 장소로 규정하는 바, ① 고정(fixed)된 사업장소(place of business)가 존재하여야 하고, ② 그러한 물적시설을 사용할 권한을 갖고 있거나 지배하고 있어야 하며, ③ 그 물적시설을 통하여 본질적이고 중요한 사업활동이 수행되어야 한다는 세 가지 요건이 모두 충족되어야 한다.

2) 구체적 고정사업장 성립 요건

외국법인이 다음 요건을 충족하는 경우 국내사업장을 가진 것으로 간주된다.

가. 사업장소의 존재(장소적 개념)

사업장소라 함은 기업의 사업활동을 수행하기 위하여 사용되는 건물, 시설 또는 장치 등을 말하며, 이러한 사업장소는 사업수행을 위한 건물이 없거나 사업수행에 건물을 필요로 하지 아니하는 경우에도 존재할 수 있다.

예 시장의 노점, 세관의 보세창고, 타 기업의 설비 내, 호텔객실 등

기업이 일정한 공간을 임의로 사용하면 사업장소는 존재하므로 기업이 그 건물 등을 임의로 사용하는 한 그 건물 등이 해당 기업의 소유인지, 임차한 것인지는 중요하지 않다. 그러나 상기 사업장소가 자동적으로 고정사업장이 되는 것이 아니며 동 장소들이 고정사업장이 되기 위해서는 다음 "나"와 "다"에서 설명하는 사업의 수행(기능적 개념)과 고정성(기간적 개념)도 가져야 한다.

나. 사업장소의 고정성(기간적 개념)

사업장소의 존재가 일정한 정도의 계속성을 가지고 있어야 하며, 특정 위치와 밀접한 관련성을 가지고 있어야 됨을 의미한다. 여기서 고정성이란 기간적인 계속성을 의미(사업활동의 과정에서 일시적 장애로 인한 중단은 종료로 볼 수 없다)하므로 장소적으로 고정된 경우는 물론 장소를 이동하면서 사업활동을 하더라도 국내에서 일정기간 계속하는 경우에는 고정성 요건을 충족한다. 이동하는 사업활동에 대하여 OECD는 여러 장소가 상업적 · 지리적 연관성을 가진다면 사업장소로 볼 수 있다는 유연한 기준을 채택하였으나, 매우 추상적이면서도 국가별로 확립된 기준은 없다.

다. 고정된 사업장소를 통한 사업활동의 수행(기능적 개념)

어떠한 종류의 사업이라도 고정사업장이 될 수 있으나, 기업의 핵심적인 사업으로서 단지 부수적이거나 예비적인 활동으로는 부족하다는 것이 조세조약의 태도이다. 그렇다고 고정사업장에서 모든 사업을 영위해야 하는 것은 아니며 이윤창출을 위한 사업활동인 것으로 충분하고 실제 이윤을 창출했는지를 요구하지는 않는다.

고정된 장소가 고정사업장이 되기 위해서는 그 고정된 장소를 통하여 그 기업의 주된 사업의 전부 또는 일부를 수행해야 한다. 물론 사업활동이 반드시 생산적 성격을 가져야 하는 것은 아니나 기업의 사업활동이 그 기업의 사업상 예비적 · 보조적인 활동이 아니어야 한다(고정된 장소의 활동이 그 기업의 예비적 · 보조적인 활동인 경우에는 고정사업장이 될 수 없다).

외국법인이 국내에 고정된 장소를 가지고 영업활동을 하더라도 그 활동이 예비적 · 보조적 활동(예 본사를 위한 광고선전 또는 구매 등)에 그친 경우 법인세법을 비롯한 조세조약은 동 고정된 장소는 고정사업장을 구성하지 않는 것으로 규정하고 있다. 외국법인의 고정된 장소의 활동이 예비적 · 보조적 활동인지 여부를 판단하는 중요한 기준은 고정된 장소에서 수행하는 활동이 그 법인의 전체 사업활동의 본질적이고 중요한 부분을

형성하는지 여부이다(an essential and significant part of the activity of the enterprise as a whole).

또한, 사업활동은 반드시 사람을 통해 수행될 필요는 없으며 기계(예 자동판매기)에 의한 것도 사업활동에 해당된다.

3) 대법원의 고정사업장 성립 요건

대법원도 ① 국내에 외국법인의 사업활동을 수행하기 위하여 사용되는 건물, 시설 또는 장치 등의 고정된 사업장소가 존재해야 하고, ② 외국법인이 그 사업장소에 대하여 처분권한 또는 사용권한을 가지고 있어야 하며, ③ 외국법인의 직원 또는 그 지시를 받는 자가 그 고정된 사업장소를 통하여 예비적·보조적 활동이 아닌 본질적이고 중요한 활동을 수행해야 한다고 판시하고 있다(대법원 2009두19229, 2011. 4. 28. 외 다수).

(4) 물리적 기준에 의한 국내사업장(일반 고정사업장)

물리적 기준에 의한 국내사업장은 고정사업장의 성립 요건, 즉 사업장소의 존재, 고정성 및 사업활동의 수행 등의 3가지 요건을 전부 충족하는 일반적인 형태의 고정사업장을 말한다. 외국법인이 국내에 사업의 전부 또는 일부를 수행하는 고정된 장소를 가지고 있는 경우에는 국내사업장(이하 "일반 고정사업장"이라 한다)이 있는 것으로 한다(법인법 §94 ①). 이 경우 일반고정사업장에는 다음의 장소를 포함한다(법인법 §94 ②).

① 지점, 사무소 또는 영업소
② 상점, 그 밖의 고정된 판매장소
③ 작업장, 공장 또는 창고
④ 6개월을 초과하여 존속하는 건축 장소, 건설·조립·설치공사의 현장 또는 이와 관련되는 감독 활동을 수행하는 장소
⑤ 고용인을 통하여 용역을 제공하는 경우로서 다음의 어느 하나에 해당되는 장소
  i. 용역의 제공이 계속되는 12개월 중 총 6개월을 초과하는 기간 동안 용역이 수행되는 장소
  ii. 용역의 제공이 계속되는 12개월 중 총 6개월을 초과하지 아니하는 경우로서 유사한 종류의 용역이 2년 이상 계속적·반복적으로 수행되는 장소
⑥ 광산·채석장 또는 해저천연자원이나 그 밖의 천연자원의 탐사 및 채취 장소[국제법에 따라 우리나라가 영해 밖에서 주권을 행사하는 지역으로서 우리나라의 연안에 인접한 해저지역의 해상(海床)과 하층토(下層土)에 있는 것을 포함한다]

(5) 건설현장의 국내사업장 판정

1) 개요

건축현장, 건설 또는 설치공사(UN모델조약에서는 조립과 감리를 포함시키고 있음)는 12개월(조세조약에 따라 그 기간이 다양함, 법인세법은 6개월)을 초과하여 존속하는 경우 (건설)고정사업장이 된다(OECD모델조약 제5조 제3항). 건설고정사업장은 일반고정사업장에 대한 특칙으로서 12개월 요건만 충족하면 다른 요건의 구비없이도 고정사업장이 된다.

2) 국내사업장 판정 요건

가. 건설기간

법인세법상 국내에서 6월을 초과하여 존속하는 건설현장을 국내사업장으로 본다. 다만, 각국과의 조세조약에서는 공사가 일정기간(6개월 또는 12개월) 이상 계속되는 경우에 한하여 국내사업장이 되는 것으로 규정하기도 한다.

나. 건설기간의 개시 · 종료 · 중단

국내사업장의 판정기준이 되는 건설기간은 공사발주국에서 준비활동(예 건설공사를 위한 설계사무소의 설치 등 공사를 위한 예비적 활동이 있으면 그 기간을 포함하나, 단지 계약체결일을 기산일로 볼 수는 없다)을 시작한 때부터 개시되며, 공사가 완성되거나 완전히 포기될 때까지 계속된다. 그러므로 계절적 또는 기타 원인에 의한 일시적인 중단기간은 건설기간에 산입된다.

건설공사의 종점(종료)은 공사작업이 완성되거나 영구히 폐지된 때로 한다.

다. 하도급의 경우

당초 시공자가 다른 기업과 그 공사의 일부에 대해 하도급계약을 맺은 경우 하수급자의 건설기간도 당초시공자의 건설기간에 산입된다. 그러나 하수급자의 국내사업장 해당 여부는 하수급자 자신의 건설기간에 의해 판정한다.

라. 국내사업장의 성립 시점

건설현장이 국내사업장으로 성립되는 시점은 일정기간(6개월 또는 12개월)이 경과한 시점이 아니라 건설공사의 개시 시점이다. 그러므로 일정기간 이상 존속될 것으로 예상했으나 단기간에 공사가 완료된 경우에도 국내사업장의 성립이 취소되는 것은 아니다.

마. 수 개의 건설현장이 있는 경우

외국기업이 우리나라에 수 개의 건설현장이 있는 경우 단일 고정사업장으로 볼 수 있는지는 조세조약을 통해 판단하여야 하겠지만, 일반론적인 입장에서 살펴보면, 수 개의 공사가 상업적 또는 지리적으로 연관되어 전체를 형성한다면 단일 공사로 취급하여야 할 것이고 지리적으로 동일 또는 근접한 장소인지, 수 개의 공사가 불가분적으로 하나의 일부를 이루는지, 고객이 동일한지 등 다양한 사정을 종합하여 판단하여야 한다(Ibid).

3) 플랜트 건설 · 판매 외국기업에 대한 실질과세원칙의 적용

플랜트 건설 · 판매업을 영위하는 외국기업이 플랜트 건설 · 판매계약을 체결함에 있어 플랜트 건설 · 판매업무를 국내와 국외에 걸쳐서 수행되는 부분과 국내에서 수행되는 부분으로 분리하여, 국내와 국외에 걸친 업무는 당해 외국법인이 수행하고 국내업무는 당해 외국기업의 자회사의 국내지점이 수행하는 것처럼 계약을 분리하여 각각 체결하였으나, 실제로는 당해 외국기업이 동 플랜트 건설 · 판매와 관련한 국내업무와 국내와 국외에 걸친 업무의 전부를 자기책임하에 일괄수행하는 경우에는, 「국세기본법」 제14조의 실질과세의 원칙에 따라, 당해 외국기업의 자회사의 국내지점은 당해 외국법인의 국내사업장으로 보며 동 플랜트 건설 · 판매에서 발생하는 모든 익금과 손금은 해당 외국기업에 귀속된다(법인통칙 94-0-4).

(6) 국내사업장이 되는 종속대리인(간주 고정사업장)

1) 개요

외국법인이 지점, 사무소 등 고정된 장소가 없는 경우에도 국내에 그 외국법인을 위하여 종속대리인을 통하여 사업을 수행하는 경우에는 그 외국법인은 국내 고정사업장을 가지고 있는 것으로 간주된다. 외국법인이 이러한 대리인을 통하여 사업을 수행하는 경우 국내사업장으로 간주하려는 것은 외국법인이 소득이 발생된 국가(원천지국)에 자기를 위하여 활동하는 대리인을 두고 있으면 직접 국내사업장을 두고 사업을 수행하는 경우와 실질적으로 동일한 효과를 가지기 때문에 국내사업장을 기능적 측면에서 규정하고자 한 것이다.

부언하면 종속대리인은 외국법인이 국내에 대리인(agent)을 두고 그 대리인을 통하여 사업을 수행함으로써 실질적으로는 타방 체약국에 일반적 의미의 국내사업장(고정된 장소)을 두고 사업을 수행하는 것과 동일한 경제적 효과를 거두는 경우 그 대리인이라 할 수 있다.

조세조약 및 국내세법에서 채택하고 있는 종속대리인 유형으로는 계약체결대리인 · 재고보유대리인 · 보험대리인 등이 있다.

> **▌조세조약상 종속대리인**
>
> 조세조약에 따라서는 국내사업장으로 간주되는 종속대리인의 범위와 내용이 다소 상이함. 보험료징수 또는 보험계약체결 대리인을 규정한 조약(벨기에, 인도네시아 등), 계약체결 대리인만 규정하고 있는 조약(스위스, 뉴질랜드, 말레이시아 등), 계약체결 대리인과 재고보유 대리인을 규정하고 있는 조약(미국, 영국 등), 계약체결 대리인과 재고보유 대리인 및 주문취득 대리인을 모두 규정하고 있는 조약(태국) 등이 있다.

2) 법인세법상 간주 고정사업장

가. 법인세법 개요

외국법인이 위 "(4)"에 해당하는 고정된 장소를 가지고 있지 아니한 경우에도 다음의 어느 하나에 해당하는 자(기업의 직원, 개인, 회사를 포함함) 또는 이에 준하는 자로서 "법인령 제133조 제1항에 해당하는 자"를 두고 사업을 경영하는 경우에는 그 자의 사업장 소재지(사업장이 없는 경우에는 주소지로 하고, 주소지가 없는 경우에는 거소지로 한다)에 국내사업장(이하 "간주 고정사업장"이라 한다)을 둔 것으로 본다(법인법 §94 ③).

① 국내에서 그 외국법인을 위하여 다음의 어느 하나에 해당하는 계약(이하 "외국법인 명의 계약 등"이라 한다)을 체결할 권한을 가지고 그 권한을 반복적으로 행사하는 자

i. 외국법인 명의의 계약

ii. 외국법인이 소유하는 자산의 소유권 이전 또는 소유권이나 사용권을 갖는 자산의 사용권 허락을 위한 계약

iii. 외국법인의 용역제공을 위한 계약

② 국내에서 그 외국법인을 위하여 외국법인 명의 계약 등을 체결할 권한을 가지고 있지 아니하더라도 계약을 체결하는 과정에서 중요한 역할(외국법인이 계약의 중요사항을 변경하지 아니하고 계약을 체결하는 경우로 한정한다)을 반복적으로 수행하는 자

▌대통령령으로 정하는 자(법인령 §133 ①)

1. 외국법인의 자산을 상시 보관하고 관례적으로 이를 배달 또는 인도하는 자
2. 중개인・일반위탁매매인 기타 독립적 지위의 대리인으로서 주로 특정 외국법인만을 위하여 계약체결 등 사업에 관한 중요한 부분의 행위를 하는 자(이들이 자기사업의 정상적인 과정에서 활동하는 경우를 포함한다)
3. 보험사업(재보험사업을 제외한다)을 영위하는 외국법인을 위하여 보험료를 징수하거나 국내소재 피보험물에 대한 보험을 인수하는 자

※ 외국법인에는 해당 외국법인의 과점주주, 해당 외국법인이 과점주주인 다른 법인, 그 밖에 해당 외국법인의 특수관계인을 포함한다.

나. 종속대리인의 요건

① 계약체결권을 상시 행사하는 경우(계약체결 대리인)

계약체결권이란 본인을 위하여 본인에게 구속력 있는 계약을 체결할 수 있는 권한을 말한다. 대리인의 활동을 외국법인 본인에게 귀속시키기 위한 요건으로서 OECD모델조세협약, UN모델조약을 포함한 조세조약에서는 대리인에게 계약체결권을 요구하고 있으며 이러한 요구는 원천지국과세권을 제한하는 기능을 하고 있다.

i. 계약이란?

계약은 주로 사업활동에 관련되는 것이어야 한다. 그러므로 직원을 채용하는 계약이나 건물임대 계약체결권을 상시 행사하는 경우에는 종속대리인에 해당되지 않는다.

ii. 상시란?

국내사업장의 고정성 요건은 기간적인 계속성을 의미하므로 종속대리인의 외국법인을 위한 권한도 상시 반복적으로 행사되어야 국내사업장이 성립된다.

iii. 행사란?

계약체결권의 행사란 계약서에 서명하는 것을 요하지 않으므로 계약내용에 대해 실질적으로 합의하는 경우에는 서명 여부에 불구하고 계약체결권을 행사하는 것으로 본다.

② 재고자산을 상시 보유하고 관례적으로 인도하는 경우(재고보유 대리인)

외국법인의 재고자산을 상시 보관하고 관례적으로 고객에게 배달 또는 인도하는 자는 종속대리인으로 간주된다.

예를 들면, 석유판매업을 하는 외국법인을 위해 국내의 공항에서 항공연료를 보관하고 그 외국법인과 연료의 공급계약을 체결하고 있는 항공회사에 수시 급유를 하는 자가 이에 해당한다. 그러나 외국법인의 자산을 판매를 목적으로 하지 않고 저장・보관하는 자는 종속대리인에 해당되지 아니한다.

다. 구체적 간주 고정사업장 판단기준 요건 등(법인통칙 94－133－2)

① 어떤 자가 위 법인령 제133조 제1항 각호의 규정에 해당하는지 여부를 결정함에 있어서 「국세기본법」 제14조 및 법 제4조의 규정에 따라 그 자의 당해 외국법인을 위하여 수행하는 업무와 활동의 경제적 또는 상업적 실질에 따라 판단하여야 한다.

② 법인령 제133조 제1항 각호에 게기하는 자는 당해 외국법인의 종업원이나 제3자일 수도 있고 개인이나 법인일 수도 있다.

③ 법인령 제133조 제1항 각호에 열거하는 자가 동항 각호의 요건을 충족시키는 경우에는 이들은 그 외국법인을 위하여 수행하는 당해 활동에 대해서 그 외국법인의 국내사업장이 있는 것으로 본다.

④ 법인법 제94조 제3항은 어떤 외국법인이 법인법 제94조 제1항 및 제2항에서 규정하는 국내사업장을 가지고 있는지의 여부를 결정하기 위한 제2차적인 판단기준을 규정한 것이며, 만약 그 외국법인이 자기의 사업과 관련하여 국내에 보유하고 있는 사무소, 기타 영업소 또는 대리인 등이 이들의 국내활동상황, 종업원의 구성, 외국소재 본점과의 업무관계 등 제반사항을 종합하여 판단할 때 법인법 제94조 제1항 및 제2항에 규정하는 국내사업장에 해당되는 것이 분명한 경우에는 동조 제3항의 규정에 불구하고 위의 제1항 및 제2항의 규정에 의한 국내사업장에 해당하는 것으로 본다.

⑤ 법인법 제94조 제3항의 "국내에 자기를 위하여 계약을 체결할 권한을 가지고 그 권한을 반복적으로 행사하는 자"를 해석 · 적용함에 있어서 해당 용어의 해석은 다음에 의한다.

ⅰ. "계약"이라 함은 외국법인의 고유사업과 관련하여 체결하는 계약을 말하며 당해 외국법인의 사무실의 임차 또는 종업원의 고용 등 기업의 내부적인 경영 · 관리활동과 관련하여 체결하는 계약은 포함되지 아니한다.

ⅱ. "계약을 체결할 수 있는 권한"이라 함은 당해 대리인이 당해 외국법인을 구속할 수 있는 계약의 중요하고 세부적인 사항에 관하여 상담 협의할 수 있는 권한을 말하며 당해 대리인이 그 계약체결권을 가지고 있는 경우에는 비록 그 외국법인이나 그 외국법인이 있는 국가의 제3자가 그 계약서에 서명 또는 날인할지라도 그 대리인이 한국에서 그 권한을 행사한 것으로 본다.

ⅲ. "반복적 행사"에는 장기의 대리계약에 의하여 계약체결권을 계속적 · 반복적으로 행사하는 경우 뿐만 아니라 2개 이상의 단기 대리계약에 의하여 계약체결권을 계속적 · 반복적으로 행사하는 경우도 포함된다.

(7) 자회사(계열회사)가 고정사업장이 될 수 있는지

1) 개요

외국법인이 국내에서 사업활동을 수행함에 있어 국내에 지점 등 고정사업장을 설치할 수도 있지만, 독립적 법적 실체인 자회사나 계열회사와 서비스계약 또는 업무제휴계약을 체결하여 사업을 수행하게 할 수도 있다.

기존에는 국내 자회사 등이 모회사를 위한 활동으로 얻은 수익에 대하여 고정사업장 과세가 아닌 이전가격과세를 통해 과세가 이루어져 왔다.

2) 자회사 등을 고정사업장으로 인정할 수 있는지

자회사가 모회사의 종속대리인으로서 고정사업장이 될 수 있으나, 두 회사는 법적으로 별개의 회사이므로 자회사의 활동으로 모회사가 이익을 얻거나 그 실질이 지점과 유사하다는 사유만으로 고정사업장을 성립하는 것은 맞지 않을 것이다.

자회사를 고정사업장으로 인정할 수 있다면 이전가격세제보다 과세금액을 더 확대할 수 있는 장점이 있다. 그러나 자회사에 대한 지배관계가 있고 모회사를 위한 용역제공이 모회사의 이익에 기여했다는 사유만으로 고정사업장이 인정되지 않는다는 것이 OECD의 입장이고 우리 법원의 론스타 사건 판결에서도 동일한 취지의 판결이 있었다(OECD 모델협약 §5 ⑦).

3) 현황

자회사의 국내활동에 고정사업장을 인정하여 조세회피를 방지하고자 법률로서 이를 제정하는 국가들이 등장하고 BEPS에서도 논의가 되고 있다. 우리나라에서도 최근 구글에 대한 세무조사에서 결제대행을 하는 유한회사 등 2곳과 구글의 국내 물리적 공간 3곳이 구글 본사의 업무를 완벽히 대체한다는 이유로 고정사업장으로 보아 부가가치세 등을 과세하였다.

향후에도 각국은 해외 모회사 사업의 중요한 기능을 수행하는 국내 자회사 등을 고정사업장으로 보아 과세하려는 시도가 계속될 것으로 보인다.

(8) 국내사업장이 되지 않는 예비적·보조적 활동을 하는 장소

1) 개요

특정활동장소가 외국법인의 사업 수행상 예비적이며 보조적인 성격을 가진 활동을 하기 위하여 사용되는 경우에는 국내사업장에 포함되지 아니한다(법인법 §94 ④).

2) 국내고정사업장에 포함되지 아니하는 특정활동장소

가. 법인세법 규정

다음의 장소(이하 "특정활동장소")가 외국법인의 사업 수행상 예비적 또는 보조적인 성격을 가진 활동을 하기 위하여 사용되는 경우에는 위 "(4)"에 따른 국내사업장에 포함되지 아니한다(법인법 §94 ④).

① 외국법인이 자산의 단순한 구입만을 위하여 사용하는 일정한 장소

② 외국법인이 판매를 목적으로 하지 아니하는 자산의 저장이나 보관만을 위하여 사용하는 일정한 장소(일시적인 재고보유)

③ 외국법인이 광고, 선전, 정보의 수집 및 제공, 시장조사, 그 밖에 이와 유사한 활동만을 위하여 사용하는 일정한 장소(정보수집이 기업의 주된 목적사업이 아닌 경우, 타 기업을 위한 광고가 아닌 경우를 말한다)

④ 외국법인이 자기의 자산을 타인으로 하여금 가공하게 할 목적으로만 사용하는 일정한 장소

나. 예비적 · 보조적 활동을 위한 특정활동장소 구분기준

기업의 핵심적인 활동을 수행하지 아니하고 예비적 · 보조적 활동에 그친다면 원천지국에서 얻은 이익이 미미하여 고정사업장으로 귀속시켜 과세하는 것은 불합리하고 그 사업장에 귀속되는 순소득 산정도 어려울 것이다.

외국법인이 국내에 고정된 장소를 가지고 영업활동을 하더라도 그 활동이 예비적 · 보조적 활동에 그친 경우 법인세법을 비롯한 조세조약은 동 고정된 장소는 고정사업장을 구성하지 않는 것으로 규정하고 있다. 외국법인의 고정된 장소의 활동이 예비적 · 보조적 활동인지 여부를 판단하는 중요한 기준은 고정된 장소에서 수행하는 활동이 그 법인의 전체 사업활동의 본질적이고 중요한 부분을 형성하는지 여부이다.

이에 법인통칙에서는 다음과 같이 세부적으로 설명하고 있다(법인통칙 94-0-2).

① 외국법인의 국내사무소가 당해 법인의 영업활동을 보조하기 위하여 국내에서 자산의 단순구입, 업무연락, 광고 · 선전, 정보의 수집 · 제공, 시장조사 기타 사업의 예비적 · 보조적 활동만을 수행하는 경우에는 그 국내사무소는 당해 법인의 국내사업장으로 보지 아니한다. 다만, 이와 같은 활동이 당해 법인을 위한 것이 아니고 타인(법인령 제2조 제5항의 특수관계 있는 자를 포함한다)을 위하여 행해지는 경우에는 그 국내사무소를 당해 법인의 국내사업장으로 본다.

② 외국법인의 국내사무소가 수행하는 활동이 사업의 예비적·보조적 활동인지의 여부를 판단함에 있어서는 그 국내사무소가 수행하는 활동이 당해 외국법인의 전체 사업활동 중 본질적이고 중요한 부분을 구성하고 있는지 여부에 의하여 판단하여야 한다. 예컨대 외국법인 국내사무소의 일반적인 활동목적이 당해 외국법인의 전반적 사업목적과 동일한 경우에는 그 외국법인의 국내사무소가 수행하는 활동은 사업의 예비적·보조적 활동에 해당하지 아니한다.

③ 외국법인의 국내사무소가 당해 외국법인이 국내 고객에게 판매한 자산과 관련하여 부품을 공급하거나 그 판매한 자산을 유지·보수하는 등 애프터서비스 활동을 수행하는 경우에는 그 사무소는, 그 애프터서비스에 대한 대가를 받는지 여부에 관계없이, 그 외국법인의 국내사업장에 해당한다.

▌OECD모델조약

OECD모델조약 제5조 제4항은 (i) 기업에 속하는 재화나 상품의 저장·전시 또는 인도만을 목적으로 한 시설의 사용, (ii) 저장·전시 또는 인도만을 목적으로 하여 그 기업에 속한 재화나 상품의 재고보유(maintenance), (iii) 다른 기업에 의한 가공만을 목적으로 한 그 기업소유 재화나 상품의 재고보유, (iv) 기업을 위한 재화나 상품의 구입 또는 정보의 수집만을 목적으로 한 일정 사업장소의 유지, (v) 기업을 위해 단순히 예비적(preparatory) 또는 보조적(auxiliary)인 성격의 기타활동만을 수행할 목적으로 일정 사업장소의 유지, (vi) (i)부터 (v)에 언급된 복합적 활동의 수행만을 위한 일정 사업장소의 유지를 예시하고 있다.

④ 종업원 파견에 따른 국내사업장 해당 여부

외국법인이 내국법인과 종업원 파견에 관한 계약을 체결하고, 동 계약에 의거 내국법인에 파견되어 고용된 종업원이 오로지 내국법인만을 위하여 근로를 제공하고 외국법인이 영위하는 사업의 전부 또는 일부를 일체 수행하지 아니함에 따라 외국법인이 종업원의 파견과 관련하여 내국법인으로부터 일체의 대가(급여대지급에 따른 정산대가는 제외)를 지급받지 않는 경우 그 종업원이 근로를 제공하는 장소는 그 종업원이 외국법인과 고용계약을 유지하는지의 여부에 관계없이 법인법 제94조에 따른 외국법인의 국내사업장에 해당되지 아니한다(법인통칙 94-0-6).

다. 예비적·보조적 활동에 해당되지 않는 예

아래에서는 Staarm Ibid상 핵심적(본질적)으로 분류되는 사업활동을 예시해 본다.

㉠ **생산 및 판매활동**

재화 또는 용역의 판매를 위한 제반활동과 제품의 생산활동은 기업의 핵심적 사업활동이다.

㉡ **기업의 관리장소**

기업 전체 또는 일부, 그룹회사의 일부를 관리하는 장소는 예비적 · 보조적 활동을 수행하는 것으로 볼 수 없다. 기업을 관리하는 기능은 일부 특정지역만을 대상으로 하는 경우라 하더라도 기업활동의 본질적 부분을 구성한다(기업활동 일부에 대한 관리장소).

㉢ **판매 후 서비스**

어떤 기업의 기계를 공급받은 고객에게 부품을 제공하거나 기계를 관리, 수선하기 위하여 일정한 사업장소를 둔 경우에도 국내사업장이 있는 것으로 본다. 판매 후 서비스는 판매활동에서 본질적이고 중요한 것이기 때문이다.

3) 특정활동장소가 국내사업장에 포함되는 경우

위 "2)"에도 불구하고 특정활동장소가 다음의 어느 하나에 해당하는 경우에는 국내사업장에 포함한다(법인법 §94 ⑤).

① 외국법인 또는 대통령령으로 정하는 특수관계(법인령 제131조 제2항 각호의 어느 하나에 해당하는 관계를 말한다)가 있는 외국법인(비거주자를 포함한다. 이하 "특수관계가 있는 자")이 특정활동장소와 같은 장소 또는 국내의 다른 장소에서 사업을 수행하고 다음의 요건을 모두 충족하는 경우

ⅰ. 특정활동장소와 같은 장소 또는 국내의 다른 장소에 해당 외국법인 또는 특수관계가 있는 자의 국내사업장이 존재할 것

ⅱ. 특정활동장소에서 수행하는 활동과 "ⅰ"의 국내사업장에서 수행하는 활동이 상호 보완적일 것

② 외국법인 또는 특수관계가 있는 자가 특정활동장소와 같은 장소 또는 국내의 다른 장소에서 상호 보완적인 활동을 수행하고 각각의 활동을 결합한 전체적인 활동이 외국법인 또는 특수관계가 있는 자의 사업 활동에 비추어 예비적 또는 보조적인 성격을 가진 활동에 해당하지 아니하는 경우

4) 법원의 판단

우리 법원은 국내에 외국법인의 고정사업장이 존재한다고 하기 위하여는 외국법인이

'처분권한 또는 사용권한'을 가지는 국내의 건물, 시설 또는 장치 등의 '사업상의 고정된 장소'를 통하여 그 외국법인의 직원 또는 그 지시를 받는 자가 예비적이거나 보조적인 사업활동이 아닌 '본질적이고 중요한 사업활동'을 수행하여야 한다고 할 것이며, 여기서 '본질적이고 중요한 사업활동'인지 여부는 그 사업활동의 성격과 규모, 전체 사업활동에서 차지하는 비중과 역할 등을 종합적으로 고려하여 판단하여야 한다고 판시하였다(대법원 2009두19229, 2011. 4. 28.).

그러나 본질적이고 중요한 사업활동과 보조적 활동이 무엇인지에 대한 구체적 기준은 여전히 모호하고 과세관청과 납세자 간에 늘 다툼의 대상이 되고 있다.

(9) 국내사업장이 되지 아니하는 독립대리인

1) 의의

조세조약에서는 종속대리인의 요건에 해당(계약체결권의 행사, 재고 보유·인도 등)하더라도 예외적으로 국내사업장으로 인정하지 않는 경우를 규정하고 있으며, 이것을 독립대리인이라 한다.

2) 독립대리인의 요건

어떤 자가 다음의 모든 요건을 갖춘 경우에는 그 자는 조세조약상 외국법인의 독립대리인(이하 "독립대리인")에 해당하며, 그 자는 그 외국법인의 국내사업장으로 보지 아니한다(법인통칙 94-133-3).

① 그 대리인이 본인인 외국법인으로부터 법적으로 또한 경제적으로 독립된 지위에 있어야 한다.

② 그 대리인이 이행하는 그 외국법인을 위한 행위가 그 대리인 자신의 통상적인 사업으로 수행되어야 한다.

가. 독립성 판단 시 고려사항

대리인이 본인인 외국법인으로부터 독립된 지위에 있는지의 여부를 결정함에 있어서는 다음의 사항을 고려하여 결정하여야 한다.

㉠ 업무감독의 정도

그 대리인이 외국법인을 위한 활동을 함에 있어 당해 외국법인으로부터 세부적인 지시나 통제를 받는 경우에는 그 대리인은 당해 외국법인에 대하여 독립적이라고 할 수 없다.

㉡ **사업상의 위험 부담**

그 대리인의 외국법인을 위한 사업활동으로 인하여 발생하는 사업상의 위험을 당해 외국법인이 부담하는 경우에는 그 대리인은 당해 외국법인에 대하여 독립적이라고 할 수 없다.

㉢ **전속대리인인지의 여부**

대리인이 외관상으로는 독립적 지위의 대리인이라고 하더라도 그 대리인이 전적으로 또는 거의 전적으로 특정 외국법인을 위하여 활동하는 경우에는 그 대리인은 독립적 지위의 대리인으로 볼 수 없다.

| 국내사업장 및 간주국내사업장(종속대리인)의 차이 |

구분	국내사업장	국내사업장으로 보는 것 (간주국내사업장)
개념	고정된 사업장소, 주된 사업활동 수행 및 사업의 계속성을 충족하는 사업장소	국내사업장의 3가지 요건을 충족하지 못하는 때에도 실질적으로 사업활동을 하는 경우
법적 형식	비거주자 · 외국법인과 동일 인격체	비거주자 · 외국법인과 동일 인격체 또는 다른 인격체
종류	본래의 국내사업장	• 종속대리인, 자회사의 국내사업장, 용역의 국내사업장, 건설공사의 국내사업장, 전자상거래의 국내사업장 • 계약체결대리인, 재고보유대리인, 보험대리인 등

나. 통상적인 사업과정에서 수행된 활동이 아닌 경우

대리인이 자신의 통상적인 사업활동의 범위에 속하지 않는 활동을 외국법인을 위해 한 경우에는 독립대리인이 되지 아니한다.

※ 외국법인을 위해 상시 계약체결, 재고보유 · 인도 등을 하는 자가 국내사업장이 되지 않는 독립대리인으로 인정받기 위해서는 위의 요건을 전부 충족하여야 한다.

(10) 국내 연락사무소 설치 및 고유 번호증 발급

"연락사무소"란 외국법인이 자산의 단순구입, 업무연락, 광고 · 선전, 정보의 수집 · 제공, 시장조사 그 밖에 사업의 예비적 · 보조적 활동만을 수행하는 장소로 법인법 제94조 제4항의 장소를 포함한다(국제조사사무처리규정). 보통 외국법인 등이 국내에 진출하기 위한 전단계로서 국내에서 영업(사업)활동을 하지 않고 외국법인의 본사만을 위하여 연락업무 등의 단순히 예비적이고 보조적인 활동을 하는 사무소를 의미한다.

비거주자 등이 국내에 연락사무소를 설치하고자 하는 경우 우선 ① 외국환은행에 연락사무소 설치신고를 하여야 한다. 이때 법인등기부등본, 위임장, 이사회의사록, 본사 대표이사 여권사본, 연락사무소 대표자 임명장과 여권사본 및 신분증 사본, 연락사무소 임대차계약서가 필요하다. 다음은 ② 고유번호증 발급신청인데 연락사무소를 개설한 비거주자는 20일 이내에 관할 세무서장에게 연락사무소의 설치사실을 신고, 즉 고유번호증 발급신청을 하여야 한다. 고유번호증 발급신청 시 첨부서류는 외국환은행장으로부터 받은 외국기업 국내지사설치신고필증, 법인등기부등본, 위임장, 이사회의사록, 본사 대표이사 여권사본, 연락사무소 대표자 임명장과 여권사본 및 신분증사본, 연락사무소 임대차계약서이다.

아울러 동 연락사무소가 관할법원에 등기되지 않은 경우 다음 서류를 첨부, 관할 세무서에 신청하는 것이다(외인 2164.37-2534, 1981 7. 21.).

가. 본점 등기부등본 또는 정관

나. 연락사무소 설치에 관한 의사결정 관계서류

다. 연락사무소 대표자의 임명장 및 거주등록표

고유번호증이 발급되면 은행계좌를 개설하게 되는데 이때 고유번호증, 위임장, 사용인감 등을 첨부하여 계좌를 개설함으로써 종결된다.

8 | 임시사업장

(1) 임시사업장의 범위 및 과세

사업자가 기 등록된 "기존사업장" 외에 각종 경기대회나 박람회 등 행사가 개최되는 장소에 개설한 임시사업장으로서 대통령령으로 정하는 바에 따라 신고된 장소("임시사업장"이라 한다)를 개설하는 경우 그 임시사업장은 기존사업장에 포함되는 것으로 한다(부가법 §6 ⑤ 2, 부가령 §10 ①).

임시사업장을 사업장으로 보게 되면 임시사업장의 개설 및 폐쇄 시마다 일일이 사업자등록 및 폐업신고를 하여야 하고 세금계산서를 발급하여야 되는 불편한 점이 있어 임시사업장 관할 세무서장에 개설신고 및 폐쇄신고만 하면 기존사업장에서 부가가치세를 일괄하여 신고 · 납부토록 하여 납세자의 편의를 도모하도록 하였다.

(2) 임시사업장의 개설 및 폐쇄신고

1) 개설신고

임시사업장을 개설하려는 자는 다음의 사항을 적은 임시사업장 개설신고서를 해당 임시사업장의 사업개시일부터 10일 이내(동 시행령 개정 이전에는 해당 임시사업장의 사업개시일 7일 전까지 제출했었다)에 임시사업장의 관할 세무서장에게 제출(국세정보통신망에 의한 제출을 포함한다)하여야 한다. 다만, 임시사업장의 설치기간이 10일 이내인 경우에는 임시사업장 개설 신고를 하지 아니할 수 있다(부가령 §10 ②).

① 사업자의 인적사항
② 임시사업장의 소재지
③ 임시사업장의 설치기간
④ 그 밖의 참고사항

위 사항을 기재한 임시사업장 개설신고서를 제출받은 세무서장은 임시사업장 설치의 타당성을 확인하여 그 결과를 신청인과 기존사업장의 관할 세무서장에게 통지하여야 한다(부가령 §10 ③).

조세행정 목적상 임시사업장으로 인정받기 위하여는 이와 같은 임시사업장 개설신고를 하여야 하는바, 임시사업장 개설신고를 하지 아니한 경우에는 이를 독립된 사업장으로 보아 별도의 사업자등록을 하고 납세의무를 이행하여야 한다(심사 95-996, 1995. 7. 14.). 다만, 임시사업장의 설치기간이 10일 이내인 경우에는 임시사업장 개설신고를 하지 아니할 수 있으므로 임시사업장에서 발생된 거래에 대하여 기존 사업장에서 신고 · 납부를 이행한다.

2) 폐쇄신고

임시사업장을 개설한 자가 그 임시사업장을 폐쇄하였을 때에는 폐쇄일부터 10일 이내에 다음의 사항을 적은 임시사업장 폐쇄신고서를 그 임시사업장 관할 세무서장에게 제출하여야 한다(부가령 §10 ④).

① 사업자의 인적사항
② 폐쇄 연월일 및 폐쇄 사유
③ 그 밖의 참고사항

3) 임시사업장 개설신고 미이행에 대한 제재

사업자가 임시사업장 개설신고를 이행하지 아니한 경우 해당 임시사업장은 독립된 사업장으로 보아 부가가치세법이 적용된다(부가 46015-4986, 1999. 12. 21.).

9 | 재화를 수입하는 자의 납세지

재화를 수입하는 자의 부가가치세 납세지는 「관세법」에 따라 수입을 신고하는 세관의 소재지로 한다(부가법 §6 ⑥). 관세법에 따르면 재화를 수입할 때에는 세관장에게 수입신고를 하여야 하고 세관장이 그 신고를 수리한다. 따라서 재화가 수입되는 시점이 바로 신고의 수리시점이 되므로 수입신고를 하는 세관의 소재지가 납세지가 된다.

10 | 사업자단위과세자의 납세지

사업장이 둘 이상인 사업자가 사업자단위로 해당 사업자의 본점 또는 주사무소 관할 세무서장에게 등록한 경우 사업자단위과세사업자는 각 사업장을 대신하여 그 사업자의 본점 또는 주사무소의 소재지를 부가가치세 납세지로 한다(부가법 §6 ④, §8 ③ 단서).

III 사업자단위과세

1 | 의 의

사업자단위과세제도는 전산시스템의 발달로 본사 또는 주사업장에서 기업자원관리설비 등 전산시스템설비를 갖추어 구매·생산·판매·물류 및 회계 등을 통제·관리할 수 있음에도 불구하고 사업장별 과세원칙에 따라 각 사업장별로 납부(환급)세액의 신고·납부, 사업자등록 및 세금계산서 발급을 하게 되면 그 절차가 복잡하여 과세관청이나 납세자 모두 불편하고 비효율적이므로 사업자의 납세편의를 제고하기 위한 제도이다.

2 | 사업자단위과세적용사업장

사업장이 둘 이상인 사업자(2019. 1. 1. 이후부터는 사업장이 하나이나 추가로 사업장을 개설하려는 사업자를 포함한다)는 사업자단위로 해당 사업자의 본점 또는 주사무소 관할 세무서장에게 등록을 신청할 수 있으며, 이 경우 등록한 사업자를 사업자단위과세사업자라 한다. 이때 사업자단위과세적용사업장은 법인인 경우에는 본점 또는 주사무소로 하고, 개인인 경우에는 주사무소로 한다. 따라서 법인의 본점이 아닌 지점은 사업자단위적용사업장이 될 수 없다(부가법 §8 ③).

3 | 적용 요건

2010. 1. 1.이 속하는 과세기간부터는 기존의 사업자단위과세사업자는 구 부가법 제5조 제2항에 따라 사업자단위과세자로 등록한 것으로 간주되고, 새로이 사업자단위과세를 적용받고자 하는 사업자는 전산시스템 구비요건을 요하지 아니한다.

종전에는 사업자단위과세를 적용받기 위하여 사업자가 전 사업장의 자원을 통합하여 전자적 형태로 관리하기 위한 전사적 기업자원관리설비로서, 제조업의 경우에는 구매·생산·판매·재고 및 회계기능을 모두 처리하여 보관할 수 있어야 하고, 제조업 외의 업종인 경우에는 구매·판매·재고 및 회계 기능을 모두 처리하여 보관할 수 있는 전산 시스템을 갖추어야 했다(구 부가령 §6의2).

4 적용시기

(1) 둘 이상의 사업장을 가진 경우

사업장 단위로 등록한 사업자가 사업자단위과세사업자로 변경하려면 사업자단위과세 사업자로 적용받으려는 과세기간 개시 20일 전까지 사업자의 본점 또는 주사무소 관할 세무서장에게 변경등록을 신청하여야 한다. 과세기간 개시 20일 전까지 변경등록신청을 한 경우 그 과세기간 개시일부터 사업자단위과세가 적용된다(부가법 §8 ④).

※ 외국법인이 서울에 주사무소인 갑지점과 지방에 을지점이 있는 경우 주사무소 관할 세무서장에게 사업자단위과세 등록신청을 할 수 있다(부가－546, 2011. 5. 25.).

(2) 사업장을 추가하여 둘 이상의 사업장이 된 경우

사업장이 하나인 사업자가 추가로 사업장을 개설하는 경우 종전에는 추가로 개설하는 사업장의 사업 개시일이 속하는 과세기간의 다음 과세기간부터 사업자단위과세사업자로 적용받을 수 있었으나, 2019. 1. 1. 이후 신청하는 분부터는 사업장이 하나인 사업자가 추가로 사업장을 개설하면서 추가 사업장의 사업 개시일이 속하는 과세기간부터 사업자단위과세사업자로 적용받으려는 경우 추가 사업장의 사업개시일부터 20일 이내(추가 사업장의 사업 개시일이 속하는 과세기간 이내로 한정한다)에 사업자의 본점 또는 주사무소 관할 세무서장에게 변경등록을 신청하여 사업 개시일이 속하는 과세기간부터 사업자단위과세 적용을 받을 수 있다(부가법 §8 ⑤).

5 사업자단위과세의 효력

(1) 사업자단위과세제도에서의 사업장

부가법 제6조 제4항에서 "사업자단위과세사업자는 각 사업장을 대신하여 그 사업자의 본점 또는 주사무소의 소재지를 부가가치세 납세지로 한다"고 규정하고 있다. 즉, 사업자단위과세적용사업장인 본점 또는 주사무소를 각 사업장으로 보아 부가가치세법이 적용된다. 따라서 부가법 제48조 및 제49조에 따른 예정·확정신고 및 납부, 부가법 제8조(사업자등록), 부가법 제32조(세금계산서 등), 부가법 제36조(영수증 등), 부가법 제73조(납세관리인) 및 부가법 제74조(질문조사) 등의 규정을 적용함에 있어서 사업자단위과세적용사업장만을 사업장으로 보아 사업자등록을 하고 세금계산서 또는 영수증을 발급하여야 한다.

(2) 사업자단위 신고·납부

1) 예정·확정신고 및 납부

사업자단위과세의 적용을 받는 사업자는 사업자단위과세적용사업장의 관할 세무서장에게 과세표준과 세액을 총괄하여 신고·납부(예정신고, 확정신고, 월별조기환급신고 포함)하여야 하는 것이므로 사업자단위과세적용사업장 외의 종된 사업장은 신고·납부 의무가 없다. 이는 사업자단위과세를 적용받는 경우에는 사업자단위과세적용사업장의 사업자등록번호만 존재하기 때문에 종된 사업장에서 신고·납부할 수 있는 여지는 없다는 것에서 기인한다.

2) 수정신고 및 경정청구

사업자단위과세제도에서는 사업자단위과세적용사업장을 각 사업장으로 보도록 하고 있으므로 수정신고나 경정청구도 사업자단위과세적용사업장 관할 세무서장에게 하여야 한다.

3) 그 밖의 사항

가. 개별소비세의 신고·납부

「개별소비세법」 제10조의3 규정 신설(2010. 12. 27.)로 둘 이상의 사업장이 있는 사업자는 개별소비세를 사업자단위로 본점 또는 주사무소 관할 세무서에 신고·납부할 수 있으며, 미납세반출이 적용되는 사업자는 사업장과 별도로 하치장에서 과세물품이 반출되는 때에 사업자단위과세사업자의 하치장은 종된 사업장의 범위에 포함된다(법규과-842, 2011. 6. 29.).

나. 전자세금계산서 발급의무 판정

전자세금계산서 발급의무 판정 시 사업장별 수입금액 3억 원 이상에 해당하는지의 판정은 사업자단위과세자의 경우 전 사업장의 수입금액을 통산한다.

다. 신용카드발행세액공제 한도 계산

모든 사업장의 신용카드매출전표발행금액을 합산하여 신용카드발행세액공제(연간 한도 적용)를 적용한다(전자세원과-381, 2010. 6. 28.).

(3) 재화의 공급특례 적용

사업자가 사업자단위과세의 적용을 받는 과세기간에 반출하는 것은 재화의 공급으로 보지 아니한다(부가법 §10 ③ 1).

다만, 사업자단위과세사업자가 과세사업장에서 제조한 재화를 면세사업에 사용하기 위해 과·면세사업장으로 반출하는 경우 부가법 제10조 제1항에 따른 재화의 공급(자가공급)에 해당하며 세금계산서 발급의무는 면제된다(부가-222, 2010. 2. 24.).

(4) 종된 사업장 폐업으로 단독사업장만을 소유하게 된 경우

사업자단위과세는 둘 이상의 사업장을 가진 사업자의 신청에 의해 적용되는 제도로서 2개의 사업장을 소유한 사업자가 사업자단위과세를 적용받다가 종사업장(지점)을 폐업한 경우 부가령 제14조 제1항 제10호에 따라 '종된 사업장의 폐업' 사실을 정정신고를 하면 본점인 하나의 사업장만을 가지게 되므로 종된 사업장의 폐업으로서 사업자단위과세사업자의 요건을 충족하지 않게 된다. 실무적으로 관할세무서에서 지점폐업에 대한 정정신고를 하면서 사업자등록증상의 사업자등록번호 하단에 "사업자단위과세자"라는 문구를 삭제해 사업자등록증을 재발급받으면 된다.

6 사업자단위과세의 포기

(1) 포기신고

사업자단위과세사업자가 각 사업장별로 신고·납부하거나 부가령 제92조에 따른 주사업장 총괄 납부를 하려는 경우에는 그 납부하려는 과세기간 개시 20일 전에 다음의 사항을 적은 사업자단위과세 포기신고서를 사업자단위과세적용사업장 관할 세무서장에게 제출하여야 한다(부가령 §17 ①).

① 사업자의 인적사항

② 사업자단위과세 포기사유
③ 그 밖의 참고사항

사업자단위과세적용사업장 관할 세무서장은 사업자단위과세 포기신고서의 처리결과를 지체 없이 해당 사업자와 종된 사업장의 관할 세무서장에게 통지하여야 한다(부가령 §17 ②).

(2) 포기신고 후의 신고·납부

2011. 1. 1. 이후 최초로 위 "(1)"에 따라 사업자단위과세의 포기를 하는 경우에는 그 포기한 날이 속하는 과세기간의 다음 과세기간부터 사업자단위과세 포기신고서에 적은 내용에 따라 각 사업장별로 신고·납부하거나 부가령 제92조에 따른 주사업장 총괄 납부를 하여야 한다(부가령 §17 ③).

| 개별소비세법상 사업자단위과세제도와 비교 |

구 분	부가법상 사업자단위과세	개소세법상 사업자단위과세
목적	납세자 편의 제고	좌동(개소법 §10의3)
적용사업장	본점 또는 주사무소	좌동(개소법 §10의3)
대상자	2 이상의 사업장을 가진 사업자	좌동(개소법 §21 ②)
신청 및 승인	• 신규자는 사업개시일로부터 20일 이내에 적용신청 • 계속사업자는 과세기간 개시 20일 전까지 주된 사업장 관할 세무서장에게 변경등록 신청	• 신규자는 사업자단위로 개업신고 (사업개시 5일 전, 영업개시 전까지) • 계속사업자는 과세기간 개시 20일 전까지 변경신고 ⇒ 개소법 §10의3, §21 ③
효력	본점 또는 주사무소에서 사업자단위로 제신고·납부 이행	좌동(개소법 §10의3, §21 ②)
총괄납부의 포기	각 사업장별로 신고하려는 과세기간 개시 20일 전까지 포기신고서 제출	좌동(개소령 §35 ⑤)

IV 과세관할

1 개 요

사업자에 대한 부가가치세는 위에서 설명한 납세지를 관할하는 세무서장 또는 지방국세청장이 과세하며, 재화를 수입하는 자에 대한 부가가치세는 부가법 제6조 제6항에 따른 납세지를 관할하는 세관장이 과세한다(부가법 §7).

2 부가가치세 과세표준신고의 과세관할

부가가치세 과세표준신고서는 신고 당시 해당 국세의 납세지(사업장)를 관할하는 세무서장에게 제출하여야 하나, 전자신고를 하는 경우에는 지방국세청장이나 국세청장에게 제출할 수 있다. 또한, 과세표준신고서가 납세지(사업장) 관할 세무서장 외의 세무서장에게 제출된 경우에도 그 신고의 효력에는 영향이 없다(국기법 §43 ①, ②).

3 결정 또는 경정 시 과세관할

부가가치세의 과세표준과 세액의 결정 또는 경정결정은 그 처분 당시 그 국세의 납세지(사업장)를 관할하는 세무서장(결정 또는 경정·결정하는 때의 그 국세의 납세지를 관할하는 세무서장)이 한다(국기법 §44).

제 7 절

등 록

I 사업자등록

1 | 사업자등록의 의의

사업자는 사업장마다 사업 개시일부터 20일 이내에 사업장 관할 세무서장에게 사업자 등록을 신청하여야 한다(다만, 신규로 사업을 시작하려는 자는 사업 개시일 이전이라도 사업자등록을 신청할 수 있다). 또한 둘 이상의 사업장이 있는 사업자는 사업자단위로 해당 사업자의 본점 또는 주사무소 관할 세무서장에게 등록할 수 있다(부가법 §8 ①, ③).

이때 사업자의 인적사항, 사업자등록 신청사유, 사업 개시 연월일 또는 사업장 설치 착수 연월일 및 그 밖의 참고사항을 기재한 사업자등록신청서를 제출하여야 한다(부가령 §11 ①).

(1) 등록이란?

사업자등록이란 부가가치세의 과세행정상 납세자 및 세원의 현황을 파악하고 조세채권을 확보함에 있어서 납세의무자의 상호, 성명, 주소, 주민등록번호 및 사업장소재지와 사업의 종류 등의 인적사항과 사업의 개시일 그 밖의 과세자료를 입수하는데 적절한 사실내용을 세무관서의 대장에 등재 및 수록하는 것을 말한다.

이는 사업자의 사업사실 내용을 정확하게 확인하기 위한 협력의무로서 과세관청으로 하여금 부가가치세의 납세의무자를 파악하게 하고 그 과세자료를 확인하도록 하는데 입법취지가 있다.

1) 인 · 허가 등과의 차이

모든 국민은 헌법에 의하여 직업선택 · 영업활동의 자유가 보장되어 있으므로 사업자등록은 사업할 수 있는 권리의 창설이 아니라, 사업활동 사실의 단순한 신고수리에 불과한 것이다. 반면, 특정의 상대방에게 새로이 권리를 설정하는 특허 또는 관련 법규에 의한 요건을 모두 갖춘 경우에만 적법하게 사업을 할 수 있게 하는 사업의 허가 또는 면허제도와는 구별된다. 따라서 법령에 의한 허가 유무 또는 허가의 종류에 불구하고 실지 사업내용에 따라 판단하는 것이므로 약사법에 의한 허가증에는 도매업으로 되어 있을지라도 실지 최종소비자에게 판매할 때는 소매업에 해당하는 것으로 보아 사업자등록증을 발급하여야 한다(부가 1265-1660, 1982. 6. 23.).

2) 면세사업자의 경우

사업자등록은 부가가치세법상의 납세의무자에게만 등록의무가 있으므로 부가가치세 납세의무 자체가 없는 면세사업자는 부가가치세의 납세의무 그 자체가 배제되고 그에 따른 종된 의무의 이행도 배제되며, 「소득세법」 제168조와 「법인세법」 제111조의 규정에 따라 소득세 및 법인세의 납세의무자의 지위에서 사업자등록 의무는 있다.

3) 고유번호 부여

과세자료를 효율적으로 처리하기 위하여 부가법 제54조 제4항 또는 제5항에 따른 자에게도 등록번호에 준하는 고유번호를 부여할 수 있도록 규정하고 있어 「소득세법」이나 「법인세법」의 규정을 보완하고 있다(부가령 §12 ②).

4) 신의성실원칙의 적용 여부

사업자등록증의 발급은 사실행위에 지나지 아니하므로 부가가치세 납세의무자임에도 세무공무원이 사업자등록증을 면세사업자등록증으로 잘못 발급하였더라도 신의성실원칙의 적용이 불가하다(대법원 2001두4795, 2003. 5. 30.).

(2) 사업자등록의 필요성

사업자등록은 납세의무자의 파악과 그 동태·사업내용 등의 인지를 용이하게 하면서 등록번호를 모든 거래관계서류에 명시하도록 하여 과세자료의 양성화를 기함으로써 근거과세 및 공평과세를 실현하려는데 그 목적을 두고 있다.

(3) 사업자등록의 법적 성격

사업자등록은 단순한 사업사실의 신고로서 본래의 납세의무에 부가된 행정상의 협력의무에 불과한 것이어서 사업자가 세무서장에게 소정의 사업자등록신청서를 제출함으로써 성립된다. 하지만, 부가가치세법상의 사업자등록 의무불이행에 대하여 가산세 등의 제재 외에 매입세액불공제의 불이익까지 받게 되므로 사실상 강제의 효과가 있다.

아울러 2013년 부가가치세법 전면 개정으로 사업자등록(사업개시 전 등록 포함)은 사업장 관할 세무서장에게 사업자등록을 신청하여야 한다고 신청 요건으로 규정하고 있으므로 등록거부행위(사업자등록 발급을 신고의 수리행위로 본다면 수리거절은 행정소송의 대상이 된다)는 처분성을 인정하여야 한다.

2 사업자등록의 개요

(1) 등록 대상자

신규로 부가가치세법상의 사업을 개시하는 자가 사업자등록대상자이며, 사업자등록 대상이 되는 신규사업개시자는 새로이 사업을 개시한 자뿐만 아니라 타인의 사업을 양수하여 자기계산에 의해 사업을 시작하는 자와 사업자가 폐업하거나, 사업개시일 전 등록한 후 사실상 사업을 개시하지 아니함으로써 부가법 제8조 제8항 단서에 따라 등록이 말소된 자가 또 다시 해당 사업 혹은 신규사업을 개시하는 자도 사업자등록을 하여야 한다.

또한, 사업개시일 전이라도 등록할 수 있도록 하고 있는데, 이러한 사업개시 전 등록제도는 신규로 사업을 개시하기 위한 준비기간 중에 발생하게 될 매입세액을 납세의무자로서 신고하게 하고 이를 환급하여 주기 위한 조치이다.

(2) 사업자 및 사업장

사업자란 영리목적의 유무에 불구하고 사업상 독립적으로 부가가치세법상의 재화 또는 용역을 공급하는 자를 말하므로 해당 사업자의 인격이나 외관 등에 관계없이 실제로 사업을 수행하는 자로서 법인의 경우라면 지점의 등기 또는 등록 여부에 관계없이 사업자등록신청을 할 수 있다.

1) 일반 사업자

사업자단위과세사업자가 아닌 사업자의 사업자등록은 사업장마다 하여야 하는데, 사업자등록번호는 사업장마다 관할 세무서장이 부여하게 된다(부가령 §12 ①).

2) 총괄납부사업자

주사업장 총괄납부자의 경우 주된 사업장과 종사업장의 존재를 전제로 하여 납부의 총괄만을 인정하는 제도이므로 주된 사업장 외의 각 사업장도 사업자등록을 하여야 한다.

3) 사업자단위과세사업자

사업자단위과세사업자는 사업자단위별로 하나의 사업자등록번호만 존재하므로 종된 사업장을 신설하는 경우에도 사업자등록의무는 없으며(사업자 등록신청서를 사업자단위과세적용사업장 관할 세무서장에게 제출, 부가령 §11 ②), 사업자단위과세적용사업장 관할 세무서장에게 그 신설하는 종된 사업장에 관한 종된 사업장변경신고서만 제출하면 된다.

4) 사업의 개시 전 등록

신규로 사업을 시작하려는 자는 사업 개시일 이전이라도 사업자등록을 신청할 수 있는바, 법인이 설립등기 전 또는 사업의 허가·등록이나 신고 전에 사업자등록을 할 때에는 법인 설립을 위한 사업허가신청서 사본, 사업등록신청서 사본, 사업신고서 사본 또는 사업계획서로 사업허가증, 사업등록증을 대신하여 사업자등록이 가능하다(부가법 §8 ①, 부가령 §11 ④).

이 경우 사업자등록을 신청받은 사업장 관할 세무서장은 「전자정부법」에 따른 행정정보의 공동이용을 통하여 발기인의 주민등록표 등본을 확인하여야 한다. 다만, 등록을 신청하는 자가 확인에 동의하지 아니하는 경우에는 발기인의 주민등록표 등본을 첨부하게 하여야 한다(부가령 §11 ⑫).

5) 소멸법인의 사업장

법인합병의 경우에는 소멸법인의 사업장에 대하여 존속법인이 이를 신규사업장으로 보아 사업자등록을 하여야 한다(부가 22601-1724, 1992. 11. 18.).

(3) 사업 개시일의 의미

부가법 제5조 제2항에 규정하는 사업 개시일은 다음과 같다(부가령 §6).

① 제조업에 있어서는 제조장별로 재화의 제조를 개시하는 날
② 광업에 있어서는 사업장별로 광물의 채취·채광을 개시하는 날
③ 그 밖의 사업에 있어서는 재화나 용역의 공급을 개시하는 날
④ 해당 사업(위 "①"부터 "③"까지의 사업)이 법령 개정 등으로 면세사업에서 과세사업으로 전환되는 경우에는 그 과세 전환일을 사업 개시일로 한다.

따라서 건물을 신축하여 부동산임대업을 영위하는 경우 사업개시일은 임대용역의 공급이 있다고 볼 수 있는 해당 건축물이 사용되는 때로서 임차인이 부동산을 사용하는

때가 되고(국심 86구1586, 1986. 12. 11.), 상가 관리용역은 용역공급을 개시한 날(부가 22601-2412, 1986. 12. 2.), 도소매업의 경우에 있어서는 재화의 공급 개시일이 사업 개시일이 된다.

(4) 사업자등록의 의제

1) 개별소비세법 등에 따른 사업자등록 · 폐업 · 정정의 의제

개별소비세 또는 교통 · 에너지 · 환경세의 납세의무가 있는 사업자가 「개별소비세법」 또는 「교통 · 에너지 · 환경세법」에 따라 다음의 구분에 따른 신고를 한 경우에는 해당 구분에 따른 등록신청 또는 신고를 한 것으로 본다(부가법 §8 ⑪).

① 「개별소비세법」 제21조 제1항 전단 또는 「교통 · 에너지 · 환경세법」 제18조 제1항 전단에 따른 개업 신고를 한 경우: 부가법 제8조 제1항 및 제2항에 따른 사업자등록의 신청

② 「개별소비세법」 제21조 제1항 후단 또는 「교통 · 에너지 · 환경세법」 제18조 제1항 후단에 따른 휴업 · 폐업 · 변경 신고를 한 경우: 부가법 제8조 제8항에 따른 해당 휴업 · 폐업 신고 또는 등록사항 변경 신고

③ 「개별소비세법」 제21조 제2항 및 제3항 또는 「교통 · 에너지 · 환경세법」 제18조 제3항 및 제4항에 따른 사업자단위과세사업자 신고를 한 경우: 부가법 제8조 제3항에 따른 사업자단위과세사업자 등록 신청 또는 제4항에 따른 사업자단위과세사업자 변경등록 신청

④ 「개별소비세법」 제21조 제4항 및 제5항 또는 「교통 · 에너지 · 환경세법」 제18조 제2항에 따른 양수, 상속, 합병 신고를 한 경우: 부가법 제8조 제8항에 따른 등록사항 변경 신고

2) 다단계판매원

다단계판매원이 「방문판매 등에 관한 법률」 제15조에 따라 다단계판매업자에게 등록을 하고 도매 및 소매업을 경영할 목적으로 다단계판매업자에게 도매 및 소매업자로 신고한 경우 그 다단계판매원에 대하여 다단계판매업자가 그 신고일이 속하는 달의 다음 달 10일까지 사업장 관할 세무서장에게 그 다단계판매원의 인적사항, 사업 개시 연월일과 그 밖에 국세청장이 정하는 사항을 신고하였을 때에는 해당 다단계판매원이 사업자등록신청(이하 "일괄등록"이라 한다)을 한 것으로 본다.

다만, 부가법 제69조에 따라 납부의무가 면제되지 아니하는 다단계판매원과 다단계판매원이 상시 주재하여 거래의 전부 또는 일부를 행하는 별도의 장소가 있는 경우에 해

당하는 다단계판매원은 일괄등록 대상이 아니다(부가령 §11 ⑧).

일괄등록한 다단계판매원에 대해서는 다단계판매업자가 「방문판매 등에 관한 법률」 제15조에 따라 발급한 다단계판매원 등록증을 관할 세무서장이 해당 다단계판매원에게 발급한 사업자등록증으로 본다(부가령 §11 ⑨).

3) 면세사업자의 과세사업 추가에 따른 정정신고

「소득세법」 제168조 및 「법인세법」 제111조에 따라 등록한 자로서 면세사업을 경영하는 자가 추가로 과세사업을 경영하려는 경우 과세사업을 추가하는 사업자등록 정정신고서를 제출하면 부가가치세법에 따른 사업자등록신청을 한 것으로 본다(부가령 §11 ⑩).

(5) 사업자등록증의 발급과 보정요구

1) 사업자등록증 발급

사업자등록신청을 받은 사업장 관할 세무서장은 사업자의 인적사항과 그 밖에 필요한 사항을 적은 사업자등록증을 신청일부터 2일 이내(토요일, 「관공서의 공휴일에 관한 규정」 제2조에 따른 공휴일 또는 「근로자의 날 제정에 관한 법률」에 따른 근로자의 날은 산정에서 제외, 2020. 6. 30. 신청분까지는 3일 이내 발급)에 신청자에게 발급하여야 한다.

다만, 사업장 시설이나 사업현황을 확인하기 위하여 국세청장이 필요하다고 인정하는 경우에는 발급기한을 5일 이내에서 연장하고 조사한 사실에 따라 사업자등록증을 발급할 수 있다(부가령 §11 ⑤).

사업자등록증상의 등록번호는 사업장마다 관할 세무서장이 부여한다. 다만, 사업자단위로 등록신청을 한 경우에는 사업자단위과세적용사업장에 한 개의 등록번호를 부여한다(부가법 §8 ⑦, 부가령 §12 ①).

2) 보정의 요구

사업장 관할 세무서장은 인・허가 서류의 미비 등으로 사업자등록의 신청 내용을 보정(補正)할 필요가 있다고 인정될 때에는 10일 이내의 기간을 정하여 보정을 요구할 수 있다. 이 경우 해당 보정기간은 사업자등록 발급처리기간에 산입하지 아니한다(부가령 §11 ⑫).

(6) 직권등록

사업자 또는 국외사업자가 부가법 제8조 제1항부터 제3항까지, 부가법 제53조의2 제1

항 및 제2항에 따라 사업자등록 또는 간편사업자등록을 하지 아니하는 경우에는 납세지 관할 세무서장이 조사하여 등록할 수 있다(부가법 §11 ⑥).

(7) 등록 거부

신규로 사업을 개시하고자 하는 자로부터 사업개시일 전에 사업자등록의 신청을 받은 사업장 관할 세무서장은 신청자가 사업을 사실상 시작하지 아니할 것이라고 인정될 때에는 등록을 거부할 수 있다(부가령 §11 ⑦). 그러나 사업을 개시한 후 사업과 관련하여 해당 관청으로부터 허가를 받지 아니하거나, 본인 또는 전 사업자에게 체납액이 있다는 사유 등으로는 사업자등록의 거부요건이 될 수 없다.

(8) 미등록 또는 위장등록에 대한 제재

1) 미등록사업자에 대한 제재

사업자등록이라는 협력의무위반에 대해서는 부가가치세의 납부세액 계산에 있어서 매출세액에서 재화 또는 용역의 구입 시 부담한 매입세액을 공제받지 못하고 미등록가산세 부담을 지게 된다.

2) 위장등록에 따른 제재

가. 부가가치세법상의 제재

사업자등록의 명의를 실질적으로 사업을 영위하는 자의 명의가 아닌 타인의 명의로 하는 경우 매입세액은 공제될 수 있으나, 명의위장등록가산세(1%)를 부과한다.

나. 타인명의를 사용한 사업자에 대한 신고 시 포상금 지급

타인의 명의를 사용하여 사업을 경영하는 자를 신고한 자에게는 신고 건별로 200만원을 포상금으로 지급한다.

다만, 동일 사안에 대하여 중복신고가 있으면 최초로 신고한 자에게만 지급하고, 타인의 명의를 사용하여 사업을 경영하는 자가 다음의 어느 하나에 해당하는 경우로서 조세를 회피할 목적이 없거나 강제집행을 면탈할 목적이 없다고 인정되면 포상금을 지급하지 아니한다(국기법 §84의2 ① 5, 국기령 §65의4 ⑯).

㉠ 배우자, 직계존속 또는 직계비속의 명의를 사용한 때

㉡ 약정한 기일 내에 채무를 변제하지 아니하여 「신용정보의 이용 및 보호에 관한 법률」 제25조 제2항 제1호에 따른 종합신용정보집중기관에 등록된 때

(9) 건물주 동의 없이 전차인이 사업자등록신청을 한 경우

「민법」 제629조에 따르면 임차인은 임대인의 동의없이 전대하지 못하고 이에 위반하는 경우 임대인은 임대차계약을 해지할 수 있는 것이나, 임대인의 동의가 반드시 서면으로 있어야 하는 것은 아니며 임차인이 임대인의 동의없이 전차한 경우에도 임대인이 반드시 계약을 해지한 것으로 볼 수 없는 것이어서 건물주의 동의가 없다는 사유만으로는 사업자등록을 거부할 수 없다(서울청 부가소비세과-2228, 2008. 12. 8. 업무지시).

3 사업자등록신청서 및 증거서류의 제출

(1) 사업자등록신청서의 제출

사업을 개시하는 자는 사업개시일로부터 20일 이내에 사업자등록신청서에 사업자의 인적사항, 등록신청사유 및 사업개시일 등을 기재하고 증거서류를 첨부하여 해당 사업장 관할 세무서장 또는 사업장 관할 세무서장이 아닌 다른 세무서장에게도 할 수 있다.

사업자단위로 등록하려는 사업자는 본점 또는 주사무소 관할 세무서장에게 제출(국세정보통신망에 의한 제출 포함)한다(부가법 §8 ①·②, 부가령 §11 ②).

(2) 증거서류의 제출

사업자등록신청서에는 다음 표의 구분에 따른 서류를 첨부하여야 하며 사업자등록을 신청하는 사업자가 미성년자인 경우에는 법정대리인의 동의를 확인할 수 있는 기획재정부령으로 정하는 서류를 추가하여 제출하여야 한다(부가령 §11 ③).

구 분	첨부서류
① 법령에 따라 허가를 받거나 등록 또는 신고를 하여야 하는 사업의 경우	사업허가증 사본, 사업등록증 사본 또는 신고확인증 사본
② 사업장을 임차한 경우	임대차계약서 사본
사업장을 전차한 경우	전대차계약서 사본, 임대인의 전차동의서(임대차계약서에 전차를 할 때 임대인의 동의가 필요없다는 특약이 있는 경우 해당 임대차계약서 사본)
③ 「상가건물 임대차보호법」 제2조 제1항에 따른 상가건물의 일부분만을 임차한 경우	해당 부분의 도면

구 분	첨부서류
④「조세특례제한법」 제106조의3 제1항에 따른 금지금 도매 및 소매업	사업자금 명세 또는 재무상황 등을 확인할 수 있는 자금출처명세서(부가칙 §9 ③)
⑤「개별소비세법」 제1조 제4항에 따른 과세유흥장소에서 영업을 경영하는 경우	사업자금 명세 또는 재무상황 등을 확인할 수 있는 자금출처명세서(부가칙 §9 ③)
⑥ 사업자단위로 사업자등록을 하거나 변경등록을 하려는 사업자	사업자단위과세적용사업장 외의 종된 사업장에 대한 위 "①~⑤"의 서류 및 사업장 소재지·업태·종목 등이 적힌 기획재정부령으로 정하는 서류
⑦ 액체연료 및 관련제품 도매업, 기체연료 및 관련제품 도매업, 차량용 주유소 운영업, 차량용 가스 충전업, 가정용 액체연료 소매업과 가정용 가스연료 소매업	사업자금 명세 또는 재무상황 등을 확인할 수 있는 서류로서 기획재정부령으로 정하는 서류
⑧ 재생용 재료 수집 및 판매업	사업자금 명세 또는 재무상황 등을 확인할 수 있는 서류로서 기획재정부령으로 정하는 서류

4 다단계판매업자의 사업자등록

(1) 다단계판매원의 사업자등록번호

부가령 제11조 제8항 본문에 따라 신고한 다단계판매원에 대해서는 다단계판매업자가 「방문판매 등에 관한 법률」 제15조에 따라 다단계판매원에게 부여한 등록번호를 사업자등록번호로 본다(부가령 §12 ③).

(2) 대표자

1) 공동사업의 대표자 기재

사업자등록신청서 중 사업자란의 기재에 대하여 2인 이상의 사업자가 실질적으로 공동으로 사업을 영위하는 때에는 공동사업자 중 1인을 대표자로 하고 여러 명이 공동 납세의무를 부담하는 협회라도 대표자 1인을 해당 사업자등록의 대표자명의로 신청하여야 한다(부가 1265.2-13, 1982. 1. 4. ; 서면3팀-2001, 2004. 9. 30.).

2) 수인의 대표이사가 있는 법인의 경우 사업자등록증상 대표자 기재 방법

법인의 등기부상에 2인 이상이 대표이사로 등재되어 있는 경우에는 사업자등록증의 대표자란에 대표이사로 등기된 자 전원을 기재하여야 하고, 2인 이상의 대표이사가 담당사무별로 사실상 대표권을 행사하고 있는 경우에는 사업자등록증의 발급사유란에 각자의 담당사무를 기재하여야 한다(법인통칙 111-154-1 ; 부가 46015-841, 1993. 6. 1. ; 법인 22601-1214, 1988. 4. 28.).

3) 집합건물 관리인의 법인이 될 수 있는지 여부

집합건물법은 구분소유자가 10인 이상일 때에는 관리인 선임을 의무화하고 있으며 관리인은 내부적으로 집합건물의 공용부분을 보존하거나 관리하고 그 비용을 징수하는 등의 업무를 수행하고, 외부적으로 관리단을 대표하며 관리단집회의 결의(규약에 정함이 있는 경우 관리위원회 결의)에 의하여 선임되는 것이므로 관리인은 구분소유자일 필요는 없으며, 그 자격에 별도의 제한을 두지 않는 한 구분소유자의 친족, 임차인, 관리회사(법인) 등도 관리인이 될 수 있다(집합건물법 §24 ①·③, §25 및 법무부 집합건물법 해석사례집(2014. 1.)).

(3) 법인을 개인사업자로 사업자등록증을 착오 발급받은 경우

사업자가 법인으로 사업자 등록신청을 하였으나 관할 세무서장의 착오로 개인사업자로 하여 사업자등록증을 발급하였거나 사업자등록번호를 착오로 발급한 경우에도 그 사업자등록증은 유효하다. 그러나 그 착오사실을 발견한 때에는 관할 세무서장이 정정하여 교부하여야 한다.

(4) 고유번호의 부여

관할 세무서장은 과세자료를 효율적으로 처리하기 위하여 다음에서 정하는 자는 부가가치세의 납세의무가 없는 경우에도 사업자등록번호에 준하는 고유번호를 부여할 수 있다(부가령 §12 ②).

① 세금계산서를 발급한 세관장
② 세금계산서를 발급받은 국가, 지방자치단체, 지방자치단체조합
③ 부가가치세가 면제되는 사업자 중 소득세 또는 법인세의 납세의무가 있는 자(「조세특례제한법」에 의하여 소득세 또는 법인세가 면제되는 자를 포함)
④ 「민법」 제32조에 따라 설립된 법인

⑤ 특별법에 따라 설립된 법인
⑥ 각급학교 기성회, 후원회 또는 이와 유사한 단체

이러한 고유번호의 부여는 신청자의 신청 또는 관할 세무서장 등의 직권에 의하여 부여하는 것이나, 사업자등록에 의한 등록번호의 부여는 아니므로 고유번호를 부여받은 자가 신규로 사업을 개시하거나 개시하고자 하는 때에는 부가가치세법에 따른 사업자등록을 별도로 신청하여 사업자등록증을 발급받아야 한다.

(5) 그 밖의 사업자등록증의 기재사항

사업자등록증은 사업자, 사업장, 사업의 종류, 개업 연월일 등이 실지사업내용과 동일하게 모두 기재되고 발급되어야 한다.

5 사업자등록증의 말소

사업장 관할 세무서장은 사업자 등록을 한 사업자가 폐업(사실상 폐업한 경우를 포함한다)한 경우, 사업개시 전 등록신청을 하고 사실상 사업을 시작하지 아니하게 되는 경우로서 다음의 어느 하나에 해당하면 지체 없이 사업자등록을 말소하여야 한다. 등록을 말소하는 경우 관할 세무서장은 지체 없이 등록증을 회수해야 하며, 등록증을 회수할 수 없는 경우에는 등록말소 사실을 공시해야 한다(부가법 §8 ⑨, 부가령 §15 ②).

① 사업자가 사업자등록을 한 후 정당한 사유 없이 6개월 이상 사업을 시작하지 아니하는 경우
② 사업자가 부도발생, 고액체납 등으로 도산하여 소재 불명인 경우
③ 사업자가 인가·허가의 취소 또는 그 밖의 사유로 사업을 수행할 수 없어 사실상 폐업상태에 있거나 사실상 사업을 시작하지 아니하는 경우로 볼 수 있는 경우
④ 사업자가 정당한 사유 없이 계속하여 둘 이상의 과세기간에 걸쳐 부가가치세를 신고하지 아니하고 사실상 폐업상태에 있는 경우
⑤ 그 밖에 사업자가 "①"부터 "④"까지의 규정과 유사한 사유로 사실상 폐업상태에 있거나 사실상 사업을 시작하지 아니하는 경우

6 | 사업자등록증의 갱신

사업자가 사업자등록증을 분실 또는 훼손하는 등 관할 세무서장이 부가가치세의 업무를 효율적으로 처리하기 위하여 필요하다고 인정되면 사업자등록증을 갱신하여 발급할 수 있다(부가법 §8 ⑩, 부가령 §16).

II 휴업 · 폐업

1 | 휴업 · 폐업의 신고

(1) 휴 업

휴업은 사업자가 일시적으로 사업활동을 정지하였으나 장래 사업활동을 재개하고자 하는 의사를 가지고 사업시설의 유지 · 관리 또는 개량행위 등을 행하는 것을 말한다.

휴업일의 기준(부가령 §13 ⑥, ⑦)

① 휴업을 하는 날은 사업장별로 그 사업을 실질적으로 휴업한 날

② 계절적인 사업에 있어서는 그 계절이 아닌 기간을 휴업기간으로 본다(휴업신고서에 적힌 휴업기간을 산정할 때에는 계절적인 사업의 경우 그 계절이 아닌 기간은 휴업기간으로 본다).

③ 실질적으로 휴업한 날이 분명하지 아니한 경우에는 휴업신고서의 접수일을 휴업일로 본다.

(2) 폐 업

폐업은 사업자가 해당 사업을 계속할 의사가 없어 사업활동을 영구적으로 종료하는 것을 말한다(폐업일의 기준은 앞서 '폐업하는 때의 과세기간'을 참조).

(3) 신고절차

사업자가 휴업 또는 폐업하거나 사업개시 전 등록되었지만 사실상 사업을 개시하지 아니하게 될 때에는 지체 없이 다음의 사항을 적은 휴업(폐업)신고서에 사업자등록증을 첨부하여 관할 세무서장이나 그 밖에 신청인의 편의에 따라 선택한 세무서장에게 제출(국세정보통신망에 의한 제출을 포함)하여야 한다.

다만, 폐업을 하는 사업자가 부가령 제91조에 따른 부가가치세 확정신고서에 폐업 연월일과 그 사유를 적고 사업자등록증을 첨부하여 제출하는 경우에는 폐업신고서를 제출한 것으로 본다(부가법 §8 ⑧, 부가령 §13 ①~③).

① 사업자의 인적사항

② 휴업 연월일 또는 폐업 연월일과 그 사유

③ 그 밖의 참고사항

(4) 사업장의 이전

사업장을 이전한 경우에는 사업자등록증의 정정사항이며, 이전 전의 사업장에 대한 매입세액을 이전 후의 사업장에서 공제할 수 있다. 사업장의 이전은 사업이 연속되는 것이라 할 것으로 종전사업장은 폐업하고 이전 후의 사업장에서 신규로 사업을 개시하는 것으로 보지 않는다. 또한, 사업장 이전 후 상당기간 정정신고가 없었다 하더라도 폐업으로 볼 수는 없다(대법원 83누675, 1984. 3. 27. ; 국심 87서719, 1987. 7. 2.).

2 법인합병으로 인한 폐업신고

법인이 합병할 때에는 합병 후 존속하는 법인(신설합병의 경우에는 합병으로 설립된 법인) 또는 합병 후 소멸하는 법인("소멸법인"이라 한다)이 다음의 사항을 적은 법인합병신고서에 사업자등록증을 첨부하여 소멸법인의 폐업 사실을 소멸법인의 관할 세무서장에게 신고하여야 한다(부가령 §13 ④).

① 합병 후 존속하는 법인 또는 합병으로 설립된 법인의 인적사항

② 소멸법인의 인적사항

③ 합병 연월일

④ 그 밖의 참고사항

3 | 사업자등록 말소 및 갱신

(1) 등록말소

사업자의 폐업 또는 사업개시 전 등록 후 사실상 사업을 시작하지 아니하게 되는 경우 관할 세무서장은 지체 없이 사업자등록을 말소하여야 한다. 이때 등록증을 회수해야 하며, 등록증을 회수할 수 없는 경우에는 등록말소 사실을 공시해야 한다(부가법 §8 ⑨, 부가령 §15 ①).

이때 사업개시 전 등록자가 사실상 사업을 시작하지 않게 되는 경우는 다음과 같다(부가령 §15 ②).

① 사업자가 사업자등록을 한 후 정당한 사유 없이 6개월 이상 사업을 시작하지 아니하는 경우
② 사업자가 부도발생, 고액체납 등으로 도산하여 소재 불명인 경우
③ 사업자가 인가·허가의 취소 또는 그 밖의 사유로 사업을 수행할 수 없어 사실상 폐업상태에 있는 경우
④ 사업자가 정당한 사유 없이 계속하여 둘 이상의 과세기간에 걸쳐 부가가치세를 신고하지 아니하고 사실상 폐업상태에 있는 경우
⑤ 그 밖에 사업자가 "①"부터 "④"까지의 규정과 유사한 사유로 사실상 사업을 시작하지 아니하는 경우

(2) 등록갱신

국세청장은 부가가치세의 효율적인 관리를 위하여 필요하다고 인정되는 경우에는 사업자등록증을 갱신발급할 수 있다(부가법 §8 ⑨, 부가령 §16).

4 | 휴·폐업 및 정정신고의 의제

개별소비세 또는 교통·에너지·환경세의 납세의무가 있는 사업자가 「개별소비세법」 또는 「교통·에너지·환경세법」에 따라 다음의 구분에 따른 신고를 한 경우에는 해당 구분에 따른 부가가치세법상의 휴업·폐업, 등록신청 또는 신고를 한 것으로 본다(부가법 §8 ⑪).

① 「개별소비세법」 제21조 제1항 전단 또는 「교통 · 에너지 · 환경세법」 제18조 제1항 전단에 따른 개업 신고를 한 경우: 제1항 및 제2항에 따른 사업자 등록의 신청
② 「개별소비세법」 제21조 제1항 후단 또는 「교통 · 에너지 · 환경세법」 제18조 제1항 후단에 따른 휴업 · 폐업 · 변경 신고를 한 경우: 제8항에 따른 해당 휴업 · 폐업 신고 또는 등록사항 변경신고
③ 「개별소비세법」 제21조 제2항 및 제3항 또는 「교통 · 에너지 · 환경세법」 제18조 제3항 및 제4항에 따른 사업자단위과세사업자 신고를 한 경우: 제3항에 따른 사업자단위과세사업자 등록신청 또는 제4항에 따른 사업자단위과세사업자 변경등록신청
④ 「개별소비세법」 제21조 제4항 및 제5항 또는 「교통 · 에너지 · 환경세법」 제18조 제2항에 따른 양수, 상속, 합병 신고를 한 경우: 제8항에 따른 등록사항 변경신고

5 | 인 · 허가 등을 받은 사업자의 폐업신고

(1) 주무관청에 신고서 접수

법령에 따라 허가를 받거나 등록 또는 신고 등을 하여야 하는 사업의 경우에는 허가, 등록, 신고 등이 필요한 사업의 주무관청에 휴업(폐업)신고서를 제출할 수 있다(부가령 §13 ⑤).

(2) 관할 세무서에 폐업신고서 접수

허가 등을 요하는 사업자로부터 위 “(1)”에 따라 휴업(폐업)신고서를 받은 주무관청은 지체 없이 관할 세무서장에게 그 서류를 송부(정보통신망을 이용한 송부를 포함한다)하여야 한다. 다만, 사업자가 허가, 등록, 신고 등이 필요한 사업의 주무관청에 제출하여야 하는 해당 법령에 따른 신고서를 관할 세무서장에게 제출한 경우에는 관할 세무서장은 지체 없이 그 서류를 관할 주무관청에 송부하여야 한다(부가령 §13 ⑤).

III 정정신고

1 사업자등록 정정신고

사업자가 사업자등록 정정 사유가 있는 경우에는 지체 없이 사업자의 인적사항, 사업자등록의 변경 사항 및 그 밖의 필요한 사항을 적은 사업자등록 정정신고서를 관할 세무서장이나 그 밖에 신청인의 편의에 따라 선택한 세무서장에게 제출(국세정보통신망에 따른 제출을 포함한다)하여야 한다(부가령 §14 ①).

2 사업자등록 정정신고 사유

위 "1"에서 사업자등록 정정 사유란 다음을 말한다.

① 상호를 변경하는 경우

② 법인 또는 「국세기본법」 제13조 제1항 및 제2항에 따라 법인으로 보는 단체 외의 단체로서 「소득세법」 제2조 제3항에 따라 1거주자로 보는 단체가 대표자를 변경하는 경우(부가칙 §12)

③ 사업의 종류에 변동이 있는 경우(사업의 종류를 완전히 다른 종류로 변경한 경우, 새로운 사업의 종류를 추가하거나 사업의 종류 중 일부를 폐지한 경우)(부가칙 §13)

④ 사업장(사업자단위과세사업자의 경우에는 사업자단위과세적용사업장을 말한다)을 이전하는 경우

⑤ 상속으로 사업자의 명의가 변경되는 경우

⑥ 공동사업자의 구성원 또는 출자지분이 변경되는 경우

⑦ 임대인, 임대차 목적물 및 그 면적, 보증금, 임차료 또는 임대차기간이 변경되거나 새로 상가건물을 임차한 경우

⑧ 사업자단위과세사업자가 사업자단위과세적용사업장을 변경하는 경우

⑨ 사업자단위과세사업자가 종된 사업장을 신설하거나 이전하는 경우

⑩ 사업자단위과세사업자가 종된 사업장의 사업을 휴업하거나 폐업하는 경우

⑪ 사이버몰[「전기통신사업법」 제5조에 따른 부가통신사업을 하는 사업자(이하 "부가통신사업자"라 한다)가 컴퓨터 등과 정보통신설비를 이용하여 재화 등을 거래할

수 있도록 설정한 가상의 영업장을 말한다]에 인적사항 등의 정보를 등록하고 재화 또는 용역을 공급하는 사업을 하는 사업자(이하 "통신판매업자"라 한다)가 사이버몰의 명칭 또는 「인터넷주소자원에 관한 법률」에 따른 인터넷 도메인이름을 변경하는 경우

⑫ 다른 업종을 추가한 경우

⑬ 지점을 본점으로, 그 본점을 지점으로 변경 등기한 경우

⑭ 간이과세자가 업종을 추가하여 일반과세자로 된 경우

⑮ 한 사업장의 다른 사업장에로의 이전 통합

⑯ 면세사업자가 과세사업을 추가하는 경우

※ "⑯"의 경우 신규사업자와 같이 새로운 사업자등록증을 발급받게 된다.

3 | 정정신고서 처리기한

사업자등록 정정신고를 받은 세무서장은 다음의 기한 내에 정정내용을 확인하고 사업자등록증의 기재사항을 정정하여 재발급해야 한다(부가령 §14 ③).

1) 신고일 당일 처리: 상호 변경, 인터넷 도메인 이름 변경
2) 신고일부터 2일 내 처리: 위 "1)" 외의 사유에 해당하는 경우

또한 위 "④", "⑧"의 정정 사유로 사업자등록 정정신고를 한 경우 사업장 관할 세무서장은 종전의 사업장 관할 세무서장에게 지체 없이 사업장의 이전 또는 변경 사실을 통지하여야 한다(부가령 §14 ④).

4 | 주소지 사업자의 사업장 정정 의제

사업장과 주소지가 동일한 사업자가 사업자등록 신청서 또는 사업자등록 정정신고서를 제출하면서 「주민등록법」에 따른 주소가 변경되면 사업장의 주소도 변경되는 것에 동의한 경우에는 사업자가 「주민등록법」 제16조 제1항에 따른 전입신고를 하면 제1항에 따른 사업자등록 정정신고서를 제출한 것으로 본다(부가령 §14 ⑤). 이 개정규정은 2020. 2. 11. 이후 사업자등록신청서 또는 사업자등록정정신고서를 제출하면서 「주민등록법」에 따른 주소가 변경되면 사업상의 주소도 변경되는 것으로 동의하는 사업자부터 적용한다.

5 | 관할 세무서장이 직권으로 사업자등록정정이 가능한지

부가법 제8조 및 부가령 제11조 제6항에 따르면 사업자가 사업자등록을 하지 아니할 경우 관할 세무서장이 조사하여 직권으로 등록할 수 있는데, 동 규정에는 관할 세무서장이 직권등록할 수 있는 권한뿐만 아니라 사업자등록의 정정도 할 수 있는 권한이 내포되어 있다고 봄이 논리적으로 당연하다고 본다. 즉, 동 규정에 따라 관할 세무서장에게 등록권이란 권한이 부여되었으므로 그보다 하위에 속하는 정정권도 같이 부여되었다고 해석함이 문언상 당연하고 실질과세의 원칙에 따라 사실관계의 실질에 부합한 사업자등록을 정정하는 것도 자연스럽다.

6 | 사업자등록 정정신고 의무를 해태한 경우 불이익

사업자등록 정정신고를 이행하지 아니하거나 지연신고한 경우에도 발급받은 매입세금계산서 관련 매입세액은 자기의 매출세액에서 공제할 수 있고, 미등록가산세를 적용하지 아니하며, 「조세범처벌법」상 처벌대상도 아니다(부가 집행기준 8-14-2).

7 | 첨부서류의 제출

1) 사업자등록 정정신고서

위 "2"의 정정 사유가 발생한 경우 사업자등록 정정신고서는 부가칙 별지 제11호 서식으로 국세청 홈페이지를 이용하여 다운로드받아 제출하거나 홈택스서비스를 이용하여 접수할 수 있다. 이 경우 사업자단위과세사업자의 종된 사업장에 변경할 사항이 있을 때에는 사업자단위과세사업자의 종된 사업장 정정신고서를 추가로 제출하여야 한다(부가칙 §11).

2) 부속서류

사업자가 위 "2"에서 정한 정정 사유가 발생한 경우에는 지체 없이 인적사항, 사업자등록의 변경 사항 및 그 밖의 필요한 사항을 적은 사업자등록 정정신고서에 사업자등록증을 첨부하여 제출하여야 한다. 이 경우 부가령 제11조 제3항 각호(사업자등록 신청 시의 증거서류 제출, 인허가증 사본 및 임대차계약서 등)의 구분란에 해당하는 내용이 변경된 사업자는 해당 각호의 첨부서류("사업장등록" 편 참조)를 제출하여야 한다(부가령 §14 ②).

제 2 장

과세거래

제 1 절

재화의 공급

I 재화의 공급

1 개 요

부가가치세의 과세대상인 재화의 공급은 계약상 또는 법률상의 모든 원인에 따라 재화를 인도(引渡)하거나 양도(讓渡)하는 것으로 한다(부가법 §9 ①).

재화의 공급 중 과세대상이 되는 것은 납세의무자인 사업자에 의하여 공급되는 것으로서 공급자가 사업자에 해당하는 경우에 한정되므로 사업자 아닌 자가 일시적 또는 우발적으로 공급하는 재화의 공급은 과세대상이 아니다. 또한, 부가가치세의 납세의무는 우리나라의 주권이 미치는 범위 내에서 적용되므로 그 거래장소가 국내인 것에 한하는 것이므로 사업자가 외국에서 자기가 생산하거나 취득한 재화를 국내의 다른 사업자에게 국외에서 직접 공급하는 경우에는 그 재화가 공급되는 장소가 국외이므로 과세대상인 재화의 공급에 해당되지 아니한다.

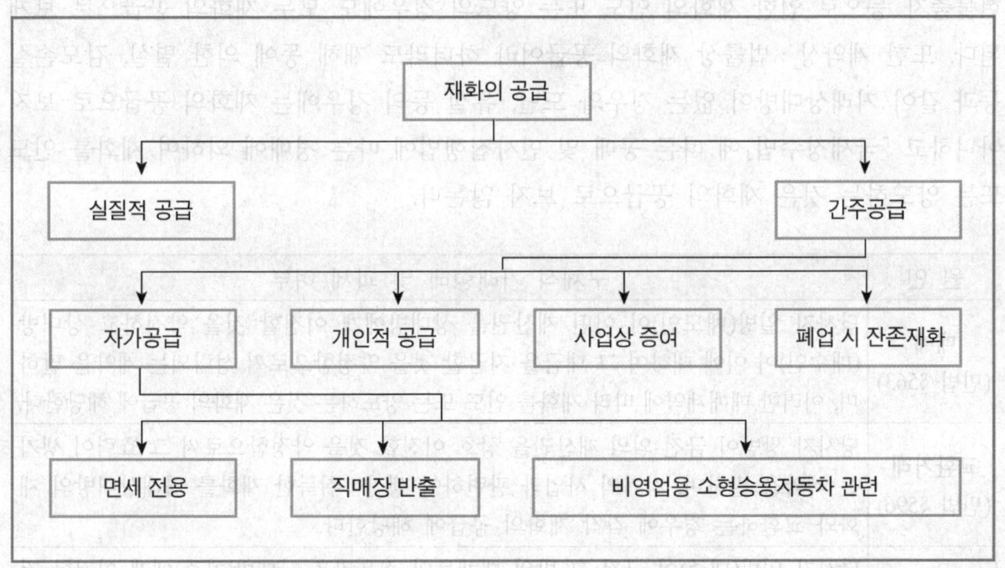

재화의 실질적 · 경제적 소유권을 이전하고 대가를 받는 거래가 부가가치세의 과세대상인 재화의 공급에 해당하는 것이나 내부거래 또는 대가를 받지 않는 외부거래 등에 대하여도 과세의 형평성 및 조세의 중립성을 유지하기 위하여 자가공급, 개인적 공급,

사업상 증여, 폐업 시 잔존재화는 재화의 공급으로 간주하여 과세대상으로 의제하고 있으며 이러한 재화의 공급을 "간주공급"이라 한다. 그러나 계약상 · 법률상의 일반적인 공급이라 하더라도 공매, 경매, 담보제공 및 사업의 양도에 해당하는 경우에는 조세정책적인 이유로 재화의 공급으로 보지 않는다.

(1) 계약상 또는 법률상의 모든 원인

계약상 원인이란 일반 상거래와 같이 거래당사자 간 의사표시의 합치로 서면 또는 구두에 의하여 성립된 법률행위를 말하며, 법률상의 원인이란 법률의 규정으로서 재화나 용역이 공급되는 효과가 나타나는 공매, 경매, 판결, 수용 등을 의미하는 것으로 계약상 공급에 포섭하지 못하는 부분을 보완적으로 규정한 것이다(법률상 재화의 공급이란 납세의무자의 비자발적 의사에 따라 공급되는 것을 말한다). 대다수의 과세대상은 당사자 간의 자유로운 의사에 기초한 계약상의 원인에 따라 재화를 인도 · 양도하거나 용역을 제공하는 것으로서 부가가치세 납세의무자와 결부하여 범위를 설정한다면 사업과 관련한 계약상의 원인으로 한정된다.

따라서 상품매매와 같은 일반 상거래에 의한 재화의 인도 또는 양도뿐만 아니라 수용, 현물출자 등으로 인한 재화의 인도 또는 양도의 경우에도 모두 재화의 공급으로 보게 된다. 또한 계약상 · 법률상 재화의 공급이라 하더라도 재해 등에 의한 멸실, 감모손실 등과 같이 거래상대방이 없는 경우와 도난, 유실 등의 경우에는 재화의 공급으로 보지 아니하고 「국세징수법」에 따른 공매 및 민사집행법에 따른 경매에 의하여 재화를 인도 또는 양도하는 것은 재화의 공급으로 보지 않는다.

원 인	구체적 거래형태 및 과세 여부
매매 (민법 §563)	당사자 일방(매도인)이 어떤 재산권을 상대방에게 이전할 것을 약정하고 상대방(매수인)이 이에 대하여 그 대금을 지급할 것을 약정함으로써 성립되는 계약을 말하며, 이러한 매매계약에 따라 재화를 인도 또는 양도하는 것은 재화의 공급에 해당한다.
교환거래 (민법 §596)	당사자 쌍방이 금전 외의 재산권을 상호 이전할 것을 약정함으로써 그 효력이 생기는 계약을 말하며, 자기의 사업과 관련하여 생산 · 취득한 재화를 거래상대방의 재화와 교환하는 경우에 각각 재화의 공급에 해당한다.
소비대차 (민법 §598)	당사자 일방(대주)이 금전 그 밖의 대체물의 소유권을 상대방(차주)에게 이전할 것을 약정하고 상대방은 그와 같은 종류, 품질 및 수량으로 반환할 것을 약정함으로써 성립하는 계약을 말하며, 사업자 간에 상품 · 제품 · 원재료 등의 재화를 차용하여 사용 · 소비하고 동종 또는 이종의 재화로 반환하는 경우에 재화를 차용하거나 반환하는 것은 각각 재화의 공급에 해당한다.

원 인	구체적 거래형태 및 과세 여부
사용대차 (민법 §609)	당사자 일방이 상대방에게 무상으로 사용·수익하게 하기 위하여 목적물을 인도할 것을 약정하고 상대방은 이를 사용·수익한 후 그 물건을 반환할 것을 약정하는 계약을 말하며, 목적물의 인도 및 반환은 재화의 공급에 해당하지 않고, 목적물의 무상사용은 용역의 무상공급으로 과세대상에 해당하지 아니한다.
임대차 (민법 §618)	당사자 일방이 상대방에게 목적물을 사용, 수익하게 할 것을 약정하고 상대방이 이에 대하여 차임을 지급할 것을 약정하는 계약을 말하며, 동 차임은 용역의 공급대가에 해당된다.
기부채납	사업자가 건물 등을 신축하여 국가 또는 지방자치단체에 기부채납하고 그 대가로 일정기간 동 건물 등에 대한 무상사용·수익권을 얻는 경우 이는 재화와 용역의 교환거래로서 재화의 공급에 해당한다.
증여 (민법 §554)	당사자 일방이 무상으로 재산을 상대방에 수여하는 의사를 표시하고 상대방이 이를 승낙함으로써 그 효력이 생기며, 사업자가 사업용 부동산을 타인에게 증여하는 경우 재화의 공급에 해당한다(사업의 양도에 해당되는 경우를 제외).
부담부증여 (민법 §561)	수증자가 증여자의 채무를 인수하는 증여계약으로써 사업자가 자기 사업에 공하던 건물을 부담부증여하는 경우 재화의 공급에 해당한다(서면3팀-2737, 2006. 11. 10.).
환매 (민법 §590)	매도인이 매매계약과 동시에 환매할 권리를 보유한 때에는 그 영수한 대금 및 매수인이 부담한 매매비용을 반환하고 그 목적물을 돌려받을 수 있는 계약의 형태로써, 사업자가 이러한 환매조건부계약에 의하여 재화를 인도 또는 양도하는 경우에는 재화의 공급으로 본다(부가 46015-2823, 1998. 12. 22.).

(2) 인도 또는 양도

부가가치세의 과세대상 요건으로서 "인도 또는 양도"란 부가가치세가 소비세임에 비추어 재화를 사용 또는 소비할 수 있는 소유권을 이전하는 일체의 원인행위를 의미한다고 할 수 있으나, 부가가치세법에서는 인도 및 양도의 정의에 대하여 명시하고 있지 않으며, 「민법」에서 사용하고 있는 인도와 양도의 개념을 엄격하게 구별하여 사용하지 아니하고 이를 혼용하여 사용하고 있다(대법원 90누3157, 1990. 8. 10. ; 대법원 2005두2926, 2006. 10. 13.).

1) 인도

인도라 함은 「민법」에서 사용하고 있는 법률적인 용어로서 물건(동산뿐만 아니라 부동산을 포함하는 개념으로 사용)에 대한 사실상의 지배, 즉 점유를 이전하는 것을 말한다. 이러한 인도방법에 대하여 민법에서는 ① 점유물의 사실적 지배를 현실적으로 이전하는 현실의 인도 이외에 ② 인도를 받은 자가 이미 물건을 점유하고 있는 경우에 인도의 의사표시만으로 인도가 되는 것으로 하는 간이인도, ③ 물건을 점유하는 자(인도에 있어서의 양도인)가 타인(인도에 있어서의 양수인)을 위하여 간접점유를 설정하고 스스로 타주점유자로서 직접점유를 계속함으로써 인도가 된 것으로 하는 점유개정, ④ 제3자가 점유하고 있는 물건을 인도하는 경우에 양도인이 제3자에 대하여 가지고 있는 반환청구권을 양수인에게 양도함으로써 인도를 한 것으로 되는 반환청구권의 양도에 의한 인도라는 변칙적인 인도방법도 인정하고 있다(민법 §188, §189, §190, §196).

따라서 일반적으로 인도라고 할 때에는 현실의 인도 외에 이러한 변칙적인 인도방법까지도 포함해서 의미하는 것이 보통으로 부가가치세법에서도 인도의 정의를 명시하고 있지는 않지만 이에 따른다고 보아야 할 것이다.

또한, 인도가 있으면 그 효과로서 점유권이 이전되므로 점유권이 이전되지 아니하는 거래(채무자가 채권자에게 재화를 담보로서 보관하게 하거나 채권자가 채무자의 채무변제로 인하여 이를 반환하는 경우)는 재화의 공급이 아니다(부가 22601-2580, 1987. 12. 17.).

2) 양도

양도라 함은 일반적으로 부동산 및 권리에 관한 소유권의 변동 또는 법률상의 지위를 이전하는 것을 말한다. 부동산의 경우 소유권이 이전됨으로써 재화의 공급이 이루어진다.

3) 현실적 인도만이 재화의 공급인지

부가법상 재화(동산)의 공급이라는 것은 소비지출에 대한 대가관계의 설정, 즉 계약관계와 그에 따른 반대급부의 지급을 핵심으로 하는 것인바, 재화의 실물인도의 개념이 아니라 계약상 대가관계의 이전 당사자가 누구인지 여부 또는 민법상 동산의 소유권변동 여부에 초점을 맞추어야 한다.

부가법상 재화에 관한 권리·의무의 귀속 변경만이 재화의 공급에 관한 판단기준이 되며, 사실행위로서의 단지 현실적 인도가 있었다는 사실만으로는 재화의 공급과 관련하여 사법상 계약관계나 부가법상 납세의무성립에 아무런 영향을 주지 못한다. 다만, 현실적 인도 자체가 과세대상으로 삼는 인도로서 의미를 가지는 반출과세를 채택하는 경우에는 그 사실행위 자체의 존부만으로 납세의무가 성립하고 이에 해당하는 세목에는 주세, 담배소비세, 개별소비세 등이 있다.

민법은 그 대상이 부동산인지 동산인지에 따라 부동산의 물권변동에 관한 규정(민법 §166~§187)과 동산의 물권변동에 관한 규정(민법 §188~§190)으로 구분하여 규정하고 있다. 동산물권의 공시제도는 동산의 점유이며 물건을 사실상 지배하는 자에게 점유권이 있고 이러한 점유를 이전하는 것을 인도라 하는데 이러한 인도는 현실인도, 간이인도,

점유개정 및 목적물반환청구권의 양도 중 하나로 이루어진다. 부가법상 재화의 공급에서의 인도의 개념도 민법상 동산의 소유권 이전에 관한 규정으로 보아야 한다.

따라서 점유개정방식으로 소유권이 이전되어 현실적으로 재화가 인도되지 않았더라도 사법상 계약을 원인으로 그 권리의무의 귀속이 변경되는 것이어서 재화의 공급에 해당하고 부가가치세의 납세의무가 발생한다. 여기서 점유개정방식이 재화의 공급인지의 판단기준은 ① 기본적으로 처분문서인 당사자 간 공급계약서에 의하여 확인이 가능할 것이며, ② 계약이 불분명한 경우에는 해당 물품의 소유권자로서 법률상 권리의무가 귀속되었는지 여부를 확인하여야 하며 이를 확인하기 위하여는 자금의 이동(결제 여부)을 확인하는 것이 가장 일반적 방법이고, 그 밖에 반품에 대한 책임, 소송당사자 해당 여부, 국제거래에서의 환위험 귀속, 대손 및 재고부담 위험의 귀속 등 권리의무의 구속을 간접적으로 확인해 판단할 수밖에 없다(대법원 2020두35301, 2020. 6. 4. ; 서울행법 2018구합79469, 2019. 8. 23. ; 수원지법 2016구합61830, 2018. 9. 4.). 물론 이러한 당연한 논리에도 불구하고 과세관청은 현실적 인도가 없다는 사유만으로 사법상 맺은 거래를 재구성하려 하는 경향이 있으나 판례의 흐름이 현실적 인도에서 위와 같은 점유개정 등 소유권의 이전과 관련된 계약을 중시하고 있으므로 거래당사자 간에 명확한 계약서(품목 수량, 단가 등에 대한 구속력 있는 합의 등)를 작성하고 그 거래대금 수수의 근거를 남겨두어야 한다.

대법원은, 물건의 인도가 이루어졌는지 여부는 사회관념상 목적물에 대한 양도인의 사실상 지배인 점유가 동일성을 유지하면서 양수인의 지배로 이전되었다고 평가할 수 있는지에 달려 있는바, 현실적 인도가 있었다고 하려면 양수인의 물건에 대한 지배를 계속적으로 확고하게 취득하여야 하고 양도인은 물건에 대한 점유를 완전히 종결하여야 하며, 재화의 매매계약이 성립하기 위해서는 해당 재화의 공급가액, 공급품목, 단가, 수량 등이 특정되어야 하고, 이러한 계약은 청약과 승낙이라는 의사합치로 인한 구속력 있는 합의로서 이루어진다고 판시하였다(대법원 2000다66454, 2003. 2. 11. ; 대법원 2010도11382, 2012. 11. 15.). 그러나 이것은 과세대상 재화의 현실적 인도 여부에 대한 판단이고 점유개정 등 현실적 인도가 아닌 부분까지 판단한 것은 아니다. 즉, 인도주의가 현실적인 사실적 지배의 이전을 반드시 요구하는 것이 아니라 부가법의 구조상 계약관계에 근거하여 점유의 관념화를 통해 이해되어야 한다. 그러므로 동산소유권 양도의 효력이 발생하기 위해서는 당사자 사이에 유효한 채권행위와 물권적 합의가 있어야 함을 전제하여 판단할 수 있다.

아울러 사업과 관련하여 재화의 공급이 있다는 것은 계약관계와 자금의 이동에 따라 매출과 매입을 판단하여야 하고 현실적 개입이나 현실적 인도가 있었는지, 부가가치의 창출이 있었는지, 시가보다 고저가로 매각했는지의 여부는 납세의무 성립주체를 변경시키거나 과세표준이 달라진다거나 세금계산서 수수의무자와 관련하여 아무런 영향을 미치지 아니한다.

2 | 재화공급의 범위

재화의 공급은 매매계약, 가공계약, 교환계약 그 밖의 계약상 또는 법률상의 모든 원인에 의하여 재화를 인도 또는 양도하는 것으로 해당 재화를 종국적으로 사용·소비할 수 있도록 그 권한(소유권)을 이전하는 것을 전제로 하는 행위이다(부가법 §9 ①).

(1) 매매계약에 의한 재화의 인도 또는 양도

현금판매, 외상판매, 할부판매, 장기할부판매, 조건부 및 기한부판매, 위탁판매와 그 밖의 매매계약에 따라 재화를 인도하거나 양도하는 것을 말한다. 이 경우 매매계약은 서류에 의하여 그 증서가 작성된 경우뿐만 아니라 구두에 의한 계약도 포함한다. 위에서 할부판매, 연불판매, 조건부 및 기한부판매라 함은 부가령 제28조에서 규정하고 있으며, 자세한 것은 "공급시기" 편을 참고한다(부가령 §18 ① 1).

(2) 가공계약에 의한 재화의 인도

사업자가 주요자재의 전부 또는 일부를 부담하고 상대방으로부터 인도받은 재화를 가공하여 새로운 재화를 만드는 가공계약에 따라 재화를 인도하는 것은 재화의 공급으로 본다(부가령 §18 ① 2). 이는 민법상 수급인이 주요자재의 전부 또는 일부를 제공한 경우에는 완성된 재화의 소유권은 원시적으로 수급인에게 귀속하였다가 인도 또는 양도에 의하여 소유권이 도급인에게 이전하면, 이때 비로소 재화의 공급이 이루어진 것으로 보는 것과 궤를 같이 한다. 다만, 상대방으로부터 인도받은 재화에 주요자재를 전혀 부담하지 아니하고 단순히 가공만 하여 주는 것은 용역의 공급으로 본다.

예를 들면, 염색가공업을 영위하는 사업자가 염색가공업의 주요자재라 할 수 있는 염료를 자기가 부담하여 위탁자가 공급한 직물에 염색을 하여 주고 그에 대한 가공료를 받는 것은 가공계약에 의한 재화의 인도에 해당된다(염료를 자기가 부담하지 아니한다면 이는 단순가공으로서 용역의 공급에 해당된다). 다만, 수출업자와 직접 도급계약에

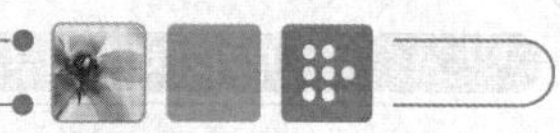

의하여 수출재화를 염색임가공하는 경우에는 영세율이 적용되는 수출재화임가공용역에 포함되는 것으로 본다.

(3) 교환계약에 의한 재화의 인도 또는 양도

재화의 인도대가로서 다른 재화를 인도받거나 용역을 제공받는 교환계약에 따라 재화를 인도하거나 양도하는 것은 재화의 공급으로 본다(부가령 §18 ① 3). 교환계약에 의한 재화의 인도 또는 양도에는 민법에 의한 교환뿐만 아니라 소비대차의 경우까지 포함하는 개념으로 사용되고 있다.

1) 교환

교환이라 함은 당사자 쌍방이 금전 외의 재산권을 상호이전할 것을 약정함으로써 그 효력이 생기는 것을 말한다(민법 §596, §597). 이 경우 당사자 일방이 이러한 재산권의 이전과 금전의 보충지급을 약정한 때에는 그 금전에 대하여는 매매대금에 관한 규정을 준용한다(민법 §597).

사례

사무용 가구를 판매하는 사업자 A와 난방용 유류를 판매하는 사업자 B 간에 B가 제공한 난방용 유류의 공급에 대한 대가로 사무용 가구를 받기로 하거나 사무용 가구와 난방용 유류를 서로 교환하기로 하였다면,

⇒ 사업자 A는 사업자 B에게 사무용 가구를 공급한 것이 되어 재화의 공급으로 세금계산서를 발급하며, 사업자 B는 사업자 A에게 난방용 유류를 공급한 것으로 A에게 재화의 공급으로 세금계산서를 발급하여야 한다.

다만, 공급한 재화의 결함으로 인하여 이미 공급한 재화(불량품)를 회수하고 정상적인 제품으로 교환하여 주는 것은 교환거래로 보지 아니하므로 불량품의 반환과 정상제품의 대체공급은 각각 재화의 공급에 해당되지 아니한다(부가 1265.1-1707, 1984. 8. 14.).

2) 소비대차

소비대차라 함은 당사자 일방이 금전 그 밖의 대체물의 소유권을 상대방에게 이전할 것을 약정하고 상대방은 그와 동일한 종류, 품질 및 수량으로 반환할 것을 약정함으로써 그 효력이 생기는 것을 말하는 것으로(민법 §598), 당사자 일방이 상대방에게 무상으로 사용·수익하게 하기 위하여 목적물을 인도할 것을 약정하고 상대방은 이를 사용·수익

한 후 그 물건을 반환할 것을 약정함으로써 그 효력이 생기는 사용대차(민법 §609) 또는 당사자 일방이 상대방에게 목적물을 사용·수익하게 할 것을 약정하고 상대방이 이에 대하여 차임을 지급할 것을 약정함으로써 그 효력이 생기는 임대차(민법 §618)와는 그 의의를 달리하고 있다.

소비대차의 경우 사업자가 재화를 차용하는 때에는 차용하여 주는 자가 해당 재화를 공급하는 것으로 되며 동종 또는 이종의 재화를 반환하는 때에는 반환하는 자가 해당 재화를 공급하는 것으로 된다(부가통칙 9-18-1).

3) 타인 토지 위에 임차인이 신축한 건물의 이전

국가 또는 지방자치단체의 기부채납관련 공급시기는 일관되게 기부채납절차가 완료된 때로 보고 있으므로 타인의 토지 위에 건축물을 신축하고 토지소유자 명의로 보존등기하는 경우에도 기부채납에 대한 해석과 동일하게 임차인은 부가법 제9조에 따른 재화의 공급에 해당되는 것이며, 토지소유자는 그 대가로 토지를 무상 또는 저리로 사용하게 하는 것이므로 임대용역 제공에 해당된다. 즉, 재화와 용역의 교환거래에 해당되어 각각 부가가치세가 과세된다(재소비 46015-209, 2002. 8. 8. ; 서면3팀-1504, 2005. 9. 12.).

4) 기부채납

사업자가 재화 또는 용역을 국가나 지방자치단체에 공급하고 해당 재산에 대한 무상사용수익권을 부여받거나 다른 반대급부를 받는 경우 유상공급 및 교환거래의 일종으로 부가가치세 과세대상이 되며, 이하 자세한 사항은 "심층분석 사례집(Ⅱ)" 편에서 상세히 기술하기로 한다.

5) 대물변제

사업자가 재화 또는 용역을 공급하고 그 대가를 부가가치세 과세대상이 되는 재화로 지급받게 되는 경우 대가를 현물로 지급하는 사업자(채무자)는 채무에 갈음하여 대물변제하는 재화에 대하여 재화의 공급으로 부가가치세가 과세된다. 대물변제가 있는 경우 공급시기, 부가가치세 과세표준, 매입세액공제 문제 등은 "심층분석 사례집(Ⅱ)" 편에서 상세히 기술하기로 한다(부가 46015-333, 2000. 2. 7.).

(4) 그 밖의 원인에 의한 재화의 인도 또는 양도

경매, 수용, 현물출자와 그 밖의 계약상 또는 법률상의 원인에 따라 재화를 인도하거나 양도하는 것은 재화의 공급으로 본다(부가령 §18 ① 4).

1) 경매

가. 과세대상인 경우

경매란 다수의 매수희망자를 집합시켜 구술로 매도인이 매수신청을 최고하고 매수신청인 가운데 최고가격으로 신청한 자에게 승낙하여 매매하는 것을 말하고, 입찰은 경쟁참가자에게 문서로서 계약내용을 표시하게 하고 가장 유리한 내용을 표시한 자를 상대방으로 하여 계약을 체결하는 방법을 말한다. 이러한 경매에 의해 재화가 인도 또는 양도되는 것은 재화의 공급에 해당하여 부가가치세 과세대상에 해당한다.

경매의 분류	
	① 「국세징수법」에 따른 공매: 과세 제외
	② 법률에 따른 경매(민사집행법에 따른 강제경매, 담보권실행을 위한 경매, 민법·상법 등 그 밖의 법률에 따른 경매 포함): 과세 제외
	③ 상기 외의 사인 간 경매: 과세

나. 과세대상이 아닌 경우

상기 경매의 분류 중 「국세징수법」 제66조에 따른 공매(「국세징수법」 제67조에 따른 수의계약에 따라 매각하는 것을 포함한다)에 따라 재화를 인도하거나 양도하는 것, 「민사집행법」에 따른 경매(「민사집행법」에 따른 강제경매, 담보권 실행을 위한 경매와 「민법」·「상법」 등 그 밖의 법률에 따른 경매를 포함한다)에 따라 재화를 인도하거나 양도하는 것은 재화의 공급으로 보지 않는다(부가령 §18 ③ 1, 2).

그 이유는 국세를 체납하여 압류된 경우와 채무를 변제하지 못하여 강제집행하는 경우에 공매 또는 강제경매를 통해 재화가 인도 또는 양도될 때 국세를 체납하거나 채무를 변제하지 못하였던 경매재화의 공급자가 부가가치세를 거래징수하여 납부하여야 하나, 경매재화의 공급자는 대부분 폐업, 파산 등으로 세금부담능력이 없기 때문에 부가가치세를 납부하지 못하는 반면, 경매재화의 구입자, 즉 경락자는 매입세액을 공제받기 때문에 과세관청의 입장에서는 세수일실만 초래하고, 경매대금을 배분하는 때에도 부가가치세가 다른 채권에 반드시 우선하지도 않으므로 조세채권의 확보가 곤란하여 재화의 공급으로 보지 않는다.

이때「국세징수법」제61조에 따른 공매의 범위에는「지방세법」제28조 규정에 따른 공매도 포함하는 것이며 민사집행법 규정에 따른 강제경매의 범위에는 민사집행법 규정에 따른 담보권 실행을 위한 경매도 포함된다(서면3팀-2255, 2006. 9. 25.).

2) 수용

가. 수용의 의미

수용이란 특정한 공익사업을 위하여 개인의 재산권을 법률에 의하여 강제적으로 취득하는 것으로서 사법상의 방법에 의하여 매입할 수 없을 때에 권리자의 의사 여하에 불구하고 그 권리를 강제적으로 취득하는 것으로 법률의 규정에 의한 물권변동이다.

나. 과세대상인 경우

일반적으로 수용의 대상이 되는 토지 및 해당 토지 위에 건물 등이 있는 경우 해당 건물에 대하여도 별도의 보상금을 지급하므로 건물 등에 대한 대가로 지급받는 수용보상금은 수용에 의한 재화의 인도 또는 양도로서 재화의 공급에 해당한다.

다. 과세대상이 아닌 경우

「도시 및 주거환경정비법」,「공익사업을 위한 토지 등의 취득 및 보상에 관한 법률」(이하 '토지보상법'이라 한다) 등에 따른 수용절차에서 수용대상 재화의 소유자가 수용된 재화에 대한 대가를 받는 경우 수용대상인 재화의 소유자가 직접 철거했는지 여부에 관계없이 철거될 재화에 대한 대가를 받는 경우에는 2013. 2. 15. 이후 공급하는 분부터 부가가치세 과세대상 재화의 공급으로 보지 않는다(부가령 §18 ③ 3, 서면법규과-555, 2013. 5. 15.).

또한, 위 법률에 따라 수용대상 건축물 등의 이전에 필요한 비용을 보상받고 사업시행자에게 그 건축물 등의 이전용역을 제공하는 경우에도 동 비용을 손실보상금으로 보아 부가가치세가 과세되지 않는다(재부가-296, 2013. 5. 6.).

라. 매도청구에 따른 재화의 양도

도시정비법 제64조 제4항에 따른 사업시행자의 매도청구에 따라 재화를 인도 또는 양도하는 것에 대하여는 매도청구의 실질이 수용과 유사한 점을 감안하여 2023. 2. 15. 이후 인도·양도하는 분부터 재화의 공급으로 보지 아니한다(부가령 §18 ③ 4).

이하에서는 개정 이전의 매도청구에 따른 부가가치세 과세 연혁을 살펴본다.

대법원은 도시정비법상 주택재건축사업 시행자와 토지등소유자 등의 협의가 성립하지 않을 경우 그 해결방법으로 수용·사용 등의 공적 수단에 의하지 않고 매도청구권의 행사를 통한 사적자치에 의해 해결하도록 규정하였으므로 조합과 조합설립에 동의하지 않은 자 사이의 매도청구를 둘러싼 법률관계는 사법상의 법률관계로 판시하였다(대법원 2012다62561, 62578, 2014. 7. 24. ; 대법원 2009다93923, 2010. 4. 8.). 또한, 매도청구권은 형성권으로서 조합이 매도청구권을 행사하면 매도청구의 의사표시가 도달함과 동시에 시가에 의한 매매계약이 성립되는 것으로 시가란 재건축으로 인하여 발생할 것으로 예상되는 개발이익이 포함된 가격을 말하며, 매도인이 가지는 소유권이전등기 및 명도의무와 매도청구권자의 시가 상당 금원지급의무는 동시이행관계에 있는바 이는 일반적인 매매계약과 동일하다(대법원 2008다21549, 21536, 21563, 2009. 3. 26.).

도시정비법 제63조【토지 등의 수용 또는 사용】에서 사업시행자는 정비구역에서 정비사업을 시행하기 위하여 토지보상법에 따른 토지·물건 또는 그 밖의 권리를 취득하거나 사용할 수 있다고 규정하면서 재건축사업의 경우에는 도시정비법 제26조 제1항 제1호 및 제27조 제1항 제1호에 따른 천재지변 등 불가피한 사유로 긴급하게 정비사업을 시행할 필요가 있다고 인정하는 때에 한정한다고 규정하고 있는바 이는 재건축사업의 경우 그 시행자에게 원칙적으로 수용 또는 사용의 권한을 인정하지 아니하는 것이므로 매도청구권의 행사는 수용절차에 해당하지 아니한다.

헌법재판소 역시 매도청구권 행사로 인한 소유권 이전을 부가가치세 과세대상으로 보았다. 다만, 건물 소유자의 의사로 인한 재화의 인도 또는 양도가 아니고 실질이 수용과 유사하므로 이는 부가령상 공매·경매나 수용의 경우 재화의 공급에서 제외하는 규정을 둔 것처럼 입법적으로 해결되어야 한다고 결정하였다(헌재 2012헌가21, 2014. 3. 27.).

따라서 도시정비법에 따라 사업시행자가 매도청구권을 행사하여 상가건물을 소유하고 있는 사업자의 부동산이 양도되는 경우 재화의 공급으로 부가가치세가 과세된다는 국세청 기존 해석(기준-2020-법령해석부가-0001, 2020. 2. 6.)은 법 개정 전인 2023년 2월 전 공급분에만 적용된다.

3) 현물출자

일반적으로 현물출자란 법인 또는 공동사업체에 자본금 또는 출자금을 금전 외의 재산으로 출자하는 것을 말한다. 현물출자를 하게 되면 해당 현물출자 대상이 되는 재화의 공급에 대한 대가로서 주식 또는 출자지분을 취득하게 된다.

이 경우 공동사업체에 현물출자를 하게 되면 그 재화는 공동사업목적에 의하여 통제되고 그 공동사업체 구성원의 합유재산이 되는 것이므로 재화의 인도 또는 양도가 있는 것이어서 재화의 공급에 해당된다. 하지만 현물출자에 해당하는 경우에도 사업장별로 모든 권리와 의무를 포괄적으로 현물출자하여 사업의 동질성이 상실됨이 없이 법인을 설립하거나 공동사업을 영위하는 경우에는 사업의 양도로 보아 부가가치세가 과세되지 아니한다.

(5) 보세창고로부터 임치물 반입

국내로부터 보세구역에 있는 창고에 임치된 임치물을 국내로 다시 반입하는 경우 재화의 공급으로 본다. 다만, 보세구역에 있는 창고란 조달청장이 개설한 것으로서 「관세법」 제174조에 따라 세관장의 특허를 받은 보세창고와 보세구역에 있는 런던금속거래소의 지정창고로 한정한다(부가령 §18 ① 5).

(6) 주요 재화의 인도 또는 양도 예시

위 "(1)"부터 "(5)"까지 열거된 것 이외에도 그 밖의 모든 계약상 또는 법률상의 원인에 의하여 재화를 인도 또는 양도하는 것은 다음과 같은 경우들이 있다.

1) 출자지분의 현물반환

법인 또는 공동사업자가 출자지분을 현물로 반환하는 것은 재화의 공급에 해당된다. 그러나 출자지분을 현금으로 반환하는 것은 재화의 공급에 해당되지 아니한다(부가통칙 9-18-2).

| 출자지분 반환수단에 따른 과세 여부 |

지급수단 / 세목	현금	재고자산(과세)	재고자산(면세)	사업용 고정자산
부가가치세	과세대상 아님.	과세	면세	과세
종합소득세	과세대상*	총수입금액산입	총수입금액산입	과세 제외

* 지분매각대가를 현금으로 수령한 경우에는 재고자산, 고정자산, 금융자산, 각종 채권, 영업권 등의 대가로 구성되어 있으므로 그 재산의 종류에 따라 사업소득, 양도소득, 기타 소득 등으로 구분하여 과세하고 있다.

2) 법인 직영차량의 개인사업면허 전환

법인이 자기명의로 등록하여 직영하던 차량을 개인사업면허로 전환함에 따라 개인차주별로 분할 매도하는 경우에는 재화의 공급으로 본다(부가통칙 9-18-3). 이 경우 법인명의로 등록된 차량을 실제로 개인이 소유·운영한 지입차량의 경우에는 재화의 공급에 해당되지 아니하나, 위장직영차량의 경우에는 법인명의로 납세의무를 이행한 것을 실질과세원칙에 따라 납세의무자를 개인명의로 경정하여 과세하여야 하는 등 문제가 야기되므로 사실상 차주는 개인이면서 개인명의로 사업자등록을 하지 아니하고 법인명의로 부가가치세를 신고·납부한 경우(위장직영차량) 사실상 차량을 개인에게 양도하는 때를 공급시기로 하여 법인에게 과세하며, 면허의 전환과 함께 차량의 양도가 동시에 이루어진 경우에는 차량을 양도하는 때에 과세한다(부가 22601-418, 1988. 3. 11.).

3) 현물변상

사업자가 타인의 재화를 보관, 운송 또는 사용 도중 변질, 훼손, 멸실, 소실 또는 망실하여 동일한 재화로 변상하는 경우에는 재화의 공급에 해당된다(부가 22601-1996, 1985. 10. 15. ; 조심 2010전0432, 2010. 8. 31.).

4) 대가로서 받는 불량품 등에 대한 보상금

사업자가 위탁가공 시 가공자의 잘못으로 발생한 불량품을 가공자에게 인수시키고 변상금을 포함한 대가를 지급받거나 원료를 공급받아 제품을 제조하는 사업자가 원료의 불량으로 발생한 불량제품을 원료납품업자에게 인수시키고 그 대가를 받는 경우에는 재화의 공급에 해당된다(부가 1265.1-2957, 1981. 11. 12.).

5) 매수인 지위의 인계

사업자가 공장을 성업공사 등으로부터 경락받아 그 대가를 부불방법에 의하여 지급하기로 하고 계약금 또는 2회분의 부불금을 지급한 상태에서 다른 사업자에게 해당 계약금 또는 2회분까지의 지급액과 그 밖의 비용의 합계액을 받고 그 공장에 대한 매수인의 지위를 인계하는 경우 등에 대하여 그 받는 대가는 재화의 공급에 대한 대가로서 재화의 공급에 해당된다(부가 1265-2313, 1984. 11. 2.).

6) 금융리스자산의 인도

사업자가 「여신전문금융업법」에 따라 등록한 시설대여업자로부터 금융리스방식으로 시설 등을 임차하여 사용하던 중 리스이용자가 새로운 리스이용자에게 해당 리스자산을 넘겨주는 것은 자산의 양도로서 부가가치세 과세대상이며, 리스이용자는 새로운 리스이용자에게 세금계산서를 발급하여야 한다(재부가 22601-21, 1991. 1. 8.).

(7) 재화의 인도 또는 양도로 보지 아니하는 거래 예시

다음과 같은 경우에는 그 밖의 계약상 또는 법률상의 원인에 의하여 재화를 인도 또는 양도하는 것에 해당하지 아니한다.

1) 출자지분의 양도

출자자가 자기의 출자지분을 타인에게 양도하는 것은 재화의 공급에 해당되지 아니한다. 이 경우 하나의 사업을 공동으로 경영하기 위하여 기존사업자가 해당 지분을 동업자에게 양도하는 때에도 재화의 공급에 해당되지 아니한다(부가 1265.1-2490, 1981. 9. 19.).

또한 아버지와 아들이 공동으로 임대사업을 영위하다가 아버지의 출자지분을 아들에게 양도 또는 증여하는 경우 과세대상이 아니다(서삼 46015-11896, 2002. 11. 7.).

2) 신탁법에 따른 신탁재산의 수탁회사로의 이전 등

신탁재산의 소유권 이전으로서 ① 위탁자로부터 수탁자에게 신탁재산을 이전하는 경우, ② 신탁의 종료로 인하여 수탁자로부터 위탁자에게 신탁재산을 이전하는 경우, ③ 수탁자가 변경되어 새로운 수탁자에게 신탁재산을 이전하는 경우에는 재화의 공급으로 보지 않는다(부가법 §10 ⑨ 4).

3) 지입차량의 지입회사 변경등록

지입차량의 소유자가 해당 지입차량이 등록된 지입회사를 변경하여 지입차량의 등록명의를 변경등록하는 것은 실사업자는 변경이 없으므로 재화의 공급에 해당되지 아니하며 사업장의 이전으로 본다(부가 1235-4619, 1977. 12. 17.).

4) 운용리스자산의 인도

사업자가 「여신전문금융업법」에 따라 등록한 시설대여업자로부터 운용리스방식으로 시설 등을 임차하여 사용하다가 시설대여업자의 동의를 얻어 다른 사업자에게 해당 시설 등을 인도하는 경우에 당초의 임차자는 해당 시설 등의 공급자에 해당하지 아니하므로 재화를 공급한 것으로 볼 수 없다. 다만, 새로운 리스이용자에게 대가를 받고 임차인의 지위를 양도하는 경우 그 대가에 대하여는 부가가치세가 과세된다(재부가 22601-21, 1991. 1. 8.).

5) 재화의 편취

수사기관의 수사결과 또는 그 밖의 증거에 의하여 사기 또는 횡령에 의하여 재화가 편취된 사실이 객관적으로 확인되는 경우에는 재화의 공급으로 보지 않는다(부가 22601-716, 1986. 4. 17.).

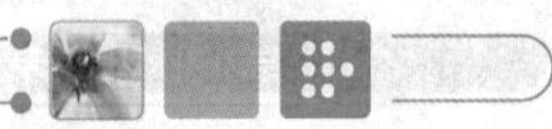

6) 재고자산 등의 폐품처리 시 과세(잡손실 ××× / 재고자산 ×××)

사업자가 고정자산 또는 재고자산을 폐품처리하여 장부가액을 소멸시키고 장부 외 자산으로 소유하고 있는 경우에는 재화의 공급으로 보지 아니한다. 다만, 해당 재화가 부가법 제9조 및 제10조에 따른 재화의 공급에 해당되는 경우에는 그러하지 아니한다(부가통칙 9-18-4).

7) 화재 · 도난물품 등의 과세

수재, 화재, 도난, 파손, 재고감모손 등으로 인하여 재화를 잃어버리거나 재화가 멸실된 경우에는 재화의 공급으로 보지 않는다(부가통칙 9-18-5).

8) 외국법인 등이 공급하는 재화의 과세

국내사업장이 있는 비거주자 또는 외국법인이 외국에서 자기가 생산하거나 취득한 재화를 국내의 다른 사업자에게 비거주자 또는 외국법인의 국외사업장에서 직접 공급하는 것은 비거주자 또는 외국법인의 국내사업장에서 공급하는 것으로 보지 않는다(부가통칙 9-18-6).

9) 조달청장이 발행하는 창고증권의 양도로서 임치물의 반환이 수반되지 아니하는 것

창고증권이란 창고업자가 기탁물건에 관하여 발행하는 것으로 창고업자에 대한 "임치물반환청구권"을 표상하는 유가증권으로서 창고에 임치 중인 물건에 대하여 발행된다(상법 §156~§167).

보세구역에 있는 조달청 창고(조달청장이 개설한 것으로서 「관세법」 제174조에 따라 세관장의 특허를 받은 보세창고를 말한다)에 보관된 물품에 대하여 조달청장이 발행하는 창고증권의 양도로서 임치물의 반환이 수반되지 아니하는 경우 부가가치세가 과세되지 아니한다. 또한 2012. 2. 2. 시행령 개정 시에는 민간사업자의 조달청 창고활용지원을 위하여 창고증권을 가진 사업자가 보세구역의 다른 사업자에게 인도하기 위하여 조달청 창고에서 임치물을 넘겨받는 경우에도 부가가치세 과세대상인 재화의 공급에서 제외하도록 하였다(부가령 §18 ② 1).

10) 런던금속거래소

런던금속거래소 지정창고 유치를 목적으로 창고증권의 유통에 따른 세제상의 애로사항을 제거하고 창고증권 유통 활성화를 지원하기 위하여 보세구역에 있는 기획재정부령으로 정하는 거래소(런던금속거래소)의 지정창고에 보관된 물품에 대하여 같은 거래소의 지정창고가 발행하는 창고증권의 양도로서 임치물의 반환이 수반되지 아니하는 경우에는 재화의 공급으로 보지 아니한다. 또한, 2012. 2. 2. 시행령 개정 시 동 지정창고증권을 가진 사업자가 보세구역의 다른 사업자에게 인도하기 위하여 지정창고에서 임치물을 넘겨받는 경우에도 부가가치세 과세대상인 재화의 공급에서 제외하도록 하였다(부가령 §18 ② 2, 부가칙 §15).

| 창고증권에 대한 과세방법 |

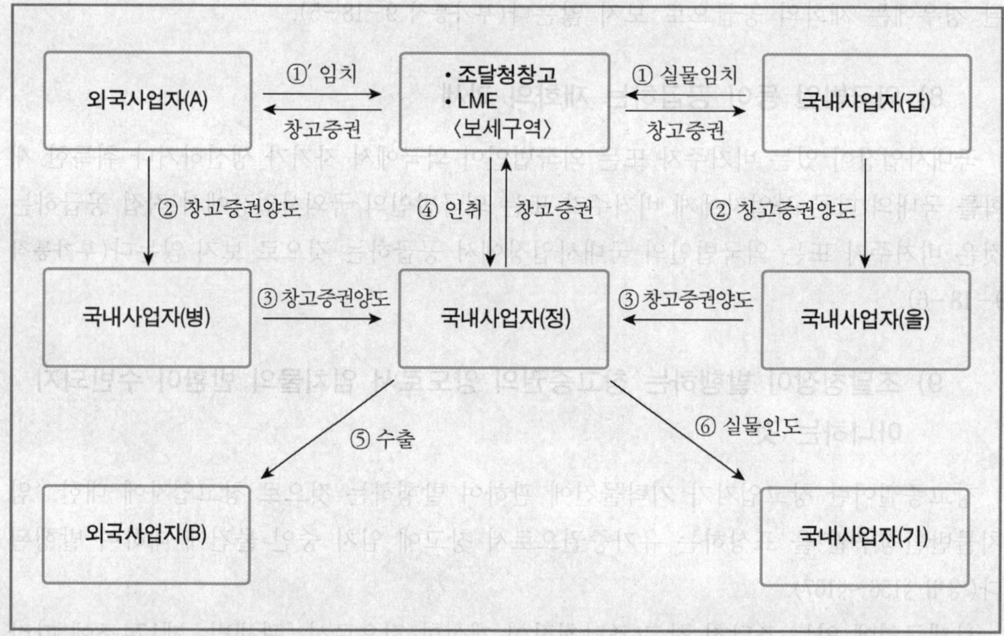

1) ①, ①′, ②, ③, ④: 과세대상 아님(부가령 §18 ② 1, 2).
2) "갑"이 실물 구입 시 부담한 매입세액은 공제 가능
3) ⑤: 과세 - 국내에서 임치한 실물(①)은 수출하는 재화(영세율)
   - 국외에서 임치한 실물(①′)을 보세구역에서 국외반출 시 과세 제외
4) ⑥: 과세 - 국내에서 임치한 실물(①)은 세금계산서 발급(부가령 §18 ① 5)
   - 국외에서 임치한 실물(①′)은 수입통관하는 사업자가 수입세금계산서를 수취하게 되고 국내 실물 공급 시에도 부가가치세 과세

11) 위탁가공을 위해 국외반출하는 재화

사업자가 위탁가공을 위하여 원자재를 국외의 수탁가공사업자에게 대가없이 반출하는 경우(영세율이 적용되는 경우를 제외) 재화의 공급으로 보지 않는다(부가령 §18 ② 3).

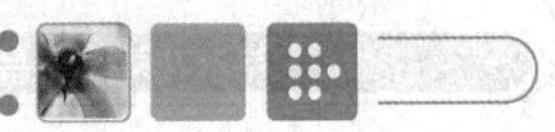

12) 한국석유공사가 외국법인과 무위험차익거래 조건으로 소비대차하는 비축석유

「한국석유공사법」에 따른 한국석유공사가 「석유 및 석유대체연료 사업법」에 따라 비축된 석유를 수입통관하지 아니하고 보세구역에 보관하면서 부가령 제8조 제6항에 따른 국내사업장이 없는 비거주자 또는 외국법인과 무위험차익거래 방식(무위험차익거래: 거래 계약체결 후 가격변동에 따른 손익위험이 없는 거래방식)으로 소비대차(消費貸借)하는 경우 2013. 2. 15. 이후 공급 · 결정 · 경정하는 분부터 재화의 공급으로 보지 아니한다(부가령 §18 ② 4).

13) 본 · 지점을 변경한 경우 재고자산 등에 대한 과세

서로 다른 장소에 본점과 지점 등 서로 다른 2개의 사업장을 두고 사업을 영위하던 법인사업자가 본점소재지를 지점소재지로, 지점소재지를 본점소재지로 변경하여 사업자등록정정신고를 한 경우, 종전 본 · 지점에 소재하던 사업용 고정자산은 과세대상이 아니나 본 · 지점의 재고상품은 재화의 공급특례(직매장 반출)에 해당하는 것으로 각각 본점과 지점에 세금계산서를 발급하여야 한다(부가 46015-1902, 2000. 8. 5. ; 부가-1077, 2012. 10. 24.). 그러나 판매목적으로 재고자산의 이동이 없음에도 본 · 지점 변경이라는 사업자등록 정정사유를 들어 본 · 지점 상호 간에 세금계산서를 수수하도록 하는 것은 실제 부가가치세 측면에서 실익도 없고 실무적으로도 세금계산서를 수수하는 것을 아는 납세자가 극히 드물 뿐만 아니라 본점과 지점의 포괄적 교환으로서 과세대상으로 보기 어려운 측면이 있어 해석변경이 필요하다고 본다.

14) 주택법상 주택조합이 조합원분양하는 주택의 부가가치세 과세 여부

「조세특례제한법」 제104조의7에서 정비사업조합이 「도시 및 주거환경정비법」에 따라 해당 정비사업에 관한 공사를 완료한 후에 그 관리처분계획에 따라 조합원에게 공급하는 것으로서 종전의 토지를 대신해서 공급하는 토지 및 건축물(해당 정비사업의 시행으로 건설된 것에 한함)은 재화의 공급으로 보지 아니하는 것으로 규정하고 있는 반면, 주택법에 따른 주택조합이 조합원에게 조합원분양하는 재화의 경우 「조세특례제한법」이나 「부가가치세법」에서 재화의 공급으로 보지 아니한다는 명시적 규정은 없어 과세대상으로 보아야 하는지 과세대상이 아니라면 그 이유가 무엇인지에 대한 논란이 있다.

「주택법」에 따른 주택조합이란 다수의 구성원이 주택을 마련하거나 리모델링 등 주택건설사업의 시행을 목적으로 설립한 단체를 말한다(주택법 §2 11).

주택조합은 공동주택건설사업이라는 단체 고유의 목적을 가지고 활동하며 규약 및 단체로서의 조직을 갖추고 집행기관인 대표자가 있고 의결이나 업무집행방법이 총회의 다수결의 원칙에 따라 행해지며 구성원의 가입·탈퇴에 따른 변경에 관계없이 단체 그 자체가 존속하는 등 조합이라는 명칭에도 불구하고 비법인사단의 성격을 갖는다(대법원 2011다73626, 2003. 7. 11.).

지역주택조합 또는 직장주택조합은 그 설립인가를 받은 후에는 조합원을 교체하거나 신규로 가입하게 할 수는 없으나, 조합원의 사망·조합원이 무자격자로 판명되어 자격을 상실하는 경우 등의 경우에는 추가 충원이 가능하다(주택령 §22).

즉, 주택조합은 그 실체에 있어 비법인사단에 해당하고 조합원은 주택조합의 조합원으로서의 지위에서 조합아파트에 관한 권리를 취득하는 것으로서 주택조합이 조합원 지위를 계속 유지하고 있는 조합원에 대하여 조합아파트에 관한 분양계약을 해제하거나 취소하였다고 하여 그 조합아파트에 관한 조합원의 권리가 소멸되는 것은 아니다(대법원 99다34420, 1999. 11. 9.).

주택조합의 주택건설사업은 조합원분양을 위한 것이며, 조합원분양이라는 용어는 주택건설사업의 비용조달을 위한 일반분양과 상대되는 개념으로써 자기주택을 스스로 건설한다는 점에서 차이가 있다. 또한, 일반분양은 분양계약의 체결에 의해 처음으로 아파트의 소유권을 이전하고 대금을 지불하기로 하는 쌍방 간의 의무가 발생하는 「민법」 제563조 전형계약으로서의 매매계약을 의미하는데 반하여 조합원분양분은 조합원이 주택조합의 구성원으로서 분담금을 제공하고 주택건설사업에 따른 수익과 위험을 부담하면서 새로운 아파트에 대한 권리를 취득하는 자기건설주택을 취득하는 행위로서 매매계약이 아닌 조합계약 및 행정처분이 복합된 형태의 법률행위에 해당한다.

분양방법에 관하여 법적으로도 조합원분양분은 「주택법」에 따른 사업계획승인의 내용에 따라 공급되는데 반하여 일반분양분은 「주택법」 제38조에 따른 주택공급절차에 따라 일반에 공급된다는 점에서 차이가 있다.

주택조합의 조합원의 자격을 취득하는 것은 「민법」상 계약이라기보다는 비법인사단의 구성원이 되는 합동행위로 매매계약과는 그 법적 성격이 다르며, 비법인사단의 조합원의 지위를 획득하면 사업계획에 따라 조합아파트를 취득할 권리를 자동으로 획득하는 것이므로 이를 일반 매매거래와 동일한 것으로 볼 수 없다.

한편, 조합원분양분을 일반분양하는 경우에는 「주택법」 제38조에 따라 「주택공급규칙」에 따른 입주자모집공고 등의 절차를 거쳐 분양을 하여야 하고 이러한 절차에 의해서도 분양이 되지 않을 경우에는 미분양 주택에 해당하므로 다시 「주택공급규칙」 제10조 제6항에 따라 선착순의 방법으로 분양하여야 하는 등 대량의 공동주택에 대해서는 그 공익성을 반영하여 일정한 공급방법에 따라 공급을 하도록 하고 있다.

주택조합과 그 조합원의 관계 등 위와 같은 이유에서 주택조합이 조합원 명의로 취득한 대지 위에 주택과 상가를 신축하여 조합원 및 일반인에게 분양 시 주택조합의 조합원에게 분양하는 경우에는 부가가치세가 과세되지 아니하고, 잔여 주택(국민주택 초과분) 및 상가를 일반인에게 분양하는 경우에는 부가가치세 과세된다(동지 : 부가 22601-314, 1990. 3. 14.).

15) 유사수신행위와 재화의 공급

외관상 재화의 공급이 있는 것처럼 보이는 경우에도 그것이 재화의 공급을 가장하거나 빙자한 것에 불과하고 실제로는 상품의 거래 없이 투자금의 수수만 있는 것으로 볼 수 있는 경우에는 부가가치세의 과세원인이 되는 재화의 공급이 있었다고 볼 수 없으며, 이에 해당하는지 여부는 해당 재화의 객관적 가치 및 그에 따른 공급가액이 합리적인 가액인지, 공급을 받는 자가 실제로 그 재화를 사용·소비할 의도가 있었는지, 당사자 사이에 투자금의 회수가 예정되어 있었는지 여부 등 제반 사정을 종합적으로 고려하여 개별적·구체적으로 판단하여야 한다(대법원 2006두13497, 2008. 12. 24.).

16) 지장물의 이전에 따른 보상금

공익사업법에 따른 공익사업시행자가 사업시행 지구 내 송유관의 소유자("갑")에게 송유관 이설을 요청하고 "갑"이 송유관을 수탁관리하던 사업자("을")에게 송유관 이설공사를 위임한 경우로서 공익사업시행자가 공익사업법 제75조 제1항에 따라 "갑"에게 보상할 의무가 있는 이전비용을 "갑"의 동의하에 "을"에게 지급한 경우 해당 이전비용은 손실보상금이므로 부가가치세 과세대상에 해당하지 아니한다. 이는 도시개발법 등 각종 법률(도시개발법, 철도건설법 등)에 따른 개발사업 등과 관련하여 손실을 입은 자에게 시행자가 그 손실을 보상하는 것이므로 원인자 부담금 성격의 손실보상금에 해당하여, 건축물등이나 장애물등의 소유자나 관계인이 재화 또는 용역을 공급하고 받는 대가가 아니기 때문이다.

다만, "을"이 "갑"에게 제공하는 송유관 이설공사용역은 부가법 제11조에 따른 부가가치세 과세대상 용역에 해당된다(사전-2018-법령해석부가-0774, 2018. 12. 18. ; 사전-2020-법령해석부가-0499, 2020. 6. 12. ; 감사원 2012감심147, 2012. 9. 27. ; 사전-2016-법령해석부가-0447, 2016. 10. 24. ; 사전-2019-법령해석부가-0220, 2019. 5. 16.).

17) 렌탈자산의 반환과 관련된 부가가치세 과세방법

번호	렌탈자산 사용 및 반환 형태 등	과세 여부	관련 규정 등
1	통상적으로 받는 렌탈료	과세	• 부가법 §11
2	이용자가 렌탈자산을 임의매각 후 렌탈사와의 합의로 렌탈자산의 잔존가치에 대한 대가를 지급하는 경우	과세	• 부가법 §9 • 국심 1999서2468, 2000. 8. 5.
3	렌탈계약 중도해지 후 렌탈자산의 반환없이 잔존규정손실보상금을 받는 경우	과세	• 부가법 §9 • 부가 46010-106, 1993. 2. 9. • 재무부 부가 46015-20, 1993. 1. 9.
4	리스계약 종료 후 렌탈자산의 소유권을 이전받아 제3자에게 매각하는 경우 소유권 이전 및 제3자 매각	과세	• 부가법 §9 • 서면-2015-법령해석부가-22253, 2015. 2. 12.
5	리스계약 종료 후 렌탈자산을 매각하여 현금으로 반환하는 경우	과세[1)]	• 부가법 §9 • 서면-2015-법령해석부가-22253, 2015. 2. 12.
6	리스계약 종료 후 경제적 가치(사용가치)가 없는 렌탈자산을 미회수하거나 이용자에게 무상이전 또는 폐기하도록 하는 경우	-	• 유상공급이 아니고, 리스대가에 포함되어 사업상 증여도 아님.
7	중도해지로 경제적 가치(사용가치)가 없는 렌탈자산 또는 설비를 이용자에게 유상 이전	과세	• 사전-2022-법규 • 부가-1085, 2022. 1. 9.
8	렌탈자산을 이용자가 도난, 재해 등으로 망실함에 따라 받는 변상금	-	• 부가통칙4-0-1 4호
9	렌탈계약의 중도해지로 렌탈자산을 반환하면서 별도의 위약금, 손해배상금을 지급하는 경우	-	• 부가통칙4-0-1 43호
10	렌탈 계약 시 렌탈자산에 대한 렌탈료 외 감손량에 대한 대가를 별도로 받기로 하는 약정(특약조항)이 있는 경우	과세	• 부가법 §11 • 계약상 원인으로 사용·수익에 따른 대가를 받는 유상공급임.

1) 리스자산 매각은 과세, 현금반환은 과세대상 아님.

II 재화 공급의 특례

1 간주공급의 의의

일반적인 재화의 공급은 대가를 받고 타인에게 재화를 사용 또는 소비할 수 있는 권리를 이전하는 것이나, 대가의 수수가 없거나 재화에 대한 권리의 이전이 없음에도 불구하고 재화의 공급으로 간주하게 되는 경우가 있는데 이를 재화 공급의 특례라 한다.

사업자가 자기의 사업과 관련하여 생산하거나 취득한 재화에 대한 특정내부거래(직매장 반출 등), 사적인 거래 또는 외부거래에 대하여 과세형평과 조세의 중립성 유지를 위하여 재화 공급의 특례로 규정하고 있으며, 이 중 자가공급, 개인적 공급, 사업상 증여, 폐업 시 잔존재화에 해당되는 경우(열거주의임)에만 부가가치세를 과세하고 있다.

예를 들어 면세전용의 경우 당초 면세사업을 위하여 재화를 생산하거나 취득한 경우에는 해당 재화의 생산 또는 취득에 관련된 매입세액은 부가법 제39조에 따라 매출세액에서 공제되지 아니하기 때문에 해당 사업자가 그 매입세액을 부담하여야 하나, 과세사업을 위하여 재화를 생산하거나 취득하여 그에 관련한 부가가치세를 매입세액으로 공제받은 후 면세사업에 전용하여 사용 또는 소비하게 되는 경우에는 부가가치세를 부담하지 않고 해당 재화를 사용하거나 소비하게 되므로 조세의 중립성을 유지하기 위하여 이를 재화의 공급으로 보아 사업자가 자기에게 재화를 공급한 것으로 하여 부가가치세를 거래징수하게 하고 거래징수당한 부가가치세를 해당 사업자가 부담하도록 하고 있다.

> 재화 공급의 특례로 재화의 공급범위를 확장한 것으로 자가공급, 개인적 공급, 사업상 증여, 폐업 시 잔존재화로서 열거된 것에 한하여 과세한다.

※ 간주공급은 창설적 규정이다.

2 | 자가공급

"자가공급"이란 사업자가 자기의 사업과 관련하여 생산하거나 취득한 재화를 자기의 사업을 위하여 직접 사용하거나 소비하는 것을 말하며, 사업자가 구입한 재화를 제품의 제조, 수선용으로 사용·소비하는 경우가 이에 해당된다. 이러한 사업자적 지위에서 발생하는 자가공급은 회계학상으로도 내부거래에 해당할 뿐만 아니라 그 자체가 부가가치를 창출하는 일련의 사업활동과정에 불과하고, 그 창출된 부가가치세는 결국 해당 사업자가 이를 제3자에게 공급하는 때에 실현된다. 다만, 후술하는 면세전용, 비영업용 승용자동차와 그 유지를 위한 재화, 판매목적의 타사업장 반출에 한하여 부가가치세를 과세한다(부가법 §10 ①, ②, ③).

(1) 자가공급의 범위

자가공급으로서 재화의 공급으로 보는 것은 사업자가 직접 사용·소비하는 재화가 당초의 생산 또는 취득 시부터 해당 사용 또는 소비의 목적이었다면 그 생산 또는 취득에 관련된 매입세액을 매출세액에서 공제받지 못하였을 거래인 면세사업 전용재화, 비영업용 소형승용자동차와 그 유지를 위한 재화의 경우와 2개 이상의 사업장이 있는 사업자가 자기사업과 관련하여 생산 또는 취득한 재화를 타인에게 직접 판매할 목적으로 다른 사업장에 반출하는 것에 한한다.

(2) 면세사업 전용재화

1) 제도의 취지

면세사업 전용재화를 재화의 공급으로 의제하고 있는 이유는 당초부터 해당 면세용도에 사용하기 위하여 생산 또는 취득한 경우와 동일한 조세부담이 되도록 함으로써 조세의 중립성을 유지하기 위한 것이다. 즉, 부가가치세 부담이 없는 소비를 방지하고 과세사업자와 면세(비과세)사업자 상호 간의 과세형평을 도모하여 조세중립성을 유지하기 위한 제도이다.

2) 개요

사업자가 자기의 과세사업과 관련하여 생산하거나 취득한 재화로서 다음의 어느 하나에 해당하는 재화(이하 "자기생산·취득재화")를 자기의 면세사업 및 부가가치세가 과세되지 아니하는 재화 또는 용역을 공급하는 사업(이하 "면세사업등")을 위하여 직접 사용하거나 소비하는 것은 재화의 공급으로 본다(부가법 §10 ①).

㉠ 부가법 제38조에 따라 공제되는 매입세액, 그 밖에 부가법 및 다른 법률에 따른 매입세액이 공제된 재화

㉡ 부가법 제10조 제9항 제2호에 따른 포괄적 사업양도로 취득한 재화로서 사업양도자가 제38조에 따라 공제되는 매입세액, 그 밖에 부가법 및 다른 법률에 따른 매입세액을 공제받은 재화

㉢ 부가법 제21조 제2항 제3호에 따라 내국신용장 또는 구매확인서에 의한 수출에 해당하여 영(零) 퍼센트의 세율을 적용받는 재화(2019. 1. 1. 이후 사용·소비하는 재화부터 적용한다)

이 경우 재화의 범위에는 「소득세법 시행령」 제81조 또는 「법인세법 시행령」 제24조에 규정하는 감가상각자산을 포함하며, 부가령 제66조에 따라 경과된 과세기간 수 등을 고려하여 계산한 과세표준을 계산하게 된다(부가법 §10 ①).

▌매입세액공제 여부와 재화의 공급특례 적용

2013년 부가가치세법 전면 개정 전에는 사업자가 당초 구입한 재화가 구 부가법 §17 ②에 따라 매입세액이 불공제되는 것은 재화의 공급특례대상이 되지 아니하므로 구 부가법 §17 ①에 따른 매입세액공제대상임에도 사업자가 매입세액공제를 받지 아니한 상태에서 재화의 공급특례가 적용되는 경우 부가가치세가 과세되고 당초 공제받지 아니한 매입세액은 경정청구를 통해 환급받을 수 있었다. 그러나 전면 개정 이후에는 당초 취득 시 부가법 제38조에 따른 매입세액공제대상임에도 매입세액을 공제받지 아니하였다면 이후 재화의 공급특례 사유가 발생하더라도 부가가치세가 과세되지 아니한다(부가법 §10 ① 1).

3) 전용의 범위

부가가치세가 면제되는 재화 또는 용역을 공급하는 사업을 위하여 사용 또는 소비하는 재화의 범위는 당초 과세사업을 위하여 생산하거나 취득한 재화(매입세액은 공제받은 경우에 한함)를 그 목적을 달리하여 면세사업을 위하여 사용 또는 소비하거나 과세사업에 공한 감가상각자산을 면세사업에 사용하는 경우를 의미한다.

따라서 당초부터 면세사업만을 위하여 생산 또는 취득하거나 과세사업과 면세사업에 겸용하기 위하여 생산 또는 취득한 재화(공통매입세액을 안분계산함에 있어서 해당 과세기간의 공급가액 중 면세공급가액이 100분의 5 미만이어서 매입세액을 전액 공제받은 재화를 포함)는 부가가치세가 면제되는 재화 또는 용역을 공급하는 사업을 위하여

사용 또는 소비하는 재화에 해당되지 아니하고 부가법 제41조에 따라 공통매입세액 재계산을 하게 된다(부가 22601-1727, 1988. 9. 30.).

가. 동일 사업장 내 과세재화를 면세사업 등을 위하여 반출하는 경우

승강기를 제조·판매하는 사업자가 건설용역을 전문으로 제공하는 독립된 사업부서와 종업원을 두고 국민주택건설공사의 승강기 설치공사를 수주하여 자기의 제조장에서 제작한 엘리베이터를 해당 부서의 책임하에 국민주택에 설치·시공하는 경우에는 국민주택건설용역에 해당하여 부가가치세가 면제된다. 다만, 부가가치세가 과세되는 사업과 관련하여 동일한 사업장 내에서 생산한 재화인 승강기를 부가가치세가 면제되는 용역을 공급하는 사업을 위하여 사용하는 승강기는 부가법 제10조 제1항에 따라 면세전용으로 부가가치세가 과세된다(법규부가 2012-371, 2012. 9. 26. ; 부가가치세과-1046, 2011. 8. 31.).

| 동일 사업장 |

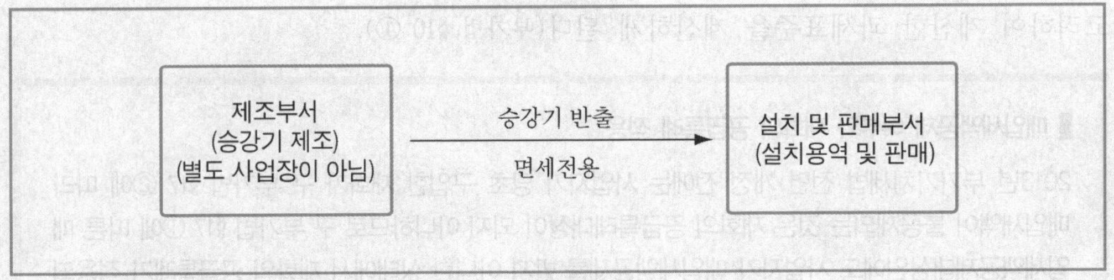

나. 자기의 타 사업장으로의 반출

서로 다른 두 개의 사업장을 가진 사업자(갑 법인)가 어느 한 사업장(과세)에서 생산한 재화를 타인에게 판매하면서 일부 재화를 자기의 다른 면세사업장으로 반출하여 면세 용역 공급을 위한 자재로 사용하는 경우, 사업장별로 납세의무를 이행하게 함으로써 납세관리를 용이하게 하고 재화의 이동을 세금계산서로 확인함으로써 세수일실 요인을 사전에 제거하고자 부가법 제9조 제1항에 따른 재화의 공급(세금계산서 발급대상으로 봄)으로 과세한다는 것이 기획재정부의 해석이다(기재부 부가-495, 2012. 10. 8. ; 재경부 소비 46015-183, 1999. 5. 26.). 면세전용이 아닌 통상적 재화의 공급으로 보아 세금계산서 발급대상이라는 기재부 해석은 부가법령 조문 어디를 보아도 납득할 수 없는 해석이다. 하지만 최근 조세심판원은 A사업장(과세사업장)에서 생산한 창호 등을 B사업장(겸영사업장)에서 국민주택 규모의 건설공사(면세사업)의 자재로 사용하기 위하여 B사업장으로 반출한 것은 자기의 과세사업과 관련하여 생산한 자재(창호 등)를 자기의 면세사업을 위하여 직접 사용한 것으로 자가공급 중 면세전용에 해당되고 세금계산서 발급의무가 면제된다고 결정함으로써 법리에 맞는 올바른 결정이 이루어져 다행이 아닐 수 없다(조심 2019전2025, 2019. 9. 10.).

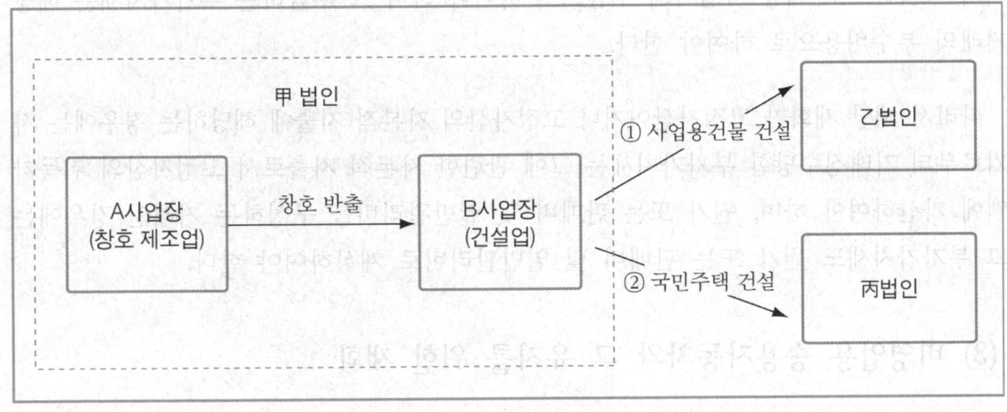

4) 일시적 · 우발적 면세사업 사용이 면세전용 사유인지

건설회사(시행사)가 과세사업용 재고자산인 국민주택초과분 아파트에 대하여 관련 매입세액을 공제받은 후에 동 아파트가 미분양되어 해당 아파트를 2년간 임대하게 되었다. 이에 과세관청은 해당 임대에 사용한 아파트를 면세전용으로 의제하여 시가를 공급가액으로 하여 부가가치세를 과세하였다. 과세관청의 과세 취지는 건설회사가 자신의 국민주택 규모 초과 아파트를 일시적 · 잠정적으로 임대한 것으로 볼 수 없고, 자신의 과세사업과 관련하여 생산한 아파트를 자기의 면세사업인 주택임대사업을 위하여 직접 사용하였기 때문이라는 이유이다. 주택임대가 일시적 · 잠정적인 것인지 여부가 쟁점으로 대법원은 임대기간을 잔금지급일로부터 2년으로 정하고 있는 점, 아파트를 재고자산에서 임대사업을 전제로 한 유형자산으로 대체하고 회계처리한 점, 임대기간 중 제3자에게 분양이 가능하다는 등의 특약사항이 전혀 기재되지 않는 점 등을 이유로 일시적인 사용으로 볼 수 없다고 판단하였다(대법원 2017두34865, 2017. 5. 16.).

다만, 분양 전 본인 및 임차인의 일시적 거주로 확인된다면 매입세액불공제나 개인적 공급으로 과세되어서는 아니된다(재일 46014-1376, 1996. 6. 5. ; 부가-3165, 2008. 9. 19. ; 심사부가2018-0075, 2019. 1. 16.).

5) 거래징수와 거래징수당한 부가가치세의 회계처리

면세사업 전용재화의 경우에는 해당 재화의 공급자와 이를 공급받는 자는 동일한 사업자가 된다. 따라서 사업자가 자기로부터 부가가치세를 거래징수하여야 하며, 사업자가 자기로부터 거래징수당한 부가가치세는 면세사업에 관련된 매입세액으로서 설령 세금계산서 발급이 된다 하더라도 부가법 제39조 제1항 제7호에 따라 매출세액에서 공제되지 아니하므로 해당 사업자의 부담으로 하여야 하며 그 부담하는 부가가치세는 해당 거래의 부수비용으로 하여야 한다.

따라서 해당 재화가 고정자산이거나 고정자산의 자본적 지출에 해당하는 경우에는 자기로부터 거래징수당한 부가가치세는 그에 관련한 자본적 지출로서 고정자산의 취득가액에 가산하여야 하며, 원가 또는 판매비 및 일반관리비를 구성하는 거래인 경우에는 그 부가가치세도 원가 또는 판매비 및 일반관리비로 계상하여야 한다.

(3) 비영업용 승용자동차와 그 유지를 위한 재화

다음의 어느 하나에 해당하는 자기생산·취득재화의 사용 또는 소비는 재화의 공급으로 본다(부가법 §10 ②).

㉠ 사업자가 자기생산·취득재화를 부가법 제39조 제1항 제5호에 따라 매입세액이 매출세액에서 공제되지 아니하는 「개별소비세법」 제1조 제2항 제3호에 따른 자동차로 사용 또는 소비하거나 그 자동차의 유지를 위하여 사용 또는 소비하는 것

㉡ 운수업, 자동차판매업 등 아래에서 정하는 업종의 사업을 경영하는 사업자가 자기생산·취득재화 중 「개별소비세법」 제1조 제2항 제3호에 따른 자동차와 그 자동차의 유지를 위한 재화를 해당 업종에 직접 영업으로 사용하지 아니하고 다른 용도로 사용하는 것

- 운수업
- 자동차판매업
- 자동차임대업
- 운전학원업
- 「경비업법」 제2조 제1호 라목에 따른 기계경비업무를 하는 경비업. 이 경우 부가법 제10조 제2항 제2호에서의 자동차는 「경비업법」 제16조의3에 따른 출동차량에 한정하여 적용한다(2015. 2. 3. 이후 공급받는 분부터 적용).
- 위 업종과 유사한 업종

1) 비영업용 승용자동차의 범위

영업용이라 함은 운수업, 자동차판매업, 자동차임대업, 운전학원업, 경비업 및 이와 유사한 업종에서와 같이 자동차를 직접 영업수단으로 사용하는 것을 말한다. 따라서 그

외의 목적으로 사용하는 자동차는 모두 비영업용 승용자동차에 해당된다(부가령 §19).

승용자동차라 함은 정원 8인 이하의 자동차로서 사람의 수송만을 목적으로 제작된 차량 중에서 개별소비세 비과세대상인 것을 말한다.

▌개별소비세 과세대상 자동차

가. 승용자동차 및 전기승용자동차(모두 정원 8인 이하의 자동차로 한정하되, 배기량이 1,000cc 이하의 것으로 길이가 3.6m 이하이고 폭이 1.6m 이하인 경차는 제외)

나. 이륜자동차(내연기관을 원동기로 하는 것은 총배기량이 125cc를 초과하는 것, 내연기관 외의 것을 원동기로 하는 것은 정격출력이 1kW를 초과하는 것으로 한정)

다. 캠핑용자동차(캠핑용 트레일러 포함)

2) 적용범위

사업자가 자기의 과세사업을 위하여 생산 또는 취득 시 매입세액을 공제받은 승용자동차를 고유의 사업목적(판매용, 운수사업용 등)에 사용하지 않고, 비영업용 또는 업무용(출퇴근용 등)으로 사용하는 경우 자가공급으로 보아 부가가치세가 과세된다.

예를 들어 주유소를 운영하는 사업자가 판매용인 경유나 휘발유를 구입하면서 매입세액을 공제받고 이를 자기 또는 종업원의 승용자동차에 주입하는 경우에도 자가공급으로 보아 부가가치세가 과세된다. 다만, 이 경우에도 판매용의 경유를 소형승용자동차가 아닌 자기 사업에 사용되는 유조차 연료로 주입한 경우에는 간주공급에 해당되지 아니한다.

구 분	취득단계	자가공급 단계	매각단계
취득단계부터 비영업용 승용자동차에 해당	매입세액불공제	과세대상 아님.	재화의 실질공급으로 과세대상임.
생산・취득단계에서는 비영업용 승용자동차에 해당하지 않음.	매입세액공제	자가공급으로 과세	재화의 실질공급으로 과세대상임.

3) 승용자동차의 자가공급과 이후 매각 시 과세문제

영업용 소형승용자동차 판매업을 경영하는 사업자 등이 자기생산・취득재화(부가법 제38조에 따른 매입세액, 그 밖에 부가법 및 다른 법률에 따른 매입세액이 공제된 재화를 말함) 중 「개별소비세법」 제1조 제2항 제3호에 따른 소형자동차와 그 자동차의 유지를 위한 재화를 해당 업종에 직접 영업으로 사용하지 아니하고 다른 용도로 사용하는 것은 재화의 공급으로 의제하고 있다(부가법 §10 ① 및 ② 2). 재화의 공급의제에 따른 공급시기는 부가령 제28조 제4항 제1호에 따라 재화를 사용하거나 소비하는 때이므로 해당 자동차를 비영업용(출퇴근용 등)으로 전용하는 시점이 된다. 이때 전용하는 소형승용자동차의 공급가액은, 판매용 재고자산인 소형승용자동차가 비영업용으로 전용된 경우와 같이 사업자의 과세사업에 사용되지 아니한 재화가 공급으로 의제된 경우에는 해당 소형승용자동차의 거래가격에 의하여 산정하여야 하므로 전용한 소형승용자동차를 다른 구매고객들에게 판매하였을 경우의 가격을 공급가액(시가)으로 보아야 한다(대법원 2014두1956, 2016. 7. 7.).

영업용 또는 판매용으로 소형승용자동차 및 그 부품을 수입(취득)하여 판매하는 자동차판매업자 등이 소형승용자동차를 판매용 재고재화로서 수입(취득)하면서 부담한 매입세액은 당초 취득목적이 영업용 재고재화 외의 목적에 해당하여 부가법 제39조에 따라 불공제되는 경우를 제외하고는 부가법 제38조에 따라 일단 매입세액공제대상이 된다. 취득 이후 해당 재고재화인 소형승용자동차를 임직원용 등 재고재화 외의 목적, 즉 영업용 외의 목적으로 사용·소비하는 경우는 부가법 제10조 제2항에 따른 재화의 공급특례에 해당하여 부가가치세가 과세된다. 또한 사업용(영업용 외의 과세사업용을 말한다)으로 사용하던 소형승용자동차를 제3자에게 매각하는 경우에는 계약상 또는 법률상의 모든 원인에 따라 재화를 인도하는 것으로 부가법 제9조 제1항에 따라 부가가치세가 과세된다.

국세청은 부가가치세 과세사업을 영위하는 사업자가 자기의 과세사업에 사용하던 부가법 제39조 제1항 제5호에 따른 소형승용자동차를 매각하는 경우 해당 자동차의 취득시 매입세액공제 여부 및 공급받는 자의 매입세액공제 여부와 관계없이 부가법 제9조에 따라 부가가치세가 과세된다고 회신하였고(부가가치세과-542, 2014. 6. 5. ; 서면3팀-406, 2006. 3. 6.), 기획재정부도 영업용으로 소형승용자동차를 구입하여 동 자동차의 구입과 관련된 매입세액을 공제받은 후, 회사 사정으로 동 자동차를 비영업용으로 전환(공급의제)하여 부가가치세를 신고·납부한 이후에 동 자동차를 제3자에게 공급할 경우 부가법 제9조 제1항에 의한 계약상 또는 법률상의 모든 원인에 의하여 재화를 인도 또는 양도하는 경우에 해당하여 부가가치세가 과세된다고 회신하였다(재정경제부 부가가치세제과-763, 2007. 10. 30.).

위와 같은 법리 등에 비추어 보면 영업용 소형승용자동차 판매회사 등이 임직원용 차량을 판매용 또는 그 용도를 특정하지 아니하고 수입(취득)하였다면 (수입)부가가치세는 자기의 매출세액에서 공제되어야 하고, 이후 재고재화로서 취득한 소형승용자동차를 임직원용 차량으로 상당한 기간(통상 1년 미만이라면 두 개 과세기간 이상일 것으로 판단된다) 비영업용으로 사용하면 그 가치가 상당한 수준으로 하락하게 되므로 이를 두고 일시적·잠정적인 사용행위로 볼 수 없는바, 이 경우 비영업용으로 전용한 것으로 보아 그 전용 시에 재화의 공급으로 의제됨은 당연하다(대법원 2014두1956, 2016. 7. 7.). 재차 부언하면 소형승용자동차 판매업자가 해당 임직원용 소형승용자동차를 제3자에게 매각하는 경우 해당 매각거래는 부가법 제10조의 재화공급의 특례 규정과는 별도로 자신 소유의 사업용 고정자산으로 사용하던 소형승용자동차를 계약상 또는 법률상의 모든 원인에 따라 재화를 인도하는 것이므로 재화의 실질공급에 해당한다. 이러한 자가공급과 제3자 매각거래에 대하여 이중과세를 주장할 수 있으나 부가법 제9조와 제10조의 중복적용을 배제하는 규정이 없고 두 거래가 상당한 기간을 두고 발생하는 거래로서 다단계거래세의 부가가치세 기본원리와도 배치되지 아니하며, 제3자 매각 시 공급자는 부가가치세를 거래징수할 것이므로 이중의 부가가치세 부담이라고 보기도 어렵다.

따라서 소형승용자동차 판매회사 등이 수입(취득)한 차량은 해당 차량에 대한 매입세액을 공제받지 아니한 경우를 제외하고는 임직원용 전용 차량에 대하여 부가법 제10조 제2항의 재화 공급특례 규정을 적용하여 전용시점에 해당 차량의 시가를 공급가액으로 하여 부가가치세를 과세하여야 하고, 이를 매각하는 경우에는 당초 매입세액공제 여부나 임직원용 전용 차량으로 재화 공급특례로 부가가치세가 과세되었는지를 불문하고 부가법 제9조에 따라 부가가치세를 과세하여야 한다.

(4) 판매목적으로 반출하는 재화(직매장 반출)

1) 제도의 취지

제조업을 영위하는 사업자가 자기의 제조장에서 제조한 제품을 직매장으로 반출하여 판매하는 경우 제조장에서 직매장으로 반출하는 제품에 대하여 재화의 공급으로 보지 아니한다면 제조장에서는 제품의 제조와 관련된 매입세액만 발생하게 되어 환급세액이 발생하고, 직매장에서는 제품의 판매와 관련된 매출세액만 발생하게 되어 납부세액이 발생한다. 이 경우 납부세액은 예정신고 또는 확정신고와 함께 납부하여야 하나 환급세액은 확정신고기한 경과 후 30일 내에 환급받게 되므로 그 결과 해당 사업자에게는 납부한 때로부터 환급받게 되는 날까지 자금상의 부담을 주게 된다. 이러한 자금상의 부담을 덜어주기 위하여 재화를 생산하거나 취득한 사업장에서 재화를 판매하는 사업장으로 반출하는 때에 이를 재화의 공급으로 보아 그에 대한 매출세액을 계상하고 그 매출세액은 해당 재화를 판매하는 사업장의 매입세액으로 계상하게 함으로써 양 사업장의 납부세액의 합계액은 직매장의 납부세액에서 제조장의 환급세액을 공제한 금액이 되어 해당 사업자의 자금상의 부담을 덜 수 있게 된다.

그러나 타인에게 직접 판매할 목적으로 다른 사업장에 반출하는 재화에 대하여 재화의 공급으로 보지 아니한다 하더라도 자금상의 부담이 없는 주사업장 총괄납부사업자에 대하여는 세금계산서 발급 등 번거로움을 배제하기 위하여 총괄납부를 하는 과세기간에 반출하는 재화에 대하여는 재화의 공급으로 보지 아니한다.

2) 적용범위

부가가치세의 납세지를 각 사업장으로 하고 있기 때문에 사업장이 둘 이상인 사업자가 자기의 사업과 관련하여 생산 또는 취득한 재화를 판매할 목적으로 자기의 다른 사업장에 반출하는 것은 해당 재화의 취득 시 매입세액의 공제 여부에 관계없이 재화의 공급으로 의제하고 있다(부가법 §10 ③).

이때 총괄납부 또는 사업자단위과세사업자가 총괄납부 또는 사업자단위과세의 적용을 받는 과세기간에 반출하는 것은 이를 재화의 공급으로 보지 아니한다. 다만, 총괄납부사업자가 부가법 제32조에 따른 세금계산서를 발급하여 관할 세무서장에게 예정신고 또는 확정신고한 경우에는 재화의 공급으로 본다(부가법 §10 ③ 2).

가. 판매할 목적

현금판매, 외상판매, 할부판매, 연불판매, 조건부 그 밖의 기한부판매 및 매매계약 등에 의하여 재화를 인도 또는 양도하기 위한 목적으로 다른 사업장에 반출하는 것을 의미한다.

따라서 다음의 경우에는 사업자가 자기의 사업과 관련하여 생산하거나 취득한 재화를 자기의 과세사업을 위하여 판매목적으로 반출하는 것이 아니므로 재화의 공급으로 보지 아니한다(부가통칙 10-0-1, 10-0-2).

㉠ 자기의 다른 사업장에서 원료·자재 등으로 사용하거나 소비하기 위하여 반출하는 경우
㉡ 자기사업상의 기술개발을 위하여 시험용으로 사용하거나 소비하는 경우
㉢ 수선비 등에 대체하여 사용하거나 소비하는 경우
㉣ 사후 무료서비스 제공을 위하여 사용하거나 소비하는 경우
㉤ 불량품 교환 또는 광고선전을 위한 상품진열 등의 목적으로 자기의 다른 사업장으로 반출하는 경우

ⓑ 건설업을 영위하는 사업자가 자기의 사업과 관련하여 생산 또는 취득한 재화를 자기의 해외건설공사에서 건설용 자재로 사용하거나 소비할 목적으로 국외로 반출하는 경우

ⓢ 임가공을 위하여 재화를 자기의 다른 사업장에 반출하는 경우

ⓞ 자기의 제조장에 제품제조용으로 원재료를 반출하였으나 일부 원재료를 제조에 사용하지 않고 다른 사업자에게 판매한 경우(조법 1265-717, 1982. 6. 9.)

나. 다른 사업장

사업자가 자기의 사업과 관련하여 생산 또는 취득한 재화를 직접 판매하기 위하여 특별히 판매시설을 갖춘 장소인 직매장뿐만 아니라 부가령 제6조에서 규정하고 있는 그 밖의 사업장도 포함하는 개념으로 사용되고 있다. 따라서 사업장으로 보지 아니하는 하치장으로의 반출은 자가공급에 해당하지 아니한다(재무부 간세 1235-59, 1978. 1. 10.).

다. 반출

반출은 일반적으로 재화를 일정한 장소에서 다른 장소로 운반하여 옮기는 것, 즉 재화의 공간적 이동을 의미한다 할 것이다. 다만, 간주공급으로 부가가치세를 과세함에 있어 소유권의 이전을 전제한 반출을 의미하는 것은 아니다.

이러한 공간적 이동이 아닌 경우에도 반출로 보아 재화의 공급으로 하는 사례로는 제조장에서 생산한 재화를 직접 보세구역으로 반출하여 수출함에 있어 본사가 그 수출에 관련한 선적업무를 취급하는 관계로 제조장에서 보세구역으로 반출하는 때에 본사를 공급받는 자로 한 세금계산서를 발급한 경우(총괄납부사업자의 경우에는 거래명세서를 발급한 경우)에는 실제 해당 재화를 제조장에서 본사로 반출하여 본사에서 수출한 것이 아님에도 제조장에서는 본사로 해당 재화를 판매할 목적으로 반출한 것으로 하여 재화의 공급으로 보며 본사에서 해당 재화를 수출한 것으로 하여 부가가치세의 과세표준과 세액을 신고할 수 있다(부가 22601-2291, 1985. 11. 23.).

또한, 제조장과 직매장 등 2개 이상의 사업장을 가진 사업자가 제조장에서 생산한 재화를 직매장 등에서 전담하여 판매함에 있어 재화를 제조장에서 직매장 등으로 반출하기 이전에 세금계산서 또는 거래명세서를 제조장에서 직매장 등으로 발급하고 수송 등의 편의를 위하여 제조장에서 거래상대방에게 직접 재화를 인도하는 때에는 직매장 등에서 제조장으로부터 반출받은 재화를 공급하는 것으로 보므로 제조장에서 직매장 등으로 세금계산서 또는 거래명세서를 발급하는 때에는 실제 재화의 반출은 없었다 하더라도 해당 재화를 직매장으로 반출한 것으로 하여 재화의 공급으로 본다(부가통칙 32-69-4).

라. 총괄납부를 하는 과세기간

총괄납부를 하는 과세기간이란, 총괄납부 신청한 날이 속하는 과세기간의 다음 과세기간 시작일로부터 주사업장 총괄납부포기신고를 한 과세기간의 종료일까지를 말한다.

마. 사업자단위과세를 적용받는 과세기간

사업자단위과세를 적용받는 과세기간이란, 사업자단위과세적용을 받는 과세기간 시작일로부터 사업자단위과세의 포기신고를 한 과세기간의 종료일까지를 말한다.

| 재화의 반출에 따른 부가가치세 과세 |

구 분	판매목적 반출	판매목적 외 (원부자재용)	면세사업장 반출 (면세사업에 사용)	세금계산서 발급
일반사업장	과세	과세 안함.	과세	발급
총괄납부자	과세 안함.	과세 안함.	과세	선택 가능
사업자단위과세자	과세 안함.	과세 안함.	과세 (면세전용)	발급 불가

3 | 개인적 공급 및 사업상 증여

(1) 도입취지

개인적 공급 및 사업상 증여를 재화의 공급으로 의제하고 있는 이유는 매입세액을 공제받은 재화를 개인적으로 사용 또는 소비하거나 사업상 증여를 하는 때에 그에 대한 부가가치세를 거래징수하도록 함으로써 사업자 자신, 사용인, 고객 또는 불특정 다수인도 부가가치세를 부담하고 해당 재화를 사용하거나 소비하도록 하기 위한 조치로서 모든 재화의 사용 또는 소비에 대하여 과세하는 일반소비세제인 부가가치세제의 장점을 유지하고 아울러 조세의 중립성을 도모하기 위함이다.

(2) 적용범위

재화의 공급으로 의제하는 개인적 공급 및 사업상 증여라 함은 사업자가 자기의 사업과 관련하여 생산하거나 취득한 재화를 자기나 그 사용인의 개인적인 목적 또는 그 밖의 목적으로 사용·소비하거나(개인적 공급) 자기의 고객이나 불특정다수인에게 증여하는 경우(사업상 증여)에 자기, 사용인 또는 고객이나 불특정다수인에게 재화를 공급하는 것으로 보는 것을 말한다.

자가공급은 회계학상의 내부거래로 사업자가 자기의 사업을 위하여 직접 사용·소비하는 경우 중 특정의 거래에 한하여 재화의 공급으로 의제하고 있는 것에 반하여 개인적 공급 및 사업상 증여는 회계학상의 외부거래(사업자 자신, 사업자의 사용인, 고객 그 밖의 불특정 다수인에게 인도 또는 양도하는 재화로서 그에 대한 대가를 받지 아니하거나 시가보다 낮은 대가를 받는 것)를 그 대상으로 하고 있다.

이 경우에도 자가공급과 같이 해당 재화의 생산 또는 취득 시 그에 관련하여 발생한 매입세액을 매출세액에서 공제받은 재화를 대상으로 한다. 이는 개인적 공급 등에 대하여 과세하는 취지가 자기의 사업과 관련하여 생산·취득한 재화를 자기나 그 사용인 등이 최종소비자가 되어 사용하거나 소비하게 됨에도 불구하고 부가가치세의 부담이 없는 모순을 시정하는 데 있기 때문이다.

(3) 개인적 공급

1) 개요

개인적 공급으로서 재화의 공급으로 보는 것은 사업자가 "자기생산·취득재화"를 사업과 직접적인 관계없이 자기의 "개인적인 목적이나 그 밖의 다른 목적"을 위하여 사용·소비하거나 그 사용인 또는 그 밖의 자가 사용·소비하는 것으로서 사업자가 그 대가를 받지 아니하거나 "시가보다 낮은 대가"를 받는 경우를 말한다(부가법 §10 ④).

2) 개인적 목적 등의 의미

"개인적인 목적 또는 그 밖의 목적"이라 함은 재화를 사용하거나 소비함에 있어서 그 목적이 자기의 사업을 위하여 직접·간접적으로 사용 또는 소비하는 경우 외의 것을 말한다. 따라서 사업자가 자기의 사업과 관련하여 실비변상적이거나 복리후생적인 목적으로 자기의 사용인에게 작업복, 작업모, 작업화 또는 직장체육비, 직장연예비와 관련된 재화를 무상으로 공급하는 경우에는 재화의 공급으로 보지 아니한다.

3) 시가보다 낮은 대가의 의미

"시가보다 낮은 대가"의 의미에 대하여 그 범위규정을 두고 있지 아니하나 현저히 낮은 대가를 받는 경우로 보는 것이 타당하다. 예를 들어 회사의 비영업용 승용자동차를 특정 종업원에게 시가보다 10~50% 저렴하게 매각한 경우라면 시가보다 낮은 대가 또는 현저히 낮은 대가를 받았다고 볼 수 있으나, 전 종업원에게 자사의 상품을 구입 시 5~10% 범위에서 종업원 할인을 실시한다면 시가보다 낮은 대가를 받는 경우로 보아 개인적 공급으로 과세하는 것은 무리라고 본다. 법인세법에서도 사용인에게 자기의 제품이나 상품 등을 할인판매하는 경우로서 "① 할인판매가격이 법인의 취득가액 이상이며 통상 일반 소비자에게 판매하는 가액에 비하여 현저하게 낮은 가액이 아닌 것, ② 할인판매를 하는 제품 등의 수량은 사용인이 통상 자기의 가사를 위하여 소비하는 것이라고 인정되는 정도의 것"인 때에는 조세의 부담을 부당하게 감소시킨 것으로 인정하지 않고 있다(법인통칙 52-88-3).

※ 2025. 1. 1. 이후 임직원할인에 대한 (비)과세 규정은 별론으로 한다.

4) 실비변상적 또는 복리후생적으로 공급에 해당하는 재화

사업자가 실비변상적이거나 복리후생적인 목적으로 그 사용인에게 대가를 받지 아니하거나 시가보다 낮은 대가를 받고 제공하는 것으로서 다음의 경우는 재화의 공급으로 보지 아니한다. 이 경우 시가보다 낮은 대가를 받고 제공하는 것은 시가와 받은 대가의 차액에 한정한다(부가령 §19의2).

① 사업을 위해 착용하는 작업복, 작업모 및 작업화를 제공하는 경우
② 직장 연예 및 직장 문화와 관련된 재화를 제공하는 경우
③ 다음의 어느 하나에 해당하는 재화를 제공하는 경우. 이 경우 각각 사용인 1명당 연간 10만 원을 한도로 하며, 10만 원을 초과하는 경우 해당 초과액에 대해서는 재화의 공급으로 본다.
   ㉮ 경조사와 관련된 재화
   ㉯ 설날·추석, 창립기념일 및 생일 등과 관련된 재화

직원들의 사기진작과 근로의욕의 향상을 위하여 지출된 복리후생비적 성격의 지출관련 매입세액은 공제되고, 개인적 공급으로 과세하지 아니한다는 "서울고법 2015누43089, 2016. 2. 4."의 판결이 반영된 규정이나 1인당 연간 10만 원 이하의 재화로 한정한 것은 종업원 할인이나 소득세법이나 법인세법의 복리후생비 범위에 비추어 지나치게 적은 액수로, 금액 한도를 상향하는 방향으로 시급히 개정되어야 한다.

5) 복리후생 목적 휴양시설 운영에 따른 부가가치세 과세기준

국세청은 복리후생 목적으로 임직원에게 휴양시설을 무상사용 하게 하는 경우 부가가

치세 과세대상에 해당하는지를 묻는 질의에 대하여, '사업자가 임직원의 복리후생 목적으로 콘도, 리조트 등의 휴양시설을 취득(건설)해 임직원의 무상으로 사용하도록 하는 경우 부가법 제10조 제4항에 따른 재화의 공급에 해당하지 아니하는 것임'이라 회신하였고(서면-2021-법령해석부가-4056, 2021. 8. 27.), 가입비와 월정회비를 받고 제공하는 골프연습용역이 과세되는 용역인지 여부와 관련해서는 회원들만 이용할 수 있는 골프연습장을 설치하고 회원들이 공동으로 골프연습장을 관리운영하면서 실경비만을 회원들에게 배분하는 방법으로 회비등을 징수하는 경우 동 회비상당액에 대하여는 부가가치세가 과세되지 아니하는 것임으로 회신하였다(부가 46015-2179, 1997. 9. 22.).

과세사업자의 직원 휴양시설 운영형태가 직영인지 아니면 외부위탁인지와는 무관하게 무상으로 제공되거나 해당 시설에 대한 인건비, 건물관리, 운영비 또는 위탁관리비에도 미치지 못하는 정도의 금전(상업시설 사용에 따른 반대급부라고 평가하기 어려운 액수를 말함)을 받는 경우라면 부가가치를 창출하는 독립된 과세사업을 영위한다고 보기 어렵다.

(4) 사업상 증여

사업자가 "자기생산 · 취득재화"를 자기의 고객이나 불특정 다수에게 증여하는 경우(증여하는 재화의 대가가 주된 거래인 재화의 공급에 대한 대가에 포함되는 경우는 제외)는 재화의 공급으로 본다.

다만, 사업자가 사업을 위하여 증여하는 것으로서 다음의 어느 하나에 해당하는 경우에는 과세되는 재화의 공급으로 보지 아니한다(부가법 §10 ⑤).

① 사업을 위하여 대가를 받지 아니하고 다른 사업자에게 인도 또는 양도하는 견본품

② 취득 시 부가법 제39조에 따라 매입세액이 공제되지 아니하는 것(포괄적 사업양도에 의하여 사업양수자가 양수한 자산으로서 사업양도자가 부가법 제38조에 따라 매입세액을 공제받지 아니한 재화 포함)

③ 「재난 및 안전관리 기본법」의 적용을 받아 특별재난지역에 공급하는 물품(2012. 2. 2. 이후 공급분부터 적용)

④ 부가령 제61조 제2항 제9호 나목에 따른 자기적립마일리지 등으로만 전부를 결제받고 공급하는 재화(2017. 4. 1. 거래분부터 적용)

증여의 의미를 부가가치세법에서는 규정하고 있지 아니하므로 「민법」 제554조(증여는 당사자 일방이 무상으로 재산을 상대방에게 수여하는 의사를 표시하고 상대방이 이

를 승낙함으로써 그 효력이 생긴다)의 규정이 준용된다고 보아야 할 것이다. 참고로 상속세 및 증여세법에서는 "증여"란 그 행위 또는 거래의 명칭·형식·목적 등과 관계없이 직접 또는 간접적인 방법으로 타인에게 무상으로 유형·무형의 재산 또는 이익을 이전(移轉)(현저히 낮은 대가를 받고 이전하는 경우를 포함한다)하거나 타인의 재산가치를 증가시키는 것으로 규정하고 있다(다만, 유증과 사인증여는 제외한다)(상증법 §2 6호).

따라서 기부 또는 접대 등을 위한 재화의 무상공급은 증여에 해당되나 사업자가 자기사업의 광고선전물의 배포와 광고선전을 목적으로 간판을 제작, 이를 고정거래처에 설치하고 그에 대한 관리의무만을 위임하고 그 소유권을 보유한 때에는 해당 간판을 고정거래처에 증여한 것이라 할 수 없으므로 사업상 증여에 해당되지 아니한다.

| 판매장려금품 등의 사업상 증여 해당 여부 |

구 분	내 용	사업상 증여 해당 여부
판매장려금품	사업자가 자기재화의 판매촉진을 위하여 거래상대자의 판매실적에 따라 약정에 따라 지급하는 장려금품(재화) ⇒ 세금계산서 발급의무 면제	<사업상 증여> 부가 22601-711, 1985. 4. 18. 부가통칙 10-0-5
기증품 (증정품)	사업자가 자기의 제품 또는 상품을 구입하는 자에게 구입 당시 그 구입액의 비율에 따라 증여하는 기증품·할증품·증정품(사전 지급 확정된 할증품을 추후 제공하는 경우 포함) ⇒ 주된 재화의 공급에 포함하므로 사업상 증여 아님.	<과세대상 아님> 부가 46015-4077, 2000. 12. 19. 서삼 46015-12078, 2002. 12. 4. 서면3팀-1368, 2007. 5. 7. 부가통칙 10-0-6
경품	사업자가 자기의 고객 중 추첨을 통하여 당첨된 자에게 지급하거나, 사업자가 경품부판매를 함에 있어 추첨에 당첨된 자에게 경품으로 지급하는 재화 ⇒ 세금계산서 발급의무 면제	<사업상 증여> 제도 46015-11319, 2001. 6. 4. 부가 46015-2223, 1999. 7. 30. 부가 46015-892, 2001. 6. 20. 부가통칙 10-0-6
광고선전물	사업자가 불특정 다수인에게 무상으로 배포하는 경우(직매장·대리점을 통하여 배포하는 경우 포함)로서 광고선전 목적으로 자기 상호·로고가 부각되거나 인쇄된 소모성 재화(재떨이, 컵, 얼음통, 의자커버, 수건, 성냥 등) 및 신제품 광고선전을 위해 무료시음회 과정에서 제공되는 시음용 재화	<과세대상 아님> 부가 46015-1108, 1996. 6. 7. 부가 46015-983, 1999. 4. 12. 부가 46015-1481, 1996. 7. 22.

(5) 종업원할인액의 개인적 공급 해당 여부 등(2024. 12. 31. 이전)

종업원 할인판매는 일반 소비자 판매와 달리 마케팅 비용, 대리점 유통수수료, 고객관리 비용 등 각종 부대비용이 절감되는 판매경로로서 회사 입장에서는 판매증대를 통해 재고를 소진시키고, 차량 점유율을 증가시킴으로써 광고·홍보 효과를 얻을 수 있으므로 경제적 합리성을 결한 비정상적인 거래로서 부당성이 있다고 보기 어렵다. 따라서 부당행위계산부인대상이 아닌 종업원할인액은 원칙적으로 근로소득, 개인적 공급, 접대비로 볼 수 없다(기획재정부 법인세제과-787, 2014. 10. 2.).

할인판매가격이 취득가액 이상으로 사용인이 자가소비를 위한 것이라고 인정되는 등 「법인세법 기본통칙」 52-88-3을 충족하여 거래의 부당성이 없다고 인정되는 경우 법인세법상 부당행위계산부인대상으로 볼 수 없고, 종업원할인이 일반고객에 비해 낮은 대가를 받는 것은 사실이지만 일반고객에게도 할인행사가 이루어지고 있는 상황하에서 각종 부대비용의 절감과 홍보효과 등을 창출하는 종업원에게 그 할인혜택을 주는 것으로서 회사가 당초 제조·구매 시 매입세액공제받은 취득가액 이상으로서 할인판매가격이 유통이나 홍보 등의 효과를 감안한 시가를 반영하는 것으로 거래조건에 따른 매출에누리로 볼 수 있어 개인적 공급으로 부가가치세를 과세할 수 없다고 본다(서면-2020-법령해석부가-6229, 2021. 9. 9.).

또한, 종업원할인액이 근로소득인지 여부는 부당행위계산부인 여부, 종업원할인액의 성격, 근로계약 내용, 수행업무, 보수지급 조건 등을 종합하여 사실판단할 사항으로 할인판매가액이 취득가액 이상으로 종업원이 자가소비를 위한 것이라고 인정되는 등 「소득세법 기본통칙」 41-98-3을 충족하는 경우 부당행위계산부인대상으로 볼 수 없을 것이며, 이러한 경우 근로소득으로 과세하기는 어렵다고 보여진다.

접대비(기업업무추진비) 해당 여부는 거래처 등에 대한 종업원할인액이 판매와의 관련성, 할인정책의 목적·대상 및 할인기준 등에 따라 사실판단할 사항이지만 계열사 등 임직원에 대한 할인정책에 의하여 제품(상품)을 할인판매하는 것이 제품의 인지도를 높이고 제품판매 점유비율을 높임으로써 회사의 영업수익을 확대하기 위한 경영 전략의 일환이라면 역시 접대비(기업업무추진비)로 볼 수 없다.

1) 2025. 1. 1. 이후 임직원할인에 대한 소득세법 및 법인세법 개정 규정을 적용하기 이전의 규정 또는 해석이다.
2) 자세한 것은 심층분석 사례집 I 의 "임직원할인과 복지포인트제도의 분석"을 참고한다.

(6) 부동산의 증여와 세금계산서의 발급 여부

과세사업에 사용하던 부동산을 자녀에게 증여하고 수증자(자녀)가 해당 부동산을 과세사업에 사용하는 경우로서 증여 시 개인적 공급 또는 사업상 증여로 과세한다면 세금계산서 수수할 수 없어 수증자는 매입세액공제를 받을 수 없어 누적효과가 발생한다. 다만, 증여자가 취득 시 매입세액공제를 받지 아니한 경우에는 개인적 공급이나 사업상 증여로 과세할 수는 없을 것이다. 개인적 공급이나 사업상 증여가 최종소비자가 부가가치세 부담없이 해당 재화를 사용・소비하게 되는 모순을 시정하기 위함임을 고려할 때 이를 부가법 제9조에 따른 재화의 공급으로 보아 세금계산서 발급을 허용함으로써 누적효과가 발생하지 않도록 유권해석으로 운영하고 있으므로 세금계산서 발급이 누락되지 않도록 하여야 한다.

이처럼 건물을 증여한 경우 통상적 재화의 공급으로 보고 있으므로 취득 시 매입세액공제받지 아니하였더라도 사업용 건물의 시가로 세금계산서를 발급하는 것으로 사업상증여로 보아 과세대상이 아닌 것으로 보아서는 아니된다(부가-753, 2013. 8. 23. ; 부가-1120, 2011. 9. 19. ; 부가 46015-3868, 2000. 11. 28. ; 부가-1120, 2011. 9. 19. ; 부가-145, 2016. 4. 18.).

다만, 이 경우에도 사업의 포괄적 양도에 해당한다면 세금계산서 발급이 불필요하다(부가-753, 2013. 8. 23. 외).

4 | 폐업 시 남아 있는 재화

(1) 도입취지

사업을 폐지하거나 사실상 사업을 개시하지 아니하게 되는 때에 사업장에 잔존하는 재화는 사업자가 사업자 자신인 비사업자에게 재화를 공급한 것으로 의제하여 부가가치세를 과세하고 있는바 이는 모든 재화의 사용・소비에 대하여 과세대상으로 하기 위한 조치이다.

사업을 폐지하는 때에 남아 있는 재화(이하 "잔존재화"라 함)에 대하여 재화의 공급으로 보지 아니한다면 해당 사업자는 부가가치세의 부담이 없이 그 잔존재화를 사용하거나 소비할 수 있게 되므로 재화의 공급으로 의제하여 부가가치세를 거래징수하도록 함으로써 해당 잔존재화를 다른 사업자로부터 구입하여 사용하거나 소비하는 경우와 동일한 부가가치세의 부담을 지도록 하게 된다(대법원 95누18666, 1996. 10. 11.).

(2) 잔존재화의 재화 공급의 특례

사업자가 사업을 폐업할 때 또는 부가법 제8조 제1항 단서에 따라 신규로 사업을 시작하고자 하는 자가 사업개시일 이전에 사업자등록을 신청한 경우로서 사실상 사업을 시작하지 아니하게 되는 경우 “자기생산 · 취득재화” 중 남아 있는 재화는 사업자 자기에게 재화를 공급하는 것으로 본다(부가법 §10 ⑥). 이 때 면세농산물등의 가액에 대해 의제매입세액으로 공제받고 폐업할 때 남아있는 재화도 폐업시 잔존하는 재화로 과세된다(법규부가-0699, 2023. 10. 25.).

사업을 폐지하는 때의 잔존재화는 개인적 공급의 경우와 마찬가지로 사업자가 자기의 사업과 관련하여 생산하거나 취득한 재화를 사업의 폐지 또는 사업을 개시하지 아니하게 되는 때 이후에 사업과 직접 관계없이 사업자의 개인적인 목적 또는 그 밖의 목적을 위하여 사용 · 소비하게 되므로 이를 재화의 공급으로 의제하고 있다.

1) 사업을 폐지하는 때

사업을 폐지하는 때라 함은 부가령 제7조에서 규정하고 있는 폐업일의 기준과 동일하다고 보아야 한다. 따라서 다음의 경우에는 폐업 시 재고재화로서 과세하지 아니한다(부가통칙 10-0-7 ; 부가 1265-362, 1981. 2. 14.).

① 상속으로 인하여 상속인이 피상속인의 사업을 승계한 경우(사업양도에 해당)
② 법인 간 합병의 경우 합병으로 인한 소멸법인에 대하여는 합병등기일을 폐업일로 하나 합병의 본질은 사업의 양도에 해당되므로 합병으로 인하여 합병법인에게 인도 또는 양도되는 재화에 대하여는 부가령 제23조에 따라 재화의 공급으로 보지 아니하게 된다.
③ 사업자가 사업의 종류를 변경한 경우 변경 전 사업에 대한 잔존재화
④ 동일사업장 내에서 2 이상의 사업을 겸영하는 사업자가 그중 일부 사업을 폐지하는 경우 해당 폐지한 사업과 관련된 재고재화
⑤ 개인사업자 2인이 공동사업을 영위할 목적으로 한 사업자의 사업장을 다른 사업자의 사업장에 통합하여 공동명의로 사업을 영위하는 경우에 통합으로 인하여 폐지된 사업장의 재고재화
⑥ 폐업일 현재 수입신고(통관)되지 아니한 미도착 재화
⑦ 사업자가 직매장을 폐지하고 자기의 다른 사업장으로 이전하는 경우 해당 직매장의 재고재화

2) 사업을 시작하지 아니하게 되는 때

사업을 시작하지 아니하게 되는 때라 함은 부가령 제7조 제3항에서 규정하고 있는 사업을 시작하지 아니하게 되는 날의 기준과 동일하다.

3) 잔존재화

잔존재화라 함은 사업자가 사업과 관련하여 자기생산·취득재화로써 사업을 폐지하는 때 또는 사업을 시작하지 아니하게 된 때 보유하고 있는 재화를 말한다. 즉, 재화의 취득 시 매입세액이 공제되거나 사업양도로 취득한 재화로서 사업양도자가 부가법 제38조에 따른 매입세액, 그 밖에 이 법 및 다른 법률에 따른 매입세액을 공제받은 다음의 재화를 말한다.

㉠ 재고품

㉡ 건설 중인 자산

㉢ 「소득세법 시행령」 제62조 또는 「법인세법 시행령」 제24조에 규정된 감가상각자산

㉣ 부가법 제10조 제9항 제2호에 따른 사업양도에 의하여 사업양수자가 양수한 자산(위 "㉠" 내지 "㉢"에 해당하는 자산)으로서 사업양도자가 제38조에 따라 매입세액을 공제받은 재화

㉤ 사업자가 사업을 폐지하는 때에 잔존하는 보세물품(재무부 간세 1235-2164, 1978. 7. 21.)

또한, 폐업 시 잔존하는 재화에 대하여 부가가치세가 과세되는 것이므로 폐업일 이전에 이미 사용·소비 또는 화재, 도난, 파쇄, 멸실, 철거, 폐기처분 등으로 존재하지 아니하는 재화는 과세대상이 되지 아니하며, 폐업 시 잔존하는 재화(건물, 기계장치 등)에 해당된다 하더라도 경제적 가치가 없거나 경과된 과세기간 수가 초과되어 부가령 제66조에 따라 산정한 과세표준이 "0"인 경우에는 실질적으로 부가가치세가 과세되지 아니한다(부가-0087, 2019. 3. 4. ; 국심 2006서271, 2007. 4. 9.).

4) 사업폐지 후 사업 재개시 및 잔존재화의 양도 시 세무처리

① 사업 재개시

사업자가 폐업신고를 하였으나 사실상 폐업하지 아니하고 일정기간 경과 후 다시 동일 장소에서 사업을 개시하게 되거나, 법인이 청산 도중 「상법」 제229조, 제285조, 제

519조, 제610조의 규정에 따라 회사의 계속등기와 함께 사업을 다시 개시하는 경우에는 이는 사업을 폐지한 것이 아니므로 이미 사업을 폐지하는 때의 잔존재화의 공급으로서 부가가치세가 과세된 재화에 대하여는 이를 재화의 공급이 아닌 것으로 하여 경정청구가 가능하다(부가 1265.1-291, 1983. 2. 15.).

② 잔존재화 과세 후 실제 양도하는 경우

사업을 폐지하는 때의 잔존재화의 공급으로서 부가가치세가 과세된 재화를 사업의 폐지일 이후 실지 판매하는 때에는 사업자로서 재화를 공급하는 것이 아니므로 부가가치세의 납세의무가 없다. 다만, 종합소득세의 산출에 있어서는 실제 양도한 사업연도의 총수입금액에 산입한다(부가 46015-4974, 1999. 12. 20. ; 부가 46015-2526, 1997. 11. 8. ; 대법원 90누1960, 1991. 1. 15. ; 소득세과-4960, 2008. 12. 30.).

(3) 거래징수와 거래징수하여야 할 부가가치세의 회계처리

사업자가 잔존재화를 공급받는 자인 사업자로부터가 아닌 비사업자인 자기로부터 부가가치세를 거래징수하여야 하며, 자기로부터 거래징수당한 부가가치세는 공제할 수 있는 매입세액이 아니며 최종소비자의 지위로서 그 부가가치세를 부담한 것이다.

5 | 간주공급 관련 그 밖의 사항

(1) 간주공급의 공급시기

자가공급, 개인적 공급, 사업상 증여에 해당되어 재화의 공급으로 보는 경우 해당 재화가 사용 또는 소비되는 때(직매장 반출의 경우는 반출일, 사업상 증여의 경우 증여일)를 공급시기로 하고 폐업 시 남아 있는 재화에 해당되는 경우에는 폐업하는 때를 공급시기로 한다(부가령 §28 ④). 자세한 것은 "공급시기" 편에서 후술하기로 한다.

(2) 간주공급의 공급가액

부가법 제10조에 따른 자가공급, 개인적 공급, 사업상 증여에 해당되는 경우에는 자기가 공급한 재화의 시가를 공급가액으로 하고, 폐업 시 잔존재화에 대한 공급가액은 잔존하는 재화의 시가를 공급가액으로 한다. 다만, 자가공급 중 판매목적의 직매장반출에 해당하는 경우 반출하는 재화의 취득가액을 과세표준으로 하되, 일정이익을 가산하여 직매장반출하는 경우에는 취득가액에 일정이익을 가산한 금액을 공급가액으로 한다.

감가상각자산에 대한 자가공급 등의 공급가액의 계산은 후술하는 "과세표준" 편에서 설명하기로 한다.

(3) 세금계산서 발급의무 면제

자가공급, 개인적 공급, 사업상 증여, 폐업 시 잔존재화에 해당되는 경우에는 세금계산서 발급의무가 면제된다. 다만, 직매장반출에 해당하는 경우로서 재화의 공급으로 보는 경우에는 세금계산서를 발급하여야 한다(부가령 §71 ① 3).

(4) 간주공급 등과 관련된 부가가치세 매입세액의 처리

간주공급과 관련하여 불공제 또는 납부한 부가가치세액에 대한 취득부대비용, 필요경비(손금) 해당 여부에 대하여는 "제4장 제2절 거래징수" 편의 "Ⅴ. 거래징수 당한 부가가치세의 회계처리"를 참조한다.

6 위탁매매 또는 대리인에 의한 매매

위탁매매 또는 대리인에 의한 매매를 할 때에는 위탁자 또는 본인 직접 재화를 공급하거나 공급받은 것으로 본다. 즉, 재화를 공급함에 있어서 수탁자 또는 대리인을 통하여 공급하는 경우에는 위탁자 또는 본인이 재화를 공급받는 자에게 직접 재화를 공급한 것으로 보며 재화를 공급받음에 있어서 수탁자 또는 대리인을 통하여 공급받는 경우에는 위탁자 또는 본인이 재화를 공급하는 자로부터 직접 재화를 공급받은 것으로 본다. 이는 수탁자 또는 대리인의 거래행위는 모두 재화를 공급하는 것이 아니고 위탁자 또는 본인에 대한 용역의 공급에 해당할 뿐이므로 이러한 경우 위탁자 또는 본인이 직접 재화를 공급하거나 공급받는 것으로 보게 되는 것이다.

이러한 위탁매매거래 등에 있어 위탁매매 또는 대리인에 의한 매매를 하는 해당 거래나 재화의 특성상 또는 보관·관리상 위탁자 또는 본인을 알 수 없는 경우 수탁자 또는 대리인에게 재화를 공급하거나 수탁자 또는 대리인으로부터 재화를 공급받은 것으로 본다(부가법 §10 ⑦, 부가령 §21).

※ 그 밖에 자세한 사항은 "심층분석 사례집(Ⅰ)"을 참조한다.

7 | 새로운 위탁자에게 신탁재산 이전

2022. 1. 1. 이후부터는 「신탁법」 제10조에 따라 위탁자의 지위가 이전되는 경우 기존 위탁자가 새로운 위탁자에게 신탁재산을 공급한 것으로 본다. 즉, 기존 위탁자가 해당 공급에 대한 부가가치세의 납세의무자가 된다. 다만, 신탁재산에 대한 실질적인 소유권의 변동이 있다고 보기 어려운 경우로서 아래의 경우에는 신탁재산의 공급으로 보지 아니한다(부가법 §10 ⑧, 부가령 §5의2 ③).

① 자본시장법에 따른 집합투자기구의 집합투자업자가 다른 집합투자업자에게 위탁자의 지위를 이전하는 경우

② 신탁재산의 실질적인 소유권이 위탁자가 아닌 제3자에게 있는 경우 등 위탁자의 지위 이전에도 불구하고 신탁재산에 대한 실질적인 소유권의 변동이 있다고 보기 어려운 경우

※ 적용시기: 2022. 1. 1. 이후부터 2022. 2. 15. 전까지 수탁자가 공급한 경우에도 적용한다.

8 | 담보제공

(1) 도입취지

저당권의 경우 채무자 또는 제3자가 그 목적물을 채권자에게 점유이전을 하는 것이 아니라 담보로 제공한 자산에 대하여 다른 채권자보다 자기채권의 우선변제를 받을 권리만 발생하는 것이므로 당연히 재화의 공급에 해당되지 않는다. 또한, 질권 및 양도담보의 경우는 채무자 또는 제3자가 그 목적물을 채권자에게 점유하게 하거나 소유권을 이전하는 것으로 재화의 인도 또는 양도요건에는 해당된다 볼 수 있으나, 그 사용 · 수익권은 채무자 또는 제3자에게 그대로 있는 것으로 그 실질은 "소유자로서의 유체물의 처분권한(사용 · 소비할 권한 등)을 위양하는 것"이 아니므로 재화의 공급이라 할 수 없다.

따라서 채무자 또는 제3자가 채권자에게 질권, 저당권 또는 양도담보의 목적으로 제공하는 목적물은 재화의 공급으로 보지 아니한다.

(2) 담보제공의 범위

질권, 저당권 또는 양도담보의 목적으로 동산, 부동산 및 부동산상의 권리를 제공하는

것은 재화의 공급으로 보지 아니한다(부가법 §10 ⑨ 1, 부가령 §22). 그러나 사업자가 자기 소유부동산을 타인의 담보물로 사용하게 하고 그 사용대가를 받는 것은 해당 부동산의 교환가치권 또는 부동산상의 권리의 대여로 부가가치세 과세대상 용역의 공급에 해당하고 부동산임대업으로 소득세가 과세된다(소득세과-0776, 2011. 9. 19. ; 서일 46011-11486, 2002. 11. 8. ; 부가 46015-259, 1998. 2. 16.).

1) 질권

질권자가 채권의 담보로 채무자 또는 제3자가 제공한 목적물을 점유하고 그 목적물에 대하여 다른 채권자보다 자기채권의 우선변제를 받을 권리를 말하는 것으로 민법에서는 "동산질권"과 "권리질권"을 규정하고 있다(민법 §329~§355).

동산질권은 양도할 수 있는 물건을 그 목적물로 하며 질권의 설정은 질권자에게 목적물을 인도함으로써 그 효력이 생긴다. 또한 권리질권은 재산권을 그 목적으로 할 수 있으며(부동산의 사용·수익을 목적으로 하는 권리는 그러하지 아니한다), 질권의 설정은 법률에 다른 규정이 없으면 그 권리의 양도에 관한 방법에 의하여야 한다.

질권자는 선량한 관리자의 주의로 목적물을 점유하여야 하며 채무자의 승낙없이 목적물의 사용, 대여 또는 담보제공을 하지 못한다.

2) 저당권

저당권자는 채무자 또는 제3자가 점유를 이전하지 아니하고 채무의 담보로 제공한 부동산 지상권·전세권·등기한 선박 등에 대하여 다른 채권자보다 자기채권의 우선변제를 받을 권리를 말한다(민법 §356~§358).

3) 양도담보

채권담보의 목적으로 물건의 소유권 또는 그 밖의 재산권을 채권자에게 이전하고 채무자가 계약기간 내에 채무변제의무를 이행하지 아니한 때에는 채권자가 그 목적물로부터 우선변제를 받고, 채무변제의무를 이행한 때에는 목적물을 그 소유자에게 반환하는 방법에 의하는 담보를 말한다.

(3) 담보자산의 처분

질권자가 채권의 변제를 받기 위하여 질물을 경매하거나 질물로 직접 변제에 충당할 것을 법원에 청구한 경우 또는 저당권자가 그 채권의 변제를 받기 위하여 저당물의 경매를 청구함으로써 그 소유권이 실질적으로 이전되는 때에는 채무자 또는 제3자가 경락자(경매의 경우) 또는 질권자(간이변제충당의 경우)에게 해당 질물 또는 저당물을 공급한 것으로 본다.

양도담보의 경우 채무불이행으로 인하여 변제에 충당한 때에는 그때 재화를 공급한 것으로 본다. 이 경우 채무자의 채무불이행으로 채권자가 양도담보물을 공매처분하는 때에는 그 경락일에 채무자가 채권자에게 재화를 공급한 것으로 보게 되며 또한 채권자는 채무자로부터 해당 재화를 공급받아 이를 경락자에게 공급한 것으로 보게 된다.

따라서 양도담보재화의 경락일에 채무자가 채권자에게 재화를 공급한 것이므로 채무자가 사업자인 경우에는 부가가치세를 거래징수하여야 하고, 해당 재화의 경락일에 채무자로부터 채권자가 공급받아 경락자에게 공급한 것이므로 채권자가 사업자인 경우에는 낙찰자로부터 부가가치세를 거래징수한다. 다만, 당해 재화가 금융보험용역의 공급에 필수적으로 부수되는 재화 및 면세재화인 경우에는 부가가치세가 면제된다(간세 1235-4716, 1977. 12. 26. ; 부가 22601-1575, 1991. 11. 27.).

9 | 사업양도

(1) 도입취지

사업 자체의 양도에 대하여 부가가치세를 과세하지 않는 이유는 사업의 양도는 일반적으로 그 거래금액과 그에 대한 부가가치세액이 크고 그 양수자는 거의 예외없이 매입세액으로서 공제받을 것이 예상되는 거래에 대하여 매출세액을 징수하도록 하는 것은 국고에 아무런 도움이 없이 사업의 양수자에게 불필요한 자금부담을 주게 되므로 이를 지양하도록 하여야 한다는 조세정책 내지 경제정책상의 배려에 연유한다 할 것이고, 사업 자체에 전체적인 가액을 정하여 그에 대한 대가를 지급하는 사업양도는 개별재화의 공급을 과세대상으로 하는 부가가치세의 본질적 성격에 맞지 아니한다(대법원 82누86, 1983. 6. 28.).

따라서 사업장별로 그 사업에 관한 모든 권리와 의무를 포괄적으로 승계시키는 경우로서 부가가치 생산조직은 그대로 유지·존속하면서 경영주체만 바뀌는 사업양도에 대하여는 재화의 공급으로 보지 아니하고 있다.

(2) 사업양도의 개념

1) 「부가가치세법」상의 규정

부가법 제10조 제9항 제2호에 따라 재화의 공급으로 보지 아니하는 사업의 양도란 사업장별(「상법」에 따라 분할하거나 분할합병하는 경우에는 같은 사업장 안에서 사업부문별로 구분하는 경우를 포함한다)로 그 사업에 관한 모든 권리와 의무를 포괄적으로 승계시키는 것(「법인세법」 제46조 제2항 또는 제47조 제1항의 요건을 갖춘 분할의 경우 및 양수자가 승계받은 사업 외에 새로운 사업의 종류를 추가하거나 사업의 종류를 변경한 경우를 포함한다)을 말하는 것으로, 사업용 자산을 비롯한 물적·인적시설 및 권리(미수금에 관한 것을 제외한다), 의무(미지급금에 관한 것을 제외한다) 등을 포괄적으로 양도하여 사업의 동일성을 유지하면서 경영주체만을 교체시키는 것으로서 사업과 직접 관련이 없거나 사업의 동일성을 상실하지 아니하는 범위 내에서의 일부 권리·의무를 제외하여도 사업의 양도로 본다(부가법 §10 ⑨ 2, 부가령 §23).

2) 「상법」상의 영업양도

「상법」 제41조 내지 제45조에서 규정하는 영업양도라 함은 영업목적을 위하여 조직화된 유기적 일체로서의 기능적 재산의 동일성을 유지한 채 계약에 의하여 영업자체를 일괄 이전하는 것을 의미하는 것이고, 영업의 동일성 여부는 일반 사회관념에 의하여 결정되어야 할 사실인정의 문제이지만 영업재산의 전부를 양도하였어도 그 조직을 해체하여 양도하였다면 영업의 양도는 되지 않는 반면 그 일부를 유보한 채 영업시설을 양도하였더라도 그 양도된 부분만으로도 종래의 조직이 유지되어 있다고 사회관념상 인정되기만 하면 그것이 영업양도라 하지 않을 수 없다(대법원 2002다23826, 2003. 5. 30. ; 대법원 88다카10128, 1989. 12. 26.).

이러한 상법상의 영업양도도 그 본질이 부가가치세법에서 규정하는 사업양도와 같으므로 사업부문별로 영업재산(사업에 관한 모든 권리와 의무)이 양도되어 종전 사업이 그대로 유지된다면 사업양도로 부가가치세의 과세대상에 해당하지 않을 것이다.

3) 「상법」상의 회사합병

「상법」의 규정에 따라서 둘 이상의 회사가 신회사설립의 방법(신설합병)에 의하거나 한 회사가 타 회사를 병합하는 방법(흡수합병)에 의하여 하나의 회사가 되는 회사 간의 계약이며, 당사자인 회사의 전부 또는 일부가 해산하고 회사재산이 청산절차가 아닌 포괄적으로 신설회사 또는 존속회사에 이전하는 효과를 가져오는 것을 말한다(상법 §174).

이러한 법인의 합병의 경우 합병으로 인한 소멸법인에 대하여는 합병의 본질이 사업의 양도에 해당되므로 합병으로 인하여 합병법인에게 인도 또는 양도되는 재화에 대하여는 부가법 제10조 제9항 제2호에 따라 재화의 공급으로 보지 아니하게 된다.

4) 「국세기본법」상 사업양수인

「국세기본법」에서는 사업의 양도 · 양수가 있는 경우에 양도일 이전에 양도인의 납세의무가 확정된 해당 사업에 관한 국세 · 가산금과 체납처분비를 양도인의 재산으로 충당하여도 부족이 있는 때에는 대통령령이 정하는 사업의 양수인은 그 부족액에 대하여 양수한 재산의 가액을 한도로 제2차 납세의무를 지는 것으로 규정하면서, "대통령령으로 정하는 사업의 양수인"이라 함은 사업장별로 그 사업에 관한 모든 권리(미수금에 관한 것을 제외한다)와 모든 의무(미지급금에 관한 것을 제외한다)를 포괄적으로 승계한 자(양도인과 특수관계인인 자 및 양도인의 조세회피를 목적으로 사업을 양수한 자에 한정)를 의미하는 것으로 규정하고 있다(국기령 §22).

「국기통칙 41-0-1」에서는 다시 "사업의 양도 · 양수"란 계약의 명칭이나 형식에 관계없이 실질상 사업에 관한 권리와 의무 일체를 포괄적으로 양도 · 양수하는 것을 말하며, 개인 간 및 법인 간은 물론 개인과 법인 사이에도 사업의 양도 · 양수가 이루어질 수 있으며, 사업의 양도 · 양수계약이 그 사업장 내의 시설물, 비품, 재고상품, 건물 및 대지 등 대상목적에 따라 부분별 · 시차별로 별도로 이루어졌다 하더라도 결과적으로 사회통념상 사업전부에 관하여 행하여진 것이라면 사업의 양도 · 양수에 해당하는 것으로 보고 있다.

다만, 영업에 관한 일부의 권리와 의무만을 승계한 경우, 강제집행절차에 의하여 경락된 재산을 양수한 경우, 「보험업법」에 의한 자산 등의 강제이전의 경우에는 사업의 양도 · 양수로 보지 아니한다(국기통칙 41-0-2).

「국세기본법」상 사업양수인의 제2차 납세의무자 판정을 위한 사업양도의 개념도 「부가가치세법」에서 규정하는 사업양도와 그 개념이 유사하므로 「국세기본법」상 사업양수인의 제2차 납세의무자에 해당되는 거래상대방인 사업양수인의 경우 사업장별로 사업에 관한 모든 권리와 의무가 포괄적으로 승계된 것이라면 사업양도로 부가가치세의 과세대상에 해당하지 않을 수 있다(대법원 97누17469, 1998. 3. 13.).

(3) 사업양도의 적용범위

1) 일반적 요건

부가가치세의 과세대상에 해당하지 아니하는 사업양도에 해당하기 위해서는 다음의 요건을 충족하여야 한다.

㉠ 사업장별로 사업 승계가 이루어져야 한다.
㉡ 사업에 관한 모든 권리와 의무가 포괄적으로 승계되어야 한다.
㉢ 그 승계가 포괄적이어야 한다.
㉣ 양수도일 현재 사업의 동일성이 유지되어야 한다.

위 "㉣"의 경우 2006. 2. 9. 이후에는 사업의 동일성 유지조건이 폐지되었으나, 문리해석상 부가가치세가 과세되지 아니하는 사업양도의 전제 조건은 사업장별로 그 사업에 관한 모든 권리와 의무를 포괄적으로 승계시키는 것으로 승계받은 이후 승계받은 사업 외에 새로운 사업의 종류를 추가하거나 사업의 종류를 변경하는 경우를 포함하는 것이므로 부가가치세 과세대상에 해당하지 아니하는 사업양도가 되려면 최소한 사업양도 기준일 현재 양도인의 모든 권리와 의무를 승계받아야 하고, 그 이후에 사업환경 변화 등으로 인수받은 자산의 일부를 폐기·매각하거나 사업을 변경·추가하였는지는 불문한다.

따라서 동 법령의 개정 이후에도 사업양수도인 사이의 사업내용 상이에 따라 사업양도일 현재 양도인의 기계장치, 재고자산, 종업원 등을 인수할 필요가 없어 이를 제외하고 양수하는 경우에는 사업의 양도에 해당하지 아니한다(서면3팀-2666, 2006. 11. 6. ; 부가 46015-2242, 1997. 7. 30. ; 부가 46015-2680, 1998. 12. 2.).

가. 사업장별 사업의 승계

사업양도에 해당하기 위해서는 사업장별로 사업의 승계가 이루어져야 한다(다만, 상법에 의하여 분할 또는 분할합병하는 경우에는 동일한 사업장 안에서 사업부분별로 양도하는 경우에도 사업장별로 사업을 양도하는 것으로 본다).

따라서 2개 이상의 사업장이 있는 사업자가 그중 1개 사업장에 관한 모든 권리와 의무를 포괄적으로 양도하거나 과세사업과 면세사업을 겸영하는 사업자가 사업장별로 과세사업에 관한 모든 권리와 의무를 포괄적으로 양도하는 경우 사업의 양도로 본다(부가통칙 10-23-1).

나. 사업에 관한 모든 권리와 의무

사업양도에 해당하기 위해서는 사업장별로 그 사업에 관한 모든 권리와 의무를 포괄적으로 승계시켜야 한다. 다만, 사업과 직접 관련이 없거나 사업의 동일성을 상실하지 아니하는 범위 내에서 다음의 일부 권리·의무를 제외하여도 사업의 양도로 본다(부가령 §17 ②, 부가칙 §16).

㉠ 미수금에 관한 것

㉡ 미지급금에 관한 것

㉢ 해당 사업과 직접 관련이 없는 토지·건물 등에 관한 것으로서 다음에 정하는 것

i) 사업양도자가 법인인 경우: 「법인세법 시행령」 제49조 제1항에 따른 자산

ii) 사업양도자가 법인이 아닌 사업자인 경우: "i)"의 자산에 준하는 자산

여기에서의 미수금 또는 미지급금이라 함은 「부가통칙 10－23－2」에서 규정하고 있는 바와 같이 그 명칭 여하에 불구하고 사업의 일반적인 거래 외에서 발생한 미수채권 또는 미지급채무를 말하는 것으로 하고 있다. 그러나 대법원 판례 및 조세심판원 결정례에 의하면 인적요소가 강한 외상매출금 및 외상매입금(금융기관 차입금 포함)의 일부를 제외하여 양도한 경우에도 다른 권리와 의무를 포괄적으로 승계하여 사업의 동일성이 유지되면 사업의 양도에 해당된다고 밝히고 있고 국세청도 이와 같은 입장이다(국심 86서2235, 1987. 3. 11. ; 대법원 87누956, 1988. 1. 19. ; 대법원 91누13014, 1992. 5. 26.).

▌자산·부채의 승계 여부에 따른 사업양도 판단기준(대법원 입장)

사업의 양도에 있어 일부 또는 전부의 자산, 부채, 인적설비 등의 승계누락에 따른 사업양도의 판정에 있어 일률적 기준이 있는 것이 아니라 **해당 사업의 특수성 및 사업과의 직접 관련성 유무를 감안하여 종합적으로 판단**하여 부동산 등 사업용 자산을 특정하여 양도한 것인지, **사업양도의 대상이 되는 사업을 영위함에 있어 핵심적인 구성요소**가 아니므로 사업의 양도로 인정하는데 장애가 되지 않는 정도의 누락에 지나지 않는 것인지를 살펴 판단하여야 한다. 즉, **소유자의 변동만을 가져온 채 그 사업장과 영업형태를 그대로 승계하였다고 볼 수 있는 정도의 자산, 부채의 누락은 포괄적인 사업양도로 보는데 장애가 되지 않는다**(대법원 2007두3022, 2008. 8. 21. ; 서울고법 2009누630, 2009. 7. 10.).

다. 사업의 동일성 유지

2006. 2. 8. 이전에 사업양도를 한 경우에는 사업의 동일성 요건을 엄격하게 적용하여 사업양도 후 사업의 종류 등이 사업양도 전 사업과 동일하여 종전 사업의 경영주체만 바뀌고 사업양도 후에도 종전 사업의 계속성이 유지되는 경우에 한하여 재화의 공급으로 보지 아니하는 사업양도로 보았다. 그러나 사업양도 이후에 사업양수자가 사업의 종류를 추가하는 등 사업양수자의 일방적 행위에 따라 사업양도의 과세 여부가 결정되는 사례가 많아 거래의 법적 안정성을 저해한다는 지적을 반영하여 2006. 2. 9. 시행령 개정

시 사업양수자가 사업의 종류를 변경하거나 새로운 사업을 추가하는 경우에도 사업의 동일성이 유지되는 것으로 보도록 개정하여 시행령 개정일 이후 사업양도를 하는 분부터 적용하도록 하였다.

▌법원의 입장

2006. 2. 9. 대통령령 제19330호로 개정된 구 부가령 제17조 제2항은 양수자가 사업장별로 그 사업에 관한 모든 권리와 의무를 포괄적으로 승계받은 사업양도의 경우 승계받은 사업 외에 새로운 사업의 종류를 추가하거나 사업의 종류를 변경한 경우에도 재화의 공급으로 보지 아니하는 사업의 양도에 해당하는 것으로 규정함으로써 사업양도의 범위를 명확하게 하고 있는바, 이와 같은 개정은 기존에 인정되지 않던 사업양도의 범위를 새로이 창설하는 것으로 볼 것은 아니다(의정부지방법원 2010구합59, 2010. 4. 13.).

사업양도자가 사업준비 중이거나 임대사업자로서 공실이 있는 상태에서 사업양수자가 이를 받아 사업양도자의 사업과 다른 종류의 사업을 하는 경우, 사업양도자의 사업을 인수받은 즉시 또는 단기간 내에 종전 사업과 다른 사업을 영위하는 경우가 있을 수 있다. 이 경우 사업양도자의 사업을 그대로 인수받았다면 일단 사업양도로 판정하는 것을 원칙으로 하되, 사업양도인의 사업과 다른 사업을 영위할 목적으로 사업을 양수한 경우, 즉 사업양도계약 체결 시부터 또는 사업양도의 공급시기 이전부터 양도하는 사업과 다른 사업을 영위할 목적을 표방하고 다른 사업을 위한 인허가(용도변경 등), 인테리어 또는 기존 사업장의 철거 준비를 시행함으로써 양도인도 그러한 사정을 충분히 인지하였다면 예외적으로 사업양도로 보지 않는 것이 타당하다(광주고법 2014누429, 2015. 4. 22.).

라. 사업양도·양수 해당 여부의 판정 시기

해당 사업이 포괄적으로 양도되었는지 여부를 판단하는 기준시점은 그 사업의 양도·양수 시점이라 할 것이므로 양도 직전의 양도인의 사업과 양도 직후의 양수인의 사업 사이에 사업용 재산을 비롯한 물적·인적 시설 및 권리·의무 등에 있어서 포괄적으로 동일성이 유지되는지 여부를 실질적으로 파악하여 그 양도가 사업의 포괄적 양도·양수에 해당하는지를 판단하여야 한다는 것이 일반원칙일 것이다. 그러나 법원은 더 나아가 양수인의 사업양수의 궁극적인 목적이 비록 계약 단계나 양수 이후에 양도인 등 외부에 표시된 바 있다 하더라도 그러한 목적은 그 사업의 양도·양수가 사업의 포괄적 양도·양수에 해당하는지 여부를 판단함에 있어서 고려할 사항은 아니라고 판결하였다(광주고법 2006누2762, 2007. 9. 27.).

사업양도에 대한 계약 또는 공급시기에 사업의 핵심적인 인적·물적 시설이 포괄승계되었는지 또는 사업개시 전이어서 양도시점에는 불분명하였다면 양도시점 전후의 영업형태를 참작하여 소유자의 변동만을 가져온 채 그 사업장과 영업형태를 그대로 승계하여 포괄적 사업양도인지를 보충적으로 판단할 수도 있다고 본다.

마. 사업양도일의 개념

'사업의 양도일'을 언제로 할 것인지와 관련하여 이를 양수・양도계약의 체결일로 볼 수도 있겠으나, 납세의무의 전가라는 법률효과의 측면에서 보면 엄격하게 해석할 필요가 있고 양수・양도계약의 체결 후에 사업 이전을 위한 구체적인 조치를 거쳐 비로소 사업양도의 실질적인 절차가 완료되므로 계약체결일에 사업양도의 효력이 발생한다고 보기는 어렵다. 따라서 실질적・법률적인 소유권 이전절차의 이행완료일이나 양도대가의 청산 등에 따라 사업양도의 효력이 실질적으로 발생한 날을 '사업의 양도일'로 해석하여야 하며, 사업의 양수・양도계약이 사업장 내의 건물, 토지, 시설물, 비품 등 양도목적물에 따라 부분적으로 시차를 두고 이루어졌다 하더라도 전체적으로 보아 사회통념상 그 사업의 전부에 관하여 행해진 것이라면 사업의 양도・양수에 해당하고 그때를 공급시기로 보아야 한다.

바. 영업양도 시 계약의 승계 여부 판단

영업양도에 따른 재산권 이전의 경우 계약에서 그 승계범위를 자유롭게 정할 수 있고 승계되는 경우에도 각 재산별로 이전에 필요한 행위가 별도로 이루어져야 한다(대법원 91다22018, 1991. 10. 8.). 그에 따라 재고의 경우 점유의 이전만으로 승계가 되지만, 기존 계약인수의 경우에는 적어도 계약상대방의 동의 내지 승낙을 요한다(대법원 85다카733, 1987. 9. 8.).

사. 선수수익/선급비용 관련 선발행세금계산서가 있는 경우 사업양도 시 세금계산서 발급방법

사업양도자가 거래상대방과 공급계약을 체결하고 그 공급시기가 되기 전에 대가를 수령(선수수익)하거나 선지급(선급비용)하고 부가법 제17조에 따른 선발행세금계산서가 수수된 경우로서 부가법 제10조 제9항 제2호의 재화의 공급으로 보지 아니하는 사업양도가 있는 경우 사업양도로 인하여 사업양수자에게 부가법상의 모든 지위와 의무도 그대로 승계되는 것이어서 사업양도자의 선발행세금계산서 수수분을 조정하는 세금계산서 발급이나 수취없이 사업양도대가나 개별 과세대상 자산의 대가를 기준으로 대리납부하면서 세금계산서를 발급할 수 있고, 재화의 공급으로 보지 아니하므로 (세금)계산서를 발급하지 아니할 수 있다(서면3팀-2858, 2006. 11. 20. ; 부가 46415-2822, 1999. 9. 16. ; 부가 46015-537, 2001. 3. 21.).

반면, 사업양도에 해당하지 아니하는 방법으로 위 선발행세금계산서 수수분에 대한 계약이 양수자에게 이전되거나, 재화의 공급으로 보지 아니하는 포괄적 사업양도 여부가 불분명한 사업양도(사업부 매각 등)가 발생한 경우에는 사업양도자의 선발행세금계산서 수수분을 조정하는 세금계산서 발급이나 수취문제가 발생한다.

과세대상 유무형자산과 비과세 또는 면세대상 자산과 부채가 존재하고 위 선발행세금계산서 수수분이 있으면서 사업양도자가 대리납부를 선택한 경우 ① 사업양도자는 **과세대상 유무형자산의 공급가액에 대하여 세금계산서를 발급**하고 해당 매입세액은 **양수자가 대리납부**하여야 하며, 선수수익(사업양도자가 매출처에 선발행세금계산서를 발급한 부분)에 대하여는 사업양도일 현재 공급시기 미도래분에 대하여 사업양수자가 사업양도자에게 세금계산서를 발급하여야 하고 대리납부대상에는 해당하지 않는다(서면3팀-997, 2007. 4. 3. ; 부가 46015-575, 2000. 3. 16. ; 부가 46415-2822, 1999. 9. 16. ; 국세청 적부 2007-0044, 2008. 10. 31.).

반면 ② 선급비용(매입처로부터 선수금을 받고 선발행세금계산서를 수취한 부분)분과 관련해서는 사업양도일 현재 공급시기 미도래분에 대하여 사업양도자가 사업양수자에게 세금계산서를 발급하여야 한다. 이 경우 사업양수도 당사자 사이에 대리납부를 선택하였다면 사업양도자의 "②"의 선발행세금계산서 조정발급분에 대하여도 대리납부를 하여야 한다는 주장이 있을 수 있지만, 이는 계약상 지위승계 및 부가법 제17조의 선발행세금계산서 제도에서 비롯된 세금계산서의 수수당사자와 실제 재화와 용역을 공급하거나 공급받는 자의 불일치를 조정하기 위한 세금계산서의 정산발행으로서 공동매입에 따른 세금계산서 발급특례 등과 같은 맥락에서 이해되어야지 세금계산서 정산발행을 두고 그 수수당사자 사이에 재화나 용역의 공급이 실재하여 발행된 것이라고 보는 것은 문제가 있다고 본다. 물론 "②"의 경우 사업양도자가 선발행세금계산서 정산발급분에 대한 대리납부가 이루어졌다고 하더라도 특별히 문제될 것은 없다고 본다(관할 세무서장이 사업양수자에게 "②"의 대리납부세액을 환급하고 공급자인 사업양도자가 공제받은 대리납부세액을 부인하여 부가가치세를 추징하는 불필요한 절차가 필요할 수는 있다)(재소비 22601-15, 1989. 1. 12. ; 부가가치세과-720, 2009. 5. 26. ; 서면3팀-903, 2007. 9. 27.).

"①"과 "②"와 같이 계약이 체결된 상태에서 해당 계약이 해지되지 아니하고 승계되는 경우 즉 공급받는 자나 공급하는 자의 변동만 발생하는 경우 선발행세금계산서 수수가 없었다면 선발행세금계산서의 조정은 필요하지 않고 선발행세금계산서가 있는 경우에만 세금계산서 조정발급이 필요하다고 국세청이 유권해석으로 운용하고 있다.

"①"의 경우 양수인이 계약인수에 따른 실물 등 공급은 양도인을 대행하여 공급한 것으로 일종의 하도급과 같다고 보았다.

"②"의 계약 체결 이후 선발행세금계산서가 발급되었으나 공급받는 자가 변경된 경우로서 실물의 인수는 사업양수자가 받게 되는데 사업양도자에게 지위양도대가를 지급한 것으로 보면서 사업양도자가 선발행세금계산서를 수취하지 않았다면 선급비용을 제외한 이윤(프리미엄)만 세금계산서를 발급하고(법규과-1052, 2011. 8. 16.), 선발행세금계산서 수취가 있었다면 해당 공급가액과 지위승계에 따른 이윤을 공급가액으로 하여 세금계산서를 발급하는 것이라고 해석하였다(법규부가 2013-159, 2013. 5. 21. ; 사전-2016-법령해석부가-0306, 2016. 8. 16.).

2) 특수한 경우의 사업양도

위 "1)"은 전통적 의미의 사업양도에 해당하고, 그 외에 다음에 해당하는 경우에도 이를 사업양도로 보아 부가가치세를 과세하지 않는다.

가. 법인세법상 인적분할

「법인세법」 제46조 제2항의 요건을 갖춘 분할의 경우 부가가치세가 과세되지 아니하는 사업양도로 보는바,「법인세법」 제46조 제2항의 요건을 갖춘 경우라 함은 인적분할(적격분할임)로서 다음의 요건을 모두 갖춘 경우를 말한다.

㉠ 분할등기일 현재 5년 이상 사업을 계속하던 내국법인이 다음의 요건을 모두 갖추어 분할하는 경우일 것(분할합병의 경우에는 소멸한 분할합병의 상대방법인 및 분할합병의 상대방법인이 분할등기일 현재 1년 이상 사업을 계속하던 내국법인일 것)

i) 분리하여 사업이 가능한 독립된 사업부문을 분할하는 것일 것

ii) 분할하는 사업부문의 자산 및 부채가 포괄적으로 승계될 것. 다만, 공동으로 사용하던 자산, 채무자의 변경이 불가능한 부채 등 분할하기 어려운 자산과 부채 등으로서 대통령령으로 정하는 것은 제외한다.

iii) 분할법인등만의 출자에 의하여 분할하는 것일 것

㉡ 분할법인등의 주주가 분할신설법인등으로부터 받은 분할대가의 전액이 주식인 경우(분할합병의 경우에는 분할대가의 100분의 80 이상이 분할신설법인등의 주식인 경우 또는 분할대가의 100분의 80 이상이 분할합병의 상대방법인의 발행주식총수 또는 출자총액을 소유하고 있는 내국법인의 주식인 경우를 말한다)로서 그 주식이 분할법인등의 주주가 소유하던 주식의 비율에 따라 배정(분할합병의 경우에는 대통령령으로 정하는 바에 따라 배정한 것을 말한다)되고 대통령령으로 정하는 분할법인등의 주주가 분할등기일이 속하는 사업연도의 종료일까지 그 주식을 보유할 것

㉢ 분할신설법인등이 분할등기일이 속하는 사업연도의 종료일까지 분할법인등으로부터 승계받은 사업을 계속할 것

㉣ 분할등기일 1개월 전 당시 분할하는 사업부문에 종사하는 대통령령으로 정하는 근로자 중 분할신설법인등이 승계한 근로자의 비율이 100분의 80 이상이고, 분할등기일이 속하는 사업연도의 종료일까지 그 비율을 유지할 것

법인세법상 요건을 갖춘 인적분할의 경우에는 사업의 인격이 유지되는 것이므로 포괄적 양도·양수범위에 포함되도록 하여 기업구조조정을 지원하고자 2000. 12. 29. 시행령 개정 시 반영하였다.

나. 법인세법상 물적분할

분할법인이 「법인세법」 제47조 제1항에 따른 물적분할에 의하여 분할신설법인의 주식등을 취득한 경우로서 위 "가"의 인적분할 요건인 "㉠"부터 "㉣"까지의 요건("㉡"의 경우 전액이 주식등이어야 한다)을 갖춘 경우 및 「법인세법 시행령」 제84조 제9항에서 정하는 부득이한 사유가 있는 경우에는 "㉡", "㉢", "㉣"의 요건을 갖추지 못한 경우에도 분할신설법인에 양도하는 사업부문에 대하여 사업양도로 보아 부가가치세를 과세하지 아니한다(부가령 §23, 동 규정은 2013. 6. 7. 부가가치세법 전면 개정 시 추가되었다).

▌① 물적분할 시 과세이연요건 중 위 인적분할의 "㉡"의 요건에 대한 부득이한 예외 사유는 다음과 같다(법령 §80의2 ① 1, §84 ⑨ 1).

㉠ 해당 주주등이 합병으로 교부받은 전체 주식등의 2분의 1 미만을 처분한 경우. 이 경우 해당 주주등이 합병으로 교부받은 주식등을 서로 간에 처분하는 것은 해당 주주등이 그 주식등을 처분한 것으로 보지 않고, 해당 주주등이 합병법인 주식등을 처분하는 경우에는 합병법인이 선택한 주식등을 처분하는 것으로 본다.

㉡ 해당 주주등이 사망하거나 파산하여 주식등을 처분한 경우

㉢ 해당 주주등이 적격합병, 적격분할, 적격물적분할 또는 적격현물출자에 따라 주식등을 처분한 경우

㉣ 해당 주주등이 「조세특례제한법」 제38조·제38조의2 또는 제121조의30에 따라 주식등을 현물출자 또는 교환·이전하고 과세를 이연받으면서 주식등을 처분한 경우

㉤ 해당 주주등이 「채무자 회생 및 파산에 관한 법률」에 따른 회생절차에 따라 법원의 허가를 받아 주식등을 처분하는 경우

㉥ 해당 주주등이 「조세특례제한법 시행령」 제34조 제6항 제1호에 따른 기업개선계획의 이행을 위한 약정 또는 같은 항 제2호에 따른 기업개선계획의 이행을 위한 특별약정에 따라 주식등을 처분하는 경우

㉦ 해당 주주등이 법령상 의무를 이행하기 위하여 주식등을 처분하는 경우

■ ② 물적분할 시 과세이연요건 중 위 인적분할의 "㉢"의 요건에 대한 부득이한 예외 사유는 다음과 같다(법령 §80의2 ① 2, §84 ⑨ 2).

㉠ 합병법인이 파산함에 따라 승계받은 자산을 처분한 경우

㉡ 합병법인이 적격합병, 적격분할, 적격물적분할 또는 적격현물출자에 따라 사업을 폐지한 경우

㉢ 합병법인이 「조세특례제한법 시행령」 제34조 제6항 제1호에 따른 기업개선계획의 이행을 위한 약정 또는 같은 항 제2호에 따른 기업개선계획의 이행을 위한 특별약정에 따라 승계받은 자산을 처분한 경우

㉣ 합병법인이 「채무자 회생 및 파산에 관한 법률」에 따른 회생절차에 따라 법원의 허가를 받아 승계받은 자산을 처분한 경우

다. 「상법」에 따른 분할 또는 분할합병

「상법」 제530조의2 및 제530조의12에 규정하는 회사의 분할, 분할합병, 물적분할의 경우 부가법에서 규정하는 상법상 분할의 의미는 인적 및 물적분할을 포함한 의미로 해석되므로 재화의 공급으로 보지 않는 사업의 양도에 해당된다고 판단된다(서면3팀-960, 2005. 6. 28.).

이러한 「상법」상 분할 및 분할합병에 해당하는 경우 동일한 사업장에서 사업부문별로 해당 사업에 관한 권리와 의무를 포괄적으로 승계시키는 경우에도 재화의 공급으로 보지 아니하는 것이나, 양도하는 사업부문의 사업용 토지와 건물 등을 제외하고 양도하는 경우 재화의 공급에 해당하는 것임에 유의하여야 한다(기획재정부 부가가치세제과-168, 2008. 12. 11. ; 부가-2745, 2008. 8. 27.).

라. 일정 요건을 갖춘 자산의 포괄적 양도에 해당하는 경우(2017년 12월 삭제)

「조세특례제한법」 제37조 제1항에 따라 내국법인(이하 "피인수법인"이라 한다)이 다음의 요건을 모두 갖추어 자산의 대부분을 다른 내국법인(이하 "인수법인"이라 한다)에 양도(이하 "자산의 포괄적 양도"라 한다)하고 그 대가로 인수법인의 주식 또는 출자지분(이하 "주식 등"이라 한다)을 받고 청산하는 경우 양도하는 자산의 가액을 장부가액으로 할 수 있으며, 해당 자산의 포괄적 양도에 대하여는 「부가가치세법」상 포괄적 사업양도로 보아 2010. 7. 1. 이후 최초로 양도하는 분부터 부가가치세 과세대상으로 보지 아니한다(부가령 §23).

이는 합병과 그 경제적 실질이 유사한 자산의 포괄적 양도에 대한 조세지원으로 기업구조조정을 원활하게 하기 위함이다.

㉠ 자산의 포괄적 양도일 현재 1년 이상 계속하여 사업을 하던 내국법인 간의 양도·

양수일 것

㉡ 피인수법인이 인수법인으로부터 그 자산의 포괄적 양도로 인하여 취득하는 인수법인의 주식 등의 가액과 금전, 그 밖의 재산가액의 총합계액(이하 "인수대가"라 한다) 중 의결권 있는 인수법인의 주식 등의 가액이 100분의 80 이상으로서 그 주식 등이 대통령령으로 정하는 바에 따라 배정되고, 피인수법인 또는 대통령령으로 정하는 피인수법인의 주주 등이 자산의 포괄적 양도일이 속하는 사업연도의 종료일까지 그 주식 등을 보유할 것

㉢ 인수법인이 자산의 포괄적 양도일이 속하는 사업연도의 종료일까지 피인수법인으로부터 승계받은 사업을 계속할 것

※ 위 조특법 제37조의 규정은 2017. 12. 31. 양도분까지만 적용한다.

(4) 사업양도 판정 시 '사업장별'의 개념

1) 개요

개인사업자가 빌딩을 소유하면서 지하 및 1층은 부동산임대업에 사용하고 2층은 음식점업, 3층은 서비스업(골프연습장 등)을 하나의 사업자등록번호를 부여받아 사업을 영위하면서 사업종류별로 별도 구분기장하여 오다가 빌딩을 양도하면서 3층 골프연습장을 제외한 사업을 포괄적으로 승계시킨 경우 골프연습장 사업 외의 사업부문의 양도가 부가가치세가 과세되지 아니하는 사업양도인지 여부에 대하여 검토해 보고자 한다.

2) 사업양도에 있어 사업장 개념에 대한 기관별 입장

가. 대법원의 판단

사업의 양도에 있어서의 사업장이라 함은 단순히 장소상의 구분을 말하는 것이 아니라 사업단위별이라는 뜻으로 새겨야 하므로 같은 장소 내의 사업이라고 하더라도 두 종목 이상의 사업을 서로 구분하여 운영하다가 그중 한 종목의 사업을 포괄하여 양도한 경우에는 이를 사회적으로 독립성을 인정받을 수 있는 사업의 양도에 해당한다고 할 수가 있고(대법원 83누104, 1983. 10. 25.), 한편 양도자가 하나의 사업으로 운영한 사업이라고 하더라도 그 사업대상이 객관적으로 구분될 수가 있고 또한 부문별로 독립하여 사업단위가 될 수 있어 실질적으로 수 개의 사업과 동일시 될 수 있는 경우에는 각 부문별로 구분하여 양도되더라도 그것이 포괄적으로 이루어지는 한 사업의 동일성이 유지되는 사업의 양도에 해당한다(대법원 2006두17895, 2008. 12. 24. ; 대전지방법원 2013구합101783, 2015. 1. 14.).

나. 조세심판원의 판단

사업장이란 건물·장소 등 위치를 말하는 개념이 아닌 경영권과 영업권이 독립적으로 존재하고 분리하여 양도가 가능한 것으로서 업태·종목이 구분되는 수 개의 사업을 운영하는 경우 각각을 사업장에 해당하는 것으로 보아 그중 하나의 사업을 양도하는 경우 사업양도로 본다. 따라서 위 물음에서 제조업부문 또는 부동산임대업부문 중 어느 하나의 사업부문을 포괄적으로 승계한 경우 해당 사업부문의 양도는 부가가치세가 과세되지 아니하는 사업양도에 해당한다(국심 2004광1397, 2005. 7. 5. ; 국심 2004부3561, 2005. 9. 8. ; 국심 2005서958, 2005. 7. 13. 등 다수).

다. 국세청의 해석

사업장이란 "사업자 또는 그 사용인이 상시 주재하여 거래의 전부 또는 일부를 행하는 장소"를 말하는 것으로 사업자가 하나의 사업장에서 2 이상의 사업을 영위하는 경우 사업부문별 개념이 아닌 장소적 개념을 의미하는 것으로 보아 그 장소를 하나의 사업장으로 하여 사업자등록을 하여야 하고, 동일한 건물에서 층별로 다른 사업을 영위하면서 각각 사업자등록을 하여 별개의 사업장임을 표방한 경우에도 각 사업에 대한 별개의 사업장이라 할 수 없다(부가 46015-841, 1999. 3. 30. ; 국심 99서2769, 2000. 6. 1. ; 국심 83서1452, 1983. 9. 19.). 또한 조세심판례와 같이 동일 장소 내에서 수행하는 사업별로 사업장을 판단할 경우 사업자는 사업종류별로 별도 사업자등록을 하여야 하고, 부가가치세의 신고·납부도 각각 이행하여야 하므로 납세절차가 지나치게 복잡하여 납세협력비용 및 행정비용이 과다하게 소요되며, 무엇보다도 "사업장별로 그 사업에 관한 모든 권리와 의무를 포괄적으로 승계시키는 것"의 해당 여부 판정에 있어 사업장은 사업자 또는 그 사용인이 상시 주재하여 거래의 전부 또는 일부를 행하는 장소로 부가령 제8조에 따르는 것이며, 다만 사업장별 승계에 대한 예외로서 상법상 분할(물적분할 포함) 또는 분할합병에 국한하는 것이 부가령 제23조의 본문 해석에 충실한 해석이다.

따라서 자기 소유의 동일한 건물에서 2종류 이상의 사업을 영위하는 경우 별도의 등록 여부와 관계없이 하나의 사업장으로 해당 사업장별 사업 중 일부 사업만을 포괄적으로 양도하여 해당 사업장의 경영주체만을 교체시키는 경우 사업의 양도로 볼 수 없는 것이 국세청의 해석이다(재소비-394, 2005. 10. 25. ; 대법원 92누15420, 1993. 1. 19. ; 부가 46015-355, 2000. 2. 9. ; 국심 99서2769, 2000. 6. 17. 외).

다만, 복합건물 내의 상가를 층별 또는 동일 층으로 2개 이상 분양받아 부동산임대업 또는 판매업을 영위하는 경우에는 상가 호수별로 사업자등록을 하는 것이 원칙이나, 분양받은 2개 이상의 상가가 인접하여 있어 사실상 한 사업장으로 볼 수 있는 때에는 해당 인접하는 상가 전체를 하나의 사업장으로 등록할 수 있도록 한 것은(부가 46015-1851, 1997. 8. 11.) 하나의 사업자등록번호로 부가가치세 납세의무를 간편하게 이행할 수 있도록 한 납세편의상의 고려인 것임을 감안하여 당초 점포별로 각각 수 개의 사업자등록을 하였는지 또는 복합건물 내 수 개의 점포에 대하여 하나의 사업자등록번호로 사업자등록을 하였는지 여부에 따라 사업양도 해당 여부를 판정하는 것은 사업양도의 근본취지에 부합하지 아니하는 것으로 비록 1개의 사업자등록번호를 부여받아 각 점포별로 임대차계약에 의하여 임대수입이 발생하며 점포별로 부동산, 임차인 및 보증금이 포괄적으로 승계되었더라도 포괄적 사업양도에 해당한다(서면3팀-259, 2008. 2. 1.).

라. 기획재정부의 새로운 해석

기획재정부에서는 종전의 입장과 달리 동일한 사업장에서 사업부문별로 해당 사업에 관한 권리와 의무를 포괄적으로 승계시키는 경우 부가령 제23조에 따라 재화의 공급으로 보지 아니하는 것으로 회신하였다. 즉, 부동산매매업을 주업으로 영위하는 법인 사업자가 부가령 제8조 제1항 제3호에 따라 그 법인의 등기부상 본점소재지로 사업자등록을 하는 경우 그 사업자의 개발사업 부지가 현물출자 부동산의 등기부상 소재지 또는 사업내용이 구분되는 때에는 해당 개발사업 부지 또는 사업내용별로 사업장을 판단하여 사업양도 여부를 판단할 수 있다는 것이다(기획재정부 부가가치세제과-168, 2008. 12. 11. ; 기획재정부 부가가치세제과-839, 2010. 12. 20.).

따라서 기획재정부가 대법원 및 조세심판원의 결정을 전면적으로 수용한 것인지를 확인하여 국세청의 기존 입장변화가 요구된다.

3) 필자 의견

대법원과 조세심판원은 사업장을 단순히 장소상의 구분이 아닌 사업단위별로 파악하여 사업양도를 판단하고 있고, 기획재정부도 한 사업장 내에서 사업부문별 양도를 사업양도로 회신한 사례가 있어 재화의 공급으로 과세하더라도 처분유지는 어려울 것으로 예상되나, 사업양도의 판정기준 미정립으로 양수자의 매입세액불공제로 인한 세부담 등이 우려되므로 향후 국세청은 기존 해석을 변경하거나 법령을 보완하는 등의 적극적인 노력이 필요하다.

(5) 사업양수자의 부가가치세 대리납부

1) 개요

가. 사업양도 시 대리납부

2014. 1. 1. 이후 사업을 양도하는 분부터는 재화의 공급으로 보지 아니하는 사업양도에 해당하더라도 부가법 제52조 제4항에 따라 그 사업을 양수받는 자가 그 양수에 따른 대가를 양도하는 자에게 지급하는 때에 그 대가에 따른 부가가치세를 관할 세무서장에게 신고 · 납부(대리납부)한 경우에는 재화의 공급으로 보며, 공급받는 자는 자기의 사업을 위하여 사용하였거나 사용할 목적으로 부담(대리납부)한 매입세액은 자기의 매출세액에서 공제받을 수 있다(부가법 §10 ⑨ 2의 단서, §38 ① 1의 괄호, §52 ② · ④). 동 규정은 부가법 제31조(거래징수) 및 제52조(대리납부) 제1항, 제2항, 제3항 규정의 예외규정으로 이해하여야 한다.

나. 사업양도 여부가 불분명한 경우 대리납부 확대

부가법 제10조 제9항 제2호 본문에 따른 사업의 양도에 해당하는지 여부가 분명하지 아니한 경우에도 그 대가를 받은 자로부터 부가가치세를 징수하여 사업장 관할 세무서장에게 대리납부한 경우(2018. 1. 1. 이후 사업양도분부터 적용한다)에는 해당 세금계산서에 따라 사업양도자는 신고 · 납부(양수자가 대리납부한 부가가치세액을 납부세액에서 차감한다)하고 양수자는 해당 세금계산서에 의하여 매입세액을 공제 또는 환급받을 수 있다(부가법 §52 ④).

다. 매입세액의 공제

사업양수자가 대리납부를 이행하고 세금계산서를 수취한 경우에 해당 세금계산서에 의하여 매입세액을 공제 또는 환급받을 수 있다(서면-2020-법령해석부가-1750, 2020. 9. 21.). 필자의 견해는 위 "가"와 "나"와 같이 대리납부가 정당하게 이루어졌다면 부가법 제38조 제1항 제1호 괄호의 규정에 따라 세금계산서 수취없이도 매입세액공제는 가능하다고 본다. 다만, 이때 세금계산서를 발급하지 아니한 사업양도자는 세금계산서미교부가산세가 부과된다.

라. 세금계산서의 발급

포괄적 사업양도는 재화의 공급으로 보지 아니하나 위 "가"와 같이 사업양수인이 대리납부를 이행하는 경우 다시 재화의 공급으로 보게 되고, 세금계산서 발급의무를 면제하는 규정이 없으므로 세금계산서를 양수자에게 발급하여야 한다.

부가법은 사업양도 과정에서 사업이라는 하나의 재화에 대한 공급시기와 대리납부시기가 일치하지 아니하는 경우 대리납부하는 시기를 공급시기나 세금계산서 발급시기로 본다는 어떠한 규정도 부가법에는 없기 때문에 대리납부시기에 관계없이 그 공급시기에 세금계산서를 발급하여야 한다(기획재정부 부가가치세제과-15, 2022. 1. 7.).

2) 대리납부 방법

사업을 포괄적으로 양수받는 자(사업의 양도에 해당하는지 여부가 분명하지 아니한 경우의 양수자를 포함)는 그 대가를 지급하는 때에는 해당 거래가 부가가치세 과세대상에 해당하지 아니함에도 불구하고 그 대가를 받은 자로부터 부가가치세를 징수하여 그 대가를 지급하는 날이 속하는 달의 다음 달 25일까지 부가법 제49조(확정신고와 납부) 제2항을 준용하여 사업장 관할 세무서장에게 납부할 수 있다(부가법 §52 ④).

3) 대리납부 절차

위와 같이 사업을 포괄양수받는 자가 그 대가를 받은 자로부터 징수한 부가가치세는 아래의 사항을 적은 부가가치세 대리납부신고서와 함께 사업장 관할 세무서장에게 납부하거나 「국세징수법」에 따른 납부서를 작성하여 한국은행 또는 체신관서에 납부하여야 한다(부가령 §95 ⑤).

① 사업양수자의 인적사항

② 사업의 양수에 따른 대가를 받은 자의 인적사항

③ 사업의 양수에 따른 대가의 가액 및 부가가치세액

④ 그 밖의 참고사항

4) 대리납부세액(또는 공급가액)의 산정

기획재정부는 포괄적인 사업양도에 해당하는 경우로서 양도자가 양수자에게 세금계산서를 교부하고 거래징수한 세액을 신고・납부한 경우 사업양도에 따른 양도대가를 세금계산서상의 공급가액으로 할 수 있다고 회신한 바 있다(재소비-654, 2005. 12. 28. ; 서면3팀-2422, 2006. 10. 13.). 동 해석의 취지는 사업 그 자체가 하나의 재화인만큼 해당 사업의 순자산(영업권 포함)가액(즉, 시가 또는 거래금액)을 양수대가로 지급할 것이므로 양수대가(부가세 제외)가 부가가치세 공급가액이 되어야 한다는 것이다. 물론 동 해석 이전에 개별 재화별로 과세 또는 면세로 구분하여 과세분에 해당하는 공급가액에 대하여 세금계산서를 발급한 경우에도 인정한다는 것이다.

위 기획재정부 해석 취지대로라면 사업양도 대가를 공급가액(부가세 별도)으로 하여 계약금, 중도금, 잔금 등의 지급 시에 각각 대리납부하면 될 것이다.

대법원도 '동일한 계약당사자' 간에 '동일한 계약원인'으로 '여러 자산을 포괄'하여 양도할 경우(사업부분 전체를 포괄양도)에 한하여 예외적으로 그 개별자산의 거래가액이 아닌 전체자산의 거래가액을 기준으로 거래의 시가를 비교하여야 한다고 판시하였다(대법원 2013두10335, 2013. 9. 27.).

다만, 사업양도가 불분명하여 대리납부하는 경우에는 위 기획재정부 해석을 적용하기는 어려워 개별 재화별로 과세재화의 공급가액을 산정하여 대리납부하여야 할 것이고, 만약 계약금을 지급받는 경우 과세 · 면세 비율에 따라 안분하여 과세분 공급가액을 산정 · 대리납부할 수 있을 것이나, 양도되는 사업을 구성하는 과세재화와 그 밖의 비과세나 면세재화 등의 대금지급시기를 별도 약정한 경우 해당 약정이 우선이므로 만약 사전약정에 따라 계약금 전부를 과세분으로 잔금 지급 시에 정산하기로 하였다면 계약금 전부를 공급가액으로 보아 대리납부하고 잔금 지급 시 공급가액을 정산하여 대리납부하여도 문제 소지는 없을 것으로 판단된다.

5) 대리납부세액의 징수시기와 공급시기

포괄적 사업양도에 해당하면 재화의 공급으로 보지 아니하므로 공급시기 판정이 의미가 없으나 대리납부를 하게 되는 경우 세금계산서를 발급하여야 하므로 부가법상 공급시기를 판정하고 그 발급시기를 파악하여 세금계산서를 발급하여야 할 것이다.

보통 용역수입에 따라 대리납부할 부가가치세액의 징수시기는 부가법 제52조 제1항에 따라 공급시기에 관계없이 그 대가를 지급하는 때로서 착수금, 계약금, 선급금을 지급하는 경우에도 그 지급하는 때에 대리납부세액을 징수하여야 한다. 포괄적 사업양도의 경우(이에 해당하는지가 불분명한 경우 포함)에도 그 대가를 받은 자로부터 징수하여 그 대가를 지급하는 날이 속하는 달의 다음 달 25일까지 납부하여야 한다고 규정하고 있으므로 공급시기와 무관하게 그 대가를 지급하는 때를 기준으로 대리납부하여야 함이 법문상 타당하다고 본다.

반면 사업양수도 계약 시에 계약금이나 선급금을 지급한 경우에는 기획재정부 개정세법 해설책자를 참고하면 포괄양수 시점에 대리납부세액을 신고 · 납부한다고 설명하고 있어 그 공급시기에 전체 양도가액에 대하여 대리납부를 하였더라도 대리납부는 이행되었고 국고손실도 없으며, 사업양도 대리납부의 취지에 반하는 것도 아니어서 이 경우에도 매입세액공제를 허용되어야 할 것으로 판단된다(유권해석사례는 없음).

6) 사업양수자가 대리납부를 이행하지 아니한 경우

포괄적 사업양도이거나 그 여부가 불분명하여 대리납부하면서 세금계산서를 발급하기로 약정하고 사업양수자가 대리납부할 세액을 납부하지 아니하는 경우가 발생할 수 있는데, 이 경우에는 포괄적 사업양도인지 아닌지를 구분하여 검토할 필요가 있다.

가. 포괄적 사업양도인 경우

양수자가 대리납부를 이행하지 아니하면서 그 실질이 포괄적 사업양도에 해당한다면 부가법 제10조 제9항에 따른 재화의 공급으로 보지 아니하는 사업양도가 되기 때문에 부가가치세의 과세나 매입세액의 공제는 허용되지 않는다. 즉, 사업양도자가 발급한 세금계산서는 재화의 공급이 아닌 거래에 대하여 발급한 세금계산서이고 사업양수자도 해당 세금계산서에 따른 매입세액공제가 불가하다(이 경우 세금계산서기재불성실가산세는 없다).

나. 포괄적 사업양도에 해당하지 아니하는 경우

양수자가 대리납부를 이행하지 아니하면서 그 실질이 포괄적 사업양도에 해당하지 않는다면 부가법 제9조에 따른 재화의 공급에 해당하므로 재화의 공급에 대하여 발급한 세금계산서는 정당한 세금계산서이므로 사업양도자는 해당 세금계산서에 의한 매출세액을 그대로 납부하여야 하고, 사업양수자는 해당 세금계산서상의 매입세액을 매출세액에서 공제받을 수 있다(부가법 제60조의 가산세 문제가 발생하지 않음). 다만, 사업양수인이 납부하지 아니한 부가가치세액은 사업양도자에게 돌려주어야 한다(사업양수인의 대리납부세액 반환 미이행 시 민사로 해결할 수밖에 없다).

다. 가산세의 부과

포괄적 사업양도로서 대리납부가 이행되지 않아 재화의 공급에 해당하지 않음에도 사업양도자가 그 공급시기에 발급한 세금계산서는 과세대상 재화는 아니지만 실물공급이 수반되었으므로 가공세금계산서도 아니고, 거래당사자에게 발급하였으므로 위장세금계산서도 아님은 명백하다.

다만, 부가법은 세금계산서등의 공급가액을 과다하게 기재한 경우 실제보다 과다하게 기재한 부분에 대한 공급가액의 2%를 부가법 제60조 제3항 제5호에 따라 가산세로 부과하고, 동 제5호가 적용되는 세금계산서등을 발급받은 경우 실제보다 과다하게 기재된 부분에 대한 공급가액의 2%를 가산세로 부과한다. 동 규정은 사업자가 고의로 공급가액을 일부 부풀린 경우를 제재하고자 신설하여 2018. 1. 1.부터 시행하고 있다. 그러나 공급가액을 고의로 과다하게 부풀린 것이 아니라 과세대상 여부에 대한 판단오류나 단순 기재착오, 사업양수자의 대리납부 불이행 등의 사유까지 2%의 가산세를 적용하려는 취지였는지 의문을 가질 수밖에 없다.

재화의 공급으로 보지 아니하는 사업양도에 해당하는 거래에 대하여 양수자가 대리납부하지 아니하고 양도자가 세금계산서를 발급하고 부가가치세 신고와 함께 매출(매입)처별세금계산서합계표에 기재하여 제출한 경우 매출(매입)처별세금계산서합계표가산세를 적용하지 아니하나 과소신고가산세, 초과환급신고가산세 및 납부·환급불성실가산세는 적용한다(부가가치세법 집행기준 60-0-17 ; 부가가치세과-875, 2013. 9. 26. ; 서면인터넷방문상담3팀-2172, 2007. 7. 31. 외 다수).

이는 사업자가 사업양도나 상품권 매매거래와 같이 (세금)계산서 발급의무 및 (세금)계산서합계표 제출의무 자체가 없는 거래에 대하여 발급 및 제출을 하였다면 그 발급 및 제출과 관련된 가산세를 적용할 수 없다는 것이 국세청의 해석 및 법원의 판단이다. 즉, 이런 비과세거래에 대하여는 (세금)계산서 발급 후 매출처별(세금)계산서합계표를 제출하더라도 동 가산세를 적용하지 아니하며, (세금)계산서 발급 후 (세금)계산서합계표를 제출하지 아니한 경우에도 동 (세금)계산서 관련 가산세를 적용하지 않는다는 것이다(동지 : 서이 46012-10861, 2003. 4. 25. ; 재법인 46012-165, 2002. 10. 16. ; 서면2팀-616, 2007. 4. 9. ; 부가 46015-3650, 2000. 10. 26. ; 감심 2011-23, 2011. 2. 10. ; 조심 2009중3805, 2010. 11. 16.).

기획재정부에서도 면세(비과세)재화를 공급받고 (영세율)매입세금계산서를 발급받아 매입처별세금계산서합계표에 기재하여 제출한 경우 면제되는 재화에 대하여는 부가가치세 거래징수 및 세금계산서 발급의무, 매입처별세금계산서합계표 제출에 대한 의무가 당연히 면제되므로 제출의무가 없는 합계표에 대해 제출의무의 불성실한 이행을 이유로 가산세 부과할 수 없다고 회신하였다(재소비-139, 2005. 9. 5. ; 재부가-546, 2007. 7. 18.).

따라서 실질거래가 있었으나 그것이 과세대상에서 제외되는 거래가액으로서 세금계산서 발급의무가 없는 것임에도 세금계산서를 발급한 경우 사업양도자 및 사업양수자 모두 세금계산서 또는 세금계산서합계표 관련 가산세를 부과할 수 없을 것이다.

7) 대리납부한 후에 공급가액의 변동이 발생한 경우

사업양수도 당시 잠정가액으로 사업양도대가를 정하여 세금계산서 발급 및 대리납부를 이행한 후에 자산과 부채에 대한 회계법인 등의 실사를 거쳐 사업양도대가가 최종 확정됨으로써 공급가액 변동이 발생한 경우 ① 공급가액이 증가되었다면 증가된 부분에 대한 대리납부와 수정세금계산서를 발급하여 부가가치세의 신고와 납부(사업양수자는 추가 환급)를 하면 될 것이나(이 경우 사업양도자가 폐업하였다면 수정세금계산서 발급이 되지 않고 종전 신고·납부 및 환급으로 종결되어야 할 것이다), ② 또는 사업양도시 대리납부가 이루어진 경우에 재화의 공급이 되는 것이므로 사업양도가 명확하다는 전제 하라면 공급가액이 증가된 부분에 대한 수정세금계산서 발급 및 대리납부가 없었더라도 해당 부분은 재화의 공급이 아닌 것이어서 부가가치세 누락으로 인한 경정은 없어야 한다는 주장도 있다. ③ 공급가액의 감소가 발생하였다면 사업양도자는 감액 수정세금계산서를 발급하고 사업양수자는 대리납부세액의 과오납환급신청이나 경정청구를 통하여 환급받아 사업양수자가 사업양도자에게 지급하여야 하는 문제가 발생할 수 있다. 그러나 이 부분에 대한 부가세법령에 별도의 규정이 없으므로 일반적인 수정세금계산서 발급규정인 부가령 제70조 제1항 제3호의 규정에 따라야 한다. 따라서 국세청과 기재부는 유연한 해석을 통해 감액수정세금계산서에 의해 공급자는 매출감액을, 공급받는 자는 매입세액을 차감하여 신고함으로써 종결하도록 하여 납세자의 불편을 덜어줄 수 있도록 하여야 한다.

위 "②"의견은 사업양도라는 전제하에 성립될 수 있는 가정이고 아직 이를 인정한 유권해석은 없다. 따라서 보수적 견지 또는 사업양도가 불분명한 경우라면 "①"과 같이 처리하여야 한다.

8) 사업양도에 대한 세금계산서 발급을 취소할 수 있는지

사업양도 여부가 불분명하여 세금계산서를 발급한 후에 대리납부하여야 할 부가가치세액을 사업양수자가 관할세무서에 납부하기 전에 사업양도에 해당한다는 유권해석이나 세무대리인의 의견을 받아 대리납부하지 아니하고 당초 발급한 세금계산서를 취소(착오에 의한 발급으로서 부가령 제70조 제8호에 해당)하는 수정세금계산서를 발급하였다면 부가법 제60조에 따른 가산세가 부과될 수 없다. 다만, 부가가치세액을 사업양수자가 관할세무서에 대리납부한 경우에는 사업양도가 부가가치세가 부과되는 재화의 공급이 되기 때문에 당초 세금계산서 발급을 취소하는 감액수정세금계산서 발급은 어렵다고 본다.

(6) 사례별 사업양도 판정기준

1) 사업양수도 거래당사자가 미등록자인 경우

부가가치세 과세사업이 사업장별로 포괄적으로 승계되어 양도자 및 양수자가 과세사업을 영위하고 있다면 양도자와 양수자 모두 미등록사업자이거나 일방이 미등록사업자인 경우에도 당초 사업양도에는 영향을 미치지 아니한다(부가통칙 10-23-1 ; 재소비 46015-32, 1997. 1. 2. ; 부가-324, 2010. 3. 18.).

2) 사업양도계약서가 미작성된 경우

부가가치세가 과세되지 아니하는 사업의 양도는 사업장별로 사업용 자산을 비롯한 인적·물적 시설 및 사업에 관한 모든 권리와 의무를 포괄적으로 승계하여 사업의 동일성이 유지되면서 경영주체만을 교체시키는 것이므로 거래당사자 간 사업양도·양수계약서를 작성하지 않았더라도 실질 거래내용 등에 의하여 사업장별로 모든 권리와 의무를 포괄적으로 이전하는 경우에는 사업양도에 해당한다(서면3팀-662, 2006. 4. 5.).

3) 사업양수도 사업자의 과세유형

사업양도자와 양수자 간 사업자 유형(간이과세자 또는 일반과세자)에 관계없이 사업을 포괄적으로 승계하였다면 부가가치세가 과세되지 않는다. 특히 2006. 2. 9. 이후 사업을 양도하는 경우로서 일반과세자가 간이과세자에게 사업을 양도하는 경우에도 포괄적 사업양도에 해당하면 재화의 공급으로 보지 않도록 개정하였으며, 다만 일반과세자로부터 포괄적 사업양도의 방법에 의하여 사업을 양수한 사업자에 대해서는 간이과세 적용이 원천 배제된다.

4) 사업개시 전 등록자의 양도가 사업양도인지 여부

사업자는 사업을 개시한 이후에만 사업자로서의 지위를 가지는 것이 아니라 그 전에라도 사업행위를 표방하고 사업준비행위를 하는 경우에는 그 표방하는 시점, 즉 사업자등록일부터 사업자로서의 지위에서 사업활동을 하는 것으로 볼 수 있는바, 재화 또는 용역의 공급개시 전이라도 사업활동이 계속되는 중에는 해당 사업과 관련된 모든 권리와 의무를 포괄적으로 양도한다면 재화의 공급으로 보지 아니하는 사업의 양도로 볼 수 있다. 위와 같은 견지에서 국세청과 기재부는 부동산임대업을 사업목적으로 사업개시 전 등록한 사업자가 건축물을 분양받아 계약금과 중도금 납부에 따른 매입세액을 환급받던 중 건축물 취득 전에 분양권을 전매하는 경우로서 부동산임대업으로 등록한 사업자에게 부동산임대업에 관한 모든 권리와 의무를 승계시킨 경우에는 사업양도에 해당하고, 사업개시 전 사업자등록을 한 사업자가 제조업 등 과세사업을 영위하기 위하여 제조장 등을 설치하던 중 사업장별로 그 사업에 관한 권리와 의무를 포괄적으로 승계시키는 경우에도 사업의 양도에 해당한다고 해석하였다(법규과-1263, 2012. 10. 31. ; 서삼 46015-10314, 2001. 9. 26. ; 재소비 46015-58, 2003. 3. 3. ; 서울고법 2016누69408, 2017. 5. 25. ; 대법원

90누2376, 1990. 5. 22. ; 서면3팀-3249, 2007. 12. 4.).

부언하면 양도자와 양수자 간에 사업실체로서 성숙하기 전이라도 객관적인 사업목적이 확인되고 그 인적·물적자원이 모두 승계되었다면 사업양도로 볼 수 있다.

5) 사업자단위과세사업자의 주·종사업장 양도 시 사업의 양도 해당 여부

사업자단위과세가 적용되는 사업자의 경우 주사업장과 종사업장별로 사업양도 여부를 판정한다. 따라서 주사업장과 수 개의 종사업장을 가지고 있는 사업자단위과세적용사업자가 주사업장의 일부 사업부문(상법에 따라 분할 또는 분할합병하는 경우에 해당되지 않음)과 종사업장에 대한 인적·물적시설을 포함한 권리와 의무를 포괄적으로 승계하는 경우, 주사업장의 일부 사업부분 승계는 사업의 양도에 해당되지 아니하나, 주사업장 또는 종사업장에 대한 인적·물적시설을 포함한 권리와 의무의 포괄적 승계는 사업의 양도에 해당한다(법규부가 2012-482, 2012. 2. 8. ; 서면3팀-786, 2008. 4. 18.).

※ 위 내용은 주사업장총괄납부사업자에게도 그대로 적용된다.

6) 특정 건설현장 또는 매매용 재고자산을 양도하는 경우

건설업 또는 부동산매매업을 영위하는 사업자라도 매매목적용 재고자산이 아닌 별도의 사업장인 임대사업에 계속적으로 사용하던 부동산을 매각하거나, 건설업 또는 부동산매매업과 관련된 모든 사업부문(업무총괄장소, 모든 사업지, 인허가 및 사업권 등 전체)을 포괄적으로 승계하는 경우라면 당연히 사업양도로 볼 수 있다(서면3팀-2953, 2007. 10. 30. ; 부가-1483, 2009. 10. 13. ; 조심 2009구0150, 2009. 12. 10.). 하지만 특정 사업이 아닌 일부의 사업용 자산 또는 재고자산 양도는 특정 재화의 양도로서 재화의 공급에 해당한다.

㉠ 수 개의 사업지(건설현장, 용역수행장소)를 가지고 건설업 및 부동산매매업을 영위하는 사업자가 준공과 동시에 판매할 목적으로 신축한 건축물 중 일부 또는 전부를 양도하는 경우 매매목적용 재고자산을 양도하는 것이므로 사업양도가 될 수 없다.

㉡ 건설업 및 부동산매매업을 영위하는 사업자가 신축한 건축물을 일시적으로 부동산임대사업에 사용하다가 매각하는 경우 해당 사업자의 임대행위는 그 임대사업자등록의 형식에 불구하고 부동산매매사업활동의 일환으로서 행한 것이어서 부동산매매업자로서 특정재화를 공급한 것에 불과할 뿐 부동산임대사업의 사업양도로 볼 수 없다.

그러나 "부동산매매업을 주업으로 영위하는 법인사업자가 부가령 제8조 제1항 제3호에 따라 그 법인의 등기부상 본점소재지로 사업자등록을 하는 경우 그 사업자의 개발사업 부지가 현물출자 부동산의 등기부상 소재지 또는 사업내용이 구분되는 때에는 해당 개발사업 부지 또는 사업내용별로 사업장을 판단하여 그 사업의 이전이 사업의 양도에 해당하는지 여부를 판단한다는 기재부 해석이 나왔으며(재부가-839, 2010. 12. 20.), 법원도 주택분양보증계약에서 분양보증회사가 사업주체(부동산매매업자 또는 건설회사)로부터 분양사업에 관한 권리와 의무를 포괄적으로 이전받는 것이 사업주체의 재화의 공급인지 여부에 대하여 '사업의 양도'에 해당한다고 판시하였다(서울고법 2013누53136, 2014. 7. 1.).

7) 사업용 토지와 건축물을 제외한 사업의 양도

사업자가 자기의 과세사업에 사용하던 토지 및 건축물을 제외하고 양도하는 경우 사업장별로 그 사업에 관한 모든 권리와 의무를 포괄적으로 승계시키는 것이 아니므로 재화의 공급으로 보지 아니하는 사업양도에 해당하지 아니한다. 다만, 토지 및 건축물이 해당 과세사업과 직접 관련이 없는 경우를 제외한다(서면3팀-644, 2006. 4. 3.).

또한, 양도자가 사업에 사용하던 토지 및 건물은 인수하지 않고 이를 임차하여 사용하면서 사업의 영업권 등을 평가하는 등 양도자의 사업을 그대로 인수하였더라도 사업에 직접 관련이 있는 토지 및 건물을 양수하지 않았다면 비록 양수인이 임차하여 사용하더라도 사업양도로 보지 아니한다(대법원 2013두18827, 2014. 1. 16.).

8) 임대인과 임차인 간 사업승계가 있는 경우

부가가치세가 과세되지 아니하는 사업양도의 요건에서 새로운 사업의 종류를 추가하거나 사업의 종류를 변경한 경우란 양수자가 양도자의 이전의 사업을 승계받은 경우를 전제로 하는 것으로, 부동산임대업자가 음식점업을 영위하는 임차인에게 부동산임대업에 공하던 토지와 건물을 양도하고 임차인이 부동산임대업과 기존 음식점을 계속 운영하는 경우 양도 당시 부동산임대업자인 양도자가 음식점업을 영위하는 양수인에게 토지와 건물만을 양도한 것일 뿐 기존 임차인의 임대차계약(보증금 등)을 포함한 부동산임대업과 관계된 모든 권리와 의무를 승계하여 사업의 동질성이 유지된 경우로 볼 수 없다(조심 2009광3575, 2010. 6. 22. ; 대법원 89누4574, 1990. 7. 24.).

반면, 임대인이 임차인의 음식점 사업을 포괄적으로 인수하여 그 사업을 계속하는 경우에는 임차보증금이 사업인수대금과 상계되었더라도 사업양도로 본다(서면법규과-424, 2014. 4. 28.).

9) 사업양수 후 사업장 이전 시 사업양도 해당 여부

과세사업을 영위하는 사업자가 사업장별로 그 사업 전부를 동일성이 상실됨이 없이 그 사업에 관한 모든 권리와 의무를 포괄적으로 양도하는 경우로서 사업을 포괄적으로 양도·양수하는 과정에서 사업장의 이동이 동시에 발생하거나 그 이후에 사업장의 이전이 있는 경우에도 사업의 양도에 영향을 미치지 아니한다(부가 46015-66, 1996. 1. 11. ; 재부가-431, 2007. 6. 5.).

10) 개인사업자의 현물출자와 사업양도

개인인 사업자가 법인설립을 위하여 재화를 현물출자하는 것은 재화의 공급에 해당하나, 사업장별로 그 사업에 관한 모든 권리와 의무를 포괄적으로 현물출자하여 사업의 동일성이 상실됨이 없이 법인을 설립하는 경우에는 사업의 양도에 해당한다(부가통칙 10-23-1).

11) 대물변제로 상가를 취득하는 경우 사업양도 해당 여부

건설용역을 제공하는 사업자가 공사대금채권(공사미수금)을 회수하기 위한 수단으로 신축부동산에 대한 대물변제계약을 체결하고 신축상가 전체를 인수한 경우로서 채권보전 차원에서 개별자산을 매매계약에 의해 인수한 것일 뿐, 다른 채권이나 부채 및 인적자원 등 해당 사업장에 대한 권리와 의무를 포괄적으로 승계받은 것이 아닌 경우 양도인이 인적시설 및 법률상 지위를 양수인에게 그대로 승계시키지 아니한 것이므로 재화의 공급으로 보지 아니하는 사업의 양도에 해당하지 않는다(재소비 46015-135, 2001. 5. 25. ; 부가 46015-2408, 1995. 12. 22.).

다만, 양도인으로부터 공사대금 잔금 등을 지급받지 못해 신축부동산을 대물변제로 취득하면서 임대보증금, 차입금 등 모든 권리·의무를 포괄적으로 승계받아 양도인과 동일한 부동산임대업을 영위하고 있다면 사업의 포괄양수에 해당한다(심사-부가-2017-0086, 2018. 2. 26. ; 부가가치세과-646, 2010. 5. 25.).

12) 본점과 지점이 있는 사업자의 사업양도

본점과 지점 등 2개 이상의 사업장을 영위하고 있는 사업자가 어느 하나의 사업장에 관한 모든 권리·의무를 포괄적으로 양도하는 경우에는 포괄적 사업양도에 해당한다(부가 22601-1086, 1985. 6. 14.).

㉠ 두 종류 이상의 사업을 각각 별도의 사업장에서 영위하며 본점집중회계제도를 사

용하는 법인이 그중 한 종류의 사업을 양도하면서 양도하는 사업을 영위하는 각각의 사업장(공장, 영업소 등 모든 사업장 포함)에 속하는 모든 권리와 의무를 포괄적으로 양도하는 때에는 포괄적 사업양도에 해당하는 것이며, 이 경우 사업의 동일성을 상실하지 아니하는 범위 내에서 양도하는 사업에 직접 관련되지 아니하거나 각 사업장에 직접 관련되지 아니하는 일부 권리와 의무를 제외하여도 사업의 양도에 해당한다(부가 46015-2929, 1997. 12. 29.).

㉡ 사업자가 지점의 사업을 포괄적으로 양도함에 있어 본점 명의로 구입하여 지점 사업에 사용하던 차량운반구 및 시설장치를 포함하여 양도하는 경우에도 포괄적 사업양도에 해당한다(부가-4401, 2008. 11. 25.).

㉢ 지점의 사업장을 양도하면서 본점에서 지점을 위해 계속적으로 사용하던 사업용 고정자산(차량운반구 및 시설장치, 집기비품 등)을 포함하여 함께 양도하는 경우 본점에서 양수자에게 인도하는 동 자산에 대하여는 세금계산서를 발급하여야 한다(부가 46015-1955, 1997. 8. 22.).

13) 사업과 직접 관련이 없는 자산 및 부채가 제외된 사업양도

양도대상이 되는 사업과 관련이 없는 자산이나 부채가 전부 제외되고 사업과 직접 관련된 자산과 부채를 포괄적으로 승계시켰다면 사업양도에 해당한다.

국세청 해석이나 심판례를 보면 골프회원권, 투자유가증권, 임대용부동산을 담보로 차입한 금융기관의 부채, 사채, 금융자산, 법인령 제49조 제1항에 규정하는 자산 등을 제외한 경우에도 나머지 자산 및 부채가 승계되어 사업의 동질성이 유지된다면 사업양도로 본다(법규부가 2014-191, 2014. 6. 30. ; 서면3팀-385, 2008. 2. 22. ; 법규부가 2011-0532, 2011. 12. 29. ; 재소비 46015-261, 1998. 10. 8. ; 국심 2003부1643, 2003. 9. 29.).

14) 사업관련 채권, 채무, 자산 등의 일부가 이전되지 아니한 경우

사업양수도 과정에서 일부 자산이나 부채가 누락되었더라도 해당 사업의 특수성 및 사업과의 관련성 유무를 감안하여 종합적으로 판단할 사항으로 포괄적 사업양도의 대상이 되는 사업을 영위하는 데 있어 핵심적인 구성요소가 아니어서 사업양도로 인정하는 데 장애가 되지 않는 정도의 누락에 지나지 않는다면 사업양도로 볼 수 있다. 이러한 관점에서 아래 사례는 사업양도로 판단한 것이다.

① (일부) 재고자산이나 부실재고자산, 무형고정자산이 승계되지 아니한 경우(부가-3318, 2008. 9. 29. ; 법규부가 2014-191, 2014. 6. 30. ; 국심 2007중5281, 2008. 2. 25. ; 감심 2015심사60, 2016. 7. 26.)

② 사업양도 시 재고자산만을 반품하고 그 외 모든 자산 및 부채를 승계시킨 경우(부가-1318, 2008. 9. 29.)

③ 직원숙소의 임차보증금, 숙소의 비품 등을 승계대상에서 제외한 경우(법규부가 2014-191, 2014. 6. 30.)

④ 사업의 주된 거래에서 발생한 외상매출금, 외상매입금이 제외된 경우(대법원 91누13014, 1992. 5. 26. ; 대법원 2006두446, 2008. 2. 29. ; 부가통칙 10-23-1)

⑤ 사업에 관한 권리와 의무에서 제외되는 것으로 되어 있는 미수금, 미지급금을 전부 또는 일부 승계하지 아니한 경우(부가통칙 10-23-1)

15) 종업원이 승계되지 아니한 경우

사업자가 그 사업을 양도함에 있어 양수인이 해당 사업에 관련된 물적·인적시설 및 권리와 의무 등을 포괄적으로 승계하여 사업의 동일성을 그대로 유지하면서 경영주체가 교체된 경우에는 종업원 중 해당 사업과 직접 관련이 없는 종업원이 제외되더라도 사업의 포괄적 양도에 해당하는 것이나, 제조업 등 그 사업에 종사하던 전 종업원을 제외하고 양도하는 경우 부가법 제10조 제9항 제2호에 따른 사업양도에 해당되지 아니한다(서면3팀-1734, 2004. 8. 24. ; 서면3팀-1450, 2007. 5. 11.).

대법원은 사업과 관련된 일체의 권리와 의무를 포괄적으로 양수하여 사업을 계속하고 있다면 종업원 등의 인적설비는 승계하지 않았더라도 인적설비는 양도대상사업의 핵심적인 구성요소가 아니라면 사업의 양도로 인정하는 데 장애가 되지 않는다는 입장이다(대법원 2006두17895, 2008. 12. 24. ; 대법원 2006두446, 2008. 2. 29.).

사업용재산을 비롯한 물적·인적시설 및 권리와 의무 등이 포괄적으로 사업양수자에게 이전되었다면 일부 근로자를 재고용하지 않았다거나, 사업의 핵심요소 또는 본질적 요소가 아닌 종업원 등이 승계되지 않았더라도 사업양도로 보아야 한다. 그러나 사업의 핵심요소로 볼 수 있는 연구소의 연구원, 기술집약적 사업자의 기술인력 전부가 승계되지 않아 사업의 동질성이 상실되는 경우라면 포괄적 사업의 양도로 보기 어려울 것이다(대법원 2007두15056, 2008. 7. 24. ; 법규부가 2011-0249, 2011. 6. 28.).

아울러 종업원을 사업양수인이 승계(자발적 퇴직자는 제외한다)하기로 하되 사업양도자가 그간의 퇴직금을 전부 지급하기로 하고, 사업양수자는 종업원을 재입사 방식으로 그대로 재고용(신규채용)하는 경우(양도자의 근로자를 인수할 의무를 부담하지 않기로 약정한 경우를 제외한다)에는 퇴직금이라는 부채만 승계받지 아니한 것이지 종전 종업원 등 인적자원을 승계받은 것이므로 이를 이유로 사업양도 판정에 장애가 될 수 없다(국심 2004광1397, 2005. 7. 5. ; 국심 2003중2463, 2003. 10. 20. ; 대법원 2000두7520, 2001. 10. 26. ;

대법원 2007두15056, 2008. 7. 24. ; 부산고법 2006누0330, 2007. 6. 29.).

16) 부가가치세 과세대상이 아닌 자산이 누락된 경우

사업을 양도함에 있어 금융자산과 (투자)유가증권 및 해외투자자산은 부가가치세 과세대상이 아니고 사업양도에 있어 주요자산으로 보기 어려우며 동 자산의 제외가 사업의 동질성을 훼손하지 않는다면 포괄적 사업양도에 해당한다(국심 2003부1643, 2003. 9. 29.). 물론 부가가치세 과세대상 자산이 아니더라도 그것이 사업을 영위하는 데 핵심구성요소라면 사업의 동질성을 훼손하므로 포괄적 사업양도가 될 수 없다.

17) 사업양도일 이후 양수자산의 소유권이전등기가 된 경우

사업장별로 그 사업에 관한 모든 권리와 의무를 양도하였으나 양수도자산 중 일부가 담보해지 지연 등으로 소유권이전등기만 양수도 기준일 이후에 이루어진 경우에는 사업양도에 영향을 미치지 아니한다(부가 46015-1070, 1999. 4. 13. ; 대법원 82누86, 1983. 6. 28.).

18) 일부 자산을 사업양도 후에 이전하는 경우

사업자가 자기의 사업에 관한 모든 권리와 의무를 양도함에 있어 관계 법령의 제한이나 당사자 간의 합의에 따라 그 사업의 본질적 또는 핵심적 요소인 사업용 고정자산(㊞ 사업용 토지 또는 건물)을 사업양도일이 지난 상당기간이 경과한 후에 매매대금을 결정하고 소유권을 이전하기로 한 경우에는 사업양도에 해당하지 아니하나, 모든 권리와 의무를 승계하고 그 대금의 일부만을 사업양도일 이후에 받기로 한 경우에는 사업양도에 해당한다(서면3팀-116, 2008. 1. 15. ; 서면3팀-3000, 2007. 11. 5.).

19) 사업양수자가 과세·면세사업을 겸영하는 경우

재화의 공급으로 보지 아니하는 부가법 제10조 제9항 제2호에 따른 사업의 양도란 부가가치세가 과세되는 사업에 관한 양도에만 적용되는 것이므로 사업양수 후 추가되는 사업 또는 변경되는 사업이 과세사업인 경우만을 의미한다.

사업양수 후 양수자가 면세사업(일부 면세사용 포함)으로 전용하거나 개인적 목적으로 사용하는 경우에는 사업양도에서 제외하는 것이 사업양도의 입법취지에 부합한 것이므로 부가가치세 과세사업(부동산임대업)자가 과세사업(임대업)에 사용하던 부동산을 과세·면세사업을 겸영하는 사업자에게 양도하고 양수자가 해당 부동산을 과세·면세 겸영사업에 사용하는 경우에는 사업의 양도에 해당하지 아니한다는 것이 국세청의 해석이다(서면3팀-3059, 2006. 12. 7.). 동 국세청의 해석에 대하여 일단 사업양도로 보아 과세하지 아니하고 양수자가 면세사업등에 사용하는 때에 (일부) 면세전용으로 과세하여야 한다는 주장이 있으나 아직까지 이를 수용하는 해석은 없다.

20) 과세 · 면세사업을 영위하는 자가 과세사업을 양도하는 경우

부가가치세가 면제되는 사업과 부가가치세가 과세되는 부동산임대업을 겸영하는 사업자가 면세사업 부문을 제외하고 과세사업인 임대업만을 분리 또는 특정하여 임대업에 관한 모든 권리와 의무를 실질적으로 승계시키거나, 과세 · 면세사업 전체를 포괄적으로 승계시키는 경우 사업의 양도에 해당한다(서삼 46015-11305, 2003. 8. 13. ; 국심 2001중495, 2001. 5. 17. ; 서삼 46015-12243, 2002. 12. 26.).

※ 면세사업등을 겸영 시 과세사업부분만을 특정하여 사업양도 여부를 판정하며, 그렇지 아니한 경우 면세사업을 포함하여 사업양도 여부를 판정해야 한다는 대법원 판례도 있다(대법원 2005두17294, 2007. 12. 29.).

▌과세 · 면세 겸영사업자의 사업양도에 관한 사례 연구

과세사업과 면세사업을 겸업하는 사업자가 사업장별로 과세사업에 관한 모든 권리(미수금에 관한 것 제외)와 의무(미지급금에 관한 것 제외)를 포괄적으로 승계시키는 경우라면 당연히 사업양도에 해당하는 것이고(재무부 간세 1265-2380, 1979. 7. 20. ; 서면3팀-1802, 2005. 10. 18. 외 다수), 이때 사업의 양수자가 해당 과세 · 면세사업을 계속 영위함에 있어서 양수 후 해당 총공급가액에 대한 면세공급가액의 비율이 사업양도 전에 안분계산 시 또는 정산 시에 적용한 총공급가액에 대한 면세공급가액의 비율보다 증가하는 경우 양수자는 해당 감가상각자산에 대해 매입세액을 공제받은 사실이 없더라도 납부세액을 재계산하여야 하는 것이며, 해당 감가상각대상자산의 취득일은 양도자가 당초 취득한 날로 하는 것이다(재소비 46015-374, 1996. 12. 14.).

21) 사업양수자가 즉시 폐업한 경우

사업을 양수받은 사업자가 양수받은 사업장을 양수 즉시 폐업하는 경우에는 부가가치세가 과세되지 아니하는 사업양도에 해당하지 않는다(서삼 46015-10661, 2003. 4. 18.).

22) 공실 및 주거용 주택과 함께 양도된 경우

부동산임대업자가 그 사업을 포괄승계하면서 사업양도일 전에 이미 부동산임대차계약이 종료됨에 따라 부득이 임대차계약이 종결된 임차인의 임대보증금을 승계하지 아니하고 일시적 공가상태에서 부동산임대업에 대한 모든 권리와 의무를 포괄적으로 승계한 경우에는 사업의 양도에 해당한다(부가-388, 2010. 3. 31. ; 서면3팀-160, 2008. 1. 18.).

그러나 부동산 양도시점에 일부 퇴거하지 않은 임차인에 대하여 잔금을 지불한 후 명도소송을 진행한 경우 및 임차인들과 임대차계약을 해지한 후 임대사업용건물 전체를 양도하는 등 임차인을 이미 퇴거시켰거나 그 진행 중에 양도하는 경우에는 부동산만을 특정하여 양도한 것으로 보아 사업양도로 보지 않는다(국심 2008서1198, 2008. 11. 21. ; 국심 2005서407, 2005. 10. 28.).

23) 사업을 증여하는 경우

과세사업을 영위하는 사업자가 자녀, 배우자 등에게 사업에 사용하던 부동산 등 사업설비를 증여하는 경우 부가가치세가 과세되며, 부가가치세 공급가액은 해당 자산의 시가가 되는 것이나, 사업자가 사업장별로 그 사업에 관한 모든 권리와 의무를 포괄적으로 승계시키는 경우에는 비록 특수관계자에 해당하는 경우에도 재화의 공급으로 보지 아니하는 사업양도에 해당된다(서면3팀-606, 2004. 3. 26. ; 부가-1752, 2009. 12. 3.).

24) 사업양도와 사업양도 대가의 수수

부가가치세가 과세되지 아니하는 사업의 포괄양도를 판정함에 있어 양수도 대가의 유무, 저가 및 고가 지급 여부는 고려의 대상이 되지 아니한다.

25) 분양권 양도가 사업양도인지 여부

사업양도에 있어 그 사업은 인적·물적시설의 유기적 결합체로서 경영주체와 분리되어 사회적으로 독립성을 인정받을 수 있는 유기적 결합체인 바, 분양권 매매계약서에 매매의 당사자 간에 통상적인 재화의 공급(특정재화의 개별적 공급)으로 나타날 뿐 매매계약서에 양도자가 영위하는 사업과 관련된 자산과 부채의 평가 및 영업권의 평가의 흔적이나 대고객 관계, 사업상의 비밀, 경영조직 등 중요 요소가 모두 기재되어 있지 아니하고 이들이 사실상 이전되었다고 볼 만한 사정이 없으며, 매도자와 매수자 모두 사업개시 전의 상태로서 양수인에게 포괄적으로 양도할 만한 인적·물적시설의 유기적 결합체가 형성되기 전이라면 실제 각각 어떠한 사업을 영위할 것인지의 목적과 의도를 확인할 수 없는 불확정상태에 있으므로 이들 거래는 단순히 분양차익을 목적으로 분양권을 단순양도한 것으로서 사업양도로 볼 수 없을 것이다(부가-40, 2010. 1. 11.).

반면, 부동산임대업으로 사업개시 전 등록한 사업자가 상가를 분양받아 계약금과 중도금 납부에 따른 매입세액을 환급받던 중 상가 취득 전에 분양권을 전매하는 경우로서 부동산임대업으로 등록한 사업자에게 임대업에 관한 모든 권리와 의무를 승계시킨 경우에는 사업양도에 해당하는 것으로 해석하고 있다(법규과-1263, 2012. 10. 31. ; 서삼 46015-

10314, 2001. 9. 26. ; 재소비 46015-58, 2003. 3. 3. ; 서울고법 2016누69408, 2017. 5. 25.).

위와 같은 견지에서 볼 때 사업개시 전이어서 지점 사업자등록을 하지 아니하고 본점에서 부가가치세 관련 업무처리를 진행하다가 해당 사업을 포괄적으로 양도하였거나 해당 사업지에 대한 매수인 지위를 포함한 사업권을 인수받아 매도인의 사업을 지속하는 경우에도 사업양도로 볼 수 있을 것이다.

26) 사업양수도 시 임대차계약의 변경이 있는 경우

부동산임대업자가 사업양도를 함에 있어 양도일 현재 임차인 변동은 없고 단지 임차보증금 및 차임 등의 임대차계약내용이 달라진 경우에는 사업양도로 볼 수 있을 것이나, 임차인들의 보증금 및 임대차계약 내용이 변경됨을 넘어서 임차인 자체가 변경되는 경우 재화의 공급에 해당된다(조심 2009서296, 2009. 4. 15. ; 국심 2007중51, 2007. 5. 28. ; 서면3팀-2042, 2007. 7. 24.).

27) 임대용건물을 양수 후 임대업 외의 사업에 자가사용하는 경우

사업자가 부동산임대업자로부터 임대부동산을 양수하면서 해당 임대부동산 중 공실상태인 일부를 직접 도소매업으로 사용하는 경우, 해당 부동산의 양도는 재화의 공급으로 보지 아니하는 포괄적 사업양도에 해당하지 아니한다고 해석하고 있다(법규부가 2011-58, 2011. 2. 25. ; 부가-834, 2012. 8. 1.).

※ 사업양수인이 업종을 사후에 추가한 것으로서 사업양도로 볼 여지도 충분하다고 본다.

28) 휴업 중 사업장 양도 시 사업양도 해당 여부

휴업 중(종업원이 모두 퇴사하여 인적설비없이 장기간 휴업상태임)인 사업자가 토지, 건물, 비품, 장비 등 사업시설만을 승계하는 경우 사업양도로 보지 아니한다(법규부가 2013-391, 2013. 8. 28.).

29) 양도자가 사업양수인의 사업을 수탁경영하는 경우

특정 사업을 양도한 사업양도자가 양도한 특정사업을 양수자로부터 위탁받아 종전 인적자원 등으로 위탁경영하는 경우 해당 특정사업의 양도는 포괄적인 사업양도로 볼 수 없다(사전-2015-법령해석부가-0127, 2015. 5. 15. ; 서면3팀-2701, 2007. 9. 28.).

30) 적격 분할 요건을 갖추지 아니한 경우 사업양도 배제 여부

법인세법상의 적격 인적분할이나 적격 물적분할의 요건을 충족하지 못하더라도 사업장별로 그 사업에 관한 모든 권리와 의무가 포괄적으로 승계된 경우에는 사업양도에 해당될 수 있다. 이때 사업과 직접 관련이 없거나 사업의 동일성을 상실하지 아니하는 범위 내에서 일부 권리·의무를 제외하여도 사업의 양도로 본다. 상법상 분할의 요건을 갖추지 못한 경우에도 이와 같다(법규부가 2014-191, 2014. 6. 30.).

부가가치세법 시행령이나 시행규칙에서는 사업양도에서 제외할 수 있는 권리·의무를 사업의 일반적인 거래 외에서 발생한 미수채권 또는 미지급채무, 업무무관자산을 말하는 것으로 한정하고 있으나(부가령 §23, 부가칙 §16, 부가통칙 10-23-2), 국세청, 조세심판원, 대법원 결정례에 따르면 외상매출금 및 외상매입금 등을 제외하여 양도한 경우에도 다른 권리와 의무를 포괄적으로 승계하여 사업의 동일성이 유지되면 사업의 양도에 해당된다는 일관된 입장이다(서면3팀-966, 2007. 3. 30. ; 부가 46015-983, 1996. 5. 20. ; 재소비 46015-261, 1998. 10. 8. 외 다수).

이는 부가가치세가 간접세인만큼 법인세법에서 규정하는 적격 인적분할의 요건 중 '분할하는 사업부문의 자산·부채가 포괄적으로 승계될 것'이라는 요건보다는 다소 완화된 해석으로 보인다.

특히 대법원은 사업의 양도에 있어서 일부 또는 전부의 자산, 부채, 인적설비 등의 승계누락에 따른 사업양도의 판정에 있어 일률적 기준이 있는 것이 아니라, 해당 사업의 특수성 및 사업과의 직접 관련성 유무를 감안하여 종합적으로 판단하여야 한다. 부언하면 사업양도의 대상이 되는 사업을 영위함에 있어 핵심적인 구성요소가 아니어서 사업의 양도로 인정하는 데 장애가 되지 않는 정도의 누락에 지나지 않는 것인지를 살펴 판단하여야 한다고 판시하고 있다(대법원 2007두3022, 2008. 8. 21. ; 대법원 2007두15056, 2008. 7. 24. ; 부산고법 2008누4251, 2009. 1. 23.).

▌사업동일성 유지하의 일부 자산·부채 승계누락에 대한 사업양도 판단 사례

- 재고재화의 전부 또는 일부가 누락되더라도 사업의 동일성이 유지된다면 사업양도임(대구고법 96구1802, 1997. 1. 23. ; 대법원 90누2376, 1990. 5. 22.).
- 외상매입금, 은행차입금, 종업원이 인수되지 않아도 사업양도임(국심 2006전1013, 2007. 3. 2. ; 서면3팀-2631, 2007. 9. 19. ; 대법원 2006두17895, 2008. 12. 24. ; 대법원 91누13014, 1992. 5. 26. ; 대법원 2006두446, 2008. 2. 29. ; 조심 2012부2525, 2012. 10. 30.).
- 임차보증금, 매출채권, 매출채무 일부 승계 제외 시 사업양도임(서면3팀-1697, 2007. 6. 8.).
- 사업에서 중요한 부분을 구성하는 일부 자산(특허권 등)을 누락한 경우 사업양도 아님(국심 2006

중3748, 2007. 6. 8.).
- 물적분할 시 승계사업부문과 관련없는 유형자산, 보증금, 회원권 등 36억 제외 시 사업양도로 봄(법규부가 2014-191, 2014. 6. 30.).
- 매출채권 전부, 매입채무 전부, 종업원 전원 중 하나 이상이 승계누락된 경우 사업양도 아님(부가-876, 2009. 6. 25. ; 부가-3476, 2008. 10. 7. ; 서면3팀-161, 2006. 1. 24. ; 서면3팀-3209, 2007. 11. 28.).

31) 과세 · 면세 겸영사업자의 사업양도 및 사업양도시 과세여부

과세 · 면세겸영자가 과세사업자에게 사업양도가 인정되나, 과세사업자가 과세 · 면세겸영사업자에게 사업양도는 인정되지 아니한다(부가-0733, 2015. 12. 29. ; 부가-1725, 2015. 11. 25.). 다만, 양수자가 과세사업 인수 후 수 개 과세기간이 경과한 후 면세사업에 양수자산을 사용하는 경우에는 당초 사업양도에는 영향을 미치지 아니하나 면세전용에 해당하여 부가가치세가 과세된다(법규과-3748, 2007. 8. 1.).

32) 사업양도자가 양도된 사업을 계속하는 경우

사업양도법인이 포괄적 사업양도 이후에도 폐업하지 아니하고 그대로 존속하면서 양도된 사업에 대한 권리를 계속 사용하거나 동일 사업을 지속하고 있다면 사업양도에 해당할 수 없다(심사부가 2000-25, 2000. 6. 23.).

(7) 사업양수 후 자가공급 등 사유 발생 시 부가가치세 과세

사업자가 사업을 포괄양수하면서 양도한 사업자가 매입세액을 공제받은 재화를 취득한 이후 폐업 시 잔존재화, 면세사업 전용재화, 비영업용 승용자동차와 유지를 위한 재화, 개인적 공급, 사업상 증여의 사유가 발생한 경우 해당 사업자의 재화는 자기에게 공급한 것으로 보아 부가가치세 과세대상에 해당한다(재부가-342(1), 2011. 5. 30. ; 부가가치세과-668, 2009. 5. 13.).

(8) 사업양수 후 계약취소 등으로 양도자가 공제받은 매입세액 추징 시 납세의무자

사업양수자가 사업양도자로부터 과세사업(예를 들어 부동산임대업)에 관한 모든 권리와 의무를 승계받으면서 부동산에 관한 수분양자의 지위까지 양수한 경우 해당 사업의 양도가 포괄적인 사업양도에 해당하는 이상, 양수자는 부가가치세법상의 모든 지위까지 양수한 것이므로 사업양도 이후 분양계약이 해지 또는 해제된 경우 분양대금 납부와 관련된 양도자의 매입세액공제분에 대한 추징은 양도자가 아닌 양수자에게 하는 것이다. 폐업 시 잔존재화나 간주공급(면세전용 등)에 있어서도 마찬가지로 사업양도자의 취득가액이나 취득시점을 기준으로 경과된 과세기간 수를 계산한다(동지 : 서울고법 2016누69408, 2017. 5. 25. 외 다수 해석).

(9) 사업양도가 부정될 때 부가가치세액의 납부 등

과세사업자가 과세사업에 사용하던 빌딩을 매도하면서 해당 빌딩을 과세·면세 겸영사업이나 면세사업에 사용할 목적을 가진 매수자에게 포괄적인 사업양도로 오인하여 계약서에 포괄양수도로 한다고 쓰고 부가가치세를 거래징수하지 아니한 경우, 사업양도자에게 부가가치세가 과세된다. 그러나 부가가치세 부담에 대한 특별한 약정 없이 사업양도한다는 근거만으로 거래 종료일 이후 사업양도자가 사업양수자에게 부가가치세를 청구할 법적 권리는 없다.

(10) 계산서 발급의무

재화의 공급으로 보지 아니하는 사업양도에 해당하는 경우 이전되는 면세 재화에 대하여 계산서 발급의무가 없다(소득 46011-21102, 2000. 8. 25.).

(11) 사업양도 요건 변천내역

적용시기	주요 내용
2006. 2. 8. 이전	<사업양도 요건> ① 사업장별(상법상 분할 및 합병은 제외) 사업의 승계 ② 사업에 관한 모든 권리·의무의 포괄적 승계 ③ 사업의 동일성 유지 <사업양도의 예외> ㉠ 사업양도임에도 사업양도자가 세금계산서 발급 후 부가가치세의 신고·납부가 이루어진 경우 재화의 공급으로 봄. ㉡ 일반과세자가 간이과세자에게 사업양도 시 재화의 공급에 해당

적용시기	주요 내용
2006. 2. 9. 이후	① 사업의 동질성 유지 조건을 삭제하여 양수자가 새로운 사업을 추가하거나 변경하는 경우를 포함하도록 적용 범위 확대 ② 일반과세자에서 간이과세자로 사업양도를 인정하되 양수자는 간이과세 적용을 배제하도록 변경
2007. 1. 1. 이후	• 포괄적 사업양도에 대하여는 세금계산서 발급을 금지함(위 "㉠" 조건을 폐지).
2010. 7. 1. 이후	•「조세특례제한법」 제37조 제1항 자산의 포괄적 승계를 사업양도 범위에 추가
2013. 2. 15. 이후	• 포괄적 사업양도에 대하여 세금계산서 발급 후 부가가치세 신고 · 납부가 이루어진 경우 양수자의 매입세액공제 허용(부가령 §76)
2014. 1. 1. 이후	• 대리납부제도 도입(부가법 §10 ⑧ 2 단서)
2017. 1. 1. 이후	• 대리납부세액 납부시기 조정(지급일의 말일 → 지급일의 익월 10일까지)
2018. 1. 1. 이후	• 대리납부 범위 확대(사업양도가 불분명한 경우까지 포함) • 조특법 제37조 제1항 자산의 포괄적 승계를 사업양도 범위에서 삭제
2019. 1. 1. 이후	• 대리납부세액 납부시기 조정(지급일의 말일 → 지급일의 익월 25일까지)

10 | 조세물납

1999. 12. 28. 부가법 개정 시 사업용 자산을 물납하는 경우 재화의 공급으로 보지 않도록 규정(과세대상에서 제외)하였다. 이는 물납에 대하여 부가가치세 거래징수를 인정할 경우 국고측면에서 실익이 없으면서 납세자의 불편을 초래하고, 국가로부터의 거래징수가 사실상 불가능하며, 국가가 물납을 기피할 소지가 있어 이를 보완하고자 한 것이다.

과세 제외되는 물납의 범위는 사업용 자산을「상속세 및 증여세법」 제73조,「지방세법」 제117조에 따라 국가 또는 지방자치단체에 물납(物納)하는 것으로 한다(부가법 §10 ⑨ 3).

「상속세 및 증여세법」 또는「지방세법」에 따른 물납은 2000. 1. 1. 이후 물납하는 분부터 재화의 공급으로 보지 아니하고,「종합부동산세법」상 물납은 2008. 2. 22. 이후 최초로 사업용 자산을 종합부동산세로 물납하는 분부터 재화의 공급으로 보지 아니한다(현재 종합부동산세 물납 규정은 삭제됨).

제 2 절

용역의 공급

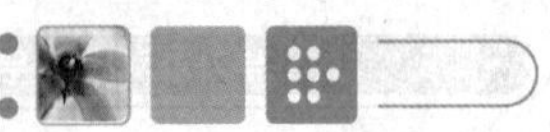

I 용역의 공급

1 | 개 요

용역의 공급은 계약상 또는 법률상의 모든 원인에 의하여 역무를 제공하거나 시설물, 권리 등 재화를 사용하게 하는 것으로 한다(부가법 §11 ①).

이러한 용역의 공급은 납세의무자인 사업자에 의하여 공급되는 것으로서 그 공급되는 장소가 국내인 것에 한한다. 다만, 「관세법」에 따른 보세구역(자유무역지역 및 관세자유지역)은 부가가치세법상으로는 국내이므로 ① 동일한 보세구역 내에서 용역을 공급하거나 ② 보세구역 외의 장소에서 보세구역으로 또는 ③ 보세구역 내에서 보세구역 외의 장소로 용역을 공급하는 것은 모두 과세대상인 용역의 공급에 해당한다.

사업자가 계약상 또는 법률상의 모든 원인에 의하여 역무를 제공하거나 재화, 시설물 또는 권리를 사용하게 하는 경우에는 해당 거래가 부가법 제26조 또는 「조세특례제한법」 제106조 등의 규정에 의하여 부가가치세가 면제되지 아니하는 한 거래상대방이 누구인지에 관계없이 용역의 공급으로서 과세대상에 해당된다.

(1) 역무의 제공

"역무"라 함은 일반적으로 용역 또는 서비스라고도 하며, 인적용역으로서 물적형태를 취하지 아니하고 생산의 필요 또는 인간의 욕망을 충족시키는 것을 말한다.

부가령 제3조에서 규정하는 건설업, 숙박업 및 음식점업, 운수·창고 및 통신업, 금융·보험·부동산(부동산 매매업은 제외) 및 사업서비스업 등은 거의 대부분이 역무를 제공하는 사업에 해당된다.

(2) 시설물, 권리 등 재화의 사용

시설물, 권리 등 재화를 사용하게 하는 것이라 함은 기계장치, 부동산 등의 재화, 테니스장, 냉장창고, 자동차 정류장 등의 시설물 또는 실용신안권, 지하상가 점유권 등의 권리를 임대하거나 대여 또는 일시적으로 사용하게 하는 것을 말한다(부가통칙 11-0-1).

부동산 임대용역의 경우 토지 소유자가 자기의 토지 위에 다른 사용자로 하여금 건물을 신축하여 일정기간 사용하게 하고 그 대가로 건물의 소유권을 취득하거나 임차인이 임대차기간 만료 후에도 해당 부동산을 명도하지 아니함으로써 소송에 의하여 실제 명도일까지의 임대료 상당액을 받는 때에는 부동산 임대용역에 대한 대가로서 용역의 공급에 해당된다. 또한 사업자가 자기 소유의 부동산을 타인의 채무에 대한 담보물로 제공하고 그에 대한 대가를 받는 경우에도 용역의 공급으로서 과세대상에 해당된다(부가 1265-2760, 1981. 10. 22. ; 부가 22601-236, 1985. 2. 2.).

(3) 계약의 성립

계약이 성립하기 위하여는 당사자 사이에 의사의 합치가 있을 것이 요구되고 이러한 의사의 합치는 해당 계약의 내용을 이루는 모든 사항에 관하여 있어야 하는 것은 아니나 그 본질적 사항이나 중요 사항에 관하여는 구체적으로 의사의 합치가 있거나 적어도 장래 구체적으로 특정할 수 있는 기준과 방법 등에 관한 합의는 있어야 한다(대법원 2000다51650, 2001. 3. 23. ; 대법원 2008다1842. 2009. 3. 16. 참조).

예를 들어 임대차는 당사자 일방이 상대방에게 목적물을 사용·수익하게 할 것을 약정하고 상대방이 이에 대하여 차임을 지급할 것을 약정함으로써 그 효력이 발생하는 것이므로(민법 §618), 임대차계약은 그 명칭이나 형식에 관계없이 임대인이 임차인에게 임대차목적물을 사용·수익하게 하는 것과 임차인이 그 대가로서 차임을 지급하는 것에 관하여 쌍방 당사자의 합의가 이루어짐으로써 성립하는 것이고, 이 경우 임대차기간과 차임 등의 세부적인 사항은 반드시 그 계약체결 당시에 구체적으로 특정할 필요는 없고 이를 사후에라도 구체적으로 확정할 수 있는 방법과 기준이 정하여져 있으면 충분하다고 보아야 한다(서울고법 2015누59268, 2016. 7. 19.).

(4) 용역대가의 지급과 용역의 무상공급

용역의 공급에 대한 대가는 공급받는 자가 부담하는 것이 원칙일 것이나 반드시 (공급)계약상 공급받는 자 또는 공급받는 자가 아닌 공급받는 자가 지정한 용역의 수혜자가 부담하여야 하는 것은 아니고 제3자가 이를 부담하더라도 그 대가관계를 얼마든지 인정할 수 있다. 이 경우에는 모두 용역의 무상공급이 될 수 없고 용역의 유상공급으로서 부가가치세 과세대상이 된다.

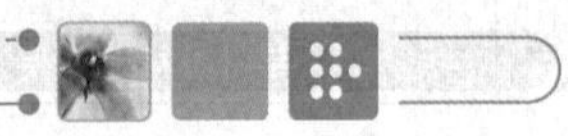

2 적용범위

(1) 건설업의 경우

건설업자가 건설자재의 전부 또는 일부를 부담하는 경우에도 용역의 공급으로 보고 있으므로 건설용역을 공급함에 있어서 순수한 노무부분만을 제공하지 아니하고 건설자재를 포함하여 부담하는 경우에 그 건설자재 상당액을 포함한 전체의 대가를 용역의 공급에 대한 대가로 본다(부가령 §3 ②, §25 1).

다만, 「소득세법 시행령」 제32조 제1항에 따라 건설업으로 보는 주택을 신축하여 판매하는 사업은 부가가치세법에서는 건설업으로 보지 아니하고 재화를 공급하는 사업인 부동산 매매업으로 본다.

(2) 단순가공의 경우

사업자가 거래상대방으로부터 인도받은 재화에 주요 자재를 전혀 부담하지 아니하고 단순히 가공만 하여 주는 것은 용역의 공급으로 본다. 다만, 사업자가 주요 자재의 전부 또는 일부를 부담하고 거래상대방으로부터 인도받은 재화에 공작을 가하여 새로운 재화를 만드는 가공의 경우는 재화의 공급으로 본다(부가령 §3 ①, §25 2).

(3) 정보(Know-how) 제공의 경우

산업상·상업상 또는 과학상의 지식·경험 또는 숙련에 관한 정보 등 소위 Know-how(노하우)를 제공하는 것이 용역의 공급범위에 해당 여부에 대하여 "노하우는 이른바 공지기술 또는 특허기술과는 달리 원래의 소유자가 기술비결을 비밀인 상태로 유지하고 있는 동안만 사용자의 전유물로서 사용, 실시함에 그칠 뿐 그것이 공개되거나 특허를 받게 되면 이미 비밀인 상태의 전유적 가치는 없어지는 것이므로 이와 같은 노하우 방식에 의한 기술공여는 용역의 공급 범위에는 포함되지 아니한다"는 대법원 판결(대법원 84누168, 1986. 12. 9.)을 반영하여 1991. 12. 31. 시행령 개정 시 Know-how 제공을 명확히 과세대상으로 규정한 것이다(부가령 §25 3).

(4) 「민법」상 용역계약의 종류

대분류	분 류	내 용	과세 여부
재산 대상 계약	소비대차	소비대차는 당사자 일방이 금전 그 밖의 대체물의 소유권을 상대방에게 이전할 것을 약정하고 상대방은 그와 같은 종류, 품질 및 수량으로 반환할 것을 약정함으로써 그 효력이 생긴다(민법 §598~§608).	과세 (교환거래)
	사용대차	사용대차는 당사자 일방이 상대방에게 무상으로 사용·수익하게 하기 위하여 목적물을 인도할 것을 약정하고 상대방은 이를 사용·수익한 후 그 물건을 반환할 것을 약정함으로써 그 효력이 생긴다(민법 §609~§617).	과세 제외 (무상공급)
	임대차	임대차는 당사자 일방이 상대방에게 목적물을 사용·수익하게 할 것을 약정하고 상대방이 이에 대하여 차임을 지급할 것을 약정함으로써 그 효력이 생긴다(민법 §618~§654).	과세 (임대용역)
노무 대상 계약	고용	고용은 당사자 일방이 상대방에 대하여 노무를 제공할 것을 약정하고 상대방이 이에 대하여 보수를 지급할 것을 약정함으로써 그 효력이 생긴다(민법 §655~§663).	과세 제외 (근로)
	도급	도급은 당사자 일방이 어느 일을 완성할 것을 약정하고 상대방이 그 일의 결과에 대하여 보수를 지급할 것을 약정함으로써 그 효력이 생긴다(민법 §664~§674).	과세
	<u>여행</u>	당사자 일방이 상대방을 다른 곳으로 운송하여 숙박 또는 관광게 할 것을 약정하고 그 대금을 지급할 것을 약정함으로써 그 효력이 생긴다(구 민법 §674의2~§674의9).	과세
	현상광고	현상광고는 광고자가 어느 행위를 한 자에게 일정한 보수를 지급할 의사를 표시하고 이에 응한 자가 그 광고에 정한 행위를 완료함으로써 그 효력이 생긴다(민법 §675~§679).	과세 제외
	위임	위임은 당사자 일방이 상대방에 대하여 사무의 처리를 위탁하고 상대방이 이를 승낙함으로써 그 효력이 생긴다(민법 §680~§692).	과세 (수수료)
	<u>중개</u>	당사자 일방이 상대방에 대하여 계약체결의 소개 또는 주선을 의뢰하고 상대방이 이를 승낙함으로써 그 효력이 생긴다(구 민법 §692의2~§692의5).	과세 (수수료)
	임치	임치는 당사자 일방이 상대방에 대하여 금전이나 유가증권 그 밖의 물건의 보관을 위탁하고 상대방이 이를 승낙함으로써 효력이 생긴다(민법 §693~§702).	과세 (보관료)

※ 밑줄 친 분류는 구 민법 규정임.

(5) 자전거래 시 용역공급 해당 여부

"갑" 사업자가 다른 사업자 "을"에게 외주 또는 도급을 준 후 "을"이 해당 용역 중 일부를 갑에게 다시 재도급(외주) 또는 재위임하는 경우 또는 을로부터 하도급을 받은 병이 다시 일부를 갑에게 재하도급을 주는 경우가 있다. 이 경우 갑이 자신이 제공받을 용역을 자신이 수행하는 결과를 초래한다. 이러한 경우가 관련 법령에 따라 부득이하게 발생한 경우이거나 조세탈루나 외형부풀리기를 위한 가장행위가 아닌 한 부가법은 이를 인정하여 이러한 계약관계에 따라 세금계산서를 발급하는 것이 옳다고 본다.

국세청도 이러한 견지에서 해석하고 있으며, 아래와 같은 사례가 있다.

㉠ 임대인이 전차인이 되는 경우 해당 법률관계에 따라 세금계산서를 수수하는 것임(서면3팀-560, 2006. 3. 23.).

㉡ 외항화물운송업을 영위하는 국내 갑법인이 외국 A법인의 화물(이하 "쟁점A 법인화물")을 국외운송하기 위해 화물운송계약을 체결한 후 그중 일부 운송용역을 을법인에게 외주를 주고 을법인이 갑법인으로부터 외주받은 쟁점 A법인화물 운송용역을 병법인에게 다시 외주를 준 경우로서 갑법인이 병법인과 맺은 화물운송계약에 따라 병법인을 위하여 자기 책임과 계산으로 쟁점 A법인화물을 국외운송하고 병법인으로부터 그 대가를 받은 경우 갑법인이 병법인에게 공급하는 화물운송용역은 부가법 제23조에 따라 영세율이 적용되는 것임. 다만, 해당 거래가 거래당사자 간 가장행위가 인정되는 등 특별한 사정이 있는 경우에는 거래내용의 실질에 따라 부가법이 적용되는 것임(사전-2018-법령해석부가-0352, 2018. 6. 22.).

II 용역공급의 특례

1 용역의 자가공급

(1) 개 요

"용역의 자가공급"이라 함은 특정의 용역에 대하여 사업자가 자기의 사업을 위하여 직접 자기에게 용역을 공급하는 경우에 비록 그 거래가 회계학상의 내부거래에 해당하지만 조세정책적 목적에 따라 사업자가 자기에게 그 용역을 공급하는 것으로 의제하는 것을 말한다(부가법 §12).

부가법에서는 사업자가 자신의 용역을 자기의 사업을 위하여 대가를 받지 아니하고 공급함으로써 다른 사업자와의 과세형평이 침해되는 경우에는 자기에게 용역을 공급하는 것으로 보되 이에 해당하는 것을 시행령에 위임하였으나, 시행령은 자가공급으로서 과세대상으로 규정하고 있는 것은 없으므로 용역의 자가공급으로서 부가가치세 과세대상은 존재하지 않는다(부가법 §12, 부가통칙 12-0-1).

① 사업자가 자기의 사업과 관련하여 사업장 내에서 그 사용인에게 음식용역을 무상으로 제공하는 경우
② 사업자가 사용인의 직무상 부상 또는 질병을 무상으로 치료하는 경우
③ 사업장이 각각 다른 수 개의 사업을 겸영하는 사업자가 그중 한 사업장의 재화 또는 용역의 공급에 필수적으로 부수되는 용역을 자기의 다른 사업장에서 공급하는 경우
④ 외국법인의 국외소재 본점이 국내사업자에게 기계장비를 직접 공급한 후 해당 외국법인의 국내지점이 본점을 대신하여 동 기계장비에 대한 설치·시운전 및 무상보증수리용역을 제공하고 본점으로부터 운영경비 명목으로 대가를 수령하는 경우 국내지점이 해외 본점에 제공하는 용역(재소비-122, 2003. 10. 30.)

용역의 자가공급은 동일 사업장 내에서의 용역제공뿐만 아니라 자기의 다른 사업장(면세사업장 포함)에 공급하는 용역까지 포함된다. 해당 규정은 국내외 본·지점 간의 용역제공도 자가공급에 해당되며, 자가소비 또는 복리후생적 성격의 용역제공까지도 자가공급의 범위에 포함된다(부가 1265.2-2919, 1981. 11. 9. : 부가-837, 2009. 3. 2.).

또한, 이러한 용역의 자가공급에 대하여 본·지점 간 또는 지점 간 내부관리목적 등으로 용역제공대가를 산정하여 대가를 수수하는 경우에도 용역의 자가공급으로 부가가치세가 과세되지 아니한다(서삼 46015-11781, 2003. 11. 14.).

과세되는 용역의 자가공급의 범위는 시행령에 열거되지 아니하여 과세될 수 없고, 설령 부가법 제12조 제1항에 용역의 자가공급에 대한 규정 자체가 없더라도 부가법 제9조, 제11조와 부가법 제10조, 제12조에 규정과의 상호연관성에 비추어 볼 때 자기의 사업장 내 또는 사업장 간의 내부 용역거래(용역의 자가공급)는 부가가치세가 과세될 수 없다.

재화 또는 용역의 유상·외부거래가 원칙적 부가가치세 과세대상이 되는바, 정부가 용역의 자가공급으로서 과세대상을 시행령에 규정하지 않아 재화의 공급특례규정에 비추어 과세불형평성의 소지가 있어 용역의 무상공급 또는 내부거래에 대하여 부가가치세

를 과세하고자 한다면 부가법 제12조에 용역의 자가공급에 대한 구체적인 과세대상 용역의 범위·과세표준 산정방법·과세시기 등을 개별적·구체적으로 입법 개정을 통해서만 해결할 수 있는 것이다.

(2) 용역의 자가공급과 매입세액공제

1) 용역의 자가공급에 대한 과세 개요

사업자가 자신의 용역을 자기의 사업을 위하여 대가를 받지 아니하고 공급함으로써 다른 사업자와의 과세형평이 침해되는 경우에는 자기에게 용역을 공급한 것으로 보며 해당 용역의 범위를 대통령령으로 정한다고 규정하고 있으나, 대통령령에 과세되는 용역의 자가공급 범위를 정하고 있지 않아 실질적으로 과세되는 경우는 없다(부가법 §12 ①).

반면 과세대상 재화가 자기의 비과세 또는 면세사업을 위하여 사용 또는 소비하는 경우 재화의 공급(자가공급 중 면세전용)으로 사용 또는 소비시점에 시가를 부가가치세 공급가액으로 하여 과세하고 있다(부가법 §10 ①).

따라서 자기의 용역을 과세사업이 아닌 면세사업이나 비과세(가사용 등)에 사용하는 경우 재화와 같이 면세전용으로 부가가치세를 과세할 수 있는 법적 근거가 없어 부가가치세를 과세할 수 없다.

2) 용역의 자가공급 관련 매입세액의 공제

자기의 과세사업이나 면세사업 등을 위한 용역의 자가공급, 용역의 무상공급은 조세정책적 목적에서 부가가치세를 과세하지 않는 것뿐이지 그 자체가 면세사업에 해당되거나 납세의무 성립자체를 면제하는 것은 아니므로 부가가치세 과세사업자의 용역의 자가공급과 관련된 매입세액은 자기의 매출세액에서 공제할 수 있다. 이때 국내외 본·지점간 용역의 자가공급과 관련된 매입세액도 부가법 제39조에 따른 것을 제외하고는 매출세액에서 공제할 수 있다(법규부가 2012-498, 2012. 12. 27. ; 재부가 22601-52, 1992. 4. 22. ; 서면2팀-2109, 2004. 10. 18. ; 부가 46015-1434, 1998. 6. 29. ; 서면-2016-부가-5008, 2016. 10. 23. ; 부가 22601-855, 1990. 7. 5.).

또한 수 개의 사업장을 가진 경우에도 특정 지점에서 다른 지점에 용역을 공급하여 면세사업 등에 일부 또는 전부 사용하는 경우 해당 용역을 자가공급한 지점만의 과세 또는 면세비율에 따라 공통매입세액 안분계산하여야 한다고 판시하고 있다(동지 : 대법원 2010두23170, 2012. 5. 9.).

3) 용역의 자가공급 사례

① 사업장이 각각 다른 여객운송업과 차량정비업을 겸영하는 사업자가 여객운송차량에 대한 정비용역을 차량정비사업에서 공급하는 것은 용역의 자가공급에 해당되므로 부가가치세가 과세되지 아니하며 동 정비용역의 공급과 관련된 매입세액은 매출세액에서 공제된다(부가 1265-2485, 1980. 11. 20. ; 부가 22601-1420, 1990. 10. 30. ; 간세 1235-4296, 1977. 11. 24.).

② 외국어학원과 음식점을 운영하는 법인사업자가 음식점(지점1)에서 외국어학원(지점2) 소속 직원에게 무상으로 음식용역을 제공하는 경우 이와 관련된 매입세액은 자기의 매출세액에서 공제받을 수 있는 것이나, 외국어학원의 거래처 직원에게 무상으로 음식용역을 제공하는 경우에는 접대비등과 관련된 매입세액으로 공제받을 수 없다(법규부가 2012-498, 2012. 12. 27. ; 부가 46015-3709, 2000. 11. 6.).

③ 법인의 사업과 관련하여 지점이 다른 지점(면세지점 포함)에게 과세용역을 제공하고 대가를 받는 경우 해당 용역은 용역의 자가공급에 해당되므로 부가가치세가 과세되지 아니하는 것이며, 해당 용역제공과 관련하여 발생한 매입세액은 공제 가능하다(법규부가 2013-456, 2013. 10. 31.).

④ 동일한 사업장에서 부가가치세가 과세되는 사업과 면세되는 사업을 겸영하는 경우에 과세사업과 면세사업에 공통으로 사용되어 실지귀속을 구분할 수 없는 (공통) 매입세액은 공통매입세액 안분계산하여야 한다(부가 22601-1152, 1988. 7. 5.).

4) 문제점

단일한 사업장에서 과세용역의 자가공급이 이루어져 과세공급가액과 면세수입금액이 발생한 경우에는 공통매입세액 안분계산을 통하여 면세사업에 대응되는 매입세액은 불공제된다.

반면, 부가가치세 과세·면세사업 등을 함께 하는 자가 과세되는 용역을 자기의 다른 사업장의 면세사업 등을 위하여 직접 제공하는 경우 과세사업 부분에서 발생한 매입세액은 공제되지만 용역의 자가공급을 과세하지 아니하므로 면세사업만을 영위하는 자와 비교해 과세형평에 어긋난다.

즉, 과세사업과 면세사업을 겸영하는 갑 법인이 본점 사업장과 지점 사업장을 가진 경우가 아니라 단일 사업장을 가진 경우 해당 사업장의 과세 또는 면세매출과 관련하여 부담한 매입세액은 공통매입세액 안분계산대상이 될 것이나, 수 개 사업장을 가진 사업자가 특정 지점에서 과세매출과 본점을 위한 용역의 자가공급이 있는 경우에는 본·지점 간 용역의 자가공급이라는 사유만으로 전액 매입세액공제가 가능하므로 과세형평성의 문제가 발생된다.

구 분	사 례	세액계산
① 단일 사업장	• 법인 A는 과세 · 면세 상품판매업자(과세매출 100, 면세매출 100)로 과세 · 면세 상품을 운송하기 위하여 운송대행업체에 운송용역을 대행하게 하고, 매입세금계산서 120 수취 ⇒ 운송용역에 대한 매입세액은 공통매입세액으로 과세 · 면세공급가액 비율로 안분계산	매출세액 10 매입세액 12 불공제 매입세액 6 (공통매입 안분계산 불공제 매입세액 6) 납부세액 4
② 본 · 지점 (용역)	• 법인 B는 본점으로 과세 · 면세 상품판매업자임(과세매출 100, 면세매출 100). • 법인 B의 지점은 본점의 상품을 운송하는 업무만을 수행하며, 대행업체에 운송을 대행하게 하고 매입세금계산서 120 수취 ⇒ 지점이 본점에 제공하는 운송용역은 용역의 자가공급으로 과세되지 아니하며, 지점의 매입세액은 용역의 자가공급 관련 매입세액으로 전액 공제 가능	<본점> 매출세액 10 납부세액 10 <지점> 매출세액 0 매입세액 12 납부세액 △12
③ 본 · 지점 (재화)	• 법인 C는 본점과 지점을 가진 총괄납부사업자로서 과세 · 면세 겸영사업자임(과세매출 100, 면세매출 100). • 법인 C의 지점은 반제품을 제작하여 일부는 과세로 판매하고 나머지는 본점으로 인도하여 면세재화 제작에 사용됨(매입세금계산서 120 수취, 본점 반출재화(면세전용분)의 시가는 60, 과세매출은 0). ⇒ 지점이 본점에 반출하는 때에는 과세되지 아니하나 면세사업에 사용된 시점에는 면세전용에 해당(법원의 입장, 국세청 해석은 반출시점에 시가 과세), 지점의 매입세액은 용역의 자가공급 관련 매입세액으로 전액 공제 가능	<본점> 매출세액 10 면세전용 6 납부세액 16 <지점> 매출세액 0 매입세액 12 납부세액 △12

5) 개선방안

위 "②" 사례에서 보듯이 과세 · 면세 겸영사업자가 둘 이상의 사업장을 가지고 용역의 자가공급이 있는 경우 단일 사업장을 가진 사업자("①")나 재화의 자가공급이 있는 사례("③")보다 부가가치세를 덜 부담하게 되는 모순이 발생한다.

위와 같은 문제점 지적과 관련하여 국세청은 용역의 자가공급도 부가가치세를 과세하는 방향으로 세법개정 건의를 한 바 있으나, 자가공급에 사용된 용역의 시가산정에 어려움이 있을 수 있다는 이유로 아직까지 부가법령에 반영되지 아니한 것으로 보인다. 물론 제3자에게 제공하는 용역의 가액을 확인할 수 있고, 시가가 불분명한 경우는 소득세법 또는 법인세법 가액을 준용하도록 보완하였으므로 이러한 어려움은 다소 해소되었으리라 판단되지만, 용역의 자가공급 전부에 대하여 시가를 파악하여 부가가치세를 과세한다는 것은 납세자나 과세관청 모두에게 부담이 될 것이다.

따라서 이에 대한 보완책으로 용역의 자가공급 중 과세사업 외의 면세사업등에 사용・소비된 경우에만 해당 매입세액을 불공제(불분명 시 공통매입세액 안분계산)하는 방안으로 부가법 개정이 필요하다고 본다.

2 | 용역의 무상공급

(1) 원 칙

대가를 받지 아니하고 타인에게 용역을 공급하는 것은 용역의 공급으로 보지 아니한다. 재화의 무상공급과는 달리 용역의 무상공급에 대하여 과세대상으로 보지 아니하는 이유는 재화의 무상공급은 해당 재화가 시장성이 있으므로 그에 대한 과세표준을 어느 정도 쉽게 계산할 수 있으나, 용역의 무상공급은 시장성이 없거나 시장가격이 형성되지 않기 때문에 그 가액을 평가하여 부가가치세 과세표준을 쉽게 계산할 수 없다는 현실적인 이유와, 용역은 주로 인적 역무로 이루어지기 때문에 무상으로 공급하는 용역까지 과세거래로 하는 것은 바람직하지 않다는 조세정책상의 이유에 따른 것이다.

이처럼 부가가치세법이 과세표준(공급가액)을 산정하기 용이한지 여부를 묻지 않고 용역의 무상공급을 과세대상에서 제외하고 있는 이상 조세법률주의의 원칙상 특정한 용역에 대하여 일반 시장가격 내지 정가가 있다고 하더라도 부가가치세를 과세할 수 없다(서울행법 2017구합69793, 2018. 5. 18.).

대법원은 특수관계인에게 용역을 부당하게 낮은 대가를 받고 공급하는 경우 사업자가 특수관계에 있는 자와의 거래를 빌미로 용역거래의 실질을 숨김으로써 부당하게 조세의 회피를 도모하는 것을 막고자함에 있는 것이므로 시가로 과세함이 타당하다는 판결(대법원 97누1570, 1997. 9. 9.)을 하였다. 그러나 시가측정의 어려움을 이유로 용역의 무상공급을 과세하지 않는다면 저가의 공급에 있어서도 똑같은 어려움이 존재하며 용역의 무상공급은 과세하지 않으면서 특수관계자에게 저가공급을 과세하는 것은 조세의 중립성 및 과세형평상 문제의 소지가 있다.

(2) 특수관계인에 대한 사업용 부동산 무상임대용역

1) 개요

특수관계에 있는 자 간 용역의 저가공급과의 형평제고를 위하여 사업자가 특수관계인에게 사업용 부동산의 임대용역을 무상공급하는 경우에는 2012. 7. 1. 이후 공급분부터 부가가치세가 과세된다. 따라서 특수관계인에게 부동산임대용역을 시가보다 낮게 받거나 무상으로 제공하는 경우 부동산임대용역의 시가를 공급가액으로 한다(부가법 §12 ②, §29 ④ 3).

2) 특수관계인 범위

"대통령령으로 정하는 특수관계인"이란 「소득세법 시행령」 제98조 제1항 또는 「법인세법 시행령」 제2조 제8항 각호에 규정된 자(이하 "특수관계인"이라 한다)를 말하며, 구체적 범위는 후술하는 "제4장 과세표준과 세액의 계산 제1절 과세표준" 편을 참조한다.

3) 특수관계인 간 사업용 고정자산의 무상임대에 대한 과세 제외

다음의 특수관계인 간 사업용 고정자산에 대한 무상임대용역에 대하여는 부가가치세 과세대상 용역의 공급에서 제외된다(부가령 §26 ②).

ⓐ 「산업교육진흥 및 산학연협력촉진에 관한 법률」 제25조에 따라 설립된 산학협력단과 같은 법 제2조 제2호 다목의 대학 간 사업용 부동산의 임대용역

ⓑ 「공공주택 특별법」 제4조 제1항 제1호부터 제4호까지의 규정에 해당하는 자와 같은 항 제6호에 따른 부동산투자회사 간 사업용 부동산의 임대용역

4) 과세사업전환에 따른 매입세액공제

특수관계인 간 사업용 부동산 무상임대용역 과세전환에 따라 부가가치세가 과세되는 사업을 영위하는 자로서 그 사업을 위하여 사용되었거나 사용될 감가상각자산에 대하여 이 법 시행일 현재 매입세액을 공제받지 아니한 경우에는 부가법 제43조를 준용하여 과세사업용 전환 시 공제되는 매입세액으로 매입세액공제를 받을 수 있다(부칙 제11129호, 2011. 12. 31.).

5) 공급가액의 계산

특수관계인 간에 사업용 부동산의 무상임대용역 공급이 있는 경우 부가법 제29조 제4항에 따르면 해당 용역의 시가를 공급가액으로 본다고 규정하면서 본문에서 "조세의 부

담을 부당하게 감소시킬 것으로 인정되는 경우"로 한정하고 있다. 아직 명확한 유권해석은 없지만 엄격한 문리해석상 해당 무상임대가 경제적 합리성을 결여하지 않고 조세부담을 부당하게 감소시킨 경우가 아니라면 공급가액이 "0"이 될 수도 있다고 해석된다.

6) 특수관계인에게 임차부동산을 무상으로 전대하는 경우 과세 여부

사업자가 공장 등 사업용 부동산을 임차하여 그중 일부는 자기가 직접 사용하고 나머지는 특수관계인에게 무상으로 전대하는 경우 국세청은 위 규정에 따라 무상전대용역도 시가를 공급가액으로 하여 부가가치세가 과세된다고 해석하고 있다(부가가치세과-1128, 2013. 12. 8.).

7) 특수관계인 간 사업용 부동산 무상임대 시 세금계산서 발급 여부

국세청은 사업자가 특수관계인에게 사업용 부동산의 임대용역을 공급하는 경우 그 공급가액은 해당 용역의 시가를 공급가액으로 보는 것이나, 시가를 공급가액으로 하는 경우에 거래시가와 낮은 대가(무상)와의 차액에 대하여 세금계산서를 발급할 의무가 없다고 회신하였다(부가-123, 2014. 2. 17.).

이는 특수관계인에게 용역을 저가공급한 경우 그 시가와의 차액에 대하여 세금계산서 발급의무가 없다는 해석 내지 판례를 들어 발급의무가 없다고 판단한 것으로 보인다. 즉, 특수관계인에게 사업용 고정자산을 저가로 공급하면서 그 거래금액에 대하여 세금계산서를 발급한 때에는 매입세액은 공제되고 세금계산서상의 공급가액 과소기재에 대한 가산세가 부과되지 아니하나, 무상공급 시에 시가를 기재한 세금계산서를 발급한 경우에는 공제되는 매입세액도 없고 세금계산서 가산세도 적용하지 않는다는 것이다.

그러나 용역의 무상공급이 부가가치세 과세대상으로 의제되고 세금계산서 발급의무 면제규정을 두고 있지 아니하므로 시가를 공급가액으로 하여 세금계산서를 발급할 수 있다고 본다.

또한 전자(저가공급)는 공급가액을 시가로 의제한다는 것이고, 후자(무상공급)는 공급가액을 의제하는 규정이 아니고 무상공급도 '용역의 공급으로 본다'는 규정이기 때문이다. 사업용 고정자산을 자녀에게 무상으로 증여한 경우에 세금계산서를 발급하여야 한다는 유권해석(부가 46015-3868, 2000. 11. 28. 외 다수)과 부동산 임대용역을 무상공급받는 자가 해당 세금계산서상의 매입세액을 공제받을 수 있도록 함으로써 매입세액불공제로 인한 누적효과를 방지할 수 있다는 점에서도 당위성이 인정된다고 본다(필자의 개인적

견해이므로 해석 변경이 있기 전까지는 국세청 유권해석을 따라야 한다).

3 | 근로의 제공

고용관계에 의하여 근로를 제공하는 것은 그 용역이 사업상 독립적으로 공급되는 것이 아니라 고용관계에 의하여 제공되는 것으로 용역의 공급에 해당하지 않으며, 이러한 근로의 대가는 인건비로서 부가가치세의 과세기준이 되는 부가가치의 생산요소가 되기 때문에 부가가치세의 이론적인 근거를 기준으로 용역의 공급으로 보지 아니한다. 또한 근로의 제공을 용역의 공급에 해당되는 것으로 하는 경우에는 모든 근로자를 부가가치세의 납세의무자로 하여야 한다는 세무행정상의 곤란함도 배려된 것이라 할 것이다(부가법 §12 ③).

III 위법소득에 대한 부가가치세 및 소득세 과세방법

위법소득에 대한 과세를 긍정하는 경우로서 추후 그 경제적 이익의 상실가능성이 현실화되어 위법소득이 종국적으로 실현되지 않은 경우 그 위법소득을 소득세의 과세대상 소득에서 제외할 수 있는지, 더 나아가 부가가치세 과세표준에서도 제외될 수 있는지를 살펴보고자 한다.

(1) 위법소득 및 추징의 개념

1) 위법(불법)의 개념

민법상 사적자치의 원칙(계약자유의 원칙)에 따라 계약의 당사자 간에 법질서의 한계 내에서 자기의 의사에 기하여 법률관계를 자유로서 형성할 수 있는 것이나, 「민법」 제103조에서는 선량한 풍속 그 밖의 사회질서에 위반한 사항(반사회질서의 법률행위)을 내용으로 하는 법률행위는 무효로 하고 있고, 불법원인에 기해 급부가 행하여진 때에는 그 이익의 반환을 청구(무효를 이유로 한 부당이득반환청구)하지 못하도록 규정하고 있다(민법 §746). 여기서 '불법'이란 강행법규의 위반뿐만 아니라 사회질서에 위반되는 것에 대하여도 적용된다는 것이 통설이나, 법률의 금지에 위반하는 경우라도 그것이 선량한 풍속 그 밖의 사회질서에 반하지 않는 경우라면 무효사유에 해당하는 '불법'에 해당하지 않는다(대법원 92다520, 1991. 3. 22.).

민법에서의 불법이란 고의 또는 과실로 타인에게 손해를 가한 위법행위를 말하고(민법 §750), 위법은 포괄적인 개념으로써 법질서에 맞지 않는 행위를 통칭한다. 반면 형법에서 위법은 그 정도의 차이와 관계없이 법에 위반된 행위 전체를 의미하지만, 불법은 형법에서 금지된 위법행위 자체를 의미한다.

2) 위법소득의 개념과 유형[2)]

위법소득이라는 용어는 현행 세법상에 정의되어 있지 않고 강학상 또는 판례상의 개념으로써 일반적으로 위법행위에 의하여 얻은 소득을 총칭한다. 그 성격별로 보면 ① 형사상 위법소득, ② 사법상 위법소득, ③ 행정법규 위반소득으로 구분된다.

형사상 위법소득은 소득을 구성하는 재물의 취득 자체가 범죄를 구성하는 경우이고, 사법상 위법소득은 사법의 위반으로 인하여 소득을 수취한 원인이 된 거래행위가 무효 내지 취소되어 반환의무를 부담하는 경우이며, 행정법규 위반소득은 소득을 수취한 원인이 된 행위가 행정법규를 위반하여 처벌의 대상이 되거나 무효로 되는 경우를 말한다.

가. 형사상 위법소득

형사상 위법소득은 소득을 구성하는 재물의 취득행위 자체가 본질적으로 국가에 의한 형사처벌의 대상이 되는 범죄에 해당하는 경우의 소득으로 두 가지 유형이 있다.

① 피해자에 대하여 반환의무를 부담하는 '제1유형'으로서 절도, 강도, 횡령이나 사기로 인한 이득에 대해서는 그 재물을 반환하거나 손해배상을 할 의무가 있다.

② 반환의무가 없는 '제2유형'으로서 뇌물이나 배임수재액, 정치자금법을 위반하여 받은 정치자금은 국가로부터 몰수나 추징의 대상이 될 수는 있지만 이를 제공한 자에게 반환할 의무는 없다.

▌소득세법상 기타소득인 불법소득

① 뇌물: 직무에 관한 부정한 보수로서의 모든 이익(형법 §130, §133)

② 알선수재: 공무원의 직무에 속한 사항의 알선에 관하여 금품이나 이익을 수수 · 요구 또는 약속하는 경우 및 금융기관의 임 · 직원의 직무에 속한 사항의 알선에 관하여 금품 그 밖의 이익을 수

2) 위법소득의 과세에 관한 연구 2004. 1. 한국세법학회; 나성길, 유철형 변호사의 위법소득 과세와 관련된 주요점의 검토, 50~52면, 2015. 6. 25.

> 수·요구 또는 약속한 자 또는 제3자에게 이를 공여하게 하거나 공여하게 할 것을 요구 또는 약속한 경우(특정범죄가중처벌 등에 관한 법률 §3 외)
> ③ 배임수재: 타인의 사무를 처리하는 자가 그 임무에 관하여 부정한 청탁을 받고 재물 또는 재산상 이익을 취득함으로 성립하는 범죄(증권관련집단소송법 §62 외)

※ 위 기타소득에 열거되지 아니한 절취, 강취 등에 의한 소득은 과세대상소득이 아니다.

나. 사법상 위법소득

사법상 위법소득은 선량한 사회질서에 반하여 무효인 거래행위나 사기나 강박에 의한 취소된 거래행위로 인하여 이익을 취한 경우이다. 선량한 풍속이나 사회질서에 위반한 사항을 내용으로 하는 법률행위, 당사자의 궁박, 경솔 또는 무경험으로 인하여 현저하게 공정을 잃은 행위 등도 이에 해당한다. 이 경우 무효나 취소의 대상이 되는 거래로 인하여 경제적 이익을 취한 자는 거래상대방에게 이를 반환할 의무가 있다.

다. 행정법규 위반소득

행정법규 위반소득은 그 소득의 취득 자체가 범죄가 되는 것은 아니고, 일정한 거래에 대하여 행정법규에서 관할관청의 인허가 등을 요하는 규정을 위반(그 소득을 얻기 위한 거래를 위해서 행정법령상 정한 기준을 위반)하여 거래를 함으로써 얻은 소득이 이에 해당한다. 이러한 행정법규 위반거래는 사법상의 효력까지 무효화하는 경우와 사법상의 효력은 인정하되 위반에 따른 제재만 가해지는 경우로 나눈다. 전자의 경우로서 얻은 소득은 부당이득반환으로 반환할 의무를 진다.

※ 후술하는 대상판결에서 쟁점이 된 부분은 형사상 위법소득인 뇌물상당액의 추징이 위법소득의 반환에 해당하여 후발적 경정청구의 사유가 되는지 여부이므로, 이하에서의 위법소득은 형사상 위법소득을 지칭하는 것으로 한다.

3) 몰수와 추징

범죄수익이란 중대범죄에 해당하는 범죄행위에 의해 생긴 재산 또는 그 범죄행위의 보수로 얻은 재산을 말한다(범죄수익은닉규제법 §2). 불법행위 근절을 위해 그 행위로 인한 부정한 이익을 필요적으로 박탈하고자 몰수나 추징의 벌이 있다. 몰수는 범죄수익과 범죄수익에서 유래한 자산에 대하여 할 수 있으나, 몰수대상재산 등이 범인 외의 자에게 귀속되지 아니한 경우에만 할 수 있다. 추징은 몰수할 수 없거나 그 재산을 몰수하는 것이 적절하지 아니하다고 인정될 경우 그 가액을 범인으로부터 추징할 수 있다(범죄수익은닉규제법 §8, §10).

아울러 재산이 범죄피해재산으로서 범죄피해자가 그 재산에 관하여 범인에 대한 재산반환청구권 또는 손해배상청구권 등을 행사할 수 없는 등 피해회복이 심히 곤란하다고 인정되는 경우 몰수 및 추징하고 그 범죄피해재산을 피해자에게 환부하는 경우(부패재산몰수법 §6, 동 시행령 §6)와 범죄자에게 손해배상청구권을 행사하여 그 범죄피해자에게 환급할 수 있다.

(2) 용역의 공급과 불법행위와의 관계

부가법은 계약상 또는 법률상의 모든 원인에 의하여 역무를 제공하거나 재화・시설물 또는 권리를 사용하게 하는 용역의 공급에 대하여 부가가치세 과세대상이 되고, 계약상 또는 법률상의 원인이 위법 또는 불법인 경우에 과세대상에서 제외한다는 별도의 규정을 두고 있지 않다.

따라서 뇌물제공 등을 목적으로 하는 적극적 로비활동 대가, 알선수재 또는 강행법규를 위반한 불법행위인 용역 등을 제공함으로써 그 법률상 무효인 범죄행위일지라도 그 소득을 얻게 된 원인관계에 대한 법률적 평가가 반드시 적법하고 유효한 것이어야 하는 것은 아니므로 계약상 또는 법률상의 원인으로 용역을 제공하고 그 대가를 받은 경우라면 해당 용역은 부가가치세 과세대상에 해당된다.

또한 선량한 풍속 그 밖의 사회질서에 기한 용역계약에 따라 용역을 제공하는 자가 그 용역의 수행과정에서 일부 위법・부당 또는 사회질서에 반하는 방법이 동원되었다 하더라도 계약에 기한 용역제공이 소급하여 무효인 것이 아니므로 역시 부가가치세 과세대상이 된다.

다만, 「사행행위 등 규제 및 처벌특례법 시행령 부칙(대통령령 제13516호, 1991. 12. 17.)」 제2조 “카지노업 및 투전기업의 허가에 관한 경과조치”의 적용을 받는 카지노와 같이 법령에서 인정하는 사행행위(도박 수입)의 경우 및 원시적으로 이행이 불가능한 당연 무효인 계약에 기초한 용역의 공급에 한하여 부가가치세 과세대상에 해당하지 아니한다.

재화인 부동산의 양도거래가 원인무효 판결로 인하여 취소된 경우 그 소급효를 인정하여 기 신고・납부한 부가가치세에 대하여 경정청구할 수는 있다(대법원 2004두13288, 2006. 10. 27. ; 재경부 조세정책과-866, 2007. 7. 11. ; 서면3팀-2764, 2006. 11. 13. ; 법규과-1582, 2005. 12. 16.).

(3) 위법소득에 대한 각국의 과세현황[3)]

1) 미국[4)]

미국 연방대법원은 위법소득에 해당하는 횡령금이 과세소득이 된다고 하면서 횡령금을 피해자에게 반환한 경우에는 손금공제를 받을 수 있다고 판단하였다(James v. United States, 366, US 213(1961)). 즉, 횡령금 발생 시점이 아니라 횡령금의 반환시점에서 손금으로 공제하여 과세대상소득에서 제외할 수 있다.

2) 독일

독일 조세기본법 제41조는 "법률행위가 무효이더라도 납세자가 그 행위의 경제적 효과를 발생시키는 한 이에 대하여 과세한다"고 규정하여 과세요건을 충족하는 행위가 법률의 명령이나 금지 또는 양속에 위반하는가 여부는 과세 여부에 영향을 미치지 아니하며, 위법한 행위로 발생한 수익도 반환의무의 유무나 그 유형에 상관없이 과세의 대상이 된다고 보고 있다. 다만, 조세조정법 제5조 제5항 및 조세기본법 제41조에 의하여 법률행위가 무효이거나 취소되어 소득이 상실된 경우에는 무효 또는 취소할 수 있는 행위에 기하여 행한 세액의 결정은 이를 취소 또는 변경하여 납부한 세액을 환급하도록 하고 있다. 위법소득의 몰수·추징과 관련하여 1990. 1. 23. 자 연합헌법재판소 결정은 위법행위로 인하여 발생한 경제적 이익에 대해 한번은 몰수·추징과 같은 형사법적 제재를 하고 동시에 세금을 부과하는 것은 허용되지 않는다고 판단하였다.

3) 일본

일본 소득세기본통달은 수입금액의 인정에 있어서 그 수입원인의 여하를 묻지 않는다고 규정하고 위법소득도 과세소득을 구성함을 명확히 하고 있다. 하지만 원상회복 등의 사유가 발생한 경우 국세통칙법 제71조 제2호에 결정·경정 등의 기간제한의 특례를 두어 소급하여 감액경정을 할 수 있고 소득세법 제152조에서 후발적 경정청구의 특례를 인정하고 있다(이진석, 전게논문, 187면).

---

3) 우리나라의 대법원 판례나 외국의 입법례 및 판례는 대체로 이득의 수취자가 해당 이득을 경제적으로 지배·관리하면서 이를 향유하고 있으면 소득이 실현, 인식된 것으로 보아 과세대상이 된다는, 이른바 "경제적 지배론"을 취하고 있다.

4) 이하 "1), 2), 3)" 세무와 회계 연구(통권 제7호) 위법소득 과세에 관한 이론과 국내외 입법례 등 및 한만수, 위법소득의 과세에 관한 연구 참조

(4) 위법소득에 대한 직접세 과세

1) 소득세 과세

과세소득은 경제적 측면에서 보아 현실로 이득을 지배·관리하면서 이를 향수하고 있어 담세력이 있다고 판단되면 족하고 그 소득을 얻게 된 원인관계에 대한 법률적 평가가 반드시 적법·유효하여야 하는 것은 아니다.

뇌물 등의 위법소득을 얻는 자가 그 소득을 종국적으로 보유할 권리를 갖지 못함에도 그가 얻은 소득을 과세대상으로 삼는 이유는, 그가 사실상 소유자나 정당한 권리자처럼 경제적 측면에서 현실로 이득을 지배·관리하고 있음에도 불구하고 이에 대하여 과세하지 않거나 그가 얻은 위법소득이 더 이상 상실될 가능성이 없을 때에 이르러서야 비로소 과세할 수 있다고 한다면 이는 위법하게 소득을 얻은 자를 적법하게 소득을 얻은 자보다 우대하는 셈이 되어 조세정의나 조세공평에 반하는 측면이 있기 때문에 위법소득에 대하여도 과세하는 것이다. 특히 우리 소득세법은 뇌물, 알선수재 배임수재로 받은 금품을 기타소득으로 규정하고 있다.

아울러 소득세의 과세대상인 사업소득은 영리를 목적으로 자기의 책임과 계산 아래 독립된 지위에서 계속적·반복적으로 행하는 사회적 활동인 사업에서 발생하는 소득을 말하므로, 도박개장 등과 같은 범죄행위라고 하더라도 영리를 목적으로 독립된 지위에서 계속적·반복적으로 행하는 사회적 활동에 해당하는 경우에 그로 인하여 얻는 소득은 사업소득이 될 수 있고, 위법소득에 대하여 종국적으로 보유할 권리를 갖지 못하더라도 그 소득의 지배·관리라는 과세요건이 충족되는 이상 조세정의나 조세공평의 원칙에 비추어 과세대상에 해당한다.

2) 위법비용 및 추징금의 손금계상 여부

인터넷 불법도박사이트 운영 등 위법소득을 얻기 위해 비용(예를 들어 임차료나 인건비)을 지출한 경우 소득금액 산정 시 이러한 위법비용은 필요경비(손금)로 인정할 수 있다. 위법비용의 지출이 사회질서에 반하거나 세법에 필요경비로 산입할 수 없도록 규정하는 등 특별한 사정이 없고 위법소득을 과세대상으로 삼고 있는 한 원칙적으로 위법소득에 대응되는 위법비용은 당연히 필요경비(손금)로 인정되어야 한다(대법원 2008두7779, 2009. 6. 23.).

반면 앞서 언급된 추징금은 현행 법률(특정경제범죄가중처벌등에 관한 법률 등)을 위반하여 부담한 손실로서 법인세법상 손비에 해당되는 것이나, 「법인세법」 제21조 제4호에서 정책적 목적으로 특별히 손금불산입대상으로 열거규정하고 있으므로 동 추징금을 각 사업연도 소득금액계산 시 손금에 산입할 수 없다. 그 밖에 각종 법률위반으로 인한 벌금, 과료 및 과태료 등도 마찬가지이다(법인법 §21 ; 국심 2003부2602, 2003. 12. 18. ; 법규과-1477, 2010. 9. 28.).

(5) 위법소득의 반환에 따른 후발적 경정청구

1) 위법소득 반환과 관련된 대법원 전원합의체 판결

위 "(4)"와 같이 위법소득에 대한 과세가 가능하나, 사후에 위법소득이 정당한 절차에 의하여 환수됨으로써 그 위법소득에 내재되어 있던 경제적 이익의 상실가능성이 현실화된 경우에는 그때 소득이 종국적으로 실현되지 아니한 것으로 보아 후발적 경정청구를 통해 소득금액의 감액이 가능하다는 대법원 전원합의체 판결이 나왔다(이하 "대상판결"이라 한다).

대상판결에서 형법상 뇌물, 알선수재, 배임수재 등의 범죄에서 몰수나 추징을 하는 것은 범죄행위로 인한 이득을 박탈하여 부정한 이익을 보유하지 못하게 하는데 목적이 있으므로 이러한 위법소득에 대하여 몰수나 추징이 이루어졌다면 이는 위법소득에 내재되어 있던 경제적 이익의 상실가능성이 현실화된 경우에 해당한다. 이러한 경우에는 소득이 종국적으로 실현되지 아니한 것이므로 납세의무 성립 후 후발적 사유가 발생하여 과세표준 및 세액의 산정기초에 변동이 생긴 것으로 보아 납세자로 하여금 그 사실을 증명하여 감액을 청구할 수 있도록 함이 타당하다는 것이다. 즉, 위법소득의 지배·관리라는 과세요건이 충족됨으로써 일단 납세의무가 성립하였다고 하더라도 그 후 몰수나 추징과 같은 위법소득에 내재되어 있던 경제적 이익의 상실가능성이 현실화되는 후발적 사유가 발생하여 소득이 실현되지 아니하는 것으로 확정됨으로써 당초 성립하였던 납세의무가 전제를 잃게 되었다면, 특별한 사정이 없는 한 납세자는 국기법 제45조의2 제2항 등이 규정한 후발적 경정청구를 하여 납세의무의 부담에서 벗어날 수 있는바, 이러한 후발적 경정청구사유가 존재함에도 과세관청이 당초에 위법소득에 관한 납세의무가 성립하였던 적이 있음을 이유로 과세처분을 하였다면 이러한 과세처분은 위법하므로 납세자는 항고소송을 통해 취소를 구할 수 있다고 판시하였다(대법원 2014두5514, 2015. 7. 16. 선고, 전원합의체 판결).

2) 전원합의체 판결의 의의

대상판결 이전 법원에서는 그간 납세자의 그 금품수수가 형사적으로 처벌되는 범죄행위가 됨에 따라 그 범죄행위에 대한 부가적인 형벌로서 추징이 가하여진 결과에 불과하여 이를 원귀속자에 대한 환원조치와 동일시할 수 없으므로 위법소득에 대한 환원조치를 취하지 않고 있는 이상 비록 그것이 범죄행위로 인한 위법소득에 해당한다고 하더라도 과세소득에서 제외될 수 없다는 입장이었다.

대상판결은 위법소득의 지배·관리라는 과세요건이 충족되어 일단 납세의무가 성립하였더라도 위법소득의 경우 지급자에 대한 반환의무의 존부 여부를 묻지 않고 그 후 위법소득에 내재되어 있던 경제적 이익의 상실가능성이 현실화되는 후발적 사유가 발생하여 소득이 실현되지 아니하는 것으로 확정된 경우에는 납세자가 후발적 경정청구를 통해 그 납세의무의 부담에서 벗어날 수 있음을 명확히 하였다는 점에서 중요한 의미가 있다.

대상판결은 위법소득이 그 이득자의 지배에 있다는 사실상태에 과세한 것이니만큼 그 이익이 상실되었다면 소득세의 과세는 존재하지 않는 경제적 이익을 그 과세대상으로 하는 것이 되므로 그에 따라 감액조정하는 것이 실질과세의 원칙에 맞는 것이다. 위 판결은 반환의무가 전제되지 아니하는 위법소득의 몰수, 추징이 있는 경우에도 담세력의 근거가 되는 경제적 이익 자체가 상실되었으므로 이는 위법소득의 반환에 해당한다고 보아 후발적 경정청구를 인정한 것인바, 원귀속자에 대한 환원조치가 이루어진 경우 또한 이와 달리 볼 이유가 없다.

IV 불법선물업체의 사업흐름과 부가가치세 과세 여부

(1) 거래흐름

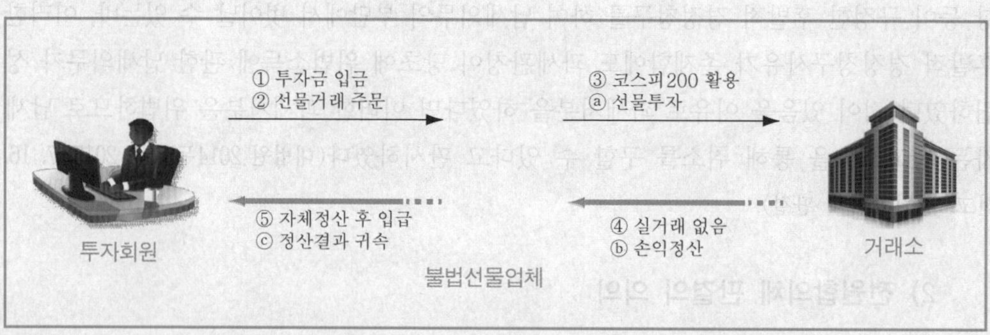

1) 실제 선물업체 명의로 투자가 이루어지는 경우(①, ②, ⓐ, ⓑ, ⓒ)

① 투자회원이 불법선물업체의 입·출금용계좌에 최소 증거금(50~100만 원)을 입금

② 투자회원은 불법선물업체의 자체주문시스템(HTS_ 증권회사 서버와 연동)에 접속해 선물거래를 함(선물거래는 불법선물업체 명의의 증거금예탁계좌로 함).

ⓐ HTS를 통한 자동주문에 의해 선물투자

ⓑ 불법선물업체의 증거금 예탁계좌에 입금된 투자금에서 선물거래에 따른 손익을 정산하고, 일정비율의 거래수수료를 계산하여 받음(불법선물업체와 거래소 사이에 증권회사가 있으나 생략함).

ⓒ 불법선물업체는 회원으로부터 대여계좌 이용료와 거래수수료(주문체결 건당) 등을 정산 수령(회원유치 및 유지목적으로 해당 수수료 등에서 일정금액을 해당일의 최종 거래시점에서 정산하여 지급함)

* 대여계좌이용료와 거래수수료에 대한 환불요율 예시는 다음과 같음.

	1구좌당 이용료	선물 매매수수료	옵션 매매수수료	수수료 환불비율
유료시스템	16,000원/일	0.0015~0.0025%	0.08~0.15%	10~50%

2) 코스피200 지수와 연계한 가상선물거래가 이루어지는 경우(①~⑤)

①, ②의 과정은 같음(현금입금액을 전자화폐로 환전하여 가상선물거래 수행).

③ 코스피200 지수만 활용하는 것이지 선물투자는 없음.

④ 선물 실제 거래가 없음.

⑤ 회원은 코스피200 지수 변동에 따라 전자화폐로 선물거래를 하며 불법업체는 회원들이 거래할 때마다 수수료를 공제하고 회원들이 환전을 요구하면 적용비율에 따라 현금으로 환산하여 송금, 회원들에게 시세차익이 발생하면 불법업체의 손실이 되지만 회원들에게 손실이 발생하면 업체의 이익이 되는 구조임.

▌미니 선물·옵션거래 방법

- 선물의 경우는 최소 증거금 50만 원을 입금한 후, 회원들이 코스피200 선물지수에 따라 매도·매수 포지션을 정하는 것으로 매수의 경우는 코스피200 선물지수가 오르면 이익이 발생한 것이고,
  - 매도의 경우는 코스피 선물지수가 내리면 이익이 발생하는 구조로서 옵션은 코스피200 선물지수를 기초상품으로 한 파생상품임.
- 즉, 코스피200 선물지수가 260.00일 때 2.5포인트 간격으로 상승장에 262.50, 265.00, 267.50

순이고, 하락장에 257.50, 255.00, 252.50 순으로 옵션 행사가격이 20개 정도 존재하고, 그 행사가격에서 콜옵션이나 풋옵션을 행사하면 그 행사가격에 대한 옵션 기준가(시장가)가 0.05포인트 간격으로 형성됨.

• 그러면 투자자는 상승장에는 매수를 하고, 하락장에는 매도를 하면 수익이 발생하는 구조임('미니선물사이트' 또는 '하이브리드'라고 칭함).

- 미니선물(하이브리드)은 고객의 손실금을 회사의 수익으로 잡는 구조로서 연동된 증권사에 선물, 옵션 주문을 넣지 않고 자체 서버에서 정산되는 시스템임.

(2) 대여계좌이용료와 거래수수료에 대한 부가가치세 과세

위 불법선물업체가 투자회원이 소액의 담보금만으로 선물・옵션거래를 할 수 있도록 투자회원에게 자신이 증권회사에 개설한 선물・옵션거래계좌와 자체주문전달시스템을 이용하게 하고 계좌이용료와 거래수수료를 받는 경우로서 불법선물업체가 사전 공시한 환불규정에 의하여 회원의 당일 거래수수료 합계금액에 따라 계좌이용료와 거래수수료 일부를 정산(환불)하고 받는 경우 부가법 제11조에 따른 용역의 공급으로서 부가가치세가 과세되며, 불법선물업체의 해당 용역공급에 대한 부가가치세 과세표준은 환불규정에 의하여 계좌이용료와 거래수수료를 정산한 후의 금액으로 한다(법규과-459, 2012. 5. 1.).

선물거래를 할 수 있도록 증거금을 대여해 주고 증거금액, 대여기간, 이자율에 따라 불법선물업체가 계좌이용료와 거래수수료를 지급받은 것이 아니므로 금전소비대차에 따른 이자성격으로 볼 수 없어 부가령 제40조 제1항 제18호에 따라 부가가치세가 면제되는 금전대부업에 해당하지 않고, 투자회원들에게 위탁증거금이 예치된 증권계좌를 이용하여 한국거래소와 코스피200 선물 등을 매도・매수하도록 중개한 후 일정비율의 수수료를 지급받고 그 거래에 따른 최종적인 이익 및 손실이 회원들에게 귀속하도록 한 행위는 금융투자업 인가를 받지 아니하고 타인의 계산으로 금융투자상품의 매도・매수의 중개를 영업으로 하는 투자중개업을 영위한 것으로 무인가 금융투자업으로 자본시장법 위반죄가 되며, 투자중개업으로 면세적용을 받을 수 없어 위 회신과 같이 부가가치세가 과세될 수밖에 없다.

불법선물업체는 투자회원에게 대여계좌 1개를 하루 동안 빌려주는 대가로 16,000원을 받고 있으며, 투자회원은 해당 일자 내에서는 횟수에 관계없이 선물거래를 할 수 있다. 또한 투자회원은 불법선물업체가 제공하는 자체주문시스템과 임차한 대여계좌를 이용하여 선물거래를 하게 되며, 거래 시 거래금액의 일정비율을 거래수수료로 불법선물업체에게 지급하게 되는데 거래횟수가 많을수록 수수료율이 낮아져 첫 거래의 수수료율보다 낮아져 환불금액이 발생하는 것으로, 불법선물업체가 이러한 정산절차에 따라 회원에게 환불하는 금액은 불법선물업체의 일일 용역의 공급과 직접 관련된 것으로 볼 수 있고, 공급대가를 정산하는 것이며, 해당 환불 정산금액은 매출에누리로 보는 것이 타당할 것이다.

| 선물 거래수수료 환불표 |

(단위: 만 원)

당일 수수료 합계	350 이상	250~350	150~250	100~150	50~100	30~50	7~30
환불률	40%	35%	30%	25%	20%	15%	10%
적용 수수료율	**0.00150%**	0.00162%	0.00175%	0.00187%	0.00200%	0.00212%	**0.00225%**

(3) 선물거래수익에 대한 부가가치세 과세 여부

선물거래시장의 실제 거래시세정보가 실시간으로 연동되는 사설 선물거래 사이트를 개설하여 회원들이 선물지수를 기준으로 모의 투자를 할 수 있도록 서비스를 제공하고 거래금액의 일정률(금액)을 수수료로 수취한 경우에는 부가법 제11조에 따라 부가가치세가 과세되는 것이며, 이용자에게 별도의 용역 제공 없이 입금받은 금액에 대해서는 부가가치세가 과세되지 아니한다(기획재정부 부가가치세제과-25, 2017. 1. 13.).

불법선물업체(미니형 선물 운영업자를 말함)의 수입은 회원(투자자)의 선물거래에 따른 투자손익을 직접 정산하는 등 ① 중개수수료(선물거래 대금의 약 0.005%)와 ② 가상선물거래에 따른 손익으로 구분할 수 있으며 중개수수료(①)는 투자회원에게 자체 전산시스템을 이용하여 회원에게 가상의 선물투자를 하도록 하고 거래금액의 일정률을 수수료로 받는 경우로 부가법 제11조에 따른 용역의 공급에 해당하고, 투자회원이 가상선물투자를 위해 미니형 선물 운영업자로부터 현금과 전자화폐를 교환하는 것은 재화의 공급에 해당하지 아니한다.[5)]

다만, 투자회원이 미니형 선물업자가 운영하는 자체 전산시스템에 "가상 투자한 금액에서 회원이 받아 간 금액을 차감한 금액" 또는 "가상 투자한 금액 상당액 전액"을 과세

5) 카지노에서 도박을 하기 위해 화폐와 칩을 교환하는 것은 재화의 공급에 해당하지 아니함(간세 1235-1256, 1978. 4. 26.).

표준으로 할 수 있는지 및 그 금액이 부가가치세 과세대상인지에 대하여는 이견이 있었다. 이에 기획재정부는 선물거래를 하도록 하고 자체 정산을 한 후 회원의 투자손실은 선물 운영자에게 귀속되고 회원의 투자이익과 원금은 반환하여 결국 회원의 선물거래에 따른 투자손익으로서 용역의 공급에 따른 대가로 보지 아니하고(투자회원과 미니형 선물업자가 선물지수변동을 매개로 1 : 1 도박을 한 것과 마찬가지로 본 것으로 기존 "국세청 법규과-131, 2012. 2. 8."를 유지한 것으로 보인다), 부가가치세가 과세되지 아니하므로 총액 또는 순액이 과세표준인지에 대하여는 별도 회신은 없이 이용자에게 별도의 용역 제공 없이 입금받은 금액에 대해서는 부가가치세가 과세되지 아니하는 것으로 회신한 것이다. 즉, 순액을 수입금액으로 계상하든 총액에서 회원에게 지급된 금액을 소득금액으로 계상하든 불법선물업체의 종합소득금액계산에는 영향이 없다.

또한 일부 투자자에게 서버를 이용한 일종의 가상 선물시장에서 장내파생상품인 코스피200 지수와 연계하여 가상선물거래를 하도록 하고 그 결과에 따라 투자자들의 손익을 청산한 행위는 거래소허가를 받지 아니하고 금융투자상품시장을 개설한 것이므로, 이러한 가상선물거래를 한 행위는 자본시장법 제444조 제27호, 제373조에서 정한 무허가 금융투자상품시장개설운영에 관한 죄가 성립하는 바, 부가가치세가 면제되는 금융보험업으로 볼 수 없다.

V 용역과 용역의 교환거래

1 용역의 교환거래 일반

"용역의 교환거래"는 서로 다른 사업자 간에 "용역"을 교환하는 형태의 거래로서 물건이나 제품의 교환보다는 서비스를 중심으로 이루어지는 특징을 가진다. 예를 들어, 한 회사가 마케팅 서비스를 제공하고, 다른 회사가 웹 개발 서비스를 제공하는 경우로서 이 두 회사가 서로의 서비스를 필요로 하고 있을 때 서로의 용역을 교환하는 거래가 이루어질 수 있다. 마케팅 회사는 웹 개발 회사에게 마케팅 서비스를 제공하고, 대가로 웹 개발 서비스를 제공받게 된다. 이러한 교환거래는 금전 거래보다는 더 유연하게 협력하고 서로의 전문분야를 활용할 수 있는 방식을 제공한다. 하지만 이러한 거래에서는 서로의 서비스가 공정한 가치를 가지고 있는지, 그리고 서로의 역량과 만족도를 균형있게 유지하는 것이 중요한데 거래조건과 대가, 서비스의 품질 등에 대한 협의와 계약이 중요하다.

2 용역의 교환거래 부가세법령 규정

부가가치세법에서는 사업자 간의 재화와 재화, 재화와 용역의 교환거래에 대하여 부가가치세 과세대상으로 규정하고 있으나, 용역과 용역의 교환거래에 대하여는 과세대상이라는 명시적 규정은 없다. 그렇다고 하여 과세관청의 해석이나 실무상 용역과 용역의 교환거래에 대하여 과세한 사례도 많기 때문에 주의를 요한다.

통상적으로 부가가치세 과세대상으로서의 교환거래는 당사자 간의 사전약정에 따라 교환되는 재화나 용역의 경제적 가치가 결정되어야 하고 거래당사자 간 가격이 상이한 다른 재화나 용역에 대하여 교환 및 가격 차이에 따른 정산이 이루어져야 하며, 이러한 가격차이가 발생한 경우 그 차이에 대한 대가 수수가 수반되어야 한다. 이러한 때에는 용역의 교환거래에 있어서도 과세실무상 부가가치세 과세대상으로 과세한다.

3 용역의 무상공급 및 교환거래와 매입세액 공제

1) 용역의 무상공급이 비과세나 면세사업인지

용역의 무상공급은 재화의 무상공급과는 달리 시장성이 없는 경우가 많아 외견상으로 그 가치를 평가하기 곤란하므로 과세표준산정에 어려움이 있으며, 주로 인적역무로 이루어져 재화나 용역의 저가 또는 무상공급에 과세하는 것과 비교할 때 조세중립성을 침해한다는 문제소지에도 불구하고 조세정책적인 목적에 의하여 부가가치세 과세대상에서 제외하도록 하고 있다. 따라서 용역의 무상공급에 대해서는 부가가치세를 과세하지 않는다는 의미일 뿐 용역의 무상공급이 있는 경우 부가법상의 사업자가 아니라는 의미는 아니다.

그러므로 용역의 무상공급과 관련된 매입세액이 매입세액불공제 항목으로 규정되어 있지 아니하므로 원칙적으로 공제가 가능하다.

2) 용역과 용역의 교환거래로서 과세되지 아니하는 경우

용역의 교환거래로서 부가가치세가 과세되지 아니하는 경우에 해당하는 거래가 발생하였더라도 그것이 주된 사업목적에 해당하지 아니하는 한 용역의 무상공급이 과세되지 아니한다는 것일뿐 부가가치세 납세의무 자체를 면하는 것은 아니므로 부가가치세 과세매출만 있는 사업자가 과세되지 아니하는 용역의 교환거래가 있다고 하여 매입세액이 불공제된다거나 공통매입세액 안분계산을 하여야 하는 것은 아니다.

3) 그 밖에 과세사업자의 용역 무상공급에 따른 매입세액 공제

용역의 무상공급은 위 "1)"에서 살펴본 바와 같이 부가법 제12조 제2항에 따라 용역의 공급으로 보지 아니하므로 부가가치세가 과세되지 아니하나 이것은 정부가 부가가치세의 과세권을 포기한 것이어서 무상공급을 이유로 곧바로 비과세사업이라든지 면세사업을 영위하는 것으로 볼 수 없다. 그렇다면 부가가치세 과세사업자가 자기의 과세사업을 위하여 사용할 기계장치, 부동산 등 사업용 자산을 취득하는 경우 이를 이용하여 용역이 무상공급되었다는 이유만으로 해당 자산의 취득과 관련한 매입세액을 소급하여 불공제할 수 없는 것이 원칙이다(부가 22601-578, 1992. 5. 1. ; 심사부가 2010-0046, 2010. 6. 14. ; 부가 46015-1434, 1998. 6. 29. ; 재소비 46015-7, 2001. 1. 5.).

즉 용역의 무상공급이더라도 과세사업 관련성 또는 사업상 필요의 일환이라거나 과세사업을 진행하기 위한 경제적 합리성을 가지고 일시적이거나 우발적으로 무상공급한 것이라는 것이 입증된다면 매입세액공제는 가능할 것이다.

또한 과세재화를 판매하는 사업자가 사업초기 거래처 확보나 확장, 경쟁업체의 등장 등으로 인하여 판매 전략상의 이유로 매입가격보다 낮은 가격(무상공급시에는 사업상증여로 과세될 것이나 매입세액은 불공제되지 않음)으로 재화를 판매함에 따라 매출세액이 매입세액에 미달하는 경우 환급이 발생하는 경우에도 환급이 인정되는 것과 마찬가지로 볼 수 있다(법규부가 2012-262, 2012. 9. 7.).

4) 용역의 무상공급과 관련된 매입세액이 불공제되는 경우

용역의 무상공급이 처음부터 공익목적상 등의 이유로 그 고유의 사업목적이었다거나, 고유사업목적의 일환으로 처음부터 발생비용에도 미치지 못하는 금액 또는 실비변상에 그치는 금액만을 수령함으로써 당초부터 부가가치를 창출할 수 있는 사업활동을 영위한다고 볼 수 없는 경우라면 해당 공급자는 부가법상 사업자가 아니므로 해당 고유목적사업(용역의 무상공급)을 위한 자산의 취득이나 유지·관리비용과 관련된 매입세액은 부가가치세 기본원리 상 공제될 수 없다(대법원 2015두43469, 2015. 9. 10. ; 서울고법 2014누

56231, 2015. 5. 1. ; 대법원 2015두54827, 2016. 2. 3.).

그럼에도 국세청은 용역의 무상공급과 관련된 매입세액에 대하여 무상공급에 대한 개별 사안에 따라 접대비 및 이와 유사한 비용 관련 매입세액으로 보아 매입세액을 불공제하려는 시도를 하고 있다(법규부가 2012-498, 2012. 12. 27.).

※ 그 밖에 재화와 재화, 재화와 용역, 용역과 용역의 교환거래에 관련해서는 "심층분석 사례집Ⅰ"을 참조한다.

제 3 절

부수재화 또는 부수용역의 공급

1 | 의 의

아래 "(2)"와 같이 주된 사업에 부수되는 거래는 당연히 독립된 개별 공급에 해당한다는 것에는 이견이 있을 수 없다. 그러나 어떤 거래가 여러 가지의 행위들과 특징들로 구성되는 경우 해당 거래가 발생한 상황을 종합적으로 고려하여 그 거래가 서로 구분되는 2개 이상의 공급에 해당하는지 아니면 단일 공급에 해당하는지를 결정해야 하고, 단일공급에 해당하는 경우 그 공급이 재화의 공급인지 아니면 용역의 공급인지를 다시 결정해야 한다.

2개 이상의 공급에 해당하는 경우 원칙적으로 각각에 대해서 부가가치세가 과세되어야 하지만, 그중 어느 하나가 다른 하나에 긴밀히 종속되어 서로 불가분의 관계에 있으면 양자를 하나의 공급으로 취급하는 것이 과세행정의 편의상 필요하다. 이러한 이유로 아래 "(2)"와 같이 주된 거래인 재화의 공급에 필수적으로 부수되는 재화 또는 용역의 공급은 주된 거래인 재화의 공급에 포함되고, 주된 거래인 용역의 공급에 필수적으로 부수되는 재화 또는 용역의 공급은 주된 거래인 용역의 공급에 포함되는 것으로 보며 독립된 부가가치세의 과세대상으로 되지 않는다(이태로 · 한만수, 「조세법강의」, 2016, p.873).

부언하면 부수재화나 용역을 주된 재화나 용역의 공급과는 다른 별개의 공급으로 볼 수 있지만, 주된 재화 또는 용역을 구분하는 경제적 실익이나 과세행정상의 능률을 고려하여 부수재화나 용역을 주된 재화 또는 용역의 공급에 포함시키고 있는 것이다.

(1) 주된 거래에 부수

주된 거래인 재화의 공급에 부수되는 재화 또는 용역의 공급은 주된 거래인 재화의 공급에 포함되고 주된 거래인 용역의 공급에 부수되는 재화 또는 용역의 공급은 주된 거래인 용역의 공급에 포함되는 것으로 본다(부가법 §14 ①). 이는 「민법」 제100조 제2항에서 종물은 주물의 처분에 따른다고 규정하고 있는 것과 유사하다.

주된 재화 또는 용역의 공급에 부수하여 공급하는 부수재화 또는 부수용역을 하나의 독립된 과세대상으로 보지 아니하는 것은 납세자의 구분계산의 경제성과 과세행정상의 능률을 고려한 것이다.

(2) 주된 사업에 부수

주된 사업에 부수되는 재화 또는 용역의 공급은 별도의 공급으로 보되, 과세 및 면세 여부 등은 주된 사업의 과세 및 면세 여부 등을 따른다(부가법 §14 ②).

즉, 공급하는 재화 또는 용역은 독립된 거래로 보지만 독립된 사업으로는 보지 않는다는 취지이다.

2 부수재화 또는 부수용역의 취급

(1) 공급시기 등의 판정

과세대상의 범위 또는 공급시기, 공급장소 등에 대하여 각각 달리 규정하고 있는 재화의 공급 및 용역의 공급에 있어서 부수재화 또는 부수용역의 공급을 별개의 재화의 공급 또는 용역의 공급으로 보지 아니하고 주된 거래인 재화의 공급 또는 용역의 공급을 기준으로 하여 부수재화 또는 부수용역의 과세대상 여부와 공급시기, 거래장소 등을 판단하여 적용한다.

(2) 과세, 면세 판정

1) 주된 거래에 부수된 경우

주된 재화 또는 용역의 공급에 부수되어 공급되는 재화나 용역의 과세 또는 면세 여부는 부수되는 것이 주된 재화 또는 용역의 공급에 포함되는 것으로 보므로 주된 재화 또는 용역의 공급이 과세되면 부수되는 것도 과세되고 주된 재화 또는 용역이 면세되면 그에 부수되어 공급되는 것도 면세된다.

주된 재화나 용역의 공급에 부수되는 것인지는 구체적 사실관계에 따라 거래내용, 생산과정, 거래당사자의 의사 등을 조합하여 판단하여야 할 사항이다.

2) 주된 사업에 부수된 경우

과세사업에 관련된 부수재화 또는 부수용역의 공급은 그 부수재화 또는 부수용역의 공급 그 자체가 부가법 제26조 또는 다른 법률의 규정에 따라 면세대상이더라도 이를 과세대상으로 보는 것이며, 면세사업에 관련된 부수재화 또는 부수용역의 공급은 그 부수재화 또는 부수용역의 공급 그 자체가 과세대상에 해당하더라도 이를 면세대상으로 한다.

▌주된 거래, 주된 사업과 부수재화 또는 용역의 공급 KEYPOINT

1. 주된 거래와 관련된 부수재화 또는 부수용역의 공급은 거래 자체가 독립성을 가진 것으로 보지 아니하고 주된 거래에 포함(종속)된 것으로 본다.
2. 주된 사업과 관련하여 부수되는 재화 또는 용역의 공급은 그 거래자체가 독립성(공급시기, 공급가액 별도 산정)을 띠고 있기 때문에 별도의 공급시기가 존재하고 그 공급시기에 세금계산서 또는 계산서를 발급하여야 한다.
3. 주된 사업과 관련하여 우연히 또는 일시적으로 공급하는 재화나 용역, 필연적으로 생기는 재화가 면세이면 주된 사업이 과세이든 면세이든 면세되고, 주된 사업이 면세이면 과세되는 재화나 용역의 부수공급도 면세된다.

▌주물과 종물

「민법」 제100조에서 물건의 소유자가 그 물건의 상용에 공하기 위하여 자기 소유의 다른 물건을 이에 부속하게 한 때에는 그 부속물은 종물이며 종물은 주물의 처분에 따르는 바, 이것은 부가가치세법상의 부수재화 또는 부수용역의 공급과 유사한 개념이나, 재화 또는 용역에 해당하는지 및 부수재화나 부수용역에 해당하는지는 부가법의 독자적인 입장에서 판단하여야 할 사항임.

3 | 부수재화 또는 용역의 범위

(1) 부수재화 또는 용역

1) 주된 거래에 부수된 경우

주된 재화 또는 용역의 공급에 부수되어 공급되는 것으로서 아래의 어느 하나에 해당하는 재화 또는 용역의 공급은 주된 재화 또는 용역의 공급에 포함되는 것으로 본다(부가법 §14 ①).

① 해당 대가가 주된 재화 또는 용역의 공급에 대한 대가에 통상적으로 포함되어 공급되는 재화 또는 용역

② 거래의 관행으로 보아 통상적으로 주된 재화 또는 용역의 공급에 부수하여 공급되는 것으로 인정되는 재화 또는 용역

주된 거래인 재화 또는 용역의 공급에 부수되는 재화 또는 용역의 공급은 이를 독립된 별개의 과세대상인 재화 또는 용역의 공급으로 보지 아니하고 그 부수되는 재화 또는 용역의 공급에 대한 대가는 주된 거래인 재화 또는 용역의 공급가액에 포함되어 있는 것으로 본다. 따라서 부수되는 재화 또는 용역의 과세, 면세 여부에 관계없이 주된

거래 또는 주된 사업이 과세 또는 면세인지 여부에 따르게 된다.

또한 부수재화 또는 부수용역의 과세 여부 및 면세 여부 판정에 있어서 주된 재화 또는 용역의 공급자와 부수재화 또는 용역의 공급자가 동일한 경우에 위의 규정이 적용되는 것이므로 공급자가 동일하지 아니한 경우에는 각각 별개의 공급으로 보아 과세 여부를 판정한다. 그러므로 곡물가공업체가 외국산 밀 등의 제분과정상 부수적으로 생산되는 '밀기울' 등을 공급하는 경우 부가가치세가 면제되나, 이를 공급받은 중간수집판매상이 공급하는 단계에서는 과세된다(대법원 2000두7131, 2001. 3. 15.).

2) 주된 사업에 부수된 경우

주된 사업에 부수되는 다음의 어느 하나에 해당하는 재화 또는 용역의 공급은 별도의 공급으로 보되, 과세 및 면세 여부 등은 주된 사업의 과세 및 면세 여부 등을 따른다(부가법 §14 ②).

① 주된 사업과 관련하여 우연히 또는 일시적으로 공급되는 재화 또는 용역

② 주된 사업과 관련하여 주된 재화의 생산 과정이나 용역의 제공 과정에서 필연적으로 생기는 재화

(2) 부수재화 또는 용역의 구체적 범위

1) 주된 재화 또는 용역의 공급에 부수되어 공급되는 경우

가. 해당 대가가 주된 재화 또는 용역의 공급에 대한 대가에 통상적으로 포함되어 공급되는 재화 또는 용역(부가법 §14 ① 1)

① 공급하는 재화에 대한 포장용역 또는 포장용기, 포장재 제공

② 가구를 판매하면서 판매한 가구를 구매자의 집까지 배달하여 주는 배달용역

③ 자동차 제조, 판매업자가 자동차를 판매하면서 판매 차량에 일정량의 휘발유 등을 주입하는 경우

④ 조경공사용역을 공급하면서 면세재화인 수목 또는 화초를 공사용역과 함께 공급하는 경우(부가통칙 26-34-7 ; 서면3팀-2919, 2007. 10. 29.)

⑤ 과학도서와 해당 도서에 의하여만 활용이 가능한 과학 실험용 교구를 통상 하나의 공급단위로 함께 공급하는 경우(서면3팀-77, 2005. 1. 14.)

⑥ 과세재화와 면세재화를 각기 본래의 성질을 그대로 유지한 상태로 하나의 거래단위로 포장하여 공급 시 주된 재화의 과세재화 해당 여부에 따라 과세 또는 면세됨(부가 46015-314, 1995. 2. 17.).

이 경우 주된 재화 또는 주된 용역이 면세이면 부수되는 재화 또는 용역도 면세가 되며, 반대로 주된 재화 또는 주된 용역이 과세이면 부수되는 재화 또는 용역도 과세가 된다.

나. 거래의 관행으로 보아 통상적으로 주된 재화 또는 용역의 공급에 부수하여 공급되는 것으로 인정되는 재화 또는 용역(부가법 §14 ① 2)

거래의 관행상 부수성이 인정된다면 부수재화 또는 부수용역이 대가에 포함되었는지의 여부는 따지지 아니한다. 특별한 약정이 없는 한 별도의 공급가액 계산없이 주된 재화 또는 용역의 공급대가에 포함된 것으로 본다.

① 가전제품 판매업자가 판매 후 일정기간 동안 무료서비스를 제공하는 경우
② 병의원에서 입원환자에게 직접 공급하는 음식용역
③ 당초 공급한 재화 중 일부의 불량품을 무상으로 보충 공급하는 경우(부가 1265.1-3446, 1981. 12. 30.)
④ 아이스크림의 판매 시 드라이아이스를 함께 공급(부가 1265.1-3155, 1981. 12. 1.)
⑤ 항공운송사업자가 탑승객에게 무상으로 기내식을 제공하는 경우
⑥ 골프장 시설이용권과 비상장주식이 함께 합체되어 항상 함께 거래되는 주주골프회원권은 시설이용권의 공급에 필수적으로 부수되어 이루어진 것으로 주된 거래인 골프장시설이용권의 공급에 포함된다(대법원 2004두11299, 2005. 9. 9.).
⑦ 장의업을 영위하는 사업자가 장의용역(장례식장 임대, 빈소설치, 장의차 임대, 시신의 보관 및 염습, 매장 등)과 이에 필수적으로 부수되는 장의용품(관, 수의, 상복 등)을 함께 제공하고 받는 대가는 부가가치세가 면제되는 것이나, 장의용역 제공과는 관계없이 장의용품만을 별도로 판매하고 받는 대가에 대하여는 부가가치세가 과세된다(부가 46015-2249, 1996. 10. 26.).

이 경우 거래관행상의 부수성만 있다면 부수재화 또는 용역의 대가가 주된 재화 또는 용역의 대가에 포함되어 있는지에 관계없이 주된 거래의 과세 또는 면세 여부에 따라 부수재화 또는 용역의 과세·면세 여부가 결정된다.

2) 주된 사업에 부수되어 공급되는 재화 또는 용역

가. 주된 사업과 관련하여 우연히 또는 일시적으로 공급되는 재화 또는 용역
(부가법 §14 ② 1)

주된 사업의 과세 또는 면세 여부에 따라 부수재화의 과세 또는 면세 여부가 종속적으로 결정된다.

① 과세사업 또는 면세사업에 사용하던 비품·기계·건축물 등 사업용 고정자산의 매각

② 면세사업에 관련된 영업권을 양도하는 경우 부가가치세가 면제되나, 부가가치세 과세대상 재화의 공급에 포함되어 특허권, 광업권, 수입권, 건설업면허 등 무체재산권을 양도한 경우 과세대상이 된다(부가 22601-1238, 1989. 8. 28. ; 부가 46015-494, 1998. 3. 18. ; 서면3팀-124, 2005. 1. 25.).

③ 농민이 농작업 과정에서 발생한 퇴비를 공급하는 경우 또는 수산업을 영위하는 자가 양어장을 설치하는 과정에서 발생된 토사석을 공급하는 경우

④ 당초 공급한 재화의 일부가 불량품에 해당하여 이를 교체 또는 수리할 목적으로 무상으로 보충공급하는 경우

⑤ 운수사업자가 차량에 사용하던 폐타이어를 공급하는 경우

⑥ 면세사업자 간에 면세사업에 사용하던 고정자산을 일정기간 상호교환 사용하다가 각각 반환하는 경우(부가 1265-2321, 1982. 9. 3.)

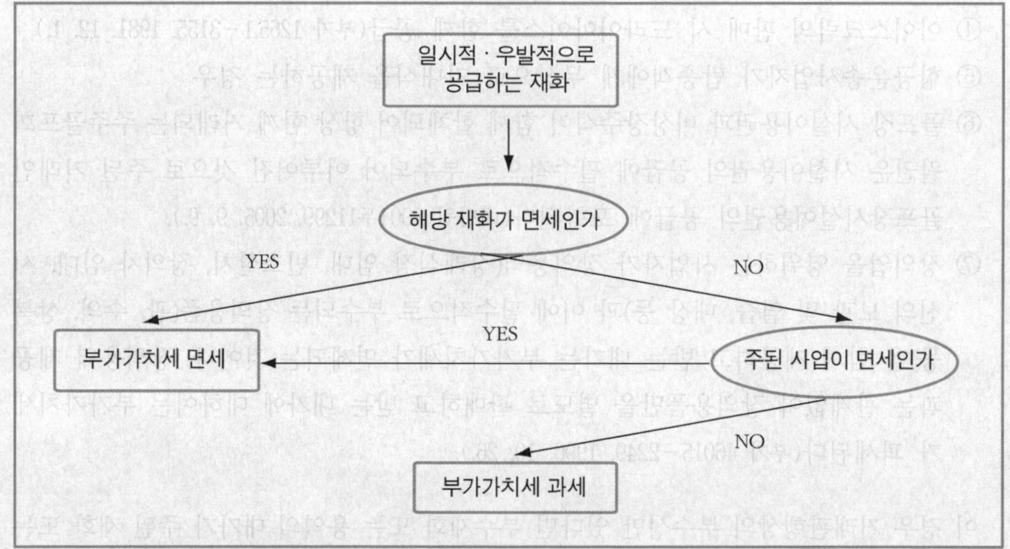

나. 주된 사업과 관련하여 주된 재화의 생산 과정이나 용역의 제공 과정에서 필연적으로 생기는 재화(부가법 §14 ② 2)

주된 재화의 생산과 관련하여 필수적으로 부수하여 발생되는 부수재화에 대하여는 그 주된 재화의 과세 또는 면세 여부에 따르게 되므로 해당 사업자가 이를 공급하는 경우에도 해당 사업 외에 다른 과세, 면세사업부문이 없다면 공통매입세액 안분계산 등의 문제가 발생하지 않게 된다. 이는 사업과 관련된 부수생산물을 별개의 과세 또는 면세재화로 본다면 세금계산서 발급, 공통매입세액 계산, 별도의 사업자등록 등의 납세협력비용 발생과 업무의 복잡성을 해소하기 위한 조치이다.

① 제분업자가 밀가루 생산과정에서 생산되는 파지 등을 판매하는 경우(면세)

② 옥수수 등 곡물을 원료로 과세되는 전분 등을 생산하는 과정에서 필수적으로 부수하여 발생하는 옥피, 배아를 판매하는 경우(과세)

③ 통나무를 원료로 하여 제재목을 생산하는 과정에서 필수적으로 부수하여 발생한 톱밥을 판매하는 경우(과세)

④ 복숭아 통조림을 제조하는 과세사업자가 통조림 생산과정에서 필수적으로 부수하여 발생한 면세재화인 복숭아씨를 공급하는 경우(과세)(간세 1235-2660, 1978. 8. 30.)

⑤ 물엿과 전분을 제조하는 과세사업자가 제품 제조에 필수적으로 부수하여 생산된 면세재화인 부산물을 공급하는 경우(과세)(간세 1235-3548, 1997. 10. 4.)

⑥ 계란을 구입하여 과세물품을 제조하는 사업자가 제조과정에서 필수적으로 부수하여 난황과 난백을 공급하는 경우(과세)(부가 1265.1-1865, 1983. 9. 5.)

⑦ 제과점 운영사업자가 사업장 내에서 빵과 면세재화인 흰 우유를 고객에게 함께 판매하는 경우(과세)(부가 22601-333, 1985. 2. 18.)

(3) 공급주체가 서로 다른 경우 부수성 판단

특정 재화나 용역의 공급에 부수되는 것이라도 그 공급주체가 서로 다른 경우에는 각각 별개의 개별적인 재화 또는 용역의 공급으로서 공급주체가 공급하는 재화 또는 용역의 성격에 따라 과세 또는 면세 여부를 판정하는 것으로 '부수재화 또는 부수용역의 범위' 규정을 적용할 수 없다(법무과-3288, 2005. 8. 19.).

다만, 통상적 부수용역임이 거래관행상 부수성이 인정되는 경우 주된 재화나 용역의 공급주체가 부수용역을 자기책임과 계산으로 수탁자나 하도급자 등 제3자에게 위임하여 공급하는 경우에도 부수용역은 별도로 과세되지 아니한다. 이 경우 수탁자나 하도급자 등 제3자는 주된 재화나 용역의 공급자에게 해당 용역대가에 대한 세금계산서를 발급하여야 한다.

(4) 부수재화 또는 부수용역으로 보지 아니하는 경우

다음의 경우에는 부수재화 또는 부수용역으로 보지 아니하고 각각 독립된 거래로 보아 과세 또는 면세 여부를 판정한다.

① 상가를 신축하여 판매하는 사업자가 상가건물과 그 부속토지를 함께 공급하는 경우 상가건물은 과세하는 것이나 그 부속토지는 부가가치세가 면제된다(부가 1265.1-2557, 1984. 12. 1.).

② 과세사업을 위한 공장의 부속토지로 사용하던 토지를 양도하는 경우 그 부속토지는 과세사업용 토지이든 면세사업에 사용하던 토지인지에 관계없이 토지의 공급에 대하여는 부가가치세를 면제한다.

③ 돼지를 구입하여 과세재화인 소시지를 제조하는 과세사업자가 돼지를 해체하여 돈육은 소시지의 원료로 사용하고, 면세재화인 내장, 머리, 골, 족 등 식용 설육을 공급하는 경우에는 식용 설육의 공급에 대하여 부가가치세가 면제된다(간세 1235-1913, 1979. 6. 12.).

④ 오징어를 가공하여 과세재화를 제조하는 과세사업자가 냉동오징어를 구입하여 몸통과 다리, 머리를 단순 분리하여 몸통만을 과세재화의 원료로 사용하고 나머지는 그대로 판매하는 경우 다리, 머리 부분은 부가가치세가 면제된다(부가 22601-99, 1991. 1. 24.).

⑤ 병원을 운영하는 의료업자의 병원부설주차장은 의료보건용역의 공급과는 별도의 계약에 의하여 이루어지고, 그 대가도 별도로 수수되고 있으며, 병원 이용액 증 환자 등 의료보건용역 공급과 관련이 있는 자에게는 일정한 할인혜택만 제공하고 있는 것에 불과하다면 부설주차장 용역이 거래의 관행으로 보아 독립적으로 의료보건용역의 공급에 부수하여 공급된다고 볼 수 없다(대법원 2018두62058, 2022. 4. 14.).

(5) 부수공급에 대한 요약

1) 과세 · 면세 여부 판정

구 분	독립적 거래 여부	과세 · 면세 여부
주된 거래에 부수되는 공급	주된 거래에 포함되어 독립된 거래를 형성하지 않음.	주된 거래의 과세 · 면세 여부에 따름.
주된 사업에 부수되는 공급	독립된 거래로 봄.	주된 사업의 과세 · 면세 여부에 따름.

※ 어떤 거래가 면세되는 재화 또는 용역의 공급에 필수적으로 부수되는 것에 해당하는지 여부는 부가법 제14조에 주의적으로 규정된 구체적 재화나 용역의 유형을 참고하되 궁극적으로는 구체적 사실관계에 따라 거래내용, 생산과정 등을 종합적으로 고려하여 판단할 문제임(대법원 2008다29895, 2008. 9. 25.).

2) 주된 거래에 부수되어 공급하는 재화 또는 용역

구 분	구체적 사례
• 해당 대가가 주된 거래인 재화 또는 용역의 공급대가에 통상적으로 포함되어 공급되는 재화 또는 용역 • 거래의 관행으로 보아 통상적으로 주된 거래인 재화 또는 용역의 공급에 부수하여 공급되는 것으로 인정되는 재화 또는 용역	① 피아노를 공급하면서 피아노용 의자를 제공하고 이를 운반해 주는 경우 ② 미술학원에서 교육용역을 제공하면서 실습교재를 공급하는 경우 ③ TV를 공급하고 그 후 A/S용역을 제공하는 경우 ④ 수선용역을 제공하면서 부속품을 교체해 주는 경우

3) 주된 사업에 부수하여 공급하는 재화 또는 용역

구 분	구체적 사례
주된 사업과 관련하여 우연히 또는 일시적으로 공급되는 재화 또는 용역	면세사업자의 사업용 고정자산 매각(면세)
주된 사업과 관련하여 주된 재화의 생산에 필연적으로 부수하여 생산되는 재화	부산물, 작업설물 등의 매각 (생사 제조업에서 발생한 번데기)

4) 주된 거래나 주된 사업에 부수되는 재화 · 용역의 면세 여부

구 분	과세 · 면세 여부		과세 · 면세 여부
	주된 거래	부수 거래	(전체 거래)
주된 거래	과세	과세	과세
		면세	
	면세	과세	면세
		면세	
주된 사업[1] (우연히, 일시적)	과세	과세	과세
		면세	면세[3]
	면세	과세	면세
		면세	
주된 사업[2] (필연적)	과세	과세	과세
		면세	
	면세	과세	면세
		면세	

1) 주된 사업과 관련하여 우연히 또는 일시적으로 공급되는 재화 또는 용역

2) 주된 사업과 관련하여 주된 재화의 생산과정이나 용역의 제공과정에서 필연적으로 생기는 재화
3) 면세재화 또는 면세용역은 처음부터 국가가 과세권을 포기한 것이므로 과세사업과 관련하여 면세재화 등이 우연히 또는 일시적으로 공급되더라도 부가법 제14조 제2항 제1호에 따라 과세권을 창설할 수 없다고 봄이 타당하다(한장석, 2018 부가가치세, 287쪽). 따라서 면세적용 우선의 원칙에 따라 일시적·우발적 부수재화 또는 부수용역의 공급이 면세이면 해당 부수공급은 면세되어야 한다.

5) 주된 과세사업에 부수로 제공되는 용역 해당 여부에 대한 법원 판결

관광객들에게 관광시설용역을 제공하고 그 대가로 입장료를 받는 회사가 육지로부터의 관광객 유치를 위하여 부수적으로 여객부정기항로사업을 경영하여 관광객들에게 선박운송용역을 제공하고 있다면 그 선박운송용역의 공급은 주된 사업인 관광시설용역의 부수용역으로서 부가가치세 과세대상이 된다(대법원 86누187, 1986. 9. 9.).

6) 재화를 공급받는 자의 선택에 따라 공급하는 운송용역의 부수용역 해당 여부

사업자가 농민에게 「조세특례제한법」 제105조 제1항 제5호 마목에 따라 부가가치세 영세율이 적용되는 「사료관리법」에 따른 사료를 공급하는 경우 해당 사료에 대하여는 부가가치세 영세율이 적용되는 것이나, 해당 사업자가 사료와 함께 공급하는 운송용역이 공급받는 자인 농민의 선택에 따라 공급되어지고 그 대가도 사료의 공급대가와 구분 청구되어 사료의 공급에 부수되는 용역으로 볼 수 없는 경우 해당 운송용역에 대해서는 영세율을 적용하지 아니한다(법규과-1396, 2011. 10. 21.).

제 4 절

재화의 수입

I 재화의 수입

1 | 재화의 수입 개요

(1) 개 요

일반적으로 수입이라 함은 외국에서 생산되거나 가공된 물품이 자국의 세관을 통과하여 이동되는 상태를 말하는 것이나, 세법에서는 최종적으로 반입하는 것을 재화의 수입으로 정의하고 있다. 동일한 재화가 국내에서 생산되어 소비되는 경우와 과세형평을 도모하기 위한 정책적 목적과 국제적인 소비세 과세원칙인 "소비지국과세원칙"에 따라 국내에서 소비되거나 사용될 것으로 예상되는 이러한 재화의 수입을 과세대상의 하나로 열거하여 부가가치세를 과세하기 위함이다.

재화의 공급과 용역의 공급에서 공급자가 사업자인 경우에 한하여 과세되는 것과 달리 재화의 수입은 수입자의 사업자 여부에 관계없이 수입하는 모든 자가 부가가치세의 납세의무를 지게 된다.

(2) 타법에 따른 수입의 정의

1) 대외무역법

대외무역법상 "수입"이란 다음의 어느 하나에 해당하는 것을 말한다(대외무역법 시행령 §2 4).

① 매매, 교환, 임대차, 사용대차, 증여 등을 원인으로 외국으로부터 국내로 물품이 이동하는 것

② 유상으로 외국에서 외국으로 물품을 인수하는 것으로서 산업통상자원부장관이 정하여 고시하는 기준에 해당하는 것

③ 비거주자가 거주자에게 산업통상자원부장관이 정하여 고시하는 방법으로 「대외무역법 시행령」 제3조에 따른 용역을 제공하는 것

④ 비거주자가 거주자에게 정보통신망을 통한 전송과 그 밖에 산업통상자원부장관이 정하여 고시하는 방법으로 「대외무역법 시행령」 제4조에 따른 전자적 형태의 무체물을 인도하는 것

▌대외무역관리규정 §2에서 정하는 특수거래 수입

○ "수탁판매수입"이란 물품등을 무환으로 수입하여 해당 물품이 판매된 범위 안에서 대금을 결제하는 계약에 의한 수입을 말한다.

○ "임차수입"이란 임차(사용대차를 포함한다. 이하 같다) 계약에 의하여 물품등을 수입하여 일정기간 후 다시 수출하거나 그 기간의 만료 전 또는 만료 후 해당 물품의 소유권을 이전받는 수입을 말한다.

○ "연계무역"이란 물물교환(Barter Trade), 구상무역(Compensation trade), 대응구매(Counter purchase), 제품환매(Buy Back) 등의 형태에 의하여 수출·수입이 연계되어 이루어지는 수출입을 말한다.

○ "외국인수수입"이란 수입대금은 국내에서 지급되지만 수입 물품등은 외국에서 인수하거나 제공받는 수입을 말한다.

2) 관세법

"수입"이라 함은 외국물품을 우리나라에 반입(보세구역을 경유하는 것은 보세구역으로부터 반입하는 것을 말한다)하거나 우리나라에서 소비 또는 사용하는 것(우리나라의 운송수단 안에서의 소비 또는 사용을 포함하며, 「관세법」 제239조 각호의 1에 해당하는 소비 또는 사용을 제외한다)을 말한다(관세법 §2).

3) 「부가가치세법」상 재화의 수입

부가법 제13조에서 재화의 수입이란 다음의 어느 하나에 해당하는 물품을 국내에 반입하는 것[보세구역을 거치는 것은 보세구역에서 반입하는 것을 말한다]으로 한다.

① 외국으로부터 국내에 도착한 물품[외국 선박에 의하여 공해(公海)에서 채집되거나 잡힌 수산물을 포함한다]으로서 수입신고가 수리(受理)되기 전의 것

② 수출신고가 수리된 물품[다만, 수출신고가 수리된 물품으로서 선적(船積)되거나 기적(機積)되지 아니한 물품을 보세구역에서 반입하는 경우에는 제외한다]

여기서 「부가가치세법」상 재화의 수입과 「관세법」상 외국물품 수입의 개념 자체는 동일하다. 다만, 수출신고가 수리된 물품 중 선적 또는 기적되지 아니한 물품을 보세구역으로부터 다시 반입하는 경우 「관세법」상 외국물품에 해당되지만, 재화의 수입으로 보지 아니하는 것은 「부가가치세법」상 수출재화의 공급시기를 수출신고가 수리된 날이 아니고 선적일 또는 기적일로 보기 때문에 내국물품에 해당하므로 「관세법」의 경우와 달리 수입재화에서 제외하고 있다.

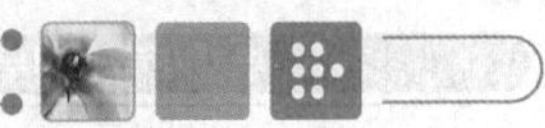

(3) 수입절차

수입절차 및 구비서류 등에 대하여는 다음과 같다.

1) 수입계약 체결

2) 수입승인(필요시)

① 수입승인의 유효기간은 승인일로부터 원칙적으로 1년임.

② 수입승인신청 시 구비서류

수입승인신청서, 수입계약서 또는 물품매도확약서, 수입대행계약서(수입대행시), 그 밖의 수출입공고 등에서 규정한 요건을 충족하는 서류

3) 신용장 개설

① 신용장개설 시 구비서류

수입신용장 개설신청서, 외국환거래 약정서, 수입승인서(필요시), 물품매도확약서, 그 밖의 필요한 서류(담보제공 증서 등)

4) 선적서류내도 및 대금결제

5) 수입신고

① 수입신고 시 구비서류

수입신고서, 수입승인서(필요시), 가격신고서(송장 포함), 선하증권 사본, 그 밖의 필요서류(수입물품 명세확인서 등)

② 수입신고 시기

통상 반입신고 후 30일 이내에 수입신고를 하여야 하며, 이 기간이 경과되면 최고 20% 이내의 가산세가 부과된다.

6) 사후관리

(4) 수입통관

1) 개념

세관에서는 적정한 과세가격을 포착하여 관세 등 제세만 징수하는 것뿐만 아니라 법령에 의하여 수출입이 금지되는 물품은 통관을 거부하고, 제한되는 물품에 대하여는 해당 물품에 대한 수출입요건을 확인한 후 통관을 허용한다.

수출입요건 확인에는 상표권을 비롯한 지식재산권 침해 여부, CITES 대상물품인지 여부, 원산지표시의 적정 여부도 포함되며 여행자휴대품, 이사화물 및 우편물, 특급탁송화물에 대하여는 별도의 통관절차를 규정하고 있다.

〈통관절차〉

입항⇒하역⇒보세운송⇒보세구역반입⇒수입신고⇒검사 및 심사⇒수입신고 수리 및 관세 등 납부⇒보세구역 외 반출

※ 보통 통관업자 등에게 수입통관을 의뢰하게 된다.

2) 수입신고의 시기

수입신고는 우리나라에 물품이 도착되기 전 뿐만 아니라 선박(항공기)이 도착한 후 보세구역에 도착하기 전, 보세구역에 장치한 후 어떠한 시점에서도 신고가 가능하다.

3) 수입신고수리 절차

수입신고수리란 수입자가 「관세법」에 따라 적법하고 정당하게 신고한 내역에 대하여 세관에서 이를 적법하고 정당하게 이루어졌다고 인정하여 통관을 허용하는 행위로서 실제로 신고인이 신고필증을 교부받는 것으로 신고수리가 종료된다. 이 경우 세관장이 신고를 수리할 때에는 납부하여야 할 관세에 상당하는 담보를 제공받은 후 또는 납부할 관세를 납부하였음을 확인한 경우 신고수리를 하고 있다.

수입신고수리가 된 물품은 내국물품이 되어 보세구역(창고)에서 즉시 반출할 수 있다.

4) 수입신고필증 발급

세관장은 수입신고를 수리한 때에는 수입신고서에 "수입신고 수리인"과 신고서 처리담당자의 인장을 날인한 후 발급한다. 이때 발급한 신고필증과 통관시스템에 보관된 신고자료가 상이한 경우에는 통관시스템에 보관된 전자문서의 내용을 원본으로 한다.

신고필증은 자신이 신고한 물품, 관세 등의 납부금액 확인서류이며 물품을 창고에서 반출할 때에도 신고가 수리되었음을 창고에 알려주는 증서이다.

(5) 용어의 정의

1) 물품

물품을 부가법 제2조 및 제4조에서 규정하고 있는 재화와 동일한 개념으로 볼 것인지의 여부에 대하여는 분명하지 아니하다. 관세법상 "수입물품"이라 함에 있어서 "물품"이란 가치가 있는 유체물만을 의미하고 무형재산은 원칙적으로 과세대상이 되지 아니하나 「관세법」 제30조 제1항 제4호에 따르면 수입물품에 관련되는 특허권, 실용신안권,

의장권, 상표권 및 이와 유사한 권리를 사용하는 대가(특정한 고안이나 창안이 구현되어 있는 수입물품을 이용하여 우리나라에서 그 고안이나 창안을 다른 물품에 재현하는 권리를 사용하는 대가를 제외한다)로서 해당 물품의 거래조건으로 직접 또는 간접으로 지급하는 금액에 대하여는 그 수입물품의 과세가격을 산출함에 있어 합산하게 되며, 재화의 수입에 대한 부가가치세의 과세표준은 부가법 제29조 제2항에 따라 그 재화에 대한 관세의 과세가격과 관세, 개별소비세 및 주세의 합계액으로 하므로 결국 일부의 권리를 사용하는 대가도 재화의 수입으로서 과세대상이 된다(관세법 시행령 §19 ②).

2) 우리나라

우리나라라 함은 국내법에 의하여 과세권이 미치는 지역적 범위를 말하는 것으로 우리나라의 영토 및 우리나라가 행사할 수 있는 권리가 미치는 곳, 국제법에 따라 우리나라가 영해 밖에서 주권을 행사하는 지역으로서 우리나라의 연안에 인접한 해저지역의 해상과 하층토에 있는 해저천연자원 그 밖의 천연자원의 탐사 및 채취장소를 포함한다.

다만, 외국으로부터 우리나라에 도착된 물품이 보세구역을 경유하는 경우 보세구역으로부터 인취하는 것을 과세대상인 재화의 수입으로 하고 있으므로 외국에서 보세구역으로 재화를 수입하는 그 자체는 재화의 수입에 해당하지 아니하며 따라서 이때의 보세구역은 우리나라에서 제외되는 결과가 된다.

3) 인취(반입)

인취라 함은 관세법상의 구속으로부터 벗어나 자유로운 유통상태에 이르는 법률상의 변동을 뜻하는 견해도 있으나, 밀수품 또는 보세구역에서 수입면허 전에 도난당한 물품 등에 대하여는 이러한 견해를 적용할 수 없다는 점에서 인취란 어떤 법적 효과를 발생하게 하는 행위라기보다는 단순히 물품을 운반하거나 반입하는 사실행위로 이해된다.

4) 보세구역

보세구역이라 함은 「관세법」상에 따른 보세구역과 「자유무역지역의 지정 및 운영에 관한 법률」에 따른 자유무역지역을 말하는 것으로, 그 범위는 부가령 제27조에서 규정하는 것으로 한다(보세구역은 관세법상은 외국이나 대외무역법이나 다른 법에서는 내국으로 간주한다).

가. 보세구역

수출입 물품에 대하여는 관세를 징수하거나 수출입허가(인가) 사항을 확인하기 위하여 통관절차를 밟아야 하는데, 통관절차를 행하기 위하여는 물품을 일정한 장소에 장치시키는 것이 관세채권의 확보와 통관질서의 유지를 위하여 필요하게 된다. 보세구역은 이러한 목적에 의하여 설정된 장소를 말한다.

외국물품과 수출면허를 받고자 하는 내국물품을 장치하거나 외국물품을 외국물품 상태로 반입, 장치, 가공, 제조, 전시, 건설, 판매를 하기 위한 장소로서 세관장이 지정하거나 특허한 장소를 말한다.

「관세법」 제154조의 규정에 의하면, 보세구역은 "지정보세구역"과 "특허보세구역"으로 구분하고 지정보세구역은 지정장치장 및 세관검사장으로, 특허보세구역은 보세장치장, 보세창고, 보세공장, 보세전시장, 보세건설장 및 보세판매장으로 구분한다. 이 경우 지정보세구역이라 함은 세관장이 지정한 보세구역으로서 주로 국가 또는 공공의 토지, 시설 등의 일정구역을 지정하여 특정 물품의 장치, 수출물품의 검사를 하는 곳을 말하며, 특허보세구역이라 함은 신청을 받아 세관장이 특정한 보세구역으로서 주로 사인의 토지·시설 등의 일정구역에 대하여 특허한다.

나. 자유무역지역

자유무역지역은 외국인투자의 유치, 국제무역의 진흥 및 지역개발 등을 촉진하기 위해 대외무역법, 관세법 등 관계 법률에 의한 규제를 완화하여 자유로운 제조·유통·무역활동 등이 보장되는 지역으로 산업통상자원부장관이 지정한 지역을 말한다(자유무역지역의 지정 및 운영에 관한 법률 §2 1, §4).

다. 보세구역과 자유지역의 비교

보세구역과 유사한 제도로서 수출자유지역, 자유무역지역 및 자유항 등과 같은 자유지역제도가 있다. 보세구역과 자유지역은 외국물품이 보세상태로 그 역 내에 반입될 수 있다는 점에서는 서로 같으나 보세구역 내에서는 세관의 엄격한 통제를 받고 역 내에 반입되는 물품의 종류도 제한을 받으며, 보세구역의 설치목적은 보세화물의 가공수출인 경우(수출용 보세공장) 이외에 수출입 통관을 할 물품의 장치, 외국물품의 건설, 전시, 판매 등으로 그 목적이 다양하다는 점에 있는데 반하여 자유지역은 「관세법」의 적용이 원칙적으로 배제되고 따라서 세관의 통제도 외곽 관리와 물품의 반출·입만을 감시하는데 그치며 역 내에는 원재료뿐만 아니라 시설재도 외국물품 상태로 반입되며, 그 설치목적은 주로 수출물품의 가공이나 중계무역상품의 장치 등에 있다는 점에서 서로 다르다.

5) 수입물품

일반적으로 수입물품이라 함은 수입면허 여부와는 관계없이 외국으로부터 우리나라에 반입된 물품을 말하나, 「관세법」에서는 수입의 대상이 되는 물품(외국물품)의 범위를 다음과 같이 규정하고 있다(관세법 §2).

① 외국으로부터 우리나라에 도착된 물품(외국의 선박 등에 의하여 공해에서 채포된 수산물 등을 포함한다)
② 수출신고가 수리된 물품

(6) 외국인수수입 거래

1) 의의

물품을 외국(제3국) 또는 현지에서 조달하고 그 대금을 국내에서 지급하는 수입을 말한다. 선적서류는 국내 외국환은행을 통하여 영수한 후 수입대금을 지급하고, 이를 외국으로 송부하여 수입물품을 외국에서 인수하도록 하는 거래방식으로 산업설비수출, 해외건설, 해외투자, 위탁가공무역 등에 필요한 기자재 또는 원자재를 외국에서 수입하여야 할 경우 운송시간과 경비를 절감하기 위하여 수입대금은 국내에서 지급하고 물품은 곧바로 해외 현장에 인도하고자 하는 경우에 이용되는 거래방식이다.

동 무역거래는 외국인도수출, 중계무역, 위탁가공무역 거래과정에서 발생하는 거래형태로서 이들 수출형태를 이해하는 데 필요한 무역거래조건이다.

2) 부가가치세 과세 여부

물품의 이동이 국외에서 이루어지는 국외거래로서 재화의 공급 또는 재화의 수입으로 보지 아니한다.

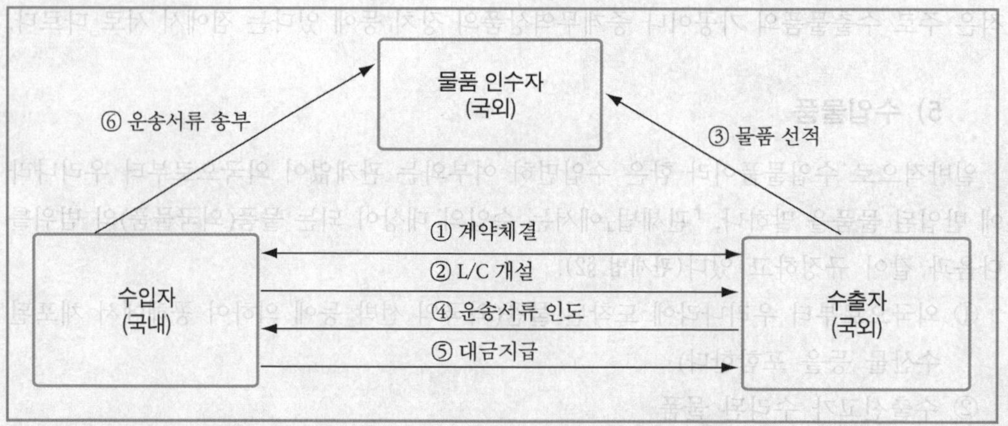

(7) 수탁판매방식에 의한 수입

국내 수입자(수탁자)가 외국 수출자(위탁자)로부터 위탁받아 소유권이 이전되지 않은 상태로 물품을 무환으로 수입하여 판매한 후 판매된 범위 안에서 대금을 지급하고, 판매기간이 끝난 후에 미판매 물품을 위탁자(수출자)에게 다시 수출하는 거래방식이다.

이 거래방식은 물품의 소유권을 가진 수출자가 자금과 위험을 부담하고 수입자는 수출자가 지정한 조건에 따라 상품을 판매한 후 판매경비와 수수료 등을 뺀 나머지를 수출자에게 송금하므로, 수입자는 아무런 위험부담이나 자금부담없이 손쉽게 수입할 수 있다.

국내사업자가 외국 수출자와의 위수탁판매계약에 따라 수입한 재화를 국내사업자에게 판매하고 그 대가를 수출자로부터 위탁판매에 따른 수수료를 외화로 송금받는 경우 동 수수료에 대하여는 부가령 제33조 제2항 제1호에 따라 영의 세율이 적용된다.

2 | 수입에 대한 부가가치세 처리

(1) 부가가치세 과세대상 수입

외국으로부터 국내에 도착한 물품(외국 선박에 의하여 공해에서 채취되거나 잡힌 수산물을 포함한다) 및 수출신고가 수리된 물품의 수입에 대하여는 원칙적으로 부가가치세가 과세된다(부가법 §4 2, §13).

재화의 수입으로 부가가치세 과세대상이 되는 물품에 대하여는「관세법」제2조에서 정하는 수입의 대상이 되는 물품과 동일하게 규정하고 있다. 다만, 수출신고가 수리된 재화로서 선(기)적되지 아니한 것을 보세구역에서 반입하는 것은 재화의 수입으로 보지 아니한다고 규정하고 있다.

원칙적으로 부가가치세는 유환수입이든 무환수입이든 구분하지 아니하고 일체의 수입재화를 과세대상으로 하고 있다. 다만, 현재 「관세법」의 규정에 따라 무상으로 수입되는 물품에 대하여는 그 성질에 비추어 대부분 관세가 면제되고, 관세가 면제되는 물품에 대하여는 부가법 제27조에 따라 부가가치세도 면제된다.

(2) 면세대상 수입거래

재화의 수입에 대하여는 원칙적으로 부가가치세가 과세되는 것이나 부가법 제27조 및 부가령 제49조부터 제56조에 열거된 것과 「조세특례제한법」 제106조 제2항에 열거하는 것에 한하여 부가가치세를 면제한다.

구체적 면세대상에 대하여는 후술하는 "면세" 편에서 설명하기로 한다.

(3) 수입시기와 공급시기 등

1) 개요

재화의 수입시기는 「관세법」에 따른 수입신고가 수리된 때로 하고 사업자가 보세구역 안에서 보세구역 밖의 국내에 재화를 공급하는 경우가 재화의 수입에 해당할 때에는 수입신고수리일을 재화의 공급시기로 본다(부가법 §18, 부가령 §28 ⑦).

2) INCOTERMS와 공급시기 및 공급장소 판정

국제상업회의소에 의해 정형화된 국제무역규칙인 INCOTERMS(International Rules for the Interpretation of Trade Terms: 무역거래조건의 해석에 관한 국제규칙)는 주로 무역거래 당사자 간의 물품 인도, 비용 부담, 위험 이전, 운송 및 보험계약 체결 책임 등에 관한 기준으로서 무역거래 당사자가 이를 채택할 경우 계약 조건으로서 무역계약의 일부가 된다. 다만, 매매계약상 거래당사자가 거래조건과 관련하여 INCOTERMS의 규정과 다른 별도의 조항을 두는 경우 이러한 별도 조항은 INCOTERMS상의 여러 해석 규정보다 우선하여 적용한다. INCOTERMS는 거래조건별 물품 인도, 위험 이전, 매도인의 부담 비용 등 운송에 있어서 비용과 위험 부담에 관한 책임 한계를 정해 놓은 기준에 불과하여 부가법령상의 재화의 공급 여부 또는 물품의 소유권 이전을 판단하는 기준이 될 수 없다(서울중앙지방법원 2014가합2360, 2015. 6. 18.).

즉, 국내 구매자(수입물품을 최종 공급받는 자)와의 계약에서 FOB조건에 따라 '선적시' 소유권이 이전된다고 하더라도 그와 함께 국내 구매자가 해당 물품의 품질요건 미달, 검수조건 등의 사유로 거래를 거절할 수 있는 등 반환 · 동의조건부, 검수조건부 또는 그 밖의 조건부거래에 해당한다면 선적시점이 아닌 해당 조건의 성취되는 재화의 공급이 확정되는 때가 공급시기가 된다(부가령 §28 ②). 따라서 FOB 등 선적조건이 선하증권의 거래당사자들의 별도 계약에서 정한 공급조건과 내용 등에 우선하여 재화의 공급시기나 공급장소를 판단하는 기준이 될 수 없다.

(4) 수입 시 과세표준 산정

1) 부가가치세 과세표준

재화의 수입에 대한 부가가치세의 과세표준은 그 재화에 대한 관세의 과세가격과 관세, 개별소비세, 주세, 교육세, 농어촌특별세 및 교통 · 에너지 · 환경세를 합한 금액으로 한다(부가법 §29 ②). 이 경우 재화의 수입에 대한 과세표준 및 부가가치세액은 다음 계산식에 의하여 계산한다(부가통칙 27-51-1).

가. 관세의 경감이 없는 경우

① **과세표준**
[관세의 과세가격 + 관세 + 개별소비세 + 주세 + 교육세 · 농어촌특별세 및 교통 · 에너지 · 환경세]
② **부가가치세액**
= "①"의 과세표준 × 부가가치세 세율

나. 관세의 경감이 있는 경우

부가법 제27조 및 부가령 제51조 등에 따라 관세가 경감되어 경감되는 부분에만 부가가치세를 면세하는 경우 다음 계산식에 의한다.

① **과세표준**
[관세의 과세가격 + 경감 전 관세액 + 개별소비세 + 주세 + 교육세 · 농어촌특별세 및 교통 · 에너지 · 환경세] × (1 - 관세 경감률)
② **부가가치세액**
= "①"의 과세표준 × 부가가치세 세율

2) 관세의 과세가격

“관세의 과세가격”이란 「관세법」 제15조에 따라 관세의 과세표준으로 하는 수입물품의 가격을 말하는 것으로, 이러한 수입물품의 가격은 원칙적으로 수입자가 해당 물품을 수입하기 위하여 실제로 지급하였거나 지급하여야 할 실제적 가격, 즉 거래가격을 기초로 한다. 또한 거래가격을 과세가액으로 한다 하더라도 그 가격은 수입항까지의 운임·보험료 등 비용을 포함하도록 하고 있으므로 이는 도착가격(CIF)이다.

관세의 과세표준을 가격으로 하는 경우를 종가세, 수량을 과세표준으로 하는 경우를 종량세라고 하며 종가세의 과세표준인 가격을 과세가격이라 하고 수입물품의 과세가격 결정은 원칙적으로 거래가격을 기초로 한다. 즉, 과세가격의 제1차적인 기초는 거래가격(transaction value)이다. 여기서 거래가격이란 단순히 수출자와 수입자 간에 실제로 거래된 가격이란 개념이 아니고 외국에서 우리나라에 수출 판매되는 물품에 대하여 구매자가 판매자에게 실제로 지불했거나 지불하여야 할 가격에 가산요소의 금액과 공제요소의 금액을 가감하여 조정한 가격을 말한다(관세법 §30 ①).

> 거래가격 = 실제 지급금액(송품장 금액) + 가산요소 금액 - 공제요소 금액

3) 취득원가의 산정 및 계상시기

수입물품을 미착상품(재고자산)으로 계상하는 시점은 수출상의 선적일, 선적서류 인수일, 수입통관일, 창고입고일 등으로 구분하여 파악할 수 있으며, 수입물품의 법률적 소유권의 이전 여부에 따라 그 시점을 판정함이 타당할 것이다. 취득원가에는 매입가격에 운임, 하역비 등의 부대비용과 관세 등이 포함된 가격으로 산정하는 것이므로 수입세금계산서상의 공급가액을 취득원가로 보아서는 아니된다.

(5) 수입세금계산서 발급

1) 개요

수입세금계산서는 세관장이 재화의 수입에 대하여 부가가치세를 징수하고 이를 증명하기 위하여 발급하는 세금계산서를 말하며, 세관장은 수입되는 재화에 대하여 부가가치세를 징수할 때에는 수입된 재화에 대한 수입세금계산서를 수입하는 자에게 부가법 제32조 제1항에 따른 세금계산서 발급에 관한 규정을 준용하여 발급한다. 이 경우 수입되는 재화에 대하여 부가법 제50조의2 제1항에 따라 부가가치세 납부가 유예되는 때에

는 수입세금계산서에 부가가치세 납부유예 표시를 하여 발급한다(부가법 §35 ①, 부가령 §72 ①).

또한 수입하는 재화가 부가가치세의 면세대상인 경우 세관장이 「소득세법 시행령」 제211조 제1항의 규정을 준용하여 관세청장이 고시하는 바에 따라 수입계산서를 발급할 수 있으며 계산서를 발급받은 수입자는 해당 수입계산서의 매입처별계산서합계표를 제출하지 아니할 수 있다(소법 §163 ③, ⑤).

2) 발급의무자

수입세금계산서를 발급할 수 있는 자는 관할 세관장이다.

3) 발급대상

수입세금계산서의 발급대상은 부가가치세의 과세대상 중 재화의 수입이다.

4) 수입세금계산서를 발급받아야 할 수입자

부가법 제35조 제1항 및 부가령 제72조 제1항에 따르면 세관장은 수입되는 재화에 대하여 부가가치세를 징수할 때에는 수입된 재화에 대한 수입세금계산서를 부가법 제32조 제1항에 따른 세금계산서 발급에 관한 규정을 준용하여 수입하는 자에게 발급하여야 한다.

이때 수입되는 재화에 대하여 세금계산서를 발급받아야 할 '수입자'라 함은 그 수입의 효과가 실질적으로 귀속되는 자를 의미한다고 할 것이므로 단지 형식상의 수입신고 명의인에 불과할 뿐 그 수입의 효과가 실질적으로 귀속되지 아니하는 자를 수입자로 하여 발급받은 수입세금계산서는 사실과 다른 세금계산서에 해당한다(대법원 2009두11546, 2011. 4. 28.).

5) 발급시기

수입세금계산서는 세관장이 관세징수의 예에 따라 부가가치세를 징수하는 때에 발급한다. 따라서 수입신고가 수리된 날부터 15일 이내(예외적으로 월별납부대상의 경우에는 납부기한이 속하는 달의 말일 이내)에 부가가치세를 징수하고 수입세금계산서를 발급하는 것이므로 수입세금계산서는 부가가치세를 실제로 징수한 때에 발급하게 되고, 사업자가 재화의 수입에 따른 수입세금계산서를 수입일이 속하는 과세기간 경과 후에 발급받은 때에는 수입세금계산서를 발급받은 날이 속하는 과세기간의 매출세액에서 공제받을 수 있는 것이다(부가통칙 38-0-7).

관세청 고시(제2017-51호, 2017. 7. 28.) 제2조에서도 세관장이 실제로 부가가치세를 징수·환급·충당된 때에 세금계산서를 발급하고, 부가가치세가 면제되는 재화의 경우 수입신고수리일에 계산서를 발급하도록 하고 있으므로 세관장이 부가가치세를 징수한 때에 발급받은 세금계산서는 정당한 세금계산서에 해당한다.

6) 수입세금계산서 발급방법

가. 일반적인 수입세금계산서 발급방법

국내에서 공급되는 재화·용역과 달리 수입재화는 세관장이 부가가치세를 징수, 환급, 충당하는 때에 수입세금계산서를 발급하여야 하고, 부가가치세의 징수를 유예하는 경우에는 실제로 부가가치세를 징수하는 때에 발급하도록 하고, 세관장이「관세법」제46조 및 제106조에 따라 부가가치세 환급금을 결정한 후 환급금을 지급하거나 충당하는 때에는 과세표준 및 세액 앞에 부(-) 표시한 수입세금계산서를 교부하도록 하고 있어 부가법 제15조에서 정하는 시기에 관계없이 수입하는 자가 부가가치세를 부담하는 때를 기준으로 하고 있다.

또한, 공급되는 재화·용역의 경우와 같이 세관장을 전자세금계산서 발급 대상 법인사업자로 보므로 전자수입세금계산서를 발급하여야 하고 이를 국세청장에게 전송하여야 한다.

나. 수입세금계산서의 일괄 발급

세관장은 수입자별로 전월의 공급가액을 합계하여 해당 월의 말일을 발행일자로 하여 그 다음 달 10일까지 수입세금계산서를 일괄하여 교부(이하 "일괄교부"라 한다)할 수 있다. 수입세금계산서의 일괄교부를 받으려는 수입자는 일괄교부를 받으려는 달의 전월 25일까지 수입세금계산서 일괄교부신청서를 부가가치세를 납부한 세관장에게 제출하여야 하고 세관장은 일괄교부신청이 있는 경우 그 타당성을 심사한 후 이를 수리하고 관세청 전산시스템에 등록하여야 한다.

다. 월별납부서단위의 수입세금계산서 발급

세관장은「관세법」제9조 제3항에 따른 월별납부 승인을 받은 자가 월별납부서단위로 수입세금계산서의 발급을 신청하는 경우에는 월별납부서단위의 수입세금계산서를 발급할 수 있다. 이 경우 월별납부서단위의 수입세금계산서는 일괄발급대상에 포함하지 아니하며, 월별납부 세액을 납부하기 전날까지 월별납부를 승인한 세관장에게 월별납부서단위의 세금계산서 교부신청서를 제출하여야 한다.

7) 수입세금계산서의 발급특례

가. 시설대여업자로부터 임차한 시설을 수입하는 경우

납세의무가 있는 사업자가 「여신전문금융업법」 제3조에 따라 등록한 시설대여업자로부터 시설 등을 임차하고, 그 시설 등을 공급자 또는 세관장으로부터 직접 인도받는 경우에는 부가법 제32조 제6항에 따라 공급자 또는 세관장이 그 사업자(시설 등을 임차한 해당 사업자)를 수입자로 하여 직접 세금계산서를 발급할 수 있다(부가령 §69 ⑧).

이때, 시설대여업자가 외국에서 시설을 대여받아 국내의 사업자에게 재리스하는 경우에도 마찬가지고, 지입차주가 지입회사를 통하여 리스회사로부터 임차한 시설 등을 수입함에 있어 세관장이 지입회사를 수입자로 하여 수입세금계산서를 발급한 경우에는 지입회사가 지입차주를 공급받는 자로 하여 세금계산서를 발급할 수 있다(간세 1235-3048, 1977. 9. 12. ; 부가 22601-853, 1985. 5. 10.).

나. 「조달사업에 관한 법률」에 따라 물자가 공급되는 경우

「조달사업에 관한 법률」에 따라 물자가 공급되는 경우에는 공급자 또는 세관장이 해당 실수요자에게 직접 수입세금계산서를 발급하여야 한다. 다만, 물자를 조달할 때에 그 물자의 실수요자를 알 수 없는 경우에는 조달청장에게 세금계산서를 발급하고, 조달청장이 실제로 실수요자에게 그 물자를 인도할 때에는 그 실수요자에게 세금계산서를 발급할 수 있다(부가령 §69 ⑥).

다. 2개 이상의 사업장이 있는 경우

수 개의 사업장이 있는 경우 수입신고필증상에 적혀 있는 사업장과 재화를 실지로 사용·소비할 사업장이 상이한 때에는 수입재화를 실지로 사용·소비할 사업장명의로 세금계산서를 발급받을 수 있다. 즉, 세금계산서의 공급받는 자에 관한 일반원칙이 그대로 적용된다(부가통칙 35-72-1).

라. 수입재화의 경제적 소유자가 2인 이상인 경우

국내 "갑"이 국내 "을"에게 의류가공을 의뢰함에 있어 주요 원자재를 "갑"이 부담하고 "을"은 임가공용역과 부자재를 부담하되 임가공은 "을"이 해외 임가공업체에 의뢰하여 이루어지고 완제품을 "갑" 또는 "을"이 화주가 되어 수입하는 경우 세관장은 수입신고서상에 적혀 있는 완성품 가격을 기준으로 실제 관세 및 부가가치세 등을 납부한 화주인 "갑" 또는 "을"에게 수입세금계산서를 발급하는 것이지, 각자가 부담한 원가비율만큼 "갑"과 "을"에게 2개의 수입세금계산서를 발급하는 것은 아니다.

마. 사업양도의 경우

사업양도자가 수입재화에 대한 수입세금계산서를 사업양도 시까지 발급받지 못하고 사업양도 후 사업양수자가 사업양도자 명의로 발급받은 경우에는 해당 수입세금계산서를 발급받은 과세기간에 매입세액으로 공제받을 수 있다(부가통칙 38-0-3).

바. 수입대행에 의한 수입의 경우

수입대행업자의 명의로 수출용 원자재를 수입하는 경우에는 수입신고필증상의 실수요자를 수입자로 하는 수입세금계산서를 발급하여야 한다. 이 경우 이미 세관장이 수입대행자를 수입자로 하여 수입세금계산서를 발급한 때 또는 해당 수입이 공동매입에 해당되는 때에는 부가령 제69조에 따라 수입대행자는 수입신고필증상의 실수요자를 공급받는 자로 하는 세금계산서를 발급할 수 있다(부가 1265-1446, 1982. 6. 4.).

즉, 대행수입하는 경우에는 수입위탁자의 명의로 수입세금계산서를 발급받아야 수입위탁자의 매입세액으로 공제받는 것이므로 수입대행업자가 발급받은 수입세금계산서는 원칙적으로 부가령 제75조에 따라 그 내용이 사실과 다른 세금계산서에 해당된다(부가 1265-1740, 1982. 6. 30.).

사. 수입재화에 부가법상 에누리액 등이 발생한 경우

수입재화에 대한 부가가치세 과세표준의 계산은 부가법 제29조 제2항에 따라 결정되는 것이므로 부가법 제29조 제2항 외의 규정은 적용되지 아니한다. 다만, 관세의 과세가격 재산정문제가 발생한 경우로서 에누리액 등이 관세의 과세가격에 영향을 미치는 것이라면 부가법 제29조 제2항 및 관세청 고시규정에 따라 수정 수입세금계산서 발급사유에 해당될 것이다.

예를 들어 수입자가 국외소재 수출업자에게 표준공급가액(잠정가액, 수입가격)으로 수입하고 국내 공급 시 견적가격(국내 실 판매액)과의 차액의 일부를 외국의 수출업자로부터 받는 경우 동 금액은 에누리액 또는 잠정가액과 확정된 공급대가의 차액으로서 이것이 수출거래가 아닌 국내거래일 경우에는 수정세금계산서 발급대상이 될 것이다.

부가법 제29조 제2항은 "재화의 수입에 대한 부가가치세의 과세표준은 그 재화에 대한 관세의 과세가격과 관세 · 개별소비세 · 주세 · 교육세 · 농어촌특별세 및 교통 · 에너지 · 환경세를 합한 금액으로 한다"고 규정하고 있고, 관세법은 "수입물품에 대하여 세관장이 부과 · 징수하는 부가가치세의 부과 · 징수 · 환급 · 결손처분 등에 관하여 부가법의 규정과 이 법의 규정이 상충되는 때에는 이 법의 규정을 우선하여 적용한다"고 규정하고 있다. 한편, 「관세법」 제30조 제1항은 "수입물품의 과세가격은 우리나라에 수출하기 위하여 판매되는 물품에 대하여 구매자가 실제로 지급하였거나 지급하여야 할 가격에 다음 각호의 금액을 가산하여 조정한 거래가격으로 한다"고 규정하고 있고, 같은 조 제2항은 "제1항 본문에서 '구매자가 실제로 지급하였거나 지급하여야 할 가격'이라 함은 당해 수입물품의 대가로서 구매자가 지급하였거나 지급하여야 할 총금액을 말한다"고 규정하고 있다.

그렇다면, ① 동일한 수입물품에 대하여 관세법과 부가세법에서 거래가격을 일률적으로 규율하여 법체계 및 세수체계의 일관성·통일성을 확보할 필요가 있는 점, ② 납세의무자는 수입신고를 하면서 관세와 함께 부가가치세도 납부하게 되는데, 관세의 과세표준과 부가가치세의 과세표준을 달리 규율하는 것은 형평에 맞지 않는 점, ③ 수입물품에 대한 부가가치세는 수입신고 당시 납부하지만 부가법 제38조에 따라 납부세액 상당액이 공제·환급되는 점 등에 비추어 볼 때, 위 표준공급가액에 의한 물품의 수입에 대한 부가가치세의 과세표준은 부가법 제29조 제2항에 따라 관세의 과세가격에 관련 조세를 합한 금액으로 해야 할 것이고, 수입물품에 대한 관세의 과세가격은 수입물품의 대가로서 구매자가 지급하였거나 지급하여야 할 총금액을 의미하므로, 수입자가 해당 물품을 수입할 당시 지급한 표준공급가액을 기준으로 부가가치세의 과세표준을 산정함이 타당하다(서울행정법원 2011구합32553, 2012. 5. 11.).

관세청도 동 물품의 과세표준을 견적가액으로 한 관세의 경정청구에 대하여 "수입물품의 과세가격은 「관세법」 제30조 제1항에 의거 우리나라에 수출하기 위하여 판매되는 물품에 대하여 구매자가 실제로 지급했거나 지급하여야 할 가격에 법정 가산금액을 조정한 거래가격을 말하는 것으로 본 건의 경우처럼 국내에서 재판매되는 가격을 근거로 이미 결정된 수입물품의 과세 가격을 조정하는 경우는 「관세법」 제38조의13 제12항에 의거 경정청구 대상이 아니다"라고 회신하였다.

8) 수입재화와 그 설치용역에 대한 (수입)세금계산서 수수방법

가. 수입 시 설치용역 등이 수반되는 계약을 체결한 경우

사업자가 국내사업장이 있는 외국법인의 본사와 직접 기자재수입에 관한 계약을 체결하면서 동 기자재 대금과 기자재 설치에 필수적으로 부수되는 용역대가(조립, 설치, 시운전 등 기술용역과 감리, 국외 훈련용역 대가를 말하며, 국내사업장 또는 국내의 다른 사업자를 통하여 공급하는 경우 그 대금을 말하며, 이하 설치용역대금이라 한다)를 합한 금액으로 신용장을 개설하여 기자재를 수입하는 경우 세관장이 총액(기자재대금 + 설치용역대금)으로 수입세금계산서를 발급한 때에는 외국법인의 국내사업장에서 동 기자재 설치용역부분에 대하여 다시 세금계산서를 발급하지 아니한다. 다만, 기자재의 대가와 동 기자재 설치용역의 대가가 명백히 구분되어 기자재의 수입 시 세관장이 기자재대금에 대하여만 수입세금계산서를 발급한 때에는 기자재 설치용역에 대하여 국내사업장에서 사업자에게 세금계산서를 발급하여야 한다(부가 46015-2099, 1994. 10. 18. ; 부가 22601-60, 1991. 1. 14. ; 부가 46015-158, 1996. 1. 25.).

국세청이 이와 같이 해석한 이유는 외국에서 생산된 재화를 국내사업자에게 공급함에 있어 수입재화에 해당되는 경우 세관장이 공급자가 되어 부가가치세를 징수하고 수입세금계산서를 발급하기 때문이다. 따라서 기자재가액은 국내사업장의 수입과세표준에 포함되지 아니하고 국내에서 제공되는 용역만 부가가치세의 납세의무를 지게 되어 외국법인의 국내사업장은 동 거래와 관련한 부가가치세 과세표준 유무에 불구하고 부가가치세 납세의무가 있으며, 수입재화의 판매나 설치용역 등과 관련된 매입세액도 공제 가능하다(부가 22601-1393, 1985. 7. 24.).

나. 수입세금계산서 발급 명의자 적정 여부

수입재화에 대하여 세금계산서를 교부받아야 할 '수입자'라 함은 그 수입의 효과가 실질적으로 귀속되는 자를 의미한다고 할 것이므로 단지 형식상의 수입신고 명의인에 불과할 뿐 그 수입의 효과가 실질적으로 귀속되지 아니하는 자를 수입자로 하여 교부받은 세금계산서는 사실과 다른 세금계산서에 해당되나, 위 "가" 거래에 있어 수입재화의 온전한 소유권을 이전받은 시점과 수입세금계산서를 받은 시점이 차이가 있더라도 수입계약에 따라 수입의 효과가 실질적으로 귀속되는 자가 외국법인의 국내사업장이 아닌 국내사업자이므로 이를 사실과 다른 세금계산서에 해당한다고 볼 수 없다.

다. 외국법인의 국내지점 역할에 따른 수입세금계산서 발급방법

외국법인의 국내지점이 또는 외국법인의 본점이 직접 국내의 사업자와 계약에 의하여 부가가치세가 과세되는 재화를 국외의 외국법인 본점에서 수입하여 공급하는 경우 국내사업자가 자기명의로 직접 해당 재화의 수입·통관 등 제반 수입절차를 이행하고 세관장으로부터 동 재화의 수입에 따른 수입세금계산서를 교부받은 때에는 외국법인의 국내지점은 국내사업자에게 동 재화의 공급에 대하여 별도의 세금계산서를 교부할 의무가 없다(서삼 46015-10310, 2003. 2. 20. ; 법인-600, 2009. 5. 21. ; 법규과-2793, 2007. 6. 4. 외).

다만, 외국법인의 국내지점이 또는 외국법인의 본점이 직접 국내의 사업자와 계약에 의하여 부가가치세가 과세되는 재화를 국외의 외국법인 본점으로부터 국내지점이 수입하여 공급하는 경우, 국내지점이 수입재화에 대한 소유자로서 자기명의로 직접 해당 재화의 수입·통관 등 제반 수입절차를 이행하고 세관장으로부터 동 재화의 수입에 따른 수입세금계산서를 발급받은 경우에는 관련 매입세액은 공제되고 국내사업자에게 재화를 인도하는 때에 세금계산서를 발급하여야 한다.

9) 수입세금계산서에 갈음되는 영수증

다음에 해당하는 물품에 대하여는 그 수입자에게 발급하는 제세의 납부영수증서로서 수입세금계산서에 갈음한다.

㉠ 승무원 및 여행자의 휴대품과 별송품

㉡ 우편물(무역거래법 제6조에 따른 수입의 허가 또는 승인을 받은 우편물은 제외)

㉢ 탁송품(수입자가 사업자등록증을 제시하고 수입세금계산서의 발급요청이 있는 탁송품은 제외)

또한, 상기의 서식은 관세청장이 정하는 바에 따라 종래의 관세징수에 관한 서식을 그대로 사용하거나 별도의 간소화된 서식을 사용하여도 무방하다(간세 1235-1551, 1977. 6. 21.).

(6) 수정수입세금계산서 발급

1) 개요

수정수입세금계산서 발급가능 사유를 예외적으로 규정하는 Positive방식에서 발급제한 사유를 구체적으로 규정하는 Negative방식으로 전환하여 2023. 1. 1. 이후 수정신고하거나 세관장이 결정·결정하는 분부터 적용하도록 개정하였다.

세관장은 「관세법」에 따라 과세표준 또는 세액을 결정 또는 경정하기 전에 같은 법 제28조 제2항, 제38조의2 제1항·제2항, 제38조의3 제1항부터 제3항까지, 제38조의4 제1항, 제46조, 제47조, 제106조 및 제106조의2에 따라 부가가치세를 납부받거나 징수 또는 환급하는 경우에는 법 제35조 제2항에 따라 수입자에게 수정한 수입세금계산서를 발급하여야 한다(부가령 §72 ②).

2) 수정수입세금계산서 발급

세관장은 다음의 어느 하나에 해당하는 경우에는 수입하는 자에게 수정수입세금계산서를 발급하여야 한다(부가법 §35 ②).

① 「관세법」에 따라 세관장이 과세표준 또는 세액을 결정 또는 경정하기 전에 수입하는 자가 수정신고 등을 하는 경우(아래 “③”에 따라 수정신고하는 경우는 제외한다)

② 「관세법」에 따라 세관장이 과세표준 또는 세액을 결정 또는 경정하는 경우(수입하는 자가 해당 재화의 수입과 관련하여 다음의 어느 하나에 해당하지 아니하는 경우로 한정한다)

i. 「관세법」 제270조(제271조 제2항에 따른 미수범의 경우를 포함), 제270조의2 또는 제276조를 위반하여 고발되거나 같은 법 제311조에 따라 통고처분을 받은 경우

ii. 「관세법」 제42조 제2항에 따른 부정한 행위 또는 「자유무역협정의 이행을 위한 관세법의 특례에 관한 법률」 제36조 제1항 제1호 단서에 따른 부정한 행위로 관세의 과세표준 또는 세액을 과소신고한 경우

iii. 수입자가 과세표준 또는 세액을 신고하면서 관세조사 등을 통하여 이미 통지받은 오류를 다음 신고 시에도 반복하는 등 아래 표에서 정하는 중대한 잘못이 있는 경우

○ 「관세법」 제37조의4 제1항 및 제2항에 따라 세관장이 과세가격의 결정과 관계되는 자료를 제출하도록 요구하였으나 수입자가 같은 조 제3항에 따른 기한까지 제출하지 않거나 거짓의 자료를 제출하는 경우

○ 다음의 어느 하나에 해당하는 심사 또는 조사를 통하여 과세표준 또는 세액의 과소신고에 관한 오류를 통지받은 후 법 제50조에 따른 부가가치세에 관한 다음 신고 시에도 그 오류를 반복하는 경우

- 「관세법」 제38조 제2항에 따른 심사
- 「관세법」 제110조 제2항 제1호 및 제2호에 따른 조사 중 과세표준 또는 세액의 결정 · 경정을 위한 조사
- 「관세법」 제255조의2에 따른 심사(같은 법 시행령 제259조의2 제1항 제1호의 기준에 따라 과세표준 또는 세액의 결정 · 경정에 관련하여 심사하는 경우로 한정한다)
- 「자유무역협정의 이행을 위한 관세법의 특례에 관한 법률」 제17조 제1항에 따른 조사

○ 「관세법」 제38조의2 제2항에 따라 보정신청을 하도록 통지하였으나 정당한 사유 없이 수입자가 같은 조 제1항에 따른 신청 또는 같은 법 제38조의3 제1항에 따른 수정신고를 하지 않은 경우

○ 「관세법 시행령」 제15조 제1항 제1호에 따른 사항을 적은 서류 또는 같은 조 제5항 각호에 해당하는 과세자료의 내용이 객관적 사실과 명백히 다른 경우 등 해당 서류 또는 과세자료에 중대한 하자가 있는 경우(수입자의 착오 또는 경미한 과실로 인한 경우는 제외)

③ 수입하는 자가 세관공무원의 관세조사 등 아래 행위가 발생하여 과세표준 또는 세

액이 결정 또는 경정될 것을 미리 알고 그 결정·경정 전에 「관세법」에 따라 수정신고하는 경우(해당 재화의 수입과 관련하여 위 "②"의 어느 하나에 해당하지 아니하는 경우로 한정한다)

> ○ 관세 조사 또는 관세 범칙사건에 대한 조사를 통지하는 행위
> ○ 세관공무원이 과세자료의 수집 또는 민원 등을 처리하기 위하여 현지출장이나 확인업무에 착수하는 행위
> ○ 그 밖에 위 두 가지와 유사한 행위

3) 관세포탈죄 등에 해당 시 수입수정세금계산서의 재발급

세관장은 위 "2)"의 "②" 또는 "③"의 결정·경정 또는 수정신고에 따라 수정수입세금계산서를 발급한 후 수입하는 자가 위 "2)"의 "②" 각 항목의 어느 하나에 해당하는 사실을 알게 된 경우에는 이미 발급한 수정수입세금계산서를 그 수정 전으로 되돌리는 내용의 수정수입세금계산서를 발급하여야 한다(부가법 §35 ③).

4) 무죄나 불기소 처분 시 수정수입세금계산서 발급

세관장은 위 "2)"의 "②" "ⅰ."에 해당하여 수정수입세금계산서를 발급하지 아니하였거나 위 "3)"에 따라 수정수입세금계산서를 다시 발급한 이후에 수입하는 자가 무죄 취지의 불기소 처분이나 무죄 확정판결을 받은 경우에는 당초 세관장이 결정 또는 경정한 내용이나 수입하는 자가 수정신고한 내용으로 수정수입세금계산서를 발급하여야 한다(부가법 §35 ④).

> 이하는 2023. 1. 1. 전에 세관장이 결정 또는 경정하거나 수입하는 자가 수정신고한 경우에 수정수입세금계산서 발급에 대한 규정임.
>
> **1) 개요**
>
> 세관장이 세액을 결정 또는 경정하거나 관세조사 통지 등 이후 수입자가 수정신고하는 경우로서 수입자의 착오 또는 경미한 과실로 확인되거나 수입자가 자신의 귀책사유가 없음을 증명하는 등 아래와 같은 사유가 있는 경우에만 수정수입세금계산서를 발급한다. 이는 성실신고를 유도하고자 부가법 제35조 및 부가령 제72조를 개정하여 2013. 7. 26.부터 시행하고 있다.
>
> **2) 수정수입세금계산서 기본발급 대상**
>
> 「관세법」에 따라 세관장이 과세표준 또는 세액을 결정 또는 경정하기 전에 아래와 같은 사유로 수입자가 수정신고 등을 하는 경우에는 수입자의 귀책사유와 관계없이 수정수입세금계산서를 발급한다.

이때 수입세금계산서는 부가법 제32조 제1항에 따른 세금계산서 발급에 관한 규정을 준용하여 발급한다(부가법 §35 ② 1, 부가령 §72 ②).

㉠ 잠정가격신고 후 확정가격으로 신고하는 경우(관세법 §28 ②)

① 「관세법」 제33조에 따라 국내판매가격을 기초로 과세가격을 산정하여 잠정가격신고하는 경우
② 수입물품의 운임, 보험료가 수입신고 시 확정되지 않는 경우
③ 수입물품의 권리사용료, 사후귀속이익 등 가산금액이 수입신고 이후 확정되는 경우
④ 수입물품의 구매수수료, 수입 후 발생비용 등 공제금액이 수입신고 이후 확정되는 경우
⑤ 수입물품 특별할인분 과세 여부에 대한 과세가격사전심사(관세법 §37)를 받아 신고하는 경우
⑥ 특수관계자 간의 과세가격 결정방법(ACVA)에 대해 과세가격사전심사를 신청하여 결과에 따라 신고하는 경우

㉡ 「관세법」상 보정(관세법 §38의2 ①·②), 수정(관세법 §38의3 ①), 경정청구(관세법 §38의3 ②)하는 경우

보정통지를 받아 보정신청하는 경우 및 기업상담전문관(AM)의 정보제공에 따라 수정신고하는 경우 수정수입세금계산서 발급 대상이며, 사전세액심사기간(관세조사부서 조사 포함) 중 세관장이 과세표준 또는 세액을 결정 또는 경정하기 전에 보정신청하는 경우에도 발급 대상임.

㉢ 후발적 경정청구의 경우(관세법 §38의3 ③)
㉣ 수입물품의 과세가격 조정에 따른 경정의 경우(관세법 §38의4 ①)
㉤ 관세를 환급(관세법 §46)하거나, 과다환급금을 다시 징수(관세법 §47)하는 경우
㉥ 계약내용과 다른 물품 등에 대한 관세환급의 경우(관세법 §106)

3) 수정수입세금계산서 발급의 제한

가. 발급제한

다음의 어느 하나에 해당하는 행위가 발생하여 과세표준 또는 세액을 결정 또는 경정할 것을 미리 알고 「관세법」 제38조의3 제1항에 따른 수정신고를 하는 경우에는 원칙적으로 수정한 수입세금계산서를 발급할 수 없다(부가령 §72 ② 단서, ③).

① 관세조사 또는 관세범칙사건에 대한 조사를 통지하는 행위

○ 관세조사는 심사부서에서 실시하는 '정기 법인심사', '수시 기획심사' 의미
○ 관세조사 통지시점은 「관세법」에 따른 '사전통지서' 도달시점
 - 관세조사 시작 7일 전 통지에 따른 도달시점(관세법 §114)
○ 사전통지 대상에 해당하지 않는 '관세범칙조사'의 경우, 관세조사 착수 후 수입자가

최초로 범칙조사 사실을 알게 된 때*를 통지시점으로 간주
*임의 현장방문, 압수수색 개시, 출석요구 경우 등 중 빠른 때

② 세관공무원이 과세자료의 수집 또는 민원 등을 처리하기 위하여 현지출장이나 확인업무에 착수하는 행위

〈'현지출장 또는 확인업무에 착수' 해당 예시〉

○ 납세심사부서에서 보정기간 경과 후 실시하는 '건별 세액심사'에 따라 수입자에게 '자료제출 요구'하는 경우
○ AEO기업에 대해 '종합심사'는 현장심사 개시하는 경우
○ 관세조사 · 범칙조사 의뢰(예 사전세액심사건)에 따라 세액탈루를 확인하기 위하여 수입자에게 '자료제출 요구'하는 경우

③ 그 밖에 "①" 또는 "②"와 유사한 행위

○ 조사부서에서 「외국환거래법」에 따른 '외환검사' 착수를 위해 사전검사통지를 한 경우
○ FTA부서에서 실시하는 수입물품에 대한 '원산지조사(검증)' 착수를 위해 통지를 한 경우

※ 이 법 시행일 이전 관세조사 등의 통지 · 확인업무 착수 후 미종결되어 이 법 시행 후 수정신고 · 경정 시 원칙적으로 수정수입세금계산서 발급 제한

나. 발급 제한의 예외

위 "가"의 "①"부터 "③"까지의 어느 하나에 해당하는 행위가 발생하여 과세표준 또는 세액을 결정 또는 경정할 것을 미리 알고 「관세법」 제38조의3 제1항에 따른 수정신고를 하는 경우에는 다음의 어느 하나에 해당할 때에만 수정한 수입세금계산서를 발급할 수 있다(부가법 §35 ② 2, 부가령 §72 ② 단서, ④).

㉠ 「통일상품명 및 부호체계에 관한 국제협약」에 따른 관세협력이사회나 「관세법」에 따른 관세품목분류위원회에서 품목분류를 변경하는 경우
㉡ 합병에 따른 납세의무 승계 등으로 당초 수입자와 실제 수입자가 다른 경우
㉢ "수입자의 착오 또는 '경미한 과실'[양 계약 당사자의 계약 내용 등을 고려하여 볼 때 수입자로서의 통상의 주의의무를 태만히 하거나 해태한 경우(주의의무의 태만 · 해태한 정도가 중대하지 아니한 경우로 한정한다), 통상의 주의의무만으로는 정확한 과세가격 신고를 기대하기 어려운 경우를 말함(기획재정부 부가가치세제과-482, 2020. 11. 10.)]로 확인되거나 수입자가 자신의 귀책사유가 없음을 증명하는 등 대통령령으로 정하는 경우"란 다음의 어느 하나에 해당하는 경우를 말한다(부가령 §72 ④ 본문).
  ⅰ. 「관세법」 제9조 제2항에 따라 수입신고가 수리되기 전에 수입자가 세액을 납부한 경우로서 같은 항에 따른 수입신고가 수리되기 전에 해당 세액에 대하여 수입자가 수정신고하거나 세관장이 경정하는 경우

ⅱ. 수입자의 귀책사유 없이 「관세법」 등에 따른 원산지증명서 등 원산지를 확인하기 위하여 필요한 서류가 사실과 다르게 작성 · 제출되었음이 확인된 경우

○ 협정 및 법령에 따라, 수입자가 체약상대국의 수출자 등으로부터 제출된 원산지 증빙서류를 갖추고, 제출된 사실과 일치하게 특혜관세를 적용받았음을 수입자가 증명하는 경우
○ 허위 기타 부정한 방법(허위의 원산지증명서 등)으로 특혜관세를 적용받은 경우 또는 다음의 수입자 귀책사유에 해당하는 경우는 제외

ⅲ. 「자유무역협정의 이행을 위한 관세법의 특례에 관한 법률」 제36조 제2항에 따라 가산세의 전부를 징수하지 아니하는 경우
ⅳ. 「관세법」 제37조에 따른 사전심사에 따라 통보된 과세가격 결정방법을 적용하여 수입자가 수정신고하거나 세관장이 경정하는 경우
ⅴ. 「관세법」 제38조 제2항 단서에 따라 수입신고를 수리하기 전에 세액을 심사하는 물품에 대하여 감면대상 및 감면율을 잘못 적용한 경우
ⅵ. 수입자가 수입물품의 거래조건 또는 해당 거래와 관련된 회계처리기준 및 방법 등이 변경된 것을 반영하지 못하여 일부 수입신고에 오류가 발생한 경우로서 수입자가 그 밖의 수입신고에 대해서는 과세표준 및 세액을 적정하게 신고한 것이 「관세법」 제110조 제2항 제2호에 따른 관세조사 결과 확인되는 경우
ⅶ. 수입자가 거래가격에 「관세법」 제30조 제1항 각호의 금액(이하 "가산요소"라 한다)을 포함하지 않은 경우로서 해당 가산요소를 거래가격에 포함하려면 상당한 지식과 주의가 요구되어 수입자의 정확한 신고를 기대하기 어려운 경우
ⅷ. 수입자가 「관세법」 제30조 제3항 각호의 사유가 있어 같은 법 제31조부터 제35조까지의 규정에 따른 방법으로 과세가격을 신고해야 하는 경우로서 수입자가 해당 사유를 인식하는 데에 상당한 지식과 주의가 요구되어 수입자의 정확한 신고를 기대하기 어려운 경우
ⅸ. 위 "ⅰ."부터 "ⅷ."까지에서 규정한 사항 외에 수입자의 착오 또는 경미한 과실로 확인되거나 수입자가 자신의 귀책사유가 없음을 증명하는 경우

4) 수정수입세금계산서의 작성

세관장이 수정한 수입세금계산서를 발급하는 경우에는 부가가치세를 납부받거나 징수 또는 환급한 날을 작성일로 적고 비고란에 최초 수입세금계산서 발급일 등을 덧붙여 적은 후 추가되는 금액은 검은색 글씨로 쓰고, 차감되는 금액은 붉은색 글씨로 쓰거나 음(陰)의 표시를 하여 발급한다(부가령 §72 ⑤).

5) 수정수입세금계산서 발급신청

수입하는 자는 위 "2)" 또는 "4)"에도 불구하고 세관장이 수정수입세금계산서를 발급하지 아니하는 경우 국기법 제26조의2 제1항이나 제6항 제1호에 따른 기간 내에 아래와 같이 세관장에게 수정수입세금계산서의 발급을 신청할 수 있다(부가법 §35 ⑤, 부가령§72 ⑥·⑦·⑧).

㉮ 부가법 제35조 제3항에 따라 수정수입세금계산서를 발급받으려는 자는 기획재정부령으로 정하는 수정수입세금계산서 발급신청서를 해당 부가가치세를 징수한 세관장에게 제출하여야 한다.

㉯ 위 "㉮"에 따라 신청을 받은 세관장은 신청을 받은 날부터 2개월 이내에 수정수입세금계산서를 발급하거나 발급할 이유가 없다는 뜻을 신청인에게 통지하여야 한다.

㉰ 세관장이 위 "㉯"에 따라 수정한 수입세금계산서를 발급하는 경우에는 그 작성일은 발급결정일로 적고 비고란에는 최초 수입세금계산서 발급일 등을 덧붙여 적은 후 추가되는 금액은 검은색 글씨로 쓰며, 차감되는 금액은 붉은색 글씨로 쓰거나 음(陰)의 표시를 하여 발급한다.

6) 분할·합병에 따른 수정수입세금계산서 발급특례

법인의 합병, 분할 또는 분할합병에 따른 수입세금계산서의 발급에 관하여는 후술하는 부가령 제69조 제20항 및 제21항을 준용한다. 이 경우 "세금계산서"는 "수입세금계산서"로 본다. 즉 권리의무를 승계하는 법인이 (수정)수입세금계산서를 발급하거나 발급받을 수 있다(부가령 §72 ⑨).

7) 매출처별세금계산서합계표 제출

세관장은 위의 사유에 해당하여 수입하는 자에게 수정수입세금계산서를 발급한 경우 수정된 매출처별세금계산서합계표를 해당 세관 소재지를 관할하는 세무서장에게 이를 제출하여야 한다(부가법 §35 ⑥).

8) 수정수입세금계산서의 적정 발급 여부의 판정 기관

2023. 1. 1. 이후 세관장은 위 "1)"부터 "5)"에 따라 수정한 수입세금계산서를 발급하여야 하고, 수정발급의 범위가 넓어졌다. 그러나 2023. 1. 1. 전에는 수입자의 **수입과세표준을 누락 또는 과소신고하게 된 것이 수입자의 단순착오인지 여부 및 수입자의 귀책사유가 없어야 수정수입세금계산서 발급이 가능하였고 단순착오나 귀책사유 유무는 해**

당 세관장이 판단할 사항이며, 수출용원재료를 적입한 수입물품의 용기에 대하여 재수출기간이 경과하여 용도 외 사용신청을 한 경우 수입자의 단순착오 또는 귀책사유가 없는 것에 해당하는지 여부도 해당 세관장이 사실판단하여 수정수입세금계산서를 발급하는 것이므로 관할 세무서장이 수정발급한 수입세금계산서의 적정 여부를 재판단하여 수정수입세금계산서의 효력을 부인하고 과세할 수는 없다고 본다(서면-2015-부가-1393, 2015. 9. 30. ; 서면-2017-부가-2418, 2017. 9. 29. ; 부가가치세과-691, 2014. 8. 4.).

(7) 재화의 수입에 대한 매입세액의 공제

1) 일반 원칙

사업자가 자기의 사업을 위하여 사용하였거나 사용할 목적으로 수입하는 재화의 수입에 대한 부가가치세액은 공제하는 매입세액으로 하며, 해당 매입세액은 재화의 수입시기가 속하는 예정신고기간 또는 확정신고기간에 자기의 매출세액에서 공제받을 수 있다(부가법 §38 ③).

2) 수입물품이 자신의 과세사업에 직접 사용 또는 소비되는 경우

'서비스의 제공을 위한 무상 수입'의 경우에도 매입세액공제가 허용되고, 아울러 수입재화의 소유권이 누구에게 귀속되는지 여부와 무관하게 수입세금계산서 명의상 수입자가 비록 소유자가 아니더라도 사업 관련성만 기준으로 매입세액공제를 허용하여야 한다(재소비 46015-149, 1997. 5. 12. ; 부가가치세제과-862, 2007. 12. 18. ; 부가가치세과-823, 2014. 10. 6. 외 다수).

가. 유지보수 및 수리용역, 임상시험용역, 재임대용 등

물품의 무환수입이 자신의 과세사업을 위하여 사용할 목적으로 수입하는 아래와 같은 경우에는 해당 수입세금계산서상의 매입세액은 공제되어야 한다.

① 외국법인이 국내 고객에게 판매한 장비에 대한 유지보수 서비스를 지원하는 사업을 영위하는 내국법인이 유지보수 서비스를 위한 수리용 부품을 무환으로 수입하면서 수입 부가가치세를 부담하는 경우, 무환수입된 부품은 실제 자기자산이 아니더라도 매입세액공제 가능함(재소비 46015-149, 1997. 5. 12. ; 서면3팀-2915, 2007. 10. 26. ; 부가가치세과-1370, 2010. 10. 14. ; 재부가-467, 2010. 7. 12. ; 부가가치세과-1674, 2009. 11. 20.).

② 외국계그룹의 국내 유지보수 및 수리를 위하여 국내에 세운 자회사가 외국본사로부터 수리용 부품을 무환수입하는 경우 관련 매입세액은 공제되며, 사후수리용역

의 공급에 부수되어 무상으로 제공된 재화(부품)는 재화의 공급에 해당하지 아니함(부가 46015-293, 2000. 2. 12. ; 부가 46015-4247, 1999. 10. 20.).

③ 내국법인이 외국법인과 임상시험지원계약을 체결하고 임상시험용 의약품을 무환으로 수입하여 병원에 무상으로 공급하는 거래에서 수입 부가가치세를 부담하는 경우 매입세액공제 가능함(서면-2019-법령해석부가-3610, 2020. 1. 31. ; 서면3팀-84, 2008. 1. 10.).

④ 외국계 제약사의 국내 자회사 또는 CRO(임상시험수탁기관)가 임상시험용역(지원) 계약에 따라 임상시험용 의약품을 무환수입하는 경우 매입세액공제 가능함(서면-2020-법령해석부가-2714, 2021. 11. 29.).

⑤ 내국법인이 국내사업장이 없는 국외관계사와의 계약에 따라 국외관계사가 그 국내 파트너사에게 제공하는 유지보수서비스를 지원하기로 하고 국외로부터 수리용부품을 무환으로 수입하면서 부담한 부가가치세액은 유지보수 서비스의 주체가 무환으로 부품을 수입 통관한 내국법인이 아닌 경우에는 내국법인의 매출세액에서 공제할 수 없는 것이나, 해당 수입된 수리용 부품이 내국법인의 사업을 위하여 사용되었거나 사용될 재화에 해당하는 경우에는 매입세액공제 가능함(기획재정부 부가가치세제과-467, 2010. 7. 12. ; 서면3팀-2915, 2007. 10. 26.).

⑥ 사업자가 외국법인으로부터 골프공 추적장치를 무환으로 수입하여 자기 책임과 계산하에 골프연습장에 대여(재리스 형태임)하고 골프연습장으로부터 받은 대여료의 70%를 외국법인에게 해당 장치에 대한 대여료로 지급하는 경우 사업자는 단순수입대행자가 아니므로 해당 사업자가 동 골프공 추적장치 구입 시 부담한 수입세금계산서상의 매입세액은 공제대상임(조심 2020부0363, 2020. 11. 24.).

나. 단순 수입대행 및 운송용역 제공자의 경우

사업자(위탁자)가 재화의 수입을 위탁하는 경우에는 수입위탁자의 명의로 수입세금계산서를 발급받아야 하는 것이므로 수입대행자가 수입세금계산서를 자기명의로 발급받은 경우 원칙적으로 해당 매입세액은 수입대행자의 매입세액으로 공제받을 수 없으나(물품의 수입대행이나 운반대행용역을 제공하는데 그치고 그 물품의 사용 또는 소비의 주체가 되지 아니하는 경우), 수입대행자가 실질적으로 자기의 책임과 계산하에 재화를 수입하고 자기명의로 수입세금계산서를 발급받아 위탁자에게 해당 수입재화를 공급하는 경우에는 그러하지 아니한다(부가 46015-2830, 1998. 12. 22. ; 부가 46015-4611, 1999. 11. 17. ; 서면3팀-1122, 2007. 4. 13.).

① 수입세금계산서를 교부받아야 할 '수입자'라 함은 그 수입의 효과가 실질적으로 귀속되는 자를 의미한다고 할 것이므로, 단지 형식상의 수입신고 명의인에 불과할

뿐 그 수입의 효과가 실질적으로 귀속되지 아니하는 자인 단순히 외국의 수출자와 운반용역대행계약을 체결한 자를 수입자로 하여 교부받은 세금계산서는 사실과 다른 세금계산서에 해당함(대법원 2009두11539, 2011. 4. 28.).

② 사업자가 재화의 수입을 위탁하는 경우에는 수입위탁자의 명의로 수입세금계산서를 교부받아야 하는 것이므로 수입대행자가 수입세금계산서를 자기명의로 교부받은 경우 당해 매입세액은 공제받을 수 없으나, 수입대행자가 실질적으로 자기의 책임과 계산하에 재화를 수입하고 자기명의로 수입세금계산서를 교부받아 위탁자에게 당해 수입재화를 공급하는 경우에는 그러하지 아니하는 것임(조심 2010서0509, 2010. 7. 20. ; 서면3팀-1122, 2007. 4. 13. ; 부가1265.2-1740, 1982. 6. 30.).

③ 사업자가 단순히 제품 판매를 중개 내지 대리하고 그 대가로 수수료를 받는 경우에는 당해 수수료에 해당하는 금액이 부가가치세 과세표준이 되는 것임(서면3팀-707, 2008. 4. 3.).

국세청은 수입대행 등과 관련하여 납세자의 세금계산서 수수방식에 따라 조세의 탈루가 없다는 주장에 대하여 세금계산서 거래흐름과 실제 거래흐름이 왜곡되었다는 이유로 매입세액공제를 부인하려 하고 있으나, 이에 불구하고 아래 사례와 같이 수입세금계산서가 수정발급되어 거래의 실질과 일치되게 된 경우 등에 해당할 경우라면 관련 매입세액은 공제되어야 한다.

① 사업자가 수입대행사를 통하여 과세물품을 수입하면서 세관장으로부터 당초 수입대행사 명의로 수입세금계산서를 발급받은 후 「수입세금계산서 교부에 관한 고시」에 따라 수입세금계산서 수정교부신청에 의하여 해당 사업자 명의로 수정수입세금계산서를 발급받은 경우 해당 수정수입세금계산서 관련 매입세액은 매출세액에서 공제되며 부가법 제60조에 따른 가산세는 적용하지 아니하는 것임(서면-2020-부가-1166, 2021. 1. 8.).

② 수입대행업자의 명의로 수출용 원자재를 수입하는 경우에 세관장은 수입면장상의 실수요자에게 세금계산서를 교부하여야 하는 것이나 세관장이 수입대행자에게 세금계산서를 교부한 경우에는 부가령 제69조 제15항에 따라 수입대행자는 수입면장상의 실수요자에게 세금계산서를 교부한 경우 매입세액공제가 허용됨(부가 1265-1446, 1982. 6. 4.).

부가령 제75조 제9호에 따라 (수입)세금계산서가 “세관장 ⇒ 수입대행자 ⇒ 실수요자”로 일반매매거래와 같이 순차 발급된 경우에도 매입세액공제가 허용되어야 한다고 본다.

▌수입대행 여부 판정 사례 예시

일반적으로 수입대행이라 함은 무역업고유번호를 부여받은 자가 국내구매자와 수입대행계약(약관계약)을 체결하고 해외판매자를 물색하여 동 판매자로부터 물품을 수입하면서 수입대행에 따른 책임과 수수료 수입 외에 수입거래로 인한 다른 형태의 손익이나 거래책임은 부담하지 않은 거래를 말한다(통상 수출대행수수료는 0.4~1.8% 정도이며, 수입대행수수료는 1~4% 정도임).

사업자가 자기의 책임과 계산하에 부가가치세가 과세되는 재화 또는 용역을 공급하고 그 대가를 받는 경우에는 그 대가의 합계액이 과세표준인 것이나, 단순히 제품 판매를 중개 내지 대리하는 경우에는 그 대가로 받은 수수료가 과세표준이 된다(서면3팀-1923, 2006. 8. 28.).

단순한 상품의 중개행위인지에 대하여는 계약의 형식에 불구하고 실질과세의 원칙에 따라 경제적·실질적 내용에 따르는 것으로 소유재화에 대한 위험과 효익의 부담 정도에 따라 사실판단하여야 한다. 따라서 본인의 계산과 책임으로 재화를 수입(매입)하여 일정이윤을 가산하여 판매한 것이라면 재화의 공급으로 부가가치세 과세대상이며(국심 2005전1312, 2005. 9. 8.), 판매대금 및 위탁수수료에 관한 서면약정이 없다 하더라도 실제로 판매대행용역을 제공하고 대행수수료를 수수하였다면 이는 실질과세의 원칙에 의하여 대행업(용역제공)으로 보아야 할 것이다(국심 2001서506, 2001. 7. 21.).

일례로 위탁자겸 공급받는자인 "을"이 수입에 따른 유산스한도를 부담(여신부담)하고 수입물품에 대한 물품가액과 운송비, 그 밖의 수입관련 비용(L/C개설 비용, 인수수수료 등)과 그에 따른 커미션을 부담하고 있으며, 수입통관에 있어서도 "을"이 화주의 지위에서 수입세금계산서를 발급받았으며 수탁자 "갑"의 경우 "을"과 수입대행에 대한 계약서를 작성하지는 않았으나, 대금결제 Flow를 보면 "갑"은 수입재화에 대하여 이익을 가산하여 판매하거나, 시장상황변동으로 가격이 하락한 경우 이에 대한 손실을 부담하는 것이 아니라 단순히 커미션만(약 3%로 통상의 수입대행의 수수료 범위 내에서 지급받고 있음)을 가득하였다면 "갑"사는 수입대행수수료 및 수입대행에 수반되는 서비스(예 운송주선, 반품대행)의 대가로서 상거래에 따른 귀책사유가 없는 단순한 수입거래상 손익의 위험과 거래책임을 수입위탁자가 부담하는 수입대행거래로 판단하여야 하고 따라서 "갑"사가 "을"로부터 수취하는 커미션(FOB결제 및 FRT결제 관련 일정률의 수수료)은 부가법 제10조에 따른 용역의 공급(수입대행용역)에 해당한다.

다. 수출자의 관세 등 부담(DDP 조건 등)에 따른 매입세액공제 여부

수입물품에 대한 관세를 국외의 수출업자가 부담하더라도 관세법상 납세의무자는 국내 수입자가 되므로, 국내 수입자가 관세의 납세의무자가 된다.

부가가치세액은 재화·용역을 공급받는 자 또는 재화를 수입하는 자가 부담하는 것이 원칙이지만 부가가치세액을 누가 부담하느냐 하는 것은 사적자치가 허용되는 영역이므로 거래당사자 간 약정에 따라 그 부담을 결정할 수 있는 것이고 그러한 부담약정으로 인하여 매입세액공제 여부에 영향을 미치지 아니한다(헌재 98헌바7, 2000. 3. 30. ; 법규과-1172, 2011. 9. 1.). 따라서 수입자가 수입대행한 것이 아니라 실질적인 수입의 주체(수입재화의 판매 및 사용·소비의 주체)로서의 역할을 수행한 경우라면 수출자가 비록 관세, 부가가치세 등을 부담하는 DDP 조건하에서 세관장으로부터 수취한 수입세금계산서라 하더라도 해당 세금계산서상의 매입세액은 매출세액에서 공제받을 수 있다(법규과-1172, 2011. 9. 1. ; 심사부가 2011-0046, 2011. 6. 30. ; 서면3팀-2234, 2005. 12. 8. ; 서면3팀-3214, 2007. 11. 28. ; 조심 2010서0509, 2010. 7. 20.).

예를 들어 부품을 무환으로 수입하여 외국법인(부품의 수출자 겸 유지보수서비스용역을 제공받는 자)을 위한 무상보증수리 용역제공(과세사업)을 위한 부품으로 사용하면서 수입 시의 관세 및 부가가치세를 외국법인이 부담하는 경우[DDP 조건: 수입재화가 국내 수입업체가 지정하는 목적지에 도달하기까지 소요되는 통관비용(관세 및 부가가치세 등) 및 제비용을 외국의 수출업체가 부담하는 조건], 수입의 실질적인 주체가 국내사업자이고 수입한 재화가 국내사업자의 과세사업을 위하여 사용되었거나 사용될 재화인 경우 외국법인이 구매계약 당시 장래에 A/S용 부품을 수입할 때 DDP 조건으로 수입하면 부가가치세 환급 부분만큼의 추가 수수료가 발생할 것이라는 것을 미리 반영하여 당초 의료장비 가격 또는 수수료가 결정된 것인바 동 수입부가가치세액은 해당 사업자의 매입세액으로 공제할 수 있고, 해당 세액은 법인결산 시 영업외 수익으로 계상한다.

다만, 이러한 해석과 달리 사실과 다른 세금계산서에 해당하여 매입세액이 공제되지 아니한다는 대법원 판례 및 해석(대법원 2009두11546, 2011. 4. 28. ; 법규과-3530, 2007. 7. 23.)은 외국법인이 국내에 지점을 두고 있는 경우로서 수입한 재화가 운송업자(수입대행업자) 자기의 과세사업에 사용되는 것이 아니라 해당 수입재화가 국내 다른 사업자의 소유로서 수입세금계산서를 발급받은 운송업자의 사업에 사용될 것이 아니기 때문에 매입세액불공제 대상으로 판단한 것이다. 따라서 자기의 사업에 사용할 부품을 수입하는 경우라면 외국법인이 부가가치세액을 부담한 경우 매입세액을 공제하지 아니한다는 사례(부가 46015-1097, 1997. 5. 17. ; 부가 46015-1119, 1998. 5. 26.)에 대하여는 조속히 정비(삭제)되어야 할 것이다.

라. DAP 또는 DPU 거래조건과 매입세액공제

DAP 또는 DPU 거래조건은 FOB, CIF, DDP 조건 등과 더불어 INCOTERMS2020에 의한 무역거래조건으로 쓰이고 있어 어떠한 조세회피목적으로 만들어진 거래조건이 아니며, 매도인이 수입통관하지 아니하고(매수인이 수입통관) 수입국의 지정된 목적지까지 물품을 운반하는데 따른 비용과 책임을 부담하는 무역계약으로 수입통관하는 매수자는 선하증권을 인수받아 정당한 화주로서 관세 및 부가가치세 등을 부담하고 수입세금계산서를 세관장으로부터 발급받고 해당 재화를 부가가치세 과세사업에 사용할 것이라면 부가가치세법이 정하는 매입세액공제 요건을 모두 갖추었고, 납세의무자가 경제활동을 함에 있어서는 동일한 경제적 목적을 달성하기 위하여서도 여러 가지의 법률관계 중 하나를 선택할 수 있는 것이고, 과세관청으로서는 특별한 사정이 없는 한 당사자들이 선택한 법률관계를 존중하여야 할 것인바(대법원 92누1155, 1992. 12. 8.), 이러한 법률관계의 형성이 탈세를 위한 것이거나 그 밖에 위법 부당한 목적을 위한 것이 아닌 이상 당사자들이 선택한 법률관계를 존중하여야 한다.

이러한 이유에서 DDU 거래조건의 수입거래에서 수입자가 수입 시에는 과세, 국내 유통 시에는 면세되는 재화(예 목재 펠릿)를 수입함에 있어 최종 매수인(수입재화를 과세사업에 직접 사용하는 사업자)에게 선하증권을 양도하고 최종 매수인이 수입통관하면서 세관장에게 납부한 부가가치세는 최종 매수인의 매출세액에서 공제 가능하다(서면법규과-1326, 2014. 12. 16.).

마. 폐업 이후 발급받은 수입세금계산서의 공제

사업자가 수입재화에 대한 매출세액을 신고·납부하고 폐업한 후에 해당 수입재화에 대한 수입세금계산서를 발급받은 경우 그 매입세액은 부가령 제28조 제9항에 따라 폐업일이 속하는 과세기간에 대한 매출세액에서 공제한다(부가 46015-1135, 1994. 6. 2.).

바. 견본품 등의 무환수입

① 매입세액의 공제

내국법인이 재화를 무환으로 수입하면서 수입세금계산서를 발급받은 경우 그 수입세금계산서의 재화가 자기의 사업을 위하여 사용되었거나 사용될 재화인 경우 해당 수입세금계산서의 매입세액을 자기의 매출세액에서 공제할 수 있다(부가-1674, 2009. 11. 20.).

② 그 밖의 세무·회계처리

해외시장 개척을 위하여 해외에 견본품을 무상으로 송부하는 경우에는 그 견본품에 상당하는 가액은 이를 송부일이 속하는 사업연도의 소득금액 계산상 손금에 산입하며, 사업자가 사업과 관련하여 해외에서 무상으로 수입한 물품을 사업용으로 공한 때에는 다음과 같이 처리한다(법인통칙 19-19-21 ; 소득통칙 24-13).

㉠ 그 물품이 재산적 가치가 있는 경우 소득금액계산상 총수입금액에 산입한다. 이 경우 총수입금액에 산입할 금액은 해당 물품의 관세 과세표준금액으로 하며, 관세 및 부수비용은 취득가액에 합산한다.

㉡ 그 물품이 필요경비에 산입할 성질인 경우 관세 및 부수비용은 견본비, 소모품비 등 그 성질에 따라 필요경비에 산입한다.

법인이 해외에서 물품을 무환으로 수입하는 경우에는 이를 각 사업연도의 소득금액계산상 익금으로 한다. 이 경우에 익금에 산입할 금액은 해당 물품의 통관 시 관세 과세표준금액이 되는 감정가액으로 하며, 관세 및 부수비용은 취득가액에 합산한다(법인통칙 15-11-3).

사. Invoice가액과 수입신고필증 신고가액이 다른 경우

외국본사에서 부품을 수입하여 이를 국내 판매 또는 국외에 수출하는 사업자가 본사와의 거래이다 보니 할인율이 크고 청구서 발행금액(invoice)과 수입신고서상 금액이 차이가 나는 경우가 많다. 즉, 청구서 발행금액은 본사에서 할인해주는 discount가액이고(지불가액), 수입신고필증상 금액은 세관에서 등록되어 있는 가액, 즉 original가액(수입신고가액)으로 신고하게 되어 차이가 발생한 것이다.

「관세법」은 물품에 부과하는 대물세로서 원칙적으로 「관세법」 제30조에 따라 '구매자가 실제로 지급하였거나 지급하여야 할 가격'이 관세의 과세가격이 되지만 비정상적인 상거래 할인 및 특수관계자 간 거래에 의하여 일정 수준 이상의 할인에 대해서는 실제로 지급되는 금액이 아닌 할인된 금액을 가산하여 신고하므로 위와 같은 특수관계자 간 거래로서 수입신고서상에 할인금액을 가산금액으로 포함하여 수입신고가격을 산정하여 수입신고 시 세관장이 징수한 부가가치세는 위와 같은 차이에 불구하고 정당한 수입세금계산서로서 매입세액공제가 가능하다.

아. 수입가보다 저가에 내수공급 후 수입가격을 조정받는 경우 매입세액공제

① 사실관계

홍콩 소재 외국법인의 국내영업소(국내사업장에 해당, 이하 "고정사업장"이라 한다)가 해당 외국법인으로부터 반도체 장비를 수입하면서 세관장으로부터 수입세금계산서(100)를 발급받고 매입세액공제를 받았으며, 해당 반도체 장비를 수입가격보다 저가(80)에 국내 거래처에 공급하면서 세금계산서를 발급하였다. 외국법인과 고정사업장 간에는 반도체 장비의 수입과 관련하여 회계연도 종료 후 영업이익이 영업비용의 1.4배가 될 수 있도록 하는 가격보상약정이 있었다. 가격보상을 받은 경우 고정사업장은 세관장으로부터 가격보상액에 해당하는 감액수정수입세금계산서를 발급받지 아니하였으며, 장부상에는 가격보상액을 매입원가를 감액하는 회계처리를 하였다.

② 쟁점

외국법인의 국내 고정사업장이 외국법인으로부터 재화를 수입하며 수입세금계산서를 발급받고 수입가격보다 저가에 국내 공급한 후 외국법인으로부터 수입가격을 조정(감액)받는 경우 세관장으로부터 수정수입세금계산서를 발급받아 기 공제받은 매입세액을

감액(불공제)하여야 하는지 여부

③ 검토

수입업체가 수입신고 수리 후 판매자(수출자)에게 송금하거나 영수하는 금액의 성격은 영업손익(소득조정), 수입대가, 기타 등으로 구분할 수 있는바, '수입물품의 거래가격과는 아무런 관련이 없이 정상가격 범위 영업이익과 실제 영업이익의 차이'에 따라 발생한 손익을 영수 또는 지급하는 것은 수입대가 조정이 아닌 소득의 조정(이전가격 조정)에 해당하여 '수입물품에 대한 실제 지급가격', 즉 개별 수입가격의 직접적인 조정금액으로 볼 수 없으므로 과세가격에 포함되지 않는다(관세청 법인심사과-418, 2012. 3. 9. ; 법인심사과-2051, 2011. 11. 29.).

아울러 특정물품을 수입할 당시 지급한 DP(표준공급가격)를 기준으로 부가가치세 과세표준을 산정함이 타당하다는 판례도 있고, 그 조정금액이 부가법상 '에누리액'에 해당한다고 하더라도 재화의 수입에 있어서는 이를 과세표준에서 제외하여야 할 법 규정이 없어 해당 물품에 대한 부가가치세 과세표준은 수입 당시 지급한 DP를 기준으로 보아야 할 것이지 QP(견적가격)를 기준으로 할 수는 없다(서울행정법원 2011구합32553, 2012. 5. 11. ; 조심 2011서5115, 2012. 8. 23. ; 조심 2012관0061, 2012. 5. 25.).

위 사실관계에서 당초 수입가격은 임의가격에 불과하므로 실제 수입가격으로 볼 수 없고 「관세법」상 '잠정가격신고 후 확정가격신고' 대상이라고 볼 수도 있으나, '잠정가격 신고제도'는 수입 시 가격이 확정되지 아니한 경우로서 관세령 제16조에서 열거하고 있는 사유에 해당하는 경우에 한하여 납세의무자가 신고할 수 있는 것인바, 반도체 장비 공급계약상 물품가격이 정가의 80%로 확정되어 해당 가격으로 수입하였으므로 수입 시 물품가격이 확정되지 아니한 것으로 볼 수 없고, 관세령 제16조에서 열거한 사유에도 해당하지 아니하므로 당초 수입가격은 임의가격이나 잠정가격이 아닌 수입 시 실제 가격으로서 관세의 과세가격에 해당한다.

또한, 관세 과세가격의 변경 여부는 「관세법」에 따라 세관장이 결정할 사항으로 쟁점 조정금액에 대하여 국세청장이 아닌 세관장은 관세 과세가격을 결정할 사안이고 수정수입세금계산서의 발급권한 또한 세관장에 있으며, 그 발급 사유 역시 일반적인 수정세금계산서 발급 규정과 달리 「관세법」상 과세가격이 변경되어 세관장으로부터 부가가치세를 납부 또는 환급받는 경우로 규정하고 있다.

따라서 외국법인의 국내 고정사업장이 외국법인으로부터 재화를 수입하여 국내 저가에 판매하고 영업이익이 일정비율 이상 되도록 외국법인으로부터 가격을 조정받는 경우 해당 조정가격이 관세의 과세가격에 포함되는 때에는 당초 수입세금계산서상 매입세액을 공제할 수 있다(기준-2020-법령해석부가-0057, 2020. 5. 22.).

자. 그 밖의 예외적인 사례

아래와 같이 특별한 사유에 해당하는 경우에도 매입세액공제를 허용하거나 불허한 사례가 있다.

① 일본국 법인인 A사가 A사에서 사용하던 중고 기계장비를 국내 법인인 C사와 무상임대계약(본 기계장비를 사용하여 생산하는 생산품 전량을 일본국 A사에 수출(납품)하는 조건임)에 의거 중고 기계장비를 국내 법인인 C사에 인도함에 있어, 국내 법인인 B사가 일본국 법인인 A사와 무역대행 계약(용역계약)을 체결하고 계약내용에 상기 기계장비의 국내 세관통과 및 기계설치 장소까지 운반대행 업무를 완료하고 완료 시 일정액의 수수료를 일본국 법인인 A사가 국내 법인인 B사에 지급하기로 약정하였고 이에 B사는 상기 중고 기계장비를 무환 수입통관(임대물품으로 세관장이 가격결정함) 시 수입신고필증에 수입자 및 납세의무자로 하여 통관 시 부담하는 관세 및 부가가치세 등을 납부하고 수입세금계산서를 발급받은 경우, 통관 시 세관장이 화주로 되어 있는 B무역대행업자(운송업자)에게 발부한 수입세금계산서에 따라 부가가치세액을 납부한 무역대행업자(운송업자)는 동 세금계산서에 의하여 매입세액을 공제받을 수 있음(기재부 부가가치세제과-862, 2007. 12. 18.).

② <u>사업자가 국내사업장이 없는 외국법인으로부터 장비를 임차하여 수입함에 있어, 수입에 관련된 통관비용을 외국법인이 부담하기로 하고, 동 사업자가 수입세금계산서를 교부받은 경우, 당해 수입계산서상의 매입세액은 공제되지 아니하는 것임</u> (서삼 46015-11211, 2002 7. 23. ; 부가 46015-1119, 1998. 5. 26.).

③ 을법인의 수입쿼터 초과로 인하여 갑법인과 수입쿼터 초과분을 수입하기로 약정하고 갑이 해당 수입세금계산서를 수취한 것은 갑의 계열사 사업지원 업무 범위에 포함되고, 을과의 상품매매계약을 체결하여 갑 명의로 국외에서 가공을 거친 원재료를 수입하는 것에 가장행위라고 보여지지 않고, 원재료의 소유권이 을에게 유보되어 있기는 하나, 원재료를 포함한 해당 물품의 수입은 갑이 을과 체결한 상품매매계약에 따른 인도의무 이행 내지 임가공 용역 제공을 위한 것이고, 단순한 수입대행계약으로 보이지는 아니하는 바, 관련 매입세액은 공제되어야 함(조심-2022서1430, 2022. 9. 29.).

위 "①"의 기재부 해석은 납세자에게 유리한 해석이기는 하지만 자기의 사업과 관련하여 수입재화를 사용 또는 소비(판매하거나 용역공급에 부수하여 공급하는 경우를 포함)하는 경우에 해당 물품에 대한 수입세금계산서가 공제된다는 원칙에서 좀 더 확장된 해석으로 보여 일반화할 수 있느냐에 대한 의문이 들고 국세법령정보시스템에는 등재되어 있지도 않다(부가가치세제과-467, 2010.7. 12. 및 대법원 2009두11539, 2011. 4. 28. 사례와도 배치).

또한, 밑줄 친 "②"의 국세청 회신은 임차수입 시 국내 임차자가 과세사업용으로 무환수입하고 수취한 수입세금계산서로서 비록 국외 수출자가 관세나 부가가치세를 부담하였더라도 부가가치세액을 누가 부담하느냐 하는 것은 거래당사자 간 약정에 따라 그 부담자를 결정할 수 있는 것이고 그러한 부담약정으로 인하여 매입세액공제 여부에 영향을 미치지 아니한다는 원칙에서 벗어난 잘못된 해석으로 판단된다.

3) 수입신고일과 수입세금계산서의 발행일이 상이한 경우의 매입세액공제 여부 등

외국으로부터 재화를 수입하는 수입업자가 재화를 수입하고 세관장으로부터 수입세금계산서를 교부받은 후 당초 관세 및 부가가치세 경감 규정을 적용하는 과정에 착오가 있었다 하여 추가로 부가가치세를 세관장에게 납부하고 수입세금계산서를 추가로 교부받은 경우에 해당 (수정)수입세금계산서상의 매입세액은 그 (수정)수입금액세금계산서를 교부받은 날이 속하는 과세기간에 자기의 매출세액에서 공제하거나 환급할 세액에 가산한다.

아울러 사업자가 자기의 사업과 관련된 재화의 수입에 따른 수입세금계산서를 수입일이 속하는 과세기간 경과 후에 교부받은 때에는 수입세금계산서를 교부받은 날이 속하는 과세기간의 매출세액에서 공제받을 수 있다(부가 22601-432, 1992. 4. 2. ; 부가 46015-4733, 1999. 11. 27.).

관세청장의 수입세금계산서 교부에 관한 고시는 수입재화의 공급시기를 부가가치세법상의 공급시기와 달리 규정한 것이 아니라 세관장이 관세와 부가가치세 징수의 편의 목적상 수입세금계산서를 지연교부할 수 있도록 교부특례를 규정한 것에 불과하다. 또한, 관세청 수입세금계산서 교부에 관한 고시상의 수입세금계산서를 보면 부가규칙 별지 서식의 세금계산서가 작성일자를 기재하도록 되어 있는 것과는 달리 납부일자를 기재하도록 되어 있는바, 세금계산서는 공급시기에 교부하는 것이므로 세금계산서 작성일자를 해당 재화의 공급시기로 보는 것이나, 수입재화의 경우 수입세금계산서상의 납부일자를 공급시기로 보는 것은 타당하지 아니한 것으로 판단된다(동지 : 국심 2003중493, 2003. 6. 20.). 따라서 부가가치세법상 수입재화의 공급시기는 수입신고수리일로 보는 것이고(부가령 §28 ⑦), 사업자가 재화나 용역을 제공하는 때에는 공급받는 자에게 세금계산서를 교부하여야 하는 것인바(부가법 §32 ①), 사업자가 수입신고수리일이 속하는 과세기간이 경과한 후에 세관장으로부터 수입세금계산서를 교부받은 경우에는 교부받은 날이 속하는 과세기간의 매출세액에서 공제받을 수 있도록 한 것은 세관장이 수입재화에 대하여 부가가치세 등의 납부일에 수입세금계산서가 발행되는 현실을 고려하여 수입신고수리일과 수입세금계산서의 발행일이 다른 경우 수입세금계산서에 의한 매입세액을 수입신고수리일이 속하는 과세기간은 물론 그 수입세금계산서 발행일이 속하는 과세기간에도 공제받을 수 있도록 허용한 것으로 보아야 한다(부가통칙 17-0-8 ; 국심 2005부4405, 2006. 11. 9. ; 국심 2004광1579, 2005. 8. 22.).

4) 수탁판매수입자의 수입분 부가가치세 매입세액공제와 세금계산서 발급

사업자가 국내사업장이 없는 외국법인과의 직접 계약에 의하여 당해 외국법인으로부터 과세되는 재화를 일정가격에 수입하여 동일한 가액으로 국내의 다른 사업자에게 판매대행하고 송금할 판매대금 중에서 일정금액을 수수료로 차감하는 경우 당해 재화수입시 세관장으로부터 교부받은 수입세금계산서상의 매입세액은 자기의 매출세액에서 공제가능하며, 당해 재화의 국내 판매분에 대하여는 당해 사업자 명의로 세금계산서 교부가능한 것이다. 또한, 이 경우 당해 재화판매와 관련한 대가(수수료)에 대하여도 부가가치세 신고시 과세표준에 포함하여야 하는 것이다(제도 46015-11331, 2001. 6. 4.).

3 | 재화의 수입에 대한 부가가치세 납부의 유예

(1) 의 의

수출 중소기업의 자금부담 완화를 위하여 일정 요건을 갖춘 중소·중견사업자에 대해서는 원재료 등 재화를 수입할 때 세관장에게 납부하던 부가가치세의 납부를 유예하고, 이후 세무서장에게 납부세액 등을 신고할 때 납부가 유예된 부가가치세를 납부할 수 있도록 하였다. 이 규정은 2016. 1. 1. 이후 납부유예를 신청한 중소·중견사업자가 2016. 7. 1. 이후 재화를 수입신고하는 분부터 적용한다.

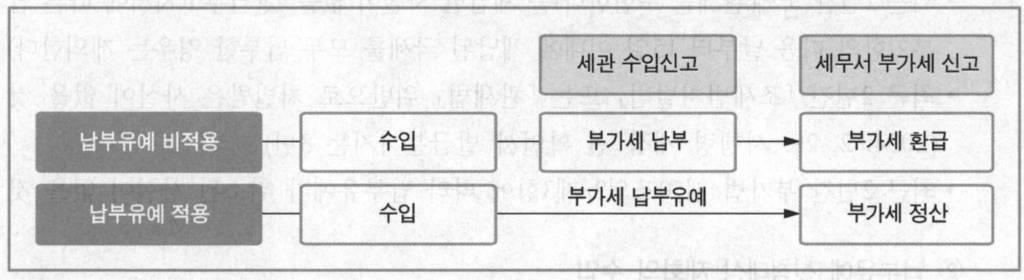

(2) 요건 및 절차

1) 납부유예의 신청

세관장은 “매출액에서 수출액이 차지하는 비율 등 대통령령으로 정하는 요건을 충족하는 중소·중견사업자(이하 납부유예 신청대상 중소·중견사업자)"가 물품을 제조·가공하기 위한 원재료 등 "대통령령으로 정하는 재화의 수입(납부유예 신청대상 재화의 수입)"에 대하여 부가가치세의 납부유예를 미리 신청하는 경우에는 부가법 제50조에 불구하고 해당 재화를 수입할 때 부가가치세의 납부를 유예할 수 있다(부가법 §50의2 ①).

① 납부유예 신청대상 중소·중견사업자

"매출액에서 수출액이 차지하는 비율 등 대통령령으로 정하는 요건을 충족하는 중소·중견사업자"란 다음의 요건을 모두 충족하는 중소·중견사업자를 말한다(부가령 §91의2 ①).

㉠ 직전 사업연도에 조특령 제2조에 따른 중소기업 또는 조특령 제6조의4 제1항에 따른 중견기업에 해당하는 법인(조특법 제6조 제3항 제2호에 따른 제조업을 주된 사업으로 경영하는 기업에 한정한다)일 것

㉡ 직전 사업연도에 부가법 제21조에 따라 영세율을 적용받은 재화의 공급가액의 합계액(이하 "수출액"이라 한다)이 다음에 해당할 것

- 직전 사업연도에 조특령 제2조에 따른 중소기업인 경우: 직전 사업연도에 공급한 재화 또는 용역의 공급가액의 합계액에서 수출액이 차지하는 비율이 30퍼센트 이상이거나 수출액이 50억 원 이상일 것(2021. 2. 17. 전 납부유예 요건확인서 발급분까지는 100억 원)
- 직전 사업연도에 조특령 제6조의4 제1항에 따른 중견기업인 경우: 직전 사업연도에 공급한 재화 또는 용역의 공급가액의 합계액에서 수출액이 차지하는 비율이 30퍼센트 이상일 것(2021. 2. 17. 전 납부유예 요건확인서 발급분까지는 50퍼센트)

㉢ 납부유예신청대상자 요건확인 요청일 현재 다음의 요건에 모두 해당할 것

- 최근 3년간 계속하여 사업을 경영하였을 것
- 최근 2년간 국세(관세를 포함한다)를 체납한 사실이 없을 것(납부고지서에 따른 납부기한의 다음 날부터 15일 이내에 체납된 국세를 모두 납부한 경우는 제외한다)
- 최근 2년간 「조세범처벌법」 또는 「관세법」 위반으로 처벌받은 사실이 없을 것(2024. 2. 29. 시행령 개정 전 확인서 발급분까지는 3년)
- 최근 2년간 부가법 제50조의2 제3항에 따라 납부유예가 취소된 사실이 없을 것

② 납부유예 신청대상 재화의 수입

납부유예 신청대상 재화의 수입인 "대통령령으로 정하는 재화의 수입"이란 중소·중견사업자가 자기의 과세사업에 사용하기 위한 재화를 말한다. 다만, 부가법 제39조 제1항에 따라 매출세액에서 공제되지 아니하는 매입세액과 관련된 재화는 제외한다(부가령 §91의2 ②).

2) 납부유예 요건의 확인요청 및 확인서 발급

중소·중견사업자는 다음의 신고기한의 만료일 중 늦은 날부터 3개월(2022. 2. 15. 전은 1개월) 이내에 관할 세무서장에게 위 "①" 요건의 충족 여부의 확인(부가가치세 납부유예 요건확인 요청서 제출)을 요청할 수 있다(부가령 §91의2 ③).

- 직전 사업연도에 대한 「법인세법」 제60조 또는 제76조의17에 따른 신고기한
- 직전 사업연도에 대한 부가법 제49조에 따른 신고기한

관할 세무서장은 중소·중견사업자가 이러한 확인을 요청한 경우에는 해당 중소·중견사업자가 납부유예 신청대상 중소·중견사업자에 해당하는지 여부를 확인한 후 요청일부터 1개월 이내에 기획재정부령으로 정하는 확인서를 해당 중소·중견사업자에게 발급하여야 한다(부가령 §91의2 ④).

3) 수입부가가치세 납부유예 적용신청서 제출 및 승인 통지

중소·중견사업자가 부가가치세의 납부를 유예받으려는 경우 위 "(2)"에 따라 발급받은 확인서를 첨부하여 기획재정부령으로 정하는 수입 부가가치세 납부유예 적용신청서를 세관장에게 제출하여야 한다(부가령 §91의2 ⑤). 해당 신청을 받은 세관장은 1개월 이내에 납부유예의 승인 여부를 결정하여 해당 중소·중견사업자에게 통지하여야 하며, 납부유예를 승인하는 경우 그 승인기간은 1년으로 한다(부가령 §91의2 ⑥, ⑦, ⑧).

(3) 납부유예의 정산 및 수입부가가치세 납부의제

위 "3)"에 따라 납부를 유예받은 중소·중견사업자는 납세지 관할 세무서장에게 예정신고 또는 확정신고 등을 할 때 해당 재화에 대하여 부가법 제38조 제1항 제2호에 따라 공제하는 매입세액과 납부가 유예된 세액을 정산하여 납부하여야 한다. 이 경우 납세지 관할 세무서장에게 납부한 세액은 세관장에게 납부한 것으로 본다(부가법 §50의2 ②, 부가령 §91의2 ⑨).

또한, 세관장은 납부유예가 된 때에도 수입하는 자에게 수입세금계산서에 납부유예 표시를 하여 발급하여야 한다(부가법 §35 ①, 부가령 §72 ① 후단).

(4) 납부유예의 취소

세관장은 위 "(2)"에 따라 부가가치세의 납부가 유예된 중소·중견사업자가 납부유예 승인을 받은 이후 국세를 체납하는 등 다음의 사유에 해당하는 경우에는 그 납부의 유예를 취소할 수 있으며, 이 경우 세관장은 해당 중소·중견사업자에게 그 취소 사실을

통지하여야 한다(부가법 §50의2 ③, 부가령 §91의2 ⑩).

다만, 납부유예 취소는 중소·중견사업자가 부가가치세 납부를 유예받고 수입한 재화에 대해서는 영향을 미치지 아니한다(부가령 §91의2 ⑫).

▌납부유예 취소사유(부가령 §91의2 ⑩)

① 해당 중소·중견사업자가 국세를 체납한 경우

② 해당 중소·중견사업자가 「조세범처벌법」 또는 「관세법」 위반으로 국세청장·지방국세청장·세무서장 또는 관세청장·세관장으로부터 고발된 경우

③ 위 "(2) 1) ①" 납부유예 신청대상 중소·중견사업자 요건을 충족하지 아니한 중소·중견사업자에게 납부유예를 승인한 사실을 세관장이 알게 된 경우

또한 국세청장, 지방국세청장, 관할 세무서장은 해당 중소·중견사업자가 납부유예 취소사유 중 어느 하나에 해당하는 것을 알게 되었을 때에는 지체 없이 그 사실을 관세청장에게 통보하여야 한다(부가령 §91의2 ⑪).

(5) 그 밖의 사항

수입 시 부가가치세의 납부가 유예된 후 세액을 정정하기 위한 수정신고 등에 관하여는 「관세법」에서 정하는 바에 따른다(부가령 §91의2 ⑬).

4 | 재화의 수입에 대한 신고·납부 및 징수

(1) 신고 및 납부

부가법 제3조 제2호(재화를 수입하는 자)에 따른 납세의무자가 재화의 수입에 대하여 「관세법」에 따라 관세를 세관장에게 신고하고 납부하는 경우에는 재화의 수입에 대한 부가가치세를 함께 신고하고 납부하여야 한다(부가법 §50).

다만, 재화를 수입하는 자는 사업자인지의 여부에 관계없이 또한 어떠한 용도나 목적으로 수입하는지에 관계없이 모두 납세의무자에 해당된다. 다만, 이 경우에서도 부가법 제26조 또는 그 밖의 법률에 따라 재화의 수입에 대하여 부가가치세가 면제되는 때에는 납세의무 그 자체는 없게 된다.

이 규정은 수입분에 대한 신고·납부 규정을 두지 않아 신고불성실가산세가 부당하다는 대법원의 판례가 있어 부가가치세 신고·납부 규정을 명확히 두어 신고불성실가산세 부과근거를 마련한 것이다(대법원 2005두10125, 2006. 3. 9.).

(2) 재화의 수입에 대한 징수

세관장이 부가법 제58조 제2항에 따라 부가가치세를 징수할 때(납부받거나 환급할 때를 포함한다)에는 「관세법」 제11조, 제16조부터 제19조까지, 제38조, 제38조의2부터 제38조의4까지, 제39조, 제41조, 제43조, 제46조, 제47조, 제106조 및 제106조의2에 따른다(부가령 §105).

(3) 수입세금계산서 과다기재분에 대한 세금계산서불성실가산세 적용 여부

수입하는 자가 사실과 다른 회계처리를 하는 과정에서 수입물품의 수입가격을 실제보다 과다하게 신고함으로써 세관장으로부터 공급가액과 세액이 과다하게 기재된 수입세금계산서를 발급받은 경우 부가법 제60조 제3항 제2호의 '재화 또는 용역을 공급받지 아니하고 세금계산서 등을 발급받은 경우'에 해당하지 아니한다(기재부 부가-478, 2017. 9. 19.).

※ 수입자에게 공급가액 과다기재가산세를 부과할 수 있는지에 대하여는 아직 유권해석은 없다.

5 보세구역에 대한 부가가치세 적용

(1) 개 념

가. 보세(Bond) 및 보세구역, 보세운송의 개념

보세란 수입화물에 대한 관세를 유보하는 것이며, 보세구역이란 외국물품에 대한 통관 및 관세부과가 일반적으로 유보되는 장소를 말한다. 보세운송이란 세관의 승인을 얻은 외국물품을 보세상태 그대로 국내에서 운송하는 것이며, 보세작업이란 외국물품의 가공, 외국물품을 원료로 하는 제조, 외국물품의 개장(改裝), 화물의 분류 등을 하는 작업을 말한다.

나. 보세구역의 종류

보세구역은 지정보세구역·특허보세구역 및 종합보세구역으로 구분하고, 지정보세구역은 지정장치장 및 세관검사장으로 구분하며, 특허보세구역은 보세창고·보세공장·보세전시장·보세건설장 및 보세판매장으로 구분한다(관세법 §154).

(2) 보세구역 내의 물품 공급에 대한 부가가치세 적용

보세구역(「관세법」에 따른 보세구역 및 「자유무역지역의 지정 및 운영에 관한 법률」에 따른 자유무역지역)에 관련된 부가가치세법 적용은 다음과 같이 한다(부가통칙 9-18-7).

㉠ 외국에서 보세구역으로 재화를 반입하는 것은 재화의 수입에 해당하지 아니한다.

㉡ 동일한 보세구역 내에서 재화를 공급하거나 용역을 제공하는 것은 재화의 공급 또는 용역의 제공에 해당한다.

㉢ 보세구역 외의 장소에서 보세구역으로 재화 또는 용역을 공급하는 것은 재화 또는 용역의 공급에 해당한다.

㉣ 사업자가 보세구역 내에서 보세구역 외의 국내에 재화를 공급하는 경우에 공급가액 중 관세가 과세되는 부분에 대하여는 세관장이 부가가치세를 거래징수하고 수입세금계산서를 발급하며, 공급가액 중 관세의 과세가격과 관세·개별소비세·주세·교육세·교통·에너지·환경세 및 농어촌특별세의 합계액을 뺀 잔액에 대하여는 재화를 공급하는 사업자가 부가가치세를 거래징수하고 세금계산서를 발급하여야 한다. 다만, 부가령 제61조 제1항 제5호 단서에 해당하는 때에는 그 선하증권의 공급가액 전체에 대하여 부가가치세를 거래징수하고 세금계산서를 발급할 수 있다.

㉤ 사업자가 보세구역 내에서 보세구역 외의 국내로 내국신용장에 의하여 재화를 공급하는 경우에 공급가액 중 관세가 과세되는 부분에 대하여는 세관장이 부가가치세를 거래징수하고 수입세금계산서를 발급하며 공급가액 중 관세의 과세가격과 관세·개별소비세·주세·교육세·교통·에너지·환경세 및 농어촌특별세의 합계액을 뺀 잔액에 대하여는 재화를 공급하는 사업자가 영의 세율이 적용되는 세금계산서를 발급하여야 한다. <u>다만, 부가령 제61조 제1항 제5호 단서에 해당하는 때에는 그 선하증권의 공급가액 전체에 대하여 부가가치세를 거래징수하고 세금계산서를 발급할 수 있다.</u> [밑줄 친 단서 규정은 2011년이나 2012년 중에 개정된 것으로 보이고 ㉣의 단서규정을 추가하면서 해당 단서 문구를 그대로 이기한 것으로 보인다. 해당 조문대로 일반세금계산서를 발급했다고 하여 거래당사자가 부가법상 불이익은 없을 것이다(영세율 적용을 포기하고 일반세율을 적용할 수 있음). 또한, ㉤의 밑줄과 달리 구매확인서나 내국신용장을 발급받아 총액을 기재한 영세율세

금계산서를 발급한 경우에도 부가법 제21조 제1항 제3호 및 부가령 제31조 제2항 제1호에 따라 영세율 적용이 가능하므로 해당 영세율세금계산서는 정당한 세금계산서로 판단된다(동지 : 기재부 부가-829, 2010. 12. 16.).]

ⓑ 「자유무역지역의 지정 및 운영에 관한 법률」에서 “㉠”부터 “㉤”까지의 규정과 달리 규정하고 있는 경우에는 그 법률에 따른다.

ⓢ 내국법인이 외국적 선박에 선적된 재화(국내에서 수출 통관된 재화)를 외국법인으로부터 공급받아 이를 국내에 반입하지 아니하고 다른 내국법인에 공급하는 때에는 국외거래에 해당하여 부가가치세를 과세하지 아니한다(서면3팀-1671, 2005. 9. 30.).

ⓞ 세관장이 보세구역에서 장치기간이 경과한 물품(이하 “체화”라 한다)을 「관세법」 제210조의 규정에 따른 매각방법으로 매각하는 경우, 동 체화의 매각은 부가가치세 과세대상 재화의 공급에 해당되며, 「관세법」 제32조 제1항에 따라 세금계산서를 발급하여야 한다(서면3팀-1308, 2008. 6. 26.).

ⓙ 세법에서 정하는 재화의 수입은 외국으로부터 우리나라에 들어온 물품, 수출신고가 수리된 물품(수출신고 수리된 물품으로서 선적되지 아니한 물품 제외)을 우리나라에 반입하는 것으로 한다. 이 경우 보세구역을 거치는 것은 보세구역에서 반입하는 것을 말하는 것으로, 외국에서 보세구역으로 재화를 반입하는 그 자체는 재화의 수입에 해당하지 아니한다(부가법 §13).

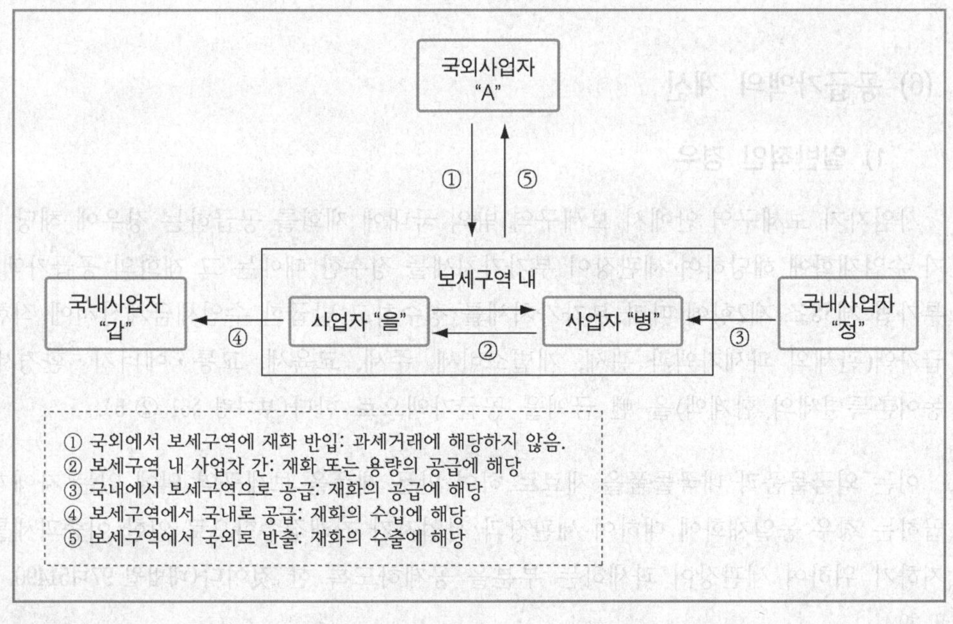

(3) 보세구역과 공급장소

공급장소가 '국내'라 함은 우리나라의 과세권이 미치는 지역적 범위를 말하는 것으로서 보세구역(관세법에 따른 보세구역 및 자유무역지역 포함)은 국제법에 따라 우리나라 영해 밖에서 주권을 행사하는 지역으로서 보세구역 내에서 이루어지는 거래는 국내거래로 본다(부가통칙 9-18-7).

(4) 보세구역과 용역의 제공

용역의 공급은 납세의무자인 사업자에 의하여 공급되는 것으로서 그 공급되는 장소가 국내인 것에 한한다. 「관세법」에 따른 보세구역(자유무역지역 및 관세자유지역)은 부가가치세법상으로는 국내이므로 ① 동일한 보세구역 내에서 용역을 공급하거나 ② 보세구역 외의 장소에서 보세구역으로 또는 ③ 보세구역 내에서 보세구역 외의 장소로 용역을 공급하는 것은 모두 과세대상인 용역의 공급에 해당한다(부가통칙 9-18-7).

(5) 공급시기

사업자가 보세구역 안에서 보세구역 밖의 국내에 재화를 공급하는 경우가 재화의 수입에 해당할 때에는 수입신고수리일을 재화의 공급시기로 본다(부가령 §28 ⑦).

(6) 공급가액의 계산

1) 일반적인 경우

사업자가 보세구역 안에서 보세구역 밖의 국내에 재화를 공급하는 경우에 해당 재화가 수입재화에 해당하여 세관장이 부가가치세를 징수한 때에는 그 재화의 공급가액에서 부가법 제58조 제2항에 따라 부가가치세를 징수하고 발급한 수입세금계산서에 적힌 공급가액(관세의 과세가액과 관세, 개별소비세, 주세, 교육세, 교통·에너지·환경세 및 농어촌특별세의 합계액)을 뺀 금액을 공급가액으로 한다(부가령 §61 ② 5).

이는 외국물품과 내국물품을 재료로 하여 만든 제품을 보세구역 외에 있는 자에게 공급하는 경우 동일재화에 대하여 세관장과 사업자가 거래징수함으로 인한 이중과세를 방지하기 위하여 세관장이 과세하는 부분을 공제하도록 한 것이다(대법원 97다51490, 1999. 8. 29.).

① **세관장**

수입세금계산서(㉮) = 관세의 과세가격 + 관세 + 개별소비세 + 주세 + 교육세 + 교통 · 에너지 · 환경세 + 농어촌특별세

② **사업자**

세금계산서 = 총공급가액 - ㉮

※ 사업자가 보세구역 내에서 그 외의 지역으로 재화를 공급하고 그 공급받은 자가 수입통관하면서 수입부가세를 세관장으로부터 징수당한 경우, 사업자의 공급가액은 수입 과세표준을 차감한 순액으로 하여야 하는 것이므로 차감 전 금액을 기재한 세금계산서를 발급하였다면 세금계산서(합계표)불성실가산세 대상이 된다(대법원 2009두10901, 2011. 8. 25.).

2) 발급대상 금액이 음수인 경우

사업자가 보세구역 내에서 보세구역 외의 국내에 재화를 공급하는 경우에 해당 재화가 수입재화에 해당되어 세관장이 부가가치세를 징수한 때에는 공급가액 중 부가법 제29조 제2항(수입 시 과세표준)에 규정하는 금액을 제외한 잔액을 과세표준으로 하여 세금계산서를 발급하여야 하는 것이나, 해당 재화의 공급가액 중 재화의 수입에 대한 부가가치세 과세표준을 제외한 잔액이 없거나 음수인 때에는 세금계산서 발급의무가 없으며, 세금계산서 발급의무가 없는 부분에 대하여는 계산서 발급의무도 면제된다고 보아야 한다(서삼 46015-10204, 2003. 2. 6.).

※ 환율차이나 관세과세가액 등보다 공급가액이 적어 음수(-)가 발생하는 경우가 있다.

3) 선하증권의 양도가 있는 경우

세관장이 부가법 제58조 제2항(재화의 수입에 대한 부가가치세를 세관장이 「관세법」에 따라 징수)에 따라 부가가치세를 징수하기 전에, 같은 재화에 대한 선하증권이 양도되는 경우에는 위 "1)" 및 "2)"에도 불구하고 선하증권의 양수인으로부터 받은 대가를 공급가액으로 할 수 있다(총액주의 인정).

(7) 매입세액공제

수입자의 책임과 계산하에 수입이 이루어지거나 보세구역 내 또는 보세구역과 보세구역 밖의 사업자 간 거래로 인하여 관세 및 부가가치세를 부담하는 경우 해당 (수입)재화가 과세사업에 사용 또는 소비되는 경우 거래 시 부담한 매입세액은 자기의 매출세액에서 공제 가능하다.

6 | 수입재화에 대한 수정신고 시 감면

내국세와 관세 규정이 상충되는 경우 국기법 제3조 제2항 및 「관세법」 제4조 제1항에 따라 관세법 규정을 우선 적용한다.

예를 들어 수입재화에 대한 수입자의 수정신고(보정기간이 지난 날부터 1년 6개월이 지나기 전에 한 수정신고로 한정)가 있는 경우 「관세법」 제42조의2 【가산세의 감면】 제1항 제5호 가목(보정기간이 지난 날부터 6개월 이내에 수정신고하는 경우)에 따라 20%의 가산세 감면율이 적용된다(서면-2020-징세-5422, 2021. 4. 21.).

II 재화의 수입에 대한 면세(부가)

1 | '재화의 수입' 면세 의의

재화의 수입의 경우에 있어서의 과세대상은 재화 또는 용역의 공급의 경우와는 달리 재화의 수입에 대한 부가가치세는 세관장이 관세징수의 예에 의하여 징수하도록 함으로써 사업자뿐만 아니라 비사업자인 경우에도 부가가치세를 징수하게 된다.

또한, 그 수입용도가 무엇인지의 여부에 관계없이 부가가치세를 징수하게 되므로 결국 모든 수입자는 사업자인지의 여부 및 그 수입용도에 불구하고 모두 납세의무자에 해당된다.

그러나 이러한 수입재화에 대하여 여러 가지 정책적 목적 등의 이유에서 「부가가치세법」이나 「조세특례제한법」에 특별히 열거한 재화의 수입에 대하여는 면세하고 이러한 재화의 수입에 대하여는 세관장이 부가가치세를 징수하지 않는다(부가법 §27).

수입면세에는 특정재화를 국내로 들여와 이를 국내로 직접 인취하도록 하는 것뿐만 아니라 해당 물품을 국내로 도착하도록 하는 결과를 일으키는 것도 포함하는데 선하증권 형태로 수입해도 동 특정재화가 면세품목에 해당되면 부가가치세가 면제된다(부가 1265.1-3074, 1982. 12. 7.).

2 | 면세되는 재화의 수입

(1) 수입 미가공식료품

1) 수입 시 부가가치세의 면제

가공되지 않은 원생산물 그대로이거나 원생산물의 본래의 성질이 변하지 아니하는 정도의 1차 가공을 거쳐 식용으로 제공되는 제1차 산업생산물인 미가공식료품(미가공식료품의 범위는 국내 공급 시 면세 범위와 같다. [별표 1] 참조)을 수입하는 경우 그 재화의 수입에 대해서는 부가가치세를 면제한다(부가법 §27, 부가령 §49).

2) 수입면세의 요건

다음의 요건을 모두 충족하여야 부가가치세가 면제된다.

① 농산물 · 축산물 · 수산물과 임산물 등의 제1차 산업 생산물이어야 한다. 또는 단순가공식료품, 원생산물 자체 혹은 탈각 · 정미 · 정육 · 제분 · 정맥 · 건조 · 냉동 · 염장 · 포장 그 밖의 원생산물의 본래의 성질이 변하지 아니하는 정도의 일차적 단순가공단계까지만 거친 것, 1차 가공과정에서 필수적으로 발생하는 부산물, 미가공식료품을 단순히 혼합한 것이어야 한다.

② 식용으로 제공될 수 있어야 한다.

"식용으로 제공될 수 있어야 한다"의 의미는 국내에서 식용의 개념과 해외에서 수입되는 것의 식용의 개념에는 차이가 있을 수 있으므로 식용으로 제공된다는 별도의 언급이 없어도 농산물 · 축산물 · 수산물 · 임산물의 수입은 면세되는 미가공식료품의 범위 [별표 1]에 속하면 식용으로 제공된다고 보면 된다(부가통칙 27-49-2).

미가공식료품을 수입하는 경우 대부분 관세가 감면되나, 사치성이거나 고가의 미가공식료품을 수입하는 경우에는 관세가 부과되기도 하는데 이들의 수입에 대하여는 부가가치세도 면제하지 아니하므로 관세가 감면되지 아니하는 식료품으로서 [별표 2]에 열거한 다음의 것은 수입 시에 부가가치세가 과세(세관장이 부가가치세 거래징수)되고, 국내 공급에 대하여는 부가가치세가 면제된다(부가법 §27, 부가령 §49, 부가칙 §37, [별표 2]).

ⓐ 커피두, 커피두의 각 · 피와 웨이스트

ⓑ 코코아두(원상 또는 분쇄한 것으로서 볶은 것을 포함)

ⓒ 코코아두의 각 · 피와 웨이스트

다만, 위 [별표 2]에 열거된 ⓐ, ⓑ, ⓒ는 2022. 6. 28. 이후 수입신고하는 분부터 2023.

12. 31.까지 서민생활물가의 안정을 위해 한시적으로 과세적용을 배제하고 면세한다.

반대로 수입 시 면세되었더라도 국내공급 시 그 대상이 면세대상으로 규정되어 있지 않다면 국내 유통단계에서는 부가가치세가 과세됨에 유의하여야 한다(부가 1265.1-2470, 1981. 9. 16.).

3) 북한에서 수입되는 농 · 축 · 수 · 임산물

북한지역에서 생산된 농산물 · 축산물 · 수산물 · 임산물로서 원생산물 또는 원생산물의 본래의 성상이 변하지 아니하는 정도의 원시가공을 거친 것은 부가가치세 면제된다(부가 46015-2827, 1998. 12. 22.).

4) [별표 1]에 열거된 관세율 표번호에 해당하는 재화 수입 시 면세 판정기준

부가가치세가 면제되는 미가공식료품이란 ㉠ 가공되지 아니하거나, ㉡-ⓐ 탈곡 · 정미 · 정맥 · 제분 · 정육 · 건조 · 냉동 · 염장 · 포장이나, ㉡-ⓑ 그 밖에 원생산물 본래의 성질이 변하지 아니하는 정도의 1차 가공을 거쳐, ㉢ 식용으로 제공하는 것으로 하고 '식용에 공한다'라는 의미는 추상적 · 관념적 규정으로 식용에 적합하거나 부가칙 미가공식료품분류표(별표 1)에 열거된 것으로 한다.

이때 원생산물 본래의 성질이 변하지 않는 정도의 가공이란 1차적 가공단계에서 약간의 화학변화가 발생한 정도에 따라 면세 여부를 달리할 것이 아니라 본래의 성질을 유지하느냐에 관점을 두고 판단함이 타당하고, 그 구체적 기준으로 「관세법」 별표의 관세율표를 기준으로 하는 것이 타당하다.

예를 들어 잎담배의 경우 건조과정이나 가향과정에서 약간의 화학적 변화가 있었더라도 관세율표와 미가공식료품분류표상 '잎담배(2401호)'에 해당한다면 이를 수입하는 때에 부가가치세 면제대상으로 판단하여야 한다(서면법령해석과-173, 2015. 2. 13.).

그러나 관세율표와 미가공식료품분류표에 게기된 재화라 하더라도 면세재화의 범위는 제한적으로 해석해야 하고 그것이 국내 생산 또는 유통되는 재화였다면 명백히 과세되는 것이라면 수입재화라 하여 우대할 이유가 없으므로 부가가치세 과세대상으로 삼아야 한다. 이러한 이유에서 사업자가 부패방지 · 보존목적 외에 타사 제품과의 차별화 및 상품가치 증진을 위하여 흡연 시 담뱃잎 향의 불쾌감을 없애고 맛의 부드러움을 배가하는 가향처리 공정을 거친 담뱃잎을 수입하는 경우 부가가치세가 과세되는 것으로 조세심판원은 결정하였다(조심 2014관268, 2014. 12. 23. ; 서면-2015-부가-0481, 2015. 4. 28.).

(2) 도서 · 신문 · 잡지

국내에서 공급되는 도서 · 신문 · 잡지에 대하여 면세하는 것과 같이 이의 수입도 면세되는바 그 정의 및 범위에 대하여는 국내생산물과 같다. 도서 · 신문 · 잡지의 범위 및 종류는 관세율표의 규정을 준용하도록 하고, 관세율표에 규정된 것 외에 전자적 기록매체에 도서 및 간행물의 내용을 수록한 전자출판물을 도서의 범위에 포함시켜 이의 수입에 대해서도 부가가치세를 면제한다(부가법 §27 2, 부가령 §50, 부가칙 §38).

(3) 과학 · 교육 · 문화용 재화

학술연구단체 · 교육기관 및 「한국교육방송공사법」에 따른 한국교육방송공사 또는 문화단체가 과학 · 교육 · 문화용으로 수입하는 다음의 재화로서 관세가 감면되는 재화의 수입에 대하여 면세하는 바, 관세가 경감되는 경우에는 경감되는 분에 한하여 이를 적용한다(부가법 §27 3, 부가령 §51).

이러한 재화는 과학, 교육, 문화 등 사회일반의 공익목적으로 사용 또는 소비되고 있기 때문이다.

① 학교(「서울대학교병원 설치법」에 따라 설립된 서울대학교병원, 「국립대학병원 설치법」에 따라 설립된 국립대학병원, 「서울대학교치과병원 설치법」에 따라 설립된 서울대학교치과병원 및 「국립대학치과병원 설치법」에 따라 설립된 국립대학치과병원을 포함한다), 박물관 또는 그 밖에 기획재정부령으로 정하는 시설에서 진열하는 표본 및 참고품 · 교육용의 촬영된 필름, 슬라이드, 레코드, 테이프 또는 그 밖에 이와 유사한 매개체와 이러한 시설에서 사용되는 물품

② 연구원 · 연구기관 등 기획재정부령으로 정하는 과학기술연구개발시설(부가칙 §40에 열거)에서 과학기술의 연구개발에 제공하기 위하여 수입하는 물품

③ 과학기술연구개발지원단체에서 수입하는 과학기술의 연구개발에 사용되는 시약류

④ 「정부출연연구기관 등의 설립 · 운영 및 육성에 관한 법률」 제8조에 따라 설립된 한국교육개발원이 학술연구를 위하여 수입하는 물품

⑤ 「한국교육방송공사법」에 따른 한국교육방송공사가 교육방송을 위하여 수입하는 물품

⑥ 외국으로부터 기획재정부령이 정하는 영상관련 공익단체(부가칙 §41조에 열거)에 기증되는 재화로서 동 단체가 직접 사용하는 것

(4) 종교 · 자선 · 구호단체에의 기증재화

종교의식 · 자선 · 구호 · 기타 공익과 같이 사회일반의 이익을 위하는 목적으로 외국

으로부터 종교단체 · 자선단체 또는 구호단체에 기증되는 다음의 재화로서 관세가 면제되는 물품 및 급여품에 대하여 부가가치세를 면제한다(부가법 §27 4, 부가령 §52).

① 사원(寺院)이나 그 밖의 종교단체에 기증되는 물품으로서 관세가 면제되는 것
② 자선 또는 구호의 목적으로 기증되는 급여품으로서 관세가 면제되는 것
③ 구호시설 및 사회복리시설에 기증되는 구호 또는 사회복리용에 직접 제공하는 물품으로서 관세가 면제되는 것

이들이 외국으로부터 해당 단체에 직접 기증되고 해당 용도에만 직접 사용 · 소비되는 경우에만 면세되므로 종교 · 자선 · 구호단체에 직접적으로 기증되지 않거나, 특정대가로 수입되거나 종교의식 · 자선 · 구호 등의 목적에 사용되지 않는 경우에는 면세되지 않는다.

(5) 국가조직 등에의 기증재화

국가 · 지방자치단체 · 지방자치단체조합의 국가조직 등에 외국으로부터 직접 기증되는 재화도 부가가치세를 면제하는데 이들은 국가 및 국민 등과 같이 사회일반의 이익을 위한 조직이며 해당 재화의 최종소비자이므로 면세의 이유가 있다(부가법 §27 5).

(6) 관세가 면제되는 소액물품

거주자가 받는 소액물품으로서 관세가 면제되는 재화의 수입에 대하여 부가가치세를 면제한다(부가법 §27 6). 관세법상 관세가 면제되는 소액물품 관련 규정은 「관세법」 제94조 제4호, 「관세법 시행규칙」 제45조 제2항의 내용과 같다.

(7) 이사 · 이민 · 상속으로 인한 수입재화

이사 · 이민 또는 상속으로 인하여 수입하는 재화로서 관세가 면제되거나 「관세법」 제81조 제1항에 따라 간이세율이 적용되는 수입재화에 대하여 부가가치세를 면제한다(부가법 §27 7).

따라서 이사 · 이민 등으로 수입하더라도 이사물품으로 인정하기 곤란한 것 등 「관세법」 제81조 및 제96조 및 「관세법 시행규칙」 제48조에 따라 관세가 면제되는 물품 이외에 관세가 부과되는 것에 대하여는 부가가치세가 과세된다.

(8) 여행자휴대품 · 별송품 · 우송품

여행자의 휴대품, 별송(別送) 물품 및 우송(郵送) 물품으로서 관세가 면제되거나 「관세법」 제81조 제1항에 따른 간이세율이 적용되는 재화에 대하여 부가가치세를 면제한다(부가법 §27 8).

여행자휴대품이란 입국 시에 여행자와 같은 기 · 선편으로 함께 수입하는 여행자의 물품을 말하고, 별송품이란 여행자와는 별도의 기 · 선편으로 일정기간 내에 수입하는 여행자의 물품을 말한다.

(9) 상품견본 · 광고용 물품

수입하는 상품견본과 광고용 물품으로서 관세가 면제되는 재화에 대하여 부가가치세를 면제한다(부가법 §27 9).

재화의 공급을 위한 전단계로서 판촉이나 광고 등을 위해 수입되는 샘플(상품견본) · 카탈로그 · 리플릿(광고용 물품) 등은 부가가치가 창출된 상태가 아니라 그 이전단계로서 이들에 대해 대가를 지불하고 수입하였다 하더라도 이는 재화의 공급으로 볼 수는 없어 면세할 이유가 있는 것이다. 다만, 관세가 면제되는 것을 조건으로 달고 있는데 관세가 면제되지 않았다면 상품견본이나 광고용 물품으로 보지 않으므로 과세된다.

(10) 박람회 · 전시회 · 품평회 · 영화제 등의 행사출품용 재화

국내에서 열리는 박람회, 전시회, 품평회, 영화제 또는 이와 유사한 행사에 출품하기 위하여 무상으로 수입하는 물품으로서 관세가 면제되는 재화는 부가가치세가 면제되며(부가법 §27 10), 이러한 행사에 출품된 뒤에 1년(부득이 연장되면 2년)의 범위 안에서 다시 수출하는 경우가 대부분이고 이렇게 재수출되는 경우에 한해 관세를 면제하는 바, 재수출되지 않고 국내에서 공급된다면 부가가치세가 과세된다.

(11) 국제 관례상 관세 면제 재화

국제간의 교류를 촉진하고 친선을 도모하기 위해 조약 · 국제법규 또는 국제관습 등은 쌍방 간의 수입에 대하여 관세를 면제하도록 규정하고 있는 바, 이러한 국제관행에 의거 관세법 제88조에 따라 관세가 면제되는 다음 재화의 수입에 한해 부가가치세를 면제하도록 하고 있다(부가법 §27 11).

① 대한민국을 방문하는 외국의 원수와 그 가족 및 수행원이 사용하는 물품
② 국내에 있는 외국의 대사관·공사관, 그 밖에 이에 준하는 기관의 업무용품
③ 국내에 주재하는 외국의 대사·공사, 그 밖에 이에 준하는 사절 및 그 가족이 사용하는 물품
④ 국내에 있는 외국의 영사관, 그 밖에 이에 준하는 기관의 업무용품
⑤ 국내에 있는 외국의 대사관·공사관·영사관, 그 밖에 이에 준하는 기관의 직원과 그 가족이 사용하는 물품
⑥ 정부와의 사업계약을 수행하기 위하여 외국계약자가 계약조건에 따라 수입하는 업무용품
⑦ 국제기구 또는 외국정부로부터 정부에 파견된 고문관·기술단원, 그 밖에 이에 준하는 자가 직접 사용할 물품

(12) 재수입 재화

수출되었으나 여러 가지 사유로 다시 수입되는 재화는 부가가치를 창출하는 국외로부터의 재화의 공급이라고 볼 수 없어 면세할 필요가 있다. 이를 재수입이라 하는데 수출된 후 다시 수입하는 재화로서 관세가 감면되는 것 중 "대통령령으로 정하는 것"으로서 관세가 경감(輕減)되는 비율만큼만 부가가치세를 면제한다. 이는 해당 재화의 특성상 재수입이 불가피한 점을 감안하여 재수입 시 부가가치세를 면제하는 것이다(부가법 §27 12, 부가령 §54).

이때 "대통령령으로 정하는 것"이라 함은 사업자가 재화를 사용하거나 소비할 권한을 이전하지 아니하고 외국으로 반출하였다가 다시 수입하는 재화로서 「관세법」 제99조에 따라 관세가 면제되거나 「관세법」 제101조에 따라 관세가 경감되는 재화를 말한다. 다만, 수출자와 수입자가 일치하지 않는 경우(사업자 기준임) 해당 물품에 대해 세부담을 하지 않는 문제가 있어 수출자와 수입자가 동일한 경우에만 면세된다.

따라서 수출 후 클레임 등으로 수출재화가 반품되는 경우 당초 소비할 권한이 이전된 것이므로, 동 재수입 면세 규정이 적용될 수 없어 관세는 면제될 수 있어도 수입 시 부가가치세는 부담하여야 한다.

(13) 일시 수입재화

다시 수출하는 조건으로 일시 수입하는 재화로서 관세가 감면되는 것 중 「관세법」 제97조에 해당하는 재화에 대하여 부가가치세를 면제한다. 다만, 경감의 경우에는 경감되는 부분만 해당한다(부가법 §27 13, 부가령 §55).

이는 대부분의 수입이 해외로부터의 재화의 공급이 목적이지만, 일시 수입재화는 국내에서 해외로 재화의 공급을 위한 목적에 부수되는 행위에 불과하므로 일시 수입자체로는 부가가치가 창출되었다고 볼 수 없기 때문에 부가가치세를 면제하는 것이다.

(14) 제조담배

면세로 규정된 담배의 국내공급은 어떤 공급단계이든 면세되며, 해당 담배의 경우에는 수입의 경우에도 면세되도록 하여 그 일관성을 유지하도록 하였다. 다만, 관세가 경감되는 부분만 해당한다(부가법 §27 14).

(15) 그 밖에 관세 감면재화

"(1)"부터 "(14)"까지 면세로 열거한 것 외에도 관세가 무세이거나 감면되는 재화는 부가가치세도 면제되도록 하고 있다(부가법 §27 15).

면세되는 범위에 대하여는 부가령 제56조에 열거된 것으로 이에 한정하는데, 설혹 관세법상 착오로 감면되었다 하더라도 본 시행령의 열거 범위에 포함되지 않으면 부가가치세를 과세하여야 한다.

(16) FTA에 따라 관세 감면(면제) 시 해당 수입재화의 면세 여부

위 "(15)"의 규정 중 부가령 제56조 제16호에 따르면 관세가 무세이거나 감면되는 재화로서 「관세법」 외의 법령(「조세특례제한법」 제외)에 따라 관세가 감면되는 재화의 수입에 대하여는 부가가치세를 면제하고 있다. FTA는 조약의 일종으로 국제법의 규율을 받는 국제협정이며 우리나라의 경우 국회의 동의를 요하는 조약은 국회의 동의를 얻은 후 대통령이 비준하면 국내법적 효력이 인정되므로 FTA 및 FTA에 따라 제정된 「자유무역협정의 이행을 위한 관세법의 특례에 관한 법률」(이하 "자유무역협정 이행법률")은 '「관세법」 외의 법령'에 해당한다. 따라서 FTA의 발효로 우리나라에서 해당국으로 수리 또는 가공하기 위하여 일시적으로 수출되었다가 다시 수입되는 물품으로서 자유무역협정 이행법률에 따라 관세가 면제되는 경우 부가령 제56조 제16호에 따라 부가가치세가 면제된다. 다만, FTA에 따라 협정관세 "0%"가 적용되는 것(한-아세안 FTA에 따라 협정관세가 "0%"인 귀금속, 의류, 전자기기 등)은 관세의 면제·감면과는 의미*가 다른 것으로, 이 경우에는 「관세법」 외의 법령에 따라 관세가 면제되는 물품에 해당하지 아니하여 부가가치세가 면제되지 아니한다(서면-2016-법령해석부가-3243, 2016. 4. 22. ; 부가가치세과-560, 2012. 5. 18.).

* FTA에 의한 협정세율은 관세법에 의한 기본세율을 일시에 또는 단계적으로 인하하거나 무관세를 적용하는 것으로 규정된다. FTA 또는 개발도상국 간 특혜무역협정 또는 GSP 규정에 따라 기본세율이 인하되거나 무관세화 되는 것은 관세의 감면과는 그 성격이 전혀 다르다.

▌관련 사례(인쇄된 서화의 수입)

사업자가 국내 판매목적으로 인쇄된 서화를 해외로부터 수입하는 경우로서 수입신고 시 관세의 기본세율이 8%이나 WTO 협정세율이 0%이어서 관세의 적용세율이 0%로 된 경우 부가가치세도 면제되는지 여부에 대하여 국세청은,

- "관세가 무세인 경우"란 관세의 기본세율이 무세(0%)인 경우를 말하며, "관세가 감면되는 경우"란 관세의 기본세율이 무세(0%)가 아니나 특별히 관세를 감면할 필요가 있어 관세법령이나 「관세법」 외 법령(조특법 제외)에서 감면대상으로 열거하고 있는 것을 말하며(2004. 12. 31.(제18626호) 부가령 개정 취지, 기재부),
- 협정세율이 무세여서 관세 적용세율이 0%로 된 모든 수입물품에 대하여 부가가치세가 면제되는 것으로 해석한다면 국내에서 부가가치세가 과세되는 국내생산품 구입과의 과세 불공평문제가 발생할 수도 있는바 관세의 협정세율이 무세인 경우는 "관세가 무세인 경우"에 포함되지 않는다.
- 부가법 제27조 제15호 및 부가령 제56조 제17호에 따르면 "서화"를 그 밖에 관세가 무세이거나 감면되는 재화의 하나로 열거하고 있으나, 본건 수입재화는 있는 그대로의 "서화"가 아닌 서화를 인쇄한 "인쇄된 서화"이므로 이에 해당하지 않고, 그 외 인쇄된 서화와 사진 등 "기타 품목"으로서 기본세율은 8%이다.
- 인쇄된 서화의 수입 시 협정세율이 0%이어서 관세의 적용세율이 0%가 되었다 하여 부가법 제27조 제15호 및 부가령 제56조에 따라 부가가치세가 면제되는 재화의 수입에 해당한다고 보기는 어렵다고 회신하였다(사전-2019-법령해석부가-0541, 2019. 10. 25.).

III 재화의 수입에 대한 면세(조특)

(1) 의 의

수입하는 재화에 대한 면세는 다음에 열거하는 것에 한하며, 수입한 재화를 국내에서 판매하는 경우 해당 재화의 공급에 대한 면세 여부는 별도로 법령에 열거되지 않은 한 부가가치세가 과세된다.

(2) 무연탄

수입 시 면세되는 무연탄은 후술하는 '연탄 및 무연탄'의 "면세" 편을 참고한다(조특법 §106 ② 1).

(3) 과세사업에 사용할 선박

부가가치세가 과세되는 사업에 사용(제3자에게 판매하기 위하여 선박을 수입하는 경우는 제외한다)하기 위하여 수입하는 선박은 부가가치세를 면제한다(조특법 §106 ② 3).

과세사업에 사용하기 위한 선박은 부가가치세가 과세되는 사업에 사용하기 위하여 수입하는 선박으로써 「선박법」 제1조의2에서 정의하는 모든 선박을 말한다(부가 46015-579, 2000. 3. 16.).

다만, 선박건조(판매) 사업자가 판매용 선박을 수입하는 경우 선박 수입 시 부가가치세가 과세된다. 이는 판매용으로 사용하기 위한 선박 수입을 면제하는 경우 국내 선박제조업체와 과세불형평성이 발생하고 부가가치세가 면제되는 과세사업에 사용하기 위한 선박이라 함은 선박운항사업용(사업용 고정자산)으로 사용하기 위한 선박의 수입으로 한정함이 타당하기 때문이다(재부가-278, 2013. 4. 24.).

(4) 과세사업에 사용할 「관세법」에 따른 보세건설물품

「관세법」 제191조에 따른 보세건설장에서 보세건설에 사용되는 부가가치세가 과세되는 사업에 사용하기 위한 시설의 시설재 및 설비재는 부가가치세를 면제한다(조특법 §106 ② 4).

보세건설장에 반입되는 측정·분석기가 해당 산업시설의 보세건설을 위해 사용되는 것일 때에는 공사용 장비로 보아 해당 측정·분석기의 수입 시에 부가가치세가 과세되는 것이나, 해당 측정·분석기가 산업시설 내에 고정설치되어 보세건설 종료 후의 제품생산에 공하여지는 것일 때에는 기계류 설비품인 「관세법」에 따른 보세건설물품에 해당되어 부가가치세가 면제된다(부가 46015-2511, 1994. 12. 9.).

관세법상 보세건설장이란 산업시설의 건설에 소요될 외국물품인 기계류설비품인 보세건설물품과 보세건설공사용 장비를 장치·사용하여 건설공사를 하는 구역으로서, 보세건설장에 반입되는 측정용기기 및 분석용기기가 해당 산업시설의 보세건설을 위해 사용되는 것일 때에는 공사용 장비로 보아야 할 것이나, 산업시설 내에 고정설치되어 보세건설 종료 후의 제품생산에 공해지는 것일 때에는 기계류설비품인 보세건설물품으로 보아야 한다.

(5) 농민 및 어민이 직접 수입하는 농 · 축산업용 기자재 및 어업용 기자재

농민이 국내에서 기자재를 구입하면 부가가치세 영세율이 적용되나, 영세율이 적용되는 기자재를 외국에서 수입하면 부가가치세를 부담해야 하므로 이러한 불형평성을 해소하기 위하여 1997. 1. 1. 수입신고분부터는 농민 또는 임업에 종사하는 자가 직접 수입하는 농업용 · 축산업용 또는 임업용 기자재와 어민이 직접 수입하는 어업용 기자재에 대하여 부가가치세를 면세하며, 2025. 12. 31.까지 수입신고한 분에 한하여 적용한다(조특법 §106 ② 9).

여기서 외국수입기자재란 「농 · 축산 · 임 · 어업용 기자재 및 석유류에 대한 부가가치세 영세율 및 면세적용 등에 관한 특례규정」 제3조 제3항부터 제6항에 규정된 농업용 기자재, 축산업용 기자재, 임업용 기자재 및 친환경농업용 기자재로서 「농업협동조합법」에 의하여 설립된 각 조합으로부터 기획재정부령이 정하는 바에 의하여 농민임을 확인받은 자가 수입하는 것과 동 규정 제3조 제7항의 규정에 의한 어업용 기자재로서 「수산업협동조합법」에 의하여 설립된 각 조합으로부터 기획재정부령이 정하는 바에 따라 어민임을 확인받은 자가 수입하는 것을 말한다(조특령 §106 ⑰).

동 규정이 적용되는 농민은 「조세특례제한법」 제105조 제1항 제5호에 규정되어 있으며 통계청장이 고시하는 한국표준산업분류상의 농업 중 작물생산 및 축산업과 복합농업에 종사하는 자(법인은 제외한다)를 말하고, 동조의 규정을 적용받는 농어민의 확인은 「조세특례제한법 시행규칙」 제61조 제1항 제68호에 규정된 농어민확인서에 의한다.

(6) 강원 동계청소년올림픽대회 조직위원회 등이 경기운영에 사용하기 위한 물품의 수입

「국제경기대회지원법」 제9조에 따라 설립된 2024 강원 동계청소년올림픽대회 조직위원회 또는 지방자치단체가 2024 강원 동계청소년올림픽대회의 경기시설 제작 · 건설 및 경기운영에 사용하기 위한 물품으로서 국내제작이 곤란한 것으로서 2022. 1. 1. 이후 2024. 12. 31.까지 수입신고하는 분에만 수입 면세를 적용한다(조특법 §106 ② 22).

제 5 절

공급시기

I 공급시기의 의의

부가가치세는 과세기간별로 신고·납부하는 것이므로 개별 재화 또는 용역의 공급이 어느 과세기간에 포함될 것인가를 결정하기 위한 시간적 기준이 되는 공급시기의 결정에 관한 기준에 대하여 규정하고 있다. 납세의무자는 법정 공급시기에 거래상대방으로부터 부가가치세의 거래징수의무 및 세금계산서 발급의무를 이행하고, 과세거래에 대한 공급가액을 그 공급시기가 속하는 예정신고기간 또는 확정신고기간의 과세표준으로 계상하여 이를 신고·납부하여야 하므로 과세거래의 공급시기를 잘못 판단하는 경우에는 세금계산서 발급 및 신고·납부에 따른 매입세액불공제 및 가산세 등의 불이익을 받을 수 있다.

기업회계기준에서는 수익의 인식기준으로서 실현주의를 원칙으로 하고 「법인세법」과 「소득세법」에서는 권리의무확정주의를 원칙으로 하고 있으나, 부가가치세는 일반소비세 및 물세이기 때문에 소비세에 있어서의 반출과세의 원칙도 동시에 고려되어야 하므로 부가가치세법상 공급시기는 기업회계기준에 의한 수익계상시기 또는 「법인세법」이나 「소득세법」에 따른 수익의 귀속사업연도와 일치하지 않는 경우가 많다. 인세 및 직접세인 법인세나 소득세가 조세채권의 권리와 납세자의 의무를 중요시하는 것과 달리 부가가치세는 과세대상인 재화 또는 용역의 이동을 중요시하기 때문이다.

부가가치세법상 공급시기는 기본적으로 공급원인인 공급계약내용이 확정적이고 적어도 공급받는 자가 공급받은 재화 또는 용역을 사용 또는 소비할 수 있거나 그 효익을 누릴 수 있는 시점이 기본원칙이나, 재화 또는 용역의 공급이 계속적으로 이루어져서 그 시간적 구분이 어렵거나 사용 등을 할 수 있는 상태에 도달하였다 하더라도 그 대가를 분할하여 지급하는 등 물적 이동과 대가의 지급조건 등이 서로 얽혀 있어 재화 또는 용역의 공급시기에 대한 기본원칙과 함께 대가의 지급조건 등을 고려하여 공급시기를 결정할 수 있도록 추가적 규정을 두고 있다.

II 재화의 공급시기

1 개 요

(1) 의 의

재화의 공급에 대한 공급시기(거래시기)는 반출과세의 원칙에 따라 재화가 이동되는 때를 기준으로 하고 있으나, 거래 형태마다의 특수성을 고려하여 그 공급시기를 개별적으로 규정하고 있으며, 폐업 전에 공급한 재화의 공급시기가 폐업일 이후에 도래하는 경우에는 그 폐업일을 공급시기로 보고 있다.

(2) 일반적 기준

재화의 공급시기 판정에 대한 일반적 기준은 다음과 같다(부가법 §15 ①).

① 재화의 이동이 필요한 경우에는 해당 재화가 인도되는 때(인도기준)

② 재화의 이동이 필요하지 아니한 경우에는 재화가 이용 가능하게 되는 때(이용가능기준)

③ 위 "①"과 "②"의 규정을 적용할 수 없는 경우 재화의 공급이 확정되는 때(확정기준)

구 분	공급시기
① 재화의 이동이 필요한 경우	인도되는 때
② 재화의 이동이 필요하지 않은 경우	이용가능한 때
③ 그 밖에 위의 규정을 적용할 수 없는 경우	공급이 확정되는 때

2013년 부가가치세법 전면 개정 전에는 위 일반적 공급시기 기준 외에 할부 또는 조건부 등 구체적 재화 또는 용역의 공급시기에 대한 시행령을 위임규정을 두고 있지 않았으나, 전면 개정 시 시행령에 구체적 공급시기를 위임하는 법적근거 규정을 마련하였다(부가법 §15 ②, §16 ②).

(3) 공급시기 및 세금계산서 발급시기 비교분석

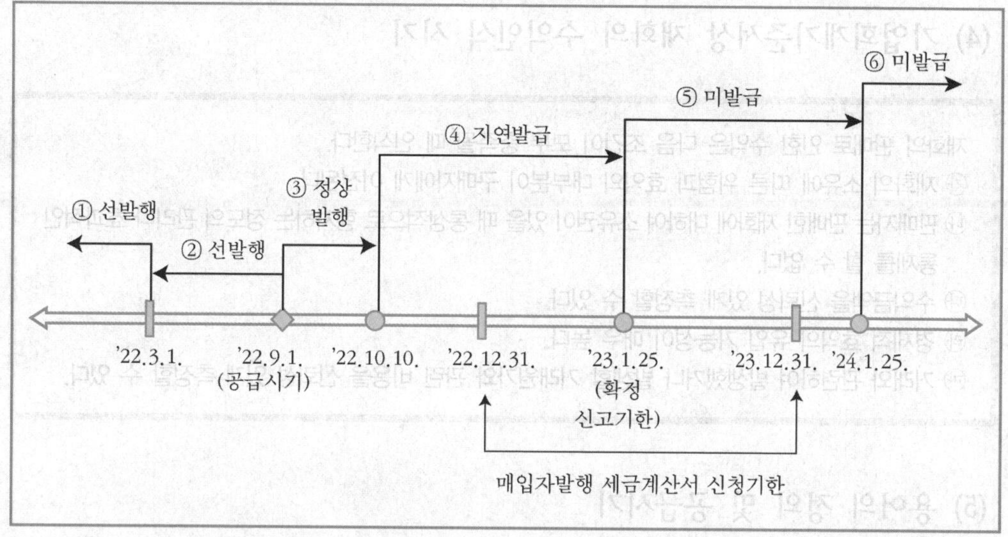

① 아래 "②"와 더불어 선발급세금계산서로 공급계약 이후 공급시기 도래 전에 대가를 받지 않고 발급된 세금계산서는 사실과 다른 세금계산서로서 가산세가 부과되고, 상대방은 매입세액불공제된다. 위 그림에서 "①"은 선발행세금계산서 발급일로부터 6개월 이내(2022. 2. 15. 이전은 30일)에 공급시기가 도래하지 않은 경우로서 매입세액불공제되고 거래당사자 모두 세금계산서불성실가산세가 부과된다.

② 선발행세금계산서로서 발급일로부터 6개월 이내에 공급시기가 도래하였으므로 매입세액은 공제되나 공급자는 1%, 공급받는 자는 공급가액의 0.5% 가산세가 부과된다. 다만, 부가법 제17조에 따른 재화 및 용역의 공급시기의 특례가 적용되는 경우에는 정당한 세금계산서이므로 거래당사자 모두 세금계산서 관련 가산세가 부과되지 아니하고 매입세액도 공제된다.

③ 세법상 문제없는 세금계산서의 수수이다.

④ 세금계산서의 지연발급으로서 공급자는 공급가액의 1%, 공급받는 자는 0.5% 세금계산서합계표불성실가산세가 적용되며, 매입세액은 공제된다.

⑤ 세금계산서 자체를 발급하지 아니한 경우 세금계산서미발급가산세가 적용되며 수취자는 매입세액이 불공제된다. 다만, 위 기간 중에 수수된 세금계산서에 대하여 공급자는 세금계산서미발급가산세(2%), 매입자는 가산세(0.5%)는 부과하나 매입세액은 공제된다(2019. 2. 12. 공급분부터 공급시기가 속한 과세기간에 대한 확정신고기한 다음 날부터 6개월 이내, 2022. 2. 15. 공급분부터는 1년 이내로 연장함).

⑥ 해당 기간에 세금계산서가 수수되었는지와 무관하게 공급자는 세금계산서미발

급가산세가 적용되며, 공급받는 자는 매입세액공제를 받을 수 없다.

(4) 기업회계기준서상 재화의 수익인식 시기

재화의 판매로 인한 수익은 다음 조건이 모두 충족될 때 인식한다.
㉮ 재화의 소유에 따른 위험과 효익의 대부분이 구매자에게 이전된다.
㉯ 판매자는 판매한 재화에 대하여 소유권이 있을 때 통상적으로 행사하는 정도의 관리나 효과적인 통제를 할 수 없다.
㉰ 수익금액을 신뢰성 있게 측정할 수 있다.
㉱ 경제적 효익의 유입 가능성이 매우 높다.
㉲ 거래와 관련하여 발생했거나 발생할 거래원가와 관련 비용을 신뢰성 있게 측정할 수 있다.

(5) 용어의 정의 및 공급시기

1) 인도기준

① 인도기준의 의의

재화의 이동이 필요한 경우에 해당하는 재화는 상품, 제품 등 주로 동산이 그 대상이 된다. 이러한 재화의 인도시점을 공급시기로 규정한 것은 기업회계기준상 실현주의의 한 형태인 인도기준을 적용하여 재화의 공급을 인식하도록 한 것이며, 인도시점은 재화의 공급이라는 경제적 활동의 완료시점으로 보기에 가장 합리적이고 공급한 재화와 현금 또는 매출채권의 교환이 이루어지기 때문이다.

② 민법상 인도의 개념

'인도'라는 정의는 부가가치세법상 별도로 정하지 아니하여 민법상의 개념을 준용하면 동산은 인도되는 경우 동산물권양도의 효력이 발생하는 것이므로 인도는 동산물권의 변동을 가져오는 법률행위인 점유의 이전으로 재화를 사실상 지배하고 처분할 수 있는 권한이 이전된 것을 말한다(민법 §188).

즉, 민법과 소비세의 관점에 따르면 인도는 점유의 이전을 의미하고 양도는 소유권의 이전을 말하는데, 재화의 공급으로서의 인도는 점유의 이전만을 의미하지 않고 소유권의 이전을 전제로 한 점유의 이전을 의미한다고 보아야 한다.

③ 인도기준의 적용범위

재화의 인도라 함은 재화를 공급하는 측의 입장에서만 재화의 물리적 이동상황을 표현하는 것이지만, 이면에는 거래상대방의 인수라는 조건이 같이 있는 것으로 보는 것이 타당하다. 특정한 경우를 제외하고는 재화를 구입하고자 하는 자가 공급자에게 일정조건(규격, 품질, 수량, 가격, 대가의 지급방법 등)의 재화를 주문하고 이러한 조건을 충족한 재화를 인수한 시점이 결국 공급자의 인도시점이라는 관점에서 모든 거래는 조건부 거래이며, 인도시점을 거래의 성립시점으로 본다는 것은 명시적 또는 암묵적으로 사전 약정이 충족되었다는 것을 의미한다.

결국, 인도기준은 인도행위만으로 일정 거래의 모든 조건을 충족한 경우에 한하여 적용된다 할 것이며, 이에 부수적인 조건이 있는 경우에는 이를 추가적으로 고려하여 공급시기를 확정하여야 한다.

▌인도에 대한 요약 정리

부가가치세의 과세대상이 되는 재화의 인도란 재화를 공급하는 자 측의 단순한 재화의 물리적 이동이라기보다는 거래상대방과의 계약상 또는 법률상의 원인행위와 공급받는자의 인수라는 조건이 전제되어야 한다.

즉, 재화의 인도는 궁극적으로 재화를 사용 또는 소비할 권한의 이전을 수반하는 것을 의미하므로 반드시 물리적, 현실적 지배의 이전을 의미하는 것은 아니다(대법원 98다20110, 2001. 1. 16.).

④ 인도 또는 양도 관련 주요 사례

가. 계약상 · 법률상의 원인행위와 사용 · 소비할 권한의 이전

부가법 제9조에서 말하는 '인도 또는 양도'는 계약상 또는 법률상의 원인에 따라 궁극적으로 재화를 사용 · 소비할 권한의 이전이 수반되는 것이라야 하므로 아직 재화를 사용 · 소비할 권한의 이전이 수반되지 아니하였다면 과세거래로 볼 수 없는 것이므로 해당 재화의 공급시기가 도래하였다고 볼 수 없다(대법원 99두10100, 2001. 3. 27.).

나. 재화가 인도되었더라도 매매계약이 완성되지 않은 경우

'계약상의 원인에 의하여 재화를 인도 또는 양도하는 것'이라 함은 계약의 주요 요소를 모두 갖춘 '완성된' 계약에 의해 재화를 인도 또는 양도하는 경우만을 가리킨다 할 것이고, 계약의 중요한 요소를 갖추지 못하여 그 자체로서 완성된 계약으로 볼 수 없는 원인에 의하여 재화가 인도 또는 양도된 경우는 위 조항이 정하는 '재화의 공급'에 해당하는 것으로 볼 수 없다.

예를 들어 재고자산을 매수하기로 하는 잠정적인 합의가 있기는 하였으나 재고자산의 인수 당시에는 매매계약의 가장 중요한 요소인 매매대금이 전혀 정해져 있지 않은 상태였다면 이와 같은 잠정적인 합의는 그 자체로서 '완성된 계약상의 원인'에 해당한다고 볼 수 없어 재화의 인도 시 재화의 공급이 있는 것이 아니라 재화의 매매대금이 정해짐으로써 매매계약이 완성된 때 재화의 공급이 이루어졌다고 할 것이다(대법원 2008두8673, 2008. 8. 21. ; 서울고등법원 2007누28771, 2008. 5. 8.).

다. 공급가액을 결정하지 아니한 상태에서 재화를 인도하는 경우 공급시기

사업자가 공급가액을 결정하지 아니한 상태에서 잠정가액으로 재화를 인도하고 사후에 공급가액이 결정되는 경우 재화의 공급시기는 재화가 인도되는 때로 하여 세금계산서를 발급하는 것이며 이 경우 공급가액은 인도 당시의 잠정가액으로 하고 사후에 확정된 공급가액이 잠정가액과 차이가 있을 때에는 수정세금계산서를 발급하는 것이나, 부가령 제29조 제2항에 규정하는 조건부 및 기한부판매인 경우에는 그 조건이 성취되거나 기한이 경과되어 판매가 확정되는 때를 공급시기로 본다(동지 : 서면3팀-877, 2007. 3. 23.).

▌잠정가액이 있는 재화의 공급시기

국내법인인 판매회사와 제품공급사인 외국법인의 국내 지점 간에 유통매매계약서를 맺고, 재화의 가격을 제3의 독립법인이 "국제조세조정에 관한 법률"에서 규정하는 정상가격산출방법 중의 하나를 선택하여 제시하는 자료를 근거로 재화의 매입가격을 확정하는 경우, 정상가격(확정가격) 전에 잠정적으로 정한 가격과의 차액정산은 재화의 공급과 대가관계가 있는 것으로서 부가가치세의 수정세금계산서 발행 대상이 되는 과세거래인 것임(재정경제부 부가가치세제과-545, 2007. 7. 18.).

▌인도 시 재화의 공급가액이 확정되지 아니한 경우

재화가 인도되는 때에 당해 재화의 공급가액이 확정되지 아니한 경우에는 당해 재화의 잠정가액으로 세금계산서를 교부한 후, 공급가액에 확정되는 때에 그 확정된 금액과의 차액에 대하여 수정세금계산서를 교부하는 것임(부가-2905, 2008. 9. 4. ; 부가-46015-27, 1998. 1. 8.).

라. 대가의 지급과 공급시기

재화 또는 용역의 공급 시 과세대상 해당 여부 및 공급시기 판정에 있어 대가를 받기로 하고 타인에게 재화 또는 용역을 공급한 이상 실제로 그 대가를 받았는지의 여부는 부가가치세 납부의무의 성립 여부를 결정하는 데 아무런 영향도 미칠 수 없다(대법원 2008두5117, 2008. 8. 21. ; 대법원 94누11446, 1995. 11. 28.).

마. 제출된 계약서와 다른 거래임을 주장하는 경우

재화의 공급과 관련된 매매계약서에 적혀 있는 내용과 다른 공급시기에 세금계산서를 발급한 경우로서 금융기관 대출이나 그 밖의 특수한 사정으로 계약서의 내용을 부정하는 경우 당초 계약이 그 정당성을 뒷받침하고 있다면, 그에 반하는 사실에 대한 입증책임은 전적으로 이를 주장하는 사업자에게 있으므로 이를 입증하지 못한 당초 매매계약서에 따라 거래조건(예를 들어 중간지급조건부)을 판정함이 타당하다(동지 : 국심 2003중3357, 2004. 5. 20. ; 서울고등법원 2008누20231, 2009. 5. 22.).

바. 인도된 재화의 단순 설치 및 검사

일반적으로 계약조건에 따라 구매자에게 재화가 인도되어 설치 및 검사가 완료된 때가 공급시기가 되는 것이나, 냉장고 등 가전제품을 구매자에게 설치하는 등 재화의 공급에 부수되는 용역이 제공되는 경우 또는 확정된 공급대가를 확인하기 위한 수량 등의 단순검사를 하는 경우에는 인도시점을 공급시기로 한다.

사. 분할 인도되는 재화의 공급시기

재화를 분할하여 인도하는 경우 동 재화의 공급시기는 계약조건에 의하여 그 공급시기를 결정한다(서면3팀-1429, 2004. 7. 16. ; 부가 1265.1-2967, 1982. 11. 25. ; 국심 86부2166, 1987. 2. 27.).

㉠ 운송사정 등에 의해 부득이 하게 분할 인도하는 경우

계약상 재화를 일괄하여 인도하기로 약정하고 운송차량 등의 사정으로 분할하여 인도하는 경우의 인도시점은 계약에 의한 재화가 전부 인도되는 때이다.

㉡ 총괄계약을 맺고 수회에 걸쳐 분할 인도하는 경우

계약된 수량을 계약조건에 따라 수회에 걸쳐 분할 인도하는 경우 분할 인도하는 각각의 시기가 공급시기가 된다.

아. 내국신용장에 의한 재화의 공급의 경우

내국신용장에 의하여 공급하는 재화의 공급시기는 국내거래와 동일하게 해당 재화를 인도하는 때이다(부가통칙 15-28-6). 다만, 내국신용장에 의하여 수출품을 공급하는 자가 수출품을 수출업자에게 인도하기 전에 수출업자가 면허를 받고, 내국신용장에 의하여 공급하는 자가 그 내국신용장 조건 및 수출업자와의 계약에 따라 공급자의 책임하에 선적하는 경우 그 선적일이 공급시기가 된다(부가 22601-246, 1986. 2. 8.).

내국신용장에 포함되지 아니한 대가의 일부로서 받는 관세환급금의 공급시기도 해당 재화를 인도하는 때로 하는 것을 원칙으로 하므로 해당 재화를 인도하는 때에 추정되는 관세환급금을 포함하여 세금계산서를 발급한 후 실제로 받게 되는 관세환급금과의 차액은 그 금액이 확정되는 때에 수정세금계산서를 발급하여야 한다(부가통칙 32-67-5).

자. 현물출자의 공급시기

사업자가 재화를 법인에 현물출자하는 경우에는 현물출자로서의 이행이 완료되는 때를 그 공급시기로 본다. 이 경우 이행이 완료되는 때라 함은 「상법」 제295조 제2항에 따라 출자의 목적인 재산을 인도하는 때이며, 등기·등록 그 밖의 권리의 설정 또는 이전을 요할 경우에는 이에 관한 서류를 완비하여 발급하는 때를 말한다(부가통칙 15-28-1). 다만, 사업자가 해외의 법인에 현물출자하기 위하여 재화를 해외로 반출하는 경우에는 그 재화의 선적일이 공급시기가 된다(부가-647, 2009. 5. 7.).

2) 이용가능기준

① 의의

이동이 필요하지 아니한 재화의 공급시기는 동 재화를 이용가능한 때로 본다(부가법 §15 ① 2). 이 경우 재화가 이용가능하게 되는 시점은 공급받는 자가 해당 재화를 실제로 이용가능한 상태에 놓이는 시점 또는 사용·수익할 수 있는 시점을 의미한다.

대법원은 재화의 이동이 필요하지 아니한 경우에는 재화가 이용가능하게 되는 때를 재화의 공급시기로 하되, '재화가 이용가능하게 되는 때'라 함은 공급받는 자가 배타적으로 재화를 실지로 사용·수익할 수 있게 되는 때를 말하는 것으로 공급자나 공급받는 자의 사업개시, 폐지 여부, 사업자등록, 신고 여부와는 관계없이 그 해당 사실의 실질에 따라 판단할 사항으로 판시하였다(대법원 2006두9900, 2008. 9. 11. ; 대법원 96누16193, 1997. 6. 27. ; 대법원 97누20625, 1998. 9. 18.).

'부가가치세 과세대상인 재화의 공급'이란 계약상 또는 법률상 원인에 의하여 재화를 인도 또는 양도함으로써 실질적으로 재화를 사용 소비할 수 있도록 소유권을 완전하게 이전하여야 하는 것인바, 소유권을 유보한 채 일시적으로 사용하게 한다 하여 재화의 공급시기가 도래하였다고 볼 수 없다(대법원 2001두2386, 2002. 9. 24.).

'재화의 이동이 필요없는 경우'에는 대표적으로 부동산의 양도와 재화의 공급으로 보는 권리의 양도가 있다.

② 과세대상 권리를 양도하는 경우 공급시기

'부가가치세법상 재화의 공급에 속하는 권리의 양도'라 함은 유체물 외의 재산적 가치가 있는 무체재산권의 양도를 말한다(부가 22601-2429, 1987. 11. 26. ; 서면3팀-2615, 2004. 12. 22.).

재화의 이동이 필요하지 아니한 경우의 공급시기는 재화가 이용가능하게 되는 때이므로 등기나 등록을 요하는 산업재산권 등의 공급시기는 그 등기나 등록을 마침으로써 그 사용이 가능한 때가 원칙적인 공급시기가 되며, 등기나 등록을 요하지 아니하는 그 밖의 권리에 대한 공급시기는 소유권 존재 및 사용권리 인정에 대한 합의로 양도 목적물 일체가 법률적으로 완전하게 이전됨으로써 그 공급받는 자가 이용가능하게 되는 때가 된다(대법원 2002두4761, 2003. 12. 11. ; 대구지법 2007구합1516, 2008. 6. 25. ; 부가 46015-1525, 2001. 12. 20.).

부언하면 공부상의 명의변경을 요하는 권리(인·허가권, 관리권 등)로서 재산적 가치가 있는 무체물 양도의 경우 부동산 양도의 공급시기와 같이 적법한 절차를 거쳐 명의변경등록이 이루어졌다면 특별한 사정이 없는 한 그때를 공급시기로 봄이 타당할 것이나, 양도는 재화를 사용·소비할 수 있도록 소유권을 이전하는 행위를 전제로 하는 것이고 이용가능하게 되는 때의 의미 속에는 재화를 그 용도에 따라 사용·소비할 수 있는 상태에 이른 때라 할 것이므로 명의변경 이후 양수자가 잔금 미지급 등 특단의 사정에 의하여 그 권리를 사용·수익할 수 없거나, 사용·수익에 제약이 있다는 것을 납세자가 객관적으로 입증하는 경우에는 그 공급시기가 도래하였다고 볼 수 없다(대법원 2007두23019, 2007. 12. 24. ; 대법원 2002두4761, 2003. 12. 11.).

③ '이용가능한 때' 또는 '사용·수익일'의 판단기준

가. 사용·수익일에 대한 유권해석 사례

상가 등을 분양받으면서 잔금지급일 또는 소유권이전등기일 전에 분양업자로부터 해당 상가에 대한 사전사용승낙을 받아 다른 사업자에게 임대를 개시하는 등 배타적인 이용, 실질적인 사용·수익 및 처분을 할 수 있도록 점유권을 이전받은 때에는 동 상가 등의 분양에 대한 공급시기는 양수자가 실제로 사용·수익이 가능한 날(이용가능한 때와 동일한 의미로 쓰고자 한다. 이하 같다)로 본다.

이 경우 양수자가 해당 자산을 실질적으로 사용·수익하는지 여부는 잔금청산일 또는 소유권이전등기일까지 양수자의 관리·통제권 행사 및 제세공과금의 부담 등을 종합적으로 고려하여 사실 판단할 사항이다(법규부가 2009-441, 2010. 1. 13. ; 법인세과-116, 2010. 2. 8.).

나. 잔금지급과 사용·수익과의 관계

재화의 이동이 필요하지 않은 경우의 공급시기 판정에 있어 부동산의 경우 '이용가능하게 되는 때'란 원칙적으로 소유권이전등기일, 명의개서일 또는 잔금청산으로 인하여 매수자에게 실질적 통제권이 이전되는 때를 공급시기로 봄이 원칙이다.

다만, 잔금지급 이전에 소유권이전등기를 필한 경우에도 잔금 미지급금 등의 사유로 당사자 간 특약에 의하여 해당 부동산에 대한 사용·수익 등 이용을 제한하고 있는 경우에는 사후 잔금청산 등이 이루어져 실제로 사용·수익이 가능한 날을 공급시기로 본다.

다. 잔금지급 전 사용·수익으로 공급시기가 도래한 경우

장기할부판매계약에 있어 "사용·수익일"은 당사자 간의 계약에 의하여 매수인이 사실상 소유자로서 해당 건축물에 대한 배타적인 이용 및 처분을 할 수 있도록 그 점유를 이전받았다면 사용·수익하기로 약정한 날이 도래한 것으로 잔금지급 전이나 소유권이전등기일 전이라도 재화의 공급시기로 보는 사용·수익일 또는 이용가능한 때가 도래하였다고 볼 수 있다. 다만, 사용·수익일에 대한 별도 약정이 없는 경우에도 양도자가 사용승낙을 하고 매수인이 해당 자산을 실질적으로 사용할 수 있게 되었다면 그날이 자산의 취득(양도)시기가 된다(서면4팀-371, 2006. 2. 22. ; 부동산거래관리과-0981, 2011. 11. 21.).

사용·수익한 날 또는 입점일이 무조건적인 공급시기 판단기준이 되는 것은 아니다. 매매계약서상 입점일 지정이 없고 중도금과 잔금을 납부하여야만 입점할 수 있는 것으로 기재되었음에도 매수인이 사업자등록을 신청하기 위한 전 단계인 사업인허가 또는 설립신고를 위한 시설요건 충족을 위하여 소유자로부터 양해를 얻어 일부 설비를 설치하기 시작한 경우 사용·수익함이 없이 장차 운영하게 될 사업의 등록조건을 충족하기 위하여 공급자의 양해하에 설비의 일부를 설치한 시점을 사용·수익일로 보는 것은 "재화가 이용가능하게 된 때"의 뜻을 확대해석한 것으로 매수인 소유로 등기하거나 실지로 입점하여 사업을 영위하게 된 때를 공급시기로 보아야 한다(국심 2007중2228, 2007. 10. 24. ; 국심 2001서2574, 2001. 12. 13.).

대법원도 잔금 지급기일 이전에 건물이 준공되고, 준공검사가 되기 전에 마무리공사가 남아있는 상태에서 매수인이 건물을 인도받아 사용하고 있었다고 하더라도, 건물을 사용한 것은 매매계약에 부수된 약정에 따른 것일 뿐 실제로 잔대금을 지급하는 때에 매수인의 지위에서 그 건물을 사용·수익할 수 있는 권리가 확정적으로 발생되었다고 보아야 한다고 판시하였다(대법원 91누6610, 1991. 10. 8. ; 대법원 93누10866, 1993. 8. 24.).

3) 재화의 공급이 확정되는 때

인도기준 또는 이용가능기준에 의하여도 공급시기가 결정되지 않는 경우로서 재화의 공급에 대한 공급시기 판단에 대한 보충적 기준으로서 재화의 공급이 확정되는 때를 규정하고 있다. 동 규정은 재화의 인도시기 또는 이용가능시기를 파악하기 어려운 경우 뿐만 아니라 인도시기 또는 이용가능시기를 알 수 있다 하더라도 약정내용, 거래의 특성으로 인하여 합리적으로 재화의 사용·소비가 가능한 시점을 가릴 때 적용된다(부가법 §15 ① 3).

'공급이 확정되는 때'란 공급가액, 공급시기, 거래상대방이 결정되어 부가가치세의 전가가 가능한 시점을 의미한다(국심 2000서2940, 2001. 3. 22.).

4) 조건부 판매

재화를 인도할 당시에 모든 거래조건이 충족된 경우에는 재화의 인도시기에 공급이 확정된 것으로 보아 동 시기를 재화의 공급시기로 보는 것이나, 특정한 조건이 있는 경우에는 그 특정한 조건이 충족되어야 공급이 확정되는 것으로 보아야 할 것이므로 부가령 제28조 제2항에서는 조건부판매에 있어서의 공급시기에 관하여 규정하고 있으며 조건부판매의 유형은 다음과 같다.

가. 반환조건부판매

재화를 거래상대방에게 인도한 후 일정한 기한까지 거래상대방이 반환하지 아니하면 공급자가 판매하는 것으로 하는 약정에 의하여 공급하는 것을 말하는 것으로, 주로 시용판매 또는 시제품의 판매에 이용된다.

나. 동의조건부판매

재화를 거래상대방에게 인도한 후 거래상대방이 서면 또는 구술에 의해 구입할 의사를 표시할 때 공급자가 판매하는 것으로 하는 약정에 의하여 공급하는 것을 말하는 것으로, 주로 시용판매 또는 시제품의 판매에 이용된다.

다. 기한부판매

재화를 거래상대방에게 인도한 후 일정한 기한까지 반환하지 아니하거나 구입동의 또는 구입거절의 의사표시가 없으면 해당 기한이 경과하는 때에 공급자가 판매하는 것으로 하는 약정에 의하여 공급하는 것을 말한다.

라. 검수조건부판매

검수조건부판매는 재화를 공급받는 자의 검수를 필수적인 인도조건으로 하는 판매 또는 매수인의 검수를 정지조건으로 하는 판매를 말한다. 검수조건부판매에 해당하기 위해서는 당사자 간 의사 및 조건의 표시가 있어야 하고 만약 조건이 외부에 표시되지 않았거나, 계약서상 제품에 하자 또는 결함 발생 시 즉각 교환 또는 서비스 처리한다고 되어 있다 하더라도 검수조건 사항이 명시되어 있지 않은 경우, 공급받는 자가 아닌 공급자가 재화의 인도 전후로 하여 재화의 이상 유무를 점검해 스스로 재화를 교체하는 등의 계약은 검수조건부판매라고 볼 수 없다(대법원 2003다10797, 2003. 5. 13. ; 조심 2012전3301, 2012. 10. 4. 외 ; 국심 2007전3932, 2008. 4. 25.).

여기서 **공급받는 자의 검수를 필수적인 인도조건으로 한다는 의미는** 재화의 공급계약상 매수인의 검수를 정지조건으로 하는 조건부판매로서 매수인의 입장에서 검수조건의 성취나 검수합격이 되지 아니하면 전체의 재화공급이 실현되지 않은 것으로 간주하는 조건의 계약을 의미한다(창원지법 2027구합2454, 2008. 7. 3.). 기계장비의 공급계약서에 물품 납품일로부터 ○○일 이내에 검수한다는 검수기간만 기재되어 있다거나 정상가동될 때까지 지속적 수리나 보완 의무만 있을 뿐 검수합격이 되지 아니하면 전체의 재화공급이 실현되지 않는 검수조건부라는 취지의 내용이 포함되어 있지 않다면 원칙적으로 '검수조건부 거래'에 해당한다고 보기 어렵다(조심 2017서2719, 2017. 9. 20. ; 국심 2007전-932, 2008. 4. 25. ; 조심 2008부2034, 2008. 9. 10. ; 조심 2011서1675, 2012. 3. 29.).

검수조건부판매는 당사자의 의사, 거래형태, 거래관행 등에 비추어 검수절차의 이행을 재화인도의 필수조건으로 한 경우가 이에 해당하는 것으로, 이러한 경우에는 조건이 성취되는 검수완료일이 재화의 공급시기가 된다(대구고법 2008누1178, 2009. 4. 10.).

다만, 매매계약서상 검수조건을 부기하지 아니하였다 하더라도 관련 증빙서류에 의거 검수가 이루어져야만 인도가 가능한 것으로 약정되었고 그에 따라 검수가 이루어져 거래가 확정되었음이 객관적으로 확인된다면 검수조건부판매에 해당되어 해당 인도조건이 성취되는 때가 공급시기가 될 것이다(부가 22601-2565, 1985. 12. 30. ; 국심 95서1713, 1986. 1. 9. ; 부가 46015-1127, 1999. 4. 16.).

마. 그 밖의 조건부판매

재화를 공급할 때 반환조건부판매 또는 동의조건부판매 등 위 거래조건 외의 조건에 의하여 재화를 거래상대방에게 인도한 후 약정에 따른 조건이 성취되는 때에 공급자가 판매하는 것으로 하는 약정에 의하여 공급하는 것을 말한다.

반면, 용역의 공급에 있어 '그 밖의 조건부로 용역을 공급하는 경우'란 그에 관한 특별한 세법상의 정의 규정이 없는 한, 역무의 제공 등이 완료되기 전에 그 대가를 완성도 기준 등이 아닌 다른 기준에 따라 나누어 지급하기로 약정한 경우를 말한다(이때 대가의 각 부분을 받기로 한 때를 공급시기로 봄). 따라서 건설업자가 건축공사 대금을 기성고가 아닌 분양성과에 따라 지급하기로 약정한 경우로서 단지 분양이 이루어진 시점마다 대금을 받는 관계에 있다면 해당 용역의 공급시기는 그 대가의 각 부분을 받기로 한 때가 아니라 역무의 제공이 완료된 준공일이 된다(대법원 98두3952, 1999. 5. 14.).

즉, 민법과 소비세의 관점에 따르면 인도는 점유의 이전을 의미하고 양도는 소유권의 이전을 말하는데, 재화의 공급으로서의 인도는 점유의 이전만을 의미하지 않고 소유권의 이전을 전제로 한 점유의 이전을 의미한다고 보아야 한다.

5) 온라인 쇼핑몰을 통한 재화 판매 시 공급시기

사업자가 온라인 쇼핑몰에서 재화를 판매하는 경우로서 전자상거래법 제17조에 따라 일정기간 내에 소비자가 청약 철회할 수 있으나 계약상 그 외 다른 조건이나 기한의 약정이 없는 경우 재화의 공급시기는 부가법 제15조 제1항 제1호에 따라 해당 재화가 인도되는 때(구체적으로 발송일)로 하는 것이며, 온라인 쇼핑몰의 약관에 따라 재화를 수령한 소비자가 일정기간 내에 구매결정(확정)이나 교환 · 반품 등의 의사표시를 하도록 하고, 의사표시가 없는 경우 일정기간 경과 시 자동으로 구매결정(확정)되는 경우 해당 재화의 공급시기는 부가법 제15조 제2항 및 부가령 제28조 제2항에 따라 약관상 조건이 성취되거나 기한이 지나 판매가 확정되는 때로 한다(부가-2555, 2008. 8. 13. ; 서면-2019-법령해석부가-1949, 2019. 10. 8.).

반면, 쇼핑몰 운영자의 판매시스템 이용용역의 공급시기는 일반적으로 중개용역이 완료되고 공급가액이 확정되는 때인 사전약정된 정산일이 될 것이다.

최근 국세청은 온라인 쇼핑몰의 약관에 따라 재화를 수령한 소비자가 일정기간 내에 구매결정(확정)이나 교환 · 반품 등의 의사표시를 하도록 하고, 의사표시가 없는 경우 일정기간 경과 시 자동으로 구매결정(확정)되는 경우에는 수탁자인 온라인 쇼핑몰 운영자가 신용카드로 결제받은 경우에도 위탁자의 해당 재화에 대한 공급시기는 부가법 제15조 제2항 및 부가령 제28조 제2항에 따라 약관상 조건이 성취되거나 기한이 지나 판매가 확정되는 때라고 회신하였다. 그 취지는 위탁자(공급자)와 소비자 간 개별약관에 의하면 조건 또는 기한에 조건이 있는 동의조건부판매 또는 기한부판매에 해당되고, 수탁자가 신용카드로 결제받은 경우에도 위탁자는 구매결정이 되기 전에는 위탁자에게 판매대금을 정산받을 수 없어 부가법 제17조 제1항이 적용될 수 없다는 취지이다. 따라서 이 경우 선발행에 대한 공급시기특례 적용이 배제되므로 주의가 요구된다(법규부가-1407, 2022. 6. 28. ; 사전-2023-법규부가-0485, 2023. 8. 25.).

2 거래형태별 공급시기 판정

(1) 현금, 외상판매 및 할부판매

일반적으로 해당 재화가 인도되거나 이용가능하게 되는 때를 공급시기로 하는 것이므로, 재화 인도 전에 선수금을 지급받았더라도 실제 재화를 인도하는 때가 공급시기가 된다(부가령 §28 ① 1). 다만, 격지간 매매에 있어 매도인이 운송책임을 지고 재화를 판매하는 경우 재화의 공급시기는 매수인이 재화를 인수하는 때를 공급시기로 본다.

아래 "(2)"의 장기할부판매 요건을 충족하지 않는 할부판매의 공급시기는 해당 재화를 이동하는 때(재화의 인도시점)가 공급시기가 된다.

> **▌일반 할부판매의 공급시기**
> 할부판매란 상품이나 제품을 판매함에 있어 판매대금을 분할하여 회수하는 조건으로 이루어지는 판매형태를 말하며, 장기할부판매의 요건을 충족하지 않는 할부판매의 공급시기는 해당 재화를 이동하는 때(재화의 인도시점)가 공급시기이다.

※ 장기할부판매 시 양도소득세 산정에 있어 귀속시기는 이전등기접수일, 인도일, 사용·수익일 중 빠른 날임.

(2) 장기할부판매

1) 개념

장기할부판매란 재화를 공급하고 그 대가를 월부·연부 그 밖의 부불방법에 따라 받는 경우로 ① 대가를 2회 이상으로 분할하여 대가를 받고 ② 해당 재화의 인도일의 다음 날부터 최종 할부금 지급기일까지의 기간이 1년 이상(재화의 인도일의 다음 날부터 최종 부불금의 지급기일까지의 기간이 1년 이상으로 확정되어 있지 않는 경우에는 장기할부판매에 해당되지 아니한다)인 판매계약("①"과 "②"를 모두 충족한 계약)을 말한다. 이러한 장기할부판매의 경우 대가의 각 부분을 받기로 한 때를 공급시기로 하며, 대가를 받기로 약정한 날에 실제로 대가를 받았는지 여부에 관계없이 적용된다(부가령 §28 ③ 1, 부가칙 §17).

① '월부·연부 그 밖의 부불방법'이란 할부대금의 지급기일(이행기일)이 계약금의 지급기일을 제외하고, 월 또는 연 등의 단위로 하여 대체로 규칙적으로 도래하되, 각각의 이행기일에 있어 지급받는 금액이 상대방과 당초 계약에 의하여 구체적으로 확정되어 있는 경우에 있어서의 지불방법을 말하고 부불금은 반드시 균등액이어야 하는 것은 아니다(법인 46012-4062, 1993. 12. 23.).

② '받기로 한 때'의 의미는 대가를 받기로 약정된 날을 말하는 것이므로, 받기로 약정된 날에 실제로 대가를 받았는지 여부와 관계없이 공급시기가 된다. 이때 대가를 받지 못했다 하더라도 약정된 날에 세금계산서를 발급하고 약정된 날이 속하는 과세기간의 부가가치세 과세표준으로 신고·납부하여야 한다.

③ '1년 이상'이란 1년 이상이라는 기간을 충족하면 된다. 예를 들면, 공사대금의 지급기간이 10~20년 이상의 장기이고 할부기간의 장기에 따른 가산금의 산정방법

이나 지급시기가 명백히 구분되어 있다 하더라도 통상적인 할부거래의 범위를 벗어났다고 할 수 없고, 장기할부조건부 용역공급계약에 있어서 용역의 대가 및 장기할부조건에 대한 반대급부 내지 보상의 산정방법이나 지급시기에 대해서는 당사자가 이를 자유롭게 정할 수 있는 것이다(대법원 2008두9386, 2008. 8. 21.).

④ 장기할부판매에 있어 통상의 대가지급방법에 의한 경우보다 추가로 지급되는 금원은 이자가 아니라 대가의 지급방법을 장기할부조건으로 함에 대한 반대급부 내지 보상에 해당하여 공급가액에 포함한다. 다만, 대가의 지급지연으로 실질적인 소비대차로의 전환이 이루어진 경우 추가로 지급되는 금원은 이자소득에 해당한다(대법원 2008두9386, 2008. 8. 21.).

※ 장기할부판매는 용역을 공급하는 경우도 포함하며, 기간 요건에 있어서는 해당 용역의 제공이 완료되는 날의 다음 날부터 최종 할불금의 지급기일까지의 기간이 1년 이상인 판매계약을 말한다(부가규칙 §19). 이때 공급대가는 "명목가치 + 할부이자 + 부가가치세액"이다.

2) 공급시기 규정

장기할부판매에 따른 재화의 공급에 있어서는 해당 재화의 인도시점에 불구하고 그 공급시기를 대가의 각 부분을 받기로 한 때로 시행령에 특별히 규정하고 있다(부가령 §28 ③).

그러면서 부가법 제17조 제4항에서는 장기할부판매의 공급시기가 도래하기 전에 영수증 또는 세금계산서를 발급한 경우 그 발급한 때를 공급시기로 규정하고 있다. 여기서 주의할 점은 장기할부판매계약만 체결되면 언제든지 대가의 지급없이 세금계산서를 발급할 수 있는 것이 아니라 장기할부판매조건은 재화의 인도를 전제로 하고 있으므로 할부판매 계약 시 지급하기로 한 계약금이 있더라도 그 재화의 공급시기는 최소한 재화를 인도한 때이므로 장기할부판매계약을 체결하고, 해당 재화의 인도 전에 대가의 지급없이 발급한 세금계산서는 사실과 다른 세금계산서가 된다(서면3팀-422, 2008. 2. 26.).

따라서 장기할부판매의 공급시기는 ① 재화 인도 후 대가의 각 부분을 받기로 한 때, ② 해당 재화를 인도한 날, ③ 해당 재화를 인도한 후 그 대가의 각 부분을 받기로 한 때가 도래하기 전에 영수증 및 세금계산서를 발급한 때 중 납세자의 선택에 따라 세금계산서를 수수할 수 있다(법인 46012-4062, 1993. 12. 23. ; 부가 22601-1069, 1990. 8. 17. ; 서면3팀-436, 2006. 3. 7. ; 서면3팀-422, 2008. 2. 26.).

반면, 기업회계기준에서는 장부할부판매가 이루어지는 시점, 즉 재화를 인도한 때에 판매기준에 따라 수익을 인식함을 원칙으로 하고, 회사가 회수기일도래기준으로 계상한 경우에 한하여 예외적으로 이를 인정한다는 점에서 부가가치세법 규정과 대조된다.

3) 장기할부판매하고 매출채권을 양도한 경우

사업자가 재화를 장기할부판매조건으로 판매함과 동시에 해당 매출채권을 제3자에게 양도하는 경우 공급자는 형식상 소비자에게 장기할부조건으로 재화를 판매한 것일 뿐 사실상 재화의 공급대가를 제3자로부터 일시에 회수하게 되므로 장기할부판매의 조건을 충족한 것으로 볼 수 없으며, 장기할부판매에 대한 「부가가치세법」상 공급시기 규정은 장기할부판매조건으로 재화를 공급하고 공급대가를 받을 시기가 도래하지 않아 받지 못하였음에도 부가가치세를 납부하도록 할 경우 사업자에게 과중한 부담을 주게 되어 그 공급시기를 최소한 대가의 각 부분을 받기로 한 때로 하도록 한 취지로 볼 때 비록 장기할부로 판매했더라도 할부채권을 양도함으로써 그 양수자에 대한 채무액과 상계되거나 장기할부채권에 대한 회수위험에 대한 책임이 할부채권 양수자에게 이전되므로 재화의 인도시점을 공급시기로 보는 것이 타당하다(국심 2013서2178, 2013. 6. 28. ; 부가-660, 2012. 6. 8. ; 기준-2018-법령해석부가-0212, 2018. 10. 1. ; 법규과-1330, 2011. 10. 11. ; 기준-2018-법령해석부가-0212, 2018. 10. 1.).

조세심판원 및 국세청의 논리에 따르면 당초 구매자에게 장기할부판매조건으로 재화를 공급하고 일정기간 할부금을 회수하다가 잔여할부금을 제3자에게 매각한다면 할부채권 매각 전에는 장기할부판매조건에 따라 받기로 한 때를 공급시기로, 받기로 한 금액을 공급가액으로 세금계산서를 발급하고 할부채권 매각 시에는 그 매각시점을 공급시기로 하여 잔여할부금을 공급가액으로 기재한 세금계산서를 발급해야 한다는 해석이 가능하다.

※ 조세심판원에서는 소액심에서 장기할부판매를 인정한 사례도 있다.

4) 다품종 · 다량의 재화를 계속적 공급하는 경우

개별 재화별로 장기할부판매 계약함이 없이 의류 등 다수 · 다량의 상품을 여러 과세기간 동안 계속적으로 공급하면서 그 대금의 지급방법에 있어서 당월 거래분으로 확정된 공급대가를 익월 또는 익익월부터 1년간 매월 나누어 지급받는 거래는 장기할부판매거래에 해당하지 아니하여 해당 재화를 인도한 때를 공급시기로 하여 (월합계)세금계산서를 발행하는 것이다. 다만, 이와 유사한 거래행태(다품종, 다량의 지속적 거래인지에 대하여는 불분명함)에 대하여 장기할부판매로 해석한 사례가 있으므로 주의를 요한다(법규부가 2011-515, 2011. 12. 15.).

5) 계약금, 잔금으로만 구성된 계약이 장기할부판매인지

부가규칙 제17조에 따르면 장기할부판매란 월부, 연부 또는 그 밖의 할부의 방법에 따라 받는 것으로서 2회 이상으로 분할하여 대가를 받고, 해당 재화의 인도일의 다음 날부터 최종의 할부금의 지급기일까지의 기간이 1년 이상인 경우로 규정하고 있을 뿐 특별히 예외규정을 두고 있지 않으므로 이러한 장기할부판매의 경우에는 대가의 각 부분을 받기로 한 때를 공급시기로 하여 세금계산서를 발급하여야 한다. 따라서 계약 당시 대가를 2회 이상으로 나누어 지급받기로 하는 약정과 인도일 또는 용역제공완료일 익일부터 마지막 할부금의 지급기일까지의 기간이 1년 이상으로 확정되어 있기만 하면, 즉 계약금과 잔금으로만 구성되어 있더라도 장기할부조건에 해당된다는 것이 조세심판원의 의견이다(국심 2003부0075, 2003. 7. 8.).

| (장기)할부판매에 대한 세법과 기업회계기준의 비교표 |

대구분	소구분	K-IFRS	법인세법	부가가치세법
할부판매	• 손익귀속시기	인도기준	인도기준	
	• 공급시기			인도기준
장기할부판매	• 개념 정의	• 자산의 판매, 양도에 있어 그 판매대가를 월부, 연부 기타의 지불방법에 따라 2회 이상 분할하여 수입하는 것 중 해당 목적물의 인도일(소유권이전등기일, 사용일)의 다음 날부터 최종 할부금의 지급일까지의 기간이 1년 이상인 경우를 말함(법령 §68 ④).		• 좌동
	<원칙> • 손익귀속시기 • 취득가액	• 인도기준 • 현재가치	• 인도기준 • 명목가치	• 공급시기 - 대가의 각 부분을 받기로 한 때(회수기일도래기준) - 단, 수출하는 재화가 장기할부판매부조건인 경우 그 선적일 • 부가가치세 과세표준 - 명목가치+할부이자 (서삼 46015-11297, 2003. 8. 12.)
	<특례> • 손익귀속시기 • 수입금액		• 결산확정 시 회수기일도래기준, 현재가치로 계상한 경우 이를 인정하고 중소기업은 회수기일도래기준으로 신고조정 가능	
	• 현재가치할인발행차금 상각	• 이자수익 인식	• 계상한 사업연도는 익금산입하지 않고 기업회계기준에 따른 상각액은 이자수익으로 익금산입	

대구분	소구분	K-IFRS	법인세법	부가가치세법
장기할부판매	• 폐업 (할부기간 중)	• 해당 없음 (인도기준).	• 폐업일 이후 회수기일 도래분은 폐업일이 속하는 사업연도에 익금, 손금산입	• 폐업일을 공급시기로 보아 미회수액을 과세표준으로 본다.
	• 약정일보다 먼저 회수한 할부금	• 해당 없음 (인도기준).	• 선수금 처리	• 공급시기 미도래 -선발행세금계산서 발급도 가능

6) 장기할부로 신용카드 결제한 경우 공급시기

신용카드할부란 이용자(공급받는 자)가 신용카드대금(공급대가)을 일정기간 분할하여 신용카드회사에 결제하는 방식으로 할부결제를 하게 되면 전체 결제대금이 기재되고 카드회사는 매월 결제일마다 나누어 청구하게 된다. 즉 이용자가 카드회사로부터 자금을 대부받아 공급자에게 지급하는 거래형태로 보아야 한다. 이 때 재화나 용역의 공급자는 전체 결제대금을 신용카드회사로부터 일시에 지급받게 되므로 공급대가를 신용카드로 결제한 공급받는 자로부터 대가를 나누어 지급받는 경우에 해당하지 아니하여 장기할부판매거래로 볼 수 없으므로 신용카드로 장·단기로 할부결제한 경우 재화의 공급시기는 재화가 인도되거나 이용가능하게 되는 때가 되는 것이며, 신용카드 할부 판매시점에 전액을 공급가액으로 인식하여 부가가치세 신고납부하여야 한다.

※ 공급받는 자도 위 공급시기를 기준으로 할부결제금액 전체에 해당하는 매입세액을 공제받을 수 있으며, 할부결제 시마다 청구할인이나 캐시백이 사전약정에 의해 발생하는 경우 동 할인액 등은 에누리에 해당할 수 있다.

(3) 완성도기준지급조건부거래

1) 개념

완성도기준지급이란 재화의 제작기간이 비교적 장기(6개월 미만인 경우 포함)를 요하는 경우 그 진행도, 완성도를 확인하여 그 비율에 상응하는 만큼 대가를 지급하는 경우를 말하는 것으로서 공급자가 일의 완성도를 측정하고 기성고를 청구하며, 공급받는 자는 기성고를 확인하고 대가를 확정하는 일련의 행위가 있어야 완성도기준지급의 공급이라 할 수 있다. 이러한 완성도기준지급조건부의 경우 대가의 각 부분을 받기로 한 때를 공급시기로 한다.

이는 신축건물의 분양, 규모가 큰 기계나 가구의 제작·납품 등의 경우와 같이 재화가 완성될 때까지 오랜 시일이 필요하고 기성부분의 측정, 일의 진척도에 따라 재화의 공급에 대한 대가를 분할하여 지급하는 것이 합리적인 경우에 해당 재화를 인도하기 전에 그 대가를 재화의 완성도 등에 따라 분할하여 받기로 하는 약정에 의하여 공급하는 거래를 말하며, 완성도기준지급조건부거래의 이면에는 완성된 재화를 공급하기 위한 과정에 있어서 그 완성된 정도에 따른 대가의 지급과 같은 개념이 포함되어 있다고 보아야 하는 것이므로 공사 등이 종료된 후에는 완성도의 측정이라는 것이 있을 수 없어 공사 준공시점이 진척도가 100%가 되는 준공시점 이후에 발급된 세금계산서는 사실과 다른 세금계산서에 해당한다(부가 46015-217, 1998. 2. 6. ; 국심 88서969, 1988. 11. 3.).

이러한 완성도기준지급은 이미 완성된 재화를 인도하는 경우에는 적용시킬 수 없다. 완성도지급조건부거래에는 위 재화의 공급뿐만 아니라 건설용역 또는 제조·가공 등 용역의 제공에 대하여도 동일하게 적용된다.

2) 공급시기 규정

완성도기준지급조건부 재화의 공급에 대하여 부가령 제28조 제3항에서 그 공급시기를 대가의 각 부분을 받기로 한 때(실지 대금의 수령 여부에 불구하고 약정에 의하여 대가가 확정되어 대가의 각 부분을 받기로 한 날)로 규정하고, 재화가 인도되거나 이용가능하게 되는 날 이후에 받기로 한 대가의 부분에 대해서는 재화가 인도되거나 이용가능하게 되는 날을 그 재화의 공급시기로 규정하고 있다.

중간지급조건부거래와는 달리 완성도기준지급조건부 거래는 그 기간에 대한 규정을 두고 있지 아니하므로 계약서상 계약금 지급 약정일로부터 잔금지급 약정일까지의 기간이 6개월 미만인 단기건설용역이라 하더라도 용역제공 완료일 이전에 완성도에 따라 그 완성비율에 해당하는 대가를 받기로 한 경우에는 완성도기준지급조건부로서 대가의 각 부분을 받기로 한 때가 공급시기가 된다. 하지만, 이 경우에도 기성의 청구와 확인이 없었다면 용역제공 완료일(재화의 경우 인도일)이 공급시기가 된다(서면3팀-1003, 2005. 7. 1. ; 서삼 46015-10155, 2001. 9. 7.).

「법인세법」에서는 장기도급공사의 손익의 귀속시기를 공사진행률에 의하여 계산하도록 규정되어 있으나, 부가가치세법은 장기도급공사(완성도기준지급조건부거래에 해당하는 경우)의 공급시기 및 공급가액을 공사진행률에 의하지 아니하고 기성부분 중 대가를 지급하기로 한 때 및 그 지급하기로 한 금액으로 하고 있으므로 공사진행률에 따라 공사기성금을 청구하고 기성금확인을 거쳐 세금계산서가 발급되었다면 정당한 세금계산서가 된다.

▌'대가의 각 부분'의 의미

'대가의 각 부분'이란 각각의 기성청구 및 확인에 따라 확정된 대가의 일부로서 받는 금액을 말하며, 이러한 대가의 각 부분에는 계약금도 포함된다. 여기서 계약금, 착수금 또는 선수금 등으로 받는 금액이 용역대가의 일부로서 받는 금액인지의 판단기준은 해당 계약금, 착수금 또는 선수금 등이 그 이후 대가로서 받게 될 금액에 충당되느냐의 여부에 따른다(부가통칙 15-28-3).

다만, 완성도기준지급조건부로 건설용역을 공급함에 있어서 도급인으로부터 노임지급 및 자재확보 목적으로 선수금을 지급받고 그 선수금 중 작업진행률에 상당하는 부분을 확정된 기성고 대금에 순차로 충당하기로 약정한 경우 그 선수금은 대가의 일부로서 받는 것이 아니므로 그 공급시기는 선수금을 받기로 한 때가 아니라 계약에 따라 확정된 기성고 대금에 충당하는 때가 공급시기가 된다(국심 86서1859, 1987. 1. 20. ; 국심 87부1146, 1987. 9. 12.).

▌'받기로 한 때'의 의미

'받기로 한 때'란 실지 대금의 수령 여부에 불구하고 약정에 의하여 대가의 각 부분을 받기로 한 날을 말한다.

완성도기준지급 또는 중간지급조건부 용역공급 시 계약서상의 특약에 의하여 검사를 거쳐서 대가의 각 부분의 지급이 확정되는 경우에는 대가의 지급이 확정되는 때를 받기로 한 때로 보아 그 용역의 지급시기로 한다(부가통칙 16-29-4).

3) 기성청구 및 확인 후 대가를 지급하는 경우 공급시기 판정기준

공사기성금을 매월 말일에 청구하고 그 기성을 7일 이내 확정한 후 확정일로부터 20일 이내 지급하기로 한 완성도기준지급조건부거래의 공급시기 판정에 있어 조세심판원과 대법원이 서로 다른 해석을 하고 있어 다음과 같이 공급시기를 판정하도록 한다.

㉠ 원칙: 검사 등을 거쳐 지급이 확정되고 그 대가를 실지로 받은 날. 다만, 기성검사 확정일로부터 20일까지 대가를 지급받지 못한 경우 20일이 되는 날임.

㉡ 예외: 기성금 확정일을 작성일자로 발급한 세금계산서는 사실과 다른 세금계산서로 보지 아니한다(조심 2008중830, 2008. 7. 16. ; 기준-2016-법령해석부가-0317, 2017. 1. 13.).

4) 잔금의 공급시기

완성도기준지급조건부거래(중간지급조건부거래 포함)에 있어 잔금에 대한 공급시기는 비록 재화의 인도일 또는 용역제공이 완료된 이후에 지급하기로 약정되어 있다 하더라도 '대가의 각 부분을 받기로 한 때'가 아닌 인도일 또는 역무제공의 완료일(준공일 또는 준공검사일)이 된다(서면3팀- 2875, 2007. 10. 23. 외 다수).

5) 그 밖의 중요사례

① 지급일을 명시하지 아니한 완성도기준지급조건부 건설공사의 공급시기

건설공사 계약 시에 완성도에 따라 기성대가를 수차에 걸쳐 지급받기로 했으나 그 지급일을 명시하지 아니한 경우에는 공사완성도가 결정되어 그 대금을 지급받을 수 있는 날(기성검사 확정일)을 그 공급시기로 본다(부가통칙 16-29-2).

② 기성고 유보금의 공급시기

부가령 제28조 제2항, 제3항에서는 완성도기준지급 · 중간지급 · 장기할부 또는 그 밖의 조건부로 용역을 공급하거나 그 공급단위를 구획할 수 없는 용역을 계속적으로 공급하는 경우에는 그 대가의 각 부분을 받기로 한 때로 규정하고 있고, 동 건설용역의 공급계약서상 특정내용에 따라 해당 건설용역에 대하여 검사를 거쳐 대가의 각 부분의 지급이 확정되는 경우에는 검사 후 대가의 지급이 확정되는 때를 그 공급시기로 본다(부가46015-2608, 1994. 12. 24. ; 부가통칙 16-29-4).

기성고 유보금이 후술하는 단순한 하자보증금(아래 "③")이 아닌 사업자가 완성도기준지급조건부로 건설용역을 제공하고 결정된 기성검사에 의하여 확인한 금액의 일부를 유보금으로 차감한 잔액을 지급받고 동 건설용역의 제공이 완료되기 전에 동 유보금의 일부(계약금액의 일부)는 조건부인수증(발주자의 시험운영을 통해 모든 작업이 성공적으로 마무리되었을 때 발급)을 첨부한 대가지급청구서 접수 후 14일 이내에 지급받고, 나머지는 최종인수증(상업운영을 통하여 계약서상 전체시스템에 대한 성능 및 신뢰성이 확인되었을 때 발급)을 첨부한 대가지급청구서 접수 후 14일 이내에 지급받는 경우와 같이 유보금 지급이 별개의 거래조건에 해당되는 경우에는 조건부인수증이나 최종인수증을 첨부하여 그 대가를 청구함으로써 그 대가가 확정되는 때를 각각 공급시기로 본다(재경부 부가가치세제과-163, 2007. 3. 13.).

③ 하자보증금의 공급시기

하자보증이란 발주자에 대하여 계약자가 계약에 의하여 제공되거나 이행한 설계, 엔지니어링, 자재 작업기술상 등에 나타난 하자에 대하여 계약자, 하도급자 또는 제3자 등의 귀책사유에 대한 보증채무를 지는 것으로 통상 공사가 종료된 이후에 일정기간 책임을 부담하게 되며, 이러한 하자보증을 위하여 공급받는 자에게 보관시키는 금전 등을 하자보증금이라 한다.

사업자가 완성도기준지급조건부로 건설용역을 공급하면서 결정된 기성금 중 일정금액을 유보금 명목으로 공제하여 지급받고 건설용역 제공이 완료된 후 하자이행보증증권을 제출 시 유보금을 지급받기로 한 경우 공사의 각 부분에 대한 기성금액이 검사에 의하여 확정된 후 지급할 금액에서 유보시키고, 단순히 공사 종료 시 하자이행보증증권을 제출하면 유보금을 지급하는 경우로서 해당 유보금 지급 자체를 별도의 공급시기로 보지 아니하는 것이므로 부가가치세 공급가액은 대가의 각 부분을 받기로 한 때 결정된 기성금(유보금 포함)이 된다(서면3팀-1269, 2006. 6. 28. : 부가통칙 29-61-7).

④ 기성청구일을 작성일자로 발급한 세금계산서의 적정 여부

발주자와 시공사가 완성도기준지급조건부로 건물신축공사계약을 체결하면서 기성부분금은 시공사의 기성부분에 대한 검사를 요청하면 발주자는 지체 없이 검사하고 그 결과를 통지하며 14일 이내에 통지가 없는 경우 검사에 합격한 것으로 보고, 검사완료일로부터 14일 이내에 검사내용에 따라 기성부분금을 지급하여야 한다고 약정하였지만, 내부기안문서, 세금계산서, 대금지급현황 등에 따르면 발주자가 공사예정공정표와 공사현장을 실사하고 시공사와 서로 기성부분에 상당하는 대가를 구두 또는 묵시적으로 협의하여 기성을 확정한 후 시공사가 발주자에게 기성신청서를 제출한 사실이 확인되고, 발주자에게 대출을 실행하는 금융기관의 기성확인조서는 건물신축공사용역의 거래당사자가 아닌 제3자가 내부업무 처리용으로 작성한 문서이므로 해당 기성부분의 공급시기는 기성신청서 접수일(실제 기성청구 금액대로 자금이 집행됨)로 보는 것이 타당하다(조심 2008중830, 2008. 7. 16.).

⑤ 계약서에 기성청구 및 기성확인 절차를 명시하지 아니한 경우

도급계약서 등을 작성함에 있어 거래의 명칭이나 형식에 불구하고 그 실질에 따라 세법을 적용하는 것으로(국기법 §14 ②), 도급계약서의 형식에 불구하고 당사자 간 약정에 의해 기성청구와 확인절차에 따라 기성고가 확정되고 이에 따라 대가 및 세금계산서 수수가 이루어졌다면 완성도기준지급조건부로 보아야 한다(국심 2004서401, 2004. 5. 17. : 국심 88서969, 1988. 11. 3. 외).

반면, 당초 계약서의 내용에 기성청구, 감리자 또는 발주자의 기성확인, 기성청구일자 등이 명시되지 아니하고 기성청구 등 일련의 절차가 없었다면 완성도기준지급조건부 건설용역의 제공이 아니라 통상적인 용역의 공급에 해당하여 준공검사일 또는 사용승인일이 건설용역의 공급시기가 된다.

따라서 도급계약서 작성 시 기성청구, 기성확인, 대가의 지급시기 등을 명확히 기재하는 것이 과세관청과의 다툼을 줄일 수 있다(국심 2004서401, 2004. 5. 17.).

⑥ 완성도기준지급조건부로 용역을 제공함에 있어서 계약금의 공급시기

완성도기준지급조건부로 용역을 제공함에 있어서 그 대가의 일부로 계약금을 거래당사자로부터 받는 경우에는 해당 계약조건에 따라 계약금을 받기로 한 때를 그 공급시기로 보는 것이며, 이 경우 착수금 또는 선수금 등의 명칭으로 받는 경우에도 당해 착수금 또는 선수금이 계약금의 성질로 인정되는 때에는 계약금으로 본다(부가 46015-727, 1996. 4. 18.).

(4) 중간지급조건부거래

1) 개요

부가령 제28조 제3항 제3호에서 중간지급조건부로 재화를 공급하는 경우 대가의 각 부분을 받기로 한 때를 공급시기로 규정하고 있다. 이는 비교적 장기의 재화공급에 대하여 부가법 제15조 제1항의 통상적인 공급시기보다 조기에 공급시기를 인식하도록 함으로써 일시에 부가가치세를 거래징수하여야 하는 부담을 완화시키려는 정책적 배려로 보인다.

2) 중간지급조건부거래 해당 요건

가. 일반 요건

① 재화를 인도하기 전, 재화를 이용가능하게 하기 전 또는 용역의 제공을 완료하기 전에 ② 계약금 외의 대가를 분할하여 지급받는 경우로서 ③ 계약금을 받기로 한 날의 다음 날부터 재화를 인도하는 날, 재화를 이용가능하게 하는 날 또는 용역의 제공을 완료하는 날까지의 기간이 6월 이상인 경우를 말한다. 또한 위 “①”과 “②”의 요건이 충족된다 하더라도 “③”의 요건이 충족되지 않는다면 중간지급조건부로 볼 수 없고 일반적인 ‘인도기준’(용역의 경우 용역제공 완료일)을 적용하여야 할 것이다(부가령 §28 ③ 3, 부가칙 §18 1 · §20 1).

여기서 ‘계약금 외의 대가를 분할하여’의 의미는 계약금을 제외한 나머지의 금액을 분할하여(최소 2회, 즉 중도금, 잔금으로 구성) 나누어 지급하는 것을 의미한다.

나. 기간요건

2013. 2. 23. 구 부가칙 제9조 제1항 제1호의 개정으로 2013. 2. 23. 이후 재화 또는 용역의 공급 계약을 체결하는 분부터는 잔금을 지급하기로 한 날에서 재화를 인도하는 날, 재화를 이용가능하게 하는 날 또는 용역의 제공을 완료하는 날로 개정되었다.

2013. 2. 23. 이후 계약분부터는 중간지급조건부거래에 있어 잔금의 공급시기를 통상

적인 재화 또는 용역의 공급시기와 일치시켜 합리적으로 개정하였지만 "6개월 이상"일 것을 충족하는지는 당초 계약 시에 확정이 되어 있어야 할 것인데, 기간요건의 판정에 있어서 실제 용역제공을 완료할 날 등은 계약 당시에는 유동적일 수 있어 중간지급조건부거래 해당 여부 판단이 어렵게 된 면이 있다. 따라서 중간지급조건부거래의 정의규정은 종전과 같이 "계약금을 지급하기로 한 날부터 잔금을 지급하기로 한 날까지의 기간이 6월 이상인 경우"로 개정하되 잔금의 공급시기를 통상적인 재화 또는 용역의 공급시기와 일치되도록 개정할 필요가 있다고 본다.

2013. 2. 22. 이전에는 중간지급조건부거래에 있어 계약금을 지급하기로 한 날로부터 잔금을 지급하기로 한 날까지의 기간이 6개월 이상인 경우를 충족하여야 중간지급조건부 공급이 되는 것이므로 당초 계약서상 약정된 기간을 기준으로 6개월 이상인지 여부를 판정하였다. 예를 들어 당초 계약서상 약정된 기간이 6개월 이상이었으나, 공사기간의 단축으로 실제 6개월 미만이 된 경우에는 당초 계약은 중간지급조건부거래에 해당되어 계약금, 중도금에 대하여 발급한 세금계산서는 정당하고, 반대로 약정된 기간이 6개월 미만이었거나 기간을 정하지 아니하였으나, 공사가 지연되어 실제로 6개월 이상이 된 경우라도 중간지급조건부거래 요건을 충족하지 아니하였으므로 인도일을 기준으로 공급시기를 판정한다.

다. 「국고금관리법」 등에 따라 선금급을 지급받는 경우

① 「국고금관리법」 제26조에 따라 경비를 미리 지급받는 경우(부가칙 §18 2)
② 「지방회계법」 제35조에 따라 선금급(先金給)을 지급받는 경우(부가칙 §18 3)

「국고금관리법」 제26조에 따라 선급금을 받는 경우 선급금 지출원인 행위가 이루어져 그 대금지급이 결정되는 때가 재화의 공급시기이다. 동 규정에 따르면 지출관은 운임, 용선료, 공사 · 제조 · 용역계약의 대가 그 밖에 대통령령이 정하는 경비로서 그 성질상 미리 지급하지 아니하거나 개산하여 지급하지 아니하면 사무 또는 사업에 지장을 가져올 우려가 있는 경비의 경우에는 이를 미리 지급하거나 개산하여 지급할 수 있도록 하고 있다. 이 경우 사업자가 재화의 인도일이나 이용가능하게 된 날 또는 용역제공완료일 전에 국가나 지방자치단체로부터 받는 선급금은 그 횟수나 기간에 관계없이 중간지급조건부 공급에 해당하므로 그 선급금을 받는 때가 공급시기가 된다(「지방회계법」 제35조에 따라 선급금을 받는 경우 포함).

라. 중간지급조건부 용역의 공급

위 "가"부터 "다"까지의 중간지급조건부 재화의 공급에 대한 공급시기 규정은 용역의 공급인 경우에도 그대로 적용된다. 다만, 기간조건에 있어 용역은 계약금을 받기로 한 날의 다음 날부터 용역의 제공을 완료하는 날까지의 기간이 6개월 이상인 경우로 한다(부가규칙 §20).

3) 계약금, 중도금, 잔금의 공급시기

중간지급조건부거래에 있어 재화의 공급시기는 대가의 각 부분을 받기로 한 때이다.

① 계약금의 경우

가. 계약금의 의미

일반적으로 계약금은 계약을 체결할 때에 그 계약에 부수하여 당사자 일방이 상대방에게 발급하는 금전, 그 밖의 유가물로 정의하고 있으며, 계약금은 그 작용에 따라 계약 체결의 증거로서의 의미를 가지는 증약금, 계약의 해제권을 유보하는 작용을 가지는 해약금, 계약금을 교부한 자가 계약상의 채무를 이행하지 않을 때 그것을 수령한 자가 위약벌로서 몰수하는 위약금으로 구분된다. 우리 민법은 계약금을 해약금으로 추정(민법 §565 ①)하여 「매매의 당사자 일방이 계약 당시에 금전, 그 밖의 물건을 계약금·보증금 등의 명목으로 상대방에게 교부한 때에는 당사자 간에 다른 약정이 없는 한, 당사자 일방이 이행에 착수할 때까지 교부자는 이를 포기하고, 수령자는 그 배액을 상환하여 매매계약을 해제할 수 있다」고 규정한다.

나. 계약금을 분할하여 지급하는 경우

계약금은 계약을 체결할 때 약정한 계약금 전체를 교부하는 것이 일반적이나, 일부 주택공급의 경우 주택분양 사업상의 사정 등으로 계약금을 1회와 2회로 나누어 납부하는 것으로 하되, 계약금 2회분을 납부기한까지 미납하였을 때에 거래상대방(공급자)은 계약을 해제할 수 있고, 계약금 1회분과 2회분의 합계액을 계약의 해제 시 해약금 또는 계약상의 채무불이행 시 위약금으로 귀속한다고 명시하거나, 공급가액의 10%를 계약금으로 정하여 2회에 걸쳐 지급하기로 하고, 중도금 없이 잔금은 해당 계약금을 지급하기로 한 날부터 6월 이후에 지급하기로 한 경우가 있다.

실무상 공급계약서상에 계약금을 2회에 걸쳐 분할지급하도록 되어 있다고 하더라도 계약금 1회분 및 2회분의 합계액이 실질적인 매매계약 체결의 증거로서의 증약금, 계약의 해제권을 유보하는 해약금, 계약상의 채무불이행에 따른 위약금의 성질을 가지고 있다고 보기에 충분하고, 2차 계약금이 실질적인 중도금의 성질을 가진 것이 아니라면 계약금 2회분은 부가령 제28조 제3항 제3호 및 부가칙 제18조 제1항 제1호를 적용함에 있어 '계약금 외의 대가'로 보기 어렵다고 판단되며, 다만 실질적으로 이에 해당되는지의 여부는 구체적인 사실관계를 확인하여 판단할 사항이다.

요약 · 정리하면 계약조건에 ① 선급금 또는 선금으로 표시되어 있고, ② 정산에 관한 규정이 있으며, ③ 계약 취소 시 「민법」 제565조의 해약금 성질, 즉 해약금 교부자는 포기, 수령자는 배액상환이 아닌 손해배상을 별도로 청구할 수 있도록 약정되어 있는 경우에는 선급금으로 보고 그렇지 아니한 경우 계약금으로 판단한다(대법원 84누612, 1985. 8. 20. ; 서면3팀-418, 2008. 2. 26.).

㉠ 완성도기준지급 및 중간지급조건부거래인 경우

완성도기준지급 및 중간지급조건부로 재화를 공급하거나 용역을 제공함에 있어서 그 대가의 일부로 계약금을 거래상대자로부터 받는 경우에는 해당 계약조건에 따라 계약금을 받기로 한 때를 그 공급시기로 본다. 이 경우 착수금 또는 선수금 등의 명칭으로 받는 경우에도 해당 착수금 또는 선수금이 계약금의 성질로 인정되는 때에는 계약금으로 본다(부가령 §28 ③, 부가통칙 15-28-3).

㉡ 장기할부판매의 경우

장기할부판매조건에 따른 계약을 체결하면서 받은 계약금에 대하여는 해당 재화를 인도하는 때에 세금계산서를 발급하는 것이나(부가 22601-1069, 1990. 8. 17.), 해당 재화의 인도 전이라도 계약금이 지급된 부분에 한하여 부가법 제17조 제4항에 따른 선발행세금계산서 발급은 가능하다.

② 기성대금에 충당하는 선수금의 공급시기

사업자가 완성도기준지급조건부로 「국고금관리법」 및 「지방회계법」의 적용을 받지 아니하는 건설용역을 공급함에 있어 도급인으로부터 공사자금 지원목적으로 선수금(착수금)을 지급받고 동 선수금 중 작업진행률에 상당하는 부분을 확정된 기성고 대금에 순차로 충당하기로 한 경우 동 선수금의 공급시기는 계약에 따라 확정된 기성고 대금에 충당되는 때로 본다.

이 경우 사업자가 공사용역을 제공하는 도급계약을 체결하고 받은 선수금에 대하여 부가법 제15조에 규정하는 시기가 도래하기 전에 세금계산서를 발급하는 경우에는 그 발급하는 때를 해당 용역의 공급시기로 본다(부가 46015-2496, 1997. 11. 7.). 동 선수금(도급금액의 10%로 가정)에 대하여 선발행세금계산서를 발급한 경우 그 선수금을 각 회차별 기성청구금액에서 균등액(확정 기성금의 10%)을 차감하여 세금계산서를 발급하게 되는데, 만약 계약조건에 총 10회의 기성청구 중 5회까지 확정기성금에서 선수금 16%

씩 차감하고 잔여분 기성청구에 대하여는 4%씩 차감하기로 하고 그에 따라 세금계산서를 발급한 경우에도 정당한 세금계산서로 보아야 한다.

| 거래형태별 대가의 일부로 받는 계약금의 공급시기 |

구 분	통상적 공급	완성도기준지급	중간지급조건부	장기할부판매
공급시기	• 인도일 또는 이용가능한 때 • 선발행세금계산서 발급 가능	받기로 한 때	받기로 한 때	• 인도일 또는 이용가능한 때 • 선발행세금계산서 발급 가능

③ 중도금의 공급시기

사업자가 중간지급조건부거래에 따라 재화 또는 용역을 공급하는 경우 각 중도금의 실제 지급일 또는 지급 여부와 관계없이 당초 계약(또는 당초 계약의 변경이 있었던 그 변경된 계약의 내용)에 따라 각 대가를 받기로 한 날을 공급시기로 하여 세금계산서를 발급하여야 한다.

④ 잔금의 공급시기

중간지급조건부란 부가법 제15조의 통상적인 공급시기 도래 전의 지급조건을 의미하는 것이므로 "대가의 각 부분을 받기로 한 때"에서 "대가"란 계약체결일 이후 통상적 공급시기 전에 지급하는 금액인 계약금과 중도금을 의미하는 것으로 보아야 한다. 그러므로 잔금의 경우 부가법 제15조에서 규정하고 있는 통상적인 공급시기를 적용하여야 할 것인바, 중간지급조건부 부동산의 분양에 있어 그 잔금이 지급되기 이전에 입주를 승낙하였다면 이는 그 시점부터 사실상 소유자로서 부동산에 대한 배타적 이용권리를 행사한 것으로 인정하여야 할 것으로서 입주시점이 공급시기에 해당될 것이나, 잔금 또는 입주지정일의 종기일까지도 잔금이 지급되지 아니하여 입주를 하지 못하고 동 부동산에 대한 일체의 권한을 행사할 수 없다면 부가법 제9조에 따른 재화의 공급 자체가 성립한 것이 아니어서 잔금의 공급시기가 도래한 것으로 볼 수 없다(조심 2010부2758, 2010. 11. 19.).

중간지급조건부거래에서 잔금의 공급시기는 부가법 제15조에 규정하는 공급시기가 도래한 때를 공급시기로 함이 타당하고 재화를 사용·소비할 수 있는 권한의 이전을 전제로 하는 부가법 제9조에서 정하는 재화의 공급 개념과도 일치되어 부가법 제9조와 부가법 제15조의 법령 취지에 모두 부합한 해석이 된다.

기획재정부도 사업자가 국민주택규모를 초과하는 공동주택을 신축하여 중간지급조건부로 공급함에 있어서 공급계약서에 의해 공동주택이 이용가능하게 되는 날이 되는 입주지정일 이후에 잔금을 받기로 한 경우로서 공급계약서상의 잔금 납부일이 되는 입주지정일 또는 입주지정기간의 종료일까지 잔금이 청산되지 않고 관련 계약 등에 따라 잔금 미청산으로 인해 입주가 불가능한 경우에는 이후 입주증 교부, 소유권이전등기 등에 의해 사실상 해당 공동주택이 이용가능하게 되는 날을 잔금의 공급시기로 보았다(기획재정부 부가가치세제과-191, 2017. 4. 6.).

4) 그 밖에 구체적 공급시기 판단

① 중간지급조건부 계약의 변경이 있는 경우

사업자가 중간지급조건부에 의한 재화 또는 용역의 공급계약을 체결하였으나 그 내용이 변경된 경우의 공급시기는 다음과 같다(부가통칙 15-28-4).

가. 당초 계약의 지급일자 변경

당초 계약의 지급일을 변경한 경우에는 계약의 변경내용에 따라 대가의 각 부분을 받기로 한 때

나. 계약금 외의 대가를 일시에 지급하는 경우

중간지급조건부에 의한 당초 계약내용을 변경하여 대가의 각 부분을 일시에 지급하기로 한 경우에는 재화의 인도 또는 용역의 제공이 완료된 때

다. 잔금지급 전에 재화를 인도한 경우

중간지급조건부로 재화를 공급하였으나 지급기간 중에 거래상대방에게 재화를 인도하는 경우 나머지 중도금 및 잔금의 공급시기는 해당 재화를 인도한 때

② 일반계약에서 중간지급조건부계약으로 변경된 경우

당초 재화의 공급계약이 중간지급조건부에 해당하지 아니하여 계약금 지급 시 세금계산서를 발급하지 아니하였으나, 당사자 간에 계약조건을 변경하여 중간지급조건부계약으로 변경된 경우 계약변경 전에 이미 지급한 계약금은 변경 계약일을, 변경 계약일 이후에는 변경된 계약에 의하여 대가의 각 부분을 받기로 한 때를 각각 공급시기로 하여 세금계산서를 발급한다(서면3팀-1009, 2005. 7. 1.).

③ 중간지급조건부와 장기할부판매조건부가 혼합된 재화의 공급시기

사업자가 재화를 공급함에 있어서 재화가 인도되기 전에 계약금을 받고 인도시점부터 부가령 제28조 제3항에서 규정하는 할부판매 조건에 따라 대가를 받기로 한 경우 동

계약금에 대하여는 해당 재화를 인도하는 때, 대가의 각 부분을 받기로 한 때에 각각 세금계산서를 발급하여야 하는 것이나, 재화가 인도되기 전 계약금 외의 대가를 분할하여 받고 그 나머지 대가는 재화 인도시점부터 할부판매조건에 따라 받기로 한 경우로서 중간지급조건부 공급조건과 장기할부판매조건을 모두 충족하는 경우에는 부가령 제28조 제3항에 따라 대가와 각 부분을 받기로 한 때가 해당 재화의 공급시기가 된다(부가 22601-1069, 1990. 8. 17.).

④ 당초 계약과 대금수수가 달리된 경우 공급시기

중간지급조건부 공급계약을 체결하였으나, 계약서상 받기로 한 날에 대금을 지급받지 못한 경우에도 계약서상 받기로 한 날을 공급시기로 하며, 계약서상 받기로 한 날 이전에 대가를 지급받은 경우에도 이와 같으나, 부가법 제17조에 규정하는 선발행세금계산서 발급은 가능하다(국심 2006서3746, 2007. 6. 12.).

⑤ 당초 계약없이 대가의 수수가 3회 이상, 공사기간이 6월 이상이 된 경우

당초 재화가 인도되는 때 그 대가를 받기로 한 일반계약이었으나, 당사자 간 당초 계약을 중간지급조건부계약으로 변경함이 없이 수차에 걸쳐 부정기적으로 공급받는 자가 공급자에게 대금을 지급하는 것은 중간지급조건부 재화의 공급이 아니므로 해당 재화를 인도하는 때가 그 공급시기이다(국심 2001전3249, 2002. 2. 23.).

⑥ 인도일(용역제공 완료일)이 지난 후에 잔금을 받기로 한 경우

사업자가 완성도기준지급 · 중간지급조건부로 건설용역을 공급하는 경우로서 용역제공완료일 이후에 잔금을 받기로 한 경우 잔금에 대한 공급시기는 해당 용역제공이 완료되는 때를 공급시기로 한다(서면3팀-80, 2007. 1. 10.).

⑦ 중도금, 잔금에 대한 선납할인을 사전약정한 경우 공급시기

사업자가 중간지급조건부로 재화를 공급함에 있어서 계약당사자 간의 사전약정에 의하여 대금의 각 부분을 계약서상의 지급일 전에 납부하는 때에는 일정금액을 차감하여 준다는 내용을 계약서상에 명시하고 그 지급일 전에 납부받음으로써 해당 금액을 차감해 준 경우 그 차감된 금액을 공급가액으로 하여 그 대금을 지급받는 때에 세금계산서를 발급하여야 한다(부가 46015-938, 1999. 4. 6. ; 재소비 46015-216, 1998. 8. 22.). 다만, 계약금을 포함한 대가를 일시에 받았거나 계약금 외의 대가를 일시에 선납받았다면 중간지급조건부거래 조건을 충족하지 아니하여 통상적인 재화 또는 용역의 공급시기를 적용하여야 한다.

※ 사전약정없는 단순 선납은 약정한 날이 공급시기나 그 받은 선수금 범위 내에서 선발행세금계산서 발급은 가능하다.

⑧ 용역제공완료 후 지급받기로 한 경우

건설업을 영위하는 사업자가 부동산매매업을 영위하는 자에게 건설용역을 공급함에 있어 그 대가를 부동산의 분양성과에 따라 지급받기로 하는 경우 해당 건설용역의 공급은 그 밖의 조건부계약에 의한 용역의 공급에 해당하지 아니하는 것으로 해당 건설용역의 공급시기는 건설용역의 공급이 완료되는 때인 것이다. 중간지급조건부 또는 기타조건부 건설용역의 공급으로서 그 대가의 각 부분을 받기로 한 때가 공급시기가 되는 경우는 그 '용역제공완료 전'을 말하므로 신축건물 준공 후 그 분양 성과에 따라 공사대금을 지급하기로 하여 지급 시 발급받은 신축관련 세금계산서상 매입세액은 공급시기(준공일) 경과 후 발급분으로서 사실과 다른 세금계산서가 된다(대법원 98두3952, 1999. 5. 14. ; 부가 46015-4387, 1999. 10. 29. ; 국심 96서2432, 1997. 3. 31.).

⑨ 중도금, 잔금 등의 지급시기가 특정되지 아니한 경우

중간지급조건부 재화의 공급은 '대가의 각 부분을 받기로 한 때'를 그 공급시기로 하므로 계약 당시 대가의 각 부분에 대한 지급시기가 특정될 것을 전제로 한다. 국세청도 '사업자가 상가를 분양함에 있어 공급기간에 대한 약정만 체결하고 대금지급기일에 관한 약정이 없는 경우의 공급시기는 재화가 이용가능하게 되는 때'라고 회신하고 있다(국심 2005서1940, 2005. 12. 9. ; 조심 2016전1469, 2016. 10. 10. ; 부가-1710, 2015. 10. 19.).

다만, 법원의 판례를 보면 특정한 날짜를 지정한 경우 외에 정비사업 전문관리용역을 제공하는 사업자가 조합이나 추진위원회와 정비사업 전문관리용역을 체결하면서 확정된 대가의 지급시기와 대가를 "계약 시 10%, 기본계획 수립 시 10%, 추진위원회 승인 시 10%, 시공사 선정 후 10%, 조합청산 후 잔금" 형태로 계약한 경우에도 이를 중간지급조건부거래로 보았다(대법원 2015두1588, 2015. 8. 19.).

⑩ 중도금 등을 계약금 지급 시 또는 잔금 지급 시에 함께 받는 경우

사업자가 부동산을 계약서상에는 중간지급조건부 계약으로 공급하기로 약정하였으나 계약금과 중도금을 계약체결 시 한꺼번에 받은 경우, 중도금 전부를 잔금 지급 시 한꺼번에 받기로 한 경우, 계약체결일에 매수자에게 지급할 채무액과 상계할 수 있는 것으로 약정하면서 계약체결일에 그 대가 전액을 채무액과 상계처리한 경우에는 '분할하여 지급한다.' 즉, 몇 번으로 나누어 지급한다는 중간지급조건부거래 요건을 충족하지 아니하므로 이용가능하게 되는 때가 공급시기가 된다. 다만, 공급시기 전에 받은 공급대가에 상응하는 범위 내에서 부가법 제17조에 따른 선발행세금계산서는 가능하다(부가 22601-954, 1990. 7. 24. : 기준-2015-법령해석부가-0242, 2015. 11. 11.).

⑪ 잔금납입 전 전세계약으로 전환할 수 있는 조건이 부여된 분양계약의 공급시기

i. 사실관계

오피스텔을 신축하여 분양하는 사업자가 수분양자와 분양계약을 체결하면서 오피스텔 공급계약[계약금, 중도금, 잔금 외에 수분양자가 원하는 경우 분양계약을 전세로 전환할 수 있는 특약]을 체결하였는 바, 전세전환 계약에서 전세로 전환하려는 수분양자는 잔금 1개월 전까지 분양계약을 전세계약으로 전환요청하면 기 납부한 분양대금은 전세보증금(분양금액의 90%)으로 전환되고 분양공급은 취소된다(전세선택에 따른 별도의 위약금은 없음). 아울러 전세로 전환한 경우에도 전세기간 만료 후 분양의사를 표시하면 우선권을 부여하되 분양가는 별도로 정하여 양도하게 된다.

※ 전세전환 계약은 분양계약 시만 체결하며, 추후 선택이 불가하고 전환기간 내 요청이 없는 경우 일반분양 절차와 동일하게 진행됨.

구분	계약금(10%)		중도금(60%를 6회 분할)						잔금
	1차	2차	1차	2차	3차	4차	5차	6차	(30%)
납부일	계약 시 ('19.7.26.)	계약 후 1개월	'20.1.15.	'20.5.15.	'20.10.15.	'21.3.15.	'21.8.15.	'21.12.15.	입주 지정일

ii. 계약금, 중도금 등의 공급시기

민법상 **법률행위의 부관**은 법률행위를 하는 자가 스스로의 의사표시에 의해 법률행위의 효력을 좌우하는 것이며, **민법상 조건**은 장래의 불확실한 사실에 법률행위의 효력을 의존하게 하는 부관으로서 **정지조건**은 조건의 성취에 의하여 그때부터 법률행위의 효력이 발생하고, **해제조건**은 조건이 성취된 때부터 기존 법률행위의 효력이 소멸하게 된다. 아울러 **수의조건**이란 조건의 성부(成否)가 당사자의 일방적 의사에만 의존하는 조건으로 이러한 조건은 당사자에게 법률적 구속력을 생기게 하는 의사가 없으므로 아무런 의미가 없다.

수분양자의 전세계약 전환에 따른 위약금 미부담 요건은 사업자가 수분양자에게 해제권을 부여하는 계약해제에 대한 약정에 불과한 것으로 법률행위의 부관인 조건(수의조건에 해당)에 해당하지 아니하며, 계약금을 지급한 후 약 30개월 동안 1~6차 중도금과 잔금을 분할하여 지급하도록 약정하고 있어, 부가법이 정하는 중간지급조건부 공급에 해당한다. 그러므로 계약금, 중도금에 대하여 계약상 받기로 한 날에 세금계산서를 발급하여야 하고, 수분양자가 전세전환을 선택한 경우에는 이미 성립된 분양계약이 해제되는 것이므로 계약의 해제에 따라 기존 계약금, 중도금에 대한 세금계산서에 대한 감액수정세금계산서를 발급하면 된다는 것이 기획재정부의 예규심사위원회 결정이다(기획재정부 부가가치세제과-243, 2020. 6. 16.).

⑫ 중도금 완불 후 입주하고 잔금일 전 계약해제가 가능한 매매계약의 공급시기

i. 사실관계

사업자가 아파트(준공된 아파트임)를 매매하면서 그 매매대금을 계약금, 중도금 및 잔금으로 나누어 받되 계약금 수수일부터 잔금 수수일까지의 기간이 6월 이상이고, 매입자가 중도금을 완불하면 입주할 수 있되 잔금을 완불해야 소유권을 이전해 주며, 매입자가 매매계약 내용을 지키지 않는 경우 위약금을 부담하되 잔금일 이전 일정기간에 매매계약 해제를 요청하는 경우 위약금을 부담하지 않는다는 매매계약을 체결하였다.

구 분	계약금	1차 중도금	2차 중도금	잔금	분양가(VAT 포함)
금액(백만 원)	43(5%)	129(15%)	428(50%)	257(30%)	857(100%)
지불기일	'12.7.5.	'12.8.31.	'12.9.28.	'14.6.13.	

ii. 계약금, 중도금의 공급시기

기재부는 계약금을 받기로 한 날의 익일부터 인도일까지 6월 이상이고 대가의 각 부분을 나누어 받기로 약정하므로 중간지급조건부 공급에 해당하며, 위약금 미부담 요건은 계약해제에 대한 약정에 불과한 것으로 조건부 공급에 해당하지 아니하고, 중간지급조건부 공급요건을 충족하고 있어 아파트 매매에 따른 공급시기는 부가법 제15조 제1항 제2호 및 부가령 제28조 제3항 제3호에 따라 대가의 각 부분을 받기로 한 때로 보았다(기획재정부 부가가치세제과-190, 2013. 3. 14.).

반면, 조세심판원은 입주 2년 후 분양계약의 동의 혹은 선택이라는 조건이 달성되어야 판매가 확정되는 거래(일종의 "선 전세 후 매매 계약"으로 수분양자가 매수의사표시를 함으로써 그 조건이 성취되어 판매가 확정되는 동의조건부거래)로, 수분양자에게 2년 뒤 분양계약 확정 여부를 선택하는 것을 조건으로 분양하고, 수분양자도 2년간 거주(사용할 수 있는 권리만을 소유)한 후 분양 여부를 선택할 생각으로 계약을 체결하여 당사자 사이에 2년 동안 아파트에 대한 분양계약 확정이 유보되어 있는 점을 감안할 때, 위 매매계약에 따라 공급된 아파트의 공급시기는 수분양자가 매수의사를 표시함으로써 비로소 그 조건이 성취되어 판매가 확정되는 때라고 판단하였다(조심 2013서3251, 2013. 12. 26.).

iii. 결론

기재부와 조세심판원이 공급시기에 대하여 엇갈린 판단을 하고 있어 세무공무원이나 납세자로서는 혼란스러울 수밖에 없다. 2020년 5월 기재부의 예규심사위원회의에서 재차 동일한 결정(앞 "⑪"의 회신을 말한다)을 하였으므로 과세관청은 기재부해석에 따라 과세할 것으로 보인다.

⑬ 수입물품 인도 전에 계약금 중도금을 받는 경우

공급자가 외국에서 물품을 수입하여 국내사업자에게 공급하기로 하고 외국물품을 보세구역으로부터 반출하기 전에 공급받는 자로부터 우리나라에 인취하기 전에 계약금과 중도금을 지급받는 경우로서 중간지급조건부거래조건을 갖춘 경우에는 내국물품의 공급과 동일하게 해당 재화의 공급도 중간지급조건부거래로서 대가의 각 부분을 받기로 한 때를 공급시기로 본다(조심 2009부2745, 2010. 6. 17.).

⑭ 중간지급조건부와 검수조건부 결합 시 공급시기

계약금, 중도금, 잔금의 지급이 중간지급조건부거래의 요건을 갖추었더라도 잔금의 지급이 공급받는 자의 검수(시험가동)를 필수적인 인도조건으로 하는 검수조건부(재화의 공급계약상 검수합격이 되지 않으면 전체의 재화공급이 실현되지 않은 것으로 간주하는 매수인의 검수를 정지조건으로 하는 조건부판매로서 검수합격이 되지 않으면 전체의 재화공급이 실현되지 않거나, 검수에 따른 책임이행과 관련한 재화의 반환이나 손해배상 등 충분한 구제수단이 있어야 함) 재화의 공급계약에 해당하는 경우 그 공급시기는 해당 인도조건이 성취되는 때이며, 다만 재화를 인도하기 전에 선수금에 대하여 세금계산서를 발급한 경우에는 그 발급하는 때가 재화의 공급시기이다(심사부가 2007-0309, 2008. 10. 31. ; 국심 2003광3210, 2004. 2. 3. ; 창원지방법원 2007구합2454, 2008. 7. 3.).

⑮ 용역계약 체결 시부터 용역비 지급시기 유예합의가 존재하는 경우 당초 약정된 용역비의 공급시기

부가법상 중간지급조건부로 용역을 공급하는 경우에는 '그 대가의 각 부분을 받기로 한 때'를 용역의 공급시기로 보며, 법인법 제40조에서 정한 내국법인의 익금의 귀속시기는 원칙적으로 그 수입할 금액과 그 수입할 권리가 확정된 때, 즉 법률상 그 권리를 행사할 수 있게 된 시기를 의미한다. 한편, 중간지급조건부 용역공급의 경우 원칙적으로 당사자 사이의 약정에 의하여 대가의 각 부분을 분할지급받기로 한 때에 용역의 공급시기와 익금의 귀속시기가 도래하고, 각 분할지급시기가 도래하기 전에 당사자가 별도 약정으로 대가의 지급시기를 늦추기로 합의하였거나 용역계약 체결 시부터 지급시기 유예합의(각 시기별 공사대금을 시공사 선정 후 대출실행 시 대가를 지급한다는 유예규정)가 있었다면 그에 따라 용역의 공급시기와 익금의 귀속시기가 변경될 수 있다(대법원 2015두

1588, 2015. 8. 19. ; 서울고등법원 2016누75762, 2017. 9. 14. ; 대법원 2017두66190, 2018. 11. 29.).

예를 들어 계약금 지급약정일의 익일부터 용역제공완료일까지의 기간이 6개월 이상인 경우로서 계약금 외에 용역제공완료 단계별 중도금, 잔금 일자와 해당 일자에 지급할 대가를 약정하면서 해당 지급약정일자의 대금지급과 관련하여 단서 조항을 두어 자금조달이 어려운 경우 대출실행이 된 날에 기 도래한 중도금을 지급하고 이후에는 약정한 일자에 그 대가를 지급하기로 하였다면 기 도래분 중도금에 대한 공급시기는 대출실행으로 그 대가를 지급한 날이 된다.

⑯ 중간지급조건부 공급시기 주요 사례

㉠ 중간지급조건부 공급에 해당하는 거래에 있어 그 잔금지급시기에 일괄하여 발행한 세금계산서는 사실과 다른 세금계산서에 해당된다(대법원 2008두730, 2008. 3. 14.).

㉡ 대가에 상응하는 만큼 건물이 완성되지 아니한 경우에도 계약이 취소·해제된 사정이 없는 한 중간지급조건부계약에 따라 대가를 받기로 한 때 세금계산서를 발행한다(대법원 2002두3089, 2003. 11. 28.).

※ 중도금 지급시점에 공급대상 재화의 유무와도 무관하다.

㉢ 당초 약정없이 단지 계약금 외의 대가가 분할 지급된 기간이 6개월 이상이라는 이유만으로 중간지급조건부 재화의 공급에 해당한다고 볼 수 없다(부가 46015-3588, 2000. 10. 23. ; 국심 2005서1940, 2005. 12. 9. ; 대구지방법원 2007구합1516, 2008. 6. 25.).

㉣ 중간지급조건부로 제공하는 건설용역이 조기 준공으로 인하여 계약금 지급일부터 준공예정일까지의 기간이 6개월 미만이 된 경우 이미 발행한 세금계산서는 적법하며, 나머지 용역대가는 준공일을 공급시기로 본다(부가-509, 2009. 4. 10.).

㉤ 중간지급조건부거래는 그 공급계약 당시 해당 재화의 완성 여부나 존부 여부를 특별히 규정하고 있지 않으므로 분양계약의 계약금을 받기로 한 날의 다음 날부터 재화를 인도하는 날 또는 재화를 이용가능하게 하는 날까지의 기간이 6개월 이상이라면 해당 분양계약은 중간지급조건 재화공급계약이라고 할 것이고, 그 계약금 등의 지급시기에 공급시기가 도래한 것으로 본다(대법원 2007두25022, 2008. 4. 24. ; 대법원 96누13064, 1997. 7. 22.).

㉥ 중간지급조건부 또는 완성도기준지급조건부 거래에 해당되어 그 공급시기인 대가의 각 부분을 받기로 한 때가 도래하기 전에 기 지급한 선수금 범위 내에서 부가법 제17조에 따른 선발행세금계산서를 발급한 경우 그 발급한 때를 공급시기로 본다.

5) 중간지급조건부 공급시기 규정의 문제점

중간지급조건부계약의 공급시기 규정은 공급이 완료되기 전, 소유권 이전 전, 공급이 개시되기 전인 계약시점에 공급시기가 된다는 점, 대가를 나누어 받기로 했다는 사유만으로 장래에 공급이 완료될 것임이 불확실하고 부가가치 창출이나 거래징수를 못한 상태에서도 세금계산서를 발급하고 부가가치세를 신고·납부하여야 한다는 점에서 볼 때 재정수입 조기확보라는 명분 외에는 아무런 합리적 근거가 없는 규정이라 아니할 수 없다.

특히 아래와 같은 이유로 해당 규정은 폐지 내지 대폭 개정되어야 한다.

① 재화는 소유에 따른 유의적인 위험과 보상이 공급받는 자에게 대부분 이전되고 공급자는 재화의 소유권을 효과적으로 통제할 수 없을 때 수익을 인식하므로 일반기업회계기준상 수익인식시기와 다르다.

② 용역은 원칙적으로 진행률의 측정이 가능할 때 진행기준으로 인식하고 측정이 불가할 때 완성기준을 적용하므로 완성도의 측정과 청구, 확인의 과정으로 공급시기를 인식하는 부가법상 완성도기준지급조건부는 그 타당성이 인정되나 중간지급조건부는 진행 정도와 무관하게 공급시기를 인식하므로 그 타당성을 인정할 수 없다.

③ 권리의무확정주의를 채택하고 있는 법인세법상으로도 부동산 공급 시 익금귀속시기를 잔금청산일을 원칙(소유권이전등기일, 사용·수익일이 빠른 경우에는 그 날)으로 하나 중간지급조건부거래를 인정하지 아니하고 있다.

④ 권리의무확정주의는 납세자의 자의에 의하여 과세연도의 소득이 좌우되는 것을 방지하고자 함인데 1기, 2기로 나누어 과세하는 부가법상의 공급시기 판정에 있어서는 보다 더 명확하게 규정하여야 한다.

⑤ 부가가치가 형성되는 과정에서 공급시기를 규정하고 미리 부가가치세를 납부하게 하는 것은 공급자에게 과도한 부담이다.

⑥ 부가법 제15조 제1항에 대한 예외규정으로서 제2항의 위임규정은 제1항의 내용의 한계를 넘어서 규정하여도 좋다는 취지라면 시행령에 포괄적으로 위임할 것이 아니라 동법 동조 제2항이나 그 후항에 구체적으로 규정하는 것이 맞다(위임입법의 한계를 벗어난 무효의 규정으로 볼 수 없다는 판례는 있다)(대법원 95누634, 1985. 8. 11.).

⑦ 현행 중간지급조건부거래 규정은 소유권 이전 전에 단순한 대금분할지급약정에 불과함에도 공급받는 자가 사용·소비할 수 없음에도 부가가치세 과세가 이루어짐으로써 소비세라는 부가세 기본논리에도 반한다.

⑧ 장기할부판매는 재화의 인도 후에 그 공급시기를 인도시점보다 늦춘다는 점에서 납세자에게 유리하게 적용되는 규정이라서 인도 전에 과세되는 중간지급조건부거래와 동일 선상에서 비교가 불가하다.

중간지급조건부거래는 공급자가 대가를 받을 것을 전제로 하면서 강제성이 없다는 점을 비롯해 위 문제점에 비추어 부가령에서 삭제하고 부가법 제15조 제1항의 일반적 공급시기 규정을 적용하도록 함이 타당하다. 물론 부가법 제17조의 특례 규정에 따라 실제 받은 만큼 선발행세금계산서 발급도 가능하기 때문에 현행 규정과의 혼란도 적고 공급자도 받은 대가의 범위 내에서 부가가치세를 납부할 수 있는 장점이 있다. 만약 해당 규정의 폐지가 불가하다면 장기의 개념이 기업회계기준, 법인세법이나 소득세법에서 1년으로 정하고 있는 만큼 장기할부판매와 같이 중간지급조건부거래에서의 기간조건을 '6개월 이상'에서 '1년 이상'으로 확대하는 것이 필요하다.

(5) 계속적 공급의 경우

전력 · 열 · 가스의 공급 등과 같이 그 공급단위를 구획할 수 없는 재화공급의 경우에는 대가의 각 부분을 받기로 한 때가 공급시기이다. 비록 이동이 가능한 재화로서 인도가 되고 있지만 개별적인 인도시점을 확정하기 어려우므로 이러한 경우에는 적어도 인위적으로 재화를 구획한 시점인 검침이나 검사 등의 시점이 공급시기가 될 것이나, 부가령 제28조 제3항 제4호에서는 공급확정 내용에 따라 대가의 각 부분을 받기로 한 때를 공급시기로 규정하고 있다. 다만, 대가의 각 부분을 받기 이전에 대가를 청구하는 상관행을 인정하여 대가의 각 부분을 받기로 한 날 이전에 세금계산서 또는 영수증을 발급하는 경우에는 그 발급하는 때를 공급시기로 본다(부가령 §28 ③ 4 ; 기준-2017-법령해석부가-0035, 2017. 3. 16.).

(6) 재화의 공급으로 보는 가공의 경우

주요자재의 전부 또는 일부를 부담하고 상대방으로부터 인도받은 재화에 공작을 가하여 새로운 재화를 만드는 가공계약에 따라 재화를 인도하는 경우에는 가공한 재화를 인도하는 때를 공급시기로 한다(부가령 §28 ① 3).

(7) 자가공급, 개인적 공급, 사업상 증여, 폐업 시 잔존재화의 경우

재화의 자가공급, 개인적 공급 및 사업상 증여로서 재화의 공급으로 보는 경우에는 그 재화가 사용 또는 소비되는 때를 공급시기로 한다. 다만, 직매장에의 반출에 대한 재화의 공급시기는 재화의 공급에 관한 원칙적인 공급시기 중 재화의 이동이 필요한 경우에는 재화가 직매장으로 반출되는 때를 그 공급시기로 본다.

폐업하는 때에 잔존재화로서 재화의 공급으로 보는 경우에는 그 폐업을 하는 때를 공급시기로 한다. 이 경우 신규로 사업을 개시하고자 하는 자가 사업개시일 전에 등록한 경우로서 사실상 사업을 개시하지 아니하게 되는 때에는 그 사실상 사업을 개시하지 아니하게 되는 날을 공급시기로 한다(부가령 §28 ④).

구 분	공급시기
면세전용, 비영업용 승용자동차의 구입과 유지 관련 재화, 개인적 공급으로 과세되는 경우	재화를 사용하거나 소비되는 때
직매장 반출	재화를 반출하는 때
사업상 증여	재화를 증여하는 때
폐업 시 잔존하는 재화	부가령 제7조에 따른 폐업일

(8) 무인판매기에 의한 판매의 경우

무인판매기 설치사업자가 무인판매기를 통하여 재화를 공급하는 경우에는 해당 사업자가 무인판매기에서 현금을 꺼내는 때가 공급시기이다(부가령 §28 ⑤).

(9) 수출재화의 공급시기

수출재화에 대한 공급시기는 아래와 같다(부가령 §28 ⑥).

구 분	공급시기
① 내국물품의 외국 반출·중계무역방식의 수출	수출재화의 선(기)적일
② 원양어업·위탁판매수출	수출재화의 공급가액이 확정되는 때
③ 위탁가공무역방식의 수출·외국인도수출	외국에서 수출재화가 인도되는 때
④ 해외 수탁가공업자에게 원료를 무환반출하여 가공한 재화를 양도하는 경우	해당 재화가 외국에서 인도되는 때
⑤ 「관세법」상 수입의 신고가 수리되기 전의 물품으로서 보세구역에 보관하는 물품을 외국으로 반출하는 것	수출재화의 선(기)적일
⑥ 내국신용장 또는 구매확인서에 의하여 재화를 공급하는 경우	국내거래와 동일하게 해당 재화가 인도되는 때
⑦ 사업자가 소포우편에 의하여 재화를 수출하는 경우	해당 재화에 대한 소포수령증의 발급일 (서면3팀-1153, 2005. 7. 21.)
⑧ OEM 계약에 의해 생산한 재화를 공장인도조건으로 수출하는 경우	수출재화의 선(기)적일 (부가-1376, 2011. 11. 7.)

(10) 수입재화의 공급시기

사업자가 보세구역 내에서 보세구역 밖의 국내에 재화를 공급하는 경우에 해당 재화가 수입재화에 해당하는 때에는 「관세법」에 따른 수입신고가 수리된 때(수입신고 수리일)를 공급시기로 한다(부가법 §18, 부가령 §28 ⑦).

(11) 임치물의 반환이 수반되는 창고증권의 공급시기

부가령 제18조 제2항 제1호 및 제2호와 관련하여 조달청 창고 및 런던금속거래소의 지정창고에 보관된 물품에 대하여 동 창고가 발행하는 창고증권의 양도로서 임치물의 반환이 수반되는 경우 그 재화의 공급시기는 다음과 같다.

구 분	공급시기
① 창고증권을 소지한 사업자가 해당 조달청 창고 또는 거래소의 지정창고에서 실물을 넘겨받은 후 보세구역의 다른 사업자에게 해당 재화를 인도하는 경우	해당 재화를 인도하는 때
② 해당 재화를 실물로 넘겨받는 것이 수입재화에 해당하는 경우	그 수입신고 수리일
③ 국내로부터 조달청 창고 또는 거래소의 지정창고에 임치된 임치물이 국내로 반입되는 경우	그 반입신고 수리일

(12) 위탁판매의 공급시기

위탁매매 또는 대리인에 의한 매매의 경우 재화의 공급시기는 수탁자 또는 대리인의 공급을 기준으로 하여 앞서 설명한 부가령 제28조 제1항부터 제9항까지의 개별적인 공급시기의 규정을 적용한다(부가령 §28 ⑩).

① 수탁자 또는 대리인의 공급시기를 기준으로 공급시기 판정
② 위탁자 또는 본인을 알 수 없는 경우 위탁자와 수탁자 또는 본인과 대리인 사이에도 공급이 이루어진 것으로 보아 공급시기 판정

수탁자 또는 대리인이 위탁자 또는 본인의 의뢰에 의하여 재화를 현금판매하거나 외상판매하는 경우 위탁자 또는 본인의 공급시기는 그 위탁자 또는 본인이 수탁자 또는 대리인에게 재화를 반출하는 때가 아니라 그 수탁자 또는 대리인이 재화를 구입자에게 인도하는 때로 하게 된다. 다만, 위탁자 또는 본인을 알 수 없는 경우에는 위탁자와 수탁자 또는 본인과 대리인 사이에도 별개의 공급이 이루어진 것으로 보아 부가령 제28조 제1항부터 제9항까지의 공급시기 규정을 적용한다.

(13) 리스자산의 공급시기

1) 리스의 개념

리스란 리스제공자가 리스자산의 사용권을 일정기간 리스이용자에게 이전하고 리스이용자는 그 대가로 사용료를 지급하는 계약을 말하며, 이러한 리스는 금융리스와 운용리스로 구분한다.

금융리스는 리스자산의 소유에 따른 대부분의 위험과 효익이 리스이용자에게 이전되는 것을 말하며, 리스자산의 법적 소유권 이전과는 무관하게 적용된다. 운용리스는 금융리스 외의 리스를 말한다(기업회계기준서 19호 문단 5 (1)~(3)).

2) 공급시기

납세의무가 있는 사업자(이하 "리스이용자"라 한다)가 「여신전문금융업법」에 따라 등록을 한 시설대여업자(이하 "리스회사"라 한다)로부터 시설 등을 임차하고, 그 시설 등을 공급자 또는 세관장으로부터 직접 인도받은 경우에는 그 사업자(리스이용자)가 공급자로부터 재화를 직접 공급받거나 외국으로부터 재화를 직접 수입한 것으로 보아 부가령 제28조 제1항 제1호부터 제9호까지의 규정을 적용한다(부가령 §28 ⑪). 이 경우 리스계약의 형태가 운용리스인지 금융리스인지에 관계없이 해당 규정을 적용한다.

> 사업자가 리스자산을 리스회사에 판매하고 해당 재화를 리스이용자에 직접 인도하는 경우 또는 리스자산을 수입하는 경우 법률적 또는 사실상의 거래상대방 또는 수입자는 리스회사라 하더라도 공급시기의 적용 및 세금계산서 발급에 있어서는 해당 사업자의 리스자산 인도시기에 그 거래상대방을 리스이용자로 하여 세금계산서를 발급한다.

이 규정은 리스회사가 면세사업자인 관계로 리스자산의 취득과 관련하여 거래징수 당하는 부가가치세를 매입세액으로 하여 매출세액에서 공제할 수 없기 때문에 리스회사는 거래상대방 또는 세관장으로부터 거래징수 당하는 부가가치세를 포함하여 리스료를 산정, 이를 리스이용자로부터 받고 계산서를 발급한다. 반면, 계산서를 수취한 리스이용자는 해당 리스료에 포함되어 있는 부가가치세를 매입세액으로 공제할 수 없어 조세의 중복과세 현상이 일어나게 될 것인바 이를 회피하기 위한 조치이다(법인통칙 121-164-6).

▌리스이용자가 면세사업자인 경우

리스이용자가 면세사업자인 경우 매입세액을 공제받을 수 없기 때문에 리스자산공급자가 리스이용자에게 세금계산서를 발급할 필요가 없다. 이러한 이유에서 부가가치세법에서도 "납세의무 있는 사업자", 즉 과세사업자로 한정하여 세금계산서 발급특례규정을 둔 것이다. 따라서 리스이용자가 면세사업자인 경우에는 리스자산의 공급자는 리스회사에게 세금계산서를 발급하여야 하고, 금융리스계약에 따라 리스자산을 인도하는 리스회사는 리스이용자에게 계산서를 발급하여야 한다.

(14) 폐업 전에 공급한 재화의 공급시기가 폐업일 이후 도래하는 경우

사업자가 폐업 전에 공급한 재화의 공급시기가 폐업일 이후에 도래하는 경우에는 그 폐업일을 공급시기로 본다(부가령 §28 ⑨). 여기서 폐업 전에 공급하였다는 의미는 장기할부판매 등과 같이 재화의 인도 또는 양도의 전부 또는 일부가 폐업 전에 이루어진 경우에만 한정하는 것이 아니라 그와 같은 재화의 인도 또는 원인이 되는 행위, 즉 그 공급의 상대방, 시기, 가액을 확정할 수 있는 계약 등 법률상의 원인이 폐업 전에 발생한 경우를 말한다(대법원 2005두10453, 2006. 1. 13.).

이때 부가가치세 공급가액은 간주공급규정에 따른 공급가액 환산방식에 의하여 계산하는 것이 아니라 양도가액이 부가가치세 공급가액이 된다.

나아가 국세청은 폐업 전에 공급한 용역의 대가가 폐업일까지 확정되지 아니하여 그 공급시기가 도래하지 않은 경우에도 그 폐업일을 공급시기로 하여 공급받는 자에게 세금계산서를 발급하도록 해석하고 있다(서면3팀-589, 2007. 2. 20.).

※ 폐업 시 남아있는 재화가 아닌 실질공급(유상공급)으로 과세됨에 유의

(15) 반환 · 동의 · 그 밖의 조건부판매 및 기한부판매

반환조건부판매 · 동의조건부판매 그 밖의 조건부 및 기한부판매의 경우에는 그 조건이 성취되거나 기한이 경과되어 판매가 확정되는 때를 공급시기로 한다(부가령 §28 ②).

「민법」 제147조는 '조건'을 규정하면서 '정지조건'과 '해제조건'을 모두 규정하고 있고, 「부가가치세법」도 다른 법률과 같이 '조건'의 의미에 관하여 별도로 규정하지 아니하므로 '조건'에는 '정지조건'과 '해제조건'이 모두 포함된다. 조세심판원도 '조건부판매란 조건의 성취 여부가 매매계약의 효력을 좌우하는 필수적인 경우로서 매매계약을 무산시킬 만한 우발적 상황의 발생이 예상되는 때에 매매계약의 효력을 조건의 성취 시까지 정지시키는 거래'라고 하여 반드시 정지조건에 한정하지 아니하고 있다(국심 2007광1563, 2007. 12. 10.).

조건부판매로 예시된 '반환조건부판매'도 불확정한 매매계약을 전제로 목적물을 인도하여 일정한 기간까지 사용한 후 매수인이 목적물을 반환하면 매매계약이 체결되지 아니하는 것, 즉 해제된 것으로 보고 반환하지 아니하면 매매계약이 유지된 것으로 보는 바, 사법상으로는 '목적물 반환'을 해제조건으로 하는 매매계약이며, 사법상 형식을 약정 기간 경과 후 승낙의 의사표시를 하는 것을 '정지조건'으로 하든지, 일정기간 경과 후 '계약에 대하여 해제의 의사표시를 하는 것'을 '해제조건'으로 하든지 관계없이 '약정 기간 경과 후 매수 여부를 결정한다는 실질에 있어서는 아무런 차이가 없어 전자만 '조건부판매'로 보고 후자는 '조건부판매'가 아니라고 볼 합리적 이유는 없다고 본다.

(16) 상품권 관련 공급시기

상품권 등을 현금 또는 외상으로 판매하고 그 후에 그 상품권 등이 현물과 교환되는 경우의 공급시기는 재화가 실제로 인도되는 때이다. 상품권 등 그 자체는 부가가치세의 과세대상에 해당되지 아니하는 것이므로 이를 판매한 시점에서는 재화의 공급에 대한 선수금을 수령한 것에 불과한 것이므로 해당 상품권에 의하여 재화가 인도되는 시점이 공급시기가 된다(부가령 §28 ① 2, 부가통칙 15-28-2).

1) 공급시기 요약

구 분	공급시기
상품권 도소매업자의 상품권 공급	과세대상 거래가 아니므로 공급시기와 무관함.
상품권발행업자 또는 판매대행업자의 발행대행 및 판매대행용역	사업지원서비스업으로 해당 용역제공이 완료된 때
상품권으로 물품대금 결제 시	해당 재화를 인도하는 때

2) 상품권 판매 시 부가가치세 과세대상 여부

선하증권 등 물품증권은 거래당사자 간(공급자 및 매입자 간)에 물품의 종류, 규격, 수량, 품질 등이 이미 정해져 있어 물품증권을 교부(양도)하는 것은 운송 중이거나 보관 중인 물품을 인도하는 것과 동일한 효력이 발생하므로 재화의 공급에 해당하여 부가가치세 과세대상이나(상법 §133 ; 서삼 46015-11452, 2003. 9. 15.), 상품권은 그 종류에 관계없이 화폐대용적 성격이 강하여 적혀 있는 금액의 범위 내에서 동 증서의 소지자에게 물품 등을 인도할 의무를 가질 뿐 「상법」 제133조 규정(물권적 효력)이 적용되지 아니하고, 물품의 종류 · 규격 · 수량 · 품질 등이 특정되어 있지 않다. 따라서 상품권을 교부(판매)하는 것은 물품 등을 인도하는 것이 아니므로 상품권의 판매는 재화 또는 용역의 공급에 해당하지 않으며, 기업회계기준에서도 상품권 판매 시 지급받은 대가를 선수금으로 처리하도록 규정하고 있다.

3) 상품권 판매 시 (세금)계산서 발급가능 여부

상품권의 판매는 재화 또는 용역의 공급이 아닌 유가증권의 매매이므로 상품권의 판매 자체에 대하여는 세금계산서를 발급할 수 없다. 다만, 부가법 제17조의 규정을 적용하여 선발행세금계산서를 발급할 수 있다는 의견이 있으나, 선발행세금계산서 발급을 인정한 해당 규정은 거래당사자, 거래대상(상품의 종류, 규격, 수량 등)이 구체적으로 정해진 경우에 한하여 상거래 관행을 존중하여 세금계산서 발급을 인정한 것으로 자기발행형상품권 판매 시 비록 상품권발행자와 재화 또는 용역의 공급자가 동일하지만 상품권의 구매자가 반드시 재화 또는 용역의 공급받는 자가 되는 것이 아니고, 동일하다고 하더라도 거래대상이 되는 품목, 수량, 규격 등이 상품권구매 시점에 결정되는 것도 아니어서 거래상대방, 거래내역 등이 구체적으로 정해져 있지 아니하므로 상품권 판매에 대하여 선발행세금계산서 발급을 허용할 수 없다. 또한 제3자 발행형 상품권의 경우에도 상품권발행업자 또는 상품권 판매업자는 재화 또는 용역의 공급에 대한 당사자가 아니므로 재화 또는 용역의 공급에 대한 (선발행)세금계산서의 발급자가 될 수 없다.

(17) 금전등록기 설치 사업자

금전등록기를 설치한 자가 재화를 공급함에 있어서 금전등록기 계산서를 발급하고 감사테이프를 보관한 때에는 해당 재화에 대한 공급시기는 그 대가를 현금으로 받는 때로 할 수 있다. 이는 금전등록기를 설치한 자는 부가법 제36조 제4항에 따라 현금수입을 기준으로 하여 부가가치세를 부과할 수 있다는 규정에 따른 것이다.

(18) 권리의 양도

부가가치세의 과세대상이 되는 권리(무형의 재화에 해당)를 다른 사업자에게 양도 시 해당 거래가 중간지급조건부 및 그 밖의 조건부거래 등에 해당하지 아니하는 경우 그 공급시기는 해당 권리가 이용가능하게 되는 때가 되는 것이므로 공급받는 자가 해당 권리를 인수하여 직접적·배타적으로 사용·수익 또는 처분할 수 있는 때(관리권이나 통제권이 이전되는 때)가 된다(서면3팀-3282, 2006. 12. 27. : 법규과-3999, 2007. 8. 22.).

하지만 사용 또는 수익시기가 불분명한 경우로서 해당 권리가 등기나 등록을 요하는 경우 권리의 이전에 관한 등기 또는 등록일을 공급시기로 볼 수 있을 것이다.

(19) 반품가능판매

반품가능판매란 상품이나 제품을 판매함에 있어 구매자에게 일정기간 내에는 언제든지 구매를 취소할 수 있는 권리를 부여하는 판매형태를 말한다. 이러한 반품가능판매는 재화의 물리적 이동은 일어났지만 법적 소유권은 공급자에게 있는 경우에 해당된다.

재화의 인도 후 판매자가 판매대금의 회수를 확실히 할 목적으로 해당 재화의 법적 소유권을 계속 가지거나 소유에 따른 위험을 일부 부담하더라도 재화의 소유에 따른 위험과 효익의 상당 부분이 실질적으로 구매자에게 이전되었다면 해당 거래를 판매로 보아 해당 재화의 인도시점을 공급시기로 본다는 것이 국세청의 입장이었다..

다만, 거래 이후에도 판매자가 소유에 따른 위험의 대부분을 부담하는 반품가능 판매의 경우 기업회계기준서에는 (가) 판매가격이 사실상 확정되었고, (나) 구매자의 지급의무가 재판매 여부에 영향을 받지 않으며, (다) 판매자가 재판매에 대한 사실상의 책임을 지지 않고, (라) 미래의 반품금액을 신뢰성 있게 추정할 수 있다는 조건들이 모두 충족되지 않는 한 수익을 인식하지 않고 구매자가 재화의 인수를 공식적으로 수락한 시점 또는 재화의 인도 후 반품기간이 종료된 시점에 수익을 인식하도록 하고 있다.

(20) 시용판매

거래처에 재화를 인도한 뒤에 일정기간 사용기간을 주거나, 실제 제품을 사용해 본 뒤 구입할 수 있는 판매형태로서 일정기간 또는 사용 후 반환할 수 있기 때문에 인도시점이 아닌 구매자가 매입의사 표시를 한 때를 공급시기로 보아야 한다.

(21) 수 개의 기계류를 일괄공급하기로 한 경우 공급시기

주기계와 부수기계를 함께 공급하기로 한 경우로서 주기계를 제외한 다른 기계류들은 주기계를 공급하기 위한 부수적인 품목이고 핵심 품목인 주기계가 가장 나중에 공급되고 구매자가 1건의 매입가격으로 일괄 매입하여 1건의 매각가격으로 일괄 매각하는 계약을 체결하였다면 쟁점기계류 전체를 하나의 재화로 보아 쟁점기계류가 최종 인도된 때를 재화의 공급시기로 보는 것이 타당하다(조심 2014서3742, 2015. 3. 5.).

(22) 인터넷 쇼핑몰의 특정매입거래 등

인터넷쇼핑몰은 수수료매장과 직매입 매장의 중간적인 형태로 백화점 특정매입거래와 유사한 거래형태를 갖고 있다. 쇼핑몰 운영사업자가 상품판매에 대한 기획, 판촉, 광고에서부터 시작하여 배송업무, 소비자에 대한 판매의 책임과 신용판매로 인한 대손비용의 부담까지 판매활동의 주된 책임과 활동을 부담하고 있는 반면 재고자산에 대한 전반적인 위험에 있어서는 비록 쇼핑몰이 재고자산을 관리하며 관리 소홀로 인한 재고파손 등의 손실, 재고자산의 관리를 위한 별도의 경비 및 보험 등 각종 관리비를 부담하고 있지만 미판매 재고의 반품 권한이 있어 재고자산에 대한 위험은 입점업체가 더 많이 가진다. 또한 백화점과 같은 물리적 공간을 갖고 있지 않고 인터넷상의 가상공간에 매장이 존재함으로 소비자의 주문과 결제가 이루어지면 납품업자가 이를 확인하여 쇼핑몰사업자의 배송시스템에 입고시키는 과정으로 재화의 납품이 이루어진다는 것이 백화점 특정매입과 다른 점이다.

그러나 실제 대부분의 미판매 재고자산이 반품되는 것이 아니라 할인판매 등으로 처분되고, 이로 인한 손실은 쇼핑몰과 공급업자가 공동으로 부담하고 있으므로 가격변동의 위험도 쇼핑몰이 상당부분 분담하고 있는 것으로 보이고, 쇼핑몰사업자가 납품업체를 선정할 수 있는 재량과 납품업체로부터 매입하는 상품의 특성을 선택할 수 있는 권리를 가지고 재고자산에 대한 물리적 손상에 따른 위험과 신용위험을 부담하고 있으며 가격결정에도 영향력을 행사할 수 있고, 주문서나 포장박스에 판매자가 쇼핑몰사업자의 상호가 기재되며, 상품 배송 중 분실에 대하여 배상책임을 지는 등 인터넷상에서 이루어진다는 것이 다를 뿐 상당 부분 특정 매입거래의 형태에 해당하는 것으로 보여지므로 "심층분석 사례집(Ⅰ)" 편의 "백화점 등의 특정(특약)매입거래"와 같은 세무처리가 반드시 부당하다고 볼 수는 없다는 것이 관련 업계의 입장이다.

인터넷 쇼핑몰이 백화점 특정매입과 같이 세금계산서를 발급하면서 법인세신고에 있어서는 기업회계기준에 따라 수수료 상당액만 익금으로 인식하는 관행의 적정 여부에 대한 기획재정부의 명확한 유권해석이 필요한 실정이다.

국세청은 이와 같은 TV홈쇼핑 업체의 거래에 대하여 단순위수탁거래로 판단한 사례(법규과-915, 2010. 5. 31.)와 함께 「① 특정매입거래로 당사자 간 사전약정을 하였고, ② 입고된 상품에 대한 배송책임을 쇼핑몰이 부담하며, ③ 구매고객의 청약철회 시 1차적 책임을 쇼핑몰이 지고, ④ 재고관리에 있어 물류창고 입고 후 책임이 쇼핑몰에 있는 점, ⑤ 입고 상품에 대한 매출인식을 고객에게 출고된 시점에 인식되어 온 점, ⑥ 수수한 세금계산서의 내용, 거래당사자, 부가가치세 신고내용, 거래과정에 있어 누락이나 생략이 없어 과세함에 지장이 없는 점 등」을 들어 특정매입거래를 인정한 과세전적부심사례도 있어 사업자 입장에서는 혼란이 예상되지만 대체로 업계에서는 단순위수탁거래로 처리하는 사례가 많은 것으로 추정된다.

(23) 예약매출의 손익귀속시기와 공급시기

1) 용역제공에 따른 손익귀속시기

가. 원칙

건설 · 제조 기타 용역(도급공사 및 예약매출을 포함하며, 이하 "건설등")의 제공으로 인한 익금과 손금은 그 목적물의 건설등의 착수일이 속하는 사업연도부터 그 목적물의 인도일(용역제공의 경우에는 그 제공을 완료한 날)이 속하는 사업연도까지 그 목적물의 건설등을 완료한 정도(이하 "작업진행률")를 기준으로 하여 계산한 수익과 비용을 각각 해당 사업연도의 익금과 손금에 산입한다(법인령 §69, 법인규칙 §34).

구 분	산 식
손 금	해당 사업연도에 발생한 총비용
익 금	(계약금액 × 작업진행률) - 직전 사업연도 말까지 익금산입한 금액

1) 작업진행률 = 해당 사업연도 말까지 발생한 총공사비누적액 / 총공사예정비
2) 공사계약의 해약으로 인하여 확정된 금액과 차액이 발생한 경우에는 그 차액을 해약일이 속하는 사업연도의 익금과 손금에 산입함.

다만, 작업진행률을 계산할 수 없다고 인정되는 경우 및 법인법 제51조의2 제1항 각 호의 유동화전문회사 등에 해당하거나 조특법 제104조의31 제1항에 따른 프로젝트금융투자회사로서 한국채택국제회계기준을 적용하는 법인이 수행하는 예약매출의 경우에는 그 목적물의 인도일이 속하는 사업연도의 익금과 손금에 각각 산입한다.

나. 예외

다음 중 하나에 해당하는 경우에는 그 목적물의 인도일(인도기준 또는 완성기준)이 속하는 사업연도의 익금과 손금에 산입할 수 있다.

㉠ 중소기업인 법인이 수행하는 계약기간이 1년 미만인 건설등의 경우

㉡ 기업회계기준에 따라 그 목적물의 인도일이 속하는 사업연도의 수익과 비용으로 계상한 경우

2) 미분양이 있는 예약매출의 익금과 손금의 계산

부동산매매업 또는 건설업을 영위하는 사업자가 건설 등의 계약기간이 1년 이상인 상가 등을 자가건설 또는 도급을 주어 신축·분양함에 있어 그 목적물의 완공일 이전에 분양계약이 이루어진 부분에 대하여 예약매출로서 「법인세법 시행령」 제69조에 따라 익금과 손금을 인식한다.

- 익금(분양수익): 총분양예정가액 × 작업진행률 × 분양계약률 - 전기말 누적분양수익
- 손금(건물분양원가): 누적실제발생비용 × 분양계약률 - 전기말 누적분양원가(건물)
- 손금(토지분양원가): 토지취득원가 × 분양계약률 × 작업진행률 - 전기말 누적분양원가(토지)

예약매출에 있어 손익귀속시기는 분양계약체결분의 경우 위 산식에 의하여 건설 등 용역제공의 귀속시기 규정(법령 §69)에 따르고 건설 등의 계약기간(착공일~인도일)이 1년 미만인 경우에는 인도기준을 원칙으로 하되 작업진행률에 따른 진행기준 선택도 가능하다.

다만, 미분양분 또는 그 목적물이 완공된 후에 분양계약이 이루어진 부분에 대하여는 "상품 등 외의 자산의 양도"로 보아 「법인세법 시행령」 제68조에 따라 대금청산일, 소유권이전등기일, 인도일, 사용·수익일 중 빠른 날에 손익을 인식한다(법인통칙 40-69-1 ; 서이 46012-11441, 2003. 8. 1. ; 서면2팀-353, 2004. 3. 3. ; 서이 46012-10169, 2003. 1. 23.).

3) 「부가가치세법」상 공급시기

법인이 건설 중에 있는 아파트, 상가 또는 오피스텔 등의 공급이 위 "1)의 예약매출에 해당하는 경우 부가가치세과세표준 또는 공급시기 판정에 있어서는 「법인세법 시행령」 제69조의 규정을 적용하지 아니하고 개별 분양계약이 중간지급조건부 계약에 해당한다면 대가의 각 부분을 받기로 약정한 날이 공급시기가 되고, 통상적인 부동산 공급계약(계약금과 잔금으로 이루어진 계약 등)이라면 잔금청산일, 소유권이전등기일, 인도일, 사용·수익일 중 빠른 날이 공급시기가 된다.

법인세법상 작업진행률에 따라 공사수익, 분양수익을 인식하더라도 부가가치세법상의 공급시기는 부가법 제15조 제2항 및 부가령 제28조에 따라 판정하여야 함에 유의한다.

(24) 잔금에 대한 공탁이 있는 경우 공급시기

부동산 매도자가 등기이전서류 요구를 거부하자 매수인이 잔금을 공탁하고 소송을 통해 소유권이전등기를 완료한 경우 부동산 공급시기는 판결에 의해 재화의 공급이 확정

된 때로 한다(서면3팀-2183, 2004. 10. 27.). 그러나 예외적으로 부동산임대업을 영위하는 매도인이 매매대금의 잔금 정산과 동시에 해당 부동산을 매수인에게 명도하기로 매매계약을 체결하였고, 중간지급조건부 재화의 공급에 해당하는 경우로서 매도인이 잔금지급기일까지 명도를 하지 아니하여 매수인이 잔금을 변제공탁하면서 임의적으로 소유권이전등기에 필요한 서류의 교부시기를 연장하여 준 경우에는 계약에 따라 해당 부동산을 명도받기로 한 때인 잔금 정산일(공탁일)을 해당 잔금의 공급시기로 한다(사전-2015-법령해석부가-0123, 2015. 6. 30.).

(25) 소유권유보부매매 조건의 공급시기

1) 소유권유보부매매의 정의

소유권유보부매매는 동산을 매매함에 있어 매매목적물을 인도하면서 대금 완납 시까지 소유권을 매도인에게 유보하기로 특약한 것을 말하며, 이러한 내용의 계약은 동산의 매도인이 매매대금을 모두 수령할 때까지 그 대금채권에 대한 담보의 효과를 취득·유지하려는 의도에서 비롯된 것이다.

일반적으로 소유권유보란 할부거래에서 매도인이 매매목적물을 매수인에게 인도하되 자신의 대금채권의 확보를 위하여 매매대금이 모두 지급될 때까지 소유권을 유보하고, 대금의 완급이 있으면 소유권이 자동적으로 매수인에게 이전되는 것으로 약정하는 것을 말한다. 이러한 매매의 유형은 기업 또는 상인 간의 거래는 물론 사업자와 소비자 사이의 할부거래에서도 많이 사용되고 있다.

다만, 부동산 등과 같이 등기에 의하여 소유권이 이전되는 경우에는 등기를 대금 완납 시까지 미룸으로써 담보의 기능을 할 수 있기 때문에 굳이 위와 같은 소유권유보부매매의 개념을 원용할 필요성이 없으며, 일단 매도인이 매수인에게 소유권이전등기를 경료하여 준 이상은 특별한 사정이 없는 한 매수인에게 소유권이 귀속되고 공급시기가 도래되었다고 보아야 한다(대법원 2009도5064, 2010. 2. 25. ; 대법원 2013다61190, 2014. 4. 10.).

2) 소유권유보매매의 법적성질

소유권유보매매의 법적성질에 대해서는 목적물의 소유권은 매도인에게 유보되고 매매대금의 완급이라고 하는 정지조건의 성취와 더불어 소유권이 매수인에게 이전한다는 정지조건부 소유권이전설과 목적물의 소유권은 처음부터 매수인에게 이전하고 매도인의 권리는 대금채권의 담보를 위하여 존재한다고 하는 담보물권설이 대립하고 있다. 민법은 소유권유보매매에 대해 규정하고 있지 않아 소유권유보를 둘러싼 분쟁에 대해서는 판례와 학설에 의해 의존할 수밖에 없다.

3) 국세청의 기존 해석

국세청은 의류 등을 판매하는 사업자가 대리점에 의류 등을 판매하고 그 대리점은 대금의 지급 여부에 관계없이 구매한 의류 등을 자기의 책임과 계산하에 제3자에게 판매하는 등 처분권한이 있는 경우에는 사업자가 대리점에 판매한 의류 등의 채권회수를 위하여 소유권이전을 대금회수시점까지 유보시키는 경우 해당 사업자는 부가법 제15조 제1항 제1호에 따라 해당 상품 등이 대리점에 인도되는 때를 공급시기로 본다고 해석하여 소유권유보부매매를 인정하지 아니하였다(부가-1273, 2009. 9. 9. ; 부가 46015-918, 2000. 4. 26.).

4) 소유권유보부매매를 인정한 대법원 및 조세심판원 판례(결정)

대법원은 제조업자가 생산한 제품의 소유권을 그대로 자신에게 유보한 채 대리점 등 거래처에 공급하여 판매하게 하고, 그 거래처는 판매한 제품에 대하여 일정비율의 수수료 또는 마진율을 적용하여 이를 공제한 나머지 금액만을 제조업자에게 지급하면 제조업자는 그 금액에 해당하는 매출세금계산서를 거래처에 발급해 주고, 판매되지 아니한 제품들은 모두 제조업자가 반환받는 방식으로 거래(일명 "특약점거래"또는 특정매입거래와 유사)를 지속하고 있다면,

① 이는 수탁자가 자기의 명의로 위탁자의 계산에 의하여 물품을 구입 또는 판매하고 보수를 받는 전형적인 위탁매매와는 다른 방식의 거래이고,

② 부가가치세법상 재화의 공급이 계약상 또는 법률상의 모든 원인에 의하여 재화를 인도 또는 양도하는 것을 말하는 것으로서 부가가치세의 성질에 비추어 보면 그 인도 또는 양도는 재화를 사용·소비할 수 있도록 소유권을 이전하는 원인행위를 말한다 할 것인바, 제조업자가 그 거래처에게 제품을 공급할 당시 그 거래처에 제품 전체에 대한 소유권을 이전하였다거나 그 거래처로 하여금 사실상 소유자로서 제품 전체에 대한 배타적인 이용 및 처분을 할 수 있도록 제품을 공급한 것이라고 보기 어려우며,

③ 부가령상 반환조건부판매·동의조건부판매 그 밖의 조건부판매의 경우에는 그 조건이 성취되어 판매가 확정되는 때를 재화의 공급시기로 규정하고 있으며,

④ 그 밖의 조건부거래에 대하여 부가법이 정의규정을 두거나 그 범위를 제한하는 규정을 두고 있지 아니한 점에 비추어

제조업자의 거래처는 제조업자로부터 공급받은 제품을 판매하고 남은 제품은 이를 제

조업자에게 반환하기로 하였으므로 그 밖의 조건부판매에 해당하고, 그 거래처가 소비자에게 판매하고 남은 제품을 반환하면 그 조건이 성취되어 판매가 확정되는 것이므로 이때를 제조업자가 거래처에 대한 재화의 공급이 이루어진 것으로 보아야 한다고 판결하였다(대법원 2011두20390, 2011. 11. 24. ; 대법원 2009다105253, 2010. 7. 29. ; 조심 2019중3506, 2020. 8. 27.).

5) 국세청의 기존해석 변경

국세청은 최근 법령심사위원회를 통해, 이동통신사 대리점(이하 "사업자")이 판매점과 위탁매매계약을 체결하여 판매점을 통하여 소비자에게 물품을 공급하여 오다 소비자가 일시불 구매를 원하는 물품에 대하여는 판매점과 매매거래계약을 체결하여 판매점에 물품을 공급하는 경우로서 사업자가 판매점에 물품을 반출한 후에도 소유권을 가지고 물품 소유에 대한 위험과 책임을 부담하다 판매점이 해당 물품을 소비자에게 일시불로 판매 시 사업자에게 매매를 요청하면 사업자와 판매점 간의 매매가 성립되어 판매점이 자신의 권한과 책임으로 소비자에게 물품을 판매할 수 있는 것으로 약정한 거래가 기타 조건부 판매에 해당하는 경우 사업자의 물품 공급시기는 부가령 제28조 제2항에 따라 조건이 성취되어 판매가 확정되는 때인 판매점의 소비자 판매시점이 된다고 기존 해석을 변경하였다(사전-2021-법령해석부가-0779, 2021. 8. 31.).

6) 결론(소유권유보약정이 곧 조건부거래를 의미하는지 여부)

대법원이 소유권유보부매매거래를 폭넓게 인정하고 있는 것은 사실이나 대부분의 판결은 부가법상의 공급시기 판정이 아닌 매수인이 대금을 모두 지급하지 않은 상태에서 목적물을 다른 사람에게 양도한 경우 그 양도의 효력(원칙적 무효)과, 양수인으로부터 취득한 자에 대한 선의취득 여부, 회생절차에서 회생담보권과 환취권에 대한 판결들이다(대법원 2013다61190, 2014. 4. 10. ; 대법원 2009다93671, 2010. 2. 11.).

매매거래 약정서 등에 소유권유보 조항을 둔 경우 이것이 판매한 기계설비등의 채권회수를 위하여 소유권을 대금회수 시점까지 단순히 유보시킨 경우에 불과하고, 인도한 기계설비등에 대한 담보제공이나 제3자에 대한 판매만을 금지시킬 뿐 그 외는 매수자가 그 기계설비등의 실질적 소유자로서 해당 기계설비등을 온전히 사용·수익할 수 있다면 소유권이 공급자에게 유보되었다는 이유만으로 무조건 기타 조건부거래라고 단정할 수 없다. 조건부거래로 인정한 판례들은 특약점거래(최종 판매 전까지 납품업체가 상품 소유권을 보유)나 백화점 특정매입 등 위수탁매매 성격을 지닌 거래들에 대하여 수탁물품 등의 판매시점까지 공급자에게 그 소유권을 단순유보시키는 거래들로서 매수자가 기계설비등을 사용·수익하고 있는 경우까지 확대하기는 어렵다.

이와 같은 저자의 논리는, "공급자가 보일러를 설치 및 매수인이 이를 검사한 후에 물품대금을 수수하기로 하되 그 대금이 완납될 때까지는 공급자에게 보일러의 소유권을 유보하기로 약정한 계약에 대하여 동 계약은 외상판매계약에 해당할 뿐 대금회수를 담보하기 위한 목적으로 삽입된 소유권 유보조항만으로 조건부판매에 해당한다고 볼 수 없다"는 대법원 판결내용에서 볼 때 그 타당성이 인정된다(대법원 2006두7836, 2006. 9. 8.). 즉, 매도인이 물품 인도 및 매수인의 검수완료 후 매수인이 온전히 인도받은 물품을 사용·수익하고 있다면 대금회수를 위한 소유권유보조항이 있더라도 검수완료 시에 발급한 세금계산서는 정당한 세금계산서에 해당한다.

설령 소유권유보매매를 조건부거래로 폭넓게 인정하더라도 국세청은 법령심사위원회를 개최하여 2021년 8월 31일에 이르러서야 이를 기타 조건부거래를 인정한 것이므로 2021. 8. 31. 이전 거래는 소유권유보매매에 대하여 사업자가 인도시점을 공급시기로 하여 세금계산서를 발급한 경우에도 정당한 세금계산서로 인정하여야 할 것이다.

(26) 체선료의 공급시기

체선료는 운임과는 별도로 운송인이 보상받아야 할 특별보수설로 보는 것이 통설로서, 특별보수설은 선주의 선박(컨테이너) 사용제한 등 선주가 입은 손해에 대하여 법이 규범적 입장에서 선주에게 특별히 상당한 보상을 받을 권리를 준 것이므로 하역용역과 체선용역은 별도로 공급시기를 판정함이 옳다. 하역용역은 하역이 완료된 때로, 체선료는 사전약정에 의하여 예외없이 경과된 시간에 단가를 곱하여 단순 계산되는 것이라면 하역완료일이 될 것이나, 여러 가지 가감산요소와 상호합의를 전제로 체선용역대가가 확정되는 경우라면 하역이 완료되고 그 공급가액이 확정되는 때로 보아야 한다(조법 1265.2-1272, 1983. 11. 26. ; 법인세과 1264.21-3098, 1982. 9. 13. ; 심사 82나696, 1982. 9. 4. ; 국심 86서1905, 1987. 1. 21. ; 서면-2019-법령해석부가-1991, 2019. 10. 21.).

(27) 공급시기 규정이 중복되는 경우

하나의 거래에 대하여 법령에 열거된 공급시기가 두 가지 이상에 해당하는 경우 일반적 기준보다 거래형태별 기준이 우선 적용되며 거래형태별 공급시기는 앞에 규정하는 것보다 뒤에 규정하고 있는 내용이 더 특수한 형태의 거래를 의미하므로 뒤 호의 규정을 적용한다(재무부 조법 1265.2-17, 1982. 1. 6.). 예를 들어 ① 자판기를 통해 현금판매하는 경우 부가령 제28조 제1항 제1호에 따라 재화가 인도되는 때이나, 부가령 제28조 제5항에서 사업자가 자판기에서 현금을 인취하는 때를 공급시기로 규정하고 있으므로 뒤 호의 규정을 적용하여 현금 인취시점을 공급시기로 하며, ② 수출재화이면서 그 대가를 장기할부로 받기로 하는 경우 수출하는 재화의 공급시기인 선적일이 된다(수출재화의 공급시기는 부가령 §28 ⑥, 장기할부판매의 공급시기는 부가령 §28 ③ 1).

(28) 민법규정과 공급시기

공급시기나 수정세금계산서 발급 및 발급시기에 대하여는 민법의 규정을 전적으로 차용하는 것이 아니라 부가가치세법 규정에 따라야 하는 것으로 재화의 공급으로 보는 인도 또는 양도란 재화에 대한 실질적 통제권의 이전이 전제되어야 하고 재화의 이동이 필요하지 아니한 경우에는 재화가 이용가능하게 되는 때를 공급시기로 규정하고 있다(부가법 §15 ① 2).

예를 들면 국세청은 부가세법의 규정에 근거하여 대물변제의 경우 일관되게 이용가능일이 소유권이전등기일보다 먼저일 때는 이용가능하게 되는 때를 공급시기로 보았으나, 조세심판원은 대물변제는 민법상 요물계약이므로 부동산과 같이 등기를 요한다면 그 등기가 이전되어야 계약이 성립되므로 소유권이전등기일을 공급시기로 결정했다(국심 2001서3221, 2002. 1. 31. ; 국심 97전2373, 1997. 11. 22. ; 국심 1999전2043, 1999. 12. 17.). 이후 대법원과 조세심판원은 공사비를 건물로 대물변제한 경우 대물변제하는 건물의 공급시기를 부가세법과 민법의 취지와 목적이 상이하여 대물변제의 요물계약성을 세법해석에 그대로 원용할 수 없어 부가세법에 따라 해당 건물이 이용가능하게 되는 때로 판결하였다(대법원 2012두23204, 2013. 1. 31. ; 조심 2015중5514, 2016. 4. 11. ; 대법원 2016두64661, 2017. 3. 30.).

따라서 공급시기 등의 판정에 있어 민법에 다른 규정이 있다 하더라도 부가가치세법에 공급시기 규정을 따로 두고 있다면 부가가치세법이 우선 적용된다.

3 | 부동산 양도와 공급시기

(1) 개 요

부동산을 양도하는 경우의 공급시기는 해당 부동산이 이용가능하게 되는 때이며, '이용가능하게 되는 때'란 원칙적으로 소유권이전등기일을 말하지만, 당사자 간 특약에 따라 소유권이전등기일 전에 실제 양도하여 사용·수익하거나, 잔금 미지급 등으로 소유권이전등기일 이후에도 사용·수익할 수 없는 사실이 객관적으로 확인되는 때에는 실제로 사용·수익이 가능한 날을 말한다.

따라서 매매잔금 미지급금 등의 사유로 당사자 간 특약에 의하여 해당 부동산에 대해 잔금지급 이전까지 사용·수익 등 이용을 제한하고 있는 경우에는 실제로 사용·수익이 가능한 날을 공급시기로 본다(재소비 46015-259, 2000. 8. 19.).

㉠ 중간지급조건부로 부동산을 공급하기로 계약하였으나 소유권 이전 및 잔금지급 전에 이를 이용가능하게 하는 경우 해당 부동산을 이용가능하게 한 때를 공급시기로 본다.

㉡ 사업자가 부동산임대사업에 사용하던 건물을 매각하는 계약을 체결하여 계약금과 중도금을 받고 잔금을 받지 않은 상태에서 폐업한 경우 그 폐업일을 해당 건물의 공급시기로 본다.

㉢ 부동산을 기부채납하기로 약정함에 따라 사회기반시설을 신축하여 일정기간 사용·수익한 후에 기부채납하는 경우 그 기부채납절차가 완료된 때를 공급시기로 본다(재소비- 347, 2002. 12. 12. ; 서면3팀-530, 2006. 3. 20. 외).

㉣ 장기할부조건으로 부동산을 양도하는 경우에는 대가의 각 부분을 지급받기로 한 때가 공급시기이며, 이때 양수자가 잔금을 계약상의 지급일보다 조기지급함으로써 첫 회 부불금 지급일부터 실제 잔금 지급일까지의 기간이 1년 미만이 된 경우에도 당초 장기할부조건에 따라 발급한 세금계산서는 정당한 세금계산서로 본다(부가 46015-254, 1998. 2. 16. ; 법인 46012-508, 1998. 2. 28.).

▌부동산의 공급 시 '이용가능하게 되는 때'의 의미에 대한 법원의 판단

㉠ 부가법 제15조 제2항에 따르면 재화가 공급되는 시기에 관하여 재화의 이동이 필요하지 아니하는 경우에는 재화가 이용가능하게 되는 때라고 규정하고 있는바, 재화가 이용가능하게 되는 때라 함은 재화를 실지로 사용할 수 있게 되는 때를 말하는 것이고, 공급받은 재화가 부동산인 경우 원칙적으로 그 부동산을 명도받기로 한 때가 실지로 이용가능하게 된다.

㉡ 또한 재화의 공급이란 계약상 또는 법률상의 모든 원인에 의하여 재화를 인도 또는 양도하는 것을 말하는 것으로서 부가가치세의 성질에 비추어 보면 그 인도 또는 양도는 재화를 사용·소비할 수 있도록 소유권을 이전하는 행위를 전제로 하는 것임. 따라서 사업자가 건물을 매도하기로 하는 매매계약을 체결한 후, 매매대금이 청산되거나 거래상대방 명의로의 이전등기를 경료하기 이전이라도 거래상대방으로 하여금 사실상 소유자로서 해당 건물에 대한 배타적인 이용 및 처분을 할 수 있도록 그 점유를 이전하였다면 이는 부가가치세법상 재화의 공급에 해당한다(대법원 2007두5585, 2007. 5. 10.).

■ 기업회계기준서상 부동산 판매의 수익인식 시기

㉠ 부동산의 판매수익은 법적 소유권이 구매자에게 이전되는 시점에 인식한다. 그러나 법적 소유권이 이전되기 전이라도 소유에 따른 위험과 효익이 구매자에게 실질적으로 이전되는 경우가 있다. 이때에는 판매자가 계약 완료를 위하여 더 이상 중요한 행위를 수행할 의무가 없다면 수익을 인식할 수 있다. 법적 소유권이 이전되거나 또는 소유에 따른 위험과 효익이 구매자에게 실질적으로 이전된 이후에도 판매자가 중요한 행위를 추가로 수행할 의무가 있는 경우에는 해당 행위가 완료되는 시점에 수익을 인식한다.

㉡ 경우에 따라서는 판매자가 부동산을 판매한 후에도 지속적으로 관여하기 때문에 소유에 따른 위험과 효익이 이전되지 않을 수 있다. 예를 들면 풋/콜옵션을 포함한 판매와 재구매계약, 정해진 기간 동안 판매자가 일정수준의 임대율을 보장한 약정계약이 이에 해당한다. 이러한 경우에는 관여의 성격이나 그 정도에 따라 판매거래로 회계처리하거나 금융거래 또는 리스거래 등으로 처리한다. 판매거래로 회계처리하는 경우 판매자가 지속적으로 관여하여야 한다면 수익인식을 연기하여야 한다.

㉢ 판매자는 지급수단, 그리고 지급을 완료하겠다는 구매자의 확고한 의사표시에 대한 증거를 검토하여야 한다. 예를 들면, 수취한 금액(계약금 및 중도금 포함)에 비추어 볼 때 지급을 완료하겠다는 구매자의 확고한 의사표시가 확인되지 않을 경우에는 현금수취액의 한도 내에서만 수익을 인식해야 한다.

(2) 주요 사례별 공급시기

1) 주택신축판매 사업권 양도 시 공급시기

주택신축판매 사업권 양도의 공급시기는 양수자가 사실상 사업시행자로서 동 사업권에 대해 배타적으로 이용이 가능하게 된 때가 된다(법규과-3999, 2007. 8. 22.).

2) 통상적인 분양권 양도의 공급시기

사업자가 취득한 분양권을 양도 시 해당 거래가 중간지급조건부거래에 해당하지 아니하는 경우 그 공급시기는 재화가 이용가능하게 되는 때이며, 이 경우 "이용가능하게 되는 때"라 함은 실제로 잔금을 지급받는 때를 말한다(재소비-572, 2005. 12. 13.).

3) 부동산을 서로 교환하는 경우 공급시기의 판단

사업자가 사업용 부동산을 교환하는 경우 공급시기는 교환등기일을 원칙으로 하는 것이나, 교환등기일과 실제 명도일이 다른 경우 이를 주장하는 자가 실제 명도일에 관한 명백한 입증자료를 제시하는 경우 실제 명도일을 공급시기로 볼 수 있다. 또한 사업자가 교환대상 건축물을 공사완료하여 명도하기 전에 교환등기를 필하고, 건축주 명의를 교환상대방으로 변경하면서 교환에 따른 교환차액의 정산을 하였다면 이 경우에는 교환등기일을 공급시기로 보아야 한다(국심 1998경2796, 1999. 9. 9. ; 서삼 46015-10936, 2003. 6. 11.).

4) 신축 중인 건물을 분양할 수 있는 권리의 공급시기

상가를 분양할 목적으로 건물을 신축 중인 사업자가 해당 신축 중인 건물을 분양할 수 있는 권리를 다른 사업자에게 양도 시 해당 거래가 부가령 제28조 제3항 제3호에 규정하는 중간지급조건부거래에 해당하지 아니하는 경우 그 공급시기는 부가법 제15조 제1항 제2호에 따라 재화가 이용가능하게 되는 때(양수인이 신축 중인 건물을 분양할 수 있는 권리를 인수하여 부동산매매업에 이용가능하게 된 때)가 된다(서면3팀-3282, 2006. 12. 27.).

5) 잔금지급이 지연되는 경우 건물의 공급시기 등

사업자가 재화의 이동이 필요하지 아니한 건물을 공급함에 있어 잔금지급이 지연되어 당초 계약서에 잔금지급일(인도일)의 변경 없이 지연이자에 대한 내용만 추가한 경우, 그 건물의 공급시기는 해당 건물을 실제로 이용가능한 때이며, 그 공급시기에 세금계산서를 발급한다(부가-4871, 2008. 12. 18.).

6) 특약에 의하여 사용 · 수익이 제한된 부동산의 공급시기

재화의 이동이 필요하지 않은 부동산의 공급시기는 해당 건물이 이용가능하게 되는 때이며, 이 경우 "이용가능하게 되는 때"라 함은 원칙적으로 소유권이전등기일을 말하는 것이나 매매잔금 미지급금 등의 사유로 당사자 간 특약에 의하여 해당 부동산에 대해 잔금지급 이전까지 사용 · 수익 등 이용을 제한하고 있는 경우에는 실제로 사용 · 수익이 가능한 날을 공급시기로 본다(서면3팀-1213, 2007. 4. 25.).

7) 잔금청산 전에 사용 · 수익한 경우 공급시기

수분양자가 오피스텔을 분양받으면서 잔금지급일 또는 소유권이전등기일 전에 분양업자로부터 해당 오피스텔에 대한 사전사용승낙을 받아 다른 사업자에게 임대를 개시하는 등 배타적인 이용 및 처분을 할 수 있도록 점유권을 이전받은 경우 동 오피스텔 분양에 대한 공급시기는 신청인이 실제로 사용 · 수익이 가능한 날로 본다(법규부가 2009-441, 2010. 1. 13.).

8) 매수인 자금사정으로 잔금일을 변경하는 계약을 체결한 경우 공급시기

사업자가 건물매매에 대한 대가를 계약금과 잔금으로 나누어 지급받고 잔금지급이 완료된 후에 소유권 이전 및 사용할 수 있도록 계약을 체결하였으나 매수인의 자금사정으로 인하여 잔금일을 연장하는 변경계약을 체결한 경우, 그 건물의 공급시기는 부가법 제15조 제2항 및 부가령 제28조 제1항에 따라 해당 건물을 이용가능하게 되는 때가 되는 것이며 그 공급시기에 세금계산서를 발급하여야 한다(부가-1006, 2009. 3. 12.).

9) 미분양아파트의 잔금 중 일부분을 납부유예하는 경우 그 유예분의 공급시기

사업자가 계약금, 중도금 및 1차 잔금을 지급받은 후 아파트를 인도하고 나머지 2차 잔금을 2년 후 지급받기로 한 경우, 해당 아파트의 2차 잔금의 공급시기는 부가령 제21조 제1항 제1호에 따라 재화가 이용가능한 때가 된다(부가가치세과-1450, 2009. 10. 9.).

10) 미분양아파트를 "분양대금 분납제"를 통하여 공급하는 경우 공급시기

사업자가 계약금과 1차 중도금을 지급받은 후 아파트를 인도하고 나머지 중도금과 잔금을 약정에 따라 3년에 걸쳐 분할하여 지급받기로 한 경우, 해당 아파트의 계약금과 1차 중도금의 공급시기는 재화가 이용가능한 때가 되는 것이며, 나머지 중도금과 잔금의 공급시기는 장기할부판매거래에 해당되어 대가의 각 부분을 받기로 한 때가 된다(부가가치세과-875, 2009. 6. 25.).

11) 대물변제로 받은 건물을 다시 분양하는 경우

건물이 완성되지 않은 상태에서 이를 대물변제로 받아 이를 실수요자에게 다시 분양하는 경우의 공급시기는 부가법 제15조 제1항 제2호에 따라 재화가 이용가능하게 되는 때가 된다(서삼 46015-10597, 2003. 4. 9.).

12) 분양금으로 대체하기로 한 청약금의 공급시기

상가를 신축하여 분양하는 사업자가 청약자로부터 건축허가가 완료되면 분양계약을 체결하고 청약금은 분양금으로 대체하기로 하여 청약금을 징수하였으나 공급대상물이 확정되지 아니하여 분양계약이 이루어지지 아니한 경우에는 해당 청약금에 대하여 부가법 제15조 및 부가령 제28조의 규정을 적용하지 아니하는 것이나, 이 경우 추후에 중간지급조건부로 분양계약이 이루어지고 해당 청약금이 분양금의 일부로 확정되는 때에는 그 확정된 날을 공급시기로 본다(부가 46015-2266, 1997. 10. 1.).

▌청약금의 공급시기 관련 조세심판원 결정 사례

쟁점 청약계약분의 청약계약서는 건축허가 시 설계도면에 표시되지 아니한 물건의 분양계약서로 분양 시 건물도면을 시행사가 임의 변경하여 내·외부적으로 표방하고 「건축물의 분양에 관한 법률」에 따라 분양물건으로 신고하지 아니한 상가를 불법으로 분양하면서 인·허가를 받지 못한 관계로 '청약'이라는 용어를 사용하고 있으며, 건축허가가 이루어져야 공급계약서를 새로 작성하는 것으로 되어 있고, 이 건은 건축허가가 되어야만 공급계약이 체결되는데 공급계약이 체결되기 전에 모두 취소된 점을 감안할 때 재화의 공급계약이 있었다고 보기 어렵다고 판단된다. 또한 시행사가 받은 청약계약금의 경우 형식상 계약금으로 되어 있으나 실질면에서는 분양에 대한 우선권을 갖는 증거금에 불과하므로 이에 대하여 부가가치세 과세대상인 재화의 공급으로 보기는 어려우므로 건축허가 후 본 계약서에 따라 공급시기를 판정하여야 한다(국심 2005중3517, 2006. 8. 16.).

13) 분양계약의 중요사항을 갖춘 청약가계약 체결 시 청약금에 대한 공급시기

분양계약에서 분양계약의 목적물, 분양금액, 분양대금 지급방법과 아울러 나아가 운영할 업종까지 모두 특정되어 있고 추가적인 계약체결을 별도로 정하지 않고 공급자(시행사)가 이후 자신을 건축주, 사업시행자 등으로 신청한 지구단위 계획심의신청이나 교통영향평가신청에서 수행하려던 사업내용이 쟁점 분양계약에서 분양하고자 하던 분양목적물과 동일하다면 설령 추후에 특정 부분을 제외하고 분양계약 내용이 일부 조정될 것을 공급자나 분양계약자(수분양자)가 양해하고 있었다고 하더라도 이러한 분양계약은 계약의 중요한 사항이 모두 확정되어 있고 특정 조건의 충족을 필요로 하지 않는 것이므로 분양가계약 등으로 볼 수 없고 재화의 공급계약으로 성립되었다고 봄이 상당하며, 부가칙 제18조에서 중간지급조건부 재화공급을 재화의 인도 전에 계약금 외의 대가를 분할하여 지급하는 경우로 규정하고 있을 뿐 그 공급계약 당시 해당 재화의 완성 여부나 존부 여부를 특별히 규정하고 있지 않으며, 쟁점 분양계약의 계약금지급일로부터 잔금지급일까지의 기간이 6개월을 초과하고 있으므로 중간지급조건 재화공급계약이라고 할 것이고 그 계약금 등의 지급시기에 공급시기가 도래하였다고 봄이 타당하다(대법원 2007두25022, 2008. 4. 24.).

14) 해제조건부 계약에 있어 중도금의 공급시기

당초 분양계약서(중간지급조건부계약에 해당)에 중도금의 지급일자에 대하여 해제조건을 부관으로 하면서 당초 공급계약서상 1회차 중도금은 무이자 융자금으로 대체하는 것을 조건으로 중도금대출을 받기 위해서는 시공사, 금융기관, 청구법인 등 3자가 중도금대출 협약서를 체결한 후에 중도금대출이 이루어져야 중도금을 받을 수 있었으나, 공급자의 사정으로 사실상 중도금대출 협약체결 자체가 불가능한 상황이었다면, 추후 시공사가 선정되어 은행, 시공사, 시행사 간에 중도금대출 협약서를 체결하고 기존 계약자와 변경 공급계약서를 작성한 후에 1회차 중도금대출을 받았다면, 당초 공급계약서상 1회차 중도금(쟁점 중도금)에 대한 계약은 중도금대출을 받지 못하는 것을 해제조건으로 하는 해제조건부 계약에 해당한다고 봄이 타당하므로 해제조건의 성취로 당초 공급계약서상 1회차 중도금에 대한 계약은 해제된 것이어서 1회차 중도금의 공급시기는 당초 공급계약서상의 1회차 중도금을 받기로 한 날이 아닌 변경된 공급계약서상의 1회차 중도금을 받기로 한 날로 보아야 한다(국심 2005중3517, 2006. 8. 16.).

15) 건물과 토지대금 지급시기를 달리하여 분양하는 경우 공급시기

① 가액구분 없이 일괄 매매한 경우

일반적으로 대지와 그 지상 건물의 가액을 구분함이 없이 일괄하여 대금을 정하여 매매한 경우에 그 계약금·중도금·잔금을 각각 대지 또는 건물 부분에 대한 대금으로 구분하여 지급하기로 약정하는 등의 특별한 사정이 없는 한 계약상 그 지급시기에 대지와 건물에 대한 대금이 함께 지급된 것으로 본다(대법원 96누19550, 1998. 2. 13.).

② 토지 및 건물의 대금지급시기를 별도 약정한 경우

공급자와 수분양자 간에 그 계약금·중도금·잔금을 각각 토지 또는 건물 부분에 대한 대금으로 구분하여 지급하기로 분양계약서상 특별히 약정한 경우
㈀ 동 대금지급방법에 관한 약정은 당사자 간 의사가 합치되는 경우 계약에 따라 자유로이 체결한 것이고, ㈁ 세법에 대금의 지급방법 및 부수토지와 건물의 공급시기에 관한 정함이 없는 이상 그 계약내용이 일반적인 양태와 다르다 하여 계약서와 달리 어느 일방이 그 대금지급방법을 강제할 수 없는 것이고, ㈂ 상가분양의 경우에 있어 수분양자는 점유부분과 대지사용권을 모두 취득하고자 하는 것이 법적·경제적 실질에 더 부합하며, ㈃ 이 건 3차 중도금의 지급일은 건물건축의 초기단계에 맞추어 건물분 분양대금의 지급시기를 약정한 것으로 보여지므로 이러한 대금의 지급방법은 분양 계약 시부터 토지와 건물을 동시에 공급하는 것으로 보는 것보다도 더 경제적 실질에 부합하다.

따라서 위 네 가지의 이유로 동 분양계약서의 내용에 따라 토지와 건물의 각 대가의 부분을 받기로 한 때를 각각의 공급시기로 보는 것이 타당하다(국심 2007서544, 2008. 2. 19. ; 국심 2007중3187, 2008. 6. 20.).

16) 환매조건부 거래의 공급시기

주택신축판매업자가 신축 중인 국민주택규모 초과 미분양주택을 환매조건부로 양도한 후 약정에 따라 계약체결일로부터 소유권이전 또는 잔금지급 후 6개월 이내에 환매하는 경우 해당 환매는 부가법 제9조 제1항에 따른 재화의 공급에 해당하는 것이므로 당초 공급 및 환매에 의한 공급이 각각 별개의 거래에 해당하므로 각각의 조건에 따라 공급시기를 판정한다(법규과-18, 2010. 1. 8.).

17) 계약금만 지급된 상태에서 리모델링하는 경우 공급시기

부동산(토지 및 그 지상 건축물)에 대하여 매매계약을 체결하고 계약금만을 지불한 상태에서 양수자가 잔금지급(소유권이전등기) 이전에 해당 건물에 대한 리모델링 공사를 개시한 경우, 해당 부동산에 대한 사용수익권 내지 처분권이 양수자에게 부여된 것이 아니라 부동산의 소유권이 이전될 것이 확실시되고, 리모델링에 대한 건축허가 또한 양도인 명의로 되어 있는 등 양수인에게 리모델링공사를 조기에 집행할 수 있도록 편의를 제공한 것에 불과하다면 리모델링공사 시점에 부동산의 공급시기가 도래한 것으로 볼 수 없고 잔금지급일 또는 소유권이전등기일 중 빠른 날이 도래하였을 때를 해당 부동산에 대한 공급시기로 봄이 타당하다(동지 : 서면3팀-2844, 2006. 11. 17.).

18) 부동산 소유권이전등기와 공급시기

재화 또는 용역의 공급은 재화 또는 용역을 사용·소비하게 하는 행위를 의미하는 것이므로 본질적으로 공급대상물인 재화의 민사상 소유권이전등기라는 법률적 소유권 취득을 전제로 하지 않는다. 즉, 부동산에 관한 배타적 이용 및 처분권을 이전하였다면 부가가치세법의 영역에서는 재화의 공급이 있었다고 본다. 매매계약을 체결함에 있어 그 부동산의 사용시점을 특약하였다면 그 약정한 시기가 그 재화를 실지로 사용·수익할 수 있게 되는 때라 할 것이므로 매매계약서상 오피스텔의 인도일을 지정하였고 오피스텔 수익과 조세공과금 등의 부담은 인도일을 기준으로 하여 그 이전까지는 매도인에게 귀속한다고 되어 있는 점으로 보아 잔금청산일 또는 소유권이전등기일이 아닌 인도일을 공급시기로 봄이 타당하다(조심 2010서1991, 2010. 10. 19.).

(3) 기부채납자산의 공급시기 등 세무처리

기부채납자산에 대한 공급시기, 기부채납 절차가 완료된 때로 이를 비롯한 모든 세무처리는 "심층분석 사례집(Ⅰ)" 편에서 설명하기로 한다.

(4) 부동산신탁의 공급시기 외 세무처리

부동산신탁(자익신탁 및 타익신탁 등)과 관련된 신탁재산의 처분, 운용과 관련된 납세의무자, 공급시기 등과 관련된 세무처리는 “심층분석 사례집(Ⅰ)” 편에서 설명하기로 한다.

(5) 중간지급조건거래와 장기할부판매거래가 혼합된 경우 공급시기

사업자가 당초 중간지급조건부계약에 따라 계약금과 중도금을 지급받은 후 당초 계약을 변경하여 아파트를 인도(소유권이전등기 경료)하고 나머지 중도금과 잔금 또는 잔금을 약정에 따라 수 회(최종 잔금일까지 1년 이상임)에 걸쳐 분할하여 지급받기로 한 경우, 이는 중간지급조건부와 장기할부판매의 혼합된 거래이므로 대가의 각 부분을 받기로 한 때가 공급시기이므로 재화의 인도시점까지는 중간지급 조건부에 해당하여 대가의 각 부분을 받기로 한 때가 공급시기이며, 재화 인도시점부터는 장기할부판매로 보아 대가의 각 부분을 받기로 한 때가 공급시기이다(부가-1455, 2010. 11. 4. ; 부가-875, 2009. 6. 25. ; 부가 46015-4793, 2000. 12. 20. ; 부가 22601-1069, 1990. 8. 17. ; 부가 46015-251, 1996. 8. 29.).

(6) 영구적 사용권 부여 시 공급시기

특정 권리를 배타적 또는 독점적으로 그 기간을 정함이 없이 영구적 사용권리를 설정하고 그 전용사용권에 대한 대가를 일시에 받는 경우 그 대가는 민법상 임대차계약에 따른 선세금이 아닌 분양수입에 해당하는 바, 그 대가를 수령한 때가 총수입금액의 귀속시기가 된다(서울고법 2012누35087, 2013. 8. 21. ; 대법원 2007두25602, 2008. 3. 27.).

국세청도 법인이 완공한 납골당을 영구적으로 사용할 수 있는 권리를 수요자에게 부여하면서 반환의무 없는 대가를 수령하는 경우에는 그 대가를 정산한 날 또는 정산하기로 한 날이 속하는 사업연도의 소득금액 계산 시 이를 익금에 산입한다고 회신하였다(서면2팀-1830, 2006. 9. 19.).

위와 같이 독점적 권리의 영구적 사용권을 설정하고 비반환의 대가를 수령하는 경우 사실상 매매거래로 보아 손익을 인식하여야 하고, 부가가치세법상으로도 이는 영구적으로 사용할 수 있는 권리로서 재화에 해당하므로 해당 사용권을 설정자(예를 들어 상표권자가 배타적 · 영구적 전용사용권을 부여하였다가 해지 등을 통하여 회수한 후 자신의 사업에 사용하고자 하는 경우 상표권자는 상표를 사용할 권리를 취득한 것이 된다) 또는 제3자에게 유상으로 매각하는 경우에도 재화의 공급으로 보아 부가가치세를 과세하는 것이며, 그 공급시기는 등기 · 등록을 요하는 경우 등기 · 등록일, 잔금청산일, 사용 · 수익일 중 빠른 날이 된다.

4 | 공급시기 도래와 조세채권의 성립

일정한 시점에 부가법이 정한 재화의 공급시기가 도래했다면 이때 부가가치세의 조세채권이 성립된 것이며, 향후 재화의 공급 거래당사자 간의 소송에서 일부 화해하여 공급가액이 감액되었다고 하더라도 이미 성립된 조세채권에 소급하여 영향을 미칠 수 없다(대법원 86누10, 1986. 7. 8.).

III 용역의 공급시기

1 | 개 요

용역의 공급시기는 역무가 제공되는 때 또는 재화, 시설물 또는 권리가 사용되는 때이다. 여기에서 역무가 제공되는 때는 역무의 공급이 완료된 시점으로 역무의 제공이 완료되어 해당 용역을 공급받는 자가 용역제공의 산출물로부터의 그 효력을 누릴 수 있는 시점으로서, 보통 계약조건에 근거하여 역무제공사실을 가장 확실하게 확인할 수 있는 시점으로 인식되며 그 역무제공이 현실적으로 완료되어 공급받는 자가 그 산출물을 사용·수익할 수 있는 상태에 놓이게 되는 때를 말한다(대법원 2008두5117, 2008. 8. 21.).

2 | 일반적 기준

용역이 공급되는 시기는 ① 역무의 제공이 완료되는 때, ② 시설물, 권리 등 재화가 사용되는 때로 한다(부가법 §16).

3 | 용역의 거래형태별 공급시기

(1) 통상적 용역의 경우

통상적인 용역공급의 경우 그 공급시기는 역무의 제공이 완료되는 때이다(부가법 §16 ① 1).

역무의 제공이 완료되는 때는 당초 역무를 제공하는 자의 역무제공범위, 계약조건 등을 동시에 고려하여 거래당사자 간에 역무의 제공이 완료된 사실을 가장 확실하게 확인할 수 있는 시점으로 용역의 종류, 조건, 대금지급관계 등을 고려하여 종합적으로 판단할 사항이다.

(2) 완성도기준지급 · 중간지급 등 조건부와 계속적 공급의 경우

완성도기준지급조건부 · 중간지급조건부 · 장기할부조건부 또는 그 밖의 조건부로 용역을 공급하거나 그 공급단위를 구획할 수 없는 용역을 계속적으로 공급하는 경우에는 계약에 따라 그 대가의 각 부분을 받기로 한 때를 공급시기로 본다. 다만, 완성도기준지급조건부와 중간지급조건부로 용역을 공급하는 경우 역무의 제공이 완료되는 날 이후 받기로 한 대가의 부분에 대해서는 역무의 제공이 완료되는 날을 그 용역의 공급시기로 본다(부가령 §29 ①).

이러한 완성도기준지급 · 중간지급 장기할부조건부 등에 해당하는지의 여부는 앞서 설명한 "Ⅱ. 재화의 공급시기" 편에서의 판정기준과 내용이 동일하다.

1) 그 밖의 조건부 용역공급

부가령 제29조 제1항 제1호에서 말하는 '그 밖의 조건부 용역공급'이란 그에 관한 특별한 규정이 없는 한 역무의 제공 등이 완료되기 전에 그 대가를 완성도기준, 중간지급조건부기준 등이 아닌 다른 기준에 따라 나누어 지급하기로 약정한 경우를 의미한다(대법원 98두3952, 1999. 5. 14. ; 조심 2014서4395, 2015. 6. 25.).

하지만 사업자가 건축공사 대금을 기성고가 아닌 분양성과에 따라 지급하기로 약정하고 건축물의 준공 전후 시행사가 수령한 분양대금으로 해당 사업자에게 공사대금의 일부를 지급하는 경우 그 밖의 조건부 공급에 해당하지 아니하여 동 용역의 공급시기는 준공일에 역무의 제공이 완료되었고 그때 공급가액도 확정된 것이므로 준공일이 된다.

2) '공급단위를 구획할 수 없는 계속적 용역' 공급의 의미

부가령 제29조 제1항 제4호의 '공급단위를 구획할 수 없는 용역의 계속적 공급'에 대한 정의규정이나 해석례 · 판례 등이 적어 명확한 기준이 없으나, '일회적이 아닌 일정기간 동안 지속되는 용역으로서 일정(비교적 장기)기간 동안 각각의 개별적 용역의 공급단위가 명확하게 구분됨이 없이 또는 공급받는 자나 제3자의 우발적 또는 지속적인 요구에 따라 용역이 제공되는 경우로서 그 개별 공급가액을 산정하기 어려운 포괄적이고 복합적인 용역을 제공하는 경우 그 공급단위를 구분할 수 없는 용역을 계속적으로 공급하는 것으로 보아야 한다. 이때의 공급시기는 대가의 각 부분을 받기로 한 때가 된다(대법원 2001두9264, 2003. 5. 16. ; 조심 2016부4284, 2017. 3. 29. ; 조심 2015부1091, 2016. 4. 4. ; 부가 22601-696, 1991. 6. 5. ; 기준-2015-법령해석부가-0025, 2015. 3. 6. ; 부가 22601-193, 1987. 2. 5.).

다만, 대가의 각 부분을 받기로 한 때를 정하지 아니하였다면 역무의 제공이 완료된 때가 원칙적 공급시기가 되며, 원칙적 공급시기 도래 전에 세금계산서를 선발행한 경우에도 그 발급시기가 공급시기가 되어 정당한 세금계산서가 된다(부가법 §16, §17).

또한, 해당 공급시기의 공급가액도 역시 받기로 사전약정한 금액이 될 것인데, 공급가액의 산정은 당사자 간에 맺은 각 기간(주, 월, 분기 등)의 구체적인 용역대가 산정요소(해당 기간의 요율에 따른 공급가액 ± 가감산 요소)를 모두 반영하여 확정된 가액이어야 한다. 즉, 공급가액에서 차감하기로 한 에누리(쿠폰) 등은 차감하여야 하고, 가산하기로 한 요소는 가산하여 공급가액을 산정하는 것이다. 공급시기의 단위가 되는 기간 동안의 개별용역별(주문단위당 관점)로 공급가액을 산정할지 해당 단위기간 동안의 개별용역의 합계액과 가감산 요소를 반영한 가액단위로 공급가액을 산정할지는 후자로 판단함이 타당하고, 다만 개별용역별 단위만으로 공급가액을 산정 · 확정하기로 약정이 되었다면 그 약정에 의할 수 있다(서면3팀-1072, 2008. 5. 28. ; 대법원 2004두20546, 2008. 1. 17.).

3) 장기 계속적 용역공급의 공급시기

사업자가 장기간에 걸쳐 계속적으로 용역을 공급하면서 일정기간 단위로 용역의 공급대가를 정산하기로 한 경우에는 부가령 제29조 제1항에 따라 그 대가의 각 부분을 받기로 한 때를 용역의 공급시기로 보는 것이며 그 공급시기에 세금계산서를 발급하여야 한다(서면3팀-1072, 2008. 5. 28.).

4) 계속적 용역공급의 공급시기

계약기간과 계약금액이 확정된 상태에서 용역을 계속하여 공급하는 경우 부가령 제29조 제1항 제1호 "장기할부 또는 그 밖의 조건부로 용역을 공급하거나 그 공급단위를 구획할 수 없는 용역을 계속적으로 공급하는 경우에는 그 대가의 각 부분을 받기로 한 때"를 공급시기로 보아 세금계산서를 발급하여야 한다(부가-1858, 2008. 7. 7.).

부언하면, 사업자가 공급단위를 구획할 수 없는 용역을 계속적으로 공급하는 경우, 쟁점용역의 공급시기는 부가령 제29조 제4호에 따라 그 대가의 각 부분을 받기로 한 때인 것이나 이는 공급가액이 확정되는 것을 당연한 전제로 삼아 적용되는 것이며, 용역에 대한 대가가 확정되지 아니한 경우에는 납세의무 성립의 물적 기초인 과세표준을 측정할 수 없어 과세권을 행사할 수 없는 문제가 발생하므로 제4호를 적용할 수 없고 제2항 제1호에 따라 그 공급가액이 확정되는 때를 용역의 공급시기로 보아야 한다. 다만, 용역계약서 해석상 공급대가의 대부분이 사실상 확정될 수 있고 추후 극히 일부만 사후정산되는 방식의 용역거래인 경우에는 그 공급가액이 확정되어 있는 경우이므로 부가령 제29조 제1항 제4호가 적용될 수 있다고 조세심판원은 결정하고 있다(조심 2010전4070, 2012. 1. 16.).

5) 계약에 따라 제공한 용역의 내용이 구분되는 경우 공급시기

사업자가 계약에 의하여 제공하는 용역 중에서 그 일부가 종료되고 그 일부분에 대한 공급가액이 확정되는 경우에는 부가법 제16조 제1항 제1호에 따라 그 종료일을 용역의 공급시기로 보며, 나머지 용역의 공급시기는 추후 역무의 제공이 완료되고 그 공급가액이 확정되는 때로 한다(부가-2173, 2008. 7. 22.).

6) 포괄적이고 복합적인 대행용역의 공급시기

부동산개발사업과 관련한 전반적인 사업계획의 수립, 시공사 선정, 설계용역, 전반적인 분양 및 홍보활동, 분양목적의 센터 운영 등 포괄적이고 복합적인 용역을 당해 개발사업 종료 시까지 계속적으로 공급하는 내용의 계약의 경우에는 부가령 제29조 제1항 제4호에 따라 그 공급단위를 구획할 수 없는 용역을 계속적으로 공급하는 경우에 해당하여 그 대가의 각 부분을 받기로 한 때가 공급시기가 된다. 즉, 용역비를 계약일로부터 1년이 되는 날 정산하여 그 정산일로부터 20 은행일 이내에 입금하기로 한 경우 그 1년이 되는 날을 공급시기로 한다(서울행정법원 2009구합 41011, 2010. 5. 12.).

(3) 위 "(1)" 및 "(2)"를 적용할 수 없는 경우

위 "(1)"부터 "(2)"까지의 규정을 적용할 수 없는 경우(역무의 제공이 완료되는 때 또는 대가를 받기로 한 때를 공급시기로 볼 수 없는 경우)에는 역무의 제공이 완료되고 그 공급가액이 확정되는 때를 공급시기로 한다(부가령 §29 ②).

(4) 잠정가액의 의미와 공급시기 판정

1) 용역의 공급과 잠정가액

사업자가 공급단위를 구획할 수 없는 용역을 계속적으로 제공하는 경우로서 공급대가의 윤곽 또는 공급대가의 대강의 가액을 계약 시 미리 정해 놓았다면 잠정가액이 있는 것으로 보아 용역제공이 완료된 때에 세금계산서를 발급하고 그 대가가 확정되는 때에 수정세금계산서를 발급한다. 또한 거래당사자 간 용역계약 시 계약서의 작성이나 대가를 정하지 않은 상태에서 용역이 완료된 후 금액정산하기로 한 경우로서 용역이 완료되었음에도 해당 대가에 당사자 간에 다툼이 있어 법원의 판결이나 합의에 의하여 대가가 확정되는 경우 그 가액이 확정되는 때가 공급시기가 된다(조심 2010전4070, 2012. 1. 16. ; 부가 46015-2552, 1999. 8. 24.).

즉, 공급시기로 삼고 있는 '역무의 제공이 완료되고 그 공급가액이 확정되는 때'란 대가를 전혀 확정하기 곤란한 경우에 한하여 적용되어야 하고 잠정 합의된 금액(용역계약서상에 명기하는 등)이 존재하고, 일정 정산방침이 확정되면 정산하는 경우에는 대가의 각 부분을 받기로 한 때 또는 용역의 제공이 완료된 때에 잠정가액으로 세금계산서를 발급하여야 한다.

▌선수금을 확정된 대가에서 충당하기로 한 경우

사업자가 자산의 관리·운영에 대한 위·수탁계약에 의한 위탁관리용역을 제공함에 있어서 위탁자로부터 분기별로 관리비 추정액을 자금 지원목적으로 지급(선수금)받아 관리·운영비로 지출한 후 당해 지출에 대하여 위탁자의 정산(위탁범위 외의 지출 여부, 용도 외의 지출 여부 등)을 거쳐서 당해 분기의 공급가액을 확정하고 동 선수금을 확정된 공급가액에 충당하는 경우 당해 용역의 공급시기는 계약에 따라 용역의 제공이 완료되고 공급가액이 확정되는 때인 것임(부가46015-1751, 1995. 9. 26.).

▌대가의 최고한도액만 약정한 경우

사업자가 용역을 공급하던 중에 관계 법령에서 계약상 정해진 금액 미만으로 용역대가의 최고한도가 규정된 경우에 있어서 거래당사자 간에 용역대가를 확정하지 못하고 잠정가액을 수수하는 경우에는 그 잠정가액에 대하여 세금계산서를 발급하고 추후 확정되는 때에 수정세금계산서를 발급하는 것임(서면3팀-236, 2005. 2. 17.).

2) 용역의 잠정가액과 수정세금계산서 발급

세금계산서는 원칙적으로 용역의 공급시기에 그 공급가액을 기재하여야 하나, 재화 또는 용역의 공급시기에 그 공급가액 중 일부는 확정되고 일부가 확정되지 아니하는 경우 해당 공급시기에 확정된 금액만으로 세금계산서를 발급하고, 확정되지 아니한 공급가액은 추후 확정되는 때에 그 확정된 금액으로 수정세금계산서를 발급하는 것이다. 또한 사업자가 부가가치세 과세대상인 용역을 공급하던 중에 관계 법령에서 계약상 정해진 금액 미만으로 용역대가의 최고한도가 규정된 경우에 있어서 거래당사자 간에 용역대가를 확정하지 못하고 잠정가액을 수수하는 경우에는 그 잠정가액을 기재한 세금계산서를 발급하고 추후 당초의 공급가액에 추가되는 금액 또는 차감되는 금액이 발생한 경우 그 발생한 때에 수정세금계산서를 발급하는 것이다(서삼 46015-10818, 2002. 5. 17. ; 서면3팀-236, 2005. 2. 17.).

이는 계속적 거래에도 그대로 적용되는 바, 단가가 확정되지 아니하여 전년도 지급기준에 따라 잠정가액을 지급하고 그 단가가 확정되는 때에 정산하는 경우 해당 계속적 용역의 공급에 대한 공급시기는 대가의 각 부분을 받기로 한 때이고, 추후 확정된 금액을 정산함에 따라 추가 또는 차감되는 금액이 발생한 때에 증감사유가 발생한 날을 작성연월일로 하여 흑서 또는 주서를 기재한 수정세금계산서를 발급하는 것이다(부가가치세과-4475, 2008. 11. 28.).

4 | 구체적 용역의 공급시기

(1) 건설용역의 공급시기

건설업자가 건물 및 구축물을 신축하는 경우에 있어 건설용역의 공급시기는 해당 건설공사에 대한 건설용역의 제공이 완료되는 때를 원칙으로 하되 계약내용 및 대금지급관계, 계약변경, 공사기간 등을 종합적으로 고려하여 아래와 같이 그 공급시기를 정하여야 한다.

1) 중간지급조건부 또는 완성도기준지급조건부거래 등에 해당하는 경우

도급계약서, 기성청구서, 공사기간, 대금지급관계, 특약사항 등을 검토하여 앞서 설명한 중간지급조건부 또는 완성도기준지급조건부거래, 그 밖의 조건부거래 등에 해당하는 경우 대가의 각 부분을 받기로 한 때, 조건이 성취된 때, 검수가 완료된 때를 공급시기로 한다.

2) 위 "1)"의 요건에 해당하지 않는 통상적인 용역의 공급에 해당하는 경우

건설용역을 공급함에 있어 건설공사기간에 대한 약정만 체결하고 대금지급기일 및 기성청구와 확인에 관한 약정이 없는 경우의 공급시기는 아래와 같이 적용한다.

㉠ 해당 건설공사에 대한 건설용역의 제공이 완료되는 때. 다만, 해당 건설용역 제공의 완료 여부가 불분명한 경우에는 준공검사일

㉡ 해당 건설공사의 일부분을 완성하여 사용하는 경우에는 해당 부분에 대한 건설용역의 제공이 완료되는 때. 다만, 해당 건설용역 제공의 완료 여부가 불분명한 경우에는 그 부분에 대한 준공검사일(이상 부가통칙 16-29-3)

㉢ 사업자가 공급시기가 도래하기 전에 건설용역에 대한 대가의 전부 또는 일부를 받고, 그 받은 대가에 대하여 부가법 제32조에 따른 세금계산서를 발급하는 등 부가법 제17조의 규정이 적용되는 경우에는 그 세금계산서 등을 발급하는 때(부가-100, 2010. 1. 26. ; 서면3팀-225, 2005. 2. 16.)

3) '건설용역제공이 완료된 때'의 의미

'일반적인 건설용역의 공급시기'란 역무제공이 완료된 때로서 그 완료 여부가 불분명한 때에는 사용승인일 또는 준공검사일로 보고 있다(대법원 2014두2232, 2014. 5. 16. ; 대법원 2010두7314, 2010. 8. 19. 외).

또한, 계약내용에 따라 공사가 이루어지고 사용승인이 난 후 단순 마무리공사와 하자보수공사 또는 별도 추가공사가 후속적으로 이루어진 경우에도 사용승인일 또는 준공검사일이 공급시기가 된다(대법원 2008두5117, 2008. 8. 21. ; 대법원 2001두9950, 2003. 3. 28. ; 국심 2004서4461, 2005. 4. 8. ; 법규부가 2014-512, 2014. 11. 17.).

다만, 역무제공의 완료시점은 거래당사자 사이에 계약에 따른 역무제공 범위와 계약조건에 따라 해당 역무의 제공사실을 확실하게 알 수 있는 시점으로서 일률적으로 사용승인일 또는 준공검사일로 단정할 수는 없다. 즉, 공사계약상의 주요용역이 상당부분 사용승인일 이후에도 진행되었고 그것이 단순한 하자보수나 보완공사에 머문 것으로 볼 수 없는 경우에는 사용승인일이나 준공검사일을 용역제공완료일이라고 볼 수 없다.

① 일반적인 경우

'역무의 제공이 완료되는 때'는 거래사업자 사이의 계약에 따른 역무제공의 범위와 계약조건 등을 고려하여 역무가 현실적으로 제공됨으로써 역무를 제공받는 자가 역무제공의 산출물을 사용할 수 있는 상태에 놓이게 된 시점을 의미하고, 역무의 제공이 완료되었음에도 공급시기가 도래하지 아니하였다고 보는 예외적인 경우는 역무제공의 완료시 공급가액이 확정되지 아니하는 경우에 한정된다고 할 것이며, 건설용역에 있어서 용역의 제공이 완료되는 때는 원칙적으로 건축공사완료일이라 할 것이고, 그 시기가 불분명한 경우에는 「건축법」에서 규정하는 준공검사일 또는 사용승인일로 봄이 타당하다(조심 2011중2797, 2012. 2. 21.).

반면, 통상적 건설용역에 있어 사용승인일 이전에 건축주가 해당 건물의 사용승인 이전에 실제 사용·수익한 사실이 객관적으로 확인(감리완료보고서, 발주자의 현장확인, 사용승인신청서 등에 의해 건설용역 완료일이 확인되는 경우)되거나, 건축주 또는 시공사가 사용승인일 또는 준공일 이전에 건설용역제공이 완료(대가도 확정됨)되었음을 객관적으로 입증하는 경우에는 사용승인일 또는 준공일 이전에 실제 사용·수익한 날을 공급시기로 한다(국심 2005중0917, 2005. 10. 13. ; 심사부가 2005-135, 2005. 8. 22.).

또한, 사용검사승인일 이후에도 조경공사, 석공사, 수장공사 등 상당한 공사가 이루어졌다면 실질적인 공사완료일이 공급시기가 될 것이고, 준공검사일 전에 사용승인으로 인해 발주자가 건물을 사용가능하게 되었다면 그 가사용승인일이 공급시기가 될 수 있다.

② 마무리 공사 또는 보완공사가 진행되는 경우

건축공사 특성상 시공 중 시행자의 요구 및 잦은 설계변경으로 인하여 공사기일과 도급금액이 당초보다 연장 또는 증액되는 경우가 일반적인 바, 신축하는 건물에 대한 사용승인을 받은 후에도 마무리공사 및 보완공사를 진행한 것이 객관적으로 확인되는 경우 실제 공사완료일(마무리공사 및 보완공사 완료일)을 용역의 공급시기로 본다(국심 2006서428, 2006. 7. 13. : 서면3팀-1726, 2007. 6. 15.).

③ 별도의 추가공사가 진행되는 경우

당초 계약내용에 포함되어 있지 아니한 별도의 추가공사비 부분의 공급시기는 추가공사가 완료되고 그 추가공사비가 확정된 때가 공급시기가 된다. 하지만 당초 계약에 따른 건설용역의 공급시기는 당초 건설용역제공이 완료된 때로 한다(서면3팀-735, 2005. 5. 27.).

④ 계약조건에 사용검사승인 등을 요하는 경우

시공사가 공사를 완성한 때에는 감리인 등에게 통지하여 준공검사를 하고, 검사에 합격하지 못한 때에는 지체 없이 이를 보수 또는 개조하여 다시 준공검사를 받도록 하며, 준공검사에 합격한 후에는 잉여폐자재, 폐기물, 가설물 등을 철거하는 등 공사현장을 정리하고 공사대금의 지급을 청구할 수 있고, 도급인은 특약이 없는 한 계약의 목적물을 인도받음과 동시에 시공사에게 공사대금을 지급하여야 하는 것으로 시공자와 발주자 사이에 시공자에게 사용검사승인을 받게 할 책임을 지우는 계약(공급받는 자의 검수를 필수적인 인도조건으로 하는 용역의 공급계약 등)을 체결하였다면 역무가 현실적으로 제공됨으로써 역무를 제공받은 자가 역무제공의 산출물을 사용할 수 있는 상태에 놓인 역무제공완료일 역시 공사의 완료라는 사실적인 측면이 아니라 계약의 이행이라는 규범적 측면에서 사용검사승인일이 되어야 한다. 즉, 공사가 완료되었다고 하더라도 공사의 제공범위와 계약조건에 따라 시공사에게 사용검사승인을 받게 할 책임이 있다면 사용검사승인일까지는 역무의 제공이 완료되었다고 볼 수 없으므로 해당 건물의 사용검사승인일을 역무제공이 완료되는 용역의 공급시기로 보아야 한다(대법원 2008두5117, 2008. 8. 21. ; 서면3팀-144, 2006. 1. 20.).

⑤ 공사대금에 대한 분쟁이 있는 경우

도급계약에 의하여 도급금액이 정해진 상태에서 공사가 완료되고 사용승인까지 받았다면 그 후 시행사와 시공사 간 공사대금 정산에 관한 분쟁으로 소송까지 제기되어 그에 관한 법원의 조정으로 공사잔금이 확정되었다고 하더라도, 이는 공급이 완료된 용역의 공사지연으로 인한 손해배상에 관한 문제이거나 별도의 추가공사용역에 관한 문제일 뿐이라면 공사잔금의 공급시기는 사용승인일로, 추가공사 용역에 대한 공급시기는 법원의 조정이 확정된 날로 본다(대법원 2004두9586, 2005. 5. 27. ; 국심 2007서222, 2007. 8. 28.).

⑥ 당초 계약 시 공사금액에 대한 합의가 없었던 경우

시행사와 시공사 간 당초부터 공사금액에 대한 약정을 하지 않았거나 그 공사의 완료일 또는 기성 청구 시에 「공사원가 소요액 + 이윤(공사원가의 △△%)」을 도급금액 또는 기성청구금액으로 약정한 경우 시공사가 건설용역의 제공을 완료한 때까지 거래당사자 간에 용역대가를 확정하지 못하였거나, 공사원가 소요액에 대한 다툼으로 총공사금액 또는 공사기성고가 결정되지 아니한 경우에는 공사기성고에 대한 합의가 있는 때 또는 해당 건설용역의 제공이 완료되고 그 공급가액이 확정되는 때로 한다. 다만, 해당 건설용역이 완료되는 때까지 공급가액이 확정되지 아니하여 당사자 간의 합의에 따라 잠정가액으로 세금계산서를 발급한 경우에는 그 공급가액이 확정되는 때에 그 확정된 금액으로 세금계산서를 수정하여 발급한다(법규과-128, 2008. 1. 7.).

⑦ 건설용역 제공 중 중단한 경우 공급시기

건설업을 영위하는 사업자가 다른 사업자와의 계약에 의하여 플랜트 건설용역을 제공하다가 중도에 발주자 또는 수급인의 사정에 의하여 동 용역 제공을 중단하고 이미 제공된 건설용역 제공분의 대가를 정산하여 공급대가를 확정한 경우 정산·확정한 때를 공급시기로 하여 해당 용역 제공분에 대하여 세금계산서를 발급한다(부산고법 94구3544, 1996. 9. 25. : 부가 46015-1523, 1998. 7. 8.).

⑧ 건물 내부인테리어공사 관련 용역의 공급시기

건물 내부시설공사에 대한 공급시기는 관할 소방서의 소방·방화시설완비증명일로 볼 것인지 아니면 관할 구청의 영업신고일(사업개시일)로 볼 것인지 여부, 전기 사용이 개시된 시점을 용역제공완료일로 볼 것인지를 살펴보면 관할 소방서장의 소방·방화시설완비증명서 발급일은 해당 사업장의 내부시설이 완비되었다는 날의 증명이 아니라 소방·방화시설만 완비되었다는 것을 의미하는 것이며, 내부시설공사의 성격에 따라 사업개시일 이후까지도 내부인테리어 마무리공사를 하는 것이 일반적이다. 따라서 시공자가 공사시설확인서, 사업개시일 이후의 매입세금계산서 등과 같이 소방·방화시설이 완비된 이후(또는 영업개시일 이후)에도 내부인테리어공사 등을 계속하였다는 것을 객관적으로 입증한 때에는 실질적으로 내부인테리어공사를 마무리한 날을 공급시기로 보아야 한다(국심 2005중0860, 2005. 11. 11.).

⑨ 사용승인 뒤에도 공사용역 제공이 있는 경우

공사 도급계약에서 건물 사용승인 뒤에도 단순한 하자보수나 별도의 추가공사가 아닌 마무리공사가 계속되어 사회통념상 실제 공사가 완료된 것이 그 후의 어느 시점이라면 공사용역 제공의 완료시점은 그 후 실제로 공사가 완성된 때가 공급시기이다(대법원 2004두4796, 2004. 11. 26. : 부산지방법원 2007구합3634, 2008. 10. 23.).

⑩ 공사 완공 전 형식상 준공이 있는 경우

건축주가 은행 대출을 받기 위한 형식상 준공검사를 필하였을 뿐 준공일 이후 공사가 계속되어 용역제공이 완료되지 않았음을 주장하는 경우 그에 대한 입증은 전적으로 이를 주장하는 납세자에게 있는 것이며, 객관적으로 형식상의 준공검사가 있었음이 확인되는 경우 준공일이 아닌 실제로 공사가 완료된 날을 공급시기로 볼 수 있다(동지 : 국심

2005부3920, 2006. 12. 15.).

⑪ 장단기 건설용역 등의 공급시기 및 손익귀속시기 비교

구 분	공급시기 또는 손익귀속사업연도
법인세법 (영 §69)	1. 원칙: 장단기를 불문하고 진행기준[1] 2. 특례: 다음의 경우 인도기준 선택 가능 - 중소기업법인의 단기(1년 미만)건설 등의 경우 - 기업회계기준에 따라 인도기준으로 회계처리한 경우(신고조정 가능)[2] ※ 중소기업의 장기(1년 이상)용역은 진행기준
일반 기업회계기준	1. 원칙: 진행기준 2. 특례 - 중소기업의 단기용역매출은 진행기준 또는 인도기준 중 선택 가능
K-IFRS	1. 원칙: 진행기준 2. 특례 - 예약매출은 인도기준
부가가치세법 (법 §11, 영 §29)	1. 조건부 거래(완성도기준지급조건 · 중간지급조건부 · 그 밖의 조건부 및 계속적 공급)의 경우 - 대가의 각 부분을 받기로 한 때 또는 기타조건(검수 등)을 충족한 때 2. 통상적인 용역제공: "1" 외의 거래는 용역제공완료일

1) 다음 중 어느 하나에 해당하는 경우에는 인도기준(완성기준)을 적용
㉠ 작업진행률을 계산할 수 없다고 인정되는 경우로서 기획재정부령으로 정하는 경우
㉡ K-IFRS를 적용하는 유동화전문회사 등의 명목회사가 수행하는 예약매출의 경우
2) K-IFRS를 도입한 중소기업은 단기건설공사에 대하여 인도기준을 적용할 수 없으나 법인세법은 신고조정을 통해 인도기준을 적용할 수 있음.

4) 그 밖의 중요 사례

가. 기성고청구가 없는 경우 용역의 공급시기

사업자가 완성도기준지급조건부를 공사용역계약을 체결하여 공사대금을 매월 1회씩, 공사 진척사항을 검사한 후 그 기성고 금액의 80% 상당액을 지급하기로 약정하였으나 한 번도 기성고 검사를 하지 않아 기성고 금액이 확정되지 않았다면 아직 용역의 공급시기가 도래한 것이라고 볼 수 없다(**대법원 83누34, 1983. 9. 27.**).

나. 지급일 명시없이 기성고를 어음으로 지급한 경우 공급시기

공사도급계약을 체결함에 있어 선급금 또는 계약금을 제외한 나머지 대금을 기성고에 따라 여러 차례 나누어 지급하기로 약정하면서 각 계약체결 당시 그 지급일을 특별히

명시하지 아니하여 수급인의 기성고 대금 지급 촉구에 따라 여러 차례에 나누어 약속어음을 발급한 경우 완성도기준지급조건부로 재화 또는 용역을 공급받는 경우에 해당되므로 각 공사의 기성고가 결정되어 그 대금을 지급받을 수 있게 된 날을 그 공급시기인 '대가의 각 부분을 받기로 한 때'로 함이 상당한 것이므로 약속어음의 만기일이 아닌 발급일을 그 공급시기로 보아야 한다(대법원 95누634, 1995. 8. 11.).

다. 중간지급조건부 건설공사에 해당하는지 여부

당초의 공사계약이 중간지급조건부나 완성도기준지급조건에 해당하지 않는 통상적인 용역의 제공에 해당하였으나, 계약의 변경없이 공사가 지연되어 계약금을 지급하기로 한 날로부터 준공일까지의 기간이 6월 이상이 된 경우에는 부가법 제16조 제1항 제1호에 따라 건설용역제공 완료일이 공급시기가 되는 것이다(법규과-662, 2006. 2. 23.).

라. 공사예정가액 계약 후 확정가액과 차액의 공급시기

해외건설업을 영위하는 법인이 공사예정가액으로 계약을 하고 공사 기성은 공사완료 시점에 실지 측정과 검사를 거쳐 공급대가를 확정하기로 해외발주처와 도급계약을 체결한 경우에는 공사완료 시점에서의 확정된 공급대가를 영세율이 적용되는 부가가치세 과세표준에 산입하는 것이며, 이 경우 확정가액과 공사예정가액과의 차액에 대한 공급시기는 부가령 제29조 제2항 제1호에 따라 그 공급가액(증감가액)이 확정되는 때이다(부가 22601-361, 1991. 3. 23.).

마. 기성고 유보금의 공급시기

㉠ 단순한 지급시기 이연인 경우

사업자가 완성도기준지급조건부로 건설용역을 공급하면서 결정된 기성금의 일부를 해당 건설용역의 공급에 대한 하자보증금으로 유보하는 경우 해당 하자보증금의 공급시기는 해당 건설용역의 공급에 대한 기성고가 확정되어 대가의 각 부분을 받기로 한 때이다(서삼-2961, 2007. 10. 31. ; 부가 46015-3949, 1999. 9. 28. ; 간세 1235-3212, 1977. 9. 19.).

㉡ 유보금을 특정요건이 충족되는 때에 지급하기로 한 경우

사업자가 완성도기준지급조건부로 건설용역을 제공하고 결정된 기성검사에 의하여 확인한 금액의 10%를 유보금으로 차감한 잔액을 지급받고 동 건설용역의 제공이 완료되기 전에 동 유보금의 일부(계약금액의 5%)는 조건부인수증을 첨부한 대가지급청구서 접수 후 14일 이내에 지급받고, 나머지는 최종인수증을 첨부한 대가지급청구서 접수 후 14일 이내에 지급받은 경우에 동 유보금의 공급시기는 부가령 제22조 제2호에 따라 대가의 각 부분을 받기로 한 때가 되는 것이다. 즉, 사업자가 조건부인수증 또는 최종인수

증을 첨부하여 그 대가지급을 청구하여 그 지급이 확정되는 때가 공급시기이며, 대가지급청구 후 14일 이내에 그 대가를 지급받지 못하는 경우에는 대가지급청구 후 14일이 되는 날이다(재부가-163, 2007. 3. 13.).

(2) 그 밖의 조건부 공급

그 밖의 조건부에 의한 용역의 공급은 완성도기준지급, 중간지급 또는 장기할부조건부에 의한 용역의 공급에 해당되지 아니하는 그 밖의 조건에 의하여 용역을 공급하는 것을 말하며, 그 공급시기는 그 대가의 각 부분을 받기로 한 때이다.

(3) 계속적 공급

공급단위를 구획할 수 없는 용역을 계속적으로 공급함에 있어서 부동산임대, 선박의 운항관리, 탑승권 등의 판매대행 등의 경우와 같이 공급단위를 구획할 수 없이 계속적으로 잇대어 역무를 제공하거나 재화 또는 시설물 또는 권리를 사용하게 하는 경우, 그 공급시기는 그 대가의 각 부분을 받기로 한 때이다(부가령 §29 ① 4).

(4) 부동산임대용역의 공급시기

1) 일반적인 경우

부동산임대용역의 공급시기는 대가의 각 부분을 받기로 한 때로서, 월세의 경우 계약서에 명시된 날을 공급시기로 하여 대가의 수령 여부 및 납부지연에 관계없이 동 공급시기가 속하는 과세기간의 부가가치세 예정·확정신고 시 과세표준 및 세액을 자진신고·납부하여야 한다.

사업자가 부동산임대용역을 계속적으로 공급하고 그 대가를 매월, 매분기, 매반기에 기일을 정하여 받기로 한 경우에도 해당 부동산임대용역의 공급시기는 그 대가의 각 부분을 받기로 한 때가 된다. 다만, 부동산임대용역의 계속적 공급에 대하여 앞에서 정한 공급시기가 도래하기 전에 부가법 제17조에 따른 세금계산서를 발급하는 경우에는 그 발급하는 때를 해당 용역의 공급시기로 본다(부가-4583, 2008. 12. 3. ; 서면3팀-1218, 2008. 6. 17. ; 서면3팀-997, 2008. 5. 19. ; 서면3팀-832, 2008. 4. 28.).

2) 간주임대료의 공급시기

사업자가 임대용역을 제공하기로 하고 전세금 또는 임대보증금을 받는 경우 그 전세금 또는 임대보증금에서 임차 시 지불하는 전세금 또는 임차보증금을 차감한 금액에 대하여 1년 만기 정기예금이자율로 계산한 금액을 과세표준으로 계산하는 간주임대료의 공급시기는 예정신고기간 또는 과세기간의 종료일이다(부가령 §29 ② 2 가).

건축물의 소유자가 건물의 신축 중에 임대차계약을 체결하고 전세금 또는 임대보증금을 미리 지급받은 경우 임차자가 해당 부동산을 사용하거나 사용하기로 한 때를 기준으로 간주임대료를 계산하는 것이므로 해당 선수임대보증금 또는 계약금 등은 임대사업 개시 전까지는 간주임대료의 계산대상에 해당하지 아니한다(부가 46015-4556, 1999. 11. 11.).

▌간주임대료 계산 시 유의사항

㉠ 월별 조기환급 신고 시 간주임대료 계산 여부

부동산임대업을 영위하는 사업자가 매월 또는 매 2월 단위로 조기환급 신고를 하는 경우 해당 조기환급 신고 시에는 간주임대료에 대한 공급시기(예정신고기간 또는 확정신고기간 종료일)가 도래하지 않았으므로 동 기간에 대한 간주임대료를 계산하지 않는다.

㉡ 기계장치 임대보증금의 간주임대료 계산 여부

동산인 기계를 대여하고 받은 임대보증금에 대해서는 간주임대료를 계산하지 않는다(부가 1265.2-506, 1982. 2. 26.).

㉢ 기계장치와 부동산을 함께 임대하고 받은 보증금의 간주임대료 계산 여부

사업자가 의료장비와 동 장비가 설치된 부동산(토지 · 건물)을 함께 임대하고 임대료와 임대보증금을 받는 경우 전부를 부동산임대로 보아 임대료와 간주임대료의 합계액이 부가가치세 과세표준이 된다(부가 46015-2122, 1997. 9. 11.).

3) 임대료를 선불 또는 후불로 받은 경우

부동산임대업자가 2과세기간 이상에 걸쳐 부동산임대용역을 공급하고 그 대가를 선불 또는 후불로 받는 경우 해당 임대용역의 공급시기는 예정신고기간 또는 과세기간의 종료일로 한다. 이 경우에도 해당 공급시기가 도래하기 전에 용역에 대한 대가의 전부 또는 일부를 받고 그 받은 대가에 대하여 세금계산서를 발급하는 경우에는 그 발급하는 때를 해당 용역의 공급시기로 본다(부가령 §29 ② 2 나 ; 서면3팀-2538, 2004. 12. 14. ; 서면3팀-1284, 2004. 7. 5.).

임대료를 선불 또는 후불로 받은 경우에는 건물을 신축 · 증축하면서 소요되는 공사대금을 임차인이 부담하고 차후 납부할 임차료에 충당하기로 한 경우나 나대지 임대용역 제공대가로 임차인의 책임과 계산하에 신축한 건축물을 토지 소유자에게 이전(보존등기)하는 경우가 포함된다.

4) 임차인의 전대보증금에 대한 공급가액을 계산하는 경우

사업자가 부동산을 임차하여 다시 임대용역을 제공하여 임차인이 지급한 임대보증금과 전차인으로부터 전대보증금을 수령하여 부가령 제65조 제2항에 따라 공급가액을 계산하는 경우 예정신고기간 또는 과세기간의 종료일을 공급시기로 한다(부가령 §29 ② 2 다).

5) 임대료를 현물로 받은 경우

임대인(갑)이 자기의 토지 위에 임차인(을)으로 하여금 건물을 신축하여 일정기간 무상사용하도록 하고, 그 건물의 소유권을 이전받은 경우에는 '갑'이 일정기간의 부동산임대용역에 대한 대가를 선불로 받은 것으로 본다. 이때 임대료의 공급시기는 위 "3)"과 동일하다. 다만, '갑'이 건물의 소유권을 이전받은 날에 해당 건물의 시가 상당액에 대하여 선발행세금계산서를 발급하는 경우에는 그 발급하는 때를 부동산임대용역의 공급시기로 본다(부가-489, 2009. 4. 9.).

6) 임대료가 법원의 판결로 확정되는 경우 공급시기 및 손익귀속시기

임대차계약에 관한 쟁송(임대차계약의 존부 또는 임대료 지급의무의 범위를 다투는 쟁송을 포함하되 미불임대료의 청구에 관한 쟁송은 제외한다)에 대한 판결·화해 등으로 인하여 소유자 등이 받게 되어 있는 이미 경과한 기간에 대응하는 임대료상당액[총수입금액에는 지연이자와 손해배상금등을 포함한다]은 소득령 제48조 제10의4호 다목에 따라 판결·화해 등이 있은 날이 속하는 과세기간의 총수입금액에 산입한다. 공급자는 법원의 판결에 의하여 확정되는 날(이 경우 "법원의 판결이 확정된 날"이라 함은 대법원 판결일자 또는 해당 판결에 대하여 상소를 제기하지 아니한 때에는 상소제기의 기한이 종료한 날의 다음 날, 법원의 판결에 기초하여 당사자 간에 최종 합의한 날을 의미한다)을 공급시기로 하여 부가가치세를 거래징수하고 세금계산서를 발급하여야 한다(소득 통칙 39-0-17 ; 서면3팀-1850, 2004. 9. 6. ; 서면3팀-1867, 2006. 8. 22. ; 부가 46015-708, 2000. 4. 3. ; 서삼 46015-10313, 2003. 2. 20. ; 서면1팀-841, 2004. 6. 22. ; 소득세과-3500, 2008. 9. 30. ; 서면1팀-1327, 2004. 9. 23. ; 조심 2021광0930, 2021. 8. 17. ; 조심 2011서0887, 2011. 8. 19.).

다만, 다수의 임대료 산정요소 중 일부 요소에 대하여는 당사자 간 이견이 없어 그 부분에 대한 임대료 지급이 이루어진 경우 그 부분에 한해서는 공급시기가 도래한 것으로 보아 세금계산서를 발급해야 한다(조심 2009서3826, 2010. 7. 20.).

> **▌임대료 소송 시 공급시기 요약**
>
> 임대료 상당액이 법원판결에 의하여 확정된다는 의미는 임대차와 관련된 모든 소송을 의미하는 것이 아니라 임대차계약의 존부 자체, 임대보증금 및 임대료 가액 등에 대한 다툼으로 확정되지 아니한 임대료가 법원판결에 따라 확정된다는 의미인 바, 미불임대료의 지급청구나 보증금의 반환청구 소송 등은 이에 해당하지 아니하므로 당초 계약에 따라 정해진 지급기일을 공급시기로 보아야 한다.

7) 임차인의 사업실적에 따라 받는 임대료의 공급시기

부동산임대료를 임차자의 각 반기별(분기 · 연간 등) 사업실적에 따라 확정 · 지급받는 경우 임대용역의 공급시기는 임대료가 확정되는 해당 반기의 말일로 한다(부가 1265.1-1709, 1983. 8. 24.).

8) 임대인의 공과금 대납 시 공급시기

부동산을 임대함에 있어서 재산세를 임차자가 부담하기로 약정한 경우 임차인이 부담한 해당 재산세에 대한 공급시기는 그 재산세의 납부기일로 한다(부가 1265.2-2184, 1983. 10. 13. ; 부가 1265-1489, 1982. 6. 9.).

9) 지급시기의 약정이 없는 임대용역의 공급시기

부동산임대조건에 관한 구체적인 약정없이 부동산을 사용함으로써 그 지급일이 정하여져 있지 아니한 경우의 해당 임대료에 대한 공급시기는 그 지급일이 확정되어 실제로 지급받는 날로 한다(국심 82서218, 1982. 4. 16.).

10) 선납한 임대료를 차감하는 방법으로 정산키로 한 경우 변동부임대료의 공급시기

사업자가 부동산을 1년 이상 임대하면서 임차인의 해당연도 매출액과 연계한 변동부임대료를 받기로 하고, 매월 해당 월의 매출액을 연간 예상매출액으로 환산하여 선납임대료 명목으로 익월 6영업일 이내에 받은 후, 기준사업연도 종료 시 1년간의 임대료를 확정하여 선납임대료를 차감하는 방법으로 정산하는 경우 해당 임대료의 공급시기는 부가령 제22조 제2호에 따라 대가의 각 부분을 받기로 한 때가 된다(법규과-262, 2009. 10. 7.).

| 임대차계약 유형별 공급시기 요약 |

사 례	공급시기
① 매월(매 1월, 매 2월), 분기별, 반기별로 지급시기 및 공급가액이 사전에 정해진 경우	• 그 대가를 받기로 한 때
② 일시에 임대용역대가를 선불·후불로 받는 경우 ㉠ 임대기간이 2과세기간 이상에 걸쳐 있는 경우 ㉡ 그 외의 경우	㉠ 예정신고기간 또는 과세기간 종료일 ㉡ 그 대가를 받은 때
③ 임대차계약기간은 있으나, 임대기간 종료 후 그 대가를 확정하기로 한 경우(예 임차인의 사업실적에 따라 임대료가 확정되는 경우)	• 임대기간이 종료되고 그 대가가 확정되는 때
④ 임대차계약의 존부(미불임대료에 대한 소송 제외) 등에 대한 다툼이 법원판결에 의해 대가가 확정되는 경우	• 법원판결 또는 화해에 의해 대가가 확정되는 때
⑤ 장기의 임대용역대가를 건물 등 현물로 지급받는 경우	• 예정신고기간 또는 과세기간 종료일
⑥ 보증금 또는 전세보증금에 대한 간주임대료	• 예정신고기간 또는 과세기간 종료일
⑦ 일시적(1~3개월 정도) 대관료를 선수한 경우	• 역무제공이 완료된 때 (부가 46015-777, 1995. 4. 27.)
⑧ 임대차기간 중 위 "①~⑥"의 공급시기 도래 전에 세금계산서를 발급한 경우 및 부정기적인 선수임대료를 받고 세금계산서를 발급한 경우	• 세금계산서를 발급하는 때

(5) 시설운영선납금 등의 공급시기

완성도지급기준·중간지급조건부 용역의 공급에 해당하지 않는 다음에 예시하는 용역을 둘 이상의 과세기간에 걸쳐 계속적으로 제공하거나 재화·시설물 또는 권리를 사용하게 하고 그 대가를 선불로 받는 경우에는 예정신고기간 또는 과세기간의 종료일을 공급시기로 한다(부가령 §29 ② 3).

① 헬스클럽장 등 스포츠센터를 운영하는 사업자가 연회비를 미리 받고 회원들에게 시설을 이용하게 하는 것

② 사업자가 다른 사업자와 상표권 사용계약을 할 때 사용대가 전액을 일시불로 받고 상표권을 사용하게 하는 것

③ 「노인복지법」에 따른 노인복지시설(유료인 경우에만 해당한다)을 설치·운영하는 사업자가 그 시설을 분양받은 자로부터 입주 후 수영장·헬스클럽장 등을 이용하는

대가를 입주 전에 미리 받고 시설 내 수영장·헬스클럽장 등을 이용하게 하는 것

④ 그 밖에 사업자가 이와 유사한 용역을 둘 이상의 과세기간에 걸쳐 계속적으로 제공하고 그 대가를 선불로 받는 경우

위 규정에 있어 유의할 것은 시설물 등의 사용대가를 선불로 받는 경우에만 공급시기를 별도로 규정하고 있어 후불로 받는 경우에는 위 규정을 적용할 수 없다고 보며, 만약 선불 또는 후불에 관계없이 이 적용을 적용하고자 한다면 후불로 받는 경우를 시행령에 포함시켜야 할 것이다.

아울러 헬스장, 수영장 등의 스포츠센터 이용 연회비 등을 일시에 신용카드로 미리 결제받은 경우 그 신용카드매출전표를 발행한 때가 공급시기이므로 예정 또는 확정신고기간 종료일이 공급시기가 되는 것이 아님에 유의하도록 한다(재부가-796, 2011. 12. 13. ; 조심 2012서84, 2012. 6. 29. 부가법 §17 ①).

(6) 사회기반시설 제공대가의 공급시기

사업자가 「사회기반시설에 대한 민간투자법」 제4조 제3호의 방식을 준용하여 시설소유권을 이전받기 전까지 둘 이상의 과세기간에 걸쳐 계속적으로 그 시설을 이용하게 하는 경우에는 예정신고기간 또는 과세기간의 종료일을 공급시기로 한다(부가령 §29 ② 4).

(7) 폐업 후 공급시기가 도래하는 경우

위 "(1)"부터 "(6)"까지의 규정에 불구하고 폐업 전에 공급한 용역의 공급시기가 폐업일 이후에 도래하는 경우에는 폐업일을 공급시기로 본다(부가령 §29 ③).

(8) 그 밖의 조건부 장기용역공급계약의 부가가치세 공급시기

사업자가 장기계속공급계약에 의하여 용역을 공급함에 있어 용역의 공급대가를 매 3개월(분기단위)마다 발주자의 검사를 거쳐 청구일로부터 30일 이내에 지급받기로 한 경우 용역의 공급시기는 청구일로부터 30일 이내에 공급가액을 실지로 받는 날이나, 대금을 받지 못한 때에는 그 30일이 되는 날이 된다(서면3팀-983, 2007. 4. 2.).

(9) 완성도지급기준과 장기할부판매가 혼합된 용역의 공급시기

건설업을 영위하는 사업자가 건설용역을 제공하고 그 대가를 분할하여 지급받는 경우

로서 발주자와의 사전약정에 따라 대가 중 일부는 용역의 제공이 완료되기 전에 완성도 지급기준에 의하여 지급받고 나머지 금액은 용역의 제공이 완료된 후에 2회 이상으로 분할하여 지급받는 것으로 해당 용역공급의 완료일이 속하는 다음 날로부터 최종 부불금의 지급기일까지의 기간이 1년 이상인 경우에는 그 대가의 각 부분을 받기로 한 때를 용역의 공급시기로 한다(서삼 46015-11811, 2003. 11. 19.).

(10) 건축관련 설계 · 감리용역의 공급시기

건축물에 대한 설계용역 및 감리용역 제공과 관련한 계약을 각각 별도로 체결한 경우 설계용역의 공급시기는 통상 해당 건축물의 건축허가일(그 이전에 설계도서 인도로 대가지급이 확정되는 경우 그 날) 이전이 되는 것이고, 감리용역의 공급시기는 준공일(사용승인일)에 도래하였다고 보아야 한다. 반면, 설계용역과 감리용역을 구분하지 않고 일괄계약한 경우 중간지급조건부나 완성도기준지급조건부 거래에 해당하지 않는다면 해당 일괄계약한 설계 · 감리용역의 공급시기는 감리용역의 완료일인 준공일로 본 심판례도 있다(국심 2004중3242, 2005. 6. 24. ; 국심 2003중3468, 2004. 1. 27.).

물론 해당 사업자가 설계용역 등을 제공하고 그 대가의 지급조건이 중간지급조건부나 완성도기준지급조건부, 그 밖의 조건부공급에 해당한다면 공급시기는 그 대가의 각 부분을 받기로 한 때이다(서면3팀-1652, 2007. 6. 4.).

(11) 도급계약과 제작물의 완성시점 판단 기준

공급대상 목적물이 공급받는 자의 사업장에서 특정 재화 생산이라는 목적에 맞추어 일정한 사양으로 특정된 것으로서, 공급받는 자의 수요를 충족시키기 위한 대체가 불가능한 제작물의 공급을 목적으로 하는 계약으로 도급의 성질을 가지고 있다면, 제작물의 공급계약에서 일이 완성되었다고 하려면 당초 예정된 최후의 공정까지 일단 종료되었다는 점만으로는 부족하고 목적물의 주요구조 부분이 약정된 대로 시공되어 사회통념상 일반적으로 요구되는 성능을 가지고 있어야 하므로 제작물공급에 대한 보수의 지급을 청구하는 수급인으로서는 그 목적물 제작에 관하여 계약에서 정해진 최후 공정을 일단 종료하였다는 점뿐만 아니라 그 목적물의 주요구조 부분이 약정대로 시공되어 사회통념상 일반적으로 요구되는 성능을 갖추고 있다는 점까지 주장 · 입증되어야 하고, 통상 해당 도급계약상 예정된 최후의 공정까지 일이 종료되고 주요부분이 약정된 대로 시공되어 완성된 경우에는 특별한 사정이 없는 한 공사가 완성되었다고 보고 목적물의 하자나 잔여 마무리 작업 부분 등은 하자보수청구 등 하자담보책임에 관한 민법의 규정에 따라서 처리하도록 하는 것이 당사자의 의사 및 법률의 취지에 부합하는 해석이라 할 것이다(대전지법 2015가합707, 2015. 9. 24. ; 대법원 2004다21862, 2006. 10. 13.).

(12) 그 밖의 경우

부가령 제29조 제1항 및 제2항의 규정을 적용할 수 없는 경우에 용역의 공급시기는 역무의 제공이 완료되고 그 지급가액이 확정되는 때이다(부가령 §29 ② 1).

이와 관련한 사례를 보면 다음과 같다.

㉮ 물품매도확약서 발행용역의 공급시기는 계약조건에 따라 역무의 제공이 완료되는 때이나, 해당 역무의 제공이 완료되는 때에 그 대가가 확정되지 아니한 경우에는 대가가 확정된 때를 그 공급시기로 본다(부가통칙 16-29-1).

㉯ 선박수리용역이 완료되었으나 선박수리의뢰자가 공정에 따른 투입물량의 확인 및 공사대금을 상호 간에 최종 합의하여 결정하는 경우 그 용역의 공급시기는 선박수리역무의 제공이 완료되고 그 공급가액이 확정되는 때로 한다(부가 22601-1515, 1986. 7. 25.).

㉰ 임가공용역을 공급함에 있어서 공급물량에 대한 단위별 요율이 결정되고 공급한 물량을 공급받는 자의 인수확인을 거쳐 용역의 공급이 확정되는 경우 해당 용역의 공급시기는 공급받는 자가 인수·확인하는 때로 한다(부가 22601-1864, 1986. 9. 13.).

㉱ 사업자가 ○○공사에 교정시설의 이전을 위한 대체교정시설의 건설용역을 제공하면서 그 공급가액을 사전에 약정하지 아니하고 해당 시설의 준공 시 건설에 소요된 비용을 정산·확정하여 교정시설의 부지매입대금에서 차감하는 방식으로 지급받기로 한 경우 사업자가 제공한 건설용역의 공급시기는 역무의 제공이 완료되고 공급가액이 확정되는 때이다(법규 부가-285, 2009. 9. 3.).

㉲ 광업권자가 광업권을 대여하고 광업권사용자가 운영하는 광업의 매기 사업연도에 대한 손익계산서상의 영업이익계상의 적정 여부를 회계감사인으로 하여금 확인하게 한 후 확인된 영업이익의 일정률에 상당하는 금액을 광업권사용료로 받기로 한 경우 해당 광업권대여용역의 공급시기는 회계감사인이 광업권사용자의 손익계산서상 영업이익의 적정계상 여부에 대한 확인을 완료함으로써 지급받을 광업권사용료의 금액이 확정되는 때로 한다(부가 22601-529, 1985. 3. 23.).

㉳ 국내항공운송용역의 통상적인 공급에 대한 공급시기는 해당 역무의 제공이 완료되는 때이며 국제항공운송용역의 공급에 대한 공급시기는 항공권의 발급시기에 관계없이 해당 역무의 제공이 완료되고 그 공급가액이 확정되는 때로 한다(간세 1235-1232, 1978. 4. 26.).

㉮ 온천원보호지구신청 용역 계약의 목적이 특정지역 온천공검사 및 온천자원조사, 온천개발가능성 경제성조사, 온천원보호지구지정 승인신청을 실시하여 온천보호지구로 지정하는데 있다면 공급자가 수행할 용역은 온천보호지구지정까지로 보여지므로 이 건 용역의 공급시기는 온천보호지구지정일로 봄이 타당하다(국심 2006부2105, 2006. 9. 13.).

㉯ 사업자가 본인 소유의 기계를 장기할부로 임대(임대기간 종료 후 반환받음)하고 그 사용료를 매월 지급받기로 한 경우, 그 사용료의 공급시기는 그 대가의 각 부분을 받기로 한 때이며, 사업자는 그 공급시기에 세금계산서를 발급하여야 한다(부가-646, 2009. 5. 7.).

㉰ 선적 및 하역 과정에서 발생하는 체선료 및 조출료의 공급시기는 선주와 용선주가 그 금액을 합의·확정한 때로 한다(심사 82나696, 1982. 9. 4.).

㉱ 영화사와 극장을 운영하는 사업자 간의 계약에 의하여 영화사가 제공한 영화필름을 극장에서 상영하고 얻는 수입금액에 대하여 일정률에 의한 금액을 영화사가 분배받기로 한 경우 해당 용역에 대한 공급시기는 해당 분배금액이 확정되는 때로 한다(부가 22601-1465, 1985. 7. 29.).

IV 재화 및 용역의 공급시기 특례

1 개 요

세금계산서는 부가법 제15조 및 제16조, 부가령 제28조 및 제29조에 따른 공급시기(이하 "원칙적 공급시기"라 한다)에 발급하거나 부가법 제34조 제3항에 따라 월합계세금계산서 등을 익월 10일까지 발급하여야 한다.

이러한 원칙에 대한 예외로 공급시기가 되기 전에 받은 대가에 대하여 세금계산서를 발급하거나, 세금계산서 발급 후 7일 이내에 대가를 받는 등 일정요건을 갖춘 경우에는 세금계산서 발급일 이후 대가를 받더라도 해당 세금계산서를 발급한 때를 공급시기로 볼 수 있는 특례규정을 두고 있다.

이는 원칙적인 공급시기 이전에 그 공급대가의 전부 또는 일부를 받고 세금계산서 또는 영수증을 발급하는 경우, 그 발급하는 때에 거래의 실재성이 확보된 것으로 보아 그 때를 재화 또는 용역의 공급시기로 의제하는 것이다.

2 | 공급시기 도래 전에 대가를 받은 경우

(1) 의 의

원칙적 공급시기가 되기 전에 재화 또는 용역에 대한 대가의 전부 또는 일부(계약금 또는 선수금 등)를 받고, 그 받은 대가에 대하여 부가법 제32조에 따른 세금계산서 또는 부가법 제36조에 따른 영수증을 발급하는 경우에는 그 발급하는 때를 각각 그 재화 또는 용역의 공급시기로 본다(부가법 §17 ①).

2003. 12. 31. 이전에는 거래의 실재성 존부에 관계없이 재화 또는 용역의 공급시기 전이라도 세금계산서를 발행하게 되면 적법한 세금계산서로 보아 세금계산서상의 매입세액을 자기의 매출세액에서 공제하였으나, 이 과정에서 과세기간별 납부세액을 조절하거나 부가가치세를 거래징수 당하지 아니하고 부당하게 환급을 받는 사례가 있어 이러한 요인을 제거하고자 2004. 1. 1. 이후 재화 또는 용역의 공급시기 이전에 대가의 전부 또는 일부를 받는 경우 각 대가에 대하여 세금계산서 또는 영수증을 발급하는 때를 공급시기로 간주하도록 하는 등 공급시기 의제규정을 보완하였다.

(2) 관련 규정 분석

1) 부가법 제15조, 제16조에 따른 공급시기

부가법 제15조 및 제16조, 부가령 제28조 및 제29조에 따른 공급시기를 의미하며, 동 규정에 의한 공급시기에는 대가의 수수 여부에 관계없이 세금계산서 등을 발급하여야 한다.

2) '받은 대가'의 의미

대가란 물건의 값을 말하는 것이며 대가를 지불하는 수단 또는 방법으로는 현금이 일반적일 것이나 그 밖에도 수표, 어음, 그 밖의 다른 지불수단으로도 할 수 있고 이는 거래당사자 간의 의사의 합치에 따라 결정되는 것이지 법령으로 규제할 사항은 아니다. 따라서 부가법 제17조 제1항의 규정을 적용함에 있어 "받은 대가"에는 현금 외에 수표, 어음, 전자어음, 신용카드(다만, 부가법 제46조 제1항 및 부가령 제88조 제2항의 규정이 적용), 전자화폐, 전자채권, 현물의 인도(양도) 등이 포함되며, 게임머니, 게임아이템, 폐쇄형 전자화폐 등은 현금이나 신용카드로 구입하는 시점에 동 규정이 적용된다. 또한 '받은 대가'란 공급가액이 아니라 공급대가로 보아야 하며, 당사자 사이에 부가가치세 지급에 관한 별도의 약정이 있었고 실제로 별도 지급되었다 하더라도 동 규정의 적용에 있어 '받은 대가'는 공급대가로 보아야 한다(국심 2006서1742, 2007. 1. 17. ; 심사부가 2006-163, 2006. 8. 21. ; 부가-489, 2009. 4. 9. ; 부가-1229, 2011. 10. 10.).

3 선발급 후 일정기간 이내에 대가를 받은 경우

(1) 공급시기 전 대가 수수없이 세금계산서 발급

공급시기의 특례를 적용받기 위해서는 대가의 전부 또는 일부를 지급하여야 하는 것이 원칙이다. 그러나 상거래 관행상 세금계산서가 대금청구서로 갈음되고 세금계산서를 발급하고 일정기간이 경과한 후에 대금결제가 이루어지는 현실을 감안하여 2007. 2. 28. 이 속하는 과세기간에 공급하거나 공급받는 분부터 그 조건을 완화하여 세금계산서 발급일 이후에 대가를 지급하는 경우에도 정당한 세금계산서로 볼 수 있도록 그 요건을 완화하였다. 다만, 아래 "(2) 공제요건"에 정하는 기간을 경과하여 대가를 지급받은 경우에는 정당한 세금계산서로 보지 아니하여 매입세액을 공제받을 수 없다.

(2) 공제 요건

부가법 제15조 및 제16조, 부가령 제28조 및 제29조에 따른 공급시기 전에 아래와 같이 대가를 수수한 경우 대가의 수수 범위 내에서 발급하는 세금계산서는 정당한 세금계산서로 본다.

1) 세금계산서 선발급 이후 7일 이내에 대가 지급

원칙적 공급시기가 되기 전에 선발행세금계산서를 발급하고 그 세금계산서 발급일로부터 7일 이내에 대가를 지급받는 경우 해당 세금계산서를 발급한 때를 재화 또는 용역의 공급시기로 보므로 정당한 세금계산서에 해당된다(부가법 §17 ②).

이 경우 조세심판원에서는 은행영업시간의 종료 등으로 인하여 7일이 되는 당일에 대가를 지급하지 못하고 그 다음 은행의 영업일에 대가를 지급하는 경우에는 적법한 세금계산서로 보아 매입세액공제가 가능한 것으로 결정하였다(국심 2006광135, 2006. 10. 17.).

2) 세금계산서 선발급 이후 7일 경과 후 대가 지급

사업자가 다음의 어느 하나에 해당하는 경우에는 재화 또는 용역을 공급하는 사업자가 그 재화 또는 용역의 공급시기가 되기 전에 선발행세금계산서를 발급하고 그 세금계산서 발급일부터 7일이 지난 후 대가를 받더라도 해당 세금계산서를 발급한 때를 재화 또는 용역의 공급시기로 본다(부가법 §17 ③, 2019. 1. 1. 이후 공급분부터 적용).

㉮ 거래당사자 간의 계약서 · 약정서 등에 대금 청구시기(세금계산서 발급일을 말한다)와 지급시기를 따로 적고, 대금 청구시기와 지급시기 사이의 기간이 30일 이내인 경우

㉯ 재화 또는 용역의 공급시기가 세금계산서 발급일이 속하는 과세기간 내(공급받는 자가 부가법 제59조 제2항에 따라 조기환급을 받은 경우에는 세금계산서 발급일부터 30일 이내)에 도래하는 경우(2022. 1. 1. 이후 공급분부터 적용한다)(부가법 §17 ③ 2 및 동 부칙 §6)

2018. 12. 31. 이전 공급분까지는 위 "㉮" 요건을 갖춘 사업자가 세금계산서 발급일이 속하는 과세기간(공급받는 자가 부가법 제59조 제2항에 따라 조기환급을 받은 경우에는 세금계산서 발급일부터 30일 이내)에 세금계산서에 적힌 대금을 지급받은 것이 확인되는 경우 해당 세금계산서를 발급한 때를 재화 또는 용역의 공급시기로 보았다.

위 "㉯"의 규정은 2022. 1. 1. 전에 재화 또는 용역을 공급한 경우의 공급시기에 관하여는 종전의 규정에 따라야 하므로 위 "㉯"의 공급시기 도래 조건 외에 세금계산서에 적힌 대금을 지급받은 것이 확인되는 경우여야 공제되는 세금계산서가 된다(부가법 §17 ③ 2 및 동 부가부칙 §6).

4 | 장기할부판매 등 계속적 공급에 대한 세금계산서 발급

장기할부판매조건으로 재화 또는 용역을 공급하거나 전력, 통신 등 공급단위를 구획할 수 없는 재화 또는 용역을 계속적으로 공급하는 경우에는 대가의 각 부분을 받기로 한 날 이전에 대금을 청구함이 일반적이므로 해당 규정을 엄격하게 적용하게 되면 대금 청구 시에 세금계산서를 발급하지 못하게 되고 이에 따라 대금청구와 세금계산서 발급을 별도로 하게 되는 불편을 초래하게 된다. 따라서 사업자가 다음의 규정에 의한 공급시기가 도래하기 전에 부가법 제32조에 따른 세금계산서 또는 제36조에 따른 영수증을 발급하는 경우에는 그 발급하는 때를 해당 재화 또는 용역의 공급시기로 보므로 세금계산서의 발급 당시 대금지급이 이루어지지 않았더라도 정당한 세금계산서로 인정된다(부

가법 §17 ④, 부가령 §30).

㉮ 장기할부판매로 재화를 공급하거나 장기할부조건부로 용역을 공급하는 경우의 공급시기

㉯ 부가령 제28조 제3항 제4호에 따라 전력이나 그 밖에 공급단위를 구획할 수 없는 재화를 계속적으로 공급하는 경우의 공급시기

㉰ 부가령 제29조 제1항 제4호에 따라 그 공급단위를 구획할 수 없는 용역을 계속적으로 공급하는 경우의 공급시기

㉱ 부가법 제23조에 따른 외국항행용역의 공급으로서 「상법」 제852조 및 제853조에 따라 발행된 선하증권에 따라 거래사실이 확인되는 경우의 공급시기(용역의 공급시기가 선하증권 발행일로부터 90일 이내인 경우로 한정한다. 2024. 2. 29. 시행령 개정 전의 것도 소급 적용한다)

5 선발행세금계산서의 세무처리 기준

(1) 선발행세금계산서가 매출세액에서 공제되는 경우

원칙적 공급시기가 도래하기 전에 재화 또는 용역에 대한 대가의 전부 또는 일부(계약금 또는 선수금 등)를 받고, 그 받은 대가에 대한 세금계산서(이하 '선발행세금계산서'라 한다) 또는 영수증을 발급하는 경우에는 그 발급하는 때를 각각 해당 재화 또는 용역의 공급시기로 보도록 하고 있어, 원칙적 공급시기가 도래하기 전에 대가의 전부 또는 일부를 받고 발급한 세금계산서는 정당한 세금계산서로서 공급받는 자는 자기의 매출세액에서 공제 또는 환급이 가능하다.

1) 그 지급일이 속하는 과세기간에 선발행세금계산서 발급

사업자가 원칙적 공급시기가 도래하기 전에 재화 또는 용역에 대한 대가의 전부 또는 일부를 지급하고 그 대가를 지급한 날이 속하는 과세기간 내에 세금계산서를 발급받은 경우 해당 세금계산서의 매입세액은 자기의 매출세액에서 공제할 수 있다(서면3팀-1980, 2004. 9. 24.).

2) 그 지급일이 속하는 과세기간 경과 후에 선발행세금계산서 발급

재화 또는 용역에 대한 대가의 일부를 공급시기 이전에 지급한 후 그 공급시기가 도래하기 전에 세금계산서를 발급받는 경우로서 해당 재화 또는 용역에 대한 대가를 지급

한 과세기간과 세금계산서를 발급한 과세기간이 서로 다르더라도 해당 세금계산서 발급이 이루어진 시기를 공급시기로 보아 해당 세금계산서상의 매입세액을 자기의 매출세액에서 공제할 수 있다(재부가-634, 2007. 9. 3.).

3) 위 "4"의 규정이 적용되는 경우

사업자가 위 "4"에서 정의하는 장기할부판매, 전력 기타 공급단위를 구획할 수 없는 재화를 계속적으로 공급 등의 공급시기가 도래하기 전에 세금계산서를 발급하는 경우에는 그 발급하는 때를 공급시기로 보는 것이므로 대가가 수반되지 아니한 경우에도 정당한 세금계산서로 본다.

4) 그 대가를 일정기간 내 사후에 지급하는 경우

공급시기 도래 전에 선발행세금계산서를 발급한 이후 대가를 지급하는 경우로서 위 "3"의 요건을 충족하는 경우에는 정당한 세금계산서에 해당된다.

5) 2과세기간 이상 부동산임대용역에 대한 대가를 수령한 경우

사업자가 2개 과세기간 이상에 걸쳐 부동산임대용역을 공급하고 그 대가를 선불 또는 후불로 받는 경우 예정신고기간 또는 과세기간의 종료일을 해당 용역의 공급시기로 규정하고 있으나, 사업자가 해당 공급시기가 도래하기 전에 부가법 제32조에 따른 세금계산서 또는 부가법 제36조에 따른 영수증을 발급하는 경우에는 그 발급하는 때를 해당 용역의 공급시기로 본다(서면3팀-1284, 2004. 7. 5.).

위 규정은 부동산임대용역 대가를 선불 또는 후불로 받는 경우에 적용되는 것이므로 만약 부동산임대용역이 아닌 기계설비 등의 임대용역에 해당하는 경우라면 동 규정을 적용할 수 없다고 본다. 예를 들어 기계장치를 3년간 임대하기로 하고 매년 말에 1년간의 임대료를 받기로 약정하였다면 그 받기로 한 날에 받기로 한 금액을 공급가액으로 하여 세금계산서를 발급하여야 한다(부가 46015-2684, 1998. 12. 2.).

6) 선발행세금계산서 경정 후 정당한 공급시기에 세금계산서가 발급된 경우

사업자가 정당한 공급시기가 도래하기 전에 공급대가를 전혀 지급하지 아니하고 세금계산서를 수수하여 과세관청으로부터 사실과 다른 세금계산서로 가산세 및 매입세액불공제 등의 처분(수정신고 등 포함)을 받은 경우 당초 발급한 세금계산서는 당연 무효인 세금계산서에 해당하므로 부가령 제70조에 따른 수정세금계산서를 발급할 수 없는 것이나, 당초 계약 등에 따라 정당한 공급시기가 도래하여 세금계산서를 적법하게 발급받은 경우 해당 세금계산서는 매입세액공제가 가능하다(재경부 소비세제과-36, 2006. 1. 11. ; 법규과-27, 2010. 1. 13.).

(2) 선발행세금계산서가 매출세액에서 공제되지 않는 경우

1) 일반원칙

사업자가 공급시기가 도래하기 전에 대가를 지급하지 아니하고 세금계산서를 발급받은 경우 해당 세금계산서는 사실과 다른 세금계산서에 해당하는 것이며, 비록 선발행세금계산서 발급 이후 공급시기 도래 전에 해당 재화 또는 용역에 대한 대가의 전부 또는 일부를 지급받더라도(앞 "3"의 경우는 제외) 해당 세금계산서는 사실과 다른 세금계산서로서 공급받는 자는 매입세액으로 공제받을 수 없다(재소비-315, 2005. 10. 13. ; 서면3팀-1120, 2005. 7. 18. ; 서면3팀-1980, 2004. 9. 24.).

2) 공급시기 전 지급대가보다 과다하게 적혀 있는 세금계산서에 대한 공제

사업자가 부가법 제15조 및 제16조에 따른 공급시기가 도래하기 전에 재화 또는 용역에 대한 대가의 전부 또는 일부를 받지 아니하고 세금계산서를 발급한 경우 해당 세금계산서의 공급가액 중 세금계산서 발급 시 지급받은 대가보다 과다하게 적혀 있는 분의 공급가액에 대한 매입세액은 부가법 제39조에 따라 매출세액에서 공제되지 아니한다(서면3팀-1487, 2004. 7. 24.).

(3) 사업자등록 신청일 전에 수취한 선발행세금계산서의 공제 여부

부가법 제8조에 따라 등록을 하기 전의 매입세액은 불공제하는 것이나, 공급시기가 속하는 과세기간이 끝난 후 20일 이내에 등록을 신청한 경우 등록신청일부터 공급시기가 속하는 과세기간 기산일까지 역산한 기간 내의 것은 매출세액에서 공제 가능하다(부가법 §39 ① 8). 이때 사업자등록신청일과 공급시기를 기준으로 그 경과 여부를 판정하여야 하는 것이므로 계약시점 또는 대금지급일을 기준으로 판정하는 것은 아니다(다만, 과세기간이 끝난 후 20일 경과 여부 판정에 있어 적법하게 세금계산서를 수취한 후 20일이 되는 날이 공휴일 · 토요일이어서 그 다음 날에 사업자등록을 신청한 경우에는 매입세액으로 공제 가능).

다만, 선발행세금계산서 발급과 관련하여 주의할 것은 사업자등록 신청 전에 건설용역 등을 제공받고 그 공급시기가 도래하기 전에 공급대가를 지급하고 발급받은 선발행세금계산서의 발급일이 속한 과세기간이 끝난 후 20일 이내에 등록한 경우 자기의 매출세액에서 당연히 공제 가능한 것이나, 과세기간이 끝난 후 20일이 경과되어 등록한 경우에는 등록 전 매입세액에 해당하여 매입세액이 불공제되며, 불공제된 매입세액은 정당한 공급시기가 도래하여 재발급된 세금계산서에 의하여도 매입세액공제가 불가능하다.

(4) 선발행세금계산서 발급 후 선수금의 반환이 있는 경우

사업자가 지방자치단체와 완성도기준지급조건부 건설도급계약을 체결하면서 「지방재정법」에 따라 받은 선금에 대하여 세금계산서를 발급하였으나, 해당 지방자치단체의 요청에 따라 공급시기 도래 전에 선금을 반환하는 경우에는 그 반환일을 작성일자로, 반환금액을 공급가액으로 하는 수정세금계산서를 발급하여야 한다(법규부가 2011-0024, 2011. 2. 24.).

(5) 대가를 수반하지 아니한 선발행세금계산서에 적용되는 가산세

대가를 수반하지 아니한 선발행세금계산서가 사실과 다른 세금계산서에 해당하여 과세관청이 공급시기가 도래하기 전에 부가가치세를 경정할 때 공급자의 경우 부가가치세 과세표준을 경정하면서 감액되는 매출세액에서 세금계산서기재불성실가산세를 차감한 금액을 환급하게 되며, 공급받는 자는 공제받은 매입세액을 불공제하고 과소(초과환급)신고가산세, 납부지연가산세 및 매입처별세금계산서합계표불성실가산세가 적용된다. 이 경우 가산세 적용대상 금액은 대가를 초과하여 발행한 선발행세금계산서상의 금액이다(서면3팀-2285, 2005. 12. 14. ; 서면3팀-450, 2005. 3. 31. ; 국심 2006중1374, 2006. 12. 22. ; 국심 2006서3341, 2007. 3. 27.).

대가를 수반하지 아니한 선발행세금계산서가 사실과 다른 세금계산서에 해당하여 상기의 가산세를 포함하여 부가가치세를 추징당한 후 정당한 공급시기가 경과(동일 과세기간 이내)하여 작성일자를 소급기재하여 발급한 경우 당초 세금계산서와 재발행한 세금계산서는 별개의 건으로서 재발행한 세금계산서에 대하여 매입세액공제는 가능하고 동 재발행 세금계산서는 당초 발급한 선발행세금계산서와 서로 상관관계가 있는 하나의 거래에 해당하여 가산세를 중복하여 적용하지 아니한다(서면3팀-1239, 2007. 4. 26. ; 법규과-27, 2010. 1. 13.).

대가를 수반하지 아니한 선발행세금계산서가 사실과 다른 세금계산서에 해당함에도 정당한 공급시기에 세금계산서 발급 없이 그 과세기간이 경과된 후에 과세관청이 경정하는 경우에는 공급자는 선발급한 과세기간의 과다납부세액에 대한 환급없이 공급시기가 속한 과세기간에 대해 과소신고 및 세금계산서미교부가산세(2%)만 적용(선발급한 과세기간의 세금계산서불성실가산세는 취소)하며, 공급받는 자는 선발급한 과세기간에 대한 매입세액불공제와 세금계산서합계표가산세, 과소신고 및 납부지연가산세가 적용되며, 공급시기가 속한 과세기간에 대한 경정은 없다(국기법 §47의4 ⑥ ; 서면-2016-법령해석부가-5066, 2017. 4. 20.).

(6) 이전 과세기간에 선발행세금계산서가 결정된 후 공급시기가 속한 과세기간에 세금계산서를 미발급한 경우 가산세 부과 방법

사업자가 공급시기 도래 전에 대가를 지급받지 아니한 부분에 대하여 세금계산서를 선발급하여 사실과 다른 세금계산서로 보아 가산세를 부과받고, 공급시기가 속한 그 다음 과세기간에는 세금계산서를 발급하지 아니한 경우, 세금계산서를 발급하지 아니한 과세기간에는 세금계산서미발급가산세(2%)가 적용되는 것이며, 상관관계를 갖는 하나의 거래인 만큼 세금계산서를 선발급하고 신고·납부한 과세기간에 부과받은 위 매출처별세금계산서합계표불성실가산세(1%)는 경정감(취소)하여야 한다(동지 : 서면-2016-법령해석부가-5066, 2017. 4. 20. 법령해석심의위원회 결정사항).

(7) 공급가액 초과 기재된 선발행세금계산서의 수정발급

사업자가 전자세금계산서를 발급한 후 착오 외의 사유로 필요적 기재사항 등이 잘못 적힌 경우 재화 또는 용역의 공급일이 속하는 과세기간에 대한 확정신고기한 다음 날부터 1년 이내(2022. 2. 15. 전은 확정신고기한까지)에 수정세금계산서를 발급할 수 있는 것이므로, 사업자가 공급시기 도래 전에 대가의 지급없이 또는 대가의 지급분을 초과하여 선발행세금계산서를 발급한 경우 해당 선발행세금계산서의 작성연월일을 기준으로 동 기간 이내에 공급가액을 감액하는 수정세금계산서를 발행할 수 있다(법규과-1310, 2013. 11. 27. ; 조심 2012구1920, 2012. 10. 10.).

(8) 선발행 후 대가가 지급된 경우 세금계산서의 적정 여부에 대한 판례

대법원은 공급시기 전에 공급대가 일부만 지급한 채 매입세액 전액을 조기환급 신청한 경우, 공급시기 전에 발급받은 세금계산서에 대하여도 동일한 과세기간 내에 공급과 대금지급이 이루어진 사실이 확인된다는 사정만으로 매입세액공제를 허용한다면 공급시기 후에 세금계산서를 발급받은 경우와 달리 매입자에게 대금을 지급하지도 않은 상태에서 환급이 발생하는 모순이 발생하므로 조기환급을 위한 대가의 지급없는 선발행세금계산서에 의한 매입세액은 불공제대상이라고 판결하였다(대법원 2009두3200, 2009. 5. 14.).

최근에는 필요적 기재사항이 다르게 적힌 세금계산서이더라도 전단계세액공제 제도의 정상적인 운영을 저해하거나 세금계산서의 본질적 기능을 해치지 않는 것으로 볼 수 있는 경우에는 매입세액공제를 허용하는 것이 타당하다고 보고, 위 판례의 사례와 같이 대법원은 사업자가 부가가치세를 부담하지 아니한 채 조기환급을 받으려는 의도로 공급시기 전에 미리 세금계산서를 발급받는 등의 특별한 사정이 없는 한, 공급시기 전에 발급한 세금계산서라도 그 발급일이 속한 과세기간 내에 공급시기가 도래하고 그 세금계산서의 다른 기재사항으로 보아 진정한 것으로 확인되는 경우에는 매입세액은 공제되어야 한다고 판결하였다. 또한 부가가치세법이 정한 선발행세금계산서 발급특례규정이 필요적 기재사항이 사실과 다른 세금계산서에 대한 단서 규정(거래사실이 확인되는 경우로서 필요적 기재사항이 착오로 기재된 경우 매입세액공제 허용)을 제한한다고 보기 어렵다는 의견인 바, 기존의 국세청, 기획재정부, 조세심판원의 매입세액불공제 판단을 뒤엎었다(대법원 2014두35706, 2016. 2. 18.).

(9) 정당한 선발행세금계산서 수수 후 거래가 해제된 경우

당초 재화의 공급을 전제로 한 공급계약이 체결된 후 공급자가 공급시기가 되기 전에 대가를 수령하고 발급한 선발행세금계산서는 부가법 제17조에 규정하는 정당한 세금계산서로서 그 세금계산서의 수취자는 매입세액공제 받을 수 있다. 그러나 이후 공급을 약속한 매출자가 재화를 약정한 공급기한을 넘겨 장기간 공급을 이행하지 아니하여 사실상 당초 공급계약이 해제된 경우라면 그 계약해제일을 작성일자로 하는 수정세금계산서를 발급하여야 하고, 재화를 공급받지 못하고 계약이 해제된 매입자는 그 계약해제일이 속하는 과세기간에 수정세금계산서의 수수여부에 관계없이 부가가치세를 납부하여야 한다.

(10) 정당한 선발행세금계산서 관련 개정 연혁

적용 시기	선발급 및 매입세액공제 가능 선발행세금계산서
2013. 6. 30. 이전 공급분	-원칙적 공급시기 도래 전 받은 대가 범위 내에서 선발급[1]
2013. 7. 1. 이후 공급분부터 적용	① 원칙적 공급시기 도래 전 받은 대가 범위 내에서 선발급 ② 선발급 후 7일 이내에 대가 수령 ③ 대금청구시기와 지급시기에 대한 약정이 있고 그 사이의 기간이 30일 이내일 것 ④ 장기할부 등 계속적 공급에 대해 선발급

적용 시기	선발급 및 매입세액공제 가능 선발행세금계산서
2018. 1. 1. 이후 공급분부터 적용	①, ②, ④ 동일 ③ 대금청구시기와 지급시기에 대한 약정이 있고 그 사이의 기간이 30일 이내이거나 세금계산서 발급일이 속하는 과세기간(조기환급을 받은 경우는 30일 이내) 내에 그 대금을 받은 경우
2019. 1. 1. 이후 공급분부터 적용	①, ②, ④ 동일 ③ 대금청구시기와 지급시기에 대한 약정이 있고 그 사이의 기간이 30일 이내일 것 ⑤ 선발급이 속하는 과세기간(조기환급을 받은 경우는 30일 이내) 내에 공급시기가 도래하고 그 대금을 받은 경우
2019. 2. 12. 이후 공급분부터 적용	-선발급 후 30일 이내 공급시기가 도래한 경우[2]
2022. 1. 1. 이후 공급분부터 적용	①, ②, ④ 동일 ③ 대금청구시기와 지급시기에 대한 약정이 있고 그 사이의 기간이 30일 이내일 것 ⑤ 선발급이 속하는 과세기간(조기환급을 받은 경우는 30일 이내) 내에 공급시기가 도래하는 경우
2022. 2. 15. 이후 공급분부터 적용	-선발급 후 6개월 이내 공급시기가 도래한 경우[3]

1) 위 표에서 "선발급"이란 원칙적 공급시기 전에 세금계산서를 발급한 경우로서 추후 거래사실은 확인되는 경우를 말함. 이하 같다.
2) 30일 이내에 대금수령이 이루어지는 경우 대금청구 시(세금계산서 발급 시)마다 대금청구일로부터 30일 이내에 대가를 수수한다는 약정서를 반드시 작성하여야 한다.
3) 위 "3)"의 경우 선발급이 속하는 과세기간 내에 공급시기가 도래하는 경우를 제외한 선발급세금계산서(부가령 제75조가 적용되는 선발행세금계산서를 말함)는 공급자는 공급가액의 1%, 공급받는 자는 매입세액은 공제되고, 공급가액의 0.5% 가산세가 부과된다.

(11) 대금수령과 선발행세금계산서 인정범위 계산표

대금 청구일(선발급일자)	대금 청구액(선발급 공급대가)	대금 수령일	누적 지급액(선발급일 현재)	공제 가능 공급대가
2022. 1. 1.	110,000,000	2022. 1. 15.	0	불공제[2]
2022. 2. 1.	220,000,000	2022. 2. 15.	110,000,000	110백만 원[3]
2022. 3. 1.	165,000,000	2022. 3. 20.	330,000,000	165백만 원[4]
2022. 4. 1.	330,000,000	2022. 4. 25.	495,000,000	220백만 원[5]
2022. 9. 15.[1]	165,000,000	2022. 8. 10.	825,000,000	165백만 원[6]

대금 청구일 (선발급일자)	대금 청구액 (선발급 공급대가)	대금 수령일	누적 지급액 (선발급일 현재)	공제 가능 공급대가
합 계	990,000,000		825,000,000	660백만 원[7]

1) 2022. 9. 15.는 용역제공완료일임.
2) 대가의 수령없는 선발급세금계산서로서 7일 이내 또는 대금청구시기와 대금지급시기에 대한 약정이 없어 사실과 다른 세금계산서에 해당함(매입세액불공제와 세금계산서불성실가산세 적용 대상임).
3) 선발급세금계산서상 공급대가 220백만 원은 기 수령한 110백만 원 범위 내에서만 정당한 세금계산서이므로 거래상대방은 10백만 원 매입세액공제 가능하다.
4) 선발급세금계산서상 공급대가 165백만 원은 기 수령한 220백만 원[330백만 원(누적 선수금)−110백만 원(인정된 선발행세금계산서 누적액)] 범위 내에서는 정당한 세금계산서이므로 전액 공제가능하다.
5) 선발급세금계산서 공급가액 330백만 원은 기 수령한 220백만 원[495백만 원(누적 선수금)−(110+165)백만 원(인정된 선발행세금계산서 누적액)] 범위 내에서는 정당한 세금계산서이므로 이를 초과하는 금액 110백만 원은 과다기재한 공급대가가 된다. 2022. 2. 15. 전까지는 불공제대상이었으나, 2022. 2. 15. 시행령 개정으로 선발급한 과세기간 이후로서 선발급일로부터 6개월 이내에 공급시기가 도래하였으므로 전액 매입세액공제는 가능하고, 거래당사자는 각각 세금계산서불성실가산세 및 매입처별세금계산서합계표불성실가산세가 적용된다.
6) 2022. 9. 15.는 공급시기이므로 해당 일자를 작성연월일로 기재한 세금계산서는 대금수령시기에 관계없이 정당한 세금계산서이다.
7) 선발행세금계산서 발급 착오로 990백만 원에 대한 매입세액 90백만 원을 공제받아야 하나, 60백만 원밖에 공제받지 못하였다(과세관청에서 용역제공완료일 외의 선발행세금계산서 전부 불공제 처분하는 사례가 많아 작성하였다).

| 선발행세금계산서와 공급시기, 대금지급시기 검토표 |

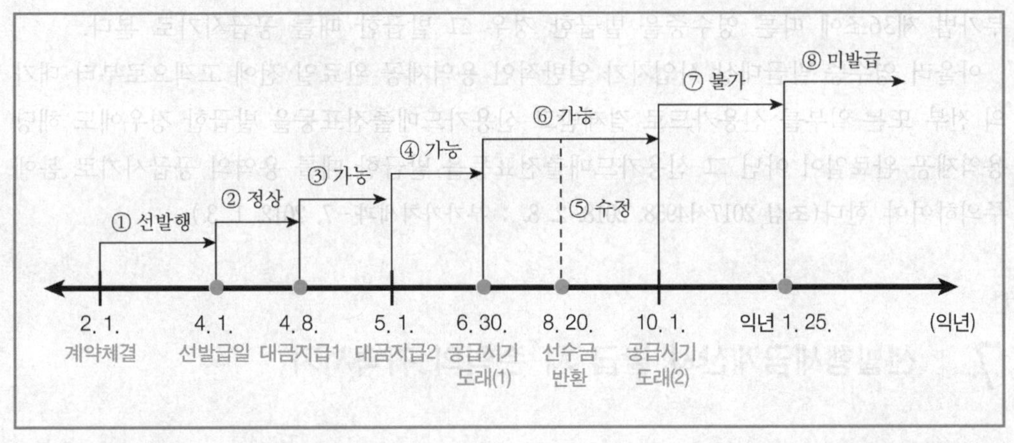

① 공급계약체결 후 공급시기 도래 전에 발급한 세금계산서는 선발행세금계산서에 해당됨. 4월 1일 세금계산서를 선발행한 것으로 가정
② 선발급일로부터 7일 이내에 대가를 선수하였으므로 정당한 세금계산서임.
③ 계약서에 대금청구시기와 지급시기를 적고 그 기간이 30일 이내면 정당한 세금계산서임.
④ 선발급일이 속한 과세기간 내에 공급시기가 도래 시 정당한 세금계산서임(③ 요건 미충족 시에도 본 규정에 따라 정당한 세금계산서가 될 수 있음).
⑤ 선수금에 대하여 선발급 후 공급시기 도래 전에 선수금을 반환한 경우 익월 10일까지 감액수정세금계산서

를 발급하여야 함.

⑥ 선발급일로부터 6개월 이내에 공급시기가 도래하면 공급자는 1%의 세금계산서불성실가산세, 공급받는 자는 매입세액공제되고 0.5%의 합계표불성실가산세 부과(④ 해당 시 가산세 제외)(부가법 §60 ② 5호 및 ⑦ 1호, 부가령 §108 ⑤)

⑦ 선발급일로부터 6개월이 경과된 후에 공급시기가 도래하는 경우 공급자는 세금계산서불성실가산세 1%, 공급받는 자는 매입세액공제 불가하고 합계표불성실가산세 부과(국심 2006중1374, 2006. 12. 22.)

⑧ 공급시기가 10. 1.이면 11. 10.까지 정당한 세금계산서를 발급하면 기존 선발행세금계산서는 세금계산서불성실가산세만 적용되고, 11. 11. 이후 익년 1. 25.까지 발행하면 지연발급가산세를, 그 후 익익년 1. 25.(2019. 2. 12~2022. 2. 14.는 7. 25.)까지 발행한 경우 미발급가산세 부과함. 이 경우 공급받는 자는 매입세액공제 가능(공급받는 자는 11. 11. 이후 수취분에 대하여 합계표가산세 0.5% 적용)(부가법 §60 ② 1·2호, 부가령 §75 ; 재소비-36, 2006. 1. 11.)

- 익익년 1. 25.까지 정상 세금계산서를 발행하지 아니한 경우 공급받는 자는 매입세액공제 불가
- 정당하지 아니한 선발행세금계산서임을 인식하지 못하여 공급시기를 반영한 세금계산서 발급이 없는 경우 공급자는 환급없이 과소신고 및 세금계산서미교부가산세(2%)만 적용, 공급받는 자는 매입세액불공제와 합계표가산세, 과소신고 및 납부지연가산세 적용됨(국기법 §47의4 ⑥ ; 서면-2016-법령해석부가-5066, 2017. 4. 20.).
- 납부세액계산 또는 경정 시 공급자의 경우 선발행한 과세기간은 결국 가산세 없고, 공급시기가 속한 과세기간은 과소신고 및 미발급가산세(2%)만 적용됨. 공급받는 자는 선발급받은 과세기간에는 합계표가산세(0.5%), 과소신고 및 납부지연가산세가 부과되나 공급시기가 속한 과세기간에 대한 경정은 없음.

6 | 신용카드매출전표등 영수증을 선발행한 경우 공급시기

공급시기 도래 전에 현금 등의 대가를 받고 그 대가 범위 내에서 세금계산서가 아닌 부가법 제36조에 따른 영수증을 발급한 경우 그 발급한 때를 공급시기로 본다.

아울러 영수증 발급대상 사업자가 일반적인 용역제공 완료일 전에 고객으로부터 대가의 전부 또는 일부를 신용카드로 결제받고 신용카드매출전표등을 발급한 경우에도 해당 용역제공 완료일이 아닌 그 신용카드매출전표등을 발급한 때를 용역의 공급시기로 봄에 주의하여야 한다(조심 2017서4958, 2018. 2. 8. ; 부가가치세과-7, 2012. 1. 3.).

7 | 선발행세금계산서 발급 시 손익의 귀속시기

사업자가 원칙적 공급시기 전에 대가의 전부 또는 일부를 받고 세금계산서를 발급한 경우로서 해당 세금계산서를 발급받은 날이 속하는 사업연도 종료일 현재 「법인세법」 제40조 같은 법 시행령 제68조에 규정하는 손익의 귀속시기가 도래하지 아니한 경우 해당 대가는 선수금에 해당하므로 해당 사업연도의 익금으로 인식하지 아니한다(조정후수입금액명세서상 "공급시기 차이감액"란에 기재).

제 6 절

공급장소

I 공급장소 의의

부가가치세는 우리나라의 과세권을 행사할 수 있는 권리가 미치는 곳에서 이루어지는 거래에 대하여 과세하는 것이 원칙이며, 이러한 원칙하에서 공급장소(전면 개정 전의 거래장소)는 재화 또는 용역이 공급되는 장소로서 소비지국과세원칙에 따라 재화나 용역의 공급이 국내에서 이루어진 것이냐 국외에서 이루어진 것이냐의 기준을 제시하고 우리나라의 과세권이 미치는 과세거래인지를 판단하는 기준이 된다.

따라서 대한민국의 주권이 미치지 아니하는 국외에서 재화를 공급하는 경우에는 납세의무가 없다. 그러나 우리나라 국적의 항공기 · 선박에서 이루어지는 거래는 국외거래로 보지 아니한다(부가통칙 3-0-3).

다만, 국내의 사업장에서 계약과 대가 수령 등 거래가 이루어지는 부가가치세법에서 정하는 중계무역방식의 수출, 위탁판매수출, 외국인도수출, 위탁가공무역방식의 수출 및 국외에서 제공하는 용역의 경우에는 그 공급장소가 국외임에도 영세율 적용이 되는 것으로 규정하는 예외규정을 두고 있다.

II 재화의 공급장소

(1) 개 요

재화가 공급되는 장소는 다음과 같다(부가법 §19).

㉠ 재화의 이동이 필요한 경우에는 재화의 이동이 시작되는 장소를 그 공급장소로 한다.

㉡ 재화의 이동이 필요하지 아니한 경우에는 재화가 공급되는 시기에 재화가 있는 장소를 그 공급장소로 한다.

따라서 '재화의 수출'의 경우에는 해당 재화가 국외에서 사용되거나 소비된다 하더라도 그 재화의 이동이 개시되는 장소가 국내이기 때문에 과세대상인 재화의 공급에 해당되나 사업자가 국외에서 외국물품을 외국으로 공급하는 경우 국외에서 선박에 잔존하는 유류를 외국의 선주에게 공급하는 경우 등은 국외거래로서 「부가가치세법」에 따른 과세대상에 해당하지 아니한다.

또한 고정자산 중 이동이 필요없는 건물, 구축물, 사무실 등을 매각하는 경우 매각하는 재화의 공급장소는 공급하는 시기에 재화가 소재하는 장소이다.

(2) 공급장소가 공해인 경우

공해는 대한민국의 주권이 미치지 아니하는 지역으로서 외국 내지 국외에 해당하는 바, 수출 이후 공해상에서의 거래에 대하여는 부가가치세의 과세권이 미치지 아니하는 국외거래이다(서울고법 2021누36259, 2022. 5. 26. ; 서울행정법원 2019구합68718, 2021. 1. 26. 상고 중의 사건).

(3) 수출과 수입의 공급장소

수출의 경우 공급장소는 국내이므로 부가가치세 과세대상에 해당하나 영세율을 적용하며, 수입의 경우 그 공급장소가 국외이나 과세대상 거래에 해당하지 아니함에도 소비지국과세원칙에 따라 별도의 과세대상으로 규정하고 있다.

III 용역의 공급장소

이론적으로 용역의 공급장소를 결정하는 방법은 아래와 같다.

① 역무를 제공하는 자가 소재하는 장소

② 역무를 제공받는 자가 소재하는 장소

③ 역무가 제공되는 장소

우리나라의 부가가치세법은 "③"의 방법에 따라 아래와 같이 그 역무가 제공되거나 재화·시설물 또는 권리가 사용되는 장소 등을 용역의 공급장소로 본다(부가법 §20).

㉠ 일반적인 경우에는 역무가 제공되거나 시설물, 권리 등 재화가 사용되는 장소

㉡ 국내 및 국외에 걸쳐 용역이 제공되는 국제운송의 경우 사업자가 비거주자 또는 외국법인이면 여객이 탑승하거나 화물이 적재되는 장소

㉢ 부가법 제53조의2 제1항에 따른 전자적 용역의 경우 용역을 공급받는 자의 사업장 소재지, 주소지 또는 거소지(2021. 1. 1. 항목 신설)

"㉠"의 규정에 따라 국외에 있는 부동산을 임대하고 받는 임대료 및 임대보증금에 대한 이자상당액과 외국매체에 광고게재를 의뢰하고 지급하는 광고료는 해당 부동산, 광고매체의 시설물이 사용되는 장소가 국외이므로 부가가치세가 과세되지 아니한다(부가통칙 20-0-1).

다만, 공급장소가 국외라 하더라도 해당 용역의 공급에 대한 부가법 제6조에 따른 사업장이 국내인 경우 또는 국외에 있는 부동산상의 권리만을 대여하는 경우로서 그 업무를 국내에 있는 사업장에서 총괄한다면 그 용역이 제공되는 장소가 국외라 하더라도 그 사업장은 국내이기 때문에 '국외에서 제공하는 용역'으로서 영세율이 적용되는 과세대상에 해당된다.

"㉡"과 같은 국제운송의 경우 사업자가 거주자나 내국법인인 경우에는 여객이 탑승하거나 화물이 적재되는 장소가 국내 또는 국외에 관계없이 부가가치세 과세대상으로 하여 영세율을 적용하고, 사업자가 비거주자나 외국법인인 경우에는 국내에서 여객이 탑승하거나 화물이 적재되는 때에만 국내거래로 과세대상에 해당한다.

그 밖에 대리납부 용역의 공급장소를 '역무가 제공되거나 재화·시설물 또는 권리가 사용되는 장소'라고 규정하고 있어 역무에 관하여는 제공지 과세원칙을 채택한 것이라고 오해할 수 있으나, 이는 기술의 발전이 있기 전 과거에는 역무의 제공장소와 사용장소가 일치하여 이와 같이 규정하여도 별다른 문제가 발생하지 않은 것에 불과하고 최근에는 기술의 발전으로 인해 역무의 제공장소와 사용장소가 불일치하는 경우가 발생하게 되었다. 그러하더라도 위 규정을 들어 역무에 있어 소비지국과세원칙이 변경된 것이라고 볼 수는 없다. 향후 해당 조문을 명확하고 구체적으로 규정할 필요성이 발생하였을 뿐이다. 또한 소비지국과세원칙이라는 전제하에 용역의 공급장소를 넓게 해석하는 것이 조세법률주의에 반한다고 볼 수도 없다.

특히 부가법 제53조의2 제1항의 전자적 용역의 경우 ① 국외 공급자의 소재지, ② 용역제공 설비(서버 등)의 소재지, ③ 사용자 소재지 중 어디로 할 것인지가 불분명하였다. 용역의 제공장소와 사용장소가 다른 경우 OECD, EU 등 국제적 기준 및 일본, 호주 등 대부분 국가는 용역의 사용장소를 공급장소로 규정하고 있다(OECD VAT/GST가이드라인 para 3.1 ; EU VAT DIRECTIVE, 일본 소비세법 §4 ③). 이러한 국제적 기준과 달리 전자적 용역에 대하여 공급자 소재지를 기준으로 과세한다면 국내 공급자가 국외 사용자에게 전자적 용역 공급 시에는 영세율이 적용되지 않을 수 있다(부가령 §33 ②가 적용되는 경우에는 영세율 적용됨). 따라서 위 "ⓒ"의 신설(2019. 7. 1. 이후 거래분부터 적용)로 인하여 전자적 용역의 수입은 그 서비스 이용자의 소재지 등이 공급장소가 되고 그 소재지국에서 부가가치세의 과세권을 가지며, 반대로 국내사업자가 전자적 용역을 국외사업자에게 공급하는 경우 공급장소가 국외이므로 부가법 제22조에 따라 영세율이 적용된다.

Ⅳ 수출입거래와 공급장소

우리나라를 포함한 대부분의 국가에서는 국가 간 재화의 이동인 수출·수입의 경우 수출국과 수입국에서의 부가가치세 이중과세문제를 해소하기 위하여 생산지국에서는 부가가치세를 과세하지 않고 수입국에서 수입재화에 대한 수입부가가치세를 과세하는 소비지국과세방식을 채택하고 있다.

재화의 수출은 일반적으로 사업자가 외국의 수입업자와 직접 계약에 의하여 자기의 계산과 책임하에 외국으로 내국물품을 반출하는 것을 의미하며, 재화의 수출을 영세율 적용대상으로 규정하면서 영세율 적용을 위한 그 밖의 다른 조건(공급받는 자, 대금결제방법, 대가의 유무, 무역거래계약 조건 등)을 두지 않고 있다. 재화의 수입은 국내에서 소비 또는 사용될 것으로 예측하여 부가가치세를 징수하는 것이며, 국내에서 생산된 재화를 공급받는 경우와 동일한 조세부담이 되도록 하여 국내 산업을 보호하고 국내생산 재화와의 과세형평을 유지하기 위한 조치이다.

부가가치세는 간접세로서 속지주의과세에서의 소비지국과세원칙에 따라 부가가치세의 과세권이 미치는 지역적인 장소는 국내이므로 재화 또는 용역의 공급에 대한 공급장소가 국내인 것에 한하여 과세대상이 된다.

재화의 수출의 경우 특히 직수출의 경우에 있어 공급장소는 재화의 이동이 개시되는 장소이므로 수출재화가 선적되는 경우 외항선박에 선적이 이루어지는 장소가 되고 동 장소는 국내가 될 것이며, 외항선적이 국내항을 출발하여 공해상에 도달했을 때 비로소 국내를 벗어나게 된다. 부가법상 내국물품을 외국으로 반출하는 경우 수출재화의 선(기)적일이 원칙적인 공급시기인데 외국의 수입자에게 재화의 이동이 개시되는 장소나 공급시기인 선(기)적일에 수출재화가 소재하는 장소가 모두 국내지만 이를 국내거래로 보지 아니하고 위 소비지국과세원칙 및 부가법 제21조에 따라 수출하는 재화로서 영세율을 적용한다.

재화의 수입에 있어서도 수입물품이 외국항에서 선적되므로 그 공급장소는 국외인 것인데 국외거래가 있었던 것으로 보지 않는다. 해당 물품이 보세구역에 반입되면 비로서 국내에 소재하게 되는데 보세구역에 있는 재화를 국내 수입자가 인수받아 수입통관하는 경우 수출입자 간에 국내(보세구역) 내에서 재화의 공급이 있었던 것으로 보지 아니하고 전체 거래를 하나의 거래로 보아 소비지국과세원칙에 따라 수입통관 시에만 재화의 수입으로 부가가치세가 과세된다.

국내 수출자와 외국 수입자 사이에 수출대상 재화의 인도부터 인수에 이르기까지 거래당사자의 변동이 없었고 해당 재화가 종국적으로 국외 수입자에게 인도되었다면 부가법 또는 관세법이 정하는 전형적인 수출거래에 해당하고 부가법상 공급시기 또는 수출재화의 실질적인 인수시점이 언제인지에 관계없이 수출로서 영세율이 적용되어야 한다 (동지 : 서울행법 2019구합52973, 2020. 1. 16. ; 서울고법 2020누34829, 2021. 6. 4.).

아울러 부가법상 공급시기 및 그 특례규정, 월합계세금계산서 등 제 규정은 조세행정 편의상 재화 또는 용역의 귀속시기를 어느 과세기간 내에 귀속시킬지를 가림으로써 부가가치세 납세의무 성립시기를 판단하는 기준일뿐 공급시기에 재화가 소재하는 장소가 곧 국내거래·국외거래를 판단하는 기준이 되는 것은 아니다.

V 국외거래에 대한 계산서 발급의무 등

1) 국내사업자의 계산서 발급의무

재화의 공급장소(재화가 이동되는 물리적 장소를 기준으로 한다)가 국외이고 해당 거래의 거래주체가 모두 거주자 또는 내국법인인 경우 부가가치세 과세대상에 해당하지 아니하여 세금계산서 발급의무는 없는 것이나, 소득세법과 법인세법 규정에 따른 계산서 발급의 경우 재화나 용역의 공급에 대하여 세금계산서를 발급하지 않은 한 원칙적으로 계산서를 발급하도록 규정하고 있고, 부가가치세 면세대상만을 계산서 발급대상으로 한정하고 있지 않을 뿐만 아니라 국외거래에 대하여 별도로 계산서 발급의무 면제규정을 두고 있지 아니하므로 동 거래의 경우 공급자는 계산서 발급의무가 있다(재소비 46015-139, 1996. 5. 8. ; 소득세과-4348, 2008. 11. 24. ; 법인세과-445, 2011. 7. 6.).

2) 공급받는 자의 증빙불비가산세 적용 여부

공급받는 자의 정규지출증빙 수취의무에 있어서는 국외에서 재화 또는 용역을 공급받는 경우 그 의무를 면제하고 있으므로 그 거래상대방이 비거주자이거나 외국법인이어서 법정증빙의 수취가 곤란한 경우뿐만 아니라 거래상대방이 내국법인 등이어서 법정증빙 수취가 현실적으로 가능한 경우에도 정규증빙수취의무는 면제되는 것으로 해석하여야 한다. 부언하면 공급자의 계산서 발급의무와 공급받는 자의 증빙수취의무는 별개의 개념이고 법정증빙서류의 미수취로 인한 가산세 규정도 법문에 따라 엄격하게 문리해석하여야 하는 것인바, 계산서 발급의무가 있는 공급자에게 계산서미발급가산세가 부과되는 것은 별론으로 하더라도 공급받는 자는 계산서를 미수취·미제출하였더라도 증빙불비가산세를 적용할 수 없다(소득법 §160의2 ② 각호 단서, 소득령 §208의2 ① 9, 소득칙 §95의3 ; 기재부 법인세제과-894, 2013. 9. 12.).

3) 계산서발급거래에 대해 영세율세금계산서 발급 시 가산세 적용 여부

구매확인서는 국내에서 생산되거나 수입된 물품을 외화획득용 원료(물품) 등으로 사용하기 위해 국내에서 구매하는 경우 외국환은행장이 발급하는 서류로서 구매확인서에 의한 재화의 공급은 국내 거래이지만 수출하는 재화의 범위에 포함하여 영세율을 적용하고 있다. 아래 그림에서 보듯이 을법인의 수출형태는 갑법인으로부터 공급받은 재화를 국내에 반입없이 국외 정법인에게 인도하는 외국인도수출로서 구매확인서 발급대상에 해당하지 아니하므로 갑법인이 을법인으로부터 구매확인서를 발급받는다고 하더라도 이를 통해 영세율을 적용할 수 없고, 갑법인은 '법인이 재화나 용역을 공급하면 계산서나 영수증을 작성하여 공급받는 자에게 발급하여야 한다'는 법인법 제121조에 따라 계산서를 작성하여 을법인에게 발급하여야 한다(기준-2018-법령해석부가-0027, 2018. 2. 21.).

다만, 이 경우 갑법인이 계산서를 발급하지 아니하고 영세율 세금계산서를 발급한 데 대하여 계산서미교부가산세를 부과하지 아니한다는 것이 기재부의 해석이다(기획재정부 법인세제과-893, 2018. 7. 23. ; 기획재정부 법인세제과-1279, 2019. 9. 18.).

법인세법상 계산서미발급가산세 부과의 취지는 근거과세를 확립하고 과세표준 양성화를 도모하기 위한 것으로 법인세법은 계산서 교부의무를 부과하고 있으나 부가가치세법에 따라 세금계산서를 발급한 경우 계산서를 작성·발급한 것으로 간주하여 납세자인 법인에 과도한 납세협력부담을 완화하고 있는바, 이러한 입법취지를 고려할 때, 법인법 §121에 의한 '부가법에 따른 세금계산서'의 의미는 거래사실을 과세관청이 확인할 수 있는 자료이면 충분하다고 보는 것이 타당하다.

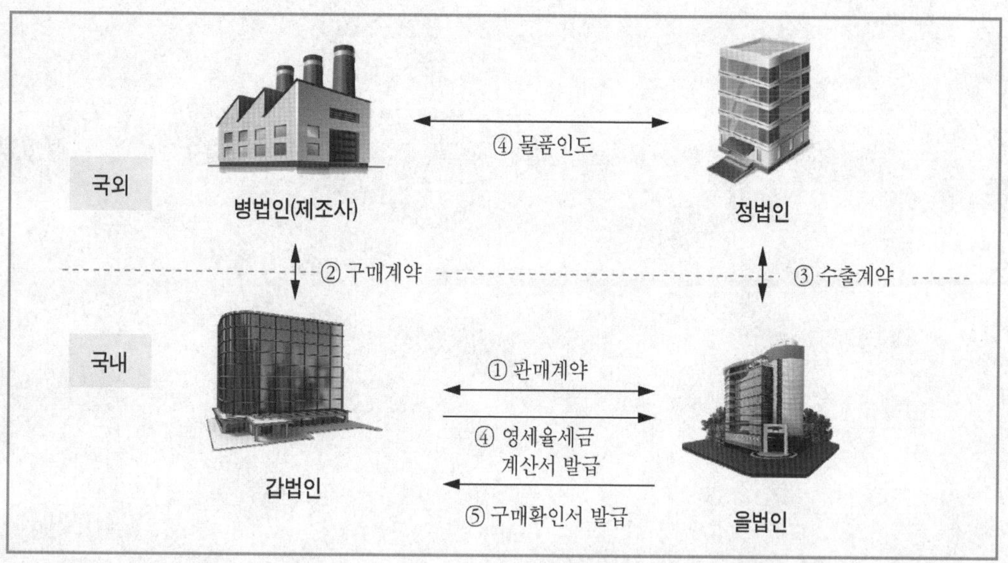

국외
병법인(제조사)
④ 물품인도
정법인
② 구매계약
③ 수출계약
국내
① 판매계약
④ 영세율세금 계산서 발급
⑤ 구매확인서 발급
갑법인
을법인

제 3 장

영세율과 면세

제 1 절

영세율

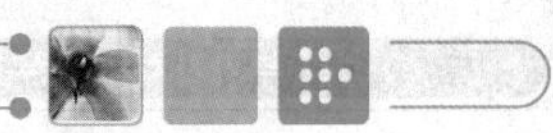

I 영세율 제도 개요

1 의 의

세법 등(「부가가치세법」, 「조세특례제한법」, 「남북교류협력에 관한 법률」 등)에 규정된 특정 재화 또는 용역의 공급에 대하여 "0"의 세율을 적용함으로써 부가가치세액(매출세액)이 "0"이 되게 하는 제도를 말한다.

일반세율 10%를 적용하는 재화 또는 용역을 공급하는 경우에는 거래단계별로 전가되어온 부가가치세를 재화 또는 용역의 최종소비자가 부담하게 되나, "0"인 세율이 적용되는 경우에는 중간단계의 사업자가 매입세액을 전액 공제받게 되어 각 거래단계별로 전가되는 부가가치세가 없게 되므로 최종소비자는 부가가치세가 완전 면제된 재화 또는 용역을 사용・소비하게 된다.

이러한 영세율 제도는 영세율 적용대상 재화 또는 용역을 공급하는 사업자의 세부담을 경감하기 위한 제도가 아니라 국제간 무역거래에 있어 소비지국과세원칙에 따라 관세장벽과 수출입제한을 제거하고 국제무역과 물자교류의 증진을 촉진하기 위한 일반소비세에 대한 국경세 조정방법으로 도입되었으며, 수출품목에 대하여 부가가치세를 면제함으로써 가격경쟁력을 확보하여 수출촉진 효과를 기대하기 위한 제도이다.

부가가치세법은 과세거래를 기준으로 영세율이 적용되는 것이므로 사업자가 영의 영세율을 적용받기 위해서는 부가가치세법상 납세의무를 지는 사업자(간이과세자 포함)이어야 하며, 부가가치세법에 규정하는 납세의무자로서 동법에 의한 모든 권리와 의무를 이행하여야 한다.

2 효 과

영세율을 적용하여 공급하는 재화・용역의 부가가치총액(공급 전 모든 단계에서 사업자가 창출한 부가가치 포함)에 대한 세부담의 전가없이 공급받는 자(최종소비자)에게 이전되어 사용・소비되게 된다. 즉, 부가법 제26조에서 규정하는 면세제도가 면세사업자가 공급하는 재화 · 용역 중에서 동 면세사업자가 창출한 부가가치에 대해서만 부가가치세를 면제하는 부분면세제도인 것에 비하여 영세율제도는 완전면세제도인 것이다.

II 영세율 적용대상 거래

현행 부가가치세법의 규정은 재화의 수출, 용역의 국외공급, 외국항행용역, 외화획득 재화 또는 용역의 공급 등 영세율 적용대상을 열거하고 있다.

1 부가가치세법상 영세율 적용대상

(1) 수 출

국가 간 재화의 이동인 수출 · 수입의 경우에 수출국과 수입국에서의 부가가치세 이중과세문제를 해소하기 위하여 생산지국에서는 부가가치세를 과세하지 않고 수입국에서 수입재화에 대한 수입부가가치세를 과세하는 소비지국과세방식을 채택하고 있다. 또한 수출촉진을 위한 취지로 수출물품의 가격경쟁력을 향상시키기 위하여 외국으로 반출되는 재화, 중계무역방식 수출 등 특정무역수출 및 수출을 위한 일부 국내거래(내국신용장, 구매확인서에 의한 공급 등)에 대하여 완전면세제도인 영세율제도를 시행하고 있다.

(2) 용역의 국외공급

부가가치세법상의 납세의무자가 국외에서 제공하는 용역에 대하여도 영세율제도를 적용하고 있는바, 국외에서 제공되는 용역에 대하여 영세율을 적용하는 것은 결국 동 용역공급의 전단계에 해당하는 국내에서의 재화 · 용역공급에 대하여 영세율 적용의 혜택을 주기 위한 것이며, 재화의 수출에 대하여 영세율을 적용함으로써 얻게 되는 수출가격 경쟁력 제고의 효과를 용역의 국외공급에 포함되는 부수재화 · 용역에도 허용하는 것이다.

(3) 외국항행용역

선박 · 항공기의 외국항행용역은 용역의 제공장소가 국내외에 걸쳐 있는 것이 일반적이며 국내에서 제공된 부분과 국외에서 제공되는 부분이 엄격히 구분될 수 없는 것이어서 전체 외국항행용역에 대하여 영세율을 적용하도록 하고 있다.

국외에서 제공되는 항행부분에 대하여는 용역의 국외공급에 대하여 영의 세율을 적용하고 있는 경우와 같은 취지로 영세율을 적용하는 것으로 이해되며, 국내에서 제공되는 항행용역부분에 대하여는 국외제공항행용역의 부수되는 용역인 점, 항행의 국내외 구분이 어려운 점 등을 들어 역시 영세율을 적용하고 있다.

(4) 그 밖의 외화획득 재화 또는 용역의 공급 등

수출, 용역의 국외공급, 외국항행사업 외에도 외화를 획득하는 재화 · 용역의 공급에 대하여 영세율을 적용함으로써 외화획득사업을 촉진하는 규정을 두고 있다.

2 「조세특례제한법」상의 영세율 적용

「조세특례제한법」 제105조에 따라 방위산업물자, 군용석유류, 도시철도건설용역, 농업용 기자재, 어업용 기자재 및 장애인용 보장구 등도 영세율 적용대상이 된다.

3 그 밖의 법률에 따른 영세율 적용

「자유무역지역지정 및 운영에 관한 법률」, 「남북교류협력에 관한 법률」, SOFA, 조세조약 등에서도 부가가치세 영세율 적용대상을 규정하고 있다.

III 수출하는 재화

1 | 수출하는 재화의 범위

수출이라 함은 일반적으로 국내에서 국외로 재화를 판매하는 것을 의미한다. 각종 법령에서 규정하는 수출의 정의 및 범위는 필요에 의해 각각 달리 규정하고 있다. 「부가가치세법」에서 규정하는 수출(재화의 수출)은 다음과 같다.

(1) 외국으로 반출하는 재화

① 내국물품(대한민국 선박에 의하여 채집되거나 잡힌 수산물을 포함한다)을 외국으로 반출하는 것(직수출, 대행수출)

② 전자통신망을 통한 전송

③ 국내사업장에서 계약과 대가 수령 등 거래가 이루어지는 특정무역거래방식에 의한 수출 및 「부가가치세법」에서 정하는 방식의 수출로서 다음에 해당하는 것(특정무역방식의 수출은 국외거래인지만 예외적인 속인주의를 적용하여 영세율로 과세한다)

㉠ 중계무역방식의 수출

㉡ 위탁판매수출

㉢ 외국인도수출

㉣ 위탁가공무역방식의 수출

(2) 국내에서 공급하는 재화로서 수출하는 재화로 보는 경우

① 사업자가 내국신용장 또는 구매확인서에 의하여 공급하는 재화(금지금은 제외)

② 사업자가 「한국국제협력단법」에 따른 한국국제협력단에 공급하는 재화(한국국제협력단이 「한국국제협력단법」 제7조에 따른 사업을 위하여 해당 재화를 외국에 무상으로 반출하는 경우에 한함)

③ 사업자가 「한국국제보건의료재단법」에 따른 한국국제보건의료재단에 공급하는 재화(한국국제보건의료재단이 「한국국제보건의료재단법」 제7조에 따른 사업을 위하여 해당 재화를 외국에 무상으로 반출하는 경우)

④ 사업자가 다음의 요건을 모두 갖추어 공급하는 재화

㉠ 국외의 비거주자 또는 외국법인과 직접 계약에 의하여 공급할 것

㉡ 대금을 외국환은행에서 원화로 받을 것

㉢ 비거주자 등이 지정하는 국내의 다른 사업자에게 인도할 것

㉣ 국내의 다른 사업자가 비거주자등과 계약에 의하여 인도받은 재화를 그대로 반출하거나 제조·가공 후 반출할 것

2 | 직수출

(1) 개 요

직수출이란 일반적으로 사업자가 외국의 수입업자와 직접 계약에 의하여 자기의 계산과 책임하에 외국으로 내국물품을 반출하는 수출의 형태로서 해당 사업자는 외국으로 반출하는 재화에 대하여 부가가치세 영세율이 적용된다. 이때 유상으로 반출하든 무상(증여)으로 반출하든 대가의 유무에 관계없이 영의 세율이 적용된다.

(2) 수출절차

1) 무역계약 확정

수출마케팅 활동(해외 수주, 시장조사, 신용조사)을 통하여 수입처를 발굴하여 무역계약을 체결한다.

2) 수출신용장(Export L/C)의 내도

수출자는 수출계약을 체결한 후 수출신용장을 접수한다(Export L/C란 외국의 수입자가 우리나라 수출자로부터 상품의 수입을 위해 외국의 수입자의 요청으로 외국의 외국환은행이 개설한 신용장이 우리나라 수출자에게 내도한 신용장을 말한다).

3) 수출이행단계

① 수출제한품목인 경우 수출승인을 받아야 한다.

<구비서류>

㉠ 수출승인신청서 2부

㉡ 수출신용장 또는 계약서 사본 1통
㉢ 그 밖의 수출승인기관에서 요구하는 서류

② 수출물품의 확보

해외수입, 국내구매, 생산관리, 납기관리, 물품대금 결제

③ 수출통관

수출자는 수출물품의 생산이 완료되면 수출물품을 제조공장이나 수출자의 창고 등 수출검사를 받고자 하는 장소에 장치한 후 세관장에서 수출신고를 한다. 수출면장을 받게 되면 수출물품은 내국물품에서 외국물품화되어 보세운송 후 지정된 선박에 선적할 수 있게 된다. 또한 수출신고가 수리된 물품은 수출신고수리일로부터 30일 이내에 선적하여야 한다.

<구비서류>
㉠ 수출신고서
㉡ 수출승인서(해당되는 경우)
㉢ 상업송장 및 포장명세서
㉣ 그 밖의 수출통관에 필요한 서류

4) 해상보험 및 운송계약 체결

수출물품의 해외운송을 위한 운송계약 및 보험계약을 체결한다.

5) 물품선적

선적이란 본래 수출상이 수출화물을 본선 선측에서 인도하는 것을 의미하나, 거래조건에 따라 화물의 인도시기와 장소가 달라진다.

6) 수출대금의 회수

수출물품의 선적을 완료한 수출자는 수출대금을 회수하기 위하여 B/L, I/P, C/I 등으로 구성된 선적서류(Shipping Documents)를 신용장에 첨부하고 화환어음을 발행하여 외국환은행에 매입을 의뢰한다.

외국환은행(매입은행)은 제출된 서류들이 수출신용장의 조건과 일치하는가 여부를 확인하고 수출이 이행되었는지를 확인하기 위하여 대금결제용 수출면장을 접수한 다음 환어음의 대금(수출대금)을 수출자에게 지급한다.

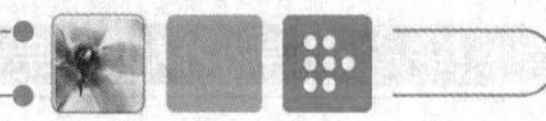

수출대금을 지급한 외국환은행은 수입자 거래은행인 신용장 개설은행에 환어음과 선적서류를 송부한 후 동 대금을 추심하게 된다.

<수출대금 회수 시 구비서류>

- 수출환어음 매입신청서
- 수출신용장(Export L/C)
- 환어음(Bill of Exchange－B/E)
- 선하증권(Bill of Lading－B/L)
- 상업송장(Commercial Invoice－C/I)
- 보험증권(Insurance Policy－I/P), 포장명세서, 원산지증명서 등(Packing List－P/L, Certificate of Origin－C/O)
- 그 밖의 신용장이나 수출계약서에서 요구하는 서류

7) 관세 등의 환급

수출용원재료 또는 내수용으로 수입하였는지에 관계없이 2년 이내에 수출된 경우 수출신고일로부터 2년 이내에 수출신고필증과 원재료의 수입 및 관세 등의 납부사실을 증명하는 수입신고필증, 기초원재료납세증명서, 분할증명서, 원재료의 사용 및 소비량을 증명하는 소요량계산서를 첨부하여 수입 시 부담한 관세를 환급받는다.

(3) 무상수출

1) 의의

무상반출 또는 무상수출이란 물품에 대한 외환결제가 이루어지지 않고 반출되는 수출을 의미하며, 사업자가 재화를 국외로 무상으로 반출하는 것을 말한다.

2) 무상반출 사례

가. 외국에서 수리 또는 검사를 받을 목적으로 반출하는 물품이나 국내에서 수리 또는 검사를 받을 목적으로 반입하는 물품으로서 다시 반출하는 물품

① 선박, 항공기를 국내 수리 후 수출
② 선박, 항공기를 외국에서 수리·검사를 받을 목적으로 수출
③ 선박, 항공기 외에 외국에서 수리·검사를 받을 목적으로 수출
④ 외국물품을 국내에서 수리, 검사(가공 제외) 등을 행한 후 다시 반출하는 물품 (선박, 항공기를 제외한다)

⑤ 우리나라에서 수출되었던 물품이 수리, 검사 또는 클레임, 그 밖의 사유로 보수작업 후 다시 반출하는 물품(수출관리부호: 89)

나. 무상으로 반입하여 다시 무상으로 반출하는 물품으로서 다음에 열거하는 물품

① 금속제실린더, 컨테이너, 권사구 등 물품의 운송을 위하여 반복 사용될 용기 또는 기구
② 우리나라에서 영화를 촬영하기 위하여 입국하는 영화제작자가 반입하는 영화촬영용 기계 및 기구
③ 우리나라에 입국한 순회 흥행업자의 흥행용 물품
④ 텔레비전 방송국이 텔레비전 방송을 목적으로 반입한 영화필름
⑤ 공사용(수리용을 포함한다)이나 시험용의 기계 또는 기구
⑥ 우리나라에서 개최된 박람회 등의 종료 후 반출되는 물품
⑦ 항공기(부분품을 포함한다) 또는 선박
⑧ 산업설비수출의 이행에 필요하여 반입한 기계 및 장치
⑨ 대학 및 연구기관이 외국으로부터 품질이나 성능검사 등을 위탁받아 반입한 검사의뢰 물품 및 검사장비

다. 무상으로 반입할 예정으로 무상으로 반출하는 물품으로서 다음에 열거하는 물품

① 금속제 실린더, 컨테이너, 권사구 등 물품의 운송을 위하여 반복 사용될 용기 또는 기구
② 항공기(부분품을 포함한다) 또는 선박
③ 외국에서 영화(뉴스 포함)를 촬영하기 위하여 제작자가 반출하는 영화촬영에 사용되는 기계・기구로서, 해당 영화촬영을 위하여 필요하다고 세관장이 인정하는 물품

라. 외국에서 개최되는 국제행사, 체육대회, 전시회, 박람회, 문화예술공연 등에 참가하기 위하여 무상으로 반출하는 물품(수출관리부호: 85)

마. 국내에서 개최되는 국제행사, 체육대회, 전시회, 박람회, 문화예술공연 등에 참가한 후 재반출하는 물품(수출관리부호: 86)

바. 수출된 물품이나 수입된 물품이 계약조건과 상이하거나, 하자보증이행 또는 용도변경 등의 부득이한 사유로 대체 또는 반송을 위하여 반출하는 물품 또는 수출된 물품의 누락이나 부족품에 대하여 보충을 위하여 반출하는 물품(수출관리부호: 90, 93)

사. 반출하는 상품의 견품 및 광고용 물품으로서 세관장이 타당하다고 인정하는 물품. 다만, 유상으로 반출하는 경우 미화 5만 달러 상당액(신고가격 기준) 이하의 물품(수출관리부호: 92)

아. 수출물품의 성능보장기간 내에 해당 물품의 수리 또는 검사를 위하여 반출하는 물품(수출관리부호: 96)

자. 그 밖의 수출승인 면제물품(수출관리부호: 94)

① 무환수탁가공무역에 의하여 수입된 원료의 잔량분 또는 수탁판매수입에 의하여 수입된 물품의 판매되지 아니한 잔량분으로서 무상으로 반출하는 물품

② 「외국인투자촉진법」 및 「외국환거래법」에 따라 기술도입계약신고를 한 자가 신고된 내용에 따라 기술대가를 현물로 지급하기 위하여 반출하는 물품

③ 「수산업법」 제41조 및 제42조에 따라 농림축산식품부장관 또는 농림축산식품부장관이 지정한 기관의 장의 허가를 받은 자가 원양어선에 무상으로 송부하기 위하여 반출하는 물품으로서 농림축산식품부장관 또는 농림축산식품부장관이 지정한 기관의 장이 확인한 물품

④ 외국정부와의 사업계약을 수행하기 위하여 계약자가 계약조건에 따라 반출하는 업무용품으로서 주무부장관이 확인한 물품

⑤ 그 밖의 대외무역관리규정 별표 3 수출승인 면제물품 중 위에 분류되지 아니한 그 밖의 형태의 물품

3) 영세율이 적용되는 무상수출

가. 일반원칙

일반적으로 사업자가 재화를 무상으로 반출하는 경우에는 영의 세율을 적용하는 것이며, 무상으로 반출된 재화의 구입과 관련된 매입세액은 자기의 매출세액에서 공제된다(부가 46015-4530, 1999. 11. 10.).

나. 영세율 적용 사례

① 외국물품을 국내에서 수리, 검사 등을 행한 후 다시 반출하는 물품은 과세대상에 해당하지 아니하나 외국법인으로부터 수리, 검사용역대가를 지급받는 경우 동 대가에 대하여는 영의 세율이 적용되며, 용역계약서 또는 외화입금증명서를 영세율 첨부서류로 제출한다.

② 「외국인투자촉진법」 및 「외국환거래법」에 따라 기술도입계약신고를 한 사업자가

신고된 내용에 따라 기술대가를 현물로 지급하기 위하여 반출하는 물품은 영의 세율이 적용되며, 수출실적명세서를 영세율 첨부서류로 제출한다.

③ 사업자가 부가가치세가 과세되는 재화를 공급한 후 해당 재화의 하자로 인하여 당초 공급한 재화의 반품없이 동일한 재화를 다시 공급하는 경우에는 부가가치세가 과세되는 것이며, 이때 다시 공급하는 재화가 국외로 반출되는 경우에는 영세율이 적용되며, 수출실적명세서를 영세율 첨부서류로 제출한다.

4) 무상수출이 과세대상에 해당하지 아니하는 경우

가. 수리 관련

① 선박 및 항공기 그 밖의 물품을 외국에서 수리, 검사를 받을 목적으로 수출하는 경우 해당 물품의 소유권이 국외로 이전된 것이 아니므로 부가가치세 과세대상에 해당하지 아니한다. 또한 외국물품을 국내에서 수리, 검사(가공 제외) 등을 행한 후 다시 반출하는 물품의 경우 그 물품의 소유권이 수리용역 등을 제공한 사업자에게 이전되었던 것을 재수출하는 것이 아니므로 수출하는 재화로 볼 수 없다. 다만, 해당 외국물품의 수리 또는 검사용역을 제공하고 그 대가를 외화로 받는 경우 영의 세율을 적용받을 수 있다.

② 외국회사(을)의 관계회사인 외국인투자법인이 그 외국회사(을)가 국내의 고객회사에게 판매한 반도체 생산장비를 고객회사에 설치하고 불량부품 교체 등의 A/S용역을 제공함에 있어, A/S용역 제공 시 수거한 불량물품을 수리를 위하여 소유권 이전없이 외국회사(을)에게 무환 반출하는 경우 해당 불량부품의 반출은 부가법 제9조에서 규정하는 재화의 공급에 해당하지 아니한다(부가-4146, 2008. 11. 12.).

③ 사업자가 재화를 수출한 후 제품의 불량으로 인하여 불량제품의 수리용 자재를 무상으로 공급하는 경우 재화의 공급으로 보지 아니한다(부가 46015-3533, 2000. 10. 20.).

나. 위탁가공무역을 위한 원자재 반출

위탁가공무역방식으로 원자재 등을 무환으로 반출하는 경우 국외에서 완제품을 제3국(가공국에서의 판매 포함)으로 매각하거나 국내로 수입할 것인지에 관계없이 원자재의 소유권이 수탁자에게 이전되지 않는 것이므로 재화의 공급으로 보지 않는다.

> **▌위탁가공을 위한 무상수출(위탁가공) 처리**
>
> 일반적으로 무상수출이 재화의 공급에 해당되어 영세율이 적용되는 경우 부가가치세신고서상 영세율과세표준에 포함하여 기재하고 수입금액제외란에 동 과세표준을 기재한다. 다만, 위탁가공을 위하여 원부자재를 무환반출한 경우에는 재화의 공급으로 보지 아니하므로 부가가치세신고서상 별도의 기재사항이 없다.

다. 위탁판매수출을 위한 재화의 반출

위탁판매수출의 경우도 재화의 소유권이 이전되지 않은 상태에서 국외의 수탁자가 판매한 범위 안에서 공급한 것으로 보기 때문에 재화의 반출시점은 재화의 공급으로 보지 아니하고, 국외의 수탁자가 수탁물품을 판매한 때 재화의 공급이 이루어진 것으로 보아 영세율을 적용한다.

라. 수출품, 수입물품 등의 하자로 인한 반출

당초 공급한 재화의 하자로 인해 반품된 재화를 수리하여 무상으로 재수출하거나 동일제품으로 교환하여 재수출하는 경우, 기계장치를 수입하여 판매하는 사업자가 수입·판매된 기계장치를 보증수리기간 내에 하자가 발생하여 수리목적으로 외국으로 반출하는 경우 및 수입된 기계장치의 하자로 반품처리(환불)하기 위하여 외국으로 반출하는 경우에는 부가법 제9조에 따른 재화의 공급에 해당하지 아니한다(부가 46015-2148, 1998. 9. 22. ; 서면3팀-3425, 2007. 12. 27.).

마. 용기의 반환

해외에서 물품을 수입하는 사업자가 반환조건의 용기를 외국사업자에게 반환하기 위하여 무상반출하는 경우 재화의 공급으로 보지 아니한다(서삼 46015-10017, 2004. 1. 5.).

바. 위약물품의 반환

수입한 재화를 국외로 반품하였다면 부가가치세신고에 있어 반품선적분도 수출하는 재화에 해당하여 영세율이 적용되며 부가가치세 과세표준 신고 시 이를 누락한 경우에는 영세율과세표준신고불성실가산세가 부과된다. 다만, 수입재화가 「관세법」 제106조에 규정하는 위약물품에 해당되어 세관장으로부터 부의 수정수입세금계산서를 발급받고 수출신고를 필한 후 외국의 수출업자에게 반환한다면 재화의 공급으로 보지 아니하고, 이 과정에서 기 납부한 관세 및 부가가치세는 돌려받을 수 있다(서삼 46015-10282, 2001. 9. 21.).

수입물품의 하자 등을 이유로 당초 수출자에게 반송하는 방법은 「관세법」 제106조에 따라 세관장으로부터 수정수입세금계산서를 발급받고 수입 당시 적법하게 납부한 관세 및 부가가치세를 환급받는 방법과 수입물품을 수출통관하여 수출자에게 반송하고 부가가치세 영세율을 적용하여 신고하면서 수입 시 부담한 부가가치세를 환급받고, 수입 당시 납부한 관세를 세관장으로부터 환급받는 방법이 있다. 이러한 위약수출의 경우「관세법」제106조에 따른 통관절차가 어렵다는 이유로 후자의 일반수출형태로 영세율 신고하고 종결하는 경우가 많다.

관세청은 "하자를 이유로 수입된 물품을 원상태로 유상수출한 경우「관세법」제106조에 의한 환급조건과 환특법에 의한 환급조건(영세율 신고방법)의 충족 여부에 따라 선택적으로 환급을 신청할 수 있는 것"으로 회신(관세제도과-561, 2009. 6. 10.)하고 있어 납세자의「관세법」제106조에 따른 위약물품에 대한 관세환급 신청은 납세자에 대한 편의적 규정으로 동 규정을 관세환급이 불필요한 무관세 물품의 수입자에게도 수입 당시 납부한 부가가치세를 환급받기 위해 반드시 동 관세환급절차를 이행해야 한다는 뜻으로 해석할 것은 아니다. 따라서 수입자가 하자 등을 이유로 수입품을 반품하는 방법으로는「관세법」제106조에 따른 환급방법과 환특법에 따른 원상태로의 수출방법 중에서 선택 가능한 것이다(조심 2010서0067, 2010. 10. 28.).

관세청 납세심사과-3139, 2009. 6. 24.

수입 후 1년 이내에 반품하는 계약상이 물품이라도「관세법」제106조에 따른 관세환급 절차를 이행하지 아니하고 유상수출하는 경우에는「관세법」적용에 있어서 동 제106조에 따른 계약상이 물품에 대한 관세환급의 대상이 아니고, 동 유상수출은 수입세금계산서 교부에 관한 고시 제2조 및 제3조에 해당하지 아니하므로 수정수입세금계산서 발급 대상이 아님.

사. 전시물 등의 경우

국내 전시목적으로 외국사업자 소유의 전시물을 무환으로 수입하여 전시하고 전시가 종료된 후 반환하기 위하여 외국으로 반출하는 경우 외국에서 개최되는 국제행사, 체육대회, 전시회, 박람회, 문화예술공연 등에 참가하기 위하여 무상으로 반출하는 물품의 경우 반출시점(선적일)에는 재화의 공급으로 보지 아니한다. 다만, 해외 전시회 등의 행사기간 중 또는 전시회 등이 종료된 이후 무상반출한 재화를 국외에서 매각하는 경우에는 그 매각시점에 수출하는 재화(외국인도수출하는 재화로 파악)로 부가가치세 영의 세율이 적용된다(서면3팀-3425, 2007. 12. 27.).

아. 견본품, 광고물품의 반출

① 사업자가 재화를 국외로 무상으로 반출하는 경우에는 영의 세율을 적용하는 것이나, 자기사업을 위하여 대가를 받지 아니하고 국외의 사업자에게 견본품을 반출하는 경우에는 재화의 공급으로 보지 아니한다. 다만, 외국으로 반출한 견본품 및 광고물품을 외국에서 대가를 받고 판매하는 경우에는 재화의 공급으로 영세율이 적용된다(부가통칙 21-31-4 ; 부가 22601-1427, 1990. 10. 31.). 또한 광고선전물의 무상반출의 경우에도 국내에서 사업자가 자기의 사업과 관련하여 생산하거나 취득한 재화를 자기사업의 광고선전 목적으로 불특정 다수인에게 광고선전용 재화로서 무상으로 배포하는 경우(직매장 · 대리점을 통하여 배포하는 경우를 포함한다)에는 재화의 공급으로 보지 아니하는 것과 같이 수출하는 재화의 경우에도 이를 재화의 공급으로 보지 아니한다.

② 해외시장 개척을 위하여 해외에 견본품을 무상으로 송부하는 경우에는 그 견본품에 상당하는 가액은 이를 송부일이 속하는 사업연도의 소득금액 계산상 손금에 산입할 수 있다(법인통칙 19-19-21).

자. 무상 거래인 외국인도 또는 중계무역방식의 수출

"A"국에서 구입한 재화를 국내 반입없이 "B"국의 사업자에게 무상으로 제공하기 위하여 "A"국에서 "B"국으로 직접 공급(선적)하는 경우 수출대금의 수령이 없는 동 거래는 재화의 공급으로 보지 아니한다.

5) 반송통관

가. 의의

외국으로부터 우리나라에 반입된 물품을 수입신고를 하지 아니하고 외국으로 되돌려 보내는 것을 반송이라 하고 반송에 관련된 절차를 반송통관이라 한다. 반송물품이란 수입신고를 하지 아니하고 다시 외국으로 반출되는 물품을 말한다(관세법 §2 2의2).

나. 반송신고 절차

① 반송신고는 수출통관절차와 동일하게 신고서(수출신고서 양식)를 작성하여 세관에 신고하며, 반송유형별 신고 절차는 「반송절차에 관한 고시(관세청 고시)」를 참고하면 된다.

② 반송물품에 대하여는 보세운송에 의하여 물품을 운송하여야 하고 반송물품의 경우 반드시 적재확인을 받아야 한다.

- 보세운송: 보세운송기간은 7일로서 간이보세운송업자 명의로 하여야 함.
- 선적확인: 선적완료 후 7일 이내에 선장수령증(M/R)이나 적하목록 사본 등으로 세관에서 선적확인실시

다. 반송물품의 범위

① 단순반송물품

외국으로부터 우리나라 보세구역에 반입된 물품으로서 다음의 사유로 수입신고를 하지 아니한 상태에서 다시 외국으로 반출되는 물품

- 주문이 취소되었거나 잘못 반입된 물품
- 수입 신고 전에 계약상이가 확인된 물품
- 수입 신고 전 수입요건을 구비하지 않은 것이 확인된 물품
- 선사(항공사)가 외국으로 반출하는 선(기)용품 또는 선(기) 내에 판매용품

② 통관보류물품

외국으로부터 보세구역에 반입된 물품으로서 수입하고자 수입신고를 하였으나 수입신고 수리요건 등의 불비로 통관이 보류되어 다시 외국으로 반출되는 물품

③ 위탁가공물품

해외에서 위탁가공 후 보세구역에 반입된 물품으로서 수출할 목적으로 다시 외국으로 반출하는 물품

④ 중계무역물품

대외무역관리규정에 의한 수출입의 인정을 받은 물품

⑤ 보세창고 반입물품

단순반송물품의 경우와 동일

⑥ 장기비축 수출용 원재료 및 수출품 사후보수용품 등

- 외국으로부터 물품반입: 물품반입허가를 득한 후 반입신고서를 제출하고 검사를 받아 반입
- 국내로부터 물품반입: 물품반입허가를 득한 후 물품반입확인신청서를 제출하여 검사를 받아 반입

⑦ **부가가치세 적용**

이러한 반송통관에 따른 물품의 반출은 대부분 계약내용의 상이 등으로 수입통관(소유권의 이전)없이 원소유자(국외의 수출자) 등에게 반송하거나 중계무역방식의 수출을 위한 과정으로서 재화의 공급이 이루어진 경우로 볼 수 없다(다만, 부가가치세법에서 정하는 중계무역에 해당하는 경우 영세율 적용대상이다).

(4) 수출재화의 일반적 공급시기

1) 수출재화의 공급시기 판단

내국물품을 외국으로 반출하는 경우 수출재화의 선(기)적일이 원칙적인 공급시기이고, 원양어업의 경우에는 수출재화의 공급가액이 확정되는 때가 공급시기이다(부가령 §28 ⑥). 수출재화에 대한 공급시기를 선(기)적일로 하고 있으므로 수출대금의 회수조건 등은 공급시기에 영향을 미치지 아니한다.

㉮ 내국물품을 외국으로 반출하는 수출거래에 대하여 수출대금의 회수방법이 중간지급조건부 또는 장부할부판매조건인 경우에도 수출재화의 선(기)적일이 공급시기이다.

㉯ 수출한 재화가 당초 국외도착지에서 다른 국외현지로 이동하더라도 해당 수출재화의 당초 선적일이 공급시기이다(제도 46013-10062, 2001. 3. 16.).

이때 선적일은 선하증권(B/L) 또는 상업송장상의 선적일을 확인하면 된다. 다만, 선하증권상의 선적일과 실제 선적일이 다른 경우에는 실제 선적일을 기준으로 공급시기를 판정한다.

2) 무역거래조건별 공급시기 및 귀속시기 판단

거래조건	수입자의 취득시기	손익의 귀속시기	부가가치세 공급시기
EXW (공장 인도)	수출자의 공장, 창고 등에서 인수하는 때	좌동	선적일 (직수출)
FCA (운송인 인도)	매수인이 지정한 운송인에게 수출통관된 물품을 인도하는 때	선적일	선적일
FAS (선측 인도)	수출자가 선측에 적치하는 때	좌동	선적일
FOB (본선 인도)	수출자가 본선 난간을 통과하는 때	선적일	선적일

거래조건	수입자의 취득시기	손익의 귀속시기	부가가치세 공급시기
CFR (운임 포함)	수출자가 본선 난간을 통과하는 때	선적일	선적일
CIF (운임·보험료 포함)	수출자가 본선 난간을 통과하는 때	선적일	선적일
CPT (운송비 지급)	수출자가 지정한 운송인에게 수출국의 약정 장소에서 인도하는 때	선적일	선적일
CIP (운송비·보험료 지급)	수출자가 지정한 운송인에게 수출국의 약정 장소에서 인도하는 때	선적일	선적일
DAP (도착지 인도)	물품이 수입국 내 약정장소에 도착하여 운송수단에서 내리지 않은 상태에서 수출자가 인도하는 때	좌동	선적일
DPU (도착지 양하인도)	물품이 수입국 내 약정장소에 도착하여 양하가 완료된 다음 수출자가 인도하는 때	좌동	선적일
DDP (관세지급 인도)	물품이 수입국에 도착하여 수입통관된 다음 약정된 장소에서 수출자가 인도하는 때	좌동	선적일

* 공급시기와 손익의 귀속시기 차이는 수입금액조정명세서에서 조정한다.

3) 선적일의 개념

내국물품을 외국으로 반출하는 경우의 공급시기는 선(기)적일이다. 선적일의 개념은 세법에서 별도로 정의한 바 없어서 신용장 UCP600 규정을 차용해 본다.

구분	운송수단	내 용	UCP600 19~25
1	해상운송(선하증권)	loading on board(본선적재)	선박회사
2	항공운송(항공운송장)	발행일(또는 flight date)	운송인 또는 그 대리인
3	철도, 도로운송	accepted for carriage(운송을 위한 인수)	운송인 또는 그 대리인
4	우편발송(EMS)	date of post receipt(우편수령일)	우체국
5	특사배달(DHL 등)	date of pick-up(접수일)	택배회사

그러나 그 수출이 권리인 경우에는 선적되지 아니하고 전자적으로도 인도될 수도 있는바 재화의 이동이 필요하지 아니한 경우에는 재화가 이용가능하게 되는 때로 보아야 할 것이다(부가법 §15).

4) 수출물품의 단계별 소요기간

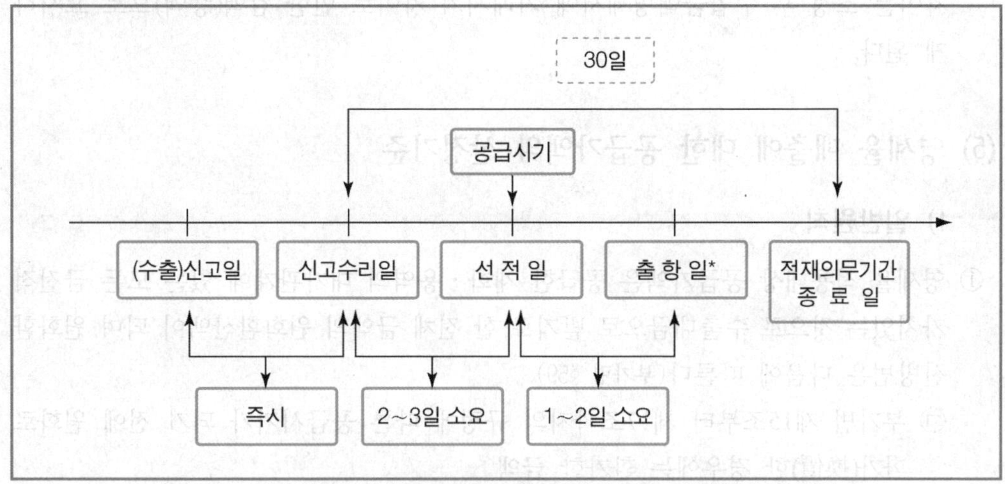

* 국세청이 관세청에서 수집하는 통관 자료는 출항일자료로 선적일과 일치하지는 않을 수 있다.

5) 수출재화의 손익귀속시기 등

① 수출물품의 매출시점(손익인식시기)은 계약조건에 따라 실질적 · 법률적 소유권이 이전된 시점으로 보아야 한다.

② 물품을 수출하는 경우에는 수출물품을 계약상 인도하여야 할 장소에 보관한 날을 인도한 날로 보아 수출매출의 수익인식시점이 되며, "수출물품을 계약상 인도하여야 할 장소에 보관한 날"이라 함은 계약상 별단의 명시가 없는 한 선적을 완료한 날을 말한다. 다만, 선적완료일이 분명하지 아니한 경우로서 수출할 물품을 「관세법」 제155조 제1항 단서에 따라 보세구역이 아닌 다른 장소에 장치하고 통관절차를 완료하여 수출신고필증을 발급받은 경우에는 그때를 손익귀속시기로 한다(법인규칙 §33 2, 법인통칙 40-68-2).

③ 법인이 수출재화를 도착지 물류창고에서 출고한 후에 소유권이 이전되는 경우에는 「법인세법 시행령」 제68조 제1항 제1호 및 같은 법 시행규칙 제33조 제2호에 따라 수출물품을 계약상 인도하여야 할 장소에 보관한 날에 손익을 인식한다(서면2팀-2574, 2006. 12. 13.).

④ 수출재화의 공급시기(FOB, CIF, CFR 등)는 실제 선적이 완료된 사실을 입증할 수 있는 서류에 의하는 것으로, 선하증권(B/L)상과 실제 선적일이 다른 경우에는 실제 선적일을 기준으로 한다.

⑤ 수출하는 재화에 대한 부가가치세법상 공급시기, 법인세법상 손익귀속시기와의 차이는 조정 후 수입금액명세서에 거래시기 차이로 인한 감액(증액)으로 표시하게 된다.

(5) 영세율 매출에 대한 공급가액의 산정기준

1) 일반원칙

① 영세율 적용대상 공급가액은 공급한 재화·용역의 대가관계에 있는 모든 금전적 가치있는 것으로 수출대금으로 받기로 한 전체 금액의 원화환산액이 되며 원화환산방법은 다음에 따른다(부가령 §59).

㉠ 부가법 제15조부터 제17조까지의 규정에 따른 공급시기가 되기 전에 원화로 환가(換價)한 경우에는 환가한 금액

㉡ 부가법 제15조부터 제17조까지의 규정에 따른 공급시기 이후에 외국통화나 그 밖의 외국환 상태로 보유하거나 지급받는 경우에는 부가법 제15조부터 제17조까지의 규정에 따른 공급시기의 「외국환거래법」에 따른 기준환율 또는 재정환율에 따라 계산한 금액으로 한다.

② 공급시기와 대금결제일 사이의 환율 차이에 의한 환차익 및 환차손은 부가가치세 공급가액에 영향을 미치지 아니하고, 각 사업연도의 소득금액 계산 시 영업외손익에 반영한다.

③ 직수출 또는 대행수출의 경우 수출신고서상의 결제금액에 선(기)적일 현재 기준환율(재정환율)을 곱하여 공급가액을 산정하지만, 「관세법」 또는 「대외무역법」 등의 규정에 따라 수출실적 통계 목적으로 사용되는 수출신고서상의 총신고가격(FOB금액)이 아님에 유의하여야 한다.

④ 법인세법에서는 계약서상 인도하였을 때 그 인도일의 기준환율 또는 재정환율에 따라 계산한 금액을 수입금액으로 하는 것이므로 부가가치세 공급가액과 반드시 일치하는 것이 아니다.

※ 그 밖의 사항은 "과세표준" 편을 참고한다.

2) 구체적 공급가액 산정 사례

① 신용장 등에 불포함된 공급가액

일부 수입국의 경우 고율의 수입관세를 회피하기 위하여 신용장상의 수출단가를 축소하고 실제 수출단가와의 차액을 별도로 송금하는 경우가 있다. 이 경우 재화를 수출하고

실제 수출금액과 수출신용장상의 금액과의 차액으로 별도 지급받는 금액에 대하여도 영세율을 적용한다(부가통칙 21-31-7, 21-31-8).

② 사전약정에 의하여 고정된 환율을 적용하기로 한 경우

사업자가 수출계약 시 사전약정에 의하여 고정된 환율을 적용한 원화가액으로 그 대가를 확정하고 해당 공급에 대한 대가를 당초 확정된 원화가액에 상당하는 외국통화로 지급받는 경우 당초 확정된 원화가액을 공급가액으로 한다(서면3팀-1031, 2004. 5. 31. ; 부가 46015-962, 2000. 4. 29.).

③ 수출한 이후 계약금액을 변경하는 경우

내국물품을 외국으로 직접 반출(수출)하는 사업자가 국외의 외국법인과 수출계약에 의하여 재화를 수출한 후에 계약내용 변경사유가 발생하여 거래당사자 간에 합의에 의하여 당초 계약내용이 변경됨으로써 당초 거래금액에 증가 또는 감소되는 금액이 발생한 경우 그 변경사유가 발생한 날이 속하는 예정신고 또는 확정신고 시에 신고할 공급가액에서 계약변경으로 인하여 증가 또는 감소되는 금액을 가감하여 신고하여야 한다(서면3팀-237, 2006. 2. 6. ; 서삼 46015-11619, 2003. 10. 15.).

④ 공급시기가 토요일 또는 일요일인 경우 외화환산 방법

부가령 제59조를 적용함에 있어서 그 공급시기가 토요일인 경우에는 「외국환거래법」에 따른 외국환중개회사(서울외국환중개주식회사)가 토요일에 고시한 기준환율 또는 재정환율에 의하여 계산한 금액을 공급가액으로 하며, 그 시기가 공휴일인 경우에는 그 전날의 기준환율 또는 재정환율에 의하여 계산한 금액을 공급가액으로 한다(서삼 46015-11986, 2002. 11. 19.).

⑤ 환차보상액

사업자가 재화를 수출한 후 외국구매자와의 약정에 의거 수출가액에 대한 환차보상액을 별도로 지급받는 경우 동 환차보상액은 공급가액에 포함된다. 이때 수출가액에 대한 환차보상액에 대한 공급시기는 거래당사자와의 약정에 따라 그 환차보상액을 확정하는 때로서 이때의 기준환율 또는 재정환율로 환산한 가액이 공급가액이며, 동 수익에 대하여는 해당 대가를 확정한 날이 속하는 사업연도의 수입으로 계상한다(부가 22601-844, 1988. 5. 21. ; 부가가치세과-1020, 2009. 7. 20.).

⑥ 실제 수출가액보다 높게 신용장을 개설받은 경우

사업자가 수입자와 실제 수출가액을 확정하고 국제간 거래의 특수한 요인으로 인하여 당초 약정한 실제 수출가액보다 높게 수출신용장을 개설받아 재화를 수출한 후 실제수출가액과 수출신용장상 수출가액의 차액에 상당하는 재화를 별도의 대가를 받지 아니하고 추가로 수출반출한 경우에는 당초 수출신용장상의 금액을 수출하는 재화의 부가가치세 공급가액으로 한다(부가 46015-1386, 1999. 5. 15.).

⑦ 수출업자가 기한부 수출환어음을 인수시킴에 따라 지급하는 환가료

법인이 D/A 또는 기한부신용장에 의한 조건으로 상품을 수출함에 있어 수출가액에는 상품대금에 부가하여 신용매출기간에 대한 이자상당액이 포함된 경우에도 동 상품의 인도일에 수출가액 전체를 부가가치세 공급가액으로 하고 외상매출금으로 계상하는 것이며, 이 경우 수출업자가 신용매출기간의 종료일 전에 수출대전을 회수하기 위하여 기한부 수출환어음을 외국환은행에 매입의뢰하여 대금을 결제받는 경우에 지급하는 환가료는 할인료에 해당하는 영업외비용으로 해당 사업연도의 기간경과분에 한하여 손금에 산입할 수 있다(법인 22601-2638, 1985. 9. 2.).

⑧ 외화로 지급받는 대가에 대한 차감사유 발생 시 적용하는 환율

사업자가 용역대가를 외화로 지급받기로 약정하고 용역공급을 완료한 후 당초 용역대가의 차감사유가 발생하여 공급받은 자에게 외화로 차액을 지급한 경우 해당 차감되는 외화금액에 대하여는 당초 세금계산서 발급 시(공급시기) 적용한 환율로 계산한 금액을 차감되는 공급가액으로 기재한 수정세금계산서를 발급하여야 한다(부가 46015-1388, 1999. 5. 15.).

⑨ 수출재화의 선적일 이후 잠정가액이 확정되는 경우 공급가액 계산방법

사업자가 국외수입업체와 사전합의한 단가에 따라 수출가액을 잠정하여 수출재화를 선적한 후, 국외수입업체가 해당 재화의 특정성분의 함유량에 따라 공급가액을 확정하는 약정을 한 경우 추가 또는 차감되는 외화의 환산은 공급가액이 확정되는 때의 「외국환거래법」에 따른 기준환율 또는 재정환율로 계산한 금액을 해당 과세기간의 공급가액에서 차가감하여 신고하여야 한다(부가-1020, 2009. 7. 20.).

⑩ **무역거래조건별 공급가액 산정 사례**

거래조건[1]	물품가격	운송비		보험료	관세 등[4]	공급가액
		내륙[2]	해상[3]			
FOB	10,000,000	200,000	800,000	100,000	100,000	10,200,000
CPT	10,000,000	200,000	800,000	100,000	100,000	11,000,000
DDP	10,000,000	200,000	800,000	100,000	100,000	11,200,000

1) 무역거래조건은 후술한다.
2) 내륙운송비는 본선 선측을 통과할 때까지 수출자가 부담한 운송비용이다.
3) 해상운송비는 선적 후 수입항까지 발생한 비용이다.
4) 관세 등은 수입항 양하비, 수입통관비, 수입관세, 수입국 내륙운송비가 포함된다.
5) 해상운송비, 보험료, 수입관세는 무역거래조건에 따라 수출자 또는 수입자가 부담한 비용이다.

| **수출선수금 등의 공급가액 계산** |

구 분	환가 시기	공급가액	수입금액(익금)
수출 선수금	선적일 전 환가	그 환가한 금액	계약상 인도조건에 따라 조건 성취일의 기준(재정)환율에 따라 환산한 가액
	선적일 (선적일 이후 환가)	선적일의 기준(재정)환율에 따라 환산한 가액	
수출외상매출금	–	선적일의 기준(재정)환율에 따라 환산한 가액	
사전약정에 따른 고정환율에 의한 수출대금	선적일 전 또는 후	사전에 정해진 환율에 따라 환가한 금액	그 환가한 금액
선적일(조건성취일)이 토요일인 경우	토요일	외국환중개회사가 선적일(토요일)에 고시한 기준·재정환율	외국환중개회사가 조건성취일(토요일)에 고시한 기준·재정환율
선적일(조건성취일)이 일요일인 경우	일요일	선적일(일요일) 전일의 기준·재정환율	조건성취일(일요일) 전일의 기준·재정환율

(6) 영세율을 적용받는 사업장

1) 원칙

사업자가 본사와 제조장 등 2개 이상의 사업장이 있는 경우에 자기가 제조한 수출재화에 대한 영세율 적용 사업장은 최종 제품을 완성하여 외국으로 반출하는 제조장으로 하고, 영세율 첨부서류는 본사명의의 수출신고필증이나 수출대금입금증명서를 토대로 작성된 수출실적명세서(전자계산조직을 이용하여 처리된 테이프 또는 디스켓을 포함한다)이다(부가통칙 21-31-3).

2) 예외

한 사업자에게 본사와 공장 등 2개 이상의 사업장이 있는 경우, 수출을 증명하는 제증빙 서류의 명의는 본사로 되어 있다 하더라도 최종 제품을 완성하여 인도하는 공장에서 영세율을 적용받는 것이며, 신용장상의 명의로 되어 있는 본사가 영세율을 적용받는 경우에는 공장은 본사로 거래징수하는 세금계산서(총괄납부사업자의 경우 거래명세표)를 먼저 발급하여야 한다(간세 1235-2021, 1978. 7. 10. ; 서면3팀-1588, 2006. 7. 26.).

(7) 대금의 결제 방법

외국으로 반출하는 수출재화에 대하여는 대금의 결제방법에 관계없이 영세율이 적용된다. 즉, 수출대금을 원화로 받거나 수입자의 국내사업장에서 받거나 국내사업자로부터 받는 경우 모두 영세율이 적용된다.

(8) 세금계산서 발급의무

세금계산서 발급의무가 면제된다(부가령 §71 ① 4).

(9) 영세율 첨부서류

① 수출실적명세서(전자계산조직에 의하여 처리된 테이프 또는 디스켓을 포함). 다만, 소포우편에 의하여 수출한 경우에는 해당 우체국장이 발행하는 소포수령증으로 한다(부가령 §101 ① 1).

② 「개별소비세법」에 의한 수출면세의 적용을 받기 위하여 영세율 첨부서류를 관할 세무서장에게 이미 제출한 경우에는 영세율 첨부서류제출명세서로 부가령 제101조 제1항 각호의 서류를 갈음할 수 있다(부가령 §101 ③).

③ 사업자가 소포수령증 등의 서류를 복사하여 저장한 테이프 또는 디스켓을 영세율 첨부서류제출명세서(전자계산조직에 의하여 처리된 테이프 또는 디스켓을 포함)와 함께 제출하는 경우에는 부가령 제101조 제1항 각호의 서류를 제출한 것으로 본다.

④ 부득이한 사유로 영세율 첨부서류를 제출할 수 없는 경우에는 외화획득명세서에 영세율이 확인되는 증명자료를 첨부하여 제출하여야 한다(부가 46015-4457, 1999. 11. 5.).

(10) 영세율매출명세서 작성 · 제출

부가법 제21조부터 제24조까지 또는 「조세특례제한법」 제105조 제1항, 제107조 및 「조세특례제한법」 제121조의13에 따라 영세율을 적용하여 재화 또는 용역을 공급한 경우 기획재정부령이 정하는 영세율매출명세서를 2013년 제2기 과세기간에 대해 신고하는 분부터 예정 · 확정 신고 시 영세율매출명세서를 작성 · 제출하여야 한다. 종전에는 수출실적명세서, 수출계약서, 내국신용장사본 등의 첨부서류만 제출하면 되었으나, 영세율 첨부서류의 확인 · 검토 및 관련 조세지출실적에 대한 통계파악 등을 위해 명세서 제출이 필요하게 되어 신설되었다(부가령 §90 ③, §91 ②).

(11) 수출관련 서식

㉮ 수출신고필증 양식

제출번호 99999-99-9999999 ①신 고 자 XXXXXXXXXXXXXXXXXXXXXXXXXXXXXXXXXXX	⑤신고번호 999-99-99-99999999	⑥신고일자 YYYY/MM/DD	⑦신고구분 X	⑧C/S구분 X

②수 출 자 XXXXXXXXXXXXXXXXXXXXXXXXX 부호 XXXXXXXX 수출자구분 X 위 탁 자 XXXXXXXXXXXXXXXXXXXXXXXXXXXXXX (주소) XXXXXXXXXXXXXXXXXXXXXXXXXXXXXXXXXXXXXXXXXXXXXXXXXXXXX (대표자) XXXXXXXXXXXX (통관고유부호) XXXXXXXX-9-99-9-99-9 (사업자등록번호) 999-99-99999	⑨거래구분 XX	⑩종류 X	⑪결제방법 XX
	⑫목적국 XX XXXXXXX	⑬적재항 XXXXX XXXXXXXXXXXX	
	⑭운송형태 XX XXX	⑮검사방법선택 X 검사희망일 YYYY/MM/DD	
	⑯물품소재지 XXX XXXXXXXXXXXXXXXXXXXXXXXXXXXXX		
③제 조 자 XXXXXXXXXXXXXXXXXXXXXXXXXXXXXX (통관고유부호) XXXXXXXX-9-99-9-99-9 제조장소 XXX 산업단지부호 XXX	⑰L/C번호 XXXXXXXXXXX	⑱물품상태 X	
	⑲사전임시개청통보여부 X	⑳반송 사유 XX	
④구 매 자 XXXXXXXXXXXXXXXXXXXXXXXXXXXXXX (구매자부호) XXXXXXXXXX	㉑환급신청인 X (1:수출/위탁자, 2:제조자) 간이환급 XX ㉒환급기관 XXXXXXXXXXXXXXXXXXXXX		

· 품명 · 규격 (란번호/총란수: 999/999)

㉓품 명 XXXXXXXXXXXXXXXXXXXXXXXXXXXXXXXXXXXXXXXXXXXXXXX ㉔거래품명 XXXXXXXXXXXXXXXXXXXXXXXXXXXXXXXXXXXXXXXXXXXXXXX	㉕상표명 XXXXXXXXXXXXXXXXXXXXXX

㉖모델 · 규격	㉗성분	㉘수량	㉙단가(XXX)	㉚금액(XXX)
XXXXXXXXXXXXXXXXXXXXXXXXXXXXXXXXXXXXXXXXXXXXXXX	XXXXXXXXXX	999,999,999,999(XXX)	9,999,999,999.99	999,999,999,999.99
XXXXXXXXXXXXXXXXXXXXXXXXXXXXXXXXXXXXXXXXXXXXXXX	XXXXXXXXXX			
XXXXXXXXXXXXXXXXXXXXXXXXXXXXXXXXXXXXXXXXXXXXXXX	XXXXXXXXXX			
XXXXXXXXXXXXXXXXXXXXXXXXXXXXXXXXXXXXXXXXXXXXXXX	XXXXXXXXXX			
XXXXXXXXXXXXXXXXXXXXXXXXXXXXXXXXXXXXXXXXXXXXXXX	XXXXXXXXXX			
XXXXXXXXXXXXXXXXXXXXXXXXXXXXXXXXXXXXXXXXXXXXXXX	XXXXXXXXXX			
XXXXXXXXXXXXXXXXXXXXXXXXXXXXXXXXXXXXXXXXXXXXXXX	XXXXXXXXXX			
XXXXXXXXX				

㉛세번부호	9999.99-9999	㉜순중량	999,999,999,999(XX)	㉝수량	999,999,999,999(XX)	㉞신고가격(FOB)	₩999,999,999,999
㉟송품장부호	XXXXXXXXXXXXXXXX X	㊱수입신고번호	XXXXX-XX-XXXXXXX -X(XXX)	㊲원산지 XX-X-X		㊳포장갯수(종류)	999,999(XX)

㊴총중량	999,999,999,999(XX)	㊵총포장갯수	999,999 (XX)	㊶총신고가격 (FOB)	$ 9,999,999,999 ₩ 999,999,999,999
㊷운임(₩)	9,999,999,999	㊸보험료(₩)	9,999,999,999	㊹결제금액	XXX-XXX-999,999,999,999,999
㊺수입화물 관리번호	XXXXXXXXXXXXXXXXXX	X		㊻컨테이너번호	XXXXXXXXXXX X

㊼수출요건확인 (발급서류명)	X-XXXXXXXXXXXXXXXX (XXXXXXXXXXXXXXXX)	X-XXXXXXXXXXXXX (XXXXXXXXXXXXXX)	X-XXXXXXXXXXXXX (XXXXXXXXXXXXXXX)	X-XXXXXXXXXXXXXXX (XXXXXXXXXXXXXXXX)

※신고인기재란	㊽세관기재란
XXXXXXXXXXXXXXXXXXXXXXXXXXXXXXXXXXXXXXXXXXXXXX XXXXXXXXXXXXXXXXXXXXXXXXXXXXXXXXXXXXXXXXXXXXXX XXXXXXXXXXXXXXXXXXXXXXXXXXXXXXXXXXXXXXXXXXXXXX XXXXXXXXXXXXXXXXXXXXXXXXXXXXXXXXXXXXXXXXXXXXXX XXXXXXXXXXXXXXXXXXXXXXXXXXXXXXXXXXXXXXX	XXXXXXXXXXXXXXXXXXXXXXXXXXXXXXXXXXXXXXXXXXXXXXXXXXX XXXXXXXXXXXXX XXXXXXXXXXXXXXXXXXXXXXXXXXXXXXXXXXXXXXXXXXXXXXXXXXX XXXXXXXXXXXXXXXXXXXXXXXXXXXXXXXXXXXXXXXXXXXXXXXXXXX XXXXXXXXXXXXXXXXXXXXXXXXXXXXXXXXXXXX

㊾운송(신고)인 XXXXXXXXXXXXXXXXXXXXXXXXXXXXXXX ㊿기간 YYYY/MM/DD 부터 YYYY/MM/DD 까지	⑤①신고수리일자	YYYY/MM/DD	⑤②적재의무기한	YYYY/MM/DD

page : 999/999

(1) 수출신고수리일로부터 30일 내에 적재하지 아니한 때에는 수출신고수리가 취소됨과 아울러 과태료가 부과될 수 있으므로 적재사실을 확인하시기 바랍니다(관세법 제251조, 제277조). 또한 휴대탁송 반출 시에는 반드시 출국심사(부두, 초소, 공항) 세관공무원에게 제시하여 확인을 받으시기 바랍니다.

(2) 수출신고필증의 진위 여부는 수출입통관정보시스템에 조회하여 확인하시기 바랍니다(http://kcis.ktnet.co.kr).

㉯ 수출자 구분 부호

부 호	구 분
A	수출자가 제조자와 동일한 경우
B	수출자가 수출대행만을 한 경우
C	수출자가 제조자로부터 완제품을 공급(원상태 공급을 포함한다)받아 수출한 경우 또는 제조자를 알 수 없는 경우
D	수출자와 제조자가 본·지사 관계인 경우

㉰ 수출관리 부호

관리번호	거래구분	관련근거	비 고
11	일반형태 수출		
15	전자상거래에 의한 수출		인터넷 등 정보통신기술을 이용하여 전자적으로 주문(계약체결)하고 신용카드, 계좌입금 또는 전자결제 수단 등을 이용하여 유·무형의 재화와 용역을 거래하는 것
21	국내 외국인 투자업체가 외국으로부터 수탁받아 가공 후 수출	대외무역관리규정 제1-0-2조 제7호	
22	기타 일반업체가 수탁받아 가공 후 수출	제1-0-2조 제7호	
29	위탁가공(국외가공)을 위한 원자재 수출	제1-0-2조 제6호	
31	위탁판매를 위한 물품의 수출	제1-0-2조 제4호	B.W.T 수출 등
32	연계무역에 의한 물품의 수출(구상무역 포함)	제1-0-2조 제10호	
33	임대방식에 의한 수출(소유권이전조건)	제1-0-2조 제8호	
39	임대방식에 의한 수출(소유권불이전조건)	제1-0-2조 제8호	
40	임차방식에 의한 수입 후 다시 수출되는 물품	제1-0-2조 제9호	
79	중계무역수출	제1-0-2조 제11호	재수입 조건부수출
83	외국에서 수리 또는 검사를 받을 목적으로 반출하는 물품(선, 기 제외)	별표 3-1 제3호 다목	
92	무상으로 반출하는 상품의 견품 및 광고용품	별표 3-1 제2호 가목	

관리번호	거래구분	관련근거	비 고
93	수입된 물품이 계약내용과 상이하여 반출하는 물품	별표 3-1 제2호 다목	
94	기타 수출승인 면제물품		
〃	-무환수탁가공무역에 의하여 수입된 원료의 잔량분 또는 수탁판매 방식에 의하여 수입된 물품 중 판매되지 않은 잔량분으로서 무상으로 반출되는 물품	별표 3-1 제2호 바목	
〃	-외자도입방식에 의거 기술대가를 현물로 지급하기 위하여 반출하는 물품	별표 3-1 제2호 사목	
〃	-수산업법에 의거 외국 영해에 있는 아국적 원양어선에 무상 송부하는 물품	별표 3-1 제2호 자목	
〃	-외국정부와의 계약조건 이행을 위해 반출하는 업무용품	별표 3-1 제2호 차목	
〃	-대외무역관리규정 별표 3-1 수출승인면제물품 중 타호에 분류되지 아니한 기타 형태의 물품	별표 3-1	

㉣ 상업송장

COMMERCIAL INVOICE

<table>
<tr><td colspan="3" rowspan="2">① Seller</td><td colspan="3">⑦ Invoice No. and date</td></tr>
<tr><td colspan="3">⑧ L/C No. and date</td></tr>
<tr><td colspan="3">② Consignee</td><td colspan="3">⑨ Buyer(if other than consignee)</td></tr>
<tr><td colspan="3">③ Departure date</td><td colspan="3">⑩ Other references</td></tr>
<tr><td colspan="2">④ Vessel/flight</td><td>⑤ From</td><td colspan="3" rowspan="2">⑪ Terms of delivery and payment</td></tr>
<tr><td colspan="3">⑥ To</td></tr>
<tr><td>⑫ Shipping Marks</td><td>⑬ No.&kind of packages</td><td>⑭ Goods description</td><td>⑮ Quantity</td><td>⑯ Unit price</td><td>⑰ Amount</td></tr>
<tr><td colspan="3">FOI</td><td colspan="3">Signed by
⑱</td></tr>
</table>

㉤ 포장명세서

PACKING LIST

<table>
<tr><td colspan="3">① Seller</td><td colspan="3" rowspan="1">⑦ Invoice No. and date</td></tr>
<tr><td colspan="3">② Consignee</td><td colspan="3">⑧ Buyer(if other than consignee)</td></tr>
<tr><td colspan="3">③ Departure date</td><td colspan="3" rowspan="3">⑨ Other references</td></tr>
<tr><td colspan="2">④ Vessel/flight</td><td>⑤ From</td></tr>
<tr><td colspan="3">⑥ To</td></tr>
<tr><td>⑩ Shipping Marks</td><td>⑪ No.&kind of packages</td><td>⑫ Goods description</td><td>⑬ Quantity or net weight</td><td>⑭ Gross Weight</td><td>⑮ Measurement</td></tr>
<tr><td colspan="4"></td><td colspan="2">Signed by
⑯</td></tr>
</table>

㉥ 선하증권

선 하 증 권

(BILL OF LADING)

<table>
<tr><td colspan="2" rowspan="2">SHIPPER/EXPORTER</td><td colspan="3">DOCUMENT NO.</td></tr>
<tr><td colspan="3">EXPORT REFERENCES</td></tr>
<tr><td colspan="2">CONSIGNEE</td><td colspan="3">FORWARDING AGENT REFERENCES</td></tr>
<tr><td colspan="2" rowspan="2">NOTIFY PARTY</td><td colspan="3">POINT AND COUNTRY OF ORIGIN</td></tr>
<tr><td colspan="3">DOMESTIC ROUTING/EXPORT INSTRUCTIONS</td></tr>
<tr><td>RE.CARRIAGE BY</td><td>PLACE OF RECEIPT</td><td colspan="3">ONWARD INLAND ROUTING</td></tr>
<tr><td>OCEAN VESSEL/VOYAGE/FLAG</td><td>PORT OF LOADING</td><td colspan="3">FOR TRANSSHIPMENT TO</td></tr>
<tr><td>PORT OF DISCHARGE</td><td>PLACE OF DELIVERY</td><td colspan="3">FINAL DESTINATION FOR THE MERCHANT'S REFERENCE ONLY</td></tr>
<tr><td colspan="5">PARTICULARS FURNISHED BY SHIPPER</td></tr>
<tr><td>MARKS AND NUMBERS</td><td>NO. OF CONT. OR OTHER PKGS.</td><td>DESCRIPTION OF PACKAGES AND GOODS</td><td>GROSS WEIGHT (KGS)</td><td>MEASUREMENT (CBM)</td></tr>
<tr><td></td><td></td><td></td><td></td><td></td></tr>
</table>

<table>
<tr><td>FREIGHT AND CHARGES REVENUE TONS RATE PER</td><td>PREPAID</td><td>COLLECT</td><td rowspan="2">IN ACCEPTING THIS BILL OF LADING, the shipper, owner and consignee of the goods, and the holder of the bill of lading expressly accept and agree to all its stipulations, exceptions and conditions, whether written, stamped or printed as fully as if signed by such shipper, owner, consignee and/or holder. No agent is authorized to waive any of the provisions of the within clauses.
IN WITNESS WHEREOF, the master or agent of the said ship has affirmed to THREE(3) bills of lading, all of this tenor and date, ONE of which being accomplished, the others to stand void.
B/L NO. DATED AT ____________
BY ____________</td></tr>
<tr><td></td><td></td><td></td></tr>
</table>

3 대행수출

(1) 개 요

대행수출이란 무역업자가 위탁자와의 수출대행계약에 따라 일정한 수수료를 받고 자기명의로 수출을 행하는 것으로, 수출대행업자는 자기명의로 거래함에 따른 책임을 지며 대행자와 위탁자의 관계는 대행계약에 의하여 정해진다.

수출대행업자는 무역업고유번호를 부여받은 자이어야 하며, 대행계약에는 수출절차의 이행범위, 대행수수료, 클레임 처리, 관세환급권 등을 주요내용으로 명시한다.

(2) 수출대행의 형태

수출대행의 유형은 수출신용장의 최초 수취인이 누구이냐 또는 수출물품의 공급자 또는 수출절차의 사무상의 이행자가 누구이냐 등에 따라 다음과 같은 네 가지 형태로 나누어 볼 수 있다.

가. 단순수출대행

대행위탁자가 수출신용장을 자기명의로 받고 동 신용장을 대행계약에 따라 대행자에게 양도한 후에 대행위탁자의 모든 책임하에 수출물품을 제조·가공하여 신용장 양수자인 대행자의 명의로 수출하는 방식이다. 이 경우에는 수출 및 선적에 따른 모든 절차도 사실상은 대행위탁자가 맡아서 하게 되며 대행자는 단순히 제반서류상의 명의자로만 되므로 일종의 창구역할만 하는 것이다. 이 경우 대행자는 거래상대방에 대하여 아무런 책임도 없는 것으로 생각하기 쉬우나 신용장 양수자로서 신용장조건에 따른 책임은 면하지 못한다는 점에 특히 주의를 하여야 한다.

나. 대행자가 직접 위험부담을 하는 방식의 수출대행

대행자가 제반서류상의 명의자가 되는 것은 물론 한걸음 더 나아가 대행위탁자를 위하여 자기명의로 수출금융의 융자를 받아 주는 등 여러 가지 수출지원을 수혜하는데도 명의를 빌려주는 동시에 선적절차도 맡아서 이행하고 대행위탁자는 수출품만을 제조·가공하여 공급하는 방식이 있다. 이 방식에 따르면 수출자가 여러 가지 위험부담을 지게 되며, 특히 금융융자 시에는 자본이 빈약한 위탁자를 위하여 대행자소유의 담보를 제공하여야 하는 경우가 있으므로 수탁자 간에 긴밀한 관계가 없으면 대행자가 이러한 방식에 응하지 않는 경우가 많다. 이 경우 대행수수료도 가장 비싸고 금융융자에 따른 이자는 대행위탁자가 부담하게 되는 것이 일반이다.

다. 내국신용장등 개설방식의 수출대행

대행위탁자가 수취한 수출신용장을 대행자에게 양도하고 다시 대행자로부터 완제품 내국신용장을 발급받고 동 내국신용장에 의하여 수출물품을 제조·가공하여 대행자에게 공급하는 방식이다. 이 경우 수출 및 선적절차는 양자 간의 계약에 따라 대행자가 이행하게 된다. 그리고 이러한 방식의 대행에서 대행위탁자는 내국신용장을 근거로 하여 자기명의로 수출금융을 융자받을 수 있고 수출용원자재를 수입할 수 있다.

라. 대행자 신용장 직접 수취방식의 수출대행

대행위탁자가 자기명의로 신용장을 받아 대행자에게 양도하는 것이 아니라 해외거래상대방과 수출계약만 체결하고 신용장은 직접 대행자 앞으로 개설하게 하는 방식이 있다. 이 경우 대행위탁자가 수출물품을 제조공급하면 양자 간의 계약체결로서 대행관계가 성립된다. 위탁자가 단순히 신용장발행의 중개인 역할만 하고 물품공급책임을 지지 않으면 양자 간의 관계를 수출대행이라고 보기는 어렵다.

(3) 수출알선업과의 차이

외국의 수입업자를 위하여 수출알선용역을 제공하고 수출업자로부터 알선수수료를 지급받는 경우에는 국내사업자인 수출업자에게 용역을 제공한 대가인 수수료는 부가가치세의 과세대상(10%)이 된다(부가 22601-1687, 1988. 9. 21.).

그러나 수출알선용역을 제공하고 그 대가를 비거주자 또는 외국법인으로부터 외국환은행을 통하여 원화로 받는 경우에는 그 밖의 외화획득용역에 해당하여 영세율을 적용받는다(부가통칙 24-33-1).

(4) 영세율의 적용범위

영세율 적용대상사업자는 수출이 누구의 계산으로 누구의 책임하에 이루어졌는가에 따라 수출업자 또는 수출품 생산업자 중 어느 하나에 해당하며, 다음의 경우에는 수출품 생산업자가 영세율 적용대상자가 된다(부가통칙 24-31-1, 24-31-2).

㉮ 수출품 생산업자가 직접 수출신용장을 받아 수출업자에게 양도하고 수출대행계약을 체결한 경우(수출업자로부터 완제품 내국신용장을 개설받는 경우 포함)

㉯ 수출업자가 수출신용장을 받고 수출품 생산업자와 수출대행계약을 체결한 경우(수출업자로부터 수출품 생산업자가 완제품 내국신용장을 개설받는 경우 포함)

또한 수출신고필증상 수출자는 명의뿐이고 수출신용장, 수출계약서, 선적서류, 송장, 수출대금의 수취 등의 사실에 비추어 수출한 사업자가 따로 있는 때에는 사실상 귀속되는 사업자에게 영세율이 적용된다(부가 46015-3468, 2000. 10. 12.).

(5) 공급시기 및 공급가액

대행수출에 있어 수출위탁자는 수출업자(수출대행자)가 수출위탁자를 위하여 수출신고, 선적 등을 대행한다는 것을 제외하고는 직수출의 경우와 다른 것이 없으므로 수출하는 재화에 대한 공급시기 판단 및 공급가액 산정방법은 동일하다. 즉, 수출재화의 선(기)적일이 공급시기가 되고 수출재화에 대한 수출대금 전액(원신용장 금액)이 공급가액이 된다.

다만, 수출대행자의 공급가액은 수출위탁자로부터 받는 대행수수료가 되는 것이나 영세율이 적용되지 아니하여 일반세율(10%)을 적용한 세금계산서를 수출위탁자에게 발급하여야 한다.

(6) 영세율 첨부서류

수출위탁자의 영세율 첨부서류는 직수출의 경우와 동일하다(부가통칙 21-101-1).

4 | 전자적 형태의 무체물의 수출

(1) 개 요

IT산업의 발달로 무역의 형태도 확대되어 실질적으로 국제간에 거래되는 전자적 형태의 무체물에 대하여도 수출입을 인정하고 대외무역법 체계에 흡수하여 수출입 관리를 지원하고 있다. 따라서 「대외무역법」 제2조 제1호 다목, 같은 법 시행령 제4조 및 대외무역관리규정 제4조에 규정하는 전자적 형태의 무체물을 컴퓨터 등 정보처리능력을 가진 장치에 저장한 상태로 국외에 반출하는 경우 수출하는 재화로 보아 영세율을 적용한다(서삼 46015-10208, 2003. 2. 6.).

(2) 적용대상 무체물

가. 「소프트웨어산업진흥법」 제2조 제1호에 따른 소프트웨어

컴퓨터 통신, 자동화 장비와 그 주변장치에 대하여 명령 · 제어 · 입력 · 처리 · 저장 · 출력 · 상호작용이 가능하도록 하는 지시명령의 집합과 이를 작성하기 위해 사용된 기술서 등 그 밖의 자료

▌소프트웨어산업진흥법 제2조【정의】

이 법에서 사용하는 용어의 정의는 다음과 같다.

1. "소프트웨어"라 함은 컴퓨터 · 통신 · 자동화 등의 장비와 그 주변장치에 대하여 명령 · 제어 · 입력 · 처리 · 저장 · 출력 · 상호작용이 가능하도록 하게 하는 지시 · 명령(음성이나 영상정보 등을 포함한다)의 집합과 이를 작성하기 위하여 사용된 기술서 기타 관련 자료를 말한다.

나. 기타

부호 · 문자 · 음성 · 음향 · 이미지 · 영상 등을 디지털방식으로 제작하거나 처리한 자료 또는 정보 등으로 산업자원부장관이 정하여 고시하는 것

- 영상물(영화, 게임, 애니메이션, 만화, 캐릭터를 포함)
- 음향 음성물, 전자서적, 데이터베이스

(3) 용역이나 전자적 형태의 무체물의 수출입 확인

산업통상자원부장관은 「대외무역법 시행령」 제3조에 따른 용역이나 제4조에 따른 전자적 형태의 무체물을 수출입한 자가 수출입에 관한 지원을 받기 위하여 수출입 사실의 확인을 신청하면 수출입 확인을 할 수 있으며, 수출입 확인에 필요한 세부 절차 등은 산업통상자원부장관이 정하여 고시한다(대외무역법 시행령 §23 ①, ②).

▌용역 또는 전자적 형태의 무체물의 수출입 확인 절차(대외무역관리규정 §30)

① 용역의 수출입 사실의 확인 및 실적증명 발급을 받으려는 자는 별지 제24호 서식에 의한 수출 · 수입실적의 확인 및 증명발급 신청서에 거래 사실을 증명할 수 있는 서류를 첨부하여 다음의 어느 하나에 해당하는 발급기관의 장에게 신청하여야 한다. 이 경우 발급기관의 장은 수출입 사실의 확인이 가능하고 신청 사실에 하자가 없다고 인정하는 경우에만 별지 제25호 서식에 의한

수출 · 수입실적의 확인 및 증명서를 발급하여야 한다.
- 한국무역협회장
- 한국선주협회장(해운업의 경우만 해당한다)
- 한국관광협회중앙회장 및 문화체육관광부장관이 지정하는 업종별 관광협회장(관광사업의 경우만 해당한다)

② 전자적 형태의 무체물의 수출입 사실의 확인 및 실적증명 발급을 받으려는 자는 별지 제26호 서식에 의한 수출 · 수입실적의 확인 및 증명발급 신청서에 거래 사실을 증명할 수 있는 서류를 첨부하여 한국무역협회장 또는 한국소프트웨어산업협회장에게 신청하여야 한다. 이 경우 한국무역협회장 또는 한국소프트웨어산업협회장은 수출입 사실의 확인이 가능하고 신청 사실에 하자가 없다고 인정하는 경우에만 별지 제27호 서식에 의한 수출 · 수입실적의 확인 및 증명서를 발급하여야 한다.

③ 위 "①" 및 "②"에 따른 수출 · 수입실적의 확인 및 증명 발급기관의 장은 신청인에게 수출 · 수입실적의 확인 및 증명서의 발급심사를 위하여 필요한 자료의 제출을 요구할 수 있다.

④ 위 "①" 및 "②"에 따른 수출 · 수입실적의 확인 및 증명 발급기관의 장은 수출 · 수입실적의 확인 및 증명서의 발급현황 등에 관한 매분기 실적을 다음 달 20일까지 산업통상자원부장관과 관세청장에게 보고하여야 한다.

(4) 부가가치세 신고

가. 영세율 적용기준

사업자가 「소프트웨어산업진흥법」 제2조 제1호에 따른 소프트웨어를 「외국환관리법」 제3조 제13호에 따른 비거주자에게 전자통신망을 통한 전송방법으로 국외로 공급하는 경우에는 부가가치세 영세율이 적용된다(부가 46015-752, 2002. 10. 16.).

나. 공급가액 및 세금계산서 발급 면제

수출재화에 대한 대가관계 있는 모든 금전적 가치가 공급가액이 되고, 세금계산서의 발급의무는 면제된다.

다. 영세율 첨부서류

영세율 첨부서류로는 수출계약서, 외화입금증명서를 제출할 수 있으며 해당 서류를 제출할 수 없을 때에는 외화획득명세서에 거래사실을 증명하는 서류를 제출하여야 한다.

5 | 중계무역방식에 의한 수출

(1) 「중계무역방식의 수출」의 정의

「대외무역법」상 "중계무역"이라 함은 수출할 것을 목적으로 물품 등을 수입하여 「관세법」 제154조에 따른 보세구역 및 「관세법」 제156조에 따라 보세구역 외 장치의 허가를 받은 장소 또는 「자유무역지역의 지정 등에 관한 법률」 제4조에 따른 자유무역지역 외의 국내에 반입하지 아니하고 수출하는 것(수입물품의 성질을 변경시키지 않고 원상태로 수출하여 수입대금지급액과 수출대금영수액과의 차액을 가득액으로 취하는 수출형태)을 말한다. 「부가가치세법」도 「대외무역법」상 중계무역방식의 수출 개념을 그대로 차용하여 영세율 적용대상으로 삼고 있다(부가령 §31 ① 1, 대외무역관리규정 §2 11).

법원도 부가법상의 중계무역방식의 수출의 개념은 대외무역법령에 정한 그것과 같은 의미로 해석하는 것이 타당하다고 판시하였다(대법원 2021두51331, 2022. 1. 14. : 창원지법 2019구합52322, 2020. 10. 15. : 부산고법 2020누11902, 2021. 8. 18.).

▌보세구역 외의 국내에 반입하지 아니하고 수출한다는 의미

"보세구역 및 보세구역 외 장치의 허가를 받은 장소 또는 자유무역지역 외의 국내에 반입하지 아니하고 수출"이라는 조문의 의미는 중계무역 물품이 이동할 수 있는 최대한의 경로를 말한다. 예를 들어 일본에서 물품을 수입하여 중국으로 수출하는 중계무역의 경우 공해상으로 물품이 이동하는 것은 물론 중계무역에 해당하며, 물품이 국내를 거치는 경우에도 보세구역 또는 세관장으로부터 보세구역 외 장치장소 허가를 받은 장소까지의 물품이동은 중계무역으로서 허용을 하지만 보세구역 · 보세구역 외 장치장소를 벗어나 국내로 들어오려면 수입통관절차를 거쳐야 하며, 이 경우는 해당 물품이 다시 수출되더라도 중계무역이 아니라는 것을 의미한다.

이러한 형태의 수출은 자국상품의 공급능력에 한계가 있을 경우 제3국에서 상품을 수입하여 이를 제3국에 수출함으로써 지속적으로 해외시장을 관리하고자 할 때 많이 활용된다. 하지만, 최종 수입국이 최초 수출국으로부터의 수입을 제한하고 있는 경우 최종 수입국의 무역정책에 혼란을 가져와 수입제한 등 보복조치가 중계무역방식에 의한 수출자에게 취해질 수 있음에 유의하여야 한다.

또한 북한과 제3국간의 중계무역의 경우에는 「남북교류협력에 관한 법률」에 따라 반출입 승인을 받아야 한다.

(2) 중계무역 절차

① 수출계약의 체결(최종 수입자와 중계자 간 무역계약)
② 신용장 수취
③ 수입계약 체결(중계자와 최초 수출자 간 무역계약)
④ 신용장 개설
⑤ 물품선적, 환어음 매각
　－통상 중계무역에서는 물품이 최초 수출국에서 최종 수입국으로 직접 운송된다.
⑥ 수출입대금 결제(수출대금을 영수하여 수입대금결제 또는 수입대금결제 후 수출대금 영수)

(3) 주요 판단 요소

중계무역방식은 중계자의 책임하에 수입하여 수출하고 그 대금의 결제도 중계자의 책임과 계산하에 이루어지는 수출행위와 수입행위가 복합적으로 이루어지는 이원적 거래로서 중개무역이 수출입에 따른 별다른 요식행위없이 최종 수입자나 최초 수출자의 대리인으로서 수수료만을 취하는 것과 구별된다.

중계무역의 경우 운송서류가 '최초 수출국 → 중계국 → 최종 수입국'으로 유통됨으로써 중계무역업자가 최종 수입자로부터 수출대금을 영수하고, 최초 수출자에게 중계무역업자가 수입대금을 지급하게 되어 수출금액과 수입금액의 차액을 가득액으로 취하는 것이다.

다만, 대외무역법에서는 수입대금과 수출대금의 결제는 동일 은행에서 이루어져야 중계무역 및 수출실적을 인정해 준다.

(4) 영세율 적용

중계무역방식에 따른 수출에 해당하는 경우 재화의 이동이 국외에서 이루어짐에도 불구하고, 2002. 1. 1. 이후 거래분부터 수출하는 재화로 영세율을 적용하며, 해당 사업과 관련된 매입세액도 자기의 매출세액에서 공제한다.

(5) 공급시기

수출재화의 선(기)적일이 공급시기이며 동 선(기)적일이 속하는 예정신고기간 또는 확정신고기간에 영세율과세표준을 신고하여야 한다(부가령 §28 ⑥).

(6) 세금계산서 발급의무 면제

공급받는 자가 국외의 외국법인 또는 비거주자이므로 세금계산서 발급의무가 면제된다(부가령 §71 ① 4).

(7) 대가의 영수방법

중계무역방식에 의한 수출의 대가를 원화로 받든 외화로 받든 또는 국내에서 받든 국외에서 송금을 받았는지 여부에 관계없이 영세율이 적용된다.

(8) 공급가액

중계무역은 자기의 책임과 계산하에 수입과 수출계약을 성사시키고 수출입에 대한 위험을 부담하므로 총액주의로 수입과 수출대금 상당액을 인식하게 된다. 따라서 수출물품의 결제금액이 공급가액이 된다.

수출물품에 대한 공급시기가 도래하기 전에 수출대금을 원화로 환가한 경우에는 그 환가한 금액이 과세표준이며, 수출물품 공급 시까지 수출대금을 원화로 환가하지 아니하거나 선적일(공급시기) 이후에 지급받은 경우에는 공급시기의 외국환거래법에 의한 기준환율 또는 재정환율로 환산한 금액이 공급가액이다(부가령 §59).

다만, 중계무역방식으로 수출하는 사업자의 대외무역법상의 수출실적은 수출금액(FOB 가격 기준)에서 수입금액(CIF)을 공제한 가득액으로 한다.

(9) 영세율 첨부서류

수출계약서 사본 또는 외국환은행이 발행하는 외화입금증명서 사본이며, 해당 서류를 제출할 수 없는 경우에는 외화획득명세서에 영세율이 확인되는 증명자료를 첨부하여 제출할 수 있다.

사업자가 해당 영세율 첨부서류를 복사하여 저장한 테이프 또는 디스켓을 영세율 첨부서류제출명세서(전자계산조직에 의하여 처리된 테이프 또는 디스켓을 포함)와 함께 제출하는 경우에는 해당 서류를 제출한 것으로 본다.

다만, 중계무역 및 위탁가공무역 방식으로 수출하는 사업자가 상업송장을 영세율 첨부서류로 제출한 경우 조세심판원에서는 이를 영세율 첨부서류로 인정한 바, 가산세 부과는 어려울 것으로 판단된다(서면3팀-993, 2006. 5. 30. ; 국심 2007부816, 2007. 5. 10. ; 국심

2006중2974, 2006. 12. 22.).

▌중계무역방식의 수출일 경우 부가가치세 영세율 적용 첨부서류

사업자가 외국으로부터 물품을 국내의 보세구역까지만 반입한 후 다시 「관세법」에 따라 세관장에 반송신고를 하고 외국으로 반출하는 「대외무역법」에 따른 중계무역방식의 수출에 있어서 부가가치세 신고 시 제출하여야 하는 영세율 첨부서류는 수출계약서 사본 또는 외국환은행이 발행하는 외화입금증명서로 하는 것이나, 부득이한 사유로 인하여 해당 서류를 첨부할 수 없는 때에는 외화획득명세서에 해당 외화획득내역을 입증할 수 있는 반송신고서나 반송신고내용을 기재한 수출실적명세서를 제출할 수 있는 것임(부가-2170, 2008. 7. 22.).

(10) 중계무역의 형태

1) 일반적인 중계무역방식의 수출 형태

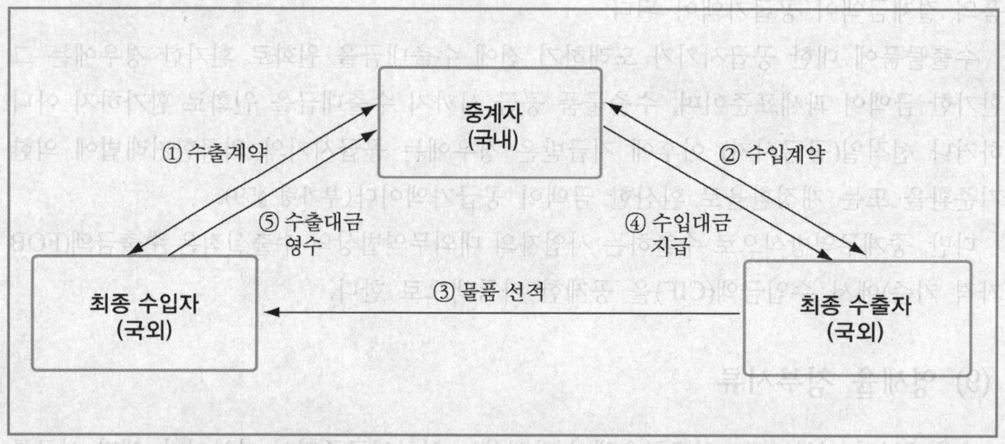

2) 보세구역 내 외국물품을 구입 후 국외 반출 시 중계무역 해당 여부

① 질의내용

1. 국외로부터 수입되어 국내 보세구역 내에 보관 중인 물품을 공급자로부터 매입하여 자사(이하 A라 함)소유 형태로 해외 선적 후 해외에 소재한 현지창고에 보관하면서 거래처로부터 물품 구입 요청이 있을 시마다 판매하는 경우 중계무역에 해당하는지 여부
2. A가 중계무역수출에 공하고자 외국에서 구매하여 국내 보세구역에 반입한 물품을 국내에 있는 B가 구매하여 수출한 경우

3. A가 국내에 수입할 목적으로 반입한 물품을 내국인 B가 구매하여 수출한 경우
4. A가 국내에 수입할 목적으로 반입하여 수입신고하였으나, 수입요건 미비로 수입신고 취하하고 제3국에 수출한 경우
5. A가 국내에 수입할 목적으로 반입한 물품을, 국내에 수입하기 어려운 상황이 생기자 수입신고하지 않은 상태에서 그대로 제3국에 수출한 경우
6. BWT(Bonded Warehouse Transaction) 물품을 내국인이 국내에서 구매하여 수출한 경우

② 답변

1. 외국에서 구매하여 국내 보세구역에 반입한 물품을 보세구역에서 제3자가 재구매하여 수출하는 경우는 수입 및 수출자가 별도로 있는 것이므로 중계무역에 해당되지 않는다.
   - 보세구역에 반입된 물품으로서 수입신고를 하지 아니한 상태의 물품은 외국물품이므로 수출신고 대상이 아니며 외국물품을 외국으로 반출하는 반송신고 대상이다. 다만, 동 거래가 중계무역에 해당되는 경우는 중계무역수출(거래구분 79)신고를 하여야 하며, 중계무역에 해당되지 않는 경우는 외국으로부터 보세구역에 반입된 물품으로서 다시 반송신고되는 물품(거래구분 78)으로 신고하여야 한다.
2. 동 질의의 경우 수입 및 수출자가 별도로 존재하므로 중계무역에 해당되지 않는다.
3. 동 질의의 경우 역시 수입 및 수출자가 별도로 존재하므로 중계무역에 해당되지 않는다.
4. 국내 A가 당초 수출할 목적으로 물품을 수입하지 않았다 하더라도 변화된 수입여건 등 국내 상황에 따라 동 물품을 국내에 반입하지 않고 외국으로 수출하여 각각의 수입 및 수출을 통해 외화를 획득하는 경우에는 대외무역법상 중계무역에 해당된다.
5. 위 "4"의 질의와 마찬가지로 국내로 반입 없이 제3국으로 수출한 경우 중계무역으로 인정함이 타당할 것이며, 또한 보세구역 및 자유무역지역 외의 국내에 반입하지 않았다면 해당 물품에 대한 수입신고 여부는 고려대상이 아니다.
   - 동 사례의 경우처럼 당초 수출할 목적이 아니었으나 사정변경으로 수입한 물품을 가공과정 없이 그대로 다시 수출하는 경우에도 전형적인 중계무역의 물품이동 경로와 동일하므로 중계무역으로 볼 수 있는 것이다.
6. 내국인이 국내 보세구역에 장치된 해당 물품을 외국업체와 수입계약을 체결하고 제3국과의 수출계약에 따라 직접 물품을 이동시키는 경우 중계무역에 해당한다.

3) 5자간 거래에 있어 중계무역 해당 여부

① 질의내용

내국법인 "갑"은 외국법인 A(홍콩 소재)로부터 물품을 구매하여 국내에 반입하지 않고 외국법인 C(독일 소재)에 물품을 판매한다. 내국법인 "갑"으로부터 물품을 구매한 외국법인 C사는 C사의 국내관계회사인 내국법인 "을"에게 물품을 즉시 판매하게 된다. 이때 해당 물품의 인도는 외국법인 A에게 물품을 공급하는 A의 해외관계회사인 A´(네덜란드 소재)에서 내국법인 "을"로 직접 인도되고 내국법인 "을"이 수입통관을 하게 된다. 동 거래가 내국법인 "갑"의 입장에서 볼 때 대외무역법상 중계무역에 해당되는지 여부

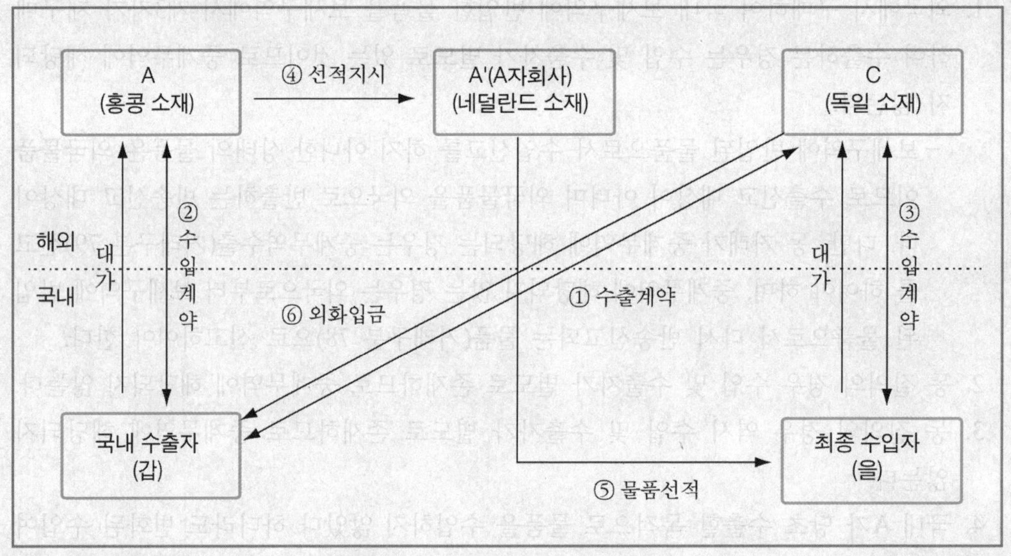

② 답변

질의 거래의 물품 이동경로로 볼 때, 물품의 이동이 없는 국내사업자(갑)의 거래는 중계무역에 해당되지 아니하며, 단지 국내 수입자(을)가 외국법인(C)으로부터 재화를 수입하는 거래에 해당될 뿐이어서 대외무역법상 중계무역으로 파악될 수 없으므로 국내사업자(갑)가 지급받는 대가에 대하여는 영세율을 적용받을 수 없다.

1. 종전 산업통상자원부 인터넷 답변에서는 물품이 국내에 반입되는 것이 "갑"과 외국법인 C 간의 거래의 결과가 아닌 외국법인 C와 내국법인 "을"과의 거래결과로 파악하여 "갑"의 거래를 중계무역으로 보았었다.
2. 한국무역협회의 인터넷 답변에서는 "갑"의 수출계약이 외국인도수출에 해당한다는 취지의 답변이 있기도 하나 상담위원간 일치된 의견은 아니었다. ③은 ①의 거래

이후에 "C"의 행위기 때문이라는 취지였다.

4) 4자간 중계무역거래방식에 따른 부가가치세 적용 방법

① 사실관계

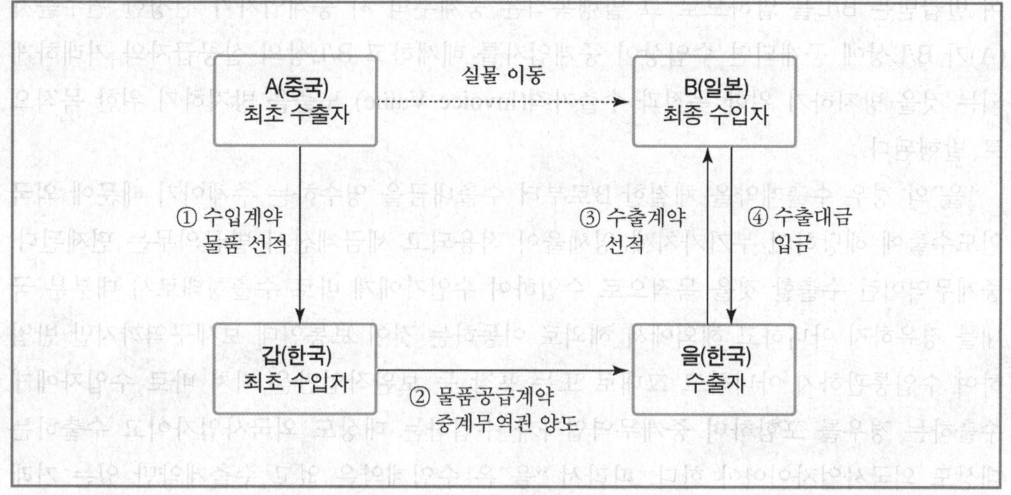

ⓐ 최초 수출자 포워더에서 B/L 발행 및 한국포워더 입수
- Shipper: A, Consignee: 갑, Notify party: 갑
※ Consignee: 물품 인수자

ⓑ 한국에서 계약된 포워더를 통하여 Switch B/L을 발행하여 최종 수입자 포워더 및 수입자에게 송부
- Shipper: 을, Consignee: B, Notify party: 갑
※ 갑 또는 을의 입장에서는 B가 A를 몰라야 하는 상황임.

ⓒ 한국 "갑"은 한국에 계약된 포워더에게 Switch B/L 발행동의서 또는 선하증권 양도계약서에 의하여 한국의 "을"사 명의로만 Switch B/L이 발행됨.

② 질의내용

ⓐ "갑"과 "을" 간에 구매확인서 또는 내국신용장 발급이 가능한지?

ⓑ "갑"과 "을" 간 물품공급과 관련하여 (영세율)세금계산서 또는 계산서 발급대상인지 아니면 계산서 등 발급의무 면제대상인지 여부

ⓒ "을"이 중계무역에 해당하여 영세율 적용이 가능한지 여부

③ 검토의견

Switch B/L은 중계무역(삼각무역, 삼국간무역)에 주로 사용되는 선하증권(B/L)으로서 중계업자가 원수출자를 노출시키지 않기 위하여 화물을 실제 수출한 지역에 속한 선사, 포워더가 발행한 B/L을 근거로 제3의 장소에서 Shipper(원수출자)를 중계업자로 교체하여 발급받는 B/L을 말하므로 그 발행목적은 중계무역 시 중계업자가 선정한 원수출자(A)가 B/L상에 공개되면 수입상이 중계업자를 배제하고 B/L상의 실공급자와 거래하게 되는 것을 방지하기 위한 목적과 수출가격(Invoice Value) 노출을 방지하기 위한 목적으로 발행된다.

"을"의 경우 수출계약을 체결한 B로부터 수출대금을 영수하는 주체이기 때문에 외국인도수출에 해당하여 부가가치세 영세율이 적용되고 세금계산서 발급의무는 면제된다. 중계무역이란 수출할 것을 목적으로 수입하여 수입자에게 바로 수출형태로서 대부분 국내를 경유하지 아니하고 해외에서 해외로 이동하는 것이 보통인데 보세구역까지만 반입하여 수입통관하지 아니하고 그대로 또는 포장 등 보완작업만을 거쳐 바로 수입자에게 수출하는 경우를 포함하며 중계무역업자가 수입하는 대상도 외국사업자이고 수출하는 대상도 외국사업자이어야 한다. 따라서 "을"은 수입계약은 없고 수출계약만 있는 거래형태로서 수출대금을 B로부터 수령하고 있으므로 외국인도수출에 해당한다.

"갑"의 경우 국내사업자 간 계약에 따라 국외에서 재화를 구입하여 국외에서 국내사업자에게 재화를 인도하는 국외거래에 해당하여 부가가치세 과세대상거래에 해당하지 아니하며, 재화의 국외거래에 대하여 계산서 발급의무면제규정을 소득세법 및 법인세법에 규정하고 있는 바가 없어 "갑"은 "을"에게 계산서를 발급하여야 한다.

구매확인서 등은 수출물품을 국내에서 구매하는 경우에 발급되는 서류로 물품이 해외에서 해외로 이동(국내 보세구역을 거쳐 이동하는 경우를 포함)하는 거래에서는 발급대상이 아니다. 국외에서 국외로 이동을 전제로 한 재화에 대하여 구매확인서나 내국신용장 개설이 불가하므로 구매확인서 등이 설령 발급되었다 하더라도 영세율 적용이 불가하다(국외거래임).

따라서 위 거래에서 "갑"은 국외거래에 해당되어 세금계산서 수수의무가 없으며, "을"은 "갑"으로부터 재화를 공급받아(무역거래 아님, 국외거래) "B"에게 외국인도수출하므로 영세율이 적용되며, 국내 "갑"과 "을" 간의 거래는 국외거래에 해당하여 구매확인서나 내국신용장 발급대상이 아니며, 물품공급가액을 기재한 계산서를 발급하는 것이다. 또한 중계무역을 목적으로 하는 선하증권의 양도로서 물품의 국외이동을 전제로 하는 경우 부가가치세 과세대상으로 삼을 수 없다(조심 2016부1068, 2016. 8. 17.).

(11) 중계무역방식수출의 회계처리

한국 소재 "갑"사업자는 중국소재 "을"에게 특수기계장치를 수출하기로 하고 국내에서의 구매가 어려워 일본 소재 "병"에게 수입하기로 하였다.

〈수입〉

(차변)		(대변)	
미착상품 또는 상품	30,000,000	외화 외상매입금	30,000,000
수 입 제 비 용	1,000,000	현 금	1,000,000

※ 수입 제비용은 미착상품 또는 상품원가에 산입

〈수출〉

(차변)		(대변)	
수출매출채권	50,000,000	수 출 매 출	50,000,000
수출매출원가	30,000,000	상 품	30,000,000

6 위탁판매방식에 의한 수출

(1) 「위탁판매방식의 수출」의 정의

"위탁판매수출"이란 물품 등을 무환으로 수출하여 해당 물품이 판매된 범위 안에서 대금을 결제하는 계약에 의한 수출을 말한다(부가령 §31 ① 2, 대외무역관리규정 §2 4).

국내 수출자(위탁자)가 외국 수입자(수탁자)에게 물품을 무환방식으로 수출한 후 판매된 분에 한하여 대금을 영수하고, 판매기간이 종료된 후에 판매되지 않은 물품은 재수입하는 방식의 거래로서 위탁자는 자신의 계산과 위험하에 물품을 수출하므로 물품이 이동되더라도 소유권은 위탁자(수출자)에게 있으며, 수탁자(수입자)는 계약에 따라 물품을 판매하고 판매대금에서 경비와 수수료를 제외하고 위탁자에게 송금한다. 이러한 수출거래는 수탁자 입장에서 보면 물품관리에 대한 책임만 있고 자금부담과 위험부담없이 수탁자가 전적인 부담을 지기 때문에 위탁자가 자금여유가 있는 상태에서 적극적으로 해외시장(수출시장) 개척을 하고자 할 때 주로 이용되며, 대금결제는 일반적으로 사후송금방식이 이용된다.

(2) 위탁판매방식수출 절차

① 수탁자와 위탁판매계약의 체결
② 수출통관
③ 수탁자의 판매
④ 판매대금 영수
- 외국환거래법상 위탁판매방식에 대하여 결제방법을 규정하고 있지 아니하나 통상 COD, CAD방법 등 사후송금방식이 많이 이용됨.

⑤ 미판매 물품의 재수입
- 우리나라에서 수출된 물품으로서 수출신고수리일로부터 2년 이내에 다시 수입되는 경우 재수입 면세됨.

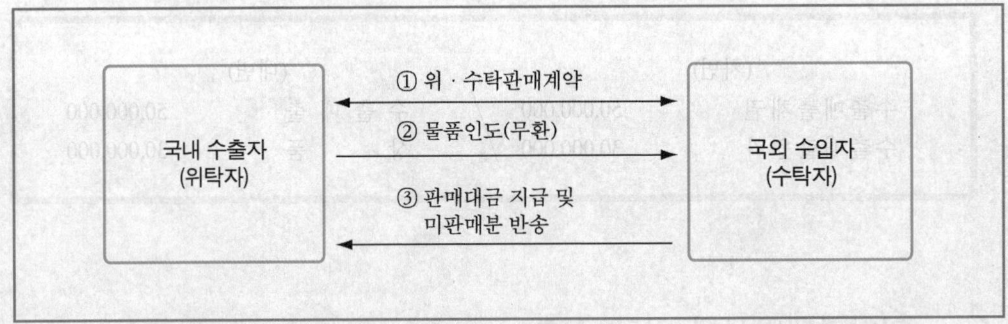

(3) 주요 판단 요소

수출신고서상 수출관리부호가 "31"로 표시된 위탁판매수출로서 수출계약서, 위·수탁판매계약서 등에 의해 위탁판매수출이 확인되는 경우 위탁판매수출로서 영세율이 적용된다(수출관리부호가 "31"로 기재되지 않았더라도 위탁판매수출임이 관련 증빙자료에 의해 객관적으로 확인되는 경우 위탁판매수출로 보아 영세율 적용이 가능하다).

(4) 영세율 적용

국내의 사업장에서 계약과 대가수령 등 거래가 이루어지는 것으로서 「대외무역법」에 따른 위탁판매방식의 수출(「부가가치세법」에서도 그 개념을 그대로 인용)에 해당하는 경우 영세율을 적용한다(부가법 §21 ② 2, 부가령 §31 ① 2).

(5) 공급시기

수출재화의 공급가액이 확정되는 때가 공급시기이며 동 시기가 속하는 예정신고기간 또는 확정신고기간에 영세율과세표준을 신고하여야 한다(부가령 §28 ⑥).

(6) 세금계산서 발급의무 면제

공급받는 자가 국외의 외국법인 또는 비거주자이므로 세금계산서 발급의무가 면제된다(부가령 §71 ① 4).

(7) 대가의 영수방법

「외국환관리법」이나 「부가가치세법」에 대금결제방법에 대한 규정이 없으므로 수출의 대가를 원화로 받든 외화로 받든 또는 국내에서 받든 국외에서 송금을 받았는지 여부에 관계없이 영세율이 적용된다.

(8) 공급가액

수출물품의 결제금액(수수료 공제 전 금액)이 부가가치세의 공급가액이 된다. 수출물품에 대한 공급시기가 도래하기 전에 수출대금을 원화로 환가한 경우에는 그 환가한 금액이 공급가액이며, 통상 약정에 따른 정산 시 「외국환거래법」에 따른 기준환율 또는 재정환율로 환산한 금액을 공급가액으로 하고 있다(부가령 §59).

(9) 영세율 적용 첨부서류

수출계약서 사본 또는 외국환은행이 발행하는 외화입금증명서 사본이며, 해당 서류를 제출할 수 없는 경우에는 외화획득명세서에 영세율이 확인되는 증명자료를 첨부하여 제출할 수 있다.

사업자가 해당 영세율 첨부서류를 복사하여 저장한 테이프 또는 디스켓을 영세율 첨부서류제출명세서(전자계산조직에 의하여 처리된 테이프 또는 디스켓을 포함)와 함께 제출하는 경우에는 해당 서류를 제출한 것으로 본다(부가령 §101 ③).

관세청 수출통관자료(수출관리부호 "31")가 발생되는 수출이므로 직수출이나 대행수출과 같이 수출실적명세서에 기재하여 제출하는 일이 없도록 주의한다.

(10) 위탁판매방식수출의 회계처리

위탁판매의 경우에 있어서는 국내에서의 위·수탁판매와 같이 수탁자가 제3자에게 판매한 시점에 수익을 인식하는 것이다.

기초자료

- 상품원가: 3천만 원
- 위탁판매를 위한 위탁품 반출 시 제비용(통관, 운송비): 1,000,000원
- 현지 판매가격: 35,000US$(정산 시 환율: 1,200US$)
- 위탁판매수수료: 200,000US$(정산 시 환율: 1,200US$)
- 환전수수료: 100,000원

① 위탁판매를 위한 상품의 반출

(차변)		(대변)	
적 송 품	30,000,000	상품 또는 제품	30,000,000
적 송 품	1,000,000	현 금 (통관비, 운송비 등)	1,000,000

② 위탁자 현지 판매 시

- 분개 없음.

③ 판매보고서 송부 시(정산 시)

(차변)		(대변)	
현금과 예금	39,500,000	수출매출	42,000,000
판매수수료	2,400,000		
환전수수료	100,000		
수출매출원가	31,000,000	적 송 품	31,000,000

7 | 외국인도수출

(1) 「외국인도수출」의 정의

"외국인도수출"이라 함은 수출대금은 국내에서 영수하지만 국내에서 통관되지 아니한 수출물품 등을 외국으로 인도하는 수출을 말한다(부가령 §31 ① 3, 대외무역관리규정 §2 13).

이러한 수출은 산업설비 수출, 해외건설, 해외투자 등 해외사업현장에서 필요한 기자재를 외국도착 수입형태로 구입하여 사용 또는 제조·건설한 후 국내반입없이 다시 매각할 때 또는 항해 중이거나 어로작업 중인 선박을 현지에서 매각하는 경우 등에 사용된다.

또한, 사업자가 위탁가공을 위하여 국외의 임가공업자에게 무환으로 반출한 원부자재 중 일부를 그 임가공업자에게 공급하는 경우 해당 원부자재의 공급은 부가령 제31조 제1항 제3호에 따라 영세율이 적용된다(부가-1248, 2009. 9. 3.).

(2) 외국인도수출 절차

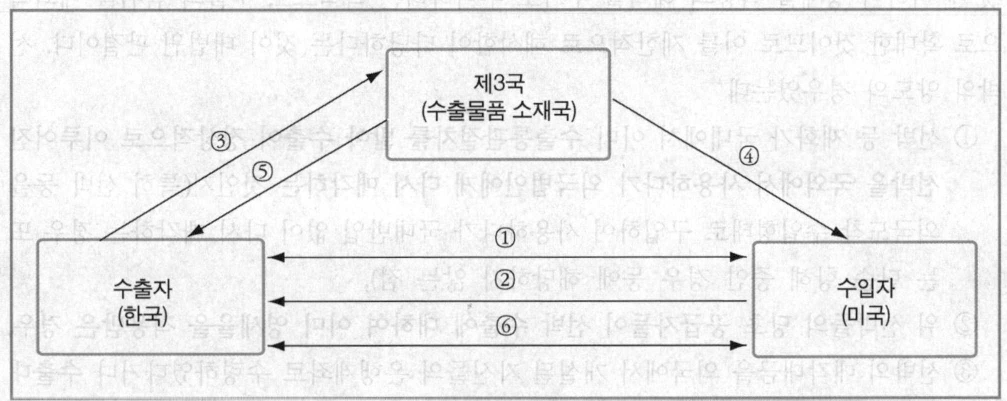

① 수출계약 체결
② 수출신용장 개설
③ 물품 선적지시
④ 물품의 현지인도 또는 제3국으로의 선적
⑤ 선적서류 송부
⑥ 운송서류 인도 및 수출대금 영수

(3) 주요 판단 요소

외국인도수출로서 영세율 적용대상인지 여부는 재화가 국외에서 인도된 경우로서 그 것이 부가가치세 영세율 적용대상으로서의 외국인도수출인지, 공급장소가 국외여서 부가가치세 과세대상거래로 볼 수 없는지의 문제이다. 그 주요판단 기준은,

① 국내의 사업장에서 계약과 대가수령 등 거래가 이루어지고

② 재화의 이동이 국외에서 이루어지며

③ 수출대금을 국외에서 국내로 송금받는 경우여야 한다.

즉, 수출대금을 국내에서 국내의 다른 사업자에게 받는 경우에는 외국인도수출로 보지 아니한다. 또한 국외의 사업장에서 계약과 대가수령 등이 이루어지는 경우에는 영세율이 적용되는 외국인도수출로 보지 않는다.

아울러 선박 등 국내외 입출항이 자유로운 재화의 경우 그 인도가 이루어진 공급장소가 국외임을 전제로 국외거래로 국내에서 부가가치세 과세권이 없고 **외국인도수출에 해당하지 않으려면 다음을 살펴야 한다**.

'외국인도수출'은 관세법상 수출의 개념에 해당하는 '내국물품을 외국으로 반출하는 것'에 더하여 영세율 적용의 혜택을 추가로 부여하려는 목적으로 수출의 범위를 예외적으로 확대한 것이므로 이를 제한적으로 해석함이 타당하다는 것이 대법원 판결이다. 선박의 양도의 경우였는데

① 선박 등 재화가 국내에서 이미 **수출통관절차를 밟아 수출이 정상적으로 이루어진 선박을 국외에서 사용하다가 외국법인에게 다시 매각하는 것**인지(특히 선박 등을 외국도착 수입형태로 구입하여 사용하다가 국내반입 없이 다시 매각하는 경우 또는 단순 항해 중인 경우 등에 해당하지 않는 점),

② 위 선박들의 **당초 공급자들이 선박 수출에 대하여 이미 영세율을 적용받은 경우,**

③ 선박의 매각대금을 외국에서 개설된 자신들의 은행계좌로 수령하였다거나 **수출대금을 국내에서 영수한 것이라고 볼 수는 없는 경우**

위 3가지 중 어느 하나에 해당하지 않는다면 외국인도수출에 해당하지 아니하고 그 공급장소가 국외이므로 국내에 과세권이 없다고 할 수 있다(서울행정법원 2019구합57558, 2020. 2. 6. ; 대법원 2021두43613, 2021. 10. 14.).

▌외국인도수출

수출대금은 국내에서 영수(領收)하지만 국내에서 통관되지 아니한 수출물품 등을 외국으로 인도하거나 제공하는 수출을 말한다. 동 거래방식은 산업설비수출, 해외건설, 해외투자 등 해외사업현장에서 필요한 기자재등을 외국인수수입형태로 수입하여 사용한 후 국내로 반입하지 않고 다시 매각할 때 또는 항해 중이거나 어로작업중인 선박을 현지에서 매각하는 경우 등에 사용되는 거래조건이다.

(4) 영세율 적용

국내의 사업장에서 계약과 대가수령 등 거래가 이루어지는 것으로서 「외국인도수출」에 해당하는 경우 영세율을 적용한다(부가법 §21 ②, 부가령 §31 ① 3).

(5) 공급시기

외국에서 수출재화가 인도되는 때(수입국으로 수출재화가 외국에서 선·기적되는 때 등)가 공급시기이며 동 수출재화의 인도시기가 속하는 예정신고기간 또는 확정신고기간에 영세율과세표준을 신고하여야 한다(부가령 §28 ⑥ 3).

(6) 세금계산서 발급의무 면제

공급받는 자가 국외의 외국법인 또는 비거주자이므로 세금계산서 발급의무가 면제된다(부가령 §71 ① 4).

(7) 대가의 영수방법

외국인도수출방식에 의한 수출의 대가를 국외의 수입자로부터 원화로 받든 외화로 받든지 여부에 관계없이 영세율이 적용된다. 또한 수출대가로 외국법인(수입자)의 출자지분(주식)을 취득하는 경우에도 외국인도수출로 보아 영세율이 적용된다.

다만, 대외무역법상 외국인도수출 판정에 있어 외국에 대금을 지급하는 무역업체와 영수하는 무역업체가 다른 경우 외국환거래에 투명성을 담보할 수 없어 외국인수수입에 해당할 뿐 외국인도수출에 해당하지 아니한다(산자부 무역정책과-308, 2004. 2. 27.).

(8) 공급가액

수출물품의 결제금액이 부가가치세의 공급가액이 된다. 수출물품에 대한 공급시기가 도래하기 전에 수출대금을 원화로 환가한 경우에는 그 환가한 금액이 공급가액이며, 수출물품 공급 시까지 수출대금을 원화로 환가하지 아니하거나 선적일(공급시기) 이후에 지급받은 경우에는 공급시기의 「외국환거래법」에 따른 기준환율 또는 재정환율로 환산한 금액이 공급가액이다(부가령 §59).

(9) 영세율 적용 첨부서류

수출계약서 사본 또는 외국환은행이 발행하는 외화입금증명서 사본이며, 부가령 제31조 제1항 제3호(외국인도수출)를 적용받는 사업자가 같은 항 제4호(위탁가공무역방식의 수출)를 적용받는 사업자로부터 매입하는 경우는 매입계약서를 추가로 첨부한다. 또한, 해당 서류를 제출할 수 없는 경우에는 외화획득명세서에 영세율이 확인되는 증명자료를 첨부하여 제출할 수 있다(부가령 §101 ① 2).

사업자가 해당 영세율 첨부서류를 복사하여 저장한 테이프 또는 디스켓을 영세율첨부서류제출명세서(전자계산조직에 의하여 처리된 테이프 또는 디스켓을 포함)와 함께 제출하는 경우에는 해당 서류를 제출한 것으로 본다(부가령 §101 ③).

(10) 통관된 재화를 국외에서 양도하는 경우 외국인도수출 및 수출실적 인정 여부

국세청은 국내사업자(갑)가 국외임가공업자(A)에 원재료를 무환반출하여 임가공용역을 공급받는 과정에서 발생한 부산물을 국외 소재 외국법인(B)에게 공급하고 판매대금을 국내에서 지급받는 경우(외화로 송금받는 경우 포함) 해당 부산물의 공급은 수출에 해당하여 영세율을 적용한다고 회신하였고(사전-2023-법규부가-0313, 2023. 6. 21.), 해외건설현장에 건설장비를 반출하여 국외 건설현장에서 이를 사용하다가 건설활동이 종료된 이후에 해당 건설장비를 국내에 반입하지 아니하고 국외의 다른 외국법인에게 매각하고 그 대가를 외화로 송금받는 경우 해당 건설장비의 매각을 수출(외국인도수출)로 보아 영세율 적용이 가능하다고 회신하였다.

그런데 대외무역관리규정에서 "외국인도수출"이란 수출대금은 국내에서 영수하지만 국내에서 통관되지 아니한 수출 물품 등을 외국으로 인도하거나 제공하는 수출을 말한다고 규정하고 있다. 첫 번째 회신에서 국내사업자(갑)가 국외임가공을 위한 원재료를 무환반출할 때에는 국내에서 수출통관을 하였으므로, 임가공물품 제조과정에서 발생된 부산물은 이미 국내에서 통관을 거친 것이므로 부산물을 국외에서 양도하는 경우는 대외무역관리규정상의 외국인도수출의 개념과는 일치하지 아니하는 것으로 볼 수 있고, 두 번째 회신에서도 건설장비가 해외로 반출될 때 통관이 이루어졌을 것인데 건설현장

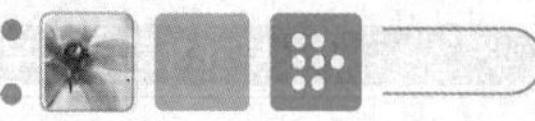

을 철수하면서 건설장비를 매각하는 것이 대외무역법상 외국인도수출의 범주에 포함되는지와 두 사례에서 부산물 및 건설장비 매각액을 대외무역법상 수출실적으로 인정받을 수 있는지 의문을 가질 수 있다.

위와 같은 국세청 회신과 대외무역법 규정과의 관계에 대하여 저자가 직접 산업통상자원부에 문의한 바 이에 대한 답변은 다음과 같은데, 결국 통상적인 소유권 이전을 수반한 수출통관이 아닌 재화가 나중에 국외에서 인도되고 외화로 그 대가를 국내사업장에서 획득하였다면 외국인도수출로서 영세율 적용이 가능하고 수출실적도 인정된다는 취지로 이해된다.

「대외무역관리규정」 제2조 제13호는 외국인도수출을 수출대금은 국내에서 영수하지만 국내에서 통관되지 아니한 수출물품 등을 외국으로 인도하거나 제공하는 수출로 정의하고 있으므로 위탁가공무역의 과정에서 발생한 부산물을 외국으로 인도하는 경우 외국인도수출에 해당할 수 있으며, 대외무역관리규정 제25조 제1항 제2호 나목은 "별표 3의 제2호 아목에 해당하는 물품 등의 수출 중 해외건설공사에 직접 공하여지는 원료·기재, 공사용 장비 또는 기계류의 수출(수출신고필증에 재반입하지 않는다는 조건이 명시된 분만 해당된다)"을 수출실적의 인정범위로 하고 있다.

그러므로 수출신고필증에 해당 건설장비를 재반입하지 않는다는 조건이 명시된 경우에는 국내에서 수출신고가 수리되는 시점에 수출실적이 인정될 것이다. 만약, 해당 건설장비를 재반입하지 않는다는 조건없이 수출하여, 건설현장을 철수하면서 외국으로 인도한 후 수출대금을 국내에서 영수한다면 외국인도수출에 해당될 수 있다(2AA-2308-0345871, 2023. 8. 29.).

(11) 외국인도수출의 회계처리

국외 건설현장에서 사용하던 지게차(취득가액 1억 원, 감가상각충당금 6천만 원)를 현지에서 제3국(외국법인)으로 USD 50,000에 매각하였으며, 선적일의 환율은 1USD=₩1,200이다.

(차변)		(대변)	
외 화 미 수 금	60,000,000	차 량 운 반 구	100,000,000
감가상각충당금	60,000,000	고정자산처분익	20,000,000

제3국으로부터 USD 50,000을 송금받아 은행수수료 등 100,000원을 제외하고 현금인

출하였다(원화출금 시 환율은 1,180원이다).

(차변)		(대변)	
현 금	58,900,000	외 화 미 수 금	60,000,000
지 급 수 수 료	100,000		
외 환 차 손	1,000,000		

* 부가가치세 영세율과세표준은 6천만 원이다.

(12) 외국인도수출 형태

1) 국내외 5자간 거래에 있어 외국인도수출 해당 여부

가. 거래내용

- A사: 국내소비자(E)에게 주문받은 후 "B사"("당사")에게 상품 주문
- B사: 홍콩 A사로부터 상품 주문받은 후 대금을 입금받음.
- C사: 당사로부터 주문받은 후 미국 D사에 상품 주문

나. 질의내용

국외사업자 A로부터 상품주문을 받은 국내사업자 B가 국내사업자 C에게 해당 상품주문을 하고, 국내사업자 C는 국외사업자 D에게 해당 상품주문을 한 경우로서 국외사업자 D가 국외사업자 A의 요청에 따라 해당 상품을 국내소비자 E에게 이동시키는 경우 A와 B 간의 거래와 B와 C 간의 거래에 대한 영세율 적용 여부

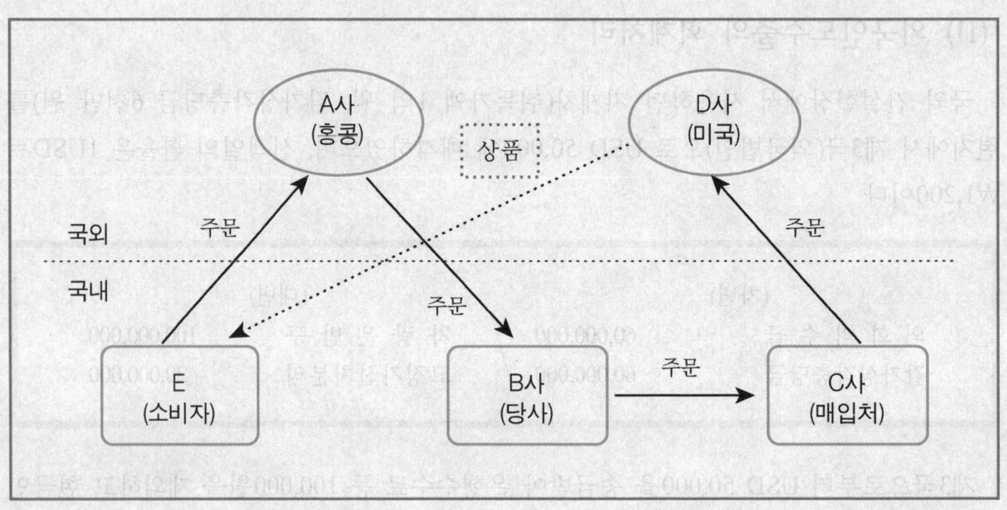

다. 부가가치세 신고방법

① 당사와 A사의 경우 A사가 구매자(수입자)이고 당사가 공급자로서 그 공급대가는 A사로부터 외화로 수취하나 그 물품의 이동이 미국에서 국내로 수입되므로 외국인도수출의 요건을 갖추지 못하여 국외거래이다.

② C사는 D사로부터 외국인수수입하여 B사에 공급하여야 할 위치에 있는 사업자로서 물품의 이동이 국외에서 국외로 이동한 경우도 아니고 그 대가를 B사로부터 수령하므로 외국인도수출이 아닌 단순한 국외거래이다(C사는 B사에 계산서 발급).

2) 국내외 다자간(多者間) 거래에 있어 외국인도수출 해당 여부

가. 거래내용

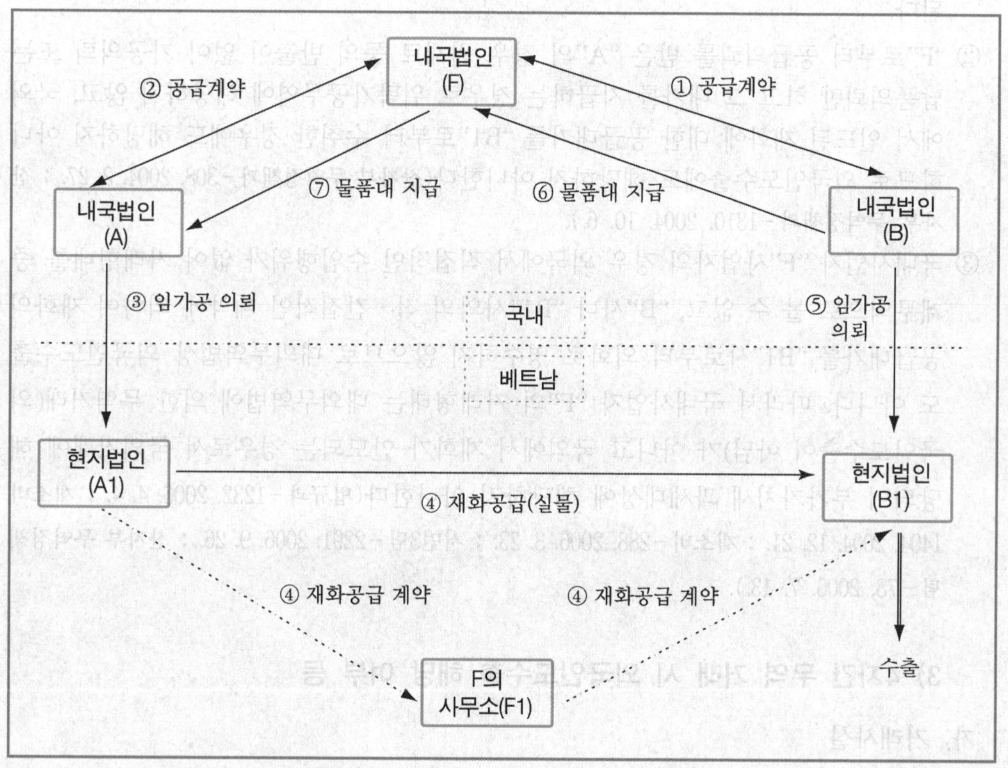

① 국내 "A"사(원부자재 공급업체), "B"사(가방제조업체), "F"사("A"사의 판매대리점)가 있고, 이들은 각각 해외에 현지법인 "A1", "B1", "F1"(연락사무소)이 있음.

② "F"사는 "B"사의 주문에 따라 "A"사로부터 재화를 공급받아 "B"사에 공급하기로 하는 판매계약을 체결하고, 관련 재화는 해외 소재 "A1"사에서 공급받아 "B1"사로 이동시키되 물품대금은 국내에서 B사에게 영수하여 "A"사에게 지급하는 경우

"A"사의 "F"사에 대한 매출과 "F"사의 "B"사에 대한 매출이 부가가치세의 과세대상(영세율)에 해당하는지 또는 국외거래에 해당하는지의 여부

나. 부가가치세 신고방법

질의의 거래는 외국에서 물품을 수입하여 국내에 반입하지 아니하고 외국으로 수출하는 거래이므로 전체 거래에 관련된 국내업체가 5곳이므로 각각의 거래 형태를 따로 규정하여 검토할 필요가 있다.

① 가방수출업체 "B"의 경우 원자재를 국외에서 외국인수수입하는 방식으로 자기의 현지법인(임가공업체)에 공급하는 것이므로, "B"는 현지법인에서 해당 완성재화를 제3국 또는 베트남의 다른 업체에 공급하는 경우 위탁가공무역방식의 수출에 해당된다.

② "F"로부터 공급의뢰를 받은 "A"의 경우 원재료 등의 반출이 없이 가공의뢰 또는 납품의뢰만 하고 그 대가를 지급하는 경우로 위탁가공무역에 해당하지 않고, 국외에서 인도된 재화에 대한 공급대가를 "B1"로부터 수취한 경우에도 해당하지 아니하므로 외국인도수출에도 해당하지 아니한다(산자부 무역정책과-308, 2004. 2. 27. ; 산자부 무역정책과-1310, 2004. 10. 6.).

③ 국내사업자 "F"사업자의 경우 외국에서 직접적인 수입행위가 없어 거래형태를 중계무역으로 볼 수 없고, "B"사나 "B1"사와의 직·간접적인 계약에 의하여 재화의 공급대가를 "B1"사로부터 외화로 영수하지 않으므로 대외무역법상 외국인도수출도 아니다. 따라서 국내사업자 "F"의 거래형태는 대외무역법에 의한 무역거래(외국인도수출이 아님)가 아니고 국외에서 재화가 인도되는 경우로서 국외거래에 해당되어 부가가치세 과세대상에 해당하지 아니한다(법규과-1232, 2006. 4. 4. ; 재소비1404, 2004. 12. 21. ; 재소비-288, 2006. 3. 23. ; 서면3팀-2291, 2006. 9. 26. ; 산자부 무역정책팀-78, 2006. 7. 13.).

3) 4자간 무역 거래 시 외국인도수출 해당 여부 등

가. 거래사실

① 매수인 "갑"과 매도인 "을"은 국내에서 기계장치매매계약을 체결하였는 바, "갑"은 기계장치대금을 원화로 지급하기로 하고, 기계장치를 중국의 "A"사업자에게 인도하는 조건으로 계약함.

② 매도인 "을"은 일본에 소재하는 사업자 "B"로부터 기계장치를 구입하여 "B"로 하여금 중국의 "A"사업자에게 인도해 주도록 함(FOB조건, 운송책임은 중국의 "A"사업자에게 있음).

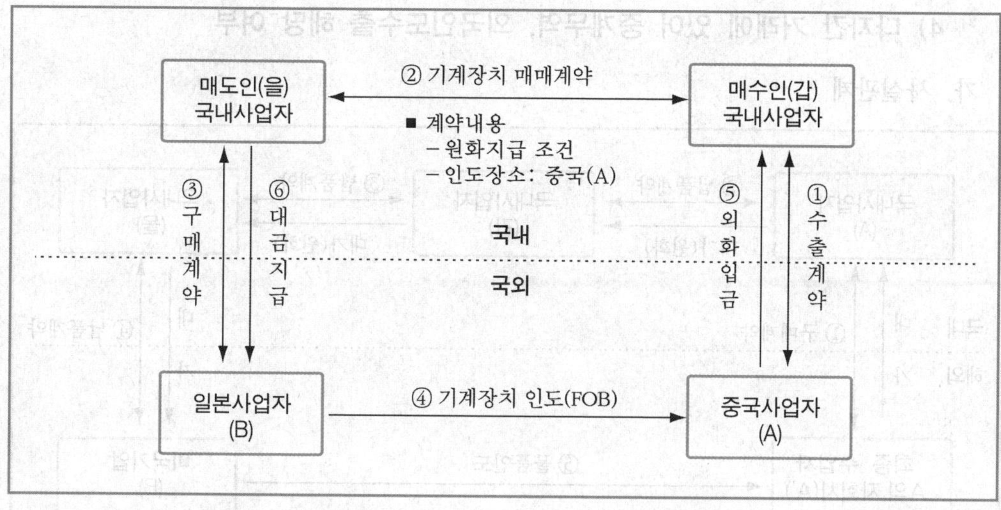

나. 부가가치세 신고방법

① 국내 "갑"이 중국 소재 외국법인(A)와 수출계약을 체결하고 국내 "을"과 기계장치를 공급받는 계약을 체결하였으며, "을"은 기계장치를 일본국 소재 "B"로부터 구매하여 최종 도착지 업체인 "을"의 수출처 "A"에게 직접 인도하는 경우 국내 "을"과 "A"는 직접적인 수출계약이 없고 납품대금도 직접 영수하지 않으므로 중계무역에 해당되지 않으며, 수입계약과 대금지급만 있고 수출행위는 없으므로 "을"의 입장에선 외국인도수출이 아닌 "외국인수수입"에 해당된다(외국인수수입이 되기 위해서는 수입대금을 국내에서 국외로 송금하여야 함).

② 국내 "갑"의 경우는 수출계약만 있고 수입계약과 대금지급이 없으므로 중계무역에 해당되지 않으며, 수출계약과 수출대금 영수만이 있고 수입행위는 없는 "외국인도수출"에 해당되어 영의 세율이 적용된다.

③ 「대외무역법」 제20조의2 규정에 의한 구매확인서는 외화획득용으로 사용될 물품(수출물품이나 원자재)을 국내에서 구매하려고 할 때에 발급하는 제도이므로 국내법인 간("갑"과 "을") 구매계약을 체결하여 국내에서 물품을 구매한 사실이 없고 단지 물품이 국외에서 이동하는 거래형태는 구매확인서 발급대상이 아니며, 또한 국내사업자 간의 거래형태는 대외무역법령상의 수출로 볼 수 없다.

4) 다자간 거래에 있어 중계무역, 외국인도수출 해당 여부

가. 사실관계

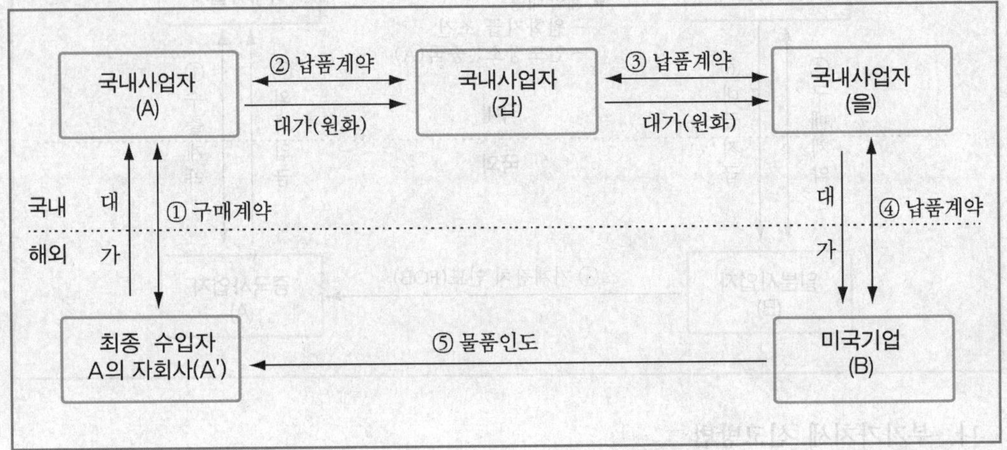

나. 부가가치세 신고방법

① 전체 거래에 관련된 국내업체가 3곳이므로 각각의 거래형태를 따로 규정하여 검토할 필요가 있으며 지식경제부에서 각각의 거래형태를 다음과 같이 해석하였다(산자부 무역정책과-308, 2004. 2. 27.).

- 국내사업자 "A"는 외국에서 직접적인 수입행위가 없어 거래형태를 중계무역으로 볼 수 없고 '외국인도수출'로 보는 것이 타당함.
- 국내사업자 "갑"의 경우에는 물품의 이동없이 국내사업자 "을"로부터 국내사업자 "A"로 외국에 있는 물품의 소유권을 이전하는 거래이므로 대외무역법에 의한 무역거래에 해당하지 아니함(부가가치세법상 과세거래 아님).
- 국내사업자 "을"의 경우에 외국 "B"로부터 물품을 수입하는 목적이 A가 A'에게 수출하는 것으로서 외국환 관리 목적상 "을"이 외국 "B"로부터 수입하는 행위를 외국인수수입으로 파악하여 왔으며, 외국의 수입자가 아닌 국내사업자로부터 대가를 수령하는 경우 외국인도수출로 보지 아니함.

② 따라서 국세청에서는 '사업자가 국내에서 다른 국내사업자로부터 또 다른 국내사업자에게로 외국에 있는 재화의 소유권을 이전하는 거래를 매개하는 경우 부가령 제31조 제1항 제1호 중계무역방식의 수출에 해당하지 아니하여 영세율이 적용되지 아니하는 것'으로 회신하였다.

8 위탁가공무역방식에 의한 수출

(1) 「위탁가공무역방식의 수출」의 정의

"위탁가공무역방식의 수출"이란 가공임을 지급하는 조건으로 외국에서 가공(제조, 조립, 재생, 개조를 포함)할 원료의 전부 또는 일부를 거래상대방에게 수출하거나 외국에서 조달하여 이를 가공한 후 가공 물품 등을 외국으로 인도하는 수출을 말한다(부가령 §31 ① 4, 대외무역관리규정 §2 6).

이러한 형태의 수출은 외국의 저렴한 노동력을 활용하거나 외국의 고도기술을 이용하고자 하는 경우에 주로 이용되는 거래(무역)로서 국내 인건비가 상승함에 따라 중국, 베트남 등에서 현지생산을 하기 위하여 활용되고 있다.

부가가치세법에서 영세율이 적용되는 위탁가공무역방식 수출은 국내의 사업장에서 계약과 대가수령 등 거래가 이루어지는 것으로서 위탁가공무역 방식의 수출[가공임을 지급하는 조건으로 외국에서 가공(제조, 조립, 재성, 개조를 포함한다)할 원료의 전부 또는 일부를 거래상대방에게 수출하거나 외국에서 조달하여 이를 가공한 후 가공물품 등을 외국으로 인도하는 방식의 수출을 말한다]을 규정하고 있다(부가령 §31 ① 4).

(2) 위탁가공무역 절차

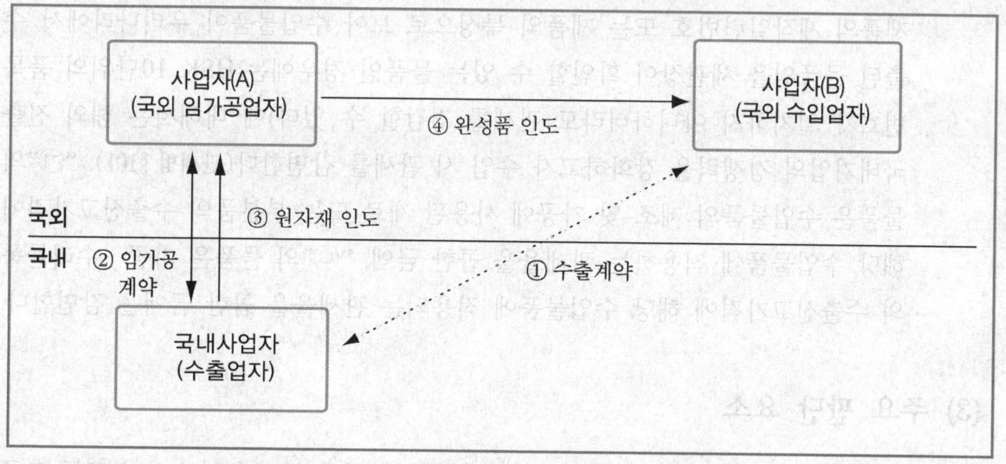

① 위탁가공계약 체결

- 원자재 및 가공물품의 수량, 인도방법, 가공임 지급방법, 계약기간, 분쟁처리법 등 명시

• 가공무역계약은 Consignment Processing Contract 또는 CMT(cutting, making, trimming) Contract라고 하며 통상 가공임을 CMT charge라 함.

② 원자재 반출 및 원자재의 외국인수수입

• 원자재 조달 시 일부 가공한 경우나 완제품 상태로 조달한 경우에도 내국신용장에 의한 구매허용(1993. 4. 1. 이후) ⇒ 무역금융 수혜대상

• 원자재 통관 시 구비서류

−수출신고서, 상업송장 등

• 위탁가공무역방식에 의한 수출입을 하려는 자는 현지 또는 제3국으로부터 직접 수입하여 사용할 수 있음.

③ 해외임가공업체에서 제조 및 가공

④ 가공물품 선적

⑤ 가공임지급 및 선적서류 인수

⑥ 가공물품을 수입하거나 현지판매 또는 제3국 수출

⑦ 재수입 임가공물품의 관세 감면

• ㉠ 재료 또는 부분품을 수출하여 관세율표 제85류 및 제90류 중 제9006호 물품으로 제조하거나 가공한 물품, ㉡ 가공 또는 수리할 목적으로 수출한 물품으로서 가공 또는 수리하기 위하여 수출된 물품과 가공 또는 수리 후 재수입된 물품의 HSK 10단위의 품목코드가 일치하는 물품(다만, 수율·성능 등이 저하되어 폐기된 물품을 수출하여 응용과정 등을 거쳐 재생한 후 다시 수입하는 경우와 제품의 제작일련번호 또는 제품의 특성으로 보아 수입물품이 우리나라에서 수출된 물품임을 세관장이 확인할 수 있는 물품인 경우에는 HSK 10단위의 품목번호가 일치하지 아니하더라도 관세를 경감할 수 있다)에 대해서는 해외 진출 국내기업의 경쟁력을 강화하고자 수입 시 관세를 감면한다(관세법 §101). "㉠"의 물품은 수입물품의 제조 및 가공에 사용된 재료 또는 부분품의 수출신고가격에 해당 수입물품에 적용하는 관세율을 곱한 금액, "㉡"의 물품은 가공·수리물품의 수출신고가격에 해당 수입물품에 적용되는 관세율을 곱한 금액을 감면한다.

(3) 주요 판단 요소

대외무역법상 위탁가공무역방식의 수출에 해당하기 위해서는 다음 요건이 모두 충족되어야 한다.

① 가공임을 지급하는 조건으로 외국에서 가공이 이루어질 것

② 국내에서 반출하거나 외국에서 외국인수수입 방식으로 조달하여 외국의 수탁가공

업자에게 원재료의 전부 또는 일부를 제공할 것

③ 가공물품을 외국으로 인도할 것[외국으로 인도란 가공국(외국)에서 제3국으로 인도하는 것과 가공국 내에서 제3자에게 인도하는 것을 포함]

(4) 영세율 적용

국내의 사업장에서 계약과 대가수령 등 거래가 이루어지는 것으로서 「대외무역법」에 따른 '위탁가공무역방식의 수출'에 해당하는 경우 영세율을 적용한다(부가법 §21 ② 2, §31 ① 4).

국내사업장에서 대가 수령이 이루어지는 경우에는 그 수출대금을 외국에서 외화로 수령한 후 이를 국내로 반입하여 외국환은행에서 원화로 환전하는 등 실질적으로 국내 사업장에서 대가를 수령하는 것으로 볼 수 있는 경우를 포함한다(기획재정부 조세법령운용과－468, 2021. 5. 27.).

(5) 공급시기

외국(가공국)에서 해당 재화(위탁가공물품)가 인도되는 때가 속하는 예정신고기간 또는 확정신고기간에 영세율과세표준을 신고하여야 한다(부가령 §28 ⑥ 3). 따라서 위탁가공을 위하여 원자재 등 내국물품이 외국으로 반출하는 경우에는 궁극적으로 재화를 사용·소비할 수 있도록 경제적 또는 실질적인 소유권을 이전하는 행위가 전제되지 아니한 것이므로 재화의 공급(영세율)으로 볼 수 없다.

실무적으로는 위탁가공을 위하여 원재료 등을 반출하는 사업자가 낮은 부가가치율을 만회하기 위하여 해당 원재료 반출 시 수출로 인식하여 영세율과세표준을 과다하게 신고하는 경우가 있다.

(6) 세금계산서 발급의무 면제

공급받는 자가 국외의 외국법인 또는 비거주자이므로 세금계산서 발급의무가 면제된다(부가령 §71 ① 4).

(7) 대가의 영수방법

위탁가공무역방식에 의한 수출의 대가를 원화로 받든 외화로 받든 또는 국내에서 받든 국외에서 송금을 받았는지 여부에 관계없이 영세율이 적용된다.

(8) 공급가액

1) 완성품 수출 시 공급가액

완성된 제품의 인도가액이 부가가치세의 공급가액이 된다. 즉, 해당 완성품에 대한 공급시기가 도래하기 전에 수출대금을 원화로 환가한 경우에는 그 환가한 금액이 공급가액이며, 수출물품 공급 시까지 수출대금을 원화로 환가하지 아니하거나 공급시기 이후에 지급받은 경우에는 공급시기의 「외국환거래법」에 따른 기준환율 또는 재정환율로 환산한 금액이 공급가액이다(부가령 §59).

2) 가공물품 재수입 시의 공급가액

가공임에 원자재 가액을 더한 가공물품대금 전액에 대하여 관세가 부과(생산지원비용 포함)되고 부가법 제29조 제2항에 따라 공급가액을 계산한다. 그러나 원자재와 가공물품의 HS 10단위가 동일하면 「관세법」에 따라 해외 임가공품 등의 감세 대상에 해당하므로 가공임에 대하여만 과세한다.

(9) 위탁가공무역방식수출의 회계처리

① “갑”은 미국 “을”에게 의류를 수출하기로 계약하고 중국위탁가공공장(“병”)에게 국내에서 구입한 의류원부자재 1억 원(취득원가)을 반출하였다(반출을 위한 제비용 1,000,000원 발생).

(차변)		(대변)	
원 재 료	100,000,000	현 금	110,000,000
부가가치세대급금	10,000,000		

② 중국 반출 시

(차변)		(대변)	
적 송 원 재 료	100,000,000	원 재 료	100,000,000
위탁가공제비용(원가)	1,000,000	현 금	1,000,000

③ 외주가공이 완료됨에 따라 중국 "병"에게 위탁가공임 3천만 원을 송금하였다.

(차변)		(대변)	
외주가공비	30,000,000	현 금	30,000,000

④ "갑"은 "병"에게 외주가공품을 미국 "을"에게 직접 선적하도록 지시하였고, 선적일의 환율은 1USD=₩1,200이며, 외주가공품의 가격은 120,000USD이다.

(차변)		(대변)	
수출외상매출금	144,000,000	수 출 매 출	144,000,000
매 출 원 가	131,000,000	적 송 원 재 료	100,000,000
		외 주 가 공 비	30,000,000
		위탁가공제비용	1,000,000

⑤ 수출외상매출금을 1USD=₩1,250에 Nego하면서 환가료 등 20만 원이 소요되고, 그 밖의 수출관련 부수비용 1.8백만 원을 지출하였다.

(차변)		(대변)	
현 금	148,000,000	수출외상매출금	144,000,000
지 급 수 수 료	200,000	외 환 차 익	6,000,000
그 밖의 수출부수비용	1,800,000		

⑥ 만약 동 외주가공품을 수입한 경우(관세 5백만 원, 통관 및 운임 3백만 원, 부가가치세 12백만 원 발생)

(차변)		(대변)	
관 세 등	5,000,000	현 금	18,000,000
운 임	3,000,000		
부가가치세대급금	10,000,000		

(차변)		(대변)	
제 품	139,000,000	적 송 원 재 료	100,000,000
		외 주 가 공 비	30,000,000
		반 출 제 비 용	1,000,000
		수입통관 제비용	8,000,000

※ 수입세금계산서상의 공급가액과 수입제품에 대한 원가는 무관하므로 원재료, 외주가공비 등의 대체분개만 하면 된다.

(10) 영세율 적용 첨부서류

수출계약서 사본 또는 외국환은행이 발행하는 외화입금증명서 사본이며, 해당 서류를 제출할 수 없는 경우에는 외화획득명세서에 영세율임이 확인되는 증명자료를 첨부하여 제출할 수 있다(부가령 §101 ① 2 ; 부가 46015-4457, 1999. 11. 5.).

또한, 사업자가 해당 영세율 첨부서류를 복사하여 저장한 테이프 또는 디스켓을 영세율 첨부서류제출명세서(전자계산조직에 의하여 처리된 테이프 또는 디스켓을 포함)와 함께 제출하는 경우에는 해당 서류를 제출한 것으로 본다.

(11) 위탁가공무역 형태

1) 위탁가공무역과 위탁판매수출이 혼합된 수출

가. 거래내용

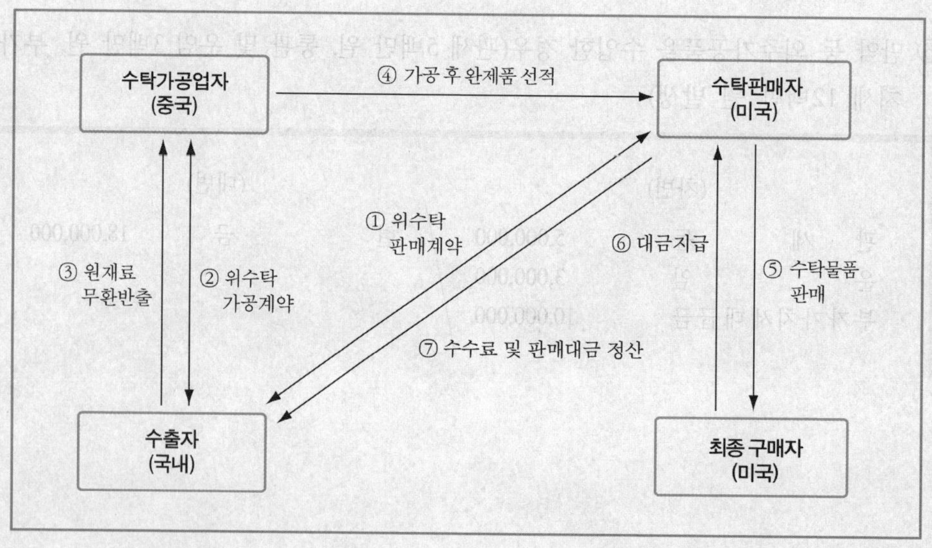

나. 부가가치세 신고방법

수탁가공업자가 없는 상황하에서 수출자가 수출물품을 직접 선적한 경우에는 「대외무역법」상 위탁판매방식수출에 해당되어 판매가액이 확정되는 때가 공급시기이나, 위 사례의 경우 산업통상자원부에서는 대외무역법상 위탁판매방식의 수출이 아니라 위탁가공무역방식에 의한 수출로 파악하고 있다. 따라서 공급시기는 선적일(④), 과세표준은 완제품의 인도가액으로 볼 수도 있을 것이나, 물품 선적일에는 공급가액이 확정되지 않아 예정가액으로 영세율과세표준을 신고하고 수탁판매에 따라 판매가액이 확정되는 때 영세율과세표준을 증감시키는 신고를 하여야 할 것이다. 그러나 납세편의 차원에서 위탁판매방식의 수출에 대한 공급시기 규정을 준용하여 공급가액이 확정되는 시점을 공급시기로 하여 부가가치세 과세표준(영세율) 신고를 함이 타당하다고 판단된다. 법인세법상 익금의 귀속시기도 수탁자의 판매시점(⑤)으로 보고 있다.

2) 위탁가공무역방식에 따른 수출 및 재반입 과세방법 요약

가. 거래내용

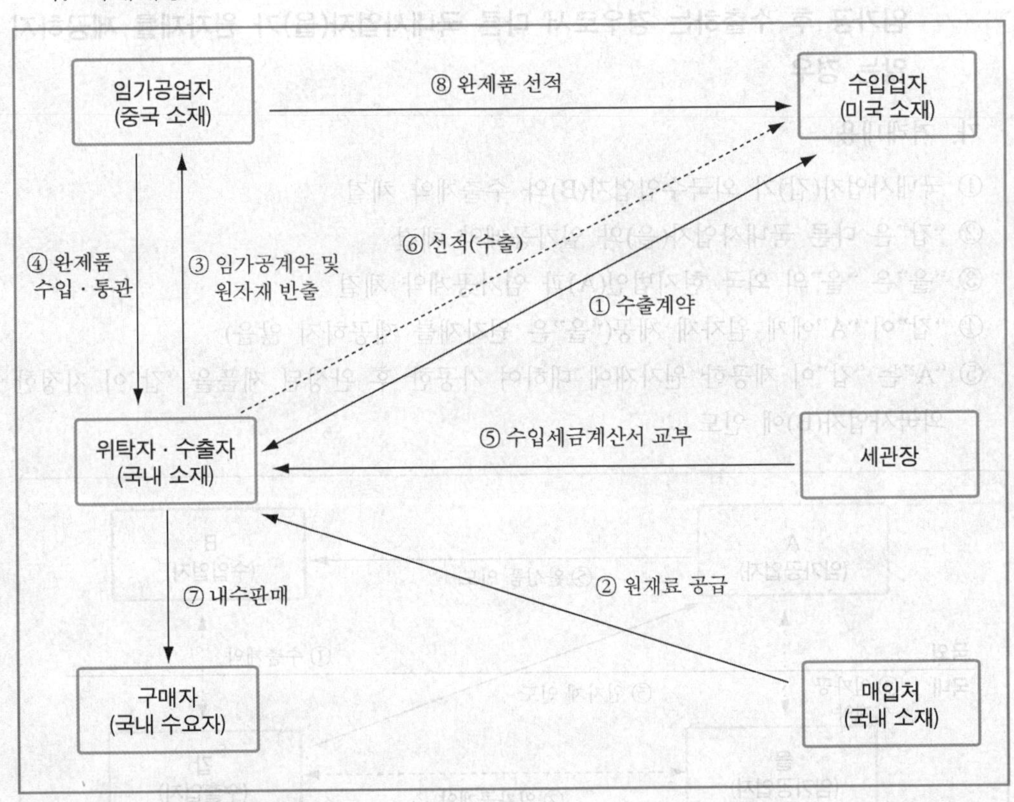

나. 부가가치세 적용방법

유형	거래내용	과세 여부 및 세율	과세표준
②	임가공을 위한 원재료 구매	국내거래(매입) 일반세율 적용*	매입금액(공급가액) (전액 공제 가능)
③	임가공을 위한 원재료 반출	과세대상 아님.	해당 없음. (원가 이중계상 주의)
④ ⑤	위탁가공물품의 재반입	재화의 수입 (과세대상)	완제품가액 전액 (매입세액공제 가능)
⑥	재화의 국외 반출	영세율 적용대상	완제품가액 전액
⑦	재반입 완제품의 내수판매	일반세율 적용	판매금액 전액
⑧	위탁가공무역방식에 따른 수출	영세율 적용대상	완제품가액 전액

* 내국신용장 또는 구매확인서가 개설된 경우 영세율 적용대상임.

3) 국내사업자(갑)가 다른 국내사업자(을)와의 임가공계약에 의하여 외국에서 임가공 후 수출하는 경우로서 다른 국내사업자(을)가 원자재를 제공하지 않는 경우

가. 거래내용

① 국내사업자(갑)가 외국수입업자(B)와 수출계약 체결
② "갑"은 다른 국내사업자(을)와 임가공계약 체결
③ "을"은 "을"의 외국 현지법인(A)과 임가공계약 체결
④ "갑"이 "A"에게 원자재 제공("을"은 원자재를 제공하지 않음)
⑤ "A"는 "갑"이 제공한 원자재에 대하여 가공한 후 완성된 제품을 "갑"이 지정한 외국사업자(B)에 인도

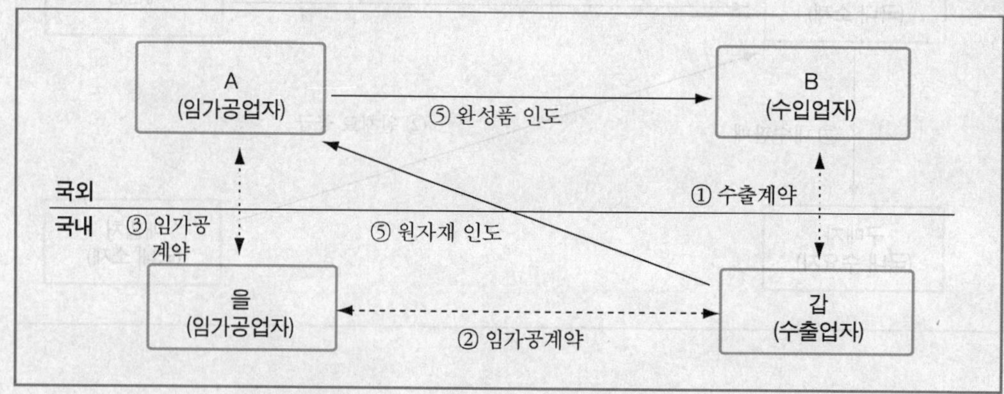

나. 부가가치세 신고방법

① "갑"은 원자재를 제공하여 외국에서 가공한 후 외국에서 인도하므로 위탁가공무역 방식의 수출에 해당하여 영세율이 적용되고 세금계산서 발급의무가 없다.

② "을"은 외국에서 가공하지만 원자재를 제공하지 않고 수출대금을 수입업자로부터 영수하지 않으므로 위탁가공무역 방식의 수출 및 외국인도수출에 해당하지 않는다. 또한 기획재정부에서는 임가공용역의 실질적 용역제공자를 외국법인 "A"로 보아 부가가치세 과세대상이 아닌 것으로 보았다(재소비-1, 2006. 1. 2.).

4) 위탁가공 후 수입하는 재화의 과세방법(1)

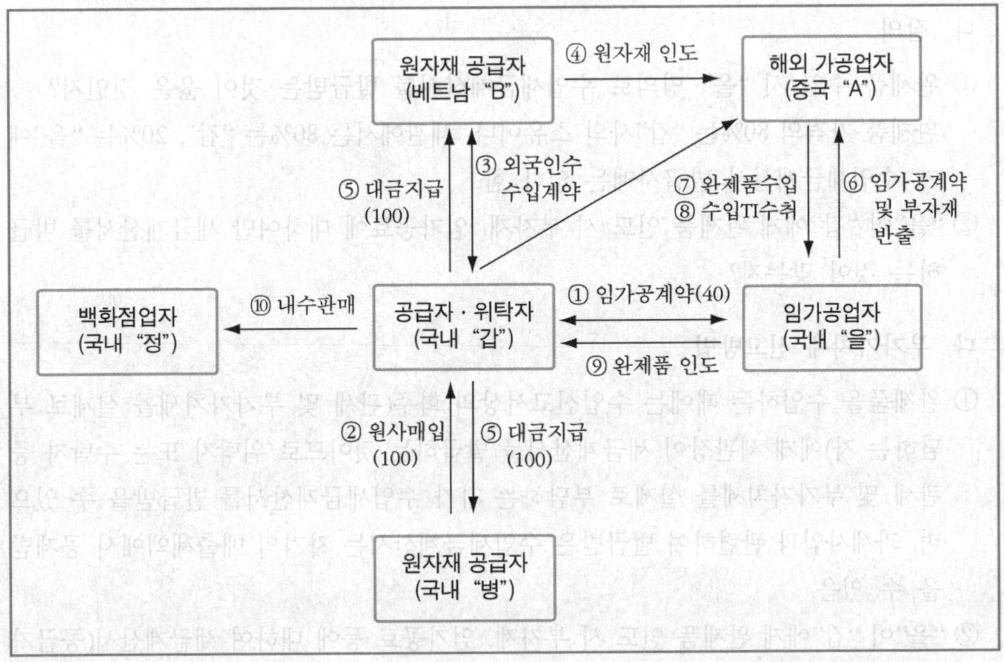

가. 거래사실

① 국내 "갑"은 여성의류 공급업자로서 국내 "병"과 베트남 소재 "B"로부터 원사 및 원단 등을 구매하여 "을"과 임가공계약을 체결한 해외 임가공업체 "A"에게 무환반출 또는 외국인수수입방법으로 원재료 조달을 하고 있으며, "을"로부터 가공된 완제품을 인도받아 국내 백화점업자 "정"에게 납품하고 있음.

- 국내 "갑"은 국내 "병"으로부터 원사매입 시 세금계산서를 수취하여 매출세액에서 공제받고 있음.

② 국내 임가공업자 "을"은 "갑"과 임가공계약을 체결하고 다시 중국 소재 "A"에게 재임가공계약을 체결함("을"은 국내에서 일체의 가공활동을 하지 않음).
 - "을"은 단추 등 의류부자재를 임가공업자 "A"에게 무환으로 반출하고 "A"는 인도받은 원사 및 원단과 의류부자재를 가공하여 선적함.

③ "을"은 자기명의로 수입통관을 하면서 완제품수입가액(원자재 200, 부자재 10, 임가공료 40)에 대하여 관세 등 및 부가가치세를 납부하고 수입세금계산서를 발급받았음.

④ "을"은 "갑"에게 수입 의류를 인도하면서 부자재, 임가공료의 합계액(원자재가액 제외)을 과세표준으로 하여 세금계산서를 발급하였음.

나. 질의

① 완제품 수입 시 "을" 명의로 수입세금계산서를 발급받는 것이 옳은 것인지? 완제품 가격의 80%는 "갑"사의 소유이나, 세관에서는 80%는 "갑", 20%는 "을"에게 수입세금계산서 발급사례는 없다 함.

② "을"이 "갑"에게 완제품 인도 시 부자재, 임가공료에 대하여만 세금계산서를 발급하는 것이 맞는지?

다. 부가가치세 신고방법

① 완제품을 수입하는 때에는 수입신고서상의 화주(관세 및 부가가치세를 실제로 부담하는 자)에게 세관장이 세금계산서를 발급하는 것이므로 위탁자 또는 수탁자 중 관세 및 부가가치세를 실제로 부담하는 자가 수입세금계산서를 발급받을 수 있으며, 과세사업과 관련하여 발급받은 수입세금계산서는 자기의 매출세액에서 공제받을 수 있음.

② "을"이 "갑"에게 완제품 인도 시 부자재, 임가공료 등에 대하여 세금계산서(공급가액: 250)를 발급하는 것임.

5) 위탁가공 후 수입하는 재화의 과세방법(2)

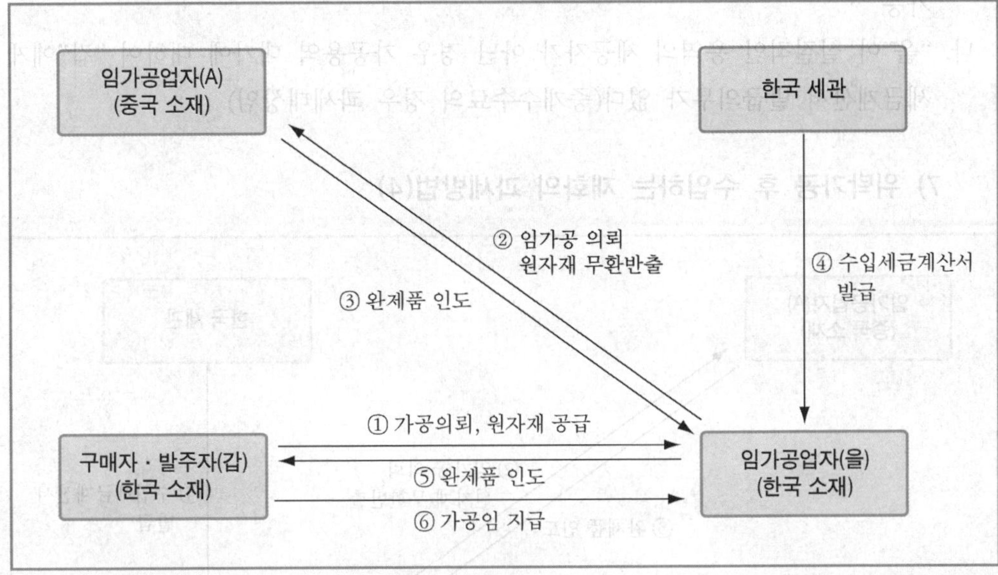

가. "을"이 관세 및 부가가치세를 지급한 후 수취한 수입세금계산서는 매입세액공제 가능

나. "갑"에게 완제품 인도 시 가공용역대가에 대한 세금계산서 발급

6) 위탁가공 후 수입하는 재화의 과세방법(3)

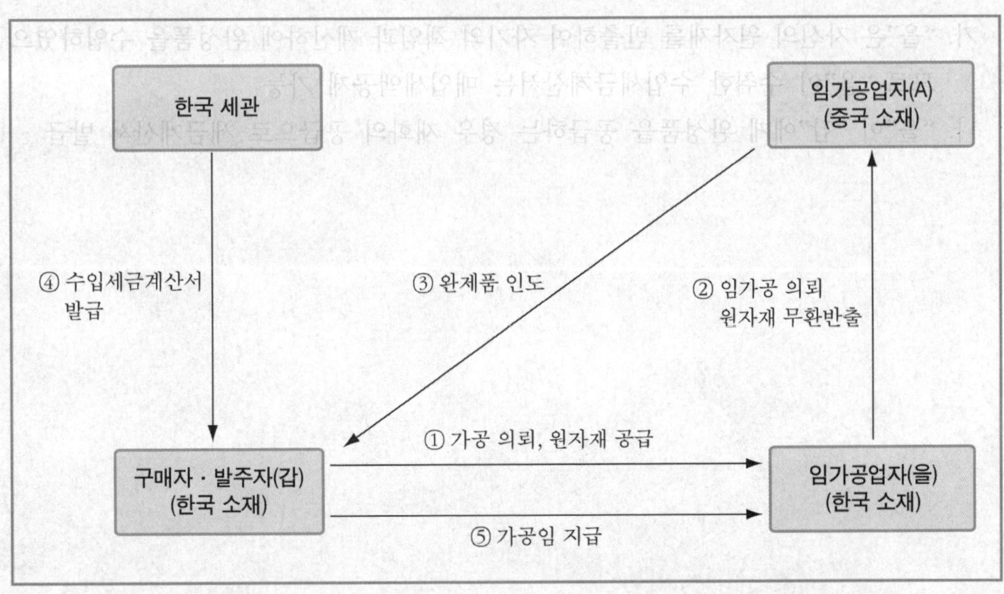

가. “갑”이 관세 및 부가가치세를 지급한 후 수취한 수입세금계산서는 매입세액공제 가능

나. “을”이 실질적인 용역의 제공자가 아닌 경우 가공용역 대가에 대하여 “갑”에게 세금계산서 발급의무가 없다(중개수수료의 경우 과세대상임).

7) 위탁가공 후 수입하는 재화의 과세방법(4)

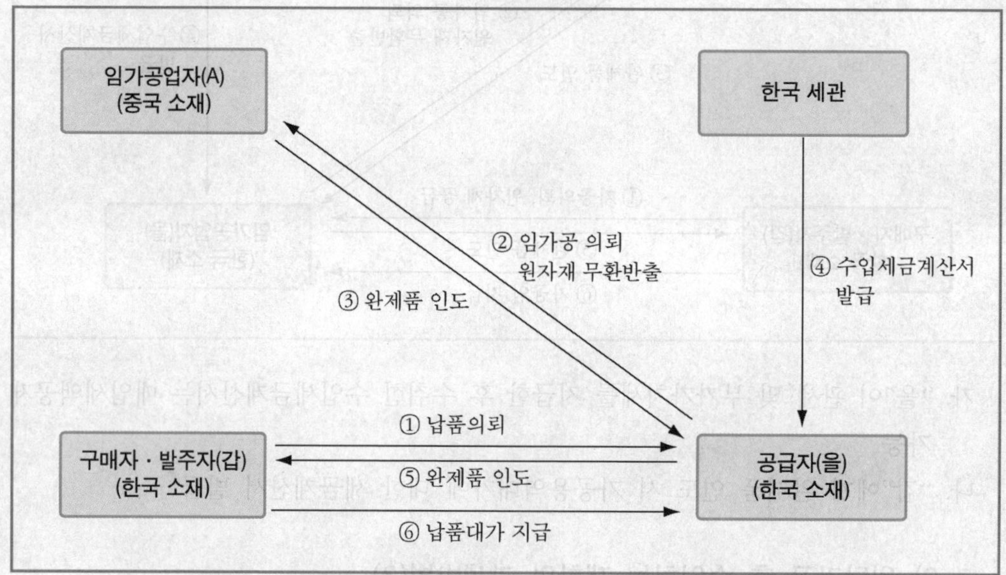

가. “을”은 자신의 원자재를 반출하여 자기의 책임과 계산하에 완성품을 수입하였으므로 “을”이 수취한 수입세금계산서는 매입세액공제 가능

나. “을”이 “갑”에게 완성품을 공급하는 경우 재화의 공급으로 세금계산서 발급

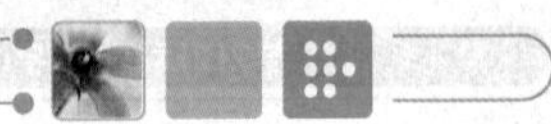

8) 위탁가공 후 수입하는 재화의 과세방법(5)

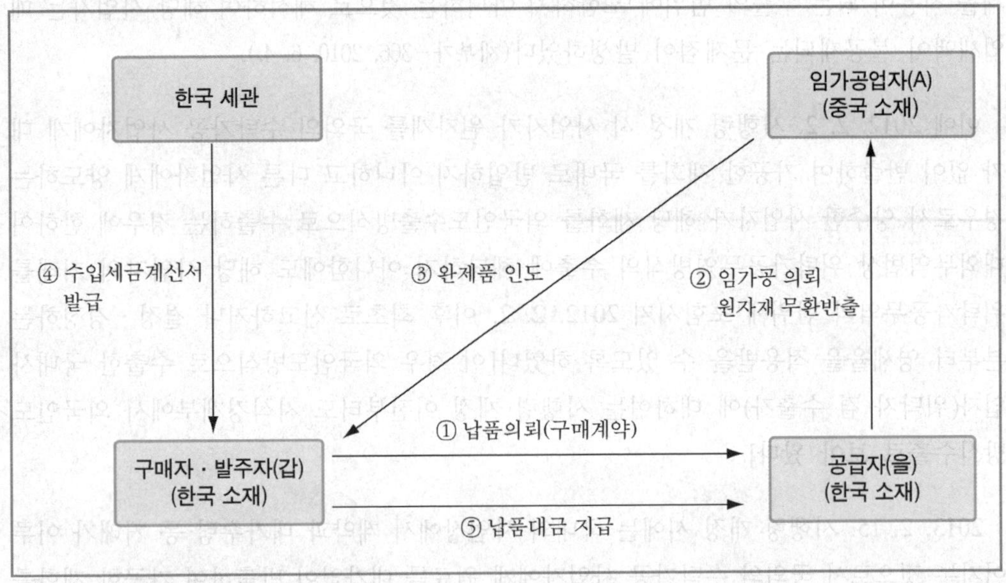

가. "을"은 원재료를 대가없이 국외의 수탁가공업자에게 반출하여 가공한 재화를 양도하는 경우이므로 원자재 무환반출에 대하여 영세율 적용(갑에게 영세율세금계산서 발급), 완제품가액에 대하여 계산서도 발급(서면-2016-법령해석부가-3288, 2016. 5. 10.). 갑에게 선하증권이 발급되었다면 계산서 발급의무 없음(조세법령운용과-418, 2022. 4. 26.).

나. "갑"이 완제품에 대해 수취한 수입세금계산서에 대하여 매입세액공제 가능

9 | 위탁가공을 위한 원료 반출 시 영세율 적용 특례

사업자가 원료를 대가 없이 국외의 수탁가공 사업자에게 반출하여 가공한 재화를 양도하는 경우에 그 원료의 반출에 대하여 영세율을 적용한다(부가령 §31 ① 5).

사업자가 국내의 다른 사업자와의 계약에 따라 원자재를 구입하여 국외의 수탁가공업자에게 무환반출하여 가공한 재화를 국내에 반입하지 않고 다른 국내사업자가 지정하는 가공국 또는 제3국 소재 외국법인 등에 인도하고 국내에서 대가를 받는 경우 국세청은 대외무역법에서 정하는 위탁가공무역방식의 수출에는 해당하지 아니하나, 해당 사업자의 매입세액이 불공제(국외거래에 대응되는 매입세액에 해당)되는 문제점이 있어 수출범주에 포함시켜 영세율 적용이 되는 것으로 해석하였다.

이후 기획재정부는 지식경제부의 유권해석과 대외무역법 규정을 엄격히 적용하여 영세율 적용이 되는 수출의 범위에 포함하지 아니하는 것으로 해석하여 해당 사업자는 매입세액이 불공제되는 문제점이 발생하였다(재부가-366, 2010. 6. 4.).

이에 2012. 2. 2. 시행령 개정 시 사업자가 원자재를 국외의 수탁가공 사업자에게 대가 없이 반출하여 가공한 재화를 국내로 반입하지 아니하고 다른 사업자에게 양도하는 경우로서 양수한 사업자가 해당 재화를 외국인도수출방식으로 수출하는 경우에 한하여 대외무역법상 위탁가공무역방식의 수출에 해당하지 아니함에도 해당 사업자의 거래를 위탁가공무역의 범위에 포함시켜 2012. 2. 2. 이후 최초로 신고하거나 결정·경정하는 분부터 영세율을 적용받을 수 있도록 하였다[이 경우 외국인도방식으로 수출한 국내사업자(위탁자 겸 수출자)에 대하여는 시행령 개정 이전부터도 지식경제부에서 외국인도방식수출로 보아 왔다].

2013. 2. 15. 시행령 개정 시에는 국내의 사업장에서 계약과 대가수령 등 거래가 이루어지는 것으로서 국외의 수탁가공 사업자에게 원료를 대가없이 반출하여 가공한 재화를 양도하는 경우에 그 원료의 반출은 수출의 범위에 포함하여 영세율 적용대상 범위를 확대하였다. 「대외무역법」상 위탁가공무역방식의 수출에는 국내사업자 간 계약에 따라 국외 가공물품을 해외 또는 국내로 인도하는 거래가 포함되지 않는 것이나 종전 위탁가공무역방식의 수출조건인 "국내로 반입하지 않고", "외국인도수출방식으로 수출" 요건을 삭제하여 2013. 2. 15. 이후 공급·결정·경정하는 분부터 영세율 적용대상 범위에 포함하여 납세자의 세부담을 완화하였다.

1) 국내사업자에게 해외에서 임가공한 재화를 인도하는 경우

가. 거래내용

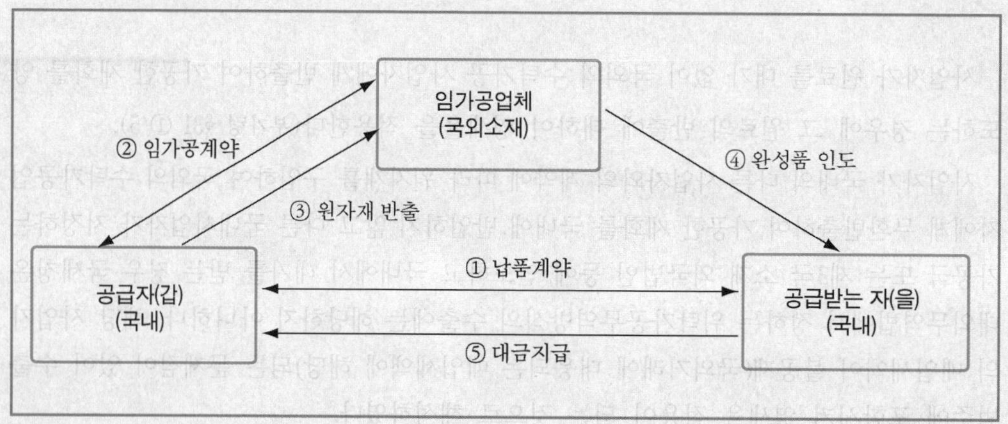

나. 부가가치세 신고방법

위 거래와 같이 국내업체 간 물품공급계약에 따라 공급자가 해외 임가공업체에 반출한 원자재를 가공하게 하여 이를 국내사업자(을)에게 인도하고 을의 명의로 수입통관하면서 수입세금계산서를 받는 경우 "갑"은 위탁가공무역방식에 의한 수출에 해당하지 아니한다. 다만, "갑"의 경우 시행령 개정으로 2013. 2. 15. 이후 공급·결정·경정하는 분부터는 원자재 반출분에 대하여 영세율이 적용된다.

다. 구체적 세무처리방안

① 원자재 반출에 대하여 갑은 을에게 외국에서 재화가 인도되는 때(완성품 인도 시)에 원자재 시가에 대하여 영세율세금계산서를 발급하여야 한다(부가령 §31 ① 5 ; 부가령 §28 ⑥ 3 ; 부가령 §71 ① 4 ; 서면-2015-법령해석부가-1372, 2015. 12. 15.).

② 위 그림 "④"의 완성품 인도에 대해서는 국외거래로서 을에게 완성품가액 전액을 공급가액으로 기재한 계산서를 발급하여야 한다. 을이 갑에게 선하증권을 양도한 경우는 그러하지 아니한다.

③ 위 그림 "④"에서 계산서 대신 영세율세금계산서를 발급한 경우에도 계산서미교부가산세를 적용할 수는 없다(동지 : 재법인-1279, 2019. 9. 18. ; 재법인-893, 2018. 7. 23.).

④ 위 그림 "④"에서 계산서를 미수취하였거나 계산서 대신 영세율세금계산서를 수취한 을에 대하여 증빙불비가산세를 부과할 수는 없다(기재부 법인세제과-894, 2013. 9. 12.).

2) 국내사업자가 다른 국내사업자와 체결한 임가공계약에 의하여 외국에서 임가공 후 수출하는 경우로서 국내사업자가 현지법인을 통하여 원재료를 인도하는 경우

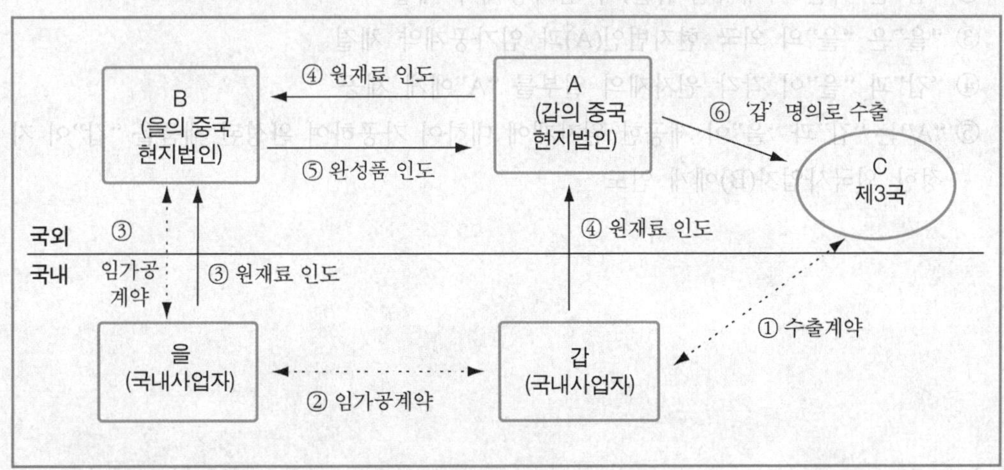

가. 거래내용

① 국내사업자(갑)가 제3국사업자(C)와 수출계약 체결

② "갑"은 국내사업자(을)와 임가공계약 체결

③ "을"은 을의 중국현지법인(B)과 임가공계약을 체결하고 원재료 일부(도금재료)를 제공

④ "갑"은 "갑"의 중국현지법인(A)을 경유하여 "B"에게 원재료(액세서리)를 제공

⑤ "B"는 "A"와 "을"에게 인도받은 원자재를 가공하여 완성품을 "A"에게 인도

⑥ "A"는 "갑"의 명의로 완성품을 제3국에 수출

나. 부가가치세 신고방법

① "갑"은 원자재를 제공하여 외국에서 가공한 후 외국에서 인도하므로 위탁가공무역방식의 수출에 해당한다(영세율 적용, 세금계산서 발급의무 없음).

② "을"도 원자재를 제공하여 외국에서 가공한 후 외국에서 인도하나, "A" 또는 "C"와 수출계약을 체결하지 않았으므로 「대외무역법」상 위탁가공무역방식에 의한 수출에 해당하지 않으나, 부가가치세법은 원재료의 반출에 대하여 영세율을 적용한다.

3) 국내사업자(갑)가 다른 국내사업자(을)와 체결한 임가공계약에 의하여 외국에서 임가공 후 수출하는 경우로서 다른 국내사업자(을)가 원자재의 일부를 제공하는 경우

가. 거래내용

① 국내사업자(갑)가 외국수입업자(B)와 수출계약 체결

② "갑"은 다른 국내사업자(을)와 임가공계약 체결

③ "을"은 "을"의 외국 현지법인(A)과 임가공계약 체결

④ "갑"과 "을"이 각각 원자재의 일부를 "A"에게 제공

⑤ "A"는 "갑"과 "을"이 제공한 원자재에 대하여 가공하여 완성된 제품을 "갑"이 지정한 외국사업자(B)에게 인도

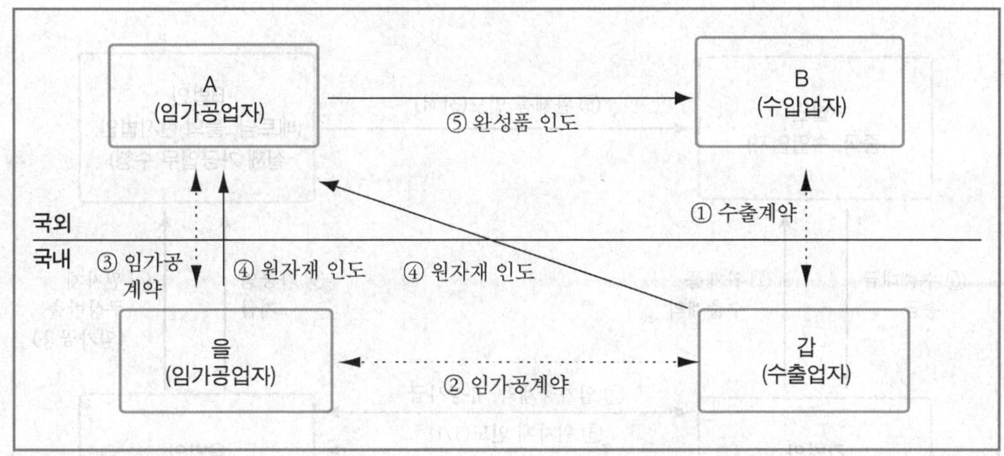

나. 부가가치세 신고방법

① "갑"은 원자재를 제공하여 외국에서 가공한 후 외국에서 인도하므로 위탁가공무역 방식의 수출에 해당한다(영세율 적용, 세금계산서 발급의무 없음).

② "을"도 원자재를 제공하여 외국에서 가공한 후 외국에서 인도하나, "B"와 수출계약을 체결하지 않았으므로 「대외무역법」상 위탁가공무역방식에 의한 수출에 해당하지 않으나 부가가치세법은 "④"의 원자재 반출에 대하여 영세율을 적용한다.

4) 유상사급을 통하여 국외에서 위탁가공한 완성품을 수출하는 경우

가. 사실관계

① 갑법인은 중국 소재 A법인과의 수출계약에 따라 완성된 제품을 해외에서 인도하기로 함.

② 갑법인은 을법인과의 약정에 따라 원자재를 유상사급의 방식으로 제공하거나 갑법인이 원자재가 부족한 경우 을법인이 직접 국내에서 구매하여 해당 원자재를 베트남 현지법인 B에게 무상반출함.

③ 베트남 소재 B법인은 원자재를 임가공한 후 갑법인 또는 을법인이 지시하는 A법인을 수하인으로 하여 완제품을 외항선박에 선적하게 됨.

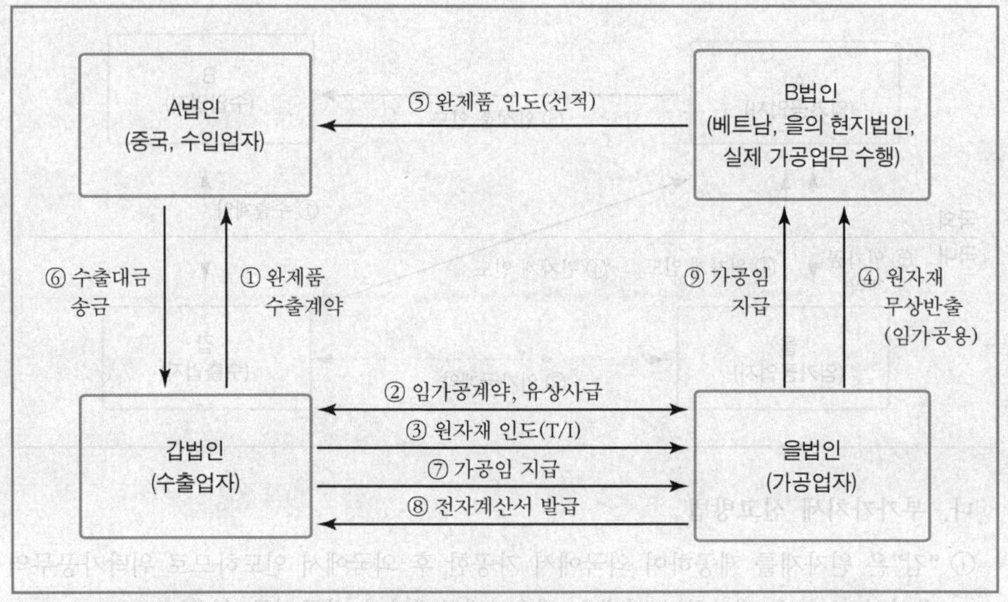

나. 부가가치세 신고방법

① 갑법인은 A법인과의 수출계약에 따라 완제품을 베트남에서 외국인수수입하여 중국으로 수출하므로 외국인도수출 또는 위탁가공무역방식의 수출로서 영세율이 적용됨.

② 갑법인이 을법인에게 원자재를 유상사급방식으로 제공하고 있으므로 원자재 공급에 대하여 일반세금계산서를 발급함.

③ 을법인을 포함한 대다수 국내 가공업자들은 완제품 인도와 관련하여 국외거래로 보아 계산서를 발급 중임.

④ 을법인이 국내에서 조달된 원자료를 해외 수탁가공 사업자에게 무상반출하여 가공된 재화를 양도하는 경우 부가령 제31조 제1항 제5호에 따라 해당 원료의 반출에 대하여 영세율이 적용되는 바, "⑧"번은 계산서가 아닌 영세율세금계산서를 발급함이 타당함.

⑤ 을법인은 계산서를 발급함에 따라 "③"번과 같이 국내에서 조달된 원자재 구입관련 매입세액을 불공제하고 있음.

⑥ 을법인은 영세율이 적용되는 원자재 무상반출과 관련된 해당 원자재의 유상사급 및 국내 제3자로부터 조달 관련 매입세액은 전액 공제되어야 하고, 일반관리비 등 을법인의 공통매입세액안분계산 시 무상반출하는 원자재의 공급가액은 면세공급금액과 총공급가액에서 각각 제외하여야 한다(현재까지 유권해석은 없음).

10 | 외국물품을 외국으로 반출하는 경우

「관세법」상 수입의 신고가 수리되기 전의 물품으로서 보세구역에 보관하는 물품을 외국으로 반출하는 것에 대하여는 2019. 2. 12. 이후 반출하는 분부터 영세율을 적용한다(부가령 §31 ① 6).

11 | 내국신용장 등에 의한 재화의 공급

(1) 개 요

영세율 적용대상 수출에는 내국신용장 또는 구매확인서에 의하여 공급하는 재화를 포함한다. 다만, 수출거래를 가장하여 내국신용장을 허위로 발급받아 부당하게 영세율을 적용받고 국내에 금지금을 불법유통시키는 문제점이 발생함에 따라 금세공용 금지금과 금융상품용 금지금은 내국신용장 또는 구매확인서에 의하여 공급하더라도 영세율을 적용하지 아니한다(부가법 §21 ② 3).

(2) 용어의 정의

1) 내국신용장

가. 의의

「부가가치세법」은 사업자가 국내에서 수출용 원자재, 수출용 완제품 또는 수출재화 임가공용역을 공급받으려는 경우에 해당 사업자의 신청에 따라 외국환은행의 장이 재화나 용역의 공급시기가 속하는 과세기간이 끝난 후 25일(그 날이 공휴일 또는 토요일인 경우에는 바로 다음 영업일, 2014. 10. 30. 이전 개설분은 20일. 이하 같다) 이내에 개설하는 신용장으로 정의하고 있다(부가칙 §21).

내국신용장(Local Credit)이라 함은 외국의 수입상으로부터 수출신용장을 받은 국내의 수출상(즉, 원수출신용장의 수익자)이 그에 따른 수출품 또는 원자재 등을 국내에서 조달할 경우 동 수출품 또는 원자재 등의 공급자에 대한 대금지급을 보증하기 위하여 수출신용장에 의한 청구권을 담보로 해서 원수출신용장의 통지은행 또는 자기의 거래은행에 의뢰하여 수출품 또는 원자재 등의 공급자를 수익자로 하는 제2의 신용장을 개설하는데 이를 내국신용장이라고 한다.

현행 우리나라의 내국신용장 제도에 의하면 내국신용장은 수출신용장(Master L/C)뿐만 아니라 선수출계약서나 외화표시공급계약서, 나아가서는 과거의 수출 또는 공급실적을 근거로 해서도 개설받을 수 있으며 외국환은행은 국내에서 수출용원자재(단순한 임가공 포함)나 완제품을 구매하고자 하는 자에 대하여 다음과 같은 것을 근거로 하여 1차 내국신용장, 2차 내국신용장 또는 3차 내국신용장(1차 내국신용장이 완제품 내국신용장인 경우에 한함)을 개설할 수 있다.

㉮ 수출신용장
㉯ 선수출계약서
㉰ 외화표시 물품공급계약서
㉱ 외화표시 공급계약서
㉲ 내국신용장
㉳ 수출(공급)실적
㉴ 타사제품수출실적(종합무역상사의 비축용 완제품 구매의 경우에 한함)

다만, 2차 내국신용장 또는 3차 내국신용장의 개설은 제조·가공 없이 단순한 수출실적인정만을 위하여 내국신용장을 개설하는 사례를 방지하기 위하여 수출용원자재를 구매하는 경우에 한하도록 제한하고 있다.

나. 개설 목적

내국신용장의 개설목적은 수출자(내국신용장 개설의뢰인)가 수출품의 구매나 수출품의 생산에 소요되는 원재료 등의 조달과정에서 필요한 자금과 신용(은행의 지급보증, 무역금융의 융자)을 은행으로부터 제공받고, 물품공급자(내국신용장의 수혜자)는 세제상 부가가치세 영세율의 적용, 수출실적인정, 관세환급을 위한 양도세액의 증명, 납품대금의 회수 등을 보장받기 위함이다.

다. 내국신용장 거래절차

① 개설의뢰인(수출자)과 수혜자(원자재 등 납품업자) 간에 물품공급계약 체결
② 개설의뢰인이 개설은행에 내국신용장 개설 의뢰
③ 개설은행이 수혜자에게 내국신용장 개설통보
④ 수혜자의 거래은행에 무역금융 융자
⑤ 수혜자가 개설의뢰인에게 물품공급(세금계산서 교부)
⑥ 개설의뢰인이 수혜자에게 물품수령증명서 발급
⑦ 내국신용장 Nego 및 금융상환

⑧ 거래은행이 개설은행에 내국신용장 어음 추심의뢰

⑨ 개설은행이 거래은행에 환어음 결제

⑩ 개설은행이 개설의뢰인에게 원자재(완제품)자금 융자

라. 내국신용장 개설대상

① 수출용 수입원자재와 국내에서 생산된 수출용원자재 또는 수출용완제품을 구매(임가공위탁 포함)하고자 하는 업체

- 내국신용장 개설 이전에 이미 물품공급이 완료된 분에 대하여는 해당 물품대금 결제를 위한 내국신용장을 개설할 수 없음.

② 국내업자 간에 매매계약에 따라 국외에서 어획물을 수집하여 직접 수출하는 경우라도 동 거래의 특수성에 비추어 내국신용장을 개설할 수 있음.

③ 수출입업자가 원자재 및 완제품을 임가공계약에 의하여 위탁생산하고자 하는 경우 해당 수탁가공업자에 대한 가공임을 지급하기 위하여 내국신용장(원자재 및 완제품임가공 내국신용장)을 개설할 수 있음.

④ 내국신용장 수혜자는 해당 내국신용장을 근거로 수출용원자재를 구매하기 위하여 또다른 내국신용장의 개설을 의뢰할 수 있다.

마. 그 밖의 신용장 개설대상, 개설한도, 내국신용장의 조건 등

내국신용장제도에 대한 개설대상, 한도, 조건, 통지, 결제 등에 관한 세부적인 사항은 「한국은행총액한도대출관련무역금융취급세칙」 및 「한국은행총액한도대출관련무역금융취급절차」에 규정되어 있다.

바. 내국신용장의 사후발급

내국신용장을 개설하기 전에 이미 물품의 공급이 이루어진 경우에는 내국신용장의 개설이 불가하다. 따라서 재화 또는 용역의 공급이 완료되기 전(용역이 진행 중인 경우 포함)에 가능하다.

2) 구매확인서

가. 의의

「부가가치세법」은 「대외무역법 시행령」 제31조 및 제91조 제11항에 따라 외국환은행의 장이나 전자무역기반사업자가 제1호의 내국신용장에 준하여 재화나 용역의 공급시기가 속하는 과세기간이 끝난 후 25일(그 날이 공휴일 또는 토요일인 경우에는 바로 다음 영업일, 2014. 10. 30. 이전 개설분은 20일) 이내에 발급하는 확인서로 정의하고 있다

(부가칙 §21).

대외무역법에서 정하는 "구매확인서"란 외화획득용 원료·기재를 구매하려는 경우 또는 구매한 경우 외국환은행의 장 또는「전자무역 촉진에 관한 법률」제6조에 따라 산업통상자원부장관이 지정한 전자무역기반사업자(이하 "전자무역기반사업자"라 한다)가 내국신용장에 준하여 발급하는 증서(구매한 경우에는 구매확인서 신청인이 세금계산서를 발급받아 부가칙 제9조의2에서 정한 기한 내에 신청하여 발급받은 증서에 한한다)를 말한다(대외무역법 시행령 §31, 대외무역관리규정 §2 18).

무역금융한도(원자재자금 한도)가 부족하거나 단순송금 방식에 의한 수출 등 내국신용장의 개설이 어려운 상황에서 외화획득용 원료 및 완제품 구매를 원활히 하기 위하여 내국신용장에 준하여 발급하여 주는 증서가 구매확인서이다.

은행의 대금지급보증이 없으며 수출금융의 융자대상이 되지 못한다는 점이 내국신용장과 다르며 공급자의 수출실적인정, 외화획득용 원료의 사후관리 원자재 또는 수출용 완제품의 구매 등에 사용되는 점은 내국신용장과 동일하다.

구매확인서의 발급근거 서류는 다음과 같다.

㉮ 외화획득용 원료(물품 등)구매(공급)확인(신청)서 3부

㉯ 수출신용장, 수출계약서, 외화매입(예치)증명서(외화획득이행관련 대금임이 관계서류에 의해 확인되는 경우에 한함), 내국신용장 또는 구매확인서, 그 밖의 외화획득에 제공되는 물품 등을 생산하기 위한 경우임을 입증할 수 있는 서류 1부

㉰ 외화획득용 원료(물품 등)공급계약서 또는 물품매도확약서 1부

㉱ 세금계산서 사본(사후발급의 경우)

나. 개설 목적

수출업자가 무역금융 융자한도가 부족하거나 단순송금방식에 의하여 수출하는 경우 내국신용장 개설이 어려운 상황하에 수출용원자재 및 완제품의 구매를 원활히 하고, 부가가치세법상 영세율의 적용이나 관세환급특례법상 양도세액 증명을 위한 입증자료로 사용하고자 하는데 있다.

다. 구매확인서 거래절차

① 수입업자와 수출계약

② 수출자(구매자)와 공급자(제조자) 간 물품공급계약 체결

③ 수출자가 외국환은행에 구매확인서 발급요청

④ 외국환은행이 공급자에게 구매확인서 발급

⑤ 공급자가 수출자에게 물품공급(세금계산서 교부)

⑥ 수출자가 공급자에게 대금지급

⑦ 수출자가 국외로 물품 수출

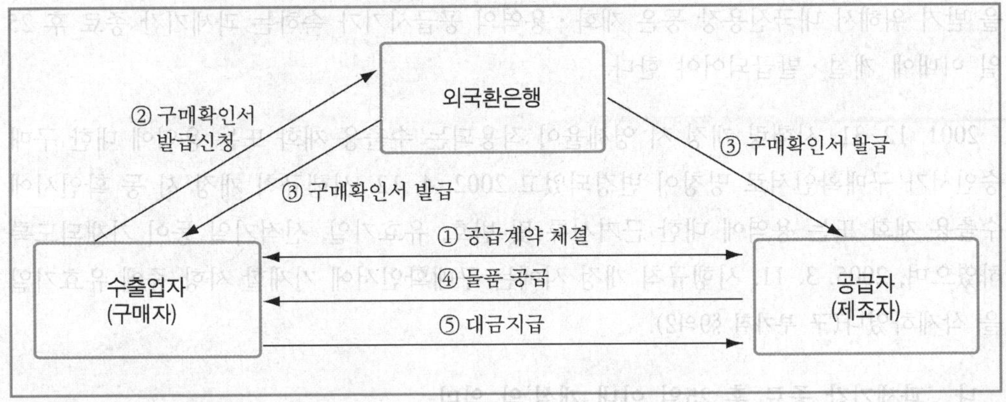

(3) 영세율의 적용

1) 법령 규정

내국신용장 등에 의한 재화의 공급은 수출인 국외반출을 위한 공급인 경우에만 영세율 적용대상이 되므로 외국으로 반출되지 아니하는 다음의 재화공급과 관련하여 개설된 내국신용장에 의한 재화·용역의 공급은 영의 세율을 적용하지 않는다.

- 주한미군군납계약서 또는 국제공공차관사업계약서 등을 근거로 개설된 내국신용장에 의한 공급
- 국내사업자 간에 국내에서 물품계약을 체결하고 재화는 국외사업자를 통하여 국외에서 국외로 재화가 인도되는 거래(거래장소가 국외로서 과세대상거래에 해당하지 아니하는 경우)에 대하여 구매확인서를 개설받은 때에는 구매확인서에 의한 공급으로 영세율이 적용되지 않는다.

다만, 수출에 관련된 재화·용역의 공급으로서 내국신용장에 의하여 정상적으로 공급된 재화·용역이 실제로 수출용도에 사용되었는지에 관계없이 영세율을 적용한다(부가 1265-1073, 1982. 4. 29. ; 부가통칙 21-31-12).

2) 내국신용장 등의 개설 · 발급시기

가. 내국신용장 등의 개설 · 발급기한

내국신용장, 구매확인서에 의한 재화 · 용역(임가공용역 등)의 공급이 영세율의 적용을 받기 위해서 내국신용장 등은 재화 · 용역의 공급시기가 속하는 과세기간 종료 후 25일 이내에 개설 · 발급되어야 한다.

2001. 12. 31. 시행령 개정 시 영세율이 적용되는 수출용 재화 또는 용역에 대한 구매승인서가 구매확인서로 명칭이 변경되었고 2002. 4. 12. 시행규칙 개정 시 동 확인서에 수출용 재화 또는 용역에 대한 근거서류 및 번호, 유효기일, 선적기일 등이 기재되도록 하였으며, 2005. 3. 11. 시행규칙 개정 시에는 구매확인서에 기재할 사항 중에 유효기일을 삭제하였다(구 부가칙 §9의2).

나. '과세기간 종료 후 25일 이내 개설'의 의미

내국신용장은 재화 또는 용역의 공급 이전에 개설받도록 규정되어 있어 사후발급이 되지 아니하여(대외무역법), 내국신용장의 개설 후에 재화 · 용역을 공급하는 경우에 영세율을 적용받게 된다.

구매확인서의 경우에는 개설받는 시점이 재화 · 용역의 공급시기가 속하는 과세기간 종료 후 25일 이내에 개설되는 경우 영세율 적용이 가능하다[2014. 10. 30. 이전에는 구매확인서 또는 내국신용장 발급의 경우 「국세기본법」 제5조 제1항에 규정하는 기한의 특례규정이 적용되지 아니하므로 과세기간 종료 후 구매확인서를 발급받는 경우로서 과세기간 종료 후 20일이 되는 날이 공휴일이어서 그 익일에 발급받는 경우에는 영세율 적용대상 구매확인서로 보지 않으므로 영세율이 적용되지 않았다](서삼 46015-11326, 2002. 8. 16. ; 조심 2010구0179, 2010. 6. 21.).

(4) 공급시기

내국신용장 및 구매확인서에 의한 재화의 공급시기는 국내거래이므로 해당 재화를 인도하는 때를 공급시기로 한다(부가법 §15 ① 1 ; 부가통칙 15-28-5).

(5) 세금계산서의 발급

내국신용장 등에 의한 재화의 공급에 대하여는 공급자가 공급받는 자에게 영세율세금계산서를 발급하여야 한다. 다만, 내국신용장 등의 개설시기와 재화 또는 용역의 공급시

기가 상이함에 따라 세금계산서(일반세금계산서, 영세율세금계산서, 수정세금계산서) 발급에 문제가 발생한다. 이에 대한 처리요령은 다음과 같다.

1) 내국신용장 등이 개설된 이후에 재화의 공급이 이루어진 경우

재화의 공급시기에 이미 내국신용장 등이 개설되어 영세율 적용요건이 성립되었으므로 영세율세금계산서를 공급받는 자에게 발급하여야 한다. 이 경우 제1기 과세기간 중에 발급받은 내국신용장 등에 의하여 제2기 과세기간 중에 재화를 공급하는 경우에도 이와 같다(제도 46013-617, 2000. 12. 22. ; 부가 46015-4100, 1999. 10. 9.).

또한, 유효기간이 경과된 내국신용장에 의하여 재화를 공급하는 경우로서 해당 신용장의 효력이 소멸되지 아니한 때(추후 그 대가를 외국환은행에서 원화로 받음)에는 영세율세금계산서를 발급한다.

2) 반품이 발생된 경우

사업자가 내국신용장 등에 의하여 재화를 수출업자에게 공급(영세율세금계산서 발급)하였으나 재화가 반품된 경우에는 동 재화를 반품받은 사업자는 수정세금계산서(△영세율수정세금계산서)를 발급하여야 한다. 이 경우 수정세금계산서상의 공급가액은 당초 공급가액을 기준으로 하는 것이며, 내국신용장에 의하여 공급한 재화의 반품 시에는 영세율 첨부서류를 첨부하지 아니하는 것이다(부가 22601-90, 1989. 1. 21. ; 부가 46015-1573, 1998. 7. 13.).

3) 내국신용장 등의 사후개설에 대한 세금계산서 발급방법

가. 재화의 공급이 속하는 달의 다음 달 10일까지 개설된 경우

재화의 공급이 속하는 달의 다음 달 10일까지 개설된 경우 재화의 공급일을 작성일자로 하여 영세율세금계산서를 바로 발급할 수 있다(서면3팀-3001, 2006. 12. 5.).

또한, 이 경우 (영세율)월합계세금계산서 발급도 가능하며, 재화의 공급이 속하는 달의 다음 달 10일까지 개설된 경우로서 일반세율 적용분과 영세율 적용분을 해당 월에 함께 공급한 경우 일반세율 적용 월합계세금계산서와 영세율 적용분 월합계세금계산서를 각각 발급할 수 있다.

나. 재화의 공급시기가 속하는 달의 다음 달 10일 후에 개설된 경우

㉠ 재화를 인도하는 때(공급시기)에 일반세금계산서를 발급한다.

㉡ 내국신용장 등이 사후개설된 경우 그 작성일자는 당초 세금계산서 작성일자를 기재하고 비고란에 구매확인서 개설일 등을 부기하여 영세율 적용분은 검은색 글씨로 세금계산서를 작성하여 발급하고, 추가하여 당초에 발급한 세금계산서의 내용대로 세금계산서를 붉은색 글씨로 또는 부(負)의 표시를 하여 작성하고 발급한다.

㉢ 1월부터 3월까지의 기간 중에 재화를 공급하고 구매확인서가 4월 25일 이전에 개설된 경우에는 1기분 예정신고 시 영세율 적용분으로 신고할 수 있다. 마찬가지로 4. 1.부터 6. 30.까지 기간 중에 재화를 공급하고 구매확인서가 7월 25일 이전에 개설된 경우에는 확정신고 시 영세율 적용분으로 신고할 수 있다. 즉, 일반세율로 납부 후 예정신고나 확정신고 후에 경정청구하는 절차가 생략된다.

㉣ 예정신고기간 중에 재화를 공급하고 예정신고기한 경과 후 과세기간 종료 후 25일 이내 구매확인서가 개설된 경우 예정신고 시에는 일반세율로 신고·납부하고 예정신고분에 대한 경정청구를 하거나 확정신고 시 영세율 적용분으로 신고할 수 있다(부가 46015-5048, 1999. 12. 27.).

다. 과세기간 종료 25일이 경과되어 개설된 경우

재화의 공급시기가 속하는 과세기간 종료 후 25일이 경과되어 내국신용장 등이 개설된 경우 영세율 적용이 배제되므로 당초 발급한 일반 세금계산서로 부가가치세를 신고·납부하여야 한다(기 신고·납부가 이루어졌다면 추가적인 세무처리 없음).

라. 단가조정이 있는 경우 수정세금계산서 발급

사업자가 해당 재화의 공급분에 대하여 내국신용장에 의하여 영세율이 적용되는 세금계산서를 수정발급한 후 상호합의에 의하여 단가를 조정함으로써 해당 재화의 공급가액이 변경된 경우 그 변경된 내용에 따라 해당 변경사유 발생 시 재차 수정세금계산서를 발급할 수 있다(제도 46015-11871, 2001. 7. 4.).

마. 구매확인서 개설 전 선발행세금계산서 발급

2020. 6. 10. 수출업자에게 수출용 원자재를 공급하기로 약정하고 계약금 1억 원을 수령하여 선발행세금계산서(10% 세율 적용분)를 발급하였으며, 실제 납품은 2020. 7. 31.에 이루어졌고 구매확인서는 2020. 7. 26.에 개설되어 2020. 7. 25.에 부가가치세 확정신고를 하려고 하는 경우 2020. 6. 10. 선발행세금계산서에 대하여 수정세금계산서와 영세율세금계산서를 발급하여 영세율을 적용받을 수 있는지를 살펴보면, 공급시기 이전에 선수금을 받고 선수금 범위 내에서 발급한 세금계산서는 정당한 세금계산서이고, 그 받은 대가에 부가가치세가 포함된 것으로 보아야 할 것이므로 부가령 제70조 제1항 제4호

에 따라 "공급시기가 속하는 과세기간 종료 후 25일 이내에 구매확인서가 발급"될 것을 전제 조건으로 수정세금계산서 발급을 규정하고 있기 때문에 영세율 적용이 불가하다.

특히 2020년 1기 확정신고 후에 구매확인서가 개설되어 매출자는 이미 부가가치세를 납부하고 상대방은 매입세액공제를 받았을 것이므로 이를 허용한다면 구매확인서 개설된 과세기간에 다시 경정청구(매출자)나 수정신고(매입자)를 하게 되어 납세자들에게 오히려 더 큰 불편을 초래한다.

따라서 공급시기 도래 전에 구매확인서 개설이 예정된 거래를 함에 있어 계약금 등 선수금에 대하여 영세율 적용을 받고자 하는 경우에는 구매확인서가 개설된 이후에 선발행세금계산서(영세율 적용분)를 발급하거나, 선발행세금계산서를 발급한 과세기간 경과 후 25일 이내에 구매확인서가 개설될 수 있도록 서둘러야 한다.

바. 세금계산서 발급이 부적정하게 이루어진 경우

세금계산서 발급을 부적정하게 한 경우에도 내국신용장 등이 정당하게 개설 및 발급된 경우 영세율 적용에 장애가 되지 않는다.

사. 구매확인서 등이 사후발급에 따른 수정전자세금계산서 전송

구매확인서 및 내국신용장이 재화의 공급일이 속하는 과세기간 종료 25일 내 개설된 경우 전자세금계산서(수정분)는 당초 작성일자가 속하는 과세표준 신고기한까지 전송해야 한다.

4) 내국신용장 등 사후 개설로 인한 수정신고 또는 경정청구 시 가산세 적용

① 「부가가치세법」 및 「대외무역법」에서 정하는 적법한 구매확인서의 발급으로 인하여 수정세금계산서가 발급되어 수정신고 또는 경정청구를 하는 경우에는 「부가가치세법」 및 「국세기본법」에서 정하는 세금계산서합계표 관련 가산세와 영세율과세표준신고불성실가산세 등이 적용되지 않는다(서삼 46015-10401, 2003. 3. 8.).

② 내국신용장 등 개설 전 재화의 공급 시 영세율세금계산서를 발급하고 세금계산서 발급기한이 경과하여 영세율이 적용될 수 있는 기한 내에 내국신용장이 개설된 경우 영세율은 적용되는 것이며, 세금계산서불성실가산세 대상이 아니다(조심 2013중2318, 2013. 8. 19.).

③ 내국신용장 등이 개설된 때에 영세율세금계산서만을 발급한 경우

재화의 공급시기에 세금계산서를 발급하여야 하므로 일반세금계산서를 발급하지 아니하고 영세율이 적용될 수 있는 구매확인서가 개설된 때에 비로소 영세율세금계산서만을 발급한 경우 세금계산서 미발급에 따른 가산세(공급가액의 2%)를 적

용하여야 한다는 회신이 있었으나(서면3팀-2379, 2005. 12. 28.), 이후 국세청은 공급시기 이후라도 세금계산서를 발급한 경우 세금계산서기재불성실가산세(1%)를 부과하여야 한다고 해석하였다(법규과-1551, 2010. 10. 14.).

④ 예정신고기간 중에 재화를 공급하고 확정신고기간에 구매확인서가 발급된 경우로서 예정신고 시에는 일반세금계산서를 제출하지 아니하고 확정신고 시 영세율세금계산서와 함께 제출한 때에는 예정신고분에 대하여 세금계산서지연제출가산세, (과소신고)초과환급신고가산세, 납부·환급불성실가산세가 경정 시 적용된다.

⑤ 과세기간 종료 후 25일 내 구매확인서가 개설되었으나, 공급자가 수정세금계산서 및 영세율세금계산서를 발급하지 아니한 경우 세금계산서 미발급가산세 및 영세율과세표준신고불성실가산세가 적용되고, 공급받는 자는 당초 공제받은 세액의 추징과 함께 과소신고초과환급가산세, 납부·환급불성실가산세가 적용된다(다만, 수정세금계산서 미발급이 영세율의 혜택을 포기한 것으로 거래당사자 간 합의된 경우에는 일반세율을 적용한 세금계산서 발급이 인정된다).

⑥ 회수·서손하고 영세율세금계산서 발급한 경우

사업자가 구매확인서 사후개설에 따라 당초 매월 발급한 월합계세금계산서(10% 세율 적용)를 회수·서손하고 월합계영세율세금계산서를 다시 발급하여 부가가치세를 신고하고 세금계산서합계표를 제출한 경우 적법한 구매확인서에 근거하여 발급한 월합계영세율세금계산서는 사실과 부합하는 바, 원칙적으로는 당초 발급한 월합계세금계산서에 대하여는 이를 없었던 것으로 하는 세금계산서를 발급하고 다시 월합계영세율세금계산서를 발급하여 부가가치세를 신고하고 세금계산서합계표를 제출하여야 하나, 월합계영세율세금계산서만을 발급하고 이에 근거하여 부가가치세를 신고하고 세금계산서합계표를 제출한 것은 일부 절차를 생략한 것에 불과하고, 동 영세율세금계산서가 수정세금계산서의 역할을 한 것으로 볼 수 있으므로 이는 발급한 세금계산서의 필요적 기재사항 중 일부가 착오로 기재되었으나 당해 세금계산서의 그 밖의 필요적 기재사항 또는 임의적 기재사항으로 보아 거래사실이 확인되는 경우에 해당하여 동 세금계산서를 사실과 다른 세금계산서로 보아 세금계산서기재불성실가산세를 부과할 수 없다(조심 2009중4136, 2010. 6. 29. ; 조심 2011중138, 2011. 2. 15. ; 조심 2010중3262, 2012. 3. 1.).

5) 내국신용장에 의한 중간지급조건부 거래의 공급시기

내국신용장에 의하여 재화를 공급하고 그 대가를 중간지급조건부로 받기로 한 경우의 공급시기는 부가령 제28조 제3항 제3호에 따라 대가의 각 부분을 받기로 한 때가 되는 것이므로 각 공급시기마다 세금계산서(영세율세금계산서 또는 일반세금계산서)를 발급하여야 한다(부가 22601-832, 1990. 7. 3.).

▌local L/C 개설을 조건으로 다음과 같이 중간지급조건부 공급계약을 체결한 경우 영세율 적용 여부

[사례 1]

계약일: 2010. 3. 8.
1차 중도금 지급일: 2010. 6. 20.
L/C Open일: 2010. 9. 15.
2차 중도금 지급일: 2010. 9. 20.
재화의 인도일 및 잔금 지급일: 2010. 12. 20.

[사례 2]

위와 조건이 동일하나 L/C Open 날짜가 2010. 6. 20.인 경우

[답변]

공급시기 판정에 있어 내국신용장 개설 여부에 관계없이 일반적인 재화의 공급시기가 적용되는 것이므로 [사례 1]에서 계약일, 1차 중도금에 대하여는 일반세금계산서를 발급하고 신용장 개설일 이후 공급시기 도래분인 2차 중도금 및 잔금에 대하여는 영세율세금계산서를 발급하며(계약금 및 1차 중도금에 대하여는 영세율 적용 불가), [사례 2]의 경우 계약금에 대하여는 일반세금계산서 발급 후 이에 대한 수정세금계산서 및 영세율세금계산서를 발급하고 2차 중도금부터는 그 공급시기에 영세율세금계산서를 발급한다.

(6) 공급가액

① 내국신용장 등에 의하여 받기로 한 금액을 그 공급가액으로 한다. 그 대가를 외국통화, 그 밖의 외국환으로 받은 때에는 다음의 방법으로 환가한 금액으로 한다.

ⅰ. 공급시기 도래 전에 원화로 환가한 경우에는 그 환가한 금액

ⅱ. 공급시기 이후에 외국통화 또는 그 밖의 외국환의 상태로 보유하거나 지급받은 때에는 공급시기의 외국환거래법에 의한 기준환율 또는 재정환율에 의하여 환가한 금액

② 내국신용장에 의하여 재화를 공급하고 그 대가의 일부(관세환급금 등)를 내국신용장에 포함하지 아니하고 별도로 받는 경우로서 해당 금액의 대가의 일부로 확인되는 때에는 상기 "①"의 방법에 따른 금액을 공급가액에 포함한다(부가통칙 21-31-8).

이때 영세율이 적용되는 관세환급금에 대한 수정세금계산서 발급은 세관으로부터 관세환급금이 통지되었을 때 발급한다(서면3팀-3401, 2007. 12. 24. ; 부가 22601-2259, 1987. 10. 30.).

(7) 영세율 첨부서류

내국신용장 또는 구매확인서가 「전자무역촉진에 관한 법률」 제12조 제1항 제3호 및 제5호에 따라 전자무역기반시설을 통하여 개설되거나 발급된 경우에는 기획재정부령으로 정하는 내국신용장·구매확인서 전자발급명세서를 제출하고 그 외의 경우에는 내국신용장 등 사본을 제출한다(부가령 §101 ① 3).

또한, 사업자가 국세청장이 정하는 바에 따라 해당 영세율 첨부서류를 복사하여 저장한 테이프 또는 디스켓을 부가령 제101조 제4항의 영세율 첨부서류제출명세서(전자계산조직에 의하여 처리된 테이프 또는 디스켓을 포함한다)와 함께 제출할 수 있으며, 내국신용장 등에 포함되지 않은 관세환급금 등이 대가의 일부로서 영세율 적용대상인 경우 관세환급금명세서를 제출한다(부가통칙 21-101-2).

▌구매확인서 은행발급 폐지

○ 2011년 1월 3일 지식경제부는 구매확인서 on-line 발급의 전면시행을 위한 「대외무역관리규정」을 개정·고시하였으며, 구매확인서 발급 및 부가가치세 영세율 신고의 효율적인 운영과 관리를 위해 구매확인서 전자발급을 의무화하고, 전자발급신청을 위탁할 수 있는 발급지원서비스 제공 등을 추진하기로 하였다.

- 이에 따라 2011년 7월 1일부터 은행창구를 통한 구매확인서 발급(off-line 발급)은 폐지되며, uTradeHub 포털(www.utradehub.or.kr) 또는 각 사업자가 발급기관과 직접 연계한 내부전산시스템(ERP) 등을 통해 on-line으로 발급받아야 한다.
- 또한, 전산설비를 갖추지 못하였거나 기타 부득이한 사유로 on-line 발급신청이 어려운 사업자는 전자무역기반사업자에게 위탁하여 구매확인서 발급을 신청할 수 있다(발급지원서비스는 2011년 1월 3일부터 적용 및 시행).
  • 대외무역관리규정 제37조 ②(구매확인서의 발급신청 등)

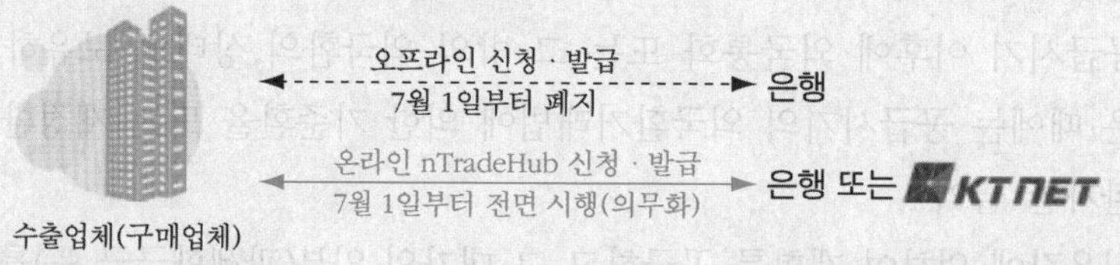

(8) 내국신용장 등과 관련된 사례

① 허위의 구매확인서라는 것을 안 경우 영세율 적용 안됨

허위의 구매확인서를 발급받았거나 그 발급에 하자가 있음을 알면서도 영세율을 적용한 경우, 구매자가 조세를 포탈할 의도하에 하자 있는 구매확인서를 이용하는 사정을 알면서도 이를 묵인하는 경우 등의 경우에는 영세율 적용을 받지 못한다. 반대로 발급절차상의 하자가 있었더라도 공급자가 그러한 하자를 알고 있었다는 등의 특별한 사정이 없는 한 구매확인서에 따른 공급은 영세율 적용대상이 된다(대법원 2010두12903, 2011. 10. 13.).

② 외국으로 반출되지 아니하는 재화의 내국신용장 등

외국으로 반출되지 아니하는 재화의 공급과 관련하여 개설된 내국신용장(주한미국군 군납계약서 등)에 의한 재화 또는 용역의 공급은 영의 세율을 적용하지 아니한다(부가통칙 21-31-12).

아래 사례에서 甲은 부가령 제24조에 따른 영세율 적용대상이나 乙은 영의 세율을 적용하지 아니한다.

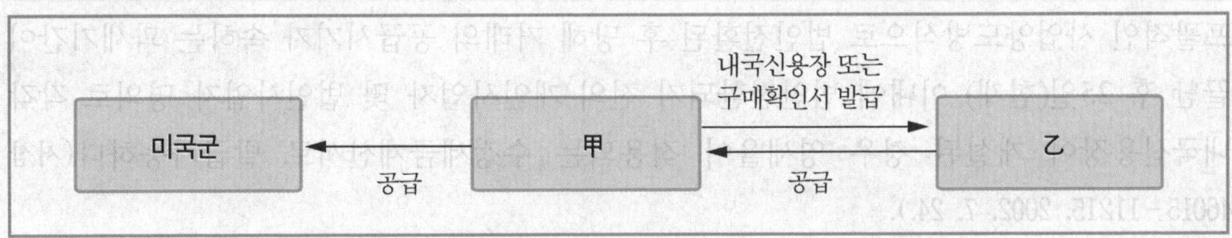

※ 조세심판원은 부가령 제26조 제1항 제4호에서 "국제연합군 또는 미국군에게 공급하는 재화 또는 용역은 영세율을 적용한다"라고 규정하고 있을 뿐, 하청을 받은 자가 직접 공급하는 경우를 배제한다는 별도의 규정을 두고 있지 않아 영세율을 적용함이 타당하다고 결정하였는 바, "부가통칙 21-31-12의" 괄호내용은 삭제되어야 하고, 외국으로의 수출 등이 전제하지 아니하는 다른 사례를 넣어야 할 것이다(조심 2015전306, 2016. 4. 25.).

③ 내국신용장 등에 의하여 공급 후 반출되지 아니하는 재화

내국신용장 또는 대외무역법에서 정하는 구매확인서에 의하여 공급하는 재화는 공급된 이후 당해 재화를 수출용도에 사용하였는지의 여부에 불구하고 영의 세율을 적용한다(부가집행기준 21-31-8 ⑧).

④ 본사명의의 내국신용장으로 지점명의로 세금계산서 수취 가능

본사와 공장 등 2 이상의 사업장이 있는 법인사업자가 재화수출을 위한 원자재 매입 거래를 함에 있어서 계약, 발주, 대금결제 등 거래가 본사에서 이루어지고 본사명의로 내국신용장이 개설된 후 재화는 운송편의를 위해 실질적으로 사용 또는 소비하는 공장으로 인도받은 경우 내국신용장에 의한 영세율세금계산서는 본사 또는 지점에서 발급받을 수 있다(서면3팀-2956, 2006. 11. 30.).

⑤ 본사와 지사 간의 거래에 대해 구매확인서 발급 안됨

본사와 지사간의 거래에 대해 구매확인서 발급 가능여부는 동일 법인내의 거래이고 수출실적이 중복적으로 계상되는 등의 문제로 인해 발급대상에 포함되지 않는다(산업통산자원부 무역정책과, 2014. 10. 16.).

⑥ 개인사업자일 때 공급받은 재화에 대하여 법인전환 후 내국신용장이 개설된 경우

사업자가 다른 개인사업자에게 과세재화를 공급한 대가에 대하여 영세율이 적용되지 않는 세금계산서를 발급하고 해당 공급받는 자가 부가법 제10조 제9항 제2호에 따른 포괄적인 사업양도방식으로 법인전환된 후 당해 거래의 공급시기가 속하는 과세기간이 끝난 후 25일(현재) 이내에 법인전환되기 전의 개인사업자 및 법인사업자 명의로 각각 내국신용장이 개설된 경우 영세율이 적용되는 수정세금계산서로 발급가능하다(서삼46015-11215, 2002. 7. 24.).

⑦ 구매확인서 내용의 정정

구매확인서는 수출용원재료의 국내거래와 관련하여 관세 등의 환급 또는 부가가치세 영세율 적용을 위해 구매자가 발급받아 물품의 공급자에게 제공하는 것으로 구매확인서상의 금액은 수출용 원료로 사용되어 수출되었기 때문에 간접 수출금액으로 인정되고 부가가치세 영세율도 적용되는 것이다.

구매확인서 신청 시 그 근거서류에 맞추어, 즉 수량, 가격 등에 필요한 만큼의 구매확인서를 발급받아야 하는데 수출용과 일부의 내수용에 사용될 수 있는 원료를 구매하면서 그 전부에 대하여 구매확인서가 개설된 경우, 원칙적으로 구매확인서로 구매한 원부자재의 일부가 내수용 재료로 사용된 부분에 대하여는 구매확인서의 내용 및 금액을 정정하여야 하며, 내수용으로 구매 또는 전환된 원료는 영세율 적용대상이 아니다. 따라서 완제품 1개당 구매한 원료 소모량을 계산하여서 내수용에 사용된 부분에 대해서 구매확인서, 세금계산서 및 부가가치세 기 신고분에 대해서 수정발급 및 수정신고를 하여야 한다.

아울러 구매확인서는 향후 수출을 예상하여 미리 비축용으로 원자재를 구매하기 위해서는 발급이 불허되고 있고, 원료가 수입물품에 해당하여 관세환급을 받는 경우가 있는데 만약 내수분에 투입된 원부자재 소요분까지 과세환급을 받았다면 관세법 제270조(관세포탈죄 등)에 따라 처벌받을 수 있는바, 위 원칙에 따라 구매확인서 발급 및 정정, 세금계산서 발급이 이루어져야 할 것이다.

다만, 원부자재를 공급한 제조업자의 경우 자기가 공급한 재화의 일부가 내수용으로 전환되었다든지 당초 수출용원재료로 사용될 수량보다 초과하여 구매확인서가 발급되었다는 사실을 몰랐다면 부가법상 부가가치세(가산세 포함) 추징은 별도로 없다는 것이 판례 및 국세청 해석의 입장이다(대법원 2007두15490, 2008. 6. 12. ; 대법원 2007두4193, 2009. 2. 12. ; 간세 1265-978, 1981. 8. 12. ; 대법원 2007두23279, 2008. 8. 21.). 만약 공급자나 공급받는 자 모두가 위 사실을 인지하고도 구매확인서 정정이나 수정세금계산서 발급을 하지 않았다면 그에 따른 가산세 등은 공급자가 부담하여야 할 것이다(대법원 2010두12903, 2011. 10. 13. ; 대법원 2010두26575 , 2011. 3. 10.).

⑧ 내국신용장에 의하여 공급하는 위탁판매재화

수탁자가 자기명의로 내국신용장을 개설받아 위탁자의 재화를 공급하는 경우 위탁자가 영의 세율을 적용받으며, 이 경우 영세율 첨부서류는 수탁자명의의 내국신용장사본과 위수탁매매임을 입증할 수 있는 서류로 한다(부가통칙 21-31-10).

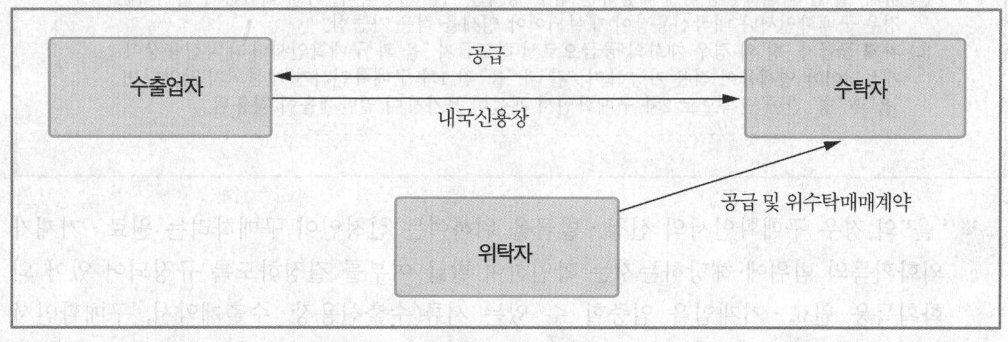

⑨ 내국신용장 유효기간 경과 후 재화공급 시 영세율 적용

사업자가 내국신용장의 유효기간 경과 후에 재화를 공급한 것으로서 당해 신용장의 효력이 소멸되지 아니하여 그 대가를 외국환은행에서 원화로 받는 경우에는 영의 세율을 적용한다(부가통칙 21-31-13).

⑩ 수출품제조용 수입원자재의 전용

사업자가 수출품제조용 수입원자재의 사후관리를 관장하는 은행장에서 전용승인을 받아 다른 수출품생산업자에게 공급하는 경우 영의 세율을 적용하지 아니한다. 다만, 내국신용장 또는 대외무역법에서 정하는 구매확인서에 의하여 전용하는 경우 그러하지 아니하다(부가통칙 11-31-14).

⑪ 1차 구매확인서 개설이 없는 2차 구매확인서 발급 가능 여부

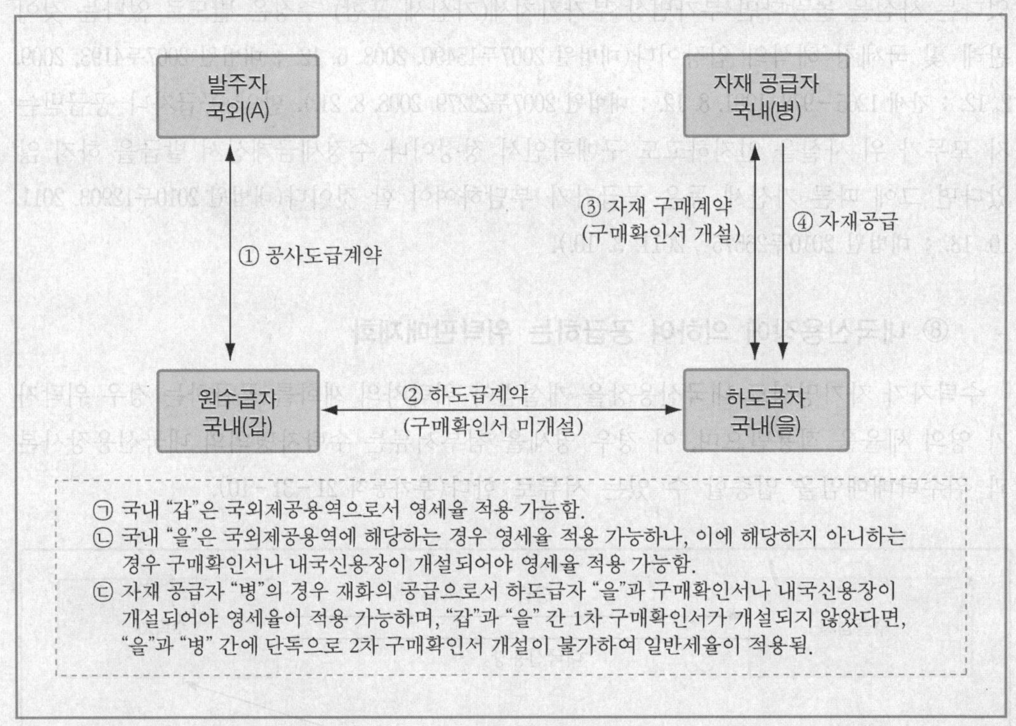
발주자
국외(A)
자재 공급자
국내(병)
③ 자재 구매계약
(구매확인서 개설)
④ 자재공급
① 공사도급계약
원수급자
국내(갑)
② 하도급계약
(구매확인서 미개설)
하도급자
국내(을)
㉠ 국내 "갑"은 국외제공용역으로서 영세율 적용 가능함.
㉡ 국내 "을"은 국외제공용역에 해당하는 경우 영세율 적용 가능하나, 이에 해당하지 아니하는 경우 구매확인서나 내국신용장이 개설되어야 영세율 적용 가능함.
㉢ 자재 공급자 "병"의 경우 재화의 공급으로서 하도급자 "을"과 구매확인서나 내국신용장이 개설되어야 영세율이 적용 가능하며, "갑"과 "을" 간 1차 구매확인서가 개설되지 않았다면, "을"과 "병" 간에 단독으로 2차 구매확인서 개설이 불가하여 일반세율이 적용됨.

※ "을"의 경우 구매확인서의 신청·발급을 위하여는 신청인이 구매하려는 원료·기재가 외화획득의 범위에 해당하는지는 확인하여 발급 여부를 결정하도록 규정되어 있어 외화획득용 원료·기재임을 입증할 수 있는 서류(수출신용장, 수출계약서, 구매확인서 등)가 없다면 구매확인서 발급대상이 될 수 없음.

⑫ 자유무역지역에 입주한 국내사업자 '갑'이 다른 국내사업자 '을'과 원자재 납품 계약을 체결하고 해당 원자재를 '을'이 지정하는 해외업체로 인도(선적)한 후 '을'로부터 원자재 대금을 받는 경우 '갑'은 '을'에게 부가법 제32조에 따라 세금계산서를 발급하여야 한다(서면-2016-부가-3291, 2016. 4. 20.).

⑬ 공급자(수출품생산업자)를 "갑"으로, 구매확인 신청자(수출업자)를 "을"로 하는 「대외무역법 시행령」 제38조의2에 따른 구매확인서를 발급받아 "갑"이 "을"에게 재화를 공급하면서 동 구매확인서상의 공급물품 중 일부를 "을"의 지점("병")에게 공급하고, 동 물품이 수출된 것이 확인되는 경우 "병"에게 공급한 재화에 대하여도 부가령 제24조 제2항 제1호에 따라 영세율이 적용된다(법규과-1644, 2006. 5. 1.).

⑭ 중계무역 등을 위한 구매확인서 발급 여부

구매확인서는 물품 등을 외화획득용으로 사용하기 위하여 국내에서 구매하고자 하는 경우 외국환은행의 장이 내국신용장에 준하여 발급하는 증서이므로 중계무역, 외국인도 수출을 근거로 구매확인서 발급은 불가하다.

⑮ 북한으로 반출하는 재화에 대한 구매확인서 발급

북한으로의 물품이동에 대하여는 수출이 아닌 반출로 보고 있으므로 외화획득 목적이 있다고 하더라도 구매확인서의 발급대상이 되지 아니하는 것으로 보았으나, 2008년 특별법인 「남북교류협력에 관한 법률」이 「대외무역법」에 우선하는 것이므로 특별법에서 대북 반출을 수출로 규정하고 있어 구매확인서 발급이 가능한 것으로 기존 해석을 변경하였는 바, 영세율 적용이 가능하다(서면3팀-774, 2008. 4. 17. ; 서면3팀-1083, 2007. 4. 10.).

다만, 외화획득(수출실적)이 수반되지 아니하는 대북 무상지원 등을 위한 국내 물품조달과 관련해서는 구매확인서 발급이 불가하다는 것이 산업통상자원부 의견이므로 구매시 매입세액을 부담하여야 한다.

⑯ 임가공을 위한 국외반출 원재료에 대한 구매확인서 발급 여부

위탁가공무역방식의 수출을 위하여 국내에서 조달하는 원재료(임가공을 위한 국외반출용)에 구매와 관련한 구매확인서의 개설이 가능하다.

⑰ 구매확인서 사후발급 인정

납품한 원재료 등이 추후에 외화획득용으로 사용·소비되어지는 등 구매확인서 발급요건을 추후에 충족하는 경우가 많으며, 개설대상이 되는지를 인지하지 못하여 구매확인서를 개설하지 못하는 사례가 있어 2003. 2. 6. 대외무역관리규정 개정 시 국내에서 외화획득용 원료 또는 물품 등을 구매한 자도 부가규칙 제21조에서 정한 기한 내에 세금계산서 사본(종전에는 물품수령확인서를 함께 제출하였으나 2005년부터 세금계산서 사본 제출만으로 가능하다)을 제출하는 경우 구매확인서의 발급을 신청할 수 있다(대외무역관리규정 §36).

⑱ 구매확인서 발급 및 재발급

외국환은행의 장은 발급된 구매확인서에 의하여 2차 구매확인서를 발급할 수 있으며, 물품의 제조 및 가공과정이 여러 단계인 경우 각 단계별로 순차적으로 차수의 제한없이 차순위의 구매확인서를 발급할 수 있다. 구매확인서 발급신청 시 반드시 발급근거 서류가 있어야 하는 것이므로 비축용으로 구매확인서 발급을 신청할 수 없다.

구매확인서를 발급한 후 발급근거 서류의 외화획득용 원료 또는 물품 등의 내용변경 등으로 이미 발급한 구매확인서의 내용이 상이하여 재발급을 요청하는 경우 이미 발급한 구매확인서를 반납하고 새로운 구매확인서를 발급받을 수 있다. 다만, 변경내용이 경미한 경우에는 변경사항만을 정정하여 발급받을 수 있다.

| 내국신용장 및 구매확인서 제도 비교 |

구 분	내국신용장	구매확인서
관련 규정	한국은행 금융중개지원대출관련 무역금융지원 프로그램 운용세칙	대외무역법(대외무역관리규정)
개설기관	외국환은행	외국환은행 또는 KTNET
개설조건	해당 업체 원자재금융 융자한도 내에서 개설	제한없이 발급(개설근거 확인)
수출실적 인정	대외무역법상 수출실적으로 인정 (관세법상으로는 수출실적 불인정)	좌동
영세율 적용 여부	영세율 적용	좌동
지급보증 여부	개설은행이 지급보증	발급은행의 지급보증 없음.
발급근거	• 수출신용장 • 수출계약서(D/P, D/A 등) • 외화표시 물품공급계약서 • 외화표시 용역공급계약서 • 내국신용장 • 해당 업체의 과거 수출실적	• 수출신용장 • 수출계약서(D/P, D/A 등) • 외화표시 물품공급계약서 • 내국신용장 • 외화입금(매입)증명서 • 구매확인서
개설(발급) 제한	차수 제한없이 순차적으로 발급 가능(업체의 무역금융 융자한도 내에서 개설 가능)	차수 제한없이 순차적으로 발급 가능(거래증빙서류 금액 범위 내 발급 가능)
사후발급규정	대금결제를 위한 사후발급금지	가능
공급실적에 의한 무역금융 수혜가능 여부	무역금융 수혜 가능	무역금융 수혜 대상이 아님.
관세환급	관세환급 가능	좌동
거래대상 물품	수출용 원자재 및 수출용 완제품	좌동
발급신청인의 자격	수출신용장, 지급인도(D/P)조건 및 인수인도(D/A)조건 수출계약서, 외화표시물품공급계약서, 내국신용장, 구매승인서, 기타 수출 관련 계약서 보유자(실적기준 불가)	수출신용장, 지급인도(D/P)조건 및 인수인도(D/A)조건 수출계약서, 외화표시물품공급계약서, 내국신용장, 기타 수출 관련 계약서 보유자 및 과거 수출 실적 보유자

12 | 한국국제협력단에 공급하는 재화

한국국제협력단은 특별법에 의하여 주로 개도국 및 후진국의 경제·사회발전을 지원하기 위하여 설립된 단체로 동 단체가 해외 무상원조하는 물품은 국내에서 소비되지 않고 실질적으로 모두 수출됨에도 불구하고 과세되는 문제가 있었다. 그러므로 협력단의 원활한 원조사업을 지원하기 위하여 2000. 1. 1. 이후 공급하는 재화로서 한국국제협력단이 개발도상국가를 위한 사업, 국제협력을 위한 사업, 정부가 위탁하는 사업 등「한국국제협력단법」 제7조의 규정에 의한 사업을 위하여 외국으로 무상반출하는 경우에는 수출재화에 포함시켜 영세율을 적용한다.

(1) 적용범위

① 사업자가「한국국제협력단법」에 따른 한국국제협력단에 공급하는 재화로서 한국국제협력단이「한국국제협력단법」 제7조의 규정에 따른 사업을 위하여 해당 재화를 외국에 무상으로 반출하는 경우에 영세율을 적용한다(부가령 §31 ② 2). 따라서 한국국제협력단이 동 기자재를 국내 다른 기관에 공급하기 위하여 국내사업자에게 기자재를 공급받는 경우에는 영세율이 적용되지 않는다(서면3팀-2443, 2004. 12. 3.).

② 사업자(A)가「한국국제협력단법」에 따른 한국국제협력단에 재화를 공급하는 다른 사업자(B)에게 외국환은행의 장이 발급한 구매확인서에 의하여 재화를 공급하는 경우 동 거래에 대하여는 대외무역법에 의한 구매확인서 발급대상이 아니므로 부가가치세 영세율 적용이 불가하다(서면3팀-394, 2006. 3. 3.).

(2) 공급시기

국내거래이므로 국내에서 거래되는 재화의 공급시기 규정(부가법 §15 ①)을 적용한다.

(3) 세금계산서 발급

공급시기에 공급받는 자에게 영세율세금계산서를 발급한다.

(4) 영세율 첨부서류

한국국제협력단이 교부한 공급사실을 증명할 수 있는 서류를 제출한다.

13 | 한국국제보건의료재단에 공급하는 재화

한국국제협력단과 유사한 사업을 영위하는 한국국제보건의료재단법인에 대해서도 해외원조의 취지, 과세 시 원조효과 감소, 한국국제협력단과의 형평성 등을 감안하여 한국국제보건의료재단에 2008. 2. 22. 이후 최초로 공급하는 재화(한국국제보건의료재단이 같은 「한국국제보건의료재단법」 제7조에 따른 사업을 위하여 해당 재화를 외국에 무상으로 반출하는 경우만을 말함)에 대해서는 영세율을 적용한다.

(1) 적용범위

사업자가 「한국국제보건의료재단법」에 따른 한국국제보건의료재단에 공급하는 재화로서 한국국제보건의료재단이 「한국국제보건의료재단법」 제7조에 따른 사업을 위하여 외국에 무상으로 반출하는 재화에 한하여 영세율이 적용된다(부가령 §31 ② 3).

(2) 공급시기

국내거래이므로 국내에서 거래되는 재화의 공급시기규정(부가법 §15 ①)을 적용한다.

(3) 세금계산서 발급

공급시기에 공급받는 자에게 영세율세금계산서를 발급한다.

(4) 영세율 첨부서류

한국국제보건의료재단이 교부한 공급사실을 증명할 수 있는 서류를 제출한다.

14 | 대한적십자사에 공급하는 재화

사업자가 「대한적십자사 조직법」에 따른 대한적십자사에 공급하는 재화로서 대한적십자사가 「대한적십자사 조직법」 제7조의 규정에 따른 사업을 위하여 당해 재화를 외국에 무상으로 반출하는 경우에는 해당 재화의 공급에 대하여 2013. 2. 15. 이후 공급분부터 영의 세율을 적용한다.

(1) 적용범위

사업자가 대한적십자사에 공급하는 재화로서 해외구호사업 지원을 위하여 외국에 무상반출하는 재화에 한하여 영세율을 적용한다(부가령 §31 ② 4).

(2) 공급시기

국내거래이므로 국내에서 거래되는 재화의 공급시기 규정을 적용한다.

(3) 세금계산서 발급

공급시기에 공급받는 자에게 영세율세금계산서를 발급한다.

(4) 영세율 첨부서류

적십자사가 발급한 공급사실을 증명할 수 있는 서류를 제출한다.

15 | 수탁가공무역방식에 의한 수출

(1) 외국의 위탁자에게 반출하는 경우

1) 「수탁가공무역에 의한 수출」 등의 정의

「대외무역법」상 "수탁가공무역"이란 가득액을 영수(領收)하기 위하여 원자재의 전부 또는 일부를 거래상대방의 위탁에 의하여 수입하여 이를 가공한 후 위탁자 또는 그가 지정하는 자에게 가공물품 등을 수출하는 것을 말한다. 다만, 위탁자가 지정하는 자가 국내에 있음으로써 보세공장 및 자유무역지역에서 가공한 물품 등을 외국으로 수출할 수 없는 경우 「관세법」에 따른 수탁자의 수출·반출과 위탁자가 지정한 자의 수입·반입·사용은 이를 「대외무역법」에 따른 수출·수입으로 본다(대외무역관리규정 §2 7).

이는 외국의 무역업자가 우리나라의 숙련된 노동력 또는 고도의 기술을 이용하고자 하는 거래형태로서 수출과 수입이 하나의 계약으로 이루어진다.

※ 원재료가 전부 국내에서 조달된 경우 수탁가공무역이 아님.

또한, 국내에서 수탁가공을 위하여 공급하는 재화(원재료)에 대하여 부가가치세를 과세할 경우 국내사업장이 없는 비거주자나 외국법인은 매입세액공제를 받을 수 없게 되어 공제받지 못한 매입세액만큼 수출가격을 인상시키는 효과가 발생하므로 영세율을 적용하고 있는 것으로 판단된다.

가. 유환수탁가공무역

가공을 위하여 위탁자로부터 원자재 수입 시 유상·무상 여부에 따라 유환수탁가공무역과 무환수탁가공무역이 있으며 일반적으로 무환수탁가공무역방식을 택하고 있다. 유환수탁가공무역은 대상 원재료를 수입하여 가공 후 수출하는 거래로서 수출용 원자재를 수입하여 가공 후 수출하는 경우와 유사하며, 원자재 수입대금과 가공제품의 수출대금이 직접 수수되는 거래로 가공제품의 수출대금 전액이 영세율과세표준이 된다.

나. 무환수탁가공무역

무환수탁가공무역은 대상 원재료를 무환으로 수입하여 가공임만을 받고 수출하는 경우로서 부가법 기본통칙에서는 보세공장의 설영특허를 받아 무환수탁가공무역을 하는 사업자가 수탁보세가공한 물품을 국외로 반출하는 경우 용역의 수출이 아닌 재화의 수출, 즉 수출하는 재화로 보아 영세율을 적용하는 것으로 규정하고 있다(부가통칙 21-31-6).

2) 수탁가공무역방식 수출절차

① 수탁가공계약의 체결
- 원자재 대금의 결제방법(유상, 무상 여부), 원자재 수량 및 관리방법, 제조공정 관리방법, 가공임 결정 및 결제방법, 분쟁발생 시 처리방법 등

② 원료의 수입통관

③ 제조 및 가공

④ 완제품의 수출통관

⑤ 가공임 영수
- 가공임은 통상 사전송금방식이나 신용장 등에 의하여 영수된다.
- 환어음, 환어음매입신청서, 수출신고필증, 수출신용장 또는 수출계약서(원·사본), 선하증권(B/L), 그 밖의 수출신용장 또는 수출계약서에서 요구하는 서류

3) 주요 판단 요소

국외의 수입상과의 수탁가공계약에 따라 제조·가공된 완성품을 수출하는 경우가 이에 해당되며, 자기명의로 재화를 수출(직수출)하는 경우와 동일하게 처리된다. 즉, 유환

수탁가공무역방식에 의한 수출의 경우 재화의 공급으로서 국외로 반출되는 재화(수출하는 재화)로써 영세율이 적용된다. 다만, 무환수탁가공무역방식에 따라 가공물품을 국외로 반출하는 경우 용역의 공급에 해당됨에도 예외적으로 수출하는 재화로 본다.

또한 위탁자가 지정하는 국내의 다른 사업자에게 인도하는 경우로서 일정 요건을 갖춘 경우 영의 세율을 적용한다(일정 요건 등은 후술하기로 한다).

4) 영세율 적용

가. 유환수탁가공무역

유환수탁가공무역이란 대상 원재료를 유환으로 수입하여 가공 후 수출하는 거래로 원자재의 수입대금과 가공제품의 수출대금이 직접 지급되고 수취되는 것을 말한다.

① 공급시기

공급시기는 완성된 수탁가공물품의 선적일이다(부가령 §28 ⑥).

② 공급가액

부가가치세과세표준 가공제품의 수출대금 전액이 영세율이 적용되는 공급가액이 되며, 외화의 환산방법은 수출하는 재화에 대한 원화환산방법과 같다(부가령 §59).

③ 세금계산서 발급

공급받는 자가 국외의 비거주자 또는 외국법인이므로 세금계산서 발급부의무가 없다(부가령 §71 ① 4).

④ 영세율 첨부서류

수출하는 재화로서 수출신고서를 토대로 작성된 기획재정부령이 정하는 수출실적명세서(전자계산조직에 의하여 처리된 테이프 또는 디스켓을 포함함)를 제출한다(부가령 §64 ③ 1). 또한 「개별소비세법」에 따른 수출면세의 적용을 받기 위하여 영세율 첨부서류를 관할 세무서장에게 이미 제출한 경우에는 영세율 첨부서류제출명세서로 수출실적명세서 및 소포수령증을 갈음할 수 있다(부가령 §101 ① 1). 이 경우 동 규정에서 정하는 서류를 제출할 수 없는 경우에는 외화획득명세서에 영세율이 확인되는 증명자료를 첨부하여 제출하여야 한다(부가 46015-4457, 1999. 11. 5.).

나. 무환수탁가공무역

대상 원재료를 무환으로 수입하여 가공 후 가공료만을 받고 수출하는 것으로서 보세임가공으로 「부가가치세법」상 용역의 공급에 해당하나 기획재정부장관의 유권해석에 따라 자기의 명의 및 자기의 책임과 계산하에 재화를 수출(직수출)하는 경우와 같이 동일하게 처리하고 있다(부가통칙 21-31-6).

또한, 무환수탁가공무역업자가 다른 사업자에게 임가공용역을 하도급 준 경우 구매확인서나 내국신용장이 개설된 경우 거래상대방으로부터 영세율을 적용한 세금계산서를 수취할 수 있다(부가가치세과-1291, 2010. 9. 30.).

① 공급시기

공급시기는 수출재화(완성된 수탁가공물품) 선적일이다(부가령 §28 ⑥).

② 공급가액

대가(가공임)를 외국통화 또는 외국환으로 받은 경우 환가방법은 수출하는 재화의 환산방법과 동일하다(부가령 §59).

③ 세금계산서 발급

공급받는 자가 국외의 비거주자 또는 외국법인이므로 세금계산서 발급의무가 없다(부가령 §71 ① 4).

④ 영세율 첨부서류

수출하는 재화로서 수출신고서를 토대로 작성된 기획재정부령이 정하는 수출실적명세서(전자계산조직에 의하여 처리된 테이프 또는 디스켓을 포함함)를 제출한다(부가령 §64 ③ 1). 또한 「개별소비세법」에 따른 수출면세의 적용을 받기 위하여 영세율 첨부서류를 관할 세무서장에게 이미 제출한 경우에는 영세율 첨부서류제출명세서로 수출실적명세서 및 소포수령증을 갈음할 수 있다(부가령 §101 ④). 이 경우 동 규정에서 정하는 서류를 제출할 수 없는 경우에는 외화획득명세서에 영세율이 확인되는 증명자료를 첨부하여 제출하여야 한다(부가 46015-4457, 1999. 11. 5.).

⑤ 무환으로 수입 시의 세무처리

수탁가공을 위하여 국외의 위탁자로부터 원부자재를 무환수입하는 경우 관세법상 감면규정이 없기 때문에 세관장으로부터 수입세금계산서를 발급받게 된다. 이 경우 동 수입세금계산서상의 매입세액은 자기의 매출세액에서 공제가능하며 수출 시 영세율과세표준에 수입세금계산서상의 공급가액(무환으로 수입한 원재료가액을 말한다)이 포함되지 않는다. 이때 수출 시 기 납부한 관세 등은 세관장에게 환급신청을 한다.

※ 부가가치율의 저조로 부당한 세무간섭을 받을 여지가 있으므로 세무관서에 관세의 감면규정이 없어 부가가치율이 저조할 수밖에 없다는 점을 충분히 설명하도록 한다.

⑥ 대가의 영수방법

「외국환거래법」이나 「부가가치세법」에 대금결제방법에 대한 규정이 없으므로 수출대가(수출대금 또는 가공임)를 원화로 받든 외화로 받든 또는 국내에서 받든 국외에서 송금을 받았는지 여부에 관계없이 영세율이 적용된다.

(2) 위탁자가 지정하는 국내사업자에게 인도하는 경우

1) 완성품이 국내에서 공급되는 경우 영세율 적용 요건

수탁가공한 재화가 국내사업자에게 인도되는 경우 해당 거래가 영세율이 적용되기 위해서는 다음의 4가지 요건을 모두 충족하여야 한다(부가령 §31 ② 5).

① 국외의 비거주자 또는 외국법인(이하 “비거주자 등”이라 한다)과 직접 계약에 의하여 공급할 것
② 대금을 외국환은행에서 원화로 받을 것
③ 비거주자 등이 지정하는 국내의 다른 사업자에게 인도할 것
④ 국내의 다른 사업자가 비거주자 등과 계약에 의하여 인도받은 재화를 그대로 반출하거나 제조·가공 후 반출할 것

따라서 비거주자 등과의 직접 계약이 아니거나, 대금결제조건, 국내의 다른 사업자가 인도받은 재화를 국외로 반출하지 아니한 때에는 영세율 적용이 배제된다. 아울러 위 네 가지 요건이 충족되어 영세율이 적용되더라도 대외무역법상은 국내거래로 보아 수출실적은 인정되지 아니한다.

참고로 동 규정은, 외국법인과의 수탁가공무역 형태의 계약에 의하여 국내에서 수출용 재화 또는 수탁가공한 재화를 생산하여 외국법인 등이 지정하는 국내의 업체에서 그대로 또는 제조·가공을 거쳐 외국으로 수출(현행 반출의 의미는 수출을 의미하였음)하는 거래의 경우에도 영세율 적용이 되는 수출의 범위에 포함시켜 2002. 1. 1.부터 공급하는 분부터 적용하도록 신설한 것이다(재정경제부 2001년 간추린 개정세법 p.320~p.322 참조).

2) 공급시기

해당 거래는 국내거래에 대하여 수출하는 재화로 간주하여 영세율이 적용되는 것으로 재화의 공급으로 보는 가공으로 보아 가공된 재화를 인도(입고)하는 때가 공급시기이다 (부가법 §15 ① 1 ; 재경부 소비 46015-212, 2001. 8. 20.).

3) 세금계산서 발급의무 면제

거래의 당사자가 수탁자와 재화를 인도받은 국내의 사업자가 아닌 수탁자와 국외의 비거주자 또는 외국법인이므로 재화를 인도받은 국내사업자에게 세금계산서를 발급하지 아니하며, 국외의 위탁자에 대한 세금계산서발급의무가 면제된다.

4) 대가의 영수방법

수출대금(수출대금 또는 가공임)은 반드시 대금을 외국환은행에서 원화로 받은 경우에 영세율이 적용된다.

5) 공급가액

공급시기에 원화로 환가한 수출대금(총거래가액)이 공급가액이 되며, 이때 대가를 외국통화 또는 외국환으로 받은 경우 환가방법은 수출하는 재화의 환산방법과 동일하다 (부가령 §59).

6) 영세율 적용 첨부서류

위탁자가 지정하는 국내의 다른 사업자에게 인도하는 재화에 대한 영세율 적용을 위해서는 다음의 서류를 제출하여야 한다(부가령 §101 ① 7).

① 국내의 다른 사업자가 비거주자 등과 계약에 의하여 인도받은 재화를 그대로 반출하거나 제조·가공 후 반출할 것 사실을 입증할 수 있는 관계증빙서류

② 외국환은행이 발행하는 외화입금증명서

이 경우 동 규정에서 정하는 서류를 제출할 수 없는 경우에는 외화획득명세서에 영세율이 확인되는 증명자료를 첨부하여 제출할 수 있다.

(3) 가공을 위한 무환수입물품에 대한 매입세액공제

1) 자기책임과 계산하에 매입한 경우

수입업자(무환수탁가공업자)가 위탁자로부터 인도받은 원재료에 대하여 세관장으로부터 수입세금계산서를 발급받은 경우에 재화의 수입이 실질적으로 수입자(국내사업자로서 수탁자)의 책임과 계산하의 수입이라면 해당 세금계산서의 매입세액은 수입업자의 매출세액에서 공제·환급받을 수 있다(부가 22601-1229, 1990. 9. 18. ; 부가 1265-1827, 1983. 8. 31.).

2) 위탁자가 관세·부가가치세액 등을 부담한 경우

수입자인 국내사업자가 외국법인과 계약에 의거 원자재를 무환조건으로 수입통관하여 제조가공 후 외국법인에게 수출하는 경우로서 원자재를 무환으로 수입하면서 부가가치세를 외국법인이 부담하더라도 동 원자재 수입의 실질적인 주체가 해당 사업자이고 수입한 부품이 해당 사업자의 사업을 위하여 사용되었거나 사용될 경우 해당 매입세액은 매출세액에서 공제할 수 있다(부가가치세과-823, 2014. 10. 6.).

(4) 관련 사례

가. 거래사실

- 한국의 "B"사와 일본의 "A"사 간에 위수탁계약에 따라 "A"사는 "B"사가 완성품을 제작하는데 주요한 사급품을 무상으로 공급하여 주며, "B"사는 무상 조달된 부품으로 완성품을 제조하여 "A"사에게 반출하고 있다.
- "A"사가 "B"사에게 무상으로 공급하는 부품 중 일부를 한국의 "C"사에게 유상발주 및 대금을 지급하고 "C"사는 "D"사에게서 물품을 공급받아 "B"사에게 인도하고 있다.
  - 즉, "C"사는 일본으로부터 대금을 지급받고 "A"사에게 무상으로 공급하는 형태이다.
- "B"사 및 "C"사의 경우에 수출실적의 인정 여부와 "C"사 및 "D"사의 세금계산서 수수방법?

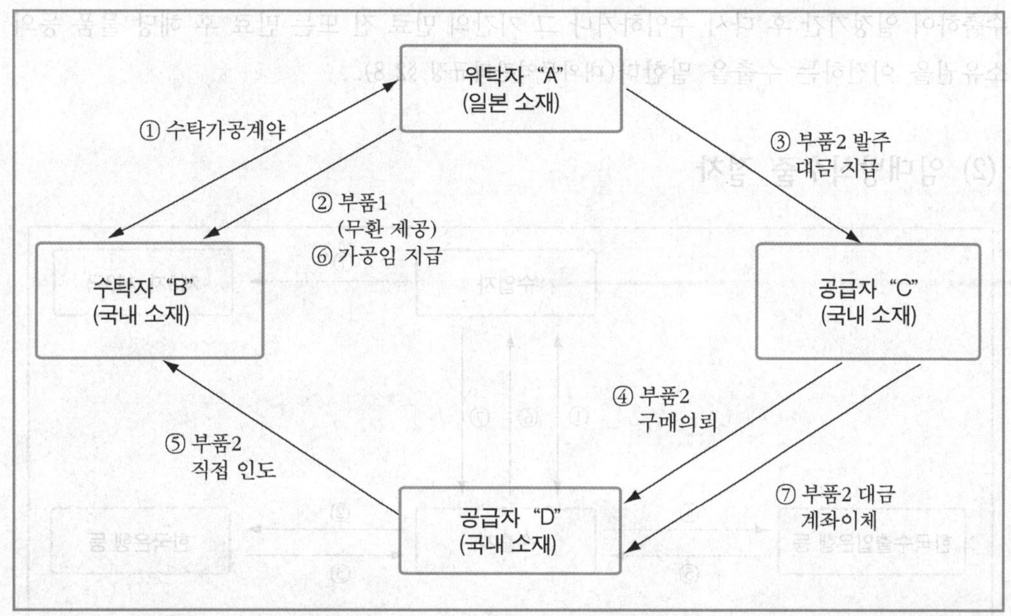

나. 「부가가치세법」 적용방법

상기 거래는 위탁가공무역방식의 거래에서 위탁자("A")가 부품 일부를 현지(수탁자 소재지국)에서 구매해서 조달하는 형태이다. 따라서 한국의 "C"사는 일본의 "A"사와 물품공급계약을 체결한 후 물품을 한국의 "B"사에 인도하되 그 물품대금은 일본의 "A"사로부터 수령하지만, 이러한 거래는 물품이 국내에서 국내로 이동이 되었기 때문에 물품대금은 수출실적으로 인정받을 수 없고 외화획득실적으로만 인정을 받을 수가 있다.

이러한 외화획득거래에 대하여 한국의 "B"사는 부가법 제21조 제2항 제1호의 규정에 따라 가공임에 대하여 영의 세율이 적용되고, 한국의 "C"사는 부가령 제33조 제2항 제1호 가목의 규정에 따라 한국의 "B"사에 공급한 재화에 대하여 영의 세율이 적용된다.

한국의 "C"사와 "D"사는 국내사업자 간의 국내거래이므로 일반적인 내국물품의 거래에 준하여 세금계산서를 발급하고 부가가치세 신고의무를 이행한다.

16 | 임대방식의 수출

(1) 「임대수출」의 정의

"임대수출"이라 함은 임대(사용임대를 포함한다. 이하 같다) 계약에 의하여 물품 등을 수출하여 일정기간 후 다시 수입하거나 그 기간의 만료 전 또는 만료 후 해당 물품 등의 소유권을 이전하는 수출을 말한다(대외무역관리규정 §2 8).

(2) 임대방식수출 절차

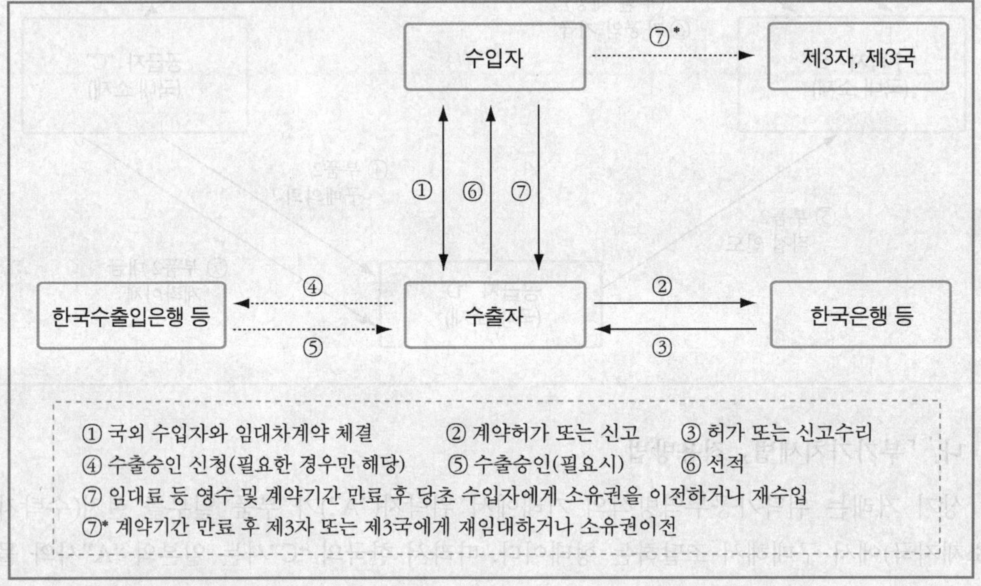
수입자
제3자, 제3국
⑦*
① ⑥ ⑦
한국수출입은행 등
수출자
한국은행 등
④
⑤
②
③
① 국외 수입자와 임대차계약 체결
② 계약허가 또는 신고
③ 허가 또는 신고수리
④ 수출승인 신청(필요한 경우만 해당)
⑤ 수출승인(필요시)
⑥ 선적
⑦ 임대료 등 영수 및 계약기간 만료 후 당초 수입자에게 소유권을 이전하거나 재수입
⑦* 계약기간 만료 후 제3자 또는 제3국에게 재임대하거나 소유권이전

① 임대차계약의 체결

② 계약허가(신고)

- 허가기관: 한국은행(증여, 무상임대 등)
- 신고기관: 외국환은행(계약건당 3천만 불 이하 임대계약), 한국은행(계약건당 3천만 불 초과 임대계약)
- 임대차계약인증신청 시 구비서류
  - 임대차계약신고서
  - 임대차계약서 원본 및 사본
  - 임대차물품 증빙서류
  - 임대차사유 증빙서류(임대차계약 목적물의 현재가격과 이자율, 이자부담액이 있는 경우 별도 명시)

③ 수출승인 신청

- 구비서류: 수출승인신청서, 임대계약서, 임대계약신고수리서 등

④ 수출통관 및 선적

⑤ 임대료 등의 영수

- 대외지급 수단으로 외국환은행을 통하여 전액 영수하여야 함.
- 영수하는 임대료는 해당 허가기관의 사후관리를 받게 됨.

⑥ 재수입 통관 또는 소유권변경신청

(3) 임대방식수출에 대한 부가가치세법 적용

임대방식의 수출을 위하여 내국물품을 외국으로 반출하는 경우 부가가치세의 과세원인이 되는 재화의 공급이 되기 위한 조건인 '인도 또는 양도'란 부가가치세가 소비세의 일종이라는 성질에 비추어 궁극적으로 재화를 사용·소비할 수 있도록 경제적 또는 실질적인 소유권을 이전하는 행위가 없으므로 임대차계약 실현을 위하여 소유권의 이전이 없는 임대용 자산의 무환반출은 과세대상 재화의 공급으로 볼 수 없다.

다만, 임대차계약에 의하여 국외의 임차인이 해당 자산을 사용하고 현지에서 제3국으로의 수출도 위 계약에 따른 사업자의 지시에 따라 그 지배범위 내에서 이루어진 것이므로 임대방식으로 수출(반출)된 재화가 임대차기간이 종료되거나, 계약해지 등의 원인에 의하여 해당 임차인 또는 국외의 제3자에게 매각되어 그 소유권이 이전되는 때에는 임대차방식에 의한 수출 또는 외국인도 수출로서 해당 재화가 인도되는 때를 공급시기로 하여 수출하는 재화로서 영세율이 적용된다. 이때의 부가가치세 과세표준은 외국에서 해당 재화가 인도되는 때의 인도가액으로 한다.

또한, 국내사업자 국외 소재 법인과 임대차계약에 의하여 임대자산을 국외로 인도하여 국외에서 사용하게 하고 수취하는 임대료는 국외제공용역으로서 부가가치세 영의 세율이 적용된다(서면3팀-1883, 2007. 7. 3. ; 서면3팀-1875, 2007. 7. 2.).

(4) 구체적 영세율 적용방법

가. 선적 시

임대목적물(기계장치 등)의 반출시점(선적일)에는 소유권의 이전없이 국외제공용역 제공을 위하여 그 장소만 이전시키는 것이므로 부가법 제9조에 규정하는 재화의 공급에 해당하지 아니한다.

나. 임대료 영수 시

국외의 임차인으로부터 수취하는 임대목적물의 사용료는 국외제공용역의 대가로서 영세율이 적용된다. 외국환거래규정에서는 임대료의 영수는 대외지급수단으로 외국환은행을 통하여 전액 영수하여야 하나, 부득이한 경우 해당 목적물의 임대에 따라 직접적으로 발생하는 경비를 공제하고 영수할 수 있다. 이때 임대료에는 운송비, 수수료 등 기타 비용은 포함하지 아니한다.

다. 임차자산 매각 시

국외에서 임대기간 만료 전 또는 만료 후 기계장치 매각하는 경우 해당 기계장치가 국외에서 인도되는 때에 수출하는 재화(외국인도수출의 한 형태)에 해당되어 영세율과세표준에 포함하여 신고한다.

(5) 공급시기

외국에서 수출재화(임대차목적물)가 인도되는 때를 공급시기로 하며, 임대목적물에 대한 임대료(사용료)에 대한 공급시기는 임대차계약에 의하여 그 대가를 받기로 한 때를 공급시기로 한다.

(6) 세금계산서 발급의무 면제

공급받는 자가 국외의 외국법인 또는 비거주자이므로 임대료를 수취하거나 임대목적물을 해외에서 매각하는 경우 모두 세금계산서 발급의무가 면제된다(부가령 §71 ① 4).

(7) 대가의 영수방법

임대목적물을 국외에서 임대하는 경우 국외 제공용역에 해당하므로 용역을 제공받는 자가 누구이든, 그 대가를 원화로 받든 외화로 받든 또는 국내에서 받든 국외에서 송금을 받았는지 여부에 관계없이 영세율이 적용된다.

(8) 공급가액

국외에서 제공하는 자산의 임대용역에 대한 공급가액은 국외 비거주자 또는 외국법인으로부터 수취하는 임대료(사용료)로 하고, 해당 임대목적물을 해외에서 매각하는 경우 그 인도가액을 공급가액으로 한다.

(9) 영세율 적용 첨부서류

임대자산의 사용료는 국외제공용역으로서 영세율이 적용되므로 임대차계약서, 외화입금증명서 등을 첨부하고, 국외에서 임대기간 만료 전 또는 만료 후 기계장치 매각하는 경우 해당 기계장치가 국외에서 인도되는 때에 수출하는 재화에 해당되어 수출계약서,

외화입금증명서 등을 영세율 첨부서류로 제출한다.

(10) 그 밖의 주의 사항

가. 국내에서 임차한 건설장비를 국외 사용 시 영세율 적용

국내에서 임차한 건설장비를 자기가 직접 국외로 이전시켜 국외에서 사용하는 경우 건설장비 임대용역 제공이 국내에서 이루어지는 것(단지 임차자가 건설장비를 해외에서 사용하는 것에 불과함)이므로, 해당 건설장비 임대용역의 제공은 부가법 제11조에 따라 부가가치세가 과세되는 것으로 영세율 적용 대상이 아니다(부가 46015-288, 1993. 3. 10. ; 국심 2005서480, 2005. 11. 18.).

나. 국외 임대용 건설장비를 내국법인에 양도하는 경우

임대방식에 따라 국외 반출한 자산을 임대에 공하다가 임대기간 만료 전 또는 후에 국내법인에 매각하고 그 대가를 내국법인으로부터 지급받는 경우 재화의 국외거래로 부가가치세 과세대상에 해당하지 아니한다.

다. 국외에서 임대하던 건설장비를 내국법인에 임대하는 경우

국외에서 외국법인에게 임대하던 건설장비를 임대차기간의 종료에 따라 국내의 다른 기업에게 국외에서 임대하기로 하고 국내에서 그 임차료를 지급받는 경우, 용역의 국외공급에 대하여는 임차자가 누구인지, 대가의 영수방법이 무엇인지에 불구하고 영세율이 적용되어야 한다.

17 | 신용장 양도에 따른 영세율 적용

(1) 신용장의 국내양도

1) 신용장의 의미

신용장(letter of credit; L/C)이란 무역거래 시 대금지급 및 상품수출을 원활하게 하기 위하여 수입상을 신용장개설의뢰인으로 하고 수출상을 수익자로 하여 수입상의 거래은행인 신용장개설은행이 수입상의 요청과 지시에 따라 수출상 또는 그의 지시를 받은 은행이 신용장에 명기된 조건과 일치하는 서류를 제시하면 신용장대금을 지급하겠다고 확약하는 증서이다.

2) 신용장 양도의 의의

신용장의 양도는 신용장상의 수익자가 신용장 금액의 전부 또는 일부를 제3자(제2수익자)에게 양도하는 것으로서 수익자가 제조업체가 아닌 경우 또는 개설의뢰인의 Agent 역할을 하는 경우 등으로 수익자가 직접 수출을 이행할 수 없을 경우에 동 신용장을 양도하게 된다.

3) 신용장 양도목적

신용장의 양도목적은 수출자가 수출쿼터를 보유하지 않거나 상품의 제조업자가 아니어서 생산자로 하여금 직접 선적과 매입을 하게 하는 경우, 수출지에 있는 수입상의 대리점 또는 지사가 먼저 신용장을 일괄적으로 받아 놓고 실수출자에게 신용장을 1부씩 양도하는 경우, L/C를 타사에 양도함으로써 중간차익을 목적으로 하는 경우 신용장 양도거래가 발생하게 된다.

4) 신용장 양도조건

신용장의 양도는 신용장상에 「Transferable」이란 문구가 표시되어 있는 경우 1회에 한하여 양도가 허용되며 분할양도는 분할선적이 허용되는 경우에만 가능하다.

원칙적으로 원신용장 조건에 따라 양도되어야 하지만 원신용장의 조건 중 신용장금액, 단가의 감액, 유효기간 · 선적기간 · 서류제시기간 단축은 그 조건을 변경하여 양도할 수 있다.

5) 신용장의 양도방법 및 종류

신용장의 양도방법은 제1수익자가 원신용장의 권리를 포기하여 별도 조건변경없이 신용장을 제2수익자에게 양도하는 단순양도방법과 제1수익자가 신용장양도에 따른 중계차익 확보 등의 목적으로 원신용장금액, 단가, 유효기일 등을 감액 또는 단축하여 제2수익자에게 양도하는 조건변경부 양도방법이 있다. 후자의 이 방법은 전형적인 중계무역거래, 해외현지 공장 등이 위탁 생산한 물품을 외국에 판매하는 거래, 국내완제품 Local거래, 국내에서 중계수수료를 수취할 목적으로 사용된다.

또한, 제2수익자가 국내외에 소재하는지에 따라 원수익자가 소재하는 국가의 제2수익자에게 양도하는 국내양도, 타국에 소재하는 제2수익자에 양도하는 경우를 국외양도로 구분한다.

6) 절차

① 신용장 양도계약의 체결
② 양도신청(수출신용장 원본, 양도신청서, 양도인과 양수인의 인감 구비)
③ 양도 여부 검토
④ 양도통지
⑤ 수출이행

7) 신용장 국내 양도 시 영세율 적용 여부

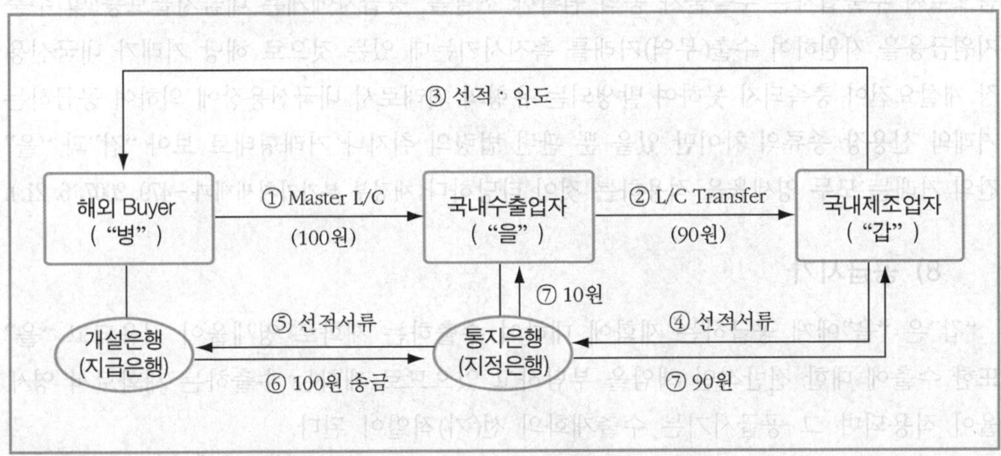

조건변경부 신용장양도는 수출실적을 국내 제조업자와 수출자 모두 계상해야 하고, 제조업자에 거래의 안정성의 확보가 필요한 경우로서 수출자가 신용장상의 금액이 고액이거나 신용부족 등을 이유로 내국신용장을 개설하여 개설은행이 대금지급을 보증하고 무역금융 융자대상이 되는 등의 혜택을 받을 수 없거나, 구매확인서를 발급받아 영세율 적용은 가능하지만 내국신용장과 달리 구매확인서는 무역금융 융자대상자로서 혜택을 받을 수 없기 때문에 수출상의 (영세율)매출 계상이 가능하면서 은행에 담보제공 여부나 신용상태에 관계없이 거래가 가능하고, 양도차익이 확실히 보장되면서 은행수수료 등을 절감할 수 있어 중소수출업체가 많이 사용하고 있다.

조건변경부 신용장의 국내양도에 있어 국내제조자 "갑"이 제품을 생산하여 국외 수입업자인 "병"에게 선적하였더라도 이는 수출자인 "을"과 "병" 그리고 "을"과 "갑"과의 별개의 계약에 의한 것으로 신용장의 국외양도거래와 동일하게 각각 별개의 거래로 파악하여 국내제조자 "갑"과 수출자 "을" 간의 거래는 "을"이 국내에서 "갑"으로부터 매입하여 국외수입업자인 "병"에게 수출한 거래로 파악된다.

이때 생산된 제품의 선적은 “갑”이 이행하지만, 동 수출계약 이행에 따른 모든 책임은 “을”이 수행하게 되므로 “을”이 신용장에 의하여 공급하는 재화에 대하여 수출하는 재화로써 영세율이 적용되어야 할 것이다. 다만, “갑”의 경우 국내에서 “을”에게 재화를 공급한 것으로 파악되어 조건변경부 양도가능 신용장에 의하여 국내에서 공급하는 재화가 영세율이 적용되는 것으로 하는 명문규정이 없어 영세율 적용이 어려운 점이 있으나, 내국신용장의 영세율 적용 취지가 수출업자가 수출용재화를 구입하거나 수출용재화의 제조에 소요되는 원자재 등을 구입하는 경우에 필요한 자금부담을 덜어주고, 한편으로 그 제품이나 원자재 등을 공급하는 자에 대하여 수출업자의 신용이나 그 대금지급을 은행이 보증하여 줌으로써 수출업자는 수출물자 등의 원활한 조달을, 공급자에게는 대금지급보증 및 수출지원금융을 지원하여 수출(무역)거래를 촉진시키는데 있는 것으로 해당 거래가 내국신용장 개설요건이 충족되지 못하여 발생되는 유형의 거래로서 내국신용장에 의하여 공급하는 거래와 신용장 종류의 차이만 있을 뿐 관련 법령의 취지나 거래형태로 보아 “갑”과 “을” 간의 거래는 모두 영세율을 적용하는 것이 타당하다(재경부 부가가치세제과-479, 2007. 6. 21.).

8) 공급시기

“갑”은 “을”에게 공급하는 재화에 대하여 수출하는 재화로 영세율이 적용되고 “을” 또한 수출에 대한 전반적인 책임을 부담하고 있으므로 재화는 수출하는 재화로서 영세율이 적용되며 그 공급시기는 수출재화의 선(기)적일이 된다.

9) 세금계산서의 발급

수출하는 재화에 해당되어 “을”은 세금계산서 발급의무가 면제되며, “갑”은 국내거래로서 영세율세금계산서를 발급하여야 할 것으로 판단된다(부가-765, 2009. 6. 5.).

10) 공급가액

“갑”의 과세표준은 내국신용장에 의하여 공급하는 거래와 유사한 것으로 보아 원신용장의 양도가액을 공급가액으로 하고, “을”의 경우 수출자로서 실질적으로 자기책임하에 수출이 이루어지는 경우에는 수출금액이 공급가액이 된다(재경부 부가가치세제과-479, 2007. 6. 21. ; 법인 22601-2082, 1991. 11. 4.).

11) 영세율 첨부서류

부가가치세법상 조건변경부 신용장 양도거래에 대한 영세율 첨부서류 제출에 관한 규정이 없으므로 해당 사실을 증명할 수 있는 수출신용장 및 신용장양도 서류 사본,

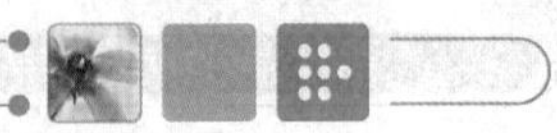

신용장 양도자가 자기 책임하에 수출이 이루어진 경우에는 수출실적명세서를 제출하면 된다.

(2) 신용장의 국외양도

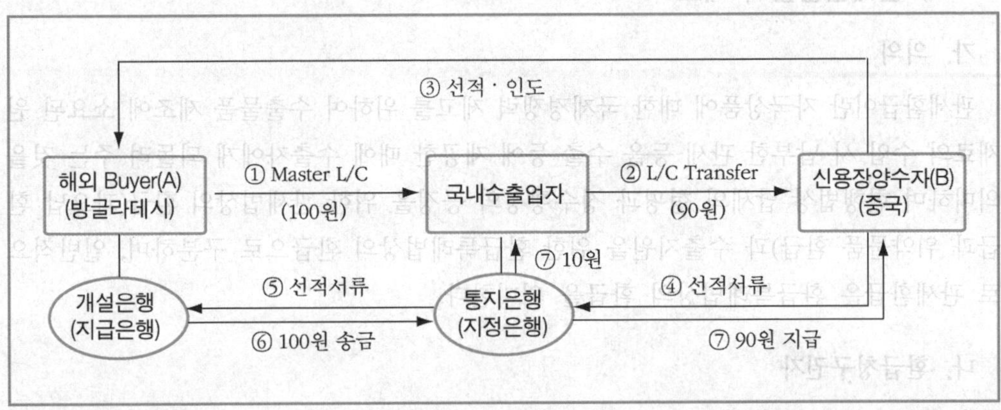

수출신용장의 국외양도가 중계무역인지 또는 중개무역으로서 알선용역을 제공한 것인지 여부의 판단사항으로 국내수출업자가 해외 'A'로부터 개설된 신용장(Master L/C)을 지정은행에서 국외의 사업자(B)에게 양도하고 'B'가 양도통지서(Transfer Advice)를 교부받아 'A'에게 직접 재화를 인도하는 경우 국내사업자는 원신용장보다 단가를 인하 양도함으로써 원신용장과의 차액을 가득액으로 획득한 것이며, 수출계약 이행에 따른 책임(클레임 등)이 국내사업자에게 있는 등 국내사업자의 계산과 책임하에 수출거래가 이루어지는 것으로 신용장 국외양도거래는 국내사업자가 수출계약의 당사자로서 거래에 개입하여 수출대금과 수입대금 지급액과의 차액을 취한 것으로 중계무역에 해당하는 하나의 거래형태로 보고 있다. 다만, 신용장의 전액 양도 시에는 중개무역의 일종으로 보아야 한다.

따라서 국세청에서는 국내사업자를 수익자로 하여 국외구매자로부터 개설된 신용장(Master L/C)을 국내사업자가 수취한 후 동 신용장을 국내 지정은행에서 제3국의 국외사업자에게 양도하여 제3국의 국외사업자가 수출재화를 국외구매자에게 직접 인도하는 경우로서 국내사업자의 계산과 책임하에 수출계약에 따른 거래가 이루어지고 국내사업자가 원신용장의 금액보다 낮은 금액으로 원신용장의 조건을 변경하여 양도함으로써 원신용장 금액과 양도통지서 금액과의 차액을 가득액으로 획득하는 경우 국내사업자의 신용장 국외양도에 의한 거래는 중계무역방식에 따른 수출로 보아 영세율이 적용된다(부가가치세과-1026, 2012. 10. 9.).

18 그 밖의 재화의 수출로 보는 경우

(1) 관세환급금에 대한 영세율 적용

1) 관세환급금의 개요

가. 의의

관세환급이란 자국상품에 대한 국제경쟁력 제고를 위하여 수출물품 제조에 소요된 원재료의 수입 시 납부한 관세 등을 수출 등에 제공한 때에 수출자에게 되돌려 주는 것을 의미하며 현행법상 납세의 형평과 징수행정의 공정을 위한 관세법상의 환급(과오납 환급과 위약물품 환급)과 수출지원을 위한 환급특례법상의 환급으로 구분하며, 일반적으로 관세환급은 환급특례법상의 환급을 의미한다.

나. 환급청구권자

수출물품에 대한 관세환급금의 환급신청권은 수출한 자, 즉 수출신고필증에 표시되어 있는 수출업자에게 있다. 그러나 원재료를 수입하여 제조·가공한 후 완제품을 단순히 수출업자에게 수출을 대행시킨 경우에는 수출자나 수출을 위탁한 자도 환급신청권자가 될 수 있다.

내국신용장에 의한 중간제품을 국내공급하는 경우에는 최종수출자에게 환급청구권이 있기 때문에 중간제품공급자가 부담한 수입관세는 환급신청권자로부터 환급받은 관세를 수령하는 것이다.

다. 환급대상(수출용 원재료에 대한 관세 등 환급에 관한 특례법 §4)

1. 「관세법」에 따라 수출신고가 수리(受理)된 수출. 다만, 무상으로 수출하는 것에 대하여는 기획재정부령으로 정하는 수출로 한정한다.
2. 우리나라 안에서 외화를 획득하는 판매 또는 공사 중 기획재정부령으로 정하는 것
3. 「관세법」에 따른 보세구역 중 기획재정부령으로 정하는 구역 또는 「자유무역지역의 지정 및 운영에 관한 법률」에 따른 자유무역지역의 입주기업체에 대한 공급
4. 그 밖에 수출로 인정되어 기획재정부령으로 정하는 것

라. 환급신청 기간

관세 등을 환급신청할 수 있는 기간은 물품의 수출완료일(물품의 수출, 환급대상 내국수출에 제공된 날)로부터 2년으로 하며, 물품이 수출 등에 제공된 경우라도 해당 수출용

원재료가 수출에 공한 날이 속하는 달의 말일을 기준으로 2년 이내에 수입된 경우여야 한다.

2) 영세율 적용대상 관세환급금

내국신용장, 구매확인서에 의하여 수출업자 또는 수출품 생산업자에게 재화를 공급한 자가 자기가 부담한 수입관세를 수출업자 또는 수출품 생산업자로부터 공급대가의 일부로 받는 경우에 동 관세환급금은 공급가액에 포함되어 영세율 적용을 받는다(부가통칙 21-31-9 ; 조심 2015중4040, 2016. 5. 9. ; 대법원 84누0357, 1985. 9. 10.).

이때 개별소비세, 주세, 교통·에너지·환경세 및 농어촌특별세를 부담한 수출용 수입물품에 대하여는 환급을 함께 받게 되는데 이 경우의 개별소비세, 주세, 교통·에너지·환경세 및 농어촌특별세 환급금의 영세율 적용도 관세환급의 경우와 동일하게 처리한다(국심 79부604, 1979. 6. 23.).

그러나 다음에 해당하는 관세환급금은 수출하는 재화에 대한 대가가 아니고 수출품 원가의 차감인 것이므로 부가가치세 과세대상이 되지 아니한다(부가 1265-1362, 1979. 5. 2.).

㉠ 자기의 계산으로 수출 등을 직접 이행한 수출업자가 세관장으로부터 직접 환급받은 관세환급금

㉡ 내국신용장에 의하여 수출업자의 명의로 완제품을 수출하고 세관장 또는 수출업자로부터 수령한 관세환급금

㉢ 수출품 생산업자가 수출업자의 명의로 대행수출하고 세관장 또는 수출업자로부터 수령한 관세환급금

3) 공급시기

영세율이 적용되는 관세환급금은 재화의 공급에 대한 대가의 일부로 받는 것이면서 동시에 국내거래이므로 해당 재화를 인도하는 때를 공급시기로 한다. 다만, 그 공급시기에 관세환급금의 일부가 확정되지 아니한 때에는 세관장으로부터 관세환급금이 통지되었을 때를 공급시기로 할 수 있다(부가 22601-2264, 1986. 11. 13. ; 서면3팀-3401, 2007. 12. 24. ; 부가 22601-2136, 1986. 10. 28. ; 국세심판 82부541, 1987. 10. 30.).

반면, 관세환급금의 손익귀속시기는 수출과 동시에 환급받을 관세 등이 확정되는 간이정액환급의 경우 당해 수출을 완료한 날로 하고, 수출과 동시에 환급받은 관세 등이 확정되지 아니하는 개별환급의 경우 환급금의 결정통지일 또는 환급일 중 빠른 날로 한다(법인 22601-1379, 1985. 5. 8. ; 법인 46012-2567, 1998. 9. 11.).

4) 세금계산서의 발급

관세환급을 수출업자가 받아 수출품생산업자에게 지급하는 경우 수출업자는 자기가 부담한 관세환급금을 돌려받은 것이 아니므로 과세대상이 되지 아니하여 세금계산서 발급의무가 없고 상기 "3)"에 해당하는 경우 그 공급시기에 관세환급금을 지급받는 자가 영세율세금계산서를 발급한다(부가 22601-2264, 1986. 11. 13.).

5) 공급가액

부가가치세 과세대상이 되는 관세환급금으로서 대가의 일부로 받는 관세환급금액이 공급가액이 된다. 하지만 당초 관세상당액을 직접 납부하고 원가에 계상하였을 경우 세관장으로부터 직접 수령한 관세환급금은 매출원가에서 차감한다(법인 22601-2357, 1990. 12. 13.).

6) 영세율 첨부서류

내국신용장 사본 또는 내국신용장에 포함되지 아니한 관세환급금은 관세환급금명세서를 제출한다.

7) 관세환급금에 대한 과세 여부 도해

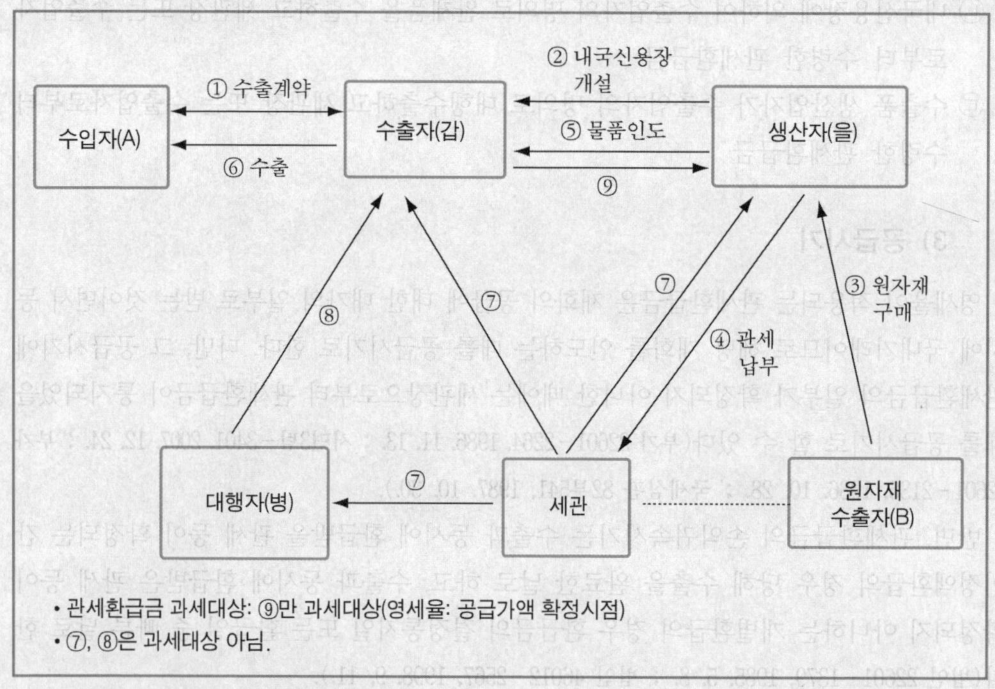

* 근거: 부가 46015-329, 1996. 2. 17.

8) 그 밖의 참고사항

수출용 원자재 수입 시 납부된 관세 등을 매입부대비용으로 계상한 후 관세환급금을 수령한 때에는 수출과 동시에 환급받을 관세 등이 확정되는 경우 당해 수출을 완료한 날, 수출과 동시에 환급받을 세액이 확정되지 아니하는 경우에는 환급금의 결정통지일 또는 환급일 중 빠른 날에 익금에 산입한다(법인통칙 40-71-6).

다만, 수출물품의 판매로 인하여 수출업자로부터 받는 관세환급금의 귀속연도는 당해 수출물품의 판매대금의 귀속연도에 따라 처리한다. 이 경우 당해 관세환급금이 수출물품판매대금의 귀속연도까지 확정되지 아니한 경우에는 「수출용 원재료에 대한 관세 등 환급에 관한 특례법」 제13조에 따라 환급받을 예상액으로 계상하며 그 후 실지환급금과의 차액이 발생된 경우에는 동 차액은 실제로 환급받을 과세기간의 총수입금액 또는 필요경비에 산입한다(소득통칙 39-0-33).

(2) 휴대반출

1) 의의

관세법령상 FOB 물품가격 2백만 원을 초과하는 물품에 대해서는 수출통관 대상으로 규정하고 있으나 여행자가 휴대하여 반출하는 물품에 대해서는 간이통관절차를 거친 것으로 간주하여 따로 통관절차 이행을 요구하지 않고, 수출하는 물품을 세관이 따로 검사하는 시스템도 운영하지 않는다. 다만, 휴대하여 반출하는 물품으로 관세환급 등이 필요하거나 재수입 시 면세가 필요한 물품에 대해서는 여행자의 신고에 따라 세관이 서면으로 확인하는 절차가 운영된다.

2) 영세율 적용

① 사업자가 자기의 사업과 관련하여 취득한 재화를 휴대품 반출에 따른 간이수출신고(탑승 수속 시 수출신고필증 2부 제출)를 한 후 국외로 반출하는 경우에는 부가법 제21조 제2항 제1호에 따라 영세율을 적용한다. 이 경우의 영세율 첨부서류는 세관장이 발행하는 간이수출신고수리필증이 된다(제도 46015-12562, 2001. 8. 6.).

② 한편, 부가가치세 과세재화를 간이수출신고 없이 휴대반출하는 경우 종전 국세청 유권해석(부가 46015-2138, 1998. 9. 21.)에서는 영세율을 적용받을 수 없다고 하였으나, 간이수출신고가 없다고 하더라도 내국물품을 국외반출하는 것이므로 수출의 정의에 부합하는 점을 고려하여 국외반출하여 공급한 사실이 객관적인 증빙에 의해 확인되는 경우에는 영세율 적용대상 수출재화에 해당하는 것으로 해석을 변경

하였다(재부가-177, 2007. 3. 20.).

※ 보따리무역이나 소포우편물 등 간이절차로 수출할 수 있는 경우는 관세환급대상이 아닌 물품가격 FOB 2백만 원 이하의 물품이다(관세령 §246 ④ 5, 수출통관 사무처리에 관한 고시 §36 8호). 관세환급대상인 물품도 간이통관절차로 수출통관은 가능하겠지만 서류 미비로 인해 환급이 불가능해진다.

3) 핸드캐리로 위장한 내수판매에 대한 영세율 적용 배제

핸드캐리(Hand Carry)란 사람이 직접 짐보따리를 주로 국제간에 이동(운송)시키는 경우를 말하며, 화물을 선박이나 항공 편으로 운송 시 정식 수출·입으로 포워딩 등을 통하여 운송하지 아니하고 사람이 직접 짐보따리로 운송하는 방법이다.

주로 한중 간, 한일 간 고속카페리를 이용하여 짐을 꾸려 양국을 왕래하며 운송, 영업을 행위하는 소호무역으로 소위 "따이공(代公)" 또는 "보따리상"이라고 칭한다.

또한, 소호무역은 정식으로 양국 세관에 수출·입신고를 하고 진행하는 경우도 있으나 주로 여행용품으로 면세로 통관하며 화주의 물품을 대리로 운송하여 주고 수수료를 받으며 영업하는 업체를 말한다.

「부가가치세법」에서 수출하는 재화로서 영세율이 적용되는 경우는 자기의 책임과 계산하에 수출물품을 국외의 바이어에게 인도하는 것이므로 자기의 직원이나 보따리상을 통해 수출통관을 거치지 아니하였더라도 국외반출된 사실이 객관적으로 입증되는 경우 대가의 수수방법에 불구하고 영세율이 적용된다(서울행법 2005구합28829, 2006. 10. 17. ; 서울고법 2006누27115, 2007. 6. 22. 외 다수).

▌관련 판례

수출하는 재화에 해당하는지는 납부 내지 환급세액 결정에 영향을 미치는 특별한 사유에 속하므로 그에 대한 증명책임은 납세의무자에게 있으나, 사업자가 영세율 적용대상 과세표준을 신고하면서 부가가치세 관련 법령이 정하는 영세율 첨부서류를 제출하지 아니한 경우에도 해당 과세표준이 영세율 적용대상임이 확인되는 때에는 영세율을 적용할 수 있다.

1) 원고가 증거로 제출한 소○○ 직원과의 이메일·SNS메시지, 인보이스, 소○○의 발주서, 교역성품 및 물품인수확인서, 거래대금이 입금된 계좌 입금내역 중 직원들이 주고받은 이메일·SNS메시지는 업무처리 과정에서 작성된 것으로서 그 내용이 구체적이며 사후 조작의 의심정황이 없고, 인보이스·물품인수확인서 등도 이메일 등을 통해 드러난 정황들과 일치하며 그 신빙성이 인정됨.
2) 원고와 소○○ 사이에 이 사건 물품의 수출입계약서 등 처분문서나 수출통관서류는 부존재하나, 위 "1)" 입증근거의 각 기재에 따르면 소○○이 '13. 3.경부터 이 사건 물품을 수입하기 위해

제조법인 ××전자와 거래하는 등 원고와 거래개시 전부터 이 사건 물품을 수입해온 것으로 보이는 바, 원고와 소○○이 이메일을 통해 이 사건 물품의 모델명, 수량, 단가 등을 특정하여 거래약정을 체결하였음을 인정할 수 있음(소○○과의 거래주체를 원고가 아닌 ××전자로 보기는 어려움).

3) 소○○은 통관지연 등으로 인해 수입대행업체를 통해 이 사건 물품을 수입하기로 한 것으로 보이고, 소○○이 대행업체를 지정하여 알려주면 원고는 해당 주소로 물품을 발송하는 방법으로 물품의 인도가 이루어졌고, 신속한 수입 필요시에는 보따리상을 통해 수입하기도 함.

4) 인보이스상 물품 대금총액과 원고의 계좌 입금내역이 상이하고 입금 상대방도 소○○이 아닌 다른 업체이나, ① 정식 통관 절차의 수입거래가 아니기 때문에 대행업체를 통해 송금하였던 점, ② 소○○ 직원은 원고 직원에게 중국의 다른 회사를 통해 물품대금을 송금한다거나, 대행업체에 송금 의뢰하였다는 이메일을 보낸 점, ③ 소○○이 대행업체를 통해서만 대금지급할 수 있는 거래제약으로 인보이스 물품대금과 상이한 금액을 수시로 원고의 계좌에 입금하는 방식으로 거래대금을 지급해 온 것으로 보이는 점에 비추어 원고가 소○○으로부터 이 사건 거래대금 전부를 원고 계좌를 통해 지급받았음을 인정할 수 있음.

따라서 원고가 영세율 과세표준 신고 시 부가령에 규정된 수출실적명세서를 제출하지 못하였더라도 원고와 소○○과의 이 사건 거래는 영세율이 적용되어야 함(서울고법 2019누42244, 2020. 8. 19.).

4) 국내에서 수입업자에게 인도한 재화에 대한 영세율 적용 여부

무역거래조건에 따라 수출재화를 해외바이어(수입자의 임직원 등)에게 국내에서 인도되었다고 무조건 영세율이 배제되는 것은 아니다. 예를 들어 공장인도조건 방식수출의 경우 국내 공장에서 바이어의 운송업자에게 인도하고 그 시점에 수출재화의 위험과 효익이 이전되지만 추후 수출업자 명의로 수출신고필증이 교부되어 해외반출이 확인된 경우 영세율이 적용되는 것으로 해석하고 있다(부가가치세과-418, 2014. 5. 12. ; 법규부가 2012-1, 2012. 1. 2. 외 다수).

보세판매장에서 비거주자에게 판매하는 재화에 대한 영세율 적용을 엄격하게 하고 있어 국내에서 비거주자에게 재화를 공급하고, 그 거래가 완전히 종결된 경우라면 일단 영세율을 배제하는 것이 국내 거주자와의 과세형평에 맞는 것이고 구매한 비거주자가 스스로 국외로 반출한 것이라면 수출자(보세판매장)의 책임과 계산하에 반출한 것이라고 보기는 어려울 것이다.

하지만, 국내 공급자의 사업장 등을 방문한 비거주자가 구매대상 재화를 선택하고 매매계약을 하면서 무역거래조건은 FOB로 하면서 국내 공급자 명의로 수출통관이 이루어져 국외반출된 사실이 확인된다면 매매계약 이후 물류비를 수출자가 부담하지 않았더라도 이는 무역거래조건에 따른 것일 뿐이어서 영세율을 배제하는 것은 무리가 있다 하겠다.

영세율을 인정한 법원의 판례를 보면 무역거래조건에 따라 자기책임과 계산하에 국외반출한 사실이 객관적으로 확인되면 영세율 적용이 가능하다고 판시하고 있다(서울행법 2005구합28829, 2006. 10. 17. ; 서울고법 2006누27115, 2007. 6. 22.). 자기책임과 계산하의 국외반출이란 일반 무역조건에 따른 위험과 비용부담을 한 경우를 말하며, 영세율 적용을 배제한 조세심판례들을 보면 수출자, 수입자 사이에 제3의 사업자가 끼여 있거나 허위 가장거래 등이 있는 경우이므로 위와 같은 거래에 그대로 적용하기는 어렵다.

그 밖에도 국세청은 필자와 같은 취지의 세법해석들을 회신한 바 있어 영세율 적용 여부는 그 거래조건 등을 파악하여 개별사안에 따라 사실판단할 사항이지 무조건 영세율을 배제하는 것은 부당하다(서면-2014-부가-21885, 2015. 11. 11. ; 부가-1457, 2009. 10. 9.).

(3) 보세판매장에 대한 영세율 적용

1) 보세판매장 현황

보세판매장은 외국으로 반출하거나 관세의 면제를 받을 수 있는 자가 사용하는 것을 조건으로 외국물품을 판매하는 구역으로(관세법 §196), 이러한 보세판매장에서 판매하는 물품에 대하여는 우리나라는 물론 세계 각국에서는 수출하는 재화로 보아 영세율 또는 조세의 면제 등을 지원하고 있다. 이는 외국인의 쇼핑편의 증진과 내국인의 해외소비를 국내소비로 전환하여 외화유출을 방지하고자 하는데 있다.

2) 영세율의 적용 개요

국세청은 그간 「관세법」에 따른 보세판매장에서 출국인에게 재화를 공급하는 경우로서 해당 재화가 관세청의 「보세판매장 운영에 관한 고시」 규정에 따라 외국에 반출되는 경우에는 부가법 제21조 제2항 제1호 규정의 「수출하는 재화」에 해당하여 영세율이 적용되는 것으로 일관되게 회신하였다. 이때 보세판매장에서 공급하는 해당 물품이 외국물품인지 내국물품인지를 가리지 아니한다. 또한, 수출하는 재화로 해석된다면 출국이 예정된 경우, 내국인인지 외국인인지에 관계없이 영세율이 적용된다(서삼 46015-11039, 2001. 12. 31. ; 서면3팀-1672, 2006. 8. 2.).

3) 보세판매장이 직접 공급하는 재화

사업자가 관세법에 따른 보세판매장(외교관면세점, 출국장면세점, 시내면세점, 귀금속류면세점, 제주도여행객 면세품판매장인 지정면세점)에서 출국인에게 재화(보세판매장에서 판매할 수 있는 외국물품 포함)를 공급(위수탁계약에 따른 위탁자공급분을 포함하고, 국외거주 외국인으로부터 인터넷 주문에 의해 국제우편으로 발송하는 경우를 포함한다)하고 공급한 해당 재화가 보세판매장 운영에 관한 고시 규정에 따라 외국에 반출되는 경우 및 세관장으로부터 승선 또는 비행기 탑승허가를 받아 외국을 항행하는 선박 또는 항공기 내에서 공급하는 재화는 수출에 해당하여 영세율 적용대상이며, 공급시기는 국내거래와 동일하게 부가법 제15조의 규정이 적용된다(관세법 §196 ; 서면3팀-1057, 2006. 6. 8. ; 부가통칙 11-24-5 ; 제도 46013-10040, 2001. 3. 16. ; 보세판매장운영에 관한 고시).

4) 보세판매장에 공급하는 재화

사업자가 외국인 관광객 면세판매장이나 보세판매장에 재화를 공급하는 경우 부가가치세 사후환급규정이나 영세율이 적용되지 아니하므로 일반세율이 기재된 세금계산서를 발급하여야 한다(서삼 46015-10271, 2001. 9. 20.). 다만, 제주 지정면세점에 공급하는 내국물품 및 외국물품에 대하여는 영세율이 적용된다(제주특별자치도 여행객에 대한 면세점 특례 규정 §7 ; 부가-272, 2012. 3. 14.).

※ 구매확인서가 개설된 경우 보세판매장에 공급하는 재화에 대하여 영세율 적용이 가능하다.

5) 수탁물품의 판매에 대한 영세율 적용

보세판매장을 운영하는 사업자가 위탁자의 물품을 수탁받아 외국인 관광객에게 판매하고 위탁자로부터 수수료를 받는 경우 수탁물품의 공급에 대하여는 위탁자가 영세율을 적용받는 것이며 보세판매장 운영자가 받는 수수료에 대하여는 위탁자에게 일반세금계산서(10%)를 발급하여야 한다.

6) 보세판매장에서 현장인도하는 재화의 영세율 적용

시내면세점에서 판매한 물품에 대하여는 현품을 판매장에서 인도하지 아니하고 구매자가 서명한 교환권을 발행하여 출국장에서 인도하여야 함이 원칙으로(보세판매장 고시 §12 ①), 이를 위반하여 판매한 외국물품을 시내면세점 또는 귀금속류면세점에서 인도한 때는 1개월 이상 6개월 이하의 기간을 정하여 판매장에 판매물품의 반입을 정지하게 할 수 있다. 다만, 출국이 예정된 외국인 구매자가 구매한 국산품을 해당 보세판매장에서 인도하는 경우에는 반드시 여권 및 탑승권을 확인한 후 구매자관리대장에 기록하고 인도하여야 하며, 출국하는 내국인이 구매한 물품 또는 외국인 구매자가 출국장에서 인도를 원하는 경우에는 다른 외국물품과 구분·적재하여 운송한 후 출국장 인도장에서 인도할 수 있으며(보세판매장 고시 §12 ②), 동 규정을 위반하는 경우 보세판매장 운영에 관한 고시에 따라 주의처분을 받게 된다(주의 3회 → 경고 1회)(보세판매장 고시 §28 ③ 4, 보세판매장 고시 §28 ②).

시내면세점의 국산품매장에서 외국인의 현장인도 요구에 따라 현장인도하는 국산품의 경우 보세판매장 운영에 관한 고시에서 허용하고 있고 구매자인 외국인 인적사항을 구매자관리대장에 기록하고 세관에 보고해야 하며, 세관은 내수판매 여부 등을 점검하고 있는바, 이와 관련하여 관세법 및 고시사항의 위반이 없는 경우 정상적으로 외국에 반출된 것으로 보아야 할 것이며, 무엇보다 외국인 관광객에 대한 국산품의 홍보 및 판매촉진을 원활히 하여 국내 중소·중견기업의 성장을 돕고자 하는 보세판매장 내 국산품 판매의 확대 정책에도 부합하는 바, 수출하는 재화로 보아 영의 세율을 적용함이 타당하다(법규부가 2014-122, 2014. 4. 4. ; 서면3팀-1057, 2006. 6. 8.).

7) 보세판매장 관련 사례

① 보세판매장으로부터 반품받는 행위가 재화의 수입에 해당하는지

보세구역이 아닌 국내에 사업장을 가진 사업자가 외국으로부터 물품을 수입하여 관세 및 수입부가가치세를 납부하고 국내에 반입한 후 국내사업장에 보관하면서 해당 물품을 보세판매장에 공급하고 「수출용 원재료에 대한 관세 등의 환급에 관한 특례법」 제4조 제3호에 따라 관세를 환급받은 후 보세판매장에서 판매되지 아니한 물품을 반품받는 것은 '처음 공급한 재화가 환입된 경우'에 해당하여 수정세금계산서를 발급하여야 한다(기획재정부 부가가치세제과-250, 2017. 5. 12.).

② 구매확인서를 발급받은 후 수정세금계산서 미발급 시 가산세 적용

사업자가 보세판매장에 재화를 공급하고 일반세율이 기재된 세금계산서를 발급한 후 공급시기가 속하는 과세기간 종료 후 25일 이내에 구매확인서를 발급받은 경우 0% 세율이 기재된 세금계산서로 수정발급할 수 있는 것이나, 구매확인서를 발급받았음에도 (영세율)수정세금계산서를 발급하지 아니한 경우로서 당초 발급한 세금계산서에 신고·납부를 이행하였다면 해당 거래에 대하여 세금계산서 및 동 합계표가산세를 적용하지 않는다(기획재정부 부가가치세제과-585, 2017. 11. 16.).

③ 보세판매장에서 해외대량구매법인에게 재화를 공급하는 경우 영세율 적용 여부

「관세법」 제196조에 따른 보세판매장에서 같은 법 시행령 제213조 및 「보세판매장 운영에 관한 고시」와 관세청의 해당 업무지침(출국인에게 판매하는 것으로 인정되는 구매대행처리 기준 등)에 따라 보세판매장에서 해외대량구매법인에게 판매하면서 그 대금을 (사전)송금받고 그 소속직원에게 해당 물품을 인도하여 해외로 반출하는 경우 외국으로 반출되는 재화에 대하여는 부가법 제21조 제1항에 따라 부가가치세 영세율이 적용된다(기준-2015-법령해석부가-0039, 2015. 5. 13.).

④ **보세판매장에서 인터넷 쇼핑몰을 통해 토산품을 외국에 우편발송하는 경우에도 수출하는 재화로 보아 영세율이 적용된다**(제도 46013-10040, 2001. 3. 16.).

※ 입국장 보세판매장은 후술하는 "입국장 보세판매장의 면세 내국물품에 대한 간접세의 특례"를 참고한다.

(4) 자유무역지역과 영세율

1) 의의

자유무역지역은 외국인투자의 유치, 국제무역의 진흥 및 지역개발 등을 촉진하기 위해 대외무역법, 관세법 등 관계 법률에 의한 규제를 완화하여 자유로운 제조·유통·무역활동 등이 보장되는 지역으로 산업통상자원부장관이 지정한 지역을 말한다(자유무역법 §2 1).

① 입주기업체

"입주기업체"라 함은 「자유무역지역의 지정 및 운영에 관한 법률」 제10조 제1항 제1호 내지 제3호 및 동조 제2항의 규정에 의한 입주자격을 갖춘 자로서 같은 법 제11조에 따라 입주허가를 받은 자를 말한다.

② 내국물품

"내국물품"이라 함은 「관세법」 제2조 제4호에 따른 내국물품을 말한다. 입주업체가 자유무역지역 안에서 사용 또는 소비하고자 하는 내국물품 중 관세 등을 면제, 영세율 적용을 받고자 하는 물품은 다음에 해당하는 물품을 말한다.

- 기계, 기구, 설비 및 장비와 그 부분품
- 원재료, 윤활유, 사무용컴퓨터 및 건축자재
- 그 밖에 사업목적의 달성에 필요하다고 인정하여 관세청장이 정하는 물품

2) 설치 목적 등

보세구역과 유사한 제도로서 수출자유지역, 자유무역지역 및 자유항 등과 같은 자유지역제도가 있다. 보세구역과 자유지역은 외국물품이 보세상태로 그 역내에 반입될 수 있다는 점에서는 서로 같으나 보세구역 내에서는 세관의 엄격한 통제를 받고 역내에 반입되는 물품의 종류도 제한을 받으며, 보세구역의 설치목적은 보세화물의 가공수출인 경우(수출용 보세공장) 이외에 수출입 통관을 할 물품의 장치, 외국물품의 건설, 전시, 판매 등으로 그 목적이 다양하다는 점에 있는데 반하여, 자유지역은 관세법의 적용이 원칙적으로 배제되고 따라서 세관의 통제도 외곽 관리와 물품의 반출입만을 감시하는 데 그치며 역내에는 원재료뿐만 아니라 시설재도 외국물품 상태로 반입되며, 그 설치목적은 주로 수출물품의 가공이나 중계무역상품의 장치 등에 있다는 점에서 서로 다르다.

3) 영세율 적용범위 등

「자유무역지역의 지정 및 운영에 관한 법률」에 따라 입주기업체의 재화 또는 용역의 제공과 관련된 세법의 적용은 다음과 같다.

① 「자유무역법」 제29조 제1항 제2호 및 같은 법 제45조 제2항에 따르면 입주업체가 자유무역지역 안에서 사용하고자 하는 내국물품으로서 기계, 기구, 설비 및 장비 등 동 법률에 규정된 물품을 자유무역지역 안으로 반입하고자 하는 자가 세관장에게 반입신고한 경우 부가법 제21조 제2항 제1호에 따른 수출하는 재화로 부가가치세 영세율이 적용된다(자유무역법 §45 ②).

② 자유무역지역 안에서 입주기업체 간에 공급하거나 제공하는 외국물품 등과 용역에 대하여 부가가치세의 영세율을 적용한다(자유무역법 §45 ②, ③). 따라서 입주기업체가 아닌 국내사업자가 자유무역지역 내의 입주기업체에게 위탁급식용역을 공급하는 경우에는 영세율이 적용되지 않는다(부가가치세과-1533, 2009. 10. 22.).

③ 입주기업체가 같은 법에 의하여 반입신고를 한 내국물품에 대하여는 「주세법」 제31조 제1항 제1호, 「개별소비세법」 제15조 제1항 제1호 또는 「교통 · 에너지 · 환경세법」 제13조 제1항 제1호에 따라 수출 또는 공급하는 것으로 보아 관세 등을 면제하거나 환급한다(자유무역법 §45 ①).

④ 외국인투자기업인 입주기업체에 대하여는 「조세특례제한법」이 정하는 바에 따라 법인세 · 소득세 · 취득세 · 등록세 · 재산세 · 종합토지세 등의 조세를 감면할 수 있다(자유무역법 §47).

| 자유무역지역 입주기업체에 대한 영세율 적용 |

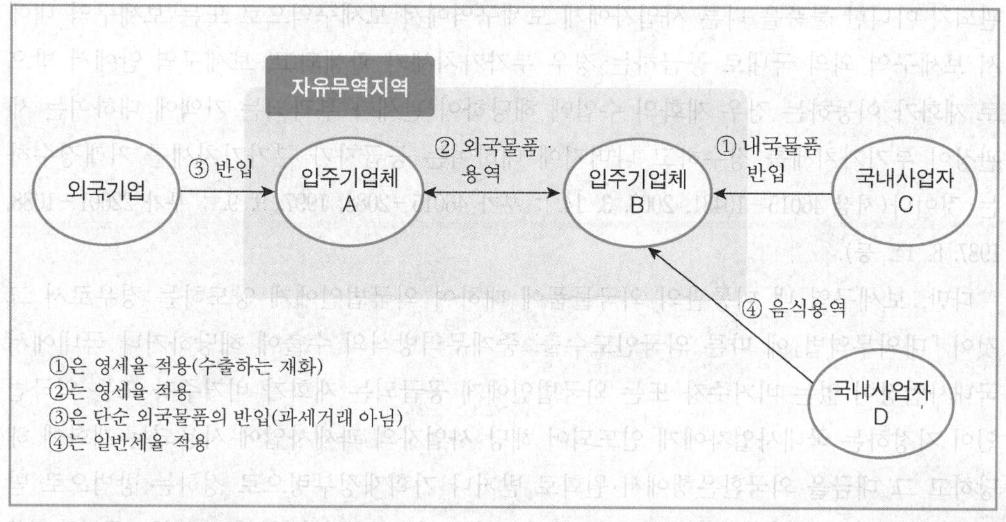

4) 영세율 첨부서류

세관장이 발행하는 내국물품 반입사실을 증명할 수 있는 서류를 제출하여야 한다.

(5) 통관 전 보세구역 내에서 외국물품을 외국법인에 공급 시 영세율 적용

1) 분석대상 국세청 해석 사례

> 국내사업자가 보세구역 내에서 수입한 재화를 미통관 상태로 다른 사업자에게 공급하는 것은 재화의 공급에 해당하는 것임. 다만, 국내사업자가 외국에서 수입하여 보세구역에 보관하던 외국물품을 국내사업장이 없는 외국법인에게 양도하고 그 대가를 외국환은행에서 원화로 받는 경우로서 해당 외국물품이 중계무역방식의 수출에 해당하거나, 국내사업자가 외국물품을 공급받은 외국법인이 지정하는 국내의 다른 사업자에게 인도되어 과세사업에 사용되는 경우에는 「부가가치세법 시행령(2013. 2. 15. 대통령령 제24359호)」 제24조 제1항 제2호 및 같은 법 시행령 제26조 제1항 제1호에 따라 영세율이 적용되는 것이므로 국내사업자가 공급한 외국물품의 국외 반출 여부 및 그 경위, 국내의 다른 사업자에게 인도되어 과세사업에 사용되었는지를 추가 조사하여 사실판단할 사항임(기준-2015-법령해석부가-0101, 2015. 7. 10.).

2) 보세구역 내 재화 이동에 따른 부가가치세 과세방법 요약

보세구역은 외국물품에 대하여 통관 전에 관세법에 따라 관세의 부과가 유보되는 지정된 국내의 일정한 지역이나, 부가가치세는 관세와 달리 재화가 보세구역 내에 소재하느냐에 관계없이 대한민국의 주권이 미치는 지역에서 사업자가 물품을 공급하는 경우 납세의무가 있는 것이므로 보세구역도 대한민국의 영토로서 사업자가 보세구역 내의 통관되지 아니한 물품을 다른 사업자에게 보세구역에서 보세구역으로 또는 보세구역 내에서 보세구역 외의 국내로 공급하는 경우 부가가치세가 과세되고, 보세구역 안에서 밖으로 재화가 이동하는 경우 재화의 수입에 해당하여 관세가 부과되는 가액에 대하여는 세관장이 부가가치세를 징수하고 나머지에 대하여는 공급자가 부가가치세를 거래징수하는 것이다(서삼 46015-10431, 2003. 3. 14. ; 부가 46015-2088, 1997. 9. 9. ; 부가 22601-1688, 1987. 8. 14. 등).

다만, 보세구역 내 미통관의 외국물품에 대하여 외국법인에게 양도하는 경우로서 그것이 「대외무역법」에 따른 외국인도수출, 중계무역방식의 수출에 해당하거나 국내에서 국내사업장이 없는 비거주자 또는 외국법인에게 공급되는 재화가 비거주자 또는 외국법인이 지정하는 국내사업자에게 인도되어 해당 사업자의 과세사업에 사용되는 재화에 해당하고 그 대금을 외국환은행에서 원화로 받거나 기획재정부령으로 정하는 방법으로 받는 경우 영세율이 적용된다(부가령 §24 ① 2호 가목, 다목 ; 부가령 §26 ① 1, 1의2 ; 국세청 적부 2010-0350, 2011. 5. 27.).

3) 분석대상 거래에 대한 영세율 적용 여부

① 중계무역 또는 외국인도수출인지

「대외무역법」에 따른 중계무역방식의 수출 및 외국인도수출에 대해서는 영세율이 적용되고(2012. 2. 2. 시행령 개정 시 "대외무역법에 따른"을 삭제하였으나, 그 개념은 대외무역관리규정에 따른 중계무역 및 외국인도수출 개념을 그대로 차용함), 「대외무역법」에 따른 중계무역방식의 수출이란 "수출할 것을 목적으로 물품 등을 수입하여 보세구역 등 외의 국내에 반입하지 아니하고 수출하는 것"을, 부가법은 "수출할 것을 목적으로 물품 등을 수입하여 「관세법」 제154조에 따른 보세구역 및 같은 법 제156조에 따라 보세구역 외 장치의 허가를 받은 장소 또는 「자유무역지역의 지정 및 운영에 관한 법률」 제4조에 따른 자유무역지역 외의 국내에 반입하지 아니하는 방식의 수출을 말한다"고 규정하여 의미가 일치한다.

「대외무역법」과 「부가가치세법」에 따른 외국인도수출이란 "수출대금은 국내에서 영수하지만 국내에 통관되지 아니한 수출물품을 외국에 인도하는 수출"이라고 동일하게 규정하고 있다.

분석대상 거래의 경우 외국법인과 매매계약서를 작성하면서 재화를 인도하는 것으로 정하고 있다 하더라도 해당 재화를 외국법인이 보세구역 반출과 관련된 반송(수출)신고필증에 수출자를 당사로 구매자를 해당 외국법인으로 기재하여 해외로 반출한 경우라면 중계무역방식의 수출에 해당하고(지식경제부 무역정책과-141, 2011. 2. 10.), 보세창고에 보관하던 외국물품을 외국법인으로부터 매입하여 다른 외국법인에게 판매하고 그 대가를 외국법인으로부터 외화로 받는 경우로서 재화가 선적되는 시점에 소유권과 위험이 이전되고 해당 재화의 보세구역 반출과 관련된 반송(수출)신고필증에 의하면 수출자는 당사, 구매자는 외국법인으로 기재되고 양수법인이 지정하는 선박에 선적하여 해외로 반출한 경우라면 외국인도수출에 해당한다(지식경제부 2AA-1103-066639, 2011. 3. 16.).

이때 당사가 위 선적일까지 외국물품을 점유·지배하고 위험을 부담한다면 선적일 이전에 소유권이 외국법인에게 이전되었다고 볼 수 없어 선적일을 공급시기로 보는 것이 타당하다(중계무역도 이와 같음).

따라서 사업자는 위와 같은 사실관계에 따른 영세율 해당 여부를 고려하여 매매계약서, 대금증빙 외에 해당 외국물품이 해외로 선적되어 반출되었는지를 추가확인하여 영세율 적용 여부를 판단하여야 한다.

② 그 밖의 외화획득 재화로서 영세율인지

국내에서 국내사업장이 없는 외국법인에게 공급하는 재화로서 대가를 외국환은행을 통해서 원화로 받고 그 외국법인이 지정하는 국내사업자에게 그 재화를 인도하여 국내사업자의 과세사업에 사용되는 경우 해당 외국법인에게 공급하는 재화는 그 밖의 외화획득 재화에 해당하여 영세율 적용대상이며, 이때 해당 재화가 국내에서 인도되는 것으로 족한 것이지 내국물품인지 외국물품인지를 구분하지 아니한다. 이러한 규정은 사실상 국내거래에 해당하지만 수출과 같은 외화획득 효과가 있으며 이와 같은 거래에 대하여 일반세율을 적용할 경우 해당 재화를 최종적으로 인도받아 과세사업에 사용하는 국내사업자는 부가가치세를 사실상 부담한 재화를 과세사업에 사용함에도 국내사업장이 없는 외국법인으로부터 공급받은 경우로서 매입세액을 공제받을 수 없게 되는 결과를 방지하고자 하는 데에 그 취지가 있다.

분석대상 거래의 사실관계에서 외국법인에 공급된 외국물품이 국외로 반출되지 않았더라도 외국법인에게 판매된 재화가 다시 국내사업자에게 판매되어 보세구역에서 국내사업자 명의로 수입통관되는 거래단계를 거치거나 외국법인과 채권·채무관계 등에 의하여 외국법인이 지정하는 제3의 국내사업자에게 인도되어 국내사업자가 과세사업에 사용 또는 소비하는 경우라면 그 밖의 외화획득 재화의 영세율 요건을 모두 갖춘 것으로 대금지급요건만 갖춘다면 영세율이 적용된다(서면3팀-644, 2007. 2. 27. ; 대법원 85누369,

1985. 11. 26.).

만약 해당 거래에 대해 일반세율을 적용할 경우 이미 부가가치세를 부담한 원유에 대해 최종 사용자인 국내사업자는 수입통관 시 중복하여 부가가치세를 부담하게 되는 결과를 초래한다. 따라서 해당 외국물품이 외국으로 반출되지 않았다면 해당 재화가 국내사업자에 인도되어 과세사업에 사용하는지를 확인하여 영세율 적용 여부를 판단하여야 한다.

(6) BWT(Bonded Warehouse Transaction) 방식 수출

1) 의의

수출자는 본인의 책임하에 수입국에 소재하는 지사 또는 제3의 대리인을 수출물품 관리인으로 지정하고, 물품을 수입국 내 보세창고에 입고한 후에야 실제 수입자를 확보하여 수출계약을 체결하고 물품을 판매하는 방식의 거래이다.

BWT 거래방식은 수출용 원자재 수요가 많은 원격지의 원자재 수입국, 수입 자유화가 예상되는 국가의 수입 수요를 충족할 목적으로 많이 활용되고 있다. 즉, 수입국과 수출지와의 거리가 먼 경우 수입자가 건별로 원자재를 수입한 후 제조·가공하여 수출하려면 많은 시일이 소요되므로 원자재를 적기에 공급받고자 하는 경우나, 가까운 시일 내에 수입 자유화가 예상되는 수입 제한 품목을 미리 국내 보세창고에 장치 보관했다 자유화 개시 이후 반입 판매하고자 할 때 주로 이용한다.

※ BWT 거래방식은 위탁판매방식 수출입 거래의 변형이라고도 볼 수 있다.

> BWT 거래가 일반적인 수출입 형태와 다른 점은 수출업자와 수입업자 간의 사전 계약 없이 수출자의 책임하에 보세창고에 물품을 반입해, 거래상품에 대한 매매 계약이 성립되기까지는 매매 계약 당사자인, 즉 수입자가 정해지지 않은 상태에서 거래가 진행된다는 것임.

> **▌CTS(Central Terminal Station) 방식 수출입과 비교**
>
> 교역 상대국의 인가를 받아 현지법인을 설립한 후 그 법인의 명의로 수입하여 현지에서 직접 판매하는 방식의 거래

2) 특징

이 거래는 반출한 물품을 수입업자가 수입지역에서 통관하지 않고 보세구역인 보세창

고에 입고시키고 관리기간 내에 물품을 판매하는 거래이기 때문에 적절히 판매할 수 있는 기회를 가질 수 있을 뿐만 아니라 Buyer를 충분히 물색할 수 있는 이점이 있다.

보세창고에 보관 중인 물품은 관세는 물론 내국세도 부과되지 않으므로 보세상태에서 시장상황에 따라 수시로 판매 또는 반송할 수 있다. 관세법상 보세창고에는 자가용보세창고와 영업용보세창고의 2종류가 있는데 영업용보세창고의 경우 보통의 영업창고와 마찬가지로 그 보관물자에 대한 창고증권을 발급하여 줌으로써 수출업자는 매매상의 편익을 얻을 수도 있다.

보세창고인도조건수출은 거래상대자, 즉 수입업자와의 사전계약이 체결되지 않고 수출업자의 책임하에 현지에서 상품의 매매계약이 성립하기까지에는 수입업자가 미확정 상태에서 거래가 이루어진다.

3) 절차 등

BWT 수출입 거래 시 국내 수출자는 해당 물품을 관할 세관에서 수출신고(BWT 수출)면허를 획득한 후 자기 비용으로 수입지의 보세창고에 입고하는 절차가 필요하다. 해외법인 또는 해외물류업체를 수취인(구매자)으로 하고 거래구분코드번호는 "31" 및 유상거래로 기재하여 수출신고를 진행한다. 위탁판매에 의한 수출로 승인되지 않은 물품은 추후 미판매 물품의 반송 시 재수입 면세 혜택을 받을 수 없기 때문이다(수출승인물품은 2년 내 재수입 시 면세).

수입지에서는 보세장치장이 아닌 보세창고에 물품을 반입·보관하여야 한다(보세장치장은 물품을 통관하기 위하여 일시적으로 장치하는 보세구역이며, 보세창고는 물품을 통관 또는 보관하기 위하여 장치하는 보세구역이다. 우리나라는 보세장치장을 두고 있지 않고, 지정장치장이 그 역할을 한다).

BWT 수출실적 인정은 대외무역법 수출입 실적 인정 범위에 근거가 별도로 명시되어 있지는 않으나 거래 형태의 유사성으로 볼 때 위탁판매수출에 해당되므로 금액은 수출통관액(FOB)으로 인정되며 인정시점은 수출신고일이다.

4) 미판매 재화의 수입

위탁판매수출과 보세창고인도조건인 BWT 수출 시 현지판매 후 국내로 재수입하고자 하는 경우 당초 수출신고수리된 날로부터 2년 이내에 재수입되는 물품은 「관세법」 제99조에 따라 재수입면세가 가능하다. 재수입면세를 받기 위해 제출해야 하는 서류는 해당 물품의 당초 수출신고필증, 사유서, 수입관련 선적서류 등이다.

5) 부가가치세 등 신고방법

사업자가 외국에 재화의 보관·관리시설만을 갖춘 보관창고를 설치하고 자기가 생산하거나 취득한 재화를 해당 외국의 보관창고로 반출하여 보관하다가 판매하는 경우 해당 수출재화의 공급시기는 부가령 제28조 제6항 제1호에 따라 선(기)적일이 된다(부가-4952, 2008. 12. 23.).

> **▌법인세법상 손익의 귀속시기, 매출액 산정**
> 수출업자가 자기책임하에 수입국의 보세창고까지 수출상품을 반출하고 현지에서 수입자를 물색하여 계약이 성립되면 상품을 인도하는 방식의 수출을 하는 경우에는 해당 수출물품을 수입업자에게 인도한 날이 속하는 사업연도에 손익을 계상하며, 해외현지에서 실제 구매자에게 최종 인도한 날을 기준으로 하여 그 인도일의 외국환거래법에 따른 기준환율(또는 재정환율)을 적용하여 계산한 원화가액을 수출매출로 계상한다.

동 재화의 공급가액은 부가법 제29조에 따라 공급시기의 시가에 의하는 것이므로 선적일 현재의 예상판매가 또는 잠정가액으로 신고한다(부가-4952, 2008. 12. 23.). 물론 이 과정에서 수출 건별로 해당 수출건의 판매금액이 최종 확정되는 날이 속하는 예정신고, 확정신고기간에 대한 신고 시에 당초 선적일에 신고한 과세표준과의 차액을 그 확정일이 속하는 예정신고 또는 확정신고기간의 영세율과세표준에서 차가감하여 신고하여야 하는 불편이 발생한다(서삼 46015-11619, 2003. 10. 15.).

BWT 수출 시 영세율 첨부서류는 해당 거래를 「대외무역법」에 따른 위탁판매수출로 보지 아니하고 통상적인 직수출로 보고 있으므로 수출실적명세서에 기재하여 제출하면 된다.

(7) 특허권 등 권리의 공급형태별 영세율 적용

1) 특허권 등 권리의 국외 양도 시 영세율 적용

특허권 등 권리의 양도에 있어서는 유형의 재화와 같이 수출통관이라는 절차가 없어 수출 사실이 세관장에 의해 객관적으로 확인되지 아니하고 동 권리가 국외에서 사용 또는 소비되는지의 여부에 대한 확인의 어려움이 있는 등 수출하는 재화로 보아 영세율이 적용되는가에 의문이 있을 수 있으나, 사업자가 사업상 취득한 특허권과 상표권 및 이에 부수되는 노하우 등 일체의 권리를 국내사업장이 없는 외국법인에게 양도하였다면(해당 외국법인은 양수한 권리를 국외에서 사용·수익할 것이다), 동 권리의 양도에 대하여는 부가법 제21조 제2항 제1호에 따른 내국물품의 국외반출에는 해당하지 아니하지만, 수출하는 재화의 범주에 포함시켜 영의 세율을 적용하는 것으로 국세청은 일관되게 해석하고 있다(서삼 46015-10405, 2003. 3. 11. ; 재부가-278, 2010. 4. 23.).

2) 특허권 등의 대여에 따른 영세율 적용

① 개별원시특허권을 보유한 사업자가 원시특허권사용계약에 의하여 국외에 소재하는 통합특허권자에게 해당 특허권에 대한 사용용역을 국외에서 제공하고 그 대가를 받는 경우, ② 상품종합 도매업(프랜차이즈업)을 영위하는 국내사업자가 국외사업자 또는 비거주자와 계약을 체결하여 국외에서 경영 및 기술 노하우 전수 및 영업표지(상표) 등을 사용하도록 하고 사용료를 받는 경우 부가법 제22조의 용역의 국외공급으로 영세율을 적용하는 것이다(부가가치세과-1103, 2009. 8. 4. ; 서면-2015-부가-0494, 2016 7. 10. ; 조심2020서2245, 2021. 6. 23.).

3) 특허권 등을 외국법인에게 양도하고 제3자가 국내에서 사용하는 경우

자신이 취득한 특허권 등의 권리를 국내사업장이 없는 외국법인에게 양도하고 그 권리를 다시 대여받아 국내에서 자신의 과세사업에 사용하는 경우 또는 외국법인에 양도한 특허권 등이 외국법인의 지시에 따라 국내의 제3자에게 인도되고 그 제3자가 국내에서 특허권 등을 자신의 과세사업에 사용하는 경우로서 그 양도대금을 외국환은행에서 원화로 받는 경우 부가령 제33조 제2항 제1호 가목에 따라 영세율이 적용된다(서면3팀-1355, 2004 7. 12. ; 부가가치세과-564, 2012. 5. 18. ; 서면-2016-부가-4003, 2016. 8. 19. ; 서면3팀-22, 2004. 1. 15. ; 부가 46015-987, 2000. 5. 02. ; 사전-2019-법령해석부가-0342, 2019. 1. 16. ; 서삼 46015-11646, 2002. 9. 30.).

4) 국외기관에 등재한 상표권 등의 양도에 대한 과세 여부

국내사업자가 국내에서 상당한 사업활동의 일환으로 취득한 원천권리, 즉 국내에서 생성된 재화(무형자산)를 국외기관에 등록하여 외국법인에게 양도하는 경우에는 수출하는 재화로 영세율을 적용함으로써 매입세액공제를 허용하고 있고(기재부 부가가치세제과-278, 2010. 4. 23.), 해당 권리를 국내사업자에게 공급한 경우에는 해당 권리가 국내에서 사용·소비될 수 없는 경우에 한하여 국외거래로 부가가치세 과세대상에서 제외하는 것이 타당하다.

다만, 국외에서 직접 취득 또는 생산되어 국외기관에 등록되어 국외에서 사용 또는 소비되는 권리의 양도는 국외거래에 해당하는 바, 권리발생의 원인행위(국외기관에 단순한 상표권 등재 등)가 국내에서 이루어졌더라도 국내에서 권리로서 등록 또는 사용할 수 있는 권리로 인정받지 못한다거나 실제 해당 권리를 국내에서 사용·소비할 수 없다면 이러한 권리의 양도는 국외거래에 해당하고(조심 2013중2373, 2014. 2. 26. : 조심 2015서1946, 2017. 3. 2.), 국외에서 생성 또는 취득하여 국외기관에 등록된 경우라도 이를 내국법인 등에게 판매하여 내국법인 등이 국내에서 사용·소비하는 경우에는 부가가치세 과세대상으로 보아야 한다(부가-766, 2014. 9. 11. : 서면3팀-3448, 2007. 12. 31.).

따라서 어떠한 상표권이 국외기관에 등록된 상표권으로서 해당 상표권이 국외에서만 사용이 허용되는 권리로서 국외사업부와 함께 공급되는 상표권의 양도는 국외거래에 해당하여 부가가치세 과세권이 없다(사전-2018-법령해석부가-0418, 2018. 7. 16.).

(8) 소포수출 등

1) 소포수출

내국물품을 외국으로 반출하는 것은 대금의 영수방법에 관계없이 수출하는 재화에 해당하여 영의 세율을 적용하는 것으로 우체국 소포우편에 의하여 수출한 경우에는 소포수령증 발급일을 공급시기로 하여 영세율이 적용되며, 해당 우체국장이 발행(확인)하는 소포수령증(영수증)을 영세율 첨부서류로 제출하는 것이다.

또한, 재화를 해외로 수출 시 EMS국제우편을 이용할 경우 부가가치세 신고 시 영세율 첨부서류로 해당 우체국장이 발행한 소포수령증을 첨부하고 있으나, 우체국장이 발행하는 소포수령증의 수취가 불가한 국제소화물일관운송업체(UPS, Fedex, DHL 등)를 이용하여 재화를 수출할 경우 부가가치세 신고 시 영세율 첨부서류는 법령 또는 훈령에 정하는 서류를 제출할 수 없는 경우에 해당하여 외화획득명세서에 해당 외화획득내역을 입증할 수 있는 증빙서류(국제소화물일관운송업체 영수증 등)를 첨부하여 제출할 수 있을 것이다(서삼-1933, 2005. 11. 2. : 부가 46015-4706, 1999. 11. 26.).

2) EMS 발송 시 수출신고 방법 등

사업자가 외국에 수출을 진행하면서 외국 바이어가 EMS로 배송을 희망하는 경우 EMS 발송에 따른 수출신고방법 및 영세율 적용방법은 수출대상물품을 우체국에서 EMS로 발송하고 수출신고필증을 발급받은 경우 수출하는 재화로 영세율이 적용되며, 구체적인 EMS 발송에 따른 수출신고 방법은 아래와 같다.

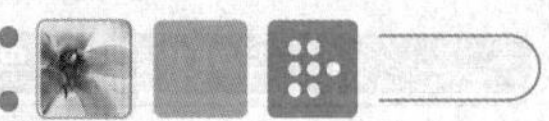

▌EMS 발송 시 수출신고 방법(수출신고필증, 우체국, 국제우편, 무역, 간이통관)

1) 서비스 개요

수출대상물품을 우체국에서 EMS로 발송하면 수출통관에 필요한 수출신고필증을 우체국에서 무료로 발급해 줌.

2) 서비스 대상: EMS(EMS프리미엄) 이용계약 고객

〈구비서류〉

- Invoice
- Packing list
- 기타 사업자등록증 사본 등

3) 수출신고필증 발급신청 절차

- 고객이 수출대상품목을 EMS(EMS프리미엄)로 접수 시 수출신고필증 발급요청
- 접수우체국에서 관세사에게 수출신고필증 발급신청서 팩스 전송
- 관세사는 세관으로부터 수출신고필증을 발급받은 후, 원본은 고객에게 우편 송부하고 사본은 접수우체국으로 팩스 송부
- 접수우체국은 수출신고필증 발급확인 후 수출우편물 발송확인 전산입력 등 수출통관업무 대행

4) 수출우편물 발송확인

외국으로 발송하는 우편물 중 수출신고된 물품이 있는 경우, 우체국 직원에게 신청하면 발송 확인하여 세관에 전산(EDI)으로 통지함.

- 수출우편물 발송확인 대상우편물

  우편물 발송인이 사전에 세관에 수출신고한 물품(수출신고필증상의 물품과 동일한 우편물이어야 함)
- 절차

  우편물 접수 → 수출우편물 발송확인 신청(수출신고필증 구비) → 수출신고물품과 현물 대조·확인 → 세관에 전산통지(EDI)[통관시스템에 입력]

5) 관세환급 및 부가가치세 신고

수출신고물품으로 접수되어 발송확인된 우편물은 관세 등의 환급대상이며 직수출로서 부가가치세 영세율 적용대상이 된다. 따라서 수출신고필증상의 물품과 동일한 것이어야 하며 수출신고된 물품과 상이한 물품이 우편발송 확인되어 부정수출 및 관세 부정환급에 해당되는 경우에는 관세법 등 관련법규에 의하여 처벌을 받게 된다.

※ 우체국 EMS로 물품을 수출하는 경우 영세율은 적용되나 수출실적으로 인정되지 아니하므로 수출을 하기 전에 관할 세관에 수출신고를 하여야 한다.

19 | 영세율 적용사업자에 대한 국세청의 통관자료분석

(1) 수출통관자료 분석

1) 수출실적명세서와 관세청 통관자료의 원화금액 또는 외화금액 불일치

국세청이 관세청으로부터 매월 수보하는 통관자료와 사업자가 제출한 수출실적명세서상의 수출금액이 불일치하는 경우로 그 원인과 업무처리방법은 아래와 같다.

① 원화환산 불일치

수출실적명세서와 수출통관자료 원화금액의 불일치가 있는 경우에는 수출재화의 선적일 이전에 수출대금(선수금, 사전송금방식 등)을 영수하여 선적일 전에 환가한 것인지 여부, 선적일의 기준환율에 의하여 환산하여야 하나 수출신고일로 환산하는 등 그 내용을 확인하여 다음과 같이 처리한다.

- 선적일 착오자료 및 선적일 전 환가자료인 경우: 정상 처리
- 원화환산 과소자료: 과세표준 경정
- 원화환산 과다자료: 과세표준 감액(수정신고 또는 경정청구 요구)

② 외화금액 불일치

수출실적명세서와 수출통관자료 외화금액은 대부분 일치하는 것이 원칙이나 외화금액의 불일치가 있는 경우 다음과 같이 처리한다.

- 과세기간을 달리한 분할선적으로 외화금액에 차이가 발생한 경우나 수출신고서상의 결제금액 외에 추가로 수출대금을 받기로 약정된 경우: 정상처리
- 외화금액 과소기재로 확인된 경우: 과세표준 경정
- 외화금액 과다기재로 확인된 경우: 신고오류자료로 과세표준 감액

2) 신고누락 및 가공수출

제출한 수출실적명세서상의 수출관리번호로 통관자료와 상호대사하여 수출신고서를 누락한 경우가 발생하거나, 수출통관자료없이 직수출 또는 단순대행수출을 영세율과세표준으로 신고한 경우가 있다.

| 수출신고번호 형식 |

000	00	00	0000000	0
세관부호 (03)	과부호 (02)	신고연도 (02)	일련번호 (07)	검증번호 (01)

① 신고누락

수출통관자료는 있으나 수출실적명세서상에는 기재누락된 자료가 발생한 경우 면세재화의 수출인지, 수출관리부호의 단순 착오기재인지, 위탁가공을 위한 원재료 반출 등 부가가치세 과세대상이 아닌 통관자료인 경우라면 정상적인 신고로 활용한다.

수출신고서상의 수출자구분코드, 수출관리부호 오류기재분은 실제 수출자, 실제 수출형태에 따라 객관적 증빙자료를 요구하여 실제 사실내용대로 처리한다.

- 수출신고서상 수출자구분코드를 대행수출 "B"임에도 완제품 구매수출 "C"로 기재하였다면 수출신고자는 신고누락, 제조자는 가공수출자료가 발생하게 된다.
- 기타 과소신고 자료로 확인된 경우 영세율과세표준 누락에 따른 부가가치세 경정과 함께 영세율과세표준신고불성실가산세를 부과한다.
- 관세청에서 수보된 자료상의 선적일은 출항일이므로 실제 선적일과는 수 일상의 차이가 발생함에 유의한다.
- 수출계약 및 수출통관은 본사에서 수행하고 최종 수출품을 지점에서 완성하여 본사 명의의 수출면장으로 수출하는 경우에는 지점에서 영세율이 적용되는 것이어서 본점은 영세율과세표준신고 누락자료가 발생하고 지점은 가공수출자료가 발생하게 됨에 유의하도록 한다(정상신고 활용대상임).

② 가공수출자료

관세청에서 수보된 수출통관자료가 없음에도 수출실적명세서에 수출실적을 기재한 경우 일정비율 또는 일정금액 이상자는 가공수출혐의자(부정환급혐의)이므로 납세자에게 해명자료를 요구하여 소명이 없거나 소명자료가 미흡하다면 현지확인대상으로 선정할 수 있다.

다만, 다음의 경우는 정상 신고자료(착오신고자료)로 처리한다.

ⓐ 북한에 재화를 반출한 경우(남북교류협력법에 따른 대북 반출자료는 현재 관세청에서 자료수집이 되고 있지 않고 있음)

| 국세청 통보 배제되는 자료(수출입 통계에서 배제) |

구 분	수출통관신고	수입통관신고
남북한물품여부/목적국	북한(KP)	북한물품
수입/수출입거래구분	39, 40, 70, 78, 79, 81~86, 89, 92, 95	54, 55, 70, 81~88, 90, 95, 97, 99
수입종류구분	–	C, E, R, O, H, T, W, S

(b) 통관자료가 발생하지 않는 외국인도수출, 중계무역방식, 소포우편(DHL)방식의 수출을 수출실적명세서에 착오기재한 경우(수출신고번호의 임의기재)

(c) 위탁가공무역방식의 수출을 위하여 원재료 등을 외국의 위탁가공업체에 무환반출한 경우로서 수출로 오인하여 FOB금액을 영세율과세표준으로 신고한 경우(과세대상 아님)

(d) 국내기업 "갑"이 국내기업 "을"에게 자기의 해외지점에 재화를 납품받기로 하는 계약을 체결하고 "을"이 자기명의로 통관한 후 해외지점까지 운송하는 조건으로 수출하고, "갑"으로부터 그 대금을 지급받기로 한 경우 영세율 적용은 "갑"에게 적용되나 수출면장은 "을"에게 발급되므로 "갑"은 가공매출이 발생하고 "을"은 신고누락자료가 발생하게 된다.

3) 중복 제출이 있는 경우

대행수출자가 영세율을 적용하여 환급받게 되면 동일 수출신고번호로 둘 이상(위탁자 및 수출대행자)의 사업자가 수출실적명세서를 제출하게 된다.

지점에서 수출품을 완성하여 국외반출하고 본사 및 지점에서 각각 영세율과세표준으로 신고한 경우 과다계상한 본점 또는 지점은 과세표준을 감액결정한다.

부호	부호 내역	비 고
A	수출자가 직접 제조, 가공(구입)하여 수출 (A: 수출자와 제조자가 동일한 경우(제조자를 수출통관한 사업자로 수록))	제조자 수출
B	수출자가 제조자로부터 위탁을 받아 수출대행만을 한 경우 (B: 대행수출한 경우(제조자를 수출통관한 사업자로 수록))	위탁수출
C	수출자가 제조자로부터 완제품을 공급받아 수출한 경우 (C: 수출자가 완제품을 공급받아 수출한 경우(수출자를 수출통관한 사업자로 무역업고유를 사업자등록번호로 변환하여 수록))	완제품 공급
D	수출자와 제조자가 본·지사 관계인 경우	–

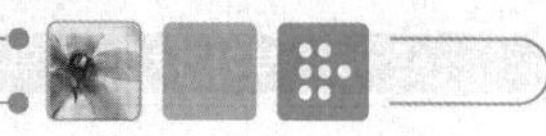

Ⅳ 용역의 국외공급

1 | 의 의

용역의 제공장소가 국외이면 속지주의원칙에 따라 그 용역자체가 과세거래가 될 수 없으며 용역의 제공장소가 속하는 상대국에서 부가가치세가 과세될 것이다. 따라서 용역의 제공장소가 국외이면 우리나라의 과세권이 미치지 아니하는 곳에서 거래가 발생한 것이므로 영세율 적용대상이기보다는 우리나라에 과세권이 없어 부가가치세가 과세되지 아니한다고 보는 것이 타당하다.

그러나 부가가치세법상의 납세지가 국내인 경우 납세지를 기준으로 한 속인주의원칙을 적용하여 우리나라의 거주자 또는 내국법인이 국외에서 제공하는 용역을 과세거래로 간주하고 국경세조정에 있어서 소비지국과세원칙을 채택하여 부가법 제20조(용역의 공급장소)의 규정에 불구하고 영세율을 적용하고 있다.

국외제공용역의 제공자는 영세율이 적용됨으로 인하여 매입세액의 조기환급 등 수출의 경우와 동일한 이익을 얻게 된다.

2 | 영세율 적용 요건

용역의 국외공급으로 영세율이 적용되기 위한 요건은 다음과 같다.

① 국외에서 공급하는 용역제공 사업자의 사업장이 반드시 국내에 소재하여야 하는 것으로 제한적으로 해석하고 있는바, 사업장의 기준은 부가령 제8조에 규정하는 사업장을 기준으로 한다.

② 용역의 제공장소가 국외이어야 한다. 다만, 용역의 제공이 국내외에 걸쳐 제공되는 경우에는 주요하고도 본질적인 용역의 수행이 국외에서 이루어진 경우에 한하여 영세율이 적용되어야 한다.

③ 국외제공용역에는 부가법 제14조에 의하여 부수되는 재화 또는 용역이 포함된다.

3 | 용역의 공급장소

부가법 제22조는 '국외에서 공급하는 용역에 대하여 영세율을 적용'하는 것으로 규정하고 있고, 부가법 제20조 제1항 제1호는 용역이 공급되는 장소를 '역무가 제공되거나 시설물, 권리 등 재화가 사용되는 장소'라고 규정하고 있으므로 영세율이 적용되는 거래인지 여부는 용역이 제공되는 장소를 기준으로 판단하여야 한다. 그러므로 그 용역을 공급받는 상대방이 내국법인인지 외국법인인지, 외국법인의 국내사업장이 있는지 없는지, 대금결제방법이 무엇인지, 외화획득에 기여했는지 유무에 관계없이 용역의 공급장소가 국외이면 영세율이 적용되는 것이다.

또한, 한 사업자가 공급한 단일한 용역이 그 제공장소가 국내와 국외에 걸쳐 있는 경우 해당 용역의 중요하고 본질적인 부분이 이루어진 곳을 용역이 제공되는 장소로 보아 그곳이 국외인 경우에 영세율을 적용한다(대법원 2014두13829, 2016. 2. 18. ; 대법원 2004두7528, 2006. 6. 16.).

부언하면 부가법 문언상 용역의 공급장소를 역무가 제공되는 장소인 제공지를 기준으로 하고, 법원은 나아가 용역의 제공지는 해당 역무의 중요하고도 본질적인 부분이 행하여지는 곳까지 의미한다고 판시하고 있다. 아울러 용역의 국외공급은 국내사업자는 사업장을 기준으로 속인주의에 따라 과세하고, 국외사업자의 경우 속지주의(제공지)에 따라 과세(대리납부 등)한다.

그 밖에 북한에 제공하는 용역은 「남북교류협력에 관한 법률 시행령」에 의하여 용역의 국외제공에 해당하여 영세율이 적용된다(서삼 46015-10039, 2004. 1. 8.).

(1) 용역의 국외공급으로 영세율이 적용되는 경우

용역의 제공장소가 국외이므로 영세율을 적용받는 거래를 예시하면 다음과 같다.

① 국외(북한 포함)에서 건설공사를 도급받은 사업자로부터 건설공사를 하도급받아 국외에서 건설용역을 제공하는 경우에는 그 대가를 원도급자인 국내사업자로부터 받는 경우에도 영세율 적용함(부가통칙 22-0-1 ; 부가 46015-449, 1999. 2. 12.).

② 국내사업자가 해외에 있는 외국법인과 계약을 체결한 후 해외에서 건설감리용역을 제공하는 경우, 그 용역 대가를 외국법인의 채무지급대행을 하고 있는 국내법인으로부터 원화로 수령하더라도 해당 용역은 부가법 제22조의 규정에 따라 영세율을 적용하는 것임(부가-3505, 2008. 10. 8.).

③ 용선중개업을 영위하는 사업자가 외국선박업자와 국내 화주 간에 용선중개용역을 제공하고 그 대가를 외국선박업주로부터 외화를 받는 경우에는 중개용역을 국외

에서 제공한 것이므로 영의 세율이 적용되는 것이나, 국내 화주가 외국선박업주에게 지급할 사용료 중에서 중개료 상당액을 차감하고 해당 국내 화주로부터 용역대가를 직접 받는 때에는 중개용역을 국내에서 국내사업자에게 제공한 것이므로 영세율이 적용되지 아니하는 것임(부가 1265-3049, 1982. 12. 3.).

④ 사업자가 국내광고주에게 국외에서 홍보대행용역을 제공하는 경우 영세율 적용 대상임(법규부가 2009-170, 2009. 6. 25.).

⑤ 사업자가 국내사업장이 없는 외국법인에게 선박(나용선)을 대여하고 그 대가를 받는 경우에는 용역의 국외공급으로 영의 세율이 적용됨(서면3팀-3110, 2007. 11. 15.).

⑥ 거래목적물이 고가이면서도 정착되어 있지 않은 선박매매거래의 특성상 선박매매 중개용역은 검선하여 거래가 성약되도록 하는 것과 선박을 인수도하여 거래가 종결되도록 하는 것이 본질적인 부분이라 할 것으로서, 동 용역이 국외에서 제공되었기에 그 용역수수료는 영세율 적용 대상임(심사부가 2007-0091, 2007. 11. 19.).

(2) 국내제공용역 등으로 영세율이 적용되지 아니하는 경우

용역의 제공장소가 국내이므로 일반세율에 의하여 부가가치세를 부과하는 거래를 예시하면 다음과 같다.

① 국내에서 외국법인에게 용역을 제공한 경우에는 그 대가를 외화로 받는 경우에도 영세율을 적용하지 않음.

② 외국법인과 용역대행계약을 체결하고 수입원면에 대한 검근 및 견본채취 용역을 제공하고 수수료를 받는 경우에는 용역의 제공장소가 국내이므로 용역의 국외공급은 아님(간세 1235-1708, 1977. 7. 5.).

③ 내국무역업자에게 제공하는 중개용역은 외화획득에 간접지원을 하였다 하더라도 용역제공장소가 국내이므로 영세율 적용대상이 아님(부가 1235-1474, 1977. 7. 13.). 다만, 내국신용장에 의한 것이라면 영세율이 적용됨.

④ 국내발전소 건설을 도급받은 외국법인으로부터 하도급에 의하여 국내에서 기술용역을 제공하는 것은 국내제공용역이므로 영세율 적용대상이 아님(간세 1235-2810, 1977. 8. 29.).

⑤ 국외에 소재하는 부동산의 임대용역은 해당 부동산이 사용되는 장소가 국외이므로 부가가치세가 과세되지 아니함(부가-785, 2009. 6. 8.).

⑥ 세관의 보세구역에서 외국인이 입국 시 예치품을 일시보관하였다가 출국 시 인출하여 주고 외국인으로부터 경비료를 외화로 수령한 경우 국내제공용역이므로 영세율 적용대상이 아님(간세 1235-4064, 1977. 11. 8.).

⑦ 국내건설사가 해외공사입찰을 위하여 참가할 수 있는 용역을 제공하고 입찰참가회사로부터 대가를 받는 경우 국내제공용역이므로 영세율이 배제됨(간세 1235-499, 1978. 2. 16.).

(3) 용역의 공급장소 판정과 소비장소와의 관계

1) 원칙

부가법 제20조는 용역의 공급장소를 역무가 '제공'되거나 시설물, 권리 등 재화가 '사용'되는 장소라고 규정하고 있으므로, 과세권이 미치는 거래인지 여부는 용역이 제공되는 물리적 장소를 기준으로 판단하여야 한다(국세청 적부 2019-0188, 2020. 3. 11. ; 조심 2020서2604, 2021. 9. 30.).

다만, 물리적인 '행위'의 측면에서 공급되는 전통적 용역(건설, 숙박, 임대 등)과 달리 현대적 용역으로서 통신, 정보 제공, 광고 등 온라인을 통해 공급되는 무형의 용역은 소비장소와 멀리 떨어진 곳에서 원격수행(제공)이 가능하다는 특성이 있어 한 사업자가 공급하는 단일한 용역의 공급장소가 국내·외에 걸쳐있는 경우가 발생한다. 이 경우 국내사업자의 용역의 국외공급(수출과 유사)에 대한 부가법 제22조와 국외사업자의 용역의 국내공급(수입과 유사)에 대한 부가법 §52의 적용과 해석에 있어 과세권이 미치는 공급장소가 어디인지에 대한 판정이 중요한 의미를 갖고 있다.

이에 대하여 법원이나 국세청은 용역의 국외공급의 경우 해당 용역의 중요하고도 본질적인 부분이 어디에서 이루어졌는지를 기준으로 공급장소를 판정하고 있다(대법원 2014두13829, 2016. 2. 18. ; 부가가치세과-221, 2014. 3. 24. 외). 반면, 부가법 제52조 대리납부 조항의 해석에 있어 대법원은 용역의 제공이 완료되기 위해서는 용역의 제공행위와 수령행위가 전제되어야 하므로 용역의 공급장소란 용역이 수행된 장소뿐만 아니라 해당 용역이 사용되는 장소까지 포함하는 개념이라고 판시함으로써 우리의 과세권을 넓혀 주었으나, 부가법상의 '용역의 공급장소'를 개념규정하면서 용역의 국외공급과 대리납부 판정에 있어 다르게 해석하고 있어 주의를 요한다(대법원 2016두43480, 2016. 10. 13. 외).

2) 국내외에 걸쳐 제공되는 단일의 용역

부가세법령의 문언상 '역무가 소비자에게 제공되는 장소'가 용역의 공급장소에 포함되는 바, 제공되는 용역의 중요하고도 본질적인 역무가 무엇인지를 먼저 살펴야 하고, 용역이 국내 및 국외에 걸쳐 유기적으로 결합되어 실질적으로 하나의 용역으로 공급된 것이라면 그 중요하고도 본질적인 부분이 어디에서 이루어졌는지에 따라 국외제공용역인지를 판단하여야 한다. 물론 국외 또는 국내에서 제공된 용역이 그 자체로 독자적인 목적을 수행한 것이라면 각각 별도의 용역처럼 평가되어 판단할 수 있을 것이다[국세청 적부 2019-0188, 2020. 3. 11. ; 조심 2020서2604, 2021. 9. 30.(석탄회 결정) ; 대법원 2014두13829, 2016. 2. 18.]. 다만, 국내외에 걸친 하나의 용역이지만 국내·국외수행용역에 대하여 대가가 독립적으로 구분하여 산정되고, 어느 한쪽의 용역수행이 단순히 예비적 또는 보조적인 활동이 아닌 본질적이고 중요한 내용을 구성한다면 각각 공급장소를 달리할 수 있다(서울고법 2021누3374, 2022. 5. 11.).

3) 용역수행지와 결과물 사용지가 다른 경우

용역의 수행지와 그 용역수행 결과물의 전달 또는 사용지가 모두 외국이라면 국외제공용역으로서 영세율이 적용된다는 것에는 의문의 여지가 없다(서울고법 2021누32271, 2021. 9. 1.). 그러나 용역의 수행지(국내)와 그 결과물의 사용지(국외)가 명백히 구분되는 경우 앞서 살펴본 소비지과세원칙이나 대리납부에 대한 법원의 판례에 따르면 그 결과물의 사용지가 국외여서 국외를 공급장소로 볼 여지도 있지만, 국세청이나 기재부는 국외제공용역으로서 영세율 적용 여부 판정에 있어서는 용역이 제공된 물리적(장소적)만을 기준으로 판단한다(동지 : 기획재정부 부가가치세제과-145, 2007. 3. 7.). 물론 이 경우에도 국외제공용역은 아니지만 부가령 제31조 제2항 제1호 또는 제2호에 따라 영세율이 적용될 수 있다.

(4) 해외물품 수입에 따른 구매대행용역의 국외제공용역 해당 여부

내국법인이 해외물품 구매대행계약을 통하여 국내소비자들이 해외 판매자 등으로부터 구입 의뢰한 상품을 해외현지법인을 통해 구입대행하여 국내소비자들에게 배송해 주는 서비스를 제공하고 그 대가로 구매대행수수료 및 국제운송료 등을 받은 경우로서 해외현지법인에게 구매대행수수료 등의 일정률을 지급하였는 바, 동 내국법인은 해외현지법인에 귀속되는 구매대행수수료와 국제운송료 및 국제배송실비를 제외하고 부가가치세 과세표준을 신고하였다.

이에 법원은 구매대행계약을 통하여 국내소비자들에게 공급하는 용역은 내국법인이 국내에서 공급하는 부분과 현지법인에 위탁하여 국외에서 공급하는 부분이 유기적으로 결합하여 실질적으로 하나의 용역으로 공급된 것으로서 그 중요하고도 본질적인 부분이 국내에서 이루어진 것으로 보았으며, 해외현지법인에 귀속된 대가로 별도 구분되었더라도 이 부분만을 국외제공용역으로 보아 영세율 적용대상으로 볼 수 없다고 판시하였다.

해당 용역의 중요하고도 본질적인 부분을 법원은 동 내국법인 홈페이지를 통해 해외상품에 대한 정보를 제공하고 주문접수·대금수수 및 정산·교환 및 환급·배송·손해배상 문제를 해결하여 주는 것이고, 구매자들 또한 이러한 문제해결을 위해 구매대행계약을 체결한 것이고 이 부분을 국내에서 직접 수행한 부분이 구매대행용역에 있어 가장 핵심적이고 본질적인 부분으로 보았다.

해외현지법인이 수행한 용역부분도 구매대행계약과 별개로 가능하거나 독립된 상태로 구매자에게 제공되어 그 자체로 독자적인 목적이 달성되는 것도 아니고, 구매자들도 내국법인과 계약을 체결한 것으로 인식하고 있으며, 대가가 구분된다는 사유만으로 영세율을 적용한다면 현지법인 없이 전체 역무를 수행한 다른 사업자들과 조세형평과도 맞지 않다.

따라서 동 내국법인이 해외현지법인에 위탁하여 국외에서 공급된 용역은 실질적으로 해외물품이라는 재화를 수입하는 과정의 일부에 해당하고 외화획득과는 무관하게 외화소비를 증진시키는 경우까지 용역의 국외공급이라는 이유로 영세율을 적용하는 것은 영세율 취지와도 맞지 않는다고 판시하였다(대법원 2018두46049, 2018. 9. 13. ; 서울고법 2017누73961, 2018. 5. 16.).

(5) 임차한 재화를 국외에서 사용하는 경우 임대용역의 영세율 적용 여부

1) 국세청 및 기재부의 해석 요지

「민법」상 임대차란 당사자 일방이 상대방에게 목적물을 사용·수익하게 할 것을 약정하고 상대방이 이에 대하여 차임을 지급할 것을 약정함으로써 그 효력이 생기는 것으로(민법 §618), 국내사업자가 임대용 자산(기계장치, 건설장비 등)을 고객회사에게 임대하기로 약정하고 사용료를 지급한 고객회사가 이를 사용·수익하게 되었다면 임대가 개시되고 임대용역이 공급된 것으로 보아 일단 국내에서 임대용역이 공급된 것이고 임차인이 해당 자산을 국내에서 사용하는지 국외에서 사용하는지 여부를 가지고 공급장소가 달라진다고 보기는 어렵다는 것이 국세청의 해석으로 보인다. 즉, 국외제공용역이란 용역의 공급자가 국외에서 해당 용역을 직접 공급하는 경우를 의미하고 용역을 공급받는 자가 해당 용역을 공급받은 후 이를 국외에서 사용하는 경우까지를 의미한다고 보지 아니한다.

다음의 사례들을 보면 위와 같은 취지에서 답변하고 있음을 알 수 있다.

㉠ 국내사업자가 해외에서만 사용할 수 있는 휴대용 와이파이 단말기를 국내에서 고객들에게 임대하는 경우 해당 단말기의 임대용역은 영세율이 적용되지 아니함(서면-2018-법령해석부가-0211, 2018. 4. 5.).

㉡ 컨테이너 임대업을 영위하는 내국법인이 국내사업자와 국내에서 체결한 컨테이너

임대차 계약에 의하여 컨테이너를 임대한 때에는 해당 컨테이너를 임차한 사업자가 동 재화를 국내 또는 국외에서 사용하는 경우에도 컨테이너 임대용역 제공대가에 대하여는 10%의 세율을 적용하는 세금계산서를 동 임차사업자에게 발급함(부가 46015-2640, 1997. 11. 26. ; 부가 46015-288, 1993. 3. 10.).

㉢ 국내에서 임차한 헬기를 국외에서 사용하는 경우 국내에서 용역이 공급되는 것으로 보아 영세율이 배제됨(재부가-877, 2010. 12. 27.).

2) 관련 부가법의 규정

부가법 제20조에서 용역이 공급되는 장소를 ① 역무가 제공되거나 시설물, 권리 등 재화가 사용되는 장소, ② 국내 및 국외에 걸쳐 용역이 제공되는 국제운송의 경우 사업자가 비거주자 또는 외국법인이면 여객이 탑승하거나 화물이 적재되는 장소로 규정하고, 부가법 제22조에서는 국외에서 공급하는 용역에 대하여는 영세율을 적용한다고 규정하면서 영세율을 적용받기 위한 별도의 제한 규정을 두지 않았다. 그러므로 그 용역을 공급받는 상대방이 내국법인인지 외국법인인지, 외국법인의 국내사업장이 있는지 없는지, 대금결제방법이 무엇인지, 외화획득에 기여했는지 유무에 관계없이 용역의 공급장소가 국외이면 영세율이 적용되는 것이다.

3) 공급장소에 대한 학설의 입장

용역의 공급장소를 판단함에 있어 공급자 또는 공급받는 자 중 누구를 중심으로 보아야 하는지에 대한 견해를 보면,

① 공급자 중심설은 i. 관련 규정의 문언상 용역의 공급장소는 '역무가 제공되는 장소'라고 규정되어 있다는 점, ii. 부가가치세법이 소비지과세원칙을 채택하였다는 명문의 규정이 없는 이상 문언에 충실하게 해석해야 한다는 점을 근거로 하고 있다.

② 공급받는 자 중심설은 i. 대다수의 국가가 소비지과세원칙을 채택하고 있고, 우리나라의 경우에도 명문의 규정은 없으나 다수 의견은 소비지과세원칙을 채택하였다고 본다는 점, ii. 재화와 용역에 대하여 일관되게 소비지과세원칙을 적용할 수 있다는 점, iii. 용역의 공급에 대해 생산지과세원칙을 채택하였다고 할 경우 소비지과세원칙을 채택한 국가와의 조세조약상 이중과세 문제가 발생하게 되는데, 현행 조세조약에는 이에 관한 별도의 조항이 없다는 점을 근거로 들고 있다.

③ 절충설은 i. 부가법의 공급장소에 관한 대원칙이 소비지과세원칙이라는 점, ii. 부가법 제20조 제1항 제1호가 역무의 제공장소와 재화의 사용장소를 공급장소로 함께 규정하고 있는 점을 근거로 용역이 수행된 장소뿐만 아니라 용역이 사용되는

장소도 공급장소로 볼 수 있다는 입장이다.

소비지국과세원칙에 가장 충실한 이론은 위 "②"이고, 공급장소 개념을 확대하여 결과물을 사용한 곳을 기준으로 판단하고 있는 "③"은 대리납부 판단기준으로 적합하다.

4) 법원의 판단

「대법원 95누1071, 1996. 11. 22.」 선고에서 용역의 공급장소 판단에 있어서 "(가장) 중요하고도 본질적인 부분"이 이루어진 곳을 공급장소라고 명시적으로 판시하였다.

외국법인과의 계약을 수행함에 있어 그에 필요한 활동이 이루어지는 곳과 결과물이 사용되는 곳이 국내라면 당연히 국외제공용역이 될 수 없음이 명백할 것이나, 국외제공용역은 국내제공용역과 유기적으로 결합하여 실질적으로 하나의 용역으로 공급된 경우 그 중요하고도 본질적인 부분이 국내에서 이루어진 것이라면 국외제공용역으로 볼 수 없다는 판결이다.

나아가 법원은 대리납부의무유무 판정에 있어 용역이 수행되는 물리적 공간 개념을 확장하여 국외제공용역이 아니라는 판결도 있는데, 평생교육시설 신고를 한 국내법인이 필리핀 자회사에 고용된 필리핀 현지 영어강사를 통하여 국내 수강생들을 상대로 1 : 1 원격 화상강의를 제공하고 자회사에 화상강의 대가를 지급한 사안에서 '이 사건 화상강의 용역 중 가장 중요하고 본질적인 부분은 동 국내법인이 수강생들을 위하여 운영하는 인터넷 프로그램과 필리핀 현지 원어민 강사들과의 연결이라고 할 것인데, 이것이 이루어지는 장소가 동 내국법인의 국내사업장 내지 수강생들이 영어강의를 수강하는 국내'라고 판시하였다(대법원 2016두44889, 2016. 10. 13. ; 대법원 2017두53699, 2017. 10. 31.).

용역의 공급장소와 관련된 대법원의 판결들이 공급자 중심설, 공급받는 자 중심설, 절충설 중 어느 견해를 취하고 있는지 명시적 입장표명은 없고, 단지 제공한 용역의 중요하고도 본질적인 부분이 국내에서 이루어졌다면 그 일부가 국외에서 이루어졌더라도 용역이 공급되는 장소는 국내라고 보아야 한다는 판결이 대부분이다. 따라서 용역의 중요하고도 본질적인 부분이 무엇인지는 사안에 따라 개별적으로 판단할 수밖에 없다.

5) 국외에 소재한 장비 등을 내국법인에 임대한 경우 공급장소

국내법인 간 국내 소재 장비의 임대차계약을 체결하여 임대료를 받기로 약정하였으나, 해당 장비의 사용은 임차인의 필요에 의해 국외에서 사용한 경우라면 영세율 적용을 배제할 여지가 있어 보인다. 다만, 계약 당시부터 장비가 국외에 소재하여 국외 사용이 전제된 상태에서 임대차계약이 맺어졌고 실제 장비의 사용장소도 국외이며 그 사용으로 인한 효익 또한 국외에서 사용·소비되고 있다면 이는 용역의 국외공급으로 보아야 한다. 국세청도 최근 처음부터 국외 사용이 전제된 임대자산 및 계약 당시부터 국외에 소재한 자산 등에 대한 용역계약을 맺고 실제로 국외에서 해당 자산이 임대사업 등에 사용되었다면 이는 용역의 국외공급으로 영세율이 적용된다고 명확히 회신하였다(서면-2019-법령해석부가-0325, 2019. 4. 29.).

(6) 국내법인의 해외지점이 해외에서 공급한 건설용역에 대한 부가가치세 과세 여부

1) 해외지점등기를 한 사업장에서 공급하는 경우

법인이 국외에 지점을 설치(국내 법인등기부등본에 지점등기)하고 해당 지점의 책임과 계산으로 해외에서 건설용역을 제공하는 경우 해당 용역의 공급사업장이 국외에 소재하므로 부가가치세가 과세되지 아니한다(부가-439, 2010. 4. 7.).

2) 등기되지 아니한 해외지점에서 용역이 수행되는 경우

가. 사업장 판단의 기본원칙

부가법 제6조에서 "부가가치세 납세지는 각 사업장 소재지"이고, 여기서 사업장은 "사업자가 사업을 위하여 거래의 전부 또는 일부를 하는 고정된 장소"로 규정하고 있고, 영세율이 적용되기 위해서는 ① 국내에서 공급하는 용역제공 사업자의 사업장이 반드시 국내에 소재하여야 하고, ② 용역의 제공장소가 국외이어야 한다.

아울러 건설업을 영위하는 법인사업자의 부가법상 사업장은 해당 법인의 등기부상 소재지(등기부상의 지점소재지 포함)이며, 법인이 등기된 본점과 지점이 따로 있는 경우에는 그 각각이 별개의 사업장이 된다(부가령 §8 ① 3).

나. 국세청의 해석 변경

① 기존 해석

국세청 심사(심사부가 2010-0200, 2011. 2. 25.)에서 해당 국가의 법에 따라 지점(법인)을 설립하고 우리나라 사업자등록증과 같은 등록증을 부여받았다면 해당 지점은 국내법인 등기부등본에 해외지점의 등기 여부와 상관없이 독립된 사업장으로 보았으나, 용역제공일이나 용역계약 체결일 현재 특정국가가 우리나라와 조세조약을 맺은 바 없으며, 우리나라 법인등기부등본에 등기되지 않은 해외지점은 독립된 사업장으로 볼 여지가 없는 것이므로 해외지점이 제공하는 건설용역은 국내 본점사업장에서 제공하는 용역의 국외

공급에 해당하므로 영세율이 적용된다고 해석하였다(기준-2018-법령해석부가-0245, 2018. 10. 19. ; 서면-2017-법령해석부가-1880, 2018. 6. 11.).

② 기존 해석의 변경

부가법상 건설업 법인의 사업장을 등기부상 소재지로 명시하고 있어 미등기 지점은 사업장에 해당하지 않는다는 해석은 우리나라 부가법상 사업자등록이나 납세지가 될 수 없는 해외지점까지 적용받는다는 전제하의 견해로서 국내지점에 한정하여 해석함이 타당하다.

국내법인의 미등기 해외지점이 그 소재지국 법률에 따라 상업등기 및 건설업등록을 마치고 자기의 책임과 계산하에 반복적으로 국외에서 건설용역을 제공하고 있어 공급장소가 국외임이 명백한 경우라면 국내에 지점등기를 여부와는 상관없이 공급장소를 국외로 보아야 한다.

또한, 조세조약은 국가 간 소득의 이중과세조정을 위한 것이므로 조세조약이 체결된 경우에만 해외지점을 독립된 고정사업장으로 인정하는 것은 불합리하고, 조세조약과 무관하에 해외지점이 독립적으로 사업을 영위하는 경우에는 우리나라에 과세권이 없다고 보아야 한다(서면-2022-법규부가-0736, 2022. 2. 23.).

다. 조세심판원의 판단

특정 건설사업장이 건설용역의 소비지 및 제공장소가 국외이고, 국외건설용역을 제공하기 위한 인적자원과 물적시설을 모두 갖추고 국외에서 독립적으로 사업을 영위하는 고정사업장으로 볼 수 있으며, 현지법률에 따라 상업등기 및 사업자등록을 경료하였고 건설업등록을 하여 독자적으로 공사계약도 체결하고 있으며 관련 회계감사 및 법인세 신고 등의 업무도 현지에서 이루어지고 있을 뿐만 아니라, 소비지국 과세를 원칙으로 하는 우리나라 부가가치세 과세체계로 볼 때 부가법은 재화나 용역의 공급지가 속한 국내, 즉 우리나라의 주권이 미치는 범위 내에서 적용하므로 독립적인 국외사업장이 우리나라의 주권이 미치지 아니하는 국외에서 용역 등을 공급하는 경우에는 부가가치세 납세의무가 있다고 보기 어렵다. 또한, 조세조약은 국가 간 소득(개인소득세 및 법인세)의 이중과세를 방지하고자 하는 것으로 부가가치세 과세에 이를 그대로 적용할 수 없어 위 특정 사업장에 대하여 영세율 적용대상으로 해석한 것은 부당하다(동지 : 조심 2019부1546, 2019. 8. 26.).

라. 결론

해외지점의 국내지점 등기와 상관없이 국외에서 현지법률에 따라 사업등기나 사업자등록을 마치고 해외지점의 책임과 계산으로 해외에서 건설용역을 제공하고 부가가치세 등 간접세를 납부하는 등의 관계에 있다면 우리나라에 과세권이 없다고 보아야 한다.

(7) 해외건설현장에 제공되는 건설자재 등 조달과 부가가치세

1) 국내 구매 관련 부가가치세 문제

해외건설업을 수행하는 국내사업자(이하 "을법인")가 국내 건설자재 공급업자와 건설자재 공급계약을 체결하면서 해당 건설자재를 공급업자 명의로 수출통관하여 을법인의 해외건설현장에 인도하게 하는 경우 국내에서 건설자재 공급업자가 을법인에게 공급하는 해당 건설자재에 대하여는 부가법 제21조 제2항 제1호에 따라 영세율이 적용되지 않는다.

다만, 을법인이 갑법인(해외 건설공사의 원도급자)과 해외건설공사에 대한 하도급계약서를 근거로 건설자재 공급업자와 한국은행의 무역금융세칙 및 대외무역 관련 법령이 정하는 내국신용장 또는 구매확인서를 개설하여 건설자재를 공급받는 경우에는 부가령 제31조 제2항 제1호 및 부가규칙 제21조에 따라 영세율이 적용된다(사전-2015-법령해석부가-0106, 2015. 4. 28.).

아울러 국내 건설자재 공급업자로부터 건설자재를 공급받아 을법인이 직접 수출통관을 거쳐 해외 건설현장으로 반출할 수도 있는데 그와 관련된 부가가치세 처리도 이와 같다.

해외건설용역을 수행하기 위하여 국내에서 조달된 건설자재와 관련하여 을법인이 부담한 세금계산서상의 매입세액은 부가법 제38조에 따라 자기의 매출세액에서 공제된다.

2) 해외건설현장용 건설자재의 국외 반출과 부가가치세

해외 건설공사를 도급받은 을법인이 해당 건설에 필요한 자재를 국내에서 구입하여 해외현장으로 반출하는 경우에는 재화의 공급으로 보지 아니한다(부가 46015-538, 2001. 3. 21.). 즉 자기의 국내외 건설현장에 건설자재로 반출하는 것이므로 갑법인에게 그 소유권의 이전이 없었으므로 재화의 공급이 있었다고 볼 수 없다.

3) 해외건설현장용 건설기계의 반출

건설기계관리법에 따라 등록된 건설기계를 수출하고자 하는 자는 「건설기계관리법」 제6조 제2항에 따라 수출 전까지 해당 건설기계를 수출말소 등록한 것에 한하여 수출할 수 있고 수출하는 재화로서 영세율이 적용되는 것이나, 자기의 해외현장에서 자가사용 또는 해외임대 등 일시반출하는 건설기계는 말소등록 하지 않아도 되고 재화의 공급에도 해당하지 아니하므로 별도의 부가가치세 문제는 발생하지 아니한다.

위 어느 경우이든 건설기계 취득과 관련하여 부담한 매입세액은 부가법 제38조에 따라 공제된다.

4) 건설장비의 임대를 위한 반출(수출)

을법인이 갑법인에게 해외건설현장에 건설기계를 임대하고자 해외현장에 건설장비를 반출하는 경우에는 재화의 공급으로 보지 아니하고(영세율신고 불필요), 갑법인에게 받는 건설장비 임대료에 대하여는 용역의 국외공급으로 영세율이 적용되며, 임대차기간이 만료된 후 해당 장비를 국외에서 다른 외국법인에게 매각하는 경우에는 해당 장비의 공급은 외국인도수출로 영세율이 적용된다(서면-2019-법령해석부가-0325, 2019. 4. 29. ; 서면3팀-1883, 2007. 7. 3. ; 서면3팀-1875, 2007. 7. 2.).

※ 해당 장비를 국외에서 국내사업자에게 매각하는 경우에는 국외거래에 해당하여 부가가치세가 과세되지 아니한다.

(8) 앱스토어를 통한 애플리케이션 판매

1) 의의

앱스토어 사업은 옥션 등 부가통신 사업과 유사한 새로운 유형의 사업형태로서 앱스토어 운영 사업자는 온라인 장터 관리수익이 발생하고, 국내 개발자(프로그램 개발자)는 온라인 장터에 응용프로그램을 올려놓고 다운로드 횟수에 따라 판매수익을 얻는다.

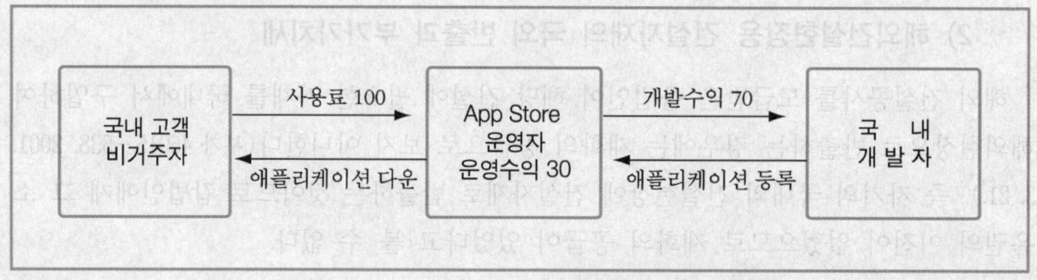

※ 앱스토어(App store): 스마트폰에 탑재할 수 있는 다양한 애플리케이션(응용프로그램, 일정관리 · 게임 · 음악재생 · 인터넷접속 등)을 판매하는 온라인상의 모바일 콘텐츠 장터

2) 영세율 적용 요건

국내사업자가 개발한 스마트폰 응용프로그램(애플리케이션)을 인터넷상의 오픈마켓에

등재하고 오픈마켓 운영자의 중개하에 국외 소비자가 이를 유상으로 다운로드받아 사용하는 경우에는 용역의 국외공급에 해당하여 영세율이 적용된다(재부가-388, 2010. 6. 10.).

※ 국내 소비자가 다운로드받아 사용 → 국내 용역거래로 10% 세율 적용

3) 공급시기 및 환율적용 시점

국내 개발자(사업자)와 오픈마켓 운영자 간 정산일 등 역무의 제공이 완료되고 공급가액이 확정되는 때를 공급시기로 한다.

4) 공급가액의 계산

위 거래와 관련하여 소비세 등의 명목으로 외국에서 납부한 금액은 공급가액에 포함되지 아니하고, 공급가액과 세액이 별도 표시되어 있지 아니하는 경우 거래금액의 110분의 100에 해당하는 금액을 공급가액으로 보되, 영세율이 적용되는 경우에는 전체 거래금액을 영세율 적용 공급가액으로 보며, 동 거래의 대가를 외국통화 또는 그 밖의 외국환으로 지급받은 경우 공급시기의 환율에 의하여 환산한 금액을 공급가액으로 한다(재부가-388, 2010. 6. 10.).

4 | 대금결제

용역의 국외공급으로 영세율이 적용됨에 있어 결제통화가 외화일 것을 요건으로 하지 않는다. 단순히 국외에서 제공되는 용역이면 용역을 제공받는 자가 누구이든 그 대가를 외화로 수령하든 원화로 수령하든 관계없이 영세율이 적용된다.

5 | 세금계산서 발급

국외에서 제공하는 용역의 공급에 대하여 공급받는 자가 국내에 사업장이 없는 비거주자 또는 외국법인이면 세금계산서 발급의무를 면제하고 있다(부가령 §71 ① 4).

따라서 국내사업자로부터 하도급받아서 국외에서 건설용역을 제공하는 경우에는 용역을 제공받는 자가 국내사업자이므로 도급자에게 영세율세금계산서를 발급하여야 한다(서면3팀-1705, 2006. 8. 4.).

6 | 영세율 첨부서류

국외제공용역의 영세율 적용을 받기 위하여 필요한 첨부서류는 외국환은행이 발급하는 외화입금증명서 또는 국외제공용역에 관한 계약서(하도급계약서)이다(부가령 §101 ① 8). 다만, 장기해외건설공사의 경우에는 최초의 과세표준신고 시에 공사도급계약서 사본을 제출하고 그 이후의 신고 시 영세율 규정에 의한 외화획득명세서를 제출한다(부가통칙 22-101-1).

V 외국항행용역

1 | 의 의

외국항행용역이란 선박 또는 항공기로 여객이나 화물을 국내에서 국외로, 국외에서 국내로, 국외에서 국외로 수송하는 것을 말하는 것으로 용역의 공급장소가 국내외에 밀접하게 연결되어 있어 국내제공분과 국외제공분으로 구분하여 그 대가를 산정하는 것이 사실상 불가능하며, 구분한다고 할지라도 비경제적이고 과세행정도 복잡해지고 비효율적이다.

이처럼 외국항행용역의 경우 소비지의 판정이나 주된 용역이 제공되는 장소 등의 판정이 어려울 뿐만 아니라 각국의 입법례에서도 영세율을 적용하고 있고, 외화획득에 기여하고 있는 점을 감안하여 우리 부가가치세법은 국내외에 복합적으로 이루어지는 외국항행용역 전체를 영세율 적용대상으로 규정하고 있다.

2 | 외국항행용역의 범위

외국항행용역은 선박 또는 항공기로 여객이나 화물을 국내에서 국외로, 국외에서 국내로 또는 국외에서 국외로 운송하는 것과 외국항행사업자가 자기의 사업에 부수하여 공급하는 재화 또는 용역으로서 다음에 해당하는 것에 대하여는 영세율을 적용한다(부가법 §23, 부가령 §32).

㉠ 다른 외국항행사업자가 운용하는 선박 또는 항공기의 탑승권을 판매하거나 화물운송계약을 체결하는 것

㉡ 외국을 항행하는 선박 또는 항공기 내에서 승객에게 공급하는 것

㉢ 자기의 승객만이 전용하는 버스를 탑승하게 하는 것

㉣ 자기의 승객만이 전용하는 호텔에 투숙하게 하는 것

주된 거래인 용역의 공급에 필수적으로 부수되는 재화·용역의 공급은 주된 용역에 포함되는 것으로 보는바, 주된 재화 또는 용역의 공급이 영세율에 해당하는 경우 그 부수재화·용역의 공급에도 영세율이 적용되는지에 대하여 유권해석은 영세율이 적용되는 사업에 사용하던 기계장치를 양도하는 경우 및 외국항행선박을 양도하는 경우 일반세율이 적용되는 것으로 해석하고 있으므로 대체적으로 상기 4가지의 경우 외의 부수재화·용역의 공급 또는 주된 사업과 관련하여 우발적·일시적 공급에 해당하더라도 일반세율로 과세되는 것으로 보아야 한다(간세 1235-2424, 1977. 8. 9. ; 간세 1235-250, 1978. 1. 25.).

(1) 항공기의 외국항행용역

1) 국내항공사의 경우

국내항공사가 항공기에 의하여 국내(국외)지정장소에서 국외(국내)지정장소까지 또는 국외지정장소에서 국외지정장소까지 제공하는 항행용역에 대하여 부가가치세 영의 세율을 적용한다.

다만, 「항공사법」에 규정하는 항공기에 의한 국내에서 국내로의 화물 및 여객의 항공운송용역은 영의 세율이 적용되지 않는다(부가령 §37 1).

가. 세금계산서 발급의무 면제

항공기에 의한 외국항행용역에 대하여는 세금계산서 발급의무가 면제된다(부가령 §71 ① 4).

나. 공급시기

국내항공사가 국내항공사 간 체결한 항공권 공동사용에 따른 협정내용에 따라 국내선 여객운송용역을 제공함에 있어서, 항공권 판매자와 항공운송용역 제공자가 다른 경우에 실제 항공운송용역 제공자는 해당 운송용역의 대가를 정산·확정하는 때가 공급시기가 되며, 국외항공사 간 항공운송용역에 대한 공급시기에 있어서도 해당 운송대가가 정산·확정되는 때가 된다(부가 46015-1001, 1994. 5. 20.).

▌항공운임정산(CASS) 제도

- CASS제도는 IATA절차에 따라 항공사와 대리점 간에 발생하는 항공화물판매대금을 직접 당사자 간에 결제하는 대신에 운임정산은행을 중개인으로 하여 대금을 일괄청구 · 정산하는 항공화물운임정산제도이다. 이 제도도입으로 기존 항공사와 대리점 간 개별적으로 이루어지던 운임정산을 정산은행을 중개인으로 하여 대금을 결제하기 때문에 업무의 표준화와 효율화를 꾀할 수 있다.
- CASS에 참여한 항공사 및 IATA대리점은 원칙적으로 IATA Resolution 제801조에 따라 CASS시행과 동시에 CASS를 이용하여 판매대금을 정산토록 규정하고 있다.
- 원칙적으로 매월 1일부터 15일까지 발행된 airwaybill에 해당되는 항공운임은 다음 달 14~15일까지 송금이 이루어져야 하며, 매월 16일부터 말일까지 발행된 airwaybill에 대한 항공운임은 다음 달 30일까지 송금하도록 하고 있다.

다. 대가의 영수방법

외국항행용역을 제공하는 사업자가 해당 용역을 제공하고 받는 대가에 대하여는 외화로 받든 원화로 받든지에 관계없이 부가가치세 영세율이 적용된다.

라. 공급가액

항공운임은 항공사 독자적으로 결정하는 것이 아니라 국제항공운송협회(IATA)에서 결정된 운임을 각 항공사들이 자국의 법률에 따라 정부의 허가를 받아 결정한다. 사업자가 외국항행용역을 제공하고 그 거래상대자로부터 받은 대금 · 요금 · 수수료 그 밖의 명목 여하에 불구하고 화주(승객)로부터 받는 대가관계가 있는 모든 금전적 가치 있는 것을 포함한다.

마. 영세율 첨부서류

부가가치세 과세표준 예정 · 확정신고 또는 영세율 등 조기환급신고 시 외국항행용역의 경우 공급가액확정명세서를 제출한다. 이 경우 사업자가 국세청장이 정하는 바에 따라 해당 영세율 첨부서류를 복사하여 저장한 테이프 또는 디스켓을 영세율 첨부서류제출명세서(전자계산조직에 의하여 처리된 테이프 또는 디스켓을 포함한다)와 함께 제출할 수 있다.

또한, 타 외항사업자와 탑승권 판매 및 화물운송계약을 체결하여 외국항행용역을 제공한 경우 송장집계표(공급자와 공급받는 자 간에 정하는 서식으로 일정기간의 거래내용을 기재하여 집계한 서류)를 제출한다.

2) 외국 항공운송사업자(비거주자 또는 외국법인)의 경우(부가통칙 23-32-2)

선박 또는 항공기에 의한 외국항행용역의 제공자가 국내사업장이 있는 비거주자 또는 외국법인인 경우에는 여객이 탑승하거나 화물이 적재되는 장소를 공급장소로 보아 여객이 탑승하거나 화물이 적재되는 장소가 국내인 경우에 한하여 우리나라에 부가가치세의 납세의무가 발생하는 것이며 이때 영세율의 적용 여부는 상호면세주의가 적용되므로,

㉠ 상호면세국일 경우에는 우리나라(대한민국 영토 내)에서 여객이 탑승하거나 화물이 적재되는 것만 영세율이 적용되며, 이때 탑승이란 한국에서의 최초 탑승만을 의미하며 귀환을 위한 탑승까지 포함하는 것은 아니다(재무부 부가 46015-59, 1994. 3. 11.).

㉡ 상호면세국이 아닌 경우에는 우리나라에서 여객이 탑승하거나 화물이 적재되는 것만 일반세율이 적용된다.

㉢ 상호면세국의 판정은 외국항행용역을 제공하는 사업자를 기준으로 판정하는 것이지 선박 또는 항공기의 국적에 따라 판정하는 것은 아니다(재무부 간세 1235-3143, 1977. 9. 15.).

※ 그 밖에 대가의 영수방법, 영세율 첨부서류, 공급시기는 국내항공사의 경우와 같다.
※ 국가 간 의정서상에 해운 및 항공운수용역을 부가가치세 면세하기로 협정한 경우에도 상호면세주의에 따라 영세율이 적용된다.

3) 구체적 사례

가. 국내외 연결 항공운송용역 중 국내구간 위탁 시 국내구간 항공운송용역의 영세율 적용 여부

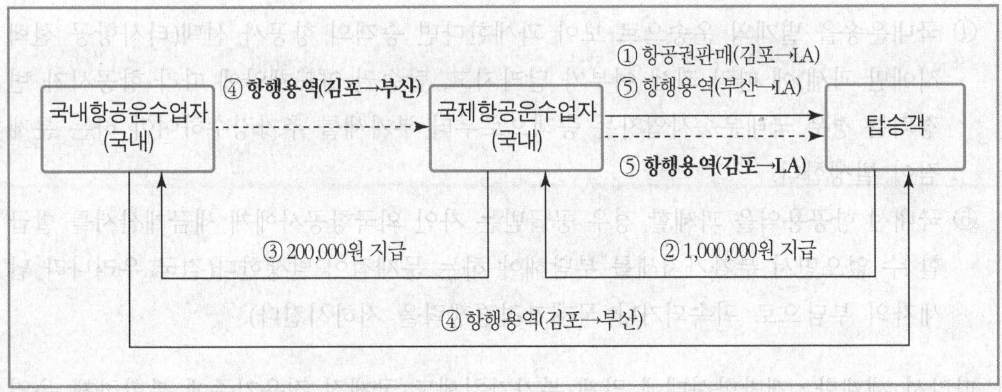

항공운송사업자가 국내지정장소에서 외국지정장소까지 또는 외국지정장소에서 국내지정장소까지 국제운송조건으로 외국항행용역을 공급하는 경우 국내운송구간이 국제운송구간에 연결된 하나의 항공권으로 발행되어 국내운송구간이 국제운송의 일환이라는

것이 확인되는 경우에는 해당 국제항공운송사업자와 국내항공운송사업자가 서로 다른 경우에도 해당 항공운송용역은 부가법 제23조에 따라 영세율이 적용된다(기획재정부 부가가치세제과-56, 2016. 1. 21. ; 소비 46015-78, 1995. 4. 10.).

단일 항공사로서는 승객이 가고자 하는 목적지까지 물리적 또는 정치적 제약으로 인하여 특정 구간의 운행이 불가할 수 있어 타국의 국내 여정에 대하여 서로 항공권을 판매하여 주는 협조체계(IATA)를 구축하고 있으며, 일본 · 프랑스 · 캐나다 등의 국가들은 하나의 탑승권에 의하여 국내외 운송이 연결 · 발행되어 제공되는 외국항행용역에 대하여 국제 · 국내구간 모두 동일 항공사에 의하여 제공되었는지에 불구하고 영세율을 적용하고 있다.

만약 국내외 구간을 연결하여 하나의 항공권에 의해 여객을 운송하는 항공운송업자의 자국 내 구간을 외주하는 경우 자국 내 운송구간의 항공운송용역에 대하여 부가가치세를 과세할 경우 아래와 같은 문제점이 발생한다.

① 단일 항공사에 의해 국제 · 국내운송이 이루어진다 하더라도 항공기 내 승객은 환승절차를 거쳐야 하므로 서비스 내용 측면에서 일부 구간의 항공여행을 타항공사로 하는 것과 실질적 차이가 없다.

② 구 통행세법에서는 국제선 탑승 시 노선관계로 국내 어느 지점을 경유하여 목적지까지 하나의 탑승권으로 발권되어 동일기에 의하여 운행되는 경우 통행세가 면제될 뿐만 아니라 동일기가 아니더라도 국제노선을 연결하는 항공기는 동일기로 취급하였다.

③ 국제항공 관행상 승객편의를 위하여 항공사 간의 탑승권 양도계약에 따라 여행구간 중 일부승객이 다른 항공사의 여객기로 바꾸어 탑승하는 경우에도 국내운송을 국제운송의 일환으로 보아 영세율을 적용하고 있다.

④ 국내운송을 별개의 운송으로 보아 과세한다면 승객의 항공사 선택(타사항공 선택 시에만 과세)에 따라 과세 여부가 달라지고, 탑승권 양도계약에 따라 항공사가 변경되는 경우 국내운송사업자는 승객으로부터 부가세를 추가징수하여야 하는 문제점이 발생한다.

⑤ 국내선 항공용역을 과세할 경우 공급받는 자인 외국항공사에게 세금계산서를 발급할 수 없으면서 부가가치세를 부담해야 하는 문제점이 발생한다(결국 우리나라 납세자의 부담으로 귀속되거나 국제가격경쟁력을 저하시킨다).

따라서 세계화 · 개방화시대에 맞게 부가가치세도 국제적 적용기준에 부합하게 운영하여 국내 운송분이 국제구간 운송과 연결된 하나의 여정일 경우 국제운송의 연장으로 보아 부가법상 영세율을 적용하여 국내구간 과세로 인한 국제간 조세마찰 소지를 제거할 필요가 있었다.

나. 외국항행용역의 부수용역

외국항행사업자가 자기의 사업에 필수적으로 부수하여 행하는 재화 또는 용역의 공급은 영의 세율이 적용되는 외국항행용역에 포함된다(부가령 §23).

다. 항공화물대리점의 항공화물운송용역의 영세율 적용

국내항공화물대리점이 국내에서 국내사업장이 없는 비거주자(또는 외국법인)에게 해외로 발송하는 화물의 pick-up, packing, tucking, storage용역을 제공하고 그 대가를 외국환은행을 통하여 받지 아니하고, 그 화물에 대한 항공운송용역을 제공한 항공회사의 해외지점을 통하여 국내에서 전달받는 경우에는 영의 세율이 적용되지 아니한다.

이때 용역을 공급받는 자가 비거자주인지 여부와 용역제공의 범위, 공급가액의 계산에 대하여는 항공화물대리점, 항공회사, 용역을 공급받는 자 간의 실제 계약서내용에 따라 개별적으로 판단하여야 한다(부가 46015-3019, 1993. 12. 29.).

▌항공화물운송주선(대리점)업 관련 세무처리

① 운송주선업을 영위하는 사업자 "갑"이 항공기에 의한 외국항행용역을 제공하는 사업자 "을"과 항공화물의 판매대리계약을 체결한 후 "을"사업자를 대신하여 화주와 화물의 국제운송계약을 체결하고 "을"사업자의 명의로 항공화물운송장을 발급한 후 화주로부터 운임을 받아 "을"사업자에게 송금하는 경우에 항공기에 의한 외국항행용역은 부가령 제71조 제1항 제4호에 따라 세금계산서 발급의무가 면제되는 것으로 해당 운임에 대하여는 "갑"사업자가 세금계산서를 발급할 수 없다.

② 운송주선업자가 「상법」 제116조에 따라 자기의 책임하에 타인의 화물을 직접 운송할 것을 약정하고 다른 운송업자에게 의뢰하여 동 화물을 운송하는 경우 화주에게 화주로부터 받는 운임 전액에 대하여 자기의 명의로 세금계산서를 발급하는 것이나, 해당 운송주선업자가 국외운송업자의 국내 대리인으로서 국외운송업자가 발행한 선하증권 및 항공화물운송장을 수취하여 국내 수입업자에게 단순히 인도하고 운임을 징수하여 국외운송업자에게 송금하는 경우 해당 국외운송용역에 대하여는 세금계산서 발급의무가 없다(부가 46015-4863, 1999. 12. 11. ; 부가 46015-1660, 1999. 6. 11.).

③ 운송주선업을 영위하는 사업자가 국제복합운송계약에 의하여 화주로부터 화물을 인수하여 자기명의로 항공화물운송장 등을 발급하고 자기책임하에 타인의 운송수단을 이용하여 출발지에서 도착지까지 운송용역을 하나의 용역으로 연결하여 국제간의 화물을 운송하여 주고 화주로부터 화물운송용역에 대한 대가를 받는 경우 해당 운송주선업을 영위하는 사업자는 화주에게 운송용역의 대가에 대하여 세금계산서를 발급(공급받는 자가 국내에 사업장이 없는 비거주자 또는 외국법인인 경우 제외)하여야 한다(부가 46015-1936, 1995. 10. 20. ; 부가 46015-4794, 1999. 12. 3.).

라. 화주로부터 별도로 받는 '대행수수료'의 영세율 적용 여부

운송주선업을 영위하는 사업자가 국내사업장이 없는 외국운송업자가 항공화물운송장을 발행하여 운송한 화물을 국내에서 인수하여 화주(물품수입자)에게 인도하고 해당 화주로부터 항공운임을 지급받아 해당 운송주선업자가 받기로 한 대가(AIR B/L 취급수수료)를 차감한 후 외국운송업자에게 송금하고 이와는 별도로 화주로부터 대행수수료(COLLECT CHARGE, HANDLING CHARGE)를 받는 경우에 있어 항공운임에 대하여는 외국운송업자가 제공하는 용역으로 세금계산서를 발급할 수 없고, 국내 화주로부터 받는 대행수수료에 대하여는 부가가치세가 과세되는 것으로 부가법 제32조 제1항에 따라 세금계산서를 발급하여야 한다(부가 46015-5, 2000. 1. 4.).

(2) 선박에 의한 외국항행용역

1) 영세율의 적용 개요

국내의 외국항행사업자가 선박에 의하여 여객이나 화물을 국내에서 국외로, 국외에서 국내로 또는 국외에서 국외로 수송하는 외국항행용역에 대하여 영의 세율을 적용한다. 외국의 선박에 의한 외국항행사업자의 경우에도 항공용역과 동일하게 상호면세주의가 적용된다.

선박에 의한 외국항행용역의 영세율 적용 여부에 대하여 예시하면 다음과 같다.

① 사업자가 외국항행선박으로 면허를 받은 선박을 선원부 용선계약에 의하여 타인에게 임대하여 자기책임하에 자기의 선원이 그 선박을 국제간에 운항하도록 하고 용선자로부터 용선료를 받는 경우의 선원부 선박임대용역에 대하여는 영세율이 적용된다(부가통칙 23-32-1).

② 타인에게 선박을 선원부 용선계약에 의하여 임차한 선박을 다른 외국항행사업자에게 재용선하여 국제간에 운항하도록 하고 재용선자로부터 재용선료를 받는 경우 영세율이 적용된다(조법 1265-865, 1984. 8. 22. ; 소비 22601-356, 1986. 4. 29.).

③ 외국항행사업자가 나용선으로 임차한 외국항행선박을 선원부 용선계약에 의하여 타인에게 임대하고 자기책임하에 자기의 선원이 그 선박을 국제간에 운항하도록 하고 용선자로부터 용선료를 받는 경우의 선원부 선박임대용역은 영세율이 적용된다(서면3팀-2431, 2007. 8. 30.).

④ 외국항행사업자가 국내의 외국항행사업자에게 나용선으로 선박을 대여하고 그 대가를 받는 경우에는 영의 세율을 적용하지 아니한다(부가통칙 23-32-1).

⑤「해운업법」제26조에 따라 외항정기화물운송 사업면허 · 외항부정기화물운송사업

또는 외항부정기화물운송사업의 면허를 받은 사업자로부터 외항선박의 선복의 전부 또는 일부를 항해용선계약 조건으로 용선한 자가 제3자로부터 운임을 받는 경우 해당 운임에 대하여는 외국항행용역으로 보아 영세율을 적용한다(부가 1265-2482, 1984. 11. 21.).

▌일반세율의 적용

국내선으로서 다음에 정하는 선박에 의한 여객운송용역(기획재정부령이 정하는 차도선형여객선에 의한 여객운송용역을 제외한다)에 대하여는 부가가치세 일반세율이 적용된다(부가령 §31).

① 수중익선
② 에어쿠션선
③ 자동차운송 겸용 여객선
④ 항해시속 20노트 이상의 여객선

2) 공급시기

외국항행용역의 공급시기는 역무제공이 완료되고 공급가액이 확정되는 시기이다.

3) 대가의 영수방법

외국항행용역을 제공하는 사업자가 해당 용역을 제공하고 받는 대가에 대하여는 외화로 받든 원화로 받든지에 관계없이 부가가치세 영세율이 적용된다.

4) 세금계산서 발급의무

선박에 의한 외국항행용역을 거주자·내국법인 또는 국내사업장이 있는 비거주자·외국법인에게 공급하는 경우에는 영세율세금계산서를 발급하여야 한다.

5) 공급가액

외국항행용역을 제공하고 그 거래상대자로부터 받은 대금·요금·수수료 그 밖의 명목 여하에 불구하고 화주로부터 받는 대가관계가 있는 모든 금전적 가치 있는 것을 포함한다.

6) 영세율 첨부서류

부가가치세 과세표준 예정·확정신고 또는 영세율 등 조기환급신고 시에는 선박의 경우 외국환은행이 발급하는 외화입금증명서이며, 부득이한 경우 선박에 의한 운송용역공급가액일람표를 제출하며, 사업자가 국세청장이 정하는 바에 따라 해당 영세율 첨부서류를 복사하여 저장한 테이프 또는 디스켓을 부가령 제101조 제4항의 영세율 첨부서류제출명세서(전자계산조직에 의하여 처리된 테이프 또는 디스켓을 포함한다)와 함께 제출할 수 있다.

(3) 국제복합운송용역

1) 개념 정리

가. 복합운송의 개념

복합운송은 물품이 어느 한 국가의 지점(출발지)에서 수탁되어 다른 국가의 인도지점(도착지)까지 두 가지 이상의 운송방식에 의하여 이루어지는 물품운송을 말한다(복합운송증권에 관한 통일규칙 §2).

복합운송은 하청운송으로서 복합운송에 관여하는 여러 운송인 가운데 1인의 운송인이 전 구간의 운송을 인수하고 전부 또는 일부 구간을 다른 운송인으로 하여금 운송하게 하는 경우이다. 이때 송화인과 계약을 체결한 운송인만이 전 구간에 대하여 책임을 부담하고 실제로 운송을 담당한 운송인은 하청운송인의 지위에 있어 이들과 송화인 사이에는 직접적인 법률관계가 발생하지 아니한다.

이러한 점에서 볼 때 복합운송이란 복합운송인이 적어도 두 가지 이상의 서로 다른 운송수단으로 전 구간에 대해 단일운임을 대가로 화물을 운송하고 화물에 발생한 손해에 대해 전적으로 책임을 지는 운송시스템이다.

나. 복합운송인의 개념

TCM 조약안에서는 복합운송인을 ① 복합운송증권을 발행하며, ② 화물의 수령으로부터 인도까지 전 구간에 걸쳐 자기의 이름으로 운송을 이행하고, ③ 그 운송에 대하여 조약에 규정된 책임을 부담하며, ④ 복합운송증권에 기명된 자 또는 정당하게 배서된 증권의 소지인에게 화물의 인도를 확실히 하기 위하여 필요한 모든 조치를 다하는 자로 규정하고 있다.

> **▌프레이트 포워더의 개념**
> 포워딩(Forwarding)이란 운송을 위탁한 화주(고객)의 대리인으로서 송하인의 화물을 인수하여 화주가 요구하는 목적지의 수하인에게 인도할 때까지 집화, 입출고, 선적, 운송, 보험, 보관, 배달 등 일체의 업무를 주선해 줄 뿐만 아니라 복합운송체제하에서 스스로 운송계약의 주체자가 되어 복합운송인으로서 복합운송증권(Forwarder's B/L)을 발행하여 전 구간의 운송책임을 부담하는 서비스 업무를 의미하며, 해당 업무를 수행하는 주체를 포워더(Forwarder)라 한다.
> ⇒ 포워더 = 포워딩업체 = 복합운송주선인 = 복합운송업체 = 국제운송주선인

다. 복합운송인의 책임

복합운송에 있어 다수의 구간운송행위자가 결합되어 있더라도 복합운송인은 전 운송구간에 걸쳐 화주에 대하여 단일책임을 부담하게 된다.

라. 국제복합운송용역주선업(국제물류주선업)

'복합운송주선업'은 타인의 수요에 응하여 자기의 명의와 계산으로 타인의 선박·항공기·철도차량·자동차 등 2가지 이상의 운송수단을 이용하여 화물의 운송을 주선하는 사업으로 「화물유통촉진법」에서 「물류정책기본법」으로 법명이 변경되면서 '국제물류주선업'으로 명칭이 바뀌었으며, 그 의미도 아래와 같이 변경되었다(물류정책기본법 §2 11).

(舊)화물유통촉진법	물류정책기본법
"복합운송주선업"이라 함은 타인의 수요에 응하여 자기의 명의와 계산으로 타인의 선박·항공기·철도차량 또는 자동차 등 2가지 이상의 운송수단을 이용하여 화물의 운송을 주선하는 사업을 말한다.	**"국제물류주선업"**이란 타인의 수요에 따라 자기의 명의와 계산으로 타인의 물류시설·장비 등을 이용하여 수출입화물의 물류를 주선하는 사업을 말한다.

1991년 12월 화물유통촉진법 제정 이후 16년 동안 사용해 오던 **복합운송주선업**이란 명칭은 현행 「물류정책기본법」으로 2007. 8. 3. 전부 개정되어 이후 국제물류주선업으로 사용하게 되었으나, 부가령 제32조 제2항 제1호는 이러한 관계 법령 개정된 용어를 아직 반영하지 못하고 있다. 따라서 혼용하여 쓰기로 한다.

2) 영세율 적용 개요

가. 개정 연혁

(복합)운송주선업자가 화주에게 제공하는 복합운송용역은 기본적으로 국내에서 이루어지므로 부가가치세가 과세되다가 2000. 12. 29. 부가령 개정(대통령령 제17041호)으로

부가령 제25조 제2항이 신설되면서 영세율 적용 대상이 되었다. 이는 수출산업 지원 및 장려라는 정책적 목적에 따라 영세율의 범주에 포함된 것이다(대법원 2017두59376, 2017. 12. 21.).

나. 현행 규정

운송주선업자가 국제복합운송계약에 의하여 화주(貨主)로부터 화물을 인수하고 자기의 책임과 계산으로 타인의 선박 또는 항공기 등의 운송수단을 이용하여 화물을 운송하고 화주로부터 운임을 받는 국제운송용역은 영세율이 적용된다(부가령 §32 ② 1).

① 화주로부터 화물을 인수한다는 의미

화주로부터 화물을 인수했다는 것은 운송주선업자가 국제복합운송계약에 따라 국내외로 배송할 의무를 부담하면서 화주로부터 화물을 운송주선업자가 직접 인수받았다거나, 운송주선업자와 다른 운반업자와 특정 구간의 운송에 대한 운반용역대행계약에 따라 운송주업선자의 책임과 계산 하에 다른 운반업자로 하여금 화물을 인수하는 경우를 포함한다.

② 타인의 운송수단을 이용한다는 의미

'자기의 책임과 계산으로 타인의 선박 또는 항공기 등의 운송수단을 이용한다'는 의미는 자신이 소유한 물류시설이나 장비를 이용한 경우 복합운송용역으로 보지 아니한다거나 자가 소유시설이나 장비를 이용한 경우 해당 부분에 대하여 영세율을 배제한다는 의미는 될 수 없다.

「물류정책기본법」 제2조에서 수출입화물의 물류를 주선하는 사업을 "국제물류주선업"으로 정의하고 있고(제11호), 수출입화물의 물류에는 수출입화물의 운송·보관·하역 등과 이에 부가되어 가치를 창출하는 가공·조립·분류·수리·포장 등이 포함되며(제1호), 수출입화물의 국내운송을 배제하고 있지 않으므로 수출입화물의 국제운송 뿐만 아니라 국내운송도 국제물류주선업자의 업무범위에 포함된다(국토해양부 물류산업과-61, 2010. 1. 7.).

「물류정책기본법」 제43조 및 동 시행령 제30조의2를 살펴보면, 국제물류주선업의 등록기준에는 자본금 3억원 이상 기준(법인이 아닌 경우 6억 이상의 자산 평가액) 및 1억원 이상의 보증보험에 가입(컨테이너장치장을 소유하고 있는 경우 등은 제외)한 경우 국제물류주선업의 등록을 할 수 있고 물류시설이나 장비가 있는 경우를 제외한다는 규정을 두고 있지 않다.

국세청도 복합운송주선업자가 통관절차를 거친 후 직접 화주의 배송센터로 운송하거

나 부산에 있는 당사의 창고로 입고시킨 후 화주의 축로지시에 따라 배송센터 또는 각 매장에 직접 배송하며 이때 보세운송비, 창고보관료, 내륙운송료 등의 비용이 발생하는데, 이상으로 화주에 대한 용역제공은 마무리되고 화주에게는 실제 발생한 운임 및 제반 비용 외에 Document fee 및 Handling fee(취급수수료)를 더하여 청구하게 되는 것으로 즉 미리 대납한 운임 등(Oceon freigh 및 surcharge외 Document fee)과 통관 후에 발생하는 보세운송비, 창고보관료, 내륙운송료에 Handling fee(취급수수료)를 청구하는 경우에 화주로부터 받는 운임 외에 통관 후에 발생하는 보세운송비, 창고보관료, 내륙운송료 및 Handling fee(취급수수료)의 영세율 적용여부에 대하여 "국제복합운송용역에 있어 국내에서 발생하는 이러한 업무는 통상적인 부수활동에 해당하는 바, 영세율이 적용되어야 하고, 부가가치세 과세표준에는 화물보관료 및 운송료 등을 포함하여 화주로부터 받는 대가관계가 있는 모든 금전적 가치 있는 것을 포함한다"고 회신하였다(부가가치세과-2069, 2008. 7. 17.).

기재부도 국제물류주선업(복합운송주선업)자가 자기책임과 계산하에서 화물의 해외운송을 위해 필요한 정도의 포장 및 기타서비스 제공용역을 국제운송용역과 함께 일괄하여 제공하는 경우 국제운송용역을 위하여 필수적으로 부수되는 일로 보아 영세율이 적용된다고 회신한 바 있다(재부가-826, 2007. 11. 28.).

다. 영세율 적용의 구체적 취지

위 국제복합운송용역에 대하여 부가가치세 영의 세율을 적용하는 취지는 아래와 같은 이유에서 비롯된다.

① 부가령 제32조 제2항 제1호의 복합운송주선용역에 대한 영세율 적용은 부가법 제23조 제1항의 선박 또는 항공기에 의한 외국항행용역의 일반적 개념보다는 상법, 물류정책기본법 및 국제규약 등 관례상의 복합운송용역 해당 여부 그 자체에 대한 판단에 따라야 한다.

② 국제간 운송개념이 문전에서 문전까지로 확대됨에 따라 비선박운항사업자를 운송인으로 보는 것이 국제적 관행이며

③ 자기의 계산과 책임하에 화물을 인수하여 운송하고 화주에 대하여 책임을 지는 것으로 운송수단의 소유 여부에 따라 그 판단을 달리할 수 없고

④ 선박과 항공기를 보유한 외국항행사업자도 특정 구간은 타인의 운송수단을 이용할 수밖에 없는 것이 현실이어서 영세율 적용대상에서 배제함은 불합리할 뿐 아니라

⑤ 한국표준산업분류에서도 화물운송대행업을 운수업(그외 기타 운송관련 서비스업)으로 분류하고 있다.

⑥ 아울러 상법에서는 운송주선인은 운송인이나 다른 운송주선인의 선택, 기타 운송

에 관하여 주의를 해태한 경우 운송물의 멸실, 훼손 등으로 인한 손해배상책임을 부담시키고(상법 §115, §135),

⑦ 운송주선인이 화물상환증을 작성하여 위탁자에게 교부한 때에는 직접 운송한 것으로 보고 있어, 운송주선업자에게 운송인과 동일한 권리·의무를 부담시키며 운송주선업자가 운송인과 유사한 법적 지위를 가지고 있음을 규정하고 있다(상법 §116).

⑧ 수인(數人)이 순차적으로 운송주선을 하는 경우 후자가 전자에 갈음하여 그 권리를 행사할 의무를 부담하고, 후자가 전자에게 변제한 때에는 전자의 권리를 취득한다고 규정하는 등 선행 운송주선인과 후행 운송주선인의 긴밀한 연결관계를 규정하고 있다(상법 §117).

⑨ 선박·항공기 등의 운송수단을 보유한 사업자라도 자기의 운송수단이 없는 육로 또는 지선 등의 일부 구간에는 타인의 운송수단을 이용하여 수송하는 것은 불가피하며 이러한 통운송의 경우 그 전체에 대하여 영세율을 적용하는 것이 타당하다(동지 : 재부가-56, 2016. 1. 21.).

⑩ 수입화물에 대하여 국제복합운송에 기인한 손해배상 건이 발생한 경우, 국내수입자는 국내 운송주선인(내륙운송담당)에게 1차적으로 클레임을 제기하며, 국내운송주선인은 국내수입자에 대하여 배상을 실시한 후, 책임소재를 파악하여 외주용역업체, 항공사 및 해운사 또는 해외관계사에 구상권을 행사한다.

⑪ 국제복합운송계약에 따라 국내운송주선인의 국내운송용역에 대해 영세율 배제 시 해당 국내운송용역의 공급에 영세율이 적용되지 않으면, 국내운송주선인은 이에 대해 부가가치세를 납부하여야 하나 거래상대방인 해외관계사는 같은 금액에 대하여 매입세액공제를 받을 수 없으므로, 이는 곧 운임의 상승으로 귀결되어 운임 등을 부담하기로 한 당사자의 원가에 포함된다. 수출거래의 경우 부과된 부가가치세 상당액은 국외로 반출되어 매입원가를 구성하므로 소비지국과세원칙에 위배되고, 수입거래의 경우 부가가치세 상당액이 수입재화의 가격에 반영되어 수입자는 수입재화 통관 시 부가가치세 상당액만큼 상승한 수입재화 가격에 대해 관세 및 부가가치세를 부담하게 되는 바, 이는 곧 실질적으로 부가가치세 상당액에 다시 부가가치세가 중복하여 과세되는 불합리한 결과를 초래한다. 이에 '수출산업의 지원 및 장려'라는 법령의 입법취지와 물류산업의 경쟁력 강화 측면을 고려할 때, 해당 국내운송용역은 화물을 국내에서 국외 또는 국외에서 국내로 운송하는 국제복합운송계약의 일부로서 외국항행용역으로 영세율 적용함이 타당하다고 본다(위 ①, ⑥, ⑦의 논리는 수원고법 2022누10081, 2024. 2. 14. 판결에 수용되지 못하였다).

⑫ 위 "⑩", "⑪"에서 국내운송용역에 대한 일본과 독일의 입법사례를 보더라도 국제

복합운송용역을 하나의 운송계약으로 보고 일련의 운송과정에서 수행된 국내구간 운송에 대해 부가가치세 면제를 적용하고 있음이 확인된다.

■ 일본소비세법 제7조 사업자가 국내에서 실시하는 과세자산의 양도 등 중 다음에 해당하는 경우에는 소비세를 면제한다.

3. 국내 및 국내 이외의 지역에 걸쳐 행해지는 여객 또는 화물의 수송 또는 통신

■ 일본소비세법 집행기준 7-2-5 국제 수송으로서 행하는 화물의 수송의 일부에 국내 수송이 포함되어 있는 경우에도 해당 국내 수송이 국제 수송의 일환이라는 것이 국제 수송에 관한 계약에서 밝혀진 경우 해당 국내 수송은 국제 수송에 해당하는 것으로 취급한다.

■ 독일 부가가치세법 제4조 공급과 기타용역에 대한 면세

제1조 제1항 제1호에 해당하는 거래 중 다음의 거래는 면세로 한다.

3. 기타의 용역

a) 국제간 화물운송거래, 국제철도화물운송거래 및 기타 다음과 같은 국제적 용역

aa) 수출물건과 직접 관련이 있거나 역외지역에서 탁송절차에 의해 제삼국으로 운송되는 목적으로 수입된 물건과 직접 관련이 있는 용역

라. 해외 파트너사인 복합운송업자와의 계약에 따라 국내운송용역 제공 시 영세율 적용 여부

최근 외국법인과의 파트너 계약에 의하여 국내 운송만을 담당한 파트너사의 지점이나 국내 협력사들(국제물류주선업자로서 이하 "국내운송업자"라 함)의 영세율 적용에 대하여 대법원은 위 "나"의 영세율 적용요건을 엄격히 적용한 판결을 내렸다.

판결문의 주요내용을 보면, ① 운송주선업자인 국내운송업자들이 ② 국제복합운송계약에 의하여 ③ 국내 구매자에게 판매한 제품을 배송할 의무가 있는 외국 소재 화주로부터 화물을 인수하고 ④ 국내운송업자들의 책임과 계산으로 타인의 선박 또는 항공기 등의 운송수단을 이용하여 화물을 운송하고 ⑤ 화주로부터 직접 운임을 받는 국제운송용역을 제공하여야만 부가법 제23조의 위임을 받은 부가령 제32조 제2항 제1호의 요건을 모두 충족하여 영세율이 적용되는 것이어서 화주로부터 자기의 책임과 계산하에 화물을 인수하지 않았다거나 화주로부터 직접 운임을 지급받지 아니한 국내운송용역은 영세율 적용대상이 아니라고 보았다.

3) 공급가액

복합운송주선업자가 화주로부터 대가를 받는 경우 해당 용역의 영세율공급가액에는

국내운송료 및 창고료, 화물인도지시서(D/O) 발급대행용역 등 거래상대자로부터 받은 대금 · 요금 · 수수료 그 밖의 명목 여하에 불구하고 화주로부터 받는 대가관계가 있는 모든 금전적 가치 있는 것을 포함한다(부가-506, 2009. 2. 9. : 법규과-902, 2010. 5. 28.).

또한, 운송을 스스로 하든 위탁하여 운송하든 운송업자의 책임하에 운송이 이루어지므로 화물운송용역의 부가가치세 과세표준은 운송수수료가 아닌 운송업자가 받은 운송비 총액이 된다(서울고법 2007누19937, 2007. 12. 7.).

이때 단순운송용역대가 외에 국제운송용역을 제공하면서 필수적으로 부수되는 포장 및 기타서비스 제공용역대가도 영세율 공급가액에 포함된다(재부가-826, 2007. 11. 28.).

다만, 국제운송용역의 제공없이 화주 등에게 단순한 중개용역을 제공하는 경우에는 영의 세율이 적용되지 아니하는 것으로서 중개수수료를 과세표준으로 하여 일반세율이 적용되는 세금계산서를 발급하여야 한다(부가-137, 2010. 2. 2.).

4) 공급시기

해당 외국항행용역의 공급시기는 역무제공이 완료되고 공급가액이 확정되는 시기이다. 일반적으로 복합운송주선업자 및 운송업자의 용역대가는 계약 시 그 대가가 확정되므로 해당 외국항행용역에 대한 역무의 제공이 완료된 때가 공급시기가 된다(조심 2008부2873, 2010. 1. 14. 외 다수).

5) 대가의 영수방법

복합운송주선용역(외국항행용역)을 제공하는 사업자가 해당 용역을 제공하고 받는 대가에 대하여는 외화로 받든 원화로 받든지에 관계없이 부가가치세 영세율이 적용된다.

6) 세금계산서 발급 및 수취

가. 세금계산서 발급의무

해당 외국항행용역을 거주자 · 내국법인 또는 국내사업장이 있는 비거주자 · 외국법인에게 공급하는 경우에는 영세율세금계산서를 발급하여야 한다.

나. 세금계산서의 수취

① 내륙운송용역을 제공받은 경우

내륙운송의 일부를 타 내륙운송사업자에게 단순 위탁한 경우 내륙운송사업자로부터 일반세금계산서를 발급받아야 하며, 복합운송주선업자는 동 세금계산서상의 매입세액 공제 가능하다.

② 외국항행용역을 제공받은 경우

화물의 해상운송을 선사에 위탁하여 운송하는 경우 선사로부터 외국항행용역 제공에 따른 영세율세금계산서를 발급받는다.

③ 하역용역 등을 제공한 경우

복합운송주선업자가 하역료, 예인료, 접안료 등을 해상운송업자에게 제공하는 경우 영세율세금계산서를 발급한다(부가 46015-61, 2001. 1. 8.).

④ 수입화물에 대한 수입세금계산서를 수취한 경우

국제복합운송주선업을 영위하는 사업자가 외국사업자로부터 수입화물을 인수하여 자기명의로 수입통관하고 세관장으로부터 발급받은 수입세금계산서상의 매입세액은 매출세액에서 공제받을 수 없다(부가 46015-808, 2001. 5. 31.).

7) 영세율 첨부서류

국제복합운송용역의 경우 부가가치세법에 영세율 첨부서류를 별도 규정하고 있지 아니하므로 국제운송용역 제공사실을 확인할 수 있는 증빙이 영세율 첨부서류가 된다(서면3팀-3009, 2006. 12. 5.).

보통 외화획득명세서에 B/L Number, 공급시기, 운송가액 등을 기재하여 제출하고 있다.

8) 그 밖의 주요 영세율 적용 사례

① 위탁에 의한 복합운송용역 제공 시 영세율 적용 여부

복합운송주선용역의 영세율 적용은 외국항행용역의 일반적 개념들은 무시하고 관례상의 여부만으로 복합운송용역 그 자체를 적용대상으로 판단하여야 한다. 이러한 관점에서 국세청과 기획재정부는 운송주선업자가 국제복합운송계약에 의하여 화주로부터 화물을 인수하고 자기의 책임과 계산하에 해당 국제복합운송용역 중 일부를 다른 복합운송주선업자에게 위탁하여 화물을 운송하고 화주로부터 그 대가를 받는 경우 해당 국제복합운송용역은 부가령 제25조 제2항에 따른 외국항행용역에 포함된다고 일관되게 회신하였다(재소비-213, 2004. 2. 25. ; 서면3팀-905, 2005. 6. 21.).

운송주선업을 살펴보면 송하인이 하나의 운송주선인에게 화물의 운송을 의뢰하여 다른 운송주선인을 거치지 아니하고 직접 도착지까지 화물이 운송되는 경우도 있으나, 소형화물의 경우 대부분 운송주선인 간에 효율적인 운송주선 업무를 위하여 자기가 관리하는 노선은 다른 운송주선인으로부터 위탁받아 국제운송용역을 제공하는 것이 현실이다.

아울러 자기가 운송주선인의 자기명의와 계산으로 한다는 의미도 송하주의 화물이 해외의 수화주에게 도착될 때까지의 책임 여부로 판단해야 함이 상법 등 제반규정에 비추어 명백하다. 운송주선인 자신이 운송하기 어려운 곳은 다른 운송주선인에게 위탁하는 방식으로 업무를 하고 있으며 여러 단계를 거치는 경우도 있는바, 최종적으로 국제운송용역을 제공하는 운송주선인 입장에서는 자기에게 화물을 맡긴 다른 운송주선인이 화주가 되기 때문에 이에 대해서도 역시 영세율을 적용함이 타당하며 화물의 주인이 누구이고, 누구로부터 대가를 받는지가 중요한 것이 아니라 해당 용역이 국제운송용역에 해당하는지가 중요한 것이다(법규과-1542, 2012. 12. 27. ; 서삼 46015-10821, 2003. 5. 19. ; 서면-2017-부가-2720, 2017. 11. 30.).

국세청의 과세기준자문회신에서도 저자의 논리를 반영하여『운송주선업자 "갑"이 다른 운송주선업자 "을"로부터 위탁받아 자신의 책임과 계산하에 타인의 선박, 항공기 등의 운송수단을 이용하여 국제운송용역을 제공하고 "을"로부터 운임을 받는 경우, 화주에는 소유권자로부터 운송주선을 위탁받은 다른 운송주선업자도 포함하는 것이 관례이고, 국제운송주선업은 운행노선이나 운송량에 따라 운송주선업자 상호 간 위수탁거래를 통하여 운송용역이 제공되고 있어 영세율 적용을 배제할 경우 외국항행용역 영세율 적용취지가 퇴색되므로 "을"로부터 받은 운임에 대하여 영세율을 적용하여야 한다』고 답변하였다(법규과-1542, 2012. 12. 27.).

송하인 → 운송주업자(을) → 운송주업자(갑) → 항공사/선사 → 수하인

② 미등록복합운송사업자에 대한 영세율 적용

국세청과 기획재정부는「물류정책기본법」에 따라 국토교통부장관에게 국제물류주선업자로 등록하지 아니한 운송주선업자가 국제복합운송계약에 의하여 화주로부터 화물을 인수하고 타인의 운송수단을 이용하여 화주에 대하여는 자기책임과 계산하에 외국으로 화물을 운송해 주고 화주로부터 대가를 받는 경우에도 외국항행용역으로 부가가치세 영의 세율을 적용한다고 일관되게 회신하고 있다(서면-2022-법령해석부가-0114, 2022. 2. 21. ; 재소비 46015-169, 2000. 6. 2. ; 국심 1999부31, 2000. 3. 2.).

국내 기업의 복합운송주선업은 누구든지 국내외 파트너(수출입 상대 지역의 복합운송주선인)와의 계약으로 사업을 할 수 있으므로 미등록에 따른 업무상 제한이 전혀 없고 단지 과태료의 부담이 있을 뿐인바, 동 업계 전체가 등록 여부와 관계없이 수십 년 전부터 영세율을 적용해 왔다. 이러한 복합운송주선용역을 영세율 적용하는 이유는 운송주선업자가 본인의 계산하에 화물을 인수하여 화주에 대하여는 본인의 책임하에 국제운송주선용역을 제공하기 때문이다.

③ 타인의 운송수단 이용

운송주선업을 영위하는 사업자가 국제복합운송계약에 의하여 화주로부터 화물을 인수하고 타인의 운송수단을 이용하여 화주에 대하여는 자기책임과 계산하에 외국으로 화물을 운송해 주고 화주로부터 받는 대가는 외국항행용역에 해당된다(재소비 46015-169, 2000. 6. 2.).

④ 복합운송관련 부수용역

국제물류주선업(복합운송주선업)자가 자기책임과 계산하에서 화물의 해외운송을 위해 필요한 정도의 포장 및 기타서비스제공용역을 국제운송용역과 함께 일괄하여 제공하는 경우 국제운송용역을 위하여 필수적으로 부수되는 일로 보아 영세율이 적용된다. 다만, 국내에서 제공되는 화물포장 및 기타서비스 제공용역이 국제운송용역과 구분되어 제공되는 경우는 국내운송용역과 동일한 성질의 것으로서 일반세율을 적용한다(재부가-826, 2007. 11. 28.).

▌국토해양부 물류산업과-61, 2010. 1. 7.

「물류정책기본법」 제2조에서 수출입화물의 물류를 주선하는 사업을 "국제물류주선업"으로 정의하고 있고(제1호), 수출입화물의 물류에는 수출입화물의 운송·보관·하역 등과 이에 부가되어 가치를 창출하는 가공·조립·분류·수리·포장 등이 포함되며(제1호), 수출입화물의 국내운송을 배제하고 있지 않으므로 수출입화물의 국제운송뿐만 아니라 국내운송도 국제물류주선업자의 업무범위에 포함된다.

⑤ 운송 관련 단순서비스용역

운송주선업자가 국제운송용역을 제공함에 있어 다시 물류용역업체(선박회사, 관세사, 하역회사, 창고업자, 화물운송사)에게 각각 물류용역대가를 지급한다.

이처럼 운송주선업자가 화주에 대하여 국제운송용역을 제공함이 없이 단순히 국내 항구에 도착한 화물과 관련된 서비스 등의 용역만을 제공하고 그 대가를 화주로부터 받는 경우 그 대가에 대하여는 영세율을 적용하지 아니한다(부가가치세과-782, 2011. 7. 19. ; 부가가치세과-537, 2014. 6. 5.).

3 | 상업서류 송달용역

(1) 영세율 적용 개요

상업서류 송달업체로 지정을 받은 내국법인이 운송의뢰인으로부터 수출입 등에 관한 서류 및 견본품의 국제간 운송을 의뢰받고 자기의 명의로 항공운송사업자의 항공기를 이용하여 해당 서류 등의 국제간 운송용역을 공급한 후 운송의뢰인으로부터 대가를 받는「항공법」에 따른 상업서류 송달용역은 외국항행용역에 포함되어 영의 세율이 적용된다(부가령 §32 ② 2, 항공법 §2 38 ; 부가 1265-2692, 1984. 12. 18.).

▌상업서류 송달업 개념

"상업서류 송달업"이란 타인의 수요에 맞추어 유상으로「우편법」제2조 제3항 단서에 해당하는 수출입 등에 관한 아래의 서류와 그에 딸린 견본품을 항공기를 이용하여 송달하는 사업을 말한다.
우편법 제1조의2 제7호 단서 및 동 시행령 제3조에 따르면 서류란 신문, 정기간행물, 서적(표지 제외하고 48쪽 이상), 상품안내서(표지 포함 16쪽 이상), 화물에 첨부하는 봉하지 아니한 첨부서류 또는 송장, 외국과 주고받는 국제서류, 본지점 간 주고받는 우편물로서 발송 후 12시간 이내에 배달이 요구되는 상업용 서류, 신용카드를 말한다.
상업서류 송달대리점은 외국의 상업송달업체와 계약을 체결하여 상업서류와 서적, 잡지, 신문 등 정기 간행물과 중량 45kg 이하의 물품을 자체운임과 운송약관에 따라 항공기를 이용하여 신속하게 운송하는 사업을 말한다.
상업서류 송달업과 앞서 설명한 항공운송총대리점업, 도심공항터미널업을 경영하려는 자는 국토해양부령으로 정하는 바에 따라 국토해양부장관에게 신고하여야 한다(항공법 §139).

(2) 공급가액

운송의뢰인으로부터 수출입 등에 관한 서류 및 견본품의 국제간 운송을 의뢰받고 수취한 대가가 영세율이 적용되는 공급가액이 된다.

(3) 세금계산서 발급의무 면제

「항공법」에 따른 상업서류 송달용역에 대하여는 세금계산서 발급의무가 면제된다(부가령 §71 ① 4).

(4) 영세율 첨부서류

상업서류 송달용역의 영세율 첨부서류는 공급가액확정명세서이다(부가 1265-2692, 1984. 12. 18.).

4 국제 소화물일관운송

(1) 개 념

소형의 샘플, 서류 화물 등의 소화물을 집화하여 항공기를 이용하여 화주의 문전에서 수하주의 문전까지 배달하는 운송시스템으로 보통 항공기의 간선운송과 자동차 등에 의한 집배의 연계에 의해 운송이 이루어지는 국제복합운송의 한 형태이다.

화물의 가격이 고가가 아니고 신속한 인도를 요구하는 보통 30kg 이하의 소화물운송에 주로 사용된다. 선적서류, 업무서류, 카탈로그 등 항공기를 이용한 문전운송인 쿠리어서비스와 상품견본, 선물, 각종 기계류 부품 등 소형(경량)제품 운송을 담당하는 별송서비스로 구분된다.

(2) 주요 업체

현재 DHL, FedEx, TNT, UPS 업체가 세계시장을 지배하고 있으며, 국내운송업체로는 한진택배, 대한통운, 현대택배, 콜롬버스, 정보통신부/우체국 등이 있다.

우리나라의 경우 국제일관운송업 등록요건으로 50개 이상의 대리점 망을 갖춘 외국 상업서류송달업체와 계약을 맺거나 6개국 이상의 해외 지점망을 갖출 것을 요구하고 있어 국내의 소화물 일관운송업체가 독자적으로 국내외에서 활동하기보다는 외국업체의 대리점으로 등록하는 경우가 다수이다. 그 외 TNT, UPS 업체와 국내소화물일관운송업자 간에 업무제휴가 이루어지고 있다.

(3) 영세율 적용 여부

국내 소화물일관운송업자(운송주선업자에 해당한다. 관계 법령에 따라 등록하지 아니한 운송주선업자를 포함한다)가 제공하는 국제간 소화물 운송은 복합운송의 일환이므로 외국항행용역으로서 영세율 적용이 가능하다.

부언하면 자기의 책임과 계산으로 다른 (해외)운송주선업자에게 재위탁하여 물품을 운송하고 국내 화주로부터 운임을 받는 경우로서 앞서 국제복합운송용역이 영세율이 적용되는 바와 같이 운송주선업자가 국제복합운송계약에 의하여 화주로부터 화물을 인수하고 자기책임과 계산으로 타인의 선박 또는 항공기 등의 운송수단을 이용하여 화물을 운송하고 화주로부터 운임을 받는 국제소화물일관운송용역도 영세율이 적용되어야 한다. 즉, 화물운송을 타인의 수단을 이용하더라도 화물에 대한 책임, 가격결정, 클레임 등 전반적인 책임과 위험을 운송주선업자가 지는 경우에 한해서 영세율 적용대상으로 볼 수 있다. 또한 위 "(2)"의 DHL 등의 국내대리점으로 등록한 업체 중 미등록복합운송업자가 다수 있는데 국내운송주선업자가 관련 법령에 따라 등록이 되지 아니한 경우에도 자기계산과 자기책임으로 국제간 배송대행용역을 제공하는 경우 영세율 적용이 가능하다는 것이 국세청과 기획재정부의 해석이므로 동 사업자가 해당 용역의 일부나 전부를 해외운송주선업자에게 재위탁하는 경우에도 해외배송대행용역을 자기계산과 책임하에 제공하는 것이라면 영세율 적용이 가능하다고 판단된다(동지 : 법규부가2014-132, 2014. 4. 28.).

다만, DHL, FedEx 같은 국제소화물일관운송업자의 국내 제휴업체가 단순히 국내에서 집하업무를 수행하거나 국내에 도착된 소화물을 운송해 주고 국제소화물일관운송업자로부터 대가를 받거나 송금할 금액에서 수수료를 상계하는 경우 및 단순히 FEDEX 또는 DHL과 같은 국제운송주선업자와 고객을 연결시켜주는 역할만 하는 경우 동 대가에 대하여는 영세율을 적용하기 어려우므로(수원고법 2022누10081, 2024. 2. 14.) 세법개정이 시급하다.

5 | 국가 간 화물등 운송에 따른 세금계산서 발급 여부

(1) 국제운송용역에 대한 세금계산서 발급의무 면제 여부

기획재정부는 운송주선업을 영위하는 사업자가 국제복합운송계약에 의하여 화주로부터 화물을 인수하여 자기명의로 항공화물운송장 등을 발급하고 자기책임하에 타인의 운송수단을 이용하여 출발지에서 도착지까지 운송용역을 하나의 용역으로 연결하여 국제간의 화물을 운송하여 주고 화주로부터 화물운송용역에 대한 대가를 받는 경우 해당 운송주선업을 영위하는 사업자는 화주에게 운송용역의 대가에 대하여 세금계산서를 발급(공급받는 자가 국내에 사업장이 없는 비거주자 또는 외국법인인 경우 제외)하여야 하는 것으로 해석하였다(재경원 소비 46015-84, 1995. 4. 15.). 이때부터 항공기에 의한 국제운송용역도 세금계산서 발급대상으로 기재부가 해석해 온 것으로 보인다.

부가법 제23조 제1항은 전통적인 운송인[즉, 선박(선원부용선자 포함)이나 항공기의 소유자로서 운송용역 제공자]을, 제2항은 운송인의 부수재화나 용역도 외국항행용역에 포함된다는 의미를, 부가령 제32조 제2항 제1호는 운송주선업자의 국제운송용역과 제2호의 상업서류송달용역은 부가법 제23조 제3항의 외국항행용역 범위에 포함된다고 규정하고 있다.

부가령 제71조 제1항 제4호는 부가법 제23조 제2항에 따른 외국항행용역으로서 항공기의 외국항행용역이라고 규정하여 항공기를 직접 보유할 것이라는 전제를 달지 아니한 것은 사실이어서 조문의 문리해석상 국제운송용역 중 항공기에 의한 것이라면 세금계산서 발급의무가 없는 것으로 볼 여지도 상당하다. 그러나 법원은 조문 구조나 연혁, 상업서류송달용역을 세금계산서 발급의무면제대상에서 제외한 입법자의 개정취지(소액 다수로 납세협력비용 과다 발생)를 보았을 때 항공기의 외국항행용역이란 전통적인 운송인(항공기 직접 보유자)의 항공기에 의한 외국항행용역만을 말하고, 국제운송용역을 제외함이 타당하다고 판시하였다(대법원 2017두59376, 2017. 12. 21. ; 서울고법 2017누32663, 2017. 8. 16.). 이는 국제운송용역과 상업서류송달용역이 외국항행용역에 포함되는 것이어서 운송수단이 항공기인 경우 세금계산서 발급의무가 면제된다면 부가령 제71조 제1항 제4호에 상업서류송달용역을 굳이 언급할 필요가 없다는 게 법원의 해석이다.

따라서 사업자가 항공사업법상 상업서류송달용역 외의 국제운송용역을 제공하는 경우 영세율 적용은 별론으로 하고 세금계산서 발급의무가 면제되는 것은 아니라고 보아야 한다.

(2) 상업서류송달용역과 해외배송대행사업

항공법에 따른 상업서류송달업은 외국항행용역으로 보아 영세율을 적용하고 세금계산서 발급의무가 부가령 규정에 따라 면제된다.

국내 거주자 등이 해외 인터넷 쇼핑몰사이트에서 직접 물품을 구매하면 해외배송대행업자(운송주선업자)가 구입물품을 국제항공운송, 수입통관, 국내택배운송을 거쳐 구매자의 국내 거주지까지 국제특송운임을 받고 운송하게 된다. 해외배송대행사업자는 해당 운송용역에 대하여 영세율 적용이 가능하고(법규부가 2014-132, 2014. 4. 28. ; 법규부가 2012-360, 2012. 10. 17.), 이때 비사업자인 거주자 등에게 세금계산서 발급의무가 있는지에 대한 해석은 없으나 일반 택배서비스업이 영수증을 발급하고 있는 점을 감안하여 유연한 국세청의 해석이 요구된다.

VI 외화획득 재화 또는 용역의 공급 등

1 외교공관 등에 공급하는 재화 또는 용역

(1) 영세율 적용

우리나라에 상주하는 외교공관, 영사기관(명예영사관원을 장으로 하는 영사기관은 제외한다), 국제연합과 이에 준하는 국제기구(우리나라가 당사국인 조약과 그 밖의 국내법령에 따라 특권과 면제를 부여받을 수 있는 경우만 해당한다) 등(이하 "외교공관 등"이라 한다)에 재화 또는 용역을 공급하는 경우 대금결제 방법에 관계없이 영세율을 적용한다(부가법 §24 ① 1).

외교공관 등에 직접 공급하는 재화 또는 용역의 공급에 대하여만 영세율이 적용되므로 대리인 또는 수탁자를 통하여 공급하는 경우에는 영세율을 적용받을 수 있으나, 외교공관 등과 용역공급계약을 체결한 사업자와 하도급계약을 체결하고 용역을 제공하는 경우는 영세율이 적용되지 않는다(부가 1265.1-1829, 1983. 9. 1. ; 부가 1265-797, 1984. 4. 27.).

※ 영세율을 적용받을 수 있는 국제기구는 후술하는 "Ⅶ. 3. 조약 등에 따른 영세율의 적용" 편을 참조한다.

(2) 세금계산서 발급의무의 면제

외국정부기관 등에 재화 또는 용역을 공급할 경우의 세금계산서 발급의무는 면제된다(부가령 §71 ① 5).

(3) 대가의 영수방법 및 공급가액

외국정부기관 등으로부터 그 대금을 외화로 받든 원화로 받든지에 관계없이 영세율이 적용되며, 재화 또는 용역의 대가로 받는 금전이 공급가액이 된다.

(4) 영세율 첨부서류

1) 시행령에 의한 첨부서류

외국환은행이 발급하는 수출(군납)대금입금증명서 또는 관할 세무서장이 발급하는 군납완료증명서 또는 해당 외교공관 등이 발급한 납품 또는 용역공급사실을 증명할 수 있는 서류. 다만, 전력·가스 그 밖의 공급단위를 구획할 수 없는 재화를 계속적으로 공급하는 사업에 있어서는 재화공급기록표, 「전기통신사업법」에 따른 전기통신사업에 있어서는 용역공급기록표로 한다(부가령 §101 ① 13).

⇒ 수출(군납)대금입금증명서는 재화 또는 용역을 공급한 수출(또는 군납)업자의 외국환은행예금계좌에 수출 또는 군납대금이 입금되었음을 사업자의 신청에 의거 외국환은행장이 확인하여 발급하는 증명서류를 말하는 것이다(부가 1265.1-2574, 1979. 10. 6.). 다만, 전력·가스 등 공급단위를 구획할 수 없는 재화를 계속적으로 공급하는 사업에 있어서는 재화공급기록표를 제출해야 한다.

2) 영세율 규정에 의한 지정서류

부가가치세법 시행령에 의한 영세율 첨부서류를 부득이하여 제출할 수 없는 경우에 갈음하여 제출하는 지정서류는 외국환은행이 발급하는 외화입금증명서이다.

3) 지정서류 제출 불능 시의 첨부서류

외화입금증명서를 발급받을 수 없는 경우에는 외화획득명세서에 영세율이 확인되는 증명서류를 첨부하여 제출한다.

2 | 외교관 등에게 공급하는 재화 또는 용역

(1) 개 요

우리나라에 주재하거나 파견된 외교관 등이 관할 세무서장의 지정을 받은 지정사업장에서 외교관면세카드를 제시하여 공급받은 아래의 면세재화 또는 용역으로서 해당 외교관 등의 성명·국적·외교관면세카드번호·품명·수량·공급가액 등이 적혀 있는 것은 해당 외국에서 대한민국의 외교공관 및 영사기관 등의 직원에게 공급하는 재화 또는 용역에 대하여 동일하게 면세하는 경우에만 영세율을 적용한다(부가법 §24 ① 2·§25, 부가령 §33 ①).

1) 외교관 등

우리나라에 상주하는 외교공관, 영사기관(명예영사관원을 장으로 하는 영사기관은 제외한다), 국제연합과 이에 준하는 국제기구(우리나라가 당사국인 조약과 그 밖의 국내법령에 따라 특권과 면제를 부여받을 수 있는 경우만 해당한다) 등(이하 "외교공관 등"이라 한다)의 소속 직원으로서 해당 국가로부터 공무원 신분을 부여받은 자 또는 외교부장관으로부터 이에 준하는 신분임을 확인받은 자 중 내국인이 아닌 자(이하 "외교관 등"이라 한다)를 말한다(주한외국공관의 행정직 기능직도 외교관 등의 범위에 포함).

2) 지정사업장

국세청장이 정하는 바에 따라 관할 세무서장으로부터 외교관면세점으로 지정받은 사업장(「개별소비세법 시행령」 제28조에 따라 지정받은 판매장을 포함한다)을 말하며, 지정을 받지 못하면 본 규정에 따라 영세율 적용이 불가하다.

3) 외교관면세카드

외교관면세카드란 외교관계에 관한 비인협정 제34조에 따라 외교관에 대하여 우리나라의 부가가치세의 부담을 배제하기 위하여 외교통상부장관이 발행하는 증표를 말한다.

우리나라에 주재하거나 파견된 외교관·외교사절 또는 주한외국공관에 근무하는 외국인으로서 해당 국가의 공무원신분을 가진 자*에게 외국인전용판매장 또는 국세청장이 정하는 바에 따라 관할 세무서장의 지정을 받은 사업장에서 외교관면세카드를 제시받아 공급하는 아래 "4)"에 해당하는 재화 또는 용역에 대하여는 부가가치세의 영세율을 적용한다.

* 주한외국공관에 근무하는 행정·기능직의 공무원신분을 가진 자를 포함한다.

4) 면세재화·용역

외교관 등이 면세카드를 제시하여 공급받는 다음의 재화 또는 용역은 영세율로 공급한다.

① 음식·숙박용역

② 「개별소비세법 시행령」 제24조 제1항 및 제27조에 따른 물품

㉠ 주한외국공관 그 밖의 이에 준하는 대통령령이 정하는 기관에서 사용하는 석유류

㉡ 보석과 이를 사용한 제품

㉢ 귀금속제품

㉣ 골패와 화투류

㉤ 고급가구

㉥ 방향용 화장품

㉦ 고급융단

③ 「교통 · 에너지 · 환경세법 시행령」 제20조 제1항에 따른 석유류 또는 「주세법」에 따른 주류

- 우리나라에 주재하는 외국공관(이하 "주한외국공관"이라 한다) 그 밖의 이에 준하는 대통령령이 정하는 기관에서 사용하는 물품에 대하여 대통령령이 정하는 바에 따라 관할 세무서장 또는 세관장의 승인을 얻은 경우에는 교통 · 에너지 · 환경세를 면제한다.

④ 전력과 외교통상부장관의 승인을 얻어 구입하는 자동차

(2) 사전면세와 사후면세

외교관 등이 상기 "(1)의 2)"에서 기술한 지정사업장에서 외교관면세카드를 제시하여 공급받는 "(1)의 4)"에 해당하는 면세되는 재화 · 용역으로서 해당 외교관 등의 성명 · 국적 · 외교관면세카드번호 · 품명 · 수량 · 공급가액 등이 적혀 있는 외교관면세판매기록표에 의하여 외교관 등과의 거래임이 표시되는 것에 대하여 영세율을 적용하는 것을 사전면세라 하고, 외교관 등이 상기 "(1)의 4)"에 해당하는 면세되는 재화 · 용역(영세율의 적용을 받는 재화 또는 용역)을 제외한 재화 또는 용역을 구입하거나 제공받는 경우에 부담한 부가가치세는 연간 200만 원을 한도로 하여 해당 외교관 등에게 환급하는 것을 사후면세라 한다(조특법 §107 ⑥ · ⑦).

사후면세절차에 대하여는 「조세특례제한법」상 외교관 등에게 공급하는 재화 또는 용역에 대한 사후 영세율 적용특례 규정에서 설명하기로 한다.

(3) 세금계산서 발급의무

원칙적으로 외교관 등은 비거주자에 해당되지 아니하므로 세금계산서 또는 영수증발급 의무가 있는 것이나, 외교관 등이 사업자가 아니므로 세금계산서 발급의무는 면제되고 영수증 발급의무는 있다.

(4) 영세율 첨부서류

외교관면세판매기록표를 첨부하여 신고한다. 다만, 부득이한 사유로 동 서류를 제출

할 수 없을 때에는 영세율 규정에 의하여 외화획득명세서에 영세율이 확인되는 증명자료를 첨부하여 제출한다(부가령 §101 ① 17).

3 국내사업장이 없는 비거주자 · 외국법인에 공급하는 재화 또는 용역

(1) 개 요

일정한 국내거래에 대하여 외화획득사업의 지원, 국제수지 개선 등을 위한 목적으로 영의 세율을 적용하고 있다. 부가가치세법은 국내사업장이 없는 비거주자 · 외국법인에게 공급하는 재화 또는 용역으로서 영세율 적용대상 재화 및 용역의 범위, 비거주자 또는 외국법인의 국내사업장 유무에 따른 대금결제방법 등의 요건을 충족하고 외국환관리 및 부가가치세의 징수질서 등을 해하지 않는 범위 내에서 영세율을 적용하고 있다.

사업자가 비거주자 등에게 직접 인도하는 재화는 국내에서 재판매될 수 있으므로 2001. 1. 1.부터 영세율 적용대상에서 제외하였으나, 사업자가 비거주자 또는 외국법인에게 공급하는 용역은 국내에서 재판매될 수 없으므로 비교적 광범위하게 영세율을 적용하는 대신 외화획득 기여 여부를 판단하기 위하여 대금결제조건을 엄격하게 규정하고 있다.

(2) 개념 정의

1) 국내사업장

국내사업장에 대하여「부가가치세법」이 별도로 정한 바가 없다. 비거주자의 국내사업장은「소득세법」제120조에 따르고 외국법인의 국내사업장은「법인세법」제94조에 따른다.

2) 비거주자 · 외국법인

① 국내사업장이 없는 비거주자

소득세법 제1조의2 제1항 제2호의 비거주자에서 국내에 거소를 둔 개인, 부가법 제24조 제1항 제1호에 따른 외교공관 등의 소속 직원, 우리나라에 상주하는 국제연합군 또는 미합중국군대의 군인 또는 군무원은 제외한다.

| 비거주자 범위 개정등 연혁 |

번호	개정 일자	조문 번호 등	조문(해석) 내용
①	• **1989. 9. 20.** (예규 생성일) • 이후 해석사항 변동은 없음.	재무부 소비 22601-1033	• 비거주자는 외국환관리법상의 비거주자(미국군의 장병 · 군무원 등은 제외)를 의미한다.
②	• **2013. 6. 28.** 전부개정 전 • 대통령령 제24638호	부가령 제23조	• 부가법 제10조 제2항 제2호(국제운송), 제11조 제2항(상호면세) 및 제34조 제1항(대리납부)과 부가령 제4조 제5항(국내사업장)에 규정하는 비거주자 또는 외국법인은 소득세법 제1조의2와 법인세법 제1조에 규정하는 바에 의한다.
③	• **2013. 6. 7. 전면개정** • 법률 제11873호	부가법 제2조 제8호 (적용시기: 2013. 7. 1. 부터)	• '비거주자'란 소득세법 제1조의2 제1항 제2호에 따른 비거주자를 말한다.
④	• **2017. 2. 7. 개정** • 대통령령 제27838호	부가령 제33조 제2항 제1호 (적용시기: 명확화)	• 국내에서 국내사업장이 없는 비거주자(국내에 거소를 둔 개인, 부가법 제24조 제1항 제1호에 따른 외교공관 등의 소속 직원, 우리나라에 상주하는 국제연합군 또는 미합중국군대의 군인 또는 군무원은 제외한다). 이하 생략

② 외국법인

외국법인은 「법인세법」 제1조 제3호에 따라 외국에 본점 또는 주사무소를 둔 법인(국내에 사업의 실질적 관리장소가 소재하지 아니하는 경우에 한함)이다.

③ 비거주자 · 외국법인이 지정한 자

국내사업장이 없는 비거주자 · 외국법인 대신에 동 비거주자 · 외국법인이 지정한 자에게 재화 · 용역을 공급한 경우라도 비거주자 등에게 공급한 것으로 보아 영세율을 적용한다.

이때 외국법인 등이 지정한 자에는 외국법인 등이 공급받은 재화의 소유권을 유지한 채 해당 재화를 공급한 국내사업자가 이를 사용하여 과세사업에 사용하는 경우도 외국법인 등이 지정한 자에 포함된다(부가-564, 2012. 5. 18. 외).

④ 외화

외화의 의미는 대외지급수단으로서 외국통화, 외국통화로 표시된 지급수단(수표, 어음, 비거주자용 원화표시 여행자수표 등) 및 외국에서 사용할 수 있는 지급수단 등을 포함하는 개념이다(외국환거래법 §3, 대외무역관리규정 §1 2).

⑤ 외국환은행

외국환은행이란 「외국환거래법」 제8조 제1항에 따라 외국환업무를 영위하는 자를 말한다.

(3) 영세율 적용범위

부가가치세제하에서 영세율의 적용은 국제간의 재화 또는 용역의 거래에 있어서 생산 공급면에서 부가가치세를 과세징수하고 수입국에서 다시 부가가치세를 과세하는 경우 국제적 이중과세를 방지하기 위하여 관세 및 조세에 관한 일반협정(GATT)상의 소비지 과세원칙에 의하여 수출의 경우에만 원칙적으로 인정되고 국내의 공급소비에 대하여는 수출에 준할 수 있는 경우라도 외국환의 관리 및 부가가치세의 징수질서를 해하지 않는 범위 내에서 외화획득의 장려라는 국가정책상의 목적에 부합되는 경우에만 예외적 · 제한적으로 인정되어야 한다(대법원 83누409, 1983. 12. 27.).

국내에서 국내사업장이 없는 비거주자 또는 외국법인에 공급되는 재화 또는 사업에 해당하는 용역으로서 그 대금을 외국환은행에서 원화로 받거나 기획재정부령으로 정하는 방법으로 받는 것에 한하여 영세율이 적용되는 것으로 다음의 요건을 모두 충족하여야 한다(부가법 §24 ① 3, 부가령 §33 ② 1).

1) 국내에서 국내사업장이 없는 비거주자 또는 외국법인에게 공급하여야 한다.

"국내에서 국내사업장이 없는 비거주자 또는 외국법인에게 공급되어야 한다"는 규정에서 "국내에서"라는 문언은 용역의 공급장소가 국내일 것을 전제로 하므로 소비지과세 원칙에 따르더라도 국내에서 소비가 이루어진 경우에 한하여 위 규정이 적용된다(서울고법 2015누67726, 2016. 10. 26.).

2) 다음의 재화 또는 사업에 해당하는 용역이어야 한다.

㉠ 비거주자 또는 외국법인이 지정하는 국내사업자에게 인도되는 재화로서 해당 사업자의 과세사업에 사용되는 재화(후술하는 "(4)"를 참조한다)

㉡ 전문, 과학 및 기술서비스업[수의업(獸醫業), 제조업 회사본부 및 기타 산업회사본부는 제외한다]

> 국내모회사가 해외자회사에게 경영자문용역을 제공하는 경우 위 "㉡"의 괄호에 따른 회사본부가 제공하는 용역에 해당하여 영세율 적용이 배제되고 면세사업에도 해당하지 않음

㉢ 사업지원 및 임대서비스업 중 무형재산권 임대업

㉣ 통신업

㉤ 컨테이너수리업, 보세구역의 보관 및 창고업, 「해운법」에 따른 해운대리점업, 해운중개업(2008. 2. 22. 이후 공급분부터), 선박관리업(2016. 2. 17. 공급분부터)

㉥ 정보통신업 중 뉴스제공업, 영상·오디오 기록물 제작 및 배급업(영화관 운영업과 비디오물감상실 운영업은 제외한다), 소프트웨어개발업, 컴퓨터프로그래밍, 시스템통합관리업, 자료처리, 호스팅, 포털 및 기타 인터넷 정보매개서비스업, 기타 정보서비스업

㉦ 상품중개업(상품종합중개업, 기계장비중개업, 기타 상품중개업 등) 및 전자상거래 소매중개업

㉧ 사업시설관리 및 사업지원서비스업(조경관리 및 유지서비스업, 여행사 및 기타 여행보조서비스업은 제외한다)(2012. 7. 1.부터 시행)

㉨ 「자본시장과 금융투자업에 관한 법률」 제6조 제1항 제4호에 따른 투자자문업(2020. 7. 1. 공급분부터 적용)

㉩ 교육서비스업(교육지원서비스업만 해당한다)(2012. 7. 1.부터 시행)

㉪ 보건업(임상시험용역을 공급하는 경우로 한정한다)
- 국가경쟁력 제고를 위해 2015. 2. 3. 이후 공급분부터 적용한다.
- 동물실험용역은 전문, 과학 및 기술서비스업에 해당한다.

㉫ 관세법에 의한 보세운송사업자가 제공하는 보세운송용역(부가칙 §23)

※ 위 "㉦"의 전자상거래 소매중개업은 2022. 2. 15. 이전 공급분도 소급적용 가능

3) 그 대가를 외국환은행에서 원화로 받아야 한다.

가. 의의

앞 "2)"의 재화 또는 용역의 대가를 외국환은행에서 원화로 받거나 기획재정부령(부가칙 §22)으로 정하는 방법으로 받아야 영세율이 적용된다. 이때 '대금을 외국환은행에서 원화로 받는 것'이라 함은 단순히 세무행정의 편의를 위하여 훈시적으로 대금지급방법을 예시한 것이 아니므로 엄격하게 해석하여야 한다(대법원 2005두12718, 2007. 6. 14.).

나. 영세율 적용대상 결제방법

부가령 제33조 제2항 제1호 및 제2호에서 정하는 영세율이 적용되는 그 밖의 외화획득 재화 또는 용역의 결제방법은 다음과 같다.

국내에서 국내사업장이 없는 비거주자 또는 외국법인(이하 "외국법인 등")에 공급되는 부가령 제33조 제2항 제1호 각목의 어느 하나에 해당하는 재화 또는 사업에 해당하는 용역(이하 "특정용역")으로서 그 대금을 외국환은행에서 원화로 받거나 기획재정부령으로 정하는 방법으로 받는 경우(이하 "영세율 적용대상 결제방법") 해당 재화 또는 특정용역의 공급에 대하여 영세율을 적용한다(부가령 §33 ② 1).

국내사업장이 있는 외국법인 등에게 공급하는 재화 또는 특정용역의 공급이 영세율이 적용되기 위해서는 국내에서 국외의 외국법인 등과 직접 계약(국내사업장이 아닌 국외의 외국법인 등이 특정용역 공급계약의 일방이 되는 계약)에 따라 외국법인 등에게 재화 또는 특정용역을 공급하고 그 대금을 해당 국외 외국법인 등으로부터 영세율 적용대상 결제방법으로 받아야 한다(부가령 §33 ② 2).

"외화"의 의미는 대외지급수단으로서 외국통화, 외국통화로 표시된 지급수단(수표, 어음, 비거주자용 원화표시 여행자 수표 등) 및 외국에서 사용할 수 있는 지급수단 등을 포함하는 개념이며(외국환거래법 §3, 대외무역관리규정 §1 2), "외국환은행"이란 「외국환거래법」 제8조 제1항에 따라 외국환업무를 영위하는 자를 말한다.

"외국환은행에서 원화로 받는 것"의 구체적 의미는 비거주자 또는 외국법인으로부터 국내의 외국환은행 계좌로 직접 송금받아 외국환은행에서 매각(원화로 인출)하는 경우를 의미하며, 외화로 이체받아 외화로 출금하여 종업원의 급여나 거래처 매입대금 등에 결제한 경우도 이를 포함한다(부가-200, 2009. 1. 14.).

이 밖에도 부가법 시행규칙 및 기재부 해석에서 정하는 영세율 적용대상 결제방법은 아래와 같다(부가규칙 §22).

㉠ 국내사업장이 없는 비거주자 또는 외국법인에 재화를 공급하거나 용역을 제공하고 그 대가를 해당 비거주자 또는 외국법인에 지급할 금액에서 빼는 방법(상계 방법)

㉡ 그 대가를 외국신용카드로 결제받는 경우

㉢ 비거주자 또는 외국법인이 국외에 소재하는 금융기관을 지급자로 하고 해당 용역의 공급자를 수취인으로 하여 발행한 개인수표를 받아 외국환은행에서 매각하는 경우

㉣ 국내사업장이 없는 비거주자 또는 외국법인에 용역을 제공하고 그 대금을 외국환

은행을 통하여 외화로 직접 송금받아 외국환은행에 외화예금계좌로 예치하는 경우(외국환은행이 발급한 외화입금증명서에 따라 외화 입금사실이 확인되는 경우에 한정)

ⓜ 국내사업장이 없는 외국법인에게 국내에서 제공한 분양대행 등의 용역대가를 외국법인이 국내 외국환은행에 개설한 비거주자 자유원계정에서 원화로 받는 경우(재부가-204, 2009. 3. 10.)

반면, 아래의 결제방법은 영세율이 적용되지 않는다.

㉠ 현금통화 · 여행자 수표 · 외화에 의하여 결제받은 경우(부가 22601-1325, 1988. 7. 29.)

㉡ 비거주자 원화예금계정에서 원화로 송금받는 경우(부가 22601-2150, 1986. 10. 29.)

㉢ 외화를 직접 받아서 외국환은행에서 매각(부가 22601-2148, 1985. 11. 2.)

㉣ 대가를 외국법인의 대리인(제3자)으로부터 받는 경우(서면3팀-2314, 2005. 12. 19.)

㉤ 대가를 직접 원화로 받은 경우(재소비 46015-72, 1999. 10. 25.)

다. 공급자의 관리 · 통제하에 있는 제3자를 통해 대가 수령 시 영세율 적용

국내사업자가 외국법인 등에게 재화 또는 특정 용역을 공급하고 그 대가를 외국환은행에서 원화로 받되 그 대금 수령자가 해당 국내사업자가 아닌 제3자 명의로 받았음에도 다음의 결제방법에 대하여는 영세율 적용대상 결제방법에 포함된다고 해석하고 있다.

㉠ 특정 용역대가를 내국법인의 대표이사 개인이 외국환은행을 통하여 원화로 결제받고, 내국법인의 부가가치세 과세표준으로 신고하지 아니한 경우에도 영세율이 적용(부가 46015-1608, 1998. 7. 15.)

㉡ 특정 용역대가를 제3자 명의의 외국환은행 계좌를 통하여 결제받았다 하더라도 공급자의 관리 · 지배하에 있었다고 볼 수 있는 경우(조심 2009서435, 2009. 7. 31.)

라. 외국법인 등의 관리 · 통제나 위수탁관계에 있는 제3자를 통하여 결제받는 경우

① 영세율을 긍정한 기재부 해석 및 국세청 해석 존재

국내에서 국내사업장이 없는 비거주자 또는 외국법인에게 재화 또는 용역을 공급하고 그 대금을 외국환은행으로부터 비거주자 등의 국내대리점을 경유하여 원화로 받는 경우, 국내대리점(국내대리인, 에이전시 등을 포함)이 비거주자 등으로부터 국내대리점의 계정으로 송금된 외화를 매각하거나 비거주자 등에게 송금할 국내대리점 계정상의 외화의 전부 또는 일부를 매각하여 원화로 지급한 사실이 확인되는 때에는 영의 세율이 적용된다고 회신하였다(기획재정부 부가가치세제과-348, 2014. 8. 11. ; 제도46015-12017, 2001. 7. 10. 재무부 소비 22601-61, 1987. 1. 24.).

다만, 국세청은 국내사업자가 영세율이 적용되는 특정 용역을 공급함에 따른 대가를 제3자를 통하여 원화로 받는 경우에는 부가가치세 영세율이 적용되지 아니한다고 회신하였다(서면3팀-2314, 2005. 12. 19. ; 제도 46015-12307, 2001. 7. 23.). 여기서 제3자란 국내대리점, 연락사무소, 준위탁매매인 외의 자를 의미하는 것으로 보아야 한다.

※ 제3자의 범위에 국내대리점이나 준위탁매매인을 포함한 해석도 일부 존재한다.

특히, 특정 용역을 제공받은 외국법인의 국내사업장으로부터 대가를 받는 경우는 영세율이 배제되는 것으로 해석하였는데, 외국법인의 국내사업장(고정사업장, 국내지점)이 있는 경우 외국법인이 국내에서 공급하는 재화 또는 용역에 대하여는 해당 국내사업장이 거래에 관여했다면 국내사업장이 부가법상 납세지로서 부가가치세 납세의무가 있다는 것이 기획재정부나 국세청의 해석이다(재소비 22601-16, 1989. 1. 13. ; 부가 46015-1196, 1994. 6. 15. 외 다수). 국내사업장이 특정 용역대가의 지급에 관여한 경우 국내사업장이 특정 용역거래의 전부 또는 일부에 관여했다거나 거래의 중요하고도 본질적인 부분을 수행한 것으로 보아 국내사업장에 특정 용역을 공급한 것으로 보아 부가가치세를 과세하려는데 목적도 있었던 것으로 판단된다(서면3팀-194, 2004. 2. 9. ; 서면3팀-802, 2004. 4. 23. ; 서삼 46015-11237, 2002 7. 27. ; 부가 46015-1446, 2000. 6. 23. ; 서면3팀-1928, 2005. 11. 2.).

② 영세율을 긍정한 조세심판원의 결정례

조세심판원은 해운중개업자가 외국선주와 국내용선자를 용선중개하고 그 대가를 국내용선자가 외국선주에게 지급할 용선료에서 차감하여 지급받는 형태인 경우 국세청의 해석(법규과-840, 2011. 6. 29. 과세기준 자문)에도 불구하고 영세율 적용이 가능하다고 결정하였다(조심 2011서4993, 2013. 3. 14.).

③ 광고대행사를 통한 외화 수령 시 영세율을 긍정한 사례

대법원은 준위탁매매인인 광고대행사를 통하여 위탁자인 광고매체사가 외국법인 광고주에게 광고용역을 공급한 경우, 광고대행사는 자기 명의로 광고매체사의 계산에 의하여 광고용역을 제공하는 것을 영업으로 하는 준위탁매매인에 해당하고, 준위탁매매인에 의한 용역 공급의 경우에도 부가법 제10조 제7항이 유추적용되므로 외국법인 광고주에게 광고용역을 공급한 주체는 위탁자인 광고매체사이고, 광고대행사가 외국법인 광고주로부터 외국환은행을 통하여 원화로 받은 광고료는 결국 광고매체사가 지급받은 것으로 보아 부가법 제24조 제1항 제3호 및 부가령 제33조 제2항 제1호에 정한 영세율 적용대상거래에 해당한다고 판시하였다(대법원 2010두27196, 2011. 3. 24. ; 대법원 2006두9337, 2008. 7. 10. ; 대법원 2004두12117, 2006. 9. 22.).

준위탁매매인인 광고대행사들이 위탁자인 광고매체사를 위하여 외국법인 광고주와 광고용역계약을 체결한 행위로 인한 경제적 효과는 광고매체사(광고용역 제공자)에게 귀속되므로 외국법인 광고주가 광고대금을 외화로 지급하는 경제적 효과 역시 광고매체사에게 귀속된다는 판결이다(서면3팀-1782, 2005. 10. 17.와 상반된 판결임).

④ 영세율 적용을 부정한 사례

국세청의 해석 중에는 특정용역 대금을 국내 제3자(외국법인의 국내대리점) 또는 국내대리인으로부터 받는 경우에는 영세율이 적용되지 아니한다는 사례도 다수 보인다(서면3팀-2314, 2005. 12. 19. ; 부가 22601-93, 1993. 2. 4.).

기재부 해석 중에는 외국법인에게 국내 갑과 을이 공동으로 특정용역을 제공하고 그 대가를 갑이 전부 받아 을에게 일부를 전달한 경우 을은 영세율 적용이 배제된다는 해석도 있다(재정경제부 소비세제과-581, 2005. 12. 15.).

마. 국내사업장 유무와 영세율 적용대상 결제방법의 차이

국내사업장이 있는 외국법인 등에게 국내사업자가 특정용역을 공급한 경우 부가령 제33조 제2항 제2호에서는 그 대가를 해당 외국법인으로부터 영세율 적용대상 결제방법으로 받아야 하지만, 국내사업장이 없는 외국법인 등에게 특정용역을 공급한 경우에는 그 지급자가 특정용역을 공급받은 해당 외국법인으로 한정하지 않았다.

전자의 경우 외국법인이 직접 국내사업자에게 영세율 적용대상 결제방법으로 지급하여야 할 것이지만 외국법인이 자신의 국내지점이나 국내지사(연락사무소 등 국내사업장이 아님), 준위탁매매인을 통하여 대가를 외화로 지급하는 경우나 이들을 통하여 상계방식으로 지급한 경우까지 영세율을 배제할 것인지에 대하여는 추가검토가 필요하다(국세청은 현재 부정적인 해석이 다수이다).

반면, 후자의 경우 부가령 제33조 제2항 제1호에서 영세율 적용대상 결제방법이기만 하면 그 지급자가 반드시 외국법인이 되어야 한다고 한정하지 않았으므로 외국법인이 자신의 국내지점이나 국내지사(연락사무소 등 국내사업장이 아님), 준위탁매매인에게 외화를 송금하고 이들이 다시 국내사업자에게 전달하는 경우에 영세율을 적용함이 타당하다.

물론, 국내사업자에게 특정 용역대가를 선지급한 후에 국내지점이나 국내지사가 외국법인에 지급하여야 할 대가에서 상계하는 경우에도 영세율이 적용되어야 할지에 대하여는 2014년 8월 기재부 해석의 취지에 비추어 보면 법령규정보다 폭넓게 영세율 적용대상 결제방법을 해석하였다. 이러한 해석은 부가령 제33조 제2항 제1호의 거래에 영세율을 적용하는 취지가 외화획득 장려에 있다는 점에서 납세자에게 현재까지 유리하게 적용되어 왔다(기획재정부 부가가치세제과-348, 2014. 8. 11. ; 재무부 소비 22601-61, 1987. 1. 24.). 이러한 해석은 조세심판원의 결정(조심 2011서4993, 2013. 3. 14.), 대법원 판례(대법원 2010두27196, 2011. 3. 24. ; 대법원 2006두9337, 2008. 7. 10. ; 대법원 2004두12117, 2006. 9. 22.)에서도 확인된다.

다만, 2022년 기재부는 외국본점에서 외국법인과 계약하고 국내고정사업장에서 용역을 해당 외국법인에 공급하고 그 대가를 외국본점에서 받은 경우 용역을 제공받은 해당 외국법인으로부터 받지 않아 영세율을 적용할 수 없다고 회신하였는 바(기획재정부 조세법령운용과-419, 2022. 4. 26.), 본·지점 간 역외거래에 있어서는 부가법 적용에 있어 별개의 사업실체로 의제하였으므로 국내지사가 외국법인의 국내지점이라면 국내지점을 통한 외화의 수령은 영세율이 배제될 수 있다.

바. 제3자를 통한 대가 수령 시 영세율 적용을 배제한 기재부 해석

국내 보세운송사업자("갑")가 국내사업장이 없는 외국법인(해운회사, "을")에게 보세운송용역을 공급하고 해당 용역대가를 "을"의 국내지사로부터 원화로 지급받은 경우, 동 국내지사가 "을"에 지급하여야 하는 금액에서 "을"이 국내 보세운송사업자에게 지급하여야 하는 용역에 대한 대가를 차감하고 "을"에게 외화를 송금하는 경우, 부가령 제33조 제2항 제1호 및 부가 시행규칙 제22조에 따른 대가의 지급방법에 해당하지 아니하므로 부가가치세 영세율을 적용할 수 없다고 회신하였다(기획재정부 부가가치세제과-360, 2023. 6. 7.).

"갑"의 보세운송용역대가를 국외 "을"로부터 외국환은행에서 원화로 받지 아니하였을 뿐만 아니라 국외 "을"로부터 "을"의 국내지사에 외화로 송금되지 아니하였고, 원화로 "갑"에게 지급되었는 바, 부가규칙 제22조에서 정하는 상계의 방법은 거래당사자("갑"과 "을") 간의 상계를 의미하므로 영세율이 적용되는 상계에 해당하지 아니하며, 국내지사가 "갑"과 "을" 간의 거래에 있어 준위탁매매인도 아니어서 부가령 제33조 제2항 제1호나 부가규칙 제22조의 어느 하나에 해당하는 결제방법으로 결제받은 것은 아니다(외화획득에 간접적으로 기여한 것은 맞다). 결론적으로 질의의 사실관계에 따른 결제방법은 엄격해석의 원칙상 열거된 영세율 적용대상 결제방법에는 속하지 아니한 것으로 판단된다.

위 기재부 해석은 종전 기재부 해석이나 조세심판 결정례에 반하여 특별한 사유도 없이 납세자에게 불리하게 해석한 것으로 종전 해석을 신뢰하고 영세율을 적용하고 있는 다수 사업자들에게 미치는 영향이 클 수밖에 없다(변경 사유가 정당하더라도 쟁점 기재부 해석 생성일 이후 공급분부터 적용하도록 적용시기도 함께 회신했어야 한다).

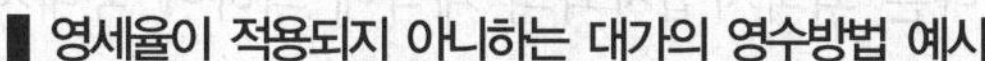

▌영세율이 적용되지 아니하는 대가의 영수방법 예시

- 현금통화 · 여행자 수표 · 외화에 의하여 결제받은 경우(부가 22601-1325, 1988. 7. 29.)
- 비거주자 원화예금계정에서 원화로 송금받는 경우(부가 22601-2150, 1986. 10. 29.)
- 대가를 직접 원화로 받은 경우(재소비 46015-72, 1999. 10. 25.)

4) 원화채권, 채무의 상계가 영세율 적용대상이 될 수 있는지

부가규칙 제22조 제2호에서 영세율 적용대상 결제조건 중 하나로서의 상계란 보통 거래관계에서의 채권, 채무의 상계로서 외국환거래규정에서 인정하거나 외국환관리법령을 위반하지 아니하는 상계의 방법이면 족할 것이다. 또한, 부가법령에서도 외화채권과 외화채무 간의 상계로 한정하여 규정하지 아니하였고, '외화획득'이란 외국에서 외화가 국내로 유입되는 경우뿐만 아니라 국내의 외화가 국외로 유출되어야 하나 위 상계방법으로 유출되지 아니한 경우까지 포함하는 것이 부가령 제33조 제2항 제1호의 취지에 부합하다. 이러한 취지에서 기재부는 외국법인의 공급대가를 국내기업이 원화로 받고 자신의 중개용역대가를 차감하여 외국법인에게 잔액을 송금한 경우에도 상계에 따른 결제방법으로서 해당 중개용역에 대하여 영세율 적용이 가능하다고 회신하였다(기재부 부가가치세제과-0484, 2008. 11. 17.).

국세청도 외국법인인 수출자가 국내기업인 수입자와 기계판매계약을 체결하고 수입자에게 기계를 발주받았으나 수입자의 사정으로 계약을 취소하고 위약금을 지급하기로 합의함에 따라 해당 거래를 중개한 국내 오퍼상이 위약금을 대리수령해 향후 발생할 중개수수료와 상계하기로 약정한 경우 오퍼상의 중개용역에 대하여 대금결제조건(상계)을 충족한 것으로 보아 영세율 적용대상으로 회신하였다(부가 22601-490, 1992. 4. 16.).

5) 지점수행 용역대가를 해외본점으로부터 운영경비로 외화입금받는 경우

외국법인의 해외본점과 한국 내 지점은 동일체라는 본 · 지점 일체설에 입각하여, 외국법인의 한국지점이 국내에서 비거주자(외국법인)에게 영세율 적용대상 용역을 제공하고 그 용역대가를 해외 본사가 용역을 공급받는 자로부터 지급받아 한국지점의 운영경비형태로 외국환은행을 통하여 원화로 송금받는 경우(외화예금계좌에 예치하여 외화입금사실이 확인되는 경우)라면 그 거래과정이 우리나라 외환관리법규에 부합하는 경우 한국지점의 용역공급에 대하여 영세율 적용이 가능하다(대법원 88누9978, 1989. 8. 8. ; 국심2000서1511, 2001. 9. 14. ; 대법원 2006두5175, 2009. 6. 11. ; 국조 1234-1668, 1978. 6. 7. ; 서삼 46015-11043, 2001. 12. 31.).

그러나 최근 기획재정부는 해외본점이 다른 외국사업자와의 계약에 의하여 국내지점이 설계와 감리용역 일부를 수행하고 그 설비는 다시 국외에서 최종 설치·운영하는 경우 용역의 자가공급에 해당하지 아니하고 그 국내지점의 용역대가를 외국의 용역수입자로부터 직접 외국환은행을 통하여 원화로 지급받는 방식이 아닌 해외본점으로부터 지점운영비 형태로 받는 것이어서 대금결제조건을 충족하지 못하여 영세율을 적용할 수 없다는 취지의 회신을 하여 기존 해석을 합리적 이유없이 배척하는 결과를 초래하였다(조세법령운용과-419, 2022. 4. 26.).

6) 상호주의의 적용 도입

위 외화획득사업 중에서 앞 "2)"의 "㉡" 사업 중 전문서비스업과 "◎"의 사업(사업시설관리 및 사업지원서비스업)에 해당하는 용역의 경우에는 2016. 7. 1. 이후 계약체결·수정·변경·갱신계약에 따라 공급하는 분부터, 2020. 7. 1. 공급분부터 영세율이 적용되는 자본시장법에 따른 투자자문업의 경우에는 해당 국가에서 우리나라의 거주자 또는 내국법인에 대하여 동일하게 면세하는 경우(우리나라의 부가가치세 또는 이와 유사한 성질의 조세가 없거나 면세하는 경우를 말함)에 한정하여 영세율을 적용한다(부가령 §33 ② 1, 2의 단서 ; 사전-2016-법령해석부가-0287, 2016. 8. 17.).

상호면세주의 도입 필요성에는 공감하나 상호면세국에 해당하는지에 대한 입증서류를 납세자에게 제출하도록 함으로써 납세자에게 과중한 부담을 지운 면이 있다. 따라서 국세청이나 기획재정부가 해당 국가를 적극적으로 찾아 납세자에게 정보를 제공하도록 하여야 한다.

7) 신고일 현재 대가를 받지 못한 경우

가. 개요

영세율이 적용되는 그 밖의 외화획득사업으로 인한 재화 또는 용역의 공급대가를 공급시기가 속한 과세기간(예정신고기간 포함)까지 법령이 정한 방법으로 외화를 수령(상계)하지 못한 경우 시행령에 대가의 수령방법만을 규정하였을 뿐 수령시기까지 규정한 것은 아니므로 해당 과세기간에는 외화획득명세서에 관련 계약서 사본을 제출하여 영세율을 적용받고 이후 그 대가를 수령한 때에 외화획득명세서 등을 제출하면 된다. 물론 시행령이 정하는 방법 외의 방법으로 대가를 받았거나 대손처리되는 등의 사유가 발생하였다면 소급하여 영세율 적용이 배제된다.

나. 미회수채권을 신고 후에 원화로 지급받은 경우 영세율 적용

부가령 제33조 제2항 제1호 각호의 사업을 영위하는 사업자가 그 용역대금을 공급시기가 속하는 예정신고 또는 확정신고기간까지 수령하지 못하여 영세율과세표준으로 신고하면서 외화획득명세서에 미회수채권으로 기재한 경우로서 용역의 수입자인 외국법인이 착오로 원화로 송금한 경우에는 당초 영세율 적용을 배제하여야 할 것이다. 그러나 원화로 수취한 신고기간 또는 공급시기가 속한 신고기간에 원화 송금분을 다시 외국법인에 송금하고 다시 외화로 그 대가를 재송금받은 경우에는 영세율 적용이 가능하다고 판단된다.

(4) 외국법인 등이 지정하는 국내사업자에게 인도되는 재화의 영세율 적용

1) 개요

국내사업자가 국내에서 국내사업장이 없는 비거주자 또는 외국법인(이하 "외국법인 등"이라 한다)과 계약에 따라 재화를 공급하거나 외국법인 등이 국내사업장을 가진 경우에도 외국법인 등과의 직접 계약에 따라 재화를 공급하는 경우(해당 재화가 외국법인의 국내사업장에게 제공되어 실질적으로 사용·소비되는 경우를 제외), 아래의 요건에 해당되면 해당 재화의 공급에 대하여 영세율이 적용된다(부가법 §24 ① 3, 부가령 §33 ② 1·2).

① 외국법인 등이 지정하는 국내사업자에게 인도되고,
② 해당 재화가 인도받은 국내사업자의 과세사업에 사용되며,
③ 국내사업자가 그 대가를 외국법인 등으로부터 외국환은행을 통하여 원화로 받거나 기획재정부령으로 정하는 방법으로 받는 경우

"국내에서 국내사업장이 없는 비거주자 또는 외국법인에게 공급되어야 한다"는 규정에서 "국내에서"라는 문언은 재화나 용역의 공급장소가 국내일 것을 전제로 하므로 소비지과세원칙과 달리 국내에서 소비가 이루어지더라도 위 규정이 적용된다(서울고법 2015누67726, 2016. 10. 26.).

다만, 동 규정은 외국법인 등에게 공급되는 재화에 대하여 영세율 적용이 가능하다는 것이므로, 용역결과물이 있더라도 외국법인 등에게 용역을 제공하는 형태라면 위 규정 적용이 불가하다. 즉, 재화의 공급으로 볼 수 있는 경우에 한하여 대금결제조건과 인도받은 내국법인이 과세사업에 사용한다면 동 규정 적용이 가능하다. 특히, 아래 해석을 들어 용역을 제공한 경우라도 그 결과물이 국내사업자에게 인도되었기 때문에 영세율이 적용된다는 해석으로 오인하고 있는데 해당 임가공 용역을 그 외 기타 분류 안 된 사업

지원서비스업'(75999에 해당하기 때문에 영세율로 해석한 것임에 주의하여야 한다(집행기준 2-4-4 ; 부가 46015-1527, 1996. 7. 27. ; 부가 46015-2801, 1997. 12. 13. 외).

▌외국법인에게 수탁 가공용역을 공급하는 경우 영세율 적용 여부

국내사업자가 국내사업장이 없는 외국법인과의 가공계약에 따라 외국법인으로부터 공급받은 의류 반제품에 주요자재를 부담하지 아니하고 단순 가공만 한 후 외국법인이 지정하는 국내 다른 사업자에게 완성된 제품을 인도하고 그 대금을 외국법인으로부터 외국환은행에서 원화로 받는 경우로서 해당 국가에서 우리나라의 거주자 또는 내국법인에 대하여 동일하게 면세하는 경우 「부가가치세법 시행령」 제33조 제2항 제1호에 따라 영세율이 적용되는 것임(사전-2020-법령해석부가-0327, 2020. 4. 16.).

※ 대가의 영수방법 등은 후술하는 "수출과 영세율" 편을 참조하기로 한다.

2) 해당 규정의 입법취지

위 규정에서 재화의 공급장소가 국내임에도 영세율을 적용하려는 취지는 국내사업자 간의 거래일 경우 세금계산서를 수수하여 거래징수된 부가가치세액이 예외없이 납부 및 공제(환급)될 것이나, 외국법인등이 거래에 개입된 경우 위 영세율 적용규정이 없다면 국내사업자(공급자)는 외국법인등에 세금계산서를 발급할 수 없고, 국내 수요자는 국내사업자(공급자)와 거래당사자가 아니기 때문에 세금계산서를 수취하여 매입세액공제를 받을 수 없어 국내 수요자(즉, 외국법인등이 지정하는 국내사업자)가 과세사업에 해당 재화를 사용하는 경우에 영세율 적용을 허용함으로써 부가가치세 세수의 누수없이 국내사업자의 부가가치세 부담을 완화하고자 하는 정책적 목적에 따른 배려로 신설될 것이다.

3) 국내사업자의 과세사업에 사용되는 재화의 의미

'국내사업자에게 인도되는 재화로서 해당 사업자(인도받은 사업자)의 과세사업에 사용되는 재화'에서 '과세사업에 사용된다'함은 세법해석이나 국세행정의 관행에 따라 실제 해당 사업자가 부가가치세를 신고·납부하였는지 또는 과세관청에 의하여 부가가치세가 과세되었는지와 무관하다. 즉, 국내사업자가 해당 재화를 과세사업에 활용하여 실제 매입세액을 공제받고 해당 재화를 활용하여 새롭게 창출한 부가가치에 대하여 실제 부가가치세를 납부한 경우로 해석할 수 없다. 따라서 해당 사업자(인도받은 국내사업자)의 사업이 부가가치세 과세대상 사업에 해당하는 경우라면 그 과세사업에 사용되는 재화로서 영세율 적용이 가능하다(서울행법 2019구합56746, 2020. 4. 16. ; 서울고법 2020누41353, 2020. 11. 25.).

4) '외국법인이 지정하는 국내사업자에게 인도하여야 한다'는 의미

외국법인등과의 계약에 따라 생산된 재화를 외국법인등이 지정하는 자에게 인도하여야 한다는 의미는 현실적인 인도 또는 부가법 제9조에 따른 재화의 공급(외국법인이 지정한 국내사업자 간에 재화의 공급계약이 반드시 전제되어야 한다거나 소유권이 이전되는 것을 전제로 하는 것은 아님)을 의미하는 것이 아니라 외국법인등과 인도받는 국내사업자 간에 어떠한 계약이 존재하던지 그 내용이 무엇이든지에 관계없이 해당 재화를 국내사업자에게 넘겨 주는 것으로 족하다(서삼 46015-11646, 2002. 9. 30.).

아울러 국세청은 외국법인과의 계약에 따라 자신이 완성한 외국법인 소유의 재화를 국내의 다른 사업자에게 인도함이 없이 자신의 사업장에서 과세사업에 사용하는 경우(임차료를 지급하거나 완성된 재화를 통하여 외국법인을 위해 임가공물을 생산해 수출하는 경우를 포함)에도 해당 재화의 제조대가에 대하여 영세율 적용이 가능한 것으로 해석하였다(부가가치세과-564, 2012. 5. 18. 외 1).

5) 재화 인도 후 사후관리 필요

외국법인등과의 계약에 의하여 국내사업장에 인도한 재화가 과세사업에 사용되어야 하므로 공급자가 영세율을 적용받기 위해서는 인도받은 국내사업자가 해당 재화를 과세사업에 사용하였거나 사용할 것인지를 사후관리하여야 하는 어려움이 생기고, 과세사업과 면세(비과세)사업에 공통으로 사용한 경우에는 영세율과 일반세율로 안분해야 하는지 영세율 적용을 배제하여야 하는지에 대한 규정도 미비하므로 공급자가 손해를 보지 않기 위해서는 과세사업에 사용한다는 확약을 받고 거래를 하는 것이 안전하다.

(5) 공급가액

사실상 국내거래에 해당되므로 영세율 적용의 대상이 되는 공급가액은 부가법 제29조에 따라 산정하며, 외화로 지급받는 경우 외화환산은 부가령 제59조의 규정에 따른다.

(6) 세금계산서 발급의무 면제

국내사업장이 없는 비거주자 또는 외국법인에게 공급하는 재화 또는 용역은 해당 비거주자 또는 외국법인이 해당 외국의 개인사업자 또는 법인사업자임을 증명하는 서류를 제시하고 세금계산서의 발급을 요구하는 경우를 제외하고는 세금계산서의 발급의무가 면제된다(부가령 §71 ① 5).

(7) 영세율 첨부서류

부가가치세 예정신고·확정신고 또는 영세율 등 조기환급신고 시에 제출하는 영세율 첨부서류는 외국환은행이 발급하는 외화입금증명서이나, 부득이한 사유에 의하여 이를 제출할 수 없을 때는 영세율 규정 지정서류인 용역공급계약서 사본을 제출하며, 외화가 입금되지 아니하거나 상계한 경우에는 외화획득명세서에 영세율이 확인되는 증명자료를 첨부하여 제출한다(부가통칙 24-101-1).

또한, 사업자가 국세청장이 정하는 바에 따라 해당 영세율 첨부서류를 복사하여 저장한 테이프 또는 디스켓을 영세율 첨부서류제출명세서(전자계산조직에 의하여 처리된 테이프 또는 디스켓을 포함한다)와 함께 제출할 수 있다.

4 | 국내사업장이 있는 비거주자·외국법인에 공급하는 재화 또는 용역

(1) 국내사업장이 있는 경우 영세율 적용

1983. 12. 31.까지는 국내사업장이 있는 외국법인에게 제공하는 재화 또는 용역에 대하여는 영세율 적용을 배제하였으나 외국법인에게 동일한 재화 또는 용역이 제공되고 외화획득하였음에도 영세율 적용을 배제함은 납세자에게 심히 불리하고 영세율 적용의 근본취지가 소비지국과세임에 비추어 외국법인의 국내사업장 유무가 문제가 될 수 없으므로 국내사업장이 있는 외국법인 등에의 공급이라도 마치 국내사업장이 없는 외국법인 등에게 공급하는 것과 같은 실질이면 영세율을 적용하도록 하였다(대법원 85누369, 1985. 11. 26.).

따라서 국내사업장이 있는 비거주자·외국법인에게 공급하는 재화 또는 용역의 공급이 영세율이 적용되기 위해서는 국내에서 국외의 비거주자 또는 외국법인과 직접 계약(국내사업장이 아닌 국외의 비거주자·외국법인이 용역공급 계약의 일방이 되는 계약)에 따라 앞에서 언급한 '국내사업장이 없는 비거주자·외국법인에 공급하는 재화 또는 사업에 해당하는 용역'을 제공하고 그 대가를 해당 국외의 비거주자 또는 외국법인으로부터 외국환은행을 통하여 원화로 받거나 기획재정부령으로 정하는 방법으로 받는 것이어야 한다(외국신용카드로 받는 경우 포함)[부가령 §33 ② 2, 부가칙 §22].

거래상대방이 국외의 외국법인 등이므로 외국법인의 국내사업장과의 계약에 따른 재화 또는 용역의 공급은 당연히 해당 규정이 적용되지 아니한다.

또한 외국법인의 국내지점(외국법인의 부가법상의 국내사업장)에 재화나 용역을 공급하고 국내지점이 이를 직접 사용·소비하는 경우 국내지점은 외국법인 등이 지정하는 국내사업자에 해당하지 아니하고, 국제간 무역거래로 파악할 수 없어 영세율이 배제되므로 국내지점에 10%의 부가가치세가 기재된 세금계산서를 발급하여야 한다(대법원 85누369, 1985. 11. 26. ; 사전-2016-법령해석부가-0148, 2016. 4. 22. ; 부가-1317, 2010. 10. 5. ; 서면3팀-811, 2006. 5. 2. ; 서면3팀-716, 2005. 5. 24. ; 부가 22601-1710, 1988. 9. 23.).

(2) 비거주자 또는 외국법인과 "직접 계약"의 의미

외국법인의 국내 사무소 등(국내사업장에 해당하는 경우를 포함하며, 이하 "국내지점"이라 한다)이 국내사업자(공급받는 자)와 외국법인(공급자) 사이의 재화 또는 용역의 공급거래에 대한 보조적 또는 예비적 활동을 수행하였다 하더라도 국내사업자와 외국법인 간에 공급계약에 따라 실질적 거래가 이루어진 경우 외국법인을 배제하고 국내사업자와 국내지점을 직접 거래당사자로 취급되어 직접 계약에 의해 공급이 이루어진 것으로 의제할 수 없고, 국내 고정사업장으로 취급되어서도 아니된다(동지 : 대법원 2008두9584, 2011. 6. 30.).

국내사업장이 있는 외국법인과의 거래에 있어 국내지점이 거래처의 알선이나 계약체결 등 일부 업무를 수행한 경우 국내사업자는 국내지점에 세금계산서를 발급하여야 한다는 국세청의 해석에 따라 부가가치세 과세가 이루지는 사례가 있으나, 국내지점이 외국법인(본점)을 위하여 용역의 자가공급이 있었고 독립적인 제조, 판매 등의 활동을 수행하지 아니하였음에도 세금계산서 수취대상 사업장으로 보는 것은 유사한 역할을 수행하는 자동차 영업소나 연락사무소 등을 사업장으로 보지 아니하는 국세청의 기존해석과 배치되고 외국법인이라는 이유로 사업장판정을 달리할 법적 근거도 없다.

뿐만 아니라 이는 부가령 제33조 제1항 제2호 "직접 계약"의 의미를 법률적 근거없이 유추확대한 해석으로 재검토가 필요하고, 이 점을 지적한 소송이 진행 중이다(서삼 46015-11237, 2002. 7. 27.).

"직접 계약"이란 외국법인과 국내사업자 사이에 제3자가 거래에 끼어들어 다단계의 거래를 하는 경우(도급 및 하도급의 관계이거나 제3자가 구매하여 다시 재판매하는 경우 등을 말함)를 의미한다고 보아야 하며, 제3자가 공급받는 자와 공급자 사이에 중개, 주선 등의 역할을 수행한 경우에도 외국법인(공급받는 자)과 국내사업자(공급자) 간 "직접 계약"에 따라 재화나 용역이 공급된 것이다.

다만, 외국법인과 직접 계약을 체결한 경우라도 해당 재화나 용역이 국내지점에 공급되어 국내지점에서 실질적으로 사용·소비되는 경우에는 예외적으로 국내사업장과의 거래로 확대할 수는 있다고 본다(사전-법령해석부가-0148, 2016. 4. 22. ; 서면3팀-811, 2006. 5. 2.).

구 부가령(1982. 12. 31 대통령령 제10981호로 개정되기 전의 것) 제26조 제1항 제1호의 "국내에서 국내사업장이 없는 비거주자 또는 외국법인에게 공급되는 재화 또는 용역"이란 국내에서 비거주자 또는 외국법인과의 직접 계약에 의하여 국내사업장을 거침이 없이 공급됨으로써 외화획득을 하는 재화 또는 용역이라는 뜻으로 풀이되므로 국내사업장이 있는 비거주자 또는 외국법인이라도 이들과의 직접 계약에 의하여 국내사업장을 거침이 없이 공급되어 외화획득을 하게 되는 재화 또는 용역의 경우는 국내사업장이 없는 경우와 마찬가지로 위 시행령의 규정에 의하여 영세율이 적용된다고 보아야 할 것이며, 1983. 12. 29. 대통령령 제11285호로 개정된 부가령 제26조 제1항 제1의2호는 위와 같은 개정 전 규정의 해석을 명문화한 것에 지나지 않는 것이고, 종전의 입법목적과 다른 취지에서 신설한 규정으로 보기 어렵다는 판례도 존재한다(대법원 85누369, 1985. 11. 26.).

따라서 국내사업장이 있는 비거주자, 외국법인에게 공급하는 재화 또는 용역의 공급이 영세율이 적용되기 위해서는 계약의 체결, 재화 또는 용역의 공급 상대방이 모두 국외의 비거주자·외국법인인 경우로서 ① 국내에서 국외의 비거주자 또는 외국법인과 직접계약에 따라, ② 부가령 제33조 제2항 제1호 각호에 따른 재화 또는 용역을 제공하고, ③ 국외의 비거주자 또는 외국법인으로부터 외국환은행에서 원화로 받거나 부가칙 제22조에 따른 방법으로 받는 경우이어야 하며, 계약의 당사자가 국외의 비거주자 등이라도 그것이 허위임이 밝혀지거나, 재화 또는 용역이 외국법인의 국내사업장에게 제공되어 실질적으로 사용·소비되는 경우 외에는 영세율이 적용되어야 함이 원칙이다(부가가치세과-1317, 2010. 10. 5. 외 다수). 아울러 판매하는 것과 관련한 결정 권한, 책임 그리고 판매대금의 소유권이 전적으로 외국법인이 보유하고 있는 동 거래에 대하여 국내사업자와 국내지점을 거래당사자 또는 직접 계약이 있는 것으로 의제하는 것은 부당하다고 본다(서울고법 2018누30992, 2018. 10. 5.).

(3) 상호주의의 적용 도입

위 외화획득사업 중에서 해당 국가에서 우리나라의 거주자 또는 내국법인에 대하여 동일하게 면세하는 경우(우리나라의 부가가치세 또는 이와 유사한 성질의 조세가 없거나 면세하는 경우를 말함)에 한정하여 영세율을 적용하는 사업은 앞 "3"의 "국내사업장이 없는 비거주자·외국법인에 공급하는 재화 또는 용역"에서의 범위와 동일하다(부가령 §33 ② 1의 단서 및 2).

(4) 대금결제방법

비거주자 또는 외국법인이 국내사업장이 있는 경우 외국법인 등의 국내사업장에서 그 대가를 지급하는 경우 실질적으로 외화의 획득이라고 볼 수 없으므로 영세율 적용을 배제하겠다는 취지로서 그 대금을 외국에서 외국환은행을 통하여 수취하는 경우만이 영세율 적용대상이 된다(영세율이 적용되는 대금결제방법은 전술한 위 "3"과 동일하다).

(5) 세금계산서 발급의무, 공급가액, 영세율 첨부서류

앞에서 기술한 국내사업장이 없는 비거주자 · 외국법인에 공급하는 재화 또는 용역에 대한 영세율 적용과 같다.

5 | 수출재화 임가공용역

(1) 개 요

위탁가공이라 함은 타인에게 원재료 등을 제공하여 해당 원재료 등에 공작을 가하여 새로운 물건을 만들거나 노력을 가하고 그 대가로서 보수를 지급하는 것을 말한다. 외주가공 또는 임가공이라고도 하며 도급계약에 해당한다.

수출재화 임가공용역이란 수출업자와 직접 도급계약에 의하여 수출재화를 임가공하는 용역 및 내국신용장 등에 의하여 공급하는 수출재화의 임가공용역을 말한다.

수출업자와 직접 도급계약에 의하여 수출재화를 임가공하는 수출재화 임가공용역과 내국신용장 또는 구매확인서에 의하여 공급하는 수출재화 임가공용역에 대하여는 영세율을 적용한다. 다만, 수출재화 임가공용역을 제공하는 사업자가 부가법 제32조에 따라 부가가치세를 별도로 적은 세금계산서를 발급한 경우에는 그러지 아니한다(부가령 §33 ② 3).

(2) 개념정의 및 영세율 적용범위

1) 임가공

임가공이란 타인의 의뢰에 의하여 타인이 공급한 재화에 주요 자재를 해당 사업자가 전혀 부담하지 아니하고(일부의 부자재를 부담하는 것은 무방하다) 단순히 가공만 하여 주고 그에 대한 대가를 받는 것을 말한다.

임가공계약서에는 품목, 규격, 수량, 임가공단가, 금액, 관계 신용장 번호, 가공을 위탁하는 사업자가 수출업자임이 표시되어야 할 것이다.

2) 수출업자

직접도급계약에 따라 제공하는 임가공용역에 대하여 영세율을 적용할 수 있는 경우는 거래상대방은 수출업자이어야 한다. 여기에서의 수출업자는 명의 여하에 관계없이 수출을 자기 계산과 자기 책임하에 하는 자이다.

㉠ 수출품 생산업자가 수출업자와 수출대행계약을 체결하여 대행수출하는 경우의 수출품 생산업자는 "수출업자"에 해당하므로 동 수출품 생산업자와 직접 도급계약에 의하여 수출재화를 임가공하는 용역은 영세율의 적용대상이 된다(부가 1265.1-989, 1982. 4. 20. ; 부가 22601-829, 1989. 6. 15.).

㉡ 수출업자가 반드시 수출신용장에 의하여 수출하는 경우만 동 수출업자에게 제공하는 임가공용역에 영세율 적용을 하는 것은 아니므로 수출금융규정에 의하여 수출신용장없이 내국신용장을 개설할 수 있는 비축한도를 인정받은 수출업자와 직접 임가공 도급계약을 체결하고 수출용 재화를 임가공하는 때에는 영의 세율을 적용한다(부가통칙 24-33-5).

㉢ 내국신용장에 의하여 수출품을 생산하는 사업자는 수출업자에 해당되지 않으나 완제품내국신용장에 의하여 수출업자에게 공급하는 사업자라도 수출대행계약에 의하여 대행수출을 하면 수출업자에 해당된다(부가 22601-77, 1986. 1. 15. : 국심 83서573, 1983. 6. 23.).

㉣ 다른 수출업자로부터 개설받은 내국신용장에 의하여 재화를 공급하는 사업자 또는 다른 수출업자와의 직접 도급계약에 의하여 수출재화를 임가공하는 사업자는 수출업자에 해당되지 않으므로 이에 대한 직접 도급계약에 의한 임가공용역의 공급은 영세율 적용대상이 아니다(부가통칙 22-101-1).

㉤ 다른 수출업자로부터 내국신용장을 받아 수출용 재화 또는 임가공용역을 제공하는 사업자가 다시 다른 사업자에게 재임가공을 주는 경우에는 2차 내국신용장 등이 개설된 경우에만 재임가공용역에 대하여 영세율이 적용된다(부가 22601-1045, 1985. 6. 10.).

3) 직접 도급계약

영세율이 적용되기 위한 요건으로 수출업자와 직접 도급계약에 의한 임가공용역의 제공을 정하고 있으므로 수출업자와 도급계약한 자와 다시 도급계약을 체결한 하도급자는 해당되지 않는다(대법원 88누2182, 1988. 12. 20.).

여기서 도급(Subcontract)계약이란 당사자의 일방(수급인)이 어느 일을 완성할 것을 약정하고 상대방(도급인)이 그 일의 결과에 대하여 보수를 지급할 것을 약정함으로써 성립하는 계약(민법 §664)을 말한다. 도급은 타인의 노무를 이용하는 계약의 일종이므로 일의 완성결과를 목적으로 하는 점에 특색이 있다. 따라서 아무리 노무를 제공하더라도 그 결과가 발생하지 않으면 채무는 이행된 것이 아니어서 보수를 청구할 수 없다. 반대로 결과만 발생하면 되므로 일은 반드시 수급인 자신의 노무에 의할 것을 요하지 않고 하도급을 주어도 무방하다.

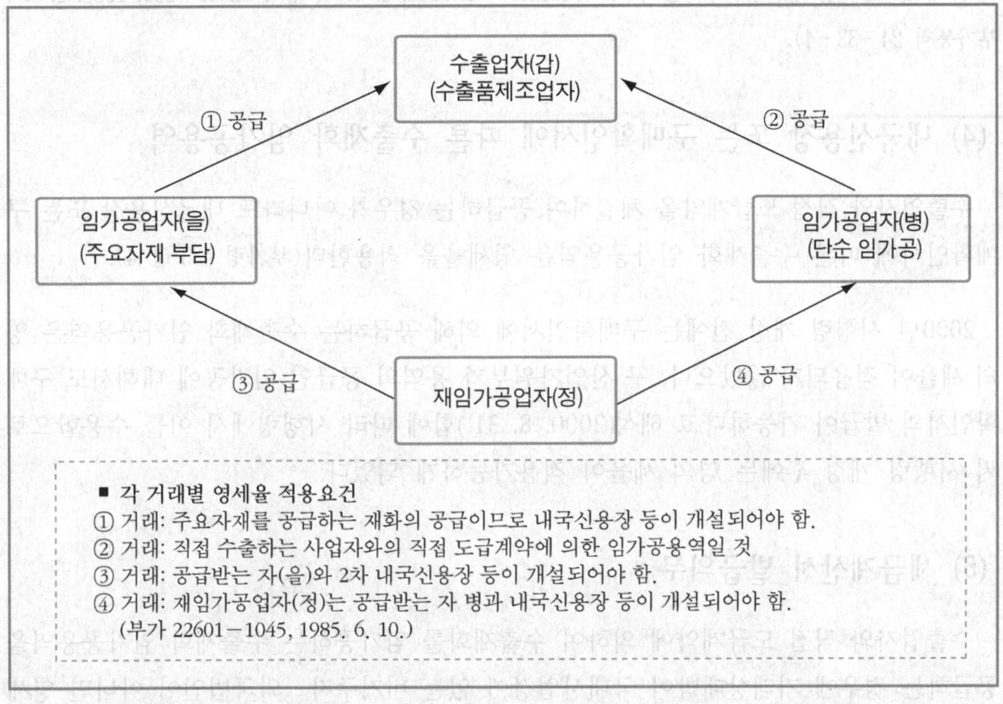
수출업자(갑)
(수출품제조업자)
① 공급
② 공급
임가공업자(을)
(주요자재 부담)
임가공업자(병)
(단순 임가공)
③ 공급
④ 공급
재임가공업자(정)
■ 각 거래별 영세율 적용요건
① 거래: 주요자재를 공급하는 재화의 공급이므로 내국신용장 등이 개설되어야 함.
② 거래: 직접 수출하는 사업자와의 직접 도급계약에 의한 임가공용역일 것
③ 거래: 공급받는 자(을)와 2차 내국신용장 등이 개설되어야 함.
④ 거래: 재임가공업자(정)는 공급받는 자 병과 내국신용장 등이 개설되어야 함.
(부가 22601-1045, 1985. 6. 10.)

(3) 수출재화 임가공용역 · 수출재화 염색임가공

임가공업자가 부자재의 일부를 부담하여 공작을 가하여 납품하는 경우에도 임가공용역에 해당되며 영세율이 적용되나, 주요자재의 일부를 부담하여 임가공하면 임가공용역이 아니고 재화의 공급인 것이므로 내국신용장 또는 구매확인서를 개설받아 공급하는 경우에만 영세율이 적용된다(부가통칙 21-31-11, 24-33-3).

다만, 재화의 공급에 해당하는 수출재화 염색임가공은 재화의 공급에 해당함에도 예외적으로 수출재화 임가공용역에 포함하여 내국신용장(구매확인서)의 개설없이도 영세율이 적용된다.

또한, 임가공계약상 임가공업자가 주요자재를 부담하도록 하였더라도 실제로 부담하지 않았다면 재화의 공급이 아니고 임가공용역을 공급한 것이므로 영세율의 적용대상이 된다(국심 83부104, 1983. 4. 23. ; 국심 82서799, 1982. 7. 16.).

수출업자와 직접 도급계약에 의하여 수출재화를 임가공하는 용역은 직접 도급계약을 체결한 사업자 자신이 임가공하였는지의 여부에 불구하고 수출재화 임가공용역으로 보아 부가가치세 영의 세율을 적용받을 수 있으므로 가공의뢰하고 발급받은 세금계산서는 매입세액으로 공제받을 수 있다(부가 1265.1-62, 1983. 1. 11. ; 부가 22601-159, 1986. 2. 1. ; 부가통칙 24-33-4).

(4) 내국신용장 또는 구매확인서에 따른 수출재화 임가공용역

수출업자와 직접 도급계약을 체결하여 공급하는 경우가 아니라도 내국신용장 또는 구매확인서에 따른 수출재화 임가공용역은 영세율을 적용한다(부가령 §33 ② 4).

2000년 시행령 개정 전에는 구매확인서에 의해 공급하는 수출재화 임가공용역은 영의 세율이 적용되지 않았으나, 구 산업자원부가 용역의 공급인 임가공에 대해서도 구매확인서의 발급이 가능하다고 해석(2000. 8. 31.)함에 따라 시행령에서 이를 수용함으로써 시행령 개정 후에는 영의 세율이 적용가능하게 되었다.

(5) 세금계산서 발급의무

수출업자와 직접 도급계약에 의하여 수출재화를 임가공하는 수출재화 임가공용역을 공급하는 경우에 거래상대방이 국내사업장이 없는 비거주자 · 외국법인이 아니면 영세율세금계산서를 발급하는 것이다.

2000. 12. 29. 시행령 개정 전에는 영세율이 적용되는 거래에 대하여 사업자가 부가가치세를 거래징수한 세금계산서를 발급하고 신고 · 납부한 경우 사실과 다른 세금계산서로 보아 매입세액을 불공제하였으나 개정 후에는 수출업자와 직접 도급계약에 의해 수출재화를 임가공하는 수출재화 임가공용역에 대해 부가가치세를 기재한 세금계산서를 발급한 경우 정당한 거래로 인정하여 매입세액공제를 받을 수 있다.

개정이유는 내국신용장 없이 수출업자와 직접 계약에 의해 공급하는 수출재화 임가공용역의 경우 관련재화를 공급하는 시점에 해당 재화가 수출되는지 여부를 사실상 알기 어려우므로 사업자가 선택적으로 영의 세율에 대한 세금계산서가 아닌 부가가치세를 거래징수한 세금계산서를 발급할 수 있도록 허용한 것이다.

내국신용장이나 구매확인서에 의하여 수출재화 임가공용역을 공급하는 경우에는 거래상대방이 국내사업장이 없는 비거주자 · 외국법인이 아니면 세금계산서를 발급하여야 하는 것이다(부가령 §71 ① 9).

(6) 영세율 첨부서류

수출업자와 직접 도급계약에 의하여 임가공용역을 제공한 경우에는 임가공계약서 사본과 납품사실증명서류를 제출하면 된다. 다만, 해당 수출사업자와 동일한 장소에서 수출재화 임가공용역을 제공하는 경우에는 1993. 1. 1. 이후 최초로 신고하는 분부터 임가공계약서사본 제출이 면제된다(부가령 §101 ① 11, 부가통칙 24-101-2).

한편, 위의 지정서류를 제출할 수 없는 경우에는 외화획득명세서에 영세율이 확인되는 증명자료를 첨부하여 제출한다.

내국신용장 또는 구매확인서에 의한 공급의 경우는 전자발급명세서나 내국신용장 사본 또는 수출대금입금증명서를 제출한다(부가령 §101 ① 3).

6 외국항행선박 등에 공급하는 재화 또는 용역

(1) 개 요

외국을 항행하는 선박·항공기 또는 원양어선에 공급하는 재화·용역에 대하여 선박 등의 국적에 관계없이 또한 대가로 수령하는 통화의 종류에 관계없이 영세율을 적용한다. 다만, 외항선박 등에 제공하는 개별 재화 또는 용역이 영세율 적용대상인지 여부에 대하여 과세당국과 납세자 간의 혼선과 과세분쟁이 야기되므로 영세율 해당 여부가 불분명한 경우 납세편의를 제고하고 납세협력비용을 절감하기 위하여 2007. 2. 28.이 속하는 과세기간에 공급하거나 공급받는 분 또는 수입신고하는 분부터 사업자가 부가가치세를 별도로 적은 세금계산서의 발급을 선택할 수 있도록 개정하였다(부가령 §33 ② 5).

> 외국을 항행하는 선박 등에 공급하는 재화 또는 용역의 영세율 적용 입법취지는 수출재화나 수출에 준하는 외화를 획득하는 재화용역에 대하여 가격조건을 유리하게 함으로써 국가경쟁력을 제고하기 위한 것이다. 전 세계를 항행하는 외항선박은 외국항에 입항하여 그곳에서 외화를 소비할 여지가 많지만 우리나라에서 유류 가격조건을 유리하게 함으로써 이를 국외가 아닌 국내에서 소비하도록 유도하여 외국선박으로부터의 외화획득 또는 우리나라 선박의 외화소비 절약이 가능하고자 하는데 목적이 있다.

(2) 개념 정의

1) 외항선박

외항선박이란 외국의 선박과 「해운법」에 따라 사업면허를 얻은 외국항행사업자가 운항하는 선박으로서 외국을 항행하는 우리나라의 선박을 의미한다(부가통칙 24-33-6).

다만, 법원은 외항선박을 위 기본통칙에 국한하지 아니하고 시추나 탐사를 위한 시추선[내국적 외항선(국제항로를 항행하는 우리나라의 선박)]에 공급하는 선용품 등도 영세율 적용대상으로 판단하였다(부산지법 2011구합6494, 2012 8. 31.).

2) 외국을 항행하는 항공기

항공기에 대하여 별도로 규정하고 있지 않으므로 외국을 항행하는(국내에서 국외로, 국외에서 국내로, 국외에서 국외로의 항행을 의미) 항공기면 이 규정의 적용대상이 된다.

3) 원양어선

원양어선이란 「원양산업발전법」에 따라 원양어선으로 허가를 얻어 주로 해외어장에서 조업을 하는 선박을 의미한다. 부가법 제26조 제1항 제1호에 따라 원양어업자는 미가공식료품을 공급하는 면세사업자일 경우가 있는데 원양어업자가 면세사업자라도 동 원양어선에 공급하는 재화·용역은 본조의 규정에 의한 영세율 적용대상이 된다(부가 22601-1690, 1986. 8. 22.).

4) 선용품

음료, 식품, 연료, 소모품, 밧줄, 수리용 예비부분품 및 부속품, 집기, 그 밖에 이와 유사한 물품으로서 해당 선박에서만 사용되는 것을 말한다(관세법 §2).

5) 기용품

선용품에 준하는 물품으로서 해당 항공기에서만 사용되는 것을 말한다(관세법 §2).

(3) 영세율 적용대상 재화·용역

앞서 언급한 선용품, 기용품 외에 외국을 항행하는 선박 또는 항공기(이하 "외항선박 등")에 공급하는 재화 또는 용역이란 외항선박 등 자체에 제공되는 용역 또는 외항선박 등에서 직접 사용·소비되는 재화 또는 용역도 영세율 적용대상이다.

기획재정부는 외항선박 또는 항공기에 공급하는 용역인지에 대하여 외항선박 등이 외국을 항행하는 데 직접적이고 필수적인 용역인지 여부에 따르는 것으로 급유사업자가 공항지역 내에서 저장탱크 및 지하배관을 이용해 항공유를 저장, 품질관리용역을 제공하는 경우 외항항공기에 대한 필수적인 용역으로서 영세율 적용대상으로 회신하였는바, 외항선박 등을 운영하는 외국항행사업자와 도급계약을 체결한 자 또는 하도급을 체결한 자가 외국항행에 직접적이고 필수적인 용역(착륙료, 정류료, 조명료, 탑승교·급유시설·수하물처리시설 사용료 등)을 제공하면 되는 것이지 외항선박 등에 물리적으로 접촉(승선 등)하여 용역을 제공하는 경우로 한정하지 않고 있고, 법원도 외국을 항행하는 선박 등에 공급하는 용역이 국외수송 등의 항행용역으로 이어지는 경우 영세율이 적용되는 것으로 보고 있다(재소비 46015-62, 2002. 3. 14. ; 조심 2016서1632, 2016. 6. 29. ; 조심 2013부1133, 2014. 1. 23. ; 부가 46015-4625, 1999. 11. 18. ; 부가가치세과-754, 2013. 8. 23. ; 서울고법 89누14122, 1990. 10. 16.).

1) 재화

외항선박 또는 항공기에 공급하는 재화(선용품, 기용품 등)에 대하여 영세율이 적용되며 과세대상 재화에만 영세율을 적용하는 것이므로 면세 재화 또는 용역을 공급하는 사업자가 면세포기한 경우이면 영세율이 적용된다(부가통칙 28-57-5).

외국항행사업자가 선용품 등을 다른 외항선박 또는 원양어선에 공급하면 영세율을 적용하나 국내의 다른 사업자에게 공급하면 그러지 아니한다(부가통칙 24-33-10).

보세구역 내에서 재화 또는 용역을 공급하는 사업자가 세관장으로부터 승선허가를 받아 외국을 항행하는 외국선박에 승선하여 동 선박의 외국인 선원에게 공급하는 재화는 수출하는 재화에 해당하므로 영의 세율이 적용되는 것이지 외항선박에 공급하는 재화·용역인 것은 아니다(간세 1265.1-525, 1980. 2. 27.).

2) 용역

영세율의 적용대상이 되는 용역은 외국을 항행하는 선박·항공기 자체에 제공하는 용역이어야 한다. 그 사례를 보면 다음과 같다.

i. 외항선박에 직접 제공하는 하역용역

ii. 외항선박에 제공하는 도선용역, 항만운송사업법에 의한 검수용역 및 외국항행 선박 또는 항공기에 직접 제공하는 예인용역, 접안용역

iii. 보세구역에 입항한 외항선박에 제공하는 수리용역

iv. 외국을 항행하는 선박에 공급하는 항만시설의 사용용역
v. 외항선박 수리용역을 하청에 의하여 제공한 경우

반면, 외항선박 등에 직접 제공하는 용역 등으로 볼 수 없는 경우는 다음과 같다.
i. 외항선박의 컨테이너 수리용역
ii. 원양어선에 필요한 소금을 가공하는 가공용역
iii. 외항선을 예인하는 예인선박에 소모되는 재화를 공급하거나 화주와의 계약에 의해 제공하는 하역용역
iv. 침몰된 외항선박에서 유출된 기름제거용역
v. 선박관리업을 영위하는 사업자가 외국항행사업자에게 선박관리, 선원관리, 보험관리 등의 업무를 대행하여 주고 관리수수료를 받는 경우(서면3팀-1834, 2006. 8. 18.)
vi. 외항선박 운영사업자 또는 선원에게 공급하는 일반물품

(4) 공급시기

외항선박 등에 공급하는 재화·용역의 공급시기는 외국을 항행하는 선박 등에의 공급으로 확정된 것을 영세율 적용대상으로 한다(간세 1235-2698, 1977. 8. 24.). 즉, 공급받을 때는 국내선과 국제선의 정확한 사용량을 구분할 수 없고 공급 후에 외항기에 사용한 분에 대하여서는 세관의 선(기)적완료증명서 등에 의하여 외항선박 등의 공급분임을 증명되는 때(그 공급이 확정되는 때)로 한다(서면3팀-736, 2005. 5. 27.).

(5) 세금계산서 발급의무 및 발급방법

외국항행선박 등에 재화·용역을 공급할 때 공급받는 자가 국내사업장이 없는 비거주자·외국법인이면 세금계산서 발급의무가 면제된다. 국내사업장이 있는 자 또는 국내사업자에게는 세금계산서를 발급하여야 한다(부가령 §71 ① 9).

> 외항선박에 선용품을 공급하기로 한 사업자 A가 사업자 B와 해당 선용품 납품계약을 체결하여 B가 해당 선용품을 공급하기로 하고 B가 세관장으로부터 선용품 적재허가를 받아 직접 외항선박에 선용품을 공급하는 경우 B가 공급하는 선용품에 대하여 영세율이 적용된다. 이는 원양어선에 공급하는 선용품에 대하여 영세율을 적용한다고 규정했을 뿐 하청 등을 받은 자가 직접 공급하는 경우를 배제한다는 별도의 규정을 두고 있지 않고, 또 외항선박에 직접 공급하는 경우로 한정하지 아니하였기 때문이다. 따라서 B는 A에게 A는 선용품을 공급받은 외항선박 운영사업자에게 각각 영세율세금계산서를 발급하여야 한다(서면3팀-1014, 2006. 6. 1. ; 부가 46015-1209, 1999. 4. 24. ; 국심 79서1004, 1979. 9. 15.).

(6) 영세율 첨부서류

관할 세관장이 발급하는 선(기)적 완료증명서, 「전기통신사업법」에 따른 전기통신사업의 경우에는 용역공급기록표, 「개별소비세법 시행령」 제20조 제2항 제3호 및 「교통·에너지·환경세법 시행령」 제17조 제2항 제2호에 따른 석유류 면세의 경우에는 유류공급명세서를 제출하여야 한다(부가령 §101 ① 12 ; 부가 46015-637, 1997. 3. 22.).

위의 지정서류를 제출할 수 없는 경우에는 외화획득명세서에 영세율이 확인되는 증명자료를 첨부하여 제출한다.

㉠ 사업자가 외국을 항행하는 선박 및 항공기 또는 원양어선에 재화 또는 용역을 공급하고 영세율 적용에 대한 증빙서류로서 선(기)적완료증명서를 첨부하는 경우 해당 선(기)적완료증명서의 신청인 명의에 관계없이 공급하는 재화 또는 용역이 해당 선박 및 항공기 또는 원양어선에 공급된 것이 증명되는 경우에는 영의 세율이 적용되는 것이다(간세 1235-1769, 1978. 6. 13.). 따라서 외국항행 선박 및 항공기 또는 원양어선에 재화 또는 용역을 공급하고 동 사업자가 「관세법」 제58조의2에 규정한 등록을 하지 아니하여 소관세관장으로부터 선(기)적완료증명서를 받을 수 없으므로 세관에 등록된 용달업자로 하여금 재화를 적재케 한 후 영세율 첨부서류로서 용달업자 명의로 발급된 선(기)적완료증명서와 사업자(실화주)와 용달업자와의 거래사실을 증명하는 서류를 첨부하는 경우에는 영의 세율을 적용받을 수 있다(부가 1265.1-2418, 1982. 9. 14.).

㉡ 원양어선에 공급하는 재화·용역으로서 시행령에 정한 서류를 부득이한 사유로 제출할 수 없는 경우에 영세율 적용 첨부서류로 제출한 항만청장이 발행하는 입출항계출증명원은 항만청장에게 제출한 입출항신고서류의 신고필증사본에 갈음하는 것이다(부가 1265.1-3086, 1981. 11. 25.).

㉢ 외국항행선박에 제공하는 선박수리용역에 대해 부가가치세 영세율을 적용받기 위하여 부가가치세 과세표준신고서에 첨부하여야 하는 서류는 세관장이 발급한 승선허가증 사본이나 이를 제출할 수 없는 경우에는 용역제공계약서 사본이며, 제출할 영세율 첨부서류가 "용역제공계약서 사본"인 것이나, 제출할 수 없는 경우에는 "외화획득명세서"를 제출하여야 하는 것이다(부가 1265.1-190, 1983. 1. 28. ; 부가 22601-181, 1985. 6. 13. ; 부가 22601-189, 1985. 1. 28.).

㉣ 원양어선에 재화를 공급하는 사업자가 법령 또는 훈령에 정하는 서류를 제출할 수 없는 경우에는 영세율 규정에 의한 외화획득명세서에 재화를 공급한 사실을 입증할 수 있는 서류를 첨부하여야 하므로, 외화획득명세서와 선장이 발행하는 확인서

(또는 공급계약서)로 영세율 첨부서류에 갈음할 수 있는 것이다(부가 1265.1-1674, 1983. 8. 19.).

㉤ 영세율 첨부서류로서 선(기)적완료증명서의 신청인 명의에 불구하고 해당 선박 및 항공기에 공급된 것이 증명되는 경우 영세율이 적용된다(간세 1235-1769, 1978. 6. 13.).

7 국제연합군 또는 미국군에게 공급하는 재화 · 용역

(1) 영세율 적용

우리나라에 상주(常住)하는 국제연합군 또는 미합중국군대[「대한민국과 아메리카합중국 간의 상호방위조약 제4조에 의한 시설과 구역 및 대한민국에서의 합중국군대의 지위에 관한 협정」 제16조 제3항에 따른 공인 조달기관(公認 調達機關)을 포함한다]에 공급하는 재화 또는 용역은 대금결제 방법에 관계없이 영세율을 적용한다(부가령 §33 ② 6).

외국정부기관 등에 직접 공급하는 재화 또는 용역의 공급에 대하여만 영세율이 적용되므로 대리인 또는 수탁자를 통하여 공급하는 경우에는 영세율을 적용받을 수 있으나, 외국정부기관 등과 용역공급계약을 체결한 사업자와 하도급계약을 체결하고 용역을 제공하는 경우는 영세율이 적용되지 않는다(부가 1265.1-1829, 1983. 9. 1. ; 부가 1265-797, 1984. 4. 27.).

(2) 세금계산서 발급의무의 면제

외국정부기관 등에 재화 또는 용역을 공급할 경우의 세금계산서 발급의무는 면제된다(부가령 §71 ① 5).

(3) 대가의 영수방법 및 공급가액

외국정부기관 등으로부터 그 대금을 외화로 받든 원화로 받든지에 관계없이 영세율이 적용되며, 재화 또는 용역의 대가로 받는 금전이 공급가액이 된다.

(4) 영세율 첨부서류

1) 시행령에 의한 첨부서류

외국환은행이 발급하는 수출(군납)대금입금증명서 또는 관할 세무서장이 발급하는 군납완료증명서 또는 해당 외국정부기관 등이 발급한 납품 또는 용역공급사실을 증명할 수 있는 서류. 다만, 전력·가스 그 밖의 공급단위를 구획할 수 없는 재화를 계속적으로 공급하는 사업에 있어서는 재화공급기록표, 「전기통신사업법」에 따른 전기통신사업에 있어서는 용역공급기록표로 한다(부가령 §101 ① 13).

⇒ 수출(군납)대금입금증명서는 재화 또는 용역을 공급한 수출(또는 군납)업자의 외국환은행예금계좌에 수출 또는 군납대금이 입금되었음을 사업자의 신청에 의거 외국환은행장이 확인하여 발급하는 증명서류를 말하는 것이다(부가 1265.1-2574, 1979. 10. 6.). 다만, 전력·가스 등 공급단위를 구획할 수 없는 재화를 계속적으로 공급하는 사업에 있어서는 재화공급기록표를 제출해야 한다.

2) 첨부서류 등의 제출 불가 시 첨부서류

「부가가치세법 시행령」에 의한 영세율 첨부서류를 부득이하게 제출할 수 없는 경우에 갈음하여 제출하는 지정서류는 외국환은행이 발급하는 외화입금증명서이다. 외화입금증명서를 발급받을 수 없는 경우에는 외화획득명세서에 영세율이 확인되는 증명서류를 첨부하여 제출한다.

8 외국인 관광객에게 공급하는 관광알선용역

(1) 개 요

「관광진흥법」에 따른 종합여행업자가 외국인 관광객에게 관광알선용역을 제공하고 대가를 외국환은행에서 원화로 받거나 외국인 관광객과의 거래임이 확인되는 것에 대하여 영세율을 적용한다(부가령 §33 ② 7).

다만, 「관광진흥법 시행령」상 지방자치단체장에 등록해야 하는 관광객이용시설업 중 「관광진흥법」에 따른 외국인전용 관광기념품 판매업자가 외국인 관광객에게 공급하는 관광기념품으로서 외국인 관광객과의 거래임이 표시되는 것(다만, 출국예정사실이 확인되는 내국인의 경우에는 관광기념품이 국외로 반출되었음이 세관장에 의하여 확인되는 것에 한한다)에 대하여 그간 영세율을 적용하여 왔으나 외국인전용 관광기념품 판매업이 폐지됨에 따라 2015. 1. 1. 공급분부터 영세율 적용대상에서 삭제하였다(부가령 §33 ② 8).

(2) 용어의 정의

1) 종합여행업자

「관광진흥법」에 따른 종합여행업자 등이라 함은 「관광진흥법」에 따라 등록을 한 사업자를 의미한다. 따라서 미등록자는 본 규정에 의한 영세율의 적용을 받지 못한다(부가 1265.1-953, 1982. 4. 16.).

| 여행업별 과세기준 |

구 분	업 황	부가가치세법 적용
국내 여행업	국내를 여행하는 내국인을 대상으로 하는 여행업	▪ 국내거래로서 수탁경비를 제외한 대가에 대하여 일반세율이 적용
국외 여행업	국외를 여행하는 내국인을 대상으로 하는 여행업(사증을 받는 절차를 대행하는 행위 포함)	▪ 랜드사 포함하여 해당 여행사가 외국여행사 등으로부터 받는 대가(외화로 받는 경우 포함)에 대하여 일반세율 적용(서울행법 2014구합20568, 2015. 4. 9. ; 법규과-776, 2013. 7. 5.)
종합 여행업	국내외를 여행하는 내국인 및 외국인을 대상으로 하는 여행업(사증을 받는 절차를 대행하는 행위 포함)	▪ 관광진흥법에 따른 종합여행업자가 제공하는 여행알선용역은 부가령 §33 ② 7에 따라 영세율 적용 ▪ 그 외의 경우에는 일반세율이 적용됨.

※ 관광진흥법 시행령 §2 관광사업의 종류 참조

2) 외국인 관광객

부가가치세법에 규정된 바는 없으나 유권해석에서 외국인 관광객이란 관광의 목적으로 우리나라에 입국하는 외국인이면 되므로 재외국교포 등 재외국민이 포함되며 반드시 관광비자를 소지하여야만 관광객으로 보는 것은 아니다(간세 1235-2748, 1978. 9. 7. ; 국심 79서1346, 1980. 2. 27.).

「외국인 관광객 등에 대한 부가가치세 및 개별소비세 특례규정」에서는 「외국환거래법」에 의한 비거주자로 규정하고 있다.

3) 여행알선업

여행알선업이라 함은 수수료를 받고 다음의 행위를 영위하는 업(자동차운송사업이나 선박운항사업을 경영하는 자 또는 철도경영자를 위하여 여행자와 운송에 관한 계약체결을 대리하는 행위만을 행하는 업을 제외한다)을 말한다.

㉮ 여행자를 위하여 운송 · 숙박, 그 밖의 여행에 부수되는 시설의 이용을 알선하거나 그 시설을 경영하는 자와 이용에 관한 계약체결을 대리하는 행위

㉯ 운송 · 숙박, 그 밖의 여행에 부수되는 시설의 경영자를 위하여 여행자의 이용을 알선하거나 여행자와 이용에 관한 계약체결을 대리하는 행위

㉰ "㉮" 및 "㉯"의 행위 이외에 여행자를 위하여 안내 등 여행의 편의를 제공하는 행위

㉱ "㉮" 내지 "㉰"의 행위에 부수하여 여행자를 위하여 여권 및 사증을 받는 절차를 대행하는 행위와 여행에 관한 상담에 응하거나 정보를 제공하는 행위

㉲ 항공운송사업자를 위하여 국내 또는 국외를 여행하는 외국인 및 국외를 여행하는 내국인의 운송에 관한 계약체결을 대리하는 행위

(3) 관광알선용역에 대한 영세율 적용

① 「관광진흥법」에 따른 종합여행업자가 외국인 관광객에게 공급하는 관광알선용역을 제공할 것

② 결제방법

㉠ 외국환은행에서 원화로 받는 것

㉡ 외화 현금으로 받은 것 중 국세청장이 정하는 관광알선수수료명세표와 외화매입증명서에 의하여 외국인 관광객과의 거래임이 확인되는 것

③ 세금계산서 발급의무의 면제

국내 또는 국외를 여행하는 외국인을 대상으로 하는 관광알선업에 대해서는 세금계산서 발급의무가 면제된다(부가령 §71 ① 5).

④ 영세율 첨부서류

외국환은행이 발급하는 외화입금증명서(외화현금으로 받는 경우에는 관광알선수수료명세표 및 외화매입증명서)를 첨부하여 신고하여야 한다. 외화입금증명서를 제출할 수 없을 때는 외화획득명세서와 영세율이 확인되는 증명자료를 제출하여야 한다(부가령 §101 ① 14).

9 외국인 전용판매장 및 유흥음식점을 영위하는 사업자

(1) 개 요

「개별소비세법」 제17조 제1항에 따른 지정을 받아 외국인전용판매장을 경영하는 자,

「조세특례제한법」 제115조에 따른 주한외국군인 및 외국인선원 전용 유흥음식점업을 경영하는 자가 국내에서 공급하는 재화 또는 용역으로서 그 대가를 외화로 받고 그 외화를 외국환은행에서 원화로 환전하는 것에 대해 영세율을 적용한다(부가령 §33 ② 9).

구체적인 영세율 적용 요건은 다음과 같다.

1) 지정사업자

「개별소비세법」 제17조 제1항에 따라 관할 세무서장의 지정을 받은 외국인전용판매장을 운영하는 사업자나 「조세특례제한법」 제115조에 따라 유흥음식점업을 영위하는 자이어야 한다(부가 22601-675, 1987. 4. 9.).

2) 결제방법

재화·용역의 공급대가를 외화로 받고 그 외화를 외국환은행에서 원화로 환전하는 것에 한하여 영세율을 적용하므로 외국환거래규정에 의하여 국내에 본점을 두고 있는 외국환은행이 발행하는 비거주자용 원화표시 여행자수표는 해당되나, 원화로 직접 받는 것은 해당되지 않는다(재무부 소비 22601-335, 1986. 4. 22.).

(2) 세금계산서 발급의무 면제

국내사업장이 없는 비거주자 또는 외국법인에게 공급하는 재화 또는 용역은 해당 비거주자 또는 외국법인이 해당 외국의 개인사업자 또는 법인사업자임을 증명하는 서류를 제시하고 세금계산서의 발급을 요구하는 경우를 제외하고는 세금계산서의 발급의무가 면제된다(부가령 §71 ① 9).

(3) 영세율 첨부서류

외국환은행이 발급하는 외화입금증명서 또는 외화매입증명서를 제출하여야 하나, 부득이한 사유로 제출할 수 없을 경우에는 외화획득명세서에 영세율이 확인되는 증명자료를 첨부하여 제출한다. 이때 사업자가 국세청장이 정하는 바에 따라 해당 영세율 첨부서류를 복사하여 저장한 테이프 또는 디스켓을 영세율 첨부서류제출명세서(전자계산조직에 의하여 처리된 테이프 또는 디스켓을 포함한다)와 함께 제출할 수 있다. 해당 서류를 제출할 수 없는 경우에는 외화획득명세서에 영세율이 확인되는 증명자료를 첨부하여 제출하여야 한다(부가령 §101 ① 16 ; 부가 46015-4457, 1999. 11. 5.).

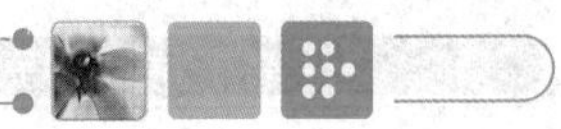

VII 비거주자 등에 대한 영세율 적용 상호주의 등

1 의 의

(1) 비거주자 또는 외국법인에 대한 상호주의의 적용

부가법 제21조부터 제24조까지의 규정을 적용할 때 사업자가 비거주자 또는 외국법인이면 그 해당 국가에서 대한민국의 거주자(「소득세법」 제1조의2 제1항 제1호의 거주자를 말한다) 또는 내국법인(「법인세법」 제1조 제1호에 따른 내국법인을 말한다)에 대하여 동일하게 면세하는 경우에만 영세율을 적용한다(부가법 §25 ①).

(2) 외교관 등에 대한 상호주의

사업자가 부가법 제24조 제1항 제2호에 따라 외교관 등에게 재화 또는 용역을 공급하는 경우에는 해당 외국에서 대한민국의 외교공관 및 영사기관 등의 직원에게 공급하는 재화 또는 용역에 대하여 동일하게 면세하는 경우에만 영세율을 적용한다.

(3) 비거주자 · 외국법인

비거주자는 「소득세법」상의 비거주자이므로 국내에 주소를 두거나, 국내에 183일 이상의 거소를 둔 개인, 즉 거주자가 아닌 자로서 국내원천소득이 있는 자이며, 외국법인은 외국에 본점 · 주사무소(국내에 사업의 실질적 관리장소가 소재하지 아니하는 경우에 한함)를 둔 법인이다(부가법 §2 8, 9).

(4) 국내사업장이 있는 자

비거주자 · 외국법인이라도 국내에 사업장이 있어야만 「부가가치세법」상의 납세의무자이므로 국내사업장이 없는 자가 제공하는 수출 등 재화 · 용역에 대하여는 「부가가치세법」상의 의무를 지우지 않는다(간세 1235-2824, 1977. 8. 27.).

(5) 상호면세주의 개념

동일한 면세를 하는 경우라 함은 해당 외국의 조세로서 우리나라의 부가가치세 또는 이와 유사한 성질의 조세를 면세하는 경우와 그 외국에 우리나라의 부가가치세 또는 이와 유사한 성질의 조세가 없는 경우로 한다(부가법 §25 ③, 부가통칙 25-0-1).

(6) 부가법 제25조 및 부가령 제33조에 규정된 상호면세주의 비교

부가법 제25조는 비거주자 또는 외국법인(이하 "외국법인등"이라 한다)이 부가가치세법상의 납세의무자로서 '공급자'에 해당하는 경우 외국법인등의 해당 국가에서 대한민국 거주자 또는 내국법인(이하 "내국법인등"이라 한다)에게도 동일하게 면세하는 경우에 그 외국법인등이 우리나라에서 공급하는 재화 또는 용역(조특법상 재화 또는 용역은 포함되어 있지 않다)에 대하여 영세율을 적용하겠다는 취지이고, 부가령 제33조 제2항 제1호의 단서 및 제2호 본문 괄호의 취지는 내국법인등이 국내에서 외국법인등에게 전문서비스업, 사업지원서비스 및 투자자문업의 용역을 공급하는 경우 그 특정 용역을 '공급받는 자'(외국법인 등)의 국가에서 대한민국 내국법인등에게도 동일하게 면세하는 경우에 영세율을 적용하겠다는 취지이다.

공급자	공급받는 자	공급대상	부가법 제25조	부가령 제33조
내국법인등	내국법인등	영세율 적용대상[1]	해당 없음.[3]	-
내국법인등	내국법인등	특정 용역[2]	해당 없음.	-
내국법인등	외국법인등	영세율 적용대상	해당 없음.	해당 없음.
내국법인등	외국법인등	특정 용역	해당 없음.	적용
외국법인등	내국법인등	영세율 적용대상	적용	-
외국법인등	내국법인등	특정 용역	적용	-
외국법인등	외국법인등	영세율 적용대상	적용	해당 없음.
외국법인등	외국법인등	특정 용역	적용	적용

1) 영세율 적용대상이란 부가법 제21조부터 제24조까지의 영세율 적용대상을 말함(특정용역 제외).
2) 특정 용역은 부가령 제33조 제2항 제1호 단서에 규정된 전문서비스업과 사업시설관리 및 사업지원서비스업을 말함.
3) '해당 없음'은 해당 법조문이 적용되지 아니하는 경우를 말함.

2 | 재화 · 용역의 공급

영세율을 적용하는 국내사업장이 있는 비거주자 · 외국법인의 재화 · 용역의 공급을 예시하면 다음과 같다.

(1) 외국항행용역

국내사업장이 있는 외국법인이 우리나라에서 선적하여 외국을 항행하는 경우는 부가법 제10조에 의하여 국내거래이므로 부가가치세의 과세대상이다. 그러나 그 외국법인이 상호면세국의 법인이면 영세율을 적용한다(부가통칙 23-32-2).

(2) 용역의 국외공급

비거주자·외국법인의 국내사업장이 국외에서 해외건설 등 용역을 제공할 경우 그 비거주자 등이 상호면세국에 주소를 둔 것이면 영세율을 적용하나, 비상호면세국에 주소나 본점을 둔 경우 용역의 제공장소가 국내이면 과세대상이다(부가 22601-388, 1988. 3. 8.).

(3) 사업장이 없는 비거주자 등에의 공급

상호면세국에 주소나 본점을 둔 비거주자·외국법인이 국내에서 국내사업장이 없는 비거주자·외국법인에게 물품매도확약서 발행용역 등을 제공하고 대가를 외국환은행을 통하여 원화로 받으면 영세율의 적용대상이다(국조 1234-460, 1978. 2. 13.).

(4) 외항선박·항공기에 공급하는 재화·용역

상호면세국에 본점을 둔 외국법인이 국내에서 외국을 항행하는 항공기에 공급하는 재화는 영세율의 적용대상이다(조세 1265.2-617, 1982. 5. 17.).

3 조약 등에 따른 영세율의 적용

헌법에 의하여 체결·공포된 조약과 일반적으로 승인된 국제법규는 국내법과 같은 효력을 가진다(대한민국 헌법 §6). 대법원도 조세조약에서 규율하고 있는 법률관계에 있어서는 조약이 국내법의 특별법적인 지위에 있으므로 국내법보다 우선하여 적용된다고 판시하고 있다(대법원 2012두24573, 2013. 5. 24.).

따라서 조세조약이나 국가 간 협정을 통해 해당 국제기구 등에 공급하는 재화 또는 용역의 공급에 대하여 부가가치세 면제에 관한 규정을 두고 있다면 동 조약이나 협정을 적용받는 국제기구가 우리나라에 상주하지 아니하더라도 우리나라에서 공급받은 재화 또는 용역에 대하여 영세율 적용이 가능하다(부가법 제24조 제1항이 아니더라도 영세율 적용 가능).

예를 들어 조약 제1921호「대한민국과 동남아시아국가연합 회원국 간의 한-아세안 센터 설립에 관한 양해각서(MOU)」에 따라 설립된 한-아세안 센터에 공급하는 재화 또는 용역의 경우 해당 조약 및 부가법 제24조 제1항 제1호에 따라 영의 세율을 적용한다(법규부가 2008-0040, 2009. 3. 16.).

※ **영세율 적용대상이 되는 국제기구**: IBRD 및 IMF, 아프리카개발은행(AfDB), 미주개발은행(IDB) 및 제30차 미주투자공사(IIC), 녹색기후기금(GCF), 국제백신연구소, 국제부흥개발은행, 국제개발협회, 국제금융공사, 아시아개발은행 등(소비 1265.3-652, 1984. 4. 9. ; 서면-2018-법령해석부가-0664, 2018. 2. 28. ; 기획재정부 부가가치세제과-196, 2015. 3. 3. ; 서면-2015-법령해석부가-0239, 2015. 4. 22. ; 법규부가2014-544, 2015. 1. 6. ; 간세 1235-3002, 1977. 9. 8. ; 법령해석부가 2015-17, 2015. 2. 2.).

4 | 세금계산서 발급의무

국내사업장이 있는 비거주자·외국법인은 부가가치세법상의 납세의무자로서 내국법인·거주자와 동일하게 세금계산서의 발급의무를 지거나 혹은 면제받는 것이므로 국내사업장이 있는 외국법인이 내국법인 또는 국내사업장이 있는 외국법인에게 재화 또는 용역을 공급한 경우에는 세금계산서를 발급하고, 국내사업장이 없는 비거주자 또는 외국법인에게 재화 또는 용역을 공급한 때에는 세금계산서 발급의무가 면제된다.

VIII 조세특례제한법상 영세율의 적용

1 | 「조세특례제한법」상 영세율 적용 취지

영세율 적용제도는 수출의 경우와 같은 국가 간의 재화의 이동에 대하여 관세 및 무역에 관한 일반협정(GATT)의 일반원칙인 소비지국과세원칙에 따라 해당 재화를 생산하는 국가에서는 간접세를 부과하지 아니하고 그 재화를 소비하는 국가에서 간접세를 부과하도록 함으로써 간접세의 이중과세를 배제하기 위한 것이 주된 목적이다.

영세율이 적용되는 경우 부가가치세의 부담없이 재화 또는 용역을 공급할 수 있게 됨으로써 사업자로 하여금 더 낮은 가격으로 공급하도록 하여 국제경쟁력을 제고하게 되거나 재화 또는 용역을 공급받는 자의 부가가치세 부담을 완전 배제할 수 있는 기능도 지니고 있다.

따라서 부가가치세법에서는 외국환의 관리 및 부가가치세의 징수질서를 해하지 아니하는 범위 내에서 외화획득의 장려라는 국가정책상의 목적에 부합되는 국내에서의 외화획득사업 등과 같은 부분에 대하여도 예외적·제한적으로 영세율 적용이 되는 것으로 하고 있으며, 「조세특례제한법」에서도 국내거래 중 다음과 같은 재화 및 용역의 공급에 대하여 영세율 적용이 되는 것으로 규정하고 있다(대법원 2011두2774, 2011. 5. 28.).

2 | 영세율 적용대상

① 방산업체가 공급하는 방산물자 등
② 국군부대 또는 기관에 공급하는 석유류
③ 국가 등에 직접 공급하는 도시철도건설용역
④ 의수족, 휠체어, 보청기 등 장애인용 보장구와 장애인용 특수정보통신기기 및 소프트웨어
⑤ 농민, 축산업 종사자 또는 임업종사자 등에게 공급하는 농·축산·임업용 기자재
⑥ 어민에게 공급하는 어업용 기자재
⑦ 국가 또는 지방자치단체에 공급하는 사회기반시설 또는 동 시설의 건설용역

3 | 방산업체가 공급하는 방산물자

(1) 개 요

「방위사업법」에 따라 지정을 받은 방산업체가 공급하는 동법에 의한 방산물자(경찰이 작전용으로 사용하는 것을 포함한다)와 「비상대비자원관리법」에 따라 중점관리대상으로 지정된 자가 생산·공급하는 시제품 및 자원동원으로 공급하는 용역에 대하여는 부가가치세 영세율을 적용한다. 다만, 중점관리대상으로 지정된 자라 하더라도 그가 공급하는 모든 재화 및 용역을 영세율 적용대상으로 하는 것이 아니라 비상대비자원관리법

의 시행에 의하여 직접 생산하여 공급하는 시제품 및 동법의 시행에 의하여 자원으로 동원됨에 따라 공급하는 용역을 그 대상으로 한다.

이 규정은 남·북한의 극한 대치상황하에서 자주국방의 필요성이 대두됨에 따라 방산업체로부터 방산물자를 제공받는 국가의 부가가치세 부담을 줄여주기 위하여 도입된 것이다.

(2) 개념 정의

1) 방산업체

방산업체란 방산물자를 생산하는 업체로서 「방위사업법」에 따라 소정의 시설기준과 보안요건을 갖추어 정부의 지정을 받은 자를 말한다. 영세율의 적용시기는 방산업체로 지정된 날 이후에 부가법 제15조에 따른 공급시기가 도래하는 것부터 적용한다(부가 46015-4122, 1999. 10. 11.).

방위사업법에 의하여 지정을 받은 방산업체가 공급하는 동법의 규정에 의한 방산물자를 말하며, 경찰이 작전용으로 사용하는 것을 포함한다.

2) 방산물자

방위사업법의 규정에 의한 방산물자는 군용으로 제공되는 물자로서 정부에 의하여 지정된 것을 말한다. 본 규정에 의하여 영세율이 적용되는 방산물자에는 해당 방산물자에 포함되어 지정된 것으로 보는 수리부속품을 포함한다(방위사업법 §34 ; 부가 46015-2429, 1998. 10. 29.).

군용과 경찰의 작전용으로 공급하는 것을 영세율 적용대상으로 하므로 민방위용 등 그 밖의 용도로 공급하는 경우에는 영세율이 적용되지 아니한다(부가 22601-1544, 1988. 8. 31.).

3) 중점관리대상으로 지정된 자

「비상대비에 관한 법률」에 따라 중점관리대상으로 지정된 자가 생산·공급하는 시제품 및 자원동원으로 공급하는 용역을 말한다.

주무부장관은 비상대비업무를 효율적으로 수행하기 위하여 필요하다고 인정하는 경우 「비상대비에 관한 법률」 제11조에 따라 중점관리하여야 할 자를 지정할 수 있는바, 이에 의하여 지정된 자를 말한다.

(3) 영세율 적용범위

① 방위산업체 등이 「조세특례제한법」 제105조 제1항 제1호에 따른 방위산업물자 등을 공급하는 경우에는 영의 세율을 적용하나 방위산업체 상호 간의 거래 시에는 영의 세율을 적용하지 아니한다(조특통칙 105-0-1 ; 부가 46015-1947, 1997. 8. 22.).

② 방산물자의 공급과 병행하여 그 방산물자의 설치 및 부대공사, 기술용역계약을 일괄하여 체결한 경우 영세율 적용범위는 방산물자의 공급에 한한다(부가 1265.1-1487, 1981. 6. 11.).

③ 방산업체가 국가로부터 인도받은 재화에 주요자재의 전부 또는 일부를 부담하여 정비한 방산물자를 국가에 공급하는 경우에도 영세율이 적용된다(간세 1265.1-2231, 1980. 7. 20.).

④ 방위산업물자의 공급 이후 방위산업체로 지정된 경우 지정일 이후에 부가법 제15조에 의한 공급시기가 도래한 분부터 영세율이 적용된다(부가 46015-4122, 1999. 10. 11.).

⑤ 방산업체가 방산물자 정비용역·방산물자 개발용역을 국가에 공급하는 경우 영세율 적용이 되지 아니한다(감사원 감사지적).

(4) 영세율 첨부서류

상기 규정에 의하여 영세율이 적용되는 사업자가 「부가가치세법」에 의하여 예정신고·확정신고 또는 영세율 등 조기환급신고를 하는 때에는 공급받는 기관의 장이 발행하는 납품증명서 또는 용역공급사실을 증명하는 서류를 첨부하여야 한다(조특령 §106 ⑫ 1).

4 | 국군부대 또는 기관에 공급하는 석유류

(1) 개 요

국토방위의 중요성에 따라 「국군조직법」에 따라 설치된 부대 또는 기관에 공급하는 석유류에 대하여는 영세율을 적용한다. 다만, 군 체력단련장(「군인복지기본법」 제2조 제4호에 따른 체육시설 중 골프장과 골프연습장을 말한다)은 민간시설과의 과세형평 등을 감안하여 2013. 1. 1. 이후 공급분부터 부가가치세를 과세한다(조특법 §105 ① 2, 조특령 §105 ①).

(2) 개념 정의

1) 부대 및 기관

「국군조직법」 제14조에 따라 설치된 육군본부 · 해군본부 · 공군본부와 「국군조직법」 제15조의 규정에 의하여 각 군의 예속하에 설치된 부대 및 기관을 말한다.

2) 석유류의 범위

「조세특례제한법」 제105조 제1항 제2호에서 규정하는 석유류의 범위는 「석유 및 석유대체연료사업법」 제2조에서 규정하고 있는 원유, 천연가스 및 석유제품이다.

> **▌석유 및 석유대체연료사업법 제2조【정의】**
>
> 이 법에서 사용하는 용어의 정의는 다음과 같다.
>
> 1. "석유"란 원유, 천연가스[액화(液化)한 것을 포함한다. 이하 같다] 및 석유제품을 말한다.
> 2. "석유제품"이란 휘발유, 등유, 경유, 중유, 윤활유와 이에 준하는 탄화수소유 및 석유가스(액화한 것을 포함한다. 이하 같다)로서 다음 각 목의 것을 말한다.
>   가. 탄화수소유: 항공유, 용제(溶劑), 아스팔트, 나프타, 윤활기유, 석유중간제품[석유제품 생산공정에 원료용으로 투입되는 잔사유(殘渣油) 및 유분(溜分)을 말한다] 및 부생연료유(副生燃料油: 등유나 중유를 대체하여 연료유로 사용되는 부산물인 석유제품을 말한다) (2014. 1. 21. 개정)
>   나. 석유가스: 프로판 · 부탄 및 이를 혼합한 연료용 가스

(3) 영세율 첨부서류

석유류 등을 공급받는 기관의 장이 발행하는 납품증명서를 제출하여야 한다.

5 | 국가 등에 직접 공급하는 도시철도건설용역

(1) 개 요

대중교통수단인 도시철도건설에 막대한 자금이 소요됨으로 이를 지원하기 위하여 아래 "①"에 해당하는 자에게 직접 공급하는 도시철도건설용역에 대하여 2026. 12. 31.까지 공급분에 대하여 다음의 요건에 모두 해당하는 경우 영세율을 적용한다(조특법 §105 ① 3).

① 국가 및 지방자치단체,[1] 도시철도공사(지방자치단체의 조례에 따라 도시철도를 건설하는 경우로 한정한다), 한국철도시설공단, 「사회간접자본 시설에 대한 민간투자법」 제2조 제8호에 따른 사업시행자 및 한국철도공사[2](이하 "국가 등"이라 한다)에 직접 공급하여야 한다.

② 도시철도건설에 관련된 것이어야 한다.

③ 건설용역의 공급이어야 한다(한국표준산업분류에 의함이 원칙).

1) 「사회기반시설에 대한 민간투자법」 제2조 제8호에 따른 사업시행자가 부가가치세가 면제되는 사업을 할 목적으로 같은 법 제4조 제1호부터 제3호까지의 규정에 따른 방식으로 국가 또는 지방자치단체에 공급하는 사회기반시설 또는 사회기반시설의 건설용역으로서의 도시철도건설용역을 국가 및 지방자치단체에 공급하는 경우는 제외한다(조특법 §105 ① 3 가목).

2) 한국철도공사에 직접 건설용역을 공급하는 경우 2021. 1. 1. 이후 공급하는 분부터 영세율을 적용한다(조특부칙 §27).

(2) 개념 정의

1) 직접 공급

건설용역을 공급받는 자가 국가 등이 아닌 경우(예를 들어 국가 등에 직접 공급하는 사업자로부터 하도급을 받아 그 사업자에게 공급하는 등)에는 국가 등에 직접 공급하는 것으로 보지 아니한다(간세 1265.1-1930, 1980. 6. 27. ; 조특통칙 105-0-3 ①).

2) 도시철도

「도시철도법」에서 "도시철도"란 도시교통의 원활한 소통을 위하여 도시교통권역에서 건설・운영하는 철도・모노레일・노면전차・선형유도전동기・자기부상열차 등 궤도에 의한 교통시설 및 교통수단을 말하고, "도시교통권역"이란 「도시교통정비촉진법」 제4조에 따라 지정・고시된 교통권역을 말하며, "도시철도건설"이란 새로운 도시철도시설의 건설, 기존 도시철도시설의 성능 및 기능 향상을 위한 개량, 도시철도시설의 증설 및 도시철도시설의 건설 시 수반되는 용역 업무 등을 포함한 활동을 말하는 것으로 규정하고 있다(도시철도법 §2).

조특법에서는 도시철도의 개념을 정의하고 있지 않으나, 「철도법」, 「도시철도법」, 「공공철도건설촉진법」 등의 관련 규정을 종합하여 볼 때, 기존 지하철 노선과 연계되어 운영되고 요금체계가 동일(철도요금은 도시철도운영자와 협의하여 정하고 건교부장관에게 신고하도록 되어 있음, 구 국유철도의 운영에 관한 특례법)하며, 도시교통의 원활한 소통을 위하여 건설교통부장관이 지정・고시한 교통권역에서 건설・운영되는 철도는 조특법상 영세율이 적용되는 도시철도에 해당하는 것으로 기획재정부는 유권해석하여

도시철도의 범위를 도시철도법에 따른 도시철도에 한정하지는 아니하였다(재경부 소비세제과-1072, 2004. 9. 30. ; 건설교통부 일반철도과-419, 2004. 6. 29.).

따라서 도시철도란 도시철도법에 따른 도시철도에 한정하지 않고, 기존 지하철 노선과 연계되어 운영하면서 요금체계가 동일하고, 국토교통부장관이 지정·고시한 도시교통정비지역 및 교통권역 내에서 건설·운영되는 철도는 조특법상 영세율이 적용되는 도시철도에 해당한다(국토부 철도건설과-3228, 2019. 10. 14. ; 국토교통부 광역도시철도과-1595, 2009. 10. 16.). 물론 도시철도 건설용역에 부수하여 가로등, 지장전주, 지중선로 등 지장물 이설공사, 조경공사 등도 도시철도건설용역에 포함되는 것으로 해석된다(서면3팀-1904, 2005. 10. 31. ; 부가 46015-2707, 1998. 12. 8. ; 부가 46015-690, 1998. 4. 10.).

3) 교통권역

도시철도란 「도시철도법」 제2조의 정의를 준용하여 도시교통의 원활한 소통을 위하여 「도시교통정비촉진법」에 따라 건설교통부장관이 지정·고시한 교통권역에서 건설·운영하는 철도"를 말하고(재소비-1072, 2004. 9. 30.), 「도시철도법」 제2조 제1호에서 도시교통권역이란 「도시교통정비촉진법」 제4조의 규정에 따라 지정·고시된 지역으로 규정하고 있다.

「도시교통정비촉진법」상 교통권역은 도시교통정비지역을 중심으로 같은 교통생활권에 있는 지역을 의미하는 것으로(사례: 도시철도의 경우 도시교통정비지역과 인접한 교통권역 간에 건설된 노선), 교통권역은 도시교통정비지역을 제외하고는 의미가 없으므로, 현행 「도시철도법」상의 도시교통권역에는 「도시교통정비촉진법」 제4조에 따른 교통권역과 동법 제3조에 따른 도시교통정비지역을 포함한다(국토교통부 광역도시철도과-1595, 2009. 10. 16.).

4) 건설용역의 공급

도시철도건설용역은 용역의 공급에 한하는 것이므로, 도시철도건설용이라 하더라도 재화의 공급에 대하여는 영세율 적용이 배제된다.

예를 들어 엘리베이터 제조업을 영위하는 사업자가 도시철도공사에 엘리베이터를 공급하면서 제공하는 설치공사용역 등과 같이 주된 거래인 재화의 공급에 부수되는 것은 물론 재화의 공급에 포함되므로 영세율이 적용되지 아니한다(조특통칙 105-0…3 ① ; 소비 22601-766, 1985. 7. 16.).

또한, 사업자가 기존에 도시철도역 대합실, 승강장, 터널 등에 설치된 형광등기구를 친환경 고효율 LED조명등으로 전량 교체하는 등의 공사용역을 「도시철도법」의 적용을 받는 도시철도공사에 직접 공급하는 경우, 해당 공사용역이 ㉠ 「도시철도법」에 따른 기존 도시철도시설의 성능 및 기능향상을 위한 개량에 해당하고, ㉡ 한국표준산업분류표에 따른 건설용역에 해당하거나 건설업과 유사한 사업으로서 건설업으로 보는 경우에 해당하여야 「조세특례제한법」 제105조 제1항 제3호 나목에 따라 부가가치세 영의 세율이 적용되는 도시철도건설용역에 해당하는 것이다(재소비 46015-224, 1995. 10. 12. ; 사전-2015-법령해석부가-0109, 2015. 5. 28.).

5) 도시철도 해당 여부에 대한 사례

① 도시철도건설용역으로 본 사례

- 도시철도의 개념에는 지하철도의 선로 등 지하철도의 제반 시설물이 포함(조특통칙 105-0…3 ② ; 소비 22601-278, 1988. 3. 29.)
- 지하철도공사 구간 내에 지하교차로 및 횡단보도의 도로교통신호기 설치 및 교체공사를 하는 경우(부가 1265.1-2720, 1984. 12. 20.)
- 도시철도차량기지 건설에 필수적으로 부수되는 동 기지조경공사 건설용역(재소비 46015-224, 1995. 10. 12.)
- 도시철도 건설용역에 부수하여 지정전주 이설공사를 하는 경우(부가 46015-4439, 1999. 11. 3.)
- 지하철건설용역에 부수하여 지하철공사 구간 내 지상 가로등 설치공사를 하는 경우(부가 46015-4883, 1999. 12. 14.)
- 재해로 완전 소실된 도시철도 선로 등 제반시설물 복구용역(서삼 46015-11051, 2003. 7. 1.)
- 부가가치세 영세율 적용대상 도시철도건설용역은 해당 과세기간 개시일 현재의 한국표준산업분류에 의해 판단하며, 도시철도건설용역에는 신규 도시철도의 건설 외에 기존 도시철도의 개량·증설을 포함함(재부가-867, 2007. 12. 20.).

② 도시철도건설용역으로 보지 아니한 사례

- 기존 지하철도용 변전소의 수해복구를 위한 수리 및 부품의 교체 등 보수공사를 하는 경우(부가 22601-2046, 1985. 10. 21.)
- 기존 지하철역 구내에 역무자동화 설비를 설치하기 위하여 기존 시설물을 개수하는 공사, 지하철용 전철교에 감시기기(C.C.T.V)를 추가로 설치하는 공사를 하는 경우(부가 22601-1221, 1986. 6. 25.)

• 지장전주 이설공사만을 별도로 공급하는 경우(부가 46015-4439, 1999. 11. 3.)

• 지하철공사 구간 내 지상 가로등 설치공사에 관련된 건설용역만을 별도로 공급하는 경우(부가 46015-4883, 1999. 12. 14.)

• 도시철도건설에 따른 기술용역(설계 · 감리용역, 환경평가용역 등)의 별도 공급(부가 46015-298, 2000. 2. 3. ; 서면3팀-1570, 2005. 9. 21.)

• 지하철역 내 냉방시설 설치공사에 관련된 건설용역만을 별도로 공급하는 경우(서삼 46015-10998, 2001. 12. 28.)

• 한국철도시설공단 사옥의 건설용역은 부가가치세 영세율이 적용되는 도시철도건설용역에 해당하지 않음(서면3팀-2092, 2006. 9. 8.).

③ 조세특례제한법 집행기준 105-0-3

• 도시철도건설용역에 대하여 부가가치세 영세율을 적용함에 있어 도시철도의 범위에는 도시철도의 선로 등 도시철도의 제반시설물이 포함된다.

• 도시철도건설용역에 해당 여부는 「도시철도법」 제18조 도시철도건설 규칙에 따르지 않고, 통계청장이 고시하는 해당 과세기간 개시일 현재의 한국표준산업분류에 따른다.

• 도시철도건설용역의 범위에는 새로운 도시철도의 건설뿐만 아니라 기존 도시철도의 개량, 증설도 포함된다.

• 사업자가 도시철도공사에 직접 공급하는 도시철도건설용 재화에 대하여는 영세율을 적용하지 아니한다.

• 영세율이 적용되는 도시철도건설용역을 제공하는 사업자로부터 하도급받아 공급하는 도시철도건설용역에 대하여는 영세율을 적용하지 아니한다.

• 도시철도건설용역을 제공하는 사업자가 국가 및 지방자치단체 등에 도시철도건설용역에 부수하여 설계, 감리 등의 용역을 함께 공급하는 경우에는 영세율이 적용되나, 도시철도건설용역과는 별도로 설계, 감리 등의 용역만을 공급하는 경우에는 영세율을 적용하지 아니한다(서면3팀-121, 2005. 1. 25.).

6) 면세사업을 위해 BTO방식으로 기부채납하는 도시철도의 영세율 적용 여부

도시철도건설과 관련하여 조특법 제105조 제1항 제3호의 입법취지는 도시철도건설용역만을 제공하고자 하는 경우를, 제3호의2는 그 도시철도 시설물을 이용하여 과세사업을 영위하고자 하는 경우 영세율을 적용하고자 함이다.

문제는 법원은 일관되게 BTO방식의 기부채납을 용역의 공급으로, 기재부는 일관되게 재화의 공급으로 보았다(재소비 46015-209, 2002. 8. 8.). 따라서 면세사업을 위한 BTO 방식의 도시철도 기부채납은 제3호의2에는 적용되지 아니하나 제3호에는 해당되어 영세율이 적용될 수 있다.

2015년 12월 법제처에서 발간한 알기 쉬운 법령 정비기준에 따르면 호나 목으로 열거하여 규정하는 경우 "각호 간 또는 각목 간의 관계는 병렬적이고 대등한 관계여야 한다"고 명확히 서술하고 있으며, 법 규정을 표현할 때에는 대등한 관계의 사항들을 나열하기 위하여 호 또는 목으로 나누어 규정하고 이는 병렬적인 관계로서 명시적으로 정하고 있지 않다면 각호 또는 각목에 규정된 사항은 서로 우선순위가 없는 관계인 것이다. 이와 같이 동일 대상에 대하여 적용이 가능한 수 개의 조문이 서로 우열없이 규정되어 있는 경우 납세자 선택에 의하여 납세자에게 가장 유리한 조문을 적용하는 것이 일반적·기본적 법해석으로 대법원의 BTO가 용역의 공급이라는 전제하에서 이를 도시철도건설용역으로서 영세율이 적용된다고 판시한 것은 적절한 것이라고 본다(대법원 2018두54125, 2019. 10. 31.).

(3) 영세율 첨부서류

공급받는 기관장이 발행하는 납품증명서 또는 용역공급사실을 증명할 수 있는 서류를 제출한다.

6 | 국가 등에 공급하는 사회기반시설 또는 동 시설의 건설용역

(1) 개 요

국가·지방자치단체에 무상으로 기부하는 자산은 부가법 제26조 제1항 제20호에 따라 부가가치세가 면제되는 것이나, 사업자가 국가소유의 토지에 건축물 등을 신축하여 준공과 동시에 국가에 귀속하고 사용·수익권을 취득하는 기부채납은 일종의 교환거래(유상거래)로서 부가가치세가 과세되는 것이다.

이러한 기부채납 형태 중 「사회기반시설에 대한 민간투자법」 제2조 제8호에 따른 사업시행자가 부가가치세가 과세되는 사업을 영위할 목적으로 「사회기반시설에 대한 민간투자법」 제4조 제1호부터 제3호까지의 규정에 따른 방식으로 국가 또는 지방자치단체에 공급하는 같은 법 제2조 제1호에 따른 사회기반시설 또는 사회기반시설의 건설용역에 대하여는 2026. 12. 31.까지 영의 세율을 적용하고, 해당 기부채납시설의 건설에 관련된 매입세액은 매출세액에서 공제된다(조특법 §105 ① 3의2).

(2) 요 건

1) 민간투자법에 따라 지정된 사업자일 것

「사회기반시설에 대한 민간투자법」에 따라 사업시행자의 지정을 받아 민간투자사업을 시행하는 법인으로서 「사회기반시설에 대한 민간투자법」 제2조 제1호에 정하는 사회기반시설의 신설·증설·개량 또는 운영에 관한 사업을 하는 자를 말한다.

2) 사업 추진방식

「사회기반시설에 대한 민간투자법」에 따른 사업시행자가 부가가치세가 과세되는 사업을 영위할 목적으로 국가 또는 지방자치단체에 공급하는 사회기반시설 또는 해당 시설의 건설용역으로서 부가가치세 영세율이 적용되는 민간투자사업 추진방식은 다음과 같다.

① 사회기반시설의 준공과 동시에 해당 시설의 소유권이 국가 또는 지방자치단체에 귀속되며 사업시행자에게 일정기간의 시설관리운영권을 인정하는 방식
(BTO: Built－Transfer－Operate)

② 사회기반시설의 준공과 동시에 해당 시설의 소유권이 국가 또는 지방자치단체에 귀속되며 사업시행자에게 일정기간의 시설관리운영권을 인정하되, 그 시설을 국가 또는 지방자치단체 등이 협약에서 정한 기간 동안 임차하여 사용·수익하는 방식
(BTL: Built－Transfer－Lease)

③ 사회기반시설의 준공 후 일정기간 동안 사업시행자에게 해당 시설의 소유권이 인정되며 그 기간의 만료 시 시설소유권이 국가 또는 지방자치단체에 귀속되는 방식
(BOT: Built－Operate－Transfer)

3) 과세사업을 위한 것일 것

위 "2)"에서 정한 방식으로 사회기반시설을 준공하여 국가 등에 귀속시키고 관리운영권 등을 부여받아 사업시행자가 해당 운영권을 부가가치세가 과세되는 사업에 사용하는 경우에 국가 등에 귀속시키는 사회기반시설 및 그 시설의 건설용역에 대하여 영세율이 적용되고 관련 매입세액은 공제된다. 반면, 사업시행자가 면세사업을 위하여 기부채납하고 관리운영권을 받는 것이라면 관련 시설의 건설관련 매입세액은 불공제되고 국가 등에 기부채납 단계에서는 부가가치세가 면제된다.

(3) 공급시기 및 영세율의 적용

기부채납의 절차가 완료된 때를 공급시기로 하여 영세율이 적용된다.

(4) 조기환급 해당 여부

사회기반시설을 건설하여 준공과 동시에 국가에 기부채납하고 그 대가로 일정기간 무상사용할 수 있는 관리운영권을 취득한 경우 해당 사회기반시설 건설에 관련된 매입세액은 조기환급 대상이 아니고 일반환급 대상이다(재부가-15, 2009. 1. 13.).

(5) 영세율 첨부서류

국가 등에 공급하는 사회기반시설 또는 동 시설의 건설용역을 공급받는 기관의 장이 발행하는 납품증명서 또는 용역공급사실을 증명할 수 있는 서류를 제출한다(조특령 §106 ⑫ 1).

7 장애인용 보장구

(1) 개 요

장애인의 자활 및 복지지원을 위하여 사업자가 「조세특례제한법 시행령」 제105조의 규정에 열거된 장애인용 보장구, 장애인용 특수정보통신기기, 장애인의 정보통신기기 이용에 필요한 특수 소프트웨어를 공급하는 경우에는 공급받는 자가 누구(장애인, 사업자, 의료기관 등)인지 여부에 관계없이 부가가치세 영세율이 적용된다(조특통칙 105-0-5 ; 부가 46015-23, 2001. 1. 5. ; 부가 46015-7, 2002. 1. 7.).

(2) 정 의

1) 장애인

장애인은 신체적 · 정신적 장애로 인하여 장기간에 걸쳐 일상생활 또는 사회생활에 상당한 제약을 받는 자를 말한다(장애인복지법 §2 ①).

이 법의 적용을 받는 장애인은 「장애인복지법」 제2조 제1항에 따른 장애인 중 다음의 어느 하나에 해당하는 장애를 가진 자로서 대통령령으로 정하는 장애의 종류 및 기준에 해당하는 자를 말한다.

㉠ 신체적 장애라 함은 주요 외부신체기능의 장애, 내부기관의 장애 등을 말한다.
㉡ 정신적 장애라 함은 정신지체 또는 정신적 질환으로 발생하는 장애를 말한다.

2) 장애인용 보장구(조특령 §105 ②)

장애인용 보장구란 「장애인 · 노인 등을 위한 보조기기 지원 및 활용촉진에 관한 법률」 제3조 제2호에 따른 보조기기 또는 「의료기기법」 제2조에 따른 의료기기로서 기획재정부령으로 정하는 것을 말한다.

(3) 영세율 첨부서류

월별판매액합계표를 제출한다.

8 농민 또는 임업종사자에게 공급하는 농 · 축산 · 임업용 기자재

(1) 개 요

대통령령으로 정하는 농민 또는 임업에 종사하는 자에게 공급(국가 및 지방자치단체와 「농업협동조합법」, 「엽연초생산협동조합법」 또는 「산림조합법」에 따라 설립된 각 조합 및 이들의 중앙회와 2017. 1. 1. 이후 공급분부터는 농협경제지주회사 및 그 자회사를 통하여 공급하는 것을 포함한다)하는 농업용 · 축산업용 또는 임업용 기자재에 대하여는 2025. 12. 31.까지 공급한 것에 대해서만 영세율을 적용한다(조특법 §105 ① 5, 6).

※ 국가 및 지방자치단체가 농민 등 공급용으로 구입하는 농기자재에 대하여 농협 등과의 과세형평 제고를 위해 환급대행기관에 포함하여 2014. 1. 1. 공급받는 분부터 적용한다.

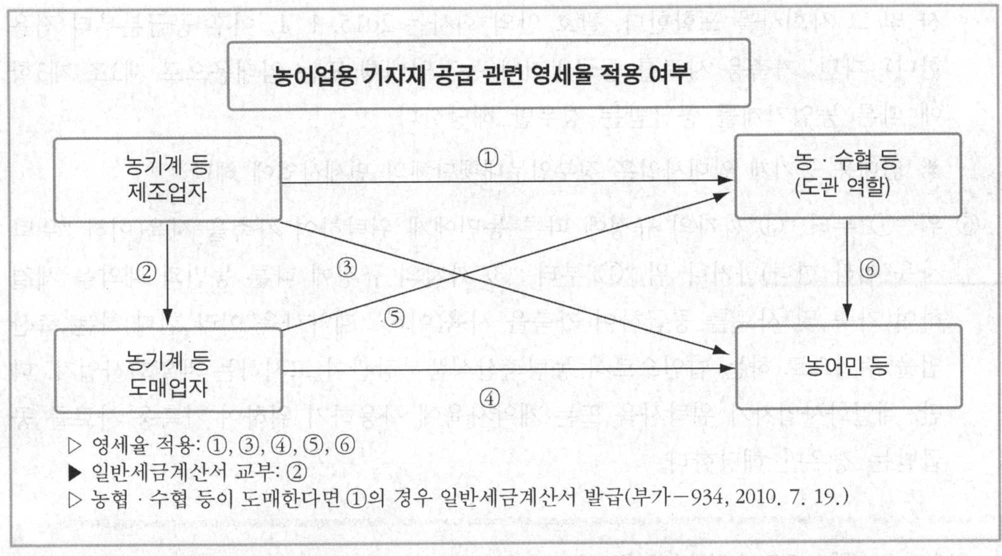

(2) 개념 정의

1) 대통령령으로 정하는 농민

"대통령령이 정하는 농민"이라 함은 「통계법」 제22조에 따라 통계청장이 고시하는 한국표준산업분류표상의 농업 중 작물재배업 · 축산업 또는 작물재배 및 축산복합농업에 종사하는 자로서 다음의 어느 하나에 해당하는 자(이하 "농민"이라 한다)를 말한다. 다만, 한국표준산업분류표상 시설작물재배업 중 콩나물재배업에 종사하는 자를 제외한다(특례규정 §2 ① · ②, 동 규칙 §2).

① 개인(2011. 1. 1. 이후 공급받는 분부터는 「농어업경영체 육성 및 지원에 관한 법률」 제4조 제1항에 따라 농어업경영정보를 등록한 자만 해당한다)

② 「농어업경영체 육성 및 지원에 관한 법률」에 따라 설립된 영농조합법인과 농업회사법인(비료, 농약, 농업용기계 등을 판매목적으로 구입하여 공급하는 경우를 제외)

③ 축산업을 주업으로 하는 법인으로서 해당 사업연도 개시일을 기준으로 해당 법인의 총발행주식 또는 총출자지분의 3분의 2 이상을 다음의 어느 하나에 해당하는 자가 출자하고 있는 법인. 이 경우 사업연도 중에 출자지분의 변경으로 다음의 어느 하나에 해당하는 자의 출자지분이 총발행주식 또는 총출자지분의 3분의 2 이상이 되는 경우에는 해당 출자지분변경일을 기준으로 한다.

㉠ 「농어업 · 농어촌 및 식품산업 기본법」 제3조 제2호에 따른 농업인

㉡ 해당 법인의 임원 또는 직원으로서 상시 근무하고 있는 자

④ 「농업협동조합법」에 따른 조합 및 중앙회(같은 법에 따라 설립된 농협경제지주회

사 및 그 자회사를 포함한다. 괄호 안의 회사는 2015. 1. 1. 이후 공급분부터 적용한다). 다만, 가축용 사료를 공급받거나 농작업대행 또는 임대용으로 제3조 제3항에 따른 농업기계를 공급받는 경우만 해당한다.

※ 임대용 농기계 임대사업은 정부업무대행단체의 면세사업에 해당

⑤ 위 "①"부터 "③"까지의 규정에 따른 농민에게 위탁하여 가축을 사육(이하 "위탁사육"이라 한다)하거나 위 "①"부터 "③"까지의 규정에 따른 농민과 계약을 체결하여 가축 및 사료를 공급하여 가축을 사육(이하 "계약사육"이라 한다)하는 축산업을 주업으로 하는 법인으로서 농림축산식품부장관이 고시하는 계열화사업자. 다만, 계열화사업자가 위탁사육 또는 계약사육에 사용하기 위하여 가축용 사료를 공급받는 경우만 해당한다.

위 "③" 및 "⑤"의 규정에 의한 법인은 사업장 관할 세무서장이 교부하는 확인서를 조세특례제한법 제105조 제1항 제5호 마목 및 조세특례제한법 시행령 제3조에 따른 기자재 구매 시에 공급자에게 제시하여야 한다. 이 경우 해당 확인서의 유효기간은 이를 교부받은 날부터 1년간으로 한다(특례규정 §2 ⑥).

⑥ 「축산법」에 따라 농림축산식품부장관이 지정한 비영리가축검정기관. 다만, 가축검정용 사료를 공급받는 경우에 한한다.

⑦ 「사립학교법」에 따른 학교법인과 「고등교육법」에 따른 국공립학교. 다만, 사립학교와 국공립학교의 축산실습농장에 가축용 사료를 공급받는 경우만 해당한다(국공립학교는 2023년 2월 신설).

⑧ 「초 · 중등교육법 시행령」 제90조 제1항 제10호에 따른 산업계(농업계에 한정한다)의 수요에 직접 연계된 맞춤형 교육과정을 운영하는 고등학교(제7호에 따른 학교법인에서 운영하는 고등학교는 제외한다. 이하 제9호에서 같다). 다만, 해당 고등학교의 축산실습농장에 가축용 사료를 공급받는 경우만 해당한다(2014년 2월 신설).

⑨ 「초 · 중등교육법 시행령」 제91조 제1항에 따른 특정분야(농업분야에 한정한다)의 인재양성을 목적으로 하는 교육 또는 체험위주의 교육을 전문적으로 실시하는 고등학교. 다만, 해당 고등학교의 축산실습농장에 가축용 사료를 공급받는 경우만 해당한다(2014년 2월 신설).

⑩ 「엽연초생산협동조합법」에 따른 조합과 중앙회. 다만, 농작업대행 또는 임대용으로 제3조 제3항에 따른 농업기계를 공급받는 경우만 해당한다(2023년 2월 신설).

⑪ 축산업과 타사업 겸영법인

축산업과 그 밖의 사업을 겸영하는 법인에 대하여 위 "③" 및 "⑤"의 규정을 적용함에 있어서 직전 사업연도의 축산업(자기가 직접 또는 위탁하여 사육한 가축과 "①"부터 "③"까지의 규정에 따른 농민이 사육한 가축을 단순히 가공하여 부가가치세가 면제되는 농산물 등으로 판매하는 사업을 포함한다)의 수입금액이 직전 사업연도의 총수입금액의 100분의 70 이상인 경우에는 축산업을 주업으로 영위하는 것으로 본다. 다만, 신규로 사업을 개시하는 사업자에 대하여는 최초 사업 개시일 현재 축산업용 자산가액(장부가액에 의한다)의 합계액이 총자산가액의 100분의 70 이상인 경우에는 축산업을 주업으로 영위하는 것으로 본다.

▌「농지법」상 농업인의 정의

"농업인"이란 농업에 종사하는 개인으로서 다음에 해당하는 자를 말한다(농지법 §2, 농지법 시행령 §3).

1. 1천제곱미터 이상의 농지에서 농작물 또는 다년생식물을 경작 또는 재배하거나 1년 중 90일 이상 농업에 종사하는 자
2. 농지에 330제곱미터 이상의 고정식온실 · 버섯재배사 · 비닐하우스, 그 밖의 농림축산식품부령으로 정하는 농업생산에 필요한 시설을 설치하여 농작물 또는 다년생식물을 경작 또는 재배하는 자 (2008. 2. 29. 직제개정 ; 2013. 3. 23. 직제개정)
3. 대가축 2두, 중가축 10두, 소가축 100두, 가금 1천수 또는 꿀벌 10군 이상을 사육하거나 1년 중 120일 이상 축산업에 종사하는 자
4. 농업경영을 통한 농산물의 연간 판매액이 120만 원 이상인 자 (2009. 11. 26. 개정)

2) 임업 종사자

임업에 종사하는 다음의 어느 하나에 해당하는 자를 말한다(특례규정 §2 ③).

㉠ 한국표준산업분류상의 임업 중 영림업 또는 벌목업에 종사하는 자(법인은 제외한다)

㉡ 「산림조합법」에 따른 조합 및 중앙회. 다만, "㉠"의 임업인에 대한 임대용으로 [별표 3]의 임업용 기자재 중 제5호 및 제7호부터 제9호까지의 임업용 기자재(윈치, 집재기, 타워야더)를 공급받는 경우만 해당한다("㉡" 신설 규정은 2013. 2. 15. 이후 공급하는 해당 임업용 기자재부터 적용한다).

3) 농 · 축산 · 임업용 기자재의 범위

① 「비료관리법」에 따른 비료

「비료관리법」에 따른 비료(비료와 육묘용 흙이 혼합된 것을 포함한다)에 해당하면 영세율이 적용된다.

② 「농약관리법」에 따른 농약

「농약관리법」 제8조 제1항 본문 또는 제17조 제1항에 따라 농촌진흥청장에게 등록된 국산 또는 수입 농약을 말한다. 다만, 저곡해충약, 고독성 농약 및 어독성 1급인 보통독성 농약을 제외한다. 즉, 「농약관리법」 제8조의 규정에 의하여 농림축산식품부장관이 고시한 농약 중 저곡해충약 및 고독성농약을 제외한 것이 영세율 적용대상이다.

직접 농민들이 사용하지 아니하는 양곡저장용의 저곡해충약(인화늄정제, 메틸부로마이드훈증제) 및 고독성농약은 영세율 적용대상에서 제외된다(농·축산·임·어업용 기자재 및 석유류에 대한 부가가치세 영세율 및 면세 적용 등에 관한 특례규정 제3조). 고독성농약은 농민의 건강과 환경부담 등에 대한 부작용을 고려하여 2005. 1. 1. 이후 공급하는 분부터 영세율 적용대상에서 제외하였다.

③ 농업용 기계

영세율 적용대상 농업용 기계란 농작업 등을 효율적으로 수행하기 위하여 필요한 것으로 「농·축산·임·어업용 기자재 및 석유류에 대한 부가가치세 영세율 및 면세 적용 등에 관한 특례규정」 [별표 1]에 열거되어 있는 것에 한정되는 바, 그 외의 낫·호미·괭이·쟁기 등 소농구, 도정기계, 차량, 농기계수리용부품, 우유냉각기, 착유기, 부화기, 계란선별기 등 축산용기계, 양봉용기계는 제외된다.

한편 「농·축산·임·어업용 기자재 및 석유류에 대한 부가가치세 영세율 및 면세 적용 등에 관한 특례규정」 [별표 1]의 규정에 따라 부가가치세 영세율이 적용되는 농업기계라 함은 「농업기계화촉진법」에서 규정하는 농업용 기계를 말하는 것으로, 해당 농업기계에는 신제품뿐만 아니라 중고기계도 포함하는 것이다(서삼 46015－10843, 2001. 12. 10.).

사업자가 농민에게 스프링클러(모터, 펌프, 배관, 노즐 등 일체의 완성품)의 공급에 부수하여 직접 조립·설치하는 용역은 농업용 스프링클러의 공급에 포함되어 영세율이 적용되는 것이나, 스프링클러의 공급에 부수하지 아니하고 별도로 공급하는 농업용 스프링클러의 조립·설치용역은 영세율이 적용되지 아니한다.

사업자가 농업용 기계의 부품을 별도로 공급하는 경우에도 영세율을 적용하지 아니한다.

④ 축산업용 기자재

영세율 적용대상 축산업용 기계란 축산업을 효율적으로 수행하기 위하여 필요한 기자재로서 「농·축산·임·어업용 기자재 및 석유류에 대한 부가가치세 영세율 및 면세

적용 등에 관한 특례규정」 [별표 2]에서 규정하고 있는 축산업용 기자재를 말한다. 단, 축산용 기자재를 직접 또는 다른 사업자를 통해 수입하는 경우 해당 축산용 기자재에 대하여는 영세율이 적용되지 아니한다(서삼 46015-10887, 2001. 12. 14. ; 부가 46015-945, 1995. 5. 29.).

농업용 기자재나 축산업용 기자재 등의 범위는 농·축산·임·어업용 기자재에 대한 부가가치세 영세율 적용에 관한 특례규정 시행규칙에 열거된 기자재에 한하여 영세율을 적용하는 것이고 유사한 용도에 사용되는 기계라 하더라도 동 규칙에 열거되지 아니한 경우 부가가치세 영세율 적용대상이 아니다(서면3팀-2122, 2004. 10. 18. ; 국심 2000전1483, 2000. 11. 22. 다수). 그러나 영세율이 적용되는 농업기계 등에 대한 정의 규정(종류, 기능, 용도)이 없어 과세관청과 납세자 또는 농민 등과의 조세마찰이 발생하고 있다.

농업기계의 경우 농림축산식품부 「농업기계화촉진법」에 의거 영세율이 적용되는 농업기계 각각의 종류, 기능, 용도를 구체적으로 정의하고 있고(농림부 기계 51130-282, 1994. 7. 14.), 과세관청에서도 농업기계의 범위를 농업기계와 동일하게 해석하여 왔고(서삼 46015-10843, 2001. 12. 10. ; 부가 46015-2567, 1996. 12. 4.), 축산업용 기자재도 구체적 정의 규정이 없으므로 농림축산식품부 해석과 동일하게 해석하여 영세율 적용 여부를 판정해야 할 것이다(동일 취지 : 부가 46015-2923, 1997. 12. 29.).

⑤ 「사료관리법」에 따른 사료

WTO체제의 출범에 따른 농산물시장개방으로 타격이 심한 영세축산농가의 어려움을 덜어주고자 농가부업규모 및 부업축산농가 외의 모든 농민, 축산농민으로 구성된 축산법인 등에게 공급하는 사료관리법에 따른 사료의 공급에 대하여 부가가치세 영세율을 적용하고 있다.

㉠ 「사료관리법」에 따른 사료 중 부가법 제26조에 따라 부가가치세가 면제되는 사료는 영세율 적용대상에서 제외한다.

㉡ 해당 사료가 「사료관리법」에 따른 사료에 해당하는지의 여부는 농림축산식품부에 문의하여 「사료관리법」에 따른 사료에 해당되면 영세율을 적용한다.

⑥ 임업용 기자재의 범위

산림의 보호와 개발촉진에 기여할 수 있는 임업용 기자재(산림조합법에 의하여 설립된 조합 또는 중앙회의 장으로부터 영림업용 또는 벌목업용으로 사용되는 것임을 확인받은 것에 한함)로서 「농·축산·임·어업용 기자재 및 석유류에 대한 부가가치세 영세율 및 면세 적용 등에 관한 특례규정」 [별표 3]에서 규정하고 있는 임업용 기자재를 말한다.

⑦ 유기농어업자재의 범위

「친환경농어업 육성 및 유기식품 등의 관리 · 지원에 관한 법률」에 따른 유기농어업자재로서 다음의 요건을 갖춘 기자재를 말한다.

㉠ 기자재의 제조 원료 또는 재료가 [별표 3의2]에 따른 허용물질일 것

㉡ 해당 기자재에 대하여 「친환경농어업 육성 및 유기식품 등의 관리 · 지원에 관한 법률」 제37조에 따라 농림축산식품부장관 또는 해양수산부장관이 공시하거나 품질인증을 하였을 것

4) 농업용 기계 등을 '통하여 공급한다'는 의미

사업자가 영세율 적용대상 농업용 기계 등을 농업협동조합, 산림조합, 국가 등(이하 조합 등)에 공급하고 해당 조합 등에서 해당 농업용 기계 등을 농민 등에게 공급하는 경우 각각의 공급거래에 대하여는 조특법 제105조 제1항 제5호에 따라 영세율이 적용된다. 또한 조합 등이 수탁자로서 위탁자인 농민을 대신하여 해당 기계 등을 구매대행하는 경우에도 농민은 영세율을 적용받게 된다(사전-2017-법령해석부가-0152, 2017. 3. 13.).

5) 축산용 기자재와 건설용역을 함께 공급하는 경우

사업자가 농민에게 영세율 적용대상 축산용 기자재를 공급하면서 하나의 공사계약서상에 공사금액을 축산용 기자재 대금과 축사 신축 공사비로 구분하거나 별도의 상세한 견적서를 첨부하여 양자를 분명하게 구분하여 세금계산서를 발급한 경우 축산기자재 공급에 대한 영세율 적용 여부에 대하여 법원은 축산업자는 자유의사로 축사만을 신축하거나 축산용 기자재만을 구입하여 기존 축사에 설치할 수도 있으며, 축산용 기자재 판매업만을 하는 경우와 축산용 기자재 판매업 및 건설업을 함께 하는 경우를 구분하여 달리 취급할 이유가 없는 점, 사업자가 축산용 기자재와 축사 신축을 함께 공급한 사례에서 전자의 대금이 후자의 대금보다 대부분 더 많은 점, 축사시설 현대화사업에 따른 보조금을 집행하는 행정기관에서도 축산용 기자재의 경우에는 영세율을 적용하여 사업비를 산정하고 있는 점과 축산용 기자재에 대한 영세율 적용을 부정한다면 축산업자가 부가가치세를 추가적으로 부담해야 하는바, 이는 농민에게 공급하는 농축산용 기자재 거래를 특별히 보호하고자 하는 국가의 정책목적 및 해당 조특법의 입법취지에도 반하는 점, 축산업용 기자재 공급이 거래 관행상 축사 건설에 필수적으로 부수하여 이루어진다고 볼 수 없는 점, 축산업용 기자재 공급이 거래관행상 축사 건설용역 공급에 필수적으로 부수되어 제한적인 형태로 이루어지고 있다고 볼 수 없는 점 등에 비추어 볼 때 해당 사업자가 농민에게 공급한 축산용 기자재에 대하여는 부가가치세 영세율이 적용되어야

한다고 판시하였다(대법원 2013두25078, 2014. 3. 13.).

(3) 비농민의 축산업용 기자재 등 부정 구입 시 가산세

관할 세무서장은 대통령령으로 정하는 농민, 임업종사자 등 농민에 해당하지 아니하는 자가 축산업용 기자재 및 사료(이하 "축산업용 기자재 등"이라 한다)를 부정하게 부가가치세 영의 세율을 적용하여 공급받은 경우에는 그 축산업용 기자재 등을 공급받은 자로부터 그 축산업용 기자재 등의 공급가액의 100분의 10에 해당하는 부가가치세액과 그 세액의 100분의 10에 해당하는 금액의 가산세를 추징한다(조특법 §105 ②).

영세율 적용대상 거래에 있어 영세율 적용대상임의 입증책임은 공급자에게 있는 것이나 동 규정의 입법취지는 농민 등에 해당하지 않는 자가 축산업주업법인 확인서 등을 위조하여 공급자로 하여금 농민으로 볼 수밖에 볼 수 없는 상황하에 있었을 때 예외적으로 그 공급받는 자를 제재하려는 규정으로 이해하여야 할 것이나, 부정한 방법에 대한 구체적 기준제시가 없어 공급자가 농민 아닌 자에게 농민 입증서류 등의 제시받음이 없이 영세율세금계산서를 발급한 경우까지 공급받는 자에게 추징해야 할 것처럼 해석될 여지가 있고, 실제 최근 심판례(조심 2011구0630, 2011. 9. 8.)에서도 이러한 취지의 결정이 나왔다. 하지만 동 심판례를 적극 수용하게 된다면 공급자가 고의로 농민 외의 자에게 농어업용 기자재를 공급하면서 영세율세금계산서를 발행하여도 공급자를 제재(가산세 부과 등)할 수 없다는 문제가 발생한다.

(4) 판매기록표의 작성 · 비치 의무

부가가치세 영세율이 적용되는 농 · 축산 · 임 · 어업용 기자재를 농민 · 어민 또는 임업인에게 직접 공급하는 자는 판매기록표를 작성 · 비치하여야 한다(특례규정 §5).

(5) 영세율 첨부서류

사업자가 부가가치세 영세율이 적용되는 농 · 축산 · 임 · 어업용 기자재를 농민 · 어민 또는 임업인에게 직접 공급하여 부가가치세 영세율이 적용되는 경우에 「부가가치세법」에 따라 예정신고 · 확정신고 또는 영세율 등 조기환급신고를 함에 있어서는 해당 신고서에 다음의 구분에 따른 서류를 첨부하여 제출하여야 한다.

① 농 · 축산 · 임 · 어업용 기자재를 농민 · 어민 또는 임업인에게 직접 공급하는 경우에는 기획재정부령이 정하는 월별판매액합계표. 다만, 특례규정 제3조 제5항(임업

용 기자재)의 경우에는 기획재정부령이 정하는 「산림조합법」에 따라 설립된 조합 또는 중앙회의 장의 임업용 기자재구매확인서를 함께 제출하여야 한다.

② 농·축산·임·어업용 기자재를 국가기관 및 지방자치단체와 「농업협동조합법」·「엽연초생산협동조합법」·「산림조합법」에 따라 설립된 조합 및 중앙회 또는 「수산업협동조합법」에 따라 설립된 수산업협동조합과 어촌계를 통하여 공급하는 경우에는 기획재정부령으로 정하는 해당 기관의 장 또는 지방자치단체의 장의 납품확인서

또한, 이 법에 따라 영세율 적용대상 재화 또는 용역을 공급한 경우에는 조특통칙 106-106-1 제2항에 따라 모두 적용된다. 즉, 예정신고 또는 확정신고 시 신고를 하지 아니하거나 미달신고를 하거나 영세율 첨부서류를 제출하지 아니한 경우에도 영세율과세표준신고불성실가산세만 추징될 뿐 영세율은 그대로 적용된다.

9 | 어민에게 공급하는 어업용 기자재

(1) 개 념

사업자가 연근해 및 내수면어업용으로 사용할 목적으로 어민에게 직접 공급하거나 수산업협동조합법에 의하여 설립된 수산업협동조합과 어촌계를 통하여 공급하는 「사료관리법」에 의한 사료와 어구 등 어업용 기자재에 대하여는 2025. 12. 31.까지 공급분에 한하여 영세율을 적용한다.

현재 내수면어업용 사료 중 일부는 농·축협을 통하여 공급되고 있으므로 수협을 통하여 공급되는 것과 동일하게 영세율을 적용하여 과세형평을 도모하기 위하여 1998. 1. 1. 이후 공급분부터는 어민에게 공급하기 위하여 농협이나 축협(각각의 중앙회 포함)에 공급되는 것도 영세율을 적용받을 수 있게 되었다.

(2) 정 의

1) 대통령령으로 정하는 어민의 범위

"대통령령으로 정하는 어민"이라 함은 한국표준산업분류표상의 어업에 종사하는 자로서 다음의 어느 하나에 해당하는 자(이하 "어민"이라 한다)를 말한다(특례규정 §2 ④).

① 개인

② 「농어업경영체 육성 및 지원에 관한 법률」 제16조에 따른 영어조합법인 및 같은

법 제19조에 따라 설립된 어업회사법인

③ 「수산업협동조합법」에 따른 수산업협동조합과 수산업협동조합중앙회 및 어촌계. 다만, 양어용사료와 [별표 4] 제42호 또는 제43호의 어업용 기자재인 다목적 해상 작업대와 양식장 관리용 선박을 공급받는 경우에 한한다.

④ 어업을 주업으로 하는 법인으로서 해당 사업연도 개시일을 기준으로 해당 법인의 총 발행주식 또는 총 출자지분의 3분의 2 이상을 다음의 어느 하나에 해당하는 자가 출자하고 있는 법인(이하 "어업주업법인"이라 한다). 이 경우 사업연도 중에 출자지분의 변경으로 다음의 어느 하나에 해당하는 자의 출자지분이 총 발행주식 또는 총 출자지분의 3분의 2 이상이 되는 경우에는 그 출자지분 변경일을 기준으로 한다.

가. 위 "①" 내지 "③"에 해당하는 자("③"에 해당하는 자 중 수산업협동조합 및 수산업협동조합중앙회를 제외)

나. 해당 법인의 임원 또는 직원으로서 상시 근무하고 있는 자

어업과 그 밖의 사업을 겸영하는 법인에 대하여 전술한 농민 또는 임업종사자에게 공급하는 농·축산·임업용 기자재 "8 (2) 1) ⑪" '축산업과 타사업 겸영법인'의 농민판정 요건의 규정을 준용한다. 이 경우 "축산업"은 "어업"으로 본다(특례규정 §2 ⑤).

2) 어업용 기자재의 범위

연근해 및 내수면어업용으로 사용할 목적으로 대통령령이 정하는 어민에게 공급(수산업협동조합법에 의하여 설립된 각 조합 및 어촌계와 농업협동조합법에 의하여 설립된 각 조합 및 이들의 중앙회를 통하여 공급하는 것을 포함)하는 어업용 기자재로서 다음에 해당하는 것을 말한다.

① 「사료관리법」에 따른 사료(부가법 제26조에 따라 부가가치세가 면제되는 것을 제외한다)

② 그 밖에 대통령령이 정하는 것

한편, 사업자가 선박용기관의 부분품(선미추진기, 추진축, 선미관 등)만을 어민에게 공급하는 경우에는 영세율이 적용되지 아니하나, 총톤수 20톤 미만의 어업용 중고선박을 구입하여 수리한 후 해당 선박을 어민에게 공급하는 경우에는 영세율이 적용된다(부가 46105-293, 2000. 2. 3. ; 부가 46015-2270, 1998. 10. 9.).

(3) 판매기록표의 작성·비치 의무

부가가치세 영세율이 적용되는 농·축산·임·어업용 기자재를 농민·어민 또는 임

업인에게 직접 공급하는 자는 판매기록표를 작성·비치하여야 한다.

영세율이 적용되는 농·어업용 기자재를 농·어민에게 직접 공급하는 자는 농·어민 판매기록표를 작성·비치하여야 한다. 제조업체 및 대리점 등에서 농·어민에게 직접 공급할 경우에는 해당 제조업체나 대리점 등이 작성·비치하여야 하며, 제조업체 및 대리점 등이 농·수협 및 어촌계를 통하여 농·어민에게 공급하는 경우에는 해당 농·수협 및 어촌계가 작성·비치하여야 한다.

또한, 배합사료를 농민에게 직접 공급하는 자도 국세청장이 정하는 배합사료 영세율 판매기록표를 작성·비치하여야 한다.

"농어민판매기록표"에는 구매자의 성명·주민등록번호·주소, 구입물품의 품명·단가·수량·판매가액을 기재하도록 하고 있으나 1거래당 판매금액이 3만 원 미만인 경우에는 성명·주소·품명·판매가액만을 기재하도록 하여 공급절차를 간소화하였다.

(4) 영세율 첨부서류

사업자가 부가가치세 영세율이 적용되는 농·축산·임·어업용 기자재를 농민·어민 또는 임업인에게 직접 공급하는 경우에는 월별판매액합계표를 제출하고, 어업용 기자재를 수산업협동조합법에 의하여 설립된 조합과 어촌계를 통하여 공급하는 경우에는 해당 기관장의 납품확인서를 제출한다.

10 농·임·어업용 기자재에 대한 부가가치세의 환급에 관한 특례(사후환급)

(1) 개 요

다음에 해당하는 관할 세무서장은 농어민등이 농업, 임업, 어업에 사용하기 위하여 구입하는 기자재(부가법 제2조 제5호에 따른 일반과세자로부터 구입하는 기자재만 해당한다) 또는 직접 수입하는 기자재로서 대통령령으로 정하는 것에 대해서는 기자재를 구입 또는 수입한 때에 부담한 부가가치세액을 해당 농어민에게 환급할 수 있다. 농어민등이 직접 수입하는 기자재에 대한 부가가치세 사후환급은 2012. 1. 1. 이후 최초로 환급신청하거나 결정 또는 경정하는 분부터 적용한다(조특법 §105의2 ①). 이는 구입한 농어업용 기자재 등의 농업용도 등 외의 용도(산업용)로 전용되거나 재판매하여 시장가격이 왜곡될 가능성이 있어 사후환급제도로 전환함으로써 세부담 경감효과가 농어민등에게 실질적으로 돌아가게 하기 위하여 도입된 제도이다.

① 환급대행자를 통하여 환급을 신청하는 경우에는 환급대행자의 사업장 관할 세무서장

② 위 "①" 외의 경우에는 해당 농어민등의 사업장 관할 세무서장

| 농어업용 기자재 사후환급 |

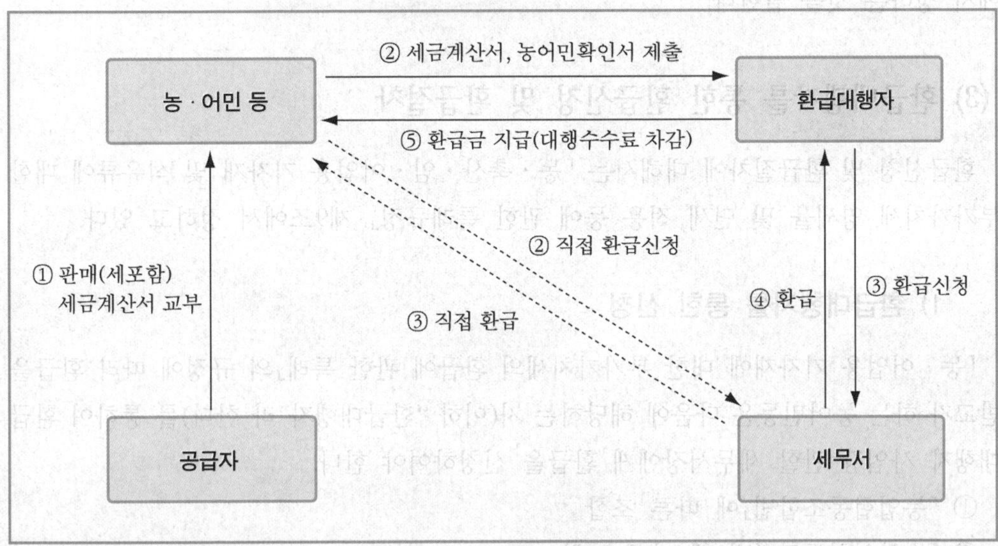

(2) 정 의

1) 부가가치세 환급대상 농어민등의 범위

부가가치세 환급대상 농민, 임업에 종사하는 자와 어민(이하 "농어민등"이라 한다)이라 함은 특례규정 제6조에서 정하는 자를 말한다.

- 특례규정 제2조 제1항 제1호부터 제3호까지 및 제6호에 따른 농민으로 앞서 설명한 "8. 농민 또는 임업종사자에게 공급하는 농 · 축산 · 임업용 기자재" 편의 "(2) 개념 정의" "1)"의 ①, ②, ③, ⑥에 해당하는 자를 말한다.
- 「농업협동조합법」에 따른 조합, 조합공동사업법인 및 중앙회(같은 법에 따라 설립된 농협경제지주회사 및 그 자회사를 포함한다). 다만, 농업용 무인헬리콥터를 공급받는 경우만 해당한다.
- 특례규정 제2조 제4항에 따른 어민으로서 앞서 설명한 "9. 어민에게 공급하는 어업용 기자재" 편의 "(2) 정의" "1) 대통령령으로 정하는 어민의 범위"에서 설명한 어민의 범위를 말한다. 다만, "③"에 열거된 것 중 「수산업협동조합법」에 따른 수산업

협동조합과 수산업협동조합중앙회를 제외한다.

• 임업에 종사하는 자는 2015. 1. 1. 이후 공급분부터 농어민등에 포함된다.

2) 부가가치세 환급대상 농 · 임 · 어업용 기자재의 범위

부가가치세 환급대상 농 · 임 · 어업용 기자재는 특례규정 제7조 [별표 5] 및 [별표 6]에서 정하는 것을 말한다.

(3) 환급대행자를 통한 환급신청 및 환급절차

환급신청 및 환급절차에 대해서는 「농 · 축산 · 임 · 어업용 기자재 및 석유류에 대한 부가가치세 영세율 및 면세 적용 등에 관한 특례규정」 제9조에서 정하고 있다.

1) 환급대행자를 통한 신청

「농 · 어업용 기자재에 대한 부가가치세의 환급에 관한 특례」의 규정에 따라 환급을 받고자 하는 농어민등은 다음에 해당하는 자(이하 "환급대행자"라 한다)를 통하여 환급대행자 사업장 관할 세무서장에게 환급을 신청하여야 한다.

① 「농업협동조합법」에 따른 조합

② 「수산업협동조합법」에 따른 조합

③ 「엽연초생산협동조합법」에 따른 엽연초생산협동조합

④ 「산림조합법」에 따른 조합(2016. 1. 1. 이후 환급신청하는 분부터 적용)

2) 농어민등의 신청기한 및 제출서류

① 신청기한

농어민등은 환급대행자를 통하여 환급을 받고자 하는 경우에는 기자재의 구입일이 속하는 분기말 또는 그 다음 분기말의 다음 달 10일까지 다음에 해당하는 자에게 신청하여야 한다. 환급을 받고자 하는 자가 개인(「부가가치세법」 또는 「소득세법」의 규정에 따라 사업자등록을 한 자를 제외한다)인 경우에는 다음의 구분에 따른 「농업협동조합법」에 의한 조합, 「수산업협동조합법」에 의한 수산업협동조합 또는 「엽연초생산협동조합법」에 의한 엽연초생산협동조합

i. 환급을 받고자 하는 자가 조합 등에 조합원으로 등록되어 있는 경우에는 그 조합원으로 등록된 조합 등

ii. " i " 외의 경우에는 환급받고자 하는 자의 주소지 또는 거주지 관할 조합 등

iii. 환급을 받고자 하는 자가 "ⅰ", "ⅱ" 외의 자인 경우에는 그 자의 사업장 소재지 관할 조합 등

▌환급신청기한이 경과한 경우 환급 가능 여부

농어업용 기자재에 대한 사후환급하는 조세특례제한법의 규정은 농·어민의 세부담을 경감하여 지원하고자 하는 정책적인 입법취지와 '환급신청을 하여야 한다'는 법 문언의 형식은 해당 환급신청의 증빙서류 제출 협력의무를 부과한 것에 불과한 임의(훈시)규정이라는 조세심판례 및 대법원 판례를 고려하여 농·어민이 「농·축산·임·어업용 기자재 및 석유류에 대한 부가가치세 영세율 및 면세적용 등에 관한 특례규정」 제9조 제2항에 규정하는 기한 후에 농·어업용 기자재에 대한 부가가치세의 환급신청을 하는 경우 「조세특례제한법」 제105조의2에 따른 부가가치세 환급특례를 적용받을 수 있도록 기존 유권해석을 변경하였다(부가가치세과-4072, 2008. 11. 10.).

② 제출서류

㉠ 세금계산서

㉡ 다음에 규정하는 농어민등 확인서(매년 최초로 환급을 신청하는 경우에 한한다)

ⅰ. 축산업 또는 어업을 주로 하는 법인인 경우에는 국세청장이 고시하는 바에 따라 교부하는 농어민등 확인서

ⅱ. 개인인 경우에는 통·이장 또는 어촌계장의 확인을 받은 농어민등 확인서(환급대행자의 조합원인 경우에는 제외한다)

3) 관할 세무서에 신청

환급신청을 받은 환급대행자는 농어민등의 환급대행신청기한 종료일부터 15일 이내에 농·임·어업용기자재부가가치세환급신청서에 다음의 서류를 첨부하여 환급대행자의 관할 세무서장에게 환급을 신청하여야 한다.

㉠ 환급신청자가 「부가가치세법」·「소득세법」 또는 「법인세법」에 따른 사업자인 경우에는 부가법 제20조에 따른 매입처별세금계산서합계표

㉡ 환급신청자가 제1호 외의 자인 경우에는 기획재정부령으로 정하는 매입세금계산서합계표

㉢ 기획재정부령으로 정하는 환급신청명세서

4) 관할 세무서장의 환급

환급신청을 받은 관할 세무서장은 환급신청기간 종료일부터 20일 이내에 환급하여야

한다(특례규정 §9 ⑤).

5) 농어민등에 대한 환급금의 지급

환급대행자는 환급세액을 받은 날부터 5일 이내에 환급대행을 신청한 농어민등에게 이를 지급하여야 한다. 이 경우 환급대행수수료를 차감하고 지급할 수 있다.

6) 환급대행수수료의 징수

환급대행자는 부가가치세의 환급대행과 관련하여 환급신청서의 작성 및 제출, 환급관리대장의 비치, 환급금의 배분 등에 드는 비용에 충당하기 위하여 환급을 받는 자로부터 대통령령으로 정하는 금액을 환급대행수수료로 징수할 수 있다(조특법 §105의2 ⑧).

이때 "대통령령으로 정하는 금액"이라 함은 1회 1인당 부가가치세 환급세액의 100분의 5에 상당하는 금액(이하 "환급대행수수료"라 한다)을 말하며, 환급대행수수료는 1회 1인당 5만 원을 초과하여서는 아니된다.

7) 관리대장 작성 및 비치

환급대행자가 동 규정에 의한 부가가치세 환급신청을 하는 때에는 부가가치세환급관리대장을 작성·비치하여야 하며, 동 관리대장 및 서류를 5년간 보관하여야 한다.

(4) 직접 환급신청

1) 직접 환급신청 대상자

전술한 부가가치세 환급대상 농어민등(특례규정 §6 해당자)에 해당하는 자로서 「부가가치세법」·「소득세법」 또는 「법인세법」의 규정에 따라 사업자등록을 한 개인 또는 법인은 사업장 관할 세무서장에게 직접 환급을 신청할 수 있다.

① 전술한 대통령령으로 정하는 농민(「농업협동조합법」에 따른 조합 및 중앙회, 계열화사업자 제외)

② 전술한 대통령령으로 정하는 어민(「수산업협동조합법」에 의한 수산업협동조합과 수산업협동조합중앙회를 제외)

③ 임업인

2) 신청 및 환급

농어민등이 관할 세무서장에게 직접 환급을 신청하고자 하는 경우에는 기자재의 구입일이 속하는 분기말 또는 그 다음 분기말의 다음 달 25일까지 농·어업용기자재부가가치세환급신청서에 다음의 서류를 첨부하여 사업장 관할 세무서장에게 신청하여야 한다.

㉠ 부가법 제20조에 따른 매입처별세금계산서합계표

㉡ 통·이장, 어촌계장 또는 업종별 수산업협동조합장의 확인을 받은 경작확인서 또는 조업확인서(개인인 사업자로서 매년 최초로 환급을 신청하는 경우에 한한다)

환급신청을 받은 관할 세무서장은 환급신청기간 종료일부터 20일 이내에 환급하여야 한다(특례규정 §9 ⑤).

(5) 사후환급 불성실자에 대한 제재 등

1) 농어민등이 아닌 자 등의 환급신청에 대한 환급대행자의 통보의무 및 가산세

① 환급대행자는 환급을 신청한 자가 다음의 사유에 해당하는 경우에는 관할 세무서장에게 이를 알려야 한다(조특법 §105의2 ④).

㉠ 농어민등이 아닌 것으로 판단되는 경우

㉡ 농어민등의 경작면적·시설규모 등을 고려할 때 거짓이나 그 밖의 부정한 방법으로 환급을 신청한 것으로 판단되는 경우

② 관할 세무서장은 환급대행자가 "①"의 규정에 의한 통보를 하지 아니함에 따라 농어민등에 해당하지 아니하는 자가 부가가치세액을 환급받은 경우에는 환급받은 세액의 100분의 10에 상당하는 금액을 해당 환급대행자로부터 가산세로 징수한다(조특법 §105의2 ⑥).

2) 부당환급자에 대한 가산세

① 추징사유

관할 세무서장은 농·임·어업용 기자재 사후환급을 받은 자가 다음의 사유에 해당하는 경우에는 그 환급받은 부가가치세액과 이자상당가산액을 부가가치세로 추징한다(조특법 §105의2 ⑤).

㉠ 농어민등이 부가가치세액을 환급받은 기자재를 본래의 용도에 사용하지 아니하거나 농어민등 외의 자에게 양도한 경우

㉡ 농어민등이 다음의 사유에 해당하는 세금계산서에 의하여 부가가치세를 환급받은 경우

- 재화의 공급없이 발급된 세금계산서

• 재화를 공급한 사업장 외의 사업장 명의로 발급된 세금계산서
• 재화의 공급시기가 속하는 과세기간에 대한 확정신고기한 후에 발급된 세금계산서
• 정당하게 발급된 세금계산서를 해당 농·어민이 임의로 수정한 세금계산서
• 재화의 공급에 대하여 이중으로 교부된 세금계산서
• 부가법 제32조 제1항 제1호부터 제4호까지의 기재사항의 일부 또는 전부가 누락되거나 사실과 다르게 적힌 세금계산서(기재사항이 착오로 적혀 있는 것으로서 그 밖의 증빙서류에 의하여 그 거래사실이 확인되는 경우를 제외)

㉢ 농어민등에 해당하지 아니하는 자가 동 규정에 의한 부가가치세액을 환급받은 경우

② 이자상당액의 계산

부가가치세 환급대상 농·임·어업용 기자재의 부정환급에 대한 가산세율은 2003. 1. 1. 이후 2020. 2. 10.까지는 일당 0.03%를 적용하고 2020. 2. 11.부터는 일당 10만분의 25를, 2022. 2. 15.부터는 1일 10만분의 22를 적용한다.

$$\text{이자상당가산액} = \begin{array}{c}\text{환급받은 부가가치세액} \times \text{환급받은 날의} \\ \text{다음 날부터 추징세액의 고지일까지의 일수}\end{array} \times \frac{22}{100{,}000}$$

③ 부가가치세 추징사항의 통보

「조세특례제한법」 제105조의2 제5항의 규정에 의한 부가가치세의 추징은 부가법 제58조를 준용하고, 부가가치세를 추징한 관할 세무서장은 추징대상자가 환급대행자를 통하여 환급신청한 경우에는 해당 환급대행자에게 그 추징내역을 지체 없이 통보하여야 한다(특례규정 §10 ②).

3) 기자재 부정 사용 등에 대한 환급 중단

농어민등이 다음에 해당하는 경우에는 해당 요건을 충족하는 추징세액의 고지일부터 2년간 본 조의 규정에 따른 환급을 받을 수 없다(조특법 §105의2 ⑦).

① 위 "2)의 ①"의 사유로 최근 2년 이내에 3회 이상 부가가치세를 추징당한 경우
② 위 "2)의 ①"의 사유로 추징된 세액의 합계액이 2백만 원 이상인 경우로서 해당 추징일로부터 소급하여 5년 이내의 추징세액의 합계액이 3백만 원을 초과하는 경우(특례규정 §12)

(6) 그 밖의 참고사항

1) 세금계산서의 발급

사후환급대상 농·임·어업용 기자재를 공급하는 일반과세자는 해당 기자재를 구입하는 농·임·어민이 세금계산서의 발급을 요구하는 때에는 부가법 제36조의 규정에 불구하고 세금계산서를 발급하여야 한다. 이때 해당 기자재의 품목과 수량을 각각 구분하여 표시하여야 한다(조특법 §105의2 ②, 특례규정 §9 ①).

2) 기자재 판매상의 납세협력의무

농기자재 판매사업자는 사후환급대상 기자재를 판매하고 세금계산서를 발급한 경우 해당 기자재의 품명과 수량을 구분·표시하여 사후환급대상품목임을 명확히 알 수 있게 하여야 한다.

11 | 외국인 관광객 등에 대한 부가가치세 사후환급

(1) 개 요

외국인 관광객의 쇼핑(구매)을 적극적으로 확대할 목적으로 외국인 관광객이 국외로 반출하기 위하여 면세판매장 운영사업자로부터 구입하는 재화에 대하여는 외국인 관광객이 해당 재화를 국외로 반출하면서 출국항 관할 세관장에게 판매확인서 1부와 구입물품을 제시·확인받고, 면세판매자가 세액상당액을 외국인 관광객에게 송금하거나 환급창구운영사업자를 통하여 환급 또는 송금한 것이 확인되는 등의 요건을 갖춘 경우에는 판매확인서 또는 환급·송금증명서를 송달받은 날이 속하는 과세기간에 대한 부가가치세 신고 시 해당 판매확인서에 송금증명서 또는 환급·송금증명서를 첨부하여 부가가치세 영세율을 적용받을 수 있다.

해당 규정을 적용받기 위한 외국인 관광객, 정부가 정하는 사업자 및 대상재화의 범위, 구입·판매의 절차, 세액환급 등을 「외국인 관광객 등에 대한 부가가치세 및 개별소비세 특례규정」(이하 "특례규정"이라 한다)에서 규정하고 있다.

| 외국인 관광객 사후환급 절차 Ⅰ |

(환급창구운영사업자)

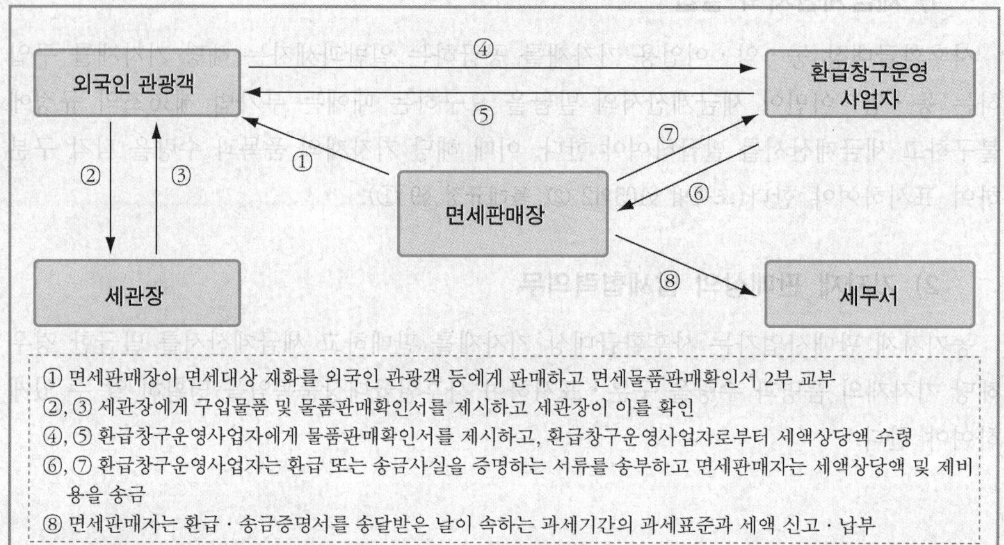
외국인 관광객
환급창구운영
사업자
면세판매장
세관장
세무서
①
②
③
④
⑤
⑥
⑦
⑧
① 면세판매장이 면세대상 재화를 외국인 관광객 등에게 판매하고 면세물품판매확인서 2부 교부
②, ③ 세관장에게 구입물품 및 물품판매확인서를 제시하고 세관장이 이를 확인
④, ⑤ 환급창구운영사업자에게 물품판매확인서를 제시하고, 환급창구운영사업자로부터 세액상당액 수령
⑥, ⑦ 환급창구운영사업자는 환급 또는 송금사실을 증명하는 서류를 송부하고 면세판매자는 세액상당액 및 제비용을 송금
⑧ 면세판매자는 환급 · 송금증명서를 송달받은 날이 속하는 과세기간의 과세표준과 세액 신고 · 납부

| 외국인 관광객 사후환급 절차 Ⅱ |

(면세판매장)

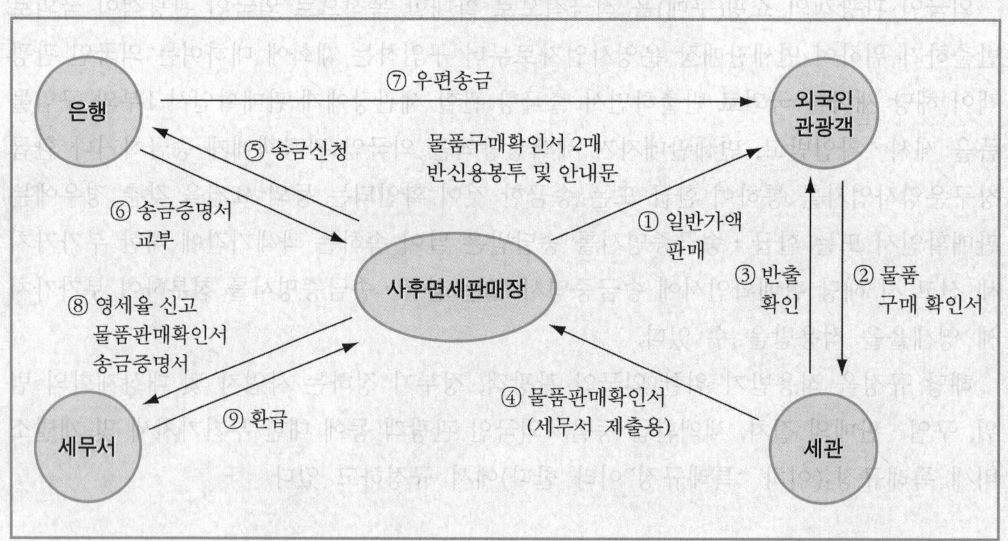
은행
외국인
관광객
사후면세판매장
세무서
세관
⑦ 우편송금
⑤ 송금신청
물품구매확인서 2매
반신용봉투 및 안내문
⑥ 송금증명서
교부
① 일반가액
판매
③ 반출
확인
② 물품
구매 확인서
⑧ 영세율 신고
물품판매확인서
송금증명서
④ 물품판매확인서
(세무서 제출용)
⑨ 환급

(2) 영세율 적용 요건

1) 외국인 관광객 등의 범위

해당 규정을 적용받기 위한 외국인 관광객 등의 범위는 「외국환거래법」에 따른 비거주자로서 법인이나 국내에 주재하는 외교관 및 외국공관원과 국내 주재하는 국제연합군 및 미국군의 장병 및 군무원은 제외된다(특례규정 §2 ①).

다만, 주한국제연합군 또는 미국군이 주둔하는 지역 중 관광진흥법에 의한 관광특구 안에서 소매업, 양복점업, 양장점업 및 양화점업을 영위하는 사업자(면세판매자에 한한다)로부터 재화를 구입하는 경우에는 2006. 1. 1.부터 외국인 관광객으로 본다.

외국인 관광객의 구체적 범위에 대하여는 「외국환거래법 시행령」 제10조의 규정을 참고하기로 한다.

2) 면세대상 재화의 범위

부가가치세의 사후환급대상이 되는 대상재화의 범위는 아래의 재화를 제외한 물품으로 한다(특례규정 §3).

㉮ 「총포·도검·화약류 등의 안전관리에 관한 법률」에 따른 총포·도검 및 화약류

㉯ 「문화재보호법」에 따라 문화재로 지정을 받은 물품

㉰ 「약사법」에 따른 중독성·습관성 의약품

㉱ 부가가치세 및 개별소비세(개별소비세에 부과되는 교육세 및 농어촌특별세 포함)를 포함한 1회 거래가액이 5만 원(2023년 구입분까지는 3만 원, 2011. 3. 31. 이전 구입분까지는 5만 원)에 미달하는 물품
다만, 상기 3만 원에 미달하는 물품에 대하여도 면세판매자가 해당 세액상당액을 외국인 관광객에게 송금하는 경우 및 환급창구운영자를 통하여 해당 세액상당액을 외국인 관광객에게 환급하는 경우에는 해당 물품은 면세물품으로 한다(이 단서 규정은 2011. 4. 1. 이후에는 적용하지 않는다).

㉲ 법령에 의하여 거래가 제한되는 물품

㉳ 외화도피방지 등의 사유로 판매의 제한이 필요한 것으로써 기획재정부령으로 정하는 물품
- 「담배사업법」 제2조에 따른 담배
- 「관세법」 제234조에 따른 수출입 금지 물품

3) 면세판매자 등에게 구입한 것일 것

부가가치세 사후환급대상이 되는 면세판매장은「외국인 관광객 등에 대한 부가가치세 및 개별소비세 특례규정」제5조 제1항에 따라 관할 세무서장의 지정을 받은 외국인 관광객 면세판매장을 말한다.

㉮ 면세판매자란 아래 "(3)"의 면세판매장을 경영하는 사업자를 말한다.

㉯ 면세판매장이란 사업자의 신청에 의하여 관할 세무서장의 지정을 받은 외국인 관광객면세판매장을 말한다.

4) 반출사실이 확인될 것

면세판매자는 면세판매장에서 외국인 관광객에게 면세물품을 세액 상당액을 포함한 가격으로 판매한 후 다음의 요건이 모두 성립된 경우에는 부가가치세 영세율 적용을 받거나 해당 면세물품에 대한 개별소비세액을 환급받을 수 있다(조특령 §107 ①, 특례규정 §6).

㉮ 외국인 관광객이 면세물품을 구입한 날로부터 3월 이내에 국외로 반출한 사실이 출국항 관할 세관장이 확인한 판매확인서로 확인되는 경우

㉯ 면세판매자가 외국인 관광객이 부담한 세액상당액을 판매확인서를 송부받은 날로부터 20일 이내에 우편송금방법에 의하여 송금하거나 환급창구운영사업자를 통하여 환급 또는 송금한 것이 확인되는 경우

(3) 면세판매장 지정 및 취소 절차 등

1) 면세판매장 지정신청

① 면세판매장의 지정을 받고자 하는 자는 면세판매장 지정신청서를 관할 세무서장에게 제출하여야 한다. 이 경우 다른 법령에 의하여 허가 또는 지정을 받거나 등록을 하여야 하는 사업에 있어서는 해당 허가증·지정증 또는 등록증사본을 첨부하여야 한다(특례규정 §5 ①).

② 지정신청을 받은 관할 세무서장은 신청인이 다음의 요건을 갖춘 경우에 한하여 면세판매장을 지정할 수 있다. 다만, 주한국제연합군 또는 미국군이 주둔하는 지역 중 관광진흥법에 의한 관광특구 안에서 소매업·양복점업·양장점업 및 양화점업을 영위하는 사업자는 간이과세자여도 무방하다.

㉠ 간이과세자가 아닐 것

㉡ 외국인 관광객의 예상이용도, 판매인원 및 시설의 규모, 면세판매장의 경영에 필요한 자금력 및 신용 등을 감안하여 국세청장이 정하는 기준에 적합할 것

▌면세판매장 지정요건

1. 지역, 장소, 업종 등을 감안하여 외국인 관광객의 이용도가 높은 장소에서 면세판매장을 경영할 것
2. 지정신청일 현재 3회 이상의 국세체납이 없을 것(국세징수법 시행령 제8조에서 정하는 정당한 사유가 있는 경우에는 제외한다)
3. 국세를 50만 원 이상 포탈하여 처벌 또는 처분을 받은 사실이 없을 것
4. 판매장이 없거나 주택을 판매장으로 신청하는 등 세무서장이 면세판매장으로 지정하기 곤란한 사유가 없을 것

2) 면세판매장 지정신청서 처리

면세판매장 신청을 받은 관할 세무서장은 신청일로부터 7일 이내에 면세판매장의 지정 여부를 결정하여야 하며, 면세판매장의 지정을 한 때에는 면세판매장지정증을 신청인에게 교부하여야 한다. 다만, 지정하지 아니하는 경우에는 그 사유를 지체 없이 신청인에게 통지하여야 한다(특례규정 §5 ③).

3) 지정의 취소

관할 세무서장은 면세판매자가 다음의 사유에 해당하는 때에는 그 지정을 취소할 수 있으며, 관할 세무서장은 그 사실을 지체 없이 해당 사업자에게 통지하고 지정증을 회수하여야 한다(특례규정 §5 ④).

㉠ 관계법령에 의한 허가·지정 또는 등록이 취소된 때
㉡ 해당 면세판매장을 양도 또는 대여한 때
㉢ 국세 또는 지방세를 50만 원 이상 포탈하여 처벌 또는 처분을 받은 때
㉣ 면세판매자가 제10조에 따른 송금을 하지 아니함으로 인하여 조세범처벌법에 의하여 「부가가치세법」에 따른 1과세기간에 2회 이상 처벌을 받은 때
㉤ 「외국환거래법」에 따라 처벌을 받은 때
㉥ 면세판매장 지정신청 지정요건에 해당되지 아니하게 된 때
㉦ 면세판매자가 면세판매장의 지정의 취소를 요구한 때(이때 면세판매장취소요구서를 제출한다)
㉧ 면세판매장의 지정을 받은 후 6월이 되는 날까지 외국인 관광객에게 면세물품을 판매한 실적이 없는 때
㉨ 「부가가치세법」에 따른 1과세기간 동안의 물품판매 수기확인서의 발급 건수가 특

례규정 제10조 제1항에 따른 판매확인서 총 발급 건수의 100분의 10 이상인 경우(다만, 해당 과세기간 중에 면세판매장의 지정을 받았거나 해당 과세기간 동안의 특례규정 제10조 제1항에 따른 판매확인서 총 발급 건수가 20건 미만인 경우는 제외한다)

ㅊ 하나의 면세물품 가액을 분할하여 2개 이상의 다음의 확인서로 발급한 사실이 「부가가치세법」에 따른 1과세기간 동안 2회 이상인 경우
- 특례규정 제8조 제4항에 따른 즉시환급전자판매확인서
- 특례규정 제10조 제1항에 따른 판매확인서

위 사유 중 "ㄷ, ㄹ, ㅁ, ㅊ"의 사유로 면세판매장의 지정이 취소된 때에는 그 지정이 취소된 날부터 2년간 면세판매장의 지정을 받을 수 없다.

4) 휴폐업, 지정증 기재사항 변경 등에 대한 신고

면세판매자가 휴업 또는 폐업하거나 지정증의 기재사항에 변경이 있는 경우에는 부가법 제8조 제8항 또는 「개별소비세법」 제21조의 규정을 준용하여 신고하여야 하며, 신고를 하는 때에는 기획재정부령이 정하는 신고서에 지정증을 첨부하여 관할 세무서장(면세판매장을 이전한 때에는 이전 후의 면세판매장 관할 세무서장을 말한다)에게 제출하여야 한다.

신고서를 받은 관할 세무서장은 변경내용을 확인하고 지정증의 기재사항을 정정하여 재교부하여야 한다. 이러한 지정증의 기재사항 변경 등에 대한 신고는 후술하는 환급창구운영사업자의 경우에도 이를 준용한다(특례규정 §5 ⑥, ⑦).

5) 면세판매자의 세액상당액 송금(특례규정 §10)

① 면세판매자는 특례규정 제9조 제3항에 따라 출국항 관할 세관장(특례규정 제2조 제2항의 규정에 의한 경우에는 관할 세관장)이 확인인을 날인한 물품판매확인서, 물품판매 수기확인서 또는 전자판매확인서를 출국항 관할 세관장 또는 외국인 관광객으로부터 송부받은 날부터 20일 이내에 외국인 관광객이 면세물품을 구입한 때에 부담한 세액상당액을 해당 외국인 관광객에게 송금하여야 한다.

② 면세판매자가 동 세액상당액을 송금하는 때에는 해당 세액상당액에서 송금에 따른 제비용(송금수수료, 송금을 위한 국제우편요금 및 그 밖의 송금에 따른 비용으로서 국세청장이 정하는 금액)을 공제할 수 있다.

(4) 환급창구운영사업자

1) 지정 신청

① 관할 지방국세청장은 외국인 관광객이 면세물품을 구입한 때에 부담한 부가가치세 및 개별소비세상당액(이하 "세액상당액"이라 한다)을 특례규정 제10조의2의 규정(세액상당액의 환급 또는 송금) 또는 제10조의4(전자판매확인서를 통한 세액상당액 환급 등의 특례, 2013. 2. 15. 신설)에 의하여 환급 또는 송금하는 사업을 영위하는 자(이하 "환급창구운영사업자"라 한다)를 지정할 수 있다.

② 환급창구운영사업자의 지정을 받고자 하는 자는 지정신청서를 관할 지방국세청장에게 제출하여야 한다. 이 경우 다른 법령에 의하여 허가 또는 지정을 받거나 등록을 하여야 하는 사업에 있어서는 해당 허가증 · 지정증 또는 등록증 사본을 첨부하여야 한다.

2) 지정요건 및 통지

① 지정요건

환급창구운영사업자 지정신청을 받은 관할 지방국세청장은 신청인이 다음의 요건을 모두 갖춘 경우에 한하여 환급창구운영사업자로 지정할 수 있다.

㉠ 해당 사업에 필요한 자력 및 신용이 있을 것

㉡ 환급에 필요한 인원 및 시설을 갖출 것

㉢ 그 밖의 환급창구의 운영에 필요한 것으로서 기획재정부령으로 정하는 요건을 갖출 것

② 지정 통지

가. "①"에 따라 신청을 받은 관할 지방국세청장은 신청일부터 30일 이내에 환급창구운영사업자의 지정 여부를 결정하여야 하며, 환급창구운영사업자로 지정을 한 경우에는 환급창구운영사업자지정증을 교부하여야 한다.

나. 관할 지방국세청장은 다음의 사유에 해당하는 경우에는 환급창구운영사업자의 지정을 취소할 수 있다.

㉠ 관계 법령에 따른 허가, 지정 또는 등록이 취소된 때

㉡ 국세 또는 지방세를 50만 원 이상 포탈하여 처벌 또는 처분을 받은 때

㉢ 「외국환거래법」에 따라 처벌을 받은 때

㉣ 위 "①"의 지정요건에 해당하지 아니하게 된 경우

ⓜ 환급창구운영사업자가 해당 사업을 하지 아니하게 된 경우

ⓑ 환급창구운영사업자가 지정취소를 요청한 경우

ⓢ 특례규정 제10조의2(세액상당액의 환급 및 송금)와 제10조의4(전자판매확인서를 통한 세액상당액 환급 등의 특례)의 규정에 따른 환급절차 또는 송금절차를 위반한 경우

3) 환급창구운영사업자가 받는 수수료의 면세 여부

외국인 관광객 특례규정에 따라 지급대상 여부 등을 확인하고 환급창구운영사업자 본인의 자금으로 환급상당액을 대리해서 선지급하고 사후 가맹점으로부터 물품대금으로 받은 대가 중 부가가치세상당액을 정산받는 일련의 업무를 금전대부업으로 보아 부가가치세 면제대상으로 해석하고 있다(부가 46015-4341, 1999. 10. 25.).

다만, 환급창구운영사업자로 지정을 받은 자("A")가 다른 환급창구운영사업자("B")와 외국인 관광객 특례규정 제10조의2에 따른 세액상당액의 환급 또는 송금업무를 위해 환급지급대행업무 계약을 하고 해당 계약에 따라 "A"가 "B"에게 계약서에 따른 지급대행 용역을 제공하여 그 대가를 "B"로부터 수취하는 경우 "A"의 자금으로 "B"가 부담해야 할 세액상당액을 외국인 관광객에게 대리 지급하고 사후 일정수수료를 포함하여 정산받는 것으로 이자성격의 수수료와 원금을 받는 것이어서 금전대부업의 범주에 포함되는 것으로 보이나 국세청은 "B"의 정산에 따른 수수료 상당의 용역을 단순 대행서비스 용역으로 보아 부가가치세 과세대상으로 회신하였다(부가가치세과-271, 2013. 3. 22.).

(5) 면세물품의 판매 · 반출확인 및 송금절차

1) 면세물품의 판매절차

① 면세판매자가 외국인 관광객에게 면세물품을 판매할 때에는 여권 등에 의하여 해당 물품을 구입하는 자의 신분을 확인한 후 기획재정부령으로 정하는 물품판매확인서(이하 "판매확인서"라 한다) 2부와 반송용봉투를 내주어야 한다. 이 경우 전산장애 등 부득이한 사유가 있는 경우에는 물품판매확인서 대신 물품판매 수기확인서를 내줄 수 있다. 다만, 면세판매자가 환급창구운영사업자 또는 출국항 관할 세관장에게 정보통신망을 이용하여 전자적 방식의 판매확인서(이하 "전자판매확인서"라 한다)를 전송한 경우에는 판매확인서 및 반송용봉투를 내주지 아니할 수 있다(특례규정 §8 ①, ②).

② 면세판매자가 "①"에 따라 면세물품을 판매할 때에는 해당 외국인 관광객에게 송금절차 및 환급절차 등을 알려주어야 한다(특례규정 §8 ③).

2) 세관장의 반출확인 및 판매확인서 우송(특례규정 §9)

① 외국인 관광객이 면세물품을 구입하는 때에 부담한 세액상당액을 환급 또는 송금받았거나 환급 또는 송금받으려는 경우에는 출국하는 때에 출국항 관할 세관장에게 판매확인서 1부와 함께 구입물품을 제시하고 확인을 받아야 한다. 다만, 구입물품을 우편등 기타 방법에 의하여 따로 송부하는 경우에는 기획재정부령이 정하는 서류를 구입물품에 갈음하여 제시할 수 있다

② 위 "①"에 불구하고 출국항 관할 세관장은 면세판매자 또는 환급창구운영사업자로부터 전자판매확인서 또는 즉시환급전자판매확인서를 전송받은 경우에는 외국인 관광객에게 판매확인서의 제시를 생략하게 할 수 있다. 다만, 전송받은 전자판매확인서 또는 즉시환급전자판매확인서의 내용에 오류가 있거나 사실 확인이 필요하다고 판단되는 경우에는 외국인 관광객에게 면세판매자로부터 받은 해당 물품에 대한 영수증 등의 제시를 요구할 수 있다.

③ 출국항 관할 세관장은 물품판매확인서, 물품판매 수기확인서, 전자판매확인서 또는 즉시환급전자판매확인서에 면세물품의 반출에 관한 확인인을 날인(정보통신망을 통한 전자적 처리를 포함)하여 지체 없이 면세판매자, 외국인 관광객, 환급창구운영사업자에게 송부하거나 내주어야 한다.

④ 출국항 관할 세관장은 "③"에 따라 확인인을 날인하는 경우 외국인 관광객이 제시한 면세물품("①"의 단서의 경우에는 기획재정부령으로 정하는 서류로 한다)과 물품판매확인서, 물품판매 수기확인서, 전자판매확인서 또는 즉시환급전자판매확인서 기재사항의 일치 여부를 출국항 관할 세관장이 정하는 기준에 따라 선별하여 검사할 수 있다.

⑤ 국제연합군 및 미국군의 장병 및 군무원이 구입한 면세물품을 소포우편에 의하여 주한국제연합군 또는 미국군이 주둔하는 지역에서 반출하는 경우에는 관세청장이 정하는 바에 따라 위 "①"부터 "④"까지의 규정을 준용한다. 이 경우 "출국"을 "반출"로, "출국항 관할 세관장"을 "관할 세관장"으로 본다.

3) 세액상당액의 환급 또는 송금(특례규정 §10의2)

① 환급창구운영사업자는 출국항 관할 세관장이 확인한 판매확인서를 제출받은 때에는 지체 없이 외국인 관광객이 면세물품을 구입한 때에 부담한 세액상당액을 면세

판매자를 대리하여 당해 외국인 관광객에게 환급 또는 송금하여야 한다. 다만, 그 외국인 관광객이 특례규정 제10조의4 제3항(전자판매확인서를 통한 세액상당액 환급 등의 특례)에 따라 환급 또는 송금받는 경우에는 그러하지 아니하다.

② 환급창구운영사업자가 위 "①"의 규정에 의하여 세액상당액을 환급 또는 송금하는 때에는 당해 세액상당액에서 환급 또는 송금에 따른 제비용 등으로서 환급창구운영사업자가 국세청장의 승인을 얻은 금액을 공제할 수 있다.

4) 환급 · 송금증명서의 송부 등(특례규정 §10의3)

외국인 관광객에게 세액상당액을 환급 또는 송금한 환급창구운영사업자는 기획재정부령이 정하는 바에 따라 환급 또는 송금사실을 증명하는 서류(이하 "환급 · 송금증명서")를 면세판매자에게 송부하여야 한다.

환급 · 송금증명서를 송부받은 면세판매자는 환급창구운영사업자가 위 "3)의 ①"에 따라 환급 또는 송금한 세액상당액(환급 또는 송금에 따른 제비용을 공제하기 전의 금액)을 환급창구운영사업자에게 지급해야 한다.

5) 전자판매확인서를 통한 세액상당액 환급 등의 특례(특례규정 §10의4)

① 위 "(5)의 1) 면세물품의 판매절차 ①"의 규정에 불구하고 면세판매자는 부가가치세 및 개별소비세를 포함한 1회 거래가액이 500만 원(2017. 2. 7. 이전 구입분은 200만 원) 이하이고, 외국인 관광객이 출국항 관할 세관장의 반출확인을 받기로 하고 면세물품을 구입하는 때에 부담한 세액상당액을 환급 또는 송금하여 줄 것을 요구하는 경우에는 전자판매확인서를 환급창구운영사업자에게 전송하여야 한다.

② 위 "①"에 따라 전자판매확인서를 전송받은 환급창구운영사업자는 전송받은 전자판매확인서를 출국항 관할 세관장에게 전송하여야 한다.

③ 위 "①"에 따라 전자판매확인서를 전송받은 환급창구운영사업자는 외국인 관광객이 요구하는 경우 위 "3) 세액상당액의 환급 또는 송금" 본문에도 불구하고 면세물품(부가가치세 및 개별소비세를 포함한 1회 거래가액이 500만 원(2017. 2. 7. 이전 구입분은 200만 원) 이하인 경우로 한정한다)을 구입한 때에 부담한 세액상당액을 면세판매자를 대리하여 외국인 관광객에게 환급하거나 송금하여야 한다. 이 경우 환급창구운영사업자는 해당 외국인 관광객에게 특례규정 제9조(세관장의 반출확인 및 판매확인서 우송) 및 아래 "④"에 따른 출국항 관할 세관장의 반출확인을 담보하기 위하여 환급 또는 송금하는 세액상당액을 한도로 담보를 제공할 것을 요구할 수 있다.

④ 위 “(5)의 1) 면세물품의 판매절차 ②” 또는 위 “②”에 따라 전자판매확인서를 전송받은 출국항 관할 세관장은 전자판매확인서에 확인인을 날인하고 그 확인 결과를 환급창구운영사업자에게 전송하여야 하며, 국세청장에게 그 확인을 한 날이 속하는 달의 다음 달 10일까지 그 결과를 통보하여야 한다.

⑤ 특례규정 제10조의2(세액상당액의 환급 또는 송금) 또는 위 “③”에 따라 외국인 관광객에게 세액상당액을 환급하거나 송금한 환급창구운영사업자는 관할 세관장으로부터 위 “④”에 따른 확인 결과를 전송받은 경우 환급·송금증명서를 면세판매자에게 전송하여야 한다.

⑥ 위 “③”에 따라 환급창구운영사업자가 세액상당액을 외국인 관광객에게 환급 또는 송금하는 경우에는 “3) 세액상당액의 환급 또는 송금”의 “②”를 준용하며, 위 “⑤”에 따라 환급·송금증명서를 전송받은 면세판매자에 관하여는 위 “4)”의 후단을 준용한다.

※ 동 신설규정은 2013. 7. 1. 이후 최초로 외국인 관광객 등이 구입하는 분부터 적용한다.

(6) 영세율 및 환급적용 배제(외국인 관광객 등에 대한 부가세 및 개소세 특례규정 §7)

① 면세판매자가 면세물품을 판매한 날로부터 3월이 되는 날이 속하는 과세기간(예정신고기간 및 영세율 등 조기환급기간을 포함한다. 이하 같다)의 종료 후 20일까지 특례규정 제9조 제3항에 따른 판매확인서나 특례규정 제10조의3 또는 제10조의4 제5항에 따른 환급·송금증명서를 송부받지 못한 경우에는 부가가치세 영세율을 적용하지 아니한다.

| 예정·확정신고를 하는 사업자의 영세율 적용 여부 |

판매일	국외 반출일	판매확인서 수령일	영세율 적용 여부	신고대상 기간[3]
2019. 4. 10.	2019. 5. 10.	2019. 9. 20.	여	2019. 2기 예정
2019. 4. 10.	2019. 6. 10.	2019. 10. 21.[2]	부	2019. 2기 확정
2019. 4. 10.	2019. 7. 11.[1]	–	부	2019. 2기 확정

1) 면세물품판매일로부터 3개월이 경과되어 영세율 적용 불가
2) 판매확인서를 송달받은 날이 면세물품판매한 날로부터 3개월이 되는 날이 속하는 날의 예정신고기간 종료 익월 20일이 경과되어 영세율 적용 불가
3) 손익의 귀속시기는 판매일을 기준으로 하는 것임.

② 면세판매자가 면세물품을 판매한 날로부터 3월이 되는 날이 속하는 달의 다음 달 20일까지 특례규정 제9조 제3항에 따른 판매확인서나 특례규정 제10조의3 또는 제10조의4 제5항에 따른 환급·송금증명서를 송부받지 못하거나 특례규정 제12조 제1항의 규정에 의한 개별소비세 환급신청을 하지 아니한 경우(첨부서류를 제출하지 아니한 경우 이와 관련된 환급세액을 포함한다)에는 개별소비세액의 환급을 하지 아니한다.

(7) 면세판매자의 부가가치세 신고

① 면세판매자가 이 규정에 의하여 부가가치세 영세율을 적용받기 위하여는 판매확인서 또는 환급·송금증명서를 송부받은 날이 속하는 과세기간의 과세표준과 납부세액 또는 환급세액을 관할 세무서장에게 신고하는 때에 해당 판매확인서에 동 세액을 송금한 사실을 증명하는 서류(이하 "송금증명서"라 한다) 또는 환급·송금증명서를 첨부하여 제출하여야 한다. 다만, 세액상당액을 송금한 경우로서 부득이한 사유로 송금증명서를 첨부할 수 없는 때에는 국세청장이 정하는 서류로써 이에 갈음할 수 있다(특례규정 §11 ①).

② 면세판매자가 영세율이 적용되는 과세표준신고 시 세관장이 확인한 판매확인서와 송금증명서 또는 환급·송금증명서를 해당 신고서에 첨부하여 제출하지 아니한 경우에는 이와 관련된 과세표준은 상기 "①"에 따른 신고로 보지 아니한다. 다만, 영세율과세표준을 신고하지 아니하거나, 미달하게 신고한 경우 또는 첨부서류를 제출하지 아니한 경우에도 해당 과세표준이 영세율 적용대상이 확인되는 때에는 영의 세율을 적용하되 영세율과세표준신고불성실가산세가 적용된다(조특통칙 106-106-1).

③ 면세판매자가 면세물품을 판매한 날로부터 3개월이 되는 날이 속하는 과세기간(예정신고기간 및 영세율 등 조기환급기간을 포함)의 종료 후 20일까지 판매확인서 또는 환급·송금증명서를 송부받지 못한 경우에는 면세물품을 판매한 날로부터 3개월이 되는 날이 속하는 과세기간의 신고기한까지 영세율 적용을 배제하여 부가가치세의 과세표준과 세액을 신고·납부한다(특례규정 §7 ①, §11 ③).

※ 위 "①", "②"의 개정규정은 2013년 7월 1일 이후 외국인 관광객 등이 면세판매장에서 면세물품을 구입하는 분에 대하여 부가가치세를 신고하는 분부터 적용한다.

④ 면세판매장을 경영하는 사업자(위탁자)가 다른 장소에서 면세판매장을 경영하는 사업자(수탁자) 등과 위탁판매계약에 따라 수탁자의 면세판매장에서 위탁판매하는 경우 위탁자에게 영세율을 적용하며, 수수료에 대하여는 부가가치세가 과세된

다(간세 1235-1836, 1978. 6. 19. ; 기획재정부 부가가치세제과-546, 2017. 10. 26.).

(8) 개별소비세 환급신청(특례규정 §12)

① 면세판매자가 특례규정 제6조(위 "(2)"의 영세율 적용 요건을 갖춘 경우)의 규정에 의하여 개별소비세액을 환급받고자 하는 경우에는 판매확인서 또는 환급·송금증명서를 송부받은 날이 속하는 달의 다음 달 말일까지 기획재정부령이 정하는 개별소비세 환급신청서에 다음의 어느 하나에 해당하는 서류를 첨부하여 제출하여야 한다. 다만, "㉠"에 해당하는 경우로서 부득이한 사유로 송금증명서를 첨부할 수 없는 때에는 국세청장이 정하는 서류로써 이에 갈음할 수 있다.

㉠ 세액상당액을 외국인 관광객에게 송금한 경우에는 판매확인서 및 송금증명서

㉡ 환급창구운영사업자를 통하여 환급 또는 송금한 경우에는 판매확인서 및 환급·송금증명서. 다만, 환급창구운영사업자가 세액상당액을 외국인 관광객에게 환급 또는 송금하는 경우로서 면세판매자가 환급창구운영사업자로부터 환급·송금증명서를 전송받은 경우에는 면세물품 판매 및 환급실적명세서를 말한다(동 단서 개정규정은 2013. 7. 1. 이후 외국인 관광객 등이 면세판매장에서 면세물품을 구입하는 분에 대하여 개별소비세 환급신청을 하는 분부터 적용한다).

② 위 "①"의 규정에 의하여 개별소비세 환급신청서를 받은 관할 세무서장은 환급신청을 받은 날로부터 20일 이내에 면세판매자에게 개별소비세를 환급하여야 한다. 이 경우 납부할 세액이 있는 때에는 이를 공제한다.

③ 특례규정 제3조 제1항 제1호 단서에 해당하는 물품의 면세판매자가 환급·송금증명서를 송부받지 못하여 개별소비세 환급이 배제되는 경우에 해당하는 경우에는 면세물품을 판매한 날로부터 3월이 되는 날이 속하는 달의 다음 달 말일까지 개별소비세의 과세표준과 세액을 신고·납부하여야 한다.

(9) 그 밖의 명령 사항(특례규정 §14)

① 국세청장·관할 지방국세청장 또는 관할 세무서장은 면세판매자에게 다음에 관한 사항을 명할 수 있다.

1. 면세판매장의 표시
2. 외국인 관광객이 알아야 할 사항에 관한 안내문의 게시 또는 고지
3. 송금비용의 부담, 송금방법 등 송금에 따른 세부사항
4. 그 밖의 단속상 필요한 사항

② 국세청장·관할 지방국세청장 또는 관할 세무서장은 환급창구운영사업자에게 다음의 사항을 명할 수 있다.

1. 환급창구의 표시
2. 외국인 관광객이 알아야 할 사항에 관한 안내문의 게시 또는 고지
3. 납세보전상 필요한 서류의 제출 및 영업에 관한 보고

(10) 면세판매장에서의 세액상당액 즉시환급제도 도입

1) 의의

2016. 1. 1. 이후 외국인 관광객이 면세판매장에서 면세물품 구입 시 외국인 관광객의 불편을 해소하고 국내 쇼핑증대를 위하여 외국인 관광객이 면세물품을 구매하는 경우 부가가치세와 개별소비세 세액상당액을 즉시 환급받을 수 있도록 하고, 출국항의 혼잡을 최소화하기 위하여 출국항 관할 세관장이 면세물품을 선별적으로 확인할 수 있도록 하는 등 현행 제도의 운영상 나타난 일부 미비점을 개선·보완하였다.

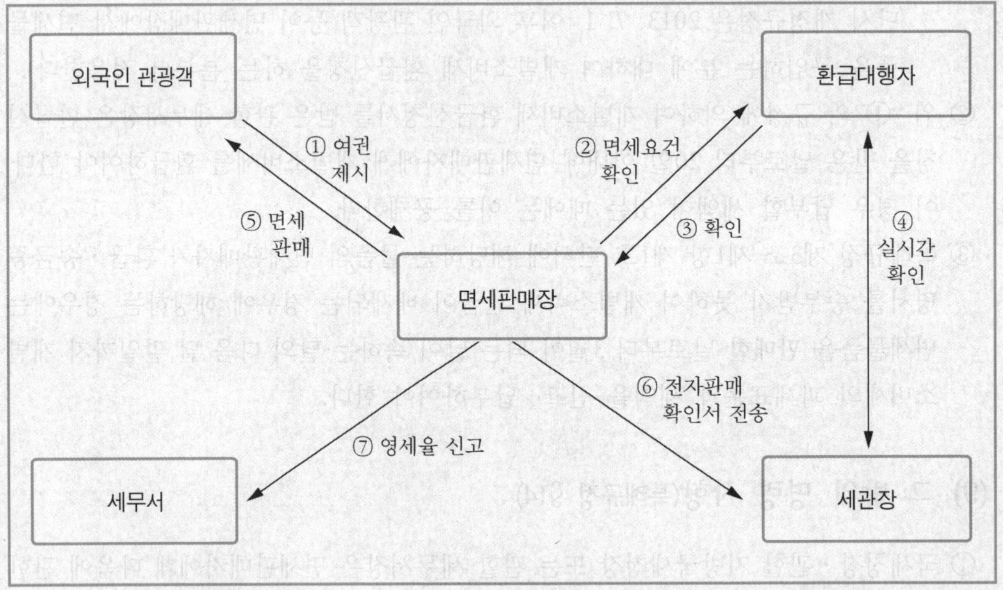

2) 즉시환급제도

가. 요건

면세판매자는 외국인 관광객이 다음의 요건을 모두 충족하여 면세물품을 구입하는 경우에는 면세판매장에서 외국인 관광객에게 면세물품을 세액상당액을 차감(이하 "즉시

환급"이라 한다)한 가격으로 판매한 후 부가가치세 영세율을 적용받거나 해당 면세물품에 대한 개별소비세액을 환급받을 수 있다(특례규정 §6 ②).

① 세액상당액을 포함한 1회 거래가액이 70만 원(2023. 12. 31. 이전 환급분까지는 50만 원) 미만일 것

② 입국 후 즉시환급을 받은 세액상당액을 포함한 총 거래가액이 250만 원 이하일 것
㉠ 2020. 3. 31.까지 구입분 중 "①"의 경우 30만 원, "②"의 경우 100만 원 이하였다.
㉡ 위 "②"의 250만 원 적용은 2022. 4. 1. 이후 구입분부터 적용한다.

나. 부가가치세의 신고

면세판매자가 즉시환급함에 따라 부가가치세 영세율을 적용받으려는 경우에는 면세물품을 판매하는 날이 속하는 과세기간의 과세표준과 납부세액 또는 환급세액을 관할 세무서장에게 신고할 때 기획재정부령으로 정하는 외국인 관광객 즉시환급 물품 판매실적명세서를 첨부하여 제출하여야 한다(특례규정 §11 ⑤).

다. 개별소비세의 환급신청

면세판매자가 개별소비세액을 환급받고자 하는 경우에는 즉시환급 전자판매확인서를 발급하거나 판매확인서 또는 환급·송금증명서를 송부받은 날이 속하는 달의 다음 달 말일까지 개별소비세 환급신청서에 다음에 해당하는 서류를 첨부하여 제출하여야 한다. 다만, "①"에 해당하는 경우로서 부득이한 사유로 송금증명서를 첨부할 수 없는 때에는 국세청장이 정하는 서류로써 이에 갈음할 수 있다.

① 세액상당액을 외국인 관광객에게 송금한 경우에는 판매확인서 및 송금증명서

② 환급창구운영사업자를 통하여 환급 또는 송금한 경우에는 판매확인서 및 환급·송금증명서. 다만, 면세판매자가 제10조의4 제5항에 따라 환급창구운영사업자로부터 환급·송금증명서를 전송받은 경우에는 면세물품 판매 및 환급실적명세서를 말한다.

③ 외국인 관광객에게 즉시환급을 한 경우에는 즉시환급 전자판매확인서

개별소비세 환급신청서를 받은 관할 세무서장은 환급신청을 받은 날로부터 20일 이내에 면세판매자에게 개별소비세를 환급하여야 한다. 이 경우 납부할 세액이 있는 때에는 이를 공제한다.

그 밖에 특례규정 제3조 제1항 제1호 단서에 해당하는 물품의 면세판매자가 동 규정 제7조 제2항에 해당하는 경우에는 면세물품을 판매한 날로부터 3월이 되는 날이 속하는 달의 다음 달 말일까지 개별소비세의 과세표준과 세액을 신고·납부하여야 한다(특례규정 §12).

라. 그 밖의 행정사항 등

- 면세판매자가 외국인 관광객에게 즉시환급하여 물품을 판매하는 경우에는 여권을 확인하고 정보통신망을 이용하여 전자적 방식의 외국인 관광객 즉시환급용 물품판매확인서(이하 "즉시환급 전자판매확인서"라 한다)를 출국항 관할 세관장에게 전송하여야 한다(특례규정 §8 ④).
- 면세판매자가 세액상당액을 즉시환급하는 경우 해당 세액상당액에서 환급에 따른 제비용 등으로서 환급창구운영사업자가 제10조의2 제2항에 따라 국세청장의 승인을 얻은 금액을 공제할 수 있다(특례규정 §6 ④).

3) 환급적용 배제

외국인 관광객이 입국 후 특례규정 제6조 제1항 또는 제2항(부가가치세 영세율 적용 및 개별소비세액의 환급)에 따라 면세물품을 구입한 날부터 3개월(이하 이 항에서 "면세물품반출기간"이라 한다) 이내에 국외로 반출하지 아니한 물품이 있는 경우에는 그 면세물품반출기간 후에 구입하는 면세물품에 대해서는 해당 면세물품에 대한 개별소비세액을 환급받을 수 없다(특례규정 §6 ③).

12 외국사업자에 대한 부가가치세 환급

(1) 개 요

외국인사업자가 우리나라에서 사업상 목적으로 각종 재화 또는 용역을 공급받는 경우 국내사업자등록이 없으므로 국내에서 부담한 매입세액을 공제받을 수 없는 것이나, 독일 등 주요 EU국가에서 상호주의에 의해 부가가치세를 환급해 주고 있는 점을 감안해 상호주의를 적용하여 1997. 7. 1.부터 국내사업장이 없는 외국사업자(외국법인과 비거주자)가 사업과 관련하여 국내에서 재화 또는 용역을 구입하거나 제공받는 경우 부담한 부가가치세를 환급하여 주는 제도를 시행하고 있다(조특법 §107 ⑥).

(2) 적용 요건

1) 부가가치세 환급대상 외국사업자의 정의

국내사업장이 없이 외국에서 사업을 영위하는 외국법인과 비거주자를 의미하는 것이므로 사업자임이 증명되는 경우 외국에서 영위하는 사업이 우리나라의 「부가가치세법」

상 면세사업인지 또는 사업의 종류가 무엇인지에 관계없이 해당 외국사업자가 국내에서 사업상 공급받은 재화나 용역에 관련된 부가가치세를 환급할 수 있으며(재소비 46015-97, 2000. 3. 6.), 국내에 사업장이 있는 외국법인이 국내에 단순히 연락업무 등만을 수행하는 연락사무소를 별도로 갖고 있는 경우 해당 국내연락사무소의 운영, 유지, 관리에 따른 매입세액은 해당 국내사업장의 매출세액에서 공제받을 수 있으므로 동 규정에 의한 환급은 불가하다(부가 46015-1651, 1999. 6. 11.).

2) 환급대상 재화 또는 용역

다음에 해당하는 재화 또는 용역을 국내에서 제공받은 것에 한한다.

① 음식·숙박용역

② 광고용역

③ 전력·통신용역

④ 부동산임대용역

⑤ 외국사업자의 국내사무소의 운영 및 유지에 필요한 다음의 재화 또는 용역으로서 부가법 제39조 제1항 제2호부터 제7호까지의 규정에 따라 매입세액이 공제되지 아니한 것을 제외한다.

i. 국내사무소용 건물·구축물 및 해당 건물·구축물의 수리용역

ii. 사무용 기구·비품 및 해당 기구·비품의 임대용역

3) 상호면세주의 적용

외국사업자에 대한 부가가치세 환급은 해당 외국에서 우리나라의 부가가치세 또는 이와 유사한 성질의 조세를 환급하거나 우리나라의 부가가치세 또는 유사한 성질의 조세가 없는 경우에만 적용한다(조특법 §107 ⑧).

구 분	예 시
상호주의에 따라 우리나라 사업자에게 부가가치세를 환급해 주는 국가	네덜란드, 노르웨이, 덴마크, 독일, 룩셈부르크, 벨기에, 스웨덴, 아이슬란드, 아일랜드, 영국, 오스트리아, 일본, 캐나다, 프랑스, 핀란드, 호주 등
부가가치세 제도가 없는 국가	미국, 베트남, 사우디아라비아, 이란, 인도, 쿠웨이트, 홍콩 등

4) 일정금액 이하는 환급하지 아니함

해당 외국사업자의 한 해(1월 1일부터 12월 31일까지로 한다)의 환급금액이 30만 원

이하인 경우에는 이를 환급하지 아니한다(조특법 §107 ⑥, 조특령 §107 ⑤, 조특규칙 §49 ①).

(3) 부가가치세의 환급신청 방법

① 환급대상기간 및 범위: 매년 1월 1일부터 12월 31일까지 공급받은 재화 또는 용역에 대한 부가가치세액

② 신청기한: 환급받고자 하는 환급대상기간의 다음해 6월 30일까지 신청하여야 하며, 환급신청기한을 경과하여 환급신청한 경우에는 부가가치세를 환급받을 수 없다(심사 부가 2001-79, 2001. 5. 11.).

③ 신청관서: 지방국세청장(부가가치세과장)

④ 신청권자: 직접 또는 세무사 · 공인회계사 그 밖의 부가가치세 환급업무를 전문으로 하는 자로서 대리인으로 선정된 자를 통하여 신청

⑤ 환급신청서 등의 제출

부가가치세를 환급받고자 하는 외국사업자는 "외국사업자 거래내역서 및 부가가치세 환급신청서"에 다음의 구비서류를 제출하여야 한다. 이때 외국사업자는 "외국사업자 거래내역서 및 부가가치세환급신청서"상에 거래내역을 공급자의 사업자등록번호순으로 기재하고 기재란을 초과하는 경우에는 "외국사업자 거래내역서"를 별지 작성하여 함께 제출하여야 한다(조특령 §107 ②, 국세청고시 제2022-14호, 2022. 5. 25.).

㉠ 사업자증명원(영문표기 또는 한글표기에 한한다) 1부

㉡ 거래내역서 1부

㉢ 세금계산서 원본(부가법 제32조의2 제3항에 따라 신용카드매출전표 등에 공급받는 자와 부가가치세액을 별도로 기재하고 확인한 것을 포함한다)

㉣ 대리인을 통하여 신청하는 경우 그 위임장

㉤ 질문표

㉥ 해당 외국사업자의 사용인이 재화나 용역을 공급받고 발급받은 세금계산서 등이 해당 외국사업자의 사업과 관련된 것임을 증명할 수 있는 서류 등

(4) 공제받을 수 있는 세금계산서의 범위 및 매출처별세금계산서합계표의 구분표시

1) 공제받을 수 있는 세금계산서의 범위

① 외국사업자가 부가법 제8조의 규정에 의하여 납세의무자로 등록한 사업자(간이과

세자는 제외)로부터 환급대상 재화 또는 용역을 공급받고 발급받은 부가법 제32조에 규정하는 세금계산서를 말한다.

② 위 "①"에 따른 세금계산서에는 일반과세자가 재화 또는 용역을 공급하고 부가법 제46조 제3항의 규정에 의해 부가가치세액이 별도로 구분 가능한 신용카드매출전표 등을 발급한 경우 그 신용카드매출전표 등을 포함한다.

③ 부가법 제8조에 따라 납세의무자로 등록한 사업자가 외국사업자에게 이 법에서 정한 환급대상 재화 또는 용역을 공급함에 있어서 해당 외국사업자로부터 세금계산서의 발급을 요구받은 때에는 이를 발급하여야 한다(조특규칙 §49 ②).

2) 매출처별세금계산서합계표의 구분표시

외국사업자에게 재화 또는 용역을 공급하고 해당 외국사업자의 요구에 의하여 세금계산서를 교부한 사업자는 부가가치세 신고 시 작성·제출하는 매출처별세금계산서합계표의 주민등록번호발행분 란에 해당 외국사업자에게 발급한 세금계산서 금액을 합계하여 기재하고, 외국사업자별로 매출처별명세를 작성하여야 한다.

(5) 부가가치세의 환급

1) 환급절차

환급신청을 받은 서울지방국세청장은 신청일이 속하는 연도의 12월 31일까지 거래내역을 확인한 후 해당 거래와 관련된 부가가치세를 외국사업자에게 환급하여야 한다. 구체적인 국세청 내부처리절차는 외국사업자에 대한 부가가치세 환급관리규정(국세청고시 제2022-14호, 2022. 5. 25.) 제8조에서 규정하고 있다(조특령 §107 ③).

① 외국사업자로부터 부가가치세 환급신청을 받은 지방국세청장(부가가치세과장)은 해당 재화나 용역을 공급한 사업장 관할 세무서장에게 별지 제4호 서식의 거래사실조회(회보)서에 의하여 거래사실을 조회할 수 있다.

② 지방국세청장(부가가치세과장)으로부터 거래사실조회를 받은 세무서장은 해당 조회의뢰를 받은 날로부터 30일 내에 그 결과를 지방국세청장(부가가치세과장)에게 회보하여야 한다. 이 경우 관할 세무서장은 해당 재화나 용역을 공급한 사업자가 제출한 부가가치세신고서 및 매출처별세금계산서합계표 등에 의하여 해당 세금계산서의 진위 여부를 확인하되, 이에 대한 확인이 불가능한 때에는 해당 재화나 용역을 공급한 사업자에 대하여 그 거래사실을 직접 확인할 수 있다.

③ 외국사업자에 대한 부가가치세 환급금 지급 관련 소관 세무서장은 남대문세무서장

(체납징세과장)으로 한다.

④ 서울지방국세청장(부가가치세과장)은 거래내역이 확인된 환급신청분에 대하여는 국세환급금 통보대상자명단을 작성하여 남대문세무서장(체납징세과장)에게 통보하여야 한다.

⑤ 남대문세무서장(체납징세과장)은 서울지방국세청장(부가가치세과장)으로부터 통보받은 국세환급금통보대상자에 대하여 국세환급금 결정결의를 하고 국세환급금을 환급신청자인 외국사업자 또는 그 대리인에게 지급하여야 한다.

2) 환급통지 및 환급거부

① 남대문세무서장(체납징세과장)은 국세환급금송금통지서에 의해 본인 또는 대리인에게 환급내역을 통지하여야 한다.

② 서울지방국세청장(부가가치세과장)은 외국사업자의 환급신청내용이 정당하지 아니하여 환급하지 아니하는 경우에는 환급불가사유를 본인 또는 그 대리인에게 서면으로 통지하여야 한다.

3) 송금비용 등의 공제

남대문세무서장은 환급세액을 외화로 직접 송금할 때에는 해당 세액상당액에서 송금에 따른 제비용(환전 및 송금수수료, 우편요금 등)을 공제할 수 있다.

(6) 서류의 반환

외국사업자가 위 "(5)"에 의한 환급일 이후 6월 이내에 환급신청 시 제출한 세금계산서 원본의 반환을 신청한 때에는 이를 반환하여야 한다(조특령 §107 ④).

13 외교관 등에 대한 부가가치세 환급

(1) 개 요

우리나라에 주재하는 "외교관 등"이 외교관면세점으로부터 재화 또는 용역(「부가가치세법」에 따라 영세율을 적용받는 재화 또는 용역은 제외한다)을 구입하거나 제공받는 경우에 부담하는 부가가치세는 연간 200만 원(2019. 1. 1. 이후 공급분부터 적용, 종전은 100만 원)을 한도로 하여 그 외교관 등에게 환급할 수 있다. 이때 부가가치세의 환급은 해당 외국에서 우리나라의 사업자·외교관 또는 외교사절에게 동일하게 환급하는 경우에만 적용한다(조특법 §107 ⑦, ⑧).

1) 외교관 등

"외교관 등"이란 우리나라에 상주하는 외교공관, 영사기관(명예영사관원을 장으로 하는 영사기관은 제외한다), 국제연합과 이에 준하는 국제기구(우리나라가 당사국인 조약과 그 밖의 국내법령에 따라 특권과 면제를 부여받을 수 있는 경우에 한한다)의 소속 직원으로 해당 국가로부터 공무원 신분을 부여받은 자 또는 외교부장관으로부터 이에 준하는 신분임을 확인받은 자 중 내국인이 아닌 자(이하 "외교관 등"이라 한다)를 말한다(조특령 §108 ①).

2) 외교관면세점

"외교관면세점"이란 국세청장이 정하는 바에 따라 관할 세무서장의 지정을 받은 사업장(「개별소비세법 시행령」 제28조의 규정에 의하여 지정을 받은 판매장을 포함한다)을 말한다.

(2) 절 차

① 외교관면세점이 외교관 등에게 재화 또는 용역을 공급하는 경우 외교관 등에게 영수증을 발급한다.

② 재화 또는 용역을 공급받은 외교관 등이 그 재화 또는 용역과 관련된 부가가치세를 환급받고자 하는 경우에는 환급신청서와 함께 외교관면세점에서 발급받은 영수증 1매를 외교부장관에게 제출하여야 한다(조특령 §108 ③).

③ 외교부장관은 외교관 등이 제출한 환급신청서 내용을 확인하고 「조세특례제한법」 제107조 제7항에 규정하는 금액을 한도(연간 200만 원)로 하여 영수증에 기재된 부가가치세액을 국세청장에게 지급할 것을 요청할 수 있다(조특령 §108 ④).

④ 위 "③"에 따라 외교부장관의 지급요청을 받은 국세청장은 관할 세무서장에게 해당 금액의 지급을 명할 수 있고, 국세청장의 지급명령을 받은 관할 세무서장은 해당 금액을 외교부장관에게 지급해야 한다(조특령 §108 ⑤).

⑤ 위 "④"에 따라 해당 금액을 지급받은 외교부장관은 위 "③"에 따라 확인한 금액을 외교관 등에게 지급할 수 있다(조특령 §108 ⑤).

이상은 2011. 4. 1. 이후 공급하거나 공급하는 분부터 적용한다(조특령 §108).

| 외교관 면세에 따른 환급 절차 |

외교관
(외교공관)
③ 환급신청
⑦ 환급금 지급
외교부
(④ 적정 여부 검토)
⑤ 환급금 신청
⑥ 환급금 지급
국세청
① 물품판매
② 영수증 발급
⑧ 부가가치세
신고 · 납부
외교관
면세점

(3) 부가가치세 신고 방법

2011. 4. 1. 이후 외교관면세점이 외교관 등에게 공급한 재화 또는 용역에 대한 부가가치세 신고 · 납부는 일반세율이 적용되는 재화 또는 용역을 공급하는 사업자와 동일하게 이행하여야 한다.

다만, 2011. 3. 31. 이전에는 외교관면세점이 외교관 등에게 직접 부가가치세액을 환급해 주었으므로 그 부가가치세를 환급한 날이 속하는 과세기간에 대한 부가가치세 신고 시 외교관 등에게 환급한 재화의 공급가액과 부가가치세액을 과세되는 과세표준과 세액에서 차감하고 영세율과세표준에 가산하여 신고하였다.

(4) 세금계산서의 발급

외교관 등은 비거주자에 해당하지 아니하여 세금계산서 또는 영수증의 발급의무가 있다.

(5) 영세율 첨부서류

외교관 면세판매기록표를 첨부한다.

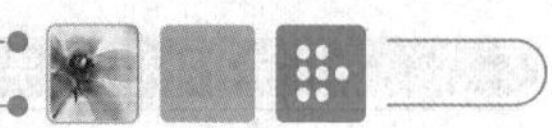

14 | 외국인 관광객에 대한 숙박용역 부가가치세 특례

(1) 개 요

관광산업 활성화를 위하여 외국인 관광객 등이 2018. 1. 10.부터 2025. 12. 31.까지 특례적용관광시설에서 30일 이하의 숙박용역(이하 "환급대상 숙박용역"이라 한다)을 공급받은 경우에는 해당 환급대상 숙박용역에 대한 부가가치세액을 환급받을 수 있다(조특법 §107의2 ①).

1) 외국인 관광객 등

외국인 관광객 등이란 「외국인 관광객 등에 대한 부가가치세 및 개별소비세 특례규정」 제2조 제1항에 따른 외국인 관광객을 말한다(조특령 §109의2 ①).

2) 특례적용관광숙박시설

부가가치세 환급을 받을 수 있는 특례적용관광숙박시설이란, 다음의 요건을 모두 갖춘 관광숙박시설로서 문화체육관광부장관이 정하여 고시한 관광숙박시설을 말한다(조특령 §109의2 ②).

가. 호텔업 및 휴양콘도미니엄업

관광진흥법 제3조 제1항 제2호 가목에 따른 호텔업 및 같은 호 나목에 따른 휴양콘도미니엄업의 시설

나. 공급가액 기준

해당 관광숙박시설의 외국인관광객 등에 대한 숙박용역의 객실 종류별 공급가액 평균을 해당 관광숙박시설의 전년 또는 전전 연도(2022년에 숙박용역을 공급하는 경우에는 직전 4개 연도 중 1개 연도)의 같은 기간별 외국인관광객 등에 대한 숙박용역의 객실 종류별 공급가액 평균의 100분의 110보다 높게 공급하지 아니하는 관광숙박시설

(2) 숙박용역 제공 및 신고·공제 절차

1) 숙박용역 제공 시 숙박용역공급확인서 발급

특례적용관광숙박시설 사업자가 외국인 관광객 등에게 숙박용역을 공급한 때에는 숙박용역을 공급받은 외국인 관광객 등에게 그 숙박용역 공급 사실을 증명하는 서류인

"숙박용역공급확인서" 2부를 교부하여야 한다.

다만, 특례적용관광숙박시설 사업자가 외국인 관광객 등이 숙박용역을 공급받은 때에 부담한 부가가치세액을 환급하는 사업을 영위하는 자(「외국인 관광객 등에 대한 부가가치세 및 개별소비세 특례규정」 제5조의2를 준용하여 지정한 자를 말하며, 이하 "환급창구운영사업자"라 한다)에게 정보통신망을 이용하여 전자적 방식의 숙박용역공급확인서(이하 "전자숙박용역공급확인서"라 한다)를 전송한 경우에는 숙박용역공급확인서를 교부하지 아니할 수 있다(조특령 §109의2 ③).

2) 숙박용역 환급창구운영사업자의 환급업무 대행

외국인 관광객 등은 특례적용관광숙박시설에서 숙박용역을 공급받은 경우 해당 숙박용역에 따른 부가가치세액을 환급창구운영사업자로부터 환급받을 수 있다. 이 경우 환급창구운영사업자의 부가가치세액의 환급에 관하여는 「외국인 관광객 등에 대한 부가가치세 및 개별소비세 특례규정」 제6조 제2항 · 제3항 및 제10조의2를 준용하되, "면세물품을 구입하는 경우" 또는 "면세물품을 구입한 때"는 "숙박용역을 공급받은 때"로 본다(조특령 §109의2 ④).

3) 환급증명서의 송부

위 "2)"에 따라 외국인 관광객 등에게 세액상당액을 환급한 환급창구운영사업자는 기획재정부령으로 정하는 환급사실을 증명하는 서류인 "환급증명서"를 특례적용관광숙박시설 사업자에게 송부하여야 한다(조특령 §109의2 ⑤).

4) 특례적용관광숙박시설 사업자의 부가가치세액 공제

특례적용관광숙박시설 사업자는 외국인 관광객이 숙박용역을 공급받은 날로부터 3월 이내에 부가가치세액을 환급받은 사실이 위 "3)"에 따라 확인되는 경우에는 해당 부가가치세액을 공제받을 수 있다(조특령 §109의2 ⑥).

5) 특례적용관광숙박시설 사업자의 부가가치세 신고 및 첨부서류 제출

특례적용관광숙박시설 사업자가 위 "4)"에 따라 부가가치세액을 공제받으려는 경우에는 환급증명서를 송부받은 날이 속하는 과세기간의 과세표준과 납부세액 또는 환급세액을 관할 세무서장에게 신고할 때에 외국인 관광객 숙박용역 환급실적명세서를 첨부하여 제출하여야 한다(조특령 §109의2 ⑦).

(3) 부당환급에 대한 부가가치세액의 징수

특례적용관광숙박시설 관할 세무서장은 위 "(1)"에 따른 환급대상이 아닌 숙박용역에 대하여 외국인 관광객 등이 부가가치세를 환급받은 경우에는 특례적용관광시설 사업자에게 부가가치세액을 징수하여야 한다(조특법 §107의2 ②, 조특령 §109의2 ⑨·⑩).

1) 대통령령으로 정하는 방법

부가가치세액을 징수할 경우 그 세액의 결정과 징수 등에 관하여는 부가법 제57조(결정과 경정), 제58조(징수) 및 제60조(가산세)를 따른다.

2) 대통령령으로 정하는 자

해당 외국인 관광객 등에게 숙박용역을 공급한 특례적용관광숙박시설 사업자를 말한다.

(4) 부가가치세 공제 등의 배제

다음의 어느 하나에 해당하는 경우에는 특례적용관광숙박시설 사업자가 납부할 부가가치세액에서 위 "(2)"에 따라 외국인 관광객 등이 환급받은 해당 부가가치세액을 공제하지 아니한다(조특령 §109의2 ⑧).

1) 숙박요금을 평균보다 높게 공급한 경우

특례적용관광숙박시설 사업자는 해당 시설의 외국인 관광객 등에 대한 숙박용역의 객실 종류별 공급가액 평균을 해당 시설의 전년 또는 전전연도 같은 기간별 외국인 관광객 등에 대한 숙박용역의 객실 종류별 공급가액 평균의 100분의 110보다 높게 공급하는 경우에는 외국인 관광객 등이 환급받은 부가가치세 상당액을 공제하지 아니한다.

2) 숙박용역 공급확인서의 허위발급

특례적용관광숙박시설 사업자가 외국인 관광객에게 숙박용역공급확인서를 허위로 적어 교부한 경우 외국인 관광객 등이 환급받은 부가가치세 상당액을 공제하지 아니한다.

(5) 그 밖의 행정사항

1) 부정환급 방지를 위한 명령

국세청장, 관할 지방국세청장 또는 관할 세무서장은 부정환급 방지를 위하여 필요하다고 인정하면 특례적용관광시설에 대하여 필요한 명령을 할 수 있다(조특법 §107의2 ③).

2) 그 밖의 절차

문화체육관광부장관은 환급대상 숙박용역에 대한 부가가치세액 환급을 위하여 필요한 경우 「출입국관리법」 제28조에 따른 외국인 관광객의 출국기록을 법무부장관에게 요청할 수 있다. 이 경우 요청을 받은 법무부장관은 정당한 사유가 없으면 이에 따라야 한다(조특령 §109의2 ⑪).

15 외국인 관광객 미용성형 의료용역에 대한 부가가치세 환급 특례

(1) 개 요

의료관광 활성화 등을 위하여 외국인 관광객이 「의료해외진출 및 외국인 환자 유치지원에 관한 법률」 제6조 제1항에 따라 보건복지부장관에게 등록한 특례적용의료기관에서 2016. 4. 1.부터 2025. 12. 31.까지 공급받은 환급대상 의료용역에 대해서는 해당 환급대상 의료용역에 대한 부가가치세액을 환급할 수 있다(조특법 §107의3 ①).

1) 외국인 관광객

미용성형 의료용역 등 환급대상 의료용역에 대한 환급대상이 되는 "대통령령으로 정하는 외국인 관광객"이란 「외국인 관광객 등에 대한 부가가치세 및 개별소비세 특례규정」 제2조 제1항에 따른 외국인 관광객을 말한다(조특령 §109의3 ①).

2) 특례적용대상 의료용역

환급대상이 되는 특례적용대상 의료용역이란 다음의 어느 하나에 따라 공급받는 의료용역으로서 특례적용의료기관에서 공급받는 의료용역 중 부가령 제35조 제1호 각목 외의 부분단서에 따라 부가가치세가 과세되는 의료용역을 말한다(조특령 §109의3 ②).

㉠ 「의료 해외진출 및 외국인 환자 유치 지원에 관한 법률」 제6조 제1항에 따라 등록한 의료기관 또는 같은 조 제2항에 따라 등록한 외국인 환자 유치업자가 직접 외국인 관광객을 유치한 경우

㉡ 외국인 관광객이 직접 특례적용의료기관에 방문한 경우

3) 특례적용의료기관

「의료법」 제27조의2 제1항에 따라 보건복지부령으로 정하는 보증보험에 가입하고, 일정 이상의 자본금을 보유하는 등 요건을 갖추어 보건복지부장관에게 등록한 특례적용 의료기관을 말한다.

(2) 사후환급특례 적용대상 절차

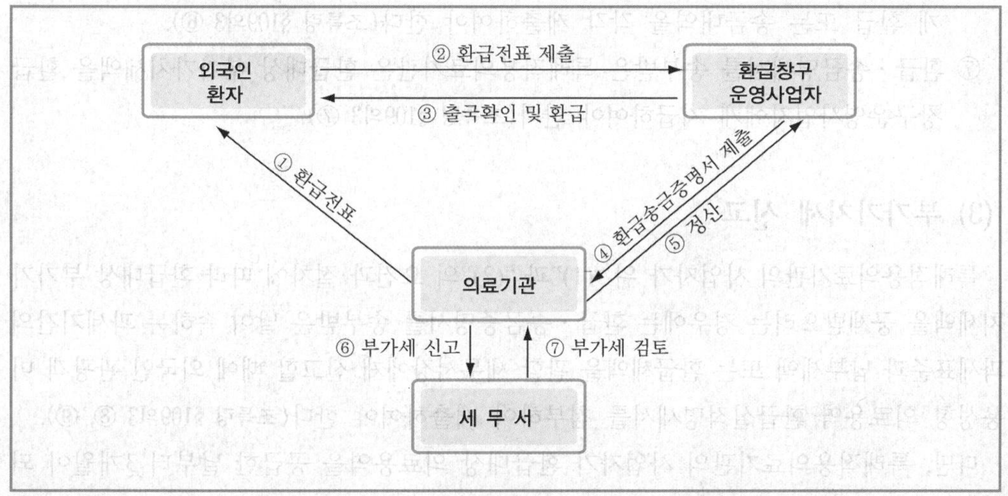

① 특례적용의료기관의 사업자는 외국인 관광객에게 환급대상 의료용역을 공급한 때에 의료용역공급확인서(환급전표)를 해당 외국인 관광객에게 교부하고, 외국인 관광객이 부담한 부가가치세액을 환급하는 사업을 영위하는 자(환급창구운영사업자)에게 정보통신망을 이용하여 전자적 방식으로 전송하여야 한다(조특법 §107의3 ②).

② 부가가치세를 환급받으려는 외국인 관광객은 환급대상 의료용역을 공급받은 날부터 3개월 이내에 환급창구운영사업자에게 해당 의료용역공급확인서를 제출하여야 한다(조특법 §107의3 ③).

③ 환급창구운영사업자의 요건과 지정절차는 「외국인 관광객 등에 대한 부가가치세 및 개별소비세 특례규정(이하 "외국인 관광객 등 특례규정"이라 한다)」 제5조의2를 준용하고 이 경우 "면세물품을 구입한 때"는 "환급대상 의료용역을 공급받은 때"로 본다(조특령 §109의3 ③).

④ 환급창구운영사업자의 부가가치세 환급에 관하여는 외국인 관광객 등 특례규정 제10조의2를 준용한다. 이 경우 "출국항 관할 세관장이 확인한 판매확인서"는 "의료용역공급확인서"로, "면세물품을 구입한 때"는 "환급대상 의료용역을 공급받은

때"로, "면세판매자"는 "특례적용의료기관"으로 본다(조특령 §109의3 ④).

⑤ 외국인 관광객이 환급대상의료용역을 공급받은 때 부담한 부가가치세액을 외국인 관광객에게 환급 또는 송금한 환급창구운영사업자는 외국인 관광객 등 특례규정 제10조의3에 따른 환급 또는 송금한 사실을 증명하는 서류인 환급·송금증명서를 특례적용의료기관에 송부하여야 한다(조특령 §109의3 ⑤).

⑥ 환급창구운영사업자는 외국인 관광객에게 환급대상 부가가치세를 환급 또는 송금한 날이 속하는 분기의 종료일의 다음 달 20일까지 국세청장과 보건복지부장관에게 환급 또는 송금내역을 각각 제출하여야 한다(조특령 §109의3 ⑥).

⑦ 환급·송금명세서를 송부받은 특례적용의료기관은 환급대상 부가가치세액을 환급창구운영사업자에게 지급하여야 한다(조특령 §109의3 ⑦).

(3) 부가가치세 신고

특례적용의료기관의 사업자가 위 "(1)"과 "(2)"의 요건과 절차에 따라 환급대상 부가가치세액을 공제받으려는 경우에는 환급·송금증명서를 송부받은 날이 속하는 과세기간의 과세표준과 납부세액 또는 환급세액을 관할 세무서장에게 신고할 때에 외국인 관광객 미용성형 의료용역 환급실적명세서를 첨부하여 제출하여야 한다(조특령 §109의3 ⑧, ⑨).

다만, 특례적용의료기관의 사업자가 환급대상 의료용역을 공급한 날부터 3개월이 되는 날이 속하는 달의 다음 달 20일까지 환급·송금증명서를 송부받지 못한 경우에는 환급대상 부가가치세액을 공제하지 아니하며, 특례적용의료기관의 사업자가 정당한 사유 없이 환급창구운영사업자에게 환급대상 부가가치세액을 지급하지 아니한 때에는 부가가치세 신고 시 공제받은 환급대상 부가가치세액을 납부세액에 가산하거나 환급세액에서 공제하여야 한다(조특령 §109의3 ⑩, ⑪).

※ 부가가치세신고서상 (14) 기타 공제매입세액(외국인관광객에 대한 환급세액)란에 기재한다.

(4) 부정환급자 등에 대한 제재

특례적용의료기관 관할 세무서장은 환급대상 의료용역이 아닌 의료용역에 대하여 외국인 관광객이 부가가치세를 환급받은 경우나 특례적용의료기관이 사실과 다른 의료용역공급확인서를 교부 또는 전송하는 등 아래의 사유에 해당하는 경우에는 해당 특례적용의료기관으로부터 해당 부가가치세액 및 가산세를 징수하여야 한다. 이 경우 부가가치세액의 결정과 징수 등에 관하여는 부가법 제57조, 제58조 및 제60조를 따른다(조특법

§107의3 ④, 조특령 §109의3 ⑫).

㉠ 특례적용의료기관이 사실과 다른 의료용역공급확인서를 교부 또는 전송하여 외국인 관광객이 부가가치세액을 환급받은 경우

㉡ 환급대상 의료용역에 해당하지 아니함에도 불구하고 특례적용의료기관이 의료용역공급확인서를 교부 또는 전송하여 외국인 관광객이 부가가치세액을 환급받은 경우

16 | 제주도 여행객에 대한 면세점 이용특례

(1) 개 요

제주특별자치도의 관광진흥과 지역경제발전을 위하여 제주특별자치도여행객이 「제주특별자치도 설치 및 국제자유도시 조성을 위한 특별법」 제255조에 따른 면세품판매장(이하 "지정면세점"이라 한다)에서 대통령령이 정하는 물품(이하 "면세물품"이라 한다)을 구입하여 제주도(濟州道) 외의 다른 지역으로 휴대하여 반출하는 경우에는 해당 물품에 대한 부가가치세, 개별소비세, 주세, 관세 및 담배소비세(이하 "부가가치세 등"이라 한다)를 면제한다(조특법 §121의13 ①).

(2) 영세율 적용범위

1) 제주특별자치도여행객의 범위

「조세특례제한법」 제121조의13 제1항에서 "대통령령으로 정하는 제주도여행객"이란 제주특별자치도에서 제주특별자치도 외의 지역으로 다음의 어느 하나에 해당하는 항공기 또는 선박에 의하여 출항하는 내국인 및 외국인(제주특별자치도에 주소 또는 거소를 두고 있는 자를 포함하며, 이하 "제주특별자치도여행객"이라 한다)을 말한다.

㉠ 「항공사업법」 제7조 또는 제10조에 따라 항공운송사업의 면허를 받거나 등록을 마친 자가 운항하는 항공기

㉡ 「해운법」 제4조에 따라 해상여객운송사업의 면허를 받은 자가 운항하는 여객선

2) 지정면세점 운영사업자

「제주특별자치도 설치 및 국제자유도시 조성을 위한 특별법」 제170조 제1항 제4호 가목에 따른 면세품판매장(이하 "지정면세점"이라 한다)을 운영하는 자는 같은 법 제250조에 따라 설립된 지방공사와 같은 법 제166조에 따라 설립된 제주국제자유도시개

발센터(이하 "면세점운영자"라 한다)가 된다(특례규정 §3).

3) 면세물품의 범위

상기 "(1)"에서 "대통령령으로 정하는 물품"이라 함은 다음에 해당하는 물품(이하 "면세물품"이라 한다)을 말한다(특례규정 §4, §4의2).

- 주류, 담배, 시계, 화장품, 향수, 핸드백, 지갑, 벨트, 선글라스, 과자류, 인삼류, 넥타이, 스카프, 신변장식용 액세서리, 문구류, 완구류, 라이터
- 기획재정부장관이 정하여 고시하는 신변잡화류, 그 밖에 제주특별자치도 조례가 정하는 물품(제주특별자치도지사는 면세물품을 정한 조례가 공포되는 때에는 즉시 기획재정부장관에게 통보하여야 한다)

4) 면세물품 판매 및 구입한도

지정면세점에서 판매할 수 있는 면세물품은 한 품목당 판매가격이 미합중국 화폐 800(2022. 12. 31.까지 공급분은 600)달러 이하의 것으로 한다(조특법 §121의13 ④, 특례규정 §5 ①).

또한, 제주도여행객이 지정면세점에서 구입할 수 있는 면세물품의 금액 한도는 1회당 미합중국 화폐 800(2022. 12. 31.까지 공급분은 600)달러 이하(1인)의 금액으로서 연도별로 6회까지 구입할 수 있다. 이 경우 2020. 4. 1. 이후 구입하는 아래 "5)"의 표에 있는 면세물품은 금액한도계산에서 제외한다(조특법 §121의13 ⑤·⑥, 특례규정 §5 ②).

5) 면세물품 종류별 구입수량 및 금액

면세주류의 경우에는 19세 이상인 제주특별자치도여행객 1인이 1회에, 면세담배의 경우에도 19세 이상인 제주특별자치도여행객 1인이 1회에 구입할 수 있는 구입수량은 아래와 같다(특례규정 §5 ③, §6).

<table>
<tr><td>주류</td><td colspan="3">2병</td><td>2병 합산하여 2리터 이하이고, 미합중국 화폐 400달러 이하로 한다.</td></tr>
<tr><td rowspan="6">담배</td><td colspan="2">궐 련</td><td>200개비</td><td rowspan="6">1회에 한 가지 종류로 한정한다.</td></tr>
<tr><td colspan="2">엽궐련</td><td>50개비</td></tr>
<tr><td rowspan="3">전자
담배</td><td>궐련형</td><td>200개비</td></tr>
<tr><td>니코틴용액</td><td>20밀리리터</td></tr>
<tr><td>기타유형</td><td>110그램</td></tr>
<tr><td colspan="2">그 밖의 담배</td><td>250그램</td></tr>
</table>

6) 지정면세점의 지위 및 혜택

지정면세점은 「관세법」 제174조에 따라 특허를 받은 보세판매장으로 보며, 이 경우 해당 보세판매장에서는 「관세법」 제196조 제1항에도 불구하고 제1항에 따라 제주도 외의 다른 지역으로 휴대하여 반출하는 면세물품을 판매할 수 있다. 또한, 사업자가 면세물품을 지정면세점에 공급하는 경우에는 부가가치세 등(부가가치세, 개별소비세, 주세 및 담배소비세)을 면제한다(조특법 §121의13 ②, ③).

(3) 면세물품공급 및 지정면세점의 운영 등

1) 면세물품의 공급 등(특례규정 §7)

① 외국물품은 지정면세점에 반입된 물품에 한하여 부가가치세 · 개별소비세 · 주세 · 관세 및 담배소비세(이하 "부가가치세 등"이라 한다)를 면제(부가가치세의 경우에는 영세율을 적용하는 것을 말한다. 이하 같다)한다.

② 사업자가 제조장에서 제조 · 가공한 물품(이하 "내국물품"이라 한다)을 지정면세점에 직접 반출한 경우에는 부가가치세 · 개별소비세 · 주세 및 담배소비세를 면제한다.

③ 지정면세점에 내국물품을 공급하는 사업자는 해당 내국물품의 공급과 관련하여 다음의 의무를 이행하여야 한다.

㉠ 부가법 제48조 및 제49조에 따라 부가가치세 과세표준과 납부세액 또는 환급세액을 신고하는 때에는 국세청장이 정하는 제주특별자치도여행객 면세점 공급실적 명세서에 해당 신고기간의 면세물품의 공급실적을 기록 · 작성하여 면세점운영자의 확인을 받아 사업장 관할 세무서장에게 제출하여야 한다.

㉡ 개별소비세 과세대상물품의 경우에는 「개별소비세법 시행령」 제26조, 주류의 경우에는 「주세법 시행령」 제30조 제1항 및 제2항, 담배의 경우에는 「지방세법」 제233조의 규정을 각각 준용하여 처리하여야 한다.

④ 면세점운영자는 "②"에 따라 부가가치세 및 주세가 면제된 주류를 지정면세점에 반입한 때에는 반입한 날부터 5일 이내에 국세청장이 정하는 제주특별자치도여행객 지정면세점 주류반입신고서를 관할 세무서장에게 제출하여야 한다.

2) 면세물품의 판매 및 인도절차 등(특례규정 §8)

① 면세점운영자가 제주특별자치도여행객에게 면세물품을 판매하는 때에는 주민등록증(신분을 확인할 수 있는 각종 신분증을 포함한다) 또는 여권 등에 의하여 해당 물품을 구입하는 자의 신분을 확인한 후 판매하여야 한다.

② 면세물품의 판매 및 인도절차 등에 관하여 필요한 사항은 「관세법 시행령」 제213조 제2항 및 제5항의 규정에 의하여 정한 보세판매장에서 판매하는 물품의 판매 및 인도방법, 반입·반출의 절차 등에 준하여 관세청장이 정한다.

③ "②"의 규정에 불구하고 내국물품의 판매 및 인도절차 등에 관하여 필요한 사항은 따로 국세청장이 정할 수 있다.

3) 면세 판매된 외국물품이 내국물품으로 되는 시기

외국물품(「수출용원재료에 대한 관세 등 환급에 관한 특례법」에 따라 관세 등이 환급되는 물품을 포함한다. 이하 같다)은 관세청장이 정하는 바에 따라 제주특별자치도여행객이 면세물품을 구매하는 때에 「관세법」 제241조에 따라 수입신고를 한 것으로 보고, 공항이나 항만에서 해당 물품을 구매한 제주특별자치도여행객에게 인도하는 때에 「관세법」 제248조의 규정에 의하여 수입신고가 수리되어 내국물품이 된 것으로 본다(특례규정 §9).

4) 부정유출자에 대한 감면세액의 징수

다음의 어느 하나에 해당하는 경우에는 외국물품은 관할 세관장이, 내국물품은 관할 세무서장이 감면받거나 환급받은 부가가치세·개별소비세·주세 및 관세를 그 행위를 한 자로부터 징수하여야 한다(특례규정 §10).

㉠ 지정면세점에서 타인의 명의로 면세물품을 구입하는 경우

㉡ 면세점운영자가 면세물품을 부정유출하는 경우

㉢ 제주특별자치도여행객이 면세물품을 타인에게 판매하는 경우

㉣ 제주특별자치도여행객으로부터 면세물품을 구입하는 경우(면세물품을 판매한 "㉢"의 여행객이 외국에 거주하는 외국인인 경우에 한한다)

5) 지정면세점의 설치 및 시설요건 등

지정면세점의 설치 및 시설요건 등에 관하여 필요한 사항은 관세청장이 정한다.

(4) 명령사항

제주특별자치도 세관장은 면세점운영자에 대하여 다음 각호에 관한 사항을 명할 수 있다.

㉠ 지정면세점의 표시

㉡ 제주특별자치도여행객이 알아야 할 사항에 관한 안내문의 게시 또는 고지

㉢ 납세보전상 필요한 서류의 제출 및 영업에 관한 보고

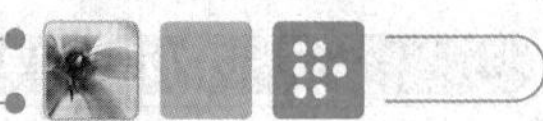

㉣ 그 밖에 지정면세점 관리 · 운영에 관하여 필요한 사항

(5) 부정구매자 등에 대한 지정면세점 이용제한

① 면세점운영자는 다음의 어느 하나에 해당하는 자(이하 "부정구매자 등"이라 한다)에 대하여는 해당 면세물품 구입일부터 1년간 지정면세점의 이용을 제한하여야 한다(특례규정 §14).
  ㉠ 타인의 명의로 면세물품을 구입한 자
  ㉡ 면세물품의 구입을 위하여 타인에게 명의를 대여한 자
  ㉢ 지정면세점에서 구입한 면세물품을 타인에게 판매한 자
  ㉣ 제주특별자치도여행객으로부터 면세물품을 구입한 자

② 면세점운영자는 부정구매자 등에 대한 인적사항 등을 기록 · 관리하여야 한다.

(6) 영세율 첨부서류

제주도 여행객이 제주도 지정면세점에서 면세물품을 구입하여 제주도 외의 지역으로 휴대반출하여 부가가치세 영세율이 적용되는 경우 지정면세점에 내국물품을 공급하는 사업자는 제주특별자치도여행객 면세점 공급실적 명세서를 제출하여야 하는 것이나, 제주도 지정면세점이 공급한 면세물품에 대하여는 영세율 첨부서류 제출에 대한 법령규정이 없어 일반 면세점과 같이 판매내역 등을 확인할 수 있는 서류를 제출하도록 규정하여 다른 사업자와의 형평을 유지하는 것이 옳다고 본다.

(7) 고유식별정보의 처리

면세점운영자는 다음 각호의 사무를 수행하기 위하여 불가피한 경우 「개인정보 보호법 시행령」 제19조 제1호, 제2호 또는 제4호에 따른 주민등록번호, 여권번호 또는 외국인등록번호가 포함된 자료를 처리할 수 있다.

① 면세물품 구입한도 관리에 관한 사무
② 연도별 면세물품 구입횟수 관리에 관한 사무
③ 위 "(2)"의 "4)"와 "5)"에 따른 면세물품 종류별 구입수량 관리에 관한 사무

17 입국경로에 설치된 보세판매장 등의 물품에 대한 간접세의 특례

(1) 보세판매장의 물품 공급에 대한 영세율 적용

「관세법」 제196조 제1항 제1호 단서(외국으로 반출하지 아니하더라도 관세법 시행령에서 정하는 바에 따라 외국에서 국내로 입국하는 자에게 물품을 인도하는 경우에는 해당 물품을 판매할 수 있다)에 따라 보세판매장에서 「관세법」 제196조 제4항 단서에 따른 물품(이하 "물품"이라 한다)을 판매하는 경우에는 그 물품에 대한 부가가치세 및 주세(이하 "부가가치세 등"이라 한다)를 면제(부가가치세의 경우는 영세율)한다.

공항 및 항만 등의 입국경로에 설치된 보세판매장에서 우리나라로 입국하는 자에게 물품을 판매하는 경우에도 그 물품에 대한 부가가치세 등을 면제한다(조특법 §121의14 ①·②, 관세법 §196 ②).

(2) 보세판매장으로 공급하는 내국물품에 대한 영세율 적용

사업자가 제조장에서 제조·가공한 「관세법」 제2조 제5호에 따른 물품(이하 "내국면세물품"이라 한다)을 위 "(1)"에 따른 보세판매장에 직접 공급한 경우에는 부가가치세 등을 면제한다(조특법 §121의14 ③, 조특령 §116의19 ①).

(3) 부가가치세 등의 면제 신청

해당 부가가치세 영세율을 적용받으려는 사업자는 부가법 제48조 및 제49조에 따라 부가가치세 과세표준과 납부세액 또는 환급세액을 신고하는 때에 국세청장이 정하는 보세판매장 공급실적 명세서에 해당 신고기간의 내국면세물품 공급실적을 기록·작성하여 「관세법」 제176조의2 제1항 단서에 따라 특허를 받은 자(보세판매장 운영자)의 확인을 받아 사업장 관할 세무서장에게 제출해야 하며, 주세를 면제받으려는 자는 「주세법 시행령」 제20조 제1항 및 제2항을 준용하여 해당 주류의 면세승인신청서를 관할 세무서장에게 제출해야 한다(조특법 §121의14 ②, 조특령 §116의19 ②·③).

(4) 사후관리

부가가치세 및 주세를 면제받는 물품이 다음의 어느 하나에 해당하는 경우에는 관할 세무서장이 감면받거나 환급받은 부가가치세 및 주세를 그 행위를 한 자로부터 징수하여야 한다(조특령 §116의19 ⑤).

① 보세판매장에서 타인의 명의로 물품을 구입하는 경우

② 보세판매장 운영자가 물품을 부정유통하는 경우

③ 국내 입국자가 구입한 물품을 타인에게 판매하는 경우

④ 국내 입국자로부터 내국물품을 구입하는 경우(물품을 판매한 “③”의 국내 입국자가 외국에 거주하는 외국인인 경우에 한정한다)

18 운송사업간이과세자가 구입하는 자동차에 대한 부가가치세 환급특례

(1) 환급특례대상자

다음에 해당하는 관할 세무서장은 「여객자동차 운수사업법」에 따른 여객자동차운송사업자로서 부가법 제61조 제1항에 따른 간이과세자(이하 “운송사업간이과세자”)가 해당 운송사업용으로 2025. 1. 1.부터 2027. 12. 31.까지 구입하는 자동차에 대하여 부담한 부가가치세액을 해당 운송사업간이과세자에게 환급할 수 있다(조특법 §105의3 ①).

① 아래 환급대행자를 통하여 환급을 신청하는 경우에는 환급대행자의 사업장 관할 세무서장

② 위 “①” 외의 경우에는 운송사업간이과세자의 사업장 관할 세무서장

아울러 운송사업간이과세자에게 자동차를 공급하는 사업자는 그 자동차를 구입하는 운송사업간이과세자가 세금계산서의 발급을 요구하면 부가법 제36조에도 불구하고 세금계산서를 발급하여야 한다(조특법 §105의3 ②).

(2) 환급신청 방법

위 “(1)”에 따라 환급을 받으려는 운송사업간이과세자는 사업장 관할 세무서장에게 직접 환급을 신청하거나 자동차를 제작 · 조립 또는 수입하는 자(이들로부터 자동차의 판매위탁을 받은 자를 포함한다) 및 환급대행자를 통하여 환급을 신청할 수 있다(조특법 §105의3 ③).

또한, 환급대행자는 환급을 신청한 자가 다음의 어느 하나에 해당하는 경우에는 관할

세무서장에게 이를 알려야 한다(조특법 §105의3 ④).

① 운송사업간이과세자가 아닌 것으로 판단되는 경우

② 거짓이나 그 밖의 부정한 방법으로 환급을 신청한 것으로 판단되는 경우

(3) 부당환급에 대한 환급세액 추징

관할 세무서장은 위 "(1)"에 따라 부가가치세액을 환급받은 운송사업간이과세자가 다음의 어느 하나에 해당하는 경우 또는 운송사업간이과세자에 해당하지 아니하는 자가 부가가치세액을 환급받은 경우에는 그 환급받은 부가가치세액과 이자상당액을 부가가치세로 추징한다(조특법 §105의3 ⑤).

① 위 "(1)"에 따라 부가가치세액을 환급받은 자동차를 본래의 용도에 사용하지 아니하거나 운송사업간이과세자 외의 자에게 양도한 경우. 다만, 「여객자동차 운수사업법」 제84조에 따른 연한을 넘은 자동차를 양도한 경우 및 그 밖에 대통령령으로 정하는 경우는 제외한다.

② 다음의 어느 하나에 해당하는 세금계산서에 따라 부가가치세를 환급받은 경우

- 재화의 공급 없이 발급된 세금계산서
- 재화를 공급한 사업장 외의 사업장 명의로 발급된 세금계산서
- 재화의 공급 시기가 속하는 과세기간에 대한 확정신고 기한 후에 발급된 세금계산서
- 정당하게 발급된 세금계산서를 해당 운송사업간이과세자가 임의로 수정한 세금계산서
- 그 밖에 사실과 다르게 적힌 세금계산서로서 대통령령으로 정하는 세금계산서

운송사업간이과세자가 위와 같은 사유로 부가가치세를 추징당한 경우에는 추징세액의 고지일부터 5년간 "(1)"에 따른 환급을 받을 수 없다(조특법 §105의3 ⑥).

(4) 일반과세자 전환 시 추가공제 불가

운송사업간이과세자가 부가법 제2조 제5호에 따른 일반과세자로 변경되는 경우에는 위 "(1)"에 따라 환급을 받은 자동차에 대하여 부가법 제38조의 매입세액공제 및 부가법 제44조의 재고품 등에 대한 매입세액공제 특례를 적용하지 아니한다(조특법 §105의3 ⑦).

IX 그 밖의 법령에 따른 수출

1 「자유무역지역의 지정 및 운영에 관한 법률」에 따른 간주수출

「자유무역지역의 지정 및 운영에 관한 법률」에 따라 입주기업체의 재화 또는 용역의 제공과 관련된 영세율 적용은 앞서 '그 밖의 재화의 수출로 보는 경우'에서 설명하였다.

2 북한으로 반출하는 재화 등에 대한 수출간주

(1) 남북교역의 개념

남북교역이란 남한과 북한 간의 민족 간 내부거래로서 수출·수입이라는 용어 대신 물품의 반출·반입이라는 용어를 사용한다.

반출·반입이라 함은 매매, 교환, 임대차, 사용대차, 증여 등을 원인으로 하는 남한과 북한과의 물품의 이동(단순히 제3국을 경유하는 물품의 이동도 포함)을 의미한다. 따라서 제3국산 물품이라 하더라도 남북 간을 이동할 경우에는 남북교역(반출입)에 해당되며, 북한산 물품이 제3국으로 수출되어 남한으로 수입되는 경우는 대외무역(수입)에 해당된다.

(2) 남북교역 절차

1) 주요개념

가. 남북교역의 당사자

남북교역(북한과 제3국간 물품의 중계무역 포함)을 할 수 있는 자는 국가기관, 지방자치단체, 정부투자기관과 무역업 고유번호가 부여된 업체(관계자)가 추진할 수 있으며, 통일부장관은 특히 필요하다고 인정할 때에는 남북교류협력추진협의회의 의결을 거쳐 교역 당사자 중 특정한 자를 지정하여 교역을 하게 할 수 있다.

나. 반출 승인

반출 승인을 요하는 품목에 대해서는 통일부장관의 승인을 받아야 하며, 승인받은 사항을 변경하고자 할 경우에도 이와 같다.

반출품목은 대부분 반출포괄승인품목으로 되어 있어 개별적인 승인없이도 반출이 이루어지기 때문에 반출신고 시 세관에 동 물품이 북한에 반출(제3국 단순 경유 포함)되는 것임을 명백히 한다.

※ 반출·반입 승인을 받지 않고 물품 등을 반출하거나 반입하면 3년 이하의 징역 또는 3천만 원 이하의 벌금에 처함(남북교류협력에 관한 법률 §27).

다. 반입 승인

반입 승인을 요하는 품목에 대해서는 통일부장관의 승인을 받아야 하며, 승인받은 사항을 변경하고자 할 경우에도 이와 같다.

통일부는 해당 품목의 과다공급에 따른 국내시장 교란 가능성, 국내 생산자 보호 측면에 대한 고려, 반입가격의 적정성, 남북교역의 안정적인 확대, 발전에 대한 기여 가능성, 그 밖의 남북관계 개선에 미치는 영향 등을 종합적으로 검토하여 승인 여부를 결정한다.

라. 반출입 승인

반출·반입이 연계되어 교역이 이루어지는 경우로서 대응물품이 승인을 요하는 품목인 때에는 반출입 승인 신청을 한다.

- 반출입 혼합거래의 형태로는 연계교역에 의한 반출입(물물교환, 구상무역, 대응구매)과 중계교역에 의한 반출입이 있다.
- 연계교역에 의한 반출입 승인은 반출과 반입이 연계된 하나의 계약서로 가능하며, 별도의 계약서로 작성할 경우에는 2개의 계약을 연계시키는 의정서(protocol)가 있어야 한다.

마. 교역보고

대북 반출, 반입, 반출입 교역에 대한 교역보고서를 제출하여야 한다.

반입 승인 신청서류

- 북한물품 반입승인신청서(소정양식) 5부
- 반입계약서 또는 물품매도확약서(offer sheet) 1부

(간접교역의 경우 중개인과 북한 거래당사자 간의 계약서 포함)

- 반입대행계약서 1부(반입자와 위탁자가 다른 경우)
- 특정물품취급 면허증 사본 1부(해당자)
- 통일부장관이 필요하다고 인정하는 서류
  (무역업 고유번호부여서 사본, 사업자등록증 사본, 북한물품반입관련내역서(소정 양식), 북한주민접촉승인서 사본 및 접촉결과보고서 각 1부 등)
- 반출입 승인 신청서류
- 반출입 승인 신청서 5부
- 반출/반입계약서 1부(하나의 계약서)
  (별도의 계약서로 작성할 경우에는 2개의 계약을 연계시키는 의정서(protocol) 추가)
- 이행보증 또는 환급보증(필요한 경우)
- 그 밖의 통일부장관이 필요하다고 인정하는 서류(반입과 동일)

2) 교역 절차

① 북한주민접촉 신고(필요시 북한 방문 승인 신청)
② 거래를 위한 접촉 · 상담(접촉 · 방문 승인 시 부여된 조건에 따라 결과 보고)
③ 계약체결 또는 물품매도확약서(offer sheet) 접수
④ 반출입 승인(승인대상품목)[예비검토 · 남북협회승인 · 통보: 통일부]
⑤ 대금결제, 화물수송, 원산지 확인
⑥ 남북교역물품의 통관
⑦ 대금결제 및 관세환급
⑧ 교역보고(반출입 승인 시 부여된 조건에 따라 결과보고)

3) 북한 물품 반입 관련 규정

북한에서 반입되는 북한산 물품은 국내거래로 간주되어 원칙적으로 관세가 과세되지 않는 것이나 관세 외 부가가치세 등 그 밖의 내국세는 과세된다(북한산물품이 아닌 외국물품은 관세가 과세됨).

또한 북한에서 반입되는 물품은 「남북교류협력에 관한 법률」, 같은 법 시행령, 같은 법 시행규칙, 「남 · 북한교역대상물품 및 반출 · 반입승인절차에 관한 고시(통일부고시)」, 「남북교역물품의 원산지 확인에 관한 고시(통일부고시)」, 「남북교역물품통관관리에 관한 고시(관세청고시)」 등에서 정한 규정을 준수하여 우리나라로 반입되어야 한다.

동 법령 등은 '통일부 홈페이지(www.unikorea.go.kr) > 자료실 > 법령정보'에서 조회할 수 있다.

일반적인 북한 물품 반입 시(수입신고 시) 세관에 제출할 서류

가. 직반입된 물품의 경우

- 반입신고서(수입신고서로 갈음)
- 반입승인서(통일부의 승인을 요하는 품목의 경우)
  ※ 반입승인대상 여부 문의(통일부 남북교역팀 02-2100-5884~7)
- 가격신고서(Invoice, 보험증서 포함)
- 선하증권 사본
- 최근 2개월간의 선장확인 선박항해일지
- 원산지증명서(조선민족경제협력연합회 발행)
- 검사증(Weight, Quality)
- 식품의 경우 식품검사합격증 등 그 밖의 세관장이 필요하다 인정하는 서류

나. 제3국 단순경유 물품

- 직반입 시 제출서류에서 선하증권 사본, 선박항해일지를 아래와 같은 서류로 바꾸어 제출
  - 북한에서 경유국, 경유국에서 남한까지 선하증권 일체(국제화물운송증 등)
  - 제3국의 세관 등 권한있는 관공서가 발급한 단순경유증명서(미통관증명서, 환적증명서, 반송면장, 재수출원산지증명서 등)

다. 참고: 중국의 경우 단순경유 입증서류

- 내륙운송의 경우: 중국세관 발행 과경화물보관단
- 항공 및 해상운송의 경우: 중국세관 발행 진구화물재화청단 또는 외국화물전운준단
- 중국 내 보세구역 또는 보세창고에 일시보관 후 재반출되는 경우: 중국세관 발행 진(출)구화물보관단

(3) 위탁가공교역

가. 특징

북한의 저렴하고 질 좋은 노동력을 이용할 수 있고, 북한 측에서도 노동력을 활용하면서 투자부담 없이 외화획득이 가능하며 북한의 낙후된 경공업 분야 발전의 계기가 될 수 있다.

포괄적으로 승인한 반출입으로 보나, 시설재를 공급하는 위탁가공교역에 있어 기계·장치·설비 공급이 「반출·반입 승인대상 물품 및 승인 절차에 관한 고시」 제4조 제1항의

승인을 요하는 반출·반입에 해당할 경우 통일부장관의 승인을 받아야 한다.

나. 절차

① 위탁가공계약체결
② 반출입 승인신청(필요시)
③ 남한의 원부자재 반출 통관(제3국 원부자재 수입)
④ 북한으로의 운송
⑤ 북한 내 제조·가공
⑥ 가공제품 선적
⑦ 운송서류 입수
⑧ 위탁가공수수료 지급
⑨ 가공물품의 재반입 통관[반출입 승인변경(필요시)]
⑩ 재반입 보고[가공물품의 제3국 수출]
⑪ 수출대금 회수(당초 가공물품의 수출국이 정해진 경우에는 반입물품의 도착항란에 수출대상국(항구)을 표시하면 별도의 변경승인이 필요없다)

(4) 남북교역물품 등에 대한 세무처리

1) 관세 등

남한과 북한 간의 거래는 국가 간의 거래가 아닌 민족내부의 거래로 보며(남북교류협력에 관한 법률 §12), 물품 등의 반출이나 반입과 관련된 조세에 대하여는 「남북교류협력에 관한 법률」에서 정하는 바에 따라 조세의 부과·징수·감면 및 환급 등에 관한 법률을 준용한다.

다만, 원산지가 북한인 물품 등을 반입할 때에는 「관세법」에 따른 과세 규정과 다른 법률에 따른 수입부과금(輸入賦課金)에 관한 규정은 준용하지 아니한다(남북교류협력에 관한 법률 §26 ②).

※ 관세를 부과하지 않음.

2) 부가가치세 등

가. 남북교류협력에 관한 법률 규정(남북교류협력에 관한 법률 시행령 §42, §43)

㉠ 북한으로부터 반입되는 물품 등은 「부가가치세법」에 따른 재화 또는 용역의 공급으로 보아 같은 법을 준용한다. 이 경우 물품 등(용역은 제외한다)에 대해서는 세

관장이 관세 징수의 예에 따라 부가가치세를 징수하며 용역에 대해서는 부가법 제52조(대리납부)를 준용한다.

㉡ 북한으로부터 반입되는 물품이 개별소비세·주세 및 교통·에너지·환경세의 과세대상인 경우 출입장소로부터 해당 물품이 반출되는 때를 보세구역으로부터 반출되는 것으로 보아 「개별소비세법」·「주세법」 또는 「교통·에너지·환경세법」을 준용한다.

㉢ 북한으로 반출되는 물품 등(해당 선박 또는 항공기에서 판매되는 물품은 제외한다)은 수출품목으로 보아 「지방세법」·「부가가치세법」·「개별소비세법」·「주세법」 및 「교통·에너지·환경세법」을 준용한다. 다만, 물품 등 중 제3조에 따른 용역 및 전자적 형태의 무체물은 「지방세법」 및 「부가가치세법」(영세율 적용)만 준용한다.

㉣ 북한에 제공되는 용역 및 선박·항공기의 북한항행용역은 이를 각각 국외제공용역 또는 외국항행용역으로 보아 「지방세법」 및 「부가가치세법」(영세율 적용)을 준용한다. 다만, 해당 선박 또는 항공기에서 운행요금 외에 별도로 대가를 받고 제공되는 용역에 대하여는 그러하지 아니한다.

㉤ 출입장소를 통하여 북한에서 남한으로 들어오는 사람의 휴대품·별송품으로서 관계 행정기관의 장이 정하여 고시하는 물품 등에 대해서는 「관세법」 제41조 제2항 및 제42조에도 불구하고 관세·부가가치세·개별소비세·주세 및 교통·에너지·환경세를 부과하지 아니한다.

㉥ 북한에서 남한을 방문하는 사람에 대하여는 외국인 관광객에 준하여 「부가가치세법」 및 「개별소비세법」의 감면규정을 준용한다.

3) 소득세 등(남북교류협력에 관한 법률 시행령 §44)

㉠ 남한과 북한 간의 투자, 물품 등의 반출·반입, 그 밖에 경제 분야의 협력사업 및 이에 수반되는 거래로 발생하는 소득에 대한 조세의 부과·징수·감면 및 환급 등에 관하여는 「남북교류협력에 관한 법률」 제26조 제3항 제6호부터 제8호까지의 법률을 준용한다. 이 경우 북한에 물품 등을 반출하는 것은 수출 또는 외화획득사업으로 보며, 북한으로부터 물품 등이 반입되는 것은 수입으로 보지 아니한다.

㉡ 위의 규정에 따라 「소득세법」을 준용할 때 북한에서 소득이 있는 남한주민의 소득에 대하여 소득세 부과의 특례를 인정하는 경우에는 남한에서 소득이 있는 북한주민의 소득에 대하여 그와 동등한 특례를 인정할 수 있다.

㉢ 남북교류·협력으로 발생하는 소득에 대한 과세에 대하여 정부와 북한의 당국 간의 합의가 있는 때에는 위의 규정에 따른 「소득세법」의 전부 또는 일부를 준용하지 아니할 수 있다.

4) 구체적 사례

가. 대북물품 반입

북한지역에서 생산된 농산물·축산물·수산물·임산물로서 원생산물 또는 원생산물의 본래의 성상이 변하지 아니하는 정도의 원시가공을 거친 것은 부가가치세가 면제된다(서면3팀-387, 2008. 2. 22.).

※ 국내에서 생산된 농산물·축산물·수산물·임산물로서 원생산물 등의 과세·면세판정 기준과 동일하게 판단

예를 들어 외국에서 수입하는 관세율표 제1211호에 해당하는 오미자 열매는 부가칙 제24조 [별표 1]에서 규정하는 미가공식료품에 해당하지 아니하므로 부가법 제27조 제1호에 따라 부가가치세가 면제되는 수입미가공식료품에 속하지 아니하나, 북한지역에서 생산된 농산물·축산물·수산물·임산물로서 원생산물 또는 원생산물의 본래의 성상이 변하지 아니하는 정도의 원시가공을 거친 것은 부가법 제26조 제1항 제1호에 따라 부가가치세가 면제된다(서면3팀-752, 2004. 4. 16.).

또한, 북한으로부터 반입하는 재화 또는 용역에 대하여 부가가치세 적용은 「남북교류협력에 관한 법률」 제51조 규정 등에 따라 외국에서 수입하는 재화 또는 용역과 동일하게 취급하므로, 북한에서 반입되는 모래의 과세표준에 운임을 포함하도록 계약한 경우 세관장은 모래의 가격에 운임가격을 포함하여 부가가치세를 부과하는 것은 타당하며, 운임회사의 경우는 세금계산서를 발급하되 영의 세율을 적용한 세금계산서를 발급한다(재정경제부 부가가치세제과-668, 2007. 9. 18.).

나. 대북반출

㉠ 사업자가 내국물품을 북한으로 유상 또는 무상반출하는 경우 해당 내국물품은 수출하는 재화에 해당하여 영의 세율이 적용된다. 이 경우 공급시기는 부가령 제28조 제6항 제1호에 따라 판단하는 것으로 선적일이 공급시기가 된다(서면3팀-2179, 2005. 11. 30.). 그러나 사업자가 자기사업을 위하여 대가를 받지 아니하고 위탁가공을 위하여 원자재를 반입조건부로 북한에 소재하는 수탁가공사업자에게 무환반출하는 경우에는 재화의 공급으로 보지 아니한다(서면3팀-2605, 2007. 9. 14.).

㉡ 사업자가 북한으로 반출할 물품을 국내에서 다른 사업자에게 공급하는 경우에는 해당 물품이 내국신용장 또는 구매확인서에 의하여 공급되는 재화에 해당되어야 영세율이 적용된다(서면3팀-1083, 2007. 4. 10.).

㉢ 공익목적단체가 고유사업목적을 위하여 무상으로 반출하는 재화에 대한 면세포기 신고를 하고 영세율을 적용받는 경우 해당 재화와 관련한 매입세액은 공제받을 수 있다(서면3팀-1921, 2006. 8. 28.).

㉣ 전기통신사업에 의한 국내의 기간통신사업자가 국외에서 발신하여 국내에서 착신하거나 국외에서 국외로의 송·수신하는 국제통화서비스를 제공하고 해당 기간통신사업자가 국외의 수신자 또는 선불카드·후불카드의 구매자로부터 국내의 통화요금체계에 따라 징수하는 통화요금에 대하여 부가법 제21조 제1항에 따라 부가가치세가 과세된다(재소비 46015-93, 2002. 4. 8.).

㉤ 사업자가 북한지역을 운항하는 선박에 제공하는 석유류는 「남북교류협력에 관한 법률」에 따라 영세율이 적용된다(서면3팀-1421, 2005. 8. 30.).

▌개성공단 물품반출 및 관세환급

- 북한(개성공단)으로 반출하고자 하는 물품은 물품 소재지를 관할하는 세관장에게 반출신고(수출신고서 서식사용)를 하고 수리를 받은 후 신고수리일로부터 30일 이내에 운송수단에 적재하여야 한다.
  - 남북한교역대상물품 소관부처인 통일부 남북교류협력국(☎ 02-2100-5831~9)으로 승인 절차 문의
- 남북교류협력에 관한 법률 제26조 제2항 및 남북교류협력에 관한 법률 시행령 제50조 제4항의 규정에 의거 공업지구로 반출한 물품(이하 "반출물품"이라 한다)은 수출용 원재료에 대한 관세 등 환급에 관한 특례법 제2조의 규정에 의한 수출 등으로 보아 해당 물품 또는 해당 물품 제조에 사용된 원재료에 대한 관세 등을 환급할 수 있다.
  - 다만, 수출용 원재료에 대한 관세 등 환급에 관한 특례법령 및 고시상의 모든 환급요건을 충족한 경우에 환급대상으로 볼 수 있다.
- 그러나 남한에서 반출되는 물품이 개성공업지구에서 제조·가공 등의 공정을 거쳐 남한으로 다시 반입되는 경우에는 환급대상이 아니다.
  - 다만, 위탁가공용 원재료 등을 사용하여 제조한 물품의 일부를 공업지구 밖의 북한에 판매하거나 제3국으로 수출한 경우에는 그러하지 아니한다.
- 개성공업지구에 반출한 물품에 대하여 관세 등을 환급받고자 하는 자는 북측에 판매하였거나 제3국으로 수출한 사실을 공업지구세관으로부터 증명받아 환급신청 시 이를 제출하여야 한다.

※ 근거규정: 개성공업지구반출입물품 및 통행차량통관에 관한 고시

다. 운송용역

선박과 항공기에 의한 북한 항행용역은 외국항행용역으로서 영의 세율이 적용된다. 이 경우 도급운송용역을 포함한다. 그러나 남한에서 운수업을 영위하는 사업자가 무역업자 등과의 계약에 의거 남한에서 북한 간 관광객 또는 화물을 수송(육로 수송)하고

대가를 받는 경우 동 운송용역에 대하여는 영의 세율이 적용되지 아니한다(서면3팀-917, 2005. 6. 22. ; 제도 46015-10837, 2001. 4. 27.).

| 금강산 관광사업관련 영세율 적용 여부 |

구 분	영세율 적용 여부
1. 관광요금(운임 포함)	영세율 적용
2. 선용품 공급	국내에서 공급분: 영세율 적용 북한, 보세구역에서 적재: 과세 안함.
3. 선박에 공급하는 재화(선상 판매용)	과세(10%)
4. 선상에서 관광객에게 공급하는 재화	과세(10%)
5. 관광지구 내 물품판매를 위한 물품 반출	반출 시 영세율, 현지 판매 시 과세 안함.
근거: 부가 46015-2479, 1998. 11. 2. ; 소비 46015-287, 1998. 10. 26. ; 서면3팀-1628, 2007. 5. 31.	

라. 북한에서 제공되는 용역

북한에 제공하는 용역(제공하는 용역의 사업장이 국내에 있는 경우에 한한다)은 「남북교류협력에 관한 법률 시행령」에 따라 국외제공용역에 해당되므로 부가법 제22조에 따라 영세율이 적용된다(서면3팀-928, 2008. 5. 9.).

예를 들어 한국전력공사가 한반도에너지개발기구(KEDO)로부터 북한에 원자력발전소를 건설하는 도급을 받아 부문별로 국내건설업자에게 하도급하여 주는 경우 해당 도급용역과 하도급용역에 대하여는 각각 영세율이 적용된다(부가 46015-1791, 1997. 8. 1.).

마. 국외거래로 과세 제외되는 사례

㉠ 사업자가 북한의 관계기관으로부터 토지를 임차하여 공장부지를 조성한 후 동 토지에 대한 이용권을 국내에서 국내사업자에게 양도하는 경우 부가법 제19조에 따라 부가가치세가 과세되지 아니한다(서면3팀-2460, 2004. 12. 6.).

㉡ 남북협력사업자가 북한지역에서 사업용 건축물을 취득하여 양도하는 경우 부가가치세가 과세되지 아니한다(부가 46015-1102, 1999. 4. 15.).

㉢ 사업자가 한반도에너지개발기구(KEDO)와 계약을 체결하고 북한 지역에서 공사를 수행하는 한반도에너지개발기구(KEDO) 건설관련업체에 근무하는 직원에게 음식용역을 제공하는 직원식당을 북한에서 운영하는 경우 북한에서 제공하는 음식용역은 부가가치세 과세대상이 아니다. 이 경우 사업자가 식자재를 구입하여 북한에 있는 식당에 반출하는 경우에는 「남북교류협력에 관한 법률」 제26조 및 동법 시행령 제51조에 따라 영세율이 적용된다(부가 46015-296, 1998. 2. 21.).

※ 음식용역을 제공하는 사업장이 북한에 있기 때문에 국외거래로 봄.

바. 용역의 수입

국내 의류제조업자가 북한으로부터 공급받는 임가공용역에 대한 부가가치세 징수에 대하여는 「남북교류협력에 관한 법률 시행령」 제51조 제1항에 따라 부가법 제52조(대리납부)의 규정을 준용한다(재소비 46015-127, 1997. 4. 21.). 일반적으로 북한을 제외한 제3국에 원자재를 반출하여 임가공 후 완성품을 수입하는 경우 원자재 가격, 가공임 등을 포함한 금액에 대하여 수입세금계산서가 발급된다.

그러나 우리나라에서 원·부자재 전부를 공급하여 북한에서 단순히 가공만하여 반입하는 경우 부가령 제11조에 따른 용역의 공급에 해당하며 이때의 부가가치세 공급가액은 해당 임가공료가 된다. 또한, 해당 임가공물품을 세관 반입신고 시 임가공계약서, 반출신고수리필증, 부가가치세 영세율 적용을 받지 않은 사실 등을 확인할 수 있는 자료를 제출하면 해당 물품의 부가가치세를 세관에서 징수하지 않는다(수입계산서 발급). 다만, 면세사업자가 위와 같은 단순임가공용역을 제공받아 면세사업에 사용 또는 소비하는 경우라면 대리납부 규정이 적용된다는 것이다.

부가가치세 과세사업자가 국내에서 원자재를 무환반출하여 북한에서 임가공 후 완제품을 반입하는 경우로서 북한에 지급하는 가공임은 용역의 공급대가에 해당되지만 부가가치세 대리납부규정이 적용되지 아니하여 반입 시 수입세금계산서 발급이 되지 아니한다.

만약 부가가치세 과세사업자가 자기의 원재료를 유상으로 북한에 반출하고, 북한에서 이를 임가공하여 유상으로 반입하는 완성품에 대하여는 용역의 수입이 아닌 재화의 반입으로서 부가가치세 대리납부대상이 아니어서 세관장으로부터 수입세금계산서를 발급받아 자기의 매출세액에서 공제받게 된다.

5) 공급시기 및 영세율 첨부서류

외국으로 반출하는 재화와 동일하게 취급하고 있으므로 직수출의 경우와 같이 그 공급시기는 대북 반출재화에 대한 선(기)적일이 되고 영세율 첨부서류는 수출실적명세서가 된다(서면3팀-2179, 2005. 11. 30.).

(5) 남북교역 사례

거래개요

- 마대를 생산판매하는 "을" 사업자는 마대생산에 필요한 기계장치를 국내 "갑" 사업자로부터 임차하여 개성공단 내 임가공업을 영위하는 "병"법인에게 재임대를 하고 있음.
- "병"으로부터 임가공물품인 마대의 선적통지를 받게 되면 임가공료를 지급하고 있으며, 이때 기계장치임대에 따른 사용료를 임가공료에서 상계하는 경우도 있고, 임가공료를 계약내용대로 지급하고 사용료를 별도로 지급받는 경우도 있음.

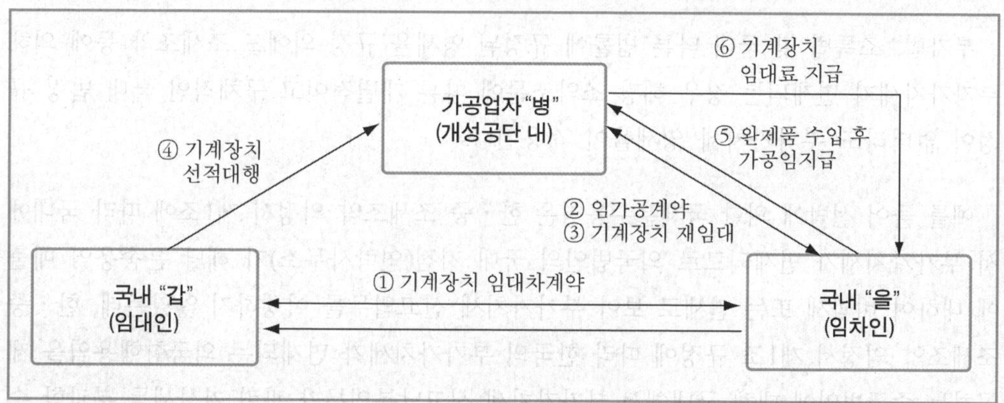

질의

- 위 거래에서 "을"이 "갑"에게 지급하는 기계장치 사용료의 영세율 적용 여부
- 개성공단 내 "병"으로부터 수취하는 기계장치 사용료(재임대료) 또는 임가공료와 상계한 기계장치 사용료의 영세율 적용 여부

답변

- "을"이 "갑"에게 지급하는 기계장치 사용료에 대하여는 일반세율을 적용한 세금계산서를 발급하여야 함(서면3팀-1135, 2008. 6. 5.).
- 개성공단 내 "병"에게 임대한 기계장치의 사용대가(상계 포함)에 대하여는 국외제공용역으로 영의 세율이 적용됨(부가법 §22 ; 서면3팀-1875, 2007. 7. 2.).

3 | 조약에 의한 영세율 적용

「부가가치세법」 또는 「조세특례제한법」 등의 법률에 의하지 아니하고는 부가가치세 등의 영세율이 적용될 수 없을 것이나, 앞서 기술한 「자유무역지역의 지정 및 운영에 관한 법률」 및 「남북교류협력에 관한 법률」에 따른 영세율 적용과 「공공차관의 도입 및 관리에 관한 법률」에 따라 공공차관의 도입과 직접 관련하여 대주가 부담하여야 할 조세(부가가치세 포함) · 공과금 등을 해당 공공차관협약이 정하는 바에 의한 감면 등 타 법령이 정하는 바에 따른 영세율 적용이 가능하다.

부가법, 조특법 및 국내 다른 법률에 규정된 영세율 규정 외에도 조세조약 등에 의해 부가가치세가 면제되는 경우 해당 조약조문에 따른 개별적이고 구체적인 국내 법령 규정이 없더라도 부가가치세 영세율이 적용된다.

예를 들어 선박에 의한 국제운수용역은 한 · 중 조세조약 의정서 제1조에 따라 국내에서 부가가치세가 면제되므로 외국법인의 국내 지점(연락사무소)가 해당 운송용역 매출에 대하여 비과세 또는 면세로 보아 부가가치세 신고의무를 이행하지 않았는데, 한 · 중 조세조약 의정서 제1조 규정에 따라 한국의 부가가치세가 면제되는 외국항행용역을 제공하는 중국법인에 대해 국내에서 부가가치세 신고납부의무가 관련 가산세를 부과할 수 있는지 여부에 대하여 기획재정부는 "한 · 중 조세조약 의정서 제1조에 따라 중국의 기업에 의한 국제운수상 선박 또는 항공기의 운행에 대해 부가법 제23조 및 제25조에 의해 부가가치세 영세율이 적용될 경우, 사업자등록 · 과세표준 신고, 세금계산서 발급 등의 의무를 사업자가 미이행 시 부가법 제60조의 가산세 부과가 가능하다."라고 회신하였고, 이러한 조약상 '부가가치세를 면제'한다는 조항의 의미가 부가법상 비과세(면세)를 의미하는지 아니면 영세율을 의미하는지에 대하여도 역시 부가법 제26조에 따른 면세가 아니라 부가가치세 영세율을 적용하는 것이라고 회신하였다

이 때 조약상 부가가치세가 면제되는 용역이 영세율이 적용되므로 관련된 매입세액은 부가법 제38조에 따라 매출세액에서 공제된다(기획재정부 조세정책과-574, 2021. 6. 22. ; 조세정책과-230, 2021. 3. 2. ; 조세정책과-227, 2021. 2. 26. ; 국일 46017-407, 1997. 6. 11. ; 조심 2021서2822, 2021. 12. 6.).

대한민국과 아메리카합중국 간의 상호방위조약 제4조에 의한 시설과 구역 및 대한민국에서의 합중국군대의 지위에 관한 협정 제16조에 "과세의 면제를 받는다"는 규정에 대하여도 국세청은 그 공급자에게 영세율이 적용되는 것으로 회신하였다(부가 46015-1086,

2000. 5. 20.).

뿐만 아니라 대한민국 외교부와 조약에 해당하는 본부협정문 ○○조에 따라 설립된 국제기구간에 재화 또는 용역을 공급하는 경우로서 본부협정문 규정에 따라 공적 사용을 위하여 중요한 구매행위를 하는 경우 물품세와 지불될 가격의 일부를 이루는 것으로서 동산 및 부동산의 판매에 부과되는 조세에 대하여 관련당국은 조세액의 감면 또는 환급을 위한 적절한 행정 조치를 하도록 규정하고 있는데, 국세청은 '대한민국 정부와 ○○○○국 간의 본부 협정'에 따라 부가가치세에 대하여 특권과 면제를 부여받을 수 있는 경우, 사업자가 그 국제기구에 공급하는 재화 또는 용역은 부가가치세 영세율을 적용하는 것으로 회신하였다(법령해석부가 2015-17, 2015. 2. 2.).

위와 같이 조세조약이나 국내법에 우선되는 각종 협정상의 부가가치세를 포함한 간접세를 면제한다는 의미는 완전면세를 의미하는 부가가치세 영세율을 의미한다.

제 2 절

면 세

I 부가가치세의 면제

1 의 의

"부가가치세의 면제"란 특정한 재화 또는 용역의 공급과 특정 재화의 수입에 대하여 부가가치세의 부담을 면제하는 것을 말한다.

세법에서 일반적인 면세의 의미는 이미 성립되었거나 또는 확정된 납세의무를 소멸시키는 것이나, 부가가치세법에서의 면세는 처음부터 납세의무가 성립하지 않는 비과세의 의미로 사용된다. 따라서 면세되는 재화 또는 용역을 공급하는 사업자에게는 부가가치세의 납세의무가 성립되지 아니하므로 부가가치세를 거래징수하여 납부할 의무도 없고 해당 공급가액 또는 공급대가를 과세표준에도 포함시키지 아니한다.

또한, 면세되는 재화 또는 용역만을 공급하는 면세사업자의 경우에는 사업자 등록, 세금계산서의 발급의무, 부가가치세 과세표준 및 세액의 신고·납부 등 「부가가치세법」이 정하는 모든 의무가 배제되나 부가가치세가 과세되는 재화 또는 용역을 공급받거나 재화를 수입하는 때에 부과되는 부가가치세의 부담까지 배제되는 것은 아니다. 따라서 면세사업자는 거래상대방(과세대상 재화 또는 용역을 공급하는 자)에 의하여 거래징수당한 부가가치세인 매입세액을 부담하나 이를 공제하거나 환급받지 못하며, 해당 매입 부가가치세는 해당 거래의 원가에 가산하여 거래상대방(면세대상 재화 또는 용역을 공급받는 자)에게 전가되게 된다.

2 면세제도의 취지

부가가치세의 면세제도를 두고 있는 이유는 사업자의 세부담을 덜어주기 위한 것이 아니라 소비세의 역진성 완화나 정책적 목적달성을 위하여 법률에 특별히 면세대상으로 열거된 재화나 용역을 제공받는 소비자의 세부담을 덜어주기 위한 것이다. 따라서 사업자가 선택하는 영업방식, 거래형태, 사업주체에 따라 해당 사업자의 부가가치세 부담 여부가 다르게 결정된다고 하더라도 조세평등의 원칙에 위배되지 아니한다(헌재 2001헌바

66, 85[병합], 2002. 4. 25.).

이러한 면세의 효과는 면세사업자 단계에서 발생된 부가가치에 대하여만 부가가치세의 부담을 면제하는 결과가 되어 면세사업자로부터 재화 또는 용역을 공급받는 최종소비자가 그만큼의 부가가치세 부담의 경감을 받게 된다.

현재 우리나라 세법에서는 사회·문화·공익 및 조세제도의 여러 가지 정책목적상 주로 일반국민들의 기초적이면서 필수적인 재화와 용역, 국민복리후생 및 문화용역과 그 밖의 공익용역 및 이론적인 측면에서 부가가치의 구성요소인 토지·노동·자본 등에 대하여 면세하고 있다.

3 면세대상 분류

(1) 면세의 인적·물적기준

부가가치세가 면세되는 경우는 재화 또는 용역의 공급과 재화의 수입이며, 면세되는 재화와 용역의 공급에 있어서 사업주체 혹은 객체에 따라 여러 구분기준이 있는바 그 대표적인 것이 인적기준과 물적기준이다. 면세의 적용기준은 다음과 같다.

1) 물적기준

사업자가 누구인가에 관계없이 특정의 재화 또는 용역을 공급하는 때에는 모두 면세로 하는 것이 물적기준에 의한 면세이며, 그 예로 미가공식료품이나 연탄 등은 제조업자·도매업자·소매업자 등 모든 유통단계에 대하여 부가가치세가 면제된다.

2) 인적기준

세법이 규정하는 특정 사업자가 공급하는 재화 또는 용역에 대하여 부가가치세가 면제되는 것으로 국가·지방자치단체가 공급하는 재화 또는 용역 등이 있다.

3) 물적 및 인적기준이 혼재된 경우

세법이 규정하는 특정 사업자가 공급하는 특정의 재화 또는 용역에 대하여 부가가치세가 면제되는 것으로 공익단체가 일시적으로 공급하거나 실비 또는 무상으로 공급하는 재화 또는 용역이 이에 해당된다.

(2) 면세대상 분류

구 분	부가가치세 면제 대상
기초생활 필수품 및 용역	• 미가공식료품, 농 · 축 · 수 · 임산물 • 수돗물, 연탄 및 무연탄 • 여객운송용역 • 주택과 그 부수토지의 임대용역 • 여성용 생리처리 위생용품 등 • 공동주택 어린이집 임대용역
국민후생	• 의료보건용역, 혈액 • 교육용역 등
문화	• 도서 · 신문 · 잡지 · 통신 및 방송 등(광고 제외) • 예술창작품 · 예술행사 · 문화행사 · 비직업운동경기 • 도서관 · 과학관 · 박물관 · 동물원 또는 식물원에의 입장 등
부가가치 생산요소	• 토지 • 금융 · 보험용역 • 인적용역
조세정책 공익목적	• 우표, 인지, 증지, 복권 및 공중전화, 담배 • 공익단체가 일시적이거나 무상 또는 실비로 공급하는 재화 또는 용역 • 국가 등이 공급하는 재화 또는 용역 • 국가 등에 무상으로 공급하는 재화 또는 용역
관세 면제(수입 시)	• 미가공식료품 • 도서 · 신문 · 잡지 • 과학 · 교육 · 문화용 수입품 • 공익목적으로 기증되는 재화 • 여행자 휴대품, 외교관 물품 등 • 재수입재화 및 재수출조건의 일시수입재화 • 그 밖에 관세가 무세이거나 감면되는 재화 등
조세특례제한법	• 특수용도 석유류 • 공장, 광산, 학교 등의 구내식당 음식용역 • 농 · 어업 대행용역 • 국민주택 및 국민주택 건설용역 · 리모델링용역 • 관리주체, 경비업자 또는 청소업자가 공동주택에 공급하는 일반관리용역 · 경비용역 및 청소용역

(3) 현행 부가가치세법상 면세대상 재화 또는 용역

부가가치세는 일반소비세로서 원칙적으로 모든 재화 또는 용역의 공급에 대하여 과세하고 있다. 다만, 「부가가치세법」은 아래와 같이 부가가치세 부담을 경감시키기 위해 기초생필품이나 전 국민이 반드시 이용하는 서비스 등 법령에 열거된 재화 및 용역의 공급과 열거된 재화의 수입 및 면세되는 재화와 용역의 공급에 필수적으로 부수되는 재화와 용역의 공급에 한하여 부가가치세를 면제하고 있다.

1) 기초생활필수품 및 용역: ㉮ 미가공식료품과 농산물 · 축산물 · 수산물 · 임산물 등의 제1차산업의 생산물 ㉯ 수돗물 ㉰ 연탄과 무연탄 ㉱ 대중교통수단에 의한 여객운송용역 ㉲ 주택과 부수토지의 임대용역 ㉳ 공동주택 어린이집의 임대용역
2) 국민후생용역: ㉮ 의료보건용역(수의사의 용역 포함)과 혈액(의사, 치과의사, 한의사, 접골업, 침구업, 장의업, 그 밖의 의료보건위생사업) ㉯ 교육용역(학교, 학원, 강습소, 훈련원, 교습소 등)
3) 문화관련 재화 · 용역: ㉮ 도서(도서대여용역 포함), 신문잡지, 관보, 뉴스통신과 방송(광고는 제외함) ㉯ 예술창작품, 예술행사, 문화행사와 비직업운동경기 ㉰ 도서관, 과학관, 박물관, 미술관, 동물원, 식물원에의 입장
4) 근로와 유사한 인적용역: ㉮ 국선변호인의 국선변호, 학술 · 기술연구용역, 상담소 · 직업소개소 · 신용조사업, 작명 · 관상 · 점술 등 ㉯ 순수 개인적 인적용역(저술, 그림, 음악, 연예, 설계감독 등, 운동가, 보험모집인, 강연 등)
5) 부가가치의 생산요소: 토지 · 노동(근로용역)과 자본(금융용역), 보험용역
6) 공중 · 공익목적의 공급: ㉮ 우표, 인지, 증지, 복권과 공중전화 ㉯ 「담배사업법」에 따른 담배 ㉰ 종교 · 자선 등 공익목적단체가 실비 등으로 공급하는 재화 ㉱ 국가조직이 공급하는 재화 또는 용역 ㉲ 국가조직 및 공익단체 등에 무상으로 공급하는 재화
7) 관세가 면제되는 재화: ㉮ 미가공식료품 ㉯ 도서 · 신문 · 잡지 ㉰ 과학 · 교육 · 문화용수입 ㉱ 공익목적 기증재화 ㉲ 이사 등 여행자휴대품 ㉳ 외교관물품 등 관세가 면제되는 재화의 수입 등

4 | 면세의 효과

재화 또는 용역의 공급에 대하여 면세가 되는 때에는 거래상대방에 의하여 거래징수당한 부가가치세가 해당 매입거래의 원가에 포함되어 판매가격으로서 거래상대방에게 전가되므로 이러한 면세의 효과는 그 면세되는 재화 또는 용역을 공급하는 사업자단계에서 창출되는 부가가치에 상당하는 부가가치세만 면제하게 되고, 이로 인해 해당 사업자로부터 그 면세되는 재화 또는 용역을 공급받는 최종소비자가 그만큼의 부가가치세 부담을 경감받게 된다. 부가가치세제에 있어서의 면세는 그 면세가 되는 재화 또는 용역의 공급에 대하여 최종소비자의 부가가치세 부담을 경감함으로써 면세된 부가가치세액만큼 소비가격을 낮추게 된다.

5 | 면세제도의 문제점

(1) 누적과세(중복과세) 문제

재화 또는 용역의 공급에 대하여 면세하는 경우에는 해당 재화 또는 용역을 공급하는 면세사업자에 대하여 매입세액의 공제가 되지 아니하기 때문에 그 매입세액은 판매가격에 포함되어 거래상대방에게 전가되며 이에 따라 그 매입세액은 구입자의 매입금액의 일부를 형성하게 된다.

만약, 구입자가 과세사업자인 때에는 매입금액에 포함되어 있는 부가가치세액을 포함한 가격에 부가가치를 더하여 판매하면 면세사업자 단계에서 공제되지 아니한 부가가치세가 포함되어 있는 공급가액에 대하여 또다시 부가가치세를 거래징수하여야 하므로 세금에 세금이 부과되는 현상인 누적과세(중복과세)가 일어난다.

따라서 면세는 최종소비자에 이르기까지의 모든 유통단계에 대하여 적용하거나 또는 최종소비자와 직접 거래하게 되는 소매단계에 대하여만 면세로 하여야 하며 유통단계의 중간단계에서 면세를 적용하더라도 소매단계에서 면세가 되지 아니하는 때에는 오히려 최종소비자는 누적과세에 의한 더 많은 부가가치세를 부담하게 된다.

(2) 상호 검증기능의 문제

면세로 되는 경우에는 공급하는 자가 세금계산서를 발급하지 아니하기 때문에 유통과정에 있어서의 세액공제의 흐름이 중단되며 부가가치세제가 지니고 있는 장점인 상호 검증기능을 훼손하게 된다.

(3) 조세의 중립성 훼손

면세로 되는 것과 면세로 되지 아니하는 것과의 사이에 경쟁조건의 불균형을 가져오게 되어 조세의 중립성이 저해된다.

(4) 업무의 복잡성

과세거래와 면세거래를 겸영하는 경우에 있어서는 그 과세거래와 면세거래를 구분하여 기장하여야 하기 때문에 오히려 업무가 복잡하게 된다.

(5) 매입세액 부담에 대한 과세사업자와의 불형평

투자재를 구입하거나 다액의 재고투자를 행하여 매입세액이 매출세액을 초과하는 경우 과세사업자에 있어서는 그 차액을 과세기간별로 환급받을 수 있으나, 면세사업자는 그 매입세액을 판매금액에 포함하여 전가시키거나, 장기간 감가상각을 통하여 비용화되는 등으로 그 회수기간이 장기간을 요하게 된다.

6 면세사업자의 의무

부가가치세가 면제되는 재화 또는 용역만을 공급하는 사업자인 경우에는 부가가치세의 납세의무인 신고·납부의 의무만 면제되는 것이 아니라 그 납세의무에 부수되는 제반 의무, 즉 사업자등록, 거래징수, 세금계산서발급 의무도 모두 면제된다.

다만, 면세사업자도 매입처별세금계산서합계표 제출의무, 대리납부의 의무 및 「조세특례제한법 시행령」 제106조 제12항 제3호에 따른 면세공급증명서의 제출의무가 있다.

한편, 면세사업과 과세사업을 겸영하는 사업자는 부가법 제5조에 따른 사업자등록을 하여야 하고, 과세사업과 관련된 부분에 대해서는 부가가치세법상 의무를 이행하여야

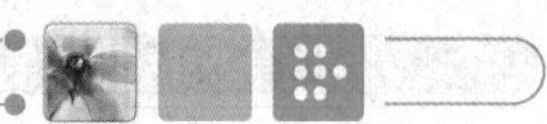

하지만, 면세와 관련한 부분에 대해서는 부가가치세법상 제반의무가 면제된다.

부가가치세가 면제되는 재화 또는 용역을 공급하는 사업에 관련된 매입세액은 매출세액에서 공제되지 아니하므로 그 매입세액은 해당 면세사업자가 부담하고 해당 재화 또는 용역의 부수비용으로 처리한다. 따라서 고정자산의 취득과 관련하여 부담한 매입세액은 해당 고정자산의 취득원가로 계상하여야 하고, 비용의 지출과 관련하여 부담한 매입세액은 해당 비용에 가산하는 회계처리를 하여야 한다.

7 | 면세의 포기

부가가치세가 면세되는 재화 또는 용역을 공급하는 자는 특정 면세대상 재화 또는 용역에 대하여는 그의 자유로운 의사로 면세를 받지 않을 수 있는바 이를 부가가치세의 면세포기라고 한다.

사업자가 면세재화를 수출하고자 할 때 매입세액을 공제받지 못하고 사업에 관련된 매입세액을 비용으로 계상하므로 경쟁상 불리한 경우 등이 발생할 수 있으므로 면세포기제도는 이러한 불이익을 덜어주기 위하여 사업자의 자유로운 의사에 의해 면세를 포기함으로써 과세사업자로 전환되어 재화 또는 용역의 구입에 따른 매입세액공제를 받을 수 있도록 지원하는 제도이다.

II 면세되는 재화와 용역의 공급

1 미가공식료품과 제1차 생산물의 면세

부가가치세가 면제되는 미가공식료품은 ① 가공되지 아니하거나 원생산물 본래의 성질이 변하지 않는 정도의 1차 가공(탈곡 · 정미 · 정맥 · 제분 · 정육 · 건조 · 냉동 · 염장 · 포장 그 밖의 원생산물의 본래의 성질이 변하지 아니하는 정도의 1차 가공)만 거친 식용으로 제공되는 농산물 · 축산물 · 수산물 및 임산물, ② 우리나라에서 생산된 식용으로 제공하지 않는 농산물 · 축산물 · 수산물 및 임산물로서 원생산물 또는 본래의 성상이 변하지 않는 정도의 원시가공만을 거친 것으로써 원시 가공상태의 제조 · 도매 · 소매 · 수출 등 어떤 거래단계에서도 부가가치세가 면제된다(부가법 §26 ① 1, 부가령 §34 ①). ③ 또한 미가공식료품(식용으로 제공되는 농 · 축 · 수 · 임산물을 포함)의 수입에 대하여는 부가가치세가 면제된다(다만, 관세가 감면되지 아니한 식료품으로서 부가칙 [별표 2]에 열거된 커피두 · 코코아두 등은 과세한다)(부가법 §27 1).

(1) 면세되는 미가공식료품

부가가치세가 면제되는 가공되지 아니한 식료품이란, 가공되지 아니한 원생산물 그대로이거나 원생산물 본래의 성질이 변하지 않는 정도의 1차 가공만을 거쳐 식용으로 제공되는 다음의 것으로 한다.

① 농산물 · 축산물 · 수산물 · 임산물 등의 제1차 산업 생산물이거나 원생산물 혹은 1차적 단순가공만 거친 것으로서 식용으로 제공될 것(부가칙 [별표 1]에 열거된 것)

② "①"에 불구하고 단순가공식료품(김치, 두부 등), 원생산물 본래의 성상이 변하지 아니하는 정도의 원시가공 과정에서 필수적으로 발생한 부산물, 미가공식료품을 단순 혼합한 것, 코팅쌀은 미가공식료품에 포함된다.

따라서 위 요건을 충족한 경우에는 그 미가공식료품이 수입산인지, 국내생산물인지, 독립된 거래단위로 포장했는지의 여부(단순가공식료품은 제외)에 관계없이 유통단계에서 부가가치세가 면제된다.

1) 농 · 축 · 수 · 임산물 등의 미가공식료품

모든 식료품에 대하여 무한정 면세하는 것이 아니고 일반적인 의미에서 식료품이라고 할 수 있는 것을 열거하고 있는바, 부가령 제34조 각항에 규정되어 있는 것에 한하며, 상식적으로는 미가공식료품에 해당된다 할지라도 법령에 열거되지 않았다면 면세되지 않는다(부가령 §34 ①).

부가령 제34조 제1항에서 열거된 미가공식료품 등에 대하여는 부가칙 제24조에서 [별표 1]로 규정하고 있고 구체적인 적용에 대하여는 관세청장이 고시하는 관세통계통합품목분류표에 나오는 분류명세를 참조하면 된다. 특정 식료품 등이 면세대상인지 여부는 [별표 1]을 우선 검색하고, [별표 1] 해당 여부가 불명확하면 관세통계통합품목분류표를 검색하여 [별표 1]에 속하는 품목인지 확인한다. 특정 식료품 등이 [별표 1]이나 관세통계통합품목분류표에 열거는 되어 있지만 그 구성성분비(가공유의 무기물 포함 정도 등) 등을 다투는 경우에는 식품의약품안전처 식품공전을 참고하여 면세 여부를 판정토록 한다.

※ 미가공식료품 분류표를 적용할 때에는 「관세법」 별표의 관세율표를 기준으로 한다(부가칙 §24 ②).

① 면세 여부 판정

가공되지 않은 원생산물 그대로의 모습이거나 가공되더라도 원생산물 본래의 성질이 변하지 않을 정도의 1차 가공 범위 내이어야 면세되며, 1차 가공 이후의 가공단계이면 과세된다. 모든 제품의 제조 및 가공은 완성품이 될 때까지 많은 단계를 거치며 그 공정이 확연히 구분되는 것도 있으나 연속선상의 공정을 갖는 것도 많으므로 본래 성질이 변하지 않는 1차 가공 단계를 구분하는 데는 해당 제품의 상태, 가격구조, 품질 등을 개별적으로 사실판단하여 판정한다.

② 원생산물

원생산물은 경작되거나 또는 자연상태 그대로 있는 것과 이를 상품화 및 운반가능한 상태까지 작위를 가한 것과 운반되어 재고 등으로 남아 있는 것이 모두 원생산물로 볼 수 있다.

③ 1차 단순가공

위 “②”의 원생산물에 여러 형태의 가공이 가해지는데 식료품의 가공방법으로 통상 들 수 있는 것은 겉껍질벗기기(탈곡), 속껍질벗기기(정미 · 정맥), 가루로 빻기(제분), 말리기(건조), 차게하기(냉장), 얼리기(냉동), 소금에 절이기(염장), 부수기(분쇄), 자르기(절단), 동물죽이기(도살), 누르기, 고기자르기(정육) 및 포장하기 등이 있는바, 이러한 행위는 모두 해당 원생산물을 최종소비하기 위한 최소한의 행위로 원생산물 본래의 성질이 변하지 않은 1차 가공 혹은 단순가공행위라 할 수 있어 면세의 범위에 포함시키고 있다.

따라서 원생산물에 1차 가공행위들이 혼합되거나 여러 단계를 거쳐 외관으로 보아 달라졌다 하더라도 본래의 성질이 변하지 아니하는 정도의 가공으로 보아 면세한다.

④ 1차 단순가공으로 볼 수 없는 가공

단순 1차 가공의 정도를 넘어선 가공행위를 거친 재화는 그 가치 및 소비자가격의 상승을 초래하고 해당 소비자에 대하여 부가가치세를 부담하도록 함에 있어 큰 저항감이 없을 뿐 아니라 이러한 가공행위를 하는 자는 사업규모나 거래금액 및 기장능력 등에 있어서 부가가치세법상의 제반의무를 이행할 수 있으므로 부가가치세를 면제하지 아니한다.

본래의 성질이 변하여 가치가 상당히 증가하였다고 보아 과세하는 가공행위는 열을 가하기(가열, 삶기, 찌기, 굽기, 볶기, 튀기기), 맛을 내기(조미, 양념가하기, 향미), 특정요소만 뽑기(앙금, 침전, 엑기스, 묵 등의 응고상태), 숙성, 발효 등이 있다.

⑤ 가공 및 미가공의 판정기준

가공이냐 미가공이냐의 구분은 그 공급시기에 화학적 변화 여부라는(또는 화학반응 여부) 일반적인 기준을 적용하면 되나 제품에 따라 혹은 그 밖의 정책적인 면에 따라 면세인지 아닌지가 기본통칙이나 예규 등으로 운용되고 있는 경우가 많으므로 이론적 측면에서 일률적이거나 명확한 기준이 없다.

⑥ 소금의 면세

소금은 광물에 속하지만 「식품위생법」 제7조 제1항에 따라 식품의약품안전처장이 정한 식품의 기준 및 규격에 의한 천일염(天日鹽) 및 재제소금은 부가가치세를 면제한다.

식용으로 제공된다는 것에 대하여 부가가치세를 면제한다는 입법취지에 따라 2008. 7. 1. 이후 공급하거나 수입하는 분부터 공업용 천일염 등에 대하여는 부가가치세가 과세된다.

2) "식용으로 제공된다는 것"의 의미

면세 여부 판정에 있어서 "식용으로 제공된다"는 의미는 사회통념상 혹은 관례상 먹는 것(개별적 · 현실적으로 실제 식용으로 제공된다는 것)이라는 개념이 아닌 일반적 · 추상적 개념(식용의 적합 여부 등)이다. 부가가치세제도의 대물적 성격에 따라 재화 자체의 성질에 근거하여 면세 여부가 결정되어야 한다. 왜냐하면 각 단계의 유통과정에서 그 용도(실제 식용가능 여부)에 따라 해당 재화의 면세 여부가 결정된다면 유통질서의 혼란이 야기되어 과세 또는 면세 여부 판정에 대한 조세의 중립성을 저해하고 집행상 어려움이 있기 때문이다.

따라서 부가칙 제24조 [별표 1] 등에서 열거하고 있는 미가공식료품으로서 식용으로 제공되는 것으로 한정하지 않는 한 국내생산물인지 수입품인지, 식용에 현실적으로 공하는지 여부에 관계없이 부가가치세가 면제된다(부가통칙 26-34-12).

3) 포장된 단순가공식료품에 대한 면세전환

서민생활물가의 안정을 위해 현행 규정상 부가가치세가 과세되는 포장김치, 젓갈류 등 단순가공식료품은 2022. 7. 1. 공급하는 분부터 2025. 12. 31.까지 한시적으로 포장 여부와 관계없이 부가가치세를 면제한다.

부언하면 [별표 1]의 제12호의 단순가공식료품인 데친 채소류, 김치, 단무지, 장아찌, 젓갈류, 게장, 두부, 메주, 간장, 된장, 고추장은 단순하게 운반편의를 위하여 일시적으로 관입 · 병입 등의 포장을 하는 경우는 물론 제조시설을 갖추고 판매목적으로 독립된 거래단위로 관입 · 병입 또는 이와 유사한 형태로 포장하여 공급하는 것도 부가가치세를 면제한다(단순가공식료품의 단서조항 삭제).

면세사업 전환으로 인하여 김치 등 제조업자가 면세사업 전환일(2022. 7. 1.) 전에 취득하거나 생산한 재화(사업용자산 및 재고자산)를 그 면세사업을 위하여 직접 사용하는 경우 면세전용, 공통매입세액 재계산, 부가령 제84조 제4항(매입세액공제한 농산물을 그대로 양도하는 경우 납부세액가산규정)을 적용하지 않는다(기재부령 제924호 부칙 제4조).

4) 단순가공식료품의 면세(2022. 6. 30. 이전)

가. 관련 규정 및 의의

부가규칙 제24조 제1항 [별표 1]에는 단순가공식료품(데친 채소류, 김치, 단무지, 장아찌, 젓갈류, 된장, 고추장, 게장 등, 이하 "단순가공식료품"이라 한다)에 대하여 "제조시설을 갖추고 판매목적으로 독립된 거래단위로 관입 · 병입 또는 이와 유사한 형태로 포장하여 공급하는 것은 부가가치세를 과세하되, 단순하게 운반편의를 위하여 일시적으로 관입·병입 등의 포장을 하는 경우는 면세"하는 것으로 규정하고 있다.

단순가공식료품은 엄밀한 의미에서 여러 가공공정을 거치고 양념으로 조미한 것이며, 데친 채소는 삶는 과정을 거친 것이고, 간장 및 된장 등은 삶는 과정을 거치고 특정요소만 뽑아 그 경제적 가치도 훨씬 증가하여 과세하는 것이 논리적으로 타당하지만 국민 대다수가 거의 매일 섭취하게 되는 먹거리로서 국민생활필수품으로 보아 정책적 목적에서 부가가치세 면제대상으로 규정하고 있다(부가령 §34 ② 1). 다만, 단순가공식료품을 단순운반 목적의 포장이나 주된 공급의 부수재화 또는 용역으로서의 포장이 아니고, 새로운 부가가치 창출을 목적으로 관입·병입·목준입 그 밖의 유사한 형태의 포장을 하여 판매한다면 부가가치세가 과세된다.

이들 단순가공식료품의 경우 ① 원칙적으로 부가가치세 면세대상에 해당하지만, ② 예외적으로 '제조시설을 갖추고 판매목적으로 독립된 거래단위로 관입·병입 또는 이와 유사한 형태로 포장하여 공급하는 것'은 부가가치세 면세대상에서 제외되고, 다만 ③ "②"의 포장이 단순하게 운반 편의를 위한 일시적인 것인 경우에는 다시 부가가치세 면세대상에 포함된다.

나. 단순포장의 필요성과 면세 이유

단순가공식료품은 대부분 부패성이 강하여 유통 및 저장기간이 짧고 진열판매가 불가능한 경우가 많을 뿐만 아니라, 구입 즉시 또는 구매하여 개봉 후 단시일 내에 식용에 공하여야 하는 특성상 일정 용기 등에 담거나 일정 포장 등을 해야 하는 것(이하 '단순포장'이라 한다)이 필수적일 수 있다. 이러한 단순포장은 저장·보관·상품가치 증진 목적보다는 위생(부패·변질의 방지)과 단순한 운반편의 목적으로 보여지며, 이때 포장 외부에 실링지의 유무(상품명, 상호, 유통기간 등 표기)는 단순운반목적의 포장 여부 판정에 장애가 되지 아니한다(조심 2011광2674, 2012. 5. 21.). 이러한 판단은 위생과 운반편의를 위하여 일시적으로 포장하였다고 하여 부가가치세 과세대상으로 본다면 일시적 포장이 불가피한 단순가공식료품의 특성을 고려할 때 불합리한 것이기 때문이다.

다. 포장방법에 따른 과세기준

부가령 제34조 제1항에 열거된 미가공식료품은 포장 여부에 관계없이 면세한다. 다만, 제2항 제1호에서는 "김치, 두부 등 기획재정부령으로 정하는 단순가공식료품은 동 제1항의 미가공식료품에 포함"되는 것으로, 동 부가규칙 제24조에 따르면 김치, 두부 등 면세되는 단순가공식료품과 관련하여 제조시설을 갖추고 판매목적으로 독립된 거래단위로 관입·병입 또는 이와 유사한 형태로 포장하여 공급하는 것을 제외하되, 단순하게 운반편의를 위하여 일시적으로 관입·병입 등의 포장을 하는 경우는 면세대상에 포함하는 것으로 규정하고 있다. 위 조문 형식을 두고 일각에서는 부가령 제34조 제2항 제1호의 법문 형식은 전형적인 예시적 입법규정으로서 김치, 두부 외에 그와 유사한 단순가공식료품을 추가적으로 더 예시할 수 있어도 김치, 두부에 대하여 면세요건을 제한하는 별도의 제한요건을 시행규칙에 추가할 수는 없는 것이어서 위임입법의 범위를 벗어나 무효라고 주장한다. 그러나 단순가공식료품은 미가공식료품으로 의제되는 것으로서 제1항 후문(가공의 범위에 관한 시행규칙 위임)의 적용도 받는다고 보아야 하며, 시행규칙 [별표 1]은 가공 정도에 대하여 위임하고 있는 제1항과 단순가공식료품의 위임을 받은 제2항 제1호의 위임을 받아 규정되어 위임형식 및 수임받은 내용을 정하는 데 하자가 없다는 의견도 있다. 아울러 동 규정의 제정 및 그간의 개정취지, 그간의 과세관행이나 납세순응도도 고려해야 할 것이다.

향후 단순가공식료품의 면세취지, 주요국의 과세현황과 세수효과, 식생활의 변화나 소비패턴의 변화, 포장 여부에 따라 과세 여부를 달리하는 국가를 찾아보기 어려운 점 등을 고려하여 단순가공식료품의 종류를 재정비하고 포장 여부에 관계없이 면세하든지 아니면 과세하는 것으로 개정하는 것이 바람직하다고 본다.

다음은 부가령 제34조 제1항 및 제2항과 그 위임규정인 시행규칙 제24조 [별표 1]의 규정에 열거된 단순가공식료품의 면세 제한규정을 검토해 보고자 한다.

① '독립된 거래단위'의 의미

기획재정부는 미가공식료품의 과세요건의 하나로 '독립된 거래단위'의 의미는 미가공식료품이 포장되어 최종소비자에게까지도 그 포장의 상태로 공급이 가능한 것에 한하고 이 경우에 부가가치세가 과세된다고 해석한다. 다만, 그 포장이 상품가치증진을 위한 것이 아니고 상품의 특수성으로 인하여 필요불가결하여 단순운반목적으로 포장된 것은 부가가치세가 면제된다(재소비 22601-519, 1985. 5. 8. ; 서면3팀-257, 2004. 2. 17.).

예를 들어, 사업자가 생산한 장류 등을 플라스틱, 양철캔 또는 골판지박스(보통 플라스틱통은 18ℓ, 박스는 14kg, 캔은 17kg)에 담아 고정거래처인 도매상, 음식점 등(소매상은 제외되고 최종소비자에게 공급하기에는 부적합하다)에 판매하는 경우, 미가공식료품의 공급에 대한 부가가치세 면세 여부는 공급형태와 포장에 의한 상품가치의 증진 정도에 따라 구분되어야 하고, 해당 미가공식료품 제조시설을 갖추고 독립된 거래단위로서 포장하여 최종소비자에게 소매점 등을 통하여 그 형태 그대로 공급하는 것에 대하여만 부가가치세 과세대상이라고 할 수 있다. 조세심판원도 장류 등 미가공식료품이 그 성질상 용기 없이는 운반이 불가능하고 이러한 용기 또는 포장박스는 면세재화인 장류를 운반 또는 보관하기 위한 보조수단으로 보아야 할 것이지 상호 또는 상표가 부착되어 있다거나 직접 용기채로 사가는 경우가 있다 하여 이를 별도의 '독립된 거래단위'로 볼 수는 없다고 결정한 바 있다(국심 2003부0814, 2003. 7. 24. ; 국심 2002부1917, 2002. 9. 30.).

② 과세요건으로서의 포장

자기의 사업장에 냉장고, 밀폐포장기(이른바 '실링기') 등 단순가공식료품을 보관·소분·포장하는 시설(설비, 도구)을 갖춘 사업자가 단순미가공식료품인 젓갈류를 현지 생산자로부터 수십kg 용량의 깡통(수입의 경우 벌크 형태)으로 구입하여 냉장고에 보관하다가 이를 수백g 용량의 플라스틱 용기 또는 깡통에 소분하여 실링지와 뚜껑을 덮어 포장(이하 '소매포장'이라 한다)하고, 상품명과 상호 등이 기재된 스티커를 붙여 소매점에 납품하는 방식으로 운영하고 있다면, 이와 같은 소매포장으로 누액방지와 산소 및 습기의 혼입방지로 인하여 저장·보관기간이 상당기간 연장되는 등 포장 전에 비하여 상품가치가 현저히 증가하며 일반소비자로 하여금 소매점에서 구입한 후 바로 식용할 수 있는 정도에 이르게 할 정도의 것으로서 단순하게 운반편의를 위한 일시적인 포장이라고 보기는 어려워 해당 제품은 부가가치세 과세대상이 된다.

이처럼 위 사례의 사업자는 젓갈류 그 자체를 제조하는 시설은 갖추고 있는지 여부와 관계없이 구매한 젓갈류를 보관·소분·포장하는 시설(설비, 도구)을 갖추고 판매목적으로 독립한 거래단위로 포장하여 최종소비자가 그대로 음용할 수 있도록 소매점에 공급하는 경우 '데친 채소류·김치·단무지·장아찌·젓갈류·게장·두부·메주·간장·된장·고추장'의 상태인 경우 또는 이를 단순하게 운반 편의를 위해 일시적으로 포장하는 경우와 비교하여 부가되는 가치가 있음이 명백하므로 이에 대하여 과세하는 것은 부가가치세의 개념에도 부합한다(동지 : 법규부가 2012-73, 2012. 3. 15.).

따라서 국세청도 과세요건으로서의 단순포장 여부는 독립된 거래단위로 소포장되어 최종소비자에게 그 포장의 상태로 공급될 수 있도록 하는 정도의 포장을 말한다고 해석하였다(부가 46015-1046, 1996. 5. 29. ; 부가통칙 26-34-5).

③ '이와 유사한 형태로 포장된 것'의 의미

부가규칙 [별표 1]에서 '이와 유사한 형태로 포장된 것'의 의미는 구체적으로 규정된 바 없어 해석상 논란이 있을 수 있으나, 문구 앞에 특정되어 있는 관입·병입·목준입만큼의 저장, 보관, 상품가치 증진을 목적으로 유사한 형태의 포장을 의미한다고 할 것이므로, 위 "②" 사례의 사업자가 단순미가공식료품의 보관·소분·포장 등을 위한 제조시설을 갖추고 판매목적으로 독립된 거래단위(수백g)로 '병입에 유사한 플라스틱 용기입의 형태로 포장하여 소매점에 공급하였다면, 플라스틱 용기 형태의 포장은 '관입 · 병입 또는 이와 유사한 형태로 포장하여 공급하는 것'에 해당하여 해당 제품은 부가가치세 과세대상이 될 것이다.

④ '제조시설을 갖추고'의 의미

부가법령상 '제조' 또는 '제조시설'의 정의에 관한 명문규정은 없지만, '제조'의 사전적 의미는 '물건을 만드는 것'인데, '물건을 만든다 함은 원료를 가공하여 그 본래의 성질이 변화된 제품을 만드는 것은 물론, 그와 같이 가공된 대용량의 제품을 보관하면서 이를 소분 · 포장하여 보관 · 판매 · 소비 등에 편리한 제품을 만드는 것도 포함된다'는 것이 법원의 판단이다(대전고등법원 2016누11610, 2016. 11. 17.). 이러한 법원의 판단이 부가법을 포함한 모든 세법에서 일반적으로 받아들여질 수는 없지만 단순미가공식료품 관련 시행규칙의 개정연혁이나 입법취지에 따른 해석으로 보인다. 따라서 ① 원료를 가공하여 그 본래의 성질이 변화된 제품을 만드는 시설(단순미가공식료품을 최초로 만드는 시설)과 소매포장 시설까지 갖추어 소매포장하여 판매하는 사업자는 물론, ② 미가공식료품의 직접적 생산시설을 갖추어 만들어진 제품을 구매하여 '보관 · 소분 · 포장하기 위한 시설을 갖추어 소매포장하는 사업자 모두 부가규칙 [별표 1]에 규정한 '제조시설'을 갖춘 사업자에 포함된다고 보더라도 '제조'나 '제조시설'의 사전적 의미를 벗어나지 않는다고 본다.

5) 미가공식료품에 포함하는 것

① 1차 가공과정에서 발생된 부산물

원생산물 본래의 성질이 변하지 아니하는 정도의 1차 가공과정에서 필수적으로 발생하는 부산물(예를 들면 쌀겨, 옥수수배아)과 면세되는 식료품끼리의 단순한 혼합물도 미가공식료품의 범위에 포함되어 부가가치세가 면제된다(부가령 §34 ② 2).

② 미가공식료품의 단순 혼합

미가공식료품을 단순히 혼합한 것은 부가가치세가 면제되는 미가공식료품으로 본다. 다만, 이 경우 단순 혼합이 아닌 화학적 반응 또는 발효 등을 거쳐 새로운 제품이 된 경우까지 면세에 포함되는 것은 아니다(부가령 §34 ② 3).

③ 기능성 쌀의 면세

쌀에 식품첨가물 등을 첨가 또는 코팅하거나 버섯균 등을 배양한 것으로서 쌀의 원형을 유지하고 있어야 하고(쌀을 분쇄한 후 식품첨가물을 혼합하여 다시 알곡모양을 낸 것을 제외한다), 쌀의 함량이 90퍼센트 이상인 기능성 쌀제품은 1차 가공 이상의 가공을 거치고 경제적 가치도 훨씬 증가하였지만, 고품격 쌀제품 생산을 통한 농가소득의 증대와 쌀소비를 촉진하기 위하여 일반쌀과 동일하게 면세되는 농산물에 포함하고 있다(부가령 §34 ② 4).

(2) 식용으로 제공되지 아니하는 국산 농·축·수·임산물

우리나라에서 생산된 것으로서 식용으로 제공되지 않는 농산물·축산물·수산물·임산물 등의 제1차 산업생산물은 해당 원생산물 또는 그 원생산물 본래의 성상이 변하지 않는 정도의 원시가공을 거친 것에 대해서 면세한다.

식용으로 제공되는 농·축·수·임산물이라면 국산인지 외국산인지에 관계없이 면세되나 식용으로 제공되지 않는 것이라면 해당 재화가 우리나라에서 생산된 것에 한해서만 면세한다.

면세요건을 요약하면 ㉠ 농·축·수·임산물에 해당되고 ㉡ 원생산물 또는 본래의 성상이 변하지 않는 원시가공 정도의 범위 내이거나, 원시가공을 거치는 과정에서 필수적으로 발생하는 부산물이어야 한다. 또한 ㉢ 우리나라에서 생산된 것으로서 식용으로 제공되지 아니하는 것이어야 한다(부가령 §34 ③).

1) 농산물·축산물·수산물·임산물

농산물이란 농업에 의해 생산된 물건을 말하고, 축산물이란 축산업 및 수렵업에 의해 생산된 물건을 말한다.

가마니, 이엉(마름), 광강, 탈지강 및 왕겨, 계분, 닭 또는 오리의 털, 식용에 적합하지 아니한 가축의 뼈, 장작, 제재 후 생기는 폐목, 목탄(숯), 흙, 자연석, 인뇨 등은 농산물·축산물·수산물 또는 임산물에 해당되지 아니므로 해당 재화의 공급에 대하여는 부가가치세가 면제되지 아니한다. 다만, 부가법 제26조 제2항에 규정하는 면세되는 재화 또는 용역에 통상적으로 부수되는 재화인 때에는 면세된다.

2) 원생산물·원시 가공단계

원생산물 그대로이거나 본래의 성상이 변하지 않은 정도의 원시가공을 거친 것 및 원시가공과정에서 필수적으로 발생하는 부산물 정도라야 면세되는 바, 원생산물 본래의 성상이 변하지 않는 정도의 원시가공의 의미는 미가공식료품에서 설명한 1차적 단순가공의 개념보다는 그 범위가 좁다.

따라서 본래의 성상이 변하지 않는 정도란 성질이 불변인 정도가 아니라 성상이 불변인 정도를 원시가공으로 하고 있으므로 기본적인 모양·형태·상태 등의 외관적인 면에서도 변화가 없어야 하므로 성질불변보다 더 낮은 기술적 단계의 가공에 대하여만 면세하는 것이다.

성상이 변하지 않는 정도의 원시가공에는 껍질벗기기, 단순건조하기, 소금에 절이기, 자르기, 벌목 등은 원시가공 정도라고 볼 수 있는 반면 가루로 빻기(정제·제조), 분쇄하기, 공예하여 모양 만들기 등은 원시 가공단계를 초과하는 것으로 부가가치세가 과세되는 가공이 된다.

3) 우리나라에서 생산된 것으로서 식용으로 제공되지 아니하는 것

우리나라에서 생산되었다 함은 국내에서 재배, 사육, 번식, 채취된 것을 의미하므로 외국에서 수입된 것은 식용으로 제공되는 것이 아니면 과세된다.

그러나 외국에서 수입한 식용으로 제공되지 아니하는 묘목 또는 동물을 보관목적으로 일정기간 가식 또는 사육하였다가 판매하는 경우에는 면세에 해당되지 아니하나 일정기간 재배 또는 사육하여 성목 또는 성육으로 하여 판매하는 경우에는 우리나라에서 생산된 것으로 보아 부가가치세가 면제된다(부가 46015-2328, 1994. 11. 18.).

(3) 수입 미가공식료품

수입 미가공식료품의 면세 범위는 앞서 "재화의 수입" 편에서 설명하였다.

(4) 미가공식료품의 과 · 면세 판정방법

대분류	중분류	소분류	면세 여부
식용으로 제공되는 농 · 축 · 수 · 임산물 ([별표 1]에 한하되, [별표 2] 및 단순가공식료품을 제외)	국내산 및 북한산	• 원생산물 • 탈미, 정미, 정맥, 냉동, 냉장, 포장 등의 단순 1차 가공을 거친 것 • 1차 가공과정에서 필수적으로 발생한 부산물 • 미가공식료품의 단순혼합물 • 기능성 쌀	면세 (①)
		본래의 성질이 변한 것 (숙성, 발효, 조미 등의 화학적 반응을 거친 것과 가열한 것)	과세 (②)
	수입산	수입 시	면세
		국내 판매(①의 면세요건 충족분)	면세
수입농산물 중 [별표 2]에 해당하는 것		수입 시	과세
		수입 후 국내판매(①의 면세요건 충족분)	면세
단순가공식료품 (데친 채소, 김치 등)		단순운반 목적의 포장 정도를 거친 것	면세
		판매목적으로 독립된 거래단위로 포장하여 공급하는 것	과세*
비식용 농 · 축 · 수 · 임산물	국내산 및 북한산	• 원생산물 • 성상의 변화가 없는 정도의 원시가공을 거친 것과 그 과정에서 필수적으로 발생되는 부산물	면세
		성상(성질과 모양)이 변화된 것	과세
	수입산	수입 시	과세
		국내에서 재배 또는 사육 후 판매	면세
		수입품을 그대로 내수판매	과세

* 2022. 7. 1.~2023. 12. 31.까지 공급분은 면세

2 | 수돗물

(1) 개 요

물은 생활의 가장 필수적인 재화의 하나로서 부가가치세법은 수돗물을 공급하는 경우

에 부가가치세를 면제하고 있다(부가법 §26 ① 2).

(2) 면세범위

1) 수돗물의 정의

수돗물이란 「수도법」상의 수도사업자가 도관에 의해 공급하는 물과 수도법상의 수도사업자에게 직접 공급하는 수도사업용(공업용 수도사업 및 전용수도를 포함) 원수를 말한다.

여기서 면세되는 수돗물의 대가는 원수대금 및 건설비와 관리비 부담금 등 수돗물 창출에 대한 모든 대가가 포함된다.

2) 구체적 면세 적용범위

「수도법」상의 수도사업자가 공급하는 수돗물 외에 수도법상 인가된 수도사업자가 아니라도 수돗물을 공급받을 수 없는 농어촌지역에서 간이급수시설에 의하여 도관을 통하여 기초생활품인 수돗물을 공급하는 경우에도 해당 물은 수돗물의 범위에 포함되어 부가가치세가 면제된다(국심 81부226, 1981. 5. 25. ; 국심 86중436, 1986. 5. 27.).

하지만, 원수업자가 직접 골프장 등에 공급하는 것과 같이 수도사업자에게 수도사업용으로 공급되는 원수가 아닌 경우, 항계 내에서 선박 등에 물을 공급하는 경우 및 사업자가 사업상 농업용수를 공급하는 경우에는 면세하지 아니한다(부가통칙 26-0-1, 26-0-2 ; 부가 1265.1-2440, 1979. 9. 17.).

3 연탄 및 무연탄

(1) 개 요

연탄 및 무연탄도 미가공식료품 및 수돗물과 마찬가지로 일반국민의 생존에 직결되는 것으로 소비자의 부담을 경감시킬 필요에서 면세로 하고 있다(부가법 §26 ① 3).

연탄의 사전적 의미는 석탄 · 코크스 · 목탄 등의 분말가루에 피치 · 해조 · 석회 등의 점결제를 섞어서 굳히어 만든 연료를 말한다. 무연탄(관세율표 번호 제2701호 참조)은 석탄 중에서 탄화작용을 가장 많이 받아 탄소분이 90% 이상인 석탄(검고 금속광택이

나며 태워도 연기가 안남)을 말한다.

(2) 종류별 과 · 면세 분류

1) 면세

- 연탄: 조개탄, 하향식연결점화연탄, 마세크탄
- 무연탄(무연탄에 해당되는 괴탄을 구입하여 분쇄한 후 단순히 크기별로 분류해 파는 경우 포함)(부가통칙 26-0-3)

2) 과세

- 착화탄, 유연탄, 갈탄, 인조장작, 톱밥, 왕겨, 연탄용 불쏘시개, 가정용 코크스연탄, 인조숯, 왕겨탄, 목탄, 두탄, 토탄(부가통칙 26-0-3)

4 여성용 생리처리 위생용품

(1) 개 요

여성의 복리후생 증진과 모성권보호를 위하여 여성의 기초생활용품인 여성용 생리처리 위생용품은 부가가치세를 면제한다(부가법 §26 ① 4).

(2) 면세 적용범위

보건복지부장관이 '의약외품의 지정고시'에 의하여 의약외품으로서 지정고시한 위생상의 용도에 제공되는 면류제 및 이와 유사한 물품으로서 여성의 분비물을 흡수처리하기 위한 용도의 제품으로 「약사법」 제31조 및 제42조에 따라 '의약외품'으로 제조 또는 수입 품목허가를 받은 제품은 부가가치세가 면제되는 "여성용 생리처리 위생용품"에 해당하여 부가가치세가 면제된다(서면3팀-653, 2004. 4. 1.).

다만, 수입품에 대하여 부가가치세 면세대상으로 규정하지 않았으므로 여성용 생리처리 위생용품의 수입에 대하여는 부가가치세가 과세된다(재소비-892, 2004. 8. 24.).

5 | 의료보건용역과 혈액

(1) 개 요

1) 면세취지

「의료법」에 따른 의사, 치과의사, 한의사, 조산사 또는 간호사 등(이하 "의사 등"이라 한다)이 제공하는 용역은 부가가치세를 면제한다. 이러한 의료보건용역과 혈액은 국민후생 및 복지적 관점에서 최종소비자가 아무런 중간단계 없이 직접 소비하는 용역이므로 국민의 세부담을 경감하기 위하여 면세하는 것이다(부가법 §26 ① 5).

2) 의료행위의 의미

'의료행위'란 의학적 전문지식을 기초로 하는 경험과 기능으로 진찰, 검안, 투약 또는 외과적 시술을 시행하여 하는 질병의 예방 또는 치료행위 및 그 밖에 의료인이 행하지 아니하면 보건위생상 위해가 생길 우려가 있는 행위를 의미한다(대법원 2004도3405, 2004. 10. 28.).

3) 면세기준

① '의사 등이 공급하는 용역'은 「의료법」에 따른 의사 및 의료기관이 공급주체가 되어 자기의 계산과 책임으로 환자에게 제공하는 질병의 예방 · 치료행위에 한정된다(조심 2013중4315, 2014. 3. 17. ; 대법원 2011두5834, 2013. 5. 9.).

② "①"의 의료행위에 해당하더라도 과세형평 · 실질과세원칙과 의료보건용역의 면세입법취지에 비추어 질병치료 · 예방이 아닌 미용목적의 진료행위 등은 면세되는 의료행위에 해당하지 아니한다(대법원 2008두11594, 2008. 10. 9.).

③ 해당 의사 및 의료기관에 부여된 자격의 범위 내의 의료보건용역과 이에 필수적으로 부수되는 재화 · 용역을 포함한다.

(2) 「부가가치세법」상 의료보건용역 범위

① 「의료법」에 따른 의사, 치과의사, 한의사, 조산사 또는 간호사가 제공하는 용역(성형수술 일부 제외)(부가령 §35 1)

② 「의료법」에 따른 접골사, 침사, 구사 또는 안마사가 제공하는 용역(부가령 §35 2)

※ 한방 처방전에 의한 대사증후군, 비만치료제는 시술 또는 수술이 아니라 면세대상임.

③ 「의료기사등에 관한 법률」에 따른 임상병리사, 방사선사, 물리치료사, 작업치료사,

치과기공사, 치과위생사가 제공하는 용역(부가령 §35 3)

④「약사법」에 따른 약사가 제공하는 의약품의 조제용역(부가령 §35 4)

⑤「수의사법」에 따라 수의사가 제공하는 용역(일부 동물 진료 제외)(부가령 §35 5)

⑥ 장의업자가 제공하는 장의용역(부가령 §35 6)

⑦「장사 등에 관한 법률」 제14조부터 제16조까지의 규정에 따라 사설묘지, 사설화장시설, 사설봉안시설 또는 사설자연장지를 설치·관리 또는 조성하는 자가 제공하는 묘지분양, 화장, 유골 안치, 자연장지분양 및 관리업 관련 용역(부가령 §35 7)

⑧ 지방자치단체로부터 「장사 등에 관한 법률」 제13조 제1항에 따른 공설묘지, 공설화장시설, 공설봉안시설 또는 공설자연장지의 관리를 위탁받은 자가 제공하는 묘지분양, 화장, 유골 안치, 자연장지분양 및 관리업 관련 용역(부가령 §35 8)

※ 위 "⑦"과 "⑧"에서 자연장지분양 및 관리업 관련 용역은 2022. 2. 15. 공급분부터 적용한다.

⑨「응급의료에 관한 법률」 제2조 제8호에 따른 응급환자이송업자가 제공하는 응급환자이송용역(부가령 §35 9)

⑩「하수도법」 제45조에 따른 분뇨수집·운반업의 허가를 받은 사업자와 「가축분뇨의 관리 및 이용에 관한 법률」 제28조에 따른 가축분뇨수집·운반업 또는 가축분뇨처리업의 허가를 받은 사업자가 공급하는 용역(부가령 §35 10)

⑪「감염병의 예방 및 관리에 관한 법률」 제52조에 따라 소독업의 신고를 한 사업자가 공급하는 소독용역(부가령 §35 11)

⑫「폐기물관리법」 제25조에 따라 생활폐기물 또는 의료폐기물의 폐기물처리업 허가를 받은 사업자가 공급하는 생활폐기물 또는 의료폐기물의 수집·운반 및 처리용역과 「폐기물관리법」 제29조에 따라 폐기물처리시설의 설치승인을 받거나 그 설치의 신고를 한 사업자가 공급하는 생활폐기물의 재활용 용역(부가령 §35 12)

⑬「산업안전보건법」 제21조에 따라 보건관리전문기관으로 지정된 자가 공급하는 보건관리용역 및 「산업안전보건법」 제126조에 따른 작업환경측정기관이 공급하는 작업환경측정용역(부가령 §35 13, 밑줄은 2016. 2. 17. 이후 공급분부터)

⑭「노인장기요양보험법」 제2조 제4호에 따른 장기요양기관이 같은 법에 따라 장기요양인정을 받은 자에게 제공하는 신체활동·가사활동의 지원 또는 간병 등의 용역(2008. 7. 1. 이후 적용)(부가령 §35 14)

⑮「사회복지사업법」 제5조의2 제2항에 따라 보호대상자에게 지급되는 사회복지서비스이용권을 대가로 국가 및 지방자치단체 외의 자가 공급하는 용역(2009. 2. 4. 공급분부터 적용)(부가령 §35 15)

⑯ 「모자보건법」에 따른 산후조리원에서 임산부나 영유아에게 제공하는 급식 · 요양용역(부가령 §35 16)

⑰ 「사회적기업 육성법」 제7조에 따라 인증받은 사회적 기업 또는 「협동조합기본법」 제85조 제1항에 따라 설립인가를 받은 사회적협동조합이 직접 제공하는 간병 · 산후조리 · 보육용역(2013. 2. 15. 이후 공급하는 분부터 적용)(부가령 §35 17)

⑱ 취약계층 등에 대한 의료보건사업 지원 확대를 위해 「정신건강증진 및 정신질환자 복지서비스 지원에 관한 법률」 제15조 제6항 및 그 밖에 기획재정부령으로 정하는 법령에 따라 국가 및 지방자치단체로부터 의료보건 용역을 위탁받은 자가 제공하는 의료보건 용역에 대하여 부가가치세를 면세한다(2024. 2. 29. 시행령 개정 전의 것도 소급 적용).

※ 종전에는 정신건강복지법에 한정하였음.

(3) 일부 의료보건용역의 과세전환

1) 성형수술 과세전환

인간의 질병치료에 한해 부가가치세를 면세하는 국제기준을 반영하여 「국민건강보험법」 제41조 제4항에 따라 요양급여의 대상에서 제외되는 미용목적의 성형수술, 외모개선 목적의 악안면 교정술, 미용목적의 피부 관련 시술 등 치료목적이 아닌 다음의 미용 · 성형 의료용역에 대하여 2011. 7. 1. 공급분부터 부가가치세를 면제하지 아니한다(부가령 §35 1호의 단서).

다만, 성형수술로 인한 후유증 치료, 선천성 기형의 재건수술, 종양 제거에 따른 재건수술은 제외한다(부가-182, 2014. 3. 11.).

㉠ 쌍꺼풀수술, 코성형수술, 유방확대 · 축소술(다만, 유방암 수술에 따른 유방 재건술은 제외한다), 지방흡인술, 주름살제거술, 안면윤곽술, 치아성형(치아미백, 라미네이트와 잇몸성형술에 한정한다) 등 성형수술(성형수술로 인한 후유증 치료, 선천성 기형의 재건수술과 종양 제거에 따른 재건수술은 제외한다)과 악안면 교정술(치아교정치료가 선행되는 악안면 교정술은 제외한다)

㉡ 미용목적의 피부시술 중 색소모반 · 주근깨 · 흑색점 · 기미 치료술, 여드름 치료술, 제모술, 탈모치료술, 모발이식술, 문신술 및 문신제거술, 피어싱, 지방융해술, 피부재생술, 피부미백술, 항노화치료술 및 모공축소술

※ 유방암 수술에 따른 유방 재건술은 환자 치료비 부담 완화를 위해 2013. 2. 15. 이후 공급분부터 면세하고, 밑줄 친 시술은 2014. 2. 1. 이후 최초로 용역의 제공이 개시되는 분부터 부가가치세가 과세된다.

이러한 과세대상 진료용역에는 직접적인 수술비용뿐만 아니라 그 수술에 관련된 진찰료, 입원료, 처치료, 검사료, 진단료, 식대 등 모든 비용에 대한 용역이 포함되는 바, 면세용역과 과세용역으로 명확히 구분되는 것과 구분되지 아니하는 것을 함께 제공하고 그 대가를 받는 경우, 과세분(유방재건수술, 보톡스, 필러 시술 등 미용목적의 성형으로 요양급여의 대상에서 제외되는 것)과 면세분(국민건강보험법상 요양급여 대상인 것)에 대한 공급가액은 실지귀속에 따라 계산하되, 그 실지귀속을 구분할 수 없는 때에는 공급 당시 구분되는 과세공급가액과 면세공급가액의 비율에 따라 산정된 가액으로 하여 각각 계산한다.

또한, 의료보건용역을 제공하는 사업자가 과세되는 진료용역을 제공하고 그 대가를 받은 경우에는 공급을 받은 자에게 영수증을 발급하는 것이나, 그 공급받은 사업자가 사업자등록증을 제시하고 세금계산서의 발급을 요구하는 때에는 해당 규정에 따른 세금계산서를 발급하여야 한다(부가-692, 2011. 6. 30. ; 재부가-418, 2011. 7. 1. ; 부가-397, 2011. 4. 14.).

가. 부위별 과세대상 성형수술 범위

구 분	해당 의료용역
눈	• 쌍꺼풀수술, 상안검성형술,* 하안검성형술, 몽고주름성형술, 외안각성형술, 애교수술, 눈매교정술, 눈미백수술 등 * 눈 기능 개선을 위한 상안검성형술은 과세 제외 ** 사시교정 · 안와격리증의 교정 등 시각계 수술, 안경 · 콘텍트렌즈 등을 대체하기 위한 시력교정술, 검열반 등 안과질환은 과세 제외
코	• 융비술, 매부리코 · 긴코축소술, 휜코성형술, 비첨(코끝)성형술, 비익(콧볼)성형술 등
안면윤곽	• 사각턱축소술, 턱끝성형술, 광대뼈축소술, 광대확대술, 이마성형술 등
입술	• 입술확대술, 입술축소술 등
귀	• 귓불성형술, 누운귀성형술 등
체형	• 지방흡인술, 엉덩이성형술, 팔다리근육확대 · 축소술, 복부성형술, 배꼽성형술, 종아리퇴축술, 유방성형술(유방확대 · 축소술,[1] 유방하수교정술 등), 성기확대술,[2] 소음순성형술, 사지연장술[3] 등 1) 유방암 수술에 따른 유방재건술은 과세 제외 2) 발기부전 · 불감증 또는 생식기 선천성기형 등의 비뇨생식기 질환 치료, 포경수술, 외상후 재건술, 기능 개선을 위한 시술은 과세 제외 3) 신장을 늘리기 위하여 시행하는 경우에 한함.
치아	• 치아미백, 라미네이트,* 잇몸성형술 * 충치치료에 사용되는 경우 과세 제외 ** 치아교정치료는 과세 제외
악안면교정	• 양악수술, 주걱턱수술, 무턱수술, 돌출입수술 등 * 치아교정치료가 선행되는 악안면교정술은 과세 제외
기타	• 주름살제거술, 지방이식술 등

※ 성형수술로 인한 후유증 치료, 선천성기형의 재건수술, 종양제거에 따른 재건수술은 과세 제외

나. 피부관련 시술의 과세범위

○ 색소모반 · 주근깨 · 흑색점 · 기미치료술
 * 검버섯, 오타모반, 염증 후 색소침착, 편평모반 등 기타 색소질환은 과세 제외
○ 여드름치료술*
 * 약에 대한 처방전만 발급하는 경우는 과세 제외
○ 제모술, 탈모치료술*, 모발이식술
 * 약에 대한 처방전만 발급하는 경우는 과세 제외
○ 문신술 및 문신제거술, 피어싱
○ 지방융해술
○ 피부재생술,* 피부미백술, 항노화치료술,** 모공축소술
 * 피부개선 목적으로 콜라겐 · 엘라스틴 등의 생성을 촉진하거나 피부의 일부를 벗겨내어 새로운 피부층의 생성을 유도하는 등 피부 재생을 위한 시술로 자가혈소판풍부혈장주사술, PDRN(Polydeoxyribonucleotide) 주사술, PLLA(Poly-L-Lactic-Acid) 주사술, 조직 수복용 재료(예 히알루론산) 주사술, 레이저 · 필링제를 이용한 시술 등을 말함.
 - 화상흉터 · 수두흉터 등 반흔제거술, 상처치료, 튼살치료는 과세 제외
 ** 주름살 완화 및 피부탄력(피부처짐) 개선을 위한 시술로 보톡스(보툴리눔 톡신) · 필러 · 레이저 · 초음파 · 화학물질 등을 이용한 시술로 보툴리눔 톡신 주사술, 조직 수복용 재료(예 히알루론산) 주사술, 실을 이용한 안면거상술, 성장 호르몬 주사술 및 남성호르몬 주사술, 자하거(태반)추출물 주사술, 항산화제 주사술 등을 말함.
 - 체내 단백질합성과 지방분해 촉진 등 신체기능 개선을 주목적으로 한 항노화치료는 과세 제외

※ 사마귀, 백반증, 딸기코, 대상포진, 아토피 피부염 등은 과세 제외

과세되는 진료용역(성형)의 범위

「의료법」에 따른 의료인의 진료용역 중 눈성형(매몰법, 앞트임, 뒷트임, 절개법, 눈매교정술), 코성형(보형물 삽입, 콧구멍 축소, 휜코, 코 재수술 등), 주름성형(얼굴주름, 이마주름), 주름성형(눈 위아래 주름), 가슴성형(확대 및 축소, 함몰유두), 미니지방흡입, 보톡스, 필러, 지방이식 등에 대한 수술을 하는 경우, 해당 진료용역의 면세 여부는 부가령 제35조 제1호 단서 각 목에 따라 「국민건강보험법」상 비급여대상 진료용역 중 쌍꺼풀수술, 코성형수술, 유방확대술, 유방축소술, 지방흡인술, 주름살제거술에 해당하는 경우에만 부가가치세를 과세하는 것임(법규부가 2011-309, 2011. 8. 24.).

2) 수의사의 동물 진료용역 중 일부 과세전환

농어민의 영농·영어비용 부담 완화와 부가가치세 과세기준의 국제화 및 과세품목 간 형평성의 제고를 위해 수의사가 제공하는 아래 "(4)의 4)"에서 정하는 면세되는 동물진료용역 외의 애완견 등의 동물진료용역 등은 과세사업으로 전환하였다.

(4) 구체적 면세적용 범위

1) 「의료법」에 따른 의료보건용역

① 「의료법」에 따른 의사 등의 업무범위에 관한 규정에서와 같이 면허받은 의사·치과의사·한의사·조산사·간호사 등의 의료인과 의료기관 및 이 법에 의한 자격을 받은 접골사·침사·구사 등의 의료유사업자와 시술소 및 자격이 인정된 안마사와 안마시술소가 제공하는 용역에 대하여 부가가치세를 면제한다.

② "①"에 규정된 「의료법」에 따른 의사 등이 제공하는 진료용역과 함께 공급되는 조제약품, 치과의사의 보철 등도 면세된다. 그러나 면허나 자격이 없는 자가 비슷한 용역을 제공하거나 「의료법」에 따른 자격(면허)을 받은 자가 규정된 업무범위를 벗어난 진료행위를 하는 경우에는 부가가치세가 과세된다.

③ 「의료기사 등에 관한 법률」에 따른 임상병리사 등 의사·치과의사의 지도하에 진료 또는 의화학적 검사에 종사하는 의료기사가 제공하는 용역도 부가가치세가 면제된다.

④ 의료보건용역에 필수적으로 부수되는 용역은 의료보건용역에 포함된다. 예를 들어 병원을 운영하는 사업자가 자기의 구내식당에서 입원환자에게 음식용역을 직접 제공하는 경우 의료보건용역에 필수적으로 부수되어 해당 음식용역은 부가가치세가 면제된다(부가 46015-147, 2000. 1. 20.).

2) 혈액

부가가치세가 면세되는 혈액은 「혈액관리법」 제2조에 따른 혈액으로서 혈구 및 혈장과 2025. 1. 1. 이후 공급분부터는 치료·예방·진단 목적으로 조제한 동물의 혈액을 포함한다.

3) 「약사법」에 규정하는 약사가 제공하는 의약품의 조제용역

「약사법」에 따른 약사 등의 규정에서와 같이 약사법에 의해 면허받은 약사(한약사 포함)가 제공하는 의약품의 조제용역만이 부가가치세가 면제된다.

약사의 의약품 조제용역 및 부수재화만이 면세이므로 약사가 단순히 판매하는 의약품(매약)은 모두 과세된다. 여기서 조제용역이란 「약사법」 제2조 제11호의 정의규정을 준용한다. 그러므로 「약사법」 제23조에 따라 약사가 부득이 의사, 치과의사의 처방전 없이 조제용역을 제공한 경우에도 부가가치세가 면제되어야 한다(부가통칙 26-35-2).

약사법 제2조 【정의】

11. "조제"란 일정한 처방에 따라서 두 가지 이상의 의약품을 배합하거나 한 가지 의약품을 그대로 일정한 분량으로 나누어서 특정한 용법에 따라 특정인의 특정된 질병을 치료하거나 예방하는 등의 목적으로 사용하도록 약제를 만드는 것을 말한다.

약사법 제23조 【의약품 조제】

③ 의사 또는 치과의사는 전문의약품과 일반의약품을 처방할 수 있고, 약사는 의사 또는 치과의사의 처방전에 따라 전문의약품과 일반의약품을 조제하여야 한다. 다만, 다음 각 호의 어느 하나에 해당하면 의사 또는 치과의사의 처방전 없이 조제할 수 있다.

1. 의료기관이 없는 지역에서 조제하는 경우
2. 재해가 발생하여 사실상 의료기관이 없게 되어 재해 구호를 위하여 조제하는 경우
3. 감염병이 집단으로 발생하거나 발생할 우려가 있다고 보건복지부장관이 인정하여 경구용(經口用) 감염병 예방접종약을 판매하는 경우
4. 사회봉사 활동을 위하여 조제하는 경우

※ 처방전에 따라 약사가 통약(1개 의약품)으로 공급하여도 조제에 해당되어 면세함.

4) 「수의사법」에 따른 수의사가 제공하는 용역

「수의사법」에 따른 수의사가 제공하는 용역은 부가가치세를 면제한다. 다만, 동물의 진료용역은 다음에 해당하는 진료용역으로 한정한다(부가령 §35 5 : 법규부가 2011-275, 2011. 7. 8.).

① 「축산물위생관리법」에 따른 가축(식용을 목적으로 하는 동물로서 동 법에서 정하는 동물)에 대한 진료용역

② 「수산생물질병 관리법」에 따른 수산동물에 대한 진료용역

③ 「장애인복지법」 제40조 제2항에 따른 장애인 보조견표지를 발급받은 장애인 보조견에 대한 진료용역

④ 「국민기초생활 보장법」 제2조 제2호에 따른 수급자가 기르는 동물의 진료용역

⑤ 반려동물에 대한 진료비 부담을 경감시키기 위하여 백신 예방접종 등 질병 예방 목적의 진료용역뿐만 아니라 질병 치료 목적의 진료용역에 대해서도 일정 범위에

서 부가가치세를 면제한다. 위 "①"부터 "④"까지의 규정에 따른 진료용역 외에 질병 예방 및 치료를 목적으로 하는 동물의 진료용역으로서 농림축산식품부장관 또는 해양수산부장관이 기획재정부장관과 협의하여 고시하는 용역(2023. 9. 26. 개정규정은 2023. 10. 1. 이후 용역을 공급하는 경우부터 적용하며, 2023. 10. 1. 당시 종전규정의 개정으로 면세사업이 추가되는 사업자가 2023. 10. 1. 전에 생산하거나 취득한 재화를 2023. 10. 1. 이후 그 면세사업을 위하여 사용하는 경우 부가법 제10조 제1항의 면세전용, 부가법 제40조 및 제41조의 공통매입세액안분계산 및 공통매입세액의 재계산 적용과 관련해서는 개정규정에도 불구하고 해당 사업을 과세사업으로 본다(영 부칙 제2조 제2항, 2023. 9. 26.).

가. 예방접종: DHPPL(종합백신), 광견병, 신종플루, 전염성기관지염, 코로나장염, 전염성복막염 등

나. 의약품: 심장사상충, 회충약 등 예방약 투약, 옴, 진드기, 벼룩, 사상균증 등 피부질환 및 외부기생충 예방제 도포

다. 수술: 중성화수술

라. 검사: 병리학적 검사

위 진료용역 중 어느 하나에 해당하는 용역을 공급하는 사업자는 부가법 제48조 및 제49조에 따른 예정신고 또는 확정신고를 할 때 또는 부가가치세가 면제되는 용역만을 공급하는 경우에는 「소득세법」 제78조에 따른 사업장현황신고를 할 때에 기획재정부령으로 정하는 매출명세서를 첨부하여 제출하여야 한다(부가령 §90 ⑨).

5) 장의업자가 제공하는 장의용역

부가가치세가 면제되는 장의용역이란 장의용역 그 자체(장례식장의 임대, 빈소 설치, 장의차 임대, 시신의 보관 및 염습, 장례의식 거행, 분묘이장처리용역, 매장 등)와 장의용역에 부수하여 통상적으로 공급되는 장의용품(관, 수의, 상복)을 말한다. 또한 장의자동차 운송사업자의 시신운반용역은 장의용역, 「매장 및 묘지 등에 관한 법률」 제17조에 규정하는 시체운반용역도 장의용역과 장의용역에 부수되는 제례음식을 함께 공급하는 경우에도 부가가치세가 면제된다(부가 46015-1068, 1995. 6. 13.).

하지만 장의용역에 필수적으로 부수되어 공급하지 않고 장의용품만을 별도로 판매하거나, 사업자가 장차 장의용역을 제공받고자 하는 자와 장의용역을 제공하는 사업자 간의 거래를 단순히 주선 또는 알선하여 주고 그 대가로 수수료를 받는 경우에는 부가가치세가 과세된다(서면3팀-1333, 2006. 7. 5.).

또한, 장의업자 甲이 고객과의 계약에 따라 제공하는 장의용역 중 중요부분을 다른 장의업자 乙과의 장의행사용역계약에 따라 乙이 수행하도록 하고 고객으로부터 받은 대가 중 일정비율에 해당하는 금액을 乙에게 지급하는 경우 甲과 乙이 제공하는 용역에 대해서도 부가가치세를 면제한다(법규부가 2012-29, 2012. 5. 9. ; 부가-991, 2012. 9. 27.).

▌장례식장 음식용역의 부수성을 인정한 대법원 판례

장례식장에서의 음식물 제공용역의 공급은 일반인이 아니라 특정 조문객만을 대상으로 빈소 바로 옆 공간이라는 제한된 장소에서 이루어지는 것이 일반적인 점 등에 비추어 보면, 거래의 관행상 장례식장에서의 음식물 제공용역의 공급이 부가가치세 면세 대상인 장의용역의 공급에 통상적으로 부수되고 있음을 충분히 인정할 수 있음(대법원 2013두932, 2013. 6. 28.).

6) 사설묘지 등의 묘지분양, 화장, 관리용역 등

「장사 등에 관한 법률」 제14조부터 제16조까지의 규정에 따라 사설묘지, 사설화장시설, 사설봉안시설 또는 사설자연장지를 설치·관리 또는 조성하는 자가 제공하는 묘지분양, 화장, 유골 안치, 자연장지분양 및 관리업 관련 용역(사용료 및 관리비 포함)은 사업주체(종교단체, 개인 또는 법인)에 관계없이 부가가치세가 면제된다(부가령 §35 7호 ; 부가 46015-173, 2001. 1. 26.).

7) 지방자치단체로부터 공설묘지등의 관리를 위탁받은 자가 제공하는 묘지분양 및 관리관련 용역

지방자치단체로부터 「장사 등에 관한 법률」 제13조 제1항에 따른 공설묘지, 공설화장시설, 공설봉안시설 또는 공설자연장지의 관리를 위탁받은 자가 제공하는 묘지분양, 화장, 유골 안치, 자연장지분양 및 관리업 관련 용역은 사설묘지와의 형평성을 고려하여 부가가치세를 면제한다(부가령 §35 8호).

8) 「응급의료에 관한 법률」 제2조 제8호에 따른 응급환자이송업자가 제공하는 응급환자이송용역

"응급의료"라 함은 응급환자의 발생부터 생명의 위험에서 회복되거나 심신상의 중대한 위해가 제거되기까지의 과정에서 응급환자를 위하여 행하여지는 상담·구조·이송·응급처치 및 진료 등의 조치를 말하므로 이러한 「응급의료에 관한 법률」에 따른 응급환자이송업 역시 해당 법률에서 응급구조사(의사·간호사 포함)가 환자에 대한 응급처치와 환자이송용역을 제공하도록 하고 있으므로 의료보건용역으로 볼 수 있다.

9) 관계법령에 따라 허가받은 사업자가 공급하는 가축분뇨수집 · 운반 · 처리 용역

「하수도법」 제45조에 따른 분뇨수집 · 운반업의 허가를 받은 사업자와 「가축분뇨의 관리 및 이용에 관한 법률」 제28조에 따른 가축분뇨수집 · 운반업 또는 가축분뇨처리업의 허가를 받은 사업자가 공급하는 용역은 의료보건용역으로 보아 부가가치세를 면제한다.

다만, 다음에 해당하는 것은 면세하는 그 밖의 의료보건위생용역에 해당하지 아니한다.

㉠ 「폐기물관리법」, 「하수도법」 및 「가축분뇨의 관리 및 이용에 관한 법률」에 의하여 허가를 얻은 사업자가 수거한 폐기물, 분뇨 등으로 과세되는 재화를 제조하여 공급하는 경우

㉡ 「폐기물관리법」 제29조에 따라 폐기물처리시설을 설치 · 운영하는 사업자, 「하수도법」 제45조 및 「가축분뇨의 관리 및 이용에 관한 법률」 제28에 따라 등록한 사업자가 폐기물처리시설이나 분뇨처리시설, 오수정화시설, 정화조 또는 축산폐수정화시설의 설계 · 시공용역을 공급하거나 정화조를 공급하는 경우(부가통칙 26-35-1)

㉢ 사업자가 타인에게 임대하거나 사용하게 한 공장 또는 사업장에 폐기물 또는 분뇨 등의 수거와 청소용역을 제공하는 경우(부가령 §29 9, 부가통칙 26-35-1)

10) 「감염병의 예방 및 관리에 관한 법률」 제52조에 따라 소독업의 신고를 한 사업자가 공급하는 소독용역

전염병의 발생과 유행을 방지하여 국민보건을 향상 증진시키기 위하여 「감염병의 예방 및 관리에 관한 법률」에 따라 보건복지가족부령이 정하는 시설 · 장비 및 인력을 갖추어 시장 · 군수 · 구청장에게 신고하여 소독업 허가를 받은 사업자가 제공하는 전염병 예방에 필요한 청소소독과 쥐 · 벌레 등의 구제조치 등 소독용역을 제공하는 경우에는 부가가치세를 면제한다.

따라서 허가받지 않은 자의 소독용역은 면세되지 않으며 농약방제업도 면세되지 않는다(부가 22601-1385, 1987. 7. 6.).

11) 폐기물 수집 · 운반 · 처리 및 재활용용역

가. 개요

「폐기물관리법」 제25조에 따라 생활폐기물 또는 의료폐기물의 폐기물처리업 허가를 받은 사업자가 공급하는 생활폐기물 또는 의료폐기물의 수집 · 운반 및 처리용역과 「폐

기물관리법」 제29조에 따라 폐기물처리시설의 설치승인을 받거나 그 설치의 신고를 한 사업자가 공급하는 생활폐기물의 재활용용역은 부가가치세를 면제한다(부가령 §35 12).

나. 폐기물 수집·운반 및 처리용역의 면세범위

① 허가의 범위

폐기물처리업 허가는 폐기물의 수집·운반허가, 중간처리업 허가, 최종처리업 허가, 종합처리업 허가 등으로 세분화되어 있으며 사업자가 폐기물처리업을 하기 위해서는 허가 업종별로 적합한 장소에 필요한 시설을 갖추고 허가를 받거나 설치의 신고를 하여야 하는 것이므로 허가받은 사업자는 그 허가받은 업종의 폐기물처리업만 할 수 있다. 다만, 폐기물 중간처리업 허가, 최종처리업 허가, 종합처리업 허가를 받은 자는 수집·운반업의 허가를 받지 아니하고 그 처리 대상 폐기물을 스스로 수집·운반할 수 있다(폐기물관리법 §25 ⑤, ⑥)

따라서 「폐기물관리법」에 따른 허가를 받은 사업자가 그 사업범위 내에서 제공하는 생활폐기물 또는 의료폐기물의 수집·운반 및 처리용역에 대하여 부가가치세를 면제한다.

또한, 본점에서 「폐기물관리법」 제25조에 따라 폐기물수집·운반업 허가를 받은 법인사업자가 폐기물처리업 허가를 받지 아니한 지점사업장에서 재활용선별시설을 수탁운영하고, 그 대가로 「폐기물관리법」 제29조에 따라 폐기물처리시설 설치신고를 한 지방자치단체로부터 위탁지원금을 받는 경우, 해당 용역은 부가령 제35조 제12호에 해당하지 아니하여 부가가치세가 과세된다(부가-698, 2009. 5. 19.).

▌폐기물수집·운반 허가업체가 공급하는 가로청소용역이 부가가치세 면제대상인지 여부

「폐기물관리법」 제25조에 따른 생활폐기물 수집·운반업 허가를 받은 사업자가 비록 지방자치단체와 청소용역을 제공하는 것으로 계약되었지만, 가로(街路)청소용역의 경우 실질은 도로, 공공시설, 불특정다수인이 이용하는 장소, 하천 둔치 등에 버려진 지류, 깡통, 무단·불법 폐기물, 낙엽, 모래 등을 수거하여 지방자치단체가 제공하는 공공용 쓰레기봉투에 담아 재활용품은 재활용선별장으로, 그외 폐기물은 매립장으로 운반하는 것이므로 먼지를 털고, 닦고, 광내는 건물 등의 일반적인 청소용역과는 다르고, 가로청소 및 공원과 하천 둔치 등 불특정다수인이 이용하는 장소의 청소용역은 「폐기물관리법」에 따른 생활폐기물 수집·운반용역에 해당하여 이에 대한 허가를 받은 자가 할 수 있는 것이므로 가로 등 공공장소에서 「폐기물관리법」에 따른 생활폐기물을 수집하여 지방자치단체 소유의 매립장 또는 재활용선별장으로 운반하는 용역을 제공하였다면 동 가로청소용역은 부가가치세가 면제되는 생활폐기물 등의 수집·운반용역에 해당한다(국세청 과세기준 자문).

② 사업장폐기물처리용역 등의 과세

「폐기물관리법」의 개정으로 일반폐기물이 생활폐기물과 사업장폐기물로 구분됨에 따라 1997. 5. 31. 시행규칙 개정 시 기존에는 면세로 규정되었던 일반폐기물처리용역 중 생활폐기물처리용역만 면세하고 사업장폐기물처리용역은 부가가치세 과세사업으로 전환되었다(폐기물관리법 §2).

③ 부수재화의 면세 여부

수도권매립지공사가 생활폐기물 등의 처리과정에서 생산되는 매립가스를 발전업을 영위하는 사업자에게 공급하거나, 동 시설물의 신축과정(터파기 등)에서 발생하는 원석을 계속적 · 반복적으로 사업자에게 공급하는 경우 면세사업에 필수적으로 발생되는 부수재화로 보지 아니하여 부가가치세가 과세된다(서삼 46015-11703, 2003. 10. 31. 외).

다. 생활폐기물 재활용용역의 면세범위

① 개요

생활폐기물의 재활용용역은 2003. 1. 1. 이후 공급분부터 부가가치세가 면제되는 것이나, 「폐기물관리법」에 따라 생활폐기물의 폐기물처리업을 영위하는 사업자가 수거한 음식물폐기물 등으로 과세되는 재화를 생산하여 공급하는 것은 부가가치세가 면제되는 의료보건위생용역에 해당하지 않는다(서면3팀-833, 2007. 3. 19.).

다만, 해당 생활폐기물(음식물쓰레기)을 원재료로 「비료관리법」에 따른 비료나 「사료관리법」에 따른 사료를 생산하여 농민에게 공급하는 경우에는 「조세특례제한법」 제105조 제5호에 따라 영의 세율이 적용된다(부가 46015-1841, 1999. 6. 28.).

② 폐기물중간처리업자의 생활폐기물 재활용용역의 면세 여부

아파트 단지 등에서 배출되는 생활폐기물의 처리는 「폐기물관리법」 제14조에서 관할 시장 · 군수 · 구청장이 수집 · 운반 · 처리하도록 규정하고 있으나, 지방자치단체가 직접 처리를 못하는 경우 지방자치단체의 조례에 의하여 대통령령이 정하는 자로 하여금 대행하게 할 수 있도록 하고, 조례에서 정하는 바에 따라 수수료를 지급할 수 있도록 규정하고 있어 「폐기물관리법」 제25조에 따라 「사업장폐기물 중간처리업허가」를 받은 사업자가 지방자치단체와 음식물쓰레기 위탁처리계약에 의하여 아파트단지 등에서 배출된 생활폐기물(음식물쓰레기)을 수거하여 재활용(비료로 제조하여 판매)하는 경우 해당 음식물쓰레기 수집 · 운반 및 처리 등의 용역을 대행하는 경우 실질적으로 지자체로부터 생활폐기물 처리허가를 받은 것으로 보아야 하므로 지방자치단체로부터 지급받는 수수료는 부가령 제35조 제12호에 따라 부가가치세가 면제된다(재부가-703, 2007. 10. 4.).

하지만 문리해석상 현행 부가가치세 법령에 '「폐기물관리법」 제25조에 따라 생활폐기물의 폐기물처리업 허가를 받은 사업자'로 명확히 규정하고 있고, 부가령 제29조 제11호 후단에서 '「폐기물관리법」 제29조에 따라 폐기물처리시설의 설치승인을 얻거나 그 설치의 신고를 한 사업자'가 공급하는 생활폐기물의 재활용용역이 면세로 규정되어 있어 사업장폐기물 중간처리업으로 허가를 받은 사업자는 생활폐기물처리업으로 허가를 받은 사업자로 간주할 수 없기 때문에 면세의 여지가 없는 것이므로 이에 대한 법령 개정이 필요할 것으로 보인다.

③ 종량제 봉투의 판매

쓰레기 종량제 실시에 따른 규격봉투를 지방자치단체의 지정을 받은 자가 자기 책임하에 판매하는 경우 종량제규격봉투의 판매에 대하여 부가가치세가 면제되나, 단순 수탁판매하고 받는 수수료에 대하여는 부가가치세가 과세된다(부가 46015-84, 1995. 1. 11.).

④ 면세거래에 대하여 세금계산서를 발급한 경우

「폐기물관리법」 제25조에 따라 생활폐기물 또는 의료폐기물의 폐기물처리업 허가를 받은 사업자가 공급하는 생활폐기물 또는 의료폐기물의 수집·운반 및 처리용역은 부가가치세가 면제되므로 이러한 면세용역에 대하여 세금계산서를 발행한 경우에는 수정세금계산서를 발행하여야 하는 것이며, 그에 대한 경정은 법정신고기한 경과 후 5년 이내에 관할 세무서장에게 청구할 수 있다(서면3팀-565, 2008. 3. 14.).

⇒ 2013. 2. 15. 이후 2013. 12. 31. 공급분까지는 세금계산서를 발급하고 부가가치세 신고·납부가 이루어진 경우 매입자는 매입세액공제 가능함.

12) 작업환경측정기관이 공급하는 작업환경측정용역

유해인자로부터 근로자의 건강을 보호하고 쾌적한 작업환경을 조성하기 위하여 「산업안전보건법」 제21조에 따라 보건관리전문기관으로 지정된 자가 공급하는 보건관리용역 및 같은 법 제126조에 따른 작업환경측정기관이 공급하는 작업환경측정용역에 대해서는 부가가치세를 면제한다(부가령 §35 13호).

▌고유사업목적을 위해 실비로 공급하는 작업환경측정용역은 면세됨

교육부장관의 허가를 받아 설립한 ○○대학교 부속 ○○병원은 산업안전보건법에 따른 작업환경측정기관으로 지정을 받아 과학기술처가 공고하는 기술용역대가의 기준에 따라 작업환경측정기술협의회에서 인건비·장비감가상각비·관리비 등을 고려하여 책정한 수수료를 받고 작업환경측정용역을 공급하여 왔음. 의료기관이라 하여 의료용역 이외의 용역은 모두 고유목적사업을 위한 용역이 아니라 할 수는 없으나 당해 용역에 대한 수수료가 추상적으로 책정되었다는 점만으로 실비에 상응하는 수수료가 아니라 할 수 없으며 이 사건 용역(작업환경측정용역)에 대한 수수료가 의료용역에 제공되는 인원, 기계기구 등의 비용과 중복으로 계상된 것이라 할 아무런 자료도 없으므로, 공익을 목적으로 하는 단체가 그 고유의 사업목적을 위하여 실비로 공급하는 용역에 해당되어 부가가치세 면제 대상임(대법원 97누5978, 1997. 8. 29.).

13) 「노인장기요양보험법」 제2조 제4호에 따른 장기요양기관이 같은 법에 따라 장기요양인정을 받은 자에게 제공하는 신체활동·가사활동의 지원 또는 간병 등의 용역

「노인장기요양보험법」 제2조 제4호에 따른 장기요양기관이 같은 법에 따라 장기요양인정을 받은 자에게 제공하는 신체활동·가사활동의 지원 또는 간병 등의 용역은 의료보건용역으로 보아 면세한다.

동 규정은 2008. 2. 22. 시행령 개정 시 「노인장기요양보험법」에 따른 노인장기요양제도의 시행(2008. 7. 1.)에 대비하여 요양서비스에 대한 부가가치세 감면으로 이용부담을 경감해 줌으로써 노인장기요양보험제도의 원활한 시행 및 조기 정착을 유도하고 노인복지를 증진하기 위하여 신설된 규정으로 2008. 7. 1. 이후 최초로 공급하는 분부터 적용한다.

14) 「사회복지사업법」 제5조의2 제2항에 따라 보호대상자에게 지급되는 사회복지서비스이용권을 대가로 국가·지방자치단체 외의 자가 공급하는 용역

노인·장애인 등 일부 취약계층 지원을 위해 바우처 방식의 사회복지서비스에 대한 부가가치세 면제 등 면세범위를 확대하여 시장·군수·구청장이 국가 또는 지방자치단체 외의 자로 하여금 보호대상자에 대한 보호를 현물로 제공함에 있어 보호대상자에게 사회복지서비스이용권을 지급하여 국가 또는 지방자치단체 외의 자로부터 그 이용권으로 보호를 받게 할 수 있다. 이러한 사회복지서비스이용권을 용역제공 대가로 받는 경우 해당 용역에 대하여 부가가치세가 면제된다.

사업장 관할 세무서장은 구 부가령 제29조 제14호(현 부가령 §35 15)의 개정규정에 따라 부가가치세 면세사업자로 전환되는 자에 대하여는 부칙 제1조 단서에 따른 구 부가령 제29조의 개정규정 시행 후 지체 없이 사업자등록을 말소하고, 발급한 사업자등록증을 회수하여야 한다.

또한, 부가가치세 면세사업자로 전환되거나 면세사업이 추가되는 사업자가 시행령 개정 전에 취득한 재화를 개정규정 시행 후 부가가치세가 면제되는 사업을 위하여 사용하는 경우에는 부가법 제10조 제1항(면세전용)을 적용하지 아니한다.

15) 산후조리원의 산후조리용역

출산 및 양육을 지원하기 위하여 「모자보건법」에 따른 산후조리원에서 분만 직후의 임산부나 영유아에게 제공하는 급식 · 요양 등의 용역에 대하여는 2012. 2. 2. 이후 공급분부터 부가가치세를 면제한다.

그러나 시행령 개정 이전에도 병원부속 산후조리원이 제공하는 건강상담, 신생아 관리 등의 용역에 대하여 조세심판원에서는 일관되게 의료보건용역에 필수적으로 부수되는 용역 또는 의료보건용역으로 보아 부가가치세를 면세하는 결정을 내렸었다(국심 2007부2648, 2007. 9. 21. 외 다수).

16) 사회적기업이 직접 제공하는 간병 · 산후조리 · 보육용역

「사회적기업 육성법」 제7조에 따라 인증받은 사회적기업이 직접 제공하는 간병 · 산후조리 · 보육용역에 대하여는 사회적기업 경영부담 완화를 위하여 2013. 2. 15. 이후 공급분부터 부가가치세를 면제하고, 2020. 7. 1. 공급분부터는 「협동조합기본법」 제85조 제1항에 따라 설립인가를 받은 사회적협동조합이 직접 제공하는 간병 · 산후조리 · 보육용역도 면세한다(부가령 §35 17).

(5) 면세하지 아니하는 그 밖의 의료보건용역 예시

다음의 어느 하나에 해당하는 것은 면세하는 그 밖의 의료보건위생용역에 해당하지 아니한다.

① 「의료법」에 따른 면허나 자격이 없는 자가 제공하거나 「의료법」상 업무범위를 벗어나서 제공하는 의료용역

② 피부과의원에 부설된 피부관리실에서 제공하는 피부관리용역(대법원 2008두11594, 2008. 10. 9.)

③ 의료인(안마사)이 아닌 자와 의료인(안마사)이 공동으로 의료기관(안마시술소)을

개설하여 공급하는 의료용역(안마용역)

④ 「폐기물관리법」, 「하수도법」 및 「가축분뇨의 관리 및 이용에 관한 법률」에 따라 허가를 얻은 사업자가 수거한 폐기물, 분뇨 등으로 과세되는 재화를 제조하여 공급하는 경우

⑤ 「폐기물관리법」 제29조에 따라 폐기물처리시설을 설치·운영하는 사업자 및 「하수도법」 제45조 및 「가축분뇨의 관리 및 이용에 관한 법률」 제28조에 따라 등록한 사업자가 폐기물처리시설이나 분뇨처리시설, 오수정화시설, 정화조 또는 축산폐수정화시설의 설계·시공용역을 공급하거나 정화조를 공급하는 경우

⑥ 사업자가 타인에게 임대하거나 사용하게 한 공장 또는 사업장에 폐기물 또는 분뇨 등의 수거와 청소용역을 제공하는 경우

(6) 사무장병원에 대한 면세 여부 및 급여비용 환수 시 과세 여부

의료법상의 자격이 있는 의료인과 그 자격이 없는 자 사이의 동업관계에 기초한 의료보건용역과 '사무장 병원(사무장 등 의료인이 아닌 사람이 고용한 의사의 면허를 빌려 그 명의로 개설하여 운영하는 병·의원)'은 부가가치세 면제대상에 해당하지 아니한다.

다만, 해당 사업자가 부당이득 징수처분에 따라 지급받은 급여비용을 반환한 경우 용역의 공급대가로 지급받은 것이 아니어서 부가가치세 부과대상이라고 볼 수 없다(서울고법 2014누1302, 2015. 10. 21. ; 대법원 2015두56731, 2016. 3. 11.).

※ 이하 자세한 것은 "심층분석 사례집(Ⅰ)" 참조

6 | 교육용역

(1) 개 요

교육은 홍익인간의 이념 아래 모든 국민으로 하여금 인격을 도야하고 자주적 생활능력과 민주시민으로서 필요한 자질을 갖추게 함으로써 인간다운 삶을 영위하게 하고 민주국가의 발전과 인류공영의 이상을 실현하는 데에 이바지하게 함을 목적으로 하는바(교육기본법 §2), 사회발전차원에서 정부조직 등의 많은 지원과 지도감독이 필요할 뿐 아니라 해당 용역대가에 대해 면세로서 보호할 필요가 있다.

따라서 부가법 제26조 제1항 제6호에 규정하는 부가가치세가 면제되는 교육용역은

주무관청의 허가 또는 인가를 받거나 주무관청에 등록 또는 신고된 학교·학원·강습소·훈련원·교습소, 그 밖의 비영리단체나 「청소년활동진흥법」 제10조 제1호에 따른 청소년수련시설, 「산업교육진흥 및 산학연협력촉진에 관한 법률」 제25조 제1항에 따른 산학협력단 또는 「사회적기업 육성법」 제7조에 따라 인증받은 사회적기업 등에서 학생·수강생·훈련생·교습생 또는 청강생에게 지식·기술 등을 가르치는 것으로 한다. 이때 제공하는 지식 또는 기술의 내용과는 관계없다.

또한, 부가가치세가 면제되는 교육용역의 공급에 필수적으로 부수되는 용역의 공급은 면세용역의 공급에 포함되는 것이므로 교육용역 제공 시 필요한 교재·실습자재·그 밖의 교육용구의 대가를 수강료 등에 포함하여 받거나, 별도로 받는 때에는 주된 용역인 교육용역에 부수되는 재화 또는 용역으로서 부가가치세가 면제된다(부가통칙 26-36-1).

(2) 인허가를 받았다는 것의 의미

정부의 허가 또는 인가를 받았다는 것은 정부가 해당 교육기관을 지도·감독하여 국민의 인격완성과 자주적인 생활능력을 배양하도록 하겠다는 기본목적을 달성하는데 취지가 있는 것이며, "정부의 허가 또는 인가"라 함은 관계법령에 의하여 시설·교습과정·정원 등에 관한 일정한 요건을 갖추어 주무관청으로부터 설립이 허용되는 것을 말한다(서면3팀-325, 2005. 3. 8. ; 대법원 2007두23255, 2008. 6. 12.).

즉, "정부의 허가 또는 인가"를 받은 교육시설에서 제공하는 교육용역이라 함은 주무관청의 형식적인 허가 및 인가 등을 받은 경우뿐만 아니라 교육시설 관련법(학원법, 체육시설업법, 평생교육법 등)에 따른 인·허가가 없다고 하더라도 주무관청 등에 신고·등록하여 관련 법령에 따라 지휘·감독의 범위 내에 포함되거나 실제 지휘·감독을 받은 사실이 있는 때에는 정부의 인·허가 등을 받은 것으로 본다. 여기서 지휘·감독이란 관계법령에 따라 시설 및 설비, 교습과정, 정원 등 구체적인 교육내용에 대하여 주무관청의 실질적인 지휘·감독을 받는 경우를 의미한다(대법원 84누391, 1985. 9. 10. ; 사전-2015-법령해석부가-0340, 2015. 11. 2. ; 법규과-1423, 2011. 10. 27. ; 법규부가 2010-103, 2010. 4. 30. ; 법규부가 2009-352, 2009. 10. 29. ; 부가 집행기준 26-36-1).

이처럼 면세되는 교육용역은 교육기관으로서 인허가를 득하거나 주무관청에 등록·신고된 학원이나 단체 등이 제공하는 것으로 그 요건을 분명히 하고 있으므로, 불법이 아닌 모든 교육용역을 면세하되 허가 등을 받아야 함에도 불구하고 무허가 상태 등 불법적으로 제공되는 것만을 면세대상에서 제외하고자 하는 의미로 해석될 수 없다(대법원 1987누157, 1988. 4. 12.).

(3) 면세 범위

아래의 시설 등에서 학생, 수강생, 훈련생, 교습생 또는 청강생에게 지식, 기술 등을 가르치는 경우 해당 교육용역에 대하여 면세한다.

1) 학원 등에서 제공하는 교육용역

주무관청의 허가 또는 인가를 받거나 주무관청에 등록되거나 신고된 학교, 학원, 강습소, 훈련원, 교습소 또는 그 밖의 비영리단체의 시설 등에서 학생, 수강생, 훈련생, 교습생 또는 청강생에게 지식, 기술 등을 가르치는 경우 부가가치세를 면제한다(부가령 §36 ① 1).

가. 학교

「교육기본법」 제9조 · 제11조 · 제16조 및 「사립학교법」 제2조 · 제3조 · 제10조에 그 설립 및 인가 · 허가가 규정되어 있는바, 각급의 학교 이외에 유치원도 포함된다.

나. 학원, 훈련원, 강습소 등

강습소 · 훈련원 · 교습소 그 밖의 비영리단체는 모두 학원으로 분류할 수 있다. 전문강습소 · 특수교육기관 및 직원훈련기관 등이 가르치는 지식 · 기술 등의 제반 강습이 모두 교육용역의 범위에 포함된다.

학원에 관한 규정은 「학원의 설립 · 운영 및 과외교습에 관한 법률」 제2조 및 제6조에서 규정하고 있는데, 학원을 운영하고자 하는 자는 주무관청에 등록하여야 하며 교습소를 운영하고자 하는 자는 신고해야 한다. 따라서 관련법에 의하여 인 · 허가를 받았거나 등록이 수리된 경우 면세대상이 된다.

이때 학원법에 등록된 학원(또는 인가된 유치원)을 임차하여 (등록 또는 인가사항의 변경없이) 교육용역을 제공하는 경우 해당 교육용역의 면세 여부는 임차인이 별도의 인가를 득하지 않는 행위가 관계법령에 의해 학원 등의 인 · 허가 또는 등록에 미치는 영향, 임차인이 인가 등을 득하지 않는 행위가 관계법령에 저촉되는지에 따라 판단한다(재소비 46015-14, 2000. 1. 10. ; 기준-2017-법령해석부가-0026, 2017. 2. 20.).

다. 가정보육용역

가정보육업을 영위하는 자가 「영유아보육법」에 따라 시설 등에 관한 일정요건을 갖추어 주무관청으로부터 설립을 허용받아 보육용역을 제공하는 경우에는 부가법 제26조 제1항 제6호 및 부가령 제36조에 따라 부가가치세가 면제된다(부가 46015-2366, 1996. 11. 11.).

라. 체육도장 교습용역

「사설강습소에 관한 법률」을 적용받던 체육도장이 1989. 7. 1.부터 시행된 「체육시설의 설치·이용에 관한 법률」에 의하여 동법의 적용을 받게 된 경우에도 해당 체육도장이 종전과 같이 교육생·훈련생 등에게 지식이나 기술 등을 교육·훈련하는 경우에는 부가법 제26조 제1항 제6호 및 부가령 제36조에 따라 부가가치세가 면제된다(부가 22601-1182, 1990. 11. 27.).

현재 부가가치세가 면세되는 체육도장은 「국민체육진흥법」 제33조에 따른 대한체육회 가맹 경기단체에서 행하는 운동으로서 권투, 레슬링, 유도, 태권도, 검도, 우슈, 합기도의 업종은 주무관청에 신고한 경우 부가가치세 면제대상이다(체육시설의 설치·이용에 관한 법률 시행규칙 §6).

1989. 7. 1. 이후 체육도장은 학원이나 교습소에 해당하지 아니하고 시설기준과 체육지도사 고용 등의 요건만 갖추어 설립신고를 하게 되면 그 교육과정에 있어 관할관청의 특별한 지도·감독을 받지 아니하고 있어 교육용역으로 면세할 법적 근거가 미약함에도 현재까지 유권해석으로 운영해 오고 있다.

특히 「사설강습소에 관한 법률」에 따른 체육도장 중 합기도,* 에어로빅, 킥복싱 등 일부 종목은 신고업종에서 자유업종이 되면서 부가가치세 과세사업으로 전환될 수밖에 없었고 향후에도 규제완화 차원에서 체육도장 중 신고대상업종이 점차 자유업종으로 전환되는 추세에 있다(서면3팀-3079, 2007. 11. 12.).

체육도장 중 자유업종과 신고대상업종은 그 교육내용이 유사하고 사실상 지방자치단체의 규제가 미미함에도 주무관청의 신고 여부에 따라 부가가치세가 과세되거나 면세되는 모순이 있으므로 체육도장에 대하여 일률적으로 부가가치세를 과세하거나, 면세대상으로 시행령에 규정하는 것이 바람직하다고 본다.

* 2019. 6. 25. 통합체육회 가맹 경기단체 소속 체육도장에서 행하는 합기도(그 외 단체에서 행하는 합기도를 포함한다는 유권해석도 있다)는 자유업에서 신고업으로 변경되었으므로 해당 시·군·구청 생활체육과에 체육도장업으로 신고된 합기도장은 면세된다(체육시설의 설치운영에 관한 법률 시행규칙 §6, 문화체육관광부 스포츠산업과-4512, 2019. 12. 11. ; 기재부 부가-358, 2020. 8. 14.).

마. 유치원

인가받은 유치원에서 원아에게 제공하는 용역에 대하여는 부가가치세를 면제하는 것이나, 정부의 인가 또는 허가를 받지 아니한 유치원에서 제공하는 용역은 부가가치세를 면제하지 않는다.

바. 「평생교육법」에 따른 평생교육시설 등에서 제공하는 교육용역

「평생교육법 시행령」 제26조 및 같은 법 시행령 제27조에 따라 원격평생교육시설을 갖추고 해당 시설의 운영규칙을 첨부하여 교육인적자원부장관에게 신고한 후 해당 운영규칙에 따라 교육용역을 제공하고 그 대가를 받는 경우에는 부가가치세가 면제되는 것이나 같은 법에 의하여 신고하지 아니하거나 같은 법 규정에 의한 요건을 충족하지 아니하는 경우에는 부가가치세가 과세된다(서면3팀 - 3333, 2007. 12. 14. ; 서면3팀 - 2012, 2007. 7. 19.).

사. 온라인교육용역의 면세요건

해당 시설의 운영규칙을 첨부하여 교육감에게 신고한 사업자가 해당 운영규칙에 따라 온라인 강의 등의 교육용역을 제공하는 경우와 달리 교육과 관련된 구체적 시설 및 설비 등의 기준을 정한 교육시설 관련법에 따른 허가를 받거나 신고를 하지 않고 교육용역을 제공한 이상 이는 부가법령에서 정한 소정의 면세대상인 교육용역에 해당한다고 볼 수 없다.

즉, 평생교육법 규정에 의하여 원격평생교육시설을 갖추고 신고를 필한 후 관련 규정 및 주무관청의 운영규칙 등에 따라 교육용역을 제공하고 받는 대가는 부가가치세가 면제되는 것이나, 같은 법에 의하여 신고하지 아니하거나 같은 법 규정에 의한 요건을 충족하지 아니하는 경우에는 부가가치세가 과세된다(서울고등법원 2012누35384, 2013. 8. 16. ; 부가가치세과 - 569, 2014. 6. 17. ; 부가 46015 - 3991, 2000. 12. 12. ; 기준 - 2016 - 법령해석부가 - 0086, 2016. 6. 3.).

아. 그 밖의 비영리단체의 범위

부가가치세 면세대상인 교육용역의 범위를 정함에 있어서 "그 밖의 비영리단체"란 주무관청의 허가나 인가 등을 받아 설립된 모든 비영리단체를 의미하는 것은 아니며, 원칙적으로 초 · 중등교육법, 고등교육법, 영유아보육법, 유아교육법, 학원의 설립 · 운영 및 과외교습에 관한 법률, 체육시설의 설치 · 이용에 관한 법률, 평생교육법 등과 같이 학교나 학원 등에 대한 구체적 시설 및 설비의 기준을 정한 법률(교육시설관련법)에 따른 허가나 인가 등을 받아 설립된 비영리단체를 의미한다. 여기에서 더 나아가 교육시설관련법이 아닌 다른 법령(예를 들어, 「평생교육법」 제2조 제2호는 '평생교육법에 따라 인가 · 등록 · 신고된 시설 · 법인 또는 단체'뿐만 아니라 '그 밖에 다른 법령에 따라 평생교육을 주된 목적으로 하는 시설 · 법인 또는 단체'를 평생교육기관으로 정하고 있고, 평생교육은 '학교의 정규교육과정을 제외한 학력보완교육, 성인 문자해득교육, 직업능력향상교육, 인문교양교육, 문화예술교육, 시민참여교육 등을 포함하는 모든 형태의 조직적인 교육활동'을 말한다고 규정함)에 따라 설립된 비영리단체(면세대상으로 규정되기 이전의 박물관, 미술관 등)라 하더라도 평생교육을 주된 목적으로 하여 설치된 평생교육기관으로서 그 주무관청에 의하여 지도 · 감독이 이루어지는 경우에는 '그 밖의 비영리단체'에 포함된다(대법원 2016두57472, 2017. 4. 13.).

2) 청소년 수련시설

「청소년활동진흥법」 제10조 제1호에 따른 청소년수련원에서 학생에게 공급하는 교육용역과 해당 교육용역에 필수적으로 부수하여 교원에게 제공되는 숙박 · 음식용역 등은 부가가치세가 면제되는 것이나, 해당 교육용역과 관계없이 공급하는 숙박 · 음식용역 등에 대하여는 부가가치세가 과세된다(부가령 §36 ① 2 ; 부가-2064, 2008. 7. 17.).

또한, 「청소년기본법」과 「청소년활동진흥법」에 규정하는 청소년시설을 수탁운영하는 사업자로서 부가령 제36조에 규정하는 교육용역은 「청소년활동진흥법」 제66조에 따르면 「부가가치세법」이 정하는 바에 따라 부가가치세를 감면할 수 있다고 규정하고 있다. 다만, 일반이용자에게 교육용역과는 관계없이 시설이용 등의 대가를 받는 것에 대하여는 용역의 공급으로 부가가치세 과세대상에 해당한다(서면3팀-1313, 2008. 6. 26.).

3) 그 밖의 유사 교육시설에서의 면세

「산업교육진흥 및 산학연협력촉진에 관한 법률」 제25조에 따른 산학협력단, 「사회적기업 육성법」 제7조에 따라 인증받은 사회적기업에서 제공하는 교육용역에 대해서도 2013. 2. 15. 이후 공급분부터 부가가치세를 면제한다(부가령 §36 ① 3, 4).

2016. 2. 17. 이후 「과학관의 설립 · 운영 및 육성에 관한 법률」 제6조에 따라 등록한 과학관 및 「박물관 및 미술관 진흥법」 제16조에 따라 등록한 박물관과 미술관에서 공급하는 교육용역에 대하여도 부가가치세를 면제한다(부가령 §36 ① 5, 6). 박물관 및 미술관은 「박물관 및 미술관 진흥법」의 정의에 부합하면 해당 시설의 운영주체, 면허와 자격에 대한 요건을 별도 부가법에 규정하지 아니하므로 박물관 등의 인 · 허가나 등록 · 신고 여부와 관계없이 면세가 적용될 여지가 많다.

「협동조합기본법」 제85조 제1항에 따라 설립인가를 받은 사회적협동조합이 제공하는 교육용역도 2020. 7. 1. 이후 공급분부터 면세한다(부가령 §36 ① 7).

출산 및 보육부담 경감을 위하여 2024. 2. 29. 「영유아보육법」 제10조에 따른 어린이집(같은 법 제24조 제2항 및 제3항에 따라 국공립어린이집이나 직장어린이집 위탁을 위탁받은 자가 제공하는 경우를 포함한다)에서 제공하는 교육용역도 면세된다(부가령 §36 ① 1).

4) 체육시설 등에서 제공하는 교습용역

탁구장, 배드민턴장 및 체력단련장(헬스장) 또는 스쿼시 운동시설을 갖춘 사업자가 이용자의 체력단련 등을 목적으로 해당 시설을 이용하게 하고 이에 부수하여 운동지도 용역을 제공하는 경우에는 부가법 제11조 제1항에 따라 부가가치세가 과세된다(부가 46015-691, 1997. 3. 28.).

법원은 체육시설법에 따라 설치된 체육시설의 경우에는, 그 설치목적이 주로 대중으로 하여금 체육시설을 이용하고 그 대가를 받는 것에 있다면 이는 체육시설에 해당할 뿐 교육관련시설로 볼 수 없으므로 일부 교습을 실시하는 경우가 있다고 하더라도 그것이 체육시설 설치의 주된 목적이 아니어서 부가가치세 면세대상이라고 할 수 없지만, 체육시설업자가 체육교습을 위한 목적에서 체육시설을 설치한 것으로서 이용자 또는 이용의 실제 등에 비추어 체육교습이 주된 것이고 그에 부수하여 체육시설이 이용되는 것이라면, 이는 종래 체육교습을 위한 사설강습소에 해당하는 교육관련시설에서 이루어진 교육용역에 해당하므로 부가가치세 면세대상으로 보아야 한다고 판단하였으며, 체육시설법에 따른 체육시설이 부가가치세 면세대상인 교육관련시설인지 또는 부가가치세 과세대상인 체육시설인지 여부는, 체육시설의 설치목적이 주로 체육교습을 위한 것인지 또는 시설이용을 위한 것인지, 실제로 이용자들의 대부분이 체육교습자인지 아니면 교습을 받지 않는 일반 고객인지, 이용자들이 이용시간 대부분 교습을 받으면서 체육시설을 이용하는지 또는 이용시간 중에 스스로 체육시설을 이용하다가 간간이 교습만을 받는지, 단순히 시설만을 이용하는 가격이 별도로 정해져 있는지 또는 수강료에서 교습비가 차지하는 비중이 순수한 체육시설 이용료에 비하여 상당한지 등을 종합하여 구체적 사안에서 개별적으로 판단하여야 할 것으로 보았다. 또한, 부가가치세법상 면세용역인지 여부는 해당 시설에서 이루어지는 주된 용역이 무엇인지에 따라 판단되어야 할 것이므로 해당 시설에서의 주된 용역이 교육용역이라면 해당 시설의 이용이 그 필수적 전제가 되고 시설의 설치, 보수 등에 많은 비용이 투입된다는 이유로 주된 용역이 교육용역이라는 점을 부인할 수는 없다는 입장이다(서울행정법원 2016구합84177, 2017. 8. 25.).

5) 직업교육훈련용역의 면세

「근로자직업훈련촉진법」 제28조 및 같은 법 시행규칙 제16조에 따라 노동부장관으로부터 직업능력개발훈련과정 지정을 받아 근로자 및 실직자에게 직업교육훈련용역을 제공하는 경우에는 부가령 제36조에 따라 부가가치세가 면제된다(부가 46015-4982, 1999. 12. 21.).

6) 무인비행장치 조종교육 용역을 제공하는 경우 부가가치세 면제 여부

「항공사업법」 제48조에 따라 국토교통부에 초경량비행장치 사용사업을 등록한 법인이 무인비행장치 조종교육 용역을 제공하는 경우 「항공사업법」은 학교, 학원, 평생교육시설 등에 대한 구체적인 시설·설비의 기준을 정한 교육시설관련법에 해당하지 아니하므로 본건 교육시설관련법에 따라 인·허가를 받은 시설에 해당하지 아니하나(사전-2018-법령해석부가-0480, 2018. 7. 27.), 초경량비행장치 조정자를 양성하기 위하여 「항공안전법」 제126조에 따라 국토교통부장관으로부터 전문교육기관으로 지정된 경우에는 교육과목, 교육방법, 인력, 시설 및 장비 등의 기준을 국토교통부장관이 정하여 고시 및 심사하고 있고, 매년 교육계획을 수립하여 국토교통부장관에게 보고하며 교육계획 대비 실적을 반기별로 보고하는 등 교육내용에 대하여 실질적인 관리·감독을 받는 것으로 부가가치세가 면제되는 교육용역이 될 수 있다.

(4) 성인대상 일부 교육용역의 과세전환

비영리교육에 한해 부가가치세를 면제하는 국제기준을 반영하여 「체육시설의 설치·이용에 관한 법률」 제10조 제1항 제2호에 따른 무도(舞蹈)학원에서 제공되는 용역은 2011. 7. 1. 이후 공급분부터, 「도로교통법」 제2조 제32호에 따른 자동차운전학원의 교육용역에 대하여는 2012. 7. 1. 이후 공급분부터 부가가치세가 과세된다(부가령 §36 ②).

(5) 인허가 의제제도와 면세

인허가의 의제제도는 복수의 인허가들의 심사에 관한 관할권들을 주된 심사기관에 부여하는 제도로서 복수의 인허가들 상호 간을 연결시켜 어떤 하나의 인허가를 받으면 다른 인허가를 부여받은 것으로 간주하는 것을 의미한다(이러한 의제는 허가뿐만 아니라 인가, 등록 등 다른 행정행위에도 적용될 수 있음. 이하 같다). 동 제도의 주된 목적은 복수의 관할 행정청들을 거치며 소요되는 비용과 시간을 절약하기 위한 것이지만, 행정청 간 갈등과 중복심사를 피하기 위한 목적도 갖는다. 아울러 이러한 인·허가 의제는 관계기관의 권한 행사에 영향을 미치기 때문에 법률에 "의제된다"라는 명시적인 근거가 있는 경우에만 인정된다고 보아야 한다(행정기본법 §24).

인허가가 의제되는 범위는 관련 인허가 행정청과 미리 협의한 사항에 한하여 그 승인처분을 할 때에 인허가 등이 의제되고, 협의되지 않은 부분까지 의제되는 것은 아니다(대법원 2018두43095, 2018. 10. 25.). 또한, 주된 인·허가에 관한 사항을 규정하고 있는 어떠한 법률에서 주된 인·허가가 있으면 다른 법률에 의한 인·허가를 받은 것으로 의제한다는 규정을 둔 경우에 주된 인·허가가 있으면 다른 법률에 따른 인·허가가 있는 것으로 보는데 그치는 것이고, 그에서 더 나아가 다른 법률에 따라 인·허가를 받았음을 전제로 한 다른 법률의 모든 규정들까지 적용되는 것은 아니다(대법원 2004다19715, 2004. 7. 22. ; 대법원 2009두16305, 2012. 2. 9.).

위와 같은 법리에 비추어 대법원의 판례와 조세심판원 결정례를 소개한다.

① 청소년활동진흥법 제33조에 의하면 같은 법 제13조 제1항에 의하여 등록한 청소년수련시설의 경우 체육시설법 제22조에 따른 체육시설업의 신고를 한 것으로 의제하고 있으나, 사업자가 국제청소년센터를 청소년수련시설로 등록하였다는 사정만으로 체육시설법이 정한 체육시설업자라고 볼 수는 없다. 설령 관할 관청으로부터 다른 체육시설업자들과 마찬가지로 사실상 체육시설법에 따른 지휘·감독을 받고 있어 체육시설업자의 지위도 가진다고 가정하더라도 해당 사업자는 교육시설관련법에 의하여 허가나 인가를 받은 단체가 아니라 그 목적이나 설립취지가 전혀 다른 청소년기본법 및 청소년활동진흥법에 따라 관련 부처의 인가를 받아 설립된 단체이므로 구 부가령 제30조가 정한 학원·강습소·훈련원·교습소에 준하는 비영리단체, 즉 교육기관이나 교육관련 시설이라고는 볼 수 없다(대법원 2010두18444, 2010. 12. 23.).

② 생활폐기물처리용역에 면세대상은 부가령 제35조 제12호에서 '폐기물처리업 허가를 받은 사업자가 공급하는 용역'으로 규정하고 있고, 청구법인은 「폐기물관리법」 제25조 및 같은 법 제29조에 따라 그 설치의 신고를 한 사실은 확인되지 아니한다면 청구법인이 제공한 생활폐기물처리용역이 면세대상에 해당하지 아니한다고 처분청이 주장하였다. 이에 조세심판원은 BTO방식으로 추진되는 민간투자시설의 경우 해당 사회기반시설의 준공과 동시에 해당 시설의 소유권이 국가 또는 지방자치단체에 귀속되어 해당 지방자치단체가 이미 관련 승인을 받거나 신고를 한 경우에는 청구법인이 쟁점시설에 대해 폐기물처리업 허가를 받거나 폐기물처리시설 설치신고를 하는 것이 사실상 어렵고, 현실적으로 폐기물처리시설의 설치·운영과정에서 나타날 수 있는 다양한 계약형태를 모두 고려하여 세법에 반영하는 것은 입법기술상 한계가 있는 측면도 있으므로, 동 생활폐기물처리용역이 실제로 청구법인이 지방자치단체에 제공한 폐기물처리용역에 해당한다면 청구법인이 「폐기물관리법」 제25조 및 같은 법 제29조에 따라 폐기물처리업 허가 및 폐기물처리시설의 설치승인을 받거나 그 설치의 신고를 한 사실이 없다 하더라도 폐기물처리업의 허가 또는 설치승인을 받은 사업자로 의제될 수 있으므로 동 용역대가는 면세용역의 제공과 관련된 것으로 봄이 합리적이다(조심 2022중6224, 2023. 4. 3. ; 조심 2021중3518, 2022. 8. 30. ; 조심 2021중3518, 2022. 8. 30.).

7 | 대중교통 여객운송용역

(1) 개 요

대중교통에 의한 여객운송용역은 소비자가 일반국민이고 서민층이 이용하는 것이 일반적이므로 서민부담을 완화하고자 면세로서 보호하고 있다(부가법 §26 ① 7).

대중교통용역으로서 시내버스·시외버스·철도·지하철도·전철 및 일반여객선, 사업허가받은 마을버스 운수용역은 대중적이고 저렴한 교통수단에 의한 여객운송용역을 면세하고, 항공기·운송형태가 고속인 시외우등고속버스·시외고급고속버스·전세버스·택시·자동차대여사업용 자동차·특수자동차·특종선박 또는 고속철도의 여객운송용역은 부가가치세가 과세되며, 특정회사 및 기관을 위한 출퇴근용·등하교용 버스용역 제공은 전세버스로 과세되며, 관광·유흥 등의 목적으로 이용되는 운송수단용역도 과세된다(부가 22601-297, 1987. 2. 20. ; 부가 22601-909, 1988. 6. 1. ; 부가통칙 26-37-2).

따라서 면세되는 선박여객운송용역이라도 관광유원지 운영자가 부수하여 운영하는 것이라면 과세되어야 하고, 일반정기노선버스의 부족에 따른 운송대책의 일환으로 지방자치단체장의 명령에 따라 전세관광버스 등을 일반정기노선에 일시적으로 운행하고 일반정기노선버스에 준하는 방법으로 요금을 받는 경우에는 해당 버스의 허가기준에 관계없이 면세한다(국심 85중310, 1985. 5. 23. ; 부가통칙 26-37-1).

(2) 면세범위

여객운송용역 중 시내버스, 시외버스 등 대중교통수단에 해당하는 것은 부가가치세가 면제되나 다음의 운송용역은 부가가치세를 과세한다(부가령 §37).

① 「항공사업법」에 따른 항공기에 의한 여객운송용역

② 「여객자동차 운수사업법」에 따른 여객자동차운송사업 중 다음에 규정된 여객자동차운송사업에 사용하는 자동차에 의한 여객운송용역

가. 시외우등고속버스 및 시외고급고속버스를 사용하는 시외버스운송사업(시외버스를 이용한 화물운송용역은 과세)

나. 전세버스운송사업

다. 일반택시운송사업 및 개인택시운송사업

라. 자동차대여사업

③ 다음에서 정하는 선박에 의한 여객운송용역(기획재정부령으로 정하는 차도선형여객선에 의한 여객운송용역 제외)

가. 수중익선

나. 에어쿠션선

다. 자동차운송 겸용 여객선

라. 항해시속 20노트 이상의 여객선

※ 차도선형여객선이란 자동차운송 겸용 여객선 중 차량탑재구역이 상시 개방되어 있고 주로 선수문(船首門)을 통하여 승객이 타고 내리거나 차량을 싣고 내리게 되어 있는 여객선을 말함(부가칙 §25).

④ 「철도의 건설 및 철도시설 유지관리에 관한 법률」에 따른 고속철도에 의한 여객운송용역

⑤ 삭도, 유람선 등 관광 또는 유흥목적의 운송수단에 의한 다음의 여객운송용역(부가령 §37 2)

가. 「궤도운송법」에 따른 삭도에 의한 여객운송 용역

나. 「관광진흥법 시행령」 제2조에 따른 관광유람선업, 관광순환버스업 또는 관광궤도업에 제공되는 운송수단에 의한 여객운송 용역

다. 관광 사업을 목적으로 운영하는 일반철도에 의한 여객운송 용역(「철도사업법」 제9조에 따라 철도사업자가 국토교통부장관에게 신고한 여객 운임·요금을 초과해 용역의 대가를 받는 경우로 한정한다)

8 도서·대중매체

(1) 개 요

사회교육과 문화진흥을 위하여 국민의 문화생활과 직접 관련된 도서[도서대여용역 및 실내도서열람용역(2023. 1. 1. 이후 공급분부터 적용 포함)]·신문·잡지·관보·뉴스통신 및 방송에 대해서는 부가가치세를 면제한다(부가법 §26 ① 8).

도서 및 대중매체 그 자체에 대하여 면세로 하기 때문에 이러한 거래를 위해 공급되는 인쇄 및 제본 등의 용역은 과세되는 것이며, 외관상으로는 도서의 형태를 취했어도 실제는 수집한 정보 및 자료를 제공하는 것이라면 이는 도서 등의 재화공급이 아니라 용역공급이므로 과세된다(부가통칙 26-38-1).

또한, 도서 및 대중매체의 재화·용역 공급행위를 위한 위탁판매 수수료 및 위탁방송 수수료 등은 해당 거래 자체가 아니므로 과세되는 바, 수수료 및 수탁이익에 대한 위탁

자 측면의 부가가치세 부담을 없애기 위해서라면 도매 등의 방식으로 해당 용역 등이 공급되도록 하여야 한다.

다만, 도서 및 신문 등에 게재되는 광고용역은 일정한 사실을 도서 · 신문 · 잡지 또는 통신에 게재하거나 방송함으로써 일반 국민에게 알리는 것을 말하는 것으로 해당 광고의 내용이 교육방송 · 저축장려방송 그 밖의 캠페인방송처럼 공익성이 있는 광고이든 상업적 광고이든, 광고주가 관공서이든 관계없이 부가가치세가 과세된다(부가 1235-2372, 1977. 8. 24.).

(2) 면세범위

1) 도서

부가가치세가 면제되는 도서에는 도서에 부수하여 그 도서의 내용을 담은 음반 · 녹음테이프 또는 비디오테이프를 첨부하여 통상 하나의 공급단위로 하는 것을 포함한다(부가령 §38 ①).

도서란 일반적으로 글씨 · 그림 등의 서적출판물을 총칭하는데, 지도 · 해도 및 서지, 학생들의 교양보급을 위한 1일 학습지, 족보 등도 모두 면세되는 도서에 포함된다. 한편, 출판 및 인쇄된 내용 및 형태에 불구하고 지류 등에 인쇄된 것에 한해서 도서로 보지만, 시력측정 · 검사표 등은 지류에 인쇄된 형태이나 그 기본목적에 있어 의료용구로 분류되므로 면세되지 아니하며, 지류로 표면이 제작된 지구의 등도 교구로서 도서에 해당하지 않는다.

부가가치세가 면제되는 도서인지에 대한 판단은 반드시 재화의 형태로 공급되는 것을 의미하므로 사업자가 특정인과의 계약에 의하여 원고, 사진 등을 제공받아 편집, 인쇄, 제본 등의 용역을 제공하고 그 대가를 받는 경우에는 부가가치세가 과세됨에 유의하여야 한다(재소비 46015-250, 2001. 9. 21.).

2) 전자출판물

가. 개요

도서 · 신문과 잡지는 「관세법」 별표 관세율표 제49류의 인쇄한 서적 · 신문 · 잡지 그 밖의 정기간행물 · 수제문서 및 타이프문서와 함께 전자출판물을 포함하는 바, 정보화시대의 요청에 따라 1996. 12. 31. 시행령 개정 시 면세되는 도서의 범위에 전자출판물이 포함되었다(부가령 §38 ①).

나. 전자출판물의 의미

“전자출판물”이란 도서나 부가령 제38조 제2항에 따른 간행물의 형태로 출간된 내용 또는 출간될 수 있는 내용이 음향이나 영상과 함께 전자적 매체에 수록되어 컴퓨터 등 전자장치를 이용하여 그 내용을 보고 듣고 읽을 수 있는 것으로서 문화체육관광부장관이 정하는 기준에 맞는 전자출판물을 말한다. 다만, 「음악산업진흥에 관한 법률」, 「영화 및 비디오물의 진흥에 관한 법률」 및 「게임산업진흥에 관한 법률」의 적용을 받는 것은 제외한다(부가칙 §26).

따라서 도서나 간행물의 내용을 수록한 CD-ROM은 면세되는 전자출판물에 해당하나, 노래·영화 및 게임 등의 CD-ROM은 면세되지 아니한다.

또한, 문화체육관광부장관이 고시한 전자출판물을 공급하는 경우라면 아래와 같은 공급방식에 관계없이 도서의 범위에 포함되어 부가가치세가 면제된다.

① 전자출판물을 일정기간 대여 후 소유권을 이전하는 경우, 해당 전자출판물의 대여 및 판매(사전-2016-법령해석부가-0031, 2016. 2. 11.).

② 전자출판물에 해당하는 PDF 형식의 전자파일을 출판사에 공급하고 전자파일 공급가액 및 사업성과 배분금액을 받는 경우 해당 전자출판물의 공급(법규부가 2013-240, 2013. 7. 5.)

③ 출판사업자(갑)이 출판사업자(을) 보유의 전자출판물을 자기의 전자적 매체에 수록하여 이용자가 컴퓨터 등 전자장치를 이용하여 그 내용을 보고, 듣고, 읽을 수 있도록 하는 용역을 제공하고 대가를 받는 경우 해당 용역(부가가치세과-510, 2009. 4. 10.)

④ 전자출판물을 공급하는 방식(다운로드 방식 또는 스트리밍 방식 등)에 관계없이 해당 전자출판물의 공급(부가가치세과-3254, 2008. 9. 24.)

인터넷을 이용하는 온라인 전자출판(e-book)이 활성화될 수 있도록 전체 면수 중 70% 이상이 문자나 그림으로 구성된 전자출판물에 대하여 부가가치세를 면제하도록 하여 2004. 7. 1.부터 시행하도록 하였으며 2008. 4. 22. 시행규칙 개정 시 70%의 요건을 삭제함으로써 2008. 4. 22. 이후 공급하는 분부터는 면세대상 전자출판물의 범위가 확대되었다.

다. 전자출판물 인증 여부에 따른 부가가치세 면세 여부

㉠ 인증 이전

출판업을 영위하는 자가 전자출판물(이하 “악보”라 한다)을 제작하여 온라인으로 판매함에 있어 악보에 대한 전자출판물 인증을 소급하여 받거나 또는 일괄하여 받는 경우로서 문화체육관광부장관이 정하는 전자출판물의 기준에 적합하지 아니한 경우에는 부가가치세가 면제되는 도서·신문·잡지 등의 범위에 해당하지 아니한다(서면법규 2013-185, 2013. 2. 18.).

㉡ 인증의 철회

도서 또는 정기간행물의 내용이 음향이나 영상과 함께 전자적 매체에 수록되어 컴퓨터 등 전자장치를 이용하여 그 내용을 보고 듣고 읽을 수 있는 것으로서 문화체육관광부장관이 정하는 전자출판물의 기준에 적합한 전자출판물은 부가가치세가 면제되는 것이나, 전자출판물의 공급 당시에 위에서 규정하는 요건을 충족하지 아니한 경우(철회한 경우 포함)에는 부가가치세가 면제되지 아니한다(부가-256, 2013. 3. 22.).

▌문화체육관광부 고시 제2018-36호

전자출판물에 대한 부가가치세 면세 대상 기준 고시

전자출판물에 대한 부가가치세 면세 대상 기준 고시 일부를 다음과 같이 개정한다.
부가가치세법 시행령 제38조, 제50조 및 같은 법 시행규칙 제26조, 제38조의 규정에 따라 부가가치세가 면세되는 전자출판물의 범위를 규정하기 위한 전자출판물의 기준을 다음과 같이 고시합니다.

2018년 10월 16일
문화체육관광부장관

1. 전자출판물의 기준(외국 전자출판물 포함): 아래 가~다 항목의 기준을 충족시키는 출판물

구 분	내 용
가. 형태 및 내용	「출판문화산업진흥법」 제2조 제4호(단, 외국 전자출판물은 「출판문화산업진흥법」에 따라 신고한 출판사가 아닌 출판사도 허용) 및 「부가가치세법 시행규칙」 제26조, 제38조의 규정에 의한 전자출판물 ※ 다만, 「음악산업진흥에 관한 법률」, 「영화 및 비디오물의 진흥에 관한 법률」 및 「게임산업진흥에 관한 법률」의 적용을 받는 것은 제외함.
나. 기록사항	「출판문화산업진흥법」 제2조 제3호, 제22조 제3항(외국 전자출판물은 제외), 동법 시행령 제3조의 기록사항(저자, 발행인, 발행일, 정가, 출판사, 자료번호)

구 분	내 용
다. 자료번호	「콘텐츠산업진흥법」 제23조의 "콘텐츠 식별체계"의 식별번호(사단법인 한국전자출판협회가 인증 시 부여) 또는 「도서관법」 제21조의 "국제표준자료번호" ※ 다만, 외국 전자출판물은 국립중앙도서관이 아닌 기관으로부터 부여받은 국제표준자료번호도 허용

2. 행정사항
   1) (시행일) 이 고시는 고시한 날부터 시행한다.
   2) (종전 고시의 폐지) 문화체육관광부 고시 제2015-21호(2015. 7. 29.)는 폐지한다.
   3) (재검토 기한) 「훈령·예규 등의 발령 및 관리에 관한 규정」(대통령훈령 제334호)에 따라 이 고시에 대하여 2019년 1월 1일을 기준으로 매 3년이 되는 시점(매 3년째의 12월 31일까지를 말한다)마다 그 타당성을 검토하여 개선 등의 조치를 하여야 한다.

3) 신문, 잡지

면세되는 신문, 잡지는 「신문 등의 진흥에 관한 법률」 제2조 제1호 및 제2호에 따른 신문 및 인터넷 신문과 「잡지 등 정기간행물의 진흥에 관한 법률」에 따른 정기간행물로 한다(부가령 §38 ②).

「신문 등의 진흥에 관한 법률」 제2조 제3호 및 제4호에 따른 (인터넷)신문사업자가 컴퓨터 등 정보처리능력을 가진 장치와 통신망을 이용하여 종이신문을 PDF 등의 형식(디지털 뉴스저작물 등)으로 제공하여 받는 인터넷 신문구독료 등도 부가가치세를 면제한다(서면법규과-927, 2014. 8. 25.).

외국에서 출판된 간행물(이하 "외국간행물"이라 한다)을 수입하여 유통하는 경우, 외국간행물은 위 신문법이나 잡지등 정기간행물법에 따른 것이 아니어서 부가령 제38조 제2항의 신문, 잡지로는 면세를 적용할 수 없고, 「출판문화산업진흥법」 제2조, 제19조의3, 제22조 및 동 시행령 제15조 등의 규정에 비추어 볼 때 외국간행물은 출판물로서 도서와 같이 취급되어야 한다. 출판법 제2조에 따르면 외국간행물과 간행물을 별도 구분 정의하고 있고, 간행물과 달리 외국간행물은 저자, 발행인, 발행일을 표시해야 하는 규정도 없다. 특히 외국간행물도 도서정가제 대상에 포함시켜야 한다는 논의도 그간 지속되어 온 점을 감안할 때 외국간행물이 전자출판물이든 종이형태이든 관계없이 수입 및 국내 유통 시 모두 면세되어야 한다(현재 대형서점에서도 면세로 판매하고 있음).

4) 관보

관보는 관보규정의 적용을 받는 것으로서 정부에서 일반국민에게 널리 알릴 사항을 편찬하여 간행하는 국가의 공고기관지로서 헌법 개정을 비롯하여 각종 법령 · 고시 · 예산 · 조약 · 서임 · 사령 · 국회사항 · 관청사항 등을 게재한다(부가령 §38 ③).

5) 뉴스통신

면세되는 뉴스통신은 「뉴스통신 진흥에 관한 법률」에 따른 뉴스통신(뉴스통신사업을 경영하는 법인이 특정회원을 대상으로 하는 금융정보 등 특정한 정보를 제공하는 경우는 제외한다)과 외국의 뉴스통신사가 제공하는 뉴스통신 용역으로서 「뉴스통신 진흥에 관한 법률」에 따른 뉴스통신과 유사한 것을 포함한다(부가령 §38 ④).

이때, 통신사가 제공하는 용역이라 하더라도 특정회원 또는 특정인을 대상으로 환율 · 선물 · 금리 · 주식 · 채권 · 파생상품과 같은 금융서비스 등 특정정보를 제공하는 경우 통신사가 아닌 정보제공사업자에 대하여 부가가치세를 과세하고 있는 것과 과세형평을 고려하여 부가가치세가 과세된다.

6) 도서의 대여

일반 대중의 독서를 권장하기 위하여 2006. 12. 30. 법 개정 시 2007. 1. 1. 이후 공급하는 도서대여용역에 대해서도 면세를 적용하도록 하였다(부가법 §26 ① 8).

9 | 우표 · 인지 · 증지 · 복권 · 공중전화

우표 · 인지 · 증지 · 복권과 공중전화에 대하여는 부가가치세를 면제한다(부가법 §26 ① 9). 그 면세대상의 구체적 범위는 다음과 같다.

① 우표란 우편 및 우편이용에 대한 우편요금 등을 낸 표시로 우편물에 붙이는 증표를 말하는 바, 이를 공중재화로서 면세하고 있으나 수집용 우표는 면세대상 우표에서 제외하여 과세하고 있다.

② 인지란 세금 · 수수료 등을 납부한 것을 증명하기 위해 서류에 붙이는 정부가 발행한 증표로 통상 수입인지라고 하며, 증지란 돈을 지불하였거나 품질을 증명하기 위하여 서류나 물품에 붙이는 지편을 말한다.

③ 복권이란 제비를 뽑아서 맞은 표에 대해 많은 배당을 주는 표찰 및 경품권 등을

말하는 바,「한국마사회법」의 규정에 따라 발매하는 승마투표권 및 복표발행, 현상 그 밖의 사행행위단속법 등의 법률에 따라 발행하는 복표는 복권에 포함된다.

④ 공중전화란 공중이 수시로 요금을 내고 쓸 수 있도록 적당한 장소에 설치한 전화를 말하는데 체신부(현 정보통신부) 등이 공중전화이용자에게 직접 공급하는 공중전화용역만 면세되며 공중전화 및 공중전화시설에 대하여 타업체가 체신부 및 전기통신공사 등에게 제공하는 관리용역 등은 면세되지 않는다(대법원 83누616, 1985. 10. 22. ; 대법원 84누614, 1985. 11. 12. ; 대법원 85누757, 1986. 9. 23.).

다만, 면세되는 주택복권 등을 위탁판매하고 받는 수수료에 대하여는 면세하지 아니한다(부가통칙 26-0-4).

10 담 배

담배란 연초의 잎을 주원료로 하여 피우거나 씹거나 또는 냄새 맡기에 적합한 상태로 제조한 것으로「담배사업법」제2조에 따른 담배로서「담배사업법」제18조 제1항에 따라 판매가격이 20개비당 200원 이하인 것과「담배사업법」제19조에 따른 특수용담배 중 부가법 제21조부터 제24조까지의 규정에 따라 영세율이 적용되는 것을 제외한 군용담배 · 보훈용 담배 등은 부가가치세를 면제한다(부가법 §26 ① 10, 부가령 §39).

또한, 여기서 담배는 국내에서 제조된 것만을 말하지 않고 수입된 것도 포함하므로 담배의 제조, 수입 및 모든 거래유통단계에서 모두 면세된다.

11 금융 · 보험용역

(1) 개 요

금융용역은 생산 3요소인 토지 · 노동 · 자본 중 자본공급이며, 금융용역의 내용이 복잡 · 다양성을 갖고 있으나 그 근본은 자금의 융통으로 금융업자의 부가가치는 대출이자와 차입이자와의 차액으로 금전의 시간적 가치, 금전회수의 위험에 따른 보험적 수수료 및 그 업무처리 관련 비용으로 구성되어 있는바, 업무처리 관련 비용 외의 부가가치는 금전의 사용대가로서 용역제공대가로 보기 어렵다.

보험용역 또한 위험에 대한 보호용역을 의미하는 바, 부가된 가치라기보다는 가치를 창출하기 위한 기본인자 혹은 총생산가치 중 불변적인 구성요소이며, 부가가치의 구성요소이므로 이러한 금융·보험용역은 부가가치세가 면제된다. 또한 금융·보험용역을 제공하는 사업자의 아래와 같은 통상적 부수용역도 부가가치세를 면제한다(부가법 §26 ① 11, 부가통칙 26-40-1).

ⓐ 담보재화 등 자산평가용역

ⓑ 투자조사 및 상담용역

ⓒ 면세용역 제공에 사용하는 유가증권용지 등 업무용 재화

ⓓ 금융·보험업무에서 취득한 재화

ⓔ 유가증권의 대체결제업무·명의개서 대행업무 등

ⓕ 보험의 보상금 결정에 관련된 업무

▌금융·보험용역 면세요건

① 부가령 제40조 제1항에 **열거된 용역, 사업, 업무**에 해당하는 역무 및 제3항에 열거된 금융·보험업자일 것

② 관련법에 의하여 **인·허가를 받아 설립**된 정당한 사업자일 것

③ 관련법에 따른 고유업무범위에 해당되는 사업을 영위하면서 그 사업이 부가령에 열거된 용역을 제공하거나 그 금융보험업에 **통상적으로 부수**하여 공급되는 용역을 제공할 것

④ 부가령 제40조 제4항에 열거된 부가가치세 과세용역에 해당하지 않을 것

(2) 구체적 면세범위

▌금융보험용역의 과세전환 등(2015. 2. 3. 개정)

① 은행부수업무 중 보호예수는 자산의 보관, 금고 대여로서 자금의 융통, 조달 등 금융의 본질적 성격과 거리가 있어 2015. 7. 1. 이후 용역계약을 체결, 수정, 변경, 갱신하는 분부터 부가가치세 과세대상으로 전환함(이하 적용시기는 같다).

② 자본시장법상 투자신탁업, 투자회사업, 사모투자전문회사업, 투자유한회사업, 투자합자회사업, 투자조합업, 투자익명조합업은 집합투자를 수행하기 위한 기구이고 별도의 업무가 아니므로 업무를 중심으로 면세용역을 나열한 현 조문 체계상 집합투자업으로 정리하여 현행 시행령 제40조 제1항 제2호 다목[집합투자업(부동산·실물자산 등에 투자하는 경우 제외)]으로 정리함.

③ 종전 면세하던 신탁업을 "신탁업(부동산신탁 중 담보·개발 신탁 제외, 금전신탁 중 부동산·실물자산 등에 투자하는 경우 제외)"으로 면세대상을 축소하였다. 부동산 관

리, 처분 신탁은 자금의 융통·조달 등 금융의 본질적인 성격과는 거리가 있어 과세로 전환하고, 금전신탁 중 위탁자의 자금을 부동산 등에 운용하는 경우에도 같은 취지에서 과세로 전환하였다. 현재 집합투자업 등 면세되는 금융용역도 자금을 금융상품이 아닌 부동산에 운용하거나, 금융회사가 부동산 임대용역 공급 시 과세되는 것과 형평을 고려한 것이다.

④ 일반사무관리회사업은 면세하였으나, 개정 이후부터는 집합투자기구 또는 집합투자업자에게 제공하는 용역에 한정하여 면세한다.

⑤ 투자자문업은 재산의 가치를 평가하고 투자 판단에 대한 자문을 행하는 것으로 금융의 본질적인 성격과 상이하므로 과세로 전환

⑥ 전당포업과 금전대부업은 대부업법에 따라 지자체장에게 등록하여 운영하고 있는 점을 감안하여 대부업 정의를 참조하여 금전대부업으로 통일하여 계속 면세 적용(조문정리)

⑦ 보험업 중 보험상품을 개발하는 보험계리용역과 보험회사 등 퇴직연금사업자가 확정급여형 퇴직연금 가입기업에 제공하는 연금계리용역은 본질적인 보험업과 괴리가 있어 과세로 전환

⑧ 기업구조조정전문회사의 자산관리·운용용역은 2009년 4월 산업발전법 전부 개정으로 기업구조개선 사모투자전문회사로 대체·폐지되어 조문정리 차원에서 삭제 (2015. 2. 3. 이후 적용분부터 적용)

1) 「은행법」에 따른 은행

은행업이란 예금의 수입, 유가증권 그 밖의 채무증서의 발행에 의하여 불특정다수인으로부터 채무를 부담함으로써 조달한 자금을 대출하는 사업으로서 금융기관이 영위하는 제반업무를 말한다. 「은행법」에 따른 은행업무 및 부수업무로서 다음의 용역에 대하여 부가가치세를 면제한다(부가령 §40 ① 1).

가. 예금·적금의 수입 또는 유가증권 및 그 밖의 채무증서 발행
나. 자금의 대출 또는 어음의 할인
다. 내국환·외국환
라. 채무의 보증 또는 어음의 인수
마. 상호부금
바. 팩토링(기업의 판매대금 채권의 매수·회수 및 이와 관련된 업무)
사. 수납 및 지급 대행
아. 지방자치단체의 금고대행
자. 전자상거래와 관련한 지급대행

※ 보호예수 업무는 2015. 7. 1. 공급분부터 과세전환

2013년 부가가치세법 전면 개정 시 「은행법」에 따른 은행업으로서 그 범위를 위와 같이 시행령에 구체적으로 열거해 놓음에 따라 「은행법」 제27조, 제27조의2, 「은행법 시행령」 제18조, 제18조의2에 규정된 은행업무, 부수업무, 겸영업무에 해당하더라도 「부가가치세법 시행령」에 열거되지 아니한 업무는 면세대상이 아니라는 문리해석이 나온다. 그러나 이는 전면개정 과정에서 오류로 보인다. 최근 기획재정부도 「은행법」에 따른 은행이 「은행법」 제28조에 따라 「중소기업협동조합법」 제115조에 따른 소기업 · 소상공인공제의 판매를 대행하고 그 대가로 수수료를 받는 경우 부가법 제26조 제1항 제11호 및 부가령 제40조 제4항 제1호 단서의 규정에 따라 부가가치세가 면제되는 것으로 해석한 바, 해당 은행이 부가령 제40조 제1항의 은행업에 열거되지 아니한 업무를 수행하였으므로, 부가령 제40조 제4항이 적용될 여지가 없음에도 기획재정부가 해당 용역을 면세로 해석한 것은 전면 개정 전과 동일하게 면세되는 은행업의 범위를 적용하겠다는 뜻으로 해석된다(기획재정부 부가가치세제과-227, 2015. 3. 17. ; 조심 2010서2027, 2021. 3. 16.).

2) 「자본시장과 금융투자업에 관한 법률」에 따른 다음의 사업

자본시장에서의 금융혁신과 공정한 경쟁을 촉진하고 투자자를 보호하며 금융투자업을 건전하게 육성함으로써 자본시장의 공정성 · 신뢰성 및 효율성을 높이고자 제정된 「자본시장과 금융투자업에 관한 법률」에 열거된 사업 중 「부가가치세법」은 다음에 규정하는 것에 한하여 부가가치세를 면제한다(부령 §40 ① 2).

가. 집합투자업[다만, 집합투자업자가 투자자로부터 자금 등을 모아서 부동산, 실물자산 및 '그 밖에 기획재정부령으로 정하는 자산'에 운용하는 경우는 제외한다] (자본시장법 §6, §79~§95)

▌면세하지 아니하는 집합투자업자 등의 투자대상 자산 등의 범위(위 '기획재정부령으로 정하는 자산'으로 이하 같음. 부가칙 §27)

㉠ 지상권 · 전세권 · 임차권 등 부동산의 사용에 관한 권리
㉡ 어업권
㉢ 광업권
㉣ 그 밖에 "㉠"부터 "㉢"까지의 자산과 유사한 재산적 가치가 있는 것

나. 신탁업[다만, 다음의 구분에 따른 역무로 한정한다(2015. 7. 1. 이후 공급분부터 적용)](자본시장법 §102~§117의2)

ⓐ 신탁업자가 위탁자로부터 「자본시장과 금융투자업에 관한 법률」 제103조 제1항 제1호부터 제4호까지 또는 제7호의 재산(금전, 증권, 금전채권, 동산, 무체재산권)을 수탁받아 운용(집합투자업자의 지시에 따라 보관·관리하는 업무를 포함한다)하는 업무. 다만, 같은 법 제103조 제1항 제1호의 재산(금전)을 수탁받아 부동산, 실물자산 및 그 밖에 기획재정부령으로 정하는 자산에 운용하는 업무는 제외한다.

ⓑ 신탁업자가 위탁자로부터 「자본시장과 금융투자업에 관한 법률」 제103조 제1항 제5호 및 제6호(부동산, 지상권, 전세권, 부동산임차권, 부동산소유권 이전등기청구권, 그 밖의 부동산 관련 권리)의 재산을 수익자에 대한 채무이행을 담보하기 위하여 수탁받아 운용하는 업무

ⓒ 신탁업자가 위탁자로부터 「자본시장과 금융투자업에 관한 법률」 제103조 제1항 제5호 및 제6호(부동산, 지상권, 전세권, 부동산임차권, 부동산소유권 이전등기청구권, 그 밖의 부동산 관련 권리)의 재산을 수탁받아 같은 조 제4항에 따른 부동산개발사업을 하는 경우

다. 투자매매업 및 투자중개업과 이와 관련된 다음의 구분에 따른 업무 (자본시장법 §66~§78)

ⓐ 「자본시장과 금융투자업에 관한 법률」 제8조의2 제5항의 다자간매매체결회사의 업무

ⓑ 「자본시장과 금융투자업에 관한 법률」 제283조에 따라 설립된 한국금융투자협회의 같은 법 제286조 제1항 제5호에 따른 증권시장에 상장되지 아니한 주권의 장외매매거래에 관한 업무

ⓒ 「자본시장과 금융투자업에 관한 법률」 제294조에 따라 설립된 한국예탁결제원의 업무

ⓓ 「자본시장과 금융투자업에 관한 법률」 제373조의2 제1항에 따라 허가를 받은 한국거래소의 업무

라. 일반사무관리회사업(집합투자기구 또는 집합투자업자에게 제공하는 용역으로 한정한다)(자본시장법 §254~§260)

마. 투자일임업[다만, 투자일임업자가 투자자로부터 자금 등을 모아서 부동산, 실물자산 및 그 밖에 기획재정부령으로 정하는 자산에 운용하는 경우는 제외한다(단서 규정은 2015. 7. 1. 이후 공급분부터 적용)](자본시장법 §96~§101)

투자자문업은 재산의 가치를 평가하고 투자 판단에 대한 자문을 행하는 것으로 금융의 본질적인 성격과 상이하므로 2015. 7. 1. 이후 용역계약 체결·수정·변경·갱신하는

분부터 과세로 전환하였다.

바. 기관전용 사모집합투자기구

법률 제18128호 자본시장과 금융투자업에 관한 법률(일부개정법률 부칙 제8조 제1항부터 제4항까지의 규정에 따라 기관전용 사모집합투자기구, 기업재무안정 사모집합투자기구 및 창업·벤처전문 사모집합투자기구로 보아 존속하는 종전의 경영참여형 사모집합투자기구를 포함한다. 이하 같다)에 기관전용 사모집합투자기구 집합투자재산의 운용 및 보관·관리, 기관전용 사모집합투자기구 지분의 판매 또는 환매 등 용역을 공급하는 업무(기관전용 사모집합투자기구의 업무집행사원이 제공하는 용역으로 한정한다)(자본시장법 §9 ⑲, §249의10~§249의23)

사. 단기금융업(자본시장법 §360~§364)

아. 종합금융투자사업자의 사업(기업에 대한 신용공여 업무로 한정한다)
(자본시장법 §77의2~§77의3)

위에서 열거한 면세되는 사업이란 자본시장법에 열거된 사업으로서 시행령에 인·허가를 받을 것을 전제로 삼고 있지는 아니하나, 면세대상을 자본시장법에 따른 사업으로 규정한 이상 해당 사업이 자본시장법의 범주 내에서 규율되고 운영되는 사업으로 면세범위를 좁게 해석하는 것이 타당하다. 따라서 자본시장법상 인·허가를 받아야 할 수 있는 사업이면 인·허가를 받은 경우에 한해 면세함이 타당하고, 자본시장법상에 따른 특정 사업에는 해당하면서도 해당 법률의 정책목적상 인·허가 없이도 자유로이 영업할 수 있도록 특별히 예외를 둔 것이라면 부가가치세를 면제할 수 있을 것으로 판단된다.

▌자본시장법 관련 참고자료

「자본시장과 금융투자업에 관한 법률」은 기존의 「증권거래법」, 「간접투자자산운용업법」, 「선물거래법」, 「신탁업법」, 「종합금융회사에 관한 법률」, 「한국증권선물거래소법」 총 6개 자본시장 관련 법률을 통합하였다. 이는 종전 금융업법을 기능별로 투자매매업, 투자중개업, 집합투자업, 투자일임업, 투자자문업, 신탁업 등 6개 금융투자업으로 구분한 것이다(자본시장법 §6, §8).

① 투자매매업
누구의 명의로 하든지 자기의 계산으로 금융투자상품의 매도·매수, 증권의 발행·인수 또는 그 청약의 권유, 청약, 청약의 승낙을 영업으로 하는 것을 말한다.

② 투자중개업
누구의 명의로 하든지 타인의 계산으로 금융투자상품의 매도·매수, 그 중개나 청약

의 권유, 청약, 청약의 승낙 또는 증권의 발행 · 인수에 대한 청약의 권유, 청약, 청약의 승낙을 영업으로 하는 것을 말한다.

③ 집합투자업

"집합투자업"이란 집합투자를 영업으로 하는 것을 말하며, "집합투자"란 2인 이상의 투자자로부터 모은 금전 등 또는 「국가재정법」 제81조에 따른 여유자금을 투자자 또는 각 기금관리주체로부터 일상적인 운용지시를 받지 아니하면서 재산적 가치가 있는 투자대상자산을 취득 · 처분, 그 밖의 방법으로 운용하고 그 결과를 투자자 또는 각 기금관리주체에게 배분하여 귀속시키는 것을 말한다.

④ 투자자문업

금융투자상품, 그 밖에 대통령령으로 정하는 투자대상자산(이하 "금융투자상품 등"이라 한다)의 가치 또는 금융투자상품 등에 대한 투자판단(종류, 종목, 취득 · 처분, 취득 · 처분의 방법 · 수량 · 가격 및 시기 등에 대한 판단을 말한다. 이하 같다)에 관한 자문에 응하는 것을 영업으로 하는 것을 말한다.

⑤ 투자일임업

투자자로부터 금융투자상품 등에 대한 투자판단의 전부 또는 일부를 일임받아 투자자별로 구분하여 그 투자자의 재산상태나 투자목적 등을 고려하여 금융투자상품 등을 취득 · 처분, 그 밖의 방법으로 운용하는 것을 영업으로 하는 것을 말한다.

⑥ 신탁업

신탁을 영업으로 하는 것을 말한다.

3) 「외국환거래법」에 따른 전문외국환업무취급업자의 외국환업무용역

부가가치세가 면제되는 전문외국환업무취급업자의 외국환업무용역과 관련된 규정은 「외국환거래법」 제3조 제1항 제16호, 제8조의 내용과 같다(부가령 §40 ① 4).

4) 「상호저축은행법」에 따른 상호저축은행업

부가가치세가 면제되는 상호저축은행업의 관련규정은 「상호저축은행법」 제2조 · 제11조 제1항의 내용과 같다(부가령 §40 ① 5).

5) 「신용보증기금법」에 따른 신용보증기금업

부가가치세가 면제되는 신용보증기금업의 업무범위에 대하여는 「신용보증기금법」 제2조 및 제23조에 규정되어 있다(부가령 §40 ① 6).

6) 기술보증기금이 수행하는 업무

「기술보증기금법」에 따른 기술보증기금이 수행하는 보증 업무는 2025. 2. 28. 공급분부터 부가가치세를 면제한다(부가령 §40 ① 6의2).

7) 주택도시보증공사의 보증업무 및 주택도시기금의 운용 · 관리업무

부가가치세가 면제되는 「주택도시기금법」에 따른 주택도시보증공사의 보증업무는 「주택도시기금법」 제26조, 주택도시기금의 운용 · 관리업무는 동법 제10조를 참조한다(부가령 §40 ① 7).

8) 「보험업법」에 따른 보험업

「보험업법」에 따른 보험업(보험중개 · 대리와 보험회사에 제공하는 손해사정용역, 보험조사 및 보고용역을 포함하되, 보험계리용역 및 「근로자퇴직급여 보장법」에 따른 연금계리용역은 제외한다)은 부가가치세를 면제한다(부가령 §40 ① 8).

보험이란 동질적인 경제상의 위험에 놓여 있는 다수인이 우연한 사고가 발생한 경우에 재산상의 수요를 충족시키기 위하여 미리 일정률의 보험료를 납부하여 공통준비재산을 조성하고 현실적으로 재해를 입은 사람에게 일정액의 보험금을 지급하여 경제생활의 불안을 제거하거나 경감시키려는 제도이다.

「부가가치세법」은 생명보험업, 자동차 · 화재 · 해상 등의 손해보험업, 신용보증 등의 보증보험업, 재보험업 · 의료보험 · 연금보험 · 산업재해보험 등의 사회보장보험업 및 보험중개 · 대리를 부가가치세가 면제되는 것으로 규정하고 있으며, 보험회사에 제공하는 손해사정용역 · 보험조사 및 보고용역도 면세되는 보험업에 포함한다. 또한 손해사정업을 영위하는 사업자가 「보험업법」에 의해 설립된 보험회사에게 제공하는 손해사정용역은 물론 수산업협동조합, 신용협동조합법 및 새마을금고법 등에 따라 공제사업을 영위하는 사업자에게 제공하는 손해사정용역도 보험업으로 보아 부가가치세를 면제하였다.

그러나 종전에 면세하던 보험상품을 개발하는 보험계리용역 및 「근로자 퇴직급여 보장법」에 따른 연금계리용역은 본질적인 보험업과 거리가 있어 2015. 7. 1. 이후 용역계약을 체결 · 수정 · 변경 · 갱신하는 분부터 부가가치세를 과세한다(부가령 §40 ① 8).

9) 「여신전문금융업법」에 따른 여신전문금융업

「여신전문금융업법」에 따른 여신전문금융업(여신전문금융업을 공동으로 수행하는 사업자 간에 상대방 사업자의 여신전문금융업무를 위임받아 수행하는 경우를 포함한다)은 부가가치세를 면제한다. 이에 관한 규정은 「여신전문금융업법」 제2조 및 제3조의 규정을 참조한다(부가령 §40 ① 9).

▌여신전문금융업법 제2조【정의】

이 법에서 사용하는 용어의 뜻은 다음과 같다.

1. "여신전문금융업(與信專門金融業)"이란 신용카드업, 시설대여업, 할부금융업 또는 신기술사업금융업을 말한다.
2. "신용카드업"이란 다음 각 목의 업무 중 나목의 업무를 포함한 둘 이상의 업무를 업(業)으로 하는 것을 말한다.
   가. 신용카드의 발행 및 관리
   나. 신용카드 이용과 관련된 대금(代金)의 결제
   다. 신용카드가맹점의 모집 및 관리

9. "시설대여업"이란 시설대여를 업으로 하는 것을 말한다.
10. "시설대여"란 대통령령으로 정하는 물건(이하 "특정물건"이라 한다)을 새로 취득하거나 대여받아 거래상대방에게 대통령령으로 정하는 일정기간 이상 사용하게 하고, 그 사용 기간 동안 일정한 대가를 정기적으로 나누어 지급받으며, 그 사용 기간이 끝난 후의 물건의 처분에 관하여는 당사자 간의 약정(約定)으로 정하는 방식의 금융을 말한다.

12. "할부금융업"이란 할부금융을 업으로 하는 것을 말한다.
13. "할부금융"이란 재화(財貨)와 용역의 매매계약(賣買契約)에 대하여 매도인(賣渡人) 및 매수인(買受人)과 각각 약정을 체결하여 매수인에게 융자한 재화와 용역의 구매자금을 매도인에게 지급하고 매수인으로부터 그 원리금(元利金)을 나누어 상환(償還)받는 방식의 금융을 말한다.

10)「자산유동화에 관한 법률」에 따른 유동화전문회사 및 자산관리자가 하는 자산유동화사업 및 자산관리사업

「자산유동화에 관한 법률」 제2조 제5호에 따른 유동화전문회사가 하는 자산유동화사업과 같은 법 제10조 제1항에 따른 자산관리자가 하는 자산관리사업에 대하여는 부가가치세를 면제한다(부가령 §40 ① 10, 10의2).

11)「주택저당채권 유동화회사법」에 따른 주택저당채권유동화회사 및 채권관리자가 행하는 채권유동화와 관련한 사업과 주택저당채권의 관리·운용 및 처분사업

부가가치세가 면제되는「주택저당채권 유동화회사법」에 따른 주택저당채권유동화회사 및 채권관리자가 행하는 채권유동화와 관련한 사업과 주택저당채권의 관리·운용 및 처분사업에 관하여는 동 법률 제2조, 제5조, 제9조 등을 참고한다(부가령 §40 ① 11).

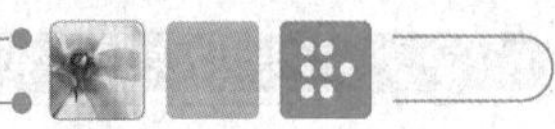

12)「한국주택금융공사법」에 따른 채권관리자가 행하는 주택저당채권 · 학자금대출채권의 관리 · 운용 및 처분사업

부가가치세가 면제되는 「한국주택금융공사법」에 따른 채권관리자가 행하는 주택저당채권 · 학자금대출채권의 관리 · 운용 및 처분사업에 관하여는 동 법률 제1조, 제2조, 제22조 등을 참고한다(부가령 §40 ① 12).

13) 창업기획자 및 중소기업창업투자회사의 자산관리 · 운용용역

다음의 어느 하나에 해당하는 자산관리 · 운용용역은 부가가치세를 면제한다. 다만, 해당 항목의 용역을 제공하는 자가 자금을 부동산, 실물자산 및 그 밖에 기획재정부령으로 정하는 자산(위 "2)" 기획재정부령으로 정하는 자산 표 참조)에 운용하는 경우는 제외한다.

① 「벤처투자 촉진에 관한 법률」 제2조 제9호에 따른 창업기획자가 같은 조 제8호에 따른 개인투자조합에 제공하는 자산 관리 · 운용용역

② 「벤처투자 촉진에 관한 법률」 제2조 제9호에 따른 창업기획자 또는 같은 법 제50조 제1항 제2호 · 제4호 또는 제5호에 따른 자가 같은 법 제2조 제11호에 따른 벤처투자조합(같은 법 제63조의2에 따라 등록한 조합은 제외한다)에 제공하는 자산 관리 · 운용용역(동 개정규정은 2023. 10. 19. 이후 용역을 공급하는 경우부터 적용한다).

③ 「벤처투자 촉진에 관한 법률」 제66조에 따른 한국벤처투자가 같은 법 제70조 제1항에 따른 벤처투자모태조합에 제공하는 자산 관리 · 운용용역

④ 「벤처투자 촉진에 관한 법률」 제63조의2 제1항 제1호부터 제3호까지의 자가 같은 법 제2조 제12호에 따른 민간재간접벤처투자조합(이하 "민간재간접벤처투자조합"이라 한다)에 제공하는 자산 관리 · 운용용역(동 개정규정은 2023. 10. 19. 이후 용역을 공급하는 경우부터 적용한다)

⑤ 「벤처투자 촉진에 관한 법률」 제63조의2 제3항에 따라 공동으로 업무집행조합원이 되는 자로서 아래의 기획재정부령으로 정하는 자가 민간재간접벤처투자조합에 제공하는 자산 관리 · 운용용역. 다만, 투자매매업자 또는 투자중개업자가 제공하는 자산 관리 · 운용용역의 경우에는 같은 조 제4항에 따른 다른 벤처투자조합에 대한 출자와 관련하여 민간재간접벤처투자조합에 제공하는 자산 관리 · 운용용역으로 한정한다(2023. 9. 26. 동 개정규정은 2023. 10. 19. 이후 용역을 공급하는 경우부터 적용한다).

- 「자본시장과 금융투자업에 관한 법률」 제8조 제2항에 따른 투자매매업자
- 「자본시장과 금융투자업에 관한 법률」 제8조 제3항에 따른 투자중개업자

•「자본시장과 금융투자업에 관한 법률」 제8조 제4항에 따른 집합투자업자

14) 「한국투자공사법」에 따른 한국투자공사가 같은 법에 따라 제공하는 위탁 자산 관리 · 운용용역

부가가치세가 면제되는 「한국투자공사법」에 따른 한국투자공사가 같은 법에 따라 제공하는 위탁자산 관리 · 운용용역에 관한 규정은 동 법률 제1조, 제2조를 참고한다(부가령 §40 ① 15).

15) 투자관리전문기관 또는 업무집행조합원이 제공하는 자산관리 · 운용용역

「농림축산식품투자조합 결성 및 운용에 관한 법률」에 따른 투자관리전문기관 또는 업무집행조합원이 같은 법에 따른 농식품투자모태조합, 농식품투자조합에 제공하는 자산관리 · 운용용역은 2012. 2. 2. 이후 공급분부터 부가가치세를 면제한다. 다만, 투자관리전문기관 또는 업무집행조합원이 자금을 부동산, 실물자산 및 그 밖에 기획재정부령으로 정하는 자산(위 "2)" 기획재정부령으로 정하는 자산 표 참조)에 운용하는 경우는 제외한다(부가령 §40 ① 16).

16) 금융결제원 지급결제제도 운영업무

「민법」 제32조에 따라 설립된 금융결제원이 「한국은행법」 제81조 제2항에 따른 지급결제제도의 운영기관으로서 수행하는 지급결제제도 운영업무는 2012. 2. 2. 이후 공급분부터 부가가치세를 면제한다(부가령 §40 ① 17).

17) 금전대부업

「부가가치세법」에서는 금전대부업(어음할인, 양도담보, 그 밖에 비슷한 방법을 통한 금전의 교부를 포함한다)은 금융용역으로서 부가가치세를 면제한다(부가령 §40 ① 18). 2015. 2. 3. 시행령 개정 시 전당포영업법이 폐지되고 전당포업이 대부업법에 따라 지자체장에게 등록하여 운용하고 있는 점과 「대부업법」 제2조의 정의를 참조하여 전당포업과 그 밖의 금전대부업을 금전대부업으로 통일하였다.

「대부업법」 제2조에서 "대부업"이란 금전의 대부(어음할인 · 양도담보, 그 밖에 이와 비슷한 방법을 통한 금전의 교부를 포함한다)를 업으로 하거나 대부업의 등록을 한 자 또는 여신금융기관으로부터 대부계약에 따른 채권을 양도받아 이를 추심하는 것을 업으로 하는 것을 말한다(대부중개를 업으로 하는 대부중개업은 별도 규정).

현재 부가가치세법은 금전대부업을 2002년 8월 제정된 대부업법에 따른 대부업을 차용하고 있으나 대부업법에 따른 금전대부업으로 규정하지는 않아 관련 법령에 의하여 인·허가를 받지 아니한 자가 금전을 대부하고 이자 등의 대가를 받는 사업을 영위하는 경우에도 부가가치세가 면제되는 것이 타당하다고 본다.

반면, 대부업 또는 대부중개업으로 등록한 법인사업자가 대부업의 일환으로 금전대여 중개용역을 제공하고 그 수수료를 받는 경우 또는 사업자(법인 포함)가 상호저축은행 및 대부업체와 계약에 의해 대출상품 안내 및 알선 등의 용역을 제공하고 그 대가를 받는 경우 부가가치세가 과세되는 것으로 해석하고 있다(부가 46015-2303, 1998. 10. 13. ; 서면3팀-1883, 2004. 9. 13. ; 서면3팀-1249, 2007. 4. 27.).

▌종전 전당포업의 면세(2015. 2. 3. 시행령 개정 시 금전대부업에 포함)

유가증권을 포함하는 물품 외에 「민법」에 규정된 질권을 취득하여 유전기간(流典期間)까지 해당 전당물로써 채권을 담보하고 그 채권의 변제를 받지 못할 때에는 해당 전당물을 소유하는 일종의 고리대금인 전당포업에 대하여는 부가가치세를 면제한다(1961년 전당포영업법이 제정되었다가 1999. 3. 31. 전당포영업법이 폐지됨에 따라 전당포에 법령상 규제는 없다)(구 부가령 §40 ① 3).

다만, 전당포 영업을 하기 위해서는 관할 경찰서장의 허가를 요하며, 전당포 영업주는 소정의 장부를 비치하고, 전당계약·전당물반환 및 유전물(流典物) 처분을 했을 때마다 계약연월일, 전당물의 품목·수량·특징, 전당물주의 주소·성명·연령·직업·주민등록번호 등을 기재하여 3년간 보관해야 한다.

18) 중소기업중앙회로부터 위탁받아 수행하는 공제사업 계약체결 대리용역

「중소기업협동조합법」에 따른 중소기업중앙회의 공제사업 계약체결을 대리하는 용역은 부가가치세를 면제한다(부가령 §40 ① 19).

19) 「한국해양진흥공사법」에 따른 한국해양진흥공사가 같은 법에 따라 수행하는 보증 업무(2022. 7. 1. 이후 용역을 공급하는 경우부터 적용한다)

(3) 은행업으로 의제되어 면세되는 사업

다음의 어느 하나에 해당하는 사업도 「은행법」에 따른 은행업에 포함되는 것으로 보아 부가가치세를 면제한다(부가령 §40 ③). 즉, 아래 사업은 본질적으로 '「은행법」에 따른 은행업'은 아니나 부가가치세의 면세 여부를 결정함에 있어서는 '「은행법」에 따른 은행업'과 동일한 것으로 법률상 의제하고자 하는데 있다. 아래 기관들이 해당 설립근거 법률에 명시된 업무범위에 속하는 업무를 수행하고 대가를 받는다면 비록 부가령 제40조 제1항 제1호 각목에서 정하는 은행업의 업무범주에 속하지 않더라도 면세하겠다는 취지이다. 따라서 은행업으로 의제되어 은행업으로 면세되는 것이다(조심 2020서2027, 2021. 3. 16.).

가. 「은행법」 외의 다른 법률에 따라 설립된 은행

나. 「금융기관부실자산 등의 효율적 처리 및 한국자산관리공사의 설립에 관한 법률」에 따른 한국자산관리공사

다. 「한국주택금융공사법」에 따른 한국주택금융공사

라. 「예금자보호법」에 따른 예금보험공사 및 정리금융회사

마. 「농업협동조합의 구조개선에 관한 법률」에 따른 농업협동조합자산관리회사 및 상호금융예금자보호기금

바. 「수산업협동조합의 구조개선에 관한 법률」에 따른 상호금융예금자보호기금

사. 「산림조합의 구조개선에 관한 법률」에 따른 상호금융예금자보호기금

(4) 금융업자 등 외의 자가 금융보험 유사용역 제공 시 부가가치세 면제

위 "(2)"에 열거된 금융보험용역(즉, 부가령 제40조 제1항에 열거된 용역. 이하 동 '면세대상 금융보험용역'이라 한다) 외의 사업을 영위하는 자가 주된 사업에 부수하여 '면세대상 금융보험용역'과 동일 또는 유사한 용역을 제공하는 경우에도 부가가치세가 면제되는 금융보험용역에 포함되는 것으로 보아 부가가치세를 면제한다(부가령 §40 ②).

동 규정은 면세대상 금융보험업에 해당하지 아니하는 사업을 영위하는 자라 할지라도 자신의 주된 사업에 부수하여 면세대상 금융보험용역과 유사한 용역을 제공하는 경우에는 면세대상 금융보험용역과 마찬가지로 부가가치세를 면제하겠다는 의미로 해석하는 것이 법문 그 자체로 볼 때 지극히 자연스럽고 당연하고, 제공하는 용역의 실질이 면세대상인 금융보험용역과 유사하다면 해당 사업자가 영위하는 주된 사업과는 상관없이 면세대상에 포함시킴으로써 금융보험용역과 유사한 용역을 주된 사업으로 영위하는 사업자와 이를 부수하여 영위하는 사업자 간의 과세상 형평을 맞추려는 데에 입법취지가 있다.

동 규정에 따라 부가가치세가 면제되는 금융보험용역의 구체적 요건은 아래와 같다.

1) 적용기준

가. 주된 사업의 범위

부가령 제40조 제1항에서 열거된 면세대상 금융보험용역은 현행 각종 법령에 의하여 인정되는 금융업 또는 보험업을 망라하고 있으며 그 밖에 다른 금융 · 보험용역에 해하는 역무를 상정하기 어렵고, 부가령 제40조 제2항의 문언 자체에서도 주된 사업을 금융 · 보험용역에 한정하고 있지 않으므로 면세대상 금융보험업과 업종이 다른 사업을 주된 사업으로 하는 사업자까지도 포함하여야 한다는 것이 대법원의 판단이고 기획재정부와 국세청도 같은 취지의 해석을 내린 바 있다(대법원 2007두24333, 2009. 10. 15. ; 재정경제부 소비세제과-555, 2006. 5. 9. ; 재부가-188, 2012. 4. 12. ; 부가 46015-1030, 1997. 5. 9.).

따라서 부가령 제40조 제1항의 면세대상 금융보험용역 외의 사업을 주업으로 하는 사업자가 주된 사업에 부수하여 제1항과 동일 또는 유사한 금융보험용역을 제공하는 경우에도 면세한다는 의미이다.

조세심판원도 대법원 판례와 달리 면세대상 금융보험용역 제공자로 열거되지 아니한 금융 · 보험업자로 보아 면세대상 금융보험업과 업종이 전혀 다른 업을 주업으로 하는 사업자까지 확대적용하기는 어렵다고 결정(국심 2006서627, 2006. 8. 31.)하였다가 2012년부터 기존 결정을 변경하여 면세대상 금융 · 보험업과 업종이 다른 사업을 주된 사업으로 영위하는 경우도 포함한다고 결정하였다(조심 2011서891, 2012. 4. 18. ; 조심 2012구4575, 2014. 8. 11.).

나. 면세대상 금융보험용역과 동일 또는 유사한 용역일 것

부가령 제40조 제2항을 적용하기 위해서는 같은 조 제1항의 면세대상 금융보험용역과 동일 또는 유사한 용역을 제공할 것을 요구하고 있어, 해당 금융보험용역이 주된 사업에 부수적인 사업이라 하더라도 금융 · 보험업의 본질적인 부분을 포함하는 사업을 하는 경우로 한정한다(대법원 2012두24443, 2013. 2. 15. ; 서울고법 2012누6560, 2012. 9. 20.).

다. 주된 사업에 부수되어 공급될 것

부가령 제40조 제2항의 '주된 사업에 부수하여'의 의미가 부가법 제14조 제2항에 정하는 부수용역에 한정되는지에 대하여는 명확한 해석은 없으나, 부수하여 제공되는 용역이 주된 사업과 상당한 또는 어느 정도의 인과관계에 있거나 주된 사업과 관련하여 우연히 또는 일시적으로 공급되는 용역으로 보는 것이 타당한 것으로 판단된다(조심 2009서77, 2009. 6. 19.).

조세심판원은 제조업이 주된 사업인 법인이 주된 사업인 제조업과 관련하여 국내외

관계회사의 대출 시 제공한 지급보증용역에 대하여 채무자에 대한 보증 또는 채무보증을 위하여 채권자와 보증계약을 체결하는 등의 금융 · 보험업의 본질적인 사업과 관련된 것으로서 동 관계회사가 지급보증을 통하여 대출받은 자금으로 제조업을 영위하기 위한 공장신설 및 기계장치 등 유형자산의 취득에 사용한 경우 주된 사업에 부수하여 면세대상 금융보험용역과 동일 또는 유사한 용역을 제공하는 것으로 면세대상이라고 결정한 바, 조세심판원은 부가령 제40조 제2항의 '주된 사업에 부수하여'의 의미를 부가법 제14조 제2항의 부수용역보다는 상당히 넓은 개념으로 이해하고 있는 것으로 보인다(조심 2012구4575, 2014. 8. 11.).

반면, 기획재정부나 조세심판원 결정 중에는 '부수하여 공급한다'는 의미를 부가법 제14조의 용역에 한정하여 해석하려는 경향이 있으나(재부가-188, 2012. 4. 12. ; 재부가-294, 2015. 4. 7. ; 조심 2015서5750, 2017. 1. 9.), 이는 법적 제한이 없는 하에서 동 규정의 의미를 지나치게 축소하여 동 조항 자체를 원천적으로 봉쇄할 가능성이 크다는 점에서 합리적 해석이나 결정이라고 보기 어렵다.

법원도 부가령 제40조 제2항의 입법취지 및 "주된 사업에 부수하여 같은 항(부가령 제40조 제1항)의 금융 · 보험용역과 동일 또는 유사한 용역을 제공하는 경우에도 부가법 제26조 제1항 제11호의 금융 · 보험용역에 포함되는 것으로 본다고 규정하였는 바, '경우에도'라고 규정하여 '도'라는 조사를 사용하고 있는 점('…경우'라거나 '…경우에 한하여'라고 규정되어 있지는 않다)에 비추어 보면, "주된 사업에 부수하여 제공된 경우" 뿐만 아니라 "주된 사업과 병행하여 제공된 경우"에도 해당 용역은 부가가치세 면제대상이 된다고 할 것이다. 예를 들어 사업자가 주된 사업인 일반 채권추심업에 부수하여 제공되었다고 보기 어렵더라도 주된 사업인 일반 채권추심업과 병행하여 제공되었다면 동 규정에 따라 부가가치세 면제대상에 해당한다고 판시하였다(서울고법 2017누52377, 2018. 5. 2.).

라. 해당 용역의 공급이 '주된 사업'인 경우

면세되는 금융 · 보험업 외의 사업을 영위하는 사업자가 그 주된 사업의 일환으로서 금융 또는 보험업과 유사한 용역을 제공한다면 해당 용역은 면세될 수 없다. 예를 들어 금융자동화기기의 개발 · 제조 및 판매 등을 주된 사업으로 하는 자가 현금자동지급기를 설치 · 관리하면서 은행에게 현금인출 · 계좌이체와 잔액조회 서비스를 기계적으로 보조하여 주고 그 대가로 은행으로부터 수수료를 지급받은 경우 그 용역을 은행업무에 해당하는 '수납 · 지급대행용역'과 동일 또는 유사한 용역에 해당하지도 아니하지만, 설령 '수납 · 지급대행' 업무로 본다고 하더라도 세법의 엄격해석상 그 용역이 해당 사업자의 주된 사업에 해당되는 경우에는 부가령 제40조 제2항이 적용될 수 없다는 것이 법원의 판결이다(서울고법 2007누12448, 2007. 12. 6. ; 대법원 2008두389, 2009. 10. 15.).

2) 지급보증용역의 과세·면세 여부

가. 해외 관계사 등에 대한 지급보증용역

기획재정부는 과세사업을 영위하는 사업자가 해외 현지법인 등의 외화차입에 따른 채무지급보증용역을 제공하고 그 대가를 해외현지법인 등으로부터 외국환은행을 통하여 외화로 입금받는 경우 해외현지법인에 대한 지급보증은 현지 법률에 따라 체결하고 국외 소재 은행 또는 사업자에 대하여 보증용역을 제공하는 것으로 보증용역에 대한 효익은 현지법인의 소재지에서 발생하여 국외에서 제공하는 용역에 해당하므로 영세율이 적용된다는 의견이다(재부가-279, 2010. 4. 23.).

반면, 조세심판원은 해당 용역이 부가령 제40조 제2항에 따라 국내사업자가 주된 사업에 부수하여 부가령 제40조 제1항 제1호 라목의 채무의 보증 또는 어음의 인수와 같거나 유사한 용역을 제공하는 경우로 보아 면세되는 금융·보험용역에 포함되는 것으로 결정하였다(조심 2012구4575, 2014. 8. 11.).

지급보증에 따른 수수료를 받는 것이 채무의 보증용역대가로서 용역의 공급으로서 부가가치세 과세대상에 해당하는 것은 사실이나, 부가령 제40조 제2항의 법리에 따르면 면세되는 금융보험용역에 해당한다는 조세심판원의 결정이 타당하다고 본다.

나. 국내기업에 대한 지급보증용역

위 “가”와 같이 금융·보험업 외의 사업을 영위하는 사업자가 국내기업에게 지급보증용역을 제공하는 경우 기획재정부 해석에 따르면 예외없이 지급보증용역에 대하여 부가가치세가 과세된다.

그러나 부가가치세 과세사업자가 주된 사업에 부수하여 국내 다른 기업의 차입금에 대한 채무지급보증을 하고 수수료를 수취하는 경우 조세심판원의 결정에 따르면 “제조업을 영위하는 청구법인이 주된 사업인 제조업과 관련하여 국내 관계회사 등에 대출 시 제공한 지급보증용역은 채무자에 대한 보증 또는 채무보증을 위하여 채권자와 보증계약을 체결하는 등의 금융보험업의 본질적인 사업과 관련된 것으로서, 관계회사 등이 지급보증을 통하여 대출받은 자금으로 제조업을 영위하기 위한 공장신설 및 기계장치 등의 유형자산의 취득에 사용한 것이므로 주된 사업에 부수하여 금융보험용역과 동일 또는 유사한 용역을 제공한 것으로 보는 것이 타당”하다고 결정하였다(조심 2012구4575, 2014. 8. 11.).

따라서 국내기업에 대한 지급보증용역도 위 “가”와 같이 조세심판원의 결정이 옳다고 본다.

다. 해외기업이 국내기업에 제공한 지급보증용역

기획재정부는 면세사업을 영위하는 내국법인(금융보험업자)이 국내사업장이 없는 외국의 모법인(금융기관이 아님)으로부터 지급보증용역을 공급받고 그 대가를 지급하는 경우 해당 내국법인은 그 대가를 지급하는 때에 대리납부의무가 있는 것으로 회신함으로써 외국법인이 제공하는 지급보증용역을 과세되는 용역으로 판단하였다(기획재정부 부가가치세제과-294, 2015. 4. 7.).

조세심판원도 해외 모법인이 제공한 지급보증용역이 제조업을 영위하는데 필수적인 부수용역이라고 보기 어렵고, 동 내국법인은 "국내사업장이 없는 외국의 모법인으로부터 지급보증용역을 공급받고 그 대가를 지급하는 경우"에 해당하여 동 내국법인이 제공받은 지급보증용역에 대하여 부가가치세 대리납부의무가 있다고 결정하였다.

기획재정부는 부가령 제40조 제2항의 적용대상이 아닌 것으로 보았으므로 일관성이 있는 회신으로 보이나, 조세심판원은 위 "가"와 "나"의 논리와 완전히 상반되는 결정으로 그 논리적 타당성이 결여되었다고 본다(조심 2015서5750, 2017. 1. 9.).

법원도 필자의 의견과 같이 부가령 제40조 제2항의 면세가 적용되는 요건은 ① 금융·보험업 외의 사업을 하는 자가 ② 주된 사업에 부수하여(부가법 제14조 제2항에 한정하지 않음) ③ 부가령 제40조 제1항과 같거나 유사한 용역을 제공할 것을 충족하면 되므로 위 모법인의 지급보증용역은 이러한 세 가지 요건을 모두 충족하였고 따라서 대리납부는 없다고 판시하였다(서울행법 2017구합60703, 2018. 4. 5.).

(5) 금융·보험업자가 제공하는 용역 중 부가가치세가 과세되는 용역

1) 개요

위 "(2)"의 "1)"부터 "18)"까지 열거한 금융보험업자가 제공하는 용역이라도 다음에 해당하는 용역은 부가가치세가 면제되는 금융·보험용역으로 보지 아니한다. 즉, 금융·보험업이라는 주된 사업에 부수하여 제공하는 용역으로 보지 않겠다는 의미이다(부가령 §40 ④).

① 복권·입장권·상품권·지금형 주화 또는 금지금에 관한 대행용역. 다만, 수익증권 등 금융업자의 금융상품판매대행용역, 유가증권의 명의개서대행용역, 수납·지급대행용역 및 국가·지방자치단체의 금고대행용역은 제외한다.

② 기업합병 또는 기업매수의 중개·주선·대리, 신용정보서비스 및 은행업에 관련된 전산시스템과 소프트웨어의 판매·대여용역

③ 부동산의 임대용역

④ “①” 및 “②”에 규정된 것과 유사한 용역 및 그 밖에 기획재정부령으로 정하는 용역[「소득세법 시행령」 제62조 또는 「법인세법 시행령」 제24조에 따른 감가상각자산(이하 “감가상각자산”이라 한다)의 대여용역(「여신전문금융업법」에 따른 시설대여업자가 제공하는 시설대여용역은 제외하되, 그 시설대여업자가 「자동차관리법」 제3조에 따른 자동차를 대여하고 정비용역을 함께 제공하는 경우는 포함한다)]을 말한다(부가칙 §28).

2) 금융업자의 금융상품판매대행용역 등의 면세

부가령 제40조 제1항(위 “(2)”의 “2)”)의 금융보험업자가 복권, 입장권, 상품권, 지금형 주화 또는 금지금에 관한 대행용역은 과세하지만, 부가령 제40조 제4항 제1호 단서에 따라 ‘수익증권 등 금융업자의 금융상품 판매대행용역, 유가증권의 명의개서 대행용역, 수납 · 지급 대행용역 및 국가 · 지방자치단체의 금고대행용역”(이하 전부를 “금융상품판매대행용역 등”이라 한다)은 면세한다.

또한, 부가령 제40조 제2항은 면세되는 제1항의 금융보험업 외의 사업을 하는 자가 주된 사업에 부수하여 제1항에 규정된 금융 · 보험용역과 같거나 유사한 용역을 제공하는 경우에도 면세되는 금융 · 보험용역에 포함되는 것으로 본다고 규정하고 있어, “위 제1항에 규정된 금융 · 보험용역과 같거나 유사한 용역”을 포괄적 또는 일괄적으로 수행하는 경우에 면세된다고 해석하고 있다.

부가령 제40조 제4항 제1호 단서의 규정을 두고 기획재정부는 금융업자의 면세되는 금융상품판매대행용역이란 ‘금융상품판매와 관련된 모든 업무를 일괄적으로 수행하는 경우’로 한정되거나, 그것이 단순한 업무의 대행용역에 해당한다면 부가가치세가 과세되는 용역에 해당한다고 해석한다(재부가-255, 2010. 4. 16. ; 사전-2015-법령해석부가-0163, 2015. 6. 15.).

※ 기존 기재부 및 국세청에서 판매와 관련된 모든 업무를 일괄적으로 수행하는 경우 면세대상으로 해석한 것은 단순한 실명확인, 계좌개설대행, 회원모집 등의 용역만을 단편적으로 제공하는 경우와 반대되는 개념으로 ‘일괄적’ 또는 ‘모든 업무’라고 회신문에 표현한 것으로 보인다.

그러나 부가령 제40조 제4항 제1호 단서에는 일괄적이거나 포괄적으로 수행하는 경우로 한정한다는 규정이 없어, 문리해석상 해당 대행업무와 관련하여 기획부터 최종 관리까지 모두 수탁받아 수행하는 경우에 한하여 면세라고 볼 수는 없다.

▌은행이 카드사에 카드회원모집 · 업무대행용역 제공 시 면세 여부(최근 해석)

「은행법」에 따른 은행이 「여신전문금융업법」에 따른 신용카드업자와 신용카드업무 위수탁협약을 체결하여 신용카드업자에게 제공하는 신용카드 회원모집 및 업무대행용역은 부가령 제40조 제4항 제1호(수익증권 등 금융업자의 금융상품 판매대행용역)에 따라 부가가치세가 면제되는 용역에 해당함(기획재정부 부가가치세제과-343, 2021. 7. 27.).

1) 금융기관이 위 업무를 금융상품판매대행업으로 금융위원회에 부수업무로서 신고됨.
2) 위 회신의 문구나 사실관계만을 보면, 2010년 기재부 회신의 '일괄적으로'라는 문구가 삭제되어 해석이 변경된 것처럼 보이지만, 국세청의 법령정보시스템상 해당 해석 하단에는 앞서 본 기재부 기존 해석과 같은 취지라고 설명하고 있다.

2010년 5월 「은행법」 개정 시 은행업무 중 '부수업무에 관한 지침'에 열거한 업무를 시행령에 반영하면서 '금융업자의 금융상품 판매대행 업무'를 '겸영업무'의 범위에 포함하여(은행령 §18의2), 은행이 영위하는 '금융업자의 금융상품 판매대행 업무'는 「은행법」상 겸영업무로서 부가령 제40조 제1항 제1호에 따른 면세대상에 해당하지 않게 되었다.

한편, 법원은 비금융업자가 은행에 대출모집용역 제공이 부가령 제40조 제1항에 정한 금융 · 보험용역에 해당하지 않으면 제4항의 규율범위에서 제외된다고 판시하였다(서울고법 2012누6560, 2012. 9. 20. ; 대법원 2012두24443, 2013. 2. 15. 심리불속행).

위 판례는 비금융업자가 은행에 대출모집용역을 제공하는 경우로서 금융업자가 제공한 경우에도 위와 같이 판결하였을지는 의문이다. 그리고 부가령 제40조 제4항에서 "제1항에도 불구하고"라고 규정한 형식을 보면 제4항의 적용을 받기 위해서는 제1항에서 열거한 금융 · 보험용역에 해당한다고 보여질 수 있으나, 제1항에 따라 이미 면세되는 금융 · 보험용역으로 열거된 경우라면 재차 제4항에서 다시 면세되는 것으로 규정할 실익이 전무하다. 제4항과 제1항은 상호 병렬적이고 독자적 면세조항으로서 "제1항에도 불구하고"의 의미는 제1항에서 열거하고 있는 면세되는 용역 자체가 아닌 열거된 '금융업자'의 범위로 해석해야 하고, 금융업자가 제1항의 어느 용역의 '모든 업무'를 수탁받아야 면세되는 것으로 해석하는 것은 문리해석의 범위를 벗어나고 조문의 성격상 지나친 유추해석으로 보여진다.

예를 들어 은행이 카드사와의 업무위탁을 받아 금감원으로부터 금융상품판매대행으로 겸영업무로 승인받고, 신용카드회원 모집대행부터 가맹점 및 카드회원 관리, 신고업무, 카드론이나 현금서비스 지급대행업무, 카드대금정산업무 등 위탁한 카드업무 전반에 관한 대행수수료를 받거나, 카드회원 모집 등을 대행하고 수수료를 받는 경우 그것이 금감원이 인정한 금융상품판매대행으로 볼 수 있다면 면세되어야 한다. 반면, 선불카드

판매대행의 경우 선불카드를 금융상품으로 보지 아니하므로 금융상품판매대행 등으로 부가가치세가 면제될 수 없다.

※ 특정상품이 금융상품에 해당하는지는 금감원에서 판단을 하여야 한다.

3) 채권추심과 신용정보서비스의 과세범위

'신용정보서비스'는 '신용정보에 관한 용역'을 의미하는 일반적인 용어의 해석인바, 신용정보에 관한 용역 업무 내지 그에 관한 사업을 의율하는 특별법으로서는 「신용정보의 이용 및 보호에 관한 법률」이 유일하다. 따라서 동 법에서 규정하는 신용정보업의 종류로서 현행(2020년 2월 개정) 규정은 채권추심업과 별도로 개인신용평가업, 개인사업자 신용평가업, 기업신용조회업, 신용조회업, 신용조사업으로 규정하고 있으므로 채권추심업 외 신용정보업은 부가가치세가 과세됨이 타당하다(동지 : 대법원 2014두199, 2014. 4. 24.).

12 | 주택과 그 부수토지의 임대용역에 대한 부가가치세 및 소득세 과세

(1) 주택임대 면세에 대한 의의

주택과 그 부수토지의 임대용역에 대하여 면세하는 취지는 주택의 임대용역이 소비자인 임차인의 부가가치세 부담을 경감시켜 주려는 사회정책적인 배려이다. 주택은 인간의 생존을 위한 기본요소인 의·식·주의 하나이고, 주택없이 이를 임차를 하는 경우는 저소득층인 것이 일반적이며, 법인 등이 임차하는 특수한 경우를 제외하고는 대부분 개인 간의 임대차계약으로 성립되고 있어 면세로서 보호하여 주고 거래의 편리성을 높여줄 필요가 있다.

(2) 부가법상 주택임대용역의 면세 범위

부가법 제26조 제1항 제12호에서는 주택과 이에 부수되는 토지의 임대는 상시주거용(사업을 위한 주거용의 경우는 제외한다)으로 사용하는 건물(이하 "주택"이라 한다)과 이에 부수되는 토지의 임대에 대하여 부가가치세를 면제한다고 규정하고 있다(부가법 §26 ① 12, 부가령 §41).

다만, 별장, 콘도미니엄, 주말농장주택, 기숙사, 펜션 등 임시주거주택과 사업을 위한 주거시설로서의 주택임대(숙박용역 등)용역은 부가가치세가 과세된다.

1) '주택' 및 '상시 주거용 주택'의 의미

'주택'이란 상시 주거용으로 사용하는 건물을 말하고, **'상시 주거용'**이란 그 건물의 실제형태나 공부상(건축물대장 또는 등기부등본 등)의 상황에 불구하고 기본용도나 목적의 개념에서 생활의 근거를 삼아 주소나 거소가 될 수 있는 건물을 말한다. 즉, 공부상의 지목이나 용도 또는 전용면적(국민주택규모를 초과하여도 상관없음)과는 관계가 없는 것이다.

여기서 '거주한다'는 객관적 사실이나 사용한다는 실질적 행위가 있어야 함을 요건으로 하지 않고 주택이라는 개념의 기본목적이나 용도에 적합하면 된다. 따라서 사업자가 종업원에게 사택으로 임대하거나 다른 사업자에게 사택용으로 임대하는 경우에는 주택을 임대한 것으로 보나 별장 · 주말농장주택 및 콘도미니엄 등을 임대하는 경우 이는 특정인이 생활의 근거로 삼는 실제 사실이 있어도 용도 측면에서 생활의 근거를 삼도록 되어 있는 곳이 아니고 물적 측면에서 주택이라는 기본목적이 아닌 휴양 등의 다른 목적이므로 면세되지 않는다.

▌상시 주거용 여부에 대한 조세심판원의 견해

'상시 주거용'이란 공부상의 용도와 관계없이 각 세대별로 욕실(화장실), 주방시설, 세탁기, 냉장고, 침실 및 세대별 수도, 전기, 계량기 등이 설치되어 독립된 주거생활이 가능하며 임대차기간이 1~2년인 경우, 주소지로 전입신고가 되어 있고 침대, 옷가지, 생활 집기 등이 갖추어져 있는 경우를 말함(조심 2010전483, 2010. 12. 31. ; 조심 2012서2199, 2012. 8. 17.).

▌소득세법상 주택의 개념

소득세법에서 "주택"이란 허가 여부나 공부(公簿)상의 용도구분과 관계없이 세대의 구성원이 독립된 주거생활을 할 수 있는 구조로서 세대별로 구분된 각각의 공간마다 별도의 출입문, 화장실, 취사시설이 설치되어 있는 구조를 갖추어 사실상 주거용으로 사용하는 건물을 말한다. 이 경우 그 용도가 분명하지 아니하면 공부상의 용도에 따른다(소득법 §88 ⑦, 소득령 §152의4).

2) 부속토지

가. 부수토지의 개념

토지의 임대는 원칙적으로 부가가치세 과세대상이나 주택에 부수되는 일정면적의 토지에 대해서는 주택임대용역으로 보아 부가가치세를 면제한다. 여기서 주택의 지번과 토지의 지번이 동일하여야 하는 것은 아니며, 또한 지번이 동일하다 하더라도 주택과 분리되어 있거나 달리 사용하고 있는 토지는 부수토지에서 제외된다고 보아야 한다. 주택에 정착된 토지의 지번과는 상관없이 주택의 담장·길·도로 등의 주변경계, 타 주택 등에 의해 구분되는 것으로서 해당 주택의 기능을 위해 부속된 범위까지가 부수토지로 본다.

나. 부수토지의 면세범위

부수토지라 하여 무한정 면세하는 것이 아니라 다음의 기준면적[MAX(㉠, ㉡)]을 초과하지 않는 범위 내에서 면세한다(부가령 §41 ①).

㉠ **주택의 연면적**(지하층의 면적, 지상층의 주차용으로 사용되는 면적 및 「주택건설 기준 등에 관한 규정」 제2조 제3호에 따른 주민공동시설의 면적은 제외한다)

㉡ **건물이 정착된 면적에 5배**(「국토의 계획 및 이용에 관한 법률」 제6조에 따른 도시지역 밖의 토지의 경우에는 10배)를 곱하여 산정한 면적

3) 주택의 전대

주택의 임대는 임대용 주택의 면적이나 공부상 용도에 상관없이 최종소비자인 임차인이 실제 상시 주거용으로 사용한다면 주택임대 용역으로서 부가가치세가 면제된다(대법원 2013두1225, 2013. 6. 14.). 예를 들어 주택의 소유자(갑)가 자기관리형 주택임대관리업자 또는 임차인(을)에게 주택을 임대하고 임차인 "을"이 최종소비자(전차인, "병")에게 해당 주택을 전대하고 "병"이 상시 주거용으로 사용하는 경우, "갑"이 "을"에게 임대용역 제공 시 부가가치세가 과세된다면 "을"이 "병"에게 제공하는 주택임대용역이 면세되더라도 "을"이 부담한 부가가치세가 전차인(병)에게 전가되어 주택임대용역을 면세하는 입법취지에 맞지 않아 "갑"이 "을"에게 제공한 임대용역과 "을"이 "병"에게 제공한 임대용역에 대하여 각각 주택임대용역으로 부가가치세를 면제한다(서면법규과-921, 2014. 8. 25. ; 재소비-826, 2004. 7. 31. ; 부가 46015-1185, 1999. 4. 22.).

※ 주택임대인지 여부는 최종적인 임대용역의 소비자(임차인 또는 전차인)의 실질적인 사용용도(형태)를 기준으로 판단한다(대법원 2013두1225, 2013. 6. 14.).

4) 주택을 임차인이 '사업용으로 사용'하는 경우

부가가치세의 면세대상인 주택임대에 해당하는지 여부는 임차인이 해당 건물을 사용한 객관적인 용도를 기준(실제로 상시 주거용으로 사용하는 것인지 여부)으로 판단하는 것이므로 공부상의 용도구분이나 임대차계약서에 적혀 있는 목적물의 용도와 임차인이 실제로 사용한 용도가 다를 경우에는 후자를 기준으로 하여 그 해당 여부를 가려야 하는 것이며, 임차인이 주택을 사업용 건물로 사용하여 왔다면 동 건물의 임대는 사업용 건물

의 임대라고 보아야 하고 건물주가 비록 이를 주거용으로 사용할 것으로 믿고 임대하였다는 이유를 들어 그 임대를 주택의 임대라고 판단할 수 없다(대법원 91누12707, 1992. 7. 24.).

부가가치세가 면제되는 주택임대용역 판정에 있어서 사업용 사용은 물론 사업장에 부대적으로 설치되어 있는 주거시설인 사업을 위한 주거용 건물도 면세대상에서 제외된다.

(3) 겸용주택 임대에 따른 면세범위

1) 동일인에게 임대하는 경우

① 주택면적이 사업용 건물면적보다 큰 경우

면세되는 주택에 과세되는 사업용 건물이 함께 설치되어 있는 경우 주택부분의 면적(주택의 연면적으로 계산, 이하 같다)이 사업용 건물부분의 면적(사업용 건물의 연면적으로 계산, 이하 같다)보다 큰 때에는 설치되어 있는 건물 전부를 주택의 임대로 보고 면세하며, 이에 관련된 면세되는 부수토지는 주택부분 및 주택으로 보는 사업용 건물부분면적을 합계한 면적을 기준으로 하여 위 "2) 부속토지" 기준면적을 한도로 하여 부가가치세가 면제된다(부가령 §41 ② ; 소비 46015-259, 2003. 8. 18.).

② 사업용 건물면적이 주택면적보다 크거나 같은 경우

주택부분의 면적이 사업용 건물부분의 면적과 같거나 그보다 작은 때에는 그 용도의 중요성 등의 견지에서 전체를 면세되는 주택으로 보지 않고 주택으로 구분(사용)된 부분만 면세되고 나머지 사업용 건물부분 등은 과세된다.

이때 주택에 부수되는 토지의 면적은 총토지 면적에 주택부분의 면적(연면적)이 총건물면적에서 차지하는 비율을 곱하여 계산하되, 위 "2) 부속토지" 기준면적을 한도로 하여 부가가치세가 면제된다(부가령 §41 ③ ; 서삼 46015-10413, 2003. 3. 12.).

| 주택 및 부수토지 임대용역 면세범위 |

구 분	건물분 면세 범위	부수토지 면세 범위
주택면적 〉기타 건물면적	주택면적 + 기타 건물면적	MIN(㉮, ㉯) • ㉮: 부수토지 총면적 • ㉯: MAX[건물연면적, 건물정착면적 × 5배(도시지역 외 10배)]

구 분	건물분 면세 범위	부수토지 면세 범위
주택면적≤기타 건물면적	주택면적	MIN(㉮, ㉯) • ㉮ : 토지총면적×(주택연면적/건물연면적) • ㉯ : MAX[주택연면적, (건물정착면적×주택연면적/건물연면적)×5배(도시지역 외 10배)]

i. 건물의 연면적을 계산함에 있어 지하층의 면적, 지상층의 주차용으로 사용되는 면적 및 주택건설기준 등에 관한 규정에 의한 주민공동시설의 면적은 제외하며, 주민공동시설이란 공동주택의 거주자가 공동으로 관리하는 시설로서 주민운동시설, 청소년수련시설, 주민휴게시설, 도서실(문고와 정보문화시설 포함), 독서실, 입주자집회소, 경로당, 보육시설, 그 외 거주자의 취미활동이나 가정의례 또는 주민봉사활동 등에 사용할 수 있는 시설을 말한다(주택건설기준 등에 관한 규정 §2).

ii. 인구와 산업이 밀집되어 있거나 밀집이 예상되어 그 지역에 대하여 체계적인 개발·정비·관리·보전 등이 필요한 지역(주거·상업·공업·녹지지역)[국토의 계획 및 이용에 관한 법률 §6]

2) 2인 이상에게 임대하는 경우

주택과 사업용 건물을 임차인 "갑"에게 주택을, 임차인 "을"에게는 사업용 건물을 별도로 임대한 경우 임차인별로 주택임대 또는 사업용 건물임대 여부를 판정하는 것이므로 "갑"에게 제공한 주택임대용역만이 부가가치세가 면제된다. 또한 그 부수토지의 기준면적 계산에 있어서도 임차인별로 구분하여 위 "1)"과 같이 계산한다(부가통칙 26-41-1 ; 서면3팀-799, 2005. 6. 10.).

3) 별도로 구분된 아파트상가와 그 지상 아파트를 동일인에게 임대한 경우

임대인 "갑"이 주상복합아파트의 상가 101호와 그 지상 아파트 1101호를 "을"에게 임대한 경우, 임대차계약을 별도로 작성하여 실지귀속이 분명한 경우에는 구분된 가액에 의하여 주택임대용역 제공대가에 대하여만 부가가치세가 면제되고, 상가 및 아파트를 구분하지 않고 일괄계약하여 그 실지귀속이 불분명한 때에는 기준시가에 따라 주택부분 임대료 상당액만 면세한다.

통상 건물의 구조적 측면, 용도의 독립성 등 객관적 외양의 측면과 사회일반의 사용관행 등 질적인 면을 고려하여 함께 설치되어 있는지를 판단하는 바, 상가·아파트 등은 일단 층이 다르다면 별도로 구분 설치된 것으로 보아 사업용 건물은 부가가치세를 과세하여야 한다.

(4) 주택임대 수입금액 및 소득금액 계산

1) 과세요건 및 과세방법

과세기간 중 한 기간이라도 과세기준에 해당하는 주택 수 이상의 주택을 보유하고 그 중 1주택 이상을 보유한 경우

과세요건[주택수(부부합산) 기준]			과세방법(수입금액 기준)	
주택수	월세	보증금	수입금액	과세방법
1주택	비과세[1]	간주임대료 총수입금액 불산입	2천만 원 초과	종합과세
2주택	과세		2천만 원 이하	분리과세와 종합과세 중 선택 ('14~'18귀속은 비과세)
3주택 이상		간주임대료 총수입금액 산액[2]		

1) 기준시가 12억 원 초과 및 국외 소재 주택은 1주택자도 과세(2023년 2월 개정 전은 9억 원)

2) 간주임대료의 총수입금액 산입 대상

구 분	요건(모두 충족)
주택수	비소형주택* 3채 이상 소유 * 전용 면적 40㎡ 초과 또는 기준시가 2억 원 초과
보증금	비소형주택 보증금 등의 합계액이 3억 원 초과

※ 간주임대료 계산 시 소형주택은 '26년까지 주택수에서 제외

3) 소형주택(주거전용면적 40㎡ 이하면서 기준시가 2억 원 이하)의 보증금은 2026년까지 간주임대료 과세대상 주택에서 제외하되, 2026. 1. 1. 이후 개시하는 과세기간부터는 기준시가 12억 원을 초과하는 2주택자의 3억 원 이상의 보증금으로서 대통령령이 정하는 금액을 초과하는 경우에 대하여도 간주임대료를 계산한다(소득법 §25 ① 2).

4) 분리과세 선택 시 적용세율은 14%

2) 주택수의 계산

구 분	계산방법
다가구주택	• 1개의 주택으로 계산 * 구분등기된 경우 각각을 1개의 주택으로 계산
공동소유	<원칙> • 지분이 가장 큰 자의 소유로 계산 – 다만, 해당 주택에서 발생하는 임대수입금액이 연간 6백만 원* 이상 또는 고가주택의 30% 초과 지분 소유할 경우 소수지분자의 주택수에도 가산 * 주택의 총 임대수입금액 × 지분율 <예외> • 지분이 가장 큰 자가 2인 이상인 경우에는 각각의 소유로 계산 • 지분이 가장 큰 자가 2인 이상인 경우로서 합의하여 1인을 당해 주택의 임대

구 분	계산방법
	수입의 귀속자로 정한 경우 그의 소유로 계산
전대 · 전전세	• 임차인 또는 전세 받은 자의 주택으로 계산
부부소유	• 본인과 배우자가 각각 주택을 소유한 경우 부부합산 – 다만, 동일 주택이 부부 각각의 주택수에 가산된 경우 아래 순서에 의해 부부 중 1인 소유주택으로 계산 1) 부부 중 지분이 더 큰 자 2) 지분이 동일한 경우, 부부 사이의 합의에 따라 소유주택에 가산하기로 한 자

※ 주택임대 과세대상 주택수는 임대주택 수가 아닌 본인과 배우자의 보유주택 수임에 유의

3) 주택임대 총수입금액 계산

거주자의 각 소득에 대한 총수입금액은 해당 과세기간에 수입하였거나 수입할 금액의 합계액으로 한다(소득법 §24).

주택임대소득의 총수입금액 = 월세 + 보증금에 대한 간주임대료

이때 임대인이 임대료와 별도로 유지비나 관리비 등의 명목으로 지급받는 금액이 있는 경우 전기료, 수도료 등 공과금은 총수입금액에 산입하지 아니하나 공공요금을 제외한 청소비, 난방비 등은 총수입금액에 산입한다. 다만, 실제 납부한 공공요금을 초과하여 세입자에게 징수한 금액은 그 초과액을 총수입금액에 산입하여야 한다.

4) 선세금에 대한 총수입금액 계산(소득령 §51)

총수입금액 = 선세금 × (해당연도 임대기간 월수 / 계약기간 월수)

5) 보증금 등의 간주임대료 계산(소득법 §25, 소득령 §53)

구 분	계산방법
장부신고	(보증금 등 – 3억 원)의 적수 × $\frac{60}{100}$ × $\frac{1}{365(366)}$ × 정기예금이자율('23귀속: 2.9%) – 해당 주택임대부분에서 발생한 수입이자와 할인료 · 배당금의 합계액

구 분	계산방법
추계신고	(보증금 등−3억 원)의 적수 × $\frac{60}{100}$ × $\frac{1}{365(366)}$ × 정기예금이자율 ('23귀속: 2.9%)

(참고) '24귀속 정기예금이자율 3.5%(규칙 §23 ①)

※ 공동 보유주택에 대한 간주임대료의 계산은 공동사업장별로 그 소득금액을 계산하는 것이므로 공동사업장의 보증금에서 3억 원을 공제함.

6) 분리과세

주택임대소득 총수입금액의 합계액이 2천만 원 이하인 경우 종합과세와 분리과세 중 선택 가능한데 분리과세의 과세표준과 세액산출구조는 아래표와 같다.

구 분	수입금액[1]	필요경비[2]	공제금액	세율
등록임대주택	월세+간주임대료	60%	4백만 원	14%
미등록임대주택		50%	2백만 원	

1) 수입금액 : 과세기간 중 일부 기간 동안 등록임대주택을 임대한 경우 등록임대주택의 임대사업에서 발생하는 수입금액은 월수로 계산(15일 이상 = 1개월)

2) 공제금액 : 분리과세 주택임대소득을 제외한 종합소득금액이 2천만 원 이하인 경우에 적용하고, 등록임대주택과 등록임대주택이 아닌 주택에서 수입금액이 발생한 경우 공제금액을 안분하여 계산

7) 기타 사항

사업개시일로부터 20일 이내에 사업자등록 신청을 하지 아니한 경우 2020년 귀속분부터 사업개시일로부터 사업자등록 신청일 직전일까지 수입금액의 0.2%를 가산세로 부과한다(소득법 §81의12 · §168, 소득령 §220). 직전연도의 사업소득 수입금액이 4,800만 원 이상자가 해당 사업과 관련하여 재화 또는 용역을 공급받고 수취한 (세금)계산서합계표를 제출하지 아니한 경우에도 공급가액의 0.5%를 가산세로 부과한다.

(5) 토지임대부 주택의 토지임대료의 면세

주거안정 지원차원에서 「주택법」 제2조 제9호에 따른 토지임대부 분양주택(같은 법 같은 조 제6호의 국민주택규모로 한정한다)에 부수되는 토지의 임대용역에 대하여는 부가법 제26조 제1항 제12호에 따른 주택과 이에 부수되는 토지의 임대로 본다. 이 경우 면세되는 토지 임대의 범위는 위 "(3)"에 따른다(부가령 §41 ③). 해당 면세규정은 2024. 7. 1. 이후 공급하는 분부터 적용한다.

(6) 그 밖의 주택임대 관련 사례

1) 기숙사 임대

사업자가 상시 주거에 필요한 취사장 · 식당 · 화장실 및 샤워실 등을 공동으로 사용하고 단지 숙박에 필요한 공간만을 개별 사용할 수 있는 공동기숙사 용도의 건물을 신축하여 임대하는 경우 해당 기숙사 임대용역은 주택임대용역에 해당하지 아니하여 부가가치세가 과세되며(부가 46015-1530, 1998. 7. 8. ; 부가 46015-1166, 1994. 6. 10.), 종업원들의 복리 및 근로의 편의를 위한 기숙사나 합숙소의 임대용역과 그 신축을 위한 건설용역은 상시 주거용주택임대 및 국민주택 건설용역이 아니므로 모두 부가가치세가 과세된다(부가 46015-365, 2001. 2. 23.).

2) 공부상 주택 외의 건물을 상시주거용으로 임대하는 경우

사업자가 근린생활시설로 건축허가를 받아 신축한 건물을 주거용 주택으로 임대하고 임차인이 해당 건물을 상시 주거용 주택으로 사용하는 경우, 해당 임대용역은 실질과세원칙 및 부가법 제26조 제1항 제12호에 따라 부가가치세가 면제된다(서삼 46015-11639, 2002. 9. 30.).

3) 오피스텔 신축, 분양, 주거용 임대 및 매각 시 과세방법

사업자가 오피스텔을 신축하여 임대하고 그 대가를 받는 경우 실제로 당해 건물을 사용하는 임차자가 사업을 위하여 사용하는 경우에는 부가가치세가 과세되는 것이나, 해당 오피스텔(준주택 오피스텔 포함)을 실제로 사용하는 임차자가 상시 주거용으로 사용하는 경우에는 주택임대로 보아 부가가치세가 면제된다(서면3팀-1263, 2008. 6. 25.). 해당 사업자 등이 오피스텔의 관리용역을 제공하고 그 대가를 받는 경우에도 부가가치세가 과세된다(서면3팀-3398, 2007. 12. 24. ; 서면3팀-1697, 2005. 10. 6.).

사업자가 오피스텔(준주택 오피스텔 포함)을 분양용으로 신축하면서(이 경우 매입세액공제를 받게 된다) 오피스텔을 분양하는 경우에는 부가가치세가 과세되는 것이며, 다만 미분양 등의 사유로 상시 주거용으로 임대하는 경우에는 면세전용으로 부가가치세가 과세되며, 상시 주거용으로 임대하던 오피스텔을 양도하는 경우에는 부가가치세가 면제된다(서면3팀-308, 2005. 3. 4. ; 서면3팀-789, 2007. 3. 14. ; 대법원 2021두61345, 2022. 3. 31.).

4) 서비스드 레지던스업이 주택임대인지

택배 · 모닝콜 · 주차서비스 등이 기본적으로 포함되어 있고, 임차인의 선택에 따라 세탁 · 청소 · 수건 및 시트교환 등의 호텔식 룸서비스도 제공받을 수 있으며, 기본 가전제품과 생활편의시설 등이 제공되고 있는 서비스드 레지던스업(월세임대용역)은 서비스의 내용과 성격에 비추어 주택임대업이라기보다는 숙박업으로 과세대상이며, 해당 주택을 그 운영업자에게 임대한 소유자도 부동산임대업으로 과세대상이다(대법원 2016두61587, 2017. 2. 23. ; 서울행법 2011구합8864, 2011. 12. 23. ; 대법원 2014두40326, 2014. 11. 27.).

5) 주택임대로의 전환 여부

국민주택규모 초과주택 등을 신축 · 분양하는 사업자가 해당 주택에 대한 임대를 개시하는 경우로서, 미분양으로 인하여 일시적 또는 잠정적으로 임대하는 경우에는 해당 임대주택에 대하여 면세전용으로 보지 아니한다. 여기서 해당 주택임대가 일시적 또는 잠정적인지 여부는 ① 사업자등록 정정 시에 '부동산/주택임대'를 추가하여 주택임대사업을 하려는 목적을 대외적으로 표출하였는지, ② 부동산중개업소, 인터넷 홈페이지 게시 및 전단지를 통해서 주택임대 의뢰 또는 주택임대광고를 계속하여 하였는지, ③ 임대차기간을 2년으로 정하였을 뿐 전세기간 종료 시 전세계약자에게 우선분양권이 있다거나, 임대기간 중에 제3자에게 분양이 가능하다는 등의 특약사항이 없는 등 임차인과 임대차보호법의 적용을 받는 전형적인 임대차계약을 체결하였는지, ④ 임대주택(아파트)을 재고자산에서 임대사업을 전제로 한 유형자산으로 대체하고 회계처리한 점을 기준으로 판단한다. 따라서 이들 중 어느 하나라도 해당된다면 재고자산인 과세대상 주택을 주택임대사업에 확정적으로 전용한 것으로 보아야 한다(인천지방법원 2015구합1629, 2016. 5. 19. ; 서울고등법원 2016누46726, 2017. 1. 12. ; 대법원 2017두34865, 2017. 5. 16.).

6) 주택관리용역

주택임대사업자가 주택임대를 관리하거나 운영하는 용역을 제공하는 것은 면세되는 주택임대 자체가 아니므로 과세되어야 하며, 주택 및 부수토지 임대료에 다른 자산의 임대료가 포함되어 있거나 청소비 · 수도광열비 등 별도의 관리비가 포함된 경우는 주택임대에 필수적으로 부수되는 용역의 공급으로 보지 아니한다.

13 | 공동주택 어린이집 임대용역

출산장려 및 보육경비 절감을 위하여 「공동주택관리법」 제18조 제2항에 따른 관리규약에 따라 같은 법 제2조 제1항 제10호에 따른 관리주체 또는 같은 법 제2조 제1항 제8호에 따른 입주자대표회의가 제공하는 「주택법」 제2조 제14호에 따른 복리시설인 공동주택 어린이집의 임대용역에 대하여는 2012. 1. 1. 이후 결정 · 경정하는 분부터 부가가치세를 면제한다(**부가법** §26 ① 13).

14 | 토 지

노동, 자본과 함께 부가가치 가치창출을 위한 필수적 생산요소인 토지는 재화로서 공급될 뿐 아니라 토지의 임대 등과 같이 용역으로서도 공급되는데, 이 중 재화로서 공급되는 토지에 대하여만 면세한다(**부가법** §26 ① 14).

토지의 공급대가는 그 자체가 가치로서 인위적으로 창출된 가치가 아니며 통상 지가의 상승이라는 의미로, 흐름(Flow) 개념에 따른 부가가치의 증가로서가 아니고 정지(Stock)상태에서의 가치의 크기만을 말한다. 따라서 부가가치세법의 기본이론상 창출된 가치인 재화와 용역의 공급도 아니고 궁극적으로 소비되어 소멸되는 것도 아니어서 토지의 공급을 과세함은 타당하지 않다.

여기에서 토지의 공급이란 토지의 매매를 사업으로 영위하는 자가 공급하는 토지뿐 아니라 일반 부동산매매업자가 건물이나 상가와 함께 공급하는 토지 등과 같이 토지에 정착된 건물 및 그 밖의 구축물에 부수되어 공급되는 토지를 포함하며, 과세사업자가 토지를 과세사업에 사용(사업용 건축물의 부속토지 등)하다가 공급하든 면세사업에 사용하다가 공급하는지에 관계없이 부가가치세가 면제된다.

다만, 건축물과 토지의 임대용역(전, 답, 과수원, 염전 임대 제외)은 부가가치세법을 도입할 당시에는 면세대상이었으나 세원양성화목적에서 과세대상으로 전환하였다.

15 | 인적용역

(1) 개 요

문예창작활동 등의 순수 개인적 인적용역과 자유직업적 인적용역이 사업목적이 아니거나 비경상적으로 제공되는 경우 또는 사업성 없는 자기 노동력을 제공하는 경우는 사업자에 해당하지 아니므로 부가가치세가 과세되지 않음은 당연하다.

부가가치세는 대물세로서 해당 용역 자체를 기준으로 면세 여부를 판단하는 것이지 공급주체를 기준으로 하지 않는다. 따라서 사업적 차원에서 독립적으로 공급한다면(즉, 사업성을 갖고 공급한다는 의미) 과세되는 것이 원칙이다. 다만, 부가령 제42조에 열거된 인적용역은 독립적 차원에서 사업상 공급하더라도 가치의 기본적 구성요소인 자기 노동력 제공 그 자체로 보아 사업상 혹은 직업상의 차원에서 제공되더라도 면세하고 있다.

여기서 독립된 사업으로 공급한다 함은 해당 용역만을 별도로 공급함을 뜻하며, 다른 사업거래에 부수되거나 조건부로 제공되는 것이 아니고 해당 인적용역이 완결된 형태로 혹은 주체적으로 공급되는 경우라고 볼 수 있고 여러 개의 사업을 겸영하는 경우도 다른 과세사업에 필수적으로 부수되거나 부수되지 않는 것을 별도로 공급한다면 독립된 사업으로 공급하는 것이다.

또한, 면세되는 인적용역의 범위는 부가령 제42조에 열거된 것에 한하여 면세된다. 통상 인적용역은 다른 재화나 용역의 공급에 부수되거나 종속적으로 공급되기도 하나 면세되기 위하여는 해당 인적용역이 독립된 사업으로 공급하는 경우에 한하는데, 이는 해당 인적용역만을 별도로 공급한다는 개념이다.

부가령 제42조 제1호에 열거된 것은 개인으로서만 제공하는 경우 면세하고 있는데, 이러한 용역은 일반적으로 영세하고 순수한 개인적 노동력 제공 자체이므로 개인자격으로 활동하거나 용역을 공급하는 경우가 대부분이다.

반면 법인, 외국법인의 지점 및 법인격 없는 사단·재단 또는 그 밖의 단체가 공급한다면 영세하지 않고 공급하는 소속 개인의 노동력 자체라기보다는 결합된 부가가치가 크게 창출된다고 보아 과세한다.

(2) 개인이 공급하는 인적용역

1) 개요

개인이 물적 시설 없이 고용계약이나 도급계약, 위임계약 등 그 명칭이나 형식에 관계없이 근로자 등을 고용(사용)하지 아니하고 독립된 자격으로 용역을 공급하고 대가를 받는 경우 이는 순수한 자기노동력 또는 노무용역으로서 근로용역과 유사하며 또한 토지나 자본과 함께 부가가치를 창출하는 요소로서 부가령 제42조 제1호에서 이를 면세로 규정하고 있다.

2004. 12. 31. 시행령 개정 전 구 부가령 제35조 제1호에서는 개인이 독립된 자격으로 용역을 공급하는 경우 면세하도록 규정하여 인적용역의 면세범위가 불명확하였다. 또한, 인적·물적시설을 갖춘 개인이 공급하는 용역은 순수한 자기노동력 제공으로 볼 수 없을 뿐만 아니라, 동일한 용역의 공급에 대해 사업주체(개인 또는 법인사업자)에 따라 과세 또는 면세로 차별하는 결과가 되어 과세형평에도 어긋나게 된다. 따라서 2004. 12. 31. 시행령 개정 시 개인이 공급하는 인적용역의 면세범위를 인적·물적설비 없이 독립적으로 인적용역을 공급하는 경우로 면세범위를 명확히 하고 순수한 자기노동력 제공에 대해서만 면세하도록 개정하였다.

한편, 부가가치세가 면제되는 인적용역소득과 의료보건용역에 대하여는 사업소득으로서 소득세(지급액의 3%) 원천징수대상이 되며, 지급자가 원천징수의무를 이행했는지의 여부에 불구하고 부가가치세가 면제된다.

2) 물적시설

가. 개요

건축물과 같은 물적시설의 사용이 그 인적용역 제공에 필수적으로 부수되어 주요한 내용을 구성하는 경우라면, 부가가치세가 면세되는 '개인적 인적용역'으로 볼 수 없다(서울고법 2011누39853, 2012. 6. 12.. ; 대법원 2012두15913, 2012. 11. 15.).

부가가치세가 면제되는 인적용역 판정에 있어 물적시설이란 계속적·반복적으로 사업에만 이용되는 건축물·기계장치 등의 사업설비로서 임차한 것을 포함하는 것으로 규정하고 있지만 어디까지를 사업설비(이때 설비라 함은 통상적으로 어떤 목적에 필요한 기계·기구·건물 등을 일정한 장소에 설치하거나 그 설치한 것을 말한다)로 볼 것이냐에 대한 구체적 판단기준을 정하고 있지는 않고 있다(부가칙 §29).

대법원에서는 TV방송이나 연극 · 영화에 필요한 특수효과를 창출하는 용역을 제공하기 위해서는 총포류, 화약류, 강풍기, 강우기 등 각종 설비와 재료가 필요한 것은 사실이지만 이러한 설비와 재료는 원고의 전문적인 지식과 기술을 이용한 특수효과 용역을 구현하는데 필요한 보조적인 수단에 불과한 것이어서 그러한 설비와 재료를 이용한다고 해서 개인이 제공하는 특수효과 용역이 "연예에 관한 감독 · 각색 · 연출 · 촬영 · 녹음 · 장치 · 조명과 유사한 용역"에 해당하지 않는 것이 아니라고 판결하였다(대법원 98두14266, 1998. 11. 27.).

또한, 개인이 독립적으로 오토바이를 이용한 배달용역을 제공하는 자 또는 자동차를 이용한 대리운전자에 대하여 오토바이나 자가용을 계속적 · 반복적으로 사업에만 이용하는 사업설비로 보지 아니하고 근로의 제공과 유사한 형태로써 자기의 순수한 노동력을 제공하는 것으로 면세되는 인적용역에 해당되는 것으로 보았다(서면3팀-693, 2008. 4. 1.).

이와 같은 해석사례에 비추어 볼 때 사업설비 등을 폭넓게 확장하기보다는 그것이 인적용역의 실현에 있어 보조적 수단에 불과한 것이라면 물적시설을 갖춘 것으로 보지 않는 것이 타당하다고 판단된다.

반면, 인적 · 물적 사업설비를 갖추지 아니한 개인이 다른 사업자의 사업장에서 계약에 의하여 독립적으로 판매대행용역을 제공하고 그 판매실적에 따라 일정 수수료를 받는 경우에는 부가가치세가 면제되는 것이나, 개인이 사업장을 무상으로 임차하여 근로자를 고용하지 아니하고 독립된 자격으로 인적용역을 공급하는 경우에는 물적시설이 있는 것이므로 부가가치세가 과세된다(부가-4584, 2008. 12. 3. ; 서삼 46015-11752, 2003. 11. 10.).

나. 무상제공받은 업무편의시설이 물적시설로 볼 수 있는지

법인과 경영자문계약을 체결하고 근로자를 고용하지 않고 이에 대한 용역을 계속 · 반복적으로 제공하는 경우로서 법인으로부터 독립된 공간 룸 1개를 임차료 없이 무상제공받아 업무편의를 제공받고 있으나, 사무실을 독자적으로 사용하거나 언제든지 비워줘야 하는 등 사업을 영위하기 위한 물적시설로서의 사업장이 될 수 없는 경우 물적시설을 가지고 있는 것으로 볼 수 없다(조심 2012서 1084, 2012. 5. 11.).

3) 인적시설

개인 사업자가 독립된 자격으로 용역을 제공한다 하더라도 자신의 주된 업무를 수행하는 과정에서 자신의 전속적인 노동력만을 제공하는 것이 아니라 별도로 인력을 고용한 후 그들의 전문적 지식이나 노동력을 취합하여 용역을 제공한다면 그러한 용역은 더 이상 부가가치세가 면세되는 '개인적 인적용역'으로 보기 어렵다. 아울러 법원은 그 개인 사업자가 이들 인력의 도움없이 독립적으로 인적용역을 제공한 부분이 있더라도 그러한 용역 부분만을 구분하여 부가가치세가 면세되는 '인적용역'이라고 볼 수 없다고 판시하였다(서울고법 2011누39853, 2012. 6. 12.. ; 대법원 2012두15913, 2012. 11. 15.).

연예인의 경우 보통 코디나 방송스케줄을 맞추기 위하여 기사를 고용하는 경우 연예인이 지급받게 되는 출연료 등에 대하여 부가가치세를 과세하여야 하는지 문제의 소지가 있으나, 다음과 같은 이유로 과세대상의 범주에 포함시키는 것은 불합리하다.

㉠ 개인이 용역제공을 위하여 부수적으로 발생되는 장소 이동을 도와주는 운전기사를 비롯한 업무보조원을 고용한다고 하여 자기의 순수한 노동력 제공이라는 인적용역의 본질은 변하지 않는 것으로 볼 수 있고,

㉡ 본질적으로 면세되는 인적용역을 제공하는 근로자를 고용하여 사업형태를 취하고 사업주로서 그 근로자가 제공하는 용역에 의하여 사업이득을 얻는 것이 아니며,

㉢ 연예인, 직업운동가, 예술가 등 인적용역의 제공자는 자기의 업무를 단순보조하는 코디네이터, 코치(전속 캐디 포함), 작품보조자 등과 운전기사를 대부분 고용하고 있는 것이 현실이다.

기획재정부에서도 보험설계사가 자료정리를 위한 업무보조원을 고용하는 경우, 프로골퍼가 시합출전 등을 위하여 수행원을 고용하는 경우 면세되는 인적용역의 제공과 직접적인 관련이 없는 보조역할만을 수행하는 근로자를 고용하는 경우에는 부가가치세가 면제되는 인적용역에 해당된다고 유권해석을 내렸다(재부가-742, 2007. 10. 22. ; 서면3팀-2164, 2007. 7. 31.).

▌보험설계사의 경우 예시

보험설계사의 보조자가 하는 일 중에서 보험모집과 직접 관련 있는 보험 안내상담(홍보 포함), 보험 청약서 작성지원, 보험증권 전달 등이 아닌 ① 업무용 차량의 운전, ② 보험회사가 제공하는 각종 보험관련 안내자료 관리, ③ 보험설계사의 지시에 의해 고객에 대한 보험상품 등의 안내자료 작성, ④ 출력 및 복사 등의 단순 사무노동, ⑤ 우편물 수발업무, ⑥ 보험설계사의 스케줄 관리 등 제반 비서업무만을 수행하는 경우는 보험설계사의 주업무인 보험모집에 필수적으로 부수되는 업무로 볼 수 없는 것임(재부가-742, 2007. 10. 22.).

가. 하도급에 의한 인적용역 제공

인적·물적 사업설비를 갖추지 아니한 개인이 독립된 자격으로 인적용역을 제공하고

그 대가를 받음에 있어 작업의 사정상 일부를 자기 책임하에 외주에 의하여 동 용역을 공급하는 경우에도 부가가치세가 면제되는 인적용역에 해당하는 것으로 본다(서면3팀-1879, 2004. 9. 13.).

또한, 사업자가 학술연구용역 또는 기술연구용역을 공급하는 경우 해당 용역을 하도급받아 공급하는지 또는 다른 사업자와 공동으로 공급하는지 여부에 관계없이 부가가치세가 면제된다(부가 46015-1573, 1999. 6. 4.).

나. 전문인적용역이 인적·물적시설 없이 공급하는 용역의 과세 여부

전문인적용역 제공자인 변호사, 공인회계사, 세무사, 관세사 등이 제공하는 인적용역에 대하여 1998. 12. 28. 부가법 제12조 제1항 제13호(1998. 12. 28., 법률 제5585호)를 개정하면서 이러한 전문인적용역에 대하여 부가가치세를 과세하는 것으로 개정하였으므로 이러한 전문자격사가 인적·물적시설 없이 독립적으로 전문인적용역을 공급하는 경우에도 동 용역에 대하여는 부가가치세가 과세된다.

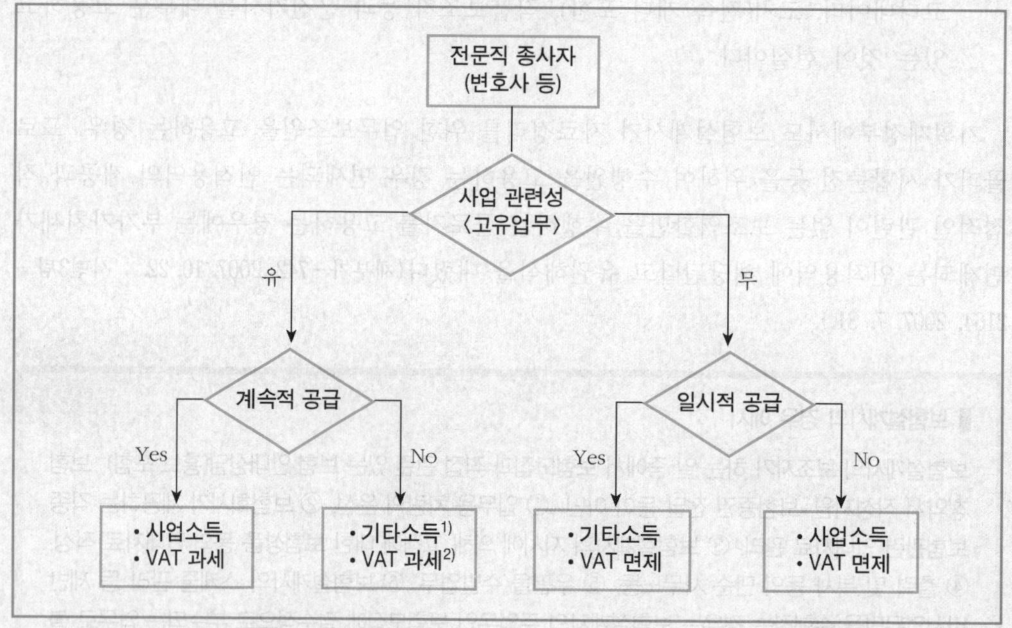

1) 변호사가 전문지식을 활용하여 일시적으로 인적용역을 제공하고 받는 보수는 기타소득, 그 외는 사업소득임 (소법 §21 ① 19 다목).

2) 사업상 독립적으로 변호사업과 관련되나 부수하여 용역을 제공하는 경우 계속적 공급 여부에 관계없이 부가가치세 과세대상임.

※ 관련 사례: 재경부 소득 46073-136, 2000. 8. 18. ; 소득세과-1490, 2009. 9. 29. ; 서면법규과-106, 2014. 2. 4. ; 부가 46015-1557, 2000. 7. 3.

다. 근로유사 용역

2024. 2. 29. 시행령 개정 시 근로계약을 통한 고용이 있는 경우는 물론 근로계약 외에 도급계약, 위임계약 등 그 명칭이나 형식에 관계없이 해당 용역의 주된 업무에 대해 타인으로부터 노무 등을 제공받는 경우에 해당하지 아니하여야만 인적시설이 없는 것으로 면세 범위를 축소하였다.

4) 계속적 공급(사업성)의 판단 기준

사업이란 직업적 활동이거나 장기에 걸치는 등 동종의 행위를 계속적이고 반복적으로 행하여야 한다. 다만, 단 1회의 행위더라도 계속 내지 반복의 목적과 의도를 가지고 수행하였다면 계속성 또는 반복성을 충족하는 사업에 해당할 수 있다. 뿐만 아니라 고정된 사업장이나 인적 · 물적설비의 설치, 사업자등록의 이행과 같이 외부적 또는 대외적으로 표방행위도 계속성 여부 판단의 중요하고도 핵심적인 판단기준이 된다.

| 인적용역에 대한 소득구분 및 부가가치세 과세 |

인적용역 제공 방식	제공 형태	인적 or 물적시설 유무	소득구분	부가세 과세
종속적 지위에서 제공	계속 근로	–	근로소득	비과세
독립적 지위에서 제공	계속성 · 반복성	유	사업소득	과세
		무	사업소득	면세
	일시 · 우발성	–	기타소득	비과세

5) 구체적 면세 범위

부가법 제26조 제1항 제15호에 따른 인적(人的)용역은 물적시설 없이 근로자를 고용하지 아니하고 독립된 사업(여러 개의 사업을 겸영하는 사업자가 과세사업에 필수적으로 부수되지 아니하는 용역을 독립하여 공급하는 경우를 포함한다)으로 공급하는 다음의 용역을 말한다(부가령 §42 1).

① 문화 · 예술 · 창작 및 연예활동

② 연예 보조 활동

③ 건축감독, 학술용역 또는 이와 유사한 용역

④ 음악 · 재단 · 요리 · 무용 · 바둑의 교수와 이와 유사한 용역

⑤ **직업운동가 등 운동지도가**

⑥ **접대부 · 댄서 등**

(가) 접대부: 과세유흥장소 등에서 손님과 함께 술을 마시거나 노래 또는 춤으로 손님의 유흥을 돋우는 부녀자인 유흥접객원(남자를 포함)과 요릿집 등에서 손님을 맞아 접대를 행하는 자를 포함한다(식품위생법 시행령 §22).

(나) 댄서: 춤을 추는 것을 업으로 삼는 행위

(다) 이와 유사한 용역: 접대 등의 용역으로 간주될 수 있는 것 모두를 면세로 하는데, 골프장 캐디가 제공하는 용역도 면세된다.

⑦ **보험모집 · 저축장려 · 집금용역 및 외판용역**

(가) 보험가입자의 모집

보험업법상 보험모집이란 보험사업자를 위하여 보험계약의 체결을 중개 또는 대리하는 것을 말한다(보험업법 §2). 이러한 보험가입자의 모집실적에 따라 보험사업자인 보험회사로부터 받는 모집수당은 면세되는 인적용역으로 본다.

보험회사에 대해 독립된 사업으로 개인적 자격으로 용역을 제공하는 보험모집인, 보험대리점 또는 보험중개인의 모집용역이 면세되며, 이들이 법인 형태로 모집용역을 제공하면 과세된다. 이 밖에 보험모집인이 보험대리점에 대해 모집용역을 제공하고 보험회사가 아니라 해당 보험대리점으로부터 모집수당을 받는 경우라면 규정상 보험회사로부터 받는 모집수당이라고 되어 있지만 결국 보험회사로부터 원천되는 수당이므로 면세된다.

(나) 저축장려 · 집금

금융기관이 저축을 장려하거나 예금의 가입 및 대출금회수 등을 촉진하기 위해 집금을 타인에게 의뢰하기도 하는데, 개인이 독립된 자격으로 저축장려용역 및 집금용역을 제공하고 받는 장려수당 혹은 집금수당은 자기 노동력적 인적용역으로 면세한다.

(다) 외판용역

서적 · 음반 등을 판매하는 아래의 외판원이 판매실적에 따라 대가를 받는 용역에 대하여 부가가치세가 면제된다(부가칙 §30).

- 방문판매원 또는 후원방문판매원
- 방문판매업자 또는 후원방문판매업자로부터 사업장 관리 · 운영의 위탁을 받은 자(외판매니저)

• 다단계판매원(후원수당에 한정하고 “⑭”에서 후술한다)

여기서 실적이란 비례적 혹은 성공 보수적인 것만이 아니라 보험회사가 책정한 모집과 관련한 정액 혹은 차등정액 등 형식에 관계없이 모두 해당된다.

⑧ 저작권 제공용역

개인으로서 문학·학술 또는 예술의 창작물을 저작한 자가 저작권을 제공하여 주고 사용료를 받는 용역도 면세되는데 저작권법상 저작권은 저작인격권과 저작재산권을 말하는 바, 관련 규정은 「저작권법」 제2조·제10조·제11조 제1항·제12조 제1항·제13조 제1항·제16조 내지 제22조의 내용과 같다.

다만, 법인, 법인격 없는 사단·재단 기타 단체가 저작권 사용에 대한 사용료를 받는 용역은 부가가치세가 면제되는 인적용역의 범위에 해당하지 아니하므로 부가가치세가 과세된다(부가-1119, 2011. 9. 19.).

⑨ 교정·번역·속기·필경·타자·음반취입 등 학술보조용역

⑩ 강연·강사용역

고용관계가 없는 개인이 학원·학교·강연회·강습회 등에서 다수인에게 강의 및 이야기를 하는 강연 및 강사용역도 면세되는 순수 노동력대가로서 부가가치세를 면제하며, 해당 용역에 부수하여 교재대 등이 포함되어 있는 경우에도 면세된다.

⑪ 대중매체 출연용역

라디오·텔레비전 방송·신문 등의 대중매체를 통해 연극·곡예·가무·음곡 등의 기예를 행동하여 보이는 연기를 하거나, 깨우치거나 풀어서 설명하는 계몽·해설 및 심의사정하는 심사 등의 용역을 제공하고 받는 사례금·수당 또는 수수료 등은 면세된다.

⑫ 작명·관상·점술업 또는 이와 유사한 용역

2003. 12. 30. 시행령 개정 전에는 개인이 공급하거나 법인이 공급하거나 상관없이 면세를 하였으나, 작명·관상·점술업이 점차 기업화됨에 따라 순수한 개인의 독립적 용역에 한정하여 면세하도록 하였다.

(가) 작명: 이름 및 상호 등을 짓거나 고치는 행위

(나) 관상: 인상이나 모습을 보고 성질·운명·운세 등을 판단하는 행위. 사주·팔자 등 전통적 방법에 의하거나 컴퓨터 등 현대의 과학적 방법에 의하는 경우의 관상 등도 면세된다.

(다) 점술: 점・복서 등을 치는 행위. 별의 모양을 보고 길흉을 점치는 점성술도 포함한다.

⑬ 개인이 일의 성과에 따라 받는 대가

방문학습지도, 각종 회원모집, 대리운전 등 개인이 물적시설 없이 근로자를 고용하지 아니하고 독립적으로 일의 성과에 따라 수당 또는 이와 유사한 성질의 대가를 받는 용역은 면세되는 인적용역에 해당된다.

'개인이 일의 성과에 따라 수당이나 이와 유사한 성질의 대가를 받는 용역'의 공급에 대하여 부가가치세 면세대상으로 삼은 이유는 이러한 용역이 사업설비를 갖추지 아니하고 개인이 독립적으로 일의 성과에 따라 받는 노무용역으로서 부가가치세 면세대상인 근로유사용역 또는 노동용역에 해당하므로 이들 용역을 부가가치세 면세대상으로 하여 과세의 형평성을 도모하고, 대부분 1인의 소규모의 인적용역을 제공하는 자유직업소득자에게 사업자등록, 거래징수 및 신고납부의무를 지우기가 어렵고 행정비용이 과다하게 발생할 수 있다는 현실을 고려한 것이다(대법원 2014두38828, 2014. 10. 24. ; 대법원 82누312, 1983. 6. 28.).

⑭ 물적시설 등을 갖추고 받는 후원수당의 부가가치세 과세 여부

다단계판매원이 설치한 사무실 또는 교육장(프로젝터, 의자, 노트북, 방송시설, 냉장고, 수납장 등 비치)에서 다단계판매회사의 비전 등을 소개하고, 제품사용 경험을 공유하며, 제품 및 그 사업성을 소개하는 회의를 매주 수 시간씩 진행하며, 제품 사용자들을 대상으로 한 다이어트 경연(매주), 회원들에 대한 트레이닝(월 정기적), 신규 에스피 초대 행사(매월)를 개최하는 등 이들 물적시설을 다단계판매업을 위한 장소로 계속적・반복적으로 이용하였으며, 동 다단계판매원이 다단계판매회사로부터 지급받은 후원수당은 매년 수억에서 수십억 원의 고액으로서 동 다단계판매원의 노동력만이 투입되는 영세한 사업이라 보기는 어렵고, 해당 사업기간 동안 종합소득세 손익계산서에 동 물적시설의 임차료, 공과금, 수선비, 소모품비, 광고선전비 등이 비용으로 계상되어 있는바, 동 다단계판매원이 자신의 노동력에 계속적・반복적으로 사업에만 이용되는 물적시설을 결합시켜 부가가치를 창출한 것으로 보이므로, 그가 지급받은 후원수당이 부가가치세 면제대상으로 볼 수 없다고 판시하였다(의정부지법 2018구합15002, 2019. 9. 3. ; 대법원 2020두34001, 2020. 6. 4.).

(3) 사단, 재단, 그 밖의 단체가 공급하는 인적용역

부가령 제42조 제2호에 열거된 것은 용역자체를 기준으로 하여 개인 · 법인 또는 법인격 없는 사단, 재단 그 밖의 단체가 공급하는 것은 면세되는 인적용역으로 본다. 그러한 면에서 전술한 '(2) 개인이 공급하는 인적용역'보다 더 합리적이라 할 수 있다.

개인, 법인으로서 또는 법인격 없는 사단, 재단 그 밖의 단체가 독립된 자격으로 부가령 제42조 제2호에 열거하는 인적용역을 제공하는 경우에는 부가가치세를 면제한다. 즉, 열거된 인적용역에 대하여는 제공하는 자의 법인격유무, 조직형태 등에 관계없이 무조건 면세범위에 포함된다.

1) 「형사소송법」 및 「군사법원법」 등에 따른 국선변호인의 국선변호 등과 기획재정부령으로 정하는 법률구조용역

① 국선변호용역

변호사가 제공하는 용역은 2000. 1. 1. 공급분부터 과세로 전환되었으나 「헌법」 제12조 제4항에서 규정하고 있는 변호인의 조력을 받을 권리와 직접적으로 관련되는 점과 담세자의 특성을 고려하여 국선변호용역은 면세된다.

② 국선대리용역

2019. 2. 12. 공급분부터 「국세기본법」에 따른 국선대리인의 국선대리용역도 부가가치세를 면제한다(부가령 §42 2 가).

③ 법률구조용역

법률구조용역은 경제적으로 어렵거나 법을 모르기 때문에 법의 보호를 충분히 받지 못하는 서민을 지원하는 차원에서 면세한다. 법률구조란 「법률구조법」에 따른 법률구조 및 「변호사법」에 따른 법률구조사업을 말한다(부가칙 §31).

2) 학술 · 기술연구용역

학술분야 및 기술분야에 대해 이론 및 진리를 파악하기 위해 조사연구 및 고찰하는 연구용역에 대해 면세하는데 이는 모두 고급인력의 순수노동력지향적인 용역이기 때문이다. 부가가치세가 면제되는 학술 · 연구용역이란 새로운 학술 또는 기술 개발을 위하여 수행하는 새로운 이론 · 방법 · 공법 또는 공식 등에 관한 연구용역을 말하는 것이므로 신제품 제조 · 기술개발 및 성능의 개선 등이 포함하나 연구결과의 단순응용 또는 이용은 포함하지 않는다(부가칙 §32).

① 학술연구용역

법률 · 인문학 · 예술 · 경제 · 통계 · 정치 · 사회복지 등의 인문사회 및 행동과학분야와 물리 · 화학 · 토양학 · 해양학 · 천문 및 천체물리학 · 순수수학 · 생명과학 등의 정밀과학과 의료분야 · 농업분야 · 사회생태학 · 환경분야 등의 자연과학과 사회과학의 기초과학 및 응용과학분야에서 기초 및 종합조사연구 등을 수행하는 용역으로서 제공되는 용역 중 인적용역 부분만 면세된다.

② 기술연구용역

측량 · 건축설계 등의 건축분야, 토목공학 · 전기공학 · 전자공학 · 화학공학 · 산업 · 조직공학 · 기계공학 · 산업디자인 · 광업 · 조선 · 선박 · 항공기설계 · 해양 · 항공광학 · 위생, 공기조절 · 난방 · 배관 · 냉동 · 오염 및 공해조절 · 섬유 · 핵 · 음향 등의 공학분야 등의 산업기술분야에서 기초 및 종합조사연구 등을 수행하여 기술개발을 하는 용역으로서 제공되는 용역 중 인적용역 부분만 면세한다. 예를 들어 성능 · 질 · 용도 등을 개선하는 기술연구는 면세되나 구매력 증진을 위한 형태 변경연구용역, 수출잡화시험검사, 연구결과응용용역, 자료제공용역, 일반적 사전조사용역 등은 면세되는 기술연구용역이 아니다.

3) 직업소개 또는 상담소 등의 사업서비스 용역

가. 상담소업

상담이란 말로 상의하는 것으로 어떤 일에 관해 묻고 의논할 수 있도록 설치된 사회시설을 상담소라고 하는바, 직업재활상담 및 그 밖에 이와 유사한 상담용역에 대하여 부가가치세가 면제된다(부가령 §42 2 다, 부가칙 §33 1).

다만, 결혼상담용역이 점차 대형화되어 인적 · 물적설비를 갖추고 계속적 · 반복적으로 용역을 공급한 것으로 인정되고, 결혼상담회사가 제공하는 용역은 단순한 상담용역이라기보다는 정보제공, 행사대행 등의 용역이 혼재되어 있기 때문에 2005. 1. 1. 이후 공급분부터는 과세하도록 개정하였다.

나. 인생상담용역의 면세

현행 국내에서 이루어지는 상담분야는 주무부처가 특정되어 있지 아니하고 연관되는 업무별로 민간단체가 상담기관을 설립토록 하여 재정적 지원과 함께 관리 · 감독하는 경우가 많고(예: 여성가족부의 가정폭력상담소, 한국성폭력상담소), 종교단체, 학교, 회사,

직능단체 부설 상담기관, 기타 단체 또는 개인이 운영하는 상담소 등 상담업무의 개념은 매우 포괄적이고 다양한 방식으로 제공되고 있다.

인생상담업은 부가법에 정의 규정이나 면세범위를 구체적으로 정하지 않았을 뿐만 아니라 한국표준산업분류(표준직업분류 포함)에도 없고 이를 규율하는 법률이나 관련 전문자격사 제도도 없다. 이처럼 부가법 및 기타 관련 법령에서 인생상담소의 정의에 대해 아무런 판단기준을 제시하고 있지 아니하므로 합리적이고도 상식적인 수준에서 판단하여야 할 것인 바, 상담소 운영을 위하여 상담자격을 갖춘 상담원이 상담을 진행하고 상담을 진행하는 별도의 공간 및 시설을 갖추고 진행하여야 한다(인적 또는 물적시설이 없다면 독립적 인적용역으로도 면세 가능).

여기서 상담이란 내담자와 상담자 간의 상호작용을 통하여 내담자의 성장·발전을 도모하는 심리적 조력과정으로 이러한 일련의 상담을 통하여 올바른 인생관 정립에 기여, 언어·행동장애·심리발달을 개선시키면 족한 것으로 '상담' 자체가 사람과 사람 사이에서 현존하는 모든 일들을 대상으로 이루어지기 때문에 어떤 특정분야만 한정하여 규정짓는 것은 불가능하다. 다만, 그것이 상담이라는 명칭만 사용할 뿐 사실상 상담의 주된 또는 본질적 내용이 의료보건용역 또는 교육용역에 해당하는 경우 부가가치세 면세가 적용되기 위해서는 의료기관으로서의 등록, 교육장소에 대한 인허가·신고·등록을 요하기 때문에 동 요건을 갖추지 아니하였다면 해당 상담용역은 부가가치세 면세요건을 갖추지 아니하여 부가가치세가 과세된다(재소비-698, 2004. 7. 5. ; 법규과-1626, 2010. 10. 29.). 사업자가 제공하는 상담용역이 의료용역 또는 교육용역의 범주에 해당하여 무허가 진료용역이라거나 미등록(미신고) 교육용역인지를 보건복지부나 교육청 등에 문의하여 판단할 필요가 있다. 특히 건강상담 등을 제공하는 경우 의사만이 할 수 있는 영역을 수행하는지를 살펴 진료행위로 볼 수 있다면 의사 외의 자가 면세적용을 받을 수는 없다.

또한 상담용역이 교육지원서비스업, 교육관련 자문 및 평가업으로 확대하여 해석할 여지도 있으나, 초중고생에게 학습지식이나 기법을 직접 가르치는 것은 아니므로 교육용역으로 볼 수는 없고 심리상담 등으로 인한 부수적 효과에 불과한 것이므로 교육용역이 아닌 인생상담용역에 포함된다고 보아야 한다(동지 : 조심 2011서2092, 2012. 4. 25. ; 부가세과-2383, 2004. 7. 22.).

국세청도 초·중·고 재학생들을 대상으로 건강체력검진을 실시하여 학생들의 체력능력을 확인하고 측정결과에 따라 개인별 맞춤식 상담진행하여 개별 운동가이드라인을 통한 학생들의 체력요소의 발달 및 개인 학습능력 향상효과를 주고자 하는데 있고 해당 사업자가 제공하는 용역은 궁극적으로 학생들의 체력증진과 이를 통한 동기부여, 심리안정 등을 통해 정신의 변화를 추구하고 간접적으로 학습효과를 향상시키데 있다한다면 즉 학생의 학습 동기부여, 학습태도 향상 등의 목적으로 제공되는 용역이라 할지라도 용역의 본질이 심리상담용역이라면 부가가치세가 면세되는 심리상담 용역으로 회신하였다(서면법규과-450, 2014. 4. 30.).

다. 직업소개소업

취직희망자와 구인희망자인 조직 간에 일자리 및 직업을 소유하고 알선하는 등의 고용의 수요보다 공급을 중개하는 모든 용역도 순수노동력적 인적용역으로 면세하는데 직업소개에 한정한다(기준-2020-법령해석부가-0023, 2020. 2. 14.).

라. 창업상담

「중소기업 창업지원법」에 따른 중소기업상담회사가 제공하는 창업상담용역에 대하여는 부가가치세를 면제한다(부가칙 §33 2 ; 재소비 46015-109, 2002. 4. 23.).

4) 장애인 보조견 훈련용역

인간에 대한 훈련 등은 교육용역으로 면세되도록 하고 장애인의 복지향상차원에서 장애인을 보조할 「장애인복지법」 제40조에 따른 장애인 보조견(補助犬)의 훈련용역에 대하여 부가가치세를 면제한다(부가령 §42 2 라).

5) 차관자금에 의한 용역제공

외국공공기관 또는 「국제금융기구에의 가입조치에 관한 법률」 제2조에 따른 국제금융기구로부터 받은 차관자금으로 국가 또는 지방자치단체가 시행하는 국내사업을 위하여 공급하는 용역(국내사업장이 없는 외국법인 또는 비거주자가 공급하는 것을 포함한다)은 부가가치세를 면제한다(부가령 §42 2 마).

6) 후견사무용역

2019. 2. 12. 공급분부터 「민법」에 따른 후견인과 후견감독인이 제공하는 후견사무용역도 부가가치세를 면제한다(부가령 §42 2 바).

7) 가사서비스용역

「가사근로자의 고용개선 등에 관한 법률」에 따른 가사서비스 제공기관이 가사서비스 이용자에게 제공하는 가사서비스용역은 2022. 6. 16. 공급분부터 부가가치세를 면제한다(부가령 §42 2호 사목).

8) 근로자 공급용역

인력공급에 대한 지원을 위하여 「직업안정법」에 따른 근로자공급 용역은 부가가치세를 면제한다(부가령 §42 2호 아목, 2025. 1. 1. 이후 공급하는 분부터 적용한다).

> 직업안정법상 "근로자공급사업"이란 공급계약에 따라 근로자를 타인에게 사용하게 하는 사업을 말한다. 다만. 파견근로자법 제2조 제2호에 따른 근로자파견사업은 제외한다. 근로자공급사업을 하려는 자는 고용노동부장관의 허가를 받아야 한다(직업안정법 §2의2, §33 ①). 근로자공급사업은 공급대상이 되는 근로자가 취업하려는 장소를 기준으로 국내 근로자공급사업과 국외 근로자공급사업으로 구분하며, 각각의 사업의 허가를 받을 수 있는 자의 범위는 다음과 같다(직업안정법 §33 ②).
>
> ① 국내 근로자공급사업의 경우는 노동조합 및 노동관계조정법에 따른 노동조합
>
> ② 국외 근로자공급사업의 경우는 국내에서 제조업 · 건설업 · 용역업, 그 밖의 서비스업을 하고 있는 자. 다만, 연예인을 대상으로 하는 국외 근로자공급사업의 허가를 받을 수 있는 자는 민법 제32조에 따른 비영리법인으로 한다.

9) 단순 인력 공급 용역의 면세

가. 개요

다른 사업자의 사업장(다른 사업자가 제공하거나 지정한 경우로서 그 사업자가 지배 · 관리하는 장소를 포함한다)에서 그 사업자의 시설 또는 설비를 이용하여 물건의 제조 · 수리, 건설, 그 밖에 이와 유사한 것으로서 기획재정부령으로 정하는 작업을 수행하기 위한 단순 인력 공급용역(「파견근로자 보호 등에 관한 법률, 이하 "파견법"」에 따른 근로자파견 용역은 제외한다)은 부가가치세를 면제한다(부가령 §42 2호 자목, 2025. 1. 1. 이후 공급하는 분부터 적용한다). 이 때 '시설 또는 설비'란 사용사업주(도급인)이 제조 · 수리, 건설에 필수적으로 사용되는 차량, 기계장치, 건물 등 유형자산을 말하고, 본 개정 규정은 기획재정부령에 이와 유사한 작업을 정하고 있지 아니하므로 물건의 제조 · 수리, 건설작업을 수행하기 위한 인력공급에 한정되는 바, 제조 · 수리 · 건설 작업을 위한 파견, 도급, 유 · 무상의 사급 및 임가공업은 동 규정을 적용받지만 운송 또는 경비용역 등은 이에 해당되지 않아 현행처럼 과세된다.

국세청의 '인적용역의 부가가치세 면제범위 확대에 따른 사례별 문답집(2025. 1. 7.)에서는 파견법에 따른 근로자파견의 경우 고용노동부장관의 허가 요건 등이 있어 관리가 되고 있고 이들 업체에 대하여 면세적용 시 매입세액불공제 등으로 인한 수익률 악화로 고용위축이 우려된다는 업계 및 부처의견을 반영해 계속 과세하기로 했다고 밝히고 있다.

또한 면세되는 "인력공급업"(단순 인력공급용역)이란 자기관리 아래 있는 노동자를 계약에 의하여 타인 또는 타사업체에 공급하는 산업활동을 말하며, ㉠ 타인의 의뢰에 의하여 타인이 공급한 재화에 주요자재를 전혀 부담하지 아니하고 단순히 가공만 해주고 대가를 받는 기타사업지원서비스업과 ㉡ 원청업체의 생산시설을 이용하여 단순 인력만 제공하는 경우를 포함한다.

동 규정은 인적용역만을 제공하는 경우에 면세되는 것으로서 자기의 시설 또는 설비 등을 이용하여 인적용역과 함께 제공하는 경우에는 부가가치세가 과세된다.

나. 적법 근로자파견 여부에 따른 부가가치세 면제 여부 판단기준

① 적법 파견에 따른 부가가치세 과세

파견법 제2조에 따르면 '근로자파견'이란 파견사업주가 근로자를 고용한 후 그 고용관계를 유지하면서 사용사업주(파견근로자를 사용하는 자)의 지휘·명령에 따라 사용사업주를 위한 근로에 종사하게 하는 것을 의미한다.

파견법에 따르면 ㉠ 근로자파견사업의 허가를 받고, ㉡ 파견법에서 금지하고 있는 업무(파견령 §2 ②)가 아니며, ㉢ 파견법 시행령이 정한 업무(근로자파견대상업무[별표 1])를 대상으로 ㉣ 2년을 초과하지 않는 기간 내에서 근로자를 파견(파견법 §6)해야 적법한 파견으로 인정된다.

이러한 적법 근로자파견의 요건을 갖추었다면 부가령 제42조 제2호 자목에 따라 부가가치세가 과세된다.

② 불법 파견에 따른 부가가치세 면제

불법파견은 "①"의 적법 파견의 4가지 조건 중 하나 이상을 충족하지 못하는 경우와 형식은 도급의 형태를 띠고 있지만 실질적으로 파견법상 근로자 파견에 해당하는 경우에도 불법파견으로 분류된다.

그렇다면 불법파견으로 분류되는 5가지 경우를 요약하면 다음과 같다.

㉠ 근로자파견사업의 허가를 받지 않은 경우
㉡ 파견법에서 금지하고 있는 업무에 파견하는 경우
㉢ 파견법 시행령이 정한 대상업무가 아닌 업무에 파견한 경우
㉣ 최대 파견기간 2년을 초과한 경우
㉤ 형식은 도급 형태를 띠고 있지만, 실질적으로 근로자 파견에 해당하는 경우

위 다섯 가지 중 어느 하나에 해당된다면 해당 사용사업주가 공급하는 인력공급에 대하여는 부가가치세가 면제된다.

③ 인력도급에 대한 부가가치세 과세

도급은 「민법」 제664조에 따라 도급인(사용사업주)과 수급인(파견사업주) 간에 어느 일을 완성할 것을 약정하고 도급인은 그 일의 결과에 대해 보수만 지급하는 것으로 도급인이 수급업체 근로자에게 직접적 · 구체적 · 상시적인 지휘명령을 할 수 없다. 파견과 도급의 차이는 근로자에 대한 지휘 · 명령권이 서로 다른 대상에게 있으며, 도급은 근로기준법 등 일반 노동법의 규제를 받지만 불법파견(도급으로 위장한 파견 등)으로 간주될 경우 법적 제재를 받을 수 있다.

「민법」 제664조에 따라 적법한 도급의 형태로 운영되기 위해서는 수급인과 도급인이 각각 독립적인 관계를 유지하며, 도급인이 수급업체의 근로자에게 지휘명령을 할 수 없는데, 이러한 적법한 도급조건이 지켜지지 않고 수급인이나 근로자들이 도급인에게 종속되어 수급인 자체의 독립성이 보장되지 아니하는 경우 위장도급(불법 파견)으로 분류되어 파견법에 근거한 처벌을 받게 된다.

국세청의 부가령 제42조 제2호 자목에 대한 안내서에 따르면 도급인과 수급인 사이에 (노무)도급이 파견법에 위배되지 않는다면 종전과 같이 도급용역에 대하여 부가가치세가 과세되고, 파견법상 불법파견에 해당한다면 부가가치세가 면제된다.

그러나 단순인력공급용역의 정의규정이 없는 하에서 인력도급형태의 과면세 판단기준을 파견법상 불법파견인지 여부에 따라 판단하라는 국세청의 위 안내서의 내용이 적절한지는 의문이다. 오히려 도급인의 사업장에서 물건을 제조 · 수리, 건설 업무를 수급인의 근로자가 수행한다면 도급 또는 파견형태이든 관계없이 부가가치세가 면제되고 파견법에 따른 근로자파견용역만 과세한다고 해석하는 것이 문리해석상 타당하다고 본다.

아울러 근로자파견인지 단순 (노무)도급인지는 그 형식에 관계없이 실제 근로형태의 파악이 중요한데 업무지시내용, 근태관리방식, 사용사업주 직원들과의 협업내용 등을 꼼꼼히 따져 판단하여야 할 매우 복잡하고 전문적인 법률지식이 필요한 영역에 속하고 불법파견일 경우 형사처벌이나 직접 고용으로 인한 경제적 부담으로 인하여 도급인과 수급인이 첨예하게 대립하는 분야이고 대법원의 판단까지 받아야 하는 영역에 속하는데 수급인들 일부의 부가가치세 탈루를 막기 위한 무리한 면세규정을 둔 것은 아닌가 하는 의문이 든다.

④ 근로자파견 판단기준에 관한 지침

원고용주(수급인 또는 파견사업주)가 어느 근로자로 하여금 제3자(발주자, 다른 하위 파견사업주 등)를 위한 업무를 수행하도록 하는 경우 그 법률관계가 파견법의 적용을 받는 근로자파견에 해당하는지는 당사자가 맺은 계약의 명칭이나 형식에 구애될 것이 아니라 다음의 요소를 바탕으로 그 근로관계의 실질에 따라 판단하여야 한다(고용노동부 2019. 12. 30., 대법원 2010다106436, 2015. 2. 26. 참조).

① 제3자가 당해 근로자에 대하여 직·간접적으로 그 업무수행 자체에 관한 구속력 있는 지시를 하는 등 상당한 지휘·명령을 하는지,

② 당해 근로자가 제3자 소속 근로자와 하나의 작업집단으로 구성되어 직접 공동 작업을 하는 등 제3자의 사업에 실질적으로 편입되었다고 볼 수 있는지,

③ 원고용주가 작업에 투입될 근로자의 선발이나 근로자의 수, 교육 및 훈련, 작업·휴게시간, 휴가, 근무태도 점검 등에 관한 결정 권한을 독자적으로 행사하는지,

④ 계약의 목적이 구체적으로 범위가 한정된 업무의 이행으로 확정되고 당해 근로자가 맡은 업무가 제3자 소속 근로자의 업무와 구별되며 그러한 업무에 전문성·기술성이 있는지,

⑤ 원고용주가 계약의 목적을 달성하기 위하여 필요한 독립적 기업조직이나 설비를 갖추고 있는지

협력업체 파견이 위장도급이 아닌 준법도급에 해당하기 위해서는 용역(하청)회사가 어떠한 일을 할 것을 약정하고 발주(원청)사는 그 일의 결과에 대한 보수를 지급하되 노동자의 근로조건 및 업무지휘·감독은 용역업체에서 이루어져야 한다는 것이다. 특히 노동자의 근로조건 및 업무지휘·감독은 용역업체에서 이루어져야 한다는 규정을 위반한 경우 형사처벌의 대상이 될 수 있고 대상 노동자들을 모두 직고용해야 하는 상황에 처할 수도 있다(대법원 2019다279344, 2024. 12. 17.).

다. 종합의견

부가법이나 조특법에서는 영세율이나 면세를 적용받기 위한 조건으로서 다른 법률에 따른 사업, 특정 재화나 용역, 사업자의 자격요건 등을 규정하고 그 다른 법률에 따른 요건을 갖추지 못한 경우에는 영세율이나 면세적용을 배제하는 것이 일반적이다.

반면 부가령 제42조 제2호 자목은 적법한 파견이라거나 파견법에 위배되지 아니하는 도급인 경우 인력공급용역이 과세되고, 불법파견이나 위장도급인 경우에는 오히려 면세된다. 불법파견이나 위장도급의 경우 도급인(사용사업주)과 파견근로자 사이에 첨예한 대립이 발생할 수 있어 오랜 기간에 걸친 판결 등에 의하여 불법 여부가 확정되는데 과

세관청이 판결결과에 따라 소급적으로 부가가치세가 면제된다는 규정이어서 사용사업주나 도급인의 입장에서는 늘 매입세액불공제의 위험에 노출되게 되었는바, 인력공급업자들 중 일부의 부가가치세 탈루(다단계 도급형태 등을 통하여 거래하면서 폭탄업체를 이용한 세금탈루 등)에 대한 제도적 방지만을 위해 조문의 형식이나 적용방식이 일반적이지 못하고 납세자의 실무상 판단기준이 불확실성을 가지고 예측가능성이 낮으며 과세관청에서도 그 적용에 있어서 파견법을 따져 판단해야 된다는 어려움을 가지게 되었다.

(4) 면세되는 인적용역 판정 사례(부가집행기준 26-42-2)

면세 대상인 인적용역	면세 대상에서 제외되는 인적용역
• 물적시설 없이 근로자를 고용하지 아니한 대출상담사가 독립된 자격으로 저축은행에 제공하는 대출주선용역	• 새로운 사업의 타당성 조사, 실시설계 또는 이들을 포함한 종합계획을 작성하는 용역은 면세되는 학술 · 기술연구용역에 해당하지 아니한다.
• 사업설비를 갖추지 아니한 개인이 독립된 자격으로 리스회사와의 계약에 의하여 차량리스이용자의 모집 또는 집급 등의 활동을 하고 그 실적에 따라 리스회사로부터 수당을 받는 경우	• 출판사에 삽화용역을 제공하는 개인이 계속적 · 반복적으로 사업에만 이용되는 건축물 · 기계장치 등의 사업설비(임차한 것을 포함)를 갖추고 출판사에 제공하는 삽화용역
• 골프연습장에서 고용관계 없이 골프운동지도자가 근로자를 고용하지 않고 독립된 자격으로 제공하는 운동지도용역	• 사업자가 발주자의 사업장 내에서 발주자로부터 공장기계시설 및 자재를 제공받아 자기의 책임하에 제조하여 주고 대가를 받는 경우
• 개인이 독립된 자격으로 근로자를 고용하지 아니하고 본인 소유의 오토바이를 이용하여 운송용역을 공급하고 수당 또는 이와 유사한 성질의 대가를 받는 경우	• 노동력을 확보하고 계약에 의하여 타사업체에 수요인력을 수시로 제공하는 사업은 인력공급업에 해당한다.

16 | 예술창작품 및 문화 · 예술 · 체육 행사 등

(1) 개 요

예술창작품, 예술행사, 문화행사 또는 아마추어 운동경기와 관련된 재화와 용역은 부가가치세를 면제한다. 다만, 예술창작품판매위탁, 행사체육대회의 입장권 판매위탁 수수료 등은 부가가치세가 과세된다(부가법 §26 ① 16, 부가령 §43).

(2) 면세범위

1) 예술창작품

부가가치세를 면제하는 예술창작품이란 미술, 음악, 사진, 연극 또는 무용에 속하는 창작품으로 예술가 등이 예술미를 표현하여 제작 및 창작한 작품도 통상 순수 노동력 지향적 재화 및 용역으로써 미술·음악 및 사진에 속하는 창작품이어야 한다.

그것이 예술창작품인지의 여부는 창작자, 제조과정, 제조시설 등의 사실에 따라 판단할 사항이다(부가 1265.1-451, 1980. 3. 11.).

예술창작품은 보통 미술품, 작곡집, 사진작품 등과 같이 가시적인 재화의 형태를 띠는 것으로서 예술분야의 창작품을 구입하고 공급하는 등 전 유통단계에서 부가가치세가 면제된다. 즉, 부가가치세가 면제되는 예술창작품에 해당하는 이상 공급자가 누구인지 또는 공급받는 자가 누구인지 여부에 관계없이 부가가치세가 면제된다.

창작이란 처음으로 혹은 독창적으로 표현하는 일이므로 최초의 제작 및 독창성이 없는 것이면 예술창작물이 아니므로 기존 미술품을 모방한다거나 2개 이상 또는 대량으로 제작한 것은 부가가치세가 과세된다(부가통칙 26-43-1).

따라서 시장판매의 목적으로 대량 제작되어 전시회 등을 통해 판매된다면 면세되지 않으며, 한 예술가가 판화를 여러 개 찍으면 그 첫 번째 하나만 예술창작품으로 보아 면세하고 나머지는 과세된다(부가 46015-3245, 2000. 9. 19.).

사업자가 뮤지컬을 창작하여 국내에서 공연하고 그 대가로 관객에게 공연관람료를 받는 경우 부가령 제43조에서 예술창작품의 종류를 열거적으로 규정하고 있는 미술·음악 또는 사진에 포함되지 않는 것으로 판단하는 것이 법 논리상 당연한 것이나(광주지법 2011구합3395, 2012. 1. 12.), 유권해석은 뮤지컬 공연은 「문화예술진흥법」상 문화예술의 일종인 연극에 해당되고, 연극이란 동일한 작품을 발표한다 하여도 그 작품의 출연자나 미술 및 무대장치와 소도구 및 조명과 음향효과 등에 의하여 연출자가 추구하는 예술성을 달리하므로 부가가치세가 면세되는 예술창작품에 해당되는 것으로 보이고 난타와 같은 뮤지컬공연용역도 예술창작품에 해당하는 것으로 해석하다가 2016년 시행령 개정 시 연극과 무용을 예술창작품에 포함하였다(재소비 46015-52, 2003. 2. 27. ; 심사 서울청 82나 149, 1982. 4. 2.).

골동품(제작된 지 100년을 초과한 것)은 예술창작품이라 하더라도 면세되지 않는데 골동품 자체뿐 아니라 모방하여 대량생산한 골동품도 부가가치세의 과세대상이 된다(부가 22640-566, 1987. 3. 28.).

2) 예술행사 · 문화행사

예술행사는 행사주최에 관계없이 영리를 목적으로 하지 아니하는 발표회, 연구회, 경연대회 또는 그 밖에 이와 유사한 행사로 그와 관련된 용역대가(통상 입장료, 관람료, 방청료 등) 및 이러한 행사와 관련하여 공급되는 창작예술품 등 재화의 공급에 대하여는 부가가치세를 면제한다. 발표회 · 연구회 · 전시회 · 공연회 · 경연대회 등이 명칭 및 형식에 불구하고 해당 행사가 비영리성과 예술분야 등이라는 2가지 조건을 충족하면 면세된다.

문화행사 역시 영리를 목적으로 하지 아니하는 전시회, 박람회, 공공행사 또는 그 밖에 이와 유사한 행사 등을 말하는데 이 경우도 문학 · 미술 · 음악 · 연극 및 문화의 범위 내이어야 면세되는 바, 법인 · 개인 및 단체 등 행위의 주체가 누구이든 관계없고 예술분야에 종사하지 않는 자도 면세된다(부가통칙 26-43-2).

또한 대중예술행사의 활성화를 위하여 비영리목적의 대중예술행사에 대하여도 2000. 1. 1.부터 면세하므로 오페라공연, 미스유니버스선발대회, 문화전시회 등도 영리목적이 없는 경우 부가가치세가 면제된다(소비 22601-409, 1986. 5. 20.).

영리를 목적으로 하지 않는 예술행사 · 문화행사에 대해 2000. 8. 1. 기본통칙 개정 시 아래와 같이 그 범위를 명확히 하였다(부가통칙 26-43-2).

① 예술행사 및 문화행사는 행사주최에 관계없이 영리를 목적으로 하지 아니하는 문학 · 미술 · 음악 · 연극 및 문화 등의 발표회 · 연주회 · 연구회 · 경연대회 등을 말한다.

② "①"의 규정에 의한 영리를 목적으로 하지 않은 행사는 다음에 해당하는 행사를 말한다.

- i. 사전 행사계획서에 의해 이익금을 이익배당 또는 잔여재산의 분배 등의 형식을 통해 주체자에게 귀속시키는 것이 아닐 것
- ii. 정부 또는 지방자치단체 등 공공단체가 공식 후원하거나 협찬하는 행사
- iii. 사전 행사계획서에 의해 입장료 수입이 실비변상적이거나 부족한 경비를 협찬에 의존하는 행사
- iv. 자선목적의 예술행사로서 사전계획서에 의해 이익금의 전액을 공익단체에 기부하는 행사
- v. 비영리단체가 공익목적으로 개최하는 행사
- vi. 그 밖의 이와 유사한 행사로서 영리성이 없는 행사

여기서 영리란 해당 행사의 조직자가 출자한 지분이나 금액 등으로 사업을 영위하여 이로부터 발생하는 이윤을 이윤배당 또는 잔여재산의 분배 등의 형식을 통하여 해당 행

사의 주최자 등에게 귀속시킴을 목적으로 하는 행위를 말하며, 영리성이 없는 비영리사업이 반드시 공익을 목적으로 할 필요는 없다.

또한 비영리사업의 고유목적을 달성하기 위하여 필요한 한도 내에서 그 본질에 반하지 아니하는 정도의 영리행위를 하는 것은 상관없으나 그러한 영리행위를 통한 수익은 반드시 고유사업목적에 충당되어야 하며 어떠한 형식으로든지 해당 행사의 주최자 및 조직자에게 분배되어서는 아니된다.

3) 아마추어 운동경기

대한체육회 및 그 산하 단체와 「태권도 진흥 및 태권도공원 조성 등에 관한 법률」에 따른 국기원이 주최, 주관 또는 후원하는 운동경기나 승단 · 승급 · 승품 심사로서 영리를 목적으로 하지 아니하는 것에 대하여는 부가가치세를 면제한다(부가령 §43).

또한 학교 간, 지방자치단체 간 혹은 법인 등의 조직 간에 개최되는 운동경기로서 비직업성의 아마추어(Amateur) 경기는 영리성이 없어 부가가치세를 면제한다.

그러나 프로야구와 프로축구, 프로농구, 프로씨름과 같이 프로페셔널(Professional)팀들이 영리를 목적으로 운동경기를 진행하고 받는 입장료 및 이러한 직업운동경기를 주최 · 주관하는 프로모터 등과 흥행단체 등이 흥행 등과 관련하여 받는 입장료 · 광고료 · 방송중계권료 및 수수료 등은 부가가치세가 과세된다.

※ 승단심사사업에 대하여는 2009. 1. 1. 이후 결정하는 분부터 면세한다.

17 | 도서관 등에의 입장용역

과학관 · 박물관 · 미술관 · 도서관 · 동물원 · 식물원 등은 문화 · 예술 · 과학 등 인문 · 사회 · 자연 분야의 자료와 자원을 국민들에게 공공목적으로 전시하고 교육 · 홍보하기 위한 공공시설로서 이의 입장에 대하여는 부가가치세를 면제한다(부가법 §26 ① 17).

「부가가치세법」은 해당 시설의 운영주체 및 해당 법령에 따른 면허와 자격에 대하여 별도의 규정을 두고 있지 않아 영리목적의 유무, 운영주체의 자격요건 등에 관계없이 면세되는 것으로 해석함이 타당할 것으로 보인다. 다만, 오락 및 유흥시설이 있어 그 목적이 문화홍보라기보다는 오락 · 유흥의 목적이라면 면세되지 않는다.

1) 도서관

도서관이란 도서 등의 도서관자료를 수집·정리·분석·보전·축적하여 공중 또는 특정인의 이용에 제공함으로써 정보이용·조사·연구·학습·교양 등 평생교육 및 문화발전에 기여하는 시설로서 국립중앙도서관·공공도서관·대학도서관·학교도서관·전문도서관 및 특수도서관 등으로 구분되며, 이러한 도서관에의 입장료에 대하여는 부가가치세가 면제된다(도서관법 §2, 3).

2) 과학관

과학관이라 함은 과학사상의 앙양과 과학교육의 진흥을 목적으로 과학기술자료를 수집·조사·연구하여 이를 보존·전시하며, 각종 과학기술교육프로그램을 개설하여 과학기술지식을 보급하는 시설을 말한다. 다만, 오락 및 유흥목적의 유희시설과 상품, 음식매장에 대하여는 과학관으로 보지 아니하는 것으로 과학공원에의 입장료의 이용범위가 실질적으로 과학관에만 적용되는 경우에 동 입장료에 대하여는 부가가치세가 면제된다(부가 46015-2082, 1994. 10. 15.).

3) 박물관

박물관이란 문화·예술·학문의 발전과 일반 공중의 문화향유 증진에 이바지하기 위하여 역사·고고·인류·민속·예술·동물·식물·광물·과학·기술·산업 등에 관한 자료를 수집·관리·보존·조사·연구·전시·교육하는 시설을 말하는 것으로 국립·공립·사립박물관 및 대학박물관이 있다(박물관 및 미술관 진흥법 §2, 3, 16).

박물관에는 민속문화자원을 소개하는 장소인 고분·사찰 등과 「전쟁기념사업회법」에 따른 전쟁기념관을 포함한다(부가령 §44).

4) 미술관

미술관이란 문화·예술의 발전과 일반 공중의 문화향유 증진에 이바지하기 위하여 박물관 중에서 특히 서화·조각·공예·건축·사진 등 미술에 관한 자료를 수집·관리·보존·조사·연구·전시·교육하는 시설을 말하는 것으로 국립·공립·사립미술관 및 대학미술관이 있다(박물관 및 미술관 진흥법 §2, 4).

「박물관 및 미술관 진흥법」 제16조 및 같은 법 시행령 제8조에 따라 지방자치단체에 등록된 미술관을 운영하는 자가 해당 미술관 내에 카페를 운영하면서 미술관 입장료와는 별도로 음식용역의 대가를 받는 경우 미술관 입장료는 부가법 제26조 제1항 제17호에 따라 부가가치세가 면제되는 것이나, 음식용역의 대가는 부가법 제11조에 따라 부가가치세가 과세된다(서면3팀-1089, 2008. 5. 30.).

5) 동물원 · 식물원

살아 있는 동물을 모아 사육하면서 일반에게 관람시키는 곳을 동물원이라 하고 식물학의 연구 및 식물에 관한 지식의 보급을 위해 많은 종류의 식물을 모아 기르고 일반에게 관람시키는 곳을 식물원이라고 하는바 이에 대한 입장료가 면세된다.

동물원 및 식물원과 같이 지식보급 및 연구를 위해 생물의 전시열람이라는 같은 목적을 가진 수족관도 면세되나 오락 및 유흥시설과 함께 설치되거나 오락 · 유흥이 주된 사업목적이라면 면세되지 않는다(서삼 46015-10630, 2001. 11. 7. ; 부가통칙 26-0-5).

수족관을 운영하는 사업자가 수백여 종의 해양생물 전시를 통해 학생들과 일반인에게 해양지식을 제공하면서 수족관만을 관리할 수 있도록 출입구가 별도로 설치되어 입장료를 받으며, 내부에는 수족관 관련 서적 판매대와 이동식 아이스크림 판매 시설이 있고, 인근시설로 문화교육적인 다큐멘터리를 상영하는 영화관이 있으나 동 영화관은 별도의 출입구를 설치하여 입장료를 받고 있는 경우 오락 및 유흥시설을 이용하도록 하기 위한 부수적인 시설로 보기 어려우므로 부가가치세가 면제되는 동물원 · 식물원의 범위에 포함되는 것으로 보았다(재부가-505, 2007. 6. 29.).

위와 같은 기획재정부 해석은 동물원 또는 식물원 내부에 판매점 등의 시설이 있더라도 이것이 입장료와는 별도로 대가를 지불한다면 해당 오락 · 유흥시설의 크기 · 면적 및 비중 등과는 상관없이 동물원 · 식물원 및 해양수족관에의 입장으로 면세되고, 또한 자연농원 등에서 방목상태의 야생동물을 관람하기 위해 필수적인 시설인 관람차와 탑승요금이 입장료에 포함되었다면 이 관람차는 오락 및 유흥시설이라기보다는 동물원을 관람키 위한 필수시설로서 해당 입장료는 면세된다는 취지로 보인다.

6) 전쟁기념관 등의 입장

다음의 장소에 입장하게 하는 것도 부가가치세를 면제한다(부가령 §44).

① 민속문화자원을 소개하는 장소

② 「전쟁기념사업회법」에 따른 전쟁기념관

18 | 종교 · 자선 등 공익단체의 공급

(1) 개 요

부가가치세법에서 정하는 종교 · 자선 · 학술 · 구호단체 등 공익단체가 공급하는 재화 또는 용역에 대하여 부가가치세를 면제한다. 이러한 공익단체 등이 공급하는 재화와 용역이 면세되기 위하여는 아래 세 가지 요건을 동시에 충족하여야 하며 어느 한 가지 요건이라도 충족되지 않으면 부가가치세가 과세된다(부가법 §26 ① 18, 부가령 §45 ; 부가-3945, 2008. 10. 31.).

① 주무관청의 허가 또는 인가를 받거나 주무관청에 등록된 단체일 것

②「상속세 및 증여세법 시행령」 제12조 각호의 어느 하나에 규정하는 사업 또는 비영리법인의 사업으로서 종교, 자선, 학술, 구호, 사회복지, 교육, 문화, 예술 등 공익을 목적으로 하는 사업을 영위할 것

③ 해당 단체 고유의 사업목적을 위한 일시적인 공급이거나, 계속적 공급일 경우에는 실비 또는 무상으로 공급하는 재화 또는 용역일 것

(2) 면세범위

다음에 정하는 재화 또는 용역의 공급에 대하여는 부가가치세를 면제한다.

1) 주무관청의 허가 또는 인가를 받거나 주무관청에 등록된 단체(종교단체의 경우에는 그 소속단체를 포함한다)로서 「상속세 및 증여세법 시행령」 제12조 각호의1에 규정하는 사업 또는 기획재정부령으로 정하는 사업을 하는 단체가 그 고유의 사업목적을 위하여 일시적으로 공급하거나 실비 또는 무상으로 공급하는 재화 및 용역

부가가치세법상 주무관청에 등록 등을 한 공익을 목적으로 하는 단체에 대한 별도의 규정을 두고 있지는 않지만 공익을 목적으로 하는 단체라 함은 주무관청에 등록 등이 된 사회일반의 복리증진을 그 고유의 직접 목적으로 하는 단체를 말하며(대법원 95누14428, 1996. 6. 14.), 고유의 목적사업이라 함은 그 단체의 설립 또는 정관에 정해진 목적과 직접적으로 관련된 사업만을 의미한다.

또한, 공익을 목적으로 하는 단체인지 여부에 대한 대법원 판례(대법원 96누17769, 1997. 8. 26.)에서는 그 고유의 목적이 사회일반의 복리증진인지 여부에 따라 판단하여야 하고

그 단체가 수행하는 개별적인 업무가 특정인을 상대로 하는지 불특정인을 상대로 하는지에 따라 판단할 것은 아니며, 공급하는 재화 또는 용역이 일시적이면서 실비 또는 무상공급이어야 하는 것은 아니고 일시적인 공급이거나 실비 또는 무상공급이면 된다고 판시하고 있다(부가령 §45 1).

가. 공익단체의 범위

공익단체의 구체적 범위에 대하여는 「상속세 및 증여세법 시행령」 제12조, 「상속세 및 증여세법 시행규칙」 제3조, 「법인세법 시행령」 제36조, 「법인세법 시행규칙」 제18조, 기획재정부의 공익성기부금 대상단체 고시를 참고한다(부가령 §45, 부가칙 §34).

다만, 어느 정도의 공익성을 가지고 있는 비영리법인 또는 단체라도 민간자본의 출자가 가능하고 출자자에 대한 이익배당이 가능하다면 위 공익단체에 해당하지 않는다(소비 46015-14, 2001. 1. 9.).

나. '무상'의 의미

무상으로 공급함이란 공급하는 자가 공급받는 자에게 아무런 반대급부를 받지 않거나 이를 기대하지 않고 공급하는 것을 말한다. 반대급부란 상업적 의미의 객관적인 효용가치가 있는 것으로 화폐 · 실물가치 · 권리(소유권 · 사용권 · 수익권 · 우선권) 등이 전혀 없는 경우라야 무상이라는 개념이 성립된다.

다. '실비'의 의미

'실비'에 대한 사전적 의미는 '실제로 드는 비용'을, 회계적 의미는 '물품의 구입 · 판매에 직 · 간접적으로 소요되는 비용' 또는 '원가에 소요되는 정도의 비용'을 말한다.

부가법령에서의 '실비'란 재화 또는 용역을 공급받는 자로부터 받은 공급대가가 그 공급에 필요한 비용을 초과하지 않는 경우를 의미한다(동지 : 대법원 2017두69908, 2022. 3. 17.).

라. 비영리단체가 공급하는 재화 및 용역의 과세 · 면세 예시

그 고유의 사업목적을 위하여 일시적으로 공급하거나 실비 또는 무상으로 공급하는 것으로서 다음에 예시하는 재화 또는 용역에 대하여는 면세한다(부가통칙 26-45-1).

㉠ 한국반공연맹 등이 주관하는 바자(Bazaar)회 또는 의연금모집자선회에서 공급하는 재화

㉡ 마을문고 본부에서 실비로 공급하는 책장 등 재화

주무관청에 등록된 공익단체라도 다음의 계속적 수익사업에 대하여는 부가가치세가 과세된다(부가통칙 26-45-2).

㉠ 소유부동산의 임대 및 관리사업. 다만, 종교단체의 경내지 및 경내지 내의 건물과 공작물의 임대용역은 제외한다.

㉡ 자체기금조성을 위하여 생활필수품, 고철 등을 공급하는 사업

2) 학술 등 연구단체가 그 연구와 관련하여 실비 또는 무상으로 공급하는 재화 및 용역

가. 개요

학술연구단체와 기술연구단체는 주로 학술연구용역과 기술연구용역을 공급하는 것이 일반적이므로 부가령 제42조에 따른 전문적 인적용역으로 면세되지만, 동 규정에 의한 학술 · 기술연구 단체가 학술 및 기술연구와 관련하여 공급하는 재화와 용역은 주로 국가 또는 지방자치단체의 지원하에 있고 정관 등의 사업목적이 공익 및 사회일반의 이익을 위한 것이기 때문에 부가가치세를 면제한다(부가령 §45 2).

나. 면세되는 학술등 연구단체의 범위

㉮ 특정연구기관: 특별법에 의해 설립된 연구기관과 재단법인인 연구기관

㉯ 기업부설연구소

㉰ 대학 · 전문대학

㉱ 국공립연구기관

㉲ 그 밖에 학술연구 및 기술연구를 위한 단체 등

다. 면세되는 재화 또는 용역

학술연구단체와 기술연구단체가 공급하는 모든 재화 또는 용역에 대하여 면세하는 것이 아니라 학술연구용역 또는 기술연구용역과 관련하여 공급되는 것만 부가가치세가 면제된다(소비 22601-435, 1987. 5. 26.).

2015. 2. 3. 시행령 개정 시에는 학술 및 기술 발전을 위하여 학술 및 기술의 연구와 발표를 주된 목적으로 하는 단체(이하 "학술등 연구단체"라 한다)가 그 연구와 관련하여 실비 또는 무상으로 공급하는 재화 또는 용역에 대하여 부가가치세를 면제하도록 개정하여 면세대상 학술 · 기술연구단체 범위를 명확화하였다(부가령 §45 2 ; 대법원 94누7515, 1995. 5. 23.).

라. 학술연구단체의 학술연구의 범위

학술연구의 의미는 법령에 특별히 달리 규정하고 있지 아니하는 한 같은 법 내에 같은 단어는 동일한 의미로 써야 함이 법률해석의 대원칙이다. 따라서 학술연구단체의 학술연구란 면세되는 인적용역에서의 학술연구용역과 같은 의미로 해석되어야 할 것이다.

3) 「문화재보호법」에 따른 지정문화재(지방문화재를 포함하며, 무형문화재를 제외한다)를 소유 또는 관리하고 있는 종교단체(주무관청에 등록된 종교단체에 한정하되, 그 소속단체를 포함한다)의 경내지 및 경내지 내의 건물과 공작물의 임대용역

가. 개요

「문화재보호법」에 따른 지정문화재(지방문화재를 포함하며, 무형문화재를 제외한다)를 소유 또는 관리하고 있는 종교단체(주무관청에 등록된 종교단체에 한정하되, 그 소속단체를 포함한다)의 경내지 및 경내지 내의 건물과 공작물의 임대용역은 부가가치세를 면제한다. 이는 해당 지정문화재를 유지 · 보수하기 위한 재원의 조달과 관련하여 종교단체의 고유사업목적과 관련한 일시 혹은 실비적 공급용역이 아니더라도 면세하여 지원하려는 것이다(부가령 §45 3).

나. 종교단체 경내지의 의미

부가령 제45조 제3호의 규정에서 "종교단체의 경내지"라 함은 종교단체가 불교단체인 경우 「전통사찰의 보존 및 지원에 관한 법률」 제2조 제3호에 따른 전통사찰보존지(구 경내지)를 말하며, 불교단체 외의 종교단체인 경우에는 동법 동조 동호의 규정을 준용하여 사회통념에 따라 인정되는 토지를 말한다(조법 1265.2-1031, 1983. 9. 28.).

또한, 경내란 소유권의 여부에 관계없이 토지, 건물 및 공작물의 일시적 혹은 계속적인 임대용역 모두가 면세되고, 임대료의 고저나 임대기간의 장단기 여부와는 관계없다.

다. 종교단체가 소유한 상가 및 주차장 임대용역의 면세 여부

종교단체가 소유한 상가건물을 점포 및 주차장 등으로 임대하고 그중 일부를 종교단체가 사용하는 경우 등 임대용역에 대하여는 부가가치세가 과세된다(부가 46015-1345, 1998. 6. 22.).

4) 공익을 목적으로 기숙사를 운영하는 자가 학생 또는 근로자를 위하여 실비 또는 무상으로 공급하는 음식 및 숙박용역

공익을 목적으로 교육부장관이나 교육부장관이 지정하는 자의 추천을 받은 자로서 학생을 위하여 기숙사를 운영하는 자 또는 고용노동부장관이나 고용노동부장관이 지정하는 자의 추천을 받은 자로서 근로자를 위하여 기숙사를 운영하는 자가 실비 또는 무상으로 공급하는 음식 및 숙박용역은 부가가치세를 면제한다(부가령 §45 4, 부가칙 §34 ②).

5) 저작권위탁관리업자가 저작권자를 위하여 실비 또는 무상으로 공급하는 신탁관리용역

가. 개요

「저작권법」 제105조 제1항에 따라 문화체육관광부장관의 허가를 받아 설립된 저작권위탁관리업자로서 아래 "나"에 해당하는 사업자 저작권자를 위하여 실비 또는 무상으로 공급하는 신탁관리용역도 면세하고 있다(부가령 §45 5, 부가칙 §34 ③, 저작권법 §105).

나. 기획재정부령으로 정하는 사업자의 범위

(사단)한국음악저작권협회, (사단)한국문학예술저작권협회, (사단)한국방송작가협회, (사단)한국음악실연자연합회, (사단)한국음반산업협회, (사단)한국시나리오작가협회, (사단)한국방송실연자권리협회, (사단)한국영화배급협회, (재단)한국언론진흥재단, (사단)함께하는음악저작인협회, (사단)한국영화제작가협회

6) 비영리교육재단이 외국인학교의 설립 · 경영사업을 영위하는 자에게 제공하는 학교시설 이용 등 교육환경 개선과 관련된 용역

「법인세법」 제24조 제2항 제1호 라목 2)에 따른 비영리교육재단이 「초 · 중등교육법」 제60조의2 제1항에 따른 외국인학교의 설립 · 경영사업을 영위하는 자에게 제공하는 학교시실 이용 등 교육환경 개신과 관련된 용역은 면세한다(부가령 §45 7).

양질의 외국인학교 설립을 통해 외국인 자녀의 교육여건을 향상시켜 궁극적으로는 외국인 투자환경을 개선하기 위해 신설된 규정으로, 2008. 2. 22.이 속하는 과세기간에 용역을 공급하거나 공급받는 분부터 적용한다.

그 예로 코리아외국인학교재단이 용산국제학교에 제공하는 용역에 대한 부가가치세를 면제한다.

7) 저작물 보상금수령단체의 보상금 수령

「저작권법」 제25조 제7항(같은 법 제31조 제6항, 제75조 제2항, 제76조 제2항, 제76조의2 제2항, 제82조 제2항, 제83조 제2항 및 제83조의2 제2항에 따라 준용되는 경우를 포함한다)에 따라 문화체육관광부장관이 지정한 보상금수령단체로서 기획재정부령으로 정하는 단체인 사업자가 저작권자를 위하여 실비 또는 무상으로 공급하는 보상금 수령 관련 용역은 2022. 3. 7. 공급분부터 부가가치세를 면제한다(부가령 §45 6호).

19 | 국가 · 지방자치단체 · 지방자치단체조합이 공급하는 재화 및 용역

(1) 개 요

국가 · 지방자치단체 · 지방자치단체조합이 공급하는 재화 및 용역은 대부분 공중 및 공익을 위한 공급이고 그 대가 또한 실비의 범주에 있기 때문에 부가가치세를 면제한다(부가법 §26 ① 19, 부가령 §46).

이 밖에 부가가치세는 결국 국민을 위해 사용되는 국가재원의 중요한 부분을 구성하는 것인바, 이를 징수하여 다시 사용하는 것보다는 국가조직이 공급하는 재화 및 용역의 대가를 소비자에게서 당초부터 받지 않는 것이 더 편리할 수도 있다는 점과 세수의 징수자와 집행자가 동일하다는 점 등이 국가조직 등과 같이 공급의 주체에 대해 면세하여 주는 취지이다.

(2) 개념 정의

1) 국가

국가는 조세의 부과권자일 뿐 아니라 집행권자인데 통상 대한민국의 운영주체 등 실제 기구를 말한다. 헌법상 국회, 대통령 · 행정부 등의 정부, 법원, 헌법재판소 등의 중앙행정 · 입법 · 사법조직을 면세되는 국가라 한다.

통상의 경우 국가 등이 직접 관리 운영하는 경우에 면세하는 바 민간에게 관리운영을 위임한 경우는 국가조직 등의 소유시설이라 하더라도 면세하지 않는 것이나(부가통칙 26-0-6), 관리 · 운영은 국가조직이 하고 징수업무 등 일부 업무만 위임한 경우의 사용료 등은 당연히 면세되는 것이나 관리운영을 포괄적으로 위임한 경우에는 부가가치세의 과세대상이 된다(이하 지방자치단체 및 지방자치단체의 경우도 이와 같다).

2) 지방자치단체 · 지방자치단체조합

지방자치단체나 지방자치단체조합은 국세를 부과하거나 집행하는 자는 아니고 지방세 등의 부과 및 집행과 국가로부터 예산을 배정받아 집행하는 자이나 공급주체로서 모든 재화 및 용역에 대하여 부가가치세를 면세한다. 행정 및 국가운영에 대하여 지방자치법은 국가와 지방자치단체와의 기본적 관계를 정하고 있는바 국가사무에 대해 중앙행정기관의 지도감독을 받으므로 국가조직의 일원이다.

따라서 특별시 · 광역시 · 도 · 시 · 군 · 구 등의 지방자치단체와 지방의회 및 2개 이상의 지방자치단체가 특정목적을 위하여 설립하는 지방자치단체조합 등은 국가사무의 일부를 담당하고 중앙행정기관의 계층적 지도 · 감독을 받고 있어 이들의 재화와 용역의 공급 모두 부가가치세를 면제한다.

3) 국가나 지방자치단체 소유의 시설물 등의 관리를 위탁한 경우

부가가치세가 면제되는 '국가 등이 공급하는 재화 또는 용역'이란 국가 등이 공급주체가 되어 국가 등의 명의와 계산으로 공급하는 재화 또는 용역을 의미하고, 국가 등으로부터 시설의 관리 등을 위탁받은 단체가 그 명의와 계산으로 재화 또는 용역을 공급하는 경우는 여기에 해당하지 아니한다(대법원 2010두3527, 2012. 10. 25.).

가. 정부업무대행단체인 지방공단에게 위탁한 경우

「지방공기업법」 제76조에 따라 설립된 지방공단이 지방자치단체로부터 거주자우선주차와 공영주차장사업의 운영 · 관리를 위탁받아 단순히 주차요금의 징수업무를 대행할 뿐 거주자우선주차와 공영주차장사업이 지방자치단체의 명의와 계산으로 하는 경우 해당 거주자우선주차와 공영주차장사업은 지방자치단체가 공급하는 용역에 해당하여 부가법 제26조 제1항 제19호에 따라 부가가치세를 면제하는 것이며, 이 경우 지방공단이 대행용역제공대가로 받는 대행사업비는 「조세특례제한법」 제106조 제1항 제6호에 따라 부가가치를 면제하는 것이다(서면3팀-448, 2005. 3. 31.).

나. 그 밖의 민간업체에 위탁한 경우

대법원은 국가 등이 어느 민간단체에게 시설의 관리 등을 위탁하여 이를 사용 · 수익하게 하고, 그 단체가 자신의 명의와 계산으로 제3자에게 재화 또는 용역을 공급하는 경우에는 국가 등이 아니라 거래당사자인 위 민간단체가 부가가치세 납세의무를 부담한다(대법원 2015두48754, 2017. 7. 11.). 따라서 시설의 관리 등을 위탁받은 단체가 재화 또는 용역을 공급하고 부가가치세를 납부한 것은 자신이 거래당사자로서 부담하는 부가가치세법에 따른 조세채무를 이행한 것에 불과하므로 이 같은 사정만으로 위탁자인 국가 등이 법률상 원인없이 채무를 면하는 등의 이익을 얻어 부당이득을 하였다고 볼 수 없다고 판시하였는바(대법원 2016두60287, 2019. 1. 17.), 이와 같은 견지에서 민간업체 위탁과 관련된 부가가치세 납세의무를 판정하여야 한다.

지방자치단체가 공영주차장 운영사업자(지방공단 제외)를 선정하여 수탁자(사업자)의 명의와 계산으로 사업을 하는 경우 지방자치단체는 부동산임대업으로 과세되고 수탁자는 주차장운영업으로 과세된다(부가 46015-2183, 1995. 11. 21.).

그러나 지방자치단체의 명의와 계산(주차장 수입금액을 익일 또는 수일 단위로 지방자치단체에 입금하고 주차장관리에 따른 관리대행수수료를 받는 경우를 말함)으로 하는 주차장을 운영하는 경우에는 주차장 운영수입에 대하여 국가 등이 공급하는 용역으로 부가가치세가 면제되고, 수탁자가 받는 관리대행수수료는 부가가치세가 과세된다(서면3팀-824, 2005. 6. 15.).

4) 공익적 성격이 있는 행정자산의 임대와 부가가치세 적용

국가 등은 시설물(부동산)을 목적물로 하여 수탁단체에게 부동산임대용역을 공급하면서 그 대가를 받지 않은 경우가 아니라면 부가가치세가 과세되고 관련 매입세액은 공제되는 것이 원칙이다. 이는 임대용역에 제공되는 시설이 행정재산에 해당하거나 그 단체가 공급하는 재화 또는 용역이 해당 시설의 용도 등과 결부되어 공익적 성격을 갖더라도 마찬가지이다(대법원 2015두48754, 2017. 7. 11.).

(3) 일부 재화 또는 용역의 과세전환

다음에 해당하는 재화 또는 용역은 민간업체와 경쟁관계에 있기 때문에 민간업체와의 공정경쟁을 위하여 부가가치세를 과세한다.

1) 소포우편물 방문접수배달용역 등

「우정사업 운영에 관한 특례법」에 따른 우정사업조직이 제공하는 다음의 용역

㉠ 「우편법」 제1조의2 제3호의 소포우편물을 방문접수하여 배달하는 용역

㉡ 「우편법」 제15조 제1항에 따른 선택적 우편역무 중 기획재정부령으로 정하는 우편주문판매를 대행하는 용역(2017. 2. 7. 공급분부터 적용)

2) 고속철도 여객운송용역

「철도의 건설 및 철도시설 유지관리에 관한 법률」에 따른 고속철도에 의한 여객운송용역(2004. 1. 1. 이후 공급분부터 적용)

3) 도매 및 소매업, 부동산임대업, 음식점업 · 숙박업 등

도매 및 소매업, 부동산임대업, 음식점업 · 숙박업, 골프장 및 스키장운영업, 기타 스포츠시설운영업(2007. 1. 1. 이후 공급분부터 적용). 다만, 다음의 어느 하나에 해당하는 경우에는 부가가치세를 면제한다(부가령 §46 3).

㉠ 국방부 또는 「국군조직법」에 따른 국군이 「군인사법」 제2조에 따른 군인, 「군무원인사법」 제3조 제1항에 따른 군무원, 그 밖에 이들의 직계존속 · 비속 등 기획재정부령으로 정하는 사람에게 제공하는 소매업, 음식점업 · 숙박업, 기타 스포츠시설운영업(골프 연습장 운영업은 제외한다) 관련 재화 또는 용역(2018. 7. 1.부터 시행)

㉡ 국가, 지방자치단체 또는 지방자치단체조합이 그 소속 직원의 복리후생을 위하여 구내에서 식당을 직접 경영하여 음식을 공급하는 용역

㉢ 국가 또는 지방자치단체가 「사회기반시설에 대한 민간투자법」에 따른 사업시행자로부터 BTO 및 BTL 방식에 따라 사회기반시설 또는 사회기반시설의 건설용역을 기부채납받고 그 대가로 부여하는 시설관리운영권

▌기타스포츠시설운영업 중 경기장운영업의 개념

경기장운영업으로 분류되기 위해서는 경기를 위한 시설로서 일반대중의 관람을 목적으로 제공되는 관람석을 갖추어야 하며, 단지 체육시설이용자를 위한 관람석을 갖춘 것에 불과한 경우에는 경기장운영업의 요건에 부합하지 아니한다는 것이 통계청의 해석이므로, 단순히 체육시설이용자들이 휴식을 취하거나 다음 운동시간까지 대기하는 목적에 이용될 뿐 다수 일반대중의 경기관람에 사용되지 않는 접이식 의자 등의 시설이 있다는 이유로 경기장운영업의 요건이 되는 "관람석"으로 보는 것은 부당함(조심 2014구0249, 2014. 10. 6.).

4) 과세되는 의료보건용역

「국민건강보험법」 제41조 제4항에 따라 요양급여의 대상에서 제외되는 다음에 해당하는 의료보건용역에 대하여는 2011. 7. 1. 공급분부터 부가가치세가 과세된다. 다만, 성형수술로 인한 후유증 치료, 선천성 기형의 재건수술, 종양 제거에 따른 재건수술은 제외한다.

※ 구체적 과세되는 의료보건용역 범위는 "의료보건용역과 혈액" 편의 "1) 성형수술 과세전환"을 참조한다.

(4) 원천적으로 부가가치 창출이 불가한 경우 사업자로 볼 수 없음

어떠한 거래행위가 사업활동의 일환으로 이루어진 것이어서 그로 인한 소득이 사업소득에 속하는가 여부는 그 거래가 수익을 목적으로 하고 있는지와 그 규모, 횟수, 태양 등에 비추어 사업활동으로 볼 수 있을 정도의 계속성과 반복성이 있는지 여부 등을 고려하여 사회통념에 따라 판단하여야 한다.

이러한 법리는 지방자치단체가 건물의 관리를 위탁한 것이 부동산임대업의 사업활동의 일환으로 이루어진 것인지를 따져야 하며, 부동산임대업 사업 관련성 유무의 판단에 있어서도 사업활동으로 이루어진 것인지를 판단하는데 일응의 판단기준이 될 수 있는바, 지방자치단체가 고유목적 사업의 일환으로 건물을 신축하여 공유재산관리법에 따라 재단에 위탁관리하는 경우로서 건물의 사용수익기간을 정하고 대부료를 받지 않거나 관리운영비에 미치지 못하는 정도의 관리비를 받고 고유목적사업 취지에 반하는 일체의 행위를 할 수 없는 경우라면 부동산임대업의 사업활동의 일환으로 이루어진 것으로 볼 수 없다. 또한, 지방자치단체가 운영하는 기타스포츠시설의 전기사용료, 운영유지비 등에 대한 예산수립내역 등을 따르면 시설유지비용만으로 매출 대비 (−) 부가율이 되며, 동 시설에 대한 감가상각비 및 인건비 등 감안 시 부가가치 창출이 원칙적으로 불가능하다면 동 시설의 운영은 지방자치단체가 주최 또는 주관하는 행사 등의 일반행정 및 지방자치단체 시민의 건강증진을 위한 체육행정 등 지방자치단체 고유목적을 위한 운영으로서 동 시설의 운영을 부가가치세 과세사업인 기타 스포츠시설운영업으로 부가가치세 납세의무가 있다고 볼 수 없어 두 사례 모두 관련 매입세액을 공제받을 수 없다(서울고등법원 2014누56231, 2015. 5. 1. ; 조심 2014구0249, 2014. 10. 6.).

(5) 사업소 등 명의로 받은 세금계산서의 공제 여부

국가나 지방자치단체가 영위하는 부동산임대업 등 부가가치세 과세사업과 관련하여 해당 부가가치세 공급가액이 발생한 사업장과 해당 시설물 등의 건설과 관련하여 수취하는 매입세금계산서에 공급받는 자의 명의와 등록번호를 착오에 의하여 국가나 지방자치단체의 소속기관(하부 조직 또는 사업소 등으로서 별도 사업자등록을 한 경우) 명의와 사업자등록번호로 잘못 기재하여 수취한 경우, 부가법 제39조 제1항 제2호 단서 및 부가령 제75조 제2호에 따라 해당 매입세금계산서와 관련한 매입세액은 공제받을 수 있다. 이는 소속기관 등이 국가나 지방자치단체의 하부조직으로서 운영되고 있으면서 사업자등록을 한 경우로서 부가가치세 체계를 혼란시키는 등 악용의 소지가 없이 사업자간 거래검증 기능을 저해하지 않고, 부당환급 등 탈세의도가 없는 경우 부실기재에도 매입세액공제를 넓게 허용하였다(기획재정부 부가가치세제과-761, 2014. 12. 30. ; 서울고법 2009누517, 2009. 9. 24. ; 부산고법 2013누20516, 2014. 1. 24. 등).

(6) 국가 등이 공급하는 재화 또는 용역에 대한 사례

① 부동산임대 등 과세전환대상 수익사업을 영위하고 있는 국가, 지방자치단체 및 지방자치단체조합은 반드시 기존 고유번호증은 반납하고 새로운 사업자등록증을 발급받아야 함[사업자등록 신청(또는 정정신고)을 하여야 하며, 부가가치세법상 각종 의무를 불이행한 경우 부가법 제60조 및 「국세기본법」 제47조의2부터 제47조의5에 규정하는 가산세가 적용됨].

② 국가 등이 부가령 제46조에 규정하는 과세사업과 관련하여 취득한 재화 또는 용역과 유지 수선 관련 매입세액은 부가령 제38조에 따라 자기의 매출세액에서 공제·환급이 가능하며, 면세전용으로 과세된 감가상각자산을 2007. 1. 1. 이후 부가가치세 과세사업에 사용 또는 소비하게 되는 경우 과세사업에 사용 또는 소비한 날이 속하는 과세기간의 매입세액으로 공제할 수 있음.

③ 국유재산 임대업무를 위임·위탁받은 지방자치단체 및 한국자산관리공사의 부가가치세 신고 및 납부방법

○ 종전에는 국유재산을 지방자치단체에 위임하여 국유재산 등의 사용료 등을 징수하는 경우 해당 부동산임대업에 대한 부가가치세의 납세의무자는 국가(기획재정부)를 납세의무자로 보아 위탁자(기획재정부) 명의로 세금계산서를 발급하도록 하였으나 업무의 중복, 징수 및 신고·납부의 이원화 문제, 시행령 제8조 제1항 제13호 단서 조항의 취지를 살려 2010년 1/4분기부터 이러한 국유재산 대부업무를 수임한 지방자치단체 및 한국자산관리공사는 해당 업무의 사업장을 관할하는 세무서장에게 직접 부가가치세를 신고·납부할 수 있으며 세금계산서도 위임·위탁기관 명의로 발급할 수 있도록 하였다(재부가-100, 2010. 2. 26. ; 기획재정부 국유재산과-917, 2010. 3. 12.).

- 이에 따라 국세청도 「지방공기업법」에 따라 설립된 지방공단이 지방자치단체의 과세사업인 공유재산 임대업무를 수탁받고 수탁자인 지방공단 명의로 세금계산서 수수 및 부가가치세를 신고·납부하는 경우, 해당 수탁받은 과세사업을 위하여 사용되었거나 사용될 재화 또는 용역의 공급에 대한 매입세액은 부가법 제38조에 따라 수탁받은 과세사업의 매출세액에서 공제하는 것으로 회신함(법규부가 2010-173, 2010. 6. 17.).

※ 종전 유권해석에 의하든 개선된 유권해석에 의하든 납세자의 선택에 따라 일괄되게 적용할 수 있다는 의미이지 개선된 유권해석을 강제하는 의미로 해석할 수는 없다고 본다.

④ 국가 등이 고유의 행정목적에 사용하던 「물품관리법」에 따른 불용자산을 매각하는 경우에는 부가가치세가 면제됨(서면3팀-2572, 2007. 9. 13.).

⑤ 국가 또는 지방자치단체의 소속 직원이 자치회를 구성하여 자치생활을 하기 위하여 구내식당을 운영하고 그 비용을 공동부담하는 경우 동 자치회는 사업상 독립적으로 음식용역을 공급하는 사업자가 아니므로 부가가치세의 납세의무가 없음(법규과-1011, 2007. 3. 7.).

⑥ 국가, 지방자치단체 등이 국·공유재산 중 부동산을 임대하는 경우에는 부가령 제46조에 따라 2007. 1. 1. 이후 계약을 체결(최초 계약 및 수정, 변경, 갱신을 포함)하여 공급하는 분부터 부가가치세가 과세됨(재부가-186, 2007. 3. 22.).

⑦ 국·공립학교가 학교시설(교실, 운동장, 체육관 등)을 방과 후 또는 주말을 이용하여 일시적 또는 계속적·반복적으로 일반인에게 사용하게 하고 그 대가를 받는 경우 동 대가에 대하여는 부가가치세가 과세되지 아니하는 것임(서면3팀-2466, 2007. 9. 3. ; 재부가-60, 2007. 1. 4.).

⑧ 지방자치단체가 BTL 방식으로 사회기반시설을 기부채납받는 대가로 시설관리운영권 부여 시, 시설관리운영권 부여는 민간투자비 지급을 위한 절차상 계약으로 과세대상 부동산임대용역으로 보기 어려운 측면이 있고, 과세대상인 민간기업과 경쟁관계에 있는 부동산임대용역에 해당하지 아니하며, 민간투자사업에 대한 영세율 적용의 입법취지를 고려하여 부가가치세를 면제하고 소급적용이 가능하도록 하였다(기획재정부 부가가치세제과-501, 2017. 10. 12.).

⑨ 국유재산 관리를 위임받은 지방자치단체가 임차인으로부터 지급받은 임대료 전액에 대하여 관리위임자인 국가 명의로 임차인에게 세금계산서를 발급하는 것이며, 수탁자 또는 대리인의 등록번호를 부기하는 것임.

- 지방자치단체 등이 국가로부터 위임받아 제공하는 해당 부동산관리용역은 부동산관리업으로서 부동산임대업과는 달리 부가령 제46조에 열거된 수익사업이 아니므로 부가가치세 면제됨.
- 다만, 2010년 1/4분기부터는 수탁자인 지방자치단체 명의로 임차인으로부터 지급받은 임대료를 공급가액으로 하는 세금계산서를 발급하고 신고·납부할 수 있음.

⑩ 세관에서 범칙물로 몰수한 상품을 공매하였을 경우 부가법 제26조 제1항 제19호에 따라 부가가치세가 면제되는 재화로 세금계산서 발급의무 없음(부가 1265.2-1786, 1981. 7. 8.).

⑪ 국가 또는 지방자치단체가 실내 또는 실외에 관계없이 일반대중이 경기를 관람할 수 있는 시설을 갖춘 경마장, 자동차경주장, 야구장, 축구장 등 각종 경기장을 운영하는 경기장 운영업 및 경기장 운영업에 부수하여 경기가 없는 시간(기간)대에 운동 등을 위한 공간으로 사용하게 하고 사용료를 받는 경우 부가가치세 면제되나,

경기장 내외에 부속된 사무실(점포)의 임대와 관람을 위한 경기장과는 별도 시설물로서 에어로빅장, 헬스장을 설치·운영하는 산업활동은 '경기장운영업'의 부수적인 활동으로 볼 수 없어 부동산임대업 및 기타 운동시설 운영업으로 부가가치세 과세대상임.

⑫ 지방자치단체가 임대료를 관리비용에 못 미치는 사용료를 받는 경우

사업자가 부동산임대차계약을 체결하고 임차자에게 그 부동산과 관련한 관리비 등을 지원하면서 임대료를 받지 않거나, 임대료를 받는 경우에도 그 임대료가 관리비 등의 지원금보다 적어 실질적으로 임대의 대가를 받는 정도가 아닌 임대차계약을 체결한 경우에는 부가법 제12조 제2항에 따라 용역의 공급으로 볼 수 없으므로 부동산임대업을 경영하는 것으로 보지 않음. 따라서 국가나 지방자치단체가 위와 같은 사업을 영위하기 위하여 수취한 매입세금계산서상의 매입세액은 공제받을 수 없음(재부가-411, 2013. 7. 9. ; 부가-952, 2013. 10. 16.). 다만, 실비변상적 성격의 관리비를 초과하여 임차료, 건물관리비 등을 별도로 수령하는 관계에 있다면 용역의 저가공급으로서 부가가치세 과세사업에 해당하여 관련 매입세액은 공제대상이라는 조세심판례가 있음(조심 2014중2951, 2014. 9. 25.).

⑬ 국가·지방자치단체가 직접 관리 또는 운영하는 공원의 이용자로부터 받는 입장료에 대하여는 면세하나, 해당 공원 안의 시설물인 유희기장이나 수영장 등의 관리를 위임받은 사업자가 그 시설의 이용자로부터 받는 입장료 및 사용료에 대하여는 과세함(부가집행기준 26-46-1).

⑭ 대행사업관련 과세표준 및 면세 판정

- 사업자가 지방자치단체와의 위·수탁협약에 의해 정신건강복지센터 또는 고혈압·당뇨병등록교육센터를 운영하고, 동 위탁용역의 제공 대가로 지방자치단체로부터 지급받는 사업비 및 운영경비(지급 재원은 보건복지부의 기금 및 지방자치단체의 시·도비 등)는 부가법 제29조 제5항 제4호에 따라 부가가치세 과세표준에서 제외되는 "재화 또는 용역의 공급과 직접 관련되지 아니하는 국고보조금과 공공보조금"에 해당하지 않음.
- 「의료법」 제33조 제2항 제4호에 따라 학교법인이 개설한 대학 부속 병원이 그 고유의 사업목적을 위하여 지방자치단체의 위탁에 의해 지역 보건소 내에 설치된 위 정신건강복지센터에서 정신질환자 예방 및 정신건강 증진사업, 정신질환자 발견 및 등록 등을 실비로 수행하는 경우에는 부가법 제26조 제1항 제18호 및 부가령 제45조 제1호에 따라 부가가치세가 면제되는 것임.
- 산학협력단이 지방자치단체의 위탁에 의해 지역 보건소 내에 설치된 위 고혈

압·당뇨병등록교육센터에서 고혈압·당뇨병 환자 등록관리사업, 고혈압·당뇨병 예방관리 교육 및 홍보 등을 수행하고 그 대가를 받는 경우에는 부가법 제11조 제1항에 따라 부가가치세가 과세되는 것임(기획재정부 부가가치세제과-441, 2017. 8. 31.).

20 | 국가조직 및 공익단체 등에 무상공급하는 재화 또는 용역

(1) 개 요

국가·지방자치단체·지방자치단체조합 등의 국가조직 또는 공익단체에 무상으로 공급하는 재화 및 용역에 대하여 부가가치세를 면제하는 취지는 해당 재화 또는 용역이 사회일반의 이익을 위한 조직에 공급되는 것이기 때문으로 국가조직 등에 대한 무상공급이라는 두 가지 요건을 충족하여야 부가가치세가 면제된다(부가법 §26 ① 20, 부가령 §47).

(2) 면세범위

1) 공급받는 자

재화 또는 용역을 공급받는 자가 국가·지방자치단체·지방자치단체조합과 공익단체이어야 한다.

공익단체는 종교·자선·학술 및 그 밖의 공익사업 등과 같이 사회일반의 이익을 위한 단체로서 허가 또는 인가를 받거나 주무관청에 등록된 상속세 및 증여세법상 공익단체를 말한다. 따라서 주무관청의 허가 등을 받지 못한 단체라면 무상공급되는 재화 및 용역이라도 정상시가로 평가하여 과세하게 된다(서면3팀-777, 2008. 4. 17.).

공익단체의 범위는 "18. 종교·자선 등 공익단체의 공급"의 "공익단체의 범위"를 참고한다.

2) 무상공급

무상공급이란 공급하는 자가 공급받는 자에게 아무런 반대급부를 받지 않거나 이를 기대하지 않고 공급하는 것을 말한다. 여기서 반대급부란 상업적인 의미에서 객관적인 효용가치가 있는 것으로 화폐·실물가치·권리(소유권·사용권·수익권·우선권) 등이 전혀 없는 경우라야 무상이라는 개념이 성립된다.

그러나 공급하는 자가 주관적으로 느끼는 만족감 · 성취감 · 광고효과의 기대 및 공급받는 자가 주관적으로 느끼는 감사 및 고마움 등은 반대급부가 없는 것이다. 무상이란 객관적인 화폐적 대가가 전혀 없는 것을 말하므로 실비로 혹은 저가 등으로 공급하는 것은 유상이므로 과세된다. 이 밖에 과세되는 유상공급의 예는 다음과 같다.

㉮ 기부채납으로 인한 무상점유기간의 연장

㉯ 기부채납에 따른 관리운영권의 위탁

㉰ 기부채납에 따른 사용수익권의 허가

3) 공급목적의 유무

공급의 목적과 의도가 반대급부없는 기부채납이건, 검사용이건, 인허가를 득하기 위한 목적이건, 징발 혹은 몰수 등 어떤 용도나 목적이라도 관계없고 국가조직 등에 직접적으로 무상공급되는 것만 면세된다.

4) 무상공급 재화의 취득관련 매입세액의 공제 여부

국가조직 등에의 무상공급이 계속적 · 반복적으로 이루어지는 부가가치세 면세사업 그 자체는 아니므로 자기의 과세사업과 관련하여 생산하거나 취득한 재화를 국가 · 지방자치단체 등에 무상으로 공급하는 경우 해당 재화의 매입세액은 매출세액에서 공제한다. 그러나 자기의 사업과 관련없이 취득한 재화를 국가 · 지방자치단체 등에 무상으로 공급하는 경우 또는 당초부터 국가 등에 기증을 목적으로 취득한 재화의 매입세액은 공제하지 아니한다(부가통칙 38-0-6 ; 부가-1035, 2009. 7. 21.).

5) 공익단체에 부담부증여하는 경우 공급가액의 계산

국가 · 지방자치단체 · 지방자치단체조합 또는 공익단체에 무상으로 공급하는 재화 또는 용역에 대하여 부가가치세를 면세하며, 무상공급이라 함은 공급하는 자가 공급받는 자에게 아무런 반대급부를 받거나 기대하지 않고 공급하는 것이며, 무상이란 객관적인 화폐적 대가가 전혀 없는 것을 말하므로 실비 또는 저가 등으로 공급하는 것은 유상이므로 부가가치세가 과세된다.

사업자가 공익단체에 사업용부동산을 기부하면서 인수받은 공익단체가 부채를 부담(부담부증여)하는 경우가 있다. 부담부증여란 수증자가 증여를 받는 동시에 일정한 부담, 즉 일정한 급부를 하여야 할 채무를 부담하는 것을 부관으로 하는 증여로 증여계약과 부담계약의 두 개의 계약이 아니며 증여와 부담이 서로 주종의 관계에 서면서 결합하여 하나의 계약을 이루고 있는 것이다(이와 같이 부담은 증여계약의 부관이고, 평등의 관계에 있지 아니하며 또한 증여가 주이고 부담은 종이므로 증여가 무효이면 부담도 당연히 무효가 됨). 따라서 증여자가 무상으로 재산을 증여하더라도 부담을 조건으로 하는 증여인 경우 해당 부담은 수증자가 증여자를 대신하여 반드시 급부의 이행을 하여야 증여계약이 확정되는 것이므로 수증자가 부담하는 채무액 상당액은 수증재산에 대하여 대가관계에 있다고 보아야 한다. 또한 공급가액의 계산에 있어서도 사업자가 재화를 무상으로 공급하는 경우에는 그 재화의 시가로 하는 것이며, 공익단체에 무상으로 공급하는 경우에는 면세하는 것이나, 부담부증여의 경우 해당 재화의 기부에 대한 채무액만큼은 유상으로 공익단체에 이전된 것이므로 해당 채무액을 공급가액으로 하는 것이 타당하다(법규과-3774, 2007. 8. 2.).

또한, 기획재정부도 「의료법」에 따른 의료법인(증여자와 의료법인 간 특수관계인 여부와 관계없음)에 임대용부동산을 부담부증여하는 경우 동 사업자의 부가가치세 공급가액은 부가법 제29조 제3항 및 제9항에 따라 해당 의료법인이 인수한 채무액 중 건물가액 상당액으로 하는 것으로 회신하였다(재부가-382, 2014. 5. 28.).

구 「상속세 및 증여세법」 제47조 제1항 및 「소득세법」 제88조 제1항은 부담부증여에 있어서 증여재산에 담보된 채무를 수증자가 인수하는 경우 증여가액 중 그 채무액에 상당하는 부분은 자산이 유상으로 이전된 것으로 보고 나머지 금액을 기준으로 증여세를 부과하는 것으로 규정하고 있는 점, 국가 등에 무상공급을 장려하고자 하는 입법 취지에 비추어 국가 등에 부담부증여하는 부동산 중 그 부동산에 담보된 채무액을 초과하는 부분에 한해서는 무상공급을 인정하여 면세조항을 적용함이 타당하다고 판단하였다(조심 2012부4482, 2013. 5. 29. ; 의정부지방법원 2012구합22, 2012. 6. 19.).

토지와 건물 등을 함께 공급하는 경우에는 공급가액의 안분계산방법에 따라 공급가액을 계산한다(부가-1197, 2012. 11. 30. ; 조심 2012부4482, 2012. 5. 29.).

III 부수되는 재화·용역공급의 면세

1 부수되는 재화와 용역공급의 면세

면세되는 재화 또는 용역의 공급에 통상적으로 부수되는 재화 또는 용역의 공급은 그 면세되는 재화 또는 용역의 공급에 포함되는 것으로 본다(부가법 §26 ②).

부가가치세가 면제되는 재화 또는 용역의 공급에 통상적으로 부수되는 재화 또는 용역의 공급에 대하여는 이를 주된 거래인 부가가치세가 면제되는 재화 또는 용역의 공급에 포함되는 것으로서 부가가치세가 과세되는 재화 또는 용역을 부가가치세가 면제되는 재화 또는 용역의 공급에 통상적으로 부수하여 공급한다면 해당 과세재화 또는 용역의 공급도 부가가치세를 면제하는 것이다(부가법 §14).

반면, 부가가치세가 면제되는 재화 또는 용역을 과세되는 재화 또는 용역의 공급에 통상적으로 부수하여 공급한다면 해당 재화 또는 용역의 공급에 대하여는 부가가치세가 과세된다.

2 부수재화·용역공급의 범위

(1) 통상적 부수의 의미

'면세되는 공급에 통상적으로 부수된다'함은 비록 함께 공급되더라도 해당 공급 항목들이 각각 별개로 기능하거나 독립된 상태에서도 공급가치를 발휘한다면 이들은 서로 간에 필수적으로 부수성이 인정되지 않는다. 다만, 달리 공급되더라도 특정공급이 다른 특정공급의 기능에 부속되거나 서로가 독립적인 상태로는 가치를 발휘할 수 없다면 이는 필수적으로 부수된다고 할 수 있다.

여기서 통상적 부수성이란 주된 거래와 불가분에 관계에 있는 경우, 주부 간 인과관계가 성립되는 경우, 해당 공급에 동시 동작적으로 부속되어 원인과 결과로 연결되는 경우 부가법 제14조 및 부가법 제26조 제2항에 해당되는 것으로 보아야 할 것이다.

다만, 부수성이 인정되더라도 그 공급주체가 다른 경우에는 동 규정이 적용되지 않는다(대법원 2000두7131, 2001. 3. 15.).

(2) 부수되는 광고용역

도서, 신문, 잡지, 방송 등에 실린 통상적인 광고용역에 대하여는 부가가치세가 과세된다. 다만, 영리 아닌 사업을 목적으로 하는 법인이나 그 밖의 단체가 불특정인에게 판매할 목적이 아니라 그 단체의 목적이나 정신을 널리 알리기 위하여 발행(다만, 그 기관의 명칭이나 별칭이 해당 출판물의 명칭에 포함되어 있는 것으로 한정한다)하는 기관지 또는 이와 유사한 출판물과 관련되는 용역은 부가법 제26조 제2항에 따라 면세되는 용역의 공급에 통상적으로 부수되는 용역으로 보아 부가가치세가 면세된다(부가령 §48, 부가칙 §36 ; 부가 46015-3672, 2000. 11. 1.).

(3) 부수용역 가액이 구분되거나 두 개의 사업자등록을 한 경우 부수면세 적용

주된 용역과 부수된 용역의 공급가액이 구분된다는 이유만으로 부가법 제26조 제2항에 따른 부수성(부수재화 또는 용역의 면세 적용)을 부인한다면 부가가치세 면세제도 자체를 부인하는 결과에 이르게 된다. 부수성의 핵심은 거래 관행상 용역 공급과정에서 누구에 의해서건 주된 용역의 공급이 부수되어 이루어지고 있는지에 있는 것인 바, 부수적인 업무를 제3자가 독립적으로 영위하는 경우에만 면세대상으로 볼 수 없다는 것으로 해석되어야 한다. 따라서 사업자가 동일 사업장에서 과세사업자등록과 면세사업자등록을 함께 하였더라도 동일한 사업자가 주된 용역의 공급(면세사업자등록 분 용역)에 부수하여 부수용역(과세사업자등록 분 용역)이 이루어졌다 하더라도 주된 사업인 면세사업에 부수되는 용역으로서 부수용역도 면세대상이 된다(대법원 98두1192, 2000. 12. 26. ; 수원지법 2014구합52207, 2014. 12. 18.).

(4) 치킨무 제조과정에서 발생한 규격미달 무를 건조 후 매각 시 면세 여부

주된 사업과 관련하여 주된 재화의 생산 과정이나 용역의 제공과정에서 필수적으로 생기는 재화는 별도의 공급으로 보되, 과세 및 면세 등은 주된 사업의 과세 및 면세 여부 등을 따르는 것이며(부가법 §14 ① 2), 부산물을 추가 가공하여 성질이나 품목이 바뀌는 경우에는 주된 사업과 별도로 과세 및 면세 여부 등을 판단하는 것이다(부가 46015-1435, 1994. 7. 13.).

무를 제조·가공하여 치킨무를 판매하는 사업자가 치킨무로 사용할 수 없는 규격미달 무를 다른 첨가물을 전혀 넣지 아니하고 단순 절단 및 건조 공정을 거쳐 공급하는 경우 해당 규격미달 무는 치킨무 제조공정에 투입되기 이전에 건조공정에 투입되는 것으로 주된 재화를 생산과정에서 필연적으로 생기는 재화라기보다는 별도의 가공을 거친 재화(원재료의 "무"에서 형태만 변경된 것)로 봄이 타당하며, 기존해석에서도 오징어로 과세재화를 제조하는 사업자가 오징어를 구입하여 몸통만 과세재화의 재료로 사용하고 다리, 머리는 그대로 판매하는 경우 다리, 머리는 주된 재화의 생산과정에서 생기는 재화로 보지 아니하고 각각 독립된 거래로 보아 부가가치세가 면제되는 것으로 보았는 바, 채소류로서 가공되지 아니하거나 원생산물 본래의 성질이 변하지 아니하는 정도의 1차 가공을 거쳐 식용으로 제공하는 것은 부가가치세가 면제되므로 유통기한을 늘리기 위해 규격미달 무를 절단하여 건조한 후 공급하는 것은 본래의 성질이 변하지 않는 1차 가공만 거친 면세대상 미가공식료품에 해당된다(**부가법 §26 ① 1, 부가령 §34 ① ; 부가 22601-99, 1991. 1. 24. ; 간세 1235-1913, 1979. 6. 12. ; 사전-2018-법령해석부가-0390, 2018. 6. 27.**).

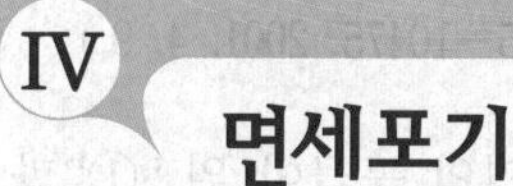

IV 면세포기

1 면세포기제도

(1) 면세포기제도의 의의

사업자는 부가법 제26조 또는 「조세특례제한법」 제106조 등에 따라 부가가치세가 면제되는 재화 또는 용역의 공급 중 법령이 정하는 것에 대하여는 자신의 자유로운 의사로 면세의 포기신고를 통해 과세사업자와 같이 과세되는 재화와 용역으로 공급할 수 있다.

면세제도는 해당 재화 또는 용역을 공급하는 사업자에게 조세혜택을 부여하기 위한 것이 아니라 해당 재화 또는 용역을 공급받는 최종소비자의 부가가치세 부담을 덜어주기 위한 제도이므로 이러한 면세제도가 지니고 있는 누적과세현상, 중간단계의 매입세액불공제 등으로 인한 원가상승 등의 단점을 회피하기 위한 방법의 하나로서 면세포기제도를 두고 있다. 따라서 모든 면세사업자가 면세포기를 할 수 있도록 하면 저소득층의 최종소비자를 보호하고자 하는 면세의 기본취지가 해당 공급자 등의 자의적인 면세포기로 침해되어 종국적으로 최종소비자에게 세부담이 전가되므로 면세포기대상을 한정하고 있다.

면세포기신고를 한 사업자는 면세포기를 한 부분에 대하여만 과세사업자가 되어 부가가치세의 거래징수와 매입세액의 공제 등 부가가치세 과세와 관련된 모든 의무를 이행한다.

(2) 면세포기의 대상

사업자는 부가법 제26조 또는 「조세특례제한법」 제106조 등에 따라 부가가치세가 면제되는 재화 또는 용역의 공급으로서 다음에 해당하는 것 중 아래 시행령으로 정하는 것은 면세포기 신고하여 부가가치세의 면제를 받지 아니할 수 있다(부가법 §28 ①).

① 부가법 제21조부터 제24조까지의 규정에 따라 영세율의 적용 대상이 되는 재화·용역
② 부가법 제26조 제1항 제12호에 따른 주택과 이에 부수되는 토지의 임대용역
③ 부가법 제26조 제15호에 따른 인적용역
④ 부가법 제26조 제18호에 따른 공익단체가 제공하는 재화 또는 용역의 공급
⑤ 「조세특례제한법 시행령」 제106조 제6항에서 규정하는 정부업무대행단체가 공급하는 "①"과 "④"에 규정하는 재화 또는 용역(제도 46015-10475, 2001. 4. 9.)

부가령 제57조에서는 부가가치세가 면제되는 재화 또는 용역의 공급이 위 "①"과 같이 부가법 제28조 제1항 제1호의 수출하는 재화로써 영세율이 적용되는 경우와 위 "④" 중 부가령 제45조 제2호에 따라 학술등 연구단체가 그 연구와 관련하여 실비 또는 무상으로 공급하는 재화 또는 용역을 공급하는 경우에만 면세포기가 가능하다.

2 | 면세포기절차 및 효력

영세율 적용이 되는 재화·용역을 공급하는 사업자와 학술연구단체 및 기술연구단체는 면세를 포기하고자 하는 재화 또는 용역을 기재한 면세포기신고서를 사업장 관할 세무서장에 신고하고 지체 없이 사업자등록을 함으로써 그 신고한 날부터 유효하게 면세를 적용받지 못하며, 그날로부터 3년간 면세포기한 재화 또는 용역의 공급에 대하여 면세하지 못하므로 면세포기일로부터 3년 기간이 경과한 후부터 다시 면세를 적용받고자 하는 경우 면세를 받고자 하는 해당 재화 또는 용역을 기재한 면세적용신고서와 교부받은 사업자등록증을 반환하여야 면세를 적용받는다. 따라서 면세적용신고서가 제출되지

않은 경우에는 계속하여 면세를 포기한 것으로 한다(부가령 §28 ②, ③).

(1) 면세포기의 신고

부가가치세의 면제를 받지 아니하려는 사업자는 다음의 사항을 기재한 면세포기신고서에 의하여 관할 세무서장에게 신고(국세정보통신망에 의한 신고를 포함한다)하고, 부가법 제8조에 따라 지체 없이 등록하여야 한다.

① 사업자의 인적사항

② 면세를 포기하려는 재화 또는 용역

③ 그 밖의 참고사항

면세포기의 신고에 관한 부가령 제57조를 적용할 때 신규로 사업을 시작하는 경우에는 면세포기신고서를 부가령 제11조에 따른 사업자등록 신청서와 함께 제출할 수 있다(부가칙 §44).

1) 면세포기 시기

면세포기신고는 과세기간별로 하는 것이 아니고 언제나 수시로 포기할 수 있다.

2) 과세 · 면세 겸영사업자의 경우

과세사업과 면세사업을 겸영하는 사업자가 면세사업에 대하여 영세율 적용을 받고자 면세포기신고를 하는 경우 이미 해당 사업장에 대하여 사업자등록을 한 때에는 별도의 사업자등록은 하지 아니하여도 된다.

3) 특정 재화 또는 용역만을 면세포기할 수 있는지 여부

면세포기는 여러 재화와 용역의 공급 중에서 일부만 할 수도 있으며, 또한 여러 사업장 중 특별히 한 사업장만 면세포기로 신고한 경우라면 해당 사업장만 면세가 적용되지 아니하고 다른 사업장은 별도의 면세포기신고를 한 후에야 부가가치세 과세적용이 가능하다(부가 46015-2560, 1996. 12. 4. ; 부가통칙 28-57-1).

4) 면세포기한 사업에 사용하던 고정자산을 매각한 경우 과세 여부

면세포기한 사업자가 영세율 적용의 대상이 되는 재화 또는 용역의 공급에 사용하던 고정자산을 양도하는 경우 해당 고정자산의 공급이 국내공급이라도 과세되는 영세율 적용 재화에 필수적으로 부수되는 것이므로 부가가치세가 과세된다.

5) 영세율과 조특법상 면세가 중복되는 경우 면세포기

영세율과 「조세특례제한법」 제106조에 따른 면세가 중복되는 경우는 특별법 우선으로 면세가 적용되므로 적법한 면세포기신고를 한 경우만 과세로 되어 영의 세율을 적용한다(부가통칙 28-57-4).

6) 과세관청의 승인 여부

면세의 포기는 과세관청의 어떠한 행위나 협력을 요하지 않는 일방적 의사표시이기 때문에 사업자의 신고로서 유효하며 별도로 과세관청의 승인·확인 등의 요건을 필요로 하지 아니한다. 그러므로 과세관청은 그 신고가 면세포기신고의 법적 요건을 갖추고 있는 한 면세포기를 거부할 수 없다.

(2) 면세포기의 효력

면세를 포기하면 면세포기신고서를 신고한 날로부터 과세되며 3년간 부가가치세 과세사업자로서의 모든 권리와 납세의무를 이행하여야 한다. 3년의 기간을 둔 이유는 과세행정의 안정성을 기하는 외에 면세포기 등을 악용하여 매입세액만을 공제받으려 하는 경우를 제한하고자 하는데 있다.

면세포기의 효력은 면세포기된 해당 재화 및 용역에 계속 적용되므로 해당 사업을 양수한 경우에도 승계되며, 통괄하여 3년간 계속 적용된다. 사업장을 이전한 경우에도 정정신고 여부에 관계없이 면세포기는 계속 유효하다(부가통칙 28-57-5 ; 부가 46015-2092, 1994. 10. 17.).

면세포기신고서를 제출한 시점에서 과세전환되고 면세포기신고 후 상당기간이 경과된 후에 사업자등록을 하는 경우 미등록에 따른 매입세액불공제와 미등록가산세 등이 부과되는 반면, 매출세액은 납부하여야 하는 불합리가 발생하므로 납세자권익을 보호하기 위하여 사업자가 면세포기신고를 하고 사업자등록을 한 이후 거래분부터 면세포기효력이 발생하도록 해석하고 있다(부가 46015-2244, 1998. 10. 2.).

(3) 면세적용의 신고

면세포기신고일 후 3년의 기간이 경과한 후에 다시 면세로 하고자 하는 경우는 면세

적용신고서에 면세를 받고자 하는 재화 또는 용역을 기재하여 교부받은 사업자등록증과 함께 소관세무서에 제출하여야 한다. 이러한 면세적용신고도 과세관청의 어떤 행위 또는 협력이 필요없고 일방적 의사표시로서 면세적용의 효력이 발생한다.

면세적용신고서를 제출하지 않은 경우는 신고할 때까지 계속하여 면세포기된 것으로 본다. 면세적용신고를 하면 그 후부터 면세사업자로 전환되어 「부가가치세법」상의 납세의무와 협력의무가 없어진다.

또한, 면세포기대상이 되는 재화·용역 중 일부만을 면세포기할 수 있는 것과 같은 논리로 면세적용신고도 면세포기한 재화·용역의 공급 중 일부만에 대하여 할 수 있다. 이 밖에 면세적용신고를 한 사업자는 다시 면세포기신고를 할 수 있을 것인데, 이때에는 면세적용 시의 3년간 등과 같은 기간제한을 받지 않는다.

(4) 면세전환 시 면세전용 해당 여부

면세포기자가 과세사업 영위 과세기간 중에 감가상각자산 등 사업설비를 신설·취득하고 매입세액공제를 받았거나 환급받은 경우로서 면세적용신고에 의하여 과세사업에서 면세사업으로 전환하는 시점에 매입세액공제를 받은 잔존재고재화가 있는 경우에는 간주공급(면세전용)으로 부가가치세가 과세된다.

반면, 과세사업이 법령 개정에 의하여 면세전환된 경우에도 부가법 제10조 제1항에 따라 면세전용으로 인한 재화의 공급에 해당되므로 동 법령 개정 시 면세전용으로 과세하지 아니한다는 별도 규정을 두지 않은 한 면세전용 또는 납부세액·환급세액 재계대상이 된다.

(5) 과세사업 전환 후 공급시기 도래분 용역의 면세 여부

당초 면세사업자의 사업종류가 변경되거나, 제공하는 용역의 내용은 동일하나 법령의 개정, 면세포기 또는 그 밖의 사유(인적용역 제공자가 인적·물적시설을 갖춘 경우 등)로 과세사업자로 변경되는 경우 전환일 이후 계약체결로 새로이 용역의 제공이 개시되는 분부터 부가가치세가 과세된다. 따라서 면세사업을 영위하던 당시에 계약을 체결하고 공급을 개시한 용역의 공급시기가 과세사업 전환일 이후에 도래하거나, 면세사업 영위 당시 용역제공은 완료되었으나, 그 대가가 법원의 판결로 확정된 공급시기가 과세전환일 이후인 경우 세법 개정 당시의 부칙에 별도의 규정이 없는 한 해당 용역은 부가가치세 면세가 적용된다(동지 : 부가 46015-405, 1999. 2. 12. ; 부가 46015-2324, 1999. 8. 5. 등).

「조세특례제한법」에 따른 면세

1 개 요

부가가치세를 면제하는 면세제도를 두고 있는 가장 큰 이유는 해당 사업자의 부가가치세 부담을 경감하기 위한 것이 아니라 그러한 재화나 용역을 사용 또는 소비하게 되는 최종소비자의 부가가치세 부담을 경감하여 주고 나아가 단일세율로 운용되고 있는 부가가치세제에서의 소득에 대한 간접세 부담의 역진성을 완화하기 위한 것이라고 할 수 있는바, 그에 따라 부가가치세법에서는 기초 생활에 필수적인 재화 및 용역, 국민후생용역, 문화관련 재화 및 용역 등을 주된 면세대상으로 하고 있으며, 「조세특례제한법」에서는 다음과 같은 재화 및 용역의 공급을 면세대상으로 하고 있다.

① 도서지방의 자가발전에 사용할 석유류
② 사업장 등의 구내식당 및 위탁급식에 의하여 공급하는 음식용역
③ 농·어업경영 및 농·어작업의 대행용역
④ 국민주택 및 해당 주택의 건설 및 리모델링용역
⑤ 관리주체 또는 경비업자가 국민주택규모 초과 공동주택에 공급하는 경비용역과 특정 일반관리용역
⑥ 관리주체 또는 경비업자가 국민주택규모 이하 공동주택에 공급하는 경비용역과 특정 일반관리용역
⑦ 정부업무를 대행하는 단체가 제공하는 재화 또는 용역
⑧ 한국철도시설공단이 국가에 공급하는 철도시설
⑨ 학교시설에 대하여 학교가 제공하는 시설관리운영권 및 그 추천을 받은 자가 그 학교시설을 이용하여 제공하는 용역
⑩ 시내버스 및 마을버스운송사업용으로 공급되는 버스
⑪ 희귀병 치료를 위한 치료제 등
⑫ 영유아용 기저귀와 분유
⑬ 장애인용 위생깔개매트

2 | 도서지방의 자가발전에 사용할 석유류

(1) 개 요

「전기사업법」 제2조에 따른 전기사업자가 전기를 공급할 수 없거나 상당한 기간 전기공급이 곤란한 도서로서 산업통상부장관(「전기사업법」 제98조에 따라 위임을 받은 기관을 포함한다)이 증명하는 도서지방의 자가발전에 사용할 목적으로 「수산업협동조합법」에 따라 설립된 수산업협동조합중앙회에 직접 공급하는 석유류에 대하여는 2025. 12. 31.까지 공급하는 분에 대하여는 부가가치세를 면제한다(조특법 §106 ① 1).

도서지방의 자가발전용 석유류에 대하여 면세하는 바, 수산업협동조합 자체 공장가동에 필요한 자가발전용 석유류는 면세되지 아니한다(부가 1265-1537, 1984. 7. 24.).

도서지방은 「전기사업법」 제2조에 따른 전기사업자가 전기를 공급할 수 없거나 상당한 기간 동안 전기공급이 곤란한 도서로서 해당 사실을 산업통상부장관(전기사업법 제98조의 규정에 의하여 위임받은 도지사를 포함한다)이 증명하는 도서지방을 의미한다.

(2) 첨부서류의 제출

「조세특례제한법」 제106조 제1항에 따른 재화나 용역을 제공함으로써 부가가치세가 면제되는 사업자는 부가가치세법에 의하여 예정신고, 확정신고 또는 영세율 등 조기환급신고를 하는 때(또는 면세사업자가 면세수입금액신고하는 때 포함)에 「면세공급증명서」를 제출하도록 규정하고 있다. 그러나 동 면세공급증명서를 제출하지 아니한 경우에도 해당 공급가액이 면세대상이 확인되는 때에는 부가가치세가 면제된다(조특령 §106 ⑫, ⑬).

3 | 구내식당 및 위탁급식에 의하여 공급하는 음식용역

(1) 공장, 학교 등의 식당에서 공급하는 음식용역

1) 개요

공장, 광산, 건설사업현장 및 「여객자동차 운수사업법」에 따른 노선여객자동차운송사업자의 사업장 등과 「초 · 중등교육법」 제2조 및 「고등교육법」 제2조에 따른 각급 학교(이하 "사업장 등"이라 한다)의 경영자가 그 종업원 또는 학생의 복리후생을 목적으로 해당 사업장 등의 구내에서 식당을 직접 경영하여 공급하거나 위탁급식의 방법으로 공급하는 다음의 음식용역(식사류에 한한다)으로서 2026. 12. 31.까지 공급하는 분에 대하여는 부가가치세를 면제한다(조특법 §106 ① 2, 조특령 §106 ②).

가. 공장, 광산, 건설사업현장 및 「여객자동차 운수사업법」에 의한 노선여객자동차운송사업장의 경영자가 그 종업원의 복리후생을 목적으로 해당 사업장의 구내에서 식당을 직접 경영하여 공급하는 음식용역

나. 「여객자동차 운수사업법」 제11조에 따른 공동운수협정을 체결한 노선여객자동차운송사업자로 구성된 조합이 그 사업자의 종업원에게 제공하기 위하여 아래에서 정하는 위탁계약을 통하여 공급받는 음식용역

① 음식용역을 공급하는 사업자(이하 "수탁사업자"라 한다)와 「여객자동차 운수사업법」 제11조에 따른 공동운수협정을 체결한 노선여객자동차운송사업자(이하 "운송사업자"라 한다)로 구성된 조합(이하 "조합"이라 한다) 또는 운송사업자(각 조합과 운송사업자의 임원 및 사용인을 포함한다)는 「국세기본법」 제2조 제20호에 따른 특수관계인이 아닐 것

② 수탁사업자는 조합에 소속된 운송사업자의 종업원에게만 음식용역을 제공할 것

다. 「초·중등교육법」 제2조 및 「고등교육법」 제2조에 따른 학교의 경영자가 학생의 복리후생을 목적으로 학교 구내에서 식당을 직접 경영하여 공급하는 음식용역

라. 「학교급식법」 제4조 각호의 어느 하나에 해당하는 학교의 장의 위탁을 받은 학교급식공급업자가 같은 법 제15조에 따른 위탁급식의 방법으로 해당 학교에 직접 공급하는 음식용역

2) 공급장소

해당 사업장 등의 구내에서 공급하여야 한다(위 "나"와 "라"의 경우는 제외한다). 여기서의 "사업장 등의 구내"의 범위는 해당 사업장 등의 구내와 공장 등과 떨어져 있더라도 해당 사업과 관련되는 시설인 기숙사·하치장 등은 구내를 포함한다.

또한, 사업자의 공장, 본사, 직매장 등이 각각 별개의 사업장으로 되어 있는 경우에는 사업장 등 구내식당의 음식용역에 대하여만 부가가치세가 면제된다(부가 46015-1199, 1994. 6. 16.).

3) 공급자

경영자가 직접 경영하여 공급하여야 하며, 경영자가 직접 경영한다 함은 사업자가 직접 경영하는 경우뿐만 아니라 해당 사업장 등의 경영자들이 비용을 공동으로 부담하여 하나의 구내식당을 직접 경영하거나 종업원단체 또는 학생단체가 직접 경영하는 경우를

포함한다(조특통칙 106-0-4).

따라서 사업장 등을 경영하는 사업자가 다른 사업자에게 임대하여 공급하는 음식용역에 대하여는 종업원의 복리후생을 목적으로 하더라도 부가가치세가 과세되며, 종업원들로 구성된 사우회·공장새마을운동기구·직장새마을금고 등의 종업원단체와 학교법인의 교직원단체, 학생단체가 직접 경영하여 공급하는 음식용역에 대하여는 부가가치세가 면제된다(부가 46015-78, 2001. 1. 9.).

(2) 위탁급식의 방법으로 학교에 직접 공급하는 음식용역

1) 의의

부가가치세 면제대상인 학교위탁급식으로 공급하는 음식용역은 학생을 대상으로 공급하는 식사류에 한하는 것이므로 교직원에게 공급하는 음식용역의 경우에는 부가가치세가 면제되지 아니한다(부가 46015-2764, 1999. 9. 9. ; 재부가-689, 2009. 10. 14.).

위탁급식의 방법으로 음식용역을 공급하는 학교급식공급업자는 「조세특례제한법 시행령」 제106조 제13항에 따라 위탁급식을 공급받는 학교의 장이 확인한 위탁급식공급가액증명서를 사업장 관할 세무서장에게 제출하여야 한다.

2) 공급받는 자

「조세특례제한법」 제106조 제1항 제2호에 따라 부가가치세가 면제되는 위탁급식 대상학교는 「학교급식법」 제4조 각호에 규정된 학교를 말하는 것으로 「초·중등교육법」 제2조 제1호부터 제3호까지에 규정하는 초등학교, 중학교, 고등공민학교, 고등학교, 고등기술학교는 포함되고, 「고등교육법」 제2조에 따른 대학교 등은 제외되는 것이며(부가 46015-4214, 1999. 10. 18.), 해당 규정에 의한 음식용역은 종업원 또는 학생에게 공급하여야 한다. 여기서의 종업원에는 육체노동근무자인지 여부에 관계없이 모든 종업원을 의미하며, 협동화사업단지에 있어서의 회원사 종업원을 포함한다(소비 22601-720, 1987. 9. 9.).

3) 공급대상 용역

음식용역으로서 식사류(패스트푸드류도 식사류에 해당)에 한한다(서삼 46015-10531, 2003. 4. 1.).

4) 공급대가의 유무

대가를 받지 아니하고 제공하는 음식용역에 대하여는 부가법 제12조의 규정에 의해서도 부가가치세가 과세되지 아니하므로 순수히 「조세특례제한법」의 규정에 의하여 부가가치세가 면제되는 부분은 대가를 받고 제공하는 음식용역에 한정된다(부가통칙 12-0-1).

5) 매입세액의 공제

부가법 제26조 및 「조세특례제한법」 제106조에 따라 부가가치세가 면제되는 재화 또는 용역을 공급하는 사업인 면세사업에 관련된 매입세액은 부가법 제39조 제1항 제7호에 따라 매출세액에서 공제되지 아니한다.

그러나 사업자가 자기의 종업원에게 무상으로 공급하는 음식용역이 부가법 제12조에 따른 용역의 자가공급에 해당되는 경우에는 해당 음식용역의 공급에 관련된 매입세액은 매출세액에서 공제된다(소비 22601-54, 1985. 1. 14. ; 부가 22601-855, 1990. 7. 5.).

6) 첨부서류의 제출

위 학교급식공급업자가 위탁급식의 방법으로 해당 학교에 직접 공급하는 음식용역을 제공하는 경우 부가가치세신고나 면세수입금액신고하는 때에 「위탁급식공급가액명세서」를 제출하여야 한다(조특령 §106 ⑬).

4 | 농·어업경영 및 농·어업 작업의 대행용역

「농어업경영체 육성 및 지원에 관한 법률」 제16조에 따라 설립된 영농조합법인 및 같은 법 제19조에 따라 설립된 농업회사법인이 공급하는 농업경영 및 농작업의 대행용역과 「농어업경영체 육성 및 지원에 관한 법률」 제16조에 따라 설립된 영어조합법인 및 같은 법 제19조에 따라 설립된 어업회사법인이 공급하는 어업경영 및 어작업의 대행용역에 대하여는 2026. 12. 31.까지 공급하는 것에만 부가가치세를 면제한다(조특법 §106 ① 3, 조특령 §106 ③).

▌농작업 대행의 범위

농업경영은 "농업인이 일정한 경영 목적을 가지고 지속적으로 노동력과 토지 및 자본재를 이용하여 작물의 재배 또는 가축의 사양 및 농산가공 등을 함으로써 농산물을 생산하고 그것을 이용, 판매, 처분하는 조직적인 수지 경제 단위"로 정의할 때, 농작업을 협의로 해석하면 작물의 재배나 가축의 사양 목적을 위해 필요한 작업을 대행하는 것으로 할 수 있으나, 광의로 해석하면 협의의 농작업 이외 생산지 내에서 간단한 가공(예 선별, 포장 등)까지를 포함하는 개념으로 이해할 수 있으며 농업이 발전됨에 따라 농작업의 개념도 광의로 해석되는 경향이 있다. 따라서 농장을 벗어난 지역으로 농산물을 수송하는 행위나 저온저장고 등에 보관하는 것은 농작업으로 보기는 어렵다.
구 농어촌발전특별조치법 시행령 제12조 조합법인의 사업 중 제4호에 규정된 "농작업의 대행"이란 조합법인이 조합원 이외의 자로부터 농작업의 전부 또는 일부를 위탁받아 이를 대행하고 수수료를 받는 경제활동을 말한다.
조합원 이외의 자는 물리적으로 해석할 경우 조합원이 아닌 모든 자로 해석할 수 있겠으나 농업인이 아닌 농산물 판매업자(유통회사)는 근본적으로 농업을 경영하지 않고 있으므로 이들 사업에 필요한 전부 또는 일부 작업을 대행하는 것은 농작업의 대행으로 보기 어렵다(인력 51114-185, 1995. 7. 7.).

5 | 국민주택 및 국민주택의 건설 및 리모델링용역

(1) 개 요

주택이 없는 서민이 부가가치세 부담없이 보다 저렴한 가격으로 주택을 구입할 수 있도록 지원해 주기 위하여 국민주택의 공급과 해당 국민주택건설용역(리모델링용역 포함)의 공급에 대하여는 국가정책 목적상 부가가치세를 면제한다(조특법 §106 ① 4).

(2) 국민주택 공급에 대한 면세

국민주택의 공급에 대하여는 공급자 또는 공급받는 자가 누구인지에 관계없이 부가가치세가 면제되며, 그 주택이 완성된 국민주택을 공급하든지 건설 중에 있는 국민주택을 공급하든지에 관계없이 부가가치세가 면제된다(조특통칙 106-0-2).

또한, 공급받는 자가 그 주택을 분양하거나 임대하거나 사옥으로 사용할 것인지에 불구하고 면세가 적용되며, 국민주택의 공급에 부수하여 공급되는 재화 및 용역에 대하여도 부가법 제14조 및 제26조 제2항에 따라 부가가치세를 면제한다.

1) 국민주택의 범위

가. 국민주택의 정의

국민주택에 해당하는지 여부에 대하여 종전에는 조특법 제106조 제1항 제4호, 조특령 제106조 제4항 및 제51조의2 제3항에 따르면 "「주택법」에 따른 국민주택규모(다가구주택의 경우에는 가구당 전용면적을 기준으로 한 면적을 말한다) 이하의 주택"으로 규정하고, 「주택법」상 "주택"이란 세대의 구성원이 장기간 독립된 주거생활을 할 수 있는 구조로 된 건축물의 전부 또는 일부 및 그 부속토지로서 단독주택과 공동주택으로 구분하고, "국민주택"은 국민주택기금으로부터 자금을 지원받아 건설되거나 개량되는 주택 등을 말한다. 이때 "국민주택규모"란 주거의 용도로만 쓰이는 면적(이하 "주거전용면적")이 1호 또는 1세대당 85제곱미터 이하인 주택(「수도권정비계획법」 제2조 제1호에 따른 수도권을 제외한 도시지역이 아닌 읍 또는 면지역은 1호 또는 1세대당 주거전용면적이 100제곱미터 이하인 주택)을 말한다(주택법 §2 1호, 5호, 6호). 다만, 기획재정부의 유권해석에서는 국민주택기금에 의한 자금지원 여부와는 상관없다고 해석하였다(부가 46015-2242, 1994. 11. 5.).

위 (국민)주택을 주택법상의 주택에 한정할 것인지, 주거에 적합하게 관련 법령에 맞게 지어진 사실상의 주택이면 주택으로 볼 수 있는지에 대하여 국세청과 기획재정부는 주택법상 주택만 국민주택이 될 수 있다는 입장이었다(서면3팀-1021, 2007. 4. 4. ; 서면3팀-1705, 2007. 6. 12. ; 서면3팀-327, 2008. 2. 14. ; 기획재정부 부가가치세제과-563, 2014. 9. 24. ; 기획재정부 부가가치세제과-608, 2015. 11. 12.). 이후 법원도 하급심에서는 다소 유연한 판결을 하다가, 2021. 1. 14. 대법원은 주거용(준주택) 오피스텔의 주택 여부에 대하여 건축법상 업무용시설에 해당하므로 국민주택으로 볼 수 없다는 판결이 나옴으로써 그간의 논란이 종식되었다.

이러한 혼란은 다시 2021. 2. 17. 조특령 개정 시 국민주택을 「주택법」 제2조 제1호에 따른 주택[세대(世帶)의 구성원이 장기간 독립된 주거생활을 할 수 있는 구조로 된 건축물의 전부 또는 일부 및 그 부속토지를 말하며, 단독주택과 공동주택으로 구분]으로서, 그 규모가 같은 조 제6호에 따른 국민주택규모(다가구주택의 경우에는 가구당 전용면적을 기준으로 한 면적) 이하인 것으로 개정하여 면세대상 국민주택의 개념을 명확히 규정하였다(대법원 2020두43289 및 대법원 2020두49014, 2021. 1. 14.).

▌등기부등본과 건축물대장상의 용도가 다른 경우

등기부등본상에는 공동주택으로 등재되어 있으나 건축물대장상에는 근린생활시설 및 공동주택으로 층별 구분표기되어 있는 경우, 건축물대장이 우선되므로 근린생활시설 부분에 대하여는 부가가치세가 과세된다.

| 건축물 불법용도변경 후 양도에 따른 과세 여부 |

공부상 용도 (준공일)	실제 용도[1] (준공 이후)	공급(분양)[2]	임대 후 매각[3]	관련 사례
근린생활시설	국민주택	과세[4] (불법개조)	면세 (주거용)	대법원 96누8758, 1996. 10. 11. 서면3팀－1246, 2008. 6. 23. 서면3팀－2854, 2007. 9. 13. 부가－90, 2010. 1. 22.
다중주택	국민주택 (다가구)	과세[5]	면세 (주거용)	국심 2008서2262, 2009. 2. 11. 부가－90, 2010. 1. 22.
단독주택 (다가구)	국민주택 (다세대, 다가구)	면세	면세 (주거용)	대법원 93누7075, 1993. 8. 24.[6] 서면3팀－2946, 2007. 10. 30. 부가－90, 2010. 1. 22.
주택(다세대)	근린생활시설 (펜션 등)	과세	과세 (비주거용)	대법원 2010두9037, 2010. 9. 9. 조심 2008중396, 2008. 6. 17. 서울행법 2010구합5554, 2010. 5. 28.
오피스텔 (숙박시설)	국민주택	과세 (불법개조)	면세 (주거용)	재부가－608, 2015. 11. 12. 대법원 2012두24634, 2013. 2. 28.
준주택 (오피스텔)	국민주택	과세	면세 (주거용)	대법원 2020두43289, 2021. 1. 14. 대법원 2020두49014, 2021. 1. 14.

1) 준공일 이후 공부상 용도와 달리 불법 개조한 이후의 실제 건물 형태를 말함(법원은 준공 이후 건축허가내용과 달리 불법용도변경된 경우 국민주택으로 보지 아니함).
2) 용도변경 후 해당 건축물을 분양하는 경우임.
3) 용도변경 후 변경 후의 용도(주택 또는 상업시설)대로 임대 후 매각하는 경우임.
4) 합법적인 용도변경 후 분양(공급)하는 경우 면세함.
5) 공부상 다중주택을 불법 용도변경하여 다가구(원룸)형태로 분양하는 경우 지방자치단체로부터 원상회복을 명할 수 있고 언제든 원상회복을 하여야 하므로 1동 전체의 면적을 기준으로 국민주택규모 판정해야 함.
6) 대법원 전원합의체 판결임.

나. 국민주택 부수시설

국민주택의 공급에 부수하여 분양가액에 포함되어 부수공급하는 「주택법」상의 부대시설과 복리시설에 대하여 부가가치세를 면제한다.

① "부대시설"이란 주택에 딸린 다음의 시설 또는 설비를 말한다(주택법 §2 13).

㉠ 주차장, 관리사무소, 담장 및 주택단지 안의 도로

㉡ 「건축법」 제2조 제1항 제4호에 따른 건축설비

㉢ "㉠" 및 "㉡"의 시설·설비에 준하는 것으로서 대통령령으로 정하는 시설 또는 설비

② “복리시설”이란 주택단지의 입주자 등의 생활복리를 위한 다음의 공동시설을 말한다(주택법 §2 14).

㉠ 어린이놀이터, 근린생활시설, 유치원, 주민운동시설 및 경로당

㉡ 그 밖에 입주자 등의 생활복리를 위하여 대통령령으로 정하는 공동시설

다. 주거전용면적의 산정방법

주거전용면적의 산정방법에 대하여는 「주택법 시행규칙」 제2조에 규정하고 있다(주택건설기준 등에 관한 규정 참조).

주택법 시행규칙 제2조 [주거전용면적의 산정방법]

「주택법」(이하 “법”이라 한다) 제2조 제6호 후단에 따른 주거전용면적(주거의 용도로만 쓰이는 면적을 말한다. 이하 같다)의 산정방법은 다음 각호의 기준에 따른다.

1. 단독주택의 경우: 그 바닥면적(「건축법 시행령」 제119조 제1항 제3호에 따른 바닥면적을 말한다. 이하 같다)에서 지하실(거실로 사용되는 면적은 제외한다), 본 건축물과 분리된 창고·차고 및 화장실의 면적을 제외한 면적. 다만, 그 주택이 「건축법 시행령」 별표 1 제1호 다목의 다가구주택에 해당하는 경우 그 바닥면적에서 본 건축물의 지상층에 있는 부분으로서 복도, 계단, 현관 등 2세대 이상이 공동으로 사용하는 부분의 면적도 제외한다.
2. 공동주택의 경우: 외벽의 내부선을 기준으로 산정한 면적. 다만, 2세대 이상이 공동으로 사용하는 부분으로서 다음 각 목의 어느 하나에 해당하는 공용면적은 제외하며, 이 경우 바닥면적에서 주거전용면적을 제외하고 남는 외벽면적은 공용면적에 가산한다.
   가. 복도, 계단, 현관 등 공동주택의 지상층에 있는 공용면적
   나. 가목의 공용면적을 제외한 지하층, 관리사무소 등 그 밖의 공용면적

국민주택에는 가구당 전용면적을 기준으로 한 면적이 국민주택규모 이하인 다가구주택을 포함한다. 이 경우 다가구주택이라 함은 다음의 요건 모두를 갖춘 주택으로서 공동주택에 해당하지 아니하는 것을 말하며, 한 가구가 독립하여 거주할 수 있도록 구획된 부분을 각각 하나의 주택으로 본다(조특통칙 106-106-3 ; 부가 46015-840, 1994. 4. 26.).

① 주택으로 쓰이는 층수(지하층을 제외한다)가 3개층 이하일 것. 다만, 1층 바닥면적의 2분의 1 이상을 필로티 구조로 하여 주차장으로 사용하고 나머지 부분을 주택 외의 용도로 사용하는 경우에는 해당 층을 주택의 층수에서 제외한다.

② 1개 동의 주택으로 쓰이는 바닥면적(지하주차장 면적을 제외한다)의 합계가 660제곱미터 이하일 것

③ 19세대 이하가 거주할 수 있을 것

라. 건축물별 면세 여부 판정

구 분		요 건	주거전용면적 산정기준 등	면세 여부
단독주택	단독주택	1호당 330m² 이하의 주택	주거전용면적이 국민주택규모 이하[1]	건설용역: 면세 분양: 면세
	다중주택	1) 학생 또는 직장인 등 여러 사람이 장기간 거주할 수 있는 구조로 되어 있는 것 2) 독립된 주거의 형태를 갖추지 아니한 것(각 실별로 욕실은 설치할 수 있으나, 취사시설은 설치하지 아니한 것을 말한다. 이하 같다) 3) 1개 동의 주택으로 쓰이는 바닥면적(부설 주차장 면적은 제외한다. 이하 같다)의 합계가 660㎡ 이하이고 주택으로 쓰는 층수(지하층은 제외한다)가 3개 층 이하일 것. 다만, 1층의 전부 또는 일부를 필로티 구조로 하여 주차장으로 사용하고 나머지 부분을 주택(주거 목적으로 한정한다) 외의 용도로 쓰는 경우에는 해당 층을 주택의 층수에서 제외한다. 4) 건축조례로 정하는 실별 최소 면적, 창문의 설치 및 크기 등의 기준에 적합할 것	1개 동 전체의 주거전용면적이 국민주택규모 초과	건설용역: 과세 분양: 과세
	다가구주택	1) 주택으로 쓰는 층수(지하층은 제외한다)가 3개 층 이하일 것. 다만, 1층의 전부 또는 일부를 필로티 구조로 하여 주차장으로 사용하고 나머지 부분을 주택 외의 용도로 쓰는 경우에는 해당 층을 주택의 층수에서 제외한다. 2) 1개 동의 주택으로 쓰는 바닥면적(지하주차장 면적은 제외한다)의 합계가 660m² 이하일 것 3) 19세대 이하가 거주할 수 있을 것	가구당 주거전용면적이 국민주택규모 이하[2]	건설용역: 면세 분양: 면세
공동주택	아파트	주택으로 쓰는 층수가 5개 층 이상인 주택	1호 또는 1세대당 85m² 이하(비수도권 도시지역 외 읍·면지역은 100m² 이하)[3]	건설용역: 면세 분양: 면세
	연립주택	주택으로 쓰는 1개 동의 바닥면적(지하주차장 면적은 제외한다) 합계가 660m²를 초과하고, 층수가 4개 층 이하인 주택		
	다세대주택	주택으로 쓰는 1개 동의 바닥면적 합계가 660m² 이하이고, 층수가 4개 층 이하인 주택(2		

구 분		요 건	주거전용면적 산정기준 등	면세 여부
		개 이상의 동을 지하주차장으로 연결하는 경우에는 각각의 동으로 보며, 지하주차장 면적은 바닥면적에서 제외한다)		
	기숙사	다음의 어느 하나에 해당하는 건축물로서 국토교통부장관이 정하여 고시하는 기준에 적합한 것. 다만, 구분소유된 개별 실(室)은 제외한다. 1) 일반기숙사: 학교 또는 공장 등의 학생 또는 종업원 등을 위하여 사용하는 것으로서 해당 기숙사의 공동취사시설 이용 세대 수가 전체 세대 수(건축물의 일부를 기숙사로 사용하는 경우에는 기숙사로 사용하는 세대 수로 한다. 이하 같다)의 50퍼센트 이상인 것(「교육기본법」 제27조 제2항에 따른 학생복지주택을 포함한다) 2) 임대형기숙사: 「공공주택 특별법」 제4조에 따른 공공주택사업자 또는 「민간임대주택에 관한 특별법」 제2조 제7호에 따른 임대사업자가 임대사업에 사용하는 것으로서 임대 목적으로 제공하는 실이 20실 이상이고 해당 기숙사의 공동취사시설 이용 세대수가 전체 세대 수의 50퍼센트 이상인 것	비주거용	건설용역: 과세 분양: 과세
업무시설	오피스텔	업무를 주로 하며, 분양하거나 임대하는 구획 중 일부의 구획에서 숙식을 할 수 있도록 한 건축물로서 국토교통부장관이 고시하는 기준에 적합한 것을 말한다.	비주거용	건설용역: 과세 분양: 과세
기타시설		근린생활시설, 숙박시설, 공장 등	비주거용	건설용역: 과세 분양: 과세

1) 「주택법 시행규칙」 제2조의 규정에 따라 산정
2) 바닥면적의 합계를 기준으로 함.
3) 바닥면적으로 하되 2세대 이상이 공동사용하는 주거전용면적이 아닌 공용면적을 제외한 면적을 기준으로 함.

마. 국민주택 분양권의 양도

사업자가 국민주택(1세대당 주거전용면적이 85㎡ 이하인 주택)을 분양받으면서 계약금 및 중도금을 지급한 후 해당 주택을 취득할 수 있는 권리(분양권)를 양도하는 경우에 해당 분양권의 양도에 대하여는 「조세특례제한법」 제106조 제1항 제4호 및 부가법 제26조 제2항에 따라 부가가치세가 면제되는 것이나, 국민주택규모를 초과하는 주택의 분양권을 양도하는 경우에는 부가가치세가 과세된다(부가 46015-1332, 2000. 6. 8.).

바. 건설 중인 주택(미완성 주택)의 양도

사업자가 건설 중에 있는 국민주택을 양도하는 경우에는 면세사업에 관련된 재화의 공급으로서 부가가치세를 면제한다(조특통칙 106-0-2).

사. 주거용 합숙소 및 기숙사

종업원들의 복리 또는 근로의 편의를 위한 합숙소나 기숙사에 대한 건설용역은 국민주택규모 이하의 주택건설용역이 아니므로 부가가치세가 과세될 뿐만 아니라, 동 시설의 임대는 사업을 위한 주거용으로 사용케 하는 것이므로 부가가치세가 과세되며, 동 시설을 양도하는 경우 과세사업에 사용 또는 수익하다가 양도하는 일시적 · 우발적 공급으로 부가가치세가 과세된다(부가 1265.1-2181, 1982. 8. 18. ; 부가 46015-818, 1993. 5. 29.).

아. 국민주택 허가권의 양도

건설업을 영위하는 사업자가 건설 중인 국민주택을 양도하는 과정에서 해당 국민주택을 양수하는 자에게 동 국민주택에 대한 국민주택건설허가권을 함께 양도하고 그 대가를 받는 경우에는 부가가치세 면세사업에 관련된 권리의 양도에 해당되어 부가가치세가 면제된다(부가 46015-171, 1995. 1. 24.).

자. 이동 가능한 조립식주택의 양도

사업자가 토지에 정착되지 아니한 주거에 사용하는 조립완성 건축물을 수입하여 공부상 건축물 등으로 등재하지 않은 상태로 판매하는 경우에는 해당 건축물이 국민주택규모에 해당하는지 여부에 관계없이 부가가치세가 과세되는 것이며 해당 건축물에 부수하여 사용되는 침대, 가구, 가전제품 등을 함께 공급하는 때에는 해당 가구 등도 부가가치세가 과세된다(부가 46015-2744, 1996. 12. 21.).

차. 주거에 사용 후 양도하는 주택에 대한 과세

신축주택을 분양하는 경우 공급 당시 주택법상 주택으로서 국민주택규모 이하의 주택공급만이 부가가치세가 면제되고 그 구조의 실질이 주택이라 하더라도 불법으로 개조된 것이라면 면세의 적용을 받을 수 없다.

그러나 소득세법상 1세대 1주택 판정에 있어 주택이란 공부상 용도에 관계없이 실제 용도가 사실상 주거에 제공되는 건물인가에 의하여 판단하여야 하고, 일시적으로 주거가 아닌 다른 용도로 사용하고 있더라도 그 구조, 기능이나 시설 등이 본래 주거용으로서 주거용에 적합한 상태에 있고 주거기능이 그대로 유지·관리되고 있어 언제든지 본인이나 제3자가 주택으로 사용할 수 있는 건물의 경우에는 이를 주택으로 본다(대법원 2004두14960, 2005. 4. 28.).

카. 불법용도변경한 다중주택의 주거전용면적 판정

'다중주택'으로 건축허가 및 사용승인을 받은 다음 용도변경의 허가없이 각 실별로 취사시설을 설치함으로써 사실상 '다가구주택'의 용도로 개조한 경우에는 공부상 용도 역시 '다중주택'이고, 가구당 전용면적을 적용하는 '다가구주택'('다가구주택'의 요건을 적법하게 충족하여 공부상 '다가구주택'으로 등재된 건축물)에 해당한다고 볼 수 없다. 따라서 조특법상 부가가치세가 면세요건인 '주택법에 따른 국민주택규모 이하의 주택'이란 공부상 용도에 따라 객관적으로 판단하여야 하는 것이어서, 다가구주택 형태로 불법 용도변경한 공부상 다중주택은 그 주택의 규모가 주택법에 따른 국민주택규모 이하인지 여부는 가구당 전용면적이 아닌 전체 주거전용면적을 기준으로 판단하여야 한다 (대법원 2020두42637, 2021. 1. 28. ; 대전고법 2019누12300, 2020. 6. 12.).

2) 국민주택공급에 부수하여 공급하는 재화 또는 용역

주된 거래인 재화의 공급에 필수적으로 부수되는 재화 또는 용역의 공급은 주된 거래인 재화의 공급에 포함되는 것이므로 국민주택에 해당하는 집단주택의 부대시설 및 복리시설을 주택공급과 별도로 공급하는 경우에는 부가가치세를 면제하지 아니하나, 해당 시설을 주택의 공급에 부수하여 공급하고 그 대가를 주택의 분양가격에 포함하여 받는 경우에는 동 부가가치세를 면제한다(조특통칙 106-0-1).

같은 이유에서 사업자가 국민주택을 공급함에 있어서 하나의 계약에 의하여 신발장, 싱크대 등 사양선택품목을 해당 주택에 통상적으로 부수하여 공급하는 경우에는 주된 재화의 부수재화로 보아 부가가치세를 면제한다(재무부 부가 46015-5, 1994. 1. 6.).

다만, 국민주택규모의 아파트를 신축하여 분양하는 사업자가 아파트 공급 시 분양가액에 가구, 가전, 위생용품 등 선택품목을 포함시키지 아니하고 동 선택품목을 원하는 계약자에 대하여는 별도의 계약을 체결하여 공급하고 그 대가를 받는 경우에는 주택공급과는 별개의 공급으로서 부가가치세가 과세된다.

또한, 사업자가 국민주택 아파트를 신축하여 분양하면서 주택분양 계약과는 별도로 수분양자와 발코니섀시 설치계약을 체결하고 주택분양가액에 포함하여 받지 아니한 경우에 있어서 해당 발코니섀시의 설치용역은 주택공급과는 별개의 공급으로 부가가치세를 과세한다(재경부 소비세제과-159, 2004. 2. 12.).

3) 국민주택의 공급에 대한 과세 및 면세 사례

① 면세되는 경우

가. 국민주택건설업자가 국민주택을 신축하기 위하여 취득한 토지에 부착된 건물의 철거물을 판매하는 경우(부가 1265.1-2068, 1981. 8. 3.)

나. 국민주택 건설과정에서 발생하는 시멘트포대·고철·화목 등을 판매하는 경우

다. 국민주택인 공동주택의 온수·난방에 사용하는 집중난방용 보일러를 동 공동주택과 함께 양도하는 경우(부가 1265.2-2961, 1982. 11. 24.)

라. 국민주택에 해당하는 집단주택의 부대설비 및 복리시설을 주택의 공급에 부수하여 공급하고 그 대가를 주택의 분양가격에 포함하여 받는 경우(조특통칙 106-0-1)

② 과세되는 경우

가. 동일 건축물에 국민주택과 상가를 함께 건축하여 그중 상가를 분양하는 경우(간세 1265.1-2394, 1979. 7. 20.)

나. 국민주택 신축분양 시 도시가스사업자로 하여금 국민주택에 취사용 가스시설을 설치하게 하고 가스시설분담금을 국민주택분양금에 포함하여 입주자로부터 징수하는 경우(부가 1265.1-2311, 1981. 8. 29.)

다. 국민주택에 해당하는 집단주택의 부대시설 및 복리시설을 주택의 공급과는 별도로 공급하거나, 그 대가를 주택의 분양가격에 포함하여 받지 아니하는 경우(서면3팀-1960, 2004. 9. 23.)

(3) 국민주택건설용역의 공급에 대한 면세

1) 면세대상 사업자(자격요건)

국민주택의 공급과는 달리 국민주택건설용역의 공급에 대하여는 일정한 요건을 갖춘 공급하는 자가 그 자격요건 범위 내에서 제공하는 다음의 건설용역에 해당하는 것에만 부가가치세를 면제한다(조특법 §106 ① 4, 조특령 §106 ④).

①「건설산업기본법」·「전기공사업법」·「소방시설공사업법」·「정보통신공사업법」·

「주택법」·「하수도법」 및 「가축분뇨의 관리 및 이용에 관한 법률」에 따라 등록을 한 자가 공급하는 국민주택의 건설용역. 다만, 「소방시설공사업법」에 따른 소방공사감리업은 제외한다.

② 「건축사법」, 「전력기술관리법」, 「소방시설공사업법」, 「기술사법」 및 「엔지니어링산업진흥법」에 따라 등록 또는 신고를 한 자가 공급하는 국민주택의 설계용역

사업자가 국민주택 규모 이하의 건설용역을 제공하였으나 「건설산업기본법」에 따라 건설업자가 시공하여야 할 규모에 해당하지 아니하여 건설산업기본법에 따라 등록된 자가 아닌 경우라도 「건설산업기본법」에 따라 등록을 한 자에 해당하지 아니하므로 국민주택 공사용역에 대하여 면세할 수 없다는 것이 국세청과 기재부의 해석이다(부가-40, 2012. 1. 12. ; 재소비 46015-103, 2002. 4. 16.). 아울러 등록된 또는 신고된 범위 내에서의 국민주택 건설공사에 대하여 면세하는 것으로 「건설산업기본법」 제9조에 따라 일반건축공사업으로 등록한 일반건설업자가 국민주택규모 이하의 주택건설용역을 공급하는 경우 해당 사업자가 관련 법령에 따라 등록한 범위 내의 일반건축공사 용역에 대해서만 부가가치세가 면제된다(국심 2006부3572, 2006. 12. 27. ; 부가-1760, 2021. 12. 28.).

반면, 「주택법」 제4조 제1항의 각 호에 해당하는 사업자(국가·지방자치단체, 한국토지주택공사, 지방공사, 주택건설사업을 목적으로 설립된 공익법인, 주택조합 등으로서 주택법상 등록의무가 면제되는 사업자)가 제공하는 국민주택 건설용역은 조특령 제106조 제4항 제2호에 따라 부가가치세 면제가 적용된다. 다만, 건설용역이 아닌 개별사업대행용역과 관련된 대행수수료의 경우에는 부가가치세가 과세된다(기획재정부 부가가치세제과-2078, 2023. 3. 13.).

2) 국민주택건설용역의 범위

① 공급받는 자의 사용용도와 면세 여부

국민주택건설용역에 대하여 부가가치세를 면제함에 있어서는 해당 주택의 건설용역을 공급받는 자가 누구인지를 불문하며, 공급받는 자가 취득한 주택을 분양하거나 임대하든지, 종업원의 복리후생을 위한 사택으로 보유하기 위한 것인지에 관계없이 국민주택의 건설용역은 면세된다.

② 하도급과 면세 여부

건설용역은 국민주택을 신축하거나 개축하는 자로부터 직접 도급받아 공급하는 경우뿐만 아니라 하도급 또는 재하도급받아 공급하는 경우가 포함되며, 해당 건설용역(도급,

하도급을 불문한다)에는 건설업자가 직접 모든 자재를 부담하여 제공하는 경우뿐만 아니라 발주자(또는 원도급자)로부터 자재를 공급받아 제공하는 경우 및 노무 등 인적용역만을 하도급받아 제공하는 경우가 모두 포함된다.

이 경우 건설용역으로 보는 금액은 해당 건설용역을 제공하는 자가 부담한 재료비 및 노무비 등을 포함한 도급금액 전액이 된다(부가 46015-3736, 2000. 11. 9. ; 조특통칙 106-106-2).

③ 원수급자와 하도급자의 등록내용에 따른 면세 범위

국민주택의 분양사업을 수행하는 시행사가 토목공사업 등록을 한 종합건설업체에 발주하고 종합건설업체는 다시 전기공사, 소방공사, 정보통신공사를 수행하는 전문건설업체들에게 하도급을 주어 국민주택건설용역을 제공받는 경우 전문건설업체들은 계산서를 종합건설업체에 발급하고, 종합건설업체는 시행사에게 해당 전문건설업체들에게 하도급한 건설용역분에 대하여는 시행사에게 세금계산서를 발급하여야 한다. 「전기공사업법」 제11조에 따라 전기공사, 소방공사, 정보통신공사는 시행사가 직접 전문건설업체에게 직접 발주함으로써 누적효과가 발생하지 않도록 주의할 필요가 있다(조심 2022부6874, 2023. 7. 7.).

| 국민주택건설용역 제공 시 건설업 등록 여부에 따른 면세 여부 |

구 분	① 원수급업자	② 하도급업자	면세 여부	
			① ⇒ 발주자[1]	② ⇒ ①[2]
유형1	등록	등록	면세	면세
유형2	등록	미등록	면세	과세
유형3	미등록	등록	과세[3]	면세[4]
유형4	미등록	미등록	과세	과세

1) 원수급자가 국민주택건설용역의 발주자에게 제공하는 경우
2) 하도급업자가 원수급자에게 국민주택건설용역을 제공하는 경우
3) 원수급자가 종합공사등록을 한 경우로서 국민주택건설공사 중 전문건설등록이 되지 아니한 부분공사를 동 자격을 갖춘 자에게 하도급을 주어 해당 공사를 완성하는 경우 발주자에게 제공하는 국민주택건설용역은 면세함.
4) 부가가치세가 과세된다는 유권해석이 있으나(부가 46015-1367, 1995. 7. 24.), 국민주택에 제공된 건설용역으로서 면세함이 타당하다고 판단됨.

④ 국민주택건설용역에 부수되는 용역의 면세 여부

국민주택건설용역 공급의 경우에 있어서도 부가법 제14조의 부수재화 및 부수용역에 대한 취급규정이 적용되므로 부가가치세가 면제되는 국민주택의 건설용역뿐만 아니라,

국민주택에 부수되는 부대시설 등의 건설용역이 포함되는 것이므로 국민주택건설용역에 부수하여 공급되는 지하수개발용역, 택지조성용역, 국민주택에 부수되는 부대시설인 도로포장・상하수도・조경・어린이놀이터・운동시설・울타리・조명시설 등을 설치하는 건설용역 및 국민주택에 대한 하자보수용역의 경우에도 국민주택건설용역으로서 부가가치세가 면제된다.

⑤ 국민주택건설용역과 별개로 공급되는 경우

국민주택과 그에 부수하여 공급되어 부가가치세가 면제되는 경우가 아닌 별도로 공급하는 부대시설, 상가에 대한 건설용역 및 국민주택 단지 밖의 도로나 조경공사를 도급받아 해당 용역을 제공하는 경우에는 부가가치세가 면제되지 아니한다(재부가 22601-1805, 1991. 12. 14.). 한편, 국민주택과 그 밖의 건물이 혼합된 단지 내에서의 부대시설 건설용역이 국민주택에 부수되는지 그 밖의 건물에 부수되는지 불분명한 때에는 공급받는 자의 총예정건평수에 대한 국민주택 예정건평수와 그 밖의 건물 예정건평수의 비율에 따라 공급가액을 안분계산한다.

⑥ 국민주택철거용역의 면세 여부

건설업법 등에 따라 등록을 한 사업자가 발주자와 기존의 건축물을 철거 후 국민주택규모의 아파트를 신축하기로 계약하고, 해당 공사 중 철거공사에 대한 건설업등록을 한 자와 하도급계약에 의하여 기존 건축물의 철거용역을 공급받은 경우 해당 철거용역에 대하여는 부가가치세를 면제받을 수 있다(해당 사업자가 직접 철거하는 경우 포함)(부가 46015-1006, 1994. 5. 20. ; 부가 46015-348, 1997. 12. 11.).

⑦ 건설현장 폐기물처리 운반용역의 면세 여부

「건설산업기본법」에 따라 등록을 한 자가 일괄계약에 의하여 국민주택건설을 위한 기존건물 등의 철거용역과 건설폐기물 수집・운반 및 처리용역을 함께 공급하는 경우 국민주택 건설을 위한 철거용역에 대하여는 「조세특례제한법」 제106조 제1항 제4호에 따라 부가가치세가 면세되는 것이나, 동 사업자가 폐기물관리법의 허가사항인 건설폐기물의 수집・운반 및 처리용역에 대하여는 국민주택건설용역의 범위에 해당하지 않아 부가가치세가 과세되는 것으로 회신한 바, 해체공사업과 건설폐기물의 수집・운반・처리업은 각각 「건설산업기본법」에 따른 등록은 물론 「폐기물관리법」에 따른 허가를 받아야 할 사항이고, 해체공사와 건설폐기물의 수집・운반용역은 상호 간에 필수적으로 부수되는 것으로 볼 수 없으며 생활폐기물로도 볼 수 없기 때문인 것으로 보인다(재소비 46015-42, 2001. 2. 22. ; 부가-702, 2010. 6. 7.).

⑧ 모델하우스 설치 관련 용역

「건설산업기본법」·「전기공사업법」·「소방법」·「정보통신공사업법」·「주택법」·「하수도법」 및 「가축분뇨의 관리 및 이용에 관한 법률」에 따라 등록을 한 자가 「조세특례제한법」 제106조 제1항 제4호에 따른 국민주택건설용역에 부수하여 관련 모델하우스 건설용역을 함께 제공하는 경우에는 부가가치세를 면제한다(서면3팀-662, 2005. 5. 13.). 다만, 모델하우스 건설용역만을 하도급을 받은 건설업자가 국민주택 이하의 국민주택규모 이하의 모델하우스 건설용역을 제공하는 경우에도 부가가치세가 과세된다(서면3팀-620, 2005. 5. 9.).

또한, 국민주택규모를 초과하는 아파트를 신축·분양하는 사업자가 아파트 분양을 위하여 모델하우스를 설치한 경우 모델하우스 설치와 관련된 매입세액(모델하우스 설치를 위해 임차한 토지의 임차료에 대한 매입세액 포함)은 자기의 매출세액에서 공제 가능하다(서면3팀-3334, 2007. 12. 14.).

⑨ 기존주택에 대한 추가공사가 있는 경우

가. 하자보수용역

부가가치세가 면세되는 국민주택건설용역을 공급한 사업자가 계약에 의하여 일정기간 동안 해당 국민주택에 대하여 하자보수용역을 공급하는 경우에는 부가가치세가 면제되는 것이나, 당초 건설용역을 공급한 사업자 외의 자가 공급하는 국민주택 하자보수용역 또는 원도급자가 하도급업자로 하여금 해당 하자보수공사를 하게 하고 그 대가를 지급하는 경우 하도급업자가 제공하는 보수용역에 대하여는 부가가치세가 과세된다(서삼 46015-11626, 2003. 10. 16. ; 부가 46015-193, 1994. 1. 28. ; 부가 22601-1126, 1992. 7. 20.).

나. 일반보수용역

기존에 완성된 국민주택규모 이하 아파트에 대한 보수용역 및 배관공사 등('하자보수용역'은 제외)은 부가가치세가 과세된다(서삼 46015-10686, 2002. 4. 26. ; 부가 1265-2628, 1982. 10. 7.).

⑩ 주상복합건물 건설용역

「건설산업기본법」에 따라 등록한 자가 점포와 점포에 딸린 가구당 전용면적이 국민주택규모 이하인 다가구주택에 대한 건설용역을 제공하는 경우 또는 근린상가와 다세대주택건설용역을 함께 제공하는 경우 해당 건설용역 중 국민주택건설용역에 해당하는 부분은 「조세특례제한법」 제106조 제1항 및 동법 시행령 제106조 제4항에 따라 부가가치세가 면제된다. 이 경우 과세되는 점포의 건설용역과 면세되는 국민주택의 건설용역의 대가가 구분되는 경우 해당 점포의 건설용역에 대한 부가가치세 과세표준은 구분된 점포 건설용역 대가인 것이나, 해당 점포에 대한 건설용역대가와 해당 주택에 대한 건설용역 대가에 구분이 불분명한 경우 점포 건설용역에 대한 부가가치세 과세표준은 해당 건설용역을 공급받는 자의 면세예정면적과 과세예정면적의 총예정면적의 비율에 따라 계산하여 점포에 대한 건설용역대가에 대하여는 세금계산서를 발급하여야 한다(부가 46015-897, 2000. 4. 21. ; 부가 46015-980, 2000. 5. 2. ; 제도 46015-10786, 2001. 4. 25.).

⑪ 국민주택건설용역과 분양대행용역을 함께 제공한 경우

건설업자가 국민주택의 재건축사업과 관련하여 시행사인 조합과 지분제계약방식에 의한 국민주택건설 관련 도급계약체결하면서 시행사가 부담하여야 하는 분양광고비 및 분양대행수수료를 시공사에서 부담(대행용역 제공)하였고, 시공사는 동 계약 조건에 따라 순공사비 외에 국민주택건설용역의 공급으로 볼 수 없는 분양경비 일체(분양광고비 및 분양대행수수료)를 순공사비와 포함하여 공사대금의 형태로 시행사에게 공사대금으로 청구하는 경우 국민주택건설용역과 함께 제공하는 동 주택의 분양대행용역 등은 국민주택건설용역에 필수적으로 부수되는 용역으로 볼 수 없는 것이므로 해당 분양대행용역 등에 대하여는 부가가치세가 면제되지 아니한다(서면3팀-2171, 2007. 7. 31.).

⑫ 국민주택 부대시설공사만을 하도급받은 경우

국민주택건설용역에는 국민주택의 상시주거용 건물과 이에 부속되는 토지의 조성 등을 위한 건설용역을 말하는 것으로 국민주택에 부수되는 부대시설인 도로포장, 상수도, 조경, 어린이놀이터 운동시설, 울타리 등의 설치에 대한 건설용역도 국민주택건설용역에 포함된다(재무부 부가 22601-1805, 1991. 12. 14. ; 부가 1265.1-1366, 1983. 7. 9.). 이처럼 부가가치세가 면제되는 국민주택건설용역에는 직접적인 국민주택의 건설용역 외에 국민주택 공급에 부수되어 면세되는 「주택법」 제2조에 따른 부대시설 및 복리시설의 건설용역도 포함되고, 다만 국민주택의 공급에 부수하여 공급되지 아니하고 별도로 공급되는 부대시설 등의 경우에는 부가가치세가 과세되는 것으로 동 부대시설만의 하도급건설용역과, 국민주택 준공검사가 완료된 후 별도로 공급하는 섀시공사나 자기의 제조장에서 제작한 엘리베이터를 국민주택에 설치(제조업의 경우)하는 경우 및 국민주택단지 밖의 도로변에 가로등, 도로 등을 설치하는 등이 부가가치세가 과세되는 건설용역에 해당한다(부가 1265.1-1402, 1983. 7. 14. ; 부가 22601-1219, 1991. 9. 17. 외).

대법원도 법과 시행령의 규정에 의해 부가가치세가 면제되는 국민주택의 공급과 그 국민주택건설용역은 국민주택 그 자체의 공급과 해당 국민주택의 건설에 있어 필수적인 건설용역이나 전기공사용역, 소방용역 등의 관련 건설용역의 공급을 가리키는 것으로 판결하였다(대법원 91누7040, 1992. 2. 11.).

국민주택 건설에 필수적인 건설용역 또는 국민주택건설의 본질적인 용역으로 보는 경우 국민주택건설용역은 도급 또는 하도급 여부에 관계없이 관련 면허(등록)를 필하고 건설용역으로 제공되는 경우 부가가치세가 면제되는 것이며, 본래의 또는 본질적인 국민주택건설용역을 공급하면서 부수적으로 제공하거나 해당 용역만 (하)도급받아 제공하더라도 부가가치세가 면제된다(부가-1652, 2011. 12. 29.). 또한, 종전 국세청 및 기획재정부에서도 국민주택 건설을 위한 기존 건축물 철거용역, 그 부속토지의 조성용역, 단지 내 조경공사 그 밖에 부대시설인 담장 및 방음벽 설치에 대한 건설용역은 국민주택건설용역에 포함하는 것으로 회신하였다(재소비 46015-348, 1997. 12. 11. ; 부가 46015-1527, 1997. 7. 5. ; 부가 46015-1528, 1995. 8. 18.).

⑬ 건설용역 해당 여부의 판정

건설용역에 해당하는지의 여부에 대하여는 과세기간 개시일 현재 한국표준산업분류를 따른다.

국민주택의 건설용역에 해당하는 경우 부가가치세가 면제되나, 사업자가 국민주택 건설현장 등에 상품, 제품, 원재료 등을 공급하고 이에 부수하여 설치 용역을 함께 제공하는 경우에는 제조업 또는 도매업에 해당되어 국민주택건설용역에 포함하지 아니하여 부가가치세가 과세된다.

실무적으로 재화의 공급인지 용역의 공급인지가 그 구분이 모호할 때가 많지만, 국세청은 '건설용역 해당 여부는 통계청장이 고시하는 당해 과세기간 개시일 현재의 한국표준산업분류표에 의하는 것'으로 회신하고, 통계청은 '표준산업분류는 통계자료의 정확성과 비교성을 확보하여 산업관련 통계 작성 시 통일적으로 사용할 수 있도록 제정·고시된 것으로 이를 타 행정목적으로 준용하는 경우 최종 산업의 결정은 해당 기관에서 처리하여야 할 사항'으로 회신하고 있어 그 구분에 있어 납세자의 혼란이 가중되고 있다.

당해 공급형태가 건설용역에 해당하는지에 대한 통일적 해석기준을 정할 수는 없지만, 일반기업회계기준에서는 건설형 공사계약을 '단일자산의 건설공사 또는 설계나 기술, 기능 또는 그 최종적 목적이나 용도에 있어서 밀접하게 상호 연관되어 있는 복수자산의 건설공사를 위해 합의된 법적으로 구속력 있는 계약'으로 정의하면서 ① 구매자가 규격을 정하여 주문한 제품이라도 표준화된 제조공정에서 생산한 후 정상적인 영업망을 통하여 판매되고, 수익을 판매기준에 따라 인식할 수 있으며 매출원가가 재고자산의 평가를 통해 산출될 수 있는 제품의 공급계약에 해당하거나, ② 규격화된 제품을 일정기간 동안의 반복생산을 통하여 공급하거나 보유재고를 공급하는 계약에 해당되는 경우를 제외하고 있는바, 기업회계기준에 따라 공사진행 정도에 따라 수익을 인식하는 공사계약에 해당한다면 건설용역으로 보고 국민주택건설용역으로서 면세 해당 여부를 판단하여도 무방할 것으로 본다(일반기업회계기준 제16장 제2절 참조).

⑭ 국민주택단지 밖 건설용역 등의 면세 여부

시행사 또는 시공사가 하도급계약에 의하여 하청업체들로 하여금 국민주택단지 밖에 택지조성, 상·하수도, 교량 공사 등을 수행하게 하는 경우가 많다. 건설업자가 발주자로부터 아파트 건물에 부속되지 아니하고 주택단지 외에 위치한 시설물공사(과선도로 및 교량공사, 쓰레기 압축장 등에 대한 공사, 저유소 하화장에 대한 비산물 낙하방지용 지붕공사 및 방화벽 등에 대한 공사) 용역에 대하여는 국민주택건설용역에 해당하지 아니한다(부가 46015-2815, 1997. 12. 15. 외 다수).

주택법상 부수시설(부대시설 및 복리시설)이란 주택에 딸리거나 단지 안의 시설 또는 설비로 동 시설 등이 국민주택의 공급에 부수하여 분양가액에 포함되어 부수공급하는 경우 면세하는 것으로 부가가치세가 면제되는 국민주택건설용역에는 국민주택 택지조성, 부대공사용역도 포함되지만 주택단지 밖으로서 사업지구 내의 해당 공사는 주택법상 부수시설 또는 국민주택건설용역 그 자체로 볼 수 없어 면세에 해당하지 아니한다고 보고 있다(조심 2014중3577, 2014. 10. 27.).

대법원도 국민주택을 건설하는 사업자가 그 부지 조성과정에서 수목을 벌채 훼손하는 대신에 다른 공공지역이나 시설 내에 수목식재공사를 하여 시에 제공하도록 하는 부담을 이행하기 위하여 제공되는 용역이 주택건설용역에 필수적으로 수반되는 용역이라고 볼 수도 없으므로 부가가치세가 면제되는 국민주택건설용역에 해당하지 아니한다고 판결하였다(대법원 91누7040, 1992. 2. 11.).

⑮ 독립적으로 제공한 택지조성공사용역의 면세 여부

국세청은 「건설산업기본법」 등에 의하여 등록한 자가 국민주택 택지조성을 위한 건설용역을 제공하는 경우(하도급 포함)에도 부가가치세가 면제된다는 해석과 과세취지의 해석도 상존하고 있었다(부가가치세과-5035, 2008. 12. 29. ; 부가가치세과-574, 2014. 6. 17. ; 서면3팀-420, 2007. 2. 6.).

반면, 법원은 부가가치세가 면제되는 것은 국민주택 그 자체의 공급과 그 국민주택의 건설에 있어 필수적인 건설용역이나 전기공사용역, 소방용역 등의 관련 건설용역의 공급을 말하므로, 국민주택건설용역이 포함되지 아니한 택지조성공사만 수행(국민주택 등의 건설에 앞서 독자적으로 진행된 단지 전체에 대한 기반시설공사 등)하고 주된 용역인 국민주택 건설공사는 다른 시공사들이 수행한 경우 택지조성공사 용역은 부가가치세가 면제되는 국민주택건설의 부수용역에 해당하지 아니하여 부가가치세를 면제할 수 없다고 판결하였다(대법원 2016두50594, 2016. 12. 15. ; 서울고법 2015누55006, 2016. 8. 18. ; 서울행법 2014구합74855, 2015. 7. 24.).

⑯ 준주택인 오피스텔의 분양 및 건설용역의 면세 여부

준주택인 오피스텔의 공급에 대하여 기획재정부는 과세, 조세심판원은 면세로 반복결정하다가 2017. 12. 20. 과세로 입장을 변경하였고, 법원도 하급심에서 과세와 면세로 엇갈린 판결을 하기도 하였다.

2021. 1. 14. 대법원은 다음과 같이 판결하였다(대법원 2020두43289 및 대법원 2020두49014, 2021. 1. 14.).

국민주택 면세에 대한 조특법 조항이 국민주택규모 이하의 주택 공급에 대하여 부가가치세를 면제하는 취지, 주택과 오피스텔에 대한 각종 법적 규율의 차이, 특히 조세특례제한법령의 다른 규정에서 국민주택 공급 면세조항과 달리 '오피스텔' 또는 주거에 사용하는 오피스텔이 '주택'에 포함된다고 명시하고 있는 점 등을 종합하면, 특별한 사정이 없는 한 공급 당시 공부상 용도가 업무시설인 오피스텔은 그 규모가 주택법에 따른 국민주택규모 이하인지 여부와 관계없이 면세대상 국민주택에 해당한다고 볼 수 없다. 공급하는 건축물이 관련 법령에 따른 오피스텔의 요건을 적법하게 충족하여 공부상 업무시설로 등재되었다면, 그것이 공급 당시 사실상 주거의 용도로 사용될 수 있는 구조와 기능을 갖추었다고 하더라도 이를 건축법상 오피스텔의 용도인 업무시설로 사용할 수 있다. 과세대상 오피스텔에 해당하는지는 원칙적으로 공급 당시의 공부상 용도를 기준으로 판단하여야 하고, 해당 건축물이 공급 당시 공부상 용도가 업무시설인 오피스텔에 해당하여 면세조항에 따른 부가가치세 면제대상에서 제외된 이상 나중에 실제로 주거 용도로 사용되고 있더라도 달리 볼 수 없다.

아울러 주거용 오피스텔의 공급이 면세대상에 해당하는지에 관하여 세법해석상으로 견해가 나뉘어 있었다고 보기 어렵다는 등의 이유로 부가가치세 가산세를 면할 정당한 사유가 있다고 볼 수 없다고 판시하였다. 하지만 가산세 부과 부분에 대한 대법원의 판단은 납세자에게 너무 가혹한 것이 아닌가 싶다(조세심판원에서 가산세는 정당한 사유가 있는 것으로 결정하기도 하였다).

법원이 주거용 오피스텔을 (국민)주택으로 보지 아니한 이상 해당 오피스텔의 건설용역이 면세될 수 없음은 당연하다.

(4) 국민주택 리모델링 용역의 공급에 대한 면세

1) 개요

주택을 재건축하는 것보다 리모델링하여 주택의 사용기한을 연장하는 것이 부동산 투기요인 제거 및 불필요한 폐기물발생을 억제하며, 재건축 시에는 부가가치세를 면제하고 리모델링 시에는 과세하는 것은 과세형평에 맞지 아니하여 2004. 12. 31. 이후 공급분부터 동 국민주택 리모델링 용역에 대하여도 부가가치세를 면제하도록 「조세특례제한법」 제106조 제1항 제4호의 규정을 신설하였다.

2) 면제 요건

① 국민주택 리모델링 용역 및 리모델링 설계용역의 면제요건은 국민주택건설용역의 공급과 마찬가지로 「건설산업기본법」·「전기공사업법」·「소방시설공사업법」·「정보통신공사업법」·「주택법」·「하수도법」 및 「가축분뇨의 관리 및 이용에 관한 법률」에 따라 등록을 한 자가 「주택법」·「도시 및 주거환경정비법」 및 「건축법」에 따라 리모델링하는 것으로서 국민주택을 리모델링(증축·개축·대수선)하는 용역과 「건축사법」에 따라 등록을 한 자가 공급하는 이러한 국민주택 리모델링에 사용되는 설계용역을 말한다.

② 위 "①"의 리모델링 용역이라도 리모델링 대상이 국민주택규모 이하의 주택을 대상으로 하는 것이고, 리모델링 시공 전·후의 주택규모가 모두 「조세특례제한법 시행령」 제106조 제4항 제1호에 따른 1호 또는 1세대 당 전용면적이 국민주택규모 이하여야 하는 것이나, 복도식 아파트를 리모델링할 경우 시공 전의 복도, 발코니 등이 거실화되면서 전용면적이 증가하므로 그 증가된 면적이 리모델링 시공 전의 전용면적의 30% 이하인 경우에도 부가가치세를 면제토록 규정하고 있다.

(5) 국민주택 설계용역

부가가치세가 면제되는 국민주택의 설계용역으로서 「건축사법」, 「전력기술관리법」, 「소방시설공사업법」, 「기술사법」 및 「엔지니어링 기술진흥법」에 따라 등록 또는 신고를 한 자가 공급하는 것은 부가가치세를 면제한다.

2002. 12. 30. 시행령 개정 시 서민의 국민주택 구입비용의 절감을 세제상으로 지원하고자 「건축사법」에 따라 등록한 자가 공급하는 국민주택의 설계용역을 국민주택의 건설용역의 범위에 추가함으로써 2003. 7. 1. 이후 최초로 공급하는 분부터 부가가치세가 면

제되도록 하였다. 다만, 감리용역에 대하여는 종전과 동일하게 부가가치세가 과세된다.

2009. 2. 4. 시행령 개정 시에는 「건축사법」에 따른 건축사 외에 「전력기술관리법」, 「소방시설공사업법」, 「기술사법」 및 「엔지니어링 기술진흥법」에 따라 등록 또는 신고를 한 자가 제공하는 국민주택설계용역도 면세범위에 추가하였다. 동 개정 규정은 2009. 2. 4. 이후 최초로 계약을 체결하여 공급하는 분부터 적용한다(조특령 §106 ④ 3).

(6) 국민주택 관련 재화 또는 용역의 공급 요약

구 분	건축물	토지	비 고
국민주택의 분양	면세	면세	일정 자격 요건 없음.
국민주택규모 초과분 분양	과세	면세	일정 자격 요건 없음.
상가 등 기타건축물의 분양	과세	면세	일정 자격 요건 없음.
국민주택건설용역	면세		관련법에 의해 신고 또는 등록된 자에 한함.
국민주택 리모델링 용역	면세		관련법에 의해 신고 또는 등록된 자에 한함.
국민주택 설계용역	면세		관련법에 의해 신고 또는 등록된 자에 한함.

6 공동주택 등에 공급하는 일반관리용역, 경비용역, 청소용역

(1) 개 요

1) 국민주택 외의 주택에 공급하는 관리용역 등

중산층의 주거비 부담을 완화하기 위하여 「공동주택관리법」 제2조 제1항 제10호에 따른 관리주체(같은 호 가목은 제외한다. 이하 "관리주체"라 한다), 「경비업법」 제4조 제1항에 따라 경비업의 허가를 받은 법인(이하 "경비업자"라 한다) 또는 「공중위생관리법」 제3조 제1항에 따라 건물위생관리업의 신고를 한 자(이하 "청소업자"라 한다)가 「주택법」 제2조 제3호에 따른 공동주택 중 국민주택을 제외한 주택으로서 다음의 주택에 공급하는 후술하는 "(2)"의 일반관리용역·경비용역 및 청소용역에 대하여는 2025. 12. 31.까지 공급한 것에만 부가가치세를 면제한다(조특법 §106 ① 4의2).

㉠ 수도권을 제외한 「국토의 계획 및 이용에 관한 법률」 제6조 제1호에 따른 도시지역이 아닌 읍 또는 면지역의 주택(수도권은 서울·경기·인천이며, 용도지역의 확인은 각 지방자치단체 지적과 및 luris.molit.go.kr를 통해 확인 가능함)

㉡ 위 "㉠" 외의 주택으로서 1호(戶) 또는 1세대당 주거전용면적이 135㎡ 이하인 주택

따라서 위 "㉠" 및 "㉡"에 해당하지 아니하는 전용면적 135㎡를 초과하는 공동주택(수도권과 도시지역 외의 읍·면에 소재한 주택은 제외함)의 경우 해당 세대의 일반관리비, 경비용역, 청소용역에 대하여는 2015. 1. 1. 공급분부터 부가가치세가 과세된다.

2) 국민주택에 공급하는 관리용역 등

관리주체, 경비업자 또는 청소업자가 「주택법」 제2조 제3호에 따른 공동주택 중 국민주택에 공급하는 후술하는 "(2)"의 일반관리용역·경비용역 및 청소용역에 대하여 부가가치세를 면제한다(조특법 §106 ① 4의3).

3) 노인복지주택에 공급하는 일반관리·경비·청소용역

「노인복지법」 제32조 제1항 제3호에 따른 노인복지주택(이하 "노인복지주택"이라 한다)의 관리·운영자, 경비업자 및 청소업자가 「주택법」에 따른 국민주택규모 이하의 노인복지주택에 공급하는 일반관리용역·경비용역 및 청소용역은 부가가치세를 면제한다(조특법 §106 ① 4의4, 조특령 §106 ⑥).

이때 일반관리용역, 그 밖의 부가가치세가 면제되는 경비용역 및 청소용역의 범위는 후술하는 "(2) 일반관리용역·경비용역 및 청소용역의 범위"와 동일하다.

(2) 일반관리용역·경비용역 및 청소용역의 범위

1) 관리주체 등이 제공하는 일반관리용역 등의 범위

관리주체 또는 「노인복지법」 제32조 제1항 제3호에 따른 노인복지주택의 관리·운영자가 각각 공동주택 또는 노인복지주택에 공급하는 경비용역 및 청소용역과 다음에 해당하는 비용을 받고 제공하는 일반관리용역을 말한다.

㉠ 「공동주택관리법 시행령」 제23조의 규정을 적용받는 공동주택의 경우: 같은 시행령 [별표 2] 제1호에 따른 일반관리비(그 관리비에 같은 법 시행령 [별표 2] 제2호부터 제10호까지에 따른 관리비 및 이와 유사한 비용이 포함되어 있는 경우에는 이를 제외한다)

㉡ 「공동주택관리법 시행령」 제23조의 규정을 적용받지 아니하는 공동주택 및 노인복지주택의 경우: "㉠"에 따른 일반관리비에 상당하는 비용

2) 경비용역

경비업자가 공동주택 또는 노인복지주택에 공급하거나 관리주체 또는 노인복지주택의 관리 · 운영자의 위탁을 받아 공동주택 또는 노인복지주택에 공급하는 경비용역(경비업의 허가를 받은 법인에 한함)은 부가가치세를 면제한다(서면3팀-2259, 2004. 11. 5.). 이 경우 경비업자가 개별세대와 독립적으로 경비용역계약을 체결하고 경비용역 공급 시에는 부가가치세가 과세되나(재소비 46015-267, 2002. 10. 19.), 경비업자와의 하도급에 의한 공동주택 경비용역은 부가가치세가 면제된다(서면3팀-2259, 2004. 11. 5.).

3) 청소용역

청소업자가 공동주택 또는 노인복지주택에 공급하거나 관리주체 또는 노인복지주택의 관리 · 운영자의 위탁을 받아 공동주택 또는 노인복지주택에 공급하는 청소용역(위생관리용역업의 신고를 한 자에 한함)으로 해당 청소용역은 2009. 1. 1. 이후 공급분부터, 노인복지주택에 대한 청소용역은 2011. 1. 1. 공급분부터 면세대상에 추가하였다.

(3) 용어의 정의

1) 공동주택의 개념

공동주택이라 함은 「건축법 시행령」 [별표 1] 제2호 가목 내지 다목에서 규정하는 공동주택(아파트, 연립주택, 다세대주택)을 말하는 것이며, 건축법 시행령 [별표 1] 제14호에서 규정하는 업무시설인 오피스텔(업무와 주거를 함께 하는 건축물로 국토교통부장관이 고시하는 것을 말함)은 해당 공동주택 범위에 해당하지 아니한다(재소비 46015-136, 2003. 5. 21.).

▌주택법 제2조【정의】

3. "공동주택"이란 건축물의 벽 · 복도 · 계단이나 그 밖의 설비 등의 전부 또는 일부를 공동으로 사용하는 각 세대가 하나의 건축물 안에서 각각 독립된 주거생활을 할 수 있는 구조로 된 주택을 말하며, 그 종류와 범위는 대통령령으로 정한다.

20. "도시형 생활주택"이란 300세대 미만의 국민주택규모에 해당하는 주택으로서 대통령령으로 정하는 주택을 말한다.

▌주택법 시행령 제3조【공동주택의 종류와 범위】

① 법 제2조 제3호에 따른 공동주택의 종류와 범위는 다음 각호와 같다.

1. 「건축법 시행령」 별표 1 제2호 가목에 따른 아파트(이하 "아파트"라 한다)

2.「건축법 시행령」 별표 1 제2호 나목에 따른 연립주택(이하 "연립주택"이라 한다)
3.「건축법 시행령」 별표 1 제2호 다목에 따른 다세대주택(이하 "다세대주택"이라 한다)
② 제1항 각호의 공동주택은 그 공급기준 및 건설기준 등을 고려하여 국토교통부령으로 종류를 세분할 수 있다.

■ 공동주택관리법 제2조【정의】

1. "공동주택"이란 다음 각 목의 주택 및 시설을 말한다. 이 경우 일반인에게 분양되는 복리시설은 제외한다.
   가.「주택법」 제2조 제3호에 따른 공동주택
   나.「건축법」 제11조에 따른 건축허가를 받아 주택 외의 시설과 주택을 동일 건축물로 건축하는 건축물
   다.「주택법」 제2조 제13호에 따른 부대시설 및 같은 조 제14호에 따른 복리시설
2. "의무관리대상 공동주택"이란 해당 공동주택을 전문적으로 관리하는 자를 두고 자치 의결기구를 의무적으로 구성하여야 하는 등 일정한 의무가 부과되는 공동주택으로서, 다음 각 목 중 어느 하나에 해당하는 공동주택을 말한다.
   가. 300세대 이상의 공동주택
   나. 150세대 이상으로서 승강기가 설치된 공동주택
   다. 150세대 이상으로서 중앙집중식 난방방식(지역난방방식을 포함한다)의 공동주택
   라.「건축법」 제11조에 따른 건축허가를 받아 주택 외의 시설과 주택을 동일 건축물로 건축한 건축물로서 주택이 150세대 이상인 건축물
   마. 가목부터 라목까지에 해당하지 아니하는 공동주택 중 입주자등이 대통령령으로 정하는 기준에 따라 동의하여 정하는 공동주택

■ 건축법 시행령 [별표 1]

2. 공동주택[공동주택의 형태를 갖춘 가정어린이집 · 공동생활가정 · 지역아동센터 · 공동육아나눔터 · 작은도서관 · 노인복지시설(노인복지주택은 제외한다) 및 「주택법 시행령」 제10조 제1항 제1호에 따른 소형 주택을 포함한다]. 다만, 가목이나 나목에서 층수를 산정할 때 1층 전부를 필로티 구조로 하여 주차장으로 사용하는 경우에는 필로티 부분을 층수에서 제외하고, 다목에서 층수를 산정할 때 1층의 전부 또는 일부를 필로티 구조로 하여 주차장으로 사용하고 나머지 부분을 주택(주거 목적으로 한정한다) 외의 용도로 쓰는 경우에는 해당 층을 주택의 층수에서 제외하며, 가목부터 라목까지의 규정에서 층수를 산정할 때 지하층을 주택의 층수에서 제외한다.
   가. 아파트: 주택으로 쓰는 층수가 5개 층 이상인 주택
   나. 연립주택: 주택으로 쓰는 1개 동의 바닥면적(2개 이상의 동을 지하주차장으로 연결하는 경우에는 각각의 동으로 본다) 합계가 660제곱미터를 초과하고, 층수가 4개 층 이하인 주택
   다. 다세대주택: 주택으로 쓰는 1개 동의 바닥면적 합계가 660제곱미터 이하이고, 층수가 4개 층 이하인 주택(2개 이상의 동을 지하주차장으로 연결하는 경우에는 각

각의 동으로 본다)

라. 기숙사: 다음의 어느 하나에 해당하는 건축물로서 공간의 구성과 규모 등에 관하여 국토교통부장관이 정하여 고시하는 기준에 적합한 것. 다만, 구분소유된 개별 실(室)은 제외한다.

1) 일반기숙사: 학교 또는 공장 등의 학생 또는 종업원 등을 위하여 사용하는 것으로서 해당 기숙사의 공동취사시설 이용 세대 수가 전체 세대 수(건축물의 일부를 기숙사로 사용하는 경우에는 기숙사로 사용하는 세대 수로 한다. 이하 같다)의 50퍼센트 이상인 것(「교육기본법」 제27조 제2항에 따른 학생복지주택을 포함한다)

2) 임대형기숙사: 「공공주택 특별법」 제4조에 따른 공공주택사업자 또는 「민간임대주택에 관한 특별법」 제2조 제7호에 따른 임대사업자가 임대사업에 사용하는 것으로서 임대 목적으로 제공하는 실이 20실 이상이고 해당 기숙사의 공동취사시설 이용 세대 수가 전체 세대 수의 50퍼센트 이상인 것

▌공동주택관리법 시행령 제2조【의무관리대상 공동주택의 범위】

「공동주택관리법」(이하 "법"이라 한다) 제2조 제1항 제2호 마목에서 "대통령령으로 정하는 기준"이란 전체 입주자등의 3분의 2 이상이 서면으로 동의하는 방법을 말한다.

▌주택법 시행령 제10조【도시형 생활주택】

① 법 제2조 제20호에서 "대통령령으로 정하는 주택"이란 「국토의 계획 및 이용에 관한 법률」 제36조 제1항 제1호에 따른 도시지역에 건설하는 다음 각호의 주택을 말한다.

1. 소형 주택: 다음 각 목의 요건을 모두 갖춘 공동주택
   가. 세대별 주거전용면적은 60제곱미터 이하일 것
   나. 세대별로 독립된 주거가 가능하도록 욕실 및 부엌을 설치할 것
   다. 주거전용면적이 30제곱미터 미만인 경우에는 욕실 및 보일러실을 제외한 부분을 하나의 공간으로 구성할 것
   라. 주거전용면적이 30제곱미터 이상인 경우에는 욕실 및 보일러실을 제외한 부분을 세 개 이하의 침실(각각의 면적이 7제곱미터 이상인 것을 말한다. 이하 이 목에서 같다)과 그 밖의 공간으로 구성할 수 있으며, 침실이 두 개 이상인 세대수는 소형 주택 전체 세대수(제2항 단서에 따라 소형 주택과 함께 건축하는 그 밖의 주택의 세대수를 포함한다)의 3분의 1(그 3분의 1을 초과하는 세대 중 세대당 주차대수를 0.7대 이상이 되도록 주차장을 설치하는 경우에는 해당 세대의 비율을 더하여 2분의 1까지로 한다)을 초과하지 않을 것
   마. 지하층에는 세대를 설치하지 아니할 것
2. 단지형 연립주택: 소형 주택이 아닌 연립주택. 다만, 「건축법」 제5조 제2항에 따라 같은 법 제4조에 따른 건축위원회의 심의를 받은 경우에는 주택으로 쓰는 층수를 5개층까지 건축할 수 있다.
3. 단지형 다세대주택: 소형 주택이 아닌 다세대주택. 다만, 「건축법」 제5조 제2항에 따

라 같은 법 제4조에 따른 건축위원회의 심의를 받은 경우에는 주택으로 쓰는 층수를 5개층까지 건축할 수 있다.

2) 관리주체의 개념

"관리주체"란 공동주택을 관리하는 다음의 자를 말한다(공동주택관리법 §2 10).

- 제6조 제1항에 따른 자치관리기구의 대표자인 공동주택의 관리사무소장
- 제13조 제1항에 따라 관리업무를 인계하기 전의 사업주체
- 주택관리업자
- 임대사업자
- 「민간임대주택에 관한 특별법」 제2조 제11호에 따른 주택임대관리업자(시설물 유지·보수·개량 및 그 밖의 주택관리 업무를 수행하는 경우에 한정한다)

위 관리주체가 공동주택을 관리하고 위 "(2)"의 일반관리용역대가를 받는 경우 공동주택관리법상 의무관리대상 공동주택이 아닌 공동주택에 공급하는 경우에도 부가가치세가 면제되는 것으로 보아야 한다(서면-2016-부가-3414, 2016. 4. 27.).

3) 관리비 세부명세(공동주택관리법 시행령 [별표 2])

| **관리비의 비목별 세부명세**(제23조 제1항 관련) |

관리비 항목	구성 명세
1. 일반관리비	가. 인건비: 급여, 제수당, 상여금, 퇴직금, 산재보험료, 고용보험료, 국민연금, 국민건강보험료 및 식대 등 복리후생비 나. 제사무비: 일반사무용품비, 도서인쇄비, 교통통신비 등 관리사무에 직접 소요되는 비용 다. 제세공과금: 관리기구가 사용한 전기료, 통신료, 우편료 및 관리기구에 부과되는 세금 등 라. 피복비 마. 교육훈련비 바. 차량유지비: 연료비, 수리비, 보험료 등 차량유지에 직접 소요되는 비용 사. 그 밖의 부대비용: 관리용품구입비, 회계감사비 그 밖에 관리업무에 소요되는 비용
2. 청소비	용역 시에는 용역금액, 직영 시에는 청소원인건비, 피복비 및 청소용품비 등 청소에 직접 소요된 비용
3. 경비비	용역 시에는 용역금액, 직영 시에는 경비원인건비, 피복비 등 경비에 직접 소요된 비용

관리비 항목	구성 명세
4. 소독비	용역 시에는 용역금액, 직영 시에는 소독용품비 등 소독에 직접 소요된 비용
5. 승강기유지비	용역 시에는 용역금액, 직영 시에는 제부대비, 자재비 등. 다만, 전기료는 공동으로 사용되는 시설의 전기료에 포함한다.
6. 지능형 홈네트워크 설비 유지비	용역 시에는 용역금액, 직영 시에는 지능형 홈네트워크 설비 관련 인건비, 자재비 등 지능형 홈네트워크 설비의 유지 및 관리에 직접 소요되는 비용. 다만, 전기료는 공동으로 사용되는 시설의 전기료에 포함한다.
7. 난방비	난방 및 급탕에 소요된 원가(유류대, 난방비 및 급탕용수비)에서 급탕비를 뺀 금액
8. 급탕비	급탕용 유류대 및 급탕용수비
9. 수선유지비	가. 법 제29조 제1항에 따른 장기수선계획에서 제외되는 공동주택의 공용부분의 수선·보수에 소요되는 비용으로 보수용역 시에는 용역금액, 직영 시에는 자재 및 인건비 나. 냉난방시설의 청소비, 소화기충약비 등 공동으로 이용하는 시설의 보수유지비 및 제반 검사비 다. 건축물의 안전점검비용 라. 재난 및 재해 등의 예방에 따른 비용
10. 위탁관리수수료	주택관리업자에게 위탁하여 관리하는 경우로서 입주자대표회의와 주택관리업자 간의 계약으로 정한 월간 비용

(4) 사택, 국민주택을 종업원에게 사용하게 하면서 받는 전기, 수도료, 관리비 등

사택을 신축하여 종업원을 대상으로 주거토록 하면서 종업원의 사적비용인 전기료, 수도료, 가스료 등을 회사에서 부담하는 금액은 근로소득에 해당되어 법인의 손금으로 인정하고 있으므로 법인의 손금으로 인정되는 경우 사업과 직접 관련이 없는 지출에 대한 매입세액으로 볼 수 없는 것이어서 동 매입세액은 매출세액에서 공제하되, 회사가 사업과 관련하여 생산·취득한 재화를 그 사용인의 개인목적을 위하여 사용·소비한 것이라고 할 것이므로 개인적 공급에 해당하여 부가가치세가 과세되어야 한다(법인 46012-3960, 1995. 10. 24. ; 대법원 86누4, 1987. 12. 8. ; 부가 22601-2399, 1987. 11. 20.).

또한, 사용인이 거주하는 국민주택규모 이하의 사원용 아파트를 수리하는 경우 해당 수리와 관련하여 발생한 매입세액도 부가법 제38조 제1항에 따라 매출세액에서 공제된다(부가 1265. 1-1048, 1984. 5. 30.).

| 입주자대표회의의 관리직원 등(일반관리비) 인건비 지급 시 과세 여부 판정표 |

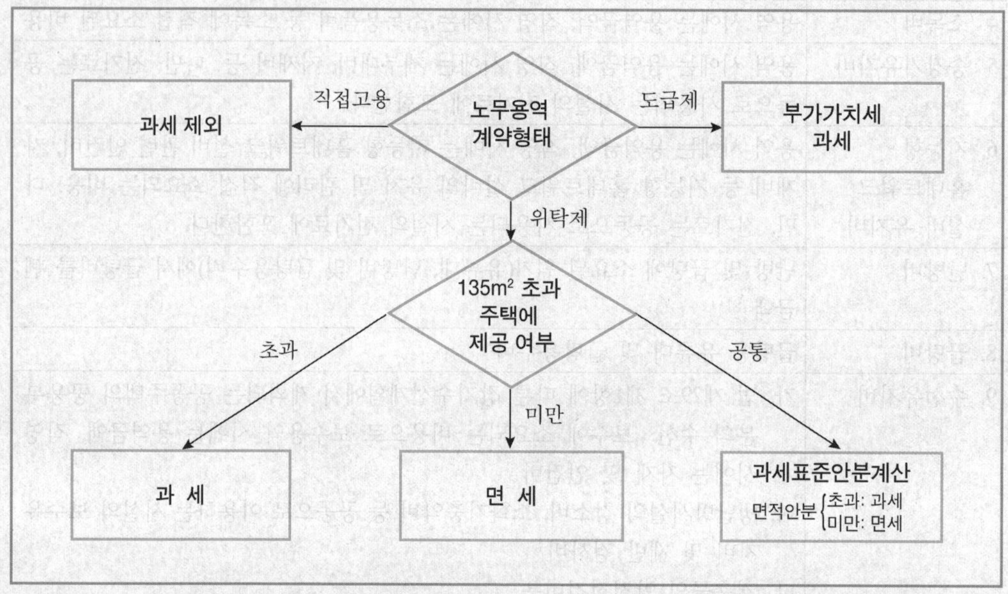

※ 근거: 조특법 §106 ① 4의2 및 4의3 ; 서삼 46015-11530, 2003. 9. 30. ; 부가 46015-959, 2001. 6. 29. ; 울산지법 2011가합7488, 2013. 11. 7.

| 주거전용면적별 일반관리 · 경비 · 청소용역의 면세기준 판정표 |

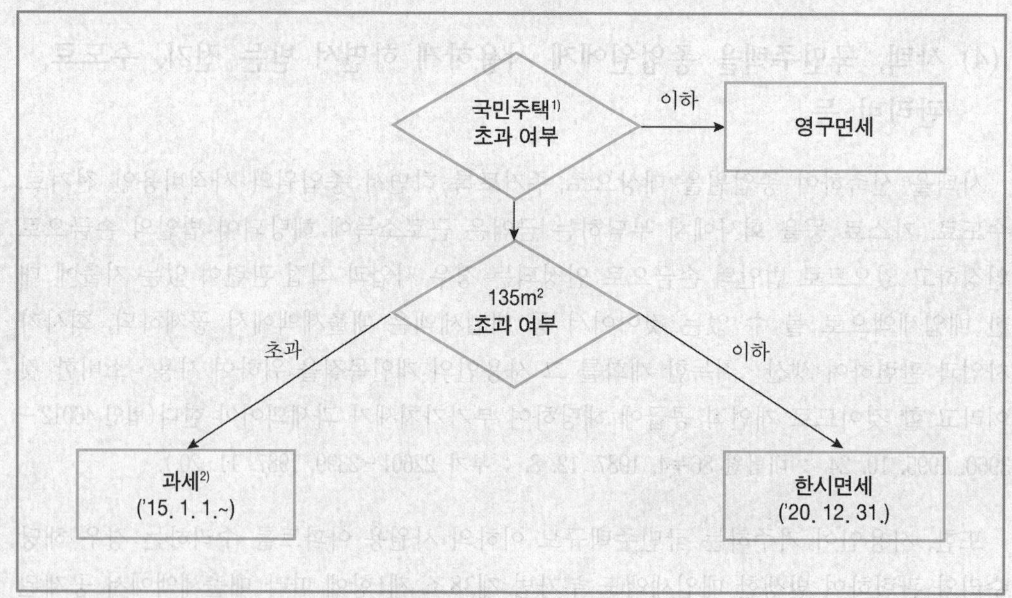

1) 서울 · 수도권은 주거전용면적 85㎡, 그 외 지역은 100㎡(주택법 §2 3)
2) 서울 · 경기 · 인천, 국토법 §6의 도시지역 외의 읍 · 면 소재 주택은 면세

7 | 정부업무를 대행하는 단체가 제공하는 재화 또는 용역

(1) 개 요

국가 · 지방자치단체 · 지방자치단체조합 및 정부업무대행단체가 공급하는 재화 및 용역은 대부분 공중 및 공익을 위한 공급이고 그 대가 또한 실비의 범주에 있기 때문에 부가가치세를 면제한다(조특법 §106 ① 6).

정부업무대행단체가 그 고유목적사업을 위하여 공급하는 경우에는 특별히 단서 등으로 제한된 것을 제외한 모든 재화와 용역의 공급이 면세되는데 특별히 단서 등으로 면세를 제한하는 것은 과세형평상 민간 사경제부분과 경합되는 분야이다.

정부업무대행단체는 별도로 지정 · 열거된 것에 한하여 면세하므로 정부계획에 따른 업무를 한다고 면세되는 것은 아니다.

또한, 정부업무대행단체인 지방공단이 공원의 운영주체인 지방자치단체 및 재단법인과 위 · 수탁계약을 체결하여 공원 내 시설물의 안전점검 · 유지관리 · 경비 및 청소 등의 관리업무를 대행하고 그 대가를 각각 나누어 지급받는 경우 업무대행의 성격은 동일하더라도 지방자치단체에 제공하고 받는 대가는 「조세특례제한법」 제106조 제1항 제6호에 따라 부가가치세를 면제하는 것이나, 재단법인으로부터 받는 대행용역대가는 부가가치세가 면제되지 아니한다(법규부가 2009-364, 2009. 11. 13.).

(2) 정부업무대행단체

국가 · 지방자치단체 · 지방자치단체조합 등의 국가조직으로부터 정부업무를 위임받아 이를 대행하는 단체도 결국은 국가조직을 대신하므로 국가조직의 일원으로 보아 공급의 주체를 면세대상으로 규정하고 있다. 다만, 이러한 업무 중 민간부문과 경합되거나 겹치는 부분은 과세형평상 면세를 배제하고 있다. 면세되는 정부업무대행단체 및 면세사업 범위는 「조세특례제한법 시행령」 제106조 제7항, 같은 법 시행규칙 제48조 제1항에서 구체적으로 규정하고 있다(조특법 시행규칙 [별표 10] 참조).

(3) 면세 제외

정부업무를 대행하는 단체로 열거된 경우라도 부가가치세가 면세되는 재화 또는 용역은 그 단체의 고유목적사업을 위하여 공급하는 경우에만 면세하되, 다음 중 어느 하나에 해당하는 사업은 면세하지 아니한다(다만, "⑦"의 규정은 부가령 제45조 제1호에 불구하고 과세됨(조특령 §106 ⑧)).

① 소매업 · 음식점업 · 숙박업 · 욕탕업 및 예식장업
② 부가령 제3조 제2항에 규정된 사업
③ 부동산임대업
④ 골프장 · 스키장 및 기타 운동시설운영업
⑤ 수상오락서비스업(2006. 7. 1. 이후 공급하는 분)
⑥ 유원지 · 테마파크운영업
⑦ 주차장운영업 및 자동차견인업(2006. 7. 1. 이후 공급하는 분)

8 그 밖의 면세 대상

(1) 임대주택 난방용역

「공공주택 특별법」 제50조의2 제1항에 따라 영구적인 임대를 목적으로 건설한 임대주택에 공급하는 난방용역은 2026. 12. 31.까지 부가가치세를 면제한다(조특법 §106 ① 4의5).

(2) 온실가스 배출권 등의 공급

2016. 1. 1. 이후 공급하는「온실가스 배출권의 할당 및 거래에 관한 법률」 제2조 제3호의 배출권과「온실가스 배출권의 할당 및 거래에 관한 법률」 제29조 제1항에 따른 외부사업 온실가스 감축량 및 같은 조 제3항에 따른 상쇄배출권의 공급은 2025. 12. 31.까지 부가가치세를 면제한다(조특법 §106 ① 5).

(3) 국가철도공단이 국가에 공급하는 철도시설

국가철도공단이「철도산업발전기본법」 제3조 제2호에 따라 철도시설을 국가에 귀속시키고「철도산업발전기본법」 제26조에 따라 철도시설관리권을 설정받는 방식으로 국가에 공급하는 철도시설에 대하여는 부가가치세를 면제한다(조특법 §106 ① 7).

2004. 12. 31. 법 개정 시 국가철도공단이 고속철도시설을 국가에 귀속하고 철도시설관리권을 받는 경우 부가가치세가 과세되어 다른 사회간접자본시설에 비해 불리해지는 문제점을 해소하고, 건설단계에서 기 부담한 부가가치세를 귀속단계에서 재차 부과 시 발생할 수 있는 중복과세의 문제점을 방지하기 위하여 부가가치세 면세규정을 신설하

고, 2004. 12. 31.이 속하는 과세기간에 철도시설을 국가에 귀속하는 분부터 적용된다.

(4) 사업시행자의 면세사업을 위하여 공급하는 사회기반시설 등

「사회기반시설에 대한 민간투자법」 제2조 제8호에 따른 사업시행자가 부가가치세가 면제되는 사업을 할 목적으로 같은 법 제4조 제1호부터 제3호까지의 규정에 따른 방식으로 국가 또는 지방자치단체에 공급하는 같은 법 제2조 제1호에 따른 사회기반시설 또는 사회기반시설의 건설용역은 부가가치세를 면제한다(조특법 §106 ① 7의2).

(5) 기부채납한 학교시설을 이용하여 제공하는 용역

교육부장관의 추천이나 교육부장관이 지정하는 자의 추천을 받은 자가 「사회기반시설에 대한 민간투자법」 제4조 제1호의 방식(BTO)을 준용하여 건설한 학교시설(「고등교육법」 제2조에 따른 학교의 시설로서 「대학설립 · 운영 규정」 제4조 제1항에 따른 [별표 2] 교사시설 중 교육기본시설, 지원시설, 연구시설을 말한다)에 대하여 학교가 제공하는 시설관리운영권 및 그 추천을 받은 자가 그 학교시설을 이용하여 제공하는 용역에 대하여는 2014. 12. 31.까지 실시협약이 체결된 분에 대하여 부가가치세를 면제한다(조특법 §106 ① 8, 조특령 §106 ⑨).

(6) 한국사학진흥재단이 설립한 특수목적법인이 건설한 기숙사 관련 용역

「한국사학진흥재단법」에 따른 한국사학진흥재단이 설립한 특수목적법인이 「사회기반시설에 대한 민간투자법」 제4조 제1호의 방식을 준용하여 건설한 기숙사에 대하여 국가 및 지방자치단체가 제공하는 시설관리운영권 및 그 법인이 그 기숙사를 이용하여 제공하는 용역은 부가가치세를 면제한다(조특법 §106 ① 8의2).

따라서 해당 법인이 기숙사 신축 시 건설관련 매입세액은 불공제, 기숙사의 소유권 이전 시 면세, 기숙사를 이용하여 제공하는 용역은 면세된다(2014. 12. 31.까지 실시협약이 체결된 분에 대하여만 면세 적용).

(7) 한국사학진흥재단 등이 기숙사를 이용하여 제공하는 용역

다음의 법인이 「사회기반시설에 대한 민간투자법」 제4조 제1호의 방식을 준용하여 건설한 기숙사에 대하여 국가, 지방자치단체 또는 「고등교육법」 제2조에 따른 학교(이하 “학교”라 한다)가 제공하는 시설관리운영권 및 그 법인이 그 기숙사를 이용하여 제공하는 용역은 2015년 1월 1일부터 2025년 12월 31일까지 실시협약이 체결된 것에만 부가가치세를 면제한다.

가. 「한국사학진흥재단법」에 따른 한국사학진흥재단이 설립한 특수 목적 법인

나. 「한국사학진흥재단법」에 따른 한국사학진흥재단과 학교가 공동으로 설립한 특수 목적 법인

(8) 시내버스 및 마을버스운송사업용으로 공급하는 버스(일몰 종료)

「여객자동차운수사업법」 및 같은 법 시행령에 따른 시내버스 및 마을버스운송사업용으로 공급하는 버스로서 천연가스를 연료로 사용하는 것에 대해서는 2023. 12. 31.까지 공급하는 것에만 부가가치세를 면제한다(조특법 §106 ① 9).

(9) 전기버스

2025. 12. 31.까지 공급하는 다음의 요건을 모두 갖춘 전기버스는 부가가치세를 면제한다(조특법 §106 ① 9의2).

㉠ 「환경친화적 자동차의 개발 및 보급 촉진에 관한 법률」 제2조 제3호에 따른 전기자동차 및 같은 조 제6호에 따른 수소전기자동차로서 같은 조 제2호 각 목의 요건을 갖춘 자동차

㉡ 「여객자동차운수사업법」 및 같은 법 시행령에 따른 시내버스, 농어촌버스 및 마을버스운송사업용으로 공급하는 버스

(10) 개인택시 차량구입비에 대한 부가가치세 면제

개인택시사업자의 경영개선을 위해 「여객자동차운수사업법」 및 같은 법 시행령에 따른 개인택시운송사업용으로 부가법 제61조 제1항에 따른 간이과세자에게 공급하는 자동차는 2013. 1. 1. 이후 공급하는 분부터 2024. 12. 31.까지 공급하는 분까지 부가가치세를 면제한다(조특법 §106 ① 9의3).

(11) 희귀병 치료를 위한 치료제 등

「관세법」 제91조 제4호 및 제5호에 따른 물품 중 희귀병 치료 등을 위한 것으로서 다음에 해당하는 것은 부가가치세를 면제한다(조특법 §106 ① 10, 조특령 §106 ⑭).

① 세레자임 등 고셔병환자가 사용할 치료제 및 로렌조오일 등 부신이영양증환자가

사용할 치료제

② 혈우병으로 인한 심신장애인이 사용할 열처리된 혈액응고인자농축제

③ 근육이양증환자의 치료에 사용할 치료제(2009. 9. 21. 이후 최초로 공급하거나 공급받는 분부터 적용)

④ 윌슨병환자의 치료에 사용할 치료제(2009. 9. 21. 이후 최초로 공급하거나 공급받는 분부터 적용)

⑤ 후천성면역결핍증으로 인한 심신장애인이 사용할 치료제(2009. 9. 21. 이후 최초로 공급하거나 공급받는 분부터 적용)

⑥ 장애인의 음식물섭취에 사용할 삼킴장애제거제(2009. 9. 21. 이후 최초로 공급하거나 공급받는 분부터 적용)

⑦ 장기이식 후 면역억제제의 합병증으로 생긴 림프구증식증 환자의 치료에 사용할 치료제(2009. 9. 21. 이후 최초로 공급하거나 공급받는 분부터 적용)

⑧ 니티시논 등 타이로신혈증환자가 사용할 치료제(2009. 9. 21. 이후 최초로 공급하거나 공급받는 분부터 적용)

⑨ 발작성 야간 헤모글로빈뇨증, 비정형 용혈성 요독증후군, 전신 중증 근무력증 및 시신경 척수염 범주 질환 환자의 치료에 사용할 치료제

⑩ 신경섬유종증 1형 환자의 치료에 사용할 치료제(2023년 2월 신설)

위 "③"부터 "⑨"의 재화가 면세로 전환됨에 따라 부가가치세 면세사업자로 전환되거나 면세사업이 추가되는 사업자가 2009. 9. 21. 전에 취득한 재화를 부가가치세가 면제되는 사업을 위하여 직접 사용하는 경우에는 면세전용 및 납부환급세액재계산 규정을 적용하지 아니한다.

(12) 영유아용 기저귀와 분유

영유아용 기저귀와 분유(2017. 1. 1. 이후 공급하는 액상형태의 분유를 포함하되, 부가법 제26조에 따라 부가가치세가 면제되는 것은 제외한다)에 대하여 부가가치세를 면제한다(조특법 §106 ① 11).

동 규정은 2009. 1. 1. 이후 공급분부터 적용하며 이 법에 따라 부가가치세 면세사업자로 전환되거나 면세사업이 추가되는 사업자가 이 법 시행 전에 취득한 재화를 부가가치세가 면제되는 사업을 위하여 직접 사용하는 경우에는 부가법 제10조 제1항의 규정(면세전용)을 적용하지 아니한다.

(13) 목재펠릿

조특법 제105조 제1항 제5호에 따른 농민 또는 임업에 종사하는 자에게 난방용 또는 농업용·임업용으로 공급하는 목재펠릿으로서 다음에 해당하는 것은 2025. 12. 31. 공급하는 것까지 부가가치세를 면제한다(조특법 §106 ① 12).

면세되는 목재펠릿은 「산림자원의 조성 및 관리에 관한 법률」 제2조 제7호에 따른 임산물 중 목재펠릿을 말한다(나무를 톱밥과 같은 작은 입자형태로 분쇄·건조·압축하여 알갱이 모양으로 성형한 제품으로 친환경적인 연료임)(조특령 §106 ⑮).

국내에서 판매되는 목재펠릿은 국내산이든 수입산이든 관계없이 모두 면세하지만, 수입펠릿의 경우 관련 별도의 면세 규정이 없으므로 수입 시에는 부가가치세를 과세하며 국내 유통 시에는 면세하게 된다(부가-685, 2013. 7. 26.).

목재펠릿을 공급하는 사업자는 기획재정부령으로 정하는 매출대장을 작성하여 사업장에 갖추어 두어야 한다. 이 경우 매출대장을 정보처리장치, 전산테이프 또는 디스켓 등의 전자적 형태로 작성할 수 있다(조특령 §106 ⑯).

(14) 한국주택금융공사가 구상권 행사를 위하여 처분하는 담보대상 주택

「한국주택금융공사법」에 따른 한국주택금융공사가 같은 법 제43조의4에 따라 주택담보노후연금채권을 행사하거나 주택담보노후연금보증채무 이행으로 인한 구상권을 행사하기 위하여 처분하는 주택담보노후연금채권 담보대상 주택의 공급에 대해서는 부가가치세를 면제한다(조특법 §106 ① 13).

(15) 농협은행 등이 공급하는 전산용역 등에 대한 면세

농업협동조합중앙회가 「농업협동조합법」 제159조의2에 따라 공급하는 명칭사용용역에 대해서는 부가가치세를 면제한다(조특법 §121의23 ⑨).

또한, 다음의 어느 하나에 해당하는 전산용역에 대해서는 2026년 12월 31일까지 부가가치세를 면제한다(조특법 §121의23 ⑩).

① 농업협동조합중앙회가 「농업협동조합법」 제161조의2, 제161조의10부터 제161조의 12까지의 규정에 따른 법인(법률 제10522호 농업협동조합법 일부개정법률 부칙 제6조 제3항에 따른 농업협동조합중앙회의 자회사를 포함한다)에 공급하는 전산용역

② 「농업협동조합법」 제161조의11에 따른 농협은행이 농업협동조합중앙회와 「농업협동조합법」 제161조의10에 따른 농협금융지주회사 또는 같은 법 제161조의12에 따른 농협생명보험 및 농협손해보험 법인에 공급하는 전산용역

(16) 수협등의 전산용역 및 명칭사용용역 면세

수산업협동조합중앙회가 「수산업협동조합법」 제162조의2 제1항에 따라 수산업협동조합의 명칭(영문 명칭 및 한글·영문 약칭 등 정관으로 정하는 문자 또는 표식을 포함) 사용용역을 2026. 12. 31.까지 공급하는 것에 대해서는 부가가치세를 면제한다(조특법 §121의25 ⑦, 조특령 §116의29 ⑦).

또한, 다음의 어느 하나에 해당하는 전산용역으로서 2023년 12월 31일까지 공급하는 것에 대해서는 부가가치세를 면제한다(조특법 §121의25 ⑧, 조특령 §116의29 ⑧·⑨).

① 수협은행이 조합에 공급하는 아래의 전산용역
  - 수협은행이 「수산업협동조합법」 제141조의9 제1항 제4호에 따라 수산업협동조합중앙회로부터 위탁받은 같은 법 제138조 제1항 제1호 라목의 정보망 구축을 위하여 공급하는 용역
  - 수협은행이 「수산업협동조합법」 제141조의9 제1항 제7호에 따라 조합에 공급하는 전산시스템의 위탁운영 및 관리에 대한 용역

② 수협은행이 수산업협동조합중앙회에 공급하는 아래의 전산용역
  - 수협은행이 「수산업협동조합법」 제141조의9 제1항 제7호에 따라 수산업협동조합중앙회에 공급하는 전산시스템의 위탁운영 및 관리에 대한 용역으로 한다.

③ 수산업협동조합중앙회가 수협은행에 공급하는 전산용역

(17) 해저광물자원개발을 위한 과세특례

자원개발의 활성화를 지원하기 위하여 해저조광권자 등에게 해저광물의 탐사 및 채취작업과 관련하여 2025. 12. 31.까지 수입하는 기계·장비 및 자재에 대한 관세와 부가가치세를 면제한다(조특법 §140).

① 「해저광물자원개발법」 제2조 제5호의 해저조광권을 가진 자(이하 이 조에서 "해저조광권자"라 한다)가 해저광물의 탐사 및 채취사업에 사용하기 위하여 2025. 12. 31.까지 수입하는 기계·장비 및 자재에 대한 관세와 부가가치세를 면제한다.

② 해저조광권자의 대리인 또는 도급업자가 해저광물의 탐사 및 채취사업에 직접 사용하기 위하여 2022. 12. 31.까지 그 해저조광권자의 명의로 수입하는 기계·장비 및 자재에 대한 관세와 부가가치세를 면제한다.

농업·임업·어업용 및 연안여객선박용 석유류에 대한 부가가치세 등의 감면 등

1 개 요

다음의 석유류(「석유 및 석유대체연료사업법」에 따른 석유제품을 말함. 이하 "면세유"라 함)에 대하여는 부가가치세와 제조장 또는 보세구역에서 반출되는 것에 대한 개별소비세, 교통·에너지·환경세, 교육세 및 자동차 주행에 대한 자동차세(이하 "자동차세"라 한다)를 면제한다(조특법 §106의2 ①).

① 농민, 임업에 종사하는 자 및 어민이 농업·임업 또는 어업에 사용하기 위한 석유류(2026. 12. 31.까지 공급분)

② 연안을 운항하는 여객선박(「관광진흥법」 제2조에 따른 관광사업목적으로 사용되는 여객선박 제외)에 사용할 목적으로 「한국해운조합법」에 따라 설립된 한국해운조합에 직접 공급하는 석유류(2025. 12. 31.까지 공급분)

이는 농어민의 생산비 절감을 위한 것으로 인구감소, 고령화로 인한 농어업의 기계화에 따른 연료비 부담을 경감하고자 하는데 있다.

| 면세유 공급 및 환급절차 |

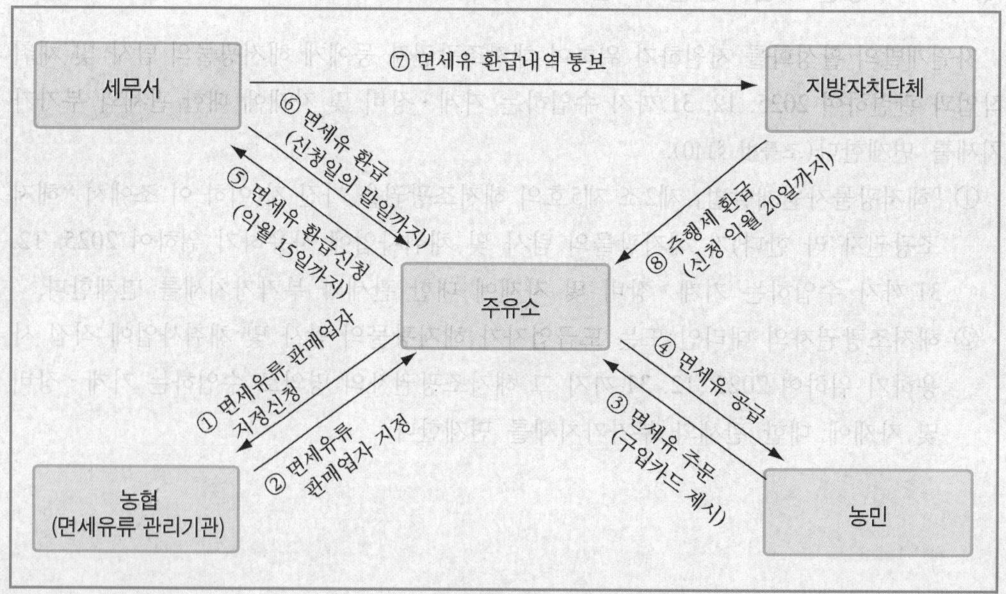

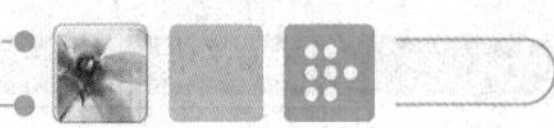

2 | 농 · 임 · 어업용 면세유 적용대상 농어민 등의 범위

농 · 어업용 면세유 적용대상 농민, 임업에 종사하는 자 및 어민(이하 "농어민 등"이라 한다)은 「농 · 축산 · 임 · 어업용 기자재 및 석유류에 대한 부가가치세 영세율 및 면세 적용 등에 관한 특례규정(이하 "특례규정"이라 한다)」 제14조에서 정하는 다음의 자를 말한다.

(1) 농 민

통계청장이 고시하는 한국표준산업분류상의 농업 중 작물재배업, 축산업, 작물재배 및 축산복합농업 또는 농산물건조장운영업에 종사하는 다음 중 어느 하나에 해당하는 자(이하 "농민"이라 한다).

① 개인(2011. 1. 1.부터는 「농어업경영체 육성 및 지원에 관한 법률」 제4조 제1항에 따라 농어업경영정보를 등록한 자만 해당하되, 농산물건조장운영업에 종사하는 자는 그러하지 아니하다)

② 「농어업경영체 육성 및 지원에 관한 법률」에 따라 설립된 영농조합법인과 농업회사법인

③ 「농업협동조합법」에 따른 조합, 조합공동사업법인 및 중앙회(같은 법에 따라 설립된 농협경제지주회사 및 그 자회사를 포함한다. 동 괄호 안의 회사는 2015. 1. 1. 이후 공급분부터 적용한다)

④ 「엽연초생산협동조합법」에 따른 조합과 중앙회(2023년 2월 신설)

※ 위탁사육계약에 따라 수수료를 받고 가축을 키워주는 수탁사육업자도 농어민 등에 해당함(서면3팀-1886, 2004. 9. 14.).

(2) 임업인

임업인(임업에 종사하는 자)이란 한국표준산업분류상의 임업 중 영림업 또는 벌목업에 종사하는 개인 또는 「산림조합법」에 의한 조합에 해당하는 자를 말한다(특례규정 §14 2).

(3) 어 민

통계청장이 고시하는 한국표준산업분류상의 어업 또는 수산물 자숙(煮熟) · 건조장운영업에 종사하는 다음의 어느 하나에 해당하는 자를 말한다.

① 개인

② 「농어업경영체 육성 및 지원에 관한 법률」 제16조에 따른 영어조합법인

③「수산업협동조합법」에 의한 수산업협동조합과 어촌계
④ 어업주업법인

※ 어민에는 순수한 어민과 어업에 종사하면서 타 산업(직업)을 경영하는 자를 포함한다(서면3팀-2387, 2007. 8. 24.).

3 농·임·어업용 면세유류의 범위

부가가치세 등의 감면대상이 되는 면세유는 특례규정 제15조에서 정하는 것으로 한다.

(1) 다음에 해당하는 시설에 사용할 목적으로 「수산업협동조합법」에 따라 설립된 수산업협동조합중앙회를 통하여 공급하는 석유류

① 연근해 및 연안구역 어업용 선박(「어선법」 제3조에 따른 어선의 설비를 포함)
② 나잠어업(裸潛漁業) 종사자의 탈의실용 난방시설 및 수송용 선박(「수산업법」에 따른 관리선 및 어업허가를 받은 어선만 해당한다)
③ 어민이 직접 운영하는 수산물생산기초시설·양식어업용 시설 및 수산종묘생산시설로서 기획재정부령으로 정하는 것(특례규칙 §7 ① [별표 1])
④「어선법」 제2조 제1호에 따른 선박으로서 어민이 직접 포획·채취한 어획물을 어업장으로부터 양육지까지 운반하는 용도로 사용하는 해당 어민 소유의 선박(동법 제3조의 어선의 설비를 포함)
⑤「낚시 관리 및 육성법」에 의하여 신고한 낚시어선업용 선박(2011. 1. 1.부터는 「수산업·어촌발전기본법」 제3조 제3호에 따른 어업인이 「어선법」 제13조 제1항에 따라 등록한 선박만 해당한다)

(2) 면세유류관리기관에 신고된 농업기계 등에 사용할 목적으로 공급되는 석유류

[별표 2]부터 [별표 4]의 면세유류구입권 등 교부대상 농업기계, 임업기계, 어업기계, 내수면어업용 선박 및 내수면육상양식어업용 시설(수온유지용 및 양수용에 한한다)로서 「농업협동조합법」에 따른 조합, 「산림조합법」에 따른 조합 또는 「수산업협동조합법」에 따른 조합(이하 "면세유류관리기관"이라 한다)에 신고된 것에 사용할 목적으로 공급하는 석유류

(3) 내수면어업용 선박 등의 정의

위 "(2)"의 내수면어업용 선박은 「내수면어업법」에 따른 내수면어업에 사용되는 선박으로서 「어선법」에 따라 동력어선으로 지방자치단체에 등록된 선박을 말하고, 내수면육상양식어업용시설은 「내수면어업법」에 따른 양식어업에 사용되는 시설 중 육상에 인공적으로 조성된 내수면에서 양식어업에 사용되는 시설을 말한다.

4 | 적용 요건

(1) 농기계 등의 보유현황 및 변동내용의 신고

농어민 등이 면세유를 공급받기 위하여는 「농업협동조합법」에 따른 조합, 「산림조합법」에 따른 조합 및 「수산업협동조합법」에 따른 조합(이하 "면세유류관리기관인 조합"이라 함)에 대통령령(아래 박스 "①" 참조)으로 정하는 농업기계, 임업기계 및 어업기계 또는 선박 및 시설(이하 "농기계 등"이라 함)의 보유현황과 어업경영 · 영림 또는 어업경영 사실을 동 특례규정에 따라 신고하여야 하며, 농기계 등의 취득 · 양도 또는 농어민 등의 사망, 이농 등으로 그 신고내용에 달라진 사항이 있으면 그 사유발생일부터 30일 이내에 그 변동내용을 신고하여야 한다(조특법 §106의2 ③, 특례규정 §15의3).

2007. 12. 31. 법 개정 시 허위신고에 대한 처벌근거를 마련하기 위하여 면세유를 공급받기 위한 첫 단계인 농기계 신고의무를 시행령에서 법률로 이관하였으며, 동 개정규정 중 변동내용 신고에 관한 개정규정은 2008. 1. 1. 이후 최초로 변동사항이 발생하는 분부터 적용한다.

▌농기계 등의 신고 및 관리대장 작성 등(특례규정 §15의3)

① 법 제106조의2 제3항에서 "대통령령으로 정하는 농업기계, 임업기계, 어업기계 또는 선박 및 시설"이란 제15조 제1항 제1호에 따른 시설 및 같은 항 제2호에 따른 농업기계 · 임업기계 · 어업기계 · 선박 및 시설(이하 "농기계 등"이라 한다)을 말한다.

② 농어민 등은 2년마다(기획재정부령으로 정하는 농업기계, 임업기계 및 어업기계의 경우에는 매년) 농업기계, 임업기계 및 어업기계의 보유현황을 법 제106조의2 제3항에 따라 면세유류관리기관인 「농업협동조합법」에 따른 조합, 「산림조합법」에 따른 조합 및 「수산업협동조합법」에 따른 조합(이하 이 조에서 "면세유류관리기관인 조합"이라 한다)에 각각 신고하여야 한다. 이 경우 신고 시기 및 신고 방법 등 세부적인 사항은

농림축산식품부장관, 해양수산부장관 또는 산림청장이 따로 정할 수 있다.

③ 조특법 제106조의2 제3항에 따라 신고 또는 변동내용 신고를 하려는 농어민 등은 기획재정부령으로 정하는 신고서 또는 변동내용신고서를 면세유류관리기관인 조합에 제출해야 한다.

④ 면세유류관리기관장은 법 제106조의2 제3항에 따른 신고 또는 변동내용 신고를 받거나 지방자치단체로부터 농기계 등의 말소 및 변경 등에 관한 사항을 통보받으면 그 내용을 확인하여 국세청장이 고시하는 면세유류관리대장(이하 "면세유류관리대장"이라 한다)에 기재하여야 한다. 이 경우 면세유류관리기관장이 필요하다고 판단되면 농기계 등의 사용 여부 및 기종·규격·사용유종·엔진번호·시간계측기 등을 직접 확인하고 기재하여야 한다.

⑤ 농어민 등이 법 제106조의2 제3항에 따라 신고하거나 변동내용 신고를 하는 때에는 신규구입 농기계 등의 경우에는 구입을 증명할 수 있는 서류(농업기계, 임업기계 또는 어업기계인 경우에는 출하증명서 등, 선박인 경우에는 선박등록증 또는 어업허가증)를 첨부하여야 하고, 중고구입 농기계 등의 경우에는 매매계약서 또는 양도서를 첨부하여야 한다. 이 경우 중고구입 농기계 등에 대하여 변동내용 신고를 받은 양도자와 양수자의 관할 면세유류관리기관장은 면세유류관리대장에 기재하여야 하고, 그 농기계 등의 양도자와 양수자의 면세유류관리기관이 각각 다른 경우 양수자 관할 면세유류관리기관장은 양도자 관할 면세유류관리기관장에게 그 사실을 지체 없이 통보하여야 한다.

(2) 면세유류구입카드 또는 출고지시서 발급

농어민 등이 농업·임업·어업용 면세유를 공급받기 위하여는 면세유류관리기관인 조합으로부터 특례규정 제16조에서 정하는 면세유류구입카드 또는 출고지시서(이하 "면세유류구입카드 등"이라 함)를 발급받아야 한다(조특법 §106의2 ④, 특례규정 §16).

면세유류관리기관인 조합은 농어민 등의 농기계 등 보유현황, 영농·영림 또는 어업경영규모 등을 고려하여 면세유류구입카드 등을 교부하여야 한다. 한편, 농업협동조합법에 따른 농업협동조합중앙회, 산림조합법에 따른 산림조합중앙회 및 「수산업협동조합법」에 따른 수산업협동조합중앙회(이하 "면세유류관리기관인 중앙회"라 함)는 배정된 면세유 한도량의 범위에서 면세유류구입카드 등이 교부 및 사용되도록 관리하여야 한다.

여기서 "면세유류구입카드 등"이란 다음의 하나에 해당하는 것을 말한다(특례규정 §16).

① 다음의 어느 하나에 해당하는 자가 면세유류관리기관이 배정하는 한도 내에서 면세유를 공급받을 수 있도록 면세유류관리기관으로부터 「여신전문금융업법」에 따라 교부받은 직불카드 또는 신용카드(이하 "면세유류구입카드"라 한다)

㉠ 농민

㉡ 위 “3”의 “(2)”에서 정하는 「농업협동조합법」에 따른 조합에 내수면어업용 선박 및 내수면육상양식어업용 시설을 신고한 어민

㉢ 직전연도에 면세유(「수산업협동조합법」에 따른 조합이 직영하는 주유소 또는 그 조합과 공급대행계약이 체결된 주유소가 공급한 면세유에 한한다)를 40킬로리터(휘발유의 경우에는 20킬로리터) 이상 공급받은 어민. 다만, 「신용정보의 이용 및 보호에 관한 법률」 제25조 제2항 제1호에 따른 종합신용정보집중기관에 약정한 기일 내에 채무를 변제하지 아니한 자로 관리되고 있거나 이와 비슷한 경우에 해당하여 해양수산부장관이 정하여 고시하는 자는 제외한다.

② 어민(“㉢”에 해당하는 자는 제외) 및 임업인이 면세유를 공급받을 수 있도록 면세유류관리기관이 교부하는 출고지시서 또는 구입권으로서 국세청장이 그 서식 등을 정한 것

(3) 면세유 사용실적 확인장치의 부착 및 신고

농어민 등이 면세유를 농기계 등에 사용하려는 경우에는 다음의 사항을 준수하여야 한다(조특법 §106의2 ⑤, 특례규정 §17).

1) 농업기계, 어업기계 및 선박

다음의 농업기계, 어업기계 및 선박의 경우에는 ‘사용 실적 등을 확인할 수 있는 대통령령으로 정하는 장치’를 부착하고, ‘사용 실적 등을 확인할 수 있는 대통령령으로 정하는 서류’를 제출기한까지 면세유류관리기관인 조합에 제출하여야 한다.

㉠ 특례규정 제17조 제1항에서 정하는 다음의 농업기계, 어업기계 및 선박이란 다음의 어느 하나에 해당하는 것을 말한다.

ⓐ 농업용 트랙터, 농업용 콤바인, 농업용 난방기, 농선(10톤 이상인 것만 해당한다), 버섯재배소독기, 곡물건조기 및 농산물건조기. 다만, 농업용 난방기, 버섯재배소독기, 곡물건조기 및 농산물건조기 중 등유 또는 액화석유가스를 연료로 사용하는 경우 시간계측기 부착의무가 2017. 2. 7.부터 면제된다.

※ 중고난방기 구입을 통한 면세유 부정유통방지를 위해 중고농업기계를 신규로 등록하는 경우에도 계측기 부착을 의무화함.

ⓑ 연근해 및 연안구역 어업용 선박으로서 10톤 이상인 것과 선외내연기관을 부착한 선박

ⓒ 특례규정 제15조 제1항 제2호에 따른 내수면어업용 선박으로서 10톤 이상인

것과 선외내연기관을 부착한 선박

㉡ '사용실적 등을 확인할 수 있는 장치'란 조업사실 및 조업시간을 측정할 수 있는 장치로서 다음의 어느 하나에 해당하는 것을 말한다.

ⓐ 가동시간을 자동으로 측정할 수 있는 시간계측기(특례규정 제17조 제1항 제1호의 농선과 같은 항 제2호 및 제3호의 선박인 경우에는 「수산업협동조합법」에 따른 수산업협동조합중앙회장이 지정하는 기관의 검증을 거친 것에 한한다)

ⓑ 선박브이패스시스템용 송신기 등 「어선법」 제5조의2에 따른 어선위치발신장치

ⓒ 선박 건조 시 부착된 가동시간 계측장치(해양수산부장관이 정하는 기준에 따라 「수산업협동조합법」에 따른 수산업협동조합중앙회장의 확인을 거친 것만 해당한다)(2013. 2. 15. 이후 확인장치를 부착하는 분부터 적용)

㉢ "사용실적 등을 확인할 수 있는 서류"란 위 "㉡"에 따른 장치의 사용명세를 기록한 기획재정부령으로 정하는 사용실적신고서를 말한다.

2) 농업기계, 어업기계 및 농·어업용 시설

아래의 대통령령으로 정하는 농업기계, 어업기계 및 농·어업용 시설의 경우에는 '생산 실적 등을 확인할 수 있는 대통령령으로 정하는 서류'를 제출기한까지 면세유류관리기관인 조합에 제출할 것

㉠ 대통령령이 정하는 농업기계, 어업기계 및 농·어업용 시설
해당 기계 및 시설에 직전연도에 면세석유류를 10킬로리터 이상 공급받은 농민과 40킬로리터(휘발유의 경우에는 20킬로리터) 이상 공급받은 어민이 소유하고 있는 농업기계 및 농·어업용 시설로서 다음의 어느 하나에 해당하는 것을 말한다.

ⓐ 특례규정 제15조 제1항 제1호 다목 [별표 1]에 따른 수산물생산기초시설·양식어업용 시설 및 수산종묘생산시설

ⓑ 특례규정 제15조 제1항 제2호 [별표 2]에 따른 농업기계, 어업기계 및 내수면육상양식어업용 시설

㉡ '생산실적 등을 확인할 수 있는 대통령령으로 정하는 서류'

ⓐ 농·어업생산의 개시를 증명할 수 있는 종묘·치어 등의 구입서류 사본(한국표준산업분류상의 농업 중 시설작물재배업 및 어업 중 양식어업에 해당되는 경우에 한한다)

ⓑ 농·수산물 판매사실을 증명할 수 있는 도매·소매 및 중개업자 등에 대한 판매·출하량 등 판매서류 사본

ⓒ 생산실적을 증명할 수 있는 사실을 기록한 국세청장이 고시하는 생산실적신고

서(이하 "생산실적신고서"라 한다)

ⓓ 농 · 어업용 전기요금청구서 사본(2008. 7. 1. 이후 적용)

3) 사용실적명세서 및 서류의 제출시기 및 제출의 요구

농어민은 위 "1), 2)"에서 규정한 사용실적신고서 및 서류를 매반기 마지막 달의 다음 달 말일까지 면세유류관리기관장에게 제출하여야 한다.

이 경우 농어민 등이 위 "1), 2)"에 따른 서류를 매반기(半期) 마지막 달의 다음 달 말일("제출기한")까지 제출하지 아니한 경우에는 면세유류관리기관인 조합은 농어민 등에게 제출기한부터 1개월이 되는 날("최종 제출기한")까지 해당 서류를 제출할 것을 요구하여야 한다(조특법 §106의2 ⑤).

4) 생산실적신고서의 제출

「농업협동조합법」에 따른 농업협동조합중앙회장 및 「수산업협동조합법」에 의한 수산업협동조합중앙회장은 위 "3)"에 의하여 제출받은 서류 중 위 생산실적신고서를 국세청장이 정하는 바에 따라 전산처리된 테이프 또는 디스켓으로 국세청장에게 제출하여야 한다.

5 | 면세유류에 대한 사후관리

(1) 농어민 등이 면세유를 부정 사용하는 경우

농어민 등이 발급받은 면세유류구입카드 등으로 공급받은 석유류를 농업 · 임업 · 어업용 외의 용도로 사용한 경우에는 다음에 따라 계산한 금액의 합계액을 농어민으로부터 추징한다(조특법 §106의2 ⑨, 특례규정 §21).

① 해당 석유류에 대한 부가가치세, 개별소비세, 교통 · 에너지 · 환경세, 교육세 및 자동차세의 감면세액

② 위 "①"에 따른 감면세액의 100분의 40에 해당하는 금액의 가산세

이때 해당 석유류에 대한 부가가치세, 개별소비세, 교통 · 에너지 · 환경세 및 교육세의 감면세액 등은 관할 세무서장이 국세징수의 예에 따라 추징하고, 해당 석유류에 대한 자동차세의 감면세액 등은 자동차세 특별징수의무자가 지방세징수의 예에 따라 추징한다(특례규정 §21).

이 규정은 2007. 12. 31. 면세유 부정유통에 대한 제재를 강화하기 위하여 농 · 어업용

외의 용도로 사용 시 가산세율을 종전 감면세액의 10%에서 40%로 인상하여 2008. 1. 1. 이후 최초로 가산세 징수사유가 발생하는 분부터 적용한다.

(2) 면세유의 공급중단

농어민 등이 다음 중 어느 하나에 해당하는 경우에는 그 농어민 등(그 농어민 등과 공동으로 생산활동을 하는 배우자 및 직계존·비속으로서 생계를 같이하는 자를 포함함)은 면세유류관리기관이 그 사실을 안 날부터 2년간(아래 "③"의 경우에는 1년간, 아래 "④"의 경우로서 위 "(1)"에 따른 추징세액을 2년이 경과한 날까지 납부하지 아니한 경우에는 그 추징세액을 납부하는 날까지. 이는 2011. 1. 1. 이후 최초로 면세유 공급이 중단되는 분부터 적용) 면세유를 사용할 수 없다(조특법 §106의2 ⑩).

① 농기계 등 보유현황과 영농영림영어사실의 신고를 거짓이나 그 밖의 부정한 방법으로 하거나 변동신고를 하지 아니한 경우

② 교부받은 면세유류구입카드 등과 그 면세유류구입카드 등으로 공급받은 석유류를 타인에게 양도한 경우

③ 앞의 "4. (3) 면세유 사용실적 확인장치의 부착 및 신고(조특법 §106의2 ⑤ 1 나 및 조특법 §106의2 ⑤ 2)"에서 기술하는 서류를 최종 제출기한까지 제출하지 아니하거나 거짓으로 제출한 경우(2015. 1. 1. 이후 농어민 등에게 공급하는 분부터 적용)

④ 위 "(1)"의 감면세액의 추징사유가 발생한 경우

다만, 천재지변 등 다음의 어느 하나에 해당하는 사유로 농기계 등의 보유현황 및 변동내용의 신고를 하지 못하거나 사용실적명세서 및 서류를 최종 제출기한까지 제출하지 못한 경우에는 면세유를 사용할 수 있다(조특법 §106의2 ⑩ 단서, 특례규정 §20 ⑩·⑪).

① 사유

1. 천재지변
2. 농어민 등이 재해를 입거나 도난을 당한 경우
3. 농어민 등 또는 그 동거가족이 질병이나 중상해로 3개월 이상의 치료가 필요하거나 사망하여 상중(喪中)인 경우

② 신청방법 등

면세유류관리기관장은 상기의 사유로 변동신고 또는 서류제출 의무를 이행하지 못한 농어민 등이 그 의무를 이행한 경우에는 교부 또는 사용이 중지된 면세유류구입카드 등

을 다시 교부하거나 사용하게 하고, 지체 없이 그 사실을 관할 세무서장 및 자동차세 특별징수의무자에게 통보해야 한다. 이 경우 농어민 등이 위 어느 하나에 해당하는지 여부를 확인하는 방법 및 절차 등 세부적인 사항은 농림축산식품부장관, 해양수산부장관 또는 산림청장이 따로 정할 수 있다.

(3) 농업협동조합 등이 관리의무를 위반한 경우 가산세 추징

조합이 다음의 "①"에 해당하는 경우에는 부가가치세, 개별소비세, 교통 · 에너지 · 환경세, 교육세 및 자동차세의 감면세액 상당액의 100분의 40에 해당하는 금액을, 다음의 "②"에 해당하는 경우에는 해당 감면세액의 100분의 20에 해당하는 금액을 가산세로 징수한다(조특법 §106의2 ⑪).

① 거짓이나 그 밖의 부정한 방법으로 면세유류구입카드 등을 발급하는 경우

② 관련 증명자료를 확인하지 아니하는 등 관리부실로 인하여 농어민 등에게 면세유류구입카드 등을 잘못 발급하거나 농어민 등 외의 자에게 면세유류구입카드 등을 발급하는 경우

2007. 12. 31. 법 개정 시 면세유류관리기관인 조합 직원의 경각심을 제고하고 면세유 부정유통 방지를 위한 조합지도부의 관심을 제고하기 위하여 면세유류관리기관인 조합이 관리의무 위반 시 종전 감면세액의 10%의 가산세율을 거짓 등 부정한 방법에 의한 경우는 40%, 기타 관리부실의 경우는 20%로 인상하였다. 동 개정규정은 2008. 1. 1. 이후 최초로 가산세 징수사유가 발생하는 분부터 적용한다.

▌면세유류구입카드 등 부정발급에 대한 벌금상당액 부과 신설

거짓이나 부정한 방법으로 면세유류구입카드 등(면세유류구입카드, 출고지시서, 면세유류구입권)을 발급하는 행위를 한 자는 3년 이하의 징역 또는 3천만 원 이하의 벌금을 부과한다(조세범처벌법 §4의2).

1차 위반: 500만 원

2차 위반: 1천만 원

3차 이상 위반: 3천만 원

(4) 농어민 등이 아닌 자가 공급받은 석유류 등에 대한 추징

농어민 등이 아닌 자가 면세유류구입카드 등을 발급받거나 농어민 등 또는 농어민 등이 아닌 자가 농어민 등으로부터 면세유류구입카드 등 또는 그 면세유류구입카드 등으

로 공급받은 석유류를 양수받은 경우 또는 석유판매업자가 「조세특례제한법」 제106조의2 제2항에 따라 신청한 개별소비세 등의 환급·공제세액이 신청하여야 할 환급·공제세액을 초과하는 경우에는 다음에 따라 계산한 금액을 추징한다(조특법 §106의2 ⑫).

1) 조합으로부터 면세유류구입카드 등을 발급받거나 농어민 등으로부터 면세유류구입카드 등을 양수받은 경우에는 다음에 따라 계산한 금액을 합친 금액

㉠ 발급 또는 양수 당시 면세유류구입카드 등으로 석유류를 공급받을 경우의 부가가치세, 개별소비세, 교통·에너지·환경세, 교육세 및 자동차세의 감면세액 상당액
㉡ 상기 "㉠"에 따른 감면세액 상당액의 100분의 40에 해당하는 금액의 가산세

2) 농어민 등으로부터 면세유류구입카드 등으로 공급받은 석유류를 양수받은 경우에는 다음에 따라 계산한 금액을 합친 금액

㉠ 해당 석유류에 대한 부가가치세, 개별소비세, 교통·에너지·환경세, 교육세 및 자동차세의 감면세액
㉡ 상기 "㉠"에 따른 감면세액의 100분의 40에 해당하는 금액의 가산세

3) 석유판매업자 초과환급에 대한 추징

석유판매업자가 「조세특례제한법」 제106조의2 제2항에 따라 농어민 등에게 공급한 해당 석유류를 구입하는 때에 부담한 부가가치세 매입세액은 매출세액에서 공제되는 매입세액으로 보아 부가가치세 신고한 내용에 신청한 환급·공제세액이 신청하여야 할 환급·공제세액을 초과하는 경우에는 다음에 따라 계산한 금액의 합계액을 추징한다. 다만, "②"는 부당한 방법으로 신청하는 경우에만 적용한다.

① 해당 석유류에 대한 부가가치세, 개별소비세, 교통·에너지·환경세, 교육세 및 자동차세의 감면세액
② "①"에 따른 감면세액의 100분의 40에 해당하는 금액의 가산세

동 규정은 2008. 12. 26. 신설되어 2009. 1. 1. 이후 최초로 감면세액을 환급신청하는 분부터 적용한다.

(5) 면세유류 한도량 초과 공급에 따른 감면세액 추징

면세유류관리기관인 중앙회는 면세 석유류의 연간 한도량("면세유류한도량"이라 한

다)의 범위에서 면세유류구입카드 등이 발급되고 사용되도록 관리하여야 한다.

면세유류 한도량을 초과하여 면세유류구입카드 등이 발급되어 농업·임업·어업용 석유류가 공급되었을 경우에는 그 면세유류 한도량을 초과하는 석유류에 대해서는 면세유류관리기관인 중앙회가 공급받은 것으로 보아 면세유류관리기관인 중앙회로부터 부가가치세, 개별소비세, 교통·에너지·환경세, 교육세 및 자동차세의 감면세액을 추징한다(조특법 §106의2 ⑯, 특례규정 §21).

(6) 통 보

감면세액 등을 추징한 세무서장 및 자동차세 특별징수의무자는 추징대상자(위 "(1), (3), (4), (5)"의 해당자를 말함)를 관할하는 면세유류관리기관의 장에게 그 추징내용을 지체 없이 통보하여야 한다(특례규정 §21 ②).

2007. 12. 31. 개정 시 농어민 등이 아닌 자가 면세유류구입카드 등을 교부·양수하거나 면세유류를 양수하는 경우의 가산세율을 종전 감면세액의 10%에서 40%로 인상하고 2008. 1. 1. 이후 최초로 가산세 징수사유가 발생하는 분부터 적용한다.

6 공급기준량 산정 및 면세유 배정 등

(1) 공급기준량 산정

농기계 등의 종류별 면세유류 공급기준량은 다음에 따라 산정한다(특례규정 §19 ①).

① 특례규정 제15조 제1항 제2호의 농업기계, 임업기계 또는 어업기계에 대하여는 각각 농림축산식품부장관, 해양수산부장관 또는 산림청장이 기종별·규격별 시간당 연료소모량 및 연간 기종별 사용시간 등을 감안하여 산정한다.

② 위 "①"의 농업기계, 임업기계 또는 어업기계를 제외한 농기계 등에 대하여는 해양수산부장관이 선박 및 시설 등의 업종별·규모별 연료소모량, 연간 조업 및 가동시간 등을 감안하여 산정한다.

이 규정은 2013. 2. 15. 이후 최초로 공급기준량을 산정하는 분부터 적용한다.

(2) 농기계 등의 종류별 면세유의 연간 공급량

농기계 등의 종류별 면세유의 연간 공급량은 「조세특례제한법」 제106조의2 제16항의 연간 한도량의 범위 안에서 위 "(1)"에 의한 농기계 등의 종류별 공급기준량을 기준으로 하되, 농어민 등 별로 영농 · 영림 · 영어규모 또는 재배작목 등에 따라 실제 소요되는 양을 파악하여 조정할 수 있다(특례규정 §19 ②).

7 | 면세유류구입카드 등 교부 및 관리 등

(1) 발급 및 관리 절차

면세유류관리기관인 조합은 농어민 등의 농기계 등의 보유현황, 영농 · 영림 또는 어업경영규모 등을 고려하여 면세유류구입카드 등을 교부하여야 한다(조특법 §106의2 ⑥, 특례규정 §20).

① 면세유류관리기관은 농기계 등을 사용하는 농어민 등에게 면세유류구입카드 등을 교부(면세유류구입카드를 교부받는 자에 대하여 면세유의 구입한도를 배정하는 것을 포함)하는 때에는 사용실적 등 증명서류에 의하여 전년도 면세유 공급량에 가감하여 교부하여야 한다. 다만, 제출된 사용실적이 천재 · 지변 등으로 인하여 통상적인 사용실적에 미달한다고 판단되는 경우에는 이를 감안하여 교부할 수 있다.

② 면세유류관리기관인 「수산업협동조합법」에 따른 조합은 해양수산부장관이 정하는 바에 따라 최근 어업을 영위하는지를 확인할 수 있는 서류를 제출받은 후 면세유류구입카드 등을 교부하여야 한다(어업영위사실 확인서류 부당 교부 시 수협에 대한 제재 근거 명확화하기 위하여 최근 어업영위사실 확인서류를 제출받은 후 출고지시서 등을 교부하여야 하도록 하고 수협이 증거서류 미확인 등 관리부실로 출고지시서 등을 잘못 교부한 경우 감면세액의 20% 가산세를 징수한다)(조특법 §106의2 ⑪, 농림특례 §20 ②).

③ 면세유류관리기관은 면세유류구입카드 등을 교부하는 때에는 연중 사용하는 농기계 등의 경우에는 월별로 교부하는 것을 원칙으로 하되, 일정시기에 집중적으로 사용하는 농기계 등이나 영농 · 영림 · 영어규모 등이 많아 월별 교부량이 부족한 경우에는 영농 · 영림 또는 영어시기를 감안하여 교부할 수 있다. 다만, 선박의 경우에는 수시로 교부할 수 있다.

④ 면세유류관리기관장은 출고지시서 또는 구입권을 교부하는 때에는 연도별 발행번호를 부여한 후 날인하여야 한다.

⑤ 농어민 등이 교부받은 출고지시서 또는 구입권을 분실한 경우에는 이를 재교부받을 수 없다. 다만, 화재로 인한 소실, 용지손상 등으로 재사용이 불가능하다고 인정

되는 경우에는 그러하지 아니하다.

⑥ 농어민 등이 면세유류구입카드 등을 교부받으면 다음의 구분에 따라 이를 사용하여야 한다.

㉠ 「농업협동조합법」에 따른 조합이 교부한 면세유류구입카드에 배정된 면세유 한도량은 배정일이 속하는 해당연도 내에 사용할 것

㉡ 「수산업협동조합법」에 따른 조합이 교부한 출고지시서는 다음의 구분에 따른 기간 내에 사용할 것

ⓐ 휘발유인 경우에는 교부일. 다만, 섬 또는 벽지(僻地) 중 농림축산식품부장관이 정하여 고시하는 지역인 경우에는 교부일부터 3일 이내

ⓑ 그 밖의 석유류인 경우에는 교부일부터 3일 이내

㉢ 「산림조합법」에 따른 조합이 교부한 구입권은 교부일부터 1개월 이내에 사용할 것

⑦ 농림축산식품부장관 또는 해양수산부장관은 면세유의 부정유통 방지에 필요한 경우에는 작업장 또는 주소지가 소재하는 시・군 등으로 면세유류구입카드의 사용지역을 제한할 수 있다.

⑧ 면세유류관리기관장은 농어민 등이 다음의 어느 하나에 해당하는 경우 아래 구분에 따른 기간 동안 면세유류구입카드 등의 교부를 즉시 중지하거나 사용을 즉시 중지하도록 하고 지체 없이 그 사실을 세무서장 및 자동차세의 특별징수의무자에게 통보하여야 한다.

i. 농기계 등의 매매, 지목변경 또는 어업정지 등으로 농・임・어업을 수행하지 아니하는 경우: 해당 농・임・어업을 수행하지 아니하는 기간

ii. 「수산업법」 제91조 제1항에 따라 어업 등에 대한 제한이나 정지처분을 갈음하는 과징금을 부과받은 경우: 「수산업법 시행령」 제79조 및 [별표 5]에 따른 과징금(감경하거나 가중하기 전의 금액을 기준으로 한다)에 상응하는 정지처분 기간

⑨ 면세유류관리기관장은 농어민 등이 교부받은 면세유류구입카드 등과 그 면세유류구입카드 등에 따라 공급받은 석유류를 타인에게 양도하거나 농업・임업・어업용 외의 용도로 사용하는 것을 발견한 때에는 면세유류구입카드 등의 교부를 즉시 중지하거나 사용을 즉시 중지하도록 하고 지체 없이 그 사실을 세무서장 및 자동차세의 특별징수의무자에게 통보하여야 한다.

⑩ 면세유류구입카드를 교부하는 경우 면세유의 구입방법 및 그 밖에 면세유류구입카드의 교부・관리 등에 관하여 필요한 사항은 조특령에서 정한 것을 제외하고는 기획재정부령으로 정하는 바에 의한다.

(2) 면세유류구입카드 등 발급수수료

「농업협동조합법」에 따른 조합은 농어민에 대한 면세유류의 공급과 관련하여 면세유류구입카드 등의 발급, 관리대장의 비치, 전산처리 등에 사용되는 비용에 충당하기 위하여 면세유류구입카드 등을 발급받은 자로부터 면세유류 공급가격에 100분의 2를 곱한 금액을 수수료로 징수할 수 있다.

이 경우 수수료는 농어민이 면세유류구입카드의 이용대금을 결제하는 때에 징수한다(조특법 §106의2 ⑰, 특례규정 §23).

8 | 면세석유류 연간 한도량 신청 등

농림축산식품부장관, 해양수산부장관 또는 산림청장은 매년 3월 31일까지 기획재정부장관에게 면세유류의 연간 한도량을 석유제품별로 면세유류 한도량 산출근거 및 전년도 사용량 자료를 첨부하여 신청하여야 한다. 또한, 농림축산식품부장관, 해양수산부장관 또는 산림청장은 「조세특례제한법」 제106조의2 제15항에 따라 기획재정부장관이 정한 면세유류 연간 한도량이 부족할 것으로 예상되는 경우에는 그 산출근거자료를 첨부하여 추가로 해당 연도의 면세유류 한도량을 증가시켜 줄 것을 기획재정부장관에게 신청할 수 있다(특례규정 §22의2).

동 신설 규정은 2013. 2. 15. 이후 최초로 신청하는 분부터 적용한다.

9 | 추징사유 등의 통보 및 행정자료의 요청

① 면세유류관리기관인 조합은 감면세액 또는 가산세의 추징사유가 발생하였음을 알았거나 농어민 등이 「수산업법」 등 관련 법령에 따라 어민 등에 대한 제한이나 정지처분에 갈음하는 과징금을 부가하는 경우에는 면세유류구입카드 등의 발급 및 사용을 즉시 중지시키고 지체 없이 그 사실을 관할 세무서장에게 알려야 한다(조특법 §106의2 ⑱).

② 또한 관할 세무서장은 감면세액 추징 사유 등이 발생하였음을 알았을 때에는 지체 없이 「지방세법」 제137조 제1항에 따른 자동차세의 특별징수의무자와 면세유류관리기관인 조합에 그 사실을 알려야 한다(조특법 §106의2 ⑲).

③ 면세유류관리기관은 면세유 관리업무를 효율적으로 수행하기 위하여 행정기관 등에게 다음의 자료를 요청할 수 있으며, 요청받은 행정기관 등은 정당한 사유가 없는 한 면세유류관리기관에 요청받은 자료를 제출하여야 한다(조특법 §106의2 ⑳).

- 농어민 등의 「가족관계의 등록 등에 관한 법률」 제9조에 따른 사망에 관한 자료
- 농어민 등의 「주민등록법」 제16조에 따른 전입신고에 관한 자료
- 「어선법」 제5조의2에 따른 어선위치발신장치의 선박위치 관련 자료
- 면세유의 용도 외 사용에 따른 추징세액의 납부 여부에 관한 자료
- 농어민 등이 보유한 화물자동차의 「자동차관리법」 제69조에 따른 전산자료(자동차등록번호, 소유자 성명 및 주민등록번호를 포함한 자동차등록의 신규 · 이전 · 변경 · 말소에 관한 자료)

10 | 면세유 취득 판매자에 대한 과태료 부과

관할 세무서장은 앞 "3. 농 · 임 · 어업용 면세유류"를 공급받은 자로부터 취득하여 판매한 자에게 판매가액의 3배 이하의 과태료를 부과한다. 이 경우 과태료의 부과기준은 대통령령으로 정한다(조특법 §106의2 ㉑).

11 | 석유판매업자의 환급신청 등

주유소 등 특례규정 제15조의2 제1항에서 규정하고 있는 아래의 석유판매업자가 부가가치세, 개별소비세, 교통 · 에너지 · 환경세, 교육세 및 자동차세가 과세된 석유류를 공급받아 농어민 등에게 공급한 경우 해당 석유류가 면세유에 해당하는 경우에 석유판매업자는 동 특례규정에 따라 신청하여 그 면세되는 세액을 환급받거나 납부 또는 징수할 세액에서 공제받을 수 있다(조특법 §106의2 ②, 특례규정 §15의2).

(1) 석유판매업자

대통령령으로 정하는 석유판매업자란 다음의 어느 하나에 해당하는 자를 말한다(특례규정 §15의2 ①).

① 「석유 및 석유대체연료 사업법」 제2조 제7호부터 제9호까지의 규정에 따른 석유정제업자 · 석유수출입업자 또는 석유판매업자 및 「액화석유가스의 안전관리 및 사

업법」 제2조 제3호에 따른 액화석유가스 수출입업자

② 「액화석유가스의 안전관리 및 사업법」 제2조 제5호·제9호 및 같은 법 제44조 제2항에 따른 액화석유가스 충전사업자, 액화석유가스 판매사업자 및 액화석유가스 특정사용자

③ 「고압가스 안전관리법」 제4조에 따른 고압가스제조자

(2) 석유판매업자의 지정 및 취소

1) 석유판매업자의 지정

면세유류관리기관인 중앙회는 면세유 관리업무의 효율화 및 부정유통 방지를 위하여 필요한 경우에는 특례규정 제20조의2에 따라 석유판매업자의 신청을 받아 농어민 등에게 면세유를 판매할 수 있는 석유판매업자를 지정할 수 있다(조특법 §106의2 ⑦, 특례규정 §20의2).

① 석유판매업자가 「조세특례제한법」 제106조의2 제7항에 따라 면세유를 판매할 수 있는 석유판매업자로 지정을 받으려면 기획재정부령으로 정하는 시설기준, 그 밖의 요건을 갖추어 같은 항에 따른 면세유류관리기관인 중앙회에 지정신청서를 제출하여야 한다.

② 위 "①"에 따라 신청받은 면세유류관리기관인 중앙회는 신청일부터 30일 이내에 지정 여부를 결정하고 기획재정부령으로 정하는 면세유류판매업자 지정증을 신청인에게 교부하여야 한다.

③ 석유판매업자가 농어민 등에게 면세유를 판매하기 위하여는 위 "②"에 따라 면세유류판매업자 지정증을 교부받아야 한다.

2) 석유판매업자의 지정 취소

석유판매업자가 다음의 어느 하나에 해당하는 경우에는 면세유류관리기관인 중앙회는 면세유를 판매할 수 있는 석유판매업자의 지정을 취소할 수 있으며, 지정 취소된 석유판매업자는 다음에서 정하는 기간 동안 지정 신청을 할 수 없다(조특법 §106의2 ⑬).

가. 앞 "5. (4)"의 농어민 등이 아닌 자가 공급받은 석유류 등에 대한 감면세액의 추징 사유가 생긴 경우: 지정취소일부터 5년간

나. 직전 2회계연도의 기간 동안 면세유류 판매실적이 없는 경우: 지정취소일부터 1년간(2011. 1. 1. 이후 지정취소 사유가 발생하는 분부터 적용)

또한, 위와 같은 감면세액의 추징 사유가 생긴 석유판매업자와 다음의 관계에 있는

자에 대하여도 석유판매업자의 지정 취소 등 위와 같은 규정을 적용한다. 다만, 그 양수인(해당 석유판매업자와 「국세기본법 시행령」 제1조의2에 따른 친족관계에 있는 자는 제외한다. 동 개정규정은 2015. 1. 1. 이후 석유판매업을 양도하는 분부터 적용한다) 또는 법인이 종전 석유판매업자의 감면세액 추징 사유가 생긴 것을 알지 못하였음을 증명하는 경우에는 그러하지 아니한다(조특법 §106의2 ⑭, 특례규정 §21 ③).

① 석유판매업자가 사망한 경우 그 상속인

② 석유판매업자가 그 석유판매업의 전부를 양도한 경우 그 양수인

③ 법인인 석유판매업자가 다른 석유판매업자와 합병을 한 경우 합병 후 존속하는 법인이나 합병에 의하여 설립되는 법인

(3) 환급신청 방법

① 위 "(1)"에 해당하는 "석유판매업자"가 「조세특례제한법」 제106조의2 제1항에 따라 부가가치세를 면제 또는 감면받거나 같은 조 제2항에 따라 부가가치세의 감면세액을 환급 또는 공제받으려면 농어민 등 또는 「한국해운조합법」에 따른 한국해운조합에 공급한 해당 석유류를 구입하는 때에 부담한 부가가치세 매입세액은 매출세액에서 공제되는 매입세액으로 보아 부가가치세를 신고하여야 한다(특례규정 §15의2 ②).

② 석유판매업자가 「조세특례제한법」 제106조의2 제2항에 따라 개별소비세, 교통·에너지·환경세, 교육세 및 자동차세의 감면세액을 환급받으려면 농어민 등에게 매월 공급한 면세유의 석유제품별 수량 및 환급세액 등이 적혀 있는 기획재정부령으로 정하는 신청서에 국세청장이 정하는 면세유류공급명세서를 첨부하여 다음 달 10일(2014. 3. 1. 전은 15일)까지 관할 세무서장에게 제출하여야 한다(특례규정 §15의2 ③).

③ 위 "②"에서 정하는 바에 따라 환급신청을 받은 세무서장은 그 달의 25일(2014. 3. 1. 전은 말일)까지 석유판매업자에게 개별소비세, 교통·에너지·환경세 및 교육세의 감면세액을 환급하여야 한다(특례규정 §15의2 ④).

④ 관할 세무서장이 "③"에 따라 석유판매업자에게 감면세액을 환급한 경우에는 자동차세 감면세액의 환급을 위하여 기획재정부령으로 정하는 자료를 환급일의 다음 달 10일까지 울산광역시장에게 통보하여야 한다(특례규정 §15의2 ⑤).

⑤ 위 "④"에 따라 통보를 받은 울산광역시장은 "②"에 따라 환급신청한 날의 다음 달 20일까지 주행세의 감면세액을 석유판매업자에게 환급하여야 한다(특례규정 §15의2 ⑥).

해당 규정은 통상적인 부가가치세 면세규정이 아니라 감면규정으로 이해되므로 면세

유 공급자가 부담한 매입세액(유류, 사업용고정자산, 공통경비 등)은 면세공급가액이 총공급가액의 5% 이상이 되더라도 공통매입세액 안분계산을 하지 않고 전액 공제한다. 따라서 농어민 등에게 면세유를 공급하는 사업자는 매출세액이 면제되면서도 매입세액은 부가법 제38조에 따라 전액 공제되므로 실질적으로는 영세율이 적용되는 사업자와 세부담 면에서 동일하다(재부가-205, 2009. 3. 10.).

12 | 부가가치세 감면신고 절차

연안을 운항하는 여객선박에 사용할 목적으로 「한국해운조합법」에 따라 설립된 한국해운조합에 직접 공급하는 석유류 및 내수면어업용 선박 및 내수면육상어업용 시설에 사용되는 것으로서 「수산업협동조합법」에 따른 조합에 신고된 석유류를 공급한 사업자가 부가가치세를 감면받으려면 「부가가치세법」에 따른 예정신고·확정신고 또는 영세율 등 조기환급신고를 하는 때에 그 신고서에 국세청장이 정하여 고시하는 면세유류공급증명서를 첨부하여야 한다(특례규정 §22).

계산 사례(재부가-205, 2009. 3. 10.)

○ 2019. 2기 중 면세유 판매업자의 매출 및 매입 현황(공급가액)
- 수입금액: 과세매출 1,400만 원, 면세유 매출 600만 원
- 매입금액: 유류매입 1,500만 원, 유조차 구입 300만 원

○ 부가가치세 납부할 세액의 계산
- 매출세액: 140만 원(면세수입금액란에 600만 원 기재)
- 매입세액: 180만 원(공통매입세액 안분계산 없이 전액 공제)
- 환급세액: 40만 원

※ 면세유를 구입하는 때에 부담한 부가가치세 매입세액을 공제하여 주고 있으므로 면세유의 공급과 관련하여 구입한 고정자산 등의 부가가치세 매입세액도 공제받을 수 있음(재부가-205, 2009. 3. 10.).

13 | 면세유 등의 공급에 대한 통합관리

(1) 면세유 관련 전산시스템 구축

국세청장은 석유류(이하 "면세유 등"이라 한다)의 공급내역 등을 통합적으로 관리하기 위한 전산시스템을 구축하여야 한다(조특법 §113의2 ①).

① 「조세특례제한법」 제106조의2 제1항에 따라 석유판매업자가 부가가치세, 개별소비세, 교통·에너지·환경세, 교육세 및 자동차세가 과세된 석유류를 공급받아 농어민 등에게 공급한 석유류

② 「조세특례제한법」 제111조 제1항에 따른 석유류

③ 「개별소비세법」 제16조 제1항 제3호 및 「교통·에너지·환경세법」 제14조 제1항에 따른 석유류

④ 「개별소비세법」 제18조 제1항 제9호 및 「교통·에너지·환경세법」 제15조 제1항 제3호에 따른 외국항행선박 또는 원양어업선박에 사용하는 석유류

(2) 정보 및 자료의 요청

국세청장은 위 전산시스템 구축을 위하여 필요한 경우에는 자료 제출기관에게 면세유 등의 공급내역 등의 정보 또는 자료의 제공을 요청할 수 있으며, 요청을 받은 자는 정당한 사유가 없으면 요청에 따라야 한다(조특법 §113의2 ②, 조특령 §112의6).

1) 자료제출 기관

① 「국가재정법」 제6조에 따른 중앙관서(중앙관서의 업무를 위임받거나 위탁받은 기관을 포함한다)

② 「농업협동조합법」에 따른 농업협동조합 및 중앙회

③ 「산림조합법」에 따른 산림조합 및 중앙회

④ 「수산업협동조합법」에 따른 수산업협동조합 및 중앙회

⑤ 「한국해운조합법」에 따른 한국해운조합

⑥ 「개별소비세법」 또는 「교통·에너지·환경세법」에 따라 석유류에 대해 면세를 받거나 세액의 환급 또는 공제를 받는 자

2) 정보 또는 자료의 범위

① 「조세특례제한법」 제106조의2 제4항에 따른 면세유류구입카드 또는 출고지시서의

발급내역 및 거래내역

② 「농·축산·임·어업용 기자재 및 석유류에 대한 부가가치세 영세율 및 면세 적용 등에 관한 특례규정」 제22조에 따른 면세유류공급증명서의 발급내역

③ 「개별소비세법 시행령」 제20조 제3항 제3호, 제34조 제4항 제4호 및 「교통·에너지·환경세법 시행령」 제17조 제3항 제2호, 제24조 제2항 제2호에 따른 납품(사실)증명서 발급내역

④ 「수출용 원재료에 대한 관세 등 환급에 관한 특례법」 제4조 제4호에 따른 외국항행선박·원양어업선박에 사용되는 석유류에 대한 적재확인서 발급내역

⑤ 「조세특례제한법」 제113조의2 제1항에 해당하는 석유류(이하 이 조에서 "면세유 등"이라 한다)를 부정한 방법으로 공급받거나 해당 용도 외의 다른 용도로 사용·반출 또는 판매한 사실 등의 적발·단속내역

⑥ 그 밖에 면세유 등의 거래내역 및 수급자격의 검증 등 「조세특례제한법」 제113조의2 제1항에 따른 전산시스템의 구축 및 운영에 필요한 정보 또는 자료로서 기획재정부령으로 정하는 정보 또는 자료

(3) 자료의 제출

자료의 제출을 요구받은 기관의 장은 분기별 자료를 그 분기의 다음 달 말일까지 국세청장에게 국세정보통신망을 통하여 제출하여야 한다. 다만, 관련 자료의 생산빈도와 활용시기 등을 고려하여 국세청장은 자료의 제출시기를 달리 정할 수 있다(조특령 §112의6 ③).

14 그 밖의 사항

(1) 구분경리

면세유류를 공급하는 사업자는 자기의 사업장에서 과세로 공급하는 석유류와 면세로 공급하는 석유류를 각각 구분하여 장부에 기록·비치하여야 한다(특례규정 §24).

(2) 부가가치세법 등의 적용

농업·임업·어업용 석유류에 대한 부가가치세 등의 감면적용에 관하여 조특령에서 정한 것을 제외하고는 「부가가치세법」·「개별소비세법」 또는 「교통·에너지·환경세법」이 정하는 바에 의한다(특례규정 §25).

(3) 개별소비세 등의 환급액의 세무처리

농어업용 면세유 감면세액(교통 · 에너지 · 환경세액 등) 환급금은 석유류판매업자가 실제 부담하지 아니한 것이므로 총수입금액에 대응되는 비용에 해당하지 않아 총수입금액에 불산입하고 필요경비(취득원가)에서 제외한다(서면법규-1223, 2012. 10. 22.).

(4) 사후관리

① 농림축산식품부장관, 해양수산부장관 및 산림청장은 면세유류한도량의 준수 등 면세유가 적정하게 공급되도록 농어민 등과 석유판매업자에 대한 조사 · 단속 및 면세유류관리기관과 한국해운조합에 대한 관리감독 등 사후관리를 철저히 하여야 한다.

② 면세유류관리기관 및 한국해운조합은 직전 월의 석유제품별 면세유 사용량을 매월 10일까지 농림축산식품부장관, 해양수산부장관 및 산림청장에게 보고하여야 한다.

③ 한국해운조합은 법 제106조의2 제1항 제2호에 따른 석유류에 대하여 기획재정부령으로 정하는 명세서를 매년 3월 31일까지 국세청장에게 제출해야 한다.

④ 농림축산식품부장관 또는 해양수산부장관은 면세유 부정유통 방지의 실효성 확보에 필요한 경우에는 국립농산물품질관리원 등 관련 전문기관을 지정하여 위 "①"의 사후관리 업무의 일부를 대행하게 할 수 있다(특례규정 §26).

(5) 면세유 공급명세의 공개

면세유류관리기관인 중앙회와 면세유류관리기관인 조합은 농어민 등에 대한 면세유의 다음 사항인 적혀 있는 공급 명세를 면세유류관리기관의 홈페이지에 공개할 수 있다(조특법 §106의2 ⑧, 특례규정 §20의3).

㉠ 성명(사업자인 경우에는 상호 및 대표자)

㉡ 주소(사업자인 경우에는 사업장소재지)

㉢ 석유제품별 전년도 공급량

㉣ 석유제품별 월별 공급량

㉤ 농기계 등의 보유현황

면세유류관리기관인 조합이 제1항에 따라 면세유 공급명세를 공개할 때에는 "㉠"과 "㉡"에 대해서는 「개인정보 보호법」에 따른 가명처리를 해야 한다.

(6) 면세유 결제시기에 따른 면세 여부

석유판매업자가 농·어민에게 면세유류 공급 시 면세유류공급카드로 유류금액을 미리 결제받아 공급시기와 결제시기를 달리하는 경우, 해당 연도에 배정받은 면세유를 모두 사용하고 추가배정 없이 주유소에서 외상 구입하여 사용한 후 다음해 배정받은 면세유 물량으로 결제 시 해당 사업자는 개별소비세, 교통·에너지·환경세 및 교육세를 환급·공제받을 수 없고, 해당 사업자는 「조세특례제한법」 제106조의2 제2항에 따른 개별소비세, 교통·에너지·환경세 및 교육세를 환급·공제받을 수 없는 것이며, 이를 부당한 방법으로 환급·공제 신청한 때에는 같은 조 제12항 제3호의 금액을 추징한다.

또한, 석유판매업자가 농민으로부터 면세유류구입카드로 결제받은 달의 다음 달 이후에 면세유를 농민에게 공급한 경우 면세유류구입카드의 결제월에 공급하지 아니한 해당 면세유도 석유판매업자의 면세유 감면세액 환급신청대상에 포함되지 아니한다(소비세과-153, 2010. 4. 22. ; 소비세과-75, 2013. 3. 8.).

VII 금 관련 제품에 대한 부가가치세 매입자납부특례

1 개 요

금지금 및 금제품(이하 "금 관련 제품"이라 한다)을 공급하거나 공급받으려는 사업자 또는 수입하려는 사업자(이하 "금사업자"라 한다)는 금거래계좌를 개설하여야 한다.

해당 금거래계좌를 통해 금 관련 제품을 거래하는 경우 공급한 금사업자는 부가가치세를 그 공급을 받는 자로부터 징수하지 아니하며, 공급받은 금사업자는 금거래계좌를 사용하여 금 관련 제품의 가액은 공급한 사업자에게, 부가가치세액은 국세청장이 지정한 자에게 입금하여야 한다(조특법 §106의4 ①, ②, ③).

이 규정은 2007. 12. 31. 금지금 거래의 투명화·정상화를 통한 귀금속산업의 발전을 지원하고, 금 관련 제품 매출자가 거래징수한 부가가치세를 납부하지 않고 탈세하는 것을 방지하고자 현행 매출자에 의한 부가가치세 거래징수제도를 매입자납부제도로 전환하기 위하여 신설하여 2008. 6. 1. 이후 금거래계좌를 개설·신고하고 2008. 7. 1. 이후 최초로 금지금을 공급하는 분부터 적용한다.

2 매입자납부 대상 금 관련 제품

매입자납부특례 대상이 되는 금 관련 제품은 다음의 것으로 한다(조특법 §106의4 ①, 조특령 §106의9 ①).

① 대통령령으로 정하는 형태·순도 등을 갖춘 지금
금괴(덩어리)·골드바 등 원재료 상태로서 순도가 1천분의 995 이상인 금(이하 "금지금"이라 한다)을 말한다.

② 대통령령으로 정하는 형태·순도 등을 갖춘 금제품
소비자가 구입한 사실이 있는 반지 등 제품 상태인 것으로서 순도가 1천분의 585 이상인 금을 말한다.

③ 대통령령으로 정하는 금 관련 웨이스트와 스크랩
금 함유량이 10만분의 1 이상인 웨이스트와 스크랩을 말한다(2015. 7. 1. 이후 금거래계좌를 개설·신고하고 공급하거나 공급받는 경우 또는 수입신고하는 경우부터 적용한다).

※ 금(AV)과 화학원소 기호가 다른 백금(Pt)은 대상이 아니다(서면-2015-1535, 2016. 2. 29.).

| 금지금 부가세 매입자납부제도 흐름 |

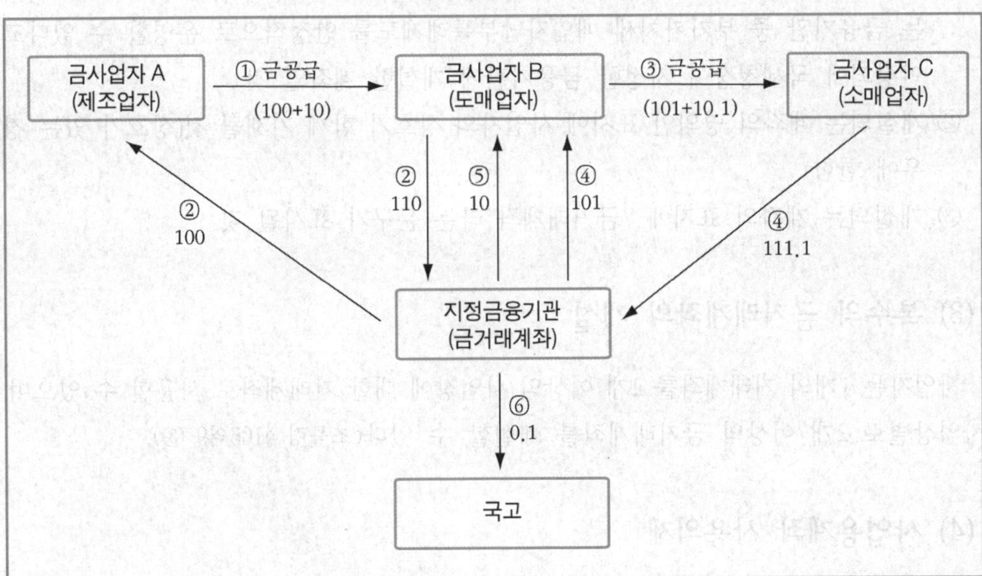

① 금사업자 A가 금사업자 B에게 100억 원의 금지금을 매출
② 금사업자 B는 금지금 가액 100억 원 및 부가세액 10억 원을 금거래계좌에 입금(결제) → 지정금융기관은 금지금 가액 100억 원을 A에게 지급
③ 금사업자 B가 금사업자 C에게 금지금을 101억 원에 매출

④ C는 매입세액(B의 매출세액) 10.1억 원을 포함한 111.1억 원을 금거래계좌에 입금(결제) → 지정금융기관은 금지금 가액 101억 원을 B에게 지급
⑤ C가 매입세액(B의 매출세액)을 입금하는 즉시, 지정금융기관은 B에 대하여 매출세액(10.1억 원)의 한도 내에서 매입세액(10억 원)을 환급
⑥ 신고기간 도래 시, 지정금융기관은 실시간 환급 후의 잔액(0.1억 원)을 국고에 납부

3 | 금거래계좌의 개설

(1) 개 요

금 관련 제품을 공급하거나 공급받으려는 사업자 및 수입하려는 사업자(이하 "금사업자"라 한다)는 금거래계좌를 개설하여야 한다. 2009. 2. 4. 이후 개설분부터는 관할 세무서장 신고의무가 폐지되었다(조특법 §106의4 ①).

(2) 금거래계좌의 요건

금거래계좌는 다음의 요건을 모두 갖춘 계좌를 말한다(조특령 §106의9 ②).

① 「금융실명거래 및 비밀보장에 관한 법률」 제2조 제1호 각목의 어느 하나에 해당하는 금융기관 중 부가가치세 매입자납부특례제도를 안정적으로 운영할 수 있다고 인정되어 국세청장이 지정한 금융기관에 개설한 계좌일 것
② 개설되는 계좌의 명의인 표시에 사업자의 상호가 함께 기재될 것(상호가 있는 경우에 한함)
③ 개설되는 계좌의 표지에 "금거래계좌"라는 문구가 표시될 것

(3) 복수의 금거래계좌의 개설

사업자는 1개의 거래계좌를 2개 이상의 사업장에 대한 거래계좌로 사용할 수 있으며, 사업장별로 2개 이상의 금거래계좌를 개설할 수 있다(조특령 §106의9 ③).

(4) 사업용계좌 사용의제

금거래계좌를 이용하여 대금을 결제한 경우에는 「소득세법」 제160조의5에 따라 사업용계좌를 사용한 것으로 본다(조특령 §106의9 ④).

4 | 금거래계좌를 통한 거래

(1) 공급자의 거래징수의무 면제

금사업자가 금 관련 제품을 다른 금사업자에게 공급한 때에는 부가법 제31조에도 불구하고 부가가치세를 그 공급을 받는 자로부터 징수하지 아니한다(조특법 §106의4 ②).

(2) 매입자의 금거래계좌를 통한 결제

금사업자가 금 관련 제품을 다른 금사업자로부터 공급받은 때에는 그 공급을 받은 날(금 관련 제품을 공급받은 날이 세금계산서를 발급받은 날보다 빠른 경우에는 세금계산서를 발급받은 날)의 다음 날(이하 부가가치세액 입금기한)까지(2018. 12. 31.까지는 그 공급을 받은 때나 세금계산서를 발급받은 때에) 금거래계좌를 사용하여 다음 "①"의 금액은 공급한 사업자에게, "②"의 금액은 입금된 부가가치세액의 환급 및 국고에의 입금 등 부가가치세 매입자납부특례제도를 안정적으로 운영할 수 있다고 인정되어 국세청장이 지정한 자(이하 "지정금융기관"이라 함)에게 입금하여야 한다(조특법 §106의4 ③, 조특령 §106의9 ⑤).

① 금 관련 제품의 가액

② 부가법 제29조에 따른 과세표준에 부가법 제30조에 따른 세율을 적용하여 계산한 금액(이하 "부가가치세액"이라 함)

다만, 귀금속업체의 자금부담을 완화하기 위하여 2009. 4. 1. 이후 공급분부터는 기업구매자금대출 등 대통령령으로 정하는 방법으로 금 관련 제품의 가액을 결제하는 경우에는 "②"에서 규정한 부가가치세액만 입금할 수 있다. 이 경우 "기업구매자금대출 등 대통령령으로 정하는 방법"이란 다음의 어느 하나에 해당하는 것을 말한다(조특령 §106의9 ⑥).

㉠ 조특법 제7조의2에 따른 환어음·판매대금추심의뢰서, 기업구매전용카드, 외상매출채권담보대출제도, 구매론제도 및 네트워크론제도

㉡ 「전자금융거래법」 제2조에 따른 전자채권

㉢ 외국환은행을 통하여 외화로 대금을 지급하는 거래

㉣ 「민법」에 따른 공탁

(3) 금 관련 수입에 대한 부가가치세

금 관련 제품 수입에 대한 부가가치세는 부가법 제50조에 따라 수입재화의 납세의무자가 「관세법」에 따라 관세를 신고·납부하는 경우에는 재화의 수입에 대한 부가가치세

를 함께 신고·납부하여야 한다는 규정에도 불구하고 수입자가 금지금을 별도로 수입신고하고 그 금지금에 대한 부가가치세를 금거래계좌를 사용하여 위 "(2)"의 방법으로 납부한다.

이 규정은 2009. 7. 1. 이후 수입하는 분부터 적용한다(조특법 §106의4 ④, 조특령 §106의9 ⑦).

(4) 금지금에 대한 과세특례적용으로 부가가치세가 면제되는 경우

위 "(2)", "(3)"에서 정하는 매입자의 금거래계좌를 통한 결제는 조특법 제106조의3(금지금에 대한 부가가치세 과세특례)과 제126조의7 제1항 제2호(금 현물시장에서 매매거래되는 금지금)에 따라 부가가치세가 면제되는 경우에는 적용하지 아니한다(조특법 §106의4 ⑤).

(5) 금거래계좌에 입금된 부가가치세액의 환급

1) 일반원칙

공급받은 자가 입금한 부가가치세액은 금 관련 제품을 공급한 금사업자가 납부하여야 할 세액에서 공제하거나 환급받을 세액에 가산한다(조특법 §106의4 ⑨).

2) 지정사업자의 환급특례(조특규칙 §48의4)

① 부가가치세 매입자납부특례제도를 안정적으로 운영할 수 있다고 인정되어 국세청장이 지정한 자인 지정금융기관은 금 관련 제품에 대한 부가가치세 매입자납부특례에 따라 매입자가 입금한 부가가치세액(매출세액)의 범위에서 해당 금제품을 공급한 사업자가 입금한 부가가치세액(매입세액)을 국세청장이 정하는 바에 따라 해당 사업자에게 환급할 수 있다.

② 위 "①"에 불구하고 다음의 어느 하나에 해당하는 금액은 해당 사업자가 입금한 부가가치세액(매입세액)으로 보아 환급할 수 있다.

㉠ 금 관련 제품 수입 시 세관에 납부한 부가가치세액

㉡ 금지금제련업자는 매입자가 입금한 부가가치세액(매출세액)에서 그 제련업자가 입금한 부가가치세액(매입세액)을 뺀 금액의 100분의 70에 해당하는 금액

③ 금 관련 제품 수입업자가 위 "②"의 "㉠"에 따른 수입 시 납부한 부가가치세액을 환급받으려면 금 관련 제품 수입업자 부가가치세 환급신청서를 관할 세무서장에게 제출하여야 한다.

④ 위 "③"에 따라 제출받은 관할 세무서장은 부가가치세액의 납부 여부를 확인하여 납부한 경우에는 위 "①"의 국세청장으로부터 지정받은 자에게 그 사실을 통보하여야 한다.

(6) 금거래계좌 미사용 등에 대한 제재

1) 매입세액불공제

금 관련 제품을 공급받은 금사업자가 금거래계좌를 사용하여 지정금융기관에 부가가치세액을 입금하지 아니한 경우에는 금 관련 제품을 공급한 금사업자에게서 발급받은 세금계산서에 적힌 세액은 부가법 제38조에도 불구하고 매출세액에서 공제되는 매입세액으로 보지 아니한다(조특법 §106의4 ⑥).

2) 가산세의 징수

금사업자가 금 관련 제품을 다른 금사업자로부터 공급받은 때에 금거래계좌를 사용하지 아니하고 금 관련 제품의 가액을 결제받은 경우에는 해당 금 관련 제품을 공급한 금사업자 및 공급받은 금사업자에게 제품가액의 100분의 10(2015년까지는 20)을 가산세로 징수한다. 다만, 조특법 제106조의4 제1항 제3호의 제품(금 관련 웨이스트와 스크랩)과 조특법 제106조의9 제1항 각호의 물품(구리의 웨이스트 및 스크랩과 잉곳 등)이 혼합된 제품을 공급하거나 공급받으려는 사업자가 같은 항 각호 외의 부분에 따른 스크랩등거래계좌를 사용하는 경우에는 가산세를 징수하지 아니한다(조특법 §106의4 ⑦).

3) 이자상당액의 징수

관할 세무서장은 금 관련 제품을 공급받은 금사업자가 금거래계좌를 통해 부가가치세액을 입금하지 아니한 경우에는 부가가치세액 입금기한의 다음 날부터[2018. 12. 31. 징수분까지는 금 관련 제품을 공급받은 날(금 관련 제품을 공급받은 날이 세금계산서를 발급받은 날보다 빠른 경우에는 세금계산서를 발급받은 날을 말한다. 2018. 1. 1. 이후 징수하는 분부터 적용한다)의 다음 날부터] 부가가치세액을 입금한 날(부가법 제48조, 제49조, 제66조, 제67조에 따른 과세표준 신고기한을 한도로 함)까지의 기간에 대하여 1일 10만분의 22[이 영 시행일인 2022. 2. 15. 전에 발생한 사유로 2022. 2. 15. 이후 세액을 납부 또는 부과하는 경우 시행일 전일까지의 기간분에 대한 이자상당가산액 또는 이자상당액의 계산에 적용되는 이자율은 종전의 규정(25/100,000)에 따르고, 2022. 2. 15. 이후의 기간분에 대한 이자상당가산액 또는 이자상당액의 계산에 적용되는 이자율은 개정규정(22/100,000)에 따른다. 아울러 2019. 2. 12. 전일까지 이자율은 일일 1만분의 3이었다. 이하 같다]의 이자율을 곱하여 계산한 금액을 입금하여야 할 부가가치세액에 가산하여 징수한다(조특법 §106의4 ⑧, 조특령 §106의9 ⑧).

(7) 과오납금의 환급

위 "1"에 따라 공급받은 자가 입금한 부가가치세액 중 잘못 납부하거나 초과하여 납부한 금액은 「국세기본법」 제51조 제1항에도 불구하고 공급받은 자에게 환급하여야 한다(조특법 §106의4 ⑪).

부가가치세의 원칙적 납세의무자는 재화나 용역을 공급한 사업자이므로 환급청구권자도 재화·용역을 공급한 사업자가 되는 것이 원칙이나, 매입자납부특례의 취지와 구체적 내용에 비추어 보면 이에 대한 환급청구권은 공급받는 자(매입자)에게 귀속된다고 보아야 한다. ① 동 특례규정은 매입자에게 직접 부가가치세를 납부하도록 한 예외규정으로, ② 매입자가 "실질적 납세의무자"이고, ③ 매입자가 가공거래 등 공급없음을 이유로 발생한 부가가치세 환급은 일반환급과 다르다. ④ 매출자에게 해당 부가가치세를 환급한다면 폭탄사업자의 세금탈루를 방치하게 되고, ⑤ 위 개정 법률은 환급청구권이 매입자에게 귀속됨을 명확히 한 확인규정이라고 법원은 보고 있다(대법원 2018두51997, 2018. 11. 15. ; 서울고법 2017누84053, 2018. 7. 5.).

(8) 관할 세무서장의 환급보류

1) 환급보류 사유

관할 세무서장은 해당 예정신고기간 및 확정신고기간 중 금사업자의 금 관련 제품의 매출액이 금 관련 제품의 매입액에서 차지하는 비율이 100분의 70 이하인 경우에는 환급을 보류할 수 있다. 다만, 다음 중 어느 하나에 해당하는 경우에는 그러하지 아니하다(조특법 §106의4 ⑩, 조특령 §106의9 ⑨·⑩·⑫).

① 환급받을 세액이 500만 원 이하인 경우

② 체납이나 포탈 등의 우려가 적다고 인정되는 경우로서 금사업자, 금사업자의 대표자 또는 임원이 다음의 요건을 모두 갖춘 경우

㉠ 해당 신고납부기한 종료일 현재 최근 3년간 조세범으로 처벌받은 사실이 없을 것

㉡ 해당 신고납부기한 종료일 현재 최근 1년간 국세를 체납한 사실이 없을 것

㉢ 해당 신고납부기한 종료일 현재 최근 3년간 결손처분을 받은 사실이 없을 것

㉣ 해당 신고납부기한 종료일 현재 최근 1년간 금거래계좌를 이용하지 아니하고 금 관련 제품의 거래를 한 사실이 없을 것

㉤ 그 밖에 부가가치세 신고·납부 현황 등을 고려할 때 조세포탈의 우려가 없다고 국세청장이 인정하는 경우

2) 환급보류기간

관할 세무서장이 상기 환급보류사유에 따라 부가가치세액의 환급을 보류할 수 있는 기간은 해당 예정신고기한 또는 확정신고기한의 다음 날부터 6개월 이내로 한다(조특령 §106의9 ⑪).

(9) 보전명령

국세청장은 부가가치세 보전을 위하여 필요한 경우 스크랩등을 공급하거나 공급받는 사업자 또는 수입하는 사업자에게 세금계산서 및 세금계산서합계표의 작성 및 제출에 관한 명령을 할 수 있다. 동 규정은 2024. 7. 1. 이후 공급하거나 공급받는 분 또는 수입신고하는 분부터 적용한다(조특법 §106의4 ⑫).

VIII 금 현물시장에서 거래되는 금지금에 대한 과세특례

(1) 개 요

금의 음성적 유통과 부가가치세 탈루를 방지하기 위해 금거래계좌를 통한 부가가치세 매입자 납부제도를 시행하고 고금의제매입세액 공제제도를 도입하였으나, 여전히 유통되는 금의 절반 이상이 음성적으로 거래되어 금의 품질과 가격에 대한 소비자들의 불신이 지속되고 고품질의 금 원자재를 안정적으로 거래할 수 있는 거래시장이 없어 귀금속 산업의 발전을 저해하는 요인으로 작용하고 있어 금 현물시장 개설 등을 통해 음성적으로 이루어지고 있는 금 거래를 양성화하기 위한 방안을 마련하였다.

| 국내 금 유통구조 |

【수입금】 해외 금융기관 → 직수입 → 전기/전자 소재업자 → 제품소재 판매 → 해외 수출 / 국내 공급

【제련금】 제련업자 → 판 매 → 전기/전자 소재업자; 제련업자 → 은행(골드뱅킹) → 실물 인출 → 투자자(금융투자); 제련업자 → 대형 도매업자

【정련금】 소비자 → 고금 수집 → 고금수집업자 → 대형 도매업자 → 세금계산서 → 세공업자; 대형 도매업자 ↕ 임가공 정련업자 ↕ 임가공 소형 도매업자; 고금수집업자 → 음성시장 유입 → 소형 도매업자 → 현찰, 금 실물 결제 → 세공업자 → 세금계산서 / 현찰, 금 실물 결제 → 소매업자 → 카드, 현금영수증 / 현찰 → 소비자(귀금속, 실물투자)

【밀수금】 홍콩 등 ↔ 밀수입, 밀수출 ↔ 소형 도매업자

음성시장

※ 한국거래소 보도자료에서 발췌(2013. 7.)

(2) 금 현물시장의 개설

한국거래소에 증권시장과 유사한 형태의 금 현물시장을 개설하여 금융위원회는 자본시장법에 의거하여 한국거래소와 한국예탁결제원에 금 현물 거래관련 업무를 승인하고, 한국거래소는 금 현물시장의 운영에 관한 약관을 제정하고 상품 매매계약의 체결과 청산 등 운영전반을 담당하며, 한국예탁결제원은 금 상품의 보관·인출을 담당(금 실물 인출의 편의성 제고를 위해 필요시 금 실물사업자 밀집지역에 은행 지점 금고 등 추가 지정)하고, 한국조폐공사는 금 생산업체에 대한 평가 및 품질인증을 담당하게 된다.

(3) 금 현물시장의 참여자 및 거래흐름

재무요건 등이 일정수준을 충족하는 금 관련 사업자(제련, 정련, 수입업자, 도·소매 등 유통업자, 세공업자 등), 금융기관 등이 금 현물시장의 회원으로 가입하고, 회원은 현물시장에서 직접 금을 매매하거나, 비회원을 위해 현물시장에서의 거래를 중개한다. 개인투자자는 회원인 금융투자업자의 중개를 통해 금 현물시장(위탁매매 방식) 이용이 가능하다.

| 금 현물시장에서의 거래 흐름도 |

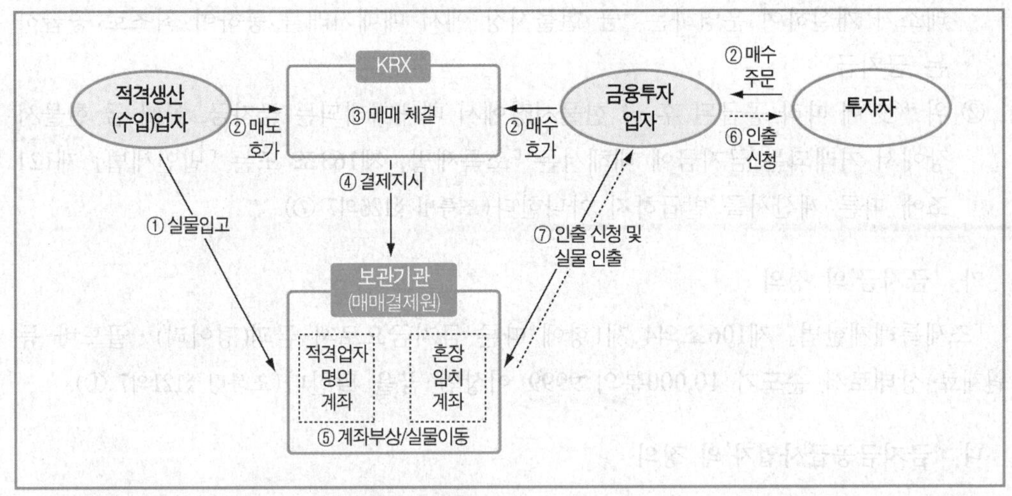

① **(매매방식)** 증권시장과 같이 경쟁매매방식을 채택하고 개인투자자 참여확대를 위해 매매단위는 소량(1～10g)으로 설정. 다만, 금 실물의 인출은 소유자가 인도를 요청한 경우에 한하여 1kg 단위로만 허용

② **(거래안정성의 확보)** 매도자가 금지금을 보관기관에 보유하고 있는 경우에만 매도주문을 낼 수 있도록 하고, 매수자도 매수주문액의 일정비율 이상을 증거금으로 예치하도록 의무화

③ **(투자자 보호)** 회원으로서 금 거래를 중개하는 금융투자업자에게는 자본시장법상 투자자 보호 규제 준수의무 부과

- 불공정 거래행위 억제를 위해 유가증권시장과 유사하게 한국거래소의 시장감시 시스템을 가동하고, 시세조종 등 불공정행위 발생 시 민·형사상 조치

④ **(거래정보 관리)** 거래소·예탁원 등이 당사자의 동의를 얻어 금 거래정보를 체계적으로 관리하고 필요시 국세청·관세청 등과 거래정보를 공유하여 탈세를 차단하고 장내거래를 활성화

(4) 금 현물시장에서 거래되는 금지금에 대한 면세 개요

1) 면세 요건

아래의 "금지금"으로서 다음의 어느 하나에 해당하는 금지금의 공급에 대해서는 2014. 1. 1. 이후 공급분부터 부가가치세를 면제한다(조특법 §126의7 ①, 조특령 §121의7 ①).

① 금지금을 공급하는 "금지금공급사업자"가 "보관기관"에 금지금을 임치한 후 「자

본시장과 금융투자업에 관한 법률」 제373조의2 제1항에 따라 허가를 받은 한국거래소가 개설하여 운영하는 "금 현물시장"에서 매매거래를 통하여 최초로 공급하는 금지금

② 위 "①"에 따라 공급된 후 금 현물시장에서 매매거래되는 금지금. 이때 금 현물시장에서 거래되는 금지금에 대해서는 「소득세법」 제163조 또는 「법인세법」 제121조에 따른 계산서를 발급하지 아니한다(조특법 §126의7 ⑦).

가. '금지금'의 정의

「조세특례제한법」 제106조의4 제1항에 따른 금지금으로서 금괴(덩어리)·골드바 등 원재료 상태로서 순도가 10,000분의 9999 이상인 금을 말한다(조특령 §121의7 ①).

나. '금지금공급사업자'의 정의

금지금공급사업자란 금지금을 공급하거나 수입하려는 사업자로서 「자본시장과 금융투자업에 관한 법률」 제373조의2 제1항에 따라 허가를 받은 한국거래소의 약관으로 정하는 자를 말한다(조특령 §121의7 ②).

㉠ 금지금제련업자: 비철금속 광석 등을 제련하여 금지금을 제조하는 사업자

㉡ 금지금정련업자: 귀금속·괴 및 스크랩 등을 정련하여 금지금을 제조하는 사업자

㉢ 금지금수입업자: 금 현물시장 내에서 거래하기 위하여 금지금을 수입하는 사업자

㉣ 금 현물시장 내에서 거래하기 위한 금지금을 제조·유통·수입하는 자로서 기획재정부령으로 정하는 자

다. '보관기관'의 정의

보관기관이란 금지금의 보관·인출과 관련된 업무를 수행하는 자로서 한국거래소의 약관으로 정하는 자(이하 이 조에서 "보관기관"이라 한다)를 말한다(조특령 §121의7 ③).

보관기관은 "1)" 및 아래 "(5)의 1)"을 적용할 때 「부가가치세법」에 따른 사업자로 보며, "대통령령으로 정하는 범위"에서 「조세특례제한법」 제106조의4 제1항에 따른 금사업자로 본다(조특법 §126의7 ⑥).

여기서 "대통령령으로 정하는 범위"란 「조세특례제한법」 제126조의7 제3항부터 제5항[아래 "3) 세금계산서의 발급 및 대금의 결제 방법"과 "(5) 금지금 인출에 따른 과세"를 말한다]까지의 규정에 따라 보관기관이 금거래계좌를 사용하여 금지금의 공급가액 또는 부가가치세액을 결제하거나 결제받는 경우를 말한다(조특령 §121의7 ⑬).

라. '금 현물시장'의 정의

"금 현물시장"이란 보관기관에 임치된 금지금을 매매거래하기 위하여 금융위원회의 승인을 받아 한국거래소가 개설한 시장을 말한다(조특령 §121의7 ④).

2) 매입세액공제 특례

위 "1)의 ①"에 따라 금지금공급사업자가 금지금을 공급하는 경우 해당 금지금에 대하여 금지금공급사업자가 부담한 부가가치세 매입세액은 부가법 제39조에도 불구하고 부가법 제38조의 공제되는 매입세액으로 본다. 이 경우 아래 "(5)"의 "2), 3)"의 방법에 따라 조특법 제106조의4에 따른 금거래계좌를 사용하여 부가가치세 매입세액의 공제 또는 환급에 대한 특례를 적용받을 수 있다(조특법 §126의7 ②).

3) 세금계산서의 발급 및 대금의 결제 방법

금지금공급사업자는 위 "1)의 ①"에 따른 금지금을 공급하는 경우 보관기관을 공급받는 자로 하여 금 현물시장에서 매매거래 후 결제가 완료되는 때에 부가법 제32조에 따른 세금계산서를 발급(부가법 제34조 제3항 제1호에 따라 1역월(曆月)의 거래를 합하여 발급할 수 있다)하여야 하며, 이 경우 공급가액은 결제가 완료된 매매가액으로 하고 부가가치세액은 영(零)으로 한다.

또한 위 "1)의 ①"에 따른 공급에 관한 금지금의 대금을 결제하는 경우 보관기관은 조특법 제106조의4(금 관련 제품에 대한 부가가치세 매입자납부특례) 제3항에 따라 부가법 제29조에 따른 과세표준에 부가법 제30조에 따른 세율을 적용하여 계산한 금액을 제외하고 금 관련 제품의 가액만을 입금하는 방법으로 금지금의 가액을 결제하여야 한다(조특법 §126의7 ③, 조특령 §121의7 ⑦·⑧).

(5) 금지금 인출에 따른 과세

1) 금지금 인출에 따른 부가가치세 과세

보관기관에 임치된 금지금을 금 현물시장에서 매매거래를 통하여 공급받아 보관기관으로부터 인출하는 경우 해당 금지금의 인출은 부가법 제9조에 따른 재화의 공급으로 본다. 이 경우 보관기관은 금지금을 인출하는 자에게 대통령령으로 정하는 공급가액을 과세표준으로 하여 부가법 제30조에 따른 세율을 적용한 금액(이하 "부가가치세액"이라 한다)을 거래징수하여 납부하여야 한다(조특법 §126의7 ④).

가. 금지금 인출 시 공급시기

① 실수요자가 직접 인출하는 경우

재화의 공급으로 보는 금지금 인출에 대한 공급시기는 보관기관으로부터 금지금을 인출하는 경우에는 보관기관에 금지금의 인출을 신청하는 때에 재화를 공급한 것으로 본다(조특령 §121의7 ⑩).

② 금지금중개회원이 수탁받아 인출하는 경우

금 현물시장에서 자기 외의 자로부터 금지금 매매거래를 위탁받아 그 위탁의 중개를 할 수 있는 자격을 한국거래소로부터 부여받은 자(이하 "금지금중개회원"이라 한다)가 위탁자의 요구에 따라 금지금을 인출하는 경우에는 위탁자가 금지금중개회원에게 금지금의 인출을 요구하는 때에 재화를 공급한 것으로 본다(조특령 §121의7 ⑩ 단서).

나. 공급가액의 산정

금지금 인출 시 "대통령령으로 정하는 공급가액"이란 「소득세법 시행령」 제92조 제2항 제5호에 따른 이동평균법을 준용하여 산출한 평균단가에 인출하는 금지금의 수량을 곱한 금액을 말한다(조특령 §121의7 ⑨).

다. 보관기관의 거래징수 및 금지금중개회원의 의무

보관기관으로부터 금지금을 인출하는 경우에는 보관기관은 직접 금지금을 인출하는 자로부터 부가가치세액을 거래징수하여 납부하여야 한다. 다만, 금지금중개회원이 위탁자의 요구에 따라 금지금을 인출하는 경우에는 금지금중개회원이 위탁자로부터 받은 부가가치세액을 보관기관이 거래징수하여 납부하여야 한다(조특령 §121의7 ⑪).

또한, 위 금지금중개회원이 위탁자로부터 금지금의 인출을 요구받아 보관기관으로부터 금지금을 인출하는 경우에 금지금중개회원은 공급받는 자의 인적 사항, 금지금의 공급가액과 부가가치세액 등 세금계산서 발급에 필요한 자료를 보관기관에 제공하여야 한다(조특령 §121의7 ⑫).

2) 금사업자의 매입자납부 적용

위 "1)"의 후단의 거래징수규정에 불구하고 금지금을 인출하는 자가 조특법 제106조의4(금 관련 제품에 대한 부가가치세 매입자납부특례) 제1항에 따른 금사업자(금제품을 공급하거나 공급받으려는 사업자 또는 수입하려는 사업자)인 경우 같은 조 제3항에 따라 금 관련 제품의 가액은 공급한 사업자에게, 관련 부가가치세액은 지정금융기관에 입금하는 방법으로 부가가치세액을 납부할 수 있다. 이 경우 조특법 제106조의4 제3항 제1호의 금 관련 제품의 가액을 제외하고 부가가치세액만을 입금하는 방법으로 납부한다(조특법 §126의7 ⑤).

3) 매입세액의 환급

조특령 제106조의9 제5항에 따른 지정금융기관은 조특법 제106조의4 제3항(금 관련 제품에 대한 부가가치세 매입자납부특례)에 따라 매입자가 입금한 부가가치세액의 범위에서 다음의 어느 하나에 해당하는 부가가치세액을 국세청장이 정하는 바에 따라 금지금공급사업자에게 환급할 수 있다.

① 조특법 제126조의7 제2항에 따라 금지금공급사업자가 공제받는 매입세액으로서 금거래계좌를 사용하여 입금한 부가가치세액

② 조특법 제126조의7 제2항에 따라 금지금공급사업자가 공제받는 매입세액으로서 금지금을 수입할 때 세관에 납부한 부가가치세액

(6) 금지금공급사업자 등에 대한 법인세 등 감면

금지금공급사업자가 금지금을 보관기관에 임치하고 해당 금지금을 금 현물시장에서 매매거래를 통하여 2019. 12. 31.까지 공급하거나 금 현물시장에서 금지금을 매수한 사업자(이하 "금지금매수사업자")가 해당 금지금을 보관기관에서 2019. 12. 31.까지 인출하는 경우 해당 공급가액 및 매수금액(이하 "금 현물시장 이용금액"이라 하되, 금지금공급사업자와 금지금매수사업자가 "대통령령으로 정하는 특수관계"에 있는 경우 해당 금액은 제외한다)에 대해서는 다음 중에서 선택하는 어느 하나에 해당하는 금액을 공급일 또는 매수일(부가법 제15조에 따른 재화의 공급시기를 말한다)이 속하는 과세연도의 소득세(사업소득에 대한 소득세만 해당한다) 또는 법인세에서 공제한다. 다만, 직전 과세연도의 금 현물시장 이용금액이 전전 과세연도의 이용금액보다 적은 경우 아래 "②"를 적용하여 계산한 금액을 해당 과세연도의 소득세 또는 법인세에서 공제한다(조특법 §126의7 ⑧).

① 금 현물시장 이용금액이 직전 과세연도의 금 현물시장 이용금액을 초과하는 경우 그 초과금액(이하 이 호에서 "이용금액 초과분"이라 한다)이 해당 과세연도의 매출액에서 차지하는 비율을 종합소득산출세액 또는 법인세산출세액에 곱하여 계산한 금액. 다만, 직전 과세연도 금 현물시장 이용금액이 없는 경우로서 금 현물시장을 최초로 이용한 경우에는 해당 과세연도의 금 현물시장 이용금액을 이용금액 초과분으로 본다.

② 해당 과세연도 금 현물시장 이용금액의 100분의 5에 상당하는 금액이 해당 과세연도 매출액에서 차지하는 비율을 종합소득산출세액 또는 법인세산출세액에 곱하여 계산한 금액

가. 금 현물시장 이용금액

금지금을 보관기관에서 인출하는 경우 금 현물시장 이용금액의 평가에 관하여는 「소득세법 시행령」 제92조 제2항 제4호에 따른 총평균법을 준용한다(조특령 §121의7 ⑭).

나. 특수관계의 범위

"대통령령으로 정하는 특수관계"란 「소득세법 시행령」 제98조 제1항 및 「법인세법 시행령」 제2조 제5항에 따른 특수관계인의 관계를 말한다(조특령 §121의7 ⑮).

(7) 수입신고하는 금지금에 대한 관세의 면제

가. 관세의 면제

금지금공급사업자 중 대통령령으로 정하는 자(아래 "①")가 금 현물시장에서 매매거래를 하기 위하여 2023. 12. 31.까지 수입신고하는 금지금에 대해서는 그 관세를 면제한다. 이때 관세를 면제받은 자는 대통령령으로 정하는 바(아래 "②")에 따라 해당 금지금을 보관기관에 임치하고 금 현물시장에서 매매거래를 하여야 한다(조특법 §126의7 ⑨, ⑩).

① 관세의 감면대상자

위 "가"에서 "대통령령으로 정하는 자"란 한국거래소의 약관에 따라 금지금을 수입하여 금 현물시장에서 매매할 수 있는 자격을 부여받은 자로서 한국거래소의 장의 추천을 받은 자를 말한다(조특령 §121의7 ⑯).

② 관세를 감면받은 자의 의무

위 "가"에 따라 관세를 면제받은 자는 해당 금지금을 수입신고수리일의 다음 날(해당일이 「국세기본법」 제5조 제1항에 따른 토요일 및 일요일, 공휴일 및 대체공휴일, 근로자의 날 중 어느 하나에 해당하는 경우에는 그 다음 날)까지 보관기관에 임치하여야 하고, 수입신고수리일부터 3년 이내에 금 현물시장에서 매매거래를 하여야 한다(조특령 §121의7 ⑰).

나. 면제받은 관세의 징수

위 "가"에 따라 관세를 면제받은 자가 위 "가"의 후단부 요건을 충족하지 아니하거나

관세를 면제받은 금지금을 보관기관에 임치한 후에 금 현물시장에서 매매거래를 하지 아니하고 양도(임대를 포함한다)하거나 인출하는 경우 세관장은 면제받은 관세를 징수한다(조특법 §126의7 ⑪).

이때 징수할 금액은 다음의 구분에 따라 계산한 금액으로 한다. 이 경우 다음의 "②"에 따른 경우로서 관세를 면제받은 자로부터 징수할 수 없는 경우에는 양수인(임차인을 포함한다) 또는 인출자로부터 징수한다(조특령 §121의7 ⑳).

① 조특법 제126조의7 제10항에 따른 요건을 충족하지 아니한 경우

조특법 제126조의7 제9항("가"의 본문)에 따라 면제받은 관세 × 조특법 제126조의7 제10항("나")에 따른 요건을 충족하지 아니한 금지금 ÷ 조특법 제126조의7 제9항("가"의 본문)에 따라 관세를 면제받은 금지금

② 관세를 면제받은 금지금을 보관기관에 임치한 후 금 현물시장을 통한 매매거래를 하지 아니하고 양도(임대를 포함한다)하거나 인출(금지금의 품질검사를 위하여 한국거래소 또는 보관기관의 확인을 받고 인출한 후 재반입하는 경우는 제외한다)하는 경우

조특법 제126조의7 제9항("가"의 본문)에 따라 면제받은 관세 × 양도하거나 인출한 금지금 ÷ 조특법 제126조의7 제9항("가")에 따라 관세를 면제받은 금지금

다. 관세의 면제사실 통보

세관장은 위 "가"에 따라 금지금에 대하여 관세를 면제한 경우에는 그 사실을 한국거래소 및 보관기관에 지체 없이 알려야 한다(조특령 §121의7 ⑱).

라. 관세의 징수사실 통보

위 "다"에 따라 세관장으로부터 관세의 면제사실을 통보받은 한국거래소 및 보관기관은 해당 금지금에 대하여 위 "나"에 따라 면제받은 관세를 징수하여야 하는 사유가 발생하는 경우에는 그 사실을 세관장에게 즉시 알려야 한다(조특령 §121의7 ⑲).

(8) 한국거래소와 보관기관의 협력의무 및 정규증빙서류 의제

한국거래소와 보관기관 등 "대통령령으로 정하는 자"는 금지금의 임치·거래·보관·인출명세 등(이하 "거래명세 등"이라 한다)을 유지·보관하여야 하며, 국세청장 또는 관

세청장(관할 세무서장과 세관장을 포함한다)이 과세에 필요한 자료의 제출을 요구하는 경우 이를 제출하여야 한다. 이 경우 금지금의 거래명세 등은「소득세법」제160조의2 제2항 또는「법인세법」제116조 제2항에 따른 정규증명서류로 본다(조특법 §126의7 ⑫).

가. "대통령령으로 정하는 자"의 범위(조특령 §121의7 ㉑)

㉠ 한국거래소

㉡ 보관기관

㉢ 금 현물시장에서의 거래에 참가할 수 있는 자로서 한국거래소의 약관으로 정하는 자(금지금중개회원을 포함한다)

나. 유지 보관 등의 방법

한국거래소와 보관기관 등 "대통령령으로 정하는 자"는 다음의 구분에 따른 사항이 포함된 거래명세 등을 작성하고 보관하여야 한다. 이 경우 정보처리장치, 전산테이프 또는 디스켓 등의 전자적 형태로 보관할 수 있다(조특령 §121의7 ㉒).

㉠ 금지금을 보관기관에 임치하는 경우

- 금지금의 임치인
- 임치일 및 임치된 금지금의 수량
- 그 밖에 국세청장이 정하는 사항

㉡ 금 현물시장에서 금지금을 거래하는 경우

- 거래인별 금 현물시장에서 거래된 금지금의 수량 · 금액 · 거래일(「조세특례제한법」제126조의7 제1항 제1호의 거래는 구분할 수 있도록 기록한다)
- 거래당사자의 인적사항 및 1년간 금지금 거래를 통하여 얻은 수입
- 그 밖에 국세청장이 정하는 사항

㉢ 보관기관으로부터 금지금을 인출하는 경우

- 인출하는 자의 인적사항
- 인출일
- 인출된 금지금의 수량
- 그 밖에 국세청장이 정하는 사항

(9) 금 관련 제품의 매입자 납부 적용 시 준용 규정

「조특법」제106조의4 제1항에 따른 금거래계좌를 사용하여 금지금을 매매거래한 경우에는 결제 방식, 납부세액의 계산과 금거래계좌 미사용에 대한 가산세 등에 관하여는

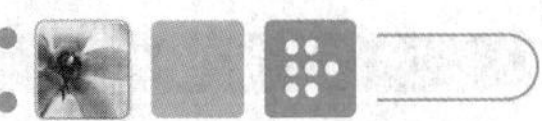

「조특법」 제106조의4를 준용하고, 그 밖에 부가가치세 신고·납부와 관련한 절차 및 서식 등 필요한 사항은 기획재정부령으로 정한다(조특령 §121의7 ⑤).

Ⅸ 스크랩등에 대한 부가가치세 매입자납부특례

(1) 의 의

최근 구리 등 스크랩 시장에서 구리 등 스크랩은 다른 폐자원에 비해 고가이며 지속적인 수요가 있어 대규모 탈루행위가 용이함에 따라 거래징수한 부가가치세를 납부하지 않고 폐업하여 세금을 탈루하는 일명 '폭탄사업자'가 광범위하게 나타나 시장가격이 왜곡되고 시장에 대한 신뢰가 무너지는 등 큰 폐해가 발생하였다. 세금을 탈루하며 시장의 거래질서를 교란하는 행위를 원천적으로 차단하고 사업자가 안전하게 거래할 수 있는 시장환경을 조성하기 위하여 2013년 5월 조세특례제한법을 개정하여 구리 스크랩에 대한 부가가치세 매입자납부제도의 법적근거를 마련하여 2014. 1. 1.부터 제도가 시행되었고, 2016년부터는 구리 외에 철 스크랩등을 매입자납부특례대상에 추가하였다.

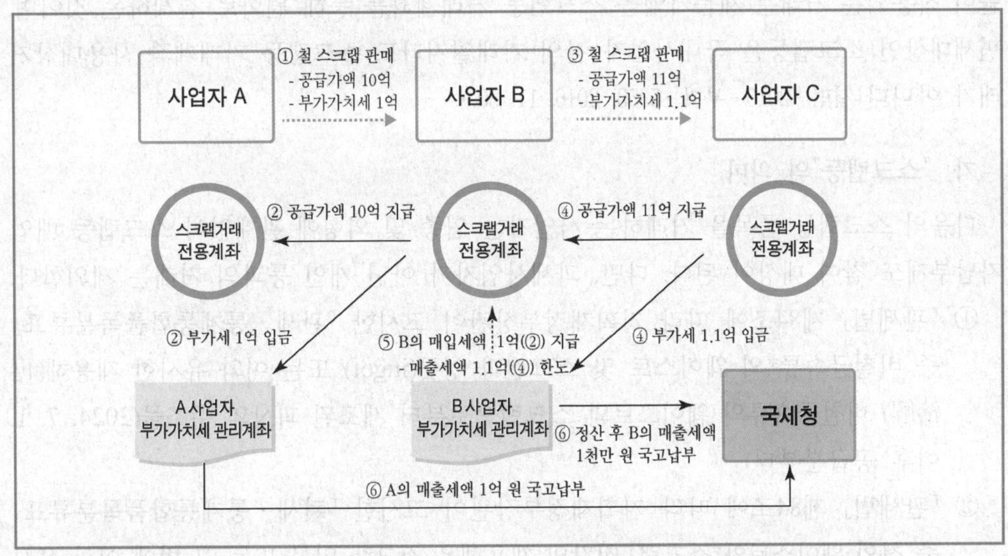

① A가 B에게 공급가액 10억 원의 철 스크랩을 매출
② B가 입금한 부가가치세 포함 11억 원 중 공급가액 10억 원은 A의 스크랩 거래 전용계좌로, 부가가치세액 1억 원은 부가가치세 관리계좌에 A의 매출세액(B의 매입세액)으로 등록
③ B가 C에게 공급가액 11억 원의 철 스크랩을 매출
④ C가 입금한 부가가치세 포함 12.1억 원 중 공급가액 11억 원은 B의 스크랩 거래 전용계좌로, 부가가치세액 1.1억 원은 부가가치세 관리계좌에 B의 매출세액(C의 매입세액)으로 등록
⑤ 지정 금융회사는 부가가치세 관리계좌에 등록된 B의 매출세액(1.1억 원)의 한도 내에서 매입세액(1억 원)을 B의 스크랩 거래 전용계좌로 지급(실시간 정산)
⑥ 지정 금융회사는 분기말 다음 달 25일에 A의 부가가치세 관리계좌 잔액 1억 원과 B의 부가가치세 관리계좌 정산 후 잔액 1천만 원을 국고에 납부

(2) 스크랩등 매입자납부특례 개요

1) 스크랩등 거래계좌를 개설

"스크랩등"을 공급하거나 공급받으려는 사업자 또는 수입하려는 "스크랩등사업자"는 "스크랩등 거래계좌"를 개설하여야 한다(조특법 §106의9 ①).

이때 수출 및 수입은 국내사업자 간의 거래가 아니므로 스크랩등 계좌의 사용대상 거래가 아니나, 국외사업자와의 거래가 아닌 내국신용장 또는 구매확인서에 의하여 영세율이 적용되는 거래는 제품가액을 스크랩등 거래계좌를 통해 원화로 결제하는 것이며, 면세대상인 스크랩등은 국내사업자 간의 거래일지라도 스크랩등 거래계좌 사용대상거래가 아니다(서면-2016-부가-5353, 2016. 11. 30.).

가. "스크랩등"의 의미

다음의 스크랩등 품목을 거래하는 사업자는 업종 및 외형에 관계없이 스크랩등 매입자납부제도 참여 대상이 된다. 다만, 과세사업자가 아닌 개인 등과의 거래는 제외한다.

① 「관세법」 제84조에 따라 기획재정부장관이 고시한 「관세·통계통합품목분류표」 중 비철금속류*의 웨이스트 및 스크랩과 잉곳(ingot) 또는 이와 유사한 재용해(再溶解) 비철금속류의 웨이스트와 스크랩으로부터 제조된 괴상의 주조물(2024. 7. 1. 이후 공급분부터)

② 「관세법」 제84조에 따라 기획재정부장관이 고시한 「관세·통계통합품목분류표」 중 철의 웨이스트와 스크랩, 철강의 재용해용 스크랩 잉곳 또는 그 밖에 이와 유사한 것으로서 대통령령으로 정하는 물품(2016. 10. 1. 이후 공급분부터 적용)

* 구리, 알루미늄, 납, 아연, 주석, 니켈 등

■ 적용대상에서 제외되는 품목 예시

㉠ 제조업자가 구리스크랩을 매입하여 재용해를 통해 생산한 반제품(원재료)
㉡ 에나멜 등 불순물이 많아 품위가 40% 미만인 구리 폐전선은 구리폐기물이므로 적용대상 품목이나, 구리 함유비율이 40% 미만인 청동, 황동류는 제외대상임.
㉢ 조달청에서 매각하는 구리 전기동 등 사용되지 않은 제품상태의 구리

■ 적용대상 품목 예시

㉠ 건설업자가 건축물의 철거, 신축과정에서 발생한 폐전선, 폐파이프 등 구리폐기물
㉡ 통신사업자가 사용 후 용도 폐기한 통신선
㉢ 동파이프 제조업자가 반제품을 매입하여 가공 시 발생한 구리부산물
㉣ 반도체 제조업자가 재사용 목적으로 매입한 구리가 포함된 반도체 기판
㉤ 에어콘 설치 사업자가 설치 시 수거한 폐동관

나. "스크랩등 거래계좌"의 의미

스크랩등 거래계좌는 다음의 요건을 모두 갖춘 계좌를 말한다(조특령 §106의13 ①).

㉠ 부가가치세액의 환급 및 국고에의 입금 등 부가가치세 매입자납부특례제도를 안정적으로 운영할 수 있다고 인정되어 국세청장이 지정한 금융회사 등에 개설한 계좌일 것
㉡ 개설되는 계좌의 명의인 표시에 사업자의 상호가 함께 기재될 것(상호가 있는 경우로 한정한다)
㉢ 개설되는 계좌의 표지에 "스크랩등 거래계좌"라는 문구가 표시될 것

다. "스크랩등사업자"의 의미

위 스크랩등을 공급하는 사업자 및 공급을 받는 사업자 모두가 스크랩등사업자에 해당하여 부가가치세 매입자납부제도의 참여 대상이 된다. 다만, 개인 등 사업자가 아닌 자와의 스크랩 거래는 부가가치세 매입자납부 대상 거래에 해당하지 않는다.

라. 그 밖의 개설관련 사항

사업자는 1개의 거래계좌를 2개 이상의 사업장에 대한 거래계좌로 사용할 수 있으며, 사업장별로 2개 이상의 스크랩등 거래계좌를 개설할 수 있다. 또한 스크랩등 거래계좌를 이용하여 대금을 결제한 경우에는 「소득세법」 제160조의5에 따라 사업용계좌를 사용한 것으로 본다(조특령 §106의13 ②, ③).

2) 매출자의 부가가치세 거래징수의 배제

스크랩등사업자가 스크랩등을 다른 스크랩등사업자에게 공급하였을 때에는 부가법 제31조에도 불구하고 부가가치세를 그 공급받는 자로부터 징수하지 아니한다(조특법 §106의9 ②).

3) 매입자납부 절차

가. 매입자의 부가가치세액 입금

스크랩등사업자가 스크랩등을 다른 스크랩등사업자로부터 공급받았을 때에는 그 공급을 받은 날(스크랩등을 공급받은 날이 세금계산서를 발급받은 날보다 빠른 경우에는 세금계산서를 발급받은 날)의 다음 날(이하 부가가치세액 입금기한)까지(2018. 12. 31. 까지는 그 공급을 받은 때나 세금계산서를 발급받은 때에) 스크랩등 거래계좌를 사용하여 "㉠"의 금액은 스크랩등을 공급한 사업자에게, "㉡"의 금액은 지정금융기관에게 입금하여야 한다(조특법 §106의9 ③, 조특령 §106의13 ④).

㉠ 스크랩등의 가액

㉡ 부가법 제29조에 따른 과세표준에 부가법 제30조에 따른 세율을 적용하여 계산한 금액(이하 "부가가치세액"이라 한다)

나. 기업구매자금대출 등의 방법으로 거래 시 특례

「조세특례제한법」 제7조의2에 따른 환어음 · 판매대금추심의뢰서, 기업구매전용카드, 외상매출채권 담보대출 제도, 구매 론 제도 및 네트워크 론 제도, 전자채권, 외국환은행을 통하여 외화로 지급하는 방법, 「민법」상 공탁의 방법으로 스크랩등의 가액을 결제하는 경우에는 "㉡"의 부가가치세액만 입금할 수 있다(조특법 §106의9 ③ 각호 외의 단서, 조특령 §106의9 ⑤).

다. 스크랩등 수입 시 매입자납부

스크랩등 수입에 대한 부가가치세는 부가법 제50조에도 불구하고 스크랩등 거래계좌를 사용하여 수입자가 스크랩등을 별도로 수입신고하고 그 스크랩등에 대한 부가가치세를 위 "가"의 방법에 따라 "㉡"의 부가가치세액만 입금하는 방법으로 납부할 수 있다(조특법 §106의9 ④, 조특령 §106의13 ⑥).

라. 일시적 · 우발적 고철 공급

사업상으로 스크랩 등을 공급하는 사업과 관련 없는 다른 사업을 주업으로 영위하는 사업자가 해당 사업을 영위하는 과정에서 일시적 또는 우발적으로 발생된 고철을 매각하는 경우에는 부가가치세 매입자납부특례 적용대상에 해당하지 아니한다(서면-2017-부가-1787, 2018. 8. 16.).

4) 스크랩등 거래계좌 미사용에 대한 제재

가. 부가가치세액 미입금에 따른 매입세액불공제

스크랩등을 공급받은 스크랩등사업자가 부가가치세액을 입금하지 아니한 경우에는 스크랩등을 공급한 스크랩등사업자에게서 발급받은 세금계산서에 적힌 세액은 부가법 제38조에도 불구하고 매출세액에서 공제되는 매입세액으로 보지 아니한다(조특법 §106의9 ⑤).

나. 스크랩등 거래계좌를 통하지 않은 대금결제에 따른 가산세

위 "3)의 가"에서 정하는 방법으로 스크랩등 거래계좌를 사용하지 아니하고 스크랩등의 가액을 결제받은 경우에는 해당 스크랩등을 공급하거나 공급받은 스크랩등사업자에게 제품가액의 10%(2015년까지는 20%)를 가산세로 징수한다. 다만, 조특법 제106조의9 제1항 각호의 물품(위 "스크랩등"을 의미)과 제106조의4 제1항 제3호(금 관련 웨이스트와 스크랩)의 제품이 혼합된 물품을 공급하거나 공급받으려는 사업자가 같은 항 각호 외의 부분에 따른 금거래계좌를 사용하는 경우에는 가산세를 징수하지 아니한다(조특법 §106의9 ⑥).

다. 부가가치세액 미입금 또는 지연입금에 따른 지연이자 징수

관할 세무서장은 스크랩등을 공급받은 스크랩등사업자가 위 "3)의 가"에서 정하는 방법으로 부가가치세액을 입금하지 아니한 경우에는 부가가치세액 입금기한의 다음 날부터[스크랩등을 공급받은 날(스크랩등을 공급받은 날이 세금계산서를 발급받은 날보다 빠른 경우에는 세금계산서를 발급받은 날을 말한다. 2018. 1. 1. 이후 징수하는 분부터 적용한다)의 다음 날부터] 부가가치세액을 입금한 날(부가법 제48조, 제49조 및 제67조에 따른 과세표준 신고기한을 한도로 한다)까지의 기간에 대하여 1일 10만분의 22[이 영 시행일인 2022. 2. 15. 전에 발생한 사유로 2022. 2. 15. 이후 세액을 납부 또는 부과하는 경우 시행일 전일까지의 기간분에 대한 이자상당가산액 또는 이자상당액의 계산에 적용되는 이자율은 종전의 규정(25/100,000)에 따르고, 2022. 2. 15. 이후의 기간분에 대한 이자상당가산액 또는 이자상당액의 계산에 적용되는 이자율은 개정규정(22/100,000)에 따른다. 아울러 2019. 2. 12. 전일까지 이자율은 일일 1만분의 3이었다. 이하 같다]를 곱하여 계산한 금액을 입금하여야 할 부가가치세액에 가산하여 징수한다(조특법 §106의9 ⑦, 조특령 §106의13 ⑦).

▌가산세 및 매입세액불공제 사례

[사례1] 사업자 A가 사업자 B에게 공급가액 20백만 원, 부가가치세 2백만 원의 철 스크랩을 판매하면서 세금계산서를 발급하고, 사업자 B는 전용계좌를 이용하지 않고 거래대금을 결제한 경우

구 분	가산세 및 매입세액불공제
사업자 A (매출자)	• 미사용 가산세 **2**백만 원 = 공급가액(20백만 원) × 가산세(10%)
사업자 B (매입자)	• 미사용 가산세 **2**백만 원 = 공급가액(20백만 원) × 가산세(10%) • 매입세액불공제 **2**백만 원 = 공급가액(20백만 원) × 부가가치세율(10%)

[사례2] '19. 10. 3. 사업자 A가 사업자 B에게 공급가액 20백만 원, 부가가치세 2백만 원의 철 스크랩을 판매하면서 세금계산서를 발급하고, 사업자 B는 전용계좌를 통해 '19. 10. 24. 지연입금한 경우

구 분	가산세
사업자 B (매입자)	• 지연입금 가산세 **1**만 **2**천 원 = 부가가치세(2백만 원) × 가산세(3/10,000) × 지연기간(20일)

※ 위 "4)"에서 정하는 지연이자가산세를 적용하는 신고기한을 넘겨 부가가치세액을 입금하더라도 가산세가 적용되고 매입세액도 불공제된다.

5) 입금된 부가가치세액의 환급 및 공제

위 "3)의 가"에서 정하는 방법에 따라 공급받은 자가 입금한 부가가치세액은 스크랩등을 공급한 스크랩등사업자가 납부하여야 할 세액에서 공제하거나 환급받을 세액에 가산한다(조특법 §106의9 ⑧).

6) 부가가치세액의 환급 보류

관할 세무서장은 해당 예정신고기간 및 확정신고기간 중 스크랩등의 매출액이 스크랩등의 매입액에서 차지하는 비율이 70%(현행) 이하인 경우에는 환급을 보류할 수 있다. 이때 환급을 보류할 수 있는 기간은 해당 예정신고기한 또는 확정신고기한의 다음 날부터 6개월 이내로 한다. 다만, 다음의 어느 하나에 해당하는 경우에는 그러하지 아니하다

(조특법 §106의9 ⑨, 조특령 §106의13 ⑧·⑨·⑩·⑪).

㉠ 환급받을 세액이 대통령령으로 정하는 금액(500만 원) 이하인 경우

㉡ 체납이나 포탈 등의 우려가 적다고 인정되는 경우로서 스크랩등사업자, 스크랩등 사업자의 대표자 또는 임원이 다음의 요건을 모두 갖춘 경우를 말한다(조특령 §106의9 ⑪).

i. 해당 신고납부기한 종료일 현재 최근 3년간 조세범으로 처벌받은 사실이 없을 것

ii. 해당 신고납부기한 종료일 현재 최근 1년간 국세를 체납한 사실이 없을 것

iii. 해당 신고납부기한 종료일 현재 최근 3년간 결손처분을 받은 사실이 없을 것

iv. 해당 신고납부기한 종료일 현재 최근 1년간 구리 스크랩등 거래계좌를 이용하지 아니하고 스크랩등의 거래를 한 사실이 없을 것

v. 그 밖에 부가가치세 신고·납부 현황 등을 고려할 때 조세포탈의 우려가 없다고 국세청장이 인정하는 경우에 해당할 것

7) 입금된 부가가치세액의 납부기한

위 "3)의 가"에 따라 부가가치세를 입금받은 지정금융기관은 위 "5) 입금된 부가가치세액의 환급 및 공제" 규정에 따라 공제하거나 환급받을 세액에 가산한 후의 부가가치세액을 매 분기가 끝나는 날의 다음 달 25일까지 국고에 납부하여야 한다(조특법 §106의9 ⑩).

8) 과오납금의 환급

위 "3)"에 따라 공급받은 자가 입금한 부가가치세액 중 잘못 납부하거나 초과하여 납부한 금액은 「국세기본법」 제51조 제1항에도 불구하고 공급받은 자에게 환급하여야 한다. 이 규정은 2018. 1. 1. 전에 잘못 납부하거나 초과하여 납부한 분에 대해서도 적용한다(조특법 §106의9 ⑪).

그러나 스크랩등 거래계좌 사용대상 사업자 간에 위장가공세금계산서가 수수된 경우를 가정하면 과세관청은 공급자의 매출을 감액경정하지만 동 규정에 따라 부가가치세 환급이 불가하고, 공급받는 자에게 동 환급액을 지급하여야 할 것이다. 만약 공급받는 자가 선의의 거래당사자라면 공급받는 자는 매입세액공제도 받고 매출자의 환급세액도 받게 되는 모순이 발생한다.

위 규정은 부가가치세의 기본원리(부가가치세의 납세의무자는 공급자이고, 스크랩등 거래계좌의 사용은 조세탈루방지를 위한 예외적·특례규정에 불과하다)에도 반하고 과세관청과 공급자 사이에 맺은 법률관계를 무시하는 규정에 해당한다.

위와 같은 논란에 대하여 헌법재판소는, 매입자가 입금한 과오납 부가가치세액을 국가가 매출자에게 환급한다면 당사자들 간에 다시금 부당이득반환의 문제가 발생할 가능성이 크고, 그에 따라 매입자의 채권자들에게도 불측의 손해가 발생할 우려가 있으며, 특히 가공거래로 인한 부가가치세 경정결정으로 과오납금이 발생한 경우에는 실제로 부가가치세를 지정계좌에 입금한 적도 없는 자료상 내지 폭탄사업자인 매출자에게 환급청구권을 인정하는 것이 되어 세금탈루 방지 등을 위하여 마련된 매입자납부특례규정의 도입취지에 반하는 결과를 야기할 우려가 있다고 보았다. 결국 매입자납부특례규정의 취지와 구체적 내용, 부당환급의 방지 및 이해관계의 조정 필요성 등을 종합하여 심판대상조항이 실제 부가가치세를 입금한 스크랩 등의 매입자에게 과오납세액을 환급하도록 정함으로써 거래징수가 이루어지는 통상의 부가가치세의 경우와 그 환급청구권자를 다르게 규정하였다 하더라도 이를 자의적인 차별 취급이라 보기는 어렵다고 보았다. 따라서 심판대상조항이 매입자납부특례규정이 적용되는 스크랩 등의 매출자들을 불합리하게 차별하여 평등원칙을 위반하였다고 볼 수는 없다고 결정하였다(헌법재판소 2018헌바359, 2022. 12. 22. 합헌 결정).

9) 입금방법 등의 매입자납부제도의 운영사항

스크랩등 거래계좌 사용 대상 스크랩등사업자의 범위, 스크랩등 거래계좌 입금 방법, 입금된 부가가치세액의 처리, 스크랩등 품목을 취급하는 사업자의 부가가치세, 소득세 및 법인세의 신고·납부에 관한 관리 등 매입자납부제도를 운영하는 데에 필요한 사항은 대통령령으로 정한다(조특법 §106의9 ⑬).

(3) 실시간 정산

1) 개요

부가가치세 매입자납부제도가 시행될 경우 부가가치세 관리계좌로 입금된 매출세액은 스크랩등사업자가 임의로 인출하거나 이체할 수 없으나, 스크랩등 거래계좌를 통하여 매입자가 입금한 부가가치세 매출세액의 범위 내에서 스크랩등 거래계좌를 통하여 입금한 매입세액을 실시간으로 조기에 공제·환급받을 수 있도록 하였다(조특규칙 §48의6).

2) 실시간 정산 절차

① 지정금융기관은 「조세특례제한법」 제106조의9 제3항에 따라 매입자가 입금한 부가가치세액(매출세액)의 범위에서 해당 사업자가 입금한 부가가치세액(매입세액)을 국세청장이 정하는 바에 따라 해당 사업자에게 환급할 수 있다.

② 위 "①"에 불구하고 스크랩등 수입 시 세관에 납부한 부가가치세액은 해당 사업자가 입금한 부가가치세액(매입세액)으로 보아 환급할 수 있다.

③ 스크랩등 수입업자가 위 "②"에 따른 수입 시 납부한 부가가치세액을 환급받으려면 스크랩등 수입업자 부가가치세 환급신청서를 관할 세무서장에게 제출하여야 한다. 다만, 사업자가 수입부가세를 납부한 사실이 확인되는 경우에는 환급신청서를 제출하지 않을 수 있다.

④ 위 "③"에 따라 제출받은 관할 세무서장은 부가가치세액의 납부 여부를 확인하여 납부한 경우에는 지정금융기관(신한은행)에 그 사실을 통보하여야 한다.

▌실시간 부가가치세 정산 사례

① 사업자 A가 철 스크랩을 매출하고 매출세액 5백만 원을 전용계좌로 받음.
⇒ 부가가치세 관리계좌에 사업자 A의 매출세액 5백만 원으로 기록

② 사업자 A가 철 스크랩을 매입하고 매입세액 7백만 원을 전용계좌로 지급
⇒ 부가가치세 관리계좌의 매출세액이 5백만 원이므로, 지급한 매입세액 7백만 원 중 5백만 원을 사업자 A의 부가가치세 관리계좌에서 A의 전용계좌로 입금

(4) 스크랩등사업자의 스크랩등에 대한 특례기간 신고제도

1) 개요

스크랩등사업자가 스크랩등에 대하여 스크랩등에 대한 부가가치세 매입세액공제특례를 적용받는 경우에는 대통령령으로 정하는 기간(부가법 제48조 제1항에 따른 예정신고기간을 말한다, 이하 "특례기간"이라 한다)이 끝나는 날의 다음 날부터 25일 이내에 사업장 관할 세무서장에게 「부가가치세법」에 따라 신고하고 특례기간에 대한 납부세액을 사업장 관할 세무서장에게 납부하여야 한다(조특법 §108의2 ①, 조특령 §110의2 ①).

2) 스크랩등 관련 매입세액의 처리

스크랩등 관련 매입세액공제특례가 적용되는 매입세액은 「조세특례제한법」 제106조의9 제3항에 따라 매입자가 입금한 부가가치세액(매출세액)의 범위에서 공제하거나 환급받을 수 있다(조특령 §110의2 ②).

3) 환급세액의 환급 초과

예정신고 시 위 "1)" 및 "2)"에 따라 공제 · 환급을 받은 세액이 부가가치세 확정신고

를 할 때에 「조세특례제한법」 제108조 제1항 및 제2항(위 "1)" 및 "2)")에 따라 환급·공제받아야 하는 세액을 초과하는 경우 그 초과하는 금액을 납부하여야 할 부가가치세액에 가산하거나 환급받을 세액에서 차감하여야 한다.

4) 준용규정

예정신고 시 위 "1)"에 따라 스크랩등사업자가 사업장 관할 세무서장에게 신고하는 경우에는 「조세특례제한법 시행령」 제110조 제5항 및 제6항의 "재활용폐자원 등의 매입세액공제신고" 규정을 준용한다. 이 경우 「조세특례제한법 시행령」 제110조 제5항 및 제6항 중 "재활용폐자원 등"은 "스크랩등"으로 본다.

(5) 보전명령

국세청장은 부가가치세 보전을 위하여 필요한 경우 스크랩등을 공급하거나 공급받는 사업자 또는 수입하는 사업자에게 세금계산서 및 세금계산서합계표의 작성 및 제출에 관한 명령을 할 수 있다. 동 규정은 2024. 7. 1. 이후 공급하거나 공급받는 분 또는 수입신고하는 분부터 적용한다(조특법 §106의9 ⑫).

X 면세점 송객용역에 대한 매입자납부특례

(1) 개 요

세원투명성 제고를 위하여 「관광진흥법」 제2조 제2호에 따른 관광사업자(이하 "관광사업자")가 다른 관광사업자 또는 「관세법」 제196조에 따른 보세판매장의 특허를 받은 자(이하 "면세점사업자")에게 관광객을 면세점에 유치하는 용역으로서 면세점송객용역을 공급하려는 경우에는 해당 면세점송객용역을 공급하는 관광사업자와 그 면세점송객용역을 공급받는 관광사업자 및 면세점사업자는 면세점송객용역거래계좌를 개설하여야 한다(조특법 §106의11 ①).

이 때 관광사업자가 다른 관광사업자 또는 면세점사업자에게 면세점송객용역을 공급한 경우에는 부가법 제31조에도 불구하고 그 공급받는 자로부터 부가가치세를 징수하지 아니한다(조특법 §106의11 ②).

※ 동 신설규정은 2025. 7. 1. 이후 공급하거나 공급받는 분부터 적용한다.

가. 송객용역의 의미

"송객(送客) 용역"이란 「관세법」 제196조에 따른 보세판매장(이하 "면세점"이라 한다)에 관광객을 유치하기 위해 관광객을 대상으로 면세점을 홍보 · 안내하거나 그 밖의 편의를 제공하는 행위(이하 "면세점송객용역"이라 한다)를 말한다(조특령 §106의15 ①).

나. 면세점송객용역거래계좌의 개설에 관한 준용 규정

면세점송객용역 거래계좌(이하 "면세점송객용역거래계좌"라 한다)의 개설에 관하여는 조특령 제106조의13 제1항부터 제3항까지의 규정을 준용한다. 이 경우 "스크랩등거래계좌"를 "면세점송객용역거래계좌"로 본다(조특령 §106의15 ②).

(2) 공급가액 및 부가가치세액의 입금방법

관광사업자로부터 면세점송객용역을 공급받은 관광사업자 또는 면세점사업자는 그 공급을 받은 날(면세점송객용역을 공급받은 날이 세금계산서를 발급받은 날보다 빠른 경우에는 세금계산서를 발급받은 날을 말한다)부터 부가가치세액 입금기한(7일이 되는 날)까지 면세점송객용역거래계좌를 사용하여 "①"의 금액은 해당 면세점송객용역을 공급한 관광사업자에게, "②"의 금액은 지정금융회사에게 입금하여야 한다. 다만, 기업구매자금대출 등의 방법으로 면세점송객용역의 가액을 결제하는 경우에는 "②"의 금액만 입금할 수 있다(조특법 §106의11 ③, 조특령 §106의15 ③, ④, ⑤).

① 면세점송객용역의 가액

② 부가법 제29조에 따른 과세표준에 같은 법 제30조에 따른 세율을 적용하여 계산한 금액(이하 "부가가치세액")

※ 지정금융회사등에 입금된 부가가치세액의 관리는 국세청장이 정하여 고시하는 바에 따른다(조특령 §106의15 ⑥).

(3) 매입자납부특례 불이행에 따른 제재

가. 공급받는 자의 매입세액불공제

면세점송객용역을 공급받은 관광사업자 또는 면세점사업자가 부가가치세액을 입금하지 아니한 경우에는 해당 면세점송객용역을 공급한 관광사업자로부터 발급받은 세금계산서에 적힌 세액은 부가법 제38조에도 불구하고 매출세액에서 공제되는 매입세액으로 보지 아니한다(조특법 §106의11 ④).

나. 송객용역 공급자의 가산세 징수

납세지 관할 세무서장은 면세점송객용역을 공급한 관광사업자가 면세점송객용역거래계좌를 사용하지 아니하고 면세점송객용역의 가액을 결제받은 경우에는 해당 면세점송객용역을 공급한 관광사업자와 공급받은 관광사업자 또는 면세점사업자에게 각각 면세점송객용역 가액의 100분의 10을 가산세로 징수한다(조특법 §106의11 ⑤).

다. 이자상당액의 징수

납세지 관할 세무서장은 면세점송객용역을 공급받은 관광사업자 또는 면세점사업자가 부가가치세액을 입금하지 아니한 경우에는 부가가치세액 입금기한의 다음 날부터 부가가치세액을 입금한 날(부가법 제48조, 제49조 및 제67조에 따른 과세표준 신고기한을 한도로 한다)까지의 기간에 대하여 22/100,000 이자율을 곱하여 계산한 금액을 입금하여야 할 부가가치세액에 가산하여 징수한다(조특법 §106의11 ⑥, 조특령 §106의15 ⑦).

(4) 매입자납부세액의 공제

면세점송객용역을 공급받은 관광사업자 또는 면세점사업자가 입금한 부가가치세액은 해당 면세점송객용역을 공급한 관광사업자가 납부하여야 할 세액에서 공제하거나 환급받을 세액에 가산한다(조특법 §106의11 ⑦).

(5) 환급세액의 보류

납세지 관할 세무서장은 해당 예정신고기간 및 확정신고기간 중 면세점송객용역의 매출액이 면세점송객용역의 매입액에서 차지하는 비율이 70/100 이하인 경우에는 부가법 제59조에 따른 환급을 보류할 수 있다. 다만, 다음의 어느 하나에 해당하는 경우에는 그러하지 아니하다(조특법 §106의11 ⑧, 조특령 §106의15 ⑧, ⑨).

① 환급받을 세액이 500만 원 이하인 경우

② 체납이나 포탈 등의 우려가 없다고 인정되는 등 관광사업자 및 면세점사업자와 대표자 또는 임원이 조특령 제106조의13 제11항 각 호의 요건을 모두 갖춘 경우를 말한다. 이 경우 "스크랩등거래계좌"를 "면세점송객용역거래계좌"로, "스크랩등"을 "면세점송객용역"으로 본다(조특령 §106의15 ⑩).

그 밖에 환급을 보류할 수 있는 기간 및 지정금융회사등에게 입금된 부가가치세액의 관리에 관하여는 조특령 제106조의13 제9항 및 제12항을 준용하는 바, 환급을 보류할 수 있는 기간은 해당 예정신고기한 또는 확정신고기한의 다음 날부터 6개월 이내로 하고, 국세청장이 지정한 자에게 입금된 부가가치세액의 관리는 국세청장이 정하는 바에 따른다(조특법 §106의11 ⑧, 조특령 §106의15 ⑪).

(6) 입금받은 부가가치세액의 납부 등

위 "(2)"에 따라 부가가치세액을 입금받은 자는 "(4)"에 따라 공제하거나 환급받을 세액에 가산한 후의 부가가치세액을 매 분기가 끝나는 날의 다음 달 25일까지 국고에 납부하여야 한다(조특법 §106의11 ⑨). 또한 입금된 부가가치세액 중 잘못 납부하거나 초과하여 납부한 금액은 국기법 제51조 제1항에도 불구하고 해당 부가가치세액을 입금한 사업자에게 환급하여야 한다(조특법 §106의11 ⑩).

(7) 매입세액 환급의 범위

전용계좌를 개설한 금융회사 등은 매출자에게 매출세액 범위 내에서 매입세액 환급이 가능하다(조특규칙 §48의7).

(8) 국세청장의 명령사항

국세청장은 부가가치세 보전을 위하여 필요한 경우에는 면세점송객용역을 공급하거나 공급받는 관광사업자 및 면세점사업자에게 세금계산서 및 세금계산서합계표의 작성 및 제출에 관한 명령을 할 수 있다(조특법 §106의11 ⑪).

XI 그 밖의 사항

(1) 금사업자와 스크랩등사업자의 부가가치세 예정부과 예정신고에 대한 특례

금사업자, 스크랩등사업자 또는 관광사업자(이하 "금 · 스크랩등 사업자"라 한다)에 대하여 부가법 제48조 제3항의 예정고지 및 부가법 제66조 제1항에 따른 간이과세자에 대한 예정부과 시 그 결정세액에서 그 예정신고기간 또는 예정부과기간 종료일 현재 금거래계좌, 스크랩등거래계좌 또는 면세점송객용역거래계좌(이하 "금 · 스크랩등 거래계좌"라 한다)에서 국고에 납부할 부가가치세를 뺀 금액을 각각 징수한다. 다만, 그 산정한 세액이 음수인 경우에는 "0"으로 본다(조특법 §108의3 ①).

또한, 금 · 스크랩등 사업자가 일반과세자가 휴업 또는 사업부진으로 인하여 사업실적이 악화되어 예정신고를 하는 경우 및 간이과세자가 예정부과기간의 과세표준과 납부세액을 예정부과기한까지 사업장 관할 세무서장에게 신고 · 납부하는 경우 그 예정신고기간 또는 예정부과기간 종료일 현재 금 · 스크랩등 거래계좌에서 국고에 납부할 부가가치세를 뺀 금액을 각각 신고 · 납부한다. 다만, 그 산정한 세액이 음수인 경우에는 "0"으로 본다(조특법 §108의3 ②).

(2) 금사업자와 스크랩사업자 수입금액 증가 등에 대한 세액공제(일몰 종료)

1) 수입금액의 증가 등에 대한 세액공제

금사업자(「조세특례제한법」 제106조의4 제1항 제3호에 따른 금 관련 웨이스트와 스크랩 제품을 공급하거나 공급받으려는 사업자 또는 수입하려는 사업자로 한정한다. 동 개정 규정은 2015. 7. 1. 이후 금거래계좌를 개설신고하고 거래하는 분부터 적용한다) 또는 스크랩등사업자가 과세표준을 신고할 때 신고한 사업장별 익금 및 손금에 금거래계좌나 스크랩등 거래계좌를 사용하여 결제하거나 결제받은 경우 그 거래한 금 관련 웨이스트와 스크랩 및 스크랩등의 수입금액 또는 수입금액 증가분에 비례하는 일정금액을 소득세액 또는 법인세액에서 공제하여 스크랩등에 대한 매입자납부특례 도입으로 늘어나는 조세부담을 완화하였다.

2) 공제세액의 계산

위 금사업자 및 스크랩등사업자가 과세표준신고를 할 때 신고한 사업장별 익금 및 손금에 「조세특례제한법」 제106조의4 또는 제106조의9에 따라 금 관련 웨이스트와 스크랩과 스크랩등을 금거래계좌나 스크랩등 거래계좌를 사용하여 결제하거나 결제받은 익금 및 손금이 포함되어 있는 경우에는 2023. 12. 31. 이전에 끝나는 과세연도까지 다음 "①", "②"의 어느 하나를 선택하여 그 금액을 해당 과세연도의 소득세 또는 법인세에서 공제받을 수 있다. 이 경우 공제세액은 해당 과세연도의 종합소득 산출세액 또는 법인세 산출세액에서 직전 과세연도의 종합소득 산출세액 또는 법인세 산출세액을 공제한 금액을 한도로 한다(조특법 §122의4 ①).

가. 공제세액 계산식

① 과세표준신고를 할 때 신고한 사업장별 매입자납부 익금 및 손금을 합친 금액이 직전 과세연도의 매입자납부 익금 및 손금을 합친 금액을 초과하는 경우에는 그 초과금액(사업장별 익금 및 손금을 합친 금액의 증가분을 한도로 한다)의 50%에 상당하는 금액이 익금 및 손금을 합친 금액에서 차지하는 비율을 종합소득세 산출세액 또는 법인세 산출세액에 곱하여 계산한 금액(이 경우 직전 과세연도의 매입자납부 익금 및 손금을 합친 금액이 없는 경우에는 직전 과세연도의 익금 및 손금을 합친 금액을 직전 과세연도의 매입자납부 익금 및 손금을 합친 금액으로 한다)

② 과세표준신고를 할 때 신고한 사업장별 매입자납부 익금 및 손금을 합친 금액의 5%에 상당하는 금액이 익금 및 손금을 합친 금액에서 차지하는 비율을 종합소득세 산출세액 또는 법인세 산출세액에 곱하여 계산한 금액

나. 계산식 요소

㉠ 위 계산식에서 "①"에 따라 세액공제를 받으려는 과세연도의 직전 과세연도 종료일부터 소급하여 1년 이상 계속하여 해당 사업을 영위한 자에 한정하여 적용한다.

㉡ 위 계산식에서 "①"에 따라 세액공제를 적용할 때 직전 과세연도의 매입자납부특례 적용 개월수가 사업자의 과세연도보다 짧을 경우에는 직전 과세연도의 매입자납부 익금 및 손금을 합친 금액은 매입자납부 익금 및 손금을 합친 금액에 사업자의 과세연도 개월수를 곱한 금액을 납부특례 적용 개월수로 나눈 금액으로 한다. 이 경우 개월수는 역(歷)에 따라 계산하되 1개월 미만의 일수는 1개월로 한다(조특령 §117의4 ①, ②).

다. 경정등에 따른 공제세액의 재계산

위 "가"에 따른 매입자납부 익금 및 손금의 합계액이 변경되거나 해당 과세연도의 과세표준과 세액이 경정되어 세액공제액이 감소되는 경우에는 같은 항에 따라 소득세 또는 법인세에서 공제금액을 다시 계산한다(조특령 §117의4 ③).

라. 세액공제신청서 등의 제출

위 "가"에 따른 세액공제를 받으려는 자는 종합소득 과세표준확정신고 또는 법인세 과세표준신고와 함께 기획재정부령으로 정하는 수입증가 등 세액공제신청서와 매입자납부 익금 및 손금명세서를 납세지 관할 세무서장에게 제출하여야 한다(조특령 §117의4 ④).

(3) 금지금 등의 거래내용 제출

1) 개요

금지금의 구입현황 및 수입금의 수입현황 확보를 통한 금 거래의 투명화를 유도하기 위하여 금지금제련업자는 부가가치세 과세표준 신고 시 금지금의 제조반출내역을 과세표준신고서의 첨부서류로 제출하여야 하며, 세관장은 금 관련 제품이 수입된 경우 그 수입신고명세를 수입자의 사업장 관할 세무서장에게 수입신고일의 다음 달 말일까지 제출하여야 한다(조특법 §106의6 ①, ②). 동 규정은 2008. 7. 1. 이후 최초로 제조반출하거나 수입신고하는 분부터 적용한다.

2) 금지금제련업자의 거래내역 제출

금지금제련업자는 부가가치세 예정신고, 확정신고 및 간이과세자의 신고·납부에 따른 부가가치세 과세표준 신고를 할 때 금지금제련업자가 제조한 금지금을 공급한 제조반출 내용을 적은 제조반출명세서를 과세표준신고서의 첨부서류로 제출하여야 한다. 이때, 금지금제련업자는 귀금속·비철금속광석·괴 및 스크랩 등을 제련하여 금지금을 제조하는 업을 영위하는 자를 말한다(조특령 §106의11 ①, ②).

3) 세관장의 거래내역 제출

2008. 7. 1. 이후부터 세관장은 「관세법」 별표 관세율표 번호 제7108.12호 또는 제7108.13호(선으로 된 것은 제외함)의 금이 수입된 경우에는 그 수입신고명세를 수입자의 사업장 관할 세무서장에게 수입신고일의 다음 달 말일까지 제출하여야 한다(조특법 §106의6 ②, 조특령 §106의11 ③).

제 4 장

과세표준과 세액의 계산

제 1 절

과세표준

I 과세표준의 의의

과세표준이란 과세기간이 경과함으로써 추상적으로 성립된 납세의무를 구체적으로 확정하기 위하여 해당 과세기간에 대한 세액을 산출하기 위하여 세율을 적용하여 계산하게 될 과세대상의 수량 또는 가액을 말한다(국기법 §2 ① 14).

부가가치세는 과세기준금액을 재화 또는 용역을 공급하는 사업자가 창출한 부가가치로 하고 있으므로 엄격한 의미에서의 과세표준은 해당 과세기간에 발생된 부가가치의 구성요소인 임금, 지대, 자본비용 및 이윤 등을 합계한 금액으로 하여야 할 것이나, 우리나라 부가가치세 납부세액 계산방법은 “전단계세액공제방법”에 따라 매출세액에서 매입세액을 공제한 금액으로 하도록 함으로써 해당 과세기간에 발생된 부가가치와 부가가치세의 과세표준이 일치하지 않게 된다.

부가가치세의 과세표준계산은 다음과 같은 특징이 있다.

1) 부가법 제29조에 따른 과세표준계산의 적용은 일반과세자에 한정되는 것으로 일반과세자의 경우 각 과세대상이 되는 거래의 과세표준에 세율을 적용하여 계산한 금액은 부가법 제31조에 따라 거래상대방으로부터 거래징수하여야 할 부가가치세가 되고, 예정신고기간 또는 과세기간의 과세표준의 합계액에 세율을 적용하여 계산한 금액은 매출세액이 된다. 반면 간이과세자는 부가법 제63조에 따라 과세기간의 과세표준(공급대가)에 부가가치율과 세율을 적용하여 계산한 금액이 납부세액이 된다.
2) 부가가치세법에 의한 과세대상, 거래시기 및 과세표준의 계산방법은 소득세법이나 법인세법에서의 수입금액의 계산방법과 일치되지 아니하므로 소득세법이나 법인세법에 따라 수입금액으로 계상하여야 할 금액과 반드시 일치하지는 않는다.
3) 공급가액은 개별소비세처럼 각 재화나 용역의 공급가액이 개별적으로 과세표준이 되는 것은 아니고, 1개 과세기간 내의 공급가액의 합계액이 과세표준이 된다. 이런 점에서 부가법 제31조의 거래징수는 각 공급 시마다의 재화나 용역의 공급가액을 말하는 것으로 그 의미가 다르다 할 것이다.

II 과세표준의 계산

재화 또는 용역의 공급에 대한 부가가치세의 과세표준은 해당 과세기간에 공급한 재화 또는 용역의 공급가액을 합한 금액으로 하며, 재화의 수입에 대한 부가가치세의 과세표준은 그 재화에 대한 관세의 과세가격과 관세, 개별소비세, 주세, 교육세, 농어촌특별세 및 교통·에너지·환경세를 합한 금액으로 한다(부가법 §29 ①, ②).

1 공급가액의 범위

(1) 재화 또는 용역의 공급에 대한 공급가액

공급가액은 다음의 재화 또는 용역의 공급에 대한 공급가액의 합계액을 말한다. 이 경우 공급가액에는 대금, 요금, 수수료, 그 밖에 어떤 명목이든 상관없이 재화 또는 용역을 공급받는 자로부터 받는 금전적 가치 있는 모든 것을 포함하되, 부가가치세는 포함하지 아니한다(부가법 §29 ③).

① 금전으로 대가를 받는 경우: 그 대가. 다만, 그 대가를 외국통화나 그 밖의 외국환으로 받은 경우에는 대통령령으로 정한 바에 따라 환산한 가액

② 금전 외의 대가를 받는 경우: 자기가 공급한 재화 또는 용역의 시가

③ 폐업하는 경우: 폐업 시 남아 있는 재화의 시가

④ 재화의 공급특례(직매장반출 제외), 용역의 공급특례의 경우: 자기가 공급한 재화 또는 용역의 시가

⑤ 직매장반출의 경우: 취득가액 등을 기준으로 한 공급가액. 다만, 취득가액에 일정액을 더하여 공급하여 자기의 다른 사업장에 반출하는 경우에는 그 취득가액에 일정액을 더한 금액을 공급가액으로 본다.

⑥ 재화 또는 용역의 공급에 대하여 부당하게 낮은 대가를 받거나 대가를 받지 아니하는 경우에는 자기가 공급한 재화 또는 용역의 시가

1) 대가의 의미

「대가」의 사전적 의미는 "노력의 보수로 얻는 이익"이며, "과세대상이 되는 재화나 용역공급으로 얻는 금전 또는 이와 유사한 재산적 가치물"이라고 할 수 있을 것이다. 대가는 상호 간의 관계가 급부, 반대급부의 성격을 가져야 하고 금전뿐만 아니라 재산적 가치가 있는 유체물과 사용수익권 등 권리를 얻는 경우에도 대가관계가 성립된다.

부가가치세법에서는 대가를 재화나 용역의 공급에 대한 공급가액에는 재화나 용역의 공급에 대하여 거래상대방으로부터 받은 것으로 대가관계가 있는 것은 명목여하를 불구하고 모두 포함하는 것으로 규정하고 있다(부가령 §29 ③).

2) 공급가액의 결정요소

① 원칙적으로 공급가액은 거래당사자 간에 최종적으로 지급받기로 약정한 금액을 의미한다.

② 부가법 제4조에 따른 "재화 또는 용역의 공급에 대한 공급가액"에 한하므로 부가가치세 과세거래가 아닌 거래(비과세, 면세거래 포함)에 대하여는 공급가액 산정의 필요성이 없다.

③ 개별거래를 일정 과세기간에 귀속시키기 위하여는 개별거래의 공급시기의 판정이 선행되어야 하고, 개별거래의 공급가액을 결정한 후 이를 부가법 제5조에서 규정하고 있는 과세기간별로 합산하는 과정을 통해 과세표준계산이 이루어진다.

(2) 금전으로 대가를 받는 경우

1) 금전으로 대가를 받는 경우의 공급가액

금전으로 대가를 받는 경우에는 그 대가를 공급가액으로 한다(부가법 §29 ③ 1). 이때 거래상대방으로부터 받은 실질적 대가관계에 있는 모든 금전적 가치가 있는 것을 말하며, 다음에 게기하는 것을 포함한다(부가통칙 29-61-2).

① 현물로 받는 경우에는 자기가 공급한 재화·용역의 시가

② 장기할부판매 또는 할부판매 경우의 이자상당액

③ 대가의 일부로 받는 운송보험료, 산재보험료 등

④ 대가의 일부로 받는 운송비, 포장비, 하역비 등

⑤ 개별소비세, 교통·에너지·환경세 및 주세가 과세되는 재화·용역에 대하여는 해당 개별소비세, 교통·에너지·환경세 및 주세와 그 교육세 및 농어촌특별세 상당액

이때 재화 등의 공급에 있어 대가를 받는다는 의미는 현실적으로 금전을 수령하는 것을 의미하는 것이 아니라 대가를 받기로 하는 약정이 있으면 충분하다.

2) 시가보다 높은 대가를 받은 경우

특수관계자에게 재화 또는 용역을 정상시가보다 높은 가격으로 공급함에 따라 「소득세법」 또는 「법인세법」에 따라 부당행위계산의 부인이 적용되거나, 특수관계자 외의 자에게 시가를 초과하는 대가를 받고 공급하는 경우가 있을 수 있다. 이 경우 관계 법령에 따라 부당행위계산의 부인이 적용되는지 여부에 관계없이 「부가가치세법」에서는 시가초과 공급에 대한 공급가액 산정방법 규정을 별도로 두고 있지 않으므로 공급가액은 실제로 받은 대가(시가초과액 포함)로 하며, 이때 공급받는 자의 시가를 초과하여 지급한 대가와 관련된 매입세액에 해당하더라도 동 매입세액은 불공제대상이 되지 아니한다.

3) 대가를 외화로 받는 경우

가. 원칙

재화 또는 용역의 공급에 대한 대가를 외국통화 또는 그 밖의 외국환으로 받은 때에는 다음의 구분에 따른 금액을 그 대가로 하여 이를 공급가액으로 한다(부가령 §59).

① 부가법 제15조부터 제17조까지의 규정에 따른 공급시기가 되기 전에 원화로 환가(換價)한 경우에는 그 환가한 금액

② 부가법 제15조부터 제17조까지의 규정에 따른 공급시기 이후에 외국통화나 그 밖의 외국환 상태로 보유하거나 지급받는 경우에는 그 공급시기의 「외국환거래법」에 따른 기준환율 또는 재정환율에 의하여 원화로 계산한 금액

③ 외국구매자와의 약정에 의하여 환차손실에 대한 보상을 외국구매자로부터 별도로 지급받는 경우에는 환차보상금이 재화나 용역의 공급에 대한 대가관계를 형성하므로 이를 공급가액에 포함(부가 22601-844, 1988. 5. 21.)

따라서 재화 또는 용역의 공급시기까지 그 대가로서 받은 외국통화 또는 그 밖의 외국환을 원화로 환가하지 아니하거나, 그 대가를 공급시기 이후에 외국통화 또는 외국환으로 지급받게 되는 경우에는 환율변동으로 인하여 증감되는 금액은 해당 공급가액에 영향을 미치지 아니한다(부가통칙 29-59-1).

▌공급시기가 토요일 또는 일요일, 공휴일인 경우

부가령 제59조를 적용함에 있어 그 공급시기가 토요일인 경우에는 외국환거래법에 따른 외국환중개회사가 토요일에 고시한 기준환율 또는 재정환율에 의하여 계산한 금액을 과세표준으로 하며, 그 공급시기가 공휴일인 경우에는 그 전날의 기준환율 또는 재정환율에 의하여 계산한 금액을 과세표준으로 한다. 또한 기준환율 등이 고시되지 아니하는 금융기관의 휴무일인 토요일인 때에도 그 직전일의 기준환율 또는 재정환율에 의하여 계산한 금액으로 하여야 한다(서삼 46015-11986, 2002. 11. 19.).

▌기준환율

기준환율이라 함은 최근 거래일의 외국환중개회사를 통하여 거래가 이루어진 미화와 위안화 각각의 현물환매매 중 익익영업일 결제거래에서 형성되는 율과 그 거래량을 가중평균하여 산출되는 시장평균환율을 말한다(외국환거래규정 제1-2조 제7호 매매기준율).

▌재정환율

재정환율은 최근 주요 국제금융시장에서 형성된 미화와 위안화 이외의 통화와 미화와의 매매중간율을 매매기준율로 재정한 율을 말한다(외국환거래규정 제1-2조 제7호 재정된 매매기준율).

※ 기준환율 또는 재정환율에 관한 것은 외국환거래규정 제1-2조, 한국무역외국환거래업무취급세칙 제4-3조를 참조한다.

또한, 사업자가 국내거래의 대가를 외화로 지급받기로 약정하여 용역을 공급하고 공급시기 이후에 외화로 지급받아 위 "1)의 ①, ②, ③"에 따라 계산한 금액을 공급가액으로 하여 세금계산서를 발급한 후 당초 용역대가의 차감사유가 발생하여 해당 용역을 공급받는 자에게 차감되는 금액을 외화로 지급한 경우에는 해당 차감되는 외화금액에 대하여는 당초 세금계산서 발급 시 적용한 환율로 계산한 금액을 차감되는 공급가액으로 하여 수정세금계산서를 발급한다(부가 46015-1388, 1999. 5. 15.).

주요 20개국(미국, 캐나다, 중국, 홍콩, 호주, 인도네시아, 유럽, 영국 등)에 대한 환율 조회는 서울외국환중개(주)[www.smbs.bis] 홈페이지를 이용하고, 그 외 국가는 KEB하나은행(www.kebhana.com) 홈페이지에 접속하여 고시환율(현재 환율, 비고시 환율)을 조회하여 외화환산을 한다.

* 서울외국환중개(주)에서 고시하는 해당 일자의 최초 환율 적용

나. 내국신용장 등에 의한 공급 시 외화로 받는 경우

내국신용장에 의하여 수출용 원자재 등을 공급하는 경우 그 공급시기의 「외국환거래법」에 따른 기준환율 또는 재정환율에 의하여 계산한 금액을 공급가액으로 하는 것이므

로, 내국신용장에 의하여 재화를 공급하고 월합계세금계산서를 발급하는 경우 그 공급시기의 기준환율 또는 재정환율에 의하여 원화로 계산한 금액을 공급가액으로 한다(부가 22601-2421, 1997. 11. 25.). 다만, 내국신용장에 의한 물품공급가액을 원화금액으로 확정하여 표시하고 그 대금은 내국신용장을 개설하는 때에 부기하여 표시한 외화를 기준으로 하여 결제 당시의 환율에 의하여 계산한 원화금액으로 받는 때의 공급가액은 원화로 확정된 금액으로 하며, 내국신용장에 의하여 수출용 원자재 등을 공급하는 사업자가 사전약정에 의하여 환율상승 또는 하락과 관계없이 고정된 환율을 적용한 원화가액으로 확정하고 해당 재화를 공급한 후 외화대금에 대한 추심 및 결제 시 실제 환율과의 차액을 정산하여 수수하기로 한 경우에는 당초 원화로 확정된 금액을 공급가액으로 한다(부가 22601-1641, 1987. 8. 5. ; 부가 46015-456, 1998. 3. 12.).

다. 직수출 시 영세율 공급가액 계산 사례

문의

사업자 “갑”은 중동에 A제품을 직수출하고 받은 수출신고필증, 선하증권, 상업송장상의 기재 내용이 다음과 같을 때 2020. 2기 예정신고 시 공급가액은?

〈수출신고필증〉
- 거래조건: CIF
- 수출신고일: 2020. 6. 30.(기준환율: 1,200원)
- 신고가격(FOB): $10,000(수출신고필증 34번란)
- 결제금액: $11,000(수출신고필증 44번란)

〈선하증권 또는 상업송장〉
- 선적일: 2020. 7. 3.(기준환율: 1,300원)
- 상업송장 SUR CHARGE $1,000: 수입국의 높은 관세로 인하여 수출계약서를 실제보다 낮게 하고 2020. 7. 15. 추가로 지급받은 금액임.

〈관세청 통관자료〉
- 출항일: 2020. 7. 5.(기준환율: 1,250원)

〈기타 사항〉
- 결제(Nego)일, 환가금액: 2020. 7. 7. 자로 15,400,000원

답변

2020. 2기 예정신고 시 신고할 공급가액
- 수출신고서상의 결제금액 $11,000과 추가로 지급하기로 한 $1,000의 합계액 $12,000에 선

적일의 기준환율을 적용하여 공급가액을 계산한다.

($11,000 + $1,000) × 1,300원 = **15,600,000원**

사례 2

사업자 "갑"은 가, 나, 다, 라, 마 제품을 수출하고 아래와 같은 조건으로 수출대금을 환가한 경우 2020. 1기 부가가치세 영세율 공급가액의 산정방법

상품명	선적일	환가일	공급가액($)	환전액[1] (기준환율)	환산액[2] (선적일)	공급가액
가	20. 6. 30.	20. 7. 5.	4,000	4,200,000	4,000,000	4,000,000
나	20. 4. 20.	20. 4. 10.	6,000	5,700,000	5,800,000	5,700,000
다	20. 6. 2.		5,000	–	5,250,000[3]	5,250,000
라	20. 5. 6.	20. 5. 9.	3,000	3,300,00[4]	3,200,000	3,300,000
마	20. 5. 25.	미수[5]	2,000	–	2,100,000	2,100,000
바	20. 4. 5.	20. 4. 1.[6]	1,000	–	1,150,000	1,100,000
합계			**21,000**		**21,500,000**	**21,450,000**

1) 환전액 = 실제 환가일에 외국환은행에서 환가한 금액
2) 환산액 = 공급가액(미화) × 선적일의 기준환율
3) "다"상품 수출대금은 동 제품의 수입자에게 지급할 외화차입금과 2020. 6. 5. 상계처리하기로 하였다.
4) 외국바이어와 사전에 고정된 환율로(1,100/$) 수출대금을 지급받기로 약정하였다.
5) 부가가치세 신고일 현재 수출대금을 수령하지 못하였다.
6) 2020. 3. 21. 수출대금을 송금받아 환가하지 않고 2020. 4. 1. 외화차입금과 상계함(기준환율: 1,100).

4) 금전으로 대가를 받는 경우 주요 사례

① 구분징수 · 납입대행하는 공공요금 등

부동산임대사업자 또는 건물관리사업자 등(이하 "임대인 등"이라 한다)이 부가가치세가 과세되는 임대용역이나 관리용역대가(이하 "임대료 등"이라 한다)와 함께 보험료 · 공공요금 등(이하 "공공요금 등"이라 한다)을 구분하지 아니하고 공급받는 자(공공요금 등의 실질적 부담자 또는 사용 · 소비자로서 납부의무자, 이하 "임차인 등"이라 한다)로부터 영수하는 때에는 전체 금액에 대하여 부가가치세를 과세하는 것이 원칙인 바, 임대인이 임대용역 등과 함께 자기의 계산과 책임으로 공공요금 등의 공급자에게 위탁하여 임차인에게 용역을 제공한 것으로 해당 위탁용역비는 임대료 등의 대가에 포함되어야 한다.

다만, 사업과 관련하여 수령한 금전이라도 자기계산하에 받지 아니하고 별도로 구

분징수하여 납입대행하는 경우에는 대가관계가 형성되지 아니하여 해당 납입대행하는 금전은 공급가액에 포함되지 아니하는 것으로(부가통칙 29-61-3 ; 부가 46015-2502, 1996. 11. 26.), ㉠ "임차인 등"이 납부 또는 부담주체가 되어야 할 공공요금 등을 ㉡ 임대인이 공급하는 재화 또는 용역의 공급대가와 별도로 구분징수하여 납입을 대행한 경우로서 ㉢ 이러한 과정에서 별도의 수수료나 징수료 등을 받아 부가가치를 창출한 사실이 없다면 해당 공공요금 등은 임대료 등의 공급가액에 포함하지 아니한다.

따라서 계약서에 공공요금 등을 누구의 부담으로 할 것인지에 대한 사전약정이 없고 임대료와 보험료 등을 구분징수한 것이 확인되지 않는다면 구분징수하여 납입대행한 것으로 볼 수 없다. 즉, 공공요금 등에 관련된 재화 또는 용역의 최종 사용주체가 임차인이더라도 위 세 가지 요건을 충족하지 아니하고 일괄하여 대가를 받았다면 대가관계에 있는 모든 금전적 가치있는 것을 포함하여 공급가액으로 보는 부가법 제29조 제3항에 따라 임대료의 대가에 포함된다(조심 2011서1352, 2011. 9. 7. ; 조심 2007서4963, 2010. 11. 23. ; 국심 2004부1873, 2004. 10. 5.).

법원도 공공요금 등이 재화 또는 용역의 공급과 대가관계에 있는지 여부에 따라 부가세 공급가액에 포함되는지가 결정되고, 단순히 재화 또는 용역의 공급자가 거래상대방을 위하여 그가 부담하는 공공요금 등을 재화 또는 용역의 공급에 따른 대가와 구분하여 편의상 함께 수령하여 납부를 대행한 것에 불과하고 이러한 납입대행에 따른 수수료나 징수료 등을 받은 사실이 없어 그 과정에서 부가가치 창출이 없었다면 공급가액에서 제외되어야 한다고 판시하였다(서울고법 2007누23608, 2007. 10. 30. ; 대법원 2007두9778, 2007. 9. 6.).

이때 임대인이 임차인을 공공요금 등을 수령하는 해당 용역의 공급자와 거래계약을 맺고 정규증빙을 자신의 명의로 수취하여 자기의 매입세액으로 보아 공제받았다거나, 구분징수대행의 요건을 모두 충족하였음에도 부가가치세 공급가액에 포함하여 신고하였다 하여 이러한 결론이 달라지지는 아니한다.

가. 공단이 위탁받아 징수하는 재투자적립금은 과세대상 아님

환경관리공단이 「환경개선부담법」 제13조에 따라 지방자치단체로부터 위탁받아 공단입주업체로부터 징수하는 "재투자적립금"은 그 비용부담 조례와 운영위탁협의서 등에 의하여 그 소유와 관리가 전적으로 지방자치단체에 귀속되는 것이 명백한 경우에는 해당 공단의 공급가액에 포함되지 아니한다(서삼 46015-10178, 2003. 1. 30.).

나. 입주자로부터 징수하는 특별수선충당금은 공급가액에 포함하지 않음

건물관리 사업을 영위하는 사업자가 그 건물의 입주자로부터 징수하는 특별수선충당금은 해당 관리사업자가 동 충당금을 징수하는 시점의 공급가액에 포함되지 아니한다(서삼 46015-12038, 2002. 11. 29.).

② 알선수수료 등

중개업을 영위하는 경우의 공급가액은 중개수수료에 한정된다.

가. 여행알선업자가 수탁받아 지급하는 숙박비 등

여행알선업자(관광진흥법에 의한 여행업을 영위하는 사업자)의 공급가액은 관광객으로부터 받는 여행알선수수료와 여행알선용역에 필수적으로 부수하여 수령하는 금액을 말하는 것이므로 단순히 관광객으로부터 수탁받아 지급되는 숙박비, 운송비 등은 공급가액에 포함하지 아니한다. 따라서 인바운드 여행사가 외국인 관광객에게 관광용역을 제공하고 그 대가를 외국환은행에서 외화 등으로 받는 경우 해당 수수료에 대하여만 영세율이 적용되고, 사실상 수탁받아 지급되는 경비인 숙박비, 운송비 등과 관련하여 수취한 세금계산서상의 매입세액은 불공제된다(동지 : 재소비-34, 2006. 1. 11.).

또한, 「관광진흥법」에 따른 일반여행업자가 국내여행객을 상대로 여행할 목적국, 구체적 방문지 및 일정을 안내하고 여행 출발 시부터 도착 시까지 여행업자 본인 또는 그 고용인, 현지여행업자 또는 그 고용인 등이 여행업자 임무와 관련하여 여행자에게 고의 또는 과실로 손해를 가한 경우 책임을 진다고 규정하는 등 관광상품을 기획하여 자기의 계산과 책임하에 관광용역을 제공한 것이라면 여행객으로부터 받은 전체 용역대가를 여행업자의 공급가액으로 한다. 이때 부가가치세 공급가액(여행상품 판매가액)에 대응하여 거래징수된 매입세액은 자기의 매출세액에서 공제하는 것이다(대법원 2008두8864, 2008. 8. 21. ; 법규부가 2014-433, 2014. 9. 19.).

나. 여행사가 위수탁판매대가로 받는 인센티브의 공급가액 포함 여부

여행사가 항공사와의 위수탁판매계약에 의하여 항공권을 수탁판매하면서 항공사별 항공권 판매비율, 판매목표 초과달성률에 따라 약정된 일정 수수료 외에 추가로 받는 수수료(인센티브)상당액은 공급가액에 포함된다(서면3팀-3249, 2006. 12. 26.).

다. 운송주선업자의 공급가액

복합운송주선업자가 화주로부터 대가를 받는 경우 해당 용역의 영세율 공급가액에는 국내운송료, 창고료 및 화물인도지시서(D/O) 발급대행용역 등 거래상대자로부터 받은 대금·요금·수수료 그 밖의 명목여하에 불구하고 화주로부터 받는 대가관계가 있는 모든 금전적 가치 있는 것을 포함한다(부가-506, 2009. 2. 9. ; 법규과-902, 2010. 5. 28.).

또한, 운송을 스스로 하든 위탁하여 운송하든 운송업자의 책임하에 운송이 이루어지므로 화물운송용역의 공급가액은 운송수수료가 아닌 운송업자가 받은 운송비 총액이 된다(서울고등법원 2007누19937, 2007. 12. 7.). 이때 단순운송용역대가 외에 국제운송용역을 제공하면서 필수적으로 부수되는 포장 및 기타서비스 제공용역대가도 영세율 공급가액에 포함된다(재부가-826, 2007. 11. 28.).

다만, 국제운송용역의 제공없이 화주 등에게 단순한 중개용역을 제공하는 경우에는 영의 세율이 적용되지 않으며, 동 중개수수료를 공급가액으로 하여 일반세율이 적용되는 세금계산서를 발급하여야 한다(부가-137, 2010. 2. 2.).

라. 광고대행업자의 공급가액

광고대행업을 영위하는 사업자가 광고주의 의뢰를 받아 광고대행용역을 제공하고 광고주로부터 광고료와 광고대행용역에 대한 대가를 구분하여 수령한 후 해당 광고료를 광고매체사에 지급하는 경우 해당 사업자의 공급가액은 광고대행용역을 제공하고 받은 대가이다(서삼 46015-10097, 2001. 9. 3.).

마. 업무대행수수료 중 일부를 국가출연금으로 받는 경우 공급가액

사업자가 「중소기업진흥 및 제품구매촉진에 관한 법률」에 따라 중소기업청장의 지정을 받은 제조업체에게 해외유명규격을 승인받아 주는 업무를 대행해주고 그 대가 중 일부를 동 법률의 규정에 의하여 해당 제조업체에 지급될 국가출연금을 국가로부터 직접 받는 경우 해당 지급받는 금액은 공급가액에 포함하는 것이며, 이 경우 세금계산서는 해외유명규격승인 대행용역을 제공받는 제조업체에게 발급한다(부가 46015-2261, 1999. 8. 3.).

바. 영화입장권 예매사이트 운영자의 예매대행에 따른 공급가액

사업자가 인터넷 영화입장권 예매사이트를 개설하여 회원으로부터 영화입장료와 예매대행수수료를 받아 회원명의로 영화입장권의 예매를 대행하여 주는 경우에 있어서 회원으로부터 입장권 예매에 따른 입장료를 수탁받아 극장에 전액 지급하는 경우 해당 수탁경비인 입장료는 공급가액에 포함하지 아니하는 것이나, 회원으로부터 예매를 대행하고 지급받는 수수료에 대하여는 부가가치세가 과세된다(부가 46015-1165, 2000. 5. 24.).

사. 외국법인과의 판매대행계약에 따라 수입, 판매대행 시 공급가액 및 세금계산서 발급

사업자가 국내사업장이 없는 외국법인과의 직접 계약에 의하여 해당 외국법인으로부터 과세되는 재화를 일정가격에 수입하여 동일한 가액으로 국내의 다른 사업자에게 판매대행하고 송금할 판매대금 중에서 일정금액을 수수료로 차감하는 경우 해당 재화 수입 시 세관장으로부터 발급받은 수입세금계산서상의 매입세액은 자기의 매출세액에서 공제가능하며, 해당 재화의 국내 판매분에 대하여는 해당 사업자 명의로 세금계산서를 발급한다. 또한, 이 경우 해당 재화 판매와 관련한 대가(수수료)에 대하여도 부가가치세 신고 시 과세표준에 포함하여야 한다(제도 46015-11331, 2001. 6. 4.).

아. 대가의 지급이 없는 중개수수료에 대한 공급가액 포함 여부

사업자가 중개·알선 등의 용역을 제공하고 지급받기로 확정된 대가를 지급받지 못한 경우에는 동 대가를 공급가액에서 제외하는 것은 아니나, 무역업무 등 용역수행을 대행하였으나 제품하자 및 원산지 문제 등으로 분쟁이 발생하여 무역대행수수료를 받지 못하였거나, 당초부터 무상으로 동 대행용역을 제공하기로 한 경우 용역대행대가로 지급받은 금액만이 용역대가로써 공급가액이 된다(조심 2008서 3562, 2009. 4. 8. ; 부가-534, 2009. 4. 15.).

③ 회비

개별적인 용역의 공급없이 정기적으로 수령하는 회비는 부가가치세의 과세대상이 되는 용역으로 보지 아니하는 것이나, 조합 등이 조합원 등을 위하여 공동판매 내지는 공동구매의 용역을 제공하고 그에 대한 수수료를 회비의 형식으로 수령하는 경우에는 동 수수료가 용역공급에 대한 대가관계에 있으므로 부가가치세의 공급가액에 포함된다(부가통칙 4-0-2 ; 서면3팀-778, 2007. 3. 13.).

④ 위탁가공무역방식 수출 시 공급가액

위탁가공무역방식으로 수출하는 경우에는 완성된 제품의 인도가액을 공급가액으로 한다(부가령 §61 ② 8).

⑤ 수출신고필증상에 포함되어 있는 보험료·수수료 등

국외로 반출되는 재화를 DDU결제조건(관세 불포함 인도조건)으로 먼저 수출자가 거래상대방의 운임까지 부담한 다음, 거래상대방으로부터 운임 등으로 포함하여 대가($13,000)를 지급받기로 하는 거래로써 수출신고필증상 신고가격(FOB기준)은 $10,000인 경우 수출실적명세서상 금액 및 공급가액은 수출재화에 대해 지급받기로 한 전체금액($13,000)이 된다(서면3팀-2080, 2005. 11. 21.).

⑥ 자기부담비용을 거래상대방에게 전가하는 경우

사업자는 재화나 용역을 공급한 후 그 대가를 영수하여 재화나 용역을 공급하기에 필요한 비용과 그 밖의 부수되는 비용을 부담하게 된다. 이 중 재화나 용역을 공급함에 있어서 필수적으로 부담하게 될 비용을 거래상대방에게서 계약 등에 의하여 징수하거나 거래상대방에게 부담하게 하는 경우에 동 금액은 대가로서 재화나 용역의 공급하는 자의 공급가액에 포함한다(부가 1265.1-2514, 1981. 9. 23. ; 부가 1265.2-2184, 1983. 10. 13.).

⑦ 관세환급금

수출용 원자재를 수입하면서 관세를 납부한 사업자가 내국신용장거래에 의하여 그 원자재로 수출품을 만들어 수출업자에게 공급하고, 수출업자가 수출이행 후에 사업자가 원자재수입 시에 납부한 관세를 「관세법」 제32조 제1항 및 수출용 원재료 등에 대한 관세 등 환급에 관한 특례법의 규정에 의하여 정부로부터 환급받아 사업자에게 되돌려준 관세환급금은 사업자가 수출업자에게 공급한 수출품의 원자재원가에 포함된 것으로서 공급재화의 대가의 일부로 공급가액에 포함된다(대법원 84누264, 1985. 7. 23.).

⑧ 개별소비세 등 간접세

재화의 공급에 대하여 부가되는 간접세는 부가가치세 외에 개별소비세, 교통 · 에너지 · 환경세, 주세 및 이에 대한 교육세 및 농어촌특별세가 있다.

간접세를 재화공급의 대가로서 과세표준에 포함하는 것은 재화의 수입에 대한 과세표준에 개별소비세, 주세 및 관세, 교육세, 교통 · 에너지 · 환경세 및 농어촌개별세가 가산되는 것으로 규정되어, 국내재화에서도 이를 다르게 취급할 합리적 이유가 없으며 자가공급의 경우에도 개별소비세나 주세 등이 과세표준으로 가산되도록 규정하고 있는 점과 거래징수 시 공급자의 공급가액은 공급받는 자의 공급가액과 다른 성질이기는 하나 부담한 개별소비세는 매출원가에 산입되어 공급가액이 되는 점에서 결국 개별소비세 등은 공급가액 등에 가산된다는 점 등에 비추어 보면 개별소비세나 주세 등은 공급가액에 가산되어야 할 것이다(부가통칙 29-61-2, 29-61-5 ; 재경부 소비세제과-703, 2006. 6. 20.).

그러나 과세장소 입장행위에 부과하는 개별소비세 등은 간접세로서 사업자는 이를 징수하여 국가에 납부할 뿐 소득 및 원가를 구성하지 아니하여 예수금으로 보기 때문에 개별소비세를 사업수입금액에는 포함하지 않는다.

⑨ 환급받는 개별소비세 등

석유류 판매업자가 석유류 제조업자로부터 개별소비세 및 교통 · 에너지 · 환경세가 과세된 석유류를 구입하여 외국공관에 판매하고 「개별소비세법」 제16조 및 동 시행령 제24조 각 항과 「교통 · 에너지 · 환경세법」 제14조에 따라 이미 납부한 개별소비세 및 교통·에너지·환경세 등을 관할 세무서장으로부터 환급받아 판매업자에게 지급하는 경우, 해당 환급세액은 제조업자의 공급가액에서 공제하고 해당 제조업자는 판매업자에게 공급가액을 (△)수정세금계산서를 발급하여야 한다(부가통칙 29-61-5).

다만, 사업자가 개별소비세가 과세된 과세물품(승용자동차, 액화석유가스 등)을 도·소매업자로부터 구입하여 수출하고 개별소비세를 환급받는 경우 해당 도·소매업자는 당초의 공급가액에 변동이 없으므로 수정세금계산서를 수출한 사업자에게 발급하지 아니한다(기획재정부 부가가치세제과-46, 2016. 1. 14. ; 재무부 소비 46015-27, 1994. 6. 13.).

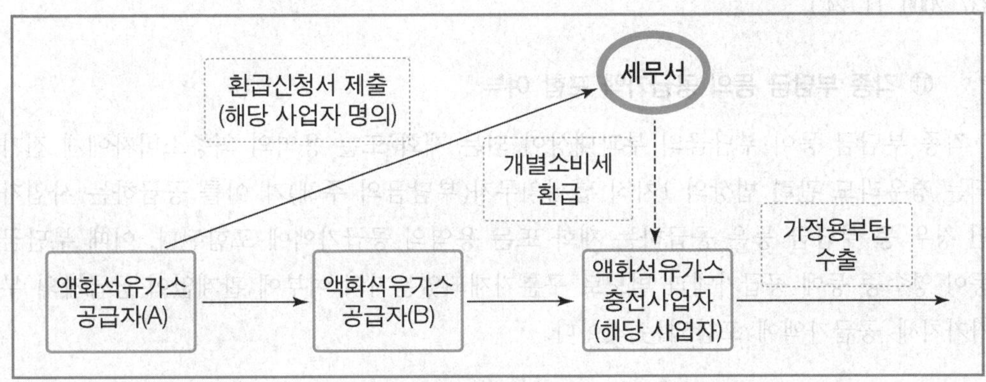

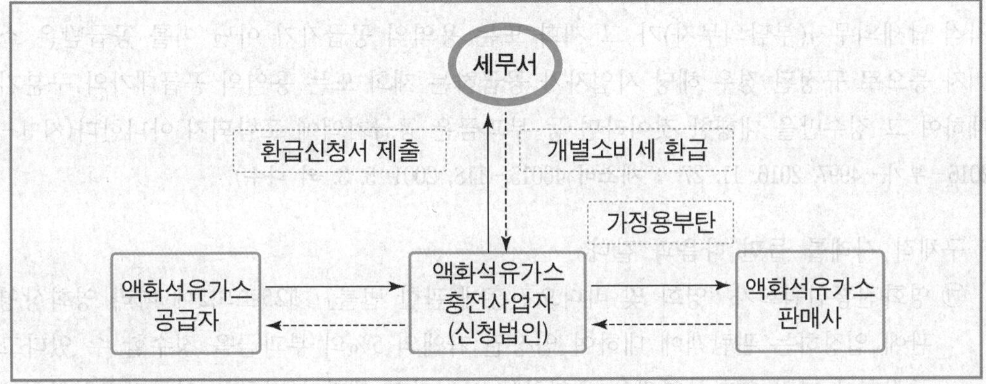

⑩ 상조회운영사업자의 공급가액 등

결혼·장의행사용역 제공업체(이하 "상조회운영사업자"라 한다)는 약관에 의하여 모집한 회원으로부터 부금형식으로 50~60회로 나누어 받은 회비를 예수금으로 회계처리하고, 회원의 결혼 및 장의행사용역이 발생할 때 대행업체에게 결혼 및 장의행사용역을 의뢰하고 동 업체로부터 일정률의 알선수수료를 수취하고 있다.

이러한 상조회운영사업자가 행사업자를 통하여 역무를 제공함을 목적으로 행사업체와 수수료계약을 체결하여 장래에 예식장이나 장의사 등을 이용하고자 하는 자를 회원으로 모집하여 월정회비를 징수하고, 장래에 결혼식 및 장례식 사유가 발생하였을 때에 회원이 용역제공업체와 관련 계약을 직접 체결하는 점 등 그 용역의 내용이 주선 또는 알선용역인 경우 그 공급시기는 역무의 제공이 완료되는 때이며 동 수수료가 자기의 공급가액이 된다. 반면, 단순주선용역이 아닌 사업자의 책임과 계산하에 결혼 · 장의 등의 역무를 제공하는 경우에는 그 공급시기는 원칙적으로 역무의 제공이 완료되는 때이나 중간지급조건부에 해당하는 경우에는 대가의 각 부분을 받는 때가 공급시기가 되고, 그 공급시기에 받기로 한 금액을 공급가액으로 한다(서면3팀-1687, 2005. 10. 5. ; 재소비 46015-337, 2000. 11. 24.).

⑪ 각종 부담금 등의 공급가액 포함 여부

각종 부담금 등이 부담금의 부과대상이 되는 재화 또는 용역의 최종소비자에게 전가되는 경우라도 관련 법상의 1차적 납세의무자(부담금의 주체)가 이를 공급하는 사업자인 경우 동 부담금 등은 공급하는 재화 또는 용역의 공급가액에 포함된다. 이때 부담금 등이 영수증 등에 공급가액과 별도로 구분기재되었는지의 여부에 관계없이 공급자의 부가가치세 공급가액에 포함되는 것이다.

반면, 전력산업기반부담금이나 문예예술진흥기금 등과 같이 관련 법령상 부담금의 1차적 납세의무자(부담의무자)가 그 재화 또는 용역의 공급자가 아닌 이를 공급받은 소비자 등으로 규정된 경우 해당 사업자가 공급하는 재화 또는 용역의 공급대가와 구분기재하여 그 징수만을 대행한 것이라면 동 부과금은 공급가액에 포함되지 아니한다(서면-2016-부가-4997, 2016. 11. 27. ; 재소비 46015-118, 2001. 5. 3. 외 다수).

구체적 사례를 들면 다음과 같다.

㉠ 영화진흥위원회가 「영화 및 비디오진흥에 관한 법률」 제25조의2에 따라 영화상영관에 입장하는 관람객에 대하여 입장권 가액의 5%의 부과금을 징수할 수 있다고 규정함에 따라 영화상영관을 운영하는 사업자가 해당 부과금을 영화진흥위원회에 납입대행하는 경우와 같이 부과금의 1차적 납세의무자가 영화상영관 운영사업자가 아닌 관람객으로 규정되어 있고 해당 사업자가 이를 징수 대행한 것이라면 해당 부과금은 공급가액에 포함되지 아니한다.

㉡ 「국민건강증진법」 제23조에 따라 제조자 등이 판매하는 담배에 부과되는 국민건강증진부담금은 1차적 납세의무자가 사업자(제조자 등)이므로 동 부담금은 공급가액에 포함된다(부가가치세과-707, 2012. 6. 21.).

㉢ 당연히 건물소유주가 부담해야 할 환경개선부담금, 교통유발부담금 등의 공과금과

가스시설비, 정화조청소비 등을 임차인들에게 배분하여 징수하고 이를 관련 부과기관 등에 그대로 납부했다 하더라도 임대인이 건물소유주의 임대공급가액에 포함하여야 하며, 수도요금과 같이 임차인이 사용량에 따라 부담하여야 할 것을 징수대납한 것이라면 임대공급가액에 포함하지 아니한다(조심 2007서4963, 2010. 11. 23.).

공급가액에 포함되는 부담금 등	공급가액에 포함되지 않는 부담금 등
개별소비세 · 주세 · 교육세 등, 국민건강증진부담금, 수질개선부담금, 해양환경부담금 등(대법원 2010두2258, 2010. 5. 13. ; 대법원 2001두3105, 2006. 4. 14.)	체육진흥기금, 문예예술진흥기금(2005. 1. 26. 이전), 전력산업기반부담금 등(부가 46015-429, 1997. 2. 27. ; 재소비 46015-118, 20013. 5. 3.)

⑫ 유사석유 판매 시 공급가액의 계산

가짜(유사) 석유제조행위 자체에 사업성이 있으므로 사업자등록 사실 여부를 불문하고 교통 · 에너지 · 환경세 과세대상자에 대해서는 과세표준을 산정하여 부가가치세 및 종합소득세(또는 법인세)를 더불어 과세하여야 한다. 부가가치세 과세표준은 일반적인 경우(정유사 또는 수입사 등) 교통 · 에너지 · 환경세 · 교육세 · 주행세 등의 부과된 세금이 포함되는 것이나, 가짜석유 제조 및 유통에 있어서 거래 당시 거래금액에 해당 세금이 포함되어 있지 않았다면 부가가치세 과세표준에 포함하지 않는다. 종합소득세는 교통 · 에너지 · 환경세 등을 납부불이행하여 추징된 경우에서 해당 금액은 총수입금액에 산입하지 않으며, 법인세는 징수불이행이나 납부불이행한 교통세 등은 손금에 산입하지 않는 것으로 해석하고 있다(부가 46015-474, 2003. 6. 24. ; 재소비 46015-39, 2002. 2. 8. ; 서이 46012-10804, 2003. 4. 17.).

⑬ 이자상당액 등을 공사도급금액에 포함하는 경우 과세표준계산 방법

사업자가 재화 또는 용역을 공급하고 그 대가를 받을 경우 과세표준은 부가법 제29조에 따라 재화 또는 용역을 공급받는 자로부터 받은 대금, 요금, 수수료, 그 밖의 명목 여하에 불구하고 대가관계에 있는 모든 금전적 가치가 있는 것을 포함하는 것이므로 건설업자가 공급받는 자가 부담하여야 할 금융기관의 차입금에 대한 이자를 대납하고 해당 금융이자에 상당하는 금액을 공사도급금액에 포함하여 공사도급계약을 체결한 경우에 해당 금융이자에 상당하는 금액은 부가가치세 과세표준에 포함하여야 한다(서면3팀-323, 2006. 2. 21. ; 서면3팀-797, 2008. 4. 21. ; 사전-2020-법령해석부가-0622, 2020. 8. 26.). 즉, 부가가치세가 면제되는 재화 또는 용역의 대가가 건설원가에 포함되었다 하더라도 이를 차감하지 아니한 건설용역의 모든 대가가 공급가액이 되는 것이다(부가 46015-516, 1998. 3. 20.).

다만, 발주자가 부담한 성격의 비용 등을 단순 납입대행하는 경우나 공사도급금액과 관계없이 이자비용, 토지 등 구매비용을 그대로 정산하는 경우(별도로 구분수취하여 납입대행하는 경우)는 도급금액, 즉 부가가치세 과세표준을 구성하지 아니한다(사전-2015-법령해석부가-0094, 2015. 7.23. ; 서면-2021-법령해석부가-6656, 2021. 12. 16.).

두 가지 예를 들면, 반면 건설업을 영위하는 "갑" 사업자가 상가재건축공사를 수행함에 있어 공사계약과는 별도의 약정에 의하여 기존입주 상인들에게 이주비를 대여하고 입주 시 동 이주비에 대한 이자와 원금을 함께 받는 경우 해당 이자는 건설공사의 공급가액에 포함하지 아니한다. 즉, 공사비에 포함하여 건설용역 제공대가로 받기로 한 경우에만 동 이주비상당액은 공급가액에 포함된다(부가 46015-114, 1997. 1. 17. ; 서면3팀-797, 2008. 4. 21.).

"을" 건설업자가 협약에 따라 발주자에 건축물을 건립하여 주고 용지대, 공사비, 그 외 비용으로 구성된 총사업비를 대가로 받는 경우 총사업비가 공급가액이 되는 것이나, 발주자가 부담할 토지매입비를 별도로 구분수취하여 납입만을 대행하는 경우 토지매입비는 공급가액에 포함하지 아니한다.

(3) 금전 외의 대가를 받는 경우

1) 금전 외의 대가를 받는 경우의 공급가액

재화 또는 용역의 공급에 대하여 금전 외의 대가를 받는 경우에는 자기가 공급한 재화 또는 용역의 시가를 공급가액으로 한다(부가법 §29 ③ 2). 그러므로 사업자가 재화 또는 용역을 공급하고 금전 외의 대가를 받는 경우에는 자기가 공급받는 재화 또는 용역의 시가를 공급가액으로 하는 것이 아니라 자기가 공급한 재화 또는 용역의 시가를 공급가액으로 함에 유의하여야 한다.

금전 외의 대가를 받는 경우에는 물물교환, 소비대차의 경우가 대표적인 예이며 그 밖의 공사대금으로서 체비지를 받는 경우 또는 건물을 신축하여 주고 일정기간 건물사용권을 가지는 경우 등이 있다(재화와 재화, 재화와 용역의 교환거래가 대표적임).

2) 공급가액 계산 사례

사례 1

문의

"갑" 사업자가 보유한 기계장치(A)와 "을"사가 보유한 기계장치(B)를 서로 교환하였다. 이 교환거래에 대한 "갑"과 "을"의 공급가액을 계산하라(시가와의 차액에 대한 현금수수는 없으며, 부가가치세는 서로 상계하고 잔액만 정산하기로 하였다).

○ 기계장치(A)

• 취득원가: 1,000,000 • 감가상각충당금: 400,000 • 공정가액(시가): 800,000

○ 기계장치(B)

• 취득원가: 800,000 • 감가상각충당금: 300,000 • 공정가액(시가): 700,000

답변

가) 공급가액: 자기가 공급한 재화의 시가

• 갑: 800,000원

• 을: 700,000원

나) 이종 자산 간 교환거래인 경우 "갑"의 회계처리

차변		대변	
감가상각충당금	400,000	기계장치(A)	1,000,000
기계장치(B)	700,000	부가가치세예수금	80,000
부가가치세대급금	70,000	고정자산처분익	100,000
현금	10,000		

다) 동종 자산 간 교환인 경우 "갑"의 회계처리

차변		대변	
감가상각충당금	400,000	기계장치(A)	1,000,000
기계장치(B)	600,000	부가가치세예수금	80,000
부가가치세대급금	70,000		
현금	10,000		

사례 2

문의

2011. 1. 1. 병원을 운영하는 사업자 "갑"(과세 면세 겸영사업자임)이 음식점을 운영하는 사업자 "을"과 병원 부속 건물 내 지하에 대한 부동산임대계약을 체결(월세 1천만 원, 부가가치세 별도)하고, 임대료의 지급은 "갑" 소유 병원건물의 관리(청소, 유지 관리 등) 대가와 상계하기로 한 경우 개인사업자 "갑"과 "을"의 2011. 1기 공급가액과 "을"의 회계처리방법

답변

가) 공급가액: 자기가 공급한 재화 또는 용역의 시가

- 갑: 60,000,000원(10,000,000 × 6월)
- 을: 60,000,000원

나) "을"의 매월 회계처리

차변	금액	대변	금액
지급임차료	10,000,000	용역매출	10,000,000
부가가치세대급금	1,000,000	부가가치세예수금	1,000,000

사례 3

문의

2011. 1. 1. 건설업을 영위하는 사업자 "갑"이 발주자 "을"과 상가건물신축을 위한 도급계약을 체결하고, 공사대금을 상가로 대물변제받은 경우 "갑"의 공급가액과 회계처리방법

○ 공사계약 내역: 도급금액 1억 원(부가가치세 별도)

○ 대물변제받은 상가 내역

- 건설원가: 1억 원
- 시가: 110,000,000원
- 토지 및 건물의 실지거래가액: 토지 6천만 원, 건물 5천만 원(부가가치세 별도)

답변

가) 공급가액: 자기가 공급한 재화 또는 용역의 시가

- 갑: 100,000,000[도급금액(용역제공대가)]
- 을: 50,000,000원[건물분, 토지는 면세]

나) "갑"의 회계처리

차변	금액	대변	금액
건축물	50,000,000	용역매출	100,000,000
부속토지	60,000,000	부가가치세예수금	10,000,000
부가가치세대급금	5,000,000	자산교환이익	5,000,000

(4) 시가의 산정방법

1) 시가의 기준

가. 원칙

부가가치세 공급가액 산정의 기초가 되는 시가란 '정상적(통상적)인 거래에 의하여 형성된 객관적인 교환가격'을 뜻한다고 할 것이고, 통상적인 거래라 함은 동일·동종·동질의 재화 또는 용역에 대하여 그 공급가격에 독립적으로 영향을 미칠 수 있는 자(특

수관계인)가 개입됨이 없이 특수관계 없는 자와의 정상적인 거래에서 형성된 거래를 말한다. 이와 관련된 교환가격의 실례가 있는 경우에는 그 가격을 기준으로 하고 그러한 거래 실례가 없는 경우에 한하여 당해 자산의 위치, 주위환경, 이용상황 등 거래가격을 형성하는 개별적 요인은 물론 인접 및 유사지역 내의 자산에 대한 적정거래 가능가격 등을 참작하여 산정한 가격을 기준으로 할 수 있다(대법원 96누13, 1996. 12. 6.).

부언하면 시가의 결정은 시장에서의 경쟁관계, 입지조건 등 제반 상황을 반영한 적정한 시가를 결정하여야 하며 거래 당시의 특별한 사정 등(법률적 사용·용도의 제한 등)도 고려하여 판단하는 것이다(대법원 97누13184, 2000. 2. 11. ; 대법원 2006두13909, 2007. 2. 22. ; 소비 22601-1135, 1985. 11. 11. ; 재소비 22601-711, 1989. 7. 5.).

나. 타 세법상 시가 및 정상가액의 인용 여부

특수관계자 간 재화 또는 용역을 저가(부당하게 낮은 대가를 의미)로 공급하는 경우로서 시가와의 차액에 대하여 부가가치세를 과세할 수 있는 것이며, 「소득세법」 또는 「법인세법」에 있어 "그 차액이 3억 원 이상 또는 시가의 5% 이상에 한하여 적용한다"는 규정은 「부가가치세법」에서 이를 준용하지 아니한다(부산고법 2010누3688, 2011. 1. 14.).

또한 「법인세법 시행령」 제35조에서는 특수관계인 외의 자에게 정당한 사유없이 자산을 정상가액보다 낮은 가액으로 양도하거나 정상가액보다 높은 가액으로 매입함으로써 그 차액 중 실질적으로 증여한 것으로 인정되는 금액[정상가액="시가×(100±30)%"]을 손금불산입하는 기부금으로 의제하고 있다. 그러나 부가가치세법은 기부금의제규정을 준용규정으로 두고 있지 아니하므로 특수관계없는 자에게 시가보다 낮은 대가를 지급받고 재화 또는 용역을 공급하였다면 실제 받은 대가를 공급가액으로 한다(부가가치세과-1536, 2009. 10. 21.).

▌법인세법상 '시가와 거래가액의 차액' 규정의 취지

「법인세법 시행령」 제88조 제3항에 따른 "시가와 거래가액의 차액이 3억 원 이상이거나 시가의 100분의 5에 상당하는 금액 이상인 경우"의 판정은 그 거래별로 시가와 거래가액의 차액을 기준으로 하는 것이나, 특수관계자 간의 거래가 건전한 사회통념 및 상관행과 특수관계자가 아닌 자 간의 정상적인 거래에서 적용되거나 적용될 것으로 판단되는 가격 산정방법과 다르게 거래건별 거래단가를 산정하여 조세의 부담을 부당히 감소시킨 것으로 인정되는 경우에는 사업연도 또는 전체 거래기간 등의 시가와 거래가액의 차액의 합계액을 기준으로 하여 「법인세법」 제52조에 따른 부당행위계산부인 규정을 적용할 수 있다(법인-3074, 2008. 10. 24.).

부당행위계산부인 규정을 적용함에 있어 시가가 명백히 확인할 수 있는 경우보다 불분명한 경우가 대다수로 시가와 대가와의 차이가 합리적인 범위 이내인 경우에는 부당행위계산부인 규정을 배제함으로써 납세자와의 조세분쟁을 축소하기 위하여 그 차액이 3억 원 이상이거나 5% 이상인 경우에 이 규정을 적용하도록 한 것이다.

다. 부가법상 시가규정의 문제점

부가법은 법인법이나 상증법과는 다르게 독자적인 시가 규정을 두고 있어 동일한 재화나 용역에 대하여 타 세법과 다른 시가가 있을 수 있다. 부가법은 공급가액 결정이나 부당행위계산부인 적용에 있어 시가를 그 기준으로 하는데, 부가령은 시가의 개념을 독자적으로 정의하면서 시가가 없거나 불분명한 경우 법인령 또는 소득령의 시가 규정을 준용하도록 하고 있다. 그러나 부가령은 공급가액을 결정하는 데 있어 특별한 실익도 없이 독자적인 시가규정을 둠으로써 오히려 납세자의 혼란만 초래하고 있다는 비판을 받고 있다.

2) 다른 세법 및 대법원 판례와의 비교

가. 「소득세법」 및 「법인세법」

소득세법 및 법인세법은 건전한 사회통념 및 상관행과 특수관계자가 아닌 자 간의 정상적인 거래에서 적용되거나 적용될 것으로 판단되는 가격(요율·이자율·임대료 및 교환비율 기타 이에 준하는 것을 포함)을 시가라 하며(법법 §52 ②), 해당 거래와 유사한 상황에서 해당 법인이 특수관계자 외의 불특정다수인과 계속적으로 거래한 가격 또는 특수관계자가 아닌 제3자 간에 일반적으로 거래된 가격이 있는 경우에는 그 가격에 따른다고 규정하고 있다(법령 §89 ①, 소령 §98 ④).

나. 「상속세 및 증여세법」

상증법에서의 시가는 불특정 다수인 사이에 자유롭게 거래가 이루어지는 경우에 통상적으로 성립된다고 인정되는 가액으로 하고, 시가에는 수용가격·공매가격 및 감정가격 등 대통령령으로 정하는 바에 따라 시가로 인정되는 것을 포함한다(상증법 §60 ①, ②).

다. 대법원 판례상 시가

시가는 ① 일반적이고 정상적인 거래에 의하여 형성된 객관적 교환가액으로 거래에 의하여 형성된 것으로서 그 거래는 일반적이고 주관적인 요소가 배제된 객관적인 것이어야 하고, ② 그 기준시점에 재산의 구체적인 현황에 따라 평가된 객관적인 교환가치를 적정하게 반영하여야 하며, ③ 평가기준일과 당해 재산의 거래일 사이에 가격의 변동이 없어야 하며, 건전한 사회통념이나 상관행에 비추어 경제적 합리성을 결한 비정상적인 것이라고 보기 어려운 경우의 가격을 말한다(대법원 97누10765, 1998. 7. 10. ; 대법원 99두2505, 2000. 2. 11. ; 대법원 2011두22532, 2011. 12. 22.).

'객관적 교환가치'라는 것은 거래당사자 간의 주관적인 사정이 배제된 상태에서 형성된 교환가격을 말하며, 이는 거래대상 재산에 대한 거래당사자의 주관적인 필요성·선호도·가격평가를 제외하고 오로지 거래대상 재산의 고유한 특징만을 기초로 하여 형성된 교환가격을 의미한다.

'경제적 합리성' 유무에 대한 판단은 제반 사정을 구체적으로 고려하여 그 거래행위가 건전한 사회통념이나 상관행에 비추어 경제적 합리성을 결한 비정상적인 것인지의 여부에 따라 판단하여야 하며, 반드시 조세부담을 회피하거나 경감시킬 의도가 있어야만 하는 것은 아니다(대법원 2006두125, 2006. 11. 10. ; 대법원 2004두4772, 2004. 10. 28.).

또한, 당해 거래 행위의 대가관계만을 따로 떼어내어 단순히 특수관계자가 아닌 자와의 거래형태에서는 통상 행하여지지 아니하는 것이라 하여 곧바로 부당행위에 해당되는 것으로 볼 것이 아니라, 거래행위의 제반 사정을 구체적으로 고려하여 과연 그 거래행위가 건전한 사회통념이나 상관행에 비추어 경제적 합리성을 결한 비정상적인 것인지의 여부에 따라 판단하여야 한다(대법원 2004두7993, 2006. 5. 11.).

3) 실지거래가액과의 비교

실지거래가액은 거래당사자 간에 자유의사에 따라 매매계약서, 세금계산서, 합의된 사실이 있는 관련증빙 등에 의하여 객관적으로 입증할 수 있는 거래가액으로 정상적인 거래에 비추어 합당하다고 인정되는 가액, 통상의 합리성 있는 경제행위에서 일탈한 것이라고 보기에 무리가 있다고 볼 수 없는 금액을 말하는 것으로 공급 당시의 객관적인 교환가치를 말하는 것이 아니므로 실지거래가액이라 함은 시가와는 다른 개념이다(대법원 93누18914, 1995. 2. 24. ; 재소비-165, 2004. 2. 13.).

4) 「부가가치세법」상 시가를 공급가액으로 하는 경우

「부가가치세법」에서 거래가액이 아닌 시가를 공급가액으로 하는 경우는 다음과 같다.

㉠ 금전 외의 대가를 받는 경우 자기가 공급한 재화 또는 용역의 시가(時價)

㉡ 재화의 공급에 대하여 부당하게 낮은 대가를 받거나 대가를 받지 아니하는 경우 자기가 공급한 재화의 시가

㉢ 용역의 공급에 대하여 부당하게 낮은 대가를 받는 경우 자기가 공급한 용역의 시가

㉣ 폐업하는 경우 재고재화의 시가

㉤ 특수관계인에게 사업용 부동산을 무상으로 임대하는 경우 그 시가

5) 「부가가치세법」상 시가의 산정 절차

위 "4)"의 공급가액 산정의 기준이 되는 시가는 다음의 순서에 의하여 결정한다(부가령 §62).

가. 거래된 가격이 있는 경우

① 사업자가 특수관계인이 아닌 자와 해당 거래와 유사한 상황에서 계속적으로 거래한 가격 또는 제3자 간에 일반적으로 거래된 가격

② "①"의 가격이 없는 경우에는 사업자가 그 대가로 받은 재화 또는 용역의 가격(공급받은 사업자가 특수관계인이 아닌 자와 해당 거래와 유사한 상황에서 계속적으로 거래한 해당 재화 및 용역의 가격 또는 제3자 간에 일반적으로 거래된 가격을 말한다)

나. 시가산정에 있어 '거래된 가격'의 의미

부가령 제62조 제1호 후단에서 규정하고 있는 '제3자간 일반적으로 거래된 가격'은 해당 문언상 거래가 성사되어 완료된 거래를 의미하는 것으로 봄이 타당하므로 당초 매매계약이 해지되어 거래되지 아니한 가격까지 이에 포함할 수는 없다.

기존 해석에서도 상증법상 시가, 법인법상 시가 여부를 판단할 때 매매계약이 해제(또는 해지)된 경우의 매매가액은 시가로 인정하지 아니하였는바 부가법상 시가 여부를 판정할 때 역시 이를 달리 볼 이유가 없다(법규과-556, 2005. 10. 7. : 기준-2016-법령해석재산-0097, 2016. 7. 14. 외).

다. 공급대가로 주식을 받는 경우 시가의 계산

부가령 제62조 제1호의 가격이 없는 경우 제2호에 따라 대가로 받은 재화 또는 용역의 가격을 시가로 보아야 하나 법인이 특정 사업장을 승계시키고 그 대가로 받은 유가증권은 부가법상 재화나 용역에 해당하지 아니하므로 제2호에 따른 가격도 없는 경우에 해당한다. 따라서 이때의 공급은 부가령 제62조 제1호 및 제2호에 따른 가격이 없거나 시가가 불분명한 경우로서 제3호에 따른 가격을 시가로 보아야 하며, 제3호에서는 법인령 제89조 제2항에 따른 가격을 준용하도록 규정하고 있으므로 해당 규정에 따라 아래 가격을 차례로 적용하여야 한다.

> * 시가 적용순서(법인령 §89 ②)
> (1) 감정평가업자가 감정한 가액　　　(2) 상증법상 평가액

이때 법인령 제89조 제2항 제1호에서 감정가액이란 해당 자산의 거래와 직접 관련하

여 감정하였거나 담보제공 등의 목적으로 감정한 가액이 있는 경우 등으로서 해당 자산의 시가를 감정한 가액을 말하며(서이 46012-10423, 2002. 3. 8. ; 법인 22601-2045, 1992. 10. 1.), 평가대상 자산이 거래상황에 비추어 객관적이고 합리적인 교환가치가 반영되어 평가된 가액을 포함하는 개념이다(서면2팀-1413, 2004. 7. 7.). 해당 감정가액이 건전한 사회통념 및 상관행과 특수관계인이 아닌 자 간의 정상적인 거래에서 적용되거나 적용될 것으로 판단되는 가격으로 볼 수 없는 경우에는 시가로 인정하지 아니한다(법인세과-3943, 2008. 12. 11. ; 법인세과-667, 2012. 10. 26.).

라. 거래된 가격이 없거나 불분명한 경우

위 "가"의 "①", "②"에 따른 거래된 가격이 없거나 시가가 불분명한 경우에는 다음의 규정을 순차로 적용하여 계산한 금액을 시가로 한다(부가령 §62 3, 법령 §89 ②·④, 소령 §98 ③·④).

① 일반적인 경우

㉠ 「부동산가격공시 및 감정평가에 관한 법률」에 의한 감정평가법인이 감정한 가액이 있는 경우 그 가액(감정한 가액이 2 이상인 경우에는 그 감정한 가액의 평균액). 다만, 주식등을 제외한다.

㉡ 「상속세 및 증여세법」 제38조·제39조·제39조의2·제39조의3, 제61조부터 제64조까지의 규정 및 「조세특례제한법」 제101조를 준용하여 평가한 가액. 이 경우 「상속세 및 증여세법」 제63조 제1항 제1호 다목 및 「상속세 및 증여세법 시행령」 제54조에 따라 비상장주식을 평가함에 있어 해당 비상장주식을 발행한 법인이 보유한 주식(주권상장법인이 발행한 주식으로 한정한다)의 평가금액은 평가기준일의 한국거래소 최종시세가액으로 하며, 「상속세 및 증여세법」 제63조 제2항 제1호 및 「상속세 및 증여세법 시행령」 제57조 제1항·제2항을 준용할 때 "직전 6개월(증여세가 부과되는 주식등의 경우에는 3개월로 한다)"은 각각 "직전 6개월"로 본다.

위 "㉡"의 규정을 준용하여 평가한 아래 표의 가액을 시가로 한다.

구 분	평가액
① 토지	•「부동산 가격공시 및 감정평가에 관한 법률」에 따른 개별공시지가
② 건물	•건물의 신축가격, 구조, 용도, 위치, 신축연도 등을 고려하여 매년 1회 이상 국세청장이 산정·고시하는 가액
③ 오피스텔, 상업용 건물	•매년 1회 이상 국세청장이 토지와 건물에 대하여 일괄하여 산정·고시한 가액

구 분	평가액
④ 주택	• 개별주택가격 및 공동주택가격(국세청장이 결정 · 고시한 공동주택가격이 있는 때에는 그 가격)
⑤ 부동산을 취득할 수 있는 권리, 특정시설물이용권	• 평가기준일까지 불입한 금액 + 평가기준일까지의 프리미엄 ※ 다만, 소득세법상 기준시가가 있는 경우 그 기준시가로 평가
⑥ 기타시설물, 구축물	• 평가기준일에 다시 건축하거나 다시 취득할 때 드는 재취득가액 등에서 경과기간에 대한 감가상각누계액
⑦ 임대한 자산	• 아래 ㉠, ㉡ 중 큰 금액 ㉠ 위 "①~⑥"의 자산의 평가액 ㉡ (1년간의 임대료 ÷ 기획재정부령이 정하는 율(12%) + 임대보증금
⑧ 선박, 항공기, 차량, 기계장치 등	• 해당 재산의 종류, 규모 및 거래 상황 등을 고려하여 처분할 경우 다시 취득할 수 있다고 예상되는 가액을 말하되, 그 가액이 확인되지 아니하는 경우에는 장부가액(취득가액 - 감가상각누계액) 및 과세시가표준액에 따른 가액을 순차로 적용한 가액
⑨ 상품, 제품 등 재고자산	• 해당 재산의 종류, 규모, 거래 상황 등을 고려하여 그것을 처분할 때에 취득할 수 있다고 예상되는 가액(그 가액이 확인되지 아니하는 경우 장부가액)

② 금전 외의 자산 및 용역의 경우

자산(금전 제외) 또는 용역의 제공에 있어서 거래가격, 감정가액, 보충적 평가방법에 의한 평가액이 없는 경우 다음을 시가로 한다(법령 §89 ④).

㉠ 유형 또는 무형의 자산을 제공하는 경우의 시가

> 시가 = (해당 자산 시가×50% - 전세금 · 보증금)×임대일수×정기예금이자율×(1/365)
> ※ 해당 자산 시가란 해당 자산의 매매거래 시 시가

㉡ 건설 그 밖의 용역을 제공하는 경우의 시가

> 시가 = 해당 용역의 제공에 소요된 원가(직접비 및 간접비 포함)×(1+수익률)
> ※ 수익률은 기업회계기준에 의하여 계산한 매출액에서 원가를 차감한 금액을 원가로 나눈 율을 말함[(매출액 - 원가)÷원가].

※ 법인세법에서 시가의 적용은 "가의 ①", "라의 ① ㉠", "라의 ① ㉡", "라의 ②" 순에 따라 시가를 산정한다.

6) 무상 또는 저가공급에 따른 공급가액 및 총수입금액계산

구 분		부당하게 낮은 대가를 받는 경우		대가를 받지 않는 경우	
		특수관계자	특수관계 없는 자	특수관계자	특수관계 없는 자
부가[1]	재화	시가	거래금액	시가	시가
	용역	시가	거래금액	과세안함[3]	과세안함
소득세 및 법인세[2]		부당행위(시가)	거래금액	부당행위(시가)	거래금액

1) 공급가액
2) 법인세법 및 소득세법상 총수입금액
3) 특수관계인에 대한 사업용 부동산의 무상임대용역은 2012. 7. 1. 공급분부터 과세한다.

7) 부동산임대용역의 시가산정

① 원칙

부동산의 임대업자가 특수관계에 있는 자에게 부동산의 임대료를 부당하게 낮게 받는 경우에 이를 부인하고 부당행위계산부인대상 임대료 상당액을 추계의 방법으로 계산함에 있어서는 부동산의 임대업자가 그와 특수관계에 있지 아니한 자와의 정상적인 거래를 하는 경우에 형성되는 가격을 기준으로 하여 산정하여야 하고, 그와 같은 실례가 없는 경우라 하더라도 당해 토지의 지목, 위치, 주위환경, 이용상황, 사용범위 등 제반 여건을 고려하고 부동산의 가격을 형성하는 지역 및 개별요인, 인접 및 유사지역 내의 유사물건에 대한 적정거래가능가격을 조사·검토하는 등의 합리적인 방법(공신력 있는 감정기관의 감정가액)으로 산정한 가격을 기준으로 삼으면 족하다(**대법원** 91누7637, 1992. 1. 21. ; **대법원** 2006두11620, 2008. 12. 11. ; **대법원** 97누1570, 1997. 9. 9.).

주요 사례

- 특수관계인에게 임대하기 직전 임차인의 임대차계약조건을 쟁점 부동산의 임대시가로 보아 부가가치세를 과세한 처분은 정당함(조심 2010서4011, 2011. 3. 15.).
- 임대용역을 공급하고 전세금 등을 받는 경우에는 금전 외의 대가를 받는 것으로 전세금 등에 계약기간 1년의 정기예금이자율을 곱하여 계산한 가액을 공급가액(임대수입금액)으로 하고 있으므로 저가임대료 상당액(임대수입금액 누락액)을 산출함에 있어서도 위와 같이 계산함이 타당함(국심 1999서0749, 1999. 11. 4.).
- 당해 부동산 자체의 임대사례가 있는 경우에는 그 임대가액이 시가에 보다 근접한다고 보고 있으므로 동일 건물, 동일층(1층), 동일면적 임대현황을 시가로 본 처분은 정당함(심사부가 2012-0022, 2012. 5. 2.).

• 특수관계없는 임차자의 임대보증금 및 월임대료를 각각 단위 면적당 가액을 산출한 후 동일한 면적당 가액으로 청구인의 배우자의 실제 임대수입금액을 산정한 것은 가장 공평하고 진실에 가까운 수입금액 산정방법으로 합리적이고 타당함(심사부가 2011-0170, 2011. 12. 23.).

② 시가가 없는 경우

저가임대의 대상이 되는 부동산 인근에 당해 부동산과 유사한 임대실례가 없고 일반적으로 거래된 사실도 없어 시가(거래된 가격이 없는 경우에 해당)를 확인하기 어려운 경우 위 "5)의 라. ② ㉡"(법령 §89 ④)에 따라 임대료 시가를 산정하여야 한다(국심 2006서0772, 2006. 8. 17. ; 국심 2005서1781, 2005. 11. 3.).

시가 = (해당 자산 시가 × 50% - 전세금 · 보증금) × 임대일수 × 정기예금이자율(2.9%) × (1/365)

대법원은 위 산식에 따라 토지 등 부동산의 임대료 시가를 산정한 경우 통상 공시지가는 실지거래가액보다는 저액이고 거래과정에서 다양한 계약조건에 따라 임료가 감액되더라도 일반적인 자본수익률의 기준으로 사용되는 정기예금이자율의 50% 이하로 임료가 감액되는 경우를 산정하기 어려우므로 토지의 인근 유사토지에 대한 실제 임대사례가 없는 경우라면 위 산식이 객관적이고 합리적인 방법으로 평가한 가액이라고 판결하였다(대법원 2007두7505, 2009. 9. 24.).

8) 시가산정의 강제

가. 개요

소득세법 및 법인세법상의 부당행위계산부인 규정과는 달리 부가가치세법에서는 다음에 해당하는 거래에 있어서의 공급가액은 특수관계인 해당 여부와 관계없이 공급가액 계산 특례규정을 두어 시가의 계산방법을 강제하고 있다.

① 감가상각자산의 간주공급 경우
② 과세와 면세사업에 공통으로 사용하는 재화의 공급 경우
③ 토지 · 건물, 구축물, 기타자산 등을 일괄 공급하는 경우
④ 부동산임대용역 공급의 경우(보증금 · 전세금에 대한 간주임대료 산정 강제)

나. 재화의 간주공급에 대한 공급가액

① 개요 및 취지

사업자가 자기의 사업과 관련하여 생산하거나 취득한 재화에 대한 특정내부거래(직매

장 반출 등), 사적인 거래 또는 외부거래에 대하여 과세형평과 조세의 중립성 유지를 위하여 재화의 공급으로 간주하고 있으며 이 중 자가공급, 개인적 공급, 사업상 증여, 폐업 시 잔존재화에 해당되는 경우(열거주의임) 특수관계가 없고 대가를 받지 아니하는 경우라 하더라도 해당 재화의 시가를 공급가액으로 계산한다(부가법 §29 ③ 4).

※ 폐업 시 잔존재화에 대한 공급가액은 별도 후술하기로 한다.

② 직매장 반출 시 공급가액

자가공급 중 재화의 공급으로 보는 직매장 반출의 경우 해당 재화의 취득가액을 기준으로 대통령령으로 정하는 가액을 공급가액으로 하며, 대통령령으로 정하는 가액에 대하여는 후술("(6) 대가를 받지 아니하는 경우 공급가액" 참조)하기로 한다(부가법 §29 ③ 5).

다. 감가상각자산에 대한 공급가액

과세사업에 사용하던 재화가 감가상각자산(소령 §62, 법령 §24)인 경우로서 그 감가상각자산이 자가공급, 개인적 공급 · 사업상 증여, 폐업 시 잔존재화에 해당하는 때에는 일반적 거래유통의 대상이 아니고 사업자의 사업목적에 따라 사용하던 중고재화이므로 기간의 경과에 따라 자산가치도 감가평가되어야 하는데 그 자산의 객관적인 시가를 산정하기가 어렵기 때문에 간주공급 시 감가상각자산의 시가는 부가령 제66조에 따라 계산하도록 별도의 특례규정을 두고 있다(부가법 §29 ⑪).

※ 자세한 계산방법은 후술한다.

라. 공통사용자산 안분계산

부가가치세 과세사업과 면세사업 등에 공통으로 사용되는 재화를 공급하는 경우 또는 과세재화와 면세재화를 함께 공급하거나 과세용역과 면세용역을 함께 공급하는 경우에 해당 대가로서 받는 금액 중에 부가가치세가 과세되는 재화 또는 용역의 공급가액을 안분하여 계산한다(부가령 §63).

① 부가가치세가 과세되는 재화 또는 용역을 공급하는 사업과 면제(비과세)되는 재화 또는 용역을 공급하는 사업에 공통으로 사용되는 재화를 공급하는 경우

② 과세재화와 면세재화를 함께 공급하거나(건물과 토지를 함께 양도하는 경우) 과세용역과 면세용역을 함께 공급하는 경우(국민주택건설용역과 부속상가 신축용역을 제공하는 경우)

※ 자세한 계산방법은 후술한다.

마. 토지와 건물을 일괄 공급 시 공급가액 안분계산

① 원칙

토지와 건물 등의 공급시기에 토지와 건물 등의 가액이 확정된 경우, 즉 실지거래가액이 있는 경우에는 과세대상인 건물 등의 공급가액의 결정을 토지와 구분된 건물 등의 실지거래가액에 의한다(부가법 §29 ⑨).

② 예외

사업자가 토지와 그 토지에 정착된 건물 등을 함께 공급하는 경우에 있어서 실지거래가액 중 토지의 가액과 건물 등의 가액의 구분이 불분명한 경우 또는 실지거래가액으로 구분한 토지와 건물 등의 가액이 기준시가 등에 따라 안분계산한 금액과 100분의 30 이상 차이가 있는 경우에는 시행령에서 정하는 순서에 따라 토지 및 건축물 등의 공급가액을 계산한다.

※ 자세한 계산방법은 후술한다.

(5) 부당행위계산부인과 부당하게 낮은 대가

1) 의의

부당행위계산이라 함은 납세자가 정상적인 경제인의 합리적 거래형식에 의하지 아니하고 우회행위, 다단계행위, 그 밖의 이상한 거래형식을 취함으로써 과세권자의 입장에서 그 거래행위가 조세법적 측면에서 부당하다고 판단되어 객관적으로 타당하다고 여겨지는 소득을 의제하여 과세할 수 있는 근거를 제공함으로써 조세회피를 방지하고 공평과세를 실현함에 있다. 다만, 부가가치세법에서는 소득의 재계산을 하는 효과가 있는 것이 아니라 간접세이면서 다단계거래세인 관계로 공급가액을 재계산하는 것이며, 부당행위계산부인의 규정을 적용하여 법인의 각 사업연도 소득금액을 재계산하는 경우에도 그 거래상대방에 대해서는 대응조정이 허용되지 아니하는 것과 같이 공급가액이 부당행위계산으로 증액된다고 하여 그 거래상대방이 그 증액 상당액만큼 추가로 매입세액공제를 받을 수 없다.

부가가치세법에서 부당하게 낮은 대가를 받은 경우란 대가를 전혀 받지 아니하는 경우와는 달리 이를 전체적으로 파악하여 그것만으로도 부가가치의 창출이 있게 되나, 그 대가를 시가보다 부당하게 낮게 하여 거래의 실질을 숨기는 경우여서 시가와 실제 대가와의 차액을 용역의 무상공급과 같이 볼 수 없다.

2) 적용 요건

부가가치세법에서는 특수관계인에 대한 재화 또는 용역(2022. 1. 1. 이후 공급하는 분부터는 수탁자가 위탁자의 특수관계인에게 공급하는 신탁재산과 관련된 재화 또는 용역을 포함한다)의 공급이 다음의 어느 하나에 해당하는 경우로서 조세의 부담을 부당하게 감소시킬 것으로 인정되는 경우에는 공급한 재화 또는 용역의 시가를 공급가액으로 본다(부가법 §29 ④).

① 재화의 공급에 대하여 부당하게 낮은 대가를 받거나 아무런 대가를 받지 아니한 경우

② 용역의 공급에 대하여 부당하게 낮은 대가를 받는 경우

③ 용역의 공급에 대하여 대가를 받지 아니하는 경우로서 특수관계인에게 사업용 부동산을 무상임대하는 경우

3) 특수관계인의 범위

특수관계인이란 본인과 혈족·인척 등 친족관계, 임원·사용인 등 경제적 연관관계, 주주·출자자 등 경영적 지배관계에 있는 자를 말하며, 어느 일방이 타방(본인)의 특수관계인에 해당되는 경우 국세기본법 및 세법을 적용할 때 타방(본인)도 그 일방(특수관계인)의 특수관계인으로 간주한다. 특수관계인의 구체적 범위는 아래와 같다.

① 개인인 경우

사업자가 개인인 경우의 사업자와 특수관계 있는 자란「소득세법 시행령」제98조 제1항에 따라「국세기본법 시행령」제1조의2 제1항, 제2항 및 같은 조 제3항 제1호에 따른 아래의 어느 하나에 해당하는 특수관계인을 말한다(부가령 §26 ①).

"특수관계인"이란 본인과 다음 "가"부터 "다"까지의 어느 하나에 해당하는 관계에 있는 자를 말한다. 이 경우 이 국세기본법 및 세법을 적용할 때 본인도 그 특수관계인의 특수관계인으로 본다.

가. 혈족 · 인척 등 대통령령으로 정하는 친족관계에 있는 자

종 전	2023. 3. 1. 이후
㉠ 6촌 이내의 혈족 ㉡ 4촌 이내의 인척 ㉢ 배우자(사실상의 혼인관계에 있는 자를 포함) ㉣ 친생자로서 다른 사람에게 친양자 입양된 자 및 그 배우자 · 직계비속	㉠ 4촌 이내의 혈족 ㉡ 3촌 이내의 인척 ㉢ 배우자(사실상의 혼인관계에 있는 자를 포함) ㉣ 친생자로서 다른 사람에게 친양자 입양된 자 및 그 배우자 · 직계비속 ㉤ 본인이 「민법」에 따라 인지한 혼인 외 출생자의 생부나 생모(본인의 금전이나 그 밖의 재산으로 생계를 유지하는 사람 또는 생계를 함께하는 사람으로 한정)

나. 임원 · 사용인 등 경제적 연관관계에 있는 자

"임원 · 사용인 등 대통령령으로 정하는 경제적 연관관계"란 다음의 어느 하나에 해당하는 관계(이하 "경제적 연관관계"라 한다)를 말한다.

㉠ 임원과 그 밖의 사용인
㉡ 본인의 금전이나 그 밖의 재산으로 생계를 유지하는 자
㉢ 위 "㉠" 및 "㉡"의 자와 생계를 함께하는 친족

다. 주주 · 출자자 등 경영지배관계에 있는 자(본인이 개인인 경우)

ⅰ. 본인이 직접 또는 그와 친족관계 또는 경제적 연관관계에 있는 자를 통하여 "법인의 경영에 대하여 지배적인 영향력을 행사"하고 있는 경우 그 법인

ⅱ. 본인이 직접 또는 그와 친족관계, 경제적 연관관계 또는 "ⅰ"의 관계에 있는 자를 통하여 법인의 경영에 대하여 지배적인 영향력을 행사하고 있는 경우 그 법인

라. 위 "다"를 적용할 때 다음의 구분에 따른 요건에 해당하는 경우 해당 "법인의 경영에 대하여 지배적인 영향력을 행사"하고 있는 것으로 본다.

㉠ 영리법인인 경우
 ⅰ. 법인의 발행주식총수 또는 출자총액의 100분의 30 이상을 출자한 경우
 ⅱ. 임원의 임면권의 행사, 사업방침의 결정 등 법인의 경영에 대하여 사실상 영향력을 행사하고 있다고 인정되는 경우
㉡ 비영리법인인 경우
 ⅰ. 법인의 이사의 과반수를 차지하는 경우
 ⅱ. 법인의 출연재산(설립을 위한 출연재산만 해당한다)의 100분의 30 이상을 출연하고 그중 1인이 설립자인 경우

② 사업자가 법인인 경우

사업자가 법인인 경우의 사업자와 특수관계 있는 자라 함은 「법인세법」 제52조 제1항에서 "대통령령으로 정하는 특수관계인"이란 「법인세법 시행령」 제2조 제5항 각호에 따른 자를 말한다(부가령 §26 ①).

> ㉠ 임원(법령 제40조 제1항에 따른 임원을 말한다)의 임면권의 행사, 사업방침의 결정 등 해당 법인의 경영에 대해 사실상 영향력을 행사하고 있다고 인정되는 자(「상법」 제401조의2 제1항에 따라 이사로 보는 자를 포함)와 그 친족(「국세기본법 시행령」 제1조의2 제1항에 따른 자를 말한다)
> ㉡ 법령 제50조 제2항에 따른 소액주주등이 아닌 주주 또는 출자자(이하 "비소액주주등"이라 한다)와 그 친족
> ㉢ 다음의 어느 하나에 해당하는 자 및 이들과 생계를 함께하는 친족
> - 법인의 임원 · 직원 또는 비소액주주등의 직원(비소액주주등이 영리법인인 경우에는 그 임원을, 비영리법인인 경우에는 그 이사 및 설립자를 말한다)
> - 법인 또는 비소액주주등의 금전이나 그 밖의 자산에 의해 생계를 유지하는 자
>
> ㉣ 해당 법인이 직접 또는 그와 "㉠"부터 "㉢"까지의 관계에 있는 자를 통해 어느 법인의 경영에 대해 국기령 제1조의2 제4항에 따른 지배적인 영향력을 행사하고 있는 경우 그 법인
> ㉤ 해당 법인이 직접 또는 그와 "㉠"부터 "㉣"까지의 관계에 있는 자를 통해 어느 법인의 경영에 대해 국기령 제1조의2 제4항에 따른 지배적인 영향력을 행사하고 있는 경우 그 법인
> ㉥ 해당 법인에 100분의 30 이상을 출자하고 있는 법인에 100분의 30 이상을 출자하고 있는 법인이나 개인
> ㉦ 해당 법인이 「독점규제 및 공정거래에 관한 법률」에 따른 기업집단에 속하는 법인인 경우에는 그 기업집단에 소속된 다른 계열회사 및 그 계열회사의 임원

여기서 "법인의 경영에 대하여 지배적인 영향력을 행사"하고 있는지의 여부는 위 "① 개인인 경우"의 "라"의 내용과 같다(법령 §87 ②, 국기령 §1의2 ④).

4) 특수관계인 간 부당하게 낮은 대가 수수 시 공급가액계산과 매입세액공제

가. 부당하게 낮은 대가의 의미

"부당하게 낮은 대가"란 사업자가 그와 특수관계인과의 거래에 있어서 재화와 용역의 공급가액에 대한 조세의 부담을 부당하게 감소시킬 것으로 인정되는 시가보다 낮은 대가를 말한다. 이는 통상의 상거래에서 있을 수 있는 시가와의 편차를 넘어서서 훨씬 더 낮은, 즉 거래관행에 비추어 객관적으로 조세회피의 의도가 인식될 정도의 것으로서 합리적인 경제적 관점에서 볼 때 지나치게 낮은 것을 의미한다.

결국 부당하다든가 또는 재화나 용역의 대가가 시가를 밑도는 경우 그 차이가 부당한

경우에 해당하여 시가를 공급가액으로 삼을 수 있는지에 대하여 기본적으로 조세부담의 형평을 잃지 않는 정상거래를 기준으로 판단하되 조세부담의 형평이 충분한 기준이 될 수 없고 결국 구체적 사례에 따라 경제적 합리성의 유무에 따라 판단하여야 한다(대법원 85누514, 1985. 12. 10. ; 대법원 2002두1892, 2003. 9. 5.).

나. 부당하게 낮은 대가를 받은 것으로 보지 아니하는 경우

특수관계인에게 정가보다 낮은 대가를 받고 공급한 것이 무조건 부당히 낮은 대가를 받은 경우로 볼 수 없고 그 할인금액 등이 판매금액에서 차지하는 비율이 적고 조세의 부담을 부당하게 감소시킬 만큼 현저하게 낮은 대가를 받아 왔다거나 건전한 사회통념이나 상관행에 비추어 경제적 합리성을 결한 비정상적인 것이 아니라면 부당하게 낮은 대가를 받은 것으로 볼 수 없고, 거래대상 재화가 환가가치가 없거나 그 가치가 미미하고 실제 유상 매각된 사례가 있지 아니한 경우로서 과세관청도 재산적 가치가 있음을 입증하지 못하고 있다면 그러한 개별재화의 특수한 사정(진부화, 용도의 제한, 법률적 규제 등)도 고려하여 판단하여야 한다(대법원 2007두2364, 2007. 6. 14. ; 서울고등법원 2006누2574, 2006. 11. 8.).

또한, 납세자가 정상가액보다 저가로 양도할 수밖에 없는 부득이한 사유가 존재한다고 볼 만한 명백한 자료나 증빙을 제시하거나, 지속적인 영업관계 유지를 위해 거래처의 영업손실의 일부를 부담한 경우로서 경제적 합리성이 인정되는 경우, 타 거래처에 비해 낮은 가격으로 특수관계인에게 공급하였지만 해당 특수관계인이 고액의 구매자로서 차등가격을 적용하고도 적정수준을 상회하는 이윤 획득에 기여하여 저가공급이 이루어진 것이라면 경제적 합리성을 결여한 부당하게 낮은 대가를 받은 경우로 볼 수 없는 것이다(대법원 2010두27714, 2011. 3. 24. ; 조심 2014중1909, 2015. 3. 23. ; 대법원 2002두1922, 2003. 9. 23.).

다. 세금계산서 발급과 매입세액공제

① 의의

재화 또는 용역을 고가양도하거나 저가양도하여 부당행위계산부인대상에 해당하더라도 이러한 부당행위계산부인이 특수관계인 사이에 적법·유효하게 성립된 법률행위의 사법상 효력을 부인하거나 실지거래를 재구성하는 효력을 가지는 것은 아니라고 할 것이고, 소득세법이나 법인세법상 소득금액을 재계산하는 것과는 별론으로 부가가치세가 거래상대방으로부터 부가가치세를 거래징수하는 간접세이므로 그 실지거래가액에 따라 발급된 세금계산서는 정당한 세금계산서이고 단지 공급가액만을 재계산한다. 다만, 세금계산서기재불성실가산세만 부과대상이 아닐 뿐 거래금액과 시가와의 차액의 과소신고에 따른 과소신고·초과환급신고가산세 및 영세율과세표준신고불성실가산세는 부과된다.

② 고가양수도에 따라 발급한 세금계산서의 매입세액공제 여부

사업자가 특수관계인에게 시가보다 높은 가격으로 재화를 공급하고 그 거래금액으로 세금계산서를 발급한 경우 당해 사업자가 납부한 부가가치세액은 과세관청이 이를 반환하지 않는 것이며, 공급받는 사업자는 자기의 과세사업을 위하여 사용되었거나 사용될 재화를 시가보다 고가로 매입하였더라도 동 가액을 기재하여 발급받은 세금계산서상의 매입세액은 매출세액에서 공제된다(법규과-1464, 2010. 9. 24.).

반면, 조세심판원은 특수관계인과의 공사도급금액이 표본업체 평균 신축건물 공사비용에 비하여 3.6배나 높아 현저하게 과다 책정한 것으로 나타나므로 신고한 매입가액이 적정한 거래가격임을 입증할 신빙성 있는 증빙자료를 제시하지 못하므로 적정시가를 초과하는 분에 대한 매입세액을 불공제한 결정이 있다(조심 2012구2902, 2012. 10. 24.). 그러나 해당 조세심판례를 일반화하기보다는 특수관계인 간 정상시가 외의 공급가액을 기재하고 그 차액을 지급한 것이 부당한 자금지원이나 외형부풀리기 등을 위한 것임이 과세관청에 의하여 객관적으로 입증된다면 정상시가를 초과하여 과다하게 지급된 대가에 관련된 매입세액을 부인할 수는 있다고 본다.

③ 저가양도 시 세금계산서기재불성실가산세 부과 여부

사업자가 부당하게 낮은 대가로 공급한 것이 부당행위계산부인대상에 해당하는 경우 그 차액에 대해 세금계산서를 발급할 의무가 있다고 보기 어렵고, 당사자 합의에 따라 실제거래금액으로 발급된 세금계산서가 시가를 공급가액으로 하지 않았다는 이유로 사실과 다른 세금계산서에 해당하거나 과소발급을 이유로 세금계산서기재불성실가산세를 부과할 수 없을 뿐만 아니라 특수관계인에게 재화를 부당하게 저가로 공급한 후 시가를 공급가액으로 정정하는 수정세금계산서를 발급할 필요가 없다(대법원 2002두1588, 2004. 9. 23. ; 국심 2004부1830, 2005. 1. 20. ; 법규과-1520, 2012. 12. 24.).

또한, 사업자가 그와 특수관계인에게 재화를 공급하면서 부당하게 낮은 대가를 받았더라도 세금계산서상의 부가가치세 공급가액은 시가를 기재하는 것이 원칙이므로 해당 특수관계인에게 시가를 공급가액으로 기재하여 발급한 세금계산서는 사실과 다른 세금계산서로 보지 아니하고 공급받는 자는 해당 세금계산서상의 매입세액을 공제받을 수 있다(서면3팀-2061, 2005. 11. 17.).

라. 고가 및 저가 공급 등에 따른 공급가액의 계산사례(부가집행기준 29-0-2)

과세대상	시가	거래금액	"을"과의 관계	공급가액
재화1	10,000,000	5,000,000	특수관계자	10,000,000
재화2	10,000,000	5,000,000	특수관계자 외	5,000,000
재화3	10,000,000	15,000,000	특수관계자	15,000,000
재화4	10,000,000	15,000,000	특수관계자 외	15,000,000
재화5	10,000,000	(무상공급)	특수관계자	10,000,000
재화6	10,000,000	(무상공급)	특수관계자 외	10,000,000
용역1	10,000,000	5,000,000	특수관계자	10,000,000
용역2	10,000,000	5,000,000	특수관계자 외	5,000,000
용역3	10,000,000	15,000,000	특수관계자	15,000,000
용역4	10,000,000	15,000,000	특수관계자 외	15,000,000
용역5	10,000,000	(무상공급)	특수관계자	0
용역6	10,000,000	(무상공급)	특수관계자 외	0

마. 상표권 무상 대여가 부당행위계산부인의 대상인지(대법원 판결)

상표는 자기의 상품과 타인의 상품을 식별하기 위하여 사용되는 표장으로, 상표제도는 상표를 보호함으로써 상표 사용자의 업무상 신용유지를 도모하여 산업발전에 이바지함과 아울러 수요자의 이익을 보호함을 목적으로 한다. 상표에 체화된 업무상의 신용이나 고객흡인력 등 무형의 가치는 상표권자나 상표 사용자가 상표의 사용과 관련하여 투여한 자본과 노력 등에 의하여 획득되고, 상표 사용의 정도, 거래사회의 실정, 상표의 인지도 등에 따라 변동될 수 있다. 따라서 상표권자가 상표 사용자로부터 상표권 사용료를 지급받지 않았다는 이유만으로 곧바로 그 행위가 경제적 합리성을 결여하였다고 단정할 것은 아니고 상표권 사용의 법률상·계약상 근거 및 그 내용, 상표권자와 상표 사용자와의 관계, 양 당사자가 상표의 개발, 상표 가치의 향상, 유지, 보호 및 활동과 관련하여 수행한 기능 및 그 기능을 수행하면서 투여한 자본과 노력 등의 규모, 양 당사자가 수행한 기능이 상표를 통한 수익창출에 기여하였는지 여부 및 그 정도, 해당 상표에 대한 일반 수요자들의 인식, 그 밖에 상표의 등록·사용을 둘러싼 제반 사정 등을 종합적으로 고려하여 상표권자가 상표권 사용료를 지급받지 않은 행위가 과연 경제적 합리성을 결여한 비정상적인 것인지 여부를 판단하여야 한다(대법원 2021두30679, 2023. 6. 1.).

상표권의 사용료는 사업용 부동산의 임대료가 아니므로 특수관계인 간에 무상으로 상표권을 제공하는 경우 부가가치세를 과세할 수 없지만 상표권이나 사업용 부동산 외의 사업용자산과 권리 등을 대여하고 저가로 사용료를 받은 경우에도 위와 같은 대법원 판결내용과 같이 경제적 합리성을 결여한 것인지를 판단하여 해당 용역의 시가 과세(부가가치세)가 이루어져야 할 것이다.

(6) 대가를 받지 아니하는 경우 공급가액

1) 재화의 간주공급에 대한 공급가액

재화의 공급에 대하여 대가를 받지 아니하는 경우에는 자기가 공급한 재화의 시가를 공급가액으로 한다. 여기에서 '대가를 받지 아니하는 경우'라 함은 재화의 공급의 경우 자가공급 및 개인적 공급과 사업상 증여가 있다.

가. 직매장 반출

재화의 공급으로 보는 직매장 반출의 경우 시가(공급가액)의 산정은 다음과 같다(부가령 §60).

① 직매장 반출 시 "대통령령으로 정하는 취득가액", 즉 공급가액은 「소득세법 시행령」 제89조 또는 「법인세법 시행령」 제72조 제2항 및 제4항에 규정하는 취득가액을 말한다.

② 기업 내부에서의 독립채산제에 의한 회계처리 등의 필요에 의하여 위 "①"의 취득가액에 일정액을 더하여 공급하여 자기의 다른 사업장에 반출하는 경우에는 그 취득가액에 일정액을 더한 금액을 공급가액으로 본다.

③ 개별소비세, 주세 및 교통·에너지·환경세가 부과되는 재화에 대해서는 개별소비세, 주세 및 교통·에너지·환경세의 과세표준에 해당 개별소비세, 주세, 교육세, 농어촌특별세 및 교통·에너지·환경세 상당액을 합계한 금액을 공급가액으로 본다.

나. 직매장 반출에 대한 시가의 개정 연혁 및 적용례

구 분	2012. 2. 1. 이전(①)	2012. 2. 2. 이후(②)	2014. 2. 21. 이후(③)
공급가액	소득·법인세법상 취득가액 또는 동 취득가액+이윤 등	매입세액 공제받은 재화의 가액	소득·법인세법상 취득가액 또는 동 취득가액+이윤 등

"②" 기간 중에는 직매장 반출분에 대하여는 매입세액을 공제받은 해당 재화의 가액으로 하도록 규정하여 엄격해석의 원칙상 판매장려금을 공제할 수 없다(구 부가령 §49 ③, §50 ②). 하지만, 직매장 반출에 대한 과세표준에서 판매장려금을 제외하여도 외부판매 시 부가가치가 실현되어 부가가치세 탈루가 없고 2012. 2. 2.부터 2014. 2. 20.까지 거래분만 판매장려금을 차감하지 않는 것은 법적안정성 및 과세형평에 어긋나

기획재정부가 유권해석으로 판매장려금을 공제할 수 있도록 하였다(재부가-669, 2015. 12. 10.).

다. 개인적 공급 및 사업상 증여

매입세액이 공제된 재화를 개인적 공급 또는 사업상 증여의 방법으로 사용·소비 또는 이전하는 경우 그 대가를 받지 아니하더라도 해당 재화의 시가를 공급가액으로 하여 부가가치세가 과세된다.

라. 간주공급(종업원 무상증여) 시

▌간주공급 시 공급가액 및 회계처리

1. 사업자가 시가 10만 원(원가 8만 원) 상당의 상품을 고객에게 무상 증정하였다.

기업업무추진비	11만 원	매출	10만 원
		부가가치세 예수금	1만 원

2. 추석 명절을 앞두고 사업자가 시가 20만 원 상당의 자가 생산제품 통조림 세트를 종업원에게 지급하였다.

인건비	21만 원	매출(비과세)	10만 원
		매출	10만 원
		부가가치세 예수금	1만 원

3. 과세사업에 사용하던 시가 3백만 원(취득가액 4백만 원) 화물차량(사업용 고정자산)을 면세사업에 전용하였다(동 차량을 예정신고기간 중에 공급받아 매입세액공제를 받고, 그 취득일이 속하는 확정신고기간에 면세전용한 것임).

차량운반구(자본적지출) 400,000 / 부가가치세 예수금 400,000

⇒ 경과된 과세기간 수가 "0"임.

2) 용역의 무상공급에 대한 공급가액

용역의 무상공급의 경우 시장성이 없는 관계로 공급가액산정에 어려움이 있고 또한 용역은 주로 인적역무로 이루어지기 때문에 무상으로 용역을 공급하는 것에 대하여까지 과세거래로 하는 것은 바람직하지 아니하다는 조세정책적 목적에 따라 거래상대방이 특수관계인인지의 여부에 관계없이(다만, 부동산임대업의 경우에는 특수관계인인 경우 시가를 과세대상으로 한다) 공급가액을 계산하지 아니한다(부가법 §29 ④ 3).

(7) 폐업 시 잔존하는 재화의 경우

1) 의의

폐업하는 경우 잔존하는 재고재화에 대하여는 그 시가를 과세기준으로 한다. 여기서 시가란 사업자와 특수관계가 있는 자 외의 자와 해당 거래와 비슷한 상황에서 계속적으로 거래한 가격 또는 제3자 간에 일반적으로 거래된 가격으로서 사업자의 업태별 시가(제조업자의 제조장가격, 도매업자의 도매가격, 소매업자의 소매가격 등)를 말하며, 겸업자의 경우에는 업태별 공급가액의 비율에 따라 각각 업태별 시가를 적용한다(부가법 §29 ③ 3, 부가통칙 29-62-1).

2) 감가상각자산에 대한 공급가액

폐업 시 잔존하는 재화가 감가상각자산인 경우에는 해당 재화의 취득가액에 경과된 과세기간에 따른 잔존가치율을 적용하여 계산한 금액을 시가로 한다. 다만, 부동산임대업을 영위하던 사업자가 임대사업에 공하던 건물을 매각하는 계약을 체결하여 계약금과 중도금을 받고 잔금을 받지 않은 상태에서 폐업한 경우 해당 건물의 공급시기는 그 폐업일로 보며(재소비-136, 2003. 11. 4.), 이는 재화의 실질적인 공급으로서 폐업하는 경우의 잔존재화가 아닌 것이어서 그 건물에 대한 매각대금을 공급가액으로 하는 것이다.

3) 부동산인 재고자산의 시가

상가 · 주택을 신축하여 분양하는 부동산매매업자가 분양되지 아니한 부가가치세가 과세되는 상가 · 주택을 분양이 될 때까지 일시적으로 임대하던 중에 분양가능성이 없어 부동산매매업을 폐업하는 경우, 해당 상가 및 주택은 자가공급으로 부가가치세가 과세되며, 이때의 시가는 취득가액에 경과된 과세기간에 따른 잔존가치율을 적용하여 계산한 금액이 아닌 해당 주택의 시가를 공급가액으로 한다(서삼 46015-10270, 2003. 2. 14.).

그러나 상가를 신축판매하는 사업자가 미분양상가를 일시적 또는 영구적으로 임대사업(과세사업)에 공하거나 그 밖의 자기의 과세사업용 고정자산으로 전용하는 경우에는 그 사용 및 전용시점에는 부가가치세가 과세되지 아니한다.

4) 폐업 시 잔존재화의 공급가액 계산 사례

사례

문의

2015. 6. 1.부터 A제품 제조 및 B상품을 구매하여 판매하는 사업자가 2017. 10. 1. 사업을 폐지하면서 잔존재화가 다음과 같을 때 공급가액은?

- A제품: 시가 2천만 원(원가 1.5천만 원)
- B상품: 시가 1천만 원(원가 8백만 원)
- 건물: 시가 2억 원(취득가액 1억 원, 2015. 6. 1. 취득)
- 기계장치: 시가 4천만 원(취득가액 5천만 원, 2016. 6. 5. 취득)
- 건물 부속토지: 시가 5억 원(취득원가 4억 원, 2016. 6. 1. 취득)

답변

공급가액 계산: **117,500,000원**

- 상품 및 제품: **3천만 원**(시가에 의해 계산)
- 건물의 공급가액

  1억 원 × (1－5% × 5) ＝ **75,000,000**
- 기계장치의 공급가액

  5천만 원 × (1－25% × 3) ＝ **12,500,000**
- 부속토지는 면세대상임.

2 사례별 공급가액 계산

(1) 외상판매 및 할부판매

외상판매 및 할부판매의 경우에는 공급한 재화의 총가액을 공급가액으로 한다(부가령 §61 ② 1).

(2) 장기할부판매

장기할부판매의 경우에는 계약에 따라 받기로 한 대가의 각 부분을 공급가액으로 하는 것이므로 계약에 따라 받기로 한 날에 실지로 대가를 받지 못하였다 하더라도 받기로 한 대가를 공급가액으로 세금계산서를 발급하여야 한다(부가령 §61 ② 2 가).

(3) 완성도지급 및 중간지급조건부 등 계속적 공급

완성도기준지급 및 중간지급조건부로 재화 또는 용역을 공급하거나 계속적으로 재화 또는 용역을 공급하는 경우에는 계약에 따라 받기로 한 대가의 각 부분을 공급가액으로 하는 것이므로 계약에 따라 받기로 한 날에 실지로 대가를 받지 못하였다 하더라도 받기로 한 대가를 공급가액으로 세금계산서를 발급하여야 한다(부가령 §61 ② 2 나 및 다).

(4) 기부채납 시 공급가액

사회기반시설 등의 부동산을 국가나 지방자치단체 등에 기부하고 그 반대급부로써 일정기간 사용권 등을 획득하는 기부채납의 경우에는 해당 기부채납의 근거가 되는 법률에 따라 기부채납된 가액(부가가치세가 포함된 경우에는 이를 제외)을 공급가액으로 한다(부가령 §61 ② 3).

※ 자세한 사항은 "심층분석 사례집(Ⅱ)" 편 기부채납을 참고한다.

(5) 공유수면 매립용역 제공 시 공급가액 계산방법

「공유수면 관리 및 매립에 관한 법률」에 따라 공유수면매립면허를 받은 자가 공유수면을 매립·준공한 후 그 대가로 공사비에 상당하는 매립지의 소유권을 취득하는 경우가 있다. 이러한 공유수면매립법에 따라 매립용역을 제공하는 경우에는 같은 법에 따라 산정한 해당 매립공사에 소요된 총사업비를 공급가액으로 한다(부가령 §61 ② 4).

여기서 매립공사에 소요된 총사업비라 함은 해당 매립공사의 준공검사신청일을 기준으로 하여 해당 매립공사와 관련된 다음의 비용을 합산한 금액으로 한다(공유수면 관리 및 매립에 관한 법률 §46 ① 3, 동법 시행령 §51 ④).

▌총사업비 항목

① 조사비: 매립공사의 시행을 위한 측량비, 그 밖의 조사비로서 순공사비에 포함되지 아니한 비용을 말하며, 「엔지니어링산업 진흥법」 제31조에 따른 엔지니어링사업의 대가 기준에 따라 계산한다.

② 설계비: 매립공사의 시행을 위한 설계에 든 비용을 말하며, 「엔진니어링산업 진흥법」 제31조에 따른 엔지니어링사업의 대가기준에 따라 계산한다.

③ 순공사비: 매립공사의 시행을 위한 재료비·노무비, 경비, 일반관리비 및 이윤의 합계액을 말하며, 「국가를 당사자로 하는 계약에 관한 법률 시행령」 제9조에 따른 예정가격 결정기준과 정부표준품셈 및 단가(정부고시가격이 있는 경우 그 가격을 말한다)에 따라 계산한다.

④ 보상비: 해당 매립공사의 시행을 위하여 실제 보상비 및 손실방지시설의 설치비
⑤ 기타 비용: 다음 비용의 합계액
ⓐ 「엔지니어링산업 진흥법」 제31조에 따른 엔지니어링사업의 대가기준에 따른 시공감리비
ⓑ 「산업재해보상보험법」 제4조에 따른 보험료
ⓒ 천재지변으로 인한 피해액
ⓓ 「국가를 당사자로 하는 계약에 관한 법률 시행령」 제64조를 준용하여 산정한 물가변동에 따른 공사비 상승액. 이 경우 공사비 상승액은 제48조 제6항에 따라 고시된 해당 매립공사의 시행기간(매립공사의 착수일부터 준공검사신청일까지의 기간을 말한다. 이하 이 조에서 같다)을 기준으로 하되, 천재지변 또는 국가계획의 변경 등 매립면허관청이 매립면허취득자의 귀책사유가 없는 것으로 인정하는 준공연장기간 외의 기간은 산입하지 아니한다.
ⓔ 법령에 따른 제세공과금 및 부담금
ⓕ 환경영향평가비, 피해영향조사비, 제2항 및 제3항에 따른 매립지의 감정평가비 및 매립면허 부관의 이행에 드는 모든 비용
⑥ 공정별 건설이자: 제1호부터 제5호까지의 비용 합계액에 대하여 매립면허관청이 정하는 바에 따라 산정한 건설이자(이자율은 사업기간 중 「한국은행법」에 따른 한국은행이 발표하는 예금은행 정기예금 가중평균 수신금리를 적용한다). 이 경우 건설이자는 제48조 제6항에 따라 고시된 해당 매립공사의 시행기간을 기준으로 하되, 천재지변 또는 국가계획의 변경 등 매립면허관청이 매립면허취득자의 귀책사유가 없는 것으로 인정하는 준공연장기간 외의 기간은 이를 산입하지 아니한다.

(6) 재화의 수입의 경우

재화의 수입에 대한 공급가액은 "제2장 제4절 재화의 수입" 편에 기술하였다(부가령 §61 ② 5).

(7) 선하증권 양도의 경우

사업자가 보세구역 내에 보관된 재화를 다른 사업자에게 공급하고, 그 재화를 공급받은 자가 그 재화를 보세구역으로부터 반입하는 경우에는 선하증권 양수자의 부가가치세액 이중부담이나 누적효과 등을 고려하여 그 재화의 공급가액에서 세관장이 부가법 제58조 제2항에 따라 부가가치세를 징수하고 발급한 수입세금계산서에 적힌 공급가액을 뺀 금액(순액)을 공급가액으로 한다(부가령 §61 ② 5).

다만, 납세자 편의나 선택으로 선하증권의 양도와 관련된 재화가 수입재화에 해당되는 경우로서 세관장이 부가법 제58조 제2항에 따라 부가가치세를 징수하기 전에 같은 재화에 대한 선하증권이 양도되는 경우에는 양수인으로부터 받은 대가(총액)를 공급가

액으로도 할 수 있다(부가령 §61 ② 5 단서).

※ 이하 선하증권과 관련된 세무처리는 "심층분석 사례집(Ⅰ)"을 참조한다.

(8) 세액이 구분표시되지 않은 경우

사업자가 재화 또는 용역을 공급하고 그 대가로 받은 금액에 부가가치세가 포함되어 있는지가 분명하지 아니한 경우에는 그 대가로 받은 금액(거래금액 또는 영수할 금액)에 110분의 100을 곱한 금액을 공급가액으로 한다(부가법 §29 ⑦, 부가통칙 29-61-1).

사업자가 부가가치세 과세대상이 되는 재화 또는 용역을 공급함에 있어 거래당사자 간에 부가가치세액의 부담에 대한 명시적 또는 묵시적으로 약정이 되어 있다면 그 약정에 의하는 것이 원칙이고, 부가가치세가 포함되어 있는지가 불분명하거나 통상적으로 판정할 수 없는 때에는 거래금액 또는 영수할 금액의 100/110에 해당하는 금액이 공급가액이 된다. 따라서 부가가치세가 불포함된 것이 명백히 인정되는 경우(영세율 또는 부가가치세 면세거래로 보아 부가가치세를 제외한 경우 등)에는 그 금액을 공급가액으로 보아야 한다(국심 2005서1459, 2010. 10. 25. ; 부가집행기준 29-0-4).

또한, 거래 당시 거래사실 은폐 등 조세탈루를 목적으로 당연히 부가가치세를 별도로 수수할 수 있었음에도 불구하고 공급가액만을 수령하여 부가가치세를 포기하였고 거래처도 이를 묵인하고 부가가치세를 지급하지 아니한 경우 공급가액과 세액이 불분명한 것으로 볼 수 없다(심사부가 2008-0194, 2008. 12. 8. ; 부가 1235-3091, 1978. 8. 21.).

법원도 부가가치세를 별도로 수수할 수 있었음에도 거래당사자 간 무자료 거래를 위해 공급가액만을 수령하여 부가가치세를 포기한 경우에는 공급가액과 세액이 불분명한 것으로 볼 수 없으므로 매출누락 금액은 부가가치세가 포함되지 않은 해당 거래금액으로 판시하였다(부산고법 2017누10275, 2017. 8. 23. ; 대법원 2018두45794, 2018. 8. 30.).

▌감정가액에 부가가치세액의 별도 표시가 없는 경우

○ 사업자가 과세사업에 사용하던 업무용 토지와 그 토지에 정착된 건물 및 기타 구축물을 함께 공급하는 경우에는 그 건물 및 기타 구축물의 공급가액은 실지거래가액에 의한다.
 - 이 경우 당해 토지와 건물 및 구축물에 대하여는 「지가공시 및 토지 등의 평가에 관한 법률」에 의한 감정평가 법인이 감정평가한 가액을 실지거래가액으로 하는 경우 당해 건물 및 구축물의 감정평가 가액에 부가가치세가 제외된 것이 명시된 때에는 당해 전체가액을 공급가액으로 보나,
 - 부가가치세가 포함되어 있는지 불분명한 경우에는 당해 가액의 110분의 100에 해당하는 금액이 공급가액이 된다(재소비 46015-41, 1998. 2. 13.).

▌부가세 포함 여부가 불분명한 경우 100/110 취지

공급대가로 받은 금액에 부가세 포함 여부가 불분명하여 부가세가 포함되었다고 볼 여지가 있는 경우, 즉 사업자가 장차 관할 세무서장에게 부가가치세를 납부할 의사를 가지고 거래상대방으로부터 부가세가 포함된 대가를 받은 경우에 사업자가 받은 총수령액을 기준으로 과세표준을 산정한다면 사업자가 실제 납부해야 할 부가가치세액보다 더 많은 금액을 납부하게 되므로 이를 방지하고 실제 공급가액에 따라 정당한 세액을 산출하여 납부하게 하고자 함에 있다. 따라서 부가세를 포탈할 의도를 거래상대방과의 공모에 따라 공급가액만을 수령하거나 부가세가 명확하게 포함되지 아니한 사실이 입증된다면 동 규정을 적용할 수 없다(대법원 2017두59291, 2017. 11. 23.).

(9) 시설물 이용에 대한 연회비 등을 선납받은 경우 공급가액의 계산

사업자가 부가령 제29조 제2항 제3호에 따라 둘 이상의 과세기간에 걸쳐 용역을 제공하고 그 대가를 선불로 받는 경우에는 해당 금액을 계약기간의 개월 수로 나눈 금액의 각 과세대상기간의 합계액을 공급가액으로 한다. 이 경우 개월 수의 계산에 관하여는 해당 계약기간의 개시일이 속하는 달이 1개월 미만이면 1개월로 하고, 해당 계약기간의 종료일이 속하는 달이 1개월 미만이면 산입하지 아니한다(부가령 §61 ② 6).

① 헬스클럽장 등 스포츠센터를 운영하는 사업자가 연회비를 미리 받고 회원들에게 시설을 이용하게 하는 것
② 사업자가 다른 사업자와 상표권 사용계약을 할 때 사용대가 전액을 일시불로 받고 상표권을 사용하게 하는 것
③ 「노인복지법」에 따른 노인복지시설(유료인 경우에만 해당한다)을 설치・운영하는 사업자가 그 시설을 분양받은 자로부터 입주 후 수영장・헬스클럽장 등을 이용하는 대가를 입주 전에 미리 받고 시설 내 수영장・헬스클럽장 등을 이용하게 하는 것
④ 그 밖에 "①"에서 "③"까지의 규정과 유사한 용역

위와 같이 2과세기간 이상 용역을 제공하고 그 대가를 선불로 받을 때만 공급가액을 안분하는 이유는 후불로 받은 경우 매출자는 부가가치세 등을 수취하지 아니하고 매출세액을 납부하여야 함에 따른 자금부담의 완화에 있다.

(10) BOT 방식의 사업수행에 대한 공급가액 산정

사업자가 부가령 제29조 제2항 제4호(민간투자법에 따른 BOT 방식 준용)에 따라 둘 이상의 과세기간에 걸쳐 용역을 제공하는 경우에는 그 용역을 제공하는 기간 동안 지급받는

대가와 그 시설의 설치가액을 그 용역제공 기간의 월수로 나눈 금액의 각 과세대상 기간의 합계액을 공급가액으로 한다. 이 경우 월수의 계산에 관하여는 용역제공 기간의 개시일이 속하는 달이 1개월 미만인 경우에는 1개월로 하고, 그 용역제공 기간의 종료일이 속하는 달이 1개월 미만인 경우에는 산입하지 아니한다(부가령 §61 ② 7, 2013. 2. 15. 신설).

(11) 위탁가공무역방식 수출재화의 공급가액

부가령 제31조 제1항 제4호에 따른 위탁가공무역 방식으로 수출하는 재화의 경우에는 완성된 제품의 인도가액을 공급가액으로 한다(부가령 §61 ② 8).

(12) 공급가액 및 세액의 원 미만 단수의 처리방법

공급가액 및 매출세액계산 시 "원" 미만의 단수처리는 다음과 같이 한다.

① 예정신고 또는 확정신고 시

공급가액 및 매출세액 계산 시 단수는 「국고금관리법」 제47조에 따라 계산하지 아니한다.

② 거래징수 시

관납의 경우 「국고금관리법」 제47조에 따라 공급가액과 부가가치세액 계산 시 "원" 미만의 단수는 계상하지 아니하며 관납 외의 경우에는 공급가액과 부가가치세액 계산 시 "원" 미만의 단수는 사사오입하도록 권장하고 있다.

③ 거래징수세액과 매출세액과의 차액이 발생하는 경우

과소징수의 경우 해당 과세기간 또는 사업연도의 소득금액 계산 시 필요경비 또는 손금으로 처리하고 과다징수의 경우에는 해당 과세기간 또는 사업연도의 소득금액 계산 시 총수입금액 또는 익금으로 처리한다(부가 1235-4254, 1977. 11. 22.).

3 공급가액에 포함하지 않는 금액

다음에 열거하는 항목은 공급가액에 포함하지 아니한다(부가법 §29 ⑤).

① 에누리액

② 환입된 재화의 가액
③ 공급받는 자에게 도달하기 전에 파손되거나 훼손되거나 멸실한 재화의 가액
④ 재화 또는 용역의 공급과 직접 관련되지 아니하는 국고보조금과 공공보조금
⑤ 공급에 대한 대가의 지급이 지체되었음을 이유로 받는 연체이자
⑥ 공급에 대한 대가를 약정기일 전에 받았다는 이유로 사업자가 당초의 공급가액에서 할인해 준 금액

(1) 에누리

1) 부가가치세법 규정

공급가액에 포함하지 아니하는 에누리는 재화나 용역을 공급할 때 그 품질이나 수량, 인도조건 또는 공급대가의 결제방법이나 그 밖의 공급조건에 따라 통상의 대가에서 일정액을 직접 깎아 주는 금액을 말한다(부가법 §29 ⑤ 1).

에누리액은 공급조건과 결부된 명시적 또는 묵시적 약정에 따라 그 공급 당시 통상의 공급가액에서 공제되는 금액을 의미하고, 동 취지는 이러한 금액들이 사실상 거래상대방으로부터 실제로 받은 금액이 아니므로, 이를 부가가치세의 과세표준에서 제외하려는 데 있다.

2) 에누리에 대한 각 기관별 입장

① 대법원

대법원은 공급가액에 포함하지 아니하는 에누리액은 그 품질·수량 및 인도·공급대가의 결제 기타 공급조건에 따라 정하여지면 충분하고 그 발생시기가 재화 또는 용역의 공급시기 전에 한정되는 것은 아니라고 판시하였다(대법원 2001두6586, 2003. 4. 25.).

또한, 부가법 제29조 제5항 제1호에서 정하는 에누리란 '재화나 용역을 공급할 때 그 품질이나 수량, 인도조건 또는 공급대가의 결제방법이나 그 밖의 공급조건에 따라 통상의 대가에서 일정액을 직접 깎아 주는 금액'으로 규정하고 있는바, 그 밖에 에누리액으로 인정되기 위한 추가적인 요건이나 에누리액으로 볼 수 없는 소극적인 요건에 관하여 아무런 규정이 없는 이상, 조세법률주의의 원칙에 따라 ① '그 품질·수량 및 인도·공급대가의 결제 및 그 밖의 공급조건에 따라 정해지고, ② 통상의 공급가액에서 직접 공제하는 일정액의 금원'이라는 요건이 충족되면 해당 금원은 부가가치세 과세표준에서 제외되는 에누리액에 해당한다고 판결하였다.

② 국세청

국세청은 공급가액에 포함하지 아니하는 에누리액을 부가법 제15조, 제16조에 따른 공급시기에 사전약정에 의하여 할인되는 금액이어야 하는 것이므로 공급가액에서 제외되는 에누리 등이 되기 위해서는 i) 거래처와의 사전약정에 의하여 공급 당시에 공급가액에서 직접 공제하는 금액으로서 ii) 거래수량, 거래금액에 따라 상대방에게 지급하는 금품인 장려금에 해당하지 아니하거나, iii) 사업자가 사전약정에 의하여 판매실적에 따라 당초 공급단가를 조정하는 조건으로 재화를 공급하는 경우(공급가액 증감사유가 발생한 경우)로서 약정내용에 따라 당초의 공급단가를 변경시키는 조정사유가 발생한 경우로 한정하여 해석하였다. 이러한 매출에누리 또는 공급가액 증감사유(부가령 §70 ① 3)가 발생한 경우에는 그 사유가 발생한 때에 (감액)수정세금계산서를 발급하거나, 공급자가 그 고정거래처에 월합계세금계산서를 발급하는 경우 당월 공급가액에서 차감하여 세금계산서를 발급할 수 있다(서면3팀-1900, 2007. 7. 4. ; 서면3팀-1270, 2007. 4. 30. ; 부가 46015-988, 1998. 5. 13.).

구 분	에누리	매출할인	판매장려금
기업회계기준	매출차감 항목	좌동	좌동
법인세법	수입금액 차감 항목	좌동	좌동*
부가가치세법	공급가액에서 제외	좌동	공급가액에 포함
소득세법	수입금액 차감 항목 (소득규칙 §22 참조)	좌동	총수입금액 포함 (필요경비)

* 모든 거래처에 동일한 약정으로 거래 실적에 따라 건전한 사회통념상 지급하는 판매장려금은 수입금액에서 차감하는 것이며, 사전약정없이 지급하는 판매장려금은 기업업무추진비에 해당한다(서이 46012-10947, 2003. 5. 13. ; 법인 46012-1047, 1997. 4. 14.).

③ 기업회계기준

매출에누리란 고객에게 물품을 판매한 후 판매한 물품의 수량부족, 품질불량, 파손 등의 물리적 원인으로 인하여 파손이나 결함이 발견된 경우 고객에게 가격을 할인해 주는 것으로서 수익창출을 위한 비용이라기보다는 매출수익에 대한 조정(차감)항목으로 보고 있다(기준서 21호 문단 61).

3) 「법인세법」상 에누리의 개념

법인세법은 이러한 기업회계기준에 의한 매출에누리금액 및 매출할인금액 모두 수입금액에서 제외하고 있다(법령 §11). 따라서 일정기간 동안의 거래수량이나 거래금액에 따라 지급하는 판매장려금은 부가가치세법에서는 공급가액에서 차감하지 아니하나, 법인세법은 매출액에서 차감하여야 한다. 하지만, 거래금액·거래수량 등 거래실적과 관계없이 지급되는 장려금 등은 법인세법에서도 매출액에서 차감하지 아니하고(부가가치세법에서도 공급가액에서 차감하지 않음) 그 성격에 따라 판매부대비용 또는 기업업무추진비 등으로 처리하고 있다.

4) 일정기간 동안 목표 구매량 달성을 조건으로 해당 거래처에 할증품이나 할인 공급 시 사업상증여 또는 에누리인지 여부 판단

가. 할증품, 할인정책 사례

① 할증품 지급 사례

거래처별로 연간 목표 구입예정수량을 달성하겠다는 거래처를 대상으로 구매시점마다 구입물량의 30%를 할증품으로 지급하는 경우 사전약정에 따라 구입시점마다 추가물량을 지급한다.

② 선할인 정책 사례

- 가맹본점이 2023년 1월에 2023년 1년 동안 100개 이상 재화를 구입하기로 한 대리점들에게 본래 단가가 100만 원인데 80만 원에 공급하겠다고 약정하였다. 실제 약정한 대리점들에 80원을 단가로 하여 2023년 중에 공급되었다.
  - 2024년 1월 2023년 공급실적을 정산한 바, 100개 이상 구매한 대리점들이 대다수이나 A, B, C 대리점은 60개, 70개, 80개를 구입하였다.
- 가맹본점은 2024년도에도 직전연도의 할인정책을 지속할 것이며, A대리점은 2024년 상반기 중 폐업할 예정이어서 2023년 할인액을 전부 돌려받았음.
- B, C 대리점은 2023년 할인액을 회수하지 아니하는 대신 2024년 연간 130개, 120개 이상을 구매하기로 하고 20% 할인정책을 계속 적용하기로 하였음.

③ 마일리지 정책 사례

- 거래처별로 연간 목표 구입예정수량을 달성하겠다는 거래처를 대상으로 구매시점마다 구입대가의 10%에 해당하는 마일리지를 적립해 주며, 해당 마일리지는 2차 거래부터 결제대금으로 사용할 수 있다.
- 거래처별로 연간 목표 구입예정금액을 달성하겠다는 거래처를 대상으로 목표 구입예정금액의 10%에 해당하는 마일리지를 선적립해 주며, 해당 마일리지는 해당 연도의 거래 시마다 결제대금으로 사용할 수 있다.

나. 쟁점

"①"의 할증품 지급이 사업상증여인지, "②"의 예정구매실적을 달성하지 못한 거래처들의 선할인액을 회수하지 아니한 경우에도 수정세금계산서를 발급해야 하는 것인지, "③" 마일리지의 지급 및 사용이 자기적립마일리지로서 마일리지 사용 시 에누리액으로 볼 수 있는지 여부

다. 쟁점에 대한 의견

"①"의 경우 연간 목표 구입예정수량을 달성하겠다는 거래처를 대상으로 할증품 정책을 시행 중이나 거래처에 일정 자격이 부여되거나 한정하였다고 하더라도 그것이 차별없이 수행되는 경우라면 일정기간의 판매실적이라는 공급조건 외의 약정에 따라 지급되는 것이 아니므로 사업상증여로 과세할 수 없다고 본다. 즉, 공급시점에 결정되는 일종의 덤 또는 할증품으로 함께 공급되는 주된 재화의 공급대가에 포함되는 것으로 해당 사업자는 거래처의 구입물량과 할증품 전부에 대하여 가격을 할인해 준 것과 동일한 효과가 있는 것이다.

더 나아가 대법원은 전년도 영업실적을 바탕으로 판매촉진을 위하여 추가 할인, 리베이트 제공, 견본품이나 정품을 제공함으로써 소요된 비용은 판매부대비용으로서 그 실질적인 공급대가는 유상으로 판매하는 동종 상품의 대가에 포함되어 '사업상증여'에 해당하지 않는다고 판시하였는 바, 해당 사업자의 할증품은 사업상증여의 법리, 장려금의 정의, 경제적 실질 어느 측면에서 보아도 부가가치세가 과세될 수 없다.

할증품이 아닌 할증품에 상당하는 대가를 공급대가에서 차감하였더라도(할증품 공급 대신 공급대가를 30% 낮춘 경우를 말함) 공급시점에 공급대가의 일부를 깎아주었다는 점에서 해당 할인액은 에누리에 해당한다고 본다.

"②"의 경우 B, C 대리점 23년 당초 약정한 구매수량을 지키지 못했으므로 할인액 상당액에 대하여 2024년 약정에 불구하고 수정세금계산서를 발급해야 하는지 여부에 대하여 살펴보면, 당초 조건부로 할인공급이 이루어졌고 2024년 1월에 다시 공급 조건이 변경되었을 뿐 B, C 대리점의 경우 당초 공급단가는 실제 변동이 없으므로 수정세금계산서 교부대상으로 보기는 어렵다고 판단된다.

"③"의 경우 전자의 마일리지는 부가령 제61조 제1항 및 제2항 제9호의 자기적립마일리지에 해당할 수 있고, 후자의 마일리지는 자기적립마일리지 등의 요건을 충족한다고 보기 어려운 점은 있으나, 할인약정을 수치한 것에 불과하고 거래 시마다 동 마일리지의 사용으로 공급대가를 감액하였고 누구에게도 보전받을 수 있는 것도 아닌 바, 역시 마일

리지 결제액은 에누리액에 해당한다.

※ 위 쟁점에 대한 의견은 저자의 개인적 견해이므로, 실제 업무에 적용 시에는 국세청의 유권해석이나 국세상담센터 등의 답변에 따라 처리하시기 바랍니다.

(2) 환입된 재화의 가액

환입이란 당초 공급한 재화의 품질 차이, 기타 계약조건 위반 등의 사유로 구매목적에 맞지 아니하여 재화를 온전히 사용하지 아니한 상태로 반품되어 온 것으로 당초 공급의 일부 또는 전부를 취소하는 것과 같으므로 공급가액에 포함하지 않는다(부가법 §29 ⑤ 2). 그러나 당초 공급이 완료된 재화를 구매자가 정상적으로 사용·수익한 후 당초 공급자에게 다시 환매하는 경우에는 재화의 반품이나 환급으로 볼 수 없고 각각 별도의 공급으로 보아야 한다(부가 46015-770, 1999. 3. 22. ; 법규부가 2012-421, 2012. 12. 28.).

공급한 과세기간이 경과된 후 환입된 경우에는 그 사유가 발생한 때에 당초 공급가액을 기준으로 수정세금계산서를 발급하고 환입일이 속하는 예정신고 또는 확정신고 시의 공급가액에서 환입재화의 발급가액을 차감할 수 있다(부가 1265.2-2270, 1981. 8. 26.). 반면, 재화를 환출한 사업자(공급받는 자)는 수정세금계산서를 발급받아 그 반환일이 속하는 예정신고 또는 확정신고기간의 매입가액(세액)에서 이를 차감하여 신고한다.

(3) 도달 전 파손·훼손 또는 멸실된 재화의 가액

재화의 공급이란 거래상대방이 공급한 재화를 인수한다는 가정하에 성립하는 것이어서 거래상대방이 지정한 장소까지 정상 재화를 인도할 의무가 공급자에게 부여된 것이므로 공급받는 자에게 도달하기도 전에 파손·훼손 또는 멸실된 재화의 가액은 재화의 공급이 실질적으로 이루어진 것이 아니므로 공급가액에 포함하지 아니한다(부가법 §29 ⑤ 3).

이때 공급가액에 포함하지 아니하는 공급받는 자에게 도달하기 전에 파손·훼손 또는 멸실된 재화의 가액은 재화를 거래상대방에게 인도하기 전에 공급자의 귀책사유에 의하여 발생한 것에 한한다.

(4) 국고보조금과 공공보조금

재화 또는 용역의 공급과 직접 관련되지 아니하는 국고보조금과 공공보조금(이하 "보조금"이라 한다)은 공급가액에 포함하지 아니한다(부가법 §29 ⑤ 4).

부가가치세의 과세원리, 보조금의 성격, 공급가액에서 제외되는 다른 것들의 성격 등에 비추어 이 규정은 국가의 산업정책적 견지에서 또는 공공단체에 필요하거나 유익한 산업 또는 사회공공사업 등과 관련한 재화나 용역을 공급하는 사업자에게 사업의 조성, 재정상의 원조 등을 목적으로 보조금이 지급되는 경우(이때 사업자가 보조금수혜자가 되고 사업자로부터 재화나 용역을 공급받는 자가 간접적으로 지원을 받게 된다) 사업자의 재화 또는 용역의 공급에 따른 공급가액에 위 보조금 상당액을 포함시키지 않는다는 의미이다. 이와 같이 보조금을 공급가액에서 제외하는 취지는 보조금의 지급주체가 재화나 용역을 직접 공급받지 않으면서 특정한 사업을 진흥 또는 촉진시키기 위하여 정책적으로 보조금을 지급하는 경우 해당 보조금은 재화나 용역의 공급과는 직접적인 대가관계가 없기 때문이다. 다만, 보조금이 보조금수혜자를 통하여 사업자에게 재화 또는 용역의 공급에 대한 대가로 지급되거나 보조금수혜자를 통하지 않고 직접 사업자에게 재화 또는 용역의 공급에 대한 대가로 지급되는 등, 재화 또는 용역의 공급과 직접 관련하여 지급되는 경우에는 그 재원이 비록 보조금이라 하더라도 사업자의 재화 또는 용역의 공급에 따른 공급가액에 포함되는 것으로 해석된다(대법원 2010두12699, 2010. 10. 14.).

1) 국고보조금 등의 정의

국고보조금이란 통상적으로 국가의 산업정책적 견지에서 사업설비의 근대화, 시험연구의 촉진, 기술개발 및 향상, 재해복구 등의 목적을 위하여 「보조금 관리에 관한 법률」의 규정에 의하여 시설자금이나 운영자금으로서 대가관계 없이 무상으로 교부하는 금액을 말한다.

세법상 국고보조금도 「보조금 관리에 관한 법률」에 따른 보조금으로 법인세법 및 소득세법에서 정의하고 있으며 부가가치세법 해석 시에도 법인세법상의 개념과 동일하게 판단하고 있다.

이와 관련하여 국고보조금 및 공공보조금에 대한 용어의 정의는 각각 다음과 같다.

① 국고보조금이라 함은 ⓐ 국가 외의 자가 행하는 사무 또는 사업에 대하여 국가가 이를 조성하거나 재정상의 원조를 하기 위하여 교부하는 보조금(지방자치단체에 대한 것과 기타 법인 또는 개인의 시설자금이나 운영자금에 대한 것에 한함), ⓑ 부담금(국제조약에 의한 부담금은 제외), ⓒ 그 밖에 상당한 반대급부를 받지 아니하고 교부하는 급부금으로서 「농산물의 생산자를 위한 직접지불제도 시행규정」 제3조에 따른 소득보조금을 말한다(보조금 관리에 관한 법률 §2 ①, 동령 §2).

② 공공보조금이라 함은 공공단체가 산업의 육성이나 사회공공사업의 조성 등 행정상

의 목적을 위하여 교부하는 금액 등을 말한다.

2) "직접 관련되지 않는다"는 의미

가. 직접 거래성의 원칙

직접 거래성의 원칙이란 재화 또는 용역을 공급하는 자와 해당 재화 또는 용역을 제공받고 그 대가를 치른 자가 직접 거래관계에 있어야 한다는 것이다. 공급가액에서 제외되는 국고보조금과 공공보조금의 경우 "직접 관련되지 않는다"는 의미는 이러한 직접 거래성의 원칙에 따라 보조금 지급대상이 되는 사업의 일환으로 재화나 용역을 공급하고 해당 공급과 직접 거래관계에 있지 아니한 국가 등으로부터 영업손실보조 등의 명목으로 받는 대가는 공급가액에 포함하지 않는다는 것이다.

나. 직접 관련성의 원칙

일반적으로 공급가액을 산정함에 있어 거래와의 직접 관련성이란 재화 또는 용역의 공급대가를 금전으로 받는 경우 그 대가를 공급가액으로 한다고 규정함에 따라 재화 또는 용역의 공급과 그 받은 대가가 대가관계를 구성하여 재산상의 이익을 득한 것이라면 부가가치세 공급가액이 된다는 의미로 그 거래상대방, 즉 대금의 지급자가 누구인지, 공급받은 재화 등의 실질적 효용을 누리는 자가 누구인지, 그 명목이 무엇인지는 따지지 않겠다는 의미이다.

3) 국고보조금 등의 지급형태에 따른 과세 여부

국고보조금 지급형태는 ⓐ 보조금수혜자의 행위에 대한 반대급부로서가 아니고 무상으로 포괄적·간접적으로 지원하는 경우, ⓑ 보조금 수혜자 겸 사업자에게 보조금을 지급하고 재화 등을 공급받는 자에게 간접적으로 지원하는 경우, ⓒ 보조금 수혜자를 통하여 재화 또는 용역의 공급자에게 개별적·직접적인 반대급부로 지급하는 경우(보조금 수혜자에게 보조금이 지급되면 보조금 수혜자가 이를 재원으로 자신에게 재화나 용역을 공급하는 자에게 반대급부로서 지급하는 경우, ⓓ 국가 등이 사업자(재화 또는 용역의 공급자)로부터 재화나 용역을 공급받으면서 그 사업자에게 보조금 명목으로 금원을 지급하지만 그 실질은 국가 등이 제공받은 재화나 용역의 반대급부에 해당하는 경우로 나누어진다(부산고법 2018누22852, 2019. 5. 29.).

위 지급형태에 따른 보조금의 과세 여부를 살펴보면 다음과 같다.

① 보조금을 보조금 수혜자의 행위에 대한 반대급부로서가 아니고 무상으로 포괄적으

로 지원하는 형태의 경우에는 개별적 조건없이 국가정책상의 목적 등으로 수혜자에게 지원하는 경우로서 이는 거래관계를 원인으로 하는 대가성이 없으므로 부가가치세법의 법논리에 비추어 과세대상에 해당하지 않는다.

② 재화나 용역의 공급자에게 개별적·직접적인 반대급부로서 지급하는 형태의 경우는 재화나 용역을 제공한 사업자가 그 대가를 수령함에 있어서 그 재원에 국가보조금이 포함되어 있다 하더라도 그 대가 전체는 공급가액에 포함된다(대법원 2000두369, 2004. 10. 9.).

③ 사업시행자를 통하여 수혜자(공급받는 자)에게 간접적으로 보조하는 형태의 경우는 국가 등이 공급받는 자를 대신하여 가격을 보존하기 위해 보조금을 지급하는 것으로서 이를 최종수혜자와의 관계에서 보면 특정 재화 또는 용역의 공급과 직접적인 대가관계를 확정하는 것이 아니라 간접적·추상적인 대가관계에 불과하므로 개별적인 거래관계에 근거한 부가가치세법상 공급가액에 산입하기 어렵다.

④ 공공보조금을 지급함에 있어 보조금사업을 위해 부수적으로 어떤 의무를 부과하였더라도 보조금이 그 의무이행의 대가로 볼 정도의 것이 아니어서 재화 또는 용역의 공급과 직접 관련되지 아니한 경우 공급가액에 포함되지 아니한다(대법원 2010두12699, 2010. 10. 14.).

따라서 재화나 용역을 공급하고 그 대가를 보조금으로 받는 경우 보조금을 공급가액에 산입할 것인가에 대한 문제는 재화나 용역의 공급자에게 개별적 직접적인 반대급부로서 지급되었는지의 사실관계에 따라 판단할 사항으로 관련 법령 또는 조례, 협약서의 구체적 내용, 보조사업의 수행자 여부, 보조금 지급형태 등을 종합적으로 고려하여 판단할 사항이다(서삼-2429, 2006. 10. 13. ; 서삼-397, 2006. 3. 3.).

4) 국가 및 지방자치단체 위탁사업 수행 후 받는 보조금의 과세 여부

사업자가 보조금이 지급되는 사업을 영위함에 있어 국가 및 지방자치단체와의 사업협약이 필수적으로 선행되게 된다. 사업자가 자기의 사업을 영위하면서 국가 등과의 계약에 의하여 보조금의 수혜자에게 자기의 책임과 계산(저가공급 약정의 이행 또는 기타의 보조금 지급을 위한 부수적 의무를 이행하는 경우 포함)으로 재화 또는 용역을 제공하고 이로 인하여 발생하게 되는 손실의 일부 또는 사업의 조성 및 재정상의 원조를 목적으로 보조금을 받는 경우 이를 공급가액에서 제외함이 타당할 것이나, 국가나 지방자치단체가 특정행사나 전시 등의 주관사 역할을 민간사업자에게 위탁하고 그 행사 등의 대행용역을 제공하는 경우로서 주최기관인 국가나 지방자치단체가 행사를 기획하고, 행사여부 및 행사내용의 주요사항을 결정하고 민간사업자로부터는 행사의 업무처리 전반에 관한 보고를 받는 등 행사의 최종적인 결정권한을 행사하며, 민간사업자의 역할이 참가업체 유지관리, 부스 배치, 관람객 유치, 행사 준비와 운용 등 실무를 수행하면서 보조금을 지급받아 행사를 위한 전시장 조성, 홍보, 행사비, 유치비, 인건비 등으로 사용하였다면 이는 행사대행용역을 제공하고 받은 대가로서 공급가액에서 제외되지 않는다(대법원 2011두21089, 2011. 11. 24.).

다만, 동 민간사업자가 주무관청의 인허가를 받거나 등록된 단체로서 문화예술진흥 등 공익을 목적으로 그 고유사업목적을 위하여 소요경비의 실비정도를 보조금으로 수령한 것으로 수탁관리 운영에 따른 실질적 이익이 창출되지 않은 것이라면 부가가치세를 면제함이 타당하며, 보조금 등의 재원으로 구입한 재화 또는 용역에 대한 매입세액은 면세사업과 관련된 매입세액 또는 공통매입세액으로 안분계산하여 면세사업관련 매입세액은 불공제하여야 한다(조심 2010광3143, 2010. 12. 29. ; 국세청적부 2005-0170, 2005. 11. 30. ; 감심 2000-334, 2000. 12. 31.).

5) 사업수행자가 감면액을 그대로 보조금으로 보전받는 경우 보조금의 공급가액 포함 여부

민투법에 따른 사업시행자가 정부와 체결한 통행료 감면협약에 따라 경차, 택시(빈차), 지역주민에 대하여 통행료 감면을 시행하고, 해당 통행료 감면에 따른 손실금액(실제 통행료 감면상당액)을 정부로부터 보조금으로 보상받는 경우 그간에 국세청이나 조세심판원의 입장은 정부와의 최소수입 보장 약정에 따라 실제 발생한 통행료 수입과 보장기준 통행료 수입의 차액에 대하여 국고보조금으로 재정지원받는 경우에 해당 재정지원금은 사업시행자의 용역 공급과 직접 관련없이 지급되는 금원으로 공급가액에 포함되지 아니하는 국고보조금에 해당하지만 정부와의 약정에 따른 보조금의 산정이 ① 연간 실제통행량을 집계한 후, ② 감면전통행료에서 감면통행료를 차감한 대당 보전금액을 산정하고, ③ 연간 실제통행량에 대당 보전금액을 곱하여 산출하여 지급되는 관계에 있다면, 사업시행자가 수혜자(이용자)들에게 통행용역을 공급하고 그 정상대가를 수혜자와 정부로부터 나누어 받은 것에 불과하므로 해당 보조금은 통행용역의 공급과 직접 관련된 것이거나 직접적인 반대급부로서 지급되는 대가로서 공급가액에 포함된다는 것이었다(기준-2016-법령해석부가-0038, 2016. 4. 20. ; 조심 2015부0708, 2015. 4. 8.).

그러나 국고보조금 사업은 영리목적 영업활동과 관계없이 정부의 정책이나 공공목적 등의 달성을 위하여 결정되는 것으로 사업시행자는 통행용역을 공급하면서 정부와의 감면협약에 따라 통행료를 감면하고 해당 감면으로 인하여 발생하는 손실(비용)을 보상받기 위하여 보조금을 지급받는 것이므로 사실상 통행용역 공급에 대한 대가가 아닌 재정상의 원조라고 볼 수 있고, 정부는 사업시행자로부터 어떠한 용역을 공급받는 것이 없음에도 정책적 목적에서 감면협약을 체결하여 지원해 주는 것이며, 사업시행자로부터 통행용역을 공급받는 자는 고속도로 이용자이므로 부가법 제29조 제3항 제1호에 따라 용역을 공급받는 자인 고속도로 이용자로부터 금전으로 받은 대가가 공급가액이 되어야 한다.

이러한 논리의 배경은 법원의 "철도 운송용역을 제공하는 사업자가 국가의 정책에 따라 노인, 장애인, 국가유공자 등에 대하여 운임을 감면하고 감면으로 인하여 발생하는 비용을 보상받는 경우(대법원 2017두55329, 2018. 1. 25.)", 기재부의 "고속도로 운영사업자가 매년 통행료를 조정하여야 하나 국가의 정책에 따라 적기에 통행료를 조정하지 못하여 발생하는 손실을 국가로부터 보상받는 경우(재부가-104, 2016. 2. 25.)", 국세청의 "국가와의 보상계약에 따라 손실보전액(감면전 예상 통행료수입-감면 후 실제 징수 통행료수입)을 지급받는 경우(적부-국세청-2018-0008, 2018. 4. 6.)"에 있고, 국세청도 최근 이는 용역의 공급에 대한 반대급부로서의 대가가 아닌 재정상의 원조를 목적으로 교부된 재정지원금 성격으로서 동 보조금은 공급가액에 포함하지 않는다고 기존 해석을 변경하였다(사전-2020-법령해석부가-0036, 2000. 2. 14.).

다시 한번 요약하면 사업시행자의 용역을 직접 공급받는 자는 이용자이고 국가 등은 시행자와의 보상계약에 따라 보조금을 지급하는 관계로서 공공목적사업의 원활한 진행을 위한 재정상 원조에 불과할 뿐만 아니라 보조금은 통행용역 그 자체에 대한 반대급부가 아니라고 보아 용역공급과의 직접 관련을 부인한 것이다.

(5) 공급대가의 지급지연으로 인한 연체이자

1) 개요

공급대가의 지급이 지연되어 받는 이자로서 계약 등에 의하여 확정된 대가의 지급지연으로 인하여 지급받는 연체이자는 공급가액에 포함하지 아니한다(부가법 §29 ⑤ 5).

공급대가의 지급지연으로 인하여 지급받는 이자는 그 지연지급일수에 관계없이 일정액으로 받게 되는 연체료의 경우에도 공급가액에 포함되지 아니하며 연체료가 연체이자에 해당하지 아니한다 하더라도 이는 위약금 내지 배상금의 성격을 지닌 금전이지 재화 또는 용역의 공급에 대한 대가로서 받는 금액이라고는 할 수 없으므로 공급가액에 포함되지 아니하는 것으로 본다.

2) 연체이자의 소득구분

사업자가 재화나 용역을 공급하고 거래상대방이 대가를 지연지급함에 따라 해당 사업자가 지급받는 연체료는 해당 사업소득의 총수입금액에 산입하는 것이며, 부가가치세법상 재화 또는 용역의 공급대가에 해당하지 아니하는 것이므로 「소득세법」 제163조에 따른 계산서의 작성 · 발급대상이 아니다(재소득 46073-71, 1999. 5. 3.).

또한, 부동산매매계약의 위약으로 인하여 지급받는 위약금 성격의 연체이자는 「소득세법」 제21조 제1항 제10호에 규정하는 기타소득에 해당하는 것이나, 부동산 양도대금이 실질적인 소비대차의 목적물로 전환되어 이자가 발생한 경우 연체이자는 비영업대금의 이익으로 이자소득에 해당하며 이에 대한 원천징수세율은 그 비영업대금의 이익에 대하여 25% 적용하여 원천징수한다(서면1팀-1342, 2004. 10. 1.).

3) 조기 준공을 위하여 지급하는 이자상당액의 공급가액 포함 여부

시공사가 발주자와 공사계약 시 2011. 8. 30.까지 공사를 완료하면 공사금액을 10억원을 지급하되 2011. 8. 30. 전에 공사를 완료한 경우에는 도급금액에 이자상당액(2011. 8. 30.부터 소급하여 조기완공일까지 하루 도급금액의 0.08%)을 당초 도급금액에서 가산하여 지급하기로 약정한 경우 동 이자상당액은 공사용역제공과 관련하여 지급받은 금전적 가치로서 공급가액에 포함된다.

(6) 할인액

1) 「부가가치세법」 규정

공급가액에 포함하지 아니하는 매출할인이란 공급에 대한 대가를 약정기일 전에 받았다는 이유로 사업자가 당초의 공급가액에서 할인해 준 금액을 말한다(부가법 §29 ⑤ 6).

2012. 2. 2. 시행령 개정 이전에는 공급가액에 포함하지 아니하는 매출할인을 외상판매에 대한 공급대가의 미수금을 결제하거나 공급대가의 미수금을 그 약정기일 전에 영수하는 경우에 일정액을 할인하는 금액으로 했던 것을 회계기준 및 법인세법과 일치하기 위하여 약정기일 전 미수금 영수 시 할인하는 경우만 매출할인에 해당하도록 축소한 것이다.

당초 매출할인의 공급가액 제외 취지는 부가가치세는 거래상대방으로부터 받는 대가를 기준으로 산정하는 것으로 「소득세법 시행령」 제51조 제3항, 「법인세법 시행령」 제68조 제4항 및 국제기준(EU Directive)에 맞춘 것이다. 동 취지에 따라 2007. 1. 1. 이후 거래분부터 매출할인이 공급가액의 차감항목이 되었다.

2) 기업회계기준

기업회계기준에서 매출액은 재화의 판매, 용역의 제공이나 자산의 사용에 대하여 받았거나 또는 받을 대가의 공정가액으로 보고 있다. 따라서 외상매출금 회수를 신속하게 하기 위하여 고객에게 일정한 기간 내에 대금을 미리 지불하게 되면 일정금액을 외상매출대금에서 공제해 주는 매출할인액도 총매출액에서 차감하는 형식으로 표시하거나 주석으로 기재하게 된다(기준서 21호 문단 61).

3) 국세청 유권해석

국세청의 그간 매출에누리, 장려금, 매출할인에 대한 해석은 기업회계기준, 법인세법, 소득세법과는 달리 엄격하게 구분하여 매출에누리는 부가법 제15조, 제16조에 따른 공급시기에 사전약정에 의하여 할인되는 금액이어야 하고, 장려금은 일정기간 재화를 공급한 후 사전약정에 의하여 그 누적 판매량이나 구매액 등에 따라 책정하여 현금지급되거나 외상매출액에서 차감되는 것으로서 일정기간 이후에 이루어지는 것으로서 당초 공급거래와 별도의 거래처럼 인식하고 공급가액 차감사항이나 과세거래가 아니라는 입장이다. 비록 경제적 실질이 회계학상 매출에누리와 유사하더라도 이를 매출에누리로 인정하지 아니하고 있다. 이는 부가법 제29조 제6항에 공급가액에서 차감하지 않는 항목으로 장려금을 별도 규정하고 있기 때문에서 기인한 것이지만 정작 장려금에 대한 정의는 부가세법령이나 규칙에 없고 통칙에 규정하고 있을 뿐이다.

장려금 및 이와 유사한 금전 지급과 관련된 국세청 해석 사례는 다음과 같다.

① 사전약정없이 사업자가 재화를 공급한 후 일정기간의 판매실적에 따라 당초 공급단가를 인하하여 주는 경우, 단가인하로 인하여 감액된 금액은 부가가치세 과세표준에서 공제하지 아니하는 것으로 법인세법상 접대비에 해당함(부가 22601-93, 1989. 1. 21.).

② 전월의 판매목표 달성비율에 따라 지급하는 판매장려금을 당월 공급가액에서 공제하는 경우 공제금액 상당액은 동 규정의 에누리액에 해당하지 아니하여 부가가치세 과세표준에서 공제하지 아니하는 것임(부가 46015-2445, 1997. 10. 28. ; 국심 2006구3363, 2007. 4. 11.).

③ 거래처와 사전약정에 의하여 전월 판매목표 달성비율에 따라 당월 공급분에 대하여 당월 공급 전 또는 공급일에 판매단가를 인하하는 경우 인하한 금액 상당액은 에누리액에 해당하여 공급가액에 포함하지 아니함(서면법규과-324, 2013. 3. 21. ; 부가46015-2445, 1997. 10. 28. ; 서면-2016-법령해석부가-3244, 2016. 4. 18.).

④ 사업자가 사전약정에 의하여 일정기간의 판매실적에 따라 당초 공급단가를 조정하는

조건으로 재화를 공급하는 경우 약정내용에 따라 당초 공급단가를 변경시키는 조정 사유가 발생한 때에는 수정세금계산서를 발급할 수 있음(서면3팀-2160, 2007 7. 31. ; 서삼 46015-10034, 2002. 1. 12. ; 부가 22601-1229, 1991. 9. 19. ; 법인 46012-3117, 1997. 12. 3.).

⇒ 위 해석은 조정금액을 에누리로 본 것인지 부가령 제70조 제1항 제3호에 따른 공급가액 증감사유로 보아 수정세금계산서 교부대상으로 본 것인지는 불분명함.

⑤ 대리점 공급가격과 소비자 판매가격을 통제하고 있는 유통업자가 매출 활성화를 위해 판매실적에 관계없이 모든 대리점에 대리점 공급가격과 소비자 판매가격을 인하하는 경우 그 사유가 발생한 때에 수정세금계산서를 발급하는 것임(부가가치세과-1028, 2014. 12. 30.).

⑥ 일정 자격(예를 들어 500포인트 이상 마일리지 누적자)에 있는 고객에 대하여 재화 또는 용역의 공급당시 통상의 공급가액에서 일정액을 직접 공제하는 금액은 에누리액에 해당함(서면3팀-2415, 2007. 8. 29.).

⑦ 신제품 출시 시 기존제품 단가를 일정기간 동안 소급하여 인하하는 경우 수정세금계산서 발급대상임(부가 46015-2031, 1998. 9. 9.).

⑧ 사업자가 재화 또는 용역을 공급한 후 그 공급가액에 매출할인액이 발생한 경우 수정세금계산서 발급대상임(서면3팀-1270, 2007. 4. 30.).

⑨ 제조업을 영위하는 사업자가 자기가 생산한 제품을 판매하는 도매업자에게 재화를 공급한 후 사전약정에 의하여 당해 도매업자가 일정판매 목표 초과 시 일정기간의 목표초과 판매실적 비율에 따라 장려금을 지급하고, 차후 기간의 목표판매실적 미달 시에는 기 지급한 장려금 중 일정부분을 회수하기로 한 경우 해당 지급 또는 회수한 판매장려금은 부가가치세 과세표준에서 공제 또는 가산되지 아니하는 것임(부가 46015-2000, 1997. 8. 28.).

(7) 용기대금과 포장비용

통상적으로 용기 또는 포장을 해당 사업자에게 반환할 것을 조건으로 그 용기대금과 포장비용을 공제한 금액으로 공급하는 경우에는 그 용기대금과 포장비용은 공급가액에 포함하지 아니한다(부가령 §61 ③).

반환조건이라 함은 반드시 계약 등에 의하여 명시적으로 규정되어진 것만을 말하는 것이 아니고, 통상적인 거래관행에 의하여 용기의 반환이 증명가능하고 실질적인 공급가액의 형성이 용기 등의 내용물에 의하여만 결정되었다고 하는 점을 충족하면 될 것이다(국심 83서996, 1983. 9. 29.).

또한, 사업자가 용기 또는 포장의 회수를 보장하기 위하여 받는 보증금 등은 공급가액에 포함하지 아니하나, 반환조건으로 공급한 용기 또는 포장을 회수할 수 없어 그 용기대금과 포장비용을 변상금 형식으로 변제받을 때에는 공급가액에 포함한다(서면3팀-344, 2006. 2. 23. ; 부가통칙 29-61-6).

> **▌공병보증금 회수 관련 공급가액과 과세대상 여부(부가 22601-1789, 1985. 9. 13.)**
>
> ㉠ 맥주제조회사가 맥주를 공급함에 있어 보증금을 받고 반환조건으로 공급한 공병을 맥주제조회사 또는 공병의 반환의무가 있는 자와 공병회수업무대행계약을 체결한 공병수집업자가 소비자 등이 예치한 보증금을 대급하고 회수하여 맥주제조회사에 반환하고 맥주제조회사로부터 지급받는 보증금 상당액은 공병수집업자의 공급가액에 포함되지 아니하는 것임.
>
> ㉡ 소비자가 맥주를 구입함에 있어 보증금을 예치하고 공급받은 공병을 직접 맥주제조회사에 반환하고 환불받는 보증금에 대하여는 부가가치세가 과세되지 아니함.

(8) 공급가액에서 제외되는 봉사료

1) 봉사료 개요

서로 다른 용역이 동시에 공급되더라도 그 가액이 구분되는 경우 개별 용역별로 공급가액을 계산하여야 한다. 그러므로 사업자가 음식·숙박 용역이나 개인서비스 용역을 공급하고 그 대가와 함께 받는 종업원(자유직업소득자를 포함한다)의 봉사료를 세금계산서, 영수증 또는 신용카드매출전표 등에 그 대가와 구분하여 적은 경우로서 봉사료를 해당 종업원에게 지급한 사실이 확인되는 경우에는 그 봉사료는 공급가액에 포함하지 아니한다(부가령 §61 ④).

다만, 사업자가 그 봉사료를 자기의 수입금액에 계상하는 경우 또는 구분·기재하여 수령한 해당 봉사료를 서비스를 제공한 종업원이 누구인지에 관계없이 전 종업원에게 일정한 지급기준에 의거 지급하는 경우에는 해당 봉사료 명목으로 지급받은 금액은 신용카드매출전표 등에 구분하여 기재하더라도 공급가액에 포함됨에 유의하여야 한다(부가 46015-2124, 1999. 7. 26.).

2) 봉사료의 의미

봉사료란 사업자의 용역공급에 부수하여 제공되는 종업원의 언행, 친절, 배려 등 무형의 용역에 대한 대가로서 종업원에게 직접 귀속시킬 의도로 지급되는 금액으로 사업자에게 귀속되어야 할 수입금액이 아니라 그 서비스의 정도에 따라 이를 제공한 해당 종업원 또는 자유직업소득자에게 귀속되어야 할 소득이다(대법원 2009두19687, 2010. 2. 25.). 그러나 공급가액에서 제외되는 봉사료는 그 용역제공자에게 종국적으로 귀속되면 족한 것이 아니라 사업자가 제공한 용역의 대가와 함께 받는 종업원의 봉사료가 각 종업원에게 개별적으로 귀속되는 것이 확실하고 형식적으로만 사업자가 대행하여 함께 받는 경우 사업자의 대가인 수입금액에는 포함하지 아니하겠다는 취지로 해석된다(국심 98서2763, 1999. 3. 31. 등 다수). 즉, 봉사료가 용역의 대가와 구분기재되어 있다 하더라도 봉사료의 청구와 종업원에의 지급이 직접 대응되지 않는다면 동 봉사료는 부가가치세 등의 공급가액에 포함된다(부가 1265-2790, 1984. 12. 29. ; 국심 2002광3409, 2003. 1. 17. ; 국심 2003전1400, 2003. 11. 26. 등 다수).

또한, 공급가액에 포함되지 아니하는 봉사료가 고객에게 청구되는 금액의 과소 여부에 불구하고 봉사료를 지급하는 자가 사전에 지급의사를 밝히거나 자발적으로 지급한 것만을 한정하는 것은 아니다(조심 2010서2048, 2011. 1. 17.).

3) 봉사용역의 제공자

㉠ 과세유흥장소 외의 장소에서 제공되는 봉사용역

위 "1)"에서 규정하는 공급가액에서 제외되는 봉사료 관련 용역제공자를 해당 사업자의 종업원과 함께 자유직업소득자가 포함되는 것으로 규정하고 있다.

㉡ 과세유흥장소에서 제공되는 봉사용역

사업자가 「개별소비세법」 제1조에 따른 과세유흥장소 등에서 제공하는 용역을 제공하고 「개별소비세법 시행령」 제2조 제1항 제8호에 따라 유흥음식요금 중 종업원의 봉사료가 포함되어 신용카드매출전표 등에 이를 구분하여 기재한 경우로서 봉사료를 당해 종업원에게 지급한 사실이 확인되는 경우에는 그 봉사료는 유흥음식요금에 포함하지 아니하므로 개별소비세 과세대상 및 부가가치세 공급가액에 포함하지 않는다.

즉, 과세유흥장소에서 제공되는 봉사용역의 경우에도 과세유흥장소 경영자의 종업원과 자유직업소득자가 포함된다.

4) 공급가액에서 제외되는 봉사료의 범위

봉사료의 유형에는 종업원의 봉사대가에 대하여 요금의 일정률을 계상하여 고객으로부터 징수하거나(호텔의 경우) 고객이 직접 임의로 지급하는 금액으로 구분되며, 이러한 봉사료를 업주가 요금과 함께 일괄수령하여 종업원에게 단순지급하거나 요금과 구분수령 후 서비스를 제공한 종업원에게 직접 지급하는 경우 및 직원들이 자치적으로 구성한 봉사료 위원회 등에서 봉사료 수집 및 분배에 관한 업무를 처리하는 등 다양한 형태를 띠고 있다.

공급가액에서 제외되는 봉사료의 의미는 통상적으로 사업자가 공급하는 과세재화 또는 과세용역의 대가와 관계없이 사업주와는 별개의 독립된 자가 독립된 봉사용역(면세용역, 기타소득)을 제공하고, 봉사용역의 대가를 사업주가 단순히 봉사자의 위임을 받아 단순히 수금대행만 하는 경우이다.

따라서 종업원이 매출액의 일정률을 지급받고 사업주가 매출액에 일정 봉사료금액을 더한 합계액으로 고객으로부터 획일적으로 지급받는 경우 그 전체 금액이 부가가치세 및 개별소비세의 과세표준이 되며, 해당 봉사료는 종업원이 업주에게 제공한 노력의 대가이거나 또는 매출실적에 따른 이익을 분배한 것으로서 부가가치세법 및 개별소비세법상의 봉사료에 해당되지 아니하여 부가가치세(개별소비세)의 과세표준에 포함되어야 한다(대법원 98다46198, 1999. 1. 26. ; 국심 2000구2080, 2001. 1. 26.).

| 봉사료 공급가액 제외기준 |

요 건	근 거
1. 업종 요건을 충족할 것 (음식, 숙박, 개인서비스업 영위자일 것)	부가령 §61 ④
2. 봉사료와 공급대가가 구분 기재될 것	부가령 §61 ④ 대구고법 2007누1539, 2008. 7. 25.
3. 용역제공자에게 봉사료가 실제 지급될 것	조심 2008서4084, 2009. 4. 30.
4. 개별 봉사료 수령건과 봉사용역제공자가 개별대응될 것	서면3팀-1781, 2007. 6. 20. 인천지법 2009구합2423, 2010. 2. 4.
5. 봉사료가 경제적 합리성에 비추어 지나치지 아니할 것	대법원 2009두19687, 2010. 2. 25. 국심 2007전0179, 2007. 8. 21.
6. 고용관계 있는 자에게 용역대가의 일정률을 추가로 지급받아 성과급 또는 이익분배의 형태 지급이 아닐 것	국심 2006중3719, 2007. 7. 27. 외 서울행정법원 2005구합42344, 2007. 1. 26. 대법원 2000두8875, 2002. 4. 26.

5) 봉사료의 원천징수

다음의 어느 하나에 해당하는 용역을 제공하고 그 공급가액(간이과세자의 경우 공급대가)과 함께 부가령 제42조 제1호 바목(면세되는 인적용역)에 따른 용역을 제공하는 자의 봉사료를 계산서 · 세금계산서 · 영수증 또는 신용카드 매출전표 등에 그 공급가액과 구분하여 적는 경우(봉사료를 자기의 수입금액으로 계상하지 아니한 경우만 해당)로서 그 구분하여 적은 봉사료금액이 공급가액(간이과세자의 경우에는 공급대가를 말하며, 용역제공 건별로 판단함)의 100분의20을 초과하는 경우의 봉사료에 대하여는 봉사료 전체금액에 대하여 5%의 원천징수세율을 적용하여 원천징수(사업소득)하여야 한다(소법 §127 ①, ⑥ · §129 ① 8호, 소령 §184의2 ; 법인 46013-861, 2000. 4. 4.).

㉠ 음식 · 숙박용역

㉡ 안마시술소 · 이용원 · 스포츠마사지업소 및 그 밖에 이와 유사한 장소에서 제공하는 용역

㉢ 「개별소비세법」 제1조 제4항에 따른 과세유흥장소에서 제공하는 용역

㉣ 기타 기획재정부령이 정하는 용역

신용카드매출전표 등에 구분기재된 봉사료 금액이 공급가액의 20%를 초과하지 아니하여 원천징수를 하지 않았거나, 원천징수대상임에도 원천징수하여 신고납부하지 않았더라도 종업원에게 실지로 지급한 사실이 구체적이고 객관적으로 입증된다면 봉사료지급대장의 미기재, 수령사실의 확인이나 서명 등 봉사료를 과세표준에서 제외하고자 하는 사업자가 지켜야 할 고시사항을 일부 위반하였더라도 부가령 제61조 제4항의 요건을 충족(봉사료 고시에 대한 위임규정도 부가법령에 없음)하고 있으므로 공급가액에서 제외되어야 한다(동지 : 국심 2003중1737, 2003. 11. 20. ; 국심 2005서3364, 2005. 12. 15. ; 조심 2008서4084, 2009. 4. 30. ; 국심 2000부2523, 2001. 1. 26.).

6) 개별소득세 대상 과세유흥장소

「개별소비세법」은 과세유흥장소의 유흥음식행위에 대하여 개별소비세를 부과하는 것으로 규정하고 있으나(개소법 §1 ①, 개소령 §1), 유흥음식행위나 과세유흥장소에 대하여 별도로 규정하지 아니하고 「식품위생법 시행령」에 따른 유흥주점과 사실상 유사한 영업을 하는 장소로 규정하여 그 판단기준을 「식품위생법」을 따르도록 하고 있다(개소령 §2 ③).

「식품위생법 시행령」 §21 (8) 라목은 유흥주점영업에 대하여 주로 주류를 조리 · 판매하는 영업으로서 유흥종사자를 두거나 유흥시설을 설치할 수 있고 손님이 노래를 부르거나 춤을 추는 행위가 허용되는 영업으로 정의하면서 해당 영업에 대하여는 지자체의 허가를 받도록 규정하고 있으나(식품령 §23), 「개별소비세법」상 해당 허가 여부와 관계없이 영업의 실질내용이 유흥주점업 또는 유사한 영업 등을 하는 경우라면 과세유흥장소에 해당하는 것으로 해석하고 있다(개소법 §1 ⑪ ; 부가 46410-350, 2000. 2. 18. 외 다수).

유흥주점의 요건 중 '유흥종사자'란 손님과 함께 술을 마시거나 노래 또는 춤으로 손님의 유흥을 돋우는 부녀자인 유흥접객원을 말하는 것으로 그 규정 형식상 '함께 술을 마시는 것'과 '노래 또는 춤으로 손님의 유흥을 돋우는 것'이 대등적 · 병렬적 구조로서 둘 중 하나만 충족한 경우에도 유흥종사자에 해당하는 것으로 보이고 이는 대법원에서

유흥종사자 여부(유흥주점 여부)를 판단할 때 여종업원이 손님과 함께 술을 마시는 등 유흥을 돋우는 행위를 하였는지 여부를 기준으로 한 점이나(식품령 §22 ①; 대법원 2008도10118, 2009. 5. 28. 외 같은 뜻), 「식품위생법」 제44조에서 유흥주점 외의 식품접객업장에서는 유흥종사자를 고용하여 접객행위(손님과 술을 마시거나, 노래 또는 춤으로 손님의 유흥을 돋우는 행위)를 할 수 없는 것으로 규정한 점 등에 비추어도 여성접객원이 손님과 함께 술을 마시는 것으로 손님의 유흥을 돋우는 경우는 「식품위생법」상 유흥종사자에 해당하는 것이므로 주점사업장에 고용되어 손님과 함께 술을 마신 여성은 유흥종사자에 해당한다(해당 여성이 부득이하게 동석하여 손님의 강권으로 부득이 술을 마셨다거나, 동석하였을 뿐 술을 함께 마시지 않았다면 유흥종사자를 두었다고 볼 수는 없음).

또한, 과세유흥장소는 ① 주로 주류를 조리·판매하는 영업으로서 ② 유흥종사자를 두거나 유흥시설(무도장)을 설치하고 ③ 손님이 노래를 부르거나 춤을 추는 행위가 허용되는 영업이라는 요건을 모두 충족하여야 유흥주점업에 해당하는 것으로 볼 여지도 있으나(서울행법 2016구합74989, 2017. 3. 24.; 대법원 2017두63320, 2018. 1. 31.) 앞서 살펴본 유흥종사자의 범위에 비추어 볼 때 ① 유흥종사자가 함께 술을 마시거나 노래·춤으로 유흥을 돋우는 경우 ② 유흥시설을 설치하여 손님이 노래를 부르거나 춤을 추는 행위가 허용되는 경우로 해석함이 타당하며, 「식품위생법」상 영업형태가 유사한 단란주점업의 경우 유흥주점업과의 가장 큰 차이는 유흥종사자 또는 유흥시설 설치 여부이므로 유흥주점업의 본질적인 부분은 유흥종사자, 유흥시설이지 손님의 노래 또는 춤 허용 여부에 따라 달라지는 것으로 보기 어렵다.

아울러 「식품위생법」상 유흥종사자를 둘 수 있는 영업형태는 유흥주점업이 유일하므로 유흥종사자를 두고 있으나 손님이 노래를 부르거나 춤을 추는 행위가 없는 경우 유흥주점에 해당하지 아니하는 것으로 해석한다면 해당 영업은 「식품위생법」의 식품접객업 중 어디에도 해당하지 아니하는 영업형태가 되어 유흥주점업을 허가대상으로 규정하며 다른 접객업에 비하여 강하게 규제하고 있는 「식품위생법」의 취지에도 어긋날 것이다.

(9) 공급받는 자가 부담하는 원자재 등

인도받은 원자재 등을 사용하여 제조·가공한 재화 또는 용역을 공급하는 경우 해당 원자재 가액은 공급가액에 포함하지 아니한다. 다만, 재화 또는 용역을 공급하고 그 대가로 원자재 등을 받는 경우에는 그러하지 아니한다(부가통칙 29-61-4).

(10) 정부출연금을 받는 경우 공급가액 등

부가가치세 과세사업을 영위하는 사업자가 정부출연금을 지원받아 기술개발을 수행하고 기술개발의 산출물인 지적재산권 등을 당해 사업자(연구활동을 수행한 참여기업 등을 포함)에게 귀속시키는 경우 동 출연금을 공급가액에 포함하지 않는다. 다만, 정부출연금 등을 재원으로 국가나 지방자치단체가 시행하는 연구개발사업에 따라 연구개발용역을 제공하고 그 대가를 받는 경우 부가가치세가 면제되는 학술연구용역에 해당하지 아니한다면 부가가치세가 과세되고 그 대가를 공급가액으로 한다(서면3팀-2547, 2007. 9. 10. ; 부가 46015-2698, 1998. 12. 8. ; 법규부가 2008-0010, 2008. 11. 10.).

※ 정부출연금을 받아 기술개발업무를 수행하는 사업자에 대한 부가가치세 등 세무처리에 대하여는 "심층분석 사례집(Ⅱ)" 편을 참고하기로 한다.

(11) 보상판매 시 할인액의 에누리 해당 여부

가. 에누리 판정기준

사업자가 신형제품을 공급하면서 공급받은 자로부터 회수한 구형제품의 보상액을 신형제품의 판매가격에 할인하여 주고 당해 회수한 구형제품 또는 그 부품을 판매하거나 사업용으로 사용하지 아니하고 전량 폐기처분하는 경우 소비자에게 할인해주는 금액은 매출에누리로서 공급가액에 포함하지 아니한다. 다만, 당해 회수한 구형제품 또는 그 부품을 차후에 재판매하거나 자기의 사업에 사용하는 경우에는 신형제품의 할인 전 정상가액이 공급가액이 된다(서면3팀-555, 2008. 3. 13. ; 부가 46015-1790, 1998. 8. 10.).

한편, 조세심판원은 수리용역 제공자가 회수된 불량부품을 장부상 표준가액으로 계상하고 모법인에 유상으로 재판매(수출)하는 등 스스로 재산적 가치를 인정하고 있더라도 구입처 입장에서 보면 수리, 복원, 재활용, 제3자 판매가 불가능하고 노광기는 기술자의 참여없이 그 구입처가 부품만 별도 구입하여 수리할 수 있는 설비가 아니고 이를 회수해 가지 않으면 별도의 폐기비용이 발생하는 등 사용가치나 매각가치가 없고 단지 장비의 정상적 가동을 위하여 수리를 요청한 것이며, 재화 또는 용역의 공급 여부는 구체적 거래의 태양 등에 비추어 공급의 목적과 의도, 거래상황 등을 종합하여 판단하여야 하고 수리용역대가보다 부품의 가액이 고가라 하더라도 주된 수리용역에 비추어 부수적으로 공급되는 것이라면 수리용 부품의 공급은 수리용역과는 별도의 재화의 공급이 아니라 수리용역에 부수된 재화라고 보는 것이 합리적인 것이어서 제공한 수리용역의 대가로 지급한 가액만을 공급가액으로 하는 것이 타당하다고 결정하였다(조심 2012중0844, 2012. 10. 4.).

신구제품 교환 시 에누리 해당 여부 판정에 있어 구제품의 폐기 여부가 에누리인지 교환거래인지의 판정기준이 되는데, '폐기'란 회수한 의료기기를 「폐기물관리법」 등 관련 법령에서 정하는 바에 따라 소각, 파쇄, 분리 등의 방법으로 그 원형을 파기하거나 해체하여 본래의 사용목적대로 사용이 불가능하게 하는 것(의료기기 회수·폐기 등에 관한 규정 제2조 제2호)을 말하는 바, 구형제품을 회수하여 수리 후 재사용(재활용)하지 아니하고 폐기하면서 제품의 본래기능과 전혀 다른 플라스틱을 녹여 사무용품으로 사용한다던지 지극히 일부를 매각하였다거나 파기과정에서 발생한 고철을 모아 처분하였다고 하여 신형제품 매각시 구형제품을 회수하면서 에누리처리한 것을 소급하여 과세할 수 없다(조심 2014전3254, 2017. 4. 27.).

나. 보상판매에 대한 회계처리

K-IFRS를 적용하는 기업이 보상판매를 하는 경우, 신제품의 매출액은 신제품을 제공하고 받을 것으로 예상되는 권리금액("거래가격")으로 인식하여야 하는데, 이때 거래가격은 현금뿐만 아니라 비현금대가의 공정가치를 포함한다. 거래가격을 산정하기 위해서는 계약조건과 기업의 사업 관행을 참고한다. 거래가격은 고객에게 약속한 재화나 용역을 이전하고 그 대가로 기업이 받을 권리를 갖게 될 것으로 예상하는 금액이며, 제3자를 대신해서 회수한 금액(예 : 일부 판매세)은 제외한다. 고객과의 계약에서 약속한 대가는 고정금액, 변동금액 또는 둘 다를 포함할 수 있다.

따라서 만약 신형 제품의 정상가격이 1,000이고 장부금액이 700이며 구형 제품의 보상가격이 500이고, 보상매입한 구형 제품의 폐기가 예정되어 있어 그 공정가치가 영(0)이라면, 회사는 쟁점보상판매에 대해 아래와 같은 회계처리를 해야 한다.

차변	금액		대변	금액
현 금	500	/	매 출	500
구 제 품 재 고	0			
매 출 원 가	700	/	재 고 자 산	700

4 | 과세표준에서 공제하지 않는 금액

재화 또는 용역을 공급한 후에 사업자가 재화 또는 용역을 공급받는 자에게 지급하는 장려금이나 이와 유사한 금액 및 부가법 제45조 제1항에 따른 대손금액(貸損金額)은 과세표준에서 공제하지 아니한다(부가법 §29 ⑥).

(1) 대손금

대손금은 재화나 용역을 공급한 후에 그 대가를 받을 수 없다고 판단하여 외상매출금, 미수금 등을 자산에서 제외하여 손비로 계상하는 금액이다. 이러한 대손금은 재화 또는 용역의 공급이 완료된 후 그 대가를 확정적으로 지급받지 못한 것은 사실이나, 그 공급행위가 소급하여 소멸되는 것이 아니며 그 공급시기에 있어서 그 대가의 결정과는 무관하므로 당해 채권의 대손금은 손비계상 여부에 관계없이 과세표준에서 공제하지 아니한다.

(2) 판매장려금

1) 정의

장려금이라 함은 판매촉진, 시장개척 등을 목적으로 다량 구매자나 고정거래처의 매출에 대한 반대급부로서 거래수량이나 거래금액에 따라 장려의 뜻으로 지급하는 금액 등을 말하는 것으로서 현금할인, 현금보조의 방식으로 지급되는 현금판매인센티브의 경우 실질판매가격을 하락시켜 그 매출로 인해 수취할 대가의 공정가액을 감소시키므로 판매자의 매출에서 직접 차감하고, 무료현물 및 무료서비스 등 현물판매인센티브를 지급하는 경우에는 판매거래의 일부로 보아 판매부대비용으로 처리한다(재무보고에 대한 실무의견서 2006-4, 2006. 11. 24.).

그러나 부가가치세법은 명칭여하에 불구하고 거래가 이루어진 후 장려금을 금전으로 지급하는 경우 동 장려금을 과세표준에서 공제하지 아니하며, 재화로 지급하는 경우에는 사업상 증여로 부가가치세가 과세된다(부가통칙 10-0-5).

2) 판매장려금과 에누리의 구분

판매장려금이란 일정기간에 걸쳐 판매물품을 대량으로 구매한 거래처나 계속적으로 다량의 거래를 하는 단골거래처에 대하여 매출신장에 기여한 공로를 고려하여 매출액이나 판매수량에 대한 장려의 의미로 지급하는 것으로서, 법인세법상 사업소득 계산 시에는 판매수익에서 직접 차감할 수 있으나(기업회계기준에서는 매출액에서 직접 차감하도록 되어 있다) 부가가치세법상 부가가치세의 과세표준에서 공제될 성질의 것은 아니다.

에누리도 통상의 공급가액에서 일정액을 공제해 줌으로써 거래처로 하여금 판매물품을 보다 많이 구입하도록 하는 사실상 판매장려의 성격이 있고, 판매장려금 또한 공급가액에 대한 할인 효과가 있는 것이어서 양자의 구별이 항상 용이한 것은 아니나, 에누리 및 판매장려금의 의미를 살펴볼 때 그 구별기준은 결국 ① 가격보상 조건이 사전에 미리 정해져 있는지 여부, ② 보상의 실시 또는 내용이 필수인지 임의에 따른 것인지 여부, ③ 매출액이나 거래수량의 많고 적음에 따라 적용 내용이나 적용 대상에 제한이나 차등을 두는지 여부, ④ 해당 금액의 지급으로 인하여 판매물품의 가격에 미치는 영향이 직접적인지 간접적인지 여부 등에서 찾아볼 수 있을 것이다(부산지법 2014구합 21333, 2016. 3. 17.).

(3) 마일리지로 결제받는 경우

1) 개요

기획재정부는 마일리지를 금전적 가치가 없는 것으로 보아 마일리지로 결제 시 에누리에 해당한다는 판례(대법원 2015두58959, 2016. 8. 26.)를 일부 수용하여, 마일리지 결제분을 공급가액에 포함하도록 규정한 종전 부가령 제61조 제4항을 삭제하고 아래와 같이 시행령에 반영하면서 그 시행시기를 2017. 4. 1. 이후 거래분부터 적용하도록 하였다.

2) 마일리지 등의 개념

"마일리지 등"이란 재화 또는 용역의 구입실적에 따라 마일리지, 포인트 또는 그 밖에 이와 유사한 형태로 별도의 대가 없이 적립받은 후 다른 재화 또는 용역 구입 시 결제수단으로 사용할 수 있는 것과 재화 또는 용역의 구입실적에 따라 별도의 대가 없이 교부받으며 전산시스템 등을 통하여 그 밖의 상품권과 구분 관리되는 상품권(이하 "마일리지 등"이라 한다)을 말한다(부가령 §61 ①).

3) 공급가액의 계산

마일리지 등으로 대금의 전부 또는 일부를 결제받은 경우 다음 "①"과 "②"를 합한 금액을 공급가액으로 하되 아래 "4)"에 해당하는 경우는 제외한다(부가법 §29 ③ 6, 부가령 §61 ② 9).

> ① 마일리지 등 외의 수단으로 결제받은 금액
> ② 자기적립마일리지 등* 외의 마일리지 등으로 결제받은 부분에 대하여 재화 또는 용역을 공급받는 자 외의 자로부터 보전받았거나 보전받을 금액

* 자기적립마일리지 등: 당초 재화 또는 용역을 공급하고 마일리지 등을 적립(다른 사업자를 통하여 적립하여 준 경우를 포함)하여 준 사업자에게 사용한 마일리지 등을 말하며, 여러 사업자가 적립하여 줄 수 있거나 여러 사업자를 대상으로 사용할 수 있는 마일리지 등의 경우 다음의 "㉠"과 "㉡"의 요건을 모두 충족한 경우로 한정한다.

㉠ 고객별 · 사업자별로 마일리지 등의 적립 및 사용 실적을 구분하여 관리하는 등의 방법으로 당초 공급자

와 이후 공급자가 같다는 사실이 확인될 것

㉡ 사업자가 마일리지 등으로 결제받은 부분에 대하여 재화 또는 용역을 공급받는 자 외의 자로부터 보전받지 아니할 것

4) 마일리지 결제 시 시가를 공급가액으로 보는 경우

자기적립마일리지 등 외의 마일리지 등으로 대금의 전부 또는 일부를 결제받은 경우로서 다음의 어느 하나에 해당하는 경우에는 공급한 재화 또는 용역의 시가(부가령 제62조에 따른 금액을 말한다)를 공급가액으로 한다(부가령 §61 ② 10).

㉠ 위 "3)의 ②"에서 정하는 자기적립마일리지 등 외의 마일리지 등으로 결제받은 부분에 대하여 재화 또는 용역을 공급받는 자 외의 자로부터 보전받지 아니하고 부가법 제10조 제1항에 따른 자기생산·취득재화를 공급한 경우

㉡ 위 "3)의 ②"에서 정하는 자기적립마일리지 등 외의 마일리지 등으로 결제받은 부분에 대하여 재화 또는 용역을 공급받는 자 외의 자로부터 금액을 보전받는 경우로서 특수관계인(재화 또는 용역을 공급받는 자 외의 자 중 특수관계인을 말한다)으로부터 부당하게 낮은 금액을 보전받거나 아무런 금액을 받지 아니하여 조세의 부담을 부당하게 감소시킬 것으로 인정되는 경우

※ 마일리지와 관련된 세부사항 및 최근 대법원 판례는 "심층분석 사례집(Ⅰ)" 편을 참고하기로 한다.

(4) 하자보증금

사업자가 완성도기준지급 또는 중간지급조건부로 재화 또는 용역을 공급하고 계약에 따라 대가의 각 부분을 받을 때 일정금액을 하자보증을 위하여 공급받는 자에게 보관시키는 하자보증금은 공급가액에서 공제하지 아니한다(부가통칙 29-61-7).

같은 취지로 사업자가 완성도기준지급 조건부로 건설용역을 공급하면서 결정된 기성금 중 일정금액을 유보금 명목으로 공제하여 지급받고 건설용역 제공이 완료된 후 하자이행보증증권을 제출 시 유보금을 지급받기로 한 경우 공급가액은 대가의 각 부분을 받기로 한 때 결정된 기성금이 된다(서면3팀-1269, 2006. 6. 28.).

이 밖에 거래상대방에게 지급하는 손해보상금 또는 지체보상금, 재화의 공급을 받는 자가 해당 재화의 판매 중에 발생하게 될 부패 등을 예상하여 월판매금액을 기준하여 공급가액에서 공제하는 금액, 도난당한 금전 등도 모두 공급가액에서 공제하지 아니한다(부가 1265-636, 1984. 4. 4.).

(5) 이자대납액 상당액의 에누리 해당 여부

사업자가 재화의 공급대가를 계약금, 중도금, 잔금으로 대가를 나누어 받기로 하면서 계약금이나 중도금의 대출이자를 사업자가 대납하는 경우 해당 대출이자는 공급대가에 대한 에누리로 보지 아니하며, 구매자가 대출을 받지 않고 계약금이나 중도금을 납부한 경우 이자상당액 또는 일정 이율에 해당하는 금액을 잔금에서 차감(보전)하기로 한 경우 해당 보전금은 에누리에 해당한다(심사부가 2013-0128, 2013. 10. 11. ; 서면-2016-부가-5012, 2016. 12. 12.).

또한, 할부금융사의 할부금융을 통해 공급받는 자로부터 판매대금을 회수(이자는 공급받는 자가 부담)하다가 판매시점에 재화의 판매대금 전부를 받기로 3사 간 변경하면서 추가로 발생하는 이자비용을 사업자가 부담(할부금융회사에 직접 지급)하기로 하였다면 해당 이자비용은 에누리에 해당하지 않는다(부가가치세과-1695, 2010. 12. 22. ; 부가가치세과-1495, 2009. 10. 14.).

III 공급가액 계산특례

부가가치세의 공급가액은 재화 또는 용역의 공급에 대한 대가를 금전으로 받는 경우에는 그 대가를 그리고 금전 외의 대가를 받거나 대가수수가 없는 경우에는 그 시가를 기준으로 계산하는 것이나 다음의 경우에는 공급가액계산 특례규정을 두고 있다.

① 감가상각자산의 간주공급 경우
② 과세와 면세사업에 공통으로 사용하는 재화의 공급 경우
③ 부동산 공급(토지 · 건물 등) 경우
④ 부동산 임대용역 공급의 경우

1 감가상각자산의 공급특례 적용 시 공급가액의 계산

(1) 공급가액계산 특례규정의 필요성

재화의 공급으로 보는 자가공급, 개인적 공급 및 사업상 증여, 폐업 시 잔존재화의 경

우에는 해당 재화의 시가를 공급가액으로 계산하는 것이나(부가법 §29 ③ 4), 그 재화가 「소득세법 시행령」 제62조 또는 「법인세법 시행령」 제24조에 따른 감가상각자산인 경우 일반적 거래유통의 대상이 아니고 사업자의 사업목적에 따라 사용하던 중고재화이므로 기간의 경과에 따라 자산가치도 감가평가되어야 하는데 그 자산의 객관적인 시가를 산정하기가 어렵기 때문에 간주공급 시 감가상각자산의 시가는 부가령 제66조에 따라 계산하도록 별도의 특례규정을 두고 있다(부가법 §29 ⑪).

▌감가상각자산의 범위

감가상각자산이라 함은 「소득세법 시행령」 제62조 또는 「법인세법 시행령」 제24조에 규정하는 자산을 말한다.

① 다음의 유형고정자산

가. 건물(부속설비를 포함한다) 및 구축물(이하 "건축물"이라 한다)

나. 차량 및 운반구, 공구, 기구 및 비품

다. 선박 및 항공기

라. 기계 및 장치

마. 동물 및 식물

바. 그 밖에 "가"부터 "마"까지의 자산과 유사한 유형자산

② 다음의 무형고정자산

가. 영업권(합병 또는 분할로 인하여 합병법인등이 계상한 영업권은 제외한다), 디자인권, 실용신안권, 상표권

나. 특허권, 어업권, 양식업권, 「해저광물자원 개발법」에 의한 채취권, 유료도로관리권, 수리권, 전기가스공급시설이용권, 공업용수도시설이용권, 수도시설이용권, 열공급시설이용권

다. 광업권, 전신전화전용시설이용권, 전용측선이용권, 하수종말처리장시설관리권, 수도시설관리권

라. 댐사용권

마. 개발비: 상업적인 생산 또는 사용 전에 재료 · 장치 · 제품 · 공정 · 시스템 또는 용역을 창출하거나 현저히 개선하기 위한 계획 또는 설계를 위하여 연구결과 또는 관련지식을 적용하는데 발생하는 비용으로서 기업회계기준에 따른 개발비 요건을 갖춘 것(「산업기술연구조합 육성법」에 따른 산업기술연구조합의 조합원이 해당 조합에 연구개발 및 연구시설 취득 등을 위하여 지출하는 금액을 포함한다)

바. 사용수익기부자산가액: 금전 외의 자산을 국가 또는 지방자치단체, 법법 제24조 제2항 제1호 라목부터 바목까지의 규정에 따른 법인 또는 이 영 제39조 제1항 제1호에 따른 법인에게 기부한 후 그 자산을 사용하거나 그 자산으로부터 수익을 얻는 경우 해당 자산의 장부가액

사. 「전파법」 제14조의 규정에 의한 주파수이용권 및 「공항시설법」 제26조의 규정에 의한 공항시설관리권

아. 「항만법」 제24조에 따른 항만시설관리권

(2) 재화의 공급특례 시 공급가액 계산방법

감가상각자산이 자가공급, 사업상 증여, 개인적 공급, 폐업 시 잔존재화에 해당하는 때에는 다음 계산식에 의하여 계산한 금액을 해당 재화의 공급가액으로 본다(부가령 §66 ②).

1) 공급가액 계산식

① 건물 또는 구축물의 공급가액

$$\text{공급가액} = \text{해당 재화 취득가액} \times \left[1 - \frac{5}{100} \times \text{경과된 과세기간 수} \right]$$

② 그 밖의 감가상각자산의 공급가액

$$\text{공급가액} = \text{해당 재화 취득가액} \times \left[1 - \frac{25}{100} \times \text{경과된 과세기간 수} \right]$$

2) '경과된 과세기간의 수' 등의 계산

① 경과된 과세기간의 수

부가법 제5조에 따른 과세기간단위로 계산하되, 건물 또는 구축물의 경과된 과세기간의 수를 해당 감가상각자산의 내용연수에 관계없이 건물·구축물의 경우에는 10년, 그 밖의 자산에 대하여는 2년간에 그 가치가 전부 균등하게 소멸되는 것으로 보아 건물·구축물의 경과된 과세기간 수가 20을 초과하는 때에는 20으로, 그 밖의 감가상각자산의 경과된 과세기간의 수가 4를 초과하는 때에는 4로 한다(부가령 §66 ② 후단).

② 경과된 과세기간 수(數)의 계산방법

경과된 과세기간의 수를 계산할 때 과세기간의 개시일 후에 감가상각자산을 취득하거나 해당 재화가 공급된 것으로 보게 되는 경우에는 그 과세기간의 개시일에 해당 재화를 취득하거나 해당 재화가 공급된 것으로 본다(부가령 §66 ⑤). 이 경우 신규로 사업을 개시한 자에 대한 최초의 과세기간 개시일은 사업개시일로 한다(재경부 부가 22601-1074, 1990. 11. 9.).

이러한 경과된 과세기간의 수를 계산함에 있어서 자가공급, 개인적 공급, 사업상 증여, 폐업 시 잔존재화가 발생한 날이 속하는 과세기간은 경과된 과세기간으로 계산하지 아니한다(과세기간 중에 자가공급 등 재화의 공급에 해당하는 경우에는 해당 과세기간 개시일에 공급된 것으로 본다).

> ○ 2010년 1기(2010. 1. 1.~2010. 6. 30.)에 자산 취득
> ○ 2011. 10. 31. 자가공급 사유 발생
> ⇒ 2010년 1기에서 2010년 2기, 2011년 1기까지 3번 과세기간이 변동되었으므로 경과된 과세기간 수는 "3"이 된다.

3) 취득시기

① 해당 재화를 취득한 날은 해당 재화가 실제로 사업에 사용되는 날을 말하며, 부가법 제10조 제9항 제2호(사업의 양도)에 따라 양수한 감각상각자산이 간주공급에 해당하여 공급가액을 계산하는 경우의 해당 재화의 경과된 과세기간 수는 양도자의 당초 취득일을 기준으로 산정한다(부가통칙 29-66-1 ; 부가 46015-706, 1999. 3. 18.).

※ 사업양도가 갑사업자에서 을사업자로, 을사업자에서 병사업자로 이루어진 후 병사업자에게 간주공급(폐업 시 잔존하는 재화, 면세전용) 사유가 발생한 경우 경과된 과세기간 수를 산정함에 있어 취득일은 갑사업자의 감가상각자산 취득일로 함이 개정취지에 비추어 타당하다고 본다.

② 사업자가 상속에 의해 사업승계받은 감가상각대상자산이 재화의 공급특례에 해당하여 부가령 제66조에 따라 공급가액을 산정하는 경우 경과된 과세기간의 수는 피상속인이 해당 재화를 취득한 날의 과세기간을 기준으로 기산하는 것임(부가 46015-2095, 1996. 10. 11.).

③ 사업개시 전 등록을 한 자가 사실상 사업을 개시하지 아니하는 경우에는 사실상 사업을 개시하지 아니하는 날을 폐업일로 보는 것이며, 이때 재화의 공급특례에 대한 공급가액 계산 시 경과된 과세기간 수는 "0"으로 한다(부가 46015-4638, 1999. 11. 18.).

④ 일반과세자가 간이과세자로 변경된 후에 다시 일반과세자로 변경된 경우에 재고납부세액의 계산식을 적용함에 있어 경과된 과세기간의 수는 당초 건물 또는 구축물을 취득한 날부터 계산하는 것이며, 경과된 과세기간의 수에는 건물 또는 구축물을 취득한 날이 속하는 과세기간의 수는 1과세기간으로 산입하나 재계산된 날이 속하는 과세기간은 포함하지 아니한다(부가 46015-21, 2001. 1. 5.).

⑤ 법률 개정으로 부가가치세 과세사업에서 면세사업으로 전환됨에 따라 과세사업과 관련하여 취득한 감가상각자산을 면세사업에 사용하는 경우 재화의 공급특례에 해당되는 것이며, 공급가액은 부가령 제66조의 규정에 의하여 계산한다(부가 46015-4549, 1999. 11. 11.).

⑥ 미분양 상가(재고자산)를 임대사업으로 전환함에 따라 사업용 고정자산으로 분류되어 부동산임대업에 사용하다가 자가공급에 해당하게 되는 경우 경과된 과세기간 수의 계산은 준공일로부터가 아닌 임대사업에 공한 날부터 기산하여 경과된 과세기간 수를 계산한다.

⑦ 취득 후 한 번도 사용하지 않은 사업용 고정자산에 대한 간주공급 시에는 경과된 과세기간수를 "0"으로 보나, 계속 사용하던 기간 중 휴업기간이 있는 경우 휴업기간은 경과된 과세기간 수 계산에 영향을 미치지 아니한다.

4) 취득가액

취득가액이라 함은 부가법 제38조에 따라 매입세액을 공제받은 해당 재화의 가액으로 한다. 2012. 2. 2. 이전에는 취득가액을「소득세법 시행령」제89조 또는「법인세법 시행령」제72조 제2항에 규정하는 취득가액(「법인세법 시행령」제72조 제3항에 따른 금액을 포함)으로 취득세 등 기타 부대비용을 포함했었다(부가령 §66 ④).

(3) 면세사업에 일부를 전용 시 공급가액 계산

과세사업에 제공한 감가상각자산을 면세사업에 일부 사용하는 경우에는 다음의 계산식에 따라 계산한 금액을 공급가액으로 하되, 그 면세사업에 의한 면세공급가액이 총공급가액 중 5% 미만인 경우에는 공급가액이 없는 것으로 본다(부가법 §29 ⑪, 부가령 §66 ③).

1) 면세사업에 일부 전용 시 공급가액 계산

① 건물 또는 구축물

$$\text{공급가액} = \text{해당 재화의 취득가액} \times \left(1 - \frac{5}{100} \times \text{경과된 과세기간의 수}\right) \times \frac{\text{면세사업에 일부 사용한 날이 속하는 과세기간의 면세공급가액}}{\text{면세사업에 일부 사용한 날이 속하는 과세기간의 총공급가액}}$$

② 그 밖의 감가상각자산

$$\text{공급가액} = \text{해당 재화의 취득가액} \times \left(1 - \frac{25}{100} \times \text{경과된 과세기간의 수}\right) \times \frac{\text{면세사업에 일부 사용한 날이 속하는 과세기간의 면세공급가액}}{\text{면세사업에 일부 사용한 날이 속하는 과세기간의 총공급가액}}$$

2) 총공급가액과 면세공급가액

위 계산식에서 총공급가액이라 함은 해당 면세사업에 일부 사용한 날이 속하는 과세기간의 과세사업에 대한 공급가액과 면세사업에 대한 수입금액의 합계액을 말하며, 면세공급가액이라 함은 해당 면세사업에 일부 사용한 날이 속하는 과세기간의 면세사업에 대한 수입금액을 말한다.

(4) 겸영사업자의 감가상각자산은 시가산정 후 공급가액 안분계산

과세사업과 면세사업을 겸영하는 일반사업자가 사업을 폐지하는 때에 잔존하는 감가상각자산에 대한 자가공급의 공급가액은 부가령 제66조 제2항(위 "(2)")에 따라 산정한 후 해당 금액을 다시 부가령 제63조 제1항(후술하는 "2"의 공급가액 안분계산)에 따라 안분계산한 가액으로 한다(서면3팀-2380, 2005. 12. 28.).

(5) 건물 중 일부 호실이 면세전용된 경우 공급가액 계산방법

과세사업에 제공하던 건축물을 면세사업에 일부 면세전용하는 경우 부가령 제66조 제3항은 공급가액의 비율을 기준으로 공급가액을 산정하도록 규정하고 있어 부가령 제81조와 같이 사용예정면적기준을 명시하지 않고 있다.

하지만 과·면세 사용면적이 구분되는 경우는 그 면적비율에 의하여 과·면세사업에 실지 귀속되는 매입세액을 합리적으로 계산할 수 있는바, 구분등기된 건축물의 일부를 면세전용하는 등 그 과세·면세 사용예정 면적이 확인되는 경우라면 그 면적비율에 따라 면세전용한 공급가액을 계산함이 합리적이어서 부가령 제81조를 유추적용하여야 한다고 본다.

조세심판원은 문리해석에 따라 공급가액비율로 결정한 사례와 실지귀속을 감안한 유연한 결정을 한 사례가 있어 일관된 입장을 보이지 않고 있는 실정으로 조속한 법령 개정이 필요하다.

사건번호	면세전용 형태(면세비율)	처분기준	심판결정
2005부2339	면적비율 < 공급가액비율	공급가액	면적(인용)
2000중0851	면적비율 < 공급가액비율	공급가액	공급가액(기각)
1998경2772	면적비율 < 공급가액비율	공급가액	공급가액(기각)

※ 법령 개정 전까지는 현 규정에 따라 문리해석하는 것이 바람직하다고 본다.

2 | 과세 · 면세사업 공통사용재화의 공급가액 안분계산

(1) 안분계산의 의의

안분계산이라 함은 하나의 거래가 2개 이상의 과세방법을 달리하는 거래에 해당하는 경우 그 거래의 금액을 적정한 방법에 따라 각각의 과세방법을 달리하는 거래의 금액으로 나누어 계산하는 것을 말하는 것으로, 부가가치세법상 안분계산의 대상이 되는 것은 공급가액의 안분계산 및 매입세액의 안분계산 등이 있다.

이 중 공급가액의 안분계산은 부가가치세가 과세되는 재화 또는 용역을 공급하는 사업(과세사업)과 면세되는 재화 또는 용역을 공급하는 사업(부가가치세가 과세되지 아니하는 재화 또는 용역을 공급하는 사업을 포함하며, 이하 "면세사업 등"이라 한다)에 공통으로 사용되는 재화를 공급하는 경우 또는 과세재화와 면세재화를 함께 공급하거나 과세용역과 면세용역을 함께 공급하는 경우에 해당 대가로서 받는 금액 중에 부가가치세가 과세되는 재화 또는 용역의 공급가액을 안분하여 계산하는 것을 말한다(부가법 §29 ⑧, 부가령 §63).

① 부가가치세가 과세되는 재화 또는 용역을 공급하는 사업과 면세(비과세)되는 재화 또는 용역을 공급하는 사업에 공통으로 사용되는 재화를 공급하는 경우

② 과세재화와 면세재화를 함께 공급하거나(건물과 토지를 함께 양도하는 경우) 과세용역과 면세용역을 함께 공급하는 경우(국민주택건설용역과 부속상가 신축용역을 제공하는 경우)

(2) 안분계산 방법

1) 일반적인 안분계산

과세사업과 면세사업에 공통으로 사용하는 재화를 공급하는 경우에 과세사업 해당분 재화의 공급일이 속하는 과세기간의 직전 과세기간의 공급가액 비율에 의하여 안분계산하며, 구체적인 공급가액 계산방법은 다음의 계산식과 같다(부가령 §63 ①).

$$\text{공급가액} = \text{해당 재화의 공급가액} \times \frac{\text{재화를 공급한 날이 속하는 과세기간의 직전 과세기간의 과세된 공급가액}}{\text{재화를 공급한 날이 속하는 과세기간의 직전 과세기간의 총공급가액}}$$

다만, 위 "공급가액 안분계산식"에서 직전 과세기간의 총공급가액이 없는 경우에는 (휴업 등) 단서의 규정에 의하여 그 재화를 공급한 날에 가장 가까운 과세기간의 공급가액을 적용하여 공급가액을 안분계산한다.

2) 공통매입세액을 사용면적비율로 안분계산한 재화를 공급하는 경우

과세사업과 면세사업에 공통으로 관련된 공통매입세액을 부가령 제81조 제4항 제3호 및 제5항 또는 부가령 제82조 제2호를 적용받은 재화(이상 사용면적비율로 공통매입세액 안분 및 정산) 또는 부가령 제83조에 따라 납부세액이나 환급세액을 사용면적비율에 따라 재계산한 재화로서 과세사업과 부가법 제29조 제8항에 따른 면세사업 등에 공통으로 사용되는 재화를 공급하는 경우에 공급가액에 포함되는 공급가액은 다음 계산식에 따라 계산한다(부가령 §63 ②).

$$\text{공급가액} = \text{해당 재화의 공급가액} \times \frac{\text{재화를 공급한 날이 속하는 과세기간의 직전 과세기간의 과세사용면적}}{\text{재화를 공급한 날이 속하는 과세기간의 직전 과세기간의 총사용면적}}$$

이는 건물의 신축 또는 취득과 관련된 공통매입세액 계산, 공통매입세액의 정산, 납부세액 또는 환급세액의 재계산 시에 매입가액 비율이나 예정공급가액 비율에 우선하여 예정사용면적의 비율을 적용하고 있으므로 이와 균형을 유지하기 위한 것이다.

3) 직전 과세기간

원칙적으로 해당 재화를 공급한 날이 속하는 과세기간의 직전 과세기간의 공급가액을 기준으로 계산하지만, 직전기에 휴업 등으로 인하여 직전 과세기간의 공급가액이 없는 경우에는 그 재화를 공급한 날에 가장 가까운 과세기간의 공급가액에 의하여 계산한다.

또한, 휴업 등으로 인하여 직전 과세기간의 사용면적비율이 없는 경우에는 그 재화를 공급한 날에 가장 가까운 과세기간의 사용면적비율에 의하여 계산한다.

이와 같이 안분계산의 기준을 직전 과세기간 원칙으로 하는 이유는 공급가액 안분계산의 기준이 되는 금액은 해당 공통사용재화와 관련된 공급가액이어야 합리적인 기준이라 할 수 있기 때문이다. 해당 재화는 공급일 이전인 과거의 과세사업 또는 면세사업에 사용·소비되어 부가가치를 창출하였을 것이고, 만일에 해당 과세기간을 기준으로 계산할 경우에는 해당 공통사용재화가 사용·소비되지 않은 부분이 포함될 것이므로 합리적인 기준이 될 수 없음은 당연한 것이라 할 것이며, 재화의 공급일이 속하는 과세기간의 과·면세 공급가액을 기준으로 공급가액을 안분하게 되면 재화의 공급시기에 그 과세기간의 과·면세 공급가액이 확정되지 아니하여 세금계산서 발급이 불가능하게 되는 모순이 발생된다.

반면, 매입세액 안분계산의 경우에는 공통사용재화의 구입일이 속하는 과세기간의 공급가액을 기준으로 하고 있는바, 이는 과세·면세사업에 공통사용 재화는 구입일로부터 장래에 걸쳐 과세사업 및 면세사업에 사용·소비되어 부가가치를 창출하는 것이기 때문이다.

4) 공급가액의 범위

안분계산대상은 매입세액 안분계산 시의 공급가액의 범위와 동일하게 공통사용되는 재화가 과세나 면세사업과 관련이 있어야 하는 것이므로 과세공급가액은 공통사용된 재화와 관련된 과세사업의 공급가액을, 면세공급가액은 공통사용된 재화와 관련된 면세사업만의 수입금액을, 총공급가액은 이러한 과세공급가액과 면세공급가액의 합계액으로 하여야 할 것이다.

또한, 본점과 지점에 공통사용하던 본점 또는 지점에 있는 차량운반구 등 사업용 고정자산 등을 매각하는 경우 총공급가액은 해당 자산이 소속된 본점 또는 지점만의 공급가액이 아니라 본점과 지점의 과세·면세분 공급가액을 합산한 금액으로 한다. 하지만 해당 자산이 오로지 특정지점의 과세·면세사업에만 전적으로 사용한 경우라면 특정지점만의 과세분과 면세분 공급가액의 합계액으로 한다(부가 1265-3023, 1982. 12. 1.).

5) 안분계산의 생략

다음의 경우 계산의 중요성, 경제성 및 납세편의를 고려하여 안분계산을 하지 않고 해당 공급가액 전부를 공급가액으로 한다(부가령 §63 ③).

① 재화를 공급하는 날이 속하는 과세기간의 직전 과세기간의 총공급가액 중 면세공급가액이 5% 미만인 경우. 다만, 2010. 2. 18. 이후 공급분부터는 해당 재화의 공급가액이 5천만 원 이상인 경우를 제외한다.

② 재화의 공급가액이 50만 원 미만인 경우(2010. 2. 18. 시행령 개정일 전에는 20만 원 미만)

③ 재화를 공급하는 날이 속하는 과세기간에 신규로 사업을 개시하여 직전 과세기간

이 없는 경우

이때 재화의 공급가액이 50만 원 미만인 경우라 함은 공급되는 재화의 단위별 가액이 50만 원 미만인 경우를 말하는 것으로 과세기간별로 공통사용되는 재화의 매입세액의 합계액이 5만 원 미만의 경우에 매입세액안분계산을 생략하는 것과는 달리 규정하고 있다. 하지만, 사업자가 면세사업과 과세사업에 공통으로 사용하기 위하여 건물을 신축함에 있어 매입세액을 예정사용면적비율에 따라 공제받고 해당 건물을 준공 후 사업개시 전에 양도한 경우에는 건물 양도가액 전액을 공급가액으로 하고 해당 신축건물의 매입세액은 부가령 제81조 제2항에 따라 전액 공제되므로 부가령 제82조 제2호의 계산식에 의하여 정산한다(부가 46015-4048, 2000. 12. 16.).

6) 공급가액 안분계산 생략이 적용되지 않은 사례

▌취득 및 양도현황

편의점을 운영하는 사업자가 2010년 2기 과세기간 중 과세·면세사업에 공통으로 사용되어 실지귀속을 구분할 수 없는 매입세액과 과세·면세사업에 공통으로 사용되는 재화를 공급한 경우 기계장치의 공급가액과 차량운반구의 불공제 매입세액을 구하여라.

① 공급가액 신고현황
- 2010년 1기 과세매출 960백만 원, 면세매출 40백만 원(총공급가액 10억 원의 4%)
- 2010년 2기 과세매출 580백만 원, 면세매출 20백만 원(총공급가액 6억 원의 3%)

② 매입 및 매출현황
㉠ 2010. 11. 25. 기계장치(2009. 1. 1. 취득)를 80백만 원(공급가액)에 매각
㉡ 2010. 10. 28. 과세와 면세의 실지귀속이 불분명한 차량운반구 60백만 원(공급가액)에 구입

▌공급가액 및 공통매입세액 불공제분 산출방법

① 종전(2010. 2. 17. 이전)에는 면세매출비율이 3%로 공급가액 안분계산 생략대상으로 80백만 원 전액을 공급가액으로 보았으나, 2010. 2. 18. 이후 해당 재화의 공급가액이 5천만 원 이상이면 안분계산대상임.
- 부가가치세 공급가액 = 80백만 원 × 직전기 과세매출비율(100% - 4%) = 76.8백만 원

② 종전(2010. 2. 17. 이전)에는 해당 과세기간의 면세매출비율(3%)이 5% 미만으로 6백만 원 전액을 공제대상 매입세액으로 하였으나, 2010. 2. 18. 이후 개별자산의 취득가액이 5천만 원 이상인 과세·면세 공통사용 자산의 구입에 대하여는 공통매입세액 안분계산대상임.
- 불공제 매입세액 = 6백만 원을 안분계산 × 3% = 18만 원

(3) 과세 · 면세 겸영 부동산 양도 시 공급가액 계산 사례

1) 사례1

▌양도 현황

- 약국(과세 · 면세 겸영사업)을 운영하던 사업자가 약국 건물로 사용하던 부동산을 매각함.
- 매매가액: 6억 원(부가가치세 별도, 토지 및 건물가액이 불분명하고 감정가액은 없음)
- 기준시가: 토지 4억 원, 건물 2억 원
- 부가가치세 신고현황

구분	직전기	당기
과세분	2억 원	2억 원
면세분	3억 원	2억 원
합계	5억 원	4억 원

▌건물의 부가가치세 공급가액 산출방법(부가-2976, 2008. 9. 9.)

- 1차 안분계산: 기준시가에 의한 건물가액의 산정
  6억 원 × 2억 원 / (4억 원 + 2억 원) = 2억 원
- 2차 안분계산: 직전연도 공급가액 비율로 건물분 공급가액 산정
  2억 원 × 2억 원 / (2억 원 + 3억 원) = 8천만 원

2) 사례2

▌양도 현황

양도 현황은 "사례1"과 같으나 건물가액에 부가가치세액이 포함된 경우

▌건물 공급가액 산출 방법: 〈방법2〉가 합리적임.

〈방법1〉

- 1차 건물 매매가액 계산(직전기 공급가액 비율로 안분)
  6억 원 × 2억 원 / (3억 원 + 2억 원 × 1.1) = 230,769,230원
  ⇒ 다만, 위의 계산식은 1차 건물 매매가액 계산 시 토지에 부가가치세가 감안되는 모순이 있다.
- 2차 건물분 공급가액 계산(기준시가로 안분)
  230,769,230원 × 2억 원 / (4억 원 + 2억 원) = 76,923,076원

〈방법2〉

- 과세표준 = 실지거래가액 × [건물기준시가 × (직전기 과세공급가액 ÷ 직전기 총공급가액)] ÷ [토지기준시가 + 건물기준시가 + {(건물기준시가 × 직전기 과세공급가액 ÷ 직전기 총공급가액) × 10%}]
- 과세표준 = 6억 원 × [2억 원 × (2억 원 ÷ 5억 원)] ÷ [4억 원 + 2억 원 + {(2억 원 × 2억 원 ÷ 5억 원) × 10%}]
  ≒ 78,947,368원

3) 사례3

▌양도 현황

양도 현황은 "사례1"과 같으나 건물과 토지의 매매가액의 구분이 분명한 경우(부가가치세액이 포함)
- 토지: 4억 원, 건물 2억 원(부가세 포함)

▌건물양도분에 대한 공급가액 계산

2억 원 × 2억 원 / (3억 원 + 2억 원 × 1.1) = 76,923,076원
※ 감정평가가액 또는 구분된 실지거래가액이 있는 경우임.

4) 사례4

▌양도 현황

양도 현황은 "사례1"과 같으나 건물과 토지의 매매가액의 구분이 분명하고 건물에 대한 부가가치세액이 매매가액에 포함되지 않은 경우
- 토지: 4억 원, 건물 2억 원(부가세 별도)

▌건물양도에 대한 공급가액 계산

2억 원 × 2억 원 / (3억 원 + 2억 원) = 80,000,000원
※ 감정평가가액 또는 구분된 실지거래가액이 있는 경우임.

3 | 토지와 건물을 일괄 공급 시 공급가액 안분계산

(1) 토지와 건물 등 구분된 실지거래가액이 있는 경우

1) 일반 원칙

당초부터 재화의 성격상 과세나 면세를 구별하기 어렵거나, 당초부터 과세나 면세가 확실히 구별되는 둘 이상의 재화를 공급하는 경우에는 상기 "2의 (2)" 계산식을 적용할 수 없다.

사업자가 토지와 그 토지에 정착된 건물 및 그 밖의 구축물(이하 "건물 등"이라 함)을 함께 공급하는 경우 토지와 건물 등의 공급을 주된 사업으로 하는 자가 공급하는 것인지의 여부에 관계없이 토지의 공급에 대하여는 부가가치세가 면제되고 국민주택을 제외한 건물 등은 부가가치세가 과세된다. 따라서 토지와 건물 등을 함께 공급하는 경우에는 부가가치세가 면제되는 토지의 공급가액과 면제되지 아니하는 건물 등의 공급가액을 구분하여 계산하여야 한다.

이 경우 토지와 건물 등의 공급시기에 토지와 건물 등의 가액이 확정된 경우, 즉 구분된 실지거래가액이 있는 경우에는 과세대상인 건물 등의 공급가액의 결정을 토지와 구분된 건물 등의 실지거래가액에 의한다(부가법 §29 ⑨).

"구분된 실지거래가액이 있는 경우"라 함은 시가 또는 객관적 교환가치와는 다른 개념으로 매매계약서상의 매매금액이 실지거래가액임이 확인되고 계약서상에 토지의 가액과 건물 등의 가액이 구분 표시되어 있으며, 구분 표시된 토지와 건물 등의 가액 등이 정상적인 거래 등에 비추어 합당하다고 인정되는 경우를 말한다. 또한, 매매계약서상에는 토지의 가액과 건물 등의 가액이 구분 표시되어 있지는 않으나, 계약서상에 적혀 있는 매매금액이 실지거래가액임이 확인되고 매매계약서 체결 전에 계약당사자 간에 건물 등의 가액 및 토지가액을 합의한 사실이 관련 증빙 등에 의하여 확인할 수 있는 경우로서 구분된 토지와 건물 등의 가액 등이 정상적인 거래 등에 비추어 합당하다고 인정되는 경우도 포함한다(재소비-165, 2004. 2. 13. ; 대법원 93누18914, 1995. 2. 24.).

대법원은 매매계약서에 토지가액, 건물가액, 부가가치세액 등이 구분기재된 경우 그 기재된 가액이 허위라는 과세관청의 입증이 없는 한 객관적 교환가치와 다르더라도 그 구분된 실지거래가액을 인정해야 된다는 입장이다(서울행정법원 2007구합2074, 2007. 7. 19. ; 서울고등법원 2007누21039, 2008. 4. 17.).

2) 계약서상 건물가액이 없는 경우

① 계약서상에만 건물공급가액을 "0"으로 표시한 경우

사업자가 토지와 그 토지에 정착된 건물을 함께 공급하면서 계약서상에 토지가액만 표기하고 건물가액은 없는 것으로 하였다 하더라도 형식적 구분기재에 불과하고, 실제 재산적 가치가 있는 건물이 공급된 것이 확인되는 경우에는 해당 건물에 대한 공급가액은 부가령 제64조에 따라 공급계약일 현재의 기준시가에 따라 계산한 가액에 비례하여 안분계산한 금액으로 한다(부가 46015-4240, 1999. 10. 20.).

② 철거조건으로 토지 및 건물 양도 시 공급가액 계산

토지와 건물 등을 함께 공급하면서 계약서상 토지 및 건물가액을 구분 표시하되, 건물가액이 없는 것으로 약정하고 양수인이 양도받은 건물을 철거하였더라도 매매계약 당시 건물철거가 예정되어 있고 실제로도 철거되었으며, 계약서에 구분 표시된 건물가액이 통상의 합리성 있는 경제행위에서 일탈한 것이라고 보기에는 무리가 있고, 정상적인 거래 등에 비추어 합당하다고 인정되는 경우 건물의 공급가액은 '0'원으로 할 수 있는 것으로 건물 등의 가액이 이에 해당하는지 여부는 매매계약서, 주변시세, 토지의 감정가액, 건물 노후화 상태, 사용 여부 및 철거현황 등 제반사정을 종합하여 판단하여야 한다(재부가-267, 2012. 5. 24. ; 조심 2009부3194, 2009. 12. 10.).

국세청은 최근 기준시가가 토지 199억 원, 건물 32억 원인 임대용부동산(양도 전 월임대료 약 7억 원)을 매매가액 430억 원(건물가액은 멸실예정으로 "0"로 합의하여 구분기재, 토지의 감정평가가액은 458억 원임)으로 양도하였으며, 매수인은 곧바로 철거를 시작하여 3개월 내에 멸실한 경우, 실지거래가액이란 객관적 교환가치를 반영하는 일반적인 시가가 아니라 실지의 거래대금 그 자체 또는 거래 당시 급부의 대가로 실지 약정된 금액을 의미하는 바, 사적자치의 원칙과 경제적 합리성을 가지고 거래당사자 간 합의로 멸실예정 건물을 토지와 구분하여 분명하게 "0"으로 기재하고 곧바로 철거가 개시되었으며 매수자의 취득목적인 철거 후 신건물의 신축에 있었으며 건물에 대한 형식적 소유권이전절차가 있었으나 매수인이 임대하거나 기타 사용·수익한 사실이 없어 430억 원을 기준시가의 비율로 안분하여 건물에 대한 부가가치세를 과세한 처분은 잘못이라고 결정하였다(심사부가 2018-0079, 2019. 3. 22.).

다만, 위 사례가 2019. 1. 1. 이후 공급분이라면 아래 "(2)"의 "5)"와 같이 30% 이상 차이가 나는 경우에도 해당 규정을 문리해석하여 그 가액의 구분이 불분명한 경우로 보아 공급가액을 안분계산하여야 한다고 회신하였다(사전-2020-법령해석부가-0544, 2020. 8. 24.).

③ 건물철거에 따른 보상비를 받는 경우

사업자가 부가가치세가 과세되는 사업에 사용하던 부동산(토지, 건물 등)을 양도함에 있어 토지만의 양도가 용이하고 가격 조건이 양호하므로 그 건물 등을 멸실하고 토지에 정착된 재화(건물, 구축물 등)를 공급자(양도자)의 책임하에 철거 · 멸실한 후 토지만을 양도하고 해당 재화의 철거로 인한 손실에 대한 보상금을 양수자로부터 받는 경우에는 부가가치세가 과세되지 아니한다(부가 46015-386, 1996. 2. 29.).

(2) 토지와 건물 등 구분된 실지거래가액이 없는 경우

사업자가 토지와 그 토지에 정착된 건물 등을 함께 공급하는 경우로서 실지거래가액 중 토지의 가액과 건물 또는 구축물 등의 가액의 구분이 불분명한 경우에는 다음에 정하는 순서에 따라 안분계산한다(부가법 §29 ⑨, 부가령 §64).

| 토지 · 건물 일괄 공급 시 공급가액 안분계산 순서 |

① 구분된 실지거래가액 → ② 감정평가가액 → ③ 기준시가 → ④ 장부가액(취득가액) → ⑤ 국세청장이 고시한 방법

구 분	안분계산 방법
① 감정가액이 모두 있는 경우	• 감정가액에 비례하여 안분계산
② 기준시가가 모두 있는 경우	• 기준시가에 비례하여 안분계산
③ 기준시가가 모두 또는 일부가 없는 경우 i. 장부가액이 있는 경우 ii. 취득가액만 있는 경우	• 장부가액(취득가액), 기준시가 유무에 따라 아래와 같이 계산 i. 장부가액에 비례하여 1차 안분계산 후 기준시가가 있는 자산은 다시 기준시가에 의해 2차 안분계산 ii. 취득가액에 비례하여 1차 안분계산 후 기준시가가 있는 자산은 다시 기준시가에 의해 2차 안분계산
"①~③"을 적용할 수 없거나 곤란한 경우	국세청장 고시에 따라 안분계산

1) 토지 및 건물 등의 감정가액이 모두 있는 경우

토지와 건물 등에 대한 「소득세법」 제99조에 따른 기준시가가 모두 있는 경우에는 공급계약일 현재의 기준시가에 따라 계산한 가액에 비례하여 안분(按分) 계산한 금액을 공급가액으로 한다. 다만, 토지와 건물 등의 감정평가가액이 각각 있는 경우에는 그 감정평가가액에 비례하여 안분계산한 금액으로 한다(부가령 §64 1).

여기서 감정평가가액이라 함은 부가령 제28조에 따른 공급시기(중간지급조건부 또는 장기할부판매의 경우는 최초 공급시기)가 속하는 과세기간의 직전 과세기간 개시일부터 공급시기가 속하는 과세기간의 종료일까지 「부동산가격공시 및 감정평가에 관한 법률」 제2조 제9호에 따른 감정평가업자(2015. 2. 3. 이후 토지와 건물 등을 평가하는 분부터는 감정평가법인 외에 개인 감정평가사를 포함한다. 이하 같다)가 평가한 감정평가가액을 말한다.

또한, 사업자가 토지와 그 토지에 정착된 건물 및 구축물을 함께 양도함에 있어 매도자 및 매수자가 각각 사업상 필요에 의하여 2인의 감정평가업자에게 감정평가를 의뢰함에 따라 서로 다른 2개의 감정평가가액이 있는 상황하에서 해당 부동산을 토지 및 건물가액을 구분하지 아니하고 양도한 경우 건물의 공급가액의 안분계산방법은 그 감정한 가액의 평균액으로 안분계산한다(서면3팀-20, 2008. 1. 3.).

① 부가가치세액이 포함되지 않는 경우

> 공급가액 = 총거래가액(부가가치세 불포함) × {건물 등 감정평가가액 ÷ (토지감정평가가액 + 건물 등 감정평가가액)}

② 부가가치세가 포함된 경우

> 공급가액 = 총거래가액(부가가치세 포함) × [건물 등 감정평가가액 ÷ {토지감정평가가액 + 건물 등 감정평가가액 + 부가가치세상당액(건물 등 감정평가가액 × 10%)}]

2) 토지와 건물 등의 기준시가가 있는 경우

위 "1)"에 규정한 감정평가가액이 없는 경우로서 토지와 건물 등에 대한 「소득세법」 제99조에 따른 기준시가가 모두 있는 경우에는 공급계약일 현재의 기준시가에 따라 계산한 가액에 비례하여 안분계산한다.

① 부가가치세액이 포함되지 않는 경우

> 건물 등 공급가액 = 총거래가액(부가가치세 불포함) × {건물기준시가 ÷ (토지기준시가 + 건물 등 기준시가)}

② 부가가치세가 포함된 경우

건물 등 공급가액 = 총거래가액(부가가치세 포함) × [건물기준시가 ÷ {토지기준시가 + 건물 등 기준시가 + 부가가치세 상당액(건물 등 기준시가 × 10%)}]

3) 토지 또는 건물 등의 기준시가가 없거나 일부 있는 경우

토지와 건물 등 중 어느 하나 또는 모두의 기준시가가 없는 경우로서 감정평가가액이 없는 경우에는 장부가액(장부가액이 없는 경우에는 취득가액)에 비례하여 안분계산한 후 기준시가가 있는 자산에 대하여는 그 합계액을 다시 기준시가에 의하여 안분계산한다(부가령 §64 2).

위 규정은 토지와 건물 등 부동산만을 일괄하여 양도한 경우에는 적용할 수 없고 부동산과 부동산 외의 자산(기계장치 등)을 일괄하여 양도하는 경우에 적용된다.

① 기준시가가 있는 자산(토지 · 건물)의 가액 산출

토지 및 건물의 가액(A) = 총거래가액(부가가치세 불포함) × {기준시가가 있는 토지 · 건물의 장부가액(취득가액) ÷ 토지 · 건물 · 기계장치의 장부가액(취득가액) 총합계액}

② 건물 등의 공급가액 산출

건물의 공급가액 = 기준시가 있는 토지 · 건물의 가액(A) × (건물기준시가 ÷ 토지 및 건물의 기준시가 합계액)

③ 토지, 건물 외의 자산(기계장치 등)에 대한 공급가액 산출

기계장치의 공급가액 = 총거래가액(부가가치세 불포함) × {기계장치 등의 장부가액 ÷ (토지의 장부가액 + 건물 등의 장부가액 + 기계장치 등의 장부가액)}

① 상기 거래가액에 부가가치세가 포함된 경우

토지, 건물, 기계장치를 일괄 공급하면서 그 거래금액에 부가가치세액이 포함된 경우에는 위 계산식의 분모 중 건물장부가액(취득가액) 및 기계장치 장부가액(취득가액)에 10%의 부가가치세를 가산한다.

② 장부가액이라 함은 세무회계상의 장부가액을 의미하는 것이므로 주택을 신축하여 분양하는 사업자가 분양대상주택을 신축하기 전에 건축예정가를 분양가액으로 하여 공급하는 경우에는 부가령 제64조 제2호의 규정을 적용하지 아니한다(부가 46015-1723, 1995. 9. 20.).

4) 위 "1)" 내지 "3)"을 적용할 수 없는 경우

위 "(2)의 1)" 내지 "3)"을 적용할 수 없거나 적용하기 곤란한 경우에는 다음과 같이 국세청장이 정하는 바에 따라 안분계산한다.

① 토지와 건물 등의 가액을 일괄산정·고시하는 오피스텔 등을 공급하는 경우

사업자가 토지와 건물의 가액을 일괄하여 산정·고시하는 오피스텔, 상업용 건물 및 주택을 공급하는 경우로서 실지거래가액 중 토지의 가액과 건물 등의 가액의 구분이 불분명한 경우에는 다음과 같이 과세표준을 계산한다.

가. 토지 및 건물 등의 기준가액 산정

토지의 기준가액은 토지의 기준시가로 하고, 건물 등의 기준가액은 국세청장이 고시한 건물의 기준시가의 산정방법을 준용하여 계산한 가액으로 하는 것이므로 건물기준가액을 일괄고시가격에서 토지의 기준시가를 차감한 금액으로 산정하는 것이 아님에 유의하여야 한다(서면3팀-542, 2007. 2. 14.).

나. 공급가액의 안분계산

공급가액 = 실지거래가액(부가가치세 불포함) × (ⓐ 건물 등의 기준가액 ÷ ⓑ 토지의 기준가액과 ⓐ에 의한 건물 등의 기준가액의 합계액)

ⓐ: 「소득세법」 제99조 제1항 제1호 나목에 따라 국세청장이 고시한 건물의 기준시가의 산정방법을 준용하여 계산한 가액

ⓑ: 「소득세법」 제99조 제1항 제1호 가목에 따른 토지의 기준시가

② 건물의 건축 중에 토지와 건물을 함께 공급하는 경우

사업자가 건물의 신축 중에 토지와 건물의 공급계약을 체결하면서 해당 건물을 완성

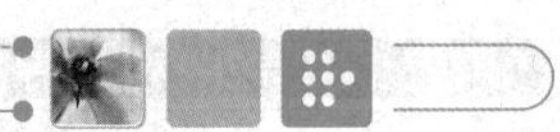

하여 공급하기로 한 경우로서 실지거래가액 중 토지의 가액과 건물 등의 가액의 구분이 불분명한 경우에는 다음의 순서에 의하여 과세표준을 계산한다.

가. 토지 및 건물 등의 기준가액 산정

토지는 토지의 기준가액에 의하고, 건물 등은 공급계약일 현재에 건축법상의 건축허가조건에 따라 건물이 완성된 것으로 보아 건물 등의 기준가액에 의한다.

나. 과세표준의 안분계산

과세표준 = 실지거래가액(부가가치세 불포함) × (ⓒ 건물 등의 기준가액 ÷ ⓓ 토지의 기준가액과 건물 등의 기준가액(ⓒ)의 합계액)

ⓒ: 공급계약일 현재에 건축법상의 건축허가조건에 따라 건물이 완성된 것으로 보아 「소득세법」 제99조 제1항 제1호 나목에 따라 국세청장이 고시한 건물의 기준시가의 산정방법을 준용하여 계산한 가액
ⓓ: 「소득세법」 제99조 제1항 제1호 가목에 따른 토지의 기준시가

다. 과세표준의 정산

당초의 건축허가조건이 변경되거나 건축허가조건과 다르게 건물이 완성되는 경우 해당 건물 등이 완성된 날(완성된 날이 불분명한 경우에는 준공검사일)에 위 "나"에 의한 과세표준을 정산하여야 한다.

③ 미완성된 건물 등을 토지와 함께 공급하는 경우

사업자가 토지와 미완성된 건물 등을 미완성의 상태로 함께 공급한 경우로서 실지거래가액 중 토지의 가액과 건물 등의 가액의 구분이 불분명한 경우, 토지는 기준가액(기준시가)으로 하고, 미완성된 건물 등은 장부가액(장부가액이 없는 경우에는 취득가액)으로 하여 그 가액에 비례하여 실지거래가액을 안분계산한다.

※ 조세심판원은 장부가액이 있는 미완성건물과 기준시가 및 장부가액이 모두 있는 토지를 함께 양도한 경우로서 실지거래가액이 불분명한 경우 미완성건물의 가액을 토지와 미완성건물의 장부가액비율로 안분하도록 결정한 바 있다(국심 2006구0215, 2007. 5. 9.).

5) 구분기재가액이 기준시가 등으로 안분한 금액과 30% 이상 차이가 나는 경우

2019. 1. 1. 이후 토지와 건물 등을 일괄공급하는 분부터는 사업자가 실지거래가액으로 구분한 토지와 건물 또는 구축물 등의 가액이 위 "1)"부터 "4)"까지의 방법에 따라 안분계산한 금액과 30% 이상 차이가 발생한 경우 그 방법("1)"~"4)"의 방법)에 따라 계산한 금액을 공급가액으로 한다. 이는 사업자가 토지와 그 토지에 정착된 건물 또는

구축물 등을 함께 공급하는 경우 자산별 가액을 임의로 구분하여 조세를 회피하는 사례를 방지하기 위하여 그 기준시가 등에 따라 안분계산한 금액을 공급가액으로 하도록 개정한 것이다(부가법 §29 ⑨ 단서 신설).

구 분	매매계약서 (구분된 가액)	안분산식 (기준시가 등)	차 이
건축물	140	160	**12.5%** (160－140) / 160
토 지	60	40	**50%** (60－40) / 40
합 계	200	200	

1) 안분산식이란 부가령 제64조 제1항에 따라 안분계산한 건축물 가액을 말함.
2) 위 사례에서 토지의 경우 차이가 30% 이상이므로 법정산식에 따라 건축물 공급가액을 안분계산한다.

위 개정 이후 국세청은 철거를 전제로 당사자 간 합의에 의해 건물의 가액을 "0"으로 계약하였고 그 건물의 사용가치가 미미하였으며 실제 철거가 이루어진 경우에도 기준시가 등에 따라 안분한 금액을 공급가액으로 하여야 한다고 회신하였다(서면-2020-법령해석부가-3074, 2020. 10. 27.). 양도되는 건물의 경제적 가치가 없어 건물가액을 "0"원으로 약정한 것을 강제로 경제적 가치를 의제하여 매매가액을 토지와 건축물의 기준시가 등으로 안분하는 것은 재산가치가 있는 재화를 과세대상으로 하는 부가법의 기본원리나 그 입법취지 및 경제적 합리성 등에 비추어 불합리하다.

아울러 「산업집적활성화 및 공장설립에 관한 법률」 제39조 제5항에 따르면 산업용지 또는 공장 등을 소유한 입주기업체가 이를 양도할 때 토지는 취득가격에 이자 및 비용을 합산한 금액, 공장 등은 감정평가가액으로 하여 양도가액을 정할 수 있다고 규정하고 있는데, 만약 매도자가 이 법률에 따라 양도가액으로 매수인과 합의하여 양도했더라도 기준시가 등으로 안분한 비율이 30% 이상 차이가 날 경우 무조건 기준시가 등으로 공급가액을 경정해야 하는지도 의문이었다.

이러한 문제점을 시정하기 위한 2021년 12월 부가법 개정이 이루어졌는데, 실지거래가액 중 토지의 가액과 건물 또는 구축물 등의 가액의 구분이 불분명한 경우 또는 위와 같이 안분계산한 금액과의 차이가 30% 이상 차이가 있는 경우에도 불구하고 다른 법령에서 정하는 바에 따라 가액을 구분한 경우 등 다음의 사유에 해당하는 경우는 사업자가 실지거래가액으로 구분한 가액에 따른다(2022. 2. 15. 전에 토지와 건물 등을 함께 공급한 경우의 공급가액에 관하여는 동 개정규정에도 불구하고 종전의 규정에 따른다(부가법 §29 ⑨ 2호 단서, 부가령 §64 ②, 부칙 §7).

① 다른 법령에서 정하는 바에 따라 토지와 건물 등의 가액을 구분한 경우

② 토지와 건물 등을 함께 공급받은 후 건물 등을 철거하고 토지만 사용하는 경우

하지만 계약서 등 증빙서류에 토지와 건축물의 가액의 구분이 되어 있기는 하지만 그것이 통상의 거래 관행에 현저히 벗어나 합리적인 가액 구분이라고 볼 수 없는 경우로 간주하겠다는 규정이지만 위 개정에 불구하고 여전히 문제점을 안고 있는 규정이다.

개별 사안에 따라 건축물가액의 실질 경제가치나, 노후화 및 그 밖의 다른 여건으로 보아 경제적 합리성이 인정되더라도 부가법이 강제적으로 공급가액을 산정하겠다는 규정이 되어 버렸고, 특히 위 표에서 살펴보았듯이 부가가치세 과세대상이 되는 건축물의 공급가액산정에 관한 규정임에도 토지의 가액 비중이 일괄공급가액에서 차지하는 비중이 낮을수록 앞 표의 건축물 차이 비율이 30% 미만이더라도 토지의 차이비율은 구분된 가액과 기준시가 안분금액 차이가 미미함에도 30% 이상이 되기 때문에 건축물의 공급가액을 기준시가비율에 따라 계산하여야 하는 불합리한 점이 발생하므로 개정이 필요한 규정이다. 즉 일괄공급하는 면세재화의 가격이 낮을수록 과세재화의 공급가액이 증가한다는 것은 공정하지 못하다.

다만, 표상의 차이비율이 30% 이상 발생 시 토지와 건축물의 구분된 가액이 불분명한 경우로 보는 부가법 제29조 제9항의 규정은 소득법 제100조 제2항, 제3항의 규정을 인용한 것이고 법원은 자산별(일괄양도한 토지만 기준시가 대비 비율차이가 30%인 경우)로 구분하여 기장한 가액이 자산별 기준시가 등에 따른 안분가액과 100분의 30 이상 차이가 있는 경우 가액 구분이 불분명한 때로 판시(부산고법 2023누10351, 2024. 1. 23.외 다수)하고 있어, 향후 위 문제점에 대한 부가가치세 불복소송 시에도 어려움은 예상되나 부가가치세는 간접세이고 거래징수의 문제가 있기 때문에 직접세와는 달리 판단할 여지도 있다고 본다.

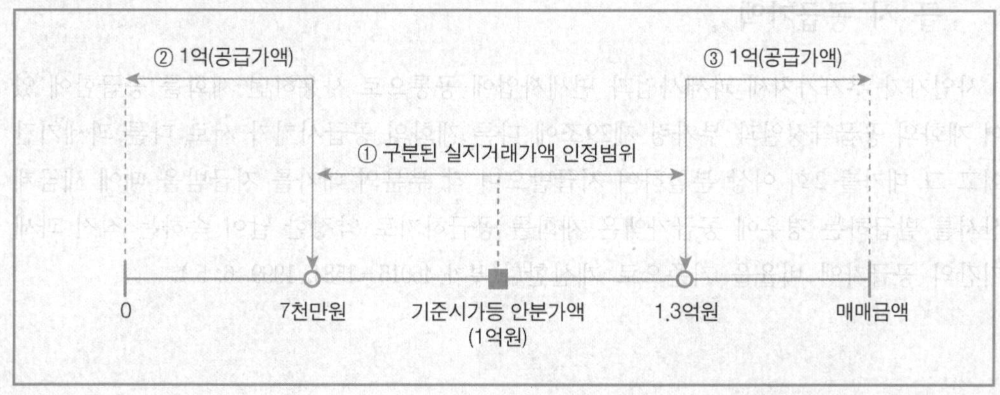

※ 구분기재된 거래가액이 위 "①"의 범위 내이면 그 거래가액이나 "②" 또는 "③"의 범위에 있다면 7천만 원 또는 1.3억 원과의 차이금액이 공급가액의 과소기재, 과다기재로 삼는 것이 아니라 기준시가등 안분가액 1억 원과의 차액을 과소기재 또는 과다기재로 보아 공급가액을 경정하게 된다(조심 2023부8125, 2024. 2. 5.).

▌철거예정 건축물 공급가액을 "0"으로 기재한 경우 양도소득세 계산

기획재정부는 매매특약에 따라 잔금청산 전에 주택을 멸실한 경우 양도물건의 판정기준일(1세대1주택 비과세, 장기보유특별공제(표 1, 표 2) 및 다주택자 중과세율 적용 여부 등)은 양도일(잔금청산일)이라고 회신하여 조세심판원 결정례(조심 2022부0148, 2022. 4. 4.)와 다른 취지의 회신을 하면서 그 적용시기를 2022. 12. 20. 이후 매매계약을 체결한 분부터 적용하도록 하였다(기획재정부 재산세제과-1543, 2022. 12. 20.). 지방세법상 취득시기도 자금청산일이 원칙이다(조심 2017지0178, 2017. 4. 7.). 또한 주택에 대한 매매계약을 체결하고, 그 매매특약에 따라 잔금청산 전에 주택을 상가로 용도변경한 경우 양도일(잔금청산일)이 타당하며, 회신일 이후 매매계약 체결하는 경우부터 적용한다고 회신하였다(기획재정부 재산세제과-1322, 2022. 10. 21.).
물론 양도소득세나 취득세 관련 해석이기는 하나, 양도시기나 공급시기를 기준으로 양도물건의 각종 비과세, 감면, 세율을 정한 것이다. 부가법 제29조 제9항 제2호의 단서의 규정은 건축물의 부가가치세 공급가액 산정을 위한 기준에 불과한 것으로 매매계약 당시 양도대상 건축물의 철거가 예정되었고 실제 잔금청산일 이후 철거되었다면 그 공급가액을 "0"으로 삼을 수 있다는 것이지 양도소득세 산정에 있어서도 잔금청산시기에 건축물이 존재함에도 부가가치세 공급가액이 "0"이라는 이유로 건축물이 양도대상에서 제외되어 건축물에 대한 양도차손익을 계상할 수 없다고 할 수 있는지는 의문이다. 현재 실무상 건축물에 대한 양도차손을 계상할 수 없어 양도소득세가 많이 나오므로 부득이 철거예정의 건축물 공급가액을 부가법 제29조 제9항 제2호의 본문을 적용하여 기재하고 있어 이 부분은 향후 조세불복을 통해 바로잡을 수 있을 것으로 판단된다(저자의 개인적 견해임).

(3) 과 · 면세 공통사용재화를 중간지급조건부 또는 장기할부조건으로 공급 시 공급가액

사업자가 부가가치세 과세사업과 면세사업에 공통으로 사용하던 재화를 공급함에 있어 재화의 공급약정일과 부가령 제29조에 다른 재화의 공급시기가 서로 다른 과세기간이고 그 대가를 2회 이상 분할하여 지급받으며 각 부분의 대가를 지급받을 때에 세금계산서를 발급하는 경우에 공급가액은 재화를 공급하기로 약정한 날이 속하는 직전 과세기간의 공급가액 비율을 기준으로 계산한다(부가 46015-1584, 1999. 6. 5.).

(4) 합병일이 속하는 과세기간에 양수받은 과 · 면세 공통사용재화 매각 시 공급가액

합병으로 인하여 피합병법인이 과세 · 면세사업에 공통으로 사용하던 재화를 양수받은 합병법인이 해당 재화를 합병일이 속하는 과세기간에 매각하는 경우 해당 재화의 부가가치세 공급가액은 과세 · 면세 공급가액 비율로 안분계산하는 것이며, 이 경우 직전 과세기간의 공급가액은 피합병법인의 합병 전 최종 과세기간의 직전 과세기간의 공급가액에 의한다(부가 46015-2282, 1998. 10. 10.).

(5) 분양권 양도에 따른 공급가액의 계산

신축 중인 오피스텔을 분양받은 사업자가 계약금 및 중도금 등을 지급한 후 해당 재화를 취득할 수 있는 권리(분양권)를 양도함에 있어 해당 분양권 거래가액 중 토지 관련분은 부가가치세가 면제되는 것이나, 해당 건물 관련분에 대하여는 부가가치세가 과세된다. 또한, 이 경우 과세되는 공급가액과 면세되는 공급가액의 구분에 대하여는 부가령 제64조의 규정을 준용한다(서삼 46015-10796, 2002. 5. 14.).

(6) 소유주가 다른 토지와 건물을 일괄양도하는 경우 공급가액 안분계산

토지와 건물을 함께 양도하여 전체 실지거래가액은 확인되나 자산별로 구분이 불분명한 경우(토지와 건물의 가액 구분이 불분명한 때라 함은 토지와 건물의 가액이 명확하게 구분되어 있더라도 그것이 당사자 사이의 진정한 합의에 의한 것이 아니라거나 통상의 거래관행을 벗어나 합리적인 가액 구분이라고 볼 수 없는 경우도 포함됨)에는 소득법 제100조 제2항 및 소득령 제166조 제6항에 따라 취득 또는 양도 당시의 기준시가 등을 감안하여 부가령 제64조에 따라 안분계산하는 것이며, 동 규정은 토지와 건물의 소유자가 상이하고 매수자는 동일한 경우로서 이를 사실상 일괄양도(토지 및 건물 매매계약서를 각각 작성한 경우 포함)한 경우에도 적용된다. 즉, 소득령 제166조 제4항, 부가법 제29조 제9항, 부가령 제64조가 토지와 건물 등의 양도자가 동일한 경우에만 적용되는 것은 아니다(기준-2021-법령해석부가-0105, 2021. 6. 24. ; 재산세과-3875, 2008. 11. 20. ; 재산세제과-513, 2009. 3. 18. ; 대법원 2009두15913, 2009. 11. 16. ; 서울고법 91구5060, 1992. 3. 4. ; 대전고법 2017누10294, 2017. 6. 22. ; 재산세과-1703, 2008. 7. 16.).

(7) 부동산 및 기계장치 일괄공급 시 공급가액 안분계산 사례

사례

문의

제조업을 영위하는 사업자 갑이 공장부속 토지 및 건물, 기계장치를 15억 원(부가가치세 별도)에 일괄양도한 경우 공급가액은?

구분	취득가액	장부가액	기준시가	감정가액
토지	6억 원	6억 원	4억 원	8억 원
건물	4억 원	3억 원	6억 원	7억 원
기계장치	2억 원	1억 원		
합계	**12억 원**	**10억 원**	**10억 원**	**15억 원**

답변

① 1차 안분계산

장부가액이 있는 경우 취득가액보다 우선하므로 장부가액으로 안분계산

- 토지 및 건물가액 = 15억 원(양도가액) × 9억 원 ÷ (6억 원 + 3억 원 + 1억 원) = 13.5억 원
- 기계장치 = 15억 원 × 1억 원 ÷ (6억 원 + 3억 원 + 1억 원) = 1.5억 원

② 2차 안분계산

기준시가 있는 자산의 공급가액합계액을 기준시가로 안분계산한다.

건물공급가액 = 13.5억 원 × 6억 원 ÷ (4억 원 + 6억 원) = 8.1억 원

* 감정가액으로 안분하지 않도록 유의

③ 신고할 공급가액

기계장치 및 건물공급가액의 합계 = 1.5억 원 + 8.1억 원 = 9.6억 원

4 | 부동산임대용역에 대한 공급가액 계산특례

(1) 개 요

일반적으로 부동산임대용역을 제공하는 사업자는 일정액의 전세금 또는 임대보증금을 받고 기간별로 월세 등을 받는바, 이때 공급가액은 임대료와 간주임대료의 합계액으로 한다.

간주임대료의 계산대상이 되는 것은 토지 · 건물 등 부동산에 한정하므로 차량 · 기계

장치 등 부동산으로 보지 아니하는 자산의 임대에 대한 전세금 등에 대하여는 간주임대료의 계산대상이 아니다. 이때 부동산의 범위에 대하여는 구체적인 규정을 하고 있지 않으나 「민법」 제99조 제1항의 규정을 준용하여 토지와 그 정착물로 봄이 타당하며, 여기에서 정착물은 건물, 수목, 교량 등과 같이 사회관념상 계속적으로 토지에 고착되어 사용되는 것으로 인정되는 독립물건이다.

참고로 부동산 등의 임대료는 부가가치세법을 도입할 당시에는 면세대상이었으나 세원양성화 목적에서 과세대상으로 전환되었다.

(2) 보증금(전세금)에 대한 간주임대료의 계산

사업자가 부동산임대용역을 공급하고 전세금 또는 임대보증금을 받는 경우 해당 전세금 등은 임대차기간이 종료되면 임차인에게 돌려주어야 할 부채에 해당하여 부가가치세 과세대상으로 볼 수 없으나 조세정책적 목적에서 해당 전세금 등을 금전 외의 대가를 받는 것으로 보아 다음 계산식에 의하여 계산된 금액을 공급가액으로 한다(부가법 §29 ⑩, 부가령 §65 ①).

$$\text{공급가액} = \text{해당 기간의 전세금 또는 임대 보증금} \times \text{과세대상 기간의 일수} \times \frac{\text{계약기간 1년의 정기예금 이자율 (해당 예정신고기간 또는 과세기간 종료일 현재)}}{365(\text{윤년에는 } 366)}$$

1) 임대보증금 등과 공급가액 계산

① 일반적인 경우

가. 전세금 또는 임대보증금의 계산

전세금 또는 보증금에 대한 공급가액은 임차인이 해당 부동산을 사용하거나 사용하기로 한 때를 기산일로 하며, 보증금 또는 전세금의 반환 여부에 관계없이 부동산임대용역의 제공이 완료되거나 완결될 날을 종료일로 한다.

과세대상 기간의 일수는 임차자의 입주 사용 여부에 불구하고 그 계약에 의하여 임차자가 사용하거나 사용하기로 한 때를 기준으로 전세금 등의 실제 수령 여부에 불구하고 임대차계약상 받기로 한 날로부터 수령하기로 한 금액을 기준으로 공급가액을 계산한다(부가통칙 29-65-1 ; 부가 22601-2170, 1985. 11. 5.).

따라서 건물신축 중에 선불로 임대보증금을 받은 경우에도 임대보증금을 받은 날이 아니라 임차자가 부동산을 사용하거나 사용하기로 한 때를 기준으로 계산하고, 임대기간 중 화재 등으로 인하여 장기간에 걸쳐 내부수리가 요구되어 사실상 임대용역이 제공되지 않은 경우에는 동 기간에 대하여 부가가치세가 과세되지 아니한다.

나. 일수의 계산

전세금 또는 임대보증금이 과세기간 중에 변동이 있는 경우에는 해당 기간에 해당하는 적수(積數)를 계산하여 과세대상 일수로 나눈 금액을 전세금 또는 임대보증금으로 보아 계산한다.

다. 정기예금이자율

정기예금이자율은 해당 전세금 또는 임대보증금에 의한 임대기간에 관계없이 각 예정신고기간 또는 과세기간 종료일 현재의 계약기간 1년의 정기예금이자율로 한다. 계약기간 1년의 정기예금이자율은 은행법에 의하여 인가를 받은 은행으로서 서울특별시에 본점을 둔 은행의 계약기간 1년의 정기예금이자율의 평균을 감안하여 정한 이자율을 말한다(부가칙 §47).

기간	2019. 1. 1.~	2020. 1. 1.~	2021. 1. 1.~	2023. 1. 1.~	2024. 1. 1.~	2025. 1. 1.~
정기예금 이자율	2.1%	1.8%	1.2%	2.9%	3.5%	3.1%

라. 과세기간 중 정기예금이자율이 변경된 경우

정기예금이자율은 임대기간에 관계없이 각 예정신고기간 또는 과세기간 종료일 현재의 계약기간 1년의 정기예금이자율로 한다. 따라서 과세기간 중 정기예금이자율이 변동된 경우에도 예정신고 또는 과세기간 종료일의 정기예금이자율을 적용한다.

따라서 과세기간 중에 국세청장이 2007. 9. 28. 종전 4.2%에서 5%로 변경 고시한 경우 공급가액계산 시 적용하는 계약기간 1년의 정기예금이자율은 해당 예정신고기간 또는 과세기간 종료일 현재 국세청장이 정하는 율을 적용하는 것이므로 2007. 9. 27. 이전에 이미 폐업한 경우에는 변경 고시 전 이자율(4.2%)로 적용한다(서면3팀-3131, 2007. 11. 16.).

그러나 계속사업자의 경우에는 2007. 2기 부가가치세 예정신고 또는 확정신고 시 변경 후 이자율인 5%를 적용한다.

마. 과세기간 중 임대보증금 증액 시 간주임대료의 기산점

부동산임대업을 영위하고 있는 사업자가 임차인과의 약정에 의하여 임대보증금을 증액하는 경우 증액한 임대보증금에 대한 간주임대료의 기산 시점은 계약상 증액된 임대

보증금을 받기로 한 때 또는 그 받기로 한 때 이전에 증액된 임대보증금을 받는 경우에는 그 받는 때이다.

바. 보증금을 임대료에 충당하기로 한 경우

사업자가 계약에 따라 전세금 또는 임대보증금을 임대료에 충당한 경우에는 그 금액을 제외한 가액을 전세금 또는 임대보증금으로 하여 간주임대료를 계산한다(부가령 §65 ③).

② 지하도의 건설비를 전액 부담한 경우의 전세금 등의 계산

국가나 지방자치단체의 소유로 귀속되는 지하도의 건설비를 전액 부담한 자가 지하도로 점용허가(1차 무상점용기간으로 한정한다)를 받아 대여하는 경우에 아래의 건설비상당액은 전세금이나 임대보증금으로 보지 아니한다(부가령 §65 ① 단서, 부가칙 §46).

$$\text{해당 기간 종료일까지의 국가 또는 지방자치단체에 기부채납된 지하도의 건설비} \times \frac{\text{전세금 또는 임대보증금을 받고 임대한 면적}}{\text{임대가능면적}}$$

해당 규정은 기부채납을 부가가치세가 과세되는 거래로 보아 과세하고 있기 때문에 지하도의 건설비를 지급하고 그 대가로 점용권 내지 사용권을 취득한 것과 다를 바가 없어 이러한 권리를 임대하는 경우에 임대보증금 등에서 그 대가로 지불한 금액(건설비상당액)을 차감하고 있다.

이는 건설비 상당액을 이미 공공목적을 위한 지하도건설에 사용된 것으로 보아 그 전세금 등을 활용함으로써 얻게 될 경제적 이익이 그만큼 감소한 것으로 보기 때문이다. 주의할 점은 지하도의 건설비를 전액 부담한 경우에 한하여 동 건설비를 전세금이나 임대보증금으로 보지 아니한다는 것이다. 따라서 건설비의 일부를 사업자가 부담한 경우에는 이러한 규정을 적용하지 아니한다(조법 1265.2-900, 1983. 8. 29.).

③ 전대사업자의 임대보증금 등에 대한 공급가액 계산

사업자가 부동산을 임차하여 다시 임대용역을 제공하는 경우에는 「해당 기간의 전세금 또는 임대보증금」을 「해당 기간의 전세금 또는 임대보증금 - 임차 시 지불한 전세금 또는 임차보증금」으로 하여 간주임대료를 산정하게 된다.

이때 임차한 부동산 중 직접 자기의 사업에 사용하는 부분이 있는 경우 임차 시 지불한 전세금 또는 임대보증금은 다음 계산식에 의한 금액을 제외한 금액으로 한다(부가령 §65 ②).

임차 시 지불한 전세금 또는 임차보증금 × $\frac{\text{예정신고기간 또는 과세기간 종료일 현재 직접 자기의 사업에 사용하는 면적}}{\text{예정신고기간 또는 과세기간 종료일 현재 임차한 부동산의 총면적}}$

또한, 전대에 대한 간주임대료 계산 시 사업자가 전차인으로부터 수취한 보증금에서 차감할 임차보증금을 안분계산함에 있어 직접 자기의 사업에 사용하는 면적에는 사업자가 직접 사용하는 사무실의 전용면적과 그에 대응하는 공용면적이 포함됨에 유의한다(법규부가 2011-0518, 2011. 12. 29.).

④ 소송으로 인한 미반환한 임대보증금의 경우

부동산임대계약이 만료되어 사실상 부동산임대용역을 제공하지 아니하면서 해당 부동산임대에 관한 소송으로 인하여 임대보증금을 반환하지 않는 경우에도 간주임대료를 계산하지 아니하는 것이며, 법원의 확정판결에 따라 부동산임대에 관한 변동사항이 있는 경우에는 법원의 확정판결이 있는 날을 공급시기로 보아 확정판결내용에 따라 공급가액을 계산한다(부가 22601-1372, 1990. 10. 24.).

⑤ 간주임대료에 대한 세부담과 세금계산서 발급의무 면제

과세되는 부동산임대용역을 제공하고 받은 전세금 또는 임대보증금의 이자상당액(간주임대료)에 대한 부가가치세는 원칙적으로 임대인이 부담하는 것이나, 임대인과 임차인 간의 약정에 따라 임차인이 부담하는 경우도 있다.

가. 간주임대료에 대한 부가가치세 부담

과세되는 부동산을 임대하고 받은 전세금 또는 임대보증금의 이자상당액(이하 "간주임대료"라 함)에 대한 부가가치세는 원칙적으로 임대인이 부담하는 것이나, 임대인과 임차인 간의 약정에 의하여 임차인이 부담하는 것으로 할 수 있다. 이 경우 임차인이 부동산 임차의 대가로서 월세 등의 형태로 지급하는 금액이 있는 때에는 임차인이 부담하는 간주임대료에 대한 부가가치세와 월세는 별도로 구분하여 지급한다(부가통칙 29-65-2).

나. 간주임대료에 대한 세금계산서 발급

부동산임대에 따른 간주임대료에 대한 부가가치세를 임대인·임차인 중 어느 편이 부담하는지에 관계없이 세금계산서를 발급하거나 발급받을 수 없는 것이므로 임차자가 간주임대료에 대한 부가가치세를 부담하고 세금계산서를 발급받은 경우에도 매입세액을 공제받을 수 없다(부가통칙 33-71-1 ; 부가 1265-743, 1983. 4. 20.).

다만, 임대인이 부담하는 부가가치세는 소득금액계산 시 비용으로 인정받게 되며, 임차인은 자신이 부담한 부가가치세에 대하여는 영수증을 발급받아 소득금액 계산 시 비용으로 계상한다.

⑥ 시설 이용에 따른 보증금의 간주임대료의 간주임대료 계산 여부

수영장, 테니스장을 운영하는 사업자가 동 시설을 이용하는 자로부터 입회비, 연회비와는 별도로 보증금 명목의 반환성 있는 일정금액을 받는 경우에 동 보증금 명목의 반환성 있는 일정금액은 간주임대료 계산대상 전세금 또는 임대보증금에 해당하지 않는다(부가 22601-300, 1991. 3. 14.).

⑦ 부동산과 함께 기계설비를 임대하고 받은 보증금의 간주임대료 계산 여부

사업자가 해당 의료업을 폐업하고 의료장비와 동 장비가 설치된 부동산(토지·건물)을 함께 임대하고 임대료와 임대보증금을 받는 경우 전부를 부동산임대 대가로 보아 임대료와 간주임대료 금액의 합계액이 공급가액이 되는 것이며, 해당 의료장비 등 시설이 그 부동산에서 분리된다면 부동산 부분은 임대소득이고, 의료장비 등 시설의 임대는 사업소득에 해당되어 의료장비에 대한 보증금에 대하여는 간주임대료를 계산하지 않는다(소득 46011-2310, 1997. 8. 29. ; 부가 46015-2122, 1997. 9. 11. ; 부가 1265.2-506, 1982. 2. 26.).

⑧ 부동산임대업자가 부동산임대용역 및 관리용역의 공급과 관련하여 받는 관리비는 해당 임대용역의 공급가액에 포함(서삼 46015-10999, 2001. 12. 28.)

다만, 임차인이 부담하여야 할 보험료, 수도료, 전기료 및 공공요금 등을 별도로 구분징수하여 대납하는 경우 해당 납입대행하는 관리비는 부동산임대관리에 따른 대가에 포함하지 않는다(서면3팀-302, 2006. 2. 16.).

(3) 과세·면세임대용역을 함께 공급하는 경우

부가가치세가 과세되는 부동산임대용역(예 상가)과 면세되는 부동산임대용역((예 주택)을 함께 공급하고 각 부분별 임대료 등의 구분이 불분명한 경우에는 다음의 계산식을 순차로 적용하여 공급가액을 계산한다(부가령 §65 ④).

1) 해당 부동산임대용역의 총대가

총 임대료상당액 = (월세액 × 임대 월수) + 전세금 등에 대한 간주임대료

2) 토지분 또는 건물분에 대한 임대료상당액

토지 또는 건물분 임대료상당액
= 총 임대료상당액 × {토지가액 또는 건물가액 ÷ (토지가액 + 건물가액)}

여기서 토지가액 또는 건물가액은 예정신고기간 또는 과세기간이 끝난 날 현재의 「소득세법」 제99조에 따른 기준시가에 따른다(부가칙 §48 ①).

3) 토지 또는 건물 임대료에 대한 공급가액

① 토지임대 공급가액

토지임대 공급가액 = 토지임대료상당액 × (과세분 토지임대면적 ÷ 총 토지임대면적)

② 건물임대 공급가액

건물임대 공급가액 = 건물임대료상당액 × (과세분 건물임대면적 ÷ 총 건물임대면적)

③ 토지 · 건물의 임대면적이 예정신고기간 중에 변동이 된 경우

건물임대면적이 예정신고기간 또는 과세기간 중에 변동된 경우에는 그 예정신고기간 또는 과세기간 중의 해당 면적의 적수(積數)에 따라 계산한 면적으로 한다(부가칙 §48 ②).

4) 겸용주택 임대 시 공급가액 계산 사례

▌임대 현황

- 임대차계약내용: 보증금(2억 원), 월임대료(250만 원)
- 건물기준시가: 1억 원(서울시 소재)
- 상가임대면적: 1층, 300평(건물정착면적임)
- 주택임대면적: 2층 200평

- 해당 건축물 부수토지 면적: 600평
- 토지기준시가: 1.5억 원, 도시구역 내임.
- 정기예금이자율: 5%(해당 과세대상 기간 일수 180일, 1년을 360일로 가정한다)

문의

개인사업자 "갑"이 위의 건물 1동을 "을"에게 임대하는 경우 2017. 1기 부가가치세 확정신고 시 신고하여야 할 공급가액은?

답변

▌공급가액의 계산

○ 총임대료 계산

월세 수입: 2,500,000원 × 6월 = 15,000,000원
간주임대료: 200,000,000원 × 5% × 180/360 = 5,000,000원
합계 20,000,000원

○ 건물 및 토지분 총임대료 계산

- 건물분 임대료
  20,000,000원 × 1억 원 / (1억 원 + 1.5억 원) = 8,000,000원
- 토지분 임대료
  20,000,000원 × 1.5억 원 / (1억 원 + 1.5억 원) = 12,000,000원

○ 과세대상 부수토지 면적

- 주택(면세)분 토지 면적 "a, b" 중 적은 것인 240평
  a) 600평 × [200평 / (200평 + 300평)] = 240평
  b) MAX[200평, 300평 × {200평 / (200평 + 300평)} × 5] = 600평
- 상가분 토지 면적
  600평 − 240평 = 360평

○ 신고하여야 할 공급가액: 12,200,000원

- 상가 건물분 임대용역에 대한 공급가액
  8,000,000원 × [300평 / (200평 + 300평)] = 4,800,000원
- 상가 부속토지 임대에 대한 공급가액
  12,000,000원 × 360평 / 600평 = 7,200,000원

(4) 임대보증금 외 권리금 명목으로 받는 대가

부동산임대업을 영위하는 사업자가 당초 임차인과 임대차계약에 의하여 부동산을 임대하던 중 계약을 해지하고 새로운 임차인과 임대차계약을 체결하면서 임대보증금 외에

권리금 명목의 금액을 별도로 받는 경우 동 권리금 명목의 금액은 공급가액에 포함되는 것이며, 당초 임차인에게 임대차계약 중도해지에 따라 지급하는 위약금은 부가가치세가 과세되지 아니한다(서삼 46015-11735, 2003. 11. 6.).

(5) 장기임대용역 대가에 대한 공급가액

사업자가 부동산임대용역을 공급하는 경우에 일정 과세기간 내에 해당하는 임대기간분에 대한 대가를 받는 경우에는 해당 대가 전액이 해당 과세기간의 공급가액이 되는 것이나, 임대용역공급기간이 둘 이상의 과세기간에 걸쳐 있는 경우 임대용역의 공급시기를 대가의 각 부분을 받기로 한 때로 보면 일시에 부가가치세를 과세하게 되어 대가에 상응하는 임대용역의 제공기간과 과세기간이 불일치함에 따라 실제로 용역이 제공되지 아니한 기간까지도 부가가치세를 일시에 부담하는 불합리한 점이 있기 때문에 사업자가 둘 이상의 과세기간에 걸쳐 부동산임대용역을 공급하고 그 대가를 선불이나 후불로 받는 경우에는 해당 금액을 계약기간의 개월 수로 나눈 금액의 각 과세대상기간의 합계액을 공급가액으로 한다(부가령 §65 ⑤).

이때 월수의 계산은 해당 계약기간의 개시일이 속하는 달이 1개월 미만인 경우에는 1개월로 하고, 해당 계약기간의 종료일이 속하는 달이 1개월 미만인 경우에는 산입하지 아니한다.

> 선불 또는 후불로 임대료를 받는 경우에는 그 공급시기가 예정신고기간 또는 과세기간의 종료일이므로 3월 31일, 6월 30일, 9월 30일, 12월 31일에 수입할 임대료를 공급가액으로 하여 세금계산서를 발급한다.

(6) 그 밖의 임대사업 관련 공급가액

① 부동산임대 시 월세 등과 함께 받는 공공요금

부동산임대료와 함께 임대부동산의 관리대가로 관리비 등을 구분하지 않고 영수하는 때에는 영수하는 금액 전체에 대하여 부가가치세를 과세하는 것이나, 임차인이 부담할 보험료, 수도료, 공공요금 등을 별도 구분징수하여 납입 대행하는 경우에는 구분징수하는 해당 금액은 부동산임대 관리대가에서 제외한다(부가통칙 29-61-3). 이때 구분징수란 임차인이 직접 부담하여야 할 공공요금을 임대인이 징수하여 단순 납입대행을 하는 경우를 말한다. 다만, 사업자가 부동산을 임대하고 지방세법에 따라 임대부동산에 부과된 재산세를 임차인에게 부담시키는 경우에는 부동산임대에 따른 대가관계로 수령한 것이므로 해당 재산세상당액의 110분의 100을 공급가액으로 하여 임차인에게 세금계산서를 발급하여야 한다(서면3팀-705, 2005. 5. 21.).

② 임차인이 부담한 건물 개수비

임차인 책임하에 임차건물에 승강기, 계단 등 사업목적상 필요에 따라 개조공사비(개수비)를 지출(자본적 지출분을 말하며 수선비적 성격의 지출은 제외)하여 사용하는 경우 임차자(부가가치세 과세사업자일 경우)는 그 개수 종료일에 재화의 공급으로 보아 세금계산서 발급하고, 임대인은 개수비상당액을 임대자산의 원본에 가산하여 결산 시 감가상각하고 동시에 선수임대료로 계상하여 임대기간에 안분하여 임대수익으로 인식한다(부가 22601-1693, 1991. 12. 20. ; 부가 22601-1693, 1999. 12. 30.).

③ 임대료 및 관리비 산정에 착오가 있는 경우

건물주가 임대료 및 관리비 산정에 있어 단가, 면적 등을 잘못 적용(계산착오 등)하여 과다하게 징수한 것이 임차인의 이의제기에 의해 밝혀져 과다징수액을 임차인에게 돌려주는 경우 당초 발급한 작성일자를 기준으로 감액수정세금계산서를 각각 발급하여야 하는 것이며, 이때 수정신고 또는 경정청구하는 경우 세금계산서합계표가산세를 배제하는 것이나 과소신고 및 과소납부에 따른 가산세는 부담하게 된다(부가 46015-1821, 1996. 9. 4. ; 부가 46015-3278, 2000. 9. 21. ; 소비 22601-428, 1998. 5. 7.).

④ 거래당사자 간 합의에 의한 소급 계약변경 시 수정세금계산서 발급 여부

사업자가 세금계산서를 발급한 후 당초 임대차계약내용의 변경사유가 발생하여 거래당사자 간의 합의에 의하여 당초의 공급가액에 추가되는 금액 또는 차감되는 금액이 발생한 경우에는 그 발생한 때에 당초 세금계산서를 수정하여 발급할 수 있는 것이나, 단순히 공급받는 자와 합의에 의하여 확정된 임대료를 받지 않기로 한 경우에는 당해 규정에 의한 수정세금계산서를 발급할 수 없다(서면3팀-624, 2008. 3. 25.).

⑤ 타인 토지 위에 건물을 신축해 일정기간 사용하는 경우 등

타인의 토지를 개발해 주거나 건축물을 신축하여 무상 또는 저리로 사용하는 경우 등 부동산임대사업자에 대한 모든 세무처리는 "심층분석 사례집(Ⅰ)" 편에서 설명하기로 한다.

5 과세 및 면세 건설용역을 함께 공급하는 경우

(1) 그 부분이 불분명한 경우

건설업을 영위하는 사업자가 부가가치세가 과세되는 상가와 국민주택규모를 초과하는 주택 또는 상가 등 그 밖의 건물의 건설용역과 부가가치세가 면제되는 국민주택건설용역을 함께 공급함에 있어 해당 공사가액 중 과세분 공급가액과 면세분 공급가액을 구분할 수 없거나 불분명한 경우, 과세주택(상가)과 면세주택의 공통부수시설의 건설용역을 공급하는 경우의 공급가액은 과세주택 또는 상가 등 그 밖의 건물의 예정건축면적이 총예정건축면적에서 차지하는 비율에 의하여 부가가치세 과세대상 공급가액을 계산한다. 다만, 과세되는 상가 등 그 밖의 건물의 건설용역과 면세되는 국민주택의 건설용역의 대가가 구분되는 경우 해당 상가 등 그 밖의 건물의 건설용역에 대한 공급가액은 구분된 상가 등의 건설용역에 대한 구분된 대가가 된다.

또한, 예정건축면적이 확정되어 면적변동이 발생한 경우 그 확정된 과세기간에 정산하여 수정세금계산서 및 수정계산서를 발급하여야 한다(부가 1265.1-1622, 1984. 7. 30. ; 부가 46015-897, 2000. 4. 21.).

사례

문의

주택 및 상가의 건설용역을 제공하는 사업자가 아래와 같이 면세되는 국민주택건설용역과 그 밖의 건물의 신축용역을 제공하기로 하고 2012년 1기 중 10억 원의 기성청구를 하려고 할 때 세금계산서 발급 시 공급가액은?

○ 도급금액(과세 · 면세 공급가액 불분명): 40억 원(부가가치세 포함)
○ 건축물 현황
 - 국민주택규모 초과분: 700평, 국민주택규모 이하분: 1,400평
 - 상가면적: 300평, 주차장 면적 등(주택 및 상가 공통사용): 100평

답변

○ 과세 · 면세 면적비율에 따라 공급가액 안분계산한다.
 ㉠ 국민주택분 면세수입금액(계산서 발급대상금액)
 10억 원 × 1,400 / [1,400 + (700 + 300) × 1.1] = 5.6억 원
 ㉡ 상가 및 국민주택규모 초과분 공급가액(세금계산서 발급대상금액)
 10억 원 × (700+300) / [1,400 + (700 + 300) × 1.1] = 4억 원

(2) 과세 · 면세 공사비를 구분 · 확정하여 청구하기로 약정한 경우

시공사가 상가, 국민주택, 기타 건물을 함께 건설하는 공사계약을 발주자와 맺고 도급계약서에 국민주택과 기타 건물 등에 대한 공사금액을 별도 구분하면서 기성청구 시마다 과세 · 면세비율로 세금계산서 및 계산서를 발급하는 것이 아니라 용도에 각각의 용도별(국민주택 및 기타 건물 등)로 진행률에 따른 공급가액을 산정하여 청구한 경우에는 정당한 세금계산서 및 계산서로 보아야 한다.

이러한 필자의 의견이 반영된 국세청 심사결정례를 소개해 본다.

> 「건설산업기본법」에 등록한 시공사가 국민주택과 초과주택 및 상가의 건설용역을 함께 공급하는 경우, ① 부가가치세가 과세되는 건설용역과 면세되는 건설용역의 가액은 거래당사자인 발주자와 수주자가 결정한 사항인 것으로서 ② 도급계약서상 국민주택과 초과주택 및 상가 공사비가 별도 구분 기재되어 있고 해당 금액이 건설비 원가계산 등 합리적인 기준에 의하여 구분된 것이라면 해당 계약서상의 상가 및 초과주택의 공사비는 부가가치세가 과세되는 건설용역의 대가로 세금계산서를 발급하여야 하며, 시공사가 산정한 공사비는 합리적인 기준에 의하여 산정되었다고 보여야 할 것이고, 설령 시공자의 공사시방서 등을 확인하여 발주자와의 계약내용대로 공사를 하지 않았을 경우에 시공사에게 귀책사유가 있다고 볼 수 있을 뿐이며, 시공사가 제시하는 도급계약서에 아파트 과세분(면적, 공급가액), 아파트 면세분(면적, 공급가액), 상가 과세분(면적, 공급가액)을 명확히 구분하여 계산서를 작성하였고, 계약서 내용과 동일하게 세금계산서를 수수하여 부가가치세를 신고 · 납부하였다면 과세분과 면세분의 실지귀속이 분명한 것으로 보아야 한다.
>
> 또한, 발주자와 시공사와는 특수관계 없는 타인으로서 부당행위부인규정의 적용대상이 되지 않고 시공사가 과다교부한 세금계산서상의 부가세액만큼 시공사의 수입금액이 과소계상되었을 뿐 시공사의 경우에는 소득조절목적이 없었다고 판단되며, 도급계약서 내용과 동일하게 부가가치세를 수수하여 신고 · 납부한 이 건의 경우 시공사에서 납부한 부가가치세액을 발주자가 공제받게 되어 세수 측면에서 아무런 차이가 없고, 발주자와 시공사 간에 작성한 공사도급계약서가 일부 불합리하다 할지라도 계약자유의 원칙에 의한 동 도급계약서를 사실로 인정하여야 한다.
>
> 설령, 동 공사계약서를 실지귀속에 따라 계약서로 인정할 수 없고, 시공사가 예정사용면적비율에 의하여 계약서를 작성하였다 하더라도, ① 상가가 별도의 동으로 지어진 것이 아니고 아파트에 주상복합으로 건축되었고, ② 공사계약서가 상가를 포함하여 작성하였는 바, 아파트 공사비를 실지귀속이 불분명한 것으로 보면서도 상가공사비는 실지귀속이 분명한 것으로 보고 안분율 산정 시 상가면적을 제외하는 것은 모순된다(심사부가 2002-2124, 2002. 9. 27.).

제 2 절

거래징수

I 거래징수의 의의

'거래징수'라 함은 사업자가 재화 또는 용역을 공급하는 때에 해당 재화 또는 용역에 대한 대가 이외에 별도로 부가가치세를 공급받는 자로부터 징수하는 것을 말한다. 부가가치세가 간접세이기 때문에 사업자에게 그 부담을 지우지 아니하고 최종소비자에게 그 부담을 지우도록 하기 위한 조치로서 사업자가 재화 또는 용역을 공급하는 때에 그에 대한 부가가치세를 거래상대방으로부터 징수하여 정부에 납부하도록 하고 있는 것이다.

사업자가 과세대상이 되는 재화 또는 용역을 공급하는 때에 거래상대방으로부터 부가가치세를 징수하되 그 징수한 세액을 그대로 납부하는 것이 아니라 그 징수한 세액(매출세액)에서 재화 또는 용역을 공급받거나 재화를 수입하는 때에 징수당한 부가가치세액(매입세액)을 공제한 차액을 납부하도록 하는 전단계세액공제방법을 채택하고 있다.

이러한 거래징수는 부가가치세의 부담을 최종소비자에게 전가할 수 있도록 하기 위하여 사업자에게 부가가치세를 징수할 수 있는 권리를 부여함과 아울러 그 의무를 부여한 법적 장치로서 재화 또는 용역의 공급자는 거래상대방으로부터 실지로 부가가치세를 거래징수하였는지의 여부에 불구하고 납세의무자로서의 부가가치세 납세의무를 지게 된다.

과세대상 중 '재화의 수입'에 대하여는 세관장이 관세징수의 예에 따라 부가가치세를 징수하도록 하고 재화를 수입하는 사업자가 부담한 부가가치세를 매입세액으로 공제함으로써 재화의 수입에 대한 부가가치세의 부담도 최종소비자에게 전가되도록 하고 있다.

II 거래징수의 법적성질

거래징수제도는 우리나라의 부가가치세 과세방법이 전단계세액공제방법을 취하고 있기 때문에 부가가치세 부담이 최종소비자에게 전가하도록 하는 제도로써 제조반출가격 또는 소매판매가격에 개별소비세가 포함되도록 하고 그 후 거래단계에는 과세하지 아니하는 개별소비세와 구별된다.

부가가치세는 다단계거래세의 형태를 취하여 모든 거래단계에 과세하면서 전단계세액공제방법으로 과세하기 때문에 특별히 거래징수를 명문화할 필요가 있는 것이다.

소비세는 본래 가격기구를 통하여 전가할 것을 예상하는 조세이며 그러한 전가에 의하여 그 부담이 사실상의 담세자로서 지위를 가진 소비자에게 귀착하는 것을 본질로 하고 있다. 그러므로 거래징수제도에 관한 명문규정이 없다고 하더라도 세액상당액을 가격에 포함하여 받아 납부하는 것이다. 이 경우 소비자는 소비세의 담세자의 지위에 있을 뿐 정부에 대하여 조세채무자의 지위에 서는 것은 아닌 것이다. 따라서 부가가치세의 거래징수에 관한 규정은 그 본질에 내재하는 것을 확인하는 확인적 규정에 불과하고, 공급자의 거래징수에 관한 권리는 납세의무를 전제로 한 협력의무에 불과하며, 부가가치세를 사실상 누가 부담하고 어떻게 전가할 것인지에 대한 문제는 사적자치의 영역으로 거래당사자 간의 약정 또는 거래관행 등에 의하여 그 부담 주체가 결정될 사안이지 부가법 제31조의 규정에 따라 결정되는 사항은 아니다(헌재 98헌바7, 2000. 3. 30.).

요약하면 사업자는 재화 또는 용역을 공급받는 자에 대하여 조세채권자 지위에 있는 것이 아니므로 사업자의 거래징수 권리는 납세의무를 전제로 한 협력의무에 불과한 것이다.

사업자가 계약상 또는 법률상의 원인에 의하여 재화 또는 용역을 제공하고 그 대가를 받기로 약정하였다면 부가가치세 거래징수 규정이 간접세로서 부가가치세 전가를 규정한 선언적 규정으로 공급하는 자에게 부가가치세를 거래징수할 사법상의 권리는 없다.

그렇지만 거래당사자 사이에 부가가치세를 부담하기로 하는 약정이 따로 있는 경우에는 사업자는 그 약정에 근거하여 공급을 받는 사람에게 부가가치세 상당액의 지급을 직접 청구할 수 있고, 부가가치세의 부담에 관한 위와 같은 약정은 반드시 재화 또는 용역의 공급 당시에 있어야 하는 것은 아니고 공급 후에 한 경우에도 유효하며 또한 반드시 명시적이어야 하는 것은 아니고 묵시적인 형태로 이루어질 수도 있다(대법원 2016다20671, 2016. 9. 28.).

그렇지만 거래당사자 사이에 부가가치세를 부담하기로 하는 약정이 따로 있는 경우에는 사업자는 그 약정에 근거하여 공급을 받는 사람에게 부가가치세 상당액의 지급을 직접 청구할 수 있고, 부가가치세의 부담에 관한 위와 같은 약정은 반드시 재화 또는 용역의 공급 당시에 있어야 하는 것은 아니고 공급 후에 한 경우에도 유효하며 또한 반드시 명시적이어야 하는 것은 아니고 묵시적인 형태로 이루어질 수도 있다(대법원 2016다20671, 2016. 9. 28.). 즉, 계약서에 명시적인 기재가 없더라도 그 거래의 경위나 그 밖의 사정으로 보아 당사자 사이에 부가세 부담에 관한 묵시적 형태의 약정이 있는 경우도 있을 수 있는 바, 계약서에 부가세를 별도로 지급하기로 한 약정이 없다면 재화나 용역을 공급한 자가 부가세를 부담하여야 한다고 보는 것이 민사상 일반적 해석이라고 보는 견해도 있다.

반면에 거래 당시 거래당사자 간 부가가치세의 부담에 관한 약정이 없었다고 하더라도 거래상대방으로부터 실지로 부가가치세를 거래징수하였는지의 여부나 계약상 받기로 한 대가를 실제 받았는지에 불구하고 납세의무자로서의 부가가치세 납세의무를 진다(대법원 90누6958, 1991. 2. 22. ; 부산고법 2014누20049, 2014. 5. 2.).

III 거래징수의 요건

(1) 거래징수의무자

재화 또는 용역을 공급하는 사업자는 부가가치세의 거래징수의무자가 된다. 이 거래징수의무는 과세관청의 지정이나 사업자의 신고 등 어떤 절차가 필요로 하지 않으며 영리목적의 유무에 불구하고 사업상 독립적으로 과세대상 재화 또는 용역을 공급하는 부가가치세 납세의무자(미등록사업자 포함)는 당연히 거래징수의무도 지게 되는 것이다.

면세사업자는 부가가치세법상 납세의무가 없으므로 거래징수의무도 있을 수 없다. 특정 간이과세자는 부가법 제61조 제1항에 따라 거래징수에 관한 규정이 적용되지 아니하므로 거래징수에 관해 명시된 의무는 없으나 간이과세자의 과세표준인 공급대가에 부가가치세액이 포함되기 때문에 부가가치세를 거래징수한 것과 다름 없다.

(2) 거래징수의 대상

사업자가 부가가치세를 징수하여야 하는 대상은 과세대상인 재화 또는 용역의 공급이다. 세금계산서를 발급하는 거래단위의 공급가액에 대하여 부가가치세를 거래징수하게 된다. 사업자가 과세대상인 재화 또는 용역을 공급하는 이상 그 공급목적과 의도가 사업의 유지 또는 확장을 위한 것인지 폐업을 위한 것인지, 그 공급을 받는 자가 누구인지, 어떠한 목적에 사용・소비하기 위하여 취득하는 것인가에 관계없이 부가가치세의 거래징수의 대상이 된다.

다만, 재화 또는 용역의 공급에 대하여 부가법 제21조부터 제24조까지 또는 그 밖의 법률에 따라 영의 세율이 적용되는 때에는 해당 재화 또는 용역을 공급받는 자로부터 거래징수하여야 할 부가가치세는 영(0)이 되므로 실질적으로는 부가가치세로서 거래징수하여야 할 금액은 없게 되며, 또한 부가법 제26조, 제27조 또는 그 밖의 법률에 따라 면세가 되는 때에는 해당 재화 또는 용역의 공급에 대하여는 부가가치세의 납세의무가 없으므로 부가가치세의 거래징수의무도 없게 된다.

따라서 부가가치세의 거래징수의 대상이 되는 것은 결국 일반과세자에 의하여 공급되는 재화 또는 용역으로서 영세율적용이 되거나 면세대상이 되는 것을 제외한 것에 한하게 된다.

(3) 세율의 적용

사업자가 재화 또는 용역을 공급하는 경우에는 부가법 제29조 제1항에 따른 공급가액에 제30조에 따른 세율(10%)을 적용하여 계산한 부가가치세를 재화 또는 용역을 공급받는 자로부터 징수하여야 한다(**부가법 §31**).

(4) 거래징수의 상대방

거래징수의 상대방은 재화 또는 용역을 공급받는 자이다. 재화・용역을 공급받는 자는 부가가치세법상의 납세의무자는 아니지만 전단계세액공제법하에서 부가가치세 부담을 차례로 전가시켜 소비자 부담이 되도록 하기 위하여 재화 등을 공급받는 자에게 거래징수에 대한 수동적 지급의무를 지우고 있는 것이다.

(5) 거래징수 시기

재화 또는 용역의 공급에 대하여 부가가치세를 징수하여야 하는 시기는 해당 재화 또는 용역을 공급하는 때인 부가법 제15조, 제16조에 따른 공급시기이지만, 사업자가 재화 또는 용역을 공급하는 그 공급시기에 실질적으로 부가가치세를 징수하였는지의 여부에 불구하고 그 거래시기가 속하는 예정신고기간 또는 확정신고기간의 매출세액으로 계상하여야 한다.

IV 거래징수방법 및 회계처리

(1) 일반적인 공급의 경우

사업자가 재화 또는 용역을 공급하는 때에는 그 재화 또는 용역을 공급받는 자로부터 부가가치세를 징수하여야 한다. 그리고 그 거래징수하는 부가가치세는 정부에 납부하여야 할 조세를 대위징수하는 것에 지나지 아니하는 것으로 해당 사업자의 수입금액에 포함되지 아니한다. 따라서 사업자가 재화 또는 용역의 공급에 대하여 부가가치세를 거래징수하는 때에는 해당 공급에 대한 부가가치세를 포함한 총대가에서 부가가치세 상당액을 공제한 금액만을 자기의 수입금액으로 하고 부가가치세 상당액은 유동부채인 "부가가치세예수금", "매출세액" 또는 "예수부가가치세"와 같은 적절한 계정과목으로 회계처리한다.

(2) 간주공급의 경우

1) 면세사업전용의 경우

사업자가 자기의 사업과 관련하여 생산하거나 취득한 재화를 부가가치세가 면제되는 재화 또는 용역을 공급하는 사업을 위하여 사용 또는 소비하는 재화의 경우에는 자가공급 중 면세사업전용으로서 과세대상인 재화의 공급에 해당하므로 사업자가 해당 재화를 공급받는 사업자인 자기로부터 부가가치세를 징수하여야 하고, 그 거래징수당한 부가가치세는 매출세액에서 공제되지 아니하므로 해당 사업자의 부담으로 하여야 하며, 그 부담하는 부가가치세는 해당 거래의 부수비용으로 처리하여야 한다. 고정자산인 경우에는 자본적 지출로서 고정자산에 가산하고 원가, 판매비 또는 일반관리비를 구성하는 거래인 경우에는 그 부가가치세도 원가, 판매비 또는 일반관리비로 계상한다.

2) 비영업용 승용자동차와 그 유지를 위한 재화의 경우

사업자가 자기의 사업과 관련하여 생산하거나 취득한 재화(매입세액이 공제되지 아니한 것을 제외)를 비영업용 승용자동차와 그 유지를 위하여 사용 또는 소비한 때에는 자가공급 중 비영업용 소형승용자동차와 그 유지를 위한 재화로서 재화의 공급에 해당되므로 면세사업전용의 경우와 마찬가지로 사업자가 해당 재화를 공급받는 사업자인 자기로부터 부가가치세를 징수하여야 하며 그 거래징수 당한 부가가치세는 매출세액에서 공제되지 아니하므로 해당 사업자의 부담으로 하여야 하고 그 부담하는 부가가치세는 해당 거래의 부수비용으로 처리하여야 한다.

3) 다른 사업장에 판매목적으로 반출하는 재화의 경우

2개 이상의 사업장이 있는 사업자가 자기 사업과 관련하여 생산 또는 취득한 재화를 타인에게 직접 판매할 목적으로 다른 사업장에 반출하는 경우로서 재화의 공급에 해당되는 경우 해당 재화를 반출하는 사업장에서 해당 재화를 반입하는 사업장을 공급을 받는 자로 하여 부가가치세를 징수하여야 하며 그 거래징수 당한 부가가치세는 해당 재화를 반입하는 사업장의 매입세액으로 처리하여야 한다.

4) 개인적 공급의 경우

사업자가 자기의 사업과 관련하여 생산하거나 취득한 재화를 사업과 직접 관계없이 개인적인 목적 또는 그 밖의 목적을 위하여 사업자가 재화를 사용·소비하거나 사용인 그 밖의 자가 재화를 사용·소비하는 것으로서 사업자가 그 대가를 받지 아니하거나 현저히 낮은 대가를 받는 것은 개인적 공급으로서 재화의 공급으로 과세되는 경우 사업자가 해당 부가가치세를 대신 부담할 수 있도록 하고 있으며, 그 대신 부담하는 부가가치세는 해당 거래의 부수비용으로 처리하도록 하고 있다.

5) 사업상 증여의 경우

사업자가 자기의 사업과 관련하여 생산하거나 취득한 재화가 사업상 증여로서 재화의 공급으로 보는 경우 현실적으로는 이에 대한 부가가치세의 거래징수는 불가능하므로 사업자가 해당 부가가치세를 대신 부담할 수 있도록 하고 있으며, 그 대신 부담하는 부가가치세는 해당 거래의 부수비용으로 처리한다.

6) 폐업 시 잔존재화 공급의 경우

사업자가 사업을 폐지하는 때 또는 사업개시일 전에 등록한 경우로서 사실상 사업을 개시하지 아니하게 되는 때에 잔존하는 재화는 자기에게 공급하는 것으로 본다. 따라서 이 경우에는 사업자가 해당 재화를 공급받는 자인 자기로부터 부가가치세를 징수하여야 한다. 자기로부터 거래징수당한 자기의 향후 과세사업을 위하여 사용되었거나 사용될 재화 또는 용역의 공급에 대한 세액이 아니므로 매출세액에서 공제할 수 없으며 해당 사업자가 최종소비자의 지위로서 이를 부담하여야 한다.

(3) 간주임대료의 경우

사업자가 부동산임대용역을 공급하고 전세금 또는 임대보증금을 받는 경우에 그 전세금 또는 임대보증금에 대한 간주임대료에 대한 부가가치세는 원칙적으로 해당 부동산임대용역을 공급받는 자인 임차인으로부터 거래징수하는 것이 아니라 해당 부동산임대용역을 공급하는 자인 임대인이 이를 부담하도록 하고, 예외적으로 임대인과 임차인 간의 약정에 의하여 임차인이 부담하는 것으로 할 수 있다.

따라서 임대인이 그 간주임대료에 대한 부가가치세를 부담하는 때에는 그 부담하는 부가가치세를 임대인의 손금 또는 필요경비로 계상할 수 있으며, 임차인이 부담하는 때에는 그 부담하는 부가가치세를 임차인의 손금 또는 필요경비로 계상할 수 있다(임차인이 간주임대료에 대한 부가가치세를 부담한 경우에도 세금계산서를 수수하여 매입세액의 공제를 받을 수는 없다).

V 거래징수당한 부가가치세의 회계처리

(1) 매입세액으로 공제되는 부가가치세의 경우

일반과세자가 부가가치세의 과세대상이 되는 재화 또는 용역을 공급받거나 재화를 수입하면서 그에 대한 부가가치세를 징수당하고 세금계산서를 발급받은 때의 그 징수당한 세액인 매입세액은 종국적으로 최종소비자가 부담하여야 할 조세를 최종소비자에 이르게 되기까지의 중간 유통단계에서 그 최종소비자를 위하여 당분간 대신 지급하여 준 것에 불과한 것이므로 거래징수당한 매입세액은 해당 매입거래의 부수비용으로 계상하는 것이 아니라 유동자산인 "부가가치세 대급금", "매입세액" 또는 "선급부가가치세"와 같은 적절한 계정과목으로 처리한다(법인 46012-3339, 1996. 12. 3.).

(2) 매입세액으로 공제되지 아니하는 부가가치세의 경우

1) 세금계산서의 미제출 등에 대한 매입세액의 경우

세금계산서를 발급받지 아니하였거나 발급받은 세금계산서를 정부에 제출하지 아니한 경우 또는 제출한 세금계산서에 필요적 기재사항의 전부 또는 일부가 기재되지 아니하였거나 그 내용이 사실과 다름으로써 매입세액으로 공제되지 아니하는 부가가치세는 「소득세법」 제33조 제1항 제9호 및 「법인세법」 제21조 제1호에 따라 필요경비불산입 또는 손금불산입으로 된다.

2) 사업과 직접 관련이 없는 지출에 대한 매입세액의 경우

사업과 직접 관련이 없는 지출에 대한 매입세액으로서 공제되지 아니하는 부가가치세의 경우 해당 사업과 직접 관련이 없는 지출 그 자체가 「소득세법」 제33조 제1항 제13호 및 「법인세법」 제27조 제2호에 따라 필요경비불산입 또는 손금불산입되므로 그 부가가치세도 필요경비 또는 손금으로 계상할 수 없다.

3) 비영업용 승용자동차의 구입과 그 유지에 관한 매입세액의 경우

비영업용 승용자동차의 구입과 그 유지에 관한 매입세액으로 공제되지 아니하는 부가가치세는 「소득세법 시행령」 제74조 제1호 및 「법인세법 시행령」 제22조 제1항 제1호에 따라 필요경비 또는 손금으로 산입하거나 자본적 지출로 계상할 수 있으므로 해당 거래의 부수비용으로 처리하여야 한다.

4) 기업업무추진비 등의 지출에 관련된 매입세액의 경우

「소득세법」 제35조 및 「법인세법」 제25조에 규정하는 기업업무추진비 및 이와 유사한 비용의 지출에 관련된 매입세액으로 공제되지 아니하는 부가가치세는 「소득세법 시행령」 제74조 제1호의2 및 「법인세법 시행령」 제22조 제2호에 따라 필요경비 또는 손금으로 산입되므로 해당 거래의 부수비용으로 처리하여야 한다.

5) 면세사업에 관련된 매입세액의 경우

부가가치세가 면제되는 재화 또는 용역을 공급하는 사업에 관련된 매입세액(투자에 관련된 매입세액을 포함)으로 공제되지 아니하는 부가가치세는 「소득세법」 제33조 제1항 제9호 및 「법인세법」 제21조 제1호에 따라 필요경비 또는 손금으로 산입되므로 해당 거래의 부수비용(취득 · 부수비용)으로 처리하여야 한다.

6) 사업자등록 전의 매입세액의 경우

사업자등록을 하기 전의 매입세액으로서 공제되지 아니하는 매입세액은 「소득세법」 제33조 제1항 제9호 및 「법인세법」 제21조 제1호(법령 §21)에 따라 필요경비불산입 또는 손금불산입으로 된다.

7) 영수증에 포함된 매입세액의 경우

거래상대방으로부터 부가가치세를 징수당하고 그에 대한 영수증을 발급받은 때에는 영수증의 기재사항 중 거래금액에 부가가치세가 포함되어 있는 것이 확인된다 하더라도 매입세액으로 공제되지 아니한다. 공제되지 아니하는 부가가치세는 「소득세법 시행규칙」 제39조 제1호 및 「법인세법 시행규칙」 제11조 제1호에 따라 필요경비 또는 손금으로 산입되므로 해당 거래의 부수비용으로 처리한다. 따라서 이 경우에는 그 영수증의 금액(부가가치세가 포함된 금액)을 해당 거래의 계정과목으로 처리하여야 한다.

또한, 신용카드매출전표 및 금전등록기계산서도 영수증의 일종으로 그 매출전표 또는 계산서에 포함되어 기재되어 있는 부가가치세는 매입세액으로 공제되지 아니하지만, 신용카드매출전표 등에 부가가치세액을 별도 기재한 경우에는 그 별도로 적혀 있는 부가가치세를 매입세액으로 공제할 수 있도록 하고 있다. 수취한 신용카드매출전표에 의하여 공제된 매입세액은 필요경비 또는 손금에 해당하지 않는다.

8) 임차인이 부담한 간주임대료에 대한 부가가치세의 경우

부동산임차인이 전세금 또는 임차보증금에 대한 간주임대료에 대하여 임대인에게 지급하는 부가가치세는 「소득세법 시행규칙」 제39조 제3호 및 「법인세법 시행규칙」 제11조 제2호에 따라 필요경비 또는 손금으로 산입되므로 해당 거래의 부수비용(지급임차료 또는 세금과공과)으로 처리하여야 한다.

9) 거래징수액과 산출세액의 차액에 대한 처리

매출세액은 해당 예정신고기간 또는 확정신고기간분의 부가가치세 공급가액의 총액에 세율을 적용하여 원단위까지 계산하고 세금계산서 발급 시 거래징수하는 세액은 10 미만의 단수를 절사하여 청구하거나 반올림하는 등의 방법으로 청구하게 되므로 매출세액과 거래징수한 세액은 차액이 발생하기 마련이다. 이러한 차액이 발생한 경우 과소징수액은 필요경비(손금산입)로, 과다징수액은 총수입금액(익금)으로 산입한다.

(3) 부가가치세액의 세무처리방법 요약

매입(매출)세액의 구분	세무처리방법
1. 면세전용과 관련되어 납부한 부가가치세액 면세사업과 관련되어 불공제된 매입세액	면세사업용 자산의 취득 및 전용, 원재료 등의 취득과 관련된 매입세액은 동 자산의 취득가액에 가산하고, 면세사업과 관련된 일반비용의 경우에는 당해 사업연도의 필요경비 또는 손금에 산입함.
2. 비영업용 소형승용자동차와 그 유지를 위한 재화와 관련되어 불공제된 매입세액	자본적지출에 해당하는 세액은 취득가액에 가산하고 그 외 유지관련 비용과 관련된 매입세액은 필요경비 또는 손금에 산입
3. 사업자(대표이사)의 개인적 사용소비와 관련되어 불공제된 매입세액	공급가액과 함께 출자금의 인출 또는 상여로 처리
4. 종업원의 개인적 사용소비와 관련되어 불공제된 매입세액	공급가액과 함께 종업원의 급여로 처리
5. 고객 및 불특정 다수인에게 증여함으로써 기업업무추진비 또는 기부금에 해당되어 불공제된 매입세액	기업업무추진비 또는 기부금에 합산하여 한도액 범위 내에서 필요경비 또는 손금에 산입
6. 간주임대료에 대한 부가가치세 매입세액	약정에 따라 실제 부담하는 자의 필요경비 또는 손금에 산입함.
7. 폐업 시 잔존재화에 해당하여 납부한 부가가치세액	재고자산의 경우 사업폐지 사업연도에 손금산입, 매각 시 매각대금 전액을 익금산입(서이 46012-12141, 2002. 12. 2.)하고, 양도세과세대상 자산인 경우 해당 부가가치세액은 기타 부대비용에 포함됨(**대법원** 2012두12723, 2012. 12. 26.).
8. 간이과세자로서 매입 시 거래징수당한 매입세액	매입 시 거래징수당한 매입세액은 매입 재화 또는 용역의 부대비용으로 처리
9. 간이과세자가 납부한 부가가치세액	매출과 관련하여 납부한 부가가치세는 필요경비에 산입

매입(매출)세액의 구분	세무처리방법
10. 간이과세자에서 일반과세자로 변경 시 재고매입세액공제분	동 재고품의 매입부대비용 환입으로 보아 재고품가액에서 차감함.
11. 일반과세자에서 간이과세자로 변경 시 재고납부세액	동 재고품의 매입부대비용으로 처리함.
12. 의제매입세액 및 재활용폐자원 등에 대한 매입세액공제액	동 공제세액은 당해 원재료의 매입가액에서 차감함.
13. 부가법 제36조에 따른 영수증 수취분에 포함된 매입세액	매입세액공제대상분이 아닌 금액은 필요경비 또는 손금에 산입함.
14. 직매장반출과 관련하여 세금계산서 발급 후 공제받은 매입세액	필요경비 또는 손금산입대상 아님.
15. 부가법 제38조에 따라 공제되는 매입세액	필요경비 또는 손금산입대상 아님.

VI 세금계산서 미발급, 착오 발급 등에 대한 손해배상(부당이득) 청구

1 부가법상 거래징수 규정의 의미

사업자가 재화 또는 용역을 공급하는 때에는 부가가치세 상당액을 그 공급을 받는 자로부터 징수하여야 한다고 규정하고 있는 부가법 제31조는 사업자로부터 징수하는 부가가치세 상당액을 공급을 받는 자에게 차례로 전가시킴으로써 궁극적으로 최종소비자에게 이를 부담시키겠다는 취지를 선언한 것에 불과한 것이어서 사업자가 동 규정을 근거로 공급받는 자로부터 부가가치세 상당액을 징수할 사법상의 권리는 없다. 다만, 거래당사자 사이에 부가가치세를 부담하기로 하는 약정이 따로 있는 경우에는 사업자는 그 약정에 근거하여 공급받는 자에게 부가가치세 상당액의 지급을 청구할 수 있는 것이고, 거래당사자 사이에 부가가치세 부담에 관한 약정은 반드시 재화 또는 용역의 공급 당시에 있어야 하는 것은 아니고 공급 후에 한 경우에도 유효하며, 또한 반드시 명시적이어야 하는 것은 아니고 묵시적인 형태로 이루어질 수도 있다(대법원 2002다38828, 2002. 11. 22.).

2 | 과다 거래징수하여 환급받은 부가가치세액의 세무처리

사업자가 부가가치세가 비과세 또는 면제되거나 영세율이 적용되는 거래에 대하여 부가가치세 과세거래로 오인하여 해당 거래에 대하여 부가가치세를 신고·납부해 오던 중 동 거래가 면세, 비과세, 영세율이 적용됨을 인지하고 경정청구에 의해 당초 신고·납부한 부가가치세를 관할 세무서장으로부터 환급받는 경우 세금계산서를 발행하고 공급가액과 별도로 부가가치세를 수령한 경우의 환급금은 민사채권 소멸시효의 완성 등에 의한 채무면제일이 속한 사업연도의 소득금액 계산 시 익금산입하는 것이며, 세금계산서를 발행하지 아니하고 공급가액과 세액의 구분없이 대금을 수령하고 공급대가에 110분의 10을 적용하여 부가가치세를 신고·납부한 후, 상기 사유에 의해 환급받는 경우의 환급금은 법인법 제40조에 따라 관할 세무서장의 경정결의에 의해 환급금이 확정된 날이 속하는 사업연도에 익금산입한다(서면2팀-1777, 2006. 9. 13.).

3 | 세금계산서 미발급자에 대한 손해배상 청구

(1) 공급자의 귀책유무에 따른 배상책임

재화 또는 용역을 공급한 사업자가 공급받은 자로부터 부가가치세액을 지급받았음에도 불구하고 정당한 사유없이 세금계산서를 발급하지 아니하여 공급받은 자가 부가가치세 신고 시 매입세액공제를 받지 못한 경우 부가법상 세금계산서 발급의무는 공급자에게 있고 공급받는 자는 수동적 지위에 있으므로 공급받는 자가 공제받지 못한 매입세액 상당액의 손해를 공급자가 배상할 책임이 있다. 비록 공급받는 자에게 매입자발행세금계산서 제도에 따라 구제의 여지는 있으나 그 제도의 입법취지, 목적, 기능 및 그 신청기간에 대한 시간적 제한이 있는바 공급받는 자가 매입자발행세금계산서 발행절차를 통하여 매입세액공제를 받지 않았더라도 마찬가지이다(대법원 2017다265266, 2017. 12. 28.).

다만, 양 거래당사자 모두가 공사용역이 부가가치세 면세대상(비과세대상을 포함한다)으로 착오(오인)한 상태에서 계약을 체결하고 이러한 착오가 없었다면 부가가치세를 합한 금액으로 공사대금을 책정하였을 것이 명백한 상황이었다면 사후 과세관청으로부터 부가가치세를 추징당한 경우 민사상 공급자에게 부가가치세 상당액을 지급할 의무가 있으나, 과소납부로 인한 가산금(가산세)은 지급할 의무가 없다(대구고등법원2012나915, 2012. 6. 13.).

(2) 부가가치세액의 미지급이 있는 경우

공급자와 공급받는 자가 공사도급계약을 체결하면서 부가가치세를 별도로 지급하기로 약정하였음에도 불구하고 공급받는 자가 공급자에게 공사대금 일부를 지급하면서 부가가치세 상당액을 지급하지 아니하여 공급자가 세금계산서를 작성 및 교부하지 않았고, 이로 인하여 공급받는 자가 매입세액공제를 받지 못하게 되었다면, 이는 세금계산서를 교부하지 않은 공급자의 잘못에 기인한 것이 아니라 약정한 부가가치세 상당액을 지급하지 아니한 공급받는 자의 잘못에 기인한 것이므로 부가가치세 매입세액공제를 받지 못한 손해를 공급자에게 청구할 수 없다(대법원 95다49738, 1996. 12. 6.).

4 | 과세 · 면세거래 오인하여 (세금)계산서를 발급한 경우

(1) 기부채납에 대한 부가가치세 거래징수

대법원은 시설물을 신축하여 국가에 기부하는 자가 국가에 이를 기부채납하고 무상사용수익권을 받는 거래에 대하여 거래당사자가 부가가치세 부과대상인지를 모르고 그러한 내용의 착오에 빠져 비과세 또는 면세거래로 판단하여 세금계산서 수수가 없었던 경우 당사자의 진의를 추정하여 계약내용을 수정해석하는 것이 타당하다고 볼 수도 있으나 이것이 공급받는 자인 국가가 부가가치세를 부담하는 것으로 약정하였으리라고 단정할 수는 없다고 판시하였다

즉, 거래당사자 간에 부가가치세의 부담에 관한 별도의 약정이 없을 경우에 공급받는 자가 부가가치세를 부담한다는 일반적인 거래관행이 확립되어 있거나 공급자가 국가 등에 대한 기부채납(기부채납으로 무상사용수익권을 얻는 경우를 말함)에 있어 부가가치세를 국가 등이 부담한다는 일반적인 관행이 확립되어 있었다고 단정할 수 없어 국가가 그 공급자에게 부가가치세액과 그 지연손해금(부당이득금)을 지급할 의무가 없다고 판시하였다(대법원 2005다13288, 2006. 11. 23. ; 서울고등법원 2006나116599, 2007. 2. 8.).

(2) 재화의 공급을 사업양도로 오인하여 부가가치세를 부과받은 경우

부가가치세가 과세되지 아니하는 포괄적 사업양도에 해당하지 아니함에도 불구하고 거래당사자 간에 이러한 사업양도로 오인하여 부가가치세를 거래징수하지 아니한 후에 과세관청에서 부가가치세를 과세하는 경우 사업양도자를 부가가치세를 추징당하면서도 사업양수자는 매입세액공제를 받을 수 없게 된다.

이처럼 공급자와 공급받는 자 사이에 계약의 전제가 되는 부가가치세에 관하여 내용의 착오에 빠져 거래징수(세금계산서 수수)를 하지 아니하였더라도 계약서에 공급 이후 과세관청의 부가가치세 부과 시 공급받는 자가 부가가치세를 부담하는 것으로 약정되어 있지 아니하고, 이와 같이 착오를 일으키게 된 계기를 제공한 원인이 공급받는 자 측에 있다는 증거가 없다면 「민법」 제109조를 적용하여 당초 계약을 취소할 수 없고, 당사자의 의사를 추정하여 당초 계약의 내용을 수정해석하거나 공급받는 자에게 부가가치세 상당액을 부당이득으로 반환청구할 수 없다. 따라서 공급자가 사업양도가 부정되어 부가가치세가 과세되더라도 이러한 관계에 있다면 공급받는 자는 공제받을 수도 없는 매입세액에 대하여 공급자에게 부가가치세액을 지급할 의무는 없다(위 "(1)"과 같은 취지임).

(3) 면세거래를 과세거래로 오인하여 계약·공급·신고 이후 부당이득금 반환청구가 가능한지 여부

사업자로부터 징수하는 부가가치세 상당액을 공급을 받는 자에게 차례로 전가시킴으로써 궁극적으로 최종소비자에게 이를 부담시키겠다는 취지를 선언한 것에 불과한 것이어서 사업자가 위 규정을 근거로 공급을 받는 자로부터 부가가치세 상당액을 직접 징수할 사법상의 권리는 없는 것이지만, 거래당사자 사이에 부가가치세를 부담하기로 하는 약정이 따로 있는 경우에는 사업자는 그 약정에 기하여 공급을 받는 자에게 부가가치세 상당액의 지급을 직접 청구할 수 있다(대법원 99다33984, 1999. 11. 12.).

계약당사자 쌍방이 계약의 전제나 기초가 되는 사항에 관하여 같은 내용으로 착오가 있고 이로 인하여 그에 관한 구체적 약정을 하지 아니하였다면, 당사자가 그러한 착오가 없을 때에 약정하였을 것으로 보이는 내용으로 당사자의 의사를 보충하여 계약을 해석할 수 있다. 여기서 보충되는 당사자의 의사는 당사자의 실제 의사 또는 주관적 의사가 아니라 계약의 목적, 거래관행, 적용법규, 신의칙 등에 비추어 객관적으로 추인되는 정당한 이익조정 의사를 말한다(대법원 2005다13288, 2006. 11. 23.).

면세사업자는 용역을 공급받는 자로부터 매출에 관한 부가가치세를 수령하지 못함에도 매입에 관한 부가가치세를 부담하게 되어 그만큼 원가가 증가하게 된다.

지방자치단체(이하 "지자체")와 공급자인 민간기업들이 용역계약 체결 당시 부가가치세 면세대상임에도 부가가치세 과세대상이라고 착오하여 해당 용역계약을 체결하였고 그로 인하여 해당 용역의 공급이 부가가치세 면세대상일 경우 민간기업들이 공제받지 못하는 매입세액을 용역대금에 어떻게 반영할 것인지에 대하여 구체적 약정을 하지 않았다.

동 계약은 지방자치단체를 당사자로 하는 계약에 관한 법률을 적용받고 있는바, 동 법률에서는 부가가치세가 면제되는 재화 또는 용역을 공급하는 자와 계약을 체결할 때에는 해당 계약대상자가 부담할 비목별 원재료의 부가가치세 매입세액 해당액을 예정가격에 합산한다고 규정하고 있다.

지자체는 부가가치세 과세대상임을 전제로 용역예정금액의 추정가격과 부가가치세를 별도로 명시하여 각 용역전자입찰공고를 하였고, 민간기업들은 이에 따라 해당 용역과 관련된 매입세액을 공제받을 수 있다는 계산하에 각 입찰에 참가하고 해당 용역계약을 체결한 것이므로 민간기업들이 지자체에 대하여 지자체가 지급한 부가가치세 전액 상당의 부당이득반환의무를 부담한다고 판단한 것은 부당이득반환범위 및 부가가치세법상 세액 납부, 법률행위 보충적 해석 등에 관한 법리를 오해한 잘못이 있다(대법원 2019다200126, 2023. 8. 18.).

(4) 손해배상금 산정에 있어 부가가치세액의 포함 여부

타인의 불법행위로 인하여 피해자 소유의 물건이 손괴되어 수리를 요하는 경우에 그 수리를 위해서는 피해자가 수리에 소요되는 부가가치세까지 부담하여야 한다면 피해자는 그 부가가치세를 포함한 수리비만큼의 손해를 입었다고 하여 가해자에 대하여 그 배상을 청구할 수 있음이 원칙이다. 그러나 피해자가 부가법상의 납세의무자인 사업자로서 그 수리가 자기의 사업을 위하여 사용하였거나 사용할 목적으로 공급받은 용역에 해당하는 경우에는 위 부가가치세는 부가법 제38조 제1항 제1호 소정의 매입세액에 해당하는 것이어서 피해자가 자기의 매출세액에서 공제하거나 환급받을 수 있으므로 동 부가가치세는 실질적으로는 피해자의 부담으로 돌아가지 않게 되고, 따라서 이러한 경우에는 다른 특별한 사정이 없는 한 피해자가 가해자에게 위 부가가치세 상당의 손해배상을 청구할 수 없다(대법원 2023다206916, 2023. 11. 2. ; 대법원 92다47328, 1993. 7. 27.).

5 공급가액을 과다기재하여 거래징수한 경우

(1) 면세거래에 대하여 세금계산서 발급이 있는 경우

공급자가 면세거래임에도 불구하고 납세의무자로 오인하여 공급받는 자로부터 부가가치세를 거래징수하여 납부하고 공급받는 자는 매입세액을 공제받은 경우, 공급자가 법률상 근거없이 부가가치세를 징수한 것이므로 공급자가 법률상 허용되는 구제절차를 밟아 국가로부터 부가가치세를 되돌려 받았는지 여부에 불구하고 공급받는 자는 해당 부가가치세의 반환청구권 행사가 가능하다(서울고등법원 84나2212, 1984. 11. 21.).

(2) 공급가액에 일부 면세공급가액이 포함된 경우 환급세액의 반환 여부

사업자로부터 재화를 공급받는 사업자로서도 장차 자신의 전체 매출세액에서 해당 매입세액을 공제받을 것을 기대하고 이러한 거래에 임하는 것이 통례이므로, 이러한 사업자 사이에 이루어지는 재화의 공급거래의 경우 그 공급계약서에 공급가액과 별도로 부가가치세를 구분·특정하고 그에 따라 세금계산서도 발행하면서 그 공급대가를 일괄적으로 수수하였다면, 특별한 사정이 없는 한 이러한 거래당사자 사이에는 공급가액의 수수와 별도로 그 부가가치세도 실제로 거래징수되었다고 보아야 한다. 따라서 사업자 간에 건물의 매매계약을 체결하면서 양 당사자 모두 부가가치세 과세대상에 대한 착오를 일으켜 매도인인 사업자가 면세부분이 포함된 건물 전체에 관한 부가가치세액을 매수인인 사업자로부터 거래징수하여 납부하였다가 나중에 그 면세 부분의 부가가치세액을 환급받은 경우, 매매대금의 결정방법이나 그 경위 등에 비추어 볼 때 매도인인 사업자가 매수인인 사업자에 대한 관계에서 법률상 원인없이 위 부가가치세 환급액 상당의 재산상 이익을 얻었다고 볼 수 없다(대법원 2004다60065, 2005. 5. 27.).

※ 위 판례는 양도되는 건축물가액은 감정평가로 고정되어 있는 상태(매매계약 시 건축물의 총가액은 변동되지 않음)에서 작성한 것으로 건축물 면적 중 면세사용분이 확인되어 부가가치세액이 감소되었더라도 그만큼 다른 과세사용분 건물공급가액이 증액되었을 것이므로 매도자가 부당이득을 취하지 않았다고 판시한 것으로 이러한 특수한 사정이 없다면 위 "(1)"과 같이 보아야 한다.

(3) 세법 개정으로 계약 후 과세되는 경우 세액의 추가 요구 가능 여부

상한가가 정해진 개산계약으로서 부가가치세 증액분이 계약금액에 포함되면 그 계약금액이 상한가를 초과하게 된다고 하더라도 이는 보충적 해석에 의한 계약내용의 확정에 수반되는 결과로 인한 것일 뿐만 아니라 상한가는 면세대상이 변경되지 않을 것을 전제로 한 것으로 그 전제가 세법 개정으로 변경된 경우 상한가 역시 변경될 수 있다고 할 것이므로 상한가 개산계약이라는 사정은 보충적 해석에 의하여 부가가치세 증액분을 계약금액에 포함하는데 장애가 되지 않는다(대법원 2009다91811, 2014. 11. 13.).

(4) 국세청의 해석

국세청은 공급자가 일반세율이 적용되는 거래를 영세율 거래로 오인하여 영세율로 부가가치세 신고를 마친 후 과세관청으로부터 부가가치세를 추징당한 경우, 공급자는 소급하여 공급받는 자로부터 부가가치세를 거래징수할 수 없으나, 추징세액 상당액을 공급받는 자에게 청구하는 것은 거래상대방 간에 해결할 사항으로 회신하였다(부가 1235-3091, 1978. 8. 21.).

6 | 약정서상 '세액 별도' 표기 여부와 관련된 판례

(1) 세액 별도 표기가 있는 경우

견적서(약정서 등)에 공급가액과 부가가치세액(세액은 별도로 표기)을 구분하고 공급자와 공급받는 자 사이에 이를 토대로 세금계산서가 발급되고 공급받는 자로 이에 대한 이의를 제기하지 않았다면 부가가치세액을 공급받는 자가 공급자에게 지급하기로 한 약정을 하였다고 보아야 한다(대법원 2016다20671, 2016. 9. 28. ; 대법원 2002다38828, 2002. 11. 22.).

(2) 세액 별도 표기가 없는 경우

"갑"(공급받는 자)이 "을"(공급자)에게 공사대금을 포함한 약정금을 지급하기로 합의하였는데 약정금에 공사대금 관련 부가가치세가 포함되는지가 문제된 사안에서, 합의서에 갑이 별도로 부가가치세를 지급한다는 내용이 없고, '향후 세금 관계는 갑이 낸다'는 규정이 있더라도 이는 향후 갑에게 부과되는 양도소득세 등의 세금을 갑이 납부하여야 한다는 의미이지 공사대금 관련 부가가치세 납세의무자도 아닌 갑이 부가가치세를 별도로 납부한다는 의미는 아니므로 약정금에 공사대금 관련 부가가치세까지 포함된 것으로 해석하여야 한다(대법원 2011다76549, 2012. 1. 27.).

(3) 시공사가 부가가치세액을 부담하기로 한 경우 공급가액 산정

시공사가 공장건물에 대한 공사도급계약을 체결하면서 부가가치세는 시공사가 부담하기로 약정하였다면 동 공사도급금액은 부가가치세가 포함되어 있지 아니한 금액이다(대법원 99두1373, 2000. 9. 29. ; 부산고법 98누2249, 1998. 11. 5.).

제 3 절

세금계산서

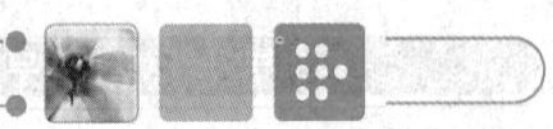

I 세금계산서의 개요

1 세금계산서의 의의

사업자가 재화 또는 용역을 공급(부가가치세가 면제되는 재화 또는 용역의 공급은 제외한다)하는 경우에는 세금계산서를 그 공급을 받는 자에게 발급하여야 한다(부가법 §32 ①).

세금계산서라 함은 사업자가 재화 또는 용역을 공급하는 때에 부가법 제31조에 따라 부가가치세를 거래징수하고 이를 증명하기 위하여 그 재화 또는 용역을 공급받는 자에게 발급하는 부가가치세 징수에 대한 영수증을 의미한다.

세금계산서는 이를 단순한 거래자료로서만 활용하는 것이 아니라 세금계산서 자체에 부가가치세액을 기재하도록 함으로써 공급받는 과세사업자로 하여금 매입세액으로 공제할 수 있도록 하여 부가가치세의 중복과세없이 최종소비자에게 전가하기 위한 제도적 장치이다.

소비형 부가가치세의 이념이 국민소득의 여러 측면 중 지출소득 중에서 투자지출을 제외한 소비지출에 대응하는 부가가치만을 과세표준으로 하여 이에 대한 부담세액을 정확히 최종소비자에게 전가하는데 있다면 전단계세액을 공제해 줌으로써 다단계의 유통거래에서 일어나는 세금의 누적효과를 배제하는 것이 세금계산서의 본질이라 할 수 있다.

이러한 세금계산서의 매입세액공제기능 및 과세자료기능을 달성하기 위하여 법에서는 세금계산서의 수수를 엄격히 통제하고 있으며 이를 통해 거래의 정상화 및 과세표준의 양성화를 도모하고 탈세의 원천적 예방으로 성실한 납세풍토의 조성 및 근거과세를 구현하고자 한다.

2 세금계산서의 종류

우리가 흔히 세금계산서라고 부르고 있는 것을 사업자의 유형에 따라 분류하여 보면 세금계산서, 영수증, 금전등록기계산서, 신용카드매출전표, 수입세금계산서 등으로 분류되며 또한 면세사업자의 경우 「법인세법」 제121조 및 「소득세법」 제163조에 따라 발급하는 계산서와 영수증이 있다.

| 세금계산서의 종류 |

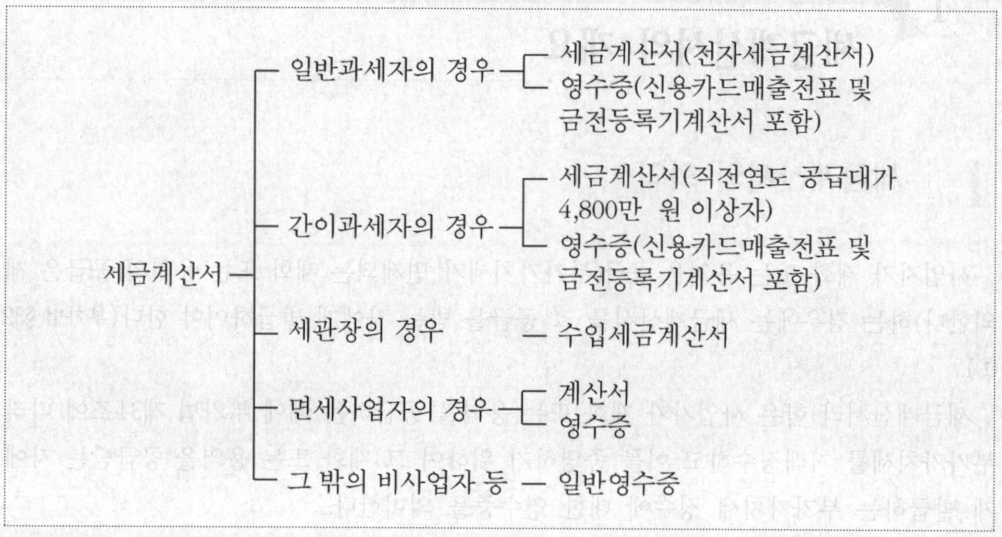

일반적으로 세금계산서라 할 때에는 부가가치세의 납부사실을 증명하는 세금영수증으로서의 기능을 하는 협의의 세금계산서와 세액이 기재되어 있지 않은 영수증 및 소득세법, 법인세법상의 계산서 등의 과세자료로서의 기능만을 수행하는 계산서를 포괄하는 광의의 세금계산서의 의미로 사용된다. 하지만, 세금계산서 중에서 일반과세자 및 일부 간이과세자가 발행하는 세금계산서, 세관장이 발행하는 수입세금계산서 및 부가가치세액과 공급받는 자가 적혀 있는 신용카드매출전표만이 협의의 세금계산서로서 취급되어 세금계산서의 본질인 매입세액공제기능을 가진다.

3 | 세금계산서의 기능

(1) 매입세액공제를 통한 전가기능

세금계산서에 부가가치세액이 표시되어 부가법 제38조에 따라 매입세액으로 공제되며, 이를 위해 부가법 제15조부터 제17조까지의 규정에 따라 거래 시마다 세금계산서의 발행을 통하여 거래징수하도록 하고 있다.

매입세액이 적혀 있는 세금계산서에 의하여 매입 자본재에 대한 부가가치세의 부담을 배제하고 순부가가치에 대한 세액부담을 그대로 최종소비자에게 전가시키는 것으로서 소비형 부가가치세제에서의 가장 핵심적 기능이다.

이와 같은 최종소비자에게의 이상적 전가를 위해서는 과세재화나 용역의 공급에 대하여 빠짐없이 세금계산서가 정확히 교부되고 또한 세금계산서가 발급된다 하더라도 재화 또는 용역의 각 공급의 단계(거래단계)가 최초의 부가가치의 생산공급 단계에서부터 최종소비자에 이르기까지 과세재화 또는 용역의 공급단계로 연결되어져야 한다.

(2) 과세자료로서의 기능

세금계산서를 발급하는 자나 발급받는 자는 과세당국에 제출해야 하고 제출된 세금계산서는 집계, 분류, 분석되어 상호대사하는데 활용된다. 이러한 세금계산서는 과세재화 및 용역을 공급하는 사업자 측면에서 보면 자기의 공급가액을 표시하는 증거자료가 되는 동시에 공급받는 자에 대하여는 원가를 구성하는 매입자료로써 매출액 측정의 기준이 된다.

이와 같이 과세자료로서의 세금계산서의 기능은 거래쌍방에 모두 중요성이 있으므로 공급받는 자가 최종소비자, 면세사업자 또는 간이과세자이든 모두 발급하여야 하고 발급받아야 하는 것이다.

(3) 송장 · 영수증 · 증빙서류 등의 기능

세금계산서는 사업자가 공급하는 재화나 용역에 대한 송장으로서의 역할뿐 아니라 공급대가에 대한 청구서나 영수증, 기업내부의 경영관리상 또는 회계처리상 자료와 증빙서류로서의 역할도 한다. 또한, 기장능력이 없는 영세한 사업자의 경우 교부한 세금계산서와 발급받은 세금계산서는 그 자체가 사업자 간 거래내용을 담은 매출장, 매입장으로서 장부(증빙)의 기능을 가지고 있다.

(4) 세금계산서와 매입세액공제

자기의 사업과 관련된 매입세액은 모두 공제받지만 세금계산서가 발급되지 않은 경우, 세금계산서의 형식적 기재사실이 거래의 실질내용과 다른 경우, 사업과 관련되지 않은 매입세액, 면세사업관련 매입세액, 사업자등록 전 매입세액 등의 경우는 공제받지 못하는 바 세금계산서는 기업의 이러한 사실적인 경제적 거래를 형식적인 법률상의 관계로 전환시키는 것으로서 상기의 경제적 거래에 대한 사실인정의 타당성 · 적법성을 판단하여 매입세액의 공제 여부를 결정하는 근거가 된다.

(5) 세금계산서와 거래징수

세금계산서에 의하여 실제로 거래징수를 통해 부담한 세액을 명시하고 매입세액으로서 공제함으로써 최종소비자에 대한 세액의 형식적 전가가 가능하게 된다.

이에 따라 사실상 거래징수를 한 경우라 하더라도 세액을 표시한 세금계산서를 발급하지 않은 경우에는 법률상의 거래징수를 한 것으로 인정되지 않으며, 반대의 경우 세금계산서를 발급했다 하더라도 세액을 실제로 거래징수하지 않았음이 명백히 판명되었다면 부가법 제31조의 거래징수를 하지 않은 것이 되어 매입세액공제를 받을 수 없게 된다.

이것은 부가가치세제 및 세금계산서 제도가 거래의 실질에 따른 과세제도가 아니라 법률적 형식주의 과세를 채택함에 따른 결과이다.

4 | 세금계산서 발급의무와 발급청구권

부가법 제32조에서는 사업자가 과세되는 재화 또는 용역을 공급하는 때에는 그 공급시기에 세금계산서를 발급하여야 한다는 의무규정을 두고 있고 또한 이를 이행하지 않는 경우 가산세 부과 및 질서범으로 처벌당하는 불이익 규정을 두고 있으며, 공급받는 자가 세금계산서를 통정에 의하여 발급받지 않은 경우에도 불이익 규정이 있다.

현행법상 공급받는 사업자의 교부청구권을 인정한 내용은 없으므로 세금계산서발급을 청구할 권리는 없다. 발급의무 불이행에 대한 재제로서 발급을 강제하고 있을 뿐이다. 따라서 공급자가 세금계산서를 발급하지 않는 경우에는 공급받는 자는 매입세액을 공제받지 못하는 불이익을 감수할 수밖에 없어 2006. 12. 30. 법 개정 시 공급받는 자가 공급자로부터 세금계산서를 발급받지 못하더라도 공급받는 자가 스스로 세금계산서를 발행하여 세무당국에 신고함으로써 매입세액을 공제받을 수 있도록 "매입자발행세금계산서 제도"를 도입하였다.

II 세금계산서의 발급

(1) 발급대상 거래

사업자가 세금계산서를 발급하여야 할 대상은 과세대상이 되는 모든 재화 또는 용역의 공급으로 함이 원칙이다. 따라서 부가법 제21조부터 제24조까지의 규정과 「조세특례제한법」 제105조 등에 따라 영세율이 적용되는 재화 또는 용역을 공급하는 경우에는 실제로 부가가치세를 징수하지는 않지만 세금계산서는 발급하여야 한다.

다만, 부가법 제26조 및 「조세특례제한법」 제106조 등에서 규정하는 면세되는 재화 또는 용역의 경우에는 세금계산서를 발급대상이 아니며 세금계산서 발급의무 면제에 대한 특례규정인 부가법 제33조에 따라 세금계산서 발급의무가 면제되는 경우에도 발급대상이 아니다. 또한 부가법 제36조에 따라 영수증이 발급되는 사업의 경우에는 세금계산서를 발급할 의무가 없으나, 특정사업의 경우 재화 또는 용역을 공급받는 자가 세금계산서의 발급을 요구하는 경우에는 세금계산서를 발급하여야 한다.

1) 과세·면세공급 관련 사례

① 일반과세자가 감가상각자산을 매각하거나 수출품 생산업자가 원자재 수입 시 납부한 관세를 수출업자로부터 지급받는 경우에도 세금계산서를 발급하여야 함(부가 1235-1992, 1977. 8. 4.).

② 중기대여업자가 부가가치세 면세되는 국민주택건설업자에게 중기를 대여하고 받는 임대료는 세금계산서 발급하여야 함(부가 22601-966, 1985. 5. 24.).

③ 국가, 지방자치단체와 공동으로 사용할 목적으로 공동소유의 시설물을 건설하는 때 국가 등에 지급한 공사비는 건설업자로부터 세금계산서를 발급받을 수 있음(부가 1265.1-130, 1981. 1. 20.).

④ 지방자치단체에의 기부채납자산에 대해서는 세금계산서를 발급하여야 함(부가 22601-355, 1988. 3. 2.).

2) 공급가액 관련 사례

공급대가에 포함되는 다음의 부수비용은 세금계산서 발급대상이다.

① 예선용역을 제공하고 예선료를 유류대금과 같이 영수하는 경우(부가 1265-923,

1984. 5. 15.)

② 임대부동산에 부과되는 재산세를 임차인으로부터 받는 경우(부가 22601-1445, 1988. 8. 19.)

③ 항공운송대리에 대한 할인액 등이 해당 대리점에 귀속되는 경우(부가 22601-840, 1985. 5. 7.)

④ 제품 판매에 따른 운반비를 별도로 지급받는 경우(부가 1265.2-537, 1983. 3. 25.)

⑤ 세금계산서는 원칙적으로 재화 또는 용역의 공급시기에 그 공급가액을 과세표준으로 하여야 하나, 재화 또는 용역의 공급시기에 그 공급가액 중 일부는 확정되고 일부가 확정되지 아니하는 경우 해당 공급시기에 확정된 금액만으로 세금계산서를 발급하고, 확정되지 아니한 공급가액은 추후 확정되는 때에 그 확정된 금액으로 수정세금계산서를 발급하여야 함(서삼 46015-10818, 2002. 5. 17.).

3) 사업장 간 과세 재화의 이동이 있는 경우

사업장 간 재화의 이동을 재화의 공급으로 보는 경우는 반드시 해당 사업장에서 직접 판매할 목적으로 반출하는 경우에 한하므로 과세사업을 위한 제조나 사용·소비용 원재료나 반제품, 기계장치의 이동은 공급으로 보지 않으므로 세금계산서 발급의무도 없다.

(2) 발급의무자

세금계산서의 발급의무자는 재화 또는 용역의 공급자이며 공급자라 함은 계약상·법률상의 원인에 의하여 재화 또는 용역을 실제로 공급하는 사업자를 말한다. 다만, 납세의무자로 등록하지 않은 사업자는 거래징수의 의무는 있으나 실무적으로는 세금계산서를 발급할 수 없다.

그러므로 사업자가 부가법 제6조 및 제8조에 따라 등록된 사업장이 아닌 하치장 등에서 재화를 인도하는 경우에는 해당 하치장으로 재화를 반출한 사업장을 공급자로 하여 세금계산서를 발급한다(부가통칙 32-69-3).

또한, 부가령 제10조에서 규정하는 임시사업장의 경우는 기존 사업장에 포함되는 것으로 간주하므로 각종 경기대회·박람회 등의 행사가 개최되는 장소에서 재화를 공급하는 경우에는 동 재화를 출품한 사업장 명의로 세금계산서를 발급하여야 한다(부가 1265.2-160, 1981. 1. 22.).

1) 부가가치세의 과세대상 재화 또는 용역을 공급하는 사업자

세금계산서를 발급할 수 있는 자는 부가법 제3조의 납세의무자로서 재화 또는 용역을 공급하는 사업자(특정 간이과세자는 제외)를 말한다.

사업자가 과세사업과 면세사업을 겸영하는 경우에는 면세재화·용역의 공급에 대하여서는 세금계산서 발급의무가 없는 것이나, 면세사업자가 부가법 제28조에 따라 면세포기신고를 한 경우에는 세금계산서를 발급하여야 한다.

영세율 적용대상인 재화 또는 용역을 공급하는 경우에도 세율만 "0"이 적용될 뿐이지 과세사업자와 동일하게 취급되므로 세액을 "0"으로 기재한 세금계산서를 발급하여야 한다.

2) 특정 간이과세자는 세금계산서 발급불가

부가법 제61조에 따른 간이과세자(특정 간이과세자에 한한다)인 경우에는 매출세액이 공급가액에 포함되므로 부가가치세의 거래징수의무가 없고 이에 따라 세금계산서 발급의무도 없으므로 과세자료 파악을 위한 영수증 발급의무만 있다. 다만, 부가가치세가 면제되는 재화 또는 용역을 공급하는 경우 계산서 발급은 할 수 있다(소득 46011-3261, 1999. 8. 18.).

※ 특정 간이과세자는 세금계산서 발급의무가 없는 간이과세자로 "간이과세" 편을 참조한다.

3) 미등록 사업자

실무상 재화 또는 용역의 공급에 대하여 세금계산서를 발급할 수 있는 자는 부가법 제3조의 납세의무자로 「등록」한 사업자에 한한다. 등록이란 부가법 제8조에 의해 사업장마다 사업자등록을 하는 것을 말하고 사업자등록을 하기 전의 사업자는 비록 재화 또는 용역을 공급하였다 하더라도 세금계산서에 필요적 기재사항인 등록번호를 기재할 수 없으므로 그가 발급한 세금계산서를 증빙으로 매입세액을 공제할 수도 없다. 비록 미등록 사업자가 용역의 공급을 완료하여 공급시기가 경과한 후 사업자등록을 하고 해당 용역의 공급시기가 속하는 과세기간 내에 세금계산서를 발급하였더라도 이는 사실과 다른 세금계산서에 해당하여 상대방은 매입세액공제를 받을 수 없다(서면3팀-1288, 2006. 6. 29.).

사업자가 과세되는 재화 또는 용역을 공급하는 경우에는 해당 사업자의 사업자등록 여부, 거래징수 여부에 불구하고 납세의무가 있으므로 등록 전 사업자(미등록 사업자)의 경우에도 비록 세금계산서를 현실적으로 발급할 수 없다 할지라도 부가법 제31조에 따른 거래징수의무 및 납부의무가 있으며, 세금계산서 미발급에 따른 가산세도 부담하게 된다.

이 경우의 등록은 사업장마다의 등록을 의미하므로 일단 동일 사업장소에서 사업을 계속하는 경우 그 사업자등록증에 적혀 있는 업태 또는 종목 외의 재화 또는 용역을 공급하는 때에도 사업자등록의 정정없이 세금계산서를 발급할 수 있다(부가 22601-856, 1986. 5. 6.).

4) 2개 이상의 사업장이 있는 경우

가. 본점 또는 지점에서 재화를 공급한 경우

제조장과 직매장 등 2개 이상의 사업장을 가진 사업자가 제조장에서 생산한 재화를 직매장 등에서 전담하여 판매함에 있어 수송 등의 편의를 위하여 제조장에서 거래처에 직접 재화를 인도하는 경우에는 공급자를 제조장으로 하는 세금계산서를 직접 거래처에 발급하는 것이나, 이미 제조장에서 직매장 등으로 세금계산서(총괄납부사업자의 경우에는 거래명세서)를 발급한 경우에는 직매장 등에서 거래처에 세금계산서를 발급하여야 한다(부가통칙 32-69-4).

세금계산서를 발급하는 경우에는 수취하는 경우와 달리 엄격한 사업장 개념을 적용하고 있어, 지점에서 재화를 인도하는 경우 계약·발주·대금결제가 본사에서 이루어졌더라도 반드시 세금계산서를 발급하는 자는 지점이어야 하며, 본점에서 세금계산서를 발급하기 위해서는 지점에서 본점으로 세금계산서(총괄납부자의 경우 거래명세서)를 발급한 경우이어야 한다.

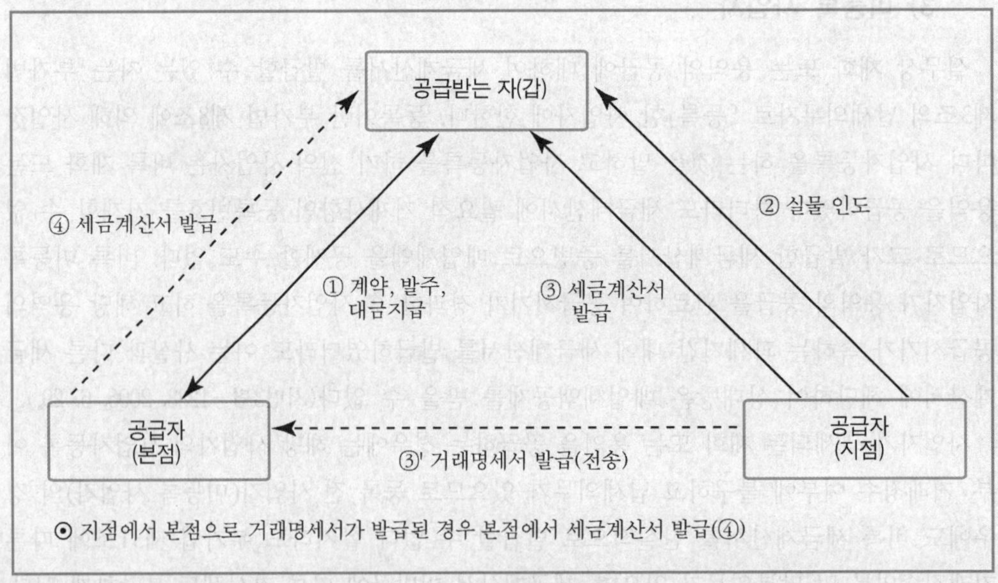

나. 제3의 지점에서 세금계산서를 발급한 경우

(총괄납부)사업자가 계약, 발주 및 대금을 지급한 본점, 재화를 실제 공급한 지점A[(총괄납부)사업자가 본점에 거래명세서를 교부하거나 세금계산서를 발급한 경우를 포함한다]와 해당 거래가 발생하였으나, 해당 거래와 전혀 무관한 지점B에서 세금계산서를 발급한 경우 지점B에서 발급한 세금계산서는 사실과 다른 세금계산서에 해당한다(법규과-2415, 2006. 6. 15. ; 법규과-116, 2009. 9. 11.).

다. 수 개의 사업장에서 유기적으로 이루어지는 용역의 공급

동일한 재화 또는 용역을 공급하거나 공급받는 데 수 개의 사업장이 연계되어 있는 경우 어느 사업장을 공급자 또는 공급받는 자로 기재할 것인가에 대하여 대법원은 "부가법 제8조 제1항이 사업을 개시하는 자로 하여금 사업장마다 사업자등록을 하도록 규정함으로써 사업장을 실질적인 납세단위로 삼고 있어 동일한 사업자에게 둘 이상의 사업장이 있는 경우 부가법 제32조 제1항의 '용역을 공급받는 자'라 함은 계약상 또는 법률상의 원인에 의하여 역무 등을 제공받는 사업장을 의미한다고 할 것인바, 계약상의 원인에 의하여 용역을 공급받는 사업장이 어느 사업장인가를 결정함에 있어서는 당해 용역공급의 원인이 되는 계약의 체결과 대금의 지급을 어느 사업장에서 하였으며 용역공급이 어느 사업장을 위한 것인지, 계약체결의 경위와 각 사업장 간의 상호관계는 어떠한지 등의 제반 사정을 고려하여야 한다"고 판결하였다(대법원 2005두1497, 2006. 12. 22. ; 대법원 2007두4896, 2009. 5. 14.).

세금계산서 발급에 있어서는 이를 수취하는 경우와 달리 엄격한 사업장 개념을 적용하고 있어 지점에서 재화를 인도하는 경우 계약·발주·대금결제가 본사에서 이루어졌더라도 반드시 세금계산서를 발급하는 자는 지점이어야 하며, 본점에서 세금계산서를 발급하기 위해서는 지점에서 본점으로 세금계산서(총괄납부자의 경우 거래명세서)를 발급한 경우이어야 한다. 다만, 국세청은 그간 본점과 지점에서 유기적으로 또는 본지점 간 자가공급을 통해 거래처에 하나의 용역을 제공하는 경우 등 각 사업장별 용역제공이 하나의 용역으로 연결되어 제공하는 경우 용역을 수행한 각 사업장별로 세금계산서를 발급할 것이 아니라 해당 용역계약을 체결한 사업장에서 세금계산서 발급이 가능한 것으로 일관되게 해석하였다(법규부가 2011-0066, 2011. 4. 20. ; 서삼 46015-10458, 2003. 3. 18. ; 부가 46015-1, 2000. 1. 4. ; 부가 46015-883, 1998. 5. 1. ; 부가 22601-2209, 1988. 12. 30.).

5) 폐업 후의 거래

사업자가 사업을 폐지할 때의 재고재화로서 과세된 잔존재화를 실지로 처분하는 때에는 이미 사업자의 지위를 상실하였으므로 세금계산서를 발급할 수 없고 일반영수증을 발급하여야 한다. 그러나 휴업하는 사업자의 경우에는 전력비, 난방비, 불용재산처분 등 사업장 유지관리 등에 따른 세금계산서는 발급받거나 발급할 수 있다(부가통칙 32-67-3).

만약 본점과 공장 2개의 사업장을 가진 법인이 공장만을 폐업한 후 공장건물과 기계장치를 폐업일 이후에 처분하는 경우에는 본점명의로 세금계산서를 발급할 수 있다(재소비 22601-929, 1989. 8. 31.).

6) 발급의무자에 대한 특례

세금계산서는 거래상대방이 공제받을 수 있는 매입세액임을 입증하는 기능이 있는바, 그 기능이 변하지 않는 범위 내에서 세금계산서의 발급의무자의 변경을 인정하고 있으며, 이 경우 간이과세자, 면세사업자 또는 사업자등록을 하지 않은 자도 세금계산서를 발급할 수 있는 예외가 인정된다.

예를 들어 위탁판매(위탁매입) 또는 공동매입 등의 경우 간이과세자, 면세사업자, 고유번호를 부여받은 자도 실수요자(위탁자)에게 발급받은 세금계산서 공급가액 범위 내에서 세금계산서를 발급할 수 있다.

7) 제3자가 발급한 세금계산서의 효력

세금계산서의 발급의무자는 일부 발급특례가 인정되는 경우를 제외하고는 계약상 또는 법률상의 원인에 따라 재화 또는 용역을 공급하는 자가 발급함이 원칙이다. 다만, 제3자에게 재화 또는 용역의 공급사실과 부합하게 세금계산서 발급을 위탁할 수 있다. 이때 공급사실과 다르게 세금계산서가 발급됨으로 인하여 발생하는 부가가치세 및 그 가산세, 조세범처벌 등과 관련해서는 재화 또는 용역을 공급한 발급위탁자가 될 것이다.

이러한 논리에 따라 공급자가 세금계산서 발행에 대하여 공급받는 자에게 위임한다는 명확한 위임규정 또는 계약에 근거하여 재화 또는 용역의 공급에 대한 세금계산서를 공급받는 자가 발급한 경우에는 정당한 세금계산서로써 매입세액공제의 대상이 될 것이다. 그러나 실지 거래사실이 객관적으로 명백히 확인되고 세금계산서를 발급받지 못한 사유가 공급자의 일방적인 발급 거절로 인한 것이라 하더라도 명백한 위임규정 없이 매입자가 임의로 작성한 세금계산서에 해당한다면 공급받는 자는 부가가치세 매입세액공제를 받을 수 없다(대법원 2008두22051, 2009. 3. 2.).

(3) 발급 상대방(공급받는 자)

1) 일반원칙

재화*의 공급은 계약상 또는 법률상의 모든 원인에 의하여 재화를 인도 또는 양도하는 것으로서 이에 따라 재화를 공급받는 자(세금계산서를 발급받는 자)라 함은 계약상·법률상의 원인에 의하여 재화를 인도 또는 양도받는 자를 말한다. 계약상·법률상의 당사자가 불분명한 경우나 알 수 없는 경우에는 거래실질의 원칙(행위 또는 거래의 실질내용)에 따라 실제 재화를 공급받는 자에게 세금계산서를 발급한다.

* 용역의 공급도 이와 같다.

동일한 사업자에게 둘 이상 사업장이 있는 경우 세금계산서의 발급에 있어 '재화를 공급받는 자'라 함은 계약상 또는 법률상 원인에 의하여 재화를 인도 또는 양도받는 사업장을 의미한다. 계약상 원인에 의하여 재화를 공급받는 사업장이 어느 사업장인가를 결정함에 있어서는 해당 재화 공급 원인이 되는 계약 체결과 대금 지급을 어느 사업장에서 하였으며 재화 공급이 어느 사업장을 위한 것인지, 계약체결 경위와 각 사업장 간 상호관계는 어떠한지 등 제반 사정을 고려하여야 한다(대법원 2007두4896, 2009. 5. 14.). 이러한 법리는 계약상 원인에 의하여 재화를 공급받는 자가 외국법인인지 아니면 외국법인의 국내사업장인지를 결정함에 있어서도 그대로 적용할 수 있다.

2) 공급받는 자가 2개 이상의 사업장이 있는 경우

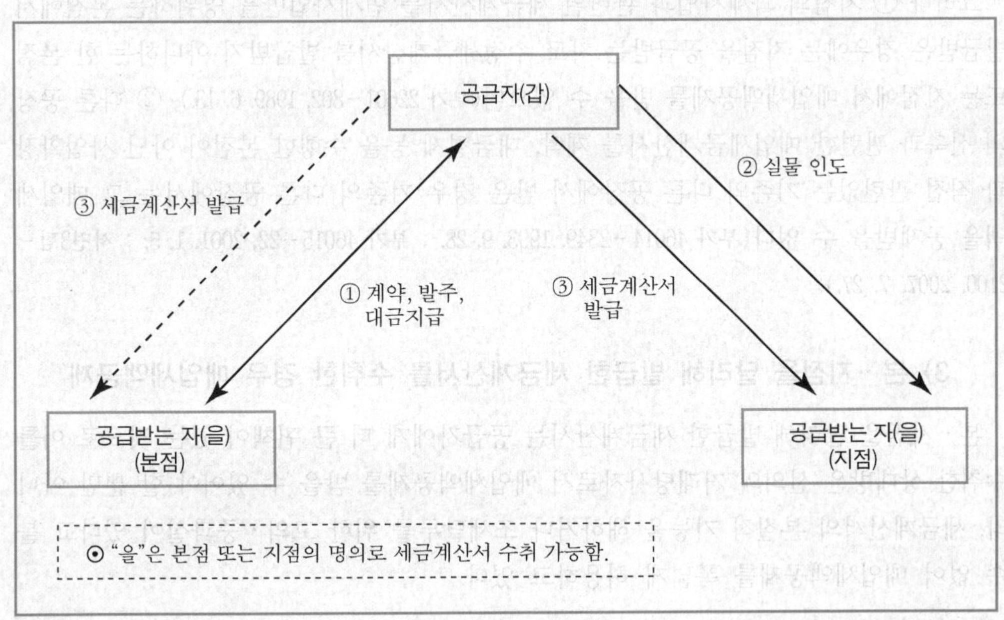

본·지점 등 2개 이상의 사업장이 있는 사업자가 공급계약 체결 및 대금지급은 본점에서 하고 해당 재화나 용역의 사용·소비는 지점에서 이루어지는 경우 세금계산서는 본점과 지점 어느 쪽을 공급받는 자로 기재하여 발급받아도 정당한 세금계산서로 본다. 이것은 해당 재화나 용역의 공급행위가 결국 실제 업태를 반영하는 지점을 위한 것이므로 계약 당사자인 본점이나 사용자인 지점 어느 쪽을 공급받는 자로 하여도 거래의 실질이나 매입세액공제에 영향을 미치지 않으며, 본점에서 계약 및 구매가 이루어지고 있는 사업실상을 반영하여 엄격한 사업장별 과세원칙의 범위를 확장하여 과세관행상 인정하고 있는 것이다(부가-2856, 2008. 9. 3. ; 서면3팀-509, 2008. 3. 7. ; 서면3팀-71, 2005. 1. 14.).

이와 관련하여 '① 종사업장에서 사용할 재화를 주사업장에서 구매계약을 하고 수송편의를 위해 종사업장에서 인도받은 경우에도 주사업장 명의로 세금계산서를 발급받을 수 있으며 이때 종사업장이 미등록인 경우에도 등록 전 매입세액으로 보지 아니한다(부가-405, 2013. 5. 9.). ② 사업규모의 확장을 위하여 신설 중인 사업장의 취득 및 건설을 위한 재화나 용역을 공급받고 기존 사업장에서 세금계산서를 발급받는 경우(부가-1910, 2009. 12. 31.)와, ③ 임가공 일괄계약한 본점에서 전체 임가공용역에 대한 발주업무, 지점에서 생산하여 인도받은 1차 가공물 중 일부의 추가가공 작업, 납품한 임가공물에 대한 검수와 정산업무 및 지점에서 수행할 임가공용역에 관련된 생산계획 수립과 통제역할을 수행하면서 지점에서 주로 수행한 개별 임가공용역대가와 본점에서 수행한 임가공용역대가의 합계액을 공급가액으로 기재하여 본점명의로 발급한 세금계산서는 정당하므로 수취자는 매입세액공제가 가능하다(법규과-726, 2014. 7. 11.)'라는 사례들이 있다.

그러나 ① 지점의 과세사업과 관련된 세금계산서를 면세사업만을 영위하는 본점에서 발급받은 경우에는 지점을 공급받는 자로 수정세금계산서를 발급받지 아니하는 한 본점 또는 지점에서 매입세액공제를 받을 수 없으며(부가 22601-802, 1989. 6. 13.), ② 다른 공장의 신축과 관련한 매입세금계산서를 계약, 대금결제 등을 수행한 본점이 아닌 사업확장과 직접 관련없는 기존의 다른 공장에서 받은 경우 기존의 다른 공장에서는 그 매입세액을 공제받을 수 없다(부가 46014-2349, 1993. 9. 28. ; 부가 46015-22, 2001. 1. 5. ; 서면3팀-2100, 2007. 7. 27.).

3) 본·지점을 달리해 발급한 세금계산서를 수취한 경우 매입세액공제

본·지점을 달리해 발급한 세금계산서는 공급자에게 더 큰 귀책이 있는 것으로 이를 수취한 상대방은 선의의 거래당사자로서 매입세액공제를 받을 수 있어야 할 뿐만 아니라, 세금계산서의 본질적 기능을 해하거나 조세탈루를 위한 고의·중과실이 있다고 볼 수 없어 매입세액공제를 폭넓게 허용하고 있다.

4) 세금계산서를 현실적으로 직접 발급받지 않은 경우

세금계산서는 재화 또는 용역의 공급자에게 직접 발급받는 것이 원칙이지만 공동매입에 대한 세금계산서특례, 위탁매입 등과 같이 특정한 경우에는 공동매입의 명의자, 수탁자 등을 통하여 세금계산서를 수취할 수 있으며, 해당 재화 또는 용역의 실질적인 사용 및 소비자로서 매입세액공제가 가능하다.

(4) 세금계산서 '발급'의 의의

세금계산서의 발급은 공급자가 재화나 용역을 공급하고 해당 공급사실에 대하여 공급내용을 기재한 세금계산서를 작성하고 이를 공급받는 자에게 발급하는 것을 말하는 것이므로 세금계산서를 작성은 하였으나 이를 발급하지 않은 상태에서는 발급(건네주는 행위, 즉 직접 전달 및 우편발송 등)이 없으므로 세금계산서로서의 효력이 없는 것이며, 공급받는 자의 동의없이 일방적으로 세금계산서를 작성하여 자기만이 정부에 제출하거나 우편발송하였으나 공급받는 자가 수취를 거부한 때에는 정당하게 세금계산서를 발급한 것으로 보지 아니한다(서면3팀-744, 2005. 5. 30. ; 서면3팀-2169, 2005. 11. 30. ; 부가 22601-1380, 1992. 9. 3. ; 서삼 46015-12247, 2002. 12. 27. ; 대법원 2017두48475, 2017. 9. 21.).

세금계산서를 발급한다 함은 공급자가 재화나 용역을 공급받을 자 또는 공급받을 것으로 예정되는 자에게 세금계산서 정본을 발급하는 경우를 말하고, 그 외의 제3자에게 세금계산서 사본을 발급하는 경우까지를 포함하지는 않는다(대법원 85누730, 1986. 9. 23.).

또한, 세금계산서 양식에 세금계산서의 필요적 기재사항 등을 적어 이를 e-mail에 의하여 전송하고 공급자와 공급받는 자가 각각 출력하여 보관하는 경우에는 세금계산서를 발급한 것에 해당하는 것으로 보나, 공급자의 문자알림서비스를 이용하여 발송사실을 알리는 것으로 세금계산서 발급의무를 이행한 것이라 볼 수 없다(서면3팀-1175, 2005. 7. 25.).

(5) 제3자를 위한 계약과 부가법상 거래당사자

「민법」 제539조에서는 계약에 의하여 당사자 일방이 제3자에게 이행할 것을 약정한 때에는 그 제3자는 채무자에게 직접 그 이행을 청구할 수 있으며 이 경우에 제3자의 권리는 그 제3자가 채무자에 대하여 계약의 이익을 받을 의사를 표시한 때에 생긴다고 규정하고 있다.

어떤 계약이 제3자를 위한 계약에 해당하는지 여부는 당사자의 의사가 그 계약에 의하여 제3자에게 직접 권리를 취득하게 하려는 것인지에 관한 의사해석의 문제로서 이는 계약 체결의 목적, 계약에 있어 당사자의 행위의 성질, 계약으로 인하여 당사자 사이 또는 당사자와 제3자 사이에 생기는 이해득실, 거래관행, 제3자를 위한 계약제도가 갖는 사회적 기능 등 제반 사정을 종합하여 계약 당사자의 의사를 합리적으로 해석함으로써 판별할 수 있다(대법원 2004다18804, 2006. 9. 14.).

부언하면 민법상 "제3자를 위한 계약"이란 계약으로부터 발생하는 권리를 계약당사자 이외의 제3자에게 직접적으로 귀속시키는 내용의 계약을 의미하는데, 이러한 계약으로 인해 제3자에 대하여 채무를 부담하는 당사자를 낙약자(채무자)라 하고, 낙약자의 계약상대방을 요약자(채권자)라 하며, 제3자를 수익자라 한다. 제3자를 위한 계약의 성립요건은 요약자와 낙약자 사이에 유효한 계약이 성립할 것(이를 '보상관계'라 한다), 그 계약의 내용 중 제3자로 하여금 직접 권리를 취득하게 하는 '제3자 약관'이 있을 것, 그리고 제3자를 특정할 수 있을 것이다. 제3자를 위한 계약에서 제3자가 낙약자에 대해 권리를 취득하는 것은 요약자(채권자)가 낙약자(채무자)와 제3자를 위한 계약을 체결하여 제3자(수익자)에게 이익을 받도록 하였기 때문인바, 요약자와 제3자 사이에서도 그 이익을 받도록 하는 이유가 있어야 하며 이를 원인관계라 한다. 한편, 제3자를 위한 계약에서 제3자는 낙약자에 대해 수익의 의사표시를 함으로써 그에 대해 채권을 취득하고, 낙약자와 계약을 체결하지 않았음에도 낙약자에 대하여 제3자를 위한 계약상 채무의 이행을 청구할 수 있는바, 제3자가 수익의 의사표시를 하여 권리를 취득하는 경우에 제3자는 권리를 가질 뿐이고 반대급부의무는 부담하지 않는다(이러한 관계를 "수익관계"라 하는데, 수익관계에서 제3자가 어떤 조건 하에 일정한 권리를 갖게 되는지 등은 오직 낙약자와 요약자 사이의 보상관계에 따라 결정된다).

제3자를 위한 계약이 있을 시 부가법의 거래당사자 관점에서 살펴보면 요약자는 채권자겸 계약상 공급받는 자가 되고, 낙약자는 채무자겸 계약상 용역의 공급자가 되며, 제3자는 수익자로서 용역산출 결과물을 인도받아 실제 사용·수익하는 자가 될 것이다.

그렇다면 요약자(채권자)가 낙약자(채무자)와 제3자(수익자)를 위한 계약을 체결하여, 낙약자로 하여금 제3자에게 용역을 이행하게 하는 경우 낙약자(채무자)로부터 부가법상 용역을 "공급받는 자"는 요약자(채권자)가 되고, 단순히 사실상 급부의 수령 또는 이행을 받는 자인 제3자(수익자)는 부가법상 공급받는 자가 될 수 없다(대법원 2008두3180, 2008. 4. 24.).

(6) 세금계산서 분실 시 처리방법

공급자 보관용 세금계산서를 분실한 경우에는 장부기록 및 제 증빙자료에 의하여 공급자 보관용 세금계산서를 사본으로 작성하여 보관하여야 하며, 공급받는 자 보관용 세금계산서를 분실한 경우에는 공급자가 확인한 사본을 발급받아 보관하여야 한다(부가통칙 32-67-1).

(7) 발급시기

1) 의의

세금계산서는 사업자가 부가법 제15조 및 제16조에 따른 재화 또는 용역의 공급시기에 재화 또는 용역을 공급받는 자에게 발급함을 원칙으로 하고, 부가법 제15조 또는 제16조에 따른 재화 또는 용역의 공급시기가 되기 전 부가법 제17조에 따른 때에 세금계산서를 발급할 수 있다. 또한 부가법 제34조 제3항에 따라 월합계세금계산서 등의 경우에는 공급일이 속하는 달의 다음 달 10일까지 발급할 수 있다(부가법 §34).

2) 세금계산서 발급시기 원칙

재화의 경우에는 재화가 인도되는 때, 재화가 이용가능하게 되는 때, 재화의 공급이 확정되는 때를, 용역의 경우에는 역무가 제공되거나 재화 · 시설물 · 권리가 사용되는 때를 각각 재화와 용역의 공급시기로 규정하고 있는바, 해당 공급시기가 세금계산서의 발급시기가 된다(부가법 §34 ①).

3) 공급시기 전 세금계산서 발급

위 "2)"에서 정하는 재화 또는 용역의 공급시기가 도래하기 전에 재화 또는 용역에 대한 대가의 전부 또는 일부(계약금 또는 선수금 등)를 받은 경우에는 그 받은 대가에 대한 세금계산서(이하 '선발행세금계산서'라 한다)를 발급할 수 있으며 동 세금계산서는 정당한 세금계산서로 본다(부가법 §34 ②).

4) 공급시기 이후 발급

월합계세금계산서 등의 경우 재화 또는 용역의 공급일이 속하는 달의 다음 달 10일(그 날이 토요일 및 일요일, 공휴일 및 대체 공휴일, 근로자의 날인 경우에는 바로 다음 영업일을 말한다)까지 세금계산서를 발급할 수 있다. 자세한 것은 "월합계세금계산서"에서 후술하기로 한다.

5) 폐업의 경우

폐업일 이후에는 사업자가 아니므로 세금계산서를 발급할 수 없는 것이나 사업기간 중 할부·연불·완성도 지급 등의 조건부로 판매하여 폐업일 현재 그 공급시기가 도래하지 않은 부분에 대하여는 거래징수를 위하여 당초 조건부 공급시기를 무시하고 폐업일을 공급시기로 보아 잔액에 대하여 일시에 세금계산서를 발급한다.

6) 폐업한 달 거래분에 대한 세금계산서 발급기한

폐업자는 세금계산서를 발급할 수 없지만, 폐업일 또는 폐업일이 속한 달의 거래분을 폐업일까지만 세금계산서를 발급하도록 제한한다면 계속 사업자와의 과세형평 및 납세자의 세금계산서 발급실태와 괴리가 발생하므로 불합리하다. 폐업으로 인해 사업자의 지위에 있지 아니한 기간에 발생한 반품, 공급가액의 증감사유 발생, 해지 및 해제 사유 발생에 대하여는 수정세금계산서 발행이 불가하고 원칙적으로 비사업자의 지위에 있으므로 재화나 용역의 공급에 따른 세금계산서 발급은 있을 수 없을 것이다. 그러나 사업자의 지위에 있었을 당시 거래분에 대한 세금계산서는 적어도 폐업에 대한 확정신고기한 또는 거래월의 익월 10일까지는 발급할 수 있도록 하여야 한다. 대법원도 공급시기(폐업일이 속한 달의 1일부터 폐업일까지의 거래분임)가 속하는 과세기간과 실제 작성일(폐업일 이후)이 같은 과세기간에 있는 폐업자가 발행한 세금계산서에 대하여 정당한 세금계산서로 볼 수 있다고 판시한 바 있다(대법원 2006두9900, 2008. 9. 11. ; 부가 22601-535, 1986. 3. 22.).

7) 대가의 수수와 세금계산서

세금계산서를 발급하기 전 또는 발급 후에 세금계산서상의 공급대가를 수수하지 못하였더라도 재화를 공급하거나 용역을 제공한 경우에는 그 공급시기에 세금계산서를 발급하여야 하고 그 발급일이 속하는 과세기간에 부가가치세를 신고·납부하여야 한다(서삼 46015-12044, 2003. 12. 31.).

III 세금계산서의 작성과 발급

(1) 세금계산서의 기재사항

1) 필요적 기재사항과 임의적 기재사항

세금계산서를 발급하는 경우에는 필요적 기재사항과 임의적 기재사항을 기재한 세금계산서를 발급하여야 한다.

가. 필요적 기재사항

필요적 기재사항은 반드시 기재하여야 하는 사항으로서 그 전부 또는 일부가 기재되지 아니하였거나 그 내용이 사실과 다른 경우에는 적법한 세금계산서를 발급한 것으로 보지 아니하는 것이 원칙이고, 다만 필요적 기재사항 중 일부가 착오로 적혀 있는 경우로서 해당 세금계산서의 필요적 기재사항이나 임의적 기재사항을 통해 거래사실이 확인되는 경우에는 정당한 세금계산서로 본다(부가법 §32 ①, §39 ① 2).

㉮ 공급하는 사업자의 등록번호와 성명 또는 명칭

㉯ 공급받는 자의 등록번호. 다만, 공급받는 자가 사업자가 아니거나 등록한 사업자가 아닌 경우에는 대통령령으로 정하는 고유번호 또는 공급받는 자의 주민등록번호

㉰ 공급가액과 부가가치세액

㉱ 작성연월일

나. 임의적 기재사항

임의적 기재사항이란 부가법 제32조 제1항 제5호에 따라 세금계산서에 기재할 사항으로서 부가령 제67조 제2항에서 규정하는 바와 같다.

㉮ 공급하는 자의 주소

㉯ 공급받는 자의 상호 · 성명 · 주소

㉰ 공급하는 자와 공급받는 자의 업태와 종목

㉱ 공급품목

㉲ 단가와 수량

㉳ 공급연월일

㉴ 거래의 종류

㉵ 사업자단위 과세사업자의 경우 실제로 재화 또는 용역을 공급하거나 공급받는 종

된 사업장의 소재지 및 상호

※ 작성연월일은 필요적 기재사항이고 공급연월일은 임의적 기재사항임에 유의

다. 비사업자 등에 대한 세금계산서 기재사항

재화 또는 용역을 공급받는 자가 사업자가 아닌 경우에는 위 "1)"의 등록번호를 갈음하여 고유번호 또는 공급받는 자의 주소·성명 및 주민등록번호를 기재하며, 일반과세자 중 자동차 제조업 및 자동차 판매업을 경영하는 사업자가 영수증을 발급하였으나, 공급을 받는 사업자가 해당 재화를 공급받은 날이 속하는 과세기간의 다음 달 10일까지 사업자등록증을 제시하고 세금계산서 발급을 요구하는 때에는 처음에 발급한 영수증은 발급되지 아니한 것으로 보고, 세금계산서 비고란에 영수증 취소분이라고 기재하여 발급한다. 이 신설 규정은 2012. 1. 1. 이후 공급하거나 공급받은 자동차로서 2012. 2. 2. 이후 최초로 공급받은 사업자가 요구하는 분부터 적용한다(부가령 §67 ③, §73 ⑤).

2) 서식과 구성

세금계산서는 부가칙 제49조에서 규정하는 서식에 의하는 것으로, 공급받는 자 보관용(청색) 및 공급자 보관용(적색)의 2매로 구성되어 있다.

부가칙 제49조의 서식은 임의로 변경하여 사용할 수 없으나 서식과 기재내용 및 규격이 상이하지 아니하다면 공급받는 자의 보관용 서식 하단에 선량한 공급자로서의 안내문구를 삽입하여도 무방하다.

또한, 세금계산서는 별지 제14호 서식을 2매 1조로 인쇄하여 사용해야 하므로 거래확인서 제목으로 1매를 추가하여 3매를 1조로 사용할 수는 없다.

(2) 작성 및 발급

1) 일반적인 세금계산서 발행

세금계산서는 재화나 용역을 공급하는 사업장에서 공급자 보관용(적색) 1매와 공급받는 자 보관용(청색) 1매를 복사 작성하여 그중 공급받는 자 보관용 1매를 거래상대방에게 발급하여야 한다.

2) 국세청장에게 신고한 계산서에 의한 발행

전기요금영수증·무선호출요금영수증 및 도시가스요금영수증 등과 같이 지로영수증

을 발급함에 있어서 그 지로영수증에 세금계산서의 필요적 기재사항을 표시하고 국세청장에게 신고한 계산서임을 적은 계산서를 국세청장에게 신고한 후 발급할 수 있다(부가령 §67 ④).

원칙적으로 세금계산서는 법정서식을 사용하여야 하나 다수의 거래처를 상대로 소액의 반복적 거래를 하는 사업자가 국세청장에게 별도의 세금계산서 서식을 신고하고 이를 사용하는 경우 예외적으로 세금계산서를 발급한 것으로 인정함으로써 사업자의 업무량 및 비용을 축소하도록 하기 위한 취지에서 도입되었다.

3) 공급시기, 작성연월일, 발급일자 기재와 세금계산서 적정 여부

사업자 "갑"은 매출처 "을"에게 재화를 공급하고 세금계산서를 발급하였으며, 세무조사 시 관련 증빙서류(계약서, 대금지급증빙, 우편물수령증, 내부기안 서류 등)에 의하여 거래사실 및 발급일자가 모두 확인되었고, 공급시기는 2022. 9. 1.로 이견은 없다.

발급일자별 매입세액공제 및 가산세 요약표

(공급시기: 2022. 9. 1.)

발급일자	작성 연월일	매입세액	가산세 (세금계산서)	근 거
2022. 2. 1.	2022. 2. 1.	불공제	공급자: 1% 수취자: 0.5%	• 대가의 지급없는 선발행세금계산서 • 부가법 §17, §60 ② 5 및 ⑦ 3
2022. 3. 2.	2022. 3. 2.	공제	공급자: 1% 수취자: 0.5%	• 세금계산서 발급 후 6개월 이내 공급시기 도래 (부가령 §75 8) • 공급자 가산세(부가법 §60 ② 5) • 수취자 가산세 (부가법 §60 ⑦ 3, 부가령 §108 ⑤)
2022. 7. 1.	2022. 7. 1.	공제	없음.	• 공급시기가 속하는 과세기간 내에 공급시기 도래(조기환급은 아님) • 부가법 §17 ③ 2
2022. 8. 2.	2022. 8. 2.	공제	없음.	• 청구시기와 지급시기 약정이 있고 그 기간이 30일 이내인 경우 • 부가법 §17 ③ 1
2022. 8. 26.	2022. 8. 26.	공제	없음.	• 7일 이내 대가 수령 • 부가법 §17 ①, ②
2022. 9. 1.	2022. 9 1.	공제	없음.	• 부가법 §34 ①

발급일자	작성 연월일	매입세액	가산세 (세금계산서)	근 거
2022. 10. 10.	2022. 9. 1.	공제	없음.	• 부가법 §34 ③ 1 • 부가법 §34 ③ 3 • 국심 2007부59, 2007. 4. 23.
2022. 10. 10.	2022. 9. 30.	공제	없음. (착오)	• 작성일자의 착오기재(부가법 §60 ② 5 단서) • 부가 22601-1473, 1986. 7. 23. • 국심 87서386, 1987. 5. 18. • 서면3팀-524, 2005. 4. 22. • 조심 2013중1306, 2014. 1. 24.
2022. 10. 31.	2022. 9. 1.	공제	공급자: 1% 수취자: 0.5%	• 지연발급 · 지연수취가산세 (부가법 §60 ② 1, ⑦ 1)
2023. 1. 25.	2022. 9. 1.	공제 (22. 2기)	공급자: 1% 수취자: 0.5%	• 지연발급 · 지연수취가산세 (부가법 §60 ② 1, ⑦ 1) • 대법원 2003두1905, 2004. 11. 26. • 대법원 2006두19143, 2009. 2. 12.
2023. 1. 25.	2022. 12. 31. (착오 기재)	공제 (22. 2기)	공급자: 1% 수취자: 0.5%	• 지연발급 · 지연수취가산세 (부가법 §60 ② 1, ⑦ 1)
2023. 1. 26.	2022. 9. 1.	공제 (22. 2기)	공급자: 2% 수취자: 0.5%	• 매입세액공제 허용(부가령 §75 7) • 세금계산서미발급가산세(부가법 §60 ② 2) • 세금계산서지연수취가산세(부가법 §60 ⑦ 1)
2024. 1. 25.	2022. 9. 1.	공제 (22. 2기)	공급자: 2% 수취자: 0.5%	• 매입세액공제 허용(부가령 §75 7) • 세금계산서미발급가산세(부가법 §60 ② 2) • 세금계산서지연수취가산세(부가법 §60 ⑦ 1)
2024. 1. 26.	2022. 9. 1.	불공제	공급자: 2%	• 세금계산서미발급가산세(부가법 §60 ② 2)

IV 월합계세금계산서의 발급특례

(1) 개 요

1) 의의

원칙적으로 세금계산서의 발급시기와 재화·용역의 공급시기 및 작성연월일은 일치하는 것이지만 이 경우에는 재화·용역의 공급시기는 수회로 분할되어 있으면서, 세금계산서의 작성연월일 공급시기와는 별개의 날짜인 일정 거래기간의 종료일로 하고, 또한 세금계산서의 발급시기는 해당 월의 다음 달 10일까지 발급할 수 있도록 하여 예외적으로 공급시기, 작성연월일과 세금계산서 발급시기가 각각 불일치하는 경우를 허용하고 있다.

2) 관련 규정

사업자가 고정거래처와 계속적인 거래를 함에 있어서도 공급시기마다 세금계산서를 발급하는 것이 원칙이지만 다수의 거래처를 가지고 거래처별로 수차례의 거래가 있는 경우 해당 사업자의 번거로움이 크므로 이를 덜어주고자 다음의 어느 하나에 해당하는 경우에는 재화 또는 용역의 공급일이 속하는 달의 다음 달 10일(그 날이 토요일 및 일요일, 공휴일 및 대체 공휴일, 근로자의 날인 경우에는 바로 다음 영업일을 말한다)까지 세금계산서를 발급할 수 있다(부가법 §34 ③).

① 거래처별로 1역월(1曆月, 달의 1일부터 말일까지의 기간을 말한다. 이하 같다)의 공급가액을 합하여 해당 달의 말일을 작성연월일로 하여 세금계산서를 발급하는 경우

② 거래처별로 1역월 이내에서 사업자가 임의로 정한 기간의 공급가액을 합하여 그 기간의 종료일을 작성연월일로 하여 세금계산서를 발급하는 경우

③ 관계 증명서류 등에 따라 실제거래사실이 확인되는 경우로서 해당 거래일을 작성연월일로 하여 세금계산서를 발급하는 경우

2012. 2. 2. 구 부가령 제54조 제1항의 개정규정에서는 월합계세금계산서 등의 발급기한 말일이 토요일 및 일요일, 공휴일 및 대체 공휴일, 근로자의 날인 경우에는 그 다음 날까지 발급기한을 연장하였다. 이는 세금계산서를 수수하기 위하여 일요일 등 휴일에

사무실에 출근하는 근로자 등의 사업자 불편을 해소하기 위해 2012. 2. 2. 발급하는 분부터 적용하도록 개정한 것으로 월합계세금계산서 외에 일반적인 세금계산서 발급기한까지 유추적용되는 것은 아니다.

따라서 월합계세금계산서 외의 일반세금계산서의 발급은 공급받는 자에게 건네주는 행위로서 세법상의 신고 · 신청 · 청구 · 서류의 제출 등에 해당하지 아니하므로 국세기본법상의 기한의 특례적용대상이 되지 아니한다. 또한, 재화 또는 용역의 공급이 사인간의 거래이기는 하나, 세금계산서 발급 및 발급기한은 세법상의 의무규정으로서 단지 사인 간의 거래라는 이유로 「민법」 제161조(공휴일 등과 기간의 만료점)의 규정을 유추적용할 수는 없음에 유의하여야 한다.

3) 거래일을 작성연월일로 기재

위 "2)의 ③"의 규정은 재화 또는 용역의 공급시기에 세금계산서를 발급하지 아니하더라도 증빙서류 등에 의하여 거래사실을 입증할 수 있는 경우에는 세금계산서의 발급시기를 엄격히 적용하지 않겠다는 의미지만, 재화 또는 용역의 공급시기가 속하는 달의 다음 달 10일까지 발급하는 경우에도 해당 거래일을 발행일자로 기재하여야 한다(서면3팀-2045, 2005. 11. 16.).

4) 발급특례 적용일 후에 발급된 경우

위 "3)"에서 정하는 공급시기 경과 후에 세금계산서를 발급한 경우에는 공급자 및 공급받는 자 모두 세금계산서 부실기재에 대한 가산세가 부과되며, 특히 공급시기가 속하는 과세기간에 대한 확정신고기한이 종료된 이후에 세금계산서가 발급된 경우에는 가산세 부과와 함께 공급받는 자는 매입세액을 공제받지 못하는 불이익까지 따른다.

5) 고정거래처의 의미

고정거래처의 의미는 여러 달에 걸쳐 거래를 하였느냐에 관계없이 해당 월의 두 건 이상의 거래가 있으면 고정거래처로 본 심판례가 있다(국심 88서1330, 1989. 2. 4. : 서면3팀-277, 2004. 2. 18.).

6) 1역월의 의미

1역월의 의미는 달의 1일부터 말일까지의 기간을 의미하며, 말일이 일요일 또는 공휴일인 경우에도 말일자로 월합계세금계산서를 발급하여야 한다(부가 46015-458, 1993. 4. 14. : 부가 22601-1916, 1986. 9. 17.).

(2) 발급방법

1) 공급가액

"1역월의 공급가액" 또는 "1역월 이내에서 사업자가 임의로 정한 기간의 공급가액"을 기재하는 것인바, 그 의미는 동일한 역월의 내에서 수회로 분할하여 합계세금계산서를 발행할 수 있는 것으로, 예를 들어 10월을 10일 단위로 분할하든지 15일 단위로 분할하여 발급하든지 동일한 월 내에서 분할이 이루어져야 하고 단위기간의 일수는 제한을 두지 않는다.

2002. 12. 30. 시행령 개정 전에는 거래처별로 1역월 이내에서 거래관행상 정하여진 기간의 공급가액을 합하여 세금계산서를 발급할 수 있도록 하고 있으나 거래처에서 달마다 기간을 달리한 세금계산서의 발급을 요구하는 경우가 많은 현실을 감안하여 2002. 12. 30. 시행령 개정 시 1역월의 범위 내에서 사업자가 임의로 정한 기간을 합계하여 발급하여도 정당한 것으로 개정하였다.

2) 작성연월일

1역월의 공급가액을 합계한 경우에는 해당 월의 말일자를 작성연월일로 하고, 사업자가 임의로 정한 기간의 공급가액을 합계하는 경우에는 동 단위기간의 종료일자를 작성연월일로 하면 된다. 이는 월합계세금계산서 작성의 형식적인 법정 요건에 불과하고 동 요건을 준수하지 않은 경우에도 거래사실이 확인되는 때에는 사실과 다른 세금계산서로 볼 수 없다(서면3팀-524, 2005. 4. 22.). 또한, 관계증빙서류 등으로 실제 거래사실이 확인되는 경우로서 해당 거래일자를 작성연월일로 하여 세금계산서를 발급할 수도 있다.

3) 발급시기

1역월의 공급가액을 합계한 경우나, 1역월의 범위 내에서 사업자가 임의로 정한 기간의 공급가액을 합계한 경우 모두 다음 달 10일(다음 달 10일이 토요일 및 일요일, 공휴일 및 대체 공휴일, 근로자의 날인 경우에는 해당 일의 다음 날)까지 세금계산서를 발급할 수 있으므로 실제의 세금계산서 작성일은 매월 말일 또는 임의로 정한 기간의 종료일부터 그 날이 속한 달의 익월 10일까지가 발급시기가 될 수 있다. 다만, 이 경우 작성연월일은 매월 말일 또는 임의로 정한 기간의 종료일자로 기재하여 세금계산서를 발급하여야 한다.

4) 작성 및 발급방법

월합계세금계산서를 발급하는 경우에 재화 또는 용역을 공급하는 사업자는 그 거래시기마다 공급자, 공급받는 자, 거래일자, 품목, 수량 및 금액 등이 적혀 있는 증표(거래명세서, 송장·출고지시서 등 명칭과 규격에는 제한을 두지 아니함)를 2매 작성하여, 1매는 사업장에 비치하고 1매는 공급받는 자에게 발급한다. 다만, 거래쌍방이 동 거래내용을 전산조직에 의하여 처리하고 그 내용을 전산테이프 또는 디스켓으로 보관하여 확인할 수 있는 경우에는 거래명세표 등의 증표를 사용하지 아니할 수 있다(부가 46015-484, 1993. 4. 16.).

▌거래명세표의 의의

○ 거래명세서 또는 거래명세표란 그 규격 및 명칭에 관계없이 거래쌍방, 거래일자, 재화의 품명, 수량 및 금액을 확인할 수 있는 내용이 적혀 있는 거래의 증표에 하나로서 재화를 공급하는 자가 거래명세표의 양식(서식)을 재화를 공급받을 자로부터 제공받아 작성·발급하는 경우를 말하는 것이다. 현금거래 또는 온라인 거래 등을 증명하는 서류로서 세법이 정하는 정규지출증빙에는 해당되지 아니하는 입금표와 구별된다.

○ 국세청 고시 제2008-21호(2008. 6. 4.) "사업자가 지켜야 할 사항"에서는 과세재화가 이동되는 경우(거래처별로 합계하여 세금계산서를 발급하고 그 거래시기에는 세금계산서 없이 재화를 공급하는 경우 및 재고거래·하치장반출·외주가공의뢰·위탁상품적송 등 과세거래가 아닌 재화이동의 경우)에는 거래명세표, 송장, 출고지시서 등의 증표를 사용하여야 하나 거래쌍방이 동 거래의 내용을 전산조직에 의하여 처리하고 그 내용을 전산테이프 또는 디스켓으로 보관하여 확인할 수 있는 경우에는 별도로 거래명세표, 송장, 출고지시서 등의 증표를 사용하지 아니할 수 있도록 규정하고 있다.

○ 부가법 제35조 제2항 및 부가령 제86조 제2항의 규정에 따라 국세청이 고시한 위의 "사업자가 지켜야 할 사항"을 위반한 자에 대하여는 「조세범처벌법」 제13조의 규정에 의하여 50만 원 이하의 벌금 또는 과료에 처할 수는 있는 것이며, 다만, 발급받은 세금계산서 외에 거래명세표, 입금표가 없는 경우에도 기타 거래증빙자료에 의하여 거래사실이 객관적으로 확인되는 때에는 세금계산서상의 매입세액이나 법인세 신고 시 결산서에 반영된 비용(원가)을 부인하여 가산세 등 세액을 추징할 수는 없다.

가. 월합계세금계산서의 발행이 가능한 사례

㉮ 직매장 반출의 경우(부가 1235-1020, 1978. 3. 17.)

㉯ 고정거래처 아니고 신규거래처인 경우도 발급가능(국심 88서480, 1988. 6. 25.)

㉰ 내국신용장에 의하여 공급하는 경우(부가 22601-1742, 1985. 9. 6.)

㉱ 동일 거래처에 품목별/담당자별/사업부서별/회계부문별로 구분하여 월합계세금계산서 발급가능(서면3팀-2853, 2007. 10. 19. ; 부가 22601-1998, 1986. 10. 7. ; 부가 22601-1929, 1986. 9. 20.)

㉲ 일반세율 적용분/영세율 적용분을 구분하여 월합계세금계산서 발급가능(부가 46015-4290, 1999. 10. 5. ; 재소비22601-595, 1987. 7. 22.)

㉯ 월합계세금계산서 발급 시 거래명세서를 발급하여야 하나 미발급하더라도 매입세액공제 가능(세금계산서 관련 가산세 등 없음)

㉰ 회사가 임의로 정한 월합계세금계산서 발급대상 기간 중 반품이 있는 경우 당월 이전 공급분인지 당월 공급분인지에 관계없이 당월분 공급가액에서 차감하여 공급가액을 기재하여 발급가능(부가 22601-2200, 1987. 10. 22.)

나. 월합계세금계산서를 발행할 수 없는 사례

㉮ 예정신고, 확정신고기간별 발급은 안됨(부가 1265.1-1673, 1983. 8. 19.).

㉯ 1역월을 벗어난 30(31)일의 거래분을 합계한 월합계세금계산서는 인정되지 않음(1역월 범위 내의 거래분만 인정).

㉰ 수 개월 거래분을 합계한 세금계산서 발급(국심 87서1665, 1987. 12. 10.)

㉱ 회사가 정할 수 있는 월합계세금계산서 발급대상 기간은 1역월 범위 내에서 최소 2일 이상은 되어야 함(부가법 §34 ③ 3호에 따라 익월 10일까지 발행 시는 가능).

5) 월합계세금계산서의 작성일자와 사실과 다른 세금계산서

가. 개요

월합계세금계산서의 작성일자는 일반세금계산서의 재화나 용역의 공급시기를 나타내는 작성일자와는 달리 공급시기와는 별개로 법에서 정한 형식적인 기재일자에 불과하여, 부가법 제32조에서 규정하는 필요적 기재사항의 일부인 작성일자와는 그 성격과 의미가 다른 것이어서 부가법 제34조 제3항은 부가법 제38조의 예외규정으로 해석할 수 있고 이에 따라 동 작성일자를 법정 방법대로 기재하였는지의 여부로 사실과 다른 세금계산서로 규정하기는 어려울 것이다.

국세심판결정례 및 국세청 유권해석에서도 부가법 제32조 제1항 및 부가령 제67조 제2항을 엄격히 해석하여 필요적 기재사항 또는 임의적 기재사항으로 보아 거래사실이 확인되는 경우라 함은 거래사실에 대한 구체적 사실조사없이 해당 세금계산서에 의하여 거래사실이 확인되는 때에만 사실과 다른 세금계산서로 보지 않는다고 하면서, 월합계세금계산서의 경우 수많은 거래의 내용을 1개의 세금계산서에 기재할 수 없고 오히려 그 내용은 비치한 거래명세서에 의하여 확인할 수 있을 것이므로 거래명세서를 비치·기장하여 실제 거래사실이 거래명세서에 의해 확인되고 월합계세금계산서를 법정기일 내에 작성·발급하였으면 작성일자를 달리 기재한 경우에도 매입세액을 공제하여야 할 것이라고 결정하고 있다.

나. 관련 심판례

- 월합계세금계산서 발급 시 당해 월의 말일이 일요일이거나 공휴일이라서 월합계 세금계산서의 작성일자를 공휴일의 익일로 한 경우에 국세청 유권해석에서는 이 경우에도 해당 월의 말일자로 세금계산서를 발급하여야 한다고 해석하고 있으나(부가 22601-1916, 1986. 9. 17.), 국세심판결정례에서는 이를 착오에 의한 기재로 보고 거래사실이 확인되는 경우에는 매입세액을 공제하여야 한다고 결정함(국심 87중1031, 1987. 8. 20.).

- 월 2회 세금계산서를 발급받으면서 당해 월 15일 이전 거래분을 말일자로 발급받은 경우에도 거래사실이 확인되는 경우 정당한 세금계산서임(국심 87광161, 1987. 4. 8.).

- 월 1회나 2회에 걸쳐 발급받아야 할 것을 4회로 나누어 임의의 최종거래일에 발급받은 경우에도 거래명세표에 의거 거래사실이 확인되는 경우 정당한 세금계산서임(국심 87전1109, 1987. 9. 10.).

V 구체적 세금계산서 발급 사례

(1) 위탁판매 등의 세금계산서 발급 특례

세금계산서는 거래상대방의 매입세액공제의 증빙으로서의 기능이 그 본질로서 부담한 매입세액이 명백한 세금계산서의 발급의무자나 발급상대방을 변경하더라도 큰 지장은 없는 경우로서 실제의 공급자 또는 공급받는 자가 아닌 그 대리인이나 위탁매매인, 그 밖의 중간매개인도 공급자 또는 공급받는 자를 대신하여 세금계산서를 발급하거나 발급받을 수 있는 규정을 두고 있다(부가법 §32 ⑥, 부가령 §69 ①·②).

위탁매매인이라 함은 자기 명의로서 타인의 계산으로 물건 또는 유가증권의 매매를 영업으로 하는 자를 말하는 바(상법 §101), 이러한 위탁매매인은 위탁의 본지에 따라 선량한 관리자의 주의로써 위탁사무를 처리하여야 하므로(상법 §112, 민법 §681), 위탁자가 지정한 매도가격을 준수하여야 하고, 스스로 그 차액을 부담하는 경우가 아닌 한 위탁자에게 불리한 가격으로 매도계약을 체결하면 위탁자에 대하여 효력이 없다(상법 §106 ①). 위탁매매인은 상법상으로는 비록 타인의 계산으로 하는 것이기는 하지만 자기의 명의로 직접 매매계약을 체결하는 자이므로 상대방에 대하여 보통의 매도인·매수인처럼 직접 권리를 취득하고 의무를 부담하나(상법 §102), 부가가치세법상 재화의 공급 측면에서는 상대방에게 재화를 공급하거나 공급받는 자가 아니라 위탁자에게 용역을 공급하고 보수를 받는 용역사업자로 취급된다. 즉, 부가가치세법은 위탁매매의 경우 위탁자가 직접 상대방에게 재화를 공급하거나 공급받은 것으로 보고, 세금계산서도 위탁매매인의 등록번호를 부기하여 위탁자의 명의로 발급하도록 하고 있다.

※ 위탁매매관련 세금계산서 수수규정은 「민법」 제114조의 현명주의를 그대로 채택하여 계약당사자에 대한 관점에서 동일한 논리를 가지고 있다.

1) 위탁판매

위탁판매 또는 대리인에 의한 판매의 경우 수탁자 또는 대리인이 재화를 인도할 때에는 부가법 제32조 제6항에 따라 수탁자 또는 대리인이 위탁자 또는 본인의 명의로 세금계산서를 발급하며, 위탁자 또는 본인이 직접 재화를 인도하는 때에는 위탁자 또는 본인이 세금계산서를 발급할 수 있다. 이 경우 수탁자 또는 대리인의 등록번호를 덧붙여 적어야 한다(부가령 §69 ①).

위탁판매나 대리판매의 경우 세금계산서 발급의무자는 수탁자나 대리인이며, 위탁자가 직접 재화를 인도하는 경우에는 위탁자가 직접 세금계산서를 발급할 수 있다. 하지만 수탁자나 대리인이 세금계산서를 발급하지 않은 경우에는 세금계산서 미발급 등에 대한 가산세는 위탁자나 본인에게 적용한다(부가통칙 60-108-4).

또한, 이 경우의 수탁자, 대리인은 일반과세자가 아니고 간이과세자라 하여도 위탁자를 대리하여 세금계산서를 발급할 수 있고(부가 1265-2315, 1982. 9. 3.), 위탁매매 또는 대리인에 의한 매매의 공급시기는 수탁자 또는 대리인의 공급을 기준으로 한다. 즉, 수탁자가 재화를 인도하는 때가 공급시기이다.

다만, 위탁자 또는 본인을 알 수 없는 경우에는 위탁자와 수탁자 또는 본인과 대리인 사이에도 공급이 이루어진 것으로 보아 위탁자는 수탁자에게, 수탁자는 거래상대방에게 공급한 것으로 보아 세금계산서를 각각 발급한다(부가법 §10 ⑦, 부가령 §69 ③).

▌'위탁자 또는 본인을 알 수 없는 경우'의 의미에 대한 법원의 판례

처분청은 '원고가 위탁매매의 수탁자라 하더라도 매수인이 위탁자를 알 수 없으므로 수탁자인 원고가 공급자에 해당한다'는 사유를 예비적 처분사유로 추가한 바, 구 부가법 제6조 제5항은 위탁매매에 의한 매매를 할 때 위탁자를 알 수 없는 경우에는 수탁자가 재화를 공급한 것으로 본다고 규정하고 있어, 원고가 은 그래늘을 국내 거래처에 공급할 당시 국내 거래처로서는 원고가 판매자인 것으로 알고 있었던 사실이 인정되므로 설령 원고의 주장대로 이 사건 거래가 위탁매매에 의한 매매에 해당한다고 하더라도 위 법령에 따라 원고가 공급자가 되는 것임(서울고법 2014누60124, 2015. 7. 17.).

2) 위탁매입

위탁매입 또는 대리인에 의한 매입의 경우에는 공급자가 위탁자 또는 본인을 공급받는 자로 하여 세금계산서를 발급한다. 이 경우 수탁자 또는 대리인의 등록번호를 덧붙여 적어야 한다(부가법 §32 ⑥, 부가령 §69 ②).

위탁자 또는 본인을 알 수 없는 경우에 해당 재화를 공급하는 자는 수탁자 또는 대리인에게 그리고 수탁자 또는 대리인은 위탁자 또는 본인에게 재화를 공급한 것으로 보아 세금계산서를 각각 발급하여야 한다(부가령 §69 ③).

(2) 수용에 의한 재화의 공급

수용으로 인하여 재화가 공급되는 경우 원칙적으로 공급자(채무자)가 세금계산서를 발급하는 것이 원칙이나, 해당 사업의 시행자가 위탁판매의 경우를 준용하여 세금계산서를 발급할 수 있다(부가령 §69 ④). 여기서 해당 사업시행자란 「공익사업을 위한 토지 등의 취득 및 보상에 관한 법률」 제2조 제3호에 따라 공익사업을 수행하는 자를 말한다.

(3) 용역의 공급에 대한 주선 · 중개

용역의 공급에 대한 주선·중개의 경우에는 위탁판매 및 위탁매입에 관한 규정을 준용한다(부가령 §69 ⑤). 따라서 중개인이 본인명의(위탁자, 이하 같음)로 세금계산서를 발급하고 자신의 등록번호를 부기하거나 본인명의로 세금계산서를 발급받음이 원칙이고 본인을 알 수 없는 경우에는 부가통칙 32-69-5(위 "1)"의 방법)에 따라 세금계산서를 발급하거나 발급받아야 한다.

※ "심층분석 사례집(Ⅰ)-위탁매매 또는 대리인에 의한 매매" 편을 참고한다.

(4) 「조달사업에 관한 법률」에 따른 물자공급

「조달사업에 관한 법률」에 따라 물자가 공급되는 경우에는 부가법 제32조 제6항에 따라 공급자 또는 세관장이 해당 실수요자에게 직접 세금계산서를 발급하여야 한다. 다만,

물자를 조달할 때에 그 물자의 실수요자를 알 수 없는 경우에는 조달청장에게 세금계산서를 발급하고, 조달청장이 실제로 실수요자에게 그 물자를 인도할 때에는 그 실수요자에게 세금계산서를 발급할 수 있다(부가령 §69 ⑥).

「조달사업에 관한 법률」에 따라 조달청장이 물자를 비축하였다가 실수요자에게 인도함으로 인하여 물자를 조달하는 때에 해당 물자의 실수요자를 알 수 없는 경우로서 조달청장이 당초 물자의 공급자 또는 세관장으로부터 세금계산서를 발급받아 실수요자에게 세금계산서를 발급하는 경우에는 당초 공급자 또는 세관장으로부터 발급받은 세금계산서의 공급가액의 범위 내에서 세금계산서를 발급하는 것으로 해석하였으나(서면3팀-981, 2007. 4. 2.), 기획재정부에서 조달청장이 영위하는 비축물자 공급사업을 국가가 도매업을 영위하는 것으로 보아 실수요자로부터 수령하는 공급가액 전액을 공급가액으로 하는 세금계산서를 작성·발급하도록 국세청 예규를 변경하였다(재부가-335, 2007. 5. 2.).

(5) 한국가스공사가 천연가스를 직접 수입하는 경우

「한국가스공사법」에 따른 한국가스공사가 기획재정부령으로 정하는 가스도입판매사업자를 위하여 천연가스(액화한 것을 포함한다)를 직접 수입하는 경우에는 부가법 제32조 제6항에 따라 세관장이 해당 가스도입판매사업자에게 직접 세금계산서를 발급할 수 있다(부가령 §69 ⑦).

이는 2001. 12. 31. 시행령 개정 시 한국가스공사의 부가가치세 납부로 인한 이자부담을 경감하기 위하여 도입되었으며, 2002. 2. 11. 이후 가스도입판매업자의 설립등기일 이후 최초로 수입하는 분부터 적용된다.

(6) 시설대여업자를 통한 시설의 공급

1) 개요

납세의무가 있는 사업자가 「여신전문금융업법」(이하 "여전법") 제3조에 따라 등록한 시설대여업자로부터 시설 등을 임차하고, 그 시설 등을 공급자 또는 세관장으로부터 직접 인도받은 경우에는 해당 사업자가 공급자로부터 재화를 직접 공급받거나 외국으로부터 재화를 직접 수입한 것으로 보므로, 리스이용자가 과세사업자인 경우에는 리스자산 공급자 또는 세관장이 리스이용자를 공급받는 자로 하여 직접 세금계산서를 발급한다(부가령 §69 ⑧, 여신전문금융업법 §3).

㉠ 운용리스 및 금융리스와 세금계산서 발급

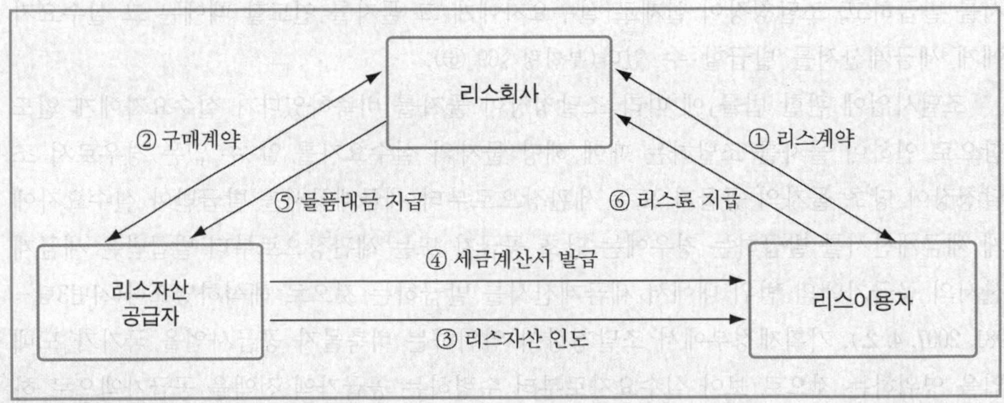

㉡ 판매 후 리스와 세금계산서 발급

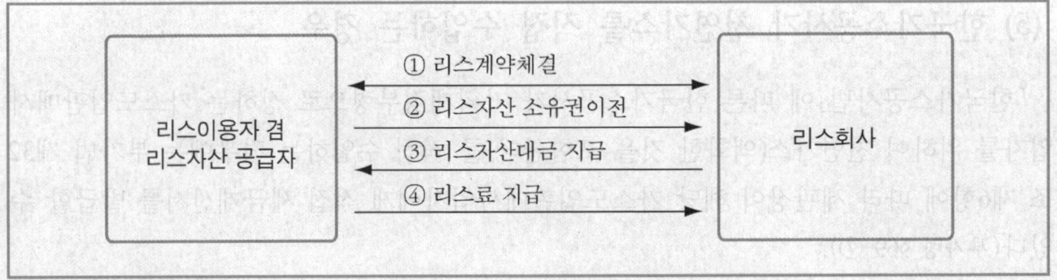

2) 적용범위

리스회사가 여전법의 적용을 받는 경우라면 리스조건이 금융리스, 운용리스인 경우 모두 위의 규정이 적용된다. 또한, 리스시설을 리스이용자가 리스자산을 직접 제조하여 소유권을 리스회사에 이전하고 즉시 임차하여 사용하는 소위 판매 후 재리스(sales lease－back)의 경우에도 적용되므로 이때에는 리스이용자가 자신을 공급자, 공급받는 자로 하여 세금계산서를 작성한다. 결국 리스거래로 인한 재화·용역의 공급에 대한 권리 및 의무의 주체는 임차자로 보아야 한다(재소비 46015－182, 1995. 8. 24.).

시설의 구입과 관련하여 리스회사에 건설용역을 공급하거나 시설 등에 필수적으로 부수되는 용역을 공급하는 때에도 해당 용역의 공급자는 리스시설의 임차자를 공급받는 자로 하여 세금계산서를 발급하여야 한다. 다만, 동 용역에 대한 비용을 리스회사가 부담하는 경우에만 해당 용역업자는 리스회사에게 세금계산서를 발급하는 것이다(부가 1265.2－2881, 1982. 11. 11. ; 부가 1265.2－2449, 1981. 9. 14.).

또한, 위 판매 후 (재)리스거래로서 금융리스차입거래에 대하여 리스이용자 겸 리스자

산의 공급자가 자신을 공급자 및 공급받는 자로 하여 세금계산서를 발급하지 아니한 때에는 세금계산서 미발급가산세가 적용될 것이고, 세금계산서를 발급한 후 세금계산서합계표를 제출하지 아니하였다면 세금계산서합계표 미제출가산세가 적용되므로 유의하여야 한다(동지 : 조심 2014중2858, 2014. 9. 2.).

가. 리스회사의 등록 취득 및 취소의 경우

① 과세사업자가 시설대여업자로 등록하게 된 경우

기계장비 및 설비 등을 임대하는 사업자가 여전법 제3조에 따라 시설대여업자(리스회사)로 등록하게 된 경우, 동 법률에 의한 시설대여업자로 등록하기 이전에 과세사업을 위하여 생산 · 취득한 재화는 면세전용으로 부가가치세가 과세되고 등록일 이후 공급시기가 도래하는 사용료(리스료)는 부가가치세가 면제되는 금융 · 보험용역에 해당하는 것이며, 시설대여업자로 등록하기 이전에 체결된 임대차계약에 의하여 임대사업에 사용하던 기계장비 및 설비 등을 시설대여업자로 등록된 이후 새로운 임차자(리스이용자)에게 금융리스계약에 의하여 인도하는 경우 당초 임차자가 새로운 임차자에게 세금계산서를 발급하지 아니한다.

또한, 해당 사업자가 시설대여업자로 등록하기 이전에 발생된 사용료에 대한 매출채권이 면세사업자로 전환된 이후의 과세기간에 대손이 확정된 경우에는 대손세액공제를 받을 수 없다(서면3팀-1926, 2006. 8. 28.).

② 등록이 취소된 후 체결된 계약에 따른 리스이용료의 경우

여전법에 따른 시설대여업을 영위하던 사업자가 금융감독원으로부터 시설대여업의 등록이 취소되어, 동 등록이 취소된 이후 시설대여 계약이 새로이 체결되어 용역의 제공이 개시되는 용역에 대하여는 금융 · 보험용역에 해당하지 아니하여 부가가치세가 과세된다.

③ 등록 취소 전 리스계약에 따른 리스료의 면세 여부

금융감독위원회로부터 인가취소를 받은 종합금융회사가 인가취소 전 운용리스계약이 있는 경우 동 취소일 이후 받게 되는 리스료는 부가가치세가 면제된다.

금융감독위원회로부터 인가취소를 받은 종합금융회사는 해산하게 되는데 일반적으로 회사가 해산하면 기존의 법률관계를 마무리하는 청산의 절차에 들어가게 되고 청산 중의 회사는 청산의 목적 범위 내에서 존속하면서 현존 사무의 종결 범위 내에서 필요한 행위만을 할 수 있으므로 금융감독위원회가 파산자에 대하여 인가취소를 하면서 관리인의 승인을 받아 영위할 수 있도록 한 업무는 인가취소 이전에 체결된 기존 계약에 따른 채권의 회수 또는 기일의 연장 등과 같은 현상 유지적 또는 소극적 업무로서 인가취소로 인한 해산 이후 현존 사무의 종결에 필요한 한도 내의 업무라 할 것이다. 따라서 리스회사 또는 파산자는 파산재단의 자산 매각 등 인가취소로 인한 해산 이후 현존 사무의 종결에 필요한 한도 내의 업무를 주된 업무로 하면서 환가업무의 일환으로만 금융·보험용역과 동일 또는 유사한 업무인 동 시설대여 용역업무를 하는 자들로 보아야 할 것이다. 결국 리스회사 또는 파산자는 부가령 제40조 제1항 각호의 사업 외의 사업인 파산자의 청산업무를 주된 업무로 하는 자로서 그에 부수하여 부가령 제40조 제2항 소정의 '여신전문금융업'의 용역과 동일하거나 적어도 그와 유사한 시설대여 용역을 제공하였으므로 부가가치세가 면제되는 금융·보험용역에 포함된다(대법원 2007두15926, 2009. 8. 20.).

※ 기존 국세청 유권해석(서삼 46015-10631, 2003. 4. 15.)과 상반된 판례임.

나. 리스이용자 변경 시의 처리

납세의무있는 사업자가 여전법에 따라 인가를 받은 시설대여회사로부터 시설 등을 임차하고 해당 시설 등을 공급자 또는 세관장으로부터 직접 인도받아 사용하던 중 시설대여회사의 동의를 얻어 새로운 리스이용자에게 해당 리스자산을 넘겨주는 경우 다음과 같이 처리한다(재부가 22601-21, 1991. 1. 8.).

㉠ 운용리스의 경우 리스이용자가 새로운 리스이용자에게 해당 리스자산을 넘겨주는 것은 재화의 공급에 해당하지 아니하며, 공급자 또는 세관장은 새로운 리스이용자에게 세금계산서를 발급하지 아니한다. 다만, 새로운 리스이용자에게 대가를 받고 임차인의 지위를 양도하는 경우 그 대가에 대하여는 부가법 제9조에 따라 부가가치세가 과세된다.

㉡ 금융리스의 경우 리스이용자가 새로운 리스이용자에게 해당 리스자산을 넘겨주는 것은 자산의 양도로서 부가법 제9조에 따라 부가가치세가 과세되며, 리스이용자는 새로운 리스이용자에게 세금계산서를 발급하여야 한다.

다. 리스회사의 리스자산 재리스

여전법에 따라 인가를 받은 시설대여회사가 국내에 사업장이 없는 외국법인으로부터 시설 등을 대여받아 납세의무있는 사업자에게 재대여함에 있어서 국내제조회사가 외국법인과의 공급계약에 의해 해당시설 등을 대여받을 국내사업자에게 직접 인도하는 경우에는 부가령 제69조 제8항에 따라 해당 사업자가 국내제조회사로부터 재화 등을 직접 공급받은 것으로 보아 국내제조회사로부터 세금계산서를 발급받을 수 있으며, 이 경우 시설대여회사가 외국법인에게 지급하는 임차료는 부가가치세 대리납부의 대상에 해당되지 아니하는 것이다(재경원 부가 46015-89, 1993. 5. 25. ; 소비 22601-574, 1987. 7. 15.).

3) 리스회사의 리스 관련 주요 사례

가. 금융리스 및 운용리스 수입에 대한 계산서 발급 여부

여전법상 시설대여업자의 금융리스업은 한국표준산업분류상 금융업에 해당되며 금융보험업에 해당되는 경우 금융리스료(금융리스자산의 매각 포함)에 대하여는 소득령 제211조 제2항 제3호 및 소득규칙 제96조의2 제1호에 따라 영수증을 발급할 수 있고 구매자가 사업자등록을 제시하고 계산서 발급을 요구할 때에는 계산서를 발급할 수 있다(구매자는 리스물건에 대해 감가상각하고 차입금에 대한 이자상당액은 손금산입하게 된다). 반면 운용리스는 금융리스와 달리 임대차로 분류되므로 운용리스료에 대하여 반드시 계산서를 발급하여야 한다.

아울러 여전법상 시설대여업자가 시설을 대여받은 리스회사가 파산 등의 이유로 동 리스자산을 회수하여 제3자에 매각하는 경우 동 리스자산의 매수자가 사업자인 경우에도 매수자가 사업자등록증을 제시하고 계산서 교부요구가 없는 경우에는 영수증을 교부할 수 있다(국심 2005서3009, 2007. 4. 4. ; 국심 2006서3458, 2007. 5. 15. ; 국심 2006서1940, 2007. 4. 5. ; 서이 46012-12371, 2002. 12. 30. ; 재정경제부 법인세제과-223, 2006. 3. 20.).

※ 영수증 발급대상 거래에 대하여 (세금)계산서를 발급했더라도 계산서불성실가산세 및 계산서합계표불성실가산세 적용대상이 아니다(재법인 46012-165, 2002. 10. 16. ; 부가가치세과-583, 2014. 6. 18. ; 법인세과-483, 2011. 7. 18.).

나. 수입자동차 판매사가 차량을 판매 후 보증수리기간 내 대차서비스용으로 제공하는 차량의 매입세액공제 여부 등

수입자동차(국내산 포함)를 판매하는 사업자(갑)가 자기가 매입한 대차서비스용 차량(시승용 차량 포함)을 시설대여업자에게 판매한 후 해당 차량을 다시 리스하여 사용하는 '판매후 리스거래'를 함에 있어 차량판매를 위한 영업목적으로 보증수리기간 동안 대차서비스용(시승용으로 사용하는 경우를 포함)으로 구입한 자동차와 관련된 매입세액은 매출세액에서 공제할 수 있다(기준-2020-법령해석부가-0019, 2020. 3. 18.). 아울러 판매 후 리스거래로서 운용리스인 경우로서 해당 리스계약을 중도해지하고 리스회사가 새로운 리스이용자(을)에게 해당 차량을 운용리스하는 경우에는 당초 사업자(갑)은 부가가치세 부담없이 매입세액을 공제받게 된다.

다. 리스계약 중도해지 시 세금계산서 처리

사업자가 여전법에 따른 시설대여업자로부터 **금융리스 조건**으로 리스자산을 임차하고 리스자산의 공급자로부터 직접 인도받아 사업에 사용하다가 사업자의 채무불이행 등으로 리스계약이 해지되어 리스자산이 시설대여업자에게 반환되는 경우 재화의 공급에 해당하여 세금계산서를 시설대여업자에게 발급하는 것이며, 시설대여업자가 반환받은 리스자산을 다시 매각하는 경우에는 「소득세법」 제163조에 따른 계산서를 발급(리스이용자의 요구 시)하여야 한다(부가-4694, 2016. 9. 20.).

반면 **운용리스 조건**으로 리스자산을 임차하여 사용하다가 시설대여 계약이 해지되어 해당 시설대여업자에게 해당 리스자산을 반환하는 것은 임대차용 자산을 반환하는 것이므로 (세금)계산서 교부대상 거래에 해당하지 않는다(서면2팀-1658, 2005. 10. 17.).

라. 비대칭리스에 대한 리스회사의 계산서 발급

하나의 리스에 대해 여전법을 적용받는 리스회사에 대해서는 법인령 제24조 제5항에 따른 금융리스에 해당하나 리스이용자에 대해서는 금융리스에 해당하지 않는 경우 리스회사가 발급하는 계산서의 공급가액은 리스회사를 기준으로 산정하는 것이며, 리스회사가 리스이용자를 기준으로 계산서를 발급하면서 공급가액을 사실과 다르게 적은 경우에는 법인법 제75조의8 제1항이 적용된다. 또한, 여전법이 적용되지 않는 렌탈거래에 대해 기업회계기준에 따른 리스분류기준을 적용하여 금융리스로 회계처리한 경우에는 법인령 제24조 제5항에 따른 금융리스가 적용되지 않는다(서면-2019-법령해석법인-1064, 2019. 12. 26.).

마. 리스회사로부터 중고자동차 취득시 재활용폐자원 매입세액공제

「자동차관리법」에 따라 자동차매매업을 등록한 사업자가 「여신전문금융업법」에 따른 시설대여업자로부터 자동차를 운용리스하여 사용하던 이용자(매입세액을 공제받지 아니한 경우로 한정)로부터 리스를 승계한 후 리스계약을 해지하고 해당 중고자동차를 취득하는 경우 「조세특례제한법」 제108조 및 같은 법 시행령 제110조에 따른 재활용폐자원 등 매입세액공제 대상에 해당하는 것이며, 사업자가 중고자동차 취득을 위해 시설대여업자에게 지급하는 미회수원금(잔여리스료) 및 잔존가치 상당액은 같은 법 제108조 제1항에 따른 중고자동차의 취득가액에 포함하는 것이나 승계수수료, 손해배상금 등 리스승계 또는 리스계약 해지를 위한 지급액 등은 취득가액에 포함하지 아니한다(서면-2020-부가-3584, 2021. 7. 9. ; 사전-2020-법령해석부가-0871, 2020. 11. 16. ; 서면-2015-부가-1999, 2016. 2. 15.).

4) 등록되지 않은 시설대여회사의 렌탈용역

사업자가 과세사업에 사용하던 기계장치 · 설비 등을 여전법에 따라 등록하지 아니한 타 사업자에게 매각하고 해당 타 사업자로부터 동 기계장치 및 설비 등을 임차하는 경우 해당 사업자의 기계장치 및 설비 등의 매각은 부가법 제9조에 따른 재화의 공급에 해당하며, 타 사업자가 제공하는 기계장치 및 설비 등의 임대는 부가법 제11조에 따른 용역의 공급에 해당한다(서면3팀-1558, 2005. 9. 16.).

여기서 유의해야 할 것은 해당 사업자의 기계장치 등의 실질적 소유권 또는 법적 소유권이 이전되었는지, 보험가입자가 누구인지, 해당 사업자의 임의처분이 가능한 것인지 등 거래 당시의 구체적인 정황이나 거래의 실질내용을 사실판단하여 그것이 사실상 자금의 대여에 해당하는 경우에는 재화 또는 용역의 공급에 해당하지 아니하여 부가가치세가 과세되지 아니할 것이다.

(7) 창고증권의 양도로 인한 임치물의 공급

조달청장이 발행하는 창고증권의 양도로서 임치물의 반환이 수반되지 아니하는 것은 재화의 공급으로 보지 아니하나, 창고증권의 양도 시 임치물의 반환이 수반되는 경우에는 재화의 공급으로 보기 때문에 세금계산서를 발급하여야 한다. 이와 같이 창고증권의 양도로서 임치물의 반환이 수반되는 경우에는 부가령 제69조 제6항 단서의 규정에 따라 물자를 조달할 때에 그 물자의 실수요자를 알 수 없는 경우에는 조달청장에게 세금계산서를 발급하고, 조달청장이 실제로 실수요자에게 그 물자를 인도할 때에는 그 실수요자에게 세금계산서를 발급할 수 있다(부가령 §69 ⑨).

(8) 공탁 등에 의한 재판 시 세금계산서 발급

「감정평가 및 감정평가사에 관한 법률」에 따른 감정평가업자 또는 「신문 등의 진흥에 관한 법률」에 따른 신문 발행업자 및 「잡지 등 정기간행물의 진흥에 관한 법률」에 따른 정기간행물 발행업자 또는 「뉴스통신 진흥에 관한 법률」에 따른 뉴스통신사업을 경영하는 법인이 법원의 의뢰를 받아 감정평가용역 또는 광고용역을 제공하는 경우로서 그 용역을 실제로 공급받는 자를 알 수 없을 때에는 법 제32조 제6항에 따라 감정평가업자 또는 신문 발행업자 및 정기간행물 발행업자 또는 뉴스통신사업을 경영하는 법인은 법원에 세금계산서를 발급하고, 그 법원이 감정평가용역 또는 광고용역을 실제로 공급받는 자로부터 그 용역에 대한 대가를 징수할 때에는 법원이 그 자에게 세금계산서를 발급할 수 있다(부가령 §69 ⑩).

(9) 전기통신사업자의 세금계산서 발급

「전기통신사업법」에 따른 전기통신사업자가 다른 전기통신사업자의 이용자(「전기통신사업법」 제2조 제1항 제9호에 따른 이용자를 말한다)에게 전기통신역무를 제공하고 그 대가의 징수를 다른 전기통신사업자에게 대행하게 하는 경우에는 해당 전기통신역무를 제공한 사업자가 다른 전기통신사업자에게 세금계산서를 발급하고, 다른 전기통신사업자가 이용자에게 세금계산서를 발급할 수 있다(부가령 §69 ⑪).

2000년 시행령 개정 시 전기통신사업자가 타 전기통신사업자의 이용자에게 전기통신역무를 제공하고 그 대가를 타 전기통신업자에게 회수대행하게 하는 경우에 전기통신사업자가 타 전기통신사업자에게 세금계산서를 발급하고 타 전기통신사업자가 이용자에게 세금계산서를 발급하는 것을 가능하도록 한 것이다.

유선사업자와 이동통신사업자 간의 협정에 의해 이동통신가입자가 국제전화를 하고자 할 경우 유선사업자의 국제전화망으로 전화를 하고 이동통신사업자가 대금을 회수대행하고 수수료를 받는 경우 요금청구서의 이중 발급에 따른 납세자의 불편과 막대한 청구비용이 발생, 타 사업자에 대한 요금을 청구하기 위해서는 가입자에 대한 정보가 필요하나 통신사업자 간 경쟁으로 정보의 획득이 어려운 점을 감안하여 통신사업자가 타 통신사업자에게 세금계산서를 발급하고 타 통신사업자가 가입자에게 자기명의로 세금계산서를 발급할 수 있도록 한 것이다.

(10) 발전사업자의 세금계산서 발급

「전기사업법」에 따른 발전사업자가 전력시장을 통하여 같은 법에 따른 전기판매사업자 또는 전기사용자에게 전력을 공급하고 그 대가를 같은 법에 따른 한국전력거래소를 통하여 받는 경우에는 그 발전사업자가 한국전력거래소에 세금계산서를 발급하고 한국전력거래소가 그 전기판매사업자 또는 전기사용자에게 세금계산서를 발급할 수 있다(부가령 §69 ⑫).

(11) 위성이동멀티미디어방송사업자 등의 세금계산서 발급

「방송법 시행령」 제1조의2 제4호 및 제5호에 따른 위성이동멀티미디어방송사업자 및 일반위성방송사업자가 「전기통신사업법」에 따른 전기통신사업자의 이용자에게 각각 위성이동멀티미디어방송용역 또는 일반위성방송용역을 제공하고 그 대가의 징수를 전기통신사업자에게 대행하게 하는 경우에는 위성이동멀티미디어방송사업자 및 일반위성방송사업자는 전기통신사업자에게 세금계산서를 발급하고, 전기통신사업자가 이용자에게 세금계산서를 발급할 수 있다(부가령 §69 ⑬).

(12) 공동매입 등에 관한 세금계산서 발급특례

1) 관련 규정의 개요

부가령 제69조 제14항 및 제16항에서는 아래와 같이 전력의 공급 또는 동업자 조합이나 단체공급의 경우에 있어 공급받는 명의자와 실지로 소비하는 자가 다른 경우 세금계산서 발급에 관한 특례규정을 두어 납세편의를 도모하고 있다. 해당 규정은 강행규정이 아니고 특례적이고 임의적인 규정에 해당된다.

① 「전기사업법」에 따른 전력의 공급

「전기사업법」에 따른 전기사업자가 전력을 공급하는 경우로서 전력을 공급받는 명의자와 전력을 실제로 소비하는 자가 서로 다른 경우에 그 전기사업자가 전력을 공급받는 명의자를 공급받는 자로 하여 세금계산서를 발급하고 그 명의자는 발급받은 세금계산서에 적힌 공급가액의 범위에서 전력을 실제로 소비하는 자를 공급받는 자로 하여 세금계산서를 발급하였을 때에는 그 전기사업자가 전력을 실제로 소비하는 자를 공급받는 자로 하여 세금계산서를 발급한 것으로 본다(부가령 §69 ⑭, 부가통칙 32-69-7).

또한, 전력을 실제로 소비하는 자(사업자가 아닌 자로 한정한다)를 위하여 「전기사업법」에 따른 전기사업자로부터 전력을 공급받는 명의자가 전력을 공급하는 경우에 부가령 제71조 제1항 제1호에 따라 세금계산서 발급이 면제되는 경우에 해당하더라도 그 세금계산서를 발급하였을 때는 정당한 세금계산서에 해당한다(부가칙 §51).

② 공동도급 등에 대한 세금계산서 수수

동업자가 조직한 조합 또는 이와 유사한 단체가 그 조합원이나 그 밖의 구성원을 위하여 재화 또는 용역을 공급하거나 공급받는 경우와 「국가를 당사자로 하는 계약에 관한 법률」에 따른 공동 도급계약에 의하여 용역을 공급하고 그 공동 수급체의 대표자가 그 대가를 지급받는 경우 및 「도시가스사업법」에 따른 도시가스사업자가 도시가스를 공급할 때 도시가스를 공급받는 명의자와 도시가스를 실제로 소비하는 자가 서로 다른 경우에 세금계산서 수수방법에 관하여는 위 "①"의 방법을 준용한다(부가령 §69 ⑯).

공동도급계약은 일반적으로 2인 이상의 사업자가 공동으로 어떤 일을 도급받아 공동계산하에 계약을 이행하는 것으로 건설공사와 같이 일정기간 동안 사업이 계속되고 분야별로 정산이 가능한 사업분야에서 활용되는 계약방식으로서 관급공사뿐만 아니라 민간공사로서 공동도급계약에 의한 용역의 공급이나 공통경비에 대한 세금계산서 수수방법은 위 "①"의 방법에 따른다.

세금계산서의 발급은 실제로 재화 또는 용역을 공급한 자가 이를 공급받는 자에게 발급하고, 재화 또는 용역을 공급받는 경우에도 실제 이를 제공받은 자가 발급받는 것이 원칙이나 납세편의를 도모하기 위하여 도입된 예외규정이다.

2) 구체적 발급요령

가. 공동매입 등에 따른 세금계산서 발급 가능자

재화 또는 용역의 공동매입에 따라 공급자로부터 세금계산서를 수취하여 실수요자에게 부가령 제69조 제14항 및 제16항에 따라 세금계산서를 발급할 수 있는 자의 범위에는 일반과세자(개인사업자 및 법인사업자), 일반과세자가 아닌 자를 포함하며, 일반과세자가 아닌 자란 간이과세자, 면세사업자 등록번호 또는 고유번호 등을 가진 자를 말한다. 따라서 이에 해당하지 아니하는 개인은 주민등록번호를 기재하여 동 규정에 따른 세금계산서를 발급할 수 없다(부가통칙 32-69-7 ; 부가 22601-234, 1986. 2. 6.).

나. 실수요자에게 세금계산서를 발급하지 아니한 경우 불이익

부가령 제69조 제14항은 전력(재화 또는 용역)을 공급받는 명의자와 실지로 해당 전력(재화 또는 용역)을 소비하는 자가 서로 다른 경우에 실지로 전력을 소비하는 자의 매입세액공제를 위하여 설정된 규정으로서 해당 명의자는 자기가 전력(재화 또는 용역)을 공급한 경우에 해당하지 아니하므로 공급가액 신고 의무가 없을 뿐만 아니라, 재화 또는 용역을 공급한 것이 아니므로 세금계산서 발급대상에 해당하지 않아 실수요자에게 세금계산서를 발급하지 아니하거나 발급한 세금계산서합계표를 미제출하였다 하여 가산세 등 불이익을 받지 아니한다(법규부가 2009-0031, 2009. 2. 20. ; 부가-391, 2013. 5. 8. ; 서면3팀-535, 2006. 10. 25. ; 부가-689, 2013. 7. 26. ; 서면3팀-2020, 2004. 10. 2.).

또한, 해당 단체 등이 발급한 세금계산서의 공급가액은 재화의 실질공급에 따른 부가가치세 과세표준에 포함하지 아니하므로 과세표준을 과소신고한 경우에 해당하지 않는다. 다만, 이 경우 공동매입으로 세금계산서를 발급받은 자가 자기의 과세사업을 위해 사용 또는 소비한 전력분은 자기의 매출세액에서 공제가능하나, 그 외의 실수요자 소비분에 대하여는 자기의 사업을 위하여 사용·소비된 것이 아니므로 매입세액으로 공제받을 수 없다(부가 22601-76, 1986. 1. 15.).

따라서 실수요자분에 해당하는 매입세액까지 공제받았다면 자기가 공제받을 세액을 초과하여 공제받은 매입세액에 대하여는 과소신고가산세 및 납부지연가산세가 부과된다.

주의할 것은 명의자가 공동매입에 대한 세금계산서의 공급가액 범위 내에서 실수요자에게 세금계산서를 발급하지 아니한 경우 실수요자는 자기가 부담한 매입세액을 공제받지 못하는 불이익이 발생한다.

※ 공동매입 등에 따른 세금계산서 발급분은 세금계산서합계표 제출 협력의무는 있는 것이므로 부가가치세 신고 및 과세자료제출 시 제출하여야 세금계산서불부합에 대한 소명자료 요구를 받지 않는다.

다. 공동매입에 따른 세금계산서 발급 시 작성일자의 기재 등

① 원칙

공동매입과 관련하여 발급받은 세금계산서를 실수요자에게 발행하는 경우에 있어서 그 작성일자는 당초 발급받은 세금계산서상의 작성일자를 기재하는 것을 원칙으로 한다. 다만, 1역월 또는 1역월 이내에서 거래관행상 정하여진 기간의 공급가액을 합계하여 부가법 제34조의 규정에 따라 월합계세금계산서 발급이 가능하다(서면3팀-2821, 2006. 11. 15.).

② 예외 : 동일 과세기간 내 지연발급의 허용

부가령 제69조 제14항 및 제16항의 공동매입에 따른 명의자의 세금계산서 발급특례를 적용함에 있어 명의자(수탁자, 대표사나 주간사)가 공급받은 날을 작성일자로 하여 익월 10일까지 (월합계)세금계산서를 발급하여야 한다. 그리고 명의자가 해당 세금계산서를 동일 과세기간 내에 지연발급한 경우에도 매입세액 공제는 허용하며, 세금계산서 및 세금계산서합계표불성실가산세를 적용하지 아니한다.

그러나 명의자가 발급받은 세금계산서상의 작성일자가 속한 과세기간이 지난 후에 소급하여 세금계산서를 발급하였다면 매입세액공제가 불가하다.

> 부가령 제69조 제14항에 따라 전력 등을 공급받는 명의자인 수탁자가 2008. 7. 13., 8. 13., 9. 13. 발급받은 세금계산서를 실지로 소비하는 자를 공급받는 자로 하여 2008. 12. 31. 발급하는 경우 지연발급한 세금계산서에 대하여는 부가법 제60조 제2항에 따른 세금계산서불성실가산세, 세금계산서합계표불성실가산세와 과소신고가산세가 적용되지 아니한다(법규부가 2009-0031, 2009. 2. 20.)

라. 공동매입에 따른 세금계산서 발급시기와 매입세액공제

공동매입과 관련하여 발급받은 세금계산서의 범위 내에서 명의자는 실수요자에게 세금계산서를 발급하는 경우 그 발급시기는 해당 세금계산서의 수취일로부터 그 수취일이 속한 익월 10일까지 발급(과세기간 종료월 거래분에 대한 세금계산서를 익월 10일까지 수취한 경우에는 그 확정신고기간 종료일까지 발급한다. 이하 같다)하는 것이 원칙이다.

다만, 이러한 발급원칙에 대한 예외로서 그 수취일이 속한 과세기간까지 발급한 경우로서 동일 과세기간 내에 지연발급한 경우(동일 과세기간 분을 합계하여 해당 과세기간 종료일자를 작성일자로 기재하여 1장의 세금계산서를 발급한 경우를 포함)에도 명의자 및 실수요자에 대하여 부가법 제60조에 따른 가산세의 불이익(예정신고기간 거래분을 확정신고기간까지 발급시에는 과소/납부지연가산세 적용)을 주지 아니하고, 실수요자인 사업자는 매입세액공제를 허용한다(법규부가 2009-0031, 2009. 2. 20. ; 부가-391, 2013. 5. 8. ; 서면3팀-2535, 2006. 10. 25. ; 부가-689, 2013. 7. 26. ; 서면3팀-2020, 2004. 10. 2.).

이 때 당초 발급받은 세금계산서의 작성일자보다 지연된 날짜를 작성일자로 기재하거나, 실제 발급일자를 작성일자로 기재하여 실수요자에게 세금계산서를 발급한 때에는 세금계산서의 필요적 기재사항 또는 임의적 기재사항의 오류로 보아 거래사실이 확인되는 때에는 해당 매입세액을 매출세액에서 공제받을 수 있다(재소비 22601-93, 1989. 1. 26.).

그러나 명의자가 발급받은 세금계산서상의 작성일자가 속한 과세기간이 지난 후에 소급하여 세금계산서를 발급하였다면 매입세액공제가 불가하다는 것이 국세청의 입장이다. 부가령 제69조 제14항 및 제16항이 특례적이고 임의적 규정이므로 명의자가 공동매입세금계산서를 기한 내에 발급하지 아니한 경우까지 매입세액공제를 허용할 수 없다는 이유이다.

국세청의 주장이 일응 타당성을 가지고는 있으나, 현행 부가령 제75조 제7호에서는 재화 또는 용역의 공급시기가 속하는 과세기간에 대한 확정신고기한이 지난 후 세금계산서를 발급받았더라도 그 세금계산서의 발급일이 확정신고기한 다음 날부터 1년 이내이면 매입세액공제를 허용하고 있는 만큼 부가령 제69조 제14항 및 제16항에 따른 공동매입세금계산서 지연발급에 대한 매입세액공제 허용기간도 확정신고기한 다음 날부터 1년 이내로 확대하여야 한다(현재 유권해석은 없음).

3) 공동시행 등에 대한 공동매입 규정 준용

부가령 제69조 제16항의 규정은 하나의 공사를 공동으로 시공하는 2개 법인이 단체를 구성하는 경우 또는 수 개 법인이 공동으로 사업을 하면서 편의상 대표법인을 선정한 경우 등 거의 모든 공동사업에 폭넓게 적용되는 것으로 해석(서면3팀-787, 2004. 4. 23.)하고 있으며, 이러한 조합 및 단체들이 조합원 등을 위하여 재화를 수입하는 경우에도 적용된다(간세 1265.1-2577, 1979. 8. 1.).

4) 영수증 수취분에 대한 유추적용

부가령 제69조 제16항의 규정은 영수증의 경우에도 유추적용된다. 따라서 공동매입을 수행하는 조합이 간이과세자로부터 재화를 공급받고 영수증을 발급받은 경우 영수증에 적혀 있는 공급대가의 범위 안에서 실지로 재화를 공급받는 자(조합원)에게 영수증을 발급할 수 있다(부가 22601-1935, 1986. 9. 22.).

5) 공동매입 등과 관련하여 발급한 세금계산서에 대한 수입금액 처리

부가가치세 신고 시 위 공동매입 등과 관련되어 수수한 공급가액은 각각 다른 과세표준 및 매입금액과 합하여 신고하고, 해당 세금계산서는 사업자의 사업과 관련하여 교부하였거나 교부한 세금계산서와 함께 매출·매입처별세금계산서합계표에 기재하여 제출하여야 하는 것이나, 실 소비자(구매자 또는 조합원)를 위하여 재화 또는 용역을 공급하고 발행한 세금계산서의 공급가액은 자신의 수입금액에 해당하지 아니하므로 과세표준명세의 수입금액 제외란에 기재하여야 한다(서면3팀-787, 2004. 4. 23.).

(13) 재생에너지전기공급사업자의 세금계산서 발급

「전기사업법」에 따른 재생에너지전기공급사업자가 같은 법에 따른 발전사업자로부터 전력을 공급받아 전기사용자에게 전력을 공급하고 같은 법에 따른 전기판매사업자 또는 한국전력거래소에 전기 공급과 관련된 기획재정부령으로 정하는 부대비용을 각각 지급하는 경우에는 전기판매사업자 또는 한국전력거래소가 재생에너지전기공급자에게 각각의 부대비용에 대한 세금계산서를 발급하고 재생에너지공급사업자는 그 부대비용과 관련하여 발급받은 세금계산서에 적힌 공급가액의 범위에서 발전사업자 또는 전기사용자에게 각각의 세금계산서를 발급할 수 있다(부가령 §69 ⑮).

(14) 조달청 창고 등에 보관된 물품 국내반입 시 세금계산서 발급

부가령 제18조 제2항 제1호에 따른 조달청 창고 및 부가령 제18조 제2항 제2호에 따른 런던금속거래소의 지정창고에 보관된 물품이 국내로 반입되는 경우에는 세관장이 수입세금계산서를 발급하여야 한다(부가령 §69 ⑰).

(15) 국외사업자의 용역 등 공급에 대한 세금계산서 수수

위탁매매인 등이 부가법 제52조 제1항에 따른 용역 등(후술하는 "국외사업자의 용역 등 공급에 관한 특례규정" 참조)을 부가법 제53조 제1항에 따라 공급하는 경우 2012. 7. 1. 이후 공급하는 분부터는 세금계산서를 발급할 때 그 용역 등을 공급하는 부가법 제52조 제1항 각호의 어느 하나에 해당하는 자[국내사업장이 없는 비거주자 또는 외국법인, 국내사업장이 있는 비거주자 또는 외국법인(비거주자 또는 외국법인의 국내사업장과 관련 없이 용역 등을 제공하는 경우로서 대통령령으로 정하는 경우만 해당한다)]의 상호 및 주소를 덧붙여 적어야 한다(부가령 §69 ⑱).

(16) 거래소를 통한 배출권 거래에 대한 세금계산서 발급특례 보완

2015년부터 배출권 거래소시장을 통하여 배출권 거래가 이루어지는 경우 배출권 거래의 특성상 공급시기에 배출권 매수자가 배출권 매도자를 알기 어려우며 다수의 공급·수요자가 거래에 참여하므로 세금계산서 발급절차가 복잡해지고, 납세협력비용이 과다해지는 등 문제점 발생이 예상되고, 배출권 매도자가 배출권 거래소를 통해 배출권 매수자에게 배출권을 공급하고 그 대가를 배출권 거래소를 통해 받는 경우 배출권 매도자가 배출권 거래소에 세금계산서를 발급하고, 배출권 거래소가 배출권 매수자에게 세금계산서를 발급할 수 있도록 하여 배출권 거래 시 납세편의를 제고할 필요가 있다.

따라서 「온실가스 배출권의 할당 및 거래에 관한 법률」에 따라 배출권 거래계정을 등록한 자(이하 "할당대상업체 등"이라 한다)가 같은 법에 따른 배출권 거래소가 개설한 배출권 거래시장을 통하여 다른 할당대상업체 등에게 같은 법 제2조 제3호에 따른 배출권(상쇄배출권을 포함한다)을 공급하고 그 대가를 배출권 거래소를 통하여 받는 경우에는 부가법 제32조 제6항에 따라 그 할당대상업체 등이 배출권 거래소에 세금계산서를 발급하고 배출권 거래소가 공급받은 할당대상업체 등에게 세금계산서를 발급할 수 있도록 시행령을 신설하였다(부가령 §69 ⑲).

(17) 합병등기일까지 거래분에 대한 세금계산서 발급

2020. 2. 11. 이후 공급하거나 공급받는 분부터는 합병에 따라 소멸하는 법인이 합병계약서에 기재된 합병을 할 날부터 합병등기일까지의 기간에 재화 또는 용역을 공급하거나 공급받는 경우 합병 이후 존속하는 법인 또는 합병으로 신설되는 법인이 세금계산서를 발급하거나 발급받을 수 있다(부가령 §69 ⑳).

(18) 분할·합병에 따른 세금계산서 발급특례

분할 또는 분할합병에 따라 소멸하는 법인이 분할계획서에 기재된 분할을 할 날 또는 분할합병계약서에 기재된 분할합병을 할 날부터 분할등기일 또는 분할합병등기일까지의 기간에 재화 또는 용역을 공급하거나 공급받는 경우에는 다음의 어느 하나에 해당하는 법인으로서 분할계획서 또는 분할합병계약서에서 정하는 바에 따라 해당 재화 또는 용역의 공급에 관한 권리의무를 승계하는 법인이 세금계산서를 발급하거나 발급받을 수 있다(부가령 §69 ㉑). 동 신설규정은 2025. 2. 28. 이후 공급하거나 공급받는 분부터 적용한다.

① 분할 또는 분할합병 이후 존속하는 법인

② 분할 또는 분할합병으로 신설되는 법인

(19) 그 밖의 발급특례

가. 대행수출의 경우

수출품생산업자로부터 원신용장을 양도받아 대행수출하는 수출업자가 수출품생산업자의 원재료구입을 위해 내국신용장을 개설하고, 수출품생산업자가 원자재생산업체로부터 직접 원자재를 공급받는 경우에는 원자재생산업자는 수출품생산업자를 공급받는 자로 하여 세금계산서를 발급한다(부가통칙 32-67-4).

나. 보세구역 반출의 경우

보세구역 내에서 보세구역 외의 장소로 재화 또는 용역을 공급하는 경우에 공급가액 중 관세가 과세되는 부분에 대하여는 세관장이 부가가치세를 징수하고 수입세금계산서를 발급하며, 나머지 가액에 대해서만 재화 또는 용역을 공급하는 사업자가 세금계산서를 발급한다. 또한, 내국신용장에 의해 재화·용역의 공급 시에도 세관장이 부가가치세를 거래징수하고 수입 세금계산서를 발급하며 나머지 잔액에 대해서만 재화 또는 용역을 공급하는 사업자가 영세율 세금계산서를 발급한다(부가통칙 9-18-7).

사업자가 보세구역 내에서 보세구역 외의 국내에 재화를 공급하는 경우에는 「관세법」에 따른 수입에 해당하는 동시에 부가법 제9조에 따른 재화의 공급에도 해당되므로 부가가치세의 이중징수를 피하기 위하여 국내 공급가액에서 수입과세표준을 공제한 금액만을 공급가액으로 하는 세금계산서를 발급하도록 한 것이다.

다. 집합건물 자치관리단 등이 공급하는 관리용역

집합건물의 구분소유자들이 「집합건물의 소유 및 관리에 관한 법률」 제23조에 따라 관리단을 구성하여 자치적으로 집합건물을 관리하고 그 관리에 소요된 비용만을 각 입주자들에게 분배하여 징수하는 경우에는 부가가치세 및 소득세가 과세되지 아니한다. 다만, 별도로 재화 또는 용역을 제공하고 받는 대가(예 주차장관리 수입, 건물 개보수 수입 등)의 경우에는 부가가치세의 과세대상 및 사업소득의 총수입금액에 산입대상이 되며, 이 경우 동 관리단이 등기되지 아니하고, 관리인이 선임되어 있으며 이익분배 방법이 정하여 있지 아니한 경우 1거주자로 보아 「소득세법」이 적용된다.

또한, 집합건물을 실제 이용하는 집합건물의 세입자와 자가입주자가 관리단을 조직, 운영하여 이에 대한 운영비용을 세입자와 자가입주자로부터 받는 금액은 부가가치세가 과세대상(즉, 비사업자임)이 아니며 이러한 관리단(자치관리기구)은 정규지출증빙서류 발행대상 사업자에 해당하지 않는다. 단지, 외부인 등에게 받은 주차료, 상가입구·상가

내의 게시판 광고수입 등 관리비와 별도로 수령한 것은 재화나 용역을 공급대가로 부가가치세 과세대상이 된다(부가 46015-584, 1998. 3. 30. 참조).

집합건물의 관리를 관리전문위탁업체에 위탁하는 경우 위탁받은 건물관리업체가 받는 관리비 등은 부가가치세 및 소득세(법인세) 등이 과세되며, 구분소유자 및 점유자 등이 관리비로 납부한 금액은 자기의 필요경비로 산입할 수 있으며, 관련 매입세액도 자기의 과세사업을 위한 것이면 매출세액에서 공제 또는 환급된다.

라. 도급 및 하도급에 대한 세금계산서 수수

① 개념

당사자의 일방(수급인)이 어느 일을 완성할 것을 약정하고 상대방(도급인)이 그 일의 결과에 대하여 보수를 지급할 것을 약정함으로써 성립하는 계약을 도급(都給)이라 한다.

또한, 건설산업기본법에서는 "도급"을 원도급, 하도급, 위탁 등 명칭에 관계없이 건설공사를 완성할 것을 약정하고, 상대방이 그 공사의 결과에 대하여 대가를 지급할 것을 약정하는 계약으로, "하도급"은 도급받은 건설공사의 전부 또는 일부를 다시 도급하기 위하여 수급인이 제3자와 체결하는 계약, "수급인"은 발주자로부터 건설공사를 도급받은 건설업자(하도급의 경우 하도급하는 건설업자를 포함), "하수급인"이란 수급인으로부터 건설공사를 하도급받은 자를 말한다(건설산업기본법 §2).

② 세금계산서 수수방법

세금계산서는 계약상 또는 법률상의 모든 원인에 의하여 재화 또는 용역을 공급하는 사업자가 재화 또는 용역을 공급받는 자에게 발급하는 것으로, 원도급자로부터 하도급공사계약에 의하여 건설공사용역을 하도급받은 사업자가 해당 공사용역 제공에 따른 세금계산서를 「부가가치세법」상 공급시기에 원도급자에게 발급하여야 하고 원도급자는 발주자에게 하도급금액을 포함한 전체 도급금액에 대하여 세금계산서를 발급하여야 한다.

이 경우 하도급 공사대금 전부 또는 일부를 지급받지 못하여 발주처로부터 해당 공사대금을 직접 지급받는 경우에도 하도급자는 발주처를 공급받는 자로 하여 세금계산서를 발급할 수는 없다(부가-1822, 2008. 7. 7.).

마. 우정사업본부(국가기관)의 사업장 범위 및 세금계산서 발급방법

종전 국세청은 우정사업본부의 사업장을 소포우편물 방문접수배달용역에 한해 업무총괄장소가 사업장이므로, 임대용역 등은 각 우체국은 별개의 개별 사업장으로 보아 우정사업본부에서 총괄계약하고 우체국에서 개별계약 · 대금의 지급이 있었던 경우 본부를 공급받는 자로 하여 발급받은 세금계산서는 불공제대상으로 판단하였으나(부가-634,

2013. 7. 12.), 기획재정부는 부가령 제8조 제1항 제13호에서 국가 · 지자체의 사업장은 업무총괄장소라고 규정하고 있어 임대용역 등을 제공하는 각 우체국은 본부의 소속기관에 불과하고 단지 사업자의 신청에 의해 사업자등록을 한 것이므로 업무총괄장소인 우정사업본부에서 발급받은 세금계산서라 하더라도 정당한 세금계산서로서 매입세액공제대상이 된다고 회신하였다(재부가-279, 2014. 4. 1.).

바. 본 · 지점을 달리하여 발급한 세금계산서의 적정 여부

① 원칙

법인의 지점에서 사용 · 수익하던 부동산을 매각하면서 세금계산서상의 공급자를 본점 명의로 발급하여 본점에서 부가가치세를 신고 · 납부한 지점사업장에 대하여는 세금계산서미발급가산세가 적용된다.

부동산을 공급받은 자에 대하여는 본점 명의의 세금계산서를 발급받은 것이 선의의 거래당사자로서 귀책사유가 없는 경우를 제외하고는 자기의 매출세액에서 매입세액을 공제받지 못한다(부가 46015-733, 1997. 4. 4. ; 법규과-116, 2009. 9. 11.).

② 지점이 사실상 폐쇄 상태여서 본점에서 세금계산서를 발급한 경우

통상적으로 사업장은 사업자 또는 그 사용인이 상시 주재하여 거래의 전부 또는 일부를 행하는 장소로 하며, 부가가치세법상 사업장에 해당하지 아니하는 영업소, 하치장, 임시사업장에 대한 세금계산서의 발급 및 수취는 그 장소를 관리하는 사업장 명의로 이루어져야 할 것이다. 즉, 정상적 사업활동을 영위하는 부가령 제8조에서 규정하는 사업장에서 사용 · 수익하던 재고자산, 사업용 고정자산을 양도하는 경우 사업장별 과세원칙에 근거하여 이를 공급하는 사업장에서 세금계산서를 발급함이 원칙일 것이며, 이러한 사례에 해당한다면 국세청의 해석에 따라야 할 것이다.

그러나 지점을 기존 본점의 사업장으로 사용하다가 지방으로 이전함에 따라 더 이상 사업에 사용하지 않고 매각을 위해 보유하였을 뿐 이전 후 일체의 사업활동이 이루어지지 아니하여 부가령 제8조에 규정하는 사업장으로 볼 수 없다면 해당 지점 소재 부동산을 매각하는 경우 계약 및 대가의 수령 등이 이루어지는 본점에서 세금계산서를 발급하는 것이 타당하다(재소비 22601-929, 1989. 8. 31.).

※ 본점 이전 시 본점에 귀속된 사업용 고정자산 등을 매각 시에도 본점을 공급자로 하여 세금계산서를 발급한다(심사부가 2012-0107, 2012. 10. 8.).

③ **사업장이 아닌 부분품 설치장소에서 반출한 재화는 본점에서 세금계산서 발급**

2개 이상의 사업장을 가진 총괄납부사업자가 그중 1개의 사업장에서는 수주·설계·생산관리·납품 및 대금수령 등의 업무를 전담하고 나머지 사업장에서는 기계장치의 부분품을 생산하며, 이를 납품처의 현장에서 조립하여 최종제품을 완성하는 경우 당해 기계장치의 공급가액 전액에 대하여 수주·설계·생산관리·납품 및 대금수령 등의 업무를 전담하는 주사업장에서 세금계산서를 발급하며, 부분품을 생산하는 각 사업장에서는 각 사업장에서 납품한 기계장치 부분품 공급에 대하여 주사업장으로 거래명세서를 발급한다(부가 46015-385, 1998. 3. 3.).

④ **사업장이 아닌 하치장에서 반출하는 재화에 대한 세금계산서 발급명의자**

하치장은 별도의 사업장으로 보지 아니하므로 제조장에서 하치장으로 재화를 반출하는 행위는 재화의 공급으로 보지 아니하고 하치장에서 외부로 반출되는 재화에 대하여는 해당 하치장에 당초 재화를 반입시킨 제조장 등을 공급자로 하는 세금계산서를 발급하여야 한다(부가령 §4 ② ; 부가 22601-289, 1986. 2. 14.).

VI 수정세금계산서의 발급

1 의의

수정세금계산서는 세금계산서를 발급한 후에 그 기재사항에 착오 또는 오류가 발생하거나 당초 거래의 내용이 변경된 경우 당초 발행내용을 수정할 수 있는 제도이다.

수정세금계산서의 발급은 「국세기본법」 제45조에 따른 과세표준의 수정신고와는 달리 개별적인 재화 또는 용역의 공급에 있어서 착오 또는 정정사유가 발생한 경우 그 부분에 대한 수정이다. 동 규정을 임의규정으로 생각할 수 있지만 공급가액의 증감을 수반하는 수정세금계산서는 매입세액공제 또는 과세자료로서의 기능을 하는 것이므로 동 규정은 강행규정으로 이해된다.

따라서 사업자가 매출거래 취소분 수정세금계산서를 신고누락한 경우에는 매출처별세금계산서합계표 불성실가산세가 적용되며, 매입거래 취소분 수정세금계산서를 신고누락한 경우에는 매입처별세금계산서합계표 불성실가산세가 적용된다(제도 46015-11611, 2001. 6. 20.).

2006. 12. 30. 법 개정 및 2007. 2. 28. 시행령 개정 전에는 수정세금계산서의 발급근거, 발급사유, 시기 및 방법 등에 대하여 법률에서 별도로 위임한 바 없어 수정세금계산서의 발급규정이 임의규정인지 또는 강행규정인지가 불분명하여 수정세금계산서 발급사유별로 그 발급시기 및 방법 등을 명확히 정하여 납세편의를 제고하고자 2007. 2. 28. 부가령 제59조의 규정을 개정하여 2007. 1. 1. 이후 공급하는 분부터 적용하도록 하였다.

2 | 발급의무자

수정세금계산서는 세금계산서를 발행한 후에 그 세금계산서를 수정하는 것이므로 거래 당시에 세금계산서를 발급하지 않았거나 세금계산서가 아닌 계산서를 발급한 경우에는 수정세금계산서를 발급할 수 없다. 따라서 수정세금계산서를 발급할 수 있는 자는 당초 거래 당시에 세금계산서를 발급한 일반과세자이며, 사업자가 세금계산서를 발급한 후 폐업한 경우로서 당초의 공급가액에 추가 또는 차감되는 금액이 폐업 후에 발생한 경우에는 수정세금계산서를 발급할 수 없으며, 거래상대방의 폐업으로 당초 계약이 취소되어 재화 또는 용역의 공급을 받지 못한 경우에는 그 사유가 발생한 때가 속하는 과세기간에 당초에 공제받은 매입세액을 납부세액에 가산한다(서면3팀-1304, 2004. 7. 7. ; 서면3팀-305, 2005. 3. 3.).

3 | 수정발급 요건

수정세금계산서가 발급되기 위한 전제조건은 당초 적법하게 세금계산서를 발급한 경우여야 한다. 당초 거래 시 그 공급시기에 적법하게 세금계산서의 발급한 행위가 있어야 한다. 따라서 당초에 세금계산서를 미발급하였다면 수정세금계산서를 발급할 수 없다.

다만, 세금계산서를 발급시기가 지난 후 그 공급시기가 속하는 과세기간에 대한 확정신고기한까지 발급하여 지연발급가산세 부과가 되는 경우로서 그 지연교부한 세금계산서에 대한 공급가액 증감사유나 해제사유 등이 발생한 경우 그 사유가 발생한 때에 당초 지연발급된 세금계산서에 대한 수정발급이 가능하다고 보아야 한다(동 기간이 경과되어 미교부가산세가 부과되는 세금계산서에 대하여 수정세금계산서 발급은 불가하다).

현재 유권해석은 없으나, 국세청 126상담센터나 각 세무관서에서 수정세금계산서 발급에 대하여 가능한 것으로 상담한 사례도 있고, 실무상 문제없이 받아들여지고 있다.

4 | 수정세금계산서의 발급사유

세금계산서 또는 전자세금계산서의 기재사항을 착오로 잘못 적거나 세금계산서 또는 전자세금계산서를 발급한 후 그 기재사항에 관하여 아래에 정하는 사유가 발생하면 수정세금계산서 또는 수정전자세금계산서를 발급할 수 있다.

수정세금계산서의 발급사유 및 발급절차에 대해서는 부가법 제32조 제7항 및 부가령 제70조에서 정하고 있으며, 그 사유는 다음과 같다.

(1) 당초 공급한 재화가 환입된 경우

처음 공급한 재화가 환입(還入)된 경우 재화가 환입된 날을 작성일로 적고 비고란에 처음 세금계산서 작성일을 덧붙여 적은 후 붉은색 글씨로 쓰거나 음(陰)의 표시를 하여 발급한다(부가령 §70 ① 1). 이와 같이 재화가 환입되어 수정세금계산서를 발급하는 경우 공급자는 해당 재화의 환입일이 속하는 예정신고 또는 확정신고 시 납부세액에서 차감하거나 환급세액에 가산하여야 하고, 재화를 반품하는 사업자는 해당 재화의 반품일이 속하는 예정신고 또는 확정신고 시의 매입세액에서 차감하여 납부세액을 계산하여야 한다(부가 46015-1201, 1994. 6. 16.).

월합계세금계산서를 발급하는 경우로서 해당 월중 반품이 있는 경우, 수정세금계산서를 거래일자별로 건건이 발급하지 아니하고 해당 월의 총공급가액에서 동 반품가액을 차감한 금액으로 월합계세금계산서를 발급할 수 있다(부가 46015-2214, 1997. 9. 27. ; 부가 2260-452, 1991. 4. 12.).

용역의 공급이 중단된 경우 용역은 반품의 개념이 있을 수 없으므로 중단된 시점까지의 용역대가에 대하여는 세금계산서를 발급하거나 기교부된 부분에 대하여 수정세금계산서가 발급되어야 할 것이고, 설령 당사자 간 합의에 의하여 이미 제공된 용역에 대하여 원상회복시키는 용역이 제공되었다고 하여 용역의 제공이 당초부터 소급하여 소멸되는 것은 아니다(부가-3618, 2008. 10. 15.).

(2) 계약의 해제로 재화 또는 용역이 공급되지 아니한 경우

사업자가 재화 또는 용역의 공급계약을 체결하고 부가법 제15조 및 제16조, 부가령 제28조부터 제30조에 따른 공급시기에 세금계산서를 발급한 후 거래당사자 간의 합의 등에 의하여 당초 재화의 공급계약이 해제되어 재화 또는 용역이 공급되지 아니한 경우 2012. 7. 1. 이후 최초로 수정세금계산서 발급사유(계약의 해제)가 생기는 분부터는 계약이 해제된 때에 그 작성일은 계약해제일로 적고 비고란에 당초 세금계산서 작성일을 덧붙여 적은 후 붉은색 글씨로 쓰거나 음(陰)의 표시를 하여 발급하고 그 해제사유가 발생한 과세기간의 부가가치세 공급가액에서 차감하여 신고·납부하도록 개정하여 당초 거래일자로 수정발급함에 따라 과거 신고 과세기간별로 경정청구나 수정신고하여야 하는 불편을 해소하였다(부가령 §70 ① 2).

계약의 종류에는 법정해제, 약정해제, 합의해제가 있으나, 시행령은 계약의 해제가 있는 경우로 포괄적으로 규정하고 있다. 따라서 계약당사자가 새로운 계약에 의하여 계약의 효력을 소멸시키는 합의해제 등을 포함하여 해제의 종류에 관계없이 그 해제사유가 발생한 때에 수정세금계산서를 발급하여야 한다.

1) 「민법」상 계약해제의 의미

「민법」상 계약의 해제는 유효하게 성립된 계약의 효력을 당사자 일방의 의사표시에 의하여 소급적으로 소멸케 하여 처음부터 성립하지 아니하는 것과 같은 상태로 복구시키는 것을 말한다. 즉, 계약의 해제는 이른바 형성권으로서 권리자의 계약해제 의사표시에 의하여 이미 발생된 계약관계로부터 해방 또는 이미 이행된 급부를 반환케 하는 제도로 소급하여 계약의 효력이 상실된다(민법 §543, §547).

2) 「법인세법」상 손익귀속시기와의 관계

아파트를 신축·분양하는 내국법인이 「법인세법 시행령」 제69조에 따라 작업진행률에 의해 계산한 수익과 비용을 각 사업연도의 익금과 손금으로 산입한 이후 계약상대방으로부터 분양계약 취소 및 분양대금 반환청구의 소가 제기된 경우에는 해당 소송이 확정되어 그 계약이 해제된 경우 해당 아파트의 분양수입과 분양원가 상당액을 계약의 해제일이 속하는 사업연도의 손익에 반영하도록 해석하고 있다(법인-1280, 2009. 11. 16.).

반면 대법원은, 국세 법정신고기한 경과 후에 최초 신고·결정 또는 경정에서 과세표준 및 세액 계산근거가 된 거래 또는 행위 등 효력에 관계되는 계약이 해제권 행사에 의하여 해제되거나 당해 계약 성립 후 발생한 부득이한 사유로 인하여 해제되거나 취소된 때에는 결정 또는 경정을 청구할 수 있다고 판시하고 있다(대법원 2012두10611, 2014. 3. 13.).

3) 계약해제와 부과제척기간

계약의 해제도 넓은 의미에서 공급가액 증감사유가 사후에 발생한 것이고, 2012. 7. 1.부터는 계약해제일을 작성일자로 기재하여 수정세금계산서를 발급하고 해제일이 속하는 과세기간에 신고·납부하여야 하므로 수정세금계산서 발급일이 속하는 과세기간의 과세표준신고기한 다음 날부터 그 부과제척기간을 적용하도록 함이 타당하다(대법원 2009두19984, 2011. 7. 28. ; 서면법규과-63, 2014. 1. 23.).

4) 계약의 취소·해제 시 수정세금계산서 발급 및 신고방법

아래 "①" 또는 "②"에 따라 발급한 수정세금계산서는 그 발급일이 속하는 예정신고기간 또는 확정신고기간의 과세표준에서 차감하여 신고·납부하여야 하고, 수정세금계산서를 발급받은 사업자도 해당 신고기간의 매입세액에서 차감하여 신고·납부하여야 한다.

① 매매계약의 해제 등으로 재화 또는 용역이 공급되지 아니하여 그 거래대금을 거래상대방에게 반환하는 경우 그 해제일을 작성일자로 하여 수정세금계산서를 거래상대방에게 발급한다.

② 실질적으로 재화 또는 용역의 공급이 취소되어 수정세금계산서를 발급하는 경우 그 공급가액은 해당 거래로 인하여 기 발급한 공급가액을 합계하여 발급한다.

5) 계약 해제시 일반세금계산서를 발급한 경우의 제재

계약이 해제되어 재화 또는 용역이 공급되지 아니한 경우 감액수정세금계산서를 수수하여야 하나 공급받은 자가 당초 공급자에게 동액의 일반세금계산서를 발급한 경우 공급자는 (수정)세금계산서미발급가산세, 매출감액, 매입세액불공제 경정이 이루어지며, 공급받는 자는 매출감액, 매입감액 경정이 이루어진다. 아울러 일반세금계산서 발급분이 가공세금계산서로서 각각 공급가액의 3%에 해당하는 가산세가 부과될 수 있고 세금계산서질서범에 해당할 수 있으나(국심 2005서3332, 2005. 12. 15. ; 대법원 2012도7768, 2014. 4. 30.), 저자의 의견으로는 위 일련의 과정에 부가가치세 탈루가 없고 단순착오에 의한 세금계산서 발급으로 보아 세금계산서부실기재가산세를 부과하는 정도로 족하다고 본다.

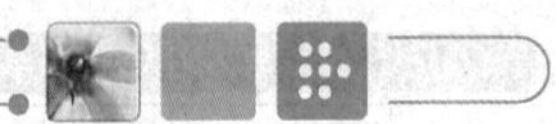

(3) 공급가액에 더하거나 빼는 금액이 발생한 경우

1) 개요

계약의 해지 등에 따라 증감 사유가 발생한 날을 작성일로 적고 추가되는 금액은 검은색 글씨로 쓰고, 차감되는 금액은 붉은색 글씨로 쓰거나 음(陰)의 표시를 하여 발급한다. 그 수정사유가 발생한 때에 수정세금계산서를 발급하는 것이므로 그 발급할 수 있는 시기는 제한이 없다(부가령 §70 ① 3).

"공급가액에 추가되거나 차감되는 금액이 발생한 경우"란 공급가액이 재화의 인도 후에 확정되거나 거래 당시의 특수조건에 의하여 거래 이후에 매출할인 등의 감액사유가 발생했거나 사전약정에 의하여 거래조건에 따라 당초 공급단가를 인하하는 경우(서면3팀-2160, 2007. 7. 31.) 또는 증액이 발생한 경우를 말하는 것으로 관세환급금이 재화의 공급 후에 확정되거나 개별소비세환급금이 재화의 공급 후에 환급되는 경우를 예로 들 수 있다(부가통칙 32-67-5, 29-61-5).

다만, 당초 계약에 따라 공급자가 정당하게 용역수행을 완료하였으며 용역산출물에 하자가 없음에도 공급받는 자가 자신의 금전적 어려움, 사업 불투명성을 이유로 공급대가의 감액을 요구함에 따라 그 대가의 일부를 감액해 주는 경우 수정세금계산서 발급대상이 아니며, 공급자의 귀책으로 용역수행이 일부만 이루어졌거나, 하자가 있는 등의 사유로 공급대가를 감액하는 합의가 있는 경우 그 합의된 금액으로 세금계산서를 발급할 수 있다.

2) 계약의 해지에 따른 수정세금계산서 발급 등

가. 해지의 의의

계약의 해지란 불완전 이행, 채권자지체, 사정변경의 원칙, 채권관계를 종료시킬 만한 특정한 사정 등의 원인에 의하여 당사자의 일방적 의사표시에 의하여 계속적 채권관계에 있어서 장래를 향해서만 그 효력을 소멸시키는 것으로 해제와는 달리 해지의 효과는 장래를 향하여 그 효과가 미치므로 해지의 효과가 발생하기 전에 이미 이행된 급부는 그대로 유효한 것이다(민법 §550). 즉, 해제는 이미 이행된 급부를 반환하는 청산적 효력이 발생하는 것이나, 해지는 해지 이전에 이미 발생한 개개의 지급채무는 그대로 존속하는 것이다(즉, 소급효가 발생하는 것이 아님).

나. 해지 시 효력발생일을 소급 기재한 경우

합의해지 또는 해지계약이라 함은 해지권의 유무에 불구하고 계약당사자 쌍방이 합의에 의하여 계속적 계약의 효력을 해지시점 이후부터 장래를 향하여 소멸하게 하는 것을 내용으로 하는 새로운 계약으로서 그 효력은 그 합의내용에 의하여 결정되는 것이므로 그 합의내용에 의하여 판단해야 하고 해지약정일에 효력발생일을 소급기재한 경우 소급기재일부터 실제로 용역제공이 없었음에도 공급자가 세금계산서를 발급하고 부가가치세를 신고·납부한 경우 용역제공이 없었던 부분이 합의에 해지된 것이라면 경정청구 가능하다고 판단된다.

다. 세금계산서 발급방법

계약의 해지의 경우 부가령 제70조 제1항 제3호에서는 공급가액에 추가 또는 차감되는 금액이 발생한 경우에 해당되므로 그 증감사유가 발생한 날을 작성일자로 기재하고 추가되는 금액은 검은색 글씨로 쓰고, 차감되는 금액은 붉은색 글씨로 쓰거나 부(負)의 표시를 하여 발급하는 것으로 규정하고 있는바, 그 증감사유가 발생한 때인 계약의 해지일에 당초에 발행된 세금계산서상의 공급가액 합계액에서 해지일까지의 용역대가 확정액의 정산차액에 대하여 수정세금계산서를 발급하고 그 발급받은 날이 속하는 예정신고 또는 확정신고기간에 다른 과세표준과 차가감하여 신고·납부한다(서삼-2002, 2006. 9. 5.).

▌합의해지 성립 요건

계약이 합의해지되기 위하여는 일반적으로 계약이 성립하는 경우와 마찬가지로 계약의 청약과 승낙이라는 서로 대립하는 의사표시가 합치될 것을 그 요건으로 하고 이러한 계약의 합의해지는 명시적인 경우뿐만 아니라 묵시적으로도 이루어질 수 있는데, 묵시적인 합의해지는 계약 후 당사자 쌍방의 계약 실현 의사의 결여 또는 포기가 쌍방 당사자의 표시행위에 나타난 의사의 내용에 의하여 객관적으로 일치하여 그 계약을 실현하지 아니할 당사자 쌍방의 의사가 일치되는 경우에 이를 인정할 수 있음(대법원 2010다89050, 2012. 10. 25. ; 대법원 2000다5336, 2003. 1. 24.).

라. 공급가액 사후증감 시 수정발급방법에 대한 입법취지

당초의 공급가액에 추가되는 금액 또는 차감되는 금액이 발생한 경우에는 그 발생한 때에 수정세금계산서를 작성하여 교부하도록 규정하고 있는데, 그 취지는 당초 세금계산서상의 공급가액이 후발적 사유로 증가하거나 감소한 경우 과세관청과 납세자의 편의를 도모하기 위하여 그 사유가 발생한 날을 작성일자로 하여 그에 관한 수정세금계산서를 교부할 수 있게 함으로써 그 공급가액의 증감액을 그 사유가 발생한 날이 속하는 과세기간의 과세표준에 반영하도록 하는 데에 있다(대법원 2009두19984, 2011. 7. 28.). 따라서 재화 또는 용역의 공급 후에 에누리액이 발생한 경우에는 특별한 사정이 없는 한 그 사유가 발생한 날이 속하는 과세기간의 총공급가액에서 에누리액을 차감하여 해당 과세기간의 과세표준을 산정하여야 한다(대법원 2011두8178, 2013. 4. 11.).

따라서 후발적 사유로 인해 감액 수정세금계산서를 교부받은 경우 수정세금계산서 교부일이 속하는 과세기간의 과세표준에 반영하도록 규정하고 있으므로 국세부과제척기간의 기산일은 그 수정세금계산서 교부일이 속하는 과세기간의 과세표준신고기한 다음날부터 그 부과제척기간이 진행한다고 보아야 할 것이다(대법원 2009두19984, 2011. 7. 28.).

3) 매출할인에 대한 수정세금계산서 발급방법

① 감액수정세금계산서를 발급

2007. 1. 1. 이후 재화 또는 용역을 공급한 후 부가가치세 과세표준에서 차감하는 매출할인이 발생하였을 경우 당초 과세기간의 과세표준에서 차감하는 것이 아니라 할인액이 발생한 날이 속하는 과세기간의 과세표준에서 차감하여야 하고 세금계산서도 그 할인사유가 발생한 날을 작성일자로 하여 감액수정세금계산서를 발급하여야 한다.

이는 공급가액에 추가 또는 차감되는 금액이 발생한 경우로서 증감사유가 발생한 날을 작성일자로 기재하고 추가되는 금액은 검은색 글씨로 쓰고, 차감되는 금액은 붉은색 글씨로 쓰거나 부(負)의 표시를 하여 발급하여야 한다. 다만, 거래처에 월합계세금계산서를 발급하는 경우로서 동 거래처에 매출할인이 발생한 때에는 사업자가 거래처별로 1역월의 공급가액을 합계하여 해당월의 말일자로 그 익월 10일까지 세금계산서를 발급할 수 있다(서면3팀-1270, 2007. 4. 30. ; 부가 46015-988, 1998. 5. 13. 등 다수).

② 매출할인 발생 시 공급가액의 기재

부가가치세의 과세표준에는 거래상대자로부터 받은 대금 · 요금 · 수수료 그 밖의 명목여하에 불구하고 대가관계에 있는 모든 금전적 가치 있는 것을 포함하는 것이므로 약정에 의하여 '공급대가 × 할인율'을 당초의 공급가액에서 차감하기로 하였다면 (감액)수정세금계산서상의 공급가액은 '공급대가 × 할인율 ÷ 1.1'이 되고, 당초의 공급가액에 할인율을 적용한 금액만을 당초의 공급대가에서 차감(당초 부가가치세액을 그대로 받음)하였다면, 공급자는 거래상대방으로부터 명목여하에 불구하고 지급받은 모든 금전적 가치는 당초의 공급대가에서 할인액을 차감한 전액이 최종적인 공급대가가 되는 것이다. 결국 상기의 모든 경우에 있어 해당 사업자의 재화 또는 용역의 공급으로 인한 과세표준은 당초의 공급대가에서 실제로 지급받은 금액과의 차액에서 부가가치세를 제외한 금액이며, (감액)수정세금계산서에 기재될 공급가액은 당초 세금계산서상의 공급대가(공급가액과 세액의 합계액)에서 매출할인액을 차감한 후에 지급받게 되는 공급대가와의 차액을 1.1로 나눈 금액으로 한다(서면3팀-1587, 2007. 5. 25.).

4) 감액 수정세금계산서를 발급받은 경우 국세부과제척기간의 기산일

당초 세금계산서상의 공급가액이 후발적 사유로 증가하거나 감소한 경우 과세관청과 납세자의 편의를 도모하기 위하여 그 사유가 발생한 날을 작성일자로 하여 그에 관한 수정세금계산서를 발급할 수 있게 함으로써 그 공급가액의 증감액을 수정세금계산서 발급일이 속하는 과세기간의 과세표준에 반영하도록 하는데에 있으므로, 그와 같이 후발적 사유로 당초 세금계산서상의 공급가액이 감소함에 따라 수정세금계산서를 발급받은 경우 그에 대응하는 매입세액공제액의 감소로 인하여 발생한 부가가치세액 증가분에 관하여는 그 수정세금계산서 발급일이 속하는 과세기간의 과세표준신고기한 다음 날부터 그 부과제척기간이 진행된다(대법원 2009두19984, 2011. 7. 28.).

(4) 내국신용장 또는 구매확인서의 사후개설

재화 또는 용역을 공급한 후 공급시기가 속하는 과세기간 종료 후 25일(과세기간 종료일 후 25일이 되는 날이 토요일 및 일요일, 공휴일 및 대체 공휴일, 근로자의 날인 경우에는 바로 다음 영업일) 이내에 내국신용장이 개설되었거나 구매확인서가 발급된 경우에는 내국신용장 등이 개설된 때에 그 작성일은 처음 세금계산서 작성일을 적고 비고란에 내국신용장 개설일 등을 덧붙여 적어 영세율 적용분은 검은색 글씨로 세금계산서를 작성하여 발급하고, 추가하여 처음에 발급한 세금계산서의 내용대로 세금계산서를 붉은색 글씨로 또는 음(陰)의 표시를 하여 작성하고 발급한다(부가령 §70 ① 4).

내국신용장 등의 사후개설에 따른 세금계산서 발급에 관하여는 "영세율" 편의 "내국신용장 등에 의하여 공급하는 재화"에서 이미 설명하였다.

(5) 필요적 기재사항 등이 착오로 잘못 적힌 경우

1) 필요적 기재사항이 착오 기재된 경우

필요적 기재사항 등이 착오로 잘못 적힌 경우에는 처음에 발급한 세금계산서의 내용대로 세금계산서를 붉은색 글씨로 쓰거나 음(陰)의 표시를 하여 발급하고, 수정하여 발급하는 세금계산서는 검은색 글씨로 작성하여 발급한다. 다만, 다음의 어느 하나에 해당하는 경우로서 과세표준 또는 세액을 경정할 것을 미리 알고 있는 경우는 제외한다(부가령 §70 ① 5).

① 세무조사의 통지를 받은 경우

② 세무공무원이 과세자료의 수집 또는 민원 등을 처리하기 위하여 현지출장이나 확

인업무에 착수한 경우

③ 세무서장으로부터 과세자료 해명안내 통지를 받은 경우

④ 그 밖에 위 "①"부터 "③"까지에 따른 사항과 유사한 경우

해당 수정세금계산서가 착오에 의하여 발급된 것으로서 수정세금계산서의 발급으로 당초의 과세표준 또는 납부세액에 영향이 미친다면 당초 세금계산서 발급일이 속하는 과세기간의 과세표준 및 납부세액을 경정청구하거나 수정신고가 병행되어야 한다.

부가가치세액도 필요적 기재사항이므로 착오로 잘못 기재되었다면 위 규정에 따라 수정발급할 수 있고, 착오 외의 사유라면 아래 "(6)"에 따라 수정발급할 수 있는 기한이 제한되나, 아래 "(9)"에 별도 규정을 두고 있어 결국 발급기한에 제한이 없다.

착오로 보는 경우	착오로 보지 아니하는 경우
• 작성연월일 잘못 기재 (부가 22601-746, 1991. 6. 15.) • 공급가액 또는 세액의 잘못 기재 (부가 1265.2-1321, 1983. 7. 5. ; 간세 1235-3707, 1978. 12. 14.) • 세금계산서 발급의무면제 거래에 대해 세금계산서 발급(부가 22601-1789, 1987. 8. 31.) • 면세거래에 대해 세금계산서 발급 (서면3팀-1976, 2005. 11. 8.) • 내국신용장에 의해 영세율 세금계산서를 발급했으나 동 신용장이 무효 또는 취소가 된 경우(부가 22601-654, 1986. 4. 10.) • 과세 · 면세비율 계산착오로 공급가액이 달리 표기(부가 46015-1109, 1995. 6. 19.) • 토지 · 건물 일괄공급 시 건물 과세표준을 착오 계산한 경우(서면3팀-1812, 2005. 10. 19.) • 당초 착오로 주민번호를 기재하여 발급하고 이를 사업자번호로 수정하는 경우 (부가 46015-2135, 1999. 7. 26.)	• 공급자 및 공급받는 자를 당초 다르게 기재한 경우*(부가 1265.1-1545, 1984. 7. 24. ; 부가 46015-3833, 2000. 11. 27.) • 본점에서 재화를 공급하고 지점명의의 세금계산서를 발급한 경우(서면3팀-1818, 2007. 6. 26. ; 부가 1265-1009, 1983. 5. 31.) • 과세재화 또는 용역을 공급하고 계산서를 발급한 경우(부가 22601-794, 1985. 4. 30.) • 재화 또는 용역의 공급시기에 세금계산서를 발급하지 않은 경우 (부가 1265-887, 1983. 5. 10.) • 세금계산서 작성 후 정상적으로 상대방에게 전달되지 않은 경우 • 경정결정일 후에 공급자가 수정세금계산서를 발급하는 경우 (국심 2002중2263, 2002. 11. 19.) • 공급받는 자의 사업자등록 전 주민등록번호 기재 발급세금계산서에 대해 사업자등록번호로 수정하는 경우 (부가 22601-972, 1987. 7. 12.)

* 동일 지번에 유사상호로 개인 및 법인사업체를 가진 사업자로부터 공급자를 달리한 세금계산서를 수취한 경우 이를 착오로 보아 수정세금계산서 발급을 인용한 사례가 있음(조심 2012서2281, 2012. 12. 31.).

그 밖에도 공급시기 전 수령한 대가를 초과하는 공급가액을 기재한 선발행세금계산서를 발급하였다면 필요적 기재사항 등이 착오 외의 사유로 잘못 적힌 경우(부가령 §70 ①

6)로 보아 수정세금계산서를 발급할 수 있다(법규과-1310, 2013. 11. 27.). 동 해석은 선발행세금계산서는 실질적인 재화 또는 용역의 공급계약을 전제로 공급시기 전에 발급된 것에 불과하므로 가공세금계산서가 아니어서 수정발급이 가능하다는 취지로 해석된다.

2) 임의적 기재사항이 착오 기재된 경우

재화 또는 용역이 공급되고 그 공급시기가 도래하여 세금계산서의 발급시기에 세금계산서를 작성하여 발급하면서 임의적 기재사항 중 일부가 잘못 기재된 경우 사실과 다른 세금계산서에 해당하는지 관련 규정을 살펴본다.

① 부가법 제39조 제1항 제2호에서 필요적 기재사항의 전부 또는 일부가 적히지 아니하였거나 사실과 다르게 적힌 경우의 매입세액은 불공제하되 부가령 제75조에서는 예외적으로 필요적 기재사항 등이 사실과 다르게 기재되었더라도 매입세액공제를 허용하도록 규정하고 있으나, 임의적 기재사항의 경우 사실과 다른 세금계산서로 보아 매입세액을 불공제하는 규정을 두고 있지 않다.

② 임의적 기재사항의 착오 및 부실기재는 부가령 제70조 각 항에서 정하는 수정세금계산서 발급사유에 해당하지 않아 수정세금계산서를 발급하지 아니하여도 되고 공급자나 공급받는 자에게 가산세가 부과되지 아니한다(서면-2017-부가-0776, 2017. 3. 30.). 다만 거래상대방이 수정발급을 요구하는 경우 부가령 제70조 제1항 제5호(필요적 기재사항 등이 착오기재)를 준용하여 수정세금계산서를 발급할 수도 있다.

③ 부가령 제108조 제3항에서는 부가법 제32조에 따라 발급한 세금계산서의 필요적 기재사항 중 일부가 착오나 과실로 사실과 다르게 적혔으나 해당 세금계산서에 적힌 나머지 필요적 기재사항 또는 임의적 기재사항으로 보아 거래사실이 확인되는 경우에는 사실과 다른 세금계산서로 보지 아니한다.

④ 부가법 제60조 제2항 제5호에서는 필요적 기재사항의 착오 기재, 미기재, 사실과 다른 기재가 있는 경우 사실과 다른 세금계산서로 보아 가산세를 부과하고 있으나, 임의적 기재사항의 잘못 기재, 미기재 또는 부실기재까지 가산세 등을 부과하는 규정을 두고 있지 않다(사전-2021-법령해석부가-0892, 2021. 6. 24.).

따라서 세금계산서의 임의적 기재사항의 부실기재는 필요적 기재사항의 부실기재와 달리 세금계산서의 본질적인 기능(부가가치세의 전가 및 과세자료의 양성화 등)을 수행하면서 그 효력에 아무런 영향이 없어 매입세액 불공제 사유가 될 수 없고 가산세의 부과대상이라거나 수정세금계산서 발급대상도 아니다(동지 : 조심 2017부0149, 2017. 3. 13.).

(6) 필요적 기재사항 등이 착오 외의 사유로 잘못 적힌 경우

가. 개요

필요적 기재사항 등이 착오 외의 사유로 잘못 적힌 경우 재화나 용역의 공급일이 속하는 과세기간에 대한 확정신고기한까지 세금계산서를 작성하되, 처음에 발급한 세금계산서의 내용대로 세금계산서를 붉은색 글씨로 쓰거나 음(陰)의 표시를 하여 발급하고, 수정하여 발급하는 세금계산서는 검은색 글씨로 작성하여 발급한다. 다만, 위 "(5)"의 "①"부터 "④" 중 어느 하나에 해당하는 경우로서 과세표준 또는 세액을 경정할 것을 미리 알고 있는 경우는 제외한다(부가령 §70 ① 6).

따라서 2012. 7. 1. 이후부터는 위 단서 조항에 해당하지 않는 한 공급자 및 공급받는 자의 잘못 기재 등 착오로 보지 아니하는 경우에도 그 거래일이 속하는 과세기간에 대한 부가가치세 확정신고기한(2022. 2. 15. 이후 공급분부터는 확정신고기한 다음 날부터 1년 이내)까지 수정세금계산서 발급이 허용된 것이다.

나. 수정세금계산서 발급과 가산세

일반적으로 시행령에서 정하는 수정세금계산서 발급사유에 해당하여 수정세금계산서를 발급한 경우라면 당초 과소신고나 과소납부에 따른 가산세는 부과되더라도 세금계산서 관련 가산세를 부과할 수는 없다. 따라서 공급받는 자가 착오 외의 사유로 잘못 기재되어 실제 공급받는 자에게 세금계산서를 발급하고 당초 발급된 세금계산서를 감액하는 수정세금계산서를 발급하였다면 새로이 발급되는 세금계산서에 대한 세금계산서 미발급 또는 지연발급가산세 적용은 불가하다고 판단된다.

다. 가공세금계산서에 대한 수정세금계산서 발급과 가산세

국세청은 가공세금계산서에 대한 수정세금계산서 발급가능 여부에 대해 부정하는 입장이다. 당초 거짓으로 발행하였던 가공세금계산서를 취소하기 위하여 이를 취소하는 수정세금계산서를 발급한 경우 해당 수정세금계산서는 당초의 세금계산서와 상관관계를 갖는 하나의 거래에 해당한다. 그럼에도 동 수정세금계산서를 거짓세금계산서로 보아 별도 가산세를 부과한다면 잘못을 수정하려 한 납세자에게 더 큰 불이익을 지우게 되고, 수정세금계산서의 발급에 대한 제재와 관계없이 당초의 거짓 세금계산서의 발급을 이유로 제재됨으로써 거짓 세금계산서를 발급·수취한 행위를 바로잡을 수 있다는 점에서 동 수정세금계산서에 대하여 가산세를 부과할 수 없다(조심 2023서0257, 2024. 3. 14.).

라. 거래당사자를 오인한 경우 수정세금계산서 발급 시 가산세 적용 여부

① 사업자가 세금계산서를 발급한 후 공급받는 자가 잘못 적힌 경우에는 부가령 제70조 제1항 제6호에 따라 재화나 용역의 공급일이 속한 과세기간에 대한 확정신고기한까지 수정세금계산서를 발급할 수 있는 것이며, 이 경우 부가법 제60조 제2항 제1호 및 제7항 제1호에 따른 가산세를 적용하지 아니한다(기재부 부가-538, 2014. 9. 5.).

② 본점과 지점에 대하여 각각 사업자등록을 한 법인이 지점 사업장의 건물을 양도하고 착오 또는 과실로 본점을 공급자로 하는 전자세금계산서를 발급(2016. 2. 26.)하였다가 부가가치세 예정신고기한 이전에 지점을 공급자로 하는 전자세금계산서를 재발급(2016. 4. 25.)한 경우로서 실제로 공급한 사업자가 부가법 제48조 및 제49조에 따라 해당 과세기간에 대한 부가가치세를 신고·납부한 경우에는 지점에서 발급(2016. 4. 25.)한 전자세금계산서에 대하여 부가법 제60조 제2항 제1호의 가산세를 적용하지 않는다(기재부 부가-228, 2017. 4. 26.).

※ 위 "②"의 경우 공급자를 착오하여 발급한 세금계산서에 대한 가산세 제외대상을 본점, 지점 착오만으로 한정한 것은 법적 근거가 미약하다고 본다.

③ 2022. 2. 15. 이후 "갑"이 "을"에게 재화를 공급하고 "병"에게 착오로 세금계산서를 발급한 경우로서 수정세금계산서를 발급할 수 있는 기한 내(확정신고기한 다음 날부터 1년까지)에 "병"에게 발급한 세금계산서에 대한 감액수정세금계산서를 발급하고 "을"에게 세금계산서를 발급하면 "을"은 매입세액공제를 받을 수 있다("병"은 과소신고에 따른 가산세를 포함한 부가가치세를 납부하여야 한다). 다만, 수정세금계산서 등의 발급이 없는 경우 "갑"은 위장세금계산서발급가산세(2%), "병"은 가공세금계산서수취가산세(3%), 초과환급신고가산세 및 납부지연가산세가 적용되며, "을"은 매입세액공제를 받을 수 없고, 적격증빙미수취에 따른 가산세가 적용된다(부가법 §60 ③ 2호·3호, ② 2호 및 ⑨ 4호, 부가령 §70 ① 6호, 부가령 §75 7호).

※ 2022. 2. 15. 전 공급분도 그 기한만 다를뿐 위와 같이 처리된다.

마. 당초 정당한 세금계산서 발급방법 중 하나를 선택하여 발급한 후 다른 방법으로 수정발급할 수 있는지 여부

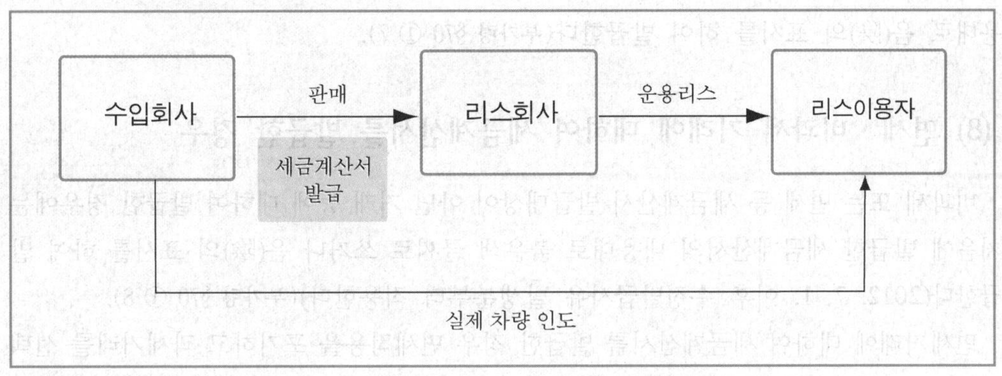

「여신전문금융업법」 제3조에 따라 등록한 시설대여업자인 리스회사가 차량판매회사로부터 시승용차량을 구입하여 리스이용자에게 운용리스형태로 공급하되 실제 차량의 인도는 차량판매회사로부터 리스이용자에게 직접 이루어진 거래에 대하여 당초 차량판매회사가 공급받는 자를 리스회사로 기재하여 세금계산서를 발급하였으나, 당초 공급시기가 속한 과세기간에 대한 확정신고기한이 경과된 후에 공급받는 자를 리스이용자로 수정하여 세금계산서를 발급한 경우 당초 적법하게 발급한 세금계산서에 대하여는 원칙적으로 수정세금계산서를 발급할 수 없는 것으로 세금계산서가 발급된 후 해당 거래에 대하여 다시 (수정)세금계산서가 발급되었다면 해당 차량 공급일이 속하는 과세기간에 대한 확정신고기한(2022. 2. 15. 이후 공급분부터는 확정신고기한 익일부터 1년. 이하 같다)까지 리스이용자를 공급받는 자로 기재한 수정세금계산서를 발급하는 경우에는 실무상 정당한 수정세금계산서이고, 수정세금계산서 발급기한(공급일이 속하는 과세기간에 대한 확정신고기한)을 경과하여 발급한 본 건의 경우 부가령 제70조 제1항 제6호에 따른 유효한 수정세금계산서가 아니라는 것이 국세청의 회신이다(서면-2019-법령해석부가-1759, 2019. 7. 17. 외).

대법원은 자동차리스와 관련하여 자동차판매회사가 리스이용자가 아닌 리스회사에 발급한 당초 세금계산서는 자신이 실제로 재화를 공급한 상대방을 사실에 맞게 기재하기로 선택한 결과라고 봄이 타당하므로 '착오'에 의한 것으로 볼 수 없다고 판시하였다(서울고법 2023누30071, 2023. 9. 15. ; 부산고법 2023누21112, 2023. 12. 13. ; 대법원 2023두56552, 2024. 1. 25.). 따라서 차량판매회사는 차량리스와 관련해서는 당초 리스회사에 세금계산서를 발급하였다면 착오 외의 사유에 의한 세금계산서 발급으로써 차량공급일이 속하는 확정신고기한 익일부터 1년 이내에 수정세금계산서를 발급할 수 있고 그 기한이 지난 경우에는 수정세금계산서를 발급할 수 없다.

(7) 전자세금계산서 이중발급

착오로 전자세금계산서를 이중으로 발급한 경우에는 처음에 발급한 세금계산서의 내용대로 음(陰)의 표시를 하여 발급한다(부가령 §70 ① 7).

(8) 면세 · 비과세 거래에 대하여 세금계산서를 발급한 경우

비과세 또는 면세 등 세금계산서 발급대상이 아닌 거래 등에 대하여 발급한 경우에는 처음에 발급한 세금계산서의 내용대로 붉은색 글씨로 쓰거나 음(陰)의 표시를 하여 발급한다(2012. 7. 1. 이후 수정발급사유 발생분부터 적용한다)(부가령 §70 ① 8).

면세거래에 대하여 세금계산서를 발급한 경우 면세적용을 포기하고 과세거래를 선택한 것으로 볼 수 없다. 면세제도는 공급받는 자를 위한 세제상의 혜택이므로 그 대상을 제한적으로 열거하고 있다. 만약 공급자가 자의에 의해 면세적용 여부를 선택하게 하면 면세의 취지가 퇴색되고 공급받는 자의 세부담으로 귀결되기 때문이다.

(9) 세율을 잘못 적용하여 발급한 경우

① 영세율이 적용되는 거래분에 대하여 일반세금계산서를 발급하거나, ② 일반세율이 적용되는 거래에 대하여 영세율세금계산서를 발급한 경우, 2012. 7. 1. 이후 수정발급사유 발생분부터는 처음에 발급한 세금계산서의 내용대로 붉은색 글씨로 쓰거나 음(陰)의 표시를 하여 발급하고, 수정하여 발급하는 세금계산서는 검은색 글씨로 작성하여 발급한다. 다만, 위 "(5)"의 "①"부터 "④"까지의 어느 하나에 해당하는 경우로서 과세표준 또는 세액을 경정할 것을 미리 알고 있는 경우는 2016. 2. 17. 이후 발급분부터는 수정세금계산서를 발급할 수 없다(부가령 §70 ① 9).

"①"의 경우 개정 전 · 후에도 수정세금계산서 발급이 가능한 것으로 유권해석이 있었던 것을 시행령에 반영한 것이며, "②"의 경우 개정 전에는 당초 거래징수 및 세금계산서 발급이 없었던 것으로 보아 수정세금계산서 발급이 불가하다는 것이 기획재정부 및 조세심판원(재부가-700, 2007. 10. 4. ; 조심 2008중1160, 2008. 7. 29.)의 견해였으나, 대법원은 부가가치세법에 착오가 발생한 이유에 대하여 별도의 제한을 두고 있지 아니하므로 공급가액 및 세액의 착오기재로 보아 수정세금계산서 발급이 가능하다는 판결(대법원 2010두12972, 2013. 10. 17.)을 내림에 따라 시행령을 개정하여 2012. 7. 1. 이후부터는 이 경우에도 수정세금계산서 발급이 가능해졌다.

또한, 조세심판원에서는 위 "①"의 경우와 같이 영세율 적용대상이나 영세율 적용을 받지 아니하고, 즉 영세율이라는 수혜를 포기하고 일반세금계산서를 발급하고, 거래상대방은 신고·납부한 경우에는 수정세금계산서를 발급하지 않을 수 있고 매입세액공제를 받을 수 있다고 결정하였다(면세거래와 달리 영세율은 공급자를 위한 제도이므로 공급자가 이를 포기할 수 있다).

기획재정부도 사업자가 영세율을 적용할 수 있는 거래에 대해 일반세금계산서를 발급하고 이에 따라 과세표준 등을 신고·납부하는 등 조세탈루 사실이 없는 경우에는 사실과 다른 세금계산서로 보아 가산세를 적용하지 아니한다고 회신하였다(기획재정부 부가세제과-747, 2011. 11. 28.).

아울러 수출업자와 직접 계약에 의해 공급하는 수출재화임가공용역, 외항선박 등에 공급하는 선용품 등은 부가령 제33조에 명시적으로 일반세금계산서를 선택하여 발급하도록 규정하고 있다(국심 2006구3323, 2007. 7. 13. ; 조심 2009서1626, 2010. 2. 25.).

(10) 과세유형전환에 따른 수정세금계산서 발급특례

1) 간이과세자로 유형전환 전 공급분에 대한 수정세금계산서 발급특례

일반과세자에서 간이과세자로 과세유형이 전환된 후 과세유형전환 전에 공급한 재화 또는 용역에 위 "(1)"에서 "(3)"까지의 사유가 발생한 경우에는 처음에 발급한 세금계산서 작성일을 수정세금계산서 또는 수정전자세금계산서의 작성일로 적고, 비고란에 사유 발생일을 덧붙여 적은 후 추가되는 금액은 검은색 글씨로 쓰고 차감되는 금액은 붉은색 글씨로 쓰거나 음(陰)의 표시를 하여 수정세금계산서나 수정전자세금계산서를 발급할 수 있다(부가령 §70 ②). 동 규정은 2011. 1. 1. 이후 최초로 수정세금계산서 발급사유가 생기는 분부터 적용한다.

하지만 동 개정규정은 사업자가 일반과세자일 때 구입 시 매입세액 공제받은 재화를 공급하면서 매출세액을 신고·납부하고, 간이과세자로 전환된 이후 동 재화가 환입되어 기 납부한 매출세액을 개정규정에 따라 경정청구를 통해 전액 돌려받는다면 동 재화를 다시 판매하였을 때 소매업의 경우 공급대가의 1.5%를 부가가치세로 납부하게 되어 매입세액은 전액(10%) 공제받고 매출세액은 소액(1.5%)을 납부하는 모순이 발생하게 된다. 따라서 기획재정부는 유권해석으로 위와 같이 수정세금계산서를 발급한 경우에는 간이과세자로의 전환 당시에 비해 재고품 등의 증대분에 대한 재고매입세액을 납부하도록 하였다(재부가-342(8), 2011. 5. 30.).

2) 일반과세자로 전환 후 수정발급사유 발생한 경우

간이과세자에서 일반과세자로 과세유형이 전환된 후 과세유형전환 전에 공급한 재화 또는 용역에 위 "(1)"에서 "(3)"까지의 사유가 발생하여 수정세금계산서나 수정전자세금계산서를 발급하는 경우에는 위 "(1)"에서 "(3)"까지의 절차에도 불구하고 처음에 발급한 세금계산서 작성일을 수정세금계산서 또는 수정전자세금계산서의 작성일로 적고, 비고란에 사유 발생일을 덧붙여 적은 후 추가되는 금액은 검은색 글씨로 쓰고 차감되는 금액은 붉은색 글씨로 쓰거나 음(陰)의 표시를 해야 한다(부가령 §70 ③).

이 경우는 위 "1)"과 반대의 현상이 나타난다. 즉, 수정세금계산서 발급으로 경정청구하고 상대방은 납부하게 된다면 공급자는 당초 재화 구입 시 부담한 매입세액의 일부(공급대가의 0.5%)만 공제받고 일반과세자 지위에서 다시 공급이 이루어진다면 공급가액의 10%를 납부하게 되어 납세자에게 세부담 면에서 불리해진다.

※ 2021. 7. 1. 이후 세금계산서를 발급하는 분부터 적용한다.

(11) 계약해지로 착오하여 수정세금계산서를 발급하였다가 재차 수정세금계산서를 발급받은 경우 매입세액공제 여부

2차 수정세금계산서가 1차 수정세금계산서의 오류 사항(담당자의 착오로 계약의 해지로 보아 감액수정세금계산서 발급)을 바로 잡기 위해 발급된 수정세금계산서로도 볼 수 있는 것이어서 사업자는 당초 발행된 세금계산서에 따른 매입세액공제를 신청한 것으로 볼 수 있는바, 해당 매입세액은 자기의 매출세액에서 공제가 가능하다(조심 2012구1920, 2012. 10. 10.).

(12) 지연발급한 세금계산서에 대한 수정발급 가능 여부

공급시기 이후 세금계산서가 수수되어 공급자는 세금계산서미발급가산세가 적용되고, 공급받는 자는 매입세액공제대상이 되지 아니하는 경우로서 당초 공급받은 재화의 하자를 이유로 반품하는 경우 당초 공급자는 반품에 따른 수정세금계산서를 발급할 수 없다(법규부가 2010-138, 2010. 5. 20.). 반면, 세금계산서가 지연발급된 경우(공급자, 공급받는 자 모두 가산세는 적용되나, 공급받는 자는 매입세액공제가 허용되는 경우를 말함)까지 동 해석을 확장할 수는 없다고 판단되는 바, 지연발급세금계산서에 대하여 부가령 제70조의 수정발급 사유가 발생한 경우에는 수정세금계산서 발급을 허용하여야 할 것이다.

(13) 착오로 수정세금계산서가 아닌 일반세금계산서가 수수된 경우

갑법인이 을법인에게 특정 권리를 대여하고 그 대가를 선수(110억 원)하면서 세금계산서를 발급한 이후 특정 권리의 일부에 대한 사용수익이 제한되어 을법인에게 선수대가의 일부(11억 원)를 반환하는 경우 해당 대가의 반환이 공급가액의 감소사유로서 수정세금계산서 발급대상임에도 불구하고 을법인이 특정 권리의 일부를 갑법인에게 재부여한 것으로 오인하여 세금계산서를 발급한 경우에 갑법인과 을법인에게 부가법상 리스크를 확인해 본다.

▌갑법인

- 매출세액과 매입세액이 동시에 감소(1억 원)하여 본세 변동은 없다.
- 수정세금계산서미발급가산세: 2천만 원(공급가액의 2%)
- 세금계산서합계표불성실가산세: 1천만 원(공급가액의 1%)

⇨ 고의가 없고 거래가 존재하므로 가공세금계산서로 볼 수 없고, 공급가액과다기재가산세(2%) 부과 여지는 있을 수 있다.

▌을법인

- 매출세액 및 매입세액이 동시에 감소(1억 원)하여 본세 변동은 없다.
- 세금계산서불성실가산세: 1천만 원(공급가액의 1%)

⇨ 고의가 없고 거래가 존재하므로 가공세금계산서로 볼 수 없고, 공급가액과다기재가산세(2%) 부과 여지는 있을 수 있다.

(14) 정부가 경정청구를 수용 · 감액 시 수정세금계산서 발급 여부

수정세금계산서는 납세자가 세금계산서의 기재사항을 착오로 잘못 적거나 착오로 발급한 경우 발급하는 것이나, 사업자가 세금계산서 발급대상 또는 공급가액에 포함되지 아니하는 항목임에도 과세관청의 유권해석 등을 신뢰하여 세금계산서를 발급하고 이에 대한 불복 또는 소송결과에 따라 감액결정하여야 하는 경우, 세금계산서의 기재사항을 착오로 잘못 적거나 착오로 발급한 경우에 해당하지 아니하고(수정세금계산서 발급규정의 미비), 경정청구로 변동되는 과세표준과 세액은 경정청구에 의해 확정되는 것이 아니라 정부가 과세표준과 세액을 결정하는 때에 확정되는 것이므로 정부의 결정으로 증감되는 과세표준에 대하여는 납세자의 수정세금계산서 발급대상이 아니고 과세관청이 해당 납세자 및 거래상대방에게 과세자료 통보로 종결하여야 한다. 예를 들어, 거래당사자가 에누리가 아니라는 과세관청의 견해에 따라 이를 정당하다고 인지하여 세금계산서를 수수하고 이후 법원 등의 판결에 따라 동 견해의 표명이 변경된 경우로서 수정세금계산서의 발급으로 인한 매입자의 본세의 증감이 없어 세수의 실질적 증감이 없는 경우 납세자 협력비용만 가중시키므로 수정세금계산서 발급의무는 없다고 보아야 할 것이다(서면-2017-법령해석부가-0328, 2017. 6. 15.).

(15) 판결에 의하여 계약이 무효나 취소 또는 비과세대상으로 확정된 경우 수정세금계산서 발급방법

1) 일반례

원인무효에 대한 확정판결이 있는 경우 예외적으로 수정세금계산서를 발급하여야 한다. 원인무효에 의한 재화의 반환이 동시이행의 관계에 있지 아니한 경우 또는 재화에 대한 법적·경제적 소유권이 매수자에게 이전되기 전에 원인무효판결이 있었다면 그 확정판결이 있는 때에 수정세금계산서를 발급함이 원칙이고, 계약 취소의 경우에도 무효의 경우와 같이 소급하여 당초 계약의 효력이 상실되는 것이고, 그 취소의 효력은 취소의사표시가 상대방에게 도달되거나, 취소의사표시가 기재된 소장 부본이 송달된 날에 발생하는 것이므로 도달 또는 송달된 날이 원칙적으로 수정세금계산서 발급시기가 된다.

가. 후발적 사유에 따른 수정세금계산서 발급 개요

당초 부가법 제32조에 따라 발급된 세금계산서상의 공급가액이 후발적 사유로 증가하거나 감소한 경우 수정세금계산서를 발급하도록 한 취지는 과세관청과 납세자의 편의를 도모하기 위하여 그 사유가 발생한 날을 작성일자로 하여 그에 관한 수정세금계산서를 발급할 수 있게 함으로써 그 공급가액의 증감액을 그 사유가 발생한 날이 속하는 과세기간의 과세표준에 반영하도록 하는데 있으므로 수정세금계산서가 그 발급사유가 발생한 날이 속하는 과세기간에 대한 신고기한이 경과한 후에 발급되었다는 사정으로 공급가액의 감액 사유 발생으로 인한 그 감액된 공급가액 상당액을 납부세액에 산입해야 할 부가가치세의 과세기간이 달라지는 것이 아니며, 부과제척기간도 그 수정세금계산서 발급일(미교부 시 교부사유 발생일)이 속하는 과세기간의 부가가치세 과세표준 신고기한 다음 날부터 진행한다(대법원 2009두19984, 2011 7. 28.). 공급가액 증가사유가 발생한 경우 공급자의 경우에도 이와 같다.

나 계약의 유무효에 관한 다툼이 진행 중인 경우 세금계산서 수수

거래당사자 간에 일단 유효한 계약이 성립된 이후에 해당 계약의 유·무효에 대한 다툼이 발생함에 따라 무효 확인소송이 제기되어 법원에 계류 중인 경우에도 당초 계약내

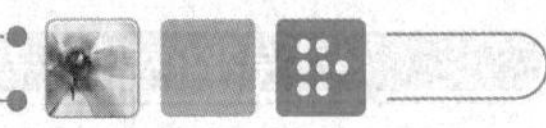

용에 따라 공급시기가 도래된 부분에 대하여는 세금계산서를 수수하여 거래당사자는 그 수수된 세금계산서에 따라 공급자는 부가가치세를 납부 또는 공급받는 자는 공제·환급 받아야 한다(부가 46015-23, 1998. 1. 8. ; 서면3팀-839, 2006. 5. 8.).

다. 판결에 의해 계약이 무효가 확정된 경우 수정세금계산서 수수

당초 계약이 민사판결에서 무효가 되고 공급자에게 부당이득한 기지급된 금전을 반환하도록 확정되었다면 해당 민사판결이 확정된 직후에 공급받는 자는 기납부한 공급가액과 부가가치세를 모두 부당이득으로 반환받는다는 것을 인식할 수 있다. 공급받는 자는 판결확정일(대법원의 확정판결 선고일, 조정결정일 등, 이하 "확정판결일"이라 한다)이 속한 부가가치세 과세기간에 대한 부가가치세 신고 시에 확정판결 이전 공급시가 도래하여 수취한 세금계산서에 의하여 부가가치세 신고 시 공제받은 매입세액을 판결확정일이 속한 과세기간의 부가가치세 납부세액에 가산하여 신고·납부하여야 한다. 이는 공급자가 동 부가가치세 신고기간까지 감액수정세금계산서를 교부받지 못하였더라도 마찬가지이다.

더 나아가 하급심 판결 중에는 계약의 무효판결에 따라 공급받는 자가 기지급한 공급대가를 수령하지 못하였음에도 정산 및 반환에 대한 문제가 공급받는 자의 추가납부에 대한 과세기간이나 공급가액변동에 영향을 미치지 아니하므로 해당 과세기간(확정판결일이 속한 과세기간)에 부가가치세의 추가납부가 없었다면 공급받는 자에게 책임을 귀속시킬 수 없는 합리적인 이유가 있다거나 그 의무의 이행을 기대하기 어려운 사정이 있었다고 볼 수 없어 과소신고 및 지연납부에 대한 가산세를 적용하여야 한다고 판시하였다(전주지법 2021구합1906, 2022. 11. 10.).

따라서 당초 거래당사자 간에 맺은 계약이 무효 또는 취소가 되어 재화 또는 용역의 공급이 없는 것이 된 경우 당초 공급자는 공급받는 자에게 그 판결확정일에 감액 수정세금계산서 발급하여 판결확정일이 속하는 과세기간의 부가가치세 신고 시 반영하여야 하고, 공급자가 판결확정일에 수정세금계산서를 발급하지 아니한 때에도 공급받는 자는 관련 매입세액을 차감하여 신고·납부하여야 과소신고 및 지연납부에 대한 가산세를 면할 수 있다(동지 : 서면-2018-부가-1759, 2018. 6. 28. ; 부가 46015-4168, 1999. 10. 13. ; 부가 46015-1262, 1996. 6. 26.).

2) 동시이행의 요건이 있는 경우

가. 개요

수분양자(을)가 상가를 분양받아 소유권을 이전받은 후 사기·강박을 이유로 법원의 분양계약 취소 확정판결을 받았으나, 시행사(갑)로부터 매매대금을 반환받지 못하여 소유권을 환원하지 아니하고 해당 부동산으로 부동산임대 사업을 계속하고 있는 경우 상가에 대한 잔금청산 및 소유권 이전이 이루어진 후 매매계약이 취소된 경우에도 매수인인 "을"이 매매대금을 지급받지 못하여 소유권 반환없이 계속 사용·수익하고 있다면 수정세금계산서 발급시기가 도래하였다고 볼 수 있는지에 대하여 민법 규정과 부가가치세 법령 및 사례를 통하여 아래 "마"와 같이 결론을 내렸다.

나. 계약의 취소에 따른 민법규정

① 사기·강박에 의한 계약의 취소

표의자의 의사결정의 자유를 보장하고자 사기나 강박에 의한 의사표시는 언제든지 취소할 수 있고 의사표시의 취소는 선의의 제3자에게 대항하지 못한다(민법 §110). 사기에 의한 취소의 요건은 ㉠ 의사표시가 존재하고, ㉡ 표의자를 기망하여 착오에 빠지게 하려는 사기자의 고의가 있을 것, ㉢ 기망행위가 있었을 것, ㉣ 기망행위에 의해 표의자가 착오에 빠지고, 착오에 기하여 의사표시를 하는 등 인과관계가 있을 것, ㉤ 위법성(기망행위의 위법성, 과장광고의 위법성)이 있어야 한다.

사기나 강박에 의한 의사표시의 효력발생은 상대방에게 취소의 의사표시가 도달한 때에 발생한다(민법 §111). 이 경우 거래안정을 위해 선의의 제3자는 취소 전후를 불문하고 사기 및 취소사실을 몰랐던 선의자라면 보호될 수 있다(대법원75다 533, 1975. 12. 23.).

② 동시이행의 항변권

「민법」 제536조의 동시이행의 항변권이란 공평관념과 신의칙에 입각하여 각 당사자가 부담하는 채무가 서로 대가적 의미를 가지고 관련되어 있을 때 그 이행에 있어서 견련관계를 인정하여 당사자 일방은 상대방이 채무를 이행하거나 이행의 제공을 하지 아니한 채 당사자 일방의 채무이행을 청구할 때에는 자기의 채무이행을 거절할 수 있도록 하는 제도이다. 당사자가 부담하는 각 채무가 쌍무계약에 있어 고유의 대가관계가 있는 채무가 아니라고 하더라도 구체적인 계약관계에서 각 당사자가 부담하는 채무에 관한 약정 내용에 따라 그것이 대가적 의미가 있어 이행상의 견련관계를 인정하여야 할 사정이 있는 경우에는 동시이행의 항변권을 인정할 수 있다.

계약해제나 취소가 있는 경우 각 당사자의 원상회복의무이행에 준용되고 있는 점에서 볼 때 쌍무계약이 무효로 되어 각 당사자가 서로 취득한 것을 반환하여야 할 경우에도 동시이행관계가 있다고 보아 「민법」 제536조를 준용함이 타당할 것으로 본다(대법원 75다1241, 1976. 4. 27.).

부동산 매매계약의 취소 및 무효가 있는 경우 매도인이 수령한 매매대금의 반환의무와 매수인의 부동산 소유권이전등기의무가 동시이행의 관계에 있는 것이다(대법원 2005다58656, 58663, 2006. 2. 24. ; 대법원 91다30927, 1992. 8. 18.).

다. 부가법상 해제 및 취소와 (수정)세금계산서의 발급

통상적으로 수정세금계산서는 부동산 공급계약을 체결하고 부동산을 인도하기 전에 계약불이행 등의 사유로 계약이 해제·취소된 때에 발급하는 것으로 계약금, 중도금을 지급하던 중에 해제나 취소사유가 발생한 경우에는 동시이행의 의무가 있는 것이 아니어서 그 사유가 확정되거나 확정판결이 있는 때에 수정세금계산서를 발급한다(재화의 인도 전에 대가를 받고 선발행세금계산서를 발급한 경우 포함)(제도 46012-10799, 2001. 4. 25.).

다만, 시행사와 수분양자들이 상가의 공급계약을 체결하고 정상적으로 잔금청산 및 소유권 이전 후 해당 상가의 공급과 관련하여 그 공급시기에 매수인에게 세금계산서를 발행하고 상가에 대한 모든 권리가 매수인에게 이전되는 등 재화의 공급이 완료되었고, 상가 공급일로부터 수년이 지난 후에 합의해제가 있는 경우 해제를 원인으로 해당 상가의 소유권을 매수인들로부터 시행사가 재취득한 경우 이는 각각 별개의 거래로 보아 수정세금계산서를 발급할 수 없고 당초 수분양자들이 당초 공급한 자(시행사)를 공급받는 자로 하여 세금계산서를 발급하여야 한다(조심 2011서2159, 2011. 7. 26. ; 국세청적부 2009-0131, 2009. 11. 27. ; 서면3팀-657, 2004. 4. 1. ; 서면3팀-2325, 2004. 11. 15.).

이러한 해석은 부가가치세법은 거래가 종결되어 자기의 소유가 된 재화를 사용·수익하다가 합의해제를 원인으로 반환하는 경우 민법규정을 준용하여 당초부터 재화의 공급이 없었던 것으로 보아 수정세금계산서를 발급하도록 하는 것이 아니라 별도의 공급으로 보아 세금계산서를 수수하도록 함으로써 수분양자가 해당 자산으로부터 신고·납부한 법률관계 및 법적안정성을 존중하고 특히 수분양자가 소유권 환원 전에 면세전용 등의 사유가 발생하여 부가가치세를 납부한 경우 당초로 소급하여 수정세금계산서를 발급하도록 한다면 당초 재화의 공급과 소유권환원은 세금계산서와 수정세금계산서 발급으로 상쇄효과가 발생하나 면세전용으로 부가가치세를 납부한 부분은 이중과세문제가 남게 되므로 국세청의 해석과 같이 별개의 재화의 공급으로 봄으로써 면세전용부분은 계산서를 발급하고 과세사업에 계속 사업하던 부분은 세금계산서를 발급하도록 함으로써 이중과세문제가 해소되며, 자신의 자산으로 인식하여 감가상각 및 자산양도 시 자산매각이익을 인식한 부분도 해결되어 가장 합리적인 해석이라 판단된다.

법원에서도 합의해제로 인하여 소급적으로 소멸한다고 본다면 이미 과세요건이 충족되어 유효하게 성립한 조세법률관계를 당사자의 사후 약정에 의해 자의적으로 변경함으로써 조세회피 행위를 용인하는 결과가 되어 부당하므로 해제권의 행사 또는 부득이한 사유로 인한 해제로 수정세금계산서를 발급한 경우에 한하여 이미 신고·납부한 부가가치세의 경정을 청구할 수 있다고 해석함이 타당하다고 판결하였다(서울행법 2011구합34900, 2012. 4. 20.).

라. 원인무효와 수정세금계산서의 발급

사업자가 재화의 공급시기(잔금청산 및 소유권이전 완료)에 세금계산서를 발급하고 부가가치세를 신고·납부 또는 경정받은 후 당초의 행위가 법원의 판결 등에 의하여 원인무효가 되는 경우에는 원인무효 판결에 의하여 부동산소유권을 재취득하는 때(또는 대법원의 확정판결 선고일)에 세금계산서를 수정하여 발급하여야 한다(부가 46015-1262, 1996. 6. 26. ; 서삼 46015-11573, 2003. 10. 11. ; 부가 46015-1435, 1995. 8. 2. ; 부가 22601-806, 1987. 4. 25.).

다만, 공급자 또는 공급받는 자가 폐업한 이후 원인무효 판결이 있는 경우에는 수정세금계산서는 발급할 수 없고 공급자는 수정세금계산서 발급일이 속하는 과세기간에 해당 세액을 환급받을 수는 있고 이 경우 부가가치세 부과제척기간은 동 확정판결일이 속하는 부가가치세 확정신고 기한의 다음 날부터 기산한다(부가 46015-144, 1999. 1. 19.).

합의해제로 인한 소유권환원은 별개 거래로 보는 것이나, 당초 양도대금이 정산되고 소유권이전이 완료되어 실질적인 양도가 이루어진 후 법원의 판결 등에 의하여 당초 계약이 원인무효된 사실이 확인되거나 부득이한 사유에 의한 합의해제로 인정되는 경우에는 수정세금계산서를 발급하는 것이라는 취지의 결정을 한 바 있다(국심 2006서2991, 2007. 5. 16.).

원인무효에 의한 판결로 인한 소유권환원의 경우 합의해제의 경우와 같이 별개의 재화의 공급으로 보아야 위 "다"에서 언급한 법적안정성과 이중과세문제가 해결될 것으로 보이나 국세청 기존해석, 조세심판원 결정, 지방법원의 판결 등이 일관되게 수정세금계산서 발급대상으로 삼고 있다.

마. 동시이행관계에 있는 경우 (수정)세금계산서 발급

소유권이전등기가 원인무효로서 동시이행의무에 따른 조건부 유효판결이 있는 경우 조건성립일까지 이를 이행하지 못하였다면 해당 소유권이 전 소유권자에게 환원되었다고 볼 수 없다(조심 2010구4014, 2011. 5. 11.).

따라서 법원의 취소판결이 있다 하더라도 동시이행관계에 있는 수분양자가 매매대금을 돌려받지 못한 상태에서 해당 상가를 계속 사용·수익하고 있다면 시행사는 해당 상가에 대하여 이용가능한 상태에 있지 아니하고 해당 자산을 반환받았다고 볼 수 없으므로 아직 수정세금계산서의 발급시기가 도래하지 않았다. 따라서 동시이행이 완료된 때에 수정세금계산서를 발급함이 타당하다(법규과-448, 2014. 4. 30.).

5 | 수정세금계산서 발급가능 기한

계약해지, 계약해제, 공급가액 증감 등 후발적 사유에 의한 수정세금계산서의 발급가능 기한은 그 사유가 발생한 날에 발급하는 것을 원칙으로 하되 익월 10일까지 가능하며 익월 10일까지 발급하지 아니하면 지연발급가산세 또는 미발급가산세가 부과된다.

다만, 당초 기재사항의 착오 또는 정정사유가 발생하여 당초 작성일자를 기재하여 발급하는 수정세금계산서는 과세관청이 경정하여 통지하기 전까지(과세관청이 과세표준과 세액을 경정하고 그 경정한 내용이 납세고지서 등 서류에 의하여 사업자에게 도달하기 전까지를 말함), 그 밖에 필요적 기재사항이 착오 외의 사유로 잘못 적힌 경우에 해당하여 당초 세금계산서를 정정하거나 올바른 사업자에게 발행하는 세금계산서의 경우 재화나 용역의 공급일이 속하는 과세기간에 대한 확정신고기한 다음 날부터 1년 이내에 발급(2022. 2. 15. 전에 공급한 경우에는 종전 규정에 따라 확정신고기한까지 발급하여야 한다)하여야 한다(부가령 §70 ① 6, 부칙 §9). 또한, 수정세금계산서 발급분에 대한 수정을 하는 수정세금계산서의 재차 발급도 가능하다(재경부 소비 46015-109, 1998. 5. 29. ; 부가-691, 2011. 6. 30. 외).

6 | 부과제척기간과 수정세금계산서 발급 및 (수정)신고방법

부가령 제70조는 수정발급 사유가 발생한 경우 필요적 기재사항의 착오 외 기재 외에는 수정세금계산서 발급 가능기한에 대한 규정이 없고 국기법 제45조 제1항에서는 수정신고기한은 부과제척기간 내에 할 수 있다.

아래에서는 수정세금계산서 발급사유, 소득의 구분(종합소득, 양도소득, 법인소득)과 신고방법(수정신고/경정청구, 예정·확정신고)에 대하여 검토해 본다.

제척기간	수정사유	소득구분	수정세금계산서 발급가능 기한	신고 방법
미경과[1]	수정사유(㉠)[4]	종합소득[3]	발급사유 발생일 익월 10일까지	예정/확정신고[6]
		양도소득	〃	수정신고/경정청구
	수정사유(㉡)[5]	종합소득[3]	착오외 기재는 1년, 그 외는 경정통지 전까지	수정신고/경정청구
		양도소득	〃	수정신고/경정청구
경과[2]	수정사유(㉠)[4]	종합소득[3]	발급사유 발생일 익월 10일까지	예정/확정신고[6]
		양도소득	〃	신고의무 없음[7]
	수정사유(㉡)[5]	종합소득[3]	착오외 기재는 1년, 그 외는 경정통지 전까지	예정/확정신고[6]
		양도소득	불가 (경정도 불가)	신고의무 없음[8]

1) 당초 재화의 공급이 발생된 이후 계약조건에 따라 부가령 제70조에 따른 수정세금계산서 발급사유가 발생한 경우로서 수정발급 사유가 공급시기가 속한 과세기간이 경과한 후 5년 이내에 발생한 경우임.
2) 위 "1)"과 같고, 다만 수정발급 사유가 공급시기가 속한 과세기간이 경과한 후 5년이 지난 후에 발생한 경우임.
3) 수정발급사유로 발생한 금액이 개인사업자의 종합소득이나 법인사업자의 소득금액을 구성하는 경우임.
4) 부가령 제70조에서 열거하는 수정세금계산서 발급사유가 발생하였다면 그 발생사유일이 부과제척기간 내에 발생한 경우로 한정하고 있지 않다. "㉠"의 경우가 그렇다. "수정사유(㉠)"은 수정신고 · 경정청구를 수반하지 아니하는 재화의 환입, 해제, 해지 등의 사유가 발생한 경우를 말한다.
5) "수정사유(㉡)"은 수정신고 · 경정청구를 수반하는 발급사유로는 필요적 기재사항 등의 착오기재 또는 착오 외의 사유로 잘못 기재된 경우, 세금계산서의 착오로 인한 이중발급, 과세 · 면세(비과세) 구분착오, 세율적용 오류 등이 이에 해당된다. 또한 필요적 기재사항을 착오 외의 잘못 기재는 확정신고 다음날부터 1년 이내로 규정하고 있어 1년이 경과한 후에는 과세관청이 부과제척기간 내에서 경정은 가능하다.
   "수정사유(㉡)"은 부과제척기간 내에 수정발급 사유가 발생한 경우에 수정세금계산서를 발급하여야 하고 부과제척기간이 경과된 후에는 수정세금계산서를 발급하더라도 이미 당초 과세기간에 대한 부과제척기간이 경과하였으므로 수정신고나 경정청구를 할 수 없어 그 발급의 실익이 없다.
6) 후발적 사유로 인해 감액 수정세금계산서를 발급받은 경우 수정세금계산서 발급일이 속하는 과세기간의 과세표준에 반영하도록 규정하고 있다. 또한 국세부과제척기간의 기산일은 그 수정세금계산서 발급일이 속하는 과세기간의 과세표준신고기한 다음날부터 그 부과제척기간이 진행한다(대법원 2009두19984, 2011. 7. 28.).
7) 재화의 매각에 따른 소득구분이 사업소득이 아닌 양도소득에 해당한다면 공급가액이 사후 증가되어 수정세금계산서가 발급되더라도 국기법 제45조 제1항에 따르면 국기법 제26조의2 제1항부터 제4항까지에서 정하는 부과제척기간이 끝나기 전까지 과세표준수정신고서를 제출할 수 있다고 규정하고 있으므로 증가된 양도소득이 있더라도 양도소득세를 추가납부할 수 없다(반대로 양도소득이 감소한 경우에는 부과제척기간 경과로 경정청구할 수 없다).
8) 당초 공급가액을 착오로 적어 양도소득세를 신고한 경우는 실무상 거의 없을 것으로 추정된다(토지, 건물, 기계장치 등 일괄공급시 안분계산을 착오한 경우 정도).

7 | 수정세금계산서 수수에 따른 사후처리 및 제재

(1) 수정세금계산서 수수에 따른 수정신고 및 경정청구

수정세금계산서를 수수하여 부가가치세 납부세액에 변동을 가져오는 경우 반드시 수정신고 또는 경정청구가 수반되어야 한다(서면3팀-342, 2005. 3. 11.).

(2) 수정신고 등이 필요하지 않는 경우

세금계산서의 기재사항에 관하여 착오가 발생한 경우의 세금계산서는 사실과 다른 세금계산서에 해당되어 세금계산서불성실가산세를 적용받게 되고 공급받는 자에게 있어서는 사실과 다른 세금계산서로서 매입세액공제를 받지 못하는 불이익을 당하게 되지만, 세금계산서의 공급가액 외의 임의적 기재사항 등의 일부가 단순착오 적혀 있는 경우에는 수정세금계산서를 발급할 수 있으며, 수정세금계산서의 발급과 관계없이 거래사실이 확인되면 가산세는 적용배제되고 매입세액도 공제된다(부가 46015-211, 1996. 2. 1. ; 부가 22601-511, 1986. 3. 20.).

또한, 공급가액의 증감사유 발생으로 인하여 그 사유가 발생한 해당 과세기간의 다른 공급가액에 반영되거나 해당 과세기간의 과세표준에서 차가감되는 경우에는 별도의 수정신고나 경정청구를 필요로 하지 않는다.

(3) 수정세금계산서 미발급 및 수정신고 불이행에 대한 제재

수정세금계산서 발급으로 인하여 당초의 공급가액에 더하거나 빼는 금액이 발생한 경우 그 기능이 부가법 제32조에 따른 세금계산서와 동일하므로 수정세금계산서 발급의 무자가 수정세금계산서를 발급하지 않거나 이를 부가법 제54조에 따라 세무관서에 제출하지 않는 경우에는 세금계산서미발급가산세, 과소(초과환급)신고가산세, 납부·환급불성실가산세가 적용된다(부가통칙 60-108-2). 또한 납부세액의 변동을 가져오는 수정세금계산서를 발급받은 경우에는 이를 매입처별세금계산서합계표에 기재하여 부가가치세를 신고·납부하여야 하며, 이를 위반한 경우에는 매입처별세금계산서불성실가산세, 과소신고가산세, 납부환급불성실가산세가 적용된다.

다만, 수정세금계산서를 발급받지 못한 공급받는 자의 경우 수정세금계산서의 발급의무가 공급자에 있는 것이므로 매입세액을 납부세액에 가산하여 납부한 경우라면 세금계산서합계표불성실가산세를 적용할 수 없다(부가가치세과-930, 2014. 11. 24.).

(4) 당초 공급가액 착오 기재로 수정세금계산서 발급 시 적용되는 가산세

처음에 발급한 세금계산서의 공급가액이 업무담당자의 착오로 과소하게 기재되어 부가령 제70조 제1항 제5호에 따른 수정세금계산서를 발급하여 수정신고하는 경우, 해당 수정세금계산서에 대하여 부가법 제60조에 따른 가산세가 적용되지 아니한다(사전-2015-법령해석부가-0060, 2017. 6. 20.).

※ 국기법상의 과소신고에 따른 가산세는 적용됨.

반대로 감액수정세금계산서를 수취하고도 이를 부가가치세 신고시에 제출하지 아니한 경우 매입처별세금계산서합계표가산세가 부과된다(서면3팀-2125, 2006. 9. 12.).

아울러 공급가액을 당초 착오기재하거나 과다기재하여 수정세금계산서를 발급한 경우 부가법 제60조의 가산세는 적용하지 않는다(부가-0060, 2017. 6. 20. ; 부가-0236, 2023. 5. 2.).

(5) 수정세금계산서 발급 여부가 과세표준에 영향을 미치는지 여부

당초 공급이 완료된 이후에 부가령 제70조에 정하는 수정세금계산서 발급사유가 발생하였고 그 사유가 당초 공급가액(또는 과세표준)의 증감을 가져오는 것이라면 수정세금계산서 발급 여부 또는 수정세금계산서를 발급할 수 없는 사유가 발생하였더라도 공급가액(또는 과세표준)에 대한 경정(수정신고, 경정청구, 경정결정 등)은 이루어져야 한다. 이는 수정세금계산서는 별도의 의무이므로 수정세금계산서 발급가산세 부과대상일 뿐 수정세금계산서 미발급을 이유로 과세표준의 감액 또는 증액을 거부하는 것은 부가법 제29조의 규정에 반하는 것으로 위법하다.

예를 들어 후발적 사유로 공급가액이 감액된 경우 그 사유가 발생한 날을 작성일자로 하여 그에 관한 수정세금계산서를 발급할 수 있게 함으로써 그 공급가액의 감액을 그 사유(예를 들어 에누리)가 발생한 날이 속하는 과세기간의 과세표준에 반영하도록 하여 과세관청과 납세자의 편의를 도모하기 위함에 그 취지가 있으므로 수정세금계산서를 발급하지 아니하였더라도 과세표준에서 차감되는 에누리의 성격이 달라진다고 보기 어렵다(대법원 2011두8178, 2013. 4. 11. ; 조심 2011부3067, 2011. 12. 8. ; 서면인터넷방문상담3팀-2764, 2006. 11. 13. ; 서면-2018-법령해석부가-3916, 2019. 4. 22.).

(6) 수정세금계산서 대신 일반세금계산서를 발급한 경우 세무리스크

당초 세금계산서를 발급한 후에 수정세금계산서 발급사유인 공급가액 증감이 발생한 경우 공급가액 증감액을 공급가액으로 기재한 수정세금계산서를 발급하여야 하고 그 작성연월일은 그 증감사유 발생일을 기재하여야 한다. 그런데 사업자의 착오로 그 증가액을 기재한 일반세금계산서 또는 감소액을 음수의 공급가액으로 기재한 일반세금계산서를 그 증감사유 발생일을 기재하여 발급하였을 때 사실과 다른 세금계산서로 보아 수정세금계산서 미발급가산세나 거래상대방의 매입세액을 불공제할 수 있는지에 대한 유권해석은 없다.

월합계세금계산서의 경우 별도의 수정세금계산서 발급없이 당월의 공급가액에서 해당 증감액을 가감한 공급가액을 기재하여 발급하고 있고, 공급가액 증감에 따른 세금계산서가 수수되어 거래질서를 해한 사실이 없으며 부가가치세액을 추가징수(공급가액 사후 증가의 경우)하거나, 공급가액이 감소한 경우 부가가치세가 포함된 공급대가를 거래상대방에게 돌려주었는 바, 수정세금계산서와 다른 별개의 세금계산서로 판단할 것이 아니라 수정세금계산서를 착오로 일반세금계산서로 발급한 것으로서 일반세금계산서가 수정세금계산서 역할을 대신하는 것으로 보아야 한다.

다만, 당초 발급한 세금계산서에 오류가 있음에도 그 발급 이후의 과세기간 중 특정일을 작성일자로 수정세금계산서 또는 일반세금계산서를 발급한 경우에는 과세기간을 달리한 세금계산서로서 당초 과세기간의 과세표준과 이후 과세기간의 과세표준 및 매입세액을 시정하지 못하게 되므로 과소신고가산세, 납부지연가산세 및 세금계산서불성실가산세를 부과받을 수 있음에 유의하여야 한다.

(7) 부적법한 감액수정세금계산서 발급 시 세금계산서미발급죄 적용 여부

세금계산서 발급의무자가 재화나 용역을 공급하고 세금계산서를 발급하였다가 수정세금계산서 발급사유가 없음에도 그 공급가액 전액을 감액하는 수정세금계산서(이하 "쟁점 감액수정세금계산서")를 발급한 사실에 대하여 과세관청이 세금계산서를 미발급한 것으로 보아 세금계산서미발급죄를 적용한 사건에 대하여, 대법원은 "① 형벌법규는 엄격해석해야 하므로 문언의 가능한 의미를 벗어나 납세자에게 불리한 방향으로 해석하는 것은 죄형법정주의의 내용인 확정해석금지에 따라 허용되지 아니하며, ②「조세범처벌법」 제10조 제1항 제1호의 전단에서 정한 세금계산서를 발급하지 아니한 경우에는 쟁점 감액수정세금계산서가 발급된 경우까지 포함된다고 보는 것은 문언의 가능한 의미를 벗어난 해석이며, ③ 쟁점 감액수정세금계산서의 발급이 처음부터 세금계산서를 발급하지 않아 거래질서양성화를 해치고 조세의 부과와 징수를 불가능하게 하거나 현저하게 곤란하게 하는 등 거래의 양성화와 조세의 부과징수 가능성 등의 측면에서 이와 동일하다고 평가할 수 없으며, ④ 부가령 제70조에 따르지 아니한 쟁점 감액수정세금계산서 발급이 있다고 하여 당초의 세금계산서 발급 사실 자체가 없어진다고 볼 수 없다"고 판시하였다(대법원 2019도18942, 2022. 9. 29.).

감액수정세금계산서 발급이 적법하든 적법하지 아니하든 수정세금계산서 발급으로 인하여 당초의 세금계산서 발급사실 자체가 취소 또는 무효가 되는 것이 아니고 단지 수정세금계산서는 부가가치세 과세표준에 영향을 미칠 뿐이다. 감액수정세금계산서 발급이 부가령 제70조에서 정하는 계약의 해제, 해지 등에 따른 적법한 것이라면 당초의 공급가액이 없거나 증감이 있을 뿐이고, 수정세금계산서 발급이 적법한 발급사유없이 발급된 것이라면 수정세금계산서로 인정된다거나 그 효력이 인정되는 것이 아니므로 당초의 공급가액은 그대로 유지된다.

국세청과 조세심판원도 정당한 세금계산서 발급 후 부가령 제70조의 수정사유에 해당하지 아니함에도 착오로 수정세금계산서가 발급된 경우 해당 수정세금계산서는 수정의 효력이 없는 무효의 세금계산서이므로 이에 대한 재수정세금계산서 발급 여부에 관계없이 당초 정당한 세금계산서에 영향을 미치지 아니한다(부가-21827, 2015. 2. 27. ; 조심 2021중5516, 2022. 1. 25. ; 조심 2010서2845, 2011. 9. 23.).

8 | 재화의 인도 시 공급가액이 확정되지 아니한 경우 (수정)세금계산서 발급

가. 잠정가액을 기재한 세금계산서 발급의 의미

공급시기에 공급가액에 대한 합의(사전약정한 공급가액, 도급금액 포함)가 없는 경우 잠정가액으로 세금계산서를 발급하고 추후 공급가액이 확정되면 그 증감액에 대하여 수정세금계산서를 발급하여야 한다고 국세청은 유권해석하고 있다.

용역대가에 대한 사전합의가 없었다는 전제하에서 잠정가액을 기초로 추후 수정세금계산서를 발급할 수 있는 경우는 잠정가액으로 기재한 세금계산서 발급을 거래당사자간에 합의한 경우를 의미하는 것이지 어느 일방이 제시한 금액을 잠정가액으로 하여 의무적으로 세금계산서를 발급하라는 의미는 아니다. 물론 당사자들 사이에 일부 금액은 확정되고 일부는 확정되지 아니한 경우 일부 확정된 금액을 공급가액으로 기재한 세금계산서를 우선 발급할 수는 있다(서삼 46015-10818, 2002. 5. 17.).

다만, 재화의 공급에 있어서는 시가(예를 들어 도매가 · 소비자 판매가 등) 확인이 어느 정도 가능한만큼 재화의 인도 시에 공급가액이 확정되지 아니한 경우에도 잠정가액으로 발급하고 이후 공급가액이 확정되는 때에 수정세금계산서를 발급하는 것으로 다소 용역보다 폭넓게 잠정가액 세금계산서 발급사유를 해석하고 있다(부가-2905, 2008. 9. 4.).

나. 잠정가액 세금계산서 발급 방법

재화의 이동이 필요한 경우 재화의 공급시기는 재화가 인도되는 때인 것이므로 해당 재화의 공급시기에 공급가액이 확정되지 아니한 경우에는 재화가 인도되는 때에 해당 재화의 잠정가액으로 세금계산서를 발급한 후 공급가액에 확정되는 때에 그 확정된 금액을 기준으로 증감된 공급가액에 대하여 세금계산서를 수정하여 발급한다(부가-1495, 2011. 11. 30.).

재화의 공급이 아닌 용역의 제공에 있어서도 사업자가 건설용역의 제공을 완료한 때에 거래당사자 간에 용역대가를 확정하지 못한 경우로써 당사자 간 잠정가액을 합의하여 세금계산서를 발급할 수 있으며, 추후 당초의 공급가액에 추가되는 금액 또는 차감되는 금액이 발생한 경우에는 그 발생한 때에 세금계산서를 수정하여 발급할 수 있다(법규과-128, 2008. 1. 8. ; 서면3팀-236, 2005. 2. 17.).

9 공급가액 일부는 확정되고 일부는 미확정 시 세금계산서 발급

세금계산서는 원칙적으로 재화 또는 용역의 공급시기에 그 공급가액을 적어 발급하여야 하나, 재화 또는 용역의 공급시기에 그 공급가액 중 일부는 확정되고 일부가 확정되지 아니하는 경우 해당 공급시기에 확정된 금액만으로 세금계산서를 발급하고, 확정되지 아니한 공급가액은 추후 확정되는 때에 그 확정된 금액으로 수정세금계산서를 발급하여야 한다(서삼 46015-10818, 2002. 5. 17.).

10 | 수정세금계산서 발급사유 및 발급기한 요약(부가령 §70)

구 분		작성 및 발급방법			신고방법	발급기한
		방법	작성일자	비고란		
환입		△수정T/I[1]	환입	당초 작성일	정상신고[4]	사유발생 익월 10일
해제		△수정T/I	해제일	〃	〃	〃
공급가액 증감 (해지 등)		+/−수정T/I[2]	증감사유 발생일	–	〃	〃
내국신용장 사후개설		△수정T/I[3] 영세율T/I	당초 작성일	내국신용장 개설일	정상신고 외[5]	과세기간 종료 25일
필요적 기재사항 잘못[7]	착오	△수정T/I 정상T/I	당초 작성일	–	수정·경정청구[6]	착오를 인식한 날
	착오 외			–		그 거래의 확정신고기한 다음 날부터 1년 이내
착오 이중발급		△수정T/I		–		착오를 인식한 날
면세거래 착오 발급		△수정T/I		–		착오를 인식한 날
세율 착오		△수정T/I 정상T/I		–		착오를 인식한 날
유형전환 후 수정사유 발생		△수정T/I 정상T/I	당초 작성일	사유 발생일	정상신고	사유발생 익월 10일

1) △수정T/I: 붉은색 글씨로 쓰거나 음의 표시를 하여 발급한 수정세금계산서
2) +/−수정T/I: 추가되는 금액은 검은색, 차감되는 금액은 붉은색 글씨 또는 음의 표시를 하여 발급한 수정세금계산서
3) 당초 발급한 세금계산서는 붉은색 글씨 또는 음의 표시를 하여 발급하고, 영세율 적용분은 검은색 글씨로 세금계산서를 작성하여 발급
4) 정상신고: 해지, 해제 및 증감사유 발생일이 속한 과세기간에 다른 과세표준에 포함하여 신고·납부
5) 정상신고 외: 예정신고, 확정신고 기한 내에 사유발생 시 이를 포함하여 신고·납부하고 예정신고기한 후 확정신고 기한 내에 내국신용자 개설 시 수정신고나 경정청구도 가능
6) 수정·경정청구: 과세표준 또는 세액변동을 가져오는 경우 반드시 당초 작성일이 속한 과세기간에 대한 수정신고나 경정청구를 하여야 함.
7) 과세관청이 경정할 것을 미리 알고 있는 경우는 제외

11 영세율세금계산서 착오 발급 후 부가세액 지급 시 매입세액 공제 여부 등

사업자가 영세율 적용대상이 아닌 용역의 공급에 대하여 영세율이 적용된다는 착오를 바탕으로 일반세금계산서를 발행하고, 이후 일반세율 적용대상 거래임을 확인하고 매입처에 부가가치세액을 지급하고 수정세금계산서를 발급받았으나, 일부 매입처는 경정청구일 현재 폐업자에 해당하여 수정세금계산서를 발급받지 못하였다. 이 경우 영세율 적용대상 여부에 착오가 있는 경우도 '공급가액과 부가가치세액'에 관하여 착오가 있는 경우에 해당한다고 보아야 할 것이므로 당초 세금계산서는 필요적 기재사항이 착오로 잘못 기재된 경우에 해당한다. 이러한 사건에 대하여 법원은 당초 세금계산서의 기재내용 중 세율을 제외한 나머지만으로도 거래당사자들이 정상 거래한 것이 확인된다 할 것이므로 폐업자 거래분과 관련된 수정세금계산서를 발급받지 못하였다 하더라도 그것만으로 매입세액의 공제를 거부할 수 없다고 판결하였다. 그 주요 논거를 보면 다음과 같다(부산고법 2016누10032, 2016. 11. 30. ; 대법원 2016두64159, 2017. 4. 13.).

① 세금계산서는 사업자가 재화 또는 용역을 공급하는 경우에 발급하고, 수정세금계산서는 세금계산서의 기재사항을 착오로 잘못 적거나 세금계산서를 발급한 후 그 기재사항에 관하여 일정한 사유가 발생할 때 발급하는 것으로서 그 발급목적이 상이한 점

② 세금계산서는 부가가치세액을 정하기 위한 증빙서류로서 당사자 사이의 거래를 노출시킴으로써 세원 포착을 용이하게 하는 납세자 간 상호검증의 기능을 하는 반면, 수정세금계산서는 위와 같은 세금계산서의 오류를 시정하기 위한 것으로서 그 기능상에 차이가 있는 점

③ 세금계산서는 사업자에게 발급의무가 있으나, 수정세금계산서는 당초 발행된 세금계산서의 거래내용이 변경되었다고 해서 반드시 발행하여야 하는 것은 아닌 점

④ 부가가치세법은 '세금계산서'와 '수정세금계산서'라는 용어를 구분하여 사용하고 있는데, 부가법 제39조 제1항 제2호는 '세금계산서'라고만 규정하고 있는 점

⑤ 조세법령은 과세요건은 물론 비과세요건이나 감·면세요건을 막론하고 법문대로 엄격하게 해석하여야 하는 점 등에 비추어보면, 부가법 제39조 제1항 제2호의 '세금계산서를 발급받지 아니한 경우'에 '수정세금계산서를 발급받지 아니한 경우'까지 포함되는 것으로 볼 수 없다.

VII 세금계산서 발급의무의 면제

1 | 의 의

사업자가 부가가치세의 과세대상이 되는 재화 또는 용역을 공급하는 때에는 원칙적으로 세금계산서 또는 영수증을 발급하여야 하나, 이러한 세금계산서 또는 영수증의 발급이 불가능하거나 필요하지 아니한 일정한 거래에 대하여는 세금계산서 또는 영수증의 발급의무가 면제된다(부가법 §33 ①, 부가령 §71 · §73 ⑥).

이러한 거래는 세금계산서의 주요기능인 매입세액공제와 과세자료 역할에 기여하지 않는 거래로서 자기에게 공급한 것으로 보아 상대방의 매입세액공제가 필요없는 자가공급이나 간주임대료, 영의 세율이 적용되는 외화획득사업 등이 여기에 해당한다.

세금계산서 발급면제에 해당하는 거래에 대하여는 설사 사업자가 세금을 거래징수하고 세금계산서를 발급하였다 하더라도 법이 허용하는 세금계산서가 아니어서 이를 발급받은 자의 매입세액은 공제되지 아니한다.

2 | 세금계산서 발급 면제거래

세금계산서의 발급이 면제되는 거래에 대해서는 부가령 제71조에서 규정하고 있다.

1) 택시운송사업자, 노점 또는 행상을 하는 자 등의 경우

세금계산서의 발급이 현저히 곤란한 택시운송사업자, 노점 또는 행상을 하는 자는 세금계산서 및 영수증발급이 면제된다(부가령 §71 ① 1 · §79의2 ⑤, 부가칙 §52).

① 택시운송사업자
② 노점 또는 행상을 하는 자
③ 무인자동판매기를 이용하여 재화나 용역을 공급하는 자
④ 전력이나 도시가스를 실제로 소비하는 자(사업자가 아닌 자로 한정한다)를 위하여 「전기사업법」에 따른 전기사업자 또는 「도시가스사업법」에 따른 도시가스사업자

로부터 전력이나 도시가스를 공급받는 명의자

⑤ 도로 및 관련시설 운영용역을 공급하는 자. 다만, 공급받는 자로부터 세금계산서 발급을 요구받은 경우는 제외한다.

2) 소매업 등의 경우

소매업 또는 미용, 욕탕 및 유사서비스업의 경우에 세금계산서 발급의무를 면제하되, 소매업의 경우에는 공급받는 자가 세금계산서 등의 발급을 요구하지 않는 경우에 한한다(부가령 §71 ① 2).

미용, 욕탕 및 유사서비스업의 경우에는 공급받는 자가 영수증의 발급을 요구하는 경우에는 영수증을 발급하여야 한다(부가령 §73 ①).

3) 자가공급 등의 경우(부가령 §71 ① 3)

① 자가공급

사업자가 자기의 사업과 관련하여 생산하거나 취득한 재화를 자기사업을 위하여 직접 사용·소비하는 경우로서 면세사업에 제공하는 경우, 비영업용 승용차와 그 유지를 위하여 사용·소비하는 경우에는 세금계산서 발급의무가 면제되지만 판매목적의 직매장 반출은 제외한다. 또한 자가공급으로도 보지 않는 원료나 기계장치 등의 본지점 간 공급의 경우는 당연히 세금계산서 발급의무가 없다.

② 개인적 공급 및 사업상 증여

재화의 공급특례인 개인적 공급 및 사업상 증여에 해당하는 경우 세금계산서 발급의무는 면제된다.

③ 폐업 시 잔존재화

사업자가 사업을 폐지하는 때에 남아 있는 재화에 대하여 부가가치세는 과세되나 세금계산서 발급의무는 면제된다. 폐업일 이후 폐업 시 잔존재화로 과세된 재화를 실제 매각하는 경우에도 마찬가지이다.

4) 수출, 국외제공용역 등의 경우

① 수출하는 재화

가. 원칙

영세율이 적용되는 수출하는 물품의 경우 세금계산서 발급의무가 없으나, 내국신용장 또는 구매확인서에 의한 재화의 공급 및 한국국제협력단(한국국제보건의료재단, 대한적십자사 포함)에 공급하는 재화의 경우에는 영세율 세금계산서를 발급하여야 한다(부가령 §71 ① 4).

부가통칙 21-31-2에서 규정하는 대행수출에 해당하는 경우에는 부가통칙 33-71-2에서 정하는 바와 같이 직수출로 간주하여 세금계산서 발급의무가 없다.

이 경우 대행수출에 해당하는지의 여부는 거래의 사실내용에 따라 판단할 사항이며 만약 대행수출에 해당하지 않는 경우에는 수출품 생산업자가 수출업자를 공급받는 자로 하여 영세율세금계산서를 발급하여야 한다(부가 22601-2445, 1986. 12. 5.). 또한, 대행수출에 해당할 경우에는 수출품 생산업자가 수출용원재료에 대한 관세환급금을 수출업자로부터 받는 경우 동 관세환급금은 과세대상이 아니므로 세금계산서 발급의무가 없다(부가통칙 21-31-9).

나. 예외

국내에서 구입한 원료를 대가없이 국외수탁가공사업자에게 반출하여 가공된 재화를 국내사업자에게 양도하는 경우(부가령 §31 ① 5)에는 2014. 2. 20. 이후 반출하는 분부터 국내사업자에게 세금계산서를 발급하여야 한다.

② 용역의 국외제공

국외에서 제공하는 용역의 경우도 수출과 같이 세금계산서 발급의무가 면제되지만 이때는 공급받는 자가 국내에 사업장이 없는 비거주자 또는 외국법인인 경우에 한한다(부가령 §71 ① 4 ; 부가 22601-1461, 1988. 8. 22.).

이러한 이유에서 국내사업자가 외국의 건설공사를 도급받아 하도급을 한 경우 하도급업자가 국외에서 건설용역을 제공하고 그 대가를 국내사업자로부터 국외에서 외화로 받는 경우에는 국외제공용역으로서 영세율이 적용되지만 국내사업자에 대한 용역제공이므로 영세율세금계산서를 발급하여야 한다(부가 22601-1014, 1985. 6. 4. ; 부가통칙 22-0-1).

③ 선박 또는 항공기의 외국항행용역

선박 또는 항공기의 외국항행용역에 대해서도 세금계산서 발급의무가 면제되지만 이 때는 공급받는 자가 국내에 사업장이 없는 비거주자 또는 외국법인인 경우와 항공기의 외국항행용역 및 「항공사업법」(상업서류 송달용역으로 한정한다)에 따른 재화 또는 용역에 한한다(부가령 §71 ① 4).

항공기의 외국항행용역은 국내사업장 여부를 따지지 않지만 선박의 경우는 국내에 본점을 둔 내국법인의 해외지사에게 용역을 제공하는 등 국내사업장이 있거나 내국법인에게 제공하는 때에는 세금계산서를 발급하여야 한다.

또한, 2001. 12. 31. 시행령 개정 시 「항공사업법」에 의한 상업서류송달업도 세금계산서 발급의무 면제대상에 포함시켰는데, 이는 상업서류송달업이 개별 건으로는 소액이나 거래 건수가 수없이 많아 부가가치세 세수에는 전혀 영향이 없으면서 영세율세금계산서 발급에 따르는 비용 및 수정세금계산서 발급이 빈발하는 등 이에 따른 부담이 가중되어 발급의무를 면제하였다(항공사업법 §2 33).

5) 그 밖의 외화획득사업

다음의 경우에는 세금계산서 및 영수증발급의무가 면제된다(부가령 §71 ① 5).

① 국내에서 국내사업장이 없는 비거주자 또는 외국법인에게 공급되는 특정 재화 또는 특정사업에 해당하는 용역으로서 그 대금을 외국환은행에서 원화로 받는 것 (부가령 §33 ② 1)

② 비거주자 또는 외국법인의 국내사업장이 있는 경우에 국내에서 국외의 비거주자 또는 외국법인과 직접계약에 의하여 공급되는 재화 또는 용역 중 위 "①"에 해당하는 재화 또는 사업에 해당하는 용역으로서 그 대금을 해당 국외의 비거주자 또는 외국법인으로부터 외국환은행을 통하여 원화로 받는 것(부가령 §33 ② 2)

③ 외국을 항행하는 선박 및 항공기 또는 원양어선에 공급하는 재화 또는 용역. 다만, 사업자가 부가법 제32조에 따라 부가가치세를 별도로 기재한 세금계산서를 발급한 경우에는 그러하지 아니한다(부가령 §33 ② 5). 이 경우 공급받는 자가 국내에 사업장이 없는 비거주자 또는 외국법인인 경우에 한한다.

④ 우리나라에 상주(常住)하는 국제연합군 또는 미합중국군대에 공급하는 재화 또는 용역(부가령 §33 ② 6)

⑤ 「관광진흥법 시행령」에 따른 종합여행업자가 외국인 관광객에게 공급하는 관광알선용역(부가령 §33 ② 7)

⑥ 우리나라에 상주하는 외교공관, 영사기관(명예영사관원을 장으로 하는 영사기관은 제외한다), 국제연합과 이에 준하는 국제기구(우리나라가 당사국인 조약과 그 밖의 국내법령에 따라 특권과 면제를 부여받을 수 있는 경우만 해당한다) 등(이하 이 조에서 "외교공관 등"이라 한다)에 재화 또는 용역을 공급하는 경우(부가법 §24 ① 1)

6) 간주임대료

부동산임대용역 중 부가령 제65조 제1항 및 제2항의 규정이 적용되는 전세금 또는 임대보증금에 대한 간주임대료에 대해서는 세금계산서 발급의무가 없다(부가령 §71 ① 6).

이 경우는 부동산임대에 따른 간주임대료에 대한 부가가치세를 임차인·임대인 중 누가 부담하는지에 관계없이 세금계산서를 발급하거나 발급받을 수 없고, 이에 따라 매입세액공제도 받을 수 없다(부가통칙 33-71-1).

7) 인증서 발급 사업

「전자서명법」 제2조 제8호에 따른 전자서명인증사업자가 같은 법 제6조에 따라 인증서를 발급하는 용역은 2011. 1. 1. 이후 발급하는 분부터는 세금계산서 발급의무가 면제된다.

다만, 2012. 4. 1. 이후부터는 공급받는 자가 사업자로서 세금계산서의 발급을 요구하는 경우에는 세금계산서를 발급하도록 제도를 개선하였다(부가령 §71 ① 7).

8) 간편사업자등록 사업자의 전자적 용역

부가법 제53조의2 제1항 또는 제2항에 따라 간편사업자등록을 한 사업자가 국내에 공급하는 전자적 용역에 대하여는 세금계산서 발급의무를 면제한다(부가법 §72 ① 8).

9) 그 밖의 비거주자, 외국법인 공급

그 밖에 국내사업장이 없는 비거주자 또는 외국법인에 공급하는 재화 또는 용역에 대하여는 세금계산서 발급의무를 면제한다. 다만, 다음의 경우는 제외한다(부가령 §71 ① 9).

㉠ 국내사업장이 없는 비거주자 또는 외국법인이 해당 외국의 개인사업자 또는 법인사업자임을 증명하는 서류를 제시하고 세금계산서 발급을 요구하는 경우

㉡ 「법인세법」 제94조의2에 따른 외국법인연락사무소에 재화 또는 용역을 공급하는 경우(2023. 7. 1. 이후 공급하는 분부터 적용)

부가령 제71조 제1항 제5호의 경우에는 영세율이 적용되는 거래만을 규정하였지만 이 경우에는 영세율이 적용되지 않는 거래에 있어서도 공급받는 자가 국내사업장이 없는 비거주자 또는 외국법인에 해당하기만 하면 원칙적으로 세금계산서의 발급의무를 면제하도록 하였다. 이에 따라 제조업자가 국내에서 국내사업장이 없는 비거주자 또는 외국법인에게 재화를 공급하고 그 대가를 외국환은행을 통하지 아니하고 직접 원화로 지급받는 경우에는 영세율은 적용되지 않지만 본 호에 해당되어 세금계산서 발급의무가 면제된다(간세 1235-1123, 1978. 4. 14).

VIII 신용카드매출전표 등 발급분에 대한 세금계산서 발급금지

1 | 개 요

사업자가 신용카드매출전표 등을 발급받은 후 재차 세금계산서를 발급받아 이중으로 매입세액공제를 받을 수 있으므로 이를 방지하기 위하여 부가령 제88조 제5항에 규정하는 다음의 어느 하나에 해당하지 아니하는 사업을 영위하는 사업자가 신용카드매출전표 등을 발급한 경우에는 세금계산서를 발급하지 아니한다(부가법 §33 ②, 부가령 §71 ②·§88 ⑤).

① 목욕·이발·미용업
② 여객운송업(전세버스운송사업을 제외)
③ 입장권을 발행하여 영위하는 사업
④ 부가령 제35조 제1호 단서의 용역을 공급하는 사업(부가가치세가 과세되는 성형수술 등)(2013. 7. 1. 공급분부터 적용)
⑤ 부가령 제35조 제5호 단서에 해당하지 아니하는 것으로서 부가가치세가 과세되는 수의사가 제공하는 동물의 진료용역(2013. 7. 1. 공급분부터 적용)
⑥ 부가령 제36조 제2항 제1호 및 제2호의 용역을 공급하는 사업(무도학원, 자동차운전학원)(2013. 7. 1. 공급분부터 적용)

2006. 2. 9. 시행령 개정 전 이면확인한 신용카드매출전표 등을 발급할 수 있는 일반과세자란 영수증 발급대상사업자 중에서 거래상대방이 사업자등록증을 제시하고 세금

계산서를 요구하는 경우 세금계산서를 발급하여야 하는 일반과세자로서 신용카드매출전표 등을 발급한 경우에 세금계산서를 발급할 수 있었으나, 2006. 2. 9. 시행령 개정 시 이면확인한 신용카드매출전표 등을 발급할 수 있는 일반과세자의 범위를 목욕·이발·미용업, 여객운송업(전세버스운송사업을 제외), 입장권 발행 영위사업을 제외한 일반과세자로 함에 따라, 세금계산서를 발급할 수 있는 일반과세자가 2006. 2. 9. 이후 재화 또는 용역을 공급하고 신용카드매출전표 등을 발급한 경우에는 세금계산서를 발급할 수 없다.

2 '신용카드매출전표 등'이란

'신용카드매출전표 등'이라 함은 부가법 제46조 제1항에 규정된 신용카드매출전표 등으로서 「여신전문금융업법」에 의한 신용카드매출전표, 「조세특례제한법」 제126조의3의 규정에 의한 현금영수증(부가통신사업자가 통신판매업자를 대신하여 발급하는 현금영수증 포함), 「여신전문금융업법」에 의한 직불카드영수증, 결제대행업체를 통한 신용카드매출전표, 선불카드영수증(실지명의가 확인되는 것에 한한다), 「전자금융거래법」에 따른 직불전자지급수단 영수증, 선불전자지급수단 영수증(실제 명의가 확인되는 것으로 한정한다), 전자지급결제대행에 관한 업무를 하는 금융회사 또는 전자금융업자를 통한 신용카드매출전표 등을 말한다.

3 이면확인 여부

위의 규정을 적용받는 사업자가 신용카드매출전표 등을 발급한 경우 그 발급한 신용카드매출전표 등에의 이면확인 등에 대한 규정이 없으므로 신용카드매출전표 등의 이면확인에 불구하고 세금계산서를 발급할 수 없는 것이다. 다만, 공급받는 사업자의 입장에서는 신용카드 등으로 결제하는 경우 반드시 그 신용카드매출전표 등에 부가가치세액을 구분기재 받음으로써 매입세액을 공제받을 수 있다.

4 | 월합계세금계산서와 신용카드매출전표를 중복 발급 여부

월합계세금계산서를 발급하고 신용카드로 대금결제를 받을 수 있으나, 재화 또는 용역을 공급하고 신용카드매출전표 등을 발급한 경우에는 (월합계)세금계산서를 발급할 수 없다(법규부가 2010-122, 2010. 5. 17.).

5 | 세금계산서를 발급한 경우

신용카드매출전표 등을 발행하고 세금계산서를 발급한 경우 해당 세금계산서를 사실과 다른 세금계산서로 보아 매입세액을 불공제하거나 가산세를 부과할 수 있는 명문 규정이 없고, 세금계산서 발급 이후 대금결제수단으로서의 신용카드 결제 · 발급은 가능하다. 또한 부가법 제33조 제2항의 신설취지가 매입세액의 이중공제 방지 목적임을 감안하면, 공급받는 자가 이중공제를 하지 아니한 경우라면 가산세 등의 불이익을 부과하지 아니하는 것이 신설 취지에도 부합하다.

국세청 유권해석에서도 세금계산서와 신용카드매출전표를 중복으로 발급한 경우에는 세금계산서를 기준으로 부가가치세를 신고 · 납부하여야 하는 것이며, 중복 교부에 따른 가산세는 적용하지 않는 것으로 해석하고 있다(서면3팀-1916, 2004. 9. 17.).

IX 매입자발행세금계산서와 전자세금계산서

1 | 매입자발행세금계산서

(1) 의 의

부가가치세 매입세액공제는 재화 또는 용역을 공급하는 자가 발행한 세금계산서 · 신용카드매출전표 등에 의하여만 가능하기 때문에 소비자(공급받는자)보다 경제적 우위에 있는 공급자가 과세표준의 노출 등을 이유로 세금계산서 발급을 거부하는 경우 세금계산서 수수흐름이 단절되어 과세표준 양성화에 애로가 발생하게 된다.

또한 제조업자, 도매업자 등 대형공급자로부터 세금계산서를 발급받지 못한 소매업자 등은 세부담 증가 방지를 위하여 세금계산서를 받지 못한 금액을 보전하기 위하여 가공·허위세금계산서를 수취하는 등 악순환을 초래하므로 제조업자, 도매업자 등 공급자가 세금계산서의 발급을 거부하는 경우 향후 불이익이 발생할 수 있다는 사실을 인식시키는 한편, 과세표준이 양성화되는 소매상 등의 매입세액공제를 용이하게 하기 위하여 2007. 7. 1. 이후 공급하거나 공급받는 분부터 매입자가 세금계산서를 발행하고 매입세액공제를 받을 수 있는 제도(매입자발행세금계산서, self-billing)를 신설하였다(부가법 §34의2).

(2) 매입자발행세금계산서 발행 흐름도

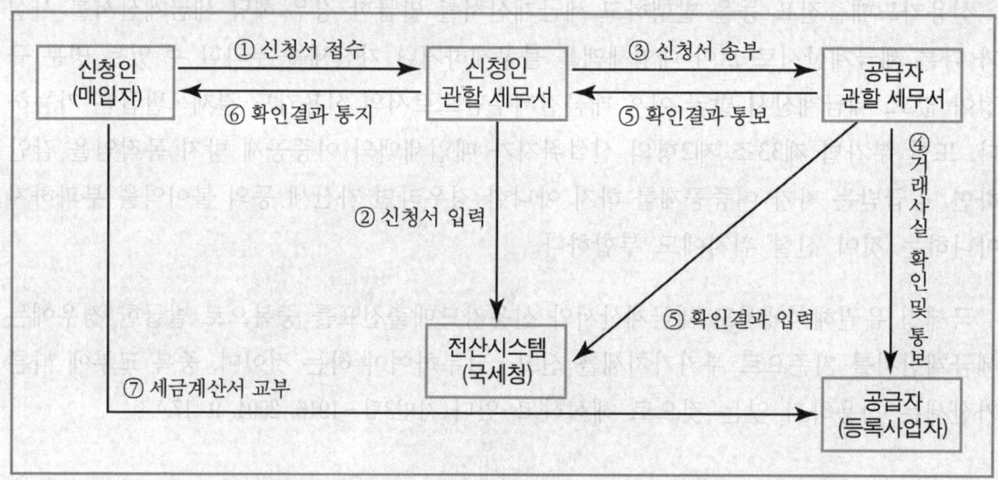

(3) 발급방법 및 절차

1) 발행가능 매입자(신청인)

간이과세자를 포함한 부가가치세 과세사업자와 부가가치세 면세사업자를 포함한다. 부가가치세의 면세사업자는 세금계산서를 수취하지 아니한 경우 지출증빙미수취에 대한 가산세를 부담하게 되고, 간이과세자는 세금계산서 수취세액공제(매입세액×부가가치율)를 적용받기 때문이다.

2) 발행대상 매출자

재화 또는 용역을 공급하고 부가법 제32조에 따른 세금계산서 발급의무가 있는 사업자를 말한다. 영수증 발급대상 사업자 중 소매업·음식점업·숙박업 등을 운영하는 사업자는 부가령 제73조 제3항 및 제4항에 따라 공급받는 자의 요구가 있는 경우 세금계산서 발급의무가 있으므로 발행대상 매출자에 포함된다(부가령 §71의2 ①).

※ 세금계산서 발급의무가 있는 간이과세자는 2021. 7. 1. 이후 공급분부터 적용

3) 신고 및 확인방법

가. 신고대상 거래금액

2010. 2. 18. 시행령 개정 전에는 대규모사업자는 기장의무가 있으며 세금계산서를 발급받을 것으로 예상되고, 매입자발행세금계산서의 취지는 중·소규모 소매상을 보호하자는 것을 감안하여 거래 건당 10만 원 이상 500만 원 이하의 거래금액으로 한정하였으나, 개정 후에는 거래 건당 공급대가를 계속 완화하여 왔다(부가령 §71의2 ④).

적용시기	2010. 2. 17. 이전	2010. 2. 18.~	2023. 2. 28.~
기준금액	10만 원 이상 500만 원 이하	10만 원 이상	5만 원 이상

나. 신고방법

재화·용역을 공급받는 자(신청인)가 해당 재화 또는 용역의 공급시기가 속하는 과세기간의 종료일로부터 1년(2024. 2. 29. 개정 이후 거래사실의 확인을 신청하는 분부터 적용, 종전은 6개월, 2019. 2.12. 이전 공급분은 3개월) 이내에 거래사실확인신청서에 거래사실을 객관적으로 입증할 수 있는 서류(무통장 입금증, 영수증 등)를 첨부하여 세무서에 서면 또는 인터넷으로 거래사실의 확인을 신청할 수 있으며, 이때 공급자의 사업자등록번호 및 일반·간이과세자 여부를 확인할 수 없는 경우 공급자의 상호, 사업주 성명 및 사업장소재지 등 최소한의 식별사항만 기재하여 신고할 수 있다. 다만, 거래사실의 입증책임은 매입자에게 있다(부가령 §71의2 ③).

다. 세무관서의 확인

① 해당 신청을 받은 관할 세무서장은 재화 또는 용역을 공급한 자의 인적사항이 부정확하거나, 신청서 기재방식에 흠이 있는 경우에는 7일 이내에 일정한 기간을 정하여 보정요구를 할 수 있으며(부가령 §71의2 ⑤),

② 신청인이 보정요구에 응하지 아니하거나, 다음의 사유에 해당하는 경우 관할 세무서장은 거래사실의 확인을 거부하는 결정을 하여야 한다(부가령 §71의2 ⑥).

- 신청인이 위 신청기한이 경과한 후에 신청을 한 것이 명백한 경우
- 신청서의 내용으로 보아 거래 당시 공급자가 미등록자, 휴·폐업자와 거래한 것이 명백한 경우

③ 거래확인신청서를 접수받은 관할 세무서장은 공급자의 사업장이 타서 관할인 경우 7일 이내에 신청서와 증빙서류를 공급자의 관할 세무서장에게 송부하여야 한다(부가령 §71의2 ⑦).

④ 신청서를 송부받은 공급자 관할 세무서장은 신청인의 신청내용, 제출된 증빙자료를 검토하여 거래사실 여부를 확인하여야 하며, 이 경우 거래사실의 존재 및 그 내용에 대한 입증책임은 신청인에게 있다(부가령 §71의2 ⑧).

⑤ 공급자 관할 세무서장은 신청일의 다음 달 말일까지 거래사실 여부를 확인한 후 다음의 구분에 따른 통지를 공급자와 신청인 관할 세무서장에게 하여야 한다. 다만, 공급자의 부도, 일시 부재 등 기획재정부령으로 정하는 불가피한 사유가 있는 경우에는 거래사실 확인기간을 20일 이내의 범위에서 연장할 수 있다(부가령 §71의2 ⑨).

- 거래사실이 확인되는 경우: 공급자 및 공급받는 자의 사업자등록번호, 작성연월일, 공급가액 및 부가가치세액 등을 포함한 거래사실 확인 통지
- 거래사실이 확인되지 아니하는 경우: 거래사실 확인불가 통지

⑥ 신청인 관할 세무서장은 공급자 관할 세무서장으로부터 확인된 거래사실을 통보받은 후 즉시 그 결과를 신청인에게 통지하여야 한다(부가령 §71의2 ⑩).

라. 매입자발행세금계산서의 발급

신청인 관할 세무서장으로부터 그 거래사실 확인 통지를 받은 신청인은 공급자 관할 세무서장이 확인한 거래일자를 작성일자로 하여 매입자발행세금계산서를 발행하여 공급자에게 발급하여야 한다.

또한, 신청인 및 공급자가 관할 세무서장으로부터 거래사실 확인 통지를 받은 경우에는 매입자발행세금계산서를 발급한 것으로 본다(부가령 §71의2 ⑪, ⑫).

마. 매입세액공제 절차 및 시기

매입자발행세금계산서를 발급한 신청인은 부가가치세 예정신고 및 확정신고 또는 「국세기본법」 제45조의2 제1항에 따른 경정청구 시 매입자발행세금계산서합계표를 제출한 경우 매입자발행세금계산서에 적혀 있는 매입세액을 해당 재화 또는 용역의 공급시기에 해당하는 과세기간의 매출세액 또는 납부세액에서 매입세액으로 공제받을 수 있다(부가령 §71의2 ⑬).

(4) 매입자발행세금계산서의 효력

세무관서가 실제 거래가 있었음을 확인 및 관리시스템에 등재하여 매입자가 공급자에게 발행·교부된 매입자발행세금계산서는 매입자의 매출세액에서 공제 가능하며, 적격

증빙으로 인정된다(소법 §160의2 ③).

다만, 매입자발행세금계산서가 발급된 경우에도 공급자에 대하여는 세금계산서 미발급에 대한 가산세 등 추징과 함께 공급가액에 따라 조세범처벌법에 따른 통고처분도 가능하다.

(5) 폐업자 등의 (수정분) 매입자발행세금계산서 발급 근거 신설

(수정)세금계산서 미발행에 따른 납세자의 부담을 완화하기 위하여 사업자의 부도·폐업 등(사업자의 부도·폐업, 공급 계약의 해제·변경, 소재불명 또는 연락두절 상태인 경우, 휴업이나 그 밖의 부득이한 사유로 세금계산서를 발급받는 것이 곤란하다고 국세청장이 인정하는 경우)으로 사업자가 (수정)세금계산서 또는 (수정)전자세금계산서를 발급하지 아니한 경우에도 세금계산서 발급시기에 세금계산서를 발급하지 아니하였다면 2018. 1. 1. 공급분부터는 매입자발행세금계산서에 따른 매입세액공제 특례가 적용된다(부가법 §34의2 ①, 부가령 §71의2 ②).

여기서 "사업자의 부도·폐업 등으로 사업자가 수정(전자)세금계산서를 발급하지 아니한 경우"의 의미(입법자의 의도나 자구 문리해석)가 부도·폐업 및 그에 준하는 사유로 공급자가 발급할 수 없는 경우에 한하여 제한적인 경우로 한할 것이냐 논란이 있다. 공급자가 폐업한 경우 원천적으로 수정세금계산서 발급이 불가한 경우도 있음에도 그 발급 범위를 넓혀 주었음에도 계속사업자가 고의로 수정세금계산서를 발급하지 아니하여 매입세액공제를 받을 수 없는 경우까지 매입자발행세금계산서를 발급할 수 없는 것으로 해석한다면 매입자발행세금계산서 도입취지가 무의미해진다. 수정세금계산서에 대하여 매입자발행세금계산서 발급대상이 아니라는 기존 국세청의 해석(서면3팀-2958, 2007. 10. 31.)은 반품의 경우로서 공급받는 자가 감액수정세금계산서를 수취하지 않더라도 매입세액에서 차감하여 신고·납부하면 세무상 불이익이 없기 때문에 그러한 해석이 나온 것이다. 만약 공급가액이 사후에 증가되어 수정세금계산서가 발급되어야 하는 경우 공급받는 자가 이 제도를 통해 수정세금계산서를 발급받지 못한다면 매입세액을 공제받지 못하는 불이익이 발생한다. 이러한 불합리성과 계속사업자의 세금계산서 미발급에 대한 매입자발행세금계산서 제도는 허용되고 수정세금계산서는 불허한다는 모순의 해결을 위해서라도 위 단서 규정은 폭넓게 해석되어야 한다.

(6) 선발행세금계산서 경정 후 공급시기에 세금계산서 미발급 시 매입자발행세금계산서 발급

대가의 지급없는 선발행세금계산서로 해당 세금계산서가 사실과 다른 세금계산서로 보아 과세관청의 경정이 있은 후에 정상적인 공급시기가 도래하였음에도 불구하고 공급자가 세금계산서 발급을 거부한 경우에는 관할세무서에 거래사실 확인신청을 하여 매입자발행세금계산서 발급을 통해 매입세액공제를 받을 수 있다(법규과-208, 2013. 2. 26.).

(7) 허위신고 등에 대한 제재

매입자의 허위신고에 의한 부당공제를 방지하기 위해 허위신고자에 대해 「조세범처벌법」에 의해 처벌하게 되며, 가공세금계산서에 의한 과소신고가산세(공급가액의 2%)가 적용된다.

세무관서에서 세금계산서 미발급이 확인되어 매입자발행세금계산서가 발행된 경우에도 공급자에 대하여는 세금계산서미발급가산세 등이 부과된다.

2 | 전자세금계산서

(1) 개 요

세금계산서 송부·보관, 세금계산서 합계표 작성, 불부합 소명절차단축 등 납세협력비용을 절감하고 자료상의 사전차단으로 인한 세수일지 방지함과 동시에 자료상 추적조사 등에 따른 행정비용을 절감할 수 있도록 전자세금계산서제도를 도입하였다.

전자세금계산서제도는 법인사업자 등 전자세금계산서 발급의무자가 전자적 방법으로 세금계산서(이하 "전자세금계산서"라 한다)를 발급하고, 전자세금계산서를 발급한 때에는 시행령으로 정하는 기한까지 전자세금계산서 발급명세를 국세청장에게 전송하는 제도이다(부가법 §32 ②·③·④·⑤, 부가령 §68).

물론 전자세금계산서 의무발급 사업자가 아닌 사업자도 전자세금계산서를 발급·전송할 수 있다(부가령 §68 ⑨).

(2) 전자세금계산서 발급의무자

전자세금계산서는 모든 사업자의 전체 B2B거래를 대상으로 전면 시행할 때 그 효과(납세협력비용 절감, 과세자료 양성화 등)가 극대화 될 수 있으나, 시행 초기 사업자의 제도적응기간을 감안하여 법인사업자와 사업장별 공급가액이 기준금액 이상인 개인사업자를 대상으로 한다(부가법 §32 ②, 부가령 §68 ①).

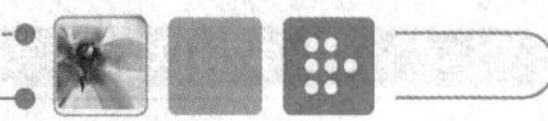

직전연도 사업장별 재화 또는 용역의 공급가액 합계액에는 세금계산서 발급의무가 면제되는 과세분 공급가액도 기준금액에 포함하여 판정한다(법규과-1101, 2013. 10. 10.).

| 전자세금계산서 발급의무 기준금액 |

적용시기	2014. 7. 1.～2022. 6. 30.	2022. 7. 1.～	2023. 7. 1.～	2024. 7. 1.～
기준금액[1]	3억 원 이상	2억 원 이상[2]	1억 원 이상[3]	8천만 원 이상[4]

1) 직전연도의 각 사업장별 공급가액으로 판단하며, 2018년 이후 공급분부터는 과세분 외에 면세공급가액도 포함한다.
2) 2021년 사업장별 공급가액 합계액을 기준으로 판단하여 2022. 7. 1. 이후 재화나 용역을 공급하는 분부터 적용한다.
3) 2023년 2월 개정 부칙 §3 ②에 근거한다.
4) 2023. 7. 1. 부터는 직전연도의 사업장별 공급가액의 합계액이 기준금액 이상이 되어 전자세금계산서 의무발급대상에 해당되면 계속하여 전자세금계산서를 발급하여야 한다.

전자세금계산서 의무발급 개인사업자는 사업장별 재화 및 용역의 공급가액의 합계액이 8천만 원 이상인 해의 다음 해 제2기 과세기간이 시작하는 날부터 전자세금계산서를 발급해야 한다. 다만, 사업장별 재화와 용역의 공급가액의 합계액이 국기법 제45조에 따른 수정신고 또는 부가법 제57조에 따른 결정과 경정(이하 "수정신고등")으로 8천만 원 이상이 된 경우에는 수정신고등을 한 날이 속하는 과세기간의 다음 과세기간이 시작하는 날부터 전자세금계산서를 발급해야 한다(부가령 §68 ②).

※ 단서 규정은 2013. 2. 15. 이후 수정신고 등을 하는 분부터 적용한다.

(3) 전자세금계산서 의무발급 사업자에 대한 통지

관할 세무서장은 개인사업자가 전자세금계산서 의무발급 개인사업자에 해당하는 경우에는 위 "(2)" 따라 전자세금계산서를 발급해야 하는 날이 시작되기 1개월 전까지 그 사실을 해당 개인사업자에게 통지하여야 한다(부가령 §68 ③).

이때 개인사업자가 전자세금계산서를 발급해야 하는 날이 시작되기 1개월 전까지 그 통지를 받지 못한 경우에는 통지서를 수령한 날이 속하는 달의 다음다음 달 1일부터 전자세금계산서를 발급하여야 한다(부가령 §68 ④).

※ 통지의무는 강행규정임.

(4) 전자적 방법

사업자는 한국전자거래진흥원에서 표준인증 및 국세청 등록을 필한 ERP 시스템과 전자세금계산서 발행중계 서비스(ASP), 국세청「e세로」 시스템에 인터넷으로 접속하여 전자세금계산서 발행이 가능하며, 이외에도 전자세금계산서까지도 발행이 가능하도록 개선된 현금영수증·신용카드 단말기 및 ARS(☏1544－2030)를 통한 발행채널도 이용 가능하다(다만, 이 두 발행채널의 경우 위·수탁 세금계산서나 수정세금계산서는 발행 불가)(부가령 §68 ⑤).

전자적 방법이란 다음의 어느 하나에 해당하는 방법으로 세금계산서의 기재사항을 계산서 작성자의 신원 및 계산서의 변경 여부 등을 확인할 수 있는 공인인증시스템을 거쳐 정보통신망으로 발급하는 것을 말한다.

① 「조세특례제한법」 제5조의2 제1호에 따른 전사적(全社的) 기업자원 관리설비를 이용하는 방법
② 재화 또는 용역을 실제 공급하는 사업자를 대신하여 전자세금계산서 발급업무를 대행하는 사업자의 전자세금계산서 발급 시스템을 이용하는 방법
③ 국세청장이 구축한 전자세금계산서 발급 시스템(e세로)을 이용하는 방법
④ 전자세금계산서 발급이 가능한 현금영수증 발급장치 및 그 밖에 국세청장이 지정하는 전자세금계산서 발급 시스템을 이용하는 방법

(5) 전자시스템 등에 대한 등록

위 “(4)”의 “①, ②, ④”에 따른 설비 또는 시스템을 구축·운영하려는 자는 미리 기획재정부령으로 정하는 바에 따라 국세청장에게 등록하여야 한다(부가령 §68 ⑥). 등록신청서의 제출, 거부사유, 취소 등에 관한 자세한 사항은 부가칙 제50조를 참조한다.

(6) 전자세금계산서 전송기한 및 전송내역

전자세금계산서는 발급 즉시 국세청에 전송이 가능하므로 전송기한을 2012. 7. 1. 이후 발급분부터는 전자세금계산서 발급일의 다음 날까지 전송하도록 하여 허위세금계산서 발생을 차단하였다. 또한 사업자의 전자세금계산서 보관의무가 폐지됨에 따라 국세청에 원본을 보관해야 하므로 전송하여야 하는 세금계산서 발급명세의 구체적 사항을 정하였다(부가법 §32 ③, 부가령 §68 ⑦).

1) 전송기한

공급시기마다 발급된 전자세금계산서, 월합계전자세금계산서와 수정발급된 전자세금

계산서는 그 발급일의 다음 날까지 국세청에 전송하여야 한다(부가령 §68 ⑦).

※ 전자세금계산서 발급명세의 국세청 전송기한은 서류의 제출을 전자적으로 하는 것이니만큼 기한의 특례(발급일의 다음 날이 토요일 및 일요일, 공휴일 및 대체 공휴일, 근로자의 날인 경우에는 그 다음 날)가 적용되어야 할 것이다(국세상담센터 부가가치세 상담실무, p.380, 2018년).

2) 전송내역(발급명세)

세금계산서 발급명세에는 필요적 기재사항 및 임의적 기재사항 등(부가법 제32조 제1항 각호의 사항을 말한다)은 세금계산서 원본에 준하는 사항으로 한다(부가령 §68 ⑧).

| 전자세금계산서 발급 · 전송관련 불이익 요약 |

③ 미전송
② 지연전송
① 정상발급 · 전송
5. 31. 공급시기
6. 10. 발급시기
6. 11. 전송기한
7. 25. 지연전송기한

구 분	사 유	공급자	공급받는 자
① 정상발급 · 전송	전자세금계산서를 정상발급하고, 전송기한 내 전송	불이익 없음.	불이익 없음.
② 지연전송	전자세금계산서를 정상발급하였으나, 지연전송	• 지연전송가산세(0.3%)	불이익 없음.
③ 미전송	전자세금계산서를 정상발급하였으나, 전송누락	• 미전송가산세(0.5%)	불이익 없음.
※ 전자세금계산서 미발급	의무발급자의 미발급	• 세금계산서미발급가산세(2%)	매입세액 공제 불가
	종이세금계산서 발급(세금계산서합계표는 제출)	• 전자세금계산서미발급가산세 (1%) – 2014. 12. 31.까지는 2%	불이익 없음.

(7) 전자세금계산서 발급완료 시기 및 매입세액공제 등

1) 발급완료 시기

재화 또는 용역을 공급받는 자가 전자세금계산서를 발급받을 수신함을 가지고 있지 아니하거나 지정하지 아니한 경우, 전자세금계산서 발급이 가능한 현금영수증 발급장치 및 그 밖에 국세청장이 지정하는 발급시스템과 같이 수신함이 적용될 수 없는 경우에는 국세청장이 구축한 전자세금계산서 발급시스템을 지정한 것으로 본다.

전자세금계산서는 재화나 용역을 공급받는 자가 지정하는 수신함에 입력되거나, 국세청장이 지정하는 발급시스템에 입력된 때에 거래상대방의 수신 여부에 불구하고 재화 또는 용역을 공급받는 자가 그 전자세금계산서를 수신한 것으로 본다(부가령 §68 ⑪, ⑫).

> 민법이나 행정법에서는 수신자가 문서내용을 확인할 수 있는 객관적 상황에 있는 경우에 개봉 여부에 불구하고 문서가 도달된 것으로 본다. 이러한 취지에서 부가령 제68조 제11항에서는 공급받는 자가 수신함(이메일 주소)을 지정한 경우 수신함에 입력된 때가 국세청에 전자세금계산서 발급시스템에 입력된 때로서 공급받는 자가 수신한 것으로 보기 때문에 공급받는 자가 지연하여 수신함을 확인했더라도 지연발급이나 미발급의 사유가 되지 아니한다. 아울러 수신함을 가지고 있지 아니하거나 지정하지 아니한 경우에도 전자세금계산서 시스템을 수신함으로 정한 것으로 보아 동 수신함에 입력된 때에 발급된 것으로 본다.

2) 매입세액공제

본조에 의한 전자세금계산서는 부가법 제32조에 따른 정당한 세금계산서로서 매입세액의 공제대상이다. 다만, 매입세액불공제 제외사항에 미전송 전자세금계산서 수취분과 전자세금계산서 발급의무자로부터 수취한 수기세금계산서의 경우도 납세자의 적응기간을 고려하여 매입자에게 매입세액공제 등을 인정하도록 하였다(부가령 §75 4, 5).

3) 전자세금계산서 발급사실 제3자 확인

전자세금계산서 조회 하위 메뉴인 전자세금계산서의 "제3자 발급사실 조회"를 클릭하여 제3자가 전자세금계산서 발급사실을 확인할 수 있다.

〈접근경로 및 진위확인 방법〉

○ 국세청 홈택스 - 전자(세금)계산서 · 현금영수증 · 신용카드 > 제3자 발급사실 조회 및 수정 발급사실 알림 > 발급사실 조회 및 수정 발급사실 알림 신청(hometax.go.kr)

≡ 전자(세금)계산서 · 현금영수증 · 신용카드 ∨ 제3자 발급사실 조회 및 수정 발급사실 알림 발급사실 조회 및 수정발급사실 알림 신청 ☆

발급사실 조회 및 수정 발급사실 알림 신청

• 공급자 사업자등록번호		• 공급받는자 등록번호	
• 승인번호		• 작성일자	
• 공급가격			

조회하기 초기화

※ 해당정보를 조회목적 이외에 무단으로 이용할 경우, 관련 법령에 의하여 처벌 받을 수 있습니다.

조회사실

• 조회한 전자(세금)계산서의 수정 발급사실 알림 서비스를 원하시는 경우 신청할 수 있습니다.

수정 · 발급사실 알림 신청

○ 전자세금계산서 상의 ① 공급자 사업자번호, ② 공급받는자 사업자번호, ③ 전자세금계산서 승인번호, ④ 작성일지(발급일자), ⑤ 공급가액을 정확히 기입하여야 진위 여부 확인 가능

○ 당초 세금계산서가 발급된 이후 수정발급 사유가 발생하여 동일 거래에 대해 2건 또는 3건의 세금계산서(당초, 수정, 재발급)가 발급되더라도 각각 고유의 승인번호가 생성되므로 위 5가지 항목이 정확히 일치되어야 발급사실이 있다고 홈택스에 표시된다(2024. 7. 1. 부터는 1회당 100건까지 조회 가능).

(8) 세금계산서 보관의무 및 세금계산서합계표 제출의무 면제

기업의 납세협력비용을 절감하기 위하여 원본에 준하는 전자세금계산서를 발급한 사업자가 세금계산서 발급명세를 전송한 경우 세금계산서 보관의무를 면제하여 납세자 부담을 완화하였으며, 국세청장에게 세금계산서 발급명세를 전송한 경우에는 세금계산서합계표 제출의무를 면제하여 세금계산서합계표(갑)에 전자세금계산서를 발행한 거래처수, 발급건수, 공급가액과 세액의 합계만을 기재하도록 하였다(부가법 §54 ②, §71 ③).

(9) 전기사업자 등의 전자세금계산서 특례

다음의 사업을 영위하는 사업자가 해당 사업과 관련하여 세금계산서의 기재사항과 그

밖에 필요하다고 인정되는 사항 및 관할 세무서장에게 신고한 전자세금계산서임을 기재한 계산서를 관할 세무서장에게 신고한 후 발급하고 전자세금계산서 파일을 공급일의 다음 달 11일까지 국세청장에게 전송할 수 있다. 이 경우 전자세금계산서를 발급하고 그 발급명세를 전송한 것으로 본다(부가법 §32 ④, 부가령 §68 ⑨).

① 「전기사업법」에 따른 전기사업자가 산업용 전력을 공급하는 경우

② 「전기통신사업법」에 따른 전기통신사업자가 사업자에게 같은 법 제2조 제11호에 따른 기간통신역무(이하 "기간통신역무")를 제공하는 경우와 같은 조 제12호에 따른 부가통신역무 중 월단위 요금형 서비스를 제공하는 경우로서 기간통신역무와 공급시기가 동일하여 통합하여 비용을 청구하는 경우

③ 「도시가스사업법」에 따른 도시가스사업자가 산업용 도시가스를 공급하는 경우

④ 「집단에너지사업법」에 따라 집단에너지를 공급하는 사업자가 산업용 열 또는 산업용 전기를 공급하는 경우

⑤ 「방송법」 제2조 제3호에 따른 방송사업자가 사업자에게 방송용역을 제공하는 경우

⑥ 일반과세자가 농어민에게 「조세특례제한법」 제105조의2에 따른 농어업용 기자재를 공급하는 경우

⑦ 「인터넷 멀티미디어 방송사업법」 제2조 제5호 가목에 따른 인터넷 멀티미디어 방송 제공사업자가 사업자에게 방송용역을 제공하는 경우(2011. 1. 1. 이후 공급분부터 적용)

(10) 전자세금계산서 발급의 예외

전자세금계산서를 발급하기 어렵거나 불필요한 경우 등 대통령령으로 정하는 경우에는 위 전자세금계산서 발급규정을 적용하지 아니할 수 있다.

이때 대통령령으로 정하는 경우란 부가령 제71조에서 정하는 세금계산서 발급의무가 면제되는 경우를 말한다(부가법 §33).

(11) 그 밖의 사항

1) 국세청에 전송된 전자세금계산서 취소가능 여부

국세청에 전송된 전자세금계산서에 대하여 기재사항 착오 등 수정사항이 나타나는 경우 삭제요청 등을 하는 것이 아니라 수정사유에 따른 수정세금계산서를 발행해야 한다. 이때 수정세금계산서의 수정사유에 따라 수정신고(경정청구)가 발생할 수도 있으나, 수정세금계산서 발행에 따른 가산세는 없다.

2) 역발행 전자세금계산서의 전송자

매입자가 매출자에게 세금계산서 기재사항을 적어 보내고, 매출자는 작성된 내용을 확인하고 자신의 공인인증서로 전자서명을 하는 형태의 역발행세금계산서는 매입자가 관리하는 ERP 시스템에 의해서 생성된 전자세금계산서이므로 ERP 시스템 구축자(매입자)가 전송하며, 미전송·지연전송에 따른 가산세 등은 매출자가 부담한다.

3) 부가가치세 신고방법

전자세금계산서를 국세청에 전송(사업자들 표현은 신고)한 후에라도 부가가치세 신고는 기존과 동일하게 해야 한다. 다만, 합계표 서식이 전자분과 수기분으로 구분되어 있으며 전자분(매출, 매입)에 대해서는 총액과 총건수를 기재하면 되고, 수기분(매출, 매입)에 대해서는 기존대로 거래처별 명세서까지 작성해야 한다.

4) 전자세금계산서 전송 주체

전자세금계산서는 공급자가 공급받는 자에게 발행·발급한 후 국세청에 전송하는 것으로 공급받는 자는 별도의 전송을 하지 않는다.

X 영수증

1 의의

세금계산서가 주로 사업자 간의 거래에 대하여 공급받는 자와 세액을 기재하여 발급하도록 함으로써 궁극적으로 거래징수당한 부가가치세액을 다단계 매입세액공제방법에 의해 최종소비자에게 전가시키는 기능을 하는데 반하여, 영수증은 간이과세사업자의 경우와 같이 일일이 세금계산서를 발급하기 곤란하거나 또는 거래상대방이 주로 최종소비자이기 때문에 매입세액 전가의 필요성이 없는 거래에 대하여 공급받는 자와 세액을 기재하지 아니하는 간편한 방법으로 발급하도록 함으로써 매입세액공제 또는 정확한 과세자료로서의 계산서 기능이 무시되어도 무방한 경우에 인정되는 세금계산서 제도의 예외적 규정이다.

영수증제도는 사업자가 최종소비자인 불특정다수인을 상대로 하는 경우에 편의상 이용되는 것으로 소매업·음식점업·숙박·목욕업 등 영수증을 발행할 수 있는 업종을 따로 지정해 두고 있으며, 영수증에는 공급가액과 세액이 기재되지 아니하므로 영수증을 발급받은 사업자는 자기의 매출세액에서 매입세액으로 공제받을 수 없고 단지 거래사실을 증명하는 증거자료의 기능만 하게 된다.

2 | 영수증의 발급

1) 발급의무자

다음의 "가", "나" 중 어느 하나에 해당하는 자가 재화 또는 용역을 공급(부가가치세가 면제되는 재화 또는 용역의 공급은 제외)하는 경우에는 부가법 제15조 및 제16조에 따른 재화 또는 용역의 공급시기에 그 공급을 받은 자에게 세금계산서를 발급하는 대신 영수증을 발급하여야 한다(부가법 §36 ①).

가. 주로 사업자가 아닌 자에게 재화 또는 용역을 공급하는 사업자로서 아래의 사업자

㉮ 소매업

㉯ 음식점업(다과점업을 포함한다)

㉰ 숙박업

㉱ 미용, 욕탕 및 유사서비스업

㉲ 여객운송업

㉳ 입장권을 발행하여 영위하는 사업

㉴ 변호사업, 심판변론인업, 변리사업, 법무사업, 공인회계사업, 세무사업, 경영지도사업, 기술지도사업, 감정평가사업, 손해사정인업, 통관업, 기술사업, 건축사업, 도선사업, 측량사업, 공인노무사업, 의사업, 한의사업, 약사업, 한약사업, 수의사업, 그 밖에 이와 유사한 사업서비스업으로서 기획재정부령으로 정하는 것과 행정사업(부가법 제3조 및 「소득세법」 제160조의2 제2항에 따른 사업자에게 공급하는 것을 제외한다)

㉵ 「우정사업 운영에 관한 특례법」에 따른 우정사업조직이 「우편법」 제15조 제1항에 따른 선택적 우편업무 중 소포우편물을 방문접수하여 배달하는 용역을 공급하는 사업

㉶ 부가령 제35조 제1호 단서에 따라 의료보건용역 중 성형수술 등 과세대상용역을

공급하는 사업

㉲ 부가령 제35조 제5호 단서에 해당하지 아니하는 것으로서 수의사가 제공하는 부가가치세 과세대상 동물진료용역

㉳ 부가령 제36조 제2항 제1호 및 제2호의 무도학원 및 자동차운전학원에서 가르치는 교육용역을 공급하는 사업

㉴ 부가령 제71조 제1항 제7호에 따라 인증서를 발급하는 사업(2012. 4. 1. 이후 공급분부터 적용)

㉵ 부가법 제53조의2에 따라 간편사업자등록을 한 사업자가 국내에 전자적 용역을 공급하는 사업

㉶ 주로 사업자가 아닌 소비자에게 재화 또는 용역을 공급하는 사업으로서 기획재정부령으로 정하는 다음의 사업(부가칙 §53)

㉠ 도정업과 떡류 제조업 중 떡방앗간

㉡ 양복점업, 양장점업 및 양화점업

㉢ 주거용 건물공급업(주거용 건물을 자영건설하는 경우를 포함한다)

㉣ 운수업과 주차장 운영업

㉤ 부동산중개업

㉥ 사회서비스업 및 개인서비스업

㉦ 가사서비스업

㉧ 도로 및 관련시설 운영업

㉨ 자동차 제조업 및 자동차 판매업(2011. 4. 1. 이후 공급분부터)

㉩ 주거용 건물수리 · 보수 및 개량업(2012. 7. 1. 이후 공급분부터)

㉪ 그 밖의 "㉠"부터 "㉩"까지와 유사한 사업으로서 세금계산서 발급이 불가능하거나 현저히 곤란한 사업

나. 간이과세자 중 다음의 어느 하나에 해당하는 자(2021. 7. 1. 이후 공급분부터 적용하고 그 전에 공급한 분에 대하여는 종전 규정에 따른다. 부가 부칙 §7)

① 직전연도의 공급대가의 합계액(직전 과세기간에 신규로 사업을 시작한 개인사업자의 경우 부가법 제61조 제2항에 따라 환산한 금액)이 4천 800만 원 미만인 자

② 신규로 사업을 시작하는 개인사업자로서 부가법 제61조 제4항에 따라 간이과세자로 하는 최초의 과세기간 중에 있는 자

※ 이하 "①, ②" 해당자를 "특정 간이과세자"라 한다(부가령 §73 ⑩).

다. 간이과세자의 영수증 발급 적용기간

위 "나"의 "①"에 따라 영수증 발급에 관한 규정이 적용되거나 적용되지 아니하게 되는 기간은 1역년(해의 1월 1일부터 12월 31일까지를 말한다)의 공급대가의 합계액(신규로 사업을 시작한 개인사업자의 경우 부가법 제61조 제2항에 따라 환산한 금액)이 4천800만 원에 미달하거나 그 이상이 되는 해의 다음 해의 7월 1일부터 그 다음 해의 6월 30일까지로 한다(부가법 §36의2 ①).

위 "나"의 "②"에 따라 영수증 발급에 관한 규정이 적용되는 기간은 사업개시일부터 사업을 시작한 해의 다음 해의 6월 30일까지로 한다(부가법 §36의2 ②).

라. 영수증 발급의무의 적용 여부에 대한 통지 등

영수증 발급에 관한 규정이 적용되거나 적용되지 않게 되는 사업자의 관할 세무서장은 위 "다"에 따른 기간이 시작되기 20일 전까지 영수증 발급에 관한 규정이 적용되거나 적용되지 않게 되는 사실을 그 사업자에게 통지해야 하고, 사업자등록증을 정정하여 과세기간 개시 당일까지 발급해야 한다(부가령 §73의2 ①).

※ 2021. 7. 1. 이후 영수증발급 규정이 적용되거나 되지 않게 되는 사실을 통지하는 분부터 적용한다.

위 "나"의 "①"에 따라 영수증 발급에 관한 규정이 적용되지 않게 되는 사업자의 관할 세무서장이 간이과세자에 관한 규정이 적용되지 않게 되는 사실을 그 사업자에게 통지하고 사업자등록증을 정정하여 발급한 경우에는 위 통지·발급을 하지 않는다(부가령 §73의2 ②).

※ 2021. 7. 1. 이후 간이과세자에 관한 규정이 적용되지 않게 되는 사실을 통지하는 분부터 적용한다.

2) 임시사업장 및 전기사업자 등의 발급특례

주로 최종소비자와의 거래가 대부분이고, 사업자(공급받는 자)의 잦은 휴·폐업, 이전 등으로 정확한 세적을 알 수 없어 세금계산서 불부합 자료가 빈번히 발생하여 자료소명 등의 납세협력비용이 크므로 거래상대방인 사업자가 세금계산서 발급을 요구하는 경우에만 발급하도록 규정하여 납세협력 비용이 경감될 수 있도록 다음의 사업을 영위하는 사업자는 영수증을 발급할 수 있다(부가법 §36 ②, 부가령 §73 ②).

㉮ 부가령 제10조에 따른 임시사업장을 개설한 사업자가 그 임시사업장에서 사업자가 아닌 소비자에게 재화 또는 용역을 공급하는 경우

㉯「전기사업법」에 따른 전기사업자가 산업용이 아닌 전력을 공급하는 경우

㉰「전기통신사업법」에 따른 전기통신사업자가 전기통신역무를 제공하는 경우. 다만, 부가통신사업자가 통신판매업자에게「전기통신사업법」제5조 제3항에 따른 부가통신역무를 제공하는 경우는 제외한다.

㉱「도시가스사업법」에 따른 도시가스사업자가 산업용이 아닌 도시가스를 공급하는 경우

㉲「집단에너지사업법」에 따라 집단에너지를 공급하는 사업자가 산업용이 아닌 열 또는 산업용이 아닌 전기를 공급하는 경우

㉳「방송법」제2조 제3호에 따른 방송사업자가 사업자가 아닌 자에게 방송용역을 제공하는 경우

㉴「인터넷 멀티미디어 방송사업법」제2조 제5호 가목에 따른 인터넷 멀티미디어 방송 제공사업자가 사업자가 아닌 자에게 방송용역을 제공하는 경우(2011. 1. 1. 이후 공급분부터 적용)

3) 영수증 발급의무자에 대한 세금계산서 발급특례

① 세금계산서 발급요구에 따라 세금계산서를 발급하여야 하는 사업

영수증 발급대상 사업을 영위하는 다음의 사업자의 경우 해당 재화 또는 용역을 공급받는 사업자가 사업자등록증을 제시하고 세금계산서의 발급을 요구하는 때에는 영수증 대신에 세금계산서를 발급해야 한다(부가령 §73 ③).

㉮ 소매업

㉯ 음식점업(다과점업을 포함한다)

㉰ 숙박업

㉱ 여객운송업(「여객자동차 운수사업법 시행령」제3조 제2호 가목에 따른 전세버스 운송사업에 한한다)

㉲ 부가령 제109조 제2항 제7호에 따른 사업 및 행정사업으로서 "1)의 가. ㉴"에 해당하는 사업

㉳「우정사업 운영에 관한 특례법」에 따른 우정사업조직이「우편법」제15조 제1항에 따른 선택적 우편업무 중 소포우편물을 방문접수하여 배달하는 용역을 공급하는 사업

㉴ 인증서를 발급하는 사업(2012. 4. 1. 이후 공급 분부터 적용)

㉵ 주로 사업자가 아닌 소비자에게 재화 또는 용역을 공급하는 사업으로서 기획재정부령으로 정하는 위 "1)의 가. ㉺"에 해당하는 사업

㉶ 위 "2)의 임시사업장 및 전기사업자 등의 발급특례" 적용대상 사업자

② 감가상각자산 등 공급에 따른 세금계산서 발급대상 사업자

위 "1)의 가. ㉣, ㉤(「여객자동차 운수사업법 시행령」 제3조 제2호 가목에 따른 전세버스운송사업은 제외), ㉥, ㉨, ㉩, ㉪"에 규정하는 사업을 하는 사업자가 감가상각자산을 공급하거나 위 "2)" 및 "3)"에 따른 역무 외의 역무를 공급하는 경우에 공급받는 사업자가 사업자등록증을 제시하고 부가법 제32조에 따른 세금계산서의 발급을 요구하는 때에는 세금계산서를 발급하여야 한다(부가령 §73 ④).

③ 자동차 판매 시 영수증 발급 후 공급받는 자의 요구 시 세금계산서 발급 가능

주로 사업자가 아닌 소비자에게 재화 또는 용역을 공급하는 사업자 중 자동차 제조업 및 자동차 판매업을 영위하는 사업자가 당초 영수증을 발급하였으나, 공급을 받는 사업자가 해당 재화를 공급받은 날이 속하는 과세기간의 다음 달 10일까지 사업자등록증을 제시하고 부가법 제36조 제3항에 따라 세금계산서의 발급을 요구하는 때에는 처음에 발급한 영수증은 발급되지 아니한 것으로 본다. 따라서 영수증 발급을 취소하고 세금계산서를 발급할 수 있어 공급받는 자가 매입세액공제를 받을 수 있도록 하였다(부가령 §73 ⑤).

※ 2012. 1. 1. 이후 공급하거나 공급받은 자동차로서 2012. 2. 2. 이후부터 적용

4) 발급대상 거래

사업자가 영수증을 발급하여야 할 대상은 해당 영수증 발급의무자가 공급하는 재화 또는 용역이다. 따라서 영세율이 적용되는 거래에 대해서도 영수증을 발급하여야 하지만 면세거래 또는 영수증 발급의무가 면제되는 거래에 대하여는 (과세분)영수증을 발급할 필요가 없다.

① 제조업자 및 도·소매업 겸영자에 대한 영수증 발급

도매업만을 영위하는 사업자가 재화를 공급하는 경우에는 반드시 세금계산서를 발급하여야 하고, 만약 재화를 공급받는 자가 사업자가 아닌 경우에는 주소·성명·주민등록번호를 기재한 세금계산서를 발급하여야 한다.

도·소매업 겸영자가 재화를 판매하는 경우에는 도매거래분에 대해서는 세금계산서를 발급하고 소매거래분에 대해서는 공급받는 자가 사업자등록증을 제시하고 세금계산서의 발급을 요구하지 아니하는 한 영수증을 발급한다. 이 경우 도매라 함은 구입한 새로운 상품 또는 중고품을 변형하지 않고 소매업자, 산업 및 상업사용자, 단체·기관 및 전문적인 사용자 또는 다른 도매업자에게 원재료, 중간재, 재고자산 등으로 재판매하는 것을 말하며, 소매라 함은 상점·백화점·연쇄점 등에서 개인·가정 또는 소비자 용품

을 일반대중에게 변형없이 소모품, 사무용품 등으로 재판매하는 것을 말한다. 다만, 타이프라이터·문구용품·목재 또는 석유·페인트·유리·벽지·종자·농약 등은 산업 및 상업용 상품일지라도 개인이나 가정소비를 위하여 주로 일반대중을 상대로 매장을 개설하고 판매하는 경우는 소매로 보며, 이를 주로 산업사용자에게 판매할 경우만 도매업으로 본다(부가 22601-242, 1985. 2. 4.).

금전등록기를 설치하여 도·소매업을 겸영하는 사업자의 경우에는 도매공급분에 대하여는 세금계산서를 발급하고 소매공급분에 대해서는 금전등록기계산서를 발급하여야 한다.

금전등록기를 설치하고 소매업을 영위하는 경우에는 금전등록기계산서를 발급하면 되고, 만약 금전등록기를 설치하지 않고 소매업을 영위하는 경우에는 세금계산서 또는 영수증의 발급을 요구하지 않는 때에 한하여 발급의무가 없다.

제조업을 영위하는 사업자의 경우 해당 사업자가 제조장에서 제조한 물품을 직매장으로 반출하여 소매로 판매하는 경우 또는 자기가 제조한 제품을 국내에서 개최하는 전시회 등에 출품하고 해당 전시장에서 최종소비자에게 직접 공급하는 것이 소매거래에 해당하는 경우에는 영수증을 발급할 수 있으나, 자기가 제조한 제품을 자기의 제조장에서 직접 최종소비자에게 소매로 판매하거나 조합 등을 통하여 최종소비자에게 위탁판매하는 경우에는 소매업에 해당하지 않으므로 세금계산서를 발급하여야 한다.

② 여객운송업자

해외여행자에 대한 휴대소화물 초과료가 여객운송수입으로 처리되는 경우에는 여객운송용역의 부수용역으로서 영수증을 발급할 수 있고, 여객운송용 자동차대여(렌트카)업을 영위하는 경우에도 그 대여받은 자가 세금계산서의 발급을 요구하지 아니하는 한 영수증을 발급할 수 있다(부가 1265.2-6401, 1984. 4. 4.).

③ 그 밖의 주로 소비자에게 재화 또는 용역을 공급하는 사업

㉠ 도정업 등의 제조업

도정업, 떡방앗간, 양복·양장·양화점업은 제조업 중에서 영수증을 발급할 수 있는 사업이고, 이에 해당하지 않는 그 밖의 다른 제조업의 경우에는 영수증을 발급할 수 없다(부가 1265.1-1006, 1981. 4. 18.).

㉡ 주택건설업

사업자가 국민주택규모 초과 아파트를 직접 건설하여 최종소비자에게 분양하는 경우에는 영수증을 발급할 수 있는 것이나, 공급받는 자가 사업자등록증을 제시하고 세금계산서를 요구하는 때에는 세금계산서를 발급하여야 한다. 다만, 주택이 아닌 콘도미니엄, 상가 또는 점포, 그 밖의 건물 등을 신축하여 판매하거나 주택신축분양에 부수하여 공급하는 경우에는 영수증을 발급할 수 없고 세금계산서를 발급하여야 한다(서면3팀-100, 2008. 1. 14.).

㉢ 운수업

운수업은 철도·자동차·선박·항공기 및 그 밖의 운송기구에 의하여 일반대중이나 다른 사업체를 위하여 여객이나 화물을 운송하여 주는 사업을 말하는 바 여객운송업을 포함한다고 할 수 있다. 화물운송업의 경우에 있어서 소비자가 아닌 사업자에게 운송용역을 제공하는 경우에는 영수증을 발급할 수 없다(부가 1265.1-1189, 1981. 5. 12.).

㉣ 사회서비스업, 개인서비스업 및 가사서비스업

자동차세차업, 자동차종합수선업, 가전제품수선업, 사진의 현상·인화업 등은 개인 및 가사서비스업으로서 영수증발급대상 사업이나 다른 사업체를 위하여 계약을 맺고 전문, 과학 및 기술서비스를 제공하거나 사업시설관리 및 사업지원서비스용역을 제공하는 경우에는 세금계산서를 발급하여야 한다.

5) 발급시기

세금계산서의 경우와 마찬가지로 사업자가 영수증을 발급하여야 하는 때는 원칙적으로 부가법 제15조 내지 제17조에 따른 공급시기이다. 다만, 영수증의 경우에도 공급시기 이전에 대가를 받고 발급하는 경우 그 발급한 때를 공급시기로 한다.

3 | 영수증 발급의무의 면제

앞서 설명한 영수증 발급의무 대상 사업(위 "2. 1) 발급의무자" 참조)을 영위하는 사업자가 부가령 제71조 제1항(세금계산서 발급의무 면제대상인 것)에 따라 세금계산서 발급이 면제되는 재화 또는 용역을 공급하는 경우에는 영수증을 발급하지 아니한다. 다만, 소매업 또는 미용, 욕탕 및 유사서비스업을 영위하는 자가 재화 또는 용역을 공급하는 경우에는 공급받는 자가 영수증 발급을 요구하지 아니하는 경우에 한한다(부가령 §71 ①, §73 ⑥).

그 밖에 영수증교부대상사업자가 사업자가 아닌 비사업자에게 재화를 직접 공급한 경우 부가법 제36조 제1항에 따라 영수증을 발급할 수 있는 것이므로 해당 공급받는 자가 세금계산서 발급을 요구하지 아니하여 영수증이 발급되었다면 세금계산서 발급의무가 당연히 면제된다. 따라서 당초 영수증 발급 후 비사업자의 세금계산서 발급요구가 없었음에도 착오로 전자세금계산서를 재차 지연발급하였거나 필요적 기재사항이 잘못 기재된 전자세금계산서를 발급하였다면 세금계산서 발급의무가 없는 거래에 대하여 발급한 전자세금계산서에 대하여는 세금계산서 관련 가산세 적용은 불가하다고 본다.

4 서식과 구성

(1) 서 식

영수증에는 공급자의 등록번호, 상호, 성명(법인의 경우 대표자의 성명), 공급대가, 작성연월일 등을 기재하여야 하며, 영수증서식은 영수증의 서식고시(국세청고시)에 양식을 고시하고 있다. 이때 부가법 제46조 제1항에 따른 신용카드매출전표 등은 영수증으로 본다(부가법 §36 ⑤, 부가령 §73 ⑦).

(2) 세액의 별도 구분 기재

종전에는 위 "2. 영수증의 발급"의 "1)"과 "2)"에서 정하는 영수증발급대상 사업을 하는 자 중 「유통산업발전법」에 따른 백화점, 대형점, 쇼핑센터 내의 사업자 및 「유통산업발전법」에 의한 판매시점정보관리시스템을 도입한 사업자 등으로서 사업의 종류·규모 등을 감안하여 국세청장이 지정하는 사업자가 신용카드기 또는 직불카드기 등 기계적 장치(금전등록기를 제외한다)에 의하여 영수증을 발급하는 때에는 영수증에 공급가액과 세액을 별도로 구분하여 기재하도록 하였으나, 2010. 2. 18. 시행령 개정 시 신용카드기 또는 직불카드기 등 기계적 장치(금전등록기는 제외한다)를 사용하여 영수증을 발급할 때에는 2010. 7. 1. 이후부터 영수증에 공급가액과 세액을 별도로 구분하여 적어야 한다(부가령 §73 ⑧).

(3) 영수증에 갈음되는 계산서 등

아래 「부가통칙 36-73-1」에서 규정하고 있는 계산서 등은 영수증으로 부가법 제36조에 따른 영수증으로 보며 공급자의 등록번호·상호 또는 성명·공급대가 및 작성연월일이 기재됨을 요건으로 한다.

ⓐ 여객운송사업자가 발급하는 승차권·승선권·항공권
ⓑ 공연장·유기장의 사업자가 발급하는 입장권·관람권. 다만, 「개별소비세법」이 적용되는 것은 그 법에서 정하는 바에 따른다.
ⓒ 금전등록기계산서와 신용카드가맹사업자가 발급하는 계산서
ⓓ 「전기사업법」에 따른 전기사업자가 발급하는 비산업용 전력사용료에 대한 영수증
ⓔ 그 밖의 전 각호에 유사한 계산서

그 밖의 전망권 또는 도시가스 사업자가 발부한 은행납입고지서에 의한 영수증 등도 상기의 요건이 기재되어 있으면 영수증으로 본다.

(4) 종이세금계산서에 주민등록번호 앞자리만 기재한 경우

부가법령상 영수증을 발급할 수 있는 사업자가 종이세금계산서 서식을 이용하여 공급받는 자의 주민번호 뒤 7자리를 *******로 표시하여 발급하는 경우에는 세금계산서가 아닌 영수증을 발급한 것으로 보는 것이므로(부가가치세과-877, 2009. 6. 25.) 세금계산서 관련 가산세를 부과하거나 세금계산서 질서범으로 처벌할 수 없다. 다만, 주민등록번호 전부를 입력한 전자세금계산서를 발급하는 경우에는 세금계산서를 발급한 것으로 보아야 하므로 가공 또는 허위세금계산서, 사실과 다른 세금계산서에 해당한다면 세금계산서 관련 가산세나 세금계산서 질서범의 대상이 될 여지가 있다.

5 | 영수증의 작성과 발급 방법

(1) 수동 작성 발급

영수증은 공급자용 1매(적색)와 공급받는 자용 1매(청색)를 복사 작성하여 공급자용은 사업장에 비치하고 공급받는 자용은 거래상대방에게 발급하여야 한다.

영수증을 발급한 후에 그 기재사항에 관하여 착오 또는 정정사유가 발생하거나 공급대가의 가감사항이 발생하는 경우에는 「부가통칙 36-73-2」에 의한다.

> **부가통칙 36-73-2【수정영수증 발급】**
>
> 영수증을 발급한 후에 그 기재사항에 관하여 착오 또는 정정사유가 발생하거나 당초의 공급대가에 추가 또는 차감되는 금액이 발생하는 경우에는 법 제57조에 따라 부가가치세의 과세표준과 납부세액 또는 환급세액을 경정하여 통지하기 전까지 당초에 발급한 영수증을 회수하여 파기하고 다시 영수증을 발급할 수 있다. 이 경우 회수되지 아니한 때에는 다시 발급할 수 없다.

(2) 영수증의 전자적 발급

영수증은 다음의 어느 하나에 해당하는 방법으로 발급할 수 있다.

① 신용카드단말기 또는 현금영수증 발급장치 등을 통해 신용카드매출전표 등을 출력하여 공급받는 자에게 발급하는 방법

② 위 "(1)"의 사항이 기재된 결제내역을「전자문서 및 전자거래 기본법」제2조 제1호에 따른 전자문서의 형태로 공급받는 자에게 송신하는 방법(공급받는 자가 동의한 경우에 한정). 이 경우 전자적 방법으로 생성·저장된 결제내역을「국세기본법」제2조 제18호에 따른 정보통신망 등을 통하여 확인할 수 있는 경우에는 공급받는 자에게 송신한 것으로 본다(부가령 §73 ⑨).

6 | 영수증 발급불이행에 대한 제재

영수증은 이를 세무서에 제출할 의무도 없고 발급하지 않았다 하여 가산세를 부과하지도 않는다.

XI 세금계산서합계표

1 세금계산서합계표의 제출

(1) 의 의

세금계산서는 재화·용역의 거래사실을 증명하는 서류로서 과세되는 재화·용역을 공급하는 경우 2매를 작성하여 1매는 공급자가 보관하고 1매는 공급받는 자에게 발급한다. 수수한 세금계산서는 거래내역을 상호검증(cross-check)하는 기능이 필수인데, 과세권자는 납세자가 발급하거나 발급받은 세금계산서가 진실한 증빙인지를 확인하기 위하여 예정신고 또는 확정신고 시 매출·매입처별세금계산서합계표를 제출하도록 하고 있다.

공급자·공급받는 자는 과세기간 동안 거래처별로 거래한 건수·금액을 합계하여 작성한 매출·매입처별세금계산서합계표를 제출하고 과세권자는 이를 전산처리조직에 수록하여 상호검증(cross-check)함으로써 탈세의 여지를 없애며, 사업자의 정당한 과세표준과 납부세액을 확인함으로써 근거과세를 구현할 수 있다.

또한 근거과세기능을 강화하기 위하여 세금계산서를 발급받은 국가·지방자치단체 등 부가가치세 납세의무가 없는 자도 매입처별세금계산서합계표를 제출하여야 한다(부가법 §54).

(2) 세금계산서합계표의 제출

사업자는 세금계산서 또는 수입세금계산서를 발급하였거나 발급받은 경우에는 매출처별세금계산서합계표와 매입처별세금계산서합계표(이하 "매출·매입처별세금계산서합계표"라 한다)를 해당 예정신고 또는 확정신고를 할 때 함께 제출하여야 한다(부가법 §54 ①).

이 경우 부가법 제48조 제3항 본문에 따라 예정신고의무가 없는 개인사업자는 확정신고 시 매출·매입처별세금계산서합계표를 제출하며, 예정신고의무가 있는 사업자가 예정신고서와 함께 제출하지 아니한 경우의 매출·매입처별세금계산서합계표는 해당 예정신고기간이 속하는 과세기간의 확정신고서와 함께 제출할 수 있다.

1) 제출의무자

매출·매입처별세금계산서합계표를 정부에 제출하여야 할 의무가 있는 사업자는 과세사업자 중 일반과세사업자를 말하는 것으로 영세율적용사업자·면세포기사업자를 포함한다. 간이과세자의 경우에도 매출·매입처별세금계산서합계표를 제출할 의무가 있다.

비거주자 또는 외국법인의 대리인은 해당 비거주자 또는 외국법인을 대리하여 부가법 제48조, 제49조 및 제54조에 따른 예정신고 및 납부, 확정신고 및 납부, 매출·매입처별 세금계산서합계표의 제출을 하여야 한다(부가령 §90 ⑦).

2) 제출대상

사업자가 정부에 제출하여야 할 매출·매입처별세금계산서합계표는 발급한 세금계산서를 거래처별로 집계한 매출처별세금계산서합계표와 발급받은 세금계산서 및 발급받은 수입세금계산서를 집계한 매입처별세금계산서합계표로 하며 부가령 제70조에 따라 발급하였거나 발급받은 수정세금계산서를 포함한다.

3) 제출시기

① 일반적인 경우

해당 세금계산서를 발급하였거나 발급받은 날(작성연월일 기준)이 속하는 해당 예정신고기간 또는 과세기간에 대한 예정신고기한 또는 확정신고기한 내에 해당 예정신고 또는 확정신고서와 함께 제출하여야 한다.

다만, 직전 과세기간에 대한 납부세액(추가로 증액 또는 감액된 세액이 있는 경우 이를 반영한 세액)의 2분의 1에 상당하는 금액을 정부의 납세고지에 의하여 납부하는 개인사업자는 해당 과세기간의 확정신고 기한 내에 확정신고서와 함께 제출하여야 한다.

② 지연제출의 경우

부가법 제48조 제1항 및 제4항에 따라 예정신고를 하는 사업자가 각 예정신고와 함께 매출·매입처별세금계산서합계표를 제출하지 못하는 경우에는 해당 예정신고기간이 속하는 과세기간의 확정신고를 할 때 함께 제출할 수 있다(부가법 §54 ③). 이 경우 매출처별세금계산서합계표의 지연제출에 대해서는 매출처별세금계산서합계표 지연제출가산세가 부과된다. 한편, 매입처별세금계산서합계표를 지연제출한 경우에는 지연제출에 대한 가산세는 없으나 예정신고기간분의 매입세액을 확정신고 시에 공제받아야 한다.

③ **조기환급신고의 경우**

부가법 제59조에 따라 영세율 등 조기환급신고를 하는 경우에는 해당 영세율 등 조기환급기간에 작성한 매출·매입처별세금계산서합계표를 영세율 등 조기환급신고서에 첨부하여 제출하여야 하고, 이에 따라 제출한 매출·매입처별세금계산서합계표는 부가법 제54조에 따라 매출·매입처별세금계산서합계표를 제출한 것으로 본다.

④ **「국세기본법」에 따른 수정신고 등의 경우**

예정신고기한 또는 확정신고기한 내에 과세표준신고를 한 사업자가 매출·매입처별세금계산서합계표를 예정신고 또는 확정신고 시 제출하지 아니한 경우(예정신고기간분을 확정신고 시 제출하는 경우, 즉 지연제출하는 경우는 제외함)에는 「국세기본법」에 따른 수정신고·경정청구 시에 제출할 수 있다. 또한 예정신고기한 내에 또는 확정신고기한 내에 과세표준신고를 하지 아니한 경우에도 「국세기본법」에 따른 기한 후 과세표준신고 시에 매출·매입처별세금계산서합계표를 제출할 수 있다.

사업자가 세금계산서를 발급하고 「국세기본법」에 따른 수정신고 등과 함께 매출처별세금계산서합계표를 제출하는 경우 매출처별세금계산서합계표 미제출가산세를 적용하나(부가통칙 60-108-3), 매입처별세금계산서합계표를 수정신고 등과 함께 제출하는 경우에는 매입세액을 공제하고 가산세는 적용하지 아니한다.

⑤ **수정세금계산서의 경우**

수정세금계산서를 발급하거나 발급받은 때에는 당초 세금계산서의 작성연월일이 속하는 날의 예정신고 또는 확정신고를 수정신고하고 수정세금계산서에 의하여 작성한 매출·매입처별세금계산서합계표를 제출하여야 한다. 세금계산서의 기재사항의 착오 또는 정정사유로 인한 수정신고는 납부세액에 영향을 미치지 아니하나 「국세기본법」 제45조 제1항 제3호에 따라 수정신고할 수 있으며, 수정세금계산서 발급으로 인한 수정신고 시에는 매출처별세금계산서합계표불성실가산세를 적용하지 아니한다.

이때 예정신고기간 내 또는 확정신고기간의 최종 3월 내에 세금계산서와 수정세금계산서를 모두 발급한 경우에는 해당 예정신고 또는 확정신고와 함께 수정세금계산서에 의한 매출·매입처별세금계산서합계표를 제출하면 되고, 예정신고 시에 세금계산서를 발급하고 확정신고기간의 최종 3월 중 수정세금계산서를 발급한 경우에는 당초의 예정신고분에 대한 수정신고 또는 해당 확정신고와 함께 수정세금계산서에 의한 매출·매입처별세금계산서합계표를 제출할 수 있다.

당초의 공급가액에 추가되거나 차감되는 금액이 발생함으로써 그 발생한 때에 세금계산서를 수정하여 발급한 때에는 그 공급가액의 증감사유가 발생한 날이 속하는 예정신고 또는 확정신고와 함께 그 수정세금계산서에 의한 매출처별세금계산서합계표를 제출하여야 한다.

⑥ 매출·매입처별세금계산서합계표 수정제출방법

부가가치세 신고 시 제출한 세금계산서합계표를 「국세기본법」에 따른 수정신고 또는 경정청구 시 수정하여 제출하고자 할 경우 매출·매입처별세금계산서합계표 수정작성방법은 다음과 같다.

㉠ 수정하여야 할 거래처에 한하여 당초에 작성한 거래처별 거래내용은 주서로 상단에 기재하고 수정하는 내용은 흑서로 하단에 기재하며 여러 거래처가 수정될 경우에는 동일한 방법으로 연속해서 기재한다.

㉡ 거래처별 거래금액의 수정으로 인하여 세금계산서합계표 서식상의 ⑦~⑩번의 합계내용이 변경되면 동일한 요령으로 정정한다.

4) 제출 소관세무서장

가. 일반적인 경우

세금계산서합계표는 예정신고 또는 확정신고와 마찬가지로 각 사업장 관할 세무서장에게 제출하여야 한다. 따라서 주된 사업장에서 총괄납부를 하는 사업자의 경우에도 신고는 각 사업장별로 하기 때문에 세금계산서합계표의 제출도 각 사업장 관할 세무서장에게 하여야 한다.

나. 사업자단위과세자의 경우

사업자단위로 등록한 사업자는 총괄사업장(본점 또는 주사무소) 관할 세무서장에게 신고를 하여야 하는바, 매출·매입처별세금계산서합계표의 제출도 총괄사업장 관할 세무서장에게 하여야 한다.

다. 관할을 달리하여 제출한 경우

「국세기본법」 제43조에 따라 관할을 달리하여 세금계산서를 제출한 경우에도 그 제출의 효력에는 영향이 없으므로 세금계산서 미제출가산세를 적용하지 아니하며 발급받은 세금계산서는 매입세액으로 공제된다.

라. 수입세금계산서의 제출

수입세금계산서를 발급한 세관장은 매출처별세금계산서합계표를 해당 세관 소재지를 관할하는 세무서장에게 제출하여야 한다(부가법 §54 ④).

5) 제출방법

사업자는 매출·매입처별세금계산서합계표를 일반적인 제출요령으로 제출하든지 부가령 제97조에 따라 전자계산조직에 의하여 처리된 테이프를 제출할 수 있다.

가. 일반적인 세금계산서합계표의 제출

사업자는 발급하거나 발급받은 세금계산서에 대한 매출·매입처별세금계산서에 공급하는 사업자 및 공급받는 사업자의 등록번호와 성명 또는 명칭, 거래기간, 작성일자, 거래기간 동안의 공급가액의 합계액 및 세액의 합계액, 거래처별 세금계산서 발급매수 등을 기재하여 제출한다. 이때 직접 서면작성하여 제출하거나 전자신고방법에 의한 제출방법, 전산매체로 제출하는 방법 및 세무대리인을 통한 제출방법이 있다.

나. 전자계산조직에 의하여 처리된 테이프의 제출

사업자가 국세청장이 정하는 바에 따라 매출·매입처별세금계산서합계표의 기재사항을 모두 적은 것으로서 전자계산조직을 이용하여 처리된 테이프 또는 디스켓을 제출하는 경우에는 부가법 제54조에 따른 매출·매입처별세금계산서합계표를 제출한 것으로 본다(부가령 §97).

다. 신용카드 매출전표수취명세서의 제출

사업자가 발급받은 신용카드매출전표에 의하여 매입세액을 공제받고자 하는 경우에는 신용카드매출전표 등 수취명세서를 제출하여야 한다.

라. 제출 시 기재사항

세금계산서를 발급하였거나 발급받은 때에는 다음의 사항을 기재한 매출처별세금계산서합계표와 매입처별세금계산서합계표를 제출한다.

㉮ 공급하는 사업자 및 공급받는 사업자의 등록번호와 성명 또는 명칭

㉯ 거래기간

㉰ 작성일자

㉱ 거래기간 동안의 공급가액의 합계액 및 세액의 합계액

㉲ 거래처별 세금계산서 발급매수 등 그 밖에 기획재정부령으로 정하는 것

(3) 세금계산서합계표 제출의무 면제

2010. 1. 1.부터는 부가법 제32조 제2항 또는 제5항에 따라 전자세금계산서를 발급하거나 발급받고 부가법 제32조 제3항 및 제5항에 따른 전자세금계산서 발급명세를 해당 재화 또는 용역의 공급시기가 속하는 과세기간(예정신고의 경우에는 예정신고기간) 마지막 날의 다음 달 11일까지 국세청장에게 전송한 경우에는 해당 예정신고 또는 확정신고(부가법 제48조 제3항 본문이 적용되는 경우에는 해당 과세기간의 확정신고) 시 매출·매입처별세금계산서합계표를 제출하지 아니할 수 있다(부가법 §54 ②).

2 | 세금계산서합계표 제출의무 불이행에 대한 제재

(1) 공급받는 자에 대한 제재

매입처별세금계산서합계표를 제출하지 아니한 경우의 매입세액 또는 제출한 매입처별세금계산서합계표의 기재사항 중 거래처별 등록번호 또는 공급가액의 전부 또는 일부가 기재되지 아니하였거나 사실과 다르게 적혀 있는 경우 그 기재사항이 기재되지 아니한 분 또는 사실과 다르게 적혀 있는 분의 매입세액은 납부세액을 계산할 때 매출세액에서 공제하지 않는다. 한편, 간이과세자의 경우에 매입처별세금계산서를 제출하지 아니하는 경우에는 매입처별세금계산서합계표 등에 대한 세액공제가 적용되지 아니한다.

공급받는 자가 매입처별세금계산서를 지연제출하거나 또는 제출하지 아니하고 「국세기본법」에 따른 수정신고·경정청구·기한 후 과세표준신고 시에 제출하는 경우에도 매입세액은 공제된다. 또한 매입처별세금계산서합계표 가산세도 부과되지 아니한다. 다만, 경정 시 경정기관의 확인을 거친 세금계산서에 의해 매입세액을 공제받는 경우에는 세금계산서에 의해 공제받는 공급가액의 1%의 가산세가 적용된다.

(2) 공급자에 대한 제재

사업자가 발급한 세금계산서에 대한 매출처별세금계산서합계표를 예정신고 또는 확정신고 시 제출하지 아니하였거나 제출한 매출처별세금계산서합계표의 기재사항이 기재되지 아니하거나 사실과 다르게 된 때에는 제출되지 아니한 공급가액, 기재사항이 기재되지 아니하거나 사실과 다르게 적혀 있는 분의 공급가액에 대하여 가산세를 부과한다. 다만, 예정신고기간분에 대한 매출처별세금계산서합계표를 확정신고 시 제출하는 경우에는 지연제출에 따른 가산세를 부과한다.

(3) 경 정

부가가치세의 확정신고에 있어서 매출처별세금계산서합계표 또는 매입처별세금계산서합계표를 제출하지 아니하거나 제출한 매출처별세금계산서합계표 또는 매입처별세금계산서합계표의 기재사항의 전부 또는 일부가 기재되지 아니하거나 사실과 다르게 적혀 있는 때에는 사업장 관할 세무서장 등이 해당 사업자의 과세표준과 세액을 경정할 수 있다.

3 | 세금계산서합계표 등의 제출협력의무

사업자 외에 수입세금계산서를 발급한 세관장과 세금계산서를 발급받은 국가 등의 자는 부가가치세의 납세의무가 없는 경우에도 그 발급하였거나 발급받은 세금계산서에 대한 매출·매입처별세금계산서합계표를 제출해야 하는 협력의무가 있다.

(1) 제출협력 의무자

다음의 자는 발급하거나 발급받은 세금계산서에 대한 매출·매입처별세금계산서합계표를 정부에 제출하여야 한다(부가법 §54 ④·⑤, 부가령 §99).

① 세관장
② 국가
③ 지방자치단체
④ 지방자치단체조합
⑤ 부가가치세가 면제되는 사업자 중 소득세 또는 법인세의 납세의무가 있는 자(「조세특례제한법」에 따라 소득세 또는 법인세가 면제되는 자를 포함한다)
⑥ 「민법」 제32조의 규정에 의하여 설립된 법인
⑦ 특별법에 따라 설립된 법인
⑧ 각급학교 기성회, 후원회 또는 이와 유사한 단체
⑨ 법인법 제94조의2에 따른 외국법인 연락사무소

(2) 공동매입 등의 경우의 제출협력의무

전력공급 또는 조합공급에 있어서 해당 전력을 공급받는 명의자 또는 조합도 세금계산서합계표를 제출하여야 한다.

① 전력 등의 공동매입 시 명의자 또는 동업자가 조직한 조합 또는 이에 비슷한 단체 및 「국가를 당사자로 하는 계약에 관한 법률」에 의한 공동도급계약에 의하여 용역을 공급하고 그 대가를 지급받는 공급수급체 대표자, 도시가스를 공급받는 명의자와 실제 소비하는 자가 서로 다른 경우의 해당 명의자가 매출·매입처별세금계산서합계표 제출

② 「조달사업에 관한 법률」에 따른 물자를 조달하는 경우 물자의 실수요자를 알 수 없어 조달청장이 실수요자에게 세금계산서를 발급한 경우 조달청장이 매출·매입처별세금계산서합계표 제출

③ 「부동산가격공시 및 감정평가에 관한 법률」에 의한 감정평가업자가 감정평가용역을 제공하는 경우로서 용역을 공급받는 자를 알 수 없어 세금계산서를 발급받은 법원이 실수요자에게 발급한 세금계산서 및 발급받은 세금계산서에 대하여 법원이 매출·매입처별세금계산서합계표 제출

(3) 제출시기

수입재화에 대한 세금계산서를 발급한 세관장은 예정신고 또는 확정신고기한까지 제출하거나, 예정신고기한까지 제출하지 못한 경우에는 예정신고기간이 속하는 과세기간에 확정신고기한까지 매출처별세금계산서합계표를 사업장 관할 세무서장에게 제출하여야 한다.

그 밖의 부가가치세 납세의무가 없는 협력의무대상자는 매입처별세금계산서합계표를 해당 과세기간이 끝난 후 25일 이내에 사업장 관할 세무서장에게 제출하여야 한다(부가법 §54 ⑤).

4 세금계산서합계표 제출협력의무 불이행에 대한 제재

매입처별세금계산서합계표의 제출협력의무가 있는 자가 발급받은 세금계산서에 대한 매입처별세금계산서합계표를 제출하지 아니한 경우 「부가가치세법」상 가산세는 적용되지 아니한다(간세 1235-685, 1977. 3. 28.).

그러나 수익사업을 영위하는 면세사업자의 경우 「법인세법」 제120조의3 및 「소득세법」 제163조의2에서는 매입처별세금계산서를 제출하도록 하고 있고, 매입처별세금계산서합계표를 미제출 시에는 「법인세법」 제75조의8 제1항 제1호 및 「소득세법」 제81조의10 제1항 제3호에 따라 「법인세법」 또는 「소득세법」상 가산세가 적용된다.

XII 계산서 등의 작성 · 발급 · 제출

1 계산서의 작성 및 발급

(1) 계산서 발급 원칙과 예외

1) 개요 및 원칙

소득법 제168조 및 부가법에 따라 사업자등록을 한 사업자가 면세(비과세 포함)되는 재화 또는 용역을 공급하는 때에는 다음의 필요적 기재사항과 기타 참고사항이 기재된 계산서 2매를 작성하여 그중 1매를 공급받는 자에게 발급하여야 한다(소법 §163 ①, 소령 §211 ①).

- 공급하는 사업자의 등록번호와 성명 또는 명칭
- 공급받는 자의 등록번호와 성명 또는 명칭(다만, 공급받는 자가 사업자가 아니거나 등록한 사업자가 아닌 경우에는 고유번호 또는 공급받는 자의 주민등록번호로 한다)
- 공급가액
- 작성연월일
- 기타 참고사항

2) 계산서 등 발급의 면제 등

다음의 재화 또는 용역의 공급에 대해서는 계산서 또는 영수증을 발급하지 아니할 수 있다(소령 §211 ③).

- 노점상인 · 행상인 또는 무인판매기 등을 이용하여 사업을 하는 자가 공급하는 재화 또는 용역
- 부가법 제26조 제1항 제7호의 용역 중 시내버스에 의한 용역
- 국내사업장이 없는 비거주자 또는 외국법인과 거래되는 재화 또는 용역(다만, 외국법인 연락사무소와 거래되는 경우는 제외)
- 기타 부가법 제36조 제1항 제1호, 같은 법 시행령 제71조 및 제73조에 따라 세금계산서 또는 영수증의 발급이 면제되는 재화 또는 용역
- 토지 및 건축물, 토지와 건물의 분양권을 공급하는 경우(법인법 §121 ④, 법인령 §164, 계산서 발급의무 면제)

이 밖에도 도매업을 영위하는 사업자 등 계산서 발급의무자가 부가가치세가 면제되는 재화를 소매업자에게 공급하면서 신용카드매출전표를 발급한 경우에는 계산서를 발급하지 아니한다(서면3팀 - 1045, 2006. 6. 7. ; 서면1팀 - 718, 2008. 5. 27.).

(2) 전자계산서의 발급

1) 개요

부가가치세 면세거래에 대한 세원투명성 제고 및 납세협력비용 절감 등을 위해 전자계산서 발급의무 제도를 2015. 7. 1.부터 처음 시행하였다. 전자계산서는 국세청 홈택스를 이용하거나 전자계산서 발급대행 사업자의 시스템 등을 이용하여 발급할 수 있으며, 발급된 전자계산서를 기한 내에 국세청에 전송한 경우 「발급세액공제, 계산서 보관의무 면제, 계산서합계표 작성 시 거래처별 명세 작성 생략」 등의 혜택이 있으며, 전송기한을 경과하거나 전송하지 않은 전자계산서에 대하여는 2016. 1. 1. 거래분부터 가산세가 부과된다.

> 전자계산서는 부가가치세 면세거래에 대해 「소득세법」 및 「법인세법」에 따른 계산서로, 「부가가치세법 시행령」 제68조 제5항에서 정한 전자적 방법으로 발급하는 계산서를 말함. 전자계산서는 「전자문서 및 전자거래 기본법」 제24조 제1항에 따라 제정된 전자계산서의 표준에 따라 생성 · 발급 · 전송되어야 함(소칙 §96의3).

2) 전자계산서 의무발급 대상자

전자계산서 의무발급 대상자는 아래 표와 같다(소득법 §163 ①, 소득령 §211의2). 이때 총수입금액은 재화 또는 용역 공급과 관련한 각각의 사업장별 총수입금액 합계액(인별 합계액이 아님)으로 하는 것이며, 이자 · 배당 · 근로소득 등의 수입금액은 총수입금액 범위에 포함하지 않는다.

다만, 전자계산서 의무발급 대상자라 하더라도 소비자에게 재화 또는 용역을 공급하는 사업은 계산서 대신 영수증을 발급할 수 있다(재화 또는 용역을 공급받은 사업자가 사업자등록증을 제시하고 계산서의 발급을 요구할 때에는 전자계산서를 발급해야 함)(소득령 §211 ②).

특히 2023. 7. 1. 이후 전자계산서 의무발급 개인사업자의 범위가 '직전 과세기간의 사업장별 총수입금액이 기준금액 이상인 사업자(그 이후 과세기간의 사업장별 총수입금액이 기준금액 미만이 된 사업자 포함)'로 확대되어 다음의 구분에 따른 날부터 전자계산서를 발급해야 한다.

① 전자세금계산서 발급의무자의 경우에는 부가령 제68조 제2항에 따라 전자세금계산서를 발급해야 하는 날

② 위 "①" 외에 소득법 제163조 제1항 제2호에 해당하는 사업자는 사업장별 총수입금액이 최초로 기준금액 이상이 된 과세기간의 다음 과세기간의 7월 1일. 다만, 사업장별 총수입금액이 국기법 제45조에 따른 수정신고 또는 국기법 제80조에 따른 결정과 경정(이하 "수정신고등"이라 한다)으로 기준금액 이상이 된 경우에는 수정신고등을 한 날이 속하는 과세기간의 다음 과세기간의 개시일로 한다.

발급의무 개시일	발급의무 대상
2015. 7. 1.	• 법인사업자 및 직전연도의 사업장별 과세분 재화 및 용역의 공급가액의 합계액이 3억 원 이상인 개인사업자 ⇨ 전자세금계산서 의무발급 대상자가 면세거래가 있고, 계산서를 발급해야 하는 경우 전자계산서를 발급하라는 의미임.
2016. 1. 1.	• 직전 과세기간의 총수입금액이 10억 원 이상인 개인사업자 ⇨ 총수입금액: 사업장별 부가가치세 과세 공급가액 및 면세 수입금액의 합계액임. • 전자세금계산서 발급의무자 및 법인사업자
2017. 1. 1.	• 전전 과세기간의 총수입금액이 10억 원 이상인 개인사업자 • 전자세금계산서 발급의무자 및 법인사업자
2019. 7. 1.	• 직전 과세기간의 사업장별 총수입금액이 3억 원 이상인 개인사업자는 그 다음 과세기간의 7. 1.부터 그 다음 과세기간의 6. 30.까지 • 전자세금계산서 발급의무자 및 법인사업자
2022. 7. 1.	• 직전 과세기간의 사업장별 총수입금액이 2억 원 이상인 개인사업자는 그 다음 과세기간의 7. 1.부터 그 다음 과세기간의 6. 30.까지 • 전자세금계산서 발급의무자 및 법인사업자
2023. 7. 1.	• 직전 과세기간의 사업장별 총수입금액이 1억 원 이상인 개인사업자는 그 다음 과세기간의 7. 1.부터 적용 • 전자세금계산서 발급의무자 및 법인사업자
2024. 7. 1.	• 직전 과세기간의 사업장별 총수입금액이 8천만 원 이상인 개인사업자(최초로 요건을 충족한 이후 과세기간의 사업장별 총수입금액이 8천만 원 미만이 된 사업자를 포함)는 그 다음 과세기간의 7. 1.부터 적용 • 전자세금계산서 발급의무자 및 법인사업자

1) 소득세법 제12조에 따른 비과세수입금액은 제외함(서면-2016-법령해석소득-5987, 2017. 2. 8.).

2) 전자계산서 발급의무자가 신용카드 또는 현금영수증은 발행할 수 있으나 간이영수증을 발행할 수 없으며,

간이영수증 발행분을 수입금액에 포함하여 신고한 경우에도 전자계산서 미발급에 해당됨.

3) 직전연도의 총수입금액을 기준으로 한 전자계산서 발급의무 대상기간은 2023. 7. 1. 전까지는 그 과세기간의 7. 1.부터 그 다음 과세기간의 6. 30.까지였으나 이후부터는 최초로 총수입금액이 기준 금액 이상이 되면 그 과세기간의 7. 1.부터 지속적으로 전자계산서 의무발급자가 됨에 유의한다.

4) 2023. 7. 1.부터 2024. 6. 30.까지는 기준금액 "8천만 원"을 각각 "1억 원"으로 보아 같은 개정 규정을 적용한다.

5) 2022. 1. 1.부터 2022. 12. 31.까지의 기간 동안의 사업장별 총수입금액이 수정신고등으로 변경된 경우에는 기준금액 "8천만 원"을 "1억 원"으로 보아 개정규정을 적용한다.

3) 전자계산서 발급기한 및 지연발급 기한 신설

가. 발급기한

전자계산서는 원칙적으로 건별로 재화 또는 용역의 공급시기마다 발급하거나 발급특례 규정에 따라 거래처별로 1역월 이내에서 해당 달의 말일 또는 임의로 정한 기간의 공급가액을 합하여, 말일 또는 임의로 정한 기간의 종료일을 작성연월일로 하여 공급일이 속하는 달의 다음 달 10일까지 발급할 수 있다. 다만, 계산서 작성연월일이 토요일 및 일요일, 공휴일 및 대체 공휴일, 근로자의 날인 경우에도 다음 영업일로 작성연월일이 순연되지 않으나, 계산서 발급특례 기한인 다음 달 10일이 토요일 및 일요일, 공휴일 및 대체 공휴일, 근로자의 날인 경우에는 바로 다음 영업일로 발급기한이 순연된다(작성일자가 2015. 10. 30.(금)인 전자계산서의 전송기한은 2015. 10. 31.(토)이나 토요일이므로 2015. 11. 2.(월)까지 전자계산서를 전송하면 됨)(소령 §211 ②, 법령 §164 ①).

나. 지연발급 신설

2017. 12. 31.까지는 재화 또는 용역의 공급시기가 속하는 달의 다음 달 10일이 경과된 후 그 과세기간의 다음 달 25일까지 계산서를 발급하지 아니한 경우 종전에는 미교부가산세(공급가액의 2%)를 부과하였으나, 2018. 1. 1. 이후 개시하는 과세기간부터는 계산서지연발급가산세가 신설되어 지연발급가산세(공급가액의 1%)가 부과되어 납세자 부담이 경감되었다.

4) 전자계산서 발급시기

재화나 용역을 공급받는 자가 지정하는 수신함에 입력되거나 국세청 전자계산서 발급시스템에 입력된 때에 공급받는 자가 그 전자계산서를 수신한 것으로 보며, 공급받는 자가 전자계산서를 받을 수신함을 가지고 있지 않거나 지정하지 아니한 경우 국세청 전자계산서 발급시스템을 수신함으로 지정한 것으로 본다(소령 §211의2 ⑥, 법령 §164 ①).

5) 전자계산서 발급명세 전송기한

위 "(1) 1)"의 필요적 기재사항 등이 기재된 전자계산서 발급명세는 발급일의 다음 날까지 국세청에 전송하여야 한다(소법 §163 ⑧, 소령 §211의2 ④ 및 ⑤, 법령 §164 ⑤).

(3) 수입계산서의 발급

수입하는 재화에 대하여는 관세청장이 정하여 고시하는 바에 따라 세관장이 계산서를 수입자에게 발급하여야 한다(소법 §163 ③, 소령 §212의2).

(4) 계산서의 발급특례

부가가치세가 면제되는 농산물 · 축산물 · 수산물 · 임산물의 위탁판매의 경우나 대리인에 의한 판매의 경우에는 수탁자 또는 대리인이 재화를 공급한 것으로 보아 계산서 등을 작성하여 해당 재화를 공급받는 자에게 발급하여야 하며, 이 경우 계산서에 그 사실을 부기하여야 한다. 다만, 위탁자 또는 본인의 명의로 계산서를 발급하는 경우에는 그러하지 아니하다(소법 §163 ②, 소령 §212 ③ 및 ④).

(5) 계산서겸용서식 신고

사업자는 필요적 기재사항과 기타 필요하다고 인정되는 사항 및 국세청장에게 신고한 계산서임을 기재한 계산서를 국세청장에게 신고한 후 발급할 수 있다. 이 경우 그 계산서는 위 "(1)"의 규정에 의한 계산서로 본다(소령 §211 ⑥).

(6) 계산서 발급 의제

1) 사업소득 원천징수영수증

사업자가 사업소득원천징수대상용역을 공급받는 자로부터 사업소득원천징수영수증을 교부받는 것에 대하여는 계산서를 발급한 것으로 본다(소령 §211 ⑤). 이 경우 계산서로 보는 사업소득원천징수영수증은 용역을 공급받는 자로부터 발급받은 것에 한하므로, 용역을 공급받은 자가 아닌 자로부터 용역의 공급대가를 지급받고 원천징수영수증을 발급받은 경우에는 계산서로 보지 아니한다.

2) 전자계산서

사업자가 소득세법이 정한 방법에 따라 계산서(전자계산서)를 전송하고 그 자료를 보관하는 경우에는 계산서를 발급한 것으로 본다.

3) 전자계산서의 대행발급

전자계산서의 발급업무를 대행하는 사업자가 실거래사업자를 대행하여 전자계산서의 발급방법에 의하여 전자계산서를 발급하고 보관하는 경우에는 해당 실거래사업자가 전자계산서를 발급한 것으로 본다. 이 경우 대행사업자의 사업자등록번호를 전자계산서에 기재하여야 한다.

4) 세금계산서 등

「부가가치세법」에 따라 세금계산서 또는 영수증을 작성·발급하였거나 매출·매입처별세금계산서합계표를 제출한 분에 대해서는 소득세법에 따라 계산서 등을 작성·발급하였거나 매출·매입처별계산서합계표를 제출한 것으로 본다(소법 §163 ⑥).

(7) 계산서 등의 발급의무 면제

다음의 재화 또는 용역의 공급에 대하여는 계산서 또는 영수증을 발급하지 아니할 수 있다(소령 §211 ④).

① 노점상인·행상인 또는 무인판매기 등을 이용하여 사업을 하는 자가 공급하는 재화 또는 용역

② 시내버스운송용역

③ 국내사업장이 없는 비거주자 또는 외국법인과 거래되는 재화 또는 용역(다만 외국법인연락사무소와 거래되는 재화 또는 용역은 제외한다)

④ 기타 부가법 제36조 제1항 제1호, 부가령 제71조 및 제73조에 따라 세금계산서 또는 영수증의 발급이 면제되는 재화 또는 용역

(8) 매입자발행계산서

1) 개요

법인법 제121조 또는 소득법 제163조에도 불구하고 사업과 관련하여 사업자등록을 한 사업자(이하 "사업자")로부터 재화 또는 용역을 공급받은 법인(거주자를 포함한다)이 재

화 또는 용역을 공급한 사업자의 부도・폐업, 공급 계약의 해제・변경, 사업자가 재화 또는 용역을 공급하고 주소 또는 거소를 국외로 이전하거나 행방불명되는 경우 및 그 밖에 이와 유사한 사유가 발생한 경우로서 국세청장이 정하여 고시하는 경우 등의 사유로 계산서를 발급받지 아니한 경우에는 납세지 관할 세무서장의 확인을 받아 계산서(이하 "매입자발행계산서")를 발행할 수 있다(법인법 §121의2 ①, 소득법 §163의3 ①, 소득령 §212의4).

※ 2023. 7. 1. 신설

2) 주요 절차 등

매입자발행계산서는 해당 재화 또는 용역의 공급시기가 속하는 과세기간의 종료일로부터 6개월 이내에 거래사실확인신청서에 거래사실을 객관적으로 입증할 수 있는 서류를 첨부하여 신청인 관할 세무서장에게 거래사실의 확인을 신청하여야 하며, 확인신청이 되는 거래는 거래건당 공급가액이 5만 원인 이상인 경우로 한다(소득령 §212의4 ①, ②). 이하 방법 및 절차는 전자세금계산서의 경우를 참조한다.

(9) 계산서 발급 대신 세금계산서 발급 시 가산세

사업자가 부가가치세가 면제되는 용역을 공급하면서 계산서를 발급하는 대신 부가가치세가 과세되는 것으로 착오 또는 부지로 세금계산서를 발급한 경우 계산서를 작성・발급한 것으로 보아 계산서 미발급가산세를 적용하지 아니한다(서면-2020-법인-5509, 2021. 2. 23.).

2 | 영수증의 발급

다음 중 하나에 해당하는 사업을 영위하는 자가 재화 또는 용역을 공급하는 때에는 영수증을 발급할 수 있다. 다만, 재화 또는 용역을 공급받은 사업자가 사업자등록증을 제시하고 계산서의 발급을 요구하는 때에는 계산서를 발급하여야 한다(소령 §211 ②).

① 부가법 제36조 제1항 제1호 및 부가령 제73조 제1항 및 제2항을 적용받는 사업

② 부가법 제36조 제1항 제1호 및 부가령 제73조 제1항 및 제2항에 규정된 사업으로서 부가가치세가 면제되는 사업

③ 주로 사업자가 아닌 소비자에게 재화 또는 용역을 공급하는 사업(금융 및 보험업, 사업시설관리 및 사업지원서비스업, 교육서비스업, 보건업 및 사회복지서비스업,

예술, 스포츠 및 여가 관련 서비스업, 협회 및 단체, 수리 및 기타 개인서비스업, 가구 내 고용활동에서 발생하는 소득, 기타 위와 유사한 사업으로서 계산서 발급이 불가능하거나 현저히 곤란한 사업). 다만, 금융보험업을 제외한 사업은 직접 최종소비자에게 재화 또는 용역을 공급하는 경우에 한한다(소칙 §96의2).

④ 토지 및 건축물을 공급하는 경우: 사업자가 토지를 매각하거나 주택을 분양하는 경우 등이 해당된다.

⑤ 「부가가치세법」상 간이과세자가 부가가치세가 과세되는 재화 또는 용역을 공급하는 때에는 재화 또는 용역을 공급받은 사업자가 사업자등록증을 제시하고 계산서의 발급을 요구하는 때에도 계산서를 발급할 수 없으며, 영수증을 발급하여야 한다(소령 §211 ③).

3 | 매출 · 매입처별계산서합계표의 제출

(1) 제출의무

사업자는 발급한 계산서의 매출처별계산서합계표 또는 발급받은 계산서의 매입처별계산서합계표를 제출기한 내에 사업장 소재지 관할 세무서장에게 제출하여야 한다. 다만, 다음의 어느 하나에 해당하는 계산서의 합계표는 제출하지 아니할 수 있다(소법 §163 ⑤, 소령 §212 ①, 법법 §121 ⑤).

① 수입하는 재화에 대하여 세관장으로부터 계산서를 발급받은 수입자는 그 계산서의 매입처별합계표

② 전자계산서를 발급하거나 발급받고 전자계산서 발급명세를 그 기한까지 국세청장에게 전송한 경우에는 매출 · 매입처별계산서합계표

(2) 제출기한

매출 · 매입처별계산서합계표의 제출기한은 면세사업자의 사업장현황신고기한인 다음 연도 2월 10일까지이다(소령 §212 ①).

(3) 제출의제

「부가가치세법」의 규정에 의하여 매출 · 매입처별세금계산서합계표를 제출한 분에 대하여는 매출 · 매입처별계산서합계표를 제출한 것으로 본다(소법 §163 ⑥).

(4) 부가가치세법의 준용

계산서의 작성 · 교부 및 매출 · 매입처별계산서합계표의 제출에 관하여는 「소득세법」에 특별한 규정이 있는 경우를 제외하고는 「부가가치세법」의 규정을 준용한다(소령 §212 ②).

4 | 계산서 및 계산서합계표 관련 가산세

법인사업자 및 개인사업자(소규모사업자는 제외)*가 아래와 같이 계산서의 미교부, 위장교부하거나 계산서합계표를 미제출하는 등의 경우에는 그 공급가액에 아래 가산세율을 곱한 금액을 결정세액에 더한다. 다만, 증빙불비가산세 또는 부가법 제60조 제2항 · 제3항 · 제5항 · 제6항 · 제7항의 규정(세금계산서 및 발급명세 전송관련 가산세, 세금계산서합계표 관련 가산세, 경정에 따라 공제받은 세금계산서 등 관련 가산세)에 따라 가산세가 부과되는 부분에 대하여는 그러하지 아니하다(소법 §81의10, 법법 §75의8 ②).

* "소규모사업자"란 해당 과세기간에 신규로 사업을 개시한 사업자, 간편장부대상자로서 직전 과세기간의 사업소득의 수입금액이 4천 8백만 원에 미달하는 사업자, 연말정산되는 사업소득만 있는 사업자를 말한다. 2020. 12. 31.까지는 복식부기의무자만 아래 가산세 적용대상이었으나, 2021. 1. 1. 이후 공급분부터는 소규모사업자만 가산세 적용대상에서 제외한다.

구 분		내 용	발급자	수취자
계산서	① 기재불성실가산세 (소법 §81의10 ① 1)	(전자)계산서에 필요적 기재사항의 전부 또는 일부가 기재되지 아니하거나 사실과 다르게 기재된 경우(착오 기재된 경우나 "②"가 적용되는 경우는 제외)	1%	–
	② 미발급 및 위장 · 가공발급가산세 (소법 §81의10 ① 4)	㉠ 종이계산서를 발급한 경우	1%	–
		㉡ 계산서를 지연발급한 경우 (익년 1. 25.까지 발급)[1]	1%	–
		㉢ 계산서를 발급하지 아니한 경우	2%	–
		㉣ 가공계산서 등[2]을 발급한 경우	2%	–
		㉤ 가공계산서 등을 발급받은 경우	–	2%
		㉥ 위장계산서 등을 발급한 경우	2%	–
		㉦ 위장계산서 등을 발급받은 경우	–	2%
	③ 자료상가산세	비사업자가 재화 또는 용역의 공급없이 계산서를 발급하거나 발급받는 경우 (2021. 1. 1.부터 적용)	2%	2%

<table>
<tr><th colspan="2">구 분</th><th>내 용</th><th>발급자</th><th>수취자</th></tr>
<tr><td rowspan="2">계산서합계표</td><td>④ 미제출가산세 및 불성실기재가산세 (소법 §81의10 ① 2)</td><td>매출·매입처별계산서합계표를 다음 연도 2. 10.까지 미제출한 경우 또는 필요적 기재사항의 전부 또는 일부가 기재되지 아니하거나 사실과 다르게 기재된 경우(착오 기재된 경우나 위 “②”가 적용되는 경우는 제외)</td><td>0.5%[3)]</td><td>0.5%[3)]</td></tr>
<tr><td>⑤ 지연제출가산세</td><td>위 “④”의 기간(익년 2. 10.)이 지난 후 1개월 이내에 제출하는 경우</td><td>0.3%[4)]</td><td>0.3%[4)]</td></tr>
<tr><td rowspan="2">매입처별 세금계산서 합계표</td><td>⑥ 미제출가산세 및 불성실기재가산세 (소법 §81의10 ① 3)</td><td>매입처별세금계산서합계표를 위 “④”의 기한 내에 제출하지 아니한 경우 또는 필요적 기재사항의 전부 또는 일부가 기재되지 아니하거나 사실과 다르게 기재된 경우</td><td>–</td><td>0.5%</td></tr>
<tr><td>⑦ 지연제출가산세</td><td>위 “④”의 기간(익년 2. 10.)이 지난 후 1개월 이내에 제출하는 경우</td><td>–</td><td>0.3%</td></tr>
<tr><td rowspan="2">전자계산서 발급명세 전송</td><td>⑧ 지연제출가산세 (소법 §81의10 ① 5)</td><td>공급시기가 속한 사업연도 말의 익월 25일까지 전송(2019. 12. 31.까지는 11일)</td><td>0.3%</td><td>–</td></tr>
<tr><td>⑨ 미제출가산세 (법법 §75의8 ① 5)</td><td>위 “⑧”의 기한까지 미전송</td><td>0.5%</td><td>–</td></tr>
</table>

1) 계산서 지연발급가산세는 2018. 1. 1. 이후 공급분부터 적용하며 종전에는 지연발급가산세가 없어 미교부가산세가 부과되었다(서면-2017-법령해석소득-0093, 2017. 9. 29.).

2) 계산서 등이란 신용카드매출전표, 현금영수증 및 계산서를 포함한다. 신용카드매출전표·현금영수증의 가공수취, 가공발급, 위장발행, 위장수취에 대하여는 2018. 1. 1. 이후 공급하는 재화 또는 용역에 대하여 발급 또는 수취하는 분부터 적용한다.

3), 4) 2017. 12. 31. 이전 공급분은 1%, 0.5%이나, 2018. 1. 1. 이후 공급분부터 위 가산세율로 0.5%, 0.3%로 낮추었다.

제 4 절

금전등록기

I 금전등록기 설치 · 운영

1) 금전등록기의 설치자

앞서 설명한 영수증을 발급하는 사업자는 금전등록기를 설치하여 영수증을 대신하여 부가가치세가 포함된 공급대가를 적은 계산서를 발급할 수 있다(부가법 §36 ④).

2) 금전등록기의 운영

금전등록기를 설치한 사업자(발행자)는 자신의 명의로 공급대가를 기재한 계산서를 발행하여야 한다. 그 발행시기는 거래(대금영수) 시마다 발행 · 발급하여야 하며, 월합계로 발행 · 발급할 수 없다. 또한 동 계산서에는 공급자의 사업자등록번호, 상호, 성명 등을 적어야 한다.

3) 영수증 발급 및 기장의 간주

영수증을 발급하는 사업자가 금전등록기를 설치하여 영수증을 대신하여 공급대가를 적은 계산서를 발급할 수 있다. 이 경우 사업자가 계산서를 발급하고 해당 감사테이프를 보관한 경우에는 영수증을 발급하고 부가법 제71조에 따른 장부의 작성을 이행한 것으로 본다(부가법 §36 ④).

4) 현금주의 과세

부가가치세의 과세표준계산은 발생주의에 의하여 신고대상기간 중 부가법 제15조, 제16조에 정하는 공급시기에 발생한 공급가액(현금 등+외상대금)의 합계액으로 하는 것이 원칙이나, 금전등록기 설치사업자가 금전등록기에 의하여 영수증을 발급하고 감사테이프를 보관한 때에는 현금수입금액을 기준으로 공급가액을 계산할 수 있다(부가법 §36 ④ ; 부가 1265-2118, 1980. 10. 4.).

제 5 절

현금영수증

I 현금영수증 제도

1 현금영수증 제도 개요

현금영수증제도는 주로 현금수입업종을 영위하는 사업자와 현금영수증 이용자의 현금거래내역이 현금영수증사업자에 의하여 국세청에 전송되고 현금영수증을 받은 거래상대방은 국세청이 제공하는 이용실적에 따라 소득공제 등의 세제상 혜택을 부여받는 제도로써 사업자의 현금매출분에 대한 과세표준 양성화를 도모하고자 2005. 1. 1.부터 시행되고 있다.

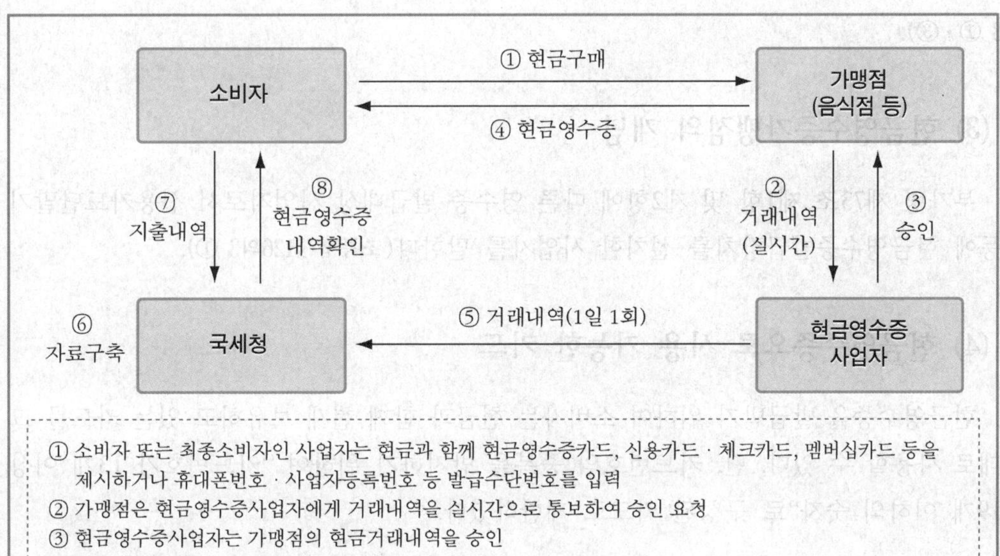

① 소비자 또는 최종소비자인 사업자는 현금과 함께 현금영수증카드, 신용카드 · 체크카드, 멤버십카드 등을 제시하거나 휴대폰번호 · 사업자등록번호 등 발급수단번호를 입력
② 가맹점은 현금영수증사업자에게 거래내역을 실시간으로 통보하여 승인 요청
③ 현금영수증사업자는 가맹점의 현금거래내역을 승인
④ 가맹점은 소비자에게 현금영수증 발급
⑤ 현금영수증사업자는 결제내역을 거래일의 다음 날 국세청으로 전송(1일 1회)
⑥ 국세청은 가맹점 · 발급수단 · 거래내역 정보 등에 기초하여 현금영수증 사용내역 · 매입내역 · 매출내역 자료 등을 구축
⑦ 국세청은 현금영수증 발급내역 등 자료 제공
⑧ 현금영수증 사용내역 등을 홈택스에서 조회

※ 출처: 국세청 현금영수증 가이드북(2021)

(1) 현금영수증의 개념

"현금영수증"이란 현금영수증가맹점이 재화 또는 용역을 공급하고 그 대금을 현금으로 받는 경우 해당 재화 또는 용역을 공급받는 자에게 현금영수증 발급장치에 의해 발급하는 것으로서 거래일시, 금액 등 결제내용이 기재된 영수증을 말한다(조특법 §126의3 ④).

(2) 현금영수증사업자의 개념

현금영수증사업자는 현금영수증 결제를 승인하고 전송할 수 있는 시스템을 갖추어 국세청장으로부터 현금영수증사업의 승인을 받은 사업자를 말하며, 현금영수증사업자는 거래일시 · 금액 · 거래자의 인적사항 및 현금영수증가맹점의 인적사항 등 현금결제와 관련한 세부내역을 국세청장에게 전송할 의무가 있다(조특법 §126의3 ① · ②, 조특령 §121의3 ① · ③).

(3) 현금영수증가맹점의 개념

부가령 제73조 제1항 및 제2항에 따른 영수증 발급대상 사업자로서 신용카드단말기 등에 현금영수증발급장치를 설치한 사업자를 말한다(조특법 §126의3 ①).

(4) 현금영수증으로 사용 가능한 카드

현금영수증을 발급받기 위하여 소비자는 현금과 함께 현재 보유하고 있는 카드를 그대로 사용할 수 있다. 단, 카드번호의 중복을 방지하기 위하여 "카드번호가 13개 이상 19개 이하의 숫자"로 구성된 카드로 제한하였다.

2 | 현금영수증사업자

(1) 개 요

사업자가 현금영수증사업자에 대한 승인을 신청한 경우 국세청장은 현금영수증사업자의 승인요건을 검토하여 승인하여야 한다.

가. 승인신청

사업자가 국세청장에게 현금영수증사업자에 대한 승인을 신청한 경우 국세청장은 현금영수증 결제를 승인하고 전송할 수 있는 시스템의 구비 여부 등을 확인하여 현금영수증 관련 업무에 지장이 없을 경우 현금영수증사업자로 승인하여야 한다(조특법 §121의3 ①).

나. 첨부서류의 제출

위 "가"에 따른 현금영수증사업자 승인신청을 할 경우에는 국세청장이 정하는 현금영수증사업자 승인신청서에 사업계획서, 현금영수증 발급장치 개발계획서, 신용카드단말기 보급계획서 등 국세청장이 고시하는 첨부서류를 국세청장에게 제출하여야 한다(조특법 §121의3 ②).

다. 현금영수증제도의 운영에 관한 사항

현금영수증의 발급방법 · 기재내용 · 양식 및 현금영수증 결제내역의 보관 · 제출 등 현금영수증제도의 원활한 운영을 위하여 필요한 사항은 국세청장이 정한다(조특법 §121의3 ③).

라. 승인의 철회

현금영수증사업자가 위 "다"의 요건을 위반하는 경우 국세청장은 위 "가"에 따른 현금영수증사업자의 승인을 철회할 수 있다(조특법 §121의3 ④).

(2) 현금영수증사업자에 대한 세액공제

현금영수증 결제를 승인하고 전송할 수 있는 시스템을 갖춘 사업자로서 국세청장으로부터 현금영수증사업의 승인을 받은 현금영수증사업자는 신용카드단말기 등에 현금영수증발급장치를 설치한 사업자(현금영수증가맹점)의 현금영수증 결제 건수 및 「소득세법」 제164조 제3항 후단에 따른 방법으로 제출하는 지급명세서의 건수에 따라 다음의 금액을 해당 과세기간의 부가가치세 납부세액에서 공제받거나 환급세액에 가산하여 받을 수 있다(조특법 §126의3 ①).

① 공제세액의 계산

현금영수증사업자는 현금영수증가맹점의 현금영수증 결제건수 및 「소득세법」 제164조 제3항 후단의 규정에 따른 방법으로 제출하는 지급명세서의 건수를 기준으로 현금영수증 등 결제건수당 12원(2018. 3. 31. 이전 발행분까지는 18원, 2013. 6. 30. 이전 발행분까지는 22원)을 기준으로 100분의 30에 해당하는 금액을 가감한 범위에서 원가변동요인 등을 감안하여 국세청장이 정하는 금액을 해당 과세기간의 부가가치세 납부세액에서 공제하거나 환급세액에 가산하여 받을 수 있다(조특령 §121의3 ⑧).

② 현금영수증 결제건수

"현금영수증 결제건수"란 현금영수증가맹점이 현금영수증발급장치에 의하여 현금영수증을 발급하고 결제한 건수로서 현금영수증사업자를 통하여 국세청장에게 전송한 건수를 말한다(조특령 §121의3 ⑦).

③ 지급명세서 제출건수

「소득세법」 제164조 제3항 후단에 따라 일용근로자 및 거주자에게 지급하는 근로소득지급명세서를 현금영수증 발급장치를 통하여 제출하는 건수를 말한다.

(3) 공제신청

현금영수증사업자가 현금영수증 결제건수에 대한 세액공제를 적용받기 위해서는 기획재정부령이 정하는 현금영수증사업자 부가가치세세액공제신청서를 국세청장에게 제출하여야 한다(조특령 §121의3 ⑨).

(4) 현금영수증사업자의 의무

현금영수증사업자는 거래일시, 금액, 거래자의 인적사항 및 현금영수증가맹점의 인적사항 등 현금결제와 관련한 세부내용을 국세청장에게 전송하여야 한다(조특법 §126의3 ③).

현금영수증사업자는 가맹점의 위 결제내역(현금영수증 발급)을 거래일의 다음 날 국세청으로 전송(1일 1회)한다.

3 현금영수증가맹점

(1) 현금영수증가맹점의 의무

1) 개요

현금영수증가맹점 확대를 통한 과세표준양성화를 도모하기 위하여 주로 사업자가 아닌 소비자에게 재화 또는 용역을 공급하는 사업자로서 업종, 규모 등의 일정한 요건에 해당하는 사업자는 그 요건에 해당하는 날부터 60일(수입금액 등 대통령령으로 정하는 요건에 해당하는 사업자의 경우 그 요건에 해당하는 날이 속하는 달의 말일부터 3개월) 이내에 현금영수증가맹점으로 가입하여야 하며, 현금영수증가맹점으로 가입한 사업자는 국세청장이 정하는 바에 따라 현금영수증가맹점을 나타내는 표지를 게시하여야 한다(소법 §162의3 ①·②, 소법 §117의2 ①·②).

2) 현금영수증가맹점 가입대상 사업자

① 법인사업자

현금영수증가맹점 가입대상법인이란 소비자에게 재화 또는 용역을 공급하는 「소득세법 시행령」 [별표 3의2]에 따른 소비자대상업종을 영위하는 법인을 말한다. 다만, 국가, 지방자치단체 및 현금영수증가맹점으로 가입하기 곤란한 경우로서 다음의 법인은 제외한다(법령 §159의2 ①, 법칙 §79의2, 법법 §117의2 ③).

가. 국가 및 지방자치단체

나. 항공운송업을 영위하는 법인(외국을 항행하는 항공기 안에서 영위하는 소매업만 해당함)

다. 전사적기업자원관리설비 또는 판매시점정보시스템설비를 설치·운영하는 등의 방법으로 다른 사업자의 매출과 합산하여 현금영수증을 발급하는 「유통산업발전법」 제2조에 따른 대규모 점포(백화점, 대형할인점 등) 등을 운영하는 사업자를 통하여 현금영수증을 발급하는 법인

※ ERP, POS를 이용해 일괄현금영수증 발급시 입점업체는 가맹의무 제외되며, 사실과 다른 현금영수증으로 보지 않음.

한편, 국세청장은 소매업, 음식점업, 숙박업과 같이 주로 사업자가 아닌 소비자에게 재화 또는 용역을 공급하는 사업자로서 납세관리에 필요하다고 인정되는 경우에는 현금영수증가맹점 가입대상자로 지정하여 현금영수증가맹점으로 가입하도록 행정 지도할

수 있다(부가법 §46 ④).

② 개인사업자

현금영수증가맹점 가입대상자는 소비자에게 재화 또는 용역을 공급하는「소득세법 시행령」[별표 3의2]에 따른 소비자상대업종을 영위하는 사업자로서 다음의 어느 하나에 해당하는 사업자를 말한다. 다만, 현금영수증가맹점으로 가입하기 곤란한 경우로서 기획재정부령으로 정하는 사업자(아래 3)의 ⓐ, ⓗ, ⓘ)를 제외한다(소령 §210의3 ①, ②, ③).

가. 직전 과세기간의 수입금액(결정 또는 경정으로 증가된 수입금액을 포함한다)의 합계액이 2천 400만 원 이상인 사업자

나.「의료법」에 따른 의료업,「수의사법」에 따른 수의업 및「약사법」에 따라 약국을 개설하여 약사에 관한 업(業)을 행하는 사업자(소령 §147의2)

다. 부가령 제109조 제2항 제7호에 따른 변호사업, 심판변론인업, 변리사업, 법무사업, 공인회계사업, 세무사업, 경영지도사업, 기술지도사업, 감정평가사업, 손해사정인업, 통관업, 기술사업, 건축사업, 측량사업 등을 영위하는 자

라. [별표 3의3]에 따른 현금영수증 의무발급업종을 영위하는 사업자

위 "가"를 적용하는 경우 소비자상대업종과 다른 업종을 겸영하는 사업자의 수입금액은 소비자상대업종의 수입금액만으로 하며, 소비자상대업종을 영위하는 사업장이 2개 이상인 사업자의 수입금액은 사업장별 수입금액을 합산하여 산정하며, 직전 과세기간에 신규로 사업을 개시한 사업자의 수입금액은 직전 과세기간의 수입금액을 해당 사업월수(1월 미만의 단수가 있는 때에는 이를 1월로 한다)로 나눈 금액에 12를 곱하여 산정한다(소령 §210의3 ②, ③).

3) 가맹 의무대상자에서 제외되는 개인사업자

ⓐ 택시운송 사업자

ⓑ 노점상업 · 행상업(노상에서 신문가판, 버스정류장 · 지하철역 등에서 신문판매, 버스충전 등을 하는 자로서 현금영수증가맹이 부적절하다고 판단되는 자)

ⓒ 무인자동판매기를 이용하여 재화 또는 용역을 공급하는 자동판매기운영업

ⓓ 자동차소매업(중고자동차 소개업은 제외)

ⓔ 우표 · 수입인지소매업 및 복권소매업

ⓕ 과자점업, 도정업 및 제분업(떡방앗간을 포함한다)

ⓖ 양복점업, 양장점업 및 양화점업(업종코드 "192001" 중 소비자상대 맞춤양화가 아닌 경우)

ⓗ 전사적기업자원관리설비 또는 판매시점정보시스템설비를 설치 · 운영하는 등의 방법으로 다른 사업자의 매출과 합산하여 현금영수증을 발급하는 「유통산업발전법」 제2조에 따른 대규모 점포(백화점, 대형할인점 등) 등을 운영하는 사업자를 통하여 현금영수증을 발급하는 개인

ⓘ 소비자상대업종의 수입금액의 합계가 24백만 원 미만인 자(예 전년 신고금액이 도매 1억 원, 소매 1천만 원인 경우 소비자상대업종 수입금액은 1천만 원)

ⓙ 인가받은 놀이방, 우편물 취급 별정우체국

⇒ 소령 §210의3 ① 단서, 소칙 §95의4 ①, ②, ③

4) 가입기한

① 법인사업자 가입기한

주로 사업자가 아닌 소비자에게 재화 또는 용역을 공급하는 사업자로서 「소득세법 시행령」 [별표 3의2]에 따른 소비자상대업종([별표 3의3] 업종 포함)을 영위하는 법인은 그 요건에 해당하는 날이 속하는 달의 말일부터 3개월 이내에 현금영수증가맹점으로 가입하여야 한다(법법 §117의2 ①).

이때 현금영수증 가입기한은 「국세기본법」 제5조의 기한의 특례가 적용된다(전자세원-267, 2009. 4. 23.).

② 개인사업자 가입기한

주로 사업자가 아닌 소비자에게 재화 또는 용역을 공급하는 사업자로서 아래 "①" 사업자의 경우 해당 연도의 3월 31일까지 현금영수증가맹점으로 가입하여야 하고, 가입 이후 그 현금영수증가맹점의 수입금액의 합계액이 2천 400만 원에 미달하게 되는 과세기간이 있는 경우에는 그 다음 연도 1월 1일부터 현금영수증가맹점에서 탈퇴할 수 있다(소령 §210의3 ④, ⑤).

그 밖에 "②" 내지 "④"에 해당하는 사업자는 그 요건에 해당하는 날부터 60일(2019. 12. 31.까지는 3개월) 이내에 신용카드단말기 등에 현금영수증 발급장치를 설치함으로써 현금영수증가맹점으로 가입하여야 한다(소법 §162의3 ①, 소령 §210의3 ①·⑨).

① 직전 과세기간의 수입금액(결정 또는 경정에 의하여 증가된 수입금액을 포함)의 합계액이 2천 400만 원 이상인 사업자

② 의료업, 수의업, 약사업 등 소득령 제147조의2에 따른 사업자

③ 간이과세배제 대상 전문직사업자(부가령 제109조 제2항 제7호에 따른 사업자로서, 도선사업은 제외)

④ [별표 3의3]에 따른 현금영수증의무발행사업자

5) 현금영수증가맹점 가입방법

현금영수증가맹점 가입은 신용카드가맹점에 가입하여 신용카드단말기를 이용하는 방법, 인터넷 현금영수증 발급사업자의 발급프로그램에 접속하여 현금영수증가맹점으로 가입하는 방법과 세미래콜센터 전화 126(①-①) ARS를 이용하여 가입하는 방법이 있다.

(2) 현금영수증의 발급

1) 상대방의 요청에 따른 현금영수증 발급

현금영수증가맹점은 사업과 관련하여 재화 또는 용역을 공급하고 그 상대방이 대금을 현금으로 지급한 후 현금영수증의 발급을 요청하는 경우에는 그 발급을 거부하거나 사실과 다르게 발급해서는 아니되며, 현금 거래금액에 대하여는 현금영수증 발급장치에 의하여 거래일시, 금액 등 결제내역이 적혀 있는 현금영수증을 재화 또는 용역을 공급받는 자에게 발급하여야 한다(소법 §162의3 ③, 조특령 §121의3 ⑪).

※ 현금영수증가맹점 가입대상이 아님에도 스스로 가입 후 발급요구에 거절한 경우에는 가산세 부과대상임.

2) 현금영수증의 의무발급

가. 고소득전문직 등 사업자의 현금영수증 의무 발급

아래의 현금영수증 의무발급업종을 영위하는 사업자는 건당 거래금액(부가가치세액을 포함한다)이 10만 원(2014. 6. 30. 이전까지는 30만 원) 이상인 재화 또는 용역을 공급하고 그 대금을 현금으로 받은 경우에는 위 "1)"에 불구하고 상대방이 현금영수증 발급을 요청하지 아니하더라도 현금영수증을 발급하여야 한다(법법 §117의2 ④, 소법 §162의3 ④).

※ 현금영수증 의무발급 업종은 [별표 3의3] 참조

나. 의무발급의 예외

위 "가"의 규정에 불구하고 「소득세법」 제168조, 「법인세법」 제111조 또는 부가법 제8조에 따라 사업자등록을 한 자에게 재화 또는 용역을 공급하고 「소득세법」 제163조, 「법인세법」 제121조 또는 부가법 제32조에 따라 계산서 또는 세금계산서를 발급한 경우에는 현금영수증을 발급하지 아니할 수 있다(소법 §162의3 ④, 법법 §117의2 ④). 또한, 소비자가 현금영수증 발급을 요청하지 않아 인적사항을 확인할 수 없는 경우에는 재화 또는 용역을 공급하고 그 대금을 현금으로 받은 날부터 5일 이내에 무기명으로 국세청 지정번호(010-000-1234)를 기재한 현금영수증을 자진 발급(무기명)할 수 있다(소법 §162의3 ⑦, 소령 §210의3 ⑫, 법법 §117의2 ⑦, 법령 §159의2 ⑧).

다. 현금영수증 미발급 신고

현금영수증 발급의무 위반자를 신고하는 자는 거래당사자 외의 제3자도 거래증명을 제출할 경우 신고가 가능하며 포상금도 지급가능하다.

- 인터넷: 현금영수증 홈페이지(www.taxsave.go.kr)-소비자-부가서비스-「현금영수증 미발급 신고」에서 신고
- 서면접수: 국세청, 미발급 사업자 관할 지방국세청 및 세무서

※ 단, 현금영수증미발급신고서(서면접수)와 거래 증빙을 제출해야 함.

라. 현금영수증 미발급자에 대한 제재(2019. 1. 1. 이후)

법인법 제117조의2 제4항(또는 소법 §162의3 ④)을 위반하여 현금영수증을 발급하지 아니한 경우(「국민건강보험법」에 따른 보험급여의 대상인 경우 등 대통령령으로 정하는 경우는 제외)에는 미발급금액의 100분의 20(착오나 누락으로 인하여 거래대금을 받은 날부터 10일(2022. 1. 1. 전은 7일) 이내에 관할 세무서에 자진신고하거나 현금영수증을 자진 발급한 경우에는 100분의 10으로 한다)을 가산세로 해당 사업연도의 법인세액에 더하여 납부하여야 한다(법법 §75의6 ② 3, 소법 §81 ⑪ 3, 소법 §81의9 ③). 동 규정은 소득세법도 동일하며, 2019. 1. 1. 이후 현금영수증 발급의무를 위반하는 분부터 적용한다.

※ 해당 가산세는 산출세액이 없는 경우에도 적용한다(법법 §75의6 ③, 소법 §81의9 ③).

마. 가산세의 면제

위 "라"에 해당하는 가산세가 적용되는 경우에는 세금계산서 미발행가산세와 매출세금계산서합계표불성실가산세(부가법 §60 ② 2, ⑥ 2)를 적용하지 아니한다(부가법 §60 ⑩).

3) 현금영수증 발급시기

현금영수증 발급시기는 현금영수증가맹점이 재화 또는 용역을 공급하고 그 대금을 현금으로 받는 때에 재화 또는 용역을 공급받는 자에게 발급하는 것이며, 기 지급받은 현금에 대한 소급발급은 인정되지 아니하고, 발급된 현금영수증에 대한 재화 또는 용역 거래의 취소, 변경 등 수정사항이 발생한 경우 수정발급이 가능하다(서면3팀-1701, 2005. 10. 6.).

또한, 재화 또는 용역의 공급시기 도래 전에 그 대가를 선수금으로 받은 경우 그 선수

금을 받은 때에 선발행세금계산서와 같이 현금영수증을 발급할 수도 있고, 공급시기가 도래하여 공급대가로 전환한 때에 발급하여도 무방하다(전자세원과-217, 2010. 4. 12. ; 재소득-152, 2011. 4. 22.).

공급시기 이후에 구매자가 현금결제(인터넷뱅킹, 폰뱅킹, 무통장 입금 포함) 후 현금영수증 발급요청을 한 경우에도 현금영수증을 발급하여야 한다(서면2팀-732, 2008. 4. 21.). 이처럼 현금영수증은 공급시기와는 달리 현금영수 시에 발급하는 것이다. 거래일로부터 보통 3개월 내에 취소하고 발급일자로 정상발급 가능하다(서면3팀-1700, 2005. 10. 6. ; 사전-2023-법규부가-0485, 2023. 8. 25.).

4) 현금영수증 발급대상 금액

현금영수증가맹점은 사업과 관련하여 건당 1원(2008. 6. 30. 이전은 5천 원) 이상의 재화 또는 용역을 공급하고, 그 상대방이 대금을 현금으로 지급한 후 현금영수증 발급을 요청하는 경우에는 이를 거부하거나 사실과 다르게 발급하여서는 아니된다(소령 §210의3 ⑥).

5) 현금영수증의 발급거부 등에 대한 신고

현금영수증가맹점 또는 현금영수증을 발급해야 하는 내국법인으로부터 재화 또는 용역을 공급받은 자는 그 대가를 현금으로 지급한 후 현금영수증의 발급이 거부되거나 사실과 다르게 현금영수증을 발급받은 경우(현금영수증을 발급한 후 공급받은 자의 의사에 반하여 발급을 취소한 경우 포함)에는 그 현금거래 내용을 국세청장 · 지방국세청장 또는 세무서장에게 신고할 수 있다(소법 §162의3 ⑤, 법인령 §159의2 ⑦).

해당 거래내용을 신고하려는 자는 그 신고서에 관련 사실을 증명할 수 있는 서류 또는 자료를 첨부하여 그 발급이 거부되거나 사실과 다르게 발급받은 날부터 그 거래일로부터 5년(2011. 12. 31. 이전은 1개월) 이내에 국세청장, 지방국세청장 또는 세무서장에게 제출하여야 한다. 다만, 증빙서류 및 자료의 첨부는 가능한 경우에 한한다(소령 §210의3 ⑦, ⑪).

① (발급거부)신고자 성명
② 현금영수증가맹점 또는 현금영수증을 발행하여야 하는 내국법인의 상호
③ 발급이 거부되거나 사실과 다르게 발급받은 일자 · 거래내용 및 금액

6) 발급거부 등에 대한 신고를 받은 세무서장 등의 통보의무

현금영수증의 발급거부 등에 대한 신고를 받은 국세청장, 지방국세청장 또는 세무서

장은 현금영수증가맹점의 납세지 관할 세무서장에게 이를 통보하여야 하고, 납세지 관할 세무서장은 해당 사업연도의 신고금액을 다음의 기간 내에 해당 현금영수증가맹점에 통보하여야 한다(소법 §162의3 ⑥, 소령 §210의3 ⑧).

㉮ 해당 과세기간 중에 신고를 받은 경우: 그 과세기간 종료 후 2개월 이내

㉯ 해당 과세기간이 지난 후에 신고를 받은 경우: 신고일 이후 2개월 이내

7) 현금영수증의 취소 등

현금영수증가맹점은 당초 현금영수증 승인거래의 승인번호, 승인일자, 취소사유(1: 거래취소, 2: 오류발급, 3: 기타)를 입력하고 "현금결제취소" 표기를 하여 취소할 수 있다.

실례로 현금영수증 금액을 오류 발급한 경우 거래일부터 3개월 이내(VAN사마다 기간 상이) 동일한 발급수단, 당초 승인거래의 승인번호, 승인일자, 취소사유를 확인하여 단말기, 홈택스 홈페이지(홈택스 발급건만 취소 가능), 국세상담센터 ARS(☎126-1-1)를 이용하여 취소하고, 정상금액으로 발급이 가능하다. 이때 현금영수증 발급일자는 당일 날짜로 발급한다(국세청 발간 현금영수증 가이드북, 서면3팀-1700, 2005. 10. 6. ; 사전-2023-법규부가-0485, 2023. 8. 25.).

(3) 현금영수증가맹점 가입 · 발급의무 불이행 등에 대한 제재

1) 현금영수증가맹점 미가입(지연가입)가산세

법인법 제117조의2 제1항(또는 소법 §162의3 ①)을 위반하여 현금영수증가맹점으로 가입하지 아니하거나 그 가입기한이 지나서 가입한 경우, 가입하지 아니한 기간의 수입금액의 1%의 금액을 가산세로 하여 해당 과세기간 또는 사업연도의 결정세액 또는 납부세액에 더한다. 이 경우 미가입기간의 수입금액은 다음 계산식에 따라 산출한다(법법 §75의6 ② 1, 소법 §81의9 ② 1). 이하 법인사업자에 대하여도 동일하다.

미가입기간의 수입금액 = 해당 과세기간의 수입금액[1] × 미가입일수 / 365(윤년에는 366)

1) 둘 이상의 업종을 하는 법인 및 개인의 경우 현금영수증가맹점 가입대상인 업종의 수입금액만 해당하며, 소득법 제163조에 따른 계산서 및 부가법 제32조에 따른 세금계산서 발급분 수입금액은 제외한다.

2) 현금영수증가맹점 가입기한 경과 후 1개월 이내에 가입한 경우 가산세의 50% 감면한다(국기법 §48 ② 3).

3) 해당 가산세는 산출세액이 없는 경우에도 적용한다(법법 §75의6 ③, 소법 §81의9 ③).

2) 현금영수증 발급거부가산세 등

법인법 제117조의2 제3항(또는 소법 §162의3 ③)을 위반하여 현금영수증 발급을 거부하거나 사실과 다르게 발급하여 그 상대방으로부터 신고를 받아 관할 세무서장으로부터 통보받은 경우(현금영수증의 발급대상 금액이 건당 5천 원 이상인 경우만 해당하며, 위 "현금영수증의무발급 위반에 대한 가산세" 적용대상에 해당하는 경우는 제외한다), 통보받은 건별 발급거부 금액 또는 사실과 다르게 발급한 금액(건별로 발급하여야 할 금액과의 차액)의 5%(건별로 계산한 금액이 5천 원에 미달하는 경우에는 5천 원으로 한다)의 금액을 가산세로 하여 해당 과세기간 또는 사업연도의 결정세액 또는 납부세액에 더한다(법법 §75의6 ② 2, 소법 §81의9 ② 2).

※ 해당 가산세는 산출세액이 없는 경우에도 적용한다(법법 §75의6 ③, 소법 §81의9 ③).

3) 현금영수증 등 허위수수 가산세

부가가치세가 구분 기재된 현금영수증(자진발급현금영수증 포함)의 가공 또는 허위교부 시에는 그 발급금액의 3%(2%)를 가산세로 부과한다(부가법 §60 ③).

아울러 재화 또는 용역을 공급하지 아니하고 신용카드 매출전표, 현금영수증 및 계산서(이하 "계산서 등")를 발급한 경우와 재화 또는 용역을 공급받지 아니하고 계산서 등을 발급받은 경우에는 그 공급가액의 100분의 2를 가산세로 한다(법법 §75의8 ① 4, 소법 §81의10 ① 4).

4) 부가통신사업자의 현금영수증 대행 발급

부가통신사업자가 현금영수증 의무발행업종을 영위하는 통신판매업자를 갈음하여 현금영수증을 발급하지 아니한 경우에는 해당 통신판매업자에게 현금영수증 의무발행업종 사업자로서의 발급의무가 있으며, 현금영수증 미발급 시 현금영수증미발급가산세가 부과된다(서면-전자세원-5881, 2021. 1. 4. ; 서면-2022-전자세원-0773, 2022. 3. 3.).

5) 과세표준과 세액의 경정

현금영수증가맹점 가입의무가 있는 사업자가 정당한 사유 없이 현금영수증가맹점으로 가입하지 아니하거나, 현금영수증가맹점이 정당한 사유 없이 현금영수증의 발급을 거부하거나 사실과 다르게 발급한 경우로서 시설규모나 업황으로 보아 신고내용이 불성실하다고 판단되는 경우에는 법인세 및 종합소득세의 과세표준과 세액을 경정한다(법법 §66 ② 3 다 · 라, 소법 §80 ② 마 · 바).

6) 신용카드(현금영수증)가맹점 명령사항 위반에 대한 과태료 부과

관할 세무서장은 다음의 어느 하나에 해당하는 명령사항을 위반한 사업자에게 2천만 원 이하의 과태료를 부과·징수한다(소득법 §177).

① 신용카드가맹점에 대한 명령(국세청장은 신용카드에 의한 거래를 거부하거나 신용카드매출전표를 사실과 다르게 발급한 신용카드가맹점에 대해서 그 시정에 필요한 사항을 명할 수 있다)

② 현금영수증가맹점에 대한 명령(국세청장은 현금영수증가맹점으로 가입한 사업자에게 현금영수증 발급 요령, 현금영수증가맹점 표지 게시방법 등 현금영수증가맹점으로 가입한 사업자가 준수하여야 할 사항과 관련하여 필요한 명령을 할 수 있다)

(4) 현금영수증가맹점에 대한 세제혜택

1) 소득세 세액공제

현금영수증가맹점이 거래건별 5천 원 미만의 거래에 한하여 현금영수증(발급승인 시 전화망을 사용한 것을 말한다)을 발급하는 경우 해당 과세기간별 현금영수증 발급건수에 20원을 곱한 금액(이하 "공제세액"이라 한다)을 해당 과세기간의 소득세 산출세액에서 공제받을 수 있다(조특법 §126의3 ②, 조특령 §121의3 ⑩).

2) 현금영수증가맹점의 부가가치세 세액공제

법인을 제외한 현금영수증가맹점이 부가가치세가 과세되는 재화 또는 용역을 공급하고 현금영수증을 발급하여 대금을 결제받는 경우에는 그 결제금액의 1%(2023. 12. 31. 까지는 1.3%)에 상당하는 금액(연간 한도 적용)을 부가가치세 납부세액에서 공제한다(부가법 §46 ①).

3) 위·수탁판매 등에 따른 현금영수증 발급 방법 및 매입세액공제

가. 위탁판매

위탁자로부터 수탁받아 소비자에게 재화를 공급하는 사업자는 현금영수증을 실지 공급자인 위탁자 명의로 발급함이 원칙이고 공급받는 자는 매입세액공제가 가능하다. 그러나 위탁자와의 위·수탁판매에 관한 명시적인 계약내용과 수탁자가 전자적 시스템을 갖추어 위탁자별로 매출액에 대한 현금영수증 발급내역을 구분 관리하는 경우에 한하여 수탁자 명의로 발급 가능하지만 수탁자 명의의 현금영수증으로 매입세액공제를 받을 수 없다(서면3팀-1991, 2005. 11. 10. : 서면법규과-954, 2013. 9. 3.).

수탁자가 수탁판매대금을 기재한 신용카드매출전표등을 발급한 경우 물품의 판매 또는 용역의 제공 등이 있고 제공되는 재화나 용역의 가치에 상응하는 신용카드의 결제가 이루어지는 경우에는 가맹점의 준수사항을 위반한 것이 아니며, 가공의 신용카드매출전표등의 발행 및 수취라 볼 수 없고, 위탁자 또는 구매자가 수수한 신용카드매출전표등에 대하여 공급대가를 과대기재한 것으로 보아 부가법 제60조 제3항 제1호, 제5호 및 제5항 제2호의 가산세를 적용할 수도 없다(법규부가 2013-5, 2013. 3. 26.).

나. 수탁비용에 대한 현금영수증 발급

결혼중개회사나 여행사와 같이 용역을 중개하거나 주선하는 사업자의 수탁경비에 대하여는 중개나 주선업자가 받는 수수에 포함하여 현금영수증을 발급할 수 없다고 해석하고 있다. 즉 위 "가"와 같이 수탁판매대금과는 달리 수탁경비의 경우에는 시스템을 갖추어 수수료와 구분하여 관리하더라도 수수료만 현금영수증을 발급하라는 취지이다. 다만, 수탁경비를 포함하여 현금영수증 발급 시 가산세 부과대상인지에 대한 해석은 아직 없다(서면3팀-457, 2005. 4. 1. ; 전자세원과-1682, 2008. 11. 5).

4 | 현금영수증을 발급받은 자의 혜택

(1) 소득공제

근로소득자 또는 근로소득자의 부양가족이 현금영수증가맹점으로부터 재화나 용역을 공급받고 발급받은 현금영수증에 적혀 있는 금액은 근로자의 근로소득에 대한 연말정산 시 신용카드 등 사용금액에 대한 소득공제 대상이 된다.

(2) 필요경비 인정

사업자가 재화나 용역을 공급받고 발급받은 현금영수증은 「소득세법」 제160조의2 및 「법인세법」 제116조에 의거 필요경비(손금)로 인정되며, 신용카드매출전표·세금계산서·계산서와 동일하게 적격증빙을 수취 및 보관한 것으로 본다.

(3) 매입세액공제

사업과 관련하여 재화 또는 용역을 제공받고 현금영수증(지출증빙용)을 발급받은 경우 부가법 제46조 제3항에 따라서 부가가치세 매입세액공제를 받을 수 있다.

5 | 그 밖의 주요사항

(1) 부가통신사업자의 현금영수증 대리발급 특례

부가령 제14조 제1항 제11호에 따른 통신판매업자가 「전기통신사업법」 제5조에 따른 부가통신사업을 영위하는 사업자(이하 "부가통신사업자"라 한다)가 운영하는 「전자상거래 등에서의 소비자보호에 관한 법률」 제2조 제4호에 따른 사이버몰을 이용하여 재화 또는 용역을 공급하고 그 대가를 부가통신사업자를 통하여 받는 경우에는 부가통신사업자가 해당 통신판매사업자 명의로 현금영수증을 발급할 수 있다(조특령 §121의3 ⑫).

부가통신사업자의 현금영수증 대리교부의 특례는 2007. 7. 1. 이후 재화나 용역을 공급받는 분부터 적용하고 있으며, 통신판매를 하는 자가 사업자인 경우에 소비자에게 현금영수증을 통신판매업자 명의로 발급하고 개인인 경우에는 부가통신사업자가 소비자에게 현금영수증을 발급하며 그 적용시기는 2015. 7. 1. 이후 현금영수증을 발급하는 분부터 적용한다.

(2) 신용정보제공 요청

국세청장은 현금영수증을 발급받은 자의 소득공제 등 현금영수증제도의 운영을 위하여 필요한 경우에는 「신용정보의 이용 및 보호에 관한 법률」 제23조에 따라 성명, 주민등록번호 등 대통령령으로 정하는 정보의 제공을 「신용정보의 이용 및 보호에 관한 법률」 제2조에 따른 신용정보제공·이용자에게 요청할 수 있다(조특법 §126의3 ⑤).

(3) 현금영수증 자진발급제

1) 개요

소비자가 거래 당시 현금영수증을 발급받지 못한 경우 추후 현금영수증을 발급받을 수 없음에 따른 불만이 제기되자 현금영수증가맹점이 재화 또는 용역을 공급하면서 소비자의 신분인식 수단이 확인되지 않는 경우 자발적으로 현금영수증을 발급할 수 있는 방안으로 국세청장 지정번호(010-000-1234)로 현금영수증을 발급하면 추후 해당 재화나 용역을 공급받은 소비자의 신분인식수단으로 변경 가능하도록 2007. 3. 5.부터 시행하고 있다(소득령 §210의3 ⑫, 법인령 §159의2 ⑧).

2) 자진발급 현금영수증의 효력

가. 발급자

자진발급 현금영수증은 「조세특례제한법」 제126조의3에 규정하는 정당한 현금영수증에 해당하여 소비자의 발급요구 또는 자진발급 여부에 관계없이 부가법 제46조 및 부가령 제88조에 규정하는 신용카드매출전표 등을 발행한 경우에 해당한다.

따라서 현금영수증가맹점 입장에서도 소비자의 발급요구와 관계없이 자진발급하면 소비자와의 마찰을 방지할 수 있고 현금영수증 매출분에 대한 세금공제 혜택도 누릴 수 있으며, 현금영수증 발급거부 신고에 따른 가산세 등 불이익을 방지할 수 있다.

나. 발급받은 자

① 소득공제 혜택

거래 당시 현금영수증을 미처 챙기지 못한 소비자가 추후 거래증빙을 제시하면 가맹점이 국세청 지정코드로 자진 발급한 것을 해당 소비자 발급분으로 전환시켜 주어 근로소득 연말정산 시 신용카드 등 사용에 대한 소득공제가 가능하다.

② 매입세액공제

공급받는 자가 현금으로 그 대가를 지불하면서 신분인식수단을 제시하여 지출증빙용 현금영수증을 교부받거나 자진발급 현금영수증을 받고 추후 지출증빙용 현금영수증으로 변환한 경우 매입세액공제가 가능하다(서면3팀-1269, 2007. 4. 30.).

| 구매고객의 실명확인 절차 |

무기명 발급분은 현금영수증을 발급받은 자가 홈택스 또는 손택스에서 승인번호, 거래일자, 거래금액을 직접 입력하여 실명전환 가능
① 홈택스 또는 손택스 → 조회 / 발급 → 현금영수증 수정 → 자진발급분 소비자 등록 또는 자진발급분사업자 등록 메뉴에서 직접 등록
② 국세상담센터 ☎126-①-①-①-② 사용자등록 → 자진발급영수증 등록(②) 또는 상담사 연결을통해 승인번호, 거래금액, 거래일자 확인 후 등록

다. 발급시기

사업자는 거래 당일 현금영수증을 자진발급함이 원칙이나, 재화 또는 용역을 공급하고 그 대금을 현금으로 받은 날부터 5일 이내에 현금영수증을 자진발급할 수 있다. 다만, 소비자가 미발급으로 신고하기 전 날까지 발급한 경우에만 유효하다(소령 §210의3 ⑩, 법령 §159의2 ⑧).

라. 발급대상

자진발급이 가능한 현금거래는 전문직사업자, 예식장·장례식장 등 의무발급 대상뿐만 아니라 현금거래를 하는 그 외의 현금영수증가맹점 사업자의 현금거래는 국세청장이 정하는 바에 따라 현금영수증 자진발급이 가능하다.

3) 세금계산서 발급의무 면제

현금영수증가맹점이 부가가치세가 과세되는 재화 또는 용역을 공급하고 공급받는 자의 신분인식수단을 확인할 수 없어 국세청장이 지정한 번호(010-000-1234)로 현금영수증을 발급한 경우에는 세금계산서 발급의무가 면제된다(서면3팀-1893, 2007. 7. 3.).

(4) 현금거래신고·확인제도

1) 개요

현금영수증제도 활성화를 통한 세원투명성 제고를 위하여「소득세법 시행령」제210조의3 제1항 및「법인세법 시행령」제159조의2 제1항에 따른 소비자 상대업종을 영위하는 자로부터 재화 또는 용역을 공급받은 자가 그 대가를 현금으로 지급하였으나 현금영수증을 발급받지 못한 경우에는 현금거래 사실에 관하여 관할 세무서장의 확인을 받은 때에는 현금영수증으로 발급받은 것으로 본다(조특법 §126의5 ①, 조특령 §121의5 ①).

또한, 사업자의 현금영수증 가입기피 근절과 미가맹점과 거래한 소비자에 대한 소득공제 혜택부여로 그 불만을 해소하기 위하여 현금거래 확인가능 사업자의 범위를 신용카드가맹점 가입권장 대상업종을 영위하는 자에서 소비자상대업종을 영위하는 자로 확대하여 2008. 2. 22. 이후 거래하는 분부터 적용한다.

2) 현금거래신고 및 확인의 절차

가. 현금거래사실의 신고

현금거래사실의 확인을 신청하려는 자는 거래일부터 5년 이내에 현금거래확인신청서에 거래사실을 객관적으로 입증할 수 있는 거래증빙을 첨부하여 세무서장·지방국세청장 또는 국세청장에게 제출하여야 한다(조특령 §121의5 ②).

거래일	2009. 2. 4.~	2013. 2. 14.~	2025. 2. 28.~
신고시기	1개월	3년	5년

나. 관할 세무서로 신청서 등 송부

현금거래확인신청서를 접수받은 세무서장, 지방국세청장 또는 국세청장은 거래사실의 확인이 요청된 재화 또는 용역을 공급한 자(이하 "공급자"라 한다)의 관할 세무서장에게 해당 현금거래확인신청서 및 거래증빙을 송부하여야 한다(조특령 §121의5 ③).

다. 현금거래사실의 확인

① 거래사실의 확인 및 입증책임의 소재

공급자의 관할 세무서장은 신청인의 신청내용, 제출한 증빙자료를 검토하여 현금거래사실을 확인하여야 하며, 이때 거래사실의 존재 및 그 내용에 대한 입증책임은 신청인에게 있다(조특령 §121의5 ④).

② 처리기간

신청서를 송부받은 공급자의 관할 세무서장은 신청일의 다음 달 말일까지 그 사실을 신청인에게 통지하여야 하며, 아래와 같은 불가피한 사유가 있는 경우에는 거래사실 확인기간을 20일 이내의 범위에서 연장할 수 있다(조특령 §121의5 ⑤, 조특규칙 §52의4).

가. 공급자의 부도, 질병, 장기출장 등으로 거래사실 확인이 곤란하여 공급자가 연기를 요청한 경우

나. 세무공무원이 거래사실의 확인을 위하여 2회 이상 공급자를 방문하였으나 폐문·부재 등으로 인하여 공급자를 만나지 못한 경우

③ 현금영수증 발급 간주

위의 "①" 및 "②"에 따라 현금거래 사실이 확인된 경우 현금영수증가맹점 가입 여부에 관계없이 신청인이 현금영수증을 발급받은 것으로 보아 연말정산 시 소득공제를 받을 수 있다(조특령 §121의5 ⑥).

3) 현금거래의 확인

가. 현금거래수입금액내역 현금영수증시스템 입력에 따른 혜택

사업자가 부가법 제55조에 따라 제출한 현금매출명세서에 적혀 있는 수입금액 중 세금계산서, 신용카드매출전표 또는 현금영수증을 받지 아니한 수입금액을 납세지 관할 세무서장이 부가가치세 예정신고기한 또는 확정신고기한의 종료일의 다음 달 말일까지 국세청 현금영수증시스템에 입력한 경우 그 거래에 대하여는 현금영수증을 발급받은 것으로 본다(조특령 §121의5 ⑦, 조특규칙 §52의5).

나. 전문직사업자의 입력누락 등이 있는 경우

사업자로부터 재화 또는 용역을 공급받은 자가 위 "가"의 현금영수증시스템 입력기한의 다음 날부터 입력내용을 조회한 결과 현금거래수입금액 명세가 누락되거나 수입금액이 실제보다 적게 입력된 것을 안 때에는 거래일로부터 3년 이내에 현금거래 사실의 확인을 신청할 수 있다(조특령 §121의5 ⑧).

다. 적용시기

전문직사업자의 현금거래 확인제도는 2008. 2. 22. 이후 최초로 제출하는 수입금액명세서부터 적용한다.

4) 현금영수증발급거부자에 대한 신용카드 등 사용에 따른 세액공제의 배제

현금거래 사실에 관하여 공급자 관할 세무서장의 확인을 받아 신청인이 현금영수증을 발급받은 것으로 보는 경우 현금영수증을 발급하지 아니한 사업자에 대하여는 해당 금액에 대하여 부가법 제46조 제1항, 제2항에 따른 신용카드 등의 사용에 따른 세액공제를 적용하지 아니한다(조특법 §126의5 ②).

(5) 영세율 적용대상에 대한 현금영수증 발급

현금영수증 의무발급대상자가 국내사업장이 없는 비거주자 또는 외국법인에 공급하는 재화 또는 용역에 대하여는 세금계산서 발급의무는 면제(발급을 요구하는 경우 제외)되지만, 해당 재화나 용역의 공급이 영세율 적용대상으로서 공급받는 자가 비거주자 또는 외국법인이라 하더라도 그 대금을 현금으로 지급받아 부가가치세 신고서에 영세율 첨부서류를 첨부하여 제출한 경우에도 현금영수증을 발급하여야 한다고 회신하였다(서면-2021-법령해석소득-7836, 2021. 12. 29. ; 서면-2021-법령해석소득-3066, 2021. 6. 24. ; 서면-2014-부가-21885, 2015. 11. 11.).

다만, 전자상거래 소매업을 영위하는 현금영수증 의무발급 사업자가 해외의 상품구매고객의 인적사항 및 결제방식(현금 또는 카드)을 확인할 수 없는 경우로서 해외쇼핑몰은 일정기간 단위로 상품판매내역을 정산하여 해당 사업자의 외화계좌로 매출액을 송금하는 경우 부가가치세 신고기한 내에 부가령 제101조 제1항에 규정하는 외화입금증명서를 붙여 사업장 관할 세무서장에게 부가가치세 과세표준 신고(수정신고를 포함)한 경우, 해당 거래는 현금영수증 의무발급대상에 해당되지 아니한다(서면-2022-법규소득-0011, 2022. 12. 21. ; 기재부 소득세제과-0549, 2011. 12. 21.).

(6) 현금영수증 발급거부 가맹점 신고자에 대한 포상금 지급

다음의 어느 하나에 해당하는 자에게는 현금영수증의 결제 · 발급을 거부하거나 현금영수증을 사실과 다르게 발급한 경우 또는 현금영수증의무발급대상가맹점이 발급의무를 위반한 경우에 해당하는 금액(사실과 다르게 발급한 경우 발급하여야 할 금액과의 차액을 말한다. 이하 "거부금액"이라 한다)에 따라 다음의 금액을 포상금으로 그 신고를 한 자에게 지급할 수 있다. 다만, 포상금으로 지급할 금액 중 1천 원 미만의 금액은 없는 것으로 하고, 동일인이 받을 수 있는 포상금은 연간 100만 원을 한도로 한다(국기법 §84의2 ① 4 및 4의2, 국기령 §65의4 ⑥, ⑲).

① 현금영수증의 발급을 거부하는 행위를 한 현금영수증가맹점을 신고한 자. 다만, 현금영수증 발급 대상 거래금액이 5천 원 미만인 경우는 제외한다.

② 현금영수증을 사실과 다르게 발급하는 경우로서 현금영수증의 발급을 이유로 재화나 용역의 대가를 다르게 기재하여 현금영수증을 발급하는 행위를 한 현금영수증가맹점을 신고한 자. 다만, 현금영수증 발급 대상 거래금액이 5천 원 미만인 경우는 제외한다.

③ 소득법 제162조의3 제4항 또는 법인법 제117조의2 제4항에 따라 현금영수증의무발급대상 가맹점이 현금영수증 발급의무를 위반한 자를 신고한 자

거부금액	지급금액
5천 원 이상 5만 원 이하	1만 원
5만 원 초과 125만 원 이하	거부금액 × 20%
125만 원 초과	25만 원

1) 발급거부자 등에 대한 신고기한은 그 행위가 있은 날로부터 5년 이내임(국기령 §65의4 ⑮).
2) 신고자는 재화 또는 용역을 공급받은 자로 한다.
3) 현금영수증을 발급한 후 임의로 발급취소한 경우도 미발급으로 본다.
4) 1년간 포상금한도액은 신고일을 기준으로 한다.
5) 같은 거래를 나누어 신고하는 경우에는 합산하여 거래 1건당 포상금한도액 계산

(7) 국세청장의 명령사항 등

국세청장은 현금영수증의 발급을 거부하거나 사실과 다르게 발급한 현금영수증가맹점에 대하여 그 시정에 필요한 사항을 명할 수 있으며, 납세관리상 필요한 범위에서 현금영수증가맹점 가입대상법인의 가입, 탈퇴, 발급거부 등에 관한 신고 · 통보 절차 등에 필요한 세부적인 사항을 정할 수 있다(법령 §159의2 ⑩, 소령 §210의3 ⑬).

제 6 절

납부세액

I 납부세액의 계산

1 | 의 의

사업자가 부담하여야 할 납부세액은 매출세액에서 부가법 제38조에 따라 공제되는 매입세액, 그 밖에 이 법 및 다른 법률에 따라 공제되는 매입세액을 뺀 금액으로 한다. 이 경우 매출세액을 초과하는 부분의 매입세액은 환급세액으로 한다(부가법 §37 ①, ②).

여기서 매출세액이란 부가법 제29조에 따른 과세표준에 부가법 제30조의 세율을 적용하여 계산한 금액으로 하며, 부가법 제45조 제1항에 따른 대손세액을 뺀 금액으로 한다.

이때 납부세액은 그대로 정부에 납부할 세액이 되는 것이 아니라 이 납부세액에 부가법 제60조에서 규정하는 가산세를 가산하고, 각종 세액공제액, 예정신고기간의 미환급세액을 공제한 금액이 실제로 정부에 납부하여야 할 세액이 된다. 따라서 부가가치세법상의 납부세액은 일반적으로 사용하고 있는 납부세액의 의미와는 달리 사용하고 있다.

따라서 납부세액을 기준으로 사업자가 최종 납부하거나 환급받을 세액은 다음 계산식에 따라 계산한다(부가법 §37 ③).

납부하거나 환급받을 세액 = A − B + C

A: 부가법 제37조 제2항에 따른 납부세액 또는 환급세액(매출세액 ± 대손세액 − 매입세액)
B: 부가법 제46조, 제47조 및 그 밖에 이 법 및 다른 법률에서 정하는 공제세액
C: 부가법 제60조 및 「국세기본법」 제47조의2부터 제47조의5까지의 규정에 따른 가산세

2 | 매출세액의 계산

매출세액은 사업자가 공급한 재화나 용역에 대한 세액을 말하는 것으로서 각 사업장에서 해당 예정신고기간 또는 과세기간 중에 공급시기가 도래된 부가가치세의 과세대상이 되는 재화나 용역의 공급에 대한 과세표준에 세율을 적용하여 계산한 금액이 된다.

매출세액은 부가법 제31조에 따라 재화나 용역을 공급할 때 거래상대방으로부터 거래징수한 세액의 과세기간 단위의 합계액이라고도 할 수 있으나 반드시 일치하지는 않는다. 그 이유는 다음과 같다.

① 실질적으로 거래상대방으로부터 부가가치세를 징수할 수 없는 거래인 부가법 제10조에 따른 재화의 공급특례에 해당하는 거래에 대하여는 매출세액은 발생하지만 거래징수세액은 없다.

② 거래징수세액이 원 미만이거나 「국고금관리법」에 따라 공급가액과 부가가치세의 합계액 중 10원 미만의 부분이 있는 경우로서 그 원 또는 10원 미만의 금액을 절사하여 거래징수한 때에는 그 단수차이가 있을 수 있다.

③ 매출세액의 계산은 해당 예정신고기간 또는 과세기간 중에 거래시기가 도래된 재화 또는 용역의 공급에 대한 과세표준인 공급가액에 세율을 적용하여 계산하도록 하고 있으므로 실질적으로 거래상대방으로부터 부가가치세를 영수하였는지 여부에 불구하고 계산된다.

④ 사업자가 공급한 재화가 환입되는 경우에는 그 환입일이 속하는 예정신고기간 또는 과세기간의 과세표준에서 해당 환입재화에 대한 공급가액을 공제하여 매출세액을 계산한다.

3 | 매입세액

(1) 공제하는 매입세액의 범위

사업자가 재화 또는 용역을 공급받으면서 부담한 부가가치세액은 자기의 매출세액에서 공제되는 것이나, 자기의 매출세액에서 공제하는 매입세액은 다음의 요건에 충족하여야 하며, 이 요건을 갖추지 못한 경우에는 사업자가 매입에 따른 부가가치세를 실제 부담하였더라도 공제대상 매입세액이 될 수 없다(**부가법 §38**).

㉮ 사업자가 자기의 사업을 위하여 사용하였거나 사용할 목적으로 공급받은 재화 또는 용역에 대한 부가가치세액

㉯ 사업자가 자기의 사업을 위하여 사용하였거나 사용할 목적으로 수입하는 재화의 수입에 대한 부가가치세액

1) 「자기의 사업을 위한」 것일 것

「자기의 사업」이란 자기의 책임과 계산하에 부가가치를 창출하는 사업을 말한다. 자기계산에 의하여야 하므로 수탁매입 또는 대리매입과 같이 위탁자 또는 본인의 사업으로 타인의 계산에 의한 경우는 「자기」의 사업이 아니다. 또한 부가가치를 생산하여야

하므로 최종소비자로서의 매입인 경우와 매입세액이 원가로 산입되는 면세사업은 해당될 수 없으나, 영세율이 적용되는 사업을 포함한 과세사업만이 해당될 수 있다.

「사업을 위하여」란 과세사업에 직·간접적으로 관련된 것을 말하므로 자기의 개인적·비사업적 사용·소비를 위한 재화 또는 용역의 구입에 따른 부가가치세액은 매입세액으로 공제를 받을 수 없는 것이다. 반면 과세사업과 관련된 경우라면 과세되는 재화나 용역을 산출하기 위하여 직접 투입되는 경우뿐만 아니라 자가공급이나 사업상 증여에 사용 또는 소비된 재화 또는 용역도 해당된다. 또한 사업에 관련만 되어 있다면 매출세액과는 달리 매입세액은 일정한 경우 재화 또는 용역을 제공받은 사업장 외의 다른 사업장에서도 공제받을 수 있다.

2) 사업을 위하여 「사용되었거나 사용될」 것

「사용되었거나」는 자기계산에 의한 사업의 부가가치 창출과정에 이미 투입되어 그 사용이 완료된 것을 말하며, 「사용될」이란 아직 사용되지 않았으나 장차 과세사업에 사용될 것이 예상되어 있는 재고상태에 있는 것으로 용역은 제공과 사용이 동시에 발생하고 그 저장이 불가능하므로 대부분 재화가 이에 해당된다.

아직 사용되지 않았으나 장차 사용될 것이 예상되는 것과 관련된 매입세액공제가 가능하나, 종국적으로 사업에 사용되지 않는 것은 최종소비자적 지위에서의 사용·소비되는 것과 관련된 매입세액은 공제되지 않는 것이다. 부가법 제41조는 과세·면세사업에 사용될 것으로 예상하여 매입세액의 공제를 받는 경우로써 이후 면세사업 등에 사용한 경우 매입세액을 재계산하도록 규정하고 있으며, 이에 대하여는 후술한다.

아울러 법원은 부가법상 과세대상인 사업을 위하여 그와 관련된 매입세액이 공제되는지 여부는 그러한 거래활동이 수익을 목적으로 하고 있는지와 그 규모, 횟수, 태양 등에 비추어 사업활동으로 볼 수 있을 정도의 계속성과 반복성이 있는지 여부 등을 고려하여 사회통념에 따라 판단할 사항이라고 판시하였다(대법원 99두5412, 2001. 4. 24.).

3) 재화 또는 용역의 공급과 재화의 수입에 대한 「세액」

「재화 또는 용역의 공급에 대한 세액」이란 공급받은 재화 또는 용역에 대한 세액을 의미하며, 이는 재화 또는 용역을 공급받을 때에 부가법 제31조에 따라 거래상대방에게 거래징수당하는 부가가치세액을 말한다. 「재화의 수입에 대한 세액」이란 재화를 수입하는 때에 세관장에게 징수당하는 부가가치세액을 말한다.

위 "1), 2)"의 요건을 갖추었더라도 부가법 제15조 내지 제17조에서 규정하는 공급시기에 부가가치세를 부담하였음을 증명하는 세금계산서를 발급받아 정부에 매입처별세금계산서합계표를 제출하여야 비로소 매출세액에서 매입세액으로 공제할 수 있다. 다만, 부가법 제46조 제3항의 신용카드매출전표 등을 발급받아 동 수령명세서를 제출하는 경우에는 소정의 절차를 밟아 세금계산서의 제출없이 매입세액으로 공제할 수 있다.

(2) 매입세액의 공제시기

1) 재화 또는 용역의 공급에 대한 매입세액의 공제시기

매입세액은 재화 또는 용역을 공급받는 시기가 속하는 과세기간의 매출세액에서 공제한다(부가법 §38 ②). 그러므로 공급받은 재화 또는 용역을 실제로 사용하거나 소비하였는지 여부, 해당 공급받은 재화 또는 용역을 사용하거나 소비하여 생산한 제품의 공급여부, 해당 공급받은 재화 또는 용역에 대한 부가가치세의 지급 여부, 해당 재화 또는 용역을 공급한 자가 그에 대한 부가가치세를 정부에 납부하였는지 여부 등에 불구하고 공급받은 재화 또는 용역의 거래시기가 속하는 예정신고기간 또는 과세기간의 매출세액에서 공제한다.

또한, 해당 예정신고기간 또는 과세기간에 공제하는 것이므로 해당 예정신고기간에 대한 신고 시 공제하지 아니한 매입세액은 그 예정신고기간이 속하는 과세기간의 확정신고 시 공제할 수 있으나, 과세기간을 달리하여 공제할 수는 없다.

예외적으로 면세사업에 사용되어 매입세액이 공제되지 아니한 감가상각자산을 과세사업에 사용하거나 소비함으로써 과세사업전환에 따른 매입세액을 공제하는 경우에는 그 감가상각자산을 과세사업에 사용하거나 소비하는 과세기간에 공제한다.

2) 재화의 수입에 대한 매입세액의 공제시기

수입일이 속하는 예정신고기간 또는 과세기간에 공제하되 수입일이 속하는 과세기간이 경과한 후에 세관장으로부터 수입세금계산서를 발급받은 때에는 그 발급받은 날이 속하는 예정신고기간 또는 과세기간의 매출세액에서 공제할 수 있으며, 이 경우 폐업 후에 수입세금계산서를 발급받는 경우에는 폐업일이 속하는 과세기간의 매입세액으로 공제받을 수 있으며, 사업양수도 후에 양도자 명의로 수입세금계산서를 발급받는 경우에는 양수자가 해당 수입세금계산서를 발급받은 과세기간의 매입세액으로 공제받을 수 있다(부가통칙 38-0-3, 38-0-7 ; 서면3팀-2003, 2006. 9. 5. ; 부가 1265-1721, 1982. 6. 29.).

(3) 매입세액의 공제 사업장

부가가치세법은 사업장을 기준으로 하여 사업자등록, 과세표준의 신고, 세액의 납부

등을 각각의 사업장마다 하도록 하고 있으므로 사업자에게 둘 이상의 사업장이 있는 경우에도 납부세액의 계산 역시 각 사업장마다 따로 계산하여야 한다.

‘자기의 사업을 위하여’란 의미는 현재까지의 특례규정이나 예규 등을 보면 매출세액은 사업장 단위의 기준을 철저히 지키고 있는 반면, 매입세액에 대하여는 사업장 단위의 기준보다 완전한 인적기준은 아니지만 인적기준에 가까운 것으로 해석하고 있다. 이는 본·지점은 동일 사업자임에도 대부분 계약 및 대금결제가 본사에서 이루어지고 있는 납세현실을 고려할 때 엄격한 사업장 개념을 적용하는 것은 납세현실을 외면한 것이 되기 때문이다.

1) 2개 이상의 사업장이 있는 경우

일반적으로 재화 또는 용역을 공급받거나 재화를 수입하고 세금계산서를 발급받는 경우 그 매입세액은 해당 재화 또는 용역을 사용하거나 소비하는 사업장에서 세금계산서 등을 발급받아 매입세액을 공제받거나 계약 및 대금의 지급이 이루어지는 본점 등의 사업장에서 발급받아 해당 사업장에서 매입세액을 공제받고 있다.

㉠ 본사에서 원자재를 구입하여 제조장에 발송하고 제조장을 공급받는 자로 하여 세금계산서를 발급받는 경우에는 제조장에서 매입세액을 공제받을 수 있음.

㉡ 지점 등에 대한 전기료, 임차료 등을 본사에서 직접 지급하고 본사를 공급받는 자로 하여 세금계산서를 발급받는 경우에는 본사의 매입세액으로 공제됨(부가 1265.2-1694, 1983. 8. 23.).

㉢ 둘 이상의 사업장에 대한 공동경비를 어느 한 사업장에서 일괄지급하고 발급받은 세금계산서의 매입세액은 그 세금계산서를 발급받은 사업장의 매입세액으로 공제됨(부가 1265.1-2462, 1984. 11. 19.).

㉣ 공장에서 사용·소비할 재화를 본사에서 구입하고 운송편의상 해당 재화를 직접 공장으로 운송하게 하는 경우 본사에서 세금계산서를 발급받아 매입세액을 공제받을 수 있음(부가 22601-858, 1986. 5. 6.).

㉤ 거래는 본사에서 이루어지고 재화는 공장에서 인도받는 경우 본사 또는 공장 중 어느 쪽이라도 세금계산서를 발급받아 매입세액을 공제받을 수 있음(소비 22601-33, 1989. 1. 17.).

2) 사업장을 이전하거나 확장하는 경우

사업자가 사업장을 이전하거나 규모를 확장하기 위하여 기존 사업장 외에 새로운 사업장을 건설하거나 취득하는 과정에서 해당 신규 사업장에 관련된 재화 또는 용역을 기존 사업장의 명의로 공급받거나 수입한 경우에는 기존 사업장의 매입세액으로 공제할 수 있으며, 이는 신규 사업장에 대하여 사업자등록을 한 이후에 발급받는 경우를 포함한다. 다만, 기존 사업장의 사업과 관련없는 경우(즉, 업종이 다른 경우)에는 공제받을 수 없으며(다만, 법인사업자는 업종에 관계없다), 이 경우 사업의 관련 여부는 다음의 사례에서 보는 바와 같이 대체로 동일 업종인지 여부로 판단하고 있다(부가 22601-880, 1986. 5. 8. ; 부가 22601-2121, 1985. 10. 30.).

㉠ 제조업 영위 법인이 정관의 사업목적에 부동산 임대를 추가한 후 기존 사업장 외의 다른 장소에 건물을 신축하여 부동산임대업에 공한 경우로서 해당 건물신축 관련 매입세금계산서를 기존 사업장 명의로 발급받은 경우에는 기존 사업장의 매입세액으로 공제받을 수 있음(부가 1265-2242, 1984. 10. 22.).

㉡ 부동산임대업자가 사업규모 확장을 목적으로 기존 사업장 외의 부동산을 매입하여 부동산임대업을 할 때 해당 신규 부동산 매입세금계산서를 기존 사업장 명의로 발급받는 경우에는 기존 사업장의 매입세액으로 공제받을 수 있음(부가 1265.1-2183, 1982. 8. 18.).

㉢ 제조업자가 사업장 이전을 목적으로 다른 장소에 공장을 신축함에 있어 발생하는 매입세금계산서를 기존 사업장 명의로 발급받은 경우 동 매입세액은 기존 사업장의 매출세액에서 공제하는 것임(부가 1265-1657, 1984. 8. 3.).

㉣ 제조업자가 사업규모 확장을 목적으로 신규 사업장을 개설하고 해당 신규 사업장에 소요되는 설비의 매입세금계산서를 기존 사업장 명의로 발급받은 경우에는 기존 사업장의 매입세액으로 공제받을 수 있음(부가 1265.1-227, 1980. 2. 7.).

㉤ 음식업을 영위하는 개인사업자가 부동산임대업을 영위하기 위하여 기존 사업장 외의 장소에서 건물을 신축하는 경우 사업자등록 정정신고 또는 별도의 사업자등록을 하지 아니하고 건물신축 관련 매입세액을 기존 사업장에서 공제받을 수 없음(부가 22601-314, 1985. 2. 14. ; 소비 22601-94, 1998. 2. 1. ; 대법원 2008두8956, 2008. 8. 21.).

㉥ 전자제품 제조업자(개인사업자임)가 기존 사업장 외의 건물을 매수하여 부동산임대업에 이용하고 건물 일부를 기존 전자제품사업체 출장소 사무실로 사용한 경우 기존 사업과 직접 관련 없는 것으로 동 건물 매입세액을 기존 사업장에서 공제받을 수 없음(대법원 85누682, 1986. 6. 24.).

㉦ 제조업을 영위하는 사업자가 사업장 이전 목적으로 다른 장소의 건물을 매입함에 있어 기존 사업장 명의로 매입세금계산서를 받은 경우에는 기존 사업장 매입세액으로 공제받을 수 있으나, 사업장 이전 전에 건물을 임대하는 경우에는 임대사업에 대한 사업자등록을 하여야 함(부가 22601-1281, 1988. 7. 22.).

ⓞ 신규부동산 취득과 관련하여 기존 사업장에서 매입세액을 공제받고 신설 사업장을 간이과세자로 등록한 경우나 면세사업장으로 신규 등록하는 경우에는 기존 사업장 명의로 발급받은 세금계산서상의 매입세액은 불공제 또는 면세전용으로 과세하는 것임(부가 22601-165, 1992. 2. 11.).

ⓩ 신설 사업장의 사업자등록 이후에도 기존 사업장의 명의로 신규 사업장 신축관련 세금계산서를 수취한 경우 기존 사업장에서 공제가능함(서삼 46015-10260, 2002. 2. 16. ; 부가 22601-880, 1986. 5. 8.). 또한 당해 신설 사업장의 건설이 완료된 경우에도 기존 사업장에서 신설 사업장으로 세금계산서를 발급하지 아니하는 것이나 신설 사업장에서 생산·공급하는 재화에 대하여는 신설 사업장 명의로 세금계산서를 발급하는 것임(부가 46015-1071, 2000. 5. 18.).

ⓒ 단독 사업자가 기존의 사업장과 다른 장소에 처와 공동으로 사업용 건물을 취득하면서 기존 사업장 명의로 세금계산서를 발급받은 경우 해당 세금계산서의 매입세액은 기존 사업장의 매출세액에서 공제되지 아니함(서삼 46015-11981, 2003. 12. 18.).

ⓚ 사업자가 사업장을 이전할 목적이나 사업규모를 확장할 목적으로 다른 장소에 부동산을 취득하면서 기존 사업장에서 매입세액을 공제받았으나 부득이한 사유로 사업장 이전 등을 하지 못하고 새로이 취득한 부동산을 다른 과세사업에 사용(사업장 또는 하치장 등)하는 경우 기 공제받은 매입세액에는 영향을 미치지 아니함 (부가 46015-176, 1999. 1. 20. ; 서면3팀-3031, 2006. 12. 6. ; 부가 46015-2711, 1998. 12. 8. ; 서면3팀-331, 2006. 2. 21.).

ⓣ 신설 사업장의 건설에 관련된 용역을 중간지급조건부로 공급받으면서, 공급시기에 일부는 기존 사업장에서 세금계산서를 발급받고 일부는 신설 사업장에서 세금계산서를 발급받은 경우 해당 세금계산서의 매입세액은 매출세액에서 공제되는 것임(부가 46015-4034, 1999. 10. 4.).

ⓟ 기존 사업장에서 신설 사업장 취득과 관련된 매입세액을 공제받은 후 신설 사업장의 준공을 이유로 지점에 세금계산서를 발급하지 않는 이유는 직매장 반출의 경우 판매목적의 재고자산만 세금계산서 발급대상이 되기 때문이다.

(4) 매입세액을 공제받는 사업자

1) 일반적인 경우

재화 또는 용역의 공급에 대한 세액과 재화의 수입에 대한 세액을 매입세액으로서 공제할 수 있는 사업자는 실지로 해당 재화 또는 용역을 공급받거나 재화를 수입한 사업자로 한다.

2) 공동매입 등이 있는 경우

둘 이상의 사업자가 공동으로 사용할 사업부대설비공사를 그중 한 사업자의 명의로 계약을 체결한 경우에도 용역을 공급받은 각 사업자별로 자기가 부담한 매입세액을 공제받을 수 있는 것이므로 계약을 체결한 사업자 명의로 세금계산서를 발급받은 때에는 공동매입 등에 대한 세금계산서 발급특례에 따라 실제로 용역을 공급받는 사업자별로 다시 세금계산서를 수수하여 매입세액을 공제받을 수 있다(부가통칙 38-0-5).

3) 사업의 양수도가 있는 경우

사업양도자와 사업양수자는 각각의 납세의무가 있으므로 사업양도자가 사업양도 전에 발급받은 세금계산서의 매입세액은 사업양수자가 공제받을 수 없으며, 사업양수 후에도 사업양수자가 사업양도자 명의로 세금계산서를 발급받는 경우 해당 매입세액을 공제받을 수 없다. 다만, 사업양도자가 수입재화에 대한 수입세금계산서를 사업양도 시까지 발급받지 못하고 사업양도 후 사업양수자가 사업양도자 명의로 발급받은 경우에는 해당 수입세금계산서를 발급받은 과세기간에 매입세액으로 공제받을 수 있다(부가통칙 38-0-3).

4) 사업준비 중에 용역을 제공받고 폐업하는 경우

부가가치세 과세사업을 개시하기 전에 과세사업을 위한 건축물을 신축하기 위하여 설계용역이나 시공사 선정을 위한 비용 관련 세금계산서를 발급받아 매입세액공제를 받은 이후의 과세기간에 사업성 악화 등을 이유로 폐업하거나 사업준비를 위한 비용에 대한 대가없이 토지의 대가만을 받기로 하고 양도하는 경우 해당 매입세액은 사업관련성이 없다는 이유나 토지관련 매입세액으로 추징되지 아니하고 폐업 시 잔존재화로 과세할 수도 없다(부가-1269, 2009. 9. 9.).

(5) 부적법한 수정세금계산서 발급 시 기존 매입세액공제분의 추징 여부

사업자가 당초 재화 또는 용역의 공급에 대하여 그 공급시기에 적법하게 세금계산서를 발급하였으나, 계약이 해제되거나 공급가액 증감사유가 발생한 것으로 오인하여 감액수정세금계산서를 발급한 경우 해당 감액수정세금계산서는 수정 발급 사유없이 발급한 것으로서 세금계산서로서의 효력을 지니는 정당한 세금계산서가 아니다.

따라서 부적법한 수정세금계산서나 이를 바로잡으려 재차 발행한 수정세금계산서 모두 법적 효력이 없는 수정세금계산서에 불과하므로 당초 정당하게 발급된 세금계산서의

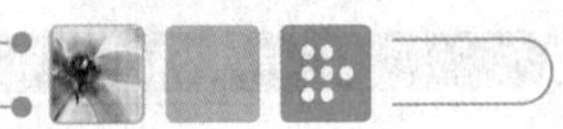

공급가액에 영향을 미치지 아니하므로 당초 세금계산서의 공제 여부에 따라 판단하는 것이다(기준-2014-법령해석부가-21827, 2015. 2. 27. ; 서면 2016부가 4726, 2016. 9. 20. ; 대법원 2002두1717, 2004. 5. 27.).

(6) 조세중립성과 매입세액공제

조세중립성은 부가가치세가 공급자의 비용이 되어서는 아니되고 최종소비자가 부담해야 하며, 생산 및 유통 단계의 횟수에 관계없이 유사한 거래는 동일한 조세를 부담해야 함을 의미한다. 이를 위해 부가가치세는 생산 및 유통의 각 단계에서 다음 단계로 완전히 이전하여 각 단계에서 발생한 모든 부가가치세가 최종소비자에게 전가되어야 하고, 최종 소비단계 이전의 각 단계에서 납부했던 매입세액은 모두 공제되어야 한다.

(7) 매입세액공제의 장소적 한계

부가법 제19조 및 제20조가 거래장소로서 재화와 용역이 공급되는 장소에 관하여 규정하고, 부가법 제21조와 제22조에서는 '수출하는 재화'나 '국외에서 제공하는 용역'의 공급에 대하여 영의 세율을 적용하도록 규정하고 있는 점과 동 규정의 '국외에서 제공하는 용역'의 해석에 있어 그 해당 여부는 용역을 공급받는 상대방이 내국법인인지 아니면 외국법인인지, 혹은 외국법인의 국내사업장이 존재하는지를 가리지 않는 점 등에 비추어 보면, 부가법은 소비지국과세원칙을 채택하고 있다고 할 것이다. 따라서 부가법 제38조의 사업관련성 유무와 대리납부 규정의 과세사업에 제공하는 경우인지 여부는 모두 대한민국의 과세권이 미치는 국내에서 이루어지는 사업을 기준으로 판단하여야 할 것이다(서울고등법원 2015누64970, 2016. 5. 25. ; 대법원 2014두8766, 2016. 1. 14.).

(8) 정관상의 목적사업 외 과세사업을 위한 매입세액의 공제 여부

부가가치세는 인세가 아닌 물세로서 과세대상 재화 또는 용역의 공급 및 재화의 수입이라는 거래행위 자체에 부과되는 세금이므로 정관상의 목적사업 기재 여부를 고려함이 없이 해당 거래에 대하여 부가가치세가 과세되는 것이다. 따라서 해당 재화 또는 용역의 취득이나 공급이 과세사업의 일환으로 인정된다면 비록 정관상에 해당 사업의 기재가 지연되거나 사업자등록 정정이 지연 또는 불이행되었더라도 과세 여부를 달리하거나 매입세액공제 여부에 영향을 미칠 수 없다(부가통칙 38-0-4 ; 부가 22601-320, 1987. 2. 25.).

기존 해석사례에서도 ① 법인의 설립등기 전이라도 사업개시 전 사업자등록이 가능하므로 법인등기부등본을 발급받기 전에 발생한 사업개시비용 등 과세사업 관련 매입세액도 당연히 공제되어야 한다고 해석하였으며(서면-2014-부가-22047, 2015. 3. 11. ; 사전-2017-법령해석부가-0302, 2017. 5. 19. ; 부가 22601-1936, 1987. 9. 16. ; 서면3팀-585, 2005. 5. 2.), ② 아울러 법인이 정관상의 목적사업을 이행하면서 발생한 외상매출금을 과세대상 재화로 대물변제받아 이를 부가가치세 과세사업에 사용하다가 공급하는 경우에도 재화의 공급은 과세되고 관련 매입세액은 공제되는 것으로 일관되게 해석하였다(부가 46015-333, 2000. 2. 7. ; 부가-251, 2011. 3. 15. 외 다수).

③ 상법상 또는 민법상으로도 법인이 정관상에 새로운 목적사업을 지연하여 추가한 경우일지라도 법인이 그 사업을 위하여 재화나 용역을 취득하고 공급하는 일련의 행위가 원초적으로 무효인 불법행위나 사법상의 무효인 계약이 되는 것이 아니며 그 행위로 인한 소득이 법인소득을 구성하지 아니하는 것도 아니다. 따라서 부가가치세법상으로 단순 협력의무위반(사업자등록 정정의무 해태)에 불과하여 매입세액불공제나 가산세 등 불이익이 없고, 단지 지연변경 등에 따른 상법상의 제재만 따를 뿐이다.

(9) 무상보증수리 관련 매입세액의 공제 여부

자동차관리법 등 국내 자동차 관련 법령상 수입사(또는 딜러사)가 무상보증수리(품질보증책임, 리콜 등)의 법적 의무를 부담한다는 전제하에서 자체 정비업소를 가진 딜러사나 딜러사가 정비업소에 위탁을 주어 무상보증수리업무를 수행하고 이들이 차량 수입사에 세금계산서를 발급한 경우, 차량 수입사는 판매된 차량에 대한 품질을 보증하는 자로서 직접적인 보증수리책임이 있어 그 의무이행으로서 비용을 지출하고 수취한 세금계산서이므로 매입세액공제가 가능하다(사전-2015-법령해석부가-0385, 2015. 11. 25. ; 부가 46015-1881, 2000. 8. 5. 외 다수).

이는 수입사가 외국본사(수입차량 제조사)로부터 무상보증수리용역대금을 받는다고 하더라도 무상보증수리업무와 관련하여 받는 금전은 구상권 행사로 보는 것이 타당하고, 구상권 청구로 보전받은 금전이 있다고 하여 수입사나 딜러사가 수취한 위 세금계산서가 사업과 무관한 세금계산서가 될 수 없으며, 오히려 자신의 과세사업을 위하여 또는 관련 법령이 정한 의무를 이행하기 위하여 부담한 매입세액으로서 당연히 공제되어야 한다.

즉, 매입비용의 종국적 부담주체가 외국본사라 하더라도 매입세액공제에 있어서는 그 자금의 원천이 자기자본이든 타인자본이든 따지지 않는다는 국세청과 기획재정부, 조세심판원 등의 기존 일관된 입장과도 일치된다[조심 2011서0456, 2011. 8. 31.(일본 혼다/혼다코리아, 구상권행사로 받은 금액을 영세율로 신고) ; 조심 2007서5091, 2010. 7. 22.(볼보트럭코리아) ; 적부 2007-0249, 2007. 12. 5.(볼보트럭코리아) ; 법규과-1172, 2011. 9. 1. 외 다수).

A/S 등 보증책임 등과 관련된 미래 발생예정비용은 이미 차량값에 포함되어 수입 시에 관세, 개별소비세 및 부가가치세 등을 부담하였고 이후 최종소비자의 판매가액에 포함되어 전가되었는 바, 한국정부가 보증수리로 공제되는 부가가치세액만큼 손해본다는 논리는 적절하지 않다. 아울러 "의정부지법 2016구합7038, 2016. 5. 10.(도요타 자동차)" 판결도 많은 문제점을 안고 있다고 본다(원고 항소포기로 종결).

다만, 고객의 선택에 의하여 유상으로 제공되는 워런티/바우처(차량 수리 및 부품교환 바우처 등) 상품은 위와는 달리 판단하여야 할 것이다. 구매자가 수리비용을 부담하고 수리용역의 제공자가 구매자가 아닌 수입사에 관련 세금계산서를 발급한 경우 수입사가 매입세액공제를 받을 수 있는지에 대해 불복·소송이 진행 중에 있다.

II 공제하지 아니하는 매입세액

부가가치세는 재화 또는 용역의 모든 유통단계에서 창출된 부가가치를 과세표준으로 과세하는 다단계거래세이면서 전단계세액공제법을 채택하고 있으므로 사업자가 구입 시 부담한 매입세액을 공제받지 못한다면 부가가치가 아닌 매출액을 과세표준으로 부가가치세가 과세되는 결과를 초래하여 부가가치세의 본질과 기본구조에 반하게 된다. 또한, 법인세나 소득세의 과세표준과 세액을 계산할 때 「부가가치세법」상의 매입액에 대응하는 손금이나 필요경비를 공제하여 세액을 계산함에 비추어 볼 때 매입세액불공제 범위는 세금계산서제도의 실효성 확보를 위한 최소한의 범위 내에서 법령 규정에 따라 제한적·열거적으로 엄격 해석함이 타당하다.

따라서 부가가치세 과세사업과의 사업관련성이 인정되는 경우 자기가 부담한 매입세액은 「부가가치세법」상의 의무를 태만하였거나 불이행하는 등 부가법 제39조에서 열거된 매입세액이 아니라면 매출세액에서 당연히 공제되어야 한다. 반면, 매출세액에서 공제되지 아니하는 아래와 같은 매입세액에 해당하는 경우에는 거래상대방 또는 세관장에 의하여 부가가치세를 거래징수당한 사실이 입증되거나 자기의 사업을 위하여 사용되었거나 사용될 것이라도 매출세액에서 공제할 수 없다(부가법 §39 ①, ② ; 대법원 94누1449, 1995. 12. 21.).

① 매입처별세금계산서합계표를 제출하지 아니한 경우의 매입세액 또는 제출한 매입처별세금계산서합계표의 기재사항 중 거래처별 등록번호 또는 공급가액의 전부

또는 일부가 적히지 아니하였거나 사실과 다르게 적힌 경우 그 기재사항이 적히지 아니한 부분 또는 사실과 다르게 적힌 부분의 매입세액

② 세금계산서 또는 수입세금계산서를 발급받지 아니한 경우 또는 발급받은 세금계산서 또는 수입세금계산서에 "필요적 기재사항"의 전부 또는 일부가 적히지 아니하였거나 사실과 다르게 적힌 경우의 매입세액

③ 사업과 직접 관련이 없는 지출에 대한 매입세액

④ 「개별소비세법」 제1조 제2항 제3호에 따른 자동차(운수업, 자동차판매업 등 대통령령으로 정하는 업종에 직접 영업으로 사용되는 것은 제외한다)의 구입과 임차 및 유지에 관한 매입세액

⑤ 기업업무추진비 및 이와 유사한 비용의 지출에 관련된 매입세액

⑥ 면세사업 등에 관련된 매입세액(면세사업 등을 위한 투자에 관련된 매입세액을 포함한다)과 토지에 관련된 매입세액

⑦ 사업자등록을 신청하기 전의 매입세액

1 | 매입처별세금계산서합계표 미제출 등의 경우 매입세액

사업자가 발급받은 세금계산서는 매입처별세금계산서합계표에 기재하여 예정신고, 확정신고, 수정신고, 경정청구, 기한 후 신고 시에 제출하여야 매입세액으로 공제받을 수 있는 것이므로 다음에 해당하는 매입세액은 매출세액에서 공제받을 수 없으며, 거래사실을 입증할 객관적 증빙이 없는 경우에는 「소득세법」 또는 「법인세법」의 규정에 의한 필요경비나 자산의 매입원가로 인정받지 못하게 된다.

㉮ 세금계산서를 적법하게 발급받지 아니한 경우

㉯ 매입처별세금계산서합계표를 적법하게 제출하지 아니한 경우

㉰ 세금계산서의 필요적 기재사항의 전부 또는 일부가 적히지 아니하거나 사실과 다르게 적힌 경우

㉱ 제출한 매입처별세금계산서합계표의 필요적 기재사항의 전부 또는 일부가 적히지 아니하였거나 그 내용이 사실과 다른 경우

(1) 매입처별세금계산서합계표 미제출

사업자는 발급받은 세금계산서에 대한 매입처별세금계산서합계표를 부가법 제54조에 따라 예정신고 또는 확정신고와 함께 정부에 제출하여야 하는데, 해당 확정신고기한까지

도 이를 제출하지 아니한 경우에는 발급받은 세금계산서의 매입세액을 공제받지 못한다. 다만, 다음의 경우에는 매입세액을 공제받을 수 있다(부가법 §39 ① 1 단서, 부가령 §74).

① 예정신고나 확정신고 시 제출하지 못한 매입처별세금계산서합계표 또는 신용카드매출전표등 수령명세서(전자계산조직에 의하여 처리된 테이프 또는 디스켓을 포함하며, 이하 "신용카드매출전표등 수령명세서"라 한다)를 「국세기본법」에 따른 수정신고・경정청구 또는 기한 후 과세표준신고 시 매입처별세금계산서합계표로 제출하는 경우

② 예정신고나 확정신고 시 제출하지 못한 매입처별세금계산서합계표 또는 신용카드매출전표등 수령명세서를 경정 시 세금계산서 또는 신용카드매출전표로 제출하는 경우(이 경우 가산세 적용)

③ 수정신고, 경정청구, 기한 후 과세표준신고 시 제출하지 못한 매입처별세금계산서합계표 또는 신용카드매출전표등 수령명세서를 결정・경정 시 세금계산서로 제출하는 경우(이 경우 가산세 적용)

④ 경정(재경정 포함) 시 제출하지 못한 세금계산서를 수정신고 또는 경정청구 시 매입처별세금계산서합계표 또는 신용카드매출전표등 수령명세서로 제출하는 경우(이 경우 가산세 적용)

⑤ 세무공무원이 조사에 착수한 것을 알고 과세표준 수정신고와 함께 매입처별세금계산서합계표를 수정하여 제출한 경우(「국세기본법」 제49조 단서에 따라 수정신고에 따른 과소신고가산세의 감면혜택만 배제될 뿐 매입세액공제는 가능)

⑥ 부가법 제57조 제2항 단서에 따라 추계경정하는 경우에도 사업자가 발급받은 세금계산서를 적법하게 제출하였고 그 기재내용이 명백한 것은 매입세액을 공제받을 수 있으며, 추계경정을 함에 있어 재해 그 밖의 불가항력으로 인하여 발급받은 세금계산서가 소멸됨으로써 이를 제출하지 못한 경우에는 거래상대자가 제출한 세금계산서에 의하여 확인되는 것을 매입세액으로 공제받을 수 있다(간세 1235-1019, 1978. 4. 7.).

⑦ 발급받은 세금계산서를 과세기간을 달리하여 매입처별세금계산서합계표를 제출한 경우에는 제출한 과세기간의 매입세액으로 공제되지 아니하나 경정청구나 직권경정에 의하여 거래일이 속하는 과세기간의 매입세액으로 공제받을 수는 있다(부가 1265.1-550, 1984. 3. 23.).

⑧ 부가법 제57조에 따른 경정을 하는 경우 사업자가 발급받은 세금계산서 또는 신용카드매출전표 등을 경정기관의 확인을 거쳐 해당 경정기관에 제출하는 경우

(2) 매입처별세금계산서합계표 부실기재

사업자가 발급받은 세금계산서에 의하여 매입처별세금계산서합계표를 정부에 제출하였으나 제출한 매입처별세금계산서합계표의 기재사항 중 거래처별 등록번호 또는 공급가액의 전부 또는 일부가 적히지 아니하였거나, 사실과 다르게 적힌 경우에는 매입세액공제를 받을 수 없다. 다만, 매입처별세금계산서합계표의 거래처별 등록번호 또는 공급가액이 착오로 사실과 다르게 적힌 경우로서 발급받은 세금계산서에 의하여 거래사실이 확인되는 경우에는 공제되는 매입세액으로 보는 것이므로 부실기재된 내용을 정정한 매입처별세금계산서합계표를 과세표준수정신고서, 경정청구서 등과 함께 제출하여 공제가 가능하다(부가령 §74 4).

2 | 세금계산서 등의 미수취 및 부실기재

(1) 세금계산서 등의 미수취 등

재화 또는 용역을 공급받거나 재화의 수입 시 부가법 제32조에 따른 세금계산서를 발급받지 아니한 경우의 매입세액은 공제받을 수 없다. 따라서 세금계산서가 아닌 영수증이나 그 밖의 증빙서류를 발급받은 경우에는 부가가치세를 부담하였더라도 매입세액으로 공제받을 수 없다.

또한, 부가법 제32조에 따라 발급받은 전자세금계산서로서 국세청장에게 전송되지 아니하였으나 발급한 사실이 확인되고 거래사실도 확인된다면 매입세액으로 공제받을 수 있다.

다만, 다음의 경우에는 비록 세금계산서를 수취하였더라도 매입세액으로 공제할 수 없다.

① 부가법 제15조부터 제17조까지 규정하는 재화 또는 용역의 공급시기 이후에 세금계산서를 발급받는 경우(단, 공급시기 이후에 발급받은 세금계산서로서 해당 공급시기가 속하는 확정신고 기한 다음 날부터 1년 이내에 발급받는 경우는 매입세액을 공제하되 세금계산서 지연수취한데 대해 매입처별세금계산서합계표불성실가산세를 부과함)

② 면세사업자(수익사업을 영위하지 않는 비영리법인 포함)나 세금계산서 발급의무 없는 간이과세자로부터 재화 또는 용역을 공급받고 세금계산서를 발급받은 경우

③ 사업자등록을 하지 아니한 사업자 또는 사업을 폐지한 자로부터 세금계산서를 발급받은 경우

(2) 매입자발행세금계산서에 의한 매입세액공제 특례

납세의무자로 등록한 사업자가 재화 또는 용역을 공급하고 부가법 제15조부터 제17조까지 규정하는 공급시기에 세금계산서를 발급하지 아니한 경우, 재화 또는 용역을 공급받은 자가 관할 세무서장의 확인을 받아 발행한 매입자발행세금계산서에 적혀 있는 부가가치세액은 매출세액에서 공제할 수 있는 매입세액으로 본다(부가법 §34의2).

이 경우 납세의무자로 등록한 사업자라 함은 세금계산서 발급의무가 있는 사업자를 의미하며 해당 규정은 2007. 7. 1. 이후 최초로 재화 또는 용역을 공급받는 분부터 적용한다.

(3) 세금계산서 부실기재

사업자가 발급받은 세금계산서에 의하여 매입처별세금계산서합계표를 정부에 제출하였으나 그 제출한 매입처별세금계산서합계표를 작성하는 원천이 되는 세금계산서가 부실기재된 경우로서 이는 필요적 기재사항의 전부 또는 일부가 기재되지 아니한 경우와 기재는 되었으나 그 내용이 사실과 다른 경우로 나누어 볼 수 있다(부가령 §75).

1) 필요적 기재사항의 전부 또는 일부가 기재되지 아니한 경우

세금계산서상의 ① 공급하는 사업자의 등록번호와 성명 또는 명칭, ② 공급받는 자의 등록번호, ③ 공급가액과 부가가치세액, ④ 작성연월일이 전부 또는 일부가 기재되지 아니한 경우 해당 매입세액은 매출세액에서 공제하지 않는다.

2) 세금계산서의 필요적 기재사항의 내용이 사실과 다른 경우

세금계산서의 기재내용 중 필요적 기재사항의 내용이 사실과 다른 경우에도 매입자의 매입세액공제 측면에서 보면 부담한 부가가치세액이 확인되는 이상 공제해 주어야 할 것이나, 세금계산서의 다른 기능인 자동검증기능 측면에서 이의 정확한 수수를 유도하기 위하여 매입세액공제를 배제하고 있다.

이때 세금계산서의 필요적 기재사항의 내용이 사실과 다른 경우를 지나치게 엄격하게 해석하여 사실과 달리 적혀 있는 모든 세금계산서의 매입세액공제를 허용하지 아니하는 경우 납세자에게 적지 않은 어려움을 가져올 것이므로 세금계산서의 필요적 기재사항의 내용이 사실과 다른 경우라는 의미를 그 기재내용이 사실과 달라 거래내용을 확인할 수 없는 경우로 해석하여 매입세액공제가 허용되는 세금계산서의 범위를 넓게 인정하는 것이 바람직할 것으로 생각된다.

따라서 기존 판례나 시행령에서는 발급받은 세금계산서의 필요적 기재사항 중 일부가 착오로 사실과 다르게 적혔으나 그 세금계산서에 적힌 나머지 필요적 기재사항 또는 임의적 기재사항으로 보아 거래사실이 확인되는 경우에는 매입세액공제가 가능하다(부가령 §75).

① 공급자가 사실과 다른 경우

세금계산서상의 공급자와 사실상의 공급자가 다른 경우에는 매입세액을 공제하지 아니한다. 이 경우 사업자등록 정정사유가 발생하였으나 이를 정정하지 아니한 사업자로부터 재화를 공급받고 세금계산서를 발급받은 경우와 같이 단순히 공급자의 사업자등록번호나 성명 등 필요적 기재사항의 일부가 사실과 다르지만 거래사실이 확인되는 때에는 매입세액이 공제된다(부가 22601-2629, 1986. 12. 24.).

그리고 둘 이상의 사업장이 있는 사업자로부터 재화 또는 용역을 공급받으면서 실제로 공급한 사업장 외의 사업장 명의로 발급받은 세금계산서의 매입세액도 공제받을 수 없다. 다만, 필요적 기재사항이 사실과 다른 책임이 공급받는 자에게 있지 아니하고 그 거래사실이 확인되는 경우에는 선의의 거래자가 불이익을 받는 것을 배제하기 위하여 사실과 다른 세금계산서로 보지 아니한다(부가 22601-1306, 1988. 7. 26. ; 국심 85구1147, 1985. 10. 14.).

② 공급받는 자가 사실과 다른 경우

재화 또는 용역을 제공받은 사업자가 세금계산서상 공급받는 자란에 타인의 명의가 적혀 있는 세금계산서를 발급받은 경우 해당 세금계산서에 적혀 있는 매입세액은 부가법 제39조 제1항 제2호에 해당되어 매입세액으로 공제받을 수 없다. 예를 들어 단순히 화주를 대신하여 수입대행을 하는 자가 자기를 공급받는 자로 하여 세관장으로부터 수입세금계산서를 수취한 경우에는 공급받는 자가 사실과 다른 경우에 해당되어 매입세액공제를 받을 수 없는 것이다.

③ 작성연월일이 사실과 다른 경우

> 2019. 2. 12. 이후 재화 또는 용역을 공급받고 세금계산서를 수취한 경우로서 재화 또는 용역의 공급시기가 속하는 과세기간에 대한 확정신고기한 이후 세금계산서를 발급받았더라도 그 세금계산서의 발급일이 재화 또는 용역의 공급시기가 속하는 과세기간에 대한 확정신고기한 다음 날부터 6개월 이내(2022. 2. 15. 이후부터는 1년 이내)인 경우 가산세를 부과하되 매입세액을 허용하도록 부가령이 개정되었다. 아래 내용은 종전 규정에 따른 설명이다.

발급받은 세금계산서의 작성연월일이 법령에서 규정하고 있는바에 따라 기재되지 않

음으로써 사실과 다른 세금계산서가 되는 것을 말한다.

여기서 매입세액의 공제가 부인되는 "세금계산서의 필요적 기재사항의 일부인 '작성연월일'이 사실과 다르게 적혀 있는 경우"라 함은 세금계산서의 실제작성일이 거래사실과 다른 경우를 의미하고 그러한 경우에도 그 세금계산서의 나머지 기재내용에 의하여 거래사실이 확인된다면 거래사실에 대한 매입세액은 공제되어야 하지만 이는 어디까지나 세금계산서의 실제 작성일이 속하는 과세기간과 사실상의 거래시기가 속하는 과세기간이 동일한 경우(세금계산서상의 '작성연월일'이 실제 작성일로 기재되든, 사실상의 거래시기 또는 어느 특정시기로 소급하여 기재되든 상관없음)에 한한다. 그 이유는 세금계산서가 부가가치세액을 정하기 위한 증빙서류로서 그것을 거래시기에 발행 발급하게 하는 것은 그 증빙서류의 진실을 담보하기 위한 것이기도 하지만 나아가 전단계세액공제법을 채택하고 있는 현행 부가가치세법 체계에서 세금계산서 제도는 당사자 간의 거래를 노출시킴으로써 부가가치세뿐 아니라 소득세와 법인세의 세원포착을 용이하게 하는 납세자 간 상호검증의 기능을 갖고 있으며 세액의 산정 및 상호검증이 과세기간별로 행하여지는 부가가치세의 특성상 위와 같은 상호검증 기능이 제대로 작동하기 위해서는 세금계산서의 작성 및 발급이 그 거래시기가 속하는 과세기간 내에 정상적으로 이루어지는 것이 필수적이기 때문이다(동지 : 대법원 2002두5771, 2004. 11. 18. ; 부산고등법원 2007누4100, 2008. 3. 21. ; 국심 2005서4368, 2006. 2. 7.).

그러므로 공급시기 이후에 발급된 세금계산서는 비록 작성연월일을 소급기재 하였더라도 이는 어디까지나 해당 공급시기가 속하는 과세기간 이내여야 매입세액으로 공제받을 수 있다.

작성연월일이 사실과 달라 매입세액이 불공제되는 유형을 보면 다음과 같다.

가. 부가법 제15조 및 제16조에 따른 공급시기 도래 전에 대가의 지급없이 발급받은 세금계산서(부가법 §17의 공급시기 특례규정이 적용되는 경우 제외)

나. 재화 또는 용역의 공급시기 이후에 세금계산서를 발급하였기 때문에 작성연월일이 재화 또는 용역의 공급시기와 다르게 적혀 있는 경우(과세기간이 다른 경우에 한함)

다. 부가법 제34조 제3항의 월합계세금계산서 발급특례 규정에 따라 발급하되 발행일자를 동 규정에 의하여 기재하지 아니하는 경우(착오로 확인되는 경우 제외)

라. 부가법 제34조 제3항의 세금계산서 발급특례 규정에 따라 발급하되 동 규정에 의한 발급시기를 경과하여 발급하는 경우

작성연월일이 사실과 다르지만 정당한 세금계산서로 인정되는 경우는 다음과 같다.

가. 거래사실이 확인되는 이상 세금계산서에 발행일이 부가법 제15조, 제16조의 거래 시기와 다소 일치하지 않게 작성된 바 있다고 하더라도 그 기재내용이 사실과 다른 것으로서 부가가치세 매입세액을 불공제할 것은 아니라 할 것임(대법원 85누75, 1986. 9. 23.).

나. 공급시기가 속한 과세기간 종료 후에 소급작성하였으나, 공급시기의 다음 달 10일까지 세금계산서를 발급받은 경우 정당한 세금계산서임(국심 2007부59, 2007. 4. 23.).

다. 공급시기 도래 전에 대가의 지급없이 수취한 세금계산서에 해당되어 불공제된 후 원칙적인 공급시기에 재발급받은 세금계산서(재소비-36, 2006. 1. 11.)

라. 재화를 7월 1일 공급하였으나 착오로 세금계산서 작성일자를 6월 2일로 잘못 기재하여 확정신고를 한 경우에는 수정세금계산서를 작성하여 수정신고서와 함께 제출할 수 있음(부가 22601-1898, 1986. 9. 16.).

마. 세금계산서의 필요적 기재사항이 사실과 다르게 기재되었다 하더라도 그 원인이 과세관청에 있는 경우에는 사실과 다른 세금계산서로 보지 아니한다. 예컨대, 세무서장이 사무착오로 잘못 부여한 등록번호를 기재하여 작성한 세금계산서를 발급받는 경우나 납세의무자가 세금계산서를 작성함에 있어 담당 세무공무원의 종용에 의하여 작성연월일을 사실과 다르게 기재한 세금계산서를 발급받는 경우가 있다(부가 1235-3645, 1978. 10. 2. ; 대법원 80누342, 1981. 1. 27.).

④ 공급가액과 세액이 사실과 다른 경우

공급가액과 세액을 사실과 다르게 기재한 경우에는 사실과 다른 세금계산서로서 매입세액을 공제하지 아니한다. 다만, 이 경우에도 실지거래분에 해당하는 공급가액에 대한 부가가치세액은 매입세액으로 공제받을 수 있는 것이므로 과대계상된 부분만 불공제된다(부가 46015-1708, 1998. 7. 28. ; 서면3팀-128, 2006. 1. 19.). 2019년 12월 개정 시 "공급가액이 사실과 다르게 적힌 경우에는 실제 공급가액과 사실과 다르게 적힌 금액의 차액에 해당하는 세액"을 공제하지 아니하는 매입세액으로 명문화하였다(부가법 §39 ① 2).

⑤ 가공거래

실물거래없이 세금계산서만 발급받는 경우 실물거래는 되었으나 명의만 타인으로 하는 위장거래와 같이 매입세액을 공제받을 수 없다.

⑥ 대가를 받지 아니한 경우

세금계산서는 사업자와 거래상대방과의 사이에 실제로 거래가 있는 이상 반드시 그 대가를 현실적으로 수수하지 않더라도 작성·발급되어야 하는 것이므로 사업자가 공급가

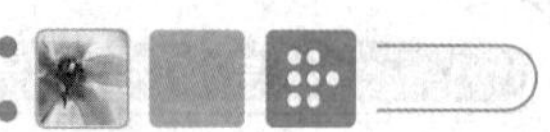

액 및 세액의 전부 또는 일부를 지급받지 아니한 채 세금계산서가 발행되었다 하여 그것만으로는 그 내용이 사실과 다른 세금계산서라 할 수는 없다(대법원 87누964, 1988. 2. 9.).

⑦ 사업자등록을 정정하지 아니한 경우

사업자가 사업장 이전·상호변경 등 사업자등록증 정정사유가 발생하였으나 이를 정정하지 아니하고 세금계산서를 발급받은 경우에 해당 세금계산서의 필요적 기재사항 또는 임의적 기재사항으로 보아 그 거래사실이 확인되는 때에는 그 세금계산서의 매입세액을 매출세액에서 공제하거나 환급할 수 있다(부가통칙 38-0-4).

⑧ 영세율 거래에 대하여 일반세금계산서를 발급한 경우

영세율이 적용되는 거래에 대하여 일반세금계산서가 수수된 경우 공급받는 자가 조세지원의 수혜를 포기한 것이고, 공급자가 관련 부가가치세를 신고·납부하였으므로 조세탈루로 인한 국고 손실도 발생하지 아니하며, 세금계산서에 10%의 부가가치세액이 적혀 있을 뿐 실제 거래내용대로 세금계산서 기재사항이 작성되어 있어 세금계산서의 본질적인 기능을 침해할 만큼 사실과 다른 내용이 기재된 것으로 보기 어렵다. 따라서 해당 세금계산서는 사실과 다른 세금계산서에 해당하지 아니하여 공급받는 자는 매입세액공제가 가능하고 가산세 적용도 배제된다(재부가-747, 2011. 11. 28.).

⑨ 본·지점을 달리해 발급한 세금계산서를 수취한 사업자에 대한 매입세액공제 여부

부가법상 재화 또는 용역을 공급하는 사업자는 공급받는 자에게 실지 거래내용에 따라 세금계산서를 발급하여야 하는 의무가 규정되어 있는바, 그 의무를 성실히 이행하지 못하였다면 공급자에게 그 책임이 있다. 법원에서도 본·지점을 달리하여 세금계산서를 발급한 경우 공급자에게는 엄격하게 가산세를 부과하고 있으나(서울고등법원 2016누63332, 2018. 10. 10. 등 다수), 공급받는 자의 경우에는 세금계산서의 그 본질적 기능을 해하지 않는 한도 내 매입세액공제를 허용하여 납세자 피해를 구제할 필요가 있으며, 전단계세액공제법의 부가가치세제의 본질과 실질과세 원칙 및 조세공평 원칙에도 부합한다고 판시하고 있다(서울행정법원 2017구합74511, 2018. 6. 21.).

따라서 공급받는 자가 이러한 세금계산서를 수취한 경우 조세를 탈루하기 위한 고의성이 있다거나 중대한 중과실이 있다고 할 수 없으므로 해당 세금계산서상의 매입세액은 자기의 세액은 매출세액에서 공제되어야 한다.

※ 본·지점을 달리하여 발급된 세금계산서의 매입세액공제를 허용한 사례

불복유형	사건번호
국세청 (적부 · 심사)	심사부가 2003-0094, 2003. 8. 25. ; 심사부가 2002-0044, 2002. 6. 7. ; 적부 수영-2017-0006, 2017. 5. 26. ; 적부 2011-0225, 2011. 11. 11.
조세심판원	조심 2018부0573, 2018. 9. 11. 국심 2003전3471, 2004. 3. 8.
법원	서울행정법원 2017구합74511, 2018. 6. 21. 대법원 2017두30436, 2017. 2. 7.

⑩ 차량등록원부와 세금계산서상의 공급받는 자가 일치하지 아니하는 경우 매입세액공제

구매자가 화물차 지입회사의 지입차주인 경우, 지입차주가 자기의 명의로 사업자등록증을 교부받아 차량공급자로부터 차량을 구입하는 경우에는 차량공급자로부터 자기의 명의로 세금계산서를 교부받을 수 있고, 지입차주가 실질적으로 자기소유차량을 구입하여 지입회사 명의로 차량을 등록하여 운수업 영위 시 지입회사는 차량공급자로부터 자기명의로 교부받은 세금계산서의 매입세액공제 가능하며, 지입회사는 동 구입차량을 지입차주에게 인도할 때 세금계산서를 교부하고 지입차주는 이에 대해 매입세액공제를 받을 수 있다(부가 22601-475, 1990. 4. 19. ; 부가 22601-120, 1986. 1. 30.).

그 외의 경우, 국세청은 등기나 등록을 요하는 자산과 관련하여 세금계산서상의 공급받는 자와 등기부나 등록부상의 (소유)명의자가 동일하여야 매입세액공제 대상으로 실무처리하고 있다. 세금계산서상의 공급받는 자가 아닌 자가 차량등록원부에 기재된 경우 사업자 소유의 차량이 아니라며 불공제하고 있는 실정이다. 그러나 실질과세원칙에 따라 명의에 관계없이 실제 사업자의 책임과 계산으로 자금을 부담하고 자기의 과세사업에 사용한다면 매입세액공제를 허용해 주어야 한다. 물론 불공제한다는 국세청의 직접적 유권해석은 없지만 이는 타 법령을 위반한 사실관계에 따른 세법해석 질의는 회신하지 않는다는 암묵적 지시에 의해 생성되지 않았을 것으로 보인다.

"부가가치세법상 매입세액공제 대상인 차량운반구를 사업자와 비사업자가 공동으로 매입하면서 사업자의 등록번호와 성명 및 비고란에 비사업자의 인적사항이 기재된 매입세금계산서를 수취하고 자동차등록원부에는 비사업자의 명의로 등록한 경우 동 매입세금계산서의 매입세액은 사업자의 매출세액에서 공제할 수 없다는 해석과(서삼 46015-11542, 2003. 10. 1.), 차량소유자가 "갑"으로 되어 있고 "갑"이 대가를 지급한 경우로서 사업자 "을"이 해당 차량을 과세사업에 사용하는 경우 매입세액불공제하여야 한다는 심판례(조심 2018소3082, 2018. 11. 19.)는 있다.

위와 같은 사정에서 볼 때, 비록 차량등록원부의 명의자와 세금계산서상의 공급받는 자가 일치하지 않더라도 실질과세원칙과 부가법 제9조의 재화의 공급, 제38조의 매입세액공제 논리에 비추어 사업자(세금계산서상의 공급받는 자)의 책임과 계산으로 차량을 구입하고 과세사업에 사용한 경우까지 매입세액불공제한다는 사례는 없으므로 불복을 통해 충분히 구제를 받을 수 있으리라 본다.

3) 사실과 다른 세금계산서로 보지 않는 경우

다음의 어느 하나에 해당하는 경우에는 필요적 기재사항이 다르게 적힌 사실과 다른 세금계산서의 매입세액으로 보아 불공제하지 않는다(부가령 §75).

㉠ 부가령 제11조 제1항 또는 제2항에 따라 사업자등록을 신청한 사업자가 제11조 제5항에 따른 사업자등록증 발급일까지의 거래에 대하여 해당 사업자 또는 대표자의 주민등록번호를 적어 발급받은 경우

㉡ 부가법 제32조에 따라 발급받은 세금계산서의 필요적 기재사항 중 일부가 착오로 사실과 다르게 적혔으나 그 세금계산서에 적힌 나머지 필요적 기재사항 또는 임의적 기재사항으로 보아 거래사실이 확인되는 경우

㉢ 재화 또는 용역의 공급시기 후에 발급받은 세금계산서로서 해당 공급시기가 속하는 과세기간에 발급(부가법 제34조 제3항 발급받은 경우를 포함한다)받거나 해당 거래일을 작성연월일로 하여 확정신고기한까지 발급받은 경우(과세기간 종료 후 발급분에 대한 공제 허용은 2016. 2. 17. 이후 공급분부터 적용)

㉣ 부가법 제32조 제2항에 따라 발급받은 전자세금계산서로서 국세청장에게 전송되지 아니하였으나 발급한 사실이 확인되는 경우

㉤ 부가법 제32조 제2항에 따른 전자세금계산서 외의 세금계산서로서 재화 또는 용역의 공급시기가 속하는 과세기간에 발급(부가법 제34조 제3항 발급받은 경우를 포함한다)받거나 해당 거래일을 작성연월일로 하여 확정신고기한까지 발급받은 경우(과세기간 종료 후 발급분에 대한 공제 허용은 2016. 2. 17. 이후 공급분부터 적용)

㉥ 실제로 재화 또는 용역을 공급하거나 공급받은 사업장이 아닌 사업장을 적은 세금계산서를 발급받았더라도 그 사업장이 부가법 제51조 제1항에 따라 총괄하여 납부하거나 사업자단위 과세사업자에 해당하는 사업장인 경우로서 그 재화 또는 용역을 실제로 공급한 사업자가 부가법 제48조(예정신고와 납부) 및 제49조(확정신고와 납부) 또는 간이과세자의 부가법 제66조(예정부과와 납부) 및 제67조(신고와 납부)에 따라 납세지 관할 세무서장에게 해당 과세기간에 대한 납부세액을 신고하고 납부한 경우

4) 선의의 거래당사자에 대한 매입세액공제

공급자가 발급한 세금계산서가 비록 필요적 기재사항이 사실과 다르게 기재된 세금계산서로 확정된 경우 공급받는 자는 해당 세금계산서상의 매입세액을 공제받을 수 없는 것이 원칙이다. 이는 사실과 다른 세금계산서가 부가법상 납부세액을 산정하는 계산서로서의 기능과 과세관청의 사업자 간의 거래상황을 파악하는 과세자료로서의 기능을 다하지 못한다는 점을 들어 징벌적 목적에서 매입세액을 불공제하고 있는 것이다. 하지만 징벌적 성격은 선의의 사업자에게는 적용할 수 없는 것으로서 자신의 선의가 입증되면 그 적용을 배제할 수 있어야 한다. 실제 공급자와 세금계산서상의 공급자가 다른 세금계산서는 공급받는 자가 세금계산서의 명의위장사실을 알지 못하였고 알지 못한 데에 과실이 없다는 특별한 사정이 없는 한 그 매입세액을 공제 내지 환급받을 수 없으며, 공급받는 자가 위와 같은 명의위장사실을 알지 못한 데에 과실이 없다는 점은 매입세액의 공제 내지 환급을 주장하는 자가 이를 입증하여야 한다(동지 : 대법원 2002두2277, 2002. 6. 28. ; 대법원 2016두43077, 2016. 10. 13.).

(4) 사실과 다른 세금계산서 수취 등에 대한 매입세액공제 범위 확대

2019. 2. 12. 이후 재화 또는 용역을 공급받고 세금계산서를 수취한 경우로서 매입세액공제가 가능한 세금계산서 수취기한 연장, 공급시기 오류기재 세금계산서에 대한 매입세액공제 허용, 위탁매매 및 일반매매거래 오류에 대한 매입세액공제를 허용하는 등 납세편의 제고를 위한 부가령 개정이 있었다.

1) 공급시기가 속한 확정신고기한 경과 후 1년 이내 수취

가. 개요

재화 또는 용역의 공급시기가 속하는 과세기간에 대한 확정신고기한이 지난 후 세금계산서를 발급받았더라도 그 세금계산서의 발급일이 확정신고기한 다음 날부터 1년 이내(2022. 2. 15. 이전 공급분은 6개월) 이내이고 다음의 어느 하나에 해당하는 경우에도 매입세액공제가 가능하다(부가령 §75 7).

① 「국세기본법 시행령」 제25조 제1항에 따른 과세표준수정신고서와 같은 영 제25조의3에 따른 경정 청구서를 세금계산서와 함께 제출하는 경우

② 해당 거래사실이 확인되어 법 제57조에 따라 납세지 관할 세무서장, 납세지 관할 지방국세청장 또는 국세청장(이하 "납세지 관할 세무서장 등"이라 한다)이 결정 또는 경정하는 경우

※ 위 "1)" 및 아래 "2)"에서 2022. 2.15. 전에 재화 또는 용역을 공급한 경우에 대한 매입세액공제에 관하여는 "1)"은 6개월 이내에 세금계산서를 수취하고, "2)"는 30일 공급시기가 도래하여야 한다(부칙 §9).

나. 지연발급 시 작성일자의 기재와 매입세액공제

2024년 제1기가 공급시기인데 2024년 제2기 중(발급시기에 대한 확정신고기한 다음 날부터 1년 이내에 해당하는 때를 포함한다)에 세금계산서를 발급하면서 작성일자(작성연월일)를 당초 정당한 공급시기가 아닌 세금계산서의 실제 발급일(2024년 제1기 과세기간 종료 후 해당 공급시기가 속한 확정신고기한 다음 날부터 1년 이내의 실제 발급일을 포함한다)의 과세기간을 기재하여 2024년 제2기분으로 부가가치세를 신고 · 납부하는 경우 **제1기분의 경정**과 관련하여 공급자는 매출누락, 세금계산서미발급가산세, 신고 및 납부지연가산세가 부과되고 공급받는 자는 매입세액은 공제하되 지연수취가산세(0.5%)를 부과하고, **제2기분에 대한 경정** 시에는 공급자는 매출을 감액하고 세금계산서(합계표)불성실가산세는 부과하지 아니하며(1기와 2기의 매출과 관련되어 환급 및 추징은 생략된다), 공급받는 자는 매입세액불공제, 과소신고 및 납부지연가산세를 적용하는 것이 옳다고 본다.

이는 부가령 제75조 제7호에 매입세액공제가 가능한 발급기한만을 정했을 뿐 작성일자에 기재에 대한 제한규정이 없기 때문이고 세금계산서상의 작성일자는 특별한 규정(월합계세금계산서, 공동매입세금계산서 등)이 없는 한 세금계산서의 실제 작성일을 의미하기 때문이고 동 부가령 규정 도입 시에 공식적인 문서는 없지만 전자세원과의 업무협의 시에 기획재정부도 같은 의견이었다(전자세원과는 당시 실제 공급시기를 기재하여야 한다고 주장). 기재부에서도 세금계산서를 지연발급하면서 착오로 작성일자를 정당한 공급시기가 아닌 날짜를 기재한 세금계산서를 수취하여 신고한 경우 매입세액공제가 가능하다고 해석하였는데 이는 필요적 기재사항인 작성연월일의 착오기재로 본 것이다(기획재정부 부가가치세제과-455, 2021. 10. 18.).

그런데, 국세청은 과세기간별로 부가가치세 납부세액을 산정하여야 하고 신고관리체계의 편리, 상호검증기능의 유지라는 명분과 매입자발행세금계산서 발급 시에도 작성일자를 공급시기로 기재한다는 점을 내세워 지연발급하더라도 반드시 작성일자는 공급시기를 기재하여야 매입세액이 공제된다는 취지의 해석을 하였다(서면-2020-법령해석부가-2630, 2021. 6. 8. ; 서면-2019-부가-4175, 2021. 9. 16.).

아울러 조세심판원은 위 국세청의 해석을 긍정하면서, 작성일자의 착오기재에 대하여는 공급시기가 명백한 것을 과세기간 경과 후의 날짜를 작성일자로 기재하여 지연수취한 경우 매입세액 불공제한다는 결정을 하였지만 '착오'의 해석에 있어 당초 공급시기가 명백했다면 작성일자의 착오기재는 있을 수 없다는 것이어서 부가령 제75조 제7호의 규정이 퇴색된다는 점에서 문제가 많은 결정이라고 판단된다(조심 2022중5651, 2022. 9. 28.).

일부 세무대리인은 필요적 기재사항인 작성연월일이 사실과 다르게 적힌 경우로서 매입세액이 공제되는 경우는 실제 작성일이 속하는 과세기간과 사실상의 공급시기가 속하는 과세기간이 동일한 경우에 한한다는 판례들(대법원 2002두5771, 2004. 11. 18. ; 대전고등법원 2020누1248, 2020. 10. 28.)을 근거로 들고 있는데 동 판례의 과세기간은 1998년, 2017년으로 확정신고기간 종료 후 6개월 또는 1년 이내 세금계산서 수취지 매입세액공제가 가능하지 않던 기간이었고 특히 대전고법 판례는 동 사유에 더하여 공급시기가 속한 2017.1기 과세기간의 다음 과세기간에 종이세금계산서를 수취하여 경정청구했던 건으로 2017.2기 과세기간 내에 적법하게 세금계산서가 작성되어 수수되었다고 인정하기에 부족하여 경정청구거부가 정당하다는 취지의 판례이다.

이와 더불어 세금계산서 발급이 매입세액공제가 가능한 기간 내에 이루어진 경우로서 부가법 제34조 제3항의 월합계세금계산서의 작성일자, 부가령 제69조 제14항・제16항의 공동매입세금계산서상의 작성일자, 부가법 제34조의2 및 부가령 제71조의2 제11항에서는 특정일자나 거래일자를 기재하도록 규정하고 있고, 설령 그 일자를 착오기재하였어도 작성일자의 착오기재로서 거래사실이 확인되면 매입세액공제를 허용하고 있다.

실제 작성일을 기재한 지연수취세금계산서의 매입세액불공제 취지의 국세청의 해석에 따르더라도 세금계산서를 지연발급하면서 작성일자를 세금계산서의 실제 작성일로 기재하였다면 이는 착오기재에 해당하므로 수정세금계산서를 발급받아 매입세액공제를 받을 수 있을 것이나(서면-2020-법령해석부가-1202, 2021. 6. 10.), 법령의 무지는 착오가 아니라거나 공급시기가 명백한 것은 착오가 아니라는 위 조세심판결정 및 착오에 해당하더라도 과세관청으로부터 세무조사통지 등을 받은 경우에는 수정발급이 불가하다는 문제점이 발생한다.

따라서 단순한 작성일자 기재착오이므로 기재부 및 국세청의 기존해석(기획재정부 부가가치세제과-455, 2021. 10. 18. ; 서면-2020-법령해석부가-1202, 2021. 6. 10.)과 같이 거래사실이 확인되거나 납세자가 스스로 작성일자를 수정하여 세금계산서를 수수하였다면 매입세액공제를 허용하여야 한다는 것이 저자의 생각이다.

2) 선발급세금계산서로서 6개월 이내 공급시기가 도래한 경우

가. 개요

재화 또는 용역의 공급시기 전에 세금계산서를 발급받았더라도 재화 또는 용역의 공급시기가 그 세금계산서의 발급일부터 6개월(2022. 2. 15. 이전 공급분은 30일) 이내에

도래하고 해당 거래사실이 확인되어 부가법 제57조에 따라 납세지 관할 세무서장 등이 결정 또는 경정하는 경우 매입세액공제를 받을 수 있다(부가령 §75 8).

※ 위 "1), 2)"에 해당하는 경우 그 공제받은 매입세액에 대한 공급가액의 0.5%를 가산세로 납부하여야 한다(부가법 §60 ⑦ 1, 부가령 §108 ⑤).

나. 선발급세금계산서의 공제시기

부가령 제75조 제8호에 따라 세금계산서 선발급 후 6개월 이내에 공급시기가 도래하는 경우 국세청은 선발급일이 속하는 과세기간에 공제되어야 한다는 입장이고(심사부가 2022-0002, 2022. 3. 30.), 조세심판원은 동 규정은 매입세액공제를 허용한다는 규정이지 공급시기 의제규정은 아니어서 실제 공급시기가 속하는 과세기간에 매입세액이 공제되어야 한다는 입장이다(조심 2023중7664, 2023. 11. 13.).

두 기관의 해석이 다른데 엄격한 문리해석의 입장에서 보면 조세심판원의 논리가 타당하지만 선발급을 해 놓고 선발급한 과세기간 이후의 공급시기가 속한 과세기간에 부가가치세 신고납부 또는 매입세액공제를 받으라는 것은 세금계산서불부합의 소명이나 세원관리상의 어려움뿐만 아니라 납세자의 입장에서도 세금계산서를 수수한 과세기간이 경과된 후에 공급시기가 도래하는 때는 사후관리하여야 한다는 어려움이 있어 부가세 등의 탈루가 없는 이러한 경우에 있어서는 국세청의 심사결정대로 선발급일이 속하는 과세기간에 공제되어야 할 것이다. 이 점을 긍정하는 국세청의 유권해석이 필요한 부분이다.

아울러 2022. 2. 15. 이후 선발행세금계산서 발급 이후 6개월 이내 공급시기가 도래하는 경우 공급자는 1% 부실기재가산세, 매입자도 가산세 부과를 통한 세금계산서 정상수수 유도를 위해 0.5% 공급시기 오류기재 가산세가 부과된다.

3) 거래실질과 다른 위탁매매 등에 세금계산서 수취분 매입세액공제

거래의 실질이 위탁매매인지 매매거래인지를 두고 부가가치세의 탈루가 없음에도 불구하고 납세자와 과세관청 간 다툼이 빈번하고 실질과세를 내세운 부가가치세 경정으로 납세자는 매입세액불공제를 당하는 등 막대한 경제적 손실은 물론 조세범처벌법에 따른 고발까지 이어지는 경우가 많았다. 이에 기획재정부는 아래와 같이 납세자가 선택한 법적 거래형식을 존중하도록 개정하여 납세자가 매입세액불공제를 당하는 등의 불이익이 없도록 하였다. 동 개정규정은 2019. 2. 12. 공급분부터 적용된다(부가령 §75 9호 가·나목).

① 거래의 실질이 위탁매매 또는 대리인에 의한 매매에 해당함에도 불구하고 거래당사자 간 계약에 따라 위탁매매 또는 대리인에 의한 매매가 아닌 거래로 하여 세금계산서를 발급받은 경우로서 그 거래사실이 확인되고 거래당사자가 부가법 제48조 및 제49조에 따라 납세지 관할 세무서장에게 해당 납부세액을 신고하고 납부한 경우

② 거래의 실질이 위탁매매 또는 대리인에 의한 매매에 해당하지 않음에도 불구하고 거래당사자 간 계약에 따라 위탁매매 또는 대리인에 의한 매매로 하여 세금계산서를 발급받은 경우로서 그 거래사실이 확인되고 거래당사자가 부가법 제48조 및 제49조 또는 간이과세자의 부가법 제66조 및 제67조에 따라 납세지 관할 세무서장에게 해당 납부세액을 신고하고 납부한 경우

가. 거래의 실질이 위탁매매인 경우

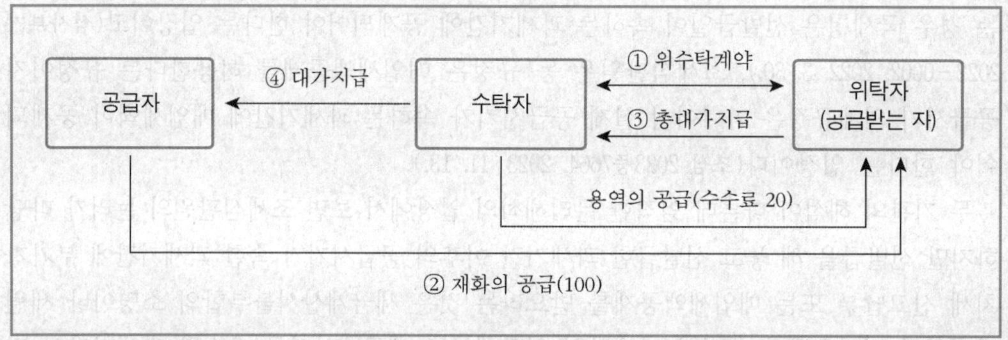

• 방법 ①: 원칙적인 세금계산서 발급방법

거래의 실질	발급 원칙	공급가액
재화의 공급	공급자 ⇒ 위탁자	100
용역의 공급	수탁자 ⇒ 위탁자	20

• 방법 ②: 매매거래방식 약정에 의한 세금계산서 수수

법적거래형식(약정)	발급방법(예외)	공급가액
㉠ 재화의 공급	공급자 ⇒ 수탁자	100
㉡ 재화의 공급	수탁자 ⇒ 위탁자	120

※ 위 "방법 ②"의 "㉠" 및 "㉡" 세금계산서에 의한 매입세액공제 허용

나. 거래의 실질이 일반매매인 경우

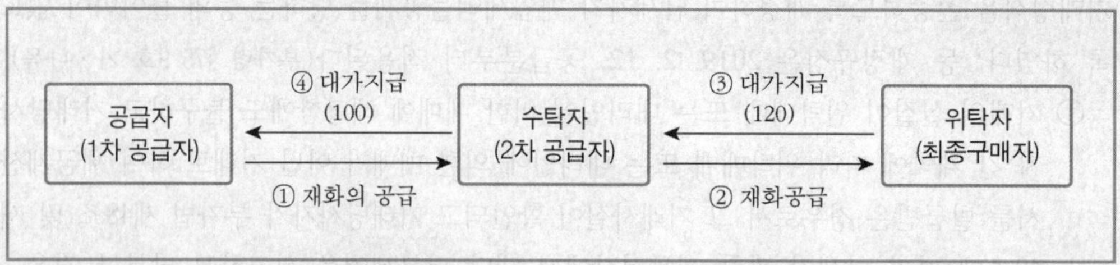

• 방법 ①: 원칙적인 세금계산서 발급방법

거래의 실질	발급 원칙	공급가액
재화의 공급	공급자 ⇒ 수탁자	100
재화의 공급	수탁자 ⇒ 위탁자	120

• 방법 ②: 위수탁거래방식약정에 의한 세금계산서 발급

법적거래형식(약정)	발급방법(예외)	공급가액
㉠ 재화의 공급	공급자 ⇒ 위탁자	100
㉡ 용역의 공급	수탁자 ⇒ 위탁자	20

※ 위 "방법 ②"의 "㉠, ㉡" 세금계산서에 대한 매입세액공제 허용

다. 세금계산서불성실가산세 적용 여부

위 "가"와 같이 사업자가 위탁매매, 일반매매를 혼동하여 세금계산서를 발급함으로써 그 구분 자체가 불분명 또는 혼재되어 있거나, 설령 세금계산서의 발급내용과 거래의 실질(경제적 실질)이 다르더라도 해당 세금계산서에 따른 매입세액공제가 가능함은 물론 세금계산서불성실가산세도 적용해서는 아니된다. 해당 세금계산서가 고의의 위장 또는 가공세금계산서라고 볼 수는 없고, 부가법 제60조 제2항 제5호의 세금계산서기재불성실가산세가 적용되어야 하나 해당 조항의 단서에 따라 부가령 제108조 제3항의 "발급한 세금계산서의 필요적 기재사항 중 일부가 착오나 과실로 사실과 다르게 적혔으나 해당 세금계산서에 적힌 나머지 필요적 기재사항 또는 임의적 기재사항으로 보아 거래사실이 확인되는 경우"로 보아야 하기 때문이다.

위 "가"의 규정이 신설되기 이전에도 조세심판례, 국세청 심사청구나 과세전적부심사청구결정, 예규에서 정당한 세금계산서로 결정 내지 회신한 바도 있다(국심 2002서2532, 2003. 3. 17. ; 조심 2011서0719, 2012. 1. 30. ; 심사부가 2002-141, 2003. 7. 14. ; 국세청 적부 2011-0407, 2012. 5. 4. ; 서면-2015-법령해석부가-2429, 2015. 12. 14.). 반면, 기획재정부 개정세법 요강을 보면 거래구분이 명확함에도 고의로 잘못 기재한 경우에는 공급자, 공급받는 자 모두에게 위장세금계산서수수가산세를 부과한다고 설명하고 있다. 도대체 "고의"가 무엇인지, "거래 당시 위탁매매·일반매매 구분이 명확하였다"는 판단기준을 무엇으로 삼을 것인지 모호하다. 즉, 납세자 권익보호라는 개정취지에 역행하는 설명을 하고 있다. 과세관청이 고의의 범위를 넓게 판단할 여지를 준다면 이 개정규정은 그 개정취지와 다르게 오히려 납세자에게 불리한 규정이 될 수 있다.

부언하면 용역의 중개 및 주선을 용역의 직접 공급으로 착오하거나 그 반대의 경우,

위수탁용역에서 위탁자의 사업비를 수탁자의 사업비로 착오하거나 그 반대의 경우에 있어서는 그 거래구분이 명확함에도 고의로 거래실질과 다른 세금계산서를 발급한 경우 위장거래 등으로 보아 가산세를 부과한다는 개정세법 해설내용이 없는 바, 위수탁매매와 일반매매거래의 실질을 오인한 경우만을 차별하여 가산세를 부과할 타당성이 존재하지 않고 과세형평에도 맞지 않는다.

4) 위수탁용역 관련 세금계산서 착오 수수 시 매입세액공제

아래와 같이 용역의 공급에 대한 주선·중개, 위수탁용역의 사업비 집행과 관련하여 거래당사자가 거래의 실질을 착오하여 세금계산서를 발급하였더라도 거래사실이 확인되고 거래당사자가 납세지 관할 세무서장에게 해당 세액을 부가가치세 예정·확정신고·납부한 경우에는 거래당사자가 발급한 세금계산서의 내용에 따라 매입세액공제를 인정하도록 개정하였다.

가. 용역의 주선·중개와 용역의 직접 공급 착오

① 거래의 실질이 용역의 공급에 대한 주선·중개에 해당함에도 불구하고 거래당사자 간 계약에 따라 용역의 공급에 대한 주선·중개가 아닌 거래로 하여 세금계산서를 발급받은 경우(부가령 §75 9 다)

② 거래의 실질이 용역의 공급에 대한 주선·중개에 해당하지 않음에도 불구하고 거래당사자 간 계약에 따라 용역의 공급에 대한 주선·중개로 하여 세금계산서를 발급받은 경우(부가령 §75 9 라)

나. 위수탁용역의 사업비 관련 착오

① 다른 사업자로부터 사업(용역을 공급하는 사업으로 한정한다. 이하 같다)을 위탁받아 수행하는 사업자가 위탁받은 사업의 수행에 필요한 비용을 사업을 위탁한 사업자로부터 지급받아 지출한 경우로서 해당 비용을 공급가액에 포함해야 함에도 불구하고 거래당사자 간 계약에 따라 이를 공급가액에서 제외하여 세금계산서를 발급받은 경우(부가령 §75 9 마)

② 다른 사업자로부터 사업을 위탁받아 수행하는 사업자가 위탁받은 사업의 수행에 필요한 비용을 사업을 위탁한 사업자로부터 지급받아 지출한 경우로서 해당 비용을 공급가액에서 제외해야 함에도 불구하고 거래당사자 간 계약에 따라 이를 공급가액에 포함하여 세금계산서를 발급받은 경우(부가령 §75 9 바)

위 신설 규정은 얼핏 보기에 납세자보호를 위한 규정 같지만 위 "①"의 경우 포괄적 위수탁으로서 수탁사업비 총액을 공급가액으로 세금계산서를 발급받아야 원칙이지만 순액[수탁사업비를 제외한 수수료(마진) 상당액]을 기재한 세금계산서를 수취한 경우 매입세액공제를 허용한다는 내용인데 위탁자 입장에서는 총액에 상응하는 매입세액을 공제받아야 하는데 순액에 상응하는 매입세액을 공제해준다는 내용으로 이 규정이 없어도 순액을 기재한 세금계산서의 매입세액공제는 가능하다. 이때 수탁자는 총액이 아닌 순액으로 공급가액을 과소기재한 세금계산서를 발급한 것인바, 이를 허용한다는 규정이 없어 여전히 매출과소에 대한 세부담을 지게 된다.

위 "②"의 규정도 마찬가지이다. 순액을 기재한 세금계산서를 발급하여야 하는데 총액을 기재하여 발급한 경우 위탁자는 총액에 상응하는 매입세액공제를 받을 수 있다고 해석되나 위탁자가 면세사업자이거나 과세 · 면세 겸영사업자인 경우 불공제세액이 발생하고, 수탁자의 경우에도 수탁자가 수탁사업비 지출로 수취한 세금계산서상의 매입세액을 공제받을 수 있는지에 대한 규정도 불분명하다(개정의 취지상은 공제받을 수 있다고 판단된다). 아울러 총액으로 위수탁자가 부가가치세의 신고 · 납부 및 공제 · 환급이 이루어진 경우 위탁자가 면세사업이 있어 수탁자가 순액을 기재한 수정세금계산서 발급이 가능한지에 대하여도 아무런 규정을 두고 있지 않다.

다. 장려금과 에누리 구분착오에 따른 매입세액공제 허용

부가법 제29조 제5항 제1호에 따라 에누리액을 공급가액에 포함하지 않아야 함에도 불구하고 거래당사자 간 계약에 따라 에누리액을 부가법 제29조 제6항에 따른 장려금이나 이와 유사한 금액으로 보고 이를 공급가액에 포함하여 세금계산서를 발급받은 경우 그 거래사실이 확인되고 거래당사자가 부가법 제48조 · 제49조 또는 제66조 · 제67조에 따라 납세지 관할 세무서장에게 해당 납부세액을 신고하고 납부한 경우에는 납세자의 권익 강화 차원에서 매입자가 공제받은 해당 금액에 대한 매입세액을 추징하지 아니한다(부가령 §75 9 사목). 이 신설 규정은 2023년 2월 신설되어 공포일 이후 재화 또는 용역 공급분부터 적용한다.

5) 신탁재산과 관련 매입세액공제 특례 신설

「신탁법」 제3조에 따라 설정된 신탁의 위탁자와 수탁자의 경우로서 위탁자(수탁자)를 공급받는 자로 하여 발급받은 세금계산서가 거래사실이 확인되고 부가가치세가 신고 · 납부된 경우에는 수탁자(위탁자)의 매입세액공제를 허용하여 납세자 편의를 제고하였는바 그 구체적 요건은 다음과 같다(부가령 §75 11, 12호).

① 신탁재산과 관련한 재화 또는 용역을 공급함에 따라 부가가치세를 납부해야 하는

수탁자(부가법 §3 ②)가 위탁자를 재화 또는 용역을 공급받는 자로 하여 발급된 세금계산서의 부가가치세액을 매출세액에서 공제받으려는 경우로서 그 거래사실이 확인되고 재화 또는 용역을 공급한 자가 예정신고(예정부과기간에 대한 신고를 포함) 또는 확정신고 시에 납세지 관할 세무서장에게 해당 납부세액을 신고하고 납부한 경우

② 부가법 제3조 제3항에 따라 부가가치세를 납부해야 하는 위탁자가 수탁자를 재화 또는 용역을 공급받는 자로 하여 발급된 세금계산서의 부가가치세액을 매출세액에서 공제받으려는 경우로서 그 거래사실이 확인되고 재화 또는 용역을 공급한 자가 법 제48조 · 제49조 또는 제66조 · 제67조에 따라 납세지 관할 세무서장에게 해당 납부세액을 신고하고 납부한 경우

3 | 사업과 직접 관련없는 지출에 대한 매입세액

(1) 사업과 직접 관련없는 지출

사업과 직접 관련없는 지출에 대한 매입세액을 공제할 수 없는 매입세액으로 열거하고 있는데, 이는 부가법 제38조 제1항에서 규정하고 있는 매입세액의 정의에 비추어 당연한 것이며, 그 범위를 분명히 하기 위한 규정으로서 사업과 직접 관련이 있는지 유무에 대한 기준을 제시하고 있다.

여기서 유의할 점은 「소득세법 시행령」 제78조 또는 「법인세법 시행령」 제48조, 제49조 제3항 및 제50조에서 정하는 지출은 특정사유로 인하여 필요경비에 산입하지 아니하도록 정하고 있는 것이므로 이에 해당하지 아니하는 것이라 하여 모두 사업과 관련있는 지출은 아닌 것이므로 이에 해당하지 아니하는 지출은 별도로 사업관련 여부를 판단하여 사업과 관련이 없는 것은 부가법 제39조에 열거된 것이 아니라도 사업관련성이 없다면 매입세액으로 공제받을 수 없는 것이다. 즉, 사업 관련성의 유무는 지출의 목적과 경위, 사업의 내용 등에 비추어 그 지출이 사업의 수행에 필요한 것이었는지를 살펴 개별적으로 판단하여야 한다(대법원 2010두15902, 2013. 5. 9. ; 대법원 2014두4429, 2014. 6. 26.).

매출세액에서 공제하지 아니하는 매입세액과 관련된 사업과 직접 관련없는 지출의 범위는 아래와 같다. 이 경우의 매입세액은 매출세액에서 공제받지 못함은 물론 필요경비에도 산입되지 아니한다(부가령 §77).

1)「소득세법 시행령」 제78조(업무와 관련없는 지출)

① 사업자가 그 업무와 관련 없는 자산을 취득 · 관리함으로써 발생하는 취득비 · 유지비 · 수선비와 이와 관련되는 필요경비

② 사업자가 그 사업에 직접 사용하지 아니하고 타인(종업원을 제외한다)이 주로 사용하는 토지 · 건물 등의 유지비, 수선비, 사용료와 이와 관련되는 지출금

③ 사업자가 그 업무와 관련없는 자산을 취득하기 위하여 차입한 금액에 대한 지급이자

④ 사업자가 사업과 관련없이 지출한 기업업무추진비

⑤ 사업자가 공여한「형법」에 따른 뇌물 또는「국제상거래에 있어서 외국공무원에 대한 뇌물방지법」상 뇌물에 해당하는 금전과 금전 외의 자산 및 경제적 이익의 합계액

⑥ 사업자가「노동조합 및 노동관계 조정법」 제24조 제2항 및 제4항을 위반하여 지급하는 급여

⑦ 위 "①" 내지 "⑥"에 준하는 지출금으로서 사업자가 업무와 관련없는 자산을 취득하기 위한 자금의 차입에 관련되는 비용

2)「법인세법 시행령」 제49조 제3항 및 제50조 (업무와 관련 없는 자산의 지출비용 등)

① 비업무용부동산, 서화, 골동품 등의 자산을 취득 · 관리함으로써 생기는 비용, 유지비, 수선비 및 이와 관련되는 비용(법령 §49 ①, ③)

② 해당 법인이 직접 사용하지 아니하고 다른 사람(주주 등이 아닌 임원과 소액주주 등인 임원 및 사용인은 제외한다)이 주로 사용하고 있는 장소 · 건축물 · 물건 등의 유지비 · 관리비 · 사용료와 이와 관련되는 지출금. 다만, 법인이「대 · 중소기업 상생협력 촉진에 관한 법률」 제35조에 따른 사업을 중소기업(제조업을 영위하는 자에 한한다)에 이양하기 위하여 무상으로 해당 중소기업에 대여하는 생산설비와 관련된 지출금 등은 제외한다(이하 법령 §50 ①).

③ 해당 법인의 주주 등(소액주주 등은 제외한다) 또는 출연자인 임원 또는 그 친족(「국세기본법 시행령」 제1조의2 제1항의 규정에 해당하는 자를 말한다)이 사용하고 있는 사택의 유지비 · 관리비 · 사용료와 이와 관련되는 지출금

④ 업무와 관련이 없는 자산(「법인세법」 제49조 제1항 각호의 어느 하나에 해당하는 자산)을 취득하기 위하여 지출한 자금의 차입과 관련되는 비용

⑤ 해당 법인이 공여한「형법」 또는「국제상거래에 있어서 외국공무원에 대한 뇌물방지법」에 따른 뇌물에 해당하는 금전 및 금전 외의 자산과 경제적 이익의 합계액

⑥「노동조합 및 노동관계조정법」 제24조 제2항 및 제4항을 위반하여 지급하는 급여

3) 법인세법 시행령 제48조, 동 규칙 제25조(공동경비의 손금불산입)

법인이 해당 법인 외의 자와 동일한 조직, 자산, 사업 등을 공동으로 운영하거나 영위함에 따라 발생되거나 지출된 손비 중 다음의 기준에 따른 분담금액을 초과하는 금액은 해당 법인의 소득금액을 계산할 때 손금에 산입하지 아니한다(법인령 §48 ①).

① 출자에 의하여 특정사업을 공동으로 영위하는 경우에는 출자총액 중 해당 법인이 출자한 금액의 비율

② 위 "①" 외의 경우로서 해당 조직, 자산, 사업 등에 관련되는 모든 법인 등 또는 해당 자산을 공동으로 운영하는 법인 등(이하 "비출자공동사업자"라 한다)이 지출하는 비용에 대하여는 다음에 따른 기준

가. 비출자공동사업자 사이에 법인령 제2조 제8항 각 호의 어느 하나의 관계가 있는 경우: 직전 사업연도 또는 해당 사업연도의 매출액 총액과 총자산가액(한 공동사업자가 다른 공동사업자의 지분을 보유하고 있는 경우 그 주식의 장부가액은 제외한다) 총액 중 법인이 선택하는 금액(선택하지 아니한 경우에는 직전 사업연도의 매출액 총액을 선택한 것으로 보며, 선택한 사업연도부터 연속하여 5개 사업연도 동안 적용하여야 한다)에서 해당 법인의 매출액(총자산가액 총액을 선택한 경우에는 총자산가액을 말한다)이 차지하는 비율. 다만, 공동행사비, 공동구매비, 자산의 공동경비 등 기획재정부령으로 정하는 손비에 대하여는 참석인원 수, 구매금액, 해당 자산의 소유지분 · 사용횟수 등 기획재정부령으로 정하는 기준에 따를 수 있다.

나. 위 "가" 외의 경우 : 비출자공동사업자 사이의 약정에 따른 분담비율. 다만, 해당 비율이 없는 경우에는 "가"의 비율에 따른다.

③ 위 "②"의 "가" 본문을 적용할 때 비출자공동사업자 전부 또는 일부가 직전 사업연도 매출액이 없는 경우에는 해당 사업연도의 매출액 총액 또는 총자산가액 총액 중 해당 법인이 선택해야 하며, 선택하지 않으면 해당 사업연도의 매출액 총액을 선택한 것으로 본다(법인령 §48 ②).

④ 매출액과 총자산가액의 범위등

위 "②"의 "가"에서 매출액 및 총자산가액은 기업회계기준에 따른 매출액(자본시장법에 따른 집합투자업자, 투자매매업자 또는 투자중개업자의 경우에는 법인령 제42조 제1항 제1호 및 제2호에 따라 산정한 금액으로 할 수 있다) 및 총자산가액으로 한다(법인칙 §25 ①).

위 "②"의 "가" 단서에서 "기획재정부령으로 정하는 손비"와 "기획재정부령으로 정하는 기준"이란 다음의 구분에 따른 손비와 기준을 말한다(법인칙 §25 ②).

㉠ 공동행사비 등 참석인원의 수에 비례하여 지출되는 손비: 참석인원비율

㉡ 공동구매비 등 구매금액에 비례하여 지출되는 손비: 구매금액비율

㉢ 공동광고선전비

- 국외 공동광고선전비: 수출금액(대행수출금액은 제외하며, 특정 제품에 대한 광고선전의 경우에는 해당 제품의 수출금액을 말한다)
- 국내 공동광고선전비: 기업회계기준에 따른 매출액 중 국내의 매출액(특정 제품에 대한 광고선전의 경우에는 해당 제품의 매출액을 말하며, 주로 최종 소비자용 재화나 용역을 공급하는 법인의 경우에는 그 매출액의 2배에 상당하는 금액 이하로 할 수 있다)
- 공동연구개발비: 관련 사업부문에서 발생한 매출액 비율
- 유형자산 공동사용료: 고정비는 소유지분비율, 고정비 외는 사용횟수 비율

㉣ 무형자산의 공동사용료: 해당 사업연도 개시일의 기업회계기준에 따른 자본의 총합계액

아울러 위 "①"과 "②"를 적용함에 있어서 다음의 어느 하나에 해당하는 법인의 경우에는 공동 광고선전비를 분담하지 아니하는 것으로 할 수 있다(법인칙 §25 ④).

㉠ 당해 공동 광고선전에 관련되는 자의 직전 사업연도의 매출액총액에서 당해 법인의 매출액이 차지하는 비율이 100분의 1에 미달하는 법인

㉡ 당해 법인의 직전 사업연도의 매출액에서 당해 법인의 광고선전비(공동 광고선전비를 제외한다)가 차지하는 비율이 1천분의 1에 미달하는 법인

㉢ 직전 사업연도 종료일 현재 청산절차가 개시되었거나 「독점규제 및 공정거래에 관한 법률」에 의한 기업집단에서의 분리절차가 개시되는 등 공동광고의 효과가 미치지 아니한다고 인정되는 법인

4) 법인의 비업무용부동산에 해당하는 경우 매입세액공제 여부

개인사업자 또는 법인사업자가 임원 및 사용인의 복리후생 목적으로 부동산을 취득한 경우 과세사업을 위하여 직접적이 아닌 간접적으로 사용·소비되는 것이더라도 매입세액공제 대상이 되고, 법인세법이나 소득세법에서도 이러한 부수적 비용을 손금산입(필요경비산입) 대상으로 본다. 다만, 해당 부동산을 자기의 사업과 관련 없이 사주 또는 특정임원이 개인적인 목적으로 사용하기 위하여 취득하는 경우에는 부가법 제39조 제2항 제4호에 따라 관련 매입세액을 불공제하는 것으로 자기의 사업과 관련 없이 사주 또는 특정임원이 개인적인 목적으로 사용하였는지 여부는 부동산의 구입목적과 실제 이용실태에 따라 사실판단할 사항이다.

또한, 부가법 제39조 제2항 제4호 및 부가령 제77조에 따르면 사업과 직접 관련이 없는 지출의 범위를 개인사업자의 경우는 「소득세법 시행령」 제78조에서, 법인사업자는 「법인세법 시행령」 제48조, 제49조 제3항 및 제50조에서 정하는 바에 따르도록 규정하고 있어 비업무용부동산 등에 해당되면 문리해석상 무조건적으로 매입세액불공제 대상으로 볼 여지가 있다. 반면, 부가가치세법은 부가가치세 과세사업과 관련한 재화의 취득과 유지를 위해 지출한 비용에 대해서는 해당 매입세액이 발생한 과세기간에 공제하고 해당 부동산을 개인적 목적 또는 면세사업 등에 사용하는 경우 조세형평과 조세중립성 유지를 위하여 매출세액으로 납부하도록 규정하고 있어 비업무용부동산 등의 규정을 그대로 부가가치세법에 적용하기는 어렵다.

뿐만 아니라 「법인세법 시행규칙」 제26조 제1항 제3호 또는 같은 법 시행규칙 같은 조 제5항 제11호에서는 비업무용부동산 등의 유예기간을 규정하고 있는바, 유예기간 전후의 매입세액을 공제 여부 및 당초 환급받은 세액을 추징하는 문제는 위와 같은 매입세액공제의 기본원리나 다단계거래세 및 기간과세의 원칙에 맞지 아니하며, 유예기간을 고려하여 매입세액공제 여부를 판단한다면, 취득한 부동산을 자기의 사업과 관련 없이 개인적 목적으로 사용한 것이 확인되더라도 법인사업자에 대해서만 유예기간을 적용하여 유예기간 내의 매입세액에 대해서 불공제하지 않게 되어 부가법 제38조 제1항에 위배되고, 비업무용부동산 등의 유예기간 규정을 두고 있지 아니한 개인사업자와 과세형평에 맞지 아니하게 된다. 따라서 법인세법상 비업무용부동산 등에 대한 유예기간 규정을 부가가치세법상 매입세액공제 여부 등의 판정에 그대로 적용하기는 어려울 것이며 이에 대한 부가가치세법의 보완이 요구된다(부가 1265-1683, 1983. 8. 20. ; 부가 46015-605, 2000. 3. 16. ; 조심 2013부4348, 2014. 4. 22. ; 대법원 93누10675, 1993. 12. 28. ; 부가 46015-1827, 1997. 8. 7. ; 국심 92부978, 1992. 6. 15.).

(2) 사업관련성이 인정되는 지출에 대한 매입세액 여부

사업과 직·간접적인 관련성이 인정되는 지출에 대한 매입세액에 해당되는지 여부에 관한 사례를 살펴보면 다음과 같다.

1) 복리후생비와 관련된 매입세액

사업자가 자기의 과세사업과 관련하여 종업원 등의 복리후생을 목적으로 사용 또는 소비하기 위하여 재화 또는 용역을 공급받고 세금계산서를 발급받는 경우 해당 매입세액은 매출세액에서 공제되며, 이 경우 복리후생 목적의 범위는 「소득세법 시행령」 제12조 및 제17조와 「법인세법 시행령」 제45조의 규정에 의한다(부가 1265-2266, 1982. 8. 30.).

복리후생비 관련 매입세액을 공제하는 이유는 사업과 직·간접 관련성이 인정되기 때문이다. 예를 들어 골프회원권 구입관련 매입세액의 경우 그 명목이나 계정과목과는 상관없이 그 성질상 오로지 접대를 목적으로 취득한 것이 분명하다면 그 취득비용은 기업업무추진비로 보아야 하고 관련 매입세액도 불공제되어야 하고, 임직원의 복리후생을 위한 목적으로 취득하여 실제로도 그러한 목적으로 사용되고 있다면 취득 및 유지관련 매입세액은 공제되어야 한다(서울고법 2012누40249, 2013. 7. 5. ; 수원지법 2012구합10236, 2012. 11. 30.).

이와 관련된 사례를 예시하면 다음과 같다.

① 사원주택에 관련된 매입세액

사업자가 자기의 사업을 위하여 사용인에게 사원임대주택으로 무료제공하는 사택에 관련된 매입세액은 매출세액에서 공제된다. 이 경우 사용인에는 법인에 있어서 출자자가 아닌 임원과 소액주주인 임원을 포함하며 사택에는 기숙사를 포함한다. 그리고 사택에 관련된 매입세액이란 사택의 구입·건설·임차에 관련된 매입세액뿐만 아니라 사택과 함께 제공하는 비품(식탁, 가스레인지, TV, 세탁기, 옷장 등)과 복리후생시설(정구장, 풀장, 영빈관 등)에 관련된 매입세액 및 사택의 유지비·관리비·수리비·사용료 등에 관련된 매입세액을 포함한다(부가 1265.1-1638, 1983. 8. 20. ; 부가 1265.1-1048, 1984. 5. 30. ; 부가 22601-1044, 1986. 5. 31.).

② 콘도미니엄 취득 관련 매입세액

사업자가 종업원의 복리후생을 목적으로 콘도회원권을 취득하여 부가가치세 과세사업에 사용한 경우 이와 관련된 매입세액은 매출세액에서 공제받을 수 있으나, 이 경우 콘도회원권을 사업과 관련하여 직접 사용하는지 여부는 자산의 구입목적과 실제 이용상태에 따라 소관세무서장이 사실을 조사하여 판단할 사항이다(부가 22601-1190, 1991. 9. 10.).

골프회원권의 취득이 접대를 위한 것이거나 특정임원을 위한 것 또는 사업과 직접 관련이 없는 경우 매입세액은 매출세액에서 공제를 받지 못하는 것이나, 종업원의 복리후생 등 사업과 직접 관련이 있는 경우에는 공제가 가능하다(서면3팀-1640, 2007. 6. 1. ; 서면2팀-1700, 2005. 10. 21.).

③ 기타

다음과 같은 경우의 매입세액은 매출세액에서 공제받을 수 있다.

가. 사업자가 자기의 사업과 관련하여 사업장 내에서 복리후생 목적으로 사용·소비하기 위하여 자기의 사용인에게 무상으로 공급하는 작업복·작업모·작업화·면장

갑·고무장갑 등에 대한 매입세액(부가 1265-2266, 1982. 8. 30.)

나. 사업자가 직원들의 사기진작과 복리를 위하여 야유회 등을 개최한 경우 해당 비용에 대한 매입세액(부가 22601-1062, 1986. 6. 2.)

다. 사업자가 민속절, 중추절, 회사창립기념일 또는 사용인의 졸업일을 맞이하여 사용인에게 선물할 물품을 구입하는 경우 이에 대한 매입세액은 공제한다(부가 22601-513, 1988. 3. 29.).

라. 사업자가 직원 복리후생을 위하여 자동판매기를 구입하여 종업원 단체에 무상대여한 경우 동 판매기 구입에 따른 매입세액(부가 22601-1629, 1988. 9. 13.)

마. 사업자가 사업과 관련하여 출퇴근용 전세버스료 및 운동선수 육성을 위한 지원비 등 종사직원의 복리후생을 위하여 지급한 경비에 대한 매입세액(부가 1235-3672, 1978. 10. 6.)

바. 과세사업 영위자의 음식용역이 무상으로 공급되어 자가공급에 해당되는 경우에는 해당 식사용역에 관련하여 발생한 매입세액은 매출세액에서 공제하는 것임(부가 22601-855, 1990. 7. 5.).

사. 사업자가 그 종업원에게 사원임대주택으로 무료 제공하는 국민주택규모를 초과하는 사택(기숙사 포함)과 이에 부수되는 복리후생시설(정구장, 풀장, 영빈관)에 관련된 매입세액은 매출세액에서 공제되는 것임(부가 1265.1-1638, 1983. 8. 20.).

아. 사업자가 자기의 과세사업에 사용할 공장의 신축과 관련된 용역을 제공받고 세금계산서를 발급받은 경우 건축허가 명의에 관계없이 해당 신축에 관련된 매입세액은 자기의 매출세액에서 공제받을 수 있는 것이나, 실제 공장신축 용역을 공급받는 자가 누구인지는 건축허가 및 계약사항, 신축자금 지급내역 등의 관련 거래 사실을 종합하여 사실판단할 사항임(서면3팀-3447, 2007. 12. 31.).

2) 변상 및 피해복구와 관련된 매입세액

사업자가 자기의 과세 사업과 관련하여 타인의 재산에 손해를 입혀 해당 피해재산의 수리와 관련된 매입세액은 사업과 관련된 매입세액으로서 매출세액에서 공제되며, 수재·화재·도난·파손·재고감모손 등의 재해로 재화가 망실 또는 멸실된 경우 재화의 공급에 해당하지 않아 매출세액이 발생할 여지가 없으나 동 재화의 구입과 관련된 매입세액은 공제받을 수 있다(부가 22601-1617, 1988. 9. 9. ; 부가통칙 38-0-2 ; 부가-818, 2011. 7. 6.).

또한, 타인의 재화를 보관 중 화재로 소실하여 동종의 재화를 자기의 계산과 명의로 구입하여 변제하는 경우 해당 재화 구입에 관련된 매입세액은 공제되며, 이 경우 변상받는 자에게 세금계산서를 발급하여야 한다(부가 22601-1996, 1985. 10. 15.).

한편, 임가공업자가 임가공 납품한 재화에 하자가 있어 계약 등에 따라 해당 재화를 공급받고 부담하는 매입세액도 해당 임가공업자의 매출세액에서 공제받을 수 있다(부가 1265.1-63, 1983. 1. 11.).

3) 부동산 신축 · 매입 · 임차 관련 매입세액

부동산을 신축하거나, 매입하거나, 임차함에 따른 매입세액도 자기의 사업과 관련된 경우에는 매출세액에서 공제되므로 부동산임대업에 공하던 건물을 철거하고 그 위치에 다시 부동산임대업에 공하기 위하여 건물을 신축하는 경우 해당 철거비용 중 부동산임대업에 공하던 부분과 신축 관련 매입세액은 공제받을 수 있으며(부가 22601-1808, 1986. 9. 6.), 또한 사업자가 자기의 사업을 위하여 가건물을 신축하여 사용 중 철거한 경우에도 당초 가건물 신축과 관련된 매입세액은 공제된다(부가 22601-1361, 1989. 9. 22.).

4) 수탁지급 등에 관련된 매입세액

수탁자 또는 대리인이 위탁자 또는 본인이 부담하여야 할 경비 등의 지출과 관련하여 발생된 부가가치세는 수탁자 또는 대리인의 사업과 직접 관련하여 발생한 것이 아니므로 매입세액으로 공제되지 아니한다.

5) 사업장의 신설 · 이전에 관련된 매입세액

사업자가 사업규모를 확장하거나 이전하기 위하여 기존의 사업장 이외에 자기의 사업을 위한 새로운 사업장을 건설하거나 취득함에 있어 해당 신규 사업장에 관련된 재화 또는 용역을 기존 사업장의 명의로 공급받거나 수입한 경우에는 기존 사업장의 사업과 관련한 부가가치세액으로서 기존 사업장의 매입세액으로 공제할 수 있다. 이 경우 신설 사업장에 대하여 별도의 사업자등록을 한 때에도 마찬가지이다.

6) 기증용 재화의 취득에 관련된 매입세액

사업자가 국가, 지방자치단체, 지방자치단체조합 등에 재화를 무상으로 공급하는 경우에는 부가가치세가 면제된다. 그러나 이와 관련된 매입세액은 면세사업 관련 매입세액에 해당되지는 아니한다. 따라서 자기의 사업과 관련하여 취득하였는지 여부에 따라 매입세액공제 여부를 달리한다(부가통칙 38-0-6).

이와 관련된 사례를 예시하면 다음과 같다.

① 음식료품 제조업체가 TV 책상을 구입하여 국가에 기증하는 경우 TV 책상 구입관련 매입세액은 공제되지 아니함(부가 22601-972, 1986. 5. 22.).

② 관광사업 영위법인이 사업상의 필요에 따라 사업장의 진입도로를 확장 및 포장하여 국가에 기부채납하는 경우 동 공사비용과 관련된 매입세액은 공제됨(부가 22601-1758, 1985. 9. 10.).

③ 사업자가 부가가치세가 과세되는 주택(도시)개발사업을 수행하기 위해 기반시설 등을 신축하여 지방자치단체에 기부채납하는 조건으로 인·허가를 득한 경우, 자기사업과 관련이 있는 것으로 보아 동 시설의 건설과 관련된 매입세액은 자기의 매출세액에서 공제할 수 있다. 다만, 해당 매입세액이 토지의 조성 등을 위한 자본적 지출과 관련된 매입세액에 해당하는 경우에는 매출세액에서 공제하지 아니하며, 이 해석은 이 해석 시행일 이후 재화 또는 용역을 공급받는 분부터 적용함(재경부 부가-534, 2007. 7. 13.).

④ 사업자 부담으로 특정 건축물을 신축하여 국가에 기부채납하고 이에 상응한 지방자치단체 소유의 토지나 건물을 무상 또는 저가로 취득하는 조건으로 사업계획승인을 받는 경우 해당 사업자가 공급하는 특정 건축물에 대하여는 부가가치세가 과세되는 것이며, 해당 건축물의 신축과 관련된 매입세액은 자기의 매출세액에서 공제받을 수 있는 것임(서면3팀-2136, 2007. 7. 30.).

7) 여행알선업자의 매입세액공제

「관광진흥법」에 따른 여행업을 영위하는 사업자의 과세표준은 여행알선용역을 제공하고 받는 수수료이므로 해당 여행알선용역의 공급에 직접 관련되지 아니한 관광객의 운송·숙박·식사 등에 따른 매입세액은 매출세액에서 공제하지 아니한다. 그외 수탁여행경비 등을 신용카드로 결제받고 신용카드매출전표를 발급한 경우 「여신전문금융업법」 제19조 제5항 각호에 따른 신용카드 가맹점의 금지행위에 해당하지 아니하는 때에는 신용카드매출전표 가공발급에 따른 가산세를 적용하지 아니한다(부가통칙 39-0-1 ; 국심 99서1091, 2000. 3. 15. ; 법규부가 2013-5, 2013. 3. 26.).

다만, 여행알선업자가 관광객의 운송·숙박·식사 등의 용역을 자기의 책임과 계산으로 제공하기로 관광객과 약정한 경우 부가가치세의 이론상 관광객으로부터 받는 전체금액을 자기의 과세표준으로 하고 운송·숙박·식사 등에 관련된 매입세액을 공제받을 수 있을 것이나 과세관청은 대체로 수수료만을 과세표준으로 인식하여 수탁경비 관련 매입세액은 불공제한다는 입장이다.

따라서 현금영수증가맹점으로 가맹한 사업자가 일반 여행객에게 여행알선용역의 수

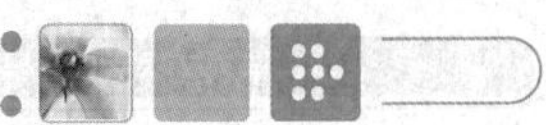

수료와 해당 여행알선용역 외의 운송·숙박·식사 등에 대한 비용을 함께 현금으로 받는 경우에는 해당 사업자가 직접 제공한 여행알선용역의 수수료에 대하여만 현금영수증을 발급하여야 할 것이다(서면3팀-18, 2006. 1. 4.).

8) 해외부동산에 투자한 펀드가 국내에서 제공받은 용역에 대한 매입세액공제

투자자로부터 자금을 모아 부동산펀드를 설정한 후 해외 소재 부동산을 취득하여 임대할 목적으로 관할 세무서로부터 부동산임대 관련 사업자등록증을 발급받은 후 국내사업자로부터 자문용역 등을 제공받은 것과 관련하여 발생한 매입세액의 공제가능 여부를 살펴보면 「부가가치세법」상 사업자는 영리목적의 유무에 불구하고 사업상 독립적으로 재화 또는 용역을 공급하는 자이며, 이 경우 해당 임대사업자 등록과 관련한 부동산은 국외에 소재하는 부동산의 임대용역에 대한 사업장은 국외에 있는 경우에 해당한다. 따라서 부가가치세의 납세의무는 대한민국의 주권이 미치는 범위 내에서 적용하는 것이므로(부가법 §2 및 부가통칙 3-0-3) 과세대상에서 제외하는 것이 타당할 것이고, 부가법 제3조에 따른 납세의무자에 해당하지 아니하므로 해당 매입세액도 공제받을 수 없다. 또한 국외에 소재하는 외국법인에 투자하고 주식 또는 출자지분을 취득하는 과정에서 발생한 컨설팅 비용 관련 매입세액도 역시 매입세액으로 공제받을 수 없으며, 해당 주식 또는 출자지분, 해외투자자산을 현지에서 공급하는 경우 재화의 공급으로 보지 아니한다(부가 46015-293.1, 1997. 2. 6.).

9) 공동사업자 중 1인이 공동사업에 출자하기 위하여 부동산을 임차한 경우 그 임차료 상당액의 공제 여부

사업자가 공동사업을 영위하기 위하여 부동산을 공동으로 임차하고, 그 임차료를 공동으로 지급하기로 한 경우 그 임차료 상당액은 공동사업의 필요경비에 산입하는 것이 타당하다 할 것이나, 공동사업자 중 1인이 공동사업에 출자하기 위하여 부동산을 임차한 경우, 그 임차료 상당액은 공동사업자 1인이 출자를 위하여 개별적으로 부담하여야 할 경비에 해당되므로 이를 공동사업의 필요경비에 산입하기는 어려운 것이며 동 임차료는 공동사업장의 매입세액으로 공제받을 수 없다(국심 2007서4727, 2008. 7. 16.).

10) 재화 또는 용역 구입의 지속성, 면세 여부, 부가가치 창출 기여유무에 따른 매입세액공제 여부

부가법 제38조에 따라 매입세액이 공제되는 대상은 자기의 과세사업과 관련하여 계약상 또는 법률상의 모든 원인에 의하여 재화나 용역을 공급받는 경우로서 해당 재화나 용역의 구입이 사업과 관련하여 계속적으로 반복하여 공급받는 경우든 사업과 관련하여 우발적 또는 일시적으로 공급받는 경우든 불문하며, 제조나 가공을 통해 창출된 재화나 용역의 직접적인 원가를 구성하든 해당 사업에 간접적으로 기여한 경우를 모두 포함하는 것이다. 다만, 이 경우에도 세금계산서 등 정규증빙을 수취하여야 하고 부가법 제39조에 열거된 매입세액불공제 항목에 해당하는 경우는 공제대상에서 제외되어야 할 것이다.

또한, 공급받은 용역이 면세 또는 비과세 대상 재화의 취득 내지 비과세 대상 재화에 관하여 사용되는 경우라고 하더라도 그 비과세(면세) 대상 재화가 과세사업을 위하여 사용되는 경우에는 그와 관련하여 공급받은 용역은 사업자의 과세대상 사업과 관련이 있으므로 그 매입세액은 공제되어야 한다(서울행정법원 2010구합38967, 2011. 4. 8. ; 대법원 2017두52320, 2017. 10. 27. ; 서울고법 2016누54574, 2017. 6. 21. ; 서울고법 2015누64970, 2016. 5. 25. ; 대법원 2010두12552, 2012. 7. 26. ; 조심 2014중1868, 2014. 9. 24.).

아울러 과세사업을 개시하기 위하여 또는 과세사업을 지속적으로 영위하기 위하여 어떠한 용역을 제공받고 매입세액을 공제받았으나 해당 용역과 관련된 신규 사업의 실패, 공사 수주나 입찰에의 탈락, 인허가의 미취득이나 수익성 악화 내지 손실예상으로 해당 사업을 개시하지 못하거나 중단한 경우 및 계약에 따라 공사용역을 제공하면서 공급자의 잘못으로 부실공사가 되었거나 요건 미충족으로 원가에 미치지 못하는 공사대금을 수령한 경우에도 해당 매입세액은 (소급하여) 불공제되지 아니한다(조심 2017중0112, 2017. 3. 13. ; 서면-2018-법령해석부가-1905, 2018. 10. 1.).

11) 부동산임대 지속을 위한 소송비용 등의 매입세액공제

부동산임대업자가 지방자치단체의 임대부동산 등록세 중과세처분에 대한 소송비용을 지출하면서 세금계산서를 발급받은 경우 해당 소송비용 관련 매입세액과 임대부동산의 명도 등(임대사업장의 소유권 분쟁 해결 및 그 유지, 임차인에 대한 명도)과 관련하여 지출한 소송비용 관련 매입세액도 기존의 임대부동산을 그대로 임대사업에 활용하기 위해 지출한 것이므로 사업관련성이 인정되어 자기의 매출세액에서 공제할 수 있다(법규과-634, 2010. 4. 19. ; 서면-2016-부가-4950, 2016. 10. 23. ; 조심 2014서4281, 2015. 1. 19.).

12) 직장 내 보육시설(어린이집등) 관련 매입세액의 공제 여부

영리목적에 관계없이 사업상 독립적으로 용역(재화도 포함되며, 이하 같다)을 공급하는 자는 부가가치세 납세의무자에 해당되고, '사업상 독립적'이라는 것은 자기계산 또는 자기의 책임하에 사업을 수행함으로써 사업의 경제적·법적효과가 자기에게 귀속된다는 것을 의미하며, '독립적'이란 사업과 관련하여 다른 사업자에게 종속 또는 고용되어 있지 아니하거나 주된 사업에 부수되지 아니하고 대외적으로 독립하여 용역을 공급하는 것을 의미한다. 또한, 어떠한 거래가 사업활동의 일환으로 이루어지는 것으로서 사업소득인지 여부는 그 거래가 수익을 목적으로 하고 있는지와 더불어 그 규모, 횟수, 태양 등에 비추어 계속성과 반복성이 있는지를 고려하여 사회통념에 따라 판단하여야 한다(대법원 2015두43469, 2015. 9. 10. ; 서울고법 2014누56231, 2015. 5. 1.). 기획재정부도 국가등이 부동산임대업을 위하여 건물을 신축 또는 개보수하기 위해 세금계산서를 수취한 경우로서 임차자에게 부동산과 관련된 관리비 등을 지원하면서 임대료를 받지 아니하거나 임대료가 관리비 등의 지원금보다 적어 실질적으로 임대료의 대가를 받는 정도가 아니라면 용역의 공급으로 보지 아니하여 매입세액공제를 받을 수 없다고 회신하였는데 이는 건물관리비에도 미치지 아니하는 임대료를 지속적으로 받는 관계에 있는 행위를 지속한다면 독립된 사업으로 볼 수 없다는 취지이고 매입세액을 불공제한 것은 과세사업에 부수되어 발생한 비용 관련 매입세액이 아니기 때문이다(재부가-411, 2013. 7. 19. ; 부가세과-952, 2013. 10. 16.).

부가법 제38조에 따라 자기의 과세사업에 사용되었거나 사용될 재화 또는 용역의 구입과 수입에 따라 수취한 세금계산서등에 기재된 매입세액이 자기의 매출세액에서 공제될 수 있는 것으로 규정하고 있어 그 공제기준은 사업관련성에 있음을 알 수 있다. 또한, 부가법 제39조에서는 '부가가치세가 면제되는 재화 또는 용역을 공급하는 사업과 관련된 매입세액'을 불공제대상으로 규정하였는데, 개별 면세재화나 면세용역의 공급을 기준으로 하지 않고 사업, 즉 면세사업에 관계된 매입세액을 불공제한다는 취지이다. 법원도 매입세액공제 여부는 해당 사업이 면세사업이냐 과세사업이냐에 달려있는 것이지 면세용역을 위한 것이냐 과세용역을 위한 것이냐에 달려 있지 않다고 일관되게 판시하고 있다(대법원 94누1449, 1995. 12. 21. ; 대법원 2015두48754, 2017. 7. 11.).

이러한 '독립된 사업'의 개념과 매입세액공제 및 불공제의 법리와 취지에 비추어 보면 사업자가 영유아보육법에 따른 보육시설 또는 어린이집을 주무관청으로부터 설립신고나 허가 등을 받아 보육용역을 제공하고 그에 상응하는 대가를 받는 경우 이는 과세사업과 분리된 독립된 사업이고 부가가치세가 면세되는 사업에 해당하므로 해당 사업과 관련된 매입세액은 불공제됨이 타당하다(서면3팀-1704, 2005. 10. 6. ; 부가 46015-2366, 1996. 11. 11.).

그러나 직장보육시설 운영과정에서 실제 발생한 비용만을 그 이용자인 종업원에게 분배하는 경우 또는 회사가 비용을 전부 부담하여 무상으로 보육용역을 제공하는 경우에는 직장보육시설 운영이 독립된 사업이 아니므로 과세사업과의 관련성에 따라 그 운영 관련 매입세액의 공제 여부를 판단하여야 한다. 이처럼 과세사업자가 정부정책에 따라 직장보육시설을 설치하고 종업원의 복리후생을 목적으로 무상 또는 실비나 실비에 미치지 못하는 금액을 받고 운영한다면, 즉 직장 내 보육시설 운영과 관련하여 해당 용역제공과 실질적·경제적 대가관계에 있지 아니하여 독립된 사업활동으로 볼 수 없는 정도라면 동 보육시설의 운영은 과세사업에 부수되는 것이므로 그 운영과 관련된 매입세액은 과세사업과의 관련성이 인정되어 자기의 매출세액에서 공제될 수 있다고 본다(동지 : 서면3팀-968, 2005. 6. 28. ; 부가 22601-2399, 1987. 11. 20. ; 부가 1265-1683, 1983. 8. 20. ; 사전-2022-법규부가-0671, 2022. 7. 21.). 법원도 과세사업자인 법인이 국민주택규모 이하인 주택을 신축하여 임직원에게 사택으로 이용하게 하는 경우 그 주택의 건축비는 국민주택규모에 상관없이 법인 고유의 과세사업과 관련된 것으로 별도의 면세사업으로 볼 수 없어 해당 주택의 취득관련 매입세액은 공제되는 것으로 판시하였다(광주지법 2018광2669, 2018. 10. 24. ; 광주고법 2020누10240, 2020. 9. 25. 종결사건).

다만, 국세청은 제조업자가 영유아보육법에 따른 직장어린이집을 설치하고 자신의 책임과 계산으로 위탁운영하는 경우(정부 보육료 지원금 외에 임직원의 추가 부담은 없음) 보육용역을 제조업에 부수되는 것으로 보아 별도의 독립된 면세사업으로 판단하여 운영 관련 매입세액을 공제하지 아니하는 것으로 회신하였다(기준-2021-법령해석부가-0121, 2021. 10. 12.).

13) 경정 후 세금계산서 발급에 대한 공제 여부

과세관청의 조사과정(현지확인 포함)에서 부가가치세가 추징된 건에 대하여 경정 이후에 발급된 세금계산서 및 수정세금계산서에 의한 매입세액은 불가하다. 다만, 위장세금계산서로 경정된 이후 해당 공급시기가 속하는 과세기간에 대한 확정신고기한까지 정상적인 거래처간에 발급된 세금계산에 의한 매입세액공제 및 대가의 수수없는 선발급세금계산서가 부인된 이후에 정상적인 공급시기에 발급된 세금계산서에 따른 매입세액공제는 가능하다는 해석들이 있다(서면3팀-7, 2004. 1. 13. ; 조심 2018부1524, 2018. 6. 29. ; 법규부가 2010-217, 2010. 7. 22. ; 재소비-36, 2006. 1. 11.). 다만, 이를 일반화할 수 있는지는 국세청의 질의를 받아 처리하기를 권한다.

14) 기타

① 사업자가 자기의 사업과 관련하여 생산하였거나 취득한 재화나 용역을 광고선전목적으로 사용·소비하는 경우 생산하였거나 취득한 재화나 용역에 따른 매입세액은 공제됨(부가 1265.2-1168, 1982. 5. 10.).

② 제조업자가 공장건물을 임차하여 생산활동에 필수불가결한 부대시설을 한 경우 그 부대시설의 취득에 관련된 매입세액은 공제됨(부가 1265-1603, 1984. 7. 28.).

③ 항공운송업체가 항공기의 탑승객에게 항공기 내에서 무상으로 공급하는 음식물은 주된 용역의 공급에 포함되므로 동 음식물의 원재료 구입에 관련된 매입세액은 공제됨(부가 22601-377, 1986. 2. 26.).

④ 부가가치세법상 매입세액공제 대상인 차량운반구를 사업자와 비사업자가 공동으로 매입하면서 사업자의 등록번호와 성명 및 비고란에 비사업자의 인적사항이 적혀 있는 매입세금계산서를 수취하고 자동차등록원부에는 비사업자의 명의로 등록한 경우 동 매입세금계산서의 매입세액은 사업자의 매출세액에서 공제할 수 없음(서삼 46015-11542, 2003. 10. 1.).

⑤ 사업자가 명의만을 위장하여 소유하고 있고 실질적으로는 타인이 구입하여 관리유지하고 있는 차량에 대하여 부가가치세 매입세액공제, 감가상각비, 차량유지비 등을 해당 사업자의 비용으로 처리한다면 부가가치세법, 소득세법, 법인세법 등에 위배되어 불이익을 받을 수 있음(부가 46015-950, 1998. 5. 8.).

⑥ 비영리공익법인이 소속 직원의 복리후생을 목적으로 구내식당을 운영하면서 위탁운영업체에게 급식·조리장소와 필요시설 등을 사실상 무상으로 사용하게 하고 급식·조리장소에 대한 관리비 등을 해당 법인이 부담하는 경우 해당 구내식당 임대용역의 공급에 대해서는 부가가치세가 과세되지 아니하고 관련 매입세액도 매출세액에서 공제할 수 없음(법규부가-116, 2011. 5. 3.).

⑦ 무상양도한 인테리어비용 관련 매입세액은 불공제대상임[임대인이 특수관계에 있는 임차인들에게 별다른 이유 없이 무상으로 인테리어 시설물을 설치해 주고 임차인이 이를 계속 사용·수익하게 하고, 이 사건 인테리어 시설물은 비교적 단기간 내에 노후화되어 그 자산가치가 소멸하는 것(내용연수 5년)이며, 최초의 임대차계약 체결 이래 7~11년 동안 계약을 연장·지속시켜 옴으로써 위 내용연수도 이미 경과한 점, 이 사건 인테리어 시설물 중 특히 프랜차이즈 점포의 시설물은 당해 임차인 외에는 사용하기가 곤란한 점 등을 종합하여 보면, 임대인이 임차인들에게 인테리어 시설물을 설치와 동시에 무상으로 양도하였다고 보여지므로 부당행위로 적정임대료를 재산정하는 것과는 별도로 인테리어 시설물을 설치하기 위하여 부담한 부가가치세 매입세액은 자기사업을 위한 매입세액이라고 볼 수 없어 매입세액불공제처분한 것은 적법함](대법원 2006두11620, 2008. 12. 11.).

⑧ 유가증권의 평가와 관련하여 법인세가 과세된 내용에 대한 조세불복사건에 대하여 지급한 수수료는 비록 유가증권의 거래가 부가세 과세대상이 아니라고 하더라도 청구법인이 제공받은 용역은 청구법인의 사업영위를 위한 포괄적인 용역이라고 할 것이어서 그에 따른 쟁점세금계산서는 사업과 관련이 없다고 단정하기는 어려움(조심 2012서649, 2012. 5. 16.).

4 비영업용 승용자동차의 구입과 임차 및 유지에 관한 매입세액

승용자동차는 사업을 위하여 사용되는 경우도 있으나 사업과 직접 관련없이 개인적 목적으로 사용되는 경우도 있기 때문에 실무상 이를 구별하여 매입세액공제 여부를 판단하기 어려운 문제점을 해소하기 위하여 영업용이 아닌 승용자동차는 일률적으로 사업에 직접 관련이 없는 것으로 간주하여 그 구입, 임차 및 유지에 관련된 매입세액은 공제되지 아니하며, 이때 공제받지 못한 매입세액은 소형승용차의 취득원가 또는 필요경비에 산입할 수 있도록 하고 있다.

비영업용 승용자동차의 임차와 관련된 매입세액을 공제하지 아니하였으나, 대법원에서 비영업용 승용자동차의 임차와 관련된 매입세액은 공제할 수 있다고 판결(대법원 2006두10559, 2006. 8. 25.)함으로써 세무행정의 혼란이 발생하게 되어 법 적용의 형평성을 제고하고 세무행정의 혼란 발생을 방지하기 위해 비영업용 승용자동차의 임차비용도 매입세액불공제 대상임을 부가법 제39조 제1항 제5호로 명확히 하여 2008. 1. 1. 이후 최초로 공급하거나 공급받는 분 또는 수입신고하는 분부터 적용하도록 하였다.

(1) 비영업용 승용자동차의 범위

1) 영업용의 의미

승용자동차를 직접 영업에 사용하는 것을 말하는 바 운수업, 자동차판매업, 자동차임대업, 운전학원업, 무인경비업(경비업법상 기계경비업으로 출동차량에 한정, 2015. 2. 3. 이후 공급받는 분부터 적용) 및 이와 유사한 업종에 직접 사용하는 영업용 승용자동차에 해당한다(부가령 §19). 이러한 승용자동차의 구입 및 임차, 유지와 관련된 매입세액은 자기의 매출세액에서 당연히 공제된다.

2) 매입세액불공제 대상 승용자동차의 범위

부가법 제39조 제1항 제5호에 규정하는 비영업용 승용자동차는 「개별소비세법」 제1조 제2항 제3호에 따른 자동차로서 위 “1)”에서 열거한 바와 같이 승용차를 직접 영업으로 사용되는 것 외의 목적으로 사용하는 승용자동차로 한다(부가법 §39 ① 5, 부가령 §19 · §78).

자세한 승용자동차의 범위는 앞서 제2장 제1절 (6) 중 “비영업용 승용자동차와 그 유지를 위한 재화” 편을 참조한다.

(2) 구입과 임차 및 유지에 관한 매입세액의 범위

일반적으로 사업과 관련하여 사용인의 복리후생을 위해 지출하는 비용에 대하여는 해당 매입세액을 공제하지만 비영업용 승용자동차의 구입과 임차 및 유지에 관한 매입세액은 사업과 관련없는 지출에 대한 매입세액의 실무상 판단에 있어 나타날 문제점을 회피하기 위하여 일률적으로 규정한 것이어서 사업과 관련하여 사용인의 복리후생을 위하여 지원하는 경우일지라도 그것이 비영업용 승용자동차의 구입, 임차 또는 유지에 관한 비용을 지원하는 것이라면 해당 지원비에 관련된 매입세액은 공제되지 아니한다.

따라서 비영업용 승용자동차의 「구입과 임차 및 유지에 관한 매입세액」에는 비영업용 승용자동차의 취득비, 수선비, 소모품비, 유류비 등의 차량의 운행과 관련하여 발생하는 직접 비용에 대한 매입세액뿐만 아니라 비영업용 승용자동차 전용주차장을 임차하여 사용하는 경우의 주차장 임차료 또는 주차장 관리비와 같은 간접비용에 대한 매입세액도 포함되며, 자기 소유의 승용자동차뿐만 아니라 타인 소유의 승용자동차를 임차하여 비영업용으로 사용하는 경우의 해당 사용료 및 유지비용에 대한 매입세액도 포함된다.

5 | 기업업무추진비 등의 지출에 관련된 매입세액

기업업무추진비 등의 지출과 관련된 매입세액은 기업업무추진비 및 이와 유사한 비용의 지출을 억제하고자 하는 정책적 목적과 세정의 운영상 사업을 위하여 사용하는지 여부 판단이 곤란하여 납세자와 마찰을 초래할 가능성이 있으므로 일률적으로 매입세액을 공제하지 아니하며 그 공제받지 못한 매입세액은 기업업무추진비 금액에 포함하여 기업업무추진비 한도액을 계산한다.

부가령 제79조에서 매입세액이 공제되지 아니하는 기업업무추진비 및 이와 유사한 비용의 지출을 「소득세법」 제35조 및 「법인세법」 제25조에 따른 기업업무추진비 및 이와 유사한 비용의 지출로 규정하고 있다. 이는 기업업무추진비 및 이와 유사한 비용의 지출의 정의에 대하여 「소득세법」 및 「법인세법」의 규정을 준용한다는 의미이며, 「소득세법」 제35조 및 「법인세법」 제25조에 따라 필요경비불산입 또는 손금불산입되는 기업업무추진비 및 이와 유사한 비용의 지출만을 매입세액이 공제되지 아니하는 기업업무추진비 및 이와 유사한 비용의 지출로 본다는 의미는 아니다. 따라서 기업업무추진비 한도초과액뿐만 아니라 기업업무추진비 한도 내의 금액 및 기업업무추진비 한도 계산에서 제외되는 해외기업업무추진비까지도 이에 관련된 매입세액은 매출세액에서 공제되지 아니한다(부가법 §39 ①, 부가령 §79).

(1) 「소득세법」 제35조

“기업업무추진비”라 함은 기업업무추진비 및 교제비 · 사례금 그 밖의 명목여하에 불구하고 이와 유사한 성질의 비용으로서 사업자가 업무와 관련하여 지출한 금액(사업자가 종업원이 조직한 조합 또는 단체에 지출한 복지시설비 중 대통령령이 정하는 것을 포함한다)을 말한다.

(2) 「법인세법」 제25조

“기업업무추진비”라 함은 기업업무추진비 및 교제비 · 사례금 그 밖의 명목여하에 불구하고 이에 유사한 성질의 비용으로서 법인이 업무와 관련하여 지출한 금액을 말한다.

(3) 기업업무추진비, 판관비, 광고선전비에 대한 법원의 판단

기업업무추진비란 기업업무추진비 및 교제비 · 사례금 그 밖에 명목여하에 불구하고 이에 유사한 성질의 비용으로서 법인이 업무와 관련하여 지출한 금액을 말하는 바, 법인세법상 기업업무추진비의 손금산입한도를 규정하고 있는 취지는 기업의 소비적 지출을 절감하여 기업자산의 부실화를 방지하고 나아가 기업자본의 축적에 공헌하기 위한 경제정책적 고려와 재정수입확보에 그 취지가 있다. 그러나 기업업무추진비는 본래 ‘법인이 업무와 관련하여 지출한 금액’으로서 손금에 산입되어야 할 성질의 것이므로, 구 법인세법 제25조 제4항의 규정은 이를 엄격하게 해석하여야 할 것이다. 이와 같은 기업업무추진비에 해당하기 위하여는 지출의 상대방이 사업에 관계가 있는 자 등이고, 지출의 목적이 사업관계자 등과의 사이에 친목을 도모하고 거래관계를 원활히 진행하기 위한 것이며, 행위의 형태가 접대 · 향응 · 위안 · 증정 기타 이와 유사한 행위로 지출하는 비용이어야 할 것이고, 위 요건에 해당하는지 여부는 지출의 동기, 금액, 형태, 효과 등 구체적 사정을 종합하여 이를 판단하여야 한다.

또한, 그 지출경위나 성질, 액수 등을 건전한 사회통념이나 상관행에 비추어 볼 때 상품 또는 제품의 판매에 직접 관련하여 정상적으로 소요되는 비용으로 인정되는 것이라면 손비로 인정하는 판매부대비용에 해당한다(대법원 2003두6559, 2003. 12. 12. ; 대법원 2006두1098, 2008. 7. 10.).

반면, 광고선전비란 자기의 상품 · 제품 · 용역 등의 판매촉진이나 기업 이미지 개선 등 선전효과를 위하여 불특정다수인을 상대로 지출하는 비용을 말하고, 기업업무추진비와는 불특정다수인을 상대로 구매의욕을 자극하기 위한 목적의 지출이라는 점에서 구별된다(서울고등법원 2006누12137, 2007. 4. 25. ; 대법원 2007두10389, 2009. 7. 9.).

> **▌담배판매장려를 위한 거래처 지원금이 판매부대비용인지**
>
> 법인세법 제19조 제2항이 규정하고 있는 '일반적으로 용인'된다는 것은 사회질서에 반하지 않는다는 의미로 볼 수 있고, 또한 '통상적'이라 함은 정상적, 보통의 혹은 관례적이라는 의미를 내포하고 있으므로 통상성이 있는지 여부는 납세의무자의 주관적 입장에서 판단할 것이 아니라 납세의무자와 같은 종류의 사업을 하는 자들이 납세의무자와 같은 상황 아래 있다면 문제가 된 지출을 보통 행할 것인가 여부를 판단기준으로 삼아야 할 것이며, 이러한 판단을 함에 있어 자본주의 경제체제 하에서는 대체로 납세의무자 자신의 합리적인 경영판단(법인의 경우에는 결국 이사나 업무집행사원의 판단)을 존중하여 기업 활동의 자유를 필요 이상으로 침해해서는 아니된다는 측면을 고려해 볼 때, 손금의 범위를 규정하고 있는 「법인세법」 제19조 제2항 소정의 '일반적으로 용인되는 통상적인 비용'이라 함은 법령 또는 선량한 풍속 기타 사회질서에 위배되지 않는 행위를 위하여 합리적인 경영판단에 따라 지출하는 비용이라고 해석함이 상당하다(대법원 2007두12422, 2009. 11. 12.).

6 | 면세사업 등에 관련된 매입세액

면세사업 등(부가가치세가 비과세되는 사업을 포함한다)에 관련된 매입세액(면세사업 등을 위한 투자에 관련된 매입세액을 포함한다)은 매출세액에서 공제하지 아니한다(부가법 §39 ① 7). 「부가가치세법」상 매입세액은 과세사업을 위하여 사용·소비되는 재화나 용역에 대한 것만 공제되는 것이므로 면세사업자는 부가가치세법상 최종소비자와 같이 간주되어 부가가치세를 부담하고 재화 또는 용역을 사용·소비하여야 하며, 그 대신 공제받지 못한 매입세액은 필요경비 또는 취득자산의 원가에 산입된다.

(1) 면세사업 등의 범위

면세사업이란 부가가치세가 면제되는 재화 또는 용역을 공급하는 사업으로서 부가법 제26조, 제27조 및 「조세특례제한법」 제106조에 따라 계속적·반복적으로 면세되는 재화 또는 용역을 공급하는 사업을 말하는 것이며, 단순히 면세되는 재화나 용역을 일시적·우발적으로 공급하는 경우는 면세사업이라 할 수 없다.

예를 들어 판매업자가 자기의 과세사업과 관련하여 매입한 상품을 국가에 무상으로 제공하는 경우 해당 상품매입과 관련된 매입세액 등은 매출세액에서 공제되는 바, 이는 제품의 국가에의 무상제공 등이 면세에 해당될지라도 해당 행위를 면세사업 그 자체로 파악할 수 없기 때문이다. 반대로 자기의 사업과 관련 없이 취득한 재화를 국가 등에 무상으로 공급하는 경우에는 과세사업을 위한 재화에 대한 매입세액이 아니므로 공제될 수 없다.

반면, 비과세사업이란 부가가치세가 과세되지 아니하는 사업(상품권매매업 등)을 업으로 하는 경우를 말한다.

(2) 면세사업 등과 관련된 매입세액의 범위

면세사업 등과 관련된 매입세액은 면세사업 등을 위하여 사용되었거나 사용될 재화나 용역에 대한 매입세액이라고 볼 수 있으며 이러한 면세사업 등과 관련된 매입세액에 대하여는 모두 공제받을 수 없다. 다만, 부가법 제28조에 따라 면세포기를 하는 경우에는 그 면세포기한 사업은 과세사업이 되므로 그 면세포기한 사업에 관련된 매입세액은 매출세액에서 공제받을 수 있다(부가통칙 38-0-1).

(3) 면세사업자번호로 과세사업 관련 세금계산서 수취

「법인세법」의 규정에 의하여 면세사업자로 사업자등록을 한 법인이 부가법 제8조에 따라 사업자등록을 하지 아니하고 재화 또는 용역을 공급받으면서 면세사업자 등록번호로 세금계산서를 발급받은 경우에 해당 세금계산서의 매입세액은 공제되지 아니한다(부가 46015-4993, 1999. 12. 22.).

7 토지 관련 매입세액

(1) 개 요

부가법 제26조 제1항 제14호에 따라 토지를 공급하는 때에는 그 토지의 공급이 사업을 목적으로 영위하는지 여부를 불문하고 모두 부가가치세가 면제된다. 따라서 토지를 공급하는 것을 사업목적으로 영위하는 사업자의 경우 그에 관련된 모든 매입세액은 면세사업에 관련된 매입세액으로서 자기의 매출세액에서 공제하지 아니하며, 토지를 공급하는 것을 사업목적으로 영위하지 아니하는 사업자의 경우에는 토지의 취득 및 조성 등을 위한 자본적 지출에 관련된 매입세액은 자기의 매출세액에서 공제하지 아니한다.

(2) 토지 관련 매입세액불공제 취지

1) 부가가치 창출을 위한 본원적 요소임

부가가치세는 생산의 기본요소인 토지, 자본, 노동에는 과세하지 않는바, 이와 같이 생산의 기본요소인 토지의 자본적 지출에 대하여 매입세액을 불공제하는 이유는 토지는 부가가치를 창출하는 본원적인 요소이므로 토지의 가치를 증가시키는 자본적 지출과 관련된 매입세액은 공제되지 않는 것이 부가가치세제의 기본틀이고 이러한 부가가치세의 기본원칙을 명문화한 것이다.

2) 면세(사업) 관련 매입세액임

과세사업과 관련된 매입세액은 원칙적으로 매출세액에서 공제하면서 예외적으로 토지 관련 매입세액에 대하여는 매출세액에서 공제하지 않는 또다른 취지는 토지의 공급에 대해 과세사업 사용 여부에 관계없이 면세되므로 토지원가를 구성하는 비용 관련 매입세액의 공제를 인정할 경우 토지의 공급에 대하여는 이를 공급할 때와 공급받을 때 모두 면세를 해 주는 완전면세(영세율)의 형태가 되어 영세율제도와는 별개의 면세제도를 두고 있는 현행 부가가치세법의 취지에 반하게 될 뿐만 아니라 부가법 제26조에 열거된 토지의 공급 외의 면세되는 재화나 용역의 공급의 경우와 형평에 맞지 아니하기 때문이다.

이와 같이 토지 관련 매입세액은 부가가치세가 면제되는 재화 또는 용역을 공급하는 사업과 관련된 매입세액과는 다른 조세정책적 관점에서 매입세액을 공제하지 않는 것이다 (대법원 2010두4810, 2012. 11. 29.).

3) 영업비용을 구성하지 않음

토지의 조성 등을 위한 자본적 지출은 세무회계상 토지의 취득가액에 산입되어 자산으로 계상되어야 하는 것으로 영업상의 매입거래가 아니라 토지의 매입거래에 해당하고, 토지는 비상각자산으로서 감가상각에 의하여 영업비용으로 처리되지 아니하며, 공제받지 못한 매입세액은 취득원가 또는 비용(수익적 지출)으로 처리하게 된다.

또한, 일반적으로 토지의 조성 등을 위한 자본적 지출(불공제된 매입세액 포함)은 해당 토지의 양도 시 양도차익을 산정함에 있어 그 취득가액에 가산하는 방법으로 회수된다 (대법원 2007두20744, 2010. 1. 14.).

(3) 주요개념 정의

1) 토지의 정의

토지란 「공간정보의 구축 및 관리에 관한 법률」에 따라 지적공부에 등록하여야 할 지목에 해당하는 것으로 "지적공부"란 토지대장, 임야대장, 공유지연명부, 대지권등록부, 지적도, 임야도 및 경계점좌표등록부 등 지적측량 등을 통하여 조사된 토지의 표시와 해당 토지의 소유자 등을 기록한 대장 및 도면(정보처리시스템을 통하여 기록·저장된 것을 포함한다)을 말한다(소법 §94 ①, 공간정보관리법 §2).

2) 토지 취득가액(취득원가)의 범위

"취득원가"는 자산을 취득하기 위하여 자산의 취득시점이나 건설시점에서 지급한 현금 및 현금성자산 또는 제공하거나 부담할 기타 대가의 공정가액을 말한다. 유형자산은 최초에는 취득원가로 측정하며, 현물출자, 증여, 기타 무상으로 취득한 자산의 가액은 공정가액을 취득원가로 한다. 취득원가는 구입원가 또는 제작원가와 자산을 사용할 수 있도록 준비하는데 직접 관련되는 지출로 구성된다.

3) 토지에 대한 자본적 지출의 범위

세무상 자본적 지출이란 "사업자(또는 법인)가 소유하는 감가상각자산의 내용연수를 연장시키거나 당해 자산의 가치를 현실적으로 증가시키기 위하여 지출한 수선비"를 말한다(소령 §67 ②, 법령 §31 ②).

기업회계에서는 유형자산의 취득 또는 완성 후의 지출이 가장 최근에 평가된 성능수준을 초과하여 미래 경제적 효익을 증가시키는 경우에는 자본적 지출로 처리하고, 그렇지 않은 경우에는 발생한 기간의 비용으로 인식하도록 규정하고 있어 법인세법과 기업회계기준은 자신의 자산에 대한 현실적 가치증가를 위한 수선비를 자본적 지출로 정의하고 있다[기업회계기준서 제5호 '유형자산'(회계기준위원회, 2001. 12. 27.)].

4) 토지에 대한 수익적 지출

유형자산의 수선·유지를 위한 지출은 해당 자산으로부터 당초 예상되었던 성능수준을 회복하거나 유지하기 위한 것이므로 일반적으로 발생한 기간의 비용으로 인식한다[기업회계기준서 제5호 '유형자산'(회계기준위원회, 2001. 12. 27.)].

토지에 대한 수익적 지출은 영업비용으로 처리되므로 부가가치세 과세사업자의 영업상의 매출거래와 대응하는데, 영업상의 매출거래는 과세거래로서 그 매출세액이 발생하므로 토지에 대한 수익적 지출에 관련된 매입세액은 영업상의 매출세액에서 공제할 수 있는 것이고 토지 외의 구축물 등 감가상각자산에 대한 자본적 지출은 당해 자산의 매입거래에 해당하지만 결국 감가상각에 의하여 영업비용으로 처리되므로 그 매출세액이 발생하는 매출거래와 대응하고, 따라서 그에 관련된 매입세액은 공제된다(대법원 94누1449, 1995. 12. 21.). 따라서 토지의 취득 후 단순한 원상회복 정도의 수선, 유지, 관리비는 그것이 과세사업을 영위하기 위한 것이라면 수익적 지출로 보아 매입세액공제의 대상이 된다.

(4) 「부가가치세법」상 토지 관련 매입세액 규정

사업자가 자기의 사업을 위하여 사용되었거나 사용될 재화 또는 용역의 공급에 대한 매입세액은 매출세액에서 공제하나, 토지의 조성 등에 관련된 매입세액과 토지의 가치를 현실적으로 증가시켜 토지의 취득원가를 구성하는 비용에 관련된 매입세액은 토지의 조성 등을 위한 자본적 지출에 관련된 매입세액으로서 매출세액에서 공제하지 아니한다(부가법 §39 ① 7, 부가령 §80).

매입세액이 공제되지 아니하는 토지 관련 매입세액이라 함은 토지의 조성 등을 위한 자본적 지출에 관련된 매입세액으로서 다음에 해당하는 경우를 말한다(부가령 §80).

① 토지의 취득 및 형질변경, 공장부지 및 택지의 조성 등에 관련된 매입세액

② 건축물이 있는 토지를 취득하여 그 건축물을 철거하고 토지만 사용하는 경우에는 철거한 건축물의 취득 및 철거 비용과 관련된 매입세액

③ 토지의 가치를 현실적으로 증가시켜 토지의 취득원가를 구성하는 비용에 관련된 매입세액

(5) 토지 관련 매입세액 구분원칙

1) 토지취득 및 자본적 지출 관련 매입세액(불공제)

토지의 취득원가에는 토지의 매입대금, 등록세, 취득세와 건물이나 구축물을 건립할 수 있는 상태로 준비하는데 소요되는 모든 비용 등이 포함된다.

① 매입대금 · 등록세 · 취득세 · 소개비 · 명의이전비 · 개량비

② 기존 건물이 있는 토지의 취득 및 철거와 관련된 매입세액(건물철거와 관련되는 추가적 비용은 토지사용을 위한 비용이므로 토지의 취득원가에 산입)

③ 토지조경 및 배수로 설치 등과 같은 영구적으로 이용가능한 용역은 토지의 원가에 포함(잔디, 나무)

④ 토지취득을 위한 감정평가 및 분할수수료, 중개수수료

⑤ 토지 정리를 위한 토목공사비, 발파, 전주이설공사비 등

⑥ 형질변경 · 택지조성 · 공장부지 정지작업

⑦ 토지유용성 증진을 위한 진입로 개설 및 도로포장(진입로 포장공사 제외)

⑧ 용벽설치 및 부대시설공사 중 토지의 가치증식을 위한 자본적 지출

2) 건축물 취득 관련 매입세액(공제)

건물의 취득원가에는 다음의 건물 건설비용 및 그 부대비용이 포함된다.

① 건축물 신축을 위한 설계비용, 토지취득 후 환경영향평가 및 모델하우스 설치비
② 도로포장(콘크리트 · 보도블록 · 연화바닥 · 돌바닥 · 아스팔트)으로서 구축물(감가상각자산)에 대한 자본적 지출, 공장구내 토지의 콘크리트 포장공사
③ 별도의 구축물로 분류되는 도로 포장, 도로변 피해방지 공사
④ 건물의 기초를 위한 필요한 정도의 용벽설치 및 부대시설공사
⑤ 지하실 터파기 공사비, 굴삭작업, 흙막이 공사비
⑥ 철근빔공사 및 펜스설치공사비, 담장, 주차시설
⑦ 전기, 수도, 가스인입선 공사비
⑧ 돌담, 호안, 상하수도, 가스관 등과 같이 영구적인 설비가 되지 못하는 구축물

3) 토지에 대한 수익적 지출(매입세액공제)

① 오염된 토지의 복원공사(서면3팀-1739, 2004. 8. 25. ; 서면3팀-382, 2004. 10. 27.)
② 수해로 인한 유실, 적치물 등의 복구 및 제거관련 비용
③ 과세사업을 위한 나대지(야적장 등)의 청소비 등 유지관리비용

4) 토지의 가치증가 여부 판단기준

토지와 건물의 현실적인 가치증가 여부는 개별적으로 판단하여야 하나 자본적 지출 또는 수익적 지출 해당 여부는 구분이 불명확한 경우가 있다. 부가가치세법상 토지의 조성 등에 관한 자본적 지출의 범위는 세무회계상 토지의 자본적 지출을 말하는 것으로 「소득세법 시행령」 제67조 및 「법인세법 시행령」 제31조에서 자본적 지출에 대하여 기준을 마련하고 있으므로 이를 준용함이 바람직하다.

2001. 12. 31. 건축물이 있는 토지를 취득하여 그 건축물을 철거하고 토지만 사용하는 경우에는 철거한 건축물의 취득 및 철거비용과 관련된 매입세액을 불공제하는 것으로 시행령을 개정하였다(토지 관련 매입세액의 명확화). 동 시행령 규정 각호의 내용은 법인통칙 23-31-1 내용을 반영(법인통칙은 기업회계기준에 관한 해석을 반영한 것임)한 것이다.

법인세법 기본통칙 23-31-1【고정자산에 대한 자본적 지출의 범위】

영 제31조 제2항 제5호에 따른 자본적 지출에는 다음 각호의 예에 따라 처리하는 것을 포함한다.

1. 토지만을 사용할 목적으로 건축물이 있는 토지를 취득하여 그 건축물을 철거하거나, 자기소유의 토지상에 있는 임차인의 건축물을 취득하여 철거한 경우 철거한 건축물의

취득가액과 철거비용은 당해 토지에 대한 자본적 지출로 한다.

2. 토지구획정리사업의 결과 무상분할양도하게 된 체비지를 대신하여 지급하는 금액은 토지에 대한 자본적 지출로 한다.
3. 도시계획에 의한 도로공사로 인하여 공사비로 지출된 수익자부담금은 토지에 대한 자본적 지출로 한다.
4. 공장 등의 시설을 신축 또는 증축함에 있어서 배수시설을 하게 됨으로써 공공하수도의 개축이 불가피하게 되어 그 공사비를 부담할 경우 그 공사비는 배수시설에 대한 자본적 지출로 한다.
5. 설치 중인 기계장치의 시운전을 위하여 지출된 비용에서 시운전 기간 중 생산된 시제품을 처분하여 회수된 금액을 공제한 잔액은 기계장치의 자본적 지출로 한다.
6. 수입기계장치를 설치하기 위하여 지출한 외국인 기술자에 대한 식비 등 체재비는 기계장치에 대한 자본적 지출로 한다.
7. 영 제68조 제4항에 따른 장기할부조건으로 자산을 취득함에 있어서 이자상당액을 가산하여 매입가액을 확정하고 그 지불을 연불방법으로 한 경우의 이자상당액은 당해 자산에 대한 자본적 지출로 한다. 이 경우 당초 계약 시 이자상당액을 당해 자산의 가액과 구분하여 지급하기로 한 때에도 또한 같다. 다만, 영 제72조 제4항 제1호에 따라 계상한 현재가치할인차금과 매입가액 확정 후 연불대금 지급 시에 이자상당액을 변동이자율로 재계산함에 따라 증가된 이자상당액은 그러하지 아니한다.
8. 부가가치세 면세사업자의 고정자산 취득에 따른 매입세액은 당해 자산에 대한 자본적 지출로 한다.
9. 사역용, 종축용, 착유용, 농업용 등에 사용하기 위하여 소, 말, 돼지, 면양 등을 사육하는 경우 그 목적에 사용될 때까지 사육을 위하여 지출한 사료비, 인건비, 경비 등은 이를 자본적 지출로 한다.
10. 목장용 토지(초지)의 조성비 중 최초의 조성비는 토지에 대한 자본적 지출로 한다.
11. 토지, 건물만을 사용할 목적으로 첨가 취득한 기계장치 등을 처분함에 따라 발생한 손실은 토지, 건물의 취득가액에 의하여 안분계산한 금액을 각각 당해 자산에 대한 자본적 지출로 한다.
12. 부동산 매매업자(주택신축판매업자를 포함한다)가 토지개발 또는 주택신축 등 당해 사업의 수행과 관련하여 그 토지의 일부를 도로용 등으로 국가 등에 무상으로 기증한 경우 그 토지가액은 잔존토지에 대한 자본적 지출로 한다.
13. 기계장치를 설치함에 있어서 동 기계장치의 무게에 의한 지반침하와 진동을 방지하기 위하여 당해 기계장치 설치장소에만 특별히 실시한 기초공사로서 동 기계장치에 직접적으로 연결된 기초공사에 소요된 금액은 이를 동 기계장치에 대한 자본적 지출로 한다.

(6) 건축물이 있는 토지를 취득하여 철거하는 경우

1) 구 건축물의 취득 · 철거 관련 매입세액의 불공제 원칙

부가법이 정하는 토지 관련 매입세액에는 '건축물이 있는 토지를 취득하여 그 건축물을 철거하고 토지만을 사용하는 경우 철거한 건축물의 취득 및 철거비용에 관련된 매입세액'을 들고 이를 불공제대상 토지 관련 매입세액의 하나로 규정하고 있는바, 법령의 연혁 · 취지 및 문맥 등에 비추어 보면 '건축물이 있는 토지를 취득하여 그 건축물을 철거하고 토지만을 사용하는 경우'에는 기존 건축물이 있는 토지를 나대지로 사용하는 경우뿐만 아니라 신축건물의 부지로 사용하는 경우를 포함하며(대법원 2007두2524, 2008. 2. 1. ; 서면3팀-1064, 2004. 6. 3.), 이는 건물을 신축하기 위하여 타인으로부터 구 건축물을 취득하는 경우 해당 취득가액과 철거비용은 토지의 취득원가에 산입하도록 하고 있는 기업회계기준과도 일치되므로 이러한 경우 신축건물의 부지에 있던 기존 건축물의 취득과 철거비용에 대한 매입세액은 토지의 조성 등을 위한 자본적 지출에 관련된 매입세액으로서 공제 내지 환급의 대상이 되지 아니한다.

2) 기존 유권해석 및 심판례에서 토지 관련 매입세액으로 본 취지

사업자가 구 건물을 취득하고 철거가 이루어진 경우 그 구입 및 철거에 관련된 매입세액을 토지 관련 매입세액으로 본 심판결정 및 판례가 많은 것은 사실이다. 위 "1)"에서 예시한 토지 관련 매입세액으로 본 사례들을 보면 하나같이 구 건물의 취득 후 즉시 또는 짧은 기간(6개월 미만) 내에 구 건축물을 철거한 경우이거나 취득한 구 건축물을 철거한 후 나대지로 사용한다거나 구 건축물을 건축물의 용도(자기의 사업용 또는 임대용 등)로 사용하지 아니하고 공가상태에 있다가 양도하거나 철거하는 경우 해당 취득관련 매입세액과 철거비 관련 매입세액을 불공제한 사례들이다(법무과-3457, 2005. 8. 26. ; 재소비-208, 2004. 2. 24. ; 부가-1320, 2011. 10. 24. ; 조심 2010부3585, 2011. 4. 18. ; 국심 2004서3045, 2004. 11. 16. ; 심사부가 2008-0042, 2008. 4. 17. ; 기업회계기준서 제5호(유형자산) ; 금감원 질의회신 05-002, 2005. 1. 7.).

3) 당초 철거목적 취득이 토지 관련 매입세액 판정기준이 되는지

당초 취득목적이 먼 훗날 또는 가까운 장래에 건축허가를 받아 구 건축물과는 다른 새로운 건물을 신축하기 위하여 건물을 취득한 경우 그 취득이나 철거에 관련된 매입세액이라고 단정할 수는 없다.

㉠ 사업자가 주상복합건물과 아파트를 건설하기 위하여 토지를 취득하였으나, 용도변

경 건축허가 등의 인허가 절차가 장기간(1~3년) 소요될 것으로 보이고 그 건축요건이 충족될 때까지 쟁점부동산을 계속 임대한 경우 취득관련 매입세액공제를 인정한 사례(국심 2005중4120, 2006. 4. 27. ; 조심 2016중0341, 2016. 5. 19.)

㉡ 새로운 주상복합건물을 신축하여 임대업에 공하기 위한 경우라도 취득 후 3개 과세기간에 걸쳐 과세사업(임대업)에 공하다가 건축물을 멸실(철거)한 것으로 확인되므로 사용 중인 기존 건물을 철거한 것으로 보아 취득 및 철거 관련 매입세액공제를 인정한 사례(국심 2004서2038, 2004. 10. 29.)

㉢ 기존건물을 취득한 후 상당기간(1년 7개월) 이용하다가 건물이 노후하여 철거하고 새 건물을 신축한 경우 기존건물 취득가액은 토지에 대한 자본적 지출에 해당하지 않는다는 법원의 판례(대법원 2011두19567, 2011. 11. 24. ; 서울고등법원 2010누37546, 2011. 7. 6.)

㉣ 사업자가 부동산개발업과 부동산임대업을 사업목적으로 사업자등록 후 부동산개발을 위해 철거 예정 건축물을 취득하고 부동산개발사업 절차가 확정될 때까지 상당기간이 소요되어 그 기간까지 부동산임대에 사용하면서 실제 임대차계약내용대로 임대업에 공하는 경우, 당해 건축물을 취득하면서 지출한 매입세액에 대해서는 부가법 제39조에 따른 매입세액을 제외하고는 자기의 매출세액에서 공제할 수 있음(국세청 부가가치세과-313, 2013. 4. 9.).

위와 같이 구 건축물을 수 개 과세기간 동안 지속적으로 부동산임대업 등 자기의 과세사업에 사용하였다거나, 새로운 건축관련 인허가를 득하는데 통상적으로 수년이 소요될 것이 예상되어 그 인허가를 득하기까지 자기의 과세사업에 직접 사용한 사실이 확인된다면 그 사용기간의 다소에 관계없이 구 건축물의 취득 및 철거에 관련된 매입세액을 불공제대상으로 보아서는 아니된다(국심 2005중4120, 2006. 4. 27. ; 국심 2004서2038, 2004. 10. 29. ; 부가-313, 2013. 4. 9. ; 대법원 2011두19567, 2011. 11. 24. ; 서울고등법원 2010누37546, 2011. 7. 6.).

4) 단기간 임대 후 철거 시 매입세액공제를 허용한 최근 해석 및 판례

가. 사실관계

○ 집합투자업자가 부동산임대업 및 금융업에 사용하던 부동산을 매각하고(매도가액 935억 원, 건축물 가액은 87억 원), 매수자는 해당 부동산을 약 7개월간 사용하다가 철거하고 동 지번에 신건물을 건축한 사실에 대하여 처분청은 해당 건축물의 취득 및 철거비용 관련 매입세액을 토지 관련 매입세액으로 불공제하였다.

○ 사업자가 자기의 과세사업에 사용할 건물 등을 신축할 목적으로 매도자가 과세사업에 사용하던 토지와 건물을 취득하여 약 8개월 동안 부동산임대업에 사용하다가

서울시의 사업허가로 인하여 기존건물을 철거한 경우로서 해당 사업자는 기존 건물을 고액의 대금을 지급하고 취득하여 감정가액을 기초로 산정한 건물가액을 장부에 등재하고 감가상각비를 계상하였으며, 해당 기간 동안 약 80억 원가량의 임대료를 수취하였다.

나. 법원의 판단

부가령 제80조 제2호의 '건축물이 있는 토지를 취득하여 그 건축물을 철거하고 토지만 사용하는 경우'에서의 '토지만 사용하는 경우'라 함은 토지를 나대지로 사용하는 경우뿐만 아니라 신축건물의 부지로 사용하는 경우를 포함한다고 할 것이나, 이는 '기존의 건축물과 토지 중 토지만을 사용하고, 기존의 건축물을 철거하여 이를 사용하지 않는 경우'를 포함한다는 의미이지 '기존의 건축물과 토지를 함께 사용하다가 기존의 건축물을 철거하는 경우'까지 포함된다고 해석하는 것은 조세법률주의의 엄격해석원칙상 허용될 수 없다(대법원 2007두2524, 2008. 2. 1.). 더욱이 건축물이 있는 토지를 취득하여 그 건축물을 철거한 경우 철거한 건축물의 취득 및 철거 비용이 '토지의 조성 등을 위한 자본적 지출'로서 필요경비로 인정받기 위해서는 취득 후 단시일 내에 건축물의 철거에 착수하는 등 당초부터 건축물을 철거하여 토지만을 이용하려는 목적에서 토지와 그 지상 건축물을 매수한 것이었음이 명백할 것이 요구되는 바(대법원 89누53, 1990. 1. 25. ; 대법원 92누7399, 1992. 9. 8.), 부가령 제80조에서 규정하고 있는 매입세액 불공제 요건인 '토지의 조성 등을 위한 자본적 지출' 역시도 마찬가지로 해석되어야 할 것이다. 즉, 사업자가 당초부터 건축물을 철거하여 토지만을 이용하려는 목적에서 토지와 그 지상 건축물을 매수한 후, 그 지상 건축물을 사업상 용도로 사용하지 않은 채 곧 철거하는 경우에 해당하여야 한다고 봄이 상당하다.

위 사례에서와 같이 매수자는 건축물을 취득 후 단시일 내에 철거한 것이 아니라, 약 7~8개월이라는 상당한 기간 동안 임대하다가 임대차계약의 종료나 사업허가를 득함에 따라 임차인들이 퇴거한 이후에 비로소 철거하였고, 건축물의 감정가액도 수십억 원 또는 수백억 원에 달하는 등 상당한 정도의 경제적 가치나 이용성을 가지고 그에 상응하는 상당한 액수의 임대료도 수취한 점에 비추어 매수자가 당초부터 구 건축물을 철거하여 토지만을 이용하려는 목적에서 토지와 건축물을 매수한 것이었음이 명백하다고 볼 수 없으며, 매수 법인이 토지와 그 부속건물을 취득한 후 법인법 제41조 제1항 제1호에 따라 토지와 건물로 구분계상한 후 건물에 대한 감가상각을 한 경우 토지관련 자본적 지출로 보기 어렵다. 따라서 해당 건축물의 취득 및 철거관련 매입세액을 불공제한 처분은 부당하다(서울행정지법 2016구2합 68849, 2017. 3. 24. ; 대법원 2011두19567, 2011. 11. 24. ; 서울고등법원 2010누37546, 2011. 7. 6. ; 대법원 2012두22447, 2016. 2. 18.).

다. 기재부 최근 해석

질의자가 구건축물을 취득하여 계열사 및 시중은행 등을 약 6~9개월 정도 임대하다가 서울시의 인·허가가 통상 3년보다 단축되어 나옴에 따라 해당 임차인을 내보내고 철거를 시작하였으며, 임대 당시 임대한 면적은 약 40% 정도인 경우 구건축물의 취득관련 매입세액의 공제 여부에 대하여 기획재정부는 국세청이나 조세심판원보다 다소 유연한 입장의 해석을 내놓았다.

① 사업자가 건축물이 있는 토지를 취득하여 해당 건축물을 부동산임대업에 사용하다가 철거한 경우로서 철거한 건축물의 취득 및 철거비용과 관련된 매입세액은 부가령 제80조 제2호의 토지의 조성 등을 위한 자본적 지출에 관련된 매입세액에 해당하지 아니한다(사실관계 두 번째 질의에 대한 회신 : 기획재정부 부가가치세제과-371, 2017. 7. 24.).

② 사업자가 토지와 건축물을 취득하여 일정기간 임대 후 그 건축물을 철거하고 새로운 건축물을 지어 임대하는 경우 기존 건축물의 잔존가액을 해당 사업연도의 손금에 산입할지 또는 토지의 자본적 지출로 처리할지는 사업내용, 건축물의 취득 목적 및 경위, 취득 후 사용현황 등을 고려하여 사실판단하여야 한다(기획재정부 법인세제과-797, 2017. 6. 14.).

라. 조세심판원의 서로 상반된 결정

사업자가 구건축물을 취득하여 비교적 단기간(8 내지 9개월) 임대사업에 사용하다가 철거하고 과세사업을 위한 신건물을 신축하는 경우 구건축물의 취득 관련 매입세액이 토지 관련 매입세액인지에 대하여 조세심판원은 H사의 경우 취득 후 9개월간 임대, 임대면적비율이 39.8%, 통상의 인·허가 소요기간 3년, 임대기간 동안 88억 원(구건축물 공급가액: 2,245억 원)의 임대수입이 발생하여 구건축물 취득 관련 매입세액을 토지 관련 매입세액으로 보지 아니하였으나(조심 2018서1596, 2018. 12. 24.), S사의 경우 취득 후 8개월간 임대, 임대면적비율이 100%, 통상의 인·허가 소요기간 2~3년, 임대기간 동안 2억 원(구건축물 공급가액: 20억 원)의 임대수입이 발생하여 구건축물 취득 관련 매입세액을 토지 관련 매입세액으로 결정하였다(조심 2018서2250, 2019. 6. 13.). 후자의 경우 결산서상에 구건축물을 재고자산으로 계상한 것 외에 H사와 차별을 둘만 한 것을 찾을 수 없고 임대면적비율이나 취득가액 대비 임대수입비율로 볼 때 임대업과의 관련성 또는 과세사업에 사용한 경제적 효과가 후자가 더 많음에도 결정을 달리한 것은 납세자들로서는 이해하기 어려운 결정일 것이다.

▌외국의 사례

일본 법인세 기본통달은 토지와 건물 취득 후 약 1년 이내에 구건물의 철거에 착수하는 경우 토지의 자본적 지출로 인정되는 경우로 예시하고 있고, 미국 연방대법원은 지출로 발생하는 효익이 1년 이내인지 초과하는지를 수익적 지출과 자본적 지출의 판단기준의 하나로 예시하고 있다.

마. 필자 의견

"토지만을 사용할 목적으로 건축물이 있는 토지를 취득하여 그 건축물을 철거하고 토지만을 사용하는 경우"란 ① 취득목적(철거)과 ② 그 결과인 토지의 사용현황을 동시에 고려하여야 한다. 즉, "토지만을 사용하는 경우"란 구건축물 취득 후 단시일 내에 철거하거나 취득과 철거가 상당기일이 소요되었더라도 구건축물을 활용 또는 사용함이 없이 그대로 철거한 후 그 부속토지를 활용하는 경우라 할 것이다.

또한, "토지만을 사용할 목적"이 있었음이 확인되는 경우란 미래에 구건축물을 "철거할 목적이 있었음"이 객관적으로 확인되더라도 상당한 기간에 걸쳐 과세사업을 위해 사용하였음이 확인되었다면 그 목적만을 이유로 취득이나 철거관련 매입세액을 불공제할 수는 없다는 판례가 존재하고, 기재부의 회신 또한 그러하다.

이와 달리 해석하게 되면 당초 구건축물을 과세사업에 사용할 목적을 가졌다고 하여 취득 후 사정변경이나 수용 등 외적요인으로 즉시 또는 구건축물의 사용없이 그대로 철거되었더라도 매입세액공제를 허용해야 하는 모순이 발생한다. 그렇다고 취득 후 즉시 철거의 경우만 토지에 대한 자본적 지출이라는 의미는 아니다.

구건축물이 사업에 사용할 수 있을 만큼의 객관적 교환가치를 가지고 일시적이고 우발적인 사용이 아닌 상당기간 동안 임대등 과세사업에 사용한 경우 토지 관련 매입세액으로 볼 수 없다는 것이 판례의 입장이고, 다만 일시적이거나 우발적인 임대로 볼 수 있는 기간이나, 구건축물 중의 일부만을 임대나 자기의 다른 과세사업 등에 사용한 경우까지 그 매입세액 전부를 공제해 주어야 하는지에 대한 판결 등은 현재까지 생성되지 않았다.

또한, 신건물을 신축허가를 득하기 위한 기간이 3년 이상 장기간 소요되나 국가나 지방자치단체의 신속한 업무처리나 정책적 판단에 따라 그 기간이 단축된 경우 상당한 기간 임대한 것으로 판단한 사례도 아직 없다.

판례나 조세심판결정례에서는 임대기간에 대하여 일시적 임대로 보지 아니하고 매입세액공제를 허용한 사례들도 다수 보이는 만큼 향후 국세청과 기재부는 일시적 임대(과세사업에 사용)를 사업에 사용한 것으로 볼 것인지 어느 정도의 기간이 경과해야 사업에 사용한 것으로 볼 수 있는지에 대한 기준설정이나 시행령 등의 보완이 필요하다.

기재부 법인세제과도 토지의 자본적 지출 해당 여부에 대하여 "사업내용, 건축물의 취득목적 및 경위, 취득 후 사용현황을 종합적으로 고려하여 사실판단"하여야 한다는 것은 지극히 원론적 답변으로 당초 취득목적만을 고려하라는 회신은 아니고, 기재부 부가가치세제과는 위 논리(취득목적과 실제 사용현황 등)하에서 약 9개월 간의 임대를 사업에 사용·수익한 것으로 직접 사실판단하여 회신하였다.

따라서 구건축물 가액의 거래금액에 대한 산정근거를 제시하여 상당한 경제적 가치가 존재하고, 다수 임차인이 상당기간 임차를 하여 고액의 임대수입을 창출하였거나 납세자가 직접 과세사업에 사용하였다면 구건축물의 취득 및 철거 관련 매입세액은 원칙적으로 공제되어야 할 것이다. 반면, ① 비교적 일시적인 임대였고 ② 임대가액이 구건축물 취득가액에서 차지하는 비율이 낮으며, ③ 임대면적(자가사용면적 포함)이 전체 면적에서 차지하는 비율이 낮다면 해당 매입세액은 불공제되어야 하거나 적어도 임대사업에 사용한 면적만큼만 공제될 여지가 있다고 보여지나, 조세심판원은 이러한 경우에도 기재부 부가세제과 해석과 같이 불공제대상 매입세액으로 보지 아니하는 결정을 하였다(조심 2018서1596, 2018. 12. 24.).

5) 철거 목적 건물을 양수해 임대사업 후 매각시 매입세액공제

철거 후 신축목적으로 취득한 건물을 임차인의 명도거부로 철거하지 못하고 임대하다가 다시 양도하였다면 당초 불공제한 건물 매입세액을 공제할 수 없다(이의-서울청-2023-0301, 2024. 1. 11.).

6) 철거비용에 대한 회계처리방법

본인이 사용 중이던 기존 건물을 철거하는 경우 그 건물의 장부금액은 제거하여 처분손실로 반영하고, 부산물 판매금액을 차감한 후의 철거비용은 전액 당기 비용으로 처리한다. 건물신축을 목적으로 기존 건물이 있는 토지를 취득하고 기존 건물을 철거하는 경우에는 철거비용에서 부산물 매각액을 차감한 가액을 토지의 취득원가에 가산한다(K-IFRS 4. 유형자산의 취득원가 결정).

(7) 공통매입세액에 토지 관련 매입세액이 포함된 경우

토지를 공급하는 때에는 토지의 공급을 사업목적으로 영위하는지 여부에 관계없이 부가가치세가 면제된다. 이때 토지를 공급하는 것을 사업으로 영위하는 사업자의 경우에는 그에 관련된 모든 매입세액은 면세사업에 관련된 매입세액으로서 매출세액에서 공제하지 아니하며, 토지를 공급하는 것을 사업으로 영위하지 아니하는 사업자의 경우에도 토지의 조성 등을 위한 자본적 지출에 관련된 매입세액의 경우에 매출세액에서 공제하지 아니한다.

이처럼 토지의 조성 등을 위한 자본적 지출에 관한 매입세액은 매출세액에서 공제하지 않는 것이므로 매입세액 중 토지 관련 매입세액과 공제대상 매입세액(공통매입세액 포함)이 있는 경우에는 합리적 방법으로 토지 관련 매입세액을 구분하여 불공제하고, 공통매입세액은 안분계산하여야 한다(부가법 §26 ① 14 · §39 ① 7, 부가령 §80 · §81).

1) 토지 관련 매입세액의 불공제

과세 · 면세사업을 겸영하는 사업자 또는 과세사업을 영위하는 사업자가 건축물을 취득하면서 지급한 부수비용의 매입세액 중 부가령 제80조에 따라 토지 취득에 관련된 매입세액으로 구분이 되는 경우 해당 매입세액은 토지 관련 매입세액으로 불공제한다.

2) 토지조성, 상가, 주택건설에 공통으로 관련된 매입세액이 있는 경우

토지의 조성 등을 위한 자본적 지출과 건물 · 구축물 등의 건설공사에 공통으로 관련되어 그 실지귀속을 구분할 수 없는 매입세액 중 토지 관련 매입세액은 총공사비(공통비용을 제외한다)에 대한 토지의 조성에 관련된 공사비용의 비율에 의하여 계산한다(부가 46015-1810, 2000. 7. 26.).

3) 기성청구에 따라 수취한 세금계산서에 토지 관련 매입세액이 있는 경우

사업자가 과세사업을 위한 토지를 조성하기 위하여 착공 전에 선급금을 지급하고 선발행세금계산서를 수취한 경우 동 세금계산서의 토지 관련 매입세액은 예상투입비용비율에 의하여 계산하고, 추후 기성청구에 의하여 건설용역대가를 지급하는 때에는 토지 관련 매입세액 계산은 실지귀속에 의하여 구분하되, 공통 매입세액 중 토지 관련 매입세액은 토지 관련 공사비용이 총공사비(공통비용을 제외한 금액)에서 차지하는 비율에 의한다.

또한, 기성청구 시 기성금액에서 선급금 중 기성비율에 상당하는 금액을 차감하여 지급하기로 하는 경우에는 예상투입비용 비율에 의하여 기 계산한 선급금 중 기성분에 대한 토지 관련 매입세액은 실제 발생한 공사비용 비율에 의하여 재계산한다(부가-3894, 2008. 10. 29.).

(8) 주요유형별 판단기준

1) 포장도로 관련 매입세액공제 여부

골프장 포장도로가 구축물에 해당하는지에 대하여 보면 「법인세법 시행규칙」 [별표 5]에 "구축물에는 하수도, 굴뚝, 경륜장, 포장도로, 교량, 도크, 방벽, 철탑, 터널 기타 토지에 정착한 모든 토목설비나 공작물을 포함한다"고 되어 있고, 한국회계연구원에서도 "잔디식재비, 장애물 공사비 및 도로 공사비 등과 같이 사용이나 시간의 경과에 따라 경제적 효익이 감소하는 부분에 대해서는 토지와 구분하여 별도의 감가상각대상 자산으로 회계처리하고 내용연수동안 감가상각하는 것이 타당하다고 회신한 바 있으며, 조세심판원에서도 안벽·방벽·제방·포장도로·포장노면 등은 토지와는 구분되는 별도의 구축물로서 당해 공사 관련 매입세액은 매출세액에서 공제하는 것이 타당하다고 결정한 바 있다(국심 95중199, 1995. 6. 17.). 따라서 골프장 포장도로는 감가상각대상자산인 구축물에 해당하므로 당해 포장도로의 개설·포장공사와 관련한 매입세액은 공제함이 타당하다(법규과-1085, 2009. 8. 3. ; 국심 2003부2119, 2003. 11. 26.).

2) 토지취득을 위한 금융비용 관련 매입세액공제 여부

아파트 및 상가를 신축·분양할 목적으로 사업용부지를 취득하기 위하여 프로젝트 파인낸싱 대출과 관련하여 발생한 대출주선수수료에 대한 세금계산서상의 매입세액의 경우 기업회계기준서 제7호에서는 금융비용(차입과 직접 관련하여 발생한 수수료, 이자비용 등)을 자본화시키지 아니하는 것을 원칙으로 하고 있으며, 자산의 취득과 관련된 금융비용이 그 자산을 취득하지 아니하였다면 부담하지 않을 수 있었던 비용이기 때문에 자본화 대상자산의 취득원가를 구성하고 그 금액을 객관적으로 측정할 수 있을 경우에 해당 자산의 취득원가에 산입할 수 있도록 규정하고 있다.

또한, 행정안전부에서는 토지 등 부동산의 취득 시 취득세 산정을 위한 취득세의 과세표준, 즉 취득가액을 산정함에 있어 토지취득일 이전에 발생한 대출수수료 등은 토지취득 관련 일체의 비용으로 보아 취득세 과세표준에 산입하는 것으로 해석하고 있다(지방세정팀-4340, 2006. 9. 8. ; 행심 2006-325, 2006. 7. 31.).

따라서 동 수수료는 토지의 취득을 위한 직접적인 비용으로서 지출된 경우 부동산의 취득가액에 가산하는 것이 합리적인 바 토지의 취득에 소요된 것이 명백한 대출금과 관련된 매입세액 해당분은 토지의 취득을 위한 매입세액으로서 자기의 매출세액에서 불공제하는 것이 타당하다(지방세정팀-4340, 2006. 9. 8. ; 서일 46011-11603, 2002. 11. 28. ; 서면3팀-1794, 2007. 6. 21.).

3) 토지 취득 후 대환, 대출기한 연장과 관련된 금융주선수수료 관련 매입세액의 공제 여부

사업자가 차입금으로 토지를 취득하는 과정에서 대출주선수수료 등과 관련된 매입세액을 토지 관련 매입세액으로 불공제하고, 이후 토지취득과 건물신축이 완료된 후에 기존 대출금에 대한 대환이나 대출연장 과정에서 발생된 대출(금융)주선수수료는 토지취득 이후에도 당초 토지와 관련된 차입금에 상응하는 주선수수료 관련 매입세액(쟁점 "매입세액"이라 한다)은 불공제되어야 한다는 취지의 조세심판례가 있다(조심 2008서2860, 2008. 12. 15. ; 조심 2013서3839, 2013. 11. 22.).

조세심판원은 신규 차입금을 기존 토지의 구입과 관련한 차입금을 상환하는데 사용한 경우는 실질적으로 토지 관련 매입세액에 해당하므로 쟁점매입세액은 토지 관련 매입세액으로 봄이 타당하다는 논리이다.

그러나 토지취득 이후 당초 토지취득과 관련된 지급이자는 당기 필요경비(손금)이고, 대환이나 연장된 이후의 지급이자도 마찬가지이다. 조세심판원 논리대로라면 해당 토지를 매각하지 아니하는 한 대환, 대출연장 때마다 발생한 대출주선수수료 관련 매입세액은 상환이 없는 한 계속 불공제되어야 한다. 거주자의 양도소득세 계산 시에도 해당 지급이자나 대출주선수수료가 필요경비에 해당하지 아니하는 과연 쟁점매입세액이 토지의 자본적 지출과 관련되었다고 볼 수 있는지 등에 비추어 볼 때, 양도소득세 계산 관련 소득세 해석, 토지에 대한 자본적 지출에 대한 기업회계기준이나 세법상의 개념, 필요경비(손비)의 계산 관련 소득세법 및 법인세법 규정에 비추어도 그 타당성을 인정하기 어렵다.

참고자료

타인으로부터 매입한 자산의 취득가액은 당해 매입가액에 취득세·등록세 기타 부대비용을 가산한 금액을 말하는 것으로, 기타 부대비용에는 타인으로부터 매입 시에 부담한 자산의 실사 관련 자문용역비, 부동산 중개수수료 등이 포함되고, 부동산임대업을 영위하기 위한 건물을 취득하는 과정에서 근저당권 설정과 관련된 비용을 지출한 경우 동 비용은 당해 부동산의 취득가액에 가산한다(서일 46011-11603, 2002. 11. 28. ; 서면2팀-2289, 2006. 11. 9.).

4) 인조잔디공사 관련 매입세액의 공제 여부

직원의 복리증진을 위해 기존의 운동장에 인조잔디를 시공하는 경우 일련의 공사과정을 보면 인조잔디의 시공을 위한 필수적으로 부수되는 공정으로 각각의 시공절차를 개별의 공사로 볼 수 없고(인조잔디운동장의 성격상 바닥의 배수시설 및 투수콘크리트시공은 필수적임), 또한, 동 공사는 기 조성된 운동장을 개조하는 것으로 토지의 형질을 변경하거나 가치를 현실적으로 증가시키는 것으로 보기보다는 직원의 복리증진을 위한 별개의 구축물로 보아 매입세액공제함이 타당하다(서면3팀-1046, 2005. 7. 7.).

5) 토지상 적치물 제거 관련 공제 여부

토지의 조성 등을 위한 자본적 지출에 관련된 매입세액은 매출세액에서 공제되지 않는 것이나, 토지임대업을 영위하는 사업자가 자기의 사업과 관련하여 토지 위의 적치물(폐기물 등) 등을 처리하는 경우 당해 매입세액은 매출세액에서 공제된다(제도 46015-11083, 2001. 5. 14.).

6) 조경수, 입목의 공제 여부

각종 나무구입비, 미식비, 조림비, 육림비 등과 관련된 매입세액으로 토지 관련 매입세액으로 보아 자기의 매출세액에서 공제하지 아니한다. 조세심판원에서도 조경공사, 수목공사, 잔디식재공사, 그린·티·벙커공사 등 토지와 일체가 되어 골프장 코스를 구성하는 시설과 관련된 매입세액은 토지의 조성 등을 위한 자본적 지출에 관련된 매입세액으로 보고 있다(국심 2005중3822, 2006. 9. 15.).

다만, 과세사업을 영위하는 사업자가 사업장 및 사택(주주 등이 아닌 임원과 소액주주 등인 임원 및 사용인이 사용하는 것에 한함)에 조경공사를 완료한 후 기존 식재된 수목과 잔디에 대한 조경 유지 및 관리용역과 관련된 매입세액과 건축물 주변의 조경공사, 정원설치공사와 관련된 매입세액은 토지 관련 매입세액에 해당하지 아니한다(부가-1063, 2010. 8. 13. ; 조심 2008중1270, 2009. 6. 11.).

7) 자가건물을 철거하고 신건물을 신축하는 경우

과세사업에 사용하던 기존 노후건물을 철거하거나 면세사업장으로 사용하던 기존 건물을 철거하고 과세사업을 위한 건물을 신축하는 경우 당해 철거비용 관련 매입세액은 매출세액에서 공제할 수 있는 것이며, 이 경우 신건물이 과세사업과 면세사업에 공통으로 사용되어 실지귀속을 구분할 수 없는 매입세액에 해당하는 경우에는 공통매입세액 안분계산하여야 한다(서면3팀-2528, 2007. 9. 6. ; 법규부가 2009-214, 2009. 6. 25. ; 국심 2004서2038, 2004. 10. 29.).

8) 물류유통단지 개발사업권 취득이 토지 관련 매입세액에 해당하는지 여부

토지에 관한 매매계약을 체결하기로 합의하고 관계 행정기관으로부터 해당 사업자의 과세사업을 지원하겠다는 약속을 받는 등 사업이 상당한 정도로 진척되어 가던 중 그 사업권을 양도·양수하는 것이 그에 상응하는 충분한 대가를 지급한 것이 확인되거나, 과세사업을 양수도를 하면서 토지가격 이외에 별도로 지급한 사업권 양수비용이 토지의 취득세과세표준에서 제외되는 경우 관련 매입세액을 토지 관련 매입세액으로 볼 수 없다(대법원 2009두20649, 2010. 3. 10. ; 사전-2019-법령해석부가-0406, 2019. 9. 11.).

9) 구축물 관련 매입세액

토지의 조성과 건축물을 함께 조성하는 일련의 과정에서 발생된 공사비로서 그 지출의 내용이 「법인세법 시행규칙」 [별표 1]의 고정자산내용연수표상 감가상각대상자산인 구축물에 해당된다면 이는 토지와 구별되는 별개의 자산이므로 동 공사와 관련된 매입세액은 매출세액에서 공제되는 매입세액으로 보아야 한다. 이때 구축물의 취득과 관련된 매입세액뿐만 아니라 구축물 취득 이후 토지에 정착된 구축물의 가치 증대를 위한 공사 관련 매입세액도 공제의 대상이 된다(부가 46015-711, 1995. 4. 14. ; 서면3팀-115, 2007. 1. 11. 외 다수).

- 옹벽, 석축, 하수도, 흄관, 맨홀 등 공사와 관련된 매입세액(국심 98부2617, 1999. 4. 30.)
- 건물부속 바닥 오염토 제거 및 오염토양의 정화반출공사, 바닥철거 및 시멘트 타설공사, 오염차단막공사, 주유탱크실 옹벽공사(조심 2009중3136, 2009. 11. 12.)
- 공장·건물 신축 시 건축물 주변·조경공사로 '정원'을 만든 경우, 당해 공사 관련 매입세액(부가 46015-1855, 2000. 7. 29.)

10) 임차토지에 발생한 토지 관련 매입세액

임차인이 토지를 임차하여 임차토지에 대한 용도변경, 토지조성공사 등을 수행하여 토지의 가치가 상승한 경우로서 토지의 조성 및 개발용역을 제공하고 토지를 무상 또는 저가로 임차한 것이라면 부가가치세 과세대상으로서 관련 매입세액은 공제되고 그 토지의 조성 및 개발이 완료된 때에 세금계산서를 발급하며 토지임대인은 동 세금계산서상의 매입세액은 토지 관련 매입세액으로 불공제한다. 이 밖에 임차토지 개발, 건축물의 신축과 이전에 따른 세무실무는 "심층분석 사례집(Ⅰ)" 편에서 자세히 설명하기로 한다.

11) 토지 취득 및 양도 관련 중개수수료(컨설팅비)의 매입세액공제 여부

구분 / 용도	취득 단계	매각 단계
과세사업용 고정자산	토지 관련 매입세액으로 불공제 (단, 건축물과 함께 취득하면서 지급한 경우 안분계산 필요) (부가-2552, 2008. 8. 13.)	전액 공제* (부가-480, 2012. 4. 30. ; 기재부부가 10, 2022. 1. 7.)
면세사업용 고정자산	토지 관련 또는 면세사업 관련 매입세액으로 전액 불공제	전액 불공제
매매사업용 재고자산	토지 관련 매입세액으로 불공제 (단, 건축물과 함께 취득하면서 지급한 경우 안분계산 필요)	부가령 제81조의 규정에 따라 공통매입세액 안분계산

* 사업용 고정자산 매각 관련 중개수수료는 사업소득의 필요경비는 아님(서면1팀-455, 2007. 4. 9.).
* 과세사업용이라기보다는 단순 토지매각을 위한 매입세액이라면 불공제(서울고법 2015누38452, 2016. 1. 13.)

12) 일반건물 신축 관련 매입세액공제 여부

구 분	공사 내용	공제 여부
부지 및 택지조성	형질변경, 택지조성, 공장부지 조성작업, 건물신축을 위해 반드시 필요한 정도의 정지작업공사	불공제
주변도로	토지의 유용성 증진을 위한 도로 개설	불공제
도로포장	콘크리트 · 아스팔트바닥, 보도블록개설 등 구축물에 대한 자본적 지출	공제
주변 조경공사	건축물 주변의 조경경사(별도 구축물 해당) 포장공사	공제
주변 포장공사	건축물 주변의 포장공사 및 공장 등 진출입을 위한 가감속로	공제
지하실 터파기, 굴삭작업, 흙막이공사	건물을 짓기 위한 비용으로 건물에 대한 자본적 지출	공제
철근빔공사	건물을 짓기 위해 필요한 정도의 동 공사는 건물에 대한 자본적 지출	공제
배수로 및 상하수도 설치공사	별도 구축물에 해당	공제
입목	주변 경관용	불공제
건물부속설비	전기 · 냉방 · 난방 · 급수 · 배수시설	공제
옹벽, 부대시설	토지의 가치증가를 위한 공사	불공제
	건물의 기초를 닦기 위하여 필요한 정도의 공사	공제

13) 골프장 조성사업 관련 매입세액공제 여부

구 분	공사 내용	공제 여부
인허가 취득 단계	• 사업승인단계에서 사업타당성 검토 및 각종 영향평가 비용	불공제
토지	• 토지취득비 및 토지 취득 관련 중개수수료, 컨설팅비, 대출중개수수료 등 취득 관련 부수비용	불공제
코스조성	• 코스조성을 위한 절토, 성토, 토목공사비, 조형공사비, 정지비 • T그라운드, 페어웨이, 러프, 벙커, 그린조성비, 잔디식재비	불공제
구축물	• 감가상각자산으로 열거되어 있는 구축물 • 교량, 옹벽, 해저드(저수지, 연못), 급수 및 배수시설, 인공폭포, 인공암벽, 포장도로, 정원, 주차장 포장공사, 우수관, 풀장, 집수장, 급·배수시설 • 주변도로 피해방지시설 공사	공제
건물	• 본관 하우스, 직원 숙소, 사무실, 클럽하우스, 양수장 등 건물부속설비	공제
입목	• 골프장 신설을 위한 각종 나무구입비 및 이식비, 조림비, 육림비	불공제
기계설비 공구, 비품	• 냉난방장치, 에스컬레이터, 엘리베이터, 컨베이어, 호이스트 등 각종 기계설비	공제

14) 재건축·재개발사업 추진 관련 매입세액의 공제

가. 정비사업 관련 토지 관련 매입세액 개요

① 토지 관련 매입세액의 의미

매출세액에서 공제되지 아니하는 토지에 관한 매입세액은 토지의 취득원가를 구성하여 해당 토지를 양도할 때에 그 취득원가에 산입하는 방법으로 회수되고, 매출세액에서 공제되는 매입세액의 경우에는 매입세액공제의 방법으로 회수된다.

부가법에서 매입세액불공제 대상으로 정한 '토지의 가치를 현실적으로 증가시켜 토지의 취득원가를 구성하는 비용에 관련된 매입세액'은 토지 소유자인 사업자가 해당 토지의 조성 등을 위하여 한 자본적 지출을 의미하므로 해당 토지의 소유자가 아닌 사업자가 토지의 조성 등을 위한 자본적 지출의 성격을 갖는 비용을 지출한 경우에는 이에 해당하지 아니한다. 또한 토지의 가치를 현실적으로 증가시키거나 토지 조성 등 토지의 형상에 관한 물리적 변경을 그 내용으로 하지 아니한 지출과 관련한 매입세액 또한 불공제대상 토지 관련 매입세액으로 볼 수 없다.

② 정비사업(부동산매매업) 토지 관련 매입세액 판단의 기본원칙

재개발, 재건축 정비사업조합(이하 "정비조합")이 조합원들로부터 현물출자를 받은 토지 중 일반분양분 토지는 조합원들에게 환원될 것이 아니어서 조합원들의 실질적인 소유로 남아 있다고 볼 수 없고, 정비사업조합이 조합원들로부터 현물출자를 받은 토지 중 부가가치세 과세대상인 국민주택규모를 초과하는 일반분양분 주택('일반분양분 주택')을 건축하는 토지 부분('일반분양분 토지')은 그 목적 사업(정비사업)을 수행함에 따른 사업비용에 충당하기 위하여 조합원들로부터 취득한 정비사업조합 소유로 보고 그 전제 아래에서 정비사업조합이 일반분양분 토지에 건물을 신축하기 위하여 지출한 철거비용 등이 매입세액이 불공제되는 토지와 관련하여 지출한 비용에 해당하는지를 판단하여야 한다.

또한, 과세대상인 주택과 면세대상인 토지를 함께 공급하는 사업을 하는 경우 주택과 관련하여 지출한 비용에 대한 매입세액은 과세사업에 관련된 매입세액으로서 공제되고, 재고자산인 토지와 관련하여 지출한 비용에 대한 매입세액은 면세사업에 관련된 매입세액으로서 불공제된다.

따라서 주택 등 정비사업을 시행하는 사업자가 재고자산인 토지와 그 지상의 종전 건축물을 취득하여 종전 건축물을 철거한 후 주택 등의 건축물을 신축하기 위하여 지출한 비용이 토지의 취득원가를 구성하는 것이 아니라면 이를 토지와 관련하여 지출한 매입세액에 해당한다고 단정해서는 아니되며, 정비사업과 관련한 비용이 토지와 관련하여 지출한 면세사업 비용에 대한 매입세액인지 아니면 토지와 무관하게 주택과 관련하여 지출한 과세사업 비용에 대한 매입세액인지 여부는 사업의 내용, 지출의 목적과 경위 등에 비추어 각 비용마다 개별적으로 판단하여야 한다.

나. 토지취득 전 사업성 검토비용을 지급하였으나 토지를 취득하지 못한 경우 해당 매입세액의 공제 여부에 대한 기재부 해석

기업회계나 법인세법상 사업자가 토지를 취득하지 아니한 경우 토지의 취득원가를 구성하는 비용이 아니므로 지출연도의 비용(손금)으로 처리하는 것임에도 불구하고(서면2팀-597, 2005. 4. 27.), 사업자가 토지취득 전에 사업성 검토를 위한 토지적성평가용역, 생태계식생조사용역, 환경영향평가용역 등의 사전평가용역을 제공받은 경우 사후 토지의 취득 여부에 관계없이 동 사전평가용역비를 지급하면서 부담한 매입세액은 토지 관련 매입세액이라고 회신하였다(재소비-141, 2005. 9. 5. ; 서면3팀-507, 2005. 4. 19. ; 국심 2007서2743, 2007. 12. 11.).

위 해석 이후 법원은 토지를 취득하였더라도 그 개별용역의 성격에 따라 토지 관련

매입세액 여부를 판정하고 있다.

다. 정비사업 전반에 관한 업무대행용역 관련 매입세액의 공제방법

도시정비사업조합에 제공된 용역이 주거환경의 정비 및 노후·불량건축물의 개량이라는 정비사업에 착수하기 위하여 추진위원회 설립, 조합설립동의서 징구 및 정비구역 지정신청에 필요한 용역 등 전반적인 행정업무 등(용역계약에 따라 실제로 제공된 용역이 정비사업 시행을 위한 정비사업 전문관리업체에 의한 업무대행용역)과 관련된 것이라면 토지조성 등을 위한 자본적 지출에 관한 매입세액으로 볼 수 없고, 도시정비사업 전반에 관련된 매입세액으로 과세사업과 면세사업 등에 공통되는 매입세액으로 보아 공통매입세액 안분계산하여야 한다(대법원 2010두15902, 2013. 5. 9. ; 대법원 2014두4429, 2014. 6. 26. ; 대법원 2010두12552, 2012. 7. 26. ; 조심 2013서1058, 2013. 6. 28. ; 서울행법 2014구합52190, 2014. 7. 3.).

라. 각종 영향평가 및 문화재시발굴용역 등과 관련된 매입세액의 공제

사업자의 사업내용이 휴양형 숙박시설과 산악관광박물관, 전시시설 및 부대시설 등을 설치하여 이를 “분양” 또는 “회원모집”하는 것이라면 과세사업과 면세사업을 겸영하는 것이고, “발굴을 필요로 하는 사유”가 “건물신축”이며, 건축허가를 위한 일련의 과정 중 도시계획관련 용역(개발구상 및 타당성검토, 도시계획시설개발구상 등 각종 영향평가 등)을 제공받은 것이 확인된다면 동 사업자의 도시계획영향평가비 및 문화재시발굴용역비는 숙박시설의 건축·분양 또는 회원모집을 하는 사업에 관련된 매입세액이 타당하므로 공통매입세액 안분계산이 된다(조심 2009서2307, 2010. 5. 25.).

다만, 해당 사업자의 사업내용이 분양이 아닌 임대나 관광·숙박용으로서 과세사업에 사용할 관광시설의 조성을 위한 설계용역 및 관광시설조성에 따른 교통영향평가용역, 재해영향평가용역, 수질오염관리계획용역, 도시계획영향평가용역 및 문화재시발굴용역 등을 제공받고 부담한 매입세액은 전액 공제대상이 되며, 토지의 형질변경이나 용도변경 등과 관련한 각종 영향평가 관련 매입세액이라면 토지 관련 매입세액으로 전액 불공제대상이 되어야 한다(부가가치세과-4623, 2008. 12. 4. ; 서면3팀-2956, 2007. 10. 31. ; 서면3팀-897, 2006. 5. 17. ; 서면3팀-2158, 2005. 11. 29.).

마. 사례별 토지 관련 매입세액 해당 여부(판례 중심)

주택이나 상업시설 등 정비사업을 시행하여 분양하거나 직접 운영하는 사업자가 그 개발사업을 시행하면서 감정평가수수료, 환경·교통영향평가비용, 정비기반시설 토목설계·설치비용, 측량비용, 소송비용 등을 지출하게 되는데 그 개별용역별 공제 여부를 판단한 법원판결문을 요약해 보았다(대법원 2012두22447, 2016. 2. 18. ; 서울고등법원 2015누1057, 2017. 4. 17. ; 대법원 2017두44121, 2017. 8. 24.).

① 항공측량 및 토질조사용역

- 종전 건축물의 철거의 편의를 위한 것이라면 토지의 취득을 위하여 지출한 비용으로 볼 수 있을 것이며, 그 측량의 목적과 용역대가의 내역 등에 비추어 조합원 분담금 산정 등을 위한 것이라면 토지 관련 매입세액으로 봄이 타당함.
- 정비사업 및 관광휴양시설 등의 조성사업계획 수립, 비용 산출, 관련 도서 작성의 기초 자료 확보 등을 위한 사업준비 과정으로서 토지취득비용 또는 토지의 가치를 증대시키거나 토지의 가치증대를 목적으로 하는 비용이라고 보기 어려움. 따라서 해당 사업에서 면세사업의 수입금액이 없다면 해당 매입세액은 공제대상이 되고, 과세·면세 겸영사업인 경우 공통매입세액 안분계산대상이 될 수 있음.

② 감정평가수수료

- 분양예정인 대지와 건축물의 추산액을 산정하는 데에 소요된 용역대가는 종전의 토지 또는 건축물의 가격을 평가함에 소요된 용역대가와 달리 토지의 취득과 관련이 없으며, 토지의 취득원가를 구성한다고 볼 수 없음.

③ 환경·교통영향평가비용

- 환경·교통·재해 등에 관한 영향평가법에 근거하여 공동주택 정비사업으로 인한 소음, 진동, 인구밀집, 수질, 토양 및 교통 등이 주변 환경에 미치는 영향을 평가하기 위하여 지출한 것으로서 그 평가항목에 따라서는 토지의 취득과 관련이 없는 비용이 있을 수 있음.
- 관광휴양시설 사업의 시행에 따라 발생하는 교통량, 교통흐름의 변화 및 교통안전에 미치는 영향을 조사·예측·평가하고 그와 관련된 각종 문제점을 최소화할 수 있는 방안을 만드는 것이므로 토지의 가치를 증대시키거나 토지의 가치증대를 목적으로 하는 비용이라고 보기 어려움.
- 환경영향평가는 관광휴양시설 사업이 환경에 미치는 영향을 미리 조사 예측하여 해로운 환경영향을 피하거나 제거 또는 감소시킬 수 있는 방안을 마련하는 것이므로 토지의 가치를 증대시키거나 토지의 가치증대를 목적으로 하는 비용이라고 보기 어려움.
- 사전재해영향성 검토는 관광휴양시설 사업으로 인한 재해유발요인을 예측·분석하고 이에 대한 대책을 마련하는 것이므로 토지의 가치를 증대시키거나 토지의 가치증대를 목적으로 하는 비용이라고 보기 어려움.

• 문화재지표조사는 건설공사 관련 사업계획 수립 시 해당 공사 지역에 대한 유적의 매장과 분포 여부를 확인한 후 필요한 경우 문화재보호에 필요한 조치를 강구하기 위한 것이므로 토지의 가치를 증대시키거나 토지의 가치증대를 목적으로 하는 비용이라고 보기 어려움.

④ 정비기반시설 조성을 위한 토목설계 · 설치비용

• 해당 구축물의 취득비용 해당하는 것으로서 원칙적으로 토지와 관련하여 지출한 비용이나 토지의 취득원가에 해당하지 아니함(대법원 2004두39, 2004. 3. 25.).

⑤ 각종 소송비용

• 각 소송내용에 비추어 사안별로 토지의 취득이나 형질변경 등과 관련된 것인지를 따져 판단할 사항임.

• 조합원들과의 법률적 분쟁을 해결함으로써 정비사업의 원활한 진행을 위하여 지출한 것이라면, 이를 토지와 관련하여 지출한 비용이라거나 토지의 취득원가라고 할 수 없음(대법원 2012두22447, 2016. 2. 18.).

• 주택 정비사업을 영위하는 사업자가 사업시행인가 조건으로 지방자치단체로부터 매입한 토지에 도로 및 어린이공원을 설치하여 해당 지방자치단체에 기부채납한 후 그 토지의 매매대금 반환소송을 진행하면서 지출한 소송비용 관련 매입세액은 토지 관련 매입세액에 해당되지 않는 것이나, 해당 소송비용이 과세사업과 면세사업 등에 공통으로 사용되는 경우 공통매입세액을 안분계산하여야 함(법규부가 2010-319, 2010. 11. 29.).

⑥ 토지의 용도변경을 위한 컨설팅비용

• 사업자가 토지취득과정에서 사업에 사용할 토지의 용도지구를 상업지구에서 균형발전촉진지구로 변경시켜 토지에 대한 건폐율이나 용적률을 높이고자 관련 용역비가 발생한 경우 용도지구 변경 비용은 토지의 가치를 현실적으로 증가시키는 비용으로서 토지 관련 매입세액에 해당함(법규과-3347, 2007. 7. 9.).

• 지구단위계획(용도지역변경 포함) 신청 및 인허가 도서 작성(지형도면고시도 작성, 산지 및 농지전용 협의 · 허가도서 작성) 관련 용역은 토지의 법적 규제를 변경시켜 토지의 이용가치를 증대시키는 것이므로 토지의 가치를 증대시키거나 토지의 가치증대를 목적으로 하는 비용에 해당함.

8 | 등록 전 매입세액

부가법 제8조에 따른 등록을 하기 전의 매입세액은 매출세액에서 공제하지 아니하며, 세법상 의무를 해태하거나 또는 불이행함으로 인하여 공제받을 수 없는 매입세액들과 마찬가지로 필요경비 또는 손금 및 자산의 원가에도 산입되지 아니한다(부가법 §39 ① 8).

(1) 등록의 의미

부가법 제8조에 따르면 사업시작일로부터 20일 이내에 사업장마다 사업자의 인적사항과 사업의 종류 등을 기재한 사업자등록신청서를 제출하여야 하며 관할 세무서장은 사업자등록증을 발급하도록 되어 있다.

사업자등록은 사업자등록신청이 있으면 동 사업자 신청이 있는 것이고 동 신청이 접수된 이상 동 접수된 날이 곧 등록일이 되고, 접수일 이후 세무서 내의 등록대장상 등록기록은 관청내부 문제이지 대외적 문제는 아니라 할 것이다. 이러한 취지에 의하여 부가법 제39조 제1항 제8호에서는 등록 신청일을 기준으로 등록을 판단하도록 규정하고 있다.

이 경우 등록이란 일반과세자로 등록하는 것을 말하는 것으로 간이과세자로 등록을 하거나 면세사업자로서 「소득세법」 제168조 또는 「법인세법」 제111조에 따라 등록한 것은 포함하지 아니한다.

또한, 등록에는 신규로 등록하는 것을 말하므로 사업자등록 정정은 포함하지 아니한다. 그러므로 사업자가 사업장의 이전·상호변경 등 사업자등록 정정사유가 발생하였으나 이를 정정하지 아니하고 세금계산서를 발급받은 경우 등록 전 매입세액으로 보지 아니한다.

(2) 등록 전 매입세액의 범위

1) 관련 규정

매입세액불공제 대상이 되는 등록 전 매입세액의 범위는 사업자등록을 신청하기 전의 매입세액이나, 공급시기가 속하는 과세기간이 끝난 후 20일 이내에 등록을 신청한 경우 등록신청일부터 공급시기가 속하는 과세기간 기산일(부가법 제5조 제1항에 따른 과세기간의 기산일을 말함)까지 역산한 기간 내의 것은 그 공급시기가 속한 과세기간(이하 "일정기간"이라 한다)의 매입세액은 공제가능하다.

2013. 2. 15. 시행령 개정 전에는 사업자등록 신청일로부터 역산하여 20일 이내의 매입세액을 공제하던 것을 2013. 2. 15. 이후 공급받는 분부터는 납세자 편의제고 및 권익보호를 위해 공급시기가 속하는 과세기간이 지난 후 20일 이내에 사업자등록 신청한 경우

일정기간 내의 매입세액을 공제받을 수 있도록 공제범위를 확대하였다(부가법 §39 ① 8).

2) 사업자등록증 발급거부 등이 있었던 경우

"부가법 제8조 제1항에 따라 등록을 하기 전의 매입세액"이란 적법한 등록신청의 수리가 되기 전의 매입세액을 의미하며(대법원 83누228, 1983. 7. 21.), 사업자가 정당하게 등록을 신청하였음에도 세무공무원의 잘못으로 지연접수되거나, 사업자등록신청의 내용이 보정요구하여야 할 사항임에도 동 신청서를 반려하고 새로이 신청하게 한 경우 등에는 당초 신청한 날을 등록신청일로 하여 당초 신청일 이후 발생한 매입세액에 대하여는 등록 전 매입세액으로 보지 아니한다(부가 1265.1-1232, 1983. 6. 24. ; 대법원 84누767, 1985. 4. 9. ; 국심 87중790, 1987. 8. 22.).

3) 공급시기와 등록 전 매입세액의 판단시점

등록 전 매입세액 여부를 판단함에 있어서는 계약 시점이나 대금지급시점이 아니라 부가법 제15조, 제16조에서 규정하는 공급시기가 그 기준이 된다. 예를 들어 사업자등록신청일 이전에 계약을 체결하였으나 사업자등록신청일 이후에 공급시기가 도래하여 세금계산서를 발급받은 경우 해당 매입세액은 공제받을 수 있으며, 반대로 사업자등록신청일로부터 역산하여 일정기간 전에 완성도기준지급, 중간지급, 연불 기타 조건부로 계약을 체결하여 공급시기가 이미 도래한 부분을 사업자등록신청일 이후에 공급시기가 도래하는 부분과 함께 대금을 지급하고 세금계산서를 발급받은 경우 사업자등록신청일 전에 이미 공급시기가 도래(등록신청일로부터 소급하여 일정기간이 경과한 것)하는 부분에 대한 매입세액은 공제받을 수 없는 것이다(부가 1265.2-3294, 1981. 12. 17. ; 부가 1265-2094, 1984. 10. 5.).

또한, 사업자가 재화나 용역을 공급한 자로부터 등록 전 매입분이 포함된 월합계세금계산서를 발급받은 때에는 해당 월합계매입세금계산서에 포함된 등록 전 매입세액은 공제하지 아니한다. 다만, 이 경우 등록 전 매입세액이 등록신청일로부터 역산하여 일정기간 이내의 것은 그러하지 아니한다(부가통칙 39-0-2).

사례 1

2016. 5. 31.에 도매업을 시작하면서 동 일자로 세금계산서(주민등록기재분)를 수취하였으나, 사업자등록은 2016. 7. 15.에 사업자등록신청을 하고 2016. 1기분에 대한 부가가치세 신고를 하는 경우 등록 전 매입세액 해당 여부

⇒ 등록 전 매입세액에 해당하지 아니하여 매입세액공제 가능

사례 2

2016. 6. 25.에 도매업을 시작하면서 동 일자로 세금계산서(주민등록기재분)를 수취하였으나, 사업자등록은 2016. 9. 15.에 사업자등록신청을 하고 2016년 1기분에 대한 부가가치세 신고를 하는 경우 등록 전 매입세액 해당 여부
⇒ 등록 전 매입세액에 해당하여 매입세액불공제 대상임.

(3) 매입세액의 공제방법

발급받은 세금계산서상의 작성일자가 속한 과세기간에 자기의 매출세액에서 공제하는 것이 원칙이므로 사업자 등록신청일이 속하는 과세기간과 등록 전에 발급받은 세금계산서로서 등록 전 매입세액에 해당하지 아니하는 세금계산서상의 작성일자가 속하는 과세기간이 다른 경우 그 작성일자(공급시기)가 속하는 과세기간에 공제대상 매입세액으로 부가가치세 신고를 이행하며, 공급시기가 속하는 월의 다음 날 10일 이내에 사업자등록증이 발급되어 주민등록번호가 아닌 발급된 사업자등록번호를 기재한 세금계산서를 수취한 경우에도 매입세액공제 대상이 된다.

9 | 그 밖의 공제되지 아니하는 매입세액

부가법 제39조에서 공제되지 아니하는 것으로 열거하고 있는 매입세액은 사업자가 과세대상이 되는 재화 또는 용역을 공급받고 부가가치세를 부담하였으나 일정한 사유에 해당되어 공제되지 아니하는 것들이다. 그러나 다음과 같은 "(1) 비사업자가 부담한 부가가치세"나 "(2) 과세대상이 아닌 거래에 있어 부담한 부가가치세"의 경우에는 비록 부가법 제39조에 열거되어 있지 아니하더라도 당연히 매입세액으로 공제되지 아니한다.

(1) 비사업자가 부담한 부가가치세

부가가치세법상 사업자가 아닌 자도 과세대상인 재화 또는 용역을 공급받을 때에는 부가가치세를 부담하여야 한다. 그러나 매입세액으로 공제하는 것은 부가법 제38조에서 규정하는 "자기의 사업을 위하여 사용되었거나 사용될 재화 또는 용역의 공급에 대한 세액"과 "자기의 사업을 위하여 사용되었거나 사용될 재화의 수입에 대한 세액"이므로 부가가치세법상의 사업자가 아닌 자가 부담한 부가가치세는 매입세액으로 공제받을 수

없다(부가 22601-2257, 1987. 10. 30.).

(2) 과세대상이 아닌 거래에 있어 부담한 부가가치세

매출세액에서 공제하는 매입세액은 부가가치세의 과세대상이 되는 재화 또는 용역의 공급에 대한 매입세액을 말하는 것이므로, 다음과 같이 과세대상이 아닌 거래에 있어 부가가치세를 부담한 경우에는 원칙적으로 매입세액으로 공제받을 수 없다.

① 사업자가 거래상대방에게 판매장려금을 지급하고 매입세액이 적혀 있는 세금계산서를 발급받은 경우(부가 1265.2-2454, 1983. 11. 19.)

② 상품권의 판매에 대하여는 부가가치세가 과세되지 아니하는 것으로 사업자가 해당 상품권의 구입과 관련하여 세금계산서를 발급받은 경우 해당 매입세액(서삼 46015-10145, 2001. 9. 6.)

③ 면세되는 재화 또는 용역을 공급받고 이를 과세되는 것으로 착오하여 부가가치세를 부담하고 세금계산서를 발급받은 경우(대법원 87누1905, 1988. 4. 12.)

④ 재화의 이동이 국외에서 이루어진 경우 해당 재화를 공급한 내국법인으로부터 세금계산서를 수취한 경우 해당 세금계산서상의 매입세액(서면3팀-1164, 2008. 6. 10.)

⑤ 출자지분을 양도하는 경우는 재화의 공급에 해당하지 아니하므로 동 거래에 대하여 세금계산서를 수취한 경우 해당 세금계산서상의 매입세액(부가 46015-1872, 1996. 9. 9.)

다만, 위 사례의 거래에 대하여 2013. 2. 15. 이후 2013. 12. 31.까지 세금계산서를 발급하고 해당 매출세액을 포함하여 해당 과세기간에 대한 납부세액을 부가법 제48조 및 제49조에 따라 납세지 관할 세무서장에게 신고·납부하고, 이에 대한 수정세금계산서 등의 발급이 없는 경우에는 구 부가법 제39조 제1항 제3호의 단서 규정에 따라 매입세액공제가 가능하다.

(3) 현물기증한 재화의 취득 관련 매입세액 등의 세무처리

구 분	기증 대상	계정과목	손금인정 범위	매입세액 공제 여부	기증 시 과세 여부
업무와 관련된 기증	특정 고객	기업업무 추진비	한도 내 손금인정	불공제	과세대상(시가)
	불특정 다수인	광고선전비	전액 손금	공제	과세 제외
	사용인, 외부인	회의비	전액 손금	공제	과세 제외

<table>
<thead>
<tr><th>구 분</th><th>기증 대상</th><th>계정과목</th><th>손금인정 범위</th><th>매입세액
공제 여부</th><th>기증 시
과세 여부</th></tr>
</thead>
<tbody>
<tr><td rowspan="5">업무무관
기증</td><td>① 특수관계자</td><td>부당행위
계산부인</td><td>익금산입 후
소득처분
(배당, 상여)</td><td>공제</td><td>과세대상(시가)</td></tr>
<tr><td rowspan="2">② 국가, 지자체,
공익단체 등</td><td rowspan="2">기부금</td><td rowspan="2">한도 내 손금인정</td><td>① 자기 과세사업
관련 취득: 공제</td><td>면세대상</td></tr>
<tr><td>② “①” 외의 경우:
불공제</td><td>과세 제외</td></tr>
<tr><td rowspan="2">③ 위 “①, ②”
외의 자</td><td rowspan="2">기부금</td><td rowspan="2">한도 내 손금인정
(비지정기부금은
전액 손금불산입)</td><td>① 자기 과세사업
관련 취득: 공제</td><td>과세대상(시가)</td></tr>
<tr><td>② “①” 외의 경우:
불공제</td><td>과세 제외</td></tr>
</tbody>
</table>

III 매입세액의 안분계산

1 의 의

과세사업을 위하여 사용 · 소비되는 재화나 용역에 대한 매입세액은 자기의 매출세액에서 공제되며 면세사업을 위하여 사용 · 소비되는 재화나 용역에 대한 매입세액은 공제되지 아니한다. 따라서 동일한 사업자가 과세사업과 면세사업을 겸영하는 경우에도 앞서 본 납부세액의 계산원리에 따라 과세사업을 위하여 사용되었거나 사용될 재화나 용역의 매입세액은 이를 과세사업의 매출세액에서 공제하여 납부세액을 계산하고 면세사업을 위하여 사용되었거나 사용될 재화나 용역에 대한 매입세액은 매출세액이 없으므로 매입세액도 공제되지 아니하는 것이 기본원리라 할 것이다.

하지만 과세사업과 면세사업의 사업내용과 매입부가가치 및 매출부가가치가 각기 별개로 독립적이고 구분경리가 명확히 되어 있으며 그 결과 투입과 산출의 내용이 명확히 구분가능하다면 매입세액을 그 귀속에 따라 공제되는 매입세액으로 하거나 공제되지 아니하는 매입세액으로 처리하는데 문제가 없을 것이나, 과세사업과 면세사업에 공통으로 관련되는 경우와 같이 그 귀속을 구분할 수 없는 때에는 부득이 합리적인 방법에 따라 그 매입세액 중 면세사업에 관련된 매입세액으로서 공제되지 아니하는 매입세액과 과세사업에 관련된 매입세액으로서 공제되는 매입세액을 배분하는 일련의 과정을 공통매입세액의 안분계산이라 한다.

2 실지귀속에 따라 매입세액공제 원칙

사업자가 과세사업과 면세사업을 겸영하면서 발생된 매입세액이라 하더라도 발생된 모든 매입세액이 안분계산대상이 되는 것이 아니라 그 발생 건별 또는 금액으로 세분하여 과세사업에 실지귀속되는 매입세액은 자기의 매출세액에서 전액 공제되고, 면세사업에 실지귀속되는 매입세액은 면세사업 관련 매입세액으로 불공제함을 그 원칙으로 한다.

핵심정리

1. 매입세액의 실지귀속을 구분함에 있어 그 매입세액의 실지귀속이 세금계산서 건별로 구분된다면 세금계산서 건별로 적혀 있는 매입세액으로, 세금계산서에 적혀 있는 금액이 장부, 증빙 또는 계약서 등에 의하여 세분할 수 있는 것이라면 그 세분된 매입세액별로 그 실지귀속을 달리 구분한다.
2. 실지귀속이 분명하다고 주장하기 위해서는 구입부터 사용 당시까지 전체적으로 구분할 수 있어야 하고, 과세사업과 면세사업에 사용된 재화나 용역 등의 양뿐만 아니라 그에 상응하는 공급가액까지 특정할 수 있어야 한다(**대법원** 86누251, 1987. 6. 9.).
3. 건물의 신축과 관련된 도급비용과 관련된 매입세액에 있어서 단위면적당 공사금액이 정해져 계약된 경우라면 면적비율에 따라 실지귀속을 구분할 수 있으나, 특정부분의 단위면적당 공사비가 건축물의 다른 부분과 다른 경우에는 면적비율(전체)에 따른 실지귀속 구분이 가능하다고 볼 수 없다(서울고법 94구18944, 1995. 4. 14.).
4. 건물 전체를 통으로 임차하여 임대료를 지급하면서 과세 및 면세전용사용면적, 공통사용면적으로 구획하여 임차건물을 사용하는 경우, 단위면적당 임차료 매입세액을 산정하여 과세전용사용면적을 곱한 매입세액을 전액 공제받을 수 있는지에 대하여 평당임대료는 동일하다는 전제로 가능하다는 심판례(조심 2015서0940, 2016. 5. 30.)가 있으나, 법원은 통상의 임차료 산정은 건물 내 접근의 용이성, 위치나 구조, 층별 효용성에 따라 다르므로 건물임대료 매입세액 전액이 공통매입세액이므로 공급가액비율로 안분계산하여야 한다고 판결하였다(**대법원** 2020두57974, 2021. 4. 30.).

3 | 공통매입세액의 안분 요건

사업자가 과세사업과 면세사업 등을 겸영(兼營)하는 경우에 과세사업과 면세사업 등에 관련된 매입세액의 계산은 실지귀속(實地歸屬)에 따라 하되, 실지귀속을 구분할 수 없는 매입세액(이하 "공통매입세액"이라 한다)은 총공급가액에 대한 면세공급가액의 비율 등 대통령령으로 정하는 기준(이하 "공통매입세액 안분기준"이라 한다)을 적용하여 안분(按分)하여 계산한다(부가법 §40).

1) 과세사업과 면세사업 등을 겸영하는 사업자이다

사업자가 과세사업과 면세사업 및 부가가치세가 과세되지 아니하는 재화 또는 용역을 공급하는 사업(이하 "면세사업 등"이라 한다)을 함께 운영하여야 한다. 사업장 개념이 아닌 동일한 사업자를 말하는 것이므로 반드시 과세·면세의 겸영은 하나의 사업장을 기준으로 하는 것이 아니고 과세사업과 면세사업이 서로 다른 사업장(본점 및 지점 등)에서 유기적으로 연결되어 과세 · 면세 재화 또는 용역의 생산 또는 창출하는 경우를 포함한다. 따라서 과세 · 면세사업 겸영사업자가 과세사업과 면세사업에 공통으로 사용되는 사업장을 새로이 신축하는 경우에도 본점 또는 지점에서 매입세액의 안분계산 및 공통매입세액의 정산을 할 수 있다. 반면, 법원은 수 개의 사업장을 두고 과세사업과 면세사업을 겸영하는 경우 엄격한 사업장과세원칙을 공통매입세액 안분계산에서도 적용하여야 한다고 판시하고 있다.

2) 과세사업과 면세사업 등에 공통으로 사용되거나 사용될 예정이다

사업과 관련하여 취득한 재화 또는 용역이 과세사업과 면세사업 등에 공통으로 사용되거나 사용될 예정이어야 한다. 공통사용이란 매입한 재화나 용역이 과세사업에 사용될 수 있거나 실제로 사용된 것이 있는 경우와 동시에 면세사업 등에도 사용될 수 있거나 실제로 사용된 것이 있는 경우를 말한다.

공통매입세액의 안분계산에 있어 사용예정일 것까지 공통매입세액 안분계산대상에 포함하고 공제시점과 사용시점과의 공제세액 괴리에 대한 보완장치로 공통매입세액의 정산 및 납부환급세액의 재계산 규정을 두고 있다.

3) 실지귀속의 불분명한 경우에 해당하여야 한다

취득한 재화나 용역이 과세사업에 사용되었는지 면세사업 등에 사용되었는지의 구분이 명백한 때에는 그 귀속내용에 따라 매입세액을 공제 또는 불공제하는 것이 원칙이므로 공통매입세액의 안분계산에 관한 규정은 구입한 재화 등이 과세사업과 면세사업 등에 공통으로 사용되어 실지귀속을 구분할 수 없는 경우에만 적용된다.

즉, 매입세액이 과세사업과 면세사업 등에 공통으로 사용되어 실지귀속을 구분할 수 없는 경우 공통매입세액이 되고, 실지귀속의 여부는 공급받은 재화 또는 용역이 대내적으로 어떤 사업부문에 사용되어 실질적으로 효용을 미쳤느냐에 따라 좌우되는 것이다(서울행법 2015구합50832, 2015. 8. 28.).

4) 공제 요건을 갖춘 매입세액이어야 한다

공통매입세액 안분계산 대상이 되는 매입세액은 부가법 제38조에 따라 자기의 매출세액에서 공제할 수 있는 요건을 구비하고 있어야 하므로 과세사업과 면세사업에 공통으로 사용되거나 사용될 예정인 공통매입세액에 해당하더라도 부가법 제39조에 따라 불공제되면 공통매입세액 안분계산 대상이 될 수 없다.

4 | 공통매입세액 안분계산 방법

사업자가 과세사업과 면세사업 등을 겸영하면서 발생된 매입세액의 실지귀속을 구분할 수 없는 경우, 인원 수 등에 따르는 등 부가칙 제54조 제1항으로 정하는 경우를 제외하고는 다음의 방법에 따라 안분계산하여 면세사업 등 관련 매입세액은 공제하지 아니한다.

부가령 제81조의 공통매입세액 안분계산 규정에서 정하는 안분계산방식과 순서는 예시규정이 아닌 강제규정으로서 실지귀속을 구분할 수 없는 공통매입세액은 부가령 제81조 제1항 및 제4항 각호에서 규정한 안분계산방식과 순서에 따라 계산하여야 한다(대법원 2010두4810, 2012. 11. 29. ; 대법원 2007두18107, 2010. 3. 23. ; 대법원 2014두10174, 2016. 12. 29.).

(1) 과세 · 면세 공급가액이 모두 있는 경우 안분계산

과세사업과 면세사업 등을 겸영(兼營)하는 경우로서 실지귀속(實地歸屬)을 구분할 수 없는 공통매입세액이 발생한 경우로서 해당 과세기간에 과세공급가액과 면세공급가액이 모두 있는 경우 총공급가액에 대한 면세공급가액의 비율로 면세사업과 관련된 매입세액을 계산한다. 다만, 예정신고를 할 때에는 예정신고기간에 있어서 총공급가액에 대한 면세공급가액(면세사업 등에 대한 공급가액과 사업자가 해당 면세사업 등과 관련하여 받았으나 부가법 제29조의 과세표준에 포함되지 아니하는 국고보조금과 공공보조금 및 이와 유사한 금액의 합계액을 말한다)의 비율에 따라 안분하여 계산하고, 확정신고를 할 때에 정산한다(부가령 §81 ①).

$$\text{면세사업 관련 매입세액} = \text{공통매입세액} \times \frac{\text{면세공급가액}}{\text{총공급가액}}$$

(과세사업 관련 매입세액 = 공통매입세액 − 면세사업 관련 매입세액)

1) 총공급가액 및 면세공급가액의 결정

총공급가액은 부가법 제40조에 따른 공통매입세액과 관련된 해당 과세기간의 과세사업에 대한 공급가액과 면세사업 및 부가가치세가 과세되지 아니하는 재화 또는 용역을 공급하는 사업(면세사업 등)에 대한 수입금액의 합계액으로 하고, 면세공급가액은 공통매입세액과 관련된 해당 과세기간의 면세사업 등에 대한 수입금액으로 한다(부가칙 §54 ②).

① **과세사업에 대한 공급가액**

해당 과세기간의 수입금액 산정에 있어 과세사업에 대한 공급가액이란 부가법 제15조, 제16조에 따른 공급시기가 도래된 재화 또는 용역의 공급에 대한 부가법 제29조에 따른 부가가치세 과세표준(영세율과세표준 포함)의 합계액을 말한다.

② **면세공급가액**

면세공급가액이란 해당 과세기간 내(부가법 제15조, 제16조에 따른 공급시기 준용)에 부가가치세가 과세되지 아니하는 「소득세법」 및 「법인세법」에 따른 수입금액의 합계액(면세공급가액과 비과세공급가액의 합계액)을 말한다(부가집행기준 40-81-4 ②).

이처럼 공통매입세액 안분계산에 있어 면세사업 등에 대한 수입금액이란 부가가치세법에서 별도로 규정하고 있는 개념이 아니므로 부가가치세법 및 조세특례제한법상의 사업자가 면세재화를 공급하고 발생한 수입금액과 소득세법 및 법인세법의 규정에 따른 수입금액과 비과세수입금액의 합계액을 말하는 것이므로 소득세법이나 법인세법상 수입금액을 구성하지 아니하는 수입은 공통매입세액 안분계산에 있어 총공급가액 및 면세공급가액에 각각 포함될 수 없다. 최근 기재부도 "한국석유공사가 「한국석유공사법」 제10조 제3항 및 동법 시행령 제8조의2에 따라 산업통상부장관의 승인을 받은 비축유 운용기준에 근거하여 외국법인에게 비축유를 대여하고, 약정한 상환시기에 같은 종류, 품질 및 수량의 원유 등을 상환받는 거래는 부가법 제40조 및 부가령 제81조 제1항에 따른 면세공급가액 등으로 보지 아니하며, 법인세법 제15조 제1항 및 같은 법 제19조 제1항(익금과 손금으로 보지 아니함)을 적용하지 아니한다."고 해석하였다(기재부 법인-215, 2015. 3. 11. ; 기재부 부가-356, 2016. 7. 18. ; 조심 2015부3601, 2017. 12. 28.).

다만, 2018. 2. 13. 이후 공급분부터는 면세공급가액에 위 면세사업 등에 대한 공급가액 외에 사업자가 면세사업 등과 관련하여 받았으나 부가법 제29조의 과세표준에 포함하지 아니하는 국고보조금과 공공보조금 및 이와 유사한 금액의 합계액을 포함하도록 개정함으로써 동 국고보조금 등도 총공급가액과 면세공급가액에 각각 포함된다(이하 시행령 제81조부터 제83조까지의 공통매입세액 안분계산, 공통매입세액의 정산, 납부세액 또는 환급세액의 재계산 규정에서 동일하게 적용된다).

③ **수종의 사업 영위 시 총공급가액 및 면세공급가액 계산**

사업자(과세주체)별로 수종의 과세사업과 면세사업에 관련된 전체의 공통매입세액을 전체 사업의 해당 과세기간의 총공급가액에 대한 총면세공급가액의 비율에 의하여 계산하는 것이 아니고, 특정 과세사업과 면세사업만에 관련된 공통매입세액 또는 사업단위별로 세분이 가능한 경우에는 사업단위별로 구분하여 이를 그 공통매입세액에 관련된 사업부분만의 해당 과세기간의 총공급가액에 대한 면세공급가액의 비율에 의하여 계산하고, 공통매입세액 안분계산 생략 여부도 이와 같다(대법원 80누170, 1982. 9. 28. ; 재부가-411, 2010. 6. 24.).

④ 고정자산의 매각액

과세사업과 면세사업에 공통으로 사용하여 실지귀속을 구분할 수 없는 공통매입세액을 부가령 제61조 제1항의 산식에 따라 안분 계산함에 있어서 "총 공급가액" 및 "면세공급가액"이라 함은 공통매입세액에 관련된 당해 과세기간의 총 공급가액 및 면세공급가액을 말하는 것으로서 공통매입세액과 관련이 없는 고정자산의 매각에 따른 공급가액은 총 공급가액 및 면세공급가액에 포함되지 아니한다(서삼 46015-11127, 2002. 7. 5. ; 서삼 46015-11479, 2003. 9. 18. ; 서면3팀-2433, 2004. 12. 2.).

▌총공급가액에서 제외되는 고정자산 매각 사례

① 각종 공산품과 미가공식료품(식용에 공하는 농산물, 축산물 등)을 함께 판매하는 슈퍼마켓을 경영하는 사업자가 당해 슈퍼마켓을 양도하면서 과세상품 판매에 직접 공하던 냉장고에 대하여는 세금계산서를 교부하고, 면세사업에 직접 공하던 정육냉장고에 대하여는 계산서를 교부하고 폐업신고를 함에 있어, 당해 슈퍼의 최종과세기간의 매입세액(전기료, 임대료 등에 대한 매입세액)을 공통매입세액 안분계산 하는 경우 각각의 냉장고에 대한 매각금액이 면세공급가액과 총 공급가액에 각각 포함되는지

② 과세와 면세상품을 매출하는 개인사업자가 사업에 사용하던 고정자산을 양도하고 부가령 제63조 제3항의 규정(재화를 공급하는 날이 속하는 과세기간의 직전과세기간의 총공급가액 중 면세공급가액이 100분의 5 미만인 경우)에 해당하여 동 자산의 공급가액을 부가가치세 과세표준으로 신고하는 경우로서 그에 따른 공통매입세액을 부가령 제81조에 따라 안분계산하는 경우 총공급가액의 범위에 당해 고정자산매각금액이 포함되는지

⑤ 수 개 사업장이 있는 경우

ⓐ 사업장 단위계산이 원칙

여러 사업장이 있는 사업자의 공통매입세액 안분계산은 사업장 단위로 함을 원칙으로 하므로 해당 사업장만의 총공급가액과 면세공급가액을 기준으로 공통매입세액을 안분계산한다. 다만, 각 사업장에 공통으로 사용되는 매입세액의 안분계산은 해당되는 모든 사업장의 총공급가액과 면세공급가액을 합산하여 적용한다(서삼 46015-11434, 2003. 9. 25.).

ⓑ 직매장 반출이 있는 경우

특정 사업장에서 판매목적으로 자기의 다른 사업장으로 반출하는 과세재화가액과 면세재화가액의 합계액(또는 제조원가합계액)은 공통매입세액 안분계산 산식의 총공급가액에, 면세재화 반출가액(또는 면세재화 제조원가)은 동 산식의 면세공급가액에 각각 포함한다(부가 46015-519, 1996. 3. 18.).

▌주요 해석 사례 모음

㉠ 2개 이상의 사업장이 있는 사업자가 공급실적이 없는 주된 사업장에서 종된 사업장을 지원하기 위하여 원재료 등을 일괄 구입하여 과세사업과 면세사업을 겸영하는 종된 사업장에 반출하는 경우 주된 사업장의 매입세액은 다음과 같이 적용한다.

ⅰ. 등록된 주된 사업장을 과세사업과 면세사업을 겸영하는 사업장으로 보아 실지귀속에 따라 계산

ⅱ. 실지귀속이 불분명한 공통매입세액은 각 종된 사업장으로 반출한 재화 등의 매입원가를 기준으로 하여 공통매입세액을 구분하고, 구분된 공통매입세액은 다시 해당 종된 사업장의 과세사업과 면세사업의 공급가액의 비율에 따라 안분

㉡ 주된 사업장 외에 면세사업을 겸영하는 종된 사업장에서 매입한 원재료 등을 다른 종된 사업장으로 사용·소비를 위하여 반출하는 경우 해당 사업장의 매입세액은 실지귀속에 따라 계산하되, 실지귀속이 불분명한 공통매입세액은 해당 사업장의 과세사업과 면세사업의 공급가액 비율에 따라 안분한다.

㉢ 총공급가액과 면세공급가액을 적용함에 있어서 과세사업과 면세사업 겸영 사업자가 총괄납부를 하는 과세기간에 자기사업과 관련하여 생산하거나 취득한 과세재화와 면세재화를 타인에게 직접 판매할 목적으로 자기의 다른 사업장에 반출하는 경우, 해당 과세재화와 면세재화의 제조원가의 합계액은 해당 재화를 반출한 사업장의 총공급가액 및 면세공급가액에 포함하나, 제품제조를 위하여 취득한 면세원재료를 자기의 다른 사업장의 제품제조에 사용·소비할 목적으로 반출하는 경우 그 반출한 원재료가액은 원재료를 반출한 사업장의 공통매입세액 안분계산 시 총공급가액 및 면세공급가액에 포함하지 아니한다(부가 46015-519, 1996. 3. 18. ; 부가 1265-1495, 1984. 7. 19.).

㉣ 본점에서 지점 등에 사용 또는 소비할 원재료를 구입하고 세금계산서를 본점에서 발급받은 경우 공통매입세액의 안분계산은 다음과 같다.

ⅰ. 원재료가 특정 지점만의 공통매입세액인 경우: 해당 사업장만의 공급가액비율에 따라 공통매입세액 안분계산한다.

ⅱ. 원재료가 본지점의 공통매입세액에 해당되는 경우: 본지점 전체의 공급가액비율에 따라 공통매입세액 안분계산한다.

ⅲ. "ⅰ, ⅱ"에서 계산된 면세 관련 매입세액을 본점사업장에서 불공제한다.

ⓒ 지점에서 과·면세사업을 영위하는 본점으로 원재료 등 반출 시 공통매입세액 안분계산 관련 대법원 판례

2 이상의 사업장이 있는 사업자가 지점에서 자기 사업과 관련하여 생산·취득한 재화를 타 사업자에게 직접 판매를 목적으로 본점 사업장에 반출하는 것은 재화의 공급에 해당하나 이는 사업장 과세의 원칙에 따라 과세거래를 용이하게 파악하고, 납세자의 자금부담을 완화하여 주기 위하여 이를 재화의 공급으로 의제하고 있는 것에 불과하다. 반면, 지점에서 제조를 목적으로 본점에 반출하는 것은 재화의 공급으로 의제하지 아니하나 그것이 곧바로 비과세사업에 사용·소비되었다거나 비과세수입금액이 발생한 것으로 볼 수는 없다. 따라서 지점이 반제품 등을 제조하여 본점으로 반출하는 것이 재화의 공급에 해당하지 않는다는 사정만으로 해당 지점이 과세사업과 비과세사업을 겸영하는 경우에 해당한다고 볼 수 없다.

부가가치세법은 수 개의 사업장이 있는 사업자의 경우 사업장 과세원칙을 규정하고 있으면서 타 사업장 반출분에 대한 공통매입세액 안분계산 방법이 문언상 규정되어 있지 않고, 그렇다고 과세관청이 지점에서 과세매출분과 본점 반출분만 있고 본점은 과세 및 면세매출이 발생함으로써 지점의 매입세액이 전부 공제되고 본점은 지점에서 공제된 재화로 만들어진 면세전용분 용역에 대하여 과세할 수 없게 되어 과세형평에 맞지 아니하다는 이유를 들어 지점과 본점을 하나의 사업장으로 보아 지점의 매입세액을 본점과 지점의 과세 또는 면세수입금액 합계액의 비율로 안분함은 부가가치세법의 기본원리와 조세법률주의에 위배된다(대법원 2010두23170, 2012. 5. 9.).

따라서 현행 세제하에서 사업장별 과세원칙을 유지하면서 과세의 공백을 메우기 위해서는 본점에 이전된 재화가 면세용역으로 전환하는 과세기간에 재화의 공급특례, 즉 면세전용으로 매출세액으로 과세함으로써 과세공백을 해결할 수 있을 것이다. 추후 사업장 간 재화의 이동이 있을 경우 공통매입세액 안분계산 방법을 법률에 종전 예규(관련 사업장 전체 과면세 총공급가액 비율로 안분)와 같이 사업장 간 통산할 수 있도록 규정하여 해결하는 것이 가장 좋은 방법이라고 판단된다.

ⓓ 수 개 사업장에 효익이 미치는 공통매입세액의 안분계산 방법 심판례

청구법인이 본점을 운용함으로써 얻는 효용은 비단 본점 안에만 미치는 것이 아니라 청구법인 전체에 미친다고 할 것이고, 지점 사업장 매출의 대부분을 차지하는 교과서, 교육 및 출판 등 사업과 관련하여 컨텐츠개발 등 주요 기능을 본점 사업장에서 수행하고 있는 점에 비추어 일부 사업에 있어 본점과 지점 사업장은 독립된 사업장으로 보기도 어려우므로 쟁점공통매입세액 중 지점 사업장과 공통으로 영위하는 사업에 관련된 공통매입세액의 경우 관련된 모든 사업장의 총공급가액에 대한 면세공급가액의 비율을 적용하여 안분계산하여야 할 것이다(조심 2022서5567, 2023 7. 18.).

⇨ 사업장별 과세원칙에 반하는 결정으로서 법원의 판단과도 배치된다.

⑥ 해당 과세기간의 의미

해당 과세기간이란 공통 사용되거나 사용될 재화 또는 용역의 구입일이 속하는 과세기간으로 매입세액의 공제시기인 세금계산서를 발급받은 날이 속하는 과세기간을 말한다.

⑦ 건설업 또는 부동산매매업을 영위하는 경우

각지에 건설현장, 용역의 수행지, 재고자산인 건축물을 소유한 건설업자나 부동산매매업자의 본사에서 발생된 임차료나 유지비 등의 관련 매입세액이 각 사업수행지 등에 공통으로 귀속되는 경우에는 전체 사업수행지의 공급가액 합계액으로 계산한다. 하지만, 특정 사업지에만 귀속되는 매입세액에 해당하는 경우 그 사업지의 공급가액만으로 공통매입세액 안분계산한다.

또한, 이 경우 과세 및 면세사업에 공통으로 사용되는 면적분 또는 그 구분이 불분명하거나 미확정 상태에 있는 경우에 있어서는 해당 재화의 기부채납일이 속하는 직전 과세기간에 신규로 사업을 개시하여 직전 과세기간이 있는 경우에는 부가령 제63조 제2항 규정에 따라 안분계산하는 것이나, 해당 재화의 기부채납일이 속하는 과세기간에 신규로 사업을 개시하여 직전 과세기간이 없는 경우(건축물의 신축에 따른 준공일 또는 사용일과 기부채납일이 동일한 과세기간인 경우)에는 부가령 제63조 제3항 제3호 및 부가령 제81조 제2항 제3호에 따라 해당 건축물의 전액을 공급가액으로 하여 부가세를 과세하고 그 신축과 관련된 매입세액은 전액 공제한다(동지 : 서면3팀-2669, 2006. 11. 6. ; 부가46015-180, 1998. 1. 30.).

⑧ 신설 사업장 관련 매입세액이 발생한 경우

과세 · 면세 겸영사업자가 다른 장소에 과세 · 면세 겸영사업을 위한 사업장을 신설하거나 감가상각자산을 구입하면서 기존사업장 명의로 세금계산서를 발급받은 경우에는 원칙적으로 공통매입세액의 안분계산, 정산, 납부 · 환급세액의 재계산은 기존 사업장에서 한다. 이때 공급가액비율은 이를 실제 사용하는 신설 사업장의 총공급가액에 대한 면세공급가액비율(또는 총사용면적에 대한 면세사업 관련 사용면적비율)에 따라 계산한다(서면3팀-1703, 2004. 8. 20.).

다만, 기존 사업장에 대한 증설 · 확장으로 증설 · 확장된 건축물에서 독자적으로 과세 · 면세수입금액이 발생되는 것이 아니라 기존 사업장 및 증설 건축물이 영업전반에 걸쳐 유기적으로 사용 · 수익되고 있다면 전체 사업장의 (예정)공급가액을 기준으로 공통매입세액을 안분계산한다.

핵심정리

부속건물 등의 신축에 대한 매입세액의 과·면세 사업 귀속 여부 및 안분계산기준이 되는 비율의 산정은 해당 건물 등의 기능적 측면을 고려하여 결정할 사항이다.

⑨ 공통매입세액 안분계산 시 국고보조금 등의 포함 여부

과세사업과 면세사업에 공통으로 사용하여 실지귀속을 구분할 수 없는 공통매입세액을 안분계산함에 있어서 "총공급가액" 및 "면세공급가액"이라 함은 공통매입세액에 관련된 해당 과세기간의 총공급가액 및 면세공급가액을 말하는 것으로서 공통매입세액과 관련이 없는 공급가액은 총공급가액 및 면세공급가액에 각각 포함되지 아니한다. 따라서 재화 또는 용역의 공급과 직접 관련되지 아니하는 국고보조금 등을 지급받아 과세사업을 영위하는 경우 국고보조금 등은 비과세사업의 수입금액에 포함하지 아니한다(서면3팀-3088, 2007. 11. 12. ; 서면법규과-608, 2013. 5. 28.).

다만, 국고보조금 등이 공급한 재화 또는 용역에 대한 개별적·직접적인 반대급부로 지급받는 형태로서 부가가치세 과세표준 또는 면세수입금액에 포함되는 경우에는 동 국고보조금 등을 총공급가액 및 면세공급가액에 각각 산입한다.

⑩ 과세기간 중 겸업사업자가 된 경우 총공급가액의 계산

공통매입세액의 안분계산은 세액계산의 편리 등을 위하여 과세기간 단위로 하는 것이므로 과세기간 중에 취득한 자산에 대한 매입세액은 해당 과세기간 개시일로부터 종료일까지의 면세공급가액 및 총공급가액을 기준으로 공통매입세액 안분계산한다.

⑪ 공급가액이 음수인 경우

과세사업과 면세사업을 겸영하는 사업자가 과세사업과 면세사업에 공통으로 사용될 건물을 신축하면서 그 실지귀속을 알 수 없는 매입세액에 대하여 부가령 제81조의 규정에 따라 매입세액의 안분계산을 하였으나, 해당 과세기간 중에 계약의 해지 및 반품으로 인하여 과세사업 또는 면세공급가액이 음수인 경우에는 해당 과세사업 또는 면세사업의 공급가액이 없는 것으로 보아 해당 과세기간에 발생된 과세사업과 면세사업에 공통으로 사용될 매입세액은 부가령 제81조 제4항 각호에 규정하는 방법에 의하여 안분계산하고, 과세사업과 면세사업의 공급가액(사용면적)이 확정되는 과세기간에 정산한다(서면3팀-96, 2007. 1. 10.).

⑫ 영업외 수익의 총공급가액 포함 여부

영업외 수익 항목 중 재화 또는 용역의 공급과 직접 관련이 없이 지급받는 수익(외화환산이익, 지분법평가이익 등)은 총공급가액 및 면세수입금액에 포함되지 아니한다. 예를 들어 금융지주회사가 출자자로서 자회사로부터 받는 배당수입은 지주회사의 사업(재화 또는 용역을 공급하는 사업)과 관련없는 것으로서 공통매입세액 안분계산 시 적용대상 수입금액에 포함하지 아니한다(재부가-23, 2012. 1. 17.).

⑬ 비과세 수입금액이 포함된 경우

사업자가 부가가치세 과세사업과 비과세사업을 겸영하는 경우 공통매입세액의 안분계산에 있어 부가가치세 비과세사업에 관련된 매입세액은 면세사업에 관련된 매입세액과 다를 바 없어 과세사업의 매출세액에서 공제받을 수 없다. 따라서 과세사업과 비과세사업에 공통 사용되는 매입세액을 안분계산하는 때에는 해당 비과세 수입금액을 총공급가액과 면세공급가액에 각각 포함한다(대법원 2004두13288, 2006. 10. 27.).

⑭ 계약의 해지, 해제, 반품이 있는 경우

㉠ 2012. 7. 1. 이후 해제분

2012. 7. 1. 이후 계약이 해제된 경우에는 재화의 반품과 같이 해제일이 속하는 과세기간의 과세표준에서 차감하여 부가가치세를 신고·납부하는 것이므로 아래 "㉡"과 동일하게 처리한다.

㉡ 계약의 해지, 반품이 있는 경우

종전 과세기간에 공급한 재화의 반품으로 해당 과세기간의 과세표준이 감소한 경우나 종전 과세기간에 잠정가액으로 세금계산서를 발급한 이후 해당 과세기간에 공급가액이 확정되거나 계약의 해지사유가 발생되어 해당 과세기간의 과세표준이 증감된 경우 종전 과세기간의 과세표준에는 영향을 미치는 것이 아니므로 해당 과세기간에 부가가치세법에 따라 계산된 부가가치세 과세표준과 면세수입금액 등을 기준으로 공통매입세액을 안분계산한다.

㉢ 계약의 해제로 인한 과세표준 변동이 있는 경우(2012. 6. 30. 이전 해제분)

과세사업과 면세사업을 겸영하는 사업자가 공통매입세액을 안분계산하여 부가가치세 신고를 마친 이후의 과세기간에 계약의 해제사유가 발생하여 수정세금계산서를 발급하고 수정신고나 경정청구를 하게 되는 경우 종전 과세기간의 과세공급가액과 면세공급가액이 변동되면 그 변동된 공급가액비율에 따라 공통매입세액을 정산한다. 이때 추가납부세액이 발생된 경우에도 후발적 사유에 의하여 납부세액이 발생된 것이므로 가산세는 적용하지 않는다.

⑮ **당초 신고 시 누락이 있어 수정신고 및 경정청구하는 경우**

당초 부가가치세 신고 시 과·면세분 매출누락이 있었거나 매출의 과다신고로 수정신고하거나 경정청구하는 경우 과·면세비율이 변동되면 공통매입세액을 변경된 과·면세비율로 정산하여야 하며, 이때 과소신고로 인한 납부세액이 발생한 경우에는 과소신고 및 과소납부에 대한 가산세를 함께 부담하여야 한다.

2) "면세사업 등"의 의미

가. '면세사업 등'의 개정 의의

불공제 매입세액을 면세사업에 관련된 매입세액에서 '면세사업 등'에 관련된 매입세액으로 개정한 것이 종전에는 비과세 매입세액을 허용하고 개정 후에는 불공제한다는 것이 아니라 부가가치세 비과세사업에 관련된 매입세액의 공제 여부에 대하여 해석상의 불명확성을 제거하기 위하여 개정된 것이다.

나. 면세사업과 비과세사업의 의미

공통매입세액 안분계산에 있어 면세사업 등에 대한 공급가액이란 해당 과세기간(부가법 제15조 및 제16조에 따른 공급시기 준용) 내에 부가가치세가 과세되지 아니하는「소득세법」 또는「법인세법」에 따른 수입금액과 비과세사업에 대한 수입금액의 합계액을 말한다(부가집행기준 40-81-4). 여기서 '사업'이라 함은 사업상 독립적으로 재화 또는 용역을 공급하는 것을 그 업으로 하여 그 업에서 계속적·반복적으로 발생되는 수입금액을 뜻하고, '면세사업'이란 부가가치세법 및 조세특례제한법에서 면세대상 재화 또는 용역을 사업상 독립적으로 공급하는 경우를 말하므로 사업용 고정자산으로서의 토지 공급은 부가가치세가 면제되지만 면세사업의 수입금액은 아니다. 다만, 부동산매매업자나 건설업자가 보유한 재고자산으로서의 토지 공급은 면세사업의 수입금액이 되어 공통매입세액 안분계산 시 총공급가액에 포함된다.

'비과세사업'이란 부가가치세법에서 재화나 용역의 공급에 해당하지 않는다고 명시적으로 규정하고 있는 것을 계속적·반복적으로 공급하는 경우와 부가가치세의 개념상 부가가치를 창출하는 것이 아니어서 부가가치세 과세대상에 해당하지 아니함이 명백한 도박수입(카지노시설물에 입장한 고객이 도박하기 위해 건 돈에서 고객이 받아간 돈을 제외한 도박수입), 상품권 판매수입 등을 의미한다(대법원 2004두13288, 2006. 10. 27. ; 대법원 98다47184, 2000. 2. 25. ; 대법원 2009두16268, 2011. 9. 8.).

예를 들어 회원으로부터 받은 회비로 장례식당 운영사업자 등에게 대가를 지불하고 그 알선수수료를 수입으로 하는 사업자인 상조회사가 그 과정에서 계약체결, 회원관리, 행사대행의뢰, 해약수입 관리 등은 알선사업을 위한 부수적 활동에 불과하며 알선업과 구분되어 별도로 부가가치를 창출하는 사업이 아니어서 해약수입을 알선업과 구분된 비과세수입금액으로 파악할 법적 근거가 없고 회원의 자의 또는 계약의무불이행으로 상조회사에 귀속된 해약수입은 재화 또는 용역의 공급과 관련된 면세수입금액(또는 비과세수입금액)을 구성한다고도 볼 수 없다.

따라서 해약수입은 장례 알선업에 부수되어 재화 또는 용역의 공급없이 발생한 영업외 수입으로서 면세사업이나 비과세사업의 수입금액이 아니므로 공통매입세액 안분계산을 함에 있어 과세사업의 공급가액과 면세사업 등의 수입금액에 해약수입을 가산할 수 없다(법규과-1232, 2014. 11. 20. ; 부가-596, 2009. 4. 27. ; 재부가-23, 2012. 1. 17.).

3) 공통매입세액의 의미

① 일반원칙

"공통매입세액"이란 부가법 제38조에 따라 매입세액의 공제대상이 되는 세금계산서상의 매입세액으로 그 실지귀속이 과세사업에 사용·소비될 것인지 면세사업 등에 사용·소비될 것인지가 불분명한 경우의 매입세액을 말한다. 즉, 과세사업과 면세사업에 공통으로 사용되거나 사용될 예정인 매입세액, 장래의 실지귀속이 불분명한 경우의 매입세액을 의미한다.

또한, 과세사업과 면세사업 등에 공통으로 사용되어 실지귀속을 구분할 수 없는 때인지 여부는 제공받은 용역의 내용, 용역을 제공받은 경위, 제공받은 용역으로 생산한 재화나 용역의 내용 및 그 사용실태 등 제반상황을 고려하여 전체적으로 구분할 수 있는지 여부를 결정하여야 한다(대법원 86누251, 1987. 6. 9. ; 서울고등법원 2010누16167, 2010. 11. 11.).

② 선발행세금계산서 수취분의 공통매입세액 포함 여부

공통매입세액은 과세사업과 면세사업에 공통사용되거나 사용될 재화 또는 용역의 구입일이 속하는 과세기간에 수취한 세금계산서상의 매입세액을 말한다. 따라서 문리해석상 부가법 제15조, 제16조에 따른 공급시기가 아닌 부가법 제17조에 따라 수취한 선발행세금계산서라 하더라도 그 수취일이 속하는 과세기간의 공통매입세액 안분계산대상이 된다.

③ "신용카드매출전표 등"상 매입세액의 안분계산대상 여부

부가가치세가 과세되는 재화 또는 용역을 공급받고 세금계산서의 발급시기에 「여신전문금융업법」에 따른 신용카드매출전표, 「조세특례제한법」 제126조의3에 따른 현금영수증 등(이하 “신용카드매출전표 등”이라 한다)을 발급받은 경우로서 신용카드매출전표 등의 매입세액의 실지귀속(과세사업과 면세사업)이 불분명하다면 안분계산대상이 되는 공통매입세액에 해당된다.

④ 매입세액이 음수가 된 경우 공통매입세액 계산

발급받은 수정세금계산서상의 매입세액은 당초 세금계산서를 발급받은 과세기간에 그 매입세액을 어떻게 분류하여 공제 또는 불공제했는지에 따라 아래와 같이 처리방법을 달리한다.

(ㄱ) 공통매입세액 안분한 경우
공제받은 과세기간의 면세공급가액(면적)비율에 따라 계산된 불공제 매입세액(음수)을 ‘공제받지 못할 매입세액’란에 기재

(ㄴ) 과세사업에 실지귀속되어 전액 공제받은 경우
매입세액(△)을 그대로 기재

(ㄷ) 면세사업에 실지귀속되어 전액 불공제한 경우
당초 불공제하였으므로 공제받지 못할 매입세액 명세에 매입세액(△)을 기재(결국 매입세액 차가감계는 “0”이 됨)

신고서 항목 \ 사례	(ㄱ)의 경우	(ㄴ)의 경우	(ㄷ)의 경우
매입세액(⑩)	△100,000,000	△100,000,000	△100,000,000
공제받지 못할 매입세액(⑯)	△60,000,000	0	△100,000,000
차감계(⑰)	△40,000,000	△100,000,000	0

※ “(ㄱ)”의 경우 해당 과세기간의 면세공급가액비율이 60%인 것으로 가정한다.

⑤ 공통매입세액 안분계산한 과세기간에 가공매입이 적출된 경우

가공매입세금계산서를 수취한 과세기간에 동 매입세액을 어떻게 분류했는지에 따라 그 방법을 달리한다.

(ㄱ) 공통매입세액 안분한 경우
당초 공제받은 공통매입세액공제분(과세사업 해당분)을 불공제

(ㄴ) 과세사업에 귀속되는 것으로 공제받은 경우
공제받은 매입세액 전액을 불공제

(ㄷ) 면세사업에 귀속되는 것으로 불공제한 경우

당초 공제받은 사실이 없으므로 매입세액의 추징은 없음.

⑥ 공동매입이 발생한 경우

과세·면세사업을 겸영하는 사업자가 공급받은 재화 또는 용역이 공동매입에 해당되어 부가령 제69조 제14항, 제15항 등에 따라 명의자적 지위에서 그 발급받은 (세금)계산서에 적혀 있는 공급가액의 범위 안에서 이를 실지로 소비하는 자를 공급받는 자로 하여 (세금)계산서를 발급한 경우 공통매입세액의 안분계산에 있어 겸영사업자가 동 규정에 따라 발급한 (세금)계산서상의 공급가액은 자기의 매입이나 자기가 공급한 재화 또는 용역의 매출에 해당하지 아니하므로 총공급가액과 면세공급가액에 공동매입 등과 관련하여 발급된 (세금)계산서상의 공급가액을 포함하지 아니한다.

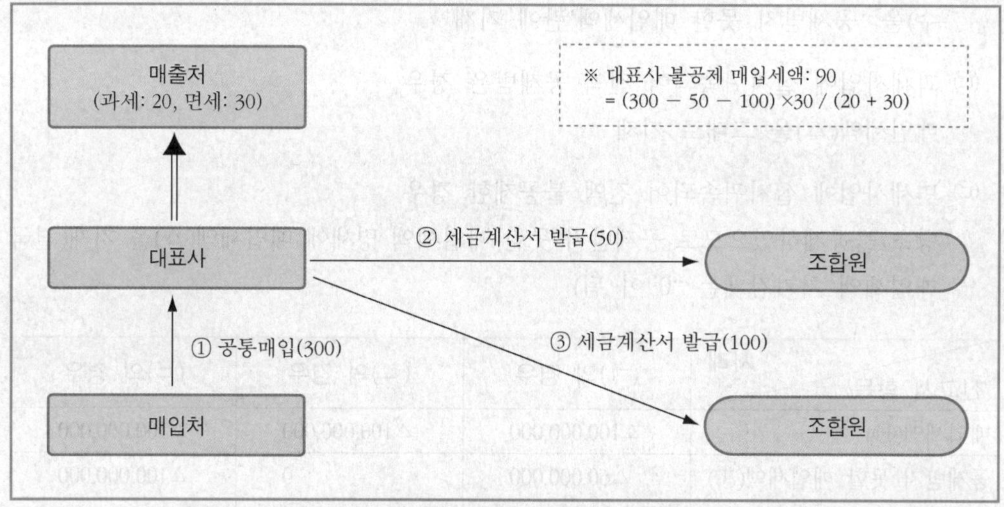

4) 최초 과세기간에 과·면세 공급가액이 모두 있고 건축비 관련 매입세액 (면적에 의해 구분됨) 등이 발생한 경우

부동산매매업자가 국민주택규모 이하 및 초과 주택과 상가를 신축하면서 선분양으로 인해 사업을 개시한 과세기간에 국민주택규모 이하 및 초과 주택 각 1채, 상가 1채가 분양되어 계약금과 중도금(중간지급조건부임)으로 인한 과세 및 면세공급가액이 모두 발생하고 건축비 및 광고비 관련 매입세액이 발생하였다. 이때 해당 과세기간에 건축비 매입세액과 관련된 과세 및 면세공급가액이 모두 있으므로 법리해석상 예정면적비율로 매입세액을 안분계산할 수 없다(부가령 제81조 제4항에 따라 예정사용면적비율에 의한 공통매입세액 안분계산의 지속 적용은 관련 매입세액이 발생한 최초 과세기간에 과세·면세 공급가액이 어느 하나가 없거나 모두 없는 경우에 가능하다). 즉, 건축비는 해당 과세기간에 토지공급가액을 뺀 건물만의 공급가액비율로, 광고비는 해당 분양 횟수에 대응되는 토지를 포함한 공급가액비율로 안분계산하여야 할 것이다.

그렇다면 문리해석상 면세주택과 과세주택이 위 과세기간에 분양되거나 면세주택과 상가가 분양되었다면 예정사용면적비율이 아닌 공급가액비율로 건축비 관련 매입세액을 안분계산할 수 있다는 결론인데, 분양시점의 차이로 공통매입세액 안분계산 기준이나 그 비율이 달라져 조세중립성을 저해하게 된다. 물론 건축비의 경우 분양이 종료될 때까지의 누적 과·면세비율로 정산할 수 있다고 기획재정부가 해석하고 있지만 일반관리비 관련 매입세액은 해당 과세기간에 발생한 공급가액비율로 안분계산되어 종결되므로 과세기간별 과세·면세비율이 달라져 과세기간별 상황에 따라 공제받을 매입세액이 달라진다.

조세심판원도 주택과 상가를 신축·분양하는 사업자가 공사비 관련 매입세액이 발생하였더라도 해당 과세기간에 과세수입금액과 면세수입금액이 모두 발생하였다면 예정사용면적비율이 아닌 부가령 제81조 제1항의 과·면세 공급가액비율에 따라 매입세액 안분계산하여야 한다고 결정하였다(조심 2020서2486, 2020. 11. 20.).

따라서 과세 및 면세 예정사용면적을 구분할 수 있는 경우 건축비 관련 매입세액은 그것이 발생한 최초 과세기간에 과세 및 면세 공급가액이 발생하였더라도 예정사용면적비율을 먼저 적용할 수 있도록 하고, 부동산매매업이나 건설업자의 부동산분양에 있어서 과세·면세수입금액은 분양완료 시의 누적 예정공급가액비율을 우선 안분계산하고 추후 정산할 수 있도록 부가법령을 개정할 필요가 있다.

(2) 과세 또는 면세공급가액이 없는 경우 안분계산

해당 과세기간 중 과세사업과 면세사업 등의 공급가액이 없거나 그 어느 한 사업의 공급가액이 없는 경우에 해당 과세기간에 대한 안분계산은 ① 매입가액비율, ② 예정공급가액비율, ③ 예정사용면적비율의 순서에 따라 안분계산한 다음 부가령 제82조에 따라 정산한다. 다만, 건물 또는 구축물을 신축하거나 취득하여 과세사업과 면세사업 등에 제공할 예정면적을 구분할 수 있는 경우에는 우선적으로 예정사용면적비율로 안분계산하여야 한다(부가령 §81 ④).

1) 매입가액비율에 의한 안분계산

예정공급가액비율이나 예정사용면적비율에 의한 안분계산방법에 우선하여 총매입가액(공통매입가액은 제외한다)에 대한 면세사업 등에 관련된 매입가액의 비율을 적용하며, 이를 계산식으로 나타내면 다음과 같다.

$$\text{면세사업 등에 관련된 매입세액} = \text{공통매입세액} \times \frac{\text{면세매입가액}}{\text{총매입가액}}$$

위 계산식에서 총매입가액이란 공통매입세액에 관련된 해당 과세기간의 과세사업에 대한 매입가액과 면세사업에 대한 매입가액의 합계액을 말하는 것으로 공통매입가액을 제외하며, 면세매입가액이란 공통매입세액에 관련된 해당 과세기간의 면세사업 등에 관련된 매입가액을 말한다.

2) 예정공급가액비율에 의한 안분계산

매입가액비율에 의한 안분계산을 할 수 없는 경우로서 예정사용면적비율에 의한 안분계산방법에 우선하여 총예정공급가액에 대한 면세사업 등에 관련된 예정공급가액의 비율을 적용하며, 이를 계산식으로 나타내면 다음과 같다.

$$\text{면세사업 등에 관련된 매입세액} = \text{공통매입세액} \times \frac{\text{면세예정공급가액}}{\text{총예정공급가액}}$$

위 계산식에서 총예정공급가액이란 공통매입세액과 관련하여 과세공급가액과 면세공급가액이 모두 발생예정인 과세기간의 과세사업에 대한 예정공급가액과 면세사업에 대한 예정수입금액의 합계액을 말하며, 면세예정공급가액이란 동 면세사업 등에 대한 예정수입금액을 말한다.

여기서 "예정"의 의미는 실제로 사업을 개시하여 공통매입세액과 관련된 공급가액이 확정될 과세기간에 해당 과세·면세사업으로부터 발생이 예상되는 공급가액(과거 사업실적, 현재의 시황 등을 근거로 한 사업계획서 등에 따른 합리적인 추정금액)을 말한다(부가 46015-1169, 1994. 6. 10.).

대법원도 '예정공급가액'이나 '예정사용면적'에 따른 공통매입세액의 안분계산에 대하여 추후 확정된 수치에 따른 정산을 전제하고 있으므로 시행령이 정한 '예정공급가액'이나 '예정사용면적'은 실제로 공급 또는 사용이 이루어지는 과세기간에 발생할 공급가액이나 제공될 사용면적의 확정치를 의미하는 것이 아니라, 사업자가 부가가치세를 신고할 당시 과거의 사업실적, 시장 상황, 사업계획서, 금융기관용 대출제안서 등을 기초로 향후 발생할 것으로 추정한 공급가액이나 사용면적의 예상치를 의미하므로 그것이 객관적이고 합리적이지 않다는 등의 특별한 사정이 없는 한 당초의 예정면적(과세·면세 공급가액)이 과세기간에 따라 일부 변동되었다고 하여 달리 볼 것은 아니라고 판결

하였다(대법원 2012두28056, 2015. 11. 12.).

3) 예정사용면적비율에 의한 안분계산

건축물을 신축 또는 취득하여 과세사업과 면세사업에 사용예정인 경우나, 매입가액에 비율이나 예정공급가액비율에 의한 안분계산을 할 수 없는 경우로서 사용면적비율에 의하는 것이 합리적인 경우(과세 또는 면세사업에 사용할 예정사용면적을 구분할 수 있는 경우)에 총예정사용면적에 대한 면세사업 등에 관련된 예정사용면적의 비율을 적용하며, 이를 계산식으로 나타내면 다음과 같다.

$$\text{면세사업 등에 관련된 매입세액} = \text{공통매입세액} \times \frac{\text{면세예정사용면적}}{\text{총예정사용면적}}$$

위 계산식에서 총예정사용면적은 공통매입세액과 관련하여 과세사업과 면세사업에 사용예정인 총면적을 말하며, 면세예정사용면적은 그중 면세사업 등에 사용예정인 면적을 말한다.

① 예정사용면적의 의미

과세 또는 면세 사용면적이 실제로 확정될 과세기간에 사용이 예상되는 과세사용면적과 면세사용면적을 말한다(재부가 46015-45, 1993. 3. 15.).

② 공유면적 등의 예정사용면적 포함 여부

과세사업자가 면세사업에 공통으로 사용하는 건물의 면적(공유면적)은 예정사용면적에 포함하지 않는다(서면3팀-627, 2006. 3. 31. ; 부가 46015-1741, 1999. 5. 1.).

③ 과세 · 면세사업에 사용목적으로 신축 중인 건물 양도 시 안분계산

사업자가 면세사업과 과세사업에 공통사용하기 위한 건물을 신축함에 있어서 관련 매입세액을 예정사용면적비율에 따라 공제받던 중 해당 건물을 준공 이전에 양도한 경우에는 부가령 제63조 제3항 제3호에 따라 공급가액 전액을 과세표준으로 하고 해당 신축건물의 매입세액을 부가령 제81조 제2항 제3호에 따라 전액 공제한다(부가 46015-180, 1998. 1. 30.).

④ 여러 사업장이 있는 경우

여러 사업장이 있는 사업자의 각 사업장에 공통으로 사용되는 매입세액의 안분계산은 해당되는 사업장의 공급가액을 합산하여 계산하는 바, 매출이 없는 본사의 사옥신축에 따른 총매입세액 중 과세사업 부문 외에 사용될 건물예정면적 비율의 매입세액을 불공제하되 그 구분이 불분명한 공통매입세액은 다음의 계산식에서와 같이 각 지점의 공급가액 합계에 따라 안분계산한다(부가 22601-1220, 1985. 7. 1.).

$$\text{면세사업 등에 관련된 매입세액} = \text{공통매입세액} \times \frac{\text{각 지점의 면세공급가액의 합계}}{\text{각 지점의 총공급가액의 합계}}$$

⑤ 건물 신축 중 설계변경이 있는 경우

건축물을 신축하여 분양하는 사업자가 예정사용면적비율에 따라 공통매입세액을 안분계산하던 중 해당 건축물의 준공 전에 설계변경으로 인하여 당초 예정사용면적비율이 변경된 경우에는 해당 변경일이 속하는 과세기간부터는 변경된 비율에 따라 공통매입세액을 안분계산하며, 종전 신고분에 대하여는 경정청구 또는 수정신고하는 것이 아니다(서면3팀-2166, 2005. 11. 30. ; 재소비 46015-322, 1997. 11. 12.).

| 건축 중 설계변경이 있는 경우 매입세액공제 및 수정세금계산서 발급방법 요약 |

변경 전 과·면세 비율	변경 후 과·면세 비율	건축주		시공사
		매입세액공제	면세전용 등	수정세금계산서 교부 여부
과세(100)	과세 : 면세 (40 : 60)	1. 변경 이전 기 공제로 종결 2. 변경 이후 변경비율에 따라 공통매입세액안분	면세전용 해당 (면세 면적 비율에 해당하는 부분에 대하여 면세전용으로 과세)	불가
면세(100)	과세 : 면세 (50 : 50)	1. 변경 이전 불공제(소급공제 불가) 2. 변경 이후 변경비율에 따라 공통매입세액안분	해당 없음. (감가상각자산인 경우 부가령 제63조에 따른 매입세액공제 가능)	불가
과세 : 면세 (50 : 50)	과세 : 면세 (30 : 70)	변경 비율에 따른 공통매입세액 안분계산 및 정산(변경 이후)	일부 면세전용	불가 (당초 착오 또는 잠정가액으로 교부한 경우 가능)

1) "변경 이전"이라 함은 설계변경일 이전 과세기간을 말하며, "변경 이후"라 함은 변경일이 속하는 과세기간부터를 말함.

2) 관련 사례: 서면3팀-1302, 2007. 5. 1. ; 부가 46015-730, 2000. 4. 3. ; 서면3팀-2166, 2005. 11. 30. ; 부가 46015-84, 1994. 4. 11. ; 부가 46015-1967, 1993. 8. 1. ; 부가 46015-44, 1997. 1. 8.

⑥ 과세 · 면세 겸영사업자의 기부채납 관련 매입세액 안분계산

사업자가 과세 및 면세사업과 관련하여 지방자치단체 소유의 토지에 건물을 신축·준공하여 해당 자치단체에 귀속(기부채납)시키고 동 시설에 대한 무상사용수익권을 얻어 과세 및 면세사업에 사용함에 있어 해당 건물신축에 관련된 매입세액을 사용면적비율에 의하여 계산한 경우 해당 기부채납하는 신축건물 중 과세사업에만 사용되는 면적분에 대하여는 부가가치세가 과세되고 이와 관련된 매입세액은 전액 공제하며, 면세사업에만 사용되는 면적분에 대하여는 부가가치세가 면제되고 이와 관련된 매입세액은 전액 불공제한다. 또한, 이 경우 과세 및 면세사업에 공통으로 사용되는 면적분에 있어서는 해당 재화의 기부채납일이 속하는 직전 과세기간에 신규로 사업을 개시하여 직전 과세기간이 있는 경우에는 부가령 제63조 제2항에 따라 사용면적비율에 따른 과세표준 안분계산을 하는 것이나, 해당 재화의 기부채납일이 속하는 과세기간에 신규로 사업을 개시하여 직전 과세기간이 없는 경우(예를 들어 건물신축 준공사용일과 기부채납일이 동일한 과세기간인 경우)에는 부가령 제63조 제3항 제3호 및 제81조 제2항 제3호에 따라 그 전부를 과세표준으로 하여 과세하고 이와 관련된 매입세액은 전액 공제한다(서면3팀-2669, 2006. 11. 6.).

기부 후 사용할 건축물이 신축 또는 협약 당시부터 면적에 의해 과세사용면적과 면세사용면적이 확정되어 있는 경우, 위 국세청 해석 전단에 따라 신축 시에는 면적비율에 의하여 공통매입세액 안분계산하고 기부채납 시에도 사용면적비율에 따라 세금계산서 및 계산서를 발급하며, 기부자의 사용단계에서 건물 등의 소유자는 기부채납가액 전부를 무상사용수익기간 동안 안분하여 부동산임대공급가액으로 산정하여 세금계산서를 발급하게 된다.

이 과정에서 면세사업자 또는 과면세 겸영사업자는 건물 공급거래 단계와 사용·수익거래단계에서 모두 매입세액불공제를 받게 되어 과세사업자 또는 과세·면세 사용면적이 불분명한 사업자와 비교할 때 중복하여 불공제받게 되는 모순 또는 중복과세문제가 발생한다.

대법원은 BTO 방식의 사업에 있어 기부채납된 사회기반시설의 소유권이 사업시행자(임차인)에게 귀속되지 않기 때문에 기부채납은 결국 사회기반시설의 건설용역으로서 용역의 공급에 해당하고, 기부채납과 기부채납된 시설에 대한 관리권을 부여받아 운영하는 것을 각각 독립된 별도의 거래로 판단함으로써 기재부의 해석("기부채납된 사회기반시설을 면세사업을 위하여 사용하는 경우 건설단계에서 부담한 매입세액은 자기의 면세사업을 위한 일시적·우발적 공급으로서 면세되는 재화(기부채납하는 시설물 등)에 대응되므로 불공제된다")과 판단을 달리 하고 있다. 대법원의 판단에 비추어 볼 때 해당 BTO 방식의 거래는 용역의 공급에 해당하고 기부채납과 기부 이후 기부자산을 이용하여 면세사업을 하는 것은 일련의 사업활동이 아닌 각각 개별적 거래로서 건설 관련 매입세액은 공제되고 기부 시 용역의 공급으로 과세하며, 기부 이후 임대료와 관련하여 받은 매입세액 중 면세사업에 대응되는 매입세액은 불공제함이 타당하다고 본다(동지 : 서울고법 2017누74599, 2018. 7. 12.).

⑦ 예정사용면적비율을 적용할 수 없는 경우

㉠ 과세 · 면세사업 영업전반에 걸친 매입세액이 발생한 경우

건축물(아파트 또는 오피스텔 등)을 신축하여 분양하면서 발생되는 분양광고비, 사무실유지비, 기장수수료 등 분양(토지, 국민주택 및 건물)과 관련된 공통매입세액은 건물의 신축 또는 취득과 관련된 매입세액에 해당하지 아니하므로 예정사용면적비율이 아닌 매입가액비율 또는 예정공급가액비율 등에 따라 안분계산한다(재소비 46015-304, 2003. 9. 4.).

㉡ 면적에 의한 구분이 불분명한 경우

대형마트, 슈퍼에서 과세재화와 면세재화를 공급하고자 건물을 신축하면서 수취한 매입세액으로서 과세사업과 면세사업에 사용될 면적을 구분할 수 없는 경우에는 예정면적비율로 공통매입세액을 안분계산할 수 없다. 예를 들어 슈퍼 내 냉장고가 일정 면적을 차지하고 있으나, 과세재화인 초코우유, 유제품과 면세재화인 흰우유를 함께 판매하는 경우 이를 면적에 의해 실지귀속이 구분된다고 볼 수 없어 매입가액비율 또는 예정공급가액비율 등에 따라 안분계산한다.

㉢ 병원부속 주차장의 경우

사업자가 과세사업과 면세(비과세)사업을 겸영하는 경우로서 그 사업을 확장하면서 기존 사업장 내에 건물을 신축하거나 다른 인접 장소에 건물을 신축 · 취득하는 경우, 공통매입세액의 안분계산은 신축 · 취득건물의 독립성 여부가 아니라 사업의 독립성 여부로 판단하여 독립되지 않는다면 기존 사업장과 신설 건축물 전체, 즉 해당 사업 전체의 공급가액 등을 기준으로 공통매입세액을 안분계산하여야 한다. 하지만 신축 · 취득건물에서 운영하는 사업이 기존 사업과 완전히 독립된 경우(유기적 연관성이 없는 경우 등)라면 그 독립된 사업부분(신축 · 취득건물만의 사업)만의 안분계산 기준들로서 공통매입세액을 안분계산하거나 실지귀속을 따져 공제 또는 불공제하여야 한다. 따라서 병원부속 직영주차장이 병원의 의료업에 관련된 것으로 확인된 경우에는 일정 시간 무료로 주차를 허용하여 내원 환자 등의 편의를 도모하되 그와 관련 없이 주차한 경우에는 주차요금을 받고 있으며, 직영주차장에서 주차요금을 받는 때에도 문병객인 경우가 있을 수 있는 등

의료업과 전혀 무관하다고 단정할 수 없고, 직영주차장에서 주차요금을 받지 않는 때에도 환자가 아니지만 30분 이내의 주차인 경우가 있을 수 있으므로 의료업에만 해당된다고 단정할 수 없다면 직영주차장이 병원의 의료업과 명백하게 구분되는 별도의 사업단위를 이룬다고 볼 수 없어 직영주차장 공통매입세액은 면세사업인 의료업과 과세사업인 주차장업에 공통으로 사용되고 그 실지귀속을 구분할 수 없는 경우로 이를 주차장업의 공급가액과 의료업의 수입금액의 합계액 중 의료업의 수입금액이 차지하는 비율에 따라 안분하여 면세사업 관련 매입세액을 계산하여야 한다(대법원 2014두10714, 2016. 12. 29.).

핵심정리

과세·면세 겸영사업자의 부설주차장이 과세사업을 위한 주차장과 면세사업을 위한 주차장으로 물리적·공간적으로 명확히 구분되어 과세사업을 위한 주차장이 과세사업을 위한 고객 또는 직원만 사용할 수 있다면 사용면적으로 공통매입세액 안분계산이 가능하다.

⑧ 증축 또는 개축 등과 관련 매입세액이 발생된 경우

공통매입세액의 안분계산에 있어서 (예정)사용면적비율을 적용하는 경우는 일반적으로 건물의 신축 또는 취득 시에 적용하는 것으로 가장 합리적인 방법이라 인정하여 1995년도에 입법한 것이나, 건축물의 개보수와 관련된 경우를 입법 시 미처 고려하지 못한 것으로 보인다.

그러나 폐업 시 재고재화를 과세함에 있어 동 재고자산이 감가상각자산에 해당되어 공급가액을 안분계산함에 있어 과세사업에 공하던 부동산을 증축 또는 개축함으로써 해당 부동산의 가액이 현저하게 증가된 경우에는 그 증가된 부분(자본적 지출)에 대하여 취득가액에 포함하여 계산하는 것으로 해석한 사례에 비추어 볼 때 예정사용면적비율에 따라 공통매입세액을 안분계산함에 있어 신축 또는 취득에는 해당 건물의 자본적 지출에 해당하는 리모델링, 증축, 개수공사를 포함함이 타당하다(법규과-123, 2012. 2. 8. ; 법규과-200, 2014. 3. 7.).

⑨ 분양가액에 포함된 공용면적에 대한 안분계산 방법

아파트를 분양할 때 분양면적 또는 분양가액에 공용면적(또는 공용면적에 대한 공급가액)이 포함되어 공급되었으므로 매입세액을 안분계산하는 때에도 공용면적을 전부 포함한 연면적으로 안분계산한다.

⑩ 하나의 사업장에서 신관건물 신축 시 공통매입세액 안분계산

과세사업과 면세사업을 겸영하는 사업자가 신관건물을 독립된 사업에 사용할 경우 매입세액은 원칙적으로 그 실지귀속을 구분하여 계산하여야 한다. 그러나 실지귀속을 구분할 수 없는 공통매입세액을 안분계산할 때에는 여러 사업 중 공통매입세액에 관련되는 과세사업과 면세사업을 가려내어 그 부분만 해당 과세기간의 총공급가액에 대한 면세공급가액의 비율에 의하여 계산한다. 신관건물을 독립된 사업에 사용하지 않을 경우 공통매입세액이 하나의 과세사업 또는 면세사업 중 일부분에 관련되는 경우, 그 부분이 사업장소와 운영실태 등에 비추어 나머지 부분과 구분되는 별개의 독립된 사업 부분이라고 볼 수 없다면 해당 사업 전체의 공급가액을 기준으로 하여 면세사업에 관련된 매입세액을 계산하여야 한다(대법원 2014두10714, 2016. 12. 29.).

(3) 과세, 면세, 과 · 면세 사용면적으로 구분되는 경우 공통매입세액 안분계산

사업자가 부담한 매입세액이 영업전반을 위하여 소요될 비용 관련 매입세액 또는 그 매입세액의 성질상 건축을 직접적으로 보조하기 위하여 발생된 매입세액에 해당하지 아니하고 층별, 호수별, 그 밖의 단위구획별로 사용용도(실지귀속)가 명확히 확인(구분)된다면 공통매입세액의 안분계산에 있어 매입세액의 구분은 그 실지귀속이 확인되는 경우 실지귀속에 따르는 것을 원칙으로 하는 것이므로 단순히 건축물의 신축 관련 매입세액 총액에 공급가액비율, 매입가액비율을 곱하여 공통매입세액 안분계산하는 것이 아니라 용도별 사용면적비율에 따라 실지귀속되는 매입세액을 계산하여 공제 또는 불공제하고, 실지귀속이 불분명하거나 과세 · 면세사업에 공통사용되는 면적에 관련된 매입세액은 그 사용면적에 대응되는 사업부문의 공급가액비율에 따라 재차 공통매입세액 안분계산하는 것이 타당하다.

따라서 사업자가 건축물의 신축 및 취득과 관련하여 과세사업 또는 면세사업에 사용될 면적 및 과세 · 면세사업에 공통으로 사용될 면적이 객관적으로 구분되어 있는 경우 다음과 같이 공통매입세액을 계산하여야 한다(부가령 §81 ①, ④ ; 재부가-432, 2007. 6. 5. ; 국심 2002중2655, 2002. 12. 13. ; 국심 93부1372, 1993. 10. 3. ; 국심 2007중1004, 2007. 7. 11. ; 국심 1997전3034, 1999. 3. 2. ; 서울고법 2017누68112, 2018. 3. 28. ; 대법원 2018두41075, 2018. 7. 20.).

과세사업 전용면적(㉠)	면세사업 전용면적(㉡)	과세 · 면세사업 겸영면적(㉢)	기타 면적(㉣) (㉠, ㉡, ㉢에 공통사용)

1) 실지귀속이 분명한 사용(예정)면적의 매입세액 산정("㉠, ㉡")

건축물의 신축 관련 매입세액에 실지귀속에 따라 과세사업에만 전적으로 사용하는 면적이 전체 사용면적에서 차지하는 비율을 곱하여 계산한 매입세액은 공제하고 면세사업

에만 전적으로 사용하는 면적이 차지하는 비율에 상응하는 매입세액은 전액 불공제한다.

$$\text{건축물 신축 관련 매입세액} \times \frac{\text{과세사용면적(면세사용면적)}}{\text{건축물 연면적}} = \text{공제(불공제세액)}$$

2) 과세 · 면세 겸영사용(예정)면적의 매입세액 안분계산("ⓒ")

과세사업과 면세사업을 겸영하는 사업부문에 관련된 면적에 대한 매입세액을 위 "1)"의 계산식에 따라 계산하고 산출된 매입세액은 다시 해당 과세 · 면세 겸영사업부문에서 발생된 총공급가액에서 면세공급가액이 차지하는 비율을 곱하여 산출한 금액을 불공제한다.

3) 실지귀속이 불분명한 매입세액의 계산("ⓔ")

해당 건축물에서 영위하는 전체 사업 전반 또는 해당 건축물 전체에 공통으로 사용되는 면적(주차장, 기계실, 관리사무실 등)에 관련된 매입세액이 발생할 수 있다. 즉, 위 "1)" 및 "2)"에서 실지귀속에 따라 구분한 이후 실지귀속이 불분명한 잔여면적에 대한 매입세액이 발생한 경우를 말한다.

실지귀속이 불분명한 공통매입세액("ⓔ")
=신축 관련 매입세액 - 과세면적 관련 매입세액 - 면세면적 관련 매입세액 - 과세 · 면세 겸영사용면적 매입세액

실지귀속이 불분명한 공통매입세액("㉣")이 있는 경우 불공제 매입세액의 계산은 동 매입세액("㉣")에 해당 건축물 내의 전체 사업부문에서 발생된 총공급가액에서 면세공급가액이 차지하는 비율을 곱하여 계산한 금액을 불공제한다.

(4) 공통매입세액 안분계산 기준요소 및 순서의 적용

부가령 제80조 제4항에 규정하는 공통매입세액 안분계산방법 또는 안분계산 기준은 예시적 규정이 아니므로 공통매입세액 안분계산 방식과 순서가 경제적 실질과 현저히 불리하다고 볼 특별한 사정이 없는 한 동 규정에 따른 안분계산 기준요소(공급가액, 면적, 매입가액비율)와 순서를 따라야 한다(대법원 2007두18017, 2010. 3. 25. ; 대법원 2010두4810, 2012. 11. 29. ; 대법원 2014두10714, 2016. 12. 29.).

(5) 공통매입세액 안분계산 기준 외의 안분기준 적용 여부

2016. 1. 1. 이후 개시하는 과세기간부터는 과세형평제고 등을 위해 업종 등의 특성을 반영하여 공통매입세액을 안분할 수 있도록 도축업 영위를 위한 연료비, 폐기물처리비 등 공통매입세액을 과세·면세 도축두수 비율로 안분할 수 있도록 시행령을 개정하였다(부가령 §81 ① 개정).

부가령 제81조 제1항의 개정규정에 따르면 위 도축두수 비율 등 기획재정부령으로 정하는 경우를 제외하고는 과세사업과 면세사업 등을 겸영하면서 발생한 공통매입세액에 대한 공통매입세액의 안분계산의 기준은 과세·면세 공급가액 비율, 예정공급가액 비율, 매입가액의 비율, 예정사용면적비율로 한정하고 있다.

국세청은 시행령에 열거된 공통매입세액 안분계산기준 외의 합리적인 안분계산방법에 대하여 소극적 입장을 취해 왔으나, 그러면서도 국세청은 시행령에 열거되지 아니한 사용시간이나 대관일수를 기준으로 안분계산하도록 회신한 사례도 있다. 조세심판원도 시행령에 열거되지 아니한 관객수, 도축두수 비율로 공통매입세액 안분계산한다는 결정을 한 사례도 있어 일관성을 보이지 않고 있다(조심 2017광3851, 2017. 9. 26. ; 조심 2017광0643, 2017. 8. 24. ; 조심 2008서3669, 2009. 12. 9.).

대법원도 공통매입세액을 과세·면세사업 등의 공급가액비율 등에 따라 안분할 수 없다면 다른 합리적인 안분계산방법을 찾아 적용하여야 한다고 판결한 사례는 많으나(대법원 2009두16268, 2011. 9. 8. 외 다수), 구체적 안분계산방법을 제시한 판례는 전무하고 국세청도 파기환송심에서 다른 합리적인 안분계산방법을 제시하여 그 방법에 따라 안분한 사례는 없고, 조정권고과정에서 공통매입세액 전부를 납세자가 환급받거나 6% 내지 30%를 납세자가 양보하는 선에서 조정권고를 수용하였다. 뿐만 아니라 부가령이나 부가규칙에 열거된 방법이 아니거나 부가령에 열거된 방식으로 안분계산하는 것이 현저히 불합리하다고 볼만한 특별한 사정이 없다면 부가법령에 근거하여 공통매입세액 안분계산하여야 한다는 판례도 있다(동지 : 광주고법 2018누1690, 2019. 1. 28.).

위 도축장의 경우 경제적 합리성이나 실지귀속에 따른 매입세액공제 원칙에 따라 도축두수에 따라 안분함이 타당하다. 그러나 도축업자가 도축을 직접 수행한 경우로서 전기료, 기계장치 매입세액 등의 실지귀속을 구분하기 어려워 과세·면세 공급가액비율로 안분계산하더라도 자기 사업장 내에서 소사장제 계약으로 도축을 의뢰하고 그 도축수수료를 지급하면서 받은 세금계산서의 경우 도축두수에 비례하여 도축가액이 정해지고 사업자가 자가도축분과 임도축분에 대하여 구분경리하고 있다면 과세수입금액 및 면세수입금액과 개별대응이 가능하여 실지귀속에 따른 공제원칙에 따라 자가도축분에 해당하는 매입세액은 불공제, 임도축분에 대한 매입세액은 공제할 수 있다(서면-2015-법령해석부가-1222, 2015. 7. 28. ; 부가-768, 2013. 8. 28. ; 조심 2010서2420, 2011. 8. 26.).

2016년 시행령 개정으로 도축장의 공통매입세액 안분계산에 있어 불합리한 것은 해결되었지만, 부가가치세법이 규정한 안분방법 외의 방법이 가능한지에 대하여 논란의 여지가 있으므로 납세자는 결국 실지귀속을 확인할 수 있도록 계약형태로 변경하거나 실지귀속을 객관적으로 확인할 수 있는 증빙을 갖추어 실지귀속에 따른 공통매입세액 안분계산을 주장하는 것이 옳다고 본다.

(6) 정비조합의 일반관리비 관련 매입세액의 안분계산방법

「도시 및 주거환경정비법」 제26조 제1항에 따라 재개발사업의 공공시행자로 지정된 공사가 개발사업과 관련된 공통매입세액을 안분계산하는 경우로서, 공사가 관리처분계획에 따라 토지등소유자에게 종전의 토지를 대신하여 공급(분양)하는 토지 또는 건축물의 경우에는 관리처분계획에 따른 분양가격을 면세사업등에 관련된 예정공급가액으로 보아 부가령 제81조 제4항을 적용하여 안분계산하고, 과세사업과 면세사업등의 공급가액이 확정되는 과세기간에 총공통매입세액에 대하여 전체과세기간의 총공급가액과 면세공급가액의 비율에 의하여 정산한다(재부가-223, 2021. 4. 15.).

그러나 위 사례와 같이 과세사업의 공급가액(일반분양분 건물)과 면세사업의 공급가액(일반분양분 토지)은 있으나, 비과세사업의 공급가액(토지등소유자 분양분 토지·건물)이 없는 경우에는 예정공급가액비율이 있는 것으로 보기 어려우므로 예정사용면적비율을 적용함이 타당하다 할 것이어서 기재부 해석은 문제가 있다고 본다.

5 공급가액을 안분계산한 재화의 공급 시 안분계산

과세사업과 면세사업에 대한 실지귀속이 분명하지 아니하는 재화를 공급받은 과세기간에 다시 공급하는 경우 재화의 공급시기에 세금계산서를 발급하고 부가가치세를 거래징수하여야 한다. 이처럼 부가가치세 과세분에 대한 공급가액 안분계산이 공통매입세액의 안분계산에 선행되어야 하므로 「직전 과세기간 중」의 공급가액비율로 부가가치세 공급가액이 계산된다.

따라서 취득 시 매입세액 중 공제되는 비율은 「공급받은 과세기간 중」의 공급가액비율로 하는 것보다 과세표준 계산 시에 적용된 「직전 과세기간 중」의 공급가액 비율을 적용하도록 하고 있다(부가칙 §54 ③).

6 | 안분계산 이후 과세기간에 면세사업으로 변경한 경우

1) 납세의무의 성립

부가가치세의 납세의무는 과세기간이 종료한 때에 성립하고 매출세액과 매입세액의 범위 또한 과세기간이 종료된 때를 기준으로 과세기간 내에 이루어진 매출과 매입거래의 각 공급가액에 의하여 정해진다.

이처럼 부가가치세 납세의무의 성립시기와 그 세액을 특정할 시기는 과세기간이 종료할 때이므로 면세사업에 관련 매입세액으로서 매출세액에서 공제하지 아니하는 매입세액의 범위 역시 과세기간이 종료할 때를 기준으로 특정되어야 한다.

따라서 면세사업에 관련된 매입세액인지 여부는 과세기간이 종료할 때를 기준으로 매입거래당사자가 거래 당시 가졌던 목적, 거래의 내용, 거래 이후의 과세기간 종료 시까지의 사정의 변화(예컨대, 면세사업의 전부 또는 일부를 과세사업으로 사업 내용을 변경하는 등) 등을 고려하여 정하여지는 것으로 보아야 한다(서울행정법원 2008구합28516, 2008. 10. 22.).

2) 과세기간 이후 사정변화가 공통매입세액에 영향을 미치는지 여부

과세·면세 겸영사업을 목적으로 하는 사업자가 추후 그 사업이 최종적으로 확정된 과세기간에 정산하는 것을 전제로 공통매입세액이 발생한 과세기간이 종료할 때를 기준으로 과세사업과 면세사업의 예정사용면적을 구분할 수 있는 경우라면 그 사업이 확정되지 않았다고 하더라도 이를 기준으로 해당 과세기간에 공제받을 매입세액을 정하는 것이며 이는 법인정관, 사업계획서의 작성 목적 및 사용 경위, 그간의 사업진행 상황 등을 종합하여 판단한다.

그 이후 수 개 과세기간이 경과한 이후에 관할관청의 협의를 얻지 못하였다거나 불가항력적 사정 등 사정변화에 의하여 면세사업의 수입금액만 발생한다고 하여 소급적으로 면세사업인지, 면세사업에 관련된 매입세액인지가 변경되는 것은 아니다.

7 | 공통매입세액 안분계산의 생략

(1) 일반적인 경우

공통사용되는 매입세액이라 하더라도 총공급가액 중 면세공급가액이 차지하는 비율이 무시해도 무방할 정도로 미미한 경우 납부세액 계산의 편의와 경제성, 중요성, 납세자의 이익을 위하여 다음의 경우에는 전액 공제되는 매입세액으로 하고 있다(부가령 §81 ②).

① 해당 과세기간의 총공급가액 중 면세공급가액이 5% 미만인 경우의 공통매입세액(2010. 2. 18. 이후 공급받는 분부터는 공통매입세액이 5백만 원 이상인 경우는 제외한다)

② 해당 과세기간 중의 공통매입세액이 5만 원 미만인 경우의 매입세액(2010. 2. 18. 시행령 개정 전에는 2만 원) 미만인 경우

③ 재화를 공급한 날이 속하는 과세기간에 신규로 사업을 개시한 자가 해당 과세기간 중에 공급받은 재화를 해당 과세기간 중에 공급하는 경우

같은 취지에서 과세・면세 공통사용 재화(감가상각자산 제외)로서 공통매입세액 안분계산을 생략하고 전액 공제받은 경우 납부세액 및 환급세액 재계산규정도 적용하지 아니하며, 해당 재화를 면세사업에 사용하는 경우에도 부가법 제10조 제1항에 규정하는 자가공급으로 과세하지 아니한다(부가 22601-1727, 1988. 9. 30.).

핵심정리

○ 위 "②"에서 공통매입세액이 5만 원 미만이라 함은 해당 과세기간 중 발생한 공통매입세액의 총합계액이 5만 원 미만인 경우를 말하는 것이지 자산 구입 등 건별 세액을 말하는 것이 아니다.

○ 위 "①"에서 2010년 1기 공통매입세액 안분계산 시에는 공통매입세액 5백만 원 여부 판정에 있어 2010. 2. 18. 이후 2010. 6. 30.까지의 공통매입세액 합계액을 기준으로 5백만 원 이상인 경우 공통매입세액을 안분계산하고 그 후 과세기간부터는 과세기간 개시일부터 종료일까지의 공통매입세액합계액으로 한다(재부가-411, 2010. 6. 24.).

(2) 사용예정 면적이 5% 미만인 경우

해당 과세기간의 총공급가액 중 면세공급가액이 5% 미만인 경우의 공통매입세액은 공통매입세액 안분계산 생략규정에 따라 전액 공제하나, 해당 과세기간의 총예정사용면적 중 면세사업 예정사용면적비율이 5% 미만인 경우는 그 면적비율에 따라 공통매입세액 안분계산하여야 한다(재소비 46015-229, 1996. 8. 5.).

(3) 사업개시 전·후 사업권 등 양도 시 공급가액 및 매입세액공제 방법

1) 사업개시 전 사업권 등의 양도

가. 사실관계

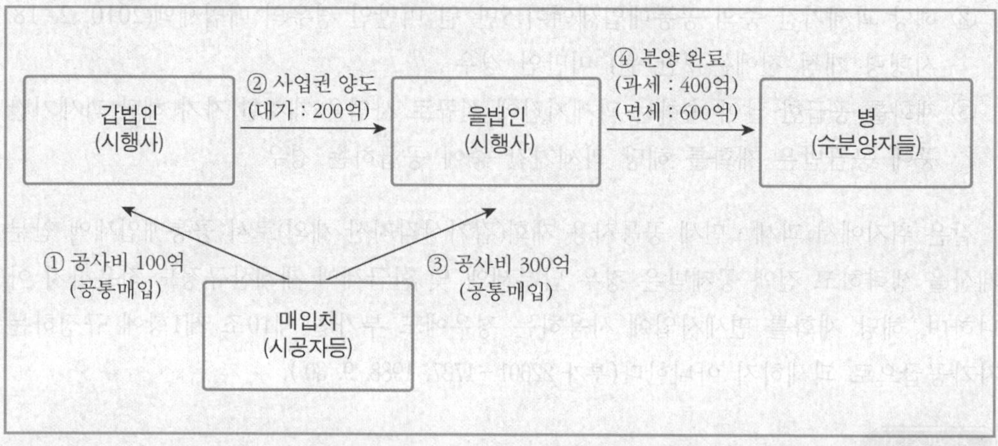

갑법인은 과세 및 면세대상 건축물을 신축·분양할 예정이었으나 사정상 공사초기(분양 개시 전) 자신의 해당 사업을 을법인에게 양도하였고, 해당 사업권대가로 200억 원(부가세 별도)을 받았다. 공사비는 모두 외주를 주어 건축물을 신축하였고, 갑과 을의 과세·면세비율은 4 : 6으로 변동이 없었다고 가정한다(토지가액은 고려하지 않기로 한다).

나. 사업양도에 해당하지 아니하는 경우

① 부가법령상 공급가액 및 공제받는 매입세액의 결정

사업자(이하 "양도인")가 과세·면세 겸영사업을 영위하기 위해 사업부지를 매입하고 사업계획승인을 신청하는 등 사업준비를 진행하다 사업개시 전에 해당 사업부지 및 사업권(또는 영업권 등 기타 권리를 포함한 개념으로 한다) 일체를 다른 사업자(이하 "양수인")에게 양도하는 경우 양도인은 부가령 제63조 제3항 제3호에 따라 토지 및 면세재화를 제외한 사업권 등의 양도가액을 공급가액으로 기재한 세금계산서를 양수인에게 발급하는 것이며, 양도인은 양도일이 속하는 과세기간까지 공통매입세액 면세사업분으로 불공제된 매입세액은 부가령 제81조 제2항 제3호에 따라 양도일이 속하는 과세기간에 전액 공제(정산)하여야 한다. 다만, 양도가액 중에 토지의 취득이나 자본적 지출이 있다면 사업양수자는 해당 매입세액 중 토지 관련 매입세액은 불공제하여야 한다.

한편 양수인은 해당 사업권을 양도인과 동일한 과세·면세사업에 사용·수익하게 되므로 부가법 제40조 및 부가령 제81조에 따라 공통매입세액을 안분계산하여야 한다(서면

-2021-법령해석부가-1717, 2021. 8. 17. ; 조심 2018서3862, 2018. 12. 11. ; 사전-2015-법령해석부가-0395, 2015. 11. 26. ; 부가-167, 2011. 2. 23. ; 사전-2021-법령해석부가-0900, 2021. 7. 9.).

※ 이상과 다른 취지의 국세청 해석이 있으나 동 해석으로 모두 정비되었다고 보아야 할 것이다.

사업권은 통상적으로 양도자의 사업양도 전에 이미 투입된 비용과 향후 초과수익력을 고려하여 평가되는바, 동 사업권 금액 중 기 투입비가 과세사업과 면세사업분으로 명백히 구분되어 감정평가법인 등을 통하여 별도 평가하였다면 그에 해당하는 매입세액은 그 사업권의 면세여부에 따라 공제 여부를 달리하는 것이 타당할 것이나 사업개시전의 경우에는 이것을 인정하지 아니하고 부가령 제63조 제3항 제3호 및 부가령 제81조 제2항 제3호에 따라 처리할 수밖에 없다.

▌서울행정법원 2008구합28516, 2008. 10. 22.

사업개시 전 사업권을 양도한 양도자는 건설업을 영위하는 회사로서 그 스스로 면세사업을 영위하거나 이 사건 사업권을 면세사업에 제공하였던 것이 아니라면 동 사업권을 양도하면서 부가가치세를 납부하는 것은 당연하고, 원고는 이 사건 사업권의 양도거래가 과세대상 사업임을 이유로 취득 관련 매입세액을 안분계산하여 면세 관련 매입세액을 추징한 처분은 위법하다고 주장하나, 동 사업권을 양수하여 전부 또는 일부를 면세사업에 사용하게 되면 그 해당 면세부분에 관하여 양수자가 매입세액으로서 공제받지 못하게 되는 것은 부가가치세법이 정하고 있는 면세사업의 개념에 따른 결과일 뿐이며, 양수자가 동 사업권 중 일부를 면세사업에 제공함에 따라 매입세액을 공제받지 못한다고 하여 양도자까지 면세사업을 영위하였는지에 불문하고 당연히 그 해당 부분에 대한 부가가치세 납부의무가 면해지는 것은 아니다.

② 위 "가"의 사실관계에서의 공급가액과 매입세액의 계산

갑법인은 공사비 100억 원 중 40억 원에 해당하는 4억 원을 공제받았을 것이나, 사업개시 전에 사업을 양도하는 경우 부가령 제81조 제2항 제3호에 따라 6억 원을 추가공제받고 사업권 양도대가 200억 원 전액을 공급가액(부가령 제63조 제3항 제3호)으로 하여 세금계산서를 발급한다(갑법인은 과세사업자와 동일하게 창출된 100억 원의 부가가치에 대한 부가가치세 총 10억 원을 납부하게 됨).

을법인은 200억 원을 공급가액으로 기재한 세금계산서를 수취하여 그 중 60%(면세비율)를 불공제하여 8억 원만 공제받는다. 을법인은 추가 건축물 공사비 공통매입세액 중 12억 원만 매입세액 공제받고 과세분 분양수입금액 400억 원에 대한 부가가치세 40억 원은 매출세액이 된다. 을법인의 분양사업으로 인한 부가가치세 총부담액은 20억 원이 되며, 갑법인과 을법인이 총부담한 부가가치세액은 30억 원이 된다(서면-2021-법령해석부가-1717, 2021. 8. 17.).

③ 특수한 경우 사업권 공급가액의 결정

사업 개시전(분양 전)에 사업을 넘기는 경우 사업권이나 영업권은 향후 과세·면세공통사용 재화가 될 것으로서 사업양도과정에서 일시에 발생된 것이며, 과세사업과 면세사업등에 공통으로 사용된 재화라고 보기 어려운 점이 분명 있다. 부가령 제63조 제3항 제3호에서는 신규 사업 개시로 직전 과세기간이 없는 경우 해당 재화의 공급가액 전부를 과세표준으로 하도록 규정하고, 위 규정이 적용되는 경우 부가령 제81조 제2항 제3호에서 관련 매입세액 전부를 공제하도록 규정하고 있다. 하지만 겸영사업자라고 하더라도 사업 개시전 과세기간 동안 면세매입가액만 발생하여 면세사업 관련 매입만 있고 공통매입세액이 없는 경우 향후 과세사업이 계획되어 있다는 사유로 사업권 양도가액 전부를 과세표준으로 삼는다는 것은 부가령 제81조 제2항 제3호의 취지에 반한다.

과세사업비율이 전체 사업에서 차지하는 비율이 만약 1∼5%라고 가정하면 사업권가액 중 면세비율이 대부분임에도 불구하고 사업권가액 전부를 공급가액으로 기재하여 세금계산서를 발급하고 양수자는 거래징수당한 매입세액의 대부분을 불공제하여 누적효과가 발생한다는 점에서 위 규정도 문제점을 가지고 있다.

특히 과세·면세겸영사업을 예정하고 사업개시 전에 사업을 양도하는 경우로서 과세매입만 발생하였다거나 면세매입만 발생한 경우에는 부가령 제81조 제2항 제3호 적용을 배제하는 것이 합리적이라고 판단된다.

다. 포괄적 사업양도에 해당하는 경우

① 대리납부를 선택하지 아니한 경우

사업개시 전이라도 부가법 제11조 제9항이 정하는 재화의 공급으로 보지 아니하는 사업양도(이하 "포괄적 사업양도"라 한다)에 해당할 수 있는데 사업장의 경영주체만 변경되었을뿐 해당 사업장은 영속되는 경우 해당 사업의 양도는 재화의 공급으로 보지 아니할뿐 사업양도대가가 비과세 또는 면세사업의 수입금액이 아니므로 포괄적 사업양도에 따른 용역비 지출 관련 매입세액은 전액 공제되고, 위 부가령 제63조 제3항 제3호 및 부가령 제81조 제2항 제3호의 적용 여지도 없다. 사업양수자도 사업양도대가 지급으로 인한 수취한 세금계산서가 없으므로 사업양수 과정에서의 공통매입세액 안분계산의 필요가 없고, 다만 사업양수일 이후 발생하는 공통매입세액에 대해서만 안분계산하면 된다. 사업양도자 및 양수자는 세금계산서 등을 발급하지 않고 사업권 양도대금만을 수수하는 것으로 종결된다.

위 “가”의 사실관계에서 갑법인의 사업권 양도가 포괄적 사업양도인 경우, 갑법인은 공사비 공통매입세액 10억 원 중 4억 원을 환급받는 것으로 종결되고, 사업권 양도대가도 재화의 공급에 해당하지 않아 세금계산서 발급의무가 없다. 을법인도 사업권 양수로 인한 공통매입세액안분계산은 없으며, 과세분 분양 400억 원에 대한 부가가치세 40억 원과 추가공사비 공통매입세액 30억 원 중 12억 원을 공제받아 총 28억 원의 부가가치세를 부담한다. 따라서 갑법인과 을법인의 총부담세액은 24억 원이다.

② 대리납부를 선택한 경우

사업양도가 분명함에도 부가법 제52조 제4항에 따라 대리납부하면서 세금계산서가 수수되었다면 그 공급가액은 사업권가액이 포함된 사업양도대금이거나 개별자산별로 구분한 것들 중 과세대상 재화에 대한 대가일 것이다. 아울러 2018년부터는 포괄적 사업양도 해당 여부가 불분명한 경우에도 대리납부하고 세금계산서를 수수한 경우 해당 세금계산서에 따라 사업양도자는 신고·납부(대리납부세액을 납부세액에서 차감)하고 양수자는 해당 세금계산서에 의하여 매입세액을 공제받을 수 있다.

사업양도에 해당하는 경우로서 양도자 및 양수자간에 대리납부를 선택하였든 선택하지 아니하였든 단순한 선택의 문제이므로 사업양수도 과정에서 사업양도자 및 사업양수자의 부가가치세 부담은 모두 동일하여야 포괄적 사업양도시 대리납부 도입취지에 부합한다. 그러나 국세청은 아래 대리납부를 선택한 사업양수자가 포괄적 사업양수도과정에서 수취한 세금계산서상의 매입세액을 해당 과세기간의 과세·면세공급가액의 비율로 안분계산하여야 한다고 해석하고 있다.

사업양수도 과정에서 수취한 세금계산서상의 사업권 등이 면세사업에 공통으로 사용되고 있고 대리납부시 수수한 세금계산서상 매입세액을 전액 공제하여야 한다는 명시적 규정이 없다는 이유에서이다(현재까지 명시적 유권해석은 없다).

국세청의 공통매입세액안분계산 논리 중 다른 하나는, 사업양도 대리납부제도는 포괄적 사업양도인 경우뿐만 아니라 포괄적 사업양도 여부가 불분명한 경우나 사실상 사업양도가 아님에도 불분명한 것으로 보아 적용될 수도 있으므로 만약 사업양도가 아님에도 대리납부를 선택하여 세금계산서가 발급되었다면 위 “나”의 “①”과 같이 양도자는 사업양도대가 전액에 대해 세금계산서를 발급하고, 양수자는 공통매입세액안분계산을 통하여 불공제되는 매입세액이 발생하는데 대리납부를 선택했다는 이유만으로 공통매입세액안분계산을 배제한다면 대리납부제도를 부가가치세 탈세의 수단으로 악용될 수 있다는 것이다.

사업양도 해당여부에 대한 판단이 국세청, 기재부, 조세심판원 및 법원에 따라 다른 경우가 많아 납세자 권익보호 차원에서 신설된 규정일 뿐이므로 포괄적 사업양도임이 명확하다는 전제하에서 을법인이 대리납부 여부에 따라 해당 사업장의 공제 또는 납부하는 부가가치세 총부담액이 달라져서는 아니된다. 결국 사업양도인 경우 위 "다"의 "①" 사례와 같이 갑법인 및 을법인의 사업양도로 인한 총부담세액이 동일하여야 하므로 포괄적 사업양도임에도 사업권 양도금액 전부에 대하여 또는 일부(과세표준안분계산한 경우 포함)에 대하여 세금계산서를 발급한 경우에는 예외적으로 사업양수자는 해당 매입세액을 전부 공제하여 주는 것이 포괄적 사업양도의 본질이나 조세중립성 유지 차원에서 맞다고 본다.

국세청 주장과 같이 일응 악용될 소지는 있지만 포괄적 사업양도임이 불분명하여 대리납부를 선택하였는데 과세·면세겸영사업자의 경우는 사후에 포괄적 사업양도 여부를 명확히 가려내야 한다는 실무상 어려움이 발생하고 포괄적 사업양도에 대한 판단의 어려움으로 인한 세무상 리스크가 납세자에게 전가된다는 점에서 불합리하다.

2) 사업 개시 후에 사업권이 양도되는 경우

가. 사업양도에 해당하지 아니하는 경우

① 공급가액 계산

과세사업과 면세사업(과세되지 아니하는 사업 포함)에 공통적으로 사용된 재화를 공급하는 경우 공급가액의 안분계산은, 해당 재화의 공급가액을 재화를 공급한 날이 속하는 과세기간의 직전 과세기간의 총 공급가액에서 재화를 공급한 날이 속하는 과세기간의 직전 과세기간의 과세공급가액이 차지하는 비율에 의하여 계산하여야 한다(특히 사업권은 사용면적비율에 따라 계산할 수는 없을 것이므로 다른 안분계산방법은 생략한다)(부가령 §63 ①, ②). 이때 휴업 등으로 직전 과세기간의 공급가액이 없는 경우에는 그 재화를 공급한 날에 가장 가까운 과세기간의 공급가액으로 계산한다.

즉, 재화의 범위에 속하는 사업권이나 영업권을 사업개시 전에 양도한다면 위 "1)"에 따라 양도가액을 공급가액으로, 관련 매입세액은 전액 공제되도록 조정하는 것이고, 사업이 개시된 후에 과세·면세사업에 사용하던 중에 양도하는 경우는 직전 과세기간의 공급가액비율로 안분하여 과세분에 해당하는 공급가액을 계산하여 이를 공급가액으로 기재한 세금계산서를 발급한다.

물론 사업개시전 양도와 달리 사업개시 이후 직전 과세기간이 있는 경우에는 감정평가등을 통하여 그 구분이 가능한 경우로서 과세사업에만을 위한 사업권 및 영업권은 양도가액 전부를 공급가액으로, 면세사업만을 위한 것이라면 양도가액 전부에 대하여 계산서를 발급할 수 있을 것이다(부가 46015-2492, 1998. 11. 4. 외 다수).

> **▌과세·면세 겸영사업자의 영업권 공급가액 계산**
>
> 사업의 양도가 아닌 방법으로 여러 개의 사업장을 동시에 양도하면서 영업권의 대가를 받는 경우 각 사업장별 영업권의 대가에 대한 과세표준은 각 사업장별로 영업권의 대가가 구분되는 경우에는 양도일이 속하는 과세기간의 직전 과세기간의 공급가액 비율에 의하여 영업권의 대가를 각 사업장별로 안분하여 계산하며, 이 경우 자기의 다른 사업장으로 재화를 반출함으로써 공급가액이 없는 사업장에 대하여는 다른 사업장으로 반출한 재화 등의 반출가액을 기준으로 공급가액을 적용한다(부가 46015-2492, 1998. 11. 4.).

② 양수자의 누적효과 발생의 문제

위 "①"과 같이 양도인이 발급한 세금계산서상의 매입세액에 대하여 국세청이나 조세심판원은 양수인이 전액 공제받는 것이 아니라, 양수인이 취득 시 부담한 매입세액을 부가법 제40조 및 부가령 제81조 제1항에 규정하는 산식에 따라 공통매입세액안분계산하여 면세비율에 상응하는 매입세액은 결국 불공제하여야 한다고 해석하고 있다(사전-2015-법령해석부가-0395, 2015. 11. 26. ; 부가 46015-2282, 1998. 10. 10.). 현행 예외 규정이 없는 한 일응 문리해석상 어쩔 수 없다고 본다. 따라서 이러한 누적효과 발생 문제는 법령개정이 아니고서는 해결될 수 여지는 없다.

사업개시부터 사업종료 시까지 해당 사업에 대한 과세·면세 매출 및 매입의 총액이 동일하다는 가정하에 살펴보면,

㉠ 사업권 등의 양도가 없이 사업이 종료되는 경우

㉡ 사업권 등의 양도가 있는 경우로서 사업권 양도가액 200(세액 기준), 직전 과세기간 과세공급가액비율 60%, 양수인의 사업권 취득 과세기간의 면세수입금액 비율이 50%인 경우

"㉡" 사례의 경우 사업권 취득 시 120의 부가가치세를 부담하고도 매입세액(200×60%×50%=60)이 불공제되어 누적효과로 인한 비용의 추가부담(60)이 발생되는 문제가 발생하며, 사업이 종료될 때까지 사업권의 양도가 반복될수록 더욱 누적효과 발생액은 증가하게 된다.

나. 사업양도에 해당하는 경우

① 재화의 공급이 아닌 것으로 처리하는 경우

사업 개시 후에 부가법 제11조 제9항의 포괄적 사업양도가 이루어진 경우에도 역시 재화의 공급으로 보지 아니하는 바 부가령 제63조 제3항 제3호 및 부가령 제81조 제2항 제3호가 적용되지 아니하고 세금계산서도 발급할 필요가 없다. 사업양수자도 사업양수

일 이후 발생하는 공통매입세액에 대해서만 안분계산하면 되고, 사업양도자 및 양수자 간 사업권 등 사업양도대금만 수수하는 것으로 종결된다.

② 대리납부하는 경우

대리납부를 선택함에 따라 세금계산서를 발급하는 경우 먼저 공급가액을 산정하는 방법은 직전 과세기간의 과세·면세공급가액의 비율에 따라 과세공급가액을 산정하여야 한다. 영업권이나 사업권의 경우 과세사업과 면세사업이 구분되어 감정평가법인을 통해 각각 감정하여 그 공급가액을 산정할 수도 있지만 과세·면세사업에 공통으로 사용하던 재화의 경우 직전 과세기간의 과세·면세공급가액의 비율에 따라 안분할 수밖에 없다. 종전 기재부 해석에 따라 사업이라는 단일 재화를 양도하는 것이므로 그 받은 대가를 과세·면세공급가액의 비율에 따라 안분할 수도 있을 것이다.

위 세금계산서를 수취한 사업양수자의 매입세액공제가 문제되는데 사업양도자가 이미 면세부분을 제외하고 세금계산서를 발급한 것인데 다시 사업양수자가 사업양수일 이후 과세기간의 과세·면세공급가액비율에 따라 또다시 공통매입세액안분계산을 하여야 하는지 문제가 된다.

앞 "1)"의 사례에서는 사업양도자가 매입세액 전액이 공제되고 양도가액 전액을 과세하면서 사업양수자는 매입세액을 안분계산하므로 어느 정도 누적효과가 감소되는 효과가 있으나 이 경우에는 세금계산서수취액에 다시 면세비율을 곱한 금액이 불공제됨으로 인하여 누적효과가 더 커지고 위 "①"을 선택한 경우와 비교하면 조세중립성이 훼손된다.

③ 사업양도가 아님에도 불분명한 것으로 보아 대리납부를 선택한 경우

국세청은 사업양도인 경우에도 위 "나"와 같이 처리하도록 안내하고 있으므로 사업양도가 아닌 경우의 세무처리방법인 "2)의 가"와 동일한 세무처리가 되므로 문제의 소지가 없다.

다. 과세표준안분계산없이 세금계산서를 발급한 경우

부가가치세 과세사업과 면세사업의 겸업법인이 지점의 시설비와 영업권으로 과세·면세사업 공통사용재화로 임차권 등 제반권리를 양도할 때 직전과세기간의 과세·면세공급가액비율로 안분계산하지 아니하고 양도가액 전액에 대해 세금계산서를 발행하였고 양수인은 이를 전액 매출세액에서 매입세액으로 공제한 경우 세금계산서 발행시 과세·면세사업으로 안분계산을 하지 않아 양수자가 과다공제한 금액에 대해 해당 매입세액은 불공제되어야 한다(조심 2015서2359, 2016. 3. 21. ; 조심 2019중1300, 2019. 6. 5.). 물론 과다하게 세금계산서를 발급한 사업양도자는 매출세액을 감액하고 과다납부한 부가가치세액을 돌려 주어야 할 것이다.

3) 과세 · 면세 겸영사업자가 과세사업용 권리를 매각하는 경우

과세 · 면세 겸영사업자라고 하더라도 그 사업자가 상표권이라는 목적물 특성상 특별한 인적기반이나 물적설비를 갖추지 않더라도 사용 · 수익이 가능하다거나, 상표권의 사용이 면세사업과 무관하게 과세사업에만 사용 · 수익되었음이 확인되거나 면세사업과 독립된 상표권 임대업에 사용되던 과세대상 재화를 공급한 것이라면 그 양도가액 전부가 과세되는 것이어서 부가가치세 과세표준안분계산대상이 아니다(부산고법 2022누21016, 2022. 11. 9. ; 대법원 2022두65221, 2023. 3. 16.). 물론 동 상표권 양수자는 과세사업에 사용함을 전제로 전액 매입세액공제가 가능할 것이다.

아울러 해당 상표권의 취득 당시 등록비용 등 매입세액으로 일부라도 공제받은 사실이 확인된다면 자기생산 · 취득재화로서 사업상 증여나 개인적 공급요건에 해당하고, 무상양도 전에 상표권을 일시적으로 무상사용하도록 해주었다고 하더라도 비과세사업이 된다고 볼 수는 없어 역시 시가를 공급가액으로 하는 간주공급에 해당되어 부가가치세가 과세된다.

4) 종합의견

과세사업자간에 포괄적 사업양도가 있는 경우로서 대리납부를 선택하여 세금계산서를 수수한 경우 대리납부세액 전액을 환급받을 수 있어 이로 인한 부가가치세 부담이 없다. 특히 사업양도과정에서 감가상각자산의 취득이 수반되므로 조기환급신청도 가능하다.

반면 과세 · 면세겸영사업자가 포괄적 사업양도 또는 포괄적 사업양도가 불분명한 경우로서 대리납부를 선택한 경우에는 대리납부세액 및 세금계산서상의 공급가액은 과세표준안분계산에 의하여 산정하여야 하고, 현행 공통매입세액안분계산 규정상 사업양수자의 매입세액공제에 있어서는 공통매입세액안분계산하여야 한다는 국세청과 조세심판원의 유사회신이 있었고 유선상 답변도 그러하다(조심 2018서3862, 2018. 12. 11.). 포괄적 사업양도인 경우로서 대리납부를 하지 아니하면 사업양수자의 불공제세액이 없으나, 대리납부한 경우에는 불공제세액이 발생한다는 문제점이 발생하므로 대리납부를 선택하도록 한 세무대리인에게 책임을 묻는 경우도 있어 주의가 요구된다.

8 | 사업자단위과세사업자의 공통매입세액 안분계산 방법

사업자단위과세사업자가 각 사업장에서 동일한 업종의 과세사업과 면세사업을 겸영하는 경우 공통매입세액의 안분계산은 각 사업장별로 부가령 제81조 제1항부터 제4항까지의 규정에 따라 계산한 후, 본점 또는 주사업장에서 이를 합산하여 신고한다(부가가치세과-814, 2009. 6. 15.).

9 | 전기통신사업자 및 한국철도공사의 공통매입세액 안분계산

1) 전기통신사업 및 철도운영사업자의 공통매입세액 특징

전기통신사업 및 철도운영사업의 특성상 어느 한 사업장에서 자산 등을 매입하는 경우 동 매입자산 등이 여러 개 사업장과 함께 관련되고 대부분의 시설이 과세사업과 면세사업에 공통으로 사용되어 사업장별로 그 관련 여부를 정확하게 계산하는 것이 어려울 뿐만 아니라 납세협력비용이 과다하게 커질 수 있고 공공적 성격이 강한 사업특성을 고려하여 전체 사업장의 과세·면세 공급가액의 비율로 안분계산한다(대전고법 2011누1878, 2012. 2. 9.).

2) 안분계산 방법

「전기통신사업법」에 따른 전기통신사업자 및 「한국철도공사법」에 따른 한국철도공사는 실지귀속을 구분하기 어려운 재화 또는 용역에 대해서만 개별사업장 단위가 아닌 전체 사업장의 과세공급가액과 면세공급가액의 비율을 적용한다(부가령 §81 ③).

$$\text{면세사업에 관련된 매입세액} = \text{공통매입세액} \times \frac{\text{전 사업장의 면세공급가액}}{\text{전 사업장의 총공급가액}}$$

3) 실지귀속이 구분되는 경우

전 사업장에 공통으로 관련되는 매입세액에 대하여는 위 계산식을 적용함을 원칙으로 하고, 특정 과세사업 또는 면세사업 부문에만 귀속되는 매입세액으로 명확히 구분되는 경우에는 그 실지귀속에 따라 공제 또는 불공제한다.

4) 전 사업장의 총공급가액과 면세공급가액의 의미

전 사업장의 총공급가액은 해당 과세기간의 모든 사업장(「전기통신사업법」에 따른 전기통신사업자의 경우에는 공통매입세액과 관련된 해당 과세기간의 모든 사업장)의 과세사업에 대한 공급가액과 면세사업 등에 대한 수입금액의 합계액으로 하고, 같은 항의 계산식에 따른 전 사업장의 면세공급가액은 해당 과세기간의 모든 사업장(「전기통신사

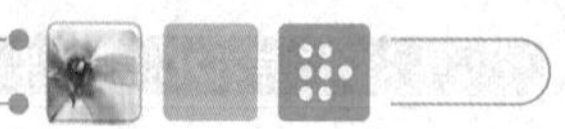

업법」에 따른 전기통신사업자의 경우에는 공통매입세액과 관련된 해당 과세기간의 모든 사업장)의 면세사업 등에 대한 수입금액으로 한다(부가칙 §54 ④).

10 | 공통사용건물에 대한 공통매입세액 안분계산 방법

토지를 제외한 건물 또는 구축물에 대하여 부가령 제81조 제4항 제3호(예정사용면적비율)를 적용하여 공통매입세액 안분계산을 하였을 때에는 그 후 과세사업과 면세사업 등의 공급가액이 모두 있게 되어 면세공급가액과 총공급가액의 비율에 따라 공통매입세액을 계산할 수 있는 경우에도 과세사업과 면세사업 등의 사용면적이 확정되기 전의 과세기간까지는 예정사용면적비율을 적용하고, 과세사업과 면세사업 등의 사용면적이 확정되는 과세기간에 부가령 제82조 제2호에 따라 공통매입세액을 정산한다(부가령 §81 ⑤ ; 재부가-342(9), 2011. 5. 30.).

이 규정은 최초 부가가치세 신고 시 예정사용면적으로 안분계산한 후의 과세기간에 과세, 면세수입금액이 모두 발생한 경우에도 부가가치세 신고 시 예정사용면적으로 안분계산하여야 하고, 사용면적이 확정되는 과세기간에 정산하도록 한 규정이다.

11 | 공통매입세액 안분계산의 시기

공통매입세액을 안분계산하는 시기는 예정신고기간에는 예정신고기간분으로 안분계산하고 확정신고하는 때에는 해당 과세기간 전체의 총공급가액 및 면세공급가액으로 정산하여 부가가치세를 신고 · 납부한다.

공통매입세액을 안분계산함에 있어 부가법 제59조 제2항의 규정이 적용되어 예정신고기간 중 또는 과세기간 최종 3개월 중 매월 또는 매 2개월(이하 "영세율 등 조기환급기간"이라 한다)에 영세율 등 조기환급기간에 대한 과세표준과 환급세액을 정부에 신고하는 경우에는 각 영세율 등 조기환급기간별로 해당 공통매입세액을 안분계산할 수 있다. 다만, 이 경우에도 부가령 제81조 제1항에 따라 확정신고하는 때에 정산하여야 한다(서면3팀-1169, 2008. 6. 10.).

사업자가 사업개시 전 공통매입세액 발생분에 대하여 안분계산하지 아니하고 예정신고나 확정신고를 한 경우 사업계획서상 예정공급가액 등의 비율로 안분하여 경정하여야 한다(조심 2011중2446, 2011. 11. 1. ; 심사부가 2005-0221, 2005. 9. 30. ; 부가-0255, 2015. 9. 16.). 반대로 공통매입세액을 전액 불공제처리하여 신고·납부한 경우 예정공급가액이나 예정사용면적 등의 비율로 안분하여 경정청구 기한 내에 부가령 제81조 제5항 및 제82조에 따라 정산할 수 있다(부가-4805, 2008. 12. 15. ; 서면법규과-1284, 2013. 11. 27.).

12 | 안분계산한 공통매입세액의 부가가치세 신고서상 기재방법

공통매입세액 정산분 및 납부·환급세액재계산으로 산출된 세액은 부가가치세신고서 '공제받지 못할 매입세액 명세'란의 '공통매입세액 면세사업'분에 (+) 또는 (-)로 기재한다.

13 | 공통매입세액의 회계처리

과세사업과 면세사업에 공통으로 사용되는 재화 또는 용역을 공급받아 공통매입세액의 안분계산을 해당 과세기간의 공급가액으로 하는 경우 매입세금계산서를 수취한 시점에서는 공급가액을 파악할 수 없으므로 공통매입세액 전액을 부가가치세대급금에 계상한 후 면세사업분에 대한 불공제세액이 확정되면 동 불공제세액을 자산의 취득가액 또는 매입원가에 가산하거나, 매입세금계산서 수취시점에 불공제세액을 추정하여 해당 자산의 취득원가 또는 매입원가에 가산한 후 불공제세액이 확정되면 그 차액을 조정한다(한국회계연구원 질의회신 02-068).

핵심정리

면세사업자가 공제받지 못한 부가가치세액은 재고자산의 취득과 관련된 경우 원가를 구성하고, 감가상각자산의 취득과 관련된 경우에는 취득가액에 가산하게 된다. 과세사업과 면세사업을 겸영하는 사업자는 공통매입세액 안분계산 및 정산, 납부·환급세액의 재계산으로 불공제된 매입세액도 이와 같이 처리하게 되며, 납부·환급세액계산 시 추가공제된 세액은 감가상각자산의 취득원가에서 차감한다.

14 | 공통매입세액 안분계산, 정산, 재계산의 흐름

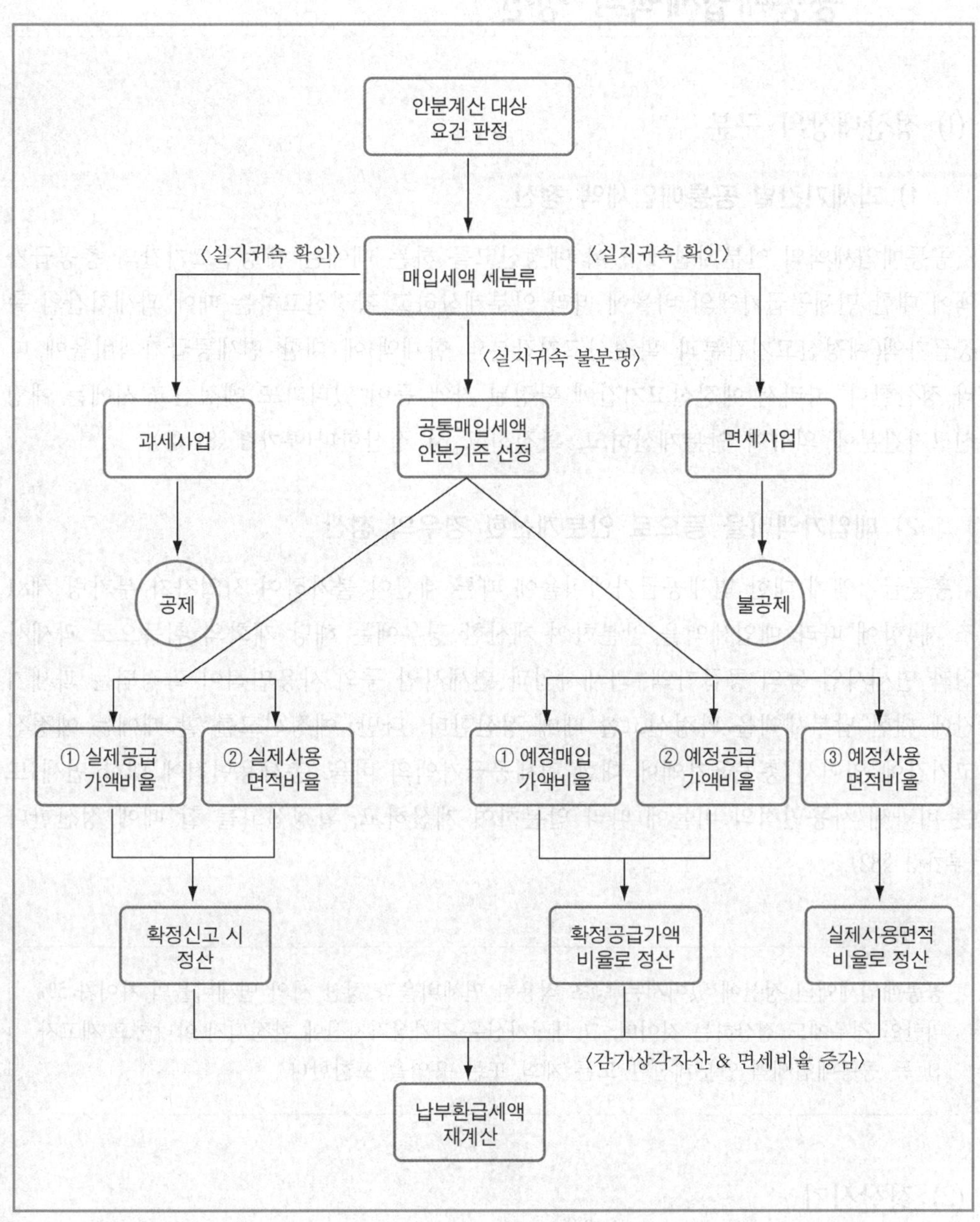

IV 공통매입세액의 정산

(1) 정산대상의 구분

1) 과세기간별 공통매입세액 정산

공통매입세액의 안분계산에 있어 예정신고를 하는 때에는 예정신고기간의 총공급가액에 대한 면세공급가액의 비율에 따라 안분계산하고 확정신고하는 때에 과세기간의 총공급가액(예정신고기간분과 확정신고기간분의 합계액)에 대한 면세공급가액비율에 따라 정산한다. 따라서 예정신고기간에 확정된 가액 등이 있더라도 예정신고 시에는 예정신고기간분에 의하여 안분계산하고, 확정신고 시 정산한다(부가령 §81 ①).

2) 매입가액비율 등으로 안분계산한 경우의 정산

총공급가액에 대한 면세공급가액비율에 따른 계산이 불가하여 사업자가 부가령 제81조 제4항에 따라 매입세액을 안분하여 계산한 경우에는 해당 재화의 취득으로 과세사업과 면세사업 등의 공급가액, 과세사업과 면세사업 등의 사용면적이 확정되는 과세기간에 대한 납부세액을 확정신고할 때에 정산한다. 다만, 예정신고를 할 때에는 예정신고기간에 있어서 총공급가액에 대한 면세공급가액의 비율, 총사용면적에 대한 면세 또는 비과세 사용면적의 비율에 따라 안분하여 계산하고, 확정신고를 할 때에 정산한다(부가령 §82).

핵심정리

공통매입세액의 정산에 있어서는 당초 적용한 면세비율과 정산 시의 면세비율의 차이가 5% 미만인 경우에도 정산하는 것이며, 그 대상자산은 감가상각자산에 한정되지 아니하고 재고자산 등 공통매입세액 안분계산한 모든 재화 또는 용역을 포함한다.

(2) 정산시기

공통매입세액을 정산하는 시기는 해당 재화 또는 용역의 취득과 관련된 과세사업과 면세사업의 공급가액 또는 과세사업과 면세사업의 사용면적이 확정되는 과세기간의 확정신고를 하는 때이다.

1) 공급가액이 확정되는 과세기간

공급가액이 확정되는 과세기간이란 공통사용 재화 등을 실제로 과세사업과 면세사업에 사용하여 총공급가액에 대한 면세공급가액의 비율이 발생하는 과세기간을 말한다.

2) 사용면적이 확정되는 과세기간

"과세사업과 면세사업의 사용면적이 확정되는 과세기간"이라 함은 공통매입세액을 안분계산함에 있어서 해당 신설 사업장(또는 건축물)을 실제로 과세사업과 면세사업(비과세사업을 포함한다. 이하 같다)에 사용하여 총사용면적에 대한 면세사용면적의 비율이 발생하는 과세기간을 말하는 것이므로 과세사업 부분은 사용하지 아니하고 면세사업의 사용면적만이 있는 과세기간 또는 과세사업의 사용면적만 있는 과세기간은 과세사업과 면세사업의 사용면적이 확정되는 과세기간에 해당하지 아니한다(서면3팀-329, 2005. 3. 9.).

다만, 위 사례는 (상시 주거용)주택과 상가(임대)로 그 용도구분이 사전에 정해져 신축하는 경우로서 해당 용도로 사용될 수밖에 없는 경우라면 설계변경이 없다는 전제하에서는 예정사용면적과 확정면적의 비율 차이가 없어 정산 문제가 발생하지 않을 것이다.

3) 부동산매매업에 있어 공급가액이 확정되는 과세기간의 의미

부가령 제82조에 따라 공통매입세액을 정산함에 있어서 건물의 준공 전에 분양이 완료된 아파트형공장 건설분양의 경우 분양이 완료되면 공급가액이 확정된 것으로 볼 수 있으므로 '확정되는 과세기간'은 분양이 완료된 과세기간이 되는 것이며, 과세·면세사업의 공급가액이 계속적으로 여러 과세기간에 걸쳐 발생되어 그 비율이 변동되는 경우의 '총공급가액'은 공급가액이 발생된 전체과세기간의 공급가액 합계액을 말하는 것이므로 건물의 준공전에 분양이 완료된 경우, 분양이 완료된 과세기간에 각 사업현장별 총공통매입세액에 대하여 전체 과세기간의 총공급가액과 총면세공급가액의 비율에 의하여 정산한다(재부가-529, 2010. 7. 30.).

※ 경제적 합리성에 비추어 타당한 해석이기는 하나, 분양종료 시까지 상당한 기간이 소요되는 분양사업에 있어 납세자나 과세관청 모두 사후관리가 어려울 것으로 보인다.

(3) 정산대상세액의 계산

1) 당초 매입가액비율 또는 예정공급가액비율에 따라 안분계산한 경우

당초 매입가액비율 또는 예정공급가액비율에 의하여 안분계산한 경우에는 과세사업과 면세사업의 공급가액이 확정되는 과세기간의 공급가액비율(총공급가액에 대한 면세공급가액의 비율)에 의하여 정산한다(부가령 §82 1).

$$\text{가산되거나 공제되는 세액} = \text{총공통매입세액} \times \left(1 - \frac{\text{과세사업과 면세사업 등의 공급가액이 확정되는 과세기간의 면세공급가액}}{\text{과세사업과 면세사업 등의 공급가액이 확정되는 과세기간의 총공급가액}}\right) - \text{이미 공제한 세액}$$

▌확정되는 과세기간의 '총공급가액' 및 '면세공급가액'의 산정

- 면세공급가액은 면세공급가액과 과세공급가액이 확정되는 과세기간 내에 그 공급시기에 공급하는 면세재화 또는 용역의 공급가액 합계액이므로 총공급가액은 면세공급가액와 과세공급가액이 확정되는 과세기간 내에 공급하는 면세공급가액과 과세공급가액의 합계액이 된다.
- 다만, 건설업이나 부동산매매업과 사업진행기간 중 과세·면세비율이 일정하지 않고 그 변동 폭이 큰 경우에 있어서는 위의 기준으로 총공급가액과 면세공급가액을 확정한다면 불합리한 부분이 발생되기 마련이고, 그 사업에 대한 종료 시까지의 누적된 공급가액을 기준으로 면세비율을 산정함이 가장 합리적이다. 그러나 미분양주택 등이 계속 남아 있는 경우 정산시기가 무한정 늘어날 수 있다는 문제점이 발생한다.

2) 예정사용면적비율에 따라 안분계산한 경우

당초 예정사용면적비율에 의하여 안분계산한 경우 과세사업과 면세사업의 사용면적이 확정되는 과세기간의 사용면적비율(총사용면적에 대한 면세 또는 비과세 사용면적의 비율)에 의하여 정산한다(부가령 §82 2).

$$\text{가산되거나 공제되는 세액} = \text{총공통매입세액} \times \left(1 - \frac{\text{과세사업과 면세사업 등의 사용면적이 확정되는 과세기간의 면세사용면적}}{\text{과세사업과 면세사업 등의 사용면적이 확정되는 과세기간의 총사용면적}}\right) - \text{이미 공제한 세액}$$

(4) 정산의 효과

공통매입세액 안분계산한 이후 공통매입세액을 정산한 결과 당초 과다하게 매입세액을 공제받아 추가납부세액이 발생된 경우 과다하게 공제받은 세액에 대하여 별도의 수정신고를 할 필요가 없으며 과소신고나 납부에 따른 가산세도 적용하지 않는다. 또한 당초 과소하게 공제받은 경우 정산하는 과세기간에 대한 납부세액에서 공제 또는 환급을 받게 된다.

(5) 공통매입세액 안분계산 및 정산의 사업장

과세 · 면세사업을 겸영하는 사업자가 과세사업과 면세사업에 사용할 지점건물을 신축함에 있어 공통매입세액의 안분계산 및 공통매입세액의 정산은 본점과 지점 중 세금계산서를 발급받은 어느 사업장에서도 가능하다(부가통칙 40-82-1).

(6) 그 밖의 사항

1) 확정신고 시 면세비율이 5% 미만이 된 경우 당초 불공제세액의 환급 여부

확정신고 시 해당 과세기간의 총공급가액에 대한 면세공급가액의 비율이 5% 미만으로 공통매입세액 안분계산 생략대상이 된 경우 예정신고 시 불공제된 매입세액에 대하여는 납부세액에서 공제하거나 경정청구를 통하여 환급받을 수 있다.

2) 공통매입세액 안분계산 누락 시 부과제척기간

과세사업과 면세사업에 공통으로 사용하기 위하여 시설투자한 매입세액은 과세사업과 면세사업의 수입금액 등이 확정되는 과세기간에 대한 확정신고 시에 정산하는 것이므로 부과제척기간의 기산일은 공통매입세액 정산대상 과세기간의 확정신고기한 다음날이 되며, 단순한 정산신고의 누락으로 인한 경정으로 5년의 제척기간을 적용한다.

V 납부세액 또는 환급세액의 재계산

1 의 의

공통매입세액을 안분계산한 이후 과세기간에 면세비율이 증감하였다고 하면 그 안분계산에 의한 매입세액공제액이 차이가 발생할 것이고, 그 재화가 감가상각자산인 경우 그 사용기간이 장기이기 때문에 이러한 차이는 더 커지게 된다. 이에 따라 감가상각자산에 대하여 공통매입세액의 안분계산에 따라 매입세액이 공제된 후 공통매입세액 안분기준에 따른 비율과 감가상각자산의 취득일이 속하는 과세기간(그 후의 과세기간에 재계산한 때는 그 재계산한 과세기간)에 적용되었던 공통매입세액 안분기준에 따른 비율이 5% 이상 차이가 나면 납부세액 또는 환급세액을 다시 계산하여 해당 과세기간의 확정신고와 함께 관할 세무서장에게 신고·납부하여야 하는 제도를 "납부세액 또는 환급세액의 재계산"이라 한다(부가법 §41, 부가령 §83).

하지만 감가상각자산의 구입과 관련된 매입세액을 안분계산하게 되는 기간은 해당 자산을 구입하여 사업에 사용하는 전체 기간 동안에 걸쳐 창출된 과세사업과 면세사업의 공급가액을 기준으로 안분계산하는 것이 이론상 또는 과세형평에 있어 가장 타당할 것이나, 계산상의 어려움과 납세편의 제공차원에서 총공급가액과 면세공급가액의 범위를 해당 과세기간의 공급가액을 기준으로 한정하고, 납부세액 및 환급세액을 재계산하는 기간도 건물 및 구축물의 경우 10년, 그 밖의 경우에는 2년이 경과하면 재계산을 하지 아니한다.

2 | 납부세액 또는 환급세액의 재계산 대상

납부세액 또는 환급세액을 재계산하여야 하는 대상은 다음의 경우에 모두 해당되어야 한다.

(1) 공통매입세액을 안분계산한 경우일 것

사업자가 과세사업과 면세사업을 겸영하는 경우 과세·면세사업에 관련된 매입세액으로서 실지귀속을 알 수 없는 공통매입세액을 부가법 제38조 제1항, 부가령 제81조, 제82조에 따라 공제된 경우에 한하여 재계산한다. 따라서 부가법 제10조 제1항, 부가령 제66조에 따라 면세전용으로 부가가치세가 과세되는 경우에는 납부·환급세액재계산대상에 해당하지 아니한다.

핵심정리

① 당초 안분계산이 생략된 자산
부가령 제81조에 따라 안분계산 없이 전액 매입세액공제된 과·면세 겸영자산의 경우 단순히 안분계산의 경제성 및 납세편의 차원에서 안분계산이 생략된 것이므로 재계산대상이 된다(재

소비 46015－313, 2003. 9. 19.). ⇐ 대법원은 반대의 해석임(대법원 83누225, 1984. 7. 24.).

② 당초 신고 시 안분계산대상이었으나 이를 누락한 자산
당초 공통매입세액 안분계산대상이 되는 매입세액이 발생된 과세기간에 사업자가 부가가치세 신고 시 안분계산을 하지 아니한 경우에도 그 이후의 과세기간에 납부세액·환급세액의 재계산 사유가 발생한 때에는 동 규정을 적용하는 것이며 당초 안분계산하지 않은 과세기간에 대하여는 경정청구 또는 수정신고를 하여야 하고, 이 경우에도 공통매입세액을 안분계산한 것으로 보아 납부·환급세액재계산 대상이 된다.

(2) 면세공급가액 또는 면세사용면적의 비율이 증감된 경우일 것

공통매입세액의 안분계산 및 정산을 한 이후 감가상각자산에 대한 매입세액이 부가법 제38조 제1항, 부가령 제81조 및 제82조에 따라 공제된 후 총공급가액에 대한 면세공급가액의 비율 또는 총사용면적에 대한 면세사용면적의 비율과 해당 감가상각자산의 취득일이 속하는 과세기간(그 후의 과세기간에 재계산하였을 때에는 그 재계산한 기간)에 적용하였던 비율 간의 차이가 5% 이상인 경우에만 적용한다(부가령 §83 ①).

납부세액 및 환급세액재계산에 있어 면세사업이라 함은 부가가치세가 면제되는 재화 또는 용역을 공급하는 사업은 물론 부가가치세가 과세되지 아니하는 재화 또는 용역을 공급하는 사업을 포함한다.

(3) 감가상각대상 자산일 것

납부 또는 환급세액을 재계산하는 의의는 그 매입세액이 발생한 재화가 계속적으로 사용되는 경우이어야 하므로 공급받은 용역과 재고자산(상품, 제품, 원재료 등)은 그 대상이 될 수 없고,「감가상각대상자산」이어야 한다. 여기서 감가상각자산이라 함은「소득세법 시행령」제62조 제2항 또는「법인세법 시행령」제24조 제1항에 따른 감가상각자산을 말한다.

(4) 계속 사용 중인 자산일 것

재계산 대상이 되는 감가상각자산이 과세사업과 면세사업에 공통으로 계속 사용되고 있는 경우라야 한다. 따라서 매각 및 고장 등으로 그 사용이 중단된 자산은 재계산 대상이 아니다.

3 납부세액 또는 환급세액의 재계산 방법

공통매입세액의 안분계산에 있어 사용예정일 것까지 공통매입세액 안분계산대상에 포함하고 공제시점과 사용시점과의 공제세액 불일치에 대한 보완장치로 공통매입세액의 정산 및 납부환급세액의 재계산 규정을 두고 그 계산방법을 강제하고 있다.

(1) 추가로 공제 또는 공제되지 아니하는 세액의 계산

납부세액 또는 환급세액의 재계산에 의하여 납부세액에 가산 또는 공제하거나 환급세액에 가산 또는 공제하는 세액은 다음의 계산식에 의하여 계산한 금액으로 한다.

1) 건물 또는 구축물

$$\text{가산되거나 공제되는 세액} = \text{해당 재화의 매입세액} \times \left(1 - \frac{5}{100} \times \text{경과된 과세기간의 수}\right) \times \text{증가되거나 감소된 면세공급가액의 비율 또는 증가되거나 감소된 면세사용면적의 비율}$$

※ 2002. 1. 1. 이후 취득한 건물·구축물의 경우 10년을 가치 소멸기간으로 보아 10년이 경과된 경우 경과된 과세기간의 수는 “0”이 된다.

2) 그 밖의 감가상각자산

$$\text{가산되거나 공제되는 세액} = \text{해당 재화의 매입세액} \times \left(1 - \frac{25}{100} \times \text{경과된 과세기간의 수}\right) \times \text{증가되거나 감소된 면세공급가액의 비율 또는 증가되거나 감소된 면세사용면적의 비율}$$

3) 용어 정의

가. 해당 재화의 매입세액

재계산의 대상이 되는 매입세액은 해당 감가상각자산을 공급받을 때 발급받은 세금계산서상의 세액으로서 공통매입세액 안분계산의 대상이 되었던 것이다.

나. 경과된 과세기간의 수

경과된 과세기간의 수에 관하여는 부가령 제66조 제2항 후단의 규정을 준용하므로 경과된 과세기간의 수는 부가법 제5조의 규정에 의한 과세기간 단위로 계산하되, 건물 또는 구축물의 경과된 과세기간의 수가 20을 초과하는 때에는 20으로, 그 밖의 감가상각자산의 경과된 과세기간의 수가 4를 초과하는 때에는 4로 한다.

과세기간의 개시일 후에 감가상각자산을 취득하거나 해당 재화의 납부세액을 재계산하는 경우에는 그 과세기간의 개시일에 해당 재화를 취득한 것으로 보며, 과세기간이 경과되었다는 것은 최소한 그 과세기간이 종료되었음을 의미한다. 경과된 과세기간을 계산함에 있어 과세기간 개시일 이후에 안분계산 비율이 변동된 경우에는 해당 과세기간의 개시일에 변동된 것으로 본다(부가령 §83 ⑤).

감가상각자산은 수 개의 과세기간에 걸쳐서 장기간 사용되므로 면세공급가액의 비율 등이 증감된 과세기간 이전에 이미 수 개 과세기간에 걸쳐 사용되었다면 그 기간 중의 사용으로 감가된 부분에 상응하는 매입세액은 증가된 면세공급가액의 비율 등에 의해 재계산하는 대상금액에서 제외시키고 잔존하고 있는 감가상각자산가액에 상응하는 매입세액만을 재계산의 대상금액으로 삼아야 합리적인 것이나, 그 미상각된 가액을 정확하게 계산하는 것은 매우 어렵고 계산의 경제성에 비추어 봐도 타당성이 크지 못하므로 간소화를 기하기 위해 감가상각자산의 내용연수에 구애됨이 없이 기간의 경과만을 기준으로 매입세액을 일률적으로 감소시키도록 하고 있는 것이다.

핵심정리

해당 감가상각자산을 취득한 날이 속하는 과세기간은 경과된 과세기간으로 계산하고, 재계산을 하는 날이 속하는 과세기간은 경과된 과세기간 수에 포함하지 않는다.

㉠ 취득일

취득일이라 함은 취득한 해당 재화가 실제로 사업에 사용되는 날을 의미한다.

㉡ 사업양수 시 취득일

재화의 공급으로 보지 아니하는 사업양수도에 의하여 양도자가 공통매입세액 안분계산한 자산을 양수한 경우 양수자는 양도자가 당초 취득한 날을 취득일로 한다.

다. 증감된 비율(공급가액, 면적) 산정

증감된 면세비율의 산정은 공통매입세액 안분계산의 계산식을 준용하여 공통매입세액에 관련된 해당 과세기간의 면세사업에 대한 공급가액과 과세·면세사업에 대한 공급가액의 합계액의 비율로 한다.

㉠ 면세비율 산정기준 재계산 기간

면세공급가액의 비율 등이 증감하였는지 여부는 재계산기간에는 지속적으로 비교하는 것으로서 최초의 계산 시보다 면세공급가액의 비율 등이 증감해 재계산한 때에도 그 재계산 시의 비율보다 면세공급가액의 비율이 증감하면 다시 재계산하여야 하며, 취득일이 속하는 과세기간 후에 재계산을 했으면 면세공급가액의 비율의 증감은 그 재계산한 과세기간의 면세공급가액의 비율 등을 기준으로 하여 계산한다(소비 22601-56, 1987. 1. 22.).

㉡ 재계산 기준 면세비율 차이의 산정방법

면세비율의 산정은 취득일이 속한 과세기간 또는 재계산한 과세기간과 해당 과세기간의 면세비율의 차이로 계산한다. 이는 취득시기부터 통산하여 누적비율로 그 면세비율 차이를 계산하는 것이 합리적일 것이나 계산의 편리성 등을 고려하여 과세기간 단위로 계산하도록 규정한 것으로 보인다.

㉢ 총공급가액 및 면세사업 등의 수입금액

총공급가액은 해당 재화와 관련된 과세기간의 과세사업에 대한 공급가액과 면세사업 등에 대한 수입금액의 합계액으로 하고, 같은 항에 따른 면세공급가액은 해당 재화와 관련된 과세기간의 면세사업 등에 대한 수입금액으로 한다(부가칙 §55 ①).

㉣ 총사용면적 및 면세사용면적

총사용면적은 해당 재화와 관련된 과세기간의 과세사업에 사용되는 면적과 면세사업 등에 사용되는 면적을 합한 면적으로 하고, 면세사용면적은 해당 재화와 관련된 과세기간의 면세사업 등에 사용되는 면적으로 한다(부가칙 §55 ②).

납부세액재계산 사례 

사실관계 및 물음

1. 과세재화와 면세재화를 생산하는 "갑"이 해당 사업에 공통으로 사용할 건축물(공급가액 10억 원)을 2016. 4. 1. 취득한 경우 공통매입세액 및 납부세액 재계산 방법

① 2016. 1기 면세비율 20% ② 2016. 2기 면세비율 40%
③ 2017. 1기 면세비율 30% ④ 2017. 2기 면세비율 34%
⑤ 2018. 1기 면세비율 33% ⑥ 2018. 2기 면세비율 36%

풀이

① 2016. 1기 공제받지 못할 세액: 1억 원 × 20% = 20,000,000원
② 2016. 2기 공제받지 못할 세액: 1억 원 × (1 − 5/100 × 1) × (40% − 20%) = 19,000,000원

③ 2017. 1기 공제받지 못할 세액: 1억 원× (1－5/100 × 2) × (30%－40%) ＝ △9,000,000원
(납부세액에서 차감할 세액)

④ 2017. 2기 공제받지 못할 세액: 납부세액을 재계산한 과세기간인 2017. 1기에 비하여 면세비율이 5% 이상 증감되지 아니하였으므로 재계산하지 않음.

⑤ 2018. 1기 공제받지 못할 세액: 재계산한 과세기간 대비 면세증감비율이 5% 미만이므로 재계산하지 않음.

⑥ 2018. 2기 공제받지 못할 세액: 1억 원 × (1－5/100 × 5) × (36%－30%) ＝ 4,500,000원

※ 2016. 4. 1. 과세 · 면세 겸용사용 목적의 건물을 취득한 후 면세비율의 증감으로 납부세액 재계산하는 경우 경과된 과세기간 수는 과세기간 개시일인 2016. 1. 1.에 취득한 것으로 의제하고, 과세기간 종료일이 경과하여야 경과된 과세기간 수 '1'이 되는 것이므로 2018. 2기에 납부세액을 재계산하는 경우 2016. 1. 1.～2018. 7. 1.까지의 과세기간 수인 5가 된다.

(2) 안분기준의 계속적 적용

납부세액 또는 환급세액의 재계산을 적용할 때 해당 취득일이 속하는 과세기간의 총공급가액에 대한 면세공급가액의 비율로 안분하여 계산한 경우에는 증가되거나 감소된 면세공급가액의 비율에 따라 재계산하고, 해당 취득일이 속하는 과세기간의 총사용면적에 대한 면세사용면적의 비율로 안분하여 계산한 경우에는 증가되거나 감소된 면세사용면적의 비율에 따라 재계산한다(부가령 §83 ③).

4 | 재계산 시기

납부세액 또는 환급세액의 재계산은 그 증감되는 비율의 계산을 해당 재화에 관련된 과세기간의 총공급가액에서 면세공급가액이 차지하는 비율 또는 총사용면적에서 면세사용면적이 차지하는 비율에 의하여 하도록 함으로써 과세기간단위로 하도록 되어 있다. 따라서 예정신고 시에는 납부세액 또는 환급세액의 재계산을 하지 아니하고, 확정신고 시에만 납부세액 또는 환급세액의 재계산을 하여 그 재계산에 의한 금액을 그 과세기간의 납부세액에 가산하거나 환급세액에서 공제하면 된다.

5 재계산의 적용배제

1) 감가상각자산의 자가공급 등

과세사업에 공하던 감가상각자산이 자가공급 · 개인적 공급 · 사업상 증여 또는 사업의 폐지 등으로 공급이 의제되면 부가령 제66조에 따라 기간경과에 따른 체감률을 적용하여 과세표준을 산정함에 따라 매출세액이 발생하고 이는 이미 공제받은 매입세액을 회수하는 기능을 하는 것이므로 이 경우 납부 · 환급세액 재계산을 하지 아니한다(부가령 §83 ④). 그러나 납부환급세액의 재계산 규정이 적용되기 위하여는 ① 당초 공통매입세액을 안분계산한 경우일 것 ② 면세비율이 5% 이상 증감된 경우일 것 ③ 감가상각대상 자산일 것이라는 요건을 모두 충족하여야 하므로 당초 매입세액이 공제되었다가 면세전용된 경우에는 동 재계산규정을 적용하지 않는 것이 해석상 타당하나, 면세사업 관련 매입세액은 불공제하고 과세사업 관련 매입세액을 공제하는 부가법상 매입세액공제의 일반원칙에 비추어 보면 감가상각자산을 일부 면세전용하여 부가가치세가 과세(공제받은 매입세액의 납부)된 후에 면세비율이 증가한 것은 매입세액이 공제된 감가상각자산 일부를 추가로 면세전용한 것이므로 부가령 제66조에 따라 증가분에 대하여 자가공급한 것으로 봄이 타당하다.

면세비율이 감소한 경우에는 면세사업에 사용하던 감가상각자산의 일부를 과세사업에 사용하게 된 경우로서 부가령 제85조에 따라 과세사업 전환분에 대한 매입세액을 공제함이 타당하다.

만약, 면세전용으로 부가가치세 과세 후 면세비율의 증감에도 불구하고 납부세액 또는 환급세액을 재계산하지 않는다면 부가가치세 부담없이 재화를 사용 · 소비하게 되거나(면세비율 증가) 과세사업에 사용하면서도 매입세액을 공제받지 못하게 되어(면세비율 감소) 조세부담의 중립성에도 위배된다.

이러한 문제점을 인식한 국세청도 면세전용 시점 이후 매 과세기간에 면세전용에 따른 공급가액을 계산하며(부가 46015-686, 1997. 3. 28.), 면세전용으로 과세된 감가상각자산을 과세사업에 사용하는 경우 과세전환에 따른 매입세액공제 규정을 적용하는 것으로 해석한 바 있다(서면3팀-1689, 2007. 7. 2. ; 사전-2019-법령해석부가-0686, 2019. 12. 10.).

2) 공통사용 감가상각자산의 공급

과세사업과 면세사업에 공통으로 사용하던 감가상각자산을 공급하게 되면 부가령 제63조 제1항부터 제2항까지의 규정이 적용되는 그 공급일이 속하는 과세기간의 직전 과세기간의 공급가액 비율에 따라 그 공급가액을 면세와 과세로 안분계산하여 공급가액을 계산하게 되므로 동 자산에 대하여는 납부세액 등의 재계산을 하지 않는다(부가칙 §55 ③).

핵심정리

공통사용 감가상각자산의 공급 시 납부 · 환급세액 재계산 배제 이유는 과세 · 면세 공통사용 감가상각자산을 공급한 경우 직전 과세기간의 공급가액비율로 안분계산하여 과세표준을 계산하게 되므로 해당 과세기간의 공급가액비율로 매입세액을 재계산하게 되면 매출세액과 매입세액의 계산에 있어 불일치가 발생하므로 이를 통일적으로 규율 · 조정하기 위한 배려이다.

3) 면세비율 증감이 5% 미만인 경우

면세비율의 변동 폭이 취득일이 속하는 과세기간 재계산한 과세기간의 면세비율보다 5% 미만인 경우 계산의 편의성과 경제성을 고려하여 재계산을 하지 않는다.

4) 공급가액 안분계산을 생략한 재화의 경우

부가령 제63조 제3항에 따라 공급가액 안분계산을 생략하고 해당 재화의 공급가액 전액을 과세공급가액으로 한 경우 해당 재화와 관련된 매입세액은 재계산하지 않고 전액 공제한다(부가칙 §55 ③).

① 재화를 공급하는 날이 속하는 과세기간의 직전 과세기간의 총공급가액 중 면세공급가액이 100분의 5 미만인 경우(해당 재화의 공급가액이 5천만 원 이상인 경우 제외)
② 재화의 공급가액이 50만 원 미만인 경우(2010. 2. 18. 시행령 개정 전에는 20만 원)
③ 재화를 공급하는 날이 속하는 과세기간에 신규로 사업을 개시하여 직전 과세기간이 없는 경우

6 재계산의 효과

사업자는 납부세액 또는 환급세액을 재계산하여 해당 과세기간의 확정신고에 반영하여 신고 · 납부한 경우 당초 과세기간에 과소신고로 인한 세액에 상응하는 신고 및 납부와 관련된 가산세를 부과하지 아니하며, 재계산 결과 당초 안분계산한 과세기간에 과다 납부하였다 하여 경정청구의 대상이 되거나 이로 인한 환급가산금을 지급하지 않는다.

구 분	공통매입세액 안분계산 (부가령 §81)	과세사업전환 자산의 매입세액공제(부가법 §43)
계산 시기	예정신고 시 안분계산 확정신고 시 과세기간분 정산	확정신고 시에만 가능
계산 대상	모든 자산(재고자산, 감가상각자산)	감가상각자산만 가능
정산 여부	확정신고 시 정산 5% 미만 여부에 관계없음.	과세비율이 5% 미만인 경우 공제 배제
재계산 여부	5% 이상 변동 시 재계산	재계산(부가령 §85 ⑦)
실지귀속 우선 적용	실지귀속이 구분되는 경우 실지귀속을 우선 적용	명문 규정없음.

7 | 재계산 사례

□ 감가상각자산 취득에 따른 납부·환급세액의 재계산

사실관계

인쇄업을 영위하는 사업자가 아래와 같이 사업장용 건축물 및 인쇄기를 구입하였다. 이때 각 과세기간별 공통매입세액 안분계산 및 납부·환급세액재계산을 하여라.

구분 \ 귀속		2016. 2기		2017. 1기		2017. 2기	2018. 1기
		예정	확정	예정	확정		
공급가액	과세	1억 원	3억 원	2억 원	1억 원	5억 원	4.5억 원
	면세	2억 원	4억 원	3억 원	4억 원	5억 원	5.5억 원
	과세비율	66.6%	**40%**	40%	**30%**	**50%**	**45%**
감가상각 취득		• 취득일자: 2016. 10. 1. • 자산종류: 건축물 • 취득가액: 20억 원		• 취득일자: 2017. 2. 1. • 자산종류: 기계장치 • 취득가액: 5억 원		–	–

풀이

구분 / 귀속	산출 근거	(불)공제세액
2016. 2기	◎ 건축물 취득 관련 공제세액계산(공통매입세액) • 2억 원×4억 원/(4억 원 + 6원 억) ⇒ 과세기간 개시일에 취득한 것으로 보아 2016. 2기 과세기간 전체의 공급가액비율로 안분계산한다.	◎ 80,000,000
2017. 1기	◎ 기계장치 취득 관련 공제세액계산(공통매입세액) • 예정신고 시: 5천만 원×2억 원/(2억 원 + 3억 원) = 2천만 원 • 확정신고 시: 5천만 원×3억 원/(3억 원 + 7억 원)−2천만 원 = △5백만 원 ◎ 건축물 관련 납부 · 환급세액재계산 • 2억 원×(1−5%×1)×(70%−60%) = 19백만 원	◎ 20,000,000 (예정 시 공제) ◎ 5,000,000 (확정 시 불공제) ◎ 19,000,000 (불공제)
2017. 2기	◎ 건축물 관련 납부환급세액재계산 • 2억 원×(1−5%×2)×(50%−70%) = △36백만 원 ◎ 기계장치 관련 납부환급세액재계산 • 5천만 원×(1−25%×1)×(50%−70%) = △7.5백만 원	◎ 36,000,000 (추가공제) ◎ 7,500,000 (추가공제)
2018. 1기	◎ 건축물 관련 납부환급세액재계산 • 2억 원×(1−5%×3)×(55%−50%) ◎ 기계장치 관련 납부환급세액재계산 • 5천만 원×(1−25%×2)×(55%−50%)	◎ 8,500,000 (추가납부) ◎ 1,250,000 (추가납부)

VI 의제매입세액공제

1 의 의

납부세액의 계산에 있어서 매출세액에서 공제되는 매입세액은 거래상대방 또는 세관장으로부터 거래징수당한 부가가치세로서 그에 대한 세금계산서를 교부받아 이를 정부에 제출하는 경우에 한하는 것을 원칙으로 하고 있으나, 이에 대한 예외적인 조치로서 부가가치세가 면제되는 농산물 · 축산물 · 수산물 또는 임산물을 공급받아 이를 원재료로 하여 제조 또는 가공한 재화의 공급이 과세되는 경우 그 농산물 등을 공급받는 때에 거래상대방에 의하여 부가가치세를 별도로 거래징수당하고 세금계산서를 발급받아 정부에 제출한 경우가 아니더라도 그 공급받은 농산물 등의 가액의 일부를 매입세액으로 보아 매출세액에서 공제할 수 있도록 하고 있는바 이를 "면세농산물 등 의제매입세액공제특례"라 한다(부가법 §42).

의제매입세액을 공제하여 주는 취지는 중복과세 배제 또는 누적효과를 완화하기 위한 조치로서 농산물가격 등에 포함된 매입세액을 공제(계산편의를 위하여 일률적으로 규정)하기 위한 것이며, 농산물 등에 대한 면세효과를 최종소비자의 부담에까지 그대로 유지시키기 위한 것이다.

2 의제매입세액의 공제 요건

"사업자가 제26조 제1항 제1호 또는 제27조 제1호에 따라 부가가치세를 면제받아 공급받거나 수입한 농산물 · 축산물 · 수산물 또는 임산물(이하 "면세농산물 등"이라 한다)을 원재료로 하여 제조 · 가공한 재화 또는 창출한 용역의 공급에 대하여 부가가치세가 과세되는 경우(부가법 제28조에 따라 면세를 포기하고 영세율을 적용받는 경우는 제외한다)에는 면세농산물 등을 공급받거나 수입할 때 매입세액이 있는 것으로 보아 대통령령으로 정하는 바에 따라 계산한 금액을 매입세액으로 공제할 수 있다(부가법 §42 ①). 따라서 다음의 요건을 모두 충족하여야만 의제매입세액을 공제받을 수 있다.

㉮ 부가가치세 과세사업자이어야 한다.

㉯ 면세로 공급받은 농산물 · 축산물 · 수산물 또는 임산물이어야 한다(부가가치세가

면제되는 농·축·수·임산물로서 국내분, 수입분을 포함한다).

㉰ 농산물 등을 원재료로 하여 재화를 제조·가공 또는 용역을 창출하여야 한다.

㉱ 창출된 재화 및 용역의 공급이 과세되어야 한다.

(1) 사업자인 경우

사업자라 함은 사업자등록을 하고 사업을 영위하는 일반과세자를 말하며, 사업자등록을 하지 아니하였거나 간이과세자의 경우에는 의제매입세액을 공제할 수 없다.

(2) 농산물 등을 면세로 공급받는 경우

부가법 제42조 제1항에 따라 의제매입세액으로서 공제할 수 있는 면세농산물 등(이하 "면세농산물 등"이라 한다)은 부가가치세를 면제받아 공급받은 농산물, 축산물, 수산물 또는 임산물(부가령 제34조 제1항에 따른 1차 가공을 거친 것, 같은 조 제2항 각호의 것 및 소금을 포함한다)로 한다(부가령 §84 ①).

또한, 과세사업과 면세사업을 겸영하는 사업자가 면세사업에서 제조·채취·채굴·재배·양식 그 밖의 이와 유사한 방법에 의하여 취득한 농산물·축산물·수산물 또는 임산물을 과세사업에서 원재료로 하여 제조 또는 가공하는 경우에는 부가가치세의 면제를 받아 공급받은 것으로 보아 의제매입세액을 공제할 수 있다. 다만, 미가공식료품에 해당되지 않는 과세재화는 당연히 의제매입세액공제대상이 되지 아니한다.

부가가치세가 과세되는 재화에 대하여 착오 등으로 계산서를 발급받았다 하더라도 해당 재화에 대하여는 의제매입세액의 공제대상이 아니다(재부가 22601-190, 1992. 12. 24.).

아울러 에누리의 성격을 가졌거나 경제적 합리성을 벗어난 정도의 판매장려금을 지급받으면서 해당 금액을 공급가액에서 차감하지 아니하고 계산서를 수취한 경우 과세관청에서 해당 금액에 대한 의제매입세액공제액을 추징한 사례가 있으므로 에누리인지 판매장려금인지를 명확히 구분하여 계산서를 수취하고 의제매입세액을 공제받도록 하여야 한다.

(3) 농산물 등을 원재료로 하여 재화를 제조·가공 또는 용역을 창출한 경우

"면세로 공급받은 농산물 등을 원재료로 하여"란 아래와 같이 면세농산물 등을 재화의 생산 및 용역의 창출에 직접 사용·소비한다는 의미로서 사업을 위하여 타인에게 면세농산물 등을 사용·소비하게 하는 것은 포함되지 않는다는 것이다. 그리고 여기서의 원재료에는 회계상의 원재료만을 의미하는 것이 아니라 재화 또는 용역의 생산에 직·간접적으로 사용되는 재화를 모두 포함하는 의미라고 해석된다(부가통칙 42-84-1).

① 재화를 형성하는 원료와 재료

② 재화를 형성하지는 아니하나 해당 재화의 제조·가공에 직접적으로 사용되는 것으로서 화학반응을 하는 물품

③ 재화의 제조·가공과정에서 해당 물품이 직접적으로 사용되는 단용원자재

④ 용역을 창출하는데 직접적으로 사용되는 원료와 재료

(4) 생산된 재화 또는 용역의 공급이 과세되는 경우

부가가치세의 면제를 받아 공급받은 농산물·축산물·수산물 또는 임산물을 원재료로 하여 제조·가공한 재화 또는 창출한 용역의 공급은 과세되어야 한다. 과세된다 함은 부가법 제26조, 제27조 또는 「조세특례제한법」 제106조에 따른 부가가치세의 면제가 되지 아니하는 경우를 의미한다고 할 수 있으므로, 10%의 일반세율이 적용되는 경우뿐만 아니라 영세율이 적용되는 경우를 포함하는 것이다.

그러나 면세포기하고 농·축·수산물을 도매하는 사업자가 면세로 구입한 농수산물을 일체의 가공없이 또는 단순포장하여 수출함으로써 영세율이 적용되는 경우 의제매입세액공제를 받을 수 없다. 다만, 이를 제조·가공하여 수출함으로써 제조업 등을 영위하는 경우 해당 농수산물에 대한 의제매입세액공제는 가능하다(서삼 46015-12047, 2002. 11. 29. ; 부가 46015-452, 1996. 3. 7. ; 간세 1235-603, 1979. 2. 28. ; 부가 22601-1024, 1987. 5. 19.).

(5) 공제신청서류 등의 제출

의제매입세액공제를 받으려면 면세농산물 등을 공급받은 사실을 증명하는 서류(매입처별계산서합계표, 신용카드매출전표수령명세서, 매입자발행계산서합계표 등) 및 의제매입세액공제신고를 납세지 관할 세무서장에게 제출하여야 한다(부가법 §42 ②).

3 의제매입세액의 공제시기

의제매입세액의 공제시기는 면제로 농산물 등을 공급받아 이를 원재료로 하여 제조·가공 및 창출하거나 그 제조 또는 가공한 재화 및 창출한 용역을 공급하는 때를 기준으로 하는 것이 아니라 해당 농산물 등을 공급받은 날이 속하는 예정신고 또는 확정신고

시 매입세액으로서 공제된다.

다만, 사업자가 예정신고 시에 매입처별계산서합계표 및 신용카드매출전표 등 수령명세서를 제출하지 못하여 공제받지 못한 의제매입세액은 확정신고 시에 제출하여 공제받을 수 있으며, 예정 또는 확정신고 시에 공제받지 못한 의제매입세액은 해당 서류를 다음과 같이 제출하는 경우에는 의제매입세액을 공제받을 수 있다(부가령 §84 ⑤·⑦, 부가통칙 42-84-6).

㉠ 「국세기본법 시행령」 제25조 제1항에 따라 과세표준수정신고서와 함께 제출하는 경우

㉡ 「국세기본법 시행령」 제25조의3에 따라 경정청구서와 함께 제출하여 경정기관이 경정하는 경우

㉢ 「국세기본법 시행령」 제25조의4에 따른 기한 후 과세표준신고서와 함께 제출하여 관할 세무서장이 결정하는 경우

㉣ 부가법 제57조의 경정에 있어서 발급받은 계산서 또는 부가칙 제56조 제3항이 정하는 신용카드매출전표 등 수령명세서를 경정기관의 확인을 거쳐 정부에 제출하는 경우

또한, 사업자가 면세원재료인 농산물·축산물·수산물 또는 임산물을 직접 재배·사육 또는 양식을 하거나 타인이 재배·사육 또는 양식 중에 있는 농산물·축산물·수산물 또는 임산물을 구입한 때의 의제매입세액공제시기는 해당 농산물·축산물·수산물 또는 임산물을 생산·채취 또는 벌목 등을 하여 과세재화의 제조·가공 또는 과세용역의 창출에 사용하거나 사용할 수 있는 때이며(부가통칙 42-84-5), 면세사업을 위해 구입한 농산물 등을 특정 시점에 과세되는 재화의 제조·가공에 전용하는 경우에는 과세되는 재화의 제조·가공에 전용하는 때에 의제매입세액공제를 받을 수 있다(부가 46015-2203, 1993. 9. 10.).

4 | 의제매입세액공제 사업장

의제매입세액은 농산물 등을 사용하는 사업장에서 구입하여 해당 사업장에서 완성하여 공급하는 경우 해당 사업장의 매출세액에서 공제하는 것이 사업장별 과세원칙에 가장 부합할 것이나, 의제매입세액공제 대상 원재료(농산물 등)를 공급받는 사업장과 과세되는 재화의 최종제품 완성장소가 따로 있는 경우가 있을 수 있다. 이 경우 원재료 등을

공급받는 사업장에서 공제받는 것이 원칙이나 과세되는 재화의 최종제품이 완성되는 장소가 따로 있는 경우에는 최종제품이 완성되는 사업장에서도 공제할 수 있도록 하고 있다(부가 1265.1-1980, 1983. 9. 16. ; 부가 1265.1-2505, 1983. 11. 25. ; 대법원 79누340, 1980. 2. 12.).

㉠ 본사에서 일괄구입하여 지점에서 사용하는 경우: 본사 또는 사용·소비하는 지점에서 선택하여 공제 가능

㉡ 지점에서 구입하여 지점에서 사용하는 경우: 지점에서 공제

5 의제매입세액의 계산

의제매입세액은 다음 계산식에 의하여 계산한다(부가령 §84 ①, ②, ③).

의제매입세액* = 농산물 등의 매입가액 × 공제율

* 후술하는 "(3)"의 한도를 초과할 수 없다.

(1) 매입가액

1) 국내에서 공급받은 원재료 가액

부가가치세의 면제를 받아 공급받은 원재료인 농산물·축산물·수산물 또는 임산물의 가액은 다음과 같이 적용한다.

① 국내의 다른 사업자로부터 공급받는 경우

운임 등의 부수비용을 제외한 매입원가를 매입가액으로 하는바, 부수비용을 제외하는 이유는 해당 부수비용의 지출에 대하여 세금계산서를 발급받아 매입세액을 공제받을 수 있으며, 면세원재료에 국한하여 의제매입세액을 계산하는 것이 제도의 취지이기 때문이다. 하지만 공급계약 시 공급자가 운반비용을 부담하기로 하고 면세공급가액에 이를 포함하여 계산서를 발급받은 경우 공급자가 부담하는 운반비용을 포함한 가액이 의제매입세액공제 대상이 되는 매입가액으로 한다(부가통칙 42-84-2 ①).

국내의 다른 사업자로부터 공급받는 경우란 다른 사업자가 수입한 것을 공급받는 경우를 포함하는 의미이다.

② 과세 · 면세 겸업자가 자기의 면세사업에서 원재료를 직접 공급받는 경우

과세사업과 면세사업을 겸영하는 사업자가 제조 · 채취 · 채굴 · 재배 · 양식 그 밖의 이와 유사한 방법에 의하여 취득한 면세원재료 가액은 「소득세법 시행령」 제89조 또는 「법인세법 시행령」 제72조 제2항에 따라 계산된 취득가액으로 하는 것이므로 자기가 제조 · 생산 · 건설 기타 이에 준하는 방법에 의하여 취득한 경우 원재료비 · 노무비 · 운임 · 하역비 · 보험료 · 수수료 · 공과금(취득세와 등록세 포함) · 설치비 기타 부대비용의 합계액이 면세원재료가액이 된다(부가통칙 42-84-2 ② ; 법령 §72 ②).

따라서 두 개의 사업장을 가진 사업자가 밀을 "갑" 사업장에서 구입하여 밀가루를 만들어 일부는 판매하고 나머지는 다른 "을" 사업장으로 반출하여 빵, 과자와 같은 과세재화를 만들어 판매하는 경우, "을" 사업장에서 의제매입세액을 공제할 때 면세농산물 등의 가액은 "을" 사업장으로 입고된 밀의 매입원가가 아니라 해당 매입원가에 임금, 감가상각비 등이 포함된 제조원가와 "을" 사업장에서 구입한 면세농산물 등의 원재료가액이 포함된 가액을 기준으로 한다.

한편, 소맥분 제조업과 사료 제조업을 겸영하는 사업자가 소맥분제조과정에서 생산되는 부산물인 소맥피를 부가가치세 과세사업인 사료의 제조원재료로 사용하였을 경우 의제매입세액을 공제할 수 있으며, 이때 소맥피의 가액은 사업자가 합리적으로 평가하는 기준에 따르거나 다른 사업자로부터 구입하는 경우의 예상가격을 적용하여야 할 것이다.

2) 수입한 경우 원재료가액

원재료인 농산물 등을 수입한 경우에는 수입가액을 원재료가액으로 적용하며, 이 경우의 수입가액은 관세의 과세가격(관세가 제외된다)으로 한다(부가칙 §56 ①).

3) 직접 자가공급받는 경우 의제매입세액공제

과세사업과 면세사업을 겸영하는 사업자가 제조 · 채취 · 채굴 · 재배 · 양식 그 밖의 이와 유사한 방법에 의하여 취득한 면세원재료가액은 소득령 제89조 또는 법인령 제72조 제2항에 따라 계산된 취득가액(재고자산의 취득에 소요된 원재료비, 노무비, 운임, 하역비, 보험료, 수수료 공과금 등 그 밖의 부수비용의 합계액)으로 하며, 해당 취득가액에 포함되는 재화 또는 용역의 매입세액은 공제하지 아니한다. 이때 공제받은 의제매입세액은 각 사업연도의 소득금액계산에 있어 해당 원재료의 매입가액에서 차감한다(부가통칙 42-84-2 ; 부가 22601-2421, 1985. 12. 11. ; 부가 46015-1459, 1997. 6. 28. ; 법인령 §22 ②).

예를 들어 면세포기로 과세사업과 면세사업을 겸영하는 수산업자가 어로작업 중인 원양어선에 수산물제조업 허가를 받아 부가가치세가 과세되는 재화의 공급만을 위하여 수

산물 제조시설을 취득한 경우 동 제조시설의 취득과 관련된 매입세액은 매출세액에서 공제받고, 과세사업과 면세사업에 공통으로 사용되어 실지귀속을 구분할 수 없는 공통매입세액은 공통매입세액 안분계산하여 공제되는 매입세액을 계산하며, 자기가 직접 포획(양식을 포함한다)한 수산물에 대하여는 위 통칙규정에 따라 의제매입세액을 계산하고 해당 원재료를 취득하는데 사용되는 재화 또는 용역에 관한 매입세액은 불공제한다(부가 22601-1131, 1988. 7. 4. ; 부가 22601-2421, 1985. 12. 11. ; 부가 46015-760, 1996. 4. 23.).

이와 같은 국세청의 해석례에 비추어 볼 때 과세재화를 생산 및 제조하는 제조공장에서 포획한 어류 등에 대하여 의제매입세액공제를 받을 수 있는데, 그 면세원재료의 가액은 소득령 제89조 또는 법인령 제72조 제2항에 따라 계산된 가액이 된다(서면-2016-부가가치세과-6103, 2016. 12. 21. ; 부가 46015-1574, 1995. 8. 31.). 이때 사업자가 위 취득가액으로 의제매입세액을 공제받고자 하는 경우에는 의제매입세액공제신고서와 관계증빙서류를 소관세무서장에게 제출하여야 하는 것으로, 이 경우 관계증빙서류라 함은 동 취득가액의 계산근거를 나타낼 수 있는 서류를 말한다(부가 46015-2387, 1994. 11. 23.).

※ 우리나라 국적선이 공해상에서 포획한 수산물은 내국물품으로 재화의 수입에 해당하지 않아 수입계산서가 발급되지 않는다(부가 46015-1615, 1996. 8. 9.).

| 의제매입세액공제 대상 매입가액 요약 |

타인으로부터 매입한 경우		자가 제조, 채취 등에 의한 취득의 경우
국내 매입분	수입분	
매입가액으로 하되 운임 등 매입부수비용은 제외	관세의 과세가격	법인세법과 소득세법에 의한 취득가액으로 한다.

(2) 공제율

의제매입세액으로서 공제할 수 있는 금액을 구입금액에 포함되어 있는 부가가치세 상당액으로 달리 적용하여야 할 것이나 이를 개별적으로 계산하는 것은 그 실현이 불가능한 일이므로 납세의무의 편의를 도모하기 위하여 그 공제율을 다음과 같이 규정하고 있다(부가법 §42 ①).

업 종		2013. 1기 이후	2018. 1기 이후	2019. 1기 이후	2020. 1기 이후
음식점	① 과세유흥장소[1]	4/104	4/104	4/104	2/102
	② 그 밖의 음식점[2] (개인사업자)	8/108	8/108 (과세표준 2억 원 이하까지는 2019.	8/108 (과세표준 2억 원 이하까지는 2019.	8/108 (과세표준 2억 원 이하까지는 2026.

업 종		2013. 1기 이후	2018. 1기 이후	2019. 1기 이후	2020. 1기 이후
			2기까지 9/109)	2기까지 9/109)	2기까지 9/109)
	③ 위 "①", "②" 외의 사업자	6/106	6/106	6/106	6/106
중소제조업[3)]		4/104	4/104	6/106[4)] 4/104[5)]	6/106[4)] 4/104[5)]
위 외의 사업		2/102	2/102	2/102	2/102

1) 과세유흥장소는 「개별소비세법」 제1조 제4항에 따른 과세유흥장소의 경영자(개별소비세 과세 여부와는 무관)
2) 그 밖의 음식점은 과세유흥장소의 경영자 외의 음식점을 영위하는 개인사업자를 말함.
3) 중소제조업 지원을 위해 제조업(조특법 제6조 제1항에 따른 중소기업 및 개인사업자에 한한다)은 의제매입세액공제율을 4/104(종전 2/102)로 하고 2013. 2. 15.이 속하는 과세기간부터 적용한다.
4) 위 "3)"의 중소제조업 중 과자점업, 도정업, 제분업 및 떡류 제조업 중 떡방앗간을 경영하는 개인사업자를 말함.
5) 위 "3)"의 중소제조업 중 "4)"를 제외한 사업자를 말함.

(3) 의제매입세액공제 한도

1) 일반 한도

2014. 1. 1.이 속한 과세기간부터는 면세농산물 등 의제매입세액공제특례 한도를 신설하여 해당 과세기간에 면세농산물 등과 관련하여 공급한 과세표준에 한도율을 적용한 가액에 의제매입세액공제율을 곱한 금액을 한도로 설정하였다(부가령 §84 ②).

구 분		한도율 2016~	2019	2022~	2024~
① 법인사업자	전 사업자	35%	40%	50%	30%
② 개인사업자 (음식점)	㉠ 해당 과세기간 과세표준이 1억 원 이하	60%	65%	75%	50%
	㉡ 해당 과세기간 과세표준이 2억 원 이하	55%	60%	70%	
	㉢ 해당 과세기간 과세표준이 2억 원 초과	45%	50%	60%	40%
③ 개인사업자 (음식점 외)	㉠ 해당 과세기간 과세표준이 1억 원 이하	50%	55%	65%	50%
	㉡ 해당 과세기간 과세표준이 2억 원 이하				
	㉢ 해당 과세기간 과세표준이 2억 원 초과	40%	45%	55%	40%

1) 과세기간 중 신규 사업자 및 폐업자에 대한 환산규정은 없다.
2) 의제매입세액공제 한도액 = Min[과세표준 × 한도율 × 공제율, 농산물 등의 매입가액 × 공제율]
3) 사업자단위과세사업자가 면세농산물 등 의제매입세액공제를 받을 경우 사업자단위과세사업자 전체의 과세표준을 한도로 세액공제를 받는 것임(사전-2016-법령해석부가-0086, 2016. 3. 15.).

2) 제조업자의 연간 한도

다음의 요건을 모두 충족하는 제조업 영위 사업자는 제2기 과세기간에 대한 납부세액을 확정신고할 때, 1역년(해의 1월 1일부터 12월 31일까지를 말한다. 이하 같다)에 공급받은 면세농산물 등의 가액에 공제율을 곱한 금액에서 제1기 과세기간에 위 "(1)" 및 "(2)"에 따라 매입세액으로 공제받은 금액을 차감한 금액을 매입세액으로 공제할 수 있다.

① 제1기 과세기간에 공급받은 면세농산물 등의 가액을 1역년에 공급받은 면세농산물 등의 가액으로 나누어 계산한 비율이 100분의 75 이상이거나 100분의 25 미만일 것

② 해당 과세기간이 속하는 1역년 동안 계속하여 제조업을 영위하였을 것

| 연간 공제한도 기준금액[1] |

구 분	1역년의 과세표준[2]	한도율			
		2016~2018년	2019년 이후	2022년 이후	2024년 이후
법인사업자	전 사업자	35%	40%	50%	30%
개인사업자	4억 원 이하	50%	55%	65%	50%
	4억 원 초과	40%	45%	55%	40%

1) 연간 공제한도 기준금액은 위 "2)" 1역년의 과세표준에 한도율을 곱한 금액으로 한다.
2) 1역년에 면세농산물 등과 관련하여 공급한 과세표준 합계액

(4) 수 개의 사업장이 있는 경우 의제매입세액공제 한도 계산방법

1) 사업장별 과세원칙과의 관계

의제매입세액공제의 한도액 적용에 있어서는 동일 사업장에서 면세농산물 등의 구입과 제조·판매가 이루어진 경우 각 사업장별로 한도액을 계산함이 원칙이나, 원재료를 구입한 사업장에서 자기의 다른 사업장으로 직매장 반출, 원재료의 반출이 있어 매입과 매출이 발생한 사업장이 서로 다른 경우까지 사업장과세원칙을 엄격히 따를 필요는 없다고 본다. 국세청의 기존 사례에서도 본점에서 면세농산물 등을 일괄구입하여 지점에서 사용하는 경우 본사 또는 사용·소비하는 지점에서 선택하여 세액공제가 가능하고(부가 22601-1561, 1992. 10. 19. 외 다수), 직매장 반출이 있는 경우 의제매입세액의 안분계산에 있어서 자기의 다른 사업장으로 반출하는 과세재화가액과 면세재화가액의 합계액(또는 제조원가합계액)은 공통매입세액 안분계산 산식의 총공급가액에, 과세재화 반출가액(또는 과세재화 제조원가)은 과세재화 공급가액에 각각 포함하는 것으로 회신한 바

있다(부가 46015-519, 1996. 3. 18.).

2) 면세농산물 등과 관련하여 공급한 과세표준의 의미

의제매입세액공제 한도 계산 시 "해당 과세기간에 해당 사업자가 면세농산물 등과 관련하여 공급한 과세표준"의 의미는 해당 과세기간에 면세농산물 등을 구입·제조하여 판매까지 이루어진 경우에는 매입과 매출이 직접 대응하여 가장 합리적인 한도액계산이 가능할 것이나 전기에 면세농산물 등으로 제조한 재화가 당기에 판매가 이루어질 수도 있고 당기에 제조된 재화가 차기에 판매가 이루어질 수도 있으며 과세원재료와 면세원재료가 함께 투입되어 생산된 재화가 위 사례와 같이 판매될 수도 있다.

이 경우 구입한 원재료와 생산된 재화의 판매경로를 추적하여 개별 대응시키거나, 과세원재료분에 대한 매출액을 가려내는 것은 납세자에게 많은 시간과 납세협력비용 부담을 초래한다. 따라서 "해당 과세기간에 해당 사업자가 면세농산물 등과 관련하여 공급한 과세표준"의 의미는 면세농산물 등과 관련하여 발생된 과세표준으로 족하고 전기 생산분 매출인지 당기 생산분 매출인지를 구분하지 아니하고 과세·면세 원재료가 혼합되어 만들어졌다 하여 이를 안분하는 것도 아니다.

3) 수 개 사업장 간 직매장 반출이 있는 경우 한도액 계산방법

사업자가 면세재화인 옥수수로 제조된 배합사료가 제조된 사업장에서 일부 판매되고 나머지는 "갑", "을" 두 사업장 상호 간 직매장 반출을 통해 외부판매가 이루어지는 경우, "갑"사업장에서 생산된 배합사료의 외부 판매액과 "갑"사업장에서 생산하여 "을"사업장으로 반출한 배합사료의 외부 판매액의 합계액을 "갑"사업장의 한도적용대상 과세표준으로 산정한다. 그러나 "갑"사업장 생산분 배합사료 및 타 사업장에서 반입된 배합사료의 판매액을 구분할 수 없는 경우에는 "갑"사업장의 배합사료 관련 부가가치세 과세표준 중 "갑"사업장 생산분 판매액과 "을"사업장 반입분 판매액이 차지하는 비율을 합리적(제조원가 또는 시가)으로 계산하여 "갑"사업장 생산분 판매액("① 과세표준"이라 한다)을 계산하고, "을"사업장의 배합사료 관련 부가가치세 과세표준 중 "갑"사업장으로부터 반입하여 외부 판매한 비중을 합리적으로 계산하여 "을"사업장 판매액 중 "갑"사업장 반입분 판매액("② 과세표준"이라 한다)을 "① 과세표준"과 합산하여 한도적용대상 "갑"사업장의 과세표준을 계산함이 타당하다.

"갑"사업장의 외부 판매액과 자기의 다른 사업장으로의 직매장 반출액의 합계액을 한도적용대상 과세표준으로 삼을 수도 있으나, 한도액 계산 시 이월된 재고나 당기분 미판매 재고와 관련없이 해당 과세기간의 과세표준합계액을 기준으로 삼기 때문에 직매장 반출액을 한도적용대상 과세표준에 포함시키면 과세기간 말에 사업장 상호 간 직매장 반출액을 발생시켜 한도적용대상 과세표준이 증가하여 의제매입세액공제액이 늘어나게 되는 모순이 발생한다(법규부가 2014-90, 2014. 3. 25.).

4) 수 개의 직매장 등으로 반출되어 완성품으로 판매되는 경우 한도액 계산방법

(총괄납부)사업자가 면세농산물 등 구입 제조 및 판매과정이 ① 면세농산물 등을 구입하는 사업장, ② 1차 가공하는 사업장, ③ 최종제품을 완성하는 사업장, ④ 제품을 판매하는 사업장으로 재화의 이동이 있는 경우(실물흐름 ① ⇒ ② ⇒ ③ ⇒ ④), ①부터 ③까지의 재화이동은 원재료 또는 반제품의 상태로 과세대상이 아니고 ③에서 ④로의 이동은 직매장 반출이나 총괄납부사업자이므로 과세대상이 아니다. 따라서 ④ 사업장에서의 판매는 재화의 실질공급으로 면세농산물 등과 관련하여 공급한 과세표준이 발생한 사업장이 된다.

의제매입세액공제 한도 계산 시 "해당 과세기간에 해당 사업자가 면세농산물 등과 관련하여 공급한 과세표준"은 ① 사업장에서 구입한 면세농산물 등이 1차 가공을 거쳐 ④ 판매사업장에서 판매된 과세표준을 가려내어 ① 사업장의 의제매입세액공제 한도적용대상 과세표준으로 삼음이 가장 타당할 것이다. 다만, ④ 판매사업장의 과세표준합계액을 면세농산물 등을 구입한 사업장별로 실지귀속을 구분할 수 없다면 ① 사업장의 해당 과세기간의 반출분 제조원가, ④ 사업장에서 판매된 과세재화의 ① 사업장별 비중 등 합리적인 방법으로 안분하여 면세농산물 등을 구입한 사업장의 면세농산물 등과 관련하여 공급한 과세표준을 산정할 수밖에 없다고 본다(법규부가 2014-100, 2014. 3. 25.).

(5) 의제매입세액의 재계산

1) 의의

위 "(1)" 및 "(2)"의 산식에 따라 매입세액으로서 공제한 면세농산물 등을 그대로 양도 또는 인도하거나 부가가치세가 면제되는 재화 또는 용역을 공급하는 사업, 그 밖의 목적에 사용하거나 소비할 때 또는 실지귀속이 불분명한 면세원재료가 재고로 남아 있게 될 경우(의제매입세액은 면세로 구입한 원재료의 실지 사용시점을 기준으로 공제하는 것이 아니고, 그 공급받은 날이 속하는 예정신고기간이나 확정신고기간 종료일에 그 실지 사용 여부에 불구하고 공제하기 때문)에는 그 공제한 금액을 납부세액에 가산하거나 환급세액에서 공제하여야 한다(부가령 §84 ④).

의제매입세액 재계산 규정은 그 재계산으로 인하여 납부세액에 가산하거나 환급세액에서 공제할 경우에만 적용되고, 납부세액에서 공제하거나 환급세액에 가산할 금액이 발생한 경우에는 동 재계산 규정을 적용할 수 없다는 불형평성이 있어 시행령 개정이 요구된다.

2) 재계산 대상 판정

가. 부가령 제84조 제4항에 따라 의제매입세액의 재계산이 필요한 경우는 다음과 같다.

① 면세로 공급받은 원재료(농산물 등)에 대해 공급받은 과세기간에 의제매입세액공제를 받고 그 후 그 일부를 그대로 양도·인도한 경우

② 면세로 공급받은 원재료(농산물 등)에 대해 의제매입세액공제를 받은 후 그 일부를 면세사업 그 밖의 목적을 위하여 사용·소비하는 경우

③ 면세로 구입한 농산물 등을 보관 중에 불량, 부패 또는 변질되어 제조에 사용하지 못하거나 그대로 처분한 경우(부가 22601-1206, 1989. 8. 23.)

④ 면세농산물 등을 시험용으로 사용하는 경우(부가 22601-84, 1990. 1. 25.)

⑤ 공제율별로 구분된 원재료에 대하여 의제매입세액공제를 받은 후 공제율이 다른 용도로 원재료가 전용된 경우 그 전용된 날이 속하는 과세기간의 예정신고 또는 확정신고 시 정산하여야 한다.

나. 다음의 경우는 의제매입세액 재계산을 하지 않는다.

① 면세농산물 등을 원재료로 하여 제조 또는 가공한 재화가 소실되거나 변질 또는 부패되어 폐기처분하는 경우(부가 1265-153, 1983. 1. 16.)

② 과세재화의 제조과정에 필수적으로 부수되는 작업폐기물이나 파손품을 자기의 사업용 연료 등으로 사용하거나 외부에 처분하는 경우

③ 과세·면세사업을 겸영하는 경우 의제매입세액공제는 실지귀속에 따라 하되 실지귀속이 불분명할 때에는 부가령 제81조 제1항을 준용하는 것이며, 이후 과세기간에 총공급가액에 대한 면세공급가액의 비율이 증가한 경우에도 의제매입세액은 재계산하지 아니하는 것임(부가 46015-916, 1995. 5. 23.).

3) 안분계산 방법

겸영사업자의 의제매입세액 안분계산은 부가령 제81조의 규정을 준용하여 계산한다(부가칙 §56 ④, 부가통칙 42-84-4).

① 과세사업과 면세사업을 겸업하는 사업자가 면세원재료를 매입한 경우에는 그 과세기간 종료일까지 해당 원재료의 실지귀속에 따라 의제매입세액공제 대상 원재료

여부를 구분하고 차기 이월원재료에 대하여는 그 용도가 불분명하므로 부가령 제81조 제1항의 규정을 준용한다.

② 부가령 제81조 제1항의 규정을 준용할 때 적용하는 계산식은 해당 사업장에서 매입한 면세원재료로써 제조·가공한 과세재화 또는 창출한 과세용역과 면세재화 또는 면세용역과의 총공급가액에 대한 과세재화 또는 과세용역 공급가액이 차지하는 비율에 따라 의제매입세액공제 대상 원재료를 구분한다.

③ 구분된 의제매입세액공제 대상 원재료의 매입가액으로 의제매입세액을 계산한다.

④ 의제매입세액이 공제된 원재료가 과세재화 또는 과세용역의 원재료로 사용되지 아니하고 면세재화 또는 면세용역의 원재료로 전용되는 경우 부가령 제84조 제4항의 규정에 의하여 전용한 날이 속하는 예정 또는 확정신고 시 추가 납부한다.

1. 의제매입세액이 공제되는 농산물 등의 가액

$$= \text{공통매입 농산물 등의 가액} \times \frac{\text{의제매입세액이 공제되는 재화(용역)의 공급가액}}{\text{총공급가액}}$$

2. 의제매입세액 = 의제매입세액이 공제되는 농산물 등의 가액 × 한도율 × 공제율

⑤ 의제매입세액의 안분계산은 예정신고 시 예정신고기간의 공급가액을 기준으로 의제매입세액을 계산하고, 확정신고 시에는 과세기간 전체의 공급가액을 기준으로 정산한다.

⑥ 의제매입세액공제율이 다른 두 가지 이상의 사업을 겸영하는 경우 공제율별로 구분된 의제매입세액공제대상 원재료에 각각의 공제율을 적용하여 의제매입세액을 계산한다.

⑦ 해당 과세기간의 총공급가액 중 의제매입세액이 공제되지 아니하는 재화의 공급가액(면세공급가액)이 100분의 5 미만이거나 해당 과세기간 중의 공통매입원재료가액이 500,000원 미만인 때에는 위의 규정에 불구하고 해당 원재료의 가액 전체에 대하여 의제매입세액을 공제한다. 또한 해당 과세기간 중 공급가액이 없거나 어느 한 사업의 공급가액이 없는 때에는 위 계산식에 의한 안분계산을 하지 아니하고 부가령 제81조의 규정을 준용하여 계산하여야 한다.

실지귀속을 구분함에 있어서, 해당 농산물 등의 구입·관리·제조 또는 가공과정의 투입, 제조공정, 제품생산관리 등 제반실태에 따라 실지귀속의 수량을 구분할 수 있는 때에는 실지귀속이 분명한 것으로 보고, 이러한 방법으로도 실지귀속의 수량을 구분할 수 없는 경우에 한하여 실지귀속이 불분명한 것으로 본다.

위 계산식에서 총공급가액이라 함은 해당 사업장에서 공통매입농산물 등에 관련된 해당 과세기간의 의제매입세액이 공제되는 재화의 공급가액과 의제매입세액이 공제되지 아니하는 재화의 공급가액 또는 수입금액의 합계액을 말하며, 의제매입세액이 공제되는 재화의 공급가액이라 함은 해당 사업장에서 공통매입농산물 등에 관련된 해당 과세기간의 의제매입세액이 공제되는 재화의 공급가액의 합계액을 말한다.

4) 재계산 대상 금액

면세로 공급받은 농산물 등의 구입 시에 의제매입세액을 공제받은 후 해당 재화의 구성부분의 일부만을 과세재화의 제조·가공 또는 과세용역의 창출에 사용하고 나머지 부분은 그대로 양도 또는 인도하는 경우에는 부가령 제84조 제4항에 따라 공제한 금액을 납부세액에 가산하거나 환급세액에서 공제하여야 한다. 이 경우 양도한 부분의 취득가액을 구분할 수 없거나 합리적인 구분 기준이 없는 때에는 양도한 부분의 양도가액을 기준으로 하여 계산할 수 있다(부가통칙 42-84-3).

5) 재계산 시기

의제매입세액의 재계산은 면세로 공급받아 의제매입세액을 공제한 농산물 등을 원재료로 사용하지 아니하고 그대로 양도 또는 인도하거나 면세사업 그 밖의 목적을 위하여 사용 또는 소비함으로써 의제매입세액의 공제대상이 되지 아니하게 되는 때에 적용하는 것이므로 그대로 양도 또는 인도하거나 면세사업 그 밖의 목적을 위하여 사용 또는 소비하는 때에 재계산을 하여야 한다. 따라서 그대로 양도 또는 인도하거나 면세사업 그 밖의 목적을 위하여 사용 또는 소비하는 때가 속하는 예정신고기간 또는 과세기간의 예정신고 또는 확정신고 시 재계산한 금액을 그 기간의 납부세액에 가산하거나 환급세액에서 공제하여야 한다(부가통칙 42-84-4).

(6) 의제매입세액의 회계처리

의제매입세액은 취득가액 내에 그만큼의 매입세액이 포함되어 있다고 인정하는 금액이기 때문에 부가가치세의 면제를 받아 공급받은 농산물·축산물·수산물 또는 임산물의 취득가액에서 의제매입세액 상당액을 차감하여야 하며, 취득가액에서 의제매입세액 상당액을 차감한 금액을 원재료의 가액으로 하고 의제매입세액 상당액은 일반매입세액과 동일한 계정과목으로 계상한다(법령 §22).

그러나 의제매입세액을 공제받지 못한 경우에는 매입원가로 보아 손금산입한다(법인 22601-2596, 1986. 8. 22.).

(7) 경정청구로 환급받은 의제매입세액의 익금산입시기

의제매입세액공제액을 「국세기본법」 제45조의2에 따른 경정 등의 청구에 의하여 환급받은 경우에는 그 환급이 확정된 날이 속하는 사업연도의 익금으로 하는 것이다(법인세과-469, 2014. 11. 10.).

6 의제매입세액의 공제신청

(1) 의제매입세액의 공제신고

의제매입세액공제를 받으려는 사업자는 의제매입세액공제신고서와 매입처별계산서합계표, 신용카드매출전표 등 수취명세서, 매입자발행계산서를 관할 세무서장에게 제출(국세정보통신망에 의한 제출 포함)하여야 한다(부가령 §84 ⑤).

다만, 제조업을 경영하는 사업자가 농어민으로부터 면세농산물 등을 직접 공급받는 경우에는 의제매입세액공제신고서만을 제출한다. 따라서 농어민과 직접 거래하는 경우 제조업을 영위하는 사업자의 경우에만 매입처별계산서합계표 또는 신용카드매출전표 등 수취명세서 제출을 면제받는 것이므로 제조업 외의 업종을 영위하는 사업자가 계산서 등을 발급할 수 없는 농·어민과 직접 거래하는 경우에는 의제매입세액공제를 적용받을 수 없다. 여기에서 농·어민이란 통계청장이 고시하는 한국표준산업분류상의 농업 중 작물 재배업, 축산업, 작물재배 및 축산 복합농업에 종사하거나 임업(2016. 2. 17. 이후 공급분부터 적용), 어업 및 소금 채취업에 종사하는 개인을 말한다(부가령 §84 ⑤, ⑥).

또한, 의제매입세액공제를 적용함에 있어 위 증빙서류를 갖추고도 공제를 받지 못한 사업자가 “사업자등록을 신청한 사업자가 사업자등록증 발급일까지의 거래에 대하여 해당 사업자 또는 대표자의 주민등록번호를 기재하여 발급받은 계산서”, “발급받은 계산서의 필요적 기재사항 중 일부가 착오로 기재되었으나 해당 계산서의 그 밖의 필요적 기재사항 또는 임의적 기재사항으로 보아 거래사실이 확인된 경우의 계산서” 및 “면세되는 농산물 등의 공급시기 이후에 발급받은 계산서로서 해당 공급시기가 속하는 부가가치세 과세기간 내 발급받은 계산서”가 있는 경우 수정신고나 경정청구 등을 통하여 의제매입세액을 공제받을 수 있다(부가령 §84 ⑦).

(2) 증빙서류

의제매입세액을 공제받기 위한 증빙서류에는 「법인세법」 또는 「소득세법」에 따른 계산서, 신용카드매출전표 등이 있다. 그러나 의제매입세액공제를 적용받기 위해서는 계산서 또는 신용카드매출전표 등을 직접 제출하는 것이 아니라 의제매입세액공제신고서에 매입처별계산서합계표 또는 신용카드매출전표 등 수령명세서, 매입자발행계산서를 제출하고 계산서 또는 신용카드매출전표 등을 보관하면 된다.

의제매입세액을 공제받는 사업자가 과세사업과 면세사업을 겸영하는 경우에는 과세되는 공급분과 면세되는 공급분 및 면세농산물 등의 공급을 받은 사실을 각각 구분하여 장부에 기록 · 비치하여야 한다.

Ⅶ 면세사업용 감가상각자산의 과세사업용 전환 시 매입세액공제

1 의 의

면세사업에 사용 또는 소비되던 감가상각자산을 과세사업용으로 전환하여 사용 또는 소비하는 경우 당초 공제받지 못한 매입세액 중 일부를 공제받을 수 있는 제도로서 매입세액이 공제된 재화를 면세사업용으로 전환하는 경우 간주매출로 보아 과세하는 재화의 공급특례와 반대되는 개념이다.

이 규정은 면세사업에 사용 · 소비되는 감가상각자산을 2007. 1. 1. 이후 과세사업에 사용 또는 소비하는 분부터 적용된다(부가법 §43, 부가령 §85).

핵심정리

① 공통매입세액 안분계산한 자산의 과세사업에만 전용 시 매입세액공제 여부

공통매입세액 안분계산 및 정산, 납부 · 환급세액의 재계산 규정이 적용된 자산에 대하여는 부가법 제43조에 따른 공제가능 감가상각자산으로 보지 아니한다.

② 비영리법인이 당초 취득한 자산의 과세사업 사용

과세사업이나 면세사업을 영위하지 아니하는 비영리법인이 그 고유사업목적으로 취득 · 사용하던 자산을 과세사업에 전용하게 된 경우 부가령 제85조를 적용하지 않는다는 것이 국세청 유권해석이었으나, 조세심판원은 비영리법인이 고유목적사업에 사용하기 위해 건물을 신축하여 관련 매입세액을 공제받지 아니하였으나, 과세사업용으로 전환한 경우 고

유목적사업이 부가가치세법에서 정하는 부가가치세 면세대상이 되는 경우 부가법 제43조에 따른 매입세액공제 가능하다는 결정을 내렸다(법규과-1923, 2010. 12. 27. ; 조심 2011구1314, 2011. 10. 6.).

⇒ 조세심판원의 결정이 더 문리해석에 충실한 것으로 판단된다.

③ 당초 세금계산서 등을 받지 아니한 경우

과세사업용으로 전환에 따른 세액공제 시 면세사업을 위해 재화를 취득하면서 세금계산서 또는 신용카드매출전표 등을 수취한 경우에만 가능한 것인지, 사실과 다른 세금계산서에 해당하는 경우에도 가능한지에 대한 규정은 없다. 하지만 당초 취득 시에 과세사업자였다면 부가법 제38조에 따라 공제받을 매입세액에 해당한 것만을 부가법 제43조에 따른 매입세액공제가 가능한 것으로 보아야 할 것이다.

④ 면세사업 폐지 후 과세사업을 하게 된 경우

면세사업에 사용하던 사업용 고정자산에 해당되나, 면세사업 폐지 후 일정기간 사용·소비되지 아니하다가 추후 과세사업에 사용·소비되는 경우에는 관련 매입세액을 공제할 수 없다(부가-648, 2009. 5. 7.).

⑤ 사업자 아닌 개인이 취득한 자산을 과세사업에 사용하는 경우

사업자 아닌 일반 개인이 당초 주거 등의 비사업목적으로 취득한 감가상각자산을 취득 후에 과세사업에 사용하게 되는 경우 부가법 제43조에 따른 매입세액공제가 불가하다(부가-4239, 2008. 11. 17.).

⑥ 오피스텔 취득 및 사용형태 변동에 따른 매입세액공제

취득단계		보유단계(이용목적 변경)				매각단계[6]	
취득 목적	공제 여부	과세사업	면세사업	겸영사업[2]	비과세 사업	과세 겸영	면세 비과세
과세사업	여		면세전용	면세전용	면세전용	과세	면세
면세사업	부	전환공제[3]		전환공제		과세	면세
겸영사업	여[1]	재계산[4]	재계산	재계산	재계산	과세	면세
비과세[7]	부	불가[5]	불가	불가	불가	과세	비과세

1) 공통매입세액 안분계산하여 면세사업 해당분만 불공제
2) 겸영사업이란 과세사업과 면세사업을 겸영하는 경우를 말함.
3) 전환공제란 부가령 제85조에 따라 매입세액을 공제받을 수 있음을 의미
4) 재계산이란 부가령 제83조에 따른 납부세액 또는 환급세액의 재계산을 의미
5) 불가란 당초 불공제받은 세액을 추가로 공제할 수 없음을 의미(운영수입 등은 과세)
6) 매각단계에서의 부가가치세 과세 여부에 대한 판단으로 매각 전 단계에서 과세, 면세사업 등의 영위 여부에 따라 구분함.
7) 비과세란 취득자가 본인의 상시 주거용 등으로 사용하는 경우를 말함.

⑦ 면세전용 후 다시 과세사업 사용 시 매입세액공제

오피스텔을 취득하면서 부동산임대업으로 사업자등록을 신청하여 관련 매입세액을 공제받고 오피스텔을 상업용으로 임대한 자(이하 "신청인"이라 함)가 오피스텔을 주거용 임대

로 전환하면서 면세전용에 따른 자가공급에 해당하는 것으로 보아 부가가치세를 신고·납부한 후, 해당 오피스텔을 상업용으로 임대하는 경우 신청인은 과세사업전환 감가상각자산에 대하여 그 과세사업에 사용한 날이 속하는 과세기간의 매입세액으로 공제할 수 있는 것임(법규부가 2013-43, 2013. 2. 15.).

2 | 공제 요건

면세사업용 감가상각자산을 과세사업용으로 전환하여 매입세액공제를 적용받기 위해서는 다음의 요건을 모두 충족하여야 한다.

① 부가가치세가 면제되는 사업(부가가치세가 과세되지 아니하는 사업 포함)에 관련되어 부가법 제39조 제1항 제7호에 따라 매입세액불공제된 감가상각자산일 것

② 해당 감가상각자산의 취득일이 속하는 과세기간 이후에 과세사업에 전용하거나 과세사업과 면세사업에 겸용으로 사용 또는 소비할 것

③ 과세사업 또는 과세사업과 면세사업에 공통으로 사용·소비하는 날이 속하는 과세기간에 대한 확정신고 시 '과세사업전환 감가상각자산신고서'에 의해 사업장 관할 세무서장에게 신고할 것

부가령 제81조, 제82조 및 제83조에서는 과세사업과 면세사업을 겸영하는 경우에 매입세액의 안분계산 방법, 정산방법 및 면세비율이 변동함에 따른 납부세액·환급세액의 재계산방법이 적용되는 자산을 제외하고, 면세사업에만 사용할 목적으로 재화를 취득하여 매입세액이 전액 불공제된 경우에 적용된다.

3 | 과세사업용 전환 시 공제되는 매입세액의 계산

(1) 과세사업에 사용·소비하는 경우

매입세액이 공제되지 아니한 감가상각자산을 과세사업에 사용하거나 소비하는 때에 공제하는 세액은 다음의 계산식에 따라 계산한 금액으로 한다(부가령 §85 ①).

1) 건물 또는 구축물

$$\text{공제되는 세액} = \text{취득 당시 해당 재화의 면세사업 등과 관련하여 공제되지 아니한 매입세액} \times \left(1 - \frac{5}{100} \times \text{경과된 과세기간의 수}\right)$$

2) 그 밖의 감가상각자산

$$\text{공제되는 세액} = \text{취득 당시 해당 재화의 면세사업 등과 관련하여 공제되지 아니한 매입세액} \times \left(1 - \frac{25}{100} \times \text{경과된 과세기간의 수}\right)$$

(2) 과세사업과 면세사업에 공통으로 사용·소비하게 되는 경우

취득 시 면세사업에 사용하기 위하여 매입세액이 공제되지 아니한 감가상각자산을 과세사업과 면세사업에 공통으로 사용하거나 소비하는 때에는 아래의 계산식에 의한 세액을 산출하여 매입세액으로 공제할 수 있다.

이 경우 총공급가액은 면세사업용 감가상각자산을 과세사업에 사용 또는 소비한 날이 속하는 과세기간의 과세사업에 대한 공급가액과 면세사업에 대한 수입금액의 합계액을 말한다(부가령 §85 ②).

1) 건물 또는 구축물

$$\text{공급가액} = \text{취득 당시 해당 재화의 면세사업 등과 관련하여 공제되지 아니한 매입세액} \times \left(1 - \frac{5}{100} \times \text{경과된 과세기간의 수}\right) \times \frac{\text{과세사업에 사용·소비한 날이 속하는 과세기간의 과세공급가액}}{\text{과세사업에 사용·소비한 날이 속하는 과세기간의 총공급가액}}$$

2) 그 밖의 감가상각자산

$$\text{공급가액} = \text{취득 당시 해당 재화의 면세사업 등과 관련하여 공제되지 아니한 매입세액} \times \left(1 - \frac{25}{100} \times \text{경과된 과세기간의 수}\right) \times \frac{\text{과세사업에 사용·소비한 날이 속하는 과세기간의 과세공급가액}}{\text{과세사업에 사용·소비한 날이 속하는 과세기간의 총공급가액}}$$

3) 용어 해설

① 총공급가액

"총공급가액"이라 함은 면세사업 등을 위한 감가상각자산을 과세사업에 사용·소비한 날이 속하는 과세기간의 과세사업에 대한 공급가액과 면세사업 등에 대한 수입금액의 합계액으로 한다(부가규칙 §57).

② 경과된 과세기간의 수

경과된 과세기간의 수에 관하여는 부가령 제66조 제2항 후단을 준용한다.

㉠ 부가법 제5조에 따른 과세기간 단위로 계산하되, 건물 또는 구축물의 경과된 과세기간의 수가 20을 초과할 때에는 20으로, 그 밖의 감가상각자산의 경과된 과세기간의 수가 4를 초과할 때에는 4로 한다.

㉡ 경과된 과세기간의 수를 계산함에 있어서 과세기간 개시일 후에 감가상각자산을 취득하는 경우에는 그 과세기간 개시일에 그 재화를 취득한 것으로 본다(부가령 §85 ⑥).

4) 안분계산의 배제

과세사업에 의한 과세공급가액이 총공급가액 중 5% 미만일 때에는 공제세액이 없는 것으로 본다(부가령 §85 ②).

(3) 과세사업과 면세사업의 공급가액이 없거나 어느 한 사업의 공급가액이 없는 경우

1) 공제세액의 계산

과세사업과 면세사업에 공통으로 사용 또는 소비하는 경우로서 해당 과세기간 중 과세사업과 면세사업 등의 공급가액이 없거나 그 어느 한 사업의 공급가액이 없는 경우에 그 과세기간에 대한 안분계산은 다음의 순서에 따른다(부가령 §85 ③).

① 총매입가액에 대한 과세사업에 관련된 매입가액의 비율
② 총예정공급가액에 대한 과세사업에 관련된 예정공급가액의 비율
③ 총예정사용면적에 대한 과세사업에 관련된 예정사용면적의 비율

다만, 취득 시 면세사업 등과 관련하여 매입세액이 공제되지 아니한 건물에 대하여 과세사업과 면세사업 등에 제공할 예정면적을 구분할 수 있는 경우에는 "③"을 "①",

"②"에 우선하여 적용한다.

2) 정산

위의 방법에 따라 안분하여 계산한 매입세액을 공제한 경우에는 면세사업용 감가상각자산의 과세사업용 사용 또는 소비로 과세사업과 면세사업 등의 공급가액 또는 과세사업과 면세사업의 사용면적이 확정되는 과세기간에 대한 납부세액을 확정신고할 때에 다음의 계산식에 따라 정산한다(부가령 §85 ④).

① 매입가액 또는 예정공급가액비율로 안분계산한 경우

가. 건물 또는 구축물

$$\text{가산되거나 공제되는 세액} = \text{취득 당시 해당 재화의 면세사업 등과 관련하여 공제되지 아니한 매입세액} \times \left(1-\frac{5}{100}\times \text{경과된 과세기간의 수}\right) \times \frac{\text{과세사업과 면세사업 등의 공급가액이 확정되는 과세기간의 과세공급가액}}{\text{과세사업과 면세사업 등의 공급가액이 확정되는 과세기간의 총공급가액}} - \text{이미 공제한 매입세액}$$

나. 그 밖의 감가상각자산

$$\text{가산되거나 공제되는 세액} = \text{취득 당시 해당 재화의 면세사업 등과 관련하여 공제되지 아니한 매입세액} \times \left(1-\frac{25}{100}\times \text{경과된 과세기간의 수}\right) \times \frac{\text{과세사업과 면세사업 등의 공급가액이 확정되는 과세기간의 과세공급가액}}{\text{과세사업과 면세사업 등의 공급가액이 확정되는 과세기간의 총공급가액}} - \text{이미 공제한 매입세액}$$

② 예정사용면적으로 안분계산한 경우

$$\text{가산되거나 공제되는 세액} = \text{취득 당시 해당 재화의 면세사업 등과 관련하여 공제되지 아니한 매입세액} \times \left(1-\frac{5}{100}\times \text{경과된 과세기간의 수}\right) \times \frac{\text{과세사업과 면세사업 등의 사용면적이 확정되는 과세기간의 과세사용면적}}{\text{과세사업과 면세사업 등의 사용면적이 확정되는 과세기간의 총사용면적}} - \text{이미 공제한 매입세액}$$

(4) 매입세액불공제한 건축물의 일부 면적을 과세사업에 사용하는 경우

부가령 제85조 제1항은 매입세액이 불공제된 감가상각자산을 과세사업에 전부 사용하는 경우, 부가령 제85조 제2항은 과·면세사업에 공통으로 사용하는 경우의 공제매입세액 계산방법을 각각 규정하고 있어 면세사업용이어서 당초 매입세액이 불공제된 건물을 면세사업과 과세사업에 겸영하여 과세 및 면세수입금액이 발생하게 된 경우 부가령 제85조 제2항에 따라 공급가액 비율을 기준으로 공제받을 매입세액을 계산하는 것이 타당하고, 예정사용면적비율을 공급가액 기준보다 우선하여 적용하도록 규정한 부가령 제85조 제3항은 과·면세 공급가액이 없거나 어느 한 사업의 공급가액이 없고 과·면세사업 관련 예정사용면적이 구분되는 경우에 예외적으로 예정사용면적비율을 적용하도록 한 것이므로 동 항을 적용할 수 없다는 문리해석이 나온다.

또한, 실지귀속이란 매입세액의 발생 건별 또는 금액별로 각각 과세사업과 면세사업에 귀속되는 것이 확인되는 것을 말하는 것으로 과·면세 사용면적비율에 따라 안분한 매입세액이 실지 과·면세사업에 귀속되는 매입세액으로 보기 어렵다.

그러나 이 경우와 같이 면세사업과 과세사업에 사용하는 면적이 각각 확연히 구분된다면 과세사업 사용면적 비율에 따라 안분한 매입세액을 과세사업에 실지귀속되는 것으로 볼 수 있어 부가령 제85조 제3항에 따라 공제하는 것이 경제적 실질 또는 실지귀속을 고려할 때 실지귀속을 찾는 가장 합리적인 방법으로 볼 수 있다.

이는 건물의 신축과 관련하여 특별한 사정이 없는 한 면적에 비례하여 매입세액이 귀속되는 것이 일반적이어서 건물의 과·면세 사용면적이 건물의 신축·취득 관련 매입세액의 실지귀속분을 찾을 수 있는 적합한 판단기준이라는 조세심판원의 결정례 등과도 일치된다(국심 2001중1093, 2001. 10. 8. ; 재부가-432, 2007. 6. 5. 외 다수).

뿐만 아니라 건물 취득 시 처음부터 과·면세사업에 공통으로 사용하는 경우에는 위와 같이 예정사용면적비율로 매입세액을 안분하고, 면세사업을 하다 일부 과세사업 전환하는 본 건의 경우는 매입세액 안분기준을 달리하여 공급가액비율로 하는 것은 동 규정의 입법취지나 경제적 합리성, 공통매입세액 안분계산과 과세사업전환에 따른 매입세액공제 특례 규정 상호 간의 조화를 깨뜨리는 해석이 될 여지가 많다.

이와 관련하여 기재부는 사업자가 취득 시 매입세액이 공제되지 아니한 건물의 일부를 과세사업에 사용하는 경우 과세·면세사업에 사용할 면적 등에 의하여 실지귀속이 분명한 경우에는 실지귀속에 따라 계산한 매입세액에 부가령 제85조 제1항 제1호의 계산식을 적용하여 계산한 금액을 공제하는 것이며, 그 실지귀속을 알 수 없는 경우에 한하여 부가령 제85조 제3항(매입가액비율, 예정공급가액비율 등)을 적용하여 계산한 금액을 공제한다(기획재정부 부가가치세제과-112, 2020. 2. 17.).

4 | 공제시기

사업자가 면세사업에 사용하기 위하여 취득 시 매입세액이 공제되지 아니한 감가상각자산을 과세사업에 사용하거나 소비할 때에는 그 과세사업에 사용하거나 소비하는 날이 속하는 과세기간에 대한 확정신고와 함께 기획재정부령으로 정하는 과세사업전환 감가상각자산신고서를 작성하여 각 납세지 관할 세무서장에게 신고하여 매입세액을 공제받을 수 있다(부가령 §85 ⑤).

5 | 과세 · 면세비율 변동 시 재계산

과세전환 감가상각자산에 대한 공제세액의 안분계산을 한 후의 과세기간에 당초 안분계산의 비율이 변동이 된 경우 그 과세공급가액 비율이 증가하였을 경우 매입세액을 추가 공제해 주는 규정과 반대로 과세공급가액비율이 감소하였다면 증가된 면세비율만큼 일부 면세전용 또는 기존에 공제받은 매입세액을 환수하는 규정이 필요한 바, 2010. 2. 18. 시행령 개정 시 이를 반영하여 면세사업 등을 위한 감가상각자산의 과세사업전환 시 매입세액공제 특례가 적용되어 공급가액비율, 예정사용면적이나 예정공급가액비율에 따라 매입세액이 공제된 후 총공급가액에 대한 면세공급가액의 비율 또는 총사용면적에 대한 면세사용면적의 비율과 해당 감가상각자산의 취득일이 속하는 과세기간(그 후의 과세기간에 재계산하였을 때에는 그 재계산한 기간)에 적용되었던 비율 간의 차이가 5퍼센트 이상인 경우에는 제83조를 준용하여 매입세액을 재계산한다. 동 규정은 2010. 2. 18. 시행령 개정 시 이를 반영함으로써 이러한 문제점들을 해소하였다(부가령 §85 ⑦).

6 | 면세전용 및 납부환급세액재계산과의 비교

구 분	면세전용	과세전환 매입세액공제 특례	납부 · 환급세액 재계산
요건	과세사업용 재화를 사후에 면세사업용으로 전용 시 과세	면세사업용으로 취득한 감가상각자산을 사후에 과세사업에 전환 시 매입세액공제	과세 · 면세 공통사용 감가상각자산에 대한 과세 · 면세비율이 사후 증감하는 경우 공통매입세액을 정산

구 분	면세전용	과세전환 매입세액공제 특례	납부 · 환급세액 재계산
세액계산	매출세액으로 납부	매입세액의 공제 특례	매입세액의 정산
적용시기	예정 · 확정신고 시	확정신고 시	확정신고 시
당초 구입목적	과세사업 전용	면세사업 전용	과세 · 면세 공통사용

Ⅷ 재고매입세액공제

1 의 의

재고매입세액은 간이과세자가 일반과세자로 과세유형이 변경되는 경우에 그 변경일 현재 해당 사업자의 사업장에서 보유하고 있는 재고품 및 감가상각자산에 대하여 그 재고품 및 감가상각자산의 가액에 포함되어 있다고 추정되는 부가가치세 상당액을 매입세액으로 하여 일반과세자로 변경된 후에 납부하여야 할 세액에서 공제하도록 하는 제도를 말한다.

간이과세자로서 재화 또는 용역을 공급받거나 재화를 수입하는 때에 거래상대방 또는 세관장으로부터 징수당하는 부가가치세는 매입세액으로서 공제되지 아니하기 때문에 해당 재화 또는 용역의 원가에 포함되며 이를 일반과세자로 전환된 이후 공급하는 때에는 그 매입세액이 포함된 공급가액에 대하여 또다시 부가가치세를 거래징수하게 되어 중복과세현상이 발생되므로 이를 배제하기 위한 조치이다.

2 재고매입세액의 공제

간이과세자가 일반과세자로 변경되면 그 변경 당시의 재고품, 건설 중인 자산 및 감가상각자산(이하 "재고품 등"이라 한다)에 대하여 대통령령으로 정하는 바에 따라 계산한 금액을 매입세액으로 공제할 수 있다(부가법 §44 ①).

(1) 공제대상 재화

재고매입세액의 공제대상이 되는 재화는 간이과세자가 일반과세자로 변경되는 날 현재에 있는 부가령 제86조에서 정하는 아래의 것으로서 부가법 제38조부터 제43조까지의 규정에 따라 매입세액공제 대상인 것이어야 한다(부가령 §86 ①).

① 상품

② 제품(반제품, 재공품 포함)

③ 재료(부재료 포함)[저장품은 제외]

④ 건설 중인 자산[건축과 토목에 한정하지 않고 건물, 구축물, 기계장치, 선박, 차량 운반구 등 모든 유형자산을 포함한다(재부가-342(2), 2011. 5. 30.)].

⑤ 감가상각자산(건물 또는 구축물로서 취득·건설 또는 신축 후 10년 이내의 것과 그 밖의 감가상각자산의 경우에는 취득 또는 제작 후 2년 이내의 것을 말한다)

(2) 재고매입세액의 계산

재고품 등에 대한 매입세액으로서 납부세액의 계산에 있어 공제할 수 있는 재고매입세액은 부가령 제86조 제3항의 규정과 같이 계산한다.

1) 재고품의 경우

가. 2021. 6. 30.까지 공급받는 분

$$재고매입세액 = 재고금액 \times \frac{10}{110} \times (1 - 제111조\ 제2항의\ 표의\ 구분에\ 따른\ 부가가치율)$$

나. 2021. 7. 1. 이후 공급받는 분

$$재고매입세액 = 재고금액 \times \frac{10}{110} \times \left(1 - 0.5퍼센트 \times \frac{110}{10}\right)$$

2) 건설 중인 자산의 경우

가. 2021. 6. 30.까지 공급받는 분

$$\text{재고매입세액} = \frac{\text{해당 건설 중인 자산과}}{\text{관련된 공제 대상 매입세액}} \times \left(1 - \frac{\text{제11조 제2항의 표의}}{\text{구분에 따른 부가가치율}}\right)$$

나. 2021. 7. 1. 이후 공급받는 분

$$\text{재고매입세액} = \text{해당 건설 중인 자산과 관련된 공제 대상 매입세액} \times \left(1 - 0.5\text{퍼센트} \times \frac{110}{10}\right)$$

3) 감가상각자산의 경우

① 타인으로부터 매입한 자산

가. 건물 또는 구축물

○ 2021. 6. 30.까지 공급받는 분

$$\text{재고매입세액} = \text{취득가액} \times \left(1 - \frac{10}{100} \times \frac{\text{경과된}}{\text{과세기간의 수}}\right) \times \frac{10}{110} \times \left(1 - \frac{\text{제11조 제2항의 표의}}{\text{구분에 따른 부가가치율}}\right)$$

○ 2021. 7. 1. 이후 공급받는 분

$$\text{재고매입세액} = \text{취득가액} \times \left(1 - \frac{10}{100} \times \frac{\text{경과된}}{\text{과세기간의 수}}\right) \times \frac{10}{110} \times \left(1 - 0.5\text{퍼센트} \times \frac{110}{10}\right)$$

나. 그 밖의 감가상각자산

○ 2021. 6. 30.까지 공급받는 분

$$\text{재고매입세액} = \text{취득가액} \times \left(1 - \frac{50}{100} \times \frac{\text{경과된}}{\text{과세기간의 수}}\right) \times \frac{10}{110} \times \left(1 - \frac{\text{제11조 제2항의 표의}}{\text{구분에 따른 부가가치율}}\right)$$

○ 2021. 7. 1. 이후 공급받는 분

$$재고매입세액 = 취득가액 \times \left(1 - \frac{50}{100} \times 경과된\ 과세기간의\ 수\right) \times \frac{10}{110} \times \left(1 - 0.5퍼센트 \times \frac{110}{10}\right)$$

② 사업자가 직접 제작, 건설, 신축한 자산

가. 건물 또는 구축물

○ 2021. 6. 30.까지 공급받는 분

$$재고매입세액 = 해당\ 자산의\ 건설\ 또는\ 신축과\ 관련된\ 공제\ 대상\ 매입세액 \times \left(1 - \frac{10}{100} \times 경과된\ 과세기간의\ 수\right) \times \left(1 - 제111조\ 제2항의\ 표의\ 구분에\ 따른\ 부가가치율\right)$$

○ 2021. 7. 1. 이후 공급받는 분

$$재고매입세액 = 해당\ 자산의\ 건설\ 또는\ 신축과\ 관련된\ 공제\ 대상\ 매입세액 \times \left(1 - \frac{10}{100} \times 경과된\ 과세기간의\ 수\right) \times \left(1 - 0.5퍼센트 \times \frac{110}{10}\right)$$

나. 그 밖의 감가상각자산

○ 2021. 6. 30.까지 공급받는 분

$$재고매입세액 = 해당\ 자산의\ 제작과\ 관련된\ 공제\ 대상\ 매입세액 \times \left(1 - \frac{50}{100} \times 경과된\ 과세기간의\ 수\right) \times \left(1 - 제111조\ 제2항의\ 표의\ 구분에\ 따른\ 부가가치율\right)$$

○ 2021. 7. 1. 이후 공급받는 분

$$재고매입세액 = 해당\ 자산의\ 제작과\ 관련된\ 공제\ 대상\ 매입세액 \times \left(1 - \frac{50}{100} \times 경과된\ 과세기간의\ 수\right) \times \left(1 - 0.5퍼센트 \times \frac{110}{10}\right)$$

③ 해당 업종의 부가가치율(2021. 6. 30.이 속하는 과세기간까지 적용)

위 계산식 중 부가가치율은 간이과세자가 일반과세자로 변경되기 직전일(감가상각자산의 경우에는 그 감가상각자산의 취득일)이 속하는 과세기간에 적용된 해당 업종의 부가가치율을 말한다. 간이과세자에게 적용하는 업종별 부가가치율은 부가령 제111조 제2항에서 규정하고 있다(구 부가령 §86 ④).

④ 재고금액

재고품의 경우 「재고금액」과 타인으로부터 구입한 감가상각자산의 경우 「취득가액」은 부가령 제86조 제2항에 따라 장부 또는 세금계산서에 의하여 확인되는 「취득가액(부가가치세를 포함한다)」으로 적용한다. 그러나 직접 제작 · 건설 또는 신축한 감가상각자산의 경우에는 장부 또는 세금계산서에 의하여 확인되는 금액으로 적용함은 물론이지만 「취득가액」을 기준으로 계산하는 것이 아니라 「매입세액」을 기준으로 계산하도록 하고 있다. 그 이유는 사업자가 직접 제작 · 건설 또는 신축한 자산의 경우에는 건설원가 중 인건비와 같이 매입세액이 발생하지 않는 부분이 있기 때문이다(부가령 §86 ②).

장부 또는 세금계산서가 없거나 기장이 누락된 경우에는 해당 재고품 및 감가상각자산에 대하여는 재고매입세액공제를 받을 수 없다.

⑤ '경과된 과세기간 수' 계산

'경과된 과세기간 수의 계산'은 납부 · 환급세액의 재계산에서 정하는 바와 같다. 다만, 과세기간 중에 간이과세포기신고로 인하여 일반과세자로 변경되어 재고매입세액을 산정함에 있어서 '경과된 과세기간의 수'는 부가법 제5조에 따른 과세기간 단위로 계산하는 것이므로 과세기간 개시일로부터 포기일이 속하는 월까지의 과세기간은 1과세기간으로 간주된다(서면3팀-1586, 2007. 5. 25.).

이때 부가령 제86조 제3항 후단의 규정에 따라 사업자등록 후 간이과세포기일까지 부가령 제6조 제3호에 따른 사업개시일이 도래하지 않았다면 경과된 과세기간 수는 "0"이 된다(부가 46015-638, 1999. 11. 18. ; 부가통칙 29-66-1 ; 서면3팀-2855, 2007. 10. 19.).

4) 일반과세자로 재전환 시 계산특례

일반과세자가 간이과세자로 변경된 후에 다시 일반과세자로 변경되는 경우에는 간이과세자로 변경된 때에 부가령 제112조 제7항에 따라 결정된 재고납부세액을 간이과세자로 변경된 날이 속하는 과세기간에 대한 확정신고기한까지 납부하지 않은 재고품 등에 대해서는 재고매입세액공제 규정을 적용하지 않는다(부가령 §86 ⑤, §112 ⑦).

이 규정은 일반과세자 시점에서 이미 공제받은 매입세액은 간이과세자가 다시 일반과세자로 변경되었다고 해서 다시 공제받을 수 없음을 명확히 한 규정이다.

3 | 공제방법 및 절차

(1) 재고품 등의 신고

재고매입세액을 공제받기 위해서는 일반과세 전환 시의 재고품 등 신고서를 작성하여 그 변경되는 날의 직전 과세기간에 대한 신고와 함께 각 납세지 관할 세무서장에게 신고(국세정보통신망에 의한 신고를 포함한다)하여야 한다(부가령 §86 ①).

간이과세에서 일반과세로 변경되는 사업자가 일반과세자로 변경되는 날의 직전 과세기간에 대한 확정신고와 함께 일반과세 전환 시의 재고품 및 감가상각자산신고서를 제출하지 아니하고, 직전 과세기간에 대한 부가가치세 확정신고기한 후 일반과세를 적용받는 최초 과세기간 내에 재고품 및 감가상각자산신고서를 제출하거나, 일반과세자로 변경되는 날이 속하는 예정신고기간 또는 과세기간에 대한 경정청구를 통해 재고매입세액공제를 신청하는 경우 관할 세무서장이 장부 또는 세금계산서 등에 의하거나 재고조사 등을 통해 일반과세 전환 시의 재고품 및 감가상각자산을 확인할 수 있는 때에는 재고매입세액공제가 가능하다(기획재정부 부가가치세제과-838, 2010. 12. 20.).

(2) 승인통지

재고품 등의 신고를 받은 관할 세무서장은 재고금액을 조사 · 승인하고 위 "(1)"의 신고기한이 지난 후 1개월 이내에 해당 사업자에게 재고매입세액을 통지하여야 한다. 이 경우 그 기한 이내에 통지하지 아니할 때에는 해당 사업자가 신고한 재고금액을 승인한 것으로 본다(부가령 §86 ⑤).

(3) 공제시기

결정된 재고매입세액은 그 승인을 받은 날이 속하는 예정신고기간 또는 과세기간의 매출세액에서 공제한다(부가령 §86 ⑦).

IX 대손세액공제

1 | 대손세액공제의 의의

사업자가 거래상대방의 부도·파산 등의 사유로 외상매출금 등의 미회수 채권과 관련된 부가가치세액을 받을 수 없는 경우에는 공급에 관련된 부가가치세액을 공급받는 자에게 전가시킬 수 없어 공급자의 세부담으로 귀결되는 모순이 발생한다.

이러한 매출채권을 회수하지 못한 사업자의 세부담을 해소하기 위하여 사업자는 부가가치세가 과세되는 재화 또는 용역을 공급하고 외상매출금이나 그 밖의 매출채권(부가가치세를 포함한 것을 말한다)의 전부 또는 일부가 그 공급일로부터 10년이 경과된 날이 속하는 과세기간에 대한 확정신고기한까지 공급을 받은 자의 파산·강제집행 등의 사유로 대손되어 회수할 수 없는 경우에는 대손금액의 110분의 10을 그 대손이 확정된 날이 속하는 과세기간의 매출세액에서 뺄 수 있다(부가법 §45 ①).

2 | 대손세액공제대상 채권

1) 일반원칙

대손세액공제를 받기 위해서는 부가가치세가 과세되는 재화 또는 용역에 대한 외상매출금 또는 그 밖의 매출채권이 대손되어야 하고 해당 외상매출금 등이 예정신고, 확정신고, 수정신고, 과세관청의 경정을 통하여 이미 과세표준에 포함되어 있어야 하며, 대손세액공제는 대손세액을 매출세액에서 차감하도록 하고 있으므로 과세사업자 중 일반과세자에게만 적용된다(부가 46015-306, 2002. 5. 1.).

▌대손확정 시 대손금 또는 대손세액공제 여부 결정

외상매출채권 등의 대손이 확정되면 대손세액공제를 받고 공급가액을 대손금으로 손금에 산입하는 방법과 대손세액공제를 받지 아니하고 채권전액을 대손금으로 손금에 산입하는 방법이 있다. 대손된 부가가치세액을 손금에 산입하는 방법을 선택하면 법인세율(20% 또는 22%)에 상응하는 금액만큼만 법인세액이 감소되고 대손세액공제를 받게 되면 부가가치세액 전액을 공제받게 되므로 대손세액공제방법이 납세자에게 유리할 수 있다.

2) 세금계산서 발급 여부

대손세액공제의 대상이 될 수 있는 외상매출채권에는 부가가치세 과세대상인 한 세금계산서의 발급 여부를 묻지 아니하는 것이므로 세금계산서 발급의무가 면제되거나 영수증 발급대상인 경우에도 대손금액이 발생한 사실을 증명하는 서류를 통하여 공제대상세액을 확인할 수 있으면 족하다.

3) 수탁판매대금의 대손세액공제대상 여부

위탁자로부터 재화의 판매대행 또는 중개용역을 제공하는 사업자가 소비자에게 판매한 재화 등의 대가로 받은 수탁판매대금을 회수하지 못하여 해당 사업자가 대신 부담한 경우에도 동 대가는 수탁자의 부가가치세 과세표준에 해당하지 아니하는 것이므로 대손세액공제의 대상이 되지 아니한다(부가 46015-4092, 1999. 10. 7. ; 부가 46015-365, 1998. 2. 27.).

그러나 위수탁판매계약에 의하여 판매대금의 일정액을 수수료로 받는 법인이 수탁판매대금의 회수책임과 대손손실까지 부담하기로 체결한 계약조건에 따라 위탁자에게 대위변제한 미회수판매대금은 법인세법이 정하는 대손요건에 해당되는 때에 대손금으로 손비처리는 할 수 있다(법인 46012-1022, 1998. 4. 24.).

▌주요 대법원 판례

광고용역을 제공하는 법인이 광고대행사를 통하여 광고를 수주하고(이른바 '위수탁광고대행'), 광고용역을 광고주에게 제고한 이후 광고대행사가 부도를 내고 도산하여 광고대행사로부터 받은 어음·수표의 부도로 광고료를 지급받을 수 없게 된 경우, 법인세법상의 대손금과 부가가치세법상의 대손세액공제는 그 제도와 목적을 달리하고, 부가가치세법 제10조 제7항은 준위탁매매인에 의한 용역 공급의 경우에도 유추적용되고 있어(대법원 2006두9337, 2008. 7. 10.), 준위탁매매인이 제3자로부터 부가가치세를 거래징수한 경우라면 준위탁매매인에게 대손사유가 발생하여 위탁자에 대하여 대손세액을 공제하더라도 그 대손세액을 제3자의 매입세액에서 차감할 수 없는 문제점이 생기는 점 등을 종합할 때 준위탁매매인은 부가가치세법 제45조 제1항 소정의 '공급을 받는 자'에 포함되지 않는다고 봄이 상당하므로 광고대행사로부터 광고용역하는 법인이 받은 부도어음에 대하여는 대손세액공제 사유에 해당하지 아니한다(대법원 2007두10389, 2009. 7. 9.).

4) 법인전환 또는 사업양도 후 대손사유 발생 시

법인전환 전 개인사업자 또는 포괄적인 사업양도자가 사업양도나 법인전환 전에 공급한 재화 또는 용역의 대가로 받은 매출채권을 사업양수자(법인)가 양수받은 경우로서 법인전환이나 사업양수 후 대손이 확정된 경우, 사업양수인 등이 대손세액공제 가능하나 양수받지 아니한 매출채권에 대한 대손세액공제는 불가하다. 또한, 법인전환 전 개인사업자 또는 사업양도자가 대손세액공제를 받았으나 사업양수자 등이 해당 부실채권(미회수채권을 0으로 넘긴 경우 포함)을 인수하여 사업양도(법인전환) 후에 회수하였다면 회수한 매출채권에 대한 매출세액을 가산하여 신고·납부하여야 한다(부가 46015-2282, 1996. 11. 2. ; 부가 46015-1305, 1998. 6. 18. ; 부가 46015-2820, 1998. 10. 22. ; 부가 46015-775, 2000. 4. 8. ; 부가 46015-375, 2001. 2. 23. ; 조심 2010서3548, 2011. 12. 8.).

5) 리스이용자의 부도

「여신전문금융업법」에 따라 인가를 받은 시설대여(리스)회사에 리스시설 등을 공급한 사업자가 해당 시설 등의 대가를 지급받음에 있어 공급가액은 리스회사로부터 지급받고 부가가치세액은 동 시설을 리스회사로부터 임차한 해당 리스이용자로부터 어음으로 지급받은 후 부가가치세를 신고·납부하였으나 해당 어음이 부도처리된 경우 동 시설을 공급한 사업자가 리스이용자로부터 받기로 한 부가가치세액은 대손세액공제대상에 해당하지 아니한다(부가 46015-2203, 1997. 9. 24.).

6) 가공거래와 관련된 외상매출채권의 부도

재화 또는 용역의 공급대가와 관련없이 지급받은 어음 등 외상매출채권의 경우 거래처의 부도 등으로 대손사유에 해당되는 경우에도 대손세액공제를 받을 수 없다(부가 46015-336, 1998. 2. 25.).

7) 위장세금계산서를 발급한 후 실거래처가 부도난 경우

재화를 실제 공급받은 자 외의 자에게 위장세금계산서를 발급한 이후 실거래처의 부도로 매출채권을 회수할 수 없어 대손세액공제 사유가 발생된 경우에는 대손세액공제를 받을 수 없다(부가 46015-294, 1998. 2. 21.).

8) 부도난 거래처와 계속 거래하는 경우

매출처의 부도 후 계속 거래가 있다 하더라도 부도 이후 지급받은 어음이 부도발생일로부터 6개월이 경과된 날이 속하는 과세기간의 확정신고 시에 대손세액공제가 가능하다(부가 46015-2162, 1998. 9. 24.).

9) 사업장의 통합이 있는 경우

제1 사업장에서 발생한 외상매출채권이 있는 사업자가 제1 사업장을 폐지하고 제2 사업장으로 이전 통합한 이후 해당 외상매출채권이 대손사유가 발생된 경우 제2 사업장에서 대손세액공제를 받을 수 있다(부가 46015-1744, 1999. 6. 22.).

10) 전자어음 및 전자채권의 부도확인 및 대손세액공제

① 전자어음에 대한 대손세액공제

전자어음이란 기존의 실물어음과는 달리 전자문서 형태로 작성되고 전자어음을 발행하고자 하는 자가 전자어음관리기관에 등록한 약속어음을 의미한다(전자어음의 발행 및 유통에 관한 법률 §2 2호). 따라서 전자어음은 전자유가증권으로서 기존 실물어음과 같이 이용되며 발행, 배서, 권리행사 및 소멸 등의 모든 단계가 On-Line에서 전자적인 방법으로 처리된다.

전자문서로 작성되고 전자어음관리기관에 등록된 약속어음인 "전자어음"도 부도난 경우 대손세액공제가 가능하며, www.u-note.or.kr에 접속하여 전자어음부도확인서 출력하여 대손세액공제 첨부서류로 제출하면 된다.

② 전자채권과 대손세액공제

전자채권은 기업 간 상거래에 사용되고 있는 수표의 지급기능을 가지고 어음의 신용기능을 혼합한 전자적 형태의 지급수단으로 활용하고 있다.

사업자가 재화 또는 용역을 공급하고 그 대가를 「전자금융거래법」에 따른 전자채권으로 받은 후 공급받은 자의 결제잔액 부족 등의 사유로 만기일에 결제되지 아니하여 대금을 받지 못한 경우, 해당 사업자의 미결제된 전자채권은 대손금(부도발생일부터 6월 이상 경과한 수표 또는 어음상의 채권과 외상매출금)으로 인정되는 사유에 해당하지 않는다(부가-1020, 2011. 8. 30.).

전자채권은 대금채권을 구매기업이 만기를 정한 전자식채권으로 변경하여 전자채권관리기관에 등록함으로써 발생하는 전자외상매출채권으로서 실물어음, 전자어음과는 근거법령, 성격, 이용방법 등에서 달리 규정하고 있으며, 구매기업의 미결제로 인한 지급거절은 단순한 매출채권의 지급거절에 불과하다.

다만, 중소기업인 사업자가 동일거래처로부터 재화와 용역의 공급에 대한 대가로 전자어음과 전자채권을 수령한 후, 예금부족 등을 사유로 전자어음은 부도처리되고, 전자채권에 대해서도 부도를 사유로 미결제된 경우, 전자채권의 발행자가 발행한 어음의 부도 발생을 전제로 당해 전자채권금액이 외상매출금에 해당하는 때에는 「법인세법 시행령」 제19조의2 제1항 제9호에 따른 대손금에 해당하므로 부가령 제87조 제1항에 따른 대손세액공제가 가능하며(부가-27, 2013. 1. 10.), 그 외 소멸시효의 완성, 파산, 강제집행 등을 사유로 대손세액공제도 가능하다(부가-1335, 2010. 10. 6.).

③ 전자채권을 담보로 대출을 받은 경우 대손세액공제 여부

전자외상매출채권을 담보로 대출을 받으면서 동 채권을 은행에 양도한 경우 동 채권에 대한 권리를 상실한 것으로 해당 매출채권은 대손세액공제대상 아니다(조심 2014중4587, 2015. 6. 10.).

④ 전자어음의 확인방법

가. 절차

전자어음의 최종소지인을 확인하기 위하여 전자어음관리기관 홈페이지(www.u-note.or.kr)의 전자어음 서비스를 이용한다.

㉠ 회원가입 및 로그인[주민(사업자)등록번호 입력] 후 공인인증서를 통한 본인확인 절차를 거쳐야 함.

㉡ 홈페이지 화면 상단 전자어음서비스 → "조회"란 클릭 후 어음번호, 계좌정보, 날짜입력 후 상세내역 확인

나. 확인되는 내용

㉠ 어음을 발행한 경우
- 발행어음: 발행한 어음의 상세내역, 어음정보, 발행인, 수취인의 정보 및 발행어음 양식(어음권면) 확인 가능
- 결제어음: 결제가 이루어진 어음의 결제내역 확인 가능
- 부도어음: 부도어음의 상세내역, 기본 상세정보 이외에 배서인 정보와 피배서인 정보 및 부도내역 확인 가능

㉡ 어음을 수취한 경우
- 결제받을 어음: 결제받을 어음의 상세내역 및 결제인 정보와 피결제인 정보 확인 가능
- 결제받은 어음: 결제받은 어음의 상세내역 및 결제인 정보와 피결제인 정보 확인 가능
- 부도어음: 부도어음의 상세내역 및 배서인 정보와 피배서인 정보 확인 가능

㉢ 배서어음: 배서어음의 상세내역 및 배서인 정보와 피배서인 정보, 배서내역 확인 가능

11) 채무면제에 따른 대손세액공제

법인세법상 대손금제도는 채무자의 재산·능력 등으로 보아 회수할 수 없는 상태이거나 청구권이 소멸되어 회수할 수 없는 상태에 있는 채권에 대하여 각 사업연도소득 계산 시 손금에 산입하는 것을 말하며, 부가가치세법상 대손세액공제는 법인세법·소득세법상 열거된 대손사유가 발생한 경우 거래징수하지 못한 매출세액을 공제하여 줌으로써 납세자의 세부담을 완화시켜 주는데 의의가 있다. 다만, 대손세액공제는 대손금과는 달리 공급자가 대손세액공제를 받게 되면 매출세액을 지급하지 아니한 공급받는 자에 대하여 자료통보를 통해 매입세액을 차감받게 되는 구조를 지닌다.

대손세액공제를 받기 위해서는 회수하지 못한 매출채권이 소득세법 또는 법인세법에서 정하는 대손금으로 인정되는 사유에 해당하여야 하는 바, 대손된 원인이 위 법에 열거된 법정사유이기만 하면 되는 것이지 거래상대방에 대하여 반드시 강제집행 등을 한 경우로 한정하여야 할 것은 아닌 것으로, 대손금 손금산입 요건보다는 다소 완화하여 해석함이 타당하다. 기획재정부도 2006. 2. 9. 부가가치세법 시행령 개정 시 대손세액공제 사유를 대손금 범위와 동일하게 규정하면서 그 취지가 자영사업자의 자금부담 완화 및 경영여건 개선지원을 위하여 그 범위를 확대한 것이라는 설명도 이를 뒷받침한다(동지 : 국심 2005서1674, 2006. 5. 12.).

다만, 채무자가 변제능력이 있음에도 매출채권을 임의포기나 면제해 준 경우까지 대손세액공제를 통해 조세지원을 해 줄 필요는 없다 할 것이다(서면3팀-834, 2004. 4. 29. ; 조심 2011서1128, 2012. 3. 29. : 부가 46015-217, 2000. 1. 26.).

따라서 대손세액공제는 법인세법상에 열거된 대손금 사유에 해당하면 손금계상 여부와 관계없이 가능하고 소멸시효완성, 대손승인채권, 부도어음·수표 등은 그 사유발생만으로 별도의 입증없이 채권의 임의포기나 면제가 아닌 한 공제가 가능하다(서면3팀-431, 2007. 2. 6. ; 국세청 심사부가 2014-0042, 2014. 5. 20.).

① 임의포기 등의 여부 판단기준

사업자가 공급받는 자로부터 외상매출금 기타 매출채권의 일부만 회수하고 나머지 채무는 면제하여 준 경우 또는 매출채권 전부를 정당한 사유없이 면제해 준 경우, 소멸시효의 완성이 매출채권의 임의포기로 볼 수 있는 경우에는 해당 매출채권은 대손세액공제 사유에 해당되지 아니한다(재경부소비-160, 2003. 6. 9.). 이처럼 채권의 임의포기나 면제의 경우 대손세액공제가 배제되므로 임의포기 등에 해당하는지에 대하여 과세관청과의 다툼이 항상 발생할 수 있다.

이에 대비하여 납세자는 "㉠ 거래처에 대하여 매출채권 발생 이후 지속적인 채권의 회수노력으로 채권의 일부 회수가 있었다. ㉡ 선순위채권의 과다(채무초과상태)로 현실적 채권회수의 실익이 없었다. ㉢ 매출처가 이미 부도 등을 이유로 (직권)폐업되었다. ㉣ 매출처와 채권을 포기할 만한 특수한 사정이나 특수관계가 존재하지 않는다." 등의 사유가 있음을 증명하고, 과세관청도 매출처가 (직권)폐업, 결손처분(정리보류)이 되어 있어 현실적인 채권회수 실익이 없어 당시에 법적 조치를 취할 여지가 거의 없었다고 보여지면 대손세액공제를 인정함이 타당하다(조심 2010전0287, 2010. 9. 16. ; 조심 2012중0247, 2013. 4. 25. ; 국심 2005서1674, 2006. 5. 12. ; 서울행법 2011구합28615, 2011. 11. 30. ; 조심 2010부4072, 2011. 6. 22. ; 심사부가 2013-0177, 2013. 11. 25. 외 다수).

② 대손세액공제 전 매출채권의 일부를 면제해 준 경우 매출세액의 가산

사업자가 과세재화 또는 용역을 공급하고 공급받는 자로부터 외상매출금 그 밖의 매출채권의 일부만 회수하고 나머지 채무는 면제하여 준 경우 또는 전부를 면제해 준 경우 해당 채무를 면제하는 금액은 대손세액공제 사유에 해당되지 아니한다(재소비 46015-160, 2003. 6. 9.).

다만, 특수관계자 외의 자와의 거래에서 발생한 채권으로서 채무자의 부도발생 등으로 장래에 회수가 불확실한 어음·수표상의 채권 등을 조기에 회수하기 위하여 당해 채권의 일부를 불가피하게 포기한 경우 동 채권의 일부를 포기하거나 면제한 행위에 객관적으로 정당한 사유가 있는 때에는 동 채권포기액을 손금에 산입하며, 대손세액공제도 받을 수 있다.

③ 대손세액공제 후 일부 회수하고 잔액은 면제해 준 경우

당초 정당하게 대손세액공제를 받은 이후 해당 매출채권 중 일부만 회수하고 잔액은 회수할 수 없어 면제하기로 한 경우 해당 회수한 채권금액에 대한 대손세액만을 회수한 날이 속하는 과세기간의 매출세액에 가산하며, 면제해 준 채권금액에 대한 대손세액은 매출세액에 가산하지 않는다(부가 46015-1855, 2000. 7. 29.).

④ 회생법에 따라 채무면제가 있는 경우

「채무자 회생 및 파산에 관한 법률」에 따른 정리계획결정 및 변경결정에 따라 채무를 면제한 금액은 채권의 임의포기와는 다른 것이므로 대손세액공제가 가능하다(국심 2005중1897, 2005. 11. 28.).

⑤ **법원의 민사조정에 따라 매출채권을 일부 포기하는 경우 대손세액공제 가능한지 여부**

사업자가 2020. 3. 12. 이전에 「민사조정법」에 따른 조정으로 매출채권의 일부만 회수하고 거래처의 채무일부는 회수를 포기한 경우 부가령 제87조의 대손세액공제의 범위에 해당하지 않는 것이며, 세금계산서를 발급한 후 당초의 공급가액에 차감되는 금액이 발생하지 않는 경우에는 부가령 제70조에 따른 세금계산서 수정발급사유에 해당하지 않는다(사전-2020-법령해석부가-0254, 2020. 4. 3.).

12) 대손이 확정되기 전 매출채권을 다른 채권으로 지급받은 경우 대손세액공제

"갑"사업자가 공사용역을 제공하고 매출처 "을"로부터 어음을 받았으나 "을"의 부도로 지급이 정지된 후 부도발생일로부터 6개월이 경과되어 대손세액공제를 받기 전에 매출처 "을"의 매출처 "병"으로부터의 "을"의 "병"에 대한 매출채권을 인수하기로 하여 상계처리된 경우로써 이후 "병"에게도 법인세법상 대손사유가 발생하여 채권회수가 불가능한 사실이 발생하였다면 "갑"이 "을"에 대한 매출채권을 "을"의 "병"에 대한 채권인수로 "을"에 대한 매출채권을 회수한 것이어서 "갑"은 대손세액공제를 받을 수 없다(국심 2007부1316, 2007. 6. 26. ; 부가-92, 2013. 1. 30. ; 국세청적부 2014-0025, 2014. 3. 31.).

13) 그 밖의 대손세액공제대상이 아닌 경우

① 부가가치세가 면제되는 재화 또는 용역을 공급하고 받은 외상매출채권(부가 46015-377, 1988. 3. 2.)

② 재화나 용역을 공급받은 자가 배서하지 아니한 타인이 발행한 어음의 부도에 대하여는 대손세액공제를 받을 수 없는 것임(서면3팀-417, 2008. 2. 26.).

③ 대여금의 회수 및 융통목적으로 받은 어음(부가 46015-2687, 1997. 11. 28.)

14) 2 이상의 사업을 겸영하거나 2 이상의 사업장이 있는 사업자의 대손세액공제

① **2 이상의 사업을 겸영하는 경우**

부동산임대업과 제조업을 동일 사업장에서 겸영하는 사업자가 제조업을 폐지하고 부동산임대업을 계속하여 영위하는 경우에 있어 제조업을 폐지하기 전에 재화를 공급하고 수취한 어음이 제조업의 폐지일 이후에 부도발생하여 해당 재화의 공급에 대한 대손이 확정된 경우 존속하는 사업장에서 대손세액공제가 가능하다(제도 46015-10826, 2001. 4. 27.).

② 수 개의 사업장을 둔 경우

2개 이상의 사업장이 있는 법인사업자가 지점에서 부가가치세가 과세되는 재화 또는 용역을 공급한 후 매출채권을 회수하지 못하고 동 지점을 폐지한 후 해당 매출채권이 대손이 확정된 경우에는 본사에서 대손세액공제를 받을 수 있다(부가 46015-1841, 1997. 8. 9. ; 재소비-248, 2004. 3. 5.).

3 | 대손사유

사업자가 부가가치세가 과세되는 재화 또는 용역을 공급하는 경우 공급을 받는 자의 파산 · 강제집행 그 밖의 대통령령이 정하는 사유로 인하여 해당 재화 또는 용역의 공급에 대한 외상매출금 그 밖의 매출채권(부가가치세를 포함한 것을 말한다)의 전부 또는 일부가 대손되어 회수할 수 없는 경우 그 대손이 확정된 날이 속하는 과세기간의 매출세액에서 대손세액을 차감할 수 있다(부가법 §45 ①, 부가령 §87 ①).

여기서 "파산 · 강제집행 그 밖의 대통령령이 정하는 사유"라 함은 「소득세법 시행령」 제55조 제2항 및 「법인세법 시행령」 제19조의2 제1항에 따라 대손금으로 인정되는 사유와 "너"의 사유를 말한다.

가. 「상법」에 따른 소멸시효가 완성된 외상매출금 및 미수금

나. 「어음법」에 따른 소멸시효가 완성된 어음

다. 「수표법」에 따른 소멸시효가 완성된 수표

라. 「민법」에 따른 소멸시효가 완성된 대여금 및 선급금

마. 「채무자 회생 및 파산에 관한 법률」에 따른 회생계획인가의 결정 또는 법원의 면책결정에 따라 회수불능으로 확정된 채권

바. 「서민의 금융생활 지원에 관한 법률」에 따른 채무조정을 받아 같은 법 제75조의 신용회복지원협약에 따라 면책으로 확정된 채권

사. 「민사집행법」 제102조에 따라 채무자의 재산에 대한 경매가 취소된 압류채권

아. 물품의 수출 또는 외국에서의 용역제공으로 발생한 채권으로서 기획재정부령으로 정하는 사유에 해당하여 무역에 관한 법령에 따라 「무역보험법」 제37조에 따른 한국무역보험공사로부터 회수불능으로 확인된 채권

자. 채무자의 파산, 강제집행, 형의 집행, 사업의 폐지, 사망, 실종 또는 행방불명으로 회수할 수 없는 채권

차. 부도발생일부터 6개월 이상 지난 수표 또는 어음상의 채권 및 외상매출금[중소기업의 외상매출금으로서 부도발생일 이전의 것에 한정한다]. 다만, 해당 법인이 채무자의 재산에 대하여 저당권을 설정하고 있는 경우는 제외한다.

카. 중소기업의 외상매출금 및 미수금(이하 "외상매출금등")으로서 회수기일이 2년 이상 지난 외상매출금등. 다만, 특수관계인과의 거래로 인하여 발생한 외상매출금등은 제외한다.

타. 재판상 화해 등 확정판결과 같은 효력을 가지는 것으로서 기획재정부령으로 정하는 것(「민사소송법」에 따른 화해 및 화해권고결정, 「민사조정법」 제30조에 따른 결정 및 「민사조정법」에 따른 조정)에 따라 회수불능으로 확정된 채권

파. 회수기일이 6개월 이상 지난 채권 중 채권가액이 30만 원 이하(채무자별 채권가액의 합계액을 기준으로 한다)인 채권

하. 법인령 제61조 제2항 각호 외의 부분 단서에 따른 금융회사 등의 채권(같은 항 제13호에 따른 여신전문금융회사인 신기술사업금융업자의 경우에는 신기술사업자에 대한 것에 한정한다) 중 다음 각 목의 채권

㉠ 금융감독원장이 기획재정부장관과 협의하여 정한 대손처리기준에 따라 금융회사 등이 금융감독원장으로부터 대손금으로 승인받은 것

㉡ 금융감독원장이 가목의 기준에 해당한다고 인정하여 대손처리를 요구한 채권으로 금융회사 등이 대손금으로 계상한 것

거. 「벤처투자촉진에 관한 법률」 제2조 제10호에 따른 중소기업창업투자회사의 창업자에 대한 채권으로서 중소벤처기업부장관이 기획재정부장관과 협의하여 정한 기준에 해당한다고 인정한 것

○ 법인세법 또는 소득세법상 대손금은 다음이 정하는 날이 속하는 사업연도의 손금으로 한다.
- 위 "가"부터 "사"에 해당하는 경우에는 해당 사유가 발생한 날
- 그 밖의 경우에는 해당 사유가 발생하여 손금으로 계상한 날

상기의 대손세액공제 사유는 2006. 2. 9. 이후 대손이 확정되는 분부터 「소득세법」 및 「법인세법」상 대손금의 범위와 일치되도록 시행령을 개정하였다.

너. 「채무자 회생 및 파산에 관한 법률」에 따른 법원의 회생계획인가 결정에 따라 채무를 출자전환하는 경우. 이 경우 대손되어 회수할 수 없는 금액은 출자전환하는 시점의 출자전환된 매출채권 장부가액과 출자전환으로 취득한 주식 또는 출자지분의 시가와의 차액으로 한다.

4 공제시기 및 공제기한

1) 공제시기의 원칙

대손세액공제는 대손사유별로 그 대손이 확정되는 날이 속하는 과세기간에 대한 확정신고를 하는 때에 적용한다. 따라서 예정신고 시 대손세액공제를 한 경우에는 과소신고에 대한 가산세의 적용을 받게 된다(부가 46015-2249, 1995. 11. 28.).

2) 공제시기의 예외

① 수정신고, 경정청구, 기한 후 신고, 경정 등

대손이 확정된 과세기간에 대손세액공제를 받지 못한 경우에는 경정청구, 수정신고, 기한 후 신고, 경정을 통하여 공제받을 수 있다. 다만, 대손이 확정된 날이 도래하기 전에 사업자가 폐업한 경우에는 대손세액공제를 받을 수 없다(재소비 46015-346, 2002. 12. 12. ; 부가 46015-233, 1997. 1. 30.).

② 과세표준에 대한 과세관청의 경정 또는 수정신고가 있는 경우

부가가치세 확정신고 시 신고누락한 과세표준에 대해 과세관청이 경정결정하였으나, 경정결정일 이후에 해당 과세표준에 대한 매출채권의 전부 또는 일부가 대손확정된 경우 대손세액공제를 할 수 있으나(부가 46015-306, 2002. 5. 1.), 대손이 확정된 매출채권을 과세관청이 매출누락으로 경정한 것에 대한 대손세액공제는 불가하다(국심 2001서2719, 2001. 12. 27.).

또한, 사업자(중소기업에 해당)가 부가가치세가 과세되는 재화 또는 용역을 공급에 대한 과세표준을 부가가치세 확정신고 시 신고 누락하여 이를 수정신고하였으나, 수정신고일 이전에 거래처의 부도발생 후 6개월이 경과하여 수정신고한 과세표준에 대한 외상매출금의 대손이 확정된 경우, 대손이 확정된 날이 속하는 과세기간에「국세기본법」제45조의2에 따른 경정청구에 의하여 대손세액을 공제할 수 없는 것이나, 해당 외상매출금에 대한「상법」상의 소멸시효가 완성되는 날이 속하는 과세기간에 대손세액을 공제할 수 있는 것으로 해석하고 있다(부가-1494, 2009. 10. 15.).

③ 결산조정 여부와 대손세액공제 시기

「법인세법 시행령」 제19조의2 제1항에 따라 대손금으로 인정되는 어느 하나의 사유에 해당되는 경우에는「소득세법」또는「법인세법」상의 손금계상 여부와 관계없이 대손이 확정되는 과세기간에 대한 확정신고 시에 대손세액공제를 받을 수 있다.

즉, 부가법 제45조 제1항은 "그 대손이 확정된 날"이 속하는 과세기간의 매출세액에서 대손세액을 공제하도록 규정하였을 뿐이어서 법인령 제19조의2 제3항은 법인세법상 손금귀속시기에 관한 규정을 그대로 유추·적용할 수는 없다(조심 2016중1987, 2016. 11. 17. ; 조심 2017중0258, 2017. 3. 15.).

2006. 2. 9. 전에는 부도어음 등은 부도발생일로부터 6월이 경과하는 날이 속하는 과세기간의 확정신고 시 대손세액공제를 받을 수 있는 것으로 일관되게 회신하였고, 개정 후에는 다음과 같이 해석이 나뉘어 있었다.

㉠ 대손세액공제 사유 중 법인의 결산조정 항목인 경우 부도발생일로부터 6개월이 경과한 날이 속하는 과세기간의 확정신고 시에 대손세액공제를 받을 수도 있지만 그 이후 과세기간에도 법인이 회수할 수 없다고 판단하여 대손을 확정한 과세기간에도 부가령 제87조 제2항이 정한 기한 내에서 해당 과세기간의 매출세액에서 공제할 수 있다(서면3팀-431, 2007. 2. 6.). 이는 부가법에서는 대손세액공제의 시기를 '그 대손의 확정이 된 날'로 규정하면서 대손 확정일을 별도로 규정하지 아니하고 있으므로 '그 대손의 확정이 된 날'은 소득법 또는 법인법상의 대손금으로 계상한 때(부가가치세 과세기간과 법인의 사업연도 차이로 계상 예정인 경우 포함)로 봄이 타당하다는 논리였다(법규과-4743, 2006. 11. 6.).

㉡ 부도발생일로부터 6개월이 경과한 날이 속하는 과세기간의 확정신고 시에 대손세액공제를 받거나, 해당 확정신고 시 공제받지 못한 경우에는 경정청구에 의하여 공제받을 수 있다는 유권해석과 심판 결정이 있었다(부가가치세과-47, 2014. 1. 21. ; 부가가치세과-297, 2013. 4. 5. ; 조심 2017중0258, 2017. 3. 15. ; 조심 2016중1987, 2016. 11. 17.).

아울러 최근 조세심판원은 공급자가 회수하지 못한 "중소기업 외상매출금"(결산조정 항목)이 "ⅰ. 채권압류 및 추심명령으로부터 소멸시효 10년이 완성되지 않았고, ⅱ. 중소기업 외상매출금에 대한 대손세액공제는 2020. 1. 01. 이후 회수기일이 2년 이상 지난 경우에 대해서만 적용된다(사전-2021-법령해석부가-0749, 2021. 5. 31.)"고 보아 2019. 12. 31. 이전에 이미 회수기일이 2년 이상 경과하였음에도 2020년 2기에 대손세액공제를 신청하여 처분청이 이를 부인하고 부과처분한 사건에 대하여 국세청이 법인령 제19조의2 제1항 제9호의2의 시행 이후 2년 이상 경과한 외상매출금에 대한 대손금의 손금산입이 가능하다고 해석(서면-2020-법령해석법인-2501, 2020. 10. 26.)을 들어 회사가 대손금으로 계상한 과세기간에 대손세액공제가 가능하다는 취지의 결정을 하여 일관성이 결여되어 있는 것 같다(조심 2022서7020, 2023. 8. 21.).

사업자의 입장에서는 대손금계상 여부와 관계없이 대손세액공제를 최대한 빨리 받는 것이 유리하므로 위 "㉡"과 같이 대손세액공제신청을 하고 당초 매출누락하여 과세관청의 경정조사를 받는 등으로 인하여 대손세액공제 시기를 늦추는 것이 유리하다면 "㉠"의 논리에 따른 위 조세심판결정례를 들어 경정청구를 진행할 수 있을 것이다.

※ 2025년 2월 국세청 법령심사위원회에서는 "㉠"이 맞다고 의결하였다.

사례

문의

사업자 "갑"이 거래처에 2015. 6. 1. 재화를 공급하고 어음을 지급받고, 2015. 7. 25. 부가가치세 확정신고하면서 부가가치세를 납부한 후 다음과 같이 부도발생한 경우 대손세액공제방법은?

답변

〔사실관계〕

① 공급일자: 2015. 6. 1.
② 부도발생일: 2015. 8. 1.
③ 대손확정일: 2016. 2. 2.(2015년 결산 시 대손금 계상)
④ 소멸시효 완성일: 2018. 6. 1.
⑤ 공급일로부터 10년이 경과한 날: 2025. 6. 2.
⑥ "⑤"에 대한 확정신고기한: 2025. 7. 25.

〔대손세액공제방법〕

i) 부도어음에 대한 대손세액공제 신청이 가능한 최초시기: 2016. 7. 25.
ii) "i)"의 시기에 대손세액공제를 받지 못한 경우: 2016. 1기분에 대한 경정청구 가능
iii) "i)"의 시기 외에 납세자가 부도어음에 대한 대손확정을 이유로 대손세액공제 신청이 가능한 시기: 2016. 1기부터 2025. 2기 확정신고 시 대손금으로 계상한 과세기간도 가능하다는 취지의 조세심판결정례와 위 "ii)"의 시기에만 대손세액공제가 가능하다는 유권해석과 조세심판결정이 모두 있다.
iv) 그 밖의 대손사유: 2013. 1기 확정신고 시 매출채권에 대한 소멸시효 완성을 이유로 대손세액공제 신청 가능
v) 그 밖의 대손사유에 대한 경정청구: 2013. 1기분에 대한 경정청구로 대손세액공제 가능
vi) 만약 대손확정일이 2020. 7. 26. 이후인 경우: 대손세액공제 불가

3) 대손세액공제 범위

대손세액의 공제 범위는 사업자가 부가가치세가 과세되는 재화 또는 용역을 공급한 후 그 공급일부터 10년(종전은 5년이었으며, 2020년 1기 과세기간에 대손이 확정되는 분부터 적용한다)이 지난 날이 속하는 과세기간에 대한 확정신고기한까지 대손사유로 확정되는 대손세액(부가법 제57조에 따른 결정 또는 경정으로 증가된 과세표준에 대하

여 부가가치세액을 납부한 경우 해당 대손세액을 포함한다)으로 한다(부가령 §87 ②).

다만, 공급일로부터 10년이 경과된 날이 속하는 과세기간에 대한 확정신고기한까지 소멸시효 중단으로 대손이 확정되지 않은 경우에는 대손세액공제를 받을 수 없으며(재소비 46015-90, 2001. 4. 7.), 이러한 대손세액공제 범위를 적용함에 있어서 대손이 확정된 날이 도래하기 전이라도 공급자가 이미 폐업한 경우에는 대손세액공제를 받을 수 없다(부가 46015-764, 1996. 4. 23.).

5 | 대손세액공제액의 계산

대손세액공제액은 과세되는 재화 또는 용역의 공급에 대한 일정요건의 외상매출금 · 그 밖의 채권 중 대손금액에 대하여 다음의 계산식에 따라 계산한다.

대손세액 = 대손금액(부가가치세 포함) × 110분의 10

6 | 대손세액의 공제방법

대손세액의 공제방법은 다음과 같다.

(1) 대손이 확정된 경우

1) 재화 또는 용역의 공급자

재화 또는 용역의 공급자가 공급을 받는 자의 파산 · 강제집행 등의 사유로 인하여 재화 또는 용역의 공급에 대한 외상매출금 그 밖의 매출채권(부가가치세를 포함한다)의 전부 또는 일부가 대손되어 회수할 수 없는 경우에는 그 대손의 확정된 날이 속하는 과세기간의 매출세액에서 뺄 수 있다(부가법 §45 ①).

그러나 사업자가 재화 또는 용역을 공급하고 해당 외상매출채권에 대한 대손세액의 확정일이 폐업 전에 도래한 경우에는 대손세액공제를 받을 수 없으며, 대손세액공제를 받은 사업자가 폐업한 이후 해당 대손금액의 전부 또는 일부를 회수한 경우 동 회수시점에는 사업자의 지위에 있지 아니하므로 회수한 대손세액에 대한 신고 · 납부의 의무가 없다(부가법 §45 ① · ② ; 서삼 46015-10521, 2003. 3. 31. ; 서면3팀-922, 2004. 5. 12.).

2) 재화 또는 용역을 공급받는 자

재화 또는 용역을 공급받은 사업자가 대손세액에 해당하는 금액의 전부 또는 일부를 제38조에 따라 매입세액으로 공제받은 경우로서 그 사업자가 폐업하기 전에 재화 또는 용역을 공급하는 자가 위 "1)"에 따른 대손세액공제를 받은 경우에는 그 재화 또는 용역을 공급받은 사업자는 관련 대손세액에 해당하는 금액을 대손이 확정된 날이 속하는 과세기간에 자신의 매입세액에서 뺀다. 다만, 그 공급을 받은 사업자가 대손세액에 해당하는 금액을 빼지 아니한 경우에는 그 사업자의 관할 세무서장이 빼야 할 매입세액을 결정 또는 경정(更正)하여야 한다(부가법 §45 ③).

이때 공급받는 자가 관련 대손세액상당액을 매입세액에서 차감하여 신고하지 아니하여 경정하는 때에는 「국세기본법」 제47조의2부터 제47조의5까지 규정된 신고 및 납부에 대한 불성실가산세를 적용하지 아니한다.

3) 관할 세무서장

공급자가 대손세액을 매출세액에서 차감한 경우 공급자의 관할 세무서장은 대손세액공제 사실을 공급받는 자의 관할 세무서장에게 통지하여야 하며, 공급받는 자의 관할 세무서장은 공급받은 자가 관련 대손세액에 해당하는 금액을 매입세액에서 차감하여 신고하지 아니한 경우 이를 결정 또는 경정하여야 한다(부가령 §87 ③).

(2) 대손금액의 전부 또는 일부가 회수된 경우

1) 재화 또는 용역의 공급자

재화 또는 용역의 공급자가 대손세액공제를 받은 이후에 대손금액의 전부 또는 일부를 회수한 경우에는 회수한 대손금액에 관련된 대손세액을 회수한 날이 속하는 과세기간의 매출세액에 더하여야 한다(부가법 §45 ① 단서).

이때 대손금액의 회수가 지연되어 당초 공급시기 또는 대손세액공제를 받은 신고기한으로부터 5년 이상이 경과한 경우에도 회수한 매출세액 상당액을 가산하여 신고 · 납부하여야 한다(서면3팀 - 116, 2005. 1. 24.).

2) 재화 또는 용역을 공급받는 자

공급자의 대손세액공제 신청으로 매입세액에서 대손세액에 해당하는 금액을 뺀(관할 세무서장이 결정 또는 경정한 경우를 포함한다) 사업자가 대손금액의 전부 또는 일부를 변제한 경우에는 변제한 대손금액에 관련된 대손세액에 해당하는 금액을 변제한 날이 속하는 과세기간의 매입세액에 더한다(부가법 §45 ④). 이 경우 대손세액공제(변제)신고서와 함께 변제사실을 증명하는 서류를 첨부하여 관할 세무서장에게 제출한다(부가령 §87 ④).

그러나 공급자로부터 매입채무의 일부를 면제받고 잔여채무를 상환하는 경우에는 실제 상환하는 금액에 상당하는 매입세액만이 공제대상이 된다(서삼 46015-10711, 2003. 4. 29.).

(3) 첨부서류의 제출

사업자가 대손세액을 공제받기 위하여는 부가가치세 확정신고와 함께 대손세액공제(변제)신고서와 대손사실을 증명하는 서류를 첨부하여 제출하여야 한다(부가법 §45 ②, 부가령 §87 ④).

① 파산: 세금계산서, 외상매출금 계정원장(기타 매출분), 채권배분계산서

② 강제집행: 세금계산서, 외상매출금 계정원장(기타 매출분), 채권배분계산서, 강제집행불능조서, 배당표

③ 사망, 실종: 세금계산서, 외상매출금 계정원장(기타 매출분), 가정법원판결문, 채권배분계산서

④ 회사정리채권: 세금계산서, 외상매출금 계정원장(기타 매출분), 회사정리계획안

⑤ 부도수표, 부도어음: 세금계산서, 외상매출금 계정원장(기타 매출분), 부도수표 및 어음

소멸시효완성채권, 금융감독원장으로부터 대손승인된 채권, 부도어음과 수표, 경매가 취소된 채권은 대손사유발생사실 입증만으로 대손세액공제가 가능하고 그 밖의 채권은 대손사유발생사실 외에 회수불능채권임에 대한 별도 입증이 필요하다.

7 대손사유별 대손세액공제 요건

(1) 「상법」 등에 따른 소멸시효가 완성된 외상매출금 등

소멸시효는 일정한 기간이 경과하는 동안 일정한 사실상태가 그대로 계속되는 경우에 그 상태가 진실한 권리관계에 부합하는지의 여부를 묻지 않고 그 사실 상태를 존중하여 그것을 그대로 권리관계를 인정하는 제도를 말하는 것으로 「상법」, 「어음법」 및 「수표법」에서 정하는 소멸시효는 다음과 같다.

다만, 필요경비 및 손금으로 인정되는 대손금 중 「민법」상 소멸시효가 완성된 대여금 및 선급금은 재화 또는 용역의 공급대가가 아니므로 대손세액공제대상이 되지 아니한다.

1) 「상법」상 소멸시효

① 원칙

「상법」 제64조에서 상행위로 인한 채권은 이 법에 다른 규정이 없는 때에는 5년간 행사하지 아니하면 소멸시효가 완성한다.

② 「상법」상의 예외규정

가. 운송주선인의 위탁자 또는 수하인에 대한 채권은 1년(상법 §122)

나. 창고업자의 임치인 또는 창고증권 소지인에 대한 채권은 그 물건을 출고한 날로부터 1년(상법 §167)

다. 보험금액의 청구권과 보험료 또는 적립금의 반환청구권은 2년, 보험료의 청구권은 1년(상법 §662)

라. 운송인의 용선자, 송하인 또는 수하인에 대한 채권은 1년(상법 §811)

마. 여객수하물의 운송수수료는 1년(상법 §830)

바. 공동해손으로 인한 채권 및 구상채권은 1년(상법 §842)

2) 다른 법령에 따른 단기의 시효

「상법」상 소멸시효는 5년이나, 다른 법령에 이보다 단기의 시효의 규정이 있는 때에는 그 규정에 의한다. 따라서 상행위로 인한 채권에 대한 소멸시효기간은 원칙적으로 그 권리를 행사할 수 있는 때로부터 5년, 「상법」 외의 다른 법령에서 그 기간을 더 단기로 규정하고 있는 때에는 그 규정에 의하며, 「상법」 외의 다른 법령에서 소멸시효기간을 더 단기로 규정하고 있는 내용은 다음과 같다.

① 1년의 단기 소멸시효: 다음 각목의 채권은 1년간 행사하지 아니하면 소멸시효가 완성한다(민법 §164)

가. 여관, 음식점, 대석(貸席), 오락장의 숙박료, 음식료, 대석료, 입장료, 소비물의 대가 및 체당금의 채권

나. 의복, 침구, 장구 기타 동산의 사용료의 채권

다. 노역인, 연예인의 임금 및 그에 공급한 물건에 대금채권

라. 학생 및 수업자의 교육, 의식 및 유숙에 관한 교주, 숙주, 교사의 채권

② 3년의 단기 소멸시효: 다음 각목의 채권은 3년간 행사하지 아니하면 소멸시효가 완성한다(민법 §163)

가. 이자, 부양료, 급료, 사용료 기타 1년 이내의 기간으로 정한 금전 또는 물건의 지급을 목적으로 한 채권

나. 의사, 조산원, 간호원 및 약사의 치료, 근로 및 조제에 관한 채권

다. 도급(都給)받은 자, 기사 기타 공사의 설계 또는 감독에 종사하는 자의 공사에 관한 채권

라. 변호사, 변리사, 공증인, 공인회계사 및 법무사의 직무에 관한 채권

마. 생산자 및 상인이 판매한 생산물 및 상품의 대가

바. 수공업자 및 제조자의 업무에 관한 채권

③ 「어음법」에 따른 소멸시효가 완성된 어음

어음법에 의한 소멸시효는 그 채권의 내용에 따라 다음과 같이 각각 다르다(어음법 §70, §77 ① 8).

가. 인수인에 대한 환어음상의 청구권 및 발행인에 대한 약속어음상의 채권은 만기의 날로부터 3년간 행사하지 아니하면 소멸시효가 완성한다.

나. 소지인의 배서인과 발행인에 대한 청구권은 적법한 기간 내에 작성시킨 거절증서의 일자로부터, 무비용상환의 문언이 적혀 있는 경우에는 만기의 날로부터 1년간 행사하지 아니하면 소멸시효가 완성한다.

다. 배서인의 다른 배서인과 발행인에 대한 청구권은 그 배서인이 어음을 환수한 날 또는 그 자가 제소된 날로부터 6개월간 행사하지 아니하면 소멸시효가 완성한다.

어음의 경우 시효의 중단은 그 중단사유가 생긴 자에 대하여서만 효력이 생긴다(어음법 §71).

④ 「수표법」에 따른 소멸시효가 완성된 어음

수표법에 소멸시효도 그 채권의 내용에 따라 다음 각호와 같이 각각 다르다(수표법 §51, §58).

가. 수표를 소지한 자의 배서인・발행인 기타의 채무자에 대한 소구권은 제시기간 지난 후 6개월간 행사하지 아니하면 소멸시효가 완성한다.

나. 수표의 채무자의 다른 채무자에 대한 소구권은 그 채무자가 수표를 환수한 날 또는 그 자가 제소된 날로부터 6개월간 행사하지 아니하면 소멸시효가 완성한다.

다. 지급보증을 한 지급인에 대한 수표상의 청구권은 제시기간 지난 후 1년간 행사하

지 아니하면 소멸시효가 완성한다.

수표의 경우 시효의 중단은 그 중단사유가 생긴 자에 대하여서만 효력이 생긴다(수표법 §52).

3) 판결 등에 의하여 확정된 채권에 대한 소멸시효 특례

판결에 의하여 확정된 채권, 파산절차에 의하여 확정된 채권 및 재판상의 화해·조정 기타 판결과 동일한 효력이 있는 것에 의하여 확정된 채권으로서 판결 확정 당시 변제기가 도래한 채권은 단기의 소멸시효에 해당하는 것이라 하더라도 그 소멸시효는 10년으로 한다(민법 §165).

예를 들어, 「민사소송법」 제474조, 「민법」 제165조 제2항에 따라 지급명령에서 확정된 채권은 단기의 소멸시효에 해당하는 것이라도 그 소멸시효기간이 10년으로 연장된다(대법원 2009다39530, 2009. 9. 24.).

4) 소멸시효의 중단사유

소멸시효는 다음의 사유로 인하여 중단되며(민법 §168), 시효의 중단사유가 발생하면 그때까지 경과된 기간은 무효가 되고, 그 사유가 종료된 때부터 새로 진행한다(부가 46015-1656, 1998. 7. 28.). 따라서 대손세액공제 신고 시 청구·승인 등 시효중단 사유가 있었는지를 검토하여야 한다.

가. 청구(소의 제기, 최고, 지급명령, 화해를 위한 소환·임의출석, 파산절차의 참가 등)

나. 압류 또는 가압류, 가처분

다. 승인(시효의 이익을 받을 당사자가 시효로 말미암아 권리를 잃은 자에 대하여 그 권리를 인정한다고 표시하는 통지를 말함)(대법원 95다39854, 1996. 1. 23. ; 부가-2749, 2008. 8. 27.)

5) 소멸시효의 기산점

소멸시효란 외상매출채권 등의 채권의 행사를 일정기간 하지 않는 경우에 그 채권을 소멸시키는 제도이다. 즉, 받을 채권이 있어도 일정한 기간 동안 잠자는 자의 권리를 소멸시킴으로써 권리관계의 불안정을 종결시키는 제도이다.

이러한 소멸시효가 완성하기 위해서 반드시 경과하여야 하는 기간을 소멸시효기간이라 하고, 소멸시효기간이 처음 시작되는 시점으로써 권리의 행사를 할 수 있는 최초의 시점을 소멸시효기간의 기산점이라 한다.

국세청 유권해석에서는 외상매출금 기타 매출채권의 상법상 소멸시효의 기산점은 권리를 행사할 수 있는 때로 보아 어음의 경우에는 그 어음의 지급기일의 익일부터 기산되고 민사소송법상의 강제집행을 위한 재판상의 청구로 인하여 중단한 시효는 재판이 확정된 날의 익일부터 새로이 진행하는 것으로 해석하였다(부가 46015-3244, 2000. 9. 19. ; 부가 46015-104, 1998. 1. 17. ; 부가 46015-1656, 1998. 7. 28. ; 부가 46015-9412, 1999. 4. 6.).

채권의 종류		시효기간	기산점
일반 민사 채권		10년	권리를 행사할 수 있는 날
일반 상사 채권		5년	
물품 대금 채권		3년	지급기일의 익일
어음채권	발행인 및 보증인	3년	지급기일의 익일
	배서인	1년	
수표채권		6월	지급제시기간만료일 익일부터
공증어음		3년	만기일 익일부터
백지어음		상기 어음의 시효기간	보충권행사로 인하여 적혀 있는 만기일 익일부터
판결, 화해, 조정에 의하여 확정된 채권		10년	확정된 날의 익일부터

6) 채무의 승인에 따른 대손세액공제 시기

일반적으로 상사시효는 5년이나 상법에 다른 법령에 단기의 시효가 규정된 경우 그 규정에 의하는 것이므로 상품대금은 민법상 3년의 단기소멸시효가 적용된다(상법 §64, 민법 §163). 다만, 청구·압류·승인 등의 사유가 있는 경우 소멸시효는 중단되며, 동일 당사자 간에 계속적 거래로 수 개의 채무가 있는 경우로서 채무의 일부를 변제한 경우 특별한 사정이 없는 한 기존 채무 전부에 대하여 승인한 것으로 본다(민법 §168 ; 대법원 2000다65864, 2001. 2. 23. ; 대법원 1978다1790, 1980. 5. 13. ; 부가-2749, 2008. 8. 27. ; 대법원 2011다52031, 2011. 10. 27.).

※ 채무의 승인은 채무자가 적어도 그 채무의 존재 및 액수에 대하여 인식하고 있음을 전제함.

소멸시효 중단사유가 발생한 때에는 그 사유가 종료한 때부터 새로이 진행되므로 위와 같이 일부 변제일(채무 승인일)로부터 3년이 경과하면 소멸시효가 완성되어 대손이 확정되는 것이다(부가 46015-748, 1999. 3. 19. ; 서울고법 2011누20439, 2012. 1. 6.). 따라서 매출채권을 행사할 수 있는 날 이후 채무의 일부 변제로 민법상 승인이 있었던 당초 공급일이 아닌 채무변제일 익일부터 소멸시효를 다시 기산하여 대손세액공제 여부를 판단하여야 함에 주의하여야 한다.

참고자료

㉠ **소멸시효의 기산점**

- 소멸시효의 기산점은 원칙적으로 권리행사 가능 시이며, 계속적 물품의 공급계약에 기하여 발생한 매출채권은 특별한 사정이 없는 한 각각의 채권이 발생한 시점부터 3년이 경과함으로써 소멸시효가 완성된다(대법원 91다10152, 1992. 1. 21.).
- 도급계약에 있어 별단의 특약이 없는 한 목적물 인도를 요하는 경우는 그 인도 시부터, 인도를 요하지 않는 경우에는 그 일을 완성한 때부터 시효가 진행한다(대법원 67다639, 1968. 5. 21).

㉡ **채무승인의 민법상 의미**

채무승인은 시효의 이익을 받는 채무자가 상대방의 권리 등을 인정하는 일방적 행위이다.

㉢ **변제충당 순서**

법정 변제충당 순서는 이행기가 먼저 도래한 채권이 우선이고, 특정채무를 지정하여 변제한 경우에는 특정채권이 먼저 변제된 것으로 보고, 지정없이 일부 채무를 변제한 경우에는 채무 전부를 승인한 것으로 본다.

(2) 회생계획인가의 결정 등에 의하여 회수불능으로 확정된 채권

1) 개요

「채무자 회생 및 파산에 관한 법률」(이하 "회생법"이라 한다)은 재정적 어려움으로 인하여 파탄에 직면해 있는 채무자에 대하여 채권자, 주주, 지분권자 등 이해관계인의 법률관계를 조정하여 채무자 또는 그 사업의 효율적인 회생을 도모하거나, 회생이 어려운 채무자의 재산을 공정하게 환가・배당하는 것을 목적으로 하는 것으로(동 법률 §1), 동법에 따른 회생계획인가의 결정 또는 법원의 면책결정에 따라 회수불능으로 확정된 채권은 회생계획인가결정일 또는 법원의 면책결정일이 속하는 과세기간에 대손세액공제의 대상이 된다(부가 46015-483, 1997. 3. 5.).

2) 대손세액공제대상

회생계획인가의 결정 등 다음의 사유로 회수불능으로 확정된 채권은 대손세액으로 공제받을 수 있으나, 매출채권 원본이 삭감된 것이 아니라 단순히 지급기한이 연장되거나 분할하여 지급받기로 한 부분에 상응하는 채권에 대하여는 대손세액공제가 불가하다.

① 회생법에 따른 회생계획인가의 결정 또는 법원의 면책결정에 따라 회수불능으로 확정된 채권

② 회생법에 따른 법원의 회생계획인가 결정에 따라 채무를 출자전환하는 경우. 이

경우 대손되어 회수할 수 없는 금액은 출자전환하는 시점의 출자전환된 매출채권 장부가액과 출자전환으로 취득한 주식 또는 출자지분의 시가와의 차액으로 한다.

| "②"의 연혁 |

시 기	해 석	내 용
~'13. 9. 10.	기재부, 국세청, 심판원	대손세액 공제대상 아님.
'13. 9. 11.	조세심판원(합동회의)	대손세액 공제대상임.
'15. 2. 16.	기재부, 국세청	대손세액 공제대상임.
'19. 2. 12.	법률개정(부가령 §87 ①)	대손세액 공제대상임(명확화).

3) 다른 대손세액공제 사유와 병합되는 경우

회생계획인가 결정이 있었으나 해당 사유에 의한 대손세액공제 요건을 충족하지 못한 경우에도 그 밖의 다른 대손세액공제 요건을 구비한 경우에는 그 밖의 다른 요건을 이유로 대손세액공제는 가능하다(부가 46015-2579, 1997. 11. 27.).

4) 대손세액공제 및 매입세액 차감 시기

가. 대손세액공제 시기

사업자가 부가가치세가 과세되는 재화 또는 용역을 공급하고 대금이 미수된 상태에서 공급받는 자의 부도로 법원으로부터 회생계획인가 결정 또는 면책결정이 있는 경우에는 그 결정이 있는 날이 속하는 과세기간의 확정신고 시 미회수 확정 채권에 대한 대손세액공제를 받을 수 있다(부가 46015-4282, 1999. 10. 23. ; 부가 46015-483, 1997. 3. 5.).

다만, 파산폐지 또는 파산종결 공고일 이전에 파산절차 진행과정에서 관계서류 등에 의해 공급자가 배당받을 금액이 채권금액에 미달하는 사실이 객관적으로 확인되는 경우 그 금액은 법인령 제19조의2 제1항 제8호에 따른 회수할 수 없는 채권으로 보아 대손세액공제를 받을 수 있다(법규과-544, 2012. 5. 16.).

나. 회생인가결정 등으로 인한 매입세액 차감 시기

위 "2)"의 "①"과 "②"의 사유로 공급자가 대손세액을 공제받는 경우 공급받는 자는 해당 과세기간의 매입세액에서 이를 차감하여야 한다(관할 세무서장이 결정·경정하는 경우에도 이와 같음).

다. 분할상환하는 채무액의 매입세액 가산 시기

회생법에 따른 법원의 회생계획인가 결정 내용에 따라 당초 채무액의 일부를 연차별로 분할하여 상환하는 경우에는 상환하는 채무액(대손금액)의 110분의 10에 해당하는 금액을 상환하는 날이 속하는 과세기간의 매입세액에 더한다(부가 46015-45, 2000. 1. 6. ; 부가-191, 2010. 2. 16. ; 서면3팀-116, 2005. 1. 24. ; 부가 46015-1604, 2000. 7. 6.).

5) 매출채권의 출자전환으로 주식을 받은 경우 대손세액공제

사업자가 재화 또는 용역을 공급하고 회수하지 못한 매출채권을 회생법에 따른 채무자의 회생계획인가 결정에 따라 채무자(회생법인)의 주식으로 변제(대부분 출자전환과 그 전부나 일부를 동시에 무상감자 또는 무상소각한다)받는 경우 해당 매출채권의 장부가액이 교부받은 회생법인 주식 시가를 초과하는 부분이 대손세액공제대상인지에 대하여 기획재정부, 조세심판원은 긍정론이고 법원은 대체로 부정론에 서 있다(이하 "심층분석 사례집(Ⅱ)" 편에서 설명하기로 한다).

현행 부가령은 "회생법에 따른 법원의 회생계획인가의 결정에 따라 채무를 출자전환하는 경우. 이 경우 출자로 전환하는 시점의 출자전환된 매출채권 장부가액과 출자전환으로 취득한 주식 또는 출자지분의 시가와의 차액은 대손되어 회수할 수 없는 금액으로 본다"고 규정하고 있다(부가령 §87 ① 2).

(3) 채무자의 재산에 대한 경매가 취소된 압류채권

법원이 강제집행, 담보권 실행을 위한 경매, 민법·상법 그 밖의 법률의 규정에 의한 경매를 시행함에 있어서 채무자의 재산권을 보호하기 위하여 그 대상이 되는 부동산의 최저매각가격을 정하여 시행하여야 한다(민사집행법 §97). 하지만, 이러한 민사집행법의 규정에 의하여 채무자의 재산에 대한 강제경매의 실익이 없어 경매가 취소된 압류채권은 경매취소(민사집행법 §102)됨으로써 사실상 매출채권을 회수할 수 없음이 객관적으로 명백히 입증되는 때에 대손세액공제가 가능하다(부가 46015-2752, 1997. 12. 6.).

(4) 채무자의 파산

1) 개요

'채무자의 파산'이란 「채무자 회생 및 파산에 관한 법률」에 따라 법원이 파산폐지 결정하거나 파산종결 결정하여 공고한 경우를 말한다. 채무자의 재산·노무 또는 신용으로서는 총채권자의 채권을 완제하는 것이 불가능한 지급불능의 경우 또는 채무자의 소극재산이 적극재산을 초과하는 채무초과인 경우에 채권자 또는 채무자의 신청에 의하여 법원으로부터 파산선고의 결정을 받아 채무자의 모든 재산을 채권자에게 배당하게 된다.

이러한 파산절차에 의하여 배당받은 금액이 채권액보다 더 적은 경우 그 적은 금액을 회수할 수 없는 채권으로서 대손세액공제의 대상이 되며, 법인세법에서는 법원의 파산폐지 또는 파산종결 공고일 이전이라도 파산절차 진행과정에서 관계서류 등에 의해 해당 채권자가 배당받을 금액이 채권금액에 미달하는 사실이 객관적으로 확인되는 경우, 그 미달하는 금액은 회수할 수 없는 채권으로 보아 대손금으로 손금산입이 가능한 것으로 규정하고 있다(법인통칙 19의2-19의2-1).

2) 대손세액공제 시기

파산선고가 있으면 파산자가 파산선고 시에 가진 모든 재산은 파산재단을 구성하고, 파산채권자는 그 채권을 일정한 기간 내에 파산법원에 신고한 후 채권조사 기일에서의 조사를 거쳐 확정된 금액 및 순위에 따라 배당을 받게 되므로 파산선고 사실 자체만으로 당연히 그 채권을 회수할 수 없게 되었다고 볼 수 없고, 파산재단의 배당이 확정되어 파산채권자에 대한 구체적인 배당액이 결정되었을 때 비로소 회수할 수 없는 채권액이 확정되는 것이다. 즉, 법원은 '법원의 파산선고'는 파산의 개시를 명하는 결정을 말하는 것으로 이는 파산절차의 시작일 뿐 잔여재산에 대한 배당액이 확정되어 파산이 종결되는 단계는 아니라 할 것이고, 파산선고 자체만 가지고 당연히 그 채권을 회수할 수 없는 경우에 해당한다고 볼 수는 없고, 파산관재인이 최후 배당액을 결정·통지함으로써 배당이 확정될 때 채권액에 대하여 전혀 배당이 없든가 그중 일부만이 배당되었을 경우에 비로소 회수할 수 없는 채권액으로 확정된다고 판결하였는 바, 배당확정일이 곧 대손세액공제를 받을 수 있는 시기라 할 것이다(대법원 2006두1663, 2007. 1. 12. ; 부산고법 2003누3222, 2004. 1. 30.).

반면, 조세심판원은 통상 채권자가 파산선고를 받은 법인으로부터 채권을 회수할 가능성이 낮고, 법원으로부터 파산선고 후 청산절차가 종료되고 잔여재산이 분배되기까지 상당한 기간이 소요되고, 대손세액은 재화 또는 용역을 공급한 후 그 공급일로부터 5년이 경과된 날이 속하는 과세기간에 대한 확정신고까지만 공제받을 수 있는 점을 감안할 때 파산선고 후 청산절차 종료 전이라는 이유로 관련 대손세액을 공제받지 못한다는 것은 납세자에게 과중한 경제적인 부담을 지우는 것이라 할 것이고 공급자가 대손세액공제를 받은 후 잔여재산의 분배 등으로 채권을 회수한 경우 매출세액에 가산하여 납부하도록 하는 제도적 장치가 마련되어 있어 법원으로부터 파산선고를 받은 때를 대손이 확정된 것으로 보는 것이 타당하다는 결정을 반복하였다(국심 2005서2389, 2006. 12. 4. ; 조심

2010중3871, 2010. 12. 31. 외 다수건).

국세청은 파산법에 따른 파산으로 회수불능된 매출채권에 대하여는 파산선고 후 배당액이 확정되는 날이 속하는 과세기간의 확정신고 시 대손세액을 공제받을 수 있는 것으로 회신하였고(서면3팀-2868, 2006. 11. 21. ; 부가-1446, 2011. 11. 22. 외 다수), 대손금과 관련된 회신에서는 파산절차 진행과정에서 파산관재인이 파산재판부에 보고한 관계서류 등에 의해 배당받을 금액이 채권가액에 미달되는 것이 객관적으로 확인되는 경우에는 손금에 산입할 수 있다고 회신하였다(법인세과-319, 2009. 3. 20. ; 법인통칙 19의2-19의2-1).

이후 국세청은 공급받은 자에 대한 「채무자회생 및 파산에 관한 법률」에 따른 파산폐지 또는 파산종결 공고일 이전에 파산절차 진행과정에서 관계서류 등에 의해 재화 또는 용역을 공급한 자가 배당받을 금액이 채권금액에 미달하는 사실이 객관적으로 확인되는 경우(파산관재인 의견서에 따라 대손세액공제를 받을 수는 없으나 파산관재인 보고서에 의해서는 대손세액공제가 가능) 그 금액에 대하여는 「법인세법 시행령」 제19조의2 제1항 제8호에 따른 회수할 수 없는 매출채권으로 보아 대손세액공제를 할 수 있는 것으로 새로운 해석을 내렸다(법규과-544, 2012. 5. 16. ; 법규부가 2013-276, 2013. 9. 27. ; 국심 2007부981, 2008. 1. 11. ; 법인통칙 19의2-19의2-1).

3) 대손세액공제 불가사유

재화를 공급하고 수취한 받을어음이 법원에 의하여 파산채권으로 확정된 후, 채권자가 파산절차참가를 취소하여 배당수령권을 포기한 경우에는 대손세액공제를 받을 수 없다(재소비 46015-210, 2002. 8. 8.).

(5) 강제집행

1) 개요

공급받는 자의 모든 재산에 대하여 강제집행 또는 담보권 실행을 위한 임의 경매 등이 이루어지고 그 결과 매출채권을 회수하지 못한 경우에는 그 회수하지 못한 과세기간의 부가가치세 확정신고 시 대손세액공제를 받을 수 있다(부가 46015-1943, 1999. 7. 8.).

2) 강제집행의 개념

강제집행은 사법상 또는 행정법상의 의무를 이행하지 아니한 자에 대하여 국가의 강제 권력에 의하여 그 의무이행을 실현하는 작용 또는 절차를 말하는 것으로, 민사집행법에 의한 강제집행은 법원에 소를 제기하여 확정된 종국판결이나 가집행선고 있는 종국판결에 따라 집행기관(집달관 · 집행법원 · 수소법원)에 강제신청을 하는 방법에 의하여 행하게 된다. 이러한 강제집행에 의하여 회수한 금액이 채권액보다 더 적은 경우 그 적은 금액은 회수할 수 없는 채권으로서 대손세액공제의 대상이 된다.

「민사집행법」에 따른 강제집행은 같은 법에 의한 압류 · 가압류 등에 의한 강제경매, 담보권실행 등을 위한 경매를 포함하며(부가 46015-52, 1998. 1. 10.), 민사집행법에 의한 강제집행은 재화 또는 용역을 공급하는 사업자의 직접 신청에 의한 강제집행에 한하는 것이 아니라 타인의 신청에 의한 경우도 포함되므로 타인의 신청에 의한 강제집행 결과 배분액이 없거나 배분액이 채권액에 미달하여 대손이 발생되는 경우 그 대손에 대하여는 대손세액공제를 할 수 있다(재소비 46015-305, 1996. 10. 15. ; 부가 46015-321, 1998. 2. 24.).

3) 대손세액공제 시기

강제집행 결과 채무자의 재산이 없는 관계로 법원으로부터 강제집행불능조서를 발급받은 때에는 대손세액공제를 할 수 있다(부가 46015-2716, 1997. 12. 2.).

4) 대손세액공제 범위

강제집행과 담보권실행을 위한 경매를 통하여 채권에 충당하고도 잔여채권이 있는 경우 그 잔여채권에 대하여 대손세액공제가 가능하며, 강제집행결과 강제집행불능조서(무재산, 행방불명 등)가 작성된 경우로서 매출채권을 회수하지 못한 경우에는 그 미회수채권에 대한 대손세액공제가 가능하다(부가 46015-2716, 1997. 12. 2.).

5) 대손세액공제 배제

채무자의 소재 또는 행방불명으로 압류집행이 불가능한 경우는 「민사집행법」에 따른 강제집행에 해당하지 아니하므로 대손세액공제를 할 수 없으며, 채무자의 일부 재산에 대하여만 강제집행을 한 경우에는 대손세액공제가 배제된다(부가 46015-1202, 1996. 6. 20. ; 부가 46015-2805, 1997. 12. 13.).

(6) 부도발생일로부터 6개월 이상 지난 수표 또는 어음상의 채권 등

1) 개요

부도어음에 대한 대손세액공제 시기를 부도발생일로부터 6개월이 경과한 날이 속하는 과세기간의 매출세액에서 공제할 수 있고, 해당 과세기간의 확정신고 시 공제받지 못한 경우에는 경정청구에 따라 공제받을 수 있다(부가-47, 2014. 1. 21. ; 부가-311, 2012.

3. 22. ; 법규과-222, 2012. 3. 8.).

이 경우 채무자의 재산에 저당권을 설정하였더라도 그 설정된 채권최고금액을 초과하는 부도수표 및 어음의 금액은 대손세액공제가 가능하며, 동 저당권에 대하여 강제집행을 한 후 매출채권이 대손됨으로써 당초 채권최고금액 내의 금액에 해당되어 공제받지 못한 회수할 수 없는 잔여채권에 대하여는 그 대손이 확정된 날이 속하는 과세기간의 매출세액에서 대손세액을 차감받을 수 있다(부가-314, 2011. 3. 28. ; 부가 46015-623, 1998. 12. 22. ; 서면3팀-1476, 2006. 7. 19.).

또한, 중소기업의 외상매출금으로써 부도발생일 이전의 것에 대하여는 대손요건을 간편화하여 부도발생일로부터 6개월 이상 경과한 경우 대손세액공제를 받을 수 있다.

2) 수표 또는 어음

부도수표 또는 부도어음은 부가가치세가 과세되는 재화 또는 용역을 공급하고 그 대가로 받은 수표 또는 어음 중 부도가 발생한 것을 말하는 것으로, 가계수표는 수표의 범위에 포함되나 금융기관 등에서 객관적으로 부도확인이 되지 아니하는 이른바 문방구어음(지급인이 발행인인 어음)은 어음의 범위에 포함되지 아니한다(부가 46015-1218, 1997. 5. 31. ; 서면3팀-732, 2006. 4. 19. ; 부가 46015-2714, 1996. 12. 19.).

※ 대손세액공제대상이 되는 수표 또는 어음

① 재화 또는 용역의 공급과 관련하여 계약금이나 선수금에 대하여 지급받은 수표 또는 어음(부가 46015-2955, 1997. 12. 31.)

② 공급자가 부도어음을 분실한 경우 그 분실한 사실이 객관적으로 확인이 되어 부도어음의 최종권리자임이 확인되는 경우의 부도어음(서삼 46015-10075, 2003. 1. 14.)

③ 사업자가 재화나 용역의 대가로 받은 어음을 금융기관에서 할인한 후 해당 어음이 부도발생하여 대출금으로 전환하면서 해당 부도어음을 금융기관이 소지하고 있는 때에 해당 수표 또는 어음(부가 46015-4802, 2000. 12. 20.)

④ '수표 또는 어음상의 채권'은 재화 또는 용역의 공급을 받은 자가 배서한 수표 또는 어음을 포함하며, 배서양도한 어음의 부도발생으로 소구를 받아 어음채무를 상환하고 해당 부도어음을 회수하여 소지하는 경우로서 부도어음의 최종소지자로서 소지하고 있는 어음(재소비 46015-76, 1997. 3. 5. ; 부가 46015-319, 1998. 2. 30. ; 부가 46015-2814, 1997. 12. 15.)

- 다만, 재화 또는 용역을 공급받은 자가 배서하지 아니한 타인이 발행한 수표 또는 어음은 제외(국심 2003중0898, 2003. 6. 11. ; 부가 46015-1244, 2000. 5. 30. ; 부가

46015-1450, 1998. 6. 30.)

⑤ 다수의 사업자가 재화 또는 용역을 공급한 것에 대하여 그중 1인이 일괄하여 1매의 어음을 받았으나 부도 발생한 경우 해당 어음에 배서하고 최종 소지한 사업자의 매출채권 해당액(서면3팀-220, 2005. 2. 15.). 나머지 다른 사업자의 매출채권액에 대하여는 대손세액공제 불가능

3) 중소기업 외상매출금의 범위

부도발생일 이전의 외상매출금으로써 수표 또는 어음의 발행자가 최초로 부도가 발생한 날 이전에 확정된 외상매출금을 말하며(법인 46012-2463, 1998. 9. 1.), 부도발생일과 그 대손이 확정된 날이 속하는 과세연도(「조세특례제한법」 제2조 제1항 제2호에 따른 과세연도를 말함. 이하 같음)의 직전 과세연도일 현재 중소기업에 해당하는 공급자(채권자)가 보유한 외상매출금을 말한다(부가-4669, 2008. 12. 9.).

중소기업의 외상매출금(어음을 받은 경우를 포함)의 대손세액공제를 판정함에 있어 부도발생일은 해당 매입처의 최초 부도발생일을 기준으로 한다.

4) 부도사유

수표, 약속어음 또는 환어음을 부도 반환할 때 적용할 부도사유는 「어음교환업무규약」 제15조 및 「어음교환업무규약 시행세칙」 제67조에서 다음과 같이 정하고 있다.

▌부도사유

1. 예금부족 또는 지급자금의 부족
2. 무거래
3. 형식불비(법정요건 누락, 인감누락, 정정인 누락 또는 상이, 지시금지위배, 횡선조건위배, 금액·발행일자 오기, 배서 불비, 인수표시 없음, 약정용지상위)
4. 안내서 미착
5. 사고신고서 접수(분실, 도난, 파사취, 계약불이행)
6. 위조, 변조
7. 제시기간 경과 또는 미도래(제시기간 미도래의 경우 수표는 제외)
8. 인감서명상이(서명상이의 경우 가계수표는 제외)
9. 지급지 상위
10. 법적으로 가해진 지급제한
11. 가계수표 장당 최고발행한도 초과(본인확인필인이 찍힌 경우는 제외)

5) 수표 및 어음의 부도

어음소지인이 어음만기일에 지급장소에 어음을 제시하여 어음금액의 지급을 청구하였으나, 지급이 거절되는 경우 이를 어음의 부도라 하며, 지급거절로 인하여 지급기일이 경과한 받을어음을 부도어음이라 한다. 어음의 부도가 발생하면 어음소지인은 공증인에게 의뢰하여 지급거절증서를 작성한 뒤, 배서인 또는 발행인에게 지급거절이 되었음을 통지하고 어음금액, 지급거절증서 작성비용 및 만기일로부터 상환일까지의 법정이자 등을 청구할 수 있다.

즉, 어음의 발행인, 환어음 인수인(지급인), 수표지급인 등이 그 소지인에게 적법하게 지급 제시한 어음 및 수표에 대한 채무를 이행하지 않는 것을 말한다.

6) 부도발생일

수표 또는 어음상의 채권에 있어서 부도발생일은 부도어음의 지급기일을 말하므로 지급기일 경과 후에 수표 또는 어음을 제시하여 금융기관으로부터 부도확인을 받은 경우에도 소지하고 있는 부도수표 또는 부도어음의 지급기일이 된다. 다만, 지급기일 전에 해당 수표나 어음을 제시하여 금융기관으로부터 부도확인을 받은 경우에는 그 부도확인일을 말한다(법령 §19의2 ② ; 재정경제부 법인세제과-595, 2006. 8. 24.). 그러므로 반드시 해당 수표 또는 어음을 발행한 자의 최초 부도발생일을 의미하는 것은 아니다.

부도확인이라 함은 금융기관에 지급 제시된 수표 또는 어음 중 지급에 응하지 못할 수표 또는 어음에 대하여 수표는 그 표면에, 어음은 부전을 사용하여 지급에 응할 수 없는 사유(부도반환사유)를 기재하여 부도반환하는 것을 말하는 것으로, 부도반환사유가 예금부족 또는 지급자금의 부족, 어음 또는 수표를 제시받을 때에 거래정지처분 등으로 인한 무거래 및 회생절차개시의 신청 등에 의한 법적으로 가해진 지급제한 등의 경우에는 모두 부도확인에 해당된다(부가 46015-410, 1998. 3. 6. ; 부가 46015-815, 1998. 4. 24.).

7) 부도발생일로부터 6개월 이상 경과

"부도발생일로부터 6개월 이상 경과"란 수표 또는 어음의 부도발생일부터 최소한 6개월이 되는 날의 그 다음 날 이상으로 하여야 한다는 의미로, 부도발생일이 6월 30일인 때에는 초일불산입원칙에 따라 7월 1일부터 기산하여 6월이 되는 날이 12월 31일이 되고 12월 31일의 다음 날인 익년 1월 1일이 부도발생일로부터 6개월 이상 경과한 날이 된다. 따라서 대손세액공제는 익년 제1기분에 대한 확정신고 시 가능하다(서면3팀-1223, 2006. 6. 23.).

6월 이상 경과한 날의 계산 사례 

① 부도발생일이 6월 30일~12월 29일인 경우 → 다음 해 제1기 과세기간에 대손세액공제 가능
② 부도발생일이 12월 30일~익년 6월 29일인 경우 → 다음 해 제2기 과세기간에 대손세액공제 가능

8) 지급보증 등 채권회수가 가능한 경우

공급받는 자의 재산에 대하여 저당권을 설정하고 있는 경우가 아니면 별도의 재산확인절차 없이도 부도발생일로부터 6개월이 경과한 어음, 수표에 해당하면 대손세액공제가 가능하며, 공급받는 자에 대하여 지급보증한 자가 있거나 정리계획인가결정이 있는 경우에도 일단 부도어음, 수표를 이유로 대손세액공제 요건을 구비하였으면 대손세액공제하고 그 이후에 채권의 회수가 있는 경우 회수한 날이 속하는 과세기간의 확정신고시에 매출세액에 가산하는 것이다(부가 46015-2701, 1998. 12. 8.).

9) 수표 또는 어음의 부도에 의한 대손세액공제 적용범위

수표 또는 어음의 부도발생일부터 6개월 이상 지난 경우라 하더라도 채무자의 재산에 대하여 저당권을 설정하고 있는 때에는 대손세액공제를 할 수 없으나, 이에 대한 예외적인 조치로서 저당권을 설정하고 있는 재산의 채권최고액보다 수표 또는 어음의 부도발생금액이 더 많은 때에는 채권최고액을 초과하는 부도발생금액에 대하여 대손세액공제를 할 수 있다.

또한, 채권최고액부분에 대하여는 민사소송법에 의한 강제집행을 한 후 해당 재화 또는 용역의 공급에 대한 매출채권이 대손되어 회수할 수 없게 된 때에 「법인세법 시행령」 제19의2조 제1항 제8호(또는 「소득세법 시행령」 제55조 제2항)에 따라 그 대손이 확정된 날이 속하는 과세기간의 매출세액에서 대손세액공제를 할 수 있다(서면3팀-1476, 2006. 7. 19.).

(7) 회수기일이 2년 이상 지난 외상매출금 등

중소기업의 외상매출금 및 미수금(이하 "외상매출금 등"이라 한다)으로서 회수기일이 2년 이상 지난 외상매출금 등도 2020년 1기부터 대손세액공제 대상이 된다. 다만, 특수관계인과의 거래로 인하여 발생한 외상매출금 등은 제외한다(법령 §19의2 9의2).

(8) 회수기일이 6개월 이상 지난 소액채권

2020. 1. 1.부터는 회수기일이 6개월 이상 지난 채권 중 채권가액이 30만 원 이하(채무자별 채권가액의 합계액을 기준으로 한다)인 채권은 대손세액공제가 가능하다. 2019. 12. 31. 이전에는 회수기일이 6개월 이상 지난 채권 중 회수비용이 해당 채권가액을 초과하여 회수실익이 없다고 인정되는 20만 원 이하(채무자별 채권가액의 합계액을 기준으로 한다)인 채권을 소액채권으로 보아 대손세액공제를 하였었다.

여기서 회수기일이 6개월 이상 경과했다 함은 회수기일로부터 6개월이 되는 날의 그 다음 날을 말하는 것으로, 예를 들면 회수기일이 2020. 6. 30.인 때에는 그 다음 해의 1월 1일이 6개월 이상 지난 날이 되므로 2021년 1기 확정신고 시에 대손세액공제가 가능하다.

(9) 폐업, 사망, 실종, 행방불명, 형의 집행

대손세액공제의 대상이 되는 형의 집행, 사업의 폐지, 사망, 실종, 행방불명은 단순히 채무자가 형의 집행 중에 있거나 사업을 폐지한 사실 또는 사망·실종·행방불명이란 사유만으로 부족하고 그로 인하여 회수할 수 없는 채권이란 것이 입증되어야 그 대손이 확정되는 날이 속하는 과세기간에 대한 확정신고 시 대손세액공제가 가능하다.

1) 사업의 폐지

공급받는 자가 폐업함으로써 매출채권을 회수할 수 없음이 객관적으로 입증되는 경우에는 소멸시효가 완성되지 아니하여도 그 대손이 확정된 날이 속하는 과세기간의 확정신고 시에 대손세액공제가 가능하다(서면3팀-3224, 2007. 11. 30. ; 조심 2008서1660, 2008. 8. 18.).

구체적으로 채무자의 '사업폐지로 인하여' 채권자가 매출채권을 회수할 수 없어 대손된 경우에 대손세액공제가 인정되는 것으로 채무자의 사업폐지가 대손의 원인이 되어야 하고, 채무자의 사업폐지가 있더라도 그 사업폐지가 대손의 원인이라고 볼 수 없는 경우에는 대손세액공제가 인정되지 않는다(대법원 2021두52693, 2022. 1. 13.).

2) 사망

사망의 경우 단지 그 사유만으로 대손세액공제대상이 되는 것은 아니라 상속인이 없거나 상속인의 상속포기 또는 한정승인을 함으로써 상속재산으로 채권액을 회수할 수 없는 경우에만 그 대손이 확정된 때가 속하는 과세기간에 대한 확정신고 시에 대손세액으로 공제받을 수 있다.

3) 실종선고

실종은 부재자의 생사가 5년간(전지에 임한 자, 침몰한 선박 중에 있던 자, 추락한 항공기 중에 있던 자 그 밖의 사망의 원인이 될 위난을 당한 자의 생사가 전쟁종지 후 또는 선박의 침몰, 항공기의 추락 그 밖의 위난이 종료한 후 1년간) 분명하지 아니한 때에 이해관계인이나 검사의 청구에 의하여 법원이 선고를 하게 되며(민법 §27), 실종선고를 받은 자는 동 기간이 만료한 때에 사망한 것으로 보며(민법 §28), 이 경우에도 재산상황 및 상속재산이 없는 경우에 대손세액공제를 받을 수 있으나 단순행방불명의 경우에는 대손세액공제대상이 아니다.

4) 형의 집행

형법에 따라 형의 집행 중에 있는 자에 대한 매출채권으로서 재산상황 및 상속재산이 없는 경우에는 대손세액공제를 받을 수 있다.

(10) 매출채권 양도(담보제공)에 따른 대손세액공제 여부

1) 법원의 판결 사례

대손세액을 공제받기 위해서는 우선 공급자가 매출채권의 회수불능 당시 그 매출채권의 대외적인 소유자이어야 하며, 채권양도담보계약에 따라 채권이 양도된 경우 대외적으로는 채권양수인에게 채권이 완전히 귀속되고, 다만 채권양도인과 채권양수인 사이의 대내적인 관계에서만 채권양도인에게 채권이 귀속될 수 있을 뿐이다. 따라서 외상매출채권 양도 또는 담보를 제공하고 대출을 받은 경우 채무자의 회생계획인가 결정 시 회수불능으로 보아 대손세액공제를 받을 수 없다(서울행법 2015구합68376, 2016. 2. 5. ; 서울고법 2007누98988, 2008. 6. 3. ; 서울고법 2009누60628, 2010. 4. 6. ; 부산고법 2014누884, 2015. 6. 30.).

2) 국세청 및 조세심판원 해석 사례

전자식 외상매출채권 담보대출 실행분이 대손세액공제대상인지 여부에 대하여 조세심판원 및 국세청은 “전자방식 외상매출채권”이란 공급받는 자(원청업체)가 공급자(하청업체)를 채권자로 지정하여 구매대금을 일정시점에 지급하겠다고 발행하는 전자적 지급수단이며 전자방식 외상매출채권 담보대출이란 원청업체가 물품대금을 전자방식 외상매출채권으로 지급하고 하청업체가 해당 전자방식 외상매출채권을 담보로 거래은행으로부터 대출을 받아 판매대금을 조기에 회수하는 것으로 해당 대출의 채무자는 하청업체가 되며, 만기 시 원청업체가 대출금을 상환하지 않을 경우 하청업체의 대출금 연체로 처리된다.

전자방식 외상매출채권은 전자문서로 작성되고 전자방식으로 유통되는 점은 전자어음과 같지만 전자어음은 약속어음이고 외상매출채권 담보대출은 은행대출의 일종으로 전자어음은 만기일에 상환되지 않으면 부도처리되지만, 외상매출채권 담보대출은 대출연체로 취급되어 근본적으로 성격이 다르다.

※ 외상매출채권 담보대출은 「전자어음의 발행 및 유통에 관한 법률」의 적용을 받지 않음.

조세심판원에서는 전자방식 외상매출채권을 담보로 대출을 받은 경우 대손세액공제대상인지에 대하여 ① 거래 약정서상 해당 외상매출채권이 거래은행에 양도되는 것으로 되어 있고, ② 거래은행이 대출의 채무자(하청업체)가 아닌 해당 외상매출채권의 채무자(원청업체)로부터 대출금을 직접 변제를 받아 충당하기로 하였으며, ③ 거래은행이 해당 외상매출채권의 채권자 자격으로 회생계획 인가결정에 따라 외상매출채권 담보대출금을 출자전환 및 현금변제의 방식으로 상환받기로 한 것으로 보아 대손세액공제대상에 해당하지 아니하는 것으로 보았다(조심 2014중4587, 2015. 6. 10.).

따라서 전자방식 외상매출채권을 담보로 대출을 받은 경우로서 공급받은 자(원청업체)의 결제잔액 부족 등의 사유로 만기일에 결제되지 아니하여 대금을 받지 못한 경우 해당 사업자의 미결제된 외상매출채권 담보대출에 대하여 상환의무가 없는 경우에는 소득령 제55조 제2항 및 법인령 제19조의2 제1항에 따른 대손금으로 인정되는 사유에 해당하지 아니한다고 회신하였다(사전-2018-법령해석부가-0479, 2018. 8. 6.).

X 신용카드매출전표 등 발행에 대한 세액공제

1 개 요

신용카드매출전표 등 발행에 대한 세액공제는 일정한 사업자가 부가가치세가 과세되는 재화 또는 용역을 공급하고, 세금계산서 발급시기에 신용카드매출전표 등을 발행하거나 전자적 결제수단에 의하여 대금을 결제받는 경우에는 그 결제받는 금액의 일정비율에 해당하는 금액을 납부세액에서 공제하는 것을 말한다(부가법 §46 ①).

2 부가가치세 신고 시 공제하는 금액

사업자가 신용카드매출전표 등의 발행으로 인하여 부가가치세 예정신고 또는 확정신고하는 때에 공제하는 금액은 다음의 금액으로 한다(부가법 §46 ②).

신용카드매출전표 등 발행세액 공제액 = MIN(①, ②, ③)

① 신용카드매출전표 등 발행금액(공급대가) × 공제율
② 한도액: 연간 500만 원(2023. 12. 31.까지 연간 1,000만 원)
③ 납부할 세액*

* "(7)"에서 후술하기로 한다.

(1) "신용카드매출전표 등 발행에 대한 세액공제 사업자"의 의미

"신용카드매출전표 등 발행에 대한 세액공제 사업자"란 특정 간이과세자 및 부가령 제73조 제1항 및 제2항에 따른 영수증 발급대상 사업자가 부가가치세가 과세되는 재화 또는 용역을 공급하고 세금계산서 발급시기에 신용카드매출전표 등을 발급하거나 "전자적 결제수단"에 의하여 대금을 결제받을 때 세액공제의 대상이 된다(부가령 §88 ②).

이때, 법인사업자가 신용카드매출전표 등을 발행한 경우에는 신용카드매출전표 등의 발행금액에 대한 세액공제가 적용되지 아니하며, 2016. 1. 1. 이후 재화나 용역을 공급하는 분부터는 사업자가 보유하는 각 사업장의 직전연도의 재화 또는 용역의 공급가액(면세공급가액은 제외, 과세대상 고정자산 매각액 포함, 사업장별 기준으로 판단하되 사업자단위과세자는 사업자단위로 판단)의 합계액을 기준으로 10억 원을 초과하는 경우 해당 사업자에 대하여는 신용카드매출전표 등 발행세액공제를 받을 수 없다(부가법 §46 ① ; 부가령 §88 ③ ; 재부가-361, 2016. 7. 20. ; 부가-1379, 2018. 6. 22. ; 재부가-352, 2020. 8. 12. ; 부가-2710, 2018. 1. 31. ; 전자세원과-381, 2010. 6. 28.).

특정 간이과세자라 함은 ① 직전연도의 공급대가의 합계액(직전 과세기간에 신규로 사업을 시작한 개인사업자의 경우 부가법 제61조 제2항에 따라 환산한 금액)이 4천 800만 원 미만인 자, ② 신규로 사업을 시작하는 개인사업자로서 부가법 제61조 제4항에 따라 간이과세자로 하는 최초의 과세기간 중에 있는 자를 말한다.

(2) 공제대상 "신용카드매출전표 등"

신용카드매출전표 등을 발행하거나 전자적 결제수단에 의하여 결제받는 경우에는 신용카드매출전표 등 발행에 따른 세액공제대상이 된다. 여기서 신용카드매출전표 등이란 여전법에 따른 신용카드매출전표, 조특법 제126조의3에 따른 현금영수증과 그 밖에 이와 유사한 것으로 여전법에 따른 직불카드영수증, 결제대행업체를 통한 신용카드매출전표, 선불카드영수증(실제 명의가 확인되는 것으로 한정), 조특법 제126조의3에 따른 현금영수증(부가통신사업자가 통신판매업자를 대신하여 발급하는 현금영수증을 포함), 「전자금융거래법」에 따른 직불전자지급수단 영수증, 선불전자지급수단 영수증(실제 명의가 확인되는 것으로 한정), 전자지급결제대행에 관한 업무를 하는 금융회사 또는 전자금융업자를 통한 신용카드매출전표를 말한다(부가법 §46 ①, 부가령 §88 ④).

여기서 여신전문금융업법에 따른 신용카드매출전표란 신용카드업을 영위하는 사업자가 발행한 신용카드에 의하여 거래되는 매출전표를 말하며, 신용카드란 이를 제시함으로써 반복하여 신용카드가맹점에서 결제할 수 있는 증표로서 신용카드업자(외국에서 신용카드업에 상당하는 영업을 영위하는 자를 포함)가 발행한 것을 말한다(여전법 §2 3). 직불카드영수증이란 「여신전문금융업법」에 의한 직불카드에 의하여 발행한 영수증을 말한다(여신전문금융업법 §2). 또한 선불카드 및 결제대행업체의 정의는 「여신전문금융업법」 제2조 제5호 나목 및 제8호의 정의에 따른다.

2019. 1. 1. 이후 공급분부터는 결제수단 간 과세형평을 위하여 「전자금융거래법」에 따른 직불전자지급수단 영수증, 전자지급결제대행에 관한 업무를 하는 금융회사 또는 전자금융업자를 통한 신용카드매출전표, 선불전자지급수단 영수증(실제 명의가 확인되

는 것으로 한정한다)을 공제대상 신용카드매출전표 등에 포함하였다(부가령 §88 ④).

여전법상 신용카드, 선불카드 및 선불전지급수단에 해당하지 아니하는 간편결제시스템의 전자지급수단(네이버페이, 카카오페이, 토스페이, 쿠페이, 삼성페이, 제로페이 등) 결제분에 대해서도 신용카드발행세액공제가 가능하다.

2024. 2. 29. 시행령 개정 이후 공급분부터는 통신판매업자가 판매를 대행 또는 중개하는 부가통신사업자를 통해 재화 또는 용역을 공급하고 부가통신사업자로부터 전자적으로 대금을 결제받는 경우(부가통신사업자가 부가법 제75조 제1항 및 부가령 제121조 제1항에 따라 제출하는 월별 거래 명세를 통해 그 결제 내역이 확인되는 경우만 해당한다)에도 부가법 제46조 제1항의 전자적 결제수단에 해당하여 신용카드매출전표등 발행세액공제대상이 된다(부가령 §88 ① 2).

(3) 공제대상 "전자적 결제수단"

일반적으로 전자화폐란 범용성 선불카드로서 전자적인 매체(컴퓨터, IC카드, Network 등)에 화폐적 가치를 저장하였다가 물품 및 서비스 구매 시 활용하는 결제수단으로서 신용카드 발행세액공제대상이 되는 "전자적 결제수단"이라 함은 다음의 요건을 갖춘 것을 말한다(부가령 §88 ① 1).

① 카드 또는 컴퓨터 등 전자적인 매체에 화폐가치를 저장하였다가 재화 또는 용역을 구매할 때 지급하는 결제수단(이하 "전자화폐"라 한다)일 것

② 전자화폐를 발행하는 사업자가 결제 명세를 가맹 사업자별로 구분하여 관리하는 것

(4) 공제대상이 되는 발행금액

신용카드매출전표 등 발행에 대한 세액공제대상이 되는 기준이 되는 발행금액은 부가가치세 과세대상인 재화 또는 용역에 대한 공급대가에 한하는 것이므로 면세수입금액, 부가가치세 과세표준에서 제외되는 봉사료금액이 신용카드매출전표 등에 포함된 경우 해당 금액은 발행금액에 포함되지 않는다.

① 소매업자가 구매자의 요구에 따라 세금계산서를 발급하고 그 대가를 신용카드로 결제받은 경우에도 신용카드발행세액공제 가능함(재소비 46015-36, 2002. 2. 5. ; 부가 46015-4315, 1999. 10. 25. ; 심사부가 2007-0029, 2007. 6. 18.).

② 도소매 겸영사업자가 최종 소비자적 지위로서 회식비 등 복리후생적 경비, 사무용품 및 비품 등으로 사용하기 위한 물품을 공급하고 그 구매사업자로부터 신용카드 결제를 받은 경우 신용카드발행세액공제 가능함.

③ 구매대행업자가 구매대행물품대 및 구매대행수수료를 포함하여 소비자에게 신용카드로 결제받았다면 구매대행수수료에 대하여만 신용카드발행세액공제 가능함(부가-2530, 2019. 1. 23.).

④ 백화점 입점업체가 자기명의가 아닌 백화점 명의로 신용카드매출전표가 발행되었다면 백화점이 결제대행업체가 아닌 한 입점업체는 신용카드발행세액공제 불가하며, 그 구매사업자도 매입세액공제를 받을 수 없음(부가-1033, 2013. 10. 31. ; 국심2003부708, 2003. 5. 12.).

(5) 연간 한도액

위 "2"에서 연간(제1기 과세기간과 제2기 과세기간을 말한다) 공제받는 세액은 500만 원을 한도로 한다. 다만, 2019. 1. 1. 이후 신고하는 분부터 2026. 12. 31.까지는 연간 1천만 원을 한도로 한다(부가법 §46 ① 3).

(6) 신용카드매출전표 등 발행세액공제 공제율

신용카드매출전표 등 발행에 대한 세액공제 시 발급금액 또는 결제금액에 대하여 적용할 공제율은 1%(2026. 12. 31.까지는 1.3%)로 한다(부가법 §46 ① 3).

| 공제율 변천과정 |

구분 \ 귀속	2008. 1. 1. 이후	2009. 1. 1.~ 2012. 12. 31.	2013. 1. 1.~ 2020. 12. 31.	2021. 1. 1.~ 2026. 12. 31.	2027. 1. 1. ~
㉠ 일반과세자 ("㉡"을 제외한 모든 사업자)	1%	1.3%	1.3%	1.3%	1%
㉡ 간이과세자 중 음식·숙박업자	2%	2.6%	2.6%		
공제한도	연 500만 원	연 700만 원	연 500만 원*	연 1,000만 원	연 500만 원

* 2019년 및 2020년 신고분은 연간 1,000만 원임.

(7) '납부할 세액'의 범위와 공제시기

1) 납부할 세액의 의미

앞 "2"의 산식에서 납부할 세액이란 신용카드매출전표 등 발행세액공제를 차감하기 전의 부가법 제37조 제2항에 따른 납부세액에서 「부가가치세법」, 「국세기본법」 및 「조세특례제한법」에 따라 빼거나 더할 세액(부가법 제60조 및 「국세기본법」 제47조의2부터 제47조의4까지의 규정에 따른 가산세 제외)을 빼거나 더하여 계산한 세액을 말한다(그 계산한 세액이 "0"보다 적으면 "0"으로 한다).

2) 공제시기

신용카드매출전표 등 발행세액공제에서 위 납부할 세액의 범위 계산단위는 신고기간(월별 조기, 예정, 확정)별로 계산하여 납부세액에서 공제하고, 각 신고기간에 공제되지 아니한 동 세액은 다른 신고기간의 납부세액에서 공제할 수 없다. 다만, 수정신고 또는 경정으로 추가납부세액이 발생한 경우 증가된 납부할 세액의 범위 내에서 추가적인 세액공제는 가능하다(부가법 §46 ② ; 전자세원-390, 2012. 11. 20. ; 재부가-428, 2021. 9. 23.).

3) 신용카드발행세액공제액의 구체적 산정과 연간 한도액 산정

신용카드매출전표 등의 발행에 따른 세액공제 시 공제받는 금액은 신고기간별(조기환급신고, 예정신고, 확정신고) 납부할 세액을 한도로 한다(기획재정부 부가가치세제과-428, 2021. 9. 23.). 기획재정부는 '확정신고하는 때에 해당 과세기간에 대한 납부할 세액의 범위 내에서 동 공제세액을 정산하고, 연간 한도액의 계산에 있어서는 제1기 및 제2기 과세기간에 실제 공제받은 세액을 합산하여 한도초과 여부를 판단하여야 한다'는 국세청의 회신(서면-2014-법령해석부가-20980, 2015. 7. 16.)과 상반되게 해석하였는바, 기획재정부의 해석에 따르면 된다. 즉, 위 신고기간별 납부할 세액을 한도로 하여 공제받을 세액을 계산하고, 연간 한도액은 제1기, 제2기 각 신고기간별로 실제 공제세액을 기준으로 한도초과 여부를 판정하기만 하면 된다.

다만, 위 신고기간별로 해당 세액을 공제받고 해당 과세기간에 대한 수정신고(경정청구) 또는 관할 세무서장의 경정이 있을 경우 신용카드매출전표 등 발행세액공제는 국세청의 기존 해석과 같이 과세기간별로 한도액을 적용할 것인지 아니면 납세의무자의 당초 신고기간별로 납부할 세액을 배분한 후의 각 신고기간별 납부할 세액을 한도로 할 것인지에 대한 해석이 없으나 최근 기획재정부는 후자를 택하였다.

> 부가가치세 신고기간별로 과세표준을 신고를 한 자가 특정 신고기간에 신용카드매출전표 등의 사용에 다른 세액공제를 누락한 경우로서 해당 신고기간이 속하는 전체 과세기간에 대해 납부할 세액이 발생하지 아니한 경우에도 경정청구가 가능하다(재부가-182, 2023. 3. 8.).

3 | 사실과 다른 신용카드매출전표 발행에 대한 가산세

법인법 제117조에 따른 신용카드가맹점으로 가입한 내국법인이 신용카드에 의한 거래를 거부하거나 신용카드 매출전표를 사실과 다르게 발급하여 납세지 관할 세무서장으로부터 통보받은 경우에는 통보받은 건별 거부 금액 또는 신용카드 매출전표를 사실과 다르게 발급한 금액(건별로 발급하여야 할 금액과의 차액)의 5%(건별로 계산한 금액이 5천 원 미만이면 5천 원으로 한다)를 가산세로 해당 사업연도의 법인세액에 더하여 납부하여야 한다(법인법 §75의6 ①).

대법원도 신용카드가맹점이 신용카드매출전표를 사실과 다르게 발급한 경우를 적용대상으로 하고 있을 뿐 매출금액을 부풀려 발급한 경우를 제외하고 있지 않은 점, 이 규정은 신용카드가맹점 본인과 더불어 그 거래상대방에 대한 과세자료 확보를 위하여 신용카드가맹점에게 조세행정상 협력의무를 부과한 것인 점 등을 고려하여 보면, 신용카드가맹점이 매출금액을 부풀려 신용카드매출전표를 발급한 경우에도 위 가산세 부과대상에 해당된다고 판시하였다(대법원 2016두31920, 2016. 11. 10.).

다만, 카드회원(공급받는 자)이 포인트 수령이라는 경제적 혜택을 받기 위하여 단일의 거래에 대하여 수십 또는 수백 차례에 나누어 소액으로 카드결제한 경우로서 전체적으로 과다 또는 과소하게 결제하지는 아니한 경우 위 법인법상 사실과 다른 신용카드매출전표 발행에 따른 가산세나 감면배제 가능성은 낮을 것이며, 쪼개기 카드결제에 대하여 조세범처벌법의 처벌대상으로 열거되어 있지 않아 동 법에 근거한 처벌은 불가할 것으로 판단된다. 실제 구매자의 신용카드 사용한도나 그 밖의 자금 사정으로 구매대금을 신용카드로 수 차례에 걸쳐 나누어 결제할 수도 있는데, 단순한 거래대금의 분할 납부를 두고 하나의 결제수단에 불과한 신용카드에 대하여 신용카드 관련 가산세를 부과하는 것도 모순이 될 수 있다.

4 | 첨부서류의 제출

신용카드매출전표 등 발행세액공제를 적용받고자 하는 경우에는 예정신고 또는 확정신고 시 신용카드매출전표 등 발행금액집계표를 제출하여야 한다.

XI 신용카드매출전표 등에 의한 매입세액공제

1 | 개 요

사업자가 대통령령으로 정하는 사업자로부터 재화 또는 용역을 공급받고 부가가치세액이 별도로 구분되는 신용카드매출전표 등을 발급받은 경우로서 신용카드매출전표 등 수령명세서를 제출하는 등 매입세액공제 요건을 모두 충족하는 경우 그 부가가치세액은 부가법 제38조 제1항 또는 제63조 제3항에 따라 공제할 수 있는 매입세액으로 본다(부가법 §46 ③).

2 | 사업자의 범위

매입세액공제가 가능한 신용카드매출전표 등을 발행할 수 있는 "대통령령이 정하는 사업자"란 다음에 열거하는 사업 외의 사업을 영위하는 사업자로서 영수증 발급대상 간이과세자에 해당하지 않는 사업자를 말한다(부가령 §88 ⑤).

① 목욕 · 이발 · 미용업
② 여객운송업(「여객자동차 운수사업법 시행령」 제3조에 따른 전세버스운송사업은 제외한다)
③ 입장권을 발행하여 영위하는 사업
④ 부가령 제35조 제1호 단서에 따라 의료보건용역 중 성형수술 등 과세대상용역을 공급하는 사업
⑤ 부가령 제35조 제5호 단서에 해당하지 아니하는 것으로서 수의사가 제공하는 부가가치세 과세대상 동물의 진료용역
⑥ 부가령 제36조 제2항 제1호 및 제2호의 무도학원 및 자동차운전학원에서 가르치는 교육용역을 공급하는 사업

위 "①"부터 "⑥"까지에서 열거하고 있는 사업자로부터 용역을 공급받고 부가가치세액이 별도로 구분가능한 신용카드매출전표 등을 발급받는다 하더라도 영수증으로서의 효력만 있을 뿐 매입세액으로 공제를 받을 수 없다.

2006. 2. 9. 시행령 개정 전에는 매입세액공제가 가능한 신용카드매출전표 등을 발급할 수 있는 일반과세자란 영수증 발급대상 사업자로서 거래상대방이 세금계산서 요구 시 발급의무가 있는 일반과세자에 한정하였으나, 2006. 2. 9. 동 시행령 개정 시 일부 사업을 제외한 모든 일반과세자로 그 범위를 확대하여 사업자의 납세편의를 제고하였다. 동 개정규정은 2006. 2. 9. 이후 공급하는 분부터 적용한다.

3 | 세금계산서 등의 발급 금지

위 "2"에서 정하는 일반과세자가 재화 또는 용역을 공급하는 경우로서 공급받는 자에게 신용카드매출전표 등을 발행한 경우에는 세금계산서를 발급할 수 없다(부가법 §33 ②).

다만, 사업자가 부가가치세가 과세되는 재화 또는 용역을 공급하고 세금계산서와 신용카드매출전표를 중복으로 발급한 경우에는 세금계산서를 기준으로 매입처별세금계산서합계표를 작성하여 부가가치세를 신고·납부하여야 하는 것이며 중복 발급에 따른 가산세는 적용하지 않는다(서면3팀-1916, 2004. 9. 17.).

또한, 면세사업자 또는 과세·면세 겸영사업자가 부가가치세가 면제되는 재화 또는 용역을 공급하고 신용카드매출전표를 발급한 경우에도 계산서 발급의무가 면제된다(서면1팀-718, 2008. 5. 27.).

4 | 매입세액공제 요건

(1) 공제 요건 일반

사업자가 위 "2"의 일반과세자로부터 재화 또는 용역을 공급받고 부가가치세액이 별도로 구분되는 신용카드매출전표 등을 발급받은 경우로서 다음의 요건을 모두 충족하는 경우 그 부가가치세액은 부가법 제38조 제1항 또는 부가법 제63조 제3항에 따라 공제할 수 있는 매입세액으로 본다(부가법 §46 ③).

① 예정신고 또는 확정신고 시 신용카드매출전표 등 수령명세서를 제출할 것

② 신용카드매출전표 등을 그 거래사실이 속하는 과세기간에 대한 확정신고를 한 날로부터 5년간 보관할 것(이 경우 「소득세법」 제160조의2 제4항 또는 「법인세법」 제116조 제4항에 따른 방법으로 증명자료를 보관하는 경우에는 이를 보관하고 있

는 것으로 본다)

③ 간이과세자가 부가법 제36조의2(간이과세자의 영수증 발급 적용기간) 제1항 및 제2항에 따라 영수증을 발급하여야 하는 기간에 발급한 신용카드매출전표 등이 아닐 것

④ 부가법 제38조에 해당하는 매입세액으로 제39조에 해당하는 매입세액이 아닐 것

▌지출증빙서류의 수취 및 보관(법법 §116 ④, 법령 §158 ④)

④ 다음 각호의 1에 해당하는 증빙을 보관하고 있는 경우에는 부가법 제116조 제2항 제1호에 규정된 신용카드매출전표를 수취하여 보관하고 있는 것으로 본다.

1. 「여신전문금융업법」에 의한 신용카드업자로부터 교부받은 신용카드 및 직불카드 등의 월별이용대금명세서
2. 「여신전문금융업법」에 의한 신용카드업자로부터 전송받아 전사적 자원관리 시스템에 보관하고 있는 신용카드 및 직불카드 등의 거래정보(「국세기본법 시행령」 제65조의7의 규정에 의한 요건을 충족하는 경우에 한한다)

(2) 영수증발급대상자가 발급한 경우

부가령 제88조 제5항 각호에 따른 업종(목욕 · 이발 · 미용업 등 영수증발급대상 업종)을 영위하는 일반과세자가 해당 업종의 용역 등을 공급하고 신용카드매출전표를 발급한 경우 그 수취자는 매입세액공제를 받을 수 없다. 또한, 해당 용역을 공급하는 자는 부가법 제36조 제1항에 따라 세금계산서를 발급할 수도 없다. 즉, 세금계산서를 발급하였다 하더라도 그 수취자는 역시 매입세액공제가 불가하다. 다만, 일반과세자가 위 업종이나 부가령 제73조 제1항 각호 외의 용역 등(예를 들어 미용실에서 계약에 따라 법인에 미용실 인력을 파견하여 미용 관련 용역 등을 제공하고 그 대가를 받는 것이 인력파견에 해당하는 경우)을 공급하고, 그 용역을 공급받는 자가 사업자등록증을 제시하고 세금계산서 발급을 요구하는 경우에는 세금계산서를 발급하여야 하고, 그 수취자는 매입세액공제를 받을 수 있다(서면-2018-부가-1354, 2018. 5. 31. ; 서울행법 2015구합73439, 2016. 7. 15.).

현행 규정상 위 해석은 당연한 귀결로서 미용업 등의 경우 최종소비자가 개별적이고 부정기적 · 일시적이고 이용하면서 대부분 소액으로 결제하며, 최종소비자의 지위에서 사용 · 소비하는 경우가 대부분이어서 그 사업관련성을 인정할 수 없어 매입세액을 불공제하여야 할 것이다. 그러나 기업과의 계약에 따라 그 기업이 보유한 소속사 인력(연예인 등)에게 지속적으로 미용용역 등을 제공하고 기업으로부터 결제를 받는다면 최종소비자의 지위에서 기업이 해당 용역을 사용하였다고 보기는 어려운 바, 사회 · 경제적 변화에 맞추어 향후 유연하게 매입세액공제 범위를 확대할 필요는 있다고 본다.

(3) 공급시기 이후에 교부받은 신용카드매출전표 등의 매입세액공제

재화 또는 용역을 공급한 사업자가 그 공급시기에 신용카드매출전표 등을 발급한 경우 부가법 제38조에 따라 신용카드매출전표 등의 부가가치세 매입세액을 공제받을 수 있다. 다만, 신용카드매출전표 등을 해당 공급시기가 속하는 과세기간 이후에 발급받은 경우에는 부가가치세 매입세액을 공제할 수 없다고 해석하고 있다(전자세원과-554, 2009. 8. 27. ; 부가 46015-1893, 1996. 9. 12. ; 서면3팀-569, 2005. 4. 29.). 즉, 공급시기가 속한 동일 과세기간 내에 신용카드매출전표 등이 발급된 경우에는 매입세액이 공제된다는 취지이다.

공급자가 세금계산서 의무발급대상 업종을 영위하는 경우 재화나 용역의 공급대가 중 신용카드결제가 이루어지지 아니한 공급대가에 대하여는 공급시기가 속한 달의 다음 달 10일까지 세금계산서를 발급하여 세금계산서에 의하여 부가가치세를 신고하고 납부(공제)하여야 한다.

(4) 제품공급일과 카드결제일이 다른 경우 공급시기 등

사업자가 1역월의 공급가액을 합계하여 해당 월의 말일자를 발급일자로 하여 월합계 세금계산서를 발급한 후 해당 세금계산서 발급시기 이후에 그 외상대금을 수금하면서 신용카드매출전표를 발급하는 경우에는 세금계산서 발급의무 면제 규정을 적용하지 아니한다. 따라서 재화 또는 용역의 공급에 대한 외상대금을 신용카드로 지급받는 때에는 신용카드매출전표의 여백 또는 이면에 "○○년 ○○월 ○○일 세금계산서 발행분"으로 기재하여 발급하여야 한다. 이 경우 발급한 세금계산서상의 공급일자를 기준으로 하여 부가가치세를 신고하여야 한다(부가-1000, 2012. 9. 27. ; 서면3팀-438, 2004. 3. 8.).

(5) 부가통신사업자가 판매자로 기재된 신용카드매출전표의 매입세액공제

부가통신사업자를 통해 판매자로부터 재화를 공급받고 부가통신사업자가 판매자로 기재된 신용카드매출전표를 수취하여 부가가치세 신고 시 매입세액공제를 받은 경우로서 실 판매자들 중 미등록자, 간이과세자, 면세사업자 등이 있는 경우 이와 관련된 매입세액을 공제받은 것이 확인된 때에는 관련 사업자의 매입세액은 불공제하는 것이다(조심 2015서3464, 2015. 11. 16.). 다만, 여신전문금융업법에 다른 결제대행업체 또는 전자금융업법상 전자금융업자가 아닌 수탁자 또는 부가통신사업자가 수탁물품 공급과 관련하여 발급한 신용카드매출전표 등은 매입세액공제를 받을 수 없다(서면-2022-법규부가-1413, 2022. 10. 13.).

(6) 신용카드 명의와 매입세액공제

과세사업과 관련된 재화나 용역을 구입하면서 사업자 자신 명의의 신용카드로 결제한 경우에 당연히 매입세액이 공제되고, 국세청 홈택스에 사업용신용카드 등록 시에 본인 명의의 카드만 등록이 가능하다.

하지만 국세청은 사업자 본인 신용카드 외에 가족명의 카드, 법인의 직원(종업원) 및 소속 임원 명의의 신용카드로 사업과 관련된 재화나 용역의 구입대금을 결제한 경우 매입세액공제 가능(복리후생적 경비, 사무용품비, 비품 등과 관련된 매입세액을 말하며, 사적경비나 사업무관경비, 접대비 관련 매입세액은 제외하며, 승인이 취소된 분도 제외된다)하나, 그 밖에 타인명의 신용카드결제분에 대해서는 매입세액공제를 허용하지 않고 있다(부가 46015-1719, 1999. 6. 22. ; 서면3팀-899, 2004. 5. 11. ; 전자세원과-655, 2010. 12. 10. ; 서면3팀-1912, 2007. 7. 15. ; 서삼 46015-10413, 2001. 10. 8. ; 부가-313, 2010. 3. 18. ; 조심 2014서2103, 2014. 6. 30. ; 서면3팀-641, 2006. 4. 3.).

(7) 신용카드매출전표 수령 후 공급가액 변동 시 매입세액공제

재화나 용역의 공급에 대하여 당초 신용카드매출전표가 발급된 경우 이에 대한 수정사항이 발생한 경우라도 수정세금계산서는 발급할 수 없다. 당초보다 공급가액이 증가되었다면 신용카드로 추가결제하여 신용카드매출전표에 의한 매입세액공제가 가능하고, 공급가액 감소하였다면 감소된 매입세액 상당액을 그 사유가 발생한 신고기간에 공제받을 매입세액을 차감하여 신고한다(부가-0481, 2011. 12. 29.).

(8) 수 개 사업장을 가진 사업자의 신용카드전표 수취명의에 따른 매입세액 공제 여부

사업자단위과세사업자는 사업장별이 아닌 본점에서 전체의 매출과 매입에 대해 부가가치세 신고납부하는 것이므로 신용카드매출에 대하여 사업장별로 구분하여 발급하지 아니하여도 부가법상 또는 법인법상 문제되지 않는다. 아울러 주된 사업장 명의나 종된 사업장 명의의 카드로 주종 사업장에서 사용할 재화나 용역을 사업장을 달리 기재한 신용카드매출전표를 받아도 매입세액공제를 받을 수 있다(사전-2015-법령해석부가-0059, 2015. 3. 23.).

5 | 사업용 신용카드 등록제도

(1) 개 요

국세청은 사업용 신용카드를 국세청에 등록하면 사업자가 사업용 물품을 구입하면서 신용카드로 결제한 후 매입세액공제를 신청할 경우 신용카드매출전표 등 수령명세서에 거래처별합계액을 기재할 필요없이 총액만을 기재하여 매입세액공제를 받을 수 있는 "사업용 신용카드 등록제도"를 2007. 2기분부터 적용하고 있다.

(2) "사업용 신용카드 등록 제도"란

개인사업자가 사업용 물품을 구입하는 데 사용하는 신용카드를 국세청 현금영수증 홈페이지에 등록하는 제도를 말하며 등록한 개인사업자는 부가가치세 신고 시 매입세액공제를 받기 위하여 "신용카드매출전표 등 수령명세서"에 거래처별 합계자료가 아닌 등록한 신용카드로 매입한 합계금액만 기재하면 매입세액공제를 받을 수 있다. 그러나 본인명의의 신용카드 등만 등록이 가능하므로 직원이나 가족명의의 신용카드를 사업용으로 결제한 경우에는 거래처별합계액을 별도로 기재하여야 한다.

법인명의로 카드를 발급받은 법인사업자는 별도의 등록절차없이 거래처별합계표를 기재하지 않아도 매입세액공제를 받을 수 있으나, 법인 임직원 명의의 개인카드로 사업용 물품을 구입하는 경우에는 신용카드매출전표 등 수령명세서에 거래처별합계를 제출하여야 매입세액공제가 가능하다.

(3) 사업용 신용카드 등록 및 활용 방법

1) 사업용 신용카드 등록

국세청 현금영수증 홈페이지 "사업용 신용카드 등록" 코너에서 공인인증서를 이용하여 회원에 가입하고 사업용으로 사용할 신용카드를 등록

※ 개인사업자의 신용정보 보호를 위하여 공인인증서에 의한 회원가입을 의무화하였고, 본인명의 신용카드만 등록 가능

2) 등록카드 자료의 활용

국세청이 사업용 신용카드의 거래자료를 신용카드사로부터 매분기 익월 10일에 통보받아 현금영수증 홈페이지에 수록하고 사업자는 사업자등록번호와 주민등록번호를 입

력하면 신고기간별 신용카드 사용건수 및 사용금액 집계 조회가 가능

※ 신고업무를 대행하는 세무대리인 및 지입회사 등에게 간편하게 조회기능을 부여하여 신고 편의 도모

– 월별 사용금액에 대한 세부명세 조회는 사업자 본인만 가능하도록 시스템을 구축하였으므로 공인인증서 또는 비밀번호로 로그인 후 조회 가능함.

(4) 화물운전자 복지카드

화물운전자 복지카드를 사용하는 화물운전자는 별도의 사업용 신용카드 등록절차 없이 신용카드 거래분에 대한 매입세액공제가 가능하며, 화물운전자 복지카드로 경유를 구입하고 유가보조금을 지급받은 거래자료는 2007. 7. 2.부터 현금영수증 홈페이지를 통하여 사용금액 조회가 가능하다.

XII 재활용폐자원 매입세액공제

1 의의

부가가치세의 기본원리상 매출세액에서 공제하는 매입세액은 사업자가 거래 전단계에서 부담한 세액을 원칙으로 한다. 그러나 조세정책을 효율적으로 수행하기 위하여 또는 사회정책적인 목적하에서 거래 전단계에서 부가가치세를 부담하지 않는 경우에 대하여도 그 구입가액의 일정률에 해당하는 금액을 매입세액으로 간주하여 매출세액에서 공제받을 수 있도록 하는 제도를 두고 있는바, 부가가치세법상의 의제매입세액공제제도와 함께 「조세특례제한법」에서 재활용가능폐자원에 대한 매입세액공제제도가 있다.

이러한 재활용폐자원에 대한 매입세액공제제도는 폐자원이나 중고품을 수집하여 재생업체에 판매하는 사업자에 대해 매입가액 중 일정금액을 부가가치세매입세액으로 공제하여 줌으로써 세부담을 경감하고 폐자원 등의 수집활동이 보다 원활히 이루어질 수 있도록 지원하기 위한 것이다.

2 | 적용대상 사업자

재활용폐자원 및 중고자동차를 수집하는 사업자가 세금계산서를 발급할 수 없는 자 등 대통령령으로 정하는 자로부터 재활용폐자원 및 중고자동차를 2025. 12. 31.까지 취득하여 제조 또는 가공하거나 이를 공급하는 경우에는 취득가액에 일정률을 곱하여 계산한 금액을 부가법 제37조 제1항 및 제38조에 따라 매출세액에서 매입세액으로 공제할 수 있다(조특법 §108 ①).

(1) 세금계산서를 발급할 수 없는 대통령령으로 정하는 자

부가가치세 과세사업을 영위하지 아니하는 자(면세사업과 과세사업을 겸영하는 경우를 포함한다)와 간이과세자(부가법 제36조에 따른 영수증 발급대상 간이과세자를 말한다)를 말한다. 여기서 국가, 지방자치단체가 도매업의 일환으로서 폐자원 판매 시 세금계산서를 발행하여야 하는 사업자이므로 수집대상자에서 제외하였다.

(2) 매입세액공제를 받을 수 있는 사업자의 범위

재활용폐자원 등에 대한 부가가치세 매입세액공제 특례를 적용받을 수 있는 사업자의 범위는 다음과 같다(조특령 §110 ③ ; 조특규칙 §50).

① 「폐기물관리법」에 따라 폐기물중간처리업허가를 받은 자(폐기물을 재활용하는 경우에 한한다) 또는 폐기물재활용신고를 한 자

② 「자동차관리법」에 따라 자동차매매업 등록을 한 자

③ 「한국환경공단법」에 따른 한국환경공단

④ 중고자동차를 수출하는 자[사업자가 내국신용장 또는 구매확인서에 의하여 중고자동차(중고이륜자동차 포함)를 수출업자에게 공급하는 경우 해당 사업자를 포함]

⑤ 재생재료 수집 및 판매를 주된 사업으로 하는 자

3 | 적용대상 품목

재활용폐자원 매입세액공제를 받을 수 있는 재활용폐자원 및 중고품의 범위는 조특령 제110조 제4항에 열거된 것에 한하며, 조특법 제108조 및 동법 시행령 제110조에 정한 부가가치세매입세액이 공제되는 재활용폐자원이라 함은 파손, 절단 그 밖의 사유로 원

래의 용도대로 사용할 수 없는 것을 의미하는 것으로서 어떤 특별한 화학적 재생과정절차를 거치지 않고 단순히 세척, 도색, 용접 등 물리력 등을 가하여 원형, 원상태를 복구시켜 본래의 용도대로 재사용이 가능한 것(이른바 중고품)인 경우에는 위 「조세특례제한법」에서 규정하고 있는 재활용폐자원에 포함되지 않는다. 반면, 중고자동차의 경우는 이에 해당하지 않아도 법령에서 예외적으로 재활용폐자원으로 인정하고 있다(조특통칙 108-110-2 ; 대법원 2006두11101, 2008. 2. 14.).

(1) 재활용폐자원 범위

1. 공제대상 재활용폐자원(조특령 §110 ④)

고철, 폐지, 폐유리, 폐합성수지, 폐합성고무, 폐금속캔, 폐건전지, 폐비철금속류, 폐타이어, 폐섬유, 폐유

2. 재활용폐자원에 해당되지 않는 것

폐드럼통(감심 2007-71, 2007. 7. 12.), 동물성 잔재물[우지, 돈지](재소비 46015-255, 2000. 8. 17.), 폐전선으로 구리제품을 제조 시(부가 46015-1171, 1995. 6. 28.), 폐가죽(부가 46015-481, 1993. 4. 16.), 중기관리법에 등록된 중고중기(부가 46015-2080, 1993. 8. 27.), 휴대폰 폐배터리 및 자동차용 폐배터리(재소비 46015-9, 2002. 1. 8. ; 부가 46015-1821, 1997. 8. 7.), 중고TV(부가 46015-1439, 2000. 6. 23.), 폐양초(부가 46015-1969, 1993. 8. 11.), 중고건설기계를 구입하여 수출하는 경우(부가 46015-775, 1997. 4. 10.), 중고자동차매매업 미등록자가 개인으로부터 구입한 자동차를 수출하지 아니하고 국내 개인에게 재판매한 경우(서면3팀-2962, 2006. 11. 30.)

※ 재활용폐자원 해당 여부는 취득 당시의 상태로 판정(국심 2005전1947, 2006. 1. 9.)

(2) 중고자동차

「자동차관리법」에 따른 자동차 중 중고자동차에 한한다. 다만, 다음의 자동차는 재활용폐자원 매입세액공제대상이 되는 중고자동차에서 제외한다(조특령 §110 ④ 2).

① 수출되는 중고자동차로서 「자동차등록령」 제8조에 따른 자동차등록원부에 기재된 제작연월일부터 같은 영 제32조에 따른 수출이행여부신고서에 기재된 수출신고수리일까지의 기간이 1년 미만인 자동차

② 부가가치세 과세사업을 영위하지 아니하는 자(면세사업과 과세사업을 겸영하는 경우를 포함)와 부가법 제61조에 규정된 간이과세자가 해당 자동차 구입과 관련하여 부가법 제38조에 따라 매입세액공제를 받은 후 중고자동차를 수집하는 사업자에

게 매각한 자동차(해당 사업자를 대신하여 그 밖의 다른 관계인이 해당 자동차 구입과 관련하여 매입세액공제를 받은 경우를 포함). 다만, 부가법 제63조 제3항에 따라 간이과세자가 매입세액을 공제받은 경우는 제외한다.

※ 자동차는 「자동차관리법」 제2조 제1호 및 동령 제2조를 참조한다.

2014. 2. 21. 이후 취득하는 분부터 직전 거래 단계에서 매입세액을 공제받은 중고자동차를 중고자동차 수집사업자가 매입하는 경우에 대해서는 재활용폐자원 등에 대한 매입세액공제 특례를 적용하지 아니하도록 하여 이중공제를 방지하였다(2014년 국세청 개정세법해설 책자, p.469). 예를 들어, 부가가치세 과세사업을 하는 운용리스이용자가 자동차 제조(판매)회사로부터 세금계산서를 직접 교부받아 매입세액을 공제받은 차량을 여신전문금융업법에 따른 시설대여업자로 등록한 리스회사가 중고자동차를 수집하는 사업자에게 매각하면서 계산서를 발급하는 경우 해당 중고자동차는 재활용폐자원 매입세액공제대상이 아니다.

4 적용대상 거래

부가가치세 과세사업을 영위하지 아니하는 자(면세사업과 과세사업을 겸영하는 자)와 부가법 제61조에 규정된 간이과세자로부터 취득하는 재활용폐자원 등에 한정되므로 부가가치세 과세사업을 영위하는 자로부터 자기의 과세사업에 사용하는 재화를 취득하는 경우에는 재활용폐자원 매입세액공제대상이 아니라 세금계산서를 수취하여 매입세액을 공제받는 것이다(부가－1534, 2009. 10. 22.).

관련 주요 사례

1. 폐업하지 아니한 일반사업자의 재화를 경락받은 경우에 법원 또는 해당 사업자로부터 세금계산서를 발급받지 못한 때에는 매입세액을 공제받을 수 없는 것이나, 법원 등으로부터 경락받았으나 거래상대방의 폐업으로 세금계산서를 발급받지 못하였을 경우에는 재활용폐자원 등에 대한 매입세액을 공제받을 수 있다(부가 46015－1739, 1997. 7. 28.).
2. 부가법 제61조에 규정된 '간이과세자'에는 사업자등록을 하지 아니한 개인사업자로서 사업을 개시한 날이 속하는 1역년(해의 1월 1일부터 12월 31일까지)에 있어서 공급대가의 합계액이 간이과세 기준금액에 미달하는 경우에는 부가법 제61조 제5항에 따라 최초의 과세기간에 있어서 간이과세자로 하는 사업자가 포함되나, 해당 사업자가 부가법 제61조 제1항 단서의 규정에 따라 간이과세자의 규정이 배제되는 사업을 영위하는 경우에는 포함되지 않는다(부가 46015－3241,

2000. 9. 19.).
3. 일반과세자(개인 및 법인사업자)로부터 재활용폐자원을 구입한 경우 그것이 사업용 고정자산 또는 재고자산 등으로서 양도인의 사업상의 목적으로 구입하여 장부에 계상되어 감가상각비, 유지관리비 등이 발생되어 필요경비에 산입되거나 판매용으로 보유하던 자산에 해당된다면 세금계산서를 발급받아 매입세액공제를 받아야 하는 것이며, 사업목적이 아닌 가사용 등으로 사용하던 것을 구입한 것이라면 재활용폐자원 매입세액공제대상에 해당된다(서면3팀-421, 2006. 3. 7.).
4. 간이과세자에서 일반과세자로 전환 시 폐자원 재고에 대한 재고매입세액공제는 불가(부가 46015-551, 1999. 2. 26.)
5. 폐자원매입세액이 경정 시 불공제된 후 실 증빙을 제출하였더라도 공제 불가(재부가-277, 2009. 4. 2.)
6. 인허가 받기 전 취득한 폐자원은 인허가를 득한 후에 폐자원매입세액으로 공제 불가(재부가 46015-129, 1993. 7. 20.)

5 | 공제대상 금액

(1) 공제율(조특법 §108 ①)

1. 재활용폐자원 = 취득가액 × 103분의 3
   (다만, 2014. 1. 1.부터 2015. 12. 31.까지 취득하는 경우에는 105분의 5)
2. 중고자동차 = 취득가액 × 110분의 10(2018. 12. 31. 공급분까지는 109분의 9)

(2) 공제한도

재활용폐자원을 수집하는 사업자가 재활용폐자원에 대한 부가가치세 매입세액공제 특례를 적용받는 때에는 부가가치세 확정신고 시 해당 과세기간에 해당 사업자가 공급한 재활용폐자원과 관련한 부가가치세 과세표준에 100분의 80을 곱하여 계산한 금액에서 세금계산서를 발급받고 매입한 재활용폐자원 매입가액(해당 사업자의 사업용 고정자산 매입가액을 제외한다)을 차감한 금액을 한도로 하여 계산한 매입세액을 매출세액에서 공제할 수 있다.

이 경우 부가법 제48조에 따른 예정신고 및 부가법 제59조 제2항에 따른 환급신고 시 이미 재활용폐자원 매입세액공제를 받은 금액이 있는 경우에는 부가법 제49조의 규정에 따른 확정신고 시 정산하여야 한다(조특법 §108 ②).

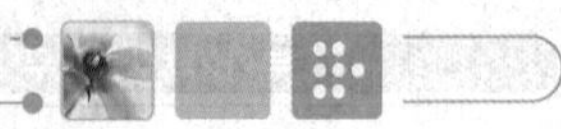

공제한도를 반영한 재활용폐자원 매입세액공제의 계산

= MIN(①, ②) × 공제율

① 재활용폐자원 취득가액(운임 및 부대비용을 제외한다)

② 해당 과세기간에 공급한 재활용폐자원 과세표준 × 80% - 세금계산서를 받고 매입한 재활용폐자원 가액(사업용 고정자산 매입가액 제외)

또한, 동 세액공제의 한도액계산의 대상이 되는 것은 재활용폐자원만 대상이 되므로 중고품인 중고자동차는 한도액계산(정산)규정이 적용되지 않는다.

문의

재활용폐자원 매입세액공제 한도액 계산 사례

사업자 "갑"의 2017. 1기 과세기간의 재활용폐자원의 공급가액은 2억 원이며, 일반과세자로부터 구입한 재활용폐자원은 1천만 원(전액 세금계산서 수취분이며, 고정자산매입분 4백만 원, 운반비 등 일반관리 1백만 원 포함), 비사업자, 간이과세자, 면세사업자로부터 구입한 재활용폐자원은 1.8억 원이다. 이 경우 2017. 1기 과세기간에 공제대상이 되는 재활용폐자원 매입가액은?

답변

"①, ②" 중 적은 금액인 155,000,000원이 공제대상 재활용폐자원 매입가액이 된다.

① 2억 원 × 80% - (1천만 원 - 4백만 원 - 1백만 원) = 155,000,000원

② 폐자원 구입액: 180,000,000원(세금계산서 수취분 제외)

※ 부가-645, 2009. 5. 7. 참고

6 | 적용절차

재활용폐자원 등에 대한 부가가치세 매입세액공제 특례를 적용받고자 하는 사업자는 부가가치세 예정신고 또는 확정신고 시 매입처별계산서합계표 또는 영수증과 재활용폐자원 및 중고품매입세액공제신고서를 제출하여야 한다(조특령 §110 ⑤, 조특규칙 §61 ① 70).

이 경우, 재활용폐자원 등의 매입세액공제신고서에 다음의 사항이 기재되어 있지 아니하거나 그 거래내용이 사실과 다른 경우에는 매입세액을 공제하지 아니한다.

㉠ 공급자의 등록번호(개인의 경우에는 주민등록번호)와 명칭 및 대표자의 성명(개인의 경우에는 그의 성명)

㉡ 취득가액

7 | 경정청구 등에 의한 매입세액공제

재활용폐자원 및 중고품에 대하여 매입세액공제를 받고자 하는 자가 재활용폐자원 등의 매입세액공제신고서에 매입처별계산서합계표 또는 영수증을 다음과 같이 제출하는 경우 등에도 재활용폐자원 등의 매입세액을 공제받을 수 있다(조특령 §110 ⑥).

① 「국세기본법 시행령」 제25조 제1항에 따라 과세표준수정신고서와 함께 제출하는 경우

② 「국세기본법 시행령」 제25조의3에 따라 경정청구서와 함께 제출하여 경정기관이 경정하는 경우

③ 「국세기본법 시행령」 제25조의4의 규정에 의한 기한후과세표준신고서와 함께 제출하여 관할 세무서장이 결정하는 경우

④ 발급받은 계산서에 대한 매입처별계산서합계표의 거래처별등록번호 또는 공급가액이 착오로 사실과 다르게 적혀 있는 경우로서 발급받은 계산서에 의하여 거래사실이 확인되는 경우

⑤ 부가법 제57조에 따른 경정에 있어서 경정기관의 확인을 거쳐 제출하는 경우

XIII 그 밖의 공제세액

1 | 전자세금계산서 발급 · 전송에 대한 세액공제

(1) 공제 개요

재화 및 용역의 공급가액 등을 고려한 아래의 개인사업자가 전자세금계산서를 2027. 12. 31.까지 발급(전자세금계산서 발급명세를 부가법 제32조 제3항에 따른 기한까지 국

세청장에게 전송한 경우로 한정한다)하는 경우에는 전자세금계산서 발급 건수 등을 고려하여 다음의 금액을 부가가치세 납부세액에서 공제할 수 있다(부가법 §47 ①, 부가령 §89, 부가칙 §61).

1) 공제대상 개인사업자의 범위

전자세금계산서 발급·전송에 관한 세액공제대상 개인사업자란 직전연도의 사업장별 재화 및 용역의 공급가액(부가가치세 면세공급가액을 포함한다)의 합계액이 3억 원 미만인 개인사업자(해당 연도에 신규로 사업을 시작한 사업자를 포함한다. 동 괄호의 개정 규정은 2024. 2. 29. 시행령 공포일 이후 신고하는 분부터 적용)를 말한다(부가령 §89 ①).

2) 공제세액의 계산(부가령 §89 ②)

세액공제금액 = MIN(①, ②)
① 전자세금계산서 발급 건수* × 200원 ② 한도: 연간 100만 원

* 전자수정세금계산서 발급 건수도 포함됨(기준-2024-법규부가-0064, 2024. 5. 20.).

3) 부가가치세 납부세액의 범위

위 "1)"과 "2)"를 적용할 때 공제받는 금액이 그 금액을 차감하기 전의 납부할 세액[부가법 제37조 제2항에 따른 납부세액에서 부가법, 국기법 및 조특법에 따라 빼거나 더할 세액(부가법 제60조 및 국기법 제47조의2부터 제47조의4까지의 규정에 따른 가산세는 제외한다)을 빼거나 더하여 계산한 세액을 말하며, 그 계산한 세액이 0보다 적으면 0으로 본다]을 초과하면 그 초과하는 부분은 없는 것으로 본다(부가법 §47 ②).

(2) 신청서의 제출

위 "(1)"의 세액공제를 받으려는 사업자는 부가법 제48조 및 제49조에 따라 신고할 때 기획재정부령으로 정하는 전자세금계산서 발급세액공제신고서를 제출하여야 한다(부가법 §47 ③).

2 | 전자계산서 발급 · 전송에 대한 세액공제

1) 공제대상 및 요건

아래의 개인사업자가 제163조 제1항 후단에 따른 전자계산서를 2027년 12월 31일까지 발급(제163조 제8항에 따라 전자계산서 발급명세를 국세청장에게 전송하는 경우로 한정한다)하는 경우에는 전자계산서 발급 건수 등을 고려하여 대통령령으로 정하는 "2)"의 금액을 해당 과세기간의 사업소득에 대한 종합소득산출세액에서 공제할 수 있다. 이 경우 공제한도는 연간 100만 원으로 한다(소득법 §56의3 ①). 이 개정규정은 2022. 7. 1. 이후 공급하는 재화 또는 용역에 대한 전자계산서를 발급하는 경우부터 적용한다(부칙 §2).

2) 공제대상 "개인사업자"의 범위

전자계산서 발급 · 전송에 대한 세액공제대상 개인사업자란 직전 과세기간의 사업장별 총수입금액이 3억 원 미만인 사업자를 말한다(소득령 §116의4 ①).

3) 세액공제액의 계산

공제세액
= MIN[발급건수 × 200원, 연간 100만 원]

4) 관련 신고서의 제출

위 "1)"에 따른 세액공제를 적용받으려는 사업자는 소득법 제70조 또는 제74조에 따른 과세표준확정신고를 할 때 전자계산서 발급 세액공제신고서를 납세지 관할 세무서장에게 제출하여야 한다(소득법 §56의3 ②).

3 | 전자신고에 대한 세액공제

(1) 개 요

전자신고를 하는 납세자와 세무대리인에 대하여 세제혜택을 부여함으로써 전자신고제도의 조기정착 및 활성화를 유도하기 위하여 2004. 1. 1. 이후 최초로 전자신고하는

분부터 적용하고, 양도소득세 전자신고는 2020. 1. 1. 이후 신고하는 분부터 적용한다.

(2) 전자신고를 하는 납세자에 대한 세액공제

1) (양도)소득세 및 법인세신고를 직접 전자신고하는 경우

납세자가 직접 「국세기본법」 제5조의2에 따른 전자신고의 방법으로 양도소득세 및 「소득세법」 제70조에 따른 과세표준확정신고, 「법인세법」 제60조의 규정에 의한 과세표준신고를 하는 경우에는 해당 납부세액에서 2만 원을 공제한다. 이 경우 납부할 세액이 음수인 경우에는 이를 없는 것으로 한다(조특법 §104의8 ①, 조특령 §104의5 ①·②).

2) 부가가치세 확정신고를 직접 전자신고하는 경우

납세자가 직접 전자신고의 방법으로 부가가치세 신고(부가법 제49조 및 제67조의 규정에 따른 신고를 말한다)를 하는 경우에는 해당 납부세액에서 대통령령으로 정하는 금액(1만 원)을 공제하거나 환급세액에 가산한다. 다만, 매출가액과 매입가액이 없는 부가법 제2조 제5호에 따른 일반과세자에 대하여는 본문을 적용하지 아니하며, 부가법 제2조 제4호에 따른 간이과세자에 대하여는 공제세액이 납부세액에 부가법 제63조 제3항, 제64조 및 제65조에 따른 금액을 가감(加減)한 후의 금액을 초과할 때에는 그 초과하는 금액은 없는 것으로 본다(조특법 §104의8 ②, 조특령 §104의5 ③·④).

(3) 세무대리인이 전자신고를 대행하는 경우

1) 개요

「세무사법」에 따른 세무사(「세무사법」 제20조의2 제1항에 따라 등록한 공인회계사, 같은 법에 따른 세무법인 및 「공인회계사법」에 따른 회계법인을 포함한다)가 납세자를 대리하여 전자신고의 방법으로 직전 과세연도 동안 양도소득세, 소득세 또는 법인세를 신고한 경우에는 해당 세무사의 소득세(사업소득에 대한 소득세만 해당한다) 또는 법인세의 납부세액에서 위 “1)”에 따른 금액을 공제하고, 직전 과세기간 동안 부가가치세를 신고한 경우에는 당해 세무사의 부가가치세 납부세액에서 위 “2)”에 따른 금액을 공제한다.

이 경우 세무사가 공제받을 수 있는 연간 공제 한도액(해당 세무사가 소득세 또는 법인세의 납부세액에서 공제받을 금액 및 부가가치세에서 공제받을 금액을 합한 금액)은 3백만 원(「세무사법」에 따른 세무법인 또는 「공인회계사법」에 따른 회계법인인 경우에는 750만 원)으로 한다(조특법 §104의8 ③, ④).

참고로 과거 한도액은 다음과 같다.

① 세무사가 공제받을 수 있는 공제 한도액: 연간 200만 원(2018. 12. 31. 신청분까지는 400만 원, 2011. 12. 31. 이전은 300만 원)

② 세무법인 또는 회계법인이 공제받을 수 있는 공제 한도액: 연간 500만 원(2018. 12. 31. 신청분까지는 1,000만 원, 2011. 12. 31. 이전은 800만 원)

2) 세무대리인의 사업장이 둘 이상인 경우 한도액 적용

「세무사법」에 따른 세무법인이 본점과 지점을 설치한 후 납세자를 대리하여 전자신고의 방법으로 직전 과세연도 동안 소득세 또는 법인세를 신고하거나 직전 과세기간 동안 부가가치세를 신고한 경우 해당 세무법인의 전자신고에 따른 연간 세액공제 한도액(법인세의 납부세액에서 공제받을 금액과 부가가치세에서 공제받을 금액을 합한 금액)은 본점과 지점의 공제세액을 합하여 위 "1)"의 한도액을 적용한다(부가-212, 2012. 2. 29.).

(4) 세액공제신청서의 제출

전자신고세액공제를 받으려는 자는 전자신고를 하는 때(세무사가 세액공제를 받고자 하는 경우에는 세무사 본인의 과세표준신고를 하는 때)에 세액공제신청서를 관할 세무서장에게 제출하여야 한다(조특령 §104의5 ⑥).

(5) 최저한세의 적용

전자신고세액공제를 받는 경우(부가가치세의 공제세액 제외) 「조세특례제한법」 제132조의 최저한세 규정을 적용받아 그 특례범위가 제한된다(소득세과-1178, 2010. 11. 24.).

(6) 세액공제액의 이월공제

전자신고에 대한 세액공제액 중 해당 과세연도에 납부할 세액이 없거나 「조세특례제한법」 제132조의 규정에 의한 최저한세의 적용으로 공제받지 못한 부분에 상당하는 금액은 해당 과세연도의 다음 과세연도의 개시일부터 5년 이내에 종료하는 각 과세연도에 이월하여 그 이월된 각 과세연도의 소득세(사업소득에 대한 소득세에 한함) 또는 법인세에서 이를 공제한다.

> **■ 기타 유의사항**
> ① 최저한세의 적용을 받는다.
> ② 농어촌특별세가 비과세된다. 이월공제가 가능하다.
> ③ 추계결정 시에도 적용된다.

4 | 전자고지에 대한 세액공제

(1) 개 요

납세자가 「국세기본법」 제8조 제1항에 따른 전자송달의 방법으로 납부고지서의 송달을 신청한 경우 신청한 달의 다음다음 달 이후 송달하는 분부터 다음의 어느 하나에 해당하는 국세의 납부세액에서 납부고지서 1건당 1천 원을 공제한다(조특법 §104의8 ⑤, 조특령 §104의5 ⑦).

① 「소득세법」 제65조 제1항 전단에 따라 결정 · 징수하는 소득세

② 「부가가치세법」 제48조 제3항(예정고지) 본문 및 같은 법 제66조 제1항 본문(간이과세자의 예정부과)에 따라 결정 · 징수하는 부가가치세

③ 「국세기본법」 제22조 제3항에 따라 과세표준과 세액이 정부가 결정하는 때 확정되는 국세(수시부과하여 징수하는 경우는 제외한다)

※ 이 규정은 2021. 1. 1. 이후 최초로 전자송달하는 분부터 적용한다(조특 부칙 §25).

(2) 공제한도

전자고지에 대한 세액공제금액은 각 세법에 따라 부과하는 국세의 납부세액에서 「국세기본법」 제83조에 따른 금액을 차감한 금액을 한도로 한다(조특법 §104의8 ⑥).

5 | 일반택시 운송사업자의 납부세액 경감

(1) 개 요

지하철 공사 등 교통난이 날로 악화되어감에 따라 택시운송회사의 경영난이 가중되고, 택시기사들의 처우가 열악하여지고 있는바, 이를 감안하여 「여객자동차 운수사업법」에

따른 일반택시 운송사업자에 대해서는 부가가치세 납부세액에 아래의 경감률을 곱한 금액을 2026. 12. 31. 이전에 끝나는 과세기간분까지 부가법 제48조 및 제49조에 따른 예정 및 확정신고 시 납부세액에서 경감한다(조특법 §106의7 ①). 이때 일반택시 운송사업자란「여객자동차 운수사업법 시행령」제3조 제2호 다목의 규정에 따른 사업자를 말하므로 개인택시운송사업자는 경감대상이 아니다.

| 경감률 변동 연혁 |

적용 기간	~2014. 6. 30.	~2017. 12. 31.	~2023. 12. 31.
경감률	90%	95%	99%

※ 일반택시 운송사업과 택시광고사업을 함께 영위하는 택시광고사업은 일반택시 운송사업자 부가가치세 납부세액경감대상 아님(부가-968, 2014. 12. 8.).

(2) 경감세액의 사용

① 일반택시 운송사업자는 위 "(1)"에 따른 경감세액 중 부가가치세 납부세액의 100분의 90에 해당하는 금액을 국토교통부장관이 정하는 바에 따라 경감된 부가가치세의 확정신고 납부기한 종료일부터 1개월(이하 "지급기간"이라 한다) 이내에「여객자동차 운수사업법」에 따른 일반택시 운수종사자(이하 "일반택시 운수종사자"라 한다)에게 현금으로 지급하여야 한다. 이 경우 일반택시 운송사업자는 지급하는 현금이 부가가치세 경감세액임을 일반택시 운수종사자에게 알려야 한다(조특법 §106의7 ②).

② 일반택시 운송사업자는 택시 감차보상의 재원으로 사용하기 위하여 위 "(1)"에 따른 경감세액 중 부가가치세 납부세액의 100분의 5에 해당하는 금액을 국토교통부장관이 정하는 바에 따라 지급기간 이내에 국토교통부장관이 지정하는 기관(이하 "택시 감차보상재원 관리기관"이라 한다)에 지급하여야 한다(2014년 제2기 신고분부터 적용한다)(조특법 §106의7 ③).

이는 일반택시 운송사업자의 부가가치세를 경감함으로써 그 세액 감면의 혜택이 최종적으로 운수종사자에게 돌아가도록 하기 위하여 일반택시 운송사업자가 법정기한 내에 경감받은 세액을 운수종사자에게 반드시 지급하여야 하는바, 일반택시 운송사업자가 경감세액을 소속 운수종사자들에게 조세특례제한법이 정한 지급기한을 넘어 이를 지급하지 못한 경우 부가가치세를 경감받고도 운수종사자들에게 그 지급을 해태한 일반택시 운송사업자를 제재하기 위한 것이다(광주지방법원 2012구합2498, 2012. 10. 11.).

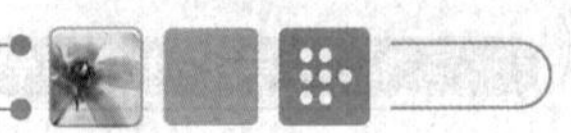

③ 아울러 일반택시 운송사업자는 「택시운송사업의 발전에 관한 법률」 제15조에 따른 택시운수종사자 복지기금의 재원 마련을 위하여 제1항에 따른 경감세액 중 부가가치세 납부세액의 100분의 4에 해당하는 금액을 국토교통부장관이 정하는 바에 따라 지급기간 이내에 「여객자동차 운수사업법」 제53조 또는 제59조에 따른 택시운송사업자단체 중 「택시운송사업의 발전에 관한 법률 시행령」 제20조에 따라 설립된 기금관리기관에 지급하여야 한다(조특법 §106의7 ④, 조특령 §106의12 ①).

(3) 사후관리

1) 경감세액 지급명세의 제출

일반택시 운송사업자는 지급기간 종료일부터 10일 이내에 위 "(2)의 ①"에 따라 일반택시 운송종사자에게 "(1)"에 따른 경감세액을 지급한 명세를 국토교통부장관과 일반택시 운송사업자 관할 세무서장에게 각각 제출하여야 한다(조특법 §106의7 ⑤).

2) 국토교통부장관의 미지급통보

국토교통부장관은 일반택시 운송사업자가 "(1)"에 따라 경감된 세액을 지급기간에 "(2)"에 따라 지급하였는지를 확인하고 그 결과를 지급기간 종료일부터 3개월 이내에 국세청장 또는 일반택시 운송사업자 관할 세무서장에게 기획재정부령으로 정하는 서류를 첨부하여 통보(이하 "미지급통보"라 한다)하여야 한다. 이 경우 미지급통보 대상이 된 일반택시 운송사업자에게도 그 미지급통보 대상이 되었음을 알려야 한다(조특법 §106의7 ⑥, 조특령 §106의12 ②).

3) 미지급통보에 따른 세액의 추징

위 "2)"에 따른 미지급통보를 받은 국세청장 또는 일반택시 운송사업자 관할 세무서장은 다음의 구분에 따라 계산한 금액을 일반택시 운송사업자로부터 추징한다(조특법 §106의7 ⑦). 다만, 일반택시 운수종사자가 지급기간 종료일 현재 사망하거나 「주민등록법」 제8조 본문 또는 제20조 제6항 본문에 따라 거주불명 등록이 된 경우에는 아래 "가"의 "㉡" 및 "나"의 "㉢"에 해당하는 가산세를 적용하지 아니한다(단서 규정은 2025. 1. 1. 이후 추징하는 분부터 적용한다)(조특령 §106의12 ③).

가. 미지급통보일까지 경감세액을 지연지급한 경우

일반택시 운송사업자가 위 "(2)"에 따라 지급하지 아니한 경감세액("미지급경감세액"이

라 한다)을 미지급통보를 한 날까지 지급한 경우 다음에 따라 계산한 금액을 합한 금액

> ㉠ **다음 계산식에 따라 계산한 경감세액 상당액의 이자상당액**
> 이자상당액 = 미지급경감세액 상당액 × "(1)"에 따라 경감된 부가가치세의 신고·납부기한 종료일의 다음 날부터 지급일까지의 기간(일) × 10만분의 22*
> ㉡ **미지급경감세액 상당액의 100분의 20에 해당하는 금액의 가산세**

* 이 영 시행일인 2022. 2. 15. 전에 발생한 사유로 2022. 2. 15. 이후 세액을 납부 또는 부과하는 경우 시행일 전일까지의 기간분에 대한 이자상당가산액 또는 이자상당액의 계산에 적용되는 이자율은 종전의 규정(25/100,000)에 따르고, 2022. 2. 15. 이후의 기간분에 대한 이자상당가산액 또는 이자상당액의 계산에 적용되는 이자율은 개정규정(22/100,000)에 따른다. 아울러 2019. 2. 12. 전일까지 이자율은 일일 1만분의 3이었다. 이하 같다.

나. 미지급통보일까지 경감세액을 지급하지 아니한 경우

일반택시 운송사업자가 미지급경감세액을 미지급통보를 한 날까지 지급하지 아니한 경우 다음에 따라 계산한 금액을 합한 금액

> ㉠ **미지급경감세액 상당액**
> ㉡ **다음 계산식에 따라 계산한 경감세액 상당액의 이자상당액**
> 이자상당액 = 미지급경감세액 상당액 × "(1)"에 따라 경감된 부가가치세의 신고·납부기한 종료일의 다음 날부터 추징세액의 고지일까지의 기간(일) × 10만분의 22
> ㉢ **미지급경감세액 상당액의 100분의 40에 해당하는 금액의 가산세**

4) 미지급경감세액 상당액의 지급

국세청장 또는 일반택시 운송사업자 관할 세무서장은 위 "3)의 나 ㉠"(미지급 경감세액 상당액을 말함)에 따라 추징한 미지급경감세액 상당액을 해당 일반택시 운송사업자가 위 "(2)의 ①"에 따라 지급하여야 할 운수종사자에게 대통령령으로 정하는 방법에 따라 지급하여야 한다(조특법 §106의7 ⑧).

이때 국세청장 또는 일반택시 운송사업자 관할 세무서장은 위 "3)"에 따라 추징한 미지급경감세액 상당액을 일반택시 운수종사자에게 지급하는 경우 미지급 사실, 지급절차 등에 대하여 일반택시 운수종사자에게 통보한 후 미지급통보일부터 3개월 이내에 운수종사자에게 지급하여야 한다. 다만, 일반택시 운수종사자에 대한 정보가 분명하지 아니한 경우에는 추징된 미지급경감세액은 국고로 귀속시킬 수 있다(조특령 §106의12 ③).

위 개정 규정은 2018. 1. 1.이 속하는 과세기간 경감분에 대해 미지급이 발생하는 분부터 적용한다.

(4) 부가가치세 경감세액이 근로소득인지와 퇴직금으로 사용이 가능한지 여부

일반택시 운송사업자의 부가가치세 경감세액을 운송종사자에게 현금으로 지급하는 경우 종업원의 근로소득에 해당하며 일반택시 운송사업자의 부가가치세 경감세액을 운송종사자에게 퇴직금으로 사용한 것은 국토교통부장관이 정한 '택시 부가가치세 경감세액 사용지침'을 위반한 것으로 경감세액을 부당하게 사용한 것으로 경정대상이 된다(서면1팀-1599, 2006. 11. 27. ; 조심 2013구1714, 2013. 11. 19.).

(5) 일반택시 운송사업과 타 사업 겸영자에 대한 납부세액경감 방법

일반택시 운송사업자가 운송수입 및 사업용 택시, 영업권 등과 같이 해당 사업용 고정자산을 매각한 경우에도 해당 부가가치세 납부세액에 대하여 경감하여야 한다. 다만, 알반택시 운송사업 외의 다른 사업을 겸영하는 경우 운송수입과 관련되지 아니한 사업부문과 관련된 매출세액과 매입세액은 경감대상 납부세액에서 각각 차감하여야 한다(대법원 98두13959, 1998. 12. 8. ; 부가-1325, 2011. 10. 25. ; 서면3팀-496, 2008. 3. 6.).

현행 조특법 규정에 일반택시운송과 타 사업을 겸영하는 사업자가 부가가치세 신고시 납부세액경감을 받는 경우 운송사업과 타 사업부분의 납부세액을 구분하는 기준이나 관련 서식이 없어 아쉬운 점이 있다.

6 소규모 개인사업자에 대한 부가가치세 감면

(1) 개 요

코로나19로 인한 소규모 사업자의 어려움을 반영하여 2021. 1기 및 2기 재화·용역의 공급분에 한하여 연매출(공급가액) 8천만 원 이하인 일반과세자 중 개인사업자의 부가가치세 부담을 간이과세자 수준으로 경감한다(조특법 §108의4).

(2) 감면대상

감면받을 과세기간[1]의 사업자별(사업자가 둘 이상의 사업장을 경영하는 경우에는 그 둘 이상의 사업장의 공급가액을 합한 금액을 말한다) 공급가액 합계액이 4천만 원 이하이고, 감면배제 사업[2]에 해당하지 않는 일반과세자 중 개인사업자가 부가법 제49조에 따른 확정신고를 하는 경우에는 부가가치세 납부세액에서 아래 "(3)"의 금액을 감면한다

(조특법 §108의4 ①).

1) 과세기간이 6개월 미만인 경우 6개월로 환산(1개월 미만의 끝수가 있으면 1개월로 함), 2개 이상의 사업장이 있는 사업자가 그중 감면배제사업의 사업장을 보유하고 있는 경우 감면배제사업이 아닌 사업장에 한정하여 적용(조특법 §108의4 ① 1, ②).

2) 부동산임대 및 공급업, 「개별소비세법」 제1조 제4항에 해당하는 과세유흥장소를 경영하는 사업(조특령 §110의3 ①)

(3) 감면세액의 계산

일반과세자가 납부할 세액(A)과 간이과세방식(업종별 부가율)을 적용하여 산출한 세액(B)과의 차액(A－B)을 감면세액으로 한다. 부가법 제48조에 따라 예정신고를 한 경우에는 예정신고한 과세표준, 납부세액 또는 환급세액 및 공제세액을 포함하여 감면세액을 계산한다(조특령 §110의3 ④).

이때 일반과세방식의 세액에서 간이과세방식의 세액을 차감한 금액이 감면대상금액이며, 음수일 경우 감면세액이 없는 것으로 본다.

소비형 부가가치

= 총수입금액 － 중간재 구입액 － 자본재 구입액

= 임금 ＋ 지대 ＋ 이자 ＋ 이윤 － 순투자액(자본재 구입액 － 감가상각비)

A: 부가법 제37조 제2항에 따른 납부세액에서 부가법 제46조에 따른 신용카드 등의 사용에 따른 세액공제 등 대통령령으로 정하는 공제세액[1])을 뺀 금액

B: 해당 과세기간 **공급대가의 합계액**(영세율이 적용되는 재화 또는 용역의 공급분은 제외) × 대통령령으로 정하는 **업종별 부가가치율**[2]) **× 10%**

1) 공제세액: 1. 신용카드 등의 사용에 따른 공제세액(부가법 §46 ①)
2. 전자신고에 대한 공제세액(조특법 §104의8 ②)
3. 일반택시 운송사업자에 대한 경감세액(조특법 §106의7 ①)
4. 현금영수증사업자 및 현금영수증가맹점에 대한 공제세액(조특법 §126의3 ①)

2) 업종별 부가가치율: 둘 이상의 감면대상사업 겸영 시 사업종류별로 부가가치율을 적용

구 분	부가가치율
1. 전기 · 가스 · 증기 및 수도사업	5%
2. 소매업, 도매업 및 음식점업	10%
3. 농 · 임업 및 어업, 제조업, 숙박업, 운수업 및 정보통신업	20%
4. 건설업, 광업, 창고업, 금융 및 보험업, 그 밖의 서비스업	30%

(4) 감면신청

소규모 개인사업자에 대한 세액감면신청서를 관할 세무서장에게 부가가치세확정신고서와 함께 제출하여야 한다(적용대상 과세기간: 2020년 1기, 2기에 한정한다)(조특법 §108의4 ④).

제 5 장

신고와 납부 등

제 1 절

예정신고와 납부

I 예정신고와 납부

1 | 신고

(1) 신고 · 납부제도

「국세기본법」은 추상적으로 성립한 납세의무에 대하여 제1차적으로 납세의무자가 스스로 과세표준과 세액을 정부에 신고하게 하여 해당 신고로서 구체적인 조세채권을 확정짓도록 하고, 납세의무자가 과세표준과 세액의 신고의무를 이행하지 아니하거나 신고내용에 오류 또는 탈루가 있는 경우에 한하여 제2차적으로 과세권자인 정부가 과세표준과 세액의 조사결정 또는 경정이라는 절차를 거쳐 구체적인 조세채권을 확정시키는 신고·납부제도를 채택하고 있다.

(2) 신고의 효력

1) 구체적 세액의 확정

조세법률관계의 당사자인 국가와 납세자 간에 추상적으로 형성되어 있는 납세의무를 납세자의 신고에 의하여 확정하고 이를 신뢰하여 납세자가 납부하거나 과세관청이 징수하게 된다. 신고에 의하여 확정된 경우 납세의무자는 납부의무를 이행하여야 하고 이를 이행하지 않은 경우에 과세관청은 별다른 확정절차 없이 징수절차에 들어갈 수 있다.

2) 수정신고와 경정결정과의 관계

경정처분의 효력은 그 경정에 의하여 증감된 부분에만 영향을 미치고 당초 처분에는 영향을 미치지 아니하는 것(병존설)으로 선행신고와 수정신고를 별개로 보아 불복청구 등 세법규정을 적용한다(국기법 §22의2).

3) 「민법」상 의사표시의 착오와의 관계

조세법상 납세자의 신고에 확정적 효력을 부여하고 이와 같이 확정된 신고내용에 따라 세액을 납부 또는 징수함과 동시에 수정신고기간 등의 구제규정을 두어 조세행정법률관계를 조속히 확정시키려 하고 있다. 납세자 내심의 진의에 따라 조세법률관계가 좌우될 수 없다는 점에서 민법상 착오 또는 의사표시의 규정을 준용할 수 없다.

4) 기한 후 신고의 효력

신고납세제도를 채택하고 있는 세목의 경우에는 모두 신고기한을 정하고 있으며, 법이 정한 신고기한 내에 신고하지 않을 때에는 가산세 등의 제재가 가해진다.

그러나 부가가치세의 신고기한이 경과하여 신고서를 제출했다고 하여 그 신고 자체를 거부할 수는 없으며 세무서장이 과세표준과 세액을 결정할 때까지는 기한 후 신고의 효력을 인정하여야 함이 타당하다.

5) 가산세 부과 및 「조세범처벌법」상 기수시기의 성립

신고납세제도는 납세의무자를 신뢰함으로써 정확한 과세표준과 세액의 신고와 성실한 납부를 그 전제로 하는바, 불성실한 신고·납부의 경우에는 신고 그 자체가 곧 결정이므로 신고·납부 기한이 경과한 때로부터 바로 기수시기가 성립된다.

6) 부가가치세 납세의무의 성립과 확정에 관한 「국세기본법」 규정

납세의무는 세법이 정한 과세요건을 충족하면 자동적으로 성립이 되며 이는 세법이 정한 과세요건을 충족하였음을 의미한다. 부가가치세는 과세기간 단위로 과세하므로 과세기간이 종료되는 때에 비로소 납세의무가 성립된다. 다만, 예정신고기간·예정부과기간에 대한 부가가치세는 예정신고기간·예정부과기간이 끝나는 때 납세의무가 성립된다(국기법 §21).

납세의무의 확정이란 성립된 납세의무내용을 구체적으로 확인하는 행위로서 부가가치세는 납세의무자의 신고에 의하여 납부할 세액을 확정하는 신고·납부제도를 채택하고 있다. 즉, 납세의무자가 부가가치세신고서를 제출하는 때에 납세의무가 확정되며 신고를 하지 아니하거나 신고내용에 오류 또는 탈루가 있는 경우에 정부가 결정, 경정권을 행사하게 된다(국기법 §22).

2 | 예정신고

(1) 의 의

부가가치세의 과세기간은 1년을 2개의 기간으로 나누어 정한 6개월의 기간을 단위로 하고 있어 각 과세기간 단위로 하는 것이 합리적이나, 조세수입의 평준화를 기할 수 없고, 또한 납세의무자에게 조세의 일시납부에 따르는 자금상의 과중한 부담을 주게 되므로 이를 해소하기 위하여 「소득세법」 및 「법인세법」의 중간예납제도와 유사하게 그 과세기간의 전(前) 3개월 동안에 발생된 납세의무를 예정하여 그 부분에 대한 과세표준과 납부세액 또는 환급세액을 정부에 신고·납부하도록 예정신고제도를 두고 있다.

부가가치세의 납세의무는 과세기간이 종료하는 때에 성립하며 그 과세표준과 세액의 확정은 납세의무자가 관할 세무서장에 신고하는 때 확정된다(국기법 §21). 따라서 부가가치세 확정신고는 납세의무의 성립 및 세액의 확정효력이 있는 것이나, 예정신고는 납세의무의 확정을 위한 행위가 아니라 납세자의 부담을 분산시키고 정부로서는 세수를 조기에 확보하기 위한 일종의 조세행정협력의무의 성격이 강하다.

(2) 예정신고 대상자

개인사업자는 2012. 2. 2. 이후 최초로 예정신고·납부하는 분부터는 개인사업자의 납세편의제고를 위하여 예정신고의무를 폐지하고 사업장 관할 세무서장이 예정고지(후술하는 "예정고지" 편 참조)하도록 개선하였다.

다만, 다음의 사유에 해당하는 경우에는 사업자의 선택에 따라 사업실적대로 예정신고를 할 수 있으며 사업자가 해당 예정신고기간의 과세표준과 세액을 신고·납부한 때에는 당초의 예정고지 결정은 없는 것으로 한다(부가법 §48 ④, 부가령 §90 ⑥).

① 휴업 또는 사업 부진 등으로 인하여 각 예정신고기간의 공급가액 또는 납부세액이 직전 과세기간의 공급가액 또는 부가법 제48조 제3항에 따른 예정고지 납부세액의 3분의 1에 미달하는 자

② 각 예정신고기간분에 대하여 부가령 제107조에 따라 조기환급을 받으려는 자

(3) 예정신고기간

사업자는 각 과세기간 중 다음 표에 따른 기간에 대한 과세표준과 납부세액 또는 환급세액을 납세지 관할 세무서장에게 신고하여야 한다. 다만, 신규로 사업을 시작하거나 시작하려는 자에 대한 최초의 예정신고기간은 사업 개시일(부가법 제8조 제1항 단서에 따라 사업 개시일 이전에 사업자등록을 신청한 경우에는 그 신청일을 말한다)부터 그 날이 속하는 예정신고기간의 종료일까지로 한다(부가법 §48 ①).

구 분		예정신고기간	신고기한
제1기 예정신고	계속사업자	1. 1.~3. 31.	4. 25.
	신규자	개시일(등록일)~3. 31.	
제2기 예정신고	계속사업자	7. 1.~9. 30.	10. 25.
	신규자	개시일(등록일)~9. 30.	

(4) 예정신고기한

예정신고를 하여야 할 기한은 해당 예정신고기간의 끝난 후 25일 이내이며 예정신고기한이 공휴일에 해당하는 때에는 그 공휴일의 다음 날을 기한으로 한다(부가법 §48 ①, 국기법 §5).

(5) 예정신고 시 세액의 계산

부가가치세의 예정신고와 납부를 할 때에는 가산세에 관한 부가법 제60조에 따른 제 가산세 및 「국세기본법」상 무신고가산세, 과소신고·초과환급신고가산세, 납부불성실·환급불성실가산세 규정은 적용하지 아니하고, 신용카드매출전표 등 발행세액공제 및 전자세금계산서 발급·전송에 대한 세액공제액은 적용한다(부가령 §90 ①).

(6) 신고기한의 연장

천재·지변 그 밖의 대통령령이 정하는 사유로 인하여 세법에 규정하는 신고·신청·청구, 그 밖의 서류의 제출·통지·납부를 정하여진 기한까지 할 수 없다고 인정하거나 납세자의 신청이 있는 경우에는 관할 세무서장은 그 기한을 연장할 수 있다. 이때 관할 세무서장은 납부할 금액에 상당하는 담보의 제공을 요구할 수 있다(국기법 §6).

3 | 예정신고 절차

부가가치세의 예정신고에 있어서는 부가령 제90조 제2항이 정하는 내용을 적은 부가가치세 예정신고서를 각 납세지 관할 세무서장에게 제출(국세정보통신망에 의한 제출을 포함한다)하여야 한다. 다만, 부가령 제107조 제4항에 따른 조기환급신고를 할 때 이미 신고한 내용은 예정신고 대상에서 제외한다(부가령 §90 ②).

(1) 관할 세무서장

1) 일반적인 경우

부가가치세의 예정신고는 각 납세지 관할 세무서장에게 하여야 한다. 다만, 사업자단위과세사업자는 본점 또는 주사무소 관할 세무서장에게 하여야 한다. 한편, 신고를 각 납세지 관할 세무서장에게 하여야 하는 사업자가 해당 납세지 관할 세무서장 외의 세무서장에게 신고서를 제출한 경우에도 적법한 신고로 본다(국기법 §43).

2) 2개 이상의 사업장이 있는 경우

2개 이상의 사업장이 있는 사업자로서 사업자단위과세대상자가 아닌 사업자는 각 사업장별로 신고·납부의무를 이행하여야 하므로 어느 한 사업장의 공급가액을 다른 사업장의 과세표준에 포함하여 신고를 한 때에는 그 어느 한 사업장에 대하여는 적법한 신고를 하지 아니한 것으로 본다(동지 : 대법원 84누272, 1984. 7. 24.).

3) 총괄납부자의 경우

총괄납부사업자의 경우 납부는 주사업장에 하는 것이지만 그 외의 신고 등의 행정처리업무는 각 사업장별로 행하는 것이므로 종된 사업장분도 각각 별도로 신고하여야 한다(부가통칙 48-90-1).

따라서 총괄납부사업자가 예정 또는 확정신고를 함에 있어서 주사업장 관할 세무서장에게 종된 사업장분을 합산신고하고 종된 사업장 관할 세무서장에게 신고하지 아니한 경우에 종된 사업장분은 무신고가 된다.

다만, 각 사업장별로 작성한 신고서를 관할 세무서장 외의 세무서장에게 제출한 경우에는 「국세기본법」 제43조 제2항에 따라 해당 신고의 효력에는 영향이 없는 것이므로 무신고로 보지 아니한다(부가통칙 48-90-1).

4) 사업자단위과세적용사업장

사업자단위과세적용사업장의 경우 본점 또는 주사무소를 각 사업장으로 보므로 부가법 제48조 및 제49조에 의한 신고·납부뿐만 아니라 부가법 제8조(사업자등록), 부가법 제32조(세금계산서 등), 부가법 제36조(영수증 등) 및 부가법 제74조(질문조사) 등의 규정을 적용함에 있어서 사업자단위과세적용사업장(본점 또는 주사무소)을 사업장으로 본다.

5) 사업장 이전자의 경우

예정신고기간 중 또는 예정신고기간 경과 후 예정신고기한 전에 사업장을 이전하고 사업자등록 정정신고를 한 때에는 등록 정정 후의 납세지 관할 세무서장에게 예정신고를 하여야 한다(부가 22601-790, 1987. 4. 23.).

6) 본점과 지점사업장을 서로 맞바꾼 경우

본점과 지점 등 서로 다른 2개의 사업장을 두고 사업을 영위하던 법인사업자가 본점을 지점으로, 지점을 본점으로 변경하고 사업자등록정정신고를 한 경우에 변경 전 본점의 거래분(본점에서 공급하거나 공급받은 재화 또는 용역)은 변경 후의 본점 거래분에 포함하여 본점 관할 세무서장에게 신고하여야 하는 것이다.

변경 전 지점의 거래분은 변경 후의 지점 거래분에 포함하여 지점 관할 세무서장에게 신고하여야 한다.

7) 본 · 지점 통합에 따른 신고 및 부가가치세 신고

사업자가 본점을 지점의 소재지로 이전하여 사업장을 하나로 통합한 경우 본점은 사업장 이전으로 사업자등록 정정신고를 하여야 하며, 지점은 사업자등록번호 말소를 위한 폐업신고(사유: 본 · 지점 통합)를 하여야 하며, 부가가치세는 이전 후 사업장 소재지 관할 세무서장에게 통합 전후 본점 · 지점 사업실적을 합산하여 신고하여야 한다(부가-2091, 2008. 7. 18. ; 서면3팀-0886, 2006. 5. 15. ; 부가 22601-876, 1990. 7. 12. ; 서면3팀-1585, 2005. 9. 21. ; 서면3팀-730, 2005. 5. 27.).

① 다른 사업장으로 이전된 재고재화는 재화의 공급으로 보지 아니함(제도 46015-10137, 2001. 3. 21.).

② 사업장 이전 통합 후 통합 전 사업장에서 공급받은 재화의 공급시기가 도래하는 경우 통합 후 사업장 명의로 세금계산서를 수취하는 것임(서면3팀-1854, 2005. 10. 26.).

8) 2개 사업장 과세표준 합산 신고 · 납부 시 처리방법

사업자가 납세지 착오로 1개의 사업장에 다른 사업장의 부가가치세 과세표준을 합산하여 신고 · 납부한 경우에는 「국세기본법」 제43조 제2항에 규정하는 납세지를 달리한 신고에 해당하지 아니하므로 해당 신고서를 접수한 세무서장은 과세표준과 세액을 경정하고 다른 납세지 관할 세무서장은 경정에 의하여 부가법 제37조의 규정에 의한 납부세액에 무 · 과소신고가산세를 가산하여 징수한다.

(2) 예정신고 누락분에 대한 경정청구 기산일

각 과세기간에 대한 부가가치세의 과세표준과 세액은 그 과세기간이 끝난 후 25일 이내에 확정신고하여야 하고, 이때 예정신고한 사업자는 이미 예정신고분을 제외하고 신고한다고 규정하고 있어, 예정신고에 오류나 탈루가 있는 경우 확정신고할 때 그 내용을 함께 신고할 수 있고 예정신고 자체에 과세표준과 세액을 확정하는 효력은 없으며 확정신고에 의해 예정신고에서 신고한 과세표준 및 세액이 확정적으로 정산된다고 보아야 하므로 예정신고분에 대한 경정청구기간도 확정신고 기한일을 기준으로 정하여야 한다 (서울행법 2016구합76787, 2017. 10. 13. ; 서면1팀-260, 2005. 2. 25.).

(3) 예정신고 방법

부가가치세 과세표준과 세액을 예정신고하는 방법으로는 우편신고하는 방법과 전자신고하는 방법이 있다. 이하 확정신고하는 방법도 이와 같다(국기법 §5의2 ①, ②).

(4) 예정신고 시 첨부서류

1) 제출할 첨부서류

부가가치세 예정신고에 있어서는 다음의 서류를 각 사업장 관할 세무서장에게 제출(국세정보통신망에 의한 제출을 포함한다)하여야 한다(부가령 §90 ②, ③).

① 다음 사항을 기재한 부가가치세예정신고서(다만, 월별조기환급신고 시 신고한 내용은 예정신고대상에서 제외)
  가. 사업자의 인적사항
  나. 납부세액 및 그 계산근거
  다. 공제세액 및 그 계산근거
  라. 매출·매입처별세금계산서합계표 제출내용
  마. 그 밖의 참고사항

② 부가법 제39조에 따라 공제받지 못할 매입세액이 있는 경우에는 기획재정부령으로 정하는 공제받지 못할 매입세액명세서

③ 신용카드매출전표 등을 발행한 사업자는 신용카드매출전표 등 발행금액집계표

④ 전자적 결제수단으로 매출하여 공제받는 경우에는 전자화폐결제명세서

⑤ 사업자가 일반과세자로부터 재화 또는 용역을 공급받고 부가가치세액이 별도로 구분 가능한 신용카드매출전표 등을 발급받아 매입세액을 공제받는 경우에는 신용

카드매출전표 등 수령명세서

⑥ 부동산임대업자의 경우에는 부동산임대공급가액명세서, 임대차계약서 사본(2010. 7. 1. 이후 임대차계약을 갱신하는 경우에 한한다)

⑦ 부가법 제55조 제1항에 따른 사업의 경우에는 현금매출명세서 등

⑧ 건물·기계장치 등을 취득하는 경우에는 건물등감가상각자산취득명세서

⑨ 사업자단위 과세사업자인 경우에는 사업자단위 과세의 사업장별 부가가치세 과세표준 및 납부세액(환급세액)신고명세서, 총괄납부자의 경우에는 사업장별 부가가치세 과세표준 및 납부세액(환급세액)신고명세서

⑩ 부가법 제21조부터 제24조까지 및 「조세특례제한법」 제105조, 제107조 및 제121조의13 및 그 밖의 법률에 따라 영세율이 적용되는 경우에는 영세율매출명세서(2013년 제2기 과세기간에 대한 예정·확정신고분부터 제출)

⑪ 매출처별(매입처별)세금계산서합계표

⑫ 의제매입세액공제신고서

⑬ 재활용폐자원 등의 매입세액공제신고서

⑭ 영세율 첨부서류는 "영세율" 편 참조

2) 전자신고와 첨부서류의 제출기한

가. 전자신고 시 제출기한을 연장하는 서류의 범위(국세청고시 제2021-41호, 2021. 8. 24.)

신고서류	연장대상서류
영세율 첨부서류	수출실적명세서, 내국신용장·구매확인서 전자발급명세서, 영세율 첨부서류 제출명세서를 제외한 영세율 첨부서류(단, 부가법 제59조 제2항의 규정에 의한 조기환급 신고의 경우에는 제외)
대손세액공제(변제)신고서	대손사실 또는 변제사실을 증명하는 서류

나. 조기환급에 필요한 첨부서류의 제출기한(국세청고시 제2022-10호, 2022. 5. 27.)

「국세기본법」 제5조의2 제2항의 규정에 따라 부가가치세를 전자신고하는 사업자가 영세율 적용으로 조기환급을 받고자 하는 경우에는 부가령 제101조 제1항에 규정하는 영세율 첨부서류를 「부가가치세법」에서 규정하는 신고기한에 관할 세무서에 제출하여야 한다.

3) 첨부서류 미제출 시 무신고로 간주되는 경우

영세율이 적용되는 과세표준에 대하여 다음의 서류를 해당 신고서에 첨부하지 아니한 부분에 대하여는 예정신고로 보지 아니하므로 영세율 과세표준 신고불성실가산세가 적용된다(부가령 §90 ⑧).

① 부가법 제21조부터 제24조까지의 규정에 따라 영세율이 적용되는 과세표준의 경우: 부가령 제101조에 따른 영세율 첨부서류(영세율 첨부서류는 "영세율" 편 참조)

② 「조세특례제한법」 제105조 제1항에 따라 영세율이 적용되는 과세표준의 경우: 「조세특례제한법 시행령」 제106조 제12항 및 「농 · 축산 · 임 · 어업용 기자재 및 석유류에 대한 부가가치세 영세율 및 면세 적용 등에 관한 특례 규정」 제4조에 따른 서류(영세율 첨부서류는 "영세율" 편 참조)

4) 수의사의 동물진료용역 제공 시 제출할 서류

부가령 제35조 제5호 각목의 어느 하나에 해당하는 부가가치세가 면제되는 「수의사법」에 따른 수의사가 제공하는 용역을 공급하는 사업자는 예정신고 또는 확정신고를 할 때 또는 「소득세법」 제78조에 따른 사업장 현황신고를 할 때에 기획재정부령으로 정하는 매출명세서를 첨부하여 제출하여야 한다(부가령 §90 ⑨).

(5) 전문직 사업자 등의 현금매출명세서 등의 제출

1) 의의

다음의 사업 중 해당 업종의 특성 및 세원관리(稅源管理)를 고려하여 대통령령으로 정하는 사업을 하는 사업자는 예정신고 또는 확정신고를 할 때 기획재정부령으로 정하는 현금매출명세서를 함께 제출하여야 한다(부가법 §55 ①).

① 부동산업

② 전문 · 과학 · 기술서비스업

③ 보건업

④ 그 밖의 개인서비스업

2) 현금매출명세서 제출대상 사업

위 "1)"에서 정하는 사업을 영위하는 사업자가 현금매출명세서를 제출하지 아니하는 경우 현금매출명세서미제출가산세가 적용되며, '대통령령으로 정하는 사업'을 하는 사업자는 아래 "①", "②"의 사업을 영위하는 사업자이다(부가령 §100).

① 예식장업, 부동산중개업, 보건업(병원, 의원으로 한정한다)

② 변호사업, 심판변론인업, 변리사업, 법무사업, 공인회계사업, 세무사업, 경영지도사업, 기술지도사업, 감정평가사업, 손해사정인업, 통관업, 기술사업, 건축사업, 도선사업, 측량사업, 공인노무사업, 의사업, 한의사업, 약사업, 한약사업, 수의사업과 그 밖에 이와 유사한 사업서비스업으로서 기획재정부령으로 정하는 것

3) 부동산임대공급가액명세서 제출대상 사업

부동산임대업자는 기획재정부령으로 정하는 부동산임대공급가액명세서를 예정신고 또는 확정신고를 할 때 함께 제출하여야 한다(부가법 §55 ②).

4) 제출시기 및 작성방법

위 "2)" 및 "3)"에 해당하는 제출대상사업을 영위하는 사업자는 현금매출명세서 또는 부동산임대공급가액명세서(부동산임대업자가 해당됨)를 예정신고 또는 확정신고와 함께 제출한다.

현금매출명세서 작성 시 현금거래분에 대하여 주민등록번호를 기재한 종이세금계산서를 발급한 경우 해당 건별로 현금매출명세에 기재하여야 하지만 주민등록번호를 기재한 전자세금계산서를 발급한 경우에는 현금영수증 발급이 면제(재소득-547, 2011. 12. 21.) 되므로 현금매출내역을 기재할 필요가 없다.

(6) 납 부

1) 일반원칙

사업자는 부가가치세의 예정신고와 함께 그 예정신고기간의 납부세액(해당 예정확정신고기간에 대해 부가법 제57조의2에 따라 수시부과한 세액은 공제하며, 이하 이를 "납부세액"이라고만 한다)을 부가가치세 예정신고서와 함께 각 납세지 관할 세무서장(주사업장총괄납부의 경우에는 주된 사업장의 관할 세무서장을 말한다)에게 납부하거나 「국세징수법」에 따른 납부서를 작성하여 한국은행(그 대리점을 포함한다) 또는 체신관서에 납부하여야 한다(부가법 §48 ②). 이 경우 10원 미만의 단수는 절사한다.

－제1기 예정신고 납부기한: 4. 1.～4. 25.

－제2기 예정신고 납부기한: 10. 1.～10. 25.

2) 신용카드에 의한 납부

① 의의

납세자가 세법에 따라 신고하거나 과세관청이 결정 또는 경정하여 고지한 세액은 국세납부대행기관을 통하여 신용카드, 직불카드 등으로 납부할 수 있다(국징법 §46의2 ①).

이에 따라 일시적인 자금부족 때문에 세금을 내기 어려운 상황에 처한 영세사업자는 신용카드 납부를 통해 체납에 따른 각종 불이익을 피할 수 있게 되었으며, 관급공사대금 수령을 위해 납세증명서가 필요한 체납자는 세금을 신용카드로 전국 어느 세무서에서도 납부하고 납세증명서를 즉시 발급받아 공사대금을 수령할 수 있게 되었다.

② 납부대상 세목

납부대상 세목은 개인 및 법인납세자가 납부하는 신고·납부 또는 고지되는 모든 세목을 대상으로 한다(2014. 12. 31.까지 납부세액 한도는 1,000만 원 이하, 2011. 12. 31.까지는 500만 원이었다가 2015. 1. 1. 납부하는 분부터는 영세사업자의 일시적 유동성 부족으로 인한 어려움을 해소하기 위하여 한도를 폐지하였다).

③ 신용카드를 통한 국세납부 방법

납세자가 전국 세무관서를 방문하여 신용카드 단말기를 이용해 신용카드로 국세를 납부할 수도 있고, 사무실이나 안방에서 인터넷을 이용하여 편리하게 신용카드 납부를 할 수도 있다. 신용카드 단말기를 이용하는 경우에는 납세지 관할과 관계없이 전국 어느 세무서에서나 납부가 가능하며, 인터넷 납부 시에는 국세납부대행기관으로 지정된 금융결제원의 홈페이지(www.cardrotax.or.kr)를 이용하면 된다.

※ 공인인증서를 통해 접속 후 고지분은 세목, 세액 등이 자동조회되어 납부하며, 신고분은 세목, 세액 등을 직접 입력하여 납부

④ 납부대행수수료

수익자부담원칙과 현금납부자와의 세부담 형평성 문제로 카드납부에 따른 납부대행수수료를 최소한으로 부담하여 신용카드로 세금을 납부하는 것이 신용카드 납부 시 국세체납에 따른 가산세(3%) 부담 등 불이익을 방지할 수 있어 납세자에게 경제적으로 유리하게 되도록 하였다.

⑤ 국세납부대행기관

국세납부대행기관인 신용카드회사는 비씨, 삼성, 현대, 롯데 등 주요 카드사가 대부분

신용카드 국세납부에 참여하고 있으며, 신용카드 국세납부에 대한 문의사항은 금융결제원 신용카드 국세납부 홈페이지(www.cardrotax.or.kr) 및 국세청 홈페이지(www.nts.go.kr), 상담전화 1577-5500을 통해 안내를 받을 수 있다.

⑥ 신용카드로 납부 시 납부일

위 규정에 따라 신용카드 등으로 국세를 납부하는 경우에는 국세납부대행기관의 승인일을 납부일로 본다(국징법 §12 ②).

4 예정신고(납부)불이행에 대한 제재

(1) 징 수

사업자가 예정신고를 하지 아니하는 때, 신고한 내용에 오류 또는 탈루가 있는 때 등의 경우에는 부가법 제57조(결정과 경정)의 규정을 준용하여 과세표준과 세액을 조사결정하고 「국세징수법」에 따라 징수할 수 있으며, 정당하게 납부할 예정신고세액에 미달하게 납부한 경우에는 그 미달세액을 「국세징수법」에 따라 징수하게 된다.

(2) 신고 · 납부불성실가산세

사업자가 예정신고를 하지 않거나, 신고한 납부세액이 신고하여야 할 납부세액에 미달하거나, 신고한 환급세액이 신고하여야 할 환급세액을 초과하는 때, 예정납부를 하지 아니하거나 납부한 세액이 납부하여야 할 세액에 미달하는 때에는 그 신고하지 아니한 납부세액, 초과하여 신고한 환급세액 또는 납부하지 아니한 세액에 대하여 가산세가 부과된다.

또한, 영세율이 적용되는 과세표준을 신고하지 아니하거나 신고한 과세표준이 신고하여야 할 과세표준에 미달하는 때에는 그 신고하지 아니하거나 미달하게 신고한 과세표준에 대하여 영세율과세표준신고불성실가산세를 부과한다.

(3) 환급세액의 미환급

부가법 제59조에 따라 환급세액으로 환급하여야 할 세액은 확정신고서 · 영세율 등 조기환급신고서 및 이에 첨부된 첨부서류를 제출한 경우에 환급되는 것이므로 관할 세무서장이 경정에 의하여 환급세액을 환급하지 않는 한 조기환급사유가 없는 예정신고분

환급세액은 환급받지 못하게 된다.

5 예정신고와 납세의무 확정 등

1) 납세의무 확정 여부

사업양도자 갑법인은 2007. 10. 24. 부가가치세 예정신고를 마치고 부가가치세를 납부하지 아니한 채 2007. 11. 15. 을법인에게 해당 사업을 포괄적으로 양도하였고 해당 사업장의 관할 세무서장은 2007. 12. 5. 예정신고 무납부세액을 2007. 12. 31.을 납부기한으로 하여 고지하였고 갑법인이 이를 납부하지 않아 을법인을 제2차 납세의무자로 지정하였다. 을법인은 제2차 납세의무지정의 부당성을 이유로 소를 제기하였다.

이에 대법원은 ① 국기법 제22조는 부가가치세 납세의무의 확정시기를 과세표준과 세액을 정부에 신고하는 때로 규정하면서 그 신고의 범위에서 예정신고를 제외하고 있지 아니하며, 예정신고에 납세의무 확정의 효력을 배제할 실익 또는 합리적인 이유가 없기에 이러한 태도를 취한 것으로 보이는 점, ② 납세의무의 확정이란 추상적으로 성립된 납세의무의 내용이 징수절차로 나아갈 수 있을 정도로 구체화된 상태를 의미하는데, 예정신고를 한 과세표준과 세액은 부가법 제49조 제1항 단서에 의하여 확정신고대상에서 제외되므로 그 단계에서 구체화되었다고 할 수 있을 뿐만 아니라 부가법 제57조 및 제58조 제1항에 따라 결정·경정 및 징수절차로 나아갈 수 있는바, 부가가치세 과세표준과 세액의 예정신고를 한 때에 그 세액에 대한 납세의무가 확정되었다고 할 것이다. 따라서 국기법 제41조 제1항에서 말하는 '사업 양도일 이전에 양도인의 납세의무가 확정된 당해 사업에 관한 국세'에는 사업 양도일 이전에 당해 사업에 관하여 예정신고가 이루어진 부가가치세도 포함된다고 해석함이 상당하다고 판시하였다(대법원 2010두3428, 2011. 12. 8.).

국기령은 국세의 과세표준과 세액을 정부에 신고하는 것과 관련된 규정을 두는 경우에 그 신고에 확정신고 외의 예정신고도 포함되는지 여부를 분명히 하고 있다. 국기령 제12조의3 제1항 제1호 후문이 국세를 부과할 수 있는 날에 관하여 '예정신고기한'이 과세표준 신고기한에 포함되지 않는다고 명시한 것이 대표적인 예이다. '신고'는 그 구체적인 유형을 불문하고 개별 세법에서 정한 신고를 모두 포괄하는 것이 원칙이라는 전제 아래 특별히 그 신고의 범위에서 '예정신고'를 배제하고자 할 경우에는 그 배제의 뜻을 명시하는 규정의 형식을 취한 것이다.

국기법 제22조에서 부가가치세의 과세표준과 세액을 정부에 신고하는 때에 그 납세의무가 확정된다고 규정하고 있을 뿐, 예정신고를 배제하는 어떠한 규정도 없으므로 부가가치세의 예정신고를 납세의무 확정시점을 결정하는 기준시점에서 배제하지 않으려는 의도가 표출된 것으로 보아야 한다.

아울러 확정신고가 당초 예정신고에서의 과세표준과 세액이 아닌 전체로서의 당해 과세기간의 부가가치세 과세표준과 세액을 신고하여 그에 따른 구체적 납세의무를 확정시키는 것이라는 점만으로 곧바로 예정신고가 확정신고에 흡수된다는 논리가 될 수는 없다.

반면, 최근 대법원은 납세의무자가 예정신고를 한 후 그와 다른 내용으로 확정신고를 한 경우에는 그 예정신고에 의하여 잠정적으로 확정된 과세표준과 세액은 확정신고에 의하여 확정된 과세표준과 세액에 흡수되어 소멸하고, 이에 따라 예정신고에 기초하여 그 과세표준과 세액을 경정한 과세관청의 증액경정처분 역시 효력을 상실한다고 판시하였다(대법원 2017두73297, 2021. 12. 30. ; 대법원 2006두1609, 2008. 5.29.).

2) 예정신고에 대한 부과제척기간

국세의 부과는 그 과세요건을 충족하여 국기법 제21조에 따라 납세의무가 성립하여야 가능하지만, 납세의무의 성립일과 부과권의 행사가능 시점인 국세를 부과할 수 있게 된 날이 반드시 일치하는 것은 아니다. 부가가치세의 경우 과세기간이 종료하면 납세의무가 성립하지만, 신고기한이 법정되어 있으므로 신고기한까지는 부과권을 행사할 수 없게 된다. 즉, 세법이 정한 과세요건이 충족되어 추상적 납세의무가 발생하게 된 시점인 납세의무의 성립일과 국세를 부과할 수 있게 된 날이 논리 필연적으로 같은 시점이 되어야 하는 것은 아니다.

법에서 일정한 정책적 목적 등에 따라 국세부과의 제척기간 기산일을 당해 국세의 납세의무 성립일과 다르게 설정할 수 있고, 이와 같이 각 시점을 다르게 설정한다고 하여 특별히 논리적인 문제가 있다고 볼 수도 없다. 그러한 전제에서 국기령 제12조의3 제1항 제1호도 부가가치세 부과제척기간의 기산일을 그 과세표준과 세액에 대한 신고기한의 다음 날로 하되, 그 신고기한에 예정신고기한을 포함하지 않도록 정하고 있는 것이다.

3) 예정신고를 무신고하거나 잘못 신고한 경우

부가가치세 예정신고를 무신고하거나 신고내용에 오류나 누락이 있는 경우 과세관청은 결정과 경정을 할 수 있고 이때 관련 가산세도 적용하여야 한다(부가법 §57 · §60, 국기법 §47의2 · §47의3 · §47의4).

부가가치세 예정신고분에 대한 경정청구 및 수정신고는 확정신고기한이 경과된 날을 기준으로 법이 정한 기한(경정청구는 5년 이내) 내에 가능하다(서면법규과-385, 2013. 4. 3. ; 부가 46015-2720, 1996. 12. 20.). 또한, 부가가치세 예정신고 시에 매출세금계산서 제출 등을 누락하여 추가납부세액이 있거나 예정신고 시에 매입세액을 공제받지 못한 매입세금계산서 누락분에 대하여 위와 같이 예정신고분에 대한 수정신고나 경정청구를 할 수도 있으나, 부가가치세 확정신고 시에 매출·매입처별세금계산서합계표를 작성·제출하여 공제 또는 환급받는 방식으로 신고·납부를 마칠 수도 있다(서삼 46015-10338, 2003. 2. 24.).

※ 위 "1)"의 대법원 판례에 비추어 보더라도 예정신고한 과세표준과 세액이 신고하여야 할 과세표준과 세액에 미달하여 그 예정신고기간에 대한 과세표준 및 세액을 증액하는 내용으로 확정신고를 한 경우에 이를 그 성질상 '수정신고'에 해당하는 것으로 볼 수 있다.

예정신고를 하지 아니한 경우 예정신고에 대한 기한 후 신고도 가능하고(이때 예정신고 무신고에 대한 가산세는 부담), 확정신고 시에 예정 무신고분을 함께 기재하여 신고·납부할 수도 있다. 다만, 예정신고와 확정신고를 모두 하지 않은 경우 해당 과세기간 전부에 대한 기한 후 신고나 결정이 가능하고 이때 예정신고 무신고가산세만 부과되고 예정무신고에 대하여 다시 확정신고 무신고가산세는 부과하지 않는다(서면법규과-549, 2013. 5. 14.).

II 예정고지

1 의의

영세사업자가 매 3개월마다 부가가치세를 신고하고 납부하기 위한 납세협력비용의 과다 및 납세자의 불편을 완화하고 신고의 사전준비, 신고대행, 신고관리 등 과다한 행정력 낭비를 해소하고자 예정신고 대신 직전기 납부세액의 50%를 정부가 고지하여 징수하도록 하고 있다.

2 | 대상자 및 고지금액

1) 개인사업자

가. 예정고지 대상자

납세지 관할 세무서장은 개인사업자(전술한 예정신고대상자를 제외한다)에 대하여는 각 예정신고기간마다 직전(直前) 과세기간에 대한 납부세액의 50%(1천 원 미만의 단수가 있을 때에는 그 단수금액은 버린다)를 신고기간이 끝난 후 25일까지 징수한다(부가법 §48 ③). 또한, 주사업장총괄납부 사업자, 사업자단위과세사업자도 2012. 1. 1. 이후 예정신고분부터는 예정고지대상자로 전환하였다.

나. 예정고지 제외대상자

다음의 어느 하나에 해당하는 경우에는 예정고지대상에 해당하지 아니하며, 아울러 예정신고대상자도 아니다(부가법 §48 ③ 단서).

① 징수하여야 할 금액이 50만 원 미만인 경우(2018. 12. 31.까지는 20만 원, 2021. 12. 31. 이전분까지는 30만 원이었다)

② 간이과세자에서 해당 과세기간 개시일 현재 일반과세자로 변경된 경우

③ 재난 등으로 인한 납부기한 등의 연장 사유의 어느 하나에 해당하는 사유로 관할 세무서장이 징수하여야 할 금액을 사업자가 납부할 수 없다고 인정되는 경우(국세징수법 §13 ①).

- 납세자가 재난 또는 도난으로 재산에 심한 손실을 입은 경우
- 납세자가 경영하는 사업에 현저한 손실이 발생하거나 부도 또는 도산의 우려가 있는 경우
- 납세자 또는 그 동거가족이 질병이나 중상해로 6개월 이상의 치료가 필요한 경우 또는 사망하여 상중(喪中)인 경우
- 그 밖에 납세자가 국세를 납부기한 등까지 납부하기 어렵다고 인정되는 경우로서 대통령령으로 정하는 경우

다. 직전 과세기간에 대한 납부세액의 의미

"직전(直前) 과세기간에 대한 납부세액"은 신용카드매출전표 등 발행세액공제, 전자세금계산서 발급·전송에 대한 세액공제(2012. 1. 1. 이후 예정고지하는 분부터 적용), 전자신고세액공제, 일반택시운송사업자 부가가치세 납부세액 경감세액 및 수시부과세액을 차감한 금액으로 하며, 결정·경정 또는 재경정과 수정신고 및 경정청구에 의한

결정이 있는 경우에는 그 내용이 반영된 후의 금액을 말한다.

2) 법인사업자

직전 과세기간 공급가액의 합계액이 1억 5천만 원 미만인 법인사업자의 경우에도 개인사업자와 동일하게 예정고지 규정이 적용되며, 2021. 1. 1. 이후 결정하는 분부터 적용한다(부가법 §48 ③, 부가령 §90 ④). 개인사업자와 마찬가지로 사업실적이 부진한 경우 등 전술한 "예정신고" 편의 예정신고대상자에 해당하는 경우 사업실적대로 예정신고를 할 수 있다(부가령 §90 ⑥).

3 | 예정고지 납부대상자에 대한 징수절차

관할 세무서장은 예정고지납부세액에 대하여 다음의 기간 내에 납부고지서를 발부하여 예정신고기간의 종료 후 25일 이내에 징수하여야 한다(부가령 §90 ⑤).

구 분	고지서 발부기간	징수기간
제1기 예정신고기간	4월 1일부터 4월 10일까지	4월 25일까지
제2기 예정신고기간	10월 1일부터 10월 10일까지	10월 25일까지

4 | 비거주자 또는 외국법인의 신고 · 납부

비거주자 또는 외국법인의 대리인은 해당 비거주자 또는 외국법인을 대리하여 예정신고 및 납부, 확정신고 및 납부, 매출 · 매입처별세금계산서합계표의 제출을 하여야 한다(부가령 §90 ⑦). 여기에서 비거주자 또는 외국법인이라 함은 국내에 사업장이 있는 비거주자 또는 외국법인인 사업자를 말한다.

5 | 예정고지대상자가 예정신고를 한 경우 세무처리

예정신고대상자가 아닌 자가 예정고지분을 무시하고 예정신고·납부한 경우 예정신고로서의 효력이 없으며, 확정신고 시에 예정신고기간분의 과세표준을 제외하고 신고·납부한 경우에는 해당 과세기간 분에 대한 수정신고하여야 하는 것이고, 예정신고 시 자진납부한 세액은 예정고지세액의 납부로 보아 예정고지세액에 대체할 수 있는 것이며 예정고지세액과의 차액에 대하여는 추가납부 또는 환급받아야 한다(부가 46015-2257, 1997. 10. 1.).

제 2 절

확정신고와 납부

I 확정신고

1 의 의

확정신고와 납부는 부가가치세의 납세의무자가 과세기간이 종료함으로써 성립된 납세의무를 확정하여 그 과세기간에 대한 과세표준과 납부세액 또는 환급세액을 사업장 관할 세무서장에게 신고함과 아울러 그 납부세액을 납부하는 것을 말한다.

예정신고가 조세의 징수편의를 위한 조세행정협력의무로서의 절차상 납세의무를 이행하는 행위라 한다면 확정신고는 부가법 제5조의 과세기간이 종료함으로써 성립한 실체상 납세의무를 제1차적으로 확정하여 그 과세기간에 대한 과세표준과 납부세액 또는 환급세액을 정부에 신고하는 것이며, 부가가치세의 납세의무는 그 과세표준과 세액을 정부에 신고하는 때에 확정된다.

2 확정신고

사업자는 각 과세기간에 대한 과세표준과 납부세액 또는 환급세액을 그 과세기간이 끝난 후 25일(폐업하는 경우 폐업일이 속한 달의 다음 달 25일) 이내에 소정의 방법에 따라 납세지 관할 세무서장에게 신고하여야 한다(**부가법 §49 ①**).

또한, 사업자는 확정신고와 함께 그 과세기간에 대한 다음의 납부세액을 납세지 관할 세무서장에게 납부하거나 국세징수법에 따른 납부서를 작성하여 한국은행 등에 납부하여야 한다(**부가법 §49 ②**).

① 부가법 제48조 제1항 또는 제4항 단서에 따라 예정신고한 환급세액 중 부가법 제59조 제2항에 따라 조기환급받을 세액 중 환급되지 아니한 세액

② 부가법 제48조 제3항 본문에 따른 징수금액(예정고지세액)

③ 부가법 제57조의2에 따라 수시부과한 세액

(1) 확정신고기간 및 확정신고기한

확정신고기간은 과세기간을 의미하므로 신규사업자, 폐업자, 합병으로 인한 소멸법인의 경우에는 부가법 제5조의 과세기간 의제규정이 그대로 적용된다. 따라서 확정신고대상기간을 각 과세기간 중 예정신고기간 이후의 후반 3개월로 해석하지 않도록 주의하여야 한다.

구 분		신고기간	신고기한
제1기 확정신고	계속사업자	1. 1.~6. 30.	7. 25.
	신규자	개시일(등록일) ~ 6. 30.	
	폐업자	1. 1.~폐업일	폐업일 익월 25일
제2기 확정신고	계속사업자	7. 1.~12. 31.	다음 해 1. 25.
	신규자	개시일(등록일)~12. 31.	
	폐업자	7. 1.~폐업일	폐업일 익월 25일

(2) 확정신고의무자

일반적인 확정신고의무자는 개인 및 법인사업자를 포함한 과세사업자로서 간이과세자, 일반과세자, 영세율 적용사업자, 면세포기사업자가 된다.

1) 합병으로 인한 소멸법인의 경우

법인의 합병으로 인한 소멸법인의 최종과세기간분에 대한 확정신고의무는 합병법인에 승계되어 소멸법인을 납세의무자로 하여 소멸법인의 납세지 관할 세무서장에게 신고한다(부가통칙 49-91-1).

2) 사업양도의 경우

사업을 양도하고 폐업한 사업자의 경우는 납세의무가 양수자에게 승계되지 않으므로 양도자가 폐업일이 속하는 과세기간의 개시일로부터 폐업일까지의 과세기간분에 대한 확정신고를 하여야 한다(부가통칙 49-91-2).

(3) 확정신고대상 과세표준 및 세액

확정신고와 납부의 대상이 되는 것은 해당 과세기간에 대한 과세표준과 납부세액 또는 환급세액으로 한다. 다만, 예정신고 및 월별 조기환급신고에 있어서 이미 신고한 내용은 확정신고대상에서 제외한다(부가법 §49 ① 단서).

(4) 확정신고 및 첨부서류

1) 부가가치세확정신고서 등의 제출

부가가치세의 확정신고에 있어서 부가가치세확정신고서를 각 납세지 관할 세무서장에게 제출하여야 한다. 그 밖의 첨부서류는 전술한 예정신고 시 첨부서류 외에 확정신고 시에만 제출하는 서류가 추가된다.

※ 확정신고 시 제출하는 서류

① 부가법 제10조 제8항 제2호에 따른 사업양도신고서

② 부동산관리업을 영위하는 사업자의 경우에는 건물관리명세서. 다만, 주거용 건물관리는 제외한다.

③ 음식·숙박업자 및 그 밖의 서비스업자의 경우에는 사업장현황명세서

④ 대손세액공제신청서 등

또한, 납세의무자가 부가가치세 과세표준신고서를 전자신고, 우편신고 및 방문신고접수하는 외에 국세정보통신망의 전자팩스로 제출하여 세무공무원이 접수한 경우에도 적법하게 신고된 것으로 본다(기준-2016-법령해석기본-0103, 2016. 5. 30.).

2) 매출·매입처별세금계산서합계표

확정신고 시 제출하여야 하는 매출·매입처별세금계산서합계표란 해당 과세기간에 부가법 제32조 제1항, 제2항, 제4항 및 제5항 내지 제7항에 따라 수수한 (전자)세금계산서와 부가법 제35조에 따른 수입세금계산서를 집계한 매입처별세금계산서합계표와 발급한 세금계산서를 집계한 매출처별세금계산서합계표로서 예정신고 및 영세율 등 조기환급신고 시에 이미 제출한 것은 제외한다.

3) 영세율 첨부서류

「부가가치세법」 및 「조세특례제한법」에 따른 영세율이 적용되는 과세표준이 있는 경우 영세율 첨부서류는 전술한 예정신고 시 영세율 첨부서류와 같으며, 이때 예정신고 및 조기환급신고 시 이미 제출한 서류는 제외한다.

또한, 영세율이 적용되는 과세표준에 대하여 다음의 서류를 해당 신고서에 첨부하지 아니한 부분에 대하여는 예정신고로 보지 아니하므로 영세율과세표준신고불성실가산세가 적용된다(부가령 §91 ③).

① 부가법 제21조부터 제24조까지의 규정에 따라 영세율이 적용되는 과세표준의 경우: 부가령 제101조에 따른 영세율 첨부서류(영세율 첨부서류는 "영세율" 편 참조)

② 「조세특례제한법」 제105조 제1항에 따라 영세율이 적용되는 과세표준의 경우: 「조세특례제한법 시행령」 제106조 제12항 및 「농 · 축산 · 임 · 어업용 기자재 및 석유류에 대한 부가가치세 영세율 및 면세 적용 등에 관한 특례 규정」 제4조에 따른 서류(영세율 첨부서류는 "영세율" 편 참조)

3 | 확정신고의 효력

(1) 부가가치세 납세의무의 성립과 확정

부가가치세는 과세기간이 끝나는 때(예정신고기간 · 예정부과기간에 대한 부가가치세는 예정신고기간 · 예정부과기간이 끝나는 때, 수입재화의 경우에는 세관장에게 수입신고를 하는 때)가 납세의무의 성립시기이고, 납세의무자가 부가가치세의 과세표준과 세액을 정부에 신고했을 때에 납세의무가 확정된다. 다만, 납세의무자가 과세표준과 세액의 신고를 하지 아니하거나 신고한 과세표준과 세액이 세법이 정하는 바에 맞지 아니한 경우에는 정부가 과세표준과 세액을 결정하거나 경정하는 때에 그 결정 또는 경정에 따라 확정된다(국기법 §21 ② 4, ③, §22 ②).

(2) 확정신고의 일반적 효력

신고납세주의를 채택하고 있는 현행 부가가치세법상 납세의무자의 확정신고는 납세의무자와 정부 간의 조세채권 · 채무를 구체적으로 확정시키는 효력을 가지며, 다만 확정신고에 오류 · 탈루가 있는 경우에만 수정신고 또는 경정에 의해서 그 내용이 사후적으로 보정될 수 있을 뿐이다.

부가가치세의 확정신고에 따르는 효력은 다음과 같다.

① 사업자는 확정신고와 함께 해당 과세기간에 대한 납부세액을 정부에 납부하여야 한다. 다만, 예정신고한 환급세액 중 영세율 등 조기환급이 되지 아니한 세액을 확정신고 시의 납부세액에서 공제하여 각 사업장 관할 세무서장(총괄납부의 경우에는 주사업장 관할 세무서장)에게 납부하거나 국세징수법에 의한 납부서에 부가가치세 확정신고서를 첨부하여 한국은행 또는 체신관서에 납부하여야 한다. 이를 이행하지 않는 경우에는 정부는 부가법 제58조에 따라 세액을 징수할 수 있다.

② 매출세액이 매입세액보다 적은 경우 정부는 환급할 의무가 발생하고 납세자는 환급청구권이 발생한다.

③ 「조세범처벌법」 제3조에 따라 확정신고기한이 경과함으로써 부가가치세 포탈범칙 행위의 기수시기가 도래한다.

④ 「국세기본법」 제45조에 따라 확정신고 후 그 내용에 오류 · 탈루가 있는 때에는 정부의 경정결정통지가 있기 전까지 수정신고를 할 수 있다.

(3) 예정신고의 효력과의 비교

① 예정신고는 조세행정협력의무의 성격이나 확정신고는 조세채권 · 채무의 확정력을 갖는다. 그러므로 확정신고는 예정신고에 의한 과세표준과 납부세액을 확정적으로 정산하는 의미가 있다. 따라서 확정신고 시에는 예정신고에서 이미 신고한 내용은 신고대상에서 제외하게 되며 또한 예정신고 누락분의 추가 신고도 가능하도록 되어 있는데, 다만 이때에는 가산세의 제재가 추가될 뿐이다.

② 부가가치세는 자진신고납부제도를 근간으로 하고 있으므로 가산세의 경우에 있어서도 납세의무자 스스로가 계산하여 자진납부하여야 한다. 다만, 그 가산세의 신고 · 납부는 예정신고에 있어서는 적용하지 아니하고 확정신고 · 납부에 있어서만 포함하도록 규정하고 있다.

③ 예정신고 또는 확정신고를 하지 아니하거나 확정신고의 내용에 오류 또는 탈루가 있는 때에는 부가법 제57조의 규정에 의한 경정의 대상이 된다.

④ 예정신고기한의 경과로서는 예정신고 납부세액에 대한 조세포탈범칙행위의 기수시기가 성립하지 않으나 확정신고기한의 경과로 그 기수시기가 도래한다.

4 | 확정신고에 대한 수정신고 등

(1) 수정신고 및 경정청구

부가가치세확정신고서를 신고기한 내에 제출한 사업자가 그 신고서의 기재사항에 오류 또는 탈루가 있는 때에는 정부의 경정 · 결정통지 전까지 과세표준수정신고서를 제출하고 그에 의하여 추가로 납부하여야 할 세액을 납부할 수 있다.

또한, 최초 신고 또는 수정신고한 과세표준신고서에 적혀 있는 과세표준 및 세액이 신고하여야 할 과세표준 및 세액을 초과하거나 과세표준신고서에 적혀 있는 환급세액이 신고하여야 할 환급세액에 미달하는 때에는 확정신고기한이 지난 후 5년 이내에 과세표준 및 세액의 경정을 관할 세무서장에게 청구할 수 있다(국기법 §45의2).

(2) 확정신고 무신고자

확정신고기한 내에 부가가치세확정신고서를 제출하지 아니한 자는 관할 세무서장이 부가법 제57조에 따라 부가가치세의 과세표준과 세액을 결정하여 통지하기 전까지 기한후과세표준신고서를 제출할 수 있다. 이 경우 납부하여야 할 세액이 있는 자는 그 세액과 그 세액에 대한 「국세기본법」에 따른 무신고가산세 및 납부 · 환급불성실가산세와 부가가치세법상 가산세가 적용된다.

5 조세포탈 등에 대한 처벌

사업자가 부가가치세 확정신고를 함에 있어 사기나 그 밖의 부정한 행위로써 조세를 포탈하거나 조세의 환급 · 공제를 받은 경우 2년 이하의 징역 또는 포탈세액, 환급 · 공제받은 세액(포탈세액 등)의 2배 이하에 상당하는 벌금에 처한다. 포탈세액 등이 일정 기준 이상(포탈세액 등이 5억 원 이상 또는 3억 원 이상이고 납부하여야 할 세액의 30% 이상인 경우 등)에 해당되면 3년 이하의 징역 또는 포탈세액 등의 3배 이하에 상당하는 벌금에 처한다(조세범처벌법 §3).

또한, 세금계산서의 미수수, 허위발급, 세금계산서합계표의 허위기재에 대하여 1년 이하의 징역 또는 공급가액에 부가가치세의 세율을 적용하여 계산한 세액의 2배 이하에 상당하는 벌금에 처한다(조세범처벌법 §10).

6 체납처분 면탈죄의 성립시기

「조세범처벌법」 제7조 제1항의 위반죄(납세의무자가 체납처분의 집행을 면탈하거나 면탈할 목적으로 그 재산을 은닉 · 탈루하거나 거짓계약을 하였을 때 성립한다)의 주체인 납세의무자는 면탈하고자 하는 체납처분과 관련된 조세를 납부할 의무가 있는 자를 의미하고 그 납세의무자로서의 지위는 국기법 제21조에 규정된 과세요건이 충족된 때(부가세의 경우 과세기간이 끝나는 때, 예정신고하는 부가세는 예정신고기간이 끝나는 때)에 성립한다. 예를 들어 "갑"이 분양권을 양도하고 잔금을 모두 수령한 날에 매매대금 전부를 "을"에게 증여하고 양도세를 납부하지 아니한 경우, 양도소득세 납세의무가 성립되는 날인 잔금일이 속한 달의 말일 전에 증여하였으므로 "갑"과 "을"에 대하여 「조세범처벌법」 제7조 제1항의 위반죄가 성립할 수 없다(대법원 2022도5826, 2022. 9. 29.).

「형법」 제327조는 강제집행을 면할 목적으로 재산을 은닉, 손괴, 허위양도 또는 허위의 채무를 부담하여 채권자를 해한 자를 강제집행 면탈죄로 처벌하고 있는데, 「국세징수법」에 의한 체납처분을 면탈할 목적으로 재산을 은닉하는 행위를 강제집행 면탈죄로 처벌할 수 있는지가 문제된다. 「형법」 제327조의 강제집행 면탈죄가 적용되는 강제집행은 민사집행법의 적용대상인 강제집행 또는 가압류·가처분 등의 집행을 가리키는 것이므로, 「국세징수법」에 의한 체납처분을 면탈할 목적으로 재산을 은닉하는 행위는 형법상 강제집행 면탈죄의 규율대상에 포함되지 않는다(대법원 72도1090, 1972. 5. 31. ; 대법원 2010도5693, 2012. 4. 26. ; 대법원 2014도14909, 2015. 3. 26., 세정일보 유철형의 판세 참조).

7 | 심판, 판례 등에서 엇갈린 결정·판결이 있는 경우 신고방법

동일한 사안에 대하여 과세·면세 여부를 달리하는 국세청의 회신사례가 있거나, 하급심 법원에서 비과세 또는 면세로 본 판결이 상존하는 경우 이는 확정된 판례나 법리가 아니므로 상반된 판례 등이 존재하는 상황이라면 납세자로서는 일단 해당 사안에 대하여 부가가치세를 신고·납부한 후에 그 신고나 부과처분의 적법성을 다투어야 한다는 것이 법원의 입장이다.

II 국세기본법에 따른 신고

1 | 의 의

국세기본법상 수정신고 및 경정청구제도는 실질과세의 원칙에 따라 신고납세제도의 조세에 있어서도 잘못된 신고로 인한 불합리한 납세부담방지와 실질내용에 따른 조세의 채권·채무를 확정하기 위한 것이므로, 납세의무자가 부가가치세신고서를 신고기한 내 제출한 자는 신고 이후 당초 신고내용에 기재사항의 누락·또는 오류 등이 있음을 발견한 때에는 수정신고 또는 경정청구를 할 수 있다.

또한, 신고기한 내 신고의무를 이행하지 아니한 자도 과세표준과 납부세액 및 환급세액을 신고기한이 경과한 후에도 신고가 가능한데 이를 "기한 후 신고"라 한다.

2 | 수정신고

(1) 수정신고의 의의

수정신고란 법정신고기한까지 부가가치세의 과세표준과 세액의 신고서를 제출한 자가 그 신고한 과세표준과 세액이 세법에 따라 신고하여야 할 과세표준과 세액에 미달하는 때에 해당 국세의 과세표준과 세액이 결정 또는 경정되어 통지하기 전으로서 부과제척기간이 끝나기 전까지 당초 신고한 과세표준과 세액을 납세의무자가 스스로 시정하여 과세표준과 세액을 증액하여 신고하는 것을 말한다(국기법 §45).

2019. 12. 31. 국기법 제45조의3 제1항에 따른 기한후과세표준신고서를 제출한 자도 수정신고가 가능하도록 개정하였다. 동 개정 규정은 동법 시행 전에 기한후과세표준신고서를 제출하고 동법 시행 이후 과세표준수정신고서를 제출하거나 국세의 과세표준 및 세액의 결정 또는 경정을 청구하는 경우에도 적용한다.

(2) 수정신고의 요건

1) 수정신고자 자격

법정신고기한까지 과세표준과 세액을 신고한 자와 기한후과세표준신고서를 제출한 자만이 수정신고를 할 수 있다.

2) 법정신고기한의 의미

법정신고기한이라 함은 각 세법에 규정하는 과세표준과 세액에 대한 신고기한 또는 신고서의 제출기한을 말하며, 다만 「국세기본법」 제5조 및 제6조에 따라 신고기한이 연장된 경우에는 그 연장된 기한을 법정신고기한으로 본다(국기통칙 45-0-1).

3) 수정신고 사유

과세표준신고서를 법정신고기한 내에 제출한 자로서 수정신고대상이 되는 사유는 다음과 같다(국기법 §45 ①).

① 과세표준신고서 또는 기한후과세표준신고서에 적혀 있는 과세표준 및 세액이 세법에 따라 신고하여야 할 과세표준 및 세액에 미치지 못할 때

② 과세표준신고서 또는 기한후과세표준신고서에 적혀 있는 결손금액 또는 환급세액이 세법에 따라 신고하여야 할 결손금액이나 환급세액을 초과할 때

③ 세무조정 과정에서 「법인세법」 제36조, 제37조에 따른 국고보조금 등, 공사부담금에 상당하는 금액을 익금과 손금에 동시에 산입하지 않은 사유 등으로 인하여 불완전한 신고를 한 때(경정 등의 청구를 할 수 있는 경우는 제외함)

④ 신고 외에 원천징수의무자의 정산과정에서 누락한 때(취지: 원천징수대상자인 근로소득, 퇴직소득, 연금소득 등만 있는 자에게도 과세표준수정신고서는 제출할 수 있도록 하여, 가산세 감면 등의 혜택을 부여하여 수정신고 미이행 시 발생하는 불이익을 방지함)

⑤ 「법인세법」 제44조, 제46조, 제47조 및 제47조의2에 따라 합병, 분할, 물적분할 및 현물출자에 따른 양도차익에 대하여 과세를 이연(移延)받는 경우로서 세무조정 과정에서 양도차익의 전부 또는 일부에 상당하는 금액을 익금과 손금에 동시에 산입하지 아니한 것

4) 수정신고기한

과세표준수정신고는 국세의 세목에 관계없이 관할 세무서장이 해당 국세에 대한 과세표준과세액의 결정 또는 경정하여 통지를 하기 전까지 할 수 있다.

(3) 수정신고 절차

수정신고를 하고자 하는 자는 당초 신고한 과세표준과 세액, 수정신고하는 과세표준과 세액 및 그 밖의 필요한 사항을 기재한 과세표준수정신고 및 추가자진납부계산서를 납세지 관할 세무서장에게 제출하여야 한다. 이때 수정한 부분에 대한 당초의 과세표준신고서에 첨부한 서류가 있는 때에는 이를 수정한 서류를 함께 첨부한다(국기령 §25).

(4) 추가 자진납부

과세표준수정신고서를 제출하는 납세자는 이미 납부한 세액이 과세표준 등의 수정신고로 산출한 세액에 미치지 못할 때에는 그 부족한 금액과 가산세를 납부하여야 한다(국기법 §46 ①). 2015. 1. 1. 이후 수정신고서를 제출하는 분부터는 수정신고 및 기한 후 신고를 활성화하여 성실신고문화를 조성하기 위하여 수정신고서 및 기한 후 신고서 제

출과 동시에 세액을 납부하지 아니하고 신고서만 제출한 경우에도 신고불성실가산세를 감면받을 수 있다.

2014. 12. 31.까지 신고하는 분에 대하여는 위 세액을 납부하지 아니한 경우 국세기본법의 감면규정을 적용하지 아니하며 과세표준신고액에 상당하는 세액의 전부 또는 일부를 납부하지 아니한 자는 해당 세액과 세법이 정하는 가산세를 세무서장이 고지하기 전에 납부할 수 있다(구 국기법 §46 ②, ③).

(5) 수정신고의 효력

1) 확정적 효력

당초의 신고를 보정하는 수정신고도 당연히 납세의무를 확정하는 효력이 없으나, 납세의무자의 신고에 의하여 납세의무가 확정되는 국세에 있어서는 당초의 신고가 확정력을 가지므로 수정신고도 확정력을 가지는 것으로 본다.

2018년 12월 국세의 수정신고(과세표준신고서를 법정신고기한까지 제출한 자의 수정신고로 한정한다)는 당초의 신고에 따라 확정된 과세표준과 세액을 증액하여 확정하는 효력을 가진다는 규정을 신설하여 수정신고도 결정·경정과 마찬가지로 납세의무확정의 효력이 인정됨을 명확화하였다.

다만, 부가가치세의 예정신고에 대한 수정신고의 경우는 예정신고가 확정의 효력이 없으므로 수정신고(또는 경정청구) 또한 확정의 효력이 없고 확정신고가 있음으로써 제1차적인 신고의 확정효력만 발생한다.

2) 조세포탈범의 기수시기에 관한 효력

조세범처벌법상 조세포탈범의 기수시기는 정부의 부과처분에 의하여 확정되는 국세의 경우에는 정부가 조사결정을 한 후 그 납부기한이 지난 때이며, 납세의무자의 신고에 의하여 확정되는 국세의 경우에는 신고·납부기한이 지난 때이므로 수정신고는 조세포탈범의 기수시기에 아무런 영향도 미치지 아니한다.

3) 가산세 등의 감면

「국세기본법」 제48조 제2항 제1호에 따라 법정신고기한 경과 후 2년 이내에 수정신고를 한 경우 당초의 과소신고로 인하여 부과하여야 할 과소신고·초과환급신고에 대한 불성실가산세를 경감한다(과세표준과 세액을 결정할 것을 미리 알고 과세표준수정신고서를 제출한 경우를 제외한다)(국기법 §48).

4) 수정신고에 따른 벌과금의 면제

「국세기본법」 제45조에 따라 법정신고기한 경과 후 6월 이내에 수정신고하거나 1개월 이내 기한 후 신고하는 때에는 그 벌금상당액을 면제한다(벌과금상당액양정규정 §16 ①).

5) 수정신고에 따른 벌과금의 경감

「국세기본법」 제45조에 따라 법정신고기한 경과 후 6월 초과 2년 이내에 수정신고하거나 1개월 초과 6개월 이내에 기한 후 신고를 한 때에는 소정양정액의 100분의 50에 상당하는 금액을 감경한다. 다만, 정부가 특별히 정한 기간 내에 신고하거나 자수한 때에는 그 벌금상당액을 면제한다(벌과금상당액양정규정 §16 ②).

6) 수정신고 후 무납부 시 벌과금 면제 · 경감의 배제

수정신고나 기한 후 신고 시 추가납부할 세액이 있음에도 그 세액을 납부하지 아니한 때에는 수정신고 또는 기한 후 신고한 것으로 보지 아니하므로 벌과금상당액을 감면 또는 면제하지 아니하고, 국가기관에서 조세범칙에 관한 조사에 착수(조세범칙조사로 전환한 세무조사는 당초의 세무조사 착수) 후에 수정신고 또는 기한 후 신고한 경우에도 마찬가지이다(벌과금상당액양정규정 §16 ③, ④).

3 | 경정청구

(1) 경정청구의 의의

경정 등의 청구라 함은 이미 신고 · 결정 · 경정 또는 기한 후 신고된 과세표준 및 세액이 세법에 따라 신고하여야 할 과세표준 및 세액을 초과하는 경우에 납세의무자가 과세관청으로 하여금 이를 정정하여 결정 또는 경정하여 줄 것을 청구하는 것을 말한다.

납세자가 당초 과다신고한 세액에 대하여 과세관청이 이를 적극적으로 감액경정할 것을 기대하기는 어렵기 때문에 과세표준 및 세액이 과다신고된 경우에 과세관청이 이를 감액경정하여 줄 것을 청구할 수 있는 권리를 납세의무자에게 부여한 것이다.

(2) 당초 신고의 오류에 대한 경정 등의 청구

과세표준신고서를 법정신고기한까지 제출한 자 및 기한 후 신고한 자는 그 신고한 과세표준 및 세액이 과소신고되었거나 환급세액이 과소신고된 경우 등 아래의 사유에 해당할 때에는 최초신고 및 수정신고한 국세의 과세표준 및 세액의 결정 또는 경정을 법정신고기한이 지난 후 5년 이내(2015. 1. 1. 이후 결정 또는 경정청구하는 분부터 적용하되 그 전에 이미 경정청구기간이 경과한 분은 종전과 같이 3년으로 한다. 이하 같다)에 관할 세무서장에게 청구할 수 있다. 다만, 결정 또는 경정으로 인하여 증가된 과세표준 및 세액에 대하여는 해당 처분이 있음을 안 날(처분의 통지를 받은 때에는 그 받은 날)부터 90일 이내(법정신고기한이 지난 후 5년 이내에 한한다)에 경정을 청구할 수 있다(국기법 §45의2 ①).

1) 경정청구의 청구권자

법정신고기한까지 과세표준과 세액을 신고한 자와 기한후과세표준신고서를 제출한 자만이 경정 등의 청구를 할 수 있다.

2) 경정청구 사유

납세의무자가 당초 신고(수정신고 및 기한 후 신고 포함) 시 부가가치세 과세표준 및 세액을 과다신고하거나 환급세액을 과소신고한 경우에 경정 등의 청구를 할 수 있다(국기법 §45의2 ①).

① 과세표준신고서 또는 기한후과세표준신고서에 적혀 있는 과세표준 및 세액(각 세법에 따라 결정 또는 경정이 있는 경우에는 해당 결정 또는 경정 후의 과세표준 및 세액을 말함)이 세법에 따라 신고하여야 할 과세표준 및 세액을 초과할 때

② 과세표준신고서 또는 기한후과세표준신고서에 적혀 있는 환급세액(각 세법에 따라 결정 또는 경정이 있는 경우에는 해당 결정 또는 경정 후의 결손금액 또는 환급세액을 말함)이 세법에 따라 신고하여야 할 환급세액에 미치지 못할 때

3) 경정 등의 청구기한

과세표준신고서를 법정신고기한(신고기한이 연장된 경우에는 그 연장된 기한)까지 제출한 자는 최초신고 및 수정신고한 국세의 과세표준 및 세액의 결정 또는 경정을 법정신고기한이 지난 후 5년 이내에 관할 세무서장에게 청구할 수 있다. 다만, 결정 또는 경정으로 인하여 증가된 과세표준 및 세액에 대하여는 해당 처분이 있음을 안 날(처분의 통지를 받은 때에는 그 받은 날)부터 3개월(2024. 12. 31.까지는 90일) 이내(법정신고기한이 지난 후 5년 이내에 한한다)에 경정을 청구할 수 있다(국기법 §45의2 ①).

4) 재차 경정청구의 가능 여부

국기법에 따라 최초신고 및 수정신고한 국세의 과세표준 및 세액의 결정 또는 경정을 청구한 자가 관할 세무서장으로부터 그 과세표준 및 세액을 결정 또는 경정하여야 할 이유가 없다는 뜻을 통지받은 경우에도 법정신고기한이 지난 후 5년 이내에는 동일한 내용으로 그 과세표준 및 세액의 결정 또는 경정을 다시 청구할 수 있다. 이는 국기법 제45조의2 제1항이 경정청구 사유나 그 청구 가능기한을 규정하고 있을 뿐 동일한 사유로 재차 경정청구를 제한하는 규정을 두고 있지 아니하고, 과세관청은 부과제척기간 내에 언제든 횟수의 제한없이 경정할 수 있음에도 납세자에게는 경정청구권을 제한하는 것이 불합리하며, 불복제도와 경정청구제도는 각각 별개의 권리구제수단으로서 불복제도가 납세자의 권익보호를 위한 것이지 납세자의 경정청구권을 제한하는 제도로 볼 수 없기 때문이다(감사원 심사-2018-948, 2020. 4. 23. ; 기획재정부 조세법령운용과-18, 2021. 1. 4.).

(3) 경정청구 인용 후 경정 등이 있는 경우 가산세 적용 여부

과세관청이 납세자의 경정청구에 대하여 거부처분하는 경우 과소신고에 따른 가산세를 적용하지 아니하며, 반대로 경정청구를 수용하여 환급결정 등이 있은 후에 감사결과나 조사과정에서 과세관청의 경정청구 결정내용을 번복하는 경정을 하는 경우 또는 납세자 스스로 경정청구 결정내용을 스스로 시정하여 수정신고하는 경우 당초 과세관청의 환급결정에 따른 환급세액의 추징(자진납부)분에 대하여 과소신고가산세나 납부지연가산세를 부과할 수 없다. 이는 당초 경정청구에 따른 환급결정은 과세관청 스스로의 판단하에 경정한 것이지 납세자에게 그 귀책이 있다고 볼 수 없기 때문이다(조심 2009서2689, 2010. 9. 30. ; 소비 22601-432, 1989. 4. 1. ; 재법인-37, 2004. 1. 12. ; 서면3팀-1620, 2006. 7. 27.).

(4) 후발적 사유에 의한 경정 등의 청구

세법에 따라 성립한 납세의무가 그 납세의무 확정 후 정부가 아닌 제3자의 채권·채무관계에 변동 등으로 조세채무의 변동이 발생하는 등 과세요건사실의 변경으로 당초의 세액을 경감할 필요성이 있어 납세의무의 확정 후 이를 정정하는 후발적 사유에 의한 경정청구제도가 도입되었다.

과세표준신고서를 법정신고기한까지 제출한 자 또는 국세의 과세표준 및 세액의 결정을 받은 자가 다음의 사유에 해당하는 사유가 발생한 때에는 당초 신고의 오류에 의한 경정 등의 청구기간에 불구하고 그 사유가 발생한 것을 안 날부터 3개월(2015년 경정청구분까지는 2개월) 이내에 결정 또는 경정청구를 할 수 있다(국기법 §45의2 ②).

① 최초의 신고·결정 또는 경정에서 과세표준 및 세액의 계산 근거가 된 거래 또는 행위 등이 그에 관한 제7장에 따른 심사청구, 심판청구, 「감사원법」에 따른 심사청구에 대한 결정이나 소송에 대한 판결(판결과 같은 효력을 가지는 화해나 그 밖의 행위를 포함한다)에 의하여 다른 것으로 확정되었을 때

② 소득이나 그 밖의 과세물건의 귀속을 제3자에게로 변경시키는 결정 또는 경정이 있은 때

③ 조세조약에 따른 상호합의가 최초의 신고·결정 또는 경정의 내용과 다르게 이루어졌을 때

④ 결정 또는 경정으로 인하여 그 결정 또는 경정의 대상이 된 과세표준 및 세액과 연동된 다른 세목(같은 과세기간으로 한정한다)이나 연동된 다른 과세기간(같은 세목으로 한정한다)의 과세표준 또는 세액이 세법에 따라 신고하여야 할 과세표준 또는 세액을 초과할 때

⑤ 위 "①~④"와 비슷한 사유로서 대통령령으로 정하는 사유가 해당 국세의 법정신고기한이 지난 후에 발생하였을 때

"⑤"에서 대통령령으로 정하는 사유(국기령 §25의2)

ⓐ 최초의 신고·결정 또는 경정을 할 때 과세표준 및 세액의 계산 근거가 된 거래 또는 행위 등의 효력과 관계되는 관청의 허가나 그 밖의 처분이 취소된 경우

ⓑ 최초의 신고·결정 또는 경정을 할 때 과세표준 및 세액의 계산 근거가 된 거래 또는 행위 등의 효력과 관계되는 계약이 해제권의 행사에 의하여 해제되거나 해당 계약의 성립 후 발생한 부득이한 사유로 해제되거나 취소된 경우

ⓒ 최초의 신고·결정 또는 경정을 할 때 장부 및 증거서류의 압수, 그 밖의 부득이한 사유로 과세표준 및 세액을 계산할 수 없었으나 그 후 해당 사유가 소멸한 경우

ⓓ 그 밖에 "ⓐ"부터 "ⓒ"까지의 규정에 준하는 사유가 있는 경우

1) 경정 등의 청구권자

후발적 사유에 의한 경정 등의 청구에 있어서는 법정신고기한 내 신고한 자뿐만 아니라, 무신고자도 정부의 결정 또는 경정처분을 받은 경우에는 경정 등의 청구를 할 수 있다.

2) 경정 등의 청구기한

후발적 사유에 의한 경정청구는 그 후발적 사유가 발생한 것을 안 날로부터 3개월 이

내에 청구하여야 한다. 이때 부과제척기간이 경과한 경우에도 후발적 사유에 의한 경정청구 시에는 과세관청이 경정한지에 대하여 국세청은 후발적 사유로 인한 경정청구는 부과제척기간 내에만 가능한 것으로 집행(국기통칙 45의2-0-1)하였으나, 대법원이 부과제척기간 경과 후에도 가능한 것으로 일관되게 판시하고 납세자 권익제고를 위하여 2009. 1. 1. 이후 최초로 경정청구하는 분부터 부과제척기간 경과 후에도 과세관청의 경정이 가능하도록 명시하였다(국기법 §26의2 ②).

(5) 경정청구에 대한 결과통지

경정 등의 청구를 받은 세무서장은 청구를 받은 날로부터 2개월 이내에 과세표준 및 세액을 결정 또는 경정하거나, 결정 또는 경정하여야 할 이유가 없다는 뜻을 그 청구인에게 통지하여야 한다(국기법 §45의2 ③).

다만, 청구를 한 자가 2개월 이내에 아무런 통지를 받지 못한 경우에는 그 2개월이 되는 날에 청구를 받은 세무서장으로부터 결정 또는 경정하여야 할 이유가 없다는 뜻의 통지를 받은 것으로 본다.

(6) 경정청구 절차

결정 또는 경정의 청구를 하고자 하는 납세자는 ① 청구인의 성명과 주소 또는 거소, ② 결정 또는 경정 전의 과세표준 및 세액, ③ 결정 또는 경정 후의 과세표준 및 세액, ④ 결정 또는 경정의 청구를 하는 이유, ⑤ 그 밖의 필요한 사항 등을 기재한 결정 또는 경정청구서를 관할 세무서장에게 제출하여야 한다(국기령 §25의3).

(7) 경정 등 청구의 효력

경정 등의 청구는 그 청구의 내용대로 과세표준 및 세액을 감액시키는 효력은 없고, 과세관청으로 하여금 일정기간 내에 그 청구의 내용에 대하여 조사·확인하여 그에 따른 결정 또는 경정을 하여야 할 법률상의 의무를 지우는 데 그친다. 다만, 경정 등의 청구에 대하여 과세관청이 필요한 처분을 하지 아니하거나 또는 그 경정 등의 청구에 대한 과세관청의 처분에 만족하지 않는 경우에는 그에 대한 불복청구가 가능하다(국기법 §45의2 ③).

(8) 경정청구 거부통지 등이 없는 경우 등에 대한 구제절차

경정청구를 한 자가 2개월 이내에 관할세무서장으로부터 아무런 통지를 받지 못한 경우에는 통지를 받기 전이라도 그 2개월이 되는 날의 다음 날부터 이의신청, 심사청구, 심판청구 또는 감사원법에 따른 심사청구를 할 수 있다. 아울러 납세자가 과세표준이나 세액을 과다하게 신고한 경우로서 신고내용에 명백한 오류 등이 있는 경우에는 관할세무서장은 직권으로 경정할 수 있다(징세과-999, 2012. 9. 13.).

(9) 경정청구권자와 환급받은 부가가치세액의 귀속자

부가가치세의 납세의무자는 사업자이므로 부가가치세 경정청구에 따른 부가가치세 환급세액은 사실상의 담세자가 누구였는지에 불구하고 해당 사업자에게 환급하여야 한다. 국기법 제45조의2 제1항에서도 경정청구권자를 과세표준신고서를 법정신고기한까지 제출한 자(기한후 신고자 포함)를 대상으로 규정하고 있을 뿐 재정학상 사실상의 담세자인 공급받는 자를 경정청구권자로 인정하고 있지 않다. 조세법상 납세의무자가 아닌 자가 거래의 상대방이나 국가에 대하여 직접 부가가치세를 지급하거나 납부할 의무를 부담하는 것은 아니며, 사업자가 공급받는 자에게 그 거래징수를 하지 못한 이유나 책임소재에 따라 공급을 받는 자의 납세의무가 달라지는 것도 아니다(대법원 96다40677, 40684, 1997. 4. 25. ; 대법원 90누6958, 1991. 2. 22. ; 대법원 2006두13855, 2008. 4. 24. ; 헌법재판소 2010헌마631, 2012. 5. 31.).

그렇다면 과세관청은 경정청구권자의 경정청구내용에 따라 부가가치세를 환급 또는 거부처분하여야 한다. 이후 해당 사업자의 부가가치세 감소분(경정청구 환급세액)을 그 소비자(공급받는 자)에게 돌려주는 것은 사적자치의 영역으로서 거래당사자의 약정이나 거래관행 등에 따라 당사자 간 결정할 사항이다.

부가법은 사업상 독립적으로 재화 또는 용역을 공급하는 자는 부가가치세를 납부할 의무가 있는 것으로 규정하고 있으므로 재화 또는 용역을 공급받는 거래상대방은 재정학상 사실상의 담세자로서의 지위를 갖고 있을 뿐 조세법상의 납세의무자로서의 지위에 있는 것은 아니다. 부가가치세를 사실상 누가 부담하며 어떻게 전가할 것인가 하는 문제는 사적자치가 허용되는 영역이므로 거래당사자의 약정 또는 거래관행 등에 의하여 그 부담이 결정될 사항이지 국가와 납세의무자와의 권리·의무관계를 규율하는 조세법에 따라 결정되는 사항은 아니다(헌법재판소 98헌바7, 18병합, 2000. 3. 31. ; 2011헌바360, 2013. 5. 30.). 그러므로 거래징수 규정만으로 사업자가 고객에게 부가가치세를 청구할 사법상 권리가 생기는 것이 아니며, 어디까지나 별도의 약정이 있는 경우에 한하여 공급자가 공급받는 자에게 부가가치세의 지급을 청구할 수 있는 것이다(대법원 2005다13288, 2006. 11. 23. ; 대법원 2002다38828, 2002. 11. 22.). 경정청구로 인하여 공급자가 부가가치세액을 환급받은 경우에 환급세액에 관하여도 이와 같다.

다만, 마일리지 또는 상품권을 이용하여 상품의 대가를 결제한 경우에 그 마일리지와 상품권으로 결제한 금액은 부가가치세 과세표준에 포함되지 아니한다는 판결(대법원 2015두58959, 2016. 8. 26.)에 따라 부가가치세 환급세액이 발생한 경우 해당 부가가치세는 고객이 거래징수 당한 것이 아니라 사업자의 경제적 부담으로 신고·납부한 것이어서 그 부가가치세 환급세액은 사업자에게 귀속되는 것이지 고객에게 반환할 성질의 것이 아니다.

(10) 경정청구에 대한 불고불리원칙

과세관청이 납세의무자가 국기법에 따라 경정청구한 쟁점 외의 사항에 관하여 경정청구서를 검토하면서 경정결정을 할 수 있는지에 대하여 국세청은 불고불리원칙은 심사청구, 심판청구 등 불복절차에 한하여 적용되는 것으로 회신(서면-2024-징세-1304, 2024. 9. 11.)하였지만, 그렇다고 하여 세무공무원이 임의로 세무조사하듯이 자료를 요구하거나 거래처 확인 등의 행위를 하여 결정하라는 의미로 보아서는 안된다. 경정청구 검토과정에서 발견한 혐의점에 대하여는 별도의 정식절차를 거쳐 경정이 이루어져야 할 것이다.

4 기한 후 신고

(1) 기한 후 신고의 의의

납세자 편의를 도모하기 위하여 법정신고기한까지 과세표준신고서를 제출하지 않은 자도 관할 세무서장이 과세표준과 세액을 결정하여 통지하기 전까지 기한후과세표준신고서를 제출할 수 있다.

(2) 기한 후 신고의 내용

기한 후 신고의 제출기한은 관할 세무서장이 부가가치세 과세표준과 세액(가산세 포함)을 결정하여 통보하기 전까지이며, 기한 후 신고를 하는 자로서 세법에 따라 납부하여야 할 세액이 있는 자는 과세표준신고액에 상당하는 세액과 가산세를 납부하여야 한다(국기법 §45의3 ②).

기한후과세표준신고서를 제출한 경우 또는 기한 후 신고를 한 자가 수정신고서를 제출한 경우 관할 세무서장은 세법에 따라 신고일부터 3개월 이내에 해당 국세의 과세표준과 세액을 결정 또는 경정하여 신고인에게 통지하여야 한다. 다만, 그 과세표준과 세액을 조사할 때 조사 등에 장기간이 걸리는 등 부득이한 사유로 신고일부터 3개월 이내에 결정 또는 경정할 수 없는 경우에는 그 사유를 신고인에게 통지하여야 한다(국기법 §45의3 ③).

5 | 기한 후 납부

법정신고기한 내에 신고하였으나 세액의 전부 또는 일부를 납부하지 아니한 자는 세무서장이 고지하기 전에 세액과 가산세를 자진납부할 수 있다(국기법 §46 ③).

기한 후 납부세액 = 당초 납부할 세액 + 당초 납부할 세액 × 경과일수[1] × 이자율[2]

1) 경과일수는 납부기한의 다음 날부터 자진납부일까지의 기간

2) 이자율은 1일 0.025%

제 3 절

주사업장 총괄납부

1 | 의 의

부가가치세는 사업장마다 신고 및 납부하는 것이 원칙이나 동일한 사업자에게 2개 이상의 사업장이 있는 경우로서 관할 세무서장에게 총괄납부 신청한 때에는 부가가치세를 각 사업장마다 납부하지 아니하고 주된 사업장에서 주사업장 외의 사업장의 납부세액까지 총괄하여 납부할 수 있는데 이를 "주사업장 총괄납부제도"라고 한다(부가법 §51).

"주사업장 총괄납부제도"를 두고 있는 이유는 부가가치세가 물세의 성격을 가지고 있기 때문에 원칙적으로 납세지를 각 사업장으로 규정하고 있으나 사업장마다 세액을 납부하게 하는 경우 어느 사업장에서는 납부세액이 발생되고 어느 사업장에서는 환급세액이 발생할 수도 있다. 이 경우 납부세액은 과세표준의 신고와 함께 납부하여야 하나 환급세액은 그 이후 환급(일반환급은 확정신고기한 경과 후 30일 내, 조기환급은 15일 내) 받게 되므로 납세의무자에게 자금상의 부담을 줄 우려가 있어 이를 경감하는 의미가 있으며, 특정사업의 경우에는 사업내용상 각 사업장에서 납부하도록 하는 것이 실무상 불합리한 경우도 있어 총괄납부제도를 통하여 이를 방지하여 납세편의 및 세무행정상의 능률도 제고할 수 있다.

2008년 세제개편 시 제한적으로 운용되던 사업자단위과세제도를 모든 업종으로 확대하고 승인요건을 폐지함에 따라 총괄납부제도와 사업자단위과세제도가 중복되므로 총괄납부제도는 사업자단위과세제도로 흡수되는 것이 바람직하나, 현재 총괄납부제도를 이용하는 사업자의 납세편의를 감안하여 존속하고 있으며, 2010년 1월 세법 개정 시 총괄납부승인제도를 폐지하여 2010. 7. 1.부터 총괄납부제도의 이용을 편리하게 하고 사업자부담을 완화하였다.

2 | 총괄납부와 납세지와의 관계

부가가치세의 신고 및 납부의무는 모든 사업장별로 이행함이 원칙이고 주사업장 총괄납부제도는 부가가치세법상 모든 의무 중 단순히 납부에 관한 예외적 규정일 뿐이다. 따라서 총괄납부 신청 이후에도 신고는 각 사업장 소관 세무서가 관할 세무서가 되며, 총괄납부 신청 자체가 본래 신고·납부에 있어서의 사업장 관할을 변경시키는 것은 아니다.

3 | 총괄납부 대상사업자

주사업장에서 부가가치세를 총괄납부할 수 있는 사업자는 2개 이상의 사업장(사업장이 하나이나 추가로 사업장을 개설하려는 사업자를 포함한다. 해당 사업자의 경우 2019. 1. 1. 이후 신청분부터 적용)을 가진 사업자(법인 및 개인사업자 포함)로서 주된 사업장 관할 세무서장에게 총괄납부 신청을 한 사업자로 한다.

4 | 주된 사업장(또는 주사업장)

법인은 본점 및 지점(분사무소) 중 사업자의 자유로운 선택에 의하여 주사업장으로 할 수 있으나, 개인사업자에 있어서는 주사무소를 주사업장으로 한다(부가령 §92 ①).

5 | 총괄납부 신청

(1) 계속사업자

계속사업자로서 주된 사업장에서 총괄하여 납부하는 사업자(이하 "주사업장 총괄납부 사업자"라 한다)가 되려는 자는 그 납부하려는 과세기간 개시 20일 전에 다음의 사항을 적은 주사업장 총괄납부 신청서를 주된 사업장의 관할 세무서장에게 제출(국세정보통신망에 의한 제출을 포함한다)하여야 한다(부가령 §92 ②).

① 사업자의 인적사항
② 총괄납부 신청사유
③ 그 밖의 참고사항

(2) 신규사업자

아래의 사업자가 주된 사업장에서 총괄하여 납부하려는 경우에는 아래의 구분에 따른 기한까지 주사업장 총괄납부 신청서를 주된 사업장의 관할 세무서장에게 제출(국세정보통신망에 의한 제출을 포함한다)할 수 있다(부가령 §92 ③).

① 신규로 사업을 시작하는 자: 주된 사업장의 사업자등록증을 받은 날부터 20일 이내
② 사업장이 하나이나 추가로 사업장을 개설하려는 자: 추가 사업장의 사업 개시일로

부터 20일 이내(추가 사업장의 사업 개시일이 속하는 과세기간 이내로 한정한다)

(3) 합병 또는 분할의 경우

주사업장 총괄납부자가 아닌 법인이 주사업장 총괄납부법인을 흡수합병하는 경우로서 합병 후 존속하는 법인이 총괄납부를 하고자 하는 경우에는 신규신청을 하여야 하나, 주사업장 총괄납부자인 법인이 다른 법인을 흡수합병하는 경우에는 총괄납부변경신고를 하면 된다(동지 ; 부가 22601-332, 1985. 2. 18. ; 부가 22601-1523, 1992. 10. 7.).

또한, 주사업장 총괄납부사업자가 법인분할을 하여 신설된 분할신설법인이 주된 사업장에서 부가가치세를 총괄하여 납부하고자 하는 경우에는 주사업장 총괄납부 신청을 하여야 한다(부가 46015-3737, 2000. 11. 9.).

6 적용시기

(1) 계속사업자

계속사업자로서 총괄납부하고자 하는 자는 그 총괄납부하고자 하는 과세기간 개시 20일 전에 주된 사업장 관할 세무서장에게 신청을 하여 그 신청일이 속하는 과세기간의 다음 과세기간부터 적용된다.

따라서 계속사업자가 제1기부터 총괄납부하고자 하는 때에는 직전연도 12월 11일까지, 제2기부터 총괄납부하고자 하는 때에는 해당연도 6월 10일까지 총괄납부 신청을 하여야 한다. 예를 들어 총괄납부 신청을 12월 12일 이후에 하는 경우에는 그 신청일이 속하는 연도의 다음 연도 제1기에는 총괄납부를 할 수 없고, 제2기부터 총괄납부를 할 수 있다.

(2) 신규사업자

신규로 사업을 개시하는 자로서 총괄납부 신청을 한 경우에는 그 신청일이 속하는 과세기간부터 총괄하여 납부한다(부가령 §92 ④).

7 | 총괄납부의 효력

(1) 총괄납부

총괄납부사업자는 각 사업장의 납부세액 또는 환급세액을 사업장 간에 통산하여 주사업장 관할 세무서장에게 납부하거나 환급받게 된다.

총괄납부란 사업장별로 부가가치세법에 따라 계산된 납부세액(환급세액)을 서로 합산 또는 상계하여 그 잔액만을 납부하거나 환급받는 것을 의미하는 것이지, 전 사업장의 과세표준 및 매출세액과 매입세액을 사업장 간에 통산하여 납부세액을 총액으로 산정하라는 것은 아니다. 이것이 「사업장별 부가가치세과세표준 및 납부세액(환급세액)신고명세서」를 제출하는 이유이다.

(2) 재화의 간주공급 적용배제와 세금계산서 수수

1) 원칙

2개 이상의 사업장이 있는 사업자가 자기사업과 관련하여 생산 또는 취득한 재화를 타인에게 직접 판매할 목적으로 다른 사업장에 반출하는 것은 원칙적으로 재화의 공급으로 보아 부가가치세를 과세하는 것이나, 총괄납부사업자가 총괄납부를 하는 과세기간 중에 반출하는 것은 재화의 공급으로 보지 아니한다. 그러나 총괄납부사업자의 경우에도 자기의 사업장 간 직매장 반출 등에 대하여 세금계산서를 발급하고 이를 신고한 경우에는 재화를 공급하는 것으로 본다(부가법 §10 ③).

2) 내부거래에 대한 세금계산서 발급에 따른 가산세 부과 여부 등

2 이상의 사업장을 영위하는 사업자가 자기의 사업과 관련하여 생산하거나 취득한 재화를 자기의 다른 과세사업장에서 원료나 자재 등으로 사용·소비하기 위하여 반출하는 경우(직매장 반출은 제외한다)에는 부가가치세가 과세되지 아니하며 (세금)계산서의 발급의무도 없다(부가 46015-1790, 1994. 9. 3. ; 부가 22601-605, 1992. 5. 6. ; 부가 1265. 1-2606, 1982. 10. 5.). 즉 원료 및 건설자재 등으로 자기의 다른 사업장으로 반출 시 부가법상 재화의 공급으로 보지 않는다는 의미이지 재화의 공급 자체가 없었다는 가공거래라는 의미는 아닌 것이다. 과거 국세청은 재화공급에 해당하지 않은 거래에 대하여 (세금)계산서를 수수하여 세금계산서합계표를 제출한 경우 가산세를 적용하는 것으로 회신한 바 있으나(부가 46015-1403, 1998. 6. 25. ; 부가 46015-2352, 1999. 8. 6. ; 부가 22601-2266, 1986. 11. 13. ; 심사부가 99-0575, 1999. 10. 22.), 이후 재화의 공급으로 보지 아니하는 내부거래에

대하여 주사업장으로부터 세금계산서를 발급받아 매입처별세금계산서합계표를 제출함으로써 거래상황이 명확히 밝혀지고 전체적으로 부가가치세를 과소납부하지 아니하였음을 알 수 있었다는 이유로 부가법 제60조의 가산세 대상이 아니라고 기존 해석이나 결정례와는 다른 취지의 결정을 하였다(심사부가 2000-0246, 2000. 11. 10.).

이후 국세청은 일관되게 거래(재화의 이동 또는 용역의 자가공급 등) 그 자체는 존재하지만 그것이 정책적 목적상 재화의 공급으로 보지 아니한다든지, 비과세 또는 면세거래여서 부가가치세가 과세되지 않는 경우임에도 착오로 세금계산서를 발급한 경우 부가법 제60조에 따른 가산세를 적용하지 아니한다고 회신하였다(부가가치세과-698, 2014. 8. 12. ; 부가가치세과-678, 2009. 5. 14. ; 법규과-470, 2009. 2. 6.). 뿐만 아니라 자기의 다른 사업장 원재료 반출시 발급한 세금계산서 관련 가산세 적용과 관련하여 총괄납부사업자가 자기의 사업과 관련하여 생산하거나 취득한 재화를 과세사업을 위하여 자기의 다른 사업장에 원료, 자재 등으로 사용·소비하기 위하여 반출하면서 세금계산서를 수수하고 매입처별세금계산서합계표에 포함하여 부가가치세를 신고한 경우에도 부가법 제60조의 가산세는 적용하지 않지만 국기법 제47조의3 및 제47조의4의 규정에 따른 가산세를 적용하는 것이라고 회신하였다(서면3팀-2702, 2007. 9. 28.). 조세심판원도 본지점간 고정자산 이전을 직매장 반출로 보고 세금계산서를 발급한 사건에 대하여 재화의 공급으로 보지 아니하는 내부거래에 대한 세금계산서 발급으로서 세무처리는 잘못되었으나 착오에 기인한 것이므로 부가법 제60조의 가산세 부과는 부당하다고 결정하였다(국심 2003부0802, 2003. 6. 18.).

아울러 세금계산서 발급대상이 아닌 내부거래에 대하여 위와 같이 착오로 발급된 경우 가공세금계산서가 될 수 없으며 부가법 제60조의 가산세도 적용되지 않는 바, 조세범처벌법상의 세금계산서질서벌 대상도 될 수 없다.

(3) 과세표준의 신고 및 납부

주사업장 총괄납부 시 부가가치세과세표준의 신고 및 납부에 대하여 일반신고와 수정신고로 구분하여 아래와 같이 처리한다.

구 분	예정 및 확정신고	폐업확정신고 및 월별조기환급신청	수정신고 및 기한 후 신고	결정 및 경정
신고	각 사업장 관할서			
납부(환급) 및 고지	주사업장 관할서	주사업장 관할서*	각 사업장 관할서	각 사업장 관할서

* 관련 사례: 간세 1235-1023, 1979. 3. 31. ; 제도 46015-11227, 2001. 5. 23.

1) 부가가치세의 신고 및 납부

부가법 제48조에 따른 예정신고 및 부가법 제49조에 따른 확정신고와 부가령 제107조에 따른 영세율 등 조기환급신고는 총괄납부 여부에 관계없이 각 사업장 관할 세무서장에게 하여야 하고 주된 사업장 관할 세무서장에게는 주사업장의 예정 또는 확정신고서에 「사업장별 부가가치세과세표준 및 납부세액(환급세액)신고명세서」만을 첨부・제출한다. 이 경우 납부 및 환급은 주된 사업장 관할 세무서장에게 총괄하여 납부하거나 주된 사업장 관할 세무서장이 총괄하여 환급한다. 따라서 종사업장의 과세표준 등을 주사업장분에 합산하여 사업장의 구별없이 주사업장 관할 세무서장에게만 신고한 경우에는 종사업장분은 무신고가 된다.

2) 수정신고(경정청구) 및 납부(환급)

예정신고 및 확정신고에 대한 수정신고 및 경정청구서는 각 사업장 관할 세무서장에게 제출하여야 하고, 납부세액은 각 사업장 관할 세무서장에게 납부(환급)한다. 또한 주된 사업장 관할 세무서장에게는 수정한 사업장별 부가가치세 과세표준 및 납부세액(환급세액)신고명세서를 제출하여야 한다.

3) 총괄납부・환급세액의 납부・환급 관할서

주사업장 총괄납부사업자는 사업장 간의 납부세액 또는 환급세액을 통산하여 주사업장 관할 세무서장에게 납부한다. 그러나 종사업장의 납부세액을 주사업장 관할 세무서에 총괄납부하지 아니하고 종사업장에 납부한 경우에도 납부・환급불성실가산세를 부과하지 아니한다.

4) 종사업장에서 조기환급사유가 발생한 경우

주사업장 총괄납부사업자가 영세율 등 조기환급신고를 함에 있어 주사업장 및 종사업장별로 각각 신고를 이행하고 주사업장 관할 세무서장에게는 「사업장별 부가가치세과세표준 및 납부(환급)세액 신고명세서」를 제출하여야 하며, 주사업장은 주사업장 및 종사업장의 환급세액을 총괄하는 것이다(제도 46015-11227, 2001. 5. 23. ; 부가 1265.1-2663, 1981. 10. 12.).

따라서 총괄납부사업자가 특정사업장에서 조기환급 사유발생 시 해당 사업장의 거래분만을 기준으로 조기환급 신청할 수 없다(부가통칙 59-107-3).

> **▌조기환급 여부**
>
> 3개의 사업장을 가진 총괄납부사업자가 각 사업장별로 납부 및 환급세액 현황이 아래와 같을 때 주사업장에서 환급할 세액과 조기환급 여부?
>
> -주사업장: 납부세액 300
> -종사업장1: 일반환급 600
> -종사업장2: 조기환급 400
>
> ⇒ 주사업장에서 700을 조기환급받을 수 있다.

5) 세금계산서 수취에 대한 특례

계약, 발주, 대금지급한 주사업장과 그에 따른 재화나 용역을 실제 사용한 종사업장(갑)이 있는 경우, 실제로 재화 또는 용역을 공급받은 또는 실제 사용한 종사업장(갑)이 아닌 다른 종사업장(을)을 적은 세금계산서를 발급받았더라도 그 종사업장(을)이 부가법 제51조 제1항에 따라 총괄하여 납부하거나 사업자 단위 과세 사업자에 해당하는 사업장인 경우로서 그 재화 또는 용역을 실제로 공급한 사업자가 예정신고나 확정신고 시에 납세지 관할 세무서장에게 해당 과세기간에 대한 납부세액을 신고하고 납부한 경우에는 종사업장(을)에서 매입세액공제를 받을 수 있다(부가령 §75 6). 반대로 을사업장이 주사업장총괄납부나 사업자 단위 과세의 사업장이 아니라면 선의의 거래당사자가 아닌 경우 매입세액공제는 허용되지 아니한다(부가 46014-2349, 1993. 9. 28. 외 다수).

(4) 결정 및 경정기관

부가가치세의 과세표준과 납부세액 또는 환급세액의 결정 및 경정은 원칙적으로 각 사업장 관할 세무서장 또는 관할 지방국세청장이 행한다(부가령 §102). 그러므로 총괄납부 사업자도 해당 각 사업장에 대한 과세표준 등의 경정은 각 사업장 관할 세무서장이 하게 되며, 만약 경정권이 없는 주사업장 관할 세무서장이 한 경정처분은 당연 무효가 된다(국심 82서1190, 1982. 9. 16.).

(5) 기 타

총괄납부 여부에 관계없이 다음의 각 사항들은 각 사업장 단위로 이루어져야 한다.

㉮ 사업자등록(부가법 §8)
㉯ 세금계산서 발급 및 제출(부가법 §32, §54)
㉰ 기장(부가법 §71)

8 | 주사업장 총괄납부의 변경

(1) 총괄납부의 변경신청

총괄납부사업자가 다음의 사유가 발생한 경우에는 다음에서 규정하는 관할 세무서장에게 주사업장총괄납부변경신청서를 제출하여야 한다. 이 경우 신청서를 받은 종사업장 관할 세무서장이 주사업장총괄납부변경신청서를 받은 경우에는 주된 사업장의 관할 세무서장에게 이를 지체 없이 보내야 한다(부가령 §93 ①).

변경사유	변경신고 관할 세무서장
종된 사업장을 신설하는 경우	신설하는 종된 사업장
종된 사업장을 주된 사업장으로 변경하는 경우	주된 사업장으로 변경하려는 사업장
사업자등록 정정사유(부가령§14 ①)가 발생한 경우	정정사유 발생 사업장
일부 종된 사업장을 총괄납부대상 사업장에서 제외하려는 경우	주된 사업장
기존 사업장을 총괄납부대상 사업장에 추가하려는 경우	주된 사업장

(2) 적용시기 및 변경의 효력

위 "(1)"에 따라 주사업장총괄납부변경 신청을 한 경우에는 그 변경한 날이 속하는 과세기간부터 총괄하여 납부한다(부가령 §93 ②).

다만, 총괄납부사업자의 주된 사업장 또는 종된 사업장에 등록정정사항이 발생한 경우 변경신청을 하여야 하나 이러한 변경신청을 하지 아니한 경우에도 관할 세무서장의 직권으로 적용제외하지 않는 한 해당 총괄납부는 계속 유효하게 적용된다.

9 | 총괄납부 적용 제외 및 포기

(1) 총괄납부의 적용 제외

주사업장 총괄납부사업자가 다음의 사유에 해당하는 경우에는 관할 세무서장은 해당 사업자의 주사업장총괄납부 적용을 하지 아니할 수 있다. 이는 납세의무자의 의사에 반하여 과세관청이 일방적 의사표시로 총괄납부의 효과를 장래에 소멸시키는 처분의 성격을 가진다(부가령 §94 ①).

① 사업내용의 변경으로 총괄납부가 부적당하다고 인정되는 때
② 주된 사업장의 이동이 빈번한 때
③ 그 밖의 사정변경으로 인하여 총괄납부가 적당하지 아니하게 된 경우

(2) 총괄납부의 포기

총괄납부사업자가 총괄납부를 포기하고 각 사업장에서 납부하려고 할 때에는 주사업장 총괄납부포기신고서를 주사업장 관할 세무서장에게 제출하여야 한다.

이 경우 각 사업장에서 납부하려는 과세기간 개시 20일 전에 다음의 사항을 기재한 주사업장 총괄납부포기신고서를 주된 사업장 관할 세무서장에게 제출(국세정보통신망에 의한 제출을 포함한다)하여야 한다(부가령 §94 ②).

① 사업자의 인적사항
② 총괄납부 포기사유
③ 그 밖의 참고사항

(3) 총괄납부 적용 제외 및 포기의 통지

주사업장 총괄납부를 적용하지 아니하게 되거나 포기한 경우에 주된 사업장 관할 세무서장은 지체 없이 그 내용을 해당 사업자와 주된 사업장 외의 사업장 관할 세무서장에게 통지하여야 한다(부가령 §94 ③).

(4) 총괄납부 적용 제외 및 포기의 효과

주사업장 총괄납부를 적용하지 아니하게 되거나 포기한 경우에는 그 적용을 하지 아니하게 된 날 또는 포기한 날이 속하는 과세기간의 다음 과세기간부터 각 사업장에서 납부하여야 한다(부가령 §94 ④).

| 개별소비세법상 총괄납부제도와 비교 |

구 분	부가법상 총괄납부	개소세법상 총괄납부
목적	납세자 자금부담 완화	납세절차 간소화
총괄납부 사업장	법인은 본점 또는 지점 개인은 주사무소	제조·반출한 제조장 (개소법 §10의2 ①)
대상자	2 이상의 사업장을 가진 사업자	일정한 제조의제 및 미납세반출의 용도변경으로 다시 반출한 제조장에서 개별소비세를 납부하는 경우(개소법 §10의2 ①, 개소령 §16의2 ①)
신청 및 승인	과세기간 개시 20일 전까지 주된 사업장 관할 세무서장에게 신고	기간 개시 20일 전에 제조장 관할 세무서장에게 신청하여 승인통지를 받아야 함(개소령 §16의2 ②, ④)
승인 철회와 통지	총괄납부가 적당하다고 인정되지 않는 경우 적용 제외 가능하고 제외 사실을 통지	총괄납부가 적당하다고 인정되지 않는 경우 승인철회 가능하고 철회 사실을 통지(개소령 §16의3 ①, ②)
총괄납부의 포기	사업장별로 신고·납부를 원하는 경우 그 과세기간 개시 20일 전까지 포기신고서 제출	기간 개시 20일 전에 포기신고서 제출(개소령 §16의3 ③)

제 4 절

신용카드 등 결제금액에 대한 부가가치세 대리납부 등

(1) 개 요

"신용카드업자"는 부가가치세 체납률 등을 고려하여 대통령령으로 정하는 "특례사업자"가 2019. 1. 1.부터 부가가치세가 과세되는 재화 또는 용역을 공급(「여신전문금융업법」 제2조에 따른 신용카드·직불카드 또는 선불카드를 사용한 거래로 한정한다)하고 그 신용카드업자로부터 공급대가를 받는 경우에는 부가법 제31조에도 불구하고 해당 공급대가를 특례사업자에게 지급하는 때에 공급대가의 110분의 4에 해당하는 금액을 부가가치세로 징수하여 매 분기가 끝나는 날의 다음 달 25일까지 대리납부신고서와 함께 신용카드업자의 관할 세무서장에게 납부하여야 한다. 이때 신용카드업자가 대리납부한 부가가치세액은 특례사업자가 부가법 제48조 및 제49조에 따른 신고 시 이미 납부한 세액으로 본다(조특법 §106의10 ①, ②).

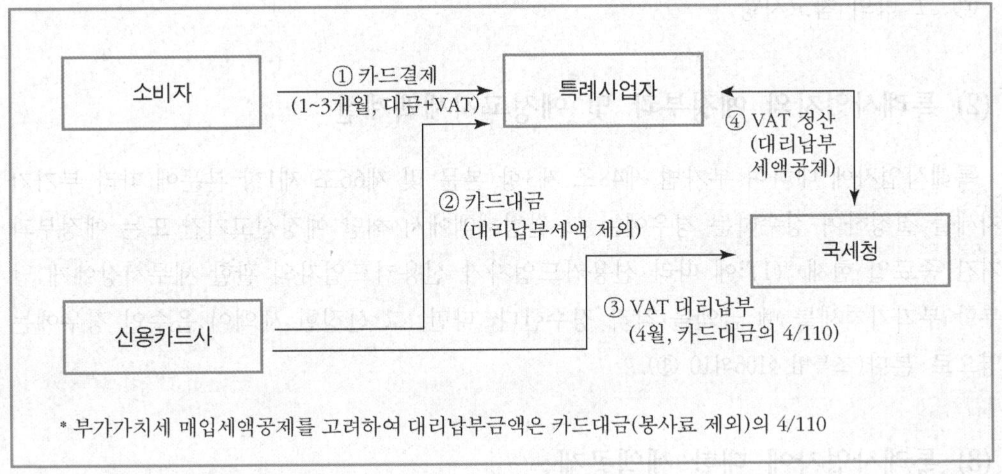

① 신용카드업자란?

"신용카드업자"란 「여신전문금융업법」 제2조 제2호의2에 따른 신용카드업자로서 부가가치세 대리납부를 안정적으로 운영할 수 있다고 인정되어 국세청장이 지정한 자를 말한다(조특령 §106의14 ①).

② 특례사업자란?

"특례사업자"란 부가가치세가 과세되는 재화와 용역을 공급하는 사업자로서 다음의 업종을 영위하는 사업자(개인 및 법인사업자 포함)를 말한다. 다만, 부가법 제61조에 따른 간이과세자는 제외한다(조특령 §106의14 ②).

㉠ 일반유흥 주점업(「식품위생법 시행령」 제21조 제8호 다목에 따른 단란주점영업을 포함한다)
㉡ 무도유흥 주점업

③ 대리납부신고서란?

대리납부신고서란 다음의 사항을 포함한 것으로서 기획재정부령으로 정하는 대리납부신고서를 말한다(조특령 §106의14 ③).

㉠ 신용카드업자의 인적사항
㉡ 특례사업자의 인적사항
㉢ 대리납부와 관련된 공급가액
㉣ 대리납부한 부가가치세액
㉤ 그 밖의 참고사항

(2) 특례사업자의 예정부과 및 예정고지세액계산

특례사업자에 대하여 부가법 제48조 제3항 본문 및 제66조 제1항 본문에 따라 부가가치세를 결정하여 징수하는 경우에는 그 결정세액에서 해당 예정신고기간 또는 예정부과기간 종료일 현재 "(1)"에 따라 신용카드업자가 신용카드업자의 관할 세무서장에게 납부할 부가가치세를 뺀 금액을 각각 징수한다. 다만, 그 산정한 세액이 음수인 경우에는 영으로 본다(조특법 §106의10 ③).

(3) 특례사업자에 대한 세액공제

특례사업자는 "(2)"에 따라 신용카드업자가 납부한 부가가치세액에서 금융기관의 이자율 등을 고려하여 대통령령으로 정하는 이자율(1%)을 곱한 금액을 부가법 제48조 및 제49조에 따른 신고 시 납부세액에서 공제할 수 있다. 이 경우 해당 공제금액을 차감한 후 납부할 세액[부가법 제37조 제2항에 따른 납부세액에서 부가법 및 「국세기본법」에 따라 빼거나 더할 세액(부가법 제60조 및 「국세기본법」 제47조의2부터 제47조의4까지의 규정에 따른 가산세는 제외한다)을 빼거나 더하여 계산한 세액을 말한다]이 음수인 경우에는 영으로 본다(조특법 §106의10 ④, 조특령 §106의14 ④).

(4) 대리납부에 대한 정보의 제공

국세청장은 신용카드업자가 "(1)"에 따라 부가가치세를 납부할 수 있도록 신용카드

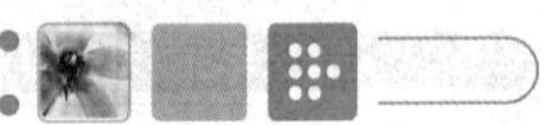

업자에게 대리납부에 필요한 특례사업자에 대한 정보를 제공하여야 한다(조특법 §106의10 ⑤).

(5) 신용카드업자에 대한 지원

국세청장은 신용카드업자에게 "(1)"에 따른 납부에 필요한 경비를 지원한다(조특법 §106의10 ⑥).

(6) 특례사업자에 대한 통지

관할 세무서장은 사업자가 대리납부의 적용대상이 되는 특례사업자에 해당하는 경우에는 해당 규정을 적용하여야 하는 과세기간이 시작되기 1개월 전까지 그 사실을 해당 사업자에게 통지하여야 한다. 이 경우 대리납부가 적용되어야 하는 과세기간이 시작되기 1개월 전까지 해당 사업자가 통지를 받지 못한 경우에는 통지서를 수령한 날이 속하는 달의 다음 달 1일부터 적용한다(조특령 §106의14 ⑤).

또한, 관할 세무서장은 신규로 사업을 시작하는 자가 대리납부의 적용대상에 해당하는 경우에는 부가법 제8조 제6항에 따라 사업자등록증을 발급할 때 그 사실을 통지하여야 한다. 이 경우 해당 사업자의 최초 과세기간부터 동 규정을 적용한다(조특령 §106의14 ⑥).

(7) 주요 문답 사례(2018. 12. 26. 국세청 보도자료)

① 신용카드사를 통한 대리납부 도입취지?

B2C(Business to Customer) 거래에서 부가가치세 체납발생을 사전에 차단하기 위해 신용카드사가 결제금액의 일정부분을 원천징수하여 사업자 대신 납부하는 제도를 시행하게 된 것이다.

② 봉사료를 포함하여 신용카드로 결제한 경우 대리납부대상인지?

특례사업자가 소비자에게 신용카드 매출전표를 교부할 때 봉사료를 구분 기재하여 교부한 경우 봉사료는 대리납부 대상이 아니다. 다만, 신용카드 매출전표에 주대와 봉사료가 구분 기재되지 않은 경우에는 신용카드 결제금액 전부에 대하여 대리납부한다.

③ 개별소비세도 대리납부 대상인지?

대리납부 대상이 아니다.

④ 유흥·단란주점업과 다른 업종을 겸영하는 경우 대리납부방법?

업종별로 신용카드 분리가맹을 하지 않으면 신용카드 결제금액 전부를 유흥·단란주점업에서 발생한 금액으로 보아 대리납부한다. 또한, 이 제도는 유흥·단란주점업을 대상으로 적용하므로 실제로 영위하는 업종과 사업자등록상 업종이 다른 경우에는 사업자등록을 정정하여야 한다.

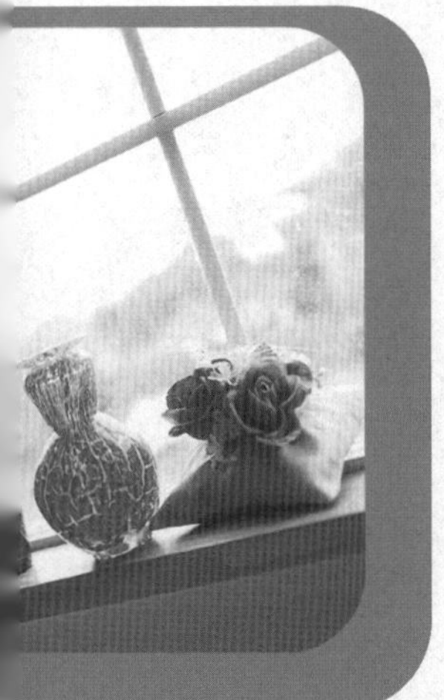

제 5 절

용역의 수입에 대한 부가가치세 과세

I 용역의 수입에 대한 부가가치세 과세

1 개 요

과거 용역등은 공급되는 곳에서 즉시 소비되는 것이 주류를 이루어 용역의 공급장소가 곧 소비장소여서 소비지국과세원칙에도 부합하였으나, 전자상거래등(전자적 용역 포함) 새로운 공급방식의 출현으로 국외사업자가 공급하는 용역등의 공급장소와 소비장소가 달라 현행 대리납부제도로는 국내 비사업자에게 제공한 용역등에 대하여 과세가 불가하여 공급자인 국내사업자(국내개발자등)와 국외사업자(국외개발자등) 간에 과세불균형이 발생하게 되었다.

이에 대한 해결방안으로 위탁매매인등과 간편사업자등록을 통한 용역등과 전자적 용역에 대한 부가가치세를 징수하게 되고 아울러 납세협력비용과 과세행정비용을 감소시키며, 소비지국과세원칙을 실현할 수 있는 방향으로 운영상 미비점을 보완(부가법 제53조 및 제53조의2 규정)하게 되었다.

부가법 제52조 제1항은 고정사업장이 없는 외국법인 등으로부터 과세되는 용역등을 공급받는 면세사업자 및 비과세사업자는 부가세 대리납부를 이행하여야 함과, 부가법 제53조 제1항은 외국법인등이 위탁매매인등을 통하여 용역등을 공급한 경우에는 위탁매매인등이 외국법인등을 대리하여 부가가치세를 납부하여야 하고, 부가법 제53조의2는 고정사업장이 없는 외국법인등이 국내에 전자적 용역을 직접 또는 오픈마켓 운영자등을 통하여 비사업자에게 공급하는 경우에는 간편사업자등록하여 전자적 용역 공급에 대한 부가가치세를 납부하여야 한다.

① 부가법 제52조 제1항은 고정사업장이 없는 외국법인이 (직접) 공급한 용역등에 대한 대리납부요건을 규정한다. 그리고 공급받는 자가 과세용역을 면세사업 또는 비과세사업에 사용하거나 매입세액불공제 용역을 공급받은 경우에 대리납부를 지며, 일반 개인들(이하 비사업자)도 법리상 대리납부의무를 지나 비사업자에 대한 대리납부를 강제할 수 없어 현실적으로 대리납부가 이루어지지 않고 있다.

② 부가법 제53조 제1항은 고정사업장이 없는 외국법인이 사업자등록대상인 위탁매매인등을 통하여 국내에 용역을 (간접) 공급하는 경우 위탁매매인등이 용역등을 공급한 것으로 보아 부가가치세 납세의무를 진다. 이는 위탁매매인등을 공급자를 대신하여 공급받는 자로부터 부가가치세를 징수하여 납부하는 또다른 대리납부제

도가 된다. 부가법 제53조 제1항이 적용되면 제52조는 적용되지 아니하고 공급받는 자가 사업자이든 비사업자이든, 부가세 과세사업이든 그 외의 사업이든 관계없이 위탁매매인등이 외국법인의 용역등 공급에 대한 납세의무를 진다. 그러면서도 위탁매매인의 본래의 납세의무인 위탁 및 중개용역대가에 대한 납세의무는 그대로 부담한다.

③ 부가법 제53조의2 제1항은 용역등 중에서 전자적 용역을 별도로 발라내어 고정사업장이 없는 외국법인이 비사업자(등록사업자 외의 사업자)에게 직접 공급하는 전자적 용역을 국내 공급으로 의제하여 그 외국법인으로 하여금 간편사업자등록하여 부가가치세를 신고·납부하도록 규정하고 있다. 이 규정으로 인하여 부가법 제52조 제1항의 현실적 문제점인 비사업자에 대한 부가가치세 부담을 전자적 용역 공급자가 간편사업자등록을 통하여 부가가치세를 납부하도록 개선하였다. 용역유형이 전자적 용역, 공급받는 자가 비사업자인 경우 대리납부의무가 간편사업자등록을 통한 부가세 납세의무로 전환된 것이다. 이로써 비사업자에 대한 부가법 제52조의 대리납부의무는 면제된다.

④ 아울러 부가법 제53조의2 제2항은 고정사업장이 없는 외국법인이 오픈마켓이나 중개인 등(고정사업장이 없는 외국법인과 국내에 사업자등록되지 아니한 외국법인 포함) 제3자를 통하여 (간접) 공급하면 제3자가 국내에서 전자적 용역을 공급하는 것으로 본다. 다만, 국외사업자의 용역등 공급특례에 관한 부가법 제53조의 규정이 적용되는 경우를 제외한다. 사업자로 등록된 위탁매매인등을 통해 전자적 용역이 간접 공급된 경우에는 부가법 제53조의2 제2항을 다시 적용해 과세할 필요가 없으므로 제외한 것이다.

2 대외무역법상 용역의 수입

비거주자가 거주자에게 아래 네 가지 방법으로 대외무역령 제3조(용역의 범위)에 따른 용역을 제공하는 것과 비거주자가 거주자에게 정보통신망을 통한 전송과 그 밖에 컴퓨터 등 정보처리능력을 가진 장치에 저장한 상태로 반출·반입한 후 인도·인수하는 방법으로 전자적 형태의 무체물을 인도하는 것은 용역의 수입에 포함된다. 여기서 수입실적의 인정범위는 유상으로 거래되는 수입으로서 수입통관액(CIF가격 기준)으로 하는 것이나, 위 용역 또는 전자적 형태의 무체물의 수입의 경우에는 외국환은행의 지급액으로 하며, 수입실적의 인정시점은 지급일로 한다(대외무역령 §2 (4), 대외무역관리규정 §3, §5,

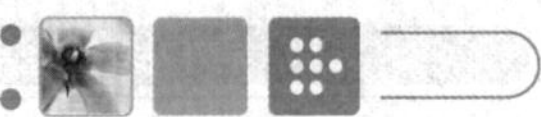

§26, §27).

① 용역의 국경을 넘은 이동에 의한 제공
② 거주자의 외국에서의 소비에 의한 제공
③ 비거주자의 상업적 국내주재에 의한 제공
④ 비거주자의 국내로 이동에 의한 제공

II 부가가치세 대리납부

1 의 의

재화를 수입하는 경우에는 세관장이 부가가치세를 거래징수하게 되므로 수입재화와 국내에서 생산된 재화 간에 과세형평이 유지되나, 용역을 수입하는 경우에는 세관장이 부가가치세를 과세하기가 현실적으로 불가능하다. 따라서 부가가치세가 과세되지 아니하는 용역의 수입은 부가가치세가 과세되는 국내사업자가 공급하는 용역보다도 가격측면에서 부가가치세만큼 유리한 위치에 서게 되므로 상대적으로 국내사업자는 국외의 용역 제공자보다도 가격 경쟁력이 뒤떨어지게 된다.

이러한 과세의 불형평을 제거하고 조세의 중립성을 유지하기 위하여 국내사업장이 없는 비거주자·외국법인으로부터 용역을 공급받는 경우에 수입시점에서 세관장이 부가가치세를 과세하지 아니하고 제공받는 용역의 대가를 지급하는 시점에서 그 대가를 지급하는 자가 국외의 공급자를 대리하여 부가가치세를 납부할 의무를 부여한 것이 대리납부제도의 취지이다.

부언하면, 부가가치세는 재화 또는 용역의 최종소비자가 부담하는 조세로서 사업자가 납세의무를 지고 최종소비자는 담세자에 해당한다. 이때 사업자는 국내에 사업장을 가지고 사업상 독립적으로 재화 또는 용역을 공급하는 자여야 하는바, 외국법인이나 비거주자의 경우 국내에 부가령 제8조 제6항에 따라 국내사업장을 가져야 국내에서 공급하는 재화나 용역의 공급에 대하여 부가가치세 납세의무를 부담한다. 대리납부제도는 국내에 사업장이 없는 비거주자 및 외국법인도 국내에 용역을 공급할 수 있지만, 용역의 공급자인 비거주자 및 외국법인은 부가가치세의 납세의무자가 아니므로 거래징수를 포함한 부가가치세법령에 정하는 제반 의무를 부여할 수 없기 때문에 대리납부의 요건을 갖춘 용역의 공급에 대하여 부가가치세를 부담시키기 위하여 공급받는 자에게 공급자를 대리하여 부가가치세를 납부할 의무를 부여한 것이다.

2 대리납부 의무자

(1) 요 건

다음의 "용역등의 공급하는 자"로부터 국내에서 용역 또는 권리(이하 "용역등"이라 한다)를 공급(국내에 반입하는 것으로서 부가법 제50조에 따라 관세와 함께 부가가치세를 신고·납부하여야 하는 재화의 수입에 해당하지 아니하는 경우를 포함한다)받는 자(공급받은 그 용역등을 과세사업에 제공하는 경우는 제외하되, 부가법 제39조에 따라 매입세액이 공제되지 아니하는 용역등을 공급받는 경우는 포함한다)는 그 대가를 지급하는 때에 그 대가를 받은 자로부터 부가가치세를 징수하여야 하며, 부가가치세 대리납부신고서를 제출하면서 부가법 제48조 제2항 및 제49조 제2항을 준용하여 부가가치세를 납부하여야 한다(부가법 §52 ①·②, 부가령 §95 ①).

▌대리납부가 성립하기 위한 요건

① 용역제공자가 국내사업장이 없는 비거주자 또는 외국법인이거나, 국내사업장이 있더라도 국내사업장에 귀속되지 아니하는 용역을 공급할 것**(공급자 조건)**

② 제공받는 용역등이 부가가치세가 과세되는 용역일 것**(공급대상 용역의 요건)**

③ 용역등이 소비되거나 사용되는 장소가 국내일 것(판례는 제공되는 역무의 보다 더 중요하고도 본질적인 부분이 수행된 장소가 국외인 경우 대리납부가 없다고 판시)
- 용역결과물이 사용되는 장소가 국내인 경우까지 대리납부범위를 확대하는 경향 **(공급장소 요건)**

④ 제공받은 용역등을 면세사업등(비과세사업 포함, 불공제대상 용역)에 사용할 것 **(용역의 사용조건)**

1) 용역등을 공급하는 자

대리납부의 의무가 성립하려면 국내에서 다음의 어느 하나에 해당하는 자(이하 "국외사업자"라 한다)로부터 용역등을 공급받아야 한다.

①「소득세법」 제120조 또는「법인세법」 제94조에 따른 국내사업장이 없는 비거주자 또는 외국법인

② 국내사업장이 있는 비거주자 또는 외국법인으로부터 용역등을 제공받는 경우는 다음에 해당하는 경우만 해당한다(부가령 §95 ④).

㉠ 「소득세법」 제156조 제1항 각호 외의 부분 또는 「법인세법」 제98조 제1항 각호 외의 부분의 규정에 해당하여 국내원천소득에 대하여 원천징수하는 경우

㉡ 위 "㉠" 외의 경우로서 해당 용역등의 제공이 국내사업장에 귀속되지 아니하는 경우

① 사업장

부가법 제6조 제2항에 규정된 "사업장은 사업자가 사업을 하기 위하여 거래의 전부 또는 일부를 하는 고정된 장소로"를 말한다. 대리납부 규정에 있어 사업장이란 비거주자나 외국법인의 경우에는 「소득세법」 제120조 또는 「법인세법」 제94조에 규정하는 장소(국내사업장)를 사업장으로 한다.

가. 비거주자의 사업장

비거주자가 국내에 사업의 전부 또는 일부를 수행하는 고정된 장소를 가지고 있는 경우에 국내사업장이 있는 것으로 한다.

나. 외국법인의 사업장

외국법인이 국내에 사업의 전부 또는 일부를 수행하는 고정된 장소를 가지고 있는 경우에는 국내사업장이 있는 것으로 한다.

다. 대리납부와 사업장

비거주자 또는 외국법인이 국내사업장이 없는 경우에는 해당 비거주자 또는 외국법인으로부터 제공받는 용역등이 대리납부의 대상이 되며, 비거주자 또는 외국법인이 상기 국내사업장이 있는 경우에는 국내사업장과 실질적으로 관련되지 아니하거나 그 국내사업장에 귀속되지 아니하는 용역에 해당되어야 한다.

② 비거주자 및 외국법인

비거주자 및 외국법인은 「소득세법」 제1조의2에 규정하는 비거주자와 「법인세법」 제1조에 규정하는 외국법인을 말한다.

가. 비거주자

「소득세법」 제1조의2에 따른 비거주자는 거주자가 아닌 자로서 국내원천소득이 있는 개인을 말한다(소법 §1의2 1호, 2호).

나. 외국법인

「법인세법」 제2조 제3호에 의한 외국법인은 외국에 본점 또는 주사무소를 둔 법인(국내에 사업의 실질적 관리장소가 소재하지 아니하는 경우에 한함)이다(법법 §2 3호, 법령 §2 ②).

③ '국내사업장에 귀속되지 아니하는'의 의미

외국법인이 국내사업장과 관련없이 국내 사업자에게 제공하는 용역이 외국법인의 국내사업장이 신고·납부하여야 할 대상인지 또는 동 용역(이하 "쟁점용역")을 공급받는 국내사업자가 대리납부하여야 할 대상인지 여부를 살펴보면,

첫째, 부가가치세제는 사업장 단위로 거래징수의무 및 신고납부의무를 부여하고 있으므로 해당 사업장과 관련성이 있는 거래에 대해서만 거래징수의무를 부여한 것으로 보는 것이 타당하다. 따라서 형식 또는 외견상 국외에서 직접 제공하는 용역의 경우라도 국내사업장이 실질적으로 관련성이 있는 경우, 즉 판매의 주요행위 수행, 주 용역과 관련된 부수 용역의 제공 등을 국내사업장에서 하는 경우에는 국내사업장이 부가가치세를 거래징수하여 신고·납부하여야 하나, 국내사업장과 전혀 관련이 없는 용역에 대하여 거래당사자가 아닌 국내사업장에 부가가치세 거래징수 및 신고·납부 의무를 지우는 것은 부가법상 사업장단위과세원칙에 위배된다.

둘째, 부가법 제34조에 따라 국내에서 용역 등을 공급받는 자가 부가가치세를 대리납부하여야 하는 거래는 법인법 제59조 제1항에 따라 사용료 등 국내원천소득을 지급하는 자가 법인세 등을 원천징수하여야 하는 거래와 일치(국내 공급받는 자가 부가가치세 대리납부와 법인세 원천징수를 함께 하여야 함)하는 것이 조세징수납부 체계상 타당하다. 법인법 제59조에서는 국내사업장이 있는 경우에도 해당 국내사업장과 실질적으로 관련되지 아니하거나 그 국내사업장에 귀속되지 아니하는 소득의 금액을 지급하는 자는 법인세를 원천징수하여 납부하도록 규정되어 있으나, 부가법상 대리납부 대상 여부를 판단하면서 국내사업장과의 관련성을 고려하지 아니하고 국내에 고정사업장이 있다는 이유로 부가가치세 신고·납부대상으로 인식하게 되면 동일 거래에 대하여 법인법상 사용료를 지급하는 자의 법인세 원천징수(국내사업장과 관련되지 아니하는 사용료 소득 지급 시)와 용역제공자의 국내사업장의 부가가치세 거래징수가 서로 다르게 되어 용역을 공급하는 자의 국내사업장이 부가가치세를 거래징수·납부하고 용역을 공급받는 자가 법인세를 징수 납부하게 되는 문제가 발생하므로 국내사업장과 실질적인 관련성이 없는 경우에는 대리납부 대상으로 보는 것이 거래당사자 중 일방이 부가가치세 또는 법인세를 징수하여 납부하도록 하고 있는 현행 과세체계상 합리적인 것으로 보인다.

셋째, 2000. 1. 1.부터 시행되는 현행 부가법 제34조에 의하면 쟁점용역과 같이 외국법인이 자기의 국내사업장이 있더라도 그 국내사업장과 관련 없이 직접 다른 국내사업자에게 용역을 공급하고 대가를 수취하는 경우는 대리납부대상으로 규정하여 사업장단위 과세원칙에 부합되도록 해당 국내사업장과 관련성이 있는 거래에 대해서만 신고·납부토록 하고 국내사업장과 실질적인 관련성이 없는 경우에는 대리납부대상으로 보도록 개정된 점이나

넷째, 영국 등 E.C.의 부가가치세제에서도 그 용역공급에 가장 직접 관련이 있는(most directly concerned with the supply) 사업장이 공급한 것으로 보아 "관련성"을 기준으로 하여 대리납부대상(관련성이 없는 경우)과 신고납부대상(관련성이 있는 경우)으로 구분하고 있다는 점 등을 감안하여 보면 비록 이 건 거래 당시의 부가법상에는 분명하게 규정되어 있지는 아니하지만 위 개정세법의 취지와 같이 국내사업장과 실질적인 관련성이 없는 거래에 대하여는 부가가치세 대리납부대상으로 보는 것이 합당하다.

다섯째, 영세율 적용대상을 규정하고 있는 부가령 제33조 제2항 제2호에서 국내사업자가 국내에서 국내사업장이 있는 비거주자 또는 외국법인과 직접 계약에 의하여 공급되는 재화 또는 용역으로서 그 대금을 해당 비거주자 또는 외국법인으로부터 받는 경우에도 해당 계약이 외국법인의 국내사업장과 관련 없이 외국법인과 직접 계약에 의해 이루어지는 한 국내사업장이 없는 외국법인에 대한 재화 또는 용역의 공급과 동일하게 영세율을 적용하고 있는 점에서 국내사업장 유무에 불구하고 재화 또는 용역의 거래당사자를 판단하는데 귀속주의 입장 또는 사업장 단위로 관련성 유무를 기준으로 판단하고 있음을 알 수 있는 바, 쟁점용역은 영세율이 적용되는 수출거래와는 달리 수입거래이나 거래당사자가 동일하다는 점에서 같은 기준으로 부가가치세 신고·납부 대상 여부를 따져보면 외국법인의 국내사업장과 관련이 없는 한 신고·납부대상이 아닌 대리납부 대상으로 보는 것이 부가법의 적용·해석상 일관된 것으로 판단된다.

여섯째, OECD모델, UN모델협약 제24조 및 조세조약에서 무차별조항은 모든 조세에 적용하도록 규정하고 있어 부가가치세에도 적용되어야 한다. 내국법인의 경우에는 본점과 지점이 각각 사업장단위로 모든 과세거래를 신고하는 바, 외국법인의 본점이 직접 국내에 공급한 과세거래를 국내사업장에서 신고·납부하지 아니하면 오히려 내국법인이 과세상 불이익을 받는 역차별이 발생하므로 외국법인의 국내사업장에 본점의 국내공급 분까지 신고·납부의무를 부여함으로써 결과적으로 내국법인에 대한 과세와 동일하게 되므로 위 조세조약 등에서 규정한 무차별 규정을 위배한 것인바, 외국법인의 국내사업장에게 외국의 본점이 공급한 무관(無關)용역에 관한 부가가치세의 신고·납부 의

무를 부여하는 것은 당연히 무차별원칙에 위배된다.

위와 같은 사실을 종합해 보면, 외국법인의 다른 국내 고정사업장과 실질적으로 관련없는 사용료 대가임에 다툼이 없는 쟁점용역에 대하여는 현행 부가법 개정 취지에 부합되고 법인법상 법인세 원천징수대상과도 일치하도록 사업장단위 과세원칙과 국내 고정사업장과의 관련성을 고려하여 부가가치세 거래징수 신고·납부의무 여부를 판단하여야 할 것이므로 쟁점용역을 공급받는 자가 부가가치세를 대리납부하는 것이 타당한 것으로 판단된다.

아울러 '국내사업장에 귀속되지 않는다'는 의미는 곧 '국내사업장에 관련되지 않는다'는 의미와 동일하다(부가 46015-595, 2000. 3. 16. ; 국심 1999서2566, 2000. 7. 22.).

| 99년 재정부 개정세법 해설 책자 |

종 전	개 정
○ 국내사업장이 없는 비거주자 또는 외국법인으로부터 용역의 공급을 받는 경우에는 - 대리납부(면세사업에 공하는 경우에 한하여 적용)	
○ 국내사업장이 있는 비거주자 또는 외국법인으로부터 용역의 공급을 받는 경우는 - 국내사업장에서 신고납부(대리납부 대상 아님)	○ 국내사업장이 있는 비거주자 또는 외국법인이 국내사업장과 관련없이 용역을 제공하는 다음의 경우에는 대리납부 허용
<신 설>	- 소득세법(제156조 제1항 본문)이나 법인세법(제98조 제1항 본문)에서 규정하는 경우 - 위의 경우외의 경우로서 당해 용역의 제공이 국내사업장에 귀속되지 아니하는 경우

○ 부가가치세는 본사와 지점이 있는 경우 각각 별개의 사업장으로 취급하여 부가가치세를 신고·납부하도록 하는 사업장별 과세원칙임.

- 외국법인의 경우에도 본사가 국내사업장과 관련없이 국내사업자에게 제공하는 거래분에 대하여 대리납부하는 것이 동 원칙에 부합
- 2000. 1. 1 이후 최초로 공급하거나 공급받는 분부터 적용

2) 용역등을 공급받는 자

① 일반원칙

위 “1) 용역등을 공급하는 자”가 아래 “3)”에서 정하는 대리납부대상 용역을 제공하고, 해당 용역등을 공급받은 자가 이를 과세사업에 공하지 아니하여야 대리납부의무가 있다. 과세사업에 공하지 아니한다는 의미는 면세사업에 사용하는 경우뿐만 아니라 비과세사업에 사용되는 것까지 포괄하는 개념이다.

과세사업에 사용하는 용역을 대리납부대상에서 배제하는 이유는 이를 과세사업에 사용하는 경우 매입세액을 공제받게 되므로 과세실익이 없기 때문이다. 따라서 과세사업자가 아닌 면세사업자, 비영리법인, 그 밖의 단체나 사업자등록이 없는 개인도 대리납부자가 될 수 있다[개인(비사업자)은 사실상 대리납부가 불가하다].

② 예외

대리납부의 요건 중에는 아래 “3)”의 용역등을 공급받아 면세사업등에 사용하는 사업자뿐만 아니라 부가법 제39조에 따라 매입세액이 공제되지 아니하는 용역등을 공급받은 사업자도 포함된다.

기획재정부에서는 국내사업장이 없는 외국법인 등으로부터 골프장 코스조성 설계용역을 공급받는 경우로서 해당 용역의 매입이 토지의 조성 등을 위한 자본적 지출에 해당하는 경우 대리납부가 있는 것으로 회신하였다(재부가-588, 2011. 9. 22.).

이는 국내사업장이 없는 외국법인이라는 이유로 부가가치세 부담을 없애 주어 부가가치세 납세의무를 지는 국내사업자와 비교할 때 조세부담의 형평성과 조세의 시장중립성 원칙을 훼손하는 결과를 초래한다. 또한, 해당 용역이 토지의 취득원가를 구성하고 추후 토지의 매각을 통해 부가가치세가 면제되어 결과적으로 토지의 공급에 영세율이 적용되는 효과가 발생한다.

조세형평성 차원에서 볼 때 당연한 유권해석임에는 틀림없으나, 해당 설계용역이 과세사업을 위해 쓰여질 것을 전제로 제공받았고 토지의 매각 그 자체가 면세사업 또는 비과세사업은 아니므로 이에 대한 입법적 보완이 요구되어 2011. 12. 31. 세법 개정 시 부가법 제39조에 따라 매입세액이 공제되지 아니하는 용역등을 공급받는 경우에도 대리납부대상에 포함시켰다.

③ 국외사업에 사용 또는 소비되는 용역등에 대한 대리납부

비거주자나 외국법인이 국외에서 역무를 제공하였더라도 동 용역의 결과물을 공급받아 국내에서 비과세·면세사업을 위하여 사용하면 대리납부의무가 있다는 것이 일관된 해석과 법원(다수 판례)의 판단이다(사전-2015-법령해석부가-0014, 2015. 3. 20. ; 재소비 46015-40, 1998. 2. 13. ; 대법원 2004두7528, 2006. 6. 16. ; 조심 2015서1271, 2015. 6. 26. 외 다수). 그러나 해당 사례들을 면밀히 살펴보면 외국법인 등으로부터 제공받은 용역을 국내에서 비과세 또는 면세사업을 위해 직·간접적으로 투입하여 국내에서 수입금액이 발생된 경우이다. 그렇다면 국외에서 용역이 수행된 용역이(국내를 경유하여) 최종적으로 국외에서 생산된 재화나 용역에 대한 원가(비용)로 투입된 경우에도 대리납부의무가 발생하는지는 의문이다.

이처럼 용역수행결과물이 소재한 해외지사 등에서 궁극적으로 사용된다면 국외에서 용역을 제공받아 국외에서 용역수행결과물이 사용·소비되므로 국외거래에 해당되고 부가가치세의 납세의무(대리납부 등)가 없다고 보는 것이 타당하다(기재부 부가가치세과-108, 2018. 2. 9.).

EU국가(예를 들어, 영국), 캐나다, 호주의 경우 매입세액의 공제범위와 관련하여 '자기의 사업'의 범위를 공급장소가 국내인 공급뿐만 아니라 국외공급을 포함하여 국외에서 공급하는 재화 또는 용역의 공급에 대한 매입세액도 공제를 허용하여 이중과세문제를 해결하고 있다(영국 국세청(HM Revenue & Customs Nottice 700) 등).

만약 우리나라에서만 이러한 경우 대리납부의무를 부여하고 해외 사업장 소재지국에서 생산한 재화나 용역이 부가가치세가 과세되는 경우 국내사업자는 대리납부로 인한 부가가치세 부담을 지면서 사업장 소재지국에서는 재화나 용역의 공급에 대한 부가가치세를 부담하므로 누적효과가 발생되며, 이는 국제적 이중과세 문제는 물론 소비지국과세원칙에도 어긋나 우리 기업의 국제 가격경쟁력이 약화될 수 있다.

3) 공급받는 용역

① 대리납부대상 용역등

대리납부대상인 용역등 중 용역은 계약상·법률상의 모든 원인에 의하여 역무를 제공하거나 재화·시설물 또는 권리를 사용하게 하는 것이며, 이 경우 재화, 시설물 또는 권리란 부동산, 부동산상의 권리, 광업권, 조광권, 채석권, 선박, 항공기, 자동차, 중기, 기계, 설비, 장치, 운반구, 공구, 학술 또는 예술상의 저작물(영화필름을 포함)의 저작권, 특허권, 상표권, 의장, 모형, 도면, 비밀의 공식 또는 공정, 라디오·텔레비전·방송용 필름 및 테이프, 산업상·상업상 또는 과학상의 지식·경험 또는 숙련에 관한 정보, 우리나라 법에 의한 면허·허가 또는 이와 유사한 처분에 의하여 설정된 권리, 그 밖의 이와 유사한 재화 시설물 또는 권리를 말한다(부가통칙 52-95-1).

또한, 국내·외 사업자 간 과세형평의 제고를 위하여 2013. 1. 1. 이후 공급분부터는 부가법 제50조에 따라 관세와 함께 부가가치세를 신고·납부하여야 하는 재화의 수입에 해당하지 아니하는 권리(종전 무체물)인 재화의 수입도 대리납부대상 용역등에 포함하였다(부가법 §52 ①).

참고로 부가법 제52조 제1항에서는 '권리'가 분명 재화에 해당함에도 불구하고, 용역과 함께 대리납부대상으로 규정하면서 해당 권리와 용역의 소비장소에서 과세권을 갖도록 했고, 부가법 제53조의2에서 디지털로 거래되는 콘텐츠 등에 대하여 별도로 재화와 용역으로 구분하지 아니하고 정보통신망으로 공급되는 것으로서 이동통신단말장치 또는 컴퓨터 등에 저장되어 구동되거나 저장되지 아니하고 실시간으로 사용할 수 있는 것을 모두 용역으로 간주하고 있다.

오픈마켓운영자의 중개하에 국내외 소비자가 유상으로 애플리케이션을 다운로드받는 것은 용역의 공급으로 보고, 국외 소비자가 다운로드받는 것은 국외제공용역(용역의 수출)으로 영세율이 적용된다고 해석하고, 소프트웨어를 전자적으로 전송하면 재화의 수출로 해석하면서 위와 같이 무체물에 대하여 용역으로 해석한 것은 논리적 일관성이 없어 보인다(재부가-388, 2010. 6. 10.).

다만, 어느 경우든 국외에서 애플리케이션 등을 다운로드받는 것은 재화의 수출이든 용역의 수출(국외제공용역)이든 영의 세율이 적용되므로 과세권 실현, 소비지국과세원칙 실현 측면에서 그 구분의 실익은 없다.

※ 리니지게임에 필요한 사이버화폐인 게임머니에 대해 대법원은 온라인 게임서비스상의 게임등을 이용할 수 있는 권리 내지 재산적 가치가 있는 무체물의 일종으로서 재화에 해당한다고 판시

② 외국사업자가 해당 국가의 인허가를 받은 경우 대리납부 해당 여부

부가령 제36조 제1항 제1호에 따른 교육용역의 면세 취지는 교육기관으로서 우리나라 주무관청의 지도 및 감독을 받고 있는 경우에 한하여 부가가치세를 면제하겠다는 것이며, 감사원(2014년 감심 제347호, 2014. 7. 25.)도 면세대상 교육용역을 국내 교육시설 관련법에 따라 주무관청의 허가나 인가를 받은 경우에 한하여 면세하는 것으로 하고 있어 주무관청에의 신고·등록 및 인허가를 면세요건으로 하는 교육용역 등은 우리나라의 주권 및 과세권이 미치지 아니하는 외국 현지 법률에 따라 현지정부의 주무관청의 지도 및 감독을 받고 있는 경우까지 확대하여 국내법인 부가가치세법을 적용할 수 없다고 보고, 현지 법률에 따라 인허가를 받은 외국법인등이 우리나라의 면세사업자에게 해당 용역을 제공하고 그 대가를 받는 경우 해당 대가를 지급하는 국내사업자에게 대리납부의무가 있다고 해석하고 있다(기획재정부 부가가치세제과-313, 2015. 4. 14.).

③ 대리납부의 대상이 되지 아니하는 용역

비거주자 또는 외국법인으로부터 제공받는 용역이 다음에 해당하는 경우에는 대리납부의무가 없다.

가. 부가가치세 면세대상 용역인 경우

비거주자 등으로부터 공급받는 용역이 부가법 제26조, 제27조 또는 「조세특례제한법」 제106조 등에 따라 부가가치세가 면제되는 경우에는 해당 면세용역을 제공하는 국내사업자와의 관계에 있어 조세부담의 형평성이나 조세의 시장중립성을 해하지 아니하므로 대리납부대상이 되지 아니한다.

나. 부가가치세 영세율 적용대상 용역인 경우

비거주자 등으로부터 공급받는 용역이 부가법 제23조, 제24조 또는 「조세특례제한법」 제105조 등에 따라 부가가치세 영세율이 적용되는 경우 해당 영세율 적용대상 용역을 제공하는 국내사업자와의 관계에 있어 조세부담의 형평성이나 조세의 시장중립성을 해하지 아니하므로 대리납부대상이 되지 아니한다(부가통칙 52-95-2).

아울러 부가법 제25조에서 영세율에 대한 상호주의 적용을 규정하고 있는바, 위 영세율 적용대상 용역의 제공자가 속한 국가가 우리나라 거주자 또는 내국법인에 동일한 면세를 적용하지 아니하더라도 대리납부 적용대상이 되지 아니한다고 보아야 한다. 대리납부 취지가 거래가격 면에서 국내기업의 보호에 있는바, 용역제공자의 소속 국가가 상호면세국이냐에 따라 대리납부를 달리한다면 상호면세국임을 국내기업이 일일이 파악해야 하는 불편과 해당 용역을 수입하려는 국내기업의 원가부담(대리납부세액만큼 수입가격 인상)이 증가하고, 해당 외국기업은 가격면에서 불리하고 국제적 이중과세가 발생할 여지도 있기 때문이다.

다. 용역의 국외공급에 해당하는 경우

국내사업장이 없는 외국법인등으로부터 국외에서 용역을 제공받아 그 결과물을 국외에서 종국적으로 사용·소비한 경우에는 대리납부대상이 되지 아니한다(부가 1265-2506, 1982. 9. 23. 외 다수).

4) 공급장소와 대리납부

① 소비지과세원칙의 채택

재화나 용역의 사용 및 소비행위에 대하여 과세되는 부가가치세는 해당 재화 및 용역이 국내에서 공급되건 국외에서 공급되었는지 여부를 막론하고 소비지에서 과세됨이 원

칙이며, 1977년에 입법된 우리나라 부가가치세법이 소비지국과세원칙을 채택하고 있다는 점에는 학계와 실무의 공통된 의견이다.

현재 우리 부가법은 수출하는 재화・용역에 대하여는 영세율을 적용하고, 수입하는 재화에 대하여 세관에서 부가가치세를 거래징수하고 있으며, 용역의 수입에 대하여는 대리납부제도를 두어 용역을 공급받는 자가 그 대가를 지급하는 시점에 해당 용역을 공급하는 비거주자 또는 외국법인을 대신하여 부가가치세를 징수・납부하도록 명확하게 규정하고 있다.

② 역무의 제공에 있어 공급장소의 의미

부가법 제20조는 역무의 공급장소를 역무가 제공"되는" 장소라 규정하였지, 역무를 제공"하는" 장소라고 규정하지 않았다. 우리나라 부가법에서 말하는 "역무가 제공된 장소"라고 할 경우 이는 사전적으로 "역무가 주어져 도움이 된 장소", 즉 소비자가 용역을 공급받은 장소의 의미로 해석하여야 한다. 즉, 부가법은 과세권 여부의 판단기준이 되는 공급장소를 공급자를 기준으로 "용역을 공급한 장소" 내지 "역무를 제공한 장소"라고 규정하는 것이 아니라, 소비지국과세원칙에 충실하게 용역을 공급받는 자를 중심으로 "용역이 공급되는 장소" 내지 "역무가 제공된 장소"라고 규정함으로써 소비자가 용역을 공급받은 장소를 공급장소로 보고 있음을 분명히 하고 있다. 따라서 "역무가 제공되는 장소"의 의미를 용역이 현실적으로 수행된 장소뿐만 아니라 그러한 용역이 사용되는 장소까지 포함하는 것으로 봄이 타당하다.

아울러 부가법 제52조 제1항에서 "국내에서 용역 또는 권리를 공급받는 자"의 의미는 비거주자 또는 외국법인이 제공하는 용역등을 국내에서 제공받는 경우를 의미한다기보다는 제공받은 용역 또는 그 결과물을 국내에서 사용 또는 소비하는 경우까지를 의미한다.

다만, 국외 지점 등의 해외매출(이 경우 우리나라에 과세권이 없음)에 사용・소비된 경우 또는 해외에서 인도받아 해외에서 소비되는 경우에는 대리납부가 없는 것으로 소비지국과세원칙이 대리납부에 적용된다 하여 외국법인등으로부터 용역등을 제공받은 경우 예외없이 대리납부대상이 되는 것은 아니다.

③ 법원의 입장

대법원은 "용역을 공급받는 자(소비자) 입장에서 볼 때 용역의 중요하고도 본질적인 부분이 소비자가 위치하는 국내에서 이루어졌다면 용역의 일부가 외국에서 제공되었다고 하더라도 그 공급장소는 국내로 봄이 타당하고, 역무가 제공되는 장소는 용역이 현실적으로 수행된 장소뿐만 아니라 그러한 용역이 사용되는 장소까지 포함되는 개념으로 볼 수 있고, 용역공급을 받는 소비자의 입장에서 용역의 중요하고도 본질적인 부분이 국내에서 이루어졌다면 비록 용역의 일부가 외국에서 제공되었다고 하더라도 그 공급장소는 국내로 인정함이 실질과세의 원칙에 부합하는 해석"이라고 판시하고 있다.

아래 표의 판례들을 보면 대리납부에 있어 우리나라가 소비지국과세원칙을 채택하고 있으며, 공급받는 자(소비자) 입장에서 용역수행결과물의 사용지 또는 용역이 사용되는 장소가 국내이면 대리납부가 있다는 판례가 정립되어 있다는 것을 알 수 있다.

판례 번호	쟁 점	요점 정리
① 대법원 2014두7528(국승)	대리납부 • 용역의 제공장소 • 이 사건용역의 중요하고도 본질적인 부분	• SWIFT(국제은행 간 금융통신조직)를 이용한 메시지 전송 및 저장등 작업이 국외에서 이루어졌어도 이의 접속 및 전송이 이루어지는 곳은 국내이므로 대리납부의무 있음.
② 서울고법 2015누70579 (대법원 2016두43480 심리불속행 기각)	대리납부 • 경영지원용역의 본질적인 부분이 수행된 장소가 국내인지	• 용역제공이 완료되기 위해서는 제공행위와 함께 수령행위가 전제 • 경영지원용역의 성질상 이메일로 원고에게 정보등이 전송되어 업무에 활용할 상태가 되어야 의미가 있음. • 역무가 소비자에게 제공되는 장소가 용역의 공급장소임.
③ 대법원 2017두53699 서울고법 2017누34249 대법원 2016두44889	대리납부 • 국외에서 웹페이지에 접속해 영어첨삭용역을 완료하여 전송 시 용역제공 장소가 국내인지 등	• 자회사의 현지 강사들의 용역 제공행위가 완료되는 장소뿐만 아니라 그 결과물이 저장되어 사용되는 곳은 국내로 대리납부대상임. • 해외 자회사를 통한 영어화상강의의 용역은 수강생이 이를 수강하는 국내가 공급장소임.
④ 대법원 95누1071 서울고법 2015누62363	대리납부 해당 여부 • 역무의 제공장소 의미	• 역무가 제공되는 장소의 의미는 용역이 현실적으로 수행된 장소뿐만 아니라, 사용되는 장소까지 포함하는 의미로 새기고, 용역을 공급받는 소비자의 입장에서 볼 때, 용역의 중요하고도 본질적인 부분이 소비자가 위치하는 국내에서 이루어졌다면 용역의 일부가 외국에서 제공되었다고 하더라도 그 공급장소는 국내임.

판례 번호	쟁 점	요점 정리
⑤ 대법원 2014두13829	국외제공용역 해당 여부	• 외국법인이 제공한 용역의 중요하고도 본질적인 부분이 국내에서 이루어졌다면 그 일부가 국외에서 이루어졌더라도 용역이 공급되는 장소는 국내임.
⑥ 대법원 2014두8766	국외제공용역 해당 여부	• 채권 인수를 중개·알선·회수하는 용역을 주로 국외에서 수행하였으므로 국외제공용역에 해당함.
서울행법 2014구합63657 (서울고법 국승 완료)	대리납부 • 용역의 제공장소 • 소비지국과세원칙 채택 여부	• 용역제공이 완료되기 위해서는 제공행위와 함께 수령행위가 전제 • 소비지국과세원칙을 전적으로 채택하였고 이 원칙하에 용역공급장소를 넓게 해석하는 것이 조세법률주의에 반하지 않음.
서울고법 2018누55700	대리납부 해당 여부 • 역무의 제공장소 의미	• 위 판결 취지와 같음.
서울행법 2018구합55166 (고법 국패 완료)	대리납부 해당 여부 • 외국법원을 상대로 하는 소송을 외국법무법인에 소송의뢰한 경우	• 해외 소송과 관련된 용역결과물이 사용된 곳이 국외이므로 대리납부 의무 없음.

위 "①"부터 "⑥"까지의 판례는 "예규집"을 참고한다.

특히 최근 국내신용카드사들이 해외카드사들에 지급하는 국제결제네트워크시스템 사용 및 카드사 상표권 사용과 관련된 대법원 판결에서 역무를 제공하는 용역의 경우 과세권이 미치는 거래인지는 역무가 제공되는 장소를 기준으로 판단하여야 하고, 외국법인이 제공한 역무의 중요하고도 본질적인 부분이 국내에서 이루어졌다면 그 일부가 국외에서 이루어졌더라도 역무가 제공되는 장소는 국내라고 보아야 한다(대법원 2006. 6. 16. 선고 2004두7528, 7535 판결 등 참조). 한편, 역무가 제공되기 위해서 이를 제공받는 자의 협력행위가 필요한 경우에는 그 협력행위가 어디에서 이루어졌는지도 아울러 고려하여 역무의 중요하고도 본질적인 부분이 어디에서 이루어졌는지를 판단하여야 한다고 판시하여 더욱 저자의 주장이 확실해졌다(대법원 2019두34913, 2022. 7. 28. ; 대법원 2018두39621, 2022. 7. 28. ; 대법원 2019두33903, 2022. 7. 28.).

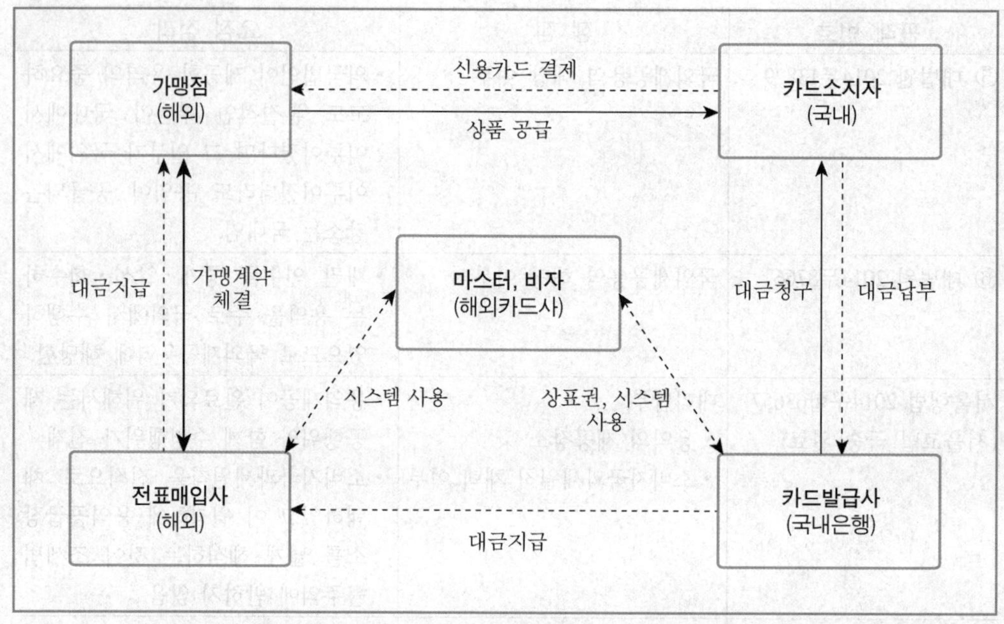

	마스터카드	비자카드
영리법인화	2002. 6. 28.	2007. 9. 28.
발급사분담금	국내 신용결제금액 × 0.03% 현금서비스금액 × 0.01%	국내 신용결제금액 × 0.03%
발급사 일일분담금	국외 신용결제금액, 현금서비스금액 × 0.184%	국외 신용결제금액, 현금서비스금액 × 0.2%

(2) 대가의 지급

대가를 받지 않고 타인에게 용역을 공급하는 것은 용역의 공급으로 보지 않으므로 무상으로 용역을 공급받는 자는 대리납부의 의무가 없으나, 어음 또는 수표로 결제하거나 외상매출금과 상계, 금전지급 외의 현물 등에 의한 지급은 유상으로 그 대가를 지급하는 것이므로 대리납부의무가 있다. 또한, 사업자가 국내에 사업장이 없는 비거주자 또는 외국법인으로부터 용역을 유상으로 공급받고 그 대가를 지급할 채무가 확정된 후에는 채무면제 또는 상계 등에 의해 그 대가를 지급하지 않게 되더라도 부가가치세를 대리납부하여야 한다(부가 22601-1874, 1985. 9. 23.).

(3) 사용료의 원천징수와 대리납부가 중복되는 경우

내국법인이 비거주자에게 용역제공을 의뢰하고 그 대가를 지급하는 경우로서 동 지급대가는 「소득세법」 제119조 제10호의 사용료소득에 해당되어 소득세로 원천징수하는 경우에도 부가가치세 과세사업을 영위하지 아니하는 자가 국내에 사업장이 없는 비거주자 또는 외국법인으로부터 부가가치세가 과세되는 용역을 공급받고 그 대가를 지급함에 있어 국내에서 과세사업에 사용하는 경우를 제외하고는 부가가치세 대리납부의무도 지는 것이다(서면2팀-289, 2006. 2. 6.).

3 | 대리납부세액 계산

대리납부세액의 기준이 되는 금액(이하 "과세표준"이라 한다)인 용역등의 대가(이하 "용역대가"라 한다)는 다음과 같이 계산한다(부가령 §95 ; 부가통칙 52-95-3, 52-95-4).

1) 거래당사자 간에 부가가치세액의 징수 및 부담에 대하여 별도의 계약이 있는 경우에는 해당 계약에 의한다

계약의 내용에 의하여 용역대가에서 부가가치세를 차감하지 않을 경우에는 그 용역대가가 공급가액이 되므로 동 용역대가의 10/100이 대리납부 세액이 된다. 한편, 계약금액에서 부가가치세를 차감하고 지급하기로 한 경우에는 동 계약금액의 10/110을 차감하여 대리납부하고 잔액을 지급한다.

2) 부가가치세액의 징수 및 부담에 대하여 별도의 계약이 없이 용역대가의 전액을 지급하는 때에는 해당 용역대가에 부가가치세가 제외되어 있는 것으로 하여 계산한다

부가가치세의 징수·부담에 대하여 별도의 계약이 없이 용역대가의 전액을 지급하는 때에는 해당 용역의 대가가 용역의 공급가액이 되는 것이므로 동 용역가액의 10/100에 상당하는 부가가치세액을 용역을 공급받는 자가 부담하며 대리납부하여야 한다.

3) 부가가치세액의 징수 및 부담에 대하여 별도의 계약이 없이 용역대가에서 부가가치세액을 공제하여 지급하는 때에는 해당 용역대가에 부가가치세가 포함되어 있는 것으로 하여 계산한다

해당 용역대가에 부가가치세가 포함되어 있으므로 동 용역대가의 10/110을 대리납부한다.

4) 과세사업과 면세사업 겸영사업자

① 일반적인 경우

비거주자 또는 외국법인으로부터 공급받은 용역등이 과세사업과 면세사업등에 공통으로 사용되어 그 실지귀속을 구분할 수 없는 경우 그 면세사업등에 사용된 용역등의 과세표준은 다음 계산식에 따라 계산한 금액으로 한다(부가법 §52 ③, 부가령 §95 ②).

$$\text{과세표준} = \text{해당 용역등의 총공급가액} \times \frac{\text{대가의 지급일이 속하는 과세기간의 면세공급가액}}{\text{대가의 지급일이 속하는 과세기간의 총공급가액}}$$

② 과세 또는 면세 공급가액이 없는 경우

비거주자 또는 외국법인으로부터 공급받은 용역등이 과세사업과 면세사업등에 공통으로 사용되어 그 실지귀속을 구분할 수 없는 경우로서 해당 과세기간 중 과세사업과 면세사업등의 공급가액이 모두 없거나 어느 하나의 사업에 공급가액이 없으면 그 과세기간에 있어서의 안분계산은 부가령 제81조 제4항(매입가액, 예정공급가액, 사용면적비율에 따른 안분계산)과 제82조(공통매입세액의 정산) 규정을 준용한다(부가령 §95 ② 단서).

2008. 2. 22. 시행령 개정 전에는 과·면세사업의 공급가액이 모두 없거나 어느 하나라도 공급가액이 없는 경우의 안분계산방법에 대한 명문규정이 없어 기획재정부의 유권해석(재부가-164, 2007. 3. 13.)으로 운용하고 있었다.

5) 국내체재 경비

국내에 사업장이 없는 외국법인과 기술도입계약을 체결하여 동 법인소속의 기술자로부터 계약에 따른 기술용역을 공급받고 기술자의 체재경비를 지급하는 경우에 해당 체재경비가 용역의 대가에 포함되는 때에는 그 대가를 지급하는 때에 부가가치세를 징수하여 대리납부하여야 한다.

6) 외화 용역대가의 환산

대리납부대상이 되는 과세표준을 계산함에 있어서 대가를 외화로 지급하는 때에는 다음에 규정하는 금액을 그 대가로 한다(부가령 §95 ③).

㉠ 원화로 외화를 매입하여 지급하는 경우: 지급일 현재의 대고객외국환매도율에 따

라 계산한 금액

㉡ 보유 중인 외화로 지급하는 경우: 지급일 현재의 「외국환거래법」에 따른 기준환율 또는 재정환율에 따라 계산한 금액

7) 비거주자 등이 부담한 원천징수세액

비거주자 등이 부담하여야 할 국내원천소득에 대한 법인세 및 주민세 상당액은 용역의 과세표준에 포함한다(부가 22601-1135, 1988. 7. 4.).

사례 1

문의

면세사업을 영위하는 사업자가 국내사업장이 없는 외국법인으로부터 산업정보를 제공받고 사용료 ₩100,000을 송금하였으며, 조세협약에 의한 법인세 제한 세율은 15%이고 소득할주민세율 7.5%이다. 이 경우의 대리납부세액은?

답변

① 용역의 공급가액

₩100,000 / [1 − 0.15(법인세율) − 0.15 × 0.075(주민세율)] = ₩119,225

② 대리납부세액

₩119,225 × 0.1 = ₩11,922

③ 세무 및 회계처리

<지급 시>

(차) 사용료	119,225	(대) 현금	100,000
		원천징수예수금	19,225

₩119,225원 × (15% + 15% × 7.5%) = ₩19,225

④ 부가가치세 신고 시(대리납부 시)

(차) 대리납부세액(손금산입)	11,922	(대) 현금	11,922

8) 대리납부 추징에 따른 구상권 청구 가능 여부

과세관청이 외국법인에 용역대금을 지급한 이후 대리납부의무가 있는 것으로 보아 공급받는 자에게 대리납부불이행으로 인한 부가가치세 및 가산세를 부과처분한 경우 그 부과처분에 불복이나 행정소송은 많으나, 외국법인(용역의 제공자)을 상대로 국내사업자가 당초 대리납부하여야 할 세액의 지급을 청구하는 민사소송은 없었다.

대리납부세액의 부담에 관한 사전약정없이 국내사업자가 용역대가 전액을 외국법인

에게 지급한 이후에 과세관청이 부가가치세 및 가산세를 추징한 경우, 공급자가 납세의무자가 되는 국내거래와 달리 공급받는 자가 납세의무가 있는 부가가치세(간접세) 대리납부에 있어서는 외국법인을 상대로 한 구상권의 행사는 국제 관행상으로나 법리적으로도 외국법인이 부담한다는 명확한 예외약정이 없는 한 어려울 것으로 판단된다. 특히 동 가산세에 대하여는 법적권리가 없어 구상권 청구가 불가하다(대구고법 2012나915, 2012. 6. 13.).

사례 2

문의

면세사업인 도서 출판업과 과세사업인 광고업을 영위하는 사업자가 2022. 2. 1. 국내사업장이 없는 비거주자로부터 부가가치세 과세대상인 용역을 제공받고 6천만 원(공급가액)을 지급하였다. 해당 과세기간의 과세·면세 공급가액이 아래와 같을 때 대리납부세액을 계산하라.

구 분	2022. 1기 예정	2022. 1기 확정	2022. 1기 계
과세매출	4억 원	6억 원	10억 원
면세매출	–	30억 원	30억 원

* 2022. 1기 예정신고 시 예정 면세공급가액 비율은 70%였다.

답변

예정신고 시에는 면세분 수입금액이 없으므로 부가령 제81조 제4항 제2호의 규정을 준용하여 계산하고, 확정신고 시에 부가령 제82조의 규정을 준용하여 정산한다.

㉠ 예정신고 시 대리납부세액계산

- 6천만 원 × 70%(예정 면세공급가액비율) × 10%(세율) = **4,200,000원**

㉡ 확정신고 시 대리납부세액정산

- 6천만 원 × 30억 원/ (10억 원 + 30억 원) × 10% − 4,200,000 = **300,000원(추가납부)**

4 | 대리납부할 세액의 징수시기 및 납부

(1) 대리납부 시기

일반적으로 재화와 용역의 공급 또는 재화의 수입의 경우에는 대가를 언제 지급하는가 여부에 관계없이 공급시기에 세금계산서를 수수하여 해당 예정신고기한 또는 확정신고기한 내에 신고·납부한다. 그러나 국내사업장이 없는 비거주자 또는 외국법인과 국내사업장이 있는 비거주자 또는 외국법인으로부터 용역을 공급받는 자는 부가가치세법상 공급시기에 불구하고 그 대가를 지급하는 때에 대리납부할 세액을 징수한다.

예를 들면 용역의 제공을 받기 전에 용역공급계약에 따라 착수금 또는 계약금을 지급하는 경우 그 착수금이 용역의 대가에 해당하면 대리납부의 대상이 되고 그 착수금 또는 계약금을 지급하는 때에 대리납부세액을 징수하며(부가 1265.2-2720, 1980. 12. 18. ; 부가 22601-2589, 1986. 12. 22.), 용역의 공급을 받기 전에 그 대가의 일부를 수회에 걸쳐 지급하는 경우에는 그 지급을 하는 때마다 대리납부세액을 징수한다(부가 22601-2589, 1986. 12. 22.).

또한, 용역대가를 미지급하여 미지급계상을 하였다 하더라도 동 미지급비용을 송금하는 시점에 송금액에 대한 대리납부세액을 징수한다(부가 1265-1111, 1984. 6. 8.).

(2) 대리납부 방법

대리납부의무자는 대리납부대상이 되는 용역대가를 지급하는 때에 부가가치세를 징수하여 부가가치세 예정신고 또는 확정신고의 규정을 준용하여 다음 사항을 기재한 부가가치세 대리납부신고서와 함께 이를 징수한 사업장 또는 주소지 관할 세무서장에게 납부하거나 「국세징수법」에 따른 납부서에 의하여 한국은행 또는 체신관서에 납부하여야 한다(부가법 §52 ②, 부가령 §95 ①).

㉠ 용역등 공급자의 상호 · 주소 · 성명

㉡ 대리납부하는 사업자의 인적사항

㉢ 공급가액 및 부가가치세액

㉣ 그 밖의 참고사항

5 대리납부 불성실가산세

(1) 적 용

대리납부규정에 따라 용역등을 공급받는 자가 징수하여야 할 부가가치세액을 아래 “1)”의 납부기한까지 납부하지 아니하거나 과소납부한 경우에는 납부하지 아니한 세액 또는 과소납부분 세액의 100분의 100분의 50(아래 “2)”의 “①”의 금액과 “②” 중 법정납부기한의 다음 날부터 납부고지일까지의 기간에 해당하는 금액을 합한 금액은 100분의 10)을 한도로 하여 아래 “2)”의 “①”과 “②”의 금액을 합한 금액을 가산세로 한다.

이 규정은 2012. 1. 1. 이후 최초로 국세를 징수하여 납부할 의무가 발생하는 분부터 적용한다(국기법 §47의5).

1) 대리납부세액의 납부기한

용역대가를 지급하였을 때 그 지급한 날이 속하는 날을 기준으로 한다.

㉮ 예정신고기간분 대리납부세액을 예정신고기한 내에 납부하지 않은 경우
㉯ 예정신고기간분 대리납부세액을 확정신고기한 내에 납부하지 않은 경우
㉰ 확정신고기간분 대리납부세액을 확정신고기한 내에 납부하지 않는 경우

2) 대리납부불이행에 따른 가산세

대리납부의무자가 위 "1)"의 기한까지 납부하지 아니하거나 과소납부한 경우 그 무과소납부세액의 10%를 한도로 다음 "①"과 "②"를 합한 금액을 가산세로 한다(국기법 §47의5 ①, ②).

① 납부하지 아니한 세액 또는 과소납부분 세액의 100분의 3에 상당하는 금액
② 납부하지 아니한 세액 또는 과소납부분 세액 × 법정납부기한의 다음 날부터 납부일까지의 기간(납부고지일부터 납부고지서에 따른 납부기한까지의 기간은 제외) × 금융회사 등이 연체대출금에 대하여 적용하는 이자율 등을 고려하여 대통령령으로 정하는 이자율(1일 22/100,000)

(2) 대리납부에 대한 경정청구 가능 여부

국세기본법은 국세의 과세표준과 세액의 납부 또는 환급을 위하여 필요한 사항을 기재한 신고서를 과세표준신고서라고 규정하고 있고 과세표준신고서를 제출한 자에 대하여 수정신고나 경정청구를 할 수 있다고 규정하고 있다. 부가가치세 대리납부신고서에는 용역공급자, 대가지급연월일, 공급받은 금액, 부가가치세액을 기재하는 란이 별도로 있는바, 과세표준신고서에 기재하여야 할 사항을 모두 포함하고 있는 점에 비추어 대리납부신고서에 대한 경정사유가 있을 경우 이를 과세표준신고서로 보아 경정청구를 허용하지 않는다면 세법상 달리 그 세액을 다툴 방법이 없는 점과, 납세자권리구제를 목적으로 하는 경정청구제도를 축소해석하는 것은 입법취지에도 반하므로 경정청구대상이 된다고 보아야 한다.

이처럼 부가가치세 대리납부에 대한 경정청구 가능 여부에 대하여 조세심판원과 법원은 경정청구 제도의 취지 및 대리납부신고서에 과세표준, 세액 등을 기재하고 있어 과세

표준신고서로서 경정청구대상이라는 취지의 결정・판시를 하고 있으나(조심 2014서3300, 2015. 2. 6. ; 서울행정법원 2015구합50436, 2015. 10. 30. 및 서울행정법원 2016구합54411, 2016. 11. 17.), 기재부는 과세표준신고서가 아니라는 입장을 현재까지도 취하고 있다.

따라서 대리납부대상이 아님에도 대리납부하여 그 환급을 청구하는 경우 과오납이든 경정청구이든 환급을 해주어야 되는 것은 맞으나(부가가치세 집행기준 52-95-8), 경정청구대상으로 보지 아니한다는 기재부 해석으로 인하여 환급가산금을 추가로 수령하지 못한 경우에는 조세심판청구를 통하여 환급가산금을 수령할 수 있을 것으로 판단된다.

반면, 기재부가 부가가치세 대리납부신고서를 과세표준신고서로 보지 아니하였으므로 무신고 시 그 부과제척기간은 7년이 아닌 5년이 되어 납세자에게 유리하게 적용될 수 있다(기준-2019-법령해석기본-0579, 2019. 11. 18. ; 기획재정부 조세법령운용과-766, 2018. 6. 7.).

III 국외사업자의 용역등 공급에 관한 특례

(1) 의 의

국외사업자의 대리인 등을 통한 용역등(부가법 제52조 규정에 따른 용역 또는 권리를 말한다)을 공급하는 경우 동 거래에 대한 신고・납부가 원활해지도록 아래 "(2)"에 해당하는 자가 아래 "(3)"에 정하는 위탁매매인 등에 의하여 용역등을 공급하는 경우에는 위탁매매인, 준위탁매매인 또는 대리인이 해당 용역등을 공급한 것으로 본다(부가법 §53 ①).

(2) 국외사업자의 범위

국외사업자의 용역등 공급에 관한 특례의 적용에 있어 국외사업자의 범위는 아래와 같다.

① 「소득세법」 제120조 또는 「법인세법」 제94조에 따른 국내사업장(이하 "국내사업장"이라 한다)이 없는 비거주자 또는 외국법인

② 국내사업장이 있는 비거주자 또는 외국법인(비거주자 또는 외국법인의 국내사업장과 관련없이 용역등을 제공하는 경우로서 대통령령으로 정하는 경우만 해당한다)

위 "②"에서 대통령령으로 정하는 경우, 즉 국내사업장이 있는 비거주자 또는 외국법

인으로부터 용역을 제공받는 경우에는 다음의 어느 하나에 해당하는 경우에 한한다(부가령 §95 ④).

㉠「소득세법」 제156조 제1항 본문 또는「법인세법」 제98조 제1항 본문의 규정에 해당하여 국내원천소득에 대하여 원천징수하는 경우

㉡ 위 "㉠" 외의 경우로서 해당 용역등의 제공이 국내사업장에 귀속되지 아니하는 경우

(3) 위탁매매인 등의 범위

국외사업자의 용역등 공급에 관한 특례의 적용에 있어서 위탁매매인 등이란 부가법 제8조에 따른 사업자등록의 대상으로서 다음의 어느 하나에 해당하는 자를 말한다(부가법 §53 ①).

① 위탁매매인

② 준위탁매매인

③ 대리인

④ 중개인(구매자로부터 거래대금을 수취하여 판매자에게 지급하는 경우에 한정한다)

(4) 위탁매매인 등의 신고 · 납부

1) 용역등에 대한 신고 · 납부

국외사업자의 위탁매매인 등이 위 용역등을 공급하는 경우 위탁매매인 등이 해당 용역등을 공급한 것으로 보아 부가가치세의 신고 · 납부의무를 지며, 동 신설규정은 2012. 7. 1. 이후 최초로 재화나 용역을 공급하거나 공급받는 분 또는 수입신고하는 분부터 적용한다.

그러므로 "위탁매매 또는 대리인에 의한 매매를 할 때에는 위탁자 또는 본인이 직접 용역등을 공급하거나 공급받은 것으로 본다. 다만, 위탁자 또는 본인을 알 수 없는 경우에는 그러하지 아니하다"라는 부가법 제10조 제7항의 적용을 배제한다.

2) 중개수수료에 대한 신고 · 납부

국외사업자의 위탁매매인 등이 용역등 공급에 대한 부가가치세의 신고 · 납부 외에 본래의 납세의무에 해당하는 중개용역등에 대하여도 부가가치세를 신고 · 납부하여야 한다. 다만, 국외사업자에 제공하는 중개용역은 부가령 제33조 제2항 제1호 다목 또는 사목에 따라 영세율이 적용될 수 있다.

(5) 공급장소에 대한 특례

국외사업자로부터 권리를 공급받는 경우에는 부가법 제19조 제1항(재화의 공급장소)에도 불구하고 공급받는 자의 국내에 있는 사업장의 소재지 또는 주소지를 해당 권리가 공급되는 장소로 본다(부가법 §53 ②).

전자적 용역을 공급하는 국외사업자의 부가가치세 납부특례

(1) 도입 목적

2015. 7. 1. 이후 공급하는 전자적 용역에 대하여 해외오픈마켓 사업자가 간편하게 부가가치세를 신고·납부할 수 있게 하여 국내개발자와 해외개발자 간의 과세형평을 도모하게 되었으며, 간편사업장등록제도는 국내사업장이 없는 국외사업자가 공급하는 전자적 용역에만 적용되므로 국내사업장을 가진 국외사업자의 경우에는 국내사업장과 관련 없이 전자적 용역을 공급하는 경우에만 적용된다.

국제적 디지털거래에 있어 대리납부제도의 미비점 보완, 소비지국과세원칙의 실현을 통한 국가 간 과세권 귀속의 명확화를 통하여 국제적 이중과세 또는 조세회피방지에 기여할 것이다.

(2) 과세 개요

아래 "1)" 내지 "3)"에 따라 국내에 "4)"의 전자적 용역을 공급하는 자(부가법 제52조 제1항 각호의 비거주자 또는 외국법인으로 한정한다)는 간편사업자등록을 하여야 하며, 부가법 제52조(대리납부) 규정에도 불구하고 간편사업자등록을 한 자는 부가법 제48조 제1항·제2항(예정신고와 납부) 및 제49조(확정신고)에 따른 신고 및 납부를 하여야 한다(부가법 §53의2 ④).

| 국외개발자의 전자적 용역 공급 시 납세의무자 |

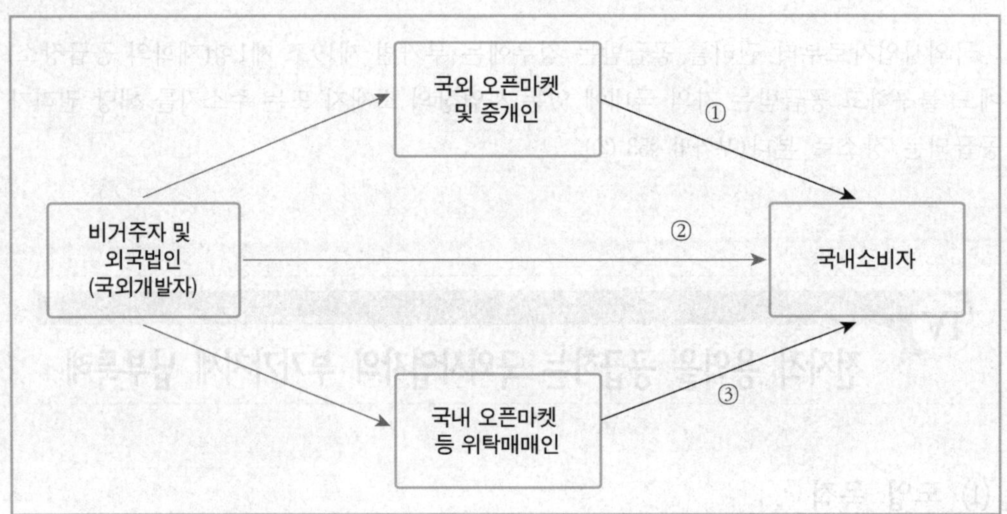

①: 국외 오픈마켓 및 중개인 등(2015. 7. 1.부터 과세)
②: 비거주자 및 외국법인(2015. 7. 1.부터 과세)
③: 국내 오픈마켓 등 위탁매매인(2012. 7. 1.부터 과세)
※ 국외 오픈마켓 및 중개인의 국내에 제공되는 중개용역은 2019. 7. 1.부터 과세

1) 전자적 용역을 직접 공급하는 국외사업자

다음의 어느 하나에 해당하는 국외사업자가 국내에 이동통신단말장치 또는 컴퓨터 등을 통하여 구동되는 게임·음성·동영상 파일 또는 소프트웨어 등 "전자적 용역"을 공급하는 경우에는 간편사업자등록을 하여야 한다(부가법 §53의2 ①).

㉠ 「소득세법」 제120조 또는 「법인세법」 제94조에 따른 국내사업장(이하 "국내사업장"이라 한다)이 없는 비거주자 또는 외국법인

㉡ 국내사업장이 있는 비거주자 또는 외국법인(비거주자 또는 외국법인의 국내사업장과 관련없이 용역등을 공급하는 경우로서 대통령령으로 정하는 경우만 해당한다)

2) 국외사업자를 위해 전자적 용역 공급하는 제3자

위 "1)"의 국외사업자가 다음의 어느 하나에 해당하는 제3자(부가법 제52조 제1항 각 호의 어느 하나에 해당하는 비거주자 또는 외국법인을 포함한다)를 통하여 국내에 전자적 용역을 공급하는 경우(등록사업자의 과세시점 또는 면세사업에 대하여 용역을 공급하는 경우나 앞의 "Ⅲ. 국외사업자의 용역등 공급에 관한 특례"가 적용되는 경우는 제외한다)에는 그 제3자가 해당 전자적 용역을 국내에서 공급한 것으로 보며, 그 제3자는

간편사업자등록을 하여야 한다(부가법 §53의2 ②).

㉠ 정보통신망 등을 이용하여 전자적 용역의 거래가 가능하도록 오픈마켓이나 그와 유사한 것을 운영하고 관련 서비스를 제공하는 자

㉡ 전자적 용역의 거래에서 중개에 관한 행위 등을 하는 자로서 구매자로부터 거래대금을 수취하여 판매자에게 지급하는 자

㉢ 그 밖에 위 "㉠", "㉡"과 유사하게 전자적 용역의 거래에 관여하는 자로서 대통령령으로 정하는 자

3) 공급받는 자의 요건

국외사업자가 부가법 제8조, 소득법 제168조 제1항 또는 법인법 제111조 제1항에 따라 사업자등록을 한 자(이하 "등록사업자"라 한다)의 과세사업 또는 면세사업에 대하여 용역을 공급하는 경우 2015. 12. 15.이 속하는 과세기간에 공급하는 분부터 이 규정에 따른 부가가치세 신고·납부 의무를 지지 아니한다(부가법 §53의2 ①).

4) 전자적 용역

전자적 용역이란 정보통신망(「정보통신망 이용촉진 및 정보보호 등에 관한 법률」 제2조 제1항 제1호에 따른 정보통신망을 말한다)을 통하여 이동통신단말장치 또는 컴퓨터 등으로 국내에 제공하는 용역으로서 다음의 어느 하나에 해당하는 용역을 말한다(부가법 §53의2 ①, 부가령 §96의2 ①·②).

① 게임·음성·동영상 파일, 전자 문서 또는 소프트웨어 등은 이동통신단말장치 또는 컴퓨터 등에 저장되어 구동되거나, 저장되지 아니하고 실시간으로 사용할 수 있는 것으로서 다음의 어느 하나를 말한다('15. 7. 1.~).

- 게임·음성·동영상 파일, 전자 문서 또는 소프트웨어와 같은 저작물 등으로서 광(光) 또는 전자적 방식으로 처리하여 부호·문자·음성·음향 및 영상 등의 형태로 제작 또는 가공된 것
- 위에 따른 전자적 용역을 개선시키는 것

② 광고를 게재하는 용역('19. 7. 1.~)

③ 「클라우드컴퓨팅 발전 및 이용자 보호에 관한 법률」 제2조 제3호에 따른 클라우드컴퓨팅서비스('19. 7. 1.~)

④ 재화 또는 용역을 중개하는 용역으로서 다음의 어느 하나에 해당하는 용역. 다만, 재화 또는 용역의 공급에 대한 대가에 중개용역의 대가가 포함되어 부가법 제3조에 따른 납세의무자가 부가가치세를 신고하고 납부하는 경우는 제외한다(2019. 7.

1. 이후 공급하는 분부터 적용).

• 국내에서 물품 또는 장소 등을 대여하거나 사용·소비할 수 있도록 중개하는 것 ('19. 7. 1.~)

• 국내에서 재화 또는 용역을 판매하거나 구매할 수 있도록 중개하는 것

⑤ 그 밖에 "①"부터 "④"까지와 유사한 용역으로서 대통령령으로 정하는 용역

하지만, 국내사업장이 없는 외국법인이 국내의 시험응시자에게 인터넷을 통하여 시험문제를 전송하여 외국어능력시험을 치르게 하고 국외에서 해당 법인의 소속 직원이 채점(marking)과 점수를 산정하여(scoring) 시험응시자에게 시험성적을 제공하는 용역은 전자적 용역에 해당하지 아니한다(기획재정부 부가가치세제과-374, 2017. 7. 25.).

(3) 납세지, 간편사업자등록 절차 및 말소

1) 간편사업자등록 절차

위 "(2)"의 "1)" 및 "2)"에 따라 전자적 용역을 공급하는 자는 간편사업자등록을 하여야 한다. 이 경우 그 사업의 개시일로부터 20일 이내에 아래와 같은 절차에 따라 등록하여야 한다. 다만, 사업개시일이 2015. 6. 30. 이전인 경우에는 2015. 7. 1.에 개시한 것으로 보아 2015. 7. 20.까지 간편사업자등록을 해야 한다(부가법 §53의2 ①, ②).

간편사업자등록을 하려는 사업자는 국세정보통신망에 접속하여 다음의 사항을 입력하는 방식으로 국세청장에게 간편사업자등록을 해야 한다(부가령 §96의2 ③).

㉠ 사업자 및 대표자의 이름과 전화번호, 우편주소, 이메일 주소 및 웹사이트 주소 등의 연락처. 이 경우 법인인 사업자가 법인 이름과 다른 이름으로 거래하는 경우 거래이름을 포함한다.

㉡ 등록국가·주소 및 등록번호 등 용역을 제공하는 사업장이 소재하는 국외사업자등록 관련 정보

㉢ 제공하는 전자적 용역의 종류, 국내에 전자적 용역을 공급하는 사업개시일 및 그 밖에 간편사업자등록을 위하여 필요한 사항으로서 기획재정부령으로 정하는 것 (부가규칙 §66의2)

국세청장은 위와 같이 간편사업자등록을 한 자(이하 "간편사업자등록자")에 대하여 간편사업자등록번호를 부여하고, 사업자(납세관리인이 있는 경우 납세관리인을 포함한다)에게 통지(정보통신망을 이용한 통지를 포함한다)하여야 한다(부가령 §96의2 ④).

2) 납세지

간편사업자등록자의 납세지는 사업자의 신고 또는 납부의 효율과 편의를 고려하여 국세청장이 지정한다(부가령 §96의2 ⑫).

3) 등록의 말소

국세청장은 "1)"에 따라 등록한 간편사업자가 국내에서 폐업한 경우(사실상 폐업한 경우로서 아래의 경우를 포함한다) 간편사업자등록을 말소할 수 있다(부가법 §53의2 ⑨, 부가령 §96의2 ⑩).

① 간편사업자등록자가 부도발생, 고액체납 등으로 도산하여 소재 불명인 경우
② 간편사업자등록자가 사업의 영위에 필요한 인허가 등이 취소되는 등의 사유로 대한민국 또는 제3항 제2호에 따른 등록국가에서 사업을 수행할 수 없는 경우
③ 간편사업자등록자가 전자적 용역을 공급하기 위한 인터넷 홈페이지[이동통신단말장치에서 사용되는 애플리케이션(Application), 그 밖에 이와 비슷한 응용프로그램을 통하여 가상의 공간에 개설한 장소를 포함한다]를 폐쇄한 경우
④ 간편사업자등록자가 정당한 사유 없이 계속하여 둘 이상의 과세기간에 걸쳐 부가가치세를 신고하지 않은 경우(2022. 2. 15. 전에 둘 이상의 과세기간에 걸쳐 부가가치세를 신고하지 않은 경우에도 적용한다)
⑤ 그 밖에 "①"부터 "④"까지의 경우와 유사한 경우로서 국세청장이 간편사업자등록자가 사실상 폐업상태에 있다고 인정하는 경우(부가령 §96의2 ⑩)

(4) 전자적 용역의 공급시기

국내로 공급되는 전자적 용역의 공급시기는 다음의 시기 중 빠른 때로 규정하여 소비와 동시에 과세권을 행사할 수 있도록 하고 있다(부가령 §96의2 ⑪).

① 구매자가 공급하는 자로부터 전자적 용역을 제공받은 때
② 구매자가 전자적 용역을 구매하기 위하여 대금의 결제를 완료한 때

(5) 신고와 납부

부가법 제53조의2 제4항에 따라 부가가치세를 신고하려는 사업자는 국세정보통신망에 접속하여 다음의 사항을 입력하는 방식으로 부가가치세 예정신고 및 확정신고를 하여야 한다(부가령 §96의2 ⑤).

① 사업자이름 및 간편사업자등록번호

② 신고기간 동안 국내에 공급한 전자적 용역의 총 공급가액, 공제받을 매입세액 및 납부할 세액

③ 그 밖에 필요한 사항으로서 기획재정부령으로 정하는 것

1) 과세표준의 계산

간편사업자등록자가 국내에 공급한 전자적 용역의 대가를 외국통화나 그 밖의 외국환으로 받은 경우에는 과세기간 종료일(예정신고 및 납부에 대해서는 예정신고기간 종료일을 말한다)의 기준환율을 적용하여 환가한 금액을 과세표준으로 할 수 있다. 이 경우 국세청장은 정보통신망을 이용하여 통지하거나 국세정보통신망에 고시하는 방법 등으로 사업자(납세관리인이 있는 경우 납세관리인을 포함한다)에게 기준환율을 알려야 한다(부가령 §96의2 ⑦).

2) 납부세액의 계산

간편사업자등록을 한 자는 해당 전자적 용역의 공급과 관련하여 부가법 제38조(공제하는 매입세액) 및 제39조(공제하지 아니하는 매입세액)에 따라 공제되는 매입세액 외에는 전자적 용역 공급에 대한 매출세액 또는 납부세액에서 공제하지 아니한다(부가법 §53의2 ⑤).

3) 세액의 납부

간편사업자등록을 한 사업자는 예정신고 또는 확정신고 시에 위 "1)" 및 "2)"에 따른 납부세액의 납부는 국세청장이 정하는 바에 따라 외국환은행의 계좌에 납입하는 방식으로 한다(부가령 §96의2 ⑥).

4) 가산세 부과

2021. 1. 1. 이후 용역을 공급하는 분부터는 국내사업자와의 형평성 등을 고려하여 간편사업자의 부가가치세 무신고, 과소신고 및 납부지연가산세 면제를 폐지하고 해당 가산세를 부과한다(구 국기법 §47의2 ③ 1, §47의3 ⑥, §47의4 ③ 3).

(6) 세금계산서 등 발급의무 면제

부가법 제53조의2에 따라 간편사업자등록을 한 사업자가 국내에 공급하는 전자적 용역에 대하여는 세금계산서 및 영수증을 발급하지 않을 수 있다(부가령 §71 ① 8, §73 ⑥).

(7) 자료제출 의무 신설

1) 거래명세 제출의무

간편사업자등록을 한 자는 전자적 용역의 공급에 대한 거래명세(등록사업자의 과세사업 또는 면세사업에 대하여 용역을 공급하는 경우의 거래명세를 포함한다)를 그 거래사실이 속하는 과세기간에 대한 확정신고 기한이 지난 후 5년간 보관하여야 한다. 이 경우 거래명세에 포함되어야 할 구체적인 내용은 아래와 같다. 거래명세 제출에 대한 개정규정은 2022년 7월 1일부터 시행한다(부가법 §53의2 ⑥, 부가령 §96의2 ⑧, 부칙 §1).

① 공급한 전자적 용역의 종류
② 공급가액과 부가가치세액
③ 부가령 제96조의2 제11항 각호의 시기
④ 공급받는 자의 등록번호(사업자인 경우로 한정한다) 및 성명·상호
⑤ 그 밖에 기획재정부령으로 정하는 사항

간편사업자등록자는 전자적 용역의 공급에 대한 거래명세를 정보처리장치 등의 전자적 형태로 보관할 수 있다(부가령 §96의2 ⑨). 이는 성실신고유도와 세무당국의 검증을 위해서 신설된 것이기는 하나, 제출의무자의 부가가치세 과세대상도 아닌 B2B자료를 제출하도록 한 것도 문제지만 거래명세서 서식을 보면 B2B거래분을 공급시기별로 작성하도록 하여 세금계산서합계표를 제출하는 국내사업자들보다 과도한 협력의무를 부과하고 있으며, 이를 제출받은 국세청도 B2C의 경우 구매자 성명만을 기재하도록 하고 있어 위 성실신고유도와 검증을 할 수 있는지도 의문이다.

2) 전자적 용역 거래명세서 제출 요구

국세청장은 부가가치세 신고의 적정성을 확인하기 위하여 간편사업자등록을 한 자에게 기획재정부령으로 정하는 전자적 용역 거래명세서를 제출할 것을 요구할 수 있다(부가법 §53의2 ⑦).

3) 전자적 용역 거래명세서의 제출

간편사업자등록을 한 자는 위 "2)"에 따른 요구를 받은 날부터 60일 이내에 전자적 용역 거래명세서를 국세청장에게 제출하여야 한다(부가법 §53의2 ⑧).

용역의 수입에 대한 부가가치세 과세 사례

1 대리납부 사례

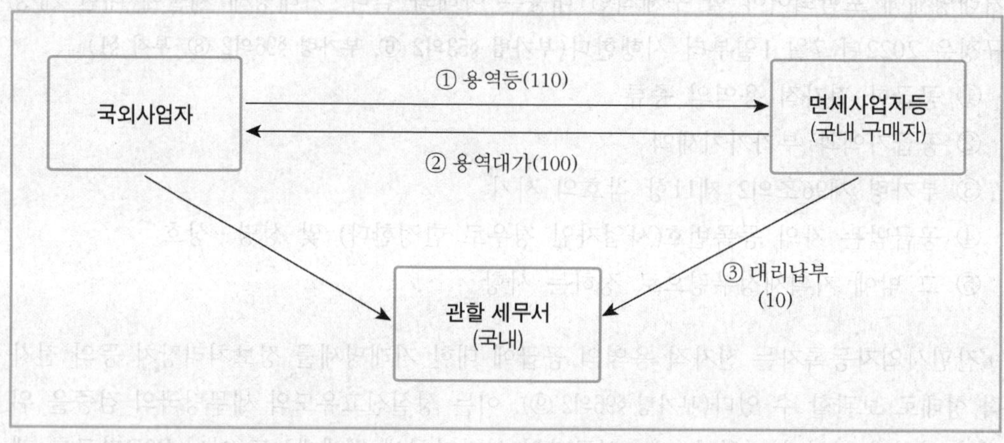

용역등 공급에 대한 부가가치세 납세의무

○ 국외사업자로부터 부가가치세가 과세되는 용역등을 공급받아 부가가치세가 면세(비과세)되는 사업에 사용한 면세사업자등은 용역등의 대가를 국외사업자에게 지급 시 부가가치세를 징수하여 (대리)납부하여야 한다.

2 | 국외사업자의 용역등 공급에 관한 특례 사례

(1) 국외사업자가 국내 위탁매매인등을 통해 국내에 용역등 공급(국내)

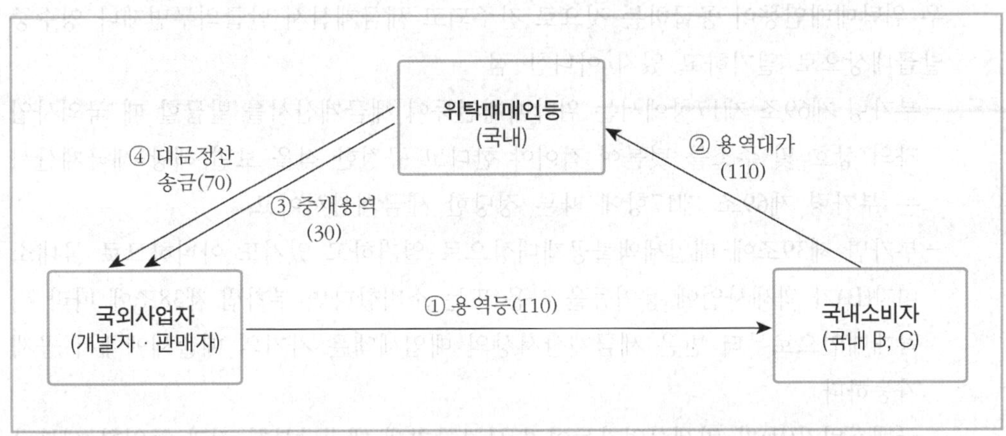

국외사업자의 용역등 공급에 대한 부가가치세 납세의무자

○ 국내에 부가법 제8조에 따라 사업자등록 대상인 위탁매매인등이 국외사업자의 용역등을 위탁판매하는 경우 위탁매매인등이 용역등의 공급에 대한 부가가치세 납세의무자가 되어 부가가치세를 신고 · 납부하여야 한다.

- 이때 국내소비자, 즉 구매자가 등록사업자(B)이든 등록사업자 외의 자(C)이든 관계없이 위탁매매인등이 부가가치세를 신고 · 납부하여야 한다.

○ 위탁매매인등은 용역등 공급에 대하여 국내소비자(B)에게 세금계산서를 발급하여야 한다(세금계산서 발급의무 면제 규정이 없음).

중개용역에 대한 부가가치세 납세의무

○ 위탁매매인등은 본래의 납세의무대상인 중개용역대가에 대하여 납세의무가 면제되는 것이 아니므로 부가가치세를 신고 · 납부하여야 한다.

- 다만, 디지털플랫폼(위탁매매인등에 해당하는 경우임)에서 B2C는 전자상거래소매중개업, 상품등 유형재화를 B2B 중개하는 것은 상품중개업, 클라우드서비스 같은 용역(서비스)을 B2B 중개하는 것은 기타 분류 안 된 사업지원서비스(75999)에 해당하며, 위탁매매인등이 상계의 방법으로 국외사업자에게 대가를 지급받는다면 영세율 적용대상이 된다(부가령 §33 ②).

국내소비자(B)가 수취한 세금계산서상의 매입세액공제 여부

○ 국외사업자에게 재화 또는 용역을 공급한 경우 국외사업자에게는 세금계산서 발급의무는 없으나, 부가법 제53조에 따라 용역등을 위탁매매인등을 통해 공급하는 경우 위탁매매인등이 공급하는 것으로 간주되고 세금계산서 발급의무면제나 영수증 발급대상으로 열거하고 있지 아니한 점

- 부가령 제69조 제17항에서는 위탁매매인등이 세금계산서를 발급할 때 국외사업자의 상호 및 주소를 덧붙여 적어야 한다고 규정한 점을 보면 해당 세금계산서는 부가령 제69조 제17항에 따른 정당한 세금계산서이고,
- 부가법 제39조에 매입세액불공제대상으로 열거하고 있지도 아니하므로 국내소비자(B)가 과세사업에 용역등을 사용 또는 소비한다면 부가법 제38조에 따라 위탁매매인으로부터 받은 세금계산서상의 매입세액은 자기의 매출세액에서 공제 가능하다.
- 국내소비자(B)가 면세사업자등이면 부가가치세 대리납부한 것과 동일한 세부담이 된다.

※ 부가법 제53조의2에 따라 전자적 용역을 국내소비자가 공급받고 신용카드매출전표등을 수령한 경우에는 해당 거래는 부가령 제71조 제1항 제8호 및 부가령 제73조 제1항 제13호에 따라 세금계산서 및 영수증 발급대상이 아니고 등록사업자 공급분은 비과세대상인 바, 설령 국내소비자가 등록사업자라도 관련 매입세액은 공제될 수 없다(사전-2019-법령해석부가-0650, 2019. 11. 20. ; 사전-2019-법령해석부가-0404, 2019. 8. 28.).

(2) 위탁매매인등의 국외사업자에 대한 용역등 중개(국외)

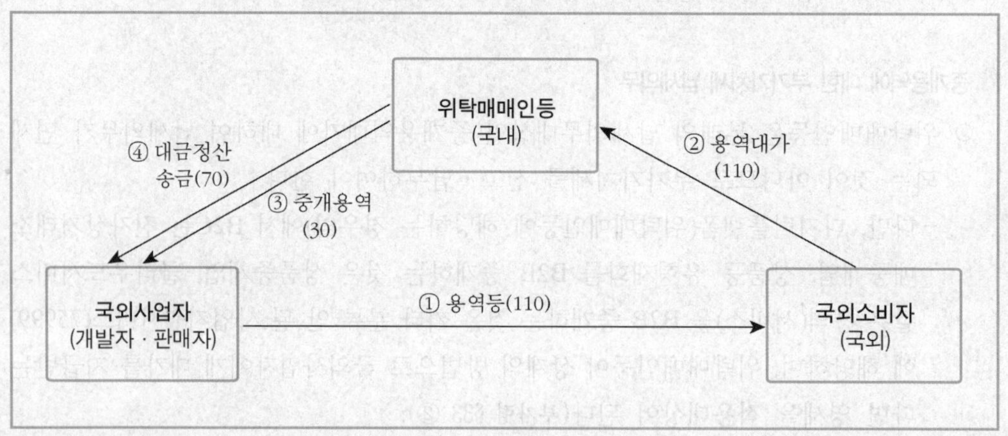

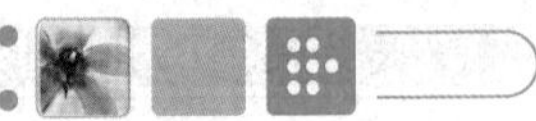

국외사업자의 용역등 공급에 대한 부가가치세 납세의무자

○ 용역등이 국외에서 국외로 공급되므로 우리나라에 과세권이 없다. 따라서 국외사업자 및 위탁매매인등은 용역등 공급에 대하여 직접 또는 간접적으로 부가가치세 납세의무가 없다.

중개용역에 대한 부가가치세 납세의무

○ 위탁매매인등은 중개용역에 대하여 국외사업자에게 제공되어 **용역의 국외공급** 또는 부가령 제33조 제2항 제1호에 따른 그 밖의 외화획득용역으로서 **영세율이 적용**될 수 있다(부가법 §22, §24).

(3) 위탁매매인등의 국내사업자 간 용역등 중개 시 세금계산서 수수방법

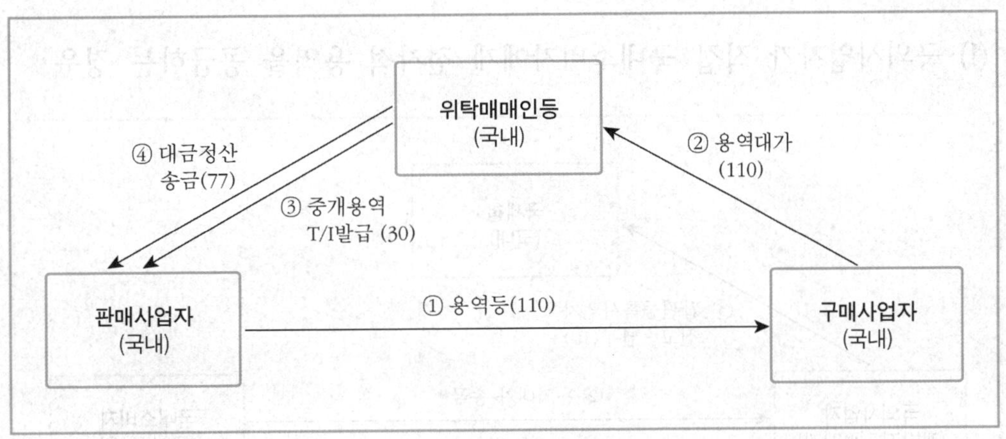

국내사업자의 용역등 공급 및 그 중개에 대한 부가가치세 납세의무

○ 국내에서 용역등(재화를 포함)을 공급하였으므로 구매사업자가 지급한 대가 전부에 대하여 판매사업자는 부가가치세를 신고 · 납부하여야 한다.

- 이때 판매사업자가 구매사업자에게 직접 세금계산서(공급가액 100)를 발급할 수도 있으며, 위탁매매인등이 판매사업자를 공급자로 기재하고 자신을 비고란에 수탁자로 부기하여 구매사업자에게 발급할 수 있다. 이 경우 위탁매매인등의 중개용역에 대하여는 별도로 판매사업자에게 세금계산서를 발급하여야 한다(부가령§69 ① · ⑤, 부가령§75 9호 가목 및 다목).
- 또한, 판매사업자가 위탁매매인에게(공급가액 70), 위탁매매인등이 구매사업자에게(공급가액 100) 일반매매거래와 같이 세금계산서를 발급한 경우에도 사실과

다른 세금계산서로 보지 아니한다.

● **위탁매매인등으로부터 수취한 세금계산서의 매입세액공제**

○ 구매사업자 중 과세사업자가 세금계산서를 수취한 경우(판매사업자로부터 받은 100 또는 위탁매매인으로부터 받은 세금계산서 100) 부가법 제38조에 따라 매입세액공제가 가능함.

※ 위 사례는 국외사업자가 국내지점, 국내 자회사 등을 두고 그들이 위탁매매인등이 되어 용역등을 공급하는 경우에 대비하여 작성한 것임.

3 | 국외사업자의 전자적 용역 공급 특례 사례

(1) 국외사업자가 직접 국내소비자에게 전자적 용역을 공급하는 경우

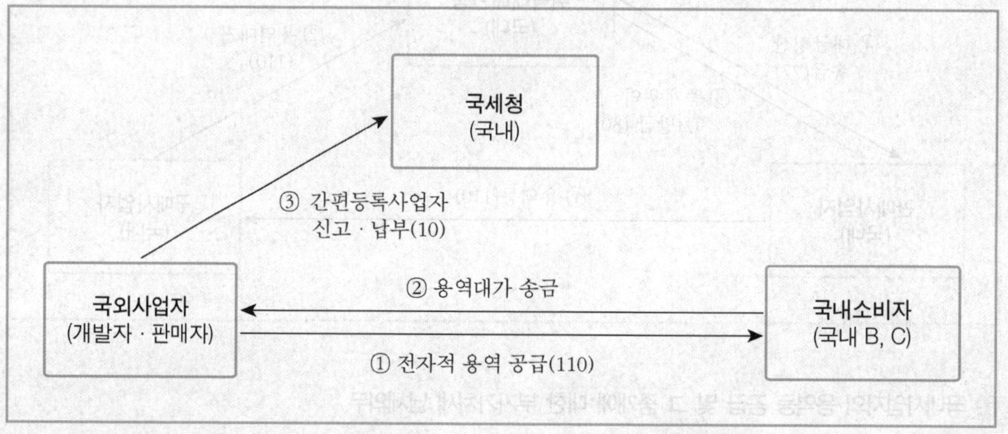

● **전자적 용역공급에 대한 부가가치세 납세의무**

○ 국외사업자(개발자 · 판매자)가 국내소비자(C)에게 공급한 분에 대하여는 부가법 제53조의2 제1항에 따라 간편등록을 통해 전자적 용역공급에 대한 부가가치세 납세의무를 이행하여야 한다.

- 국내소비자(B, 등록사업자)에게 공급한 분에 대하여는 간편사업자등록을 통한 부가가치세 납세의무는 없으나, 등록사업자 중 면세사업자등이 전자적 용역을 공급받아 자기의 면세사업등에 사용 또는 소비하는 경우에는 면세사업자등은 부가가치세 대리납부의무를 진다.

전자적 용역을 공급받고 신용카드매출전표등 수취 시 매입세액공제 불가

등록사업자에 면세사업자등을 포함한 이유

○ 과세등록사업자는 매입세액공제를 허용해야 하므로 실익이 없고, 면세사업자등은 기존 대리납부의무규정이 있어 대리납부를 통한 신고·납부가 경정이 가능하기 때문이다.

(2) 국외 자사 쇼핑몰을 통하여 전자적 용역을 공급하는 경우

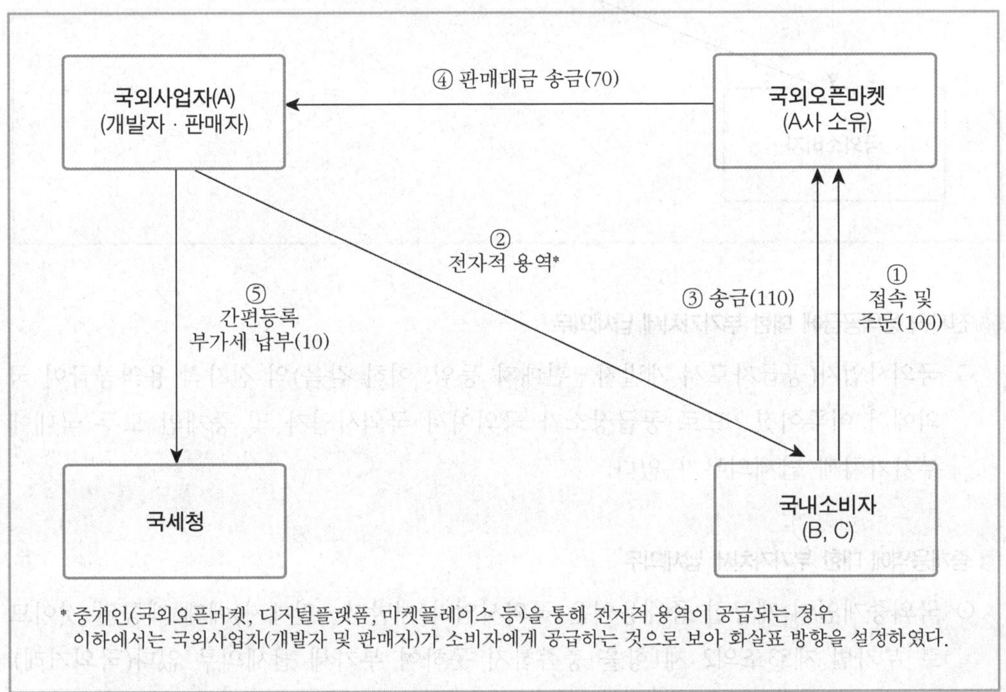

* 중개인(국외오픈마켓, 디지털플랫폼, 마켓플레이스 등)을 통해 전자적 용역이 공급되는 경우 이하에서는 국외사업자(개발자 및 판매자)가 소비자에게 공급하는 것으로 보아 화살표 방향을 설정하였다.

전자적 용역공급에 대한 부가가치세 납세의무

○ 국외사업자(A, 개발자·판매자)가 직접 전자적 용역을 국내에 공급하는 경우이므로 국외사업자 A는 간편사업자등록을 한 후 전자적 용역공급에 대한 부가가치세(10)를 신고·납부하여야 한다(국내소비자(B)에게 공급한 경우는 제외).

※ 근거: 사전-2015-법령해석부가-0458, 2016. 5. 13.

(3) 국외중개인이 국외소비자에게 전자적 용역공급을 중개한 경우

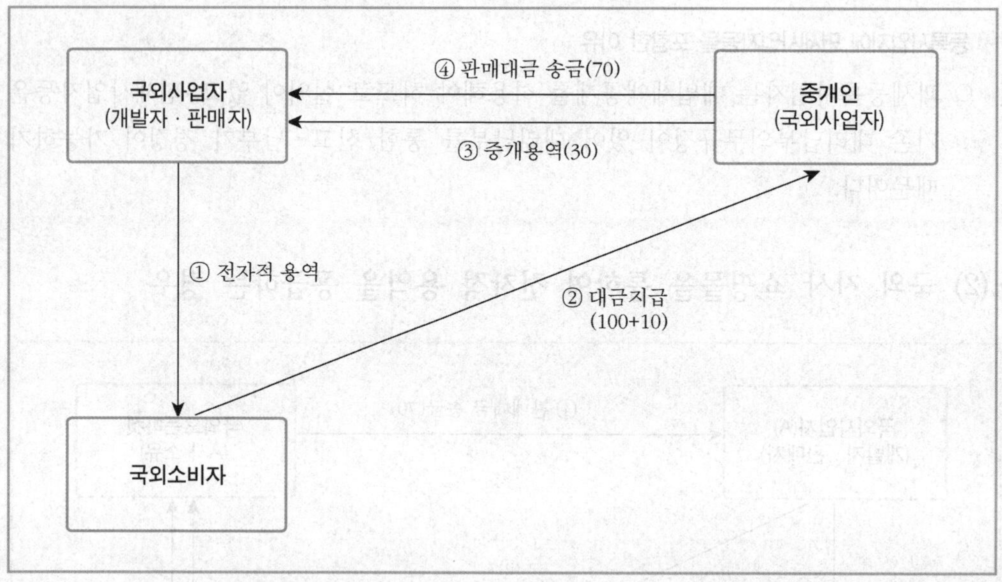

전자적 용역공급에 대한 부가가치세 납세의무

○ 국외사업자(공급자로서 개발자 · 판매자 등임. 이하 같음)의 전자적 용역공급이 국외에서 이루어졌으므로 공급장소가 국외여서 국외사업자 및 중개인 모두 국내에 부가가치세 납세의무가 없다.

중개용역에 대한 부가가치세 납세의무

○ 국외중개인이 제공한 중개용역은 국외사업자(개발자 · 판매자)에게 제공된 것이므로 부가법 제53조의2 제1항을 충족하지 못하여 부가세 납세의무 없다(국외거래).

※ 근거: 기획재정부 부가세제과-450, 2019. 7. 17.

(4) 국외중개인이 전자적 용역 수입을 중개한 경우

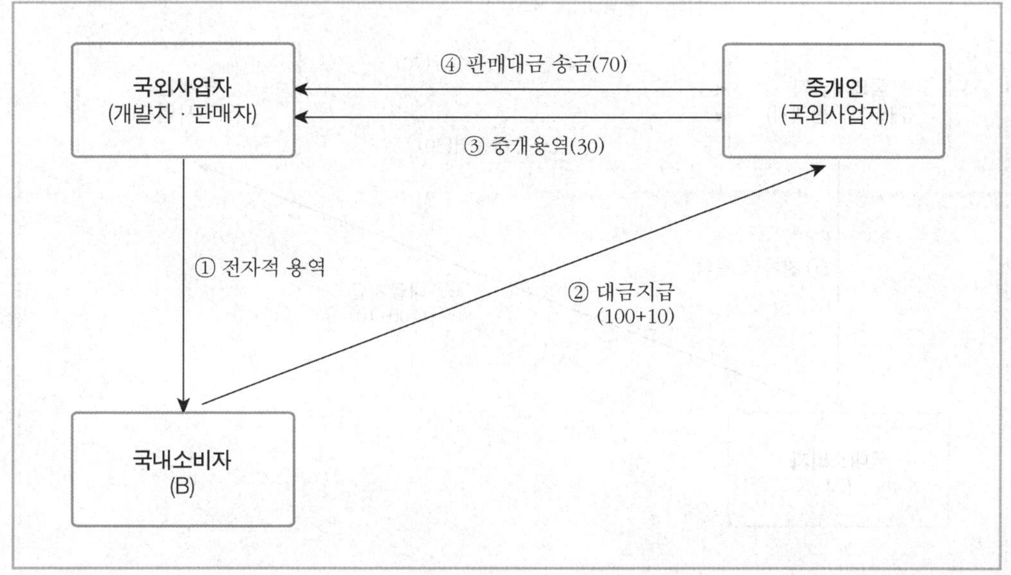

전자적 용역공급에 대한 부가가치세 납세의무

○ 국외사업자는 국내소비자에 대한 직접 공급도 아니고, 등록사업자인 국내소비자(B)에 대한 전자적 용역공급이어서 부가가치세 납세의무가 없다.

- 국외중개인은 위탁매매인등(국내에 사업자등록 대상이 되는 사업자가 아님)도 아니고, 등록사업자에 대한 공급이어서 부가가치세 납세의무가 없다.
- 국내소비자(B)가 면세나 비과세사업에 전자적 용역을 사용 또는 소비하는 경우에는 해당 등록사업자가 부가가치세 대리납부를 이행하여야 한다.

중개용역에 대한 부가가치세 납세의무

○ 국외중개인이 제공한 중개용역은 국외사업자에게 제공된 것이므로 부가법 제53조의2 제1항을 충족하지 못하여 부가가치세 납세의무가 없다(국외거래).

- 국내에서 재화나 용역의 공급과 수입거래를 중개하고, 중개용역을 공급받는 자가 국내에 있는 등록사업자 외의 자여야 중개용역에 대한 납세의무가 있음.

※ 근거: 기획재정부 부가세제과-450, 2019. 7. 17.

(5) 국외개발자와 국내소비자(C)에게 전자적 용역 수입을 중개한 경우

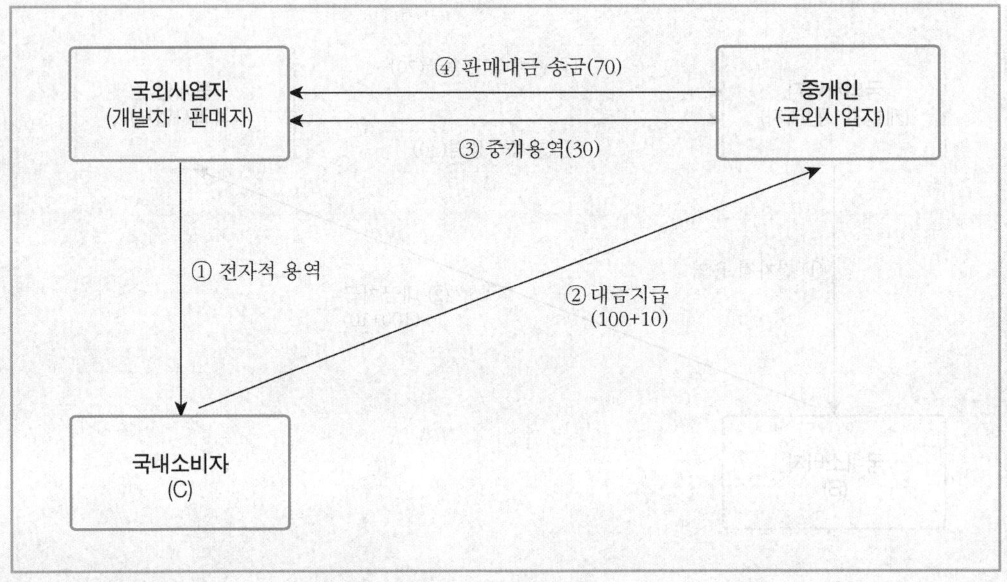

전자적 용역공급에 대한 부가가치세 납세의무

○ 국외사업자(개발자 · 판매자)는 국외중개인을 통하여 전자적 용역을 등록사업자 외의 자(C)에게 공급하므로 직접적인 부가가치세 납세의무가 없다.

- 다만, 국외중개인은 부가법 제53조의2 제2항의 적용대상에 해당하므로 간편사업자등록을 통하여 국외사업자(개발자 · 판매자)의 전자적 용역공급에 대한 부가가치세를 신고 · 납부하여야 한다.

중개용역에 대한 부가가치세 납세의무

○ 국외중개인이 제공한 중개용역은 국외사업자에게 제공된 것이므로 부가법 제53조의2 제1항을 충족하지 못하여 부가가치세 납세의무가 없다(국외거래).

- 아울러 중개인이 중개용역을 포함한 소비자 결제금액 전부에 대하여 간편사업자등록을 통해 부가가치세를 납부하였음에도 중개용역에 대한 납세의무를 별도로 지우는 것은 이중과세 여지가 있다(국외사업자들이 국내소비자로부터 한국에서 창출한 부가가치 총액 100에 대하여 부가가치세가 납부되었다).

※ 근거: 기획재정부 부가세제과-450, 2019. 7. 17.

(6) 국외중개인이 국내개발자(등록)에게 전자적 용역을 중개한 경우

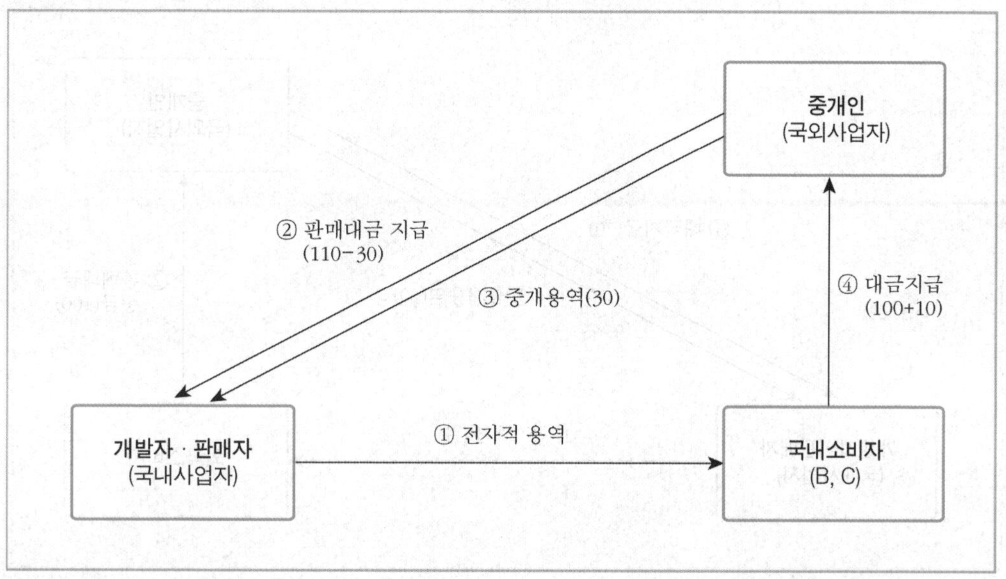

전자적 용역공급에 대한 부가가치세 납세의무

○ 국내개발자·판매자(등록사업자)가 개발한 전자적 용역을 인터넷상의 오픈마켓에 등재하고 오픈마켓 운영자의 중개하에 국내·외 소비자에게 유상 공급 시, 동 거래는 용역의 공급으로서 부가법 제4조 제1호에 따른 과세대상이고, 개발자·판매자(등록사업자)가 전자적 용역공급에 대한 부가가치세 납세의무를 직접 부담한다.

- 이때 국내소비자가 등록사업자인지에 관계없이 개발자·판매자가 부가가치세 납세의무자이며(국외소비자 공급분은 영세율 적용), 국외중개인은 국내거래인 전자적 용역공급에 대해 부가가치세 납세의무가 없다.

※ 전자적 용역에 대한 납세의무특례는 그 공급주체인 국외사업자가 직접 또는 간접(제3자)적으로 국내 등록사업자 외의 자에게 공급하는 경우 발생

중개용역에 대한 부가가치세 납세의무

○ 국외사업자인 중개인이 국내의 등록사업자에게 중개용역을 제공하였으므로 부가법 제53조의2 제1항을 충족하지 못하여 부가가치세 납세의무가 없다.

※ 근거: 기획재정부 부가세제과-450, 2019. 7. 17.

(7) 국외중개인이 국내개발자(등록)에게 전자적 용역 수출을 중개한 경우

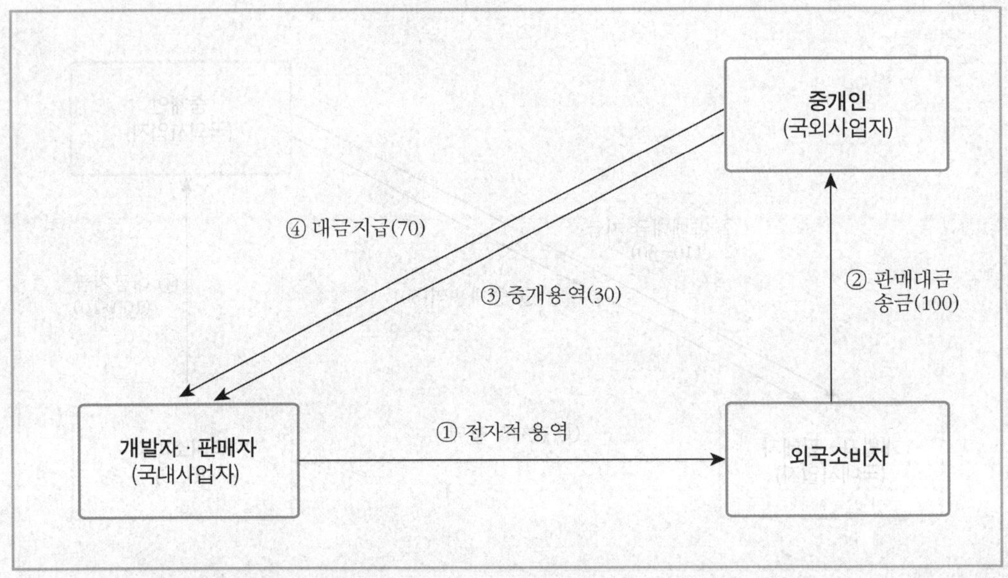

전자적 용역공급에 대한 부가가치세 납세의무

○ 국외소비자가 다운로드받는 전자적 용역은 국외에서 제공하는 용역으로서 국내개발자 · 판매자는 동 용역에 대하여 부가법 제22조에 따라 영세율이 적용되며, 영세율을 적용하여 신고할 경우 외화획득명세서 및 영세율이 확인되는 증빙서류 등을 제출하여야 한다.

- 동 거래와 관련하여 소비세 등의 명목으로 외국에서 납부한 금액은 과세표준에 포함되지 아니하고, 공급가액과 세액이 별도 표시되어 있지 아니하는 경우 거래금액의 110분의 100에 해당하는 금액을 과세표준으로 보되, 영세율이 적용되는 경우에는 전체 거래금액을 영세율 과세표준으로 본다.
- 동 거래의 대가를 외국통화 기타 외국환으로 지급받는 경우 국내개발자와 오픈마켓 운영자 간 정산일 등 역무의 제공이 완료되고 그 공급가액이 확정되는 때를 공급시기로 하여 부가령 제59조에 따라 과세표준을 산정한다(기획재정부 부가가치세제과-388, 2010. 6. 10.).

중개용역에 대한 부가가치세 납세의무

○ 국외사업자인 중개인이 국내의 등록사업자에게 중개용역을 제공하였으므로 부가법 제53조의2 제1항을 충족하지 못하며, 아울러 국내에서 재화 또는 용역을 공급

하거나 공급받을 수 있도록 중개하는 중개용역에 해당하지 아니하여 중개용역에 대한 부가가치세 납세의무 없다(부가령 §96의2 ② 2호 : 기획재정부 부가세제과-450, 2019. 7. 17.).

(8) 국외중개인이 국내개발자(미등록)에게 전자적 용역공급을 중개한 경우

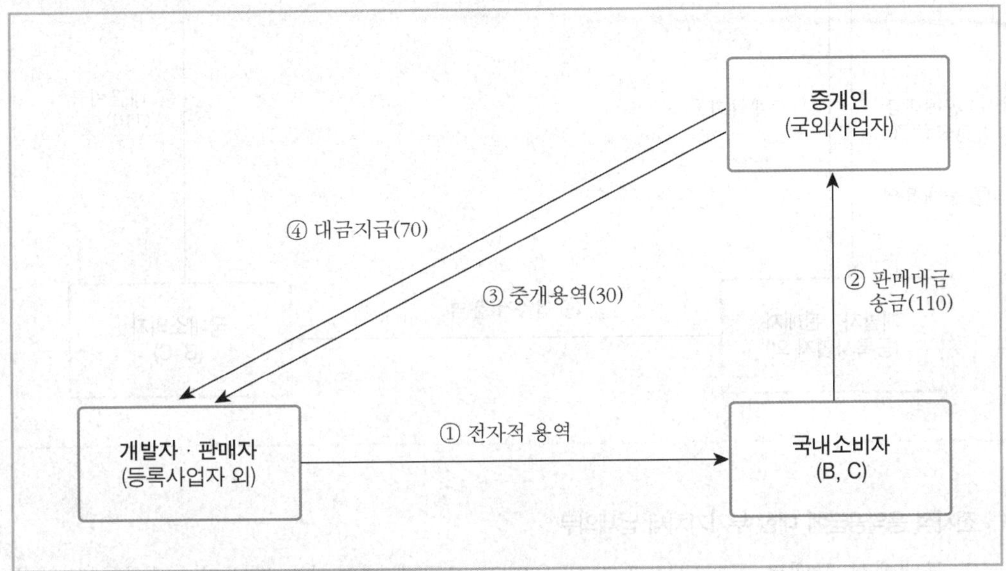

전자적 용역공급에 대한 부가가치세 납세의무

○ 전자적 용역의 국내에서 국내로의 공급이므로 개발자·판매자(등록사업자 외)가 전자적 용역공급에 대한 부가가치세 납세의무를 직접 부담하여야 한다(일시적·우발적 공급으로 사업성이 없는 경우 예외).

- 국내소비자가 등록사업자인지에 관계없이 개발자·판매자가 부가가치세 납세의무자이며, 국외중개인은 국내거래인 전자적 용역공급에 대한 부가가치세 납세의무 없다.

중개용역에 대한 부가가치세 납세의무

○ 국외사업자인 중개인이 국내의 등록사업자 외의 자에게 중개용역을 제공한 것이므로 부가법 제53조의2 제1항을 충족하므로 간편사업자등록하여 중개용역에 대한 부가가치세 납세의무를 이행하여야 한다.

(9) 국외중개인이 재위탁하여 전자적 용역공급을 중개한 경우

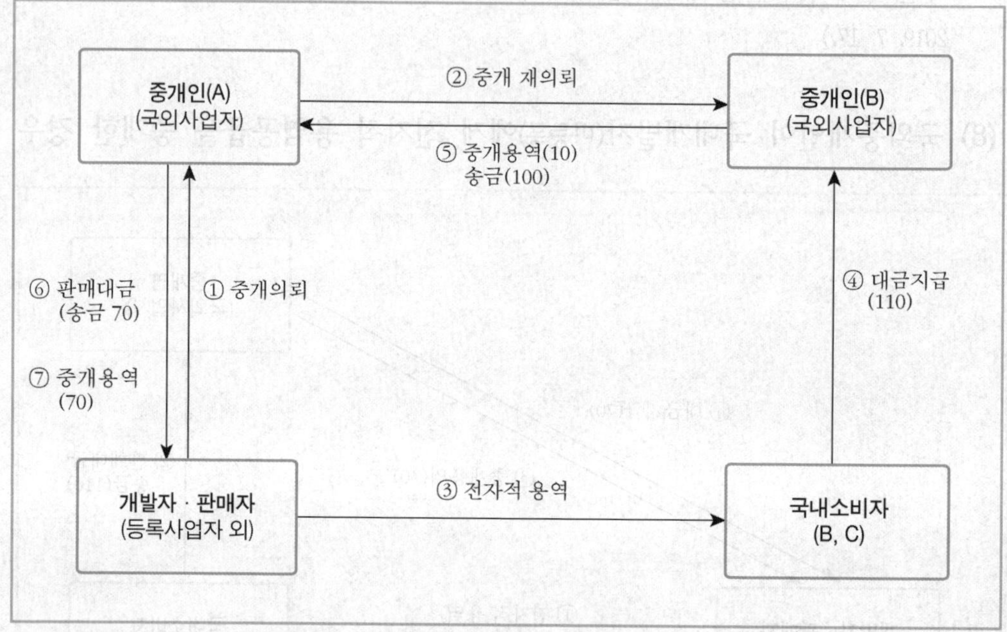

전자적 용역공급에 대한 부가가치세 납세의무

○ 국내에서 국내로 공급되는 전자적 용역의 공급에 대하여는 개발자 · 판매자가 부가가치세 납세의무를 부담하는 것이므로 국외사업자인 중개인 A, B는 부가가치세 납세의무가 없다(개발자 · 판매자도 일시적 · 우발적인 공급으로 사업성이 없으면 부가가치세 납세의무는 없을 것임).

중개용역에 대한 부가가치세 납세의무

○ 등록사업자 외의 자인 국내개발자 · 판매자에게 중개용역을 제공하였으므로 중개용역에 대하여 간편사업자등록을 통해 부가가치세를 신고 · 납부할 의무는 있으나, A와 B 중 누가 간편사업자등록의무자인지가 문제가 된다.

- 일단 등록사업자 외의 자인 국내개발자 · 판매자와 중개용역계약을 체결한 거래 상대방은 A로 판단되므로 A가 중개용역(30)에 대한 납세의무자로 보는 것이 타당하다고 본다. 아울러 B는 A에게 국외에서 중개용역(10)을 제공한 것이므로 국내에 부가가치세 납세의무가 없을 것이다.

※ 위 사례에 대한 질의나 국세청의 회신은 현재까지 없음.

(10) 국외중개인이 국내소비자(B)에게 전자적 용역을 중개한 경우

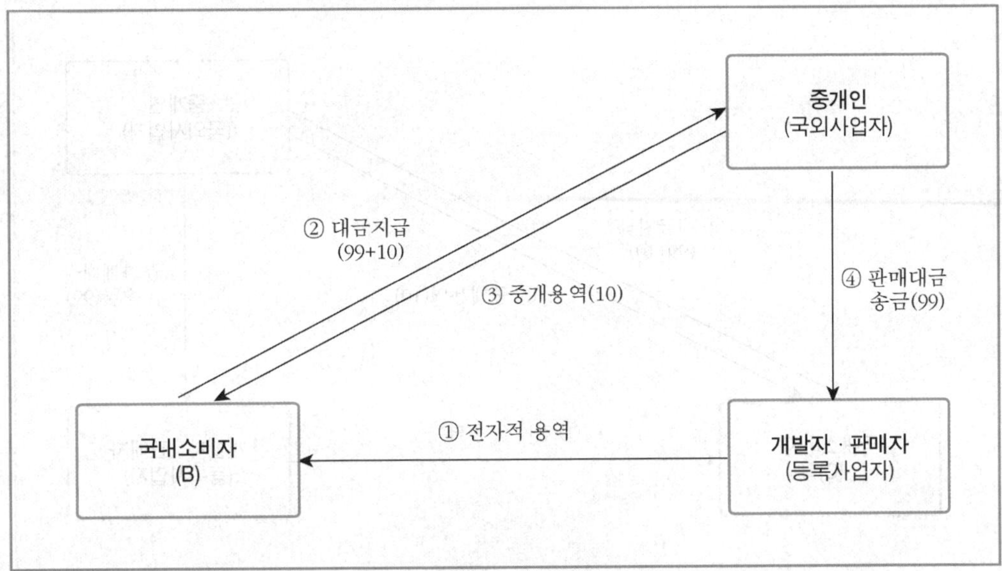

전자적 용역공급에 대한 부가가치세 납세의무

○ 전자적 용역의 국내에서 국내로의 공급이므로 국내개발자 · 판매자가 전자적 용역 공급(공급가액 90)에 대한 부가가치세 납세의무를 직접 부담한다.

중개용역에 대한 부가가치세 납세의무

○ 국외사업자인 중개인이 국내의 등록사업자인 국내소비자(B)에게 중개용역을 제공하였으므로 부가법 제53조의2 제1항을 충족하지 못하여 부가가치세 납세의무가 없다.

- 국내소비자(B)가 면세사업자등인 경우 부가법령상 대리납부의무자이므로 국외사업자로부터 공급받은 중개용역(10, VAT 별도 가정)에 대하여 부가가치세(1) 대리납부하여야 한다.

(11) 국외중개인이 국내소비자(C)에게 전자적 용역을 중개한 경우

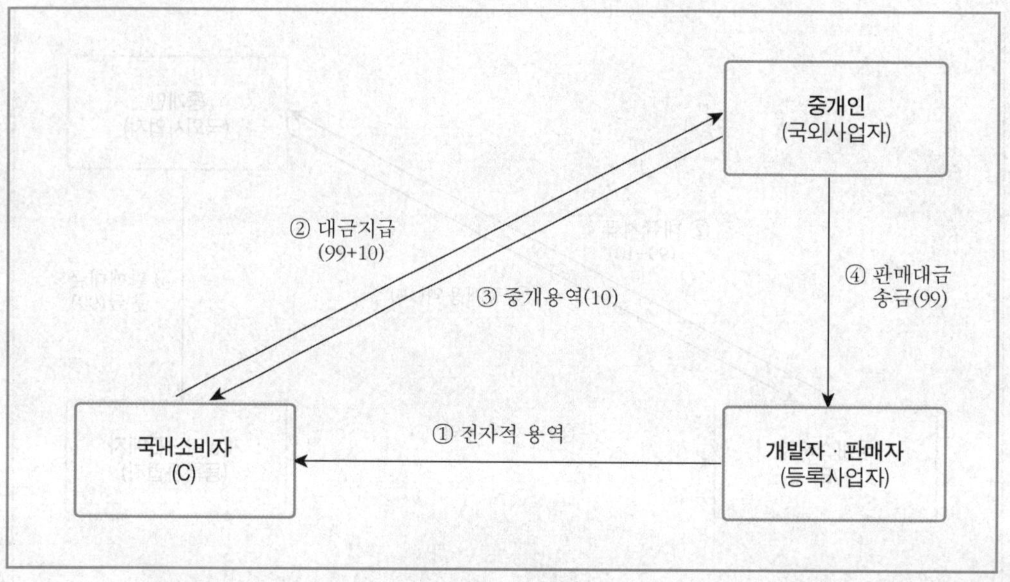

전자적 용역공급에 대한 부가가치세 납세의무

○ 전자적 용역의 국내에서 국내로의 공급이므로 국내개발자 · 판매자가 전자적 용역 공급(공급가액 90)에 대한 부가가치세 납세의무를 직접 부담한다.

중개용역에 대한 부가가치세 납세의무

○ 국외사업자인 중개인이 국내의 등록사업자 외의 자인 국내소비자(C)에게 중개용역을 제공하였고, 개발자 · 판매자의 전자적 용역에 대한 부가가치세 신고 과세표준에 중개용역 대가 10이 포함되지 아니하였으므로 부가법 제53조의2 제1항을 충족하므로 간편사업자등록을 하여 부가가치세 납세의무를 이행하여야 한다(부가령 §96의2 ② 단서에 해당하지 않음).

※ 근거: 서면-2020-법령해석부가-5015, 2020. 12. 29.

(12) 국외중개인이 국내소비자에게 등록사업자 외의 전자적 용역공급을 중개한 경우

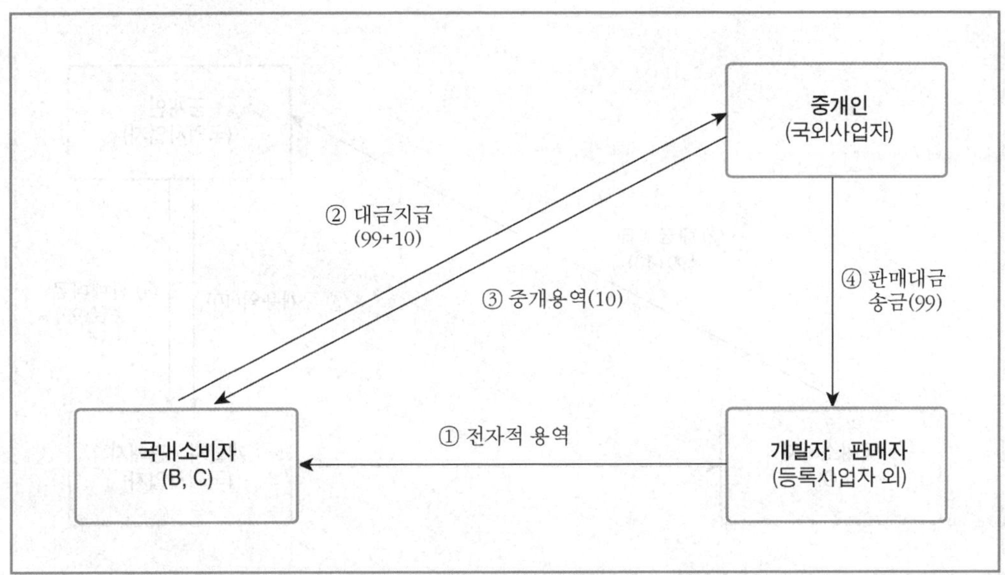

전자적 용역공급에 대한 부가가치세 납세의무

○ 전자적 용역의 국내에서 국내로의 공급이므로 개발자 · 판매자(등록사업자 외)가 전자적 용역공급에 대한 부가가치세 납세의무(공급가액 90)를 직접 부담한다(일시적 · 우발적 공급으로 사업성이 없는 경우 예외)

- 국내소비자가 사업자이든, 비사업자이든 관계없이 부가법상의 사업자에 해당하는 경우 부가가치세 납세의무자를 진다.
- 국외중개인은 국내거래인 전자적 용역공급에 대한 부가가치세 간접 납세의무(부가법 §53의2)를 부담하지 아니한다.

중개용역에 대한 부가가치세 납세의무

○ 국외사업자인 중개인이 국내의 등록사업자 외의 자인 국내소비자(C)에게 중개용역을 제공한 경우 부가법 제53조의2 제1항을 충족하므로 간편사업자등록을 하여 부가가치세 납세의무를 이행하여야 하고,

○ 국외사업자인 중개인이 국내의 등록사업자인 국내소비자(B)에게 중개용역을 제공하였다면 부가법 제53조의2 제1항에 따른 부가가치세 납세의무가 없다.

(13) 국내중개인이 국내소비자(C)에게 등록사업자 외의 전자적 용역공급을 중개한 경우

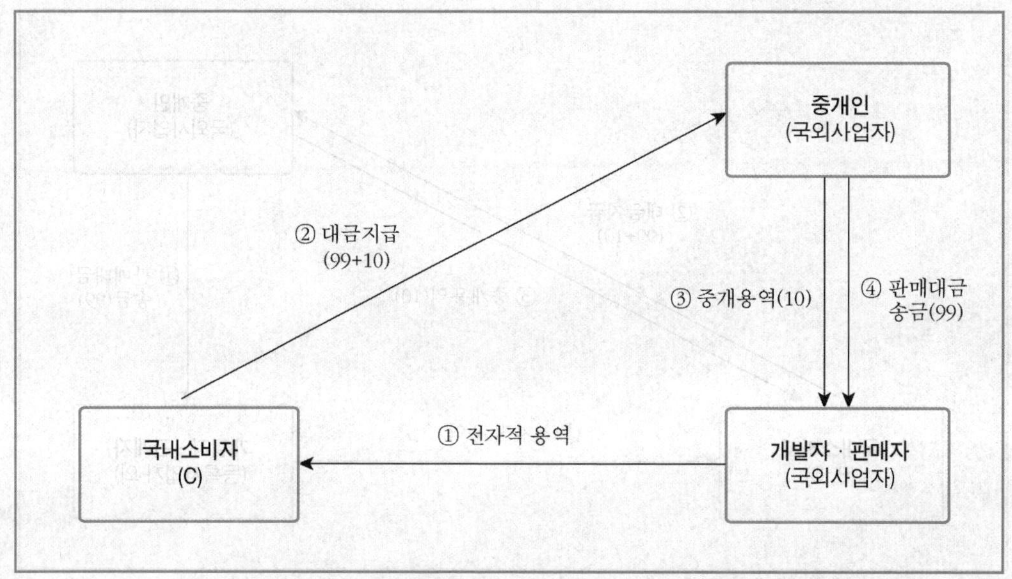

전자적 용역공급에 대한 부가가치세 납세의무

○ 국내중개인이 부가법 제53조의 위탁매매인등에 해당하지 않는 경우 국외개발자 · 판매자는 전자적 용역의 공급에 대하여 직접 간편사업자등록을 통해 부가가치세를 신고 · 납부하여야 한다.

○ 국내중개인이 위탁매매인등에 해당한다면 위탁매매인등이 국외개발자 · 판매자의 전자적 용역공급에 대한 부가가치세를 신고 · 납부하여야 한다.

중개용역에 대한 부가가치세 납세의무

○ 국내중개인은 중개용역을 국외사업자에게 제공하였으므로 부가가치세 신고 · 납부 의무가 있으며, 영세율이 적용될 수 있다.

(14) 국내중개인이 국내거래를 중개하는 경우

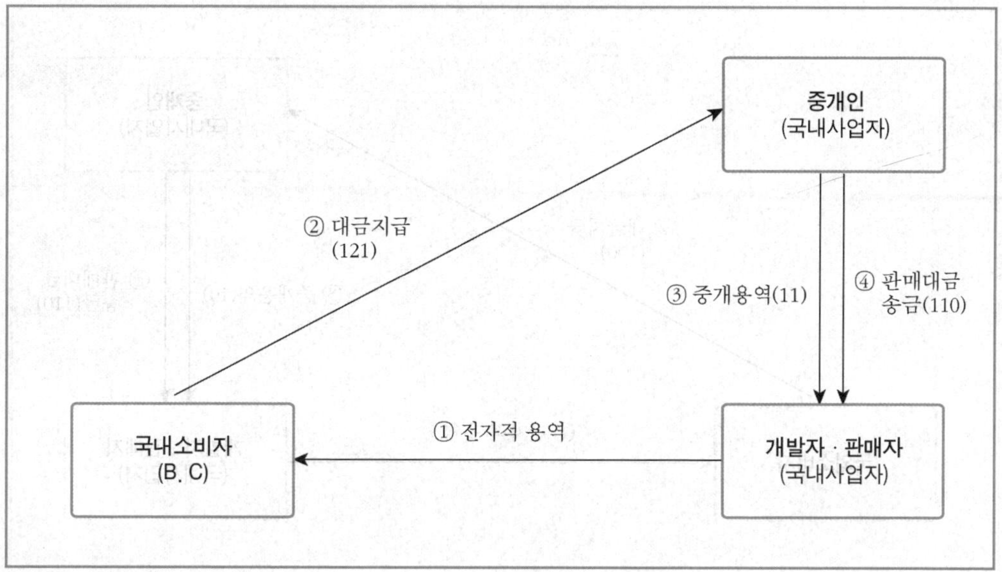

전자적 용역공급에 대한 부가가치세 납세의무

○ 국내사업자인 개발자 · 판매자는 전자적 용역의 공급에 대하여 공급장소 및 소비장소가 국내인만큼 부가가치세 납세의무를 직접 부담하여야 한다.

중개용역에 대한 부가가치세 납세의무

○ 국내중개인은 중개용역을 제공받은 국내개발자 · 판매자에게 세금계산서를 발급하고 부가가치세를 신고 · 납부하여야 한다.

(15) 국내중개인이 전자적 용역 수출을 중개한 경우

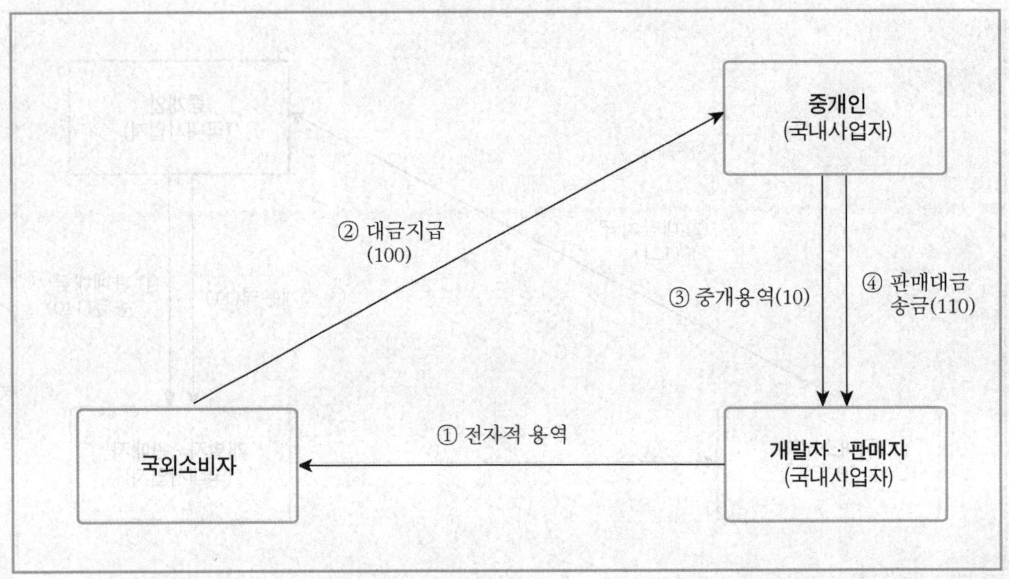

전자적 용역공급에 대한 부가가치세 납세의무

○ 국내사업자인 개발자·판매자는 전자적 용역을 국외소비자에게 공급한 것이므로 부가가치세 납세의무가 있으며, 영세율이 적용된다.

중개용역에 대한 부가가치세 납세의무

○ 국내중개인은 중개용역을 제공받은 국내개발자·판매자에게 세금계산서를 발급하고 부가가치세를 신고·납부하여야 한다.

4 | 결제대행사가 전자적 용역 거래에 참여한 경우

(1) 결제대행사의 국외사업자 결제대행에 대한 부가세 납세의무

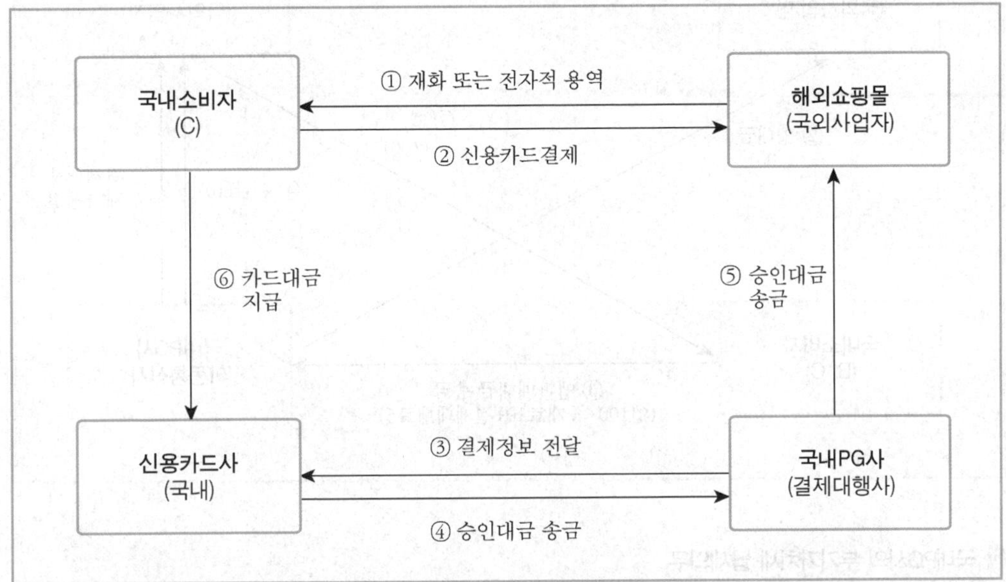

전자적 용역 공급에 대한 부가가치세 납세의무

○ 국외사업자인 쇼핑몰이 전자적 용역을 공급하였다거나 국외사업자(개발자 · 판매자)의 판매를 중개한 것이라면 간편사업자등록을 통하여 전자적 용역공급에 대한 부가가치세를 신고 · 납부하여야 한다.

결제대행사의 부가가치세 납세의무 검토

○ 전금법에 따른 전자지급결제대행업을 영위하는 위 국내PG사가 국내사업장이 없는 국외 쇼핑몰사업자("국외사업자")와 계약을 체결하여 국외사업자가 전자적 용역을 국내에 공급하는 거래에 있어 전자지급결제대행 용역을 제공하는 경우

- 국내PG사는 결제대행용역을 국외사업자에게 제공하는 사업자에 불과하므로 국외사업자의 전자적 용역 국내 공급거래에 대하여 위탁매매인등 또는 부가법 §53의2 ②에 따른 제3자에 해당하지 않는다.

※ 서면-2020-법령해석부가-3264, 2020. 12. 30.

(2) 국외오픈마켓에 결제대행용역을 제공하는 경우

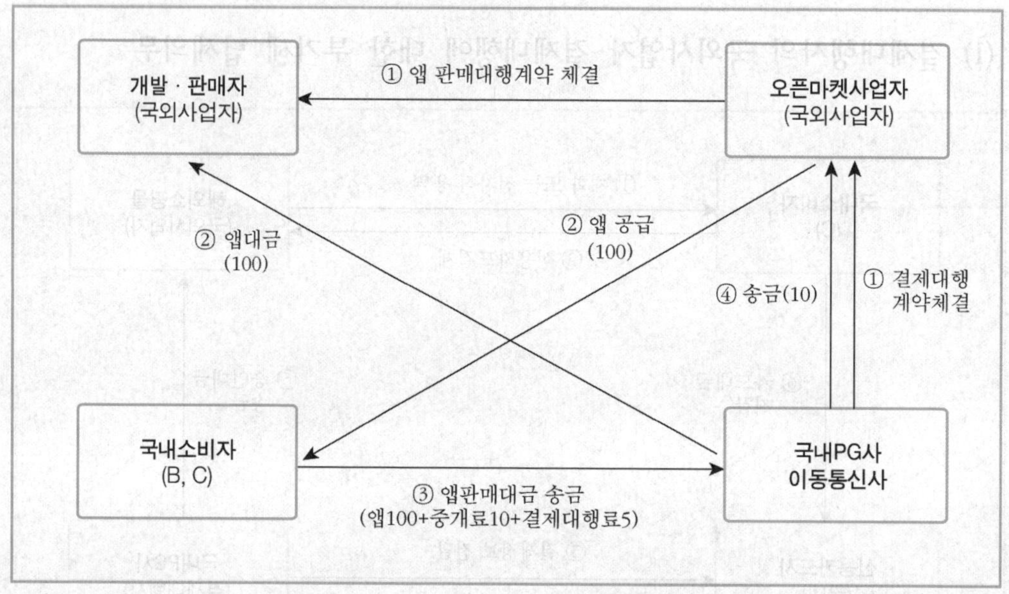

국내PG사의 부가가치세 납세의무

○ 국내PG사(수납대행계약을 체결한 국내 이동통신사를 포함한다)는 전자적 용역의 사용 또는 소비자도 아니고, 오픈마켓에 결제대행용역을 제공하는 자로서 단순결제대행업자에 불과(결제대행 또는 대금수령 및 지급대행서비스만 제공)하며, 상법상 중개인에도 해당하지 아니하므로 전자적 용역(위 앱 공급)에 대하여 부가법 제52조의 대리납부, 부가법 제53조의 위탁매매인등의 부가가치세 납세의무특례, 부가법 제53조의2에 따른 간편사업자등록을 통한 부가가치세 납세의무가 없다.

- 다만, 국내PG사는 국외오픈마켓사업자에게 공급한 결제대행용역에 따른 수수료(5)에 대하여 부가가치세 납세의무가 있으며, 해당 용역은 그 외 기타 금융지원서비스업에 해당하여 영세율 적용은 배제된다는 것이 국세청의 해석이며, 법원 역시도 같은 판결을 하였다(사전-2021-법령해석부가-1414, 2021. 11. 29. : 서울고법 2022누65353, 2023. 9. 12.).

국외오픈마켓의 납세의무

○ 국외사업자(국외오픈마켓)는 국외개발자 · 판매자의 전자적 용역의 판매를 중개하고 국내 PG사와의 결제대행계약에 따라 판매대금을 수납 및 판매자에 대한 송금을 대행시키고 있으므로 위탁의 방식으로 "국내구매자(C)로부터 거래대금을 수취

하여 판매자에게 지급하는 경우"에 해당한다고 볼 수 있는바, 앱판매에 대하여 간편 사업자등록을 통해 부가가치세를 신고·납부하여야 한다(국내소비자B는 해당없음).

※ 서면-2021-법령해석부가-3720, 2021. 6. 22. ; 서면-법령해석부가-4374, 2021. 1. 18. ; 기재부 부가가치세제과-156, 2013. 2. 27.

(3) 국외개발자의 별도 PG사를 통해 결제가 이루어진 경우

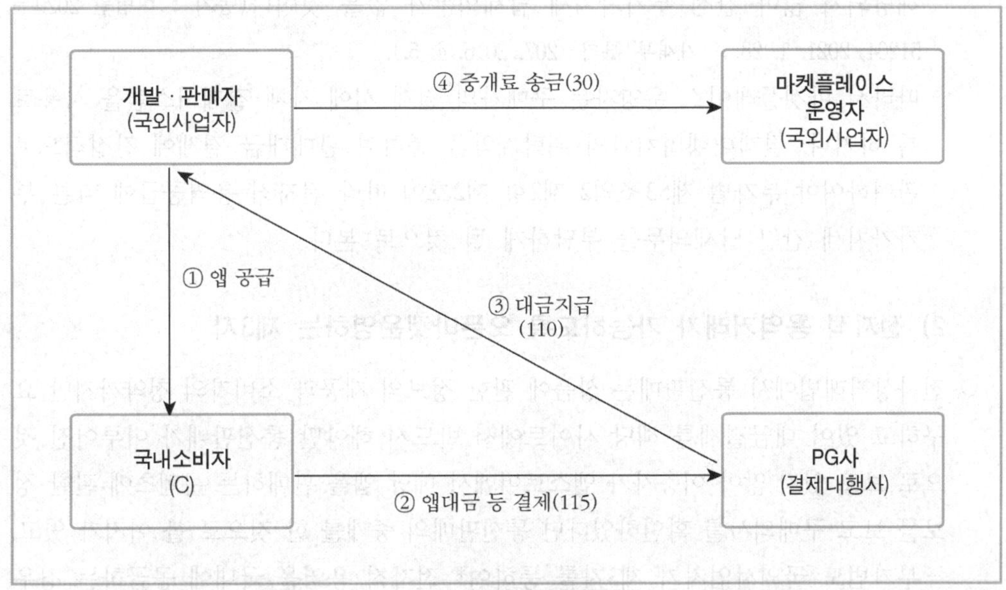

사실관계

○ 구글이나 애플사의 구글 플레이스토어, 애플 앱스토어에서 다운받은 마켓플레이스에서 구매자는 디지털콘텐츠 등 전자적 용역을 구매할 때 해당 계정에 등록해 둔 결제수단으로 결제가 이루어지는 경우(In-App-Purchase)가 있다.

○ 위 사례는 전기통신사업법 제50조에서 앱마켓사업자가 특정한 결제방식을 강제하는 행위를 금지하도록 개정하여 앱개발자가 자체 또는 국내외 PG사 등과 별도의 계약을 체결하여 결제대금을 수령할 수 있도록 개정된 것을 반영하였다.

○ 개발자·판매자와 국내소비자(C)는 앱마켓운영자의 마켓플레이스를 통하여 거래가 성사되고, 국내소비자가 개발자·판매자가 지정한 PG사를 통해 결제가 이루어지고 PG사가 자신의 수수료를 제외한 잔여금액을 개발자·판매자에게 송금한다.

1) 중개인 마켓플레이스가 판매대금 수수에 직간접 관여하는 경우

○ 마켓플레이스(앱스토어) 운영자는 중개인(통신판매중개업자)으로서 자체 결제(대행)를 수행하고 있다면 위탁매매인등(국내)이나 부가법 제53조의2 제2항 제2호에서 정하는 따른 제3자에 해당할 수 있겠으나,

- 판매자의 관리통제하에 결제대행업체를 통하여 판매대금과 중개수수료가 지급되어 동 운영자가 자금 flow에 전혀 관여하지 않는다면 위탁매매인등과 제3자에 해당되지 않아 간접 부가가치세 납세의무가 없을 것이다(동지 ; 대법원 2020두51204, 2021. 1. 28. ; 기재부 부가-207, 2016. 4. 5.).
- 따라서 마켓플레이스 운영자는 구매자의 결제 시에 자체 결제시스템을 사용토록 하거나, 결제대행업체와의 위탁계약을 통하여 판매대금 결제에 간접적으로 관여하여야 부가법 제53조의2 제2항 제2호에 따라 전자적 용역공급에 따른 부가가치세 간접 납세의무를 부담하게 될 것으로 본다.

2) 전자적 용역거래가 가능하도록 오픈마켓운영하는 제3자

○ 전자상거래법에서 통신판매는 상품에 관한 정보의 제공과 소비자의 청약까지만 요구하고 있어 대금결제를 해당 사이트에서 반드시 해야만 통신판매가 이루어진 것으로 보고 있지 않아 이용자가 앱스토어에서 해당 앱을 판매하는 콘텐츠에 관한 정보를 보고 구매의사를 확인하였다면 통신판매의 중개를 한 것으로 볼 여지가 있고,

- 부가법도 국외사업자가 <u>제3자를 통하여</u>* 전자적 용역을 국내에 공급하는 경우 제3자에게 간편사업자등록을 통해 부가가치세 납세의무를 지우고 있는바,

  * "통하여"에 관한 구체적 개념규정을 부가법령에 두고 있지 않다.

- 제3자(위 마켓플레이스운영자 등)에는 전자적 용역거래가 가능하도록 오픈마켓이나 그와 유사한 것을 운영하고 관련 서비스를 제공하는 자에 포함되며,
- PG를 이용하여 판매대금을 수수할 때 "이용자의 주문/청약의 의사표시"를 해당 국외 마켓플레이스 운영자가 수락한다는 전제하에서 앱마켓사업자는 부가법 제53조의2 제2항에 따른 제3자에 해당하고, 해당 시스템을 통하여 공급한 것이므로 국외 마켓플레이스 운영자는 간편사업자등록을 통한 부가가치세 납세의무가 있다(이에 해당하는 유권해석은 현재 없다).
- 이때 앱 개발자로부터 정산데이터를 받아 그 공급가액이 확정되는 때가 마켓플레이스운영자의 중개용역에 대한 공급시기가 된다(부가법 §16 ① 2, 부가령 §29 ② 1호).

결제대행용역에 대한 과세

○ 국내PG사의 결제대행용역을 국외사업자에게 제공하였으나 해당 사업이 부가령 제33조 제2항 제1호 각목의 사업에 해당되지 아니하여 부가가치세를 신고・납부하여야 한다.

전자적 용역에 대한 과세

○ 제3자(앱마켓운영자)는 중개용역을 국외사업자에게 제공하고 있으므로 국내에 부가가치세 신고・납부의무가 없다.

(4) 마켓플레이스(어플)를 다운받아 중개용역이 발생한 경우 중개용역의 과세

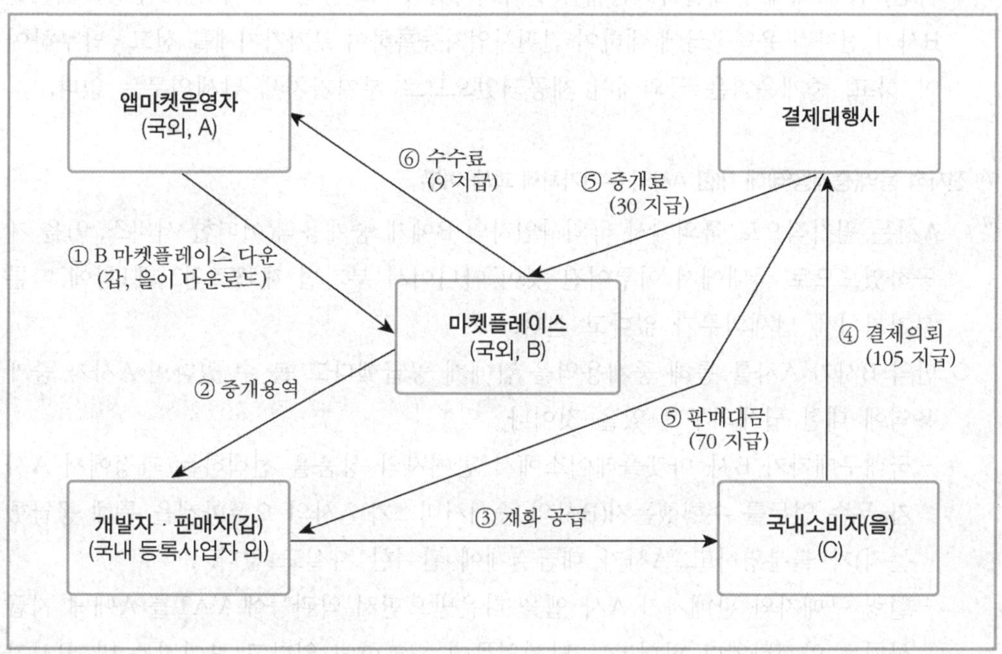

사실관계

○ 위 국내개발자와 국내소비자가 A에서 B사 마켓플레이스를 다운로드받아 국내개발자가 국내소비자에게 재화를 판매하면서 결제대행사를 통해 재화의 판매대금 105를 결제하면 결제대행사는 자신의 수수료 5를 제외한 30을 B사에게 송금하고 B사는 A사에 수수료 9를 지급하는 구조이다.

전자적 용역(중개용역 포함)에 대한 B사의 부가가치세 과세 여부

○ B사는 등록사업자가 아닌 국내개발자(갑)에게 중개용역을 제공한 것이므로 중개용역(30)에 대하여 간편사업자등록하여 부가가치세를 신고 · 납부하여야 한다(갑이 등록사업자이면 부가가치세 납세의무 없다).

○ A사가 B사를 통하여 갑에게 중개용역을 제공한 것이라면 B사가 중개용역 30에 대하여 간접 부가가치세 납세의무를 지며,

- A사의 중개용역(9)은 B사가 이미 자신의 공급가액에 포함하여 신고가 이루어졌으므로 추가적 납세의무는 없다(이중과세 문제 발생).
- 아울러 A사는 B사에 중개용역을 제공한 것이므로 국외거래로서 국내에 납세의무가 없는 것으로 볼 수 있다.

○ 다만, 위 거래에서 개발자 · 판매자가 국외사업자이고 공급대상이 전자적 용역이라면 B사가 전자적 용역공급에 대하여 간편사업자등록하여 부가가치세를 신고 · 납부하여야 하고, 중개용역은 국외에서 제공되었으므로 부가가치세 납세의무는 없다.

전자적 용역(중개용역)에 대한 A사의 부가가치세 과세 여부

○ A사는 원칙적으로 국외에서 국외사업자인 B에게 중개용역(어떠한 서비스, 9)을 제공하였으므로 국내에서 이루어진 것이 아니어서 부가법 제53조의2 제1항에 따른 부가가치세 납세의무가 없다고 본다.

○ 만약 B사가 A사를 통해 중개용역을 갑에게 공급했다고 볼 수 있다면 A사가 중개용역에 대한 납세의무가 있을 것이나,

- 국내구매자가 B사 마켓플레이스에서 판매자와 상품을 선택하는 과정에서 A사가 무슨 업무를 수행했는지(B사의 중개서비스가 A사의 오픈마켓을 통해 공급했는지)가 불분명하고, A사가 대금결제에 관여한 사실도 없다.
- 설령 구매자와 판매자가 A사 앱을 다운받으면서 약관등에 VAT를 A에게 지급하기로 약정하였다 하더라도 납세의무에는 영향이 없다고 보여지는 바, B사가 중개용역 30에 대한 부가가치세를 간편사업자등록을 통해 납부하는 것이 타당하다고 본다.
- 아울러 부가령 제96조의2 제2항 단서에서 부가법 제3조에 따른 납세의무자가 신고 · 납부한 경우라고 규정하여 문리해석상은 간편등록사업자는 동 조문 단서 적용은 불가하나 이는 입법미비로 보여진다.
- 중개용역이 전자적 용역의 범위에 나중에 포함된 점 등을 고려하고 과연 입법자가 이런 경우까지를 염두해 개정했는지를 고려할 때 중개용역을 제외한 전자적

용역과 중개용역은 달리 보아야 하는 것이 타당한 바, 앞 "(3)"의 사례와는 달리 보는 것이 맞다고 본다.

〈예규집〉

① 대법원 2006. 6. 6. 선고 2004두7528, 7535(병합) 판결은 원고 면세사업인 금융업을 영위하는 국내 은행들인 원고들이 SWIFT(Society for Worldwide Interbank Financial Telecommunication, 국제은행간금융통신조직)에 가입하여 SWIFT가 운영하는 전용통신망을 이용한 해외은행과의 자금결제, 금융거래, 신용장 개설 등의 거래메시지 전송용역을 공급받고 사용료를 지급한 사안에서, 'SWIFT가 원고들에게 공급하는 이 사건 용역의 주된 내용은 국내에 SWIFT 통신망을 연결하여 SWIFT가 표준화한 메시지양식에 따라 원고들이 입력한 금융기관 간 송금의뢰 통지, 자금이체 지시, 외화자금 매매나 대출·예금계약 성립 등의 확인통지, 신용장 개설통지 등의 외환거래에 대한 메시지를 위 통신망을 이용하여 전송하고 이를 일정기간 저장하는 것이며, 이러한 거래메시지의 전송은 SWIFT 통신망을 이용하는 데 필요한 소프트웨어가 설치된 원고들의 국내 점포의 단말기에서 SWIFT 통신망에 접속(log in)하여 표준화된 메시지양식에 따라 거래메시지를 입력함으로써 이루어짐을 알 수 있는바, SWIFT 통신망을 이용하는 원고들로서는 이 사건 용역 중 가장 중요하고 본질적인 부분은 SWIFT가 표준화한 메시지양식에 따라 입력한 외환거래에 대한 메시지가 전송되는 것인데, 이러한 SWIFT 통신망 접속 및 메시지의 전송이 이루어지는 곳은 원고들의 국내 점포이므로, 이 사건 용역의 제공장소는 국내라 할 것이고, SWIFT 통신망을 이용한 메시지 전송 및 저장의 기계적 또는 기술적 작업이 해외에서 이루어졌다고 하더라도 달리 볼 것은 아니다.'라고 판시하였다.

SWIFT 판결은 새로운 유형의 역무제공에 관한 판단기준으로 '중요하고 본질적인 부분'이라는 기준을 제시함과 동시에 소비지과세원칙, 즉 '공급받는 자'를 중심으로 역무를 제공받는 장소를 판단하였다.

② 대법원 2016. 10. 13. 선고 2016두43480 판결(심리불속행)은 내국법인인 원고가 영국의 A법인과 경영자문계약을 체결하고 영국법인 및 그의 국내 지점, 자회사들(이하 'A 등'이라 한다)로부터 경영 및 사업지원서비스(이하 '이 사건 용역')를 지원받고 대가를 지급한 사안에서, '이 사건 용역의 주된 내용은 A 등이 보유하고 있는 자료 전송, 회의, 방문 등을 통해 원고에게 본사 차원의 know-how를 이전시키는 것인데, 이 사건 용역은 원고로부터 원고의 경영상태에 대한 정보나 자료를 제공받아야 이루어질 수 있고, 그 상당 부분은 A 등의 담당자들이 직접 원고의 국내사업장을 방문하여 대면회의 등을 통하여 국내에서 사실관계를 파악하여 상황

에 맞는 용역을 제공하여야 하는 것인바, 원고가 경영에 관한 질의를 한 후 답변을 받아서 이를 업무에 활용하기도 하였으므로, 원고가 원고의 국내사업장에 있는 컴퓨터로 A 등에 이메일을 보내거나 전화기로 전화를 거는 것이나 A 등의 담당자들이 직접 국내사업장을 방문하여 대면회의 등을 통하여 국내에서 사실관계를 파악하는 것도 이 사건 용역의 중요한 부분에 해당한다.'라고 하여 이 사건 용역의 공급장소를 국내로 판단하였다.

③ 대법원 2017. 10. 31. 선고 2017두53699 판결(심리불속행)은 학생들을 대상으로 외국어교육사업을 영위하는 원고가 필리핀에 자회사를 두고 자회사와 계약을 체결하여 자회사 소속의 필리핀 현지 강사가 원고의 국내 수강생들에게 영문 에세이 첨삭 및 평가업무를 수행하게 한 사안에서, '자회사의 현지 강사들이 영문 에세이를 첨삭 및 평가하는 활동과 그 결과물 송부 버튼을 누르는 활동은 국외에서 이루어지지만, 그 결과물이 데이터 형태로 저장되는 곳은 원고가 보유하는 국내의 서버 컴퓨터이므로 자회사의 현지 강사들의 용역 제공행위가 완료되는 장소뿐만 아니라 그 결과물이 저장되어 사용되는 곳은 국내라는 점, 위 용역은 그 성질상 결과물이 원고가 보유하는 국내의 서버 컴퓨터에 데이터 형태로 저장되어 원고가 이를 확인할 수 있는 상태가 되어야 의미가 있는 것이므로 자회사의 현지 강사들이 웹페이지에서 첨삭 및 평가를 한 후 웹페이지의 결과물 송부버튼을 누르는 활동을 국외에서 수행하였다고 하더라도 본질적인 부분이 국외에서 수행된 것으로 보기 어려운 점, 위 용역 대가의 지급시기는 자회사의 현지 강사들이 웹페이지의 결과물 송부버튼을 눌러 그 결과물이 원고의 국내 서버 컴퓨터에 데이터 형태로 저장된 이후에야 이행기가 도래하는 점 등을 종합하여 보면, 위 용역이 제공되는 장소는 국내라고 보아야 한다.'라고 판시하였다.

④ 대법원 1996. 11. 22. 선고 95누1071 판결은 일본에 본점을 두고 서울지점을 설치하여 무역업, 중개업 등을 영위하는 원고 회사가 한국 수산업자들과 일본 도매업자 사이의 매매계약을 중개하고 중개수수료를 지급받은 사안에서, '이 사건 수산물 거래에 있어 한국 수산업자들은 원고 회사 서울지점으로부터 조업구역의 어장정보, 일본 수산물시장의 수요동향 및 재고량 등에 관한 정보를 얻고 원고 회사 서울지점을 통하여 인명사고에 대한 보험처리 등의 문제를 해결하며, 수산물가격이 결정되면 원고 본점은 서울지점을 통하여 위 가격에서 수수료 등을 공제한 금액을 신용장매입금액으로 하여 한국 수산업자들에게 통보하는 한편, 서울지점에 그 금액을 기초로 한 화물수령증의 발행지시를 하고, 그에 따라 서울지점이 화물수령증을 발행하여 대금결제를 해 온 사실을 근거로, 원고 회사가 이 사건 수산물

거래와 관련하여 한국 수산업자들로부터 지급받은 중개수수료의 발생원인인 중개 용역은 그 대부분과 중요하고도 본질적인 부분이 한국 내에서 이루어졌고, 그 일부가 원고 본점에 의하여 이루어졌더라도 이는 원고 본점이 실질적으로 한국 내에서 용역을 제공한 것'이라고 판시하였다.

대법원은 위 판결에서 처음으로 용역의 공급장소 판단에 있어서 "중요하고도 본질적인 부분"이 이루어진 곳을 공급장소라고 명시적으로 판시하였다.

⑤ 대법원 2016. 2. 18. 선고 2014두13829 판결은 영국법인인 원고가 내국법인인 ○○개발과 사이에 ○○개발이 대한민국 정부와 체결한 ○○연륙교 민간투자사업 실시협약에 따른 업무를 수행할 수 있도록 '자문 서비스, 사업 개발 및 관리 서비스, 기술 관리 서비스, 사업 계획 및 일정 서비스, 건설예측 서비스, 프로젝트 파이낸스 관리 서비스, 법적 관리 서비스, 연락 및 협력 서비스, 사업 회계 서비스, 하도급 조달 서비스, 교통 조사 관리 서비스' 등의 용역을 국내외에서 수행하기로 하는 국내제공용역계약과 국외제공용역계약을 체결하고 국내에 지점(이하 '원고 지점'이라 한다)을 설치하여 용역을 수행한 사안에서, '이 사건 국내제공용역계약과 국외제공용역계약은 ○○개발이 국내에 설치될 인천대교 건설사업의 시행자로서 위 실시협약에 따라 수행할 업무인 '환경조사, 교통조사, 하도급업자 선정을 위한 입찰 준비, 법률 약정서의 준비, 정부 부처 및 기관과의 협의 등'과 관련된 자문 및 컨설팅서비스를 받기 위해 체결된 것으로서, 그에 필요한 원고의 활동이 이루어지는 곳과 결과물이 사용되는 곳은 대부분 국내인 점, 원고가 제공한 용역은 사업제안 준비단계에서부터 인천대교 준공 시까지 계속적으로 자문, 건설 관련 기획, 환경영향 평가, 재무, 회계, 법률, 공사 관리 등 인천대교 건설과 관련된 모든 전문영역을 포괄하여 인천대교 건설사업의 진행을 관리하는 것으로서, 국외용역제공은 그 자체로 독자적인 목적을 수행하는 것이라기보다 국내제공용역과 결합하여 제공되어야만 용역공급의 목적을 달성할 수 있는 점, 원고도 단순히 업무수행자의 국내 또는 국외 체류 여부를 주요한 기준으로 삼아 국외제공용역의 대가를 산정하였을 뿐 국내제공용역과 명확히 구분되는 방식을 사용하지 아니한 점 등에 비추어, 이 사건 국외제공용역은 국내제공용역과 유기적으로 결합하여 실질적으로 하나의 용역으로 공급된 것으로서 그 중요하고도 본질적인 부분이 원고 지점에서 이루어진 것으로 볼 수 있다.'라고 판시하였다.

원고는 해당 거래를 국내제공용역과 '국외제공용역'의 둘로 쪼개어 각각 공급의 장소를 달리하는 것으로 인정받고자 하였으나, "위와 같은 행위들이 전체로서 하나의 용역 거래를 이룬다"는 단일성 개념의 전제하에 "중요하고도 본질적인 부분이 국내에서 소비되었으므로 전체 용역이 국내에서 제공된 것이라고 판시하였다.

⑥ 대법원 2016. 1. 14. 선고 2014두8766 판결은 ① 싱가포르법에 따라 설립된 싱가포르법인이 2009년 초순경 CS은행 홍콩지점으로부터 우리나라 상장회사가 발행한 이 사건 채권을 매수하여 회수하는 사업을 영위한 사실, ② 그 과정에서 내국법인인 원고는 싱가포르법인에 이 사건 채권의 인수를 중개·알선하고 이를 회수하는 이 사건 용역을 제공하여 2010. 3. 19. 그 전체 용역에 대한 대가로 미화 85만 달러를 지급받은 사실 등을 인정한 다음, 이 사건 용역의 대가는 인지도가 낮은 싱가포르법인이 대규모 투자은행으로부터 이 사건 채권을 저가로 인수할 수 있도록 알선·중개하는 업무를 중시하여 결정된 점, 원고의 대표이사 소외인이 CS은행 홍콩지점을 수회 방문하여 거래조건에 관한 협상을 진행하였고, 이 사건 채권은 국내 거주자에게 매도할 수 없는 조건이 붙어 있는 채권이 다수 포함되어 있었고, 이 사건 채권 인수대금의 결제도 해외결제기관을 통해 이루어진 점, 이 사건 채권은 모두 코스닥 상장회사에서 발행한 것으로 회수 가능성이 크고, 이 사건 채권을 추심하여 원리금을 회수하는 업무는 각 발행회사들에 만기를 고지하고 구체적인 상환방법을 협의하는 등 정해진 만기와 이자율 등의 조건에 따라 기계적·반복적으로 이루어진 단순한 업무에 불과한 점 등에 비추어 원고가 제공한 이 사건 용역의 중요하고 본질적인 부분이 국외에서 이루어진 것으로 보아 영세율을 적용하여야 한다고 판시하였다.

CS 판결은 소비지과세원칙에 대해서 아무런 다툼이 없었던 시절의 판결이고 원고의 대표이사 소외인이 CS은행 홍콩지점을 수 회 방문하여 거래조건에 관한 협상을 진행하는 등 '용역의 중요하고 본질적인 부분이 국외에서 이루어졌음이 명백한' 사안이었다.

제 6 절

제출서류 등

(1) 매출 · 매입처별세금계산서합계표의 제출

1) 세금계산서합계표의 작성 및 제출

사업자는 세금계산서 또는 수입세금계산서를 발급하였거나 발급받은 경우에는 매출처별세금계산서합계표와 매입처별세금계산서합계표(이하 "매출 · 매입처별세금계산서합계표"라 한다)를 해당 예정신고 또는 확정신고를 할 때 함께 제출하여야 한다(부가법 §54 ①).

2) 전자세금계산서 발급 시 제출 면제

전자세금계산서를 발급하거나 발급받고 전자세금계산서 발급명세를 해당 재화 또는 용역의 공급시기가 속하는 과세기간(예정신고의 경우에는 예정신고기간) 마지막 날의 다음 달 11일까지 국세청장에게 전송한 경우에는 해당 예정신고 또는 확정신고 시 매출 · 매입처별세금계산서합계표를 제출하지 아니할 수 있다(부가법 §54 ②).

3) 예정신고 시 미제출한 경우

예정신고를 하는 사업자가 각 예정신고와 함께 매출 · 매입처별세금계산서합계표를 제출하지 못하는 경우에는 해당 예정신고기간이 속하는 과세기간의 확정신고를 할 때 함께 제출할 수 있다(부가법 §54 ③).

4) 수입세금계산서합계표의 제출

수입세금계산서를 발급한 세관장은 위 "1)"과 "2)"를 준용하여 매출처별세금계산서합계표를 해당 세관 소재지를 관할하는 세무서장에게 제출하여야 한다(부가법 §54 ④).

5) 국가 등이 세금계산서를 발급받은 경우

세금계산서를 발급받은 국가, 지방자치단체, 지방자치단체조합, 외국법인의 연락사무소, 그 밖에 대통령령으로 정하는 면세사업자 등은 매입처별세금계산서합계표를 해당 과세기간이 끝난 후 25일 이내에 납세지 관할 세무서장에게 제출하여야 한다(부가법 §54 ⑤).

이상 매출 · 매입처별세금계산서합계표의 제출에 관한 사항은 앞서 세금계산서 등에서 자세히 설명하였다.

(2) 현금매출명세서 제출

부동산업, 전문서비스업, 과학서비스업 및 기술서비스업, 보건업, 그 밖의 개인서비스업 등을 영위하는 사업자는 해당 업종의 특성 및 세원관리(稅源管理)를 고려하여 예정신고 또는 확정신고를 할 때 현금매출명세서를 함께 제출하여야 하고, 부동산임대업자는 현금매출명세서와 부동산임대공급가액명세서를 예정신고 또는 확정신고를 할 때 함께 제출하여야 한다(부가법 §55, 부가령 §100).

이상 현금매출명세서의 제출에 관한 사항은 앞서 예정신고 및 확정신고에서 자세히 설명하였다.

(3) 영세율 첨부서류 제출

부가법 제21조부터 제24조까지의 규정에 따라 영세율이 적용되는 재화 또는 용역을 공급하는 사업자는 예정신고 및 확정신고를 할 때 예정신고서 및 확정신고서에 수출실적명세서 등 대통령령으로 정하는 서류를 첨부하여 제출하여야 하고 그 서류를 첨부하지 아니한 부분에 대하여는 예정신고 및 확정신고로 보지 아니한다(부가법 §56, 부가령 §101).

| 영세율 첨부서류 요약 |

구 분	영세율 적용대상	법령에 의한 첨부서류	국세청장 지정서류
Ⅰ. 수출재화	1. 직수출 (부가법 §21 ② 1)	• 다음 중 하나(전자계산조직에 의하여 처리된 테이프 또는 디스켓 포함) 1) 수출실적명세서 2) 소포수령증 3) 간이수출신고서 사본 (부가령 §101 ① 1)	• 대행수출의 경우 수출대행계약서 사본과 수출실적명세서. 다만, 수출신고필증상에 위탁자가 표시된 경우 수출신고필증 사본만 제출 • 그 밖의 수출재화임이 입증되는 서류
	2. 대행수출		
	3. 중계무역·위탁판매·외국인도·위탁가공수출 등 (부가법 §21 ② 2) (부가령 §31 ① 1-4)	• 수출계약서 사본 또는 외국환은행이 발행하는 외화입금증명서 등 (부가령 §101 ① 2) • 외국인도수출자가 부가령 §31 ① 4호가 적용되는 사업자로부터 매입 시 매입계약서 추가	

구 분	영세율 적용대상	법령에 의한 첨부서류	국세청장 지정서류
Ⅰ. 수출재화	4. 수탁가공/양도를 위한 원료의 반출 (부가법 §21 ② 2) (부가령 §31 ① 5)	• 국내사업자 간 매매(납품)계약서 (필요시 위탁가공계약서) (부가령 §101 ① 2)	규정 미비
	5. 보세구역 내 물품의 외국으로 반출 (부가법 §21 ② 2) (부가령 §31 ① 6)	• 수출계약서 사본 또는 외국환은행이 발행하는 외화입금증명서 등 (부가령 §101 ① 2)	규정 미비
	6. 내국신용장·구매확인서에 의한 공급 (부가령 §31 ② 1)	• 내국신용장·구매확인서 전자발급명세서(전자무역기반시설을 통하여 개설 발급된 경우) • 그 외 내국신용장 등 사본 (부가령 §101 ① 3)	
	7. 한국국제협력단 등에 해외 반출용으로 공급하는 재화 (부가령 §31 ② 2~4)	• 한국국제협력단(한국국제보건의료재단, 대한적십자사)이 발행한 공급사실 증명서류 (부가령 §101 ① 4~6)	
	8. 수탁가공무역방식에 의한 수출 (부가령 §31 ② 5)	• 해당 수출재화임을 입증하는 증명서류 및 외화입금증명서 (부가령 §101 ① 7)	
	9. 내국신용장에 포함되지 않은 관세환급금 등 (부가통칙 21-31-8)		• 관세환급금 등 명세서
Ⅱ. 용역의 국외공급	용역의 국외공급 (부가법 §22)	• 외화입금증명서 또는 용역제공계약서 사본 (부가령 §101 ① 8)	• 장기해외건설공사의 최초신고 시 도급계약서(하도급) 사본을 제출하고 그 이후는 외화획득명세서 제출 (부가통칙 22-101-1)
Ⅲ. 선박 또는 항공기의 외국항행 용역	1. 항공기에 의한 외국항행용역 (부가법 §23)	• 공급가액확정명세서 (부가령 §101 ① 9)	• 공급가액확정명세서
	2. 선박에 의한 외국항행용역 가. 화물 또는 여객운송을 제공하고 그	• 외화입금증명서 (부가령 §101 ① 9)	가) 선박에 의한 운송용역공급가액 일람표 나) 송장집계표 또는

구 분	영세율 적용대상	법령에 의한 첨부서류	국세청장 지정서류
Ⅲ. 선박 또는 항공기의 외국항행 용역	대가를 원화로 받거나 해외에서 받은 수입금액 나. 다른 외항사업자가 운용하는 선박의 승선권 판매 또는 화물운송계약을 체결하여 주고 받은 대가 다. 운송주선에 의한 외국항행용역		대금청구서 다) 외화획득명세서에 항공기, 선박에 의한 외국항행용역이라는 것을 입증하는 서류 (부가통칙 24-101-3) (부가통칙 24-101-5) ※ 화주가 내국인인 경우 외화획득명세서에 영세율임을 입증하는 서류(B/L 등) 첨부
Ⅳ. 그 밖의 외화획득 재화·용역	1. 국내사업장이 없는 비거주자 또는 외국법인에게 공급하는 재화·용역 (부가법 §24 ① 3) (부가령 §33 ② 1)	• 외화입금증명서 (부가령 §101 ① 10) • 부가령 §33 ② 1, 2호의 경우 상호면세국임을 그 사실을 입증할 수 있는 관계 증빙서류(제33조 제2항 제1호 나목 중 전문서비스업과 아목, 자목의 용역에 한정한다.) • 정보통신망을 통해 부가령 제33조 제2항 제1호 바목에 해당하는 용역을 부가법 제52조 제1항 각호의 어느 하나에 해당하는 자에게 제공하였음을 증명하는 서류(유튜버 등 채널이름·URL주소·개설시기 등이 기재된 서류를 말함)	• 용역공급계약서 사본 또는 대금청구서 • 외환매입증명서 또는 외국환매각증명서는 외화매입증명서에 갈음하며, 직접 외화가 입금되지 않은 경우 외화획득명세서에 외화획득사실증명서류 첨부 (부가통칙 24-101-1)
	2. 국내사업장이 있는 비거주자·외국법인에게 공급하는 재화·용역 (부가령 §33 ② 2)		
	3. 수출재화임가공용역 가. 도급계약 (부가령 §33 ② 3) 나. 내국신용장 또는 구매확인서에 의한 공급(부가령 §33 ② 4)	가) 임가공계약서 사본과 납품사실증명서(수출업자와 직접 도급계약분에 한함) 또는 수출대금입금증명서(부가령 §101 ① 11) 나) 내국신용장·구매확인서 전자발급명세서(부가령 §101 ① 1, 3)	
	4. 외국항행 선박·항공기에 공급하는 재화 또는 용역 가. 외항선박, 항공기에 공급하는 재화	• 선(기)적완료증명서 • 전기통신사업법에 의한 전기통신사업의 경우 용역공급기록표 (부가령 §101 ① 12) • 석유류 면세의 경우 유류공급명세서	공통: 재화·용역일람표 가) 선(기)용품 등 적재허가서 나) 수출입품목 적재·

구 분	영세율 적용대상	법령에 의한 첨부서류	국세청장 지정서류
Ⅳ. 그 밖의 외화획득 재화 · 용역	나. 외항선박 또는 항공기에 공급하는 하역용역 다. 외항선박, 항공기에 공급하는 하역용역 외의 용역 라. 원양어선에 공급하는 재화 · 용역 마. 외항선박, 항공기 또는 원양어선에 공급하는 용역에 대한 지정 서류를 제출할 수 없는 경우 (부가령 §33 ② 5)		하선(기)작업 확인 신청 및 증명원 또는 대금청구서 다) 승선(탑승)수리신고서 또는 대금청구서 라) 세관장이 발급한 승선수리신고서 본 또는 선장이 발행하는 확인서나 대금청구서 마) 용역공급계약서 사본 또는 대금청구서
	5. 외교공관 등, 국제연합군 또는 미국군에 공급하는 재화 · 용역 (부가법 §24 ① 1) (부가령 §33 ② 6)	• 외국환은행이 발급하는 수출(군납)대금입금증명서 또는 법 제24조 제1항 제1호에 따른 해당 외교공관 등이 발급한 납품 또는 용역공급사실을 증명할 수 있는 서류 －다만, 전력 등 계속 공급하는 경우 재화공급기록표, 전기통신사업법에 따른 전기통신사업의 경우 용역공급기록표 (부가령 §101 ① 13)	• 재화 · 용역공급기록표 • 외교관면세판매기록표
	6. 종합여행업자의 관광알선용역 (부가령 §33 ② 7)	• 외화입금증명서. 다만, 현금 수령시에는 관광알선수수료명세서 및 외화매입증명서 (부가령 §101 ① 13)	
	7. 외국인전용판매장, 주한외국군인 및 외국인전용의 유흥음식점 영위자가 공급하는 재화 또는 용역 (부가령 §33 ② 9)	• 외국환은행이 발급하는 외화입금증명서 또는 외화매입증명서 (부가령 §101 ① 16)	
	8. 외교관 등에게 공급하는 재화 또는 용역 (부가법 §24 ① 2)	• 외교관면세판매기록표 (부가령 §101 ① 17)	

구 분	영세율 적용대상	법령에 의한 첨부서류	국세청장 지정서류
V. 조특법상 영세율 적용	1. 방위산업물자 등 (조특법 §105 ① 1) 2. 군납 석유류 (조특법 §105 ① 2)	• 납품증명서 (조특령 §106 ⑫ 1)	
	3. 도시철도건설용역 (조특법 §105 ① 3) 4. 민투법 시행자의 사회 기반시설 등 (조특법 §105 ① 3의2)	• 공급받는 기관장이 발행하는 용역 공급사실 증명서류 또는 납품증명서 (조특령 §106 ⑫ 1)	
	5. 장애인용 보장구 (조특법 §105 ① 4)	• 월별 판매액합계표 (조특령 §106 ⑫ 2)	
	6. 농·축산·임업용 기자재	• 농민·임업·어민에게 직접 공급하는 경우 - 월별 판매액합계표 • 임협·수협을 통하여 공급하는 경우 - 임협, 중앙회의 장의 임업용 기자재 구매확인서	
	7. 어업용 기자재 (조특법 §105 ① 6) (조특법 §105 ① 5) (동 특례규정 §4)	• 농협·임협·수협 등을 통하여 공급하는 경우 - 해당 기관장의 납품확인서 (동 특례규정 §4)	
	8. 농어업 기자재 등에 대한 사후환급 (동 특례규정 §9)	• 환급신청서, 농어민확인서, 매입처별세금계산서합계표(또는 매입세금계산서합계표), 환급신청명세서 (동 특례규정 §9)	
	9. 외국인 관광객에 대한 사후환급 (조특령 §107 ①)	• 세관장이 확인한 판매확인서와 송금명세서 또는 환급증명서 (동 특례규정 §11 ①)	
	10. 외교관 등에게 공급하는 재화 또는 용역에 대한 사후환급 (조특법 §107 ⑦)	• 외교관면세판매기록표	
	11. 외국사업자가 공급받은 재화 또는 용역에 대한 사후환급 (조특법 §107 ⑥)	• 외국사업자증명원, 거래내역서, 세금계산서 원본, 위임장(대리인에 의한 신청 시) (조특령 §107 ②)	

구 분	영세율 적용대상	법령에 의한 첨부서류	국세청장 지정서류
V. 조특법상 영세율 적용	12. 외국인 관광객 숙박용역 (조특법 §107의2)	• 숙박용역공급확인서 (환급증명서 첨부)	
	13. 제주도 여행객 면세점 이용특례 (조특법 §121의13)	• 제주특별자치도 여행객 면세점 공급실적명세서 (동 특례규정 §7)	

1) 출처: 국세청 고시 제2023-11호, 2023. 6. 23. 외

2) 영세율적용대상이 되는 제조·가공·역무의 제공이 2개 과세기간 이상 계속되어 외화입금증명서 또는 수출신고필증을 받을 수 없는 경우 제조·가공·역무제공계약서 사본을 제출함.

3) 영세율적용사업자가 위 지정서류를 제출할 수 없는 경우 외화획득명세서와 영세율이 확인되는 증빙서류를 제출

제 6 장

결정 · 경정 · 수시부과 · 징수와 환급

제 1 절

결정 · 경정 · 수시부과 · 징수 등

I 결정 및 경정

1 의의

부가가치세는 신고납세제도에 의한 조세이므로 해당 과세기간이 경과함으로써 발생된 납세의무에 대하여 납세의무자가 스스로 과세표준과 세액을 계산하여 신고함으로써 그 납세의무가 확정된다.

부가가치세의 과세표준과 세액이 1차적으로 납세의무자의 신고에 의하여 확정된다 하더라도 납세의무자의 신고확정은 어디까지나 1차적인 것일 뿐 종국적인 확정의 권한은 정부에 유보되어 있으므로 당초 확정된 과세표준 또는 세액에 오류 또는 탈루 등 법정사유가 있을 때에는 정부는 해당 과세기간에 대한 과세표준 과세액을 조사하여 조사된 내용에 따라 당초 확정된 납세의무를 새로이 변경할 수 있다.

납세의무자가 부가가치세과세표준을 신고하지 아니함으로써 납부의무가 확정되지 아니한 부분에 대하여 정부가 조사하여 결정하는 처분을 "결정"이라 하고, 납세의무자가 과세표준을 신고함으로써 납세의무가 확정된 부분에 대하여 그 신고내용의 오류 또는 탈루를 조사하여 이를 고쳐 결정하는 처분을 "경정"이라 하며, 경정에 의해 확정된 납세의무를 또다시 변경·확정하는 처분행위를 "재경정"이라 하고, 과세기간 경과 전에 일정 사유 발생으로 인하여 조세를 부과하는 처분을 "수시부과"라 한다.

2 결정 및 경정사유

납세지 관할 세무서장, 납세지 관할 지방국세청장 또는 국세청장은 사업자가 다음의 4가지 사유 중 어느 하나에 해당하는 경우에는 해당 예정신고기간 및 과세기간에 대한 부가가치세의 과세표준과 납부세액 또는 환급세액을 조사하여 결정 또는 경정한다(부가법 §57 ①).

(1) 예정신고 또는 확정신고를 하지 아니한 경우

납세의무자가 부가가치세 예정신고 또는 확정신고를 하지 아니하면 과세관청은 과세표준과 납부세액 또는 환급세액을 조사하여 구체적으로 확정시켜야 한다.

(2) 예정신고 또는 확정신고를 한 내용에 오류가 있거나 내용이 누락된 경우

조세는 조세법의 규정에 적법하고 실체적 · 경제적 진실에 적합하게 부담되어야 하고, 신고된 내용이 세법에 어긋났거나 진실과 다를 경우 과세관청은 이를 적법하고 진실되게 바로 잡아야 한다.

(3) 확정신고에 있어서 세금계산서합계표의 전부 또는 일부의 제출이 없는 때

매출세액 산정에 있어서는 매출처별세금계산서합계표의 제출이 중요한 근거가 되고 매입세액에 있어서는 매입처별세금계산서합계표의 제출이 유일한 공제근거가 되고 있다. 그러므로 확정신고를 할 때 매출처별세금계산서합계표 또는 매입처별세금계산서합계표를 제출하지 아니하거나 제출한 매출처별세금계산서합계표 또는 매입처별세금계산서합계표에 기재사항의 전부 또는 일부가 적혀 있지 아니하거나 사실과 다르게 적혀 있는 경우에는 확정신고에 의해 조세채무는 확정되었지만 경정대상이 된다.

(4) 그 밖에 부가가치세를 포탈할 우려가 있는 때

그 밖에 아래와 같은 사유로 부가가치세를 포탈(逋脫)할 우려가 있는 경우 부가가치세의 과세표준과 납부세액 또는 환급세액을 조사하여 결정 또는 경정한다(부가령 §103 ①).

① 사업장의 이동이 빈번한 경우
② 사업장의 이동이 빈번하다고 인정되는 지역에 사업장이 있는 경우
③ 휴업 또는 폐업상태에 있는 경우
④ 부가법 제46조 제4항에 따라 신용카드가맹점 또는 현금영수증가맹점 가입 대상자로 지정받은 사업자가 정당한 사유 없이 신용카드가맹점 또는 현금영수증가맹점으로 가입하지 아니한 경우로서 사업 규모나 영업 상황으로 보아 신고 내용이 불성실하다고 판단되는 경우
⑤ 부가법 제59조 제2항에 따른 조기환급 신고의 내용에 오류가 있거나 내용이 누락된 경우

영세율 등 조기환급신고는 부가가치세 예정 및 확정신고대상에서 제외하도록 하고 있어, 영세율 등 조기환급신고 그 자체로 예정신고 및 확정신고에 갈음하도록 하고 있기

때문에 영세율 등 조기환급신고에 오류 또는 탈루가 있으면 조기환급신고로 확정된 세액을 경정하여야 한다.

하지만 위 "⑤"의 영세율 등 조기환급신고로서 월별 조기환급일이 속하는 예정신고기간 또는 확정신고기간이 경과되기 전까지는 그 신고내용에 오류 또는 탈루가 있더라도 가산세의 부과대상이 되지 아니한다(일부 가산세 제외).

사업장 관할 세무서장은 사업자가 예정신고 또는 확정신고를 하는 때에 신고한 납부세액에 미달하게 납부한 경우에는 그 미달한 세액에 대하여 「국세징수법」에 따라 징수할 수 있고 가산세의 부과 또한 예정신고기한이나 확정신고기한이 경과되어야 부과되기 때문이다.

3 | 경정의 제한

부가령 제73조 제1항 각호의 사업 중 국세청장이 정하는 업종을 경영하는 사업자로서 같은 장소에서 계속하여 5년 이상 사업을 경영한 자에 대해서는 거래실적이 노출되어 상대적으로 많은 세금을 부담하는 사례가 많은 현실을 감안하여 객관적인 증명자료로 보아 과소하게 신고한 것이 분명한 경우에만 경정할 수 있다(부가령 §103 ②). 그러나 현재까지 국세청장이 정하는 업종이 없어 시행되지 않고 있다.

4 | 결정 · 경정기관 및 기한

(1) 결정 · 경정기관

결정권 또는 경정권을 행사할 수 있는 기관은 관할 세무서장, 관할 지방국세청장, 국세청장이 될 수 있다(부가법 §57 ①).

부가가치세의 과세표준과 납부세액 또는 환급세액의 결정 또는 경정은 각 납세지 관할 세무서장이 행함을 원칙으로 한다. 다만, 국세청장이 특히 중요하다고 인정하는 경우에는 납세지 관할 지방국세청장 또는 국세청장이 결정하거나 경정할 수 있다. 하지만 국세청은 실무적으로 결정, 경정업무를 하고 있지 않다(부가령 §102 ①).

사업장 이전이 있는 경우 결정 · 경정 관할 세무서장은 이전 후 관할 세무서장이 된다(부가 22601-1375, 1990. 10. 24.).

(2) 총괄납부사업자에 대한 결정 · 경정사실의 통지

부가법 제51조에 따라 주사업장 총괄납부를 하는 경우 각 납세지 관할 세무서장, 납세지 관할 지방국세청장 또는 국세청장이 과세표준과 납부세액 또는 환급세액을 결정하거나 경정하였을 때에는 지체 없이 납세지 관할 세무서장 또는 총괄납부를 하는 주된 사업장의 관할 세무서장에게 통지하여야 한다(부가령 §101 ②).

(3) 결정 · 경정기한

정부가 결정 또는 경정을 할 수 있는 기한에 대하여는 법에서 별도의 규정을 하고 있지 않지만 「국세기본법」 제26조의2 제1항에서 규정하고 있는 국세부과의 제척기간 내인 확정신고기한의 다음 날로부터 5년(무신고 7년, 사기 · 기타 부정한 행위 있을 시에는 10년) 내에는 어느 때라도 결정 또는 경정할 수 있다.

5 | 결정 · 경정과 매입세액공제

사업자가 부가법 제32조에 따라 발급받은 세금계산서 또는 신용카드매출전표 등(공급받은 자, 부가가치세액 별도기재된 것)을 경정 시에 경정기관의 확인을 거쳐 정부에 제출하는 경우에는 매입세액으로 공제할 수 있으나, 매입세액의 공급가액에 0.5퍼센트에 상당하는 가산세를 부과한다.

또한, 재해 또는 그 밖의 불가항력으로 인하여 발급받은 세금계산서가 소멸되어 세금계산서를 제출하지 못하게 되었을 때에는 해당 사업자에게 공급한 거래상대방이 제출한 세금계산서에 의하여 확인되는 것을 납부세액에서 공제하는 매입세액으로 한다(부가령 §104 ②).

6 | 경정 및 조사 시 유의사항

(1) 신의성실(신뢰보호)의 원칙

1) 개요

납세자가 그 의무를 이행할 때에는 신의에 따라 성실하게 하여야 한다. 세무공무원이 직무를 수행할 때에도 또한 같다(국기법 §15).

2) 과세관청에 대한 신의성실의 원칙

조세관계에서 신뢰보호의 원칙이 적용되는 것은 조세법규의 집행과정에서 납세자가 과세관청의 언동에 대한 신뢰를 기초로 새로운 법률관계를 형성한 경우에 그것이 잘못되었다고 하여 뒤늦게 번복하는 것이 기존의 법률관계를 뒤엎는다는 점에서 법적 안정성을 해치는 결과에 이를 수 있기 때문이다. 이러한 점에서 행정청의 견해표명을 신뢰하고 이에 상응하는 어떠한 행위를 한다는 것은 신뢰를 기초로 새로운 법률관계를 형성하는 행위를 의미하고, 단순한 세무신고행위는 위에서 말하는 행위라고 할 수 없다.

일반적으로 조세법률관계에 있어서 과세관청의 행위에 대하여 신의성실의 원칙을 적용하기 위해서는 다음의 요건이 모두 충족되어야 한다.

① 과세관청이 납세자에게 신뢰의 대상이 되는 공적인 견해표명을 하여야 한다.

② 과세관청의 견해표명이 정당하다고 신뢰한데 대하여 납세자에게 귀책사유가 없어야 한다.

③ 납세자가 그 견해표명을 신뢰하고 이에 따라 무엇인가 행위를 하여야 한다.

④ 과세관청이 위 견해표명에 반하는 처분을 함으로써 납세자의 이익이 침해되는 결과가 초래되어야 한다.

과세관청의 공적인 견해표명은 원칙적으로 일정한 책임있는 지위에 있는 세무공무원에 의하여 이루어짐을 요한다고 할 것이다. 그러나 신의성실의 원칙 내지 금반언의 원칙은 합법성을 희생하여서라도 납세자의 신뢰를 보호함이 정의, 형평에 부합하는 것으로 인정되는 특별한 사정이 있는 경우에 적용되는 것으로서 납세자의 신뢰보호라는 점에 그 법리의 핵심적 요소가 있는 것이므로, 위 요건의 하나인 과세관청의 공적 견해표명이 있었는지의 여부를 판단하는데 있어 반드시 행정조직상의 형식적인 권한분장에 구애될 것은 아니고 담당자의 조직상의 지위와 임무, 당해 언동을 하게 된 구체적인 경위 및 그에 대한 납세자의 신뢰가능성에 비추어 실질에 의하여 판단하여야 한다(대법원 94누12159, 1995. 6. 16. ; 대법원 95누13746, 1996. 1. 23. ; 대법원 2004두46, 2006. 6. 9.).

① 단순한 과세누락은 공적인 견해표명이 아님(대법원 92누12919, 1993. 2. 23.).

② 잘못된 국세청 유권해석에 따라 신고한 납세자에게 가산세 적용불가(조심 2009부1797, 2010. 5. 4.)

③ 잘못된 조세심판례에 따른 신고의 경우 신의성실원칙이 적용되지 아니함(대전고법 2007누2478, 2008. 6. 26.).

④ 일반적인 견해표명에 불과한 서면질의에 대한 회신은 신의성실원칙 적용이 되지

아니함(대법원 2007두19447, 2010. 4. 29.).

국세종합상담센터의 답변과 세무공무원의 일반적인 상담내용은 단순한 상담 내지 안내수준인 행정서비스의 한 방법으로서 공적견해 표명을 한 것으로 인정하기 어렵다. 국세청 예규 또한 과세관청 내부의 세법해석 기준 및 집행기준을 시달한 행정규칙에 불과하므로 과세관청의 예규도 공적인 견해표명에 해당되지 않는다(대법원 2007두3107, 2009. 4. 23. ; 의정부지방법원 2008구합4430, 2009. 12. 22.). 다만, 대법원은 과세청의 예규도 그 내용에 따라 공적견해 표명으로 볼 수 있는 경우가 있다는 판시가 있는데 기본통칙 또는 예규도 납세의무자인 국민에게 예측가능성을 줄 정도로 장기간 규정되고 그 견해에 있어서 이의가 없을 정도로 납세자에게 받아들여지고 숙지되었다면 비록 법리상 조세법의 법원으로 인정할 수 없고 재판규범으로 삼을 수 없다 하더라도 신뢰의 대상으로 인정함이 타당하다는 것이다.

따라서 신의성실의 원칙 내지 금반언의 원칙은 합법성을 희생해서라도 납세자의 신뢰를 보호함이 정의, 형평에 부합하는 것으로 인정되는 특별한 사정이 있는 경우에 적용되는 것으로서 납세자의 신뢰보호라는 점에 그 법리의 핵심적 요소가 있는 것이어서 과세관청의 공식적 견해표명이 있었는지를 판단함에 있어서 행정조직상의 형식적인 권한분장에 구애될 것이 아니라 담당자의 조직상 지위와 임무, 해당 언동을 하게 된 구체적 경위 및 그에 대한 납세자의 신뢰가능성에 비추어 실질에 따라 판단하여야 한다(대법원 2018두42559, 2019. 1. 17.).

3) 납세자에 대한 신의성실의 원칙

조세소송에서 신의성실원칙의 적용은 극히 제한적으로 인정하여야 하고 이를 확대해석하여서는 아니된다고 할 것이나, 국기법 제15조가 사법의 기본원리인 신의칙 등이 공법인 조세법에서도 적용됨을 명문으로 규정하고 있는 이상 조세법 관계에 있어서도 여전히 신의성실의 원칙은 적용가능하다.

조세법률주의에 의하여 합법성의 원칙이 강하게 적용하는 조세실체법과 관련한 신의성실원칙의 적용은 합법성을 희생해서라도 구체적 신뢰를 보호할 필요성이 있다고 인정되는 경우에 한하여 비로소 적용되는 바, 납세자가 과세관청에 대하여 자기의 과거의 언동에 반하는 행위(배신행위)를 하였을 경우에 신의성실의 원칙을 적용하기 위한 요건은 다음과 같다. 납세자의 행위에 대하여 신의성실의 원칙이 적용되는 경우에는 과세처분의 흠결에도 불구하고 부과처분은 유효하다.

① 납세자가 과세관청에 대하여 자기의 과거의 언동에 반하는 행위를 하여 객관적으로 모순되는 행태가 존재하여야 한다.

② 객관적으로 모순되는 행태는 납세자의 심한 배신행위에 기인한 것이어야 한다. 단순한 거짓말이 담세력이 될 수는 없기 때문이다.

③ 납세자의 심한 배신행위에 기인하여 야기된 과세관청의 신뢰가 보호받을 가치가 있는 것이어야 한다.

한편, 신의성실의 원칙에 반하는 것 또는 권리남용은 강행규정에 위배되는 것이므로 당사자의 주장이 없더라도 법원은 직권으로 판단할 수 있다고 판시하고 있다(대법원 94다42129, 1995. 12. 22. 참조).

위와 같은 견지에서 구체적인 납세자 신의칙의 적용 요건은 다음과 같다.

① 객관적으로 모순되는 행태의 존재

납세자의 언동에 대하여 신의성실의 원칙을 적용하기 위해서는 객관적으로 모순되는 행태가 존재하여야 하며, 객관적으로 모순되는 행태란 납세자가 과세관청에 대하여 자기의 과거의 언동에 반하는 행위를 하는 경우를 말한다.

② 납세자의 심한 배신행위에 기인할 것

객관적으로 모순되는 행태는 납세자의 심한 배신에 기인한 것이어야 하며, 배신행위란 상대방의 신뢰에 반하는 행위로서 배신행위라 하더라도 납세자의 심한 배신행위에 기인하지 않은 것은 적용 요건에 해당하지 아니한다. 납세자의 모순된 행태가 오로지 조세포탈을 도모하기 위하여 이루어졌거나 귀책성이 크다면 심한 배신성을 인정하여야 할 것이다.

③ 과세관청의 신뢰의 보호가치성

납세자의 심한 배신행위에 기인하여 야기된 과세관청의 신뢰가 보호받을 가치가 있어야 한다. 납세자가 조사를 방해할 목적으로 과세자료를 모두 폐기하거나 조사공무원의 조사를 무력화시켜 조사가 불가능한 상황이라는 특별한 사정이 있는 경우 등 과세관청의 신뢰가 보호가치 있는 신뢰에 해당한다.

납세자 신의칙이 인정된 사례는 다음과 같다.

ⅰ. 납세의무자가 명의신탁받은 부동산을 신탁자 등에게 임대한 것처럼 가장하여 사업자등록을 마치고 그중 건물 등의 취득가액에 대한 매입세액까지 환급받은 다음, 폐업 시의 잔존재화 공급 의제규정에 따른 부가가치세 부과처분에 대하여 그 부동산을 명의신탁된 것이므로 임대차계약이 통정허위표시로서 무효라고 주장하는

것은 신의성실의 원칙에 위배된다(대법원 2006두14685, 2009. 4. 23.).

ii. 수출업자가 그 전단계에 부정거래가 있었음을 알면서도 아랑곳없이 그 기회를 틈타 자신의 이익을 도모하고자 거래에 나섰고, 또한 그의 거래 이익도 결국 앞서의 부정거래로부터 연유하는 것이며 나아가 그의 거래 참여가 부정거래의 판로를 확보해 줌으로써 궁극적으로 부정거래를 가능하게 한 결정적인 요인이 되었다면, 이는 그 전제가 되는 매입세액공제 · 환급제도를 악용하여 부당한 이득을 추구하는 행위라고 할 것이므로 그러한 수출업자에게까지 다른 조세수입을 재원으로 삼아 매입세액을 공제 · 환급해 주는 것은 부정거래로부터 연유하는 이익을 국고에 의하여 보장해 주는 격이 됨은 물론 전반적인 조세체계에 미치는 심각한 폐해를 막을 수도 없다. 따라서 이러한 경우의 수출업자가 매입세액의 공제 · 환급을 구하는 것은 보편적인 정의관과 윤리관에 비추어 도저히 용납될 수 없다 할 것이므로 이는 국기법 제15조 소정의 신의성실의 원칙에 반하는 것으로서 허용될 수 없다고 보아야 한다. 이러한 법리는 공평의 관점과 결과의 중대성 및 보편적 정의감에 비추어 수출업자가 중대한 과실로 인하여 그와 같은 부정거래가 있었음을 알지 못한 경우, 즉 악의적 사업자와의 관계로 보아 수출업자가 조금만 주의를 기울였다면 이를 충분히 알 수 있었음에도 불구하고 거의 고의에 가까운 정도로 주의의무를 현저히 위반하여 이를 알지 못한 경우에도 마찬가지로 적용된다고 봄이 상당하고, 그 수출업자와 부정거래를 한 악의적 사업자와 간에 구체적인 공모 또는 공범관계가 있은 경우로 한정할 것은 아니다(대법원 2009두13474, 2011. 1. 20.).

4) 비과세 관행

국기법 제15조는 “납세자가 그 의무를 이행함에 있어서는 신의에 좇아 성실히 하여야 한다. 세무공무원이 그 직무를 수행함에 있어서도 또한 같다”라고, 제18조 제3항은 “세법의 해석 또는 국세행정의 관행이 일반적으로 납세자에게 받아들여진 후에는 그 해석 또는 관행에 의한 행위 또는 계산은 정당한 것으로 보며, 새로운 해석 또는 관행에 의하여 소급하여 과세되지 아니한다”라고 각각 규정하고 있다.

국기법 제15조 및 제18조 제3항에 따른 신의성실의 원칙 및 소급과세금지의 원칙이 적용되거나 비과세의 관행이 성립되었다고 하기 위해서는 장기간에 걸쳐 어떠한 사항에 대하여 과세하지 아니하였다는 객관적 사실이 존재할 뿐만 아니라, 과세관청 자신이 그 사항에 대하여 과세할 수 있음을 알면서도 어떤 특별한 사정에 의하여 과세하지 않았다는 의사가 있고, 이와 같은 의사가 대외적으로 명시적 또는 묵시적으로 표시될 것을 요하는 것이다. 위와 같은 공적 견해나 의사는 명시적 또는 묵시적으로 표시되어야 하지만 묵시적 표시가 있다고 하기 위하여는 단순한 과세누락과는 달리 과세관청이 상당기간의 불과세 상태에 대하여 과세하지 않겠다는 의사표시를 한 것으로 볼 수 있는 사정이 있어야 한다(대법원 2001두4849, 2002. 11. 8. : 징세 46101-64, 1999. 1 7.).

국기법 제18조 제3항 규정에서의 '일반적으로 납세자에게 받아들여진 세법의 해석 또는 국세행정의 관행'이란 비록 잘못된 해석 또는 관행이라도 특정납세자가 아닌 불특정한 일반납세자에게 정당한 것으로 이의없이 받아들여져 납세자가 그와 같은 해석 또는 관행을 신뢰하는 것이 무리가 아니라고 인정될 정도에 이른 것을 말한다고 할 것이다(대법원 2007두19294, 2010. 4. 15.).

(2) 중복조사의 금지

세무조사는 국가의 과세권을 실현하기 위한 행정조사의 일종으로서 국세의 과세표준과 세액을 결정 또는 경정하기 위하여 질문을 하고 장부·서류 그 밖의 물건을 검사·조사하거나 그 제출을 명하는 일체의 행위를 말하며, 부과처분을 위한 과세관청의 질문조사권이 행하여지는 세무조사의 경우 납세자 또는 그 납세자와 거래가 있다고 인정되는 자 등(이하 "납세자 등"이라 한다)은 세무공무원의 과세자료 수집을 위한 질문에 대답하고 검사를 수인하여야 할 법적의무를 부담한다.

한편, 과세관청은 조세탈루의 혐의를 인정할 만한 명백한 자료가 있는 경우, 거래상대방에 대한 조사가 필요한 경우, 2개 이상의 과세기간과 관련하여 잘못이 있는 경우 등 「국세기본법」 제81조의4 제2항에서 규정하는 경우를 제외하고는 같은 세목 및 같은 과세기간에 대하여 재조사를 할 수 없다. 동 규정에 따라 원칙적으로 금지되는 재조사에 해당하기 위해서는 1차 조사와 그 이후의 조사가 과세기간과 세목 및 조사대상자가 동일하여야 한다.

▌대법원 2015두58089, 2016. 3. 10.

중복세무조사에 해당하는 세무조사로서 실지조사는 ① 부과처분을 목적으로 하여야 하고, ② 납세자나 그 납세자와 거래가 있다고 인정되는 자 등을 직접 접촉하여야 하며, ③ 그 장소가 납세자 등의 사무실·사업장·공장 또는 주소지 등이어야 하고, ④ 납세자 등을 상대로 질문하고, 장부·서류·물건 등을 검사·조사하여야 함.

이는 같은 세목 및 과세기간에 대한 거듭된 세무조사는 납세자의 영업의 자유나 법적 안정성 등을 심각하게 침해할 뿐만 아니라 세무조사권의 남용으로 이어질 우려가 있으므로 예외적인 경우를 제외하고는 금지될 필요가 있음에 기인한다. 이러한 세무조사의 성질과 효과, 중복세무조사를 금지하는 취지 등에 비추어 볼 때, 세무공무원의 조사행위가 실질적으로 납세자 등으로 하여금 질문에 대답하고 검사를 수인하도록 함으로써 납세자의 영업의 자유 등에 영향을 미치는 경우에는 조사사무처리규정에서 정한 '현지확인'의 절차에 따른 것이라고 하더라도 그것은 재조사가 금지되는 '세무조사'에 해당한다고 보아야 한다.

그러나 과세자료의 수집 또는 신고내용의 정확성 검증 등을 위한 과세관청의 모든 조사행위가 재조사가 금지되는 세무조사에 해당한다고 볼 경우에는 과세관청으로서는 단순한 사실관계의 확인만으로 충분한 사안에서 언제나 정식의 세무조사에 착수할 수밖에 없고 납세자 등으로서도 불필요하게 정식의 세무조사에 응하여야 하므로 납세자 등이 대답하거나 수인할 의무가 없고 납세자의 영업의 자유 등을 침해하거나 세무조사권이 남용될 염려가 없는 조사행위까지 재조사가 금지되는 '세무조사'에 해당한다고 볼 수 없다(서울고법 2016누75762, 2017. 9. 14. ; 대법원 2017두66190, 2018. 11. 29.).

▌대법원 2014두8360, 2017. 3. 16.

세무공무원의 조사행위가 단순한 사실관계의 확인이나 통상적으로 이에 수반되는 간단한 질문조사에 그치는 것이어서 납세자 등으로서도 손쉽게 응답할 수 있을 것으로 기대되거나 납세자의 영업의 자유 등에도 큰 영향이 없는 경우에는 원칙적으로 재조사가 금지되는 '세무조사'로 보기 어려움.

따라서 세무공무원의 조사행위가 재조사가 금지되는 '세무조사'에 해당하는지 여부는 조사의 목적과 실시경위, 질문조사의 대상과 방법 및 내용, 조사를 통하여 획득한 자료, 조사행위의 규모와 기간 등을 종합적으로 고려하여 구체적 사안에서 개별적으로 판단할 수밖에 없을 것인데, 세무공무원의 조사행위가 사업장의 현황 확인, 기장 여부의 단순 확인, 특정한 매출사실의 확인, 행정민원서류의 발급을 통한 확인, 납세자 등이 자발적으로 제출한 자료의 수령 등과 같이 단순한 사실관계의 확인이나 통상적으로 이에 수반되는 간단한 질문조사에 그치는 것이어서 납세자 등으로서도 손쉽게 응답할 수 있을 것으로 기대되거나 납세자의 영업의 자유 등에도 큰 영향이 없는 경우에는 원칙적으로 재조사가 금지되는 '세무조사'로 보기 어렵고, 조사행위가 실질적으로 과세표준과 세액을 결정 또는 경정하기 위한 것으로서 납세자 등의 사무실·사업장·공장 또는 주소지 등에서 납세자 등을 직접 접촉하여 상당한 시일에 걸쳐 질문하거나 일정한 기간 동안의 장부·서류·물건 등을 검사·조사하는 경우에는 특별한 사정이 없는 한 재조사가 금지되는 '세무조사'로 보아야 한다(대법원 2013두6206, 2015. 9. 10. 외 다수).

(3) 검찰의 무혐의 처분이 정상거래를 인정한 것인지

사업자 또는 그 거래처가 가공세금계산서 수수혐의로 조세범처벌법 위반 혐의로 고발한 건에 대하여 검찰의 수사결과 증거불충분의 이유로 무혐의 또는 불기소처분을 받았다 하더라도 검찰의 수사는 형사범죄 요건성립 여부를 가리는 절차이므로 그 결과 불기소처분이 있더라도 그것이 곧바로 실지거래가 입증되는 것은 아니므로 조세법에 근거한 과세요건 성립에 대한 반증으로 삼기는 어려운 바, 당사자 간의 거래사실이 없음이 확인되는 경우에는 그에 따른 부가가치세 경정(처분)을 할 수 있다(대법원 2015두55790, 2016. 2. 18. ; 국심 2007중4924, 2008. 6. 27. ; 부산지법 2015구합20979, 2015. 11. 12. ; 서울행법 2013구합56768, 2014. 5. 1.).

(4) 불복과정에서의 입증책임 및 형사판결내용의 배척 여부

조세부과처분 취소소송에서 과세요건사실에 관한 입증책임은 과세관청에 있으므로, 가공 또는 위장세금계산서를 수취했다거나 납세의무자의 금융기관에 입금된 금액이 매출누락된 금액이라는 과세요건사실은 과세관청이 증명하여야 하는 것이 원칙이다. 다만, 구체적인 소송과정에서 위장가공세금계산서 수수나 납세의무자의 금융기관 입금액이 매출에 해당한다는 것은 경험칙에 비추어 이를 추정할 수 있는 사실을 밝히거나 이를 인정할 만한 간접적인 사실을 밝히는 방법으로도 증명할 수 있고, 그와 같은 사실이 과세관청에 의하여 밝혀지면 상대방이 문제로 된 해당 사실이 경험칙 적용의 대상적격이 되지 못하는 사정을 입증하지 않는 한 해당 과세처분을 과세요건을 충족시키지 못한 위법한 처분이라고 단정할 수 없다(대법원 2012두7769, 2015. 6. 23. ; 대법원 2003두14284, 2004. 4. 27.).

한편, 본래 민사소송이나 세무소송에서 형사재판에서 인정된 사실에 구속을 받는 것은 아니라고 하더라도 이미 확정된 관련 있는 형사판결에서 인정된 사실은 이를 채용할 수 없는 특별한 사정이 나타나 있지 아니하는 한 사실 인정의 유력한 자료가 되어서 이를 함부로 배척할 수 없다(대법원 84누411, 1985. 10. 8.).

(5) 재조사 결정 시 원처분 유지 가능 사유

심사청구(과세전적부심, 이의신청, 심판청구를 포함한다. 이하 같다)가 이유 있다고 인정될 때에는 그 청구의 대상이 된 처분의 취소·경정 결정을 하거나 필요한 처분의 결정을 한다. 다만, 취소·경정 또는 필요한 처분을 하기 위하여 사실관계 확인 등 추가적으로 조사가 필요한 경우에는 처분청으로 하여금 이를 재조사하여 그 결과에 따라 취소·경정하거나 필요한 처분을 하도록 하는 재조사 결정(심사·심판청구가 이유 있다고 인정될 때, 취소·결정 또는 필요처분을 위해 사실관계 확인 등 추가적인 조사가 필요한 경우에 내리는 결정)을 할 수 있다(국기법 §65 ① 3). 재조사 결정이 있는 경우 처분청은 재조사 결정일로부터 60일 이내에 결정서 주문에 기재된 범위에 한정하여 조사하고, 그 결과에 따라 취소·경정하거나 필요한 처분을 하여야 한다(국기법 §65 ⑤).

조세불복에서 재조사 결정이 있더라도 재조사 결과 심사청구인의 주장과 재조사 과정에서 확인한 사실관계가 다른 경우 등 원처분을 유지할 수 있는 근거를 아래와 같이 신설하였다(국기법 §65 ⑥, 국기령 §52의3).

㉠ 심사청구인의 주장과 재조사 과정에서 확인된 사실이 달라 원처분의 유지가 필요한 경우

㉡ 심사청구인의 주장에 대한 사실관계를 확인할 수 없는 경우

(6) 행정청의 조정권고 수용이 다른 유사 사건에 미치는 영향

행정소송에서 조정권고는 명문의 근거가 있는 것은 아니지만 실무적으로 활발히 운용되고 있다. 조정권고란 재판부가 행정청(피고)에게 해당 처분을 취소하거나 적절하다고 인정되는 처분으로 변경할 것을 권고하고 원고에게는 처분이 취소되거나 변경되면 소를 취하할 것을 권고하는 것을 말한다.

우리 행정소송법은 민사조정법(민사조정법 §29 및 민사소송법 §220)을 준용하고 있지 않기 때문에 조정권고안은 단순히 법원의 권고일뿐 재판상의 화해와 동일한 효력 또는 확정판결과 같은 효력을 가지지 않는다. 하지만 행정청이 이를 존중하여 수용함으로써 분쟁이 조기종결되었다는 점에서 행정청이 동일한 처분을 계속한다는 것은 무리가 있다.

(7) 거짓진술, 직무집행 거부나 기피에 따른 과태료 부과

탈세방지를 위하여 관할 세무서장은 세법의 질문·조사권 규정에 따른 세무공무원의 질문에 대하여 거짓으로 진술하거나 그 직무집행을 거부 또는 기피한 자에게 5천만 원 이하의 과태료를 부과·징수한다(국기법 §88, 국기령 §69).

과태료 부과기준은 국기령 [별표 1]에 수입금액 등(부가가치세의 경우 1년 과세표준) 구간에 따른 과태료(이하 "개별기준 과태료"라 한다)와 위반행위가 고의나 중대한 과실에 따른 것으로 인정되는 경우, 그 밖에 위반행위의 정도, 위반행위의 동기와 그 결과 등을 고려하여 늘릴 필요가 있다고 인정되는 경우에 해당하는 조세를 포탈한 경우에는 개별기준 과태료의 2분의 1의 범위 내에서 최대 500만 원 범위 내에서 늘려 부과하며, 납세의무자 외의 자에게는 500만 원(다만, 납세의무자의 부정행위에 참여하는 경우 500

만 원 범위 내에서 증액한다)으로 한다.

※ 위반행위가 사소한 부주의나 오류로 인한 것으로 인정되는 경우, 그 밖에 위반행위의 정도, 위반행위의 동기와 그 결과 등을 고려하여 줄일 필요가 있다고 인정되는 경우 과태료의 1/2 범위 내에서 그 금액을 줄여 부과할 수 있다.

(8) 명단공개

국세청장은 아래의 불성실기부금수령단체, 조세포탈범, 해외금융계좌신고의무위반자 또는 세금계산서발급의무등위반자의 인적사항, 국세추징명세, 포탈세액, 신고의무 위반금액, 부정 기재한 공급가액 등의 합계액 등에 대한 공개 여부를 심의하여 관보에 게재하거나 국세정보통신망 또는 관할 세무서 게시판에 게시하는 방법으로 공개할 수 있다(국기법 §85조의5 ①~⑤).

㉠ 불성실기부금수령단체의 인적사항, 국세추징명세 등

㉡「조세범처벌법」 제3조 제1항, 제4조 및 제5조에 따른 범죄로 유죄판결이 확정된 자로서「조세범처벌법」 제3조 제1항에 따른 포탈세액 등이 연간 2억 원 이상인 자(이하 "조세포탈범")의 인적사항, 포탈세액 등

㉢ 국조법 제53조 제1항에 따른 계좌신고의무자로서 신고기한 내에 신고하지 아니한 금액이나 과소 신고한 금액이 50억 원을 초과하는 해외금융계좌신고의무위반자의 인적사항, 신고의무 위반금액 등

㉣ 특가법 제8조의2에 따른 범죄로 유죄판결이 확정된 세금계산서발급의무등위반자의 인적사항, 부정 기재한 공급가액 등의 합계액 등

명단공개 대상자의 지나친 권익침해를 방지하고 공개제도의 실효성을 제고하기 위하여 조세포탈범 등에 대한 명단공개 기간을 설정하고 있다(국기령 §66 ⑰). 다만, 세법에 따라 납부해야 할 세액, 과태료 또는 벌금이 납부되지 않았거나 형의 집행이 완료되지 않은 경우에는 명단을 계속하여 공개한다(국기령 §66 ⑱).

유 형	공개기간
조세포탈범	**(원칙) 5년간** • 조세범처벌법 §3 ①에 따른 범죄로 유죄판결이 확정된 자(같은 조 제4항에 따른 상습범 제외) **(예외) 10년간** • 조세범처벌법 §3 ①에 따른 범죄를 §3 ④에 따라 상습적으로 범한 조세포탈자

유 형	공개기간
	• 조세범처벌법 §4에 따른 면세유 부정유통자 • 조세범처벌법 §5에 따른 가짜석유제품의 제조 · 판매자
불성실 기부금 수령단체	**3년간**
해외금융계좌신고의무위반자	**5년간**
세금계산서 발급의무등 위반자	**5년간**

7 | 결정 · 경정방법

(1) 실지조사 결정 · 경정

납세지 관할 세무서장 등은 각 예정신고기간 및 과세기간에 대한 과세표준과 납부세액 또는 환급세액을 조사하여 결정 또는 경정하는 경우에는 세금계산서, 수입세금계산서, 장부 또는 그 밖의 증명 자료를 근거로 하여야 한다(부가법 §57 ②).

다만, 추계결정 · 경정하는 경우에도 발급받은 세금계산서는 부가법 제39조의 불공제사유에 해당하지 않는 한 자기의 매출세액에서 공제하여야 한다.

(2) 추계결정 · 경정

1) 의의

과세관청이 부가가치세를 경정함에 있어서는 원칙적으로 실지조사하여 결정 또는 경정함이 원칙이지만 진실한 과세표준과 납부세액을 파악할 수 없는 경우에는 여러 가지의 간접적인 자료에 의하여 가장 진실에 가깝다고 추정되는 과세표준과 납부세액을 결정 또는 경정하게 되는데 이를 "추계결정 · 경정"이라고 한다. 부가가치세법에서는 이러한 추계결정 · 경정의 사유와 추계결정 · 경정방법을 별도로 규정하고 있다.

2) 추계결정 · 경정사유

실지조사에 대한 예외적 규정으로 추계 결정 · 경정할 수 있는 사유는 다음과 같다(부가법 §57 ② 단서).

① 과세표준을 계산할 때 필요한 세금계산서, 수입세금계산서, 장부 또는 그 밖의 증명 자료가 없거나 그 중요한 부분이 갖추어지지 아니한 경우

② 세금계산서, 수입세금계산서, 장부 또는 그 밖의 증명 자료의 내용이 시설규모, 종업원 수와 원자재 · 상품 · 제품 또는 각종 요금의 시가에 비추어 거짓임이 명백한 경우

③ 세금계산서, 수입세금계산서, 장부 또는 그 밖의 증명 자료의 내용이 원자재 사용량, 동력(動力) 사용량이나 그 밖의 조업 상황에 비추어 거짓임이 명백한 경우

3) 추계결정 · 경정 방법

추계의 방법과 내용은 가장 진실에 가까운 실액을 반영할 수 있는 합리성과 타당성이 있어야 하고, 추계에 사용되는 비율 · 효율 등은 합리적으로 산출되어야 하며, 조사대상 사업자에 특수한 사정이 있는 때에는 그 특수한 사정이 고려되어야 할 뿐만 아니라 부가령 제104조 소정의 추계방법 중 어느 하나에 해당되어야만 적법한 추계결정 및 경정이 된다(대법원 86누328, 1987. 3. 10. ; 대법원 90누417, 1990. 8. 24.).

단일 과세목적물에 대하여 실지조사와 추계조사를 혼합하거나 부분 추계에 의한 과세표준액 산정 방법은 법인세법이나 부가가치세법 등 관계법령이 인정하는 과세방식에 해당하지 아니한다(대법원 99두9193, 2001. 12. 24.).

시행령이 정하는 추계방법은 다음과 같다(부가령 §104 ①).

① 동업자 권형에 의한 방법

장부의 기록이 정당하다고 인정되고 신고가 성실하여 부가법 제57조 제1항에 따른 경정을 받지 아니한 같은 업종과 같은 현황의 다른 사업자와 권형(權衡)에 따라 계산하는 방법

② 생산수율에 의한 방법

국세청장이 업종별로 투입원재료에 대하여 조사한 생산수율(生産收率)이 있을 때에는 생산수율을 적용하여 계산한 생산량에 그 과세기간 중에 공급한 수량의 시가를 적용하여 계산하는 방법

③ 영업효율에 의한 방법

국세청장이 사업의 종류 · 지역 등을 감안하여 사업과 관련된 종업원, 객실, 사업장, 차량, 수도, 전기 등 인적 · 물적시설의 수량 또는 가액과 매출액의 관계를 정한 영업효율이 있을 때에는 영업효율을 적용하여 계산하는 방법

④ 국세청장이 사업의 종류별 · 지역별로 정한 다음 기준에 의한 방법

ⓐ 생산에 투입되는 원재료, 부재료 중에서 일부 또는 전체의 수량과 생산량의 관계를 정한 원단위 투입량

ⓑ 인건비, 임차료, 재료비, 수도광열비, 그 밖의 영업비용 중에서 일부 또는 전체의 비용과 매출액의 관계를 정한 비용관계비율

ⓒ 일정기간 동안의 평균재고금액과 매출액 또는 매출원가의 관계를 정한 상품회전율

ⓓ 일정기간 동안의 매출액과 매출총이익의 비율을 정한 매매총이익률(매입누락이 적출되어 매매총이익률에 따라 매출액을 환산하는 경우 외형기준(3개 구간)으로 적용되는 매매총이익률을 구분한 바, 이때 외형구간은 신고 및 경정에 의한 매출금액을 기준으로 해당 구간의 매매총이익률로 환산하는 것임)

ⓔ 일정기간 동안의 매출액과 부가가치액의 비율을 정한 부가가치율

▌매매총이익률 및 부가가치율을 통한 매출누락액 추계

도소매업종은 매매총이익률을, 그 외 업종은 부가가치율을 적용하며 매입누락이 발생한 경우 매입누락액의 규모로 구분하여 매출액을 환산하고 부가가치율 등이 산정되지 아니한 연도가 있는 경우 최근 산정된 연도의 비율을 적용한다.

⑤ 추계 경정 · 결정 대상 사업자에 대하여 위 "②", "③", "④"의 비율을 계산할 수 있는 경우에는 그 비율을 적용하여 계산하는 방법

⑥ 주로 최종소비자를 대상으로 거래하는 음식 및 숙박업과 서비스업에 대해서는 국세청장이 정하는 입회조사기준에 따라 계산하는 방법

추계결정 사유에 해당하는 경우로서 위에서 열거한 적용 가능한 추계방법이 2가지 이상이고 어느 방법이 사업실상을 잘 반영하는지 분명치 않다면 납세자에게 유리한 쪽을 선택하는 것이 타당할 것이다(대법원 2003두8319, 2004. 9. 3.).

4) 추계경정과세의 적법 여부에 관한 입증책임

추계과세의 경우 그 추계의 방법과 내용은 가장 진실에 가까운 실액을 반영할 수 있도록 합리적이고 타당성 있는 것이어야 하며 이러한 추계과세의 적법 여부가 다툼이 있는 경우에는 그 합리성과 타당성에 관한 입증책임은 과세관청에 있다(대법원 94누15202, 1996. 7. 30. ; 대법원 96누17813, 1998. 12. 11. ; 대법원 2003두12691, 2005. 7. 28. ; 대법원 87누235, 1987. 8. 18.).

5) 재고부족을 매출누락으로 과세하기 위한 조건

과세관청이 실지재고조사를 통하여 실제 재고량이 장부상의 재고량보다 부족한 경우 해당 재고부족분이 매출된 것으로 보아 익금 또는 총수입금액에 산입한다(소득 46011-3337, 1999. 8. 24.).

이 경우 대법원은 소득·법인세법상 과세요건인 매출누락이 있었는지 여부나 부가가치세법상의 과세요건인 재화나 용역의 공급 등 거래가 있었는지의 여부의 입증책임은 원칙적으로 과세관청에 있는 것이므로 단지 장부상 계산된 재고수량과 실지 재고수량 사이에 차이(재고부족)가 발생한다는 사정만으로 그 입증책임이 납세의무자에게 전환된다고 할 수 없다고 판시하였다(대법원 2009두17858, 2010. 1. 28. ; 대법원 92누15161, 1993. 2. 23. ; 대법원 2001두7770, 2003. 6. 24. ; 대법원 2009두17858, 2010. 1. 28.).

하지만 납세자도 최소한 그 없어진 물품들이 통상적인 매출에 의해서가 아니라 당시 시장의 특수한 상황, 납세자의 대내적 사정 등 다른 사정으로 없어진 것이라는 납득할 만한 설명이나 증빙을 제시할 필요가 있다고도 판시한 바 있다(대법원 92누12094, 1994. 8. 12.).

조세심판원은 유사 사례에서 아래와 같이 처분청에 입증책임을 인정한 사례와 납세자에게 입증책임을 인정한 사례가 상반되고 있으나, 이는 재고부족이 발생했다는 사유만으로는 곧바로 매출누락으로 간주하지 말라는 것이지 전적으로 과세관청이 매출누락 또는 횡령사실에 대하여 일일이 그 거래처 등을 밝히라는 의미는 아니라고 본다.

- 인용 사례: 국심 2000서0297, 2000. 11. 3. ; 조심 2010서0367, 2010. 9. 15.
- 기각 사례: 국심 2000서1106, 2000. 10. 16. ; 국심 2003중1851, 2003. 10. 21.

따라서 사업자는 정상적인 로스(Loss)율, 도난 및 부패에 따른 재고부족 발생원인과 그 대책 및 그 증빙자료를 보관함으로써 정상적인 재고차이임을 증명하여 재고부족액을 매출누락으로 단정할 수 없도록 준비하여야 한다.

6) 추계과세 시 매입세액공제 여부

추계결정이나 경정방법에 따라 부가가치세의 납부세액을 계산하더라도 발급받은 세금계산서 등에 따른 매입세액은 공제해 주어야 한다. 또한, 재해 또는 그 밖의 불가항력으로 인하여 세금계산서등이 소실될 경우에도 거래상대방이 제출한 세금계산서 및 신용카드사를 통해 제출받은 신용카드매출전표등(과세사업용으로 사용한 것에 한한다)에 따라 매입세액공제를 해주어야 한다.

II 수시부과의 결정

1 수시부과 사유

납세지 관할 세무서장등은 사업자가 과세기간 중에 다음의 어느 하나에 해당하는 경우에는 수시로 그 사업자에 대한 부가가치세를 부과(이하 "수시부과")할 수 있다. 이 경우 부가법 제57조 제2항 및 제3항을 준용한다(부가법 §57의2 ①, 부가령 §104의2). 동 수시부과 규정은 2025. 1. 1. 이후 수시부과 사유가 발생한 분부터 적용한다.

① 부가법 제60조 제3항에 따른 가공세금계산서의 수수, 위장세금계산서의 수수, 공급가액과다기재세금계산서의 수수 중 어느 하나에 해당하는 경우

② 사업장의 이동이 빈번한 경우

③ 사업장의 이동이 빈번하다고 인정되는 지역에 사업장이 있을 경우

④ 휴업 또는 폐업 상태에 있을 경우

⑤ 부가법 제46조 제4항에 따라 신용카드가맹점 또는 현금영수증가맹점 가입 대상자로 지정받은 사업자가 정당한 사유 없이 신용카드가맹점 또는 현금영수증가맹점으로 가입하지 아니한 경우로서 사업 규모나 영업 상황으로 보아 신고 내용이 불성실하다고 판단되는 경우

⑥ 부가법 제59조 제2항에 따른 조기환급 신고의 내용에 오류가 있거나 내용이 누락된 경우

2 수시부과기간

위 "1"의 수시부과는 해당 과세기간의 개시일부터 수시사유가 발생한 날까지를 수시부과기간으로 하여 적용한다. 이 경우 수시사유가 부가법 제49조에 따른 확정신고기한 이전에 발생한 경우로서 사업자가 직전 과세기간에 대하여 확정신고를 하지 아니한 경우에는 직전 과세기간을 수시부과기간에 포함한다(부법 §57의2 ②).

III 징 수

1 과소납부세액 등의 징수

1) 의의

부가가치세는 과세기간이 종료하는 때(다만, 수입재화의 경우에는 세관장에게 수입신고를 하는 때) 납세의무가 성립되고, 납세의무를 확정하는 방식으로는 ① 납세자가 과세표준과 세액을 정부에 신고하면 이에 대한 별도의 행정처분이 없이 신고한 대로 납세의무가 확정되는 신고·납부방식, ② 세액의 결정이라는 정부의 행정처분에 의해서 납세의무를 확정시키는 부과과세방식, ③ 납세의무가 성립하는 동시에 특별한 절차가 없이 과세표준과 세액이 확정되는 자동확정방식 등이 있다(국기법 §21, §22).

부가가치세의 신고·납부는 자진신고·납부방식으로 사업자가 자기 스스로의 계산에 의하여 납부하여야 할 세액을 납부하지 아니한 때에 그 납부하지 아니한 세액을 정부가 강제적으로 받아들일 수 있는 조세징수권을 부여하고 있다.

2) 예정신고 또는 확정신고에 대한 부가가치세의 징수

납세지 관할 세무서장은 사업자가 예정신고 또는 확정신고를 할 때에 신고한 납부세액을 납부하지 아니하거나 납부하여야 할 세액보다 적게 납부한 경우에는 그 세액을 「국세징수법」에 따라 징수하고, 부가법 제57조에 따라 결정 또는 경정을 한 경우에는 추가로 납부하여야 할 세액을 「국세징수법」에 따라 징수한다(부가법 §58 ①).

3) 징수절차

사업장 관할 세무서장은 사업자가 부가가치세 예정신고 또는 확정신고를 하는 때에 신고한 납부세액에 미달하게 납부한 경우 그 미달납부세액, 부가법 제57조에 따라 결정 또는 경정을 함으로써 추가로 납부할 세액을 그 납세자에게 과세연도·세목·세액 및 그 산출근거·납부기한과 납부장소를 명시한 고지서를 발부하게 된다(국징법 §6 ①).

납부고지서는 징수결정 즉시 발급하여야 하고 세법에 의하여 기간을 정하여 징수유예한 경우에는 그 기간이 끝난 날의 다음 날 발급한다(국징법 §8).

2 | 재화의 수입에 대한 징수

재화의 수입에 대한 부가가치세는 세관장이 「관세법」에 따라 징수한다(부가법 §58 ②, 부가령 §105). 이하 재화의 수입에 대한 부가가치세의 징수에 대하여는 앞서 "재화의 수입" 편에서 설명하였다.

제 2 절

환 급

I 일반환급

(1) 의 의

우리나라의 부가가치세법에서는 그 납부세액을 "전단계세액공제방법"에 의하여 계산하도록 하고 있고 매출세액과 매입세액의 계산에 있어서 수익비용대응의 원칙이나 물물대응의 원칙도 적용되지 아니하고 해당 예정신고기간 또는 과세기간의 매출세액에서 매입세액을 단순히 공제한 금액을 납부세액으로 하도록 하고 있는 관계로 어느 일정한 기간 중에 발생된 매입세액이 매출세액을 초과하면 환급세액이 발생하게 된다.

이와 같은 이유로 부가가치세의 납부세액을 계산함에 있어 예정신고기간 또는 과세기간의 매입세액이 매출세액을 초과하는 때에 그 초과하는 금액을 환급세액으로 하여 납세의무자에 되돌려 주는 것을 부가가치세의 환급이라고 한다.

일반적으로 「국세기본법」에서 납세의무자가 국세·가산금 또는 강제징수비로서 납부한 금액 중 과오납부한 금액을 되돌려 주는 것과는 구별된다.

매입세액이 매출세액을 초과하여 환급이 발생하는 사유를 보면 다음과 같게 된다.

㉮ 영세율이 적용되는 때

㉯ 사업용 고정자산 등의 투자를 하는 때

㉰ 재고 비축 또는 판매부진으로 인한 재고누적

㉱ 구입금액보다 더 낮은 금액으로 판매하는 때

(2) 환급세액의 확정

부가법 제49조는 과세기간의 과세표준과 납부세액 또는 환급세액을 확정신고하도록 하고 있고 동 과세기간이 끝나는 때에 납세의무가 성립하며 부가가치세의 과세표준과 세액은 신고하는 때에 확정되도록 규정하고 있다(국기법 §21 ② 4호, §22 ② 3호).

그러므로 예정신고에는 납부세액뿐만 아니라 환급세액을 확정시키는 효력이 없다. 다만, 조기환급 사유가 있는 경우에는 예정신고기간별, 예정신고기간 중 또는 과세기간 최종 3개월 중 매월 또는 매 2개월마다 환급을 받을 수 있는 제도를 두고 있다.

(3) 환급기한

1) 각 과세기간별 환급세액의 환급기한

사업자가 매입세액이 매출세액을 초과하여 환급세액이 발생한 경우 각 과세기간별로 사업자에게 확정신고기한이 지난 후 30일 내에 환급세액을 환급하여야 하는 것이므로 예정신고기간에 대한 환급세액이 발생된 경우 확정신고 시 해당 확정신고기간의 납부세액에서 예정신고 시 미환급된 환급세액을 차감하여 납부 또는 환급하는 것이다(부가법 §59 ①).

확정신고기한 경과 후 30일 이내라 함은 환급서류를 환급을 받은 자에게 도달 기한을 의미하며 이는 훈시규정으로서 해당 기한이 경과한 후에도 정부의 환급의무가 소멸되거나 면책되는 것이 아니라 계속하여 과세관청의 환급의무는 존재하는 것이다.

예정신고 시 환급세액이 있는 것으로 신고한 경우에는 이를 확정신고 시 예정미환급세액으로 공제하여 납부세액 또는 환급세액을 계산하며, 해당 과세기간의 확정신고를 하지 아니한 때에는 과세관청이 환급세액을 경정한 후 환급한다.

2) 조기환급에 대한 환급기한

영세율이 적용되는 경우와 사업설비를 신설·취득·확장 또는 증축하는 경우, 재무구조개선계획을 이행 중인 경우에는 수출과 투자의 촉진에 따른 자금부담을 덜어 주고 재무구조개선계획 이행 사업자의 조속한 정상화를 유도하기 위하여 예외적으로 조기환급기간(매월, 매 2월, 3월) 단위로 조기환급을 신청하여 조기환급신고기한 경과 후 15일 이내에 사업자에게 환급할 수 있다(부가법 §59 ②).

3) 결정과 경정 시 발생한 환급세액의 환급기한

부가법 제57조에 따른 결정·경정에 의하여 추가로 발생하는 환급세액은 지체 없이 사업자에게 환급하여야 한다(부가령 §106 ②).

(4) 환급세액의 계산

환급세액으로서 환급되어야 할 세액은 예정신고, 확정신고 또는 조기환급하는 때에 제출한 신고서 및 이에 첨부된 증빙서류와 매입처별세금계산서합계표, 신용카드매출전표 등 수령명세서에 의하여 확인되는 금액으로 한정한다(부가령 §106 ①).

(5) 환급가산금의 지급

「부가가치세법」에 따른환급세액의 신고, 환급신청, 경정 또는 결정으로 인하여 환급하는 경우에는 그 신고를 한 날(신고한 날이 법정신고기일 전인 경우에는 해당 법정신고기일) 또는 신청을 한 날부터 30일이 지난 날(다만, 세법에서 환급기한을 정하고 있는 경우에는 그 환급기한의 다음 날, 환급세액을 신고하지 아니함에 따른 결정으로 인하여 발생한 환급세액을 환급하는 경우에는 해당 결정일부터 30일이 지난 날)부터 충당하는 날 또는 지급결정을 하는 날까지의 기간과 금융기관의 예금이자율 등을 참작하여 대통령령으로 정하는 이율에 따라 계산한 금액(국세환급가산금)을 국세환급금에 가산하여 지급한다(국기법 §52, 국기령 §43의3 ① 4).

금융기관의 예금이자율 등을 참작하여 대통령령이 정하는 이율은 연 1천분의 29를 말한다(국기규칙 §19의3).

경정청구에 의한 환급금의 기산일은 2015. 2. 3. 이후 경정청구하는 분부터 경정청구 내용과 관계없이 기산일을 경정청구일(경정청구일이 국세납부일보다 빠른 경우에는 납부일)로 일원화하였다가 납세자 권익 제고를 위하여 2021. 2. 17. 이후 경정하는 분부터는 납부일 다음 날로 하도록 법을 개정하였다(구 국기령 §43의3 ① 5 삭제).

(6) 국세환급금에 대한 계좌개설 신고

부가가치세 등 국세를 환급받고자 하는 경우 계좌개설(변경)신고서(「국세기본법 시행규칙」 별지 제22호 서식)에 의해 계좌개설신고를 하여야 한다. 다만, 과세표준신고서에 신고서 작성방법에 따라 납세자 명의의 환급계좌를 기록한 경우 해당 환급 신고분에 한하여 기록한 계좌로 환급한다(국세징수사무처리규정 §71 ②).

(7) 환급기관

1) 일반적인 경우

환급세액의 환급은 해당 환급처분 당시의 각 사업장(사업자단위과세자의 경우 주사업장) 관할 세무서장이 행한다.

2) 총괄납부사업자의 경우

주사업장 총괄납부사업자의 경우에는 주사업장 소관세무서장이 행한다(종된 사업장의 예정신고분에 대한 수정신고를 확정신고서에 부기하는 방법에 의하여 수정신고를 한 때에는 그에 의한 환급세액은 주된 사업장의 소관세무서장이 환급한다).

다만, 총괄납부사업자의 종된 사업장의 경정청구에 의하여 추가로 발생한 환급세액 또는 경정에 의하여 추가로 발생한 환급세액은 해당 종된 사업장의 소관세무서장이 환급하여야 한다(부가 22601-1752, 1987. 8. 24.).

3) 세관장이 징수한 부가가치세의 과오납금

세관장이 징수한 부가가치세의 과오납금의 환급은 세관장이 「관세법」 제46조에 따라 환급하고 수정세금계산서를 발급한다.

(8) 환급금의 양도

사업자가 부가가치세의 환급금에 관한 권리를 타인에게 양도하려는 경우 세무서장이 국세환급금통지서를 발급하기 전에 양도인의 주소와 성명, 양수인의 주소와 성명, 양도하려는 권리의 내용을 기재한 문서로 관할 세무서장에게 양도를 요구하여야 하고 동 요구를 받은 세무서장은 사업자(양도인)가 납부할 다른 국세·가산금 또는 강제징수비가 있는 경우 그 국세·가산금 또는 강제징수비에 충당하고, 잔여금에 대하여는 양도의 요구에 지체 없이 응하여야 한다(국기법 §53, 국기령 §43의4).

(9) 부가세액 환급청구가 행정소송법상 당사자소송의 대상인지 여부

국가의 부가가치세 환급세액 지급의무는 그 납세의무자로부터 어느 과세기간에 과다하게 거래징수된 세액 상당을 국가가 실제로 납부받았는지 여부와 관계없이 부가가치세 법령의 규정에 의하여 직접 발생하는 것으로서, 그 법적 성질은 정의와 공평의 관념에서 수익자와 손실자 사이의 재산상태 조정을 위해 인정되는 부당이득반환의무가 아니라 부가가치세법령에 의하여 그 존부나 범위가 구체적으로 확정되고 조세 정책적 관점에서 특별히 인정되는 공법상 의무라고 봄이 타당하다. 그렇다면 납세의무자에 대한 국가의 부가가치세 환급세액 지급의무에 대응하는 국가에 대한 납세의무자의 부가가치세 환급세액 지급청구는 부당이득반환으로 보는 민사소송대상이 아니라 「행정소송법」 제3조 제2호에 규정된 당사자소송의 절차에 따라야 한다(대법원 2011다95564, 2013. 3. 21. 전원합의체 판결).

II 조기환급

각 과세기간별로 납부세액을 계산함에 있어서 매입세액이 매출세액을 초과함에 따라 발생하는 환급세액에 대하여는 각 과세기간별로 환급하는 것이 원칙이다. 하지만 부가가치세법 또는 조세특례제한법상 영세율이 적용되는 수출, 사업용 고정자산 등에 대한 시설투자로 인한 환급세액에 대하여는 매월 또는 매 2월, 예정신고 또는 확정신고 기간 단위별로 그 신고일 경과 후 15일 이내에 환급하여 줌으로써 수출과 시설투자에 대한 지원을 해 주고 있는데 이를 조기환급이라 한다(부가령 §107 ①).

(1) 조기환급의 대상

사업장 관할 세무서장은 사업자가 다음 중 하나에 해당하는 경우에는 환급세액을 사업자에게 조기환급할 수 있다(부가법 §59 ②, 부가령 §107 ②).

① 영세율이 적용되는 때

② 사업설비를 신설 · 취득 · 확장 또는 증축하는 때("사업설비"라 함은 「소득세법 시행령」 제62조 및 「법인세법 시행령」 제24조에 규정하는 감가상각자산을 말한다)

③ 사업자가 재무구조개선계획을 이행 중인 경우(조기환급기간, 예정신고기간 또는 과세기간의 종료일 현재 조특령 제34조 제7항에 따른 재무구조개선계획승인권자가 승인한 같은 조 제6항 제1호, 제2호 또는 제4호에 따른 계획을 이행 중인 경우를 말한다)

이 경우 영세율 과세표준이 전체 과세표준에서 차지하는 비율, 영세율 과세표준과 관련된 매입액 중 재고로 남아 있는지의 여부, 사업설비 투자금액이 총매입액에서 차지하는 비율 등을 고려함이 없이 해당 영세율 등 조기환급신고기간 · 예정신고기간 또는 과세기간 중에 위 "①, ②"의 영세율 과세표준과 사업설비 투자관련 매입세액이 있다면 조기환급이 가능하다(동지 : 부가통칙 59-107-1 ; 부가 46015-1792, 2000. 7. 26.).

(2) 조기환급의 신고기한

① 예정 또는 확정신고기간별 환급

사업장 관할 세무서장은 환급세액에 대하여 각 예정신고기간별 또는 과세기간별로 신고기한 경과 후 15일 이내에 사업자에게 환급하여야 한다(부가령 §107 ①).

② 월별 조기환급기간별 환급

위 "(1)"의 조기환급대상에 해당하는 사업자는 예정신고기간 중 또는 과세기간 최종 3월 중 매월 또는 매 2월(이하 "영세율 등 조기환급기간"이라 한다)에 영세율 등 조기환급기간이 끝난 날부터 25일 이내에 영세율 등 조기환급기간에 대한 과세표준과 환급세액을 정부에 신고하는 경우에는 영세율 등 조기환급기간에 대한 환급세액을 각 조기환급기간별로 해당 조기환급신고기한이 지난 후 15일 이내에 사업자에게 환급하여야 한다(부가령 §107 ④).

(3) 조기환급의 신고

"영세율 등 조기환급신고"를 통하여 조기환급을 받고자 하는 사업자는 다음의 사항을 기재한 영세율 등 조기환급신고서에 해당 과세표준에 대한 부가령 제107조 제3항에 규정하는 서류와 부가법 제54조에 따른 매출처별세금계산서합계표 및 매입처별세금계산서합계표를 첨부하여 제출하여야 한다. 다만, 부가법 제59조 제2항 제2호에 해당하는 경우에는 사업 설비의 종류, 용도, 설비예정일자 및 설비일자와 공급받은 재화 또는 용역과 그 매입세액이 적힌 건물 등 감가상각자산 취득명세서, 제3호에 해당하는 경우에는 재무구조개선계획서를 그 신고서에 첨부하여야 한다(부가령 §107 ③, ⑤).

① 사업자의 인적사항
② 과세표준과 환급세액 및 그 계산근거
③ 매출·매입처별세금계산서합계표 제출내용
④ 그 밖의 참고사항

부동산매매업자가 착오로 재고자산인 건물을 신축하면서 발생한 일반환급대상 매입세액에 대하여 부가가치세 조기환급신고 후 환급받고, 관할세무서장이 이후 이를 추징하는 경우와 같이 일반환급임에도 조기환급으로 신고한 경우에는 초과환급신고가산세 적용대상이 아니다(부가 46015-904, 1998. 5. 1.).

(4) 세금계산서합계표 제출 면제

영세율 등 조기환급신고 시 매출처별세금계산서합계표 및 매입처별세금계산서합계표를 제출한 경우에는 부가법 제54조 제1항에 따라 제출한 것으로 보므로 영세율 등 조기환급신고가 속한 예정신고 또는 확정신고 시 기 제출한 세금계산서합계표를 중복하여 제출할 필요가 없다(부가령 §107 ⑥).

III 그 밖의 사항

(1) 국세부과 제척기간

가. 개요

부과권은 정부가 조세채권을 확정하는 권한으로 이러한 부과권은 조세법률관계의 조속한 안정을 위하여 일정기간 동안만 존속하는 것으로 보게 되고 이러한 부과권의 존속기간을 국세부과 제척기간이라 한다. 이러한 제척기간이 끝나면 그때까지 부과하지 못한 국세는 징수권을 행사할 수 없다.

또한, 과세관청의 부과 또는 납세의무자의 신고에 의하여 확정된 국세가 제척기간이 만료된 경우 과세관청은 이미 확정된 과세표준과 세액을 변경시키는 어떠한 결정, 경정, 부과의 취소도 불가하다(국기통칙 26의2-0-1).

국세를 부과할 수 있는 기간(이하 "부과제척기간"이라 한다)은 국세를 부과할 수 있는 날부터 5년으로 한다. 다만, 역외거래[「국제조세조정에 관한 법률」 제2조 제1항 제1호에 따른 국제거래(이하 "국제거래"라 한다) 및 거래당사자 양쪽이 거주자(내국법인과 외국법인의 국내사업장을 포함한다)인 거래로서 국외에 있는 자산의 매매 · 임대차, 국외에서 제공하는 용역과 관련된 거래를 말한다]의 경우에는 국세를 부과할 수 있는 날부터 7년으로 한다(국기법 §26의2 ①).

부과제척기간을 표로 요약하면 다음과 같다.

사 유	① 부정행위가 있는 경우	② 무신고의 경우	"①, ②" 외의 경우
제척기간	10년	7년	5년

1) 역외거래의 경우에는 부정행위가 있는 경우 15년, 무신고는 10년, 그 밖의 과소신고 등은 7년간으로 한다(국기법 §26의2 ①, ②).

2) 위 "①"의 경우 부정행위로 포탈하거나 환급 · 공제받은 국세가 법인세이면 이와 관련하여 「법인세법」 제67조에 따라 처분된 금액에 대한 소득세 또는 법인세에 대

해서도 10년간으로 한다(국기법 §26의2 ② 2).

3) 위 "①"에는 납세자가 부정행위로 「소득세법」 제81조의10 제1항 제4호, 「법인세법」 제75조의8 제1항 제4호, 부가법 제60조 제2항 제2호(세금계산서 미발급 등) 및 제3항, 제4항에 따른 가산세 부과대상이 되는 경우 해당 가산세는 부과할 수 있는 날부터 10년의 부과제척기간이 적용된다(국기법 §26의2 ② 3).

일반적인 제척기간 외 별도 제척기간 특례규정을 두고 있다(국기법 §26의2 ⑥, ⑦).

제척기간 특례가 적용되는 사유	제척기간
㉠ 이의신청 · 심사청구 · 심판청구, 「감사원법」에 따른 심사청구 또는 「행정소송법」에 따른 소송에 대한 결정 또는 판결이 제척기간이 만료된 후에 확정되는 경우	결정 또는 판결이 확정된 날부터 1년
㉡ "㉠"의 결정이나 판결이 확정됨에 따라 그 결정 또는 판결의 대상이 된 과세표준 또는 세액과 연동된 다른 세목(같은 과세기간으로 한정한다)이나 연동된 다른 과세기간(같은 세목으로 한정한다)의 과세표준 또는 세액의 조정이 필요한 경우	"㉠"의 결정 또는 판결이 확정된 날부터 1년
㉢ 「형사소송법」에 따른 소송 판결이 확정되어 뇌물, 알선수재 및 배임수재에 의하여 받는 금품등의 기타소득이 발생한 것으로 확인되는 경우	판결이 확정된 날부터 1년
㉣ "㉠"의 결정 또는 판결에서 명의대여사실이 확인되어 명의대여자에 대한 부과처분을 취소하고 재산의 사실상 귀속자(실사업자)에게 경정 · 결정하여야 하는 경우	결정 또는 판결이 확정된 날부터 1년
㉤ 조세조약에 부합하지 아니하는 과세의 원인이 되는 조치가 있는 경우에 그 조치가 있음을 안 날부터 3년 이내(조세조약에서 따로 규정하는 경우에는 그에 따른다)에 그 조세조약의 규정에 따른 상호합의가 신청된 것으로서 그에 대한 상호합의가 이루어진 경우	상호합의 절차의 종료일부터 1년
㉥ 「국세기본법」 제45조의2 제1항, 제2항, 제5항 및 제6항에 따른 경정청구 또는 「국제조세조정에 관한 법률」 제19조 제1항 및 제33조 제2항에 따른 경정청구 또는 「국제조세조정에 관한 법률」 제20조 제2항에 따른 조정권고가 있는 경우	경정청구일 또는 조정권고일부터 2개월
㉦ "㉥"에 따른 경정청구 또는 조정권고가 있는 경우 그 경정청구 또는 조정권고의 대상이 된 과세표준 또는 세액과 연동된 다른 과세기간의 과세표준 또는 세액의 조정이 필요한 경우	"㉥"에 따른 경정청구일 또는 조정권고일부터 2개월
㉧ 최초의 신고 · 결정 또는 경정에서 과세표준 및 세액의 계산 근거가 된 거래 또는 행위 등이 그 거래 · 행위 등과 관련된 소송에 대한 판결(판결과 같은 효력을 가지는 화해나 그 밖의 행위를 포함한다)에 의하여 다른 것으로 확정된 경우	판결이 확정된 날부터 1년

제척기간 특례가 적용되는 사유	제척기간
㉡ 역외거래와 관련하여 국기법 제26조의2 제1항에 따른 기간이 지나기 전에 「국제조세조정에 관한 법률」 제36조 제1항에 따라 조세의 부과와 징수에 필요한 조세정보(이하 이 호에서 "조세정보"라 한다)를 외국의 권한 있는 당국에 요청하여 조세정보를 요청한 날부터 2년이 지나기 전까지 받은 경우	조세정보를 받은 날부터 1년

※ 위 "㉦, ㉧"의 규정은 2018. 1. 1. 이후 위 "㉥"에 따른 경정청구 또는 조정권고가 있거나 판결이 확정되는 경우부터 적용한다.

나. 법인세 및 부가가치세 부과제척기간 비교

위장 또는 가공세금계산서를 수수하여 매입세액을 공제받고 해당 공급가액을 필요경비 또는 손금으로 계상하여 소득세나 법인세를 고의로 탈루한 경우 부가가치세와 소득세 등의 부과제척기간에 대한 법원의 입장은 각각 다르게 보고 있다.

법원은 과세관청이 실제 용역 등의 공급 없이 사용료, 자문료 및 고문료를 지급한 것으로 가장하여 세금계산서를 수취하고 손금으로 계상하였음을 적출하여 가공의 비용이라고 보아 그 손금산입을 부인하고, 사실과 다른 세금계산서에 해당한다고 보아 그 매입세액공제를 부인하면서 모두 장기의 부과제척기간을 적용한 사례에 대하여 사업자가(매입자)가 허위의 사용계약과 자문계약을 체결하고 그에 따라 지급한 사용료와 자문료를 손금에 산입한 행위는 장기부과제척기간과 부정과소신고가산세가 적용되는 '사기 그 밖의 부정한 행위' 또는 '부정행위'에 해당한다고 판시하였다.

반면, 납세자가 사실과 다른 세금계산서를 교부받아 매입세액의 공제 또는 환급을 받은 경우, 그러한 행위가 '사기 그 밖의 부정한 행위로써 국세를 포탈하거나 환급 · 공제받은 경우'나 국기법 제47조의3 제2항 제2호에서 규정한 '부정행위로 부가가치세의 납부세액을 과소신고하거나 환급세액을 초과신고한 경우'에 해당한다고 하기 위해서는 납세자에게 사실과 다른 세금계산서에 의하여 매입세액의 공제 또는 환급을 받는다는 인식 외에 사실과 다른 세금계산서를 발급한 자가 그 세금계산서상의 매출세액을 제외하고 부가가치세의 과세표준 및 납부세액을 신고 · 납부하거나 또는 그 세금계산서상의 매출세액 전부를 신고 · 납부한 후 경정청구를 하여 이를 환급받는 등의 방법으로 그 매입세액의 공제를 받는 것이 결과적으로 국가의 조세수입 감소를 가져오게 될 것이라는 점에 대한 인식이 있어야 하는바, 공급자는 이 사건 사용료, 자문료 및 고문료에 관한 부가가치세를 모두 신고 · 납부하였고 이후 환급받지 않았다면 사업자(매입자)가 사실과 다른 세금계산서로 이 사건 사용료 등에 관한 매입세액을 공제받는 것이 결과적으로 국가의 조세수입 감소를 가져오게 될 것이라고 인식하였다고 보기 어려우므로 사실과 다른 세금계산서로 매입세액을 공제받은 행위는 '사기 그 밖의 부정한 행위' 또는 '부정행위'에 해당한다고 볼 수 없다고 판시하였다(대법원 2017두72256, 2021. 12. 30. ; 대법원 2013두19516, 2014. 2. 27. ; 대법원 2014두11618, 2015. 1. 15.).

(2) 국세징수권의 소멸시효

'징수권'이란 이미 확정되어 있는 납세의무에 대하여 국가가 납부고지, 독촉, 체납처분 등에 의하여 그 이행을 청구하고 강제할 수 있는 권리를 말한다. 국세의 징수를 목적으로 하는 국세징수권은 이를 행사할 수 있는 때부터 5년간[5억 원(가산세액은 제외) 이상의 국세는 2013. 1. 1. 이후 신고 또는 고지하는 분부터는 10년간] 행사하지 아니하면 소멸시효가 완성되어 납세의무가 소멸되는 것이며, 이때 본세는 물론 가산세, 체납처분비 및 이자상당액도 같이 소멸한다(국기법 §27 ①).

부가가치세 국세징수권의 소멸시효는 납세의무자가 과세표준과 세액을 신고에 의하여 납세의무가 확정된 경우 징수권을 행사할 수 있는 날인 법정신고기한의 다음 날부터 기산하게 된다(국기법 §27 ③, ④).

구 분	기산일
과세표준과 세액의 신고에 의하여 납세의무가 확정되는 국세에 있어서 신고한 해당 세액	그 법정신고납부기한의 다음 날
과세표준과 세액을 정부가 결정·경정 또는 수시부과결정하는 경우에 고지한 해당 세액	그 납부고지에 의한 납부기한의 다음 날
원천징수의무자 또는 납세조합으로부터 징수하는 국세의 경우 납세고지한 원천징수세액 또는 납세조합징수세액	그 납부고지에 의한 납부기한의 다음 날
납세고지한 인지세	그 납부고지에 의한 납부기한의 다음 날
과세표준과 세액의 신고에 의하여 납세의무가 확정되는 국세로써 법정신고·납부기한이 연장되는 경우	그 연장된 기한의 다음 날

국세징수권은 시효의 중단과 정지사유가 있으며 시효의 중단사유에는 납부고지, 독촉, 교부청구, 압류가 있으며 중단된 소멸시효는 고지한 납부기간, 독촉에 의한 납부기간, 교부청구 중의 기간, 압류해제까지의 기간이 지난 때로부터 새로이 진행한다(국기법 §28 ②).

시효의 정지란 일정기간 동안 시효의 완성을 유예하는 것으로 정지사유에는 세법에 의한 분납기간, 납부고지의 유예, 지정납부기한 · 독촉장에서 정하는 기한의 연장, 징수유예기간, 압류 · 매각의 유예기간, 연부연납기간 또는 세무공무원이 「국세징수법」 제25조의 규정에 따른 사해행위취소소송이나 「민법」 제404조에 따른 채권자대위소송을 제기하여 그 소송이 진행 중인 기간 동안에는 진행하지 아니하고 이러한 정지사유가 종료된 후 잔여기간이 지나면 시효가 완성된다(국기법 §28 ③).

(3) 고지금액의 최저한도

고지할 국세(인지세를 제외한다) · 가산금 또는 강제징수비의 합계액이 대통령령으로 정하는 금액(1만 원) 미만인 때에는 그 금액은 없는 것으로 본다.

(4) 국세불복청구 처리절차도

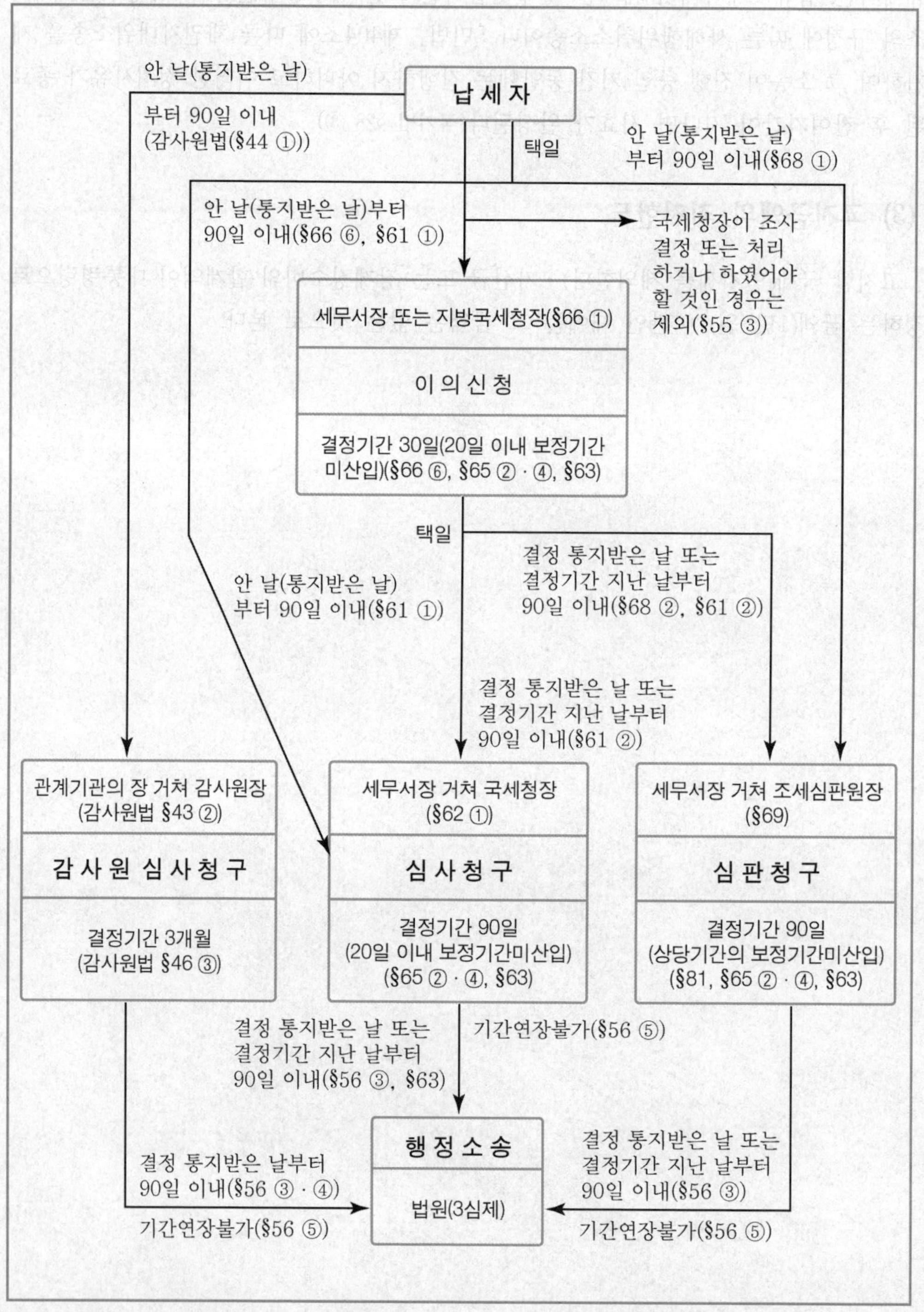

(5) 법령 해석의 원칙

법은 원칙적으로 불특정 다수인에 대하여 동일한 구속력을 갖는 사회의 보편타당한 규범이므로 이를 해석함에 있어서는 법의 표준적 의미를 밝혀 객관적 타당성이 있도록 하여야 하며, 가급적 모든 사람이 수긍할 수 있는 일관성을 유지함으로써 법적안정성이 손상되지 않도록 하여야 하고 실정법이란 보편적이고 전형적인 사안을 염두에 두고 규정되기 마련이므로 사회현실에서 일어나는 다양한 사안에서 그 법을 적용함에 있어서는 구체적 사안에 맞는 가장 타당한 해결이 될 수 있도록, 즉 구체적 타당성을 가지도록 해석할 것도 요구된다. 요컨대, 법해석의 목표는 어디까지나 법적안정성을 저해하지 않는 범위 내에서 구체적 타당성을 찾는데 두어야 한다. 그리고 그 과정에서 가능한 한 법률에 사용된 문언의 통상적인 의미에 충실하게 해석하는 것을 원칙으로 하고, 나아가 법률의 입법취지와 목적, 그 제·개정 연혁, 법질서 전체와의 조화, 다른 법령과의 관계 등을 고려하는 체계적·논리적 해석방법을 추가적으로 동원함으로써 앞서 본 법해석의 요청에 부응하는 타당한 해석이 되도록 하여야 한다. 한편, 법률의 문언 자체가 비교적 명확한 개념으로 구성되어 있다면 원칙적으로 더 이상 다른 해석방법은 활용할 필요가 없거나 제한될 수밖에 없고, 어떠한 법률의 규정에서 사용된 용어에 관하여 그 법률 및 규정의 입법 취지와 목적을 중시하여 문언의 통상적 의미와 다르게 해석하려 하더라도 해당 법률 내의 다른 규정들 및 다른 법률과의 체계적 관련성 내지 전체 법체계와의 조화를 무시할 수 없으므로 거기에는 일정한 한계가 있을 수밖에 없다. 또한, 조세법률주의의 원칙상 과세요건이나 비과세요건 또는 조세감면요건이거나를 막론하고 조세법규는 그 법문대로 엄격하게 해석하여야 한다(대법원 2006다81035, 2009. 4. 23. ; 대법원 98두13959, 1998. 12. 8. ; 서울고법 2015누 59268, 2016. 7. 19.).

재차 부언하면 조세법률주의의 원칙상 조세법규의 해석은 특별한 사정이 없는 한 법문대로 해석하여야 하고 합리적 이유없이 확장해석하거나 유추해석하는 것은 허용되지 않지만 법규 상호 간의 해석을 통하여 그 의미를 명백히 할 필요가 있는 경우에는 조세법률주의가 지향하는 법적 안정성 및 예측가능성을 해치지 않는 범위 내에서 입법 취지 및 목적 등을 고려한 합목적적 해석을 하는 것은 불가피하다. 아울러 세법의 개정이 있을 경우에는 개정 전후의 법 중에서 납세의무가 성립될 당시의 세법을 적용하여야 하나, 세법이 납세의무자에게 불리하게 개정되면서 납세의무자의 기득권 내지 신뢰보호를 위하여 특별히 경과조치를 두어 납세의무자에게 유리한 구법을 적용하도록 정하고 있는 경우에는 구법이 적용되어야 한다(대법원 2007두4438, 2008. 2. 15. ; 대법원 97누11843, 1999. 7. 9. ; 대법원 2019두56333, 2020 7. 29.).

마지막으로 세법의 해석·적용은 <u>국기법 제18조(세법해석의 기준, 소급과세의 금지)</u>

등 관련 법령이 정하는 기준에 따라 과세관청이 집행하는 행정행위의 일부로서 이루어지는 것으로서, 세법의 해석·적용방법에 관한 국세청장의 훈령 또는 지시로서의 성격을 가지는 예규 또는 질의회신은 그 자체가 법규로서의 효력을 가지지는 아니하는 것이나, 세법의 해석과 그 집행에 있어서 통일적·공통적 기준을 제시하여 불공평을 방지하고 실무상 혼란을 제거하여 행정의 효율을 제고시키는 것으로서 과세관청을 기속하는 것으로 공표되는 것이며, 이러한 예규가 과세관청은 물론 납세자에게 이의없이 계속적·반복적으로 적용되어 관행으로 정립되었다면 그러한 해석은 정당한 것으로 인정된다(서면1팀-1441, 2004. 10. 26. ; 징세과-467, 2009. 5. 20.).

(6) 법률 위임의 필요성과 한계

헌법 제75조에서 대통령은 법률에서 구체적으로 범위를 정하여 위임받은 사항과 법률을 집행하기 위하여 필요한 사항에 관하여 대통령령을 발할 수 있다고 규정하고 있다. 이는 위임입법의 근거 조문임과 동시에 그 범위와 한계를 제시한다.

특정 사안과 관련하여 법률에서 하위 법령에 위임을 한 경우에 모법의 위임범위를 확정하거나 하위 법령이 위임의 한계를 준수하고 있는지를 판단할 때에는 하위 법령이 규정한 내용이 입법자가 형식적 법률로 스스로 규율하여야 하는 본질적 사항으로서 의회유보의 원칙이 지켜져야 할 영역인지와 함께, 당해 법률 규정의 입법 목적과 규정 내용, 규정의 체계, 다른 규정과의 관계 등을 종합적으로 고려하여야 하고, 위임 규정 자체에서 의미 내용을 정확하게 알 수 있는 용어를 사용하여 위임의 한계를 분명히 하고 있는데도 문언적 의미의 한계를 벗어났는지 여부나 하위 법령의 내용이 모법 자체로부터 위임된 내용의 대강을 예측할 수 있는 범위 내에 속한 것인지, 수권 규정에서 사용하고 있는 용어의 의미를 넘어 범위를 확장하거나 축소하여서 위임 내용을 구체화하는 단계를 벗어나 새로운 입법을 한 것으로 평가할 수 있는지 등을 구체적으로 따져 보아야 한다.

구체적인 위임의 범위는 규제하고자 하는 대상의 종류와 성격에 따라 달라지는 것이어서 일률적 기준을 정할 수는 없지만, 적어도 위임명령에 규정될 내용과 범위의 기본사항이 구체적으로 규정되어 있어서 누구라도 해당 법률이나 상위 법령으로부터 위임명령에 규정될 내용의 대강을 예측할 수 있어야 한다. 이 경우 예측가능성의 유무는 위임조항 하나만을 가지고 판단할 것이 아니라 위임조항이 속한 법률의 전반적인 체계, 취지와 목적, 위임조항의 규정형식과 내용, 관련 법규를 유기적·체계적으로 종합하여 판단하여야 하며, 나아가 규제 대상의 성질에 따라 구체적·개별적으로 검토할 필요가 있다. 위임의 한계를 일탈한 대통령령은 위법하여 무효이다(대법원 2017두37215, 2020. 2. 27. ; 대법원 2016두35199, 2017. 1. 12.).

(7) 어느 조의 각 항 또는 각 호에 대한 적용 방법

어느 법령 조항이 각 호로 규정되었다면 서로의 관계는 병렬적이고 대등한 것으로 해석되어야 한다. 법제처는 법령 입안 시 어느 조항의 내용을 '호나 목으로 구분하는 경우', "각 호 간 또는 각 목 간의 관계는 병렬적이고 대등한 관계여야 한다"고 설명하고 있다. 또한, 법제처는 다수의 유권해석을 통해 "일반적으로 법령에서 어떤 대상이나 요건을 별개의 항이나 호로 나누어 규정하는 경우 각 항이나 호 간의 관계에 대해 특별한 규정이 없으면 각 항이나 각 호는 독립적이고 병렬적인 사항을 정하고 있다고 보아야 한다"고 회신하였다. 이는 사법기관의 판단도 마찬가지로 대법원은, 구 조특법 제105조 제1항 제3호 가목은 '국가 및 지방자치단체에 직접 공급하는 도시철도건설용역'의 공급에 대한 부가가치세의 경우 영의 세율을 적용한다고 규정하고 있고, 같은 항 제3호의2는 '사회기반시설에 대한 민간투자법 제2조 제7호에 따른 사업시행자가 부가가치세가 과세되는 사업을 할 목적으로 국가 또는 지방자치단체에 공급하는 사회기반시설 또는 사회기반시설의 건설용역'의 공급에 대한 부가가치세의 경우 영의 세율을 적용한다고 각 규정하고 있는 경우, 구 조특법 제105조 제1항은 '다음 각 호의 1에 해당하는 재화 또는 용역의 공급에 영의 세율을 적용한다'고 규정하고 있을 뿐 각 호 간의 적용순서나 그 적용이 배제되는 경우에 관하여는 정하고 있지 아니한 점 등을 고려하여, 지방자치단체에 도시철도건설용역을 직접 공급하는 기부채납 거래는 구 조특법 제105조 제1항 제3호 가목에 의하여 영세율이 적용되는 거래라고 판단하였다(대법원 2018두54125, 2019. 10. 31.).

참고로 법제처는 국무회의에 상정될 법령안 · 조약안과 총리령안 및 부령안의 심사와 그 밖에 법제에 관한 사무를 전문적으로 관장하는 대한민국의 중앙행정기관으로 정부입법의 총괄, 조정, 지원 기능을 수행하는 기관이며 정부의 통일된 의견을 국회에 제시하기 위한 법제 조정 기능을 수행한다. 구체적으로는 각 부처에서 입안한 법령안의 자구 · 체계 등 표현 형식에 관한 심사와 그 법령안 내용의 필요성, 법적 타당성, 합헌성 등을 검토하는 내용심사를 수행하는 등 법령의 통일적 · 체계적 해석에 관한 기능을 수행한다.

결국 위 법제처의 유권해석례와 대법원 판결들을 종합하면, 어느 법령의 조항이 각 호나 각 목으로 세부 사항을 병렬적으로 나열하고 있는 경우, 어느 호나 목이 다른 호나 목에 우선 적용된다거나 그와 함께 적용된다는 취지를 명시적으로 규정하지 않는 한, 각 호나 각 목은 독립적인 규정으로서 각각 별개의 요건을 정해둔 것으로 해석하여야 한다. 즉, 어느 호나 목이 다른 호나 목과 함께 중첩적 · 보완적으로 적용되는 것으로 해석하기 위해서는 그와 같이 볼 만한 특별한 문구가 존재해야만 하는 것이다. 부언하면 병렬적 해석으로 인한 해석상의 공백이나 구체적인 법적용에 있어 현실적인 문제를 야기한다 하더라도 이는 입법을 통해 해결해야 할 문제이지 그로 인한 문제를 법령의 확장해석이나 수범자에 대한 제재로써 해결하는 것은 부당한 처분이 된다(동지 : 창원지방법원 2016고단1212, 2017. 5. 17. 선고 판결).

아울러 하나의 사건이나 대상이 한 조문의 두 가지 이상에 해당하는 경우 앞 호보다 뒤 호의 규정이 그 내용이 더 특수한 형태의 거래를 의미하므로 뒤 호를 적용하는 것이 일반적이다(재무부 조법 1265. 2-17, 1982. 1. 6.).

제 3 절

가산세

I 가산세의 의의

가산세란 세법에 규정하는 의무의 성실한 이행을 확보하기 위하여 세법에 따라 산출한 세액에 가산하여 징수하는 금액을 말한다(국기법 §2 4호).

이러한 세법상 가산세는 과세권의 행사 및 조세채권의 실현을 용이하게 하기 위하여 납세자가 정당한 이유 없이 법에 규정된 신고, 납세 등 각종 의무를 위반한 경우 개별세법이 정하는 바에 따라 부과되는 행정상의 제재로서 납세자의 고의 또는 과실은 고려되지 않는 반면, 이와 같은 제재는 납세의무자가 그 의무를 알지 못한 것이 무리가 아니었다고 할 수 있어서 그를 정당시할 수 있는 사정이 있거나 그 의무의 이행을 당사자에게 기대하는 것이 무리라고 하는 사정이 있을 때 등 그 의무해태를 탓할 수 없는 정당한 사유가 있는 경우에는 이를 부과할 수 없다(대법원 93누15939, 1993. 12. 23.).

부가가치세법 및 국세기본법에서는 다음과 같은 가산세를 부과하도록 하고 있다.

세법	가산세명	가산세액 계산
국기법	무신고	• 부당무신고납부세액 × 40% or 일반 무신고납부세액 × 20%
	과소신고 · 초과환급신고	• 부당과소신고 과소신고납부세액 등 × 40% or 일반과소신고 과소신고납부세액 등 × 10%
	납부지연	• 미납세액(초과환급세액) × 경과일수 × 이자율(1일 22/100,000) + 납부고지서에 의한 미납세액 × 3%(체납시에만 부과)
	원천징수납부 등 납부지연가산세	• MIN[(무과소납부세액 × 10%), (무과소납부세액 × 3% + 무과소납부세액 × 경과일수 × 이자율)]
	영세율과세표준 신고불성실	• 무 · 과소신고 영세율과세표준 × 0.5% • 영세율 첨부서류 미제품 금액 × 0.5%
부가법	미등록 (사업자등록 · 간편사업자등록)	• 공급가액 × 1%(간이과세자 0.5%)
	명의위장등록	• 공급가액 × 2%(간이과세자 1%)
	세금계산서발급 및 전송불성실	• 세금계산서의 지연발급: 공급가액 × 1% • 세금계산서 미발급가산세: 공급가액 × 2% • 종이세금계산서 발급가산세: 공급가액 × 1%

<table>
<tr><th>세법</th><th>가산세명</th><th colspan="2">가산세액 계산</th></tr>
<tr><td rowspan="10">부
가
법</td><td>세금계산서발급 및 전송불성실</td><td colspan="2">• 자기의 다른 사업장명의 발급가산세: 공급가액 × 1%
• 전자세금계산서 발급명세서 지연전송가산세: 공급가액 × 0.3%
• 전자세금계산서 발급명세서 미전송가산세: 공급가액 × 0.5%
• 세금계산서 기재불성실가산세: 공급가액 × 1%</td></tr>
<tr><td>세금계산서 등 부정수수</td><td colspan="2">• 세금계산서등 가공발급가산세: 공급가액 × 3%
• 세금계산서등 가공수취가산세: 공급가액 × 3%
• 세금계산서등 위장발급가산세: 공급가액 × 2%
• 세금계산서등 타인명의수취가산세: 공급가액 × 2%
• 공급가액 과다기재분 세금계산서등 발급가산세: 그 공급가액 × 2%
• 공급가액 과다기재분 세금계산서등 수취가산세: 그 공급가액 × 2%</td></tr>
<tr><td>자료상이 수수한 세금계산서</td><td colspan="2">• 자료상이 수수한 세금계산서가산세: 공급가액 × 3%</td></tr>
<tr><td>매출처별세금계산서 합계표불성실</td><td colspan="2">• 미제출 · 기재내용 누락 및 부실기재: 공급가액 × 0.5%
• 지연제출(예정분 → 확정분): 공급가액 × 0.3%</td></tr>
<tr><td rowspan="2">매입처별세금계산서 합계표불성실</td><td>합계표</td><td>• 미제출 · 부실기재로 경정 시 세금계산서등에 의해 공제받는 경우: 공급가액 × 0.5%
• 등록번호, 공급가액의 기재누락 및 부실기재 · 과다기재: 공급가액 × 0.5%</td></tr>
<tr><td>매입세금계산서 공제분</td><td>• 세금계산서 지연수취(확정신고기한 내): 공급가액 × 0.5%
• 세금계산서 지연수취(1년 이내): 공급가액 × 0.5%
• 선발급으로서 발급일로부터 6개월 내 공급시기 도래분: 공급가액 × 0.5%</td></tr>
<tr><td>신용카드매출전표 등 불성실가산세</td><td colspan="2">• 경정등에 따라 공제되는 경우: 공급가액 × 0.5%
• 공급가액의 과다기재: 과다기재 공급가액 × 0.5%</td></tr>
<tr><td>현금매출명세서 등 제출불성실</td><td colspan="2">• 미제출 또는 과소기재 수입금액 × 1%</td></tr>
<tr><td>세금계산서 미수취가산세</td><td colspan="2">• 세금계산서 미수취: 그 공급대가 × 0.5%(간이과세자만 해당)</td></tr>
</table>

※ 간이과세자의 경우 밑줄의 가산세가 부과되며, 위 국기법상의 가산세도 적용된다.

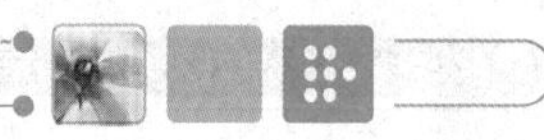

II 사업자등록 관련 가산세

부가가치세법은 전단계세액공제법에 의하여 납부세액을 간접적으로 결정하고 세금계산서를 통하여 부가가치세액을 전가시키도록 되어 있어 세금계산서의 수수는 부가가치세제 운용의 가장 중요한 장치이므로 세금계산서의 기능을 효율화하기 위해서는 사업자등록이 필수적으로 전제되어야 한다. 이러한 정책적 목적을 달성하기 위하여 사업자등록의무를 규정하고, 사업자등록의무를 위반하는 경우에 가산세를 부과하고 조세범처벌법에 따른 처벌을 하도록 하고 있다.

(1) 사업자 미등록가산세

신규로 사업을 개시하는 자는 사업자단위과세사업자가 아닌 자는 사업장마다, 사업자단위과세사업자는 해당 사업자의 본점 또는 주사무소에 대하여 사업개시일부터 20일 이내에 사업장 관할 세무서장에게 부가법 제8조 제1항에 따라 등록을 하도록 하고 있는 바, 동 기한까지 등록을 신청하지 아니한 경우에는 가산세 적용 대상기간 동안의 공급가액합계액에 가산세율을 곱하여 산출된 금액을 납부세액에 더하거나 환급세액에서 뺀다(부가법 §60 ① 1).

사업장별로 사업자등록을 이행하여야 하므로 본점과 지점을 가지고 있는 사업자가 지점에 대하여 사업자등록을 하지 아니하고 본점 명의로 사업하면서 본점 명의로 부가가치세 신고 및 납부를 이행한 경우에도 지점의 매출분에 대하여는 미등록가산세가 부과된다.

1) 적용대상기간

미등록가산세 부과대상기간은 사업개시일로부터 등록을 신청한 날(과세관청의 직권등록일 포함)의 직전일까지를 말한다.

2) 적용대상 가산세율

위 “1)” 기간 동안의 공급가액 합계액의 1%(간이과세자의 경우에는 공급대가에 대하여 0.5%)를 적용한다.

3) 가산세액

적용대상기간의 공급가액(간이과세자의 경우 공급대가) × 가산세율

4) 사업자 미등록가산세가 적용되지 않는 경우

① 사업장을 이전 후 사업장등록 정정신고의무 불이행(국심 84전1554, 1984. 12. 14.)
② 사업상속으로 사업자 명의가 변경되었으나 정정신고의무 불이행
③ 사업자가 업종을 변경 또는 추가하고 정정신고의무 불이행
④ 타인명의로 사업자등록을 한 명의위장의 경우(부가 46015-313, 2000. 2. 15.)
⑤ 사업자단위과세사업자의 종된사업장 정정신고 불이행(재부가-409, 2010. 6. 23.)

(2) 간편사업자등록 불이행가산세

국외사업자가 국내에 전자적 용역을 공급하는 경우 부가법 제53조의2 제1항 및 제2항에 따라 사업개시일로부터 20일 이내에 간편사업자등록을 하지 아니한 경우에는 사업 개시일부터 등록한 날의 직전일까지의 공급가액 합계액의 1퍼센트를 가산세로 부과한다. 그 적용시기는 2024. 1. 1. 이후 재화나 용역을 공급하는 분부터 적용한다(부가법 §60 ① 1의2).

(3) 명의위장 등록가산세

사업자가 자기의 계산과 책임으로 사업을 경영하지 아니하는 타인의 명의로 부가법 제8조에 따른 등록을 하고 실제 사업을 하는 것으로 확인되는 경우 및 이미 등록된 타인 명의의 사업자등록을 이용하여 사업을 하는 것으로 확인되는 경우에는 그 타인 명의의 사업개시일부터 실제 사업을 하는 것으로 확인되는 날의 직전일까지의 공급가액 합계액의 2%를 납부세액에 더하거나 환급세액에서 뺀다(부가법 §60 ① 2, 부가령 §108 ①).

다만, 명의대여자가 다음에 해당하는 자인 경우에는 해당 가산세를 부과하지 아니한다.

㉠ 사업자의 배우자
㉡ 「상속세 및 증여세법」 제2조 제1호에 따른 상속으로 인하여 피상속인이 경영하던 사업이 승계되는 경우 그 피상속인(같은 조 제2호에 따른 상속개시일부터 같은 법 제67조에 따른 상속세 과세표준 신고기한까지의 기간 동안 상속인이 피상속인 명의의 사업자등록을 활용하여 사업을 하는 경우로 한정한다)

1) 적용대상기간

사업개시일로부터 실제 사업을 하는 것으로 확인되는 날의 직전일까지

2) 적용대상 가산세율

위 "1)" 기간 동안의 공급가액에 대하여 2% (다만, 간이과세자의 경우에는 공급대가에 1%)

※ 2024. 12. 31. 공급분까지는 일반과세자 1%, 간이과세자는 0.5%임.

3) 가산세액

적용 대상기간의 공급가액(간이과세자의 경우 공급대가) × 가산세율

※ 실제 단독사업자임에도 공동사업자로 허위 사업자등록하여 해당 사업장에 공급가액이 발생한 경우 실사업자 본인 및 그 배우자(공동사업 구성원 중 배우자가 포함한 경우임) 지분 및 명의대여자의 지분에 해당하는 사업장 전체의 공급가액 합계액을 기준으로 가산세액을 산정하는 것이다(기준-2016-법령해석부가-0059, 2016. 4. 11.).

(4) 미등록 · 허위등록자에 대한 범칙처리

1) 미등록자에 대한 범칙처리

부가가치세 과세사업을 영위하는 사업자가 부가법 제8조에 따른 사업자등록을 하지 아니하여 부가가치세 또는 종합소득세를 무신고한 경우, 산출세액에 세금계산서 미발급가산세, 무신고가산세, 납부불성실가산세 등을 추가부담하는 것 외에 조세범처벌법에 따라 조세포탈죄, 세금계산서의 발급의무 위반죄, 현금영수증 발급의무의 위반 등에 해당되어 범칙처벌대상이 될 수 있다.

2) 허위등록(명의대여)에 대한 범칙처리

가. 범칙처분 대상 및 성립 요건

조세의 회피 또는 강제면탈을 목적(개연성이 있는 경우를 포함하며, 그 결과가 발생하여야만 하는 것은 아님)으로 타인의 성명을 사용하여 사업자등록을 하거나 타인명의의 사업자등록을 이용하여 사업을 영위하는 실사업자와 자신의 성명을 사용하여 타인에게

사업자등록을 할 것을 허락하거나 자신명의의 사업자등록을 타인이 이용하여 사업을 영위하도록 허락한 명의대여자는 「조세범처벌법」 제11조에 따른 명의대여 행위 등에 해당되어 모두 범칙처벌 대상(쌍방처벌)이 된다.

명의대여 행위죄는 이러한 조세회피 또는 강제집행을 면탈할 목적으로 타인의 성명을 사용하여 사업자등록을 하거나 자신의 성명을 사용하여 타인에게 사업자등록을 할 것을 허락한 때에 성립한다.

나. 입증책임

명의대여 등의 행위가 조세의 회피 또는 강제집행을 면탈할 목적이 없었다는 점에 대한 입증책임은 실사업자와 명의대여자에게 있으나, 추후 형사소송 등을 대비하여 과세관청도 소득합산 및 매출누락, 체납면탈 등을 위한 의도된 목적이 있었음을 입증할 필요가 있다.

※ 그 밖에 자세한 것은 “심층분석 사례집(Ⅰ)”을 참조한다.

III 세금계산서등 불성실가산세

1 세금계산서 발급 불성실가산세

사업자가 다음의 어느 하나에 해당하는 경우에는 그 공급가액에 일정률의 가산세를 납부세액에 더하거나 환급세액에서 뺀다(부가법 §60 ②).

1) 세금계산서 지연발급가산세

사업자가 부가법 제34조에 따른 세금계산서의 발급시기가 지난 후 해당 재화 또는 용역의 공급시기가 속하는 과세기간에 대한 확정신고기한까지 세금계산서를 발급하는 경우 그 공급가액의 1퍼센트를 납부세액에 더하거나 환급세액에서 뺀다(부가법 §60 ② 1).

당초 전자세금계산서를 지연발급한 경우로서 작성일자를 당초 공급시기로 정정하여 수정세금계산서를 교부하더라도 지연발급가산세는 적용된다.

2) 세금계산서 미발급가산세

가. 개요

사업자가 재화 또는 용역을 공급하고 부가법 제34조에 따른 세금계산서의 발급시기가 지난 후 해당 재화 또는 용역의 공급시기가 속하는 과세기간에 대한 확정신고기한까지 세금계산서를 발급하지 아니한 경우 그 공급가액의 2%를 가산세로 부과한다. 다만, 다음의 경우에는 그 공급가액의 1퍼센트를 가산세로 한다(부가법 §60 ②).

㉮ 부가법 제32조 제2항에 따라 전자세금계산서를 발급하여야 할 의무가 있는 자가 전자세금계산서를 발급하지 아니하고 세금계산서의 발급시기에 전자세금계산서 외의 세금계산서(종이세금계산서)를 발급한 경우

㉯ 둘 이상의 사업장을 가진 사업자가 재화 또는 용역을 공급한 사업장 명의로 세금계산서를 발급하지 아니하고 세금계산서의 발급시기에 자신의 다른 사업장 명의로 세금계산서를 발급한 경우(2020. 1. 1. 이후 최초로 공급하는 분부터 적용하며, 2019. 12. 31.까지 거래분에 대하여는 미발급한 사업장에 2%의 가산세를 부과하였다)

세금계산서 미발급가산세가 적용되는 경우란 세금계산서 발급의무자가 세금계산서를 발급하지 아니한 경우로서 세금계산서의 발급의무가 없는 다음의 경우에는 세금계산서 미발급가산세가 적용될 수 없다.

① 부가법 제36조에 따른 영수증 발급대상인 경우

② 부가법 제33조에 따라 세금계산서 발급의무가 면제되는 경우

③ 부가법 제26조, 제27조 및 「조세특례제한법」 제106조에 따라 부가가치세가 면제되는 경우

나. 수정세금계산서의 미교부에 따른 가산세

사업자가 세금계산서를 발급한 후 당초의 공급가액에 추가 또는 차감되는 금액이 발생하였으나, 수정세금계산서를 발급하지 아니하는 경우에도 세금계산서 미발급가산세를 적용한다(부가통칙 60-108-2).

다. 선발행세금계산서가 발급된 경우

사업자가 재화 또는 용역을 공급하면서 그 공급시기가 도래하기 전에 대가를 지급받지 아니한 부분에 대하여 세금계산서를 선발급하고 공급시기인 그 다음 과세기간에는 세금계산서를 발급하지 아니한 경우, 세금계산서를 발급하지 아니한 과세기간에 세금계산서미발급가산세가 적용되는 것이므로 세금계산서를 선발급하고 신고·납부한 과세기간에는 매출처별세금계산서합계표불성실가산세를 감액(경정감)하여야 한다(서면-2016-

법령해석부가-5066, 2017. 4. 20.).

라. 세금계산서발급대상거래에 계산서 발급 시 가산세 적용

부가가치세 과세대상거래로서 세금계산서발급의무대상 거래임에도 불구하고 면세거래로 보아 계산서를 발급한 경우 거래당사자 간의 거래자료가 계산서에 의해 과세관청에 노출되었음에도 불구하고 계산서는 세금계산서에 포함되지 아니하므로 세금계산서미교부가산세를 부과하게 된다.

3) 전자세금계산서 발급명세 지연전송가산세

부가법 제32조 제3항에 따른 기한(전자세금계산서 발급일의 다음 날, 이하 같음)이 지난 후 재화 또는 용역의 공급시기가 속하는 과세기간에 대한 확정신고기한까지 국세청장에게 전자세금계산서 발급명세를 전송하는 경우 그 공급가액의 0.3%를 가산세로 한다(부가법 §60 ② 3).

* 2018. 12. 31.까지 공급분에 대하여는 과세기간 종료월의 익월 11일

4) 전자세금계산서 발급명세 미전송가산세

부가법 제32조 제3항에 따른 기한이 지난 후 재화 또는 용역의 공급시기가 속하는 과세기간에 대한 확정신고기한*까지 국세청장에게 세금계산서 발급명세를 전송하지 아니한 경우 그 공급가액의 1%를 가산세로 한다(부가법 §60 ② 4).

* 2018. 12. 31.까지 공급분에 대하여는 과세기간 종료월의 익월 11일

| 전자세금계산서 발급명세 미전송 · 지연전송가산세율 연도별 비교표 |

구 분	법인사업자			개인 의무발급대상자		
	2011~2013	2014~	2019~	2012~2016	2017~	2019~
미전송 가산세	0.3%	1%	0.5%	0.3%	1%	0.5%
지연전송 가산세	0.1%	0.5%	0.3%	0.1%	0.5%	0.3%

또한, 전자세금계산서를 공급자가 아닌 매입자가 역발행하더라도 「부가가치세법」상 전자세금계산서의 발급명세를 국세청장에게 전송할 책임은 공급자에게 있으므로 매입자가 전자세금계산서 발급 후 미전송한 경우 공급자에게 관련 가산세를 적용한다(조심2014중3333, 2015. 2. 25.).

5) 세금계산서 기재불성실가산세

가. 원칙

사업자가 부가법 제32조에 따라 발급한 세금계산서의 필요적 기재사항의 전부 또는 일부가 착오 또는 과실로 적혀 있지 아니하거나 사실과 다른 경우 그 공급가액의 1%를 납부세액에 더하거나 환급세액에서 뺀다(부가법 §60 ② 5).

나. 예외

세금계산서에 필요적 기재사항을 사실대로 기재하도록 한 것은 거래의 진실을 담보하기 위한 것이므로 사업자가 부가법 제32조에 따라 발급한 세금계산서의 필요적 기재사항 중 일부가 착오나 과실로 사실과 다르게 적혔으나 해당 세금계산서에 적힌 나머지 필요적 기재사항 또는 임의적 기재사항으로 보아 거래사실이 확인되는 경우(그 세금계산서의 다른 기재사항에 의하여 그 거래사실이 확인되는 경우)에는 이를 사실과 다른 세금계산서로 보아 세금계산서기재불성실가산세를 적용하지 아니한다(부가령 §108 ③).

사업자가 세금계산서를 발급한 후 부가령 제70조에 따라 그 기재사항에 관하여 착오 또는 정정사유가 발생하여 세금계산서를 수정하여 발급하고 이를 「국세기본법」 제45조 제1항에 따라 수정신고하는 경우에는 당초에 제출한 세금계산서에 대하여도 세금계산서기재불성실가산세가 적용되지 아니한다.

다. 위수탁거래 시 가산세 부담의 귀속자

사업자가 위탁 또는 대리에 의하여 재화를 공급하는 경우로서 수탁자 또는 대리인이 재화를 인도하는 때에는 수탁자 또는 대리인이 위탁자 또는 본인의 명의로 세금계산서를 발급하여야 하며 그 거래의 귀속 또한 위탁자 또는 본인에게 귀속되는 것이므로 수탁자 또는 대리인이 위탁자 또는 본인을 대리하여 세금계산서를 발급하는 경우 부가법 제60조 제2항, 제3항 및 제6항에 따른 세금계산서기재불성실가산세는 위탁자 또는 본인에게 적용한다(부가통칙 60-108-4).

라. 공급가액 과소 기재 시 가산세

사업자가 부가가치세과세표준에 포함되는 국고보조금 등 공급가액 일부를 제외하고 세금계산서를 발급한 경우에는 그 과소 기재한 공급가액에 대하여 세금계산서 미발급가산세를 부과하는 것이 아니라 부가법 제60조 제2항 제1호에 따른 가산세(공급가액의 1%)를 적용한다(재부가-140, 2011. 3. 10.).

마. 과세표준을 추계경정하는 경우 세금계산서 미발급가산세 적용

세금계산서 의무발급대상 사업자에 대하여 관할 세무서장이 매입누락을 매출환산하여 부가가치세 과세표준을 추계결정·경정하는 경우 신고한 과세표준과 경정한 과세표준과의 차액에 대하여 세금계산서 미발행가산세를 부과한다(국심 2004중4555, 2005. 3. 29.).

사례 ①

문의

○ "갑"은 2018. 4. 15. 공급가액 3백만 원의 상품을 매입하고 정당하게 세금계산서(쟁점1)를 수취하였으며, 2018. 5. 31. 거래처에 해당 상품의 공급가액을 5백만 원에 판매하고, 2018. 6. 30.을 작성일자로 하는 세금계산서(쟁점2)를 발급함.

○ "갑"은 2018. 1기 확정신고 시 쟁점1 세금계산서를 합계표에 이기하는 과정에서 공급가액을 4백만 원으로 잘못 기재하여 과다공제 받았으며, 쟁점2 세금계산서는 적정하게 세금계산서합계표 및 부가가치세신고서에 기재하여 신고함.

○ 이 경우 "갑"에게 부과되는 부가가치세법상 가산세는?

답변

○ 쟁점1 세금계산서 관련 가산세

• 세금계산서합계표기재불성실가산세: 1,000,000 × 0.5% = 50,000원

○ 쟁점2 세금계산서 관련 가산세

• 세금계산서부실기재가산세: 5,000,000 × 1% = 500,000원

사례 ②

□ 공사계약내용

○ (주)S건설은 K유통(주) 소유의 주차빌딩을 철거하는 공사를 하기로 하고 아래와 같이 도급계약서를 작성하였다.

1. 공사명: 주차빌딩 철거공사　　2. 공사기간: 2018. 2. 1.~2018. 6. 30.

3. 도급금액(63,000,000원, 부가가치세 별도)

• 직접비: 45,000,000원 (철거 시 S건설이 고철을 처분함에 따라 발생되는 예상수입액 255,000,000원을 차감함) • 간접비: 5,000,000원　　• 일반관리비: 10,000,000원 • 이　윤: 3,000,000원

□ 세금계산서 수수내역

○ (주)S건설은 철거과정에서 발생된 고철을 2018. 6. 20. 제3자에게 실제 250,000,000원(부가

가치세 별도)에 매각하고 세금계산서를 발급하였다.

○ 철거공사가 완료한 날(2018. 6. 15.)을 작성일자로 하여 공급가액 63,000,000원의 세금계산서를 발급하였다.

○ (주)S건설과 K유통(주)은 2018. 7. 25. 위 세금계산서 수수내역에 따라 부가가치세 신고·납부하였다.

문의

이 경우 (주)S건설과 K유통(주)이 추가부담하여야 할 부가가치세(가산세 포함)는?

답변

□ K유통(주)

(주)S건설에 철거용역대가의 일부로 고철을 공급하는 일종의 교환거래에 대하여 세금계산서를 미발급한 것이 되므로 재화(고철)의 공급에 대하여 세금계산서 미발급, 과소신고가산세 및 과소납부가산세가 적용됨.

- 부가가치세 = 255,0000,000 × 10% = 25,500,000원
- 세금계산서 미발급가산세 = 255,000,000 × 2% = 5,100,000원
- 과소신고가산세 = 25,500,000 × 10% = 2,550,000원
- 과소납부가산세 = 25,500,000 × 3/10,000 × 30일(가정) = 229,500원

□ (주)S건설

K유통(주)에 제공한 철거용역대가의 일부를 대물(고철)로 받은 것에 불과하여 자기가 제공한 철거용역대가는 현금으로 받은 대가와 고철매각예상액의 합계액인 318,000,000원이 되므로 고철매각예상액만큼 철거용역 관련 과세표준을 과소계상한 것이 된다(추후 실제 고철매각액은 과세표준에 영향을 미치지 아니한다).

따라서 고철매각예상액에 대한 부가가치세, 세금계산서미교부가산세, 과소신고가산세 및 과소납부가산세가 각각 적용된다.

- 부가가치세 = 255,0000,000 × 10% = 25,500,000원
- 세금계산서 미발급가산세 = 255,000,000 × 2% = 5,100,000원
- 과소신고가산세 = 25,500,000 × 10% = 2,550,000원
- 과소납부가산세 = 25,500,000 × 3/10,000 × 30일(가정) = 229,500원

※ 이 밖에 양사는 법인세법상 증빙불비가산세가 적용된다.

6) 당초 공급가액 착오 기재로 수정세금계산서 발급 시 가산세 적용 여부

당초 발급한 세금계산서의 공급가액이 착오로 과소기재되어 수정세금계산서를 발급하여 수정신고하는 경우, 기존 해석에서는 필요적 기재사항인 공급가액과 부가가치세액의 착오 기재로 부가령 제70조에 따라 발급한 수정세금계산서는 정당한 세금계산서로

보아 세금계산서합계표가산세 적용을 배제하고 있고(조심 2013중3618, 2014. 7. 2. ; 국심 2003부2561, 2004. 2. 12. ; 서삼 46015-10178, 2003. 1. 30. ; 부가 46015-1881, 1995. 10. 11. ; 서면3팀-1655, 2004. 8. 16.), 또한 필요적 기재사항인 공급자 또는 공급받는 자가 착오 외의 사유로 다르게 기재된 경우 발급하는 수정세금계산서에 대해서도 부가법상 가산세의 적용을 배제하고 있다(기획재정부 부가가치세제과-228, 2017. 4. 26. ; 기획재정부 부가가치세제과-538, 2014. 9. 5.).

따라서 정당하게 발급된 수정세금계산서를 반영하여 수정신고·경정청구하고, 세금계산서합계표도 수정세금계산서를 그대로 이기하여 기재사실이 사실과 다르다고 볼 수 없으며 착오 외의 사유로 수정세금계산서를 발급하는 경우에도 기재부에서는 부가법상 가산세를 배제하도록 해석하고 있음에 비추어 수정세금계산서에 의해 거래사실이 확인되는 본 건에 대하여 세금계산서 관련 가산세를 적용하지 아니하는 것이 타당하다(사전-2015-법령해석부가-0060, 2017. 6. 20.).

7) 과세거래에 대하여 계산서 발급 시 가산세 등

사업자가 부가가치세가 과세되는 재화 또는 용역을 공급하고 세금계산서가 아닌 계산서를 작성하여 발급한 경우에는 수정세금계산서를 발급할 수 없고(부가 46015-2405, 1994. 11. 28. ; 심사부가 2010-0237, 2011. 4. 11.), 세금계산서미교부가산세, 과소신고 및 납부지연가산세가 적용되며(동지 : 부가 46015-1959, 1993. 8. 11.), 전자계산서를 수취하였거나 계산서를 발급받아 계산서합계표를 제출한 경우 증빙불비가산세는 적용하지 아니한다.

IV 세금계산서등 부정수수에 대한 가산세

(1) 가공세금계산서등 발급가산세

1) 개요

가공세금계산서는 고의로 거래질서를 문란하게 하는 행위인 점을 감안하여 사업자가 재화 또는 용역을 공급하지 아니하고 세금계산서 또는 부가법 제46조 제3항에 따른 신용카드매출전표등(이하 "세금계산서등"이라 한다)을 발급한 경우 해당 세금계산서등에 적힌 공급가액의 3%(2017. 12. 31. 공급분까지는 2%)를 납부세액에 더하거나 환급세액에서 뺀다(부가법 §60 ③ 1).

가공세금계산서 발급가산세는 2007. 1. 1. 이후 최초로 공급하는 분부터 적용하고 이하 신용카드매출전표등의 가공수취, 타인명의 발급, 위장발급에 대한 가산세는 2013. 1. 1. 이후 신용카드매출전표등을 발급하거나 수취하는 분부터 적용한다.

2) 공급자 외의 자(수탁자) 명의의 신용카드매출전표에 대한 가산세 적용

해외 여행알선업을 영위하는 사업자가 자기의 수입으로 귀속되는 알선수수료와 음식비 · 숙박비 · 운송비 등의 수탁여행경비 전체 금액을 신용카드로 결제받고 신용카드매출전표를 발급하는 것이 여신전문금융업법 제19조 제5항 각호에 따른 신용카드 가맹점의 금지행위에 해당하지 아니하는 경우에는 신용카드매출전표 허위 발행에 따른 가산세(3%, 수취자 포함)를 적용하지 아니한다. 재화나 용역의 판매가 있고 그 가치에 상응하는 신용카드결제가 이루어진 경우 여전법 제19조 제5항 제1호 및 제2호의 금지행위에 해당하지 않는다는 것이 금융위원회의 해석이다. 즉, 실물 공급이 있었다면 그 공급자가 누구인지에 불구하고 그에 대한 대가를 신용카드로 결제받을 수 있고, 해당 전표를 발행한 경우에는 금지행위가 아니라는 것이다(서면-2020-법령해석부가-3264, 2020. 12. 30. : 법규부가 2013-5, 2013. 3. 26.).

신용카드는 단순결제수단으로서의 역할을 하고 있고, 다만 그 공급시기에 신용카드매출전표를 발행한 경우에 영수증이나 세금계산서의 역할을 대신할 수 있을 뿐이고 그 외에는 단순결제수단으로 신용카드로 결제받은 것이므로 세금계산서등 발급과 관련된 가산세 대상이 될 수 없고 그 거래상대방이 사업자인 경우에는 세금계산서 발급요구를 통하여 관련 매입세액을 공제받을 수 있다. 백화점이나 대형유통점이 임대매장의 매출에 대하여 백화점등의 명의로 신용카드매출전표를 발행하는 경우도 마찬가지이다. 또한 백화점등이 결제대행업체 등으로 등록한다면 임대매장은 신용카드매출전표발행세액공제도 받을 수 있다.

3) 가공세금계산서 수수에 대한 가산세 부과결정 · 경정권자

사업자가 아닌 자가 재화 또는 용역을 공급하지 아니하고 세금계산서를 발급하거나 재화 또는 용역을 공급받지 아니하고 세금계산서를 발급받으면 사업자로 보고 그 세금계산서에 적힌 공급가액의 3%를 그 세금계산서를 발급하거나 발급받은 자에게 납세지 관할 세무서장이 가산세로 징수한다. 이 경우 부가법 제37조 제2항에 따른 납부세액은 "0"으로 본다(부가법 §60 ④).

(2) 가공세금계산서등 수취가산세

1) 개요

사업자가 재화 또는 용역을 공급받지 아니하고 세금계산서등을 발급받은 경우 해당 세금계산서에 적힌 공급가액의 3%(2017. 12. 31. 수취분까지는 2%)를 납부세액에 더하거나 환급세액에서 뺀다(부가법 §60 ③ 2).

부가법 제60조 제3항 제1호(위 "(1)") 및 제2호(위 "(2)")가 적용되는 경우는 크게 다음과 같이 두 경우로 상정 · 분류해 볼 수 있다.

① 거래의 목적물인 재화 자체가 아예 존재하지 않거나 재화의 이동이 처음부터 존재하지 아니함에도 거래당사자들이 재화를 공급하거나 공급받은 것으로 가장하여 허위의 가공세금계산서를 수수하는 행위이다. 이는 부가가치세 과세대상 사유로서 재화가 아예 존재하지 않는 경우 혹은 재화는 존재하지만 형식적 · 실질적 재화의 이동 자체가 없는 경우를 말한다.

② 거래의 목적물인 재화가 존재하고 재화의 이동도 일부 있을 수 있지만 거래당사자 사이에 재화에 관한 권리와 의무, 책임 등이 실질적으로 이전되지 않고 단지 명목상 또는 형식상 거래를 통하여 허위의 세금계산서를 수수하는 행위이다. 이는 재화가 존재하고 형식적인 재화의 이동도 일부나마 있지만 그 전체를 실질적 거래로 인정할 수 없는 명목상 · 형식상 거래에 불과한 경우를 말한다.

결국 위 규정이 적용되는 두 가지 경우는 모두 '거래당사자 사이에 실물거래 없이 허위의 세금계산서를 수수한 경우'라고 포섭할 수 있는데 이는 동일 · 유사한 사실관계에 기초한 것으로 그에 대한 법률적 평가만을 다소 달리할 수 있을 뿐, 적용 법조의 변경도 없다.

2) 가공세금계산서 수수 가산세는 고의 · 과실의 고려없이 부과

부가가치세의 납세의무를 지는 사업자가 정당한 사유 없이 실제로는 재화 또는 용역의 거래가 없는 가공거래에 대하여 재화 또는 용역의 거래가 있는 것으로 기재한 세금계산서를 교부하거나 교부받은 때에는, 해당 사업자의 고의 · 과실을 고려함이 없이 행정상 제재로 부과되는 가산세라고 봄이 타당하고, 원고의 주장과 같이 당해 사업자가 해당 거래가 가공거래라는 사실을 알았을 경우에만 이 사건 가산세를 부과할 수 있다고 볼 것은 아니라고 할 것이다. 원고는 이 사건 매입 · 매출세금계산서를 교부하거나 교부받음에 있어 이 사건 거래가 가공거래에 해당한다는 사실에 관하여 거래당사자로서 취하여야 할 주의의무를 다하였다고 볼 수는 없다 할 것이어서, 설령 원고가 이 사건 거래는 가공거래가 아니라고 믿었다고 하더라도 그러한 점에 관하여 원고의 의무이행을 탓할 수 없는 "정당한 사유"가 있다고 보기는 어렵다고 할 것이다(대법원 2012두21253, 2013. 1. 10. ; 대법원 2009두3682, 2011. 10. 27. ; 대법원 2007두122, 2007. 3. 29.).

(3) 위장세금계산서등 발급가산세

사업자가 재화 또는 용역을 공급하고 실제로 재화 또는 용역을 공급하는 자가 아닌 자 또는 실제로 재화 또는 용역을 공급받는 자가 아닌 자의 명의로 세금계산서등을 발급한 경우 해당 세금계산서에 적힌 공급가액의 2%를 납부세액에 더하거나 환급세액에서 뺀다(부가법 §60 ③ 3).

종전(2010. 12. 31. 이전)에는 사업자가 실제 공급받는 자가 아닌 자에게 세금계산서를 발급하는 위장발급의 경우 거래의 형태·금액이 상관관계를 갖는 하나의 거래에 해당하는 때에는 재화 또는 용역의 공급을 받은 자에게 세금계산서를 발급하지 아니한 것으로 보아 세금계산서미발급가산세(2%)를 적용했었다(재부가-567, 2010. 8. 23.).

(4) 위장세금계산서등 수취가산세

사업자가 재화 또는 용역을 공급받고 실제로 재화 또는 용역을 공급하는 자가 아닌 자의 명의로 세금계산서등을 발급받은 경우 해당 세금계산서에 적힌 공급가액의 2%를 납부세액에 더하거나 환급세액에서 뺀다(부가법 §60 ③ 4).

(5) 공급가액 과다기재 세금계산서 발급가산세

재화 또는 용역을 공급하고 세금계산서등의 공급가액을 과다하게 기재한 경우 실제보다 과다하게 기재한 부분에 대한 공급가액의 2퍼센트를 가산세로 부과한다(부가법 §60 ③ 5).

사업자가 고의로 공급가액을 일부 부풀린 경우 가산세율을 2018. 1. 1. 이후 공급분부터는 양 거래당사자 모두 2%(종전 1%)를 적용하도록 개정하였다. 그러나 법문에 '고의로'라는 문구가 없어 착오기재나 에누리 해당 여부에 대한 판단착오로 공급가액이 과다기재된 경우까지 2%의 가산세가 적용될 수 있다는 해석이 나올 수 있다. 이는 입법취지에 반하는 것으로 추후 법령개정이나 유권해석으로 명확히 할 필요가 있다.

(6) 공급가액 과다기재 세금계산서 수취가산세

재화 또는 용역을 공급받고 위 "(5)"가 적용되는 세금계산서등을 발급받은 경우 실제보다 과다하게 기재된 부분에 대한 공급가액의 2퍼센트를 가산세로 부과한다(부가법 §60 ③ 6).

위 "(5)", "(6)"의 세금계산서 공급가액 과다기재에 따른 수취 및 발급과 관련한 가산세 규정은 에누리나 장려금의 구분 착오나 과세대상 오인으로 인한 착오 및 단순착오(오기 등)의 경우에도 그 과다기재액의 2%를 부과하게 되어 가혹하다. 착오가 아닌 고의의 과다기재에 한해 2%를 중과하는 것이 바람직하다. 가산세율을 1%에서 2%로 상향하는 것으로 세법을 개정할 때에도 그러한 고의의 과다기재를 방지하기 위함이었다.

(7) 2개 이상의 사업장이 있는 사업자에 대한 가산세 적용

상 황		A사업장 (실거래 사업장)	B사업장	관련 해석 · 판례
매출 관련	A매출, B교부, B제출	미교부(1%), 신고 매출누락	매출감	기준-2019-법령부가-0027, '19.3.12. 국심 2003구803, '03.6.2.
	A매출, B교부, A제출	미교부	-	부가 46015-677, '02.9.6. 국심 2004중4397, '05.4.7.
	A매출, A교부, B제출	매출누락, 합계표, 신고1)	매출감	서면3팀-2021, '05.11.14. 국심 2004중4450, '05.6.27. 국심 2005서225, '06.2.7.
		신고	-	국심 2003구 803, '03.6.2.2)
	A미등록, 본점B에서 신고 · 납부	신고 MAX(미교부, 미등록)	매출감	부가 46015-314, '97.2.13. 부가 46015-825, '00.4.14. 부가법 §60 ⑨ 국심 2003서2754, '04.3.3.
	A매출, A교부, B교부	- (A제출 시)	- (수정 교부 시)	
	A, B 납부세액을 B에서 전액 납부	-	-	
	A → B: 고정자산 반출 A → B: 교부1)	경정청구	불공제, 신고	국심 2003부802, '03.6.17.

상 황		A사업장 (실거래 사업장)	B사업장	관련 해석 · 판례
매입 관련	A매입, B수취, B제출	–	불공제, 합계표, 신고 · 납부	A, B는 본 · 지점관계 아님.[3)]
	A매입, B수취, A제출	불공제, 합계표, 신고	–	
	A매입, B수취, B제출	–	–	A, B는 본 · 지점관계 (B에서 계약, 발주, 대금지급)
	A매입, B수취, B제출	–	불공제, 합계표, 신고	A, B, C는 본 · 지점관계 (C: 계약, A: 사용 · 소비)
	A매입, A수취, B제출	경정청구 –	합계표, 신고(일반 과소)	서면3팀 – 1662, '05.9.30. 서면3팀 – 491, '04.3.12. 부가 22601 – 274, '90.3.7. 국심 2001중310, '01.8.6. 조심 2015중1962, '15.6.25.
총괄 납부자	합계표를 주종사업장 바꾸어 신고, 제출 세금계산서를 본 · 지점 집계 착오하여 신고 · 납부	신고, 합계표	좌동	국심 2004중4450, '05.6.27. 국심 2003구803, '03.6.2. 재소비 46015 – 134, '97.4.30. 국심 2000부3155, '01.6.25.
	A매출, B교부, B제출[4)]	– (수취자는 공제 가능)	– (좌동)	부가령 §75 6호 (2013. 2. 15.부터 적용)

① 편의상 세금계산서미발급가산세는 '미교부'로, 과소신고 · 초과환급신고가산세는 '신고', 납부 · 환급불성실 가산세는 '납부'로, 매입(매출)세금계산서합계표불성실가산세는 '합계표'로 표시함.
② 필기체는 국세청 해석과 달리한 조세심판결정례가 있는 경우임.
③ "–"는 가산세가 적용되지 않는다는 의미임.
④ 매출누락 또는 매출감은 부가가치세 과세표준의 증감을 말하고, 불공제는 매입세액을 불공제하는 것을 말함.
⑤ 위 "1)"의 경우 자기의 다른 사업장으로 고정자산을 반출하는 것은 재화의 공급에 해당하지 아니하나 세금계산서를 발급한 경우임.
⑥ 위 "2)" 행정의 번잡성 및 납세자 불편 등을 고려하여 사업장별 고지 및 환급절차를 생략하고 지점에 과소신고불성실가산세만 부과한다는 조세심판원 결정임.
⑦ 위 "3)"의 경우 A, B 사업장이 본지점 관계인 경우 매입세액공제 가능
⑧ 위 "4)"의 경우 해당 사업자가 총괄납부자인 경우 B명의로 세금계산서를 받은 거래상대방은 2013. 2. 15. 공급받는 분부터 매입세액공제 가능(부가령 §75 6)하고, 거래일이 속한 과세기간에 대한 확정신고기한까지 수정세금계산서 발급이 가능함(부가령 §70 6).

※ 부동산매매업자가 건축물을 양도하는 경우 세금계산서 발급방법

1. 부동산매매업자가 미분양상가를 일시적 · 잠정적으로 임대하더라도 부가령 제8조에 따라 미분양상가 소재지를 지점으로 사업자등록 후 임대수입에 대하여 지점 명의로 부가세 신고 · 납부하여야 하나, 해당 미분양상가를 매각하는 경우에는 동 매각이 부동산매매업의 일환이므로 업무총괄장소인 본점에서 세금계산서 발급하여야 함(서면3팀 – 453, 2005. 3. 31. ; 서울고법 2014누54143, 2014. 10. 22. ; 부가 46015 – 1728, 1994. 8. 25. ; 부가 46015 – 926, 1995. 5. 25.).

2. 부동산매매업자가 분양용이 아닌 부동산임대용으로 사용·수익하는 상가를 소유한 경우 동 상가는 재고자산이 아니라 사업용 고정자산이며, 부가령 제8조에 따라 해당 상가 소재지에 사업자등록(지점)을 하여 임대수입에 대한 부가세신고를 하여야 하고, 매각 시에도 부동산임대업과 관련된 일시적·우발적 공급이므로 해당 지점명의로 세금계산서를 발급하는 것임(서면3팀-2953, 2007. 10. 30. ; 부가-1483, 2009. 10. 13. ; 조심 2009구0150, 2009. 12. 10.).

(8) 수정세금계산서 발급 및 신고에 따른 가산세 적용

교부사유	수정T/I 발급 여부	신고 여부		가산세	
		공급자	공급받는 자	공급자	공급받는 자
(1) 당초 공급가액이 감소된 경우 (부가령 §70 1, 2) ㉠ 해제 ㉡ 해지 ㉢ 반품 ㉣ 매출할인 등 사후 정정사유	교부	신고	신고	–	–
		신고	무신고	–	합계표, 신고, 납부
		신고	수정신고	–	합계표, 신고(감면), 납부
		무신고	신고	합계표	–
		수정신고	신고	합계표	–
	미교부	무신고	신고	미교부	–
		무신고	무신고	미교부	신고, 납부

재소비 46015-75, 2002. 3. 21. ; 부가 46015-1433, 1998. 6. 29. ; 서면3팀-2125, 2006. 9. 12. ; 서삼 46015-10178, 2003. 1. 30. ; 부가 46015-292.1, 1997. 2. 6. ; 부가 46015-554, 1996. 3. 22. ; 부가 46015-4021, 1999. 9. 30. ; 서면3팀-1549, 2005. 9. 15.

교부사유	수정T/I 발급 여부	신고 여부 공급자	신고 여부 공급받는 자	가산세 공급자	가산세 공급받는 자
(2) 당초 공급가액이 증가된 경우 (부가령 §70 3) ㉠ 계약변경 ㉡ 잠정가액으로 발급 후 공급가액 확정 등	교부	신고	신고	–	–
		신고	무신고	–	– (경정기관 확인 거쳐 공제 시 세금계산서불성실가산세)
		무신고	신고	합계표, 신고, 납부	–
	미교부	무신고	신고 무신고	미교부, 신고, 납부	– (매입세액공제 불가)

부가 1265.1-2765, 1981. 10. 23. ; 부가 46015-1409, 1998. 6. 25. ; 서면3팀-1949, 2006. 8. 30. ; 서면3팀-2459, 2006. 11. 30.

교부사유	수정T/I 발급 여부	신고 여부		가산세	
		공급자	공급받는 자	공급자	공급받는 자
(3) 비과세대상(면세) 거래에 대하여 세금계산서를 발급한 후 수정세금계산서 발급 (부가령 §70 8)	교부	경정청구	수정신고	–	(무신고 시) 신고, 납부

1) 2013. 2. 15. 이후 2013. 12. 31. 공급분까지는 공급자가 신고・납부하고 수정세금계산서를 발급하지 아니한 경우 매입자는 매입세액공제 가능함.
2) 관련 사례: 재경부 부가－546, 2007. 7. 18. ; 서면3팀－115, 2005. 1. 24. ; 재소비－139, 2005. 9. 5. ; 법규과－470, 2009. 2. 6.

교부사유	수정T/I 발급 여부	신고 여부 공급자	신고 여부 공급받는 자	가산세 공급자	가산세 공급받는 자
(4) 내국신용장 등 사후개설로 영세율이 적용되는 경우 (부가령 §70 4)	정상 교부	신고	신고	–	–
		경정청구	수정신고	–	–
	영세율세금계산서 직접 교부	신고 (영세율)	신고 (영세율)	–	–
		경정청구 (영세율)	수정신고	–	–

서삼 46015－10401, 2003. 3. 8. ; 조심 2009중44, 2009. 4. 1. ; 기준－2016－법령해석부가－0257, 2016. 12. 6.

교부사유	수정T/I 발급 여부	신고 여부 공급자	신고 여부 공급받는 자	가산세 공급자	가산세 공급받는 자
(5) 과세표준 증감이 없는 필요적 기재사항의 착오(부가령 §70 5)	교부	신고	신고	–	–
		무신고	무신고		
	미교부	무신고	무신고	미교부	불공제
(6) 착오 외의 사유로 인한 필요적 기재사항 오류(부가령 §70 6)	교부	신고	신고	–	–
		무신고	무신고		
	미교부	무신고	무신고	미교부	불공제

1) 착오기재로서 나머지 기재사항 등에 의하여 그 거래사실이 인정되는 경우 세금계산서불성실가산세가 배제되고 매입세액은 공제됨.
2) 수정세금계산서를 발급하지 아니한 경우 당초 세금계산서는 사실과 다른 세금계산서로서 그에 따른 가산세가 적용됨.

(9) 과세기간을 달리하여 신고한 경우 가산세(세금계산서)

1) (매출)세금계산서 착오 교부(제출)

세금계산서 교부	실제 공급시기	신고 시기	과세 기간	가산세	관련 사례
세금계산서 정상 교부	1기	2기	1기	-매출누락 경정 -합계표, 신고·납부[1]	부가 46015-1187, '98.5.29. 부가 46015-2894, '99.9.20. 국심 2005서1085, '06.4.13.
			2기	-매출감액 결정 -가산세 미적용	
	2기	1기	1기	-매출감액 결정 -가산세 미적용	
			2기	-매출누락, 신고 -납부*	
세금계산서 지연(선) 교부	1기	2기 (지연교부)	1기	-매출누락, 신고·납부[1] -미교부	전자세원-391, '11.7.22. 서면3팀-1982, '04.9.24. 국심 2005서1085, '06.4.13. 서면3팀-1239, '07.4.26.
			2기	-매출감액	
	2기 (미교부)	1기 (선교부)	1기	-매출감액 -세금계산서 불명가산세[2]	
			2기	-매출누락, 신고 -미교부[2]	

1) 2012. 1. 1. 이후 속하는 과세기간 분부터 과세기간을 잘못하여 납부한 경우 실제 납부한 금액 범위 내에서 당초 신고·납부하였을 과세기간분 세액을 자진납부한 것으로 본다.
2) 2기에 미교부가산세를 부과하고 1기분 세금계산서 불명가산세(1%)는 취소하는 것임(서면-2016-법령해석부가-5066, 2017. 4. 20.).

2) (매입)세금계산서 착오 제출

세금계산서 수취	실제 공급시기	공제시기	과세 기간	가산세	관련 사례
정상 수취	1기	2기	1기	-경정청구	서면3팀-1914, '05.11.1. 국심 2004부1336, '04.7.23. 서면3팀-1464, '05.9.6.
			2기	-불공제 -합계표,[2] 신고·납부[1]	
	2기	1기	1기	-불공제 -합계표,[2] 신고·납부	서면3팀-174, '05.2.3. 부가 46015-2276, '97.10.2. 국심 2004서3071, '05.2.2.
			2기	-경정청구	

1) 2012. 1. 1. 이후 속하는 과세기간 분부터 과세기간을 잘못하여 납부한 경우 실제 납부한 금액 범위 내에서 당초 신고·납부하였을 과세기간분 세액을 자진납부한 것으로 본다.

2) 필기체는 당기 공제분을 수정신고 자납한 경우 착오에 해당되어 가산세부과대상이 아니라는 심판례가 있다(국심 2004서3071, 2005. 2. 28.).

(10) 비과세거래에 대해 발급한 세금계산서에 대한 처벌

부가가치세 과세대상 거래가 아닌 거래(비과세, 면세거래, 공동비용의 정산금 등)임에도 불구하고 사업자가 착오 또는 무지로 (세금)계산서를 수수하였다면 이는 부가가치세 거래징수 및 세금계산서 발급의무, 매출(매입)처별세금계산서합계표 제출에 대한 의무가 당연히 면제된다(재소비-139, 2005. 9. 5. ; 재부가-546, 2007. 7. 18.). 또한 부가법 제32조의 세금계산서에 해당하지 아니하고, 부가법 제60조 제3항 제1호의 가공세금계산서에 해당하지 아니하므로 세금계산서 또는 세금계산서합계표가산세를 적용할 수 없다는 것이 국세청, 기재부, 조세심판원의 일관된 해석(결정)이다(감심 2011-23, 2011. 2. 10. ; 조심 2009중3805, 2010. 11. 16. ; 부가가치세과-698, 2014. 8. 12. ; 부가가치세과-678, 2009. 5. 14. ; 국심 2002부1600, 2003. 1. 21.).

아울러 위와 같이 비과세 등의 거래를 매개로 조세탈루나 고의가 없는 착오에 의한 세금계산서의 발급이나 수취에 대하여 「조세범처벌법」 제10조 제3항 제1호에 따라 조세범처벌법에 의한 처벌대상도 되지 아니한다(법규과-356, 2014. 4. 11.).

V 자료상과 가산세

(1) 자료상에 대한 가산세 부과

재화 또는 용역의 공급없이 세금계산서를 사고파는 사업자가 아닌 자를 규제하기 위하여 2011. 1. 1. 이후 사업자가 아닌 자가 재화 또는 용역을 공급하지 아니하고 세금계산서를 발급하거나 재화 또는 용역을 공급받지 아니하고 세금계산서를 발급받으면 사업자로 보고 그 세금계산서에 적힌 공급가액의 3%(2017. 12. 31. 공급분까지는 2%)를 그 세금계산서를 발급하거나 발급받은 자에게 사업자등록증을 발급한 세무서장이 가산세로 징수한다. 이 경우 부가법 제37조 제2항에 따른 납부세액은 "0"으로 본다(부가법 §60 ④).

1) 전부 자료상이 발급한 세금계산서에 대한 가산세(종전)

종전에는 사업자로 등록한 사업자가 재화 또는 용역을 공급함이 없이 가공세금계산서만을 수수하는 전부 자료상에 해당하는 경우에는 부가가치세법상 사업자에 해당하지 아니하므로 가산세를 부과하지 아니하고 「조세범처벌법」 제10조 제3항에 따라 처벌하였다(서면3팀-971, 2006. 5. 25.).

2) 부분 자료상이 발급한 세금계산서에 대한 가산세

재화 또는 용역을 공급하는 사업자가 해당 과세기간 중 실지거래분과 재화 또는 용역의 공급없이 가공으로 세금계산서를 발급하여 부분 자료상에 해당되는 경우 해당 가공세금계산서에 의하여 매출처별세금계산서합계표를 작성하여 부가가치세신고를 한 때에는 가공세금계산서 발급가산세가 부과되며, 그 거래상대방은 매입세액의 불공제는 물론 가공세금계산서 수취에 따른 가산세, 과소신고가산세, 납부·환급불성실가산세가 각각 적용된다.

(2) 자료상의 의의

자료상이란 부가가치세법에 의한 재화 또는 용역을 공급함이 없이 (세금)계산서를 발급하거나 매출처별(세금)계산서합계표를 정부에 제출한 자 중 「조세범처벌법」 제10조 제3항 및 국세청 내부 지침상의 "자료상 판정기준"에 해당하는 자로서 지방국세청장 또는 세무서장이 자료상으로 확정한 자를 말한다. 자료상은 부가세제의 근간인 세금계산서제도를 무력화시킬 뿐만 아니라 상대방의 부가세, 소득세, 법인세 등의 조세를 포탈하게 하는 범칙행위자이다.

① 재화 또는 용역의 공급없이 세금계산서를 전액 발급한 자
② 재화 또는 용역의 공급없는 세금계산서 발급일이 속하는 과세기간의 매출세금계산서 총 발급금액 대비 재화 또는 용역의 공급없는 세금계산서 발급금액 비율이 일정비율 이상인 자

(3) 자료상 확정자료에 대한 입증책임의 소재

세금계산서가 사실과 다른 허위의 것이라는 점에 대한 입증책임은 원칙적으로 과세관청에게 있는 것이므로 과세관청은 이에 관하여 직접 증거 또는 제반 정황을 토대로 그 세금계산서가 실물거래를 동반하지 아니한 것이라는 등의 허위성에 관한 입증을 하여야

할 것이나, 과세관청이 합리적으로 수긍할 수 있을 정도로 이 점에 관한 상당한 정도의 입증을 한 경우라면 그 세금계산서가 허위가 아니라고 주장하면서 과세관청 처분의 위법성을 다투는 납세의무자가 관련된 증빙과 자료를 제시하기가 용이한 지위에 있음을 감안해 볼 때 자신의 주장에 부합하는 입증을 할 필요가 있다. 따라서 거래처가 실물거래를 하지 않은 자료상인 경우 세금계산서가 허위라는 점에 대하여는 상당한 정도로 입증된 것이어서 실제 매입하였다는 주장에 대한 입증은 납세자에게 있으므로 납세자의 객관적인 증빙의 제시가 없는 때에는 이를 가공매입으로 판단할 수 있을 것이다(대법원 2008두9867, 2008. 8. 21.).

(4) 자료상혐의자료라는 사실만으로 가공세금계산서로 볼 수 있는지 여부

세금계산서가 실물거래없이 허위로 작성되었다는 점이 과세관청에 의해 상당한 정도로 증명되어 그것이 실지비용인지 여부가 다투어지고 납세의무자가 주장하는 비용의 용도와 그 지급의 상대방이 허위임이 상당한 정도로 증명된 경우와 같은 특별한 사정이 있는 때에 한하여 예외적으로 그러한 비용이 실제로 지출되었다는 점에 관하여 장부와 증빙 등 자료를 제시하기가 용이한 납세의무자가 이를 증명할 필요가 있는 것이므로 거래처가 전부 자료상이 아니고 단지 자료상으로 고발되었다는 이유만으로는 가공의 세금계산서라고 단정할 수 없고, 또한 단순한 자료상혐의자료로 자료파생된 것에 불과하다면 과세관청이 직접증거 또는 제반정황을 토대로 그 세금계산서가 실물거래를 동반하지 아니한 것이라는 등의 허위성에 관한 입증을 하여야 한다(대법원 2008두8284, 2008. 9. 25. ; 서울행정법원 2007구합31904, 2008. 3. 20. ; 대법원 2005두16406, 2006. 4. 14. ; 서울행정법원 2007구합34750, 2008. 1. 23.).

(5) 자료상이 납부한 부가가치세의 환급

국세청은 부가가치세가 과세되는 재화 또는 용역을 공급함이 없이 세금계산서만을 가공으로 발급하는 자료상행위자가 가공세금계산서에 의하여 신고·납부한 부가가치세에 대하여 자료상의 규제 차원에서 이를 환급하지 않았으나(서면3팀-1497, 2007. 5. 16.), 조세심판원은 국세청 내부예규에 따라 환급을 거부한 처분은 조세법에 근거를 두고 있지 아니하므로 조세법률주의에 위배되는 적법하지 아니한 처분이며, 또한 국세청 예규는 오납액, 초과납부액 또는 환급세액을 국세환급금으로 결정하여 결정일부터 30일 내에 환급하도록 규정하고 있는 「국세기본법」 제51조의 규정을 위반한 해석이어서 과세관청이 부가가치세를 환급하지 아니한 것은 적법하지 않다고 판단하였다(국심 2001구443, 2001. 8.

29. : 국심 2003서1502, 2003. 8. 20. : 조심 2013중0886, 2013. 6. 19.).

이후 기획재정부가 동 환급세액은 부가령 제106조에 따라 환급하는 것이라고 회신하며 그간의 논란을 종식시켰고(기재부 부가-378, 2017. 7. 26.), 국세청도 입장을 변경하였다(사전-2016-법령해석부가-0260, 2017. 7. 27.).

그 밖에 자료상조사 결과 일부 가공세금계산서에 대하여 부분자료상으로 확정된 경우 매출 감액으로 발생하는 환급세액은 사업자에게 환급하는 것이 타당하며, 대법원도 자료상(부분 자료상 포함)이 납부한 부가가치세에 대하여 환급하여야 한다는 판결이 있었다(국세청 과세자문, 대법원 2008두5674, 2008. 6. 12.).

(6) 자료상의 가공세금계산서 수수료의 소득세 여부

가공세금계산서를 발급하고 수수료를 수취하고자 자료상을 만든 자가 가공세금계산서를 발급하고 수수료는 재화 또는 용역의 공급대가가 아니므로 부가가치세의 과세대상은 아니지만 소득세의 계산에 있어서는 수수료 취득을 목적으로 계속적이고 반복적으로 그러한 행위를 계속한 경우에는 사업소득으로 일시적 또는 우발적이었다면 사례금으로 기타소득으로 봄이 타당하다. 또한, 법인의 부가가치세 신고업무 등을 담당하던 직원이 회사와 관계없이 가공세금계산서를 발급하고 그에 따른 수수료를 수취한 경우 알선 및 배임에 관한 수수료로서 기타소득에 해당된다(대법원 2011두13163, 2011. 9. 8.).

(7) 자료상이 받는 수수료에 대한 부가가치세 과세

부가가치세 과세대상은 재화 또는 용역의 공급이고 용역이란 재화 외의 재산가치가 있는 모든 역무 및 그 밖의 행위를 말한다. 여기서 재산가치란 화폐가치로 측정할 수 있는 경제적 교환가치로서 현실적 이용성과 환가성이 있어야 한다. 재화나 용역의 공급없이 발행된 가공세금계산서는 불법적으로 세금을 탈루하기 위한 수단으로 활용되는 것일뿐 현실적인 이용성과 환가성이 있는 재화는 아니다. 따라서 자료상이 가공세금계산서를 받고 수수료는 부가가치세 과세대상이 될 수 없고 소득세나 법인세는 과세될 수 있다.

VI 신용카드매출전표등 수령명세서 불성실가산세

(1) 신용카드 매출전표등 수령명세서 미제출가산세

사업자가 부가법 제46조 제3항에 따른 신용카드매출전표등을 발급받아 예정신고 또는 확정신고를 하는 때에 신용카드매출전표 등 수령명세서를 정부에 제출하여 매입세액 공제를 받지 아니하고 부가법 제57조에 따른 경정에 있어서 발급받는 신용카드매출전표등을 부가령 제108조 제4항에 따라 경정기관의 확인을 거쳐 경정기관에 제출함으로써 매입세액을 공제받으면 그 공급가액의 0.5%(2018. 12. 31.까지는 1%)를 납부세액에 더하거나 환급세액에서 뺀다(부가법 §60 ⑤ 1, 부가령 §108 ④).

신용카드매출전표등의 수령명세서 미제출가산세는 경정기관의 확인을 거쳐 정부에 제출함으로써 매입세액으로 공제되는 경우에 한하여 적용되는 것으로 발급받은 신용카드매출전표등을 지연제출하거나 「국세기본법」 제45조의2에 따른 경정 등의 청구와 함께 제출하여 매입세액으로 공제받는 경우에는 경정에 의한 매입세액공제가 아니므로 신용카드매출전표등 수령명세서미제출가산세를 적용하지 않는다.

(2) 신용카드매출전표등 수령명세서상 공급가액 과다기재 가산세

사업자가 매입세액을 공제받기 위하여 부가법 제46조 제3항 제1호에 따라 제출한 신용카드매출전표등 수령명세서에 공급가액을 과다하게 적은 경우에는 실제보다 과다하게 적은 공급가액(착오로 기재된 경우로서 신용카드매출전표등에 따라 거래사실이 확인되는 부분의 공급가액은 제외한다)의 0.5%를 가산세로 한다(부가법 §60 ⑤ 2).

※ 2022. 1. 1. 이후 거래분에 대하여 공제받는 분부터 적용한다.

Ⅶ 매출처별세금계산서합계표 불성실가산세

(1) 매출처별세금계산서합계표 미제출가산세

사업자가 부가법 제32조에 따라 세금계산서를 발급한 때에는 공급하는 사업자 등을 기재한 매출처별세금계산서합계표를 해당 예정신고 또는 확정신고와 함께 제출하여야 하며, 부가법 제48조 제1항 및 제4항에 따라 예정신고를 하는 사업자가 각 예정신고와 함께 매출처별세금계산서합계표를 제출하지 못한 경우에는 해당 예정신고기간이 속하는 과세기간의 확정신고와 함께 이를 제출할 수 있다.

사업자가 위와 같이 매출처별세금계산서합계표를 제출하지 아니한 경우에는 매출처별세금계산서합계표를 제출하지 아니한 부분에 대한 공급가액의 0.5%(2016. 12. 31. 이전 공급분은 1%)를 납부세액에 더하거나 환급세액에서 뺀다(부가법 §60 ⑥ 1).

이때 사업자가 매출처별세금계산서합계표를 다른 사업장 관할 세무서장에게 제출한 경우에는 매출처별세금계산서합계표를 제출한 것으로 보아 상기의 가산세가 적용되지 아니하나, 사업자가 각 신고기한 내에 부가가치세신고서를 제출하면서 매출처별세금계산서합계표를 제출하지 아니하고 수정신고기한 내에 제출하였더라도 매출처별세금계산서합계표 미제출가산세가 적용된다(부가통칙 60-108-3).

또한, 사업자가 세금계산서 발급 후 당초 공급가액에 추가 또는 차감되는 금액 발생 시 수정세금계산서를 발급해야 하며, 동 수정발급한 분에 대한 매출처별세금계산서합계표를 미제출한 때에도 동 가산세가 적용된다(부가통칙 60-108-2).

(2) 매출처별세금계산서합계표 기재불성실가산세

사업자가 부가법 제54조 제1항 및 제3항에 따라 제출한 매출처별세금계산서합계표의 기재사항 중 거래처별 등록번호 또는 공급가액의 전부 또는 일부가 적혀 있지 아니하거나 사실과 다르게 적혀 있는 경우에는 매출처별세금계산서합계표의 기재사항이 적혀 있지 아니하거나 사실과 다르게 적혀 있는 부분에 대한 공급가액의 0.5%(2016. 12. 31. 이전 공급분은 1%)를 곱한 금액을 납부세액에 더하거나 환급세액에서 뺀다(부가법 §60 ⑥ 2).

다만, 부가법 제54조 제1항에 따라 제출한 매출처별세금계산서합계표의 기재사항이 착오로 적힌 경우로서 사업자가 발급한 세금계산서에 따라 거래사실이 확인되는 부분의 공급가액에 대하여는 그러하지 아니하다(부가법 §60 ⑥ 단서).

⇒ 매출처별세금계산서합계표 기재불성실가산세 적용 시 거래처등록번호와 공급가액의 기재사항의 불성실기재만이 가산세 적용 여부의 판정대상이 된다.

(3) 매출처별세금계산서합계표 지연제출가산세

사업자는 부가법 제54조 제3항에 따라 예정신고를 할 때 제출하지 못하여 해당 예정신고기간이 속하는 과세기간에 확정신고를 할 때 매출처별세금계산서합계표를 제출하는 경우로서 위 "(2)"의 기재불성실가산세에 해당하지 아니하는 경우에는 그 공급가액의 0.3%(2016. 12. 31. 이전 공급분은 0.5%)를 매출처별세금계산서합계표 지연제출가산세로 부과한다(부가법 §60 ⑥ 3).

그러나 과세기간 최종 3개월에 발급한 세금계산서를 확정신고와 함께 제출하지 아니하고 다음 과세기간의 예정신고와 함께 제출하거나 수정신고와 함께 제출하는 경우에는 매출처별세금계산서합계표의 미제출로 인한 가산세가 부과되는 것이지 지연제출가산세가 부과되는 것은 아니다.

Ⅷ 매입처별세금계산서합계표 불성실가산세

(1) 개 요

사업자가 세금계산서를 발급받은 때에는 부가가치세신고 시 매입세액으로 공제하고 해당 세금계산서에 따라 매입처별세금계산서합계표에 기재하여 해당 예정신고 또는 확정신고와 함께 제출하여야 한다.

매입처별세금계산서합계표 불성실가산세는 ① 재화 또는 용역의 공급시기 후에 발급받은 세금계산서로서 해당 공급시기가 속하는 과세기간의 확정신고 다음 날부터 1년 이내에 발급받은 경우, ② 재화 또는 용역을 공급받을 때 세금계산서를 발급받은 사업자가 매입처별세금계산서합계표에 그 내용을 기재하지 아니하고 경정 시 발급받은 세금계산서를 경정기관의 확인을 받아 제출하여 매입세액이 공제되는 경우와 매입처별세금계산서합계표를 부실기재한 경우, ③ 제출한 매입처별세금계산서합계표상의 기재사항 중 사실과 다르게 과다하게 기재하여 신고한 공급가액에 대하여 과세하는 가산세로 구분되며, 해당 사유에 의한 매입처별세금계산서합계표 불성실가산세는 위 세금계산서에 의하여 공제받은 매입세액에 해당하는 공급가액 또는 제출한 매입처별세금계산서합계표의 기재사항 중 사실과 다르게 과다하게 기재하여 신고한 공급가액에 일정률의 가산세가 부과된다(부가법 §60 ⑦).

(2) 세금계산서 지연수취가산세

아래와 같이 부가령 제75조 제3호, 제7호 및 제8호에 따라 매입세액이 공제되는 경우에는 그 공급가액의 0.5%를 가산세로 한다(부가법 §60 ⑦ 1, 부가령 §108 ⑤).

① 재화 또는 용역의 공급시기 이후에 발급받은 세금계산서로서 해당 공급시기가 속하는 과세기간에 대한 확정신고기한까지 발급받은 경우(2016. 12. 31. 이전 공급분은 가산세 1%, 2016. 2. 17. 전 공급분은 공급시기가 속하는 과세기간에 발급받은 경우)

② 재화 또는 용역의 공급시기가 속하는 과세기간에 대한 확정신고기한이 지난 후 세금계산서를 발급받았더라도 그 세금계산서의 발급일이 확정신고기한 다음 날부터 1년(2022. 2. 15. 전에 공급한 분은 6개월) 이내에 발급한 경우

③ 재화 또는 용역의 공급시기 전에 세금계산서를 발급받았더라도 재화 또는 용역의 공급시기가 그 세금계산서의 발급일부터 6개월(2022. 2. 15. 이전은 30일) 이내에 도래하고 해당 거래사실이 확인되는 경우

(3) 매입처별세금계산서합계표 미제출 및 기재불성실가산세

1) 원칙

사업자가 부가법 제54조 제1항 및 제3항에 따른 매입처별세금계산서합계표를 제출하지 아니한 경우 또는 제출한 매입처별세금계산서합계표의 기재사항 중 거래처별 등록번호 또는 공급가액의 전부 또는 일부가 적혀 있지 아니하거나 사실과 다르게 적혀 있는 경우에는 매입처별세금계산서합계표에 따르지 아니하고 세금계산서 또는 수입세금계산서에 따라 공제받은 매입세액에 해당하는 공급가액의 0.5%(2016. 12. 31. 이전 공급분은 1%)를 납부세액에 더하거나 환급세액에서 뺀다(부가법 §60 ⑦ 2).

사업자는 발급받은 세금계산서에 대한 매입처별세금계산서합계표를 부가법 제54조에 따라 예정신고 또는 확정신고 시 제출하여야 한다. 매입처별세금계산서합계표를 제출하지 아니한 경우에는 매입세액으로 공제받지 않는 불이익을 받는 것으로 족하고 매입세액으로 공제받지 못한 세액에 가산세까지 부과하는 것은 아니다. 하지만 예정신고 또는

확정신고 시 매입처별세금계산서합계표를 제출하지 아니한 경우에도 다음의 경우에는 매입세액이 공제되고, 동 가산세도 부과하지 않는다(부가령 §108 ⑥, §74 1~3).

> ① 매입처별세금계산서합계표 및 신용카드매출전표등의 수령명세서를 「국세기본법 시행령」 제25조 제1항에 따라 과세표준수정신고서와 함께 제출하는 경우
> ② 매입처별세금계산서합계표 및 신용카드매출전표등의 수령명세서를 「국세기본법 시행령」 제25조의3에 따라 경정청구서와 함께 제출하여 제70조에 규정하는 경정기관이 경정하는 경우
> ③ 매입처별세금계산서합계표 및 신용카드매출전표등의 수령명세서를 「국세기본법 시행령」 제25조의4에 따른 기한후과세표준신고서와 함께 제출하여 관할 세무서장이 결정하는 경우

2) 기재불성실가산세 적용 예외

사업자가 제출한 매입처별세금계산서합계표의 기재사항이 착오로 적혀 있는 경우로서 발급받은 세금계산서에 의하여 거래사실이 확인되는 분의 공급가액에 대하여는 매입처별세금계산서합계표 기재불성실가산세를 적용하지 아니한다(부가법 §60 ⑦ 단서, 부가령 §74 4).

3) (감액수정)전자세금계산서를 수취 후 무신고하여 경정 시 매입처별세금계산서합계표 미제출가산세 적용 여부

재화 또는 용역을 공급받은 사업자가 공급가액이 감액 수정된 전자세금계산서를 수취하였으나 무신고하여 기한 후 신고 또는 과세관청의 경정이 있는 경우 해당 사업자는 당초 매입처별세금계산서합계표상의 공급가액을 과다하게 기재하여 제출한 경우에 해당하지 아니하고, 해당 전자세금계산서에 의하여 과세관청에서 매입세액을 공제해 준 경우도 아니어서 매입처별세금계산서합계표 불성실가산세 적용은 불가하다. 사업자 간에 정당하게 전자세금계산서를 발급하거나 수취한 경우 이에 대한 세금계산서합계표 제출의무가 없기 때문에 매입분 전자세금계산서를 세금계산서합계표에 기재누락하여 경정이나 수정신고를 통해 공제받는 경우에도 매입처별세금계산서합계표 불성실가산세 적용은 불가하다고 판단된다.

(4) 매입처별세금계산서합계표 공급가액 과다기재가산세

예정신고 또는 확정신고와 함께 제출한 매입처별세금계산서합계표의 기재사항 중 공급가액을 사실과 다르게 과다하게 적어 신고한 경우에는 제출한 매입처별세금계산서합

계표의 기재사항 중 사실과 다르게 과다하게 적어 신고한 공급가액의 0.5%(2016. 12. 31. 이전 공급분은 1%)를 가산세로 부과한다. 다만, 매입처별세금계산서합계표의 기재사항이 착오로 적혀 있는 경우로서 발급하거나 발급받은 세금계산서에 의하여 거래사실이 확인되는 분의 공급가액에 대하여는 그러하지 아니한다(부가법 §60 ⑦ 3, §74 4).

여기서 "사실과 다르게 적혀 있는 때"에는 거래처 사업자등록번호, 공급가액과 매입거래 취소분 수정세금계산서(△)를 신고누락한 경우를 포함하며, "매입처별세금계산서합계표의 기재사항 중 사실과 다르게 과다하게 기재하여 신고한"의 의미는 정상적으로 발급받은 세금계산서상의 공급가액을 매입처별세금계산서합계표에 과다하게 기재하거나 사업과 관련 없는 세금계산서를 발급받아 매입처별세금계산서합계표에 기재하여 매입세액을 공제받는 경우를 말한다(제도 46015-11611, 2001. 6. 20. ; 재부가-546, 2007. 7. 18.).

다만, 조세심판원에서는 사업과 직접 관련없는 지출에 대한 매입세액에 해당하는 세금계산서를 매입처별세금계산서합계표에 기재하여 신고한 경우 과소신고가산세 및 납부불성실가산세 적용은 당연하나 동 세금계산서합계표 제출의무 자체가 없음에도 착오기재하여 제출한 경우에 해당되므로 매입처별세금계산서합계표 불성실가산세 적용은 불가하다는 입장이다(국심 2005중1322, 2005. 11. 28.).

매입처별세금계산서합계표를 사실과 다르게 과다하게 기재하여 신고하여 매입처별합계표 불성실가산세가 적용되는 경우는 위장·가공거래세금계산서를 발급받아 이를 기재하거나 세금계산서 없이 기재한 경우에 적용하는 것이지(부가 46015-1505, 1997. 7. 3.), 정당하게 부가가치세를 거래징수 당하고 발급받은 세금계산서이나 그 매입세액이 등록전 매입세액, 비과세 또는 면세거래와 관련된 매입세액, 사업과 무관한 매입세액, 접대비나 토지 관련 매입세액으로 불공제되는 세금계산서를 매입처별세금계산서합계표에 기재한 경우까지 매입처별세금계산서합계표 불성실가산세를 부과하는 것이 아니라는 것이 조세심판원의 입장이다.

(5) 매입처별세금계산서합계표 미제출 시 보고불성실가산세 적용

부가가치세 과세사업자가 매입처별세금계산서합계표를 제출하지 아니하여 세금계산서합계표 불성실가산세가 적용되는 경우 보고불성실가산세가 적용되지 아니한다. 보고불성실가산세는 복식부기의무자(개인)인 면세사업자 또는 과세·면세겸영사업자가 면세사업과 관련하여 수취한 (세금)계산서를 사업장현황신고기한까지 제출하지 아니한 경우 적용되는 것이다(서면법규과-494, 2013. 4. 26.).

IX 현금매출명세서 등 불성실가산세

(1) 현금매출명세서 등의 제출

사업자가 현금매출명세서 또는 부동산임대공급가액명세서를 제출하지 아니하거나 제출한 수입금액(현금매출명세서의 경우 현금매출)이 사실과 다르게 적혀 있으면 제출하지 아니한 부분의 수입금액 또는 제출한 수입금액과 실제 수입금액과의 차액의 1%를 납부세액에 더하거나 환급세액에서 뺀다(부가법 §60 ⑧).

(2) 적용시기 및 가산세율[1)]

연도 / 업종	'07. 1. 1.~ '08. 12. 31.	'09. 1. 1.~ '10. 6. 30.	'10. 7. 1.~ '12. 6. 30.	'12. 7. 1.~
부동산업 중 부동산임대업		–	1/100	1/100
부동산업 중 부동산중개업		5/1,000	1/100	1/100
보건업 중 병원 · 의원		–	–	1/100
산후조리원[2)]		5/1,000	1/100	–
예식장업		5/1,000	1/100	1/100
전문, 과학, 기술서비스업[3)] (부가령 §109 ② 7)	5/1,000	5/1,000	1/100	1/100

1) 제출하지 아니하거나 제출한 수입금액이 사실과 다르게 기재된 경우에는 제출하지 아니한 수입금액 또는 제출한 수입금액과 실제 수입금액과의 차액에 대하여 위 가산세율 적용한다.
2) 산후조리원은 2012. 2. 2. 이후 공급분부터 부가가치세 면제대상으로 전환
3) 전문, 과학 기술서비스업은 변호사업, 심판변론인업, 변리사업, 법무사업, 공인회계사업, 세무사업, 경영지도사업, 기술지도사업, 감정평가사업, 손해사정인업, 통관업, 기술사업, 건축사업, 도선사업, 측량사업, 공인노무사업, 의사업, 한의사업, 약사업, 한약사업, 수의사업을 말함.
4) 부동산임대공급가액명세서의 임대사항, 임대면적, 임차인 인적사항 및 임대차계약내용을 사실과 다르게 기재한 경우 수입금액을 적지 아니하거나 사실과 다르게 적은 수입금액만을 기준으로 가산세를 부과함(부가-998, 2013. 10. 24.).

(3) 현금매출명세서 등의 제출대상 사업자

현금매출명세서 등의 제출대상 사업자의 범위는 “제5장 제1절 예정신고와 납부” 편을 참조한다.

가산세 중복적용배제, 가산세 감면, 한도

1 | 가산세 중복적용 배제

(1) 세금계산서불명가산세 및 전자세금계산서전송 관련 가산세 중복 배제

세금계산서지연발급·미발급가산세가 부과되는 부분에 대해서는 전자세금계산서발급명세 지연전송가산세, 전자세금계산서발급명세 미전송가산세, 세금계산서기재불성실가산세를 부과하지 아니하며, 세금계산서기재불성실가산세가 적용되는 부분에 대하여는 전자세금계산서발급명세 지연전송가산세, 전자세금계산서발급명세 미전송가산세를 부과하지 아니한다(부가법 §60 ②).

(2) 사업자등록 관련 가산세가 적용되는 경우

부가법 제60조 제1항에 따른 미등록가산세 또는 허위등록가산세가 적용되는 부분에 대해서는 부가법 제60조 제2항에 따른 세금계산서발급 및 전송불성실가산세(세금계산서지연발급·기재불성실, 발급명세서 지연전송 및 미전송에 따른 가산세를 말하며, 세금계산서 미발급가산세와 중복되는 경우에는 세금계산서 미발급가산세만 적용한다)와 부가법 제60조 제5항에 따른 경정 등에 따라 공제되는 신용카드수취 매입세액공제에 따른 가산세, 부가법 제60조 제6항에 따른 매출처별세금계산서합계표불성실가산세를 적용하지 아니한다(부가법 §60 ⑨ 1).

(3) 세금계산서등 불성실가산세가 적용되는 경우

부가법 제60조 제2항의 세금계산서등 불성실가산세(세금계산서 미발급가산세를 제외한다) 관련 가산세가 적용되는 경우 부가법 제60조 제6항의 매출처별세금계산서합계표

불성실가산세를 적용하지 아니한다(부가법 §60 ⑨ 2).

(4) 세금계산서 (미발급)부정발급 및 부정수수가산세가 적용되는 경우

공급가액에 2%를 곱한 금액을 가산세로 부과하는 세금계산서 미발급가산세, 세금계산서 부정수수 가산세가 적용되는 부분은 부가법 제60조 제1항에 따른 미등록가산세 또는 허위등록가산세, 부가법 제60조 제6항에 따른 매출처별세금계산서합계표불성실가산세, 부가법 제60조 제7항에 따른 매입처별세금계산서합계표불성실가산세를 적용하지 아니한다(부가법 §60 ⑨ 3).

(5) 세금계산서등 위장발급가산세와 미발급가산세가 적용되는 경우

세금계산서등 위장발급가산세가 적용되는 경우에는 세금계산서등미발급가산세를 적용하지 아니한다(부가법 §60 ⑨ 4).

(6) 공급가액 과다기재가산세와 미발급가산세가 적용되는 경우

부가법 제60조 제3항 제5호의 공급가액 과다기재 세금계산서 발급가산세(2%)가 적용되는 부분에 대하여는 부가법 제60조 제2항 제5호 본문의 세금계산서기재불성실가산세를 적용하지 아니한다(부가법 §60 ⑨ 5).

(7) 현금영수증 발급불성실가산세가 적용되는 경우

2019. 1. 1. 이후부터는 「법인세법」 제75조의6 제2항 제3호 또는 「소득세법」 제81조의9 제2항 제3호에 따라 현금영수증미발급가산세를 적용받는 부분은 부가법 제60조 제2항 제2호의 세금계산서미발급가산세 및 부가법 제60조 제6항 제2호의 매출처별세금계산서합계표불성실가산세를 적용하지 아니한다(부가법 §60 ⑩).

| 가산세 중복적용 배제 요약표 |

적용되는 가산세	중복적용 배제되는 가산세
① 미등록·허위등록가산세(1%) - 부가법 §60 ①	㉠ 세금계산서불성실가산세 중 지연발급·기재불성실가산세, 전자세금계산서발급명세서 지연(미)전송가산세 ㉡ 신용카드매출전표등불성실가산세(0.5%) ㉢ 매출처별세금계산서합계표불성실가산세(0.5%, 0.3%)
② 전자세금계산서발급명세서 지연(미)전송가산세(0.3, 0.5%) - 부가법 §60 ② 3, 4	매출처별세금계산서합계표불성실가산세(0.5%, 0.3%)
③ 세금계산서 부정수수가산세(2, 3%) - 위장수취, 가공수수, 과다기재 수취 - 부가법 §60 ② 2, ③	㉠ 미등록·허위등록가산세(1%) ㉡ 매출처별세금계산서합계표불성실가산세(0.5%, 0.3%) ㉢ 매입처별세금계산서합계표불성실가산세(0.5%)
④ 위장교부가산세(2%) - 부가법 §60 ③ 3	㉠ 미등록·허위등록가산세(1%) ㉡ 매출처별세금계산서합계표불성실가산세(0.5%, 0.3%) ㉢ 세금계산서미교부가산세(2%)
⑤ 세금계산서과다기재 발급 - 부가법 §60 ③ 5	㉠ 미등록·허위등록가산세(1%) ㉡ 세금계산서 기재불성실가산세(1%) ㉢ 매출처별세금계산서합계표불성실가산세(0.5%, 0.3%)
⑥ 세금계산서지연발급 - 부가법 §60 ②	㉠ 전자세금계산서발급명세 지연(미)전송가산세(0.3%, 0.5%) ㉡ 세금계산서 기재불성실가산세(1%)
⑦ 세금계산서미발급가산세 - 부가법 §60 ②	㉠ 미등록·허위등록가산세(1%) ㉡ 세금계산서 기재불성실가산세 등(1%) ㉢ 전자세금계산서발급명세 지연(미)전송가산세(0.3%, 0.5%)
⑧ 세금계산서기재불성실가산세 - 부가법 §60 ②	㉠ 전자세금계산서발급명세 지연(미)전송가산세(0.3%, 0.5%) ㉡ 매출처별세금계산서합계표불성실가산세(0.5%, 0.3%)
⑨ 현금영수증 미발급가산세(20%)	㉠ 세금계산서 미발급가산세 ㉡ 매출처별세금계산서합계표불성실가산세

※ 근거 : 부가법 §60 ②, ⑨, ⑩

2 | 가산세의 면제와 감면

(1) 가산세 부과 배제(면제)

가산세를 부과하는 것은 세법상 의무의 적정한 이행을 목적으로 하므로 납세자의 의무위반이 부득이한 경우까지 가산세를 부과할 수 없으므로 「국세기본법」은 가산세의 감면 규정을 별도로 두고 있으며, 정부는 「국세기본법」 또는 세법에 따라 가산세를 부과하는 경우 그 부과의 원인이 되는 사유가 「국세기본법」 제6조에 규정하는 기한연장 사유에 해당하거나 납세자가 의무를 이행하지 아니한 데 대한 정당한 사유 등이 있을 때는 해당 가산세를 부과하지 아니한다(국기법 §48 ①, 국기령 §28).

1) 기한연장 사유에 해당하는 경우 가산세 배제

국기법 제6조 및 동 시행령 제2조에서 천재지변 등 아래의 기한연장 사유로 국기법 또는 세법에서 규정하는 신고, 신청, 청구, 그 밖에 서류의 제출 또는 통지를 정하여진 기한까지 할 수 없다고 인정하는 경우나 납세자가 기한연장을 신청한 경우에는 그 기한을 연장할 수 있다.

① 납세자가 화재, 전화, 그 밖의 재해를 입거나 도난을 당한 경우

② 납세자 또는 그 동거가족이 질병이나 중상해로 6개월 이상의 치료가 필요하거나 사망하여 상중(喪中)인 경우

③ 정전, 프로그램의 오류나 그 밖의 부득이한 사유로 한국은행(그 대리점을 포함한다) 및 체신관서의 정보통신망의 정상적인 가동이 불가능한 경우

④ 금융회사 등(한국은행 국고대리점 및 국고수납대리점인 금융회사 등만 해당한다) 또는 체신관서의 휴무나 그 밖의 부득이한 사유로 정상적인 세금납부가 곤란하다고 국세청장이 인정하는 경우

⑤ 권한 있는 기관에 장부나 서류가 압수 또는 영치된 경우

⑥ 「세무사법」 제2조 제3호에 따라 납세자의 장부 작성을 대행하는 세무사(같은 법 제16조의4에 따라 등록한 세무법인을 포함한다) 또는 같은 법 제20조의2에 따른 공인회계사(「공인회계사법」 제24조에 따라 등록한 회계법인을 포함한다)가 화재, 전화, 그 밖의 재해를 입거나 도난을 당한 경우

⑦ 그 밖에 위 "①", "②" 또는 "⑤"에 준하는 사유가 있는 경우

또한, 감면사유가 집단적으로 발생한 경우에는 납세자의 신청이 없는 경우에도 세무서장이 조사하여 직권으로 가산세를 감면할 수 있다(국기통칙 48-0-4).

2) 정당한 사유에 의한 가산세 감면

① 의의

가산세는 일종의 행정벌적인 성격을 가지는 제제이므로 그 의무를 해태함에 있어 정당한 사유가 있는 경우에는 가산세를 부과할 수 없다.

여기서 정당한 사유란 착오를 바탕으로 둔 것이라 볼 수 있으며 신의성실의 원칙상 과세관청의 해석이나 관행이 납세자에게 받아들여진 후 동 납세의무의 이행 위반이 납세자에게 귀책이 없는 경우에 가산세를 부과할 수 없다.

조세심판원은 가산세를 부과하지 아니하는 '정당한 사유'는 일종의 불확정 개념으로서 매우 추상적임에도 세법상 그 의미가 명확하게 제시되어 있지 아니하므로 그것이 존재하는지 여부는 결국 납세자가 의무를 불이행하게 된 경위 등 각 사안의 구체적 사실관계에 따라 개별적으로 판단할 수밖에 없다고 결정한 바 있다(조심-2021-구-4913, 2022. 9. 28.).

그간 대법원 판례에 의해 가산세가 부과되지 아니하는 정당한 사유를 「국세기본법」에 법제화함으로써 가산세 감면의 법적근거를 마련하여 2007. 2. 28. 이후 가산세감면신청서를 제출하는 분부터 적용하도록 하였다.

② '정당한 사유'의 주장 및 입증책임

가산세를 면제하는 '정당한 사유'란 결국 조세법상 협력의무를 불이행 또는 해태한 것에 불가피한 사정이 있어서 결과적으로 그 의무해태자에게 가산세를 부과하는 것이 가혹하게 되는 사정이 있을 것을 의미하는 것으로서 그에 대한 주장 또는 입증책임은 납세자가 부담한다.

③ 법률의 부지 내지 착오에 의한 경우

세법 해석상 견해의 대립 등이 있다고 할 수 없음에도 납세의무자가 자기 나름의 해석에 의하여 납세 등의 의무가 면제된다고 잘못 판단한 경우 단순한 법령의 부지, 착오 또는 오해에 불과하여 그 의무를 탓할 수 없는 정당한 사유에 해당하지 아니한다(대법원 2011두1776, 2013. 6. 27.).

3) 적절한 시행시기를 두지 아니한 경우 가산세 감면

세법상 의무의 전제가 되는 개념을 규정한 법령이나 고시 등이 개정되면서 유예기간을 설정하지 않은 채 시행됨으로 인하여 납세의무자가 개정된 법령이나 고시에 따라 변경된 세법상 의무이행을 지체한 경우, 가산세 면제와 관련한 "정당한 사유" 내지 조세범처벌법상 고의가 아니라는 유권해석, 심판례, 논문 등은 보이지 않는다.

다만, 법령의 개정에 있어서 구 법령의 존속에 대한 당사자의 신뢰가 합리적이고도 정당하며, 법령의 개정으로 야기되는 당사자의 손해가 극심하여 새로운 법령으로 달성하고자 하는 공익적 목적이 그러한 신뢰의 파괴를 정당화할 수 없다면, 입법자는 경과규정을 두는 등 당사자의 신뢰를 보호할 적절한 조치를 하여야 하며, 이와 같은 적절한 조치 없이 새 법령을 그대로 시행하거나 적용하는 것은 허용될 수 없는 바, 이는 헌법의 기본원리인 법치주의 원리에서 도출되는 신뢰보호의 원칙에 위배되기 때문이다. 이러한 신뢰보호 원칙의 위배 여부를 판단하기 위해서는 한편으로는 침해받은 이익의 보호가치, 침해의 중한 정도, 신뢰가 손상된 정도, 신뢰침해의 방법 등과 다른 한편으로는 새 법령을 통해 실현하고자 하는 공익적 목적을 종합적으로 비교·형량하여야 한다고 판시하였다(대법원 2003두12899, 2006. 11. 16.).

따라서 법규명령의 시행에 앞서 충분한 기간을 부여하지 아니한 경우 신뢰보호의 원칙에 위배되어 법규명령이 위헌이 될 수 있다. 특히 부가가치세의 경우 공급시기에 거래징수를 하지 아니하면 공급시기가 경되된 후에 부가가치세를 징수하기 어렵다는 점에서 입법자는 더욱 신중하여야 한다.

4) 그 밖의 가산세 감면 사유 예시

위 "1)"과 "2)" 외에도 아래의 사유에 해당하는 경우 2019. 2. 12. 이후 가산세의 감면 등을 신청하는 분부터 가산세를 감면한다(국기법 §48 ① 3, 국기령 §28 ①).

① 세법해석에 관한 질의·회신 등에 따라 신고·납부하였으나 이후 다른 과세처분을 하는 경우

- 가산세 면제 여부에 대한 납세자 예측 가능성 제고하기 위하여 국세청이 기존 해석과 다른 견해로 과세하면서 가산세까지 부과하는 관행을 막고자 기획재정부가 국세청 반대입장에 불구하고 해당 해석에 대한 질의당사자가 아닌 경우에도 동일한 사실관계 하에서 유권해석을 믿고 세무처리한 납세자를 보호하기 위한 취지의 신설규정이다.

② 공익사업법에 따른 토지등의 수용 또는 사용, 「국토의 계획 및 이용에 관한 법률」에 따른 도시·군계획 또는 그 밖의 법령 등으로 인해 세법상 의무를 이행할 수 없게 된 경우

③ 소득령 제118조의5 제1항에 따라 실손의료보험금(같은 영 제216조의3 제7항 각호

의 어느 하나에 해당하는 자로부터 지급받은 것을 말한다)을 의료비에서 제외할 때에 실손의료보험금 지급의 원인이 되는 의료비를 지출한 과세기간과 해당 보험금을 지급받은 과세기간이 달라 해당 보험금을 지급받은 후 의료비를 지출한 과세기간에 대한 소득세를 수정신고하는 경우(해당 보험금을 지급받은 과세기간에 대한 종합소득 과세표준 확정신고기한까지 수정신고하는 경우로 한정한다)

※ 위 "①"의 기존해석과 다른 과세처분을 하는 경우란 해당 세법해석질의자뿐만 아니라 동일한 사실관계에 있는 다른 납세자도 동 해석을 믿고 그에 따른 세무처리를 한 경우까지 포함한다는 것이 기재부 의견이다.

5) 감면절차

① 감면신청

가산세의 감면 등을 받으려는 자는 감면받고자 하는 가산세에 관계되는 국세의 세목 및 부과연도와 가산세의 종류, 해당 의무를 이행할 수 없었던 사유를 기재한 감면신청서를 관할 세무서장(세관장, 지방자치단체장 포함)에게 제출하여야 한다. 이 경우 해당 의무를 이행할 수 없었던 사유를 증명할 수 있는 문건이 있는 때에는 이를 첨부하여야 한다(국기법 §48 ③, 국기령 §28 ②·③). 다만, 납세자가 감면 등의 신청을 하지 않은 경우에도 감면 등의 사유에 해당하는 경우 가산세를 면제·감면한다.

② 승인통지

가산세 감면신청서를 받은 관할 세무서장 등은 그 승인 여부를 통지하여야 한다(국기령 §28 ④).

③ 직권에 의한 가산세 감면

천재, 지변 등의 그 밖의 사유나 정당한 사유가 집단적으로 발생한 경우에는 「국세기본법」 제48조 제1항(가산세의 감면 등)에서 규정하는 가산세의 감면은 납세자의 신청이 없다 하더라도 세무서장이 조사하여 직권으로 가산세를 감면할 수 있다.

④ 감면사유의 발생시기

가산세 감면사유의 발생시기는 가산세의 부과원인이 되는 기한, 즉 세법의 규정에 의한 의무의 이행기간 내에 면제 또는 감면 사유가 발생한 경우에 한하여 가산세가 감면된다.

⑤ 가산세 감면 배제

조세포탈을 위한 증거인멸목적 또는 납세자의 고의적 행동에 의하여 감면사유가 발생한 경우에는 「국세기본법」 제48조(가산세의 감면 등)의 규정을 적용하지 아니한다(국기통칙 48-0-3).

(2) 수정신고 등에 따른 가산세 감면

1) 수정신고 시 가산세 감면

과세표준신고서를 법정신고기한까지 제출한 자가 법정신고기한이 지난 후 「국세기본법」 제45조에 따라 수정신고한 경우 당초의 과소신고로 인하여 부과하여야 할 과소신고·초과환급신고가산세를 다음과 같이 감면한다(다만, 과세표준과 세액을 경정할 것을 미리 알고 과세표준수정신고서를 제출한 경우는 제외한다)(국기법 §48 ② 1).

종전(2019. 12. 31.)	현행(2020. 1. 1. 이후)
① 법정신고기한이 지난 후 6개월 이내에 수정신고한 경우: 해당 가산세액의 100분의 50에 상당하는 금액	① 법정신고기한이 지난 후 1개월 이내에 수정신고한 경우: 해당 가산세액의 100분의 90에 상당하는 금액
② 법정신고기한이 지난 후 6개월 초과 1년 이내에 수정신고한 경우: 해당 가산세액의 100분의 20에 상당하는 금액	② 법정신고기한이 지난 후 1개월 초과 3개월 이내에 수정신고한 경우: 해당 가산세액의 100분의 75에 상당하는 금액
③ 법정신고기한이 지난 후 1년 초과 2년 이내에 수정신고한 경우: 해당 가산세액의 100분의 10에 상당하는 금액	③ 법정신고기한이 지난 후 3개월 초과 6개월 이내에 수정신고한 경우: 해당 가산세액의 100분의 50에 상당하는 금액
	④ 법정신고기한이 지난 후 6개월 초과 1년 이내에 수정신고한 경우: 해당 가산세액의 100분의 30에 상당하는 금액
	⑤ 법정신고기한이 지난 후 1년 초과 1년 6개월 이내에 수정신고한 경우: 해당 가산세액의 100분의 20에 상당하는 금액
	⑥ 법정신고기한이 지난 후 1년 6개월 초과 2년 이내에 수정신고한 경우: 해당 가산세액의 100분의 10에 상당하는 금액

※ 법정신고기한은 부가가치세 확정신고기한을 의미하며, 영세율 과세표준신고 불성실가산세를 포함하고, 수정신고 접수 후 무납부한 경우에도 적용된다.

2) 기한 후 신고 시 가산세 감면

과세표준신고서를 법정신고기한까지 제출하지 아니한 자가 법정신고기한이 지난 후 기한 후 신고를 한 경우(국기법 제47조의2에 따른 무신고가산세만 해당하며, 과세표준과 세액을 결정할 것을 미리 알고 기한후과세표준신고서를 제출한 경우는 제외한다)에는 다음의 금액에 해당하는 가산세를 감면한다(국기법 §48 ② 2).

㉠ 법정신고기한이 지난 후 1개월 이내에 기한 후 신고를 한 경우: 해당 가산세액의 100분의 50에 상당하는 금액

㉡ 법정신고기한이 지난 후 1개월 초과 3개월 이내에 기한 후 신고를 한 경우: 해당 가산세액의 100분의 30에 상당하는 금액

㉢ 법정신고기한이 지난 후 3개월 초과 6개월 이내에 기한 후 신고를 한 경우: 해당 가산세액의 100분의 20에 상당하는 금액

3) 과세전적부심사 관련 가산세 감면

「국세기본법」 제81조의15에 따른 과세전적부심사 결정・통지기간에 그 결과를 통지하지 아니한 경우[결정・통지가 지연됨으로써 해당 기간에 부과되는 국기법 제47조의4에 따른 가산세(납부지연)만 해당한다]에는 해당 가산세액의 100분의 50에 상당하는 금액을 감면한다(국기법 §48 ② 3 가).

4) 제출 등 협력의무 지연에 따른 가산세 감면

세법에 따른 제출, 신고, 가입, 등록, 개설의 기한이 지난 후 1개월 이내에 해당 세법에 따른 제출 등의 의무를 이행하는 경우(제출 등의 의무위반에 대하여 세법에 따라 부과되는 가산세만 해당한다)에는 해당 가산세액의 100분의 50에 상당하는 금액을 감면한다(국기법 §48 ② 3 나).

※ 예정분 매출세금계산서를 예정신고기한 종료 후 1개월 이내에 제출하는 경우 매출세금계산서합계표미제출가산세의 50% 감면함(징세과-13, 2010. 1. 8.).

5) 예정신고분을 확정신고기한까지 수정신고하는 경우

부가법에 따른 예정신고기한까지 예정신고를 하였으나 매출세액을 과소신고하거나 초과환급신고한 경우로서 확정신고기한까지 과세표준을 수정하여 신고하는 경우(해당 기간에 부과되는 과소신고・초과환급신고가산세만 해당하며, 과세표준과 세액을 경정할 것을 미리 알고 과세표준신고를 하는 경우는 제외한다)로서 예정신고 후 1개월 이내

에 예정분에 대한 수정신고를 하는 경우에는 90%를 감면하고, 1개월 초과한 경우 75%를 감면한다(국기법 §48 ② 3 가 및 다 ; 기준-2021-법령해석기본-0161, 2021. 8. 31.).

6) 예정신고분 무신고 후 확정신고기한까지 신고하는 경우

부가법에 따른 예정신고기한까지 예정신고를 하지 아니하였으나 확정신고기한까지 과세표준신고를 한 경우(해당 기간에 부과되는 무신고가산세만 해당하며, 과세표준과 세액을 경정할 것을 미리 알고 과세표준신고를 하는 경우는 제외한다) 해당 가산세액의 100분의 50에 상당하는 금액을 감면한다(국기법 §48 ② 3 라).

※ 위 "5)" 및 "6)"의 규정은 2018. 1. 1. 이후 도래하는 확정신고기한까지 신고하거나 수정하여 신고하는 분부터 적용한다.

7) 수정신고(기한 후 신고) 시 감면의 배제

세무공무원이 조사에 착수한 것을 알고 부가가치세과세표준수정신고서 또는 기한 후 신고서를 제출한 경우 및 해당 국세에 관하여 관할 세무서장으로부터 과세자료 해명안내 통지를 받은 경우에는 경정이 있을 것을 미리 알고 제출한 것으로 보아 가산세 감면을 배제한다(국기령 §29).

2014. 12. 31. 이전에는 수정신고와 함께 추가납부하여야 할 세액을 납부하지 아니한 때(동시에 납부하지 않은 경우 포함)에는 과소신고 가산세를 경감하지 아니하였다. 가산세를 감면받기 위하여는 ① 법정신고기한 지난 후 2년(현 5년) 이내에 수정신고를 할 것, ② 수정신고와 동시에 추가납부할 세액을 납부할 것 ③ 경정이 있을 것을 미리 알고 수정신고한 경우가 아닐 것이라는 요건이 모두 충족되어야 했으나 2015. 1. 1. 이후부터는 "②"의 요건이 삭제되었다(구 국기법 §46 ② ; 징세 46101-3275, 1998. 11. 26.).

(3) 가산세의 한도

1) 의의

고의성이 없는 단순한 협력의무 위반에 대하여는 가산세의 한도를 규정하여 위반 정도에 비하여 가산세가 지나치게 과다하지 않도록 하기 위하여 아래 표에 열거된 가산세에 대하여는 그 의무위반의 종류별로 각각 1억 원(「중소기업기본법」 제2조 제1항에 따른 중소기업은 5천만 원)을 한도로 한다(국기법 §49 ①).

이 경우 가산세 한도는 세법에 따라 부과된 의무의 내용에 따라 구분하며(국기령 §29의

2), 가산세 한도의 적용기간은 과세기간 단위로 구분한다.

※ 중소기업, 일반기업에 대한 한도규정은 부가세법상 가산세의 경우에도 사업장별이 아닌 사업자별로 적용하여야 입법취지에 맞다.

종 류	법 령	가산세 부과기준
등록불성실가산세	부가법 §60 ① 1, 1의2, 2	공급가액 × 1% (미등록가산세, 간편사업자등록 불이행가산세, 타인명의등록가산세)
	부가법 §68의2	공급대가 × 0.5%(간이과세자)
세금계산서 발급(전송)불성실가산세	부가법 §60 ②	공급가액 × 1%외(2% 적용분 2호는 제외)
신용카드매출전표등불성실가산세	부가법 §60 ⑤	공급가액 × 0.5%
매출처별세금계산서합계표제출불성실가산세	부가법 §60 ⑥ 1, 2	미제출 · 미기재 · 부실기재 공급가액 × 0.5%
	부가법 §60 ⑥ 3	지연제출공급가액 × 0.3%
매입처별세금계산서합계표제출불성실가산세	부가법 §60 ⑦	공급가액의 0.5% [부가령 제75조에 따라 세금계산서의 지연수취, 1년 이내 수취, 선발급 후 6개월 이내에 공급시기 도래하여 매입세액공제 받은 경우, 매입처별세금계산서합계표 불성실(미제출)가산세 및 합계표에 의하지 아니하고 (수입)세금계산서에 따라 공제받은 경우, 세금계산서합계표과다기재가산세]
현금매출명세서등불성실가산세	부가법 §60 ⑧	미제출 등 수입금액 × 1%

1) 소득세법 또는 법인세법상 매입처별세금계산서합계표의 미제출 · 부실기재가산세, 매출 · 매입처별계산서합계표의 미제출 · 부실기재가산세, 계산서부실기재가산세, 계산서지연교부가산세(2024. 1. 1. 이후 법인에게 가산세를 부과하는 분부터는 적용)에 대하여도 위 한도규정이 적용된다(국기법 §49 ① 2).

2) 위에 해당하지 아니하는 세금계산서 미발급, 가공수수, 위장수수가산세는 한도규정이 적용되지 않는다.

2) 가산세 한도 적용배제

세법상 단순 협력의무 위반에 대한 가산세 재제는 해당 협력의무를 고의적으로 위반한 경우에는 가산세 한도 적용을 배제한다(국기법 §49 ①).

3) 가산세 한도 적용 시 미필적 고의

국기법 제49조 제1항 단서의 "고의적으로 위반"한 것인지 여부 또는 고의성에 대한 입증책임은 과세관청에게 있는 것이고, 이때의 "고의"는 일정한 결과가 발생하리라는 것을 알면서 이를 행하거나 행하지 아니하는 심리상태를 의미하는 것으로 고의가 있는지 여부는 관련 사실관계를 종합적으로 고려하여 사실판단할 사항이다(서면-2017-법령해석기본-1200, 2017. 5. 18. ; 징세과-961, 2011. 9. 26.).

미필적 고의란 어떤 행위로 범죄 결과가 발생할 가능성이 있음을 알면서도 그 행위를 행하는 심리 상태를 의미하며, 형법에서 행위 책임과 관련하여 미필적 고의 등과 구별되, 행위자의 위법 인식 강도가 가장 높은 고의 행위와 대비된다.

① 갑법인이 쟁점매입처가 자료상에 불과할 뿐 유류의 실제 공급자가 아님을 적어도 미필적으로나마 인식하고 있었다고 보이므로 갑법인이 실제 공급자가 아닌 쟁점매입처 명의의 세금계산서를 수취한 것은 위 단서 조항에서 말하는 '해당 의무를 고의적으로 위반한 경우'에 해당한다고 평가할 수 있다(대법원 2013두2082, 2013. 6. 14.).

② 불법행위에 있어서 고의는 일정한 결과가 발생하리라는 것을 알면서 감히 이를 행하는 심리상태로서, 객관적으로 위법이라고 평가되는 일정한 결과의 발생이라는 사실의 인식만 있으면 되고 그 외에 그것이 위법한 것으로 평가된다는 것까지 인식하는 것을 필요로 하는 것은 아니다(대법원 2001다46440, 2002. 7. 12.).

③ 매입세금계산서를 수수하여야 된다는 사실을 알고 있는 상태에서 세금계산서를 발급받을 수 없을 것이라는 사실을 사전에 알고 거래하였다면 적어도 미필적 고의에 의해 세금계산서를 수취하지 않았다고 보아야 함으로 국세기본법 제49조에 따른 가산세 한도 적용을 배제하고 가산세를 과세한 것은 정당함(대법원 2014두38248, 2014. 10. 15. ; 부산고등법원 2013누21205, 2014. 6. 11.).

(4) 수정신고 및 경정청구와 관련된 가산세

수정신고, 경정청구 사유	가산세	관련 사례
1. 지점 공급분을 본점에서 세금계산서 교부 후 본점에서 경정청구하는 경우	세금계산서불성실	부가 46015-1596, '98.7.15.
2. 매출세금계산서를 직전 과세기간에 미리 신고하여 경정청구하는 경우	제 가산세 없음(단, 정당한 과세기간에 미제출 시 제 가산세 적용).	부가 46015-2894, '99.9.20.
3. 관세율 인하로 세관장이 감액수정세금계산서를 교부받아 교부받은 과세기간 이후에 수정신고하는 경우	신고, 납부	부가 46015-2151, '95.11.16.
4. 영세율 매입세금계산서 누락으로 수정신고하는 경우	-	서면3팀-706, '04.4.12.

수정신고, 경정청구 사유	가산세	관련 사례
5. 영세율과세표준을 일부 누락하여 확정신고기한 경과 후 수정신고	영세율과세표준신고불성실	서면3팀－2369, '07.8.23.
6. 사업자번호 기재분 세금계산서를 세금계산서합계표상 주민번호 기재분으로 신고 후 이를 수정하여 수정신고	합계표	부가 46015－2196, '95.11.22.
7. 사업과 관련없는 세금계산서를 교부받아 매입세액공제받고 이를 수정신고하는 경우	합계표, 신고, 납부	재소비 46015－83, '02.3.27. 국심 2005중1322, '05.11.29.
8. 예정분 매입세금계산서를 예정신고 시 공제받고 확정신고 시 다시 제출하여 이를 수정신고하는 경우	합계표, 신고, 납부	제도 46015－11608, '01.6.20. 부가 46015－1504, '97.7.3.
9. 사실과 다른 세금계산서 수수하여 신고 후 수정신고 또는 경정청구	• 경정청구: 세금계산서 불성실 • 수정신고: 세금계산서 불성실, 신고, 납부	부가 46015－2854, '98.12.26.
10. 등록 전 매입세액으로 불공제하여 수정신고	신고(수정신고 시 감면), 납부(합계표는 배제)	국심 2002중2895, '03.3.20. 국심 2002서2103, '02.9.13.
11. 과세관청이 받아들여지지 아니한 수정신고 및 경정청구	–	소비 22601－431, '89.4.1. 서면3팀－1571, '05.9.21.
12. 2기분 매출을 1기분으로 신고·납부하여 경정청구하는 경우	–	국심 2005서1085, '06.4.13.
13. 과세관청 경정 후 매입세액이 증가되어 경정청구 시	사업자가 미신고된 매입세액이 증가되어 세액이 감소되는 경우 그 차감되는 부분에 대하여 당초 결정된 납부불성실가산세도 차감함.	부가 46015－1436, '98.6.29.
14. 가공세금계산서 교부 및 수취자가 세무조사 착수 이후 수정신고하는 경우	가산세 감면 없음. 세금계산서불성실, 신고, 납부 벌과금 감면 없음.	벌과금상당액양정규정 §16 ④

※ 가산세 표기는 생략하였으며, 필기체는 기획재정부 예규와 조세심판원 결정이 다른 경우임.

(5) 가산세의 부과제척기간

부가가치세 본세의 과소납부가 있는 경우 가산세의 부과제척기간은 본세의 부과제척기간을 따르는 것이나 본세의 과소납부가 없는 경우로서 가산세만 부과되는 경우의 부과제척기간도 이와 같으나, 납세자가 부정행위를 하여 다음에 따른 가산세 부과대상이 되는 경우에는 해당 가산세를 부과할 수 있는 날부터 10년을 부과제척기간으로 한다(국기법 §26의2 ② 3 ; 기획재정부 조세정책과-1220, 2010. 12. 28. ; 대법원 2007두16974, 2009. 12. 24.).

① 소득법 제81조의10 제1항 제4호 및 법인법 제75조의8 제1항 제4호에 따른 계산서 미발급, 가공계산서등 수수, 위장계산서등 수수에 따른 가산세

② 부가법 제60조 제2항 제2호에 따른 세금계산서미발급가산세

③ 부가법 제3항에 따른 세금계산서등 가공수수가산세, 세금계산서등 위장수수가산세, 공급가액과다기재 세금계산서등 수수가산세

④ 부가법 제4항에 따른 자료상의 가공세금계산서수수가산세

XI 국세기본법상의 가산세(부가가치세 분야)

1 무신고가산세

(1) 일반무신고가산세의 의의

사업자가 법정신고기한까지 세법에 따른 국세의 과세표준 신고(예정신고를 포함한다)를 하지 아니한 경우에는 「부가가치세법」에 따라 그 신고로 납부하여야 할 세액(부가가치세법 및 국세기본법에 따른 가산세와 세법에 따라 가산하여 납부하여야 할 이자상당가산액이 있는 경우 그 금액은 제외하며, 이하 "무신고납부세액"이라 한다)의 100분의 20에 상당하는 금액을 납부할 세액에 가산하거나 환급받을 세액에서 공제한다(국기법 §47의2 ① 2).

무신고납부세액 = 부가가치세법에 따라 계산된 최종 납부세액 - 가산세

▌무신고가산세 산정기준이 되는 산출세액 등의 의미(2014. 12. 31. 이전)

- 일반무신고가산세 = 산출세액 등 × 20%
- 산출세액의 의미[납부세액(부가법 §17 및 §26 ②)에 따른 납부세액을 의미]
  - 일반과세자(부가법 §17)
    매출세액(매출액×10%) - 매입세액(매입액×10%) - 신용카드수취분 매입세액 - 의제매입세액 - 납부환급세액의 재계산
  - 간이과세자(부가법 §26 ②)
    해당 과세기간의 공급대가×업종별 부가가치율×세율(10%)

(2) 부당무신고가산세

부정행위로 법정신고기한까지 세법에 따른 국세의 과세표준 신고를 하지 아니한 경우에는 무신고한 무신고납부세액(2014. 12. 31.까지는 위 무신고한 전체 산출세액 등)의 100분의 40에 상당하는 금액을 납부할 세액에 가산하거나 환급받을 세액에서 공제한다(국기법 §47의2 ① 1).

1) 부정행위의 유형

부당무신고가산세의 산정에 있어 부정행위라 함은 납세자가 국세의 과세표준 또는 세액 계산의 기초가 되는 사실의 전부 또는 일부를 은폐하거나 가장하는 등 사기나 그 밖의 부정한 행위에 기초하여 국세의 과세표준 또는 세액의 신고의무를 위반하는 것으로서 조세의 부과와 징수를 불가능하게 하거나 현저히 곤란하게 하는 적극적 행위를 말한다.

이러한 부정행위의 유형에는 「조세범처벌법」 제3조 제6항에 해당하는 방법을 말하며, 부당과소신고 · 초과환급신고가산세 적용에 있어서도 동일하다(국기령 §12의2 ①, 조세범처벌법 §3 ⑥).

① 이중장부의 작성 등 장부의 거짓 기장

실질거래에 따라 작성된 장부 외에 과세표준을 과소계상하거나 매입세액을 과다계상한 장부를 별도로 작성한 경우 등을 말한다.

ⅰ. 실 현금매출분에 대한 장부 외에 이를 축소하여 기록한 현금매출기록장 등을 작성한 경우

ⅱ. 실지거래 내용을 전산으로 관리하면서 과세표준을 축소하여 기록한 전산출력물 및 이에 준하는 장부를 비치한 경우

iii. 그 밖의 위와 유사한 행위 또는 방법을 통해 장부를 허위기장하고 이를 근거로 과세표준을 과소신고한 경우

② 거짓 증빙 또는 거짓 문서의 작성 및 수취

과세표준을 축소하거나 매입세액을 과다계상하기 위하여 이중계약서 작성, 거래사실과 다른 문서 작성, 거래금액과 상이한 가액을 기재한 증빙 등을 작성하는 경우 및 재화 또는 용역을 공급받지 않고 세금계산서 등을 수취하거나 실제 재화 또는 용역을 공급한 자가 아닌 자의 명의로 작성된 세금계산서 등을 수취하는 경우를 말한다.

i. 거래사실의 기초가 되는 계약서 등 관련 증빙 및 서류를 허위로 작성하여 세금계산서를 교부하는 경우

ii. 신용카드매출전표, 현금영수증 등을 위장가맹점 및 다른 사업자 명의로 작성·교부하여 매출을 과소신고한 경우

iii. 그 밖의 위와 유사하게 증빙 또는 문서를 허위로 작성하여 과세표준을 과소신고한 경우

iv. 실물거래 없이 세금계산서 등을 수취하여 사실과 다르게 과세표준을 과소신고한 경우

v. 거래금액을 초과(축소)하여 작성된 세금계산서 등을 수취하거나, 실제로 공급받은 재화 또는 용역에 대하여 사실과 다르게 작성된 세금계산서 등을 수취하여 신고한 경우

vi. 허위 또는 사실과 다르게 작성된 입금표·거래명세서·계약서 등의 증빙 또는 문서에 기초하여 과세표준을 과소신고한 경우

vii. 그 밖의 위와 유사하게 허위증빙 등을 수취하여 사실과 다르게 신고한 금액

③ 장부와 기록의 파기

매출·매입 장부 및 기록(전산기록 포함)·증빙 등을 고의로 파기·삭제·소각하여 거래의 사실을 확인할 수 없게 하는 등의 경우를 말한다.

i. 매출장부 및 전산기록을 삭제하여 과세표준을 과소신고한 경우

ii. 과세표준 및 매입세액 산출의 기초가 되는 관련증빙을 파기한 경우

iii. 외형조작을 위하여 원시장부 등을 파기하고 매출과 매입을 동시에 누락한 경우

iv. 그 밖의 위와 유사하게 거래 사실관계를 확인할 수 없도록 장부·기록 등을 파기한 경우

④ 재산의 은닉, 소득 · 수익 · 행위 · 거래의 조작 또는 은폐

조세탈루 및 증거인멸 등의 목적으로 거래행위를 은폐하거나 통정에 의하여 과세표준을 임의조정하는 등의 방법으로 거래의 사실이나 계산의 근거를 숨기는 경우를 말한다.

i. 도매업 영위 사업자가 자신이 매입 후 매출한 거래를 생산자와 소매자 간 직접거래로 은폐한 경우
ii. 사업자 간 교환거래를 통정에 의하여 은폐한 경우
iii. 부당행위계산에 해당하는 거래임을 은폐하기 위하여 적극적으로 장부 및 증빙 등의 서류를 조작한 경우
iv. 그 밖의 위와 유사한 거래조작 등을 통하여 과세표준을 축소하거나 매입세액을 과다공제받은 경우

⑤ 고의적 장부 미작성 및 계산서 등의 조작

고의적으로 장부를 작성하지 아니하거나 비치하지 아니하는 행위 또는 계산서, 세금계산서 또는 계산서합계표, 세금계산서합계표의 조작이 있는 경우

⑥ ERP 및 전자세금계산서 등의 조작

「조세특례제한법」 제5호의2 제1호에 따른 전사적 기업자원관리설비의 조작 또는 전자세금계산서를 조작한 경우

⑦ 기타

위 "①"부터 "⑥"까지의 방법 외 위계(僞計)에 의한 행위 또는 부정한 행위

2) 무신고가산세 산정에 있어 "산출세액 등"의 의미

무신고나 과소신고에 따른 신고불성실가산세를 계산할 때에 공제 · 감면된 부분이 고려되지 아니하여 불합리한 점이 있어, 신고불성실가산세의 계산 기준을 산출세액(과세표준에 세율을 곱하여 산출한 금액)에서 납세자가 추가로 납부해야 할 세액(산출세액에서 세액공제 · 세액감면과 기납부세액을 차감한 금액)으로 변경하였다.

「부가가치세법」에 따라 그 신고로 납부하여야 할 세액(부가가치세법 및 국세기본법에 따른 가산세와 세법에 따라 가산하여 납부하여야 할 이자상당가산액이 있는 경우 그 금액은 제외한 세액)을 기준으로 가산세율을 적용함에 따라 세액공제 · 세액감면액이 무신고세액 등에 포함되어 납세자에게 불합리한 부담을 주던 문제를 해소하는 등 납세자의 가산세 부담이 합리적으로 개선되었다.

(3) 가산세 적용의 배제

1) 납부의무 면제자

간이과세자로서 부가법 제69조에 따라 납부의무가 면제되는 경우에는 무신고가산세 적용을 배제한다(국기법 §47의2 ③ 2).

2) 대손세액공제가 있는 경우

재화 또는 용역을 공급받은 사업자가 대손세액의 전부 또는 일부를 매입세액으로 공제받은 경우로서 공급자의 대손이 그 공급을 받은 사업자가 폐업하기 전에 확정되는 경우에는 관련 대손세액에 해당하는 금액을 대손이 확정된 날이 속하는 과세기간의 매입세액에서 공제하여야 하나 공급받는 자가 대손세액을 빼지 아니하여 공급을 받은 자의 관할 세무서장이 결정 또는 경정(更正)하는 경우 무신고가산세를 적용하지 아니한다(국기법 §47의2 ④).

3) 예정신고 및 확정신고의 가산세 중복적용 배제

「국세기본법」 제47조의2의 제1항 및 제2항을 적용할 때 부가법 제48조에 따른 예정신고와 관련하여 가산세가 부과되는 부분에 대하여는 부가법 제49조에 따른 확정신고와 관련한 가산세를 부과하지 아니한다(국기법 §47의2 ⑤).

2 | 과소신고 · 초과환급신고가산세

과소신고 · 초과환급신고가산세는 과세의 적정을 기하기 위하여 납세의무자로 하여금 성실한 과세표준의 신고 및 세액의 납부의무를 지우고 이를 확보하기 위하여 그 의무이행을 게을리하였을 때 가해지는 일종의 행정상의 제재로서 가산세를 부과 · 징수하게 된다.

(1) 일반과소신고 · 초과환급신고가산세

사업자가 법정신고기한까지 「부가가치세법」에 따른 국세의 과세표준 신고(예정신고를 포함)를 한 경우로서 납부세액을 신고하여야 할 세액보다 적게 신고(이하 "과소신고"라 한다)하거나 환급받을 세액을 신고하여야 할 세액보다 많이 신고(이하 "초과신고"라 한다)한 경우에는 과소신고한 납부세액과 초과신고한 환급세액을 합한 금액(국세기본법 및 부가가치세법에 따른 가산세와 세법에 따라 가산하여 납부하여야 할 이자상당가산액이 있는 경우 그 금액은 제외하며, 이하 "과소신고납부세액등"이라 한다)의 100분의 10에 상당하는 금액을 가산세로 한다(국기법 §47의3 ① 2).

과소신고납부세액등 = 과소신고에 따른 과소납부세액 + 초과신고에 따른 과다환급세액 - 가산세

또한, 세법 개정 시 부가가치세 면세사업자가 부당하게 환급세액을 신고하여 환급을 받더라도 납세의무자에 해당하지 않아 가산세를 부과하지 못하는 문제를 해결하기 위하여 면세사업자 등 부가가치세법상 사업자가 아닌 자가 부가가치세 환급세액을 신고한 경우 2012. 1. 1. 이후 최초로 개시하는 과세기간 분부터는 동 가산세를 부과하도록 개정하였다(국기법 §47의3 ③).

(2) 부당과소신고 · 초과환급신고가산세

부정행위로 부가가치세의 납부세액을 과소신고하거나 환급세액을 초과신고한 경우에는 다음 "①"과 "②"의 금액을 합한 금액을 가산세로 한다(국기법 §47의3 ① 1).

① 부정행위로 인한 과소신고납부세액등의 100분의 40(역외거래에서 발생한 부정행위로 인한 경우에는 100분의 60)에 상당하는 금액

② 과소신고납부세액등에서 부정행위로 인한 과소신고납부세액등을 뺀 금액의 100분의 10에 상당하는 금액

납세자가 부당한 방법으로 과소신고 납부한 후 국기법 제45조 제1항에 따라 수정신고하는 경우에도 국기법 제47조의3 제2항에 따른 부당과소신고가산세를 적용한다(징세과-664, 2011. 7. 1.). 아울러 현장조사가 착수된 것을 알고 수정신고서를 제출한 경우에도 가산세를 감면하지 아니한다(조심 2021광2925, 2021. 10. 7.).

(3) 일반 · 부정과소신고납부세액이 구분되지 않는 경우

과소신고납부세액등 중에 부정행위로 인한 "부정과소신고납부세액"과 그 외의 "일반과소신고납부세액"이 있는 경우로서 부정과소신고납부세액과 일반과소신고납부세액을 구분하기 곤란한 경우 부정과소신고납부세액은 다음 계산식에 따라 계산한 금액으로 한다(국기령 §27의2 ③).

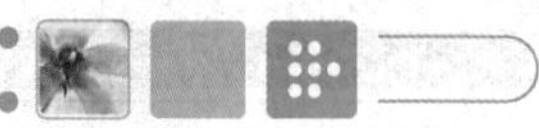

$$과소신고납부세액등 \times \frac{부정행위로\ 인하여\ 과소신고한\ 과세표준}{과소신고한\ 과세표준}$$

(4) 가산세 적용의 배제

1) 납부의무 면제자

간이과세자로서 부가법 제69조에 따라 납부의무가 면제되는 경우에는 과소신고·초과환급신고가산세 적용을 배제한다(국기법 §47의2 ③ 2 준용).

2) 대손세액공제가 있는 경우

재화 또는 용역을 공급받은 사업자가 대손세액의 전부 또는 일부를 매입세액으로 공제받은 경우로서 공급자의 대손이 그 공급을 받은 사업자가 폐업하기 전에 확정되는 경우에는 관련 대손세액에 해당하는 금액을 대손이 확정된 날이 속하는 과세기간의 매입세액에서 공제하여야 하나 공급받는 자가 대손세액을 빼지 아니한 경우에는 공급을 받은 자의 관할 세무서장이 경정(更正)하는 경우 과소신고·초과환급신고가산세를 적용하지 아니한다(국기법 §47의3 ④ 2).

3) 예정신고 및 확정신고의 가산세 중복적용 배제

「국세기본법」 제47조의3의 제1항 및 제2항(과소신고·초과환급신고가산세, 영세율과세표준 과소신고가산세)을 적용할 때 부가법 제48조에 따른 예정신고와 관련하여 과소신고·초과환급신고가산세가 부과되는 부분에 대하여는 부가법 제49조에 따른 확정신고와 관련한 가산세를 부과하지 아니한다(국기법 §47의3 ⑥).

4) 월별조기환급 신청 후 환급 전 취소 시 가산세 적용 배제

사업자가 시설투자 등으로 인한 조기환급 신청 시 신고내용의 오류를 발견하였거나, 사업의 포괄양도·양수와 관련하여 착오로 세금계산서를 교부받고 조기환급신고를 한 후 이를 반견한 경우로서 관할 세무서의 조기환급결정 전에 수정신고를 통해 조기환급신고를 취소한 경우 초과환급신고가산세는 적용되지 아니한다(기획재정부 부가가치세제과-420, 2008. 3. 12.).

5) 일반과소신고가산세로 잘못 적용한 경우 경정 방법

부당과소신고가산세 부과처분은 일반과소신고가산세 부과처분과는 독립한 별개의 과세처분이 아니라 동일한 세목의 가산세 부과처분으로서 그 세율만을 가중한 것에 불과하므로 소송과정 또는 법원의 판결에 의해 부당과소신고가산세의 부과요건이 충족되지 아니하더라도 일반과소신고가산세의 부과요건이 충족된 경우라면 일반과소신고가산세액을 초과하는 부분만을 취소하여야 한다(대법원 2016두35335, 2016. 7. 14.).

3 | 납부지연가산세

(1) 개 요

납부지연에 대한 행정상 제재를 일원화하기 위하여 2020. 1. 1. 이후 납세의무가 성립하는 분부터 납부환급불성실가산세와 가산금제도를 통합하여 납부지연가산세로 한다.

(2) 가산세의 계산

납세의무자(연대납세의무자, 납세자를 갈음하여 납부할 의무가 생긴 제2차 납세의무자 및 보증인을 포함한다)가 부가법에 따른 납부기한(이하 "법정납부기한"이라 한다)까지 부가가치세의 납부(예정신고납부를 포함)를 하지 아니하거나 납부하여야 할 세액보다 적게 납부(이하 "과소납부"라 한다)하거나 환급받아야 할 세액보다 많이 환급(이하 "초과환급"이라 한다)받은 경우에는 다음의 금액을 합한 금액을 가산세로 한다(국기법 §47의4 ①).

가. 무과소납부에 따른 가산세

납부하지 아니한 세액 또는 과소납부분 세액(세법에 따라 가산하여 납부하여야 할 이자 상당 가산액이 있는 경우에는 그 금액을 더한다) × 법정납부기한의 다음 날부터 납부일까지의 기간(납세고지일부터 납세고지서에 따른 납부기한까지의 기간은 제외한다) × 금융회사 등이 연체대출금에 대하여 적용하는 이자율 등을 고려하여 대통령령으로 정하는 이자율

나. 초과환급세액에 대한 가산세

초과환급받은 세액(세법에 따라 가산하여 납부하여야 할 이자상당가산액이 있는 경우에는 그 금액을 더한다) × 환급받은 날의 다음 날부터 납부일까지의 기간(납세고지일부터 납세고지서에 따른 납부기한까지의 기간은 제외한다) × 금융회사 등이 연체대출금에 대하여 적용하는 이자율 등을 고려하여 대통령령으로 정하는 이자율

다. 종전 가산금에 상응하는 가산세

법정납부기한까지 납부하여야 할 세액(세법에 따라 가산하여 납부하여야 할 이자 상당 가산액이 있는 경우에는 그 금액을 더한다) 중 납세고지서에 따른 납부기한까지 납부하지 아니한 세액 또는 과소납부분 세액 × 100분의 3(국세를 납세고지서에 따른 납부기한까지 완납하지 아니한 경우에 한정한다)

납세고지서에 따른 납부기한의 다음 날부터 납부일까지의 기간(「국세징수법」 제13조에 따라 지정납부기한과 독촉장에서 정하는 기한을 연장한 경우에는 그 연장기간은 제외)이 5년을 초과하는 경우에는 그 기간은 5년으로 한다.

(3) 150만 원 미만 고지세액의 가산세 적용 배제

체납된 국세의 납세고지서별 · 세목별 세액이 150만 원 미만인 경우에는 위 "(2)"의 "가"와 "나"의 가산세를 적용하지 아니한다.

2022. 1. 1. 전에 납부고지서별 · 세목별 세액이 100만 원 이상에서 150만 원 미만인 국세를 체납하여 그 미납기간에 대하여 납세의무가 성립한 납부지연가산세의 부과에 관하여는 납부지연가산세 및 원천징수 등 납부지연가산세의 개정규정에도 불구하고 종전의 규정에 따른다(국기법 §47의4 ⑧, 부칙 §7).

※ 위 개정 전 금액은 100만 원이었다.

(4) 과세기간을 잘못 적용하여 신고 · 납부한 경우 가산세 완화

손익의 귀속시기 위반으로 인한 납부지연가산세 부과를 합리화하고 납세자의 부담을 완화하기 위하여 2012. 1. 1. 이후 최초로 개시하는 과세기간 분부터는 부가가치세 과세기간을 잘못 적용하여 신고 · 납부한 경우에는 위 "(1)"의 가산세를 적용할 때 실제 신고 · 납부한 날에 실제 신고 · 납부한 금액의 범위에서 당초 신고 · 납부하였어야 할 과세

기간에 대한 국세를 자진납부한 것으로 본다.

다만, 해당 부가가치세의 신고가 부정행위로 인한 무신고·과소신고에 해당되는 경우에는 그러하지 아니한다(국기법 §47의4 ⑥). 또한, 초과납부한 과세기간분의 세액의 환급도 없으며 환급가산금 규정도 적용하지 아니한다(국기법 §51 ⑩).

다음은 제1기 과세기간분 부가가치세를 제2기 과세기간분 부가가치세로 신고·납부한 경우 납부지연가산세 적용방법의 비교 사례이다.

구 분	과세기간	가산세 종류 등	가산세 및 환급가산금
종전	제1기	납부지연가산세	과소납부세액 × 납부기한 익일부터 **자진납부일**·납세고지일까지의 일수 × 연 22/100,000
	제2기	환급가산금	초과납부세액 × 납부일·감면결정일 등 익일부터 충당일·지급결정일까지의 일수 × **연** 12/1,000
현행	제1기	납부지연가산세	과소납부세액 × 납부기한 익일부터 실제 **납부일**까지의 일수 × 연 22/100,000
	제2기	환급가산금	초과납부세액 및 환급가산금을 지급하지 아니함.

※ 만약 당초 과세기간(제1기)보다 먼저 납부하였다면 제1기 과세기간분에 대한 납부지연가산세 및 제2기 과세기간분에 대한 환급 및 환급가산금 모두 적용하지 않는다.

(5) 가산세 적용의 배제

1) 사업장을 달리하여 납부한 경우

둘 이상의 사업장을 가진 사업자가 「부가가치세법」에 따른 납부기한까지 어느 사업장에 대한 부가가치세를 다른 사업장에 대한 부가가치세에 더하여 신고·납부한 경우 실질적으로 국가에 납부한 것이므로 가산세부과의 합리화 및 납세자의 세부담 완화를 위하여 2012. 1. 1. 이후 최초로 개시하는 과세기간 분부터는 납부지연가산세를 적용할 때 부가가치세를 납부한 것으로 본다(국기법 §47의4 ③ 1). 또한, 초과납부한 사업장 해당 세액의 환급도 없으며 환급가산금 규정도 적용하지 아니한다.

종전에는 과소납부한 사업장에 대하여는 납부지연가산세를 적용하고 초과납부한 사업장에 대하여는 초과납부세액의 환급과 함께 환급가산금을 가산(연 3.7%)하여 지급하도록 하였으나 조세심판원에서 반복패소하여 이를 세법에 반영한 것으로 보인다.

2) 대손세액공제가 있는 경우

재화 또는 용역을 공급받은 사업자가 대손세액의 전부 또는 일부를 매입세액으로 공제받은 경우로서 공급자의 대손이 그 공급을 받은 사업자가 폐업하기 전에 확정되는 경우에는 관련 대손세액에 해당하는 금액을 대손이 확정된 날이 속하는 과세기간의 매입세액에서 공제하여야 하나 공급받는 자가 대손세액을 빼지 아니한 경우에는 공급을 받은 자의 관할 세무서장이 경정(更正)하는 경우 납부불성실 · 환급불성실가산세를 적용하지 아니한다(국기법 §47의4 ③ 2).

3) 원천징수 등 납부지연가산세와 중복배제

납부지연가산세를 적용할 때 후술하는 원천징수 등 납부지연가산세가 부과되는 부분에 대해서는 국세의 납부와 관련하여 납부지연가산세를 부과하지 아니한다(국기법 §47의4 ④).

4) 예정신고 및 확정신고의 가산세 중복적용 배제

부가법 제48조에 따른 예정신고와 관련하여 납부지연가산세가 부과되는 부분에 대하여는 부가법 제49조에 따른 확정신고와 관련한 납부지연가산세를 부과하지 아니한다(국기법 §47의4 ⑤).

5) 환급받은 세액이 없는 경우 환급불성실가산세 적용 배제

환급불성실가산세 부과요건이 환급신고자가 해당 환급신청세액을 실지 환급받은 경우에 한하므로 해당 납세자가 환급신청세액을 실지로 환급받지 않은 상태에서 과세관청의 경정조사로 환급받아야 할 세액이 감소하였다면 환급불성실가산세를 부과할 수 없다. 그러나 경정으로 인하여 납부하여야 할 세액이 발생할 경우에는 납부불성실가산세는 부과한다(서면3팀-361, 2004. 2. 27. ; 부가 46015-1679, 2000. 7. 15.).

(6) 비사업자에 대한 가산세 적용

부가가치세법상 사업자에 대하여 부가가치세법상 가산세가 적용되고 사업자에 해당하지 아니하면 가산세를 부과할 수 없다. 그러나 자료상이 수수한 세금계산서에 대한 가산세와 국세기본법상 과소신고 · 초과환급신고가산세, 납부지연가산세에 대하여는 부가가치세법에 따른 사업자가 아닌 경우에도 적용된다.

4 | 원천징수 등 납부지연가산세

국가 및 납세의무자를 대신한 징수·납부의무에 관한 가산세를 통합·단순화하고 의무이행 장려하기 위하여 국세를 징수하여 납부할 의무를 지는 자(부가법 제52조 대리납부 규정에 따라 용역 등을 공급받는 자가 부가가치세를 징수하여 납부할 의무가 있는 자를 포함한다)가 징수하여야 할 세액을 법정납부기한까지 납부하지 아니하거나 과소납부한 경우에는 납부하지 아니한 세액 또는 과소납부분 세액의 100분의 50(아래 "①"의 금액과 "②" 중 법정납부기한의 다음 날부터 납세고지일까지의 기간에 해당하는 금액을 합한 금액은 100분의 10, 2019년까지 납세의무가 성립된 분은 100분의 10임)에 상당하는 금액을 한도로 하여 다음 "①"과 "②"의 금액을 합한 금액을 가산세로 한다(국기법 §47의5 ①).

① 납부하지 아니한 세액 또는 과소납부분 세액의 100분의 3에 상당하는 금액
② 납부하지 아니한 세액 또는 과소납부분 세액 × 납부기한의 다음 날부터 자진납부일 또는 납세고지일까지의 기간 × 이자율*

* 종전은 1일 1만분의 3(연 10.95%)이며, 2019. 2. 12. 이후 신고 및 부과하는 분부터는 1일 10만분의 25(연 9.125%)를, 2022. 2. 15. 이후 신고 및 부과하는 분부터는 1일 10만분의 22(연 8.03%)를 적용한다.

납세고지서에 따른 납부기한의 다음 날부터 납부일까지의 기간(「국세징수법」 제13조에 따라 지정납부기한과 독촉장에서 정하는 기한을 연장한 경우에는 그 연장기간은 제외)이 5년을 초과하는 경우에는 그 기간은 5년으로 하며, 체납된 국세의 납세고지서별·세목별 세액이 150만 원 미만(경과규정은 앞의 납부지연가산세 참조)인 경우에는 위 "②"의 가산세를 적용하지 아니한다(국기법 §47의5 ④, ⑤).

5 | 영세율과세표준 신고불성실가산세

(1) 의 의

영세율이 적용되는 과세표준에 '영'의 세율을 곱하면 매출세액은 영이 되므로 영세율 과세표준을 예정신고 또는 확정신고를 하지 아니하거나 과소신고를 한다고 하더라도 납부세액이나 환급세액에는 영향을 미치지 아니하므로 산출세액을 기준으로 신고불성실 가산세를 부과할 수 없다. 따라서 영세율이 적용되는 과세표준의 불성실신고에 대하여 가산세액이 산출되지 아니하므로 「부가가치세법」은 별도로 영세율과세표준의 불성실한

신고에 대하여 가산세 규정을 둠으로써 영세율이 적용되는 과세표준의 성실신고를 담보하고 있다.

또한, 사업자가 「부가가치세법」 또는 「조세특례제한법」에서 정하는 영세율 첨부서류를 제출하지 아니한 경우 그 부분에 대하여 신고하지 아니한 것으로 보아 영세율과세표준신고불성실가산세가 적용된다(부가법 §56 ②).

(2) 영세율과세표준 무신고가산세

「부가가치세법」에 따른 사업자가 같은 부가법 제48조 제1항(예정신고), 제49조 제1항(확정신고) 및 제67조(간이과세자의 신고와 납부)에 따른 신고를 하지 아니한 경우로서 「부가가치세법」 또는 「조세특례제한법」에 따른 영세율이 적용되는 과세표준(이하 "영세율과세표준"이라 한다)이 있는 경우 영세율과세표준의 0.5%에 상당하는 금액을 영세율과세표준 신고불성실가산세로 한다(국기법 §47의2 ②).

(3) 영세율과세표준 과소신고가산세

1) 일반원칙

사업자가 부가법 제48조 제1항(예정신고) · 제4항(사업실적 부진자의 예정신고), 제49조 제1항(확정신고), 제66조(간이과세자의 예정신고) 및 제67조(간이과세자의 신고와 납부)에 따른 신고를 한 경우로서 영세율과세표준을 과소신고(신고하지 아니한 경우를 포함한다)한 경우 그 과소신고분(신고하여야 할 금액에 미달한 금액을 말한다) 영세율과세표준의 0.5%에 상당하는 금액을 영세율과세표준 신고불성실가산세로 한다(국기법 §47의3 ②).

2) 가산세 적용의 배제

영세율이 적용되는 과세표준을 신고함에 있어 부가령 제101조 제1항의 표 제1호에 따라 제출한 수출실적명세서, 내국신용장 · 구매확인서 전자발급명세서와 영세율첨부서류제출명세서의 기재사항이 착오로 기재되었으나 관련 증명자료 등에 의하여 그 사실이 확인되는 경우에는 영세율과세표준 과소신고가산세(「국세기본법」 제47조의3 제2항 제2호)를 적용하지 아니한다(국기령 §27의2 ②).

(4) 과세표준과 첨부서류 중 하나가 누락된 경우

1) 영세율과세표준은 기재하고 첨부서류가 누락된 경우

영세율과세표준은 적정하게 신고되고 그 첨부서류가 누락된 경우 영세율 첨부서류 미제출분에 대한 과세표준의 0.5%에 해당하는 가산세를 부과하나 신고기한 경과 후 일정기간 내에 수정신고하면서 그 첨부서류를 제출하는 경우 영세율과세표준 신고불성실가산세를 감면한다(국기법 §48 ② ; 기재부 조세정책과-129, 2011. 2. 1.).

2) 영세율과세표준 기재없이 첨부서류만을 제출한 경우

부가가치세신고서 작성에 있어 착오를 인정한 「부가가치세법」상 규정이 없으므로 영세율과세표준을 면세수입금액란에 기재했다든지 영세율 첨부서류를 제출하였으나 부가가치세신고서에 영세율과세표준을 기재하지 않은 경우 영세율과세표준 불성실가산세가 적용됨이 타당하다고 판단되나(부가-475, 2009. 4. 7. ; 조심 2009구2965, 2009. 10. 8.), 기획재정부에서는 영세율과세표준을 신고서상에 기재하지 않고 영세율 첨부서류만을 제출한 경우 동 가산세를 적용하지 않는 것으로 해석한 바(재부가-444, 2009. 6. 26.), 사법적극주의의 입장에서 볼 때 납세자에게 유리한 유권해석을 배척하고 조세심판원의 결정에 따라 영세율과세표준 신고불성실가산세를 부과하는 것은 무리가 있다고 본다.

3) 영세율과세표준을 실제보다 과다기재한 경우

사업자가 영세율이 적용되는 과세표준을 실제보다 과다하게 신고한 경우로서 영세율 첨부서류가 정상적으로 제출된 때에는 영세율과세표준 신고불성실가산세가 적용되지 않는다(부가 46015-1233, 2000. 5. 29.).

4) 착오로 일반세율로 신고 후 영세율 적용하여 경정청구 시 영세율신고불성실가산세 적용 여부

영세율이 적용되는 거래에 대하여 영세율 첨부서류를 제출하지 아니한 경우 그 부분에 있어서는 불성실신고로 보아 영세율과세표준신고불성실가산세를 부과한다. 그러나 영세율적용대상거래를 일반세율이 적용되는 과세거래로 오인하여 일반세금계산서를 발급하고 부가가치세를 신고·납부한 후 동 거래에 대하여 영세율을 적용하는 수정세금계산서를 발급하여 경정청구하는 경우에는 영세율신고불성실가산세가 적용되지 아니한다는 것이 국세청의 해석이고, 감사원의 심사청구결정이 있다(서삼 46015-12214, 2002. 12. 23. ; 부가 46015-1312, 1998. 6. 18. ; 감심 2008-0314, 2008. 11. 27.).

반면, 당초 재화의 공급시기가 속하는 과세기간에 대한 예정 또는 확정신고 시 영세율이 적용되는 과세표준에 대하여 영세율첨부서류를 제출하지 않은 경우에는 영세율과세표준신고불성실가산세는 적용된다는 해석도 있다(서삼 46015-10185, 2003. 2. 3. ; 법규과-2896, 2006. 7. 14.).

영세율 첨부서류를 첨부하지 아니한 부분에 대하여는 부가법에 따른 예정신고 및 확정신고로 보지 아니하고(부가법 §5 6 ②), 위와 같은 경우에 대한 신고 예외나 가산세 적용의 예외 규정이 없으므로 문리해석상으로 보면 후자의 해석이 맞을 것으로 보이나 전자와 같은 해석이 정비되지 아니한 바 국세청의 공식적인 입장정리 등이 필요한 부분이다.

5) 상호합의와 부가법상 과세표준, 가산세와의 관계

부가법은 ① 특수관계인에 대한 용역의 공급에 대하여 ② 부당하게 낮은 대가를 받는 경우로서 ③ 조세의 부담을 부당하게 감소시킬 것으로 인정되는 경우에는 공급한 ④ 용역의 시가를 공급가액으로 본다고 규정하고 있다(부가법 §29 ④ 2). 아울러 용역의 시가는 부가령 제62조 제1호 내지 제3호에 따라 산정하여야 하는데 제1호 및 제2호를 적용할 수 없는 상황하라면 제3호에 따라야 하고 법인의 경우 법인령 제89조 제4항 제2호를 적용하여 시가를 파악하여야 할 것이다.

특수관계인 간의 거래이고, 저가공급이면서 조세부담을 부당하게 경감시킨 것(별도 검토 필요)으로 설령 인정되더라도 국제거래에 있어서는 그 시가산정 방법을 부가법령상 규정하지 않고 있어 양 거래당사자 간의 시가를 확인할 수 있는 명백한 자료가 확보되지 않은 한 이전가격 소득조정만을 이유로 신고가액과의 차액에 대하여 영세율과세표준신고불성실가산세 부과는 불가하다고 판단된다(이전가격 확정분이 곧바로 시가가 될 수 없음).

상호합의절차는 국가 간의 조세분쟁을 해결하기 위하여 과세당국 간에 협의를 하는 절차로서 조세조약에 근거하여 이루어지며, 이러한 절차는 국세기본법상의 불복 및 소송절차와는 별도로 조세조약이 제공하는 불복구제수단이고 그 구체적인 절차는 「국제조세조정에 관한 법률」(이하 "국조법"이라 한다)에서 규정하고 있는바, 상호합의절차의 진행과정은, 납세자의 상호합의 개시신청이 있게 되면 양국 과세당국은 납세자가 제출한 상호 합의개시 신청서 검토, 조사자 면담 및 조사자료 검토, 추가 질문 · 자료요청 및 자료수직 등을 통하여, 과세경위 및 사실관계를 파악하고 이에 기초하여 각 과세당국은 입장(Position)을 정립하고 합리적인 협상대안을 개발하여 내부적인 검토 · 승인절차를 거쳐 양국 과세당국의 입장을 서로 교환 · 토의하는 과정을 거쳐 최종적인 협상안을 제출하여 합의도출을 시도하게 되며, 조세조약상의 상호합의조항은 양국 과세당국에게 상호합의에 도달하기 위한 최대의 노력의무만을 부여할 뿐 반드시 어떤 합의에 도달할 의무까지 지우는 것은 아닌 것으로 해석되나 양국 과세당국 간의 합의내용은 각 과세당국 내부승인절차를 거치고 납세자도 이를 수용하는 경우 그 합의내용은 최종적으로 확정되어 시행된다.

이와 같이 상호합의절차는 양국 과세당국이 합리성을 근거로 협상을 통하여 합의에 이르는 과정인 바, 어느 일방이 합리적이지 않은 협상대안을 고집할 경우 합의에 이를 수 없으며, 합의에 도달했다는 사실 자체는 합의안에 대하여 양국 과세당국이 합리성을 인정했다는 의미일 뿐이다. 즉, 국외특수관계자 간 실제 거래가격과 정상가격과의 차액, 즉 이전가격에 의한 과세로 조정된 소득금액은 영세율과세표준과 무관하고 계약상 또는 법률상의 원인에 의하여 용역을 제공한 대가의 일부가 아니고 과세관청이 자신의 판단과 목적에 의하여 소득금액을 조정한 것에 불과할 수 있는 것이다.

기획재정부는 국외특수관계자와의 재화 또는 용역의 거래에 있어서 국조법 제4조에 따라 정상가격에 의한 과세조정을 적용하는 경우라고 하여 구 부가법 제13조 제1항 제3호 및 제4호에 따라 재화 또는 용역의 공급에 대하여 부당하게 낮은 대가를 받은 경우에 해당된다고 판단할 수 없다고 회신하였다. 다만, '재화 또는 용역의 공급에 대하여 부당하게 낮은 대가를 받은 경우'에 해당하는지 여부와 관련하여 '시가'를 판단하는 경우에 국조법 제4조에 따른 정상가격을 고려할 수는 있다고 덧붙였다(기획재정부 부가가치세제과-607, 2011. 9. 30.).

세무조사 및 APA/MAP 타결에 따라 TP소득의 반환/조정금액의 영세율과세표준에 포함 여부와 관련하여 일단 당초 신고금액과의 차액이 용역의 공급대가인지가 쟁점이 될 수 있고(특수관계인에 해당하고, 조세의 부담을 부당히 경감시켰다는 전제), 과세관청이 재화와 달리 계속적 용역의 공급으로서 공급가액의 증감으로 보아 해당 용역의 정상 시가를 찾아내었다면 신고과세표준과의 차액에 대하여 영세율과세표준신고불성실가산세를 부과할 수 있고 향후 APA/MAP 타결에 따라 TP소득의 반환/재반환이 있다고 해서 가산세를 조정할 사안은 아니라고 판단된다. 부가가치세 신고서상에 영세율과세표준을 기재하지 아니하고 영세율 첨부서류만 제출한 경우 영세율신고불성실가산세를 적용하지 아니한다는 기획재정부의 해석사례에(기획재정부 부가가치세제과-444, 2009. 6. 26.) 비추어도 가혹한 처분이라고 판단된다.

비록 납세자에게 불리한 취지의 심판 · 판례(국심 2001서3149, 2007. 1. 4. ; 대법원 2002두1588, 2004. 9. 23.)가 있기는 하나 이후 2011년 기획재정부 회신이 생성되었으므로 필자의 주장과 같이 볼 여지도 충분하다고 본다.

6) 특수관계인에게 저가로 수출한 경우

사업자가 국외의 특수관계인에게 재화 또는 용역(국외제공 용역 등)을 수출함에 따라 영세율이 적용되는 경우로서 일반적이고 정상적인 거래에 의하여 형성된 객관적인 교환가치에 미치지 못하여 부당행위계산부인에 해당되는 경우 비록 특수관계인과의 거래에 영세율을 적용받는 과세거래라 하더라도 정상적인 거래 시가와 낮은 대가와의 차액에 대하여는 영세율이 적용되는 과세표준을 신고하여야 할 과세표준에 미달하게 신고한 것이므로 그 차액에 대하여 영세율과세표준신고불성실가산세를 적용함이 타당하다(대법원 2002두1588, 2004. 9. 23.).

제 7 장

간이과세

I 간이과세 제도

1 의 의

부가가치세 과세대상 재화 또는 용역을 공급하는 사업자는 각 거래단계에 있어서 부가가치세를 거래징수하고 그 거래증빙으로서 세금계산서를 발급하며, 사업자 스스로 각 과세기간의 매출세액에서 매입세액을 공제하여 납부세액을 신고·납부하도록 하고 있다. 그러나 소규모 영세사업자의 경우 세법지식, 기장능력, 세금계산서의 작성·발급, 신고서의 작성 및 납부 등에 있어 납세순응력이 부족한 점을 감안하여 일정기준에 미달하는 개인사업자에 대하여는 일반과세자에게 적용되는 규정을 적용하지 아니하고, 업종별 부가가치율에 세율을 적용하여 간편하게 납부세액을 계산하도록 하는 간이과세제도를 두어 이들의 조세부담을 덜어주고 납세편의를 도모하고 있다.

따라서 간이과세자에게는 부가법 제4장(과세표준과 세액의 계산), 제5장(신고와 납부 등), 제6장(결정·경정·징수와 환급)이 적용되지 않고 그 밖의 규정인 제1장(총칙), 제2장(과세거래), 제3장(영세율과 면세), 제8장(보칙)은 적용된다.

2 간이과세의 적용 요건

간이과세가 적용되는 조건은 다음과 같다(**부가법 §61 ①, 부가령 §109 ①**).

㉠ 직전연도의 공급대가 합계액이 8천만 원부터 8천만 원의 130%에 해당하는 금액까지의 범위에서 대통령령으로 정하는 금액에 미달할 것(다만, 부동산임업 및 개소법에 따른 과세유흥장소는 4,800만 원으로 한다). 이하 "기준금액"이라 한다.

귀속연도	2019년 공급대가까지	2020년 공급대가부터	2023년 공급대가부터
기준 금액	4,800만 원	8,000만 원	10,400만 원

㉡ 간이과세가 적용되지 아니하는 다른 사업장을 보유하고 있지 아니하고,

㉢ 간이과세 배제업종에 해당하지 않으며,

㉣ 둘 이상의 사업장이 있는 사업자로서 그 둘 이상의 사업장의 직전연도의 공급대가의 합계액이 위 기준금액 이상인 사업자[다만, 부동산임대업 또는 과세유흥장소에 해당하는 사업장을 둘 이상 경영하고 있는 사업자의 경우 그 둘 이상의 사업장의 직전연도의 공급대가(하나의 사업장에서 둘 이상의 사업을 겸영하는 사업자의 경우 부동산임대업 또는 과세유흥장소의 공급대가만을 말한다)의 합계액이 4,800만 원 이상인 사업자로 한다]가 아닐 것

㉤ 개인사업자이어야 한다.

3 간이과세의 특징

(1) 납부세액 계산방법

간이과세자는 매출세액(공급가액 × 10%)에서 실제 매입세액(세금계산서 수취분)을 공제하는 대신 아래의 계산식에 의하여 계산한다.

납부세액 = 해당 과세기간의 공급대가 × 업종별 부가가치세율 × 10%

(2) 원칙적 세금계산서 발급금지

직전연도의 공급대가의 합계액(직전 과세기간에 신규로 사업을 시작한 개인사업자의 경우 부가법 제61조 제2항에 따라 환산한 금액)이 4,800만 원 미만인 간이과세자와 신규로 사업을 시작하는 개인사업자로서 부가법 제61조 제4항에 따라 간이과세자로 하는 최초의 과세기간 중에 있는 자는 세금계산서 발급의무가 없고, 영수증을 발급하여야 한다(부가법 §36 ① 2). 다만, 2021. 7. 1. 부터는 해당 간이과세자와 영수증 발급대상 간이과세자 외의 간이과세자는 세금계산서를 발급할 수 있도록 개정되었다.

(3) 매입세금계산서 등에 대한 세액공제

간이과세자가 발급받은 매입세금계산서상의 매입세액 중 해당 업종의 부가가치율을 곱한 금액을 납부세액에서 공제해주고 있다. 즉, 일반과세자에 있어서의 매입세액공제가 아니라 간이과세자가 매입세금계산서를 발급받도록 유도하여 거래상대방의 과세표준양성화 차원에서 세액공제를 해주는 것이다.

(4) 납세자의 신청에 따른 간이과세 적용

사업자가 비록 간이과세기준금액 미만 또는 간이과세배제업종에 해당하지 않는 사업을 영위한다 하더라도 강제적으로 간이과세를 적용하는 것이 아니라 납세자의 신청에 따라 간이과세를 적용받을 수도 있고 일반과세를 적용받을 수도 있으며, 간이과세를 적용받는 기간 중에도 자유로이 간이과세를 포기하여 일반과세로 전환될 수도 있다.

4 | 간이과세자와 부가가치세 별도 계약 시 지급할 공급대가의 산정

간이과세자와 매매계약 시 부가가치세 별도로 계약한 경우 계약금액의 10%인지, 간이과세자가 부담할 부가가치세액인지 과거부터 논란이 있었고, 관행적으로 거래상대방이 간이과세자인지 여부에 불문하고 계약금액의 10%로 보아 왔다. 그런데 이와 관련하여 최근 대법원 판례에서 10%가 아닌 부가가치세 상당액은 명시적·묵시적 약정이나 거래관행이 존재하는 때에는 그에 따른 금액을 의미하고 그런 약정이나 거래관행이 존재하지 않는 때에는 해당 거래에 적용되는 부가가치세 법령에 따라 계산한 금액 즉 간이과세자의 납부세액 상당액의 지급을 청구할 수 있다고 판시하였다(대법원 2023다290485, 2024. 4. 14.).

II 간이과세 적용 범위

1 | 간이과세 기준금액의 계산

(1) 기본원칙

직전연도의 재화 또는 용역의 공급에 따른 공급대가(공급가액+부가가치세액)가 기준금액에 미달하는 개인사업자는 간이과세의 규정을 적용받을 수 있다(부가법 §61 ①, 부가령 §109 ①). 직전연도라 함은 1월 1일부터 12월 31일까지를 말한다.

(2) 공급대가의 의미

공급대가라 함은 부가령 제59조 내지 제66조의 규정을 준용하여 계산한 금액으로서 부가가치세가 포함된 대가를 말한다. 따라서 간이과세자가 재고자산 외에 자기의 사업에 사용하던 고정자산을 매각하는 경우에도 해당 고정자산 매각액은 공급대가에 산입한다.

(3) 수 개의 사업장을 가진 경우

부가법은 사업장별로 사업자등록을 하고 사업장별로 부가가치세를 납부하도록 규정하여 사업장별 과세를 원칙으로 하고 있으나, 간이과세 적용 여부를 판단하기 위한 기준금액의 계산은 과세형평 등을 고려하여 전 사업장을 통산한다.

(4) 신규사업자 또는 휴업자 등의 경우 기준금액 환산

직전연도의 공급대가를 합산하여 간이과세 적용 여부를 판단함에 있어서 직전 1역년(해의 1월 1일부터 12월 31일까지를 말한다. 이하 같다) 중 휴업하거나 신규로 사업을 시작한 사업자나 사업을 양수한 사업자인 경우에는 휴업기간, 사업 개시 전의 기간이나 사업 양수 전의 기간을 제외한 나머지 기간에 대한 재화 또는 용역의 공급대가의 합계액을 12개월로 환산한 금액을 기준으로 하며, 휴업한 개인사업자인 경우로서 직전 1역년 중 공급대가가 없는 경우에는 신규로 사업을 시작한 것으로 본다(부가령 §109 ③).

※ 간이과세자 유형전환 시 폐업자는 만기환산한다는 규정은 없다(동일 사업장에서 일부 사업을 폐지하는 경우 및 둘 이상의 사업장을 가진 경우에도 마찬가지이다).

(5) 1월 미만의 단수가 있는 경우

위 간이과세자의 기준금액 환산에 있어서 1월 미만의 끝수가 있을 때에는 이를 1개월로 한다(부가령 §109 ③).

기준금액의 산정과 관련하여, 월 공급대가를 산정함에 있어서 재화나 용역이 공급된 기간이 1월 미만인 경우에는 그 공급대가로부터 1월의 공급대가를 환산할 필요가 있고 이 경우 일할계산하여 1월의 공급대가를 환산하는 것이 합리적이겠지만 재화나 용역의 공급규모가 매일 일정하지 아니하고 날짜에 따라 불규칙적인 경우가 일반적이므로 이를 그대로 일할계산한다면 1월의 공급대가가 실제보다 훨씬 커지게 되는 경우가 있을 수 있고, 이로 인하여 부당하게 간이과세자 기준금액에서 벗어남으로써 납세의무자에게 불리하게 작용하는 문제가 발생할 수 있어, 이를 일할 계산하지 않고 1월 미만의 경우에도 그 공급대가를 1월의 공급대가로 보아 연간 공급대가를 환산함으로써 환산된 연간 공급대가가 실제의 연간 공급대가보다 커지는 경우가 가능한 한 없도록 하여 납세의무자로 하여금 부당하게 간이과세자 기준에 벗어나는 일이 발생되지 않도록 함에 그 취지가 있다(국심 93서2820, 1994. 4. 26.).

(6) 일부 사업을 폐지하는 경우

동일한 사업장에서 2 이상의 사업을 겸영하는 사업자가 그중 일부사업을 폐지하는 경우의 간이과세적용은 직전연도의 공급대가에 폐지한 사업의 공급대가를 포함하여 계산한다(부가통칙 61-109-1 ; 서면-2016-부가-5610, 2016. 11. 30.).

그러나 후술하는 복식부기의무자에 대한 간이과세배제의 내용과 같이 폐업한 사업장의 공급대가는 제외하고 잔여 사업장의 공급대가를 기준금액으로 하여 간이과세 해당 여부를 판정하는 것이 과세형평에 맞다고 본다.

(7) 겸영사업자의 경우

하나의 사업장에서 둘 이상의 사업을 겸영하는 경우 해당 사업장 전체의 공급대가를 합계하여 기준금액을 계산하되, 면세수입금액은 제외되고 영세율이 적용되는 과세표준은 포함된다.

(8) 사업용 고정자산 매각액의 기준금액 포함 여부

간이과세자가 자기의 과세사업에 사용하던 기계장치, 비품, 건축물 등을 공급한 경우 해당 사업용 고정자산의 매각액은 기준금액 계산 시 이를 포함한다.

(9) 사업자단위과세를 신청한 간이과세자의 유형전환 등

1) 유형전환 시기

간이과세 사업장을 가지고 있는 사업자가 부가법 제8조 제3항에 따른 사업자단위과세사업자로 등록한 경우, 본점 또는 주사무소는 신고·납부와 관련하여 각 사업장으로 보는 것이므로 간이과세 적용대상 여부는 모든 사업장의 수입금액을 통산하여 판단하고, 과세유형전환은 사업자단위로 등록한 날이 속하는 과세기간의 다음 과세기간부터 적용한다.

2) 공급대가의 계산

사업자단위과세를 적용받는 간이과세자에 대한 부가법 제69조의 납부의무면제 여부는 모든 사업장을 통산하여 판정한다.

3) 간이과세 적용 업종을 겸영하는 자가 사업자단위과세를 적용받고자 하는 경우

일반과세사업장과 「조세특례제한법」 제106조 제5항에 따른 업종의 간이과세사업장을 보유하고 있는 사업자가 사업자단위과세를 적용받고자 하는 경우 일반과세자로 적용하여 신고·납부하여야 한다.

4) 종된 사업장 정정 미이행 시 미등록가산세 적용 여부

부가법 제68조의2 제1항에 따른 미등록가산세는 사업자단위과세사업자의 종된 사업장 정정신고 불이행의 경우 이를 적용하지 아니한다(재부가-409, 2010. 6. 23.).

2 | 간이과세 배제사업자

(1) 기준사업장을 보유한 사업자

사업자가 간이과세가 적용되지 아니하는 다른 사업장(이하 "기준사업장"이라 한다)을 보유하는 경우 2005. 1. 1. 이후 개시하는 과세기간부터는 간이과세를 적용받을 수 없다. 다만, 개인택시운송업, 일반·개인 화물자동차 운송업 및 기타 도로화물운송업, 이용업, 미용업에 대하여는 간이과세를 적용한다(조특법 §106 ⑤, 조특령 §106 ⑱) [2025년 2월 개정규정은 2025. 4. 1. 이후부터 적용한다].

(2) 간이과세자 적용이 배제되는 사업

간이과세자 적용 기준금액에 해당되는 경우에도 다음의 사업자 또는 사업을 영위하는 사업자는 간이과세자 적용을 하지 아니한다(부가법 §61 ① 2, 부가령 §109 ②).

1) 광업

2) 제조업(다만, 주로 최종소비자에게 직접 재화를 공급하는 사업으로서 다음 사업자는 간이과세 적용을 받을 수 있다)(부가칙 §71 ①)

ⓐ 과자점업
ⓑ 도정업과 제분업(떡방앗간 포함)
ⓒ 양복점업
ⓓ 양장점업
ⓔ 양화점업
ⓕ 그 밖에 최종소비자에 대한 매출비중, 거래유형 등을 고려하여 주로 최종소비자에게 직접 재화를 공급하는 사업에 해당한다고 국세청장이 인정하여 고시하는 사업

※ 국세청은 업종코드로 사업자를 관리하므로 간이과세가 적용되는 제조업자가 일반과세자가 되는 사례가 종종 있다.

3) 도매업(소매업을 겸영하는 경우를 포함하되, 재생용 재료수집 및 판매업은 제외한다) 및 상품중개업(부가령 §109 ② 3)

▌한국표준산업분류상 재생용 재료 수집 및 판매업

재생할 수 있는 고물 및 스크랩을 수집·판매하는 산업활동을 말한다.

〈예 시〉

- 재생용 금속 수집판매
- 재생용 비금속 수집판매
- 재생용 플라스틱 수집판매
- 고섬유 재생재료 수집판매
- 재생용 고무 수집판매
- 고지 수집판매

〈제 외〉

- 연속라인에 의한 재생원료 선별 활동(383)

4) 부동산매매업

부동산의 매매(건물을 신축하여 판매하는 경우를 포함한다) 또는 그 중개를 사업목적으로 나타내어 부동산을 판매하거나, 사업상의 목적으로 1과세기간 중에 1회 이상 부동산을 취득하고 2회 이상 판매하는 사업(부가령 §109 ② 4)

5) 특별시, 광역시 등 및 시 지역에서 「개별소비세법」에 따라 개별소비세가 과세되는 과세유흥장소를 영위하는 사업(부가령 §109 ② 5)

간이과세의 적용대상에서 제외되는 유흥업은 다음의 경우로 한다(부가칙 §71 ②).

ⅰ. 특별시, 광역시, 특별자치시, 「제주특별자치도 설치 및 국제자유도시 조성을 위한 특별법」 제10조 제2항에 따라 설치된 행정시 및 시지역(광역시, 특별자치시, 행정시 및 도농복합형태의 시 지역의 읍·면지역은 제외)에서 과세유흥장소를 영위하는 경우

ⅱ. 국세청장이 사업 현황과 사업 규모 등을 고려하여 간이과세 적용 대상에서 제외할 필요가 있다고 인정하여 고시하는 지역

6) 부동산임대업으로서 기획재정부령이 정하는 것

① 부동산임대업으로서 전 사업장 임대료 합계액이 연간 48백만 원 이상인 경우

② 부동산임대업으로서 국세청장이 정하는 규모 이상의 사업

부동산임대업의 업태분류도 한국표준산업분류를 준용하며, 동 분류에 의하면 부동산임대업이란 자기소유 또는 임차한 부동산을 임대하는 활동과 자기계정에 의하여 직접 개발한 부동산을 임대하는 산업활동으로 분류된다.

부동산임대업 중에서 간이과세적용이 배제되는 것은 특별시, 광역시, 특별자치시, 행정시 및 시지역에 소재하는 부동산임대사업장을 경영하는 사업으로서 국세청장이 정하는 규모 이상의 사업(간이과세배제기준 별표 2)을 말한다(부가령 §109 ② 6, 부가칙 §71 ③).

7) 전문 인적용역

변호사업, 심판변론인업, 변리사업, 법무사업, 공인회계사업, 세무사업, 경영지도사업, 기술지도사업, 감정평가사업, 손해사정인업, 통관업, 기술사업, 건축사업, 도선사업, 측량사업, 공인노무사업, 의사업, 한의사업, 약사업, 한약사업, 수의사업 그 밖에 이와 유사한 사업서비스업으로서 기획재정부령으로 정하는 것은 전문직 사업자의 과세표준을 양성화하기 위하여 간이과세적용을 배제하고 일반과세를 적용하도록 하였다(부가령 §109 ② 7).

2010. 2. 18. 시행령 개정 시 공인노무사업, 약사업, 한약사업, 수의사업 그 밖에 이와 유사한 전문, 과학 및 기술서비스 또는 사업시설관리 및 사업지원서비스업으로서 기획재정부령으로 정하는 것은 2010. 7. 1.부터 간이과세적용이 배제되도록 하였으며, 2012. 7. 1. 이후부터는 의사업, 한의사업에 대하여도 간이과세적용을 배제하도록 개정하였다.

8) 일반과세자로부터 양수한 사업

가. 사업양수 시 과세유형

부가령 제23조에 따라 일반과세자로부터 양수한 사업에 대하여는 경영주체만을 변경하는 것이므로 사업양수 전에 일반과세로 운영되던 사업장을 포괄적 사업양수도에 의해 양수하는 경우 간이과세를 배제하고 일반과세를 적용하여야 한다. 따라서 사업양수자가 간이과세자로 사업자등록을 하고 간이과세자의 세액계산방식에 따라 납부하였더라도 해당 사업자는 사업양수시점부터 일반과세자이므로 일반과세자로 부가가치세가 경정됨에 유의하여야 한다(부가령 §109 ② 8).

나. 사업양수자의 과세유형전환 여부

해당 사업이 간이과세배제 기준[위 "1)~7)", "9)~13)"까지에 해당하는 경우를 말한다]에 해당하지 아니하는 경우로서 사업을 양수한 이후 공급대가 합계액이 기준금액에 미달하여 간이과세자 기준을 충족하는 경우에는 간이과세로의 전환을 인정하도록 개정되었으며, 2014년 2월 이후 간이과세로 변경되는 분부터 적용한다(부가령 §109 ② 8 단서 신설).

※ "11)"부터 "13)"까지의 경우에는 2023. 7. 1. 이후 일반과세자로부터 사업을 양수하는 경우부터 적용한다.

9) 사업장 소재지역 등을 고려하여 국세청장이 정하는 기준에 해당하는 것

사업장 소재지역, 사업의 종류, 규모 등을 감안하여 국세청장이 정하는 기준에 해당하는 사업장에 대해서는 간이과세를 적용하지 아니한다. 국세청장이 정하는 것이란 간이과세배제기준을 의미하는 것으로 본문과 별표 1(종목 기준), 별표 2(부동산임대업 기준), 별표 3(과세유흥장소 기준) 및 별표 4(지역 기준)로 구성되어 있다(부가령 §109 ② 9).

10) 복식부기의무 해당 사업자

① 일반적 판정기준

과세형평 및 탈세 방지 등 부가가치세 과세의 정상화를 위하여 2011. 9. 29. 세법 개정 시 전전연도 기준 복식부기의무자인 개인사업자가 운영하는 사업은 간이과세적용을 배제한다(부가령 §109 ② 10).

여기서 전전연도 기준 복식부기의무자라 함은「소득세법 시행령」제208조 제5항에 해당하지 아니하는 개인사업자로서 다음 "①"과 "②"에 해당하지 아니하는 사업자를 말한다. 다만,「소득세법 시행령」제147조의3에 따른「의료법」에 따른 의료업,「수의사법」

에 따른 수의업 및 「약사법」에 따라 약국을 개설하여 약사(藥事)에 관한 업(業)을 행하는 사업자와 위 "7)"에 따른 변호사업, 심판변론인업, 변리사업, 법무사업 등 전문직 사업자는 아래 "①"과 "②" 해당 여부에 관계없이 간이과세 적용을 배제한다.

① 해당 과세기간 또는 직전 과세기간에 신규로 사업을 개시한 사업자

② 전전 과세기간의 수입금액(결정 또는 경정으로 증가된 수입금액을 포함한다)의 합계액이 다음 금액에 미달하는 사업자

i. 농업·임업 및 어업, 광업, 도매 및 소매업, 부동산매매업, 그 밖에 "ii, iii"에 해당되지 아니하는 사업: 3억 원

ii. 제조업, 숙박 및 음식점업, 전기·가스·증기 및 수도사업, 하수·폐기물처리·원료재생 및 환경복원업, 건설업(비주거용 건물건설업은 제외하고, 주거용 건물 개발 및 공급업을 포함한다), 운수업, 출판·영상·방송통신 및 정보서비스업, 금융 및 보험업: 1억 5천만 원

iii. 부동산임대업, 전문·과학 및 기술서비스업, 사업시설관리 및 사업지원서비스업, 교육서비스업, 보건업 및 사회복지서비스업, 예술·스포츠 및 여가 관련 서비스업, 협회 및 단체, 수리 및 기타 개인서비스업, 가구 내 고용활동: 7천 500만 원

② 결정·경정 또는 수정신고로 인한 수입금액 증가가 있는 경우

결정·경정 또는 수정신고로 인하여 수입금액의 합계액이 증가함으로써 전전연도 기준 복식부기의무자에 해당하게 되는 경우에는 그 결정·경정 또는 수정신고한 날이 속하는 과세기간까지는 전전연도 기준 복식부기의무자로 보지 아니한다.

③ 단독사업과 함께 공동사업장의 구성원인 경우

기장의무를 판정함에 있어서 거주자가 공동사업과 단독으로 영위하는 사업이 있는 경우 공동사업장의 기장의무는 공동사업장의 직전연도 총수입금액만을 기준으로 하여 판정하고, 단독으로 경영하는 사업장에 대하여는 각 단독사업장의 직전연도 수입금액의 합계액을 기준으로 판정한다(소득세과-42, 2010. 1. 12.).

④ 폐업된 사업장이 있는 경우

과세유형전환일 현재 전전연도의 사업장이 폐업된 경우 해당 사업장의 수입금액은 전전년도 기준 복식부기의무자 판정대상 수입금액에서 제외하여 간이과세배제 여부를 판정한다(부가령 §109 ② 10 ; 재부가-398, 2011. 6. 24.).

11) 전기 · 가스 · 증기 및 수도 사업(부가령 §109 ② 12)

12) 건설업. 다만, 주로 최종소비자에게 직접 재화 또는 용역을 공급하는 사업으로서 기획재정부령으로 정하는 사업은 제외(부가령 §109 ② 13)

13) 전문 · 과학 · 기술서비스업, 사업시설 관리 · 사업지원 및 임대서비스업. 다만, 주로 최종소비자에게 직접 용역을 공급하는 사업으로서 기획재정부령으로 정하는 사업은 제외(부가령 §109 ② 14)

※ 위 "3)"의 상품중개업, "11), 12), 13)"의 사업은 2021. 7. 1. 이후 공급하는 분부터 적용한다.

14) 공동사업으로 간이과세배제사업을 영위하는 경우

간이과세자로 등록된 개인사업자가 일반과세자로 등록되어 있는 공동사업자의 구성원에 해당하는 경우와 간이과세자인 공동사업자의 구성원 중 1인이 일반과세자로 등록된 사업장이 있는 경우에 있어서는 공동사업은 민법상 조합에 해당되면 그 구성원이 개인의 사업과는 별개의 사업체(조합)이므로 개인사업자(간이과세자)가 공동사업자(일반과세자)의 구성원에 해당하더라도 간이과세배제대상이 아니다(재소비-1351, 2004. 12. 13.).

3 | 유형별 간이과세 적용방법

(1) 신규사업자

1) 간이과세 적용신고

신규로 사업을 시작하는 개인사업자는 사업을 시작한 날이 속하는 연도의 공급대가의 합계액이 기준금액에 미달될 것으로 예상되어 간이과세적용을 받고자 하는 경우에는 사업자등록 신청과 함께 다음의 사항을 기재한 간이과세적용신고서를 납세지 관할 세무서장에게 제출(국세정보통신망에 의한 제출을 포함)하여야 한다.

다만, 사업자등록신청서에 연간공급대가예상액과 그 밖의 참고사항을 적어 제출한 경우에는 간이과세적용신고서를 제출한 것으로 본다(부가법 §61 ③, 부가령 §109 ④).

① 사업자의 인적사항

② 사업시설 착수연월일 또는 사업개시 연월일

③ 연간공급대가예상액

④ 그 밖의 참고사항

2) 간이과세적용 및 적용배제

위 "1)"에 따라 납세지 관할 세무서장에게 간이과세의 적용신고를 한 개인사업자는 최초의 과세기간에는 간이과세자로 한다(부가법 §61 ③, ④).

다만, 신규사업자의 경우에도 계속사업자의 경우와 마찬가지로 간이과세적용의 배제사업에 해당하는 경우에는 간이과세를 적용하지 아니한다(부가법 §61 ④).

3) 사업자등록 전일까지 매출액이 기준금액 이상인 경우 간이과세 적용 여부

개인사업자가 최초 과세기간 내 사업개시일로부터 수개월이 지난 후 연간 공급대가예상액을 기준금액에 미달하는 금액으로 기재한 간이과세적용신고서를 제출하여 간이과세자로 사업자등록을 하였으나, 사업개시일로부터 사업자등록신청일 전일까지의 실지공급대가의 합계액이 기준금액 이상으로 확인된 경우 해당 최초의 과세기간에는 간이과세자로 할 수 없다(부가-4073, 2008. 11. 10.).

(2) 미등록사업자

1) 간이과세의 적용

부가법 제8조에 따른 사업자등록을 하지 아니한 개인사업자로서 사업을 시작한 날이 속하는 연도의 공급대가의 합계액(직전연도 신규사업자의 경우에는 12월로 환산한 금액)이 기준금액에 미달하는 경우에는 최초의 과세기간에 있어서는 간이과세자로 한다(부가법 §61 ⑤). 따라서 그 공급대가의 합계액이 기준금액 이상인 경우에는 간이과세 적용이 배제된다.

2) 간이과세 적용의 배제

미등록사업자의 경우에도 계속사업자의 경우와 마찬가지로 간이과세 적용 배제사업을 영위하는 경우 간이과세를 적용하지 아니한다(부가법 §61 ④ 단서).

III 과세유형 전환기간

1 간이과세와 일반과세의 적용기간

개인사업자의 1역년의 공급대가의 합계액이 기준금액에 미달되거나 그 이상이 되는 경우 아래의 기간부터는 간이과세자에 관한 규정이 적용되거나 적용되지 아니하게 된다.

(1) 계속사업자

부가법 제61조에 따라 간이과세자에 관한 규정이 적용되거나 적용되지 아니하게 되는 기간은 1역년의 공급대가의 합계액이 기준금액에 미달하거나 그 이상이 되는 해의 다음 해의 7월 1일부터 그 다음 해의 6월 30일까지로 한다(부가법 §62 ①).

간이과세에 관한 규정이 적용되거나 적용되지 않게 되어 일반과세자가 간이과세자로 변경되거나 간이과세자가 일반과세자로 변경되는 경우 그 변경되는 해에 간이과세자에 관한 규정이 적용되는 기간의 과세기간은 다음과 같다.

㉠ 일반과세자가 간이과세자로 변경되는 경우: 그 변경 이후 7. 1.~12. 31.

㉡ 간이과세자가 일반과세자로 변경되는 경우: 그 변경 이전 1. 1.~6. 30.

(2) 신규사업자의 유형전환

신규로 사업을 시작한 사업자가 신규로 사업을 시작한 해의 1역년의 공급대가 합계액이 기준금액에 미달하거나 그 이상이 되는 경우 최초로 사업을 시작한 해의 다음 해의 7월 1일부터 그 다음 해의 6월 30일까지 간이과세자에 관한 규정이 적용되거나 적용되지 아니하게 되는 기간으로 한다(부가법 §62 ②).

(3) 직전연도 중 휴업자

직전연도 중 휴업자는 휴업기간을 제외한 잔여기간에 대한 재화 또는 용역의 공급대가의 합계액을 12월로 환산한 금액을 기준으로 한다. 다만, 직전연도 중 공급대가가 없는 경우에는 신규로 사업을 개시한 것으로 본다(부가령 §109 ③).

따라서 직전연도 중 공급대가가 없는 경우에는 위 "(2)"의 규정에 따라 과세유형을 전환한다. 이 경우에도 1월 미만의 단수가 있는 때에는 1월로 한다.

(4) 결정 또는 경정을 한 경우

간이과세가 적용되는 사업자에 대하여 결정 또는 경정을 한 공급대가가 기준금액 이상이 되는 경우에는 그 결정 또는 경정한 날이 속하는 과세기간까지는 간이과세자로 보고 그 다음 과세기간부터 일반과세자로 전환된다(부가법 §61 ⑥).

(5) 간이과세 배제업종을 새로이 겸영하게 된 경우

간이과세자로 사업을 하던 자가 간이과세자 적용이 배제되는 사업(부가령 제109조 제2항에 규정하는 사업을 말한다)을 신규로 겸영하게 되는 경우에는 해당 사업의 개시일이 속하는 과세기간의 다음 과세기간부터 간이과세자 규정을 적용하지 아니한다(부가령 §110 ④).

(6) 겸영하던 간이과세 배제업종을 폐지한 경우

위 "(5)"에 따라 일반과세자로 전환된 사업자로서 해당 연도 공급대가의 합계액이 기준금액 미만인 사업자가 간이과세 배제사업을 폐지하는 경우 해당 사업의 폐지일이 속하는 연도의 다음 연도 7월 1일부터 간이과세자에 관한 규정을 적용한다(부가령 §110 ⑤).

※ 적용시기: 2020. 2. 11. 이후 간이과세 배제사업을 폐지하는 분부터 적용

(7) 간이과세를 포기한 경우

간이과세자가 간이과세자에 관한 규정의 적용을 포기하고 일반과세자에 관한 규정을 적용받으려는 경우에는 일반과세자에 관한 규정을 적용받으려는 달의 전달의 마지막 날까지 간이과세포기의 신고를 납세지 관할 세무서장에게 하여야 한다(부가법 §70 ①, 부가령 §110 ⑦).

1) 해당 사업장

간이과세를 포기한 해당 사업장은 포기한 달의 다음 달 1일부터 일반으로 전환한다.

2) 해당 사업장 외의 다른 사업장

해당 사업장이 일반과세 적용을 받는 달이 속하는 과세기간의 다음 과세기간부터 해당 사업장 외의 사업장에 간이과세자에 관한 규정을 적용하지 아니한다(부가령 §110 ⑦).

(8) 일반과세 사업장을 신설한 경우

간이과세자가 일반과세자에 관한 규정을 적용받는 사업장을 신규로 개설하는 경우에는 해당 사업 개시일이 속하는 과세기간의 다음 과세기간부터 간이과세자에 관한 규정을 적용하지 아니한다(부가령 §110 ⑧).

(9) 기준사업장이 폐업되는 경우

기준사업장이 폐업되는 경우에는 부가법 제61조 제1항 제1호에 따라 일반과세로 전환된 사업장에 대하여 기준사업장의 폐업일이 속하는 연도의 다음 연도 7월 1일부터 간이과세자에 관한 규정을 적용한다.

다만, 부가법 제61조 제1항 제1호에 따라 일반과세로 전환된 사업장의 1역년의 공급대가의 합계액이 기준금액 이상이거나 부가법 제61조 제1항 제2호에 해당하는 경우(간이과세 배제사업을 영위하는 경우를 말한다)에는 그러하지 아니하다(부가령 §110 ⑨).

(10) 사업개시 전 등록자의 유형전환

사업을 개시하기 전에 사업자등록을 하는 경우가 있다. 과세유형전환하는 경우 기준금액의 계산은 사업개시일로부터 과세기간 종료일까지의 기간에 발생된 공급대가로 하는 것이므로 사업자등록신청일이 아닌 사업을 개시하는 날로부터 기산하여 1역년으로 환산하여야 한다.

(11) 간이과세 배제업종을 폐지한 경우

간이과세 배제업종을 겸영하게 되어 일반과세자 규정을 적용받다가 다시 그 이후 과세기간 중에 해당 배제업종을 폐지한 경우, 기준사업장을 폐업한 경우와 같이 폐업한 다음 연도부터 간이과세를 적용한다는 규정이 없기 때문에 현행 법령 규정상 간이과세적용시기를 폐지한 다음 과세기간부터 간이과세를 적용할 수 없게 된다. 즉, 하나의 사업장에서 간이과세 배제업종을 영위하다가 그 배제업종을 폐지하면 폐업할 때까지 간이과세를 적용받을 수 없는 모순이 발생하므로 폐지일이 속한 다음 과세기간부터 간이과세적용을 받을 수 있도록 하거나 간이과세적용신고를 하여 간이과세적용을 받을 수 있도록 법령개정이 요구된다.

2 과세유형 변경통지

(1) 과세유형 변경통지와 사업자등록 정정

과세유형이 변경되는 사업자의 관할 세무서장은 변경되는 과세기간 개시 20일 전까지 그 사실을 해당 사업자에게 통지하여야 하며, 사업자등록증을 정정하여 과세기간 개시 당일까지 발급하여야 한다(부가령 §110 ①).

(2) 과세유형 변경통지의 효력

1) 일반과세자에서 간이과세자로의 변경

일반과세자에서 간이과세자로 변경되는 경우 통지에 관계없이 과세유형전환 시기에 간이과세자에 관한 규정을 적용한다. 다만, 부동산임대업을 경영하는 사업자의 경우에는 통지를 받은 날이 속하는 과세기간까지는 일반과세자에 관한 규정을 적용하므로 과세관청에서는 과세유형통지가 누락되는 일이 없도록 유의하여야 한다(부가령 §110 ②).

2) 간이과세자에서 일반과세자로의 변경

간이과세자에서 일반과세자로 변경되는 경우에는 통지를 받은 날이 속하는 과세기간까지는 부가법 제61조에 따라 간이과세자에 관한 규정을 적용하고 그 다음 과세기간부터 일반과세자로 변경된다(부가령 §110 ③).

3 간이과세의 포기

(1) 의 의

간이과세자는 부가가치세를 거래징수할 수 없으며 또한 세금계산서도 발급할 수 없기 때문에 그 거래상대방이 일반과세자인 경우에는 간이과세자와의 거래를 기피하게 되고 자신이 부담한 부가가치세를 매입세액으로 공제받을 수 없으며, 간이과세자가 영위하는 업종의 실제 부가가치세율이 국세청장이 정하는 부가가치세율보다 낮은 경우에는 오히려 부가가치세의 부담이 일반과세자보다 커질 수 있다. 또한, 영세율이 적용되는 과세표준이 있는 경우 간이과세자는 매입세액을 환급받을 수 없기 때문에 간이과세자는 자신의 자유로운 의사에 따라 간이과세를 포기하고 일반과세자로서 부가가치세를 신고·납부할 수 있다.

(2) 간이과세 포기신고

1) 간이과세 포기대상자

간이과세를 포기할 수 있는 대상사업자는 아래의 사업자로 부가법 제61조 제1항에도 불구하고 제4장부터 제6장까지의 간이과세자 규정을 적용받을 수 있다(부가법 §70 ①, ②).

㉠ 부가법 제61조에 따른 간이과세 적용을 받고 있는 자

㉡ 간이과세 전환 예정자(부가법 제62조에 따라 간이과세를 적용받게 되는 일반과세자가 간이과세자에 관한 규정의 적용을 포기하고 일반과세자에 관한 규정을 적용받으려고 하는 자)

㉢ 사업자등록 신청자(신규로 사업을 시작하는 개인사업자가 부가법 제8조 제1항 또는 제3항에 따른 사업자등록을 신청할 때 납세지 관할 세무서장에게 간이과세자에 관한 규정의 적용을 포기하고 일반과세자에 관한 규정을 적용받으려고 신고한 자)

※ "㉡", "㉢"의 경우 2014. 1. 1. 이후 간이과세자 포기분부터 적용

2) 간이과세 포기신고 시기 및 제출서류

간이과세자 또는 부가법 제62조에 따라 간이과세자에 관한 규정을 적용받게 되는 일반과세자로서 간이과세자에 관한 규정의 적용을 포기하려고 하거나, 부가법 제70조 제2항에 따라 사업자등록을 신청할 때 간이과세자에 관한 규정의 적용을 포기하려는 자는 그 일반과세자로 적용받으려는 달의 전달 말일(신규자는 사업자등록 신청 시)까지 다음의 사항을 적은 간이과세포기신고서를 관할 세무서장에게 제출(국세정보통신망에 의한 제출을 포함한다)하여야 한다(부가법 §70 ①, 부가령 §116 ①).

① 사업자의 인적사항

② 간이과세를 포기하려는 과세기간

③ 그 밖의 참고 사항

3) 승인 여부

간이과세 포기신고를 받은 관할 세무서장의 승인과 같은 절차는 요하지 아니하므로 간이과세자가 간이과세포기신고서를 제출하여 간이과세를 포기하겠다는 의사만 나타냄으로써 자동적으로 간이과세자로서 부가가치세를 신고 · 납부할 수 있는 권한은 포기된다.

4) 과세기간 중 간이과세 포기의 경우 과세기간의 의제

간이과세자가 과세기간 중에 간이과세를 포기함으로써 일반과세자로 되는 경우 간이과세자로서의 최종 과세기간은 간이과세의 적용 포기의 신고일이 속하는 과세기간의 개시일부터 그 신고일이 속하는 달의 마지막 날까지의 기간으로 하고, 일반과세자로서의 최초 과세기간은 그 신고일이 속하는 달의 다음 달 1일부터 그 날이 속하는 과세기간의 종료일까지의 기간으로 한다(**부가법** §5 ⑤).

(3) 간이과세 재적용의 제한

간이과세 포기신고를 한 개인사업자에 대하여는 다음에 해당하는 날부터 3년이 되는 날이 속하는 과세기간까지는 간이과세자에 관한 규정을 적용받지 못한다(**부가법** §70 ②).

㉠ 위 "(2) 1) ㉠" 또는 "㉡"에 따라 신고한 경우: 일반과세자에 관한 규정을 적용받으려는 달의 1일

㉡ 위 "(2) 1) ㉢"에 따라 신고한 경우: 사업 개시일이 속하는 달의 1일

(4) 간이과세의 재적용 신고

위 "(3)"의 간이과세 재적용 제한기한이 경과되어 간이과세자에 관한 규정을 적용받으려는 때에는 그 적용받으려는 과세기간 개시 10일 전까지 간이과세적용신고서를 관할 세무서장에게 제출하여야 한다. 이 경우 그 적용을 받을 수 있는 자는 해당 과세기간 직전 1역년의 재화 또는 용역의 공급대가의 합계액이 부가법 제61조 제1항(간이과세자 적용기준금액에 미달)에 해당하는 개인사업자로 한정한다(**부가령** §116 ②).

(5) 간이과세의 재적용 제한의 예외

간이과세자에 관한 규정의 적용을 포기하고 일반과세자에 관한 규정의 적용을 받던 개인사업자는 간이과세의 포기 신고 후 3년이 되는 날이 속하는 과세기간 이전이라도 위 "(3)", "(4)"에 불구하고 직전연도 공급대가의 합계액이 4천 8백만 원 이상 기준금액 미만인 개인사업자는 간이과세자에 관한 규정의 적용을 포기할 당시 부가법 제36조 제1항 제2호 가목 또는 나목에 해당하였던 자였다면 간이과세자에 관한 규정을 적용받을 수 있으며, 이러한 간이과세자에 관한 규정을 적용받으려는 개인사업자는 적용받으려는 과세기간 개시 10일 전까지 납세지 관할 세무서장에게 신고하여야 한다(**부가법** §70 ④, ⑤, **부가령** §116 ④).

동 개정규정은 2024년 7월 1일 이후 간이과세자에 관한 규정을 다시 적용받기 위하여 신고하는 경우부터 적용한다.

IV 과세표준과 세액의 계산

1 과세표준

간이과세자의 과세표준은 부가법 제4조의 규정에 따라 과세대상 재화 또는 용역의 공급에 대한 공급대가를 과세표준으로 하며, 과세표준계산에 관하여는 일반과세자의 과세표준계산에 관한 규정인 부가법 제29조 및 부가령 제59조부터 제66조까지의 규정을 준용한다(부가령 §111 ①). 다만, 간이과세자가 면세재화 또는 용역을 공급한 경우 해당 면세공급대가는 일반과세자와 같이 부가가치세 과세표준에 포함되지 않는다.

2 세액계산

(1) 세 율

일반과세자는 재화나 용역의 공급가액에 10% 세율을 적용하나 간이과세자는 공급대가에 부가가치율을 곱한 금액에 10%의 세율을 적용한다. 다만, 간이과세자에 대하여도 영세율의 규정은 그대로 적용된다.

(2) 간이과세자 세액계산

간이과세자가 납부하여야 할 세액은 납부세액에서 매입세금계산서 등의 세액공제를 차감한 금액이며 공제액이 납부세액을 초과하는 부분은 없는 것으로 보므로 간이과세자의 경우 부가가치세 환급은 발생하지 않는다.

1) 납부세액

과세표준인 공급대가(해당 과세기간의 공급대가 또는 부가법 제66조 제2항 또는 제3

항에 따라 예정부과기한까지 신고하는 경우 그 예정부과기간의 공급대가)에 업종별 평균부가가치율을 곱한 금액에 세율을 적용하여 계산된 세액을 납부세액이라 한다(부가법 §63 ①, ②).

납부세액 = 과세표준 × 직전 3년간 신고된 업종별 평균 부가가치율 등을 고려하여 5퍼센트에서 50퍼센트의 범위에서 대통령령으로 정하는 해당 업종의 부가가치율 × 10%

① **과세표준**

과세표준인 공급대가는 부가법 제29조의 규정을 준용하여 계산한다.

② **부가가치율**

가. 의의

(매출액－매입액)이 해당 사업자의 단계에서 창출된 부가가치액이고 이 부가가치액을 매출액으로 나눈 비율을 부가가치율이라 한다. 사업자가 창출한 부가가치액은 해당 사업자가 세금계산서 등의 수수, 장부기장 등을 통하여 가장 정확히 계산할 수 있는 것이나 공급대가가 기준금액 미만인 영세사업자에게 많은 부담을 지우는 것은 곤란하므로 직전 3년간 동일 업종의 평균 부가가치율을 고려하여 적용하도록 하고 있다(부가령 §111 ②).

나. 업종별 부가가치율

① 2021. 6. 30. 이전 공급분까지

업 종	부가가치율	
	2012년 귀속까지	2013년 귀속 이후
제조업	20%	20%
전기 · 가스 · 증기 · 수도	20%	5%
소매업	15%	10%
음식점업	30%	10%
숙박업	30%	20%
재생용 재료수집 및 판매업	20%	10%
농 · 임 · 어업	30%	20%
건설업, 부동산임대업, 그 밖의 서비스업	30%	30%
운수 및 통신업	40%	20%

② 2021. 7. 1. 이후 공급분부터

구 분	부가가치율
1. 소매업, 재생용 재료수집 및 판매업, 음식점업	15%
2. 제조업, 농업 · 임업 및 어업, 소화물 전문 운송업	20%
3. 숙박업	25%
4. 건설업, 운수 및 창고업(소화물 전문 운송업은 제외한다), 정보통신업	30%
5. 금융 및 보험 관련 서비스업, 전문 · 과학 및 기술서비스업(인물사진 및 행사용 영상 촬영업은 제외한다), 사업시설관리 · 사업지원 및 임대서비스업, 부동산 관련 서비스업, 부동산임대업	40%
6. 그 밖의 서비스업	30%

※ 2021. 7. 1. 이후 재화나 용역을 공급하거나 재화를 수입신고하는 분부터 적용

다. 부가가치율이 다른 업종에 공통사용하던 재화를 공급하는 경우

간이과세자가 둘 이상의 업종에 공통으로 사용하던 재화를 공급하여 업종별 실지귀속을 구분할 수 없는 경우에 적용할 부가가치율은 다음 계산식에 따라 계산한 율의 합계로 한다. 이 경우 휴업 등으로 인하여 해당 과세기간의 공급대가가 없을 때에는 그 재화를 공급한 날에 가장 가까운 과세기간의 공급대가에 따라 계산한다(부가령 §111 ⑤).

> 가중평균 부가가치율 = Σ [각 업종별 부가가치율 × (해당 과세기간의 해당 업종별 공급대가 ÷ 해당 과세기간의 전체 업종의 총공급대가)]

③ 세율

간이과세자에게 적용되는 세율은 10%이다.

(3) 매입세금계산서 등의 제출에 대한 공제

1) 공제요건

간이과세자가 다른 사업자로부터 아래(ⓐ, ⓑ)의 세금계산서 등을 발급받아 작성한 매입처별세금계산서합계표 또는 신용카드매출전표 등 수령명세서를 관할 세무서장에게 제출하거나, 부가법 제68조에 따른 결정 · 경정을 할 때 해당 간이과세자가 보관하고 있는 해당 서류를 부가령 제102조에 따른 결정 · 경정 기관의 확인을 거쳐 관할 세무서장에게 제출하는 경우에는 아래 "2)"의 공제세액을 과세기간에 대한 납부세액에서 공제한

다. 다만, 부가법 제63조 제6항(아래 "3. 결정 · 경정 · 수정신고 시 납부세액 계산특례")에 따라 매입세액으로 공제받는 경우에는 그러하지 아니한다(부가법 §63 ③).

ⓐ 부가법 제54조 제1항 및 제3항에 따른 매입처별세금계산서합계표

ⓑ 신용카드매출전표 등 수령명세서

2) 공제세액의 계산

공제세액은 2021. 7. 1. 전에 공급받는 분까지는 아래 "①"부터 "⑤"까지에 따라 계산하며, 2021. 7. 1. 이후 공급받는 분부터는 아래 "①"과 "③"부터 "⑤"까지에 따라 계산한 금액을 공제세액으로 한다.

① 기본공제액

해당 과세기간에 세금계산서 등을 발급받은 재화와 용역의 공급대가에 0.5%를 곱한 금액을 기본공제액이라 한다. 2021. 6. 30.까지 공급받은 분에 대한 기본공제액은 세금계산서 등에 적혀 있는 매입세액에 해당 업종의 부가가치율을 곱하여 계산한 금액으로 한다.

② 업종별 부가가치율이 다른 사업을 겸영하는 경우

업종별 부가가치율이 다른 사업을 겸영하는 경우에는 업종별 실지귀속에 따라 공제되는 매입세액을 구하되, 업종별 실지귀속을 적용할 수 없는 분에 대하여는 부가법 제63조 제2항 제1호(전기 · 가스 · 증기 및 수도사업)의 부가가치율 5%를 적용하여 산출한 금액을 세금계산서 세액공제로서 공제한다(부가법 §63 ③ 2, 부가령 §111 ⑥).

구 분		공제세액 계산
부가가치율이 서로 다른 업종을 겸영하는 경우	실지귀속 구분 가능	실지귀속에 따라 구분한 매입세액×해당 업종의 부가가치율
	실지귀속 구분 불가	매입세액×전기 · 가스 · 증기 및 수도사업 등의 업종별 부가가치율(5%)
과세사업과 면세사업을 겸영하는 경우	실지귀속 구분 가능	실지귀속에 따라 구분한 매입세액×해당 업종의 부가가치율
	실지귀속 구분 불가	매입세액×(해당 과세기간의 과세공급가액/해당 과세기간의 총공급가액)×해당 업종의 부가가치율

③ 과세 · 면세사업을 겸영하는 경우

과세사업과 면세사업 등을 겸영하는 경우에는 과세사업과 면세사업 등의 실지귀속에 따르되, 과세사업과 면세사업 등의 실지귀속을 구분할 수 없는 부분은 다음 계산식에 따라 계산한다(부가법 §63 ③ 3, 부가령 §111 ⑦).

가. 2021. 6. 30.까지 공급받는 분

$$\text{납부세액에서 공제할 세액} = \text{해당 과세기간에 발급받은 세금계산서 등에 적힌 매입세액} \times \frac{\text{해당 과세기간의 과세 공급대가}}{\text{해당 과세기간의 총공급대가}} \times \text{해당 업종의 부가가치율}$$

나. 2021. 7. 1. 이후 공급받는 분

$$\text{납부세액에서 공제할 세액} = \text{해당 과세기간에 세금계산서등을 발급받은 재화와 용역의 공급대가 합계액} \times \frac{\text{해당 과세기간의 과세 공급대가}}{\text{해당 과세기간의 총공급대가}} \times \text{0.5퍼센트}$$

④ 세액공제의 배제

부가법 제39조의 규정에 따라 매입세액이 불공제되는 매입세액은 당연히 세액공제가 배제되며, 사업자가 매입처별세금계산서합계표의 기재사항 중 거래처별 등록번호, 공급가액의 전부 또는 일부가 기재되지 아니하였거나 사실과 다르게 적혀 있는 경우에도 납부세액에서 공제하지 아니한다(부가법 §63 ③).

(4) 전자세금계산서 발급세액공제

간이과세자(간이과세자로 등록한 최초의 과세기간 중에 있는 자 또는 직전연도의 공급대가 합계액이 4,800백만 원 미만인 간이과세자는 제외한다)가 전자세금계산서를 2024년 12월 31일까지 발급(전자세금계산서 발급명세를 법정기한까지 국세청장에게 전송한 경우로 한정한다)하고 전자세금계산서 발급세액공제신고서를 납세지 관할 세무서장에게 제출한 경우의 해당 과세기간에 대한 부가가치세액 공제에 관하여는 부가법 제47조 제1항을 준용한다(부가법 §63 ④).

(5) 공제세액이 납부세액을 초과하는 경우

간이과세자가 일반과세자로부터 발급받아 사업장 관할 세무서장에게 세금계산서 등을 제출함으로써 공제받는 세금계산서 등의 제출로 인한 공제세액, 의제매입세액(2021. 7. 1. 이후 수입 및 공급받는 분부터는 공제불가) 및 신용카드매출전표의 발행으로 공제받는 금액을 공제함에 있어서 각 과세기간의 납부세액을 초과하는 경우에는 그 초과하는 부분은 없는 것으로 본다(부가법 §63 ⑥).

3 결정 · 경정 · 수정신고 시 납부세액 계산특례

(1) 개 요

부가법 제68조 제1항에 따라 결정 또는 경정받거나 「국세기본법」 제45조에 따라 수정신고한 간이과세자의 해당 연도의 공급대가의 합계액이 기준금액 이상인 경우 "대통령령으로 정하는 과세기간"의 납부세액은 일반과세자에 대한 납부세액 계산규정(부가법 §37)을 준용하여 계산한 금액으로 한다(부가법 §63 ⑦).

간이과세자가 과세관청의 경정, 결정, 재경정이 있는 날이 속하는 과세기간까지 과세유형은 간이과세자로 보는 것이나, 그 사유로 인하여 기준금액 이상이 된 경우 세액계산은 일반과세자의 세액계산 방법을 준용하겠다는 것이다.

이는 불성실신고자가 결정 · 경정 또는 수정신고를 통하여 신고누락금액이 발견되는 경우 납부세액의 계산에 있어서 성실신고자보다 유리하게 되는 모순을 개선하기 위한 것이다.

(2) 대통령령으로 정하는 과세기간

경정, 수정신고 등으로 "(1)"과 같이 일반과세자의 납부세액계산 방법으로 납부세액을 계산하는 "대통령령으로 정하는 과세기간"이란 결정 · 경정 과세기간의 다음 과세기간을 말한다. 다만, 결정 · 경정 과세기간이 신규로 사업을 시작한 자의 최초 과세기간인 경우에는 해당 과세기간의 다음 과세기간을 말한다(부가령 §111 ⑧).

(3) 납부세액계산 방법

납부세액의 계산에 있어 공급가액은 공급대가에 110분의 100을 곱한 금액에 10%를 곱하여 매출세액을 계산하고, 간이과세자가 매입처별세금계산서합계표 또는 신용카드매출전표 등 수령명세서를 제출함으로써 부가법 제63조 제3항(위 "2"의 "(3)" "2)" "①부터 ③"까지에 따라 공제받은 세액)에 따라 매입세금계산서 등 세액공제를 받은 경우에는 매입세액의 계산에 있어서 그 공제받은 세액을 차감한 후의 세액을 공제한다(부가법 §63 ⑦).

> 납부세액 = 매출세액 - 매입세액 = [{공급대가 × (100/110)} × 10% - 매입세액]

이때 세금계산서 등의 수취분에 대하여 간이과세자로서 매입세액에 대한 세액공제를 받지 아니한 경우로서 해당 결정 또는 경정기관의 확인을 거쳐 세금계산서 등을 제출하여 그 매입세액으로 공제를 받는 경우에는 그 공급가액에 1%를 곱한 금액을 납부세액에 가산하거나 환급세액에서 공제한다(부가법 §68 ③).

(4) 세금계산서 미발급 및 세금계산서합계표 미제출에 대한 제재

경정, 재경정일이 속하는 과세기간까지는 간이과세자로 보는 것이므로 간이과세자의 지위가 유지되는 과세기간 중에 세금계산서를 발급하지 아니하거나 매출처별세금계산서합계표를 제출하지 아니한 것에 대한 가산세는 적용하지 아니한다.

V 재고납부세액의 계산

1 개 요

일반과세자는 자기의 사업과 관련하여 재화 또는 용역을 공급받은 때가 거래징수당한 매입세액 전액을 공제 또는 환급받는 반면, 간이과세자는 매입세액에 부가가치율(5~30%)을 곱한 금액만을 공제받고 있다.

일반과세자일 때 매입세액을 전액 공제받은 재화를 간이과세자로 변경된 이후에 공급하는 경우에는 공급대가에 부가가치율을 적용한 금액의 10%를 납부세액으로 부담하기 때문에 간이과세자가 취득하여 공급하는 재화와 비교할 때 훨씬 적은 부가가치세를 부담하는 결과가 초래되기 때문에 기존에 공제(전액공제)받은 매입세액에 대한 정산절차가 필요하게 되는데 이것이 재고납부세액계산이다.

일반과세자에서 간이과세자로 전환되는 사업자는 자신이 일반과세자일 때 부가법 제37조(납부세액)의 규정에 의하여 매입세액공제를 받은 재고품 및 감가상각자산으로서 과세유형이 전환되는 날 현재 남아 있는 재고품 및 감가상각자산에 대하여 정부에 신고하여야 한다.

2 재고납부세액의 계산

일반과세자가 간이과세자로 변경되면 변경 당시의 재고품, 건설 중인 자산 및 감가상각자산에 대하여 간이과세자의 매입세액공제율과의 차액을 계산하여 간이과세자로 전환된 후의 납부세액에 더하여 납부한다(부가법 §64).

(1) 대상자산

재고납부세액 계산 대상자산(이하 “재고품 등”이라 한다)은 과세유형 변경일 현재의 재고품, 건설 중인 자산 및 감가상각자산으로서 부가법 제38조부터 제43조까지의 규정에 따라 공제받은 재화에 한한다(부가법 §64, 부가령 §112 ①).

① 재고품

ⓐ 상품
ⓑ 제품(반제품 및 재공품 포함)
ⓒ 재료(부재료 포함)

② 건설 중인 자산

③ 감가상각자산

건물 또는 구축물의 경우에는 취득, 건설 또는 신축 후 10년 이내의 것, 그 밖의 감가상각자산의 경우에는 취득 또는 제작 후 2년 이내의 것으로 한정한다.

④ 사업양도자가 공제받은 재화

사업양도에 의하여 사업양수자가 양수한 자산으로서 사업양도자가 매입세액을 공제받은 재화(사업양도자가 공제받은 재화를 양수한 경우에도 재고납부세액을 계산하도록 한 유권해석이 대법원에서 패소함에 따라 2011. 1. 1. 이후 유형전환되는 분부터 기존 해석과 같이 적용되도록 법령을 개정한 것임)도 재고납부세액 대상자산이다.

(2) 재고납부세액 계산 방법

1) 계산식

일반과세자가 간이과세자로 변경되는 경우에 해당 사업자는 다음의 방법에 의하여 계산한 금액을 납부세액에 가산하여 납부하여야 한다(부가령 §116 ③).

① 재고품

○ 2021. 6. 30.까지 간이과세자로 변경된 경우

재고납부세액 = 재고금액 × (10/100) × (1－부가령 §111 ②에 규정한 부가가치율)

○ 2021. 7. 1. 이후 간이과세자로 변경된 경우

재고납부세액 = 재고금액 × (10/100) × (1－0.5퍼센트 × 110/10)

② 건설 중인 자산

○ 2021. 6. 30.까지 간이과세자로 변경된 경우

재고매입세액 = 해당 건설 중인 자산과 관련된 공제대상 매입세액 × (1 - 부가령 §111 ②에 규정한 부가가치율)

○ 2021. 7. 1. 이후 간이과세자로 변경된 경우

재고납부세액 = 해당 건설 중인 자산과 관련하여 공제받은 매입세액 × (1 - 0.5퍼센트 × 110/10)

③ 감가상각자산의 경우

가. 타인으로부터 매입한 건물 및 구축물

○ 2021. 6. 30.까지 간이과세자로 변경된 경우

재고납부세액 = 취득가액 × (1 - (5/100) × 경과된 과세기간의 수) × 10/100 × (1 - 부가령 §111 ②에 규정한 부가가치율)

※ 사업양도자가 공제받은 자산을 양수한 경우 양도자의 취득일로부터 '경과된 과세기간 수'를 산정함.

○ 2021. 7. 1. 이후 간이과세자로 변경된 경우

재고납부세액 = 취득가액 × (1 - (5/100) × 경과된 과세기간의 수) × 10/100 × (1 - 0.5퍼센트 × 110/10)

나. 직접 제작·건설·신축한 건물 및 구축물

○ 2021. 6. 30.까지 간이과세자로 변경된 경우

재고납부세액 = 건설·신축 관련 매입세액 × (1 - (5/100) × 경과된 과세기간의 수) × (1 - 부가령 §111 ②에 규정한 부가가치율)

※ 2001. 12. 31. 이전 취득분은 10/100을 적용함.

○ 2021. 7. 1. 이후 간이과세자로 변경된 경우

재고납부세액 = 해당 자산의 건설 또는 신축과 관련하여 공제받은 매입세액(제2항 단서가 적용되는 경우에는 시가의 10퍼센트에 상당하는 세액) × (1－(5/100) × 경과된 과세기간의 수) × (1－0.5퍼센트 × 110/10)

다. 다른 사람으로부터 매입한 그 밖의 감가상각자산

○ 2021. 6. 30.까지 간이과세자로 변경된 경우

재고납부세액 = 취득가액 × (1－(25/100) × 경과된 과세기간의 수) × 10/100 × (1－부가령 §111 ②에 규정한 부가가치율)

○ 2021. 7. 1. 이후 간이과세자로 변경된 경우

재고납부세액 = 취득가액 × (1－(25/100) × 경과된 과세기간의 수) × 10/100 × (1－0.5퍼센트 × 110/10)

라. 직접 제작·건설·신축한 그 밖의 감가상각자산

○ 2021. 6. 30.까지 간이과세자로 변경된 경우

재고납부세액 = 제작 관련 매입세액 × (1－(25/100) × 경과된 과세기간의 수) × (1－부가령 §111 ②에 규정한 부가가치율)

○ 2021. 7. 1. 이후 간이과세자로 변경된 경우

재고납부세액 = 해당 자산의 제작과 관련하여 공제받은 매입세액(제2항 단서가 적용되는 경우에는 시가의 10퍼센트에 상당하는 세액) × (1－(25/100) × 경과된 과세기간의 수) × (1－0.5퍼센트 × 110/10)

2) 계산식 개요

① 위 계산식 중 10/100은 매입세액을 계산하기 위한 것이며, “(1－부가령 §111 ②에 규정한 부가가치율)”은 일반과세자로서 공제받은 매입세액 전액과 부가령 제111조 제2항의 표의 구분에 따른 부가가치율로 간이과세자로서 세금계산서를 제출한 경우에 공제받을 수 있는 세금계산서 제출 공제세액 상당액과의 차액을 계산하기

위한 것이다.

② 위 계산식 중 부가가치율이란 간이과세자로 변경되는 날이 속하는 과세기간에 적용되는 해당 업종의 부가가치율을 말한다(부가령 §112 ④).

③ 위 계산식 중 "경과된 과세기간의 수 및 계산 그리고 취득 · 공급시기의 의제에 관하여는 부가령 제66조 제2항 후단 및 같은 조 제5항(감가상각자산 자가공급 등의 공급가액 계산)을 준용한다(부가령 §112 ③).

④ 직접 제작 · 건설 · 신축한 경우 건물, 구축물, 그 밖의 감가상각자산에 대한 재고납부세액계산 산식에서 "건설 · 신축관련 매입세액"은 해당 자산의 건설 또는 신축과 관련하여 공제받은 매입세액을 말한다. 다만, 장부 또는 세금계산서가 없거나 기장이 누락된 경우 해당 재고품 및 감가상각자산의 경우에는 시가의 100분의 10에 상당하는 세액을 말한다.

⑤ 재고납부세액계산 시 재고품 또는 감가상각자산의 금액은 장부 또는 세금계산서에 의하여 확인되는 해당 재고품 등의 취득가액으로 한다. 다만, 장부 또는 세금계산서가 없거나 장부에 기록이 누락된 경우 해당 재고품 등의 가액은 시가에 따른다(부가령 §112 ②).

3 재고납부세액의 신고 및 납부

(1) 신 고

일반사업자가 간이과세자로 전환되는 경우에는 전환일의 직전 과세기간에 대한 확정신고와 함께 전환일 현재의 재고품, 건설 중인 자산 및 감가상각자산에 대한 재고품 등의 신고서를 각 사업장 관할 세무서장에게 신고하여야 한다(부가령 §74의4 ①, 부가칙 §23의3).

(2) 재고납부세액의 승인

간이과세자로 전환되는 사업자로부터 간이과세자 전환의 재고품 및 감가상각자산 신고를 받은 관할 세무서장은 재고금액을 조사 · 승인하고 간이과세자로 변경된 날부터 90일 이내에 해당 사업자에게 재고납부세액을 통지하여야 한다. 이 경우 그 기한 이내에 통지하지 아니할 때에는 해당 사업자가 신고한 재고금액을 승인한 것으로 본다. 만약 사업자가 신고를 하지 아니하거나 과소하게 신고한 경우에는 관할 세무서장이 재고금액을 조사하여 해당 재고납부세액을 결정하고 통지하여야 한다(부가령 §112 ⑤, ⑥).

(3) 재고납부세액의 납부

결정된 재고납부세액은 간이과세자로 변경된 날이 속하는 과세기간에 대한 확정신고 시 납부할 세액에 더하여 납부한다(부가령 §112 ⑦).

(4) 재고납부세액의 경정

간이과세자로 전환되는 사업자로부터 간이과세전환의 재고품 및 감가상각자산 신고를 받은 관할 세무서장이 승인하거나 승인한 것으로 보는 재고납부세액의 내용에 오류가 있거나 내용이 누락된 경우에는 부가법 제57조에 따라 재고납부세액을 조사하여 경정하게 된다(부가령 §112 ⑧).

4 계산 사례

① 소매업을 영위하던 사업자가 간이과세포기로 인하여 2009. 7. 1.부터 일반과세자로 전환되었고, 전환일 현재 재고자산 등이 다음과 같은 경우 재고납부세액

○ 재고자산 등 내역

- 건축물: 취득가액(1억 원, 세금계산서 수취 및 매입세액공제), 2008. 4. 10. 취득
- 비품 1: 취득가액(1천만 원, 신용카드매출전표 수취 및 매입세액공제), 2008. 10. 11. 취득
- 비품 2: 취득가액(2천만 원, 영수증 수취분), 2009. 2. 1. 취득
- 재고자산: 취득가액(4천만 원, 매입세액공제분), 시가(5천만 원)

○ 재고납부세액: 11,050,000

- 건축물: 1억 원 × (1 − 5% × 3) × 10/100 × (1 − 15%) = 7,225,000원
- 비품 1: 1천만 원 × (1 − 25% × 2) × 10/100 × (1 − 15%) = 425,000원
- 비품 2: 해당 없음(매입세액을 공제받지 아니함).
- 재고자산: 40,000,000(취득가액) × 10/100 × (1 − 15%) = 3,400,000원

② 간이과세자가 반품으로 매입세금계산서합계액이 음수가 되는 경우 납부세액의 계산

간이과세자가 판매목적으로 매입한 재화의 반품 등으로 인하여 수정세금계산서를 발급받아 당해 과세기간의 매입세금계산서합계액이 음수가 되는 경우에는 매입세액에 부

가가치율을 곱한 금액을 공제세액에서 차감하여 납부하여야 한다. 다만, 이 경우 당초 매입한 거래금액에 대한 공제세액이 그 과세기간의 납부세액을 초과하여 초과분을 공제받지 못한 때에는 당초 공제받은 금액을 한도로 공제세액에서 차감한다(부가 46015-1168, 1998. 5. 28.).

VI 신고와 납부 및 경정 등

1 개 요

간이과세자도 일반과세자와 마찬가지로 각 과세기간마다 각 과세기간의 과세표준과 납부세액을 신고하고 납부하여야 한다.

2 부가가치세 신고

간이과세자는 과세기간의 과세표준과 납부세액을 그 과세기간이 끝난 후 25일(폐업하는 경우 제5조 제3항에 따른 폐업일이 속한 달의 다음 달 25일) 이내에 대통령령으로 정하는 바에 따라 납세지 관할 세무서장에게 확정신고를 하고 납세지 관할 세무서장 또는 한국은행 등에 납부하여야 한다(부가법 §67 ①).

간이과세자는 간이과세자 부가가치세확정신고서 및 각종 서류를 함께 제출하여야 한다. 다만, 1개 업종의 사업만을 경영한 경우 및 영세율·재고납부세액·가산세·신용카드매출전표에 의한 매입세액에 대한 신고사항이 없는 경우, 세금계산서를 발급하지 아니한 경우에는 국세청장이 정하는 바에 따라 부동산임대사업자용 또는 기타업종 사업자용 간편신고서식에 의하여 신고할 수 있다.

3 납부세액의 계산

간이과세자의 부가가치세 신고에 있어 확정납부세액으로서 납부하여야 할 세액은 해당 예정부과기간 또는 과세기간의 납부세액에서 부가법 제68조의2 및 「국세기본법」 제47조의2 내지 제47조의4에 따라 계산한 가산세(무신고가산세, 과소신고 · 초과환급신고가산세, 납부불성실 · 환급불성실가산세)를 가산하고 다음의 세액을 차감한 금액으로 한다(부가법 §67 ① · ②, 부가령 §114 ④).

㉮ 부가법 제46조 제1항에 따른 신용카드매출전표등세액공제

㉯ 부가법 제63조 제3항에 따른 세금계산서등수취세액공제

㉰ 부가법 제63조 제4항에 따른 전자세금계산서 발행세액공제

㉱ 부가법 제68조에 따른 수시부과 세액

납세자가 직접 전자신고방법에 의하여 부가가치세 신고를 하는 경우에는 해당 납부세액에서 1만 원을 공제하며, 공제세액이 납부세액에 매입세액공제, 재고매입세액, 의제매입세액공제 금액을 가감한 후의 금액을 초과하는 때에는 그 초과하는 금액은 이를 없는 것으로 본다(조특법 §104의8 ②).

4 신고 시 제출서류

간이과세자가 부가가치세의 신고(부가법 제66조 제2항 · 제3항 및 제67조 제1항에 따른 신고)를 할 때에는 간이과세자 부가가치세신고서와 아래의 서류를 관할 세무서장에게 제출(국세정보통신망에 의한 제출을 포함한다)하여야 한다(부가령 §114 ③, 부가칙 §74 ②).

① 매출 · 매입처별세금계산서합계표

② 영세율 첨부서류. 이 경우 신고서에 영세율 첨부서류를 첨부하지 아니한 부분에 대하여는 신고로 보지 아니한다(부가령 §114 ⑥, ⑦).

③ 의제매입세액을 공제받고자 하는 경우: 매입처별계산서합계표, 신용카드매출전표등수취명세서(2021. 7. 1. 이후 공급분부터 삭제)

④ 그 밖의 서류

신용카드매출전표발행집계표, 신용카드매출전표등수령명세서(매입세액공제의 경우), 사업양도신고서(사업양도에 한함), 사업장현황명세서(음식 · 숙박업자 및 그 밖의 서비스업자에 한함), 부동산임대공급가액명세서, 건물 등 감가상각자산취득명세서, 전자화폐결제명세서

5 | 납 부

부가가치세액 납부에 있어서는 부가가치세신고서와 함께 관할 세무서장에게 납부하거나 「국세징수법」에 의한 납부서에 의하여 한국은행 또는 체신관서에 납부하여야 한다(부가령 §114 ④).

6 | 세금계산서 발급의무 간이과세자

1) 발급의무자 판단

2021. 7. 1. 이후 과세기간부터는 직전연도의 공급대가 합계액이 4,800만 원 이상인 간이과세자로서 아래의 영수증 발급대상 간이과세자(이하 "특정 간이과세 대상자"라 한다)를 제외한 간이과세자는 세금계산서를 발급하여야 한다.

① 주로 사업자가 아닌 소비자와 거래하는 영수증 발급 업종 경영자
② 직전연도의 공급대가 합계액이 4,800만 원 미만인 사업자
③ 신규 개업한 간이과세자로서 최초 과세기간 중에 있는 사업자

또한, 직전연도 공급대가 합계액이 4,800만 원 이상인 위 "①" 업종의 간이과세자로서 공급받는 자가 세금계산서 발급을 요구하는 경우와 미용 · 욕탕업, 무도 · 자동차운전학원, 전세버스 외 여객운송업 등을 영위하는 간이과세자가 사업에 사용하는 고정자산을 공급하고 공급받는 자가 세금계산서 발급을 요구하는 경우에는 세금계산서를 발급하여야 한다.

2) 세금계산서 발급사업자 해당 여부의 확인

간이과세자가 자신이 세금계산서 발급의무자인지는 사업장 관할 세무서장이 직전연도 공급대가 합계액이 4,800만 원 이상인지를 확인하여 6월 10일까지 세금계산서 발급사업자 해당 여부 통지(7월 1일부터 최소 다음 해 6월 30일까지 발급)와 함께 사업자등록증을 정정 발송한다. 거래상대방은 사업자등록증을 확인하거나, "국세청 홈택스" > "조회/발급" > "사업자 상태"에서 사업자등록번호를 입력하여 공급자가 세금계산서 발급의무자인지를 확인할 수 있다.

※ 세금계산서 발급의무 간이과세자로부터 재화나 용역을 공급받고 신용카드로 결제하는 경우 부가가치세가 구분 기재된 신용카드매출전표 등을 수취하면 매입세액공제를 받을 수 있다.

3) 세금계산서 발급방법

세금계산서 및 전자세금계산서의 방법(공급시기, 필요적 기재사항, 발급 및 전송 등)은 일반과세자의 경우와 동일하므로 앞의 "세금계산서" 편을 참조한다. 다만, 간이과세자의 과세표준 산정 기준인 공급대가가 아닌 공급가액과 세액으로 구분하여 세금계산서를 기재하여야 하며, 예정부과기간(1. 1.~6. 30.) 중 세금계산서를 발급한 간이과세자는 예정신고(세금계산서합계표도 제출)를 하여야 하므로 무신고 시 무신고 납부세액의 20%를 가산세로 부과한다(2022년 7월 예정신고분부터 적용).

※ 세금계산서 발급의무 간이과세자가 세금계산서 발급을 거부하는 경우에는 공급받는 자 관할 세무서에 거래사실확인신청서를 제출하여 매입자발행세금계산서를 발행할 수도 있다.

4) 세금계산서를 발급하여야 하는 기간

특정 간이과세자는 영수증 발급대상이다. 만약 특정 간이과세자에서 배제되어 세금계산서 발급사업자가 되는 경우 관할 세무서장의 통지를 받게 되고 해당 통지를 받은 다음 달 7월 1일부터 다음 해 6월 30일까지 세금계산서를 발급하여야 한다.

※ 특정 간이과세자의 영수증 발급 적용기간에 대하여는 앞서 "영수증" 편에서 설명하였다.

5) 세액계산에 미치는 영향

간이과세자가 세금계산서를 발급하고 부가가치세액(공급가액의 10%)을 거래징수하였다고 하더라도 간이과세자의 납부세액계산은 앞 "2"의 세액계산과 동일하게 진행된다(납부세액 = 과세표준 × 업종별 부가가치율 × 10%).

7 | 매입 · 매출처별세금계산서합계표 등의 제출

간이과세자는 매입·매출처별세금계산서합계표를 확정신고와 함께 제출하여야 한다. 이 경우 제출한 매입처별세금계산서합계표의 기재사항 중 거래처별 등록번호, 공급가액의 전부 또는 일부가 적히지 않았거나 사실과 다르게 적힌 경우에는 부가법 제63조 제3항에 따른 세액공제를 받을 수 없다(**부가법 §67 ③, 부가령 §114 ⑤**).

8 | 결정 및 경정

간이과세자에 대한 과세표준과 납부세액은 일반과세자와 동일하게 부가법 제57조를 준용하여 결정 또는 경정할 수 있다(부가법 §68 ①).

9 | 징 수

간이과세자도 일반과세자와 같이 부가법 제58조를 준용하여 아래의 세액을 「국세징수법」에 따라 징수한다(부가법 §68 ④).

㉮ 확정신고 시 신고한 납부세액에 미달하게 납부한 경우의 미달한 세액

㉯ 확정신고에 대한 결정·경정에 의하여 발생된 추가 납부할 세액

㉰ 수시부과 사유가 있을 때 정부가 조사결정한 세액

㉱ 수입재화의 경우는 세관장이 「관세법」에 따라 징수

10 | 납부의무의 면제

(1) 의 의

간이과세자의 공급대가가 일정금액 미만인 경우에는 그 세액을 납부하지 아니하도록 규정하여 징세비용을 축소하고 납세능력이 없는 영세한 사업자를 지원하고 있다.

(2) 납부의무 면제대상

간이과세자의 해당 과세기간에 대한 공급대가의 합계액이 납부면제금액 미만이면 부가가치세액의 납부의무를 면제한다. 다만, 해당 공급대가에 대한 납부세액은 면제하더라도 일반과세자가 간이과세자로 전환 시 부담하여야 하는 부가법 제64조의 재고납부세액은 납부하여야 한다(부가법 §69 ①).

또한, 부가법 제63조 제6항에 따른 결정·경정·수정신고 시 납부세액 계산특례가 적용되는 경우 그 공급대가가 비록 납부면제금액 미만이더라도 납부의무를 면제하지 않는다.

| 연도별 납부면제금액 |

귀속	~2018. 12. 31.	~2019. 12. 31.	~2020. 12. 31.	2021. 1. 1.~
납부면제 금액	2,400만 원	3,000만 원	4,800만 원*	4,800만 원

* 2020년은 조특법 제108조의5 및 조특령 제110조의4에 따라 감면배제사업자(부동산임대 및 공급업, 과세유흥장소 운영업)는 3,000만 원 미만, 그 외 업종은 4,800만 원 미만이면 납부의무가 면제되며, 2021년 이후 개시하는 과세기간부터는 감면배제업종 여부에 관계없이 4,800만 원 미만자는 납부의무를 면제한다.

(3) 신규자 등의 공급대가 환산

납부의무 면제대상 기준금액을 계산함에 있어 해당 과세기간에 신규로 사업을 시작한 간이과세자에 대하여는 그 사업개시일부터 그 과세기간 종료일까지의 공급대가의 합계액을 12개월로 환산한 금액을 기준으로 하고, 휴업자 · 폐업자 및 과세기간 중 과세유형을 전환한 간이과세자는 그 과세기간 개시일부터 휴업일 · 폐업일 및 과세유형 전환일까지의 공급대가의 합계액을 12개월로 환산한 금액을 기준으로 한다. 이 경우 1개월 미만의 끝수가 있으면 1개월로 한다(부가법 §69 ③).

(4) 유형전환자에 대한 납부의무면제 계산

개인사업자가 과세유형전환이 있어 부가법 제5조 제4항 각호에 따른 과세기간의 적용을 받는 간이과세자는 해당 과세기간의 공급대가의 합계액을 12개월로 환산한 금액을 기준으로 한다.

(5) 납부의무면제자가 납부세액을 자진납부 시 환급

납부할 의무가 면제되는 사업자가 자진납부한 경우 납세지 관할 세무서장은 납부한 금액을 환급하여야 한다(부가법 §69 ④).

(6) 납부의무면제자의 가산세 적용배제

납부의무가 면제되는 간이과세자에 대하여는 미등록가산세 및 명의위장등록가산세를 적용하지 아니한다. 다만, 사업자등록 기한 내에 사업자등록을 하지 아니한 경우(대통령령으로 정하는 고정사업장이 없는 경우 제외)에는 미등록가산세를 적용하되, 공급대가의 0.5%에 해당하는 금액과 5만 원 중 큰 금액으로 한다(부가법 §69 ②).

사업자미등록가산세가 부과되지 아니하는 "대통령령으로 정하는 고정사업장이 없는 경우"란 고정된 물적시설을 갖추지 아니하고 공부(公簿)에 등록된 사업장 소재지가 없는 경우를 말한다(부가령 §115).

또한, 납부의무의 면제에 해당하는 자가 이를 이행하지 아니하거나 과소신고한 경우 「국세기본법」 제47조의2에 따른 무신고가산세 또는 「국세기본법」 제47조의3에 따른 과세신고가산세의 적용대상에 해당되지 아니하나, 과세표준과 세액의 신고의무까지 면제되는 것은 아니다.

11 예정부과와 납부

(1) 예정부과

1) 개요

사업장 관할 세무서장은 간이과세자에 대한 부가법 제67조에 따른 신고와 납부규정에 불구하고 간이과세자에 대하여 직전 과세기간에 대한 납부세액의 1/2을 1월 1일부터 6월 30일(이하 "예정부과기간"이라 한다)까지의 납부세액으로 결정하여 예정부과기간이 끝난 후 25일 이내(이하 "예정부과기한"이라 한다)까지 징수한다.

2) 예정부과세액의 계산

직전 과세기간에 대한 납부세액(신용카드매출전표 등 발행세액공제, 매입처별세금계산서합계표 및 신용카드매출전표 등 수령명세서 제출에 따른 세액공제, 전자세금계산서 발행세액공제 및 전자신고에 대한 세액공제 등 납부세액에서 공제하거나 경감한 세액이 있는 경우에는 그 세액을 뺀 금액으로 하고, 부가법 제68조에 따른 결정 또는 경정과 「국세기본법」 제45조 및 제45조의2에 따른 수정신고 및 경정청구에 따른 결정이 있는 경우에는 그 내용이 반영된 금액)의 1/2로 한다. 다만, 직전 과세기간이 부가법 제5조 제4항 제1호의 과세기간(일반과세자가 간이과세자로 전환된 후 간이과세자에 관한 규정이 적용되는 경우 7. 1.부터 12. 31.까지의 과세기간)에 해당하는 경우에는 직전 과세기간에 대한 납부세액 전액으로 한다(부가법 §66 ①).

이때 1천 원 미만의 단수가 있을 때에는 그 단수금액은 버린다.

3) 납부고지서의 발부

사업장 관할 세무서장은 7. 1.부터 7. 10.까지 납부고지서를 발부하여야 한다.

4) 예정부과의 고지 최저한 및 예정부과의 예외

다음의 어느 하나에 해당하는 경우에는 예정고지대상에 해당하지 아니하며, 예정신고 대상자도 아니다(부가법 §66 ① 단서).

① 위 "2)"에 따라 징수하여야 할 금액이 50만 원 미만인 경우(2021. 12. 31. 이전 분까지는 30만 원)

② 부가법 제5조 제4항 제2호(간이과세자가 일반과세자로 변경되는 경우로서 그 변경 이전 1월 1일부터 6월 30일까지)의 과세기간이 적용되는 간이과세자의 경우

③ 「국세징수법」 제13조 제1항 각호의 어느 하나에 해당하는 사유로 관할 세무서장이 징수하여야 할 금액을 사업자가 납부할 수 없다고 인정되는 경우

(2) 예정신고

1) 사업부진에 따른 예정신고

위 "(1)"에도 불구하고 휴업 또는 사업 부진 등으로 인하여 예정부과기간의 공급대가의 합계액 또는 납부세액이 직전 과세기간의 공급대가의 합계액 또는 부가법 제66조 제1항에 따른 납부세액의 3분의 1에 미달하는 간이과세자는 예정부과기간의 과세표준과 납부세액을 예정부과기한까지 사업장 관할 세무서장에게 신고할 수 있으며, 동 예정신고하는 간이과세자는 그 예정부과기간의 납부세액을 사업장 관할 세무서장에게 납부하여야 한다.

이때 위 "(1)"에 따른 결정 이후 간이과세자가 예정신고를 한 경우에는 "(1)"에 따른 결정은 없었던 것으로 본다(부가법 §66 ②·④·⑤, 부가령 §114 ②).

2) 세금계산서 발급에 따른 예정신고

위 "(1)"에도 불구하고 부가법 제32조 또는 제36조 제3항에 따라 예정부과기간에 세금계산서를 발급한 간이과세자는 예정부과기간의 과세표준과 납부세액을 예정부과기한까지 사업장 관할 세무서장에게 신고하고 그 예정부과기간의 납부세액을 사업장 관할 세무서장에게 납부하여야 한다. 이때 위 "(1)"에 따른 결정 이후 간이과세자가 예정신고를 한 경우에는 "(1)"에 따른 결정은 없었던 것으로 본다(부가법 §66 ③, ④, ⑤).

(3) 세금계산서합계표 등의 제출

예정신고하는 간이과세자는 매출·매입처별세금계산서합계표를 제출하여야 한다. 다만, 매출·매입처별세금계산서합계표를 예정부과기간에 대한 신고를 할 때 제출하지 못하는 경우에는 부가법 제67조 제1항에 따른 확정신고를 할 때 이를 제출할 수 있다(부가법 §66 ⑥).

Ⅶ 간이과세자의 가산세

1 개 요

간이과세자에 대한 가산세 부과에 관하여는 사업자 미등록·허위등록가산세(부가법 §60 ①), 세금계산서지연교부·미교부, 전자세금계산서발급명세지연전송·미전송가산세, 세금계산서불성실기재가산세(부가법 §60 ②), 가공세금계산서 등 교부, 세금계산서 위장수수, 공급가액과다기재가산세(부가법 §60 ③ 1, 3, 5)가 적용된다. 이 경우 미등록·허위등록가산세에 있어서 공급가액은 공급대가로 한다(부가법 §68의2 ①, 구 부가법 §68 ②·③).

※ 사업자 미등록·허위등록가산세 외의 가산세는 2021. 7. 1. 이후 재화나 용역을 공급하거나 공급받는 분부터 적용한다. 이하 "2"부터 "3"까지의 가산세도 이와 같다.

2 세금계산서 미수취 등에 대한 가산세

간이과세자가 세금계산서를 미수취하거나 경정 시 제출하여 공제받는 경우에는 다음의 가산세를 납부세액에 더하거나 환급세액에서 뺀다(부가법 §68의2 ②).

① 부가법 제32조에 따라 세금계산서를 발급하여야 하는 사업자로부터 재화 또는 용역을 공급받고 세금계산서를 발급받지 아니한 경우(특정 간이과세자가 영수증을 발급하여야 하는 기간에 세금계산서를 발급받지 아니한 경우는 제외)에는 그 공급대가의 0.5%를 가산세로 한다.

② 세금계산서 등을 발급받고 부가법 제63조 제3항에 따라 공제받지 아니한 경우로서

결정 또는 경정 기관의 확인을 거쳐 부가법 제63조 제7항 전단에 따라 납부세액을 계산할 때 매입세액으로 공제받는 경우에는 그 공급가액의 0.5%(2021. 7. 1. 이전 공급받는 분까지는 1%)를 가산세로 한다(구 부가법 §68 ③).

3 | 매출처별세금계산서합계표 관련 가산세

간이과세자가 매출처별세금계산서합계표를 미제출, 지연제출, 불성실기재한 경우에는 다음의 가산세를 납부세액에 더하거나 환급세액에서 뺀다. 다만, 부가법 제66조 제6항(예정신고) 또는 제67조 제3항(확정신고)에 따라 제출한 매출처별세금계산서합계표의 기재사항이 착오로 적힌 경우로서 사업자가 발급한 세금계산서에 따라 거래사실이 확인되는 부분의 공급가액에 대해서는 그러하지 아니한다(부가법 §68의2 ③).

① 예정신고 또는 확정신고 시 매출처별세금계산서합계표를 제출하지 아니한 경우에는 매출처별세금계산서합계표를 제출하지 아니한 부분에 대한 공급가액의 0.5%를 가산세로 한다.

② 예정신고 또는 확정신고 시 제출한 매출처별세금계산서합계표의 기재사항 중 거래처별 등록번호 또는 공급가액의 전부 또는 일부가 적혀 있지 아니하거나 사실과 다르게 적혀 있는 경우에는 매출처별세금계산서합계표의 기재사항이 적혀 있지 아니하거나 사실과 다르게 적혀 있는 부분에 대한 공급가액의 0.5%를 가산세로 한다.

③ 부가법 제66조 제6항 단서에 따라 예정신고를 할 때 제출하지 못하여 해당 예정부과기간이 속하는 과세기간에 확정신고를 할 때 매출처별세금계산서합계표를 제출하는 경우로서 위 "②"에 해당하지 아니하는 경우에는 그 공급가액의 0.3%를 가산세로 한다.

※ 2021. 7. 1. 이후 공급분에 대하여 제출하는 분부터 적용

4 | 가산세 중복적용 배제

위 "1"의 가산세가 적용되는 부분 및 현금영수증미발급가산세가 적용되는 경우 다음의 구분에 따른 가산세를 각각 적용하지 아니한다(부가법 §68의2 ④, ⑤).

적용되는 가산세	중복적용 배제되는 가산세
① 미등록 · 허위등록가산세	㉠ 세금계산서불성실가산세 중 지연발급 · 기재불성실가산세, 전자세금계산서발급명세서 지연(미)전송가산세 ㉡ 경정 등에 따른 매입세액공제 시 적용되는 가산세 ㉢ 매출처별세금계산서합계표 관련 가산세
② 세금계산서불성실가산세 중 지연발급 · 기재불성실가산세, 전자세금계산서발급명세서 지연(미)전송가산세	매출처별세금계산서합계표 관련 가산세
③ 세금계산서 미교부 · 가공교부 · 위장수수 및 공급가액 과다기재가산세	㉠ 미등록 · 허위등록가산세(1%) ㉡ 매출처별세금계산서합계표불성실가산세
④ 세금계산서 등 위장수수가산세	세금계산서 미교부가산세
⑤ 공급가액과다기재분 가산세	세금계산서기재불성실가산세
⑥ 현금영수증 미발급가산세	매출처별세금계산서합계표불성실가산세

5 | 국세기본법상 가산세

(1) 영세율과세표준 신고불성실가산세

간이과세자가 영세율적용이 되는 과세표준에 대하여 부가가치세 신고를 하지 아니하거나 신고한 과세표준이 신고하여야 할 과세표준에 미달하는 경우 또는 해당 영세율 첨부서류를 제출하지 아니한 경우에는 그 신고하지 아니한 과세표준이나 미달하게 신고한 과세표준 또는 영세율적용 첨부서류를 제출하지 아니한 과세표준의 0.5%에 상당하는 금액을 영세율과세표준 신고불성실가산세로 한다.

(2) 무신고 및 과소신고가산세, 납부불성실에 대한 가산세

간이과세자가 부가가치세의 확정신고 및 납부를 함에 있어서 무신고, 과소신고, 과소납부가 있는 경우에는 그 신고하지 아니한 납부세액(과소신고 시 그 미달한 세액)의 10%(일반과소신고가산세 10%, 부당 무 · 과소신고가산세 40%, 일반 무신고가산세 20%)에 해당하는 금액을 가산세로, 납부하지 아니한 세액에 납부기한의 다음 날부터 자진납부일 또는 납세고지일까지의 기간에 해당하는 일수와 25/100,000를 곱한 금액을 납부불성실가산세로 징수한다(국기법 §47의2, §47의3, §47의4).

간이과세 세액계산 사례

〈사실관계〉

○ 간이과세자 "갑"은 숙박업을 영위하는 간이과세자로서 2022. 7. 1. 자로 2021년 연간 공급대가가 6천만 원으로서 관할 세무서장으로부터 간이과세전환통지서를 수령하였다.

○ 2022. 12. 31. 모텔 건물을 아래와 같이 감정평가법인의 평가를 받아 감정평가가액대로 매각하고 건물분에 대하여는 세금계산서를 부과하였다.
 - 모텔 부속토지: 15억 원
 - 모텔 건물: 5억 원
 - 세금계산서 기재: 공급가액 5억 원, 부가가치세액 5천만 원

○ 매수인은 취득 후 바로 모텔 건물을 개조 후 부동산임대업에 사용할 예정이다(포괄적 사업양도에 미해당).

○ 2022년 제2기 부가가치세 신고를 위한 기초자료는 다음과 같다.
 - 숙박업 매출액(공급대가): 4천만 원
 - 숙박업 관련 세금계산서 수취액: 2천만 원(공급가액)
 - 건물 매각 관련 중개수수료 현금영수증(지출증빙용): 1억 원(공급가액)

〈부가가치세 신고방법〉

○ **납부세액의 계산**
 - 숙박업 과세표준에 대한 납부세액
  = 40,000,000 × 25% × 10%
  = 1,000,000
 - 건물 매각분에 대한 납부세액
  = 550,000,000 × 25% × 10%
  = **13,750,000**

○ **세금계산서등 제출에 대한 공제**
 = 세금계산서 및 현금영수증 공급대가 × 0.5%
 = 132,000,000 × 0.5%
 = **660,000**

○ **신고 · 납부할 세액의 계산(매출세액 – 공제세액)**
 = 14,750,000 – 660,000
 = **14,090,000원**

〈양도소득세 계산 시 양도가액과 필요경비〉

○ 양도가액(법규과 – 868, 2011. 6. 30.)
 = 토지 + 건물공급대가
 = 15억 원 + 5.5억 원
 = **20.5**억 원

○ 필요경비

- 해당 토지 및 건물의 취득가액에서 감가상각충당금 누적액 차감액
- 건물분에 대한 부가가치세 납부세액 13,750,000원
- 양도비(중개수수료) 중 부가가치세 공제액 차감액(부동산납세과 - 170, 2015. 1. 29.)
  = 110,000,000 - 550,000
  = 109,450,000원

※ 감정평가가액이 5억 원인 건물을 간이과세자가 세금계산서를 발급하고 매각함에 따라 건물양도금액이 왜곡되는 결과를 낳았다.

제 8 장

보 칙

제 1 절

기 장

(1) 의 의

사업자는 자기의 납부세액 또는 환급세액과 관계되는 모든 거래사실을 장부에 기록하고 사업장에 갖추어 두어야 한다(부가법 §71 ①).

(2) 장부에 기록하여야 할 거래사실

장부에 기록하여야 할 거래사실은 다음과 같다(부가령 §117 ①).

① 공급한 자와 공급받은 자
② 공급한 품목 및 공급받은 품목
③ 공급가액 및 공급받은 가액
④ 매출세액 및 매입세액
⑤ 공급한 시기와 공급받은 시기
⑥ 그 밖의 참고 사항

영수증 발급대상 간이과세자는 재화·용역의 공급 시 세금계산서를 발급할 수 없고, 공급받는 자와 부가가치세액을 따로 기재하지 않는 영수증을 발급하여야 한다. 또한, 공급가액과 부가가치세액을 합계한 공급대가를 장부에 기록할 수 있으며, 영수증 발급대상 간이과세자가 부가법 제32조 및 제36조에 따라 발급받았거나 발급한 세금계산서 또는 영수증을 보관하였을 때에는 부가법 제71조에 따른 장부기록의무를 이행한 것으로 본다(부가령 §117 ②, ③).

(3) 복식장부 및 간편장부의 기장

사업자가 「법인세법」 제112조 및 「소득세법」 제160조에 따라 장부기록의무를 이행한 경우에는 이 절에 따른 장부기록의무를 이행한 것으로 본다(부가법 §71 ④).

(4) 면세사업의 구분기장

사업자가 부가가치세가 과세되는 재화 또는 용역의 공급과 함께 부가가치세가 면제되는 재화 또는 용역을 공급하거나 부가법 제42조 제1항(면세농산물 등 의제매입세액 공제특례)을 적용받는 경우에는 과세되는 공급과 면세되는 공급 및 면세농산물 등을 공급받은 사실을 각각 구분하여 장부에 기록하여야 한다(부가법 §71 ②).

면세사업만을 영위하는 경우에는 납부세액 또는 환급세액이 있는 사업자가 아니므로

「부가가치세법」상 기장의 의무가 없으나, 「법인세법」 제112조 및 「소득세법」 제160조에 따라 장부의 비치기장의무를 지게 된다.

(5) 장부 등의 보존

사업자는 위 "(1)"과 "(2)"에 따라 기록한 장부와 부가법 제32조, 제35조 및 제36조에 따라 발급하거나 발급받은 세금계산서, 수입세금계산서 또는 영수증을 그 거래사실이 속하는 과세기간에 대한 확정신고기한 후 5년간 보존하여야 한다. 이때 사업자는 부가법 제71조 제3항에 따른 장부, 세금계산서 또는 영수증을 정보처리장치, 전산테이프 또는 디스켓 등의 전자적 형태로 보존할 수 있다.

다만, 부가법 제32조에 따라 전자세금계산서를 발급한 사업자가 국세청장에게 전자세금계산서 발급명세를 전송한 경우에는 그러하지 아니하다(부가법 §71 ③, 부가령 §117 ④).

(6) 수의사의 매출대장 작성 및 보관

부가령 제35조 제5호 각목에 규정하는 부가가치세가 면제되는 수의용역을 공급하는 사업자는 기획재정부령으로 정하는 매출대장을 작성하여 사업장에 갖추어 두어야 한다. 이 경우 매출대장을 정보처리장치 · 전산테이프 또는 디스켓 등의 전자적 형태로 작성할 수 있다. 다만, 동 사업자가 「수의사법」 제13조 제1항에 따른 진료부에 기획재정부령으로 정하는 매출대장의 기재사항을 모두 적는 경우에는 그 진료부로 매출대장을 대신할 수 있다(부가령 §117 ⑥).

(7) 장부의 소각 또는 파기 등에 대한 제재

조세를 포탈하기 위한 증거인멸의 목적으로 세법에서 비치하도록 하는 장부 또는 증빙서류(「국세기본법」 제85조의3 제3항에 따른 전산조직을 이용하여 작성한 장부 또는 증빙서류를 포함한다)를 해당 국세의 법정신고기한이 지난 날부터 5년 이내에 소각 · 파기 또는 은닉한 자는 2년 이하의 징역 또는 2천만 원 이하의 벌금에 처한다(조세범처벌법 §8, 벌과금상당액양정규정 §8).

(8) 총괄납부자의 사업장별 기장의무

부가가치세를 총괄납부하는 사업자의 경우에도 납부에 대해서만 주사업장에서 총괄하는 것이므로 각 사업장마다 거래사실을 기록하고 장부를 비치하여야 한다(간세 1235-

1700, 1977. 7. 15. ; 부가 1235-2990, 1977. 9. 19.).

(9) 월합계세금계산서 발급자의 기장방법

고정거래처와 계속 거래하고 월합계세금계산서를 발급하는 사업자도 거래 시마다 매입매출장을 기장하여야 하나, 고정거래처별 매출처거래명세서와 매입처거래명세서를 비치하여 거래 시마다 기장하여도 된다(부가 1235-2819, 1977. 9. 9.).

제 2 절

부가가치세의 세액 등에 관한 특례

(1) 의 의

지역경제 활성화 및 지방세수 확충을 위해 국세인 부가가치세의 일부를 지방소비세로 이양하였다. 부가가치세의 일정률을 지방소비세로 납부하는 것이어서 납세자의 추가적 세부담이나 별도의 지방소비세신고의무를 두지 않으므로 종전과 같이 부가가치세 신고 · 납부가 이루어지는 것으로 보면 된다. 이 신설규정은 2010. 1. 1. 이후 최초로 납부 또는 환급하는 분부터 적용한다.

(2) 부가가치세 산정

재정분권 추진을 위하여 부가법 제37조 및 제63조에도 불구하고 납부세액에서 부가법 및 다른 법률에서 규정하고 있는 부가가치세의 감면세액 및 공제세액을 빼고 가산세를 더한 세액의 1천분의 747(2021. 12. 31.까지의 기간은 79%)을 부가가치세로, 1천분의 253(2021. 12. 31.까지의 기간은 21%)을 지방소비세로 한다(부가법 §72 ①). 괄호 외의 개정규정은 2022. 1. 1. 이후 최초로 납부 또는 환급하는 분부터 적용한다.

다만, 2021년 12월 위 개정규정에도 불구하고 2022년 1월 1일부터 2022년 12월 31일까지의 기간 동안 부가가치세의 납부세액에서 부가법 및 다른 법률에서 규정하고 있는 부가가치세의 감면세액 및 공제세액을 빼고 가산세를 더한 세액의 1천분의 763을 부가가치세로, 1천분의 237을 지방소비세로 한다(부칙 §5).

| 각 과세기간별 부가가치세 및 지방소비세 적용률 변동내역 |

적용기간 / 적용률	~2019. 12. 31.	~2021. 12. 31.	~2022. 12. 31.	2023. 1. 1.~
부가가치세	85%	79%	76.3%	74.7%
지방소비세	15%	21%	23.7%	25.3%

(3) 신고 · 납부 방법

부가가치세와 「지방세법」에 따른 지방소비세를 신고 · 납부 · 경정 및 환급할 경우에는 부가가치세와 지방소비세를 합한 금액을 신고 · 납부 · 경정 및 환급한다(부가법 §72 ②).

제 3 절

납세관리인

(1) 의 의

개인사업자가 사업장에 통상적으로 주재하지 않거나, 6개월 이상 국외에 체류하고자 하는 때에는 지체 없이 납세관리인을 선정하여야 한다.

납세관리인 규정은 「국세기본법」 제82조의 규정이 있으나, 「부가가치세법」에 납세관리인에 대하여 특례규정을 두고 있는 것이므로 「부가가치세법」상의 납세관리인 규정이 우선 적용된다(부가법 §73 ①, 국기법 §3 ①).

(2) 납세관리인 선정 요건 등

1) 개인사업자

납세관리인을 선정하여야 하는 자는 개인사업자에 한하므로 사업자가 아래 "2)"의 사유가 있더라도 법인사업자는 이를 이유로 납세관리인을 선정할 수 없다.

2) 납세관리인 선정사유 및 납세관리인 범위

개인사업자가 다음의 어느 하나에 해당하는 경우에는 부가가치세에 관한 신고·납부·환급, 그 밖에 필요한 사항을 처리하는 납세관리인을 정하여야 한다.

① 사업자가 사업장에 통상적으로 머무르지 아니하는 경우

② 사업자가 6개월 이상 국외에 체류하려는 경우

사업자는 위 "①", "②"의 경우 외에도 부가가치세에 관한 신고·납부·환급, 그 밖에 필요한 사항을 처리하게 하기 위하여 다음 중 어느 하나에 해당하는 자를 납세관리인으로 정할 수 있다(부가법 §73 ②, 부가령 §118 ①).

① 「세무사법」 제6조에 따라 등록한 자

② 다단계판매업자(해당 다단계판매업자에게 등록을 한 다단계판매원 중 부가령 제11조 제8항 단서에 따른 다단계판매원 외의 다단계판매원이 다단계판매업자를 납세관리인으로 선정하는 경우로 한정한다)

③ 「자본시장과 금융투자업에 관한 법률」에 따른 신탁업자(같은 법에 따른 신탁업 중 부동산에 관한 신탁업으로 한정한다)

3) 납세관리인의 선정 및 변경신고

납세관리인을 선정하거나 변경한 사업자(다단계판매업자 포함)는 다음의 사항을 적은 납세관리인선정(변경)신고서를 지체 없이 관할 세무서장에게 제출하여야 한다. 납세관리인의 주소 또는 거소가 변경된 때에도 또한 같다(부가법 §73 ③, 부가령 §118 ②).

① 사업자의 인적사항

② 납세관리인의 주소, 성명 및 주민등록번호

③ 그 밖의 참고사항

4) 납세관리인의 변경 요구

세무서장은 납세관리인이 부적당하다고 인정하는 때에는 기한을 정하여 납세자에게 납세관리인의 변경을 요구할 수 있으며, 납세자가 기한 내에 변경의 신고를 하지 아니한 때에는 납세관리인의 설정이 없는 것으로 본다(국기령 §65).

5) 납세관리인 미선정자에 대한 제재

납세관리인을 선정할 의무가 있는 자가 선정을 하지 아니한 경우 부가가치세의 납세 보전을 위하여 필요한 사항을 명할 수 있다(부가 46015-1102, 1993. 7. 2. ; 부가 22601-1312, 1988. 7. 28.).

(3) 납세관리인의 업무

납세관리인은 부가가치세에 관한 신고·납부·환급 그 밖에 필요한 사항인 부가가치세법에 규정한 신고, 신청, 서류의 작성, 제출, 세무서장 등이 발부한 서류의 수령, 국세 등의 납부 또는 환급금의 수령 등의 처리를 대리한다(국기령 §64의2).

납세관리인은 원래 납세의무자를 대신하여 각 세법에서 규정하는 신고 관련 서류를 대신 작성·제출하거나, 세무서장이 발부하는 서류 및 지급하는 환급금 등을 대신 수령하여 납세의무자에게 전달하는 단순한 역할의 대행자에 불과함으로 원래 납세의무자가 체납한 국세 등에 대하여 「국세기본법」 제41조 등의 관계법령에 의하지 아니하고는 납부할 의무를 대신하여 지는 것은 아니다(서삼 46019-10393, 2001. 10. 4. ; 징세 46101-1348, 2000. 9. 14. ; 부가 22601-79, 1986. 1. 15.).

(4) 납세관리인의 권한 소멸

납세관리인의 권한은 다음에 해당하는 사유가 발생한 때에 소멸한다.

㉮ 납세자의 해임

㉯ 납세자의 사망

㉰ 납세관리인의 사망, 금치산 또는 파산 등

납세관리인의 권한 소멸 후 소멸한 사실을 모르고 납세관리인에게 행한 행위나, 그 납세관리인이 행한 행위는 해당 납세자(납세의무 승계자 포함)에게 효력이 있다(국기통칙 82-0-1, 82-0-2).

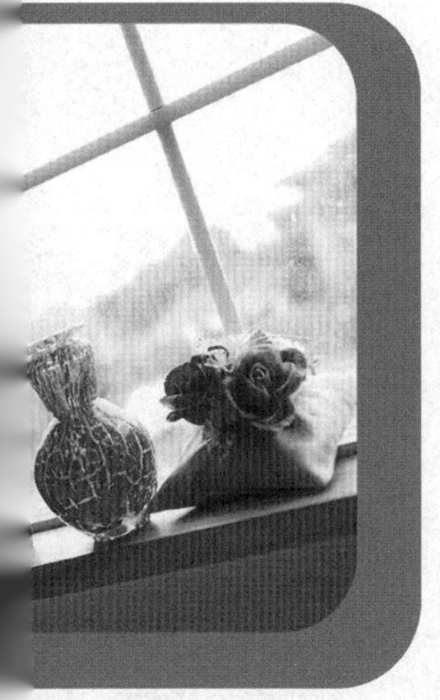

제 4 절

질문·조사와 자료제출

1 | 질문 · 조사

(1) 의 의

부가가치세에 관한 사무에 종사하는 공무원은 부가가치세에 관한 업무를 위하여 필요하면 납세의무자, 납세의무자와 거래를 하는 자, 납세의무자가 가입한 동업조합 또는 이에 준하는 단체에 부가가치세와 관계되는 사항을 질문하거나 그 장부 · 서류나 그 밖의 물건을 조사할 수 있다(부가법 §74 ①).

이는 국가가 조세징수권을 효율적으로 행사하기 위하여서는 납세의무자뿐만 아니라 그 조세채권에 관계되는 제3자에 대하여 질문하거나 그에 관련된 장부 · 서류 그 밖의 물건 등을 공무원으로 하여금 질문 또는 조사를 할 수 있는 권한을 부여한 것이다.

(2) 질문 · 조사 내용

1) 질문 · 조사권자

부가가치세와 관계되는 사항을 질문하거나 그 장부 · 서류 그 밖의 물건을 조사할 수 있는 자는 부가가치세에 관한 사무에 종사하는 공무원에 한한다.

2) 질문 · 조사의 요건

부가가치세에 관한 사무에 종사하는 공무원이 질문 · 조사를 할 수 있는 경우는 「부가가치세에 관한 업무를 위하여 필요한 때」로 한다. 여기에서 필요한 때라 함은 객관적으로 그 필요성이 인정되는 경우를 의미하는 것으로 본다.

3) 질문 · 조사의 상대방

부가가치세에 관한 사무에 종사하는 공무원이 부가가치세에 관한 업무를 위하여 필요한 때에 질문하거나 조사할 수 있는 그 상대방은 납세의무자 이외에 납세의무자와 거래가 있는 자, 납세의무자가 가입한 동업조합 또는 이에 준하는 단체까지 질문하거나 조사할 수 있다.

4) 질문 · 조사의 대상

부가가치세에 관한 사무에 종사하는 공무원이 부가가치세에 관한 업무를 위하여 필요한 때에 질문할 수 있는 그 대상은 부가가치세와 관계되는 장부 · 서류 그 밖의 물건으로 보아야 할 것이다.

5) 조사원증의 제시

부가가치세에 관한 사무에 종사하는 공무원이 질문 또는 조사를 할 때에는 그 권한을 표시하는 조사원증을 지니고 이를 관계인에게 보여주어야 한다(**부가법** §74 ③).

(3) 명 령

국세청장, 관할 지방국세청장 또는 관할 세무서장은 부가가치세의 납세보전 또는 조사를 위하여 납세의무자에게 장부 · 서류 또는 그 밖의 물건을 제출하게 하거나 그 밖에 필요한 사항을 명할 수 있다(**부가법** §74 ②, **부가령** §119).

① 세금계산서의 발급
② 금전등록기의 설치 · 사용
③ 신용카드 조회기의 설치 · 사용
④ 현금영수증 발급장치의 설치 · 사용
⑤ 표찰(標札)의 게시(揭示)
⑥ 업종별 표시
⑦ 그 밖에 납세보전을 위한 단속에 필요한 사항

(4) 권한남용 금지

위 "(1)" 및 "(2)"를 적용하는 경우 부가가치세에 관한 사무에 종사하는 공무원은 직무상 필요한 범위 외에 다른 목적 등을 위하여 그 권한을 남용해서는 아니 된다(**부가법** §74 ④).

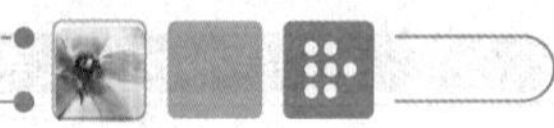

(5) 과태료 부과

국세청장, 납세지 관할 지방청장 또는 납세지 관할 세무서장은 위 "(3)"에 따른 납세보전 또는 조사를 위한 명령을 위반한 자에게는 2천만 원 이하의 과태료를 부과한다(부가법 §76 ①). 다만, 명령서를 발급받기 전에는 명령사항 위반으로 처벌할 수 없다(부가통칙 74-119-1).

위 과태료의 부과기준에 대해서는 대통령령으로 정한다(부가법 §76 ②, 부가령 §122).

2 | 자료제출 의무

(1) 개 요

다음의 어느 하나에 해당하는 자는 재화 또는 용역의 공급과 관련하여 국내에서 판매 또는 결제를 대행하거나 중개하는 경우 관련 명세를 매 분기 말일의 다음 달 15일*까지 국세청장, 납세지 관할 지방청장 또는 납세지 관할 세무서장에게 제출하여야 한다(부가법 §75, 부가령 §121 ①, ②).

① 「전기통신사업법」 제5조에 따른 부가통신사업자로서 「전자상거래 등에서의 소비자보호에 관한 법률」 제2조 제3호에 따른 통신판매업자의 판매를 대행 또는 중개하는 자

② 「여신전문금융업법」 제2조 제5호 나목에 따른 결제대행업체

③ 「전자금융거래법」 제2조 제4호에 따른 전자금융업자

④ 「외국환거래법」 제8조 제4항에 따른 전문외국환업무취급업자

⑤ 「정보통신망 이용촉진 및 정보보호 등에 관한 법률」 제2조 제1항 제9호의 게시판을 운영하여 재화 또는 용역의 공급을 중개하는 자로서 국세청장이 고시하는 자

⑥ 「전기통신사업법」 제2조 제13호에 따른 앱 마켓사업자(2025. 7. 1. 이후 판매 또는 결제를 대행하거나 중개한 경우부터 적용)

* 2022. 1. 1. 전에 국내에서 판매 또는 결제를 대행하거나 중개한 경우에 대한 관련 명세의 제출시기에 관하여는 종전의 규정에 따라 말일로 한다.

(2) 절차 등

위 "(1)"에 따라 해당 사업자는 기획재정부령으로 정하는 월별 거래 명세를 매 분기 말

일의 다음 달 15일까지 국세청장 등에게 전자적 방법으로 제출하여야 한다(부가령 §121).

(3) 시정명령

국세청장, 납세지 관할 지방국세청장 또는 납세지 관할 세무서장은 위 "(1)", "(2)"에 따라 관련 명세를 제출하여야 하는 자가 관련 명세를 제출하지 아니하거나 사실과 다르게 제출한 경우 그 시정에 필요한 사항을 명할 수 있다(부가법 §75 ②). 이 개정규정은 2023. 7. 1. 이후 국내에서 판매 또는 결제를 대행하거나 중개하는 분부터 적용한다.

(4) 과태료 부과

1) 납세보전, 시정명령 등을 위반한 경우

국세청장, 납세지 관할 지방국세청장 또는 납세지 관할 세무서장은 위 "(2)"에 따른 시정명령을 위반한 자에게 2천만 원 이하의 과태료를 부과한다(부가법 §76 ① 2호).

수입금액	과태료금액
1,000억 원 초과	2,000만 원
500억 원 초과 1,000억 원 이하	1,500만 원
100억 원 초과 500억 원 이하	1,000만 원
100억 원 이하	500만 원

1) 위반행위를 한 날이 속한 연도의 직전연도 연간 부가가치세 과세표준(면세사업 수입금액도 포함)을 말하며, 결정 · 경정된 금액을 포함하고, 직전연도 중에 사업을 시작한 경우 연간 환산한 금액으로 하며, 수입금액이 확인되지 아니한 경우 연간 수입금액이 100억 원 이하인 것으로 본다.
2) 위 수입금액을 기준으로 한 개별기준 외에 일반기준에서는 위 과태료 금액의 1/2 범위 내에서 줄여 부과하거나 늘려 부과하는 기준을 정하고 있다.

2) 그 밖의 위반행위에 대한 과태료

위반행위	과태료 금액		
	1차 위반	2차 위반	3차 이상 위반
가. 신용카드 거래승인 대행사업자 또는 신용카드 조회기 판매사업자가 신용카드 거래승인 또는 신용카드 조회기의 설치 등에 관한 명령을 위반한 경우	100만 원	200만 원	500만 원

위반행위	과태료 금액		
	1차 위반	2차 위반	3차 이상 위반
나. 전자세금계산서 발급 시스템을 구축·운영하는 사업자가 전자세금계산서 발급 방법 등 전자세금계산서 발급 시스템의 구축·운영에 관한 명령을 위반한 경우	100만 원	200만 원	500만 원
다. 제61조 제4항에 따라 봉사료를 공급가액에서 제외하려는 사업자가 봉사료 지급대장 작성에 관한 명령을 위반하여 이를 작성하지 않거나 거짓으로 작성한 경우	미작성 또는 거짓작성 금액의 8/100에 해당하는 금액 (2,000만 원을 한도로 한다)	미작성 또는 거짓작성 금액의 16/100에 해당하는 금액 (2,000만 원을 한도로 한다)	미작성 또는 거짓작성 금액의 24/100에 해당하는 금액 (2,000만 원을 한도로 한다)

1) 위반행위의 횟수에 따른 과태료의 가중된 부과기준은 최근 3년간 같은 위반행위로 과태료 부과처분을 받은 경우에 적용한다(이 경우 기간의 계산은 위반행위에 대하여 과태료 부과처분을 받은 날과 그 처분 후에 다시 같은 위반행위를 하여 적발한 날을 기준으로 함).
2) 가중된 부과처분을 하는 경우 가중처분의 적용 차수는 그 위반행위 전 부과처분 차수(위 "1)"에 따른 기간에 과태료 부과처분이 둘 이상 있었던 경우에는 높은 차수를 말함)의 다음 차수로 한다.

부 | 가 | 가 | 치 | 세 | 실 | 무

주요쟁점 심층분석 사례집(Ⅰ)

1 | 신탁 관련 부가가치세 등 세무처리

(1) 신탁 관련 개념 정의

1) 신탁법상의 신탁

신탁설정자(위탁자)와 신탁을 인수하는 자(수탁자 또는 신탁회사)와의 특별한 신임관계에 기하여 위탁자가 특정의 재산권을 수탁자에게 이전하거나 그 밖의 처분을 하고 수탁자로 하여금 일정한 자(수익자)의 이익을 위하여 또는 특정 목적을 위하여 그 재산권을 관리·처분하게 하는 법률관계를 말한다(신탁법 §1).

신탁은 "위탁자 - 수탁자 - 수익자"의 3자간에 법률관계가 성립하고 신탁재산의 양도에 있어 계약의 주체는 수탁자이나 그 경제적 효익은 수익자에게 귀속된다.

2) 신탁의 관계자

가. 위탁자

위탁자란 신탁을 설정하고 수탁자에 대하여 일정한 목적에 따라 재산의 관리 또는 처분을 하도록 재산권을 이전하는 자를 말한다.

위탁자는 신탁재산에 대한 불법한 강제집행 또는 경매에 대하여 이의를 제기할 수 있는 권리, 신탁재산의 관리방법에 변경을 청구할 수 있는 권리, 서류열람 및 사무처리의 설명을 청구할 수 있는 권리, 수탁자의 사임에 동의할 수 있는 권리 등을 가진다.

▌위탁자의 세법상 지위

신탁에 있어 대외적 처분권자가 수탁자라 하더라도 그로 인한 경제적 귀속자는 당연히 자익신탁은 위탁자, 타익신탁은 수익자라 할 것이고, 수탁자는 단지 신탁재산을 관리 또는 처분해 주고 신탁보수를 받는 지위에 있다.

- 타익신탁의 경우에도 신탁재산처분으로 인하여 발생한 매각대금이 형식적으로는 수익자에게 귀속되나 이는 수익자가 위탁자로부터 자신의 채권을 변제받는 것일 뿐 재화의 공급에 따른 대가만을 받는 것이고 오히려 위탁자의 경우에는 매각대금이 수익자에게 지급되는 순간 자신이 수익자에게 부담하고 있던 채무 또는 책임을 면하게 되므로 매각에 의하여 발생하는 대가(즉, 재화의 공급에 따른 경제적 효과)를 실질적으로 수취하는 주체는 위탁자이다.

나. 수탁자(신탁회사)

수탁자는 위탁자로부터 재산권의 이전, 기타의 처분을 받아 특정의 목적에 따라 그 재산의 권리 또는 처분을 하는 자를 말한다(신탁법 §31). 신탁은 위탁자와 수탁자에 대한 강한 신뢰를 기초로 수탁자에 배타적인 관리권의 행사를 부여하는 것이므로 수탁자는 그 직책상 위탁자의 신뢰에 부응하여 그 관리자로서 임무를 수행할 수 있어야 한다.

신탁재산이 위탁자로부터 수탁자에게 이전된 후 수탁자는 신탁재산에 대한 완전한 소유권을 취득하게 되어 위탁자와의 대내적인 관계에서 뿐만 아니라 제3자와의 관계에서도 신탁재산에 대한 완전한 소유권자가 된다.

수탁자는 스스로 그 신탁사무를 처리해야 하며 함부로 타인에게 신탁사무를 대행시켜서는 아니된다(**신탁법** §32).

수탁자는 신탁행위에 의하여 법률형식상 대내외적으로 신탁재산의 소유권자가 되지만 신탁재산에 대한 이익은 수익자에게 귀속되어 실질적으로는 그 신탁재산에 대한 관리권을 갖는데 불과하므로 수탁자는 신탁의 본지에 따라 선량한 관리자의 주의로써 신탁사무처리를 하여야 한다(**신탁법** §32, §34).

▌수탁자(신탁회사)의 세법상 지위

위탁자가 수탁자에게 신탁재산을 이전하면 신탁재산의 대내외적인 소유권이 수탁자에게 이전되며, 수탁자는 신탁재산에 대한 합법적 소유자(대외적인 법률적 소유권자)가 되어 신탁목적에 따른 법률행위로 인한 법적·경제적 효과가 모두 수탁자에게 귀속된다.

- 신탁계약에서 수탁자는 위탁자 또는 수익자의 계산으로 신탁재산을 관리 및 처분하므로 부가가치세법상 납세의무자의 속성의 하나인 독립성 요건을 온전히 충족하였다고 보기는 어렵다.

다. 수익자

수익자란 신탁행위에 따라 신탁이익을 받는 자로서 신탁행위의 당사자는 아니지만 신탁의 목적은 수익자에게 신탁이익을 누리게 하는 것이므로 수탁자가 신탁재산을 관리처분함에 따라 발생하는 이익을 받으며 신탁의 종료 시 남은 신탁재산을 받을 권리를 가진다.

또한, 신탁재산관리를 요청할 수 있는 권리와 이러한 권리를 보전하고 신탁재산이나 수익자 자신의 이익을 지키기 위한 여러 가지 권리를 가지고 있기에 수익자는 신탁행위 및 신탁행위에 의하여 설정된 신탁관계에서 중요한 지위를 가진다.

▌수익자의 세법상 지위

- 신탁에서 수익자는 사업자라기보다는 투자자에 불과하고 수익자를 납세의무자로 볼 경우 수익자가 불특정다수일 때 이들을 모두 사업자로 볼 수 있는지 문제가 발생할 뿐만 아니라 신탁에 있어 신탁재산을 관리하고 처분하는 주체는 엄연히 수탁자이므로 신탁재산에서 발생한 소득이 수익자

에게 귀속된다 하더라도 수익자를 납세의무자로 보기는 어렵다.

• 우선수익자는 형식적으로나 실질적으로 재화인 부동산을 이전받은 사실도 없고, 단순히 위탁자가 채무불이행함에 따라 신탁계약에 정해진 조건에 따라 신탁재산을 환가하여 자신의 채권을 변제받은 것뿐인데 우선수익자에게 납세의무를 전적으로 부담시키는 기존 판례는 문제가 있다.

라. 수탁자(신탁회사)의 독립성 유무

독립적이란 사업과 관련하여 다른 사업자에게 종속 또는 고용되어 있지 아니하거나 주된 사업에 부수되지 아니하고 대외적으로 독립하여 재화 또는 용역을 공급하는 것을 의미한다. 신탁법상 수탁자는 위탁자의 의사에 반하여 신탁재산을 처분할 수 없고 수탁자가 임의로 신탁재산을 처분한 경우 원상회복의 청구나 손해배상청구의 대상이 된다.

단순히 채권담보를 위한 범위 내에서 수익에 대한 권한을 행사하는 우선수익자가 당연히 납세의무자가 될 수 없듯이 수탁자가 신탁재산의 취득, 유지, 관리, 처분에 대한 통제 · 관리 불가한 면이 있어 수탁자가 사업상 독립적으로 사업을 한다고 보기 어려운 부분이 많다.

3) 자익신탁과 타익신탁

신탁법에 따른 신탁이익의 귀속주체에 따라 수익자가 위탁자 자신인 경우에는 "자익신탁"이라 하고, 신탁계약상 위탁자가 아닌 제3자(수익자)가 따로 지정되어 있어 신탁의 수익이 우선적으로 수익자에게 귀속되게 되어 있는 신탁의 경우 이를 "타익신탁"이라 한다.

4) 수익권증서

'수익권증서'란 신탁계약에 따라 그 신탁으로부터 신탁원본과 신탁이익을 수령할 자를 표시하여 수탁자가 발행하는 증서로서 이를 취득한 자는 신탁재산의 수익자가 되어 신탁재산의 관리 및 처분에서 발생되는 이익 등을 최종적으로 향유하게 된다. 이처럼 신탁계약에 의거 수탁자가 발행하는 수익권증서는 해당 신탁계약에 따라 그 신탁으로부터 신탁원본과 신탁이익을 수령할 자를 표시한 것으로서 그 수익권증서를 취득하는 것은 수익권증서에 표시된 신탁부동산의 소유권을 취득한 것이 아니라, 신탁회사에 대한 일정한 급부청구권인 채권을 취득하는 것이므로 신탁자가 수익권증서를 교부하였다 하여 신탁부동산의 소유권을 이전한 것은 아니며, 신탁계약에 의한 과실을 수령할 채권을 양도한 것이므로 부가가치세 과세대상 거래에 해당하지 아니한다.

5) 신탁의 특징

신탁재산의 재산권은 위탁자에 의해 수탁자에게 이전 또는 처분되어 수탁자가 그 명의인이 되며, 위탁자의 일반채권자는 신탁재산에 대한 강제집행금지규정에 따라 신탁재산에 대하여 강제집행 또는 경매를 할 수 없다(신탁법 §21). 특히 부동산담보신탁의 경우 전형적인 담보제도인 저당권에 비해 담보물의 평가·환가가 간편하여 시간과 비용이 절약될 뿐만 아니라 고가매각의 가능성이 있으며, 신탁등기에 있어서 취득세가 면제된다는 장점도 있어 활발하게 이용되고 있다.

6) 신탁의 종류

가. 주요 형태별 분류

구 분	내 용	납세의무자
① 토지신탁 (개발신탁)	• (개념) 토지소유자(위탁자)가 개발을 통해 수익을 실현할 목적으로 토지를 신탁회사에 신탁하고, 신탁회사(수탁자)는 신탁계약 내용에 따라 개발자금의 조달, 건축물의 건설 및 임대·분양, 신탁회사 이름으로 건축물의 보존등기 및 분양받은 자에게 소유권이전, 건축물의 유지·관리 등 개발사업의 전 과정을 수행하여 발생한 수익을 토지소유자 또는 그가 지정한 자(수익자)에게 배분 • (구조) 신탁회사가 분양사업자로서의 지위 - 위탁자가 토지를 신탁사회에 신탁(신탁에 의한 소유권 이전) - 신탁회사의 이름으로 제반 인·허가 추진(건축허가 등) - 신탁회사의 이름으로 분양(분양받은 자의 분양채권은 신탁회사의 책임) - 신탁회사의 이름 및 책임으로 건설공사 등 수행(신탁회사가 발주처) - 신탁회사의 이름으로 건물의 보존등기 및 분양받은 자에게 소유권 이전 • (장점) 토지소유자는 아무런 개발사업 경험없어도 신탁회사를 통해 부동산 개발사업 가능 - 신탁재산은 「신탁법」상 독립된 재산으로 인정되어 토지소유자의 부도, 파산 등의 사유가 발생하더라도 개발사업에 직접적인 영향을 미치지 않아 사업의 안정성 확보 및 분양받은 자 보호	(부가세 납세의무자) - 수탁자가 자금조달 시 수탁자 - 위탁자가 자금조달 시 위탁자 (비고) 건축물의 분양에 관한 법률 제4조 제2항에 따른 신탁계약

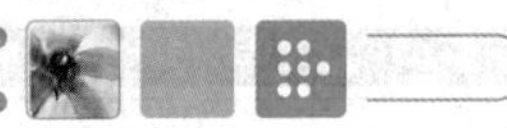

구 분	내 용	납세의무자
② 담보신탁	• **(개념)** 부동산소유자(위탁자)가 자신 또는 타인의 채무 내지 책임의 이행을 보장하기 위해 자기 소유 부동산을 담보로 제공하기 위해 신탁하고, 신탁회사(수탁자)는 신탁계약을 통해 부동산소유자(위탁자)로부터 부동산을 수탁하여 일정기간 동안 채권자(우선수익자)를 위하여 수탁부동산의 담보가치가 유지·보전되도록 관리 • **(구조)** - 위탁자가 토지를 신탁회사에 신탁(신탁에 의한 소유권 이전) - 대출기관에 신탁회사가 "담보신탁 우선수익권증서"를 교부 - 대출기관은 상기 증서를 담보로 위탁자에게 대출 실행 - 위탁자(채무자)가 대출금을 상환 완료하면, 신탁회사는 신탁해지(위탁자에게 소유권 이전) - 위탁자가 대출금 상환 못하면, 신탁사는 제3자에게 공매처리하고, 그 매각대금으로 대출금 상환 및 잔여금액은 위탁자에게 교부	① 처분: 수탁자 ② 임대: 명의자에 따라 결정
③ 관리신탁	• **(개념)** ① 부동산소유자(위탁자)가 자신의 부동산에 발생할 수 있는 예기치 못한 분쟁을 예방하여 소유권을 안전하게 보존할 목적 또는 ② 장기간 해외에 나가게 되어 부동산관리가 어렵거나 자신의 부동산에 대해 전문적이고 효율적인 관리와 보다 높은 운용수익을 실현하기 위해 부동산 소유권을 신탁회사(수탁자)에 이전하고, 신탁회사는 부동산 소유권을 안전하게 관리하거나 소유권관리는 물론 시설의 유지관리, 세무·법무관리, 금전의 운용 등 종합관리 업무를 수행하고 발생 수익을 수익자에게 교부 • **(구조)** - 위탁자가 토지를 신탁회사에 신탁(신탁에 의한 소유권 이전) - 신탁사가 신탁기간 동안 소유권 및 물리적 관리 - 신탁기간 종료 시 신탁사는 신탁해지(위탁자에게 소유권 이전)	① 위탁자 명의 임대: 위탁자 ② 수탁자 명의 임대: 수탁자

구 분	내 용	납세의무자
④ 처분신탁	• (개념) 부동산소유자(위탁자)가 처분에 어려움이 있는 부동산, 대규모 부동산으로 매수자가 제한되어 있는 부동산, 잔금정산까지 장기간 소요되는 부동산의 소유권 관리에 안전을 요하는 부동산 등을 안정적으로 처분하기 위한 신탁 • (구조) - 위탁자가 토지를 신탁회사에 신탁(신탁에 의한 소유권 이전) - 신탁사가 소유권을 관리(제반 채권침해 방지) - 신탁사가 매수자에게 직접 매각(분양받은 자 등에게 직접 소유권 이전) - 매각대금을 위탁자에게 교부 • (장점) - 일반중개에 의한 처분과는 달리 해당 부동산의 소유권이 신탁회사로 신탁등기되어 매수자가 안심하고 매수 가능. 특히, 잔금 정산 시까지 장기간이 소요되는 부동산과 같이 안전한 소유권보전이 필요한 때 유리(예 건설회사가 건축공사대금으로 대물변제를 받은 건축물을 처분신탁) • (단점) - 일반중개에 비해 신탁등기 절차가 추가되어 절차가 번거롭고 비용부담이 큼.	수탁자
⑤ 분양관리 신탁	• (개념) 「건축물의 분양에 관한 법률」에 따라 상가 등 건축물을 신축 또는 증축하여 분양하는 사업에 있어 신탁회사가 신탁부동산의 소유권을 보전·관리하여 분양받은 자를 보호하고 분양사업자(위탁자)가 부담하는 채무불이행 시 신탁부동산을 환가·처분하여 정산함을 목적으로 하는 신탁 * 사고 등으로 인한 신탁정산 시 담보신탁의 경우 대출 금융기관이 우선수익자가 되나, 분양관리신탁의 경우 분양받은 자가 최우선수익자가 됨. • (구조) - 위탁자가 토지를 신탁회사에 신탁(신탁에 의한 소유권 이전) - 위탁자가 신탁사와 대리사무계약을 체결 - 신탁사는 분양받은 자를 보호할 목적으로 신탁기간 동안 신탁된 토지와 분양수입금을 관리 - 신탁기간 종료 시 신탁회사는 신탁해지(분양받은 자에게 소유권 이전 등)	(부가세 납세의무자) - 위탁자 (비고) 건축물의 분양에 관한 법률 제4조 제1항 제1호에 따른 신탁계약

나. 차입형 토지신탁

▌차입형 토지신탁

○ 토지신탁이란 신탁회사가 신탁의 인수 시에 신탁재산으로 토지 등을 수탁하고 신탁계약에 따라 토지 등에 유효시설(건물, 택지, 공장용지 등)을 조성한 다음, 처분·임대 등 부동산사업을 시행하고 그 성과를 수익자에게 교부하여 주는 신탁을 말하며,

- 차입형의 경우 사업비의 조달의무를 신탁회사가 부담하며 사업부실 시 신탁회사가 투입한 사업비의 회수기간 지연 및 미회수에 따른 신탁회사의 피해가 크다.

○ 차입형 토지신탁은 부동산 개발노하우나 자금이 부족한 토지소유자가 공신력 있는 신탁사에 토지를 위탁하여, 신탁사가 자금 및 개발경험을 바탕으로 토지를 효율적으로 이용할 수 있도록 개발에 필요한 자금, 공사발주, 관리 및 운영 등을 대신하고 발생한 수익을 토지소유자에게 돌려주는 제도이다.

○ 차입형 토지신탁 구조는 토지소유자 부분을 제외 시 시행사가 신탁사로 변경된 형태로 전통적 PF사업모델과 유사하지만 일반적인 시행사와 달리 신탁사의 경우 높은 신용도로 자금 조달 시 건설사의 지급보증이 불필요하며,

- 신탁사의 입장에서도 신탁시장의 과잉 경쟁으로 신탁보수율이 하락한 상황에서 리스크는 높지만(기존 관리형 토지신탁 대비 10배 가량 높은 총 분양외형의 4.0~4.5% 수준) 고수익이 보장된다.
- 건설사의 경우는 PF지급보증 리스크를 회피하고, 도급금액을 안전하게 확보하여 사업 안정성을 높일 수 있다.

○ 국세청은 건설업을 영위하는 사업자(이하 '위탁자')가 보유토지를 신탁회사(이하 '수탁자')에 위탁하여 해당 토지 위에 건물(이하 건물 및 그 부속토지를 '신탁재산')을 신축·분양하는 분양형(차입형) 토지신탁사업을 진행하면서 신탁재산이 매각된 경우,

- 해당 신탁재산의 공급에 대하여 수탁자가 같은 부가법 제10조 제8항 및 부가령 제69조 제1항에 따라 위탁자 명의로 세금계산서를 발급하는 것으로 회신한바, 차입형 토지신탁을 위탁자와 신탁회사 간의 공동사업 또는 신탁회사의 단독사업으로 보지 아니하는 것으로 보인다(사전-2018-법령해석부가-0217, 2018. 4. 25.).
- 다만, 도정법 등 강행법규에 수탁자(신탁회사)를 사업의 원활한 진행을 위해 사업주체로 명시하여 단독사업으로 규정한 때에는 신탁회사를 해당 사업의 납세의무자로 볼 수 있다고 본다.

다. 담보신탁과 근저당 비교

구 분	담보신탁	근저당
담보권 설정 방식	• 신탁등기(소유권 이전) • 등기부상 '갑구' 표시사항	• 근저당권 설정 • 등기부상 '을구' 표시사항
담보취득 후 우선채권 발생 여부	• 신탁등기 후 발생 불가	• 임금채권 발생 가능

구 분	담보신탁	근저당
담보가치 보전	• 신탁회사에서 관리, 보전	• 채권기관에서 관리, 보전
물상대위권 행사	• 사전압류 불필요	• 사전압류 필요
채권실행방법	• 신탁회사 공매	• 법원경매
채권실행절차	• 절차 간편/단기간 소요 • 일반공개시장에서 공매 • 담보부동산의 고가 매각 기능	• 절차 복잡/장기간 소요 • 폐쇄시장에서 경매 • 담보부동산의 고가 매각 불가
파산재단 구성 여부	• 파산재단에서 제외	• 파산재단에서 포함
신규임대차 후순위 권리 설정	• 배제 가능 • 담보가치 유지에 유리	• 배제 불가
소요경비	• 등록세, 지방교육세 및 국민주택채권 매입 면제 • 신탁보수(근저당 비용보다 저렴) • 지상권 설정이 필요없음. • 채무자 소요비용 비교적 적음.	• 등록세, 지방교육세: 채권 최고액의 0.24% • 국민주택채권: 채권 최고액의 1% • 지상권 설정이 필요함. • 채무자 소요비용 많음.

(2) 신탁 관련 과세이론

1) 신탁 실체이론

신탁재산 자체를 과세의 주체로 인정하여 신탁재산 귀속소득에 대하여 과세한다. 신탁재산 자체를 하나의 과세상 주체로 인정하여 수익자가 신탁회사로부터 받은 신탁재산의 분배금은 이자소득이나 배당소득이 되고, 수입시기는 신탁재산에 소득이 귀속되는 시점이다.

2) 신탁 도관이론

신탁재산을 독립적인 실체로 인정하지 아니하고 단순히 수익자에게 신탁수익을 분배하기 위한 도관으로 보아 신탁소득에 대한 과세는 분배하기 전의 운용과정에서 발생한 소득의 내용에 따라 세법을 적용한다.

3) 세법의 선택

가. 소득세법

소득을 구분할 때 다음의 신탁을 제외한 신탁의 이익은 신탁법 제2조에 따라 수탁자에게 이전되거나 그 밖에 처분된 재산권에서 발생하는 소득의 내용별로 구분한다(소득법 §4 ②).

① 법인법 제5조 제2항에 따라 신탁재산에 귀속되는 소득에 대하여 그 신탁의 수탁자가 법인세를 납부하는 신탁

② 자본시장법 제9조 제18항 제1호에 따른 투자신탁. 다만, 2024년 12월 31일까지는 소득법 제17조 제1항 제5호에 따른 집합투자기구로 한정한다.

③ 자본시장법 제251조 제1항에 따른 집합투자업겸영보험회사의 특별계정

위 "①"은 후술하는 "나"의 "㉡ 수탁자의 신탁재산별 납세의무"를 참조하며, 자본시장법에 의한 신탁의 경우 일정요건을 충족하는 신탁의 이익은 배당소득으로 규정하고 일정요건을 갖추지 아니한 경우에는 역시 소득의 내용별로 구분하여 과세한다(소득령 §26의2).

나. 법인세법

㉠ 원칙

법인세법은 신탁재산에 귀속되는 소득은 그 신탁의 이익을 받을 수익자가 그 신탁재산을 가진 것으로 보도록 규정하여 원칙적으로 신탁 도관이론을 채택하고 있다(법인법 §5 ①).

㉡ 수탁자의 신탁재산별 납세의무

다음의 어느 하나에 해당하는 신탁으로서 아래 "㉢"의 "①"과 "②" 모두에 해당하지 아니하는 신탁(자본시장법 제9조 제18항 제1호에 따른 투자신탁 및 소득법 제17조 제1항 제5호의3에 따른 수익증권이 발행된 신탁은 제외한다)의 경우에는 신탁재산에 귀속되는 소득에 대하여 그 신탁의 수탁자[내국법인 또는 「소득세법」에 따른 거주자(이하 "거주자")인 경우에 한정한다]가 법인세를 납부할 의무가 있다. 이 경우 신탁재산별로 각각을 하나의 내국법인으로 본다(**법인법 §5 ②, 법인령 §3의2 ①**).

① 「신탁법」 제3조 제1항 각호 외의 부분 단서에 따른 목적신탁

② 「신탁법」 제78조 제2항에 따른 수익증권발행신탁

③ 「신탁법」 제114조 제1항에 따른 유한책임신탁

④ 그 밖에 "①"부터 "③"까지의 규정에 따른 신탁과 유사한 신탁으로서 대통령령으로 정하는 신탁

㉢ 위탁자의 납세의무

위 "㉠" 및 "㉡"에도 불구하고 위탁자가 신탁재산을 실질적으로 통제하는 등 아래의 어느 하나에 해당하는 신탁의 경우에는 신탁재산에 귀속되는 소득에 대하여 그 신탁의

위탁자가 법인세를 납부할 의무가 있다(법인법 §5 ③, 법인령 §3의2 ②).

① 위탁자가 신탁을 해지할 수 있는 권리, 수익자를 지정하거나 변경할 수 있는 권리, 신탁 종료 후 잔여재산을 귀속받을 권리를 보유하는 등 신탁재산을 실질적으로 지배·통제할 것

② 신탁재산 원본을 받을 권리에 대한 수익자는 위탁자로, 수익을 받을 권리에 대한 수익자는 위탁자의 법인령 제43조 제7항에 따른 지배주주등의 배우자 또는 같은 주소 또는 거소에서 생계를 같이 하는 직계존비속(배우자의 직계존비속을 포함한다)으로 설정했을 것

1) 소득세법상 신탁소득의 계산에 있어서도 위와 같다(소득법 §2의2 ②, 소득령 §4의2 ④).

2) 위 "㉠, ㉡" 개정규정의 적용시기는 2024. 1. 1. 전에 신탁재산에 귀속된 소득에 대해서는 개정규정에도 불구하고 종전의 규정에 따른다(법인법 부칙 2023. 12. 31. 제9조).

4) 원천징수의무

「법인세법」은 "원천징수의무를 대리하거나 그 위임을 받은 자의 행위는 수권 또는 위임의 범위 안에서 본인 또는 위임인의 행위로 보아 원천징수의무가 있다(법인법 §73 ④)." 고 규정하고 있고, 위탁자가 신탁재산과 관련된 원천징수대상 소득의 실질적인 부담자라 하더라도 위탁자는 그 지급금의 흐름을 지배·관리하지 못할 위치에 있다 할 것이므로 수탁자(신탁회사)에 원천징수의무가 있는 것으로 해석하고 있다(법인 22601-481, 1990. 2. 2.). 이때 위탁자에게 원천징수의무를 재위임하는 계약이 있더라도 조세채권은 「국세징수법」에 의하여 우선권 및 자력집행권이 인정되는 권리로서 사법상의 채권과는 그 성질을 달리하므로 조세채권의 성립과 행사는 법률에 의해서만 가능한 것이다.

따라서 세법에 의하지 아니한 사법상의 계약에 의하여 조세채무를 부담하거나 이를 보증하게 하여 이들로부터 조세채권의 종국적 만족을 실현하는 것이므로 이러한 계약은 세법상 허용될 수 없다고 본다(동지 : 대법원 2004다58277, 2005. 8. 25.).

또한 자본시장법에 따른 신탁업자(수탁자)가 신탁재산을 운용하거나 보관·관리하는 경우에는 해당 신탁업자가 해당 신탁재산에 귀속되는 소득을 지급하는 자의 원천징수의무를 대리하거나 위임관계가 있는 것으로 보고, 그 신탁업자가 원천징수대상 소득이 신탁재산에 귀속되는 날로부터 3개월 이내의 특정일에 그 소득에 대한 소득세 또는 법인세를 원천징수한다(법인령 §111 ⑥·⑦, 소득법 §127 ④, 소득령 §155의2).

(3) 신탁 관련 현행 부가가치세법 적용

1) 개요

「신탁법」에 따른 신탁으로 인하여 발생하는 부가가치세의 납세의무에 대하여 "① 법적 실질에 따라 자신의 명의와 책임하에 신탁업무를 처리하는 수탁자를 납세의무자로 볼 것인가? ② 경제적 실질에 따라 신탁재산의 실질적인 소유자로서 신탁과 관련한 이익 및 비용의 최종적인 귀속권자인 위탁자를 사업자로 볼 것인가? ③ 신탁수익의 귀속권자인 수익자를 부가가치세 납세의무자로 할 것인가?"에 대하여 그간 논란이 많았다.

그 근본적인 문제점은 부가가치세법에 신탁과 관련된 해당 규정이 전무하였다는 점과 부가가치세법의 기본적 이론과 신탁법의 취지를 조화롭게 유지할 수 있는 법률개정이 지연되었다는 점에서 그 원인을 찾을 수 있다고 본다.

| 타익신탁의 납세의무자 변동 연혁 |

시 기	납세의무자
2003. 4. 25. 전	부가법상의 위탁매매 법리에 따라 위탁자가 납세의무자가 된다(부가 46015-3842, 2000. 11. 27.).
2003. 4. 25. 이후	타익신탁에서 위탁자의 채무불이행으로 수탁자에 의해 신탁재산이 공매되는 경우 납세의무자는 (우선)수익자가 부가가치세의 납세의무자이다(우선수익권이 미치는 범위 내에서 신탁재산의 관리·처분 등으로 발생한 이익과 비용도 최종적으로 수익자에게 귀속됨)(대법원 99다59290, 2003. 4. 25.).
2005. 8. 31. 이후	위탁자에서 (우선)수익자로 신탁재산에 대한 실질적 통제권이 이전되는 것은 재화의 공급에 해당한다(재정경제부 소비세제과-113, 2005. 8. 31.).
2017. 5. 18.	신탁재산에 대한 권리와 의무의 귀속주체로서 계약당사자 되어 재화의 공급이라는 거래행위를 통하여 그 재화를 사용·소비할 수 있는 권한을 거래상대방에게 이전한 수탁자를 부가가치세 납세의무자로 보아야 한다(대법원 2012두22485, 2017. 5. 18.).
~2017. 12. 31.	기존 해석 및 종전 판결에 따라 수익자를 납세의무자로 하거나, 2017. 5. 18. 대법원 판례에 따라 수탁자를 납세의무자로 하든 모두 정당한 거래로 인정한다(기획재정부 부가가치세제과-447, 2017. 9. 1.).
2018. 1. 1. 이후	부가법 개정(구 부가법 제3조의2, 제10조 제8항) • 위탁자를 원칙적 납세의무자로 하되, 담보신탁 등으로서 위탁자의 채무이행을 위해 수탁자가 신탁재산 처분 시에는 수탁자 • 그 밖에 위탁자 체납 시 수탁자의 신탁재산에 물적납세의무 부과

시 기	납세의무자
2022. 1. 1. 이후	부가법 개정(부가법 제3조 제2항 및 제3항, 제3조의2) • 수탁자를 납세의무자로 하되(용역 포함), 위탁자 명의로 공급하거나 관리형토지신탁 등 위탁자가 신탁재산을 실질적으로 지배·관리하는 경우는 위탁자 • 신탁재산으로 부가가치세 징수 부족 시 수익자에게 제2차 납세의무를 부과하고, 위탁자가 부가가치세를 체납한 경우에도 물적납세의무를 부과한다.

2) 신탁 관련 납세의무 등(2022. 1. 1. 이후 시행)

제1장 제3절 납세의무자 편의 "6. 신탁 관련 납세의무 등"을 참조한다.

3) 신탁 관련 납세의무 등(2018. 1. 1. 이후 시행)

제1장 제3절 납세의무자 편의 "7. 신탁 관련 납세의무 등"을 참조한다.

4) 대법원 전원합의체 판결 이후 부가가치세법 적용 (2017. 5. 18.～2017. 12. 31.)

가. 개요

신탁법과 관련하여 2017. 5. 18. 대법원은 전원합의체 판결을 통하여 신탁재산의 처분 등과 관련된 납세의무자를 위탁자(수익자)에서 수탁자(신탁회사)로 기존 판결을 변경하게 됨에 따라 기획재정부는 국세예규심사위원회를 통하여 신탁법에 따른 신탁재산에 발생한 부가가치에 대하여 납세의무자를 수탁자로 변경하였다(**대법원 2012두22485, 2017. 5. 18. ; 기획재정부 부가가치세제과-447, 2017. 9. 1.**).

※ 이후 기존 해석의 변경에 따른 세무처리방법과 문제점을 요약해 보기로 한다.

나. 해당 판결의 요지

부가가치세는 재화나 용역이 생산·제공되거나 유통되는 모든 단계에서 창출된 부가가치를 과세표준으로 하고 소비행위에 담세력을 인정하여 과세하는 소비세로서의 성격을 가지고 있지만, 우리나라 부가가치세법은 부가가치 창출을 위한 '재화 또는 용역의 공급'이라는 거래 그 자체를 과세대상으로 하고 있을 뿐 그 거래에서 얻은 소득이나 부가가치를 직접적인 과세대상으로 삼고 있지 않다.

이와 같이 우리나라의 부가가치세는 실질적인 소득이 아닌 거래의 외형에 대하여 부과하는 거래세의 형태를 띠고 있으므로 부가가치세법상 납세의무자에 해당하는지 여부 역시 원칙적으로 그 거래에서 발생한 이익이나 비용의 귀속이 아니라 재화 또는 용역의 공급이라는 거래행위를 기준으로 판단하여야 한다.

수탁자가 위탁자로부터 이전받은 신탁재산을 관리·처분하면서 재화를 공급하는 경우 수탁자 자신이 신탁재산에 대한 권리와 의무의 귀속주체로서 계약당사자가 되어 신탁업무를 처리한 것이므로, 이때의 부가가치세 납세의무자는 재화의 공급이라는 거래행위를 통하여 그 재화를 사용·소비할 수 있는 권한을 거래상대방에게 이전한 수탁자로 보아야 하고, 그 신탁재산의 관리·처분 등으로 발생한 이익과 비용이 거래상대방과 직접적인 법률관계를 형성한바 없는 위탁자나 수익자에게 최종적으로 귀속된다는 사정만으로 달리 볼 것은 아니다. 그리고 부가가치세의 과세원인이 되는 재화의 공급으로서의 인도 또는 양도는 재화를 사용·소비할 수 있도록 소유권을 이전하는 행위를 전제하므로 재화를 공급하는 자는 위탁매매나 대리와 같이 부가가치세법에서 별도의 명시적 규정을 두고 있지 않다면 '계약상 또는 법률상의 원인'에 의하여 그 재화를 사용·소비할 수 있는 권한을 이전하는 행위를 한 자를 의미한다.

신탁법상의 신탁은 위탁자가 수탁자에게 특정한 재산권을 이전하거나 기타의 처분을 하여 수탁자로 하여금 신탁목적을 위하여 그 재산권을 관리·처분하게 하는 것으로 위탁자가 금전채권을 담보하기 위하여 금전채권자를 우선수익자로 하여 위탁자 소유의 부동산을 신탁법에 따라 수탁자에게 이전하면서 채무불이행 시에는 신탁부동산을 처분하여 우선수익자의 채권 변제 등에 충당하고 나머지를 위탁자에게 반환하기로 하는 내용의 담보신탁을 체결한 경우에도 마찬가지이다.

따라서 신탁재산의 공급에 따른 부가가치세의 납세의무자는 그 처분 등으로 발생한 이익과 비용이 최종적으로 귀속되는 신탁계약의 위탁자 또는 수익자가 되어야 한다는 취지로 판시한 기존 판결 등은 이 판결의 견해에 저촉되는 범위에서 이를 변경한다.

다. 부가가치세 과세방법 요약

① 납세의무자의 변경

부가가치세 납세의무를 거래행위를 기준으로 판단하는 것이라는 위 대법원의 판결을 수용하여 신탁재산은 수탁자가 거래당사자로서 재화를 공급하는 것이어서 수탁자를 부가가치세의 납세의무자로 보았다. 또한 신탁의 종류에 따라 납세의무를 달리 볼 실익이 없어 신탁의 종류에 관계없이 모든 신탁에 대하여 이를 적용하도록 하였다.

② 적용시기

위 납세의무자 변경에 대한 적용시기는 기획재정부 예규회신일(2017. 9. 1.) 이후 공급분부터 적용한다. 다만, 대법원 판결 이후 동 회신일 전에 수익자 또는 위탁자 명의로 세금계산서를 발급하였거나, 판결에 따라 수탁자 명의로 발급한 세금계산서도 기존 판결과 유권해석의 변경인 만큼 납세자신뢰보호 및 과세관청의 집행비용 절감 차원에서 정상거래로 인정한다(기획재정부 부가가치세제과-447, 2017. 9. 1.).

그러나 위 대법원 전원합의체 판결취지에 따른 신탁재산 매각의 납세의무자 적용시기는 조세심판원이나 법원에서는 판결일 이전의 경우에도 적용된다고 결정 또는 판시하고 있다.

③ 수탁자로 신탁재산 이전 시 과세 여부

신탁재산을 위탁자로부터 수탁자 또는 수탁자로부터 위탁자로 이전하거나 수탁자가 변경되어 신수탁자로 이전되는 경우 신탁재산의 이전 등에 대하여 부가가치세 과세대상이 아니다.

④ 매입세액의 공제방법

신탁재산의 취득, 건설, 유지과정에서 발생한 매입세액을 누가 공제할 것인지에 대하여 법리적 또는 실무상 논란이 있고 기획재정부도 명확한 해석을 내놓지 않고 있다. 근본적으로 수탁자가 매입을 효과적으로 통제할 수 있는 제도적 장치가 마련되지 않은 상태에서 수탁자를 납세의무자로 해석하였기 때문에 과세당국으로서는 고민하지 않을 수 없을 것이다.

위탁자가 거래당사자의 지위에서 재화 또는 용역을 제공받고 있으므로 공급자 입장에서는 당연히 위탁자에게 세금계산서를 발급하려 할 것이고 그것이 부가가치세법상 당연한 귀결이다. 그렇다면 아래와 같은 세 가지 방법이 있을 수 있다.

㉠ 공급자가 계약상 거래당사자인 위탁자에게 세금계산서를 발급하고, 위탁자는 매입세액만 발생하여 부가가치세 환급만 발생하고, 수탁자는 신탁재산의 유지, 관리, 처분과정에서 발생한 매출세액만을 신고·납부하는 방법

㉡ 공급자가 위탁자에게 세금계산서를 발급하면 공동매입에 따른 세금계산서 발급방법으로 수탁자에게 발급하여 수탁자가 매입, 매출과 관련된 세금계산서를 토대로 신고·납부하는 방법

㉢ 공급자가 직접 수탁자에게 세금계산서를 발급하도록 하여 수탁자가 매입, 매출과 관련된 세금계산서를 신고·납부하는 방법

"㉠"의 방법에 따르면 수탁자는 항상 납부만 하게 되고 위탁자는 납부세액만 발생하여 납부시기와 환급시기 차이로 인한 자금부담이 발생하고 신탁사업이 과세·면세겸영사업인 경우 공통매입세액안분계산은 수탁자가 위·수탁자의 면세공급가액과 총공급가

액을 기준으로 하여야 할 것이지만 법적근거가 없다(물론 과세관청은 위탁자의 공통매입세액을 수탁자의 총공급가액과 면세공급가액 비율로 안분하려 할 것이다).

"㉡"의 방법은 "㉠"의 문제점이 모두 해결될 수 있는 장점이 있으나 위탁자가 받은 세금계산서를 수탁자에게 재발행하여야 한다는 명문규정이 없다. 기획재정부의 유권해석으로 업무처리방향을 제시할 수 있을 것이다.

"㉢"은 계약상 거래당사자 관계를 무시하고 공급자로 하여금 수탁자 명의로 발급하게 할 수는 없을 것이라고 본다.

따라서 매입세액공제방법에 관한 현행 기획재정부의 해석이 없는 경우에는 "㉠"의 방법을 택할 수밖에 없을 것이고, 실무상 문제점을 시정하기 위해서는 시행령 등의 개정이 필요했다.

▌2017. 5. 18.~2017. 12. 31. 거래분에 대한 처리(국세청 업무지침)

신탁법에 따른 신탁재산의 관리, 운용, 처분에서 발생한 부가가치세 납세의무자를 수탁자로 변경(재부가-447, 2017. 9. 1.)하되, 대법원 판결 이후 기재부 예규회신일 전에 수익자 또는 위탁자 명의로 세금계산서를 수수하여 부가가치세를 신고·납부한 경우에도 별도의 경정 없이 종결하도록 업무지침 시달하였다.

라. 위탁자가 계약당사자로서 매도한 경우에도 수탁자가 납세의무자인지

국세청이 부동산담보신탁의 위탁자와 우선수익자를 공동사업자로 보아 신탁재산분양분 부가가치세 체납액에 대한 연대납세의무를 지정하였다가 대법원 전원합의체 판결이 있자, 해당 판결을 들어 수탁자에게 부가가치세를 과세처분한 건에 대한 대법원의 판결을 소개한다.

신탁법상의 신탁은 위탁자가 수탁자에게 특정한 재산권을 이전하거나 기타의 처분을 하여 수탁자로 하여금 신탁 목적을 위하여 그 재산권을 관리·처분하게 하는 것이고, 이는 담보신탁의 경우도 마찬가지므로 수탁자가 위탁자로부터 이전받은 신탁재산을 관리·처분하면서 재화를 공급하는 경우 수탁자 자신이 신탁재산에 대한 권리와 의무의 귀속주체로서 계약당사자가 되어 신탁업무를 처리한 것이므로, 이때의 납세의무자는 수탁자가 된다(대법원 2017. 5. 18. 선고 2012두22485 전원합의체 판결).

그러나 다음과 같은 사정들이 있다면, 계약상 또는 법률상 원인에 의하여 이 사건 건물을 사용·소비할 수 있는 권한을 이전하는 행위를 한 자는 위탁자라고 보아야 한다.

① 부가가치세의 납세의무자로서 공급 상대방에게 이 사건 건물을 사용·소비할 수 있도록 권한을 이전해 줄 수 있는지 여부도 이 사건 건물이 인도되거나 이용가능

하게 되는 때를 기준으로 판단하여야 함.

② 신탁계약 제24조, 분양계약서 제20조 제5항에 의하면, 수분양자들이 위탁자에게 분양계약에 따른 분양대금을 모두 지급하고, 위탁자가 우선수익자에게 채무를 변제하면 그 범위 내에서 수탁자(신탁회사)는 이 사건 신탁계약을 해지하여 종료시킬 수 있음.

③ 신탁계약 중 수탁자로 하여금 분양목적물에 관한 소유권이전등기를 위탁자에게 하는 대신 수분양자에게 직접 하게 하는 것도 허용하는 취지로 규정한 것이 있는바, 수탁자로부터 수분양자들에게 직접 소유권이 이전되는 외형을 갖추게 되었다고 하더라도, 그 실질은 위탁자가 수탁자로부터 신탁계약 해지에 따른 소유권을 이전받은 후 이를 다시 수분양자들에게 이전하는 거래행위라고 할 것임(대법원 2018. 12. 27. 선고 2018다237329 판결).

④ 신탁계약 내용 중, 위탁자의 우선수익자에 대한 채무불이행이 없음에도 이 사건 건물을 타에 분양하여 그 매매대금으로 우선수익자의 채무를 변제하여 주는 업무는 포함되어 있지 않음.

⑤ 부동산 신탁계약에서 분양대금에 의한 우선수익자의 채권변제가 확보된 상태에 이르면, 위탁자는 매수인에게 분양된 부동산에 관한 소유권이전등기를 마쳐 주기 위하여 그 부분에 관한 신탁을 일부 해지할 수 있고, 우선수익자는 그 신탁 일부 해지의 의사표시에 관하여 동의의 의사표시를 하기로 묵시적약정을 한 것으로 볼 수 있는바, 위탁자는 특별한 사정이 없는 한 수탁자 및 우선수익자의 동의 또는 승낙을 받아 이 사건 분양계약을 체결하였다고 봄이 상당함.

⑥ 분양계약서에 수탁자의 명판과 법인인감이 위와 같이 날인되어 있다는 사실만으로 수탁자를 이 사건 분양계약의 당사자로 단정할 수 없고, 나아가 수탁자가 위탁자에게 수탁자의 대리인으로 신탁재산 분양계약을 체결할 권한을 위임하였음을 인정할 증거도 없음.

⑦ 위탁자와 수탁자 및 수분양자들 사이의 합의로 수탁자가 위탁자로의 등기이전을 생략한 채 직접 수분양자들에게 소유권이전등기를 마쳐준 경우에도 신탁등기의 말소원인은 '처분'으로 기재될 수밖에 없음.

⑧ 위탁자와 우선수익자들이 수탁자에게 '담보신탁부동산 처분 요청서'를 제출하였는데, 수분양자의 분양대금 완납 및 분양대금의 우선수익자에 대한 피담보채권 상환을 전제하는 것이므로 전형적인 신탁부동산 처분의 의미가 아님.

⑨ 분양계약서에서 수분양자들이 분양계약에 따른 제반의무를 모두 이행하는 경우, 수탁자는 분양대상 건물에 대하여 부동산 신탁을 해지하고, 위탁자가 수분양자 명

의로 소유권이전등기를 경료한다고 규정하고 있고, 분양대금도 위탁자의 계좌로 입금하도록 규정하고 있음.

⑩ 특약사항에 따른 확약서에 수탁자가 소유권을 이전하는 관계에 관하여 정하고 있으나, 이는 수탁자부터 수분양자들에게 직접 이전되는 외형을 갖추게 됨에 따라 수분양자들이 그 외형을 근거로 수탁자에게 책임을 물을 것에 대비한 것이라고 봄이 상당함(서울고법 2019누61870, 2019. 11. 20. : 대법원 2020두56650, 2021. 3. 25.).

| 전원합의체 사건 2012두22485와 사실관계 비교 |

사실관계	대법원 전원합의체	이 사건
위탁자의 채무불이행 여부	채무불이행 상태	채무불이행 상태 아님.
우선수익자의 처분요청	있음.	있음.
처분계약의 매도당사자	수탁자(수의계약체결)	위탁자
대금 수취	미확인	위탁자가 수취 후 우선수익자에게 변제
소유권이전등기	수탁자 → 제3자	수탁자 → 제3자
세금계산서발행	위탁자, 우선수익자, 수탁자 모두 발행하지 않음.	위탁자
부가가치세 신고	위탁자, 우선수익자, 수탁자 모두 무신고	위탁자

5) 대법원 전원합의체 판결 전(2003. 4. 22.~2017. 5. 17.까지)

가. 기존 판결 요지(우선수익자가 따로 지정된 타인신탁의 납세의무자)

▌"대법원 99다59290, 2003. 6. 15.(이하 기존판결이라 함)" 판결 요지

① 신탁법상 신탁재산의 관리·처분 등 신탁업무를 처리함에 있어서 부가가치세법상의 사업자 및 납세의무자는 위탁자이며, ② 신탁계약에 있어서 위탁자 이외의 수익자가 지정된 타인신탁의 경우 부가가치세의 납세의무자는 수익자이며, ③ 수탁자가 신탁재산의 처분에 따라 매수인으로부터 거래징수한 부가가치세 상당액이 신탁재산에 속함.

기존 판결은 신탁재산의 처분과 관련한 부가가치세 납세의무자를 자익신탁(신탁의 수익이 위탁자 자신에게 귀속되는 신탁)과 타익신탁(신탁의 수익이 위탁자가 아닌 수익자에게 귀속되는 신탁)으로 구분하여 자익신탁인 경우에는 부가가치세 납세의무자가 위탁자이고, 타익신탁인 경우에는 수익자라고 판시하였다.

신탁법상 신탁재산을 관리·처분함에 있어 재화 또는 용역을 공급하거나 공급받게 되는 경우 수탁자 자신이 계약당사자가 되어 신탁업무를 처리하게 되는 것이나, 그 신탁재산의 관리·처분 등으로 발생한 이익과 비용은 최종적으로 위탁자에게 귀속하게 되어 실질적으로는 위탁자의 계산에 의한 것이므로 신탁법에 따른 신탁은 부가법 제10조 제7항 소정의 위탁매매와 같이 자기명의로 타인의 계산에 의하여 재화 또는 용역을 공급하거나 공급받는 등의 신탁업무를 처리하고 보수를 받는 것이어서 신탁재산의 관리·처분 등 신탁업무를 처리함에 있어 사업자 및 이에 따른 부가세 납세의무자는 원칙적으로 위탁자라고 판결하였다.

다만, 신탁계약에서 위탁자 외의 수익자가 지정되어 신탁의 수익이 우선적으로 수익자에게 귀속하게 되어 있는 타익신탁의 경우 그 우선수익권이 미치는 범위 내에서는 신탁재산의 관리·처분 등으로 발생한 이익과 비용도 최종적으로 수익자에게 귀속되어 실질적으로는 수익자의 계산에 의한 것으로 되므로 사업자 및 이에 따른 부가가치세 납세의무자는 위탁자가 아닌 수익자로 본다(대법원 2000다57733, 57740 2003. 4. 22. ; 대법원 99다59290, 2003. 4. 25. ; 대법원 2000다33034, 2003. 4. 25. ; 대법원 2005두2254, 2006. 1. 13. ; 대법원 2006두8372 2008. 12. 24.).

나. 부가가치세 과세방법 요약

① 자익신탁의 경우

a. 납세의무자

신탁부동산의 소유권이 신탁시점에 위탁자에서 수탁자로 이전되더라도 그 실질적인 권리나 소유권까지 이전되는 것이 아니어서 부가법 제9조 제7항에 규정한 위·수탁거래에 의한 매매와 동일하게 취급되어 신탁재산의 운용 및 처분과정에서 발생된 수익에 대하여 부가가치세 납세의무자는 원칙적으로 위탁자가 된다.

b. 신탁계약 및 종료 시

신탁계약에 따라 신탁재산을 수탁자에게 이전하거나 신탁이 종료되어 수탁자가 신탁재산을 위탁자에게 반환하는 경우 위탁매매의 법리가 적용되어 위탁재화를 인도 또는 반환받는 것에 불과하여 부가가치세 과세대상 재화의 공급으로 볼 수 없다.

c. 수탁자의 납세의무

「신탁법」에 따라 수탁자 자신이 계약의 당사자가 되어 신탁재산의 관리, 운용, 처분, 그 밖의 신탁목적의 달성을 위한 행위를 하는 등 신탁업무를 수행하고 그 보수를 받는 것이어서 용역(면세되는 금융·보험용역)을 공급하는 사업자로 본다.

② 타익신탁의 경우

a. 납세의무자

신탁재산에 기한 수익권이 단순히 수익을 금전으로 분배받을 권리에 불과하다면 타익신탁의 설정이나 수익권의 양도는 부가가치세 과세대상이 될 수 없는 것이나, 위탁자가 우선수익자와 약정한 기한까지 대출금을 상환하지 못하는 등의 사유로 우선수익자가 언제든지 수탁자에게 신탁재산에 대한 처분지시를 할 수 있는 권한을 가지도록 약정된 타익신탁에 있어 위탁자가 대출금 상환을 이행하지 못하여, 우선수익자가 채무이행 최고를 거쳐 신탁재산의 실질적 통제권을 이전받아 수탁자에게 처분요청을 할 수 있고 위탁자에게 반환청구권이 존재하지 않는 등, 그 우선수익권이 미치는 범위 내에서 신탁재산의 관리·처분 등으로 발생한 이익과 비용이 최종적으로 우선수익자에게 귀속된다면 부동산이전등기 여부에 불구하고 실질적으로는 수익자의 계산에 의한 것이므로 이 경우 우선수익자에게 납세의무가 있다(재부가-68, 2006. 9. 11. ; 신탁법 §1 ②).

b. 수익권증서의 교부와 양도

우선수익권이 있는 수익권증서의 교부가 신탁재산의 관리·운영에 의한 수익만을 향유하는 통상의 수익자로서의 지위를 넘어 신탁재산의 처분결정 권한 등 실질적인 통제권(소유권)을 이전하는 경우에 한하여 수익권증서를 교부하는 때를 공급시기로 보아 위탁자가 우선수익자에게 세금계산서를 발급한다. 또한 수익권의 양도에 있어서도 실질적 통제권의 이전을 수반하는 경우 그 신탁재산이 부가가치세 과세대상 재화인 경우 부가가치세가 과세된다.

기획재정부 및 국세청도 타익신탁 수익권증서의 양도가 부동산에 대한 통제권을 이전한 것으로서 재화의 공급이 수반되는 것으로 볼 수 있는 경우에는 부가법 제3조의 규정 해석 및 국기법 제14조에 따라 부가가치세의 납세의무자를 우선수익자로 해석하였다(재경부 소비-113, 2005. 8. 31. ; 재경부 부가-68, 2006. 9. 11. ; 부가가치세과-390, 2009. 3. 23.).

c. 공급시기

타익신탁에 있어 신탁재산에 대한 사용·수익 및 처분 등에 대한 권한(실질적 통제권)이 위탁자에서 우선수익자로 이전되는 경우에는 위탁자가 우선수익자에게 재화를 공급한 것으로 보며, 그 공급시기는 해당 신탁계약 및 특약에서 정한 조건에 의하여 신탁재산의 실질적 통제권이 이전되는 때 또는 우선수익자가 신탁재산을 이용가능하게 된 때가 된다(부가-378, 2009. 1. 29. ; 서면3팀-76, 2008. 1. 9.).

또한 우선수익자에 의하여 신탁재산을 수탁자를 통해 공매하는 경우 해당 신탁재산에 대한 공급시기는 일반 부동산 공급의 양도와 같이 별도의 특약 등 조건이 없는 한 소유권이전등기일, 잔금청산일, 사용수익일 중 빠른 날이 될 것이다.

d. 실질적 통제권 이전

부가가치세법상 재화의 공급 개념이 계약상 또는 법률상 모든 원인에 의하여 재화를 인도 또는 양도하는 것을 말하고, 그 인도 또는 양도는 재화를 사용·소비할 수 있도록 소유권을 인정하는 행위를 전제로 하는 것이므로 타익신탁에서의 우선수익권 설정이나 수익권증서의 양도가 있는 경우로서 해당 행위로 인하여 신탁부동산의 관리·운영에 의한 수익만을 향유하는 통상의 수익자로서의 지위를 넘어 대물변제 등의 사유로 인하여 신탁재산에 대한 사용·수익·처분권(처분가격, 처분방법 및 시기 등) 등이 온전히 이전되는 경우 "실질적 통제권의 이전"이 있었다고 본다.

조세심판원과 기획재정부는 판례와 동일한 입장을 취하면서 판례에서 사용하지 않는 '실질적 통제권'이라는 용어를 도입하여 실질적 통제권이 이전되었는지 여부에 따라 부가가치세 납세의무자를 달리 판단하였다.

실질적 통제권이 신탁재산에 대한 사용·수익·처분 등에 대한 권한을 의미한다지만 실질적 통제권의 주체와 신탁재산의 관리처분 등으로 발생하는 이익과 비용이 최종적으로 귀속되는 주체의 구별과 명확성의 문제가 있어 그간 조세심판원이 다소 유연한 결정들을 내렸다. 이는 법원의 판례가 언제나 타당할 수는 없지만 확정된 대법원 판결과 정면으로 배치되는 결정을 내리기는 어려워 대법원 판례의 틀 안에서 구체적 타당성을 도모하고 전단계세액공제법의 틀을 유지하고자 함에 있었을 것이다.

그러나 실질적 통제권 이전을 이유로 한 부과처분에 대하여 법원은 양도담보의 목적으로 부동산상의 권리를 제공한 것으로서 재화의 공급에 해당하지 않고, '실질적 통제권의 이전'이라는 개념은 그 자체로 불명확하고, 구체적이고 개별적인 소유권의 이전을 전제로 한 '재화의 공급'을 과세대상으로 삼는 부가가치세법령에 부합하지 않아 받아들일 수 없으며, 과세대상이 되는 법률관계나 사실관계가 전혀 없어 납세의무 자체가 성립하지 아니하는 경우에 해당하는 것으로서 객관적으로 타당한 법적 근거와 합리성이 없어, 그 하자가 중대하고 명백하여 당연무효라고 판시하였다(대법원 2014두13393, 2017. 6. 15. ; 서울고등법원 2021누43752, 2021. 10. 14. ; 대구고등법원 2020누2982, 2021. 1. 15.).

e. 실질적 통제권 이전 시 공급가액의 계산

우선수익자에게 실질적 통제권이 이전되면서 위탁자는 우선수익자에 대한 채무를 지급할 의무가 면제되는 효과가 있으므로 위탁자는 금전 외의 대가를 받는 경우에 해당하여 위탁자는 실질적 통제권이 이전되는 때의 신탁부동산의 시가를 공급가액으로 세금계산서를 발급한 후 실제로 매각된 때(공매 시)에 그 차액(신탁부동산의 시가와 실제 공매가액)에 대하여 수정세금계산서를 발급하는 것이 타당하다고 해석하였다.

즉, 실질적 통제권이 이전되는 때는 부가법 제29조 제3항에 따라 신탁부동산의 시가를 공급가액으로 하고 차후에 매각된 가액을 고려하여 그 차액을 과세표준에서 차감함으로써 결국 우선수익권이 미치는 금액만을 공급가액으로 하는 효과가 있으며, 이는 기존해석사례(서면3팀-76, 2008. 1. 9.)에서 언급한 '우선수익권이 미치는 금액'의 의미를 구체화하여 표현한 것으로 보인다.

신탁재산이 제3자에게 낙찰된 신탁부동산에 대하여는 우선수익자 명의로 낙찰금액을 공급가액으로 하여 낙찰자에게 세금계산서를 발급하여야 한다(법규부가 2103-233, 2013. 7. 12.). 또한 우선수익자가 2인 이상 지정된 상태에서 신탁재산에 대한 통제권이 우선수익자에게 이전되었을 경우에도 공급가액의 계산은 1순위 우선수익자와 2순위 우선수익자가 동시에 지정된 경우 신탁재산의 처분이나 운영에 따른 이익의 귀속은 제1순위자에게 귀속시키고 남은 금액이 제2순위자에게 귀속되는 것이므로 통제권이 이전될 때의 신탁재산 시가액에서 상순위의 우선수익권자의 한도액을 순차적으로 차감하는 방식으로 공급가액을 산정하여 세금계산서를 발급한다.

다. 기존판결에 대한 비판

납세의무자의 확정은 외관이 아닌 법적실질에 의하여야 하므로 신탁재산의 관리·처분에 대한 부가가치세의 경우 누가 납세의무자인지는 신탁계약의 법적실질과 신탁계약에서 누가 실질적으로 재화와 용역을 공급하는지 여부를 가지고 판단해야 한다. 기존판결은 신탁법상의 신탁계약의 실질을 부가법 제10조 제7항 소정의 위탁매매로 보고, 신탁계약에서도 위탁계약과 같이 위탁자가 실질적으로 재화와 용역을 공급하는 자라고 본 것이다.

신탁법에 따른 신탁계약에 있어서 부가가치세법의 규정이 전무한 이상 부가가치세 납세의무를 위탁자로 본 것은 위탁매매가 지니고 있는 외연의 범위를 넘어 세법적 사실을 포섭한 조세법상 엄격해석의 원칙에 위배되는 문제가 있고, 거래의 귀속주체와 이익 등의 귀속주체를 혼동하여 거래세라는 부가가치세 본질을 외면한 잘못된 해석기준을 낳았다. 또한 수익자는 매수인으로부터 받은 매각대금의 일부를 부가가치세로 납부하면서 위탁자에게 지급한 세액을 현실적으로 매입세액으로 공제받을 수 없음에도 판례는 수익자로서는 매출세액을 납부하여야 하는 부담만 있을 뿐 위탁자로부터 수익자로 소유권 이전에 대해서는 침묵하였다.

신탁법상 수익자가 가지는 법적인 권리는 수탁자에 대한 일정한 급부청구권일 뿐 신탁재산에 대하여 아무런 물권적 권리가 없다고 보아야 하고, 신탁재산의 처분이익을 향수한다는 근거로 수익자를 사업자로 보는 것은 경제적 실질에 따라 과세하는 것으로 실질과세원칙에 대해 법률상 실질설을 취하고 있는 기존 판례의 태도와도 배치된다.

6) 그 밖의 참고사항

가. 실질과세원칙과 부가가치세법 적용의 한계

우리 부가가치세법은 국기법상 실질과세원칙을 부정하는 예외적 규정을 두고 있지 아니하므로 부가가치세법도 이를 적용하여야 할 것이다.

그러나 소득의 귀속주체를 판단하는 소득세법, 법인세법과 달리 부가가치세법은 법률적 외관 및 거래질서를 중요시하므로 실질과세원칙을 무제한적으로 적용하기는 어려울 것이다.

부가가치세법은 전단계세액공제법을 채택하여 납세의무자가 거래상대방으로부터 거래징수한 매출세액에서 매입 시 거래징수된 매입세액을 차감하여 납부세액을 계산하며, 이러한 점을 고려하여 현행 부가법은 거래징수 편의를 위하여 귀속의 실질을 포기한 규정(예를 들어 공동매입 규정 등)을 두고 있다.

위탁매매에 있어서 위탁자를 알 수 없는 경우에는 위탁자는 수탁자에게, 수탁자는 구매자에게 각각 세금계산서를 발급하도록 하거나, 매입 시 실제 거래징수당한 매입세액을 과세기간 경과 후 수취 등을 이유로 실질과세원칙에 불구하고 매입세액을 불공제하는 규정을 두고 있어 법인세법이나 소득세법처럼 폭넓게 실질과세원칙을 적용하는 것은 불합리할 수 있다.

부가가치세법은 계약상 또는 법률상 모든 원인에 의하여 재화를 인도하는 것을 재화의 공급으로 규정하고 있으므로 동 규정에 의할 경우 부가가치세법상 거래당사자는 계약상 원인에 의한 당사자로 보아야 할 것이므로 부가가치세법은 경제적 실질(이익의 귀속)보다는 법률적 실질(거래 외관)을 더 중요시한다고 보아야 한다.

나. 신탁제도와 위탁매매의 비교

위탁매매는 자기의 명의로 타인의 계산으로 행위를 하므로 거래상대방과의 관계에서 법적효과는 위탁매매인에게 귀속하지만 경제적 효과는 위탁인에게 귀속된다.

즉, 위탁매매인과 위탁인 간의 관계는 위임계약관계이므로 위탁매매인의 법적효과의 귀속과 경제적 효과의 귀속이 분리된다. 신탁제도나 위탁매매제도 모두 수탁자의 명의로 법률관계가 형성된다는 점과 종국적으로는 그 수익과 비용이 위탁자에게 귀속된다는 점에서는 공통된다.

신탁제도는 수탁자가 사망해도 신탁관계가 종료하지 않는 반면 위탁매매는 수탁자가 사망하면 계약관계가 종료하며, 신탁에서는 수탁자가 신탁재산을 구속함에 반해 수익자나 위탁자에게 그 법률효과가 미치지 않는다(상법 §112, 민법 §690).

신탁계약에 있어 위탁자는 수탁자를 지시할 수는 있어도 직접 신탁재산을 관리처분을 할 수 없고, 수탁자가 행한 법률행위의 효력을 부인하거나 수탁자에게 부담시킬 수 없으며, 수탁자는 수익자에 대하여 신탁재산을 한도로 유한책임을 부담하지만 제3자에 대하여는 무한책임을 부담하게 된다.

반면, 위탁매매는 위탁매매인이 위탁매매로 인하여 취득한 물건, 유가증권 또는 채권은 위탁자와 위탁매매인의 채권자 사이에서는 위탁매매인의 이전행위없이 당연히 위탁자에게 귀속되는 것으로 간주된다(상법 §103).

위탁자는 위탁매매인에게 일정한 가격에 매수 또는 매도할 것을 정할 수 있고, 위탁매매인이 이를 준수하지 않았을 경우 위탁자가 이를 인수하지 않아도 무방하다(상법 §106).

이와 같이 신탁제도는 위탁매매제도와는 달리 위탁자와의 관계에서도 독립성이 강화되어 있으며 제3자와의 관계에서는 완전히 독립된 거래관계인 것이다.

다. 신탁을 위탁매매에 준용하여 판단한 판례에 대한 비판

위탁매매와 신탁은 전혀 다른 법률제도임에도 기존 판결은 신탁에 있어서 위탁매매의 규정을 차용하여 부가가치세 납세의무를 설명하였다.

거래세인 부가가치세 납세의무자가 누구인지를 판단할 때는 신탁제도 고유의 특성에 따라 신탁계약의 체결경위 · 목적 · 취지 · 거래대상 · 거래 당시의 비용지출의 당사자 · 거래사업의 실질담당자 등을 종합적으로 고려하여 실질적인 부가가치의 귀속주체, 즉 재화와 용역을 공급하는 자를 누구로 할 것인지 여부를 판단하여야 하는 것이지 그 경제적 이익과 비용은 위탁자 내지 수익자에게 귀속한다는 구조상의 유사성만 가지고 일률적으로 위탁매매와 유사하다 하여 신탁계약에 있어서도 부가가치세 납세의무자를 위탁자라고 본 기존판결은 신탁제도와 위탁매매제도를 혼동하여 신탁계약에 포섭시킨바, 이는 위탁매매가 지니고 있는 외연의 범위를 넘어 세법적 사실을 포섭한 조세법상 엄격해석의 원칙에 위배한 문제가 있다.

실질과세원칙에 따라 과세물건인 신탁재산의 거래로 발생한 부가가치가 누구의 행위로 인하여 발생한 것인지(실질적인 납세의무자가 누구인지 여부) 여부에 대해 신탁법의 내용, 신탁계약을 체결한 과정, 취지, 목적, 당사자의 의사, 일반인의 법의식 및 법감정 등을 좀 더 면밀히 검토 · 종합하여 판단한 후, 해당 신탁계약을 위탁매매로 볼 수 있는지를 검토해야 하는데, 신탁관계의 본질을 간과하고 실질적으로 법적인 과세물건의 귀속을 누구에게 해야 하는지 여부를 검토하지 않은 문제가 있다("신탁수익의 귀속"과 "과세물건인 부가가치의 귀속"을 혼동).

(4) 신탁재산 공급에 대한 개선방안(부가가치세 납세의무자)

법인세법은 부동산담보신탁의 수탁자가 위탁자가 지급해야 할 이자를 신탁재산의 매각대금에서 지급하는 경우 수탁자가 원천징수의무가 있는 것으로 규정하고 있듯이(법인법 §73 ; 서면법규과-808, 2013. 7. 15.), 신탁업은 그 위험과 수익이 종국적으로 위탁자에게 귀속되므로 실질과세원칙에 따르면 위탁자(수익자)가 납세의무자가 되어야 하지만, 신탁회사가 신탁과 관련된 모든 법률상의 거래당사자이면서 신탁재산에 대한 매출을 효과적으로 통제할 수 있는 점을 고려하면 수탁자에게 신탁재산의 운용, 매각 과정에서 발생하는 부가가치세에 대하여 대리납부의무를 부여하도록 현행 부가가치세법은 개정되어야 할 것이다. 이와 함께 수탁자가 부가가치세 상당액을 신탁재산에 속하지 않는 '제세공과금'으로 분류하도록 개정하여야 할 것이다.[1)]

수탁자가 신탁재산에서 발생한 수입에 대하여 부가가치세를 대리납부하고 위탁자는 신탁사업에서 발생한 매입세액과 매출세액에 대한 부가가치세를 신고·납부하면서 대리납부세액을 공제한다. 이처럼 수탁자에게 대리납부의무를 부여함으로써 국세청은 부가가치세 세수의 안정적 확보가 가능할 것이며, 수탁자는 세금계산서 수수과정에서 발생할 수 있는 사실과 다른 세금계산서로 인한 불측의 세부담에서 회피할 수 있다.

아울러 현행 신탁재산 관련 부가가치세법령상의 납세의무자 및 그 예외, 매입세액공제, 제2차 납세의무 및 물적납세의무 등 복잡한 규정을 단순화할 수 있다.

(5) 신탁소득에 대한 직접세 과세

1) 신탁소득에 대한 납세의무자

신탁소득에 대하여 종전에는 납세의무자를 수익자를 원칙으로 하고 수익자가 특정되지 않거나 존재하지 않는 경우 예외적으로 위탁자를 납세의무자로 하며 신탁은 도관으로 간주하여 소득원천별로 납세의무자에게 과세하였다. 그러나 2021. 1. 1. 이후 신탁계약을 체결하는 분부터는 신탁유형 및 경제적 실질에 맞게 신탁 관련 과세체계를 정비하였다.

가. 원칙(수익자)

신탁재산에 귀속되는 소득에 대해서는 그 신탁의 이익을 받을 수익자가 그 신탁재산을 가진 것으로 보고 법인법을 적용한다(법인법 §5 ①).

---

1) 대법원은 신탁회사가 매수자에게 수령한 매매대금 중 부가가치세 상당액이 신탁재산에 속하지 않는다는 국세청의 주장을 배척한 바 있다.

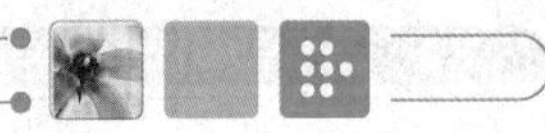

나. 수탁자(예외)

다음의 어느 하나에 해당하는 신탁으로서 아래 "수탁자가 납세의무자가 되기 위한 신탁의 조건"을 충족하는 신탁(자본시장법 §9 ⑱ 1호에 따른 투자신탁은 제외)의 경우에는 신탁재산에 귀속되는 소득에 대하여 그 신탁의 수탁자[내국법인 또는 「소득세법」에 따른 거주자인 경우에 한정]가 법인세를 납부할 의무가 있다.2) 이 경우 신탁재산별로 각각을 하나의 내국법인으로 본다(**법인법 §5 ②, 법인령 §3의2 ①**).

① 「신탁법」 제3조 제1항 각호 외의 부분 단서에 따른 목적신탁

② 「신탁법」 제78조 제2항에 따른 수익증권발행신탁

③ 「신탁법」 제114조 제1항에 따른 유한책임신탁

④ 그 밖에 "①"부터 "④"까지의 규정에 따른 신탁과 유사한 신탁으로서 대통령령으로 정하는 신탁

▌수탁자가 납세의무자가 되기 위한 신탁의 요건

위 "나"에서 말하는 요건을 충족하는 신탁이란 다음의 요건을 모두 갖춘 신탁을 말한다.

① 수익자가 둘 이상일 것(다만, 어느 하나의 수익자를 기준으로 법인법 제2조 제5항에 해당하는 자이거나, 소득령 제98조 제1항에 따른 특수관계인에 해당하는 자는 수익자 수를 계산할 때 포함하지 않는다)

② 위탁자가 신탁재산을 실질적으로 통제하지 아니하는 경우("위탁자가 신탁을 해지할 수 있는 권리, 수익자를 지정하거나 변경할 수 있는 권리, 신탁 종료 후 잔여재산을 귀속받을 권리를 보유하는 등 신탁재산을 실질적으로 지배 · 통제할 것"에 해당하지 않을 것)

다. 위탁자(예외)

위 "가", "나"에 불구하고 위탁자가 신탁재산을 실질적으로 통제하는 등 다음의 요건을 모두 갖춘 신탁에 대하여는 신탁재산에 귀속되는 소득에 대하여 그 신탁의 위탁자가 법인세를 납부할 의무가 있다(**법인법 §5 ③, 법인령 §3의2 ②**).

① 위탁자가 신탁을 해지할 수 있는 권리, 수익자를 지정하거나 변경할 수 있는 권리, 신탁 종료 후 잔여재산을 귀속 받을 권리를 보유하는 등 신탁재산을 실질적으로 지배 · 통제할 것

② 신탁재산 원본을 받을 권리에 대한 수익자는 위탁자로, 수익을 받을 권리에 대한 수익자는 위탁자의 법인법 제43조 제7항에 따른 지배주주등의 배우자 또는 같은 주소 또는 거소에서 생계를 같이 하는 직계존비속(배우자의 직계존비속을 포함한

2) 수탁자가 수익자에게 소득 배분 시 배당소득세를 과세한다.

다)으로 설정했을 것

라. 그 밖의 사항

자본시장법의 적용을 받는 법인의 신탁재산(자본시장법 제251조 제1항에 따른 보험회사의 특별계정은 제외)에 귀속되는 수입과 지출은 그 법인에 귀속되는 수입과 지출로 보지 아니한다(법인법 §5 ④).

2) 법인과세 신탁재산의 각 사업연도의 소득에 대한 법인세 과세특례

가. 개요

위 "1)"의 "나"에서 내국법인으로 보는 신탁재산(이하 "법인과세 신탁재산"이라 한다) 및 이에 귀속되는 소득에 대하여 법인세를 납부하는 신탁의 수탁자(이하 "법인과세 수탁자"라 한다)에 대해서는 법인법 제2장의2 "법인과세 신탁재산의 각 사업연도의 소득에 대한 법인세 과세특례"를 제1장 및 제2장의 규정에 우선하여 적용한다(법인법 §75의 10).

나. 신탁재산에 대한 법인세 과세방식의 적용

① 수탁자의 납세의무

법인과세 수탁자는 법인과세 신탁재산에 귀속되는 소득에 대하여 그 밖의 소득과 구분하여 법인세를 납부하여야 한다(법인법 §75의11 ①).

② 수익자의 보충적 납세의무

재산의 처분 등에 따라 법인과세 수탁자가 법인과세 신탁재산의 재산으로 그 법인과세 신탁재산에 부과되거나 그 법인과세 신탁재산이 납부할 법인세 및 강제징수비를 충당하여도 부족한 경우에는 그 신탁의 수익자(「신탁법」 제101조에 따라 신탁이 종료되어 신탁재산이 귀속되는 자를 포함)는 분배받은 재산가액 및 이익을 한도로 그 부족한 금액에 대하여 제2차 납세의무를 진다(법인법 §75의11 ②).

③ 수익의 분배

법인과세 신탁재산이 그 이익을 수익자에게 분배하는 경우에는 배당으로 본다(법인법 §75의11 ③, 소득법 §17).

④ 요건 미충족 시 과세방법

신탁계약의 변경 등으로 법인과세 신탁재산이 위 "1)"의 "나"에 따른 신탁(수탁자 과세)에 해당하지 아니하게 되는 경우[3]에는 그 사유가 발생한 날이 속하는 사업연도분부터 수탁자 과세특례를 적용하지 아니한다(법인법 §75의11 ④).

2 | '부가가치세 과세대상 권리'의 범위 분석

(1) 개 요

부가법 제2조 제1호와 부가령 제2조 제2항에서는 유체물과 무체물 외의 재산적 가치가 있는 권리도 재화에 포함된다고 규정하고 있다. 동 규정의 문리해석에 따르면 어떠한 권리가 재산적 가치가 있고 거래의 대상만 되면 부가가치세가 과세될 수 있게 된다. 즉, 모든 재화나 용역이 물권이나 채권에 해당되기 때문에 사업자가 거래하는 모든 것이 면세나 영세율 적용대상에 해당되지 아니하면 부가가치세가 과세된다는 결론에 도달할 수 있다. 그러나 모든 권리가 과세대상이 된다면 어음이나 수표의 수수나 주권의 거래 등 부가가치 창출과 무관한 권리거래까지 부가가치세가 과세되어야 하기 때문에 위와 같은 결론은 부적절하고 그간의 과세관청의 주된 유권해석이나 과세관행과도 맞지 않는다.

부가법상의 권리 규정이 지극히 포괄적이라는 문제점을 갖고 있다. 세법에 과세대상을 규정하기 위해 '권리'라는 용어를 사용하고자 한다면 포괄적인 용어를 사용하는 것은 부적절하므로 과세대상 권리를 구체적으로 정의하거나 이러한 구체적 정의가 어렵다면 그 범위를 한정할 필요가 있다.

(2) 개정 연혁

부가법이 제정된 1976년(1977. 7. 1. 시행)에는 재화를 재산적 가치가 있는 모든 유체물과 무체물(관리할 수 있는 자연력)로 정의하여 물건이나 권리라는 말 자체가 없었다. 그러다보니 무체물의 범위에 관한 판례에서 전기공사업 면허, 온천개발권, 광업권은 유체물이나 용역이 아님은 분명하고 또한 관리할 수 있는 자연력으로서 무체물도 아니므로 이들의 양도는 과세대상이 아니라고 판시하였다(대법원 91누87, 1991. 7. 23. ; 광주고법 91구2426, 1992. 5. 22. ; 광주고법 93구943, 1993. 9. 2.).

3) 예 신탁재산 처분권 등이 수탁자에서 위탁자로 이전된 경우

위 판례에 불구하고, 권리에 대한 과세의 필요성과 과세상의 마찰을 제거하기 위하여 1992. 12. 31. 부가령 개정을 통해 권리를 재화의 범위에 추가하였다.

2013년에는 전면 개정을 통해 부가법상 재화는 물건(「민법」 제98조의 규정상 물건과 같은 개념으로 이해된다)과 권리로 규정하고 시행령에서는 광업권, 특허권, 저작권 등 물건 외에 재산적 가치가 있는 모든 것이라고 규정하였지만 여전히 권리 개념의 범위와 외연이 명확하지 않다.

(3) 권리에 대한 분류

법의 세계에서는 권리를 일반적으로 일정한 이익을 누릴 수 있게 하기 위하여 법이 인정하는 힘으로 정의한다.[4] 그러나 부가법에서 과세대상으로서의 권리는 '권리'가 그 자체로 최종 소비될 수 있거나, 그러한 권리가 최종 소비재의 생산 과정에 기여하는 것이어야 하므로 권리법력설에 따른 권리가 모두 부가법상 권리라고 볼 수는 없다.

과세대상으로 규정할 필요가 있는 권리는 부가령 제2조 제2항에서 광업권, 특허권, 저작권 등 물건 외에 재산적 가치가 있는 모든 것으로 규정하고 있어 다분히 포괄적이다. 부가가치세 과세대상으로서의 권리는 그 정의가 부가세 기본원리에 어긋나지 않고, 과세대상에 관한 다른 조항들과도 조화를 이루며, 현실세계에서 권리로 과세되어야 한다고 여겨지는 것들을 포섭할 수 있어야 할 것이다.

재화로서의 권리에 대한 분류 여러 가지가 있을 수 있지만, 아래와 같이 물권적 권리와 채권으로 크게 분류되고 자세한 것은 후술하기로 한다.

① 물권적 권리는 재화와 마찬가지(재화와 유사)로 독립적인 거래의 객체이므로 재화와 달리 부가가치세법을 적용하지 못할 이유가 없다. 물권적 권리에는 지적 재산권, 광업권, 어업권, 공법상의 특허권 등이 있다.

② 채권은 채무자의 일정한 행위를 청구할 수 있는 권리로서 채권자나 채무자를 떠난 독립된 거래의 객체로 보기는 어려우므로 채권의 거래를 부가가치세 과세대상으로 보기는 어렵고, 다만 채권의 이전이 실질적으로 재화나 용역의 공급을 수반하는 경우 재화나 용역의 공급과 마찬가지로 과세대상이 된다고 봄이 타당하다. 따라서 부가법에서 과세대상으로 규정된 권리는 물권적 권리와, 거래되는 경우 재화나 용역 공급의 실질이 있는 채권적 권리를 의미한다고 봄이 타당하며 이와 같이 명시적으로 과세대상 권리를 한정적으로 규정하는 법 개정이 있어야 할 것이다.

4) 권리법력설; 곽윤직 · 김재형, 「민법총칙(9판)」, 박영사(2015), p.58

(4) 과세대상 권리의 요건

가. 관련 법령과 판례

재산적 가치가 있는 권리를 계약상 또는 법률상의 모든 원인에 의하여 양도한다면 해당 권리는 부가가치세가 과세되어야 한다(부가법 §2 2호, 부가령 §2 ②). 이와 관련하여 법원은, 재산적 가치란 부가가치세가 소비재의 사용·소비행위에 담세력을 인정하는 세제임을 감안할 때 그 과세대상이 되는 재화인지를 판단하기 위한 재산적 가치의 유무는 거래당사자의 주관적인 평가가 아닌 그 재화의 경제적 효용가치에 의하여 객관적으로 결정하여야 하고, 아울러 부가가치세의 과세거래인 '권리의 공급'에 해당하기 위해서는 현실적으로 이용될 수 있고 경제적 교환가치를 가지는 등 객관적인 재산적 가치가 인정되어 재화로서의 요건을 갖춘 권리의 양도 등이 이루어져야 한다고 판시하였다(대법원 2017두65524, 2018. 4. 12. ; 대법원 2015두2284, 2015. 12. 10.).

나. 과세대상 권리의 구체적 판정요건

위 부가법령과 법원의 판례 등을 감안할 때 부가가치세 과세대상으로서 권리의 공급이 되기 위해서는 다음 네 가지 요건을 갖추어야 한다.[5)]

① 재산적 가치를 가질 것

② 소비재의 생산에 기여하거나 그 자체로 소비될 수 있는 성질을 가진 것(소비재)이어야 할 것(부가가치세의 기본원리)

③ 그 거래를 통하여 동일성을 유지한 채 다른 사람에게 양도되는 것이어야 할 것(유통세로서의 거래대상이 되는 재화일 것)

④ 민법상의 물건(물건에 대한 소유권)에 해당하지 아니할 것(물건 외의 재화일 것)

(5) 과세 및 과세 제외되는 권리의 예시

1) 과세대상 권리 예시

① 광업권은 양도와 상속의 대상이 되고, 광업권에 터잡아 광물을 독점적으로 채굴하고 가공하여 최종 소비재 생산으로 이어지는 일련의 부가가치를 창출하므로 권리에 해당한다.

② 영업권은 초과수익력이라는 무형의 재산적 가치를 지닌 권리(법적권리라기보다는 사실상의 권리)로서 그 자체로 소비의 대상이 되지는 않으나 초과수익력을 이용하여 재화나 용역을 제공하고 초과수익력의 가치가 공급가격에도 반영되므로 부가

5) 이정렬·윤지현, 「부가가치세법이 정하는 재화의 하위범주로서 권리의 개념에 관한 연구」, 2017. 11. 15.

세 과세대상이 되는 재화(생산에 기여한 생산재)에 해당한다(동지 : 대법원 2013두18827, 2014. 1. 16).

③ 저작권은 그 자체로 소비되지는 않지만 2차 저작물을 생산하여 판매할 수 있고, 타인에게 양도의 대상이 되므로 부가법상 권리에 해당한다.

④ 공법상의 특허권도 준물권이라 할 수 있다. 특허권은 소비재는 아니지만 특허법에 의하여 발명을 독점적으로 이용할 수 있는 권리로서 산업생산물을 만들어 판매할 수 있는바, 사업자가 특허권을 양도하는 경우 부가법상으로는 무형재산의 양도로 재화의 공급에 해당한다 할 것이다(대법원 97누6100, 1999. 4. 13. ; 국세청 부가 46015-2235, 1999. 7. 30. 같은 뜻임).

⑤ 토지에 투자하여 얻은 법적 지위를 양도하는 경우로서 건축허가 및 과세사업을 위한 각종 인허가 취득을 위한 투자로 얻어진 법적 지위를 양도하는 경우라면 해당 부분은 부가가치세 과세대상 권리의 공급이 된다(조심 2010서1654, 2010. 9. 7. ; 부가 46015-1632, 2000. 7. 10.).

⑥ 선하증권, 창고증권, 화물상환권은 권리의 이전과 행사에 증권의 점유를 필요로 하는 물품증권으로서 재화의 소유권을 나타내는바, 부가세 과세대상이 된다. 이들 증권의 성질을 채권으로 보는 경우에도 그 양도에 물권이전의 효력이 있어 증권이 표창하는 재화가 이전되는 것과 같으므로 실질상 재화가 공급된다고 볼 수 있다. 따라서 이들 증권의 공급이 부가가치세 과세대상이라는 결론에 특별히 논의할 사항은 없다.

⑦ 게임머니는 게임회사가 제공하는 온라인게임용역과 관련하여 재산가치가 인정되어 그 동일성을 유지한 채 거래의 대상이 되는 거래의 객체로서 그 자체로 소비(온라인 게임서비스상의 게임 등의 용역을 제공받을 수 있음)될 수 있는 대상인 소비재로서 법원은 권리의 범주에 포함시키고 있다(대법원 2011두30281, 2012. 4. 13.). 게임머니와 유사한 게임아이템도 그 소유자인 게임업체로부터 사용권능을 획득한 이용자가 다른 이용자에게 그 사용권능을 이전하는 것은 사용권의 이전으로 보아야 하므로 이 경우는 권리의 양도에 해당한다는 것이 국세청과 법원의 견해이다. 게임아이템 등이 재화의 성격을 갖기 위해서 사용자의 컴퓨터 등에 다운받거나 설치한 후 다시 설치하지 않더라도 사용할 수 있다면 이는 사용자에게 소유가 귀속된 것으로 재화의 성격을 갖지만, 사용자가 그 게임아이템을 계속 사용하기 위하여 게임회사의 서버에 접속하여 로그인 하는 등 행위가 필요하면 이는 게임아이템의 소유권은 여전히 게임회사에 있는 것이므로 용역으로 보아야 할 것이다.[6)]

⑧ 건설 중인 항공화물창고에 대한 주식과 투자금(보증금+임차료)을 포함하여 창고시

6) 게임아이템의 거래가 부가가치세법상 과세거래에 해당되는지 여부: 서울행정법원 2009. 8. 28. 선고 2009구합4418 판결 평석, 조명연·권오현

설물 이용권(창고시설을 배타적으로 사용 · 수익할 수 있는 권리)을 양도하는 경우 부가가치세가 과세되고 당해 양도대금 총액이 공급대가가 된다(재정경제부 부가가치세제과 - 482, 2007. 6. 22).

⑨ 골프장시설이용권과 비상장주식이 하나로 합체되어 항상 함께 거래되는 주주골프회원권의 경우 그 비상장주식의 양도는 주된 거래인 골프장시설이용권의 공급에 필수적으로 부수되어 이루어진 것으로 부가법 제14조가 정하는 바에 따라 주된 거래인 골프장시설이용권의 공급에 포함되어 부가가치세의 과세대상이 된다(국심 2006부2525, 2006. 10. 17.).

⑩ 부동산임차권의 양도는 권리의 양도로서 부가가치세 과세대상이다(법인 22601 - 821, 1990. 4. 10.).

⑪ 공동이행방식으로 도급공사를 수행하던 중 지분참여회사의 일부가 자기지분에 해당하는 시공권을 포기하고 해당 시공권을 나머지 참여회사가 승계하여 사업을 계속하는 경우 해당 시공권의 양도는 부가가치세 과세대상이다(사전 - 2015 - 법령해석부가 - 0072, 2015. 4. 29.).

⑫ 토지에 관한 매매계약을 체결하기로 합의하였고, 관계 행정기관으로부터도 이 사건 사업을 지원하겠다는 약속을 받는 등 이 사건 사업(과세사업)이 상당한 정도로 진척되었다면 양수인이 그 사업권을 양수함에는 그에 사용하는 충분한 대가를 지급함이 상당한 것으로 보이는 바, 해당 사업권 취득 관련 매입세액을 토지 관련 매입세액으로 볼 수 없다(대법원 2009두20649, 2010. 3. 10.).

⑬ 갑사업자가 부동산소유자인 을회사와 부동산에 대한 매매예약계약을 체결하여 매매대금 일부를 지급하고 부동산의 매매예약에 의한 소유권이전청구권 가등기를 완료한 후 갑사업자는 병회사에 일정대가를 받고 부동산의 매매예약에 의한 소유권이전청구권 가등기권리를 양도하는 경우 갑사업자가 재산적 가치가 있는 권리를 양도하는 경우로서 부가가치세가 과세된다(서면3팀 - 1462, 2005. 9. 6.).

⑭ 법령 등의 규제가 없다면 사업자들은 온실가스를 자유롭게 배출할 수 있으므로 온실가스 배출권 자체에 재산적 가치를 인정하기는 어려우나, 법령 등에 따라 온실가스 배출이 규제된다면 그 규제를 벗어날 수 있는 권리로서 온실가스 배출권에 대한 재산적 가치를 인정할 수 있으므로 온실가스 배출권의 재산적 가치는 기본적으로 법령이나 정부정책 등에 따라 창설된 것으로 부가가치세 과세대상 권리이다(대법원 2017두65524, 2018. 4. 12.).

2) 과세대상으로 보지 아니하는 권리 등

① 금전은 그 자체로 소비재도 아니고 생산재도 아니므로 금전채권을 가진 자가 금전채권을 양도하더라도 부가세 기본원리상 과세대상 권리의 공급이 될 수 없다.

② 어음, 수표 등의 화폐대용증권은 대금지급수단으로서 그 자체가 재산가치가 있는 유체물이나 무체물이라 할 수 없으므로 재화의 범위에서 제외된다는 것이 국세청의 해석이다. 단순히 권리로서 과세대상 여부를 판별한다면 화폐대용증권도 권리이므로 과세사업자의 어음수표 교부는 과세대상이라 해야 논리적일 수 있으나, 어음·수표는 단지 지급수단으로 교부된 것이므로 재화나 용역 공급의 실질이 없기 때문에 과세되지 않는다.

③ 주권이나 채권 등의 유가증권을 공급하는 경우 부가가치세가 과세되지 아니한다(부가 22601-2572, 1986. 12. 19.). 유가증권이라 함은 재산가치를 가지는 사권(私權)을 표시하는 증권을 말한다. 주식의 경우 그 소유자가 회사로부터 경제적 이익을 받을 수 있는 권리를 가지고 거래의 대상이 되는 법적지위를 가졌음을 부인할 수 없으나, 주식이 그 자체로 소비할 수 있는 성질을 가지고 있지 않거나 그 자체로부터 부가가치를 창출한다고 볼 수 없어 권리로 볼 수 없다. 지분권이나 주권은 기업에 대한 소유권이므로 그 이전은 특별한 사정이 없는 한 재화나 용역의 공급으로 볼 수 없다. 신주인수권도 마찬가지인 바, 신주인수권과 지분권의 이전을 과세대상으로 보는 예규는 잘못이다. '권리'가 재화의 범위에 포함되는 것을 보면 주식은 재화에 포함된다고 보는 것이 맞을 것이나, 주식의 양도 자체에 부가가치세를 과세하지 아니하는 이유는 주식이 자본의 구성단위이며, 주식이란 지분과 다를 바 없는 개념으로서 주식회사에서의 주주의 지위를 의미하기 때문에 그 자체가 부가된 가치는 아니므로 부가가치세의 과세대상이 아니다.[7)]

④ 토지분양권은 실질적으로 토지의 공급이므로 과세사업자가 전매하더라도 실질적으로 토지의 공급으로 보아 부가가치세가 면세된다는 결론이 논리적으로 도출된다.

⑤ 토지를 취득할 수 있는 권리의 양도로서 단순히 토지 및 토지에 대한 자본적 지출(농지전용허가, 용도변경 등)만 있었다면 그 법적 지위는 토지의 가격에 포함되어 면세된다.

⑥ 수산물을 포획하여 공급하는 사업은 면세되므로 당해 사업에 사용하던 어업권을 양도하는 경우는 면세된다(부가 46015-2840, 1999. 9. 16.).

⑦ 외상매출금은 금전채권에 불과하여 재산적 가치가 있는 권리에 해당하지 아니하므

7) 최성훈 변호사, 「다른 권리와 일체가 되어 거래되는 주식에 대한 부가가치세 과세문제」, 랜드마크 법률사무소, 2010. 2. 18.

로 외상매출금의 양도는 부가가치세 과세대상이 아니다.

⑧ 납골당 설치를 할 수 있는 요건을 갖추지 못한 자가 봉안당 분양권을 분양하는 경우 해당 분양권은 아직 현실적으로 이용할 수 있는 것으로서 객관적 재산가치가 있는 권리에 해당하지 않는다(대법원 2015두2284, 2015. 12. 10.).

3) 상품권, 전화선불카드, 항공권, 입장권 등

가. 상품권 등의 정의

'상품권'이란 그 명칭·형태에 관계없이 발행자가 일정한 금액이나 물품 또는 용역의 수량을 기재하여 발행·매출한 증표로서 그 소지자(제시자)가 발행자 또는 발행자가 지정하는 자에게 이를 제시 또는 교부하거나 그 밖의 방법으로 사용함으로써 그 증표에 기재된 내용에 따라 발행자 등으로부터 물품 또는 용역을 제공받을 수 있는 증표를 말하며(인지령 §5의2 ①), 상품권은 일종의 무기명증표에 지나지 아니하므로 이를 재화로 보지 않는다(부가 46015-3566, 2000. 10. 23.).

특정회사의 특정물품이나 용역을 교환할 수 있는 모바일 쿠폰, 교환권 등의 증표 역시 부가가치세가 과세되지 아니하는 상품권에 해당한다(부가가치세과-1392, 2010. 10. 19. ; 조심 2013서2953, 2014. 5. 29.).

전화선불카드, 입장권 등도 상품권과 비슷한 채권으로 이들 상품권 등을 공급하더라도 재화나 용역공급의 실질이 없기 때문에 부가가치세가 과세될 수 없다.

나. 상품권 발행업자

상품권(제3자발행형) 발행업자(이하 "발행자")가 상품권 가맹사업자(이하 "가맹점")를 모집하여 가맹점에서 사용할 수 있는 상품권을 별도의 판매업자를 통하여 판매하고 가맹점은 상품권 소지자로부터 상품판매대금으로 해당 상품권을 받아 이를 발행자에게 제시하면 해당 발행자는 회수한 상품권 액면금액에서 일정비율에 해당하는 가맹점수수료를 징수하고 그 대금을 지급하는 경우로서 발행자는 가맹점과의 수수료계약에 따라 상품권을 제작·유통하고 가맹점이 재화 또는 용역을 공급하고 회수한 상품권을 제시하면 가맹점 수수료를 제외한 금액을 지급하는 것은 가맹점의 사업운영과 관련된 밀접한 지원서비스(가맹점이 자신의 매출을 위해 수행하여야 할 상품권의 발행 및 판매행위)를 제공하는 사업활동으로서 한국표준산업분류상 '그외 기타 분류안된 사업지원 서비스업'으로 분류된다. 즉, 용역을 공급하는 사업에 해당한다.

발행자가 가맹점과와 약정에 의하여 「발행자가 발행한 상품권 액면금액」과 「가맹점이 상품권 소지자에게 재화 또는 용역을 제공하고 받은 상품권을 발행자에게 제시하고 지급받은 금액」의 차액은 발행자의 상품권발행수익으로서 부가가치세가 과세되는 용역의 대가에 해당된다. 즉, 발행업자의 산업은 상품권의 매매차익을 그 수익으로 하는 것이 아니라 가맹점과의 계약에 의한 수수료(액면가액의 5%로 가정한다)를 수취하는 사업이므로 그 수수료(액면가액의 5% 또는 액면가액과 상품권 회수 시 지급한 금액과의 차액)가 부가가치세의 공급가액이 되는 것이고, 발행자가 자기 사업상 상품권의 판매촉진 또는 확대 등을 위하여 할인발행하는 경우 해당 할인액은 가맹점수수료에서 차감되는 금액이 아니라 판매부대비용으로서 손금 또는 필요경비에 해당한다(재소비 46015-120, 2002. 5. 2.).

다. 상품권 판매업자에 대한 과세

판매업자가 상품권이나 항공권을 판매하더라도 구매자가 상품을 구입하거나 항공용역이 제공되는 시점까지는 재화나 용역이 공급되었다고 볼 수 없다. 상품권이나 항공권의 채무내용인 재화나 용역의 공급시기에 비로소 재화나 용역이 공급되는 것이지 상품권이나 항공권의 판매시점에서 재화나 용역이 공급되는 것은 아니다. 만약 이러한 상품권 등의 판매시점에 부가가치세가 과세된다면 상품권으로 재화나 용역을 구입할 때도 과세되므로 부가가치세가 이중과세되는 문제가 발생한다.

상품권 등의 매입자는 상품권 등의 구입만으로는 재화나 용역을 제공받는 것이 아니다. 상품권을 매수해도 그것을 사용하지 않는 한 재화나 용역을 제공받는 자가 아니다. 상품권 등의 거래는 단순한 채권거래로서 거래 시 재화나 용역 제공의 실질이 존재하지 않는다.

라. 입욕권, 숙박권 등의 과세

목욕탕 운영자가 입욕권을 무상제공하였을 경우(숙박업자가 숙박권을 공급한 경우도 이와 같다)나 판촉 사원들이 식음료 매출증대를 위해 관계 거래처에 입욕권을 무상으로 제공하였을 경우 등 다른 사업자로부터 무상으로 용역을 공급받을 수 있는 권리를 자기의 거래처 등에 무상공급하는 경우는 재화의 공급에 해당되어 과세된다는 해석사례가 있으나(부가 46015-1343, 1998. 6. 22.), 입욕권은 상품권으로 과세대상 권리가 아니며, 무료입욕권으로 입욕하는 시점에 입욕용역행위에 대해 부가가치세가 과세될 수 있으나 용역의 무상제공이므로 부가가치세가 과세될 수 없어 잘못된 해석사례로 보여진다.[8)]

4) 환가권(입회금, 보증금) 등이 있는 권리의 양도

회원권이나 임차권 등의 권리 이전으로 양수인이 권리의 향유자가 되어 실질적으로 양도인이 양수인에게 용역을 공급한 것이 되므로 과세된다고 봄이 타당하다. 회원권이나 임차권은 권리의 보유 자체로 용역이 제공된다. 회원권이나 임차권이 전매되면 전매되는 순간 구매자가 용역을 제공받는 자의 지위에 서게 되므로 매도자는 매수자에게 회

8) 부가가치세 과세대상이 되는 권리의 의미에 대한 소고, 월간 조세 통권 제236호, 2008. 1.

원권이나 임차권이 제공하는 용역을 제공하는 것이 되어 부가가치세 과세대상이 되는 것이다. 분양권을 전매한 경우도 마찬가지이다. 분양권을 전매수한 순간 전매수자는 실질적으로 건설용역을 제공받는 자의 지위에 서게 된다.

과세대상이 되는 회원권, 임차권, 전세권을 양도하는 경우 양도자가 당초 취득 시(또는 권리 설정 시)에 지급한 입회금, 임차보증금, 전세보증금이 있다면 양도금액 전부가 공급가액인지, 이를 초과하여 지급받는 양도금액에 대하여 공급가액으로 볼 것인지에 대한 해석 및 판례를 보면,

① 사업자가 자기의 사업을 위해 사용되었거나 사용될 전세권을 양도하고 대가를 받는 경우, 당초의 전세보증금을 초과하는 금액에 대해 부가가치세가 과세된다(부가 46015-2208, 1999. 7. 30.).

② 신축 중인 오피스텔을 분양받아 계약금 등을 납부한 상태에서 그 분양권을 양도한 경우, 그 거래가액 중 토지 관련분은 면세되나 건물분에 대한 공급가액은 부가가치세가 과세된다(서삼 46015-10796, 2002. 5. 14.).

③ 비영리사단법인이 식당 및 운동시설 등을 갖추고 회원들로부터 탈퇴 시 반환되는 가입비, 탈퇴 시 반환되지 않는 가입비, 기여금, 식당이용 최저기준금액 미달 시 부담금, 월회비 및 식대를 받아 회원 및 회원이 동반한 비회원에게 사용하게 한 경우, 사업상 독립적으로 용역을 공급한 자에 해당하고, 그 과세표준에는 탈퇴 시 반환되는 가입비를 제외한 일체의 금액이 포함된다(대법원 97누14927, 1999. 7. 9.).

④ 사업자가 자기의 사업을 위하여 사용하였던 사업장의 임차인으로서의 권리(장기선급임차료 포함), 의무 및 지위 일체를 다른 사업자에게 양도하고 그 대가를 받는 경우 그 대가로 받는 금액이 잔여 장기선급임차료보다 적은 경우에는 부가가치세가 과세되지 아니한다(사전-2018-법령해석부가-0662, 2019. 2. 19.).

반면, 골프장 회원권(주주골프회원권을 포함)은 일정한 시설의 이용권리로서 시설이용권과 환가권(입회금을 반환받을 권리)을 가진 소비재로서 양도 가능한 것인바, 과세대상이 되는 권리의 양도가 될 수 있다는 점에서 위 사례와 다를 바 없다. 부언하면 골프장 운영사업자로부터 최초 취득한 자(골프장 경영자가 아닌 사업자)는 단순히 그 용역을 제공받은 위치에 있는 자에 불과하고 취득 이후의 회원권 양도가 권리의 공급이 된다. 하지만, 환가권(일정기간 경과 후 반환받는 입회보증금 상당액 및 주식의 가액)을 포함한 거래가액 전부가 부가가치세 공급가액이 된다는 점에서 위 사례와 다르다(대법원 2004두11299, 2005. 9. 9. ; 대법원 2000두6961, 2001. 10. 9.).

대상판결 등은 입회보증금반환청구권에 대해서는 공급가액에 포함되는 이유에 대한 별다른 설명이 없이, 골프장 주식에 대해서는 주식거래는 주된 거래인 골프장시설이용

권 거래에 필수적으로 부수되는 거래이므로 부가가치세 과세대상이라 하고 있다. 그러나 주주골프회원권의 발행 및 거래현황을 고려할 때 골프장시설이용권 거래가 항상 주된 거래라고 하기는 어려운 상황인바, 만일 골프장시설이용권 거래가 주된 거래가 아니라고 하면, 부가가치세를 부과할 수 없게 된다. 동일한 주주회원권 거래를 놓고 주된 거래가 무엇이냐 여부에 따라 과세 여부에 대한 결론이 달라지는 문제가 있고 앞서 살펴본 임차권, 전세권, 분양권 양도 시 입회금, 임차보증금, 전세보증금을 차감하도록 한 유권해석과 비교할 때도 논리적 일관성이나 과세형평성 문제가 있어 단지 해석론만으로 해결하기에는 무리가 있다고 보여지므로, 입법적인 해결이 필요하다.[9]

다만, 주의할 것은 골프장 운영사업자는 골프회원권의 최초 분양, 분양 이후 취득자들의 회원권 양도행위 여부에 관계없이 골프장을 이용하게 하고 그 대가를 받는 '용역을 공급하는 사업자'에 불과하여 회원권의 소유권 변동에 관계없이 일부 비반환의 입회금이 있는 경우 그 금액, 회원권 보유자가 골프장 이용 시 추가로 납부하는 이용료 금액만이 골프장 운용자의 용역공급대가가 될 뿐이며, 반환하는 입회금이 부동산임대용역을 공급하고 받는 보증금 또는 전세금의 성격도 아니어서 간주임대료 계산대상도 아니다 (부가법 §26 ⑩ 1호 ; 서면3팀-2383, 2005. 12. 28.).

---

9) 주주골프회원권 양도와 부가가치세, 한국세법학회

(6) 잘못된 해석 및 판례 사례

1) 권리와 용역 구분을 혼동한 해석 사례(국세청)

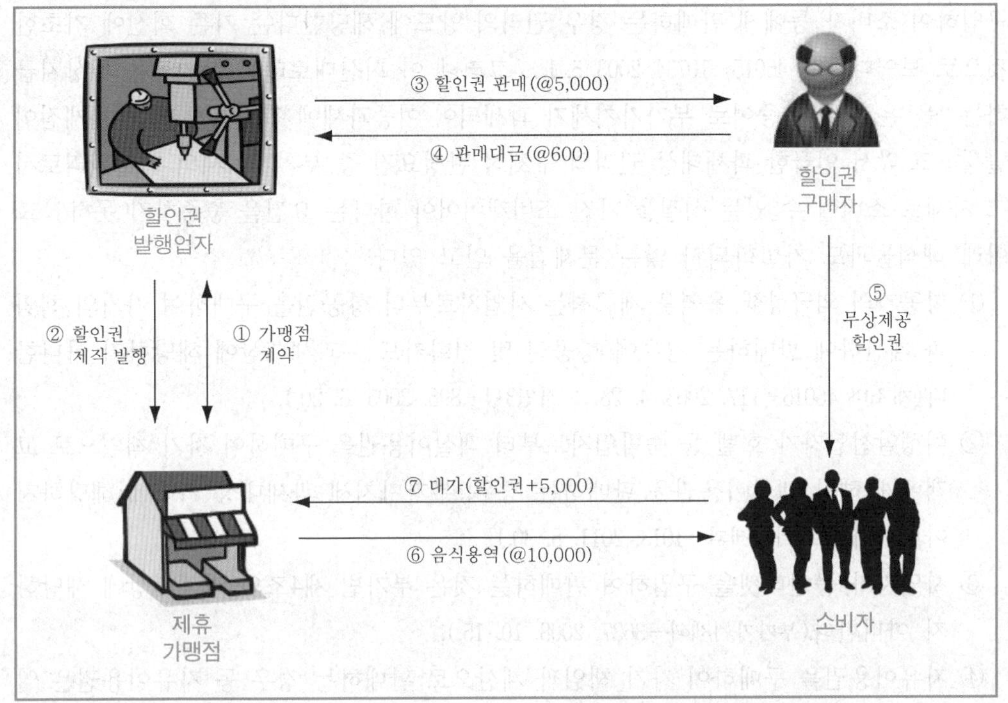

티켓발행업을 영위하는 사업자(이하 "티켓발행업자")가 제휴가맹점과 '할인권 사용제휴'를 하고 제휴 가맹점으로부터 재화나 용역을 할인하여 공급받을 수 있는 내용이 인쇄된 할인권을 자기의 사업을 위하여 필요로 하는 사업자(이하 "할인권 구매업자")에게 '할인권 공급 및 이용에 관한 계약'에 따라 판매하고 그 권리의 양도에 따른 대가를 받는 경우 부가법 제9조에 따른 재화의 공급에 해당하여 부가가치세가 과세된다고 회신하였다(사전-2020-법령해석부가-0806, 2021. 5. 11.).

사업자가 제휴업체의 서비스와 상품을 염가에 이용할 수 있는 할인쿠폰을 판매 대행하고 판매금액의 일정비율 상당액을 판매수수료로 받는 경우 해당 수수료는 용역의 공급대가로서 과세대상이 된다(법규부가 2010-0307, 2010. 11. 29. ; 부가가치세과-1153, 2012. 11. 23.).

상품권 등은 결제수단의 하나로서 현금과 유사한 효력을 가지고 있으나, 할인권은 발행자의 판매촉진을 위하여 공급대가의 일부 또는 전부를 차감하여 주기로 약정한 내용을 증표로 만든 것이며, 현금과 유사한 효력을 갖지 않으므로 상품권 등 그 자체로 보기 어려운 점은 있으나 할인권 자체가 과세대상 권리가 아니고, 사업자가 제품의 홍보 및 판매를 위한 목적으로 할인권을 발행하여 유통하여 주고 그 제휴사로부터 대가를 받은 것은 용역의 공급에 해당함에도 위 회신에서는 권리의 공급으로 회신하였다. 물론 위 회신은 사업자가 재화 또는 용역의 공급과 관련하여 발행한 할인권을 할인권판매업자가 구입하여 소비자 등에게 판매하는 경우 권리의 양도에 해당한다는 기존 회신에 기초한 것으로 보인다(서삼 46015-10734, 2003. 5. 1.). 그러나 이 회신대로라면 할인권을 무상지급하는 "을"은 사업상 증여로 부가가치세가 과세되어 이중과세에 직면하게 되는 문제점이 발생하고 앞서 언급한 과세대상 권리의 구체적 판정요건 중 부가가치세의 기본원리로서 그 자체로 소비될 수 있는 성질을 가진 소비재이어야 한다는 요건을 충족하지 못하였고, 아래 해석들과도 차별화되지 않는 문제점을 안고 있다.

① 항공기의 외국항행 용역을 제공하는 사업자로부터 항공권을 구매하여 자기의 책임과 계산하에 판매하는 경우에 항공권 및 전화카드는 과세대상에 해당하지 아니한다(재소비 46015-117, 2003. 4. 28. ; 서면3팀-896, 2005. 6. 20.).

② 여행알선업자가 호텔 등 숙박업자로부터 객실이용권을 구매하여 자기 책임으로 고객에게 해당 객실이용권을 판매하는 경우, 부가가치세 과세대상 거래에 해당하지 아니한다(부가가치세과-1013, 2011. 8. 30.).

③ 사업자가 공연티켓을 구입하여 판매하는 것은 부가법 제4조의 과세대상에 해당하지 아니한다(부가가치세과-3637, 2008. 10. 15.).

④ 자유이용권을 구매하여 자기 책임과 계산으로 판매하는 경우 동 자유이용권은 일종의 상품권으로서 화폐대용증권에 해당되어 부가가치세 과세대상 권리에 해당되지 아니한다(서면3팀-2586, 2004. 12. 18. ; 국심 2005서1541, 2005. 10. 14.).

⑤ 유가증권 및 출자지분 자체의 양도는 부가가치세 과세대상이 아니고, 이를 취득할 수 있는 권리의 양도도 부가가치세 과세대상은 아니지만 유가증권 그 자체의 양도가 아니므로 계산서 발급대상에는 해당된다(서삼 46015-11584, 2003. 10. 9. ; 법규부가 2013-151, 2013. 5. 24. ; 서면3팀-359, 2005. 3. 15. ; 서면3팀-2215, 2005. 12. 7.).

2) 모바일식권을 용역의 공급(도급)으로 본 사례(기재부)

모바일식권서비스를 운영하는 사업자(이하 "서비스운영사업자")가 제휴식당을 모집하여 계약을 체결한 후 해당 서비스에 가입한 고객사 또는 이용회원을 대상으로 제휴식당을 통해 음식용역 등을 공급받게 하는 경우로서, 서비스운영사업자가 고객사 또는 이용회원으로부터 음식용역의 대가를 받은 후 해당 음식용역을 제공한 제휴식당에게 일정 비율의 수수료를 차감한 금액을 그 대가로 지급하는 거래에 대하여 아래와 같이 회신하였다(기획재정부 부가가치세제과-636, 2017. 12. 6.).

① 제휴식당은 서비스운영사업자로부터 지급받은 금액을 공급가액(대가)으로, 서비스 운영사업자를 공급받는 자로 하여 세금계산서를 발급

② 서비스운영사업자는 고객사 또는 이용회원으로부터 지급받는 금액(음식용역대금, 식대관리, 정산지원 등)을 공급가액(대가)으로, 고객사 또는 이용회원을 공급받는 자로 하여 세금계산서를 발급

국세청은 위 서비스운영사업자에 대하여 수수료만이 공급가액이고, 음식용역대가에 대하여는 제휴가맹점이 이용회원에게 세금계산서(영수증)을 발급하는 것이라고 회신하였다.

반면, 기획재정부는 서비스운영사업자가 제휴가맹점과 메뉴 및 가격을 결정하고 음식용역을 제공하는 제휴가맹점에 최종적으로 식대를 지급할 의무를 부담하므로 주선(중개)인이 아닌 일종의 도급계약으로 보고 세금계산서 발급방법에 있어서는 제휴가맹점이 서비스운영사업자에게, 서비스운영사업자가 고객사에게 특정매입(특약매입)거래와 같이 각각 세금계산서를 발급하여야 한다고 본 것이다. 기획재정부의 회신은 세금계산서 수수가 간명해지고 고객사는 매입세액공제를 받게 되는 장점이 있으나, 이용회원이 고객사로부터 받은 포인트가 급여적 성격이거나 이용회원이 회사(고객사)에 대가를 지급하는 경우 이용회원은 소득공제 등의 혜택을 받을 수 없는 문제점이 발생한다.

※ 서비스운영사업자가 백화점이고 제휴가맹점이 특약매입계약을 체결한 백화점 입점업체(음식점)라면 일부에서 각각 총액으로 세금계산서가 수수되고 있는 것은 사실이나, 3사간의 거래를 특약매입거래나 도급계약거래로 볼 수 있는지는 의문이다.

3) 잉여 면세유 쿠폰(환급받을 권리)을 과세대상으로 본 판례

사업자들(정유회사 ⇒ 주유소 ⇒ 유류운송회사)이 석유류를 주한외국군대에 납품하는 경우 이미 납부한 교통 · 에너지 · 환경세 등(이하 "교통세 등")을 환급받게 되는데, 이때 사업자들은 면세유 쿠폰을 주한외국군대에 청구하여 수령하고 순차적으로 교통세 등을 공제 또는 환급받게 되고 동 쿠폰은 정유회사가 세무서에 제출하게 된다.

이 사건은 유류운송회사들과 주한미군 사이에 운송용역계약을 체결할 수 있도록 입찰대행, 면세유 쿠폰 대리수령 및 전달 등의 업무를 제공하고 그 용역대가를 받는 원고가 유류를 공급받은 주한미군에 면세유 쿠폰을 신청하면서, 실제 공급한 유류를 초과한 면세유 쿠폰을 수령하여 내국법인에게는 실 공급유류에 상응하는 면세유 쿠폰을 지급하고 잔여 면세유 쿠폰(이하 "잉여 면세유 쿠폰")은 특정 주유소에 판매하고 관련 수입에 대한 세금신고를 누락하였다. 이러한 사실을 수사기관으로부터 통보받은 관할 세무서는 관련 판매수입에 대하여 종합소득세 및 부가가치세를 부과하였다.

서울행정법원에서는 잉여 면세유 쿠폰을 일정 단가로 산정하여 판매한 경우 법원은

재산가치가 있는 권리로서 부가가치세 과세대상이라고 판시하였다(서울행정법원 2019구합88675, 2021. 4. 23., 원고의 항소 포기로 소 확정).

위 판례는 면세유 쿠폰의 성격이 교통세 등을 환급받을 수 있는 증표에 불과한 것이고 부당하게 취득한 잉여 면세유 쿠폰도 이와 다르지 않다. 즉, 교통세 등 세금을 국가로부터 환급받을 수 있는 기능 외에 해당 쿠폰 그 자체 및 해당 쿠폰을 권원으로 하여 어떠한 재화나 용역을 사용・소비할 수 없는바, 그 거래과정에서 어떠한 부가가치도 창출할 수 없어 과세대상 재화가 될 수 없음을 간과하고 단지 재산 가치를 가지고 거래되었다는 사유만으로 부가가치세 과세대상 재화로 잘못 판단하였다.

(7) 사업개시 전・후 사업권 등 양도 시 공급가액 안분계산 방법

1) 사업개시 전 사업권 등 양도

사업자(이하 "양도인")가 과세・면세 겸영사업을 영위하기 위해 사업부지를 매입하고 사업계획승인을 신청하는 등 사업준비를 진행하다 사업개시 전에 해당 사업부지를 사업권 일체를 다른 사업자(이하 "양수인")에게 양도하는 경우 양도인은 부가령 제63조 제3항 제3호에 따라 사업권의 양도가액을 공급가액 및 세액으로 기재하여 양수인에게 세금계산서를 발급하는 것이며, 양도인의 해당 관련 매입세액은 전액 공제(정산 공제)되어야 한다. 사업권은 통상적으로 양도자의 사업양도 전에 이미 투입된 비용과 향후 초과수익력을 고려하여 평가되는바, 동 사업권 금액 중 기 투입비가 명백히 구분된다면 그에 해당하는 매입세액은 그 성격에 따라 구분하는 것이 타당하므로 만약 토지 관련 매입세액이 있다면 이는 전액 불공제하여야 한다. 한편 양수인은 해당 사업권을 양도인과 동일한 과세・면세사업에 사용・수익하게 되므로 부가법 제40조 및 부가령 제81조에 따라 공통매입세액을 안분계산하여야 한다(서면-2021-법령해석부가-1717, 2021. 8. 17. ; 조심 2018서3862, 2018. 12. 11. ; 사전-2015-법령해석부가-0395, 2015. 11. 26. ; 조심 2015서2359, 2016. 3. 21. ; 부가-167, 2011. 2. 23.). 이와 다른 취지의 국세청 해석이 있으나 동 해석으로 모두 정비되었다고 보아야 할 것이다.

2) 사업에 사용・수익하다가 사업권을 양도하는 경우

가. 공급가액 계산

과세사업과 면세사업(과세되지 아니하는 사업 포함)에 공통적으로 사용된 재화를 공급하는 경우 공급가액의 안분계산은, 해당 재화의 공급가액을 재화를 공급한 날이 속하는 과세기간의 직전 과세기간의 총 공급가액에서 재화를 공급한 날이 속하는 과세기간의 직전 과세기간의 과세된 공급가액이 차지하는 비율에 의하여 계산하여야 할 것이다(사업권은 사용면적비율에 따라 계산할 수는 없을 것이므로 이를 생략한다)(부가령 §63 ①, ②). 이때 휴업 등으로 직전 과세기간의 공급가액이 없는 경우에는 그 재화를 공급한 날에 가장 가까운 과세기간의 공급가액으로 계산한다.

즉, 재화의 범위에 속하는 사업권이나 영업권을 사업개시 전에 양도한다면 위 "1)"에 따라 양도가액을 공급가액으로, 관련 매입세액은 전액 공제되도록 조정하는 것이고, 사업이 개시된 후에 과세 · 면세사업에 사용하던 중에 양도하는 경우는 위 "2)"와 같이 직전 과세기간의 공급가액비율로 안분하여 과세분에 해당하는 공급가액을 계산하여 세금계산서를 발급한다. 물론 과세사업에만을 위한 사업권 및 영업권은 양도가액 전부를 공급가액으로, 면세사업만을 위한 것이라면 양도가액 전부에 대하여 계산서를 발급하여야 한다(부가 46015-2492, 1998. 11. 4. 외 다수).

> **※ 과 · 면세 겸영사업자의 영업권 공급가액 계산**
>
> 사업의 양도가 아닌 방법으로 여러 개의 사업장을 동시에 양도하면서 영업권의 대가를 받는 경우 각 사업장별 영업권의 대가에 대한 과세표준은 각 사업장별로 영업권의 대가가 구분되는 경우에는 양도일이 속하는 과세기간의 직전 과세기간의 공급가액 비율에 의하여 영업권의 대가를 각 사업장별로 안분하여 계산하며, 이 경우 자기의 다른 사업장으로 재화를 반출함으로써 공급가액이 없는 사업장에 대하여는 다른 사업장으로 반출한 재화 등의 반출가액을 기준으로 공급가액을 적용한다(부가 46015-2492, 1998. 11. 4.).

나. 양수자의 누적효과 발생의 문제

위 "가"와 같이 양도인이 발급한 세금계산서상의 매입세액에 대하여 국세청이나 조세심판원은 양수인이 전액 공제받는 것이 아니라, 양수인이 취득 시 부담한 매입세액을 부가법 제40조 및 부가령 제81조 제1항에 규정하는 산식에 따라 안분계산하여 면세비율에 상응하는 매입세액은 결국 불공제하여야 한다고 해석하고 있다(사전-2015-법령해석부가-0395, 2015. 11. 26. ; 조심 2015서2359, 2016. 3. 21. ; 부가 46015-2282, 1998. 10. 10.). 현행 예외 규정이 없는 한 일응 문리해석상 어쩔 수 없다고 볼 여지도 있으나, 사업개시부터 사업종료 시까지 해당 사업에 대한 과세 · 면세 매출 및 매입의 총액이 동일하다는 가정하에서 아래와 같이 가정하면,

① 사업권 등의 양도가 없이 사업이 종료되는 경우

② 사업권 등의 양도가 있는 경우로서 사업권 양도가액 200(세액 기준), 직전 과세기간 과세공급가액비율 60%, 양수인의 사업권 취득 과세기간의 면세수입금액 비율이 50%인 경우

"②" 사례의 경우 사업권 취득 시 120의 부가가치세를 부담하고도 매입세액(200×60%×50%=60)이 불공제되어 누적효과로 인한 비용의 추가부담(60)이 발생되는 문제가 발생하며, 사업이 종료될 때까지 사업권의 양도가 반복될수록 더욱 추가부담은 증가하게 된다.

이러한 누적효과 발생 문제는 현행 부가법령의 구조상 어쩔 수 없이 발생하는 문제로서 법령 개정이 아니고서는 해결될 수 없다. 법원도 국세청이나 조세심판원의 해석에 대해 아래와 같이 긍정하고 있다.

> 사업개시 전 사업권을 양도한 양도자는 건설업을 영위하는 회사로서 그 스스로 면세사업을 영위하거나 이 사건 사업권을 면세사업에 제공하였던 것이 아니라면 동 사업권을 양도하면서 부가가치세를 납부하는 것은 당연하고, 원고는 이 사건 사업권의 양도거래가 과세대상 사업임을 이유로 취득 관련 매입세액을 안분계산하여 면세 관련 매입세액을 추징한 처분은 위법하다고 주장하나, 동 사업권을 양수하여 전부 또는 일부를 면세사업에 사용하게 되면 그 해당 면세부분에 관하여 양수자가 매입세액으로서 공제받지 못하게 되는 것은 부가가치세법이 정하고 있는 면세사업의 개념에 따른 결과일 뿐이며, 양수자가 동 사업권 중 일부를 면세사업에 제공함에 따라 매입세액을 공제받지 못한다고 하여 양도자까지 면세사업을 영위하였는지에 불문하고 당연히 그 해당 부분에 대한 부가가치세 납부의무가 면해지는 것은 아니라고 판시하였다(서울행정법원 2008구합28516, 2008. 10. 22.).

3) 겸영사업에 사용하다가 무상증여한 경우 공급가액 산정

조세심판원은 과세 및 면세 겸영사업에 사용하다가 특수관계인(양수인)에게 상표권을 무상증여한 경우 공급가액 산정방법에 대하여, 무형자산으로서 재산가치가 있는 상표권을 이를 소유한 자의 과세·면세사업 수입금액 비율에 따라 과세 또는 면세재화로 분류하여야 한다는 청구주장은 그 근거가 없고, 또다른 한편으로 과세·면세사업 등에 공통으로 사용된 재화인 상표권의 공급가액을 과세·면세사업 비율로 안분계산하여야 한다고 주장하나, 상표권 권리의 일부를 무상으로 양도한 데 대하여 처분청이 이를 부가법 제29조 제4항에서 규정한 부당행위계산부인 적용대상이라고 보아 부가령 제62조 및 법인령 제89조 제2항 제1호 등에 따라 감정평가법인이 감정한 가액을 상표권의 시가로 하여 해당 시가를 공급가액으로 과세한 처분은 잘못이 없다고 결정하였다(조심 2021부1107, 2021. 6. 23.).

이러한 조세심판원의 논리대로라면 겸영사업에 사용하던 상표권을 유상양도하면 위 "2)"와 같이 공급가액비율로 안분계산하여야 하고, 무상증여하는 경우에는 시가가 공급가액이 된다는 합리적이지 못한 결론에 이르게 된다.

4) 과 · 면세 겸영사업자가 과세사업용 권리를 매각하는 경우

과 · 면세 겸영사업자라고 하더라도 그 사업자가 상표권이라는 목적물 특성상 특별한 인적기반이나 물적설비를 갖추지 않더라도 사용 · 수익이 가능한 점 등에 비추어 보면 상표권의 사용이 면세사업과 무관하게 과세사업에만 사용 · 수익되었음이 확인되거나 면세사업과 독립된 상표권 임대업에 사용되던 과세대상 재화를 공급한 것이라면 그 양도가액 전부가 과세되는 것이어서 부가가치세 과세표준안분계산대상이 아니다(부산고법 2022누21016, 2022. 11. 9. ; 대법원 2022두65221, 23. 3. 16.).

아울러 해당 상표권의 취득 당시 등록비용 등 매입세액으로 일부라도 공제받은 사실이 확인된다면 자기생산 · 취득재화로서 사업상 증여나 개인적 공급요건에 해당하고, 무상양도 전에 상표권을 일시적으로 무상사용하도록 해주었다고 하더라도 비과세사업이 된다고 볼 수는 없어 역시 시가를 공급가액으로 하는 간주공급에 해당되어 부가가치세가 과세된다.

(8) 면세사업과 관련하여 취득한 권리 등의 계속적 대여에 따른 수입의 과세

면세사업자가 면세사업과 관련하여 취득한 권리(상표권, 특허권, 영업권, 사업권 등)를 양도하는 경우 주된 면세사업과 관련하여 우연히 또는 일시적으로 공급되는 재화로서 부가가치세가 면제된다(부가법 §14 ② 1).

하지만 면세사업과 관련하여 취득한 위 권리(특허권, 상표권, 상호사용권 등)를 다른 사업자에게 계속적 또는 반복적으로 대여하고 그 대가를 수취하는 경우는 면세사업과 관련하여 일시적으로 공급되는 용역이라고 볼 수 없다.

국세청도 이러한 취지에서 부가가치세가 면제되는 학원을 운영하는 자가 독립된 사업으로서 다른 학원운영업자에게 자기의 상호, 상표 등의 사용 및 자체 개발한 교육프로그램, 학원경영 노하우 등을 제공하고 가맹비 및 월 회비를 받는 경우에 부가가치세가 과세되는 것으로 회신하였다(서면3팀-1804, 2005. 10. 18. ; 부가 46015-268, 1996. 2. 9.). 또한, 부가가치세가 면제되는 서적출판업을 영위하는 법인이 개인소유의 저작권을 번역 출판할 수 있는 권리를 포괄위임받아 계약상의 원인으로 제3자에게 당해 권리를 사용하게 하고 그 대가를 받는 경우에는 주된 거래인 재화(서적)의 공급에 필수적으로 부수되는 용역(권리의 사용대가)의 공급에 해당되지 아니하는 것이므로 부가가치세가 면제되지 아니하는 것으로 해석하였다(부가 46015-3224, 2000. 9. 18.).

(9) 권리의 양도 시 공급시기

부가가치세 과세대상이 되는 권리(무형의 재화에 해당)를 다른 사업자에게 양도 시 해당 거래가 중간지급조건부 및 그 밖의 조건부거래 등에 해당하면 그 대가를 받기로 한 때, 이에 해당하지 아니하는 경우 그 공급시기는 해당 권리가 이용가능하게 되는 때가 되는 것이므로 공급받는 자가 해당 권리를 인수받아 직접적 · 배타적으로 사용 · 수익 또는 처분할 수 있는 시점(관리권이나 통제권이 이전되는 때)이 공급시기가 된다(서면3팀 - 3282, 2006. 12. 27. : 법규과 - 3999, 2007. 8. 22.). 하지만 사용 또는 수익시기가 불분명한 경우로서 해당 권리가 등기나 등록을 요하는 경우 권리의 이전에 관한 등기 또는 등록일을 공급시기로 볼 수 있다.

3 | 구독상품을 공급하고 받는 이용료 등의 과세 여부

(1) 사실관계

이동통신사인 질의법인은 다수 제휴사들과 여러 제휴혜택을 결합한 패키지상품(이하 "구독상품")을 고객에게 공급하며 월정 이용료(9,900원)를 수취하고 있으며, 제휴사에는 제휴혜택의 제공대가(월평균 약 8,000원)를 지급하기로 하는 제휴계약을 체결하였다.

구독상품은 제휴사의 물품 · 용역을 제공받을 수 있는 상품권, 대가를 할인받을 수 있는 할인권, 선불전자지급수단인 포인트를 부여받을 수 있는 포인트권으로 구성된다.

구독상품의 거래구조 및 구성내역은 다음과 같다.

가. 거래구조

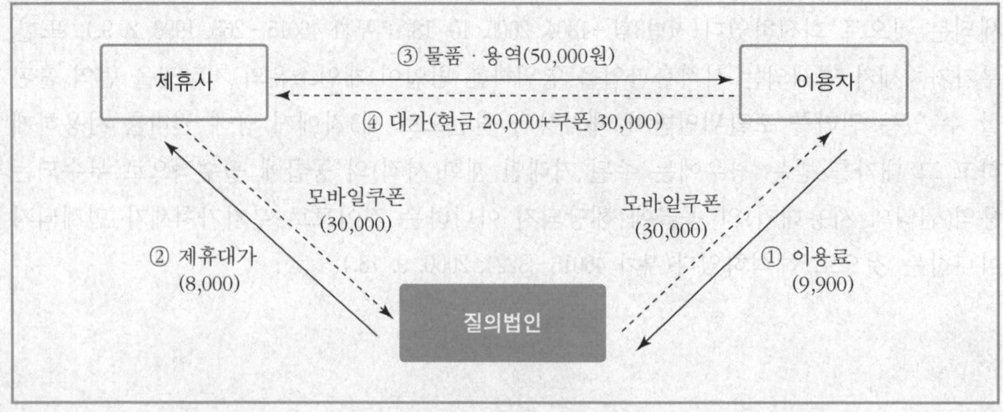

나. 구독상품의 구성내역

구 분	종 류	내 용
기본혜택	3종	매월 이용자 모두 공통 제공 －○○페이 포인트 3,000p －아마존 해외직구 무료배송 및 할인쿠폰 －○○ 클라우드 100GB
추가혜택	18종 중 택 1	이용자가 매월 선택 －△마트 등 할인권 －영양제, 게임 등 할인권 －⊙⊙ 4잔 구매 시 1잔 무료 등

* 제휴대가: 매월 기본혜택은 약 1,000원씩, 추가혜택은 약 5,000원 정도

(2) 질의요지

질의법인이 다수 제휴사들로부터 제휴혜택을 받을 수 있는 구독상품을 이용자에게 공급하고 월정 이용료를 수취하며 그중 일부를 제휴사에 제휴대가로 지급하는 경우

① **[질의1]** 질의법인이 수수료(이용료와 제휴대가 차액)를 받고 용역을 공급하는 것인지 여부

② **[질의2]** [질의1]에서 용역 공급이 아닌 경우 질의법인과 제휴사, 질의법인과 이용자 간 거래가 부가가치세 과세대상인지 여부 및 제휴사가 받는 제휴대가의 물품·용역 공급가액 포함 여부

③ **[질의3]** [질의2]에서 질의법인과 제휴사, 질의법인과 이용자 간 거래가 부가가치세 과세대상이 아닌 경우 질의법인이 구독상품 거래로 얻는 이익의 부가가치세 과세대상 여부

(3) 국세청 및 기획재정부 회신과 의의

가. 회신내용

① 사업자가 다수 제휴사들로부터 제휴혜택을 받을 수 있는 구독상품을 이용자에게 공급하고 월정이용료를 수취하며 그중 일부를 제휴사에 제휴대가로 지급하는 경우(이하 "쟁점거래"라 한다), 해당 사업자가 제휴사들에게 용역을 공급하는지 여부는 가격결정 주체, 손익 및 위험부담의 귀속주체, 거래에서 발생한 금전수수가 매매차익인지 수수료인지 여부, 관련 계약의 문언 및 거래관행 등을 종합적으로 고려하여 판단할 사항임.

② 쟁점거래가 용역공급에 해당하지 않는 경우, 사업자와 제휴사, 사업자와 이용자 간의 구독상품 거래는 부가가치세 과세대상인 재화의 공급에 해당하지 않으며, 제휴대가는 재화·용역의 공급가액에 포함하는 것임(이상 기획재정부 부가가치세제과-507, 2022. 11. 18.).

③ 귀 [질의3]의 경우, 사업자와 제휴사, 사업자와 이용자 간의 구독상품 거래가 부가가치세 과세대상이 아닌 경우 사업자가 구독상품 거래로 얻는 이익은 부가법 제4조에 따른 부가가치세 과세대상에 해당하지 않는 것임(사전-2021-법규부가-1399, 2022. 11. 29.).

나. 회신의 의의

위 회신의 [질의1]은 질의법인이 제휴사들에게 용역(중개용역)을 제공한 것인지는 사실판단할 사항으로 중개인지 구독상품의 매매거래인지를 판단하지 아니하고, 만약 매매거래라면 구독상품의 거래는 과세대상 재화의 공급으로 볼 수 없고, 8,000원은 제휴사들의 과세표준에 포함하여야 한다는 취지로 보인다. [질의3]은 구독상품이 비과세대상이라는 전제하에서 그 매매거래로 인한 매매차익은 과세대상이 아니라는 취지이다.

(4) 회신내용의 검토

1) 구독수수료의 부가가치세 과세 여부

구독수수료(위 이용료 9,900원을 말한다)를 상품권 등의 판매대가로 보아 부가가치세를 과세할 수 없는지 아니면 제휴대가와의 차액(1,900원)이 질의법인의 중개수수료에 해당하는지에 대하여는 기획재정부가 판단하지 않았으므로 아래와 같은 두 가지로 해석될 수 있다.

가. 질의법인이 받는 구독수수료(이용료)는 용역공급대가임

질의법인이 제휴사들의 상품권 등을 결합하여 구독상품을 구성하여 판매하고 있으나 동 상품권 등은 제휴사가 발행한 것들이고 질의법인이 이를 단순조합하여 효율적으로 판매하는 것에 불과하다. 따라서 질의법인은 제휴계약에 따라 제휴사의 상품권 등을 판매대행하는 것으로서 구독자로부터 상품권 등의 대가를 받아 제휴사에 전달하고 이용료와 제휴대가와의 차액은 판매대행용역 공급에 대한 수수료로 볼 수 있다. 이때 제휴사는 구독자가 해당 상품권 등으로 실물을 구매하면서 결제할 경우 원칙적 공급시기가 도래하고 위 구독료(9,900원)를 공급대가에 포함하여야 한다.

나. 상품권 판매대가에 불과함

질의법인은 구독상품을 기획, 구성하여 구독자들에게 자신의 명의로 판매하는 사업자로 구독상품의 가격결정권, 손해배상 책임을 가지며 제휴사는 질의법인의 요구에 따라 자사의 상품권 등을 제공하는 위치에 있으므로 질의법인이 제휴사로부터 상품권 등을 구매하여 자기 책임과 계산하에 구독자들에게 판매하는 것으로 상품권 판매업자에 불과하므로 질의법인은 상품권이나 할인권 등은 비과세대상 재화를 공급한 자에 해당된다. 이 경우 제휴사의 재화 등 공급에 대한 공급대가에는 상품권을 질의법인에 판매하고 받은 대가를 포함하여야 할 것이다.

2) 제휴대가의 과세 여부

제휴사들이 질의법인에 공급하는 상품권 등은 그 자체가 부가가치세가 과세되지 아니하는 비과세 상품이고, 이들 상품권 등을 하나로 결합하여 공급하는 구독상품 역시 부가가치세가 비과세된다. 소비재나 생산재로 볼 수 없는 상품권, 할인권이나 포인트권도 부가가치세 과세대상 권리로 볼 수 없는 바, 제휴사들에게 지급하는 제휴대가는 권리의 양도대가로 부가가치세 과세대상으로 볼 수 없다. 따라서 질의법인이 제휴사에 지급하는 제휴대가는 제휴사의 물품 · 용역 공급과 대가관계가 있는 선수금과 유사하므로 제휴사의 실물 재화 등의 공급대가에 포함하는 것이 타당하다.

3) 질의법인이 구독상품거래로 얻는 이익의 과세 여부(국세청 회신)

질의법인, 제휴사, 구독자 간의 구독상품거래가 상품권 등의 매매거래로 보아 부가가치세 과세대상이 아니라면 질의법인이 구독상품거래로 얻는 이익(매매차익) 1,900원은 부가가치세 과세대상이 될 수 없다. 동 매매차익은 용역대가가 아니고 구독상품 공급대가 9,900원 전부가 비과세대상에 해당한다.

(5) 구독상품 거래 관련 부가가치세 처리현황 및 문제점

가. 부가가치세 처리현황

질의법인은 구독료에 대하여 구매고객에게 세금계산서(공급대가 9,900원)를 발급하고, 제휴사들에게 지급한 금액에 대하여는 비과세 처리하는 경우(공차, 스벅쿠폰, 기프트콘, 금액이 기재된 이용권 등)와 세금계산서를 수취하는 경우(미니엄개런티를 주고 자체 데이터를 가하여 새로운 데이터 상품으로 판매하는 경우 등)로 나누어지며, 후술하는 L통신사와 같이 중개수수료 또는 판매대행수수료만 부가가치세 과세대상으로 처리하기도 한다(인터넷을 통해 확인된 사항으로 실제와 다를 수 있다).

K통신사 시즌×할리스 구독의 경우 월 9,900원(부가세 포함으로 표기)을 내면 매월 커피 4잔과 영화, TV, 콘텐츠를 무제한 이용할 수 있으며, 제휴사들에 대한 세금계산서 수수는 질의법인과 동일하게 처리하고 있는 것으로 파악되었다.

반면, L통신사는 이용고객과의 약정에 자신이 상품권 등을 중개하는 것으로 명시하고 상품권 등 구매액의 일정률 또는 일정액을 가산하여 구독료를 지급받고 해당 수수료를 제외한 금액을 제휴사에 지급하면서 제휴사에 해당 수수료에 대하여 세금계산서를 발급하고 있다.

또한, 정기 구독료를 받으면서 구독자에게 할인혜택을 직접 제공하고 있는 이마트24, 요기요, 배민 등은 구독자에게 구독료를 받은 때에 선발행세금계산서의 개념을 적용하여 수납하는 때를 공급시기로 하여 구독료에 대한 부가가치세를 신고·납부하고 있다. 이는 특정 대형할인점에서 연회비를 받고 매장 입장 및 할인혜택을 제공하면서 동 연회비를 용역의 공급으로 인식하고 할인혜택 제공 시에는 고객으로부터 받은 금액만을 부가가치세 과세표준으로 인식하는 논리와 유사하다. 재화나 용역의 직접 제공자가 구독료를 받고 할인쿠폰 등으로 구성된 구독상품을 공급하는 경우 일종의 선수금으로서 부가가치세 과세표준을 미리 인식할 수 있다.

나. 문제점

재화나 용역의 제공자가 직접 자신의 재화나 용역을 구입할 구독자들에게 구독료를 받고 상품권 등을 제공하는 경우 보수적 견지, 행정편의 또는 납세자의 납세협력비용 절감의 차원에서 구독료에 대하여 부가가치세 매출을 미리 인식하도록 하는 데는 선발행세금계산서(영수증) 개념에 비추어 이견이 있을 수 없다.

일정 금원(연회비, 월회비)을 받고 회원자격을 부여하고 자사 상품 등을 지속적으로 할인받을 수 있는 권리를 부여하는 것은 용역의 공급에 해당한다는 유권해석 등도 이를 뒷받침해 준다(부가 22601-1968, 1985. 10. 10. ; 부가 46015-2894, 1993. 12. 10. ; 조심 2009서4151, 2010. 10. 12. ; 대법원 2012두7158, 2012. 6. 28. ; 대법원 2012두28001, 2013. 5. 9. 등 다수).

L통신사의 경우 제휴점, 구독자들과의 약정에서 자신의 지위가 중개자로서 중개에 따른 일정률 또는 정액의 중개수수료만 인식한다고 명시하였으므로 중개수수료만 L통신사가 부가가치세 신고하고 제휴점은 L통신사의 쿠폰 등 판매금액을 부가가치세 매출(향후 구독자들에 대한 매출의 선인식)로 신고한다.

S통신사와 K통신사의 경우 제휴점에서 구입한 데이터에 자사의 데이터 등을 추가하

여 새로운 데이터 상품을 구독자에 공급하는 경우가 아니면 판매대행으로 계약관계를 분명히 할 필요가 있다. 이처럼 데이터 상품 등을 제외하고 두 통신사가 구독자에게 받는 금액 전부에 대하여 부가가치세 과세표준을 인식하는 현 세무처리는 실제 부담하여야 할 부가가치세보다 더 많은 부가가치세를 납부하고 있다.

이동통신사 외의 다른 업체들 중에는 구독료의 경제적 실질이 나중에 제휴점으로부터 재화나 용역을 구입하는데 지급될 금액의 선납금이 포함되어 있음에도 제휴점으로부터 세금계산서를 발급받는 경우가 있다. 할인권(예 5,000원 할인권)을 제3의 업체(질의법인과 같은 사업자를 포함함)가 구독자에게 구독료(수납액: 2,000원)를 받고 판매한 후 할인권 발행자에게 1,000원을 지급하는 경우 제3의 업체가 할인권을 1,000원에 구매하여 2,000원에 과세대상 재화인 할인권을 공급한 것으로 처리한다고 한다. 하지만 이러한 할인권(상품권도 마찬가지임)의 공급은 재화(권리)의 공급으로 볼 수 없어 잘못된 세무처리로 판단된다.

4 공동사업에 대한 세무처리

(1) 공동사업의 정의

세법에 공동사업에 대한 통일적인 규정은 두고 있지 아니하나, 개별세법에서 대체로 공동사업이란 2인 이상이 동업계약에 의하여 사업의 전부 또는 일부를 공동의 책임과 의무를 부담하여 영위하는 사업형태로서 각 공동사업의 구성원이 지분을 보유하고 손익을 분배하는 등 사업에 공동의 이해를 갖는 목적단체로 규정하고 있다.

(2) 공동사업의 성립

공동사업은 2인 이상이 상호 출자하여 공동사업을 경영할 것을 약정(동업계약)함으로써 성립되며, 이 경우 계약(동업계약)이란 계약 당사자 사이에 서로 대립하는 의사표시가 내용상 합치됨으로써 이루어지는 법률행위로서 민법상 계약체결의 자유, 상대방 선택의 자유, 내용결정의 자유, 방식의 자유(합의로 성립) 등 계약자유의 원칙이 동업계약에도 그대로 적용된다. 다만, 해당 계약이 강행규정이나 선량한 사회풍속과 그 밖의 사회질서에 위반되지 아니하고 계약내용이 심하게 공정성을 잃지 않는 범위 내에서 작성되어야 할 것이다.

공동사업의 경영은 각 조합원이 조합에 관한 민법규정과 조합계약에서 정한 내용과 방법에 따라 이루어져야 하고, 수인이 재산을 출자하여 회사를 설립하거나 기존 회사를 인수하여 그 회사를 통한 공동운영을 약정한 경우는 민법의 조합규정이 적용될 수 없다.

또한, 대법원은 조합이 사업을 개시하고 제3자와의 거래관계가 이루어지고 난 다음에는 조합계약체결 당시 그 의사표시의 하자를 이유로 취소하여 조합성립 이전으로 환원시킬 수는 없다고 판시하였다(대법원 71다1833, 1972. 4. 25.).

(3) 사업자등록 및 정정

1) 개요

민법상의 조합계약에 의하여 2인 이상이 공동사업을 영위하고자 하는 경우 사업자등록신청은 부가법 제8조에 따라 공동사업자 중 1인을 대표자로 하여 대표자 명의로 신청하여야 하며, 이때 구성원 각자의 출자지분 및 손익분배의 비율, 공동사업운영, 대표자, 기타 필요한 사항 등을 정한 동업계약서를 첨부하고 부가시행규칙 별지 제4호 서식 부표 1의 공동사업자 명세를 기재하여야 한다(부가규칙 §9 ① ; 서면3팀-2001, 2004. 9. 30.).

사업자등록신청을 받은 관할 세무서장은 동 사업이 당사자 전원의 공동의 것으로 공동 경영되고 지분 또는 손익의 분배비율 및 방법이 정해져 있는지 등 공동사업자 해당 여부를 판정하여 사업자등록증을 교부하여야 한다(서면3팀-438, 2005. 3. 29.).

공동사업의 구성원이 모두 법인이거나 법인과 개인으로 구성된 경우 공동사업체가 법인설립등기를 하거나 국기법 제13조의 규정에 따라 법인으로 의제되는 경우가 아니면 개인사업자로 사업자등록을 신청하여야 한다.

2) 인허가와 공동사업자등록과의 관계

법령에 의하여 허가를 받거나 등록 또는 신고를 하여야 하는 사업의 경우 부가법은 사업허가증 사본 및 사업등록증 사본 또는 신고필증 사본을 첨부하여 사업허가·등록·신고필증상의 명의자로 사업자등록신청을 하는 것이며, 이 경우 사업의 허가·등록 또는 신고 전에 등록신청을 하는 때에는 사업허가·등록신청서 사본 및 사업신고서 사본이나 사업계획서를 첨부할 수 있고, 허가내용과 달리 공동사업 또는 단독사업을 하는 것이 관계법령상 적법한 영업행위에 해당하는지 또는 당초부터 무효에 해당하는지에 대하여는 영업허가 관할관청 소관이다.

2인 이상이 공동사업을 영위하는 것을 내용으로 인허가를 받고 실제 공동사업을 영위한다면 그 인허가 내용이나 실질에 따라 공동사업자등록을 발급받으면 문제될 것이 없으나, 인허가의 내용은 단독사업인데 공동사업으로 사업자등록 신청·정정하고자 하거나, 인허가 내용은 공동사업인데 단독사업자로 사업자등록 신청·정정을 하는 경우가 있다.

사업자등록증의 교부가 사업자에게 다른 법에서 규제하고 있는 사업을 허용하거나 사업을 경영할 권리를 부여하는 것이 아니므로 국세청이 국세기본법상 실질과세원칙에 따라 그 실지 사업내용대로 사업자등록증을 발급해 준 것이 위법한 행정처분이 될 수는 없다. 다만, 실질적으로 2인 이상이 공동사업을 경영하더라도 그것이 강행법규를 위반한 것으로 무효이고, 따라서 그 공동사업의 약정도 무효가 되는 것이라면 공동사업자로 사업자등록증 발급은 불가하다(대법원 2003두1493, 2003. 9. 23. ; 서면1팀-1303, 2006. 9. 20.).

그 실례 2가지를 살펴보고자 한다.

① 의료인과 비의료인이 동업약정에 의하여 의료기관을 개설하여 운영하는 경우로 이는 강행법규인 의료법 위반으로서 해당 동업계약은 무효가 되며, 공동사업은 처음부터 성립할 수 없어 공동사업자등록증을 교부받을 수 없다.

② 「도시 및 주거환경정비법」에 따라 사업시행자로 지정받은 신탁업자나 지방공사, 지방자치단체장의 경우 사업시행으로 인한 일반분양 이익의 종국적 귀속이 토지소유자 등에게 귀속되어 토지소유자 등의 공동사업적 요소가 있더라도 재건축사업 등의 원활한 진행을 위해 사업시행자 외의 자를 사업주체로 보기보다는 해당 사업시행자의 단독사업으로 보아야 한다.

③ 강행법규의 위반으로 무효인 동업계약이 되지 않더라도 국세청은 공동사업자를 추가하여 허가대상이 되는 사업을 공동으로 영위하고자 하는 경우 허가관청의 사업허가내용과 공동사업의 내용이 일치하여야 한다(서면3팀-2511, 2007. 9. 5. ; 서면1팀-1513, 2005. 12. 9.).

사업자는 실질과세원칙을 들어 사업자등록증의 발급이나 정정을 요구할 수 있을 것이나, 부가법상 사업을 실제 개시하지 아니할 것으로 인정되는 경우 사업자등록증 발급을 거절할 수 있으므로 관할 세무서장은 개별 사안에 따라 허가내용과 다르게 사업을 지속할 수 있는지를 확인하여 그 발급을 거절할 수도 있을 것이다.

그 밖에 공동사업으로 인허가를 받고 실제로는 각각 독립적으로 해당 사업을 각각 영위하는 경우가 있다. 국세청은 공동으로 허가받은 사업에 대하여 공동사업자가 사실상 각각 독립적으로 사업을 영위하는 경우에는 실지 사업내용대로 각각 사업자등록을 발급받을 수 있는 것이나, 공동사업을 영위하는지 혹은 각각 독립적으로 사업을 영위하는지 여부는 관할 세무서장이 조사(확인)한 내용에 따라 결정될 사항이라고 회신하였다(부가-1587, 2010. 12. 2. ; 부가-2020, 2008. 7. 15.).

위 해석은 앞에서 살펴본 사례와 달리, 보는 관점에 따라서는 공동으로 인허가 받더라도 그 구성원이 독립적으로 사업하는 것을 세법이 폭넓게 허용하는 것처럼 보일 수 있다. 이 경우에도 해당 법률 등에서 공공목적 달성을 위해 공동사업을 강제하는 경우이고, 그 구성원 중 하나가 그 사업에서 탈퇴하였거나 별도로 그 사업을 진행하더라도 대외적으로 공동사업임이 표방되고 발주자 등에 대하여 법률적 책임을 지는 관계에 있다면 내부적 지분관계 변동일 뿐 공동사업이 성립・유지되는 것으로 보아야 하고 그 외의 경우에는 각각 독립된 사업으로 볼 수 있을 것이다.

3) 공유부동산에 대한 사업자등록 방법

2인 이상이 공동명의로 부동산을 신축(취득)・등기하여 임대함에 있어 그 소유가 명확히 구분되지 아니하고 막연히 소유지분만을 구분 소유하여 사용수익 구분이 분명하지 아니하는 경우, 공유부동산을 공부상 또는 물리적 구분 없이 일괄하여 임대차계약을 체결하는 등 공동으로 임대업을 영위한다면 공동사업자로 사업자등록을 하여야 한다. 이처럼 지분의 형태로 다수인에게 공동으로 소유된 자산을 이용하여 공동소유자들이 공동으로 사업을 영위하고 지분비율에 의하여 손익을 분배하기로 약정한 경우에는 소유자별로 각각 그 소유지분에 따라 사업자등록할 수 없다(서면3팀-1961, 2006. 8. 31.).

다만, 2 이상의 토지소유자가 공동으로 건물을 신축한 후 해당 신축건물을 자기의 지분별로 구분 등기하여 각각 자기의 계산과 책임하에 사용・수익하는 경우에는 공동사업에 해당하지 아니하는 것으로 각 소유자별로 사업자등록을 하여야 하는 것이며(부가 46015-1442, 1995. 8. 2.), 수인이 공유하는 부동산을 「민법」 제263조에 따라 각 공유자의 지분비율로 구분(구분소유적 공유)하여 사용・수익하기로 약정하고, 각 공유자별로 자기 지분상당의 부동산을 타인에게 임대하거나 또는 자기의 사업에 공하는 경우에는 각 공유자별로 사업자등록을 하여야 한다(부가 22601-49, 1991. 1. 11. ; 서면3팀-2300, 2004. 11. 11.).

4) 공동사업 판정기준(법원 입장)

어떤 사업이 단독사업인지 공동사업인지 여부를 구별하기 위한 기준은 ① 계약서의 형식이 동업계약 혹은 조합계약의 형태를 취하고 있는지 여부뿐만 아니라 ② 당사자 사이에 개별적인 출자 여부, ③ 사업의 성과에 따른 이익이나 손실 분배약정의 유무, ④ 공동사업에 필요한 재산에 대하여 합유적 귀속 유무, ⑤ 사업운영에 내부적인 공동관여 유무, ⑥ 사업의 대외적인 활동 주체와 형식 등 구체적・실질적 사정을 종합적으로 고려하여 판단하여야 한다. 또한, 법원은 조합계약의 형태와 엄밀히 부합하지는 않는 대외적 활동의 징표들이 존재한다고 하더라도 공동사업의 핵심적 속성인 공동출자와 손익의 배분이 존재한다면 민법상 조합의 범위를 다소 넓게 보고 있다(서울행정법원 2010구합10365, 2011. 5. 27.).

5) 사업자등록 정정

공동사업자 중 일부의 변경 및 탈퇴, 새로운 공동사업자 추가의 경우에는 부가령 제14조에서 규정하는 사업자등록사항의 변경사유에 해당하므로 이 경우 해당 사업자는 공동사업자의 변동을 입증하는 서류를 첨부하여 사업자등록정정신고를 하여야 한다(부가령 §14 ① ; 부가통칙 8-14-1). 공동사업자가 단독사업자가 되거나 단독사업자가 공동사업자가 되는 경우 공동사업자의 구성원이 변경되는 경우 사업자등록 정정사항이다.

6) 수 개의 공동사업장이 있는 경우

2인 이상이 특정사업에 대한 공동사업(동업)계약에 따라 수 개의 사업장을 신설하여 특정사업을 영위한다면 이는 수 개의 사업장이 주사업장, 종사업장(직매장)의 형태 또는 법인의 본점, 지점과 유사한 운영형태로서 하나의 사업자가 수 개 사업장을 둔 것이므로 각 사업장 간 재화나 용역의 이동은 내부거래, 간주공급이 성립되고 사업자단위과세나 총괄납부신청이 가능하다(서면3팀-626, 2008. 3. 25. ; 부가-371, 2012. 4. 4.). 다만, 구성원이 다르고 추구하는 사업목적이 다르다면 각 공동사업자가 별개의 사업주체가 되어 이러한 규정은 적용될 수 없다.

또한, 구성원이 같고 출자지분은 각각 다른 공동사업장을 둔 경우 민법상은 별개의 조합으로 파악하나 국세청은 현재까지 보수적 견지에서 동일한 공동사업 주체로 해석하고 있다.

소득세 분야에서도 구성원, 지분이 모두 동일한 수 개 사업장은 동일 사업주체로 보아 전 사업장 수입금액을 합하여 기장의무를 판정하고(소득 46011-510, 1999. 12. 21.), 단독에서 공동사업으로, 공동사업에서 단독사업자로 변경하는 때에는 각각 별개의 사업자로 보아 기장의무를 판정한다.

“갑”, “을”이 공동사업을 영위하다가 폐업한 후 다른 장소에서 “갑”, “을”, “병”이 공동사업으로 종전 폐업한 사업과 업태는 같으나 종목은 다른 사업을 시작한 경우 기장의무를 각각 별개의 사업주체로 보아 판단함이 타당하나(국심 2005부2731, 2005. 11. 9.), 일부 조세심판례에서는 동일 종목을 다른 장소에서 개시한 경우 별도의 조합임에도 동일 사업자인 것처럼 기장의무를 판정한 바도 있다(국심 2005서2265, 2005. 8. 9.). 이 심판결정은 실질이 동업 해체 후 일정기간이 지나 새로이 동업계약을 체결하여 독립된 사업주체로 보아야 한다는 점에서 문제의 소지가 많다고 본다.

7) 공동사업구성원 전원 변경이 사업자등록정정사항인지

민법상 조합은 그 자체가 구성원과는 독립하여 존재하지 못하는 인적결합체로서 조합원을 중심으로 법률관계가 성립하는 것이므로 조합인 공동사업장의 조합원 전원이 탈퇴하였다면 사실상의 해산으로서 종전 조합은 해산되고, 새로운 조합이 성립된 것으로 보아야 한다. 또한 민법상 조합의 동일성이 유지되는 것을 전제로 민법은 조합원의 탈퇴를 인정하고 있어 언제든 탈퇴가 가능하고 동업계약에서 정한 사유에 따라 해산도 자유로이 가능하다.

조합은 청산이 완료된 때에 소멸하는 것인바, 조합원 전원 탈퇴로 인해 전 조합원이 출자가액 등에 비례하는 잔여재산 분배가 이루어질 것이므로 잔여재산 분배가 완료되어 조합은 해산된 것으로 보아야 하므로 두 조합은 폐업신고 및 사업자등록신청을 하여야 한다.

다만, 민법상의 조합이 아닌 공동사업자의 경우 그 구성원 전원이 탈퇴하여 새로운 구성원으로 변경되면서 기존 공동사업의 동일성이 그대로 유지된다면 사업자 등록정정 신고가 가능하다.

(4) 매입세액의 공제

1) 개요

공동사업자가 부가가치세 과세사업이나 과세・면세겸영사업을 영위하는 경우 매입세액공제에 있어서는 일반 단독사업자와 동일하게 부가법 제38조 및 제39조에 따라 부가가치세 과세사업자가 자기의 과세사업과 관련하여 사용하였거나 사용할 재화 또는 용역에 대하여 지출한 매입세액은 부가법 제39조에 해당하는 매입세액을 제외하고는 매출세액에서 공제되어야 한다.

2) 구체적 사례

가. 공동사업자 명의로 수취하지 않은 세금계산서는 불공제 대상

공동사업자 명의로 부가가치세 신고를 하여야 함에도 불구하고 공동사업자의 구성원 명의로 매입세금계산서를 수취하였다면 이는 사실과 다른 세금계산서에 해당한다(대법원 2010두8010, 2010. 8. 19.).

당초 9인 명의의 공동사업자로 사업자등록 후 건설용역을 제공받던 중 공사완료 및 사용승인 후 건물을 구분하여 각자의 명의로 소유권등기하고 각각 사업자등록을 한 경우, 해당 건설용역의 세금계산서는 공동사업자의 명의가 아닌 각각 사업자의 명의로 발급받는 경우 이는 사실과 다른 세금계산서에 해당하여 매입세액공제를 받을 수 없다(대법원 2010두12668, 2010. 10. 28.).

나. 단독사업을 위한 자산을 타인 명의로 받은 세금계산서는 불공제 대상

부동산임대업을 공동으로 영위하는 구성원 중 1인이 자기의 단독사업을 위해 다른 부동산을 취득하면서 기존 공동사업장 명의로 받은 세금계산서는 그 매입세액 전액을 공제받을 수 없다(국심 2005서41, 2005. 7. 13.).

다. 공동사업자가 1인 명의로 등록하고 발급받은 세금계산서의 매입세액공제

부가가치세가 과세되는 사업을 영위하는 공동사업자가 공동사업자 중 1인 명의로 사업자등록을 하고 해당 사업에 사용할 건물을 취득하면서 매입세액을 공제받은 경우 단순한 정정신고의무 해태로서 해당 건물이 해당 사업에 계속 사용되는 경우에는 공제받은 매입세액에는 영향을 주지 아니하는 것이며, 해당 사업자는 사업자등록을 정정하여야 한다(부가 46015-169, 1999. 1. 20.).

라. 면세사업을 영위하는 공동사업구성원에게 임대 시 매입세액공제

부동산임대사업을 영위하기 위하여 건물을 신축한 자가 신축건물의 일부분을 임대사업자 본인이 포함된 면세사업을 영위하는 공동사업자에게 무상으로 임대하는 경우에는 본인의 면세사업에 공하는 것으로 볼 수 없으므로 무상임대하는 부분의 신축 관련 매입세액도 매출세액에서 공제받을 수 있는 것이나, 무상으로 임대하는 것인지 자기의 면세사업장으로 사용하는지는 공동사업 해당 여부 및 실제 임대 여부 등 관련 사실을 종합하여 판단하여야 한다(부가 46015-1645, 1998. 7. 28.).

마. 2인이 기존 사업장 외에 공유부동산 취득 시 매입세액공제 등

서로 다른 사업장에서 각각 사업을 영위하던 부부(夫婦)가 사업장을 이전하거나 사업을 확장할 목적으로 또 다른 장소에 건물을 공유로 취득하면서 자기의 지분비율에 해당하는 가액으로 기존사업장 명의로 세금계산서를 각각 발급받아 기존사업장에서 영위하던 사업을 이전하거나 확장한 경우 해당 세금계산서의 매입세액은 기존사업장의 매출세액에서 공제할 수 있다. 다만, 부부 중 자기의 건물지분을 초과하여 사용하는 부분에 대하여는 용역의 공급에 해당하여 부가가치세가 과세된다(법규과-648, 2013. 6. 4.).

바. 구분분할 등기된 부동산을 공급 시 세금계산서 명의

등기부상 건물들의 소유자가 공동사업자들로 되어 있고, 공동사업자들 간의 미분양 점포의 공유물 분할 협의는 어디까지나 공동 사업 관계를 정산하기 위한 내부약정에 불과한 것으로서 공동사업 구성원 중 1인이 등기부상 소유자(공동사업 구성원) 명의로 쟁점 부동산들을 공급받으면서 공동사업자들 명의로 쟁점세금계산서를 발급받은 경우에는 이를 사실과 다른 계산서로 볼 수 없다(국심 2005중4273, 2006. 7. 28.).

사. 공동사업자에게 그 구성원이 임대용역 제공 시 매입세액공제

별도로 사업자등록을 한 부동산임대업자인 "X"(구성원 a, b, c) 사업자와 임차인으로서의 병원인 "Y"(구성원 a, b) 사업자는 별개의 사업자로서 그 "X" 사업자가 자기의 부동산임대사업과 관련하여 취득한 해당 건물에 대한 매입세액은 매출세액에서 공제가 가능하다(서면3팀-1563, 2005. 9. 20.).

아. 공동사업을 위한 건축물 공사 시 매입세액불공제

토지공동소유자(동일지분) 4인이 해당 토지 위에 건물을 신축하여 공동으로 임대할 목적으로 공동사업자로 등록한 후, 토지공동소유자가 동일한 비율의 비용을 부담하고 동일지분의 소유권을 갖는 조건으로 자기의 계산과 책임하에 직접 시공하는 경우에 발급받은 건설자재 등과 관련된 세금계산서의 매입세액 또는 해당 과세사업용 건물의 신축약정에 의하여 건설업자가 건설용역을 제공하는 경우에 해당 건설용역을 제공받고 발급받은 세금계산서의 매입세액은 자기의 매출세액에서 공제할 수 있다(부가 46015-704, 2001. 4. 30.).

자. 공동신축 후 토지의 소유자가 각자 지분으로 소유하는 경우 매입세액공제

토지를 공동 소유한 소유주들이 당초 목적이 공동으로 건물을 신축하여 각자 지분으로 각각 소유하고자 하는 경우(일반분양 없음) 공동사업으로 보지 아니하므로 신축 관련 매입세액은 공제되지 아니하고 각자 명의로 소유권등기 시 재화의 공급으로 보지 아니한다(부가 46015-600, 1997. 3. 19.).

차. 공동사업용 건물을 면세사업하는 구성원에게 유상임대 시 기존 매입세액 추징대상 아님

상가를 신축하여 부동산임대업을 영위하는 공동사업자가 해당 임대용건물의 일부를 면세사업을 별도로 운영하는 해당 공동사업자 중 1인에게 임대한 경우 해당 공동사업자가 기 공제받은 부가가치세 매입세액에는 영향을 미치지 아니한다(부가 46015-376, 1999. 2. 6.).

카. 공동사업을 결성하면서 구성원이 소유하던 건축물을 철거하는 경우 매입세액공제

인접한 부동산에서 각각 부동산임대업을 영위하던 사업자 갑과 을이 공동명의로 동지상에 새로운 건물을 신축하여 계속하여 부동산임대업을 영위하기로 하는 공동사업계약을 맺고 기존 사업자등록 폐지 및 공동사업 사업자등록을 마친 후 해당 구건축물(단독 사업장 소유)의 철거 관련 매입세액이 발생한 경우 사업주체만 단독사업자에서 공동사업자로 변경된 것으로 공동사업자가 토지만을 사용할 목적이 아닌 공동사업 목적달성을 위해 기존 임대건물을 철거 및 새로운 건물을 신축하는 것으로서 단독사업자 갑, 을과 공동사업자 간에 구건축물에 대한 소유권 이전도 없고 해당 토지 위에 합유물인 건축물을 신축하는 과정에서 발생한 매입세액으로 대법원도 토지만을 사용하기 위한 부동산의 사용권을 얻어 임차인이 본인 부담으로 구건축물을 철거하고 신건물을 신축하여 사용기간 동안 무상으로 사용 · 수익하는 경우 토지의 소유자가 아닌 사업자가 토지의 조성 등을 위한 자본적 지출의 성격을 갖는 비용을 지출한 것이라면 그에 관련된 매입세액은 토지 관련 매입세액으로 보지 아니하였다(대법원 2007두20744, 2010. 1. 14.).

국세청도 공동사업을 영위할 목적으로 단독사업자들이 각 사업장을 통합하는 경우 사업자등록 정정사항이고, 공동사업장으로 이전되는 재화에 대하여 유상의 재화의 공급으로 보거나 폐업 시 잔존재화로 보는 등 간주공급으로도 보지 아니하였다(부가 46015-10263, 2001. 9. 19. ; 부가 1265-892, 1980. 5. 17.).

따라서 토지 임차인인 위 공동사업자가 자기 소유가 아닌 토지 및 건축물과 관련하여 새로운 건물신축을 위해 부담한 철거 관련 매입세액은 토지의 자본적 지출에 해당하지 아니하므로 매출세액에서 공제가능하다(서면-2017-법령해석부가-2191, 2018. 6. 1.).

(5) 공동사업자의 세금계산서 수수방법

1) 개요

공동사업체를 운영하는 경우 공동사업과 관련하여 재화 또는 용역을 공급하거나 공급받았다면 공동사업자등록번호를 기재한 세금계산서를 발급 또는 발급받아야 한다.

국세청은 건설업을 영위하는 둘 이상의 법인이 공동으로 건물을 신축 · 분양함에 있어서 건설현장 내에 영업활동을 하는 고정된 장소를 두지 아니할 경우 각 법인이 재화 또는 용역을 공급받거나 공급할 때 각 법인의 지분율에 해당하는 만큼 세금계산서를 발급하거나 발급받는 것인지 또는 공동사업자등록을 하여 세금계산서를 발급하거나 발급받는 것인지의 판정에 있어 공동사업과 관련된 세금계산서는 해당 공동사업자의 명의로 발급하거나 발급받는 것이라고 해석하였다(서면법규과-1292, 2014. 12. 9.).

따라서 2 이상의 사업자가 민법상 공동사업계약에 의하여 공동으로 사업을 영위하는 경우에는 기존 법인과 별개로 공동사업자 명의로 사업자등록을 하여야 하는 것이므로 공동사업과 관련하여 재화 또는 용역을 공급하는 경우 공동사업자 등록번호로 세금계산서를 발급하거나 발급받아 부가가치세 신고·납부하여야 한다.

2) 공동사업장과 그 구성원과의 거래

2인 이상이 상호출자하여 공동사업을 경영하는 경우 해당 사업체는 민법상 조합에 해당하는 것으로 그 구성원인 개인의 사업과는 별개의 사업체이며, 또한 각각 권리의무의 주체가 되는 별개의 사업장으로 그 이해관계를 달리하므로 조합과 그 구성원(사업자)간의 재화 또는 용역의 공급에 대하여는 세금계산서를 수수하여야 한다(재소비－1351, 2004. 12. 13. ; 부가－4261, 2004. 12. 6. ; 국심 2005서0041, 2005. 7. 13.).

따라서 "갑"과 "을"이 공동으로 부동산임대업을 영위하는 건물의 일부에 "갑"이 부동산임대업 외의 다른 단독사업을 영위하게 된 경우 부동산임대사업장(공동사업장)과 또다른 "갑"의 사업장은 그 사업주체가 다른 별도의 사업장이므로 공동사업자가 "갑"에게 공급하는 부동산임대용역에 대하여 세금계산서를 발급하여야 한다(부가 46015－4799, 2000. 12. 20.).

3) 공동사업과 사업양도

공동사업장 구성원인 법인이 공동사업자 1인으로 남았다가 사업을 양도하는 경우 포괄적 사업양도에 해당하는 경우에는 재화의 공급으로 보지 아니한다(서면3팀－2579, 2006. 10. 27.).

부동산임대업자가 임대업과 관련한 인적·물적시설을 비롯하여 임대사업에 관련된 모든 권리와 의무를 사업양수인(공동사업자)에게 포괄적으로 승계시키는 경우 사업양수인의 구성원 중에 사업양도인의 기존 임차인이 포함된 경우에도 포괄적인 사업양도로 본다(법규부가 2011－0397, 2011. 10. 5.).

(6) 공동사업장의 부가가치세 신고·납부·환급절차 등

1) 부가가치세 신고·납부

공동사업장에 대한 부가가치세법 적용에 있어서는 단독사업자와 동일하게 부가가치세법의 총칙, 과세거래, 영세율과 면세, 과세표준과 세액의 계산, 거래징수와 세금계산서, 납부세액 등, 세액공제, 신고와 납부 등, 결정·경정·징수와 환급, 가산세, 간이과세 및 보칙이 그대로 적용된다.

2) 부가가치세 환급

공동사업자에게 부가가치세를 환급하는 경우 관할 세무서장은 정당한 국세환급금 지급대상자임을 확인한 후 공동사업 대표자에게 환급하여야 한다(징세 46101-246, 1999. 10. 15.). 다만, 과세관청이 공동사업 대표자에게 부가가치세를 환급함에 있어 동 대표자의 다른 체납세액에 충당할 수 있으나(징세 46101-389, 2000. 3. 14.), 공동사업 대표자에게 환급되는 부가가치세를 공동사업 구성원의 다른 국세 체납세액에 충당할 수 없다(징세 46101-954, 2000. 6. 29.).

3) 부가가치세 연대납세의무와 한도

가. 부가가치세 연대납세의무

부가가치세 납세의무성립일을 기준으로 그 당시의 공동사업자는 납세의무가 성립된 부가가치세 중 납부되지 아니한 부가가치세에 대하여 공동사업자 전원이 연대하여 납세의무를 진다(징세-2801, 2004. 8. 25.).

사업을 공동으로 경영하다가 1인이 탈퇴한 경우 해당 공동사업에 관계되는 국세 등에 대한 납세의무는 납세의무성립일 현재의 잔여 공동사업자 전원이 연대하여 지게 된다(서면1팀-989, 2005. 8. 18.).

따라서 과세관청은 공동사업에서 발생한 부가가치세에 대한 연대납세의무는 공동사업에서 탈퇴하였다고 하여 공동사업에 참여한 과세연도에 기 성립한 연대납세의무가 소멸되는 것이 아니므로 결정·경정사유가 있는 과세기간 종료일에 공동사업을 한 자들에게 부가가치세의 연대납세의무를 지워 결정·경정고지하여야 한다(징세 46101-326, 2001. 5. 3.).

나. 연대납세의무 한도

국세기본법상의 연대납세의무의 법률적 성질은 민법상의 연대채무와 근본적으로는 다르지 아니하므로 각 연대납세의무자는 공유물·공동사업 등에 관계된 국세의 전부(연대납세의무의 한도는 없음)에 대하여 고유의 납세의무를 부담한다 할 것이고, 같은 법에 의하여 준용되는「민법」제415조는 어느 연대채무자에 대한 법률행위의 무효나 취소의 원인은 다른 연대채무자의 채무에 영향을 미치지 아니한다(대법원 99두2222, 1999. 7. 13.).

(7) 현물출자에 대한 부가가치세 과세

1) 과세 개요

공동사업으로 현물출자한다는 것은 금전 외의 재산으로 공동사업에 출자를 하는 것을 말하며, 개인사업자 또는 법인사업자가 공동사업에 현물출자하는 경우 원칙적으로 부가가치세가 과세되는 재화의 공급에 해당하는 것이나, 해당 현물출자가 포괄적 사업양도에 해당하는 때에는 재화의 공급으로 보지 아니한다.

사업용 자산을 공동사업체에 현물출자하면 해당 자산은 공동사업목적에 의하여 통제되고 그 구성원의 집합체인 공동사업체의 합유재산이 되는 것이므로 출자시점에 유상으로 재화가 인도 또는 양도된 경우에 해당하기 때문이다. 그러나 공동사업체 설립 이후 공동사업체 명의로 취득하여 합유로 등기하거나 공유등기하는 경우에는 실질상 공동사업체 자체의 취득·양도 행위로서 현물출자에 해당하지 아니한다.

2) 공급가액의 계산

현물출자는 조합원 지분 또는 지위를 받은 것이므로 금전 외의 대가를 받은 경우에 해당하여 자기가 공급한 재화 또는 용역의 시가가 공급가액이 된다.

3) 공급시기

가. 법인 또는 조합에 현물출자하는 경우

사업자가 재화를 법인에 현물출자 시 현물출자로서의 이행이 완료되는 때를 그 공급시기로 본다. 이 경우 이행이 완료되는 때라 함은 「상법」 제295조 제2항에 따라 현물출자를 하는 발기인이 출자의 목적인 재산을 인도하는 때이며, 등기·등록·기타 권리의 설정 또는 이전을 요할 경우에는 이에 관한 서류를 완비하여 교부하는 때를 말한다(부가 46015-3228, 2000. 9. 18.).

사업자가 공부상에 등재하는 관리권 등을 현물출자함에 있어 '사업자가 명의변경 등록 전에 각기 이사회 및 주주총회의 결의를 거치고 관할관청으로부터 적법하게 그 현물출자에 관한 승인을 얻고 양수자는 동 관리권에 관한 권리 일체를 이전받아 관리권에 허여된 사업을 영위하면서 과세매출이 발생하는 경우 해당 관리권의 공급 시기는 공부상에 그 명의이전등록을 마친 시점이 된다(대법원 2002두4761, 2003. 12. 11.).

나. 공동사업 현물출자일이 확인되지 아니하는 경우

현물출자일이 객관적으로 확인되지 아니하는 경우 현물출자한 날은 당사자 간에 묵시적 합의가 성립한 날 또는 사실상 공동사업이 개시된 날 등을 밝혀 소관세무서장이 사실판단할 사항이다(서일 46011- 11709, 2003. 11. 25.).

(8) 출자지분 양도 · 상속 · 증여와 부가가치세 과세

1) 공동사업 구성원의 출자지분 양도

공동사업 구성원이 자기의 출자지분을 타인에게 양도하거나 출자지분을 현금으로 반환하는 것은 공동사업장의 입장에서 보면 재화의 공급에 해당하지 아니한다(부가통칙 9-18-2). 이는 출자자 간의 지분변동은 단순히 공동사업 구성원 간의 내부적인 거래일 뿐 그것이 공동사업 자체로서의 재화의 공급이 될 수 없기 때문이므로 공동사업장 소유 자산의 일부나 전부가 외부로 유상 또는 무상으로 유출되어 공동사업장의 자산 감소를 초래한 사실이 없어 과세대상 자체가 존재하지 않는다.

가. 단독사업과 공동사업 간 변경, 지분양도에 따른 부가가치세 과세

① 단독사업자가 자기의 사업장을 양도하여 공동사업자가 되는 경우 해당 자산(지분)의 양도, ② 공동사업자 중 1인이 공동사업에서 탈퇴하면서 현금으로 지분대가를 지급하고 단독사업자가 되는 경우 해당 지분양도, ③ 출자지분이 약정에 의해 상속 또는 증여되는 경우, ④ 공동사업 구성원이 제3자에게 자기의 지분을 양도하고 제3자가 공동사업 구성원이 되는 경우

이러한 지분의 이전, 출자지분의 현금반환 등에 대하여는 부가가치세가 과세되지 않는다(부가 46015-1073, 1999. 5. 27. ; 국심 1002서3632, 1992. 12. 17. ; 대법원 97누12082, 1999. 5. 4. ; 부가 46015-4911, 1999. 12. 14. ; 부가 46015-4306, 1999. 10. 25.).

위 "①"과 "②"의 경우 변경 전후 사업주체의 법적 성격이 다르더라도 포괄적 사업양도로서 부가가치세가 과세되는 재화의 공급으로 보지 아니한다(서면3팀-249, 2006. 2. 6. ; 서삼 46015-10074, 2002. 1. 21. ; 부가 46015-1073, 1999. 5. 27. ; 국심 1002서3632, 1992. 12. 17.).

다만, 출자지분을 공동사업장의 현물로 반환받는 경우 그 반환받는 재화가 부가가치세 과세재화인 경우 부가가치세가 과세된다(부가-894, 2010. 7. 14.). '출자지분'의 양수도는 재화 또는 용역의 공급에 해당하지 않는바, 세금계산서를 수취한 경우 매입세액불공제되나 세금계산서합계표불성실가산세는 적용배제된다(국심 2002부1600, 2003. 1. 21.).

나. 출자지분 양수자가 별도의 사업을 영위하는 경우

공동명의(A, B)로 취득한 사업용 건물의 소유지분 일부(A)를 양도하고 새로 지분을 취득한 자(C)와 공동으로 사업을 영위하는 경우에는 출자지분의 양도로서 재화의 공급에 해당하지 아니하는 것(A, C의 공동사업)이나, 새로 지분을 취득한 자가 소유지분의 부동산을 공동사업에 공하지 아니하고 독립하여 별도의 사업을 영위하는 경우에는 재화의 공급에 해당(A, C의 단독사업)되어 지분양도에 대하여는 해당 공동사업자의 명의로

세금계산서를 발급하여야 한다(서삼 46015-10984, 2003. 6. 20.).

2) 출자지분의 현물반환 등에 대한 부가가치세 과세방법

기본원칙

가. 과세거래

실질적으로 동업관계를 해체하기 위한 공유물분할은 출자지분의 현물반환으로서 부가가치세가 과세되는 것이며,

- 그 지분별로 분할등기한 때의 시가상당액을 공급가액으로 하여 공동사업자는 각 사업자에게 세금계산서를 발급하는 것임(부가 46015-2243, 1996. 10. 26.).

나. 과세제외

공유물을 합유물로서의 성격을 그대로 유지한 채 또는 공동사업을 유지한 채 단순히 형식상 또는 관리목적상 구성원의 소유로 분할하는 경우와

- 공동사업 구성원이 자기의 출자지분을 타인에게 양도하거나 법인 또는 공동사업자가 출자지분을 현금으로 반환하는 경우에는 재화의 공급에 해당하지 아니하는 것임(부가통칙 9-18-2 ; 국심 1996경3199, 1997. 1. 13. ; 부가 46015-5062, 1999. 12. 27.).

다. 출자지분의 현물반환 등에 대한 공급시기

공유물 분할 및 출자지분의 현물반환 시 그 공급시기는 해당 부동산이 사용가능하게 되는 때로 하는 것이며, 이 경우 이용가능하게 되는 때라 함은 원칙적으로 소유권이전등기일로 하는 것이나 소유권이전등기일 전에 실제 명도하는 경우 실제 이용가능하게 되는 때로 볼 수 있는 것임(제도 46015-11929, 2001. 7. 6. ; 부가 46015-1637, 1995. 9. 7.).

가. 출자지분의 현물반환의 과세와 공급시기

2인의 공동사업자가 부동산임대용 건물을 신축한 후 각각 독립적으로 부동산임대업을 영위하고자 동업계약을 해지하고 분할등기하여 소유권을 이전하는 경우 공동사업자가 출자지분을 현물로 반환하는 것으로서 재화의 공급으로 부가가치세가 과세된다. 이 경우 공동사업자는 공유하던 사업용 건물의 분할등기에 따른 '소유권이전등기일'(소유권이전등기일 전에 실제 명도하는 경우에는 그 '실제명도일')에 독립하여 사업을 개시하는 자에게 반환하는 건물지분의 시가 상당액을 공급가액으로 기재한 세금계산서를 발급하여야 한다. 사업용 건물을 공급받는 자는 그 부동산을 부가가치세 과세사업에 사용하는 경우에는 매입세액공제를 받을 수 있다.

공동사업자가 공유하던 사업용 건물의 출자지분을 해당 건물로 반환하는 경우의 공급가액은 해당 건물의 시가로 하는 것인바, 그 시가의 기준은 다음에서 정하는 가격으로

한다(부가령 §62).

> ㉠ 사업자가 특수관계인이 아닌 자와 해당 거래와 유사한 상황에서 계속적으로 거래한 가격 또는 제3자 간에 일반적으로 거래된 가격
> ㉡ "㉠"의 가격이 없는 경우에는 사업자가 그 대가로 받은 재화 또는 용역의 가격(공급받은 사업자가 특수관계인이 아닌 자와 해당 거래와 유사한 상황에서 계속적으로 거래한 해당 재화 및 용역의 가격 또는 제3자 간에 일반적으로 거래된 가격을 말한다)
> ㉢ "㉠"이나 "㉡"에 따른 가격이 없거나 시가가 불분명한 경우에는 소득령 제98조 제3항 및 제4항 또는 법인령 제89조 제2항 및 제4항에 따른 가격

따라서 분할 당시 "㉠" 또는 "㉡"에 정하는 가격이 없거나 시가가 불분명한 경우로서 법인령 제89조 제2항에 따라 「부동산가격공시 및 감정평가에 관한 법률」에 의한 감정평가법인이 감정한 가액(이하 "감정가액"이라 함)이 있는 경우에는 해당 감정가액이 공급가액이 된다(법규부가 2008-0031, 2008. 11. 20.).

또한, 3인의 공동사업자가 부동산임대용 건물을 신축한 후 각각 독립적으로 부동산임대업을 영위하고자 동업계약을 해지한 후 공동사업자 사업자등록증은 대표자 1인 명의로 정정하고, 다른 2인은 각각 신규로 사업을 개시하는 경우 신규로 사업을 개시하는 사업자에게 해당 부동산임대용 건물의 소유권을 분할등기하여 소유권을 이전하는 경우는 공동사업자가 출자지분을 현물로 반환하는 것으로, 이 경우 해당 공동사업자는 신규로 사업을 개시하는 2인에게 반환하는 건물의 시가상당액을 공급가액으로 기재한 세금계산서를 발급한다(서면3팀-2300, 2004. 11. 11.).

나. 공동사업지분의 현물반환으로 과세되지 아니하는 경우

① 공동사업이 계속 유지되는 보존등기

부동산임대업을 영위하기 위하여 공동사업자로 등록한 후 해당 임대업에 사용할 건물을 신축하여 각 공동사업자의 지분별로 소유권 보존등기하고 공동사업자로서 동 건물을 임대업에 공하는 경우에는 재화의 공급에 해당하지 아니한다. 이 경우 "지분별 소유권 보존등기"라 함은 소유권 보존등기 시에 각자의 지분을 표시하여 공동소유로 등기하는 경우 및 각자의 지분비율대로 분할등기하는 경우를 말한다(부가 46015-2071, 1995. 11. 8.).

② 공유 토지를 각 공구별로 분할하여 개별신축하는 경우

주택신축판매업을 영위하는 3개 회사가 공동으로 취득한 토지를 3개의 공구로 균등 분할하여 분할된 공구별로 각사의 개별적인 책임과 계산하에 주택(아파트)을 건축하면

서 3개 회사 공동명의로 해당 아파트를 분양하여 분양금액을 3개 회사가 균등하게 배분하는 경우 3개 회사는 자기에게 귀속되는 분양금액에 대하여 각각 부가가치세를 신고·납부하여야 하는 것이며, 해당 아파트의 건설이 완료되어 해당 사업을 종료하고 미분양된 아파트를 각사가 개별적으로 분양하고자 정산하는 경우에 3개 회사 간에 미분양된 아파트를 정산하는 것은 부가법 제9조에 따른 재화의 공급에 해당하지 아니한다(부가 46015-289, 2000. 2. 3.).

③ 공유지분을 소유자 각인이 구분하여 사용·수익하다가 분할등기하는 경우 과세 여부

3인이 공유로 등기된 토지 및 건물을 각각의 소유지분에 따라 구분하여 사용·수익하기로 약정하고 각각 사업자등록을 하여 부동산임대업을 영위하던 중 공유건물을 각각의 소유지분의 변동없이 분할등기하는 경우에는 재화의 공급에 해당하지 아니한다(법규과-1030, 2007. 3. 7.).

⇒ 당초부터 공동사업에 해당하지 아니하여 출자지분의 현물반환에 해당하지 않음.

(9) 부동산의 사용권 출자와 부가가치세 적용

동업계약에 의하여 공동사업에 참여하면서 자신의 부동산을 현물출자하거나, 공동사업장에 자가의 부동산을 무상으로 임대 또는 부동산의 소유권은 유보한 채 그 사용권만을 공동사업장에 출자하고 지분을 취득하는 경우가 있다. 공동사업을 위하여 부동산을 무상임대한 것인지, 현물출자한 것인지, 사용권을 출자한 것인지에 대하여 공동사업 구성원은 그 계약관계를 명확히 할 필요가 있으며, 과세관청 또한 그 실질내용을 면밀히 파악하여 과세 여부를 판단하여야 하고, 공동사업자등록은 하였지만 현물출자약정이 없고 토지소유권이 공동사업체로 이전되지 않았으며, 손익분배비율도 토지가액기준이 아닌 토지면적비율로 확정하였다면 현물출자한 것이 아니라 토지사용권을 출자한 것이다.

부동산임대업을 영위하는 거주자가 그 부동산임대용역의 일부를 해당 거주자가 공동사업의 구성원인 공동사업장에 무상으로 제공하는 경우 그 부분에 대해 부동산임대업의 총수입금액에 산입할 금액은 없을 뿐만 아니라 부당행위계산부인대상도 아니다.

또한, 부동산임대용역을 무상제공함으로 인하여 총수입금액에 산입되지 아니하는 부분에 대한 비용은 해당연도 부동산임대소득금액 계산 시 필요경비에 산입할 수 없다(소득 46011-1763, 1998. 6. 30.).

▌토지의 사용권 출자와 관련된 대법원 판례

○ 납세자가 토지사용권만을 출자한 것에 불과하다고 주장하는 경우 그 공동사업이 부동산매매업이라면 그 토지상에 건축물이 신축되면 해당 토지의 소유권대지권이 건축물과 함께 양도해야 하는 것이므로 조합계약을 체결하여 그 토지 (공유)지분을 현물출자하였다고 봄이 타당하고,

- 사용권 출자의 약정과 함께 해당 토지가 사업용 고정자산으로 사용되고(부동산임대업의 사업용 고정자산 등) 현물출자에 따른 자산의 평가를 거치지 않은 사실이 확인된다면 토지사용권만을 출자한 것으로 볼 수 있다(서울행정법원 2012구단22921, 2013. 10. 30. ; 서울고법 2013누31327, 2014. 12. 10.).

○ 사용권 출자가 용역의 무상공급이 되어 과세할 수 없으려면 부동산 외의 요인에 따라 지분을 산정되어야 한다. 현재 과세대상 여부에 대한 법령 규정이 전무하고, 공동사업자의 존속기간(사용권 출자기간) 설정이 없는 경우가 많아 실무상 공급가액 산정 등의 어려움이 있어 부가가치세를 과세하기 어렵다고 본다(대법원 81누549, 1985. 2. 13.).

▌사용권의 출자로 인정받기 위한 구체적 기준

1. 동업계약내용에 부동산을 현물출자한다는 약정이 없을 것
2. 부동산의 소유권이 공동사업자 명의로 변경되거나 합유재산으로 등기된 사실이 없이 출자자명의 그대로 있을 것
3. 공동사업에 대한 지분 취득비율이 부동산 소유권 자체를 출자한 것이 아닌 사용권만을 출자한 것으로 볼 수 있는 합리적 비율인지 여부
   ※ 일반적으로 소유권 출자가액이 사용권 출자가액보다 훨씬 높은 것임.
4. 부동산의 소유자가 공동사업에 참여하면서 해당 부동산을 공동사업에 무상으로 제공(용역의 무상공급)하는 경우에 해당할 것

출처: 국심 2004광470, 2004. 4. 21. ; 대법원 84누549, 1985. 2. 13. ; 국심 2002서682, 2002. 7. 30. ; 국심 2002서2160, 2002. 12. 31.

▌사용권 출자가액 평가를 인정한 판례

"갑"과 특수관계인이면서 토지소유자인 "을"이 공동사업계약 및 이익분배계약을 체결하여 "갑"이 "을" 소유 토지에 상가를 신축 후 "갑"이 임대료 전액을 수령하여 비용을 공제한 후 투자비율에 따라 "을"에게 분배하는 경우로서 이익분배비율을 "갑"과 "을" 소유 건물과 토지의 각 50년간 임대권의 가치를 감정평가해 정한 경우 "갑"이 "을"에게 지급하는 분배금은 정당한 시가라고 볼 수 있다(서울고법 2019누, 2020. 12. 17.).

(10) 공동사업 손익의 분배 및 역할분담에 따른 부가가치세 과세

1) 손익의 분배 및 손실의 분담

공동사업계약에 따라 공동사업의 영업에서 발생한 이익금을 분배하거나 손실분담금을 납입하는 것은 부가법에 따른 재화 또는 용역의 공급에 해당하지 아니하여 세금계산서 및 계산서 발급의무가 없다. 또한, 법인사업자 간에 「상법」 제78조에 해당하는 익명조합계약에 따라 익명조합의 영업에서 발생한 이익금을 분배하는 경우 해당 이익분배금은 이자소득으로서 법인법 제73조에 따라 원천징수하여야 하고(법규소득 2013-193, 2013. 6. 19.), 개인사업자로 구성된 익명조합의 경우에도 개인인 익명조합원이 받는 이익금은 배당소득으로서 원천징수대상일 뿐 부가가치세 과세대상거래가 아니다.

동업기업 특례를 적용받는 사업자가 그 구성원에게 분배 또는 지급하는 이익금도 역시 부가가치세 과세대상거래가 아니다.

그 밖에 사업자가 단순하게 다른 사업자의 사업에 투자하고 추후 다른 사업자로부터 수령하는 투자원금과 이익도 부가가치세 과세대상에 해당하지 아니한다(서면3팀-1497, 2006. 7. 20.).

※ 공동사업에 현금을 출자하는 경우에도 부가가치세 과세대상 거래에 해당하지 아니함.

2) 구성원 간 업무분담에 대한 과세·면세 적용

공동사업자가 조경공사용역을 공동사업으로 수행하면서 구성원 “갑”은 조경용 수목 공급을 담당하고 다른 구성원 “을”은 공사수주 및 시공을 담당하기로 당초부터 공동사업계약을 체결하거나, 해당 공사를 수주하면서 이러한 각자의 역할을 분담하기로 한 경우로서 공동사업자 명의로 조경공사 계약을 체결한 후 공사를 시공하고 대금을 수령하여 분배한 경우 해당 대가는 조경공사 용역의 대가로 그 공사금액 전체에 대하여 부가가치세가 과세된다(대법원 2009두10581, 2009. 9. 10.).

3) 공동사업으로 인한 사업장 통합 시 폐업 시 잔존재화 과세 여부

공동사업을 영위할 목적으로 각 사업자의 사업장을 다른 한 사업자의 사업장에 통합하여 공동명의로 사업을 영위하는 경우에 통합으로 인하여 폐지된 사업장의 재고재화는 폐업 시 재고재화로서 과세하지 아니한다(서면3팀-2099, 2007. 7. 27.).

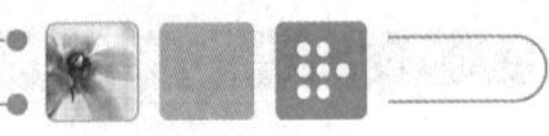

(11) 지분매각에 대한 소득구분 및 시가 산정

1) 소득구분

공동사업의 지분매각 대가에는 재고자산, 고정자산, 금융자산, 각종 채권, 영업권 등의 대가로 구성되므로 해당 지분매각 대가에는 사업소득, 양도소득, 기타소득이 복합되어 있다. 이러한 지분매각에 대해 국세청은 공동사업을 영위하는 구성원이 양도하는 지분에 해당하는 재산의 종류에 따라 과세되는 소득의 종류를 달리하는 것으로 회신하고 있다. 즉, 도 · 소매업, 건설업, 주택신축판매업, 부동산매매업의 지분을 양도한 경우에는 사업소득으로, 부동산임대업의 지분(부동산 소유지분)을 양도한 경우에는 양도소득으로 판단한다.

▌공동사업 탈퇴로 조합원이 받는 현물에 대한 소득구분(대법원 판례)

○ 어느 조합원이 조합체에서 탈퇴하면서 지분의 계산으로 일부 조합재산을 받는 경우에는 마치 합유물의 일부 양도가 있는 것처럼 그 개별 재산에 관한 합유관계가 종료하므로(민법 §274 ①), 이와 같은 지분의 계산은 세법상 탈퇴한 조합원과 공동사업을 계속하는 다른 조합원들이 조합재산에 분산되어 있던 지분을 상호 교환 또는 매매한 것으로 볼 수 있다.

- 이때 공동사업을 목적으로 한 조합체가 조합재산인 부동산을 양도함으로써 얻는 소득은 그것이 사업용 재고자산이라면 사업소득이 되며, 사업용 고정자산으로서 양도소득세 과세대상이라면 양도소득이 된다.
- 또한, 탈퇴한 조합원이 다른 조합원들에게 잔존 조합재산에 관한 자신의 지분을 양도하고 일부 조합재산을 받음으로써 얻는 소득의 성질도 이와 다르지 아니하므로 탈퇴 당시 조합재산의 구성내역에 따라 탈퇴한 조합원의 사업소득 또는 양도소득 등이 된다.

○ 한편, 소득법 제17조 제1항 제9호는 '제1호부터 제5호까지, 제5호의2, 제7호에 따른 소득과 유사한 소득으로서 수익분배의 성격이 있는 것'을 배당소득으로 규정하고 있어 탈퇴한 조합원의 소득을 배당소득으로 보는 견해가 있었다.

- 그러나 조합체가 공동사업을 통하여 얻는 일정한 소득금액은 각 조합원의 지분 또는 손익분배비율에 따라 분배되어 조합원들 각자에게 곧바로 귀속되고 개별 조합원이 직접 납세의무를 부담하므로 개별 조합원들이 조합체로부터 수익분배를 받는다고 할 수 없으며(소득법 §43, §87, §118),
- 어느 조합원이 탈퇴하면서 지분의 계산으로 일부 조합재산을 받는 경우에도 그로 인한 소득은 곧바로 탈퇴한 조합원에게 귀속할 뿐이어서 탈퇴한 조합원이 탈퇴 당시 지분의 계산으로 얻는 소득은 배당소득이 될 수 없다.
- 따라서 공동사업 구성원 중 특정인이 동업관계에서 탈퇴하면서 그 지분의 계산으로 재고자산인 부동산을 받았다면 그로 인한 소득이 있다고 하더라도 이는 사업소득이 될 수 있을 뿐 배당소득은 아니다(대법원 2012두8977, 2015. 12. 23. ; 대법원 2013두21038, 2015. 12. 23.).

2) 현물반환에 따른 시가

사업자가 재고자산을 가사용으로 소비하거나 이를 종업원 또는 타인에게 지급한 경우 이를 소비 또는 지급한 때의 가액에 상당하는 금액은 그 날이 속하는 연도의 사업소득금액의 계산에 있어서 이를 총수입금액에 산입하는 것이므로(소득법 §25 ②), 주택신축판매 공동사업자가 해당 사업을 폐지하면서 미분양주택을 구성원의 출자지분에 따라 분할하는 때에는 분할한 주택(재고자산)의 시가상당액을 그 분할 연도의 해당 공동사업장의 소득금액계산에 있어서 총수입금액으로 계산한다(대법원 2000두2051, 2001. 11. 30. ; 대법원 2000두2068, 2001. 9. 18. ; 서면1팀-108, 2005. 1. 25.).

아울러 거주자가 단독으로 사업을 영위하다가 공동사업으로 변경한 경우에 단독사업장은 공동사업으로 변경한 날의 전날에 폐업(또는 승계)한 것으로 보고 소득금액을 계산하는 것이므로 2인의 공동사업자 중 1인이 자신의 지분을 다른 구성원에게 양도하는 것은 공동사업을 폐업하고 단독사업으로 변경하는 경우가 되므로 주택신축판매 공동사업의 폐지에 대하여는 그 공동사업 폐지 당시의 재고자산의 가액을 해당 공동사업장의 사업소득금액계산에 있어 총수입금액에 산입하여야 한다(소득 46011-21087, 2000. 8. 22.).

이때 공동사업 구성원 중 다른 구성원의 지분을 인수한 사업자의 소득금액계산에 있어서 취득가액은 공동사업 폐지 당시 주택의 가액을 기준으로 한다.

3) 지분매각에 대한 소득구분 사례

① 건설업, 부동산매매업의 경우

개인 단독사업자가 사업을 양도하는 경우에는 (1) 부동산 등 양도소득세의 과세대상이 되는 자산까지 포함하는 경우와 (2) 양도소득세 과세대상 자산 외의 사업만 양도하는 경우가 있으며, 전자의 경우 ① 양도소득세 과세대상 자산인 부동산과 영업권에 대해서는 양도소득세를 과세하고, ② 영업권을 제외한 자산이나 권리 등에 대하여는 기타소득으로 과세하며, ③ 재고자산에 대하여는 해당 사업의 총수입금액에 산입하여야 하고, ④ 기타 고정자산에 대하여는 소득세를 과세하지 아니하는 것이며, 후자의 경우 ① 점포임차권을 포함한 영업권 등 자산이나 권리에 대하여는 기타소득으로 과세해야 하고, ② 재고자산에 대하여는 해당 사업의 총수입금액에 산입하며, ③ 기타 고정자산에 대하여는 소득세가 과세되지 아니한다.

공동사업자의 경우 구성원의 지분양도에 대하여도 개인 단독사업자와 같이 과세함이 타당하므로, 상가신축판매 공동사업자 중 1인이 해당 공동사업장을 탈퇴하면서 자기 지분을 다른 공동사업자에게 양도하고 얻은 소득은 해당 공동사업장의 사업소득(부동산매매업)에 해당하는 것이며(제도 46011-10151, 2001. 3. 19. ; 소득 46011-2180, 1997. 8. 8. ; 소득

46011-4213, 1995. 11. 16. 외), 그 소득금액의 계산은 해당 공동사업장을 1거주자로 보아 계산하여야 하는 것이나, 지분양도로 인한 소득금액의 귀속은 해당 지분을 양도한 자에게 귀속되는 것으로 해당 지분양도로 인한 소득 전부를 지분 양도자에게 분배하여 지분양도자가 소득세의 납세의무를 진다.

② 지분양도를 양도소득으로 과세한 사례

수인이 공동으로 부동산임대업을 영위하거나, 공동사업에 사용하던 사업용 고정자산인 부동산을 취득하여 공동지분등기하고 공동사업을 영위하던 중 그중 1인이 공동사업을 탈퇴하거나 제3자로 교체될 경우 공동사업에 참여한 구성원이 탈퇴(제3자로 변경하는 경우 포함)함에 따라 자기지분(탈퇴자의 현물출자분 및 출자 후 조합이 취득한 자산 중 탈퇴자의 지분을 말함)에 상당하는 대가를 잔여 또는 신규 가입조합원으로부터 받는 경우 그에 상당하는 지분이 사실상 유상으로 양도된 것으로 본다(재재산 46014-302, 1997. 8. 30.).

③ 조합원이 탈퇴 시 지분의 반환 및 가액의 평가

2인 조합에서 조합원 1인이 탈퇴하면 조합관계는 종료되지만 특별한 사정이 없는 한 조합이 해산되지 아니하고, 조합원의 합유에 속하였던 재산은 남은 조합원의 단독소유에 속하게 되어 기존의 공동사업은 청산절차를 거치지 않고 잔존자가 계속 유지할 수 있다. 이처럼 2인 조합에서 조합원 1인이 탈퇴하는 경우, 탈퇴자와 잔존자 사이에 탈퇴로 인한 계산을 함에 있어서는 특단의 사정이 없는 한 「민법」 제719조 제1항, 제2항에 따라 '탈퇴 당시의 조합재산상태'를 기준으로 평가한 조합재산 중 탈퇴자의 지분에 해당하는 금액을 금전으로 반환하여야 할 것이고, 이러한 계산은 사업의 계속을 전제로 하는 것이므로 조합재산의 가액은 단순한 매매가격이 아닌 '영업권의 가치를 포함하는 영업가격'에 의하여 평가하되, 해당 조합원의 지분비율은 조합청산의 경우에 실제 출자한 자산가액의 비율에 의하는 것과는 달리 '조합내부의 손익분배 비율'을 기준으로 계산하여야 하는 것이 원칙이다.

또한, 2인 조합에서 조합원 1인이 탈퇴하는 경우, 조합의 탈퇴자에 대한 채권은 잔존자에게 귀속되므로 잔존자는 이를 자동채권으로 하여 탈퇴자에 대한 지분 상당의 조합재산 반환채무와 상계할 수 있다(대법원 2004다49693(49709), 2006. 3. 9.).

4) 지분변동 시 영업권의 계상

가. 개요

단독사업에서 공동사업으로 변경되거나, 공동사업에서 단독사업으로 변경되는 때에 변경 전 사업에 대한 영업권 평가를 통해 영업권가액에 대한 대가의 수수가 이루어지게 된다. 또한, 공동사업장의 구성원이 변경될 때에도 공동사업장의 실물자산, 부채뿐만 아니라 영업권까지 평가하여 지분양도에 따른 대가를 지급하게 된다. 이때 공동사업장은 영업권을 인식하여 감가상각이 가능한지 영업권대가를 지급받은 탈퇴조합원의 어떠한 소득에 해당하는지에 대한 문제가 발생한다.

나. 단독사업으로 변경 시 영업권 계상 및 감가상각 가능 여부

공동사업 구성원이 순차적으로 탈퇴함에 따라 1인이 단독으로 사업을 영위하게 되는 경우 해당 단독사업자는 최초 탈퇴한 구성원으로부터 취득하여 공유하고 있던 영업권의 잔존가액 및 추가로 탈퇴한 구성원에게 지급한 영업권 상당액을 합산한 가액에 대하여 감가상각할 수 있다(사전-2017-법령해석소득-0777, 2018. 2. 7.).

공동사업의 구성원인 거주자가 공동사업을 해지하면서 영업권을 평가하여 탈퇴자 지분 상당액을 지급하고 단독사업을 개시하는 경우 영업권 가액 중 본인 지분에 해당하는 영업권 상당액은 기타소득으로 과세되지 아니한다(기획재정부 소득세제과-336, 2010. 6. 30.).

다. 공동사업자로 변경 시 출자한 영업권의 필요경비산입 가능 여부 등

개인사업자 "갑"이 해당 사업장의 자산과 영업권을 적정하게 평가하여 "갑"과 "을"을 구성원으로 하는 공동사업에 출자한 경우 공동사업에 출자된 영업권(해당 영업권 금액을 적절한 평가방법에 따라 평가하였는지 여부는 사실판단할 사항)은 공동사업장의 무형고정자산에 해당하고 따라서 감가상각도 가능하다(서면법규과-1266, 2013. 11. 19.).

라. 조합원 지분변동만 있는 경우 영업권(권리금)의 필요경비 해당 여부

공동사업을 영위하는 조합의 조합원 지위, 지분 및 권리를 양수하면서 기존 조합원에게 지급한 권리금은 공동사업 소득금액 계산 시 필요경비로 산입할 수 없다(사전-2015-법령해석소득-0194, 2015. 10. 8.).

마. 공동사업장 탈퇴 시 사업용 고정자산과 영업권 양도 시 소득구분

공동사업자가 토지를 취득하여 건물을 신축하고 건물 및 토지에 대하여 각각 지분별로 공유등기를 한 경우로서 그 공동사업의 구성원 중 1인이 탈퇴하면서 그 공동사업의 다른 구성원에게 자기지분의 사업용 고정자산과 함께 양도하는 영업권은 소득법 제94

조 제1항 제4호에 따른 양도소득에 해당한다(법규과-1065, 2011. 8. 19.). 다만, 양도소득세 과세대상 자산 없이 탈퇴자가 받는 영업권상당액은 기타소득에 해당하고, 공동사업장의 사업용 고정자산 등을 취득하기 전 또는 공동사업이 개시되기 전에 공동사업에 대한 지분양도 대가로 자기 출자금액을 초과하여 받는 금전은 기타소득에 해당한다.

(12) 공동사업에서 발생한 익금·손금의 처리

1) 법인인 공동사업 구성원의 세무처리 방법

공동으로 사업을 경영하는 법인구성원은 그 공동사업장의 자산·부채 및 수입·지출 등에 관한 거래금액 중 자신의 지분에 해당하는 금액에 대하여 법인세법을 적용하여 산출된 금액을 해당 법인의 수익과 손비로 하여 법인세 과세표준 및 세액을 신고·납부하는 것인바, 이는 개인 소득세의 경우 총수입금액은 계속적·경상적으로 발생하는 소득만을 과세대상으로 하고(소득원천설), 이에 대응되는 경비만을 비용으로 인정하고 있는 데 반하여 법인의 각 사업연도소득은 순자산증가설에 의하여 소득의 종류 또는 발생원천을 불문하고 순자산의 증가시키는 거래로 인하여 발생되는 모든 소득에 대하여 과세하는 방법을 채택하고 있어 그 구성원인 법인인 경우 순자산증가설에 따라 공동사업의 자기 지분율만큼 각각 손익을 인식하여야 하기 때문이다(서면2팀-2498, 2006. 12. 7. ; 법인 46012-300, 1998. 2. 5. ; 법인 46012-636, 1998. 3. 14.). 법인이 특수관계 없는 개인과 공동사업을 영위하다 사업부진으로 사업부분을 폐업하는 경우 해당 사업부문에 대한 출자금을 회수할 수 없는 경우의 해당 출자금도 법인의 손금으로 하는 것이며, 공동사업 부문에서 발생한 외상매출금의 대손처리는 법인법상 대손금의 범위에 해당하는 경우 법인의 대손금으로 손금산입할 수 있다(서면2팀-2637, 2004. 12. 15.).

2) 국세청 및 회계기준원의 해석 사례

개인과 법인의 공동사업체에 대하여 세무조사를 한 결과 손금불산입한 금액에 있거나 익금에 산입한 금액이 있어 이를 당초 신고한 소득금액에 가산하는 경우 법인에게 분배되는 금액에 대하여는 적출된 금액 총액을 단순히 익금에 산입하는 것이 아니고, 조사시 적출된 내용에 산입하고 그 귀속에 따라 상여, 유보, 기타 사외유출로 소득처분한다(법인 46012-2371, 1996. 8. 26.).

법인이 개인사업자와 공동으로 사업을 영위함에 있어서 명시적으로 이익의 분배방법이나 분배율이 정하여져 있지 아니하더라도 사실상 이익이 분배되는 경우에는 그 단체의 구성원이 공동으로 사업을 영위하는 것으로 보아 해당 공동사업장의 자산·부채 및 수입·비용 등에 관한 거래금액 중 법인의 지분에 해당하는 금액에 대하여 법인세법을 적용하여 산출된 금액을 해당 법인의 익금과 손금으로 한다(서면1팀-389, 2006. 3. 27.).

A법인과 B법인 사이에 분양사업을 공동으로 수행하고 공동으로 위험과 효익을 나눈다는 약정이 있으며 그러한 약정에 따라 A법인 명의의 토지와 은행차입금에 대하여 B법인이 자신의 지분율만큼 권리를 갖고 의무를 부담한다면 A법인과 B법인은 해당 토지와 은행차입금 중 약정에 의한 공동사업 지분율만큼을 각각 인식하는 것이 타당하다(한국회계기준원 질의회신 01-168, 2001. 2. 26.).

(13) 공동사업과 그 법인구성원 간의 거래

공동사업자(개인사업자)와 그 구성원인 법인사업자와의 거래에 대하여 합유체인 조합(공동사업)과 독립된 별개의 거래로 볼 것인지 아니면 공동사업장의 손익을 법인사업자에게 귀속시키므로 동 거래를 출자자인 법인이 자신과 거래한 것으로 볼 것인지에 대하여는 전자로 보는 것이 타당하다. 하지만, 개인과는 달리 공동사업장과의 거래에 있어서 출자자인 법인은 자신의 지분에 해당하는 만큼은 내부거래로 보아 미실현 손익의 정리절차를 거친 후 재무제표를 작성하여야 한다.

5 상품권 유통 관련 세무처리

(1) 정 의

상품권이라 함은 그 명칭·형태에 관계없이 발행자가 일정한 금액이나 물품 또는 용역의 수량(전자 또는 자기적 방법에 의한 기록 포함)이 적혀 있는 무기명증표를 발행·매출하고 그 소지자(제시자)가 발행자 또는 발행자가 지정하는 자에게 이를 제시 또는 교부하거나 그 밖의 방법으로 사용함으로써 그 증표에 적혀 있는 내용에 따라 상품권발행자 등으로부터 물품 또는 용역을 제공받을 수 있는 유가증권을 말한다(구 상품권법 §2 1, 여신전문금융업법 시행규칙 §2 및 인지세법 기본통칙 3-0-39 참조).

(2) 물품증권과의 비교

물품증권은 물품의 운반, 보관 목적으로 운반업자·창고업자와의 해당 물품에 대한 권리·의무관계를 명확히 표시하기 위한 증권으로서 상품의 소유 또는 양도와 같은 효력을 가지며, 창고증권·선하증권·화물상환증 등이 대표적인 물품증권(상품증권)이다.

반면, 상품권은 불특정다수의 최종소비자에 대한 물품 등의 판매촉진 목적으로 발행하는 증권으로 지불수단으로서의 화폐대용적 성격이 강하며, 상품권발행업자에 따라 금액상품권, 물품상품권, 용역상품권 등 발행하는 상품권의 종류는 다양하지만 모두 화폐대용적 성격으로서 본질적인 성격은 동일하다.

(3) 상품권 발행형태에 따른 구분

① 자기발행형 상품권

상품권발행자로부터 물품 또는 용역을 제공받을 수 있는 상품권

② 제3자 발행형 상품권

해당 상품권발행자가 지정한 자로부터 물품 또는 용역을 제공받을 수 있는 상품권(발행자와 발행자가 지정한 자로부터 상품 또는 용역을 제공받을 수 있는 것을 포함)

③ 온라인 상품권

인터넷 속의 각종 쇼핑몰에서 물건을 구입할 수 있는 상품권으로서 도서상품권이나 문화상품권과 같은 기존의 상품권을 인터넷상에서 구현한 것임.

(4) 상품권발행업자에 대한 부가가치세 과세문제

1) 상품권발행업자의 사업구분

상품권(제3자발행형) 발행업자(이하 "발행자"라 함)가 상품권 가맹사업자(이하 "가맹점"이라 함)를 모집하여 가맹점에서 사용할 수 있는 상품권을 별도의 판매업자를 통하여 판매하고 가맹점은 상품권 소지자로부터 상품판매대금으로 해당 상품권을 받아 이를 발행자에게 제시하면 해당 발행자는 회수한 상품권 액면금액에서 일정비율에 해당하는 가맹점수수료를 징수하고 그 대금을 지급하는 경우로서 발행자는 가맹점과의 수수료계약에 따라 상품권을 제작·유통하고 가맹점이 재화 또는 용역을 공급하고 회수한 상품권을 제시하면 가맹점수수료를 제외한 금액을 지급하는 것은 가맹점의 사업운영과 관련된 밀접한 지원서비스(가맹점이 자신의 매출을 위해 수행하여야 할 상품권의 발행 및 판매행위)를 제공하는 사업활동으로서 한국표준산업분류상 '그외 기타 분류안된 사업지원 서비스업(75999)'으로 분류된다.

조세심판원에서도 상품권발행업을 영위하는 과세사업자가 상품권 판매시점과 회수시

기까지 상당한 기간이 소요됨에 따라 상품권 판매대금을 은행예치하는 등의 자금운용을 통하여 발생되는 이자소득이 발생하고 그 소득이 해당 사업자의 주수입원이 된다 하더라도 이는 단순한 이자소득에 불과한 것이므로 상품권발행사업자의 사업을 금융업으로 분류할 수 없다고 결정하고 있다(국심 2002서1450, 2003. 7. 22.).

다만, 상품권발행자와 재화 또는 용역의 공급자가 동일한 자기발행형 상품권발행의 경우 해당 상품권발행사업자의 사업은 자기의 재화 또는 용역의 판매촉진을 위한 부수적인 사업활동에 불과한 것이므로 동시에 여러 가지 산업활동이 복합적으로 결합된 경우에는 주된 산업활동(부가가치세액이 큰 산업)에 의하여 산업을 결정하는 것이어서 상품권발행자가 영위하는 주된 사업내용이 무엇인지에 따라 결정된다.

2) 상품권 유형별 공급가액계산

가. 제3자발행형상품권에 의한 결제 시 공급자의 공급가액

① 가맹점의 공급가액

본사가 액면금액 10만 원인 상품권을 8만 원에 판매한 후 차후에 대리점은 상품권소지자에게 소비자권장가격 10만 원인 재화를 인도하고 그 대가로 동 상품권으로 본사에 결제 시 부가법 제29조 제3항 및 제5항에 따라 본사와의 사전약정에 의하여 9만 원으로 결제를 받을 경우 대리점의 공급가액은 9만 원이 된다(부가 46015-4768, 1999. 12. 1.).

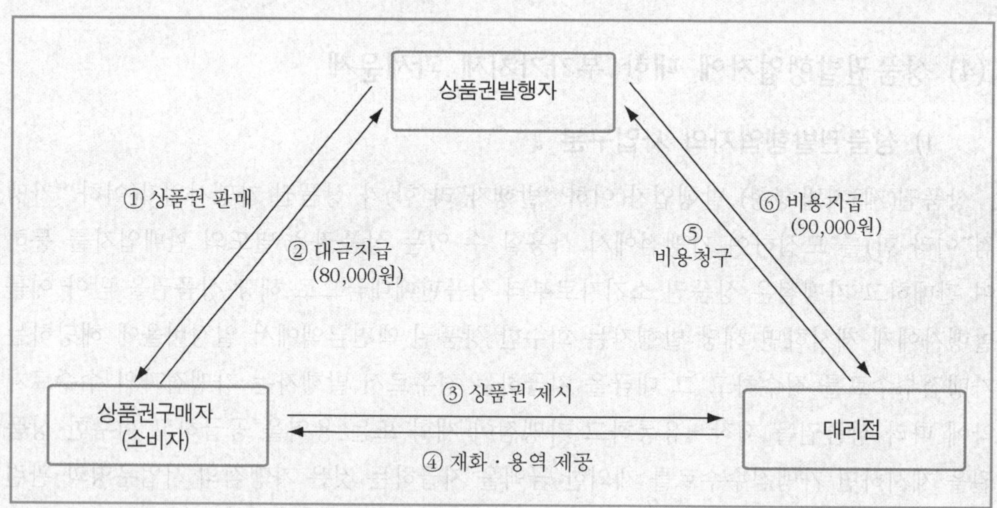

② 상품권발행사업자의 공급가액 계산

상품권발행자가 상품권 가맹사업자와 약정에 의하여「상품권발행자가 발행한 상품권 액면금액」과「상품권 가맹사업자가 상품권소지자에게 재화 또는 용역을 제공하고 받은 상품권을 상품권발행자에게 제시하고 지급받은 금액」의 차액은 상품권발행자의 상품권 발행수익으로서 부가법 제11조 제1항에 따라 부가가치세가 과세되는 용역의 대가에 해당된다. 즉, 상품권발행업자의 산업은 상품권의 매매차익을 그 수익으로 하는 것이 아니라 가맹점과의 계약에 의한 수수료(액면가액의 5%로 가정한다)를 수취하는 사업이므로 그 수수료(액면가액의 5% 또는 액면가액과 상품권 회수 시 지급한 금액과의 차액)가 부가가치세의 공급가액이 되는 것이고, 상품권발행업자가 자기 사업상 상품권의 판매촉진 또는 확대 등을 위하여 할인발행(도표상 200원)하는 경우 해당 할인액은 가맹점수수료에서 차감되는 금액이 아니라 판매부대비용으로서 손금 또는 필요경비에 산입되어야 하는 것이다(재소비 46015-120, 2002. 5. 2.).

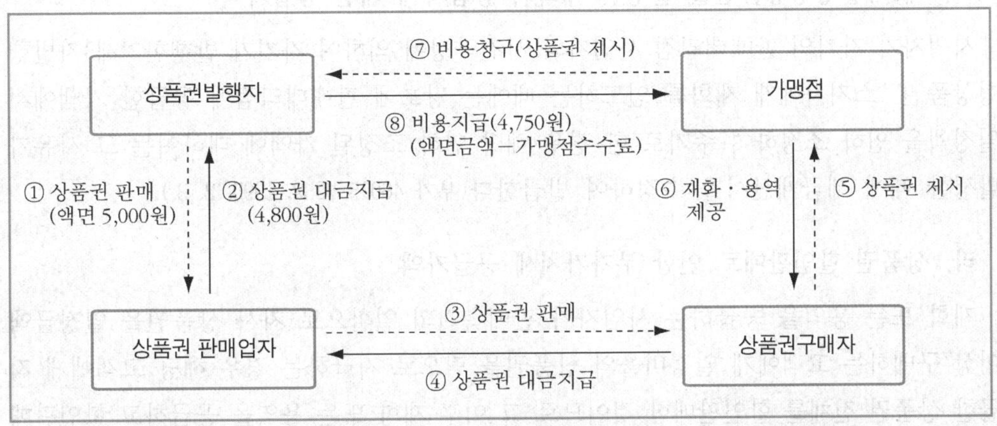

※ 가맹점 매출은 5,000원, 매입금액(가맹점수수료)은 250원

나. 자기발행형 상품권으로 결제받는 경우 공급가액

사업자가 액면금액 10만 원인 상품권을 8만 원에 판매(이 경우 회계이론상 선수금을 받은 것임)한 후, 차후에 상품권소지자에게 소비자권장가격(표시가격) 10만 원인 재화를 인도하고 그 대가를 위 상품권으로 받는 경우에는 부가법 제29조 제3항 및 제5항에 따라 계산된 8만 원을 공급가액으로 보는 것이며, 재화를 인도하는 때에 가격차이로 인하여 상품권소지자로부터 추가로 받는 금전 또는 상품권소지자에게 돌려주는 금전은 각각 공급가액에 증액 또는 감액되는 것이다(부가 46015-1493, 1994. 7. 19.).

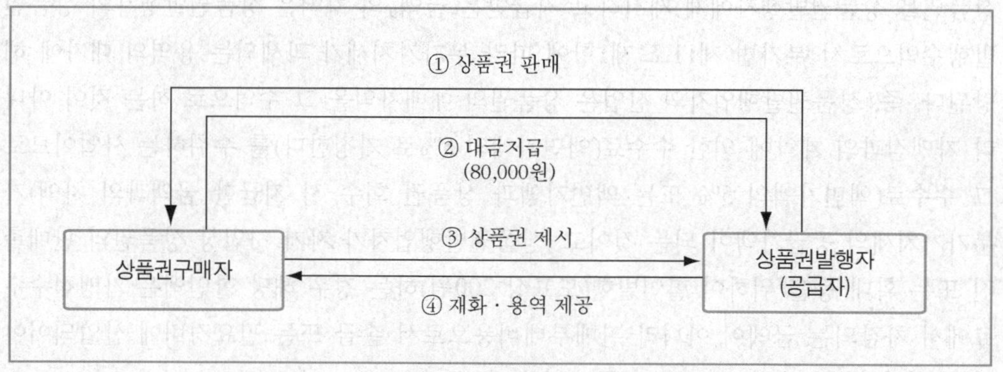

다. 제3자발행형상품권을 발행한 재화의 공급자에 대한 공급가액

사업자가 자기의 판매대리점 사업자와 사전약정에 의하여 자기가 발행한 "제3자발행형상품권" 소지자에게 재화를 인도하는 때에는 당초에 판매대리점에 공급한 가액에서 일정액을 인하 조정하여 주기로 한 경우 해당 인하 조정된 가액에 대하여는 그 사유가 발생한 때에 세금계산서를 수정하여 발급한다(부가 46015-232, 1995. 2. 3.).

라. 상품권 할인판매로 인한 부가가치세 공급가액

재화 또는 용역을 공급하는 사업자가 판매촉진의 일환으로 자사 상품권을 일정금액 이상 구매하는 고객에게 일정비율의 상품권을 덤으로 지급하는 경우 해당 고객에게 지급한 상품권 전체를 할인판매한 것이므로 그 이후 재화 또는 용역을 공급하고 할인판매한 상품권으로 대가를 지급받은 경우 그 할인비율에 상당하는 금액은 에누리로서 부가가치세 공급가액에서 차감한다.

또한 동 고객이 재화를 구입하면서 해당 상품권의 액면금액 상당액이 기재된 현금영수증을 발급받는 경우로서 상품권을 구입한 거래와 재화를 구입한 거래가 연속된 하나의 거래에 해당하는 경우 그 재화를 구입하기 위해 실지로 지출한 금액(상품권 구입가액)을 초과하여 발급받은 현금영수증에 대한 매입세액은 매출세액에서 공제하지 아니한다(국세청 과세기준자문, 2012. 9. 4. ; 부가-150, 2012. 2. 15.).

3) 상품권발행업자의 매입세액공제

부가가치세 과세사업자인 상품권발행업자가 상품권의 제작, 사업장의 유지 및 관리, 광고선전 등에 소요된 경비와 관련된 매입세액은 자기의 매출세액에서 공제된다.

※ 해당 과세사업과 관련하여 이자수입 · 낙전수입이 발생하여도 마찬가지이다.

4) 상품권의 발행 · 판매대행 · 매매를 겸영하는 경우 공통매입세액

상품권발행업, 상품권의 단순 판매대행은 부가가치세 과세사업이고, 상품권의 자기책임과 계산하에 구매하여 판매(공통매입세액 안분계산 시 상품권 매매가액을 총공급가액에 포함한다)하는 경우에는 부가가치세가 과세되지 아니하는 사업이므로 해당 사업을 겸영하는 사업자에게 공통매입세액이 발생하였다면 부가령 제81조, 제82조에 따라 공통매입세액안분계산(정산) 대상이 된다(국심 2001중290, 2001. 5. 31. ; 춘천지법 2001구1656, 2002. 6. 27. ; 부가 46015-4921, 1999. 12. 14. ; 서삼 46015-11357, 2003. 8. 25. ; 부가가치세과-2066, 2008. 7. 17. 등 다수).

(5) 상품권총판업자의 신 · 구회수권 회수 차액의 과세

1) 거래관계

상품권발행업자가 가맹점과는 관계없이 기 판매한 상품권을 총판업자 등(매매업자)으로부터 회수하고 신 상품권을 판매하는 경우로서 게임장에서 경품용으로 받은 상품권소지자가 환전상에서 환전한 상품권(구권)을 상품권매매업자(대리점 또는 총판업자)로부터 회수(매입)하고 신권을 교부(판매)하는 경우 상품권매매업자의 오락실경품용 상품권의 신권과 구권의 교환차액(교환수수료, 일명 리필비용)의 부가가치세 과세대상 여부

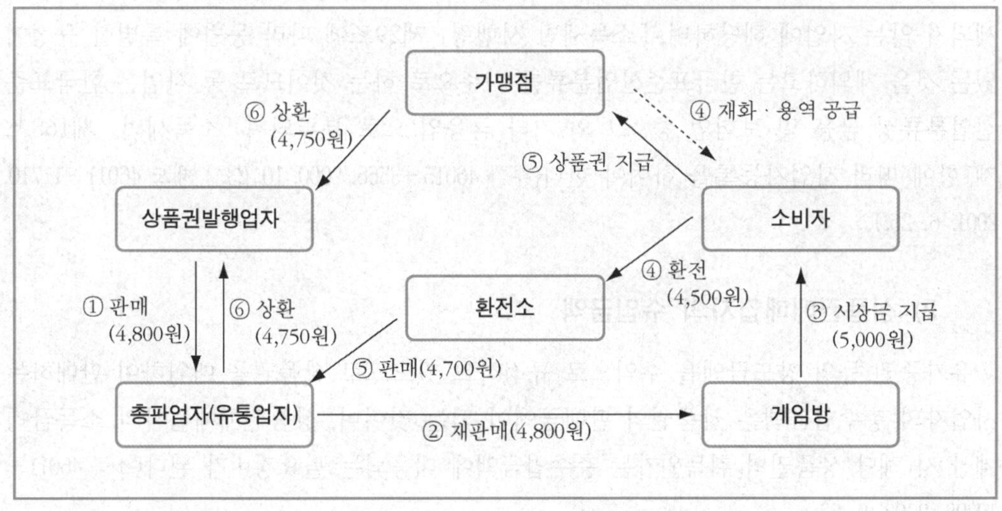

2) 과세 여부 분석

대리점 또는 총판업자는 상품권발행업자로부터 상품권을 구입하여 자기의 계산과 책임하에 판매하는 매매업자로서 상품권발행업자와 대리점 또는 총판업자는 가맹점과는

달리 단순히 상품권을 팔고 정산하는 매매계약을 체결한 것일 뿐, 가맹점 자신의 판매활동을 위해 수행하여야 할 상품권의 발행 및 판매행위를 수수료계약에 따라 수행하고 수수료를 받는 계약이 체결된 것이 아니며, 상품권발행업자가 신권을 교부(판매)하면서 대금정산에 있어서는 구권과 함께 50원을 상품권매매업자로부터 수령하는 것은 구권을 회수하면서 4,750원을 지급하고 신권을 판매하면서 4,800원을 받아야 하나 편의상 구권을 회수하면서 지급해야 할 4,750원을 차감하고 50원을 받는 것이며, 또한 경품용 상품권은 경품지급이 가능한 게임장에서 지급할 수 있는 경품 중의 하나로서 게임장운영업자가 게임장 이용자에게 경품지급용으로 상품권을 구입할 뿐 상품권발행업자와 재화 또는 용역의 공급관계는 성립되지 아니한다. 따라서 상품권발행업자가 상품권 표준약관(공정거래위원회 제정)에서 정한 상품권의 현금반환 금지조건의 위반 여부는 별론으로 할 때 이는 용역의 제공자가 아닌 상품권매매업자적 지위에서 상품권의 매매차익을 얻고 있는 것으로 동 차익에 대하여는 부가가치세 과세대상으로 보기 어렵다(서면3팀-1505, 2005. 9. 12. ; 법규과-2067, 2007. 4. 27.).

(6) 상품권판매업자에 대한 과세

1) 상품권판매업자의 사업구분

자기의 책임과 계산하에 상품권을 매매(구입 후 재판매)하는 사업은 부가가치세가 과세되지 않는 사업에 해당하며, 「소득세법 시행령」 제29조에 따라 동법에 특별한 규정이 있는 것을 제외하고는 한국표준산업분류를 기준으로 하는 것이므로 동 사업은 한국표준산업분류상 금융 및 보험업 중 '그 외 기타 금융업'으로 분류되며 「소득세법」 제168조 제1항에 따라 사업자등록을 하여야 한다(부가 46015-3566, 2000. 10. 23. ; 제도 46011-11710, 2001. 6. 26.).

2) 상품권매매업자의 수입금액

유가증권 등의 양도금액을 수익으로 규정하고 있으므로 상품권을 매입하여 판매하는 사업자의 총수입금액은 상품권의 판매금액이 되는 것이며, 상품권매매업자의 소득금액 계산 시 해당 상품권의 취득원가는 총수입금액에 대응되는 필요경비가 된다(소득 46011-10398, 2003. 9. 23.).

3) 상품권 매매 시 계산서 수수 여부 및 가산세

법인 또는 개인사업자가 부가가치세 면세대상 재화 또는 용역을 공급하는 때에는 계산서 발급의무가 있으며 해당 계산서를 발급한 법인 등은 그 발급받은 계산서의 매출처별계산서합계표를 다음 해 1월 말에 제출하여야 하는 것이나, 상품권은 유가증권으로 재화 · 용역의 공급에 해당하지 않아 계산서 발급 및 매출처별계산서합계표 제출의무가 없다(서면2팀-616, 2007. 4. 9. ; 부가 46015-3650, 2000. 10. 26.).

상품권 매매거래와 같이 계산서 발급 및 계산서합계표 제출의무가 없는 거래건에 있어 계산서 발급 후 매출처별계산서합계표를 제출하는 경우 동 가산세를 적용하지 아니하며 계산서 발급 후 합계표를 제출하지 아니한 경우에도 동 계산서 관련 가산세를 적용하지 아니한다(동지 : 서이 46012-10861, 2003. 4. 25. : 재법인 46012-165, 2002. 10. 16.). 또한, 법인이 상품권을 구입하면서 계산서를 수취하고 매입계산서합계표를 제출한 경우에도 「법인세법」 제76조 제9항에 따른 가산세를 적용하지 않는다(재법인 46012-165, 2002. 10. 16.).

4) 상품권 판매 시 발급한 세금계산서에 대한 가산세 부과

세금계산서 발급의무와 매입(매출)처별세금계산서합계표 제출에 대한 의무가 없는 상품권 매매거래로 매입(매출)처별세금계산서합계표에 포함하여 부가가치세를 신고 · 납부하였다 하여도 매입(매출)처별세금계산서합계표의 기재사항을 사실과 다르게 기재하여 신고한 것으로 볼 수 없으므로 부가법 제60조에 따른 매입(매출)처별세금계산서합계표불성실가산세 부과대상에 해당하지 않는다(재부가-546, 2007. 7. 18.).

5) 상품권 매매와 증빙불비 가산세

상품권을 매매하는 경우 재화 또는 용역의 공급에 해당하지 않는 것이므로 계산서의 수수대상이 아닌 것이므로 상품권을 매입하고 그 대가를 지급하는 경우에는 「법인세법」 제116조 제2항의 각호에서 정한 지출증빙의 수취의무는 없는 것이나, 그 지출에 관한 증빙은 같은 조 제1항에 따라 수취 보관하여야 한다. 또한, 그 구입목적이 상품권을 취득하여 일반소비자에게 판매하는 상품권 유통법인으로부터 상품권을 구입하는 경우에도 지출증빙서류의 수취 관련 가산세가 적용되지 않는다(법인 46012-2071, 2000. 10. 9.).

6) 상품권과 접대비

내국법인이 상품권을 구입하여 접대비로 사용하는 법인의 경우에 1회의 접대에 지출한 접대비 중 1만 원을 초과하는 접대비로서 신용카드매출전표 등, 세금계산서, 계산서 중 하나를 지출증빙서류로 수취하지 아니한 것에 대하여는 각 사업연도의 소득금액계산에 있어서 이를 손금에 산입하지 아니한다(법법 §25 ②, 법령 §41 ① ; 서면2팀-2664, 2006. 12. 27.).

7) 상품권 관련 회계처리

가. 수익인식시기

자기발행형상품이든 제3자발행형상품권이든지에 관계없이 재화 또는 용역을 공급하는 사업자는 재화 또는 용역의 공급시기에 매출로 인식하는 것이며, 사업자가 자기발행형상품권을 판매하는 때에는 상품권선수금계정(부채 계정)으로 처리한다.

나. 상품권 할인판매 시 회계처리

액면가액이 10만 원인 상품권을 8만 원으로 할인판매한 경우에는 액면가액을 상품권선수금으로 계상하고, 할인액은 상품권할인계정(상품권선수금계정의 차감계정)으로 계상하고, 상품권할인액은 재화 또는 용역이 공급되는 때에 매출에누리로 계상한다.

① 상품권 할인판매 시

(차변)		(대변)	
현 금	80,000	상품권선수금	100,000
상품권할인액	20,000		

② 재화 또는 용역 공급 시

(차변)		(대변)	
상품권선수금	100,000	매 출	100,000
매 출 에 누 리	20,000	상품권할인액	20,000

※ 이때 고객이 세금계산서를 요구하는 경우 발급 가능

③ 상품권 잔액 환급 시 회계처리

상품권에 의한 재화 또는 용역의 제공이 불가하거나 지체되어 전액 현금으로 상환하여 주는 경우, 물품 등을 판매한 후 잔액을 돌려주는 경우에는 물품을 판매하는 때에 선수금과 상계한다.

(차변)		(대변)	
상품권선수금	100,000	매　　출	80,000
매 출 에 누 리	20,000	현　　금	20,000
		상품권할인액	20,000

※ 액면가 10만 원 상품권을 8만 원에 판매하고, 8만 원의 상품을 공급하고, 잔액 2만 원을 현금으로 환급해 준 경우임.

④ 상품권 장기 미회수 시 회계처리

상품권의 유효기간이 경과되었으나 상법상의 소멸시효가 완성되지 아니한 경우 그 유효기간이 경과된 시점에 상품권에 명시된 비율(현금, 물품 또는 용역을 상환 또는 제공하겠다는 비율)을 제외한 금액을 영업외수익으로 인식하고, 상법상 소멸시효가 완성된 때에는 그 시점에 잔액을 영업외수익으로 인식한다.

(차변)		(대변)	
상품권선수금	100,000	상품권할인액	20,000
		영 업 외 수 익	80,000

(7) 낙전수입의 부가가치세 과세 여부

가. 사실관계

사업자(신청인)가 제휴업체의 용역과 교환할 수 있는 모바일(핸드폰) 쿠폰을 제작하여 판매대행 및 사후관리업무를 수행하면서 제휴업체의 용역제공으로 회수된 쿠폰가액의 10%를 수수료로 지급하는 계약을 체결하여 해당 수수료와 쿠폰의 유효기간 경과에 따른 낙전수입을 얻는다.

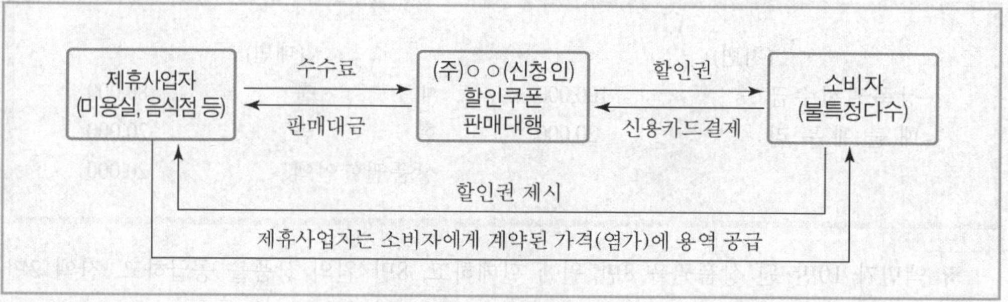

나. 국세청의 해석

해당 수수료와 별도로 유효기간이 경과한 할인쿠폰 미사용액의 전부나 일부를 해당 사업자에게 귀속시킬 경우 그 사업자에게 귀속된 할인쿠폰 미사용액은 「부가가치세법」 제11조에 따라 부가가치세 과세대상에 해당하는 것이 국세청의 해석이다(법규부가 2010-0307, 2010. 11. 29. ; 법규부가 2014-591, 2015. 1. 7. ; 사전-2015-법령해석부가-0330, 2015. 11. 19.).

다. 조세심판원의 결정

조세심판원은 위 국세청 해석은 재화 및 용역을 제공하는 사업자(제휴사업자 또는 가맹점)의 계산과 책임하에 발행된 할인권 등을 웹사이트 등을 통해 홍보하여 고객에게 할인권 등을 판매만 대행하는 업체에 해당하는 것으로 신청인은 신청인의 계산과 책임하에 모바일상품권을 직접 발행하고 고객에게 판매하고 있는 사업자로 공급자의 유형이 다를 뿐만 아니라, 오히려 신청인이 직접 발행하는 모바일상품권은 "특정회사의 특정물품을 교환할 수 있는 모바일(핸드폰을 매개로 함)쿠폰을 발행하는 회사로부터 모바일쿠폰을 구입하여 판매하고, 당해 모바일쿠폰을 소지한 자(핸드폰 소유자)가 특정물품과 교환하게 하는 경우, 해당 모바일쿠폰은 과세대상에 해당하지 아니하는 것"이라는 국세청 예규(부가-1392, 2010. 10. 19.)에 해당한다는 입장이다.

신청인은 가맹점이 판매활동을 통하여 판매하는 재화 또는 용역을 신청인이 발행하는 모바일상품권을 통하여 상품권 양수인이 재화 및 용역을 모바일을 통하여도 구매할 수 있도록 모바일상품권을 제작·판매 및 유통하고 모바일상품권 관련 시스템의 구축 및 운영을 수행하고 있으며, 상기 업무를 수행하는 대가로 교환된 재화 및 용역대가의 일정액을 수수료의 명목으로 가맹점으로부터 수령하고 있고, 모바일상품권은 교환 또는 이용할 수 있는 재화와 용역의 종류, 규격 및 수량 등이 특정되어 있고, 유효기간이 존재하며 유효기간이 경과되는 경우 가맹점에서는 재화 및 용역을 교환하여 주지 아니하고 신청인도 환불하지 아니함에 따라 유효기간 만료로 낙전수익이 발생한다면, 특정회사의 특정상품을 교환할 수 있는 모바일상품권을 발행하여 판매한 후 해당 모바일상품권을 가진 자에게 특정상품을 제공하는 경우에 해당 모바일상품권은 부가가치세 과세대상이 아닌 상품권에 해당하여 세금계산서 발급대상이 아니며, 낙전수익과 같이 모바일상품권의 유효기간 만료에 따른 수익은 모바일 상품권을 발행·판매하는 신청인에게 재화나 용역의 공급없이 우발적으로 발생된 수익으로 신청인은 발행·판매대행업체가 아니라 모바일상품권을 자기 계산과 책임하에 직접 발행·판매하는 사업자로서 유효기간이 지난 낙전수입은 모바일상품권 발행자에게 특정재화나 용역의 제공대가를 지급할 의무가 소멸되어 발생한 것이 아니므로 부가가치세 과세대상 거래에서 발생된 수익으로 볼 수 없다고 결정하였다(조심 2013서4357, 2014. 5. 29.).

라. 필자 의견

신청인이 제휴사업자의 재화나 용역제공을 매개로 신청인의 책임과 계산하에 쿠폰(종이쿠폰 및 전자적 쿠폰을 포함한다)을 발행하여 환불불가 조건으로 판매하면서 쿠폰의 매매차익이나 차손을 부담하고, 쿠폰 판매금액의 운용으로 발생한 이자수익, 판매된 쿠폰의 유효기간 경과로 인한 낙전수입을 얻는 반면 제휴사업자는 재화나 용역을 쿠폰소유자에게 제공하고 회수한 쿠폰을 신청인으로부터 정산받는 관계에 있다면 신청인은 과세대상이 아닌 쿠폰(상품권의 일종)을 판매하는 사업자로서 부가가치세법상 사업자가 아니다(물론 제휴사업자가 발행한 쿠폰을 신청인이 구매하여 판매하는 경우도 이와 같다).

다만, 제휴사업자와의 사전약정에 따라 쿠폰을 대행제작 또는 구매하여 유통시켜 주고 상품권 판매액이나 회수액을 기준으로 대행수수료를 산정하거나 낙전수입의 일부나 전부를 대행수수료에 포함하여 받기로 하였다면 신청인이 받는 금전은 부가가치세 과세대상 용역의 공급에 해당한다.

6 제휴할인계약에 따라 제휴사에 지급하는 정산금이 용역대가인지 여부

(1) 사실관계

① 이동통신사는 고객유지·확보를 위한 판촉활동으로 이동통신사의 이동전화 가입자로서 멤버십카드를 발급받은 회원(이하 "회원")에게 영화관, 편의점 등 제휴사의 제휴서비스를 제공하는 할인형 고객서비스프로그램(이하 "멤버십프로그램")을 제휴사의 참여하에 운영 중에 있음.

② 이동통신사는 질의법인(또는 "업무대행사")과 업무대행계약을 체결하여 멤버십프로그램의 운영을 포괄적으로 위탁하고 그 대가로 업무대행수수료를 지급함.

③ 제휴사는 질의법인과 제휴계약을 체결하고 회원이 제휴사의 재화 또는 용역을 구매・이용하는 경우 할인혜택을 제공함.

④ 질의법인은 그 대가로 동 제휴계약에 따라 할인액 중 일정액(이하 "쟁점 정산금")을 제휴사에게 지급함.

| 제휴사의 멤버십 할인혜택 |

구 분	제휴사	할인혜택 내용
영화・공연	**시네마	영화관람권 최대 4,000원 할인
베이커리	◇◇◇, △△△△ 등	천 원당 50원 할인, 10% 할인
편의점 외 11	□□, @@@@ 외	천 원당 50원 할인 등

1) 위 사실관계는 국세청 서면회신(서면-2022-법규부가-3867, 2023. 2. 1.)을 토대로 작성함.
2) 질의법인 없이 이동통신사가 제휴사와 직접 멤버십프로그램 계약을 맺고 쟁점 정산금을 제휴사에 지급하는 경우에도 기재부의 회신은 동일하게 적용될 것임.

(2) 질의요지

제휴사가 이동통신사의 제휴할인제도를 대행하는 사업자와의 계약에 따라 이동통신사의 회원에게 재화 또는 용역을 할인된 가액으로 공급하고 대행사업자로부터 할인액 중 일정액을 지급받는 경우 해당 정산금을 판촉활동 등 별도의 용역에 대한 대가로 보아 세금계산서 발급대상인지 여부

(3) 기획재정부 회신과 그 의의

1) 기획재정부 회신(이하 "쟁점 기재부 해석")

이동통신사의 할인형 멤버십 제휴계약에 따라 제휴사가 멤버십에 가입한 회원에게 재화 또는 용역을 판매금액에서 일정액을 할인하여 공급하고, 이동통신사로부터 할인형 멤버십 운영을 위탁받은 법인이 제휴사에게 판촉활동 등 별도 용역을 공급받고 해당 할인금액의 전부 또는 일부를 그 대가로 지급하는 경우, 제휴사는 이동통신사로부터 할인형 멤버십 운영을 위탁받은 법인에게 부가세법 제32조에 따른 세금계산서를 발급하여야 하는 것이다(기획재정부 부가가치세제과-75, 2023. 1. 31. ; 서면-2022-법규부가-3867, 2023. 2. 1.).

2) 의의

이동통신사 등이 자사 회원들에게 제휴카드를 발급하고 해당 회원들이 제휴사에서 구매금액의 일정률을 할인받고 이동통신사가 그 할인으로 인해 발생한 비용의 일부를 제휴사에 보전하기로 한 경우 제휴사는 회원으로부터 실제 받은 금전을 공급대가로 하여야 한다. 할인액 중 이동통신사의 보전액과 관련해서는 이동통신사와 제휴사 간의 공동판매촉진을 위한 비용의 상호부담인 것이므로 이동통신사의 비용이 될 뿐이라는 해석이나 판례가 확립되어 있었다.

그러나 쟁점 기획재정부의 해석으로 인하여 사전에 약정으로 제휴사가 질의법인 또는 이동통신사에 광고용역, 회원 모집 및 관리, 상호판매촉진을 위한 활동 등의 대가를 제휴사의 할인금액의 일정비율로 지급하기로 하였다면 쟁점 정산금은 용역의 대가로서 세금계산서 발급대상이 될 수도 있다는 것이다.

(4) 기존 국세청 해석의 검토

국세청은 쟁점 정산금이 제휴사가 이동통신사에게 별도의 판촉용역을 공급하고 받은 대가로서 세금계산서 발급이 가능하다는 과거 해석 사례도 있었지만(서삼 46015-10917, 2002. 5. 31.), 제휴계약의 목적은 멤버십을 기반으로 제휴서비스를 제공함으로써 각각의 고객유치, 매출증대, 홍보효과를 거두어 상호이익을 증진하는 공동마케팅에 있으며, 이동통신사는 제휴사 매장에서 받는 우대혜택과 제휴사에 대한 정보 및 홍보를 홈페이지 등에 게시하고 제휴사도 광고 및 홍보, 마케팅용역 등을 제공하는 바, 이는 양사 공동의 고객을 대상으로 하는 고객유치, 매출증대, 홍보효과를 위해 각자가 역할을 분담하고 그 제휴비용(상품 할인액)을 공동분담하는 것에 불과할 뿐 일방을 위한 용역공급이라고 볼 수 없다는 것이 대부분의 해석이었다.

1) 정산금이 용역대가라는 해석

가. 사실관계 및 쟁점(S통신사)

S통신사가 음식업을 영위하는 사업자(제휴사)와 제휴하여 S통신사의 카드를 소지한 회원이 제휴사인 음식점을 방문하면서 음식요금을 결제하는 때에 사전에 결정된 금액을 할인해 주고(음식요금의 10%는 제휴사가 부담하고, 10%는 S통신사가 부담하므로 회원은 20%의 할인혜택을 보게 됨) 해당 할인액 중 S통신사 부담분 10%를 기간별로 정산하여 S통신사로부터 지급받는 경우 동 금액이 음식요금의 공급대가에 포함되는지 여부

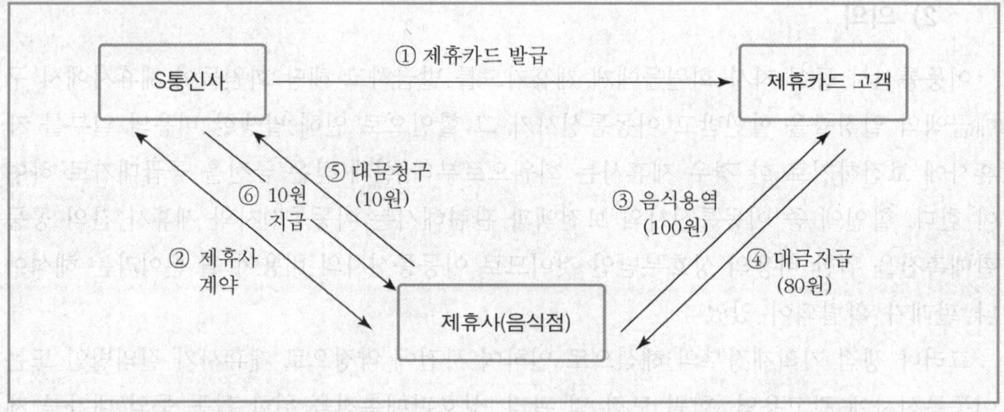

나. 회신 및 내용검토(서삼 46015-10917, 2002. 5. 31. 외)

음식점업을 영위하는 사업자(제휴사)가 S통신사와 제휴하여 S통신사 회원카드를 소지한 회원에게 음식용역을 제공하는 경우 음식용역의 공급가액에서 사전 약정된 일정금액을 에누리하여 주고 그 에누리액 중 일부를 이동통신사로부터 받는 것은 해당 음식점업을 영위하는 사업자가 제공하는 음식용역과는 별개의 용역을 제공하고 받는 대가로 볼 수 있으므로, 제휴사는 S통신사로부터 지급받은 정산금을 공급가액으로 기재한 세금계산서를 발급하여야 한다.

제휴사가 S통신사로부터 받는 10%의 할인액(쟁점 정산금과 동일한 성격임)의 성격에 대하여 용역제공대가로 보아 제휴사가 이동통신사에 세금계산서를 발급하도록 한바, 이는 해당 제휴사가 제공하는 음식용역과 별개의 용역을 제공하고 받은 대가로 판단한 것이다.

S통신사와의 약정에 따라 제휴사가 수행하는 업무를 보면 아래 표와 같다.

▌제휴사가 이동통신사를 위하여 행하는 업무(수행하는 홍보 및 판촉활동)

- 대고객 사은행사 진행
- 신규카드발급, 회원 관리 등
- 우수고객에 대한 쿠폰 및 상품권 발급, 문자메시지 발송 비용 중 일부 부담
- 고객관리를 위한 데이터베이스 구축, 텔레마케팅, 각종 이벤트 진행 등

제휴사가 S통신사와 체결한 계약에 따라 위의 업무를 지속적으로 수행하고 받는 금전은 용역수행대가로 제휴사가 할인한 금액 중 일부를 지원하는 것으로 약정하고 있다면, 동 대가는 일방의 타방에 대한 용역공급대가로서 제휴사가 이동통신사에 세금계산서를

발급하여야 한다는 취지이다(재소비 46015-292, 2001. 10. 31. ; 부가 46015-391, 2002. 5. 29.).

2) 쟁점 정산금이 용역대가로 볼 수 없다는 해석

가. K통신사와 **문고와의 사례

① 사실관계 및 쟁점

K통신사가 이동통신서비스 가입회원에게 멤버십 카드를 발급하고 등급(VVIP, VIP, 일반 등)에 따라 멤버십 포인트를 부여해 준다. 신청법인(**문고, 제휴사)은 K통신사의 제휴계약에 따라 회원에게 도서 등 판매금액을 할인해 공급하고 해당 할인금액의 일부(이하 "정산금")를 K통신사로부터 보전받고 있다.

이때 신청법인(**문고)이 보전받는 금액을 회원에 대한 도서 등 판매대금으로 보아 회원에게 (세금)계산서를 발급하여야 하는지 아니면 K통신사에 대한 용역공급대가로 보아 K통신사에게 세금계산서를 발급하여야 하는지 여부

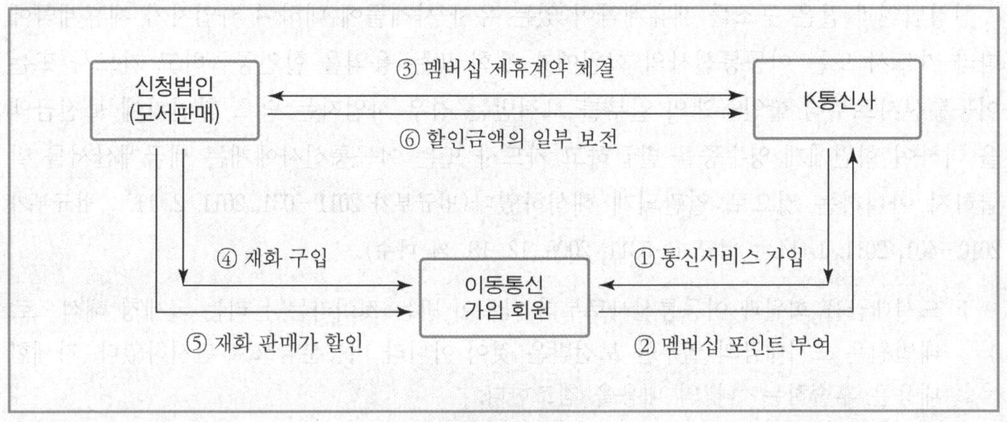

② 회신 및 내용검토(사전-2017-법령해석부가-0416, 2017. 7. 25.)

신청법인과 K통신사와 체결한 쟁점제휴계약의 목적은 신청법인과 K통신사가 공동의 고객에게 이동통신서비스 멤버십을 기반으로 제휴서비스를 제공함으로써 각각의 고객 유치, 매출증대, 홍보효과를 거두어 상호이익을 증진하고자 하는데 있다.

제휴서비스의 내용은 K통신사의 멤버십 포인트를 부여받은 모든 회원에게 제공하는 도서 등 재화의 판매가격 할인이며 K통신사는 자기의 멤버십 가입고객에게 신청법인의 매장에서 우대혜택을 포함하여 기타 혜택을 받을 수 있다는 관련 홍보물을 홈페이지 및 모바일앱 등에 게시하고, 신청법인 역시 이동통신사의 멤버십 가입고객의 이탈방지 등을 위하여 이동통신사와 협의한 제휴물을 홈페이지 및 모바일앱 등에 게시하여 고객에

게 제공하는 등 각각 홍보활동에 최선을 다하여야 한다. 마지막으로 제휴서비스로 인해 발생한 제휴비용(도서 등 할인액)에 대하여는 K통신사가 일부를 부담한다는 것이다.

쟁점제휴계약 내용에 따르면 신청법인과 K통신사는 공동의 고객을 대상으로 고객유치, 매출증대, 홍보효과를 위해 각각의 역할을 분담하면서 각각 제휴서비스 비용을 부담하고 있으므로 어느 한 사업자가 상대방에게 용역을 제공하고 그 대가를 받는 거래로 볼 수는 없다.

즉, 신청법인은 회원에게 도서를 공급하고 대가를 현금과 멤버십 포인트로 받은 후 쟁점제휴계약에 따라 포인트의 일부를 K통신사로부터 현금으로 받은 것으로서 신청법인은 회원에게 도서를 공급하고 도서대금의 일부를 K통신사로부터 나누어 받은 것에 불과하다.

신청법인은 회원에게 판매한 도서(현금+멤버십 할인금액 중 보전받은 금액)에 대하여 회원에게 계산서 등을 발급하는 것이며, 신청법인이 이동통신사로부터 보전받은 금액(용역대가가 아님)에 대하여는 K통신사에게 세금계산서를 발급할 수 없다.

신청법인과 같은 구조를 제휴계약이 있는 유사 사례들에 대하여 사업자가 제휴계약에 따라 카드사 또는 이동통신사의 회원에게 재화 또는 용역을 할인공급하고 카드사 또는 이동통신사로부터 할인금액의 일부를 보전받는 경우 사업자는 당초 할인가에 보전금액을 더하여 회원에게 영수증을 발급하고 카드사 또는 이동통신사에게는 세금계산서를 발급하지 아니하는 것으로 일관되게 해석하였다(**법규부가 2011-031, 2011. 2. 11. ; 법규부가 2010-401, 2011. 1. 14. ; 법규과-5311, 2008. 12. 18. 외 다수**).

※ 도서대금을 회원과 이동통신사로부터 나누어 받는 것이라는 논리는 국세청 해석으로, 대법원은 도서대금의 일부를 보전받은 것이 아니라 비용분담으로 판시하였다. 자세한 내용은 후술하는 "나"의 내용을 참조한다.

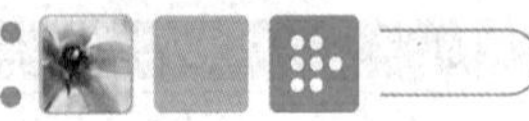

나. L통신사와 *** 편의점과의 사례

① 사실관계 및 쟁점

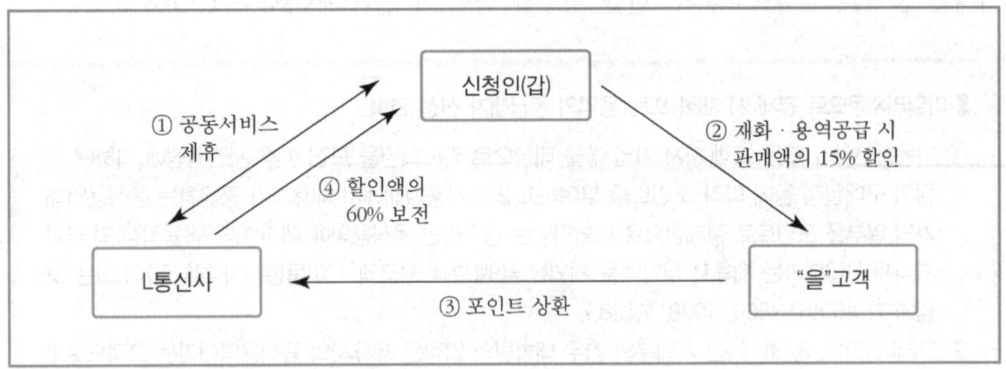

신청인(갑)은 프랜차이즈 사업자로서 편의점을 직영하거나 가맹점에 상품을 판매하고 있으며, 2010년 6월 L통신사와 "***서비스 제휴계약"을 체결하여 "*****카드"를 휴대한 고객이 신청인의 직영점 및 가맹점에서 재화 또는 용역을 공급받은 경우 이용금액의 15%를 할인하여 주고, 할인금액을 신청인과 L통신사가 각각 40 : 60으로 부담하기로 약정하였다.

* 이동통신사는 고객에게 적립해 준 포인트 중 사용한 포인트를 차감함.

신청인이 L통신사와 공동서비스제휴계약을 체결하여 이동통신사의 고객에게 매출액의 일정비율을 할인하여 주고 그 일부를 이동통신사로부터 받는 경우 신청인이 L통신사에 그에 대한 세금계산서를 발급하여야 하는지 여부

② 회신 및 내용검토(법규부가 2011-031, 2011. 2. 11.)

편의점 프랜차이즈 사업자인 신청인이 L통신사와의 공동마케팅서비스 제휴협약에 따라 이동통신사의 고객에게 재화 또는 용역 제공 시 일정금액을 할인(에누리)하여 주고 그 할인금액 중 일부(60%)를 해당 L통신사로부터 정산하여 지급받는 경우 신청인은 고객에게 자기의 정상 판매가격에서 할인하여 준 금액을 차감한 후 이동통신사로부터 지급받기로 한 금액을 더한 가액을 공급대가로 하여 해당 고객에게 세금계산서 또는 영수증을 발급하는 것이고, L통신사에게는 이와 관련하여 재화 또는 용역을 공급함이 없이 고객이 지불할 일정액을 보전해준 것에 불과하므로 세금계산서 발급대상이 아니다(부가가치세과-664, 2010. 5. 28. ; 재소비 46015-188, 2000. 6. 27 ; 부가 46015-1660, 1998. 7. 28.).

이동통신사가 보전해 주는 금액을 용역대가로 보지 아니한 이유는 위 "1)"의 검토 내용과 동일하다.

또한, 이동통신사와의 제휴서비스계약에 따라 고객에게 판매한 재화 또는 용역 대가의 일부를 이동통신사로부터 지급받는 경우에도 해당 고객에게 발급하는 현금영수증에 기재할 금액은 고객으로부터 '현금 영수한 금액'이 된다(서면3팀-810, 2006. 5. 2.).

▌마일리지등으로 결제 시 재화 또는 용역의 공급대가 산정 연혁

① 이동통신사가 모든 고객(자사 가입자)을 대상으로 카드회원을 모집한 후 사전약정에 의하여 회원의 구매실적 등에 따라 포인트를 부여하고 2차 사용거래에서 제휴사가 공급하는 음식용역대가의 일부를 포인트로 결제함으로써 할인받는 경우라면 음식용역에 대한 제휴사(음식점)의 부가가치세 공급대가는 제휴사 부담액을 제외한 금액(고객 지급액 + 이동통신사 부담금)이 되는 것임(부가 46015-1660, 1998. 7. 28.).

② 그러나 2017. 3. 31. 이전 거래분의 경우 대법원의 입장은 제휴사의 음식용역대가는 고객으로부터 지급받은 금액이 되는 것이고, 할인액 전부는 이동통신사와 제휴사의 공동판촉비(공동비용)의 분담으로 판시함.

③ 2017. 4. 1. 이후 거래분부터는 제휴카드에 적립된 포인트가 부가령 제61조의 마일리지등에 해당되는 경우 제휴사가 이동통신사로부터 받는 보전금은 다시 음식용역의 공급대가에 포함됨.

(5) 쟁점 정산금에 대한 기재부 및 종전 법원의 판결 분석

1) 쟁점 기재부 해석에 대한 검토

2개 이상의 계약에 의하여 발생되는 거래에서 제3자가 지급하는 금전 또는 금전적 가치가 있는 것이 해당 공급과 대가관계에 있어 공급가액에 포함될지의 여부에 대한 판단은 그 지급의 명목과 근거, 이와 관련하여 공급자와 제3자가 추구하는 목적과 동기, 공급자와 제3자 사이의 별도의 계약관계 등 법률관계의 존부 및 문제된 금전 등의 지급이 그러한 법률관계에 따른 이행으로 평가될 수 있는지 등을 비롯한 여러 사정을 종합하여 판단하여야 한다.

쟁점 정산금과 관련하여 최근 기재부 회신(기획재정부 부가가치세제과-75, 2023. 1. 31.)의 핵심내용은 ① 제휴사가 대행사나 이동통신사를 위하여 대고객 사은행사 및 각종 이벤트 진행, 광고 및 홍보, 마케팅활동(이동통신사를 위한 홍보물 부착, 회원관리, 회원의 본인 여부 확인 및 관리 등)이라는 용역을 제공하는 것이고, ② 제휴사가 이동통신사의 회원에 대한 할인혜택제공의무를 대신 이행하는 일종의 도급으로 보았다(해석기관에 직접 문의하여 받은 내용으로 해당 논리는 다소 이해할 수 없었다). 아울러 ③ 이동통신사가 본건 멤버십과 동일한 제도를 운영함에 있어 쟁점 정산금이 별도 용역에 대한 대가로서 세금계산서 발급이 가능한지에 대한 질의에 대하여 기획재정부가 동일 취지로 해석한 사례도 있었다(기재부 재소비 46015-292, 2001. 10. 31., 동 회신은 기재부 홈페이지나 국세청 법령정보시스템에 공개되지 않았다).

따라서 제휴사의 상품 공급에 대한 공급대가는 회원으로부터 실제 받은 금액이 되지만, 쟁점 정산금은 용역대가로서 제휴사가 대행사(이동통신사)에 세금계산서를 발급하여야 한다는 결론을 내린 것으로 보인다.

제휴사의 회원에 대한 재화 또는 용역의 공급가액을 살펴보면 쟁점 정산금은 이동통신사(대행사)가 회원을 대신하여 지급한 제3자 지급금(회원을 대신하여 제휴사의 공급대가의 일부를 보전해 주는 금액)에 해당하지 아니하여 제휴사의 재화 또는 용역의 공급가액에 포함되지 아니한다. 본건 제휴사의 회원 간에 재화 또는 용역 판매대금은 할인 후 금액으로 이미 확정되며, 질의법인이 쟁점 정산금을 지급하지 아니한 때에도 제휴사는 회원에게 해당 금액의 지급청구가 불가하므로 쟁점 정산금은 제휴사가 회원에게 재화 및 용역을 공급하고 이동통신사(대행사)로부터 받는 제3자 지급금이 될 수 없다.

쟁점 기재부 해석은 이동통신사(대행사)와 제휴사 간에 공동의 홍보, 광고 등을 포함한 판촉활동, 공동의 고객을 위한 할인비용 발생의 비용분담이 아닌 제휴사가 이동통신사(대행사)에게 계속적이고 독립적으로 판촉용역을 제공하는 경우에 제한적으로 적용되어야 한다.

2) 기존 대법원의 판결과 쟁점 기재부 해석의 비교

2017. 4. 1. 이후 공급분과 관련된 쟁점 정산금이 용역대가인지에 대한 판결은 아직 없으나, 그 이전 변론과정에서 쟁점 정산금과 같거나 유사한 마일리지, 포인트, 청구할인 등의 정산금 성격이 용역대가라는 국세청의 주장을 법원은 일축하고 공동판촉비용의 분담액에 불과하다고 판시하였다.

이하에서는 여섯 가지 판례들의 판결내용과 "제휴사가 이동통신사의 회원에 대한 할인혜택 제공을 도급받아 수행한다거나 제휴사 자신의 재화나 용역의 공급과 별개로 이동통신사에게 광고 및 홍보, 마케팅용역을 제공한 것으로 볼 수 있다"는 취지의 쟁점 기재부 해석을 적용할 수 있는지를 살펴본다.

가. 롯데쇼핑 마일리지 판결

① 판결내용

제휴사 간 교차적립, 구매고객의 교차사용, 제휴사 간 포인트의 정산으로 인한 정산금의 지급을 요건으로 하는 롯데쇼핑 마일리지 판결에서 부가가치세 등 소비세의 과세가액은 그 세금의 부담자가 최종소비자이니만큼 실제로 받은 대가에 의하여 산출되는 주관적인 가치이고 최종소비자가 실제로 지급하는 가액을 초과할 수 없고, 동 정산금은 2차 거래의 공급대가와 관련없는 사용거래 이후의 거래를 마친 후에 그 거래와 별도로 사전에 제휴 공급자들이 한 약정에 따라 고객이 아닌 공급자들 내부에서 이루어지는 것에 불과하다고 판시하였다(대법원 2015두58959, 2016. 8. 26.).

② 쟁점 기재부 해석의 적용 여부

롯데쇼핑 마일리지의 경우에 있어 일방사업자가 타방사업자에게 광고 및 홍보, 마케팅용역(이하 "판촉용역")을 제공하여야 그 타방사업자에게 세금계산서를 발급할 수 있을 것인데, 마일리지 제도에 있어 정산금은 재화나 용역에 대한 할인혜택을 공동으로 제공하고 그 공동비용(할인액)을 분담하는 것이다. 기업들의 마일리지 제도의 도입취지로 볼 때 제휴사 간 판촉용역을 상호 공급하기로 하는 계약을 체결하고 정산금을 수령하면서 그 상대 제휴사에게 세금계산서를 발급한다는 것은 부가가치세의 기본원리상 가능할 수 없다. 아울러 마일리지 운영사를 두고 있는 경우 운영사의 역할이 마일리지 적립 및 사용에 따른 정산(적립과 사용에 따른 금전의 수수)이 주업무인 만큼 제휴사들과 운영사 간에 판촉용역 공급을 이유로 세금계산서를 수수할 근거도 없다.

따라서 자기적립마일리지 외의 마일리지를 운영사, 제휴사 간에 운영하면서 마일리지의 적립과 사용, 정산이 이루어지는 경우 쟁점 기재부 해석 사례를 적용할 여지가 없다. 이 밖에 추가적인 문제점은 아래 "마"의 "②"를 참고하기로 한다.

나. 카드사 청구할인 판결

① 판결내용

제휴사와 신용카드사 사이의 공동마케팅 약정에 따라 시행된 신용카드청구할인제도에 있어 신용카드사 부담분은 제휴사와 신용카드사의 공동 목적하에 체결된 공동마케팅 약정에 따라 정산받은 것이지, 신용카드사로부터 상품의 판매대금 중 일부로서 지급받은 것이 아니라고 판시하였다(대법원 2021두38130, 2021. 8. 26. ; 서울고법 2020누55451, 2021. 4. 9. ; 서울고법 2020누32793, 2020. 12. 23. ; 대법원 2021두31603, 2021. 5. 14. ; 서울행법 2020구합65777, 2021. 8. 17.).

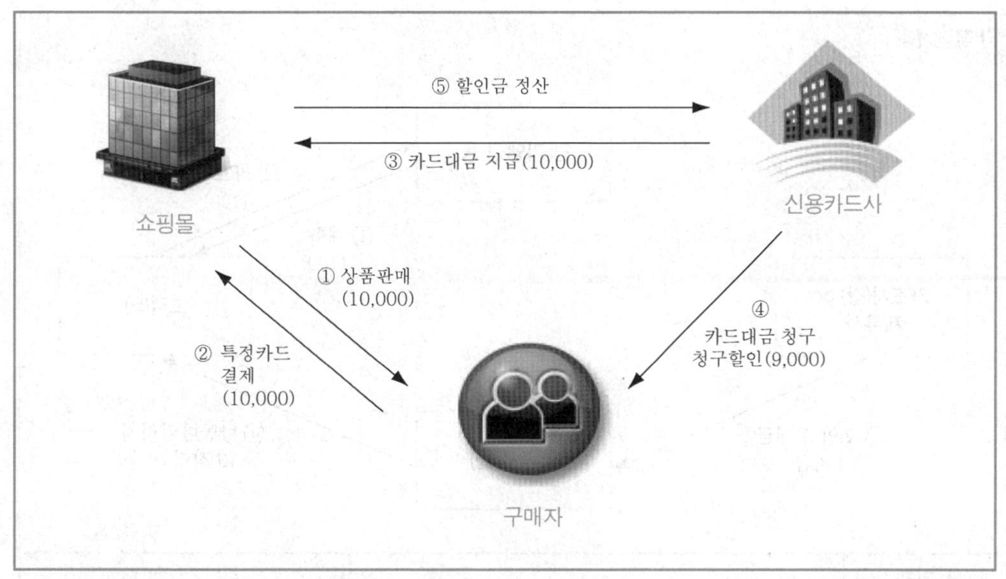

② 쟁점 기재부 해석의 적용 여부

카드사 청구할인은 제휴사가 고객에게 판매한 재화의 에누리가 된다는 것이 대법원의 일관된 입장이다. 만약 제휴사가 카드사에 판촉용역의 공급으로 약정하여 세금계산서를 수수하더라도 카드사는 면세사업과 관련된 매입세액으로 공제가 불가능하므로 제휴사 및 카드사 모두에게 실익이 없다. 따라서 카드사와 제휴사는 기존 거래관계를 판촉용역 공급계약으로 변경하여 쟁점 기재부 해석 사례를 적용할 경제적 이유가 없다.

다. 항공사 마일리지 판결

① 판결내용

아시아나 및 대한항공 항공마일리지 판결에서 항공마일리지 업무제휴계약의 목적과 동기는 마일리지 사용에 대한 대금 할인제도 공동운영에 따른 비용분담 및 고객구매 유도를 통한 이익도모에 있을 뿐이어서 이 사건 정산금은 공동이익증진을 위한 지출비용 일부를 제휴사가 분담하는 것이라고 판시하였다(서울고법 2018누66557, 2019. 10. 2. ; 서울고법 2019누62897, 2020. 7. 3. ; 대법원 2019두57770, 2020. 2. 27.).

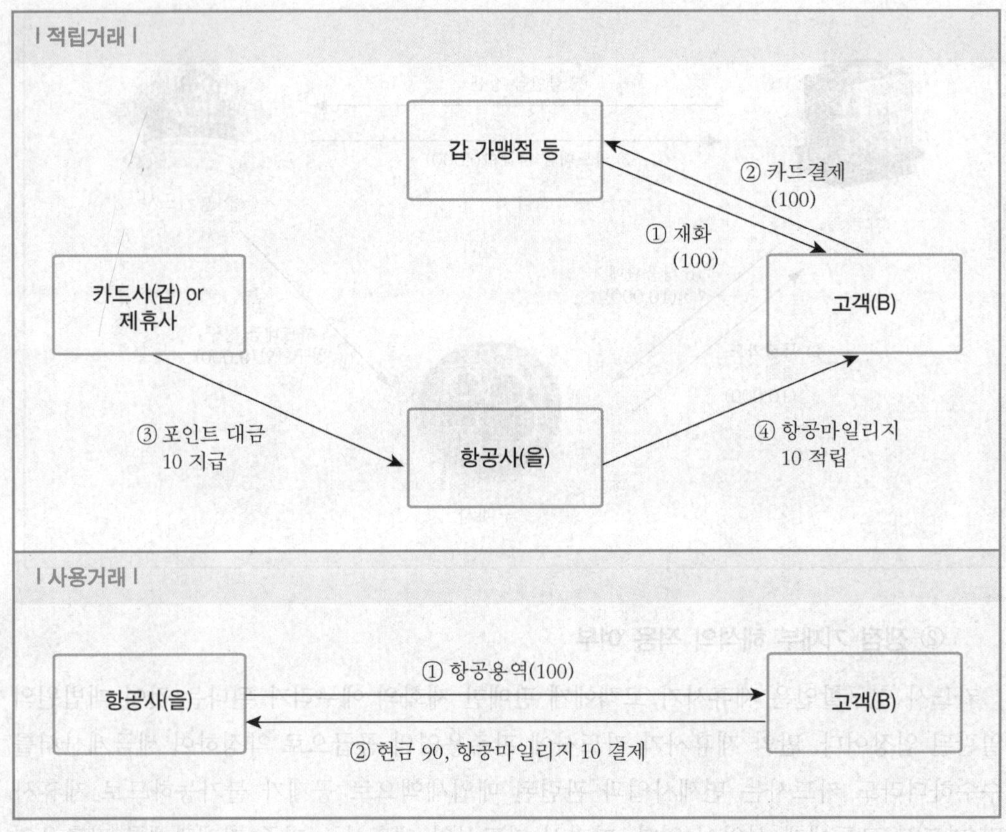

② 쟁점 기재부 해석의 적용 여부

항공사가 카드사나 제휴사를 위하여 광고나 판촉업무를 수행한다고 약정하면 쟁점 기재부 해석에 따라 항공사가 카드사나 제휴사에 세금계산서를 발급할 수 있을 것이나, 실제는 항공사, 카드사, 제휴사가 상호 이익증진을 위하여 쌍방향으로 광고 및 판촉 등을 하고 있다면 항공사 일방적으로 광고 및 판촉용역을 제공하였다고 보기 어려운 면이 분명 존재한다. 특히 카드사는 세금계산서를 수취하더라도 매입세액공제를 받지 못해 경제적 실익이 없다.

쟁점 기재부 해석을 적용한다고 하더라도 항공사는 고객에게 실제 받은 금액을 항공용역대가로 하고, 카드사 등으로부터 수취한 금액은 카드사 등에 공급가액으로 기재하여 세금계산서를 발급하여 부가가치세를 납부하게 되므로 판촉용역 계약으로 변경할 실익이 없다.

라. CGV 비구매 포인트 판결

① 판결내용

고객이 운영사로부터 멤버십 포인트를 적립받고 그 적립된 포인트를 제휴사(공급자)의 사업장에서 재화 등을 구매하는데 활용하여 할인혜택을 받게 되는 CGV 비구매 포인트의 경우 해당 포인트 운영사가 할인액 중 일부를 부담하는 이유는 업무제휴협약과 그에 따른 정산의 일환으로 자신의 분담비율에 해당하는 금액을 지급하는 것으로서 공동마케팅을 통해 상호이익을 증진시키는데 그 목적이 있는바 제휴사가 운영사로부터 포인트 사용액 중 일부를 정산받았다고 하더라도 그 정산대금 상당액이 에누리에서 제외된다고 볼 수 없다고 판시하였다(서울행법 2019구합58483, 2020. 7. 10. ; 대법원 2021두38123, 2021. 8. 19.).

② 쟁점 기재부 해석의 적용 여부

쟁점 기재부 회신의 쟁점 정산금과 동일한 성격을 가진 정산금으로서 양사의 관계가 공동의 고객을 위한 상호이익증대를 목적으로 하는 업무제휴협약 관계가 아닌 일방이 타당을 위하여 마케팅용역을 제공한 경우에 쟁점 기재부 회신에 근거하여 운영사에게 세금계산서 발급이 가능할 것이지만, 단지 제휴사가 운영사에게 마케팅용역 등을 제공하는 약정을 체결하였다는 사유만으로 운영사로부터 받는 정산금에 대하여 세금계산서를 발급할 수 있는지는 다소 의문이 든다.

마. K통신사 별포인트 판결

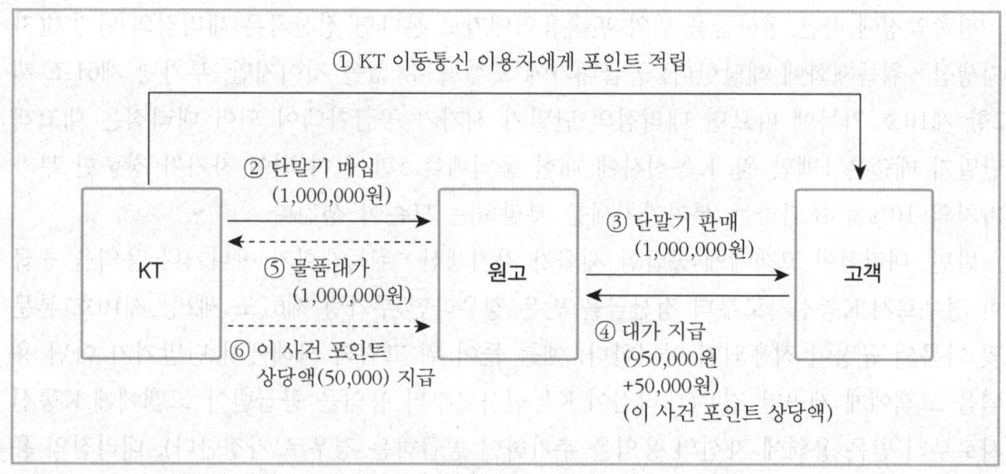

① 판결내용

K통신사의 원고(대리점, 이하 "대리점")에 대한 별포인트 보전액(이하 위 이 사건 포인트 상당액, 이하 "정산금")은 K통신사의 에누리이면서, K통신사가 원고에게 고객들로부터 지급받기로 한 단말기 판매대금 중 일부를 그대로 보전해 주는 것이라고 보기 어려워 원고의 고객에 대한 에누리에 해당한다고 판시하였다(대법원 2022두33149, 2022. 11. 17.). 다만, 본 판결은 2016년까지 거래분으로서 2017. 4. 1. 이후 거래분인 경우 기재부 해석(기재부 부가가치세과-64, 2022. 1. 27.)에 따르면 원고의 공급대가는 고객으로부터 받은 금액과 K통신사로부터 보전받은 금액의 합계액이 된다.

② 쟁점 기재부 해석의 적용 여부

2017. 3. 31.까지 단말기 공급과 관련된 K통신사 별포인트의 경우 K통신사 대리점에 대한 별포인트 정산금은 K통신사가 대리점에 공급한 단말기에 대한 에누리이면서, 대리점이 판매한 해당 단말기의 에누리이기도 하므로 쟁점 기재부 해석이 적용될 여지나 실익이 없다.

2017. 4. 1. 이후 공급분부터는 부가령 제61조 제2항 제9호 및 제10호에 따르면 별포인트가 자기적립마일리지등 외의 마일리지등에 해당하므로 별포인트 결제액 또는 정산금이 대리점의 단말기 공급에 대한 에누리가 될 수 없다. 동 규정에 따르면 대리점은 단말기 공급대가를 고객과 K통신사로부터 나누어 받은 것이 된다. 따라서 대리점이 K통신사에 판촉 등 용역을 제공하고 정산금을 대가로 받았다거나 정산금을 단말기 납품대가에서 차감한다는 약정은 성립하기 어렵다고 본다.

판촉약정에 따른 정산금을 만약 판촉용역대가로 본다면 정산금은 대리점의 단말기(자기생산 · 취득재화에 해당한다) 공급대가에 포함될 수 없을 것이지만, 부가령 제61조 제2항 제10호 가목에 따르면 대리점의 단말기 시가가 공급가액이 되어 대리점은 대고객 단말기 매출은 1백만 원, K통신사에 대한 용역매출 5만 원이 되어 자기가 창출한 부가가치의 10%를 초과하는 부가가치세를 부담하는 모순이 생긴다.

반면, 대리점이 고객에게 공급한 재화가 자기생산 · 취득재화가 아니거나 용역을 공급한 경우로서 K통신사로부터 정산금을 받은 경우라면 부가령 제61조 제2항 제10호 본문 및 가목의 규정이 적용되지 아니한다. 예를 들어 위 그림의 사례에서 단말기가 아닌 용역을 고객에게 제공한 경우(대리점이 K통신사로부터 용역을 공급받아 고객에게 K통신사로부터 받은 용역에 자신의 용역을 추가하여 공급하는 경우로 가정한다), 대리점의 용역매출은 95만 원, K통신사에 대한 용역매출은 5만 원이 된다. 대리점이 용역을 공급하고 그 대가의 일부를 별포인트로 받은 후 K통신사로부터 정산금을 받는 경우에는 특수관계인으로부터 부당하게 낮은 금액을 보전받거나 아무런 금액을 받지 아니하여 조세의 부담을 부당하게 감소시킬 것으로 인정되는 경우로 볼 수 없어 부가령 제61조 제2항 제10호 규정이 적용되지 아니하기 때문이다.

쟁점 기재부 해석은 대리점이 재화를 공급하느냐 용역을 공급하느냐에 따라 대리점의 과세표준이 달라지는 모순도 발생한다.

※ K통신사가 대리점을 통하여 단말기를 고객에게 판매한다는 점에서 양사가 통상적인 업무관계나 협업을 넘어서 대리점이 단말기 판매를 위한 일방향의 판촉용역을 제공하였다고 보기는 어렵다.

바. 위수탁판매를 하는 홈쇼핑사의 마일리지 적립 및 사용

① 판결내용

기획재정부 및 국세청은 판매자(위탁자)가 위수탁판매대행계약에 따라 판매대행업자(수탁자, 홈쇼핑운영자)로부터 마일리지등을 부여받은 고객에게 2017. 4. 1. 이후에 마일리지등 사용금액만큼 재화를 할인하여 공급하고 할인금액을 위탁자가 수탁자에게 지급하는 판매수수료에서 차감하는 경우, 해당 할인금액은 판매대행용역에 대한 에누리액에는 해당하나, 부가법 제29조 제3항 제6호 및 부가령 제61조 제2항 제9호 나목에 따라 재화의 공급가액에 포함된다고 회신하였다(기재부 부가가치세제과-64, 2022. 1. 27.).

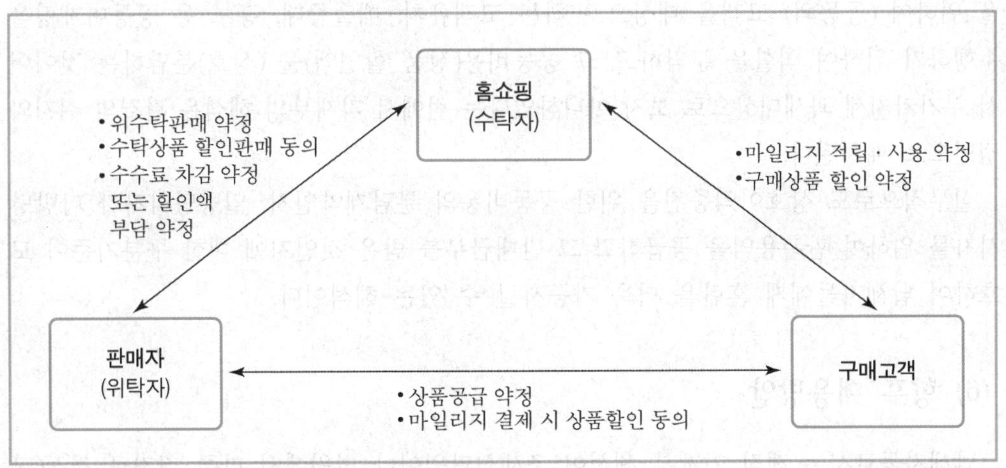

② 쟁점 기재부 해석의 적용 여부

2017. 4. 1. 이후 홈쇼핑마일리지가 부가령 제61조 제1항의 마일리지등에 해당한다는 기재부 해석의 전제하에서 홈쇼핑은 자신의 판매수수료에서 자신이 부여한 마일리지의 2차 거래에서 회수한 경우 판매수수료에 대한 에누리가 되고, 판매자의 경우 2차 거래

에서 홈쇼핑마일리지 사용으로 홈쇼핑으로부터 보전받는 금액(판매수수료에서 차감되는 형태임)은 수탁재화의 공급대가에 포함된다.

홈쇼핑사가 판매자를 위하여 홈페이지등에 판매자 상품정보 및 홍보, 판매대행 등의 용역을 수행하고 대가를 받고 있다는 점에서 판매자가 홈쇼핑사에 판촉용역을 제공한다는 약정은 상정하기 어렵고, 판매자를 위하여 판매수수료에서 차감되는 홈쇼핑마일리지 회수액을 재차 판매자의 홈쇼핑사를 위한 판촉용역대가로 보기는 어렵다(판매자가 홈쇼핑사에 판촉용역을 공급한 것으로 의제한다면 홈쇼핑사는 마일리지 차감 전 수수료에 대해 판매자에게 세금계산서를 발급하고, 판매자는 마일리지 회수액에 상당하는 판촉용역가액을 기재한 세금계산서를 홈쇼핑사에 발급하여야 한다).

3) 쟁점 기재부 해석 적용

부가령 제61조의 마일리지등을 매개로 하여 제휴사에서 할인판매가 이루어지고 마일리지등의 발행자가 정산금을 지급하는 경우에 있어서는 정산금 또는 보전금을 재화의 공급대가에 포함하도록 규정하고 있어 쟁점 기재부 해석의 논리에서와 같이 제휴사가 다른 제휴사 또는 제휴사가 마일리지 운용사에게 판촉용역을 공급한 대가로 보게 된다면 부가령 제61조의 규정과 상충될 여지가 있다.

아울러 쟁점 정산금이 문제가 된 소송에서 대법원의 판단은 기업 간 상호이익의 증진을 위하여 (공동의) 고객을 대상으로 하는 고객유치, 매출증대, 홍보 등 공동마케팅을 수행하기 위하여 역할을 분담하고 그 공동비용(상품 할인액)을 (상호)분담하는 것이어서 부가가치세 과세대상으로 보지 아니하였다는 점에서 기재부의 해석은 판결의 취지와 정면으로 배치된다.

실무적으로도 상호이익증진을 위한 공동비용의 분담계약인지, 일방당사자가 타방당사자를 위하여 판촉용역을 공급하고 그 반대급부를 받은 것인지에 대한 구분기준이 모호하여 납세자들에게 혼란을 더욱 가중시킬 수 있는 해석이다.

(6) 향후 대응방안

납세자들로서는 쟁점 기재부 해석이 조세심판원이나 법원에서 다른 취지로 결정(판결)되기 전에는 일단 이를 존중할 수밖에 없으므로 쟁점 정산금에 대하여 판촉용역을 공급하고 그 대가를 받는 것으로 거래당사자 간에 계약서를 명확히 작성하고 쟁점 정산금을 공급가액으로 기재한 세금계산서를 수수할 수는 있다고 판단된다. 하지만 쟁점 정산금이 상호이익증진을 위한 공동광고나 공동판촉(공동 마케팅)활동의 일환으로 상호

간에 이루어진 활동에 대한 비용(할인액)의 분담이 아닌 일방이 타방을 위하여 이러한 특정 용역을 제공하고 그 대가를 받은 것으로 볼 수 있어야 적절한 세금계산서 수수라고 볼 수 있다.

따라서 대부분의 멤버십프로그램의 경우(공동마켓팅, 공동판촉의 경우를 말함)에는 종전 계약변경 없이 공동비용분담으로 보아 쟁점 정산금을 용역대가로 보지 아니할 수 있으며, 일률적으로 쟁점 기재부 해석에 따라 쟁점 정산금을 부가가치세 과세용역대가로 의제할 수는 없다.

반면, 과세관청의 조사자들은 쟁점 기재부 해석을 들어 과거 공동비용분담으로 처리한 사업자들에게 일방이 타방을 위한 용역공급으로 보아 세금계산서 미발급이나 매출누락에 따른 부가가치세를 추징하려 할 수 있다. 하지만 국세청 기존 해석, 대법원 판례와 같이 상호이익증진을 위한 공동 마케팅비용의 분담이어서 용역의 공급이 될 수 없고, 특히 국세청의 기존 다수 해석들(쟁점 기재부 해석 이전의 거래를 말한다)에 비추어 신의성실의 원칙에 위배되고 기존의 대법원 판례와도 배치된다는 점을 충분히 소명한다면 부가가치세 과세는 어려울 것으로 판단된다.

※ 쟁점 정산금에 대하여 공동 마케팅 또는 공동 판촉으로 발생한 비용의 분담으로 보아 용역의 공급으로 볼 수 없다는 것이 원칙이고, 예외적으로 쟁점 기재부 해석에 따라 일방이 타방에게 판촉용역 등을 제공하고 쟁점 정산금을 받는 것으로 그 구체적 용역 범위와 대가의 산정방법으로 정한다거나 용역의 상호 제공이 있는 경우 용역과 용역의 교환거래로 교환거래약정을 할 수는 있을 것이지만, 그 외 실무적으로 발생하는 문제가 많을 것이다.

7 | 게임머니 공급에 대한 공급시기

(1) 게임머니, 상품권, 가상자산에 대한 부가가치세 과세

1) 게임머니

게임아이템 중개업체의 인터넷사이트를 통하여 온라인 게임에 필요한 사이버 화폐인 게임머니를 게임제공업체나 게임이용자로부터 매수한 사업자가 이후 이를 다시 다른 게임이용자에게 매도하고, 그 대금을 게임이용자로부터 중개업체를 경유하여 지급받은 해당 사업자의 게임머니 매도거래는 재화의 '공급'에 해당하며, 동 사업자는 부가가치세법상의 '사업자'에 해당한다.

법원은 게임머니는 재산적 가치가 있는 거래의 객체로서 재화에 해당하며, 수백 번에 걸쳐 게임머니를 매수하여 매수가격보다 높은 가격에 이윤을 판매함으로써 부가가치를 창출하였으므로 부가가치세법상 사업자에 해당하므로, 계속적·반복적으로 수억 원에 이르는 게임머니를 판매한 자를 사업자로 보아 부가가치세를 과세한 것은 적법하다고 판시하였다(대법원 2011두30281, 2012. 4. 13.).

게임머니와 유사한 게임아이템도 그 소유자인 게임업체로부터 사용권능을 획득한 이용자가 다른 이용자에게 그 사용권능을 이전하는 것은 사용권의 이전으로 보아야 하므로, 이 경우는 권리의 양도에 해당한다는 것이 국세청과 법원의 견해이다. 게임아이템 등이 재화의 성격을 갖기 위해서 사용자의 컴퓨터 등에 다운받거나 설치한 후 다시 설치하지 않더라도 사용할 수 있다면 이는 사용자에게 소유가 귀속된 것으로 재화의 성격을 갖지만, 사용자가 그 게임아이템을 계속 사용하기 위하여 게임회사의 서버에 접속하여 로그인 하는 등 행위가 필요하면 이는 게임아이템의 소유권은 여전히 게임회사에 있는 것이므로 용역으로 보아야 할 것이다.[10)]

특히 법원은 사업자가 특정 온라인 게임에서 사용할 수 있는 게임머니(디지털콘텐츠의 하나)는 유상으로 매수하였다가 이윤을 남기고 매도한 경우 엄연히 재산적 가치가 있는 거래의 객체로서 온라인 게임서비스상의 게임 등을 이용할 수 있는 권리 내지 기타 재산적 가치가 있는 무체물의 일종으로 '재화'에 해당한다고 판결하였다(서면3팀-188, 2005. 2. 7. ; 대법원 2011두30281, 2012. 4. 13.). 국세청도 사업자가 특정 온라인 게임에서 사용(아이템 취득)할 수 있는 게임머니를 게임 이용자 등에게 판매하고 그 대가를 받는 경우에는 부가가치세가 과세된다고 일관되게 회신하였다(서면3팀-1958, 2004. 9. 23. ; 서면3팀-188, 2005. 2. 7. ; 전자세원과-1563, 2008. 10. 22.).

한편, OECD(1998년 10월 오타와 각료회의)를 비롯한 EU에서는 게임머니를 포함한 디지털콘텐츠에 대하여 소비지국과세원칙과 아울러 이를 재화의 공급으로 취급해서는 아니되고 용역으로 취급해야 한다는 방침을 정한 바 있고, 이에 따라 기획재정부도 용역의 공급으로 해석하였다(재부가-388, 2010. 6. 10.). 용역공급이라는 해석으로 인해 과세대상에서 제외되는 것은 아니나 용역공급으로 보게 되면 용역의 무상공급에 대한 과세제외, 대리납부규정의 적용 및 국외에서 제공하는 용역에 대한 영세율 적용에서 차이가 발생한다.

10) 게임아이템의 거래가 부가가치세법상 과세거래에 해당되는지 여부: 서울행정법원 2009. 8. 28. 선고 2009구합4418 판결 평석, 조명연·권오현

2) 상품권

'상품권'이란 그 명칭 · 형태에 관계없이 발행자가 일정한 금액이나 물품 또는 용역의 수량을 기재하여 발행 · 매출한 증표로서 그 소지자(제시자)가 발행자 또는 발행자가 지정하는 자에게 이를 제시 또는 교부하거나 그 밖의 방법으로 사용함으로써 그 증표에 기재된 내용에 따라 발행자 등으로부터 물품 또는 용역을 제공받을 수 있는 증표를 말하며(인지령 §5의2 ①), 상품권은 일종의 무기명증표에 지나지 아니하므로 이를 재화로 보지 않는다(부가 46015-3566, 2000. 10. 23.).

특정회사의 특정물품이나 용역을 교환할 수 있는 모바일 쿠폰, 교환권 등의 증표 역시 부가가치세가 과세되지 아니하는 상품권에 해당한다(부가가치세과-1392, 2010. 10. 19. ; 조심 2013서2953, 2014. 5. 29.).

전화선불카드, 입장권 등도 상품권과 비슷한 채권으로 이들 상품권 등을 공급하더라도 재화나 용역공급의 실질이 없기 때문에 부가가치세가 과세될 수 없다.

3) 가상자산에 대한 과세

비트코인 등을 재산적 가치가 있는 무형자산 또는 저작물로 본다던지 가상자산과 현실의 통화 간의 교환거래는 재화를 판매하고 그 대가를 받는 거래와 동일하다고 보고 부가가치세를 과세할 수는 있을 것이지만, 부가가치세 과세는 소비자가 법정화폐를 가상통화로 환전하여 재화를 구입하고 판매자는 이를 다시 법정화폐로 바꾸는 과정에서 이중과세 문제가 발생한다는 점과 후자의 경우 실질적으로는 금융거래의 성격을 지니고 있어 부가가치세 과세대상의 거래에서 벗어날 뿐만 아니라 가상통화의 화폐 교환거래를 면세대상(비과세 대상)으로 분류하고자 하는 글로벌 추세와도 배치된다.

또한, 유럽사법재판소에서 비트코인의 공급에 대한 부가가치세 면제 판정을 내리면서 유럽 전체가 면세대상으로 가고 있는 시점에서 가상통화 투자자의 해외시장 이탈 가능성 등도 고려하여야 하는바, 우리 정부도 이러한 현실과 가상통화 시장위축 등을 고려하여 가상자산의 공급은 부가가치세 과세대상에 해당하지 아니한다고 회신하였다(기획재정부 부가가치세제과-145, 2021. 3. 2.).

(2) 도박사이트에서 사용되는 게임머니의 세법상 취급

이용자들이 불법 도박사이트에서 지정한 계좌에 송금하여 게임머니를 충전하고 도박사이트에서 제공하는 서비스를 이용할 수 있는 구체적 · 직접적 지위를 획득한 후에 운동경기 승 · 무 · 패를 예측하여 게임머니를 그 운동경기 결과를 적중시킨 자에게 일정

배당률에 따라 게임머니를 취득하고, 적중시키지 못한 자에게는 게임머니를 몰취당하는 방식으로 도박사이트를 운영하는 경우에 있어, 도박사이트 운영자가 이용자들로부터 지급받은 돈은 도박사이트를 통한 일련의 서비스 제공 대가라는 성질을 가진다.

도박사이트 운영자(이하 "운영자")가 이용자들로부터 지급받은 게임머니 충전대금은 그 즉시 운영자에게 전부 귀속되고, 이용자들이 운동경기 결과를 적중시켜 배당률에 따른 게임머니를 취득한 후 이를 환전하는 경우에도 자신들이 게임머니의 구입을 위하여 지급한 돈 자체가 반환되지 않는다.

따라서 이용자들로부터 돈을 지급받고 게임머니를 판매한 것 자체가 부가가치세 과세대상 거래에 해당하고, 운동경기 등 게임의 결과에 따른 게임머니의 획득 및 게임머니 환전을 통한 배당금 지급은 '용역의 공급'이 완료된 후에 일어난 사정에 불과하다(수원지방법원 2019구합62773, 2020. 11. 12.).

실질과세원칙이든 부가법 제17조에 따른 선발행세금계산서 취지에 비추어 이용자들이 게임머니를 구매하였다가 도박사이트에서 실제 베팅을 하지 않고 그대로 다시 환전을 하여 되돌려 받은 경우 그 돈은 부가가치세 과세대상이 될 수 없다. 그러나 불법 도박사이트 운영에 있어서는 당초 이용자의 게임머니 구입금액이 운영자에게 입금된 후에 일부가 그대로 반환된 것이라고 보기 어렵고, 이용자들에게 배당금으로 지급된 경우나 도박사이트를 이용한 후 환전하는 경우와 달리 불법도박사이트에서 베팅하기 전에 입금액 자체가 반환된 것이라고 구별지어 특정할 만한 근거자료도 없기 때문에 게임머니 판매금액 전부를 도박사이트의 운영에 따른 부가가치세의 과세표준으로 보았다(서울행정법원 2018구합81622, 2021. 1. 8.).

아울러 도박사이트의 운영에 따른 부가가치세의 과세표준을 산정함에 있어 이용자들이 입금한 총 입금액에서 이용자들이 배당금으로 지급받은 게임머니 또는 그 게임머니를 환전하여 인출한 금액을 공제하여야 할 아무런 법적 근거가 없다.

이용자들로부터 돈을 지급받고 게임머니를 공급하여 다른 이용자들과 도박을 할 기회를 제공한 것이 부가가치세 과세대상 거래에 해당하는 것이고, 운동경기의 결과에 따른 게임머니의 획득 및 게임머니 환전을 통한 배당금의 지급은 게임머니 지급에 따른 '용역의 공급' 완료 후에 일어나는 것에 불과하다.

(3) 게임개발자가 판매하는 게임머니의 과세

게임머니는 게임회사가 제공하는 온라인 게임용역과 관련하여 재산가치가 인정되어 그 동일성을 유지한 채 거래의 대상이 되는 거래의 객체로서 그 자체로 소비(온라인 게임서비스상의 게임 등의 용역을 제공받을 수 있음)될 수 있는 대상인 소비재로서 법원은 권리의 범주에 포함시키고 있다. 사업자가 게임콘텐츠를 오픈마켓을 통하여 판매하고 오픈마켓은 소비자로부터 게임머니로 대가를 수령하여 해당 사업자에 정산하는 경우 부가령 제29조 제2항 제1호에 따라 역무의 제공이 완료되고 그 공급가액이 확정되는 때를 공급시기로 한다(서면-2017-부가-2713, 2018. 1. 31.).

또한, 자체 플랫폼을 개발하여 게임용역을 제공하는 사업자가 자사 게임을 위한 게임머니를 제작하여 공급하는 경우 결제 시가 아닌 게임용역 제공시점과 그 대가를 확인할 수 있다면 게임용역제공 완료시점을 공급시기로 하는 것이 원칙일 것이나, 결제시점에 선발행세금계산서를 발급할 수 있도록 하여 납세편의를 도모하고 있다(서면법규과-823, 2014. 8. 6.). 즉, 모바일용 게임플랫폼을 개발하여 온라인 게임용역을 제공하는 사업자가 자사 사이트에서 제공하는 게임용역대가로 결제할 수 있는 게임머니를 판매하고 그 받은 대가에 대하여 부가법 제32조에 따른 세금계산서 또는 제36조에 따른 영수증을 발급한 경우 부가법 제17조 제1항에 따라 그 세금계산서 등을 발급한 때를 공급시기로 본다(사전-2018-법령해석부가-0276, 2018. 5. 28.). 즉, 해당 사업자는 사전에 약정한 수수료를 공제하고 대가를 수취하는 경우로서 해당 사업자의 부가가치세 공급가액은 부가법 제29조 제3항에 따라 해당 수수료가 된다고 보아 용역공급으로 보았다(서면-2015-부가-22621, 2015. 3. 11.).

선발행세금계산서 또는 영수증 발급시점에 공급시기를 인식하였더라도 손익귀속시기는 이용자가 그 게임머니를 사용한 날이 속하는 사업연도로 한다(서면법령해석과-138, 2015. 2. 6.).

다만, 과세되는 게임용역이 아닌 전자출판물이나 전자출판물의 대여에만 결제용으로 사용되는 사이버머니나 게임머니를 그 판매자 또는 운영자가 유상공급하는 경우에는 설령 권리라고 보더라도 면세용역이나 면세재화를 구입할 권리에 해당하므로 부가가치세 과세대상이 아니다.

(4) 게임머니 제작 유통사의 게임머니 공급

게임회사들을 위하여 게임머니(사이버머니)를 제작하여 유통하는 사업자(이하 "게임머니 제작/유통사")가 게임머니를 공급하고 그 대가를 현금이나 신용카드 등으로 결제받는 경우 게임머니 제작/유통사의 사업은 사업을 지원하는 서비스용역을 제공하는 사업자이므로 그 과정에서 받게 되는 수수료 상당액이 부가가치세 공급가액이 되어야 하고, 그 공급시기는 원칙적으로 가맹점에 해당하는 게임회사들로부터 게임머니를 회수하면서 지급받게 되는 경제적 이익 상당액이 확정되는 정산시점이 되어야 한다고 판단된다.

그러나 디지털로 유통되는 상품권과 게임머니(사이버머니), 별풍선 등에 대한 법적 성격에 대한 구분이 모호하고 과세관청도 명확한 해석을 내지 못하고 있는 실정이다. 아프리카TV가 판매하는 별풍선을 예로 들면, 중간화폐 또는 캐시기능 등 화폐적 기능이 강하여 과세대상이 아니라는 견해와 디지털 아이템 또는 디지털 재화로서 과세대상이라는 견해가 대립되고 있고 회사는 별풍선 판매 시 부가가치세를 별도로 하여 판매하고 있다. 별풍선과 같은 사이버머니에 대한 과세대상 여부에 대하여 기획재정부의 유권해석을 통해 해결될 것으로 보인다.

| 게임머니 등 공급시기 요약표 |

게임머니 공급자	공급자의 성격	공급가액	공급시기	
			원 칙	예 외
게임제작사 (자사용)	용역의 공급자	용역대가	공급이 완료되고 그 가액이 확정되는 때	선발행 가능
게임유통업자	재화의 공급자	판매금액	인도 또는 결제시기	–
도박사이트	용역의 공급자	입금액	결제시기	–
게임머니 제작/유통업자 (범용성)	용역의 공급자	용역대가	공급이 완료되고 그 가액이 확정되는 때 (정산시점)	–

(5) NFT의 부가가치세 과세

1) NFT의 정의

NFT(Non-Fungible Token)는 통상 고유한 정보를 갖고 있어 다른 것으로 대체가 불가능한 토큰을 의미한다. NFT는 제한된 수량으로 발행되어 주로 영상·이미지 등 콘텐츠의 수집 목적으로 거래된다. 이러한 특성상 보유자 수가 제한적이고 2차 거래에도 한계가 있어 가상자산과 달리 다수 이용자의 피해 발생 가능성이 낮다. 또한 NFT는 블록체인 산업 육성 측면에서 규제 혁신이 필요한 신개념 디지털 자산의 성격도 보유하고 있다.

2) NFT의 법적 성격 검토 기준

금융위원회와 금융정보분석원, 금융감독원은 주요국의 규율체계를 참고하여 NFT에 대해 "「자본시장법」상 증권 → 「가상자산이용자보호법」상 가상자산" 순서로 법적성격을 검토하는 기준을 마련하였다.

NFT의 법적성격은 이를 발행·유통·취급하려는 자가 발행·유통 구조, 약관 및 광고, 사업 및 서비스의 내용 등 제반사항을 종합적으로 고려하여 명칭이나 기술이 아닌 실질을 기준으로 사안별로 판단해야 한다.

가. 증권에 해당되는지 여부

투자자가 취득하는 권리의 내용이 「자본시장법」상 증권에 해당한다면, 형태나 기술에 관계없이 「자본시장법」상 증권규제가 적용되고 있다. NFT가 증권에 해당되는지 여부를 검토할 때에는 금융위원회가 2023년 2월 발표한 '토큰 증권 가이드라인'을 참고할 수 있다. 5가지 정형화된 증권[11] 외에, 보충적 · 포괄적으로 적용되는 증권 종류인 투자계약증권[12]에 해당되는지 여부에 대해서도 함께 검토 · 확인하여야 한다.

위 가이드라인은 분산원장 기술을 활용해 자본시장법상 증권을 디지털화한 것을 '토큰 증권'으로 정의하고, '증권'은 그 발행 형태를 불문하고 자본시장법의 규율대상에 해당하므로 토큰 증권에 대하여도 자본시장법상 증권에 관한 규제가 그대로 적용된다는 점을 재확인하고 있다.

| 토큰 증권과 디지털 자산의 규율체계 |

나. 가상자산에 해당되는지 여부

NFT가 증권에 해당되지 않는 경우에는 「가상자산이용자보호법」상 가상자산에 해당되는지 여부를 판단한다.

"가상자산"이란 경제적 가치를 지닌 것으로서 전자적으로 거래 또는 이전될 수 있는 전자적 증표(그에 관한 일체의 권리를 포함)를 말하며, 다음의 어느 하나에 해당하는 것은 제외한다(가상자산이용자보호법 §2).

• 화폐 · 재화 · 용역 등으로 교환될 수 없는 전자적 증표 또는 그 증표에 관한 정보로

---

11) 채무증권, 지분증권, 수익증권, 파생결합증권, 증권예탁증권 + 집합투자증권

12) ① 공동사업, ② 금전등을 투자, ③ 주로 타인이 수행, ④ 공동사업의 결과에 따른 손익을 귀속받는 계약상의 권리

서 발행인이 사용처와 그 용도를 제한한 것

- 「게임산업진흥에 관한 법률」 제32조 제1항 제7호에 따른 게임물의 이용을 통하여 획득한 유·무형의 결과물
- 「전자금융거래법」 제2조 제14호에 따른 선불전자지급수단 및 같은 조 제15호에 따른 전자화폐
- 「주식·사채 등의 전자등록에 관한 법률」 제2조 제4호에 따른 전자등록주식등
- 「전자어음의 발행 및 유통에 관한 법률」 제2조 제2호에 따른 전자어음
- 「상법」 제862조에 따른 전자선하증권
- 「한국은행법」에 따른 한국은행(이하 "한국은행"이라 한다)이 발행하는 전자적 형태의 화폐 및 그와 관련된 서비스
- 거래의 형태와 특성을 고려하여 대통령령으로 정하는 것

「가상자산이용자보호법」은 시행령 등에서 가상자산의 범위에서 제외되는 NFT를 "수집을 주된 목적으로 하는 전자적 증표, 거래당사자 간의 거래 확인만을 목적으로 하는 전자적 증표 등 단일하게 존재하여 다른 전자적 증표로 대체할 수 없는 전자적 증표. 다만, 특정 재화나 서비스의 지급수단으로 사용될 수 있는 전자적 증표는 제외"로 정의된다(가상자산이용자보호법 시행령 §2 4호).

다음 중 어느 하나의 특성을 보유한 경우에는 고유성(단일하게 존재) 및 대체불가능성이 훼손되어 가상자산에 해당될 가능성이 높다.

① 대량 또는 대규모 시리즈로 발행되어 대체 가능성이 큰 경우

예를 들어, 사회 통념상 고유성을 인정하기 어려울 정도로 대량의 동일 또는 유사 NFT가 발행되거나, 동종 또는 유사한 NFT가 시세를 형성하고 개별 NFT의 가격이 아닌 동종 또는 유사한 NFT의 시세차익을 주된 목적으로 거래가 이루어지는 경우

② 분할이 가능하여 고유성이 크게 약화된 경우

예를 들어 하나의 NFT가 소수점 단위로 분할이 가능한 경우

③ 특정 재화나 서비스의 직·간접적인 지급수단으로 사용이 가능한 경우

④ 불특정인 간에 가상자산으로 교환이 가능하거나, 다른 가상자산과 연계하여 재화 또는 서비스의 지급이 가능한 경우

예를 들어, 다른 가상자산으로의 교환 목적으로만 NFT가 발행된 경우, NFT와 다른 가상자산이 불특정인 간에 상호 교환이 가능한 경우, NFT를 사용하여 다른 가상자산으로 가격이 표시된 재화 또는 서비스를 제공받을 수 있는 경우

반면, 다음 중 어느 하나의 특성을 보유한 경우에는 가상자산이 아닌 NFT에 해당될 가능성이 높다.

① 경제적 가치가 아닌 다른 가치 · 효용을 목적으로 하는 경우

예를 들어, 신원 또는 자격의 증명, 자산 또는 거래내역의 증명(영수증) 목적으로만 사용되는 경우

② 사용처 및 용도 측면에서 경제적 기능이 미미한 경우

예를 들어, 공연 티켓 등 한정적 수량으로 발행되어 전시 · 관람 목적으로만 사용되는 경우

③ 거래 또는 이전이 가능한 전자적 증표로 보기 어려운 경우

예를 들어, 2차 거래가 불가능한 경우

사업자가 가이드라인에 따라 검토한 결과, NFT가 가상자산에 해당되는 경우에는 「가상자산이용자보호법」 및 「특정금융정보법」 등 가상자산 관련 법령과 정부의 발표내용 등을 준수하여야 한다. 현재 NFT를 유통 · 취급하고 있는 사업자는 ① NFT가 가상자산에 해당되는지, ② 자신의 사업 내용이 매매 등[13]을 영업으로 하는 경우에 해당되는지를 판단하여야 한다. ①, ② 모두에 해당되는 경우, 「특정금융정보법」상 가상자산사업자로서 신고대상(미신고시 형사처벌 대상)이다.

앞으로 NFT를 발행할 예정이거나 NFT를 유통 · 취급하려는 자는 가이드라인에 따라 해당 NFT의 법적 성질을 사전에 면밀히 검토하고, 그 실질에 따라 가상자산에 관한 정부 입장과 관련 법령 등을 준수하여야 한다.

13) 매매, 교환, 이전, 보관 · 관리 및 매매 · 교환의 중개 · 알선 등(특금법 §2 1 하)

다. 증권, 가상자산 및 NFT의 관계

〈증권〉	〈가상자산〉	〈그 외 전자적 증표〉
• 채무증권 • 지분증권 • 수익증권 • 파생결합증권 • 증권예탁증권 • 투자계약증권	① 대량 · 대규모 시리즈 발행 ② 분할가능 ③ 지급수단 사용 ④ 다른 가상자산으로 상호교환	게임산업상 게임머니 · 게임아이템, 전금법상 선불전자지급수단 · 전자화폐 · 전자채권, 전자어음법상 전자어음, 상법상 전자선하증권, 한국은행 CBDC · 예금토큰, 모바일상품권등
증권에 해당하는 NFT	가상자산에 해당하는 NFT	개별법률의 규제를 적용
〈NFT〉 증권, 가상자산 등에 관한 규제가 적용되지 않는 NFT		

3) NFT에 대한 부가가치세 과세

기획재정부는 NFT의 공급에 대해 부가가치세가 과세 또는 면제되는지 여부는 NFT의 유형 · 특성, 내재된 기초자산의 성격, NFT의 용도 및 거래형태 등을 고려하여 판단할 사항이라고 회신함으로써 위 "(2)" 및 금융위원회가 2024. 6. 10. 발표한 "NFT 가상자산 판단 가이드라인"을 종합적으로 참고하여 판단할 수밖에 없다(기획재정부 부가가치세제과-385, 2024. 6. 14.).

결론적으로 위 "3)"의 그림에서 증권 및 가상자산에 해당하는 경우 부가가치세 과세대상이 되지 아니하고, 증권 및 가상자산에 해당되지 아니하는 그 밖의 NFT로서 제한된 수량으로 발행되어 영상 · 이미지 등 콘텐츠의 수집 목적으로 유상거래되는 경우에 부가가치세가 과세된다.

8 | 선하증권 양도와 세무처리

(1) 선하증권의 개념과 양도

1) 선하증권의 정의

"선하증권"은 송화인 등이 물품을 운송하기 위하여 해상운송인에게 인도한 경우에 선박회사가 발행하는 증권으로서 운송물을 인도하였다는 증거가 되고, 또 목적지에서 이것과 상환으로 운송물을 인도받는 권리를 표창하는 유가증권이다(상법 §820, §129 ; 국심 99중1116, 2000. 2. 5.).

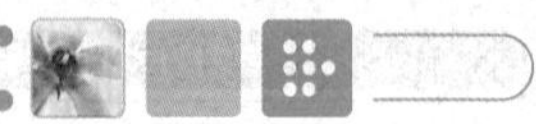

2) 양도의 의미 및 효력

선하증권은 운송인과 그 증권소지인 사이에는 증권 기재에 따라 운송계약상의 채권관계가 성립하는 채권적 효력이 발생하고, 운송물을 처분하는 당사자 사이에는 운송물에 관한 처분은 증권으로서 하여야 하며 운송물을 받을 수 있는 자에게 증권을 교부한 때에는 운송물 위에 행사하는 권리의 취득에 관하여 운송물을 인도한 것과 동일한 물권적 효력이 발생하므로 운송물의 권리를 양수한 수하인 또는 그 이후의 자는 선하증권을 교부받음으로써 그 채권적 효력으로 운송계약상의 권리를 취득함과 동시에 그 물권적 효력으로 양도 목적물의 점유를 인도받은 것이 되어 그 운송물의 소유권을 취득한다.

또한, 선하증권상에 특정인이 수하인으로 기재된 기명식 선하증권의 경우 그 증권상에 양도불능의 뜻이나 배서를 금지한다는 취지의 기재가 없는 한 법률상 당연한 지시증권으로서 배서에 의하여 양도가 가능하고, 그 증권의 소지인이 배서에 의하지 아니하고 권리를 취득한 경우에는 배서의 연속에 의하여 그 자격을 증명할 수 없으므로 다른 증거방법에 의하여 실질적 권리를 취득하였음을 입증하여 그 증권상의 권리를 행사할 수 있다.

부언하면 선하증권의 양도는 배서에 의하여 가능한데, 기명식 선하증권의 경우에는 특별히 배서를 금지하는 기재가 없는 이상 증권에 수하인으로 기재된 자의 배서에 의하여 양도가 가능하다(대법원은 기명식 선하증권에 배서를 금지하는 기재가 있는 경우에도 배서에 의한 양도는 불가능하나 지명채권 양도의 방식으로 양도가 가능하다고 판시하였다). 물론 지시식 선하증권의 경우 그 증권상 지시문언에 따라 배서에 의한 양도가 가능하다(상법 §861, §130).

다만, 선주가 선하증권을 발행한 상태에서 그 선하증권이 아직 수하인에게 교부되지 아니한 경우 선하증권상 운송물에 대한 최초의 권리자가 될 수 있는 자는 수하인일 뿐이므로 수하인으로부터의 배서에 의하지 않고 선하증권을 소지한 자가 있다고 하더라도 이를 두고 선하증권이 양도되었다고 보기 어렵다(대법원 2000다70064, 2003. 1. 10.).

3) 선하증권의 종류

선하증권상에 적혀 있는 적재문언에 따라 선적선하증권과 수취선하증권으로, 증권상 remark(포장 또는 수량 등에 대한 특정단서, 부가조항, 유보사항 등) 기재 여부에 따라 무고장선하증권과 사고부선하증권으로, 화물수령인의 표시 여부에 따라 기명식선하증권과 지시식선하증권(유통가능)으로 구분된다.

▌House B/L

각기 다른 화주의 화물을 혼재하는 운송주선인이 개별화주 앞으로 발행하는 선하증권

▌통과선하증권

화물을 목적지까지 운송함에 있어 운송 도중 환적하거나 육상운송과 연계될 경우 최초의 운송업자가 전 구간에 대하여 책임을 지고 서명하여 발행한 선하증권

4) 법적 성질

선하증권의 법률상의 성질·효력 등은 육상운송에 있어서의 화물상환증의 경우와 동일하므로 채권적효력과 물권적효력이 있으며, 선하증권을 인도한 때에는 운송물 위에 행사하는 권리의 취득에 관하여 운송물을 인도한 것과 동일한 효력이 있다(부가 46015-4037, 2000. 12. 14. ; 상법 §820, §133).

(2) 국내사업자 간 선하증권의 양도

1) 부가가치세 과세대상 여부

유가증권이라 함은 재산가치를 가지는 사권(私權)을 표시하는 증권이다. 그중 상품(물품)증권은 권리의 이전과 행사에 증권의 점유를 필요로 하는 것으로 화물상환증, 선하증권, 창고증권이 있다. 재화의 소유권을 나타내는 동 증권을 양도(교부)하는 것은 운송물을 인도하는 것과 동일한 효력이 있어 부가가치세 과세대상이 된다(부가 1265-2951, 1981. 11. 14. ; 부가 1265-2717, 1982. 10. 20. ; 국심 79중533, 1979. 5. 28.).

부가가치세가 과세되는 수입물품에 대한 선하증권의 경우 해당 수입물품이 보세구역 내에 있는 경우뿐만 아니라 선적 후 보세구역에 도착하기 전에 양도되는 선하증권에 대하여 부가가치세가 과세된다.

2) 선하증권 양도 시 공급시기

가. 통상적인 공급시기

사업자가 수입물품에 대한 선하증권을 양도하고 해당 선하증권을 양수한 자가 수입통관하는 경우로서 해당 선하증권 양도에 대한 공급가액을 부가령 제61조 제18항 제5호에 따라 순액(양도가액-수입 시 과세표준)으로 계산하는 경우에 해당 선하증권 양도와 관련한 공급시기는 해당 수입물품의 수입신고수리일로 해석하고 있다(서삼 46015-11452,

2003. 9. 15.).

그러나 선하증권의 양도가 재화의 공급인 이상 선하증권을 양도하는 경우 최종 소지자가 세관장으로부터 수입세금계산서를 발급받는 것은 별론으로 하고, 조건부거래에 해당하지 않는 한 선하증권의 양도일(명의변경일 또는 배서일)로 봄이 타당할 것이다. 특히 부가령 제61조 제1항 제5호 단서규정에 따라 선하증권 양도가액을 공급가액을 산정하는 경우에는 그 공급시기를 선하증권 양도일을 작성일자로 기재하여 세금계산서를 발급하여야 한다(기재부 부가가치세제과-445, 2009. 6. 29.).

나. 조건부 양도 또는 선적조건에 따른 공급시기

FOB, EXW, FCA 등의 인코텀즈는 운송에 있어서 비용과 위험 부담에 관한 책임과 한계를 정해 놓은 기준에 불과하여 물품의 소유권 이전을 판단하는 기준이 될 수 없다(서울중앙지방법원 2014가합2360, 2015. 6. 18.). 국내 구매자(수입물품을 최종 공급받는 자)와의 계약에서 FOB 조건에 따라 '선적 시' 소유권이 이전된다고 하더라도 그와 함께 국내 구매자가 해당 물품의 품질요건 미달 등의 이유로 거래를 거절할 수 있는 등 조건부 또는 반환조건부거래에 해당한다면 선적시점이 아닌 조건이 성취되는 때 또는 재화의 공급이 확정되는 때가 공급시기가 된다(부가령 제28조 제2항). 따라서 FOB 등 선적조건이 선하증권의 거래당사자들의 별도 계약에서 정한 공급조건과 내용 등에 우선하여 재화의 공급시기나 공급장소를 판단하는 기준이 될 수 없다.

3) 부가가치세 공급가액

가. 원칙

사업자가 보세구역 내에 보관된 재화를 다른 사업자에게 공급하고, 그 재화를 공급받은 자가 그 재화를 보세구역으로부터 반입하는 경우에는 그 재화의 공급가액에서 세관장이 부가법 제58조 제2항에 따라 부가가치세를 징수하고 발급한 수입세금계산서에 적힌 공급가액을 뺀 금액을 공급가액으로 한다(부가령 §61 ② 5).

▌관련 대법원 판례

최초 수입자가 수입물품을 해외에서 구입하여 보세구역에 반입한 뒤 그 선적서류 일체를 선하증권 양수자에게 교부함으로써 수입물품을 양도하고 양수자가 수입물품을 보세구역으로부터 인취하는 경우, 구 부가령 제48조 제8항 소정의 '보세구역 내의 사업자'라 함은 보세구역 내에 사업장을 둔 사업자에만 한정되는 것이 아니며 최초 수입자가 양수자에 대한 동 수입물품의 공급은 보세구역 내의 사업자가 보세구역 외의 국내에 재화를 공급하는 경우에 해당되므로 그로 인한 부가가치세의

> 공급가액은 동 수입물품 중 일부에 관하여 수입에 대한 부가가치세가 면제되는지 여부에 불구하고, 동 물품의 공급가액 중 물품의 수입에 대한 공급가액 금액을 제외한 나머지 금액이 된다(대법원 97다51490, 1999. 8. 20.).

나. 예외

선하증권의 양도와 관련된 재화가 수입재화에 해당되는 경우로서 세관장이 부가법 제58조 제2항에 따라 부가가치세를 징수하기 전에 같은 재화에 대한 선하증권이 양도되는 경우에는 양수인으로부터 받은 대가를 공급가액으로 할 수 있다(부가령 §61 ② 5 단서).

따라서 선하증권 양도가 선행되지 아니하는 보세구역 내에 보관된 재화를 다른 사업자에게 양도하는 경우에는 세관장의 수입세금계산서 발급시점 또는 일반세금계산서의 지연교부나 미교부에 관계없이 순액을 공급가액으로 기재하여 다른 사업자에게 세금계산서를 발급하는 것이다

다. 선하증권 재양도에 따른 공급가액 산정방법

"갑"이 선하증권을 "을"에게 양도하고, "을"이 그 선하증권을 "병"에게 재양도 후, "병"이 수입물품을 통관하는 경우 "갑"과 "을" 모두 공급가액을 순액으로 할 수 있는지 여부에 대하여 국세청의 엇갈린 해석이 있었다.

재화의 공급가액에서 수입세금계산서상 공급가액을 차감하게 하는 취지가 수입 시 과세표준만큼 일시적으로 중복하여 과세되는 것을 방지하기 위한 것임을 감안할 때 재화를 수입통관하기 전에 그 재화에 대한 선하증권이 양도되는 경우에는 선하증권의 금액을 공급가액으로 할 수 있다는 부가령 제61조 제1항 제5호의 단서 규정은 수입통관 전에 사업자 간 선하증권 양도 시 과세표준을 확정하지 못하고 수입통관될 때까지 기다려야 하는 불편을 해소하기 위해 규정된 것으로 순액(수입 시 과세표준을 차감한 금액) 또는 총액(수입 시 과세표준을 차감하지 아니한 거래금액) 선택 적용 시 납세자의 탈루세액이 없으므로 선하증권을 최종소유자에게 양도하지 않는 경우에도 순액주의에 따른 세금계산서 발급을 배제할 이유가 없어 "갑"이 "을"에게 선하증권을 양도할 때 수입신고수리일에 순액으로 세금계산서를 발급할 수 있고 선하증권 양도 시에 양도가액을 공급가액으로 하는 세금계산서도 발급할 수 있도록 기존 해석을 정비하였다(기준-2014-법령해석부가-21939, 2015. 4. 30. ; 사전-2016-법령해석부가-0618, 2016. 12. 18.).

| 선하증권 양도 시 공급가액 변천 |

적용시기	선하증권 양도 시 공급가액	관련 사례 및 규정
2003. 3. 30. 이전	• 총액주의(B/L 양도금액)	부가 46015-1529, 1999. 6. 2.
2003. 3. 31. 이후	• 순액주의(B/L 양도금액-수입 시 과세표준) • 총액으로 세금계산서 발급하더라도 상대방은 매입세액공제 허용	재소비 46015-88, 2003. 3. 31. 재부가-445, 2009. 6. 29.
2010. 2. 18. 이후	• 순액주의 원칙 • 총액주의 선택 가능	구 부가령 §48 ⑧ 부가령 §61 ① 5

(3) 선하증권 매매 시 발급된 세금계산서의 매입세액공제

1) 선하증권 양수자(수입자)의 매입세액공제

사업자가 과세되는 선하증권을 매입하면서 발급받은 세금계산서의 공급가액에 동 선하증권 관련 재화의 수입통관 시 세관장으로부터 발급받은 수입세금계산서의 공급가액이 포함되어 적혀 있는 경우 해당 선하증권 취득 시 부담한 부가가치세의 매입세액공제는 가능하며, 동일 물품이 '재화의 공급'과 '재화의 수입'에 해당되어 중복과세 방지를 위하여 수입세금계산서의 공급가액을 차감하여 세금계산서를 발급한 경우에도 재화의 수입에 대한 수입세금계산서 및 재화의 공급에 대한 세금계산서상의 매입세액을 모두 공제받을 수 있다(부가가치세과-352, 2014. 4. 18. ; 재부가-445, 2009. 6. 29.).

2) 선하증권 양도자의 매입세액공제

부가가치세 과세대상 물품을 수입하여 판매 또는 과세사업에 직접 사용·소비하는 사업자가 외국에서 물품이 선적되어 국내로 운송 중이거나 보세구역 내에 있는 경우로서 해당 선하증권을 양도(배서)하는 것은 부가가치세 과세대상인 재화의 공급으로 본다. 아울러 해당 선하증권 양도와 관련된 세금계산서 및 계산서(수입물품이 면세대상인 경우) 발급 규정은 부가가치세의 이중부담, 납세자 편의 등을 감안하여 특례를 허용하고 있다. 즉, 선하증권 양도 시 공급가액과 양수자이면서 수입통관을 하는 사업자가 세관장으로부터 교부받은 수입세금계산서의 공급가액의 차액에 대하여 세금계산서를 발급할 수 있고, "0" 또는 음수인 경우 선하증권 양도자는 세금계산서를 발급하지 아니한다. 물론 세관장이 부가가치세를 징수하기 전에 선하증권 양도금액을 공급가액으로 기재한 세금계산서를 발급할 수도 있다. 이 규정 및 해석은 면세물품 관련 선하증권 양도 시에도 그대로 준용된다(부가령 §61 ② 5호 ; 법인세과-813, 2011. 10. 26. ; 법규과-899, 2005. 11. 1. ; 부가가치세과-384, 2014. 4. 23.).

하지만 선하증권 양도가액을 기재(이하 "총액 발급")한 세금계산서를 발급한 경우에는 과세사업이고, 선하증권 양도와 관련한 부가령상의 특례규정에 따라 세금계산서를 순액으로 발급하거나 양도가액과 수입 시 과세표준의 차액(이하 "순액 발급")이 음수여서 세금계산서 발급이 면제된 경우에는 양도자의 사업이 비과세 또는 면세사업으로 전환되는 것은 아니다. 동 시행령은 세금계산서상에 기재될 공급가액 기재방법을 규정한 것이지 과세·면세(비과세)수입금액을 규정한 것이 아니다.

부가법령상 공통매입세액 안분계산이 되는 '면세사업등'이라 함은 '면세사업 및 부가가치세가 과세되지 아니하는 재화 또는 용역을 공급하는 사업'을 의미하는 바, 면세나 비과세 수입금액을 말하는 것이 아니라 면세사업 및 부가가치세가 과세되지 않는 사업(비과세 사업)과 관련한 수입금액이 발생한 경우에 그 공통매입세액을 안분하는 것이다. 선하증권 양도로 인하여 공통매입세액 안분계산이 문제되는 경우는 물품이 국외에서 국외로 인도되는 선하증권의 국내사업자 간의 양도로서 계산서가 교부되는 경우로 한정된다(서면-2017-부가-3226, 2018. 4. 13. ; 기준-2019-법령해석부가-0445, 2019. 5. 31.).

따라서 과세물품과 관련된 선하증권을 국내 다른 사업자에게 양도하는 경우 공급가액을 순액을 기재하든 총액을 기재하든 순액 기재 시 양도가액에서 수입 시 과세표준 차감 시 음수가 되어 세금계산서를 발급을 하지 아니한 경우에도 과세표준의 산정에 관한 문제로서 선하증권 양도 사업자는 부가가치세 과세대상인 재화를 공급하는 사업자이므로 해당 사업을 운영하면서 발생된 매입세액은 부가법 제39조에 따른 매입세액에 해당하지 아니하는 한 전액 공제대상으로 공통매입세액 안분계산대상에 해당하지 않는다(서면-2020-법령해석부가-0642, 2020. 6. 12.).

※ 부가가치세 과세대상의 공급이 있었지만 공급가액에 포함하지 아니하는 금액(예를 들어 에누리, 국고보조금과 공공보조금, 자기적립마일리지 결제금액, 포괄적 사업양도 시 양도가액)이 있다고 하여 그 금액 등이 면세(비과세) 사업의 수입금액이 될 수 없음은 명명백백하다.

(4) 면세재화 관련 선하증권의 양도

1) 부가가치세 과세 여부

수입면세에는 특정재화를 국내로 들여와 이를 국내로 직접 인취하도록 하는 것뿐 아니라 해당 물품을 국내로 도착하도록 하는 결과를 일으키는 것도 포함하는데, 선하증권 형태로 수입하는 경우에도 동 특정재화가 면세품목에 해당되면 부가가치세가 면제되는 것이다(부가 1265. 1-3074, 1982. 12. 7.).

2) 공급가액 계산

면세물품 관련 선하증권 양도 및 수입통관에 따른 계산서 발급대상 금액은 선하증권 양도가액에서 세관장이 법인법 제121조 제3항에 따라 발급한 계산서 가액을 차감한 금액("0"이거나 음수이면 발급의무 없음)으로 하거나 선하증권 양도가액으로 할 수 있다(법인세과-813, 2011. 10. 26. ; 서면2팀-149, 2006. 1. 18.).

3) 수입과 국내 유통 시 과세 또는 면세되는 경우 공급가액의 계산

가. 수입 시 면세, 국내 유통 시 과세인 경우

수입 시에는 면세, 국내 유통 시에는 과세되는 재화의 선하증권을 양도한 경우로서 보세구역 내의 사업자가 보세구역 외의 국내에 재화를 공급하는 경우 해당 재화가 부가가치세가 면제되는 수입재화에 해당하는 때에 수입계산서에 기재되는 관세의 과세가격과 관세, 개별소비세 및 주세 등의 합계액은 총거래금액에서 공제하지 아니한다(부가 22601-1655, 1990. 12. 18. ; 서면3팀-2601, 2004. 12. 21. ; 서면-2021-법령해석부가-4525, 2021. 11. 30.).

※ 위 "3)의 가" 순액을 공급가액으로 한다는 부가령 §61 ② 5호의 규정이 적용되지 아니한다.

나. 수입 시 과세, 국내 유통 시 면세인 경우

부가법, 소득법, 법인법 규정상에 수입 시 과세, 국내 유통 시 면세되는 재화의 선하증권을 양도한 경우 공급가액 산정에 관한 특별한 규정이 없어 부가가치세 기본원리상 선하증권 양도 시에는 총액(거래금액)으로 계산서를 발급하여야 한다는 것이 현행 국세청의 해석이다(서면법규과-1326, 2014. 12. 16.).

하지만 부가법에 따라 세금계산서 또는 영수증을 작성·발급한 것에 대해서는 계산서를 작성·발급한 것으로 보고, 계산서의 발급시기는 세금계산서의 발급시기를 준용하는 것으로 계산서의 작성·발급은 부가법상의 공급시기, 발급방법 등을 준용하여야 한다(서면2팀-334, 2005. 2. 23.). 따라서 '선하증권 양도 시의 부가가치세 적용방법'을 준용하여 법인이 국내 유통 시에는 면세재화인 수입물품에 대한 선하증권을 양도하고 해당 선하증권을 양수한 자가 수입통관하는 경우에는 공급가액 중 관세 및 부가가치세가 과세되는 부분에 대하여 세관장이 발급한 수입세금계산서의 공급가액을 제외할 수 있도록 하는 유연한 해석이 요구된다.

(5) 항공화물운송의 경우

항공화물운송의 경우(선하증권이 발행되지 않는다) 매수인이 운송물의 점유를 취득하고 이를 다시 제3자에게 인도한 것은 아니나, 매수인이 수입할 매매목적물을 미리 제3자에게 양도함에 따라 매도인에 대하여 그 제3자를 수하인으로 하여 운송을 위탁할 것을 요구하고 매도인이 이에 응한 경우, 그러한 약정에 근거하여 당사자들의 의사에 따라 운송물이 국내에 도착하고 인도를 청구하였을 때 매도인 → 매수인, 매수인 → 제3자로 순차로 운송물에 대한 소유권 이전이 이루어진 것으로 본다(대법원 98도2526, 1998. 11. 10.).

(6) 주요 유형별 선하증권 양도의 과세 여부

1) 수입물품에 대한 선하증권 양도 시 과세방법

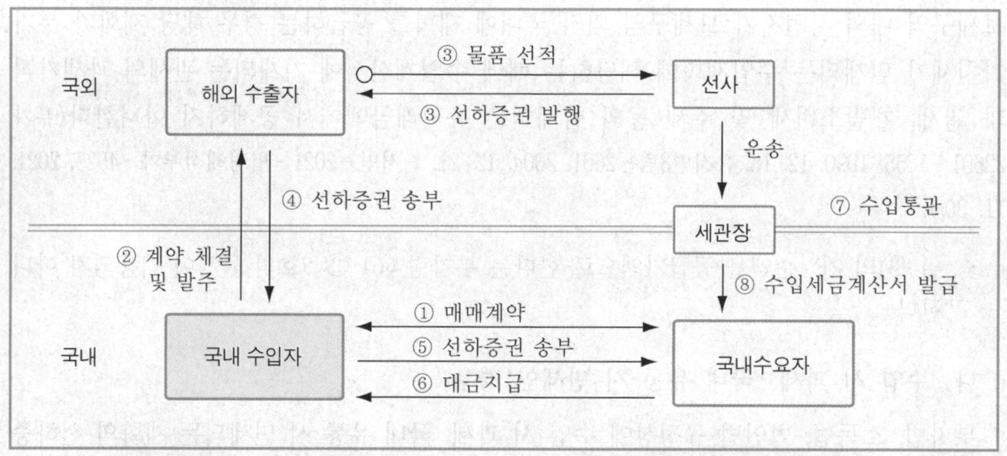

※ 선하증권을 송부받아 통관 전에 국내 수요자에게 양도하는 경우임.

부가가치세 과세대상 선하증권 양도란 "운송물이 국외에서 선적되어 국내에서 수입통관되기 전까지 해당 선하증권을 국내 다른 사업자에게 양도하는 경우"로서 상법상 선하증권의 교부나 양도는 운송물을 인도한 것과 동일한 채권적 · 물권적 효력(점유의 이전)이 있다.

따라서 그 운송물이 통관 전 보세구역 내에 있거나 해상운송 중이더라도 국내통관(수입)이 예정되었다면, 동 선하증권(즉, 해당 운송물)의 양도는 "운송물의 국내 양도거래"로 간주되어 과세되는 것이다.

보세구역 내 또는 보세구역에 도착 전 수입재화의 선하증권이 양도된 후 그 양수자가 수입통관하는 경우 해당 선하증권의 양도가액에서 수입과세표준을 차감하여 선하증권 양도자의 공급가액을 산정하는 것을 원칙으로 하되, 세관장이 수입부가가치세를 징수하기 전에 해당 선하증권이 양도되는 경우 선하증권의 양도가액을 공급가액으로 할 수 있도록 부가령에서 예외를 허용하고 있다(부가령 §61 ② 5).

- 「상법」상 선하증권의 교부나 양도는 운송물을 인도한 것과 동일한 채권적·물권적 효력이 있다고 보아 부가가치세 과세대상으로 보고 있으나, 이는 어디까지나 선하증권을 운송물과 동일하게 보아 선하증권 양도의 운송물의 양도와 동일한 하나의 거래로 보겠다는 의미임.
- 기존의 선하증권 양도에 대한 해석은 부가가치세 과세대상 운송물이 국외에서 선적되어 국내에서 수입통관되기 전까지 해당 선하증권을 양도하는 경우
  - 그 운송물이 통관 전 보세구역 내에 있거나, 비록 해상운송 중이더라도 국내통관(수입)이 예정되어 있으므로 선하증권의 양도(즉, 해당 운송물)를 국내거래로 간주해 과세대상으로 보겠다는 취지임(조심 2016부1068, 2016. 8. 17.).

2) 국외 이동 운송물에 대한 선하증권 양도 사례

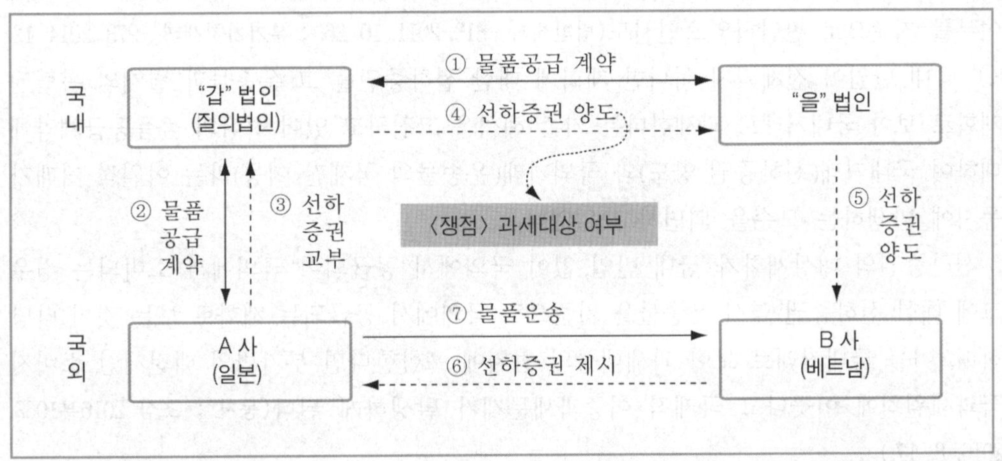

가. 사실관계

"갑"법인이 "을"법인에게 물품을 공급하기로 하는 매매계약 체결하고 "갑"법인은 일본 A사로부터 물품을 구입하며 받은 선하증권을 "을"법인에 양도하며, 이를 "을"법인이 베트남 B사에 양도함에 따라 물품은 국내 반입없이 A사에서 B사로 직접 이동된다.

※ 운송물이 국외에서 국외로의 이동이 전제된 선하증권의 양도임.

나. 검토

부가가치세는 속지주의과세하의 소비지국과세원칙에 따라 부가가치세의 과세권이 미

치는 지역적인 장소는 국내이므로 재화 또는 용역의 공급에 대한 거래장소가 국내인 것에 한하여 과세대상이다. 재화의 공급장소는 동산의 경우 재화의 이동이 개시되는 장소이며, 동 장소를 기준으로 국외거래 여부를 판정하는 것이다(계약과 대금수수가 국내인지는 불문).

선하증권은 운송물과 독립된 별개의 거래대상이 아니라 운송물 위에 행사하는 것 또는 운송물이 존재하는 경우에만 재산적 가치를 지니며, 운송물과 일체가 되어 공급되는 것으로서 선하증권의 양도가 곧 운송물을 인도한 것이 된다(상법 §133).

따라서 선하증권의 과세·면세 여부, 국외거래 해당 여부는 결국 운송물을 기준으로 하며, 산업통상자원부도 선하증권 양도거래의 경우 운송물을 기준으로 특정무역방식의 수출인지를 판단하고 있다. 즉, 선하증권은 운송물의 목적지에서 운송물을 인도받을 권리를 표창하는 유가증권으로 그 대상재화가 존재하는 경우에만 재산적 가치를 가진다고 볼 수 있는바, 그 대상재화와 구분하여 별도의 독립적 재산적 가치나 법률상 취급을 논할 수 없다.

국세청도 선하증권과 그 운송물의 과세·면세 여부 판정에 있어서도 운송물의 면세 여부를 기준으로 판단하였으면서도(법인세과-813, 2011. 10. 26. ; 부가가치세과-973, 2014. 12. 8.), 국내 반입이 전제되지 아니한 재화에 대한 선하증권을 그 운송물과 별개의 독립된 재화로 보아 국내거래로 과세한다는 기존 해석을 고집하고 있어 하나의 물품공급계약에 대하여 국내거래(선하증권 양도)와 국외거래(운송물의 국제간 이동)라는 이원적 거래가 동시에 발생하는 모순을 외면하고 있었다.

선하증권의 대상재화가 국내 반입 없이 국외에서 공급되어 국외에서 소비되는 경우 그에 대한 선하증권 역시 운송물을 기준으로 국외에서 공급되는 재화로 보는 것이 타당하며, 이를 국내거래로 보아 과세대상의 범위에 포함한다면 부가법의 대전제인 소비지국과세원칙에 어긋나고 국제적 이중과세문제가 발생하게 된다(동지 : 조심 2016부1068, 2016. 8. 17.).

따라서 본건 선하증권 양도거래에 대하여 국세청도 법령심사위원회를 통하여 부가법 제4조에 따른 부가가치세 과세대상에 해당하지 아니한다고 기존 해석을 변경하였다(기준-2019-법령해석부가-0445, 2019. 5. 31.).

3) 상법상 선하증권 종류별 과세방법 사례

가. 사실관계

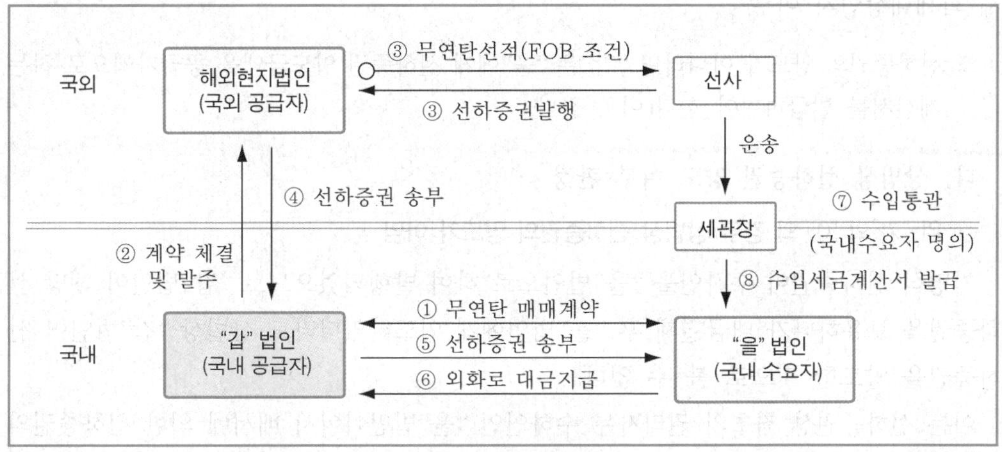

"갑"법인(무연탄 공급자)이 국내의 "을"법인(무연탄 최종 구매자)과 무연탄 공급계약을 체결하고, 인도네시아 소재 외국법인(수출자)과 무연탄 수입계약(무역거래조건: FOB)을 체결한 후 외국법인이 인도네시아 선적항에서 물품 선적을 완료하고 선주가 발행한 선하증권을 통하여 거래를 하는 경우로서,

① 기명식 선하증권을 "갑"법인이 보유하다가 양도

기명식 선하증권(수하인: "을"법인)이 "갑"법인에게 인도되고 "갑"법인은 기명식 선하증권을 직접 보유하다가 "을"법인이 수입물품에 대한 결제를 완료하면 선하증권을 포함한 일체의 서류를 "을"법인에게 인도한 경우(FOB조건, "을"법인은 선하증권 등 선적서류를 제시하고 "을"법인의 명의로 수입통관함)

② 기명식 선하증권을 선적 후 "을"법인에 직접 송부

외국법인이 인도네시아 선적항에서 물품 선적을 완료하면 선주가 발행한 기명식 선하증권(수하인: "을"법인)을 "을"법인에게 직접 인도한 경우(FOB조건, 선적 완료 시 물품에 대한 소유권이 "을"법인으로 이전된다고 계약서에 명시되었으며, 해상 운송료, 수입통관비 및 용선료 역시 "을"법인이 부담함)

③ 지시식 선하증권을 "갑"법인이 양도한 경우

위 "①" 및 "②"와 사실관계는 같으나, 지시식 선하증권이 발행되었다.

나. 질의

위 사례별로 상법상 "갑"법인이 "을"법인에게 선하증권을 양도한 것으로서 부가가치세 과세대상인지 여부

※ 선하증권의 양도가 아니라면 "갑"은 "을"에게 선하증권 양도금액을 공급가액으로 하는 계산서를 발급하여야 한다(이하 같다).

다. 상법상 선하증권 양도 여부 판정

㉠ 위 "가"의 "①"의 경우 상법상 선하증권의 양도가 아님

기명식 선하증권이 수하인을 "을"법인으로 하여 발행되었으므로 "갑"법인이 해당 선하증권을 보유하다가 대금결제 후 "을"법인에게 인도하였더라도 상법상 "갑"법인이 선하증권을 양도한 것으로 볼 수 없다.

이는 선하증권상 최초의 권리자는 수하인인 "을"법인이어서 배서에 의한 선하증권의 양도는 "을"법인으로부터 시작되는 것이므로 "을"법인의 배서 이전에 "갑"법인이 "을"법인에게 선하증권을 인도한 것을 두고 '선하증권이 양도되었다'고 보기 어렵기 때문이다.

> 위 "가"의 "①" 사례의 경우 선하증권을 "을"법인이 바로 보유하지 못하였지만 기명식 선하증권의 수하인인 "을"법인이 배서에 의하지 않고도 선하증권을 교부받음으로써 증권상의 권리를 행사할 수 있으므로 "을"법인은 운송물에 대한 권리를 먼저 양수받고 나중에 선하증권을 '교부'받아 운송물의 소유권을 취득한 것이다. 따라서 위 '교부'는 실질적으로 본래 수하인으로서 권리를 가지고 있는 자가 소유권을 취득하는 것으로 선하증권의 양도라고 보기 어렵다.

다만, 계약의 당사자 사이에 선하증권이 발행되고 선하증권을 소지하고 있다가 운송물의 인도 및 대금결제와 동시에 선하증권을 양도하였다면, 비록 선하증권이 수입계약의 당사자가 아닌 운송물의 매수자 명의("을"법인)로 발행되었다고 하더라도 실질적으로는 "갑"법인이 선하증권의 소지자라고 할 것이므로 이를 "을"법인에게 양도하였다면 상법상 선하증권의 양도로 볼 수 있다는 소수의견도 있다.

㉡ 위 "가"의 "②"의 경우 상법상 선하증권의 양도가 아님

기명식 선하증권이 수하인을 "을"법인으로 하여 발행되었고 선하증권이 "갑"법인을 거치지 않고 "을"법인에게 직접 인도되었으므로 역시 "갑"법인이 선하증권을 양도한 것으로 볼 수 없다. 즉, 선하증권의 권리자가 본래부터 "을"법인이기 때문이다.

선하증권의 교부로 운송물의 소유권을 취득하는 것이므로 선하증권을 넘기는 행위, 즉 '교부'로 운송물의 소유권이 "을"법인에게 이전되는 것인바, 물품의 소유권을 "을"법인에게 이전하는 계약이 체결되었다고 하더라도 소유권 이전의 효력은 결국 선하증권의 교부에 의하여 발생하므로 계약의 부수적 행위로 소유권 이전의 효력이 발생하는 것은 아니다.

㉢ 위 "가"의 "③"의 경우 상법상 선하증권의 양도임

수하인을 지시식으로 하여 선하증권이 발행되어 선하증권이 "갑"법인을 거쳐 "을"법인에게 인도된 경우는 상법상 선하증권을 양도한 것이다. 즉, 선하증권의 지시문언에 따라 운송인이 "갑"법인에게 선하증권을 교부하고 "갑"법인이 "을"법인에게 동 선하증권을 배서양도하였다면 "갑"법인과 "을"법인 사이에 선하증권의 양도가 있었다고 본다.

다만, 지시식 선하증권이 "을"법인에게 처음부터 인도되었다면 "갑"법인이 선하증권을 "을"법인에게 양도한 것으로 볼 수 없다는 소수 의견도 있다.

지시식 선하증권이 발행되어 "갑"법인이 배서양도한 경우에는 대법원 판례와 「민법」 제508조, 제523조에 따라 양도의 효력이 발생한다(대법원 85다카1080, 1987. 10. 13.).

라. "가"의 "①", "③" 거래에 대한 기재부 및 조세심판원의 결정

"갑"법인이 해외현지법인으로부터 선하증권 등 선적서류를 수령한 후 "을"법인이 수입통관을 하기 전 그 서류를 교부하고, "을"법인이 수입신고 후 국내에서 대금을 수령한 경우로서 ⓐ 소유권 이전 약정(선적시점)만으로 물권의 변동이 있었다고 단정할 수 없고, ⓑ 기명식 선하증권의 양수도 시점에 비로소 목적물의 소유권이 인도된 것으로 선적조건이나 통지처에 "갑"법인이 기재되어 있지 아니하다는 이유로 국외선적항에서 선적하는 시점에 목적물의 소유권이 이전되었다 할 수 없으며, ⓒ 운송물에 관한 물권변동은 선하증권에 의해서만 할 수 있고 선하증권의 교부가 운송물의 인도와 동일한 효력이 있으며, ⓓ 부가령 제61조 제2항에 선하증권의 양도에 대한 공급가액 산정에 있어 기명식과 지시식 선하증권을 구분하여 규정하고 있지 아니한 점, ⓔ 기명식 선하증권의 경우도 양도불능이나 배서금지 기재가 없는 한 배서에 의하여 양도가 가능하고 배서에 의하지 않고 취득한 경우에도 실질적 권리취득을 입증하여 권리를 행사할 수 있는 점(대법원 96다6240, 1998. 9. 4.), ⓕ 재화의 공급은 해당 재화를 사용·소비할 수 있도록 소유권을 이전하는 행위를 전제로 한다는 점에 비추어 볼 때, 선하증권의 양수도를 고려하지 않고 선적조건이나 기명식 선하증권이라는 이유로 목적물의 국외거래로 볼 수는 없다고 결정하여 앞 "다"의 "㉠"의 상법상 법리와 달리 납세자에게 유리한 결정을 내렸다(조심 2018

서2783, 2019. 11. 19. ; 조심 2018서2818, 2019. 4. 16. ; 조심 2018서4264, 2020. 1. 10. ; 서울중앙지법 2014가합 2360, 2015. 6. 18.). 동 조세심판례는 국세청의 과세사실판단을 거쳐 과세한 건에 대하여 인용결정한 사례이다.

이후 기획재정부도 예규심사위원회을 통해 위와 같은 기명식 선하증권의 양도에 대하여 조세심판원 결정취지대로 국세청의 해석을 변경하였다(국세청도 국외거래로 회신한 기존 사례들을 정비하였다).

> **▌기명식 선하증권 양도에 대한 기획재정부 회신**
>
> 국내사업자(이하 '甲')가 국외사업자(이하 '乙')로부터 매수한 물품을 국내사업자(이하 '丙')에게 매도하는 계약을 체결하고, 甲은 乙로부터 丙명의의 기명식 선하증권을 포함한 운송서류를 송부받아 丙에게 교부하고 丙이 해당 물품의 수입통관절차를 진행하는 사안에서, 甲의 丙에 대한 동 선하증권의 교부는 부가법 제32조 제1항에 따른 세금계산서 발급대상이 되며, 이는 본건 회신일 이후 결정·경정하는 분부터 적용됨(조세법령운용과-418, 2022. 4. 26.).

마. "가"의 "②" 거래에 대한 국세청의 해석

국세청은 위 "가"의 "②" 거래에 대하여 과세사실판단자문위원회에서 국외거래로 보아 "갑"법인은 계산서를 발급하여야 한다고 결정하였다. 이후 세법해석사전답변신청에서 국세청은, "국내 을법인이 국외 A법인으로부터 운송인인도조건(FCA)으로 구입한 재화를 국외에서 국내 갑법인에게 공급하고 국내 갑법인이 해당 재화에 대한 수입·통관 등 수입절차를 이행하여 국내 반입하는 경우로서 선하증권 등 운송 관련 서류를 국외에서 국내 갑법인이 지정한 운송사로부터 교부받는 경우, 해당 재화와 그 선하증권 등 운송서류 등의 인도가 모두 국외에서 이루어졌으므로 국내 을법인은 국내 갑법인에게 계산서를 작성·발급하여야 한다"고 회신하였다(사전-2023-법규부가-0278, 2023. 7. 18. ; 서면-2024-법규부가-0007, 2024. 1. 11.).

4) 물품 수입대행용역의 부가가치세 공급가액

수입대행업을 영위하는 사업자(이하 "수입대행업자")가 물품을 수입하고자 하는 사업자(이하 "의뢰자" 또는 "수입위탁자")와 '수입대행계약'을 체결하여 단순히 수입대행용역을 제공하는 경우로서 수입대행업자가 자기 명의로 발급받은 선하증권을 수입위탁자에게 배서하고 수입위탁자가 자기 명의로 수입통관 후(물품 입항 후 수입대행업자가 수입위탁자에게 선하증권을 배서하면 의뢰자가 수입통관 진행) 수입대행업자에게 상품대금 및 대행수수료를 정산 · 지급하는 경우 수입대행업자의 부가가치세 공급가액은 부가법 제29조 제3항 제1호에 따라 대행수수료가 된다(사전-2019-법령해석부가-0711, 2019. 12. 16.).

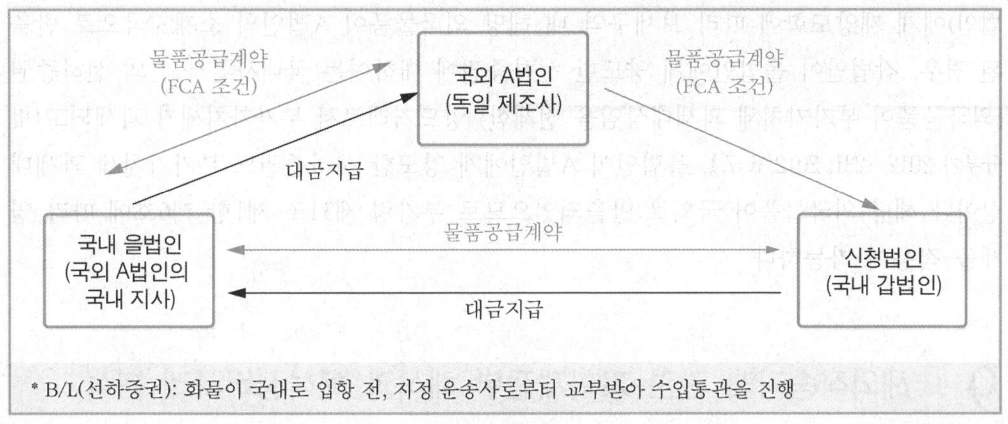

* B/L(선하증권): 화물이 국내로 입항 전, 지정 운송사로부터 교부받아 수입통관을 진행

(7) 총액기재 세금계산서에 대한 세금계산서불성실가산세 적용 여부

부가령 제61조 제2항 제5호에 따라 순액을 공급가액으로 기재하여야 하나 그 금액이 "0" 또는 음수여서 세금계산서 또는 계산서의 발급대상이 아님에도 불구하고 업무상 착오 등의 사유로 양도가액을 공급가액으로 기재한 전자세금계산서 또는 전자계산서를 발급한 경우 부가가치세 과세표준(또는 면세수입금액)에 포함되지 아니하는 공급가액을 기재하였다 하여 실제로 재화를 공급한 이상 가공의 (세금)계산서도 아니고, 사실과 다르게 공급가액을 기재한 경우로 볼 수 없다는 것이 국세청과 기재부의 일관된 회신이다(서면2팀-616, 2007. 4. 9. ; 법인세과-304, 2009. 3. 20. ; 서면3팀-2172, 2007. 7. 31. ; 재부가-546, 2007. 7. 18.).

이와 다른 취지의 대법원 판례(대법원 2009두10901, 2011. 8. 25.)가 있기는 하나 2003년 제1기분 보세구역 내 재화의 공급거래로서 당시 시행령상에는 순액을 기재한 세금계산서발급만이 규정되어 있었고 선하증권의 양도와 관련해서는 유권해석상으로 현 규정과 같이 운영되고 있었는 바, 동 판례는 사실관계는 총액기재가 허용되지 않는 시행령을 엄격해석하여 공급가액을 사실과 다르게 과다하게 기재한 것으로 현 부가령 제61조 제2항 제5호하에서는 그대로 원용할 수 없다고 본다.

(8) 외국사업자에게 선하증권을 양도하는 경우

선하증권(해당 외국물품이 보세구역 내에 소재하고 있으며 수입통관 전임)의 소유자(갑법인)가 국내사업자(을법인)에게 선하증권을 양도하고, 이후 "을"이 다시 외국법인(A법인)에게 재양도함에 따라 보세구역 내 해당 외국물품이 A법인의 소재지국으로 반출된 경우, 갑법인이 을법인에게 양도한 선하증권에 대하여는 국내사업자 간의 선하증권(외국물품이 부가가치세 과세대상임을 전제함) 양도거래로서 부가가치세가 과세되고(법규부가 2012-231, 2012. 6. 7.), 을법인이 A법인에게 양도한 선하증권도 부가가치세 과세대상이나 해당 외국물품이 국외로 반출되었으므로 부가령 제31조 제1항 제6호에 따라 영세율 적용이 가능하다.

9 | 해외직송거래 관련 기획재정부 해석과 해석정비사례 분석

(1) 기재부 예규심 자료분석

1) 사실관계

질의법인(甲)은 산업용재화 무역업을 주된 영업활동으로 하는 회사로, 독일 소재 국외본사가 지분의 100%를 소유하고 있다. 甲은 국내사업자(乙)와 매매계약을 체결하고 해외특수관계법인(A)에 주문을 요청한다.

| 거래 구조 |

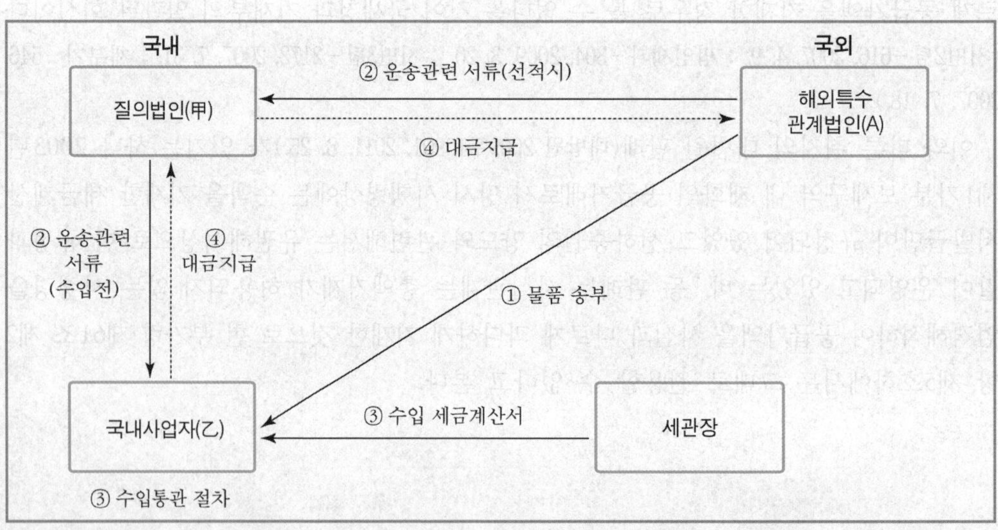

* 운송관련 서류 : 송장(invoice), 선하증권(B/L), 포장명세서(packing list), 보험증서 등

㉠ A는 甲의 요청에 따라 乙에게 물품을 직접 송부

㉡ A는 선하증권 등 운송 관련 서류[14]를 甲에게 송부하고, 甲은 해당 서류를 乙에게 송부

- 선하증권은 수하인 乙 명의의 기명식[15]으로, 甲은 A로부터 운송 관련 서류와 함께 송부받아 乙에게 송부

㉢ 乙은 직접 수입통관절차를 진행하고, 세관장으로부터 수입세금계산서를 발급받아 수입부가세 납부

㉣ 乙은 甲에게, 甲은 A에게 각각 대금지급

* 甲은 판매 관련 매입·매출을 모두 계상하여 중개상이 아닌 매매상에 해당함.

본 사례는 납세자가 국세청 회신(부가가치세과-1932, 2016. 9. 19.)을 받고 납세자가 기재부에 재질의한 것으로 파악된다.

2) 질의 요지

해외직송거래*에 있어 국내 거래당사자 간 선하증권을 단순교부한 경우 부가법상 세금계산서 발급대상인지 여부가 쟁점이다.

* 국내에서 물품 매매계약 체결·운송서류 교부가 이루어지고 물품은 국외에서 국내로 수입되는 거래로서 물품을 공급받는 국내업체가 직접 수입통관을 진행하는 거래

〈1안〉 세금계산서 발급대상임(순액).

〈2안〉 세금계산서 발급대상 아님(⇒법인세법상 계산서 발급).

3) 기재부 회신

국내사업자(이하 '甲'이라 한다)가 국외사업자(이하 'A'라 한다)로부터 매수한 물품을 국내사업자(이하 '乙'이라 한다)에게 매도하는 계약을 체결하고, 甲은 A로부터 乙명의의 기명식 선하증권을 포함한 운송서류를 송부받아 乙에게 교부하고 乙이 해당 물품의 수입통관절차를 진행하는 사안에서, 甲의 乙에 대한 동 선하증권의 교부는 부가법 제32조 제1항에 따른 세금계산서 발급대상이 됨. 이는 본 건 회신일 이후 결정·경정하는 분부터 적용됨(기재부 조세법령운용과-418, 2022. 4. 26.).

14) 송장(invoice), 선하증권(B/L), 포장명세서(packing list), 보험증서 등

15) 송하인: A, 수하인: 乙, 착화통지처: 甲

4) 기재부 예규심사위원회 의결 및 검토논리[16]

사업자가 국외에서 구입한 물품에 대한 선하증권을 국내사업자에게 매도하는 경우로서 선하증권 단순교부방식은 세금계산서 발급대상으로 삼고 있는 선하증권 양도방식과 거래의 구조 등 실질이 동일하다. 즉 선하증권 인도방식에 차이가 있을 뿐 계약당사자, 해외직송물품인 운송물 인도 계약내용, 의무불이행 시 위험부담 등이 같다.

단순교부방식의 경우 엄밀하게 甲이 선하증권을 적법한 권리자로 취득하였다가 乙에게 양도한 것은 아니지만, 甲은 기명식 선하증권 교부[17] 또는 지시[18]를 통해 乙이 선하증권을 취득하게 함으로써 乙이 운송물에 대한 처분권을 획득하게 된다.

부가법에서는 선하증권 양도 시 세금계산서와 운송물 수입 시 수입세금계산서가 중복되지 않도록 세금계산서 가액에서 수입세금계산서 가액을 차감할 수 있도록 하고 있다(부가령 §61 ① 5). 그런데 단순교부방식이라 하여 계산서를 발급하게 되면 비록 계산서가 국외거래라 하더라도 수입세금계산서와 중복되어 논리상 맞지 않는다. 따라서 '운송물의 인도'라는 하나의 거래실질이 "국외 거래(계산서 발급)"와 "국내 수입(수입 부가가치세)"이라는 형태로 중복 계상되는 결과 방지할 필요가 있다.

甲이 乙에게 발급하는 세금계산서의 공급가액은 수입세금계산서에 적힌 공급가액을 차감한 금액으로 함이 원칙인데(부가령 §61 ① 5), 통상 세금계산서상의 공급가액이 수입세금계산서의 공급가액과 같거나 적을 수 있어 甲은 세금계산서 발급의무가 없고 甲과 乙의 세부담은 당초와 동일하게 된다. 다만, 부가령 제61조 제2항 제5호 단서에 따라 보세구역에 반입된 물품에 대해 수입 통관 전에 甲이 乙에게 선하증권을 양도(교부)한다면, 선하증권 양도대가 총액을 공급가액으로 할 수 있어 세부담에 다소 차이가 발생할 수는 있다.

조세심판원의 경우 단순교부방식에 대해 아래와 같은 이유로 세금계산서 발급대상으로 결정한 바 있다.

① 선하증권 양도에 따른 공급가액을 규정한 부가령 제61조 제2항은 지시식 선하증권과 기명식 선하증권을 구별하고 있지 않다.

② 대법원 등 판례 등에 의하면 운송물을 받을 수 있는 자에게 선하증권을 교부한 때에는 운송물의 권리를 양수한 수하인 또는 그 이후의 자는 선하증권을 교부받음으로써 그 채권적 효력으로 운송계약상의 권리를 취득함과 동시에 그 물권적 효력으로 양도 목적물의 점유를 인도받은 것이 되어 그 운송물의 소유권을 취득하는 것

16) 이하 "4)"의 검토내용은 삼일아이닷컴회계법인에 공개된 자료를 토대로 작성하였다.
17) 교부는 갑이 을에게 건넨 경우를 의미
18) 지시는 갑을 통하지 아니하고 A에서 을로 지시식 선하증권이 발행된 경우를 의미

이고, 또한 특정인이 수하인으로 기재된 기명식 선하증권의 경우에도 그 증권상에 양도불능의 뜻 또는 배서를 금지한다는 취지의 기재가 없는 한 법률상 당연한 지시증권으로서 배서에 의하여 양도가 가능하다고 할 것이고, 그 증권의 소지인이 배서에 의하지 아니하고 권리를 취득한 경우에는 배서의 연속에 의하여 그 자격을 증명할 수 없으므로 다른 증거방법에 의하여 실질적 권리를 취득하였음을 입증하여 그 증권상의 권리를 행사할 수 있다(대법원 96다6240, 1998. 9. 4.).

③ 기명식 선하증권 상으로는 청구법인(甲)의 배서가 없고 연속된 배서의 형태로 청구법인이 을에게 선하증권을 양도한 것이 나타나지 않는다 하여도 기명식 선하증권에서 배서의 연속은 적법한 선하증권 소지인임을 증명하는 한 방법일 뿐 배서의 연속으로 그 자격을 증명할 수 없다면 청구법인(갑)이 선하증권 교부시 전달한 거래 관련 증빙으로 을이 적법한 소지인임을 입증이 가능한 것으로 보이므로 청구법인(甲)이 을에게 기명식 선하증권을 교부하여 이를 양도한 사실을 부인하기 어려운 점에서 기명식 선하증권 양도를 통한 수입 화물의 거래는 지시식 선하증권 양도를 통한 거래와 법률적으로 동일한 성격의 거래로 보인다.

④ 내국법인간 선하증권을 양도하고 이를 양수한 내국법인이 선하증권 상의 운송물을 수입하는 것은 그 물권적 효력으로 양도 목적물의 점유를 국내에서 인도받는 것이므로 그 운송물의 소유권을 취득하는 국내거래로 보는 것이 타당하다.

⑤ 청구법인(갑)이 을의 단순 대리인 정도의 역할을 수행한 것을 전제로 하여 쟁점유연탄 거래를 국외거래에 해당하는 것으로 보아 법인법에 따른 계산서 미발급 가산세를 부과한 처분은 잘못이 있는 것으로 판단된다.

따라서 甲은 A로부터 乙명의의 기명식 선하증권을 포함한 운송서류를 송부받아 乙에게 교부하고 乙이 해당 물품의 수입통관절차를 진행하는 경우 甲의 乙에 대한 동 선하증권의 교부는 부가법 제32조 제1항에 따른 세금계산서 발급대상이 된다.

(2) 국세청의 세법해석 정비 사례 분석

위 기재부 해석 이후 국세청 법규과는 2022. 11. 30. 아래와 같이 기존 해석들을 삭제하였는데 그 삭제의 정당성을 각각 살펴 보기로 한다.

① 법규부가 2010-39, 2010. 3. 18.(삭제)

국내사업자인 신청인이 국내사업자인 "갑"과 국내에서 완제품 공급계약을 체결하고 임가공 목적으로 원자재를 무상으로 국외 소재 신청인의 현지법인 "A"에게 공급하여 완제품을 생산한 후, 국외에서 "갑"에게 인도하고 "갑"은 동 완제품을 국내로 수입하는 거래를 하는 경우(신청인은 "갑"으로부터 수주받은 물품을 "갑"이 제시한 기한 내 지정한 장소로 인도시키고, "갑"은 선하증권 사본을 수취 후 미국달러로 신청인이 지정한 은행에 전신환으로 결제함) 해당 거래는 부가법 제10조 제1항에 따라 부가가치세 과세대상 거래에 해당하지 않아 세금계산서 발행 및 영세율 적용 대상에 해당되지 아니함.

분석	사실관계에서 수입자 갑이 선하증권 사본을 수령한다고 기술하고 있어 선하증권 원본 양도는 없었던 것으로 유추되므로 국외거래에 해당될 수 있다.

② 법인세과-648, 2010. 7. 9. ; 법인세과-1012, 2010. 10. 29. ; 법인세과-445, 2011. 7. 6. ; 법인세과-791, 2010. 8. 25.(삭제)

국내사업자(甲법인)가 외국사업자(A법인)로부터 공장인도조건으로 국외에서 물품을 구입함과 동시에 국내의 다른 사업자(乙법인)에게 공급하고, 乙법인이 해당 물품을 국내에 반입하는 경우 甲법인이 乙법인에게 국외에서 인도하는 해당 재화의 공급거래에 대하여 계산서를 작성 · 교부하여야 하는 것임(법규과-1066, 2010. 6. 28.).

분석	선하증권이 발행된 거래인지가 불분명하나, 사실관계를 통해 유추해 볼 때 선하증권은 발행되었을 것으로 보이나, 국세청은 단순히 재화가 국외에서 이동되었으므로 국외거래로서 계산서 발급대상이라고 회신한 해석들임.

③ 부가가치세과-801, 2014. 9. 30. ; 서면-2017-부가-0811, 2017. 4. 25.(삭제)

내국법인(질의법인)이 국내거래처(C사)와 납품계약을 맺고 국외(B사)에서 만들어진 제품을 C사가 국내 수입 · 통관 등 제반 수입절차를 이행하여 세관장으로부터 수입세금계산서를 발급받은 경우 질의법인과 C사의 거래는 국외거래에 해당하여 부가가치세가 과세되지 아니하는 것이나, 제품공급에 대하여 질의법인은 C사에게 계산서를 발급하는 것이며, 질의법인이 B사에서 만들어진 제품을 국내 수입 · 통관 등 제반 수입절차를 이행하고 C사에게 납품하는 경우 질의법인과 C사의 거래는 국내거래에 해당하여 세금계산서를 발행하는 것임.

분석	선하증권이 발행된 거래인지가 불분명하나, 사실관계를 통해 유추해 볼 때 선하증권은 발행되었을 것으로 보이나, 국세청은 단순히 재화가 국외에서 이동되었으므로 국외거래로서 계산서 발급대상이라고 회신한 해석들임.

④ 서면-2016-법령해석부가-3288, 2016. 5. 10. ; 부가가치세과-801, 2014. 9. 30.(삭제)

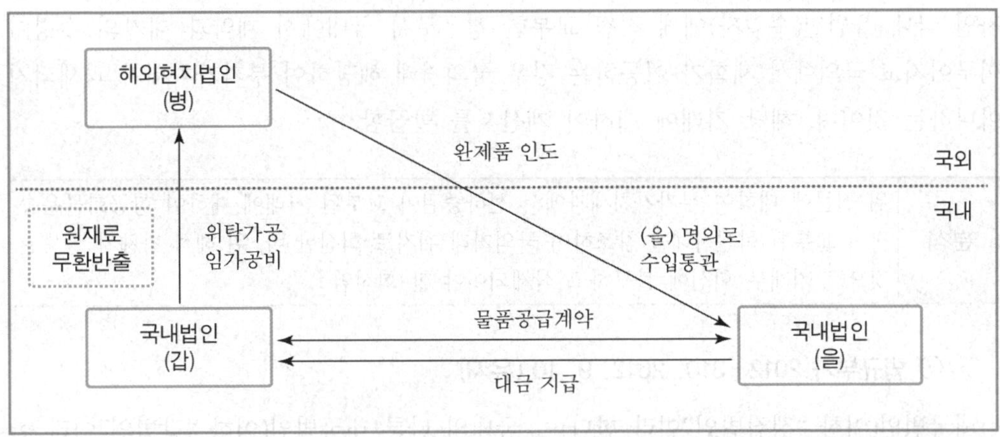

국내법인(갑법인)이 국내의 다른법인(을법인)과의 물품공급계약에 따라 자기의 책임과 계산 하에 국외현지법인(병법인)에 원재료를 대가없이 반출하여 위탁가공한 완제품을 국외에서 을법인에 인도하고 을법인이 자기의 명의로 선하증권을 교부받아 완제품을 수입·통관하는 경우 갑법인과 을법인의 거래는 국외거래에 해당하여 부가가치세가 과세되지 아니하는 것이며, 갑법인은 을법인에 해당 완제품 가액에 대하여 계산서를 발급하여야 하는 것임.

분석	을법인 명의로 기명식 선하증권이 발급된 경우로서 갑을 통하여 선하증권이 양도된 것인지는 나타나지 아니함(선하증권 양도거래인지에 대한 검토없이 국외거래로 판단).

⑤ 서면-2016-부가-4844, 2016. 9. 20.(삭제)

내국법인(질의 당사)이 국내 사업자(갑사)와 납품계약을 맺고 국외 관계사(A사)로부터 제품을 구매하여 갑사가 국내 수입·통관 등 제반 수입절차를 이행하여 세관장으로부터 수입세금계산서를 발급받은 경우 당사와 갑사의 거래는 국외거래에 해당하여 부가가치세가 과세되지 아니하는 것이나, 제품공급에 대하여 당사는 갑사에 계산서를 발급하는 것임.

분석	당사가 기명식 또는 지시식 선하증권을 수령하여 갑사에 송부한 경우 기재부 해석과 동일/유사한 사례로서 삭제대상임.

⑥ 서면-2017-부가-0221, 2017. 3. 27.(삭제)

국내 공급자인 당사가 아닌 국외 가공업체가 기명식 선하증권을 당사로부터 공급받는 자인 국내 을법인(수입자)에게 직접 교부한 경우로서 국내에서 계약과 대가의 수령이 이루어지고 국외에서 재화가 이동하는 경우 국외거래 해당하여 부가가치세가 과세되지 아니하는 것이며, 해당 거래에 대하여 계산서를 발급함.

분석	위 질문에 대하여 부가가치세과에서 선하증권이 교부된 거래에 대하여 항공화물운송장이 교부된 회신사례를 참조하여 국외거래 취지로 회신한 바, 위 해석 자체가 잘못된 것으로 기재부 회신에 불구하고 삭제되어야 할 회신임.

⑦ 법규부가 2012-310, 2012. 9. 10.(유지)

내국법인(이하 "쟁점법인"이라 한다)이 국내의 다른 내국법인(이하 "갑법인"이라 한다)에게 국외의 A법인이 생산한 재화(이하 "쟁점상품"이라 한다)를 국외에서 인도하여 갑법인 명의로 항공화물운송장을 교부받은 경우로서 갑법인이 쟁점상품의 국내 수입·통관 등 제반 수입절차를 이행하여 관할 세관장으로부터 수입세금계산서를 발급받는 경우 쟁점법인과 갑법인의 거래는 국외거래에 해당하여 부가가치세가 과세되지 아니하는 것이나, 쟁점상품 공급에 대하여 쟁점법인은 갑법인에 계산서를 발급하여야 하는 것임.

분석	위 "⑥" 회신에 참조된 회신으로 항공화물운송장이 교부된 거래에 대하여 국세청에서 선하증권과 동일하게 취급하여야 한다는 의견이 있었으나 기재부에서 수용되지 않아 위 해석은 계속 유지되어야 함(기획재정부 부가가치세제과-296, 2024. 4. 29.).

⑧ 서삼 46015-10310, 2003. 2. 20.(삭제)

외국법인의 국내지점이 국내의 사업자와 계약에 의하여 부가가치세가 과세되는 재화를 국외의 외국법인 본점에서 수입하여 공급하는 경우에 있어서 국내 사업자가 자기 명의로 직접 해당 재화의 수입·통관 등 제반 수입절차를 이행하고 세관장으로부터 동 재화의 수입에 따른 수입세금계산서를 교부받는 경우 외국법인의 국내지점은 국내사업자에게 동 재화의 공급에 대하여 별도의 세금계산서를 교부할 의무가 없음.

분석	위 해석은 역외 본지점이 있는 상태에서 국내 수입자가 외국법인 본점과 직접 계약 후 수입하는 경우 세관장이 수입자에게 수입세금계산서를 발급하므로 외국법인의 지점은 거래에 관여하지 않았거나 거래에 관여하였더라도 이중과세의 문제가 있어 세금계산서 교부의무가 없다고 한 해석으로 위 기재부 해석과 전혀 무관하며 여전히 유효하게 적용되어야 할 해석임.

(3) 세법해석 정비 후 선하증권 관련 국세청 해석

국내사업자가 국외에서 생산 또는 구매한 물품의 이동이 국외에서 국내 매수자에게 인도되어 그 매수자에 의하여 수입통관하는 경우로서 기명식 선하증권을 단순히 국외에서 교부하면 계산서를 국내에서 국내사업자를 거쳐 매수자에게 교부(전달)하는 경우 세금계산서 발급(순액)이 된다는 논리가 상법상 선하증권의 양도인지, 상법 규정에 불구하고 과세대상으로 본다면 실무적으로 국내외에서 선하증권이 양도된 것을 확인하여 처리한다는 것이 납세자나 세무대리인에게 불필요한 것은 아닌지 묻고 싶다.

아울러 위 기재부 해석의 논리 중 하나인 "운송물의 인도라는 하나의 거래실질이 "국외 거래(계산서 발급)"와 "국내 수입(수입 부가가치세)"이라는 형태로 중복 계상되는 결과 방지할 필요가 있다"는 취지에 비추어 보아도 선하증권 인도장소가 국외라고 하여 계산서 발급대상으로 삼는다는 것도 동 논리에 맞지 않다.

이하에서는 기재부 회신 이후 국세청의 회신사례들을 살펴 본다.

① 국외에서 구입한 재화를 국외에서 국내사업자에게 공급하는 경우 계산서 발급 여부

무역업을 영위하는 국내 갑법인이 외국법인으로부터 국외에서 공장인도조건으로 재화를 구입함과 동시에 국외에서 공장인도조건으로 국내 을법인에게 공급하고 을법인이 해당 재화에 대한 수입·통관 등 수입절차를 이행하여 국내 반입하는 경우 갑법인이 을법인에게 공급하는 재화는 부가가치세 과세대상에 해당하지 아니하며, 계산서를 작성·발급하여야 하는 것임(사전-2022-법규부가-1147, 2022. 12. 2.).

분석	사실관계나 회신문상에 선하증권이 교부된 거래인지가 없어 납세자들은 2022. 11. 30. 국세청이 삭제한 해석들과의 차이가 무엇인지를 궁금해 하고 있음(상반된 것이라거나 국세청 입장이 정립되어 있지 않은 것으로 이해).

② 선하증권 등 운송관련서류를 국외에서 운송사로부터 수입자가 교부받은 경우 국외거래로 판단하여 종전과 같이 계산서 발급대상으로 판단함

국내 을법인이 국외 A법인으로부터 운송인인도조건으로 구입한 재화를 국외에서 국내 갑법인에게 공급하고 국내 갑법인이 해당 재화에 대한 수입·통관 등 수입절차를 이행하여 국내 반입하는 경우로서 선하증권 등 운송관련서류를 국외에서 국내 갑법인이 지정한 운송사로부터 교부받는 경우 국내 을법인이 국내 갑법인에게 공급하는 재화는 부가가치세 과세대상에 해당하지 아니하며, 이 경우 국내 을법인은 국내 갑법인에게 계산서를 작성·발급하여야 하는 것임(사전-2023-법규부가-0278, 2023. 7. 18.).

분석	공장인도조건, 운송인인도조건 등의 경우로서 국내 매수자가 국외에서 운송사로부터 선하증권 등 운송서류를 직접 발급받아 수입통관하는 경우에는 국외거래로 본다는 취지로 이해됨.

③ 선하증권 양도자 및 세관장으로부터 세금계산서와 수입세금계산서를 수취한 경우 과세사업을 위한 구입이면 각각 매입세액 공제되는 것임

사업자(이하 "갑법인")가 국내 다른 사업자(이하 "을법인")와 수입물품 공급계약을 체결하여 을법인이 국외사업자로부터 수입한 물품이 국내 보세구역에 반입되면 을법인으로부터 선하증권을 양수하여 세금계산서를 교부받으며, 갑법인의 명의로 수입통관을 진행하고 세관장으로부터 수입세금계산서를 교부받은 경우 갑법인이 부담한 각 세금계산서 상의 부가가치세액은 부가법 제38조에 따라 매출세액에서 공제받을 수 있는 것임(사전-2023-법규부가-0594, 2023. 11. 23.).

분석	국내 수입자의 매입세액 공제와 관련해서는 종전과 해석과 같으며, 위 기재부 해석과는 무관함.

④ 항공화물운송장의 교부가 있는 국외거래의 국외거래 여부

국내 갑법인이 국외 A법인으로부터 재화를 구입하여 국외에서 국내 을법인에 공급하고 국내 을법인이 해당 재화에 대하여 국외 운송사로부터 항공화물운송장 등을 교부받아 수입·통관 등 수입절차 이행 후 국내 반입하는 경우 국내 갑법인이 국내 을법인에 공급하는 재화는 부가가치세 과세대상에 해당하지 아니하며, 이 경우 국내 갑법인은 국내 을법인에 계산서를 작성·발급하여야 하는 것임(법규부가-0733, 2024. 1. 10.).

분석	채권적·물권적 효력이 없고, 화물상환권리가 없는 항공화물운송장이 발급된 국외거래는 부가세법과 달리 법인세법·소득세법은 인적 적용 범위에 들어가면 장소적(공급장소) 제한이 없어 계산서 발급대상임(종전 해석과 같음).

⑤ 국외운송사로부터 서렌더 선하증권 수령하여 수입통관하는 경우 국내 사업자간 거래를 국외거래로 판단함

국내사업자 '을'이 국내사업자 '갑'에게 국외에서 제품을 공급할 목적으로 국외사업자 '병'으로부터 해당 물품을 공급받기로 하는 해외임가공계약을 체결한 경우로서 '갑'은 '병'을 통하여 생산된 제품을 외국 선적항에서 '을'로부터 인도받음에 있어 '갑'이 국외 운송사가 발행한 서렌더(Surrender) 선하증권을 수령하여 해당 재화에 대한 수입·

통관 등 수입절차를 이행하여 국내 반입하는 경우 '을'과 '갑'의 거래는 재화의 이동이 국외에서 이루어진 것으로서 부가가치세 과세대상에 해당하지 아니하는 것임(서면-2024-법규부가-0007, 2024. 1. 11.).

분석	국내에서 매매계약 체결과 운송서류의 교부가 이루어지고, 물품은 국외에서 국내로 수입되는 거래로서 물품을 공급받는 국내업체가 직접 수입통관을 진행하는 거래인 경우로서 선하증권 원본이 교부/양도되지 아니하고 화물상환 권리가 없는 서렌더 선하증권이 단순교부된 경우 공급장소는 국외로서 계산서 대상임.

(4) 2022. 4. 26. 기재부 해석과 이후 국세청 해석에 대한 분석

위 기재부 회신의 사실관계나 회신문 상으로만 보면 기명식 선하증권을 포함한 운송서류를 국내 공급자가 수령하여 다시 국내의 수입자(공급받는 자)에게 교부하고 운송서류를 수령한 사업자가 해당 물품의 수입통관절차를 진행하는 사안에서 기명식이더라도 국외거래로 보지 아니하고 공급가액 순액을 기재한 세금계산서를 발급하여야 한다는 취지로 판단되고 이러한 취지에서 앞 "(2)"의 "④", "⑤" 사례의 삭제는 이해된다. 그러나, 앞 "①"부터 "③"까지의 해석은 선하증권이 발행된 거래여서 삭제한 것인지 아니면 해외직송거래의 경우 무조건 순액의 세금계산서를 발급할 수 있다는 취지인지 불분명하다.

그러면서도 위 "(3)"의 해석들을 보면 물품과 선하증권을 포함한 운송서류가 함께 국외에서 인도(교부)되었다면 국외거래로 회신한 것으로 보아 후자의 취지는 아닌 것으로도 보인다.

일부 세무대리인들은 전자로 이해하여 선하증권이 발행되지 아니한 거래까지도 계산서를 발급해서는 아니되고 순액의 세금계산서를 발행하는 것으로 처리하고 있어 주의가 요구된다.

10 | 둘 이상의 사업장을 가진 사업자의 부가가치세 납세의무

(1) 사업장별 신고·납부 원칙

1) 개요

부가가치세는 "사업장별 과세의 원칙"에 따라 부가가치세는 사업장마다 신고·납부하여야 하므로, 한 명의 사업자가 2개 이상의 사업장을 가지고 있는 경우 종합소득세 또는 법인세는 인별(법인별)로 합산하여 신고·납부하는 것이나, 부가가치세는 각 사업장별로 신고·납부하게 된다.

따라서 부가가치세 과세사업을 영위하는 사업자의 경우 부가가치세 과세표준과 세액의 신고 및 납부, 사업자등록, 세금계산서의 발급, 제출, 각종 조세협력의무 및 「국세기본법」상의 조세불복청구를 사업장단위로 이행하게 되며, 과세권자의 국세부과권과 징수권 등도 모두 사업장단위로 이루어진다.

2) 사업장의 개념

사업장은 일반적으로 사업자가 사업을 하기 위하여 거래의 전부 또는 일부를 하는 고정된 장소를 말하며, 구체적인 사업장의 범위는 부가가치세법 시행령에 규정해 놓았다(부가법 §6 ②, 부가령 §8).

다만, 부가가치세법이 정한 사업장 외의 장소도 사업자의 신청에 따라 추가로 사업장으로 등록할 수 있으며, 사업장을 설치하지 아니하고 사업자등록도 하지 아니한 경우에는 부가가치세 과세표준 및 세액을 결정하거나 경정할 당시의 사업자의 주소 또는 거소를 사업장으로 한다(부가령 §8 ⑤).

3) 사업자 등록

사업자는 사업장마다 사업 개시일부터 20일 이내에 사업장 관할 세무서장에게 사업자등록을 신청하여야 한다(다만, 신규로 사업을 시작하려는 자는 사업 개시일 이전이라도 사업자등록을 신청할 수 있다).

미등기 지점에 해당하더라도 부가가치세법상 사업장에 해당하는 경우 본점 등기부등본, 임대차계약서 등을 첨부하여 사업자등록을 하여야 한다(부가 46015-2160, 2000. 9. 5.). 다만, 둘 이상의 사업장이 있는 사업자는 사업자단위로 해당 사업자의 본점 또는 주사무소 관할 세무서장에게 등록할 수 있다(부가법 §8 ①·③, 부가령 §11 ①).

(2) 사업장단위 신고·납부 예외

1) 총괄납부사업자

가. 개요

부가가치세는 사업장마다 신고 및 납부하는 것이 원칙이나 동일한 사업자에게 2개 이상의 사업장이 있는 경우로서 관할 세무서장에게 총괄납부신청을 한 때에는 부가가치세를 각 사업장마다 납부하지 아니하고 주된 사업장에서 주사업장 외의 사업장의 납부세액까지 총괄하여 납부할 수 있다(**부가법 §51**).

총괄납부사업자는 각 사업장의 납부세액 또는 환급세액을 사업장 간에 통산하여 주사업장 관할 세무서장에게 납부하거나 환급받게 된다. 따라서 부가가치세의 신고, 세금계산서의 발급, 수정신고(경정청구), 결정 및 경정은 각 사업장을 기준으로 이행한다.

나. 효과

2개 이상의 사업장이 있는 사업자가 자기사업과 관련하여 생산 또는 취득한 재화를 타인에게 직접 판매할 목적으로 다른 사업장에 반출하는 것은 원칙적으로 재화의 공급으로 보아 부가가치세를 과세하는 것이나, 총괄납부사업자가 총괄납부를 하는 과세기간 중에 반출하는 것은 재화의 공급으로 보지 아니한다. 그러나 총괄납부사업자의 경우에도 자기의 사업장 간 직매장 반출 등에 대하여 세금계산서를 발급하고 이를 신고한 경우에는 재화를 공급하는 것으로 본다(**부가법 §10 ③**).

2) 사업자단위과세사업자

사업장이 둘 이상인 사업자가 사업자단위로 해당 사업자의 본점 또는 주사무소 관할 세무서장에게 등록한 경우 사업자단위과세사업자는 각 사업장을 대신하여 그 사업자의 본점 또는 주사무소의 소재지를 부가가치세 납세지로 한다(**부가법 §6 ④, §8 ③ 단서**). 사업자단위과세자는 단일의 사업자등록을 부여받았으므로 신고 · 납부뿐만 아니라 세금계산서 발급 등 부가가치세신고의 제 의무를 이행함에 있어 하나의 사업장을 가진 사업자로 의제된다(사업장 간 내부거래에 대한 간주공급도 배제된다).

(3) 세금계산서 발급

1) 세금계산서 발급원칙

가. 사업장별 발급 원칙

세금계산서의 발급의무자는 재화 또는 용역의 공급자이며 공급자라 함은 계약상 · 법률상의 원인에 의하여 재화 또는 용역을 실제로 공급하는 사업자로서 부가법 제8조에 따른 납세의무자로 등록한 자를 말한다.

부가가치세는 사업장마다 신고 · 납부하여야 하며 세금계산서도 그 발급하는 때에 공급하는 자의 등록번호와 성명 또는 명칭을 기재하여야 하므로 사업장단위로 발급한다 (**부가법 §6 ①, §32 ①**).

사업장별 세금계산서 발급원칙에 따라 재화의 공급장소(재화의 이동이 필요한 경우 –

재화의 이동이 시작되는 장소, 재화의 이동이 필요하지 아니한 경우-재화가 공급되는 시기에 재화가 있는 장소)가 속한 사업장에서 세금계산서를 발급하여야 하므로 계약과 대금지급이 이루어진 사업장과 재화의 공급장소가 다른 경우 세금계산서를 발급해야 할 사업장은 재화의 공급장소가 속한 사업장이다. 이처럼 사업자에게 둘 이상의 사업장이 있는 경우 법률효과의 귀속주체는 동일하더라도 또는 주사업장총괄납부 신청 여부를 하였는지에 관계없이 세금계산서의 발급은 각 사업장단위로 이행하여야 한다(부가법 §51).

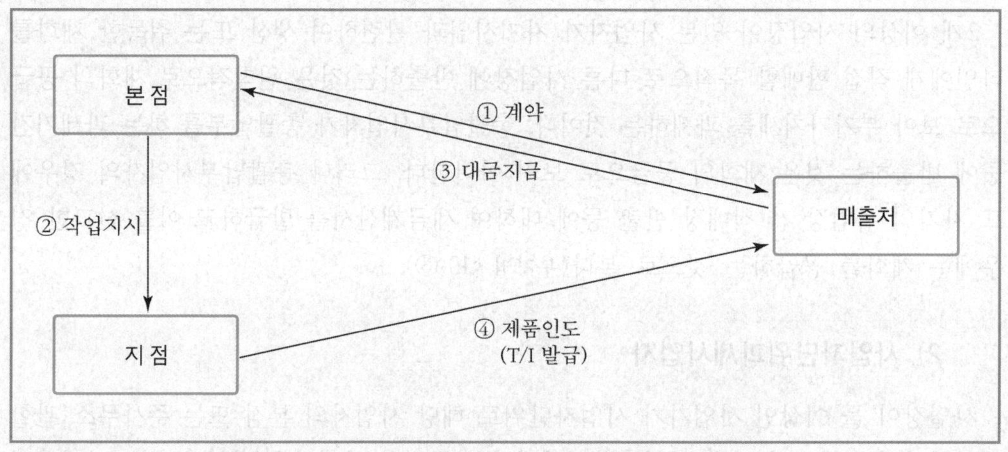

나. 본점에서 계약체결, 지점에서 용역 제공 시 세금계산서 발급

용역의 공급에 있어서도 역무가 제공되거나 시설물, 권리 등 재화가 사용되는 장소가 속한 사업장에서 세금계산서를 발급하여야 한다. 수 개의 사업장을 가진 사업자가 본점에서 발주자와 용역공급계약을 체결하고, 본점의 지시에 의해 지점(공장)에서 모든 용역을 수행한 후 완성품을 직접 발주자에게 인도하는 경우에는 지점을 공급자로 하여 세금계산서를 발급하는 것으로(부가 46015-2344, 1993. 9. 28. ; 제도 46015-11212, 2001. 5. 23.), 재화의 공급과 같이 수 개 사업장을 가진 사업자가 본점과 지점에서 개별적으로 용역의 공급이 이루어지는 경우 비록 본점에서 계약과 대금 수령이 이루어진다 하더라도 사업장별 과세원칙에 따라 개별 용역 제공이 이루어지는 각 사업장에서 세금계산서를 발급하여야 한다.

다. 수 개의 공정을 거쳐 최종제품을 납품하는 경우 세금계산서 발급

제조업을 영위하는 법인이 본점에서 계약의 체결과 대가의 수수가 이루어지나 각 지점 간 재공품 반출 등을 통해 수차의 공정을 거쳐 최종 제품을 거래처에 공급하는 경우 최종 제품을 완성하여 거래처에 인도하는 사업장(제조장)에서 세금계산서를 발급하여야 한다(부가 46015-666, 1996. 4. 10. ; 부가 46015-763, 1993. 5. 22.). 다만, 해당 사업장에서 본점으로 세금계산서를 발급하였거나 총괄납부사업자가 본점에 거래명세표를 송부한 경우에는 본점에서 세금계산서를 발급할 수 있다.

2) 사업장별 세금계산서 발급의 예외

가. 거래명세서가 발급되는 경우

자기의 사업장 간 과세재화 등이 이동되는 경우에는 거래명세표, 송장, 출고지시서 등의 증표를 사용하여야 하고, 다만 거래쌍방(본·지점)이 그 거래의 내용을 전산조직에 의하여 처리하고 그 내용을 전산테이프 또는 디스켓으로 보관하여 확인할 수 있는 경우에는 별도로 거래명세표, 송장, 출고지시서 등의 증표를 사용하지 아니할 수 있다. 이 경우 증표의 규격 및 명칭에는 제한을 두지 아니하나 거래쌍방·거래일자·재화의 품명·수량 및 금액을 확인할 수 있는 내용이 기재되어야 한다(사업자가 지켜야 할 사항 고시, 2012. 8. 24.).

① 거래처별로 합계하여 세금계산서를 교부하고 그 거래시기에는 세금계산서 없이 재화를 공급하는 경우

② 재고거래·하치장반출·외주가공의뢰·위탁상품적송 등 과세거래가 아닌 재화 이동의 경우

총괄납부사업자의 본·지점 간 재화의 이동(직매장 반출 등)이 있는 경우 지점에서 생산한 재화를 본점에 거래명세표를 발급 또는 전송한 경우 본점에 재고재화가 대체된 것이므로 그 이후 지점에서 공급받는 자에게 재화의 인도가 이루어졌더라도 본점에서 세금계산서를 발급할 수 있는 것이며, 총괄납부사업자가 아닌 경우에는 거래명세서 대신 세금계산서를 발급하여야 본점에서 거래처로 세금계산서 발급이 가능하다(부가통칙 32-69-4 외 다수). 이때 거래명세서란 정형약식이 있는 것이 아니라 거래쌍방·거래일자·재화의 품명·수량 및 금액을 확인할 수 있는 내용이 기재된 것이 본점에 통보되었으면 족하다.

나. 본·지점에서 유기적으로 거래처에 용역이 제공되는 경우

국세청은 그간 본점과 지점에서 유기적으로 또는 본·지점 간 자가공급을 통해 거래처에 하나의 용역을 제공하는 경우 등 각 사업장별 용역제공이 하나의 용역으로 연결되어 있는 경우로서 본점 또는 지점에서 계약을 체결하고 대가를 지급받는 경우 아래 사례와 같이 계약을 체결한 사업장에서 세금계산서 발급이 가능한 것으로 해석하였다(법규부가 2011-0066, 2011. 4. 20. : 서삼 46015-10458, 2003. 3. 18. : 부가 46015-1, 2000. 1. 4. : 부가 46015-883, 1998. 5. 1. : 부가 22601-2209, 1988. 12. 30.).

① 동일 법인의 본점과 지점들 간 용역공급에 대한 업무협약에 따라 하나의 용역으로 묶어 어느 한 지점에서 일괄로 고객에게 판매하는 경우 판매계약을 체결한 지점명의의 세금계산서 발급이 가능
② 대출중개서비스업 법인이 본점에서 금융기관과 계약을 체결하여 자기의 지점에서 대출희망자를 확보하여 대출심사에 필요한 서류를 수취한 후 본점에 인계하고 본점에서 일괄하여 관련 금융기관에 대출심사서류를 인계하여 금융기관에서 대출이 확정될 경우 지급받는 수수료에 대하여 본점에서 세금계산서를 발급하여야 하며, 지점에서 본점에 제공하는 대출중개서비스 용역은 용역의 자가공급에 해당
③ 수 개의 사업장을 두고 생활정보신문을 발행하여 광고용역을 제공하는 사업자가 어느 한 사업장의 책임(광고의 하자에 대한 환불 등)과 계산하에 수 개의 지역에서 광고용역을 제공하기로 광고주와 계약을 체결하고 그 대가를 일괄하여 지급받은 후 자기의 다른 사업장에 의뢰하여 광고용역을 제공한 경우 광고계약을 체결한 사업장에서 광고주에게 전체 광고용역의 대가에 대하여 세금계산서 발급 가능
④ 화물운송업 법인이 본점에서 화주와 화물운송계약을 체결하고 지점소속의 차량과 외부차량을 이용하여 화물운송용역을 제공하는 경우 본점에서 세금계산서 발급하는 것이며, 지점이 본점에 제공하는 화물운송용역은 용역의 자가공급에 해당

따라서 본점에서 일괄계약에 의해 본점의 통제와 계산하에 전체적인 용역수행이 이루어지고 그중 일부가 지점에서 주로 이루어진 경우로서 전체 거래과정에서 조세의 탈루, 거래질서 문란 여지가 없는 점을 감안할 때 본점에서 발급한 세금계산서를 사실과 다른 세금계산서로 보기는 어렵다.

다. 사업자단위과세자의 경우

사업자단위과세사업자는 각 사업장을 사업자 단위로 부가가치세 납세의무를 이행하므로 해당 사업자의 사업장 간 내부거래는 세금계산서 발급대상이 될 수 없고, 외부사업자와의 거래에 있어서도 본점 또는 주사무소 단일의 사업자등록번호로 세금계산서를 발급한다(부가법 §6 ②, §8 ③).

(4) 세금계산서 수취

1) 사업장별로 세금계산서 수취가 원칙

부가가치세는 원칙적으로 사업장마다 신고 · 납부하여야 하므로 동일한 사업자라도 사업자단위과세사업자가 아닌 자는 사업장마다 사업자등록을 하여야 하고, 재화 또는

용역의 수취효과가 실질적으로 귀속되는 사업장을 기재하여야 하는 것이므로 수 개의 사업장을 가진 사업자의 경우 실질적으로 그 재화 또는 용역을 공급받는 사업장을 공급받는 자로 기재하여야 하고 다른 사업장의 등록번호가 기재된 경우 필요적 기재사항이 사실과 다르게 기재된 경우에 해당하여 그 매입세액은 매출세액에서 공제될 수 없다(대법원 2009두11539, 2011. 4. 28. ; 대법원 2013두11796, 2013. 11. 14.).

2) 사업장별 수취의 예외

본·지점 등 2개 이상의 사업장이 있는 사업자가 공급계약 체결 및 대금지급은 본점에서 하고 해당 재화나 용역의 사용·소비는 지점에서 이루어지는 경우 세금계산서는 본점과 지점 어느 쪽을 공급받는 자로 기재하여 발급받아도 정당한 세금계산서로 본다. 이것은 해당 재화나 용역의 공급행위가 결국 실제 업태를 반영하는 지점을 위한 것이므로 계약 당사자인 본점이나 사용자인 지점 어느 쪽을 공급받는 자로 하여도 거래의 실질이나 매입세액공제에 영향을 미치지 않으며, 본점에서 계약 및 구매가 이루어지고 있는 사업실상을 반영하여 엄격한 사업장별 과세원칙의 범위를 확장하여 과세관행상 인정하고 있는 것이다(부가-2856, 2008. 9. 3. ; 서면3팀-509, 2008. 3. 7. ; 서면3팀-71, 2005. 1. 14.).

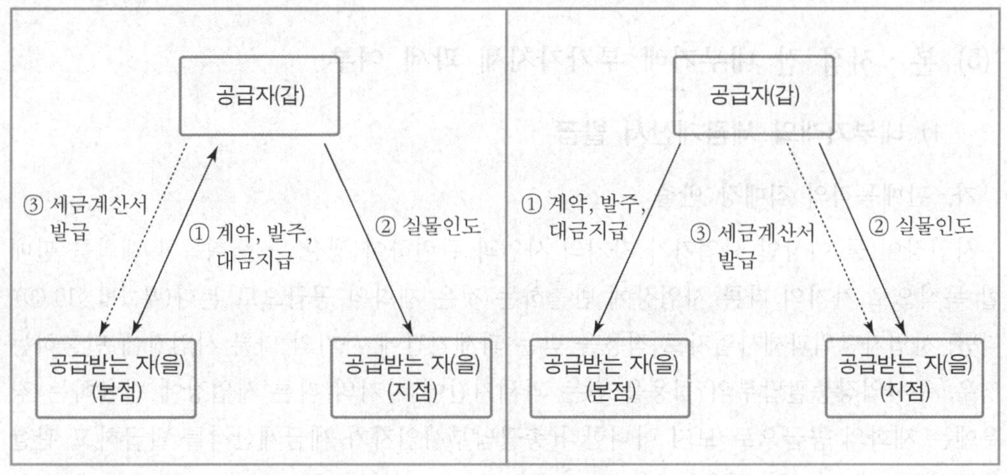

사업장별 세금계산서 수취에 대한 예외를 인정한 사례들은 다음과 같다.

① 종사업장에서 사용할 재화를 주사업장에서 구매계약을 하고 수송편의를 위해 종사업장에서 인도받은 경우에도 주사업장 명의로 세금계산서를 발급받을 수 있으며 이때 종사업장이 미등록인 경우에도 등록 전 매입세액으로 보지 아니한다(부가-405, 2013. 5. 9.).

② 사업규모의 확장을 위하여 신설 중인 사업장의 취득 및 건설을 위한 재화나 용역

을 공급받고 기존 사업장에서 세금계산서를 발급받는 경우 기존 사업장에서 매입세액공제 가능하다(부가-1910, 2009. 12. 31.).

③ 임가공 일괄계약한 본점에서 전체 임가공용역에 대한 발주업무, 지점에서 생산하여 인도받은 1차 가공물 중 일부의 추가가공 작업, 납품한 임가공물에 대한 검수와 정산업무 및 지점에서 수행할 임가공용역에 관련된 생산계획 수립과 통제역할을 수행하면서 지점에서 주로 수행한 개별 임가공용역대가와 본점에서 수행한 임가공용역대가의 합계액을 공급가액으로 기재하여 본점명의로 발급한 세금계산서는 정당하다(법규과-726, 2014. 7. 11.).

다만, 다른 공장의 신축과 관련한 매입세금계산서를 계약, 대금결제 등을 수행한 본점이 아닌 사업확장과 직접 관련없는 기존의 다른 공장에서 받은 경우 기존의 다른 공장에서는 그 매입세액을 공제받을 수 없으며(부가 46014-2349, 1993. 9. 28.), 개인사업자가 기존 사업과 전혀 다른 업종을 영위하기 위하여 다른 사업장을 신축하거나 그 사업장을 위한 재화 또는 용역을 구입하는 경우, 공동사업(기존 사업자와 별개의 사업자임)을 위하여 공동사업장을 신축하는 경우에는 기존 사업장 명의로 받은 세금계산서는 매입세액을 공제받을 수 없다(서삼 46015-11254, 2003. 8. 5. ; 부가 46015-2546, 1996. 12. 12.).

(5) 본 · 지점 간 내부거래 부가가치세 과세 여부

1) 내부거래와 세금계산서 발급

가. 판매목적의 직매장 반출

사업장이 둘 이상인 사업자가 자기의 사업과 관련하여 생산 또는 취득한 재화를 판매할 목적으로 자기의 다른 사업장에 반출하는 것은 재화의 공급으로 본다(부가법 §10 ③). 다만, 사업자단위과세사업자로 적용을 받는 과세기간에 자기의 다른 사업장에 반출하는 경우, 주사업장총괄납부의 적용을 받는 과세기간에 자기의 다른 사업장에 반출하는 경우에는 재화의 공급으로 보지 아니한다(총괄납부사업자가 세금계산서를 발급하고 관할 세무서장에게 신고한 경우는 제외).

나. 원재료 등과 사업용 고정자산의 반출

사업자가 사업확장을 위해 고정자산을 타사업장으로 반출하는 경우, 자기의 다른 사업장에서 원료 · 자재 등으로 사용하거나 소비하기 위하여 반출하는 경우, 자기사업상의 기술개발을 위하여 시험용으로 사용하거나 소비하는 경우, 수선비 등에 대체하여 사용하거나 소비하는 경우에는 재화의 공급으로 보지 아니한다(부가통칙 10-0-1, 10-0-2 ;

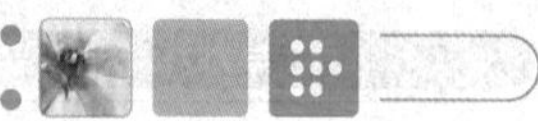

조법 1265-717, 1982. 6. 9. ; 부가 46015-388, 1995. 2. 27.).

다. 용역의 자가공급

계약상 또는 법률상의 모든 원인에 의하여 역무를 제공하거나 재화·시설물 또는 권리를 사용하게 하는 것은 용역의 공급에 해당하여 과세되나(부가법 §11 ①), 사업자가 자기의 사업을 위하여 직접 용역을 공급하는 경우에는 용역의 자가공급으로 보며, 용역의 자가공급에 대하여는 과세하지 아니하므로 동일 사업장 내 또는 본점과 지점 사업장 간에 용역의 자가공급이 있는 경우에는 설령 내부통제 목적 등으로 대가가 수수되더라도 세금계산서 발급의무가 없다(부가법 §12 ①).

2) 면세사업장에 반출하는 경우 부가가치세 과세

사업자가 자기의 사업과 관련하여 생산하거나 취득한 재화를 부가가치세가 면제되는 재화 또는 용역을 공급하는 면세사업을 위하여 사용 또는 소비하는 경우에는 재화의 공급으로 본다(부가법 §10 ①).

부가가치세가 과세되는 사업과 관련하여 동일한 사업장 내에서 생산한 재화를 부가가치세가 면제되는 사업(비과세 사업을 포함)을 위하여 사용하는 경우와 같이 동일 사업장 내 과세재화를 면세사업 등을 위하여 반출하는 경우에는 면세전용으로 부가가치세가 과세되고 세금계산서 발급의무는 면제된다(법규부가 2012-371, 2012. 9. 26. ; 부가가치세과-1046, 2011. 8. 31.).

다만, 서로 다른 두 개의 사업장을 가진 사업자(갑 법인)가 어느 한 사업장(과세)에서 생산한 재화를 타인에게 판매하면서 일부 재화를 자기의 다른 사업장으로 반출하여 과세 또는 면세 용역 공급을 위한 자재로 사용하는 경우, 사업장별로 납세의무를 이행하게 함으로써 납세관리를 용이하게 하고 재화의 이동을 세금계산서로 확인함으로써 세수일실 요인을 사전에 제거하고자 부가법 제9조 제1항에 따른 재화의 공급(세금계산서 발급대상)으로 과세한다는 것이 기획재정부의 해석(기재부 부가-495, 2012. 10. 8.)이다. 그러나 납세자가 면세전용으로 부가가치세 기타매출로 신고함으로써 세수일실의 우려가 없고 과세·면세 겸영 사업장에 반출 시에는 세금계산서 발급대상 공급가액을 얼마로 산정할 것인지를 확정할 수 없어 수정세금계산서를 발급하여야 하는 등 납세협력비용이 발생할 뿐만 아니라 세수일실 우려로 세금계산서를 발급하게 한다는 취지라면 사업자단위과세 사업자가 면세사업장에 재화 반출 시 자기를 공급자 및 공급받는 자로 하여 세금계산서를 발급하여야 할 것이나 이 경우에는 세금계산서 발급을 면제하는 것으로 해석하고 있어 상호 모순된 해석이 된다(부가-222, 2010. 2. 24.).

3) 국내외 본 · 지점 간 용역거래 시 과세문제

국내사업자의 본점과 지점 간의 용역의 자가공급에 대하여 부가가치세를 과세하지 아니하듯이 외국법인의 국내사업장이 외국 소재 본점을 위하여 각종 서비스 및 업무대행 용역을 무상으로 수행하거나 본점으로부터 대가를 수령하는 경우에도 국내지점이 제공하는 용역을 용역의 자가공급으로 보아 부가가치세가 과세되지 아니하고 부가가치세 과세사업과 관련된 매입세액은 자기의 매출세액에서 공제된다(재소비-122, 2003. 10. 30. ; 서면3팀-2095, 2005. 11. 23.).

(6) 본 · 지점을 달리해 받은 세금계산서 관련 최근 판례 분석

가. 사실관계

원고는 주소지를 본점 사업장으로 2000. 4. 20. 사업자등록을 하고, "을"사와 2014. 6. 1. 용인 소재 이 사건 물류센터 위탁운영계약을 체결하였으며, 2015. 8. 28.경 2015. 6. 1.부터 2015. 11. 30.까지의 물류대행수수료를 소급인상하기로 합의하고 그 정산차익 14억 원(이하 "이 사건 정산수수료")을 2015년 12월에 지급하고 을사로부터 지점을 공급받는 자로 하는 세금계산서를 수취하였다(이하 "쟁점세금계산서"라 한다. 기존 세금계산서는 본점 명의로 수취하였다). 한편, 원고는 2015. 12. 7. 자신의 물류센터를 지점으로 하는 사업자등록증을 발급받고 이후 2015. 12. 14. 사업자단위 과세신청으로 지점 사업자등록은 2015. 12. 31. 말소되었다.

지점은 쟁점세금계산서를 자기의 매출세액에서 공제하여 부가가치세 환급신청을 하였으나 피고는 쟁점세금계산서상의 공급받는 자가 실제 용역을 공급받은 본점이 아닌 지점으로 기재되어 있다고 보아 매입세액불공제, 세금계산서불성실가산세(2%) 및 초과환급신고가산세를 부과하였다. 이후 본점 관할 세무서장은 이유는 알 수 없으나 쟁점세금계산서상의 매입세액에 대한 원고의 경정청구에 응하여 매입세액을 환급결정하였다.

나 법원의 판단

위 처분에 대하여 제1심 법원은 2014. 5. 31. "을"과 물류대행서비스계약을 체결하고, 2015. 8. 28. 물류대행추가약정을 체결한 뒤, 2015. 6. 1.부터 2015. 11. 30.까지 이 사건 물류센터에서 "을"로부터 그 물류대행용역을 공급받은 자는 원고 본점 사업장으로 판단하면서 이에 기초하여 이 사건 정산수수료와 관련하여 실제로 해당 용역을 공급받은 자인 원고의 본점을 공급받은 자로 한 것이 아닌 원고의 지점사업장을 공급받은 자로 하여 작성된 이 사건 세금계산서는 그 기재내용이 사실과 다른 경우에 해당하고 관련 매입세액도 불공제되어야 한다. 한편, 쟁점세금계산서상의 매입세액을 원고 본점의 매입으로 경정해 달라는 원고의 경정청구를 받아들여 원고에게 쟁점세금계산서의 매입세액에 해당하는 세액을 환급하는 결정을 하였더라도 원고의 지점사업장과는 다른 원고 본점의 부가가치세에 관한 것이므로, 이 사건 가산세 부과처분을 포함한 이 사건 환급처분과는 과세단위를 달리하는 별개의 처분이어서 이를 이유로 이 사건 가산세에 관한 '본세의 납세의무가 최종적으로 존재하지 않은 것으로 확정'된 것이라고 볼 수 없다고 판시하였다(수원지법 2020구합60070, 2020. 9. 3.).

제2심은 쟁점세금계산서는 용역을 공급받지 아니한 지점사업장의 사업자등록번호가 기재되어 지점사업장에 발급된 점, 원고는 쟁점세금계산서를 본점이 아닌 지점사업장을 관할하는 세무서에 용인사업장 부가가치세 신고 시 제출하였는바, 이를 두고 단순히 사업장 표시를 잘못 기재한 '필수적 기재사항의 오류'라고 볼 수 없는 점, 구 부가법 제3조 제3호는 '재화 또는 용역을 공급하고 실제로 재화 또는 용역을 공급하는 자가 아닌 자 또는 실제로 재화 또는 용역을 공급받는 자가 아닌 자의 명의로 세금계산서등을 발급한 경우'에도 2% 비율에 의한 가산세를 부과하고 있는 점, 세법상 가산세는 납세자의 고의, 과실을 고려하지 않는 점 등에 비추어 보면, 이 사건 세금계산서에 관하여 용역의 공급 없이 발급받은 것으로 보아 구 부가법 제60조 제3항 제2호(사업자가 재화 또는 용역을 공급받지 아니하고 세금계산서등을 발급받은 경우)의 2% 가산세율을 적용한 처분은 적법하다고 판시하였다(수원고법 2020누14171, 2021. 4. 30.).

나아가 대법원은 동일한 사업자가 둘 이상의 사업장을 경영하는 경우 각 사업장 상호간은 부가가치세법상으로는 타사업자와 마찬가지로 취급되는 것이므로 쟁점세금계산서에 대하여 제2심과 같은 가산세 부과대상이 된다고 판시하고, 아울러 원고가 쟁점세금계산서를 발급받아 그 매입세액을 공제하여 부가가치세 확정신고 및 환급신고를 한 것에 가산세를 면할 정당한 사유가 있다고 보기 어렵다고 보았다(대법원 2021두39447, 2021. 10. 28.).

다. 필자 의견

위 사례는 언뜻 보면 본점에서 공급받는 용역에 대하여 지점에서 세금계산서만 수취한 경우 해당 세금계산서는 지점의 매출세액에서 공제받을 수 없다는 판례로 보여진다. 그러면서 본점에서 세금계산서를 발급받지 아니하였음에도 매입세액공제를 허용한 이유는 조세심판원 결정문이나 판례를 통해서는 알 수 없었다.

쟁점세금계산서는 물류비용의 소급인상에 따른 것이므로 새로운 물류대행용역 공급으로 보아 일반세금계산서를 발급받은 것이라기보다는 공급가액증을 이유로 발급하여야 하는 수정세금계산서로 보아야 하고 당초 세금계산서를 수취한 본점 명의로 "을"사가 발급하였음이 타당하다고 본다.

법원이 납세지로서 사업장별 과세원칙을 철저히 고수하고 있는바, 납세자들로서는 사업자별이 아닌 사업장별로 세금계산서의 교부는 물론 수취까지 이루어지도록 주의가 요구된다. 계약서가 본점과 계약되어 있고 대금지급도 본점에서 이루어지더라도 제공받는 재화나 용역이 지점에서 사용 또는 소비될 것이라면 지점명의로 세금계산서를 수취하여야 할 것이고, 만약 공급자가 계약서에 기재된 바에 따라 거래당사자인 본점을 공급받는 자로 세금계산서를 발급하였다면 필자의 견해는 공급자의 세금계산서를 사실과 다른 세금계산서로 보기는 어렵고, 공급받는 자의 매입세액공제 방법은 본점에서 지점으로 '공동매입에 따른 세금계산서 발급특례'를 적용하여 공급가액을 그대로 기재한 세금계산서를 발급하여 지점에서 매입세액을 공제받도록 하여야 할 것이다.

11 '자가공급'의 판단기준과 장소적 범위

들어가며

◈ 용역의 자가공급에 대한 부가가치세법령, 기존 해석, 조세조약 등을 검토하고 국내외 본·지점 간 내부용역거래가 과연 부가가치세 과세대상이 될 수 있는지 검토하였다.

(1) 부가법령상 '용역의 자가공급' 규정 검토

사업자가 둘 이상의 사업장의 인적 또는 물적자원을 동원하여 용역의 공급이 이루어지는 경우, 즉 자기의 수 개 사업장 간에 이루어지는 내부용역거래가 부가가치세법(이하 "부가법"이라 한다)상 외부·유상거래와 같이 부가가치세가 과세될 수 있는지를 살펴본다.

가. 부가법 제9조 내지 제12조의 체계

부가법 제9조에서 재화의 공급은 '계약상 또는 법률상'의 모든 원인에 따라 재화를 인도하거나 양도하는 것으로 규정하는 바, 유상의 외부거래를 부가가치세 과세대상으로 규정하고, 부가법 제11조는 용역의 공급은 '계약상 또는 법률상'의 모든 원인에 따라 역무를 제공하는 것과 시설물, 권리 등 재화를 사용하게 하는 것으로 유상의 외부거래를 부가가치세 과세대상으로 한다.

부가법 제10조는 유상의 외부거래가 아닌 것 중 자가공급, 개인적 공급, 사업상증여,

폐업 시 잔존재화 등에 대하여도 외부거래와의 과세형평성과 조세의 중립성 유지 등 조세정책적 목적에서 부가가치세 과세대상으로서 제한적 · 열거적으로 규정하고 있다.

또한, 부가법 제12조 제1항의 규정은 유상의 외부거래가 아닌 것 중 사업자가 자신의 용역을 자기의 사업을 위하여 대가를 받지 아니하고 공급함으로써 다른 사업자와의 과세형평이 침해되는 경우에는 자기에게 용역을 공급하는 것으로 과세한다고 규정하면서 그 구체적 과세대상을 부가가치세법 시행령(이하 "부가령")에 위임하였다.

부가법 제12조 제2항에서는 사업자가 대가를 받지 아니하고 타인에게 용역을 공급하는 것(특수관계인 간 사업용 부동산의 무상임대용역은 과세)과 근로제공은 용역의 공급으로 보지 않는다고 규정하고 있다.

따라서 '계약상 또는 법률상의 모든 원인'에 따른 용역의 공급이란 타인과 체결한 대외계약에 따라 역무등이 제공된 경우에 해당하여야 하며, 역무등을 제공한 경우라 하더라도 무상공급은 부가가치세 과세대상이 될 수 없으며, 아울러 부가법령에서는 용역의 자가공급을 과세대상으로 규정하면서도 그 구체적 대상을 시행령에 열거(특정)하지 아니하였으므로 용역의 자가공급은 과세대상이 될 수 없다.[19]

▌자기사업을 위한 내부광고(판촉)활동이 용역의 자가공급인지에 대한 사례 예시

하나의 사업장에서 자기가 생산한 재화를 좋은 가격으로 많이 판매하기 위해 다수를 상대로 **광고(판촉)활동**(이하 "광고용역")을 하거나 특정 구매자들을 물색하고 구매자와 거래조건을 협상하거나 광고 및 접대하기 위해 자기의 광고용역을 투입하는 경우 하나의 사업장 내에서 이루어지는 해당 광고용역에 대하여 부가가치세를 과세할 수 없고, 마찬가지로 사업자가 둘 이상의 사업장을 가짐으로써 재화의 공급사업장과 위 광고용역 제공사업장이 다르다고 하더라도 광고용역에 대하여 부가법 제11조의 법리가 적용될 수 없고, 부가법 제12조 제1항의 규정 중 다른 사업자와의 과세형평이 침해되는 것도 아니어서 당연히 부가가치세를 과세할 수 없다.

나. 자가공급을 규정한 부가법 기본통칙의 의미

'용역의 자가공급'이란 사업자가 자기의 사업을 위하여 직접 용역을 공급하는 경우로서 본래의 재화 또는 용역의 공급을 위하여 필요하거나 그에 부수되는 용역활동을 사업자 자신의 동일 사업장 내에서 또는 자기의 다른 사업장에서 제공받는 것을 말한다.

동일 사업자의 과세사업장 간에 공급하는 용역으로 과세되지 아니하는 용역의 자가공급에 대하여 부가법 기본통칙에서는 아래와 같이 규정하고 있다.

---

19) 현행 부가법 제12조의 규정이 없다고 하더라도 용역의 무상이나 자가공급은 부가가치세가 과세될 수 없다.

▌부가법 기본통칙 12-0-1【용역의 자가공급에 해당되어 과세되지 않는 경우】

다음 각호의 예시와 유사한 경우에는 용역의 자가공급이므로 부가가치세를 과세하지 아니한다.

1. 사업자가 자기의 사업과 관련하여 사업장 내에서 그 사용인에게 음식용역을 무상으로 제공하는 경우
2. 사업자가 사용인의 직무상 부상 또는 질병을 무상으로 치료하는 경우
3. 사업장이 각각 다른 수 개의 사업을 겸영하는 사업자가 그중 한 사업장의 재화 또는 용역의 공급에 필수적으로 부수되는 용역을 자기의 다른 사업장에서 공급하는 경우

위 기본통칙에 규정된 사례는 단지 예시적 규정에 불과할 뿐이므로 기본통칙에 열거되어 있지 않더라도 부가법 제11조에 규정된 용역의 공급이 아닌 용역의 자가공급 개념에 부합하다면 부가가치세가 과세될 수 없다.

다. 대가의 수반이 '용역의 자가공급' 성립에 장애가 되는지 여부

2013년 부가법 전면 개정 시 부가법 제12조 제1항에 '대가를 받지 아니하고'라는 문구가 아무런 개정 이유없이 추가되어 대가가 수반되지 아니하여야만 용역의 자가공급으로 볼 수 있다는 의견이 있다.

본·지점 간에 내부통제 목적으로 자금이 이동될 뿐 유상공급을 전제한 용역대가의 수수가 아니며, 대가의 수반이 타 사업자와의 과세형평을 해하거나 조세탈루도 없으며, 설령 대가의 수반이 타 사업자와의 과세형평을 해하더라도 부가령에 과세되는 용역의 자가공급을 규정하지 아니한 이상 부가가치세를 과세할 수 없다.

부언하면 본·지점(둘 이상의 사업장) 간에 제공되는 용역거래는 부가법 제11조에 따른 계약상 또는 법률상의 원인이 없는 회계학상의 내부거래로서 내부통제 목적으로 자금거래가 수반된다 하더라도 용역의 공급으로 보지 아니하는 용역의 자가공급 판정에 장애가 되지 아니한다.

라. 용역의 자가공급 판정 시 통상적(필수적) 부수용역의 범위[20]

부가법 기본통칙 12-0-1에서 수 개의 사업장을 가진 사업자가 그중 한 사업장의 재화 또는 용역의 공급에 필수적으로 부수되는 용역을 자기의 다른 사업장에서 공급하는 경우 용역의 자가공급으로서 부가가치세가 과세되지 아니한다고 규정하였다.

여기서 필수적으로 '부수되는 용역' 또는 거래관행상의 부수성을 판단할 때 아래의 형태까지도 그 부수성이 인정되어야 한다(부가 1265-982, 1983. 5. 25. ; 서면법령해석부가-

---

20) 물론 부수성이 인정되지 않더라도 사업자가 자기의 사업을 위하여 자기에게 용역을 공급하는 경우에는 특별한 예외가 없는 한 용역의 자가공급으로 과세할 수 없다.

3599, 2018. 6. 19. ; 대법원 2013두932, 2013. 6. 28.).

① 주된 재화 공급에 대한 계약서와 별도로 필수적 부수용역에 대한 계약을 체결한 경우

② 주된 재화에 대한 대가 수령과 별도로 부수용역에 대한 대가를 구분하였거나 구분하여 수령하는 경우

③ 부수용역에 대한 공급이 당초 계약자가 아닌 다른 사업자(수탁자, 하도급자 등)에 의하여 이루어진 경우

④ 주된 재화나 용역의 공급에 부수되는 용역공급이 주된 재화나 용역의 공급시기와 시차가 있다거나 부수용역 공급에 장기가 소요되는 경우

적어도 하나의 계약에 따라 수 개의 지점 또는 국내외의 용역수행지를 통해 계약 목적을 달성하는 과정에 있다면 세부공정을 나누어 국내외 수 개 용역수행지에서 수행하고 그 대가가 구분되어 있다고 하여 독립된 개별거래(독립적인 별개의 사업행위[21])라고 단정할 수 없고, 위와 같이 국내외에 걸친 용역수행이 있는 경우 위 부수성의 판단기준과 용역의 공급장소 판정기준에 따라 해당 지점의 활동이 용역의 자가공급으로서 용역의 공급으로 볼 수 없는지(부가가치세 납세의무 해당 여부)를 개별적 · 구체적으로 판단하여야 한다.

마. 소결론

과세되는 용역의 자가공급의 범위는 시행령에 열거되지 아니하여 과세될 수 없고, 설령 부가법 제12조 제1항에 용역의 자가공급에 대한 규정 자체가 없더라도 부가법 제9조, 제11조와 부가법 제10조, 제12조에 규정과의 상호연관성에 비추어 볼 때 자기의 사업장 내 또는 사업장 간의 내부 용역거래(용역의 자가공급)는 부가가치세가 과세될 수 없다.

재화 또는 용역의 유상 · 외부거래가 원칙적 부가가치세 과세대상이 되는 바, 정부가 용역의 자가공급으로서 과세대상을 시행령에 규정하지 않아 재화의 공급특례규정에 비추어 과세불형평성의 소지가 있어 용역의 무상공급 또는 내부거래에 대하여 부가가치세를 과세하고자 한다면 부가법 제12조에 용역의 자가공급에 대한 구체적인 과세대상 용역의 범위 · 과세표준 산정방법 · 과세시기 등을 개별적 · 구체적으로 입법 개정을 통해서만 해결할 수 있다고 본다.

---

21) 국세청은 1978년부터 국내지점의 독립인 개별사업행위를 한 것으로 볼 수 없는 경우에는 (자가공급에 해당하여) 부가가치세 과세대상에 해당하지 아니한다고 회신하였으나, 독립된 별개의 사업행위가 무엇인지에 대한 구체적 기준을 제시한 사례는 없다(국세청 국조 1234-36, 1978. 1. 11. ; 국조 1234-3864, 1978. 12. 28.).

(2) 국내외 사업장 간 내부 용역제공이 용역의 공급인지

부가가치세 과세대상에서 제외되는 용역의 자가공급은 공급장소가 국내인 사업장 간의 내부용역거래에만 적용된다거나, 국내사업자에게만 적용되는 것이 아니라 외국법인 등이 국내외에 사업장을 가지고 내부용역거래가 있는 경우에도 차별없이 동일한 법리가 적용되어야 함을 설명하고자 한다.

1) 관련 기재부 해석

가. 사실관계 및 사건개요

부가법은 공급장소가 국내인 경우에만 적용한다는 장소적 적용범위가 전제되어 있으므로 국외사업장과 국내사업장 간의 거래는 수출에는 해당할 수 있어도 원칙적으로 용역의 자가공급에 해당하지 아니하는 바, 용역의 자가공급은 국내의 사업장에서 공급하는 재화나 용역과 관련하여 자기의 다른 사업장에서 다른 사업장으로 용역을 제공하는 경우로 보아야 한다는 기재부의 예규심 결과가 있었다(조세법령운용과-419, 2022. 4. 26.).

외국법인 본점(갑)의 국내지점(병, 질의자)은 갑이 또 다른 외국법인(을)에게 공급하는 전력장비의 설치 · 시운전 등의 용역을 국내에서 제공하고 있는바, 갑이 을에게 판매한 전력장비에 부수하여 제공(장비의 해외대륙붕에서의 정상 가동이라는 일괄용역계약의 일부로 국내지점이 본건용역 제공)된 경우로서 부가세 기본통칙 12-0-1에 부수되는 용역으로서 외국본점을 위한 자가공급에 해당한다는 질의자의 주장에 대한 기재부의 회신이다.

현행 부가법령상 본 · 지점 간의 내부 용역거래에 대한 용역의 자가공급 여부에 대하여 명시적 규정이 없다는 데에서 기인한 회신이지만, 외국법인 본사와 국내지점은 본 · 지점 관계로서 동일 사업자에 해당함을 부인할 수 없다.

나. 기재부 회신의 주요 논리

기획재정부는 현행 부가법령상 본 · 지점 간의 용역거래에 대한 용역의 자가공급 여부에 대하여 명시적 규정은 없지만 공급장소가 국내인 경우만 부가법령이 적용된다는 점에서 용역의 자가공급도 이러한 장소적 적용범위가 그대로 적용되어야 하므로 국내외의 각 사업장 간 용역거래에 있어서는 원칙적으로 부가법상 자가공급에 해당할 수 없고, 국내에 소재한 사업장에서 공급장소가 국내인 사업장 간 내부용역거래에 대하여만 자가공급이 적용된다는 것이다. 즉, 국외사업장은 부가가치세 과세영역 밖에 존재하므로 국내지점이 국외사업장에 용역을 공급하였다고 하여 국내사업장 간에 적용하는 용역의 자가공급 논리를 적용할 수 없다는 것이다. 다만. 외국본점이 국내에 공급한 기계설비등에 대한 국내지점의 설치·시운전 용역대가가 수입세금계산서에 포함되어 있다면 다시 설치·시운전 용역대가에 대해 세금계산서를 발급하게 되면 그만큼 중복과세문제가 발생하므로 국내지점의 용역공급은 외국본점으로 자가공급한 것으로 볼 수 있다고 기존 해석의 의미를 축소시켰다(재소비-122, 2003. 10. 30.).

다. 기재부 해석의 주요 문제점

위 회신은 부가법 제12조 '용역의 자가공급' 범주에 국내외 사업장 간에 적용할 수 있는 명시적 규정이 없어 부가법 제11조의 용역의 공급이 된다는 논리는 부가법의 기본원리나 세법해석의 기본원칙에서 벗어난다. 부가가치세 과세대상 용역은 먼저 부가법 제11조에 해당하여야 하고, 부가법 제11조를 적용할 수 없다면 부가법 제12조의 과세범위에 포함되는지를 판단하여야 하는데 기획재정부는 반대해석을 한 것이다. 부가법 제12조가 적용될 수 없다고 하여 부가법 제11조에 따라 (국내외) 본·지점 간의 내부거래에 대하여 계약상 또는 법률상의 원인이 있는 것으로 의제하여 부가가치세를 과세할 수 없다(구체적 논리는 이하에서 살펴보기로 한다). 위 기획재정부 회신 논리대로 국내외 본·지점 간 용역의 자가공급이 인정되지 않는다면 그간의 일관된 해석에 배치되고, 특히 부가가치세 대리납부 범위가 확대될 수 있는 문제점이 발생한다.

2) 역외 본·지점 간 용역의 자가공급 과세 여부에 대한 법리검토

가. 부가법령상 부가가치세 과세근거 부존재

국내지점이 외국본점을 위하여 내부용역제공이 있다는 전제하에서 용역의 자가공급에 대한 위 "(1)"의 논리는 국내외 본·지점 사업장 간에도 그대로 적용되어야 한다.

부가가치세는 대외계약에 근거하여 그 법적거래형식(거래의 외관)에 따라 그 거래 자체에 부과되는 대물세, 다단계거래세로서 그 거래외관만을 두고 과세하는 세목이기 때문에 특별한 예외규정이 없는 한 국내외 거래라고 하여 달리 볼 이유가 없다. 원칙적으로 대외계약에 따라 그 공급의 주체가 된 사업장만이 부가가치세 납세지가 되어야 하고, 그 외의 다른 사업장에서의 내부지원행위(내부거래, 자가공급)가 있었다고 하여 그 다른 사업장을 납세지라고 볼 수 없고 그 법적근거도 전혀 없다.

사업장단위과세원칙을 천명한 부가법 제6조 제1항 및 제2항과 용역의 공급장소를 규정한 부가법 제20조에 비추어 볼 때에도 해외본점이 주체가 된 계약과 관련하여 국내지점이 일부 내부거래를 수행하였다고 하여 국내지점의 용역제공행위를 외부거래로 전환시킬 수는 없다.

나. 소비지과세원칙 적용을 위해서는 구체적 근거법령 필요

소비지과세원칙을 엄격하게 적용하거나 실현하기 위해서는 용역의 유형별로 공급장소를 세분화하여 그 가액을 산정하고 그 사업장에 귀속시켜 과세함이 가장 이상적일 것이다(서울고등법원 2016누56051 및 대법원 2017두72935, 2020. 6. 25.[22]).

소비지과세원칙 실현을 위하여 재화의 수입에 대하여는 부가법 제13조에 따라 과세하고, 용역을 수입하는 경우에는 부가법 제52조 및 제53조에 따라 용역등에 대하여 대리납부, 위탁매매인등의 용역등 공급에 대한 특례, 부가법 제53조의2에 따른 국외사업자의 전자적용역에 대한 납부특례에 따라 과세되고, 용역등의 수출에 대하여는 부가법 제22조나 제24조 제1항 제3호 및 부가령 제33조 제2항 제1, 2호에 따라 영세율을 적용하고 있다.

우리 부가법에 소비지과세원칙을 직접 규정하고 있지 아니하나 위와 같이 부가법령 전반에 소비지과세원칙이 적용되고 있고, 법원도 대체로 소비지과세원칙에 부합한 판결을 하고 있는 것은 사실이다.

그렇다고 하여 위와 같은 개별적 규정도 없이 국내지점에서 제공된 용역이 국내에서 사용·소비되었다거나 용역수행의 물리적 공급장소가 국내라는 이유로 소비지과세원칙만을 내세워 국내지점에 부가가치세를 과세할 수 있는 것은 아니다.

부가법 제6조, 제11조, 제12조, 제20조 및 부가령 제8조에 따라 국내지점의 개별용역거래가 부가가치세 과세대상 요건을 충족하고 있는지를 판단하여야 한다. 왜냐하면 외부적으로 드러나는 거래를 과세대상으로 하는 부가가치세의 본질상 국내지점이 부가가치세 납세의무자가 되어 세금계산서를 발급하려면 공급자와 공급받는 자, 등록번호, 공급가액, 세액, 작성일자가 파악되어야 하기 때문이다.

특히 국내외에 소재한 본점이나 지점 간에 제공되는 용역의 내부거래에 대하여는 유상의 외부거래가 아니어서 부가법 제11조에 따른 용역의 공급으로 과세할 수 없고, 부가법 제12조에 과세대상으로 열거하고 있지도 않아 소비지과세원칙을 내세워 국내지점에서 수행하는 내부용역거래에 과세한다는 것은 부가법에 근거하지 않은 과세가 된다.

다. 용역공급에 대한 공급장소 판단

부가법상 역무가 제공되는 장소는 용역이 현실적으로 수행된 장소뿐만 아니라 그러한 용역이 사용되는 장소까지 포함하는 개념으로 볼 수 있고 용역을 공급받는 소비자의 입장에서 보면 용역의 결과물이 사용되는 곳에서 가장 중요하고도 본질적인 부분이 이루

22) 동 판결(이하 "홀리데이" 판결)에서는 외국본점과 고정사업장이 각각 중요하고도 본질적인 역무를 수행하였으나 외국본점이 더 중요하고도 본질적인 역할을 수행한 경우로서 소득귀속주의 관점에서 부가가치세 과세표준도 그 역할만큼 나누어야 한다는 취지의 판결이다.

어졌다고 보아 부가가치세 대리납부의무 범위를 확장하여 국세청과 기획재정부가 해석하고 있고 법원도 같은 취지의 판결을 하고 있다(대법원 2004두7528, 2006. 6. 16. 외 다수).

용역의 국외공급의 경우 법원이나 국세청은 해당 용역의 중요하고도 본질적인 부분이 어디에서 이루어졌는지를 기준으로 공급장소를 판정하고 있다(대법원 2014두13829, 2016. 2. 18. ; 부가가치세과-221, 2014. 3. 24. 외).

대법원은 인천대교 사건 판결에서 원고(영국법인의 한국지점)가 국내사업자에게 제공하는 사업관리용역('환경조사, 교통조사, 하도급업자 선정을 위한 입찰준비, 법률 약정서의 준비, 정부 부처 및 기관과의 협의 등'과 관련된 자문 및 컨설팅 서비스 등 소위 "PM용역")은 국내제공용역계약과 국외제공용역계약(쟁점용역)으로 나누며, 국내에 설치될 인천대교 건설사업의 시행자와 체결된 것으로서 그에 필요한 외국법인 지점의 활동이 이루어지는 곳과 결과물이 사용되는 곳은 대부분 국내인 점과, 원고가 제공한 용역은 사업제안 준비단계에서부터 인천대교 준공 시까지 계속적으로 자문, 건설 관련 기획, 환경영향평가, 재무, 회계, 법률, 공사 관리 등 인천대교 건설과 관련된 모든 전문영역을 포괄하여 인천대교 건설사업의 진행을 관리하는 것으로서 국외용역제공은 그 자체로 독자적인 목적을 수행하는 것이라기보다 국내제공용역과 결합하여 제공되어야만 용역공급의 목적을 달성할 수 있는 점 등을 들어 원고에게 부가가치세와 법인세 납세의무자로 본 것은 적법하다고 판단하였다(대법원 2014두13829, 2016. 2. 18.).

위 판결은 원고에게 제공된 사업관리용역의 최종 결과물은 인천대교이고 인천대교는 국내에서 사용 또는 소비되므로 국내에 부가가치세등의 납세의무가 있는 것으로 본 것이므로, 반대해석하면 외국본점이 계약과 주된 용역을 수행하고 국내지점이 내부용역을 제공하여 그 결과물이 해외에서 최종 사용 또는 소비된다면 국내지점의 용역 공급장소가 국내인지를 살펴보아야 한다. 만약 용역수행 결과물이 수입재화에 해당되거나 국내지점의 활동이 외국본점을 위한 판매지원활동 등 예비적이고 보조적인 활동이라면 외국본점이 소재한 곳이 용역의 공급장소이며, 국내지점은 외국본점을 위해 용역을 자가공급한 것에 불과하여 부가가치세가 과세될 수 없으므로 외국본점과 국내지점의 전체적인 용역의 공급장소가 어디인지를 먼저 살펴보아야 한다.

라. 지점의 자가공급이 사업상 독립적인지 여부

계약상 또는 법률상의 경제적·법률적 효과가 자신에게 귀속되도록 자기의 계산과 책임하에 사업을 수행하여야 사업상 독립적이라고 할 수 있다. 지점이 본점을 위하여 시장조사, 업무연락, 광고나 판촉활동 등의 용역을 공급하고 본점으로부터 운영경비를 받는 것을 독립적으로 용역을 공급한 것이 아니어서 부가법 제11조의 용역의 공급에 해당하지 않는다.

마. 조세조약상 고정사업장 무차별 원칙의 적용

OECD모델조약이나 조세조약에서는 상대국기업이 한국 내에 둔 고정사업장은 그와 동일한 사업을 영위하는 한국기업에 비하여 한국에서 불리하게 과세되지 아니한다고 규정하고 있는바, 이러한 고정사업장 무차별조항은 강한 금지나 강력한 의무의 부여로서 강행규정에 해당한다. 조세조약은 원칙적으로 직접세를 대상조세로 삼고 있으나, 미국·일본·프랑스·독일·노르웨이와 체결한 조약에서는 직접세를 포함한 모든 조세를 대상조세로 삼고 있다.

따라서 내국기업에 인정해 주는 본지점 간 내부용역거래에 대한 과세 예외가 외국기업이라고 해서 배제되어서는 아니되므로 외국기업의 본점과 국내사업장 사이의 내부용역거래도 무차별 원칙이 적용되어 과세대상에서 제외되어야 한다.

바. 국내사업장 간 용역의 자가공급과 과세형평성 문제 발생

국내 공급장소에서 이루어지는 용역의 자가공급과 관련하여 부가가치세가 과세되는 용역의 공급으로 보더라도 세금계산서 수수(직매장 반출에 따른 세금계산서 수수와 유사)를 통해 매입세액공제가 가능하므로 매입세액불공제로 인한 누적효과가 발생하지 아니하고, 용역의 공급으로 보지 아니하더라도 최종 결과물(재화나 용역수행 결과물)의 공급에 대하여만 부가가치세가 과세되므로 누적효과가 발생하지 않는다. 그러나 역외 본·지점 간에 용역의 자가공급에 대하여 부가가치세를 과세한다면 외국본점과 국내지점 또는 국내본점과 해외지점 간에는 세금계산서를 수수할 수 없어 용역의 자가공급으로 국내에 납부한 매출세액은 그대로 법인의 비용이나 원가가 되어 최종 결과물에 대한 가격상승을 초래하여 국가경쟁력을 하락시킬뿐만 아니라 기업이 창출한 부가가치에 과세하는 부가가치세의 기본원리에도 맞지 않는다.

사. 국내외 본·지점 간 내부용역거래에 대한 영세율 적용

부가령 제33조 제2항 제1호 및 제2호에 따르면 열거된 사업에 해당하는 용역을 공급한 사업자가 그 대금을 외국환은행에서 원화로 받거나 기획재정부령으로 정하는 방법으로 받는 경우 영세율을 적용한다.

이때 외국본점이 다른 외국법인과 용역계약을 하고 국내지점이 용역을 제공한 경우로서 국내지점이 용역대가를 외국법인으로부터 직접 수취하지 아니하고 본점을 경유하여 지점운영경비의 형태로 수취한 경우 외국환은행에서 원화로 받는 경우 등에 해당하는지에 대하여 본지점 일체설의 관점에서 지점운영경비의 형태로 수취하더라도 외화획득을 인정하고 영세율을 적용하는 것이 타당하다고 회신한 바 있다(국조 1234-1668, 1978. 6. 7. ;

서삼 46015-11043, 2001. 12. 31. ; 대법원 88누9978, 1989. 8. 8. ; 국심 2000서1511, 2001. 9. 14. ; 대법원 2006두5175, 2009. 6. 11.).

외국본점에서 국내지점으로 외화가 입금되었다고 하여 부가가치세 과세대상으로 보아 대금결제조건을 갖춘 경우 영세율이 적용되는 것으로 회신한 위 사례는 국내외 본지점 간 내부용역거래가 위 "(1)" 및 "(2)"의 "가" 내지 "라"에 따라 용역의 자가공급에 해당하는 바, 분명 모순된 해석들이다.[23)]

다만, 최근 기재부 회신(조세법령운용과-419, 2022. 4. 26.)으로 이러한 내부용역거래까지도 국내지점을 부가법 제11조에 따른 용역의 공급 거래주체로 인정한 것이라면 외국본점에서 지점운영비 형태로 국내지점에 외화입금이 되거나, 외국본점에 가지는 채권과 외국본점이 국내지점에 지급할 채무의 상계도 외화의 획득 또는 외화의 해외반출을 줄임으로써 간접적으로 외화획득에 기여한 점을 인정하여 영세율 적용을 고려할 필요가 있다. 외국본점에서 용역의 수입자와 계약을 체결하였음에도 용역의 수입자로부터 국내지점이 대금을 직접 수령하여야 영세율이 적용된다면 2003년 10월 이전 위 국세청 해석들에 비추어 너무 가혹하다.

아. 부가가치세 대리납부의 확대 효과

해외에 본점을 두고 있는 국내의 면세지점이 국외 소재 본·지점으로부터 해외 지점의 면세사업을 위한 업무수행 등에 필요한 용역을 제공받고 그 대가를 지급하는 경우와 해외에 지점을 가지고 있는 국내법인의 본점에서 국외 소재 지점으로부터 본점의 면세사업을 위한 업무수행 등에 필요한 용역을 제공받고 그 대가를 지급하는 경우에는 부가법 제52조에 따른 대리납부 의무가 없다고 회신하였다(서면3팀-2095, 2016. 4. 27. ; 서면-2016-부가-3179, 2005. 11. 23.). 이는 역외 본·지점 간 용역의 자가공급이 부가가치세 과세대상이 되지 않는다는 이유에서 기인한 것이다. 앞서 역외 본·지점 간의 용역의 자가공급을 부정한 기획재정부 해석에 따르면 역외 본점 또는 지점으로부터 용역을 자가공급받아 국내에서 면세사업을 위하여 사용·소비한다면 외국법인으로부터 과세용역을 제공받아 국내에서 면세사업이나 비과세사업을 위하여 사용한 것이므로 부가법 제52조에 따른 대리납부의무가 발생하게 되어 그간의 일관된 해석을 신뢰한 납세자들은 고액의 부가가치세 추징에 직면하게 된다.

---

23) 앞 문단의 해석들은 2003년 기재부 회신(재소비-122, 2003. 10. 30.)으로 모두 효력을 잃었다.

(3) 국내지점(고정사업장)의 용역공급이 과세되는 경우

가. 고정사업장에 대한 부가가치세 과세기준

외국본점에서 계약과 대금수령 및 역무제공이 이루어지는 상황하에서 국내지점(고정사업장을 포함한다. 이하 같다)에서의 활동을 전부 용역의 자가공급으로 본다면 고정사업장에 대한 부가가치세 과세가 될 것이 없다고 주장하기도 한다.

고정사업장이 존재한다는 사유만으로 부가가치세 과세가 가능하다는 견해(적극설)와, 고정사업장은 부가법상 사업장에 불과하므로 국내에서 부가가치세 과세가 가능하려면 해당 용역이 국내에서 공급되었는지를 별도로 판단하여야 한다는 견해(소극설)가 있다. 국세청은 적극설의 견해에 근거하여 과세하려고 하는 듯하다.

단일의 용역거래에 대하여 각국에서 중복하여 부가가치세를 과세하는 것도 문제이지만, 한 번도 과세가 되지 않는다면 그것도 분명 문제이다. 동일한 상황 또는 거래조건 하에서 각 국의 부가가치세율이 동일하다면 사업자의 조세부담은 동일하여야 함이 거래세인 부가가치세의 중립성 원칙에 부합하다.

필자는 소극설과 판례의 입장에서 국내지점이 행하는 각 용역수행이 외국본점이 체결한 계약과 관계있는 경우라 하더라도 부가가치세가 과세될 수 있는지는 고정사업장에 대한 부가가치세 과세와 연관지어 검토할 수밖에 없다고 판단된다.

고정사업장의 판정 기준은 지면상 생략하기로 하고 우리 대법원 판례들의 경향에 비추어 비거주자 또는 외국법인이 국내에 공급하는 재화 또는 용역에 대하여 우리나라에서 부가가치세를 과세할 수 있느냐의 판단기준은 대체로 아래 세 가지 요건을 충족하여야 한다.

① 국내에 국내사업장이 존재한다.

② 용역의 공급장소가 국내이다.

③ 국내사업장이 재화 또는 용역의 공급과 관련되어 있다.

특히 우리 대법원의 판례에 따르면 전자적 용역을 제외한 전통적 용역의 공급장소는 역무의 중요하고도 본질적인 부분이 제공되는 장소를 공급장소로 본다.

나. 국내지점이 독립적인 별개 사업행위를 한 경우

국내지점이 국내 다른 사업자나 다른 외국법인등과의 직접 계약에 따라 용역을 제공하고 그 대가를 받는다면 부가법 제11조에 따른 용역의 공급임을 누구도 부인할 수는 없다.

국내지점이 부가법 제11조에 따른 '용역의 공급'을 일으켰다거나[24] 또는 다른 국내외 사업장의 내부용역을 제공(자가공급)받아 그 역무를 완성하였다면 해당 국내지점에서 부가가치세를 신고·납부하여야 한다. 이때 외국본점에서 단지 공급받는 자와 총괄계약을 체결하였다거나 대금을 수령하였다고 하여 그 결과가 달라져서는 아니된다고 본다.

수 개 사업장에서 인적·물적시설을 동원하여 외국본점이 약정한 역무를 수행하는 경우로서 국내지점이 수행한 역무가 외국본점을 위한 부수용역이라거나 전체적인 거래행위 과정상의 한 구성부분에 불과한 것이 아니라 독립된 개별거래(독립적 별개의 사업행위)라면 그 국내지점은 외국본점과 계약을 체결한 자에게 용역을 공급한 것으로 볼 수 있다.

다만, 외국본점에서 계약체결, 대금수수, 중요하고도 본질적인 역무의 수행을 하고, 고정사업장이 외국본점을 위하여 예비적이거나 보조적인 부분으로 이해할 수 있는 마케팅, 광고, 시장조사, 판매지원, 계약 및 협상, 노하우 관리 등의 역무를 수행하였다면 부가가치세가 과세되지 아니하는 용역의 자가공급으로 이해하여야 한다(사전-2020-법령해석부가-0974, 2020. 11. 30.).

다. 국내지점이 '중요하고도 본질적인 업무'를 수행한 경우

고정사업장이 성립하거나 국내지점이 존재하더라도 그 사업장이 과세권이 미치는 거래인지는 '용역이 제공되는 장소'를 기준으로 판단하여야 하는데, 외국법인 등이 내부적으로 어떻게 역할을 분담하였는지를 따져 국내지점(고정사업장을 포함한다)이 중요하고도 본질적인 역할을 했을 때에 그 공급(공급장소)이 국내지점과 관련된 것으로 보아 과세할 수 있다.

우리 대법원은 대체로 공급받는 자를 기준으로 용역의 중요하고도 본질적인 부분이 제공되는 장소를 파악하여야 하고, 용역의 중요하고도 본질적인 부분이 국외에서 이루어진 경우 그 일부가 국내에서 이루어졌더라도 용역이 공급되는 장소는 국외로 보아야 한다고 판시하였다(대법원 2009두19229, 2011. 4. 28. ; 대법원 2014두13829, 2016. 2. 18. ; 대법원 2018두46049, 2018. 9. 13.).

이때 예비적이거나 보조적인 사업활동이 아닌 '본질적이고 중요한 사업활동'인지 여부는 그 사업활동의 성격과 규모, 전체 사업활동에서 차지하는 비중과 역할 등을 종합적으로 고려하여 판단하여야 한다.

따라서 부가법상의 외국법인의 사업장인 국내지점 또는 고정사업장에서 용역이 수행되는 경우로서 그 용역의 중요하고도 본질적인 부분의 공급장소가 국내에서 주로 수행되었다면 국내지점 등에 부가가치세를 과세할 수 있고, 반대로 그 용역의 중요하고도

24) 공급자로서 고정사업장의 인적·물적자원을 동원하여 독자적으로 국내에 용역을 제공한 경우 또는 공급에 이를 정도로 인적·물적자원이 용역공급에 동원된 경우를 말한다.

본질적인 부분이 국외에서 이루어지고 국내지점은 예비적이고 부수적인 내부용역거래만을 외국본점을 위해 수행하였다면 용역의 자가공급으로 보아 예비적이고 보조적인 용역의 대가에 대하여 부가가치세를 과세할 수 없다.

라. 국내지점이 수행한 '개별용역별'로 자가공급 판단

「법인세법」 제94조에 따라 고정사업장이 성립하는 경우에야 비로소 외국법인의 부가법상 사업장이 성립하고(부가령 §8 ⑥), 외국법인의 국내지점이거나 외국법인의 고정사업장으로 인정되더라도 그 자체만으로 해당 국내사업장에서 발생하는 모든 용역수행활동의 대가에 대하여 부가가치세 과세가 가능한 것이 아니다.

고정사업장 등 국내사업장은 부가법상 사업장에 불과하므로 국내에서 부가가치세 과세가 가능하려면 해당 용역이 국내에서 공급되었는지를 별도 판단하여야 하고, 국내사업장에서 수행하는 용역이 부가법상 사업장에서 '공급'하는 것으로 볼 수 있을 만큼의 기능과 역할을 수행하여야 부가가치세를 과세할 수 있다. 이때 「법인세법」 제94조에 따른 고정사업장의 판단은 프로젝트별(국내지점등이 행하는 개별용역별)로 판단하여야 한다.

프로젝트별이란 의미가 거래별로 판단하자는 의미로, 가령 일 년에 2개의 프로젝트가 있었다고 가정하면 A프로젝트가 본질적이고 중요한 사업활동으로서 고정사업장 개념에 부합하고, B프로젝트는 부수적이고 보조적인 활동으로서 두 프로젝트가 상이하다면 A프로젝트를 이유로 B프로젝트도 무조건 고정사업장의 법인세 납세의무나 부가가치세 납세의무가 있다고 볼 수 없을 것이다(외인 22601-1866, 1985. 6. 20. ; OECD모델조세조약 제5조 제3항 및 각종 조세조약의 귀속주의 참조).

고정사업장의 판단이나 고정사업장에 대한 부가가치세 과세에 있어 프로젝트별로 하여야 한다는 명시적인 국내 법령규정이나 유권해석, 판례는 없으나 「법인세법」 제94조의 국내사업장이 OECD모델조세조약이나 조세조약의 내용을 차용하고 있다는 점과 법인세 과세표준 계산 등에 있어 귀속주의 원칙을 적용하고 있다는 점이 논리적 근거가 되기에 충분하다.

고정사업장의 용역의 공급 또는 용역의 자가공급 해당 여부는 고정사업장이 존재하거나 국내지점이 존재한다는 이유로 국세청이 과세권을 갖는 것이 아니라 고정사업장이 행하는 개별용역 건별로 이에 해당하는지를 판단하여야 한다.

(4) 결 론

국외사업장은 부가가치세 과세영역 밖에 존재하므로 국내지점이 국외사업장에 용역을 공급하였다고 하여 국내사업장 간에 적용하는 '용역의 자가공급' 논리를 적용할 수 없고, 공급장소가 국내인 경우만 적용된다는 의견이 있다. 이는 현행 부가법령상 본 · 지점 간의 내부용역거래에 대한 용역의 자가공급 여부에 대하여 명시적 규정이 없다는 데에서 기인한 것이지만 외국법인 본사와 국내지점은 본 · 지점 관계로서 동일 사업자에 해당함을 부인할 수 없다.

하지만 부가법 제12조 '용역의 자가공급' 범주에 국내외 사업장 간에 적용할 수 있는 명시적 규정이 없어 부가법 제11조의 용역의 공급이 된다는 위 부정론은 부가법의 기본원리나 세법해석의 기본원칙에서 벗어난다. 부가가치세 과세대상 용역은 먼저 부가법 제11조에 해당하여야 하고, 부가법 제11조를 적용할 수 없다면 부가법 제12조의 과세범위에 포함되는지를 판단하여야 한다. 부가법 제12조가 적용될 수 없다고 하여 부가법 제11조에 따라 (국내외) 본 · 지점 간의 내부거래에 대하여 계약상 또는 법률상의 원인이 있는 것으로 의제하여 부가가치세를 과세할 수 없다. 아울러 위 국내외 본 · 지점 간 용역의 자가공급이 인정되지 않는다는 부정론을 인정한다면 그간 국세청의 일관된 해석에 배치되고, 특히 부가가치세 대리납부 범위가 대폭 확대되는 문제점이 발생한다.

따라서 국내외 본 · 지점 간 용역의 자가공급 과세를 인정하는 위 부정론은 아래와 같은 경우에 부가법 제11조에 따른 용역의 공급으로 과세함이 타당하고, 외국본점을 위한 국내지점의 예비적이고 보조적인 내부용역거래에 대하여는 용역의 자가공급으로 과세대상에서 제외함이 타당하다(고정사업장에 부가가치세를 과세할 수 있을 정도의 중요하고도 본질적인 역할을 수행한 경우에 국내지점에 부가가치세가 과세될 수 있다).

① 국내지점이 독립된 거래당사자로서 계약을 체결하여 용역을 공급한 경우
② 국내지점이 행하는 용역이 독립된 별개의 사업행위로 파악될 수 있는 경우
③ 외국본점이 제공하는 과세용역에 필수적으로 부수되는 용역이거나 예비적이고 보조적인 것에 해당하지 아니하고 중요하고도 본질적인 역무를 수행한 경우

12 부가가치세가 과세되는 교환거래 정리

(1) 교환거래 관련 법령의 검토

1) 재화와 재화, 재화와 용역의 교환거래

재화의 인도대가로서 다른 재화를 인도받거나 용역을 제공받는 교환계약에 따라 재화를 인도하거나 양도하는 것은 재화의 공급으로 본다(부가령 §18 ① 3). 교환계약에 의한 재화의 인도 또는 양도에는 민법에 의한 교환뿐만 아니라 소비대차의 경우까지 포함하

는 개념으로 사용되고 있다.

사업자 간에 재화를 차입하여 사용 또는 소비하고 동종 또는 이종의 재화로 반환하는 거래가 부가가치세 과세대상으로서의 교환거래(소비대차를 포함한다)가 되기 위해서는 당사자 간의 사전약정에 따라 교환되는 재화의 경제적 가치가 결정되어야 하고 거래당사자 간 가격이 상이한 재화에 대하여 교환 및 가격차이에 따른 정산이 있어야 하며, 가격차이가 발생한 경우 그 차이에 대한 대가 수수가 수반되는 것이 보통이다.

| 교환거래의 일반 흐름도 |

사업자 "갑"
(공급자)
① 재화의 인도
③ 재화의 반환
사업자 "을"
(차용자)
② 재화 판매
매출처
② 공급의제
자가공급
개인적 공급
사업상 증여
② 사업목적 소비
제품제조 用
기타 사업을
위한 소비

"①은 교환거래로 과세대상임."

※ "을" 사업자가 차입한 재화를 "②"로 사용 또는 소비한 뒤에 자신이 제조/생산 또는 구매를 통해 조달한 동종 또는 이종의 재화를 반환하는 "③"의 거래도 재화의 공급에 해당한다.

가. 교환

교환이라 함은 당사자 쌍방이 금전 외의 재산권을 상호이전할 것을 약정함으로써 그 효력이 생기는 것을 말한다(민법 §596, §597). 이 경우 당사자 일방이 이러한 재산권의 이전과 금전의 보충지급을 약정한 때에는 그 금전에 대하여는 매매대금에 관한 규정을 준용한다(민법 §597).

다만, 공급한 재화의 결함으로 인하여 이미 공급한 재화(불량품)를 회수하고 정상적인 제품으로 교환하여 주는 것은 교환거래로 보지 아니하므로 불량품의 반환과 정상제품의 대체공급은 각각 재화의 공급에 해당되지 아니한다(부가 1265.1-1707, 1984. 8. 14.).

나. 소비대차[25)]

소비대차라 함은 당사자 일방이 금전 그 밖의 대체물의 소유권을 상대방에게 이전할 것을 약정하고 상대방은 그와 동일한 종류, 품질 및 수량으로 반환할 것을 약정함으로써 그 효력이 생기는 것을 말하는 것으로(민법 §598), 당사자 일방이 상대방에게 무상으로 사용 · 수익하게 하기 위하여 목적물을 인도할 것을 약정하고 상대방은 이를 사용 · 수익한 후 그 물건을 반환할 것을 약정함으로써 그 효력이 생기는 사용대차(민법 §609) 또는 당사자 일방이 상대방에게 목적물을 사용 · 수익하게 할 것을 약정하고 상대방이 이에 대하여 차임을 지급할 것을 약정함으로써 그 효력이 생기는 임대차(민법 §618)와는 그 의의를 달리하고 있다.

소비대차의 경우 사업자가 재화를 차용하는 때에는 차용하여 주는 자가 해당 재화를 공급하는 것으로 되며 동종 또는 이종의 재화를 반환하는 때에는 반환하는 자가 해당 재화를 공급하는 것으로 된다(부가통칙 9-18-1).

이러한 소비대차는 위 교환거래와 더불어 부가가치가 창출되는 거래는 아니지만 부가가치세가 사용 · 소비에 대하여 과세하는 소비세라는 기본원리에 충실한 해석이다.

소비대차로 인하여 쌍방이 어떠한 수익도 남기지 아니하였고 소비대차를 사업목적으로 행한 것이 아니라 일시적 필요에 의하여 이루어진 것으로 통상적 재화의 실질공급과는 그 개념이 달라 사실상 재화의 간주공급과 성격이 유사하다.

또한 당사자 간 사전약정에 따라 재화를 사용 · 소비할 권한과 함께 인도하고 이를 인도받은 자가 자기의 사업을 위해 이를 사용 또는 소비하는 경우로 '사용 또는 소비한다' 함은 자기의 제품제조나 판매, 그 밖에 사업을 위한 사용 · 소비하는 경우로서 재화의 형태를 유지하면서 쓰는 것(사업용 고정자산 등 내구재로 사용) 또는 그 형태를 없애면서 쓰는 것(자기의 제품제조를 위한 원재료 등으로 소비)을 말하며, 이후 동종 또는 이종의 재화를 반환하는 경우까지 합하여 소비세라는 부가가치세의 특성상 각각을 재화의 공급으로 보는 것이다.

▌소비대차가 부가가치세 과세대상이라는 조세심판원 결정례

조세심판원은 소비대차거래는 거래 시마다 사전약정한 동일가격으로 현물로 반환하여 금전거래를 수반하지 아니하고, 부가가치세를 신고하더라도 납부세액에는 아무런 영향을 미치지 않으므로 소비대차거래에 부가가치세 과세하는 것은 과잉금지, 최소침해성, 실질과세의 원칙에 위배되어 위법 · 부당하다는 주장도 있지만, 부가가치세는 재화 · 용역이 최종소비자에게 도달할 때까지 각 유통단계

25) 소비대차도 교환거래의 일종이며, 이하에서는 혼용하여 쓰거나 교환거래에는 소비대차를 포함하는 것으로 한다.

> 마다 창출한 부가가치에 과세하는 다단계과세이면서 부가가치세 과세대상으로서의 인도 또는 양도란 부가가치세가 소비세임에 비추어 재화를 사용 또는 소비할 수 있는 소유권을 이전하는 일체의 원인행위를 의미한다. 아울러 세금계산서는 이러한 부가가치세의 실효성을 담보하는 근간이라는 점을 고려하면, 재화의 차용·반환(차입/대여)에 대한 세금계산서의 수수는 세수목적이나 납부세액에 영향을 미치지 아니하더라도 올바른 유통질서를 위해 반드시 필요한 바, 재화를 차용하여 사용·소비하고 반환한 거래는 거래당사자 지위나 여건에 불문하고 각 재화의 공급으로 부가가치세를 부과함이 타당하다[26](조심 2019중3320, 2020. 4. 20.).

다. 가공계약에 의한 재화의 인도

사업자가 주요자재의 전부 또는 일부를 부담하고 상대방으로부터 인도받은 재화를 가공하여 새로운 재화를 만드는 가공계약에 따라 재화를 인도하는 것은 재화의 공급으로 본다(부가령 §18 ① 2). 이는 민법상 수급인이 주요자재의 전부 또는 일부를 제공한 경우에는 완성된 재화의 소유권은 원시적으로 수급인에게 귀속하였다가 인도 또는 양도에 의하여 소유권이 도급인에게 이전하면, 이때 비로소 재화의 공급이 이루어진 것으로 보는 것과 궤를 같이 한다. 다만, 상대방으로부터 인도받은 재화에 주요자재를 전혀 부담하지 아니하고 단순히 가공만 하여 주는 것은 용역의 공급으로 본다.

2) 용역과 용역의 교환거래

가. 개요

"용역의 교환거래"는 서로 다른 사업자 간에 "용역"을 교환하는 형태의 거래로서 물건이나 제품의 교환보다는 서비스를 중심으로 이루어지는 특징을 가진다. 예를 들어, 한 회사가 마케팅 서비스를 제공하고, 다른 회사가 웹 개발 서비스를 제공하는 경우로서 이 두 회사가 서로의 서비스를 필요로 하고 있을 때 서로의 용역을 교환하는 거래가 이루어질 수 있다. 마케팅 회사는 웹 개발 회사에게 마케팅 서비스를 제공하고, 대가로 웹 개발 서비스를 제공받게 된다. 이러한 교환거래는 금전 거래보다는 더 유연하게 협력하고 서로의 전문분야를 활용할 수 있는 방식을 제공한다. 하지만 이러한 거래에서는 서로의 서비스가 공정한 가치를 가지고 있는지, 그리고 서로의 역량과 만족도를 균형있게 유지하는 것이 중요한데 거래조건과 대가, 서비스의 품질 등에 대한 협의와 계약이 중요하다.

---

26) 교환거래도 위와 같은 논리에서 부가가치세 과세대상이 된다.

나. 용역의 교환거래 관련 부가가치세법 규정

부가법에서는 사업자 간의 재화와 재화, 재화와 용역의 교환거래에 대하여 부가가치세 과세대상으로 규정하고 있으나, 용역과 용역의 교환거래에 대하여는 과세대상이라는 명시적 규정은 없다. 그렇다고 하여 과세관청의 해석이나 실무상 용역과 용역의 교환거래에 대하여 국세청이 과세한 사례도 있어 주의를 요한다.

즉 과세관청은 용역간의 교환거래에 있어서도 당사자 간의 사전약정에 따라 교환되는 용역의 경제적 가치가 결정되고 두 용역 간에 가격이 상이한 경우 교환 및 가격 차이에 따른 정산이 이루어지는 때에는 실무상 부가가치세 과세대상으로 본다.

다. 용역과 용역의 교환거래와 매입세액공제

용역의 교환거래가 부가가치세가 과세되는 경우 당연히 그 과세되는 용역과 관련된 매입세액은 자기의 매출세액에서 공제된다. 아울러 부가가치세 과세사업자 간의 용역의 교환거래로서 부가가치세가 과세되지 아니하는 경우에도 그 자체가 주된 사업목적에 해당하지 아니하는 한 용역의 무상공급에 해당하여 과세되지 아니한다는 것일뿐 부가가치세 납세의무 자체를 면하는 것은 아니므로 부가가치세 과세사업자가 과세되지 아니하는 용역의 교환거래가 있다고 하여 매입세액이 불공제된다거나 공통매입세액 안분계산을 하여야 하는 것은 아니다.

3) 교환거래의 공급시기 및 세금계산서 발급시기

가. 재화의 교환거래

교환거래를 합의한 거래당사자 간에 재화를 대여하고 차입하는 거래(또는 구입하고 반환하는 거래)가 각각 재화의 공급에 해당하는 경우 그 공급시기는 **부가법**[27] 제15조 제1항 제1호에 따라 차입 또는 대여 재화의 이동이 가능한 때인 인도되는 때가 되어야 한다.

세금계산서 발급시기는 각 공급시기별로 작성일자를 기재하여 공급시기가 속한 월의 익월 10일까지 발급하면 되나, 보통 월합계세금계산서를 발급하게 되므로 인도일이 속하는 월의 인도시점(공급시기)별 공급가액을 합산한 월합계세금계산서를 익월 10일까지 발급한다.

27) 이하에서 부가가치세법은 "부가법", 동 시행령은 "부가령", 동 통칙은 "부가통칙", 법인세법은 "법인법", 동 시행령은 "법인령"으로 약칭한다.

나. 용역의 교환거래

용역간의 교환거래가 있는 경우에도 그 각각의 공급자의 입장에서 부가법 제16조 및 부가령 제29조에 따라 공급시기를 판단하여 세금계산서를 발급하여야 한다.

4) 교환거래 시 공급가액의 계산

가. 공급가액 산정 관련 부가가치세법의 규정

부가법 제29조 제3항에서는 재화를 공급하고 금전 외의 대가를 받은 경우 금전적 가치의 산정방법으로서 그 대가로 받은 현물 등의 가액이 아니라 자기가 공급한 재화의 시가를 공급가액으로 규정하고 있으며, 법원은 그 시가를 정상적인 거래에 의하여 형성된 객관적인 교환가격을 의미한다고 판시하였다(대법원 96누15909, 1997. 10. 10.).

부가령 제62조 제1항에서 정하는 시가란 ① 사업자가 특수관계인이 아닌 자와 해당 거래와 유사한 상황에서 계속적으로 거래한 가격 또는 제3자 간에 일반적으로 거래된 가격을 말하고, 여기서 해당 거래와 유사한 상황의 거래인지 여부는 거래한 재화 또는 용역의 종류, 거래가 이루어진 시기 및 당시 시장환경, 거래조건 등을 종합하여 판단할 사항이다(대법원 2005두937, 2006. 1. 12. ; 대법원 2003두4041, 2004. 1. 16. ; 서울고법 2014누66719, 2015. 7. 8. 외).

부가령 제62조 제2항에서는 ② 앞 "①"가격이 없는 경우에는 사업자가 그 대가로 받은 재화 또는 용역의 가격(공급받은 사업자가 특수관계인이 아닌 자와 해당 거래와 유사한 상황에서 계속적으로 거래한 해당 재화 및 용역의 가격 또는 제3자 간에 일반적으로 거래된 가격을 말한다)으로 하고,

부가령 제62조 제3항에서는 ③ 위 "①", "②"의 가격이 없거나 시가가 불분명한 경우에는 즉 교환거래(소비대차 등)에 있어 거래가액에 대한 합의가 없어 "①", "②"의 가격이 없거나 시가가 불분명한 경우 법인령 제89조 제2항 또는 제2항에 따른 가격을 시가로 보도록 규정하고 있고, 동 법인령에서는 **상증법**[28] 제61조부터 제66조까지의 규정을 준용하도록 한바, 상증법 제62조 및 **상증령** 제52조는 원재료 및 이에 준하는 동산의 평가는 그것을 처분할 때 취득할 수 있다고 예상되는 가액으로 평가하되 그 가액이 확인되지 아니하는 경우에는 장부가액으로 평가하도록 규정하고 있다.

나. 법인세법의 규정

법인령 제72조 제2항 제8호에서는 법인에서 자산을 취득하는 경우 해당 자산의 시가를 취득가액으로 보도록 규정하고 있다. 법인법은 교환으로 취득한 자산의 취득가액은

28) 상속증여세법은 "상증법", 동 시행령은 "상증령"으로 약칭한다.

상업적 실질의 유무, 이종자산 또는 동종자산간의 교환 여부에 불구하고 법인이 취득하는 자산의 취득 당시의 시가로 한다고 규정하고 있다. 다만, 법인통칙 41-72-2는 원재료 등을 일시적으로 소비대차한 경우 원료차용 시에는 대여자의 정당한 매입가격에 의하여 계상하고, 상환시에는 상환하는 원료의 매입가격에 의하여 계상한다고 규정하여 손익거래로 인식하지 아니한다. 특히 무이자부 소비대차는 손익이 발생하지 않고 외부거래를 수반하지 않아 부가가치 창출도 없다.

유형자산의 교환거래에 대한 기업회계기준은 교환거래가 상업적 실질이 결여되었는지, 제공한 자산의 공정가치를 신뢰성 있게 측정할 수 있는지 등을 고려하여 장부가액 또는 공정가치로 측정한다.

기업회계와 법인세법은 교환거래나 소비대차에 있어 취득가액이나 처분이익을 인식하느냐에 초점이 맞추어져 있으나 부가법상 교환거래(소비대차 포함)에 대한 과세에 있어서는 처분이익을 인식하는지 취득원가를 얼마로 산정하는지에 관계없이 부가법에서는 재화의 공급에 해당하고 그 각각의 거래금액(시가 등)을 공급가액으로 하여 부가가치세가 과세된다.

5) 구체적 공급가액의 계산

가. 공급시기의 공급가액 계산

통상 부가가치세 과세대상으로서의 교환거래는 당사자 간의 사전약정에 따라 교환되는 재화의 경제적 가치가 결정되어야 하고 거래당사자 간 가격이 상이한 원재료에 대하여 교환 및 가격차이에 따른 정산이 있어야 하며, 가격차이가 발생한 경우 그 차이에 대한 대가 수수가 수반되어야 한다.

기획재정부는 정유사, 대리점, 주유소, 판매소와의 거래를 소비대차거래로 인정되는 거래를 통해 현물대여 및 상환하는 경우, 그 공급가액은 당사자 합의에 의하여 당사자 중 어느 일방의 통상 판매가격[예를 들어 각 거래단계별(정유사-주유소-판매소) 판매가격이 아닌 정유사 출고가격]으로 거래하는 때에는 해당 가격을 시가로 볼 수 있다고 회신하였으며(재소비 22601-439, 1986. 5. 29.), 이에 따라 국세청도 위와 같은 취지로 사업자 간에 상품, 제품, 원재료 등의 재화를 차용·소비하고 동종, 동질, 동량의 재화를 반환하는 소비대차의 경우에 부가가치세 공급가액은 해당 재화의 시가가 되는 것으로서 소비대차하는 당사자의 합의에 의하여 당사자 중 어느 일방의 통상 판매가격으로 거래하는 때에는 해당 가격을 시가로 볼 수 있다고 회신하였다(부가 22601-1239, 1988. 7. 16.).

부가법 제29조 제3항 제2호에 따르면 재화의 공급 후 금전 외의 대가를 받는 경우 자기가 공급한 재화의 시가를 공급가액으로 한다고 규정하고 있으나, 소비대차를 통상적인 재화의 공급으로 보고 소비대차로 공급하는 재화의 대가로 동종, 동질, 동량의 재화를 받는 경우 자기가 대여하는 시점의 인도되는 재화의 시가를 공급가액으로 본다고 하더라도 거래당사자와 사전에 그 공급가격에 대한 합의가 있었다면 실지거래가액이 존재하는 것이고, 그 가액이 거래가격으로서 공급가액으로 삼음이 타당하고 그러한 사전 합의된 가액이 없었다면 동 규정이 정하는 시가의 개념을 준용하여야 하는 것이며 비록 소비대차의 거래당사자 사이에 사전에 합의된 가격에 대하여 비교가능한 시가가 존재하고 그 시가보다 낮은 가격이라면 시가보다 낮은 가격으로 상대방에게 공급한 것일 뿐이다.

물론 거래당사자가 세법상 특수관계인에 해당한다면 그 시가를 공급가액으로 보아 공급가액을 재산정할 여지가 있으므로 시가에 기초하여 사전합의가액을 산정함이 논란의 소지를 없앨 방법이 될 것이다. 그러나 특수관계인 간에 저가양도라 하더라도 그 경제적 합리성이 인정된다면 부당행위계산부인 적용은 불가하다(동지 : 조심 2014중1909, 2015. 3. 23.).

즉, 부가법 제29조 제3항 제2호에서 정하는 자기가 공급한 재화 또는 용역의 시가라 함은 자기가 공급하는 재화 등에 대한 사전합의된 가격이 있으면 그에 의하고, 합의된 가액이 없거나 불분명하다면 부가령 제62조 각호에 따른 가격을 공급가액으로 보아야 한다(서울행법 2012구합3392, 2013. 7. 5. ; 조심 2013서4963, 2014. 5. 8.). 과세되는 용역과 용역의 교환거래에 있어서의 공급가액 산정도 이와 같다.

국세청 법규과도 교환대상 목적물, 상환시기 및 가격을 정하여 사업자 간에 상호 과세대상 재화의 소비대차가 있는 경우 각각 과세대상 재화의 공급이 되는 것으로 회신하였다(서면-2015-법령해석부가-22253, 2015. 2. 12.).

나. 공급가액의 확정 또는 정산

교환거래나 소비대차거래 당시에는 차입이나 대여의 대상이 되는 재고자산의 시가나 확정된 가액이 없고 공급(인도)이 이루어진 후 익월까지 10일 세금계산서를 발급한 후에서야 확정가액이나 합의된 가액(합의된 가액도 잠정가액이 될 수 있다)이 결정될 수 있는데 이러한 경우 세금계산서 발급일에는 공급가액을 잠정가액으로 기재하여야 하고 그 가액이 확정된 때에 수정세금계산서를 발급할 수밖에 없다.

이 때 확정가액이 발생하는 이유는 당사자 간의 자유로운 의사(합의)에 의하여 다양하게 발생할 수 있다. ① 차입과 대여 이후 급격한 수입가격 변동이나 국내 가격 급등락이 발생하여 가격조정이 필요한 경우, ② 일정기간의 차입과 대여수량의 누적합계 차이가 합의수량을 초과하는 경우, ③ 당초 예정하여 상대방에게 통보한 수량보다 실제 차입 또는 대여 수량에 차이가 약정수량을 초과하게 발생한 경우[29], ④ 해당 월이나 일정기

29) 사전에 통보한 구매물량과 실제로 구매한 물량의 차이로 발생한 청구법인의 초과 또는 부족 재고분의 단가 상승 및 하락분에 대한 정산가액에 대하여 당초 약정불이행에 따른 손해배상 및 이익정산의 목적으

간 동안의 차입과 대여수량의 차이가 약정한 수량을 초과하여 거래가격 정산이 필요한 경우에는 사후적으로 당사자간에 사전약정된 계산방식에 따라 가격조정이나 그 수량차이를 실질적인 재화의 공급이 이루어진 것으로 의제하거나 예정물량변동에 따른 손실을 실제 차입/대여수량에 대한 가격에 포함시키는 과정에서 당초 잠정가액을 조정하게 된다.

위와 같은 사유들은 모두 당초 차입 및 대여라는 공급이 완료된 이후에 발생한 것으로 특정시기에 한번에 조정하거나 매월 조정한다고 하더라도 이는 부가령 제70조 제3호에 따른 공급가액 증감사유일뿐이므로 해당 사유가 발생하여 공급가액이 확정되는 때마다 그 확정일을 작성일자로 하여 공급가액 증감액에 대한 수정세금계산서를 발급하면 된다.

사 례

문의

사업자 "갑"은 다른 사업자 "을", "병", "정", "임", "계"에게 다음과 같은 조건으로 당사 제품 A(시가 12만 원)를 판매한 경우 각각의 공급가액은?("계"는 "갑"과 세법상 특수관계인이고, 나머지는 비특수관계인이며, 부가가치세는 별도로 가정한다)

① "을"에게 10만 원에 판매하고, 그 대가로 현금 10만 원을 받음.

② "병"에게 10만 원에 판매하고, 그 대가로 현금 2만 원, "병"의 B재화(시가 8만 원 상당)를 받음.

③ "정"에게 10만 원에 판매하고, 그 대가로 "정"의 C재화(시가 10만 원 상당)를 받음.

④ "갑"의 제품A와 "임"의 D재화를 상호교환하기로 하고 별도의 가격합의나 정산은 하지 않음.

⑤ "계"에게 8만 원에 판매하고, 그 대가로 현금 6만 원과 "계"의 상품(시가 2만 원 상당)을 받음.

답변

가격에 대한 사전 합의가 있는 "①"부터 "③"까지의 거래에 있어 갑의 공급가액은 10만 원이고, "④"의 경우 가격합의나 정산이 없었으므로 제품A의 시가인 12만 원이 되며, "⑤"의 경우 특수관계인 간 저가공급에 해당하므로 시가인 12만 원이 공급가액이 된다.

다. 차입(차용) 후 동종 또는 이종을 재화를 반환하지 못하는 경우

사업자간에 상품·제품·원재료 등의 재화를 차용하여 사용·소비하고 동종(이종)의 재화를 반환하기로 하는 소비대차의 경우에 동종(이종)의 재화를 반환할 수 없어 현금

로 산정된 것이므로 공급가액의 일부로 볼수 없다는 주장에 대하여 조세심판원은 잠정적으로 결정된 매매가격을 최종적으로 확정하기 위하여 수수하는 가격조정분이므로 공급가액의 일부로 보아야 한다고 결정하였다(조심 2016서3687, 2017. 5. 12. ; 조심 2017구0277, 2019. 2. 20.).

으로 상환하는 경우 이는 실질적으로 현금으로 재화를 구입한 것이므로 당초 차용시 발행된 세금계산서상의 대가와 현금상환금액이 다를 경우 당초의 공급가액에 증감사유가 발생한 것으로 수정세금계산서를 발급하여야 한다(부가 22601-101, 1992. 7. 15.).

(2) 재화와 재화, 재화와 용역의 교환에 대한 과세(과세 제외) 사례

1) 과세대상으로 본 사례

가. 재화와 재화의 교환거래

정비사업조합이 지방자치단체로부터 재건축 정비사업 부지 내 주민센터를 양여받아 재건축사업부지로 사용하고, 정비사업조합의 부담으로 주민센터를 신축하여 지방자치단체에 기부채납하는 경우 기부채납한 주민센터는 부가가치세가 과세되는 것이며, 이 경우 기부채납한 주민센터의 부가가치세 공급가액은 해당 기부채납의 근거가 되는 법률에 따라 기부채납된 가액이 된다[30](사전-2016-법령해석부가-0566, 2016. 12. 28. ; 법규과-4844, 2006. 11. 13.).

나. 기부채납

사업자가 재화 또는 용역을 국가나 지방자치단체에 공급하고 해당 재산에 대한 무상사용수익권을 부여받거나 다른 반대급부를 받는 경우 유상공급 및 교환거래의 일종으로 부가가치세 과세대상이 된다.

다. 대물변제

사업자가 재화 또는 용역을 공급하고 그 대가를 부가가치세 과세대상이 되는 재화로 지급받게 되는 경우 대가를 현물로 지급하는 사업자(채무자)는 채무에 갈음하여 대물변제하는 재화에 대하여 재화의 공급으로 부가가치세가 과세된다(부가 46015-333, 2000. 2. 7.).

라. 타인 토지 위에 임차인이 신축한 건물의 이전

사업자(임차인) 타인(임대인)의 토지 위에 건축물을 신축하고 토지소유자 명의로 보존등기하는 경우에도 임차인은 부가법 제9조에 따른 재화의 공급에 해당되는 것이며, 토지소유자는 그 대가로 토지를 무상 또는 저리로 사용하게 하는 것이므로 임대용역 제공에 해당된다. 즉, 재화와 용역의 교환거래에 해당되어 각각 부가가치세가 과세된다(재소비 46015-209, 2002. 8. 8. ; 서면3팀-1504, 2005. 9. 12.).

---

30) ※ 사인간의 재화와 재화의 교환거래에 있어서도 부가가치세가 과세된다.

마. 원료의 차용과 반환

임가공용역을 제공하는 사업자가 이러한 약정이나 정산과정, 재화를 사용·소비할 권한의 이전없이 위탁자의 위탁물품 제조에 사용·소비될 것을 전제로 원재료를 인도받는 경우라면 임가공업자가 공급받은 재화를 어떻게 사용했는지에 따라 과세 여부를 판단하는 것이 아니라 위탁자의 공급목적과 의도에 따라 과세여부를 판단함이 타당하다(대법원 99두9247, 2001. 3. 13.).

제조업을 영위하는 사업자가 사전약정에 따라 원료를 차용하여 사용·소비하고 동종·이종의 원료를 반환하는 경우 재화의 공급에 해당된다(부가 1235-1378, 1979. 5. 22.).

바. 재화를 결제수단으로 지급한 경우

매입한 지금·지은 등을 다른 재화의 매입대금의 결제수단으로 지급한 경우 그 인도대가로서 다른 재화(지금·지은 등)를 인도받은 교환거래(대물변제)에 해당하므로 각각 부가가치세 과세대상거래가 되는 것이며, 지금·지은 등의 결제행위가 자기의 사업을 위하여 지금·지은 등을 직접 사용·소비한 것으로 볼 수 없다(대법원 2007두26063, 2008. 4. 11. ; 서삼 46015-10322, 2003. 2. 21.).

여기서 '지급수단' 또는 '결제수단'으로 사용한다 함은 재화 또는 용역의 구입에 대한 채무액과 그 채무액에 상응하는 결제수단(위 지금·지은 등)의 가치를 산정하여 교환(채무액과 결제수단과의 가치차액은 현금 등 정산)함으로써 기존 채무가 소멸되는 것을 의미한다.

사. 교환거래의 약정이 사후에 발생한 경우

가공사업자에게 가공목적으로 원자재를 반출한 후 당해 당사자 간의 합의로 판매 또는 교환거래로 전환하는 때에는 그 때에 재화의 공급으로 본다(부가 22601-1982, 1985. 10. 12.).

아. 가공업자의 임의사용에 대한 통지를 받는 경우

가공사업자가 일방적으로 위탁자로부터 받은 원자재를 판매하거나, 자기의 사업을 위하여 직접 사용·소비 또는 기타의 목적으로 사용·소비하고 그 사실을 위탁자에게 통보하는 경우 그 사실을 알 수 있는 때에 위탁자의 재화의 공급으로 본다(부가 22601-1982, 1985. 10. 12.).

2) 과세대상으로 보지 아니한 사례

가. 가공업자가 제공받은 원재료를 임의 사용한 경우

사업자가 임가공업자에게 임가공 목적으로 원자재를 제공한 것이라면 임가공업자가 제공받은 원자재를 보관 중 임의로 자기의 사업을 위하여 직접 사용·소비 또는 그 밖의 목적으로 사용·소비한 경우라도 계약상 또는 법률상의 원인에 근거하지 않은 것으로 부가법상의 재화의 공급에 해당하지 않는다(대법원 87누694, 1988. 3. 22. ; 대법원 90누3157, 1990. 8. 10.).

나. 가공업자가 자사 또는 다른 위탁자의 원재료를 사용하여 가공하는 경우

부가가치세의 과세대상이 되는 소비대차의 경우 해당 재화를 차용하거나 반환하는 것은 각각 재화의 공급에 해당되어 과세하는 것이나, 이는 당사자가 서로 약정을 하고 재화를 사용·소비할 권한과 함께 인도하고 소비해야 하는 것이므로 당사가 임가공 과정에서 위탁자가 제공한 원재료 금이 부족한 경우에 아무런 약정없이 자사 또는 임가공의뢰업체의 원재료를 일시적으로 사용하여 임가공한 제품을 위탁자에게 인도하였다는 것만으로는 원재료의 사용·소비 권한이 원재료의 제공에 포함되어 가공업체에 이전되었다고 보기 어렵다(국심 2004중2653, 2004. 12. 9. ; 국심 2002부0516, 2002. 5. 17. ; 국심 89부653, 1989. 7. 24. ; 대법원 85누286, 1985. 9. 24.).

다. 임가공업자가 인도받은 원재료를 임의 판매한 경우

사업자(위탁자)가 가공사업자에게 가공목적으로 원자재를 반출한 후 해당 당사자 간의 합의로 판매 또는 교환거래로 전환하는 경우 그때에 재화가 공급된 것으로 보는 것이지만, 가공업자가 일방적으로 해당 원자재를 제3자에게 판매한 때에는 가공사업자는 그 판매한 때에 재화의 공급이 이루어진 것이며, 원자재를 반출한 사업자는 그 사실을 확인하고 그에 따른 대가나 보상이 합의된 경우 재화의 공급으로 보아 가공업자에게 세금계산서를 발급하는 것이다. 즉, 위탁자가 가공업자에게 원재료 판매를 사전에 허용하지 않은 상태에서 가공업자의 일방적 판매를 이유로 교환거래가 있었다고 볼 수 없다(재조법 1265.2-1441, 1982. 12. 10. ; 부가 22601-1982, 1985. 10. 12. ; 서삼 46015-10469, 2002. 3. 23.).

라. 가공업자의 원재료 상계, 보충이 있는 경우

연속적인 임가공용역거래상 일시적인 원재료 부족에 따라 임가공업체 보유 원재료를 우선 대체가공하여 납품받은 후 익일 또는 수일 내 폐동을 인도하고 동 인도물량과 기발생 재고분이 자동으로 상계·보충되는 거래가 부가가치세 과세대상인지 여부에 대하여, 원재료 인도 자체가 거래의 목적물이 되지 아니하고 제공받은 원재료를 업체별로 관리하기보다는 일괄·통합관리하는 것이 현실이고, 임가공설비 및 노동력의 효율적 활용을 위해 불가피하게 발생한 것으로 임가공용역의 계속적 제공을 위한 방편으로 행하여졌으며 교환되는 재화의 경제적 가치에 대한 결정으로 교환 및 가격차이에 대한 정산약정이 없고 실제로도 정산과정이 없었으며 원재료 수량 또는 중량에 대한 상계가 있었더라도 명시적인 교환거래가 있었다고 보기 어렵고 연속적인 임가공계약관계에서 일시적 또는 부수적으로 발생한 것으로 단순한 가공을 위한 인도로 파악하여야 한다(국세청 적부 2011-0206, 2011. 10. 13. ; 기획재정부 부가가치세제과-784, 2011. 12. 13.).

| 폐동의 상계 · 보충 관련 거래흐름도 |

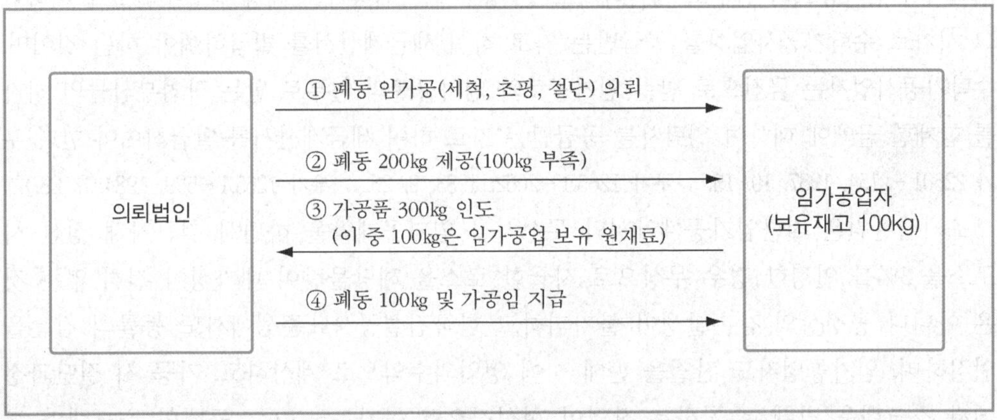

의뢰법인

① 폐동 임가공(세척, 초핑, 절단) 의뢰 →

② 폐동 200kg 제공(100kg 부족) →

③ 가공품 300kg 인도 (이 중 100kg은 임가공업 보유 원재료) ←

④ 폐동 100kg 및 가공임 지급 →

임가공업자 (보유재고 100kg)

3) 건설자재 등을 제공받아 용역을 공급하는 경우

국세청은 건설용역을 공급하는 사업자가 거래상대방(공급받는 자, 시해사)으로부터 인도받은 원자재 등을 사용하여 건설용역을 공급하는 경우 해당 원자재 등의 가액은 건설업자의 공급가액에 포함하지 아니하는 것이나, 공급받는 자가 제공하는 원자재 등의 가액을 총 도급금액에서 차감하여 정산하는 것으로 계약이 체결된 경우에는 건설업자의 공급가액에 포함하는 것이라고 회신하였는 바, 후자의 경우에는 시공사는 총 도급금액을 공급가액으로 하여 세금계산서를 발급하고, 발주자는 원자재 등의 가액을 공급가액으로 하여 시공사에게 세금계산서를 발급하라는 취지로 해석된다(서면3팀-349, 2006. 2. 23. ; 부가 22601-601, 1992. 5. 6.).

후자와 같이 원자재, 자재 등의 제공이 수급인의 건설용역에 대한 대가의 지불로 간주되는 경우에는 공급가액에서 제외되지 아니한다. 이 때 자재의 제공이 대가의 지불로 간주되는지 또는 공사도급계약의 변경에 해당하는지 여부는 당사자간의 계약내용 및 구체적인 거래사실에 따라 판단할 사항이다(부가 46015-1949, 1994. 9. 24. ; 부가 46015-2037, 1994. 10. 8. ; 부가 46015-5045, 1999. 12. 27.).

4) 임가공 부산물(로스율 잔존 물량) 이전 등이 과세대상인지

수탁가공사업자가 수탁가공생산과정에서 발생한 부산물에 대하여 위탁자가 재산적 가치 또는 경제적 활용가치나 교환가치가 없는 재화로 취급하여 판매하거나 회수하지 아니한 것을 수탁가공사업자가 자기책임과 계산하에 판매하는 경우에는 위탁자가 수탁자에게 해당 부산물을 공급한 것으로 보지 아니한다. 다만, 해당 부산물에 대한 재산적 가치 등이 있어 위탁자와 수탁가공사업자 상호 간의 약정에 의하여 해당 부산물을 임가공비에서 공제하거나 임가공료의 일부로 지급하기로 한 경우에는 위탁자는 해당 작업부산물에 대하여 그 시가로 수탁가공사업자를 공급받는 자로 하여 세금계산서를 발급하여야 하는 것이며, 수탁가공사업자는 금전으로 받는 임가공료와 임가공료의 일부로 받는 작업부산물의 시가를 합계한 금액에 대하여 위탁자를 공급받는 자로 하여 세금계산서를 발급하여야 한다(부가 22601-2154, 1987. 10. 15. ; 부가 1265.1-2062, 1983. 9. 26. ; 부가 1265.1-599, 1984. 3. 28.).

조세심판원은 철근임가공계약서와 무상사급 임가공계약을 하면서 철근자재 정산 시 로스율 3%를 인정한 경우 무상으로 사급한 로스율 해당물량이 대가성이 전혀 없는 것은 아니나 공정상의 감손발생이 불가피하고 한국건설공사표준셈에서도 동률의 감손을 인정하며, 임가공업자도 잔철을 판매 시에 영업외수익으로 계상하고, 가공 시 절단과정에서 스크랩을 발췌, 수거하는 작업이 현실적으로 불가능하고(수 군데의 스크랩과 혼재), 거래처와 원거리에 위치하여 회수비용이 높고 적재비용이 들게 되므로 회수하지 아니한 것인바, 스크랩은 임가공용역의 대가가 아닌 임가공의 부수산물로 파악된다고 결정하였다(조심 2016부3227, 2016. 12. 22.).

한편 대법원은 임가공 과정에서 철근을 가공할 때 손실이 발생하는 부분이 있음을 감안하여 스크랩(고철 등 부산물을 말함)을 추가로 지급받아 이를 임가공계약의 계약금액으로 명시적으로 포함시킨 경우라면 이는 임가공용역의 대가로 보는 것이 합리적이라고 판시하였다(대법원 2022두57671, 2023. 1. 12. ; 서울고등법원 2021누63749, 2022. 8. 30.).

이러한 사례들에 비추어 볼 때 철이나 원단 등의 가공과정에서 감손이 발생된 부분에 대하여는 부가가치세 과세대상이 없는 것이나, 스크랩과 부수산물이 발생한 경우 그 스크랩 등이 재산가치가 미미하다고 볼 수 없고 가공업체가 실제 이를 판매하여 수익을 얻은 경우도 있다. 그러나 위탁자와 가공업자 사이에 스크랩 등에 대한 정산의 합의가 없고 사전에 정한 감손율이 합리적인 수준에 그친다면 실제 스크랩 등이 발생하고 가공업자가 추후 매각을 통해 수익이 발생하였더라도 달리 볼 것은 아니라고 판단된다.

임가공용역을 제공하는 사업자가 사전약정이나 정산과정, 재화를 사용·소비할 권한의 이전없이 위탁자의 위탁물품 제조에 사용·소비될 것을 전제로 원재료를 인도받는 경우라면 임가공업자가 공급받은 재화를 어떻게 사용했는지에 따라 과세 여부를 판단하는 것이 아니라 위탁자의 공급목적과 의도에 따라 과세 여부를 판단함이 타당한 바(대법원 99두9247, 2001. 3. 13.), 임가공계약 시에 부산물 스크랩 등의 로스율이나 경제적 가치 등을 종합적으로 고려하여 임가공료와 상계할 정도인지를 결정하고 상계의 필요가 인정되는 경우 계약금액에 명시적으로 포함(상계)하여야 할 것이다.

5) 공동시설 사용에 따른 소비대차 발생 시 부가가치세 과세

"갑법인"과 "을법인"이 원재료(유류나 LNG 등) 저장을 위한 송유관, 저장탱크 등의 자산을 장기 또는 일시적으로 공동 사용하는 협업관계에 있는 경우로서 양사가 과세사업에 자가소비하기 위한 원재료의 소비대차가 발생할 수 있다.

기재부는 두 법인이 공동조직을 두고 자산을 함께 사용하거나 인력 등 용역을 상호투입하고 차액을 정산하는 것은 용역의 공급으로 보지 아니하였다(기획재정부 부가가치세제과-361, 2015. 5. 13. ; 기획재정부 부가가치세제과-402, 2014. 6. 2.).

조세심판원은 금세공업자가 금제품을 가공하는 과정에서 여러 업체들로부터 공급받은 금과 재고금을 혼합하여 합금을 생산하는 과정이 계속적·반복적으로 이루어지고, 당사자 사이의 거래 목적이나 의사 및 경제적 실질에 비추어 그 거래의 본질이 관행적인 임가공계약에 따른 원재료의 수수로 보이므로 원재료 수급사정에 따른 인도의 시차가 발생하였다는 사정만으로 이를 재화의 공급(교환거래)으로 볼 수 없으며, 임가공료 외에 금을 받은 것이 금제품에 약정이나 정산한 사실이 없는 점, 금세공업자가 교부받은 고금 등과 금세공업자가 자체 보유하는 은, 동 및 아연 등의 다른 재료와 혼합하여 금제품을 가공하였다고 해도 동 재료들은 부수적인 재료에 불과한 점 등에 비추어 고금을 교환거래의 대상으로 보지 아니하여 부가가치세를 과세한 처분은 잘못이라고 결정하였으며(조심 2014중2005, 2015. 12. 28. 외 다수),

소비대차에 따른 어떠한 수익도 남기지 아니하고 단비사료의 소비대차를 사업목적으로 행한 것이 아니라면 일시적 필요에 의해 면세재화인 수입단미사료를 소비대차하는 것을 두고 면세사업을 영위하는 것이라고 보지 아니하였다(조심 2011중4974, 2012. 6. 28.).

이러한 해석의 취지들에 비추어 볼 때 재화의 공급을 부정할 수 없더라도 두 법인 간에 탱크 등 설비를 공동사용하면서 저장용량 등의 차이로 재고 및 그 수급사정에 따라 LNG를 소비대차한 것은 통상의 재화의 공급은 아니며, 소비세의 원칙상 당사자 간에 소비대차 물량과 취득가액을 토대로 공급가액으로 세금계산서를 수수하기로 약정하였으므로 재화의 공급으로 의제할 수 있고, 자산의 공동사용에서 비롯된 거래로서 부가가치의 창출이 전혀 발생할 수 없는 협업거래에 발생된 동 사례의 경우 매입가격에 부가가치, 즉 이윤을 가산하여 세금계산서를 발급하도록 강제하는 것은 동 거래의 특징이나 거래발생 원인, 법인세법상의 취득원가 산정 규정에 비추어 옳지 않다고 본다.

뿐만 아니라 교환이나 소비대차의 경우 거래당사자가 모두 일반과세자인 경우 상호 세금계산서 수수를 통하여 매출세액과 매입세액을 계상함으로써 부가가치세 부담에 영향을 미치지 아니하나, 어느 일방이 면세사업자나 간이과세자, 비사업자인 경우 세금계산서를 수취할 수 없어 매입세액을 공제받을 수 없어 일반과세자가 아닌 자는 매입세액을 이중으로 부담하는 문제가 발생하는바, 소비대차에 있어 시가를 이윤 또는 부가가치를 가산하여 세금계산서를 수수하도록 강제한다면 그 부담은 더 가중되게 되는 모순이 발생한다.

위 사례에서 소비대차 당사자 간에 소비대차 목적물을 제3자에게 처분할 수 없는 경우라든지 비교대상 가격이 존재하지 않을 수가 있는데 이 때에는 처분을 가정한 재취득가액도 상정할 수 없는바, 각 회사가 차용하거나 반환하는 당시 각각 LNG의 장부가액을 시가로 보아 세금계산서를 발급할 수밖에 없다(조심 2014중5111, 2015. 12. 29.).

(3) 용역과 용역의 교환거래 과세(과세 제외) 사례

1) 과세 여부의 판단 기준

용역과 용역의 교환거래에 대한 과세대상 여부에 대한 법적규정이 없더라도 용역제공 대가로 금전 외의 용역을 제공받은 경우라면 그 거래의 유상(有償)성을 부인할 수 없고, 용역의 무상공급을 과세대상으로 하지 않는 이유가 용역의 경우 그 공정가치 측정이 어렵다는 것임을 고려할 때 기업회계에서와 같이 교환거래로 인한 공정가치 측정이 가능(그 대가를 사전 약정)한 교환거래는 부가가치세 과세대상으로 봄이 타당하다.

구체적으로 용역의 공급거래가 부가가치세 과세대상이 되기 위해서는 해당 공급거래건과 관련하여 지급한 대가(금전 및 금전 외의 대가를 말함)가 해당 용역의 공급과 반대급부관계가 성립되어야 한다. 그러기 위해서는 교환거래에 대한 계약상 또는 법률상의 원인(묵시적 약정이나 합의)이 필요한데 거래당사자 간에 교환되는 용역의 종류와 그 대가의 결정 및 그 대가의 차액에 따른 정산금의 지급, 그 밖의 거래조건 등의 합의가 있어야 한다. 즉 거래외관을 중시하는 부가가치세의 특성상 거래당사자 간에 거래대상으로 특정한 용역과 용역의 교환거래에 대하여 부가가치세가 과세되는 것이 타당하고 그렇지 아니한 경우에는 부가가치세가 과세되선 아니된다.

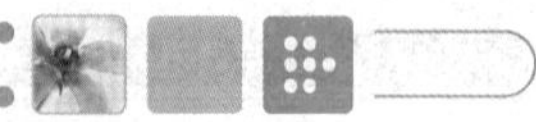

2) 부가가치세가 과세되는 용역의 교환거래

다음은 거래외관을 중시하는 부가가치세의 특성상 거래당사자 간에 거래대상으로 특정한 용역과 용역의 교환거래에 대하여 부가가치세가 과세되는 것으로 회신한 사례이다.

가. 父子간 토지 및 건물의 무상사용에 대한 과세 여부[31)]

父의 토지를 子가 무상사용하면서 건물을 신축해 부동산임대업을 영위하고, 父는 동 건물 일부를 무상사용하는 경우, 父子 상호 간 '부동산임대용역의 교환'거래로서 각각 '용역의 유상공급'으로 보아 과세하고 부당행위계산부인규정을 적용한다(국심 2002중759, 2002. 6. 29.).

나. 청소용역과 임대용역의 교환거래

종합병원 소유의 장례식장을 임차하여 장의용역 등을 제공하는 사업자가 해당 장례식장 임차의 대가로 종합병원에 청소용역을 제공하는 경우 종합병원이 제공하는 부동산임대용역과 해당 사업자가 제공하는 청소용역에 대하여는 부가법 제11조 제1항에 따라 부가가치세가 과세되는 것으로, 부가가치세의 공급가액은 부가법 제29조 제3항 제2호에 따라 각각 자기가 공급한 용역의 시가로 하는 것이다(제도 46015-11673, 2001. 6. 26.).

다. 전시관 설치용역과 광고용역의 교환

박미법에 따라 주무관청에 등록된 비영리법인이 사업자와 업무협약을 체결하고, 사업장 내 전시체험관을 설치하면서 이와 관련한 시설장치 및 관련 용역을 공급받고 이에 대한 반대급부로서 광고용역을 공급하는 경우에 해당 거래는 부가령 제18조 제1항 제3호에 따른 재화와 용역의 교환거래(용역과 용역의 교환거래로도 볼 수 있다)로서 재화의 공급에 해당하나, 비영리법인이 광고용역을 그 고유의 사업목적을 위하여 실비로 공급하는 경우 부가령 제45조에 따라 부가가치세가 면제되는 것이다(사전-2022-법규부가-1174, 2023. 2. 9.).

3) 부가가치세가 과세되지 아니하는 용역의 교환거래

거래당사자간에 용역과 용역을 교환거래의 대상으로 삼는 약정을 하고 이러한 약정에 따라 교환되는 용역의 경제적 가치를 합의하고 상호 지급 또는 상계하는 등의 정산이 이루어지는 경우가 아니라면 용역과 용역의 교환거래가 성립할 수 없다. 이러한 견지에서 다음의 사례는 용역의 교환거래로 보지 아니한 사례이다.

---

31) 부가법 제12조 제2항의 신설로 당연 과세대상이나 해당 규정의 신설 이전에도 과세대상으로 해석하였다.

가. 비용분담에 해당하는 경우

원가분담약정이나 공동기술연구약정에 따라 연구결과물을 공유하면서 발생한 비용만을 상호분담하는 경우에는 분담금에 대하여는 용역의 공급대가로 보지 아니하고 단순한 비용의 분담으로 본다.

① 원가절감 및 품질개선 등을 목적으로 공동연구개발 또는 원가분담약정을 체결
② 개발비용에 대한 이윤 등의 청구 없이 발생 비용만을 공동부담하며 기술연구개발이 실패한 경우 위험을 공동 부담할 것
③ 공동연구개발 수행의 결과물을 공동소유(사용)할 것

나. 공동판촉활동의 비용만을 분담하는 경우

둘 이상의 사업자가 공동의 고객들을 위하여 공동광고, 판촉촉진 활동, 에누리 혜택, 쿠폰 등을 지급하는 등(이하 "공동판촉활동") 공동으로 수행하고 실제 발생한 비용만을 사전약정에 따라 비용을 분담하는 경우에는 해당 사업자 간의 비용분담금 수수에 대하여 용역의 공급으로 보지 아니한다. 법원도 공동이익증진을 위한 지출비용 일부를 제휴사가 분담하는 경우로서 분담금의 지급이 공동의 마케팅을 통해 상호이익을 증진시키는데 그 목적이 있는 경우 사전약정에 따른 비용부담은 에누리에 해당할뿐 일방이 타방을 위한 용역의 공급대가로 보지 아니하였다(서울고법 2018누66557, 2019. 10. 2. ; 서울고법 2019누62897, 2020. 7. 3. ; 대법원 2019두57770, 2020. 2. 27. ; 서울행법 2019구합58483, 2020. 7. 10. ; 대법원 2021두38123, 2021. 8. 19. ; 대법원 2021두38130, 2021. 8. 26. ; 서울고법 2020누55451, 2021. 4. 9. ; 서울고법 2020누32793, 2020. 12. 23. ; 대법원 2021두31603, 2021. 5. 14. ; 서울행법 2020구합65777, 2021. 8. 17. 외 다수 및 기획재정부 부가가치세제과-51, 2022. 1. 25.).

다. 교환거래에 대한 약정, 대가의 산정, 정산금의 지급 약정이 없는 경우

거래당사자 간에 교환되는 용역의 종류와 그 대가의 결정 및 그 대가의 차액에 따른 정산금의 지급, 그 밖의 거래조건 등의 합의없이 용역이 사실상 교환되는 경우에는 교환되는 용역에 대하여 부가가치세 과세대상 용역으로 보지 아니한다(동지 : 조심 2014중5111, 2015. 12. 29. ; 조심 2013광4360, 2014. 6. 19.).

라. 임가공업체에 기계장치를 무상대여하고 임가공료를 조정한 경우

임가공업체에 기계 등을 무상대여 또는 저가임대하고 자사 제품을 주로 가공해 주는 조건으로 적정한 외주가공료(저가)를 지급받는 거래는 용역과 용역의 교환거래가 아니며 부당한 이익을 분여하였거나 경제적 합리성이 결여된 것으로 보기 어려워 동 저가매출에 대하여 부당행위계산부인 규정을 적용할 수 없다(법인 46012-332, 1997. 2. 1. ; 심사법

인 2011-52, 2011. 11. 7. ; 조심 2014서5068, 2016. 1. 27.).

마. 소사장제 하에서 기계설비를 무상제공하고 도급액을 지급하는 경우

소사장제하에서 기계설비를 무상제공하고 도급액을 지급하는 경우 용역의 교환거래로 부가가치세가 과세되지 아니하고 무상공급으로 본다(동지 : 부가 46015-53, 2000. 1. 6. ; 부가 46015-554, 1998. 3. 25. ; 법규부가 2012-350, 2012. 9. 28.).

바. 구내식당 설비 무상제공하고 음식요금을 인하하는 경우

직원의 복리후생을 위하여 집단급식소의 설치·운영 신고를 한 위탁자가 위탁급식영업을 하는 수탁자와 위탁운영계약을 체결한 후 위탁자가 수탁자에게 집단급식소인 사원식당의 제 설비 등을 제공하고 수탁자는 집단급식소에서 위탁자에게 음식류를 조리하여 제공하는 경우 위탁자가 수탁자에게 부동산임대용역을 제공한 것으로 볼 수 없으며, 임대차계약이란 계약을 통하여 임차한 면적을 임차인이 계약기간동안 타인에 대하여 배타적인 권리를 갖는 것이나, 사원식당 위탁운영계약은 위탁자로부터 운영 업무만을 위탁받은 것으로 수탁자는 구내식당에 대한 배타적인 권리를 갖고 있지 않다. 부동산임대의 경우 수탁자가 임차에 따른 제반 비용(건물 유지, 관리비 등)을 부담하여야 하나, 건물유지·관리비 등은 위탁자가 부담하고 있고, 식재료비와 운영경비(인건비 등) 또한 위탁자가 부담하는 거래형태로 수탁자는 위탁운영계약에 따라 위탁급식용역을 제공하는 것으로 보아야 한다(법규부가 2012-350, 2012. 9. 28.). 해당 구내식당 임대용역의 공급에 대해서는 부가가치세가 과세되지 아니하고 저가 또는 무상으로 공급되는 임대용역은 거래처에 대한 접대비로 보지 아니한다(법규부가 2011-116, 2011. 5. 3. ; 법인 22601-2164, 1986 7. 8. ; 법인세과-1050, 2011. 12. 29.).

사. 정부의 지시나 권고에 따라 가격이 결정된 경우

정부의 지시나 권고, 인가에 따라 사업자 간의 용역대가가 "0"으로 산정됨에 따라 서로 정산하지 아니하는 경우에는 용역의 교환거래가 아닌 용역의 무상공급에 해당하여 부가가치세가 과세되지 아니한다(부가 46015-1950, 2000. 8. 8. ; 재소비 46015-243, 2000. 8. 2.).

4) 기업회계의 광고용역에 대한 교환거래(Barter Transaction) 해석

▌교환광고 관련 회계처리(KQA06-034, 2006. 9. 21.)

㉠ 공정가치의 측정이 가능한 동종매체 간 교환광고의 경우 동종매체 간 교환광고라 하더라도 교환되는 용역이 실질상 성격과 가치가 유사하지 않다면 해당 거래로부터 수익과 비용을 인식하는

것이 타당하다.

㉡ 공정가치의 측정이 가능한 이종매체 간 교환광고의 경우 일반적으로 이종매체 간의 교환광고는 성격이 유사한 것으로 볼 수 없으므로, 해당 교환광고의 공정가치를 신뢰성 있게 측정할 수 있다면 수익과 비용을 인식하는 것이 타당하며, 제공된 광고용역의 공정가치는 과거의 유사한 비교환거래를 참고로 측정하며 이 경우 비교환거래는 빈번하게 발생하고, 교환거래의 광고와 유사한 광고를 제공하는 모든 거래 중 발생건수나 금액 측면에서 주요한 거래이고, 현금이나 공정가치를 신뢰성 있게 측정할 수 있는 그 밖의 대가를 수반하며, 교환거래의 당사자와 동일한 당사자와의 거래가 아니어야 한다.

㉢ 동종 또는 이종매체 간의 인터넷홈페이지를 통한 배너광고의 교환 시 공정가치 측정이 가능한 경우 인터넷홈페이지를 통한 배너광고로서 광고 수단이 동일한 경우에도 교환광고의 성격과 가치가 유사한지 여부를 별도로 판단하여야 한다.

13 | 수탁판매수입에 대한 세무처리

(1) 개 요

"수탁판매수입"이란 물품 등을 무환으로 수입하여 해당 물품이 판매된 범위 안에서 대금을 결제하는 계약에 의한 수입을 말한다.

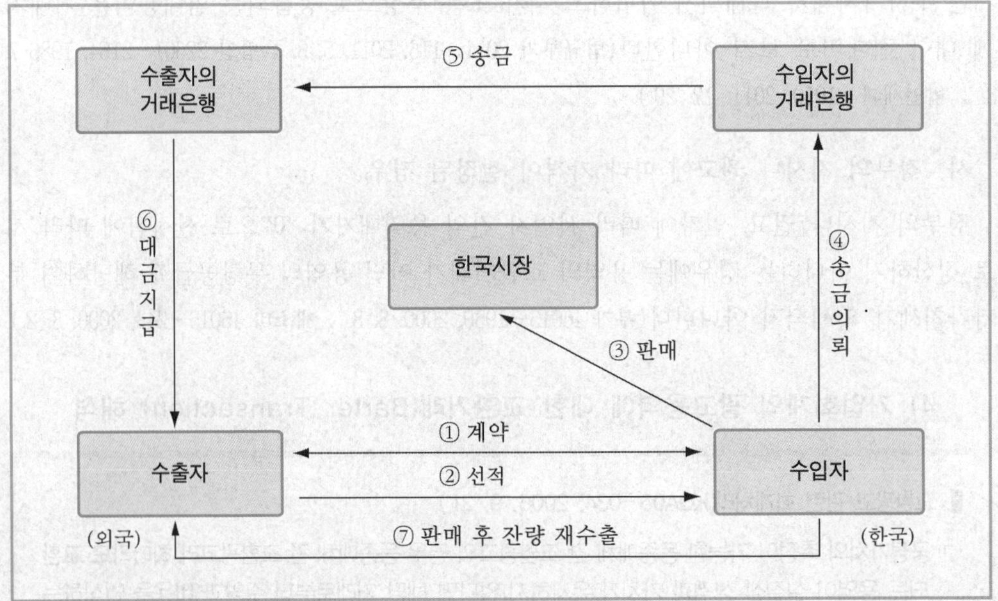

국내 수입자(수탁자)가 외국 수출자(위탁자)로부터 위탁받아 소유권이 이전되지 않은 상태로 물품을 무환으로 수입하여 국내에서 판매한 후 판매된 범위 안에서 위탁자(수출자)에게 대금을 송금하고, 판매 기간이 끝난 후에 미판매 물품을 위탁자(수출자)에게 다시 수출하는 거래방식이다.

이러한 거래방식은 물품의 소유권을 가진 수출자가 자금과 위험을 부담하고 수입자는 수출자가 지정한 조건에 따라 상품을 판매한 후 판매경비와 수수료 등을 뺀 나머지를 수출자에게 송금하므로, 수입자는 아무런 재고위험부담이나 자금부담없이 손쉽게 수입할 수 있다.

반면, "위탁판매수출"이란 물품 등을 무환으로 수출하여 해당 물품이 판매된 범위 안에서 대금을 결제하는 계약에 의한 수출을 말한다.

(2) 수탁판매수입 및 판매 절차

1) 절차 개요

수탁판매계약 체결 → 수입승인(해당되는 경우) → 수입통관 → 판매 → 판매대금지급 → 미판매물품 재수출

2) 가격 정책 및 국내 판매가격의 결정

위 · 수탁판매방식 거래 시 가격을 책정하는 방식은 지가위탁방식과 시가위탁방식이 있다.

① 지가위탁(指價委託): 위탁자가 최저판매가격을 지정하여 위탁하는 조건

② 시가위탁(時價委託): 위탁자가 수탁자에게 시세에 따라 판매하도록 위탁하는 조건

국내 수탁판매자는 위탁자와의 사전약정에 방식에 따라 국내 소비자에 대한 판매가격을 결정하여야 하며, 이때 부가가치세 과세대상물품인 경우 관할 세무서에 납부할 부가가치세액도 고려하여야 한다.

3) 수입 승인 대상

국내 수탁판매방식의 수입자는 수출입공고, 통합공고에 의해 수입이 제한되는 물품 등 수입승인대상이 되는 물품인지에 대하여도 사전확인이 필요하다.

4) 수입승인 시 구비서류

수탁판매수입자가 통신판매중개업자 또는 수입자로서 의료기기법, 약사법, 화장품법, 식품위생법 등의 규제대상인지에 대한 사전확인이 필요하다.

① 수입승인 신청서
② 수탁판매 계약서
③ 기타 허가서 등

5) 수입신고 시 구비서류

① 수입신고서
② 수입승인서
③ 가격 신고서(상업송장 포함)
④ B/L사본
⑤ 기타 수입통관에 필요한 서류

6) 재수출 통관 구비서류 시

① 수출신고서
② 수입신고필증
③ 사유서
④ 상업송장, 포장명세서
⑤ 기타 수출통관에 필요한 서류

(3) 수탁판매수입자에 대한 관세의 납세의무

1) 사실관계

수입자(수탁자)가 해외 수출자 겸 위탁자와 수탁판매계약을 체결하고 수입물품(시즌상품으로 의류로 가정한다)을 무상으로 수입(물품의 소유권은 판매된 물품 대금의 지급이 완료될 때까지 수출자에게 있음)하여 국내에서 판매한 후 판매금액 중 일부를 수출자에게 지급하는 경우로서 수입자는 수출자와 상호합의한 재판매가격으로 국내에 판매(수입자는 별도의 가격표와 품질표시를 부착하여, 수출자와 상호 합의된 수준으로 국내 재판매가격을 결정하여 판매)하면서 매월 국내 판매액(부가가치세 제외)의 60%를 수출자에게 지급한다. 아울러 시즌 종료 후 미판매 물품은 수출자에게 무상으로 송부(미판매 물품은 DDU조건으로 수출자에게 반환)한다.

2) 쟁점

수탁판매계약에 따라 무상수입된 물품에 대해 국내 판매가격의 일부를 수출자에게 지급하고 미판매된 물품은 무상으로 반환하는 경우 수입물품의 과세가격 결정방법

3) 수탁판매를 위한 수입물품의 관세의 과세가격 산출방법

관세의 납세의무자는 화주로서 실제 소유자이고, 이는 수입신고 단계에서의 법률상 소유자를 의미하는 것으로 해석된다(대법원 2002두8442, 2003. 4. 11.). 즉, 실질 소유자가 아닌 DDP조건의 경우에도 수입통관 및 관세 등 제비용을 수출자가 부담하지만 수입신고서상의 납세의무자 및 수입자는 당연히 수입사 명의로 하여야 하고 관세나 부가가치세 환급대상도 수입자가 되는 것이어서 수출자가 수입자를 겸할 수는 없다. 그러므로 단순히 수출자에게 소유권이 유보되어 있다는 사유만으로 국내 수입자를 납세의무자로 신고하는 것이 위법하다고 볼 수 없다.

이러한 이유에서 수탁판매방식의 수입에 있어서 국내의 수탁자 겸 수입자가 수탁판매물품을 수입하는 경우에는 아래와 같은 방식에 따라 관세의 과세가격을 산출하고 그에 따른 관세나 수입부가가치세를 납부하여야 한다.

가. 국내 재판매 수입재화에 대한 과세가격 산출

수입물품의 과세가격은 원칙적으로 「관세법」 제30조에 따라 해당 물품의 거래가격으로 결정되어야 하나, 해당 수입물품은 수탁자와 위탁자(수출자) 사이에 체결된 수탁판매계약(Consignment Account Agreement)에 의해 수입된 것으로 물품의 소유권이 국내 재판매 후 대금지급이 완료될 때까지 위탁자에게 있으며, 계약기간 내에 재판매되지 아니할 경우 수출자에게 반환되는 점으로 볼 때 우리나라에 수출하기 위하여 판매된 물품으로 볼 수 없다. 따라서 본 건 수입물품에 대해서는 제1방법을 적용할 수 없고 제2방법부터 제6방법까지를 순차적으로 검토하여야 한다(관세법 §31~§35).

만약 해당 물품이 국외에서 제조한 것으로 국내 수입된 적이 없으므로 동종·동질 또는 유사물품의 거래가격을 찾을 수 없다면 제2, 3방법은 적용할 수 없고, 또한 해외 수출자의 수입물품 생산원가와 수출국의 이윤 및 일반경비 등 관련 자료가 제출될 수 없다면 제5방법도 적용할 수 없다.

아울러 수입물품이 수입된 것과 동일한 상태로 국내에서 판매되는 경우, 국내판매가격에서 통상적인 "수수료" 또는 "이윤 및 일반경비" 등을 공제하여 제4방법으로 과세가격을 결정할 수 있다. 이때 수탁판매계약에 기초한 것으로 소유권이 수입자에게 완전히 이전되지 않고 재판매가격 또한 수출자와의 합의에 따라 결정되는 등 수입자 자신의 계

산과 책임으로 판매된다고 볼 수 없으므로 통상적인 이윤 및 일반경비가 아니라 수수료를 공제하는 것이 타당하다(관세평가-1169, 2011. 6. 8. ; 관세평가-2145, 2012. 8. 30.).

나. 위탁자에게 반환되는 수입재화의 과세가격 결정

국내에서 전혀 판매되지 않고 수출자에게 반환되는 품목의 경우 제1방법부터 제5방법까지를 적용할 수 없으므로 「관세법」 제35조에 따라 합리적인 기준에 따라 과세가격을 결정하여야 한다(관세법 §35, 관세령 §29).

이 경우 제1방법부터 제5방법까지의 적용 요건을 신축적으로 적용하여, 잠정 송품장 가격이 일반적인 가격결정 방법에 따라 합리적인 수준에서 결정된 것으로 인정된다면 송품장 가격을(6-1방법), 국내에서 판매되지 않은 품목과 유사물품으로 인정할 수 있는 국내 판매된 품목이 있을 경우 해당 물품의 제4방법에 의한 과세가격을(6-3방법), 또는 기책정되었던 국내판매 단가를 기초로 한 역산가격(6-4방법) 등을 수입자와 세관이 합리적으로 검토하여 과세가격을 결정할 수 있다(관세평가-1169, 2011. 6. 8. ; 관세평가-2145, 2012. 8. 30.).

4) 미판매 재화의 재수출 시 관세의 환급

수탁판매방식의 재화를 무상으로 수입한 후 재고(미판매) 물품의 원상태 해외 재수출 시 유상으로 수입신고 수리일로부터 2년 이내에 재수출 시에는 원상태 관세환급(수출거래구분 72)이 가능하지만 해당 재화가 국내에서 판매되지 아니하여 단순히 원수출자(국외 위탁자)에게 재고(미판매) 물품 원상태의 무상으로 재수출하는 경우에는 「관세법」 제106조에 해당하지 아니하고, 관세환급특례법 제4조 및 동 시행규칙 제2조에서 인정하는 관세 등의 환급대상 수출 등('수탁판매 잔존물의 반환을 위한 무상수출'은 환급대상 수출로 규정하고 있지 아니함)에 해당하지 아니하여 당초 수입 시에 부담한 관세를 환급받을 수 없다. 관세가 소비지국 과세원칙에 따르고 있다는 관점에서 볼 때 제도적 보완이 명확히 되어야 할 필요가 있다.

다만, 수탁판매방식에 의하여 수입된 물품 중 판매되지 아니한 잔량분을 다시 반출하는 경우로서 「외국환거래법」 제16조에 따라 수출자(수탁자를 말함)가 상계처리형태의 대금결제방법으로 한국은행에 지급 등의 방법 신고를 한 경우에는 유상수출로 간주할 수 있고, 이를 원용 가능하다면 관세환급특례법 제4조 제1호에 따른 환급대상수출에 해당될 것으로 판단되며, 관세청의 경우에도 수입품 원상태 무상수출의 경우 유상수출로 인정할 만한 정당한 근거가 있다면 관세환급이 가능하다고 하고 있는바, 관할 소재지 또는 환급지 세관이 별도로 있는 경우 해당 환급심사과와 사전에 수탁판매 방식으로 수입한 물품이 미판매 재고 물품이 있어 이를 원상태 재수출 관련하여, 수출입거래 관련 환급지 세관에 회사(수탁자)의 상계처리에 따른 지급 등 증빙서류를 구비하여 해당 서류와 함께 방문을 통해 사전 협의 및 논의를 거쳐 추가 보완되어야 할 서류 내지 수출신고방식 등을 통한 적법한 관세환급을 진행할 것을 권고한다.

이때 수탁판매 후 잔량분을 무상으로 수출하는 경우의 거래구분 코드는 '94'이며, 대금결제방식 코드는 현행 통계부호표상 상계방식에 의한 별도의 코드가 없으므로 '기타 유상(GO)'으로 신고한다. 수출신고 시 별도의 증빙은 필요치 않으며, 환급신청 시 관세환급특례법령 및 관련 고시에서 정한 환급신청서 · 수출신고필증 · 수입신고필증 등 외에 상계처리형태의 대금결제방법으로 한국은행에 지급 등의 방법 신고를 한 증빙을 구비하여야 한다(기타 추가 구비서류 등 구체적인 내용은 환급신청세관과 상의할 것). 유상수출로 인정하는 상계처리방식에 있어서 상계의 대상이 되는 채권 · 채무는 수입물량에 대한 채무와 판매수수료에 대한 채권도 그 대상이 될 수 있다(관세청 세원심사과, 2011. 8. 25. 인터넷 답변 참조).

참고로 수입자가 하자 등을 이유로 수입물품을 반품하는 방법으로 「관세법」 제106조에 따른 환급방법과 관세환급특례법에 따른 원상태로의 수출방법 중에서 납세의무자가 선택할 수 있으며, 동 국외 반품거래에 대하여는 영세율이 적용되고 당초 수입과 관련된 매입세액에는 영향을 미치지 아니한다(관세제도과-561, 2009. 6. 10. ; 조심 2010서0067, 2010. 10. 28.).

5) 수입세금계산서의 발급

국내의 수탁자와 국외의 위탁자(수출자) 사이에 체결된 수탁판매방식의 수입계약에 따라 수입된 물품의 소유권이 위탁자에게 대금 정산하기 전까지는 위탁자에게 있음에도 위 "3)", "4)"와 같이 국내 수탁자가 재화의 수입에 따른 관세 및 부가가치세 등의 납세의무를 지게 되므로 세관장은 수탁자에게 수입세금계산서를 발급하여야 하고, 관세 등의 납세의무자인 수탁자가 부담한 수입부가가치세에 대하여는 당연히 매입세액이 공제되어야 한다.

1) 국내 리스이용자인 과세사업자가 자신의 과세사업에 사용하기 위하여 국외의 리스회사로부터 리스자산을 수입하면서 부담한 수입부가가치세를 공제받을 수 있는 것과 동일한 취지이다.

2) 대외무역관리규정 제2조 제5호에 따라 수탁판매를 위한 물품의 수입 시에는 수입신고서상의 '거래구분(17번 거래구분)'에 [51: 수탁판매를 위한 물품의 수입]으로 기재

3) 미판매분 수출 시 수출거래구분은 [수출거래구분: 94]로 기재한다. 대외무역관리규

정 별표 3 수출승인의 면제 제2항 바호(수탁판매수입에 의하여 수입된 물품의 판매되지 아니한 잔량분으로서 무상으로 반출하는 물품)

(4) 내국세의 세무처리 방법

1) 수입세금계산서에 대한 매입세액공제

가. 수입대행자의 매입세액공제

사업자가 재화의 수입을 위탁하는 경우에는 수입위탁자의 명의로 수입세금계산서를 교부받는 것이며, 수입대행자는 수입대행에 따른 수수료를 과세표준으로 하여 수입위탁자에게 세금계산서를 발급한다. 다만, 수입대행자가 실질적으로 자기의 책임과 계산하에 재화를 수입하는 경우에는 수입대행자가 수입세금계산서를 발급받는 것이며, 해당 수입대행자가 수입재화를 위탁자에게 판매하는 경우 재화의 가액을 과세표준으로 하여 세금계산서를 발급하여야 한다.

나. 수탁판매방식 수입자의 매입세액공제

사업자가 국내사업장이 없는 외국법인과의 직접 계약에 의하여 해당 외국법인(위탁자)으로부터 과세되는 재화를 일정가격에 수입하여 지정된 가액으로 국내의 다른 사업자에게 판매대행하고 송금할 판매대금 중에서 일정금액을 수수료로 차감하는 경우, 해당 사업자는 위 "(3)"에서 살펴본 바와 같이 관세법상의 관세 및 수입부가가치세의 납세의무자로서 해당 재화의 수입 시 세관장으로부터 교부받은 수입세금계산서상의 매입세액은 자기의 매출세액에서 공제가능하다(제도 46015-11331, 2001. 6. 4. ; 기획재정부 부가가치세제과-862, 2007. 12. 18.).

만약 수탁물품에 해당하는 수입재화의 매입세액공제를 허용하지 아니하면서 수탁판매자가 국내에 공급한 수입재화에 대한 부가가치세를 납부한다면 누적효과가 발생하고 수탁판매자의 국제경쟁력을 약화시킨다. 또한, 수탁자 소유의 재화가 아니라는 이유로 매입세액을 공제해 주지 않는다면 국내 판매 시에도 수탁자에게 부가가치세를 과세할 명분이 없게 되고, 국외 위탁자의 고정사업장 성립에 따른 부가가치세 과세문제가 남게 되어 국가적으로도 세수일실을 초래할 수 있다. 위탁판매수출에 있어서도 국내사업자가 국외 위탁자에게 수출한 재화를 수탁자가 국외에서 수입할 때 수입부가가치세를 공제받고 국외에서 판매하면서 부담한 부가가치세 등 간접세는 국내 위탁자의 과세표준에서 제외하도록 한다는 점(기획재정부 부가가치세제과-388, 2010. 6. 10.)에서 수탁판매 수입 시 수입부가가치세액의 불공제는 타당하지 않다.

2) 국내 판매분에 대한 부가가치세 세무처리

가. 수탁물품의 판매

수탁판매방식의 수입재화의 국내판매분에 대하여는 해당 수탁사업자 명의로 구매고객으로부터 수령한 대금총액을 공급대가로 인식하여야 한다. 따라서 해당 재화판매와 관련한 대가(수수료)에 대하여도 부가가치세 신고 시 과세표준에 포함하여야 한다.

나. 위탁판매수수료에 대한 처리

국내 수탁판매사업자가 외국 수출자(위탁자)와의 위수탁판매계약에 따라 수입한 재화를 국내사업자에게 판매하고 그 대가를 수출자로부터 위탁판매에 따른 수수료를 외화로 송금받는 경우 또는 상계의 방법으로 대가를 수수하는 경우 동 수수료에 대하여는 부가령 제33조 제2항 제1호에 따라 영의 세율이 적용된다.

다. 세금계산서의 발급

국내 수탁판매사업자가 외국 수출자(위탁자)와의 위수탁판매계약에 따라 수입한 재화를 국내사업자에게 판매하는 경우 수탁판매자를 공급자, 국내사업자를 공급받는 자로 기재한 세금계산서를 발급하여야 한다(제도 46015-11331, 2001. 6. 4.).

라. 미판매 수탁물품의 재수출

사업자가 국외로부터 수입한 재화에 하자가 발생하여 반송하는 경우 동 재화가 「관세법」 제106조에 규정하는 위약물품에 해당하는 경우에는 관할 세관장은 수정수입세금계산서를 수입자에게 발급하고 부가가치세를 지체 없이 환급하도록 규정하고 있으며, 이를 관할 세무서장에게 제출하여야 한다. 이 경우 반송되는 재화는 수출하는 재화에 해당하지 아니한다(제도 46015-12407, 2001. 7. 26.).

다만, 미판매 수탁물품의 반송과 같이 위약물품이 아닌 경우에는 반품 시 수출재화로 보아 영세율로 신고하여야 한다. 이때 당초 수탁재화 수입 시 공제받은 매입세액은 소급하여 추징하지 않는다.

3) 수탁판매방식 수탁자의 선하증권 양도에 따른 (세금)계산서 발급

국외의 법인(수출자 또는 위탁자)으로부터 부가가치세가 과세되지 아니하는 재화를 위탁받아 수입·판매하는 내국법인(수탁자)이 보세구역 내에서 선하증권을 국내의 다른 사업자에게 양도하는 경우 면세재화의 공급으로 보아 「법인세법」 제121조 제2항에 따라 계산서를 발급하여야 한다. 다만, 세관장이 선하증권을 양수한 사업자에게 발급한 수입계산서 부분에 대하여는 계산서 발급의무가 없다(서면-2020-법인-3413, 2020. 11. 6.).

위 해석에 따르면 수입·수탁판매하는 물품이 부가가치세 과세대상인 경우에도 다른 국내사업자에게 그 선하증권을 양도하는 경우 세금계산서를 발급하여야 하고 선하증권을 양수한 사업자에게 세관장이 수입세금계산서를 발급한 부분에 대하여는 세금계산서 발급의무가 없다 할 것이다.

4) 수탁재화에 대한 세무·회계처리

수탁판매방식의 수입재화에 대하여는 자신의 재고재화가 아니므로 법인결산 또는 장부에 반영 시에는 회사(수탁자)의 재고자산으로 계상하지 아니하고 해당 재화의 국내판매분에 대하여도 회사의 수입금액에서 제외하여야 한다(수탁판매수수료 상당액이 회사의 수입금액이 됨).

14 | 고정사업장과 부가가치세 신고·납부

(1) 부가가치세법상 외국법인등의 사업장

부가가치세의 납세의무가 있는 비거주자 또는 외국법인의 경우 비거주자는 「소득세법」 제120조에 따른 장소(비거주자가 국내에 사업의 전부 또는 일부를 수행하는 고정된 장소인 국내사업장)를 사업장으로 하고, 외국법인인 경우에는 「법인세법」 제94조에 따른 장소를 사업장으로 한다(부가령 §8 ⑥).

그러나 외국법인이 국내 보세구역 내에 설치한 창고가 저장 또는 보관뿐만 아니라 인도기능까지 수행하는 경우로서 동 창고가 「법인세법」 제94조에 따른 국내사업장에 해당되나 조세조약상에는 국내사업장에 해당하지 아니한 경우, 법인세는 조세조약 우선에 따라 고정사업장에 해당하지 아니하여 법인세 신고대상이 아님에도 부가가치세는 국내사업장이 있는 것으로 보아 부가가치세를 신고·납부하여야 하는 것으로 해석하고 있어 입법보완이 필요하다(재소비-289, 2004. 3. 15.).

반대로 법인세법상은 국내사업장에 해당하지 아니하나 조세조약상은 국내사업장에 해당하는 경우 부가가치세법상으로는 사업장에 해당하지 아니하여 사업자등록이나 부가가치세의 신고·납부의무가 없는 것인지도 의문이다.

(2) 고정사업장 해당 시 부가가치세 신고 · 납부

1) 개요

가. 세계 각국의 고정사업장에 대한 부가가치세 과세

오늘날 세계 각국은 거의 예외없이 소비지과세원칙을 채택하고 있다. 부가가치세 과세권의 핵심은 부가가치세 납세의무가 발생하는 장소를 의미하는 공급장소를 어디로 볼 것인가에 있다.

우리 대법원은 대체로 공급받는 자를 기준으로 용역의 중요하고도 본질적인 부분이 제공되는 장소를 파악하여 그 장소에서 부가가치세를 부담하여야 한다고 판시하나, 부가법은 고정사업장 과세에 대한 과세요건을 명확히 규정하고 있지는 않다.

국제간 거래에서 공급장소가 국내인지에 대한 판단은 부가가치세 세수를 분배하는 기준이 되므로 소비지국과세원칙에 맞추어 이에 대한 판단기준이나 구체적 과세방법은 입법을 통해 구체적이고 명확하게 규정하여야 한다.

나. 우리나라의 고정사업장에 대한 부가법의 규정

기본고정사업장이든 간주고정사업장이든 법인법 제94조에 따라 외국법인의 국내 고정사업장이 성립되는 경우에는 부가법 제6조 제2항 및 부가령 제8조 제6항에 따라 사업장에도 해당되고, 국내사업자와 동일하게 부가법에 따른 제반의무(부가가치세의 신고 · 납부, 세금계산서 등의 수수 등)를 부담하게 된다.

부가법은 사업자의 부가가치세 납세지는 각 사업장의 소재지로 한다고 규정하고 있는데, 이는 부가가치세가 물세로서 과세대상인 재화 또는 용역의 공급에 대하여 그 공급이 이루어지는 사업장 관할 세무서장이 관리하는 것이 적합하기 때문이다.

부가법이 사업장 소재지를 납세지로 규정함으로써 사업장은 과세단위로서 의미를 가지나, 아래 "다"의 공급지(공급장소)는 과세권 관할을 확정짓는 요소로서 사업장과는 다른 개념이다. 그러나 이를 혼돈하여 과세하는 경우가 있다. 부가가치세 과세권의 존부는 사업장이라기보다는 오히려 해당 용역의 공급장소에 달려 있다.

따라서 국내 고정사업장에 대하여 과세권을 갖기 위해서는 그 용역공급이 고정사업장과 관련이 되고 그 공급장소가 국내에 있어야 한다.

다. 공급장소에 대한 부가법의 규정

부가법 제20조 제1항 제1호는 용역의 공급장소를 '역무가 제공되거나 시설물, 권리 등 재화가 사용되는 장소'로 규정하면서 제2호는 국내 및 국외에 걸쳐 용역이 제공되는 국제운송의 경우 사업자가 비거주자 또는 외국법인이면 여객이 탑승하거나 화물이 적재되는 장소를 용역의 공급장소로, 부가통칙 20-0-1에서는 국외부동산의 임대용역과 외국의 광고매체에 광고를 게재하고 임대료 및 광고료를 받는 때에는 공급장소를 국외로 규정한다.

대부분의 전통적 용역은 공급장소와 소비장소(자국 내)가 동일하였으나, 전자적 용역 등과 같이 공급장소와 소비장소가 다른 공급방식의 출현으로 현재의 공급장소 규정은 한계를 가질 수밖에 없다. 그래서 우리 부가법에 새로이 규정한 것이 국외사업자로부터 국내로 전자적 용역이나 권리를 공급받는 경우 공급받는 자의 국내사업장 소재지(주소지 또는 거소지)를 공급받는 장소로 본다(**부가법 §20 ① 3, 부가법 §53 ②**).

라. 우리나라의 전자적 용역 등에 대한 과세체계

국내사업장과 실질적으로 관련되지 아니하거나 그 국내사업장에 귀속되지 아니하는 공급은 국내사업장과 관련이 없으므로 그 공급으로 외국법인 등이 받은 대가는 국내사업장의 부가가치세 공급가액에 포함할 수 없다.

우리 부가법은 외국법인 등이 국내사업장이 있으면 국내사업자와 동일하게 부가법을 적용하고, 그것이 불가할 경우(고정사업장의 부존재 등)에는 부가법 제52조에 따른 대리납부, 제53조에 따른 위탁매매인 등에 의한 국외사업자의 용역 등 공급에 관한 특례, 제53조의2에 따른 국외사업자의 사업자등록 등에 관한 특례를 통하여 부가가치세를 간접적으로 납부하게 된다.

2) 국내사업장에 대한 부가가치세 과세의 일반 요건

외국법인의 용역공급에 대하여 국내사업장(고정사업장, 국내지점을 포함하고 이하 같다)에 부가가치세를 과세하기 위한 일반 요건을 요약하면 다음과 같다.

① 외국법인 등이 국내법인 등과 계약상 또는 법률상의 원인에 의한 용역의 공급이 존재(국내사업장이 주체가 된 대외계약에 따른 용역공급은 원칙적으로 과세된다)
② 용역의 공급장소가 국내일 것
③ 국내에 국내사업장(고정사업장)을 둘 것
④ 국내사업장이 해당 용역의 공급에 '관련'이 있을 것

3) 국내외 본 · 지점 간 용역의 자가공급

'용역의 자가공급'이란 사업자가 자기의 사업을 위하여 직접 용역을 공급하는 경우로써 본래의 재화 또는 용역의 공급을 위하여 필요하거나 그에 부수되는 용역활동을 사업자 자신의 동일 혹은 다른 사업장에서 제공받는 것을 말하고, 이러한 자가공급에 대하여

부가법상 과세대상으로 규정하고 있지 않다.

따라서 외국법인의 국내사업장에서 그 국외 본점에 제공(국내지점에서 수행하는 역무가 외국본점을 향해 제공)하는 판매, 마케팅지원, 시장조사, 고객신용조사 등은 용역의 자가공급으로 그 대가 수령 여부에 관계없이 부가가치세 과세대상이 아니다*(서면-2015-부가-0933, 2015. 8. 18. ; 재경부 소비세제과-122, 2003. 10. 30. ; 법규부가 2012-12, 2012. 1. 17. ; 사전-법령해석부가-0502, 2020. 6. 26.).

* 이러한 결론에도 불구하고 기획재정부는 용역의 자가공급은 국내의 사업장에서 내부적으로 이루어지는 거래에 한정되므로 역외 본・지점간의 용역의 자가공급에 대하여는 부가가치세가 과세된다는 해석(조세법령운용과-416, 2022. 4. 26.)을 하였고 이에 대해서는 법원의 판결을 기다리고 있다. 자세한 것은 "자가공급의 판단기준과 장소적 범위"에서 살펴보도록 한다.

반면, 외국법인 본점이 국내고객과 직접 용역계약을 체결하고 외국법인 전체(국내지점과 외국본점이 역무를 나누어 각각)가 수행하는 경우 원칙적으로 그 국내지점이 자기 외의 법인(외부 고객, 공급받는 자)에게 제공된 용역에 대하여는 부가법 제11조에 따른 용역의 공급으로 본다.

(3) 고정사업장 해당 시 부가가치세 과세방법

외국법인의 재화의 공급(보통 재화의 수입을 통한 공급을 말한다)에 대하여는 부가가치세 과세방법에 대하여 별다른 문제가 없으나, 용역의 공급에 있어서는 아래 사항에 대한 부가법의 규정의 미비, 대법원의 일관된 입장이 미정립되어 아래와 같은 이론(주장)들이 등장하고 있다.

① 역무의 핵심행위가 무엇인지(판단기준)
② 국내에서의 특정행위가 역무의 제공(부가법 제11조의 "용역의 공급")인지, 예비적 또는 보조적 행위에 불과한 것인지
③ 공급을 받기 위한 준비행위인지
④ 역무의 제공이 물리적으로 이루어지는 장소에 해당하는지

1) 총액주의 과세

가. 개요

총액주의(총괄주의라고도 한다)란 외국법인의 고정사업장이 성립되는 경우, 고정사업장을 통하여 얻은 사업소득뿐만 아니라 그 외국법인의 본점에서 국내에 직접 판매하는 다른 유형의 소득까지 해당 고정사업장을 기준으로 과세되는 소득에 포함되므로 모든 국내원천소득에 대하여 일괄과세가 이루어져야 한다. 부가가치세 총액주의과세란 외국

법인 본점이 국내법인과 직접 공급계약이 체결되었더라도 그 용역과 관련된 국내사업장이 존재한다면 그 국내사업장에서 부가가치세를 신고·납부하여야 한다는 것이다.

원천지국과세를 대변하는 대표적인 과세방법으로 다양한 유형의 조세회피를 방지하고 소비지국가의 과세행정편의를 도모할 수 있는 장점을 가지며, 우리나라의 과세관청도 총액주의 과세를 선호한다.

그러나 부가법 규정이나 부가가치세의 기본이론에 반하고 조세조약에도 없는 내용의 과세이며, 양국에 고정사업장이 성립하는 경우 외국납부세액공제가 불가하여 국제적 이중과세를 조정할 수 없다는 단점이 있다.

나. '총액주의 과세'의 주장의 주요논리

① 국외에 있는 사업장을 비롯한 다른 사업장과 비교하여 가장 큰 역할 또는 비중이 있는 역할을 했다고 평가할 수 있을 때만 그 거래가 국내사업장과 관련이 있다고 좁게 해석할 근거는 없으므로 원천지국과세에 따라 국내에서 해당 외국법인 등이 받은 용역대가 전부를 공급가액으로 보아 부가가치세를 과세하여야 한다.

② 고정사업장이 공급을 위한 업무 전부 또는 대부분을 해야 하는 것으로 정하고 있지 아니하므로 공급에 필요한 업무라면 그 일부를 수행하더라도 고정사업장과 관련이 있다. 또는 공급[32]에 이르지 못하더라도 용역 등의 공급에 필요한 어떠한 역할을 하였다면 이는 용역 등을 제공한 장소로 보아야 한다.

③ 고정사업장이 있는 경우 고정사업장과 관련없는 용역의 공급에 대하여 대리납부의무가 적용되는 제한적 과세방식을 적용하고 있는바, 그보다 더 우리나라와 밀접한 '국내사업장의 관련이 있는 경우'에는 외국법인의 국내사업장이 당연히 부가가치세를 신고·납부하여야 한다.

④ 용역이 국내에서 소비되고 국내사업장도 있다고 판단되었다면, 그 공급의 중요하고 본질적인 부분이 국내에서 국내사업장에 의해 수행되었다고 할 수 있고, 외국법인 등이 자신의 사업과 관련하여 거래의 전부 또는 일부를 국내사업장에서 수행했다면 이러한 공급은 모두 국내사업장과 관련이 있다.

⑤ 어떠한 공급을 국내사업장에 귀속시킬 것이냐의 판단에서까지 반드시 소득세법 또는 법인세법과 같은 기준이 적용되어야 하는 것은 아니며, 공급받는 자가 자신이 거래하는 어떤 사업장이 공급하는 자 쪽에 속한다는 인식을 할 수 있을 정도의 역할을 하면 충분하다.

⑥ 공급과 국내사업장의 관련성을 따지는 것은 공급에서 아무런 역할을 하지 않은 국

32) 후술하는 "2) 공급주의 과세"를 참조한다.

내사업장을 제외시키기 위함이므로, 국내사업장에서 공급과 관련하여 어떠한 역할도 하지 않았다면 그 공급이 국내사업장과 관련이 있다고 보기 어렵고 그 용역에 대하여 국내사업장에 대하여 부가가치세 납세의무를 지우는 것은 불가할 뿐이다.

⑦ 설령 국외에서 수행한 업무의 비중이 더 크고, 외국법인이 국내에서 수행한 업무가 예비적이고 보조적이라 하더라도 이러한 결론이 달라지지는 않는다.

다. 공급가액의 산정

공급자가 재화 또는 용역을 공급하고 상대방으로부터 금전으로 대가를 받으면 그 '대가'가 공급가액이 된다. 국내 소비자가 용역 또는 권리의 대가로 지급하는 금액은 부가가치세액과 비례해야 한다. 국내에서 전부 또는 일부의 공급이 이루어졌고 그 대가로 소비자가 돈을 지급했음에도 그 대가 전체가 부가가치세액이 되지 않는다면 부가가치세의 기본원리에 반한다.

국내사업장을 가진 외국법인 등이 사업활동으로 내국법인에 공급한 용역의 중요하고 본질적인 부분이 국내사업장에서 이루어졌다면 그 용역으로 국내에서 얻은 소득은 전부 국내사업장에 귀속되는 것으로 보아야 하고, 그 용역의 일부가 국외에서 이루어졌더라도 그 부분만 독립하여 국내사업장에 귀속되지 않는 것으로 볼 수 없다.

이는 하나의 공급인데도 국내사업장이 그 공급으로 받은 대가의 일부만 공급가액으로 인식하고, 다른 일부는 다른 사업장이 인식하거나 전혀 인식하지 않을 수 있다고 하려면, 대가의 크기를 어떻게 나눌 것이냐의 문제가 발생하고, 이를 규율하는 부가가치세법 명문규정도 없다.

그 국외 본점이 용역을 공급했음에도 불구하고 국내지점이 미미한 관여를 했다고 하여 신고·납부대상으로 보는 것은 신고·납부대상의 확대라는 소비지국의 의지로 보일 수 있으나, 국내사업장이 공급에 필요한 업무 전부나 대부분을 해야 하는 것도 아니므로 내국법인에 공급하고 그 대가로 받은 금액 전부를 공급가액으로 인식해야 한다.

2) 공급주의 과세

가. 개요

외국법인과 내국법인(또는 거주자) 간 거래를 고정사업장이 성립된다는 이유로 계약의 형식, 당사자 의사에 불구하고 외국법인의 고정사업장과 내국법인(또는 거주자) 간의 거래로 재구성하는 경우, 법인세 부담측면에서는 큰 차이가 없으나 부가가치세는 당초 부가가치세의 거래징수가 없었다는 점에서 추가적인 거액의 부가가치세 과세로 이루어질 수밖에 없다.

고정사업장이 존재한다는 이유만으로 외국법인 본점과 국내 거래상대방 간에 이루어진 모든 거래의 당사자를 고정사업장으로 의제하거나, 이른바 유기적 결합을 내세워 외국본점에서 이루어진 용역까지 부수행위만을 수행한 고정사업장에 부가가치세를 과세하는 것은 타당하지 않다는 이론이다.

따라서 하나의 용역계약(단일한 역무)에서 그 계약내용이 되는 수 개의 행위 또는 중요하고 본질적인 부분과 그렇지 않은 부분으로 나누어져 국내외 수 개 사업장에서 이루어진 경우 부가법상 "공급 행위"로 볼 수 있는 정도의 행위가 이루어진 하나의 사업장을 파악하여 그 사업장에서 부가가치세 납세의무를 부담하여야 한다.

나. 공급주의 주요논리

① 고정사업장으로 인정되더라도 자동적으로 부가가치세 과세가 가능한 것이 아니며, 고정사업장은 부가법상 사업장에 불과하므로 국내에서 부가가치세 과세가 가능하려면 해당 용역이 국내에서 공급되었는지를 별도 판단하여야 하고, 국내사업장에서 수행하는 용역이 부가법상 국내사업장이 공급하는 것으로 볼 수 있을 만큼의 기능과 역할을 수행하여야 부가가치세를 과세할 수 있다.

② 고정사업장이 주체가 되어 전부 또는 대부분을 수행하는 공급으로서 외국법인이 공급자로서 계약을 체결하여 고정사업장에서 인적·물적자원이 역무제공에 단독으로 동원되어 체결된 역무를 완수하거나, 국내외 다른 사업장들과 공동으로 동원되더라도 그 고정사업장의 인적·물적자원이 그 역무의 중요하고도 본질적인 부분에 동원되어 공급의 주체가 될 수 있다면 외국법인은 그 고정사업장 관할 국가에 부가가치세를 신고·납부하여야 한다.

③ 부가법상 공급에 이를 정도로 인적·물적자원이 동원되어야만 국내사업장과 관련된 것으로 보아야 한다. "관련"이란 재화나 용역의 공급의 완수에 빠질 수 없는 거래에 그 사업장의 인적·물적·기술적자원이 사용되는 경우를 말한다.

④ 부가세 특례규정(대리납부, 위탁매매인등의 용역공급특례, 간편사업자등록)이 적용되지 아니하는 전자적 용역의 경우에도 국내사업장과 관련이 있어야 하고 그 관련은 부가법상의 공급(부가법 §11, §20)과 같은 의미로 한정하여야 한다.

⑤ 고정사업장이 국내고객에게 제공하는 역무의 부분 또는 공급가액이 구분되지 아니하고 그 부분이 중요하고 본질적인 부분이 아니거나 고정사업장의 활동이 외국본점에 대한 지원인 자가공급인 경우 총액주의와 마찬가지로 국내에서 과세할 수 없다.

⑥ 단일 거래에 여러 사업장이 관여하고 각 사업장마다 본질적이고 중요한 역할을 수행한 경우라면 세금계산서 발급은 다수 사업장 중 해당 거래에 있어 부가법상 공급행위를 충족(가장 중요하고도 본질적인 역할을 수행)한 사업장이 하여야 하고, 이에

더하여 부가법상 공급에도 해당되어야 하므로 외국법인이 국내제공용역을 국내외 사업장에서 유기적으로 결합시켜 수행한 경우 이러한 기준과 원칙에 따라 전체 용역대가에 대하여 국내에서 과세하거나 혹은 비과세(과세권 없음)되어야 한다.

⑦ EU 실무지침서 857에서는 EU회원국에 고정사업장이 인정되는 경우라도 동 고정사업장이 마케팅 및 고객관리 정도를 담당하는 정도라면 부가가치세제 목적상으로 외국법인 본사의 공급에 관여하는 것으로 간주되지 않는다.

⑧ 우리나라 대리납부규정은 외국법인 등이 국내사업장이 없거나 국내사업장이 있더라도 용역공급과 관련없는 경우에 대리납부의무가 있는바, 고정사업장이 있고 외국법인 등이 국내에 공급하는 특정용역과 관련이 있을 때는 대리납부가 불가하고 고정사업장에서 부가가치세 납세의무가 발생하다고 본다. 이때 관련이 있다는 것은 부가법상 공급에 이를 정도로 고정사업장에서 인적·물적자원이 동원된 경우를 말한다.

⑨ 고정사업장이 있다고 하여 고정사업장과 공급에 이르지 못하는 관련만 있다면 부가가치세 납세의무가 있다는 어떠한 법적 근거도 없고, 총액주의에서 발생하는 국제적 이중과세문제를 해결할 수 있다.

다. 과세방법

외국법인 등이 보유한 국내외 둘 이상의 사업장이 하나의 용역거래에 함께 개입하는 경우로서 하나의 용역공급을 이루는 구성요소들을 수행하는 데 둘 이상의 사업장이 활용되었다면 그중 부가법상 공급행위에 해당하는 업무를 수행한 사업장(중요하고도 본질적인 구성요소를 수행한 사업장)에 그 공급가액 전부를 귀속시켜야 한다.

역무제공에 그 인적·물적자원이 동원되어 공급행위를 한 사업장을 전체 용역을 공급한 사업장으로 보는 것이 합리적이고 부가법 규정에 부합하고 행정적으로도 편리하다. 또한 '국내사업장이 관련이 있는 경우'라도 국내사업장이 "공급하는 사업장"에 해당하는 때에만 그 거래가 국내에서 부가가치세 신고·납부대상이 된다.

공급주의 과세원칙하에서는 외국법인의 고정사업장으로부터 용역을 공급받는 자가 국외 본점이면 용역의 자가공급이 되고, 내국법인 등이라면 부가가치세가 과세된다.

※ 부가가치세의 과세요건, 공급장소와 사업장의 구분과 같은 부가가치세 기본논리, 조세법률주의 준수나 이중과세방지 측면에서 타당성이 인정된다.

3) 귀속주의 과세

가. 개요

최근 대법원은 고정사업장이 성립하더라도 외국본점에서 수행한 국외제공용역이 보다 본질적이고 핵심적인 업무에 해당한다면 공급가액 산정에 있어 이를 하나의 용역으로 보지 아니하고 복수용역으로 의제하여 공급장소가 국내인 용역에 대하여는 국내 고정사업장에 귀속되는 수입금액(고정사업장이 수행한 역무의 대가)에 한정하여야 한다고 판시함으로써 고정사업장의 귀속소득계산과 부가가치세법의 공급가액 산정을 동일 선상에서 판단하였다.

법인세는 조세조약에 근거하여 고정사업장 귀속소득계산이 가능하지만 부가가치세법상의 공급가액산정에 있어서는 그 과세표준안분계산방법 등에 대하여 법적근거[33]가 없고, 부가가치세는 외부적으로 드러나는 법적거래형식을 중요시하고, 조세조약상 고정사업장 귀속소득계산에서의 거래의 귀속과 부가법상의 “공급하는 사업장(공급장소)” 개념은 동일하지 않다는 것이 그간의 일반적 견해였다.

그러나 위 판결은 비록 고정사업자에 귀속되는 부가가치세 과세표준을 처분청이 산정할 수 없어 고정사업장에 부과된 세액 전부가 취소된 사건이지만, 고정사업장 부가가치세 과세에 있어 경제적 합리성을 중요시하여 소득귀속주의를 인용하였다는 점에서 의의가 크다고 할 수 있다.

나. 관련 판례(서울고등법원 2016누56051 및 대법원 2017두72935, 2020. 6. 25.)

① 사실관계

홍콩에 본사를 둔 ○○그룹의 필리핀 관계회사인 카지노 고객 모집 전문업체(원고)가 국내 카지노업체(이하 G××)와의 사이에 원고가 G××에게 카지노 이용고객을 모집·알선해 주는 대신 그 고객의 카지노 이용금액(G××의 매출총액) 중 일부(70%)를 모집수수료로 지급받기로 하는 정킷계약(Junket Agreement)을 체결하였고, 원고는 2007~2010년 동안 G××로부터 모집수수료를 지급받았다.

---

33) 총액주의나 상대주의 과세도 조세법률주의와는 맞지 않다.

| 롤링수수료 구조도 |

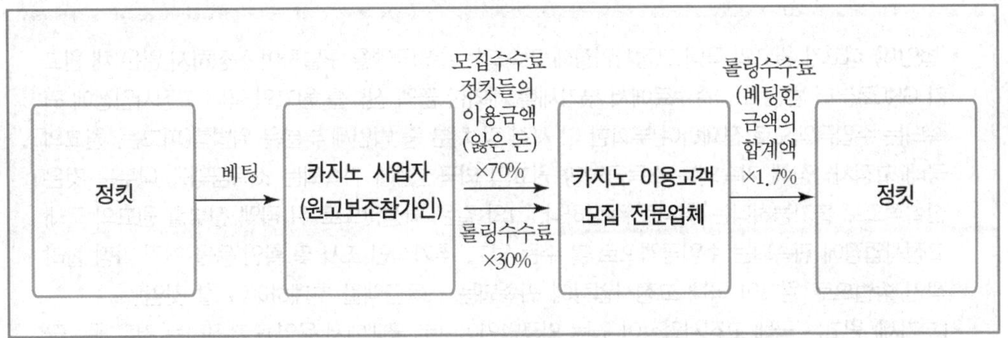

과세관청(피고)은 원고가 일부 사용하는 GKL의 영업장을 원고의 국내 고정사업장으로 판단한 후, 원고가 GKL로부터 지급받은 모집수수료에서 부가가치세를 제외한 금액을 원고의 국내 고정사업장에 귀속되는 수입금액으로 보아 법인세 및 부가가치세를 추징하였다.

② 이 사건의 쟁점과 판결요지

해당 사건의 쟁점은 용역의 일부를 국외에서 제공하더라도 국내 고정사업장과 실질적인 관련성이 있다면 그 소득을 전부 국내 고정사업장에 귀속시킬 수 있느냐로 고정사업장에 귀속되는 이윤의 범위와 입증책임 문제였다.

해당 판결에서는 원고의 국내 고정사업장이 있다는 점은 인정하면서도 그 국내 고정사업장에 귀속되는 소득금액에 대한 입증이 되지 않았다는 이유로 피고의 처분이 위법하다고 한 원심 판단을 그대로 확정하였다. 해당 판결은 고정사업장의 법리와 함께 과세표준에 관한 입증책임이 과세관청에게 있다는 법리를 확인한 것이다.

다만, 이 사건에서 국내 고정사업장에 귀속되는 수입금액의 계산과 관련하여 해당 판결은 국내에 있는 사무실에서 수행하는 활동이 원고의 본질적이고 중요한 사업활동에 해당되기는 하지만, 보다 본질적이고 핵심적인 업무는 원고의 본점이 있는 필리핀에서 이루어지고 있고, 따라서 본점에 귀속되는 수입금액이 상당한 금액으로 보인다는 원심 판단을 그대로 인용하면서 국내 고정사업장에 귀속되는 수입금액은 전체 수입금액 중 일부에 불과하다는 것이다.

③ 판결 전문 요약

- **(법인세)** 피고가 원고의 국내 고정사업장에 귀속되는 수입금액을 구별하여 산정하지 않은 채 원고가 GKL로부터 받은 모집수수료에서 부가세를 제외한 금액 전부를 원고의 국내 고정사업장에 귀속되는 수입금액으로 전제하여 부과한 이 사건 각 처분 중 법인세 부분은 위법함(피고는, 원고의 국내 고정사업장에 귀속되는 소득금액과 원고의 외국본점에 귀속되는 소득금액을 나누는 것은 현실적으로 불가능하다는 취지로 주장하나, 그와 같은 사정만으로 위 금액 전부를 원고의 국내 고정사업장에 귀속되는 수입금액으로 볼 수는 없고, 추가적인 조사 및 확인 등을 거쳐 가장 합리적인 방법으로 원고의 국내 고정사업장에 귀속되는 소득금액을 추계하여야 할 것임).
- **(부가세)** 원고는 국내 고정사업장이 있는 외국법인이므로 국내에서 용역을 제공하는 경우에는 국내 고정사업장 소재지에서 부가세를 납부할 의무를 부담하나, 적어도 국외에서 이루어지는 원고의 정킷 모집, 프론트머니 징수 및 송부 등과 관련된 용역 제공에 대해서는 부가세 납부의무가 있다고 보기 어렵고, 이는 원고의 직원들이 이 사건 사무실에서 수행하는 활동이 원고의 본질적이고 중요한 사업활동에 해당한다고 하더라도 마찬가지인바, 원고가 GKL로부터 받은 모집수수료 전부에 대하여 부가세 납부의무가 있음을 전제로 한 이 사건 각 처분 중 부가세 부분은 위법함(전심).
  - 원고의 직원들이 이 사건 사무실에서 수행하는 활동이 원고의 본질적이고 중요한 사업활동에 해당한다고 하더라도, 원고의 보다 본질적이고 핵심적인 업무는 국외에서 이루어지고 있고, 그 비용도 대부분 국외에서 지출되고 있는 것으로 보이고, 이 사건 모집수수료 중 원고의 대한민국 내 고정사업장인 이 사건 사무실에 귀속되는 수입금액은 이 사건 사무실에서 수행한 업무에 대한 대가로 국한되고, 원고가 국외에서 수행한 각종 업무에 대한 대가까지 포함된다고 볼 수 없으며, 이 사건 모집수수료에는 원고의 필리핀 본점에 귀속되어야 할 수입금액이 있음이 명백하고 그 액수도 상당할 것으로 보인다. 따라서 이 사건 모집수수료 전부에 대하여 부가가치세 납세의무가 있다고 전제하여 부과한 부가가치세 부과처분은 위법함(최종심).
- **(국내외 소득 배분 및 증명책임)** 필리핀법인(원고)이 대한민국 내 고정사업장을 통하여 사업을 영위하는 경우에는 고정사업장이 필리핀법인과 독립하여 거래하는 별개의 분리된 기업으로서 얻었을 이윤만이 고정사업장에 귀속되어 대한민국에서 과세될 수 있고, 이와 같이 고정사업장에 귀속되는 이윤에 관하여는 과세관청이 증명책임을 부담함.
- **(정당세액의 산정)** 당사자가 사실심 변론종결 시까지 객관적인 과세표준과 세액을 뒷받침하는 주장과 자료를 제출하지 아니하여 부과될 정당한 세액을 산출할 수 없는 경우에는 과세처분 전부를 취소할 수밖에 없고, 그 경우 법원이 직권에 의하여 적극적으로 납세의무자에게 귀속될 세액을 찾아내어 부과될 정당한 세액을 계산할 의무까지 지는 것은 아님.
- **(롤링수수료)** 원심은, 롤링수수료에 대해 원고가 정킷들에게 반드시 지급하여야 하는 돈으로 원고가 정킷들에게 롤링수수료를 지급하지 않았다고 보기 어렵다고 판시하였는데, 이와 같은 원심의 판단에 대하여 롤링수수료의 지급 사실을 다투는 상고이유 주장은 원심의 전권사항인 증거의 취사선택과 사실인정을 다투는 취지에 불과하여 적법한 상고이유로 볼 수 없음.

④ 해당 판결에 대한 비판

원고가 국내 카지노 사무실에서 수행하는 활동보다 원고의 외국본점에서 수행하는 활동이 원고의 보다 본질적이고 핵심적인 업무라면 동 사무실에서 수행하는 활동은 원고의 전체 사업활동에서 차지하는 비중과 역할에 비추어 볼 때 보조적인 활동에 불과한 것으로 볼 수 있고, 그렇다면 동 사무실을 국내 고정사업장으로 볼 수 없다는 결론이 기존 판결의 취지에 부합할 수 있으나, 국내외에서 수행한 업무의 대가별로 과세하여야 한다고 판시함으로써 기존 판결들과 다른 결론을 내렸다.

4) 상대주의 과세이론

외국법인 등이 내부적으로 어떻게 역할을 분담하였는지를 따져 국내사업장이 한결 더 중요하고 본질적인 역할을 했을 때에만 그 공급이 국내사업장과 관련된 것으로 볼 수 있다는 이론으로 위 "2) 공급주의 과세"보다는 다소 완화된 이론으로 보인다.

수 개의 사업장을 가진 자가 용역계약의 당사자로서 공급받는 자와 계약을 체결하는데 수 개 사업장에서 개발, 마케팅, 계약협상, 계약체결, 용역제공 준비활동, 역무제공, 대가 수령, 사후관리 등을 함께 하는 경우 수 개 사업장 중 어느 사업장을 공급하는 사업장으로 볼 것인가가 문제되지만 부가가치세법 규정이 없고 개정건의에 대한 시도조차 없었다. 하나의 용역계약에서 거래대상으로 삼은 용역이 하나이고 포괄적으로 가격산정되어 있는 경우 사업자 내부적으로 수 개 사업장에서 나누어 그 역할을 수행한 경우 이것이 국내외에 걸친 경우 '역무의 중요하고도 본질적인 부분이 이루어진 장소'가 과연 어디인지를 찾아내어 그 일방에서만 과세가 가능하다는 이론이다.

즉, 국내사업장을 둔 외국법인이 사업활동으로 국내법인에 공급한 용역의 중요하고도 본질적인 부분이 국내사업장에서 이루어졌다면 그 용역의 일부가 설령 국외에서 이루어졌더라도 그 부분만 독립하여 국외에서 공급된 용역으로 보지 않겠다는 취지이다(대법원 2014두13829, 2016. 2. 18., 인천대교 판결).

※ 위 "3)"의 귀속주의 판결 전의 판결들은 공급장소 판정에 있어서 동 이론에 따라 판결한 것들이 많다.

5) 간주고정사업장에 대한 부가가치세 과세

유형의 사업장소가 존재하지 아니하여도 고정사업장이 있는 것처럼 간주하는 간주고정사업장이 있다. 법인세법은 간주고정사업장과 일반고정사업장에 대한 과세방식에는 차이가 없다. 이처럼 간주고정사업장은 실재하지 아니하고 조세조약에서 귀속소득계산을 위해 만들어낸 가정의 사업장으로 물리적으로 존재하지 않아 부가법이 적용될 여지가 없다는 주장이다.

부가법상의 사업장(납세지) 정의 규정(부가법 §6 ②, ③), 구체적 사업장 규정(부가령 §8)상 물리적 장소의 존재, 혹은 사업장을 필요로 하지 않아 그 사업을 총괄하는 주소지가 사업장이 될 수 있으므로 사업을 위한 거래의 전부나 일부를 하는 고정된 장소나 인적·물적시설을 갖추지 아니한 간주고정사업장은 위 규정에 비추어 사업장이 될 수 없다는 것이다. 아울러 계약체결대리인을 고정사업장으로 취급하는 간주고정사업장은 법인세법상 장소가 아니므로 부가법상 사업장으로 보기 어렵고, 구속력 있는 계약체결의 존재가 항상 부가법상 용역의 공급자로 변경시키는 것도 아니다.

또한, 부가법 제53조 및 제53의2에 따른 공급장소 규정 등은 간주고정사업장과 궤를 같이 하고 있으나 동 규정은 전자적 용역이 국내에 공급되는 경우 공급장소 일반기준으로 접근하여야 하고, 그 공급장소를 콘텐츠 등이 탑재된 컴퓨터 서버가 있는 곳으로 판단하여 국외서버로부터 국내로 공급되는 전자적 용역의 공급장소를 국외로 보아야 하는 문제점 등을 피하려고 국내로 간주하는 규정을 둔 것인바, 전자적 용역 외의 용역공급에 대하여 간주고정사업장에 부가가치세를 과세하려 한다면 이와 같은 보다 구체적이고 명확한 규정을 두어야 할 것이다.

(4) 고정사업장으로 사후에 판정받은 경우 부가가치세 문제

1) 부가가치세 제반의무의 소급 발생

고정사업장에서 수행한 중요하고도 본질적 용역 수행분에 대응하는 공급대가에 대하여 부가가치세 납세의무를 부담하는 것인지와 외국본사에서 유기적으로 연결되어 수행된 부분까지 합산하여 고정사업장에서 부가가치세를 부담하여야 하는지에 대하여 앞 "(2)"에서와 같이 논란이 있지만, 국세청은 후자인 총괄주의로 과세하려 한다.

이에 따라 외국기업이 세무조사과정에서 기존 사무소 등이 외국법인의 고정사업장으로 판정받게 되면, 외국기업과 국내 거래처 간의 재화 또는 용역 거래에 대하여 고정사업장 판정 이후의 거래분뿐만 아니라 판정 이전 거래분까지도 외국법인의 고정사업장이 부가가치세 신고·납부 및 세금계산서 발급의무불이행에 따른 제재를 받게 된다. 하지만 법인세든 부가가치세든 조세조약이나 타 법에 규정된 법률에 의하여 그 납세범위를 정하여 과세함이 타당하다고 본다.

2) 세금계산서의 소급발급 문제

부가가치세는 다단계거래세이면서 물세여서 각 거래단계에서 거래당사자 사이에 공급자가 부가가치세액을 거래징수하게 되므로 각 거래단계마다 부가가치세액을 파악하여 그 거래상대방에게 전가시켜야 한다. 따라서 어떠한 거래가 부가가치세 국내사업장과 관련되는지를 판단할 때 그 판단기준이 되는 가장 중요한 요소는 용역을 수행하면서 부가가치세를 거래징수하고 세금계산서를 발급할 수 있을 만큼 국내사업장이 그 거래에 참여했는지가 된다.

가. 재화의 공급

단일한 재화 또는 용역의 공급에 외국법인의 여러 사업장이 참여하였고 각 사업장마다 본질적이고 중요한 역할을 수행한 경우라면 부가가치세 세금계산서 발급의무는 다수의 사업장 중에 해당 거래에 있어서 가장 중요하고도 본질적인 역할을 수행한 사업장을 따져 해당 사업장에 부가가치세를 부과한다거나 세금계산서를 발급하는 것이 합리적일 것이다.

다만, 세금계산서 발행의무자 및 부가가치세 과세표준 신고자는 사업장 기준으로 판단하여야 한다는 사업장과세원칙과 위 취지에 비추어 우리나라 부가법은 재화의 경우 해당 재화를 인도한 사업장에서 세금계산서를 발급하도록 하고 있으며, 몇 가지 예외원칙으로서 재화를 인도한 사업장에서 본점 등에 세금계산서나 거래명세표(총괄납부자의 경우)를 발급한 경우에는 본점 등에서 세금계산서를 발급하도록 하고 있다.

나. 용역의 공급

용역의 공급에 관여하는 사업장이 세금계산서를 발급하여야 한다고 하면서도 2개 이상의 사업장이 공급에 관여된 경우에 대하여서는 그 발급방법에 대한 규정이 없고, 부가법 제48조 및 제49조에서도 그 신고방법에 대한 아무런 규정없이 계약, 발주, 대금수수가 이루어진 본점에서 발급하거나 용역수행 결과물을 최종 인도한 사업장에서 발급할 수 있는 것으로 유권해석하고 있을 뿐이다.

다. 고정사업장이 있는 경우 세금계산서 발급

외국법인의 국내사업장(고정사업장, 국내지점)이 있는 경우 외국법인이 국내에서 공급하는 재화 또는 용역에 대하여는 해당 국내사업장이 거래에 관여했다면 국내사업장이 부가법상 납세지로서 부가가치세 납세의무가 있다는 것이 기획재정부나 국세청의 해석이다(재소비 22601-16, 1989. 1. 13. ; 부가 46015-1196, 1994. 6. 15. 외 다수).

예를 들어 외국법인이 국내 갑법인, 을법인과 직접 계약을 체결하고 대가를 수령하며 제품을 매매하는 경우라 하더라도 그 과정에서 행정적·실무적 지원용역 등 거래의 일부업무를 수행하는 외국법인의 국내지점이 해당 제품 매매에 대한 부가가치세 납세의무를 진다고 해석하고 있다. 국내지점 명의로 갑법인, 을법인과 세금계산서를 수수하라는 것이다(서삼 46015-11237, 2002. 7. 27.). 이때 국내지점이 다른 국내법인으로부터 수취한 제품 구입 등과 관련된 매입세금계산서상 매입세액은 과세사업과 관련된 것으로서 매출세액에서 공제할 수 있는 것은 당연하다.

그러나 국내사업장이 특정거래에 관여하는지 여부를 판단하여 세금계산서 수수 여부를 결정하여야 한다고 본다. 고정사업장 등 국내사업장이 존재한다는 사실만으로는 본사의 재화나 용역의 공급에 관여한 것으로 의제하거나 고정사업장에서 무조건적으로 세금계산서를 발급하여야 한다고 해석하는 것은 무리가 있다. 즉, 외국법인의 고정사업장이 있다고 하여 무조건 부가법상 거래당사자로 볼 수는 없다는 것이다.

따라서 외국법인의 고정사업장이 외국법인이 수행하는 일정한 거래와 관련하여 일부 업무라도 수행하는 경우에는 부가가치세의 납세의무 및 세금계산서 발급의무가 존재한다는 논리는 법인세법상 국내사업장 개념과 부가법 기본논리나 사업장 규정의 문언상 납득하기 어려운 해석이다.

3) 부가가치세와 가산세 추징

외국법인의 고정사업장이 존재하는 것으로 인정될 경우 외국법인과 그 거래상대방인 내국법인들 간의 거래가 내국법인과 그 외국법인의 고정사업장 간 거래로 재구성되므로, 법인세 및 부가가치세 신고누락 및 세금계산서 미발행·미수취에 따른 과세가 이루어진다.

직접세와 달리 부가가치세는 거래 당시 부가가치세 납세의무가 없는 것으로 보아 부가가치세를 거래징수하지 아니하였음에도 부가가치세 본세와 가산세를 부담하게 된다. 그러면서도 자기가 수취한 세금계산서는 사업자등록 전의 매입세액에 해당되어 매입세액을 공제받지 못함에 따라 엄청난 부가가치세액의 부담에 직면하게 된다.

4) 조세포탈과 세금계산서 관련 범죄로 형사처벌

가. 개요

외국법인의 고정사업장이 존재하는 것으로 인정될 경우 조세포탈 또는 세금계산서 관련 범죄로 형사처벌도 가능하다. 외국법인의 입장에서는 고정사업장에 해당함에도 고의로 이를 회피한 사실이 확인되는 경우를 제외하고는 고정사업장의 해당 여부를 스스로 판단하지 못한 책임이 형사처벌에 이를 수 있다고 볼 수 있는지 의문은 든다.

특히 외국법인의 거래상대방은 외국법인의 고정사업장이 성립되지 않음을 신뢰하였거나 외국법인의 국내 지점, 자회사 등이 당초 계약서에 명시된 업무 범위와 권한을 넘어 외국법인이 영위하는 사업의 본질적이고 중요한 업무를 수행하고 있는지 등 외국법인의 고정사업장 성립 여부를 미리 파악하고 평가하기가 어렵다는 현실을 감안하면 이들 내국법인들까지도 막대한 부가가치세(매입세액불공제) 및 가산세 부담, 형사처벌의 부담을 지게 하는 것이 옳지 않다고 본다.

나. 신의성실원칙의 적용

세법상 가산세는 과세권의 행사 및 조세채권의 실현을 용이하게 하기 위하여 납세자가 정당한 이유 없이 법에 규정된 신고 · 납세 등 각종 의무를 위반한 경우에 법이 정하는 바에 따라 부과되는 행정상 제재로서 그 의무의 이행을 납세의무자에게 기대하는 것이 무리인 사정이 있을 때 등 그 의무해태를 탓할 수 없는 정당한 사유가 있는 경우에는 이를 부과할 수 없다. 위 "가"에서 외국법인과 거래하던 내국법인(공급받는 자)의 입장에서 외국법인의 고정사업장 성립 여부에 대하여 알기 어려운 상황이었다면 단순한 법률상의 부지를 넘어서는 것으로서 그 의무를 탓할 수 없는 정당한 사유에 해당한다.

다. 고정사업장에 대한 세금계산서 질서벌

미등록사업자도 2013. 7. 1. 이후부터는 세금계산서 미발급 시 조세범처벌법 §10 ① 1호의 처벌대상이 된다(대법원 2018도16168, 2019. 7. 24.). 따라서 세무조사에 의하여 고정사업장으로 판정된 경우 사업개시부터 미등록사업자에 해당하므로 국내사업자에게 재화나 용역의 공급 시에 세금계산서를 발급하지 아니하였으므로 세금계산서 미발급죄에 해당한다.

라. 고정사업장의 거래상대방에 대한 세금계산서 질서벌

2013. 7. 1. 이후 공급분부터는 세금계산서를 발급하여야 할 자에 대하여 납세의무자로 등록된 사업자에서 '사업자'로 개정되어 부가법상 사업자이면 사업자등록 유무에 관계없이 세금계산서를 발급하여야 할 자에 해당하므로 미등록자가 재화나 용역을 공급하고 세금계산서를 발급하지 아니하거나 그 공급을 받은 자가 세금계산서를 수취하지 아니하였다면 조세범처벌법상의 세금계산서 미교부죄, 세금계산서 미수취죄가 성립한다(대법원 2018도16168, 2019. 7. 24.).

5) 결론

외국법인의 고정사업장이 성립되더라도 법인세법상 소득의 원천과 조세조약상 고정사업장에의 귀속은 분명히 구별되는 개념이므로 고정사업장이 국내에서 직접 수행한 사업으로 인한 소득만이 고정사업장 과세소득을 구성하는 것으로 해석하고 운영함이 타당함을 인정하면서도 외국법인의 고정사업장이 성립되었다는 이유만으로 외국법인이 수행하는 모든 거래에 대한 부가가치세를 국내에서 과세할 수 있다고 보는 과세관청의 과세관행은 문제가 있다고 본다. 한편, 외국법인의 거래상대방인 내국법인은 외국법인의 고정사업장 성립 여부를 용이하게 판단하기 어려우므로 다른 특별한 사정이 없는 경우라면, 그 내국법인에게 가산세를 부과하거나 고의로 보아 조세범죄자로 판정해서는 아니된다.

(5) 수 개 사업장을 가진 사업자의 구체적 세금계산서 발급방법

1) 수 개 사업장을 가진 국내사업자의 세금계산서 발급

국내사업장이 없는 외국법인과의 계약에 따라 재화 또는 용역을 공급하거나 공급받는 경우 세금계산서의 수수의무는 면제된다. 그러나 외국법인이 국내에 고정사업장(국내사업장)을 둔 경우에는 원칙적으로 국내사업장에서 공급하거나 공급받는 재화 또는 용역에 대하여는 세금계산서를 수수하여야 한다(부가 46015-2922, 1993. 12. 15.).

가. 원칙

사업장별과세원칙에 따라 재화의 경우 재화의 이동이 개시되는 사업장에서 세금계산서를 발급하고, 용역의 경우에도 그 용역이 수행되는 장소 또는 임가공용역과 같이 그 결과물이 있는 경우 그 결과물을 인도하는 사업장에서 발급하는 것이 원칙이다.

다만, 위 본점 외에도 자신의 다른 지점사업장에서 본점을 위하여 보조적인 역할(용역의 자가공급 등)을 수행할 수 있다. 특히 용역의 경우 본지점 간 상호 유기적으로 계약상의 용역수행을 위하여 용역의 자가공급이 발생할 수 있다. 이 경우 각 사업장에서 각 사업장별로 공급받는 자에게 세금계산서를 발급하게 하는 것은 납세협력비용이 발생하고, 부가가치세 탈루와도 무관하며, 공급자 내부적 사정을 공급받는 자가 고려하여야 하는 것도 불합리하므로 재화를 이동시킨 사업장이나 계약, 대금수수 등을 하는 본점을 용역의 공급자로 하여 세금계산서를 발급할 수 있게 하고 있다(유권해석으로 운용 중).

나. 예외

재화의 경우 재화의 이동이 개시되는 사업장 외의 사업장에서 세금계산서를 발급하고자 한다면 그 사업장으로 세금계산서(총괄납부사업자의 경우 거래명세서)를 발급한 경우에 한하여 예외를 인정한다.

본점에서 계약을 수주하여 본점과 수 개의 각 지점에서 분업하여 용역을 수행한다면 본점에서 세금계산서를 발급할 수 있으며, 둘 이상의 사업장을 가진 사업자가 용역을 공급받는 경우 계약한 본점, 용역을 제공받은 지점이 다른 경우 본점, 지점 어느 쪽에서도 세금계산서를 받을 수 있다(법규부가 2011-0066, 2011. 4. 20. ; 법규과-726, 2014. 7. 11.).

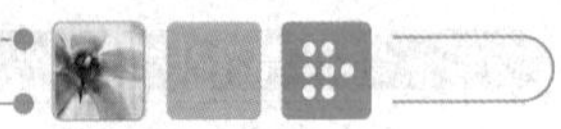

2) 외국법인의 국내사업장 관련 세금계산서 수수

가. 구체적 세금계산서 발급방법

외국법인이 국내사업장을 둔 경우 해당 국내사업장과 국내의 타 사업자와의 거래에 있어 다음과 같은 예외가 인정된다.

① 국내사업장의 직접 계약으로 재화의 수입이 발생한 경우

외국법인의 국내지점이 국내의 사업자와 계약에 의하여 부가가치세가 과세되는 재화를 국외의 외국법인 본점에서 수입하여 공급하는 경우에 있어서 국내사업자가 자기 명의로 직접 해당 재화의 수입·통관 등 제반 수입절차를 이행하고 세관장으로부터 동 재화의 수입에 따른 수입세금계산서를 발급받는 경우 외국법인의 국내지점은 국내사업자에게 동 재화의 공급에 대하여 별도의 세금계산서를 발급할 의무가 없다(재소비 22601-890, 1987. 11. 11. ; 법규과-2793, 2007. 6. 4. ; 서삼 46015-10310, 2003. 2. 20. ; 부가가치세과-600, 2013. 6. 28. ; 부가가치세과-1619, 2011. 12. 23. ; 국조 1234-3245, 1977. 9. 19.).

② 외국본점의 계약으로 재화의 수입이 발생한 경우

국내사업장이 있는 외국법인이 국내사업자(수입자)와의 직접 계약에 따라 재화의 수입이 이루어지는 경우로서 국내사업자가 화주가 되어 세관장으로부터 수입세금계산서를 발급받은 경우 국내사업장은 재화의 수입에 대한 세금계산서 발급의무가 없으며, 국내사업장이 재화의 수입과 관련하여 어떠한 판매보조행위가 있었더라도 마찬가지이다. 다만, 수입계약과 별도로 국내사업장이 국내사업자에게 재화 또는 용역을 공급하는 경우에는 재화 또는 용역의 공급에 해당하여 세금계산서를 발급하여야 한다.

③ 국내지점이 수입세금계산서를 수취한 경우

국외본점이 국내사업자와 기계장비등의 수입과 관련한 계약체결의 당사자라 하더라도 국내지점이 해당 기계장비를 수입통관하고 수입세금계산서를 수취한 후 국내사업자에게 인도하는 경우 해당 기계장비의 국내 인도에 대하여 국내지점은 국내사업자에게 일반세금계산서를 발급하여야 한다.

④ 재화공급에 국내사업장 관여 시 세금계산서 발급

사업자가 국내사업장이 있는 외국법인의 본사와 계약을 체결하고 해당 외국법인이 지정하는 국내의 다른 사업자에게 부가가치세가 과세되는 재화를 인도함에 있어 외국법인의 국내사업장이 해당 재화의 공급과 관련된 거래처의 알선·계약체결의 대행(판매촉진

활동, 재화의 구입 및 공급계약의 체결 등 사업활동 등) 등 거래의 일부 업무를 수행하는 경우 사업자는 외국법인의 국내사업장을 공급받는 자로 하여 세금계산서를 발급하는 것이며, 해당 외국법인의 국내사업장은 국내의 다른 사업자에게 해당 재화의 공급과 관련된 세금계산서를 발급한다(서삼 46015-11237, 2002. 7. 27. ; 부가 46015-1446, 2000. 6. 23. ; 부가 46015-4784, 1999. 12. 2. ; 서면3팀-1007, 2005. 7. 1.).

특히 아래 서면회신은 고정사업장만 있다면 고정사업장의 역할이 무엇인지 관계없이 외국본사와 국내사업자 간 거래에 대하여 고정사업장 명의로 세금계산서를 발급하여야 한다고 보여져 해당 회신의 삭제 또는 정비가 필요하다고 본다.

> 사업자가 국외의 외국법인과 재화의 구매계약을 체결한 후 당해 외국법인의 국내 연락사무소가 지정한 국내의 제조업자(OEM 방식에 의하여 당해 외국법인에 수출하는 사업자)로부터 재화를 인도받고 그 대가를 국외의 외국법인에게 지급하는 경우에 있어 당해 외국법인의 국내연락사무소가 법인세법 제94조의 규정에 의한 외국법인의 국내사업장에 해당하는 경우에는 당해 외국법인의 국내사업장을 공급자로 하여 부가가치세법 제16조 제1항의 규정에 의한 세금계산서를 교부받아야 하는 것임(부가 46015-1446, 2000. 6. 23.).

⑤ 국내사업장의 외국본점을 향한 용역의 자가공급 시

외국본점의 국내사업자에 대한 재화의 판매(수출)와 관련하여 외국법인 국내지점이 외국본점의 국내에서의 판매지원활동을 수행하고 이후 공급계약 체결, 선적, 통관, 부품대가 수취 등의 업무는 외국본점과 국내 수요처가 직접 수행하는 경우 해당 외국법인의 국내지점이 본점을 위하여 수행한 역무는 용역의 자가공급으로서 부가가치세가 과세되지 아니한다(부가-1182, 2011. 10. 4. ; 법규부가 2012-12, 2012. 1. 17.).

⑥ 수입 시 설치용역 등이 수반되는 계약을 체결한 경우

사업자가 국내사업장이 있는 외국법인의 본사와 직접 기자재수입에 관한 계약을 체결하면서 동 기자재 대금과 기자재 설치에 필수적으로 부수되는 용역대가(조립, 설치, 시운전 등 기술용역과 감리, 국외 훈련용역 대가를 말하며, 국내사업장 또는 국내의 다른 사업자를 통하여 공급하는 경우 그 대금을 말한다. 이하 "설치용역대금"이라 한다)를 합한 금액으로 신용장을 개설하여 기자재를 수입하는 경우 세관장이 총액(기자재대금+설치용역대금)으로 수입세금계산서를 발급한 때에는 외국법인의 국내사업장에서 동 기자재 설치용역부분에 대하여 다시 세금계산서를 발급하지 아니하는 것이나, 기자재의 대가와 동 기자재 설치용역의 대가가 명백히 구분되어 기자재의 수입 시 세관장이 기자재

대금에 대하여만 수입세금계산서를 발급한 때에는 기자재 설치용역에 대하여 국내사업장은 사업자에게 세금계산서를 발급하여야 한다(부가 46015-2099, 1994. 10. 18. ; 부가 22601-60, 1991. 1. 14. ; 부가 46015-158, 1996. 1. 25. ; 적부-국세청-2017-0215, 2018. 3. 7.).

국세청이 위와 같이 해석한 이유는 외국에서 생산된 재화를 국내사업자에게 공급함에 있어 수입재화에 해당되는 경우 세관장이 공급자가 되어 부가가치세를 징수하고 수입세금계산서를 발급하기 때문이다. 따라서 기자재가액은 국내사업장의 수입과세표준에 포함되지 아니하고 국내에서 제공되는 용역만 부가가치세의 납세의무를 지게 되며 관련 매입세액도 공제가능하다(부가 22601-1393, 1985. 7. 24.).

⑦ 국내사업장이 재화나 용역을 공급받는 경우

국내사업장이 외국본점의 과세사업을 위한 용역의 자가공급을 수행하거나, 국내에서 다른 사업자에게 과세되는 재화나 용역을 공급하는 경우 국내사업장이 국내에서 공급받는 재화나 용역에 대하여 세금계산서를 수취하여 공제받을 수 있으며, 국내사업자가 외국법인과의 (직접)계약에 의하여 용역을 제공하되 해당 용역을 외국법인의 국내사업장에서 공급하는 경우에도 국내사업장은 해당 용역에 대한 세금계산서를 국내사업장 명의로 발급받아야 한다(사전-2020-법령해석부가-0502, 2020. 6. 26.).

3) 국내사업장에서 일부 주요업무 수행 시 공급가액의 산정

외국법인이 국내사업자에게 재화를 공급하고 그 재화가 수입재화에 해당하는 경우는 비교적 세무처리가 간단하다. 수입재화는 세관에 의해 수입세금계산서가 발급되므로 국내사업장이 거래에 어느 정도 관여했더라도 수입자인 국내사업자에게 추가적인 세금계산서 발급은 없다.

하지만 용역수행에 있어서도 외국법인의 본점과 국내사업장이 용역의 주요부분을 각각 수행하였다면 국내사업장에서 계약금액 전부에 대하여 세금계산서를 발급하는지에 대하여 이견이 많다.

부가법은 이러한 상황하에서 공급가액을 무엇으로 기재할 것인지에 대하여 침묵하면서 국내에 진출한 외국법인의 국내 장소를 고정사업장으로 보아 소급하여 부가가치세를 과세하는 것에만 치중하여 이들 외국법인들에게 국내진출(투자)에 대한 위험요소로 작용하고 있어 명확한 법률개정이 요구된다.

다만, 법원은 중요하고도 본질적인 부분이 국내사업장에서 이루어졌다면 그 용역으로 얻은 소득은 전부 국내사업장에 귀속되는 것으로 보아야 한다는 취지로 총액주의 과세입장을 밝힌바 있다(대법원 2014두13829, 2016. 2. 18.).[34] 이것이 양 국가 간에 맺은 조세조약에도 부합하다는 전제하에서 이견은 없으리라고 본다.

- 용역이 공급되는 장소를 '역무가 제공되거나 재화·시설물 또는 권리가 사용되는 장소'라고 규정하고 있으므로 과세권이 미치는 거래인지는 용역이 제공되는 장소를 기준으로 판단하여야 하는데, 외국법인이 제공한 용역의 중요하고도 본질적인 부분이 국내에서 이루어졌다면 그 일부가 국외에서 이루어졌더라도 용역이 공급되는 장소는 국내라고 보아야 하며(대법원 2006. 6. 16. 선고 2004두7528·7535 판결 참조),
- 국내사업장을 가진 외국법인이 사업활동으로 내국법인에 공급한 용역의 중요하고 본질적인 부분이 국내사업장에서 이루어졌다면 그 용역으로 얻은 소득은 전부 국내사업장에 귀속되는 것으로 보아야 하고, 그 용역의 일부가 국외에서 이루어졌더라도 그 부분만 독립하여 국내사업장에 귀속되지 않는 것으로 볼 것은 아니다(대법원 91누8852, 1992. 6. 23. ; 대법원 2014두13829, 2016. 2. 18.).

15 | 여행사의 공급가액과 영세율 적용 및 매입세액공제 방법

(1) 인바운드여행사의 지상비에 대한 영세율 적용과 매입세액공제

1) 사실관계

국내여행업자가 여행일정표 등 한국관광상품을 기획하고 외국인관광객 1인당 지상비를 책정하여 국내여행업자와 연계된 외국여행사에게 제공하면, 외국여행사는 외국인관광객과 계약을 체결하고 그 관광객으로부터 여행대금을 받아 자신들의 모집수수료를 차감한 나머지 금액을 지상비로 국내여행업자에게 외국통화로 입금한다. 이후 국내여행업자는 외국인관광객이 입국 시부터 출국 시까지 여행일정에 따라 숙박, 관광, 교통, 식사, 가이드, 쇼핑 등 전 과정에서 여행서비스 용역을 제공하고 세금계산서 또는 신용카드매출전표를 받는다. 아울러 동 외국인관광객을 상대로 옵션관광상품을 판매하거나 국내면세점 등으로부터 커미션매출이 발생하기도 하였으나, 지상비와 실제 국내 발생 소요경비에 대하여 특별한 사정이 없는 한 외국여행사와의 사후정산은 하지 않았다.

2) 공급가액의 계산

국내여행업자의 책임과 계산으로 숙박, 관광, 교통, 식사 등의 용역 공급자들과 사이

34) 소득귀속주의를 인용해 각 사업장의 공급가액을 산정해야 한다는 취지의 판례(대법원 2017두72935, 2020. 6. 25. 판결)도 있다.

에 해당 용역의 대가(여행경비)를 정하고 이를 지급하였으며, 국내여행업자가 외국여행사로부터 지상비를 지급받을 때 여행경비와 관광알선수수료를 구분하여 지급받지 않았고, 환율이 변동되거나 용역의 대가가 변경되어 자신이 실제로 지출하는 여행경비 액수에 변동이 있었다 할지라도 특별한 사정이 없는 한 국내여행업자가 외국여행사와 여행경비 지출에 따른 정산을 하지 않으며, 지상비를 초과하는 여행경비를 지출한 것은 외국인관광객을 유치하여 옵션매출, 커미션매출을 통해 수익을 창출하기 때문인 점과 국내여행업자가 외국여행사로부터 지급받은 지상비 중 여행경비와 관광알선수수료를 구분할 수 없는 점으로 볼 때 관광알선수수료 부분만이 매출에 해당한다고 할 수 없어 외국여행사로부터 지급받은 지상비 전체가 국내여행업자의 공급가액이 되어야 한다.

3) 지상비 등의 영세율 적용 여부

국내여행업자의 옵션매출이나 커미션매출에 대하여는 국내거래로서 일반세율이 적용되고 면세점 등에 세금계산서를 발급하고 있다.

지상비는 부가세 법령(부가령 제33조 등) 및 알선의 문언적 의미와 영세율 제도취지를 종합할 때 외국인관광객에게 제공되는 관광용역 전체를 영세율이 적용되는 용역으로 볼 수 없고 외국인관광객에게 제공되는 관광알선용역만을 영세율이 적용되는 용역으로 보아야 하므로 그 대가인 관광알선수수료만을 영세율 적용대상 매출로 볼 수 있다. 다만, 위 사례와 같이 국내여행업자가 외국여행사로부터 지급받은 지상비 중 여행경비와 관광알선수수료를 구분한 증빙이나 사후정산하지 않아 영세율이 적용되는 관광알선수수료 부분을 특정할 수 없어 지상비 전체가 10%의 세율 적용대상이 된다.

4) 외국인관광객 여행경비에 대한 매입세액공제

외국인관광객에게 제공되는 숙박, 관광, 교통, 식사 등의 용역은 국내여행업자가 제공하는 관광알선용역의 대상에 불과할 뿐이고 이를 관광알선용역 자체 또는 그에 부수되는 용역으로 볼 수 없어 외국인관광객의 동 여행경비는 외국인관광객에게 제공되는 관광알선용역의 대가로 볼 수 없을 뿐만 아니라 국내여행업자의 관광알선용역을 위하여 국내여행업자가 공급받은 용역에 관한 것이라는 이유로 그 부가가치세액을 매입세액으로 공제할 수 없으며, 국내여행업자가 외국인관광객에 대하여 계약상 책임을 지고 있다는 등의 사정만으로 매입세액공제를 인정할 수 없다는 것이 법원의 판결이다.

다만, 국내여행사가 외국여행사로부터 지급받은 지상비 중 여행경비와 관광알선수수료를 구분하지 아니하고 지상비 전체를 자기의 매출로 신고하는 경우에 그 지상비 전체를 영세율이 아닌 일반세율이 적용되는 매출로 보고 국내여행업자가 지출한 외국인관광객의 여행경비 중 국내여행업자의 매출인 지상비 매출수입에 대응하는 비용에 해당하는 부가가치세액을 매입세액으로 공제할 수 있을 것이나, 관광알선수수료가 구분되어 영세율 적용을 받을 수 있다면 위 여행서비스 용역 관련 매입세액은 공제되지 않는다(대법원 2018두43644, 2018. 4. 20. ; 서울고법 2017누77161, 2018. 4. 20. ; 서울행법 2016구합76787, 2017. 10. 13.).

(2) 아웃바운드 여행사의 부가가치세 공급가액

1) 사실관계

여행업을 영위하는 국내사업자가 학교장으로부터 학생들에 대한 여행기간 동안 항공이용, 호텔숙박, 식사, 여행인솔자, 현지안내원, 현지교통수단, 공항세, 보험 등을 포함하는 중국 수학여행을 1.4억 원에 제공하기로 약정하였다.

관할 세무서장은 위 사업자가 여행경비와 관광알선용역에 따른 수수료를 구분하지 않고 여행대금을 책정하여 이를 수령하였으므로 해당 대가 전부를 부가가치세 과세표준으로 보아 부가가치세를 부과하였다.

2) 공급가액의 계산

국내여행사인 국내여행업자는 학교와의 사이에 항공권, 숙박, 식사 등의 여행용역 제공에 관하여 일괄적으로 계약을 체결하였고 동 여행용역 제공과정에서 여행자들에게 발생한 손해를 배상하기로 약정하였으며, 국내여행업자가 동 계약체결 시 여행경비와 여행알선수수료를 구분하거나 국내여행업자와 학교 사이에 추후 경비지출에 따른 정산을 하였음을 인정할 자료도 없는 점과 그 계약체결 경위, 내용 등 제반사정을 종합하여 보면, 국내여행업자는 중국 수학여행과 관련하여 자신의 책임하에 항공권, 숙박, 식사 등의 여행용역 일체를 하나의 여행상품으로 하여 학교에 제공한 것으로 국내여행업자가 학교로부터 수령한 금액 전부를 국내여행업자의 매출(공급가액)로 보아야 한다.

3) 아웃바운드 여행사 제공용역의 영세율 적용 여부

부가령 제33조 제2항 제7호(그 밖의 외화획득용역)의 적용 여부에 대하여, 영세율의 적용은 국제간의 재화 또는 용역의 거래에 있어서 생산 공급국에서 부가가치세를 과세 징수하고 수입국에서 다시 부가가치세를 과세하는 경우 이중과세를 방지하기 위하여 관세 및 조세에 관한 일반 협정(GATT)상의 소비지국과세원칙에 의하여 수출의 경우에만 원칙적으로 인정되고 국내의 공급소비에 대하여는 동 수출에 준할 수 있는 경우에도 외국환의 관리 및 부가가치세의 징수질서를 해치지 않는 범위 내에서 외화획득의 장려라는 국가정책상의 목적에 부합되는 경우에만 예외적 · 제한적으로 인정된다(대법원 83누409, 1983. 12. 27.). 따라서 국내여행업자가 위 계약에 따라 학교에 제공한 여행용역은 여행 출발 시부터 도착 시까지 여행업자 본인 또는 그 고용인, 현지여행업자 또는 그 고용인 등이 여행업자 임무와 관련하여 여행객에게 고의 또는 과실로 손해를 가한 경우 책임을 부담하는 '국내'에서 제공된 용역으로 영세율의 적용을 받는 거래라 할 수 없고, 국내여행업자가 제공한 여행용역은 하나의 포괄적인 여행상품이므로 이를 항행용역, 숙박용역, 음식제공용역 등으로 구분하여 각각에 대하여 영세율의 적용 여부를 판단할 것도 아니다(대법원 2008두8864, 2008. 8. 21. : 서울고법 2007누25277, 2008. 5. 15.).

위 사례와 별개로 국내 여행사가 구체적으로 여행요금(여행객 부담액)에서 수탁비용을 제외한 나머지 여행알선수수료에 해당하는 금액이 구분되고, 약관에도 여행사의 주된 의무를 여행의 알선 및 안내와 그에 수반되는 계획의 수립 및 임무 수행으로 기재한 경우 법원은 여행사가 국외여행 과정에서 항공사, 숙박업소, 식당, 관광지 관리기관은 여행자들과 사이에 용역 제공에 관하여 개별적으로 형성된 계약관계에 따라 자신의 책임과 계산으로 여행자들에게 용역을 제공하는 것이고, 여행사는 여행기획, 개별용역 제공자의 물색, 선택 및 섭외, 계약체결의 대리, 대행 등 여행알선용역을 제공한 것이며, 여행알선용역의 중요하고도 본질적인 부분은 항공, 숙박, 식사 및 관광 등의 용역이 포함된 여행계획을 수립한 후, 관련 용역을 제공해 줄 수 있는 업체를 수배 · 알선하는 부분(여행알선 및 기획용역)이므로, 항공운송(여행사의 항공기 탑승권 판매가 영세율 적용대상이 되려면 외국항행사업자임을 전제로 하는바 여행사가 외국항행사업자에 해당한다고 볼 수 없어 영세율 적용여지가 없다)이나 현지에서 이루어지는 숙박, 식사 및 관광 등의 용역제공은 여행사가 알선한 용역이 계획대로 실행되는 과정에 불과하여 이와 같은 여행알선용역은 결국 국내에서 이루어진 것이어서 영세율 적용이 불가하다고 판시하였다(서울고법 2019누51330, 2020. 9. 23. ; 대법원 2020두43531, 2020. 10. 15. 외).

(3) 여행알선업자가 수탁받아 지급하는 숙박비 등

여행알선업자(관광진흥법에 의한 여행업을 영위하는 사업자)의 공급가액은 관광객으로부터 받는 여행알선수수료와 여행알선용역에 필수적으로 부수하여 수령하는 금액을 말하는 것이므로 단순히 관광객으로부터 수탁받아 지급되는 숙박비, 운송비 등은 공급가액에 포함하지 아니한다. 따라서 해당 여행알선용역의 공급에 직접 관련되지 아니한 사실상 수탁받아 지급되는 경비인 숙박비, 운송비 등과 관련하여 수취한 세금계산서상의 매입세액은 불공제된다(재소비-34, 2006. 1. 11.).

(4) 송객수수료를 받는 여행사가 부담한 여행경비 관련 매입세액공제 여부

1) 사실관계

국내여행사인 갑법인은 관광객에 대한 숙박시설, 판매점, 관광지, 식당 등이 포함된 국내 여행일정을 기획하여 중국여행사에 전달하고, 해외여행사는 쇼핑을 주목적으로 하는 관광객을 상대로 항공권 정도의 가격이 포함된 여행상품을 판매한 후 모집한 중국관광객을 갑법인에 송출한다. 갑법인은 송출받은 관광객에 대한 소정의 수수료를 중국여행사에 지불하고, 중국인관광객을 국내 면세점 및 쇼핑센터 등으로 안내하여 면세점 등으로부터 구매하는 상품가액의 일정비율을 송객수수료로 수취한다.

이때 중국여행사가 송출하는 중국인관광객을 상대로 국내 관광지 및 국내체류 등의 여행경비(숙박비 · 식대 · 차량비 등, 이하 "쟁점여행경비"라 함)를 갑법인이 전액 부담한다.

2) 공급가액 및 영세율 적용 여부

갑법인은 중국여행사로부터 받는 금전이 없으며, 지상비 등을 받았더라도 수탁경비인 경우에는 현행 해석상 공급가액에 포함되지 않는다. 다만, 해당 여행사가 면세점 등으로부터 받는 송객수수료에 대하여는 국내사업자 간의 거래로서 일반세율이 적용된다.

3) 쟁점 경비에 대한 매입세액의 공제 여부

갑법인은 외국여행사와의 계약에 따라 외국여행사로부터 송출받은 외국인관광객에게 국내여행서비스와 국내 면세점 등으로 안내하는 서비스를 제공하고 해당 면세점 등으로부터 일정률의 송객수수료를 지급받는 사업자로서 여행객으로부터 여행알선수수료를 받는 일반적인 여행사업자와 그 성격이 다르고, 쟁점여행비용의 지급 여부에 따라 송객수수료 수입이 존부가 결정되는 사업구조 특성상 외국인관광객을 해당 면세점 등에 적극적으로 안내하기 위해서는 갑법인이 외국인관광객들의 쟁점여행경비를 부담할 수밖에 없는 것이므로 쟁점여행경비는 송객수수료 수입에 대응되는 비용으로 보아야 한다. 또한, 쟁점여행경비는 모든 외국인관광객을 상대로 사전약정에 의하여 제공하는 것으로 특정 거래처 또는 특정 외국인관광객에 대한 보상차원에서 지급하거나 거래업체인 면세점 등과의 친목을 두텁게 하여 거래관계의 원활한 진행을 도모하기 위해 지출하는 접대성 성격의 비용으로 보기도 어렵다. '자기의 사업'이란 사업자가 자신의 책임과 계산하에 부가가치를 창출하는 사업을 말하고 수탁매입 또는 대리매입과 같이 해당 경제적 손익이 사업자 본인에게 귀속되지 아니하는 경우에는 매출세액에서 공제할 수 있는 매입세액으로 볼 수 없다.

외국단체관광객 유치의 과당경쟁으로 인하여 국내 전담여행사 간에는 지상경비(단체관광객의 지상경비로 국내 체류를 위한 숙박, 운송, 식사, 관광입장료 등 경비 일체를 말한다)의 지출형태에 대한 일정한 상관행이 형성되어 있으며, 지상경비와 같은 성격의 경비에 대하여 최종 부담주체가 누구인지와 관련하여 동 경비의 지출형태, 자금출처 및 자금흐름 등을 전반적으로 확인하여 국내 전담여행사의 부담으로 볼 수 있는 경우에는 매입세액공제대상으로 인정받을 수 있을 것이다(조심 2018서5003, 2019. 11. 5. ; 조심 2019서1443, 2019. 11. 5.).

16 | 공익단체의 실비 공급 해당 여부 판단기준

부가가치세가 면제되는 공익단체가 실비로 공급하는 재화 또는 용역의 공급에 있어 실비에 대한 구체적 판단기준을 제시한 판례가 있어 소개하고자 한다.

(1) 한국환경공단 소개

한국환경공단은 환경오염방지 · 환경개선 · 자원순환 촉진 및 기후변화대응을 위한 온실가스 관련 사업을 효율적으로 추진함으로써 환경친화적 국가발전에 이바지함을 목적으로 설립되었다(한국환경공단법 법률 제12519호).

동 공단은 글로벌 종합환경서비스기관을 지향하는 환경부 산하 준정부기관으로서 환경개선과 자원순환촉진으로 환경친화적 국가발전에 기여한다는 사명(미션)을 갖고, 전국 단위에서 기후 · 대기, 물 · 토양, 폐기물 · 자원순환, 환경보건, 환경시설설치지원 등의 업무를 수행하고 있다.

(2) 처분청의 과세개요

한국환경공단은 2004년부터 2009년까지 '환경관리공단'(통합 이전 명칭, 이하 한국환경공단으로 통일)으로서 수행한 정부업무대행사업, 정부위탁사업, 환경시설설치지원사업, 환경시설수탁운영사업, 연구용역사업 등(이하 환경시설수탁운영사업을 제외한 나머지 사업을 '이 사건 각 사업'이라 한다)에 관하여 제공한 재화 또는 용역이 부가법에서 정한 면세대상이라고 보아 부가가치세를 신고 · 납부하지 아니하였고, 위 각 사업들을 수익사업과 비수익사업으로 구분한 다음 수익사업과 관련한 부분에서 발생한 소득에 대하여 법인세를 신고·납부하여 왔다.

처분청은 한국환경공단에 대한 세무조사를 실시하여 이 사건 각 사업은 부가가치세법상 면세대상이 아니라고 보아 부가가치세를 경정·고지하였다.

(3) 한국환경공단이 수행하는 사업의 종류

1) 정부업무 대행사업

정부업무 대행사업은 한국환경공단이 환경부장관과 대행역무사업계약을 체결하여 관계법령에서 환경부장관의 업무로 규정된 환경보전 기타 환경개선사업을 위탁받아 한국환경공단의 인력과 시설을 이용하여 위 업무를 대신 수행하는 사업이다. '굴뚝원격감시체계(CleanSYS) 운영관리 대행역무사업'을 예로 들어 사업수행과정을 보면, 환경부장관과의 대행역무사업계약을 체결하면 위 사업 수행에 따른 인건비, 물건비, 자본지출경비, 기술료 등은 계약금액 범위 내에서 환경부가 부담하고, 그중 기술료는 예산집행 잔액 범위 내에서 엔지니어링사업대가의 기준 중 실비정액가산방식에 따라 10%를 지급하며, 계약기간 만료 후 잔여자금 및 선급한 사업비의 예치에 따라 발생한 수입이자, 공사업체로부터 지급받은 지체상금 등은 국고에 반납한다.

> 정부대행사업은 각 규정상으로 보면 이윤이 포함된 것으로 볼 여지가 있으나, 한국환경공단이 약정된 요율을 모두 지급받지 못한 사업들이 존재하는 것으로 보이는 점 등에 비추어 보면 이윤을 포함하고 있지 않을 가능성도 배제할 수 없다.

2) 정부위탁사업

정부위탁사업은 정부 및 지방자치단체의 업무 중 관련 법령에 의하여 한국환경공단에게 권한이 위임된 사항을 한국환경공단이 수행하는 사업으로 환경기술진단·지원, 유해물질분석, 정부의 환경정책지원 등의 사업을 말한다.

정부위탁사업은 수수료를 지급받는 사업과 지급받지 않는 사업으로 나누어지는데 수수료를 지급받는 사업 중 대표적으로 '환경시설기술진단사업'은 한국환경공단이 지방자치단체 등에게 기술진단용역을 제공하고 진단수수료를 받게 된다. 2008. 4. 1. 이전에는 환경기술지원 및 진단비용산정기준에 따라 직접인건비와 제경비를 합한 금액의 30%를 진단수수료로 받았고, 이후부터는 공공환경시설의 기술진단비용에 의하여 시설 규모에 따라 진단비용을 산정하여 진단수수료를 받는 것으로 하고 있다.

정부위탁사업에 관한 규정에서 정하는 수수료 산정이 추상적인 기준에 의하여 이루어지고 있고, 달리 비교대상이 없으므로 동 수수료 산정 기준이 수익을 포함한 것인지 실비 정도에 머무르는 것인지 여부를 동 기준만으로 단정적으로 판단하기 어렵다.

3) 환경시설설치 지원사업

환경시설설치 지원사업은 환경행정 및 전문인력의 부족으로 공공인프라 구축에 어려움을 겪고 있는 지방자치단체에서 한국환경공단에게 환경관리시설의 설치를 요청하면, 한국환경공단이 지방자치단체와 위·수탁협약을 체결하고 환경시설의 설치를 지원해 주는 사업이다. 상하수도 설치지원사업 중 '보령시 보령하수종말처리장 고도처리시설 설치지원사업'을 예로 들어 사업수행과정을 보면, 한국환경공단은 보령시장과 위·수탁 협약을 체결한 후 그 시설을 설치하면 사업비 전액은 보령시장이 부담하고, 보령시장은 한국환경공단에게 환경시설 설치지원 및 수탁운영사업 수수료 산정에 관한 규칙에 따른 위탁수수료를 지급하며, 한국환경공단은 수수료를 제외한 사업비를 매 회계연도별로 결산하여 보령시장에게 통지하고, 사업완료 후 2개월 이내에 사업비를 정산한다.

환경시설 설치지원 및 수탁운영사업 수수료 산정에 관한 예규(갑 9) 제4조 제1항, [별표 1]에 따르면 '예산편성지침'란 기재의 요율을 적용하도록 정하고 있는바, 이는 국토해양부에서 건설사업관리자에게 건설사업관리를 위탁하여 시행하는 경우 필요한 건설사업관리대가의 산정방법을 정하기 위하여 고시한 '건설사업관리 대가기준'란 기재의 요율에 비하여 다소 낮은 수준으로서 그 차이만으로 '예산편성지침'란 기재의 요율에 수익이 전혀 반영되어 있지 않다고 단정하기 어렵다.

4) 환경시설 수탁운영사업

환경시설 수탁운영사업은 지방자치단체의 권한으로 되어 있는 환경시설의 운영에 관한 업무를 한국환경공단이 수행하는 사업으로, 환경시설 설치지원 및 수탁운영사업 수수료산정에 관한 규칙에 따른 위탁수수료를 지급받는 형식으로 운영된다.

5) 연구용역사업

연구용역사업은 정부 및 지방자치단체 등으로부터 단기적인 사업을 요청받아 한국환경공단의 업무경험 및 기술력 등을 바탕으로 환경과 관련된 용역을 제공하고 수수료를 받는 형식으로 운영되는데, 수수료 산정기준에 대한 별도의 환경부 고시가 존재하지 아니하여 「국가를 당사자로 하는 계약에 관한 법률」 등에서 위임하여 제정된 예정가격 산정기준에 따라 재료비 · 노무비 및 경비의 합계액의 5%를 수수료로 받고 있다.

> 환경부장관의 승인을 받아 국가를 당사자로 하는 계약에 관한 법률 시행규칙에 따른 예정가격 작성기준(회계예규 2200. 4-160-5, 2008. 12. 29.) 중 제4절 학술연구용역의 일반관리비의 산정 기준에 근거하여 연구용역사업의 위탁수수료 산정하고 있는데, 위 위탁수수료는 사업비 대비 약 5.45%로서 위 예정가격 작성기준에 따라 초과할 수 없는 일반관리비율 5%를 초과하고 있으므로 위 위탁수수료가 단순한 일반관리비라고 단정하기 어렵고, 위 위탁수수료의 요율에 비추어 보면 이에 수익이 포함되어 있다고 단정하기도 어렵다.

6) 기타 용역사업

한국환경공단은 이 사건 각 사업으로 인한 수수료 등 외에 관련 법령에 의하여 정부출연금, 차입금, 채권발행 자금, 자산 운용 수익금 등을 그 사업수익으로 하고 있다. 특히 정부출연금은 한국환경공단이 다음 해 지출예산 총액과 수입예산 총액을 산정하여 그 부족액을 정부의 예산에 반영해 줄 것을 요청하면, 기획재정부에서 심의한 후 국회의 승인을 거쳐 출연금 예산이 확정되고, 한국환경공단은 확정된 출연금을 분기별로 교부받게 된다.

(4) 면세 여부 판단 요소

1) 면세되는 공익단체의 범위

부가령 제45조 제1호가 실비 또는 무상으로 공급하는 재화 및 용역을 면세사업으로 규정하면서 '주무관청의 허가 또는 인가를 받거나 주무관청에 등록된 단체'로 그 주체를 한정한 것은 주무관청이 해당 공익목적단체를 지도 · 감독하기 위한 목적일 것이다. 조특법의 '정부업무를 대행하는 단체'에 해당하는지 여부와 부가법 제26조 제1항 제18호의 '공익을 목적으로 하는 단체'에 해당하는지 여부는 그 입법목적과 성립요건을 달리하며 별도로 성립될 수 있는 것이다. 또한 법인령 제56조 제5항이 정하는 수익사업을 제외한 '고유목적사업'은 법인법 제29조 제1항의 고유목적사업준비금을 손금에 산입할 수 있는 경우를 정하면서 이 경우에 해당하는 고유목적사업의 범위를 정하고 있는 것에 불과하고, 또한 법인세법령이 정하고 있는 '수익사업'은 법인세의 부과를 목적으로 규정된 것이므로 법인세와는 과세목적과 방법을 달리하는 부가가치세법의 면세규정에서 '고유의 사업목적을 위하여 공급하는 용역'인지를 판단할 때 이를 그대로 차용할 것은 아니다. 비영리법인이 수행하는 사업이라도 이윤이 발생하면 부가가치세 면세대상에서 제외되는 것일 뿐, 수익이 발생한다는 이유만으로 비영리법인이 수행하는 모든 사업이 고유의 사업목적에서 벗어나는 것이라고 해석할 만한 부가가치세법령상의 근거도 없다.

그 밖에 공급받는 자 또는 수혜자 측면에서 공익을 목적으로 하는 단체인지 여부는 그 고유의 목적이 사회일반의 복리증진인지 여부에 따라 판단하여야 하고 그 단체가 수행하는 개별적인 업무가 특정인을 상대로 하는지 불특정인을 상대로 하는지에 따라 판단할 것은 아니다. 다만, 특정계층이나 지위 또는 일정한 자격을 가진 자나 특정업종에 종사하는 자들만의 이익증진 내지 권리보호를 그 고유의 직접목적으로 하는 단체는 이에 포함되지 아니한다. 따라서 해당 단체가 특정 계층의 이익만을 위한 것이 아니라 사회일반의 이익을 위하여 고유목적사업을 수행한 것으로 부가가치세법상 공익단체에 해당한다고 볼 수 있다(대법원 96누17769, 1997. 8. 26. ; 대법원 95누14428, 1996. 6. 14. ; 대법원 86누824, 1987. 12. 8.).

2) 실비의 공급인지

어떠한 재화나 용역을 실비로 공급할 경우 실비의 개념과 판단기준에 관하여 부가법령이나 통칙에 특별한 규정이 없는바, '실비'의 사전적 의미는 용역을 제공함에 있어 실제로 들인 비용 상당액으로 이윤을 포함하지 아니하는 개념이다(서울행법 2009구합54376, 2010. 5. 27.).

'실비'란 용역을 공급받은 자로부터 받은 금액 등의 경제적 대가가 해당 용역의 공급업무에 필요한 비용을 초과하지 않음을 의미한다고 할 것이고, 용역을 공급받는 자로부터 받은 금원 등 용역대가가 실비에 해당되는지 여부는 관련 법령 내지 계약 등을 기초로 용역의 공급목적과 의도, 용역의 내용과 성격, 공급 이후 과세기간 종료 시까지의 제반사정(용역대가에 이윤 포함 여부 등)을 종합하여 합리적으로 판단하여야 한다.

▌주의할 점

공익단체가 사업비에 일정률을 적용하는 방식으로 수수료 등을 추상적으로 책정하면서 실비에 대한 정산이 이루어지지 않고 있다고 하더라도 이러한 사정만으로 바로 실비공급 여부가 좌우되는 것도 아니며, 공익단체가 계속하여 어느 정도의 수익이 발생하고 있다면 같은 사업을 하는 다른 민간사업자들이 더 많은 수익을 얻는다고 해서 실비로 공급한 것이라고 단정해서도 안된다(대법원 97누5978, 1997. 8. 29. 외).

보통 일반 단체의 사업에 의한 용역의 공급과 그 사업에서 얻는 수입 사이에 경제적 대가관계가 있는 이상, 그 수입이 실비변상에 불과한 액수라고 하더라도 그 수입을 용역의 공급에 대한 대가로 보아야 할 것이지만, 공익단체에 대한 실비 공급 여부 판정에 있어서 법원의 판단은 다소 완화된 입장을 보이고 있다. 용역의 제공과 어느 정도 인과관계에 있는 회비의 경우 회비수입에 직접 대응되는 경비와 비교하여 실비 여부를 판정하지 아니하고 인건비 · 장비감가상각비 · 관리비 등 공익단체의 용역제공과 관계있는 운영경비 총액과 비교하여 실비 여부를 판정하면서 그에 대한 보완책으로서 해당 단체가 영리법인이 영위하는 사업과 경쟁관계에 있는지와 그 사업소득에 대한 비과세가 영리법인에 의하여 조세회피수단으로 악용될 소지가 있는지도 함께 고려하도록 하고 있다(대법원 95누14428, 1996. 6. 14. ; 대법원 98두9301, 2000. 7. 4. ; 대법원 96누17769, 1997. 8. 26. 외).

국세청 및 기획재정부도 공익단체가 국가 · 지방자치단체와 위수탁계약을 체결하여 고유목적사업을 수행하고 사업비를 받아 인건비 등으로 지출하고 잔액을 반환하는 경우 및 공익단체가 박람회나 학술대회를 개최하고 필요한 경비를 충당하기 위해 일시적 또는 실비로 부스임대료를 받는 경우 용역제공에 실지로 드는 재료비, 인건비, 감가상각비 등 비용 이하의 금액만을 대가로 받고 공급하는 것은 면세하는 것으로 해석하였다(법규과-3941, 2008. 9. 18. ; 법규부가 2013-308, 2013. 4. 3. ; 법규부가 2012-355, 2012. 9. 28. ; 법규부가 2009-429, 2010. 1. 11. ; 재부가-753, 2007. 10. 24. ; 재부가-175, 2008. 12. 16. 등 다수).

위와 사례들을 종합하면, 실비 여부의 판정에 있어 실비 여부를 다투는 수입에 직접 대응원가에 한정되는 것은 아니고 그 수입에 대응하는 간접비용(판매부대비용 등 제반 경비)까지 포함하여 실비 여부를 판단하여야 한다.

3) '용역의 공급 여부' 판단 기준

거래당사자 사이에 용역의 공급에 대한 대가로 볼 수 있는 것이 수수되고 있다면 용역과 경제적 대가관계가 있으므로 용역의 공급으로 부가가치세의 과세대상이 되는 것이 원칙으로 용역에 대한 경제적 대가가 용역의 원가 등과 비교하여 고가인지 저가인지를 따지지 아니한다(대법원 95누4018, 1995. 7. 14.). 다만, 대가가 수수된다고 하더라도 그 대가가 객관적으로 보아 채산성(이는 '경영상, 수지나 손익을 따지거나 셈하여 이익이 나는 정도'라는 뜻임)을 고려함이 없이 책정된 것으로서 실비변상의 수준에 불과하고 그리하여 당초부터 그 사업에서 이익이 생길 여지가 없다면 그 사업은 수익성이 결여되어 수익사업에도 해당하지 아니하고 부가가치세법상 사업자로 볼 수 없다 할 것이다(대법원 95누14428, 1996. 6. 14. ; 대법원 95누14435, 1996. 6. 14. ; 서울행법 2001구16605, 2002. 8. 2. ; 부가-867, 2013. 9. 23. ; 부가-952, 2013. 10. 16.).

예를 들어 특정단체가 모든 회원들을 위하여 특정정보를 무상으로 제공하고 회원들 중 해당 정보를 직접 활용하고 단체의 고유목적 사업수행을 위해 회원의 활용실적에 따라 회비를 징수하는 관계에 있다면 회비와 단체의 정보제공 사이에는 경제적 대가관계에 있다고 보기 어려울 것이다.

① 공익단체가 소속회원에게 자동차매매계약서 용지를 무상으로 공급하고 그 용지 1매당 금 200원의 특별회비를 징수한 것은 특별회비 징수액의 계산 방편으로 부가가치세의 부과대상인 재화의 공급이라고 할 수 없음.
② 수신료는 텔레비전방송의 수신을 목적으로 텔레비전수상기를 소지한 자에 대하여 징수하며 수신료의 금액은 한국방송공사의 이사회가 심의 · 결정하고 한국방송공사가 문화체육관광부장관의 승인을 얻어 부과 · 징수하며 이를 체납한 자에 대해서는 국세체납처분의 예에 따라 징수할 수 있는바,
- 수신료는 공영방송사업이라는 특정한 공익사업의 경비조달에 충당하기 위하여 수상기를 소지한 특정 집단에 대하여 부과되는 특별부담금에 해당한다고 할 것이므로 한국방송공사의 서비스에 대한 대가로서 지불하는 수수료(용역의 공급)로 볼 수는 없음(대법원 98다47184, 2000. 2. 25.).

(5) 한국환경공단 각 사업의 면세 여부에 대한 법원의 판단

1) 공익단체 해당 여부

한국환경공단은 특별법에 의하여 설립된 법인이지만 설립등기를 마친 후 주무관청인 환경부의 업무상, 인사상, 예산상 지도 · 감독을 받고 있고, 환경부장관으로부터 정관 변경에 관한 인가를 받았으며, 주무관청인 환경부로부터 비영리공익법인이라는 확인까지 받은 이상 위 법령에 따른 '주무관청의 허가 또는 인가를 받거나 주무관청에 등록된 단체'에 해당한다.

2) 실비의 공급인지 여부

가. 대법원 판결 개요

대법원은 부가가치세 과세대상은 '거래'에 대하여 부과하고 나아가 일정한 '재화 또는 용역의 공급'을 부가가치세 면세대상으로 규정하며 세금계산서 교부 및 부가가치세 거래징수는 부가가치세 면세 여부에 따라 그 의무의 존부가 달라지는 등의 사정을 보태어 보면 부가가치세 면세 여부는 원칙적으로 '개별적인 재화 또는 용역의 공급'을 기준으로 판단하여야 하는 바, 이 사건 사업에 관한 재화 또는 용역이 실비로 공급되어 부가가치세 면세대상에 해당하는지 여부는 개별 재화 또는 용역을 기준으로 판단하여야 하는 것이지 각 사업분야 전체를 기준으로 판단할 수 없다고 판시하였다. 즉 대법원 판결은 어느 사업분야에 속한 개별사업이 수 개인 경우 면세대상인 재화 또는 용역의 실비공급 여부는 사업분야별로 손익을 통산하여 판단할 것이 아니라 각 개별사업을 통해 공급하는 개별적인 재화나 용역의 공급을 기준으로 판단해야 한다는 것이다(대법원 2017두

69908, 2022. 3. 17.).

나. 실비의 평가단위(개별사업별 또는 분야별로 평가할 것인지)

부가가치세 면세 여부는 원칙적으로 '개별적인 재화 또는 용역의 공급'을 기준으로 판단하여야 한다. 개별사업별 판단 기준으로는 ㉮ 각 개별사업별로 여러 연도에 걸쳐 이윤이 꾸준히 발생한다면 특별한 사정이 없는 한 정부 또는 지방자치단체 등으로부터 실비 수준의 돈을 받았다고 볼 수 없으나, ㉯ 정부 또는 지방자치단체 등으로부터 돈을 받았음에도 계속 적자가 나거나, 이윤이 나는 해가 있고 손실이 나는 해가 있더라도 여러 연도를 비교하여 평균적으로 이윤이 나지 않는 경우에는 정부 또는 지방자치단체 등으로부터 실비 수준의 돈을 받았다고 볼 여지가 많아 이를 용역을 실비로 제공한 경우로 인정하는 것이 타당하다(대법원 2011두18410, 2011. 12. 8.).

이에 따라 산하 개별사업별로 사업시행기간, 매출 및 비용을 산정할 수 있는 환경시설설치지원사업은 위와 같은 기준에 따라 각 개별사업별로 각 연도별 손익을 합산하여 이윤 혹은 손실이 나는지 여부에 관하여 판단하되, 이와 달리 산하 개별사업별로 사업시행기간, 매출 및 비용을 산정하기 어려운 정부대행사업, 정부위탁사업, 용역사업의 경우에는 각 개별사업별로 각 연도별 손익을 합산하지 않고 각 연도별로 이윤 혹은 손실이 나는지 여부를 판단한다(서울고법 2022누39354, 2024. 7. 19.).

다. 구체적인 손익 산정 기준

손익의 발생 여부는 각 개별사업별로 수입과 비용의 차액을 산정하여 판단할 수 있는바, 위 비용에는 재화·용역을 공급하기 위하여 직접 투입되는 비용 즉, 직접 경비(재료구입비, 직접 사업부서의 인건비 등)뿐만 아니라 사업 수행을 원활하게 하기 위하여 투입되는 비용 즉, 간접 경비(지원부서의 인건비, 연구개발비 등)도 실비에 포함된다고 할 것이다. 그런데, 간접 경비를 안분함에 있어서 각 사업별 수입을 기준으로 안분할 경우 수입이 발생하지 않는 사업의 경우 간접 경비가 지출되지 않는 것으로 왜곡될 우려가 있으므로 각 사업에 사용된 직접 경비를 기준으로 하여 간접경비를 배분하는 것이 합리적이다.

한편, ㉮ 환경시설설치지원사업의 경우 외부 업체에게 지급하는 금액도 직접경비로 계상되어 있는데 외부 업체에게 지급하는 금액에 대하여는 그 금액에 상응하는 간접 경비가 발생할 가능성이 적음에도 이를 포함한 직접 경비에 대하여 간접 경비를 배분할 경우 간접 경비가 환경시설설치지원사업에 과다하게 집중되는 결과가 발생하므로 외부업체에게 지급된 설치사업비를 제외하고 원고가 수행한 계획 및 관리, 감독업무에 직접 지출한 비용만을 기준으로 간접 경비를 배분하고, 같은 이유로 ㉯ 융자사업의 경우에도 원고가 환경부에 지급하는 이자비용, 지방자치단체 등으로부터 지급받는 이자수익 등을 제외하고, 융자사업을 수행하기 위하여 실제로 지출되는 인건비 및 융자지원비용 상당액을 기준으로 간접 경비를 배분하는 것이 상당하다고 보인다. 나아가 ㉰ 영업외손익은 간접 경비와 관련성이 낮은 것으로 보이므로, 영업외손익에는 간접경비를 배분하지 않는 방식을 택하기로 한다. 그리고 ㉱ 정부출연금은 계약당사자로부터 받는 것이 아니고, 개별적인 사업과 관련 없이 지급받는 것이므로, 이윤이 발생하는지 판단할 때는 정부출연금을 수입에 포함시키지 않는다.

위와 같은 기준으로 각 개별사업별로 이윤 혹은 손실이 나는지, 실비로 공급하는 사업인지 여부를 판단하면, 이윤 발생 여부는 별지2-1, 각 사업별손익구분표 중 초과수익률란 기재 초과수익률 내역 기재와 같고, 실비 공급 여부는 이러한 초과수익률 즉 이윤이 0% 이하인 경우는 실비로 공급하는 사업으로 나머지는 그러하지 않은 사업으로 봄이 타당하다(서울고법 2022누39354, 2024. 7. 19.).

라. 환경시설설치지원사업의 과세표준(공급가액)의 계산

부가법 제29조 제1항 및 제3항은 재화 또는 용역의 공급에 대한 부가가치세의 과세표준은 거래상대자로부터 받는 대금, 요금, 수수료, 그 밖에 어떤 명목이든 상관없이 재화 또는 용역을 공급받는 자로부터 받는 금전적 가치 있는 모든 것을 포함한다고 규정하고 있다. 지방자치단체의 경우 대행사업에 따른 수수료 상당액만 공급가액으로 하여 세금계산서가 수수되기를 원할 것이나, 명칭만 대행사업일 뿐 대행사업자가 지방자치단체와 공급자의 거래를 중개하고 그 수수료만을 취하고 자신의 거래는 종결되는 단순위수탁 또는 중개용역이 아니라, 대부분 도급공사와 같이 대행사업자가 포괄적으로 공사를 수행·관리하고 이행보증각서를 제출한다든지 공사진행 과정에서의 책임, 공사 이후 하자 등에 대한 수급인으로서의 책임을 부담하고 있어 대행수수료가 포함된 총사업비를 공급가액으로 하여 세금계산서가 수수되어야 한다(조심 2016중4286, 2017. 3. 2. ; 대법원 2011두18410, 2011. 12. 8. ; 대법원 2008두12986, 2011. 5. 13. 외).

환경시설설치지원사업비 중 수수료를 제외한 나머지 부분도 한국환경공단이 지방자치단체를 위하여 지출을 대행한 것이 아니라 동 사업의 수행과정에서 한국환경공단의 계산으로 지출한 것이므로 설치사업비를 포함한 환경시설설치지원사업비 전체가 부가가치세 과세표준이 된다. 그 외 사업지 전체를 과세표준으로 본 이유는 다음과 같다.

① 한국환경공단의 손익계산서에 의하면 한국환경공단은 건설대행사업수익이라는 항목으로 설치사업비를 자신의 사업수익으로 인식하고 있는 것으로 보이는 점

② 한국환경공단은 설치사업비를 포함한 사업비 전체에 대한 계산서를 발행하기도 하였던 점

③ 한국환경공단은 설치사업비가 한국환경공단에게 처분권이 있음을 전제로 사업비에 대한 이자소득이 한국환경공단에게 귀속되는 것으로 하여 원천징수세액을 공제받기도 한 점

④ 한국환경공단은 법인세 신고를 하면서 환경시설설치지원사업비 중 위탁수수료만을 수입금액으로 신고한 것이 아니라 그 전액을 수입금으로 신고한 것으로 보이는 점

▌대행사업비 전체를 부가가치세의 과세표준으로 본 판례

아래와 같이 대행사업비에 포함된 시설비, 인건비, 경비 등과 원고가 제공한 사업장폐기물 처리용역과의 대가관계를 부정할 수는 없는바, 대행사업비 전체가 원고가 제공한 사업장폐기물 처리용역의 대가로서 부가가치세의 과세표준이 된다(대법원 2008두12986, 2011. 5. 13.).

① 지방공기업인 원고는 지방자치단체와 폐기물 처리시설의 운영·관리업무 등의 대행계약을 체결하고 폐기물의 처리업무를 수행하여 온 사실, ② 원고는 대행계약과 관련하여 지방자치단체로부터 매년 사업비, 인건비, 경비, 대행수수료 등으로 구성된 대행사업비를 총액으로 일괄 지급받아 온 사실, ③ 원고는 대행사업비 전체를 수입으로 회계처리하고 있는 사실, ④ 대행사업비 중 인건비의 지급대상이 되는 직원은 모두 원고 소속으로서 원고의 대표이사가 임명하는 사실, ⑤ 이 사건 대행사업비 중 시설비, 인건비, 경비 등은 원고가 단순히 지방자치단체를 위하여 지출을 대행하는 것이 아니라 지방자치단체에 제공한 사업장폐기물 처리용역의 수행과정에서 원고의 계산으로 지출하는 것이고, ⑥ 대행계약상 원고가 전년도 8월 말까지 미리 대행사업에 필요한 예산을 편성하여 지방자치단체의 승인을 받아 집행하고, 승인된 집행계획 중 중요한 변경사항이 있는 경우 지방자치단체의 재승인을 받도록 약정되어 있다고 하더라도 이는 지방자치단체가 출자한 지방공기업인 원고가 이 사건 대행사업비의 지출에 관하여 지방자치단체로부터 통제를 받는 것에 불과한 점

17 발코니 확장공사 관련 면세 여부

(1) 발코니 정의 및 관련 법령 연혁

'발코니'는 주택의 내부와 외부를 연결하는 완충공간으로서 건축물 외벽에 부가적으로 설치되는 공간으로(건축령 §2) 장독대 등 마당을 많이 사용하는 우리나라의 문화적 특성을 반영하여 서비스 면적으로 제공한 것이나, 2000년 이후 이를 필요로 하지 않는 많은 주민들이 발코니를 불법으로 구조변경함에 따라 입주자의 편의와 주거의 질적 향상을 위하여 2005. 12. 2.「건축법 시행령」을 개정하여 발코니 구조변경(확장)을 합법화하였고, 법 시행 후 공동주택의 입주예정자 대부분이 기본형보다는 발코니 확장형을 선택하고 있으며 시행사가 전 세대 확장형으로 공급하는 경우도 증가하고 있다.

발코니 구조변경이 합법화된 이후 관련 규정들도 다음과 같이 제정 또는 개정되었다.

㉠ 건설교통부(현 국토교통부) 고시 「발코니 등의 구조변경절차 및 설치기준」 제7조에서는 사업주체가 발코니 구조변경을 하는 경우 주택공급 승인 신청 시 분양가와 별도로 구조변경에 따른 비용을 제출하도록 하고, 주택공급을 위한 모집공고 시에도 각 비용을 공개하도록 규정

㉡ 「공동주택 분양가격의 산정 등에 관한 규칙」에서도 분양가격에 포함하지 아니하는 품목으로서 입주자가 선택할 수 있도록 하는 품목으로 발코니 확장을 규정하였으며, 추가선택품목으로 하는 경우 그에 따른 비용을 분양가와 구분하여 표시하도록 규정

㉢ 「공동주택의 발코니 설계 및 구조변경 업무처리지침」에서 발코니 구조변경은 입주자의 선택사항으로 사업주체와의 주택공급계약과 별도로 발코니 구조변경공사계약을 체결하도록 규정

발코니등의 구조변경절차 및 설치기준 §7	• 발코니를 거실등으로 사용하고자 하는 경우에는 다음 각호에 해당하는 일체의 비용을 「주택법」 제38조에 따른 주택공급 승인을 신청하는 때에 분양가와 별도로 제출하여야 한다. 1. 단열창 설치 및 발코니 구조변경에 소요되는 부위별 개조비용 2. 구조변경을 하지 않는 경우 발코니 창호공사 및 마감공사 비용으로서 분양가에 이미 포함된 비용 • 모집공고 시에도 이를 공개해야 함.
공동주택분양가격의 산정 등에 관한 규칙 §4	• 발코니 확장은 분양가격에 포함하지 아니하는 입주자의 추가선택 품목임.
공동주택의 발코니설계 및 구조변경업무처리지침 §3	• 사업주체의 발코니구조변경은 입주예정자의 선택사항으로 공사계약서 등(주택 공급계약서와 별도)을 입주예정자와 체결하도록 할 것

- 공동주택 발코니 확장비용 심사 참고 기준 -

가. 단열창

□ 단열창의 비용은 발코니 확장에 따라 설치되는 단열창의 면적(㎡)과 단가를 곱한 비용 범위 내에서 책정하는 것을 원칙으로 함.

(㎡, 원)

구분	이중 단열창 (PVC창호 + 22mm복층유리)	고기능성 단열창 (PVC창호 + 24mm저방사복층유리)
기준금액 (부가가치세 제외)	190,000	236,000

나. 골조 및 마감

□ 발코니 확장부위를 거실, 침실 및 창고 등의 용도로 변경하기 위하여 필요한 골조 및 마감공사비는 발코니 확장 부분의 면적(㎡)과 106,000원(부가가치세 미포함)을 곱한 비용의 범위 내에서 책정하는 것을 원칙으로 하고, 확장하지 않는 발코니 부분의 면적은 제외함.

* 발코니 확장에 따른 증감액을 상계하여 산정된 것으로, 산정 시 발코니 확장에 따른 증감분의 세부내역은 아래와 같음.

구분	세부내역	
	증액분	감액분
건축	• 판넬히팅시스템 (층감소음재: 20mm, 기포, 바닥미장) • 합판마루판 • 단열재 • 천장틀 및 도배 • 걸레받이 • 천장몰딩 등	• 액체방수 • 타일공사 • 도장공사 • 조적공사 • 거실분합(PL) 및 침실내부 PL창호 등
기계설비	• 스프링클러 및 난방배관 등	
전기설비	• 콘센트 등 위치 이동에 따른 배관·배선기구, 조도조정에 따른 램프 수량 등	발코니 등기구 등

다. 가구 및 특정인테리어

□ 발코니 확장공간에 가구 및 특정인테리어를 설치하는 데 소요되는 비용은 분양가심사위원회의 심사를 거쳐 가산

(2) 국민주택과 관련된 발코니 확장용역의 면세 여부

1) 부수재화 또는 용역 해당 여부

국민주택규모 이하의 주택을 공급하거나 「건설산업기본법」 등 관련법에 따라 등록을 한 자가 그 주택의 건설용역을 공급하는 경우에는 부가가치세를 면제하며(조특법 §106 ① 4, 조특령 §106 ④), 주된 재화 또는 용역의 공급에 부수되어 공급되는 것으로서 해당 대가가 주된 재화 또는 용역의 공급에 대한 대가에 통상적으로 포함되어 공급되는 재화 또는 용역, 거래의 관행으로 보아 통상적으로 주된 재화 또는 용역의 공급에 부수하여 공급되는 것으로 인정되는 재화 또는 용역은 주된 재화 또는 용역의 공급에 포함되는 것으로 본다(부가법 §14 ①).

발코니 확장공사 용역에 대하여 국민주택규모 이하 주택의 건설용역에 통상적으로 부수하여 공급하는 경우에 해당하지 아니하는 별도의 용역공급으로 부가가치세가 과세된다는 것이 해석 및 판례의 입장이다.

2) 국민주택을 분양하는 시행사 입장

가. 기재부 및 국세청

시행사가 국민주택 공급과 별도로 수분양자와 발코니 확장공사 계약을 체결하고 그 대가를 분양대금과 별도로 지급받는 경우는 물론, 전 세대를 발코니 확장형으로 설계·시공·준공할 국민주택을 분양하는 경우에도 발코니 확장공사 용역은 국민주택 공급에 부수되는 공급되는 용역이 아닌 것으로 해석하였다(재부가-202, 2008. 12. 26. ; 기획재정부 부가가치세제과-54, 2019. 1. 15. 외).

나. 조세심판원

시행사가 청구인인 사건에서 수분양자가 발코니 확장 여부를 선택할 수 있느냐의 여부에 관계없이 위 "가"와 같은 이유로 기각결정을 반복하고 있다.

다. 대법원

시행사가 수분양자들에게 주택법에 따른 국민주택규모 이하의 아파트를 공급하면서 일부 사업지구에서는 수분양자들의 선택에 따라, 일부 사업지구에서는 처음부터 전체 세대에 관하여 발코니를 확장하는 용역을 함께 공급하였다. 전자의 발코니 확장용역에 대하여 부가가치세가 과세되는 것에 대하여 이론의 여지없이 당연하지만 대법원은 후자의 경우에도 다음과 같은 이유로 국민주택 공급에 부수되는 용역으로 보지 아니하였다(대법원 2015두48617, 2016. 1. 28.).

① 발코니 확장 관련 건축 관계 법령에 따르면 '분양가격에 포함되지 아니하는 품목으로서 사업주체가 입주자모집공고에 제시하여 입주자에게 추가로 선택할 수 있도록 하는 품목'(이하 '추가선택품목'이라고 한다)의 하나로 '발코니 확장'을 규정하면서, 사업주체가 발코니 확장을 추가선택품목으로 하는 경우에는 입주자모집공고에 그에 따른 비용을 해당 주택의 분양가격과 구분하여 표시하여 이를 입주자가 선택할 수 있도록 하여야 한다고 규정하고 있는 점

② 이에 대부분의 사업주체들은 공동주택을 공급하면서 주택공급계약과 별도로 발코니 확장에 관한 계약을 체결하고 그 대금도 분양대금과 별도로 수령하여 온 점

③ 시행사도 아파트에 관한 분양계약서와 별도로 발코니 확장 용역에 관하여 '선택사양품목에 관한 계약서'를 따로 작성하고 분양대금과 별도의 용역대금을 산정하여 수령한 점

④ 그에 따라 수분양자들 대부분은 분양계약을 체결하면서 발코니 확장 여부를 선택할 수 있었던 점

⑤ 그 밖에 발코니의 구조변경이 합법화된 경위 등을 종합하여 보면 비록 시행사가 처음부터 해당 사업지구의 전체 세대를 발코니 확장형으로 정하여 공급하였더라도 그러한 사정만으로 발코니 확장 용역의 공급이 부가가치세가 면제되는 아파트의 공급에 거래의 관행으로 보아 통상적으로 부수되는 것이라거나 필수적으로 부수되는 것에 해당하지 아니한다.

3) 시공사가 발코니건설용역을 국민주택건설용역에 포함하여 일괄계약 · 시공한 경우

가. 국세청 해석

국민주택건설용역에 대한 도급계약 시 본 공사와 발코니 확장공사용역 대가를 구분하지 아니하고 일괄계약하거나 설계자체가 발코니 확장형으로 되어 있어 그 원가 산정 또는 발코니 확장공사용역대가의 산정이 곤란한 경우가 있다. 국세청은 시공사의 경우는 발코니 확장공사 금액을 공사도급금액에 포함하여 계약하였다가 입주예정자가 발코니 확장공사를 선택하지 아니한 경우에는 당초 공사도급금액에서 차감하도록 계약한 경우, 해당 발코니 확장용역은 부가가치세가 면제되는 국민주택건설용역에 부수되지 아니한다는 해석이 있다. 다만, 발코니 확장공사용역의 공급가액산정방법에 대한 직접적인 해석은 아직 없다(법규부가 2014-266, 2014. 3. 25.).

나. 조세심판원 결정

조세심판원의 경우 2건이 인용결정 되었는바(2010부0732, 2010. 10. 19. ; 2008구3131, 2009. 4. 1.), 그 인용의 취지는 시공사가 본공사와 발코니 확장공사를 일괄도급받아 구분없이 시공하고 기성금 청구도 일괄하여 한 점 등을 들어 본공사와 확장공사를 별개의 공사로 볼 수 없다고 결정한바 있으나, 이후에는 발코니 확장공사 부분에 대하여는 부가가치세 과세가 타당하다는 결정을 반복하고 있다.

다. 법원의 판결[35)]

법원은 「발코니 등의 구조변경절차 및 설치기준」 등 관련 규정에 따르면 발코니 확장은 입주자의 선택에 따라 주택의 공급과는 별도로 공급하는 것으로서 가격표시, 계약체결, 대금수수 역시 구분하도록 하고 있는바, 발코니 확장용역이 주택건설용역에 통상적으로 부수된다거나 주택건설용역과 일체가 되어 면세용역이 된다고 보기 어렵고 이는 시행사가 처음부터 공동주택 전체 세대를 발코니 확장형으로 정하여 공급하기로 하고, 시공사와 일괄도급계약을 체결하였다고 하더라도 그러한 사정만으로 본건 용역의 성격이 달라진다거나 부수되는 용역에 해당하는 것으로 보기 어렵다는 것이 법원의 판결이다(대법원 2019두44682, 2019. 10. 17. ; 대법원 2018두64153, 2019. 3. 14. 외).

▌발코니 확장공사는 면세용역인 아파트 건설용역의 일부에 불과하다고 할 수 없는 별개의 과세용역임

국민주택 건설용역을 제공하는 시공사인 원고의 시행사들에 대한 발코니 확장용역은 국민주택 건설용역과 별개로 과세대상에 해당하는지 여부는 시행사들의 수분양자에 대한 발코니 확장 공급이 국민주택 공급과 별개로 과세대상에 해당하는지 여부와 마찬가지로 취급하는 것이 타당하다.

① 조특법 제106조 제1항 제4호, 조특령 제106조 제4항 제1, 2호는 부가가치세 면세대상의 하나로 '국민주택 및 당해 주택의 건설용역'을 나란히 열거하면서 동일하게 취급하고 있다. 국민주택과 그 건설용역은 서민층의 주택복지 향상을 위하여 국민주택(재화) 그 자체뿐만 아니라 그를 건설하는 용역까지 면세하는 방법으로 주택가격을 저렴하게 하고자 하는데 그 취지가 있다.

원고와 이 사건 시행사들 사이의 이 사건 도급계약은 이 사건 시행사들이 수분양자와 체결한 이 사건 국민주택 공급계약 및 발코니 확장 공급계약의 이행을 위하여 체결되었는데, 각 거래단계 모두 이 사건 국민주택과 확장된 발코니를 대상으로 하는 점은 동일하다. 위 규정은 각 거래단계별로 발생하는 이 사건 국민주택과 이 사건 국민주택의 건설용역만을 면세대상으로 취급하고 있을 뿐이다.

---

35) 법원은 발코니 확장공사는 면세용역인 아파트 건설용역의 일부에 불과하다고 할 수 없는 별개의 과세용역이라는 입장이다.

② 이 사건 국민주택 건설용역과 발코니 확장 건설용역은 별개의 용역으로 구분된다. 원고는 이 사건 국민주택의 건설원가와 이 사건 발코니 확장의 건설원가를 각각 산출해 낸 다음 이 사건 시행사들과 도급계약을 체결함에 있어 이 사건 국민주택 공사금액과 이 사건 발코니 확장 공사금액을 구분하여 공사대금을 정할 수 있었다. 시공사가 시행사와 국민주택 건설공사와 발코니 확장 공사에 관하여 별개의 계약을 체결하는 방법, 하나의 도급계약을 체결하더라도 각각의 계약금액을 구분하는 방법, 하나의 도급계약을 체결하고 단일한 계약금액을 정하더라도 전체 공사대금에서 발코니 확장 공사비를 정산하여 계산하는 방법으로 각각의 공급가액을 구분 산정하는 것은 충분히 가능하다. 이 사건 발코니 확장 건설용역이 이 사건 국민주택의 건설용역에 필수적으로 부수되는 것으로서 이 사건 발코니 확장 건설용역공급과 이 사건 국민주택 건설용역공급이 물리적으로 분리 불가능한 하나의 건설용역공급이라고 보기 어렵다. 원고와 이 사건 시행사들이 이 사건 발코니 확장 공사와 이 사건 국민주택 건설 공사를 하나의 도급계약으로 체결하면서 각각의 공사대금을 구분하지 않고 일괄적으로 공사대금을 정하였고, 원고가 이 사건 시행사들로부터 각각의 기성 공사대금을 구분하지 않고 일괄적으로 수령하였다는 사정만으로 달리 볼 수 없다.

③ 원고는 수분양자가 발코니 확장형 아파트를 분양받기로 선택한 것을 전제로 하여 이 사건 시행사들로부터 이 사건 국민주택 건설 공사와 발코니 확장 공사를 일괄 도급받아 시행하였으므로, 발코니 확장공사도 수분양자의 선택에 따른 결과로 볼 수 있다. 이 사건 국민주택 전체 세대가 발코니 확장형으로 공급된다고 하더라도, 그러한 사정만으로 원고가 공급한 발코니 확장용역(이 사건 용역)의 성격이 달라진다고 보기 어렵다.

④ 만약 원고가 이 사건 시행사들로부터 이 사건 국민주택 건설 공사와 발코니 확장공사를 도급받으면서 각각의 공사대금을 구분하지 않고 일괄로 공사대금을 정하는 경우에는 발코니 확장의 건설용역이 부가가치세 면세대상에 해당되고, 각각의 공사대금을 구분하여 정하는 경우에는 발코니 확장의 건설용역이 부가가치세 면세대상에 해당되지 않는다고 한다면, 발코니 확장의 건설용역이 부가가치세 면세대상에 해당하는지 여부를 원고의 의사나 선택에 좌우되도록 하는 부당한 결과가 초래된다.

⑤ 이 사건 시행사들의 수분양자에 대한 발코니 확장 공급이 과세대상임에도 원고의 이 사건 시행사들에 대한 발코니 확장 건설용역공급을 면세대상으로 볼 경우 누적효과에 의해 수분양자(최종소비자)의 부가가치세 부담이 증가하는 결과가 발생할 수 있다. 전체 거래단계 중 중간단계를 면세하고 최종단계를 과세할 경우, 면세사업자로서는 전단계에서 지급한 부가가치세를 공제받지 못하므로 이를 매입원가로 하여 물건 값에 포함시켜 공급하고, 다음 단계의 과세사업자는 매입세액공제없이 부가가치세가 포함된 위 공급금액을 매입원가로 하여 물건 값에 그대로 포함시켜 공급하면서 다시 그 전체에 대한 부가가치세를 거래징수하여 납부함으로써 최종소비자의 부가가치세 부담이 증가하는 결과가 되는데, 이와 같이 거래단계 전체적으로 창출된 부가가치보다 더 많은 부가가치세가 과세되는 효과를 누적효과라 한다. 이는 수분양자의 부가가치세 부담을 덜어주기 위하여 국민주택 공급에 대하여 부가가치세를 면제하기로 한 조세특례제한법의 입법 취지에 반한다. 원고가 누적효과로 추가적인 이익을 얻는 것이 없고 국세의 일실도 없다는 점은 위 입법취지와 무관하다.

⑥ 이 사건 국민주택 공사도급계약과 같이 아파트 공사와 발코니 확장공사를 구분하지 아니하고 공사대금이 정해지고, 납세자가 발코니 확장공사에 대하여 부가가치세 신고를 하거나 자료를 제출하지 않은 경우 발코니 확장 공사의 공급가액을 산정할 수 없는 것으로 보게 되면 사실상 부가가치세의 과세 여부가 도급계약의 방식이나 납세자의 의사에 좌우되는 부당한 결과를 가져올 수 있는 점 등을 고려할 때, 원고가 이 사건 시행사들에게 공급한 발코니 확장 건설용역공급 부분과 이 사건 시행사들이 수분양자에게 공급한 발코니 공급 부분의 원가율이 다르다는 점은 납세의무자가 제출한 자료에 기초하여 산정한 과세금액을 변경해야 하는 특별한 사정으로서 원고가 이를 주장·증명해야 한다고 봄이 타당하다. 그런데 원고가 이 사건 시행사들에게 공급한 부분과 이 사건 시행사들이 수분양자에게 공급한 부분의 원가율이 다르다는 점에 관한 원고의 주장·증명이 없으므로 근거과세의 원칙에 반하여 이 사건 부가가치세의 세액산정이 잘못되었다고 볼 수는 없다(광주고법 2018누4396, 2018. 11. 1. ; 대법원 2018두64153, 2019. 3. 14.).

4) 임대주택에 대한 전세대 발코니 확장 일괄도급공사용역의 면세

기획재정부는 국민주택규모 이하의 공동주택을 신축하여 임대하고자 하는 사업자가 전체 세대를 발코니 확장형으로 공급받기로 시공사와 일괄도급계약을 체결하여 발코니를 거실 등으로 변경하기 위해 공급받는 용역은 주택건설용역과 구분되는 별도의 용역으로서 부가법 제14조에 따라 '주택건설용역의 공급에 부수되어 공급되는 것으로서 주택건설용역의 공급에 포함되는 것'에 해당하지 아니하는 것으로 해석하였다(기획재정부 부가가치세제과-54, 2019. 1. 15.).

발코니 관련 규정들은 공동주택의 공급(분양) 시 적용되는 것들로서 임대주택의 경우 이를 적용하지 아니하므로 입주자(임차인)의 선택에 따라 발코니 확장공사 여부가 결정되지 않는 점, 임대주택의 임대기간 만료 후 분양전환(양도)하는 경우에도 일반분양 시 발코니 확장을 주택의 공급과 구분하여 계약체결하고 대금을 구분표시·수령하도록 한 것과 달리 분양전환가액 산정 시 발코니 확장비용을 별도로 구분표시·수령하지 아니하며, 발코니 공사가 주택공사의 한 부분으로 포함되어 있을뿐 시공사가 시행사들로부터 일체의 거래로 공동주택 건설공사를 도급받았음에도 하나의 거래를 두 개의 별개 거래로 보는 것은 과세를 위한 실체와 다른 관념상의 거래를 상정한 것이어서 부당한 점, 시행사가 발코니 확장형으로 설계된 공동임대주택을 건설하기로 시공사와 일괄도급계약을 체결하고 시공사가 일괄로 공사를 진행한 경우라면 발코니 확장용역과 주택건설용역을 별개의 거래로 구분할 합리적 근거가 없으며 그 공급가액을 구분·산정할 방법도 어려운 점을 고려할 때 기재부의 해석에 대하여 불복소송이 진행될 것으로 보인다.

다만, 위 사례에도 불구하고 민간임대주택 건설사업자가 국민주택규모 이하 공동주택을 전 세대 발코니 확장형으로 신축하여 임대사업에 사용하다 해당 주택을 양도하는 경우에는 조특법 제106조 제1항 제4호에 따라 부가가치세가 면제된다(사전-2020-법령해석부가-0493, 2020. 6. 12. ; 사전-2020-법령해석부가-0256, 2020. 3. 25.).

| 공급주체별 국민주택 관련 발코니 확장용역 과세 여부 |

구 분	기재부 및 국세청	조세심판원	법 원[3]
시행사	과세	과세	과세
	① 수분양자와 별도 계약에 의한 발코니 확장용역 공급 ② 전 세대 발코니 확장형 공급	좌동	○ 수분양자의 발코니 확장 선택 여부 관련 없이 과세(대법원 2015두8617, 2016. 1. 28.)
시공사[1]	① 과세, ② 없음	과세	과세
	① 수분양자와 별도 계약에 의한 발코니 확장용역 공급 ② 전 세대 발코니 확장형 주택의 건설용역 공급	① 과세 ② 면세 결정도 있음.	○ 전 세대 발코니 확장형으로 일괄도급 받았더라도 과세(대법원 2018두64153, 2019. 3. 14.)
시공사[2]	과세	없음.	없음.
	○ 전 세대 발코니 확장형으로 설계된 임대주택에 일괄도급계약에 따라 주택임대업자에게 건설용역 제공		

1) 일반 시행사들에게 국민주택(시행사의 재고자산) 건설용역을 제공하는 시공사
2) 주택임대사업자에게 임대용 국민주택(사업용 자산)의 건설용역을 제공하는 시공사
3) 판례에 따라 발코니 확장용역은 국민주택 또는 국민주택건설용역과는 구별되는 별개의 용역공급으로 과세한다.

(3) 전 세대 발코니 확장형 아파트 공급 시 주택의 주거전용면적에 발코니 면적이 포함되는지 여부

국민주택규모 이하의 공동주택을 신축하여 공급하고자 하는 사업자가 사업계획승인 신청 시 정상적인 발코니가 설치된 도면과 발코니 구조변경 도면을 함께 제출하여 지방자치단체로부터 사업계획 변경승인을 받아 전체 세대의 발코니를 무상으로 확장한 공동주택을 공급하는 경우 해당 주택이 조특법 제106조 제1항 제4호 및 조특령 제106조 제4항에 따른 국민주택규모 이하의 주택인지는 발코니면적 중 「건축법 시행령」 제119조 제1항 제3호 나목 및 「공동주택의 발코니 설계 및 구조변경 업무처리지침」(국토교통부 주거환경팀-250, 2006. 1. 16.)에 따라 바닥면적에서 제외하는 발코니면적을 「주택법」 제2조 제6호에 따른 주거전용면적에 포함하지 아니한 면적을 기준으로 판단하는 것이다(과세기

준자문, 2019. 6. 10.).[36]

(4) 발코니 확장용역을 시행사 또는 수분양자 등에게 무상공급한 것인지 여부

가. 수분양자에게 무상공급한 것인지

국민주택과 그에 따른 발코니 확장용역을 함께 제공한 시행사가 발코니 확장용역을 무상공급하였다고 주장하였다. 용역 공급의 대가성 유무는 거래당사자들이 형성한 법률관계를 기준으로 판단하여야 한다. 분양계약서에 발코니 확장공사가 무상으로 공급됨이 분명하게 명시되어 있고, 발코니 확장을 선택하는지 여부에 따라 분양대금이 달라지지 아니하므로, 발코니 확장용역과 분양대금이 대가관계에 있다고 볼 수 없고, 시행사는 수분양자들에게 공동주택의 발코니 확장용역을 무상으로 공급하였으므로 그에 대한 부가가치세는 면제되어야 한다고 주장하였다.

이에 법원은, 수분양자들로부터 공동주택 분양대금 명목으로 돈을 지급받았다고 하더라도, 그 돈에 실질적으로 발코니 확장에 대한 대가가 포함된 것이어서 발코니 확장과도 대가관계에 있는 것이라면 분양대금 중 발코니 확장의 대가에 해당하는 부분은 발코니 확장의 공급가액으로서 부가가치세의 과세표준이 된다고 판시하였다(대법원 2022두59769, 2023. 2. 2. : 대법원 2022두69056, 2023. 3. 30.).

부언하면, 부가법은 실질적으로 재화 또는 용역의 공급에 대한 대가가 지급된 경우 그 명목을 따지지 않고 이를 부가가치세의 과세표준인 공급가액에 포함되는 것으로 규정하고 있는바, 이러한 원리는 과세대상과 면세대상을 함께 공급하면서 명목상 면세대상인 재화 또는 용역의 공급 대가로 돈을 지급받았으나 그 돈의 실질이 과세대상인 재화 또는 용역의 공급 대가에 해당하는 경우에도 그대로 적용될 수 있다. 만약 당사자 사이의 거래형식, 즉 금전 지급 명목을 기준으로 부가가치세 과세대상인지 여부를 판단하여야 한다면 이 경우와 같이 과세대상과 면세대상을 함께 공급하는 경우에 시행사 등은 과세대상의 거래가액을 면세대상의 공급가액에 더하여 과세대상 공급가액을 무상으로 공급한 것처럼 거래의 외형을 형성함으로써 언제나 부가가치세를 회피할 수 있게 되는데 이는 실질과세의 원칙에 비추어 부당한 결과를 초래할 뿐만 아니라, 사실상 과세대상 용역을 유상으로 공급하였음에도 공급받는 자를 기만하여 그로 하여금 면세대상에 대한 공급가액만을 지불하고 면세대상만을 공급받을 수 있는 기회를 박탈하는 것이어서

36) 발코니면적이 타 시행사에 비해 넓더라도 관련 규정에 따라 적법하게 확장한 것이라면 지침에 따라 주거전용면적을 산정하는 것임.

생필품이나 국민후생 등의 목적으로 특정한 재화 또는 용역을 면세대상으로 규정한 취지에도 반한다고 판단하였다. 아울러 공동주택의 발코니 확장공사에 막대한 비용이 투입되었음에도 발코니 확장용역을 무상으로 공급하여 그 대가를 전부 포기하였다는 시행사의 주장은 경험칙에 비추어 납득하기 어렵다고 덧붙였다.

또다른 판결에서는 과세관청이 부가가치세 같은 소비세를 과세할 때 재화나 용역의 거래에서 "당사자가 선택한 사법적 법률관계"를 존중하려면 우선 해당 법률관계의 구체적 내용을 객관적으로 확정하여야 할 것인데, 시행사가 공동주택의 수분양자들과 각 공급계약을 체결하면서 작성한 계약서들에는 모든 세대는 발코니 확장형으로 시공하며, 세대 내의 각 발코니 공간별로 확장 여부를 선택할 수 없는 것으로 명기하였을 뿐, 발코니 확장 대가의 지급 여부 등에 관하여 일체 따로 언급이 없으므로 시행사와 공동주택의 수분양자들이 '선택'하였다는 '사법적 법률관계' 자체가 용역의 무상공급을 내용으로 하는 것이라고 볼 근거가 없다고 판시하였다(서울고법 2022누34670, 2022. 8. 16.).

나. 발코니 확장용역 대가 산정에 위법성이 있는지

시행사는 과세관청이 당사자 사이에 합의되거나 지급된 바 없는 발코니 확장용역의 대가를 임의로 산정하여 분양대금에서 공제하고 공제 후 남은 금액만을 공동주택의 공급가액으로 판단하였는바, 발코니확장용역 공급가액의 산정에 위법이 있다고 주장하였다.

이에 법원은 시행사와 시공사 사이의 도급계약서에는 발코니 확장공사비를 포함한 총 공사대금과 발코니 확장공사비를 제외한 공사대금이 명시되어 있어 계약서의 기재만으로도 총 공사대금 중 발코니 확장 공사비에 해당하는 금액을 구분할 수 있으므로 과세관청이 그 원가비율에 따라 전체 분양대금을 면세대상인 공동주택의 공급대가와 과세대상인 발코니 확장용역의 공급대가로 구분한 것은 그 합리성과 타당성을 인정할 수 있다. 과세관청은 도급계약에서 정한 전체 총 공사대금과 그중 발코니 확장 공사비가 차지하는 비율을 기초로 발코니 확장용역의 공급가액을 추정하였는바, 이와 같은 방식은 발코니 확장용역의 실제 가액을 산정하는데 가장 적합한 방법이라고 인정되고 달리 시가에 대한 입증이 없다고 하여 이를 위법하다고 볼 수 없으며, 발코니 확장 공사비는 발코니 확장 시 설치하는 가구 및 인테리어 비용에 따라 편차가 크게 나타날 수 있으므로 공동주택에 대한 발코니 확장용역 공급가액이 다른 공동주택의 발코니 확장 공사비보다 높다는 사정도 과세관청의 발코니 확장용역 공급가액 산정에 위법이 있다고 볼 사유가 되지 못한다고 판시하였다.

다. 발코니 확장용역이 부수재화 또는 부수용역인지

발코니 확장이 부수재화의 공급인지에 관하여 보건대, 시행사가 분양계약에 따라 수분양자들에게 공급하는 공동주택은 재화라고 할 것이지만 동 공동주택을 생산하는 과정에서 제공되는 발코니 확장은 용역의 공급에 해당한다. 발코니 확장용역대가가 주택의 공급에 대한 대가에 통상적으로 포함되어 공급되는 것이라거나 거래의 관행상 통상적으로 주택의 공급에 부수하여 공급되는 것이라고 보기 어렵고 주택건설이라는 주된 사업과 관련하여 우연히 또는 일시적으로 공급되는 용역이라고 볼 수도 없다.

라. 시행사에게 공급하는 발코니 확장용역이 무상 여부

시공사가 국민주택의 건설원가와 발코니 확장의 건설원가를 각각 산출해 낸 다음 시행사들과 도급계약을 체결함에 있어 국민주택 공사금액과 발코니 확장공사금액을 구분하여 공사대금을 정할 수 있었다. 시공사가 시행사와 국민주택 건설공사와 발코니 확장공사에 관하여 별개의 계약을 체결하는 방법, 하나의 도급계약을 체결하더라도 각각의 계약금액을 구분하는 방법, 하나의 도급계약을 체결하고 단일한 계약금액을 정하더라도 전체 공사대금에서 발코니 확장공사비를 정산하여 계산하는 방법으로 각각의 공급가액을 구분산정하는 것은 충분히 가능하다. 또한 발코니 확장건설용역이 국민주택의 건설용역에 필수적으로 부수되는 것으로서 발코니 확장건설용역공급과 국민주택 건설용역공급이 물리적으로 분리 불가능한 하나의 건설용역공급이라고 보기 어렵다.

시공사와 시행사들이 발코니 확장공사와 국민주택 건설공사를 하나의 도급계약으로 체결하면서 각각의 공사대금을 구분하지 않고 일괄적으로 공사대금을 정하였고, 시공사가 시행사들로부터 각각의 기성 공사대금을 구분하지 않고 일괄적으로 수령하였다는 사정, 국민주택 전체 세대가 발코니 확장형으로 공급된다고 하더라도 그러한 사정만으로 시공사가 공급한 발코니 확장용역의 성격이 달라진다고 보기 어렵다고 판시하였다(광주고법 2018누4396, 2018. 11. 1.). 따라서 국민주택 건설용역과 발코니 확장건설용역은 별개의 용역으로 구분되고 발코니 확장이 무상용역인지에 대하여는 위 "가"와 같은 논리가 적용될 것이다.

(5) 발코니 확장용역의 저가공급에 대한 부가가치세 문제

법원은 발코니 확장용역을 부수재화나 용역이 아닌 국민주택과는 별도의 용역의 공급으로 보아 부가가치세 과세대상으로 보고 있다. 그렇다면 시행사가 국민주택과 발코니 확장 공급가액을 산정함에 있어 원활한 분양 진행을 위해 후자를 원가 이하로 산정하여 지방자치단체의 승인을 받아 분양할 수 있다. 이 경우 발생되는 부가가치세 문제를 살펴보고자 한다.

수분양자와 발코니 확장 계약 시 추가하는 확장형 가구 등(확장형 가구 등과 같이 기본형에는 제공되지 않고, 확장형을 선택한 수분양자에게 추가로 제공되는 품목, 기본형에만 공급되는 품목인 기본형 가구나 문틀을 설치하지 않고 확장형에만 대체공급되는 품목)의 취득과 관련된 매입세액은 발코니 확장과 관련한 것이므로 전액 공제대상으로서 공통매입세액 안분계산대상은 아니다.

시행사가 수분양자와의 발코니 확장계약서에 확장 시 추가 설치되는 품목을 명시하고, 그 확장계약의 가격산정 가이드 역할을 하는 분양가심사 당시에도 발코니 확장에 투입되는 품목들로 열거되어 관련 법령에 따른 절차에 따라 분양가심사를 받았다면 국민주택 건설과 구분하여 별도로 구매한 자재 또는 외주업체로부터 공급받은 것과 관련한 매입세액으로서 실지귀속을 명확히 확인할 수 있어 공통매입세액이 될 수 없는 것이다. 아울러 부가법은 사업자가 자기의 사업을 위하여 사용할 목적으로 공급받은 재화 또는 용역에 대한 부가가치세를 공제대상으로 규정하였을 뿐이므로 매출세액을 초과하는 매입세액이 발생하였더라도 그 초과세액을 불공제할 수 없다.

원가에 미달하는 발코니 확장 공급가액을 저가판매로 인한 접대비로도 볼 수 없다. 발코니 확장용역의 저가공급은 국민주택 공급 시행사들이 동일한 상황에 처한 시행사들 모두 공통적으로 발생하는 현상으로서 업무와 관련한 통상적인 지출·비용으로서 접대비로 볼 수 없다(법인통칙 52-88-3 ; 대법원 2007두12422, 2009. 11. 12.).

분양가심사와 발코니비용 심사제도는 분양가와 확장비용의 상한을 결정하기 위한 절차이며, 심사받은 상한가격의 범위에서 시행사는 수분양자와 계약의 조건과 내용을 추가, 제외, 변경할 수 있다. 발코니 확장 공급계약서에 시행사와 수분양자의 권리와 의무가 상세히 명시되어 있고, 발코니 확장 옵션도 시행사가 수분양자에게 계약상 제공할 의무가 있는 품목으로서 그 대가관계는 명확하다. 따라서 수분양자의 입장에서도 대가를 지불하고 권리(주된 용역인 발코니 확장용역 대가에 포함되어 공급하는 재화에 해당한다)로서 공급받는 품목이어서 이를 무상공급으로 볼 수는 없다.

(6) 국민주택건설용역과 관련하여 발코니 확장용역을 무상제공하는 경우 매입세액공제

최근 시공사들이 정비사업조합에 아파트 건설용역을 제공하면서 조합원 분양분 등에 대하여는 발코니 확장용역을 무상으로 제공하거나, 전 세대 발코니 확장형으로 설계·시공하면서 그 대가를 별도로 받지 아니하는 것으로 도급계약을 체결하기도 한다. 시공사는 국민주택건설용역 및 그 외 건설용역에 대하여 정비사업조합에 계산서 및 세금계산서를 발급하게 되고, 발코니 확장용역에 대하여는 하도급을 주어 세금계산서를 발급받게 된다.

현재 국세청 및 일부 하급심 판결에서는 발코니 확장용역을 국민주택 또는 그 건설용역과 별개의 용역공급으로 보고 있으므로 국민주택건설용역과 그 초과주택 건설용역의 대가가 명확히 구분되고 발코니 확장용역이 무상공급임이 인정된다 하더라도 국민주택에 대한 유상의 건설용역과 그 발코니의 무상확장용역을 공급하면서 시공사가 무상의 발코니 확장용역에 대하여 매입세액공제를 받을 수 있는지가 문제된다.

대법원이 발코니 확장용역은 개별계약이든 처음부터 확장형으로 설계·시공되든 관계없이 별도의 용역으로 판단한 만큼 국민주택의 건설용역(면세)과 관계없이 "과세되는 발코니 확장용역"의 무상공급에 대한 매입세액이므로 매입세액공제가 가능하다고 본다. 즉, 해당 시공사는 국민주택건설용역(면세사업 부문), 국민주택 초과주택 건설용역(과세사업 부문1), 발코니 확장용역(과세사업 부문2)을 각각 공급하는 사업자로서 과세사업 부문2에서 일부는 과세, 일부는 무상의 용역을 제공하고 있어 과세사업 부문의 용역의 무상공급에 대한 매입세액은 공제되어야 한다는 것이다.

(7) 발코니 확장용역등에 대한 세금계산서(현금영수증) 발급 여부

현 부가규칙 제53조 제10호 개정 전 과세기간까지 발코니 확장용역의 공급은 주거용 건물 그 자체의 공급이나 이와 동일시할 수 있을 정도로 주거용 건물의 공급에 필수적인 건설용역의 공급이라고 보기 어려우므로 세금계산서 발급의무가 면제되는 주거용 건물공급업에 포함된다고 할 수 없을 뿐만 아니라 관련 규정에서 발코니 확장을 주택의 공급과 구별되는 사항으로 정하고 있고, 시행사도 수분양자들과 아파트에 관한 분양계약 외에 발코니 확장에 관한 계약을 별도로 체결한 점에 비추어 '부가가치세 과세대상인 발코니 확장용역의 공급에 대하여는 세금계산서를 발급하는 것이다(대법원 2015두48617, 2016. 1. 28.).

2012. 2. 28. 이후 공급하는 분부터는 주택신축판매업을 영위하는 사업자가 아파트 수분양자들(사업자가 아닌 소비자)에게 발코니 확장공사용역을 제공하는 경우 부가법 제36조 제1항 제2호, 부가령 제73조 제1항 제14호 및 부가시행규칙 제53조 제10호에 따라 영수증을 발급할 수 있다(기준-2017-법령해석부가-0264, 2017. 11. 27.).

주택신축판매업자가 입주자와 계약에 의거 발코니 확장공사를 하고 그 대가를 현금으로 받아 현금영수증을 발급하였을 때 그 대가가 지방세법의 등록세 과세표준에 포함되는 경우 현금영수증 사용금액은 소득공제 사용금액에 포함하지 아니한다. 즉, 발코니 확장공사가 소득공제대상에 포함되지 아니한다면 현금영수증 발급대상이 아니다(서면3팀-903, 2006. 5. 17. ; 전자세원과-1683,2008. 11. 5.).

다만, 수분양자가 주택신축판매업자(시행사)로부터 분양과정이 아닌 주택 취득이 완료된 후에 인테리어공사업자와의 계약에 따라 발코니 확장용역을 제공받는 경우 인테리어공사업자는 반드시 현금영수증을 발급하여야 한다.

아울러 국민주택을 공급하는 시행사가 가전제품을 수분양자에게 선택옵션으로 가전제품이나 가구 등을 공급하는 경우 국민주택에 부수하는 재화로 보지 않아 부가가치세가 부과되는 바, 이 경우에도 시행사는 최종소비자인 수분양자에게 가사용으로 사용할 가전제품 등을 공급하는 소매업으로서 세금계산서 발급의무자는 아니다.

18 | 각종 부담금 등에 대한 세금계산서 수수방법

(1) 개 요

공익사업 등을 진행하는 과정에서 사업자가 사업상의 필요에 의하여 부담한 각종 부담금과 부담하거나 구 시설물 등을 이전 및 철거하는 과정에서 받는 보상금 등에 대한 기존의 해석들에 대한 해석이나 심판결정 등이 사례별로 판단을 달리하거나 간혹 잘못된 해석들이 있어 통일된 해석기준이 필요하다.

(2) 관련 법령

계약상 또는 법률상의 모든 원인에 의하여 역무를 제공하거나 재화·시설물 또는 권리를 사용하게 하는 것은 용역의 공급으로서 부가가치세 과세대상이나, 재화 또는 용역의 공급없이 받은 위약금 또는 이와 유사한 손해배상금, 법률에 따른 원인자부담금 등은 재화 또는 용역의 공급과 관계없는 대가이므로 과세대상이 아니다(부가법 §11, 부가통칙 4-0-1).

또한, 동업자가 조직한 조합 또는 이와 유사한 단체가 그 조합원 기타 구성원을 위하여 재화 또는 용역을 공급하거나 공급받는 경우 그 조합등과 구성원 간에는 재화 또는 용역의 공급은 없는 것이나, 해당 조합 또는 단체가 재화 또는 용역을 공급하는 자로부터 세금계산서를 발급받고, 그 발급받은 세금계산서에 기재된 공급가액의 범위 안에서 실제로 재화 또는 용역을 공급받는 자에게 세금계산서를 발급한 때에는 해당 재화 또는 용역을 공급하는 자가 명의자가 아닌 실제로 재화 또는 용역을 공급받는 자로 하여 세금계산서를 발급한 것으로 본다(부가령 §69 ⑭·⑮, 구 부가규칙 §18).

(3) 기존 부담금 등에 대한 해석사례 분석 및 판단기준

부담금(분담금) 지급에 대한 세금계산서 발급방법은 관련 법령과 개별 계약내용 등 그 실질에 따라 손실보상금, 원인자부담금, 공동비용분담 등으로 구별하여 각각 달리 회신하였다.

가. 재화 또는 용역의 공급으로 보지 아니한 경우

손실보상은 적법한 공권력의 행사로 특정인에게 경제상의 특별한 희생을 가한 경우에 그 손실에 대하여 행정주체가 보상해주는 것을 말하며 「공익사업을 위한 토지 등의 취득 및 보상에 관한 법률」(이하 "공익사업법") 등에 근거한 손실보상이 대표적인 것으로 이는 부가가치세 과세대상이 아니다.

① 공익사업시행자가 공익사업법 등 관련 법률에 따라 이전할 건축물에 대한 이전 및 손해를 입은 자에게 손실보상금(이전비 포함)을 지급하고 이전용역을 제공받거나 시설을 훼손한 자 등 원인자로서 관련 법률에 따라 부담금을 지급한 경우 재화 또는 용역의 공급과 관계없이 지급한 금전이므로 부가가치세 과세대상에서 제외된다(기재부 부가-296, 2013. 5. 6. ; 기재부 부가-412, 2012. 8. 2. ; 법규부가 2012-232, 2012. 7. 26. ; 부가 46015-1313, 1997. 6. 12. ; 법규부가 2012-507, 2013. 5. 7. 외).

② 지장전주 이설과 관련하여 지장전주 소유자인 공단에게 공사부지 밖으로 이설해 줄 것과 그에 소요되는 경비를 청구할 것을 요구함에 따라 공단이 이를 수행하고 지장전주 이설비용을 받은 대가가 공익사업법 등에 따라 공익사업에 필요한 토지의 취득이나 사용으로 인하여 토지소유자가 입은 손실을 보상한 것이거나 '그 밖에 토지에 정착된 물건'의 이전에 필요한 비용인 이전비를 지급한 것이며, 전기사업법상 지장전주 이설비용은 전기사업용 전기설비인 지장전주 이설에 대한 원인을 제공한 자인 공단이 그 소유자에게 부담하는 원인자 부담금으로 이는 보상차원의 금전에 해당하므로 용역의 제공대가로 볼 수 없다(감심 2012-147, 2012. 9. 27.).

③ 「한국토지주택공사법」에 의해 설립된 사업자가 공익사업법 제20조에 따라 사업인정을 받아 사업구역 내 설치된 가스설비 등의 이전에 필요한 이전비 또는 해당 설비의 잔존가치를 그 소유자에게 손해배상금으로 지급하는 경우 해당 손해배상금은 부가가치세가 과세되지 아니한다(법규부가 2014-481, 2014. 10. 23.).

나. 용역의 공급으로 본 경우

사업시행자가 자신의 사업지구 내 새로운 사회기반시설(전력공급 시설 등)의 설치가 요구되어 해당 시설을 관리하는 사업자와 공사계약을 체결하고 그 공사비의 전부 또는 일부를 지급하는 경우 사업시행자가 납부하는 공사비는 부가가치세 과세대상에 해당한다(법규부가 2013-275, 2013. 10. 29. ; 기재부 부가가치세제과-181, 2015. 3. 2.).

예를 들어 도시가스사업자가 도시가스사용자를 위하여 가스공급시설 설치공사를 수행하고 「도시가스사업법」 제19조의2에 따라 사용자에게 부과하는 분담금은 분담금 부과주체가 가스공급자이고 그 시설물의 소유자이며 가스수요자가 부담한 분담금으로 가스공급자의 책임하에 공사용역을 제공한 것이라면 분담금은 가스공급자의 용역대가를 구성한다. 다만, 동 법률의 또다른 규정에서 도시가스사용자가 자율적으로 시공사를 선정하여 공사를 수행하게 하고 대가를 지급하며 가스사업자도 총공사비 중 자기부담분만 가스시설을 취득가액 계상하였으므로 수요자 분담금은 가스사업자의 수입(공급가액)이 될 수 없다(법규과-1044, 2012. 9. 11. ; 서삼 46015-10690, 2003. 4. 24. ; 조심 2012구5322, 2013. 11. 8.).

다. 공동비용의 발생으로 보는 경우

비용분담으로 완성된 재화 등을 공동으로 점유 또는 사용하는 경우로서 해당 시설물 관련 사업자들이 공동으로 사업을 수행하면서 소요된 비용을 분담한 경우에는 그 비용분담액은 부가가치세 과세대상 거래에 해당하지 아니한다.

국가나 지방자치단체가 일방 당사자가 되는 계약이 사경제의 주체로서 상대방과 대등한 위치에서 체결하는 사법상 계약에 해당하는 경우 그에 관한 법령에 특별한 정함이 없다면 사적자치와 계약자유의 원칙 등 사법상의 원리가 그대로 적용된다. 국가나 지방자치단체가 이처럼 사경제 주체로서 자유로이 맺은 협약(사계약)에 따른 분담금에 대하여는 공동매입에 따른 세금계산서 발급특례규정에 따라 대표사가 수취한 세금계산서의 공급가액 범위 내에서 실부담자에게 세금계산서를 발급할 수 있고, 대표사가 발급을 거부한 경우 매입자발행세금계산서 신청을 통해 세금계산서를 발급받아 과세사업의 매입세액에 해당 시 매출세액에서 공제받을 수 있다(법규부가 2014-36, 2014. 3. 13. ; 법규부가 2011-0148, 2011. 5. 3. ; 법규부가 2014-51, 2014. 3. 14. ; 부가-335, 2012. 3. 29. ; 구 부가규칙 §18 ; 대법원 2015다205796, 2017. 1. 25.).

라. 법령에 따라 납부하는 공과금에 해당하는 경우

부담금이란 중앙행정기관의 장, 지방자치단체의 장, 행정권한을 위탁받은 공공단체 또는 법인의 장 등 법률에 따라 금전적 부담의 부과권한을 부여받은 자가 재화 또는 용역의 공급과 관계없이 특정 공익사업에 필요한 경비를 마련하기 위해 법률에서 정하는 바에 따라 그 사업과 관련된 사업자에게 비용의 전부 혹은 일부를 부담시키는 공법상의 금전지급의무를 말하는 것으로 해당 원인자부담금 또한 재화 또는 용역의 공급과 관련

없는 금전이므로 부가가치세 과세대상에 해당하지 아니한다(부담금관리기본법 §2).

국가나 지방자치단체에 원인자 등이 납부하는 부담금은 국가 등이 법률에 근거하여 강제징수하는 공과금(원인자부담금)을 지급받아 국가 등의 책임하에 부담금 부과대상이 되는 시설물 등의 신설, 증설, 보수업무를 수행하는 것이어서 해당 부담금은 공과금으로 부가가치세의 과세대상이 될 수 없을 뿐만 아니라 공동매입에 따른 세금계산서 발급특례 규정도 적용할 수 없다(사전-2015-법령해석부가-0149, 2015. 6. 10.).

마. 지장전주의 지중화에 따른 분담금에 대한 과세대상 여부 법원의 판단

구 전기사업법 제72조의2 제1항은 "토지소유자가 전주와 그 전주에 가공으로 설치된 전선로의 지중이설이 필요하다고 판단하는 경우 전기사업자에게 이를 요청할 수 있다"고 규정하고 있는 한편, 같은 조 제2항 본문은 "지중이설에 필요한 비용은 그 요청을 한 자가 부담한다"라고 규정하고 있으며, 공익사업법 제75조 제1항은 "건축물 · 입목 · 공작물과 그 밖에 토지에 정착된 물건에 대하여는 이전에 필요한 비용으로 보상하여야 한다"라고 규정하고 있다. 이러한 법률 규정이나 이설된 전기선로의 소유권이 여전히 전기사업자에게 귀속되는 점에 비추어 보면 공익사업자의 요청에 의하여 전기사업자가 그 소유인 가공배전선을 이설하였다면 이설된 배전선이 지중에 위치하였는지 지상에 위치하였는지에 관계없이 공익사업자가 지급한 가공배전선의 이설비용은 공익사업자가 가공배전선 소유자에게 지급하는 이전비로서 손실보상금에 해당할 뿐만 아니라 가공배전선 이설에 대한 원인을 제공한 자가 부담하는 부담금에 해당하므로 이설비용은 부가가치세법상 과세대상에 해당한다고 볼 수 없다(광주고법 2020나21564, 2020. 9. 16. 파기 환송1심).

19 | 매출에누리 · 할인과 사업상증여에 관한 고찰

(1) 과세표준(공급가액), 매출에누리 · 할인에 대한 개념

1) 과세표준과 공급가액의 의미

원칙적인 부가가치세 과세대상은 거래상대방으로부터 대가를 받고 그 대가에 금전적 가치가 있는 재화 또는 용역의 공급이어야 한다. 즉, 부가가치세가 과세되려면 공급된 재화 또는 용역과 지급받은 대가 사이에 직접 관련성이 있어야 하고, 상환하여 이행되는 법적인 관계에 기초한 대가의 지급은 그 대가가 화폐로 표시될 수 있어야 하며, 부과의 기초는 실제로 지급받은 대가이고 객관적인 기준에 따라 평가된 가치가 아니기 때문에 그 대가에 주관적 가치가 있다.

부가가치세법상 과세표준은 해당 과세기간에 공급한 재화 또는 용역의 공급가액을 합한 금액이고, 공급가액은 어떤 명목이든 상관없이 재화 또는 용역을 공급받는 자로부터 받는 금전적 가치 있는 모든 것을 포함(부가가치세 제외)한 금액으로 한다.

부가가치세는 궁극적으로 최종 소비에 대하여 과세하는 것을 목적으로 하는 일반소비세이므로 원칙적으로 최종소비자가 실제로 지급하거나 지급할 대가에 부가가치세가 과세되어야 한다. 2013년 전부 개정된 부가가치세법에서는 지급의 주체로 공급받는 자만 규정하고 있지만 지급의 주체를 공급받는 자에 한정할 것이 아니라 해당 재화 등의 공급과 관련하여 대가가 지급되었다면 제3자가 지급한 대가도 공급가액에 포함되어야 한다(유럽연합 부가가치세 지침).

2) 매출에누리의 의의와 요건

가. 의의

익금, 총수입금액, 공급가액은 재화의 판매나 용역의 제공이라는 급부와 상환하여 이행되어야 하는 반대급부이고, 매출에누리는 반대급부의 감액이다. 부가가치세법은 공급가액에 포함하지 아니하는 에누리를 재화나 용역을 공급할 때 그 품질이나 수량, 인도조건 또는 공급대가의 결제방법이나 그 밖의 공급조건에 따라 통상의 대가에서 일정액을 직접 깎아 주는 금액으로 규정하고 있다(부가법 §29 ⑤ 1).

매출에누리는 공급조건과 결부된 명시적 또는 묵시적 약정에 따라 그 공급 당시 통상의 공급가액에서 공제되는 금액을 의미하고, 동 취지는 이러한 금액들이 사실상 거래상대방으로부터 실제로 받은 금액이 아니므로, 이를 부가가치세의 과세표준에서 제외하려는데 있다.

나. 매출에누리 요건

부가가치세법상 매출에누리에 해당하기 위해서는 ① 해당 공급거래와 관련이 있고(관련성 요건), ② 그 품질이나 수량, 인도조건 또는 공급대가의 결제방법이나 그 밖의 공급조건에 따라 정해지며(공급조건 요건), ③ 해당 공급대가에서 직접 공제되는 금액이어야 한다(직접공제 요건). 이때 품질 및 수량은 공급되는 재화 등의 품질과 수량을, 인도는 인도방법, 시기, 장소 등을, 공급대가의 결제는 공급대가의 결제방법, 시기, 장소 등을 의미하고, 그 밖의 공급조건은 해당 공급과 관련된 부수적인 사항으로 공급대가를 결정하는 요인(계약의 내용)을 의미한다.

또한, 거래당사자 사이에서 거래가 하나 이상이고 그 거래상대방 외 제3자가 관련되어 있으면 각 법률관계상 급부 및 반대급부를 확정하고 어느 반대급부의 감액인지를 살펴 매출에누리를 결정하여야 한다.

3) 매출할인의 의의와 요건

가. 의의

공급에 대한 대가를 약정기일 전에 받았다는 이유로 사업자가 당초의 공급가액에서 할인해 준 금액을 말한다(부가법 §29 ⑤ 6). 외상판매에 대한 공급대가의 미수금을 결제하거나, 공급대가의 미수금을 그 약정기일 전에 영수하는 경우에 일정액을 할인하는 금액인 '매출할인'은 매출에누리와 같이 공급가액이나 과세표준의 차감항목으로서 거래당사자의 대금지급 시기에 따라 매매대금을 감액(사전 또는 사후)하기로 약정한 것이며, 회계상 매출할인은 경제적 실질이 대금의 이자 상당액이지만, 민법상은 가격지급시기에 따라 대금을 일부 감액해주기로 약정한 것이어서 '대금지급조건의 약정'에 해당한다.

따라서 회계상(부가법상 매출할인은 회계상 매출할인과 동일한 개념이다), 직접세법 및 부가가치세법상 처리는 매출액의 감액항목이라는 것은 동일하고 매출에누리와 구분의 실익은 없으며, 어떠한 방식을 가리지 아니하고 공급조건(결제조건을 포함)과 결부되어 재화 또는 용역의 공급에 대한 반대급부의 반환으로서 부가가치세 과세표준 또는 공급가액의 차감항목이 된다.

나. 매출할인과 에누리와의 관계

매출할인과 매출에누리 모두 계약 등에 의하여 당초 약정한 공급가액을 감액하기로 합의한 경우라면 공급받는 자의 최종 소비가액이 줄어들게 되므로 매출할인과 매출에누리는 부가가치세의 과세표준이나 공급가액에서 제외되어야 한다. 매출할인은 공급대가의 지급시기를 앞당겼다는 이유로 공급대가를 감액하는 것인데 공급대가의 지급시기 역시 공급조건에 해당하므로 매출할인은 매출에누리에 포함된다. 즉, 매출할인 규정이 특별규정으로서 매출에누리 규정에 우선 적용된다(매출에누리 ⊃ 매출할인).

(2) 매출에누리와 계약자유의 원칙과의 관계

부가가치세법상 매출에누리의 요건으로 '공급조건에 따라' 의미는 공급 전 사전약정에 따라 공제하는 것만을 의미하는 것이 아니라 공급조건이 원인이 되어 공급가액에서 공제하는 것까지를 의미한다. 거래당사자 간의 공급조건은 계약자유의 원칙상 사전 또는 사후약정을 통하여 통상 매출액에서 일정액을 차감하는 약정을 할 수 있고 계약의 조건으로 정하였다면 그 조건에 따라 조세채무의 확정 전·후 매출에누리 금액이 확정되는 것이다. 공급조건이라는 약정과 결부되어 통상의 매출액에서 차감되는 금액은 위 부가법령에서 정하는 에누리 또는 매출할인에 포함된다.

민법상 계약자유의 원칙의 구체적 내용으로 가장 중요한 것이 계약의 효력으로 채권과 채무의 내용을 결정할 자유, 내용형성의 자유이다. 매출에누리에 대한 약정에 있어서도 계약자유의 원칙에 따라 거래당사자 간 자유로운 의사에 따라 정할 수 있다. 다만, 약정에 의한 매출에누리 인정 시 '약정 효력의 제한'이 결국 '매출에누리 인정의 제한'이 되어 ① 해당 약정이 강행법규 위반으로 무효이거나(민법 §103), ② 그 내용이 선량한 풍속 기타 사회질서에 위반할 경우 무효이고(선량한 풍속 기타 사회질서와 관계없는 규정과 다른 의사를 표시할 때에는 의사에 따르도록 하여 계약자유의 원칙이 보장된다), ③ 그 외 세법 등에서 해당 약정효력을 부인하고 시가로 익금 등을 산정하도록 하는 규정이 있는 경우(부당행위계산부인 등)에 해당한다면 매출에누리가 부정된다 할 것이다. ④ 개개의 법령에서 위반한 행위의 사법상 효력을 명확하게 정하지 않은 경우 입법목적과 보호법익, 위반자의 주관적 의도, 위반의 중대성, 위반에 따른 경제적 이익의 귀속이 사회통념상 수긍될 수 있는지 여부 등을 종합적으로 고려하여 그 위반행위의 효력을 결정해서 판단하여야 한다(대법원 2008다75119, 2010. 12. 23.). 또한 사후약정에 따라 거래상대방에게 한 현금지급(반대급부의 반환)도 위 사전약정과 마찬가지로 해석하는 것이다.

이러한 견지에서 계약내용에 따라 일정액을 공제할지는 당사자가 자유롭게 결정할 수 있는 민법의 영역이므로 다양한 계약내용 형성요인을 생각한다면 계약내용에서 어떠한 요소를 기준으로 매출액을 감액할 것인지는 법령에서 정의하는 것은 불필요하다.

부가법은 에누리에 대하여 사업통념이나 현행 법령상의 테두리 내에서만 지급하여야 한다는 제한규정을 두고 있지 아니하므로 매출에누리 및 매출할인은 재화 또는 용역의 공급에 대한 반대급부의 감액으로서 공급조건 등과 결부되고 그 감액의 조건은 당사자 간에 자유롭게 정할 수 있는 것이고, 강행법규를 위반하여 당초부터 무효라거나 사법상의 효력이 부인되는 경우에 극히 제한적으로 공급가액의 감액(매출에누리 또는 매출할인)을 주장할 수 없을 것이다(대법원 2022두50083, 2022. 11. 17. ; 서울고법 2021누36624, 2022. 6. 24.).

(3) 사업상증여에 대한 과세범위

1) 기본 개념

가. 관련 규정과 도입 취지

사업자가 "자기생산 · 취득재화"를 자기의 고객이나 불특정다수에게 증여하는 경우(증여하는 재화의 대가가 주된 거래인 재화의 공급에 대한 대가에 포함되는 경우는 제외)는 재화의 공급으로 본다(부가법 §10 ⑤). 이는 사업자 자신, 사용인, 고객 또는 불특정 다수인도 부가가치세를 부담하고 해당 재화를 사용하거나 소비하도록 하기 위한 조치로서 모든 재화의 사용 또는 소비에 대하여 과세하는 일반소비세제인 부가가치세제의 장점을 유지하고 아울러 조세의 중립성을 도모하기 위함이다.

하지만 사업상증여를 과세한다는 것이 무상의 재화공급을 유상의 재화공급으로 의제한다는 것은 아니다.

나. 관련 규정의 의미 분석

부가가치세법상 사업상 증여에서 증여의 개념에 대해서는 부가가치세법에서는 규정하고 있지 아니하므로 「민법」 제554조(증여는 당사자 일방이 무상으로 재산을 상대방에게 수여하는 의사를 표시하고 상대방이 이를 승낙함으로써 그 효력이 생긴다)의 규정이 준용된다고 보아야 할 것이다. 사업상이란 사업자가 주체가 되어 자기의 사업과 관련하여 생산·취득한 재화를 증여한다는 것으로 특별한 의미를 부여할 필요는 없다.

다. 세금계산서 발급의무 면제

세금계산서를 발급하기 어렵거나 세금계산서의 발급이 불필요한 경우에는 세금계산서 발급의무가 면제되는바, 사업상증여의 경우에는 세금계산서를 발급할 수 없다(부가령 §71 ① 3).

사업자가 사업상 목적으로 고가의 재화에 대한 사업상증여가 있을 수 있지만 수증자가 사업자이더라도 해당 규정에 따라 세금계산서를 발급할 수 없어 사실상 부가가치세의 전가가 어렵다. 따라서 사업상증여에 대한 부가가치세를 증여하는 사업자의 부담이 될 수밖에 없는 문제점이 있다. 물론 사업자가 아닌 자에게 사업상증여하는 경우에도 마찬가지이다.

라. 사업상증여 항목별 과세 여부 관련 규정

부가가치세법 시행령과 기본통칙에서는 해당 증여자의 비용을 증가시키는 견본품의 인도 또는 양도, 광고선전물의 배포, 기증품의 증여 등은 과세되지 아니하고 비록 증여자의 비용을 증가시키더라도 판매장려품의 공급, 경품의 제공은 과세된다.

하지만, 위 거래가 사업상증여에 해당하는지는 그 대가가 주된 거래인 재화공급의 대가에 포함되는지 여부를 따지지 아니하고 합리적 기준없이 사업상증여로서 과세 여부를 규정한 것은 법률적 또는 합리성 면에서 근거가 미약하다고 본다.

마. 개인적 공급과의 비교

개인적 공급으로서 재화의 공급으로 보는 것은 사업자가 "자기생산 · 취득재화"를 사업과 직접적인 관계없이 자기의 "개인적인 목적이나 그 밖의 다른 목적"을 위하여 사용 · 소비하거나 그 사용인 또는 그 밖의 자가 사용 · 소비하는 것으로서 사업자가 그 대가를 받지 아니하거나 시가보다 낮은 대가를 받는 경우를 말한다(부가법 §10 ④).

"개인적인 목적 또는 그 밖의 목적"이라 함은 재화를 사용하거나 소비함에 있어서 그 목적이 자기의 사업을 위하여 직접 · 간접적으로 사용 또는 소비하는 경우 외의 목적을 말하는 것이므로 사업자가 자기의 사업과 관련하여 실비변상적이거나 복리후생적인 목적으로 자기의 사용인에게 작업복, 작업모, 작업화 또는 직장체육비, 직장연예비와 관련된 재화를 무상으로 공급하는 경우에는 재화의 공급으로 보지 아니한다.

위와 같이 개인적 공급은 사업목적 외의 목적으로 사업자, 사용인 등이 자가소비하는 경우 모두 과세대상으로 규정하고 있어 사업상증여보다 단순하고 비교적 과세대상 여부 판단에 논란의 여지가 없어 보인다.

2) 사업상증여에 대한 과세론과 과세불가론

가. 과세론(현 부가가치세법의 입장)

부가가치세의 본질은 소비에 대한 과세이므로 사업상증여에 의해서도 소비가 이루어지며, 사업상증여로 인하여 소비의 대상이 된 이상 그것을 스스로가 소비하든 제3자가 소비하든 동일하게 과세가 이루어져야 한다.

사업상 또는 다른 현실적인 이유로 증여자가 수증자로부터 '거래징수'하는 것이 불가능할 수도 있고, 이러한 경우에는 사업자 본인이 세금을 직접 부담하게 되지만(직세 1234-2462, 1977. 8. 1.) 이는 사업장 스스로가 선택한 것으로서 경영상의 목적으로 증여라는 거래형식을 택한 것일 뿐 그에 대한 불이익을 부담하더라도 문제가 될 수 없다.

우리 부가가치세법은 부가가치세는 소비라는 사실에 대하여 과세하는 것이라는 원칙에 입각하여 이를 과세대상으로 규정하고, 그 과세표준 산정에 관한 구체적 법률규정을 두었다.

나. 과세 불가론

사업상증여에서 증여된 재화의 가액은 사업자의 비용이 되어 자기가 생산한 제품가격에 반영되어 실제로 제품을 취득한 구매자가 사업상증여에 따른 비용(수증자에게 귀속된 재화의 가액)에 대한 부가가치세를 부담하게 된다. 즉, 사업상증여에 대하여 부가가치세를 과세함으로써 실질적으로 그 부가가치세를 부담하는 주체는 제품을 실제로 구매한 자가 되어 실제 구매자의 부담을 증가시킨다.

사업상증여에 대한 부가가치세 과세로 해당 부가가치세가 증여자의 자산가격으로 전환되어 구매자는 이미 내재된 조세에 대한 부가가치세를 부담하는 누적효과를 초래한다. 따라서 원칙적으로 재화의 무상공급인 사업상증여에 대하여 과세하여서는 아니된다.

3) 사업상증여의 예외

부가가치세법은 무상으로 증여하는 재화 중 '증여하는 재화의 대가가 주된 거래인 재화의 공급에 대한 대가에 포함'되는 경우에는 부가가치세의 과세대상이 되는 사업상증여에서 제외하고 있다. 이는 ① 일종의 덤 또는 할증품과 같이 함께 공급되는 재화의 공급대가에 포함되기 때문이고, ② 주된 재화나 용역의 공급에 부수되어 재화의 공급은 주된 재화나 용역의 공급에 포함되며, ③ 매출에누리(공급대가의 감액)와도 같은 성격을 지니고 있어 위 문구를 굳이 법령에 표기할 필요가 없다고 본다.

가. 부수재화의 판정

법원은 법인세법상 손금인정 여부에 따라 사업상증여 해당 여부를 판단한 사례가 많다. 이러한 판결이 나온 원인은 증여하는 재화의 대가가 주된 거래인 재화의 공급에 대한 대가에 포함되는 경우, 견본품 및 광고선전물을 배포하는 것을 사업상증여에서 제외한다는 종전 기본통칙이나 해석을 법원이 폭넓게 적용하고 있는 것으로 보인다. 그러나 부수재화에 해당하는지의 여부는 대가 포함의 통상성, 거래관행의 통상성을 중심으로 판단하여야 한다.

나. 부수재화의 공급과 사업상증여의 구별

부수재화 또는 부수용역이 되기 위해서는 주된 재화나 용역의 공급이 있어 둘 이상의 재화나 용역이 혼합되어 공급되어야 하고, 단일의 재화나 용역이 공급되는 경우에는 부수재화나 부수용역의 공급문제는 생기지 않는다.

부수재화의 공급에 해당하지 아니하는 견본품, 특별재난지역에 공급하는 물품, 자기적립마일리지 등으로만 전부를 결제받고 공급하는 재화는 시행령에 별도로 재화의 공급으로 보지 아니한다고 규정하고 있다.

둘 이상의 재화의 공급이 이루어지면서 부수되어 공급되는 재화로서 위 "3)"의 본문을 충족하는 경우(예를 들어 기증품, 할증품 등)에는 당연히 주된 재화의 공급대가에 포함되어 공급단가를 낮추는 것이므로 사업상증여로 과세할 수 없고, 경품이나 판매장려품과 같이 재화의 공급없이 별도 원인에 의하여 지급된 후 지급되거나 단일의 재화가 공급된 후 판매실적 등에 따라 별도로 공급되는 경우에는 사업상증여로 부가가치세가 과세된다.

4) 구체적 과세 여부 판정 사례

가. 견본품 배포

이론상 견본품의 인도 또는 양도는 주된 거래인 재화공급의 존부와 관계없이 인도 또는 양도가 되는 것이기 때문에 원칙적으로는 사업상증여에 해당한다. 그러나 부가가치세법 시행령에서는 사업을 위한 견본품의 인도 또는 양도는 광고선전의 목적으로 이루어지는 것으로서 사업상 부가가치의 창출을 위하여 투입된 것이고, 가치가 미미한 사소한 견본품까지 다 과세하기는 어렵다는 세무행정의 한계 등을 고려하여 사업상증여로 보아 부가가치세를 과세하지 아니하겠다는 의미로 해석된다.

※ 사업자가 대리점 등에 판매촉진 목적으로 체험용 상품을 제공하고 이를 계속적으로 사용함에 따른 훼손으로 정상품 판매가 사실상 어려울 것으로 예정되는 경우 이를 견본품을 제공한 것으로 보아 사업상증여로 보지 아니하였다(조심 2012서1494, 2012. 8. 6.).

나. 광고선전물 배포

① 광고선전물에 대한 과세 제외

부가통칙에서는 사업자가 자기의 사업과 관련하여 생산하거나 취득한 재화를 자기사업의 광고선전 목적으로 불특정다수인에게 광고선전용 재화로서 무상으로 배포하는 경우(직매장·대리점을 통하여 배포하는 경우를 포함)에는 재화의 공급으로 보지 아니한다(부가통칙 10-0-4).

광고선전물의 배포를 사업상증여에서 제외하는 이유는 ① 해당 재화가 수증자에 의하여 사용 또는 소비되는 것이 아니라 증여한 사업자의 사업의 판촉을 위하여 사용 또는 소비되는 것이기 때문이라는 견해, ② 광고선전 목적으로 배포되는 것은 사업목적상으로 지출되는 일종의 투자이고 소비가 이루어지는 것은 아니라는 견해, ③ 사업자가 스스로에게 용역을 공급한 것(이른바, 용역의 자가공급)이라고 보는 견해 등을 고려한 것으로 보인다.

또한, 이러한 광고선전물의 배포는 사업자가 광고선전용 재화를 다른 사업자에게 증여하는 경우 그로 인하여 수증자에게 어떠한 부담을 지우는 것이 아니라 증여자의 광고선전을 목적으로 광고선전용 재화에 상호 등을 기재하더라도 수증자로서는 그것을 보통의 것처럼 사용하면서 자연히 광고가 되는 것이어서 별도로 부담을 지는 것이 아니기 때문에 이러한 경우까지 부담부증여로 보지 아니한다.

한편, 조세심판원이나 국세청 해석 사례에서 사업상증여에서 제외되는 광고선전물을 모든 광고선전물이 아니라 통상 그 자체로는 독립적으로 거래될 수 없다고 인정되는 재화(공급자의 상호·전화번호 등이 인쇄, 부각된 재화나 이와 유사한 재화)만 해당한다고 상당히 좁게 해석하였다(국심 1999서1911, 1999. 12. 31. ; 부가 46015-2427, 1998. 10. 29. ; 서면3팀-759, 2006. 4. 25.).

※ 부가통칙에 광고선전물에 대한 정의규정이 없고 대법원이 광고선전물에 대한 범위를 넓게 보고 있어 이러한 해석은 소송에서는 처분유지가 어려울 것으로 보인다.

② 해당 통칙에 대한 비판

부가가치세는 소비에 대한 과세이고 소비가 이루어지는 것인지는 공급하는 자의 입장에서 파악할 것이 아니라 수증자의 입장에서 소득이 되고 소비가 되었는지를 기준으로 판단하여야 한다. 이러한 원칙에 불구하고 조세정책 목적상으로 과세 제외하고자 한다면 입법자는 견본품과 같이 시행령에 구체적으로 열거하여야 한다고 본다.

※ 물론 납세의무자의 입장에서는 비과세관행의 성립을 주장할 것이어서 사실상 과세로 이어질 수는 없다.

다. 판매장려금 지급

① 판매장려금의 회계상 의미

장려금이라 함은 판매촉진, 시장개척 등을 목적으로 다량 구매자나 고정거래처의 매출에 대한 반대급부로서 거래수량이나 거래금액에 따라 장려의 뜻으로 지급하는 금액 등을 말하는 것으로서 현금할인, 현금보조의 방식으로 지급되는 현금판매인센티브의 경우 실질판매가격을 하락시켜 그 매출로 인해 수취할 대가의 공정가액을 감소시키므로 판매자의 매출에서 직접 차감하고, 무료현물 및 무료서비스 등 현물판매인센티브를 지급하는 경우에는 판매거래의 일부로 보아 판매부대비용으로 처리한다(재무보고에 대한 실무의견서 2006-4, 2006. 11. 24.).

② 판매장려금의 부가가치세법상 취급

부가가치세법은 명칭여하에 불구하고 거래가 이루어진 후 장려금을 금전으로 지급하는 경우 동 장려금을 과세표준에서 공제하지 아니하며, 재화로 지급하는 경우에는 사업상증여로 부가가치세가 과세된다(부가통칙 10-0-5).

공급자가 공급계약상 지급할 의무가 없음에도 고객관리, 판매촉진, 시장개척 등 사업적 동기에서 공급받는 자에게 지급하는 판매장려금은 재화 등의 공급시기에 있어 그 공급대가의 결정과 무관하므로 공급가액에 포함된다(헌법재판소 2009헌바33, 2011. 2. 24.). 따라서 판매장려금을 현금으로 받거나 매출채권과 상계하는 형식을 취한다고 하더라도 마찬가지이다. 계속적 공급거래에 있어 공급자가 공급받는 자에게 일정기간 동안의 공급대가에 비례하여 지급하는 급부는 개별적 공급에 대한 대가를 직접 깎아주는 것이 아니므로 매출에누리가 아니라 판매장려금에 해당한다.

③ 매출에누리와의 구분

매출에누리와 판매장려금 구분은 반대급부의 확정 문제로서 급부에 대한 반대급부는 주된 급부의무 상호 간, 양 당사자의 채무가 독자적으로 다루어져서는 아니되고 주관적으로 상호 의존되며, 상환하여 이행된다는 민법상의 쌍무계약의 견련성을 확인하는 것이다.

거래상대방에 대한 장려금은 현금보조, 현금할인, 무료사은품, 무료서비스 등의 다양한 형태로 이루어지고 있으나 장려금이라는 명목만으로 일률적으로 공급가액에 포함시킨다면 반대급부에 기초한 과세표준 규정과 모순된다. 따라서 거래상대방에게 한 현금지급이 반대급부의 감액이라면 매출에누리로서 공급가액에서 공제되고, 나머지 금액을 장려금으로 보는 것이 합리적이다.

라. 판매장려품

① 판매장려품의 의의

사업자가 자기재화의 판매촉진을 위하여 거래상대자의 판매실적에 따라 일정률 또는 정률로 지급하는 재화를 '판매장려품'이라 하고 이를 사업상증여로 보아 부가가치세를 과세한다. 이는 약정에 따른 공급조건에 따라 공급 당시에 결정되는 것이 아니라 일정기간의 판매실적이라는 공급조건 외의 약정에 따라 지급되는 것이므로 사업상증여로 과세되는 것이다.

이때 부가가치세 공급가액은 자기가 공급한 재화의 시가로 특수관계 없는 자와의 정상적인 거래에 있어서 형성된 가격으로 하며, 그 지급자가 부담한 부가가치세액은 필요경비에 산입하는 것이다(부가 46015-3239, 2000. 9. 18. ; 부가 46015-56, 1994. 1. 7.).

※ 장려금품은 일반적으로 개별거래나 그 대가와 연계됨이 없이 사업진작을 위하여 거래상대방에게 지급되는 것으로 기증품, 할증품 및 부수재화와는 다르다.

② 광고선전물과 판매장려품의 구분 기준

사업자가 자기재화의 판매촉진을 위하여 거래상대방의 판매실적에 따라 일정률의 장려품을 공급하는 경우, 주된 거래인 재화공급과는 달리 판매실적이라는 별도의 원인에 의하여 공급되는 것이기 때문에 해당 장려품의 대가가 주된 거래인 재화공급의 대가에 포함되어 있다고 보기 어렵다. 이는 사업자 자신의 이익증진을 위한 것이므로 '목적'이라는 측면에서는 광고선전물의 배포와 본질적인 차이는 없고 이러한 공급이 사업자의 비용이 된다는 점 또한 같다. 그럼에도 불구하고 광고선전물의 배포와 판매장려품의 공급을 달리 과세한다.

광고선전물의 배포와 판매장려품의 공급을 구별하는 기준은 상대방의 특정 여부로 판매장려품을 공급하는 거래상대방은 특정된 자를 의미하며 광고선전물의 배포는 불특정 다수인을 상대로 한다

마. 경품

사업자가 자기의 고객 중 추첨을 통하여 당첨된 자에게 재화를 경품으로 제공하는 경우 그 공급의 원인은 당첨이고 그 경품의 대가가 주된 거래인 재화공급의 대가에 포함되는 것으로 보기 어렵기 때문에 사업상증여로 부가가치세가 과세된다.

바. 기증품

사업자가 자기의 제품 또는 상품을 구입하는 자에게 구입 당시 그 구입액의 비율에 따라 증여하는 기증품 · 할증품 · 증정품(사전 지급 확정된 할증품을 추후 제공하는 경우 포함)에는 기증품 등의 제공은 주된 재화의 공급에 포함하므로 사업상증여로 과세할 수 없다(부가 46015-4077, 2000. 12. 19. ; 서삼 46015-12078, 2002. 12. 4. ; 서면3팀-1368, 2007. 5. 7. ; 부가통칙 10-0-6).

사. 사은품

구매고객에 대한 보답이나 소비자의 관심과 흥미를 불러일으키기 위하여 공짜로 주는 재화로서 이러한 사은품은 그 자체로 독립된 거래이고 그 대가가 당초 재화공급거래나 포인트를 적립해 주는 거래에서의 대가에 포함되었다고 보기 어려우므로 사업상증여에 해당한다(경품과 유사한 개념이다).

아. 마일리지로 전액 결제한 재화

재화의 공급대가 전부를 포인트로 결제받는 경우 해당 사업자가 공급한 재화의 매입세액을 공제받기 때문에 조세중립성이 저해되고, 판매장려금에 의한 결제라는 특성 외에 사업상증여에도 해당하며, 상환거래(마일리지를 사용하는 거래, 2차 거래)는 그 자체로 독립한 공급거래일 뿐만 아니라 할인이라는 개념에 전부 할인까지 포함될 수 없어 그 매출세액을 납부하여야 함이 타당하다는 견해가 있다. 반면, 사업상증여에 관한 규정도 사업자의 비용의 증가 및 누적과세효과를 가져오고, 마일리지제도의 목적이 공급자의 판매확대와 더불어 종국적으로 소비자에게 그 혜택이 돌아가게 되는바, 적립거래(1차 거래)와 사용거래(2차 거래)가 연계되어 할인이 이루어지는 마일리지제도에 있어 사은품과 같이 독립된 거래로 이루어지는 것이 아닌 일종의 덤으로 보아 에누리 성격으로 보아야 한다는 견해도 있다.

만약 사용거래에서 공급대가의 전부를 포인트로 결제받은 경우 이는 100% 할인으로

서 이를 사업상증여로 보아 시가로 과세한다면 포인트로 99.99%만 결제하여 에누리로 인정받는 경우와 비교할 때 과세형평과 맞지 아니하고, 재화에 대한 대금의 일부를 할인받은 경우 적립된 포인트를 모아 결제한 것으로 적립비율(0.1% 내지 1%)을 고려할 때 사용거래에서 공급된 재화의 매입세액은 전액 공제받게 되어 국가가 마치 해당 매입세액만큼 손해를 보는 것처럼 보아 사용거래의 공급재화를 사업상증여로 과세하는 것은 불합리하다. 또한, 고객이 사용거래에서 공급대가 50만 원의 A제품과 60만 원의 B제품을 구매하고 현금 1만 원과 1,090천 원의 포인트로 결제했다고 가정할 때 A, B제품 중 어느 제품을 사업상증여로 보아야 하는지, 아니면 현금 1만 원이 두 제품에 대한 공급대가의 비율대로 지급한 것으로 보아 에누리로서 1만 원만 공급대가로 보아야 할지 납세자나 과세관청 모두 논란이 될 수 있다.

물론 2017. 4. 1.부터 시행되는 마일리지 규정에서 대법원의 판결에 있는 포인트 운영형태 중 자사적립 포인트거래와 같이 적립거래의 공급자가 사용거래에서 자신이 적립거래에서 부여한 포인트를 회수한 경우로 한정하여 해당 포인트 결제액을 에누리로 인정하면서 재화의 공급대가 전부를 포인트로 회수한 경우에는 사업상증여에서 제외하도록 규정하여 이러한 논란은 시행령상으로만 보면 종식되었다(부가령 §20 3).

5) 사업상증여 과세 여부에 대한 대법원의 판단 기준

불특정다수나 거래처에 재화를 제공하는데 소요된 비용은 일종의 광고선전비 또는 판매부대비용에 해당하고, 그 실질적인 공급대가는 유상으로 판매하는 동종 재화의 대가에 포함되어 있어 사업상증여에 해당하지 않는다는 판시가 많다.

판례는 사업상증여가 부가가치세 과세대상에 해당하는지에 대한 판단기준으로 부가가치세의 본질과 그 법령이 아닌 법인세법의 손금 영역에서 문제되는 판매부대비용과 접대비의 구별에서 찾고 있다. 하지만 접대비에 해당하는 경우에는 사업상증여가 아니라 해당 재화에 대한 매입세액불공제로 조세중립성을 조정하고 있음을 간과한 판시로 보여진다(대법원 92누16249, 1993. 9. 14.).

사업상증여의 다른 요건을 충족하더라도 그것이 사업자의 광고선전비나 판매부대비용에 해당하는 것이라면 과세대상에서 제외될 수 있도록 판시함에 따라 사업상증여로 과세할 수 있는 범위가 상당히 축소되었다(대법원 2002두9292, 2003. 12. 12. ; 대법원 96누5063, 1996. 12. 6. ; 대구지법 2012구합2704, 2013. 1. 16.).

이는 현행 법령과 기본통칙, 과거의 해석이 가진 문제점에서 기인한 바가 크므로 사업상증여는 모두 과세대상임을 법에 규정하고 그 예외되는 사항만을 시행령에 구체적으로 규정방식으로 개정되어야 한다고 본다.

20 | 임직원할인과 복지포인트제도의 분석

(1) 임직원할인 제도에 대한 개요

임직원(종업원) 할인제도는 종업원의 사기진작 등을 위해 일반소비자보다 낮은 가액으로 자사의 상품을 구입하거나 서비스를 이용하도록 하는 제도로 사업상 목적으로 국내뿐만 아니라 전 세계적으로 실시하고 있는 제도이다.

우리나라의 다수 기업들도 수익 증진을 위한 마케팅 정책으로서 임직원 및 계열사(관계사) 할인제도, 협력업체 임직원 할인제도, 제휴카드 할인제도, 지역 할인제도, 입주사 할인제도, 입주민 할인제도 등 다양한 할인제도를 시행하고 있다. 이와 같은 할인제도는 사업자가 목표로 하는 특정 소비자 계층(임직원 등)에 한정하여 적용되는 것이 일반적이며, 모든 소비자에게 보편적으로 적용될 경우 이는 할인제도라기보다는 '정상가격의 인하'에 해당한다.

이 중 임직원할인제도는 통상적으로 활용하는 마케팅 기법으로서 동 제도를 시행하는 법인의 높은 공헌이익률이라는 재무적 특성을 이용하여 할인을 제공함으로써 판매량을 증가시키고 그에 비례한 매출액 및 영업이익의 증가를 꾀하는 데 목적을 두고, 사전에 수립 및 안내된 거래조건(계열사 임직원임을 입증하는 경우, 제휴카드 사용 및 한도 등)에 따라 상품 판매 시 통상의 판매가격에서 일정액을 직접 공제하고 있다.

(2) 「법인세법」과 임직원할인

1) 임직원할인액의 수입금액 산입

내국법인이 생산·공급하는 재화 또는 용역을 시가보다 낮은 가액으로 해당 내국법인의 임원 또는 직원에게 판매 또는 제공하는 경우 그 판매가액 또는 용역대가와 시가와의 차액은 사업수입금액에 포함한다(법인령 §11 1호).

2) 임직원할인의 인건비 산입

다음의 방식으로 지원함으로써 해당 임원 또는 직원이 얻는 이익은 손비(인건비)에 해당한다(법인령 §19 3의3호).

① 법인이 생산·공급하는 재화 또는 용역(이하 "자사제품등"이라 한다)을 임원등에게 시가보다 낮은 가격으로 판매 또는 제공하는 방식

② 법인이 임원등에게 자사제품등을 구입하거나 제공받는 데 사용하도록 지원금을 지

급하는 방식

③ 법인이 임원등에게 사업자나 법인의 계열회사(「독점규제 및 공정거래에 관한 법률」에 따른 계열회사를 말한다)가 생산·공급하는 재화 또는 용역(이하 "계열회사제품등"이라 한다)을 구입하거나 제공받는 데 사용하도록 지원금을 지급하는 방식

④ 사업자나 법인의 계열회사가 사업자나 법인의 임원등에게 계열회사제품등을 시가보다 낮은 가격으로 판매 또는 제공하고, 사업자나 법인이 그 계열회사에 그 판매 또는 제공가액과 시가와의 차액을 지급하는 방식

3) 과거 세무처리(~2024. 12. 31.)

「법인세법」은 사용인에게 자기의 제품 등을 할인판매하는 경우로서 ① 할인판매가격이 법인의 취득가액 이상이며 통상 일반 소비자에게 판매하는 가액에 비하여 현저하게 낮은 가액이 아닌 것, ② 할인판매 하는 제품 등의 수량은 사용인이 통상 자기의 가사를 위하여 소비하는 것이라고 인정되는 정도의 것인 때에는 조세의 부담을 부당하게 감소시킨 것으로 인정하지 아니하고 있다(법인통칙 52-88-3). 이와 같이 거래의 부당성이 없다고 인정되는 경우에는 비록 시가와의 차액이 법령 §88 ③의 3억 원 이상이거나 시가의 5%에 상당하는 금액 이상일 경우에도 부당행위계산부인 대상에 해당하지 아니한다.

임직원할인제도는 회사가 임직원에게 제공하는 복리후생제도의 측면에서 상대적으로 자사제품에 대한 이해도가 높은 임직원을 통해서 별도의 마케팅 비용 지출 없이 고객으로 확보하여 판매를 활성화시키기 위한 영업전략의 일환으로 운영하고 있으며, 통상 종업원 할인이 일반고객에 비해 낮은 대가를 받는 경우도 있으나, 일반고객에게도 할인행사가 이루어지고 있어 임직원 할인판매가격이 일반소비자 판매가액에 비하여 낮다고 하여 무조건 부당하다거나 현저하게 낮은 가액이라고 볼 수 없다.

종업원 할인판매는 일반 소비자 판매와 달리 마케팅 비용, 대리점 유통수수료, 고객관리 비용 등 각종 부대비용이 절감되는 판매경로로서 회사는 판매증대를 통해 재고를 소진시키고, 브랜드의 점유율 증가를 통한 광고·홍보효과를 얻을 수 있으므로, 경제적 합리성이 결여된 비정상적인 거래에 해당하여 부당성이 있다고 볼 수 없다.

또한 회사의 할인판매가격이 동종업계 종업원 할인율과 유사하고 일반 고객 할인행사를 감안할 때 통상 일반 소비자에게 판매하는 가액에 비하여 현저하게 낮은 가액이라고 볼 수도 없으며 임직원이 할인한도 내에서 구입하는 제품 등의 수량은 통상 자기의 가사를 위하여 소비하는 것이라고 인정되는 정도이고 회사 부담분을 제외한 자기 부담분을 부담하고 있는바, 사업자의 할인판매가격이 당초 제조·구매 시 매입세액 공제받은 취득가액 이상으로서 할인판매가격이 유통이나 홍보 등의 효과를 감안한 시가를 반영하

는 것으로 인정된다면 법인통칙 52-88-3을 충족하는 경우 조세의 부담을 부당하게 감소시켰다고 볼 수 없다.

뿐만 아니라 계열사 등 임직원에 대한 할인정책에 의하여 자사 제품을 할인판매하는 것은 제품의 인지도를 높이고 그 점유비율을 높임으로써 회사의 영업수익을 확대하기 위한 경영 전략의 일환이며, 회사의 할인정책에 따른 할인율은 사전에 공표된 일종의 가격표로서 해당 임직원이 할인기준에 해당하기만 하면 불특정, 무차별적으로 공표된 할인율을 적용받고 있으므로 동 할인액은 특정인에게 선별적으로 지출하는 접대비로 볼 수도 없다.

(3) 「부가가치세법」과 임직원할인

1) 임직원할인이 에누리인지 개인적 공급인지 여부

부가법상 에누리는 재화 또는 용역의 '공급조건'에 따라 통상의 대가에서 직접 공제하는 금액을 말하는 것으로 에누리로 인정하기 위한 추가적인 요건이나 에누리로 볼 수 없는 소극적 요건에 대한 아무런 규정을 두고 있지 아니한 바, 조세법률주의 원칙에 비추어 ① 해당 재화 또는 용역의 공급거래와 직접 관련성이 있고, ② 그 품질이나 수량, 인도조건 또는 공급대가의 결제방법이나 그 밖의 공급조건에 따라 정해지며, ③ 재화나 용역의 통상의 공급가액에서 직접 공제되는 금액이면 에누리액으로서의 요건을 충족한 것이다(서울고법 2012누31030, 2013. 9. 4.).

즉, 재화 또는 용역의 공급조건이 원인이 되어 공급가액에서 직접 공제 또는 차감되는 금액은 거래상대방으로부터 실제로 받은 금액이 아니므로 이를 부가가치세의 과세표준에서 제외하는 것이며, 공제・차감의 방법에도 특별한 제한이 없으므로 공급자가 공급시기에 통상의 공급가액에서 일정액을 공제・차감한 나머지 가액만을 받는 방법뿐만 아니라 공급가액을 전부 받은 후 그 중 일정액을 반환하거나 또는 이와 유사한 방법에 의하여도 발생할 수 있다(대법원 2013두19615, 2015. 12. 23.외).

보통 회사는 임직원할인 구매규정을 ① 사전에 공시하여 연간 구매한도 및 할인제약조건과 제품 판매 시 일정한 거래조건(카드결제조건) 등에 따라 ② 재화의 공급거래와 직접 관련성이 있고 ③ 제품의 공급가액에서 일정액을 직접 차감하는 경우 법원이 제시한 매출에누리의 조건에 비추어 그 개념에 부합한다(적부-034-2021-0013, 2021. 4. 14.).

또한 특수관계인간 저가 공급에 대하여 시가로 과세하기 위해서는 "부당하게 낮은 대가를 받는 경우"에 해당하여야 하는 바(부가법 §29 ④ 1), 임직원 할인판매는 일반소비자 판매와 달리 마케팅 비용, 대리점 유통수수료, 고객관리 비용 등 각종 부대비용이 절감되는 판매경로로서 회사 입장에서는 판매증대를 통해 재고를 소진시키고, 자기가 판매한 재화의 점유율을 증가시킴으로써 광고·홍보 효과를 얻을 수 있으므로 경제적 합리성을 결여한 부당한 저가공급이라고 볼 수 없다.

종전 기재부에서도 자사, 대리점, 계열사의 임직원을 대상으로 하는 임직원 할인이 일반고객에 비해 낮은 대가를 받는 것은 사실이나, 일반고객에게도 할인행사가 이루어지고 있는 상황 하에서 「법인세법」상 부당행위계산 부인대상으로 볼 수 없는 경우로서 거래조건에 따른 매출에누리로 볼 수 있는 경우 개인적 공급으로 부가가치세를 과세하기는 어렵다고 해석하였다(기획재정부 법인세제과-787, 2014. 10. 2. ; 법규과-1063, 2014. 10. 7.).

※ 임직원할인액은 2025년 법인세법 및 소득세법 개정에 불구하고 부가세법령상은 종전과 같이 매출에누리로 보아야 한다(유권해석으로 운용 예정).

2) 임직원할인액의 사후정산이 공급가액에 영향을 미치는 것인지 여부

임직원 할인판매 이후 참여기업(임직원 할인하여 판매한 법인)이 임직원이 속한 다른 계열사로부터 할인액을 정산받거나 정산받지 아니하는 경우도 있는데, 계열사 간 할인액 정산을 강제하는 법령 규정이 존재하지 않고, 경제적 관점에서도 할인제도의 적용으로 인한 효익의 크기에 따라 정산 여부나 정산의 비율이 달라지는 것이 통상적이며, 참여기업은 임직원할인제도를 통해 마케팅 비용 등을 절감하면서도 매출액 및 영업이익의 증가라는 직접적 효익을 얻고 있는 반면, 다른 계열사들은 할인제도를 통해 얻는 직접적 효익이 크지 않으며 계열사들에게 부담시켜야 한다는 합리적 근거를 찾기 어렵다면 정산을 하지 않을 수 있을 것이다.

반대로 참여기업에 임직원할인으로 인한 경제적 효익이 적다고 판단되면 다른 계열사로부터 일정액 또는 임직원할인액 발생액의 전부나 일부를 보전받을 수 있는 바, 이러한 정산의 여부는 각 법인들간의 사전협의에 따라 정산 여부나 보전방법을 자유로이 정할 수 있다고 판단된다.

부언하면 참여기업과 계열사들의 정산 여부나 정산에 따른 분담의 범위는 사적자치의 영역이고 이러한 약정이 임직원할인에 있어서 가격할인을 받은 임직원에게는 아무런 이해관계가 없다고 보아야 한다. 이들간의 정산금의 수수는 공동이익증진을 위한 비용의 일부를 임직원들과의 제품 공급거래와는 별도로 또는 무관하게 이루어진 기업간 약정에 산정 및 지급되는 비용분담의 성격으로 임직원에 대한 가격할인과 직접적인 관련성이 없다(동지 : 대법원 2014두298, 2016. 6. 23. ; 대법원 2014두144, 2016. 6. 23. ; 서울고법 2018누66557, 2019. 10. 2. ; 서울고법 2019누62897, 2020. 7. 3. ; 대법원 2019두57770, 2020. 2. 27. ; 대법원 2021두38130, 2021. 8. 26. ; 대법원 2021두31603, 2021. 5. 13.).

이처럼 참여기업의 임직원할인액에 대한 계열사, 기금 등과의 정산 여부, 정산 시기와 방법 등은 사업상 필요에 의하여 언제든지 달라질 수 있는 것이므로 타 계열사로부터 참여기업이 할인 공급한 재화나 용역의 대가를 대납받은 것으로 평가할 수 없다.

(4) 「소득세법」과 임직원할인

1) 임직원할인액의 근로소득

사업자나 법인이 생산·공급하는 재화 또는 용역을 그 사업자나 법인(「독점규제 및 공정거래에 관한 법률」에 따른 계열회사를 포함한다)의 사업장에 종사하는 임원등에게 아래 "가"에 따라 시가보다 낮은 가격으로 제공하거나 구입할 수 있도록 지원함으로써 해당 임원등이 얻는 이익은 근로소득으로 한다(소득법 §20 ① 6).

가. 시가보다 낮은 가격으로 제공하거나 구입할 수 있도록 지원하는 방식

임원등에게 시가보다 낮은 가격으로 제공하거나 구입할 수 있도록 지원하는 방식은 다음의 어느 하나에 해당하는 방식을 말한다(소득령 §38 ③).

① 사업자나 법인이 생산·공급하는 재화 또는 용역(이하 "자사제품등")을 임원등에게 시가보다 낮은 가격으로 판매 또는 제공하는 방식

② 사업자나 법인이 임원등에게 자사제품등을 구입하거나 제공받는 데 사용하도록 지원금을 지급하는 방식

③ 사업자나 법인이 임원등에게 사업자나 법인의 계열회사(「독점규제 및 공정거래에 관한 법률」에 따른 계열회사를 말한다)가 생산·공급하는 재화 또는 용역(이하 "계열회사제품등")을 구입하거나 제공받는 데 사용하도록 지원금을 지급하는 방식

④ 사업자나 법인의 계열회사가 사업자나 법인의 임원등에게 계열회사제품등을 시가보다 낮은 가격으로 판매 또는 제공하고, 사업자나 법인이 그 계열회사에 그 판매 또는 제공가액과 시가와의 차액을 지급하는 방식

나. 시가의 산정방법

자사제품등 시가의 산정에 관해서는 법인법 제52조 제2항의 기준에 따른다. 다만, 다음에 해당하는 경우에는 임원등이 해당 재화나 용역을 구입하거나 제공받을 때 지급한 가격을 시가로 한다(소득령 §38 ④).

① 재화의 파손 또는 변질로 인해 임원등이 아닌 자에게 판매할 수 없는 경우

② 탑승권 및 숙박권 등 사용시기가 제한되는 재화 또는 용역의 사용 기한이 임박하여 임원등이 아닌 자에게 판매 또는 제공하는 것이 현저히 곤란한 경우

2) 임직원할인의 소득세 비과세 범위

위 "1)"의 소득 중 다음의 "①"과 "②"의 요건을 모두 충족하는 소득으로서 아래 "가"에서 정하는 금액 이하의 금액은 소득세를 과세하지 아니한다(소득법 §12 3호 처목).

① 임원 또는 종업원(이하 "임원등") 본인이 소비하는 것을 목적으로 제공받거나 지원을 받아 구입한 재화 또는 용역으로서 아래 "나"에서 정하는 기간 동안 재판매가 허용되지 아니할 것

② 해당 재화 또는 용역의 제공과 관련하여 모든 임원등에게 공통으로 적용되는 기준이 있을 것

가. 임직원할인의 한도

임직원할인액의 한도는 아래 "①"과 "②" 중 큰 금액을 말한다(소득령 §17의5 ①).

① 임원등이 해당 과세기간 동안 위 "1)"에 따라 시가보다 낮은 가격으로 제공받거나 지원을 받아 구입한 재화 또는 용역의 시가를 합한 금액에 100분의 20을 곱한 금액

② 연간 240만원

나. 재판매가 허용되지 아니하는 기간

임원등 본인이 소비하는 것을 목적으로 제공받거나 지원을 받아 구입한 재화 또는 용역으로서 재판매가 허용되지 아니하는 기간은 다음과 같다(소득령 §17의5 ②).

①「소비자기본법 시행령」 제8조 제3항 품목별 소비자분쟁해결기준에 따른 품목별 내용연수가 5년을 초과하는 재화: 2년

②「개별소비세법」 제1조 제2항 제2호에 해당하는 재화: 2년

③ "①" 및 "②"에 해당하지 않는 재화: 1년

3) 임직원할인액의 총수입금액의 산입

사업자가 생산·공급하는 재화 또는 용역(이하 "자사제품등")을 임원등에게 시가보다 낮은 가격으로 판매 또는 제공함에 따른 판매 또는 제공가액과 시가와의 차액은 총수입금액에 산입한다(소득령 §51 ③ 1의5).

4) 임직원할인액의 인건비 포함

위 "1)의 가"에 따른 지원을 함으로써 해당 임원등이 얻는 이익에 상당하는 금액은 총수입금액에 대응하는 필요경비로 본다(소득령 §55 ① 6의3).

5) 과거 세무처리(~2024. 12. 31.)

① 부당행위계산부인대상인지

임직원 할인은 임직원의 사기를 진작하고 근무의욕을 고취하며 나아가 부수적으로 제품을 홍보하는 효과를 얻기 위한 것이지 조세부담을 부당히 감소시킬 목적이 아니며, 대법원에서도 임직원에게 50% 할인쿠폰을 제공한 것과 관련하여 개인적 공급이나 부당행위계산부인 대상으로 보지 아니하였다(대법원 2007두2364, 2007. 6. 14.). 법인세법 기본통칙 52-88-3에서도 일정 요건을 갖춘 종업원할인에 대하여 법인세법상 부당행위계산부인에서 제외하는 것으로 규정한 것은 할인판매액을 곧 시가로 보았기 때문으로 임직원 할인액이 곧 시가라면 종업원은 동 제도의 시행으로 경제적 이득을 취한 것이 없으므로 근로소득 자체가 발생하지 아니한 것이다.

따라서 위와 같이 임직원 할인제도의 목적 및 회사의 운영형태에 의하면 임직원 할인가액 상당액은 회사의 편의를 위한 것으로써 "근로제공의 대가"에 해당하지 아니하며 법인세법 기본통칙이나 임직원 할인액의 부가가치세 과세표준 포함여부에 대한 대법원 판례에 비추어 볼 때 부당행위계산부인대상에도 해당하지 아니하고 임직원이 경제적 이득을 취한 바 없어 임직원 할인액을 근로소득으로 볼 수 없다.

② 복지포인트가 근로소득인지

복지포인트는 사업자가 소속 임직원들에게 정기적으로 배정하여 사용하도록 한 것으로서 직접적인 근로의 대가는 아니더라도 적어도 임직원들이 사업자에게 제공한 근로와 일정한 상관관계 내지 경제적 합리성에 기한 대가관계가 인정되는 급여에는 해당되는 점, 복지포인트는 건강관리, 자기계발 등으로 사용용도가 제한되어 있고 일정 기간 내 사용하지 않는 경우 이월되지 않고 소멸하며 양도가 불가능하지만 정해진 사용기간과 용도 내에서는 복지포인트를 사용하여 필요한 재화나 용역을 자유롭게 구매할 수 있으므로 임직원들이 복지포인트를 사용함으로써 상당한 경제적 이익을 얻는다고 볼 수 있는 점, 선택적 복지제도의 법적근거가 되는 근로복지기본법 제3조 제1항은 근로복지의 개념에서 '임금·근로시간 등 기본적인 근로조건'을 제외하고 있으나 이는 근로기준법의 규율 대상인 임금·근로시간 등 '기본적인 근로조건'을 근로복지기본법의 규율대상에서 제외한다는 취지이지 기본적인 근로조건이 아닌 후생 등 기타의 근로조건까지 모두 근로복지의 개념에서 제외한다는 취지가 아니고, 근로복지기본법 제3조 제1항을 근거로 근로복지와 근로조건을 양립불가능한 개념으로 볼 수는 없는 점에 비추어 복지포인트가 소득법상 근로소득에 해당한다고 판시하였다(대법원 2024두34122, 2024. 12. 24.).

(5) 복지포인트에 대한 세무처리

1) 세금계산서의 발급방법

인터넷쇼핑몰을 운영하는 사업자(이하 "갑"이라 함)가 "선택적 복리후생제도"를 채택한 사업자(이하 "을"이라 함)와 임직원 전용 쇼핑몰 운영계약을 체결한 후, "갑"이 "을"과 "을"의 회원사(이하 "병"이라 함)로부터 복지포인트를 부여받은 "을"과 "병"의 임직원에게 재화 또는 용역을 공급하고 동 복지포인트에 해당되는 대금을 을로부터 받는 경우 부가법 제9조에 따른 공급시기에 부가법 제32조 및 제36조에 따른 세금계산서 또는 영수증을 "을"과 "병"의 임직원에게 발급하여야 한다(재소비-502, 2006. 4. 19.).

① 세금계산서의 발급은 재화 또는 용역의 공급에 대한 대가를 공급받는 자로부터 받는 것을 전제하지 않고 있어 그 대가를 제3자가 결제하는 경우에도 공급받는 자에게 발급하는 것이 원칙이고, 재화 또는 용역을 공급한 사업자는 복지포인트를 부여한 자와는 재화 또는 용역의 공급에 관한 아무런 계약관계가 없고 공급자의 책임과 계산하에 임직원에게 직접 재화 또는 용역을 공급한 것임(서면3팀-195, 2006. 1. 31.의 변경 사항임).

② 포인트에 대한 정산계약이 "갑"과 "을", "병"사 간에 있었을 뿐 이것이 특정재화나 용역의 공급계약이 있었다고 볼 수 없고, 임직원이 사이트에 접속하여 공급요청을 하여 거래가 이루어지는 구조로서 물품의 공급자와 임직원이 거래의 당사자가 되는 것임.

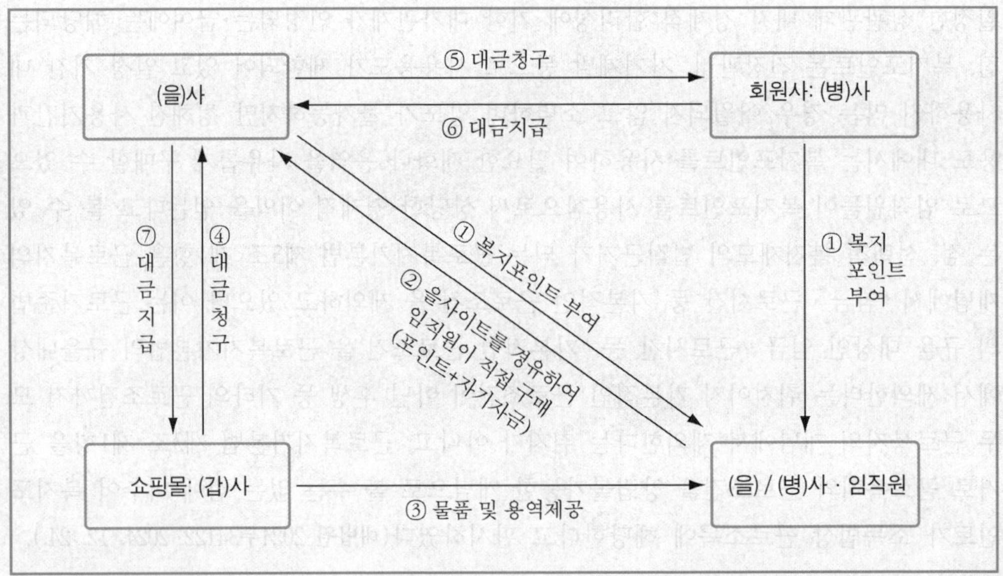

2) 복지포인트제도와 에누리

복지포인트 제도는 제휴사가 임직원 등에게 쇼핑몰에서 결제수단으로 사용할 수 있는 복지포인트를 적립해주겠다는 약정을 이행하기 위하여 갑사와 업무제휴를 맺고, 임직원 등이 복지포인트를 사용하여 쇼핑몰에서 재화나 용역을 구입하면서 결제대금을 할인받는 경우, 제휴사(병사)가 "갑"사에게 복지포인트 사용액 전액을 지급하는 것으로 이러한 거래내용이나 형태의 실질은 제휴사가 자신의 부담으로 임직원 등을 대신하여 쇼핑몰에서 제공하는 재화나 용역의 대가를 대납한 것이다.

부가법 제29조 제3항은 대금, 요금, 수수료, 그 밖에 어떤 명목이든 상관없이 재화 또는 용역을 공급받는 자로부터 받는 '금전적 가치 있는 모든 것'이 공급가액에 포함되는데, "갑"사가 "병"사로부터 복지포인트 사용액 전액을 현금으로 무조건 지급(일방적 보전금 지급)받고 있다면 "갑"사는 복지포인트는 '금전적 가치가 있는 것'을 받은 것으로 해당 복지포인트 지급액을 공급사의 공급가액에서 차감할 수 없다(서울고법 2019누39613, 2019. 10. 25. : 대법원 2019두58766, 2023. 6. 1.).

※ 복지포인트는 부가령 제61조 제1항의 마일리지 정의규정을 충족하지 아니하여 동 마일리지 에누리 규정을 적용해서는 아니된다. 즉, 재화의 공급과 대가관계를 형성하는지를 살펴야 한다.

(6) 임직원할인과 복지포인트제도와의 관계

임직원 할인제도는 임직원의 사기를 진작하고 근무의욕을 고취하며 임직원에 대한 교육훈련비용 절감, 타 소비자에 대한 홍보효과 및 제품 인지도 제고, 각종 부대비용의 절감과 재고소진을 통한 판매 증대 효과 등을 통한 영업수익 확대를 기대하기 위한 회사의 경영전략의 일환이며, 회사의 마케팅 비용, 대리점에 대한 유통수수료, 고객관리비용, 각종 부대비용이 절감되는 판매경로를 가지므로 부가가치세가 과세되는 사업과 직접적인 관계없이 자기생산 · 취득재화를 사용 · 소비하는 개인적 공급으로 볼 수 없고, 이러한 경제적 효과 등을 고려하여 임직원들에게 할인판매한 것이므로 그 할인액은 사후정산 여부에 관계없이 에누리에 해당되어야 한다(동지 : 대법원 2002두1892, 2003. 9. 5. : 대법원 2007두2364, 2007. 6. 14.).

반면 복지포인트제도는 앞 "(5)"에서 살펴보았듯이 자사 및 그 계열사의 제품 홍보효과나 판매증대효과를 통한 영업수익확대와는 무관하게 회사가 소속 임직원들에게 현금이 아닌 포인트를 지급하고, 임직원은 그 포인트를 활용하여 복지플랫폼에서 원하는 복지상품을 구매할 수 있는 제도에 불과한 바, 타사 제품 구입대가를 임직원들이 복지포인트를 지급하고 사용된 포인트를 회사가 복지플랫폼에 정산해 줌으로써 단순대납해 주는 관계에 있기 때문에 본질적으로 임직원할인과는 다르다.

(7) 관련 기재부 회신사례

기획재정부는 종업원 할인판매는 일반 소비자 판매와 달리 마케팅 비용, 대리점 유통수수료, 고객관리 비용 등 각종 부대비용이 절감되는 판매경로로서 회사 입장에서는 판매증대를 통해 재고를 소진시키고, 차량 점유율을 증가시킴으로써 광고·홍보 효과를 얻을 수 있으므로 경제적 합리성을 결한 비정상적인 거래로서 부당성이 있다고 보기 어렵다. 따라서 부당행위계산부인대상이 아닌 종업원할인액은 원칙적으로 근로소득, 개인적 공급, 접대비로 볼 수 없다는 취지로 회신한 바 있다(기획재정부 법인세제과-787, 2014. 10. 2.).

할인판매가격이 취득가액 이상으로 사용인이 자가소비를 위한 것이라고 인정되는 등 「법인세법 기본통칙」 52-88-3을 충족하여 거래의 부당성이 없다고 인정되는 경우 법인세법상 부당행위계상부인대상으로 볼 수 없고, 종업원할인이 일반고객에 비해 낮은 대가를 받는 것은 사실이지만 일반고객에게도 할인행사가 이루어지고 있는 상황 하에서 각종 부대비용의 절감과 홍보효과 등을 창출하는 종업원에게 그 할인혜택을 주는 것으로서 회사가 당초 제조·구매 시 매입세액 공제받은 취득가액 이상으로서 할인판매가격이 유통이나 홍보 등의 효과를 감안한 시가를 반영하는 것으로 거래조건에 따른 매출에누리로 볼 수 있어 개인적 공급으로 부가가치세를 과세할 수 없다.

또한 종업원할인액이 근로소득인지 여부는 부당행위계산부인 여부, 종업원할인액의 성격, 근로계약 내용, 수행업무, 보수지급 조건 등을 종합하여 사실판단할 사항으로 할인판매가액이 취득가액 이상으로 종업원이 자가소비를 위한 것이라고 인정되는 등 「소득세법 기본통칙」 41-98-3을 충족하는 경우 부당행위계산부인대상으로 볼 수 없을 것이며, 이러한 경우 근로소득으로 과세하기는 어렵다.

접대비 해당 여부는 거래처 등에 대한 종업원할인액이 판매와의 관련성, 할인정책의 목적·대상 및 할인기준 등에 따라 사실판단할 사항이지만 계열사 등 임직원에 대한 할인정책에 의하여 제품(상품)을 할인판매하는 것이 제품의 인지도를 높이고 제품판매 점유비율을 높임으로써 회사의 영업수익을 확대하기 위한 경영 전략의 일환이라면 역시 접대비로 볼 수 없다.

〈참고1〉

▌부가급여 관련 미국 내국세법(Internal Revenue Code) Section 132(C)

부가급여(fringe benefit)란 근로자가 고용주로부터 받는 편익 가운데 현금이나 금전적 보상을 제외한 것으로 종업원의 근로소득을 구성하나

► 재화의 경우 할인가액이 종업원이 아닌 자에게 판매될 때의 금액에 매출총이익률을 곱한 금액을 넘지 아니하거나 용역의 경우 할인가액이 정가의 20%를 넘지 아니하는 경우 근로소득으로 과세하지 아니하도록 규정됨.

※ 일본세법의 경우에도 직원할인에 대해서 30%(통상가격의 70% 미만이 아닐 것)를 지정하고 있어 과세논란이 없다.

〈참고2〉

복지포인트가 근로소득에 해당하는지 여부는 ① 지급 목적에 있어 복지포인트가 근로의 성과나 성과급의 성격으로 지급되었는지 또는 단순 복리후생 차원에서 지급되었는지 여부 중 전자에 해당하고, ② 포인트가 특정 사용처로 제한되는지 또는 현금처럼 자유롭게 사용할 수 있는지 여부 중 후자에 해당하며 아울러 포인트를 현금으로 교환하여 사용이 가능하면 근로소득으로 볼 가능성이 높으며, 복지포인트가 직원의 성과에 따라 차등 지급된다면 근로소득으로 볼 가능성이 역시 높다.

▌복지포인트 관련 판례와 해석의 입장

근로복지기본법상 선택적 복지제도에 따른 선택적 복지포인트는 '근로복지'에 해당할 뿐 사용자와 근로자 사이의 근로관계에서 임금 · 근로시간 · 후생 · 해고 기타 근로자의 대우에 관하여 정한 조건인 '근로조건'에 해당하지 않아 '근로조건'의 내용을 이루고 있지 않고, 복지포인트 배정을 금원의 지급으로 볼 수 없으므로 선택적 복지포인트는 과세대상 근로소득에 해당하지 않는다고 법원은 판시한 바 있다(대전고등법원 2022누13617, 2023. 10. 26.).

국세청은 "선택적복지제도 운영지침에 따라 복지후생제도를 시행함에 있어 각 종업원에게 개별로 포인트를 부여하여 이를 사용하게 하는 경우, 당해 포인트사용액(소득법 제12조 제4호에 따른 비과세소득 및 소득령 제38조 제1항 각호 중 단서에 따라 근로소득으로 보지 않는 것을 제외)은 소득법 제20조에 따른 근로소득으로 과세되는 것"이라고 회신하였다(원천세과-650, 2011. 10. 12. ; 서면1팀-1417, 2006. 8. 14.).

21 이동통신용역, 단말기 공급 관련 세무처리

(1) 업계 현황

이동통신사업자는 이동통신용역을 공급하는 사업자로서 통신용역과 함께 이동통신단말기를 제조사 등으로부터 구입하여 고객에게 직접 또는 대리점에 공급하기도 한다.

이동통신대리점은 이동통신사 또는 이동통신단말기 제조사 등으로부터 구입한 단말기를 고객에게 판매하면서 그 판매수입과 이동통신사로부터 수령하는 각종 관리수수료 등을 수입으로 하는 사업자이다.

단말기 판매장은 대리점으로부터 단말기를 위탁받아 판매하고 그 수수료를 지급받는 사업자이다.

(2) 단말기 보조금의 세무처리

1) 법정보조금(2006. 3. 27.~2008. 3. 31.)

2006. 3. 27.부터는 이동통신사가 고객에게 통신단말장치의 구입비용 지원(저가 판매, 현금지급, 가입비 보조 등)이 가능하도록 구 전기통신사업법이 개정됨에 따라 이동통신사는 이용약관에 단말기 보조금 지급기준(최근 6월 평균 이용금액 및 사용기간에 따라 지급액을 산정, 이하 "법정보조금"이라 한다)과 한도 등을 정하여 정보통신부장관에게 신고하고 이동통신가입자들에게 사전공지하여 고객이 이를 지원받는 형태가 되었다(구 전기통신사업법 §36의4).

가. 국세청 해석

이동통신사와 대리점 간의 계약에 의하여 대리점이 단말기를 공급하고 있으므로 대리점은 이동통신사를 대신하여 고객에게 법정보조금을 차감하여 판매하고 동 법정보조금을 정산하여 지급받게 되는 거래형태로서 대리점은 자기의 책임과 계산하에 거래의 주체로서 고객에게 단말기를 할인판매하는 것이 아니라 이동통신사와 고객과의 이용약관에 따른 법정보조금을 전달하는 지위에 있는 것으로 판단(법정보조금은 이동통신사와 고객간 개별약정이며, 의무사용기간 약정에 대한 위약에 대하여 이동통신사가 위약금을 수령함)하고, 대리점의 부가가치세 공급가액은 고객으로부터 받은 대가와 이동통신사로부터 수령한 법정보조금의 합계액이 되며, 이동통신사가 지급하는 법정보조금은 이동통신용역에 대한 판매부대비용으로 보았다(서면3팀-810, 2006. 5. 2. ; 재부가-138, 2010. 3. 16.).

나. 대법원 판결

대법원은 에누리란 재화나 용역의 공급 시 통상의 가액에서 일정액을 공제・차감한 나머지 가액만을 받는 방법뿐만 아니라 공급가액을 전부 받은 후 그중 일정액을 반환하거나 또는 이와 유사한 방법에 의하여도 발생할 수 있다고 보고, 위 이동통신사가 대리점에 단말기 공급 시 출고가격을 기준으로 하되 시장여건 등에 따라 공급가액을 상호협의하여 변경할 수 있도록 약정하였고 대리점이 보조금 지원요건을 갖춘 고객에게 보조금이 감액된 가격으로 단말기를 판매하면서 동 보조금을 감안하여 매입대금을 결제받고 있는바, 이동통신사의 통신용역 공급거래에서 수익을 얻기 위한 목적이라도 단말기 공급가액에서 직접 공제된 이상 특별한 사정이 없는 한 단말기 공급과 관련된 에누리에 해당한다고 봄이 타당하고, 이동통신사가 보조금을 장려금으로 계상하거나 수정세금계산서를 발급하지 아니하고 대리점이 가입자로부터 보조금 채권을 승계취득하여 단말기 매입채무와 상계토록 한 세무처리는 보조금을 에누리로 보지 않던 과세행정을 고려한 부득이한 조치에 불과하다. 따라서 이동통신사와 대리점이 보조금 지원요건을 갖춘 가입자에게 보조금 상당액만큼 할인판매하는 것을 조건으로 하여 공급가액에서 보조금을 감액하여 결제하기로 하는 약정이 있었다고 보아 이동통신사의 대리점에 대한 단말기공급가액에서 직접 공제되는 가액, 즉 에누리에 해당한다(대법원 2013두19615, 2015. 12. 23.).

㉠ 이동통신사가 단말기 및 통신역무를 함께 공급하는 경우(대리점)

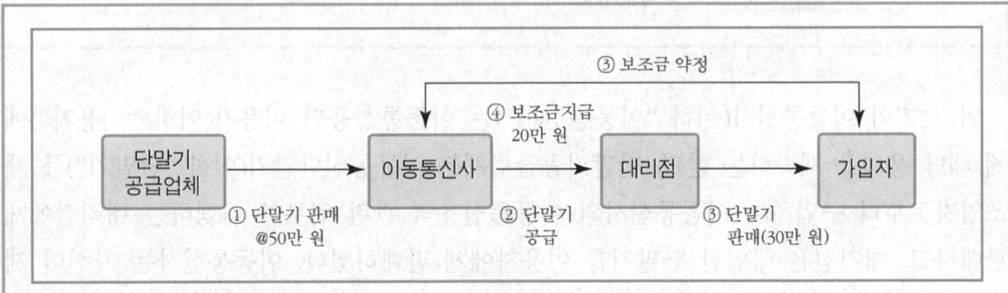

○ 대법원 판례에 따르면 이동통신사, 대리점, 가입자 간의 보조금약정에 기인하여 가입자에게 보조금을 제외한 가격으로 판매하고 통신사와 대리점 간에 보조금을 매입대금과 상계하기로 하였다면 이동통신사의 대리점 단말기 공급가액은 30만 원, 대리점의 가입자에 대한 단말기 공급가액은 보조금을 차감한 30만 원이 된다는 것이다.

㉡ **이동통신사가 단말기 및 통신역무를 함께 공급하는 경우(가입자)**

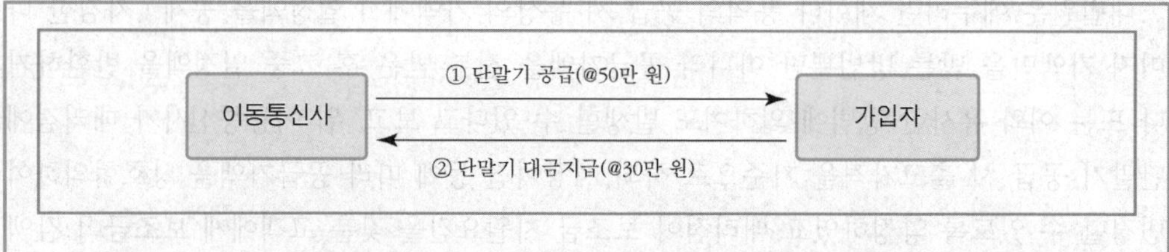

○ 이동통신사가 단말기 제조사로부터 구입한 단말기를 고객에게 직접 판매하면서 정상가액에서 단말기 보조금을 차감하여 받는 때에는 고객과의 약정에 의하여 매출액에서 직접 차감하는 매출에누리로 보아 고객에게 단말기 실제 지급받은 금액이 이동통신사의 공급가액이 된다(서면3팀-810, 2006. 5. 2. ; 재소비-295, 2004. 3. 15.).

㉢ **이동통신역무 및 단말기 공급주체가 다른 경우**

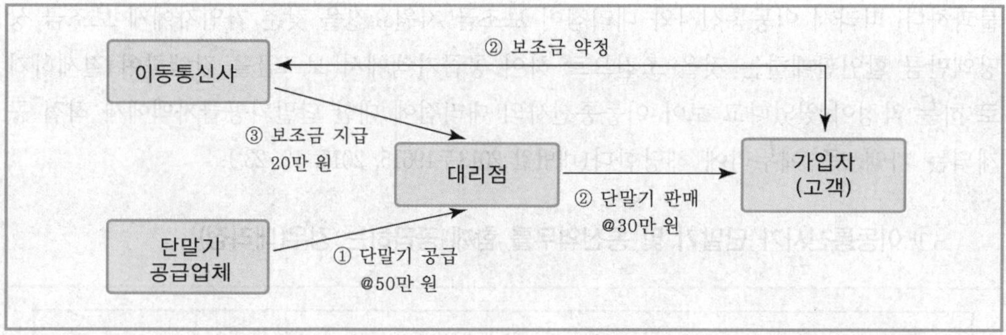

위 "㉢"의 이동통신사(이하 "이동통신사")는 이동통신용역 이용자(이하 "이용자")에게 해당 용역을 제공하는 한편, 단말기공급업체는 이동통신단말기(이하 "단말기")를 제조업자로부터 구입하여 이동통신사의 이동통신용역 관련 업무를 대행하는 대리점에게 판매하고, 대리점은 구입한 단말기를 이용자에게 판매하였다. 이동통신사는 자신이 제공하는 이동통신용역을 일정기간 이용하기로 약정하는 이용자에게 다음과 같은 방식으로 단말기 구입보조금을 지원하였다.

① 이용자가 단말기를 일시불로 구입하는 경우에는 이동통신사가 보조금을 대리점에 직접 지급(T기본 약정형)하였다. 이때 대리점은 SKT로부터 보조금을, 이용자로부터 보조금 상당액을 제외한 나머지 단말기 대금을 지급받았다.

② 이용자가 단말기를 할부로 구입하는 경우에는 이동통신사가 대리점으로부터 이용자에 대한 단말기 할부금 채권을 양수하거나 신용카드사가 대리점으로부터 양수한 단말기 할부금 채권의 추심업무를 수탁한 다음, 매월 이용자에게 이동통신용역

의 이용요금과 단말기 할부금을 함께 청구하면서 보조금을 단말기 할부금 청구금액에서 차감(T약정할부 지원형)하였다. 이 경우 대리점에는 이동통신사나 신용카드사가 단말기할부금채권을 양수할 때 단말기 대금 전부가 지급되었고, 신용카드사에는 이동통신사가 매월 단말기할부금 채권을 추심할 무렵에 보조금을 포함한 단말기할부금이 지급되었다.

이동통신사가 지급하는 보조금이 이동통신용역의 공급가액에 대한 에누리에 해당하는지의 여부에 대하여 대법원은, 어떠한 금액이 부가가치세의 과세표준에 포함되지 않는 에누리액에 해당하기 위해서는 사업자가 공급한 재화 또는 용역의 공급가액에서 직접 공제된 금액이어야 하고, 사업자가 거래상대방에게 일정한 이익을 제공하는 등으로 해당 재화 또는 용역의 공급가액이 그 상당액만큼 감액되었을 때와 동일한 경제적 효과가 발생하더라도 그 이익이 별개의 재화 또는 용역의 공급거래에 대하여 제공되는 등의 이유로 해당 재화 또는 용역의 공급가액에서 그 상당액이 직접 공제되었다고 평가할 수 없다면 이를 해당 재화 또는 용역의 공급가액에 대한 에누리액에 해당한다고 볼 수 없다. 또한, 이동통신사의 이동전화서비스이용약관과 서비스 신규계약서 등의 내용을 보면, 보조금이 이동통신용역의 일정기간 이용을 조건으로 단말기 구입비용을 지원하기 위하여 지급되는 것이라는 점에 대한 의사의 합치가 있었지만, 이동통신사가 대리점에 보조금을 직접 또는 신용카드사를 통하여 지급함으로써 단말기를 구입하는 이용자가 대리점에 지급하여야 할 단말기 대금 중 일부를 대신 변제한 것으로 볼 수 있는바, 이동통신사와 이용자 사이에 보조금을 이동통신용역의 공급가액에서 직접 공제하기로 하는 의사의 합치가 있었다고 보기 어려워, "㉢"의 이동통신사는 KT나 LGU+와 동일한 조건으로 대리점(할부 판매의 경우 신용카드사도 포함)에게 단말기 구입보조금을 지급하였지만 "㉢" 이동통신사업자가 대리점에게 단말기를 공급한 사실은 없다는 점에서 그 판단을 달리하였다(대법원 2017두53170, 2022. 8. 31.).

2) 약정보조금(2008. 4. 1.～2014. 9. 30.)

가. 개요

법정보조금에 대한 전기통신사업법 규정이 2008년 3월로 종료되면서 이동통신사업자간에 협약을 맺어 약 27만 원 한도(방통위 가이드라인 수치임) 내에서 보조금(이하 "약정보조금"이라 한다)을 지급하기로 하고 이동통신사는 대리점에 가입유치수수료, 관리수수료 및 각종 인센티브(용역대가로 보아 세금계산서 수수)에 약정보조금을 포함한 금액(이하 "수입수수료"라 한다)을 지급하기로 약정하고, 대리점은 이동통신사로부터 받는 위 수입수수료를 재원으로 27만 원까지는 단말기할부채권에서 차감하여 할부판매하는 외에 추가 지원금액(Pay-Back 형식으로 할부채권 지원액, 가입비·위약금 대납 등이 있음)을 단말기 구매고객에게 지급하며, 이동통신사에 수입수수료에 대하여 세금계산서를 발급하고 약정보조금 및 Pay-Back(할부금 지원액만을 말한다)은 단말기판매액에 대한 에누리액으로 처리하였다.

나. 약정보조금 형태별 과세방법

① T-할부 보조금

이동통신사는 가입자의 약정기간에 따라 단말기 할부금을 지원하는 의무약정제를 도입하여 약정기간 동안 단말기 할부금 월납부액에서 단말기 할부판매 시 지원되는 금액을 차감하여 수납한다(이러한 약정을 이하 "후불제", "T할부" 또는 "의무약정제"라 한다).

후불제는 계약상 이동통신사와 고객 간의 약정에 해당하고 대리점은 단말기 공급대가를 고객과 이동통신사로부터 나누어 받는 것에 불과하므로 이동전화(신규/명의변경)계약서, 할부매매계약서 등에 명시된 할부금액에서 이동통신사에서 지원되는 보조금을 부가가치세 공급가액에서 차감하지 않는다.

② 선불제 보조금

단말기를 구입하는 고객이 현금 또는 신용카드로 일시에 납부하고자 하는 경우 구입시점에 일정액을 단말기 공급대가에서 직접 차감해 주며(이하 "선불제"라 한다), 6개월 이상 사용 시에는 위약금이 급격히 낮아지기 때문에 다른 통신사로의 고객 이동이 용이하므로 이동통신사 입장에서는 할부판매를 선호하여 그 지원금 규모가 후불제보다는 낮게 책정된다. 선불제를 선택한 고객은 잔여기간분에 대한 잔여 할인액을 해지 시에 일시 납부하여야 한다.

선불제의 경우 고객이 납부한 단말기 대가와 이동전화(신규/명의변경)계약서상 이동통신사가 부담하기로 한 의무약정보조금이 단말기 판매에 대한 공급가액에 포함된다.

다만, 일부 이동통신대리점에서는 선불제 또는 후불제 지원금액 중 일부를 직접 부담하고 있어 동 금액은 단말기 판매 시 판매금액에서 직접 차감하는 금액이므로 에누리로 보아 공급가액에서 제외한다.

③ Free할부 형태의 보조금 지급

대리점이 이동통신사로부터 지급받는 각종 인센티브(단말기 보조금 포함) 등을 용역대가로 받아 그 자금을 재원으로 단말기를 할부로 고객에게 판매하면서 할부채권금액을 직접 차감하여 할부채권을 계상하고 이동통신사에 동 채권을 매각하는 방식을 Free할부라 한다(Free할부액은 단말기 매입대금에서 상계한다).

단말기 출고가액(단말기 할부판매가액)에서 직접 차감하는 Free할부금액은 단말기에 대한 에누리액으로 처리한다.

④ 위 보조금을 부담한 이동통신사의 단말기 공급가액 산정(법원)

이동통신사가 일정기간 동안 통신서비스를 이용할 가입자에게 보조금을 지급하고 가입자는 매달 단말기 할부금에서 이동통신사로부터 받은 보조금을 제외한 나머지 금액을 납부하는 경우로서 이동통신사가 가입자에게 보조금을 지급하는 시점보다 앞서 대리점이 이동통신사에게 할부채권을 양도하였다고 하더라도 이동통신사의 서비스약관, 가입동의서 등에 일정한 조건을 갖춘 경우 보조금을 지급받을 수 있다는 내용이 기재되어 있고 그러한 내용이 가입자에게 가입 전에 이미 공지되었다면 이동통신사와 단말기를 이동통신사로부터 공급받아 판매하는 대리점 사이에 보조금 지원요건을 갖춘 가입자에게 보조금 상당액만큼 할인판매하는 것을 조건으로 하여 단말기의 공급가액에서 보조금 상당액을 감액하기로 하는 약정이 있었다고 볼 수 있다. 따라서 보조금 상당액은 이동통신사의 대리점에 대한 단말기 공급가액에서 직접 공제되는 가액에 해당하고 단말기의 공급과 관련된 에누리액이다. 이동통신사가 대리점을 거치지 아니하고 가입자에게 보조금을 직접 지급하고 단말기의 공급시기와 에누리액의 귀속시기가 상이하다고 하더라도 이동통신사의 대리점에 대한 단말기 공급 시부터 보조금이 공제된 금액에 의한 단말기 대금의 결제가 예정되어 있었고, 이동통신사가 가입자에게 보조금을 직접 지급하거나 일정기간 나누어서 보조금을 지급하게 된 것은 가입자로 하여금 일정기간 동안 이동통신용역을 공급받도록 하여 안정적인 수익을 얻기 위한 목적에서 비롯되었다고 보이므로 그와 같은 사정만으로 보조금의 성격이 달라진다고 보기 어려운 것이다(서울행법 2014구합50644, 2017. 1. 20.).

※ 위 T할부보조금, 선불제 보조금은 이동통신용역과 단말기를 함께 공급하는 이동통신사의 입장에서 단말기 공급에 대한 에누리라는 것이 법원의 입장이다.

⑤ 계약해지로 인한 보조금 회수액의 과세방법

이동전화서비스 이용자와 이동통신사 사이에 이용자가 이동전화서비스를 약정기간 동안 이용할 것을 약정하면서 단말기 대금이나 이동전화요금의 일부를 할인해 주고 이용자가 중도해지할 경우 할인금액 범위 내에서 일정금액의 위약금 또는 할인반환금(이하 할인반환금)을 받기로 한 경우 이용자는 의무사용기간을 유지하여 끝까지 통신요금을 할인을 받거나 중도해지하고 할인받은 금액의 일부를 반환하는 것을 선택할 수 있다.

이는 이용자의 중도해지를 해제조건으로 하는 조건부 할인에 해당한다(선할인으로서 공급 당시 에누리에 해당한다). 이용자가 지급하는 할인반환금은 할인받은 금액의 반환이라는 성격을 가지고 이용자가 약정기간 사용을 조건으로 요금할인혜택을 받았다가 중도해지로 할인받은 요금의 일부를 추가지급하는 것은 후발적 사유로 공급가액이 증가하는 경우에 해당한다. 재차 부언하면 이용자가 지급하는 '위약금' 또는 '할인반환금' 명목의 금원은 할인받은 금액의 반환이라는 성격을 가지고, 일정 기간이 지난 후에 반환하여야 하는 금액이 줄어드는 것은 단지 장기간 서비스를 이용한 이용자의 부담을 경감하기 위한 조치에 불과하다고 볼 수 있다(서울고법 2019누56458, 2020. 9. 11.).

결국 의무사용약정을 이용자가 중도해지를 선택함으로써 할인액의 일부를 추가납부하는 것이므로 재화 또는 용역의 공급과 대가관계가 있는 것이어서 할인반환금을 받은 이동통신사는 해당 금액을 받은 과세기간에 기타매출로 부가가치세 과세표준에 산입하여야 한다(대법원 2017두61119, 2019. 9. 10.).

위 거래는 이동통신사와 이용자 간의 의무사용약정과 할인반환금의 지급이라는 조건하의 할인반환금의 지급이 공급가액증가사유로 본 판결인데 의무사용약정과 위약금 또는 할인반환금 지급은 동일하나 거래구조가 ① 이동통신사가 출고가로 위탁대리점에 단말기를 공급하고 단말기판매와 이동통신사업자의 이동통신서비스업무를 대행하는 위탁대리점이 이용자에게 보조금 지급 및 통신요금 일부를 할인하여 단말기를 판매하고 할부채권을 이동통신사에게 매각하는 경우, ② 위탁대리점이 단말기 제조사로부터 직접 단말기를 구매하여 이용자에게 출고가에서 보조금을 차감한 금액으로 단말기를 판매한 후 이동통신사로부터 보조금 상당액을 지급받았다.

대법원은 ① 이용자가 의무사용약정에 따라 이동통신사에게 위약금 등을 직접 지급한 것은 이른바 '단축급부'에 해당하고 이동통신사 또한 위탁대리점과의 단말기 할인판매계약에 따라 이를 정당하게 수령한 것으로 볼 수 있는 이상, 이 부분 위약금이 단말기 공급대가로서 부가가치세 과세표준이 되는 공급가액에 포함된다고 판단하였다. 다만, ②의 경우 제조사 유통 단말기의 경우 이동통신사는 단말기 공급거래에 관여한 적이 없으므로, 이 부분 위약금이 당초 할인받은 단말기 공급대가의 추가 지급액으로서 원고의 재화 공급과 대가관계에 있다고 볼 수 없다. 단말기 공급거래와 무관한 이동통신사의 입장에서 재화의 공급 없이 받은 이 부분 위약금은 부가가치세 과세표준이 되는 재화의 공급가액에 포함된다고 볼 수 없다(대법원 2022두49984, 2022두49991, 2024. 12. 26.).

⑥ 의무약정에 따른 이동통신사의 익금과 손금

이동통신사는 자사 가입자의 확보를 위한 지원책으로 장기의 약정기간을 정하여 모든 고객을 대상으로 지원금액을 정하여 대외적으로 공시하고 있는 것으로 볼 때 매월 단말

기 할부금액에서 차감되는 지원금은 이동통신사의 판매부대비용으로 손금에 산입하고, 계약의 해지(선불제의 경우)로 인해 고객이 약정기간의 잔여기간분에 대한 위약금을 납부하여 이동통신사에 귀속되는 금액은 익금에 산입한다.

3) 단말기유통법에 따른 지원금의 세무처리

가. 개요

2014. 10. 1.자로 시행된 「이동통신단말장치 유통구조 개선에 관한 법률」(이하 "단통법"이라 한다)에 따라 이동통신사업자와 대리점은 이동통신단말장치 구매가격 할인, 현금 지급, 가입비 보조 등 이동통신단말장치의 구입비용을 지원하기 위하여 이용자에게 제공된 일체의 경제적 이익인 "지원금"을 직·간접적으로 지원하게 되었다.

단말기유통법은 소수의 이용자에 대한 차별적이고 과다한 보조금 지급으로 인해 다수의 정보가 부족한 소비자들이 피해를 입는 것을 방지하기 위하여 정보를 투명하게 공개할 필요가 있어 이동통신사 또는 대리점이 판매가격에 적용할 할인액의 규모와 조건을 당사의 홈페이지에 공시하여야 하는 등 공법상의 의무를 부과하고 행정벌(과태료, 과징금 등)을 가하는 등 행정규제를 신설하였다(단말기유통법 §4 ③ 외).

나. 단말기를 공급하는 이동통신사의 지원금 처리

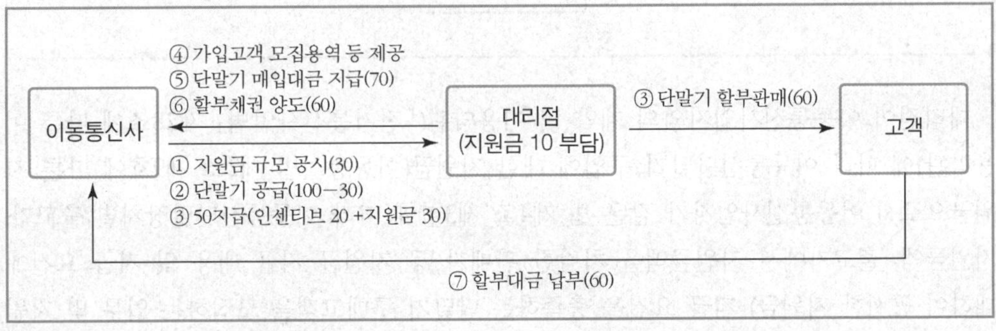

이동통신용역과 단말기를 공급하는 이동통신사가 대리점에 단말기를 판매하면서 가입기간, 요금제를 충족하는 가입자에게 단말기를 판매할 경우 단말기 출고가를 사후 인하하는 약정을 체결하고, 단말기유통법에 따라 이러한 지원금방식을 사전 공시하고 해당 약관 등을 미래창조과학부에 승인을 얻고 대리점이 해당 거래조건을 충족한 경우에 이동통신사가 대리점에 감액수정세금계산서를 발급한다.

이러한 사례의 경우 ① 대리점에 대한 단말기 공급거래에서, ② 그 공급계약에서 사전에 공급가액 할인에 관한 조건을 정하고, ③ 대리점이 공급조건을 성취하는 경우 당초 정했던 단말기 공급가격에서 직접 할인액만큼을 공제하므로 '에누리'의 요건을 충족하므로 이동통신사의 단말기 공급가액은 지원금을 차감한 금액이 되어야 하고, 대리점의 단말기 판매에 따른 공급가액은 단말기 구입과 관련된 에누리액과 상관없이 고객으로부터 실제 받게 되는 금액이 된다(법규부가 2014-460, 2014. 12. 19.).

다. 통신용역만을 제공하는 이동통신사의 지원금 처리

이동통신사가 단말기의 공급없이 이동통신용역만을 제공하면서 자사 통신서비스 가입자 유치에 대한 지원금을 포함한 각종 인센티브 형태로 용역대가를 대리점에 지급하고, 대리점은 이를 재원으로 단말기를 할인판매하면서 동 지원금을 에누리로 처리하는 방식을 선택한다.

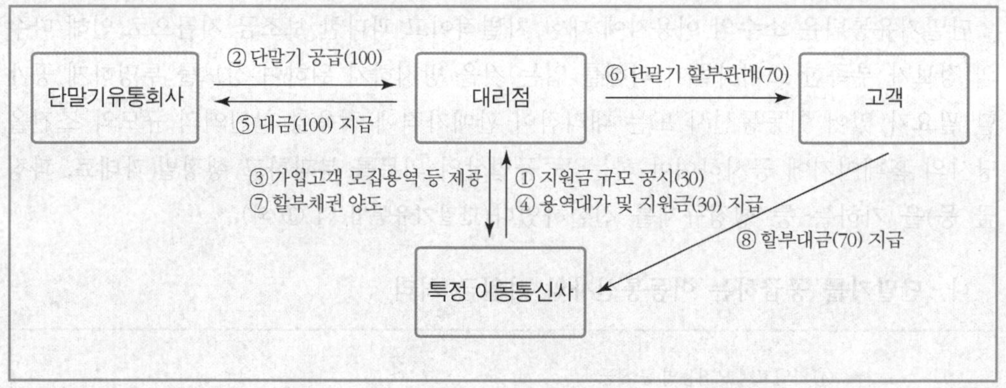

대리점이 이동통신사업자와의 계약 및 이용약관(「전기통신사업법」 제28조에 따른 이용약관)에 따라 이동통신단말기 구입에 대한 지원금(이동통신법 제2조 제9호에 따른 지원금으로서 이동통신사업자가 같은 법 제4조 제3항에 따라 이동통신단말장치별 출고가, 지원금액, 출고가에서 지원금액을 차감한 판매가 등 지원금 지급 내용 및 지급 요건에 대하여 공시한 지원금) 지급 요건을 충족하는 단말기 구매고객을 모집하는 업무 및 지원금 제공과 관련된 제반 업무를 수행하고 그 용역제공 대가로 이동통신사업자로부터 지원금이 포함된 수수료를 받는 경우 동 수수료 전액(부가가치세 제외)이 공급가액이 되며, 동 수수료를 재원으로 대리점이 이동통신사업자와의 계약 및 이용약관에 따라 지원금 지급 요건을 충족하는 이용자에게 대리점 본인의 계산과 책임하에 이동통신단말기를 그 출고가에서 지원금을 차감한 금액으로 판매하는 경우 이동통신단말장치의 출고가에서 직접 차감한 동 지원금은 에누리에 해당한다(기획재정부 부가가치세제과-46, 2015. 1. 14.).

단말기유통법이 당사자들의 계약으로 형성된 사법적인 법률관계 자체를 부인하기 위한 법률이거나 단말기유통법상 지원금 규정이 이동통신사와 고객 간 보조금채무관계를 형성하려는 것으로 의제하는 법률은 아니라고 판단된다. 이동통신사는 단말기를 사전약정에 따라 일정요건(요금제, 가입기간) 충족 시 공급된 단말기 가격을 사후에 에누리하거나 일정요건(요금제, 가입기간)으로만 단말기가 판매되도록 약정하고 공급 시에 단말기 공급가액을 낮추어 저가판매하는 거래형식을 선택할 수 있음을 인정한 해석으로 판단된다.

(3) 대리점의 고객지원금이 에누리인지

1) 기획재정부 해석(~2013. 8. 6.까지)

이동통신대리점은 판매를 촉진하기 위해 이동통신사로부터 구입한 단말기를 구입가격 이하로 판매하면서 할부판매계약서상 금액은 구입가격으로 기재하고, 동 할부판매금액 중 일부를 대리점이 대신 부담하는 경우가 있다.

동 거래의 경우 단말기 판매 시 공급조건에 고객은 대리점 부담분을 제외한 금액만 부담하면 된다는 것으로 확정하고 있고, 동일한 거래관계에 있어 현금으로 판매하는 경우 대리점이 부담하는 금액 상당액을 차감하고 수령하는 경우(에누리한 가격으로의 판매)와 그 경제적 실질에 있어 다르지 아니하므로 대리점이 대신 부담하는 금액은 단말기 판매분에 대한 에누리로 봄이 타당할 것이다(재소비-295, 2004. 3. 15. ; 국심 2004구4708, 2005. 7. 27.).

대리점이 특수관계 없는 자에게 재화를 공급함에 있어 구입한 가격보다 낮은 가격으로 공급하는 경우 그 받은 대가는 공급가액(부가가치세 제외)이 되어야 하며, 이것이 「국세기본법」상 실질과세원칙에도 부합하다. 금융감독원의 입장도 고객에게 받을 대가(대리점이 부담하는 금전을 차감하는 금액)를 수입금액으로 본다는 입장이다(회제일 8360-00519, 2003. 12. 30.).

2) 기획재정부의 새로운 해석(2013. 8. 7. 이후)

이동통신단말기를 판매하는 사업자(대리점)가 이동통신사업자로부터 구입한 단말기를 고객에게 할부계약에 의하여 판매함에 있어 할부판매금액 중 일부를 현금으로 지원하는 경우 동 대리점의 부가가치세 공급가액은 할부판매금액에서 당해 대리점이 고객에게 현금으로 지원한 금액을 차감하지 아니한 금액으로 하는 것으로 회신함으로써 그간의 기존 기획재정부 해석, 조세심판례, 회계기준원의 회신에 불구하고 동 지원금이 에누리에 해당하지 아니하는 것으로 기존 회신을 변경하였다(재부가-471, 2013. 8. 7.).

이는 할부판매의 한 형태이기는 하나 대리점이 직접 고객으로부터 금전(판매대가)을 받는 경우도 아니며, 대리점이 할부판매한 휴대폰 가격과 동일한 금액의 할부채권을 이동통신사에 매각하여 단말기 외상매입금과 상계하면서 이동통신사는 할부채권 전액을 단말기 구매고객으로부터 회수하고 있어, 고객지원금을 대리점이 이동통신사에 제공하는 서비스대행용역 증대를 위한 판매부대비용의 성격이므로 단말기의 시가(할부채권금액)가 공급가액이라는 논리가 적용된 것으로 보인다.

그러나 고객지원금은 단말기 판매와 직접 관련되어 지급되는 현금지원액이고 동 금액을 차감한 금액이 실질적 대가관계에 있는 것이며, 이동통신사에 양도되는 단말기 할부채권상의 금액은 그것이 얼마로 기재되고 외상매입금과 상계되든지 간에 이동통신사와 대리점 간의 문제일 뿐이며, 이동통신사로부터 대리점이 가입유치 대행 등의 업무를 수행하고 인센티브를 받는다고 하여 고객 지원금이 반드시 그 인센티브에 직접 대응되는 판매부대비용이라고 단정할 수 없다. 고객 지원금은 대리점과 고객과의 문제일 뿐이며 대리점이 고객에게 할인해 주는 금액의 원천이 인센티브에서 나왔는지 자기의 현금자산에서 찾아 지급한 것인지를 불문하는 것이다.

3) 단말기유통법 시행 후 고객지원금

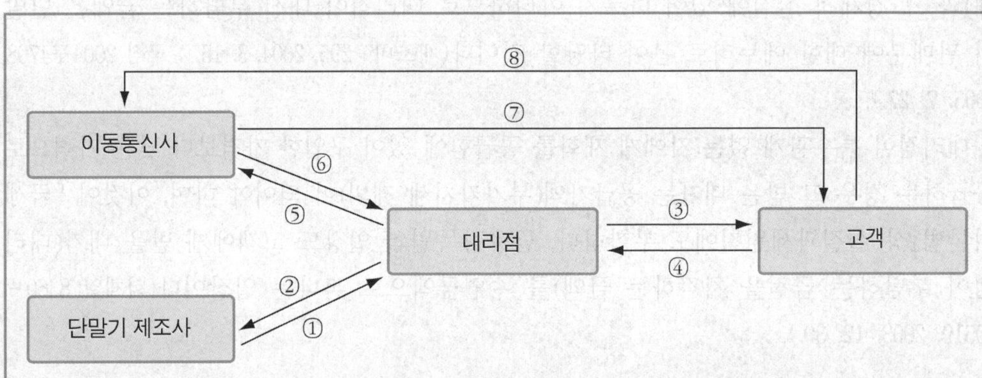

① 단말기 제조사 또는 유통회사로부터 단말기 40만 원에 구입
② 단말기 제조사에 단말기 대금 40만 원 지급
③ 대리점은 고객에게 할부대금 40만 원 중 10만 원과 고객이 이동통신사에 부담할 가입비 55,000원을 당사가 대신 지급할 것을 조건(모든 고객에게 공지)으로 단말기를 공급함. 따라서 고객이 단말기 구입과 관련하여 부담하는 총액은 30만 원이 됨.
④ 고객이 할부판매가 아닌 현금지급을 원할 경우 30만 원만 납부
⑤ 대리점이 대신 부담하기로 한 가입비를 지급, 또한 단말기 판매에 따른 할부채권 양도
⑥ 이동통신사는 대리점에 단말기 판매, 각종 서비스가입 인센티브, 고객관리용역대가로 30만 원을 수령(단말기 저가판매의 재원이 됨)과 할부채권 양도금액을 수령
⑦ 고객에게 통신용역 제공
⑧ 고객은 통신요금 및 단말기 할부대금을 매월 납부하게 됨.

가. 단말기유통법상 지원금은 에누리임

단말기유통법에서는 이통사, 대리점, 판매점이 고객의 가입유형(번호이동, 기기변경), 요금제, 거주지역 등의 사유로 부당하게 차별적 지원금을 지급하는 것을 금지하면서 이통사, 대리점, 판매점은 단말기별로 지원금의 지급 요건 및 내용을 공시하여야 하며, 공시한 내용과 다르게 지원금을 지급하지 못하며, 대리점은 공시한 보조금의 15% 이내의 추가 보조금 지급은 가능하다(§3, §4).

이 경우 공시보조금 및 추가지원금은 당연히 단말기를 공급한 이동통신사의 단말기 에누리, 고객에게 단말기를 판매한 대리점의 단말기 에누리가 된다.

| 지원금의 종류와 세무처리 |

종 류	내 용	불법 여부	세무처리
공시지원금	이동통신사업자가 지급하는 지원금으로 **방송통신위원회가 고시한 상환액을 초과할 수 없음.**	합법	매출에누리
추가지원금	대리점 또는 판매점이 지급하는 지원금으로 이동통신사가 **공시한 지원금의 15%까지 추가지급**	합법	
초과지원금*	대리점 및 판매점이 이용자에게 **페이백, 수납백 등의 방식으로 추가적으로 지급하는 보조금**	**불법**	매출에누리 불인정 or 경비 불인정*

* 기재부는 단말기유통법을 위반한 초과지원금은 일반적으로 용인되는 통상적 경비가 아니라는 의견(기재부 소득-77, 2017. 2. 10.)이다.

나. 초과지원금이 에누리 또는 필요경비 해당 여부

㉠ 개요

단말기유통법에서 허용하는 범위 내에서 단말기 구매고객의 단말기 구입대금(출고가)에서 차감되는 이동통신사의 공시지원금, 이동통신대리점의 추가지원금(공시지원금의 15% 이내)은 에누리에 해당함에는 이견이 없다. 그러나 이동통신대리점 또는 수탁판매점(대리점과 단말기 수탁판매계약을 맺은 사업자로서 이하 "수탁판매장"이라 한다)이 고객확보를 위하여 공시지원금 및 추가지원금 합계액보다 더 많은 금전(이하 "초과지원금"이라 하며, 단말기유통법상 허용되는 지원금 규모를 초과하는 단말기 구입에 따른 지원금을 말한다)을 단말기 구입고객에게 지원하는 경우가 많다.

| 보조금 및 지원금의 개정 연혁 |

구 분	시 기	관련 사례
보조금의 원칙적 금지	'00. 6월~'06. 3. 26.	• 건전한 사회통념과 상관행에 비추어 정상적인 거래라고 인정될 수 있는 범위 안의 금액은 판매부대비용 인정(서이 46012-10693, 2001. 12. 10.) • 가입비 등을 대신 부담하는 것은 접대비가 아닌 판매부대비용임(광주고등법원 2005누1267, 2006. 11. 9.).
보조금 예외적 허용	'06. 3. 27.~'08. 3. 26.	• 불특정다수에게 공시하고 통상적인 범위 내 금액은 판매부대비용에 해당(법규과-3112, 2006. 7. 27.)
보조금 허용 부당차별 규제	'08. 3. 27.~'14. 9. 30.	• 건전한 사회통념과 상관행에 비추어 정상적인거래라고 인정될 수 있는 범위 안의 금액은 판매부대비용 인정(법인세과-746, 2011. 10. 12.) • 의무사용기간 조건의 보조금은 고객유치를 위한 판매촉진비와 유사(금감원 2008-018, 2008. 12. 31.)
지원금 허용	'14. 10. 1. 이후	• 공시지원금 및 추가지원금 범위 내: 손금(에누리) 인정 • 초과지원금은 손금 및 에누리 불인정 (기재부 소득-77, 2017. 2. 10.)

㉡ 초과지원금을 수탁판매장의 필요경비로 볼 수 있는지

이동통신대리점(위탁자)으로부터 단말기를 인도받아 수수료를 지급받고 이를 판매대행하는 수탁판매장이 단말기를 고객에게 수탁판매하면서 단말기유통법 제4조 제5항에서 정한 범위를 초과하여 지출된 초과지원금은 아래와 같은 이유로 필요경비에 산입할 수 없다고 판시하였다(대법원 2021두49963, 2021. 12. 30.).

① 단말기유통법은 과도하고 불투명한 보조금 지급에 따른 문제점을 해소하고, 투명하고 합리적인 단말기 유통구조를 만들어나감으로써 이용자의 편익을 증진하고자 제정되었고, 지원금 상한 조항은 과도한 지원금 지급 경쟁을 막고, 단말기의 공정하고 투명한 유통질서를 확립하여 이동통신 사업의 건전한 발전을 이루는 한편, 이용자들의 정보접근력, 단말기의 구입시기나 구입처에 따라 보조금이 다르게 지급됨으로써 발생하는 이용자들에 대한 차별과 이로 인해 발생하는 소비자 간의 후생배분의 왜곡을 해결하기 위하여 마련되었다.

② 대부분의 이용자들이 대리점 또는 판매점을 통하여 단말기를 구입하고, 이동통신서비스 이용계약을 체결하고 있는 실제 거래 현실을 감안할 때, 추가지원금 상한 조항을 위반하여 추가지원금을 지급하는 행위는 과도한 지원금 지급경쟁을 방지하여 이동통신 사업의 건전한 발전과 이용자의 권익을 보호함으로써 공공복리의

증진에 이바지하고자 하는 단말기유통법의 입법목적에 정면으로 반하는 것이다.

③ 단말기유통법은 기존의 규제만으로는 단말기 지원금 지급 실태를 개선하기 어렵고, 과도한 지원금 지급 경쟁을 방치할 수 없다는 사회적 공감대를 바탕으로 규제 대상 범위를 확대하고 다양한 수단을 이용한 실효성 있는 사전적 규제를 실현하기 위해 제정되었던 점 등을 감안하면, 단말기유통법을 위반하여 지원금을 지급한 행위의 위법성이나 통신시장 및 단말기 유통거래 질서에 미치는 파급력, 그에 따른 사회적 비난가능성의 정도가 결코 낮다고 보기도 어렵다.

④ 단말기유통법이 이동통신사업자로 하여금 공시지원금의 지급 내용 및 지급 요건에 대하여 공시하도록 하면서도, 그와 별도로 대리점 또는 판매점에게는 공시지원금의 '100분의 15의 범위'에서 이용자에게 추가지원금을 지급할 수 있도록 허용하고 있는 것은 유통점의 영업의 자율성을 보장하면서도 유통점 간의 과잉 경쟁을 억제하고 부당한 이용자 차별행위를 방지하려는 취지에서 입법 당시의 사회통념이나 상관행상 용인되는 수준에서 그 적정한 허용범위를 정한 것으로 봄이 상당하다.

⑤ 특정 법률이 입법되어 시행된 이후에는 특별한 사정이 없는 한 해당 법률은 규범력을 갖게 되는 것이므로, 일단 단말기유통법에서 추가지원금 상한 조항을 입법한 이상 위 조항은 단말기 대리점 또는 판매점 등을 포함한 그 수범자들에게 과도한 추가지원금 지급의 제재장치로서 실질적인 규범력을 행사한다고 할 것인데, 원고가 주장하는 사정들과 제출한 자료들만으로는 원고와 같은 종류의 사업을 영위하는 다른 사업자들이 단말기유통법을 위반하면서까지 추가지원금 상한 조항에서 허용하는 범위를 초과하여 초과지원금을 지급하였어야 할 만한 불가피한 사정을 찾아보기 어렵다.

⑥ 우리나라의 이동통신서비스 시장 및 단말기유통거래의 특수성에 비추어 원고와 같은 단말기 판매업자가 공시지원금 외에 추가지원금을 지급하는 것이 어느 정도 사업상 용인될 수밖에 없다고 하더라도, 그러한 사정만으로 곧바로 원고와 같은 종류의 사업을 영위하는 다른 사업자 역시 동일한 상황에서 추가지원금 상한 조항을 위반하여 추가지원금을 지급할 것으로 일반적으로 예상되거나 용인되는 경우라고 단정하기도 어렵다. 오히려 이를 필요경비로 인정한다면 위법행위를 한 자에게 세금 감소액 상당의 보조금을 추가로 지급하는 것이 되어 위법행위를 조장하는 결과를 초래하게 될 뿐만 아니라, 위법행위를 한 자를 오히려 우대하게 되어 평등의 원칙에도 위배된다.

⑦ 그렇다면 원고가 단말기유통법이 정한 추가지원금 상한 조항을 위반하여 지출한 초과지원금은 그 지급경위나 액수 등을 건전한 사회통념이나 상관행에 비추어 볼

때 단말기 판매에 직접 관련하여 일반적으로 용인되는 통상적인 비용에 해당한다고 볼 수 없다(서울고법 2020누47139, 2021. 8. 18.).

> **▌단말기유통법 제5조【지원금과 연계한 개별계약 체결 제한】**
>
> ① 이동통신사업자, 대리점 또는 판매점은 이용자와의 이동통신서비스 이용계약을 체결할 때 이용약관과 별도로 지원금을 지급하는 조건으로 특정 요금제, 부가서비스 등의 일정기간 사용 의무를 부과하고 이를 위반 시 위약금을 부과하는 등 서비스 가입, 이용 또는 해지를 거부 · 배제하거나 그 행사를 제한하는 내용의 개별계약을 체결하여서는 아니 된다.
>
> ② 제1항을 위반하여 이동통신사업자, 대리점 또는 판매점이 이용자와 체결한 개별계약은 그 효력이 없다.

㉢ 이동통신대리점이 고객에게 지급한 초과지원금이 에누리인지 여부

ⅰ. 사건 개요

이동통신사와 단말기 판매 및 이동전화서비스가입자 유치에 관한 계약을 체결하고 그에 따른 가입자 유치수수료 및 관리수수료를 지급받는 이동통신대리점(이하 “대리점”이라 한다)은 단말기를 고객에게 판매하면서 단말기유통법에서 정하는 범위 내에서 이동통신사가 지원하는 공시지원금과 이동통신사로부터 받게 되는 관리수수료 등을 재원으로 하여 지급하는 추가지원금 외에 단말기유통법에서 정하는 공시지원금과 추가지원금을 초과하는 초과지원금을 지급하였다.

이때 공시지원금, 추가지원금 및 초과지원금을 대리점이 고객에게 판매하는 단말기 공급대가를 실질적으로 감액하는 것으로서 매출에누리인지 아니면 손금으로 볼 수 있는지에 대하여 대법원의 판결이 있었다. 참고로 위 대리점은 초과지원금을 광고선전비로 손금처리하였으나, 국세청은 위법비용으로서 손금불산입하여 법인세를 부과한 사안이다.

ⅱ. 에누리 여부에 대한 법원의 판단

법원은 위 초과지원금은 수익에서 제외되는 매출에누리액으로 대리점이 이를 익금에 산입하지 아니한 것은 정당하다고 판시하였고 대법원에서 심리불속행으로 확정되었다(서울행법 2019구합81667, 2021. 2. 10. ; 서울고법 2021누36624, 2022. 6. 24. ; 대법원 2022두50083, 2022. 11. 17.).

① 대리점이 단말기 판매계약을 체결하는 고객과 초과지원금을 지급하기로 약정하는 것은 단말기 출고가격에서 초과지원금 상당액을 바로 차감하기로 약정한 것과 경제적 실질이 같다. 즉, 고객이 지급한 단말기 구입대가는 초과지원금을 공제한 금액이고 고객도 초과지원금을 제공받음으로써 실제 단말기 매수대금이 감액된 것

으로 인식하였다.

② 초과지원금은 그 재원이 이동통신사로부터 받는 판매수수료로서 대리점과 이동통신사 사이에는 단말기 판매뿐만 아니라 이동통신서비스 가입과도 관련되어 있으나 대리점이 초과지원금을 고객에게 지급하는 단계에서는 단말기 판매에만 관련되어 있는 것이어서 대리점과 고객 사이의 약정에 따라 단말기 공급가액에서 직접 공제되는 성질을 가진다.

③ 단말기 공급거래에 따른 에누리인지는 대리점과 구매고객 사이에 거래조건에 따른 공급대가의 실질적 감액이 있었는지에 좌우된다.

④ 대리점이 이동통신사와 약정한 가격보다 더 저가로 단말기를 판매하는 것은 이동통신사로부터 받는 판매수수료 및 관리수수료를 고려하여 초과지원금 상당액을 할인한 것으로 정상적이지 않다고 단정할 수 없다.

⑤ 대리점의 온라인 몰에는 단말기에 대한 구체적 정보와 함께 이동통신사가 제공하는 공시지원금, 대리점의 추가지원금과 초과지원금에 관한 정보도 설명되어 있다.

⑥ 초과지원금은 단말기 기종, 수량, 판매시기 등에 따라 정해졌고 이에 따라 지급되었고, 고객의 가입유형(신규가입, 번호이동, 기기변경)에 따라 지원금 액수에 차등을 두었는 바, 대리점이 이동통신사로부터 수수료를 지급받기 위하여 초과지원금을 지급하였더라도 이는 대리점이 매출에누리를 하여 준 동기에 불과하다.

⑦ 대리점의 초과지원금은 고객의 해지나 변경 시 위약금의 회수가 현실적으로 불가하고, 설령 초과지원금이 회수된다고 하더라도 매출에누리가 아니라고 볼 수 없다.

⑧ 처분청은 아래 "다"의 기타지원금 판례(대법원 2021두45060, 2021. 10. 28.)에 비추어 초과지원금을 매출에누리로 볼 수 없다는 주장에 대해서도, 해당 사건은 대리점과 고객과 어떠한 내용의 단말기 판매계약을 체결하였는지 관련 증거도 전혀 제출되지 아니한 사안으로 본 사건과는 사실관계가 달라 그대로 원용할 수 없다고 배척하였다.

iii. 단말기유통법 위반이 에누리성을 부인하는지에 대한 법원의 판단

아울러 다음과 같은 이유로 초과지원금이 단말기유통법이 정한 한도를 초과하여 지급되었다고 하더라도 그 사정만으로 통상의 매출에누리가 아니라고 볼 수 없다는 취지로 판결하였다.

① 법인법 제15조, 법인령 제11조 제1항에서 수입금액에서 매출에누리를 제외한 금액을 수익으로 규정하고 있고, 대리점이 초과지원금을 고객에게 지급한 것이 분명하고 초과지원금 지급계약 자체가 당연무효이므로 고객이 초과지원금을 대리점에 반환하여야 한다고 볼 수도 없는바, 익금에서 제외하는 원인행위가 위법하더라도, 즉 단말기유통법이 정한 한도를 초과하였다는 사정이 있더라도 법인이 경제적으

로 그 이익을 얻지 못하는 이상 수익을 얻은 것으로 보아 익금을 구성할 수 없다.

② 단말기유통법에서 규제하는 지원금의 범위는 시장상황과 그에 대한 정책적 판단에 따라 변동될 수 있는바 이러한 점을 감안하면, 초과지원금은 단말기유통법이 정한 한도를 초과하였다는 사정만으로 초과지원금의 지급 및 이를 조건으로 한 계약 자체의 사법상 효력을 부인할 수 없다.

③ 처분청은 대법원은 사회질서에 위반하여 지출된 비용에 대하여 통상적인 비용으로 보지 않는 요건으로 사법상 효력이 부인될 정도까지는 요구하지 않는다고 주장하지만, 동 법리는 위법하게 지출된 비용의 손금불산입 사안으로서 매출에누리에 관한 것이 아니다.

④ 매출에누리가 기본적으로 비용적 속성을 가지므로 법령위반의 손금과 같은 기준을 적용하여야 한다는 입장도 상정할 수 있으나, 법인법이 익금과 손금을 준별하여 손금에 관하여 일반적으로 인정되는 통상적인 것이거나 수익과 직접 관련된 것이어야 한다는 규정을 두고 있을뿐 손금과 달리 익금에 관하여는 그와 같은 규정이 두고 있지 아니한 이상 초과지원금이 단말기유통법이 정한 한도를 초과하였다고 하여 매출에누리로 익금차감항목이 된다는 점에 영향을 미치지 아니한다.

다. 기타지원금이 에누리인지 여부

이동통신대리점이 이동통신사업자로부터 이동통신서비스 가입자유치 및 관리업무 등을 위탁받고, 이동통신단말기를 구매하여 이동통신서비스 가입자에게 판매하기로 하는 내용의 대리점계약을 체결하고, 대리점으로부터 단말기를 새롭게 구입하는 고객이 기존 이동통신사업자에게 납부하여야 하는 중고단말기에 대한 미납 할부대금, 미납 통신비, 해지위약금 및 신규 가입자가 이동통신사에 납부하여야 하는 가입비, 유심카드비, 채권료, 번호이동수수료 등(이하 '기타지원금')을 대납하거나 고객들에게 현금으로 지급하고 고객 대신 납부하거나 고객들에게 현금으로 지급한 기타지원금이 에누리에 해당하는지에 대하여 법원의 판결은 부정적이다.

이 사건 지원금[중고 단말기에 대한 미납 할부대금(이하 '미납 할부대금'이라 한다), 서비스이용요금(미납 통신비), 해지위약금 및 신규 가입 이동통신사업자인 케이티에 납부하여야 하는 가입비, 유심카드비(USIM), 채권료, 번호이동수수료 등을 통틀어 말한다]은 다음과 같은 이유로 이동통신대리점이 고객들에게 단말기를 공급함에 있어서 일정한 조건에 따라 공급가액에서 직접 공제되는 금액으로 볼 수 없으므로 부가법에서 정한 에누리액에 해당한다고 할 수 없다고 판시하였고 대법원에서 심리불속행으로 종결되었다(서울고법 2020누69085, 2022. 8. 18. ; 수원고법 2020누14676, 2021. 6. 25. ; 대법원 2021두45060, 2021. 10. 28. ; 대법원 2021두45053, 2021. 10. 28.).

① 에누리액은 당해 재화 또는 용역의 가격 자체를 깎아 주는 것이어야 한다는 '직접

성'의 요건이 개념상 본질적인 요소인바, 최종소비자의 입장에서 해당 재화 또는 용역의 공급과 관련된 전체적인 거래과정에서 결과적으로 일정 금액의 경제적 이익이 발생하였다고 해서 그 금액이 모두 에누리가 되는 것은 아니고, 해당 재화 또는 용역의 공급 그 자체와 직접적으로 연계된 경제적 이익만이 에누리에 해당될 수 있다. 그런데 이 사건에서와 같이 단말기의 대금 자체를 깎는 것이 아닌 별도 계약에 따른 고객의 제3자에 대한 채무를 대신 부담하는 것까지 부가법이 정한 단말기 공급가액에서 '직접' 공제하는 에누리로 해석하는 것은 법문에서 정한 '직접성'의 요건에 대한 문언적 해석의 범위를 벗어난다.

② 고객이 이동통신대리점으로부터 단말기를 구매하는 거래와 이동통신사가 제공하는 이동통신서비스에 가입하는 거래는 그 계약의 주체와 대상 등이 엄연히 구분되는 별개의 거래인데, 이동통신대리점이 대납한 지원금 항목들은 본래 고객이 이동통신서비스 가입과정에서 이동통신사업자에게 지급하여야 하는 비용으로(미납 할부대금 역시 고객이 종전 단말기에 관한 할부대금 채권을 승계한 이동통신사업자에 대하여 부담하는 채무일 뿐임), 단말기의 소유권 이전이라는 재화의 공급과는 별개인 이동통신서비스 제공이라는 용역의 공급과 직접적으로 결부된 것이다.

③ 고객으로서는 이 사건 지원금 상당의 비용을 면제받더라도 신규 단말기 대금은 할부기간에 걸쳐 모두 지불하여야만 한다. 이동통신대리점 역시 지원금 대납방식으로 고객에게 단말기를 판매할 경우 할인되지 않은 정상가격의 단말기 할부대금채권을 이동통신사에 양도하여 그에 상응한 양도대금을 지급받게 되므로, 이동통신대리점 입장에서 단말기 판매에 따라 받는 대가에는 이 사건 지원금 상당이 직접 반영되지 않는다. 다만, 이동통신대리점은 이 사건지원금 상당을 지출하고 이러한 영업방식을 토대로 이동통신서비스 가입 고객이 늘어나면 이동통신사로부터 더 많은 수수료를 받음으로써 우회적으로 위 지원금 상당의 지출을 보전하고 경제적 이득을 얻을 뿐이다.

④ 이 사건 지원금은 기본적으로 단말기 대금 자체를 직접 인하하지는 않은 채 이동통신서비스 신규 가입의 장벽인 부대비용의 부담을 없애면서 신규 가입 수요를 늘리는 것으로서 그 지급 목적 자체에 장려금과 유사한 성격이 있다.

⑤ 단말기 구입 보조금 지원방식의 경우 고객이 체감하는 비용 경감의 효과가 할부기간 전체에 걸쳐 분산되는 반면, 이동통신서비스 신규 가입에 따른 부대비용은 그 채무 이행시기가 곧바로 도래하여 그에 따른 경제적 · 심리적 부담이 일시에 집중될 수 있는 등 대납방식의 지원은 단말기 할부대금에서 일정액이 할인되는 것과는 비용 경감의 방법, 시기 및 기간 등에 있어서 차이가 있어 고객 입장에서 경제적으

로 다가오는 의미가 반드시 동일하다고 보기 어렵다. 단말기의 최종소비자인 가입자들은 단말기 구입 및 이동통신서비스 가입 당시 지급할 전체 대금에 대하여 주된 관심과 이해관계가 있을 것이지만, 이 사안에서 단말기 자체는 할인된 가격이 아닌 정가로 공급되었고, 단지 단말기 공급계약을 체결하면서 이동통신서비스 이용료의 할인을 위해 이 사건 지원금 상당액을 지급하기로 하는 내용의 별도의 약정이 있었다고 보는 것이 오히려 자연스럽다. 이동통신사업자가 지급하는 현금 보조금 상당액이 곧바로 단말기 판매대금에 반영되는 단말기 약정보조금 지원방식에서는 당사자의 의사를 '단말기 공급대가를 감액해 주겠다'는 것으로 해석하는데 큰 무리가 없지만, 단말기 공급가액 자체에는 변동이 없이 이동통신용역과 관련한 대가를 일부 감액해 주는데 불과한 본 사안에서까지 이동통신대리점과 고객 사이에 이 사건 지원금 상당을 단말기 공급가액에서 감액하여 결제하기로 하는 내용의 약정이 거래 당시부터 존재하였다고 보는 것은 자연스럽지 않다.

⑥ 이 사건 지원금의 범위가 단말기의 종류나 수량 등 공급조건에 따라 어떻게 달라지는지 여부를 확인할 만한 자료가 없다. 단말기 구입 보조금을 통해 단말기 대금 자체를 직접 인하하는 방식의 경우에는 단말기의 기종, 판매 시기, 보상 판매인지 여부 등 이동통신사에 의해 사전에 정해진 기준에 따라 현금보조금의 지급 여부와 액수가 결정되는 것으로 보이나, 이 사건 지원금의 항목은 이동통신서비스 이용조건과 직접 연계된 것이고, 그 금액 역시 고객의 기존 이동통신서비스 이용 기간과 내용, 신규 가입 내용 등에 따라 다를 수밖에 없으므로, 고객이 구입한 단말기의 종류나 수량 등을 기준으로 그 지급 범위에 일률적인 차이를 두기에는 적합하지 않아 보인다.

⑦ 이동통신대리점이 가입자들과 출고가격으로 단말기를 매매하는 계약을 체결하면서 이와 동시에 이 사건 지원금 상당액을 대납해주는 등의 형태로 단말기를 판매하였고, 그에 따라 출고가격에서 위 금원을 차감하는 가격으로 실질적으로 단말기 매매대금이 정해지는 거래 구조가 형성되었다고 볼 수 있는 경우, 이 사건 지원금은 그 지급 명칭을 불문하고 단말기 공급가액에 포함되지 아니하거나 단말기 공급과 직접 관련된 에누리액으로 볼 여지가 있다. 그러나 이동통신대리점은 이동통신사나 고객들과 사이에 단말기 할인과 관련하여 체결된 약정서 등을 전혀 제출하지 않고 있어 원고가 가입자에게 어떤 조건에서 해당 금원을 지급하였는지, 이동통신대리점과 케이티 사이에 현금보조금의 지원이나 정산에 관한 어떤 약정이 있었는지를 알 수가 없다. 그리고 이동통신대리점이 제출한 자료들(고객지원금내역)만으로는 이동통신대리점과 가입자들이 단말기 매매계약 과정에서 구체적으로 합의한

약정 내용을 알기 어려울뿐더러, 이동통신대리점이 이 사건 금원을 실제로 단말기 구입을 지원해주기 위한 목적에서 해당 고객들에게 지급한다고 인정하기도 어려워 보이며, 가입자 간 지원 금액의 일관성이 발견되지 않는 점에 비추어 공급조건에 따른 지급비율이 정해져 있다고 보기도 어렵다.

라. 법원의 판결에 대한 대응방안

㉠ 이동통신대리점의 초과지원금에 대한 세무처리 방향

위 "나"의 "㉢ 이동통신대리점이 고객에게 지급한 초과지원금이 에누리인지 여부"에서 적시된 판결로 인하여 대리점이 초과지원금을 손금으로 세무처리한 경우에도 익금에서 제외하는 에누리로 볼 수 있으므로 대리점들이 법인세의 부담에서 벗어나게 되었고, 오히려 대리점이 사전약정에 따라 실제 지급한 초과지원금을 에누리로 볼 수 있어 부가가치세 과세표준도 감액할 수 있게 되었다. 향후 초과지원금을 광고선전비나 판매부대비용으로 처리할 것이 아니라 고객과의 사전약정에 따라 단말기 공급대가를 지원해 주는 단말기 에누리방식으로 처리한다면 부가가치세의 절세가 예상된다. 물론 단말기유통법 위반에 대한 불이익은 별론으로 한다.

기타지원금에 대하여는 아래 "㉡"의 "ii"에서 같이 검토하기로 한다.

㉡ 수탁판매장의 초과지원금에 대한 세무처리

단말기 수탁판매장의 경우 초과지원금과 기타지원금의 부가가치세 문제가 있다.

i. 초과지원금에 대한 처리방향

수탁판매장의 경우 초과지원금이 단말기유통법을 위반한 비용으로서 소득법 제27조 제1항에서 정하는 "사업소득금액을 계산할 때 필요경비에 산입할 금액은 해당 과세기간의 총수입금액에 대응하는 비용으로서 **일반적으로 용인되는 통상적인 것**의 합계액"에 해당하지 않아 필요경비를 인정받을 수 없다. 그 해결방안으로 다음의 두 가지 방법을 소개해 본다.

① 대리점과 수탁판매장 간에 거래구조의 변경이 있을 수 있다. 국세청이 소유권유보부판매를 인정하는 유권해석을 생성하였는 바, 대리점이 판매장에 소유권유보부로 단말기를 판매하고 판매장이 고객에게 단말기를 판매한 때에 비로소 대리점이 판매장에 공급한 단말기의 공급시기가 되는 매매거래로 전환하여 판매장이 단말기 공급주가 되어 고객과의 사전약정에 따라 단말기 공급대가의 일부를 초과지원금으로 지급하는 방식으로 판매장의 단말기 에누리로 처리할 수 있다(기준-2021-법령해석부가-0164, 2021. 8. 31.).

② 판매장이 대리점으로부터 수수료를 지급받는 관계를 계속 유지하고자 한다면 대리점이 판매장을 통해 고객과의 사전약정에 따라 단말기 공급대가의 일부로 초과지원금을 지급하는 구조로의 변환이 있을 수 있다. 그리하면 판매장은 초과지원금을 대리점으로부터 받아 그대로 고객에게 전달하는 위치에 서게 됨에 따라 초과지원금은 대리점의 단말기 공급에 대한 에누리가 되고, 판매장은 초과지원금이 판매수수료(용역매출)에 포함되지 않게 된다.

이동통신사 대리점(이하 "사업자")이 판매점에 물품을 반출한 후에도 소유권을 가지고 물품 소유에 대한 위험과 책임을 부담하다 판매점이 해당 물품을 소비자에게 판매 시 사업자에게 매매를 요청하면 사업자와 판매점 간의 매매가 성립되어 판매점이 자신의 권한과 책임으로 소비자에게 물품을 판매할 수 있는 것으로 약정한 거래가 기타 조건부 판매에 해당하는 경우 사업자의 물품 공급시기는 부가령 제28조 제2항에 따라 조건이 성취되어 판매가 확정되는 때인 판매점의 소비자 판매시점이 되는 것임.

ⅱ. 기타지원금에 대한 세무처리

기타지원금의 경우 앞서 설명한 판례의 내용에 비추어 볼 때 대리점이 고객의 중도해지 위약금, 가입비, 유심카드비, 채권료 및 번호이동수수료 등을 고객에게 대납 또는 지원하는 방식보다는 위 초과지원금의 형태(예를 들어, 가입비 상당액을 초과지원금에 가산하여 초과지원금을 증가시키는 방식)로 단말기 공급대가의 일부를 지원하는 방식으로 변경하여 에누리를 인정받는 방향으로 판매방식을 변경함이 타당하다. 위 "ⅰ"과 같은 방식으로 수탁판매장도 처리하면 된다.

이때 에누리 인정을 위해 공급조건, 지원금의 일관성 등에 대한 사전약정과 지원사실을 확인할 수 있는 서류를 갖추어 두는 것도 중요하다.

(4) 이동통신사, 대리점 및 판매장의 세무처리 요약

1) 대리점 및 판매장 간 세무처리

가. 대리점과 판매장 간 단말기 공급거래 형태

이동통신대리점과 판매장 간의 관계는 단말기를 판매장이 수탁판매하고 그 수수료를 지급받는 위탁매매를 취하기도 하고, 일부는 단말기 매매거래를 표방하기도 하며, 현실은 두 가지 거래를 혼용하는 경우가 많다.

대법원은 대리점이 이동통신사업자로부터 단말기를 인수할 당시 정해진 대금으로 이를 매수하되 그 소유권은 대금완납시점까지 이동통신사업자에게 유보하기로 하고, 대금 지급 시기는 유예될 수 있으나 계약이 종료된 경우에는 그 기한의 이익을 상실하여 즉시 지급하도록 약정하였다면 이동통신사업자와 대리점 사이의 단말기의 공급에 관한 법률관계는 단말기의 공급과 이에 대한 대금의 지급을 기본으로 하는 소유권유보부매매의 실질을 갖는 것으로 판시하는 등 소유권유보부거래, 즉 매매거래를 인정한 사례(대법원 2009다105253, 2010. 7. 29.)가 있다. 하지만, 저자의 견해로는 대리점과 판매장 간에는 위탁판매계약을 기초로 판매장이 대리점을 대신하여 가입자에게 단말기를 판매하면, 매월 단말기 판매대금을 정산하여 지급하면서 대리점으로부터 판매수수료를 받고(판매대금과 판매수수료의 정산) 있으며, 판매장이 재고위험을 전혀 부담하지 아니하고 대리점이 요구하는 조건으로 단말기를 판매하고, 단말기 매매차익을 얻는 것이 아니라 지원금 등을 감안한 수수료를 얻는 관계로서 두 사업자 간의 거래는 '위탁매매'에 해당한다고 본다(조심 2017부0017, 2017. 3. 2.).

또한, 판매장이 이러한 매매거래와 위탁거래를 혼용하는 이유는 대리점으로부터 각종 지원금을 포함 수수료에 대하여 세금계산서를 발급하여 고액의 부가가치세를 납부하게 됨으로써 단말기 매입자료를 수취함으로써 부가가치세 및 소득세를 포탈하려는 의도로 보인다.

나. 단말기의 공급시기

단말기를 고객에게 공급(현금 및 신용카드 판매)하는 경우 원칙적 공급시기는 해당 단말기를 고객에게 인도하는 때로 한다. 다만, 장기할부판매하는 경우에는 대가의 각 부분을 받기로 한 때가 되는 것이나, 대리점이나 판매장이 고객 등과의 사전약정에 따라 해당 할부채권을 이동통신사나 보험사 등에 매각하는 경우 단말기를 인도하는 때를 공급시기로 한다. 따라서 현행 단말기 공급에 대하여 세금계산서를 발급하는 경우 인도시점을 공급시기로 하여 판매금액 전액을 공급가액으로 기재하여 발급하여야 하고, 현금영수증의 경우 이동통신사가 대리점 등을 대리하여 단말기할부금을 수납하는 때에 발급하여 공급시기와 차이가 발생할 수 있고 대리점이 폐업한 이후에도 이동통신사에 의해 현금영수증이 발급될 수 있어 주의가 요구된다(국심 2013서2178, 2013. 6. 28. ; 부가-660, 2012. 6. 8.).

다. 대리점이 받는 관리수수료 등의 공급시기

대리점이 이동통신사업자에게 가입자 유치 및 관리, 수납대행 등과 관련된 용역을 계속적으로 제공하고 매월 그 대가를 받는 경우 공급시기는 사전에 단가가 정해져 있는 경우와 단가가 일부 또는 전부가 정해져 있지 아니하여 정산에 의하여만 대가가 확정되는 경우로 구별되므로, 다음과 같은 사례를 참조하여 공급시기를 판단하여야 한다.

① 사업자가 "갑"사에 용역을 공급하고 수수료를 지급받는데 그 수수료는 ㉠ 고객을

유치한 때, ㉡ 고객이 "갑"사에 월 사용료를 납입한 때, ㉢ 한글문자정보 고객이 신규가입한 때, ㉣ 자동이체가 확인된 때, ㉤ 사용요금을 수납대행한 때 바로 확정되고, 다만 지급의 편의상 대금은 다음 달 20일의 기한 내에서 정산하기로 하는 내용의 약정을 하였다면 2009. 12월분의 수수료에 대한 용역의 공급시기는 부가령 제22조 제1호에 따라 당해 용역의 제공이 이루어진 2009. 12월 말이라고 보는 것이 상당하다 할 것이고, 따라서 "갑"사가 사업자에게 지급일까지의 채권과 상계하고 수수료를 지급할 수 있도록 정하였음을 들어 그러한 정산과정을 거친 후 다음 달 20일에 공급가액이 확정된다고 주장하나, 이러한 반대채권의 존재는 사업자들의 입장에서는 비용 내지 매입항목에 불과하여, 사업자의 매출은 "갑"사의 사업자에 대한 반대채권과는 무관하게 용역의 공급시기에 확정된다(대법원 2007두20546, 2008. 1. 17.).

② 사업자가 이동통신사업자에게 가입자유치, 요금수납서비스 및 가입자 관리용역을 제공하기로 하는 대리점계약을 체결하여 매월 공급단위를 정하여 대가를 받기로 한 경우로서 해당 월의 용역대가가 사전에 정해진 용역의 종류별 단가에 해당 월의 말일까지 이루어진 용역의 종류와 수량을 곱하여 단순히 이를 합산하여 정해지는 것이 아니라 해당 용역을 제공하는 해당 대리점의 전체 판매실적이나 목표 건수 초과실적 등 다수의 공급대가 구성요소를 고려하여 산정되는 경우에는 해당 용역의 공급시기는 부가령 제29조 제1항 제4호 및 같은 법 시행령 같은 조 제2항 제1호에 따라 대가가 확정되어 그 대가의 각 부분을 받기로 한 때이다(서면-2015-부가-22386, 2015. 3. 21.).

라. 각종 대납액의 매입세액공제

이동통신단말기 판매대리점이나 판매장이 단말기 구입고객이 통신회사에 납부할 가입비, 통신비 등을 신용카드로 대납한 경우 재화나 용역을 공급받고 수취한 세금계산서상의 매입세액이 아니므로 매출세액에서 공제받을 수 없다(서면법규과-147, 2013. 2. 8.).

마. 할부채권 매각과 세무처리

일반적으로 재화나 용역의 공급으로 받는 모든 대가가 그 공급가액을 구성하므로 장기할부판매로 받게 되는 할부원금과 이자는 공급가액에 포함되며, 할부채권의 매각은 부가가치세 과세대상이 아니다(부가 46015-4707, 1999. 11. 26. ; 서면3팀-2100, 2006. 9. 11. ; 서면법규과-962, 2014. 9. 2.). 또한 대리점이 이동통신사에 할부채권을 매각과정에서 원금(이자 포함)보다 저가로 대가를 받은 경우 그 차액은 채권매각손실로 비용처리하는 것이 타당하다.

2) 이동통신사의 세무처리

가. 통신용역의 공급시기

이동통신사업자가 통신용역을 가입자에게 계속적으로 공급하는 경우의 공급시기는 대가의 각 부분을 받기로 한 때(이용요금 납입기한)이다. 다만, 동 이용요금 납입기한 이전에 공급대가를 받는 경우에는 그 받은 때가 공급시기가 된다(부가 46015-1897, 1995. 10. 14.).

나. 단말기보험 서비스의 면세 여부

「전기통신사업법」상 전기통신사업자가 보험회사와의 제휴를 통해 휴대폰 분실, 도난 또는 파손 등의 사고 발생 시 기기변경 비용 또는 파손수리비의 일정부분을 지원하는 내용의 서비스(이하 '휴대폰 보상서비스'라 함)와 2년의 무사고 기간 만료 시 기기변경 포인트를 제공하거나 출고가 대비 일정비율만큼 단말기를 보상매입을 내용으로 하는 서비스(이하 '잔존물 보상서비스'라 함)를 고객에게 공급하고 각각의 서비스에 대한 대가를 일괄하여 수취하는 경우, 휴대폰 보상서비스는 부가법 제26조 제1항 제11호에 따라 부가가치세가 면제되나, 잔존물 보상서비스는 부가법 제4조 제1호에 따라 부가가치세가 과세된다(기획재정부 부가가치세제과-566, 2016. 12. 26.).

다. 분리과금서비스의 세금계산서 발급 방법

임직원의 명의로 등록된 휴대폰에 대하여 임직원이 업무로 사용한 통화요금을 전액 또는 일정액을 회사가 임직원에게 지원할 경우 가입된 해당 이동통신사에서 회사로 세금계산서 발행이 가능한지는 해당 재화 또는 용역의 공급시기에 공급받는 자에게 발급하는 것으로 해당 용역을 계약상 또는 법률상의 원인에 의하여 실제 공급받는 자에게 세금계산서를 발급하는 것이다(서면3팀-32, 2006. 1. 5.).

해당 통신용역 거래의 본질이 사실상 법인과 그 소속 임직원의 공동사용약정이고 그것이 가장행위나 조세탈루나 회피를 위한 목적이 아니라면 조세부담을 최소화하는 거래형식을 취하였다고 하여 그 법적거래형식을 부정할 수 없는 것이다. 따라서 이동통신사는 통신용역에 대하여 3자 간에 사전약정에 따라 법인에게 세금계산서를 발행하거나 분담비율을 법인이 이동통신사에 사전 통지하여 실제 용역사용분만큼 법인에게 세금계산서, 임직원에게 영수증을 발급할 수 있을 것이다. 나아가 임직원이 법인을 위하여 재화 또는 용역을 공급하고 자신의 신용카드로 결제한 경우 법인에서 매입세액공제를 허용한 사례나 분리과금 통신비를 법인세법상 손금으로 회신한 사례에 비추어 법인이 받은 세금계산서를 사실과 다른 세금계산서로 보기는 어렵다고 본다(전자세원과-655, 2010. 12. 10. ; 서이 46012-11470, 2003. 8. 9. ; 대법원 94누6239, 1996. 2. 9.).

라. 유선인터넷 결합상품 가입 시 사은품 지급액의 세무처리

① 가입시 상품권을 지급한 경우

이동통신사가 초고속인터넷(인터넷 전화, 인터넷 TV) 상품의 가입자 유치, AS서비스를 대리점에 위탁하고 유치 및 관리수수료를 지급하며 대리점은 직접 또는 위탁판매점을 통하여 가입자를 유치하고 가입자에게 사은품(현금 또는 상품권)을 제공하고 있다.

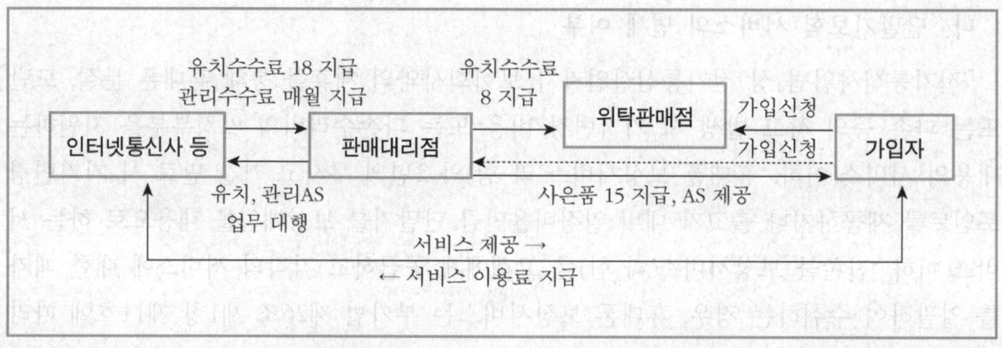

이때 가입자가 지급받는 일명 “사은품”은 기타소득인 사례금에 해당하지 아니한다. 사무처리나 역무제공과 관련성이 없으며, 가입계약을 통하여 계약유지의무와 요금납부의무가 발생하고, 중도해지 시에는 반환의무가 있으므로 가입자가 사은품 수령으로 소득이 발생한 것이 아니기 때문이다. 또한, 대리점은 이동통신사로부터 유치수수료(실질과세의 원칙 및 경제적 실질의 관점에서 볼 때 위 사은품의 실제 부담자는 통신사로 볼 수 있다)를 지급받아 그 재원으로 자기의 책임과 계산하에 가입자에게 사은품 등을 지급한다면 미래 수익창출에 대응되는 비용성격으로 파악된다. 다만, 유치수수료에 포함된 사은금품이 이동통신사의 재원으로 하여 계약에 따라 대리점, 위탁판매점을 거쳐 가입자에게 그대로 전달하는 금액 도관 성격이라면 대리점이나 판매점의 비용이 될 수 없고 오직 이동통신사의 비용 또는 에누리에 해당될 것이다(기획재정부 소득세제과-386, 2013. 7. 19. ; 기획재정부 소득세제과-397, 2013. 7. 23. ; 대법원 2014두41404, 2014. 12. 24.).

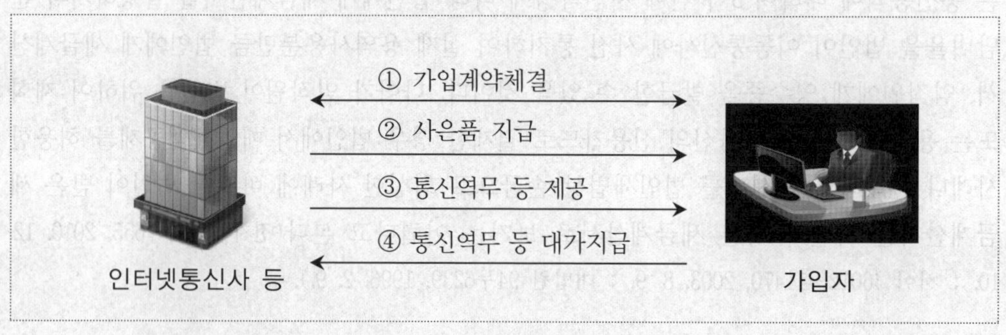

상품권을 사은품으로 지급한 경우 법원에서는 ① 인터넷결합상품 서비스용역대가의 이용약관에서 정한 조건에 따라 할인된 요금 전부를 받고 있고(상품권을 통신요금에서 직접 차감하는 법적 거래형식을 취하지 아니함), 경품 및 위약금(할인 반환금) 규정을 두고 있어 해당 용역대가에서 요금할인과 별도로 상품권가액을 차감하기로 하는 합의가 있었다고 보기 어렵고, ② 신규 및 재약정 가입자에게 가입유인을 위해 부수적으로 지급하고 있어 그 지급 목적 자체에 장려금과 유사한 성격을 가지며, 소비자약관에도 경품으로 명시되어 있어 별도의 비용항목으로 보는 것이 자연스러우며, ③ 상품권가액을 의무가입기간으로 나누어 공급가액에서 공제하거나 약정기간 경과 시에 소급하여 에누리로 공제하는 것이 통상적인 방식으로 보기 어려우며, ④ 방송통신위원회로부터 지급기준 준수를 하지 아니하고 경품을 지급하여 시정명령을 받았다는 점에서 공급 당시 일관된 기준에 의해 지급된 것도 아닌 점, ⑤ 통신사가 신고한 과세표준에는 통신용역과 상품권 가액이 포함되어 있는바, 상품권 가액만큼은 과세표준에서 감액되어야 한다는 주장은 결합상품 요금 책정이 고려되었다거나 고객과의 합의가 있었다고 보기 어렵고 주된 통신용역에 포함되는 사업상증여로 보기 어려워 유선인터넷상품 매출을 감소시키는 항목이 아닌 별도의 비용 항목으로 보는 것이 자연스럽다고 판시하였다(대법원 2021두46407, 2021. 11. 11.).

위 판례는 상품권은 사용범위와 조건이 제한되어 있는 등 유통성이 현금과 달라 현금지급으로 볼 수 없다는 전제에서 출발하였다. 나아가 일정기간 사용하지 않을 경우 소멸되기도 하여 현금과 동일하다고 평가될 수 있는 재산적 가치가 있다고 보기 어렵다고 판시하였다. 상품권이 현금과 유사하거나 현금적 가치를 지니고 결제수단으로 사용할 수 있음을 부인할 수 없다고 보지만 그저 유가증권의 하나일뿐 현금 그 자체는 아니라는 판단의 기조는 상급심에서도 그대로 유지되었다.

위 판결의 문제점은 첫째, 장려금은 중간대리점의 관계에서 발생하여 판매실적에 따라 사후에 지급하는 금품으로서 최종소비자와의 관계에서 적용하는 것은 무리이고, 약정기간을 지키지 못하고 중도 해지한 경우 상품권 가액의 일부를 반환하여야 하는바, 이것은 장려금이 아니라는 반증이기도 하다. 둘째, 경품은 우연한 결과에 따라 지급하는 것으로 신규가입(재계약) 고객 모두에게 지급한다는 점에서 가입고객에게 지급된 상품권을 판매장려금이나 경품과 유사(흡사 또는 준한다)하다고 판단한 것은 세법상 장려금과 경품의 정의개념에 정확히 부합하지는 않는다. 아마도 법원은 단지 사은품이 에누리로 볼 수 없는 판매부대비용 성격이라는 점을 말하고자 함이었던 것으로 추측된다.

유선인터넷결합상품 공급 시 약정기간 등 일정한 지급기준에 따라 증여하는 상품권을 사업상증여에 해당하는 사은품으로 본다면, 사은품 제공은 그 자체로서 주된 거래(유선인터넷결합상품)와는 독립된 거래로서 그 대가가 당초 주된 거래에 포함되어 있다고 보기 어렵다. 사업상증여는 주된 재화 또는 용역의 공급과는 별도로 증여되는 재화에 대하여 별도로 부가가치세를 과세할 것인지에 대한 근거규정일 뿐이다.

따라서 사업상증여에 해당한다고 하여도 상품권 자체가 부가가치세 과세대상이 아니고 상품권 취득 시에 매입세액을 공제받지도 않아 상품권 제공에 대하여 부가가치세가 과세될 수 없다는 것뿐이지 주된 거래의 공급대가를 차감 또는 증가시키는 요소가 될 수 없음은 명백하다.

상품권이 현금이 아니라는 전제하에, 유선인터넷결합상품이라는 과세용역(공급가액을 10만 원이라 가정)에 1년 이상 가입조건으로 상품권(1만 원)을 끼워 판 경우로서 해당 상품권을 기증품, 할증품, 증정품으로 보더라도, 주된 통신용역 등의 공급가액에서 증여한 상품권 1만 원을 차감할 수 없다. 이는 기증품 등의 제공은 주된 거래인 통신용역의 공급대가에 포함되거나 주된 용역의 공급에 부수되므로 증여되는 재화가 과세든, 면세든, 비과세이든 주된 용역의 대가로 받은 10만 원에는 영향을 미치지 아니한다. 이는 사업자가 고객에게 제공하는 기증품 등이 주된 통신용역 등의 공급에 포함되기 때문에 기증품을 별도의 공급으로 보지 않는 데서 기인한다. 따라서 기증품 가액을 주된 용역의 공급대가에서 차감하는 것이 아니라 주된 용역의 과세 또는 면세 여부에 따라 기증품도 그에 종속될 뿐이다(부가통칙 10-0-6). 아래의 표를 보면 분명해진다.

| 할증품(또는 현금) 지급 시 공급가액 |

(부가세 제외)

사례	주된 재화(@10만 원)	증정품(@1만 원)	받은 대가	공급가액
1	과세 공산품(10만 원)	현금[1]	10만 원	9만 원
2		상품권	10만 원	10만 원[3]
3		과세재화	10만 원	10만 원[2]
4		면세재화	10만 원	10만 원[3]

1) 10만 원 이상 공급하면 1만 원을 돌려주기로 약정되어 있어 1만 원 반환

2), 3) 위 "사례 3, 4"에서 공산품 공급의 대가로 10만 원을 받았으므로 부가가치세 공급가액은 10만 원일뿐 할증품이 과세냐 면세(비과세)냐에 따라 주된 재화의 공급가액이 달라질 수 없다. 즉, 주된 과세재화의 공급으로 받은 10만 원이 부가가치세 공급가액이고, 그 대가로 사전약정에 의해 공급 당시 지급한 면세재화인 증정품을 제공한 것이므로 공급가액의 변동은 없다.

반면, 공급자의 공급목적과 의도가 둘 이상의 과세 또는 면세재화를 각각 공급대상 목적물로 삼아 하나의 거래단위로 묶어 공급하려는 것이었거나, 주된 공급과 부수된 공급으로 분명하게 구분되는 하나의 결합상품(Mixed Suply)의 공급으로서 그 구성물품 등

이 각각 독립된 기능을 수행하거나, 둘 이상의 재화를 한 번에 구매한 것으로 인식될 수 있는 경우에는 그 받은 대가를 해당 재화 중 과세분과 면세분으로 사전에 가격을 구분하여 받았다면 그 가격으로, 구분하지 않았다면 공급가액을 과·면세분으로 안분계산할 수 있을 것이다. 하지만 유선인터넷결합상품과 상품권을 각각 별개의 독립된 거래 목적물로 인식하여 각각의 가격을 책정하여 공급한 것이 아니므로 상품권 가액을 받은 대가에서 차감하거나 안분계산할 사안이 아니라고 본다.

따라서 유선인터넷결합상품이 약정기간 등의 일정한 지급기준을 충족하는 경우 예외 없이 지급되는 상품권이라면 사은품이든 증정품이든 주된 용역거래와는 별도로 무상지급되거나, 주된 용역거래의 대가에 포함되는 것으로서 받은 대가에서 그 상품권가액을 차감할 수 없다고 판단된다.

② 가입 시 현금을 지급한 경우

시내전화용역의 제공, 전기통신회신설비 임대용역 제공, 전기통신망의 구축·소유·운영하는 종합유선방송사업자(원고)가 이용자들에게 종합유선방송서비스 및 인터넷서비스 등(이하 ‘이 사건 용역’)을 공급하면서 일정 조건을 충족하는 고객에게는 고객의 선택에 따라 요금을 감면하여 주거나 사은품으로 현금(이하 ‘이 사건 금원’)을 지급하였는데 종합유선방송사업자가 이 사건 금원이 부가가치세 과세표준에서 제외되는 에누리액에 해당한다는 주장에 대하여 법원은 원고는 서비스 이용계약서의 일부인 ‘서비스 계약 표준안내서’의 ‘서비스 요금 정보’란에 가입상품에 따른 약정사항, 월 정액요금, 월 요금할인액, 월 납부액 등을 명시적으로 기재하고, 원고의 이용약관 제1항(상품의 종류 및 요금) 및 제2항(요금의 할인 및 감면)에 고객이 가입상품별로 납입하여야 할 월이용요금 및 약정기간에 따른 할인율을 기재함으로써 약정기간 동안 할인율에 따라 매월 부가될 이 사건 용역대가를 쉽게 알 수 있도록 규정하였으나, 이 사건 금원 등 사은품의 경우에는 이와 달리 사은품과 이 사건 용역대가 중 매월 할인되는 금액과 그 할인기간에 대한 관계를 알 수 있는 내용이 원고의 이용약관 등에 기재되어 있지 아니하여 고객으로서는 이 사건 금원 등 사은품의 수령으로 이 사건 용역대가가 직접 깎아지게 될 것이라고 인식하였다고 보기는 어렵다고 판시하였다. 아울러 고객은 이 사건 금원을 지급받더라도 원고에게 할인된 요금은 모두 지불하여야 하므로 이 사건 상품 서비스 약정기간 중 12개월 동안 계약을 유지하면 원고로부터 사은품 상당의 경제적 이익을 제공받는다고 인식하였을 뿐 그와 같이 제공받는 경제적 이익으로써 이 사건 용역대가를 직접 깎아주는 것으로 인식하였다고 단정할 수 없는 바, 현금지급의 경우에도 에누리로 판단하지 않았다(서울행법 2021구합88180, 2023. 3. 30. ; 서울고법 2023누41750, 2024. 4. 18.).

22 의무기간 및 특정요금제를 조건으로 단말기를 무상 제공 시 사업상증여에 해당하는지 여부

(1) 사실관계

원고는 부가통신서비스업 및 신용카드결제기기 도소매업을 영위하는 부가통신사업자로서 이동통신사와의 사이에 고객가입유치, 통신개통업무 등의 영업을 수탁받아 수행하고 가입고객 모집수수료 등을 지급받는 사업자로서 무선결제용 단말기를 구입하여 밴대리점을 통해 가맹점을 모집하고 아래의 수수료를 지급받고 가맹점의 중도해지가 있는 경우 위약금을 환수하고 있다.

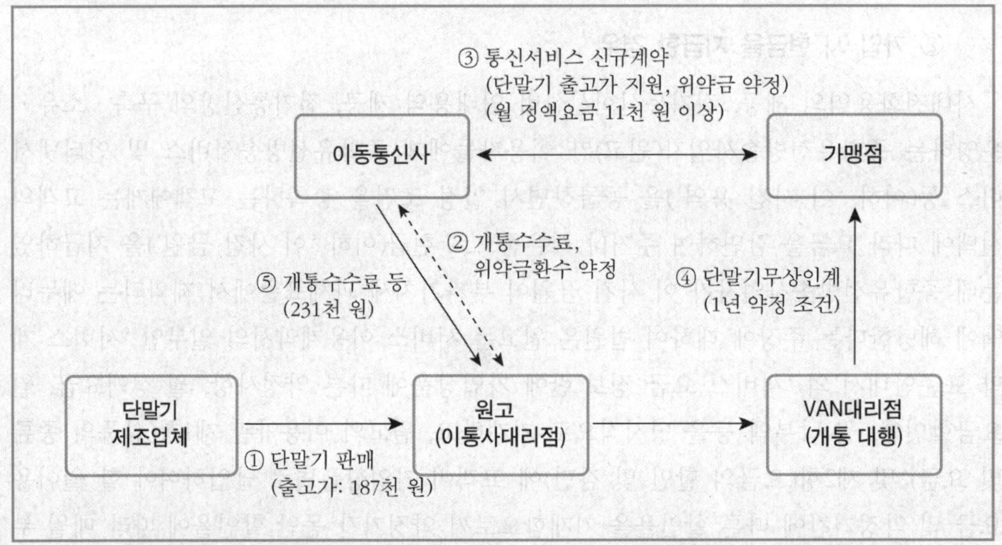

① 원고와 이동통신사 간 (개통)수수료 및 위약금에 따라 12개월 이상 가입유지조건과 매월 11,000원 이상의 요금제(이하 “일정 요금제”라 한다)에 가입한 신규가맹점 모집 시 기본약정지원금, 고객모집대행수수료, 그레이드(Grade) 인센티브 등의 용역대금 명목으로 적어도 20만 원에서 23만 원의 수수료(이하 “이 사건 수수료”라 한다)를 받게 된다. 원고의 구체적 업무는 이동통신사를 위하여 가맹점 모집, 지원금(단말기유통법상 지원금으로 이 사건에서는 최대 193,000원이며, 이하 “이 사건 지원금”이라 한다) 제공 등의 업무이다.

② 아울러 가맹점이 중도해지하는 경우 90일 이내 해지 시 가맹점이 지원받은 금액 중 2만 원을 제외한 금액을 기준으로 100%, 90일 초과 시에는 잔존계약일수에

비례하여 환수한다(확약서에 구체적으로 명시되어 있으며, 요금제 미유지 위약금 별도).

③ 가맹점은 원고를 대리점으로 하여 이동통신사와 가맹점 사이에 통신서비스제공에 관한 계약이 체결된다.

④ VAN(밴)대리점은 원고를 위하여 수탁받은 단말기(무선결제용 단말기를 말한다. 이하 "이 사건 단말기" 또는 "단말기"라 한다) 통신개통업무를 담당하고 신규가입한 가맹점의 중도해지나 일시 정지가 있는 경우 일정 부분 책임을 진다.

⑤ 원고는 12개월 이상 의무사용 기간 약정 및 일정 요금제에 가입한 가맹점을 모집하여 개통 시 이 사건 지원금을 이동통신사로부터 받고 용역제공으로 보아 세금계산서를 발급한다.

⑥ 가맹점의 중도 해지 사유발생으로 위약금 발생 시 이동통신사가 위약금을 받아 원고에게 지급하고, 원고는 위약금에 대하여 가맹점에 세금계산서를 발급하였다.

⑦ 이 과정에서 이동통신사는 원고로부터 사전약정된 IoT회선 판매활성화정책의 환수정책에 따라 원고로부터 일정액의 환수금액을 받게 되는데, 원고는 위 "⑤"에 대한 에누리성격으로 보아 감액수정세금계산서를 발행하였다.

⑧ 중도 해지 시 밴대리점과도 위약금이 발생하는데, 원고는 밴대리점으로부터 받는 위약금에 대하여 세금계산서를 발행하였다.

⑨ 피고는 2017년 1기, 2기 과세기간 동안 원고가 매입세액공제받은 단말기를 가맹점에 무상으로 공급한 것은 사업상증여에 해당한다고 보아 부가가치세를 부과하였다.

(2) 쟁 점

원고가 가맹점에 의무가입기간 및 일정 요금제를 조건으로 무상공급(출고가 이상 지원)한 이 사건 단말기가 사업상증여에 해당하는지 여부

(3) 판결의 요지

가. 원고가 밴대리점을 통하여 가맹점에 단말기를 공급한 것이 부가법 제10조 제5항의 사업상증여에 해당한다는 피고의 주장에 대하여 아래와 같은 사정에 비추어 사업상증여로 보기 어렵다.

① 증여란 당사자 일방이 무상으로 재산을 상대방에게 수여하는 의사를 표시하고 상대방이 이를 승낙함으로써 그 효력이 발생하는 법률행위로서 수증자로 하여금 증여자의 급부와 대가관계에 있는 반대급부를 제공할 것을 요구하지 아니하는 바,

수증자가 증여와 관련하여 일정한 출연을 하더라도 당사자들이 수증자의 출연과 증여자의 급부 사이에 대가관계가 없다는 공통된 의사를 갖고 있어야만 그 계약이 증여에 해당할 수 있다. 이 사건에서 가맹점은 12개월 이상 사용기간 및 일정 요금제에 가입하여야 한다는 조건을 충족하여야만 단말기를 무상으로 제공받을 수 있는바, 이들 사이에 대가관계가 없다고 단정하기 어렵다.

② 가맹점이 일정 요금제에 가입하는 부담을 지면서 단말기를 무상제공받는 것이 부담부증여로 볼 여지도 있으나, 부담부증여 또한 기본적 성격은 증여로서 수증자가 부담하는 일정한 급부의무는 증여자의 급부와 사이에 대가관계가 있어서는 아니 되는바, 일정 요금제 가입과 단말기 제공 사이에는 대가관계를 전제로 하고 있어 단말기 공급이 부담부증여에 해당한다고 단정하기 어렵다.

③ 가맹점이 통신서비스를 중도해지할 경우 위약금의 반환을 예정하고 있고, 실제 위약금을 반환받으면 가맹점을 상대로 원고가 세금계산서를 발행하고 부가가치세 과세표준에 포함하여 신고하고 있는바, 단말기를 가맹점이 이를 인도받았을 당시에 확정적·종국적으로 가맹점에 귀속되었다고 보기도 어렵다.

나. 이 사건 수수료에는 원고의 단말기 출고가액이 포함되어 있다고 주장하고 피고는 이 사건 수수료와 단말기 가액은 별개라고 주장하나, 아래 사정에 비추어 보면 이 사건 수수료에는 단말기 출고가 상당액이 포함되어 있다고 봄이 타당하다.

① 이 사건 수수료에는 개통수수료(고객유치수수료) 명목으로 건당 20~23만 원 규모로 책정되어 있는데 그 전부가 가맹점 유치용역제공대가로 삼기에 액수가 지나치게 크고,

② 가맹점과 이동통신사 간의 통신서비스 신규계약서에 “고객님이 대리점으로부터 제공받은 총지원금은 특수단말기 ○○○원입니다”라는 문구가 기재되어 있어 단말기 출고가 상당액 전부를 단말기유통법상 지원금으로 지원한다는 취지가 담겨 있는 점

③ 이동통신사는 원고를 이용하여 가맹점에게 단말기 비용을 지원하되 그 지원방식은 원고에 대한 수수료에 반영하는 거래구조를 취한 것으로 보이는 점(이동통신사가 단말기를 매입하여 가맹점에게 공급하는 것과 동일한 효과를 가져온다)

④ 일정 요금제에 가입을 통한 통신개통이 되고 나서야 단말기 출고가 전부를 보전하는 금액을 원고에게 지급한 점

다. 이 사건 수수료에 단말기 출고가가 포함되어 있다면 원고가 이 사건 수수료에 대하여 이미 부가가치세 과세표준에 반영한 이상 단말기를 사업상증여에 해당한다는 이유로 재차 부가가치세를 과세한다면 출고가 상당액이 이중으로 과세표준에

산입되는 결과를 가져오게 한다.

라. 이 사건 지원금은 193,000원을 한도로 단말기 출고가 전부를 지원하는 액수이기는 하나, 다음과 같은 이유에서 에누리의 성질과 부합한다고 봄이 타당하다.

① 에누리액은 그 발생시기나 재화나 서비스의 공급시기 전으로 한정하지 아니하고 그 공제차감의 방법에도 특별한 제한이 없다.

② 이동통신사는 일정 요금제를 사용하는 가맹점에게 단말기 출고가 상당의 지원을 하면서 통신서비스를 제공하겠다는 의사를 가지고 있었다.

③ 통신서비스 신규계약서에는 "가맹점이 원고를 통해 제공받은 총지원금은 이 사건 단말기 출고가액"이라는 취지의 문구가 기재되어 있는 등 이 사건 지원금은 이 사건 단말기의 가격에 직접 영향을 준다.

④ 이 사건 지원금은 단말기 판매증대 및 일정 요금제 가입자 증대 모두를 목적으로 한 것으로 보이는 바, 이동통신사는 가맹점에게 통신서비스를 직접 제공하면서 단말기 공급에 관하여도 원고를 대리인으로 하여 이동통신사와 가맹점 사이에 직접적으로 법률관계를 형성할 수도 있었겠으나, 그에 관하여는 원고를 거치는 단계적 판매구조를 형성하였는 바, 위와 같은 목적달성을 위해 어떠한 구조를 취할지는 거래구조를 형성하는 당사자가 선택할 수 있는 것이다.

⑤ 이 사건 지원금이 단말기 공급과 관계없이 통신서비스 제공만을 위한 것이라면 중고 단말기의 경우에도 지원금이 지급되어야 하지만 신규 단말기에 한하여 지급되고 있다(이 사건 수수료에 이 사건 지원금이 포함되어 있는 형식을 취하고 있더라도 이는 단말기 판매와 관련된 것으로 보아야 한다).

⑥ 사업상증여 시 공급가액은 공급 목적물의 시가상당액으로 하는데 이 사건 단말기의 시가 상당액이 지원금의 한도인 193,000원을 초과할 가능성을 배제할 수 없는 바, 이 사건 지원금이 이 사건 단말기의 출고가 상당액 전부라는 이유로 그것이 에누리가 아니라고 단정할 수 없다.

⑦ 이 사건 지원금은 단말기 가액을 직접 깎아주는 것이어서 장려금의 성질을 가진다고 볼 수 없다.

위와 같은 사정을 종합하여 원고의 가맹점에 대한 이 사건 단말기 공급거래가 부가법 제10조 제5항의 사업상증여에 해당한다고 전제한 부가가치세 과세처분은 위법하다(서울행정법원 2021구합89329, 2023. 1. 26.).

(4) 판결에 대한 의견

사업자가 자기의 사업과 관련하여 취득한 재화를 자기의 고객이나 불특정 다수인에게 증여하는 경우에는 부가법 제10조의 사업상증여로서 부가가치세가 과세된다.

피고는 이 사건 지원금 상당액을 이동통신사로부터 용역대가에 포함하여 받더라도 정작 통신서비스를 제공받는 가맹점에게는 단말기 공급대가를 직접 받지 아니하였으므로 단말기의 무상공급으로 보아 사업상증여에 해당한다는 주장으로 보인다. 하지만 이동통신사가 신규가맹점의 의무기간, 통신서비스 요금에 따라 원고에게 이 사건 수수료(지원금이 포함됨)를 지급하게 되는데 그 금액은 단말기 출고가를 초과한다. 즉, 원고의 사업은 신규가맹점에 단말기를 무상인도하면서 의무기간 및 요금제 약정을 하고 이동통신사로부터 가맹점 모집대행에 따른 이 사건 수수료를 지급받으면서 부가가치를 창출한다고 볼 수 있다.

원고의 사업과 더불어 ⓐ 이동통신사가 이 사건 단말기를 구매하여 직접 또는 직영대리점을 통하여 가맹점과 가입기간, 일정 요금제를 조건으로 이 사건 지원금을 지급하거나 ⓑ 원고가 밴대리점이 아닌 자신이 직접 가맹점을 모집하면서 위 조건으로 신규가맹점을 확보한 경우 이 사건 지원금을 받는 경우 이 사건 단말기의 공급을 위 판시내용과 더불어 아래와 같은 이유로 사업상증여로 볼 수 없다고 본다.

① 2017. 4. 1.부터 시행되는 마일리지 규정은 1차 거래(적립거래)의 공급자가 사용거래(2차 거래)에서 자신이 적립거래에서 부여한 포인트를 회수한 경우 해당 포인트 결제액을 에누리로 인정하면서 재화의 공급대가 전부를 포인트로 회수한 경우에도 사업상증여에서 제외하도록 규정하고 있다(부가령 §20 3). 그러나 동 시행령 신설 이전에도 100% 마일리지로 재화의 공급대가를 결제받은 경우 무상으로 재화가 공급된 것으로 보아 사업상증여로 과세되지 않았다. 따라서 이 사건에서와 같이 사전약정에 따라 가맹점에게 출고가격 전액을 지원하였다고 하여 에누리 성격을 부인할 수 없다.

② 대법원은 이동전화서비스 약정기간 동안 의무사용기간 약정을 하면서 단말기 대금의 일부를 할인해 주고 이용자가 중도해지할 경우 할인반환금을 받기로 한 경우 이용자의 중도해지를 해제조건으로 하는 조건부 할인(조건부 에누리)에 해당하고, 이용자가 지급하는 할인반환금은 할인받은 금액의 반환이라는 성격을 가지고 이용자가 약정기간 사용을 조건으로 요금할인혜택을 받았다가 중도해지로 할인받은 요금의 일부를 추가지급하는 것은 재화 또는 용역의 공급과 대가관계가 있는 것이어서 후발적 사유로 공급가액이 증가하는 경우에 해당한다고 판시하였다(대법원 2017두61119, 2019. 9. 10.). 따라서 이 사건 지원금은 에누리에 해당하고 위약금은 조

건부 에누리의 환수로서 기타매출로서 부가가치세 과세표준에 포함하여야 한다.

③ 피고의 주장과 같이 단말기 신규가맹점에 무상으로 인도한 것으로서 사업상증여로 부가가치세를 과세한다면 원고는 이동통신사로부터 받는 용역대가에 포함된 이 사건 지원금과 중도해지로 가맹점에서 받는 위약금까지 모두 부가가치세 과세표준에 포함되어 단말기라는 1물에 대하여 용역의 공급, 간주공급, 에누리의 환수로서 3중의 과세가 이루어지게 된다.

④ 이 사건의 무선결제용 단말기는 단말기 자체의 판매만으로는 부가가치를 창출하지 않고 통신용역과 연계되어 판매되어야만 원고와 이동통신사 모두가 부가가치를 창출할 수 있는 결합상품의 하나로 이동통신사에게는 가맹점에서 무선결제서비스를 받기 위한 매체이고 원고에게는 신규가맹점 개통 시 이동통신사로부터 이 사건 수수료(개통대행용역)를 얻기 위한 매체(수단 내지 도구)일뿐 단순한 단말기 판매가 그 사업의 목적으로 보기 어렵다.

⑤ 이동통신사나 원고가 합리적 경제인이라는 관점에서 볼 때 단말기 출고가에 해당하는 지원금을 투자하더라도 그 지원금 이상의 부가가치를 창출할 수 있다는 점에서 이러한 거래구조가 비경제적이라거나 불법 또는 에누리성을 부인할 수 없다.

위 판결은 하급심 판결이기는 하나 향후 재화를 매개로 용역을 공급하는 사업자, 즉 재화와 용역의 결합상품을 직·간접적으로 판매하는 사업자들이 소비자에게 재화를 공급하는 구입시점에 구매대금 부담을 덜도록 출고가에 상응하는 지원금(에누리)을 지급하지만 장기적으로는 용역대가로 그 이상을 회수함으로써 부가가치를 창출하는 사업자들에게 사업상증여나 중도해지로 인한 환수금에 대한 부가가치세 과세로 이중의 세부담을 덜게 되었다는 점에서 의의가 큰 판결이라고 본다.

23 | 마일리지 운용과 부가가치세 등 세무처리

(1) 마일리지의 개요와 성격

1) 마일리지(포인트) 개요

재화나 용역의 구입 등 고객의 일정한 행위에 대한 대가로 사업자가 거래대금의 일정액을 적립시켜 주고 추후 일정기준에 도달한 경우에 특정한 재화의 구입(사은품 제공 포함) 또는 용역을 이용할 수 있도록 하거나, 고객에게 현금(상품권 포함)으로 돌려주는 제도로서 포인트(Point), 적립금, 사이버머니(Cyber Money), 쿠폰(Coupon) 등 다양한 형태로 사용되고 있으며, 구매자가 적립된 마일리지 범위 내에서 온라인 또는 오프라인상에서 결제수단으로 그 가액을 직접 결정하거나 결제수단으로 사용되고 있다.

※ 이하 포인트는 마일리지와 같은 개념으로 혼용해 쓰고자 한다.

2) 포인트(마일리지) 성격

포인트의 성격은 ① 고객에게 사은의 표시 및 지속적 이용을 권유하는 목적으로 제공되는 보너스의 성격을 가지는 재화 등을 무상 또는 할인하여 구매할 수 있는 권리, ② 일정한 조건이 달성되면 구매자가 공급자에게 재화 또는 용역을 요구할 수 있게 되는 조건부 권리, ③ 일정기간이 지나면 소멸되고 통상 금전으로 환가가 불가하며, ④ 적립 자체만으로는 고객의 권리나 공급자의 의무가 확정되지 아니한다. 다만, ⑤ 강제통용력이 인정되는 화폐와 차이가 있지만 어느 정도는 가치 척도로서의 기능, 교환수단 및 가치보장수단으로의 기능을 가진다(제한적으로 결제가 가능할 뿐이고 화폐의 기능 중 채무변제와 같은 지불수단이 되기는 힘들다).

마일리지의 본질은 적립단계의 거래와 사용단계의 거래를 모두 전제로 하여 사용거래의 판매가격을 깎아 주는 개념이다. 일본은 포인트를 매출할인, 경품, 매출선수금, 기업통화(기업이 발행하고 해당 기업에서 교환 가능한 것)로 파악하고 있다.

(2) 마일리지의 적립 및 사용에 따른 비용인식

1) 회계처리

가. 일반기업회계기준

기업회계기준서에서 "충당부채"란 과거 사건이나 거래의 결과에 의한 현재의무로서, 지출의 시기 또는 금액이 불확실하지만 그 의무를 이행하기 위하여 자원이 유출될 가능성이 매우 높고 또한 해당 금액을 신뢰성 있게 추정할 수 있는 의무를 말한다. 판매촉진을 위하여 시행하는 환불정책, 경품, 포인트 적립, 마일리지 제도의 시행 등과 관련된 부채에 대해서 충당부채로 처리하고(일반기준 14장) 포인트와 마일리지의 부여시점에서 합리적으로 추정한 금액(보상점수의 공정가액)을 충당부채로 인식하며, 사용시점에는 이를 충당부채에서 차감하고 매출로 인식하지 아니한다.

나. K-IFRS

재화나 용역을 구매하는 고객에게 인센티브를 제공하기 위하여 재화나 용역을 구매할 때 보상점수를 부여하고 고객이 이를 사용하여 재화나 용역을 무상 또는 할인된 가격으로 구매할 수 있는 제도를 고객충성제도라 한다. 고객충성제도하에서 위 고객이 재화나 용역을 무상 또는 할인구매하는 경우 최초 매출거래로 제공받은 대가를 전액 수익으로 인식하지 아니하고 제공받은 대가 중 보상점수(포인트)와 관련된 부분(보상점수의 공정가액)은 이연하여 후속적으로 수익으로 인식한다(K-IFRS 제2113호 문단).

국제회계기준은 포인트를 부여하면서 판매한 거래에서 받은 판매대금 중에서 그 포인트의 공정가치 상당액을 당기 매출액에서 차감하고 일단 부채로 보고하고, 나중에 실제로 고객이 그 포인트를 행사할 때 그 부채 금액을 매출액으로 보고하는 것이다.

예를 들면, 당기에 100원 받고 판매하면서 10원 상당의 포인트를 제공한 경우에 현행 회계기준에 의하면 100원 모두 당기 매출액으로 보고하고 그 포인트를 고객이 나중에 행사할 때 기업이 추가적으로 부담하게 될 원가 상당액을 당기에 판매비용으로 보고하여야 한다. 그러나 국제회계기준은 당기 매출액은 90원(100원-10원)만 보고하되 차액 10원은 부채로 표시해야 하고 나중에 고객이 포인트를 행사할 때 가서 그 10원을 그 기간의 매출액으로 보고하게 된다.

국제회계기준에 의하면 판매대금 100원에 포인트 대가 10원이 포함되어 있으므로 나중에 그 10원어치의 포인트 행사 시 또 다른 판매가 일어나는 것으로 본다. 즉, 90원어치의 판매(첫 번째 판매)와 10원어치의 판매(두 번째 판매)가 각각 별개로서 서로 다른 시기에 일어난다는 것이다.

이러한 관점의 차이로 인해 현행 회계기준에 의할 때보다 국제회계기준에 의할 때 포인트 가치만큼 매출액 보고시기가 늦어지고 따라서 해당 이익도 늦게 인식되는 차이를 가져오게 된다.

국제회계기준은 대법원 판결과는 달리 적립거래에서 일단 에누리가 되고 사용거래에서 포인트 회수액만큼 (포인트)매출로 인식하게 되는 방식으로 처리된다. 고객이 1차 거래(적립거래)에서 백만 원의 재화를 구입하여 1만 포인트(100,000원 상당)를 부여받아 유효기간 내에 포인트를 모두 사용하였다면 국제회계기준상 해당 사업자의 매출액은 총 1백만 원이 된다.

2) 세무처리

가. 비용인식 시기 등

모든 거래처를 대상으로 동일한 약정에 의하여 거래실적(마일리지)에 따라 지급하는 판매장려금이 기업회계기준에 의한 매출에누리에 해당하는 경우에는 수입금액에서 차감한다. 그러나 사업자가 고객과 사전약정에 의하여 일정기간의 구매금액에 따라 차등 적용되는 구매포인트를 해당기간 경과 후 일시 적립하여 그 적립된 누적포인트에 상당하는 금액을 구매금액에서 할인하여 주거나 사은품을 지급하는 할인카드 누적포인트 제도를 시행하는 경우, 동 누적포인트의 손금 귀속시기는 마일리지를 부여하거나 결산시점에서는 지급의무가 확정되지 아니하였으므로 해당 고객이 누적포인트를 실제로 사용한 날이 속하는 사업연도의 손금으로 한다.

부언하면 내국법인의 각 사업연도의 익금과 손금의 귀속사업연도를 그 익금과 손금이 확정된 날이 속하는 사업연도로 규정하고 있으며(법법 §40 ①), 매출로 인하여 마일리지 등을 부여하는 시점에는 추후 지급해야 할 대가가 확정되지 아니한 것이며, 실제 고객이 마일리지 등을 사용하거나 소멸하는 시점에 그 대가와 지급의무가 확정되므로 마일리지 등 사용시점에 손금으로 처리한다(서이 46012-11711, 2002. 9. 13. ; 법인세과-616, 2010. 6. 29.).

※ 부여시점에는 이연수익 또는 충당부채 금액을 익금산입 및 손금불산입(유보)한 후 고객이 마일리지 등을 사용하거나, 소멸되는 시점에 해당 금액을 손금산입(△유보) 처리

구 분	K-IFRS	일반기업회계기준	법인세법
마일리지 부여	고객에게 부여한 마일리지 등의 공정가치 해당액을 수익에서 차감하여 부채(이연수익)로 인식	고객에게 부여한 마일리지 등으로 인한 미래지출 예상액을 비용처리하여 충당부채로 인식	권리의무확정주의에 따라 매출발생 시 익금으로 처리
마일리지 사용	의무이행 시 부채(이연수익)를 수익으로 대체	의무이행 시 충당부채와 상계	의무이행 시 발생 비용을 손금으로 처리

▌회사는 구매금액의 1%를 포인트로 부여하고, 1포인트를 1원으로 사용하는 포인트제도 운영

- 2011년 동안 제품 10,000,000 매출하여 총 100,000포인트 부여
- 2011년에 회수될 것으로 기대되는 총 포인트는 8,000포인트이며, 이 중 4,000포인트가 회수되어 제품으로 교환
- 2012년에 2,000포인트 회수되어 제품으로 교환
- 2013년에 2,000포인트 회수되어 제품으로 교환되었으며, 더 이상 포인트가 회수되지 않을 것으로 추정

구분	회계처리(K-IFRS)		세무조정
포인트 부여 (2011년)	(차) 현 금 10,000,000	(대) 제품매출 9,900,000 이연수익 100,000[1)]	 <익금산입> 이연수익 100,000(유보)
포인트 사용 (2011년)	(차) 이연수익 50,000	(대) 포인트매출 50,000[2)]	<손금산입> 이연수익 50,000(△유보)

구분	회계처리(K-IFRS)	세무조정
포인트 사용 (2012년)	(차) (대) 이연수익 25,000 포인트매출 25,000[3]	<손금산입> 이연수익 25,000(△유보)
포인트 사용 (2013년)	(차) (대) 이연수익 25,000 포인트매출 25,000[4]	<손금산입> 이연수익 25,000(△유보)

1) 10,000,000 × 1% = 100,000
2) 100,000 × (4,000/8,000) = 50,000
3) 100,000 × (6,000/8,000) - 50,000 = 25,000
4) 100,000 × (8,000/8,000) - 75,000 = 25,000

나. 지출증빙 수취대상 여부

유통업 등을 영위하는 사업자가 고객에게 지급하는 마일리지 보상금은 재화나 용역의 대가로 볼 수 없어 「법인세법」 제116조에 따른 증빙수취 대상이 아니므로 지출증빙으로 고객에게 보상금을 지급한 근거(마일리지 기록)와 지출증빙(지급사실이 확인되는 서류, 입금증 등)을 보관하면 족한 것이며, 지출증빙미수취가산세 대상에 해당하지 아니한다(서면2팀-835, 2006. 5. 12.).

다. 마일리지 보상금 수령액의 기타소득 해당 여부

사업자가 사전공시의 방법으로 마일리지, 사이버머니 적립제도 등의 방법으로 일정기간 구매실적에 따라 사은품 또는 사례금을 지급하는 경우 그 사은품 등은 구매 고객의 과세소득에 해당하지 아니하는 것으로 기타소득에 해당하지 아니하며 원천징수의무도 없는 것이다(서면2팀-1105, 2005. 7. 15. ; 서면1팀-356, 2007. 3. 14.).

라. 마일리지 결제분에 대한 현금영수증 발급

현금영수증가맹점이 재화 또는 용역을 공급하고 그 대금을 현금으로 받는 경우 해당 재화 또는 용역을 공급받는 자(이하 '소비자')에게 현금영수증을 발급하여야 한다. 그러나 현금영수증가맹점이 재화 또는 용역을 공급하고 그 대가의 전부 또는 일부를 마일리지(적립금, 포인트, 사이버머니, 쿠폰 등)로 결제하는 경우 해당 마일리지 결제금액에 대하여는 현금영수증을 발급할 수 없다(서면3팀-2140, 2005. 11. 25. ; 서면3팀-1268, 2007. 4. 30.).

또한, 현금영수증제도는 현금 사용으로 누락되는 사업자의 과세표준을 양성화하기 위하여 도입한 것으로 이와 관련없이 사업자가 소비자의 구매행위 등을 유도하기 위하여 적립한 마일리지로 결제하는 경우에도 현금영수증을 발급하는 것은 그 취지에 부합되지 않을 뿐만 아니라 2016년 포인트에 대한 대법원 판결에서도 포인트를 금전가치 있는 것으로 보지 않았다. 다만, 현금이나 카드로 구입한 (전자)상품권(해당 상품권을 포인트로 전환한 경우를 포함)으로 재화나 용역대금을 결제하는 경우에는 마일리지와는 달리 현금영수증상의 현금영수액에 포함된다(서면3팀-607, 2005. 5. 6.).

(3) 마일리지 운영형태별 에누리 해당 여부

1) 캐시백 포인트 제도

가. 운용형태

공급자가 적립거래에서 고객이 현금으로 바꿀 수 있는 캐시백 포인트를 적립해 주고 고객은 이를 현금으로 전환하거나 사용거래에서 공급대가를 결제하는 데 사용할 수도 있다.

나. 분석 : 고객의 선택방식에 따라 결정

어떠한 포인트가 현금으로 바꿀 수 있는 기능과 상품 가격 할인을 위하여 사용할 수 있는 기능을 모두 가지고 있는 경우 고객이 어떠한 방법으로 사용할 것인지는 고객의 선택에 달려 있으며, 그 사용방법의 실질에 따라 과세한다.

① 고객이 상품 가격할인을 위하여 사용한다면 고객이 현금으로 지급하는 상품 가격이 줄어든다(에누리 해당).

② 고객이 포인트를 현금으로 바꾼 경우 포인트를 이용하여 할인 등을 받지 아니하고 현금을 지급하면 상품가격이 줄어들지 아니하며, 고객이 지급한 현금의 형성과정까지 공급자가 고려할 필요가 없다(에누리와 무관).

③ 고객이 위 "①"과 "②"의 방법으로 포인트를 이용하지 아니함에 따라 일정한 기간 경과 등의 약정된 사유에 의하여 그 포인트가 소멸될 수도 있다(에누리와 무관).

이 사건 대법원 소수의견에서는 사업자가 고객으로부터 캐시백 포인트를 받았든 포인트를 받았든 포인트 운영사로부터 포인트 상당의 금전을 지급받을 수 있다면 사업자가 고객으로부터 받은 캐시백 포인트는 '금전적 가치 있는 것'이라고 볼 수밖에 없다고 하였다.

2) 즉시할인 제도

소매점이 즉시할인 제도를 운영하면서 동일한 물건을 2개 구입하는 고객에게 2번째 물건을 10% 할인가에 제공할 경우 고객이 그 소매점에서 공급가액이 10,000원인 물건 2개를 구입하면 두 번째 물건의 공급가액은 9,000원이 된다. 이러한 즉시할인의 경우에는 사업자가 그 누구에 대하여 금전을 지급할 의무를 면하게 된다든지 그 누구로부터 금전을 상환받을 권리가 발생하는 것이 아니다(에누리 해당).

3) 할인(증정)상품권 제도

고객이 일정금액 이상의 물품을 구매할 경우에 사전에 약정된 상품권(이하 "할인상품권"이라 한다)을 증정하고 현금으로 판매하는 일반상품권과 달리 할인상품권은 전산상 별도로 구분하여 관리하면서 고객이 그 영업점에서 물품 또는 용역을 구입하고 대금 결제 시 할인상품권 가액을 대금에서 공제해 준 경우 이는 할인상품권 발행사업자(공급자)는 할인상품권 상당의 대가를 어느 곳에서도 받을 여지가 없고 할인 가능금액을 수치화하여 표시한 것에 불과하여 에누리액에 해당한다.

4) 사후에누리 제도

사업자가 그 고객들에게 구매액이나 구매수량에 상응하여 사전약정에 따라 할인액을 지급하기로 하고 일정기간 동안 적립된 할인액을 지급하는 관계에 있는 경우 고객들과 사전에 약정한 바에 따라 예외없이 지급되는 경우로서 일정한 수량을 초과하는 경우에만 혜택을 준다거나 그 혜택의 정도에 차등을 두는 등의 방법으로 적용대상이나 적용범위에 제한이나 차등없이 사전에 약정한 비율에 따라 누적 할인액을 항상 돌려주는 관계에 있다면 이는 사실상 공급가격을 직접 인하한 것과 동일한 효과가 있는 것이므로 동 할인금액은 '장려금 기타 유사한 금액'이 아니라 '에누리'에 해당된다(서울고등법원 2013누27779, 2014. 6. 18.).

부언하면, 사업자가 대가 전부를 받은 후에 그중 일정액을 고객에게 되돌려주는 '사후에누리액'은 대가 전부를 받은 후에 발생한다는 점에서 일단 과세표준에 포함된 후에 약정에 따라 지급되는 때에 '에누리액'에 해당하여 과세표준에서 제외된다.

고객이 사업자로부터 재화를 구입하면서 통상의 공급가액에서 일정액을 직접 공제받은 경우에 그 공제가 그 품질 · 수량 및 인도 · 공급대가의 결제 기타 공급조건에 따라 정하여진 것이라면 에누리액으로서 과세표준에서 제외되어야 하며, 고객이 재화 또는 용역을 공급받으면서 사업자와의 사전약정에 따라 통상의 공급가액보다 할인을 받아 그 대금을 지급하지 아니한 이상 통상의 공급가액에서 그 할인액이 공제되었다고 보아야 한다(사전 - 2015 - 법령해석부가 - 0181, 2015. 7. 14.).

5) 용역거래대가를 포인트로 지급하는 경우

가. 용역대가를 포인트로 결제 시 용역의 무상공급인지

사업자가 용역 등 서비스를 제공하고 고객이 그 대가의 전부 또는 일부를 적립된 마일리지(또는 포인트)로 결제받는 경우 금전으로 받은 대가만을 공급가액으로 하고 마일리지만으로 결제받았다면 용역의 무상공급으로 본다.

이는 용역의 무상공급에 대하여 과세하지 않는 대전제(평가의 어려움 등)와 무상으로 용역을 제공함에도 불구하고 고객으로부터 별도로 부가가치세를 거래징수하거나 충당금에서 부담하는 문제점이 발생함에 따라 재화의 공급으로 결제받는 마일리지와 달리 용역대가의 마일리지와 금전을 함께 지급하는 때에는 금전으로 받은 대가만을 공급가액으로 하겠다는 것이다(재부가-364, 2011. 6. 7. ; 서면3팀-654, 2004. 4. 1.).

또한, 구 부가령 제61조 제4항에서 마일리지 결제분을 공급가액에서 제외하지 아니하는 것으로 규정하면서 재화의 공급거래만으로 한정하여 용역거래를 제외한 것은 입법자의 선택으로서 평등의 원칙에 위반되지 않는다.

그간 용역거래를 제외한 것은 종전 마일리지로 결제받은 경우 용역의 무상공급으로 보아 왔던 관행을 유지하기 위한 것이라고는 하나 재화를 마일리지로 결제한 경우와 비교해 논리적 일관성이 없어 비판을 받아 왔다. 이러한 모순은 2016년 롯데쇼핑 대법원 판결로 적립거래에서 부여받은 포인트로 사용거래에서 재화를 구입하면서 포인트를 결제받은 경우 해당 포인트 결제액을 금전가치 없는 것을 받은 것으로 보았기 때문에 판결 이후부터는 이러한 모순도 자연스럽게 해소되었다.

나. 자사적립거래 및 다자간 포인트 거래 시 용역공급이 있는 경우

자사적립거래 및 다자간 포인트 거래에 있어 사용거래에서 용역이 공급되고 그 대가의 일부나 전부를 포인트로 결제받았다면 위 "가"에 따라 포인트 결제분에 대하여는 부가가치세가 과세되지 아니한다(다자간 포인트 거래에서 포인트 결제분에 대한 정산분은 시행령 개정으로 2017. 3. 31. 이전만 대법원 판례가 적용된다).

다. 용역대가를 마일리지로 결제 후 사업부별로 내부 정산하는 경우

사업자가 백화점, 마트, 슈퍼, 시네마 등의 여러 사업을 함께 영위하면서 고객에게 마일리지를 적립해주고 향후 고객이 해당 사업자로부터 용역을 공급받고 적립된 마일리지로 결제를 하는 경우로서 사업자가 차감되는 포인트를 각 사업부(사업장)별로 정산하는 경우가 있다. 이 경우 마일리지를 부여한 사업부(사업장)와 용역을 공급하고 적립된 마일리지로 결제를 받은 사업부가 다른 경우로서 사업부나 사업장 간 마일리지 정산 절차를 거친다면 이는 부서 간 영업성과분석이나 내부통제를 목적으로 하는 내부적 정산에 불과할 뿐 재화나 용역의 자가공급이나 개인적 공급이 아니다.

부가가치세는 다단계거래세로서 각각의 거래단계마다 창출한 부가가치에 대하여 과세하는 것으로 창출된 부가가치를 얼마를 받고 팔았느냐에 따라 실현되는 것이지 정산과정 유무에 따라 부가가치가 창출되는 것도 아니며 동일 법인 내 사업부 간 재화 또는 용역거래가 발생하여 부가가치세가 전가된 것도 아니다.

또한, '적립해 준 마일리지'의 부여주체는 사업자(인적 개념)를 기준으로 하는 것이지 '납세지인 사업장(장소적 개념)'을 기준으로 하는 것이 아니며, 기획재정부에서도 외부로부터 대가를 수수함이 없이 카지노사업부와 호텔, 스키장, 골프장 등 간의 마일리지 부여와 사용에 대하여 대가를 수반하지 아니한 것으로 보아 부가가치세 과세대상으로 해석하지 않았다(재소비-364, 2011. 6. 7.).

6) 비과세 또는 면세사업에서 적립된 포인트로 결제하는 경우

기획재정부는 사업자가 카지노 사업과 호텔, 골프장, 스키장 등의 사업을 함께 영위하면서 카지노 이용고객에게 그 이용실적에 따라 포인트를 적립해 주고 향후 해당 고객이 호텔, 골프장, 스키장 등에서 용역을 공급받고 그 대가의 일부 또는 전부를 적립된 포인트로 결제하는 경우 해당 포인트 상당액은 부가가치세 과세표준에 포함하지 아니한다고 해석하였다. 물론 이 해석은 2017. 4. 1. 이후 용역을 공급하는 분에 대하여도 동일하게 적용된다(기획재정부 부가가치세제과-45, 2020. 1. 21. : 기획재정부 부가가치세제과-364, 2011. 6. 7.).

적립거래에서 재화나 용역을 공급하면서 포인트를 부여하였으나 그것이 비과세나 면세대상인 경우로서 해당 포인트로 과세재화나 면세재화를 구입하면서 결제한 경우, 위 해석과 롯데쇼핑 대법원 판결에 따르면 포인트(자기가 적립하고 사용거래에서 이를 회수하는 경우의 포인트)는 금전적 가치가 없는 것이므로 역시 사용거래에서 재화 또는 용역의 공급대가로 소멸된 포인트는 에누리로 인정되어야 한다(대법원 2020두44312, 2020. 11. 12.).

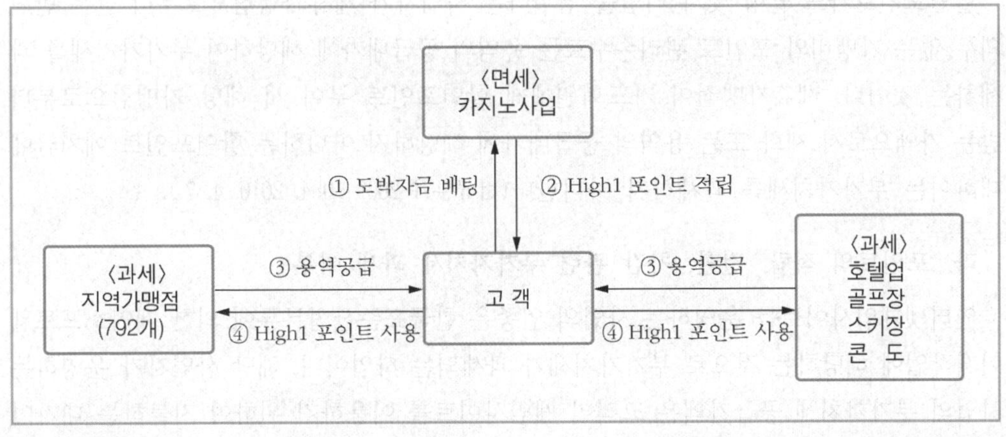

7) 마일리지(포인트) 관리, 전환에 대한 과세 여부

가. 회원으로부터 포인트 관리수수료를 포인트로 받는 경우 부가가치세 과세 여부

포인트를 관리하는 회사가 자기의 회원이 제휴업체에서 부여받은 포인트를 적립하여 주면서 해당 회원으로부터 서비스이용수수료로 적립대상 포인트의 10%를 지급받는 경우 해당 서비스이용수수료는 용역의 공급에 대한 대가로서 부가가치세 과세대상에 해당한다(부가가치세과-1203, 2010. 9. 10.).

나. 적립해 준 포인트를 회원사로부터 받는 경우 포인트 적립대금의 과세 여부

호텔업을 영위하는 운영사가 제휴약정에 따라 회원사와 통합멤버십제도를 운영하면서 회원사로부터 숙박용역 등을 제공받은 고객에게 포인트를 적립하여 주고 그에 상응하는 적립대금을 회원사로부터 송금받고 있다. 이후 회원사가 고객에게 숙박용역 등을 제공하고 적립된 포인트로 대가를 받음과 함께, 운영사는 회원사에게 해당 대가에 상당하는 포인트 적립대금에 대하여 기본서비스(회원사에 포인트 적립 관련 단말기 설치 및 유지비 부담, 고객 분석 프로그램 개발 공급, 고객응대 인력 운영 등) 제공에 대한 대행수수료를 차감하여 지급하는 경우 운영사가 회원사로부터 받는 포인트 적립대금은 부가가치세 과세대상에 해당하지 아니하는 것이나 대행수수료는 과세대상에 해당한다(부가가치세과-591, 2010. 5. 11. ; 부가 46015-718, 1999. 3. 18.).

다. 포인트카드 발행사가 가맹점으로부터 받는 가맹비, 관리수수료 및 포인트 예치금의 과세 대상 여부

할인포인트카드 발행 및 관리업을 영위하는 사업자가 제휴가맹점으로부터 받는 반환의무 없는 가맹비와 포인트 관리수수료는 용역의 공급대가에 해당하여 부가가치세를 과세하는 것이나, 제휴가맹점이 카드회원에게 할인포인트 부여 시 해당 가맹점으로부터 받는 가액으로서 재화 또는 용역의 공급대가에 해당하지 아니하는 할인포인트 예치금에 대하여는 부가가치세를 과세하지 아니한다(법규부가 2009-084, 2010. 4. 7.).

라. 포인트의 적립, 전환, 차감 관련 부가가치세 과세 여부

인터넷게임사이트를 운영하는 사업의 업종은 한국표준산업분류에 의한 게임소프트웨어제작업에 해당하는 것으로 부가가치세가 과세되는 사업이며, 해당 사업자가 운영하는 사업의 부가가치세 공급가액은 고객이 게임사이트를 이용하기 위하여 지불하는 대가이고, 특정 게임사이트의 포인트를 다른 게임사이트에서 이용할 수 있도록 전환해 주는 것과 동 포인트 액면금액에서 일정금액을 차감한 것에 대하여는 과세되지 아니한다(재정경제부 소비세제과-183, 2005. 2. 18.).

※ 특정게임사이트의 포인트를 다른 게임사이트에서 이용할 수 있도록 전환해 주는 것과 동 포인트 액면금액에서 일정금액을 차감한 것에 대하여 기업 간 채무의 인계·인수(팩토링)로 봄.

8) KT 단말기보조금 및 롯데 포인트 판결로 인한 에누리 범위 확대

이동통신사가 대리점에 단말기 공급 시 출고가격을 기준으로 하되 대리점이 보조금 지원요건을 갖춘 고객에게 보조금이 감액된 가격으로 단말기를 판매하면 동 보조금을 감안하여 매입대금을 결제받기로 사전약정하였다면, 이동통신사와 대리점이 보조금 지원요건을 갖춘 가입자에게 보조금 상당액만큼 할인판매하는 것을 조건으로 공급가액에서 보조금을 감액한 것이므로 이동통신사의 대리점에 대한 단말기공급가액에서 직접 공제되는 에누리액에 해당한다고 판시하였다(대법원 2013두19615, 2015. 12. 23.). 또한, 롯데 포인트 판결에서는 보조금 조건 대신 적립거래를 통한 포인트를 매개로 한 경우에도 에누리액에 해당함을 판결하였다.

이러한 판결은 자사적립거래 및 다자간 포인트거래에 있는 사업자들의 경정청구뿐만 아니라 제조사(도매상)에서 자사 제품 구매자에게 쿠폰이나 포인트를 부여하고 해당 쿠폰 등으로 포인트의 적립주체가 아닌 대리점(제조사 제품을 구매하여 판매하는 사업자)에서 쿠폰 등으로 결제받고 제조사로부터 해당 결제액을 보전받거나 외상매입대금에서 차감하기로 하는 사전약정이 있다면 제조사의 대리점 물품 공급에 대한 에누리에 해당되고 대리점은 고객으로부터 실제 받은 금전만을 공급대가로 하여야 한다.

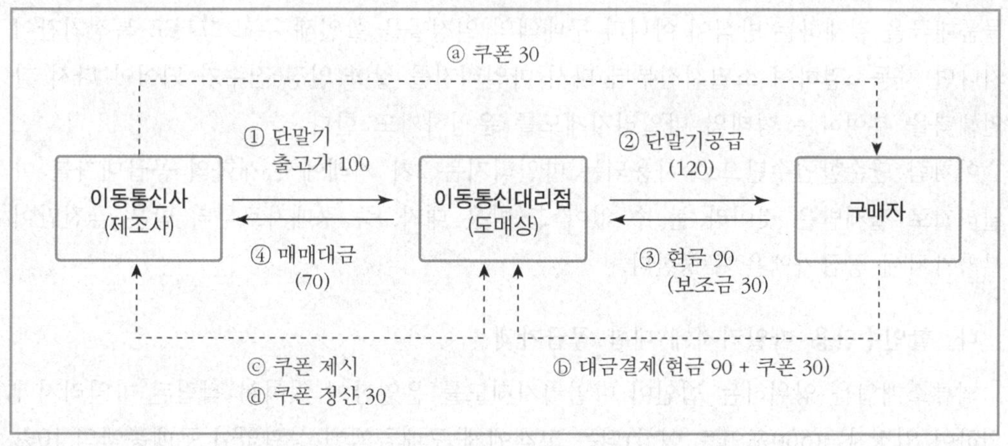

9) 포인트 운영사 간 포인트 교환이 있는 경우

다자간 포인트거래를 하는 L제휴사들과 S제휴사들의 포인트 운영사 간에 포인트 전환 제휴계약을 체결하여 S포인트를 보유하고 있는 고객이 L포인트로 전환 요청함에 따라 사전 약정한 비율이나 일정 전환대가를 받고 전환시켜 주고, 해당 고객이 당초 S제휴사로부터 적립거래로 취득한 포인트를 S포인트로 단순 전환하여 전환포인트를 L제휴사로부터 사용거래에 사용하는 경우에도 이번 판결(에누리 해당)이 적용될 수 있는지 의문이 생긴다.

위 전환포인트까지 사용거래에서 에누리를 인정한다면 포인트 제도가 다양화되고 많은 기업이 참여하게 되어 소비자에게 보다 많은 혜택이 돌아갈 것으로 보이고, 에누리 여지가 상당하다고 본다. 그러나 롯데쇼핑 판결을 부당하게 여기고 있는 기획재정부의 입장에서 볼 때 L포인트를 S포인트로 구입한 것으로 보아 현금으로 전환포인트를 구입한 것과 동일하게 취급할 것이므로 사용거래에서 에누리로 인정하기는 쉽지 않을 것으로 보인다.

10) 단순할인수단으로 사용되는 마일리지의 처리

가. 개요

사업자가 재화 또는 용역을 공급하는 1차 거래에서 고객에게 마일리지를 부여하고 1 마일리지 당 일정 금전을 누적시키고 2차 매매거래에서 누적된 마일리지를 금전과 동일하게 사용하는 경우와 달리 특정 마일리지가 쌓이면 일정기간 동안 누적된 마일리지로 물품대금을 결제하는 방식이 아니라 구매액의 일정률을 할인해 주고 그것도 특정기간이 지나면 자동소멸하여 소멸시점부터 다시 마일리지를 쌓아 일정 점수가 되어야 다시 할인혜택을 부여하는 형태의 마일리지제도를 운영하기도 한다.

이처럼 단순할인수단으로 사용되는 마일리지는 2차 거래에서 재화의 공급대가를 마일리지로 결제받은 것이라 볼 수 없어 그 받은 대가, 즉 구매자로부터 받은 금전만이 부가가치세 공급가액을 구성한다.

나. 할인수단용 마일리지에 대한 공급가액

의류소매업을 영위하는 법인이 마일리지제도를 운영함에 있어서 적립된 마일리지에 의하여 일정자격(500포인트 이상)되는 고객에게 구매금액에 상관없이 구매총액의 10%를 할인하여 주는 경우(단, 할인적용은 마일리지 500포인트 이상 고객의 경우 차후 1회 구매에 한하여 기 적립된 포인트는 차감없이 누적되지만 당해연도 말에 모두 소멸되며 다음 해에 처음부터 다시 적립됨), 해당 할인되는 금액(당사의 마일리지는 일반적으로 통용되는 마일리지와는 달리 상품결제대금으로 사용할 수 없으며, 구매금액의 10% 할인에 대한 자격수단일 뿐임)은 사전약정이나 기타공급조건에 따라 재화 또는 용역의 공급 당시 통상의 공급가액에서 일정액을 직접 공제하는 금액, 에누리액으로 본다(서면3팀-2415, 2007. 8. 29.).

※ 일정 마일리지가 쌓이면 그 이후부터 일정기간까지만 구매액의 일정률을 할인해 주는 역할만 하고 그 기간이 경과되면 소멸해 버리는 할인자격 수단용 마일리지 운영형태는 재화 또는 용역의 공급대가로 받은 금전, 즉 에누리 차감 후 금액이 과세표준이 됨.

다. 멤버십 회원에 대한 재화 및 용역에 대한 할인액은 에누리임

정수기를 판매하는 사업자가 자사의 정수기를 사용하는 고객 중 멤버십 회원에 가입한 자에 대하여 정수기의 소모성 부품을 공급함에 있어서 해당 부품 공급 당시의 통상의 공급가액에서 일정액을 직접 공제하는 금액은 에누리액에 해당하여 부가가치세 과세표준에 포함하지 않는다(부가 46015-993, 2000. 5. 2.).

멤버십 회원에 대하여 비회원과 달리 할인혜택을 주는 것은 일반적인 마일리지 결제와 달라 재화 또는 용역을 공급하고 실제 받은 대가(마일리지 결제분 제외)를 부가가치세 과세표준으로 하여야 하고 멤버십 회비가 회원에 대한 용역제공대가로 받은 것이라거나 회비 상당액으로 재화 또는 용역을 공급받을 때 지불한 것도 아니다.

(4) 마일리지 관련 법령 검토

1) 마일리지 관련 부가법령 연혁

순번	귀 속	주요 내용
①	~'06. 3. 28.	• 대체로 마일리지 결제액을 과세표준에 포함하지 아니하는 것으로 해석(**기준 불명확**)
②	'06. 3. 29.~	• **재화 구입 시기 적립된 마일리지 결제액은 과세표준에 포함됨**(용역은 불포함). * 재소비-319, 2006. 3. 29.
③	'10. 2. 28.~	• 위 "②" **기재부 해석을 법령화**하여 부가법에 최초로 규정 * 구 부가령 §48 ⑬ 신설(2010. 2. 28.)
④	'16. 8. 26.~	• 증정상품권, 자기적립마일리지, 통합멤버십마일리지에 대한 결제액이 에누리라는 **대법원 전원합의체 판결 생성** * 대법원 2015두58959, 2016. 8. 26.

순번	귀 속	주요 내용
⑤	'17. 11. 13.~	• **업무지침 및 판결과 동일하게 기재부 해석 변경** - 자기적립마일리지: 에누리 - 통합멤버십마일리지: 에누리 - 제휴사(카드사 보전분): 과세표준에 포함 * 재부가-568, 2017. 11. 13
⑥	'17. 4. 1. ~	• **마일리지에 대한 시행령 정비**(2017. 3. 29.) - 자기적립마일리지 결제액 및 통합멤버십마일리지 중 마일리지 적립해준 자와 이후 공급자가 동일한 경우에만 에누리 인정 * 부가령 §61 ① 9, 10호
⑦	'18. 1. 1.~	• **마일리지에 대한 법 및 시행령 재정비** - 위임 근거 법 신설(2017. 12. 19.) * 부가법 §29 ③ 6, 부가령 §61 ①(2018. 2. 11.)·② 9, 10호

가. 종전 규정(위 "①~④"의 기간)

① 부가가치세법 적용

부가가치세 공급가액에는 대가관계에 있는 모든 금전적 가치가 있는 것을 포함하며, 일반기업회계기준상 마일리지를 부여 시 충당부채로 적립하고 마일리지 사용 시 현금할인의 경우 해당 충당부채를 매출채권 또는 판매대금과 상계하고 사은품 제공 시 해당 충당부채와 사은품비용을 상계처리하고 있는 점을 고려하여 재화의 공급대가에 마일리지 결제액을 포함한다고 규정한 것이다(재경부 소비세제과-319, 2006. 3. 29. ; KQR01-080, 2001. 5. 31.). 이때 고객이 적립된 마일리지를 사용(소비)하는 경우에는 대가의 지불수단으로 현금 대신 마일리지를 지불하는 것이므로 마일리지의 과세시기는 마일리지의 수령(적립) 시점이 아니라, 실제 마일리지를 사용하여 재화를 공급받는 시점으로 보았다.

② 대법원이 본 마일리지 규정의 문제점

부가법 제29조는 부가가치세의 과세표준에 관하여 그 산정의 기초가 되는 공급가액의 기준과 범위를 구체적으로 정하고(제1항 및 제3항), 에누리액 등 공급가액에 포함되지 아니하는 가액(제5항)과 장려금 등 공급가액에 포함되는 가액(제6항)을 각 규정한 다음, 이들 사항 외에 과세표준의 계산에 필요한 사항만을 시행령에서 정하도록 위임하고 있으므로(제12항), 위 시행령 조항은 그 범위 내에서 의미를 가진다 할 것이다.

마일리지 결제액을 과세표준에 포함한다는 시행령 규정은 '마일리지' 및 '마일리지로 결제하는 경우'의 구체적인 의미에 관하여 정의하지 않고 있어 과세요건 명확주의에 위배되며, 개별적인 '마일리지'가 에누리액에 해당하는지 여부를 가리지 아니하고 '마일리지’ 상당액을 무조건 과세표준인 공급가액에 포함한다고 규정한 것은 잘못이다. 또한, 부가가치세법에서 에누리를 과세표준의 차감항목으로 규정하고 있고, 시행령은 과세표준에 필요한 사항만을 정하도록 위임받은 바, 그 위임에 ‘에누리’의 범위를 제한할 수도 없고, 법정된 과세표준의 계산에 필요한 사항을 넘어 새롭게 과세표준을 확대하여 규정할 수도 없으므로 단지 마일리지 사용 등을 이유로 실제로 금전으로 받은 대가를 넘어서서 과세표준을 확대한 것은 문제의 소지가 있었을 뿐만 아니라 당초 시행령 개정 시에 마일리지 시행령 규정을 법률로 개정하여 원천적으로 해결할 일이지 시행령만을 개정하여 납세자에게 불이익한 규정을 두는 것은 조세법률주의의 근간을 훼손하는 일이었다.

나. 현행 규정(위 “⑥” 이후)

① 법령 조문

기획재정부는 마일리지를 금전적 가치가 없는 것으로 보아 마일리지로 결제 시 에누리에 해당한다는 판례(대법원 2015두58959, 2016. 8. 26.)를 일부 수용하여, 마일리지 결제분을 공급가액에 포함하도록 규정한 종전 부가령 제61조 제4항을 삭제하고 아래와 같이 시행령에 반영하면서 그 시행시기를 2017. 4. 1. 이후 거래분부터 적용하도록 하였다.

② 세법 적용

2017. 4. 1.부터 시행되는 마일리지 규정은 대법원의 판결에 있는 포인트 운영형태 중 자사적립 포인트거래와 같이 적립거래의 공급자가 사용거래에서 자신이 적립거래에서 부여한 포인트를 회수한 경우로 한정하여 해당 포인트 결제액을 에누리로 인정하면서 재화의 공급대가 전부를 포인트로 회수한 경우에는 사업상증여에서 제외하도록 규정하였다(부가령 §20 3). 여기서 주의할 것은 대법원 판례와 다르게 다자간 적립거래의 2차 거래에서 회수한 포인트는 에누리 적용대상에서 제외된다는 것이다.

③ 개정 규정의 문제점

과세대상의 선정은 원칙적으로 한 나라의 정치, 사회, 문화, 경제적인 제반 사정과 여건 등을 종합적으로 고려하여 입법 정책적으로 판단하여야 하는 문제이며, 이는 원칙적으로 입법재량의 영역에 속하는 것이다. 또한 과세표준의 산정에 관한 규정 역시 당해 세목의 특성, 다른 관련 규정들과의 체계적 · 유기적인 관련성 및 조세 정책적 목적 등을 고려하여 입법 정책적으로 판단할 문제로서 원칙적으로 입법재량의 영역에 속하는 영역이라 할 것이다. 하지만 입법자가 조세법에서 과세대상을 선정한 결과 및 제정한 과세표준의 산정 규정이 합리적인 재량의 범위를 일탈해 현저히 불합리한 것이라면 실질적 조세법률주의에 위반되는 것이다.

마일리지를 금전적 가치가 없는 것으로 본 대법원 판례에 대한 근본적 해결없이 위임규정(부가법 §29 ③ 6)과 시행령만을 개정하면서 자기적립마일리지 거래만을 공급가액에서 제외하는 것으로 규정하였고 이것이 입법재량의 영역이고 재량의 범위를 일탈한 현저히 불합리한 것이라고까지 보기는 어려운 점은 있으나, 마일리지에 대한 과세는 마일리지의 다양성을 무시하고 일괄하여 하나의 조항으로 규율함으로써 불완전하고 조세중립성을 해하고 있다.

포인트가 금전적 가치를 가졌는지에 대하여 사업자 입장에서 판단할 것인지 소비자의 입장에서 판단할 것인지, 적립거래와 사용거래를 통틀어 판단할 것인지와 외국의 사례 등에 대한 폭넓은 검토를 통하여 포인트제도가 결국 소비자의 구매의욕 자극과 가격혜택을 위한 것이고 적립거래에 있어 적립포인트가 거래금액에서 차지하는 비중이 미미함에도 세법이 이러한 제도를 제약(에누리 불인정 등)할 필요가 있는지는 의문이다.

2) 개념 규정 검토

가. 과세표준과 공급가액 규정

부가가치세의 공급가액은 모든 거래에서 시가에 의하여 결정되는 것이 아니라 각각의 구체적 거래별로 정하여진 금전대가로 파악하는 것이며, 부가가치세의 공급가액이 모든 고객에 대하여 동일하게 적용되는 것도 아니다. 다만, 금전 외의 대가를 받거나 재화 또는 용역의 공급에 대하여 부당하게 낮은 대가를 받거나 대가를 받지 아니한 경우에만 시가를 공급가액으로 하는 것이다.

또한, 부가가치세법은 사적자치의 원칙(또는 사인 간의 의사의 합치를 요체로 형성된 법률관계)에 따라 거래당사자가 형성한 법률관계(거래흐름 및 법적형식)의 토대 위에서 과세표준 산정, 세금계산서 발급 등을 하는 것이다(대법원 92누1155, 1992. 12. 8.).

부가가치세 과세표준은 해당 과세기간에 공급한 재화 또는 용역의 공급가액을 합한 금액으로 하고 공급가액은 개별재화 또는 용역의 가액이며 해당 과세기간 중에 발생한 공급가액의 합계액이 과세표준이 된다. 과세표준에는 거래상대자로부터 받은 대금·요금·수수료 기타 명목 여하에 불구하고 대가관계에 있는 모든 금전적 가치 있는 것을 포함하고 부가가치세의 과세표준에 포함되기 위해서는 재화나 용역의 공급과 대가관계에 있는 것을 받아야 할 뿐만 아니라 그것이 금전 또는 금전적 가치가 있는 것이어야 한다.

나. 에누리액의 규정

부가가치세 공급가액에 포함하지 아니하는 “에누리액”이란 재화나 용역을 공급할 때 그 품질이나 수량, 인도조건 또는 공급대가의 결제방법이나 그 밖의 공급조건에 따라 통상의 대가에서 일정액을 직접 깎아 주는 금액으로 규정하고(부법 §29 ⑤ 1), 공급가액에 포함되지 아니하는 부가가치세법상 에누리액으로 인정하기 위한 추가적인 요건이나 에누리로 볼 수 없는 소극적 요건에 대하여 아무런 규정을 두고 있지 않는바, 조세법률주의 원칙에 비추어 보면, ① 해당 재화 또는 용역의 공급거래와 직접 관련성이 있고, ② 그 품질이나 수량, 인도조건 또는 공급대가의 결제방법이나 그 밖의 공급조건에 따라 정해지며, ③ 재화나 용역의 통상의 공급가액에서 직접 공제되는 금액이면 에누리액으로서의 요건이 충분하다(서울고법 2012누31030, 2013. 9. 4.).

에누리액은 본래 통상의 공급가액에서 일정액을 깎아 주는 것일 뿐 대가를 받는 것이 아니므로 법령에 규정이 없더라도 그 성질상 당연히 공급가액 산정에서 제외되어야 할 대상이다.

법원도 에누리액은 그 품질·수량 및 인도·공급대가의 결제 그 밖에 공급조건에 따라 정하여지면 충분하고 그 발생시기가 재화 또는 용역의 공급시기 전에 한정되는 것은 아니라고 판결하였고(대법원 2001두6586, 2003. 4. 25.), 재화 또는 용역의 품질·수량이나 인도 등에 관한 공급조건이 원인이 되어 공급가액에서 공제 또는 차감되는 금액은 거래상대방으로부터 실제로 받은 금액이 아니므로 이를 부가가치세의 과세표준에서 제외하려는 입법취지 등에 비추어 보면, 이들 규정에서 말하는 에누리액에는 공급하는 재화 또는 용역의 품질·수량이나 인도 등에 관한 공급조건과 결부된 명시적 또는 묵시적 약정에 따라 그 공급 당시의 통상의 공급가액에서 공제되는 금액뿐만 아니라 공급계약 등에서 정한 품질·수량이나 인도 등에 관한 공급조건에 따라 공급이 이루어지지 아니하였음을 이유로 재화 또는 용역의 공급 후에 당초의 공급가액에서 차감되는 금액도 포함된다고 봄이 타당하고(대법원 2011두8178, 2013. 4. 11.), 공급가액 증감사유로 인한 수정세금계산서 발급의 취지에 비추어 볼 때 재화 또는 용역의 공급 후에 에누리액이 발생한 경우에는 특별한 사정이 없는 한 그 사유가 발생한 날이 속하는 과세기간의 총공급가액에서 에누리액을 차감하여 해당 과세기간의 과세표준을 산정하는 것이다.

다. 포인트제도와 장려금과의 비교

포인트의 적립거래 및 사용거래, 증정상품권을 이용한 거래에서 포인트 및 증정상품권이 장려금에 해당한다면 적립거래 및 사용거래 모두 공급가액에서 감액될 수 없을 것이다.

판매장려금이란 일정기간에 걸쳐 판매물품을 대량으로 구매한 거래처나 계속적으로 다량의 거래를 하는 단골거래처에 대하여 매출신장에 기여한 공로를 고려하여 매출액이나 판매수량에 대한 장려의 의미로 지급하는 것으로서 기업회계에서는 현금할인, 현금보조의 방식으로 지급되는 현금판매인센티브의 경우 실질판매가격을 하락시켜 그 매출로 인해 수취할 대가의 공정가액을 감소시키므로 판매자의 매출에서 직접 차감하고, 무료현물 및 무료서비스 등 현물판매인센티브를 지급하는 경우에는 판매거래의 일부로 보아 판매부대비용으로 처리한다(재무보고에 대한 실무의견서 2006-4, 2006. 11. 24.).

판매장려금은 개별거래나 그 대가와 관계없이 일정수준 이상의 매출을 올리는 거래상대방에게 일정한 금액을 지급하는 경우로서 일정기간에 걸친 판매물품을 대상으로 하여 해당 기간 동안 구매한 거래처 또는 다량의 거래를 하는 단골거래처에 대하여 매출신장에 기여한 공로를 인정하여 매출액이나 판매수량에 대한 장려의 의미로 사후적으로 지급하는 것이다.

부가가치세법은 명칭 여하에 불구하고 거래가 이루어진 후 장려금을 금전으로 지급하는 경우 동 장려금을 과세표준에서 공제하지 아니하며, 재화로 지급하는 경우에는 사업상증여로 부가가치세가 과세된다(부가통칙 10-0-5).

또한, 판매장려금도 에누리액과 같이 공급가액에 대한 할인효과가 있는 것이어서 양자의 구별이 항상 용이한 것은 아니나, 에누리 및 판매장려금의 의미를 살펴볼 때 그 구별기준은 ① 가격보상 조건이 사전에 미리 정해져 있는지 여부, ② 보상의 실시 또는 내용이 필수인지 임의에 따른 것인지 여부, ③ 매출액이나 거래수량의 많고 적음에 따라 적용 내용이나 적용 대상에 제한이나 차등을 두는지 여부, ④ 해당 금액의 지급으로 인하여 판매물품의 가격에 미치는 영향이 직접적인지 간접적인지 여부에 있다.

▌장려금 해석 기준

① 판매촉진 및 시장개척 등을 목적으로 ② 사전약정에 의하여 ③ 계속적 거래관계에 있는 거래처에 ④ 매출신장에 기여한 공로로 ⑤ 공급시기에 있어 그 공급대가의 결정과 무관하게 거래수량, 거래금액에 따라 지급되는 것으로서 ⑥ 개별거래나 그 대가와 연계됨이 없이 지급하는 것을 말함(대법원 2014두298, 2016. 6. 23. ; 서울고법 2013누27779, 2014. 6. 18. ; 서울고법 2013누52409, 2014. 8. 19. ; 의정부지법 2016구합8352, 2017. 2. 7.).

과세표준에서 공제하지 아니하는 장려금은 사업자가 자기재화의 판매촉진을 위하여 거래상대자의 판매실적에 따라 일정률의 장려금품을 지급 또는 공급하는 경우 금전으로서(부가법 §29 ⑥ ; 부가통칙 10-0-5) 공급자와 공급받는 자 사이에 당초 공급거래와는 무관하며, 향후 공급받는 자의 제3자에 대한 과거 판매실적에 근거하여 지급되는 것으로 적립거래와 사용거래 사이에만 적용되는 것이 아니라 모든 잠재적인 거래와 관련하여 지급된다. 또한, 고객의 당초 공급자에 대한 추가 매입의도와는 무관하여 포인트와는 다른 성격을 가졌으며, 적립거래에서 포인트 부여가 고객에게 사용거래에서 감액을 청구할 수 있는 권리가 확정된 것이라고 볼 수도 없고, 확정적으로 부여된 것이라도 향후 사용거래에 참여하는 것은 고객의 의사에 달려있어 장려금과 동일시할 수 없다.

아울러 포인트는 자기의 불특정 소비자들과의 사용거래(2차 이후의 거래에서 포인트로 결제하는 경우를 말한다) 유도목적으로 구매액에 따라 즉시 지급되는 형식으로서 사전약정(약관)에 따라 구매거래가 발생한 모든 회원에게 구매액의 일정률이 구매거래와 동시에 회원들에게 포인트가 적립되어 장려금과는 성격이 다르며, 이미 조건을 충족한 장려금은 사용거래가 없더라도 상대방에게 대금청구가 가능하나, 이 사건 포인트는 거래상대방의 판매실적에 따라 지급되는 것도 아니다.

종전 조세심판례 및 하급심 법원에서는 포인트에 금전적 가치가 있다고 본다면 이를 적립거래의 에누리액으로 보아야 논리적 일관성이 있는 것이지 중복계산(포인트 결제액만큼 공급가액이 증가된 부분을 말한다)을 피하고자 이를 적립거래의 장려금으로 보아 공급가액에서 제외하지 아니한 판단은 부당하며, 공급자가 공급받는 자로부터 공급대가를 받으면서 그와 반대로 금전을 지급하더라도 이를 공급가액에서 제외하지 않는다는 장려금 규정은 위와 같은 중복계산을 초래할 우려가 있으므로 한정적으로만 적용된다고 보는 것이 타당하다.

이러한 취지에 비추어 포인트가 적립거래에서 적립된 상태만으로는 아직 에누리액이라고 하기 어렵고 그것이 공급가액을 직접 공제·차감하는 효과를 발생시키는 사용거래의 에누리액이라고 해석하는 것이 중복계산을 피하면서도 합리적으로 공급가액을 산정해 낼 수 있다는 대법원의 견해에 공감한다.

라. 포인트의 금전적 가치 유무

이번 롯데포인트 관련 대법원 판례문에서 ① 부가가치세는 그 재화나 용역을 공급한 사업자에게 부과되므로 사용거래와 관련하여 사업자가 고객으로부터 받은 포인트가 금전적 가치가 있는지 여부는 사업자의 입장에서 판단하여야 하고, 사용거래에서 포인트가 대금의 일부로 결제된 경우에 고객으로서는 그 금액만큼 할인을 받은 것으로 받아들일 수 있지만, 사업자 측면에서 볼 때 포인트가 '금전적 가치 있는 것'이면 과세표준에 포함되어야 하고 그렇지 않으면 과세표준에서 제외되어야 하며, 특히 제휴 포인트 거래의 주관 운영사로부터 포인트 상당의 금전을 지급받음으로써 그 권리는 그대로 실현되는 것이어서 해당 포인트를 '금전적 가치 있는 것'이 아니라고 할 수는 없는바, 결국 사업자들이 사용거래에서 지급받은 포인트는 나중에 포인트 상당의 금전을 지급받을 수 있는 권리를 표창하는 것으로서 '금전적 가치'가 있는 '금전 외의 대가'에 해당하므로 사용거래에서 사용된 포인트가 사용거래의 사업자가 아닌 다른 제휴사가 적립해 준 것이라면 사용거래의 사업자는 나중에 그 포인트 상당 금전을 지급받음으로써 결국 통상의 공급가액 전부를 지급받게 되므로 에누리가 있다고 볼 여지는 없다는 주장과 ② 부가가치세법은 개별거래를 기본으로 하여 일정한 과세기간을 과세단위로 삼도록 하고 있으므로 포인트가 '금전 외의 대가'로서 사용거래의 공급가액 중 일부를 구성하는지 아니면 거기에서 제외되는 에누리액인지 여부는 사용거래만을 기준으로 판단하여야 하며, 적립 및 사용거래에서 고객이 지출한 금액의 합계와 부가가치세 공급가액의 합계가 서로 일치하지 않는다고 하여 두 거래를 통틀어서 그 차액을 에누리로 보는 것은 개별거래 단위로 공급가액을 파악하는 부가가치세법 인식체계에 반한다는 소수 반대의견이 상당한 설득력과 공감을 불러일으킨 것은 사실이다.

그러나 부가가치세는 납세의무자 자신이 부담하는 것이 아니며 포인트는 조건부 권리로서 통상적인 에누리와 차이가 있으므로 포인트를 사용한다고 하더라도 적립거래의 공급가액이 영향을 받지 않는다고 볼 수 없고, 포인트는 사전약정에 따라 사용거래(2차 이후의 거래)의 결제조건에 따라 포인트 사용분만큼 통상의 공급가액에서 직접 공제하는 금액에 해당한다. 즉, 공급가액의 결제 그 밖의 공급조건에 해당하며, 공급자와 고객 사이에 이루어진 일련의 거래가 이미 체결된 사전약정 아래 이루어지는 것이니만큼 그 경제적 효과는 적립거래와 사용거래 전체적으로 파악하여야 한다. 무엇보다도 포인트제도 운용 시 적립거래에서는 부가가치세를 거래징수하여 납부할 수 있으나, 사용거래에서는 포인트 결제액에 상응하는 부가가치세를 담세자인 고객이 아니라 공급자가 부담하게 된다.

따라서 고객이 사용거래에서 사용된 포인트가 금전적 가치가 있는지의 여부는 적립거래 및 사용거래를 통하여 그 공급자가 받게 되는 금전이 얼마인지를 기준으로 판단하여야 하는 것이지 포인트 거래라는 이유로 금전가치가 있는 것으로 의제할 수 없다.

(5) 롯데쇼핑 마일리지 대법원 판례 분석

1) 자사적립 마일리지 거래 및 다자간 마일리지 거래

가. 사실관계

○ 롯데그룹의 계열사로서 유통업 등을 영위하는 법인인 원고들은 다른 롯데그룹 계열사들과 함께 롯데카드 주식회사와 롯데멤버스 업무제휴계약을 체결하여, 고객이 원고들을 포함한 롯데그룹 계열사들이 운영하는 전국의 롯데백화점, 롯데마트, 롯데시네마 등의 영업점에서 물품 또는 용역을 구입하면서 롯데카드로 결제하거나 멤버십카드를 제시하면 구매금액의 일정률을 점수화하여 '마일리지'라는 명칭으로 통합하여 적립(이하 이를 "1차 거래" 또는 "적립거래"라 칭한다)해주고,

- 그 후 고객이 위 영업점에서 물품 또는 용역을 구입하여 대금을 결제할 때에 이 사건 마일리지를 그 대금에서 공제하거나 마일리지를 사은품으로 교환할 수 있도록 하는 롯데마일리지제도를 운영하고 있다.

○ 이에 따라 원고들은 롯데멤버스카드 서비스에 가입한 고객들이 원고들의 영업점에서 결제한 금액의 0.1% 내지 1%에 해당하는 금액을 롯데마일리지로 적립하여 주고, 고객별로 통합 적립된 롯데마일리지가 1,000점 이상이 되는 경우에 원고 및 다른 제휴사에서 재화 또는 용역을 구입하면서 이를 사용할 수 있도록 하였고(이하 이를 "2차 거래", "사용거래"라 한다), 고객들은 롯데멤버스카드 서비스에 가입하고 그 서비스 약정에서 정한 내용에 따라 이 사건 마일리지를 적립·사용하여 왔다.

○ 또한, 원고들은 고객이 일정금액 이상의 물품을 구매할 경우에 사전에 약정된 상품권(이하 "증정상품권"이라 한다)을 증정하고, 고객이 위 영업점에서 물품 또는 용역을 구입하고 대금을 결제할 때에 증정상품권 가액을 대금에서 공제하여 주었으며, 이와 같이 증정한 증정상품권에 대하여는 고객들에게 판매하는 상품권과 전산상 별도로 구분하여 관리하였다.

○ 한편, 롯데멤버스 업무제휴계약에 따라 원고들과 다른 롯데그룹 계열사들은 2차 거래(또는 "사용거래"라 한다)의 결제에 사용된 롯데마일리지가 그전까지 해당 고객이 각 계열사별로 적립해 두었던 롯데마일리지 비율대로 사용된 것으로 보아 분담비율을 계산하는 한편, 일정기간을 단위로 하여 사용거래(2차 거래)의 공급자인 법인이 다른 법인들로부터 정산금을 지급받기로 하였다.

- 다만, 편의상 롯데카드 주식회사가 정산 과정을 주도하여, 우선 2차 거래의 공급자인 법인에게 다른 법인들이 지급할 정산금을 일괄하여 대신 지급하는 한편, 다른 법인들로부터 해당 정산금을 지급받는 방식으로 정산하여 왔다. 그리고 2차 거래에서 이 사건 상품권에 의하여 대금을 결제 처리한 경우에도 이와 마찬가지로 정산하였다.
- 적립거래와 사용거래의 공급자가 동일한 경우를 **"자사적립 마일리지 거래"**라 하고, 적립거래와 사용거래의 업무제휴관계에 있는 공급자가 서로 다른 경우에는 **"다자간 마일리지 거래"**라 정의한다.

○ 그런데 원고들은 고객들이 원고들의 영업점에서 재화를 구입하는 사용거래(2차 거래)를 하는 과정에서 롯데마일리지 또는 증정상품권에 의하여 처리되어 현실적으로 대금을 지급받지 아니한 금액 부분(이하 "쟁점금액"이라 한다)까지 모두 과세표준에 합하여 부가가치세를 신고·납부하였다가 쟁점금액이 부가가치세법상 에누리액에 해당한다는 이유로 해당 부분의 환급을 구하는 경정청구를 하였다.

○ 이에 대하여, 처분청은 쟁점금액이 부가가치세 과세표준에 포함된다고 보아 이를 거부하는 뜻을 통지하거나 2개월 이내에 아무런 통지를 하지 아니함으로써 원고들의 경정청구를 거부하는 처분을 하였다.

나. 쟁점

① 고객과 적립거래를 한 이후 사용거래에서 재화의 공급대가에서 차감된 마일리지액이 에누리에 해당하는지(자사적립 마일리지 거래)

② 수 개의 공급자들이 통합결제약정 및 업무제휴계약을 맺고 사용거래와 적립거래를 공동으로 운영하면서 사용거래에서 고객이 사용된 마일리지를 정산하는 경우에도 해당 마일리지 상당액이 에누리에 해당하는지 여부(다자간 마일리지 거래)

③ 사용거래에서 증정상품권으로 결제한 경우 동 상품권가액(결제 시 차감된 금액)의 에누리 해당 여부

다. 쟁점에 대한 대법원 판결내용 요약(대법원 2015두58959, 2016. 8. 26.)

① 사용거래 시 감액된 마일리지 가액은 공급자와 사업자 사이에 미리 정해진 공급대가의 결제조건에 따른 것으로서 거래상대방으로부터 실제로 받은 금액이 아니므로 통상의 공급가액에서 직접 · 차감되는 에누리에 해당한다.

② 여러 공급자들이 제휴를 맺고 고객 사이에 위 "①"과 같은 적립거래와 사용거래를 약정하고, 고객의 사용점수와 관련하여 공급자들이 내부적으로 일정한 기간을 정하여 상호 간에 사용된 점수를 정산하면서 그 차액 상당액을 지급하는 경우 이는 공급자들 사이에 사전약정된 점수의 적립 및 그 사용에 따른 계속적인 정산관계를 전제로 한 것으로 사용거래와 대가관계에 있다고 보기 어렵고 미리 정해진 결제조건(사용거래)에 따라 공급가액을 직접 공제 · 차감한 에누리에 해당한다.

③ 적립거래에서 증정된 상품권을 다른 상품권과 별도 구분 · 관리하면서 사용거래에서 상품권가액을 공급대가에서 제외하여 준 경우에도 공급자들과 고객 사이에 미리 정해진 사용조건에 따라 공급가액에서 직접 공제받은 것으로 볼 수 있다.

④ 현 부가가치세법 시행령에서 규정하는 마일리지 규정은 법문상의 위임범위를 벗어나고 그 개념에 대한 구체적 의미규정도 없을 뿐만 아니라 개별적인 마일리지가 에누리에 해당하는지 여부를 가리지 않고 무조건 공급가액에 포함하라는 의미로 해석할 수 없다.

2) 할인발행한 상품권 및 할인쿠폰과 포인트의 비교

국세청은 사업자가 불특정 다수인에게 일정한 금액을 할인한다는 내용이 인쇄된 할인

쿠폰을 배포한 후 할인쿠폰 소유자에게 재화를 공급하고 그 대금은 할인액을 공제한 금액으로 지급받는 경우 그 할인액은 부가가치세 과세표준에 포함하지 아니하며(부가 46015-2169, 1998. 9. 24.), 대형할인점을 운영하는 사업자가 고객에게 상품권을 할인판매하거나 할인쿠폰을 일괄적으로 제공한 후 해당 고객에게 물품을 판매하고 그 대가의 일부를 상품권 또는 할인쿠폰으로 받음에 따라 공급가액의 일정액을 할인하여 주는 경우 해당 할인액은 에누리액에 해당한다고 해석하였다.

나아가 사용거래에서 고객에게 과세물품과 면세물품을 함께 판매하면서 쿠폰으로 결제받은 부분은 거래 당시 당사자 간 약정 또는 그러한 약정이 없는 경우에는 객관적이고 합리적인 방법으로 에누리액을 과세공급가액과 면세공급가액에서 공제하고, 약정 및 합리적 방법이 없다면 거래 당시 할인 전 과세공급가액과 면세공급가액의 비율에 따라 산정된 가액을 공제한다고 회신하였다(부가가치세과-21, 2011. 1. 5.).

할인상품권이란 당초 상품권의 액면가액 미만으로 고객에게 판매하는 경우를 의미하고, 추후 고객이 해당 상품권으로 물품대금을 결제한 경우 그 액면가액과 당초 실제 상품권 구입가액의 차액을 에누리로 본다.

할인쿠폰 역시 그 소지자가 사용거래에서 할인하여 줄 것을 청구할 권리가 있음에도 금전적 가치가 없는 것으로 보아 에누리에 해당하는 것이 국세청의 일관된 회신이었으며 할인쿠폰의 사용거래가 이번 대법원의 포인트 사용거래와 거래실질은 동일하고 형식만 다른 경우로 포인트는 전자적 형태의 할인쿠폰에 불과하다.

상품권 할인발행의 경우에도 그 할인액이 에누리인 경우와 달리 그만큼 포인트를 부여하고 이를 결제받은 경우는 경제적 관점에서 서로 다르지 않다.

3) 자사적립 포인트 거래에서 포인트를 사용거래에서 회수한 경우

적립거래 이후 사용거래에서 포인트 사용으로 인한 공제혜택은 추가적인 거래(사용거래)로 인하여 공급수량이 증가되는 경우에 한하여 제공되는 것이므로 '수량에 관한 에누리조건'으로 파악될 수 있고, 사용거래에서 적립된 포인트의 사용액만큼 감액된 가액은 결국 공급자와 고객 사이에 '미리 정해진 공급대가의 결제조건'에 따라 공급가액을 공제 또는 차감하는 것으로 역시 에누리에 해당한다.

당사자 사이의 의사가 적립거래 이후 사용거래와 관련하여 공제혜택을 주겠다는 것(사용거래 자체에 대한 에누리조건)으로 사용거래와 관련된 에누리조건으로서 적립거래와 사용거래를 각각 독립된 거래로서 에누리를 인정하지 않는다면 공급자 또는 고객의 희생을 통하여 국가의 세수를 증가시키겠다는 것이 될 것이므로 국가는 그 희생을 통해서라도 세수를 증가시켜야 한다는 합리적 정책근거를 제시하고 입법화하여야 허용될 수 있는 것이다.

에누리조건의 부여나 그 산정은 사적자치의 영역으로서 경제적 인과관계에 따라 그간의 거래실적, 향후의 거래관계, 기업이익 창출에 기여한 정도, 거래금액이나 수량, 제품 생산 및 개발에 직·간접적으로 기여한 정도 등을 고려하여 정하여질 사항으로 포인트 제도가 이러한 경제적 인과관계가 결여된 것도 아니다.

동 대법원 판결문상의 반대의견에서 '자사적립 포인트 거래'에서 사용거래의 사업자가 포인트 운영사에게 금전을 지급할 의무와 그로부터 금전을 지급받을 권리가 우연히 동일 사업자에게 귀속되는 결과 외관상으로 정산이 발생하지 않는 것과 같이 보일 뿐 그 포인트에 상당하는 금전을 포인트 운영사로부터 받을 권리로서의 실질이 그대로 유지된다는 점에서 포인트는 공급가액에서 제외될 수 없다는 의견이 있었다.

그러나 포인트는 경제적으로 판매량을 늘리는 외에 다른 이익이 없는 판매촉진정책의 일환으로서 결제수단으로 직접 사용된다기보다는 할인을 위한 기준을 정하는 수단으로 자기가 적립한 포인트는 아무런 경제적 가치가 없다.

외국의 사례에서도 자사 적립포인트 결제분에 대하여 소비세를 과세한 예는 찾아볼 수 없었다. 향후 기획재정부에서 포인트 결제분을 공급가액에서 제외하지 아니하는 방향으로 입법을 추진한다 하더라도 외국의 사례, IFRS, 이중과세 적용 여부 등을 고려하여야 하고, 포인트의 성격이나 수많은 포인트 거래유형을 고려하지 아니하고 무조건 공급가액 제외항목이 아니라고 규정한다면 위헌의 소지도 발생할 수도 있다고 본다.

4) '다자간 포인트 거래'에서 포인트를 회수한 경우

'다자간 포인트 거래'에서 포인트를 사용거래에서 회수한 경우에 대법원은 아래와 같은 이유에서 에누리에 해당한다고 보았다.

① 포인트 운영 관련 업무제휴한 공급자들과 회원으로 가입한 고객 사이에 미리 정해진 공급가액 결제 조건에 따라 공급가액을 직접 공제·차감한 것으로서 에누리액에 해당하고 그 점수 상당의 공제된 가액을 사용거래의 공급가액에 포함할 수 없다.

② 적립된 포인트는 여러 공급자들이 공통적으로 고객과 사전에 맺은 할인약정에 따라 할인 가능금액을 수치화하여 표시한 것에 불과하고, 사용거래의 공급자 자신이 적립거래에서 적립한 점수에 관하여는 사용거래에서 사용하더라도 다른 사업자들로부터 정산금을 받을 수 없으며 제휴 공급자들 사이의 정산금은 공급거래와 별도로 이루어진 통합 정산약정 및 계속적인 거래의 결과에 의하여 산정되므로 제휴 공급자들 사이의 정산약정에 따라 당초 공급자가 고객이 아닌 제휴 공급자들로부터 정산금을 지급받더라도 이는 사용거래의 공급과 대가관계에 있다고 볼 수 없고,

적립된 점수의 교차사용 및 정산이 예정되어 있다는 사정만으로 적립된 점수에 의하여 할인된 가격이 에누리액이 아니라고 보기 어려우며 고객이 적립거래와 사용거래를 통하여 지급한 돈은 통상의 거래가액에서 할인된 금액(포인트 결제액)을 공제한 나머지에 불과할 뿐 공급자들이 그 할인·공제된 금액을 넘어서는 대금을 받았다고 볼 수 없다.

※ 제휴사 간 교차적립, 구매고객의 교차사용, 제휴사 간 포인트의 정산으로 인한 정산금의 지급을 요건으로 하였다.

③ 고객이 공급대금을 할인받은 사용거래를 한 사업자와 그 할인의 기초가 된 적립거래의 사업자들이 일치하지 아니함에 따라 제휴 공급자들 사이에서 소멸된 포인트에 대한 정산을 하더라도 이는 사용거래 이후의 거래를 마친 후에 그 거래와 별도로 사전에 제휴 공급자들이 한 약정에 따라 고객이 아닌 공급자들 내부에서 이루어지는 것에 불과하며, 그 할인 내지 정산에 따른 손익은 소득 및 그에 대한 법인세 등의 과세에 반영될 뿐 고객은 아무런 이해관계가 없고 제휴 공급자들 내부의 사후적인 정산관계 내지는 그 이행 여부가 고객의 포인트를 이용한 가격 할인에 아무런 영향을 주지 못하므로 위 정산관계와 무관한 공급자와 고객 사이의 사용거래 이후의 거래관계에서 할인·공제된 가액에 관하여 고객이 위 정산관계를 통하여 제휴 공급자들에게 공급대가를 지급하였다고 볼 수 없다(1차 적립거래와 2차 사용거래를 통합하여 운용하는 것이 마일리지 정책이고 그러한 법률관계나 구조하에서 운영하였으므로 납세의무자가 선택한 법률관계를 존중하여 두 거래를 통합하여 에누리 여부를 판정하였다).

④ 부가가치세법이 개별거래를 기본으로 일정한 과세기간을 과세단위로 삼고 있으므로 포인트가 사용거래의 에누리액인지 여부를 판단할 때에도 사용거래를 기준으로 판단하여야 할 것이지만, 그렇다고 해서 포인트의 성격을 판단할 때 사용거래 외의 다른 거래를 일체 고려할 수 없다고 할 것은 아니다.

포인트는 적립거래에서 적립·발생되어 사용거래에서 사용·소멸되므로 그것이 사용거래의 에누리액인지에 관하여는 양 거래 전체를 통틀어 그 성격을 파악하여야 하므로 포인트가 사용거래의 공급가액에서 공제되는 에누리액에 해당하는지 여부를 판단하기 위해서는 사용거래뿐만 아니라 적립거래를 함께 살펴볼 수밖에 없다.

⑤ 포인트를 금전적 가치가 있는 것으로 본다면 적립거래에서 포인트를 부여한 사업자와 사용거래에서 그 포인트로 결제받은 공급자가 일치하든 그렇지 않든 관계없이 당연히 공급가액에 포함되어야 할 것이나 부가가치세 등 소비세의 과세가액은 그 세금의 부담자가 최종소비자이니만큼 실제로 받은 대가에 의하여 산출되는 주

관적인 가치이고 최종소비자가 실제로 지급하는 가액을 초과할 수 없다.

⑥ 또한, 포인트가 사용거래의 에누리액이 아니라고 보게 되면 결국 적립거래에서 받은 대가 중 일부로서 충당되는 실질을 갖는 포인트가 적립거래와 사용거래의 공급가액에 모두 포함되는 결과가 되는데, 이는 하나의 대가를 중복하여 과세표준에 산입함으로써 이중과세 또는 중복과세의 문제가 발생한다.

5) 이중과세의 문제점

포인트를 사용거래에서 결제 시 에누리액이 아니라면 결국 적립거래에서 받은 대가 중 일부로서 충당되는 실질을 갖는 포인트가 양 거래의 공급가액에 모두 포함됨으로써 하나의 대가를 중복하여 과세표준에 산입하여 이중과세문제가 발생한다.

적립거래 시 마일리지의 부여가 공급자와 구매자 간에 불확정 채권 · 채무관계를 형성하고 있더라도 마일리지의 사용은 재화 또는 용역의 공급과 관계없이 나중에 구매자가 채권을 행사할 것인지 또는 아니할 것인지의 문제일 뿐이어서 재화의 공급대가로 고객에게 받은 금전에서 포인트 결제액을 공급대가에서 차감하는 것이 이론적으로 타당하며, 적용거래와 사용거래는 별개의 거래로서 각 거래에 대한 통상의 공급가액을 초과하지 아니하므로 이중과세에 해당하지 않는다는 의견은 거래당사자 사이에 사전약정에 근거하여 명시적으로 할인혜택을 부여하였음을 부인하는 결과가 된다.

또한, 부가가치세의 최종담세자가 최종소비자이므로 공급자가 부가가치세를 부담하는 것은 간접세로서의 부가가치세 논리에 맞지 아니하므로 최종소비자로부터 거래징수하지 못한 부가가치세를 공급자 또는 구매자에게 부담시키지 않도록 최소한 보완장치 마련이 필요하다.

※ 장난감 제조자가 갑 장난감을 판매하면서 판매가격의 5%를 즉시 할인해 주는 경우와 판매가격의 5%를 포인트로 적립해 주고 재구매 시 결제수단으로 사용하게 한 경우 현행 시행령 규정은 과세표준이 달라져 조세중립성이 유지되지 못한다.

6) 사업상증여에 해당하는지 여부

사은품은 그 자체로 독립된 거래이고 그 대가가 포인트를 적립해 주는 거래에서 대가가 포함되어 있는 것으로 보기 어려우므로 사업상증여에 해당한다.

사용거래(보통 실무에서 2차 거래라고도 한다)에서 공급대가의 전부를 포인트로 결제받은 경우 이는 100% 할인으로서 이를 사업상증여로 보아 시가로 과세한다면 포인트로 99.99%만 결제하여 에누리로 인정받는 경우와 비교할 때 과세형평과 맞지 아니하고, 재화에 대한 대금의 일부를 할인받은 경우 적립된 포인트를 모아 결제한 것으로 적립비율

(0.1% 내지 1%)을 고려할 때 별개의 공급으로 보아 사업상증여로 보는 것은 불합리하다.

실무적으로도 고객이 사용거래에서 공급대가 50만 원의 A제품과 60만 원의 B제품을 구매하고 현금 1만 원과 1,090천 원의 포인트로 결제했다고 가정할 때 A, B제품 중 어느 제품을 사업상증여로 보아야 하는지, 아니면 현금 1만 원이 두 제품에 대한 공급대가의 비율대로 지급한 것으로 보아 에누리로서 1만 원만 공급대가로 보아야 할지 논란이 될 수 있다.

그렇다면 적립거래와 사용거래가 연계되어 할인이 이루어지는 이 건 포인트 거래에 있어서는 사은품과 같이 독립된 거래로 이루어지는 것이 아닌 일종의 덤으로 보아 에누리 성격이 있는 것으로 봄이 타당할 것이다.

※ **2017. 4. 1.부터 시행**된 부가령 제20조 제3항에서 재화의 대가를 전액 포인트로 결제한 경우 사업상증여로 부가가치세가 과세되지 아니한다.

7) 포인트 지급사유와 에누리 해당 여부

가. 매출연동 포인트

포인트 제도를 운영하는 사업자가 그 구매자에게 구매금액(결제금액)의 일정 비율 또는 일정액을 사전약정에 따라 지급하는 포인트로 사용거래에서 공급대가로 회수한 동 포인트는 금번 대법원 판결에 따라 에누리에 해당한다.

나. 비매출 포인트

구매자와 포인트 제도를 운영하는 사업자로부터 상품 등의 구매와 직접 관계없이 해당 사업자의 고객을 대상으로 한 이벤트, 경품행사, 각종 프로모션 행사 등의 진행과정에서 다수 또는 특정 고객(당첨자 등)에게 지급하는 포인트를 말한다. 그 외에 사업자가 고객에 대한 보상의 목적으로 구매고객을 대상으로 구매상품에 대한 상품평, 사용 후기 작성 등을 한 경우에 지급하는 포인트를 포함한다.

이러한 비매출 포인트도 사용거래에서 사업자가 부여한 포인트를 회수하는 경우로서 포인트 회수액만큼 대가를 지급받은 경우가 아닌 만큼 판매장려금과 동일한 성격으로 파악해서는 아니되고 현행 마일리지 규정이 아닌 부가법 제29조에 규정된 에누리규정에 따라 에누리로 보아야 한다는 것이 저자의 생각이다. 수치화한 할인쿠폰과 그 성격이 동일하기 때문이다.

다. 카드사 포인트

카드사는 자사 카드 소유고객이 가맹점에서 자사 카드로 대금을 결제한 경우 자사 카드고객에게 포인트를 적립시켜 준다. 재화나 용역을 직접 공급한 자는 가맹점이지만 카드사는 고객의 결제액에 따라 가맹점 수수료를 수입으로 얻게 되므로 신용카드사용금액 확대를 통한 수익확보 차원에서 고객에게 포인트를 적립시켜 주는 것이다. 국세청과 기재부는 적립된 포인트는 고객이 가맹점에서 물품 구입 시 사용하게 되면 카드사가 가맹점에 포인트 상당액을 보전해 주게 되고 이때 가맹점은 카드사로부터 받은 대가를 과세표준에 포함하여 부가가치세 신고하는 것으로 종료되고 카드사의 해당 보전액은 판매부대비용이라고 회신하였다(기재부 부가-411, 2010. 6. 24. ; 법규부가 2010-401, 2011. 1. 14. ; 재소비 46015-189, 2000. 6. 27.).

그러나 법원은 위 보전액이 공급자, 카드사, 구매 고객 간에 물품 구입 시 할인된 금액을 일부를 사전약정에 의하여 고객을 대신해 카드사가 공급자에게 지급한 것으로 보지 아니하고 공동판촉 등을 위해 소요된 비용의 일부를 부담한 것으로 가맹점의 공급대가는 고객이 실제 부담한 금액으로 판결하고 있다(대법원 2022두49304, 2022. 10. 27.).

또한, 카드사가 해당 포인트를 회수하기 위하여 직접 재화를 공급하는 포인트몰을 운영하면서 물품대금을 포인트로 결제받는다면 별도의 부가가치를 창출하는 사업으로 보기 어려워 상품 구입 관련 매입세액은 면세사업에 관련 매입세액으로 불공제하거나, 포인트몰을 부가가치세 사업자로 파악한다 하더라도 면세용역과 재화를 공급하는 카드사가 포인트를 부여하고 재화를 공급하면서 포인트를 회수한 것이므로 에누리로 보아야 한다(이 경우 후술하는 할인의무가 발생하는 적립거래와 포인트를 직접 회수하는 사용거래가 발생하여 에누리로서의 요건이 충족된 것이다).

※ 롯데포인트 관련 대법원 판례에서는 롯데카드와 롯데포인트 제휴사 사이에 롯데카드가 부여한 포인트 회수액을 제휴사의 에누리로 판단하여 부가가치세가 환급되었다.

(6) 롯데쇼핑 마일리지 판결의 문제점 등

1) 공급자가 부담하여 환급받은 포인트결제분 부가세액을 돌려주어야 하는지

쟁점 판결에서 공급받은 부가가치세를 고객에게 돌려주어야 한다거나 2017. 4. 1. 이후 자기적립마일리지가 에누리로 명확화되었으므로 공급가액에서 포인트를 차감하여야 하는데 공급대가에서 차감함으로써 공급자가 고객의 포인트를 차감하였다고 주장하나 아래와 같은 이유로 배척되어야 한다.

첫째, 설령 부가가치세를 고객이 부담하였더라도 부가법상 부가가치세 납세의무자는 사업자이므로 과세관청은 부가가치세를 사업자에게 환급하여야 하고, 헌법재판소에서는 사업자가 소비자에게 부가가치세 환급금을 지급할지 여부는 거래당사자의 약정이나 거래관행 등에 따라 당사자 간에 결정할 사항이므로 공급자의 부가가치세 감소분을 소비자에게 돌려주거나 포인트를 얼마를 차감할 것인지 등은 사적자치의 영역으로서 전적으로 거래당사자가 결정할 사항이라고 결정하였다(동지 : 헌재 98헌바7 · 8병합, 2000. 3. 31.).

둘째, "매출에누리는 공급가액에서 공제된다(부가법 §29 ⑤ 1)"는 부가법 규정은 두 비교대상 금액[재화의 공급가액과 포인트(에누리)]이 모두 부가가치세가 제외된 경우를 전제로 한 규정으로 보아야 한다. 포인트는 차후 거래의 결제수단으로 사용되기 때문에 공급가액(과세표준)에서 직접 차감하는 것은 적절하지 않다. 이는 부가가치세 공급가액 및 과세표준에는 금전가치 있는 것을 포함하되 부가가치세액은 제외한다는 부가법 제29조 제3항의 규정에 비추어도 타당하다.

포인트는 구입대금(공급대가)에 따라 일정률이 적립되고 포인트를 사용하는 경우에도 공급대가에서 차감하여 온 것이 거래의 현실이어서 공급가액에서 포인트액을 차감하는 경우를 전제한 지적은 거래현실이나 거래관행에 비추어 맞지 않다(동지 : 서면3팀-1587, 2007. 5. 25.). 즉, 공급대가에서 포인트가 차감되어야 하고 공급가액에서 차감하려면 포인트도 1.1로 나눈 금액을 차감하여 부가가치세액을 별도 계산하여야 하므로 계산의 복잡성이 있고, 사용거래의 공급대가에서 포인트액을 차감한 잔액을 본 판결에 따라 최종적인 공급대가로 보아 1.1로 나눈 금액을 공급가액으로 산정하여야 한다.

이러한 산식에 따르면 공급자는 실제로 받은 대가보다 많은 부가가치세액(포인트 결제액의 10/110)을 에누리로 보지 않음에 따라 더 부담해 왔던 것이므로 포인트의 과다 차감문제는 없다.

셋째, 공급자는 적립거래에서 공급대가를 기준으로 일정률의 포인트를 부여하고 사용거래의 공급대가에서 포인트를 차감하는 법적거래형식을 취하였는 바, 적립거래에서 공급대가에는 공급가액과 공급자가 납세의무자로서 납부하여야 할 부채인 부가가치세 예수금을 담세자인 고객으로부터 징수한 금액의 합계액인 바, 공급자는 자기의 수입이 아닌 부가가치세 예수금에 대하여도 포인트를 부여하였고, 이는 그대로 사용거래에서도 그대로 적용되어 전체 거래를 놓고 보면 고객에게 사용거래에서는 포인트 과다지급을 사용거래에서는 포인트 과다차감을 한 것으로 공급자가 고객의 입장에서 어느 한 쪽이 이익이나 손실을 본 것도 없고, 이러한 포인트제도 자체가 고객을 위한 것이라는 점에서 적립거래 시에는 공급대가 기준으로 포인트를 지급하도록 하고 사용거래에서는 공급가액에서 포인트를 차감하도록 국가가 강제할 수는 없다.

| 회계처리 예시 |

적립거래(마일리지 적립, A)	현금 1,100	매출 1,000 예수부가세 100
	포인트비용 110	**이연매출 110**[1]
사용거래(마일리지 사용, B)	**이연매출 110** 현금 990[2]	매출 1,000 예수부가세 90 포인트이익 10[3]
계(A+B)	현금[4] **1,900**(2,090 - 190) / 수익 **1,900**(1,890+10)	

1) 포인트 적립률: 공급대가의 10%
2) 현금 결제액(990) = 공급대가(1,100) - 포인트결제액(110)
3) 포인트 이익 "10"은 적립거래에서 예수부가세에 대한 포인트 과다 부여로 발생
4) 고객으로부터 받은 현금총액에서 부가가치세 납부세액을 차감한 금액

넷째, 영국이나 일본도 공급대가를 기준으로 포인트를 부여하고 차감하여 납부할 부가가치세를 산정하고 있다.

다섯째, 포인트를 에누리로 규정한 현행 부가법 규정이나 롯데쇼핑 마일리지 대법원 판결의 취지는 포인트가 금전가치가 없는 사용거래(2차 거래)에 대한 할인약정에 불과하다는 것인바, 공급자가 부가가치세액만큼 과다차감하였다 하더라도 부가법상 공급자의 공급가액은 고객에게 실제 받은 금전의 "100/110"이 되므로 공급자가 부가가치세액을 탈루한 것도 없다.

여섯째, 고객은 적립거래와 사용거래에서 부담한 금전과 공급자가 받은 금전은 동일하므로 소멸된 포인트로 부가가치세를 지급했다는 논리가 성립하지 않는다.

2) 다자간 포인트 거래에서 에누리 인정에 따른 문제점

다자간 포인트 부여 및 정산거래에 있어 결제 포인트 상당액을 부담하는 사업자는 적립거래에서 포인트를 적립(장려금을 교부)하여 적립거래의 매출세액이 줄어들지 않지만, 사용거래의 사업자는 포인트 상당의 금액을 지급받았음에도 오히려 그 포인트 상당금액만큼 매출세액이 줄어들어 거래의 실질에 부합하지 아니하고, 동일한 가액의 재화를 판매한 경우 적립거래의 공급자가 창출한 부가가치와 사용거래의 공급자가 창출한 부가가치가 다름에도 부가가치세 신고 시 공급가액은 오히려 사용거래의 공급자가 줄어들며, 사용거래에서 사용된 포인트는 적립거래의 공급거래조건에 따라 정해지고 사용거래의 공급조건에 따라 정해진다고 볼 수 없으며, 적립 및 사용거래는 별개의 거래관계로 경제적 효과를 단일의 거래로 통합하여 판단함은 타당하지 아니하다는 것이 롯데포인트 관련 대법원 판결문에서 보인 반대의견이다.

본 대법원 판결의 다수의견은 사용거래에서의 공급자의 공급가액에서 포인트 결제액을 공제하도록 논리를 폄에 따라 소수 반대의견에 오히려 더 공감하게 만들었다.

재화 등의 공급 후에 에누리가 이루어진 경우를 후발적 사유로 보고 그 에누리 상당액을 그 에누리 사유발생일이 속한 과세기간의 과세표준에서 차감하도록 판시한 것과 동일하게 사후에 마일리지 결제가 이루어진 부분만큼을 사용거래의 에누리로 보되 그 결제가 속한 과세기간의 과세표준에서 해당 가액만큼을 적립거래에서 포인트를 부여하여 사용거래에서 해당 포인트가 소멸한 만큼을 해당 적립거래의 공급자의 과세표준에서 차감하여 부가가치세 신고를 하도록 판단하였다면 이러한 반대의견에 부딪히지 않았으리라고 본다.

유럽사법재판소의 판결에서조차 쿠폰으로 결제한 경우 당초 쿠폰 등을 부여한 공급자의 과세표준에서 차감하도록 하였지 쿠폰으로 결제받은 사업자의 공급가액에서 무조건 차감하도록 하지는 않았다.

(7) 제3자 지급 보전금 또는 정산금의 과세 여부

1) 제3자로부터 받는 금전의 공급가액 포함 여부에 대한 원칙

공급자가 어떠한 공급과 관련하여 재화 또는 용역을 공급받는 자가 아닌 제3자로부터 금전 또는 금전적 가치가 있는 것을 받는 경우 그것이 그 공급과 대가관계에 있는 때에는 부가가치세의 공급가액에 포함되어야 할 것이나, 그것이 해당 공급과 구별되는 제3자와 공급자 사이의 다른 계약과 관련되어 있을 뿐 해당 공급과 대가관계에 있다고 볼 수 없는 경우라면 해당 공급에 관한 부가가치세의 공급가액에 포함되지 아니하는 것이다.

이때 제3자가 지급하는 금전 또는 금전적 가치가 있는 것이 해당 공급과 대가관계에 있어 공급가액에 포함될지의 여부에 대한 판단은 그 지급의 명목과 근거, 이와 관련하여 공급자와 제3자가 추구하는 목적과 동기, 공급자와 제3자 사이의 별도의 계약관계 등 법률관계의 존부 및 문제된 금전 등의 지급이 그러한 법률관계에 따른 이행으로 평가될 수 있는지 등을 비롯한 여러 사정을 종합하여 해당 공급과 직접적 관련성이 인정될 수 있는지에 따라 판단한다.

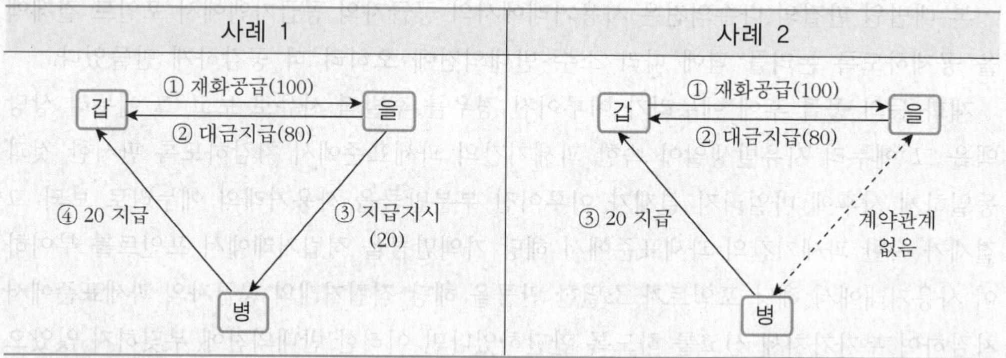

위 [사례 1]은 "갑"이 "을"에게 재화를 100(정가)에 공급하고 "을"로부터 100을 지급받을 권리를 가지며, "을"(채권자)이 채무자인 "병"에게 잔여금 20을 "갑"에게 대신 지급하게 한 경우에는 공급자인 "갑"과 20을 대신 지급한 "병"과는 어떠한 계약상의 원인관계에 있지 않다("갑"은 "을"에 대하여 공급가액의 감액에 대한 사전약정도 없음). 이는 결과적으로 "병"이 20을 "갑"에게 대신 지급함으로써 "을"에 대한 채무변제와, "을"의 "갑"에 대한 매입채무 20의 변제가 동시에 발생한 것으로 "을"의 입장에서 볼 때 일종의 단축급부로서 20은 "갑"의 재화 공급에 대한 공급가액을 구성하게 되는 것이다.

[사례 1]에 해당하여 공급자 "갑"의 공급가액이 "을"과 "병"으로부터 받은 대가의 합인 100이 되는 경우는 후술하는 "마"의 경우가 이에 해당한다("갑"은 그 공급대가를 나누어 받는 것에 불과하고 "갑"과 "병" 간에는 계약상의 원인으로 한 재화 또는 용역의 공급이 없음).

[사례 2]는 "갑"이 "을"로부터 재화의 공급대가로서 100이 아닌 80만을 지급받기로 하는 약정만 존재할 뿐, "을"은 그 정가와의 차액 전부 또는 일부에 대하여 "병"으로부터 보전받는다는 사실을 알지 못하고 "을"과 "병"은 어떠한 약정도 없는 경우이다. 그렇다면 "을"은 "병"의 20 지급에 관계없이 80을 지급하는 것으로 "갑"과 "을" 간의 거래가 종결되므로 80은 "갑"이 "을"에게 공급한 재화의 공급가액이 될 뿐이다(아래 "가", "다", "라"의 경우가 이에 해당).

반면, "병"이 "갑"에게 지급한 보전금 또는 정산금 20이 "갑"과 "을"의 재화의 공급가액과는 별도로 "갑"과 "병" 사이의 사전약정에 기인한 것이라면 "갑"과 "병"이 어떠한 계약관계(법률관계)인지를 따져 20이 "갑"과 "병" 사이에 별도의 용역대가인지, 공동광고나 판매촉진을 위한 공동프로모션에 의한 비용분담인지, 다자간 적립마일리지의 정산인지 등을 살펴 판단하여야 한다. 그 계약상 원인이 "갑"과 "병" 간에 공동광고나 판매촉진을 위한 비용분담에 해당하는 경우가 본 아시아나항공의 항공마일리지 사례 및 "다"와 "라" 경우이며, "갑"과 "병" 간에 판매대행용역 등 용역제공약정에 따라 지급받는 대가로 보아 에누리 여부를 판정한 것이 "나"의 판결이다.

2) 주요 판례

가. 한국철도공사의 공익서비스보상비용 관련 보조금 판결

한국철도공사는 ① 노인, 장애인, 국가유공자에 대한 철도운임 감면(이하 "운임감면"이라 한다), ② 철도이용수요가 적어 수지균형의 확보가 극히 곤란하여 철도서비스를 제한 또는 중지하여야 함에도 공익목적을 위하여 기초적인 철도서비스를 계속하는 노선의 운영(이하 "벽지노선 운영"이라 한다), ③ 국가의 특수목적 수행을 위한 특별동차의 운영(이하 "특별동차 운영", "운임감면" 및 "벽지노선 운영"과 통틀어 "공익서비스"라고 한다)을 제공하고, 국토해양부장관이 공익서비스 제공에 소요되는 비용을 보상하는 계약을 체결하였다.

한국철도공사가 제공하는 공익서비스를 통하여 철도이용자는 한국철도공사의 철도차량을 감면된 운임대가만을 지급하고 이용하거나 벽지노선의 철도서비스에 대하여 실제 비용보다 낮은 대가를 지급하고 이를 계속 이용할 수 있게 되는바, 이와 같은 공익서비스 용역을 직접 공급받는 상대방은 철도이용자로 보아야 하고, 나아가 공익서비스보상액은 철도이용자에 대한 용역의 공급으로 인하여 발생하는 비용을 보상받기 위하여 공익서비스 수행자인 한국철도공사가 국토해양부장관과 체결한 보상계약에 따라 국가로부터 지급받은 것이므로 용역의 공급 그 자체에 대한 반대급부로서의 대가가 아닌 재정상의 원조를 목적으로 교부된 시설·운영자금에 해당하여 비과세사업 또는 면세사업의 수입금액으로 볼 수 없다(대법원 2017두55329, 2018. 1. 25.).

※ 한국철도공사가 철도이용자에게 철도이용용역을 공급한 것이고 국토해양부장관과 한국철도공사가 체결한 보상계약은 관련 법률에 따라 각각 별개의 이원적 거래로 보아 위 보상금(보조금)은 공익서비스용역 그 자체에 대한 반대급부가 아니라고 보아 용역공급과의 직접 관련을 부인함.

나. 큐로컴 판결

원고(물품의 공급자, 위탁자)와 홈쇼핑업체(수탁판매자) 사이의 계약관계는 명시적인 위탁매매관계로서, 수탁자인 홈쇼핑업체는 상품구매자로부터 판매대금을 교부받아 위탁자인 원고에게 지급하여야 하고 원고는 홈쇼핑업체에게 상품판매대금에 관한 소정의 판매수수료를 지급하여야 하는 관계에 있다. 상품구매자는 홈쇼핑업체가 발행한 할인쿠폰 등에 의하여 할인된 가격을 상품의 대가로 지급하고, 이와 같은 상품 할인판매와 이에 따른 판매수수료의 차감은 위수탁자 사이의 약정에 따라 이루어지며, 할인쿠폰에 따른 이 사건 할인액은 상품구매자를 상대로 상품의 판매가격 자체를 인하한 것인 반면, 판매수수료의 차감은 원고와 홈쇼핑업체 사이에서 이루어진 용역의 공급대가를 낮춘 것인 점을 종합해 보면, 이 사건 할인액은 상품의 공급조건에 따라 그 재화의 공급대가인 통상의 상품가격에서 직접 공제되는 것으로서 부가가치세법상 에누리액에 해당하므로, 이 사건 할인액의 실질이 홈쇼핑업체가 상품구매자를 대신하여 원고에게 지급한 상품판매대금이라고 보아 이를 부가가치세 과세표준에 포함시킨 과세처분은 위법하다(대법원 2014두144, 2016. 6. 23.).

다. 아시아나 및 대한항공 항공마일리지 판결

항공사가 제휴사들과 마일리지 제휴계약을 맺고 1차 거래의 적립시점에 제휴사들로부터 사전약정한 정산금을 지급받고 2차 거래에서 회원이 항공권의 전부 또는 일부를 1차 거래에서 적립된 마일리지로 결제하는 경우 다음과 같은 이유로 마일리지 결제액이 에누리액에 해당한다고 판시하였다(서울고법 2018누66557, 2019. 10. 2. ; 서울고법 2019누62897, 2020. 7. 3. ; 대법원 2019두57770, 2020. 2. 27.).

위 판결의 요지는 이 사건 정산금 또는 이 사건 제휴마일리지 사용액은 2차 거래와 대가관계가 있는 것이라고 볼 수 없다는 점과, 이 사건 제휴마일리지 사용액은 금전적 가치가 있는 것이 아닐 뿐만 아니라 그 성격상으로도 에누리액에 해당한다는 취지와 자세한 논리는 아래와 같다.

① 원고가 제휴사들로부터 지급받은 이 사건 정산금은, 이 사건 업무제휴계약을 비롯한 원고와 제휴사 간에 별도로 체결된 계약에 따라 지급된 것일 뿐, 항공용역 공급으로 지급받는 것이 아님.

② 위 업무제휴계약의 목적과 동기는 마일리지 사용에 대한 대금 할인제도 공동운영에 따른 비용분담 및 고객구매 유도를 통한 이익도모에 있을 뿐, 제휴사들이 고객대신 원고에게 2차 거래 대가를 지불함에 있는 것으로 보이지 않음.

③ 제휴사와 원고는 마일리지 적립을 원하는 고객을 유치할 수 있는 이점이 있고, 고객유치 비용은 원고가 고객에게 제공하는 제휴마일리지로서, 이 사건 정산금은 공동이익증진을 위한 지출비용 일부를 제휴사가 분담하는 성격임.

④ 이 사건 정산금은 원고와 제휴사 간 업무제휴계약에 따라 산정 · 지급되므로 고객은 어떠한 이해관계도 가지지 않으며, 고객의 제휴마일리지 사용 여부도 원고와 제휴사 간 비용분담에 영향을 미치지 못함.

⑤ 이 사건 정산금은 1차 거래 무렵에 지급되는 것으로 2차 거래 성립과 무관하게 지급, 유효기간이 경과하면 마일리지는 소멸되고, 원고도 이미 지급받은 정산금을 제휴사에게 반환하지도 않으므로 2차 거래 공급과 관련성이 있다고 보기 어려움.

⑥ 고객이 2차 거래에서 제휴마일리지 사용 여부와 무관하게 원고와 제휴사는 1차 거래 직후 정산이 완료되므로, 이 사건 제휴마일리지 사용액이 2차 거래 이후 제휴사들로부터 정산금 청구권을 표창하는 것이라고 볼 수 없음.

⑦ 이 사건 제휴마일리지 사용액은 2차 거래 시점에 문제되는 것으로, 이 시점을 기준으로 제휴마일리지는 금전적 가치가 없음.

⑧ 제휴마일리지 사용액은 2차 거래 당시 고객과의 할인약정 내용을 수치화하여 표시한 것이며, 2차 거래에서 제휴마일리지의 차감은 할인약정의 이행을 확인하는 의미에 불과함.

⑨ 원고는 제휴사와의 업무제휴계약 및 고객과의 약정을 통해 공급대가 결제방법에 따라 제휴마일리지가 표창하는 할인가능 금액을 2차 거래 시 할인해 주었으므로 그 성격상 에누리액에 해당함.

라. CGV 비구매 포인트

고객은 운영사로부터 멤버십포인트를 적립받고 그 적립된 포인트를 원고(공급자)의 사업장에서 재화 등을 구매하는데 활용하여 할인혜택을 받게 되는 구조로서 해당 포인트 운영사는 위 할인액 중 자신의 분담비율에 해당하는 금액(해당 멤버십의 경우 50%)을 원고에게 지급한다. 따라서 원고는 포인트 적립에는 관여하지 않고 고객이 재화 등을 구매할 때에 포인트 상당의 할인액을 운영사와 분담하고 있다.

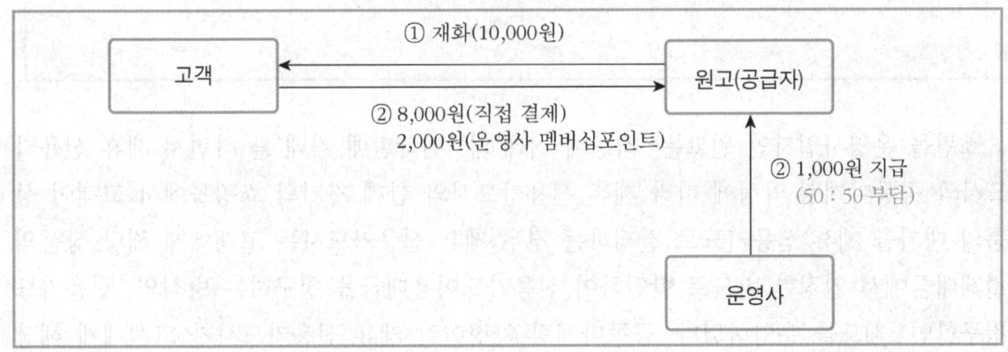

위 포인트사용액은 1차 거래 시 원고가 포인트 적립과정에 관여하지 않았다는 점만을 제외하고 보면 본질적으로 OK캐시백 등 제휴사포인트(1차 적립거래와 2차 사용거래가 있는 쌍방향 정산유형)와 동일하게 기능하므로 그 전액이 공급가액에 포함되지 아니하는 에누리액에 해당한다.

운영사가 분담비율에 따라 사후적으로 정산해 준 정산대금은 원고와 운영사 간 별도 업무제휴협약에 따라 지급된 것이므로 원고의 사업장에서 이루어지는 재화 등 공급과 대가관계에 있다고 볼 수 없고, 원고와 운영사 공동의 마케팅을 통해 상호이익을 증진시키는데 그 목적이 있으며, 운영사가 원고에게 정산대금을 지급하지 않더라도 원고는 고객에게 재화 등의 공급을 거절하거나 채무불이행의 책임을 추궁할 수 없으므로 원고가 운영사로부터 포인트사용액 중 일부를 정산받았다고 하더라도 그 정산대금 상당액이 에누리에서 제외된다고 볼 수 없다(서울행법 2019구합58483, 2020. 7. 10. ; 대법원 2021두38123, 2021. 8. 19.).

마. 카드사 청구할인액 등이 에누리에 해당하는지 여부

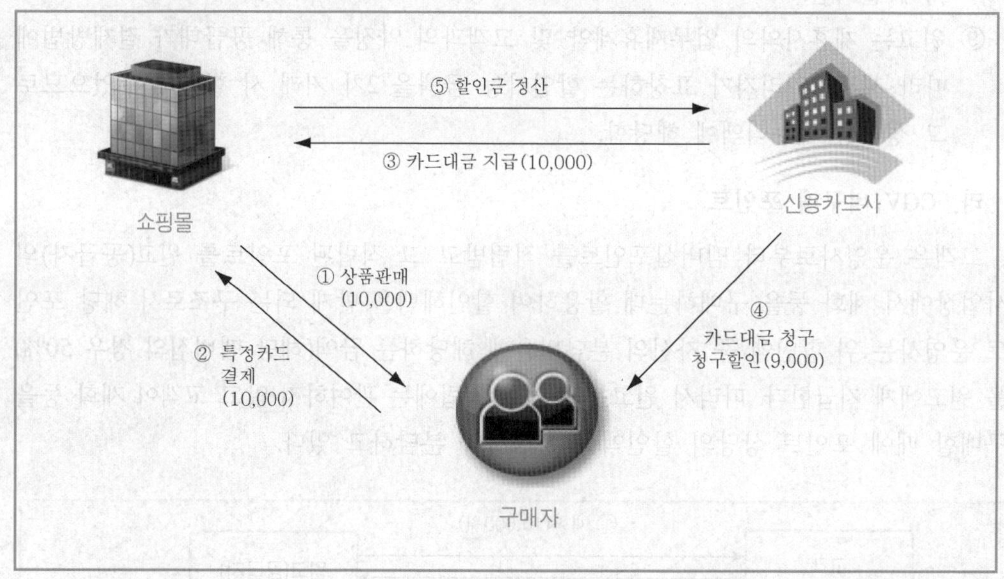

쇼핑몰 운영사업자인 원고는 '직판매 거래'와 '위탁판매 거래'를 하면서 제휴 신용카드사와 공동마케팅 약정에 따라 제휴 신용카드사와 함께 자기의 쇼핑몰에서 고객이 상품의 대가를 제휴 신용카드로 결제하는 경우 제휴 신용카드사는 고객에게 해당 상품의 결제대금에서 일정한 비율로 할인하여 신용카드이용대금을 청구하는 방식의 '신용카드 청구할인' 제도를 운영하였다. 공동마케팅 약정이란 제휴 신용카드사가 고객에게 해당 상품의 결제대금에서 일정한 비율로 할인하여 청구하였던 금액(할인금액)에 관하여 원고와 제휴 신용카드사가 일부씩 분담하여 정산하는 것을 주요 내용으로 한다. 그 정산방식은 고객이 신용카드 청구할인 행사를 이용하여 상품 대금을 결제하면 원고가 제휴 신용카드사로부터 신용카드 청구할인 전 결제대금을 일단 모두 지급받은 다음, 제휴 신용카드사에게 할인금액 중 원고가 부담하기로 약정하였던 금액(원고 부담분)을 다시 지급하는 방식이다. 할인금액 중 원고 부담분은 과세관청이 경정청구과정에서 환급하였으나 제휴 신용카드사가 부담하기로 약정하였던 카드사 부담분은 환급하지 아니하였다.

위 사건에서 법원은 할인금액은 상품의 공급가액 또는 위탁판매수수료를 직접 감액한 것으로서 그 전부(위 할인액)가 에누리액에 해당하고, 그중 제휴 카드사 부담분은 공동마케팅 약정에 따라 제휴 신용카드사들이 부담한 것으로서 원고의 고객 또는 위탁자에 대한 공급과 대가관계에 있다고 할 수 없다고 판시하였다(대법원 2021두38130, 2021. 8. 26. ; 서울고법 2020누55451, 2021. 4. 9. ; 서울고법 2020누32793, 2020. 12. 23. ; 대법원 2021두31603, 2021. 5. 14. ; 서울행정법원 2020구합65777, 2021. 8. 17.).

① 청구할인 거래를 하는 원고와 고객은 게시된 거래조건(청구할인이 되는 제휴 신용카드 및 청구할인의 대상이 되는 상품, 할인율, 결제조건 등)에 관하여 사전에 합의함으로써 할인된 가격으로 상품을 매매하기로 하였다.

② 직판매 거래의 경우 청구할인이 되는 제휴 신용카드로 결제하는 등으로 일정한 거래조건을 충족한 고객에 대하여 통상의 상품 대가에서 거래조건에 따른 일정액을 할인하여 상품을 공급하게 되므로 이러한 할인금액은 '공급대가의 결제방법 등 공급조건에 따라 통상의 대가에서 일정액을 직접 깎아 주는 금액'으로서 에누리액의 개념에 부합하다.

③ 청구할인이 되는 제휴 신용카드로 결제하는 위탁판매 거래의 경우 위탁판매수수료를 감액하기로 하는 원고와 위탁자 사이의 계약조항에 따라 부가가치세 과세표준인 '원고의 위탁자에 대한 위탁판매수수료의 공급가액'에서 직접 공제되므로, '공급대가의 결제방법 등 공급조건에 따라 통상의 대가에서 일정액을 직접 깎아 주는 금액'으로서 에누리액에 해당한다.

④ 신용카드 청구할인 제도는 원고와 제휴 신용카드사 사이의 공동마케팅 약정에 따라 시행된 것으로, 원고는 고객들에게 할인된 금액에 상품을 공급함으로써 고객들의 구매를 유도하여 매출 증대를 꾀할 수 있고, 제휴 신용카드사는 할인된 금액에 상품을 공급받으려는 고객들을 자신의 회원으로 유치하거나 회원들의 신용카드 사용을 증가시켜 가맹점 수수료 등 수입증대를 꾀하여 상호이익을 도모하는데 그 목적이 있는바, 신용카드사 부담분은 원고와 제휴 신용카드사의 공동 목적하에 체결된 공동마케팅 약정에 따라 원고가 정산받은 것이지, 원고가 제휴 신용카드사로부터 상품의 판매대금 중 일부로서 지급받은 것이 아니다.

⑤ 이 사건 공동마케팅 약정은 원고와 고객 사이의 거래관계와 별개로 이루어질 뿐만 아니라 고객은 이러한 정산관계에 관하여 아무런 이해관계가 없는바, 원고와 제휴 신용카드사와의 정산 여부에 관계없이 원고와 고객 또는 위탁자 사이의 할인된 거래에 따른 에누리액에는 아무런 영향을 미치지 아니한다.

⑥ 원고와 청구할인 거래를 하는 고객은 거래조건에 따라 할인된 가격으로 상품을 구

매한다는 의사였다고 보는 것이 거래당사자들의 실제 의사에 부합하고, 에누리액은 그 발생시기가 재화나 용역의 공급 시기 전으로 한정되지 아니하며, 그 공제·차감의 방법에도 특별한 제한이 없는 점을 고려하면 거래당사자들이 할인된 가격으로 상품을 구매하거나 위탁판매수수료를 지급하기로 한 이상 청구할인이 이루어지는 시점이 상품대금의 결제일 후라는 사정이 있더라도 에누리액에 해당하는지에 관한 판단이 달라질 수 없다.

아울러 신용카드 청구할인제도하에서 구매고객(과세사업자인 경우를 말한다)이 카드결제 시 승인된 금액(청구할인 적용 전의 금액)의 10/110을 매입세액으로 공제받는 것이 아니라 신용카드결제대금 청구액(할인액 차감 후)의 10/110을 매입세액으로 공제받아야 한다고 해석하는 바, 매입은 실제 부담액을 기준으로 매입세액공제를 하면서 공급자의 매출액은 승인금액(또는 '실제 청구액+카드사 부담금')으로 부가가치세를 과세하는 세무관행도 문제가 있다(기준-2020-법령해석부가-0149, 2020. 7. 16.). 물론 카드사와 오픈마켓이 공급자(가맹점)와 관련없이 카드사 청구할인약정을 맺고 카드사와 오픈마켓이 청구할인액을 부담하기로 한 경우, 공급자가 구매자와의 약정에 따라 공급대가를 할인해 주는 것이 아니므로 에누리에 해당하지 않아 신용카드결제금액의 10/110을 매입세액으로 공제받을 수 있으나 이는 현실적으로 극히 드물 것으로 보인다.

3) 기획재정부의 입장

기획재정부는 2022년 1월 예규심사위원회를 개최하여 부가령 제61조 제1항에서 정하는 마일리지 등(재화 또는 용역의 구입실적에 따라 마일리지, 포인트 또는 그 밖에 이와 유사한 형태로 별도의 대가 없이 적립받은 후 다른 재화 또는 용역 구입 시 결제수단으로 사용할 수 있는 것과 재화 또는 용역의 구입실적에 따라 별도의 대가 없이 교부받으며 전산시스템 등을 통하여 그 밖의 상품권과 구분 관리되는 상품권)을 고객이 재화 또는 용역 구매 시 사용하여 그 공급대가를 할인받은 경우로서 2017. 4. 1. 이전에 제휴사업자로부터 할인액의 전부 또는 일부에 대해 보전받은 금액은 재화 또는 용역의 공급가액에 포함하지 아니하며, 아울러 사업자가 위 마일리지 등 외에 신용카드업자, 제조업자 등(이하 "제휴사업자")과의 제휴계약에 따라 고객이 특정 신용카드로 결제하거나 특정 제품을 구매하는 것 등을 조건으로 재화 또는 용역을 할인하여 공급하고 제휴사업자로부터 할인액의 전부 또는 일부에 대하여 보전받는 금액은 2017. 4. 1.(위 시행령의 적용시기) 전후에 관계없이 재화 또는 용역의 공급가액에 포함하지 아니하는 것으로 기존 법원의 판례를 수용하여 회신하였다(기획재정부 부가가치세제과-51, 2022. 1. 25.).

그러나 위 해석은 2017. 4. 1. 이후에 부가령 제61조 제2항 제9호나 제10호에 따라

고객의 마일리지 등의 결제로 인하여 제휴사업자로부터 보전받는 금액은 공급가액에 포함된다는 취지가 담겨 있다. 고객의 할인수단으로 마일리지 등을 사용했느냐 마일리지 외의 수단을 사용했느냐에 따라 에누리 해당 여부가 달리지는 모순이 발생하고, 재화 또는 용역의 공급거래와 보전금 수수거래가 각각 이원적 거래로서 보전금 수수는 비용분담으로서 공급거래의 대가를 구성하지 아니한다고 본 기존 판례들과도 배치된다. 이번 기획재정부 해석은 마일리지 등 관련 부가령 제61조 조문의 문리해석상 한계를 넘지는 못하였는바, 향후 소송을 통해 정리될 것으로 보인다.

(8) 마일리지 관련 사례

1) OK캐시백 적립금의 통신요금에 대한 에누리인지

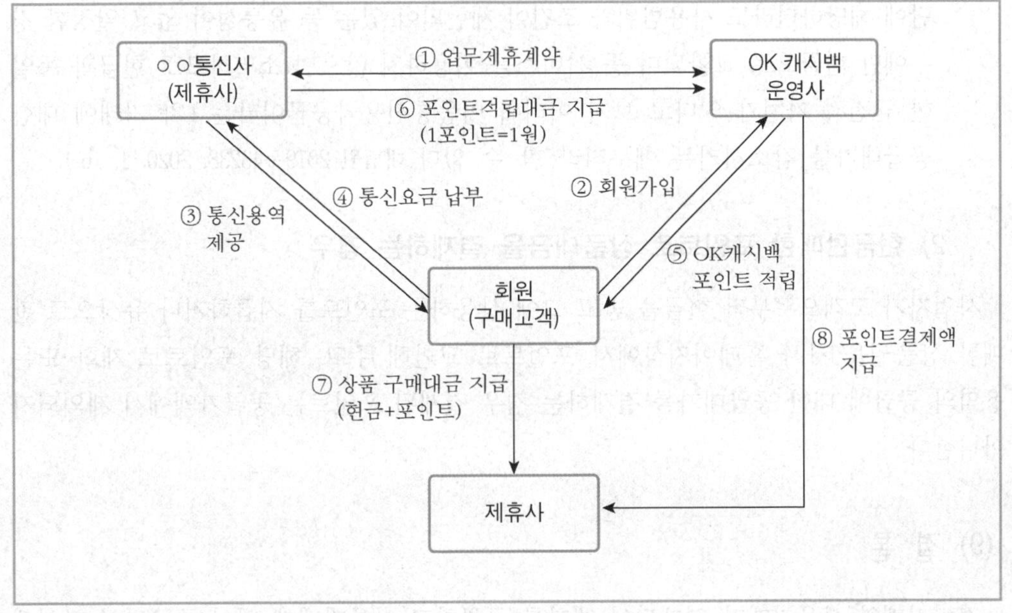

- 위 ㅇㅇ통신사는 업무제휴계약을 체결한 OK캐시백운영사의 OK캐시백서비스 회원에게 이동통신용역을 제공하고 통신요금 수취하며, 이때 OK캐시백운영사는 회원에게 통신요금의 일정비율을 OK캐시백포인트로 적립한다.
  - ㅇㅇ통신사는 OK캐시백운영사가 회원에게 적립해준 OK캐시백포인트에 대한 포인트 적립대금(1포인트당 1원)을 OK캐시백운영사에 지급하며, 회원은 적립받은 OK캐시백포인트를 제휴업체에서 공급받은 상품 등의 결제대금으로 사용하거나 현금전환으로 전환하여 사용할 수 있다.
  - 제휴업체는 회원이 대금결제에 사용한 OK캐시백포인트에 대하여 OK캐시백운영

사로부터 포인트 사용대금을 수취하게 된다.

• ○○통신사는 고객으로부터 이동통신용역에 대한 대가로 통신요금을 지급받았으므로 특별한 사정이 없는 한 그 통신요금 전부가 공급가액이 되어야 하고,

- ○○통신사가 고객과 별도 약정을 통해 위 포인트를 고객에게 적립해주고 향후 고객이 제휴가맹점에서 상품을 구매하거나 용역을 공급받을 때 대금의 전부 또는 일부를 지급하지 않거나 일정한 요건을 갖추어 포인트를 현금으로 바꿀 수 있도록 하였더라도,
- 이 약정내용은 ○○통신사가 공급한 이동통신 용역의 공급조건과 관련이 없고 포인트는 단순히 ○○통신사가 이동통신 용역을 공급할 때 고객에게 약속한 할인 등 약정내용을 수치화하여 표시한 것에 불과하다.
- 또한, OK캐시백포인트가 금전적 가치가 전자적 방법으로 저장된 선불전자지급수단에 해당하더라도 사용범위와 조건이 제한되어 있는 등 유통성이 없고 일정한 경우에만 현금으로 교환되며 동 서비스를 이용하지 않으면 소멸하므로 현금과 동일한 금전적 가치가 있다고 보기 어려워 이동통신용역공급이라는 1차 거래에 대한 공급대가를 감소시키는 에누리라 할 수 없다(대법원 2019두43238, 2020. 1. 16.).

2) 현금판매한 포인트로 상품대금을 결제하는 경우

사업자가 고객으로부터 현금을 받고 그에 상응하는 포인트를 지급하거나 유상으로 판매한 상품권을 자사 홈페이지상에서 포인트로 교환해 주고, 해당 포인트로 재화 또는 용역의 공급에 대한 공급대가를 결제하는 경우 결제된 포인트는 공급가액에서 제외되지 아니한다.

(9) 결 론

적립거래와 사용거래가 연계되어 재화를 공급하고 사용거래에 있어 종국적인 할인혜택을 받도록 하는 것은 적립거래 당시 사용거래에 참여한다는 거래당사자 사이의 협의에 따른 공급조건(수량 또는 결제에 관한 조건)에 해당하며, 해당 거래를 뒷받침할 만한 경제적 합리성이 별도로 존재하므로 사용거래 당시 별도로 존재하는 가격(포인트를 차감한 잔액) 자체를 공급가액으로 보아야 한다. 이는 제휴 공급자들 간에 공동으로 제휴포인트거래를 운영하고 포인트 사용에 따라 발생하는 차액을 정산하는 경우에도 역시 해당 공급자의 공급가액에서 제외할 수 있다.

현행 마일리지 관련 시행령 규정은 롯데쇼핑 마일리지 대법원 판결을 "사업자가 고객에게 매출액의 일정 비율에 해당하는 마일리지를 적립해 주고, 향후 그 고객이 재화를

공급받고 그 대가의 일부 또는 전부를 적립된 마일리지로 결제하는 경우로서 해당 마일리지 상당액 중 다른 사업자로부터 금전으로 보전받는 경우 해당 금전은 해당 사업자의 과세표준에 포함한다."로 축소시켰다.

그 밖에도 부가령 제61조 제1항에서 "마일리지 등"을 재화 또는 용역의 구입실적에 따라 마일리지, 포인트 또는 그 밖에 이와 유사한 형태로 별도의 대가 없이 적립받은 후 다른 재화 또는 용역 구입 시 결제수단으로 사용할 수 있는 것과 재화 또는 용역의 구입실적에 따라 별도의 대가 없이 교부받으며 전산시스템 등을 통하여 그 밖의 상품권과 구분 관리되는 상품권을 말한다고 규정하면서 제2항 제10호에서는 마일리지등을 자기적립마일리지등과 자기적립마일리지등 외의 마일리지로 구분하고 있다. 마일리지는 1차 거래에서 이를 부여한 자의 부채여야 하므로 재화 또는 용역의 공급과 관련없이 공급자가 제3자가 부여하고 이를 2차 거래에서 회수하면서 정산금 등의 지급이 없다면 동 마일리지를 자기적립마일리지등 외의 마일리지로 보아야 할 것(기재부의 입법의도는 이러한 것으로 보인다)이 아니라, 즉 마일리지등의 정의를 충족하지 못하므로 부가법 제29조 제5항 제1호의 에누리에 해당하는지를 살펴야 한다(서면-2018-법령해석부가-3495, 2019. 4. 25.).

24 2017. 4. 1. 이후 마일리지등과 관련된 기재부 및 국세청 회신의 분석

(1) 마일리지등 및 쿠폰 관련 기획재정부 회신

① 사업자(수탁자)가 제휴사업자와의 계약에 따라 마일리지등을 부여받은 고객에게 2017년 4월 1일 이전에 마일리지등 사용금액만큼 재화 또는 용역을 할인하여 공급하고 제휴사업자(위탁자)로부터 할인액의 전부 또는 일부에 대해 보전받은 금액은 재화 또는 용역의 공급가액에 포함하지 아니하는 것입니다.

-사업자가 마일리지등 외에 신용카드 · 제조사업자 등과의 제휴계약에 따라 고객이 특정 신용카드로 결제하거나, 특정 제품을 구매하는 것 등을 조건으로 하여 재화 또는 용역을 할인하여 공급하고 제휴사업자로부터 할인액의 전부 또는 일부에 대해 보전받은 금액은 재화 또는 용역의 공급가액에 포함하지 아니하는 것입니다(기재부 부가가치세제과-51, 2022. 1. 25., 이하 "회신1"이라 한다).

② 판매자(위탁자)가 위수탁판매대행계약에 따라 판매대행업자(수탁자)로부터 마일리지등을 부여받은 고객에게 2017년 4월 1일 이후에 마일리지등 사용금액만큼 재화를 할인하여 공급하고 할인금액을 위탁자가 수탁자에게 지급하는 판매수수료에서 차감하는 경우,[37] 해당 할인금액은 부가법 제29조 제3항 제6호 및 부가령 제61조 제2항 제9호 나목에 따라 재화의 공급가액에 포함되는 것입니다(기재부 부가가치세제과-64, 2022. 1. 27., 이하 "회신2"라 한다).

③ 인터넷쇼핑몰 운영업자(이하 "수탁자")가 인터넷쇼핑몰에서 판매자(위탁자)와 소비자 간의 상품 거래를 중개하고 수수료를 지급받는 거래에 있어서 수탁자가 소비자에게 판매자의 상품을 할인받을 수 있는 쿠폰(이하 "할인쿠폰")을 발행하고 판매자가 할인쿠폰 적용을 승인하여 소비자에게 할인 판매하면 수탁자가 판매자로부터 받을 수수료에서 할인쿠폰 적용에 따른 할인금액을 직접 차감하기로 계약을 체결한 경우, 수탁자의 수수료 매출에 대한 부가가치세 공급가액은 당초 지급받기로 한 수수료에서 동 할인금액을 차감한 금액으로 하는 것입니다(서면-2019-부가-2742, 2020. 5. 27. ; 사전-2016-법령해석부가-0233, 2016. 6. 23., 이하 "회신3"이라 한다).

④ 하나의 사업장에서 소매업과 신용카드업을 겸영하는 사업자가 고객이 제휴가맹점에서 재화 또는 용역 구매 시 자기 책임과 계산으로 해당 사업자의 신용카드로 결제한 금액의 일부를 마일리지등으로 적립하여 주고, 추후 고객이 해당 사업자의 소매업장에서 마일리지등을 사용한 금액만큼 재화를 할인하여 공급한 경우 해당 할인금액은 부가령 제61조 제2항 제9호에 따라 공급가액에서 제외하는 것입니다(기획재정부 부가가치세제과-128, 2022. 3. 4., 이하 "회신4"라 한다).

(2) 각 회신별 사실관계

1) "회신1"의 사실관계

(사례1) 카드사 제휴할인: 고객이 제휴카드로 상품대금을 결제하면 카드사가 포인트를 적립해 주고 2차 거래에서 고객이 카드사 포인트로 일부를 결제하며, 해당 포인트 결제액은 공급자(갑 가맹점)와 카드사가 각각 분담

37) "②"회신에 비추어 볼 때 국세청에서 기재부에 재질의 시, 판매수수료에서 차감하기로 한 마일리지등 결제액은 에누리로 보았다.

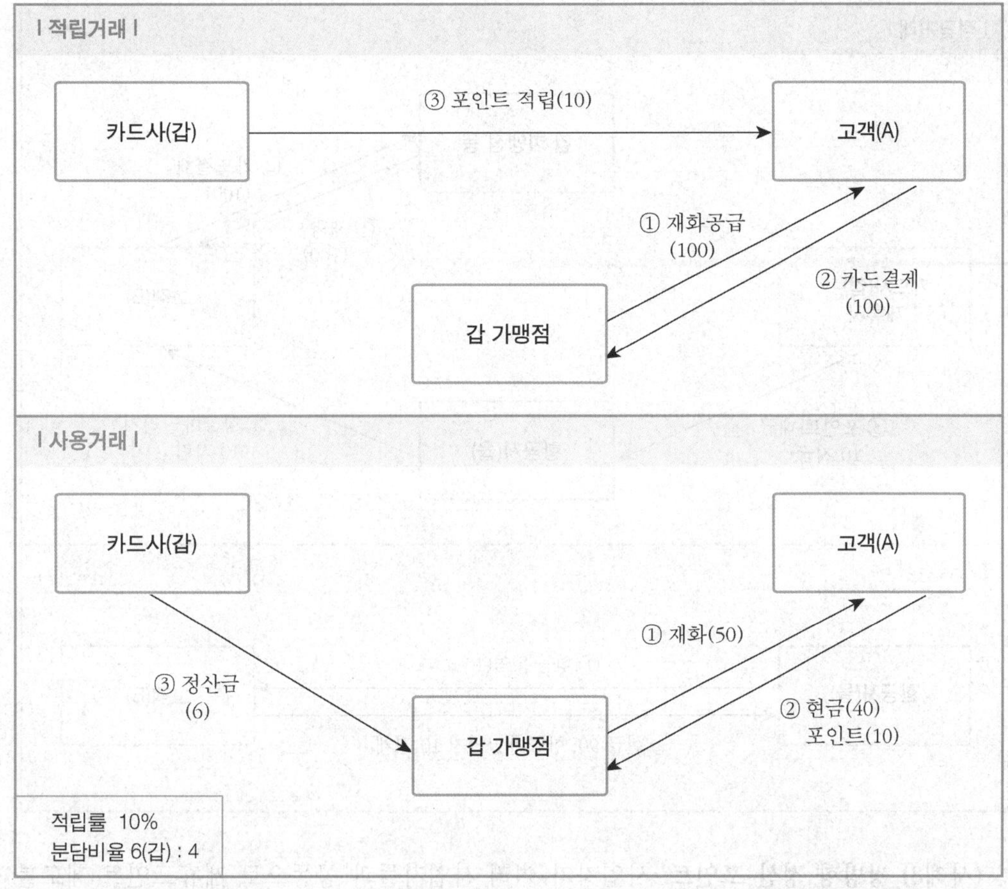

(사례2) 항공사 마일리지: 항공사와 카드사 간 업무제휴하여 카드사가 1차 거래에서 고객의 카드등 이용실적에 따라 마일리지를 적립하면서 항공사에 정산금을 지급하고, 사용거래에서 고객이 항공용역대금 결제 시 해당 마일리지를 사용

① 이 사건 해외카드사들이 원고들에게 사용을 허락한 상표권은 국내에서 사용된 것으로 보아야 하는 점

② 이 사건 해외카드사들이 원고들에게 신용카드의 사용과 관련하여 제공하는 역무의 주된 내용은 원고들의 국내사업장에 설치한 결제 네트워크 장비와 소프트웨어를 통해 원고들이 이 사건 시스템에 접속하여 신용카드 거래승인, 정산 및 결제 등에 관한 정보를 전달받거나 전달함으로써 그 목적이 달성되므로 위 역무의 중요하고도 본질적인 부분은 국내에서 이루어졌다고 보아야 함.

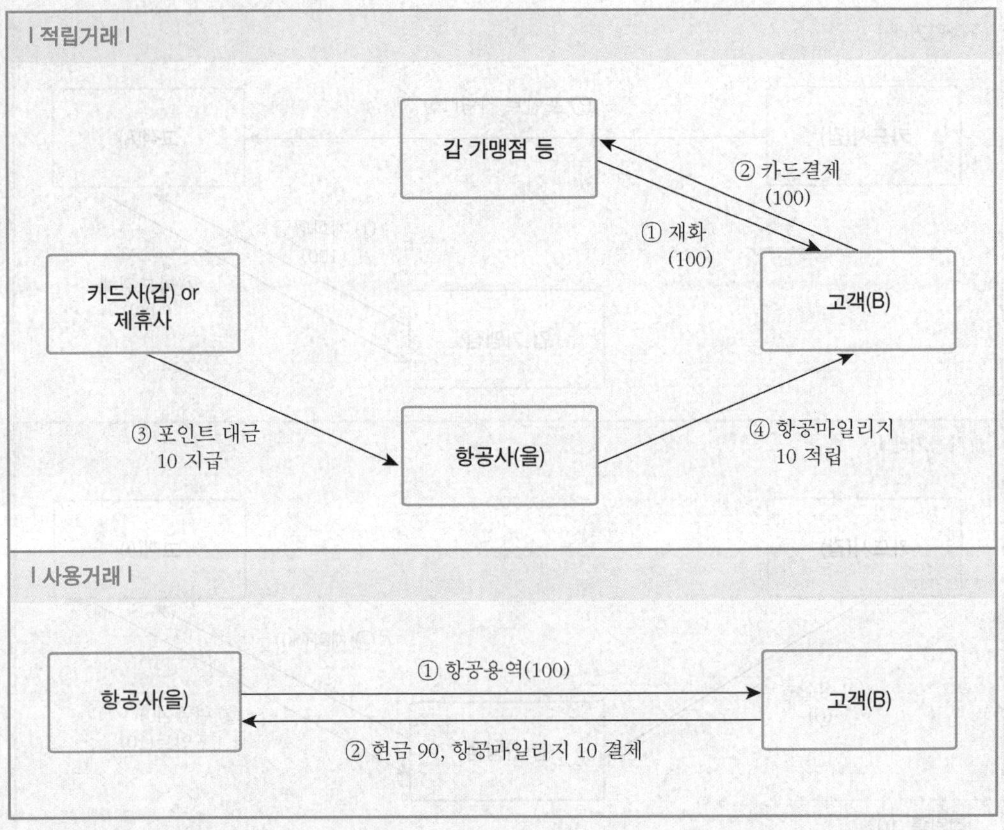

(사례3) 쌍방향 정산 포인트: 사업자가 여러 사업자들과 공동으로 제휴포인트 제도를 운영하면서(포인트 운영사를 별도로 둠) 1차 거래 시 운영사가 고객에게 제휴포인트를 적립해 주고 해당 제휴사업자는 운영사에 정산금을 지급하며, 2차 거래에서 사용된 포인트에 대하여는 운영사에서 정산금을 지급

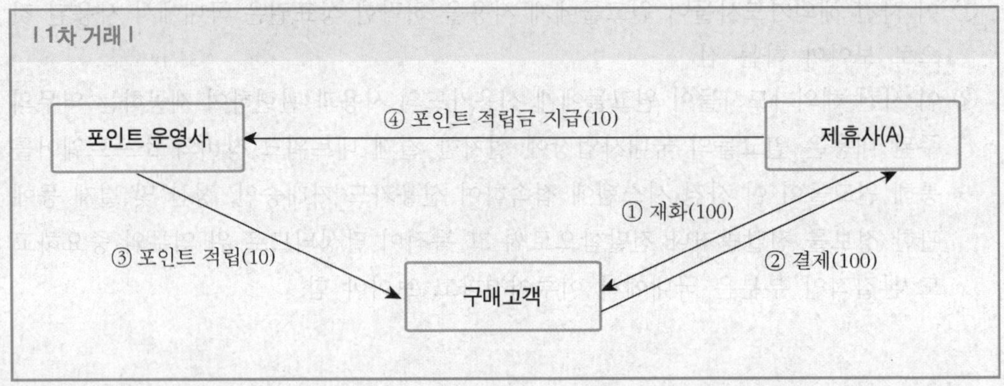

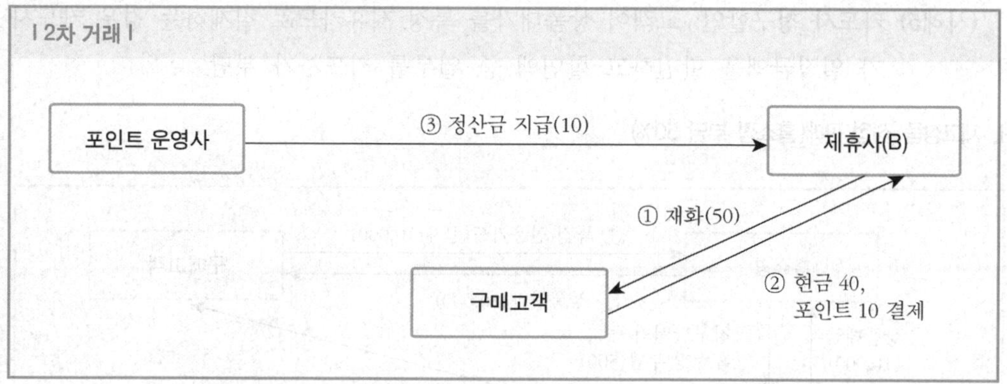

(사례4) **일방형 정산 포인트**: 제휴사로부터 멤버십포인트를 적립받은 고객이 사업자로부터 재화를 공급받고 포인트를 사용하면 제휴사는 고객의 포인트 사용액 중 자신의 분담비율을 사업자에게 지급

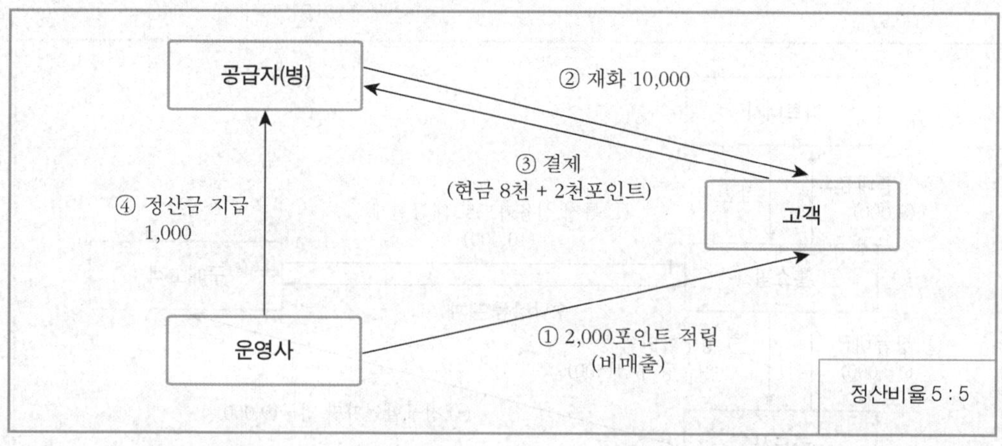

(사례5) 카드사 청구할인: 고객이 상품대가를 특정 제휴카드로 결제하는 경우 카드사가 일정금액을 할인하고 할인액 중 일부를 카드사가 부담

i. 재고상품 직접 판매(홈쇼핑 부담 50%)

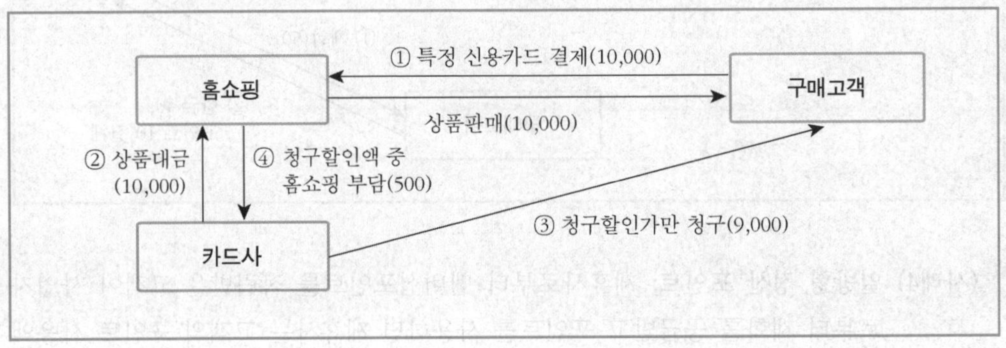

ii. 위탁판매의 경우 청구할인(홈쇼핑 부담 50%, 수수료 2,000 가정)

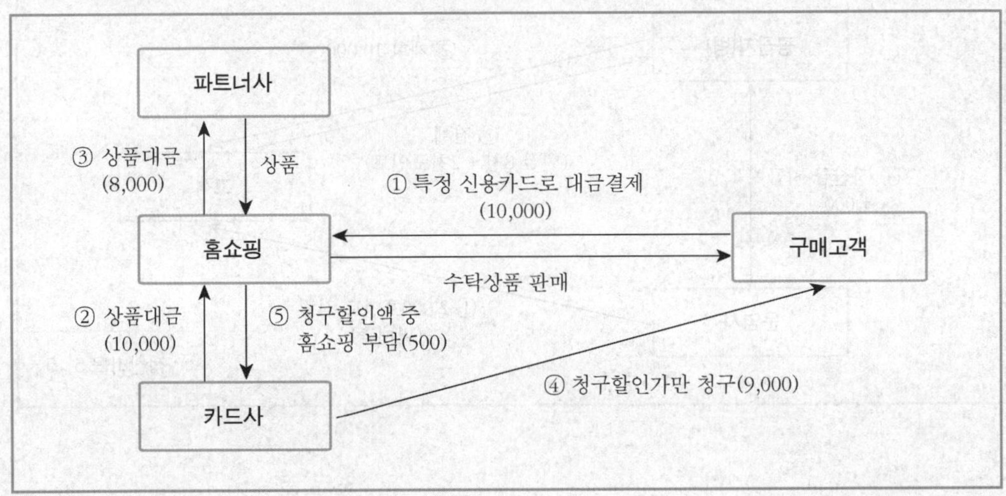

(사례6) **제조사 특정상품 할인**: 고객이 사업자의 매장에서 제휴제조사의 특정상품을 구매하는 경우 일정금액을 할인하고 할인액의 전부를 제조사가 부담

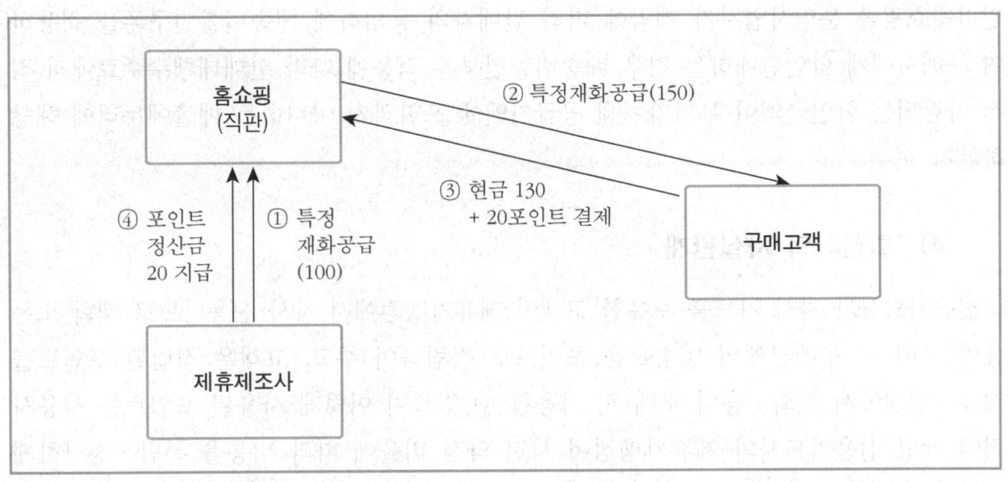

※ 위 각각의 사례에서 보전금(분담금)이 에누리에 해당하는지의 여부

2) "회신2"의 사실관계

- 의류도소매업을 영위하는 판매자 겸 위탁자가 홈쇼핑사(수탁자)와 상품 판매에 대한 위수탁계약을 체결하여 TV홈쇼핑과 인터넷쇼핑몰 등을 통해 상품을 판매하고 있음.
- 홈쇼핑사는 홈쇼핑을 이용하는 고객을 대상으로 다양한 즉시할인(ARS할인, 일시불할인 등) 제도를 두고 있으며 그 외 자체 적립금제도를 운영하여 고객이 홈쇼핑을 통해 거래 시 구매금액의 일정비율 또는 이벤트에 따라 일정금액을 적립해 주고 고객은 홈쇼핑을 통해 위탁자의 상품 구매 시 해당 적립금을 사용하여 정상가격에서 적립금만큼 할인한 금액으로 구매할 수 있음.
- 이러한 판촉활동은 위수탁계약에 따라 위탁자와 홈쇼핑사가 세부사항을 사전에 상호합의하여 진행하고 있으며, 구매고객이 적립금 사용으로 할인받는 금액(이하 "본건 할인액")은 홈쇼핑사가 부담하여 위탁자가 홈쇼핑사에 지급할 판매수수료에서 차감하도록 약정함.
- 이때 홈쇼핑사가 적립해준 적립금으로 고객이 상품구매 시 대가의 일부를 결제한 경우로서 해당 할인액을 위탁자가 수탁자에게 지급할 판매수수료에서 차감하는 경우 해당 할인액이 위탁자의 재화의 공급가액에서도 차감되는지 여부

3) "회신3"의 사실관계

판매자(위탁자)로부터 상품 등 판매를 위탁받아 사이버공간을 이용하여 판매대행하는 인터넷쇼핑몰 운영사업자가 계약에 따라 판매자의 동의하에 배송비할인쿠폰을 적용하여 구매자에게 할인판매하는 경우 배송비할인쿠폰 적용에 따라 판매대행수수료에서 직접 차감되는 할인금액이 부가가치세 공급가액에 포함하지 아니하는 매출에누리에 해당하는지 여부

4) "회신4"의 사실관계

신용카드사가 자사 카드를 보유한 고객이 제휴가맹점에서 자사 신용카드로 재화 또는 용역 구매 시 구매금액의 일정률을 포인트로 적립하여 주고, 고객은 적립된 포인트를 제휴가맹점에서 재화·용역 구매 시 사용할 수 있으며 이렇게 사용된 포인트는 사용시점에 해당 신용카드사와 제휴가맹점이 사전 약정 비율에 따라 비용을 분담·정산하게 되나, 해당 신용카드사가 직접 운영하고 있는 포인트몰에서 고객이 포인트를 사용하게 되면 별도 정산없이 비용을 전부 부담하게 되는데, 해당 부담액이 에누리에 해당하는지 여부

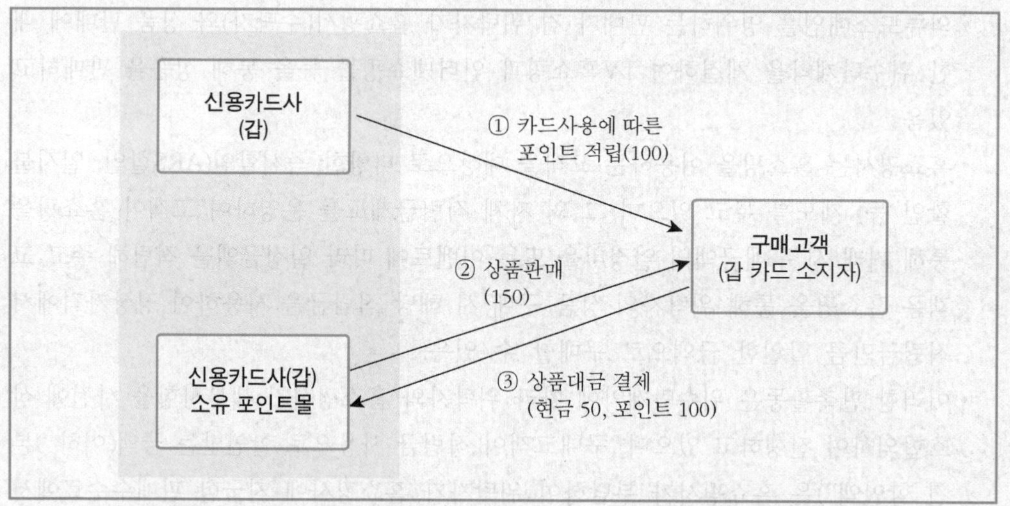

(3) 부가법령상의 마일리지등 정의

부가법 제29조 제3항 제6호 및 부가령 제61조 제1항에 따르면 마일리지등(이하 "마일리지등"은 부가법령상의 마일리지등을 의미함)은 재화 또는 용역의 공급자 입장이 아닌 구매자 관점에서 재화 또는 용역의 구입실적에 따라 별도의 대가없이 적립받은 후 다른

재화 또는 용역의 구입 시 결제수단으로 사용할 수 있는 것으로 정의하면서 부가령 제61조 제2항 제9호 가목에서 자기적립마일리지등을 정의할 때는 당초 재화 또는 용역을 공급하고 마일리지등을 적립하여 준 사업자에게 사용한 마일리지등이라 하여 마일리지 적립주체(공급자) 입장에서 기술하고 있다.

입법자의 의도가 어떠하든 구매자가 재화 또는 용역의 구입실적에 따르지 아니하는 마일리지, 포인트, 증정상품권 등은 부가법령상의 마일리지등에 해당한다고 볼 수 없다. 회계학상으로도 판매촉진을 목적으로 기업이 매출거래의 일부로 보상점수를 부여하는 고객충성제도를 운영하면서 후속적(2차 거래)으로 재화나 용역을 이전해야 할 의무가 있는 포인트 및 마일리지 관련 부채는 계약부채[38](충당부채)로 본다.

따라서 기업이 고객을 위하여 자신이 또는 운영사를 통하여 마일리지를 적립하고 기업이 자기의 계산으로 대가를 회수(운영사를 통한 경우를 포함)하는 경우 고객충성제도 또는 마일리지제도로 이해된다.

마일리지등에 해당하지 아니한다면 개별 재화나 용역의 공급에 대한 공급가액 산정에 있어 마일리지등이 아닌 다른 마일리지(이하 "비매출포인트"[39]라 한다)가 결제과정에서 회수되고 일부나 전부의 보전이 수반된다면 공급가액의 산정은 부가법 제29조 제3항 제1호, 제2호 및 제5항 제1호, 제6항 등을 살펴 부가가치세법상의 과세표준 및 공급가액 산정원리에 따라야 한다. 이러한 논리는 "회신1"의 후반부나 "회신3"에 반영되어 있다.

반면, "회신4"의 경우 카드사가 자사보유카드회원이 신용카드가맹점에서 자사 카드로 결제하면서 무상으로 적립해 준 포인트에 대하여 살펴보면 재화 또는 용역을 공급한 자 및 카드사의 여신용역 등을 제공받는 자는 가맹점이고 카드사가 카드회원에게 공급한 용역은 별도로 없음에도(즉, 연회비 정도만 받는다) 불구하고, 회신문의 후반부를 보면 2차 거래에서 포인트 사용액(해당 할인금액)은 부가령 제61조 제2항 제9호에 따라 공급가액에서 제외하는 것으로 회신한 것으로 보아 자기적립마일리지로 보았다는 것인데, 해당 포인트는 구매실적과 무관한 비매출포인트로서 부가령 제61조 제1항의 마일리지등에 해당되지 아니하고 2차 거래 시 해당 카드사 포인트몰에서 포인트로 결제한 부분은 금전적 가치없는 포인트를 수령한 것이므로 부가법 제29조 제3항 제1호 및 제5항에 따라 구매자로부터 금전으로 받은 금액만이 공급대가가 된다(결론에 있어서는 기재부 회신의 공급가액과 같다).

---

38) 계약부채: 기업이 고객에게서 이미 받은 대가에 상응하여 고객에게 재화나 용역을 이전해야 하는 기업의 의무

39) 비매출포인트: 구매실적과 관계없이 무상으로 지급되는 마일리지로서 신규가입, 댓글 작성, 후기 작성, 생일자 고객 등에게 지급되는 마일리지를 말한다.

(4) 중개수수료에서 차감되는 홈쇼핑마일리지의 에누리 해당 여부

홈쇼핑업체 등 위탁자의 재화의 판매를 중개하고 중개수수료를 받는 사업자가 위탁자들의 상품을 구입한 고객에게 홈쇼핑업체가 지급하는 마일리지등(이하 "홈쇼핑마일리지"라 한다)이 부가법령상의 마일리지등인지에 대하여 국세청이나 기획재정부는 현재까지 내부적 검토나 판단 또는 해당 유권해석도 내린바가 없으나, 홈쇼핑마일리지는 하나 이상의 판매자(위탁자)의 재화판매와 관련하여 수탁자인 홈쇼핑사가 구매자에게 무상으로 부여한 것이면서 홈쇼핑과 판매자 사이에 중개용역 제공과 관련하여 거래당사자가 아닌 구매자에게 무상으로 지급한 것으로서 자신의 직접적인 거래상대방은 아니지만 간접적으로 수익창출에 기여한 구매고객에게 부여된 것이다.

이때 홈쇼핑사의 중개용역대가에 대하여 홈쇼핑마일리지를 차감하기로 판매자(파트너사)와 판매수수료 공제에 관한 사전약정을 하였다면 판매자와 홈쇼핑사 사이에 홈쇼핑마일리지 사용약정이 아니라 단지 판매수수료 공제에 관한 약정에 따라 홈쇼핑 자신의 용역대가를 줄일 뿐, 자신이 홈쇼핑마일리지를 부여하고 자신이 회수하는 것이므로 그 누구에게도 차감된 홈쇼핑마일리지에 상응하는 중개용역대가를 보전받을 수도 없다.

홈쇼핑마일리지는 홈쇼핑사의 입장에서 볼 때 부가법령상의 마일리지등에 해당하지 아니하는 비매출포인트로서 1차 거래(적립거래)에서 자신이 비매출포인트를 적립해 주고, 2차 거래(사용거래)에서 자신이 비매출포인트를 회수하면서 대가를 깎아준 부분(통상의 공급가액에서 직접 공제·차감되는 금액)이 있다면 비매출포인트 회수액 상당액은 부가법 제29조 제5항 제1호에 따른 에누리[40]에 해당한다. 아울러 홈쇼핑마일리지가 자기적립마일리지등 외의 마일리지등에 해당하더라도 부가령 제61조 제2항 제10호 가목은 재화의 공급에 대한 규정이고, 나목은 특수관계인 간의 거래이기 때문에 중개용역의 시가가 홈쇼핑사의 공급가액이 될 수 없으며, 부가법 제29조 제3항 제1호, 제5항 및 제6항에 따라 공급가액이 산정되어야 하는바, 중개수수료에서 홈쇼핑마일리지 상당액을 차감한 가액이 홈쇼핑사의 중개용역에 대한 공급가액이 된다.

부언하면 홈쇼핑마일리지가 부가법령상의 마일리지등에 해당하든 비매출포인트에 해당하든 사전약정에 따라 홈쇼핑마일리지가 2차 거래에서 결제되어 판매자(위탁자)와의 약정에 따라 홈쇼핑사의 중개수수료에서 직접 차감하기로 하였다면 동 차감액은 중개수수료의 공급가액에서 공제하여야 하고, 이 점에서는 국세청이나 기획재정부도 이견이 없을 것이다(대법원 2021두38130, 2021. 8. 26. ; 서울고법 2020누55451, 2021. 4. 9. ; 서울고법 2020누32793, 2020. 12. 23. ; 대법원 2021두31603, 2021. 5. 14. ; 서울행정법원 2020구합65777, 2021. 8.

40) 홈쇼핑이 재고매입하여 직접 판매하는 직판거래가 있다면 자기(홈쇼핑)가 판매한 상품에 대한 에누리가 될 것이다.

17. ; 서면-2019-부가-2742, 2020. 5. 27.).

적립거래에서의 홈쇼핑마일리지가 사용거래에서 회수되면서 판매재화의 공급대가를 감액하면서 동 감액분 중 할인액에 대한 상호 분담약정이 있는 경우라 하더라도 위탁자의 재화판매에 대한 공급대가는 고객이 실제 지불한 금액이고, 아울러 중개수수료에서 위탁자가 부담하기로 한 금액[위탁자로부터 보전받은 할인분담금(정산금)]을 차감받은 금액이 공급가액이 되어야 한다. 이는 실질적으로 공급가액을 낮춤으로서 공급자가 수령할 경제적 대가를 실질적으로 감소시키는 거래는 명칭 여하에 불구하고 에누리액으로써 공급가액에서 차감하여야 함이 타당하고, 거래당사자 사이에서 거래가 하나 이상이고 그 거래상대방 외 제3자가 관련되어 있으면 각 법률관계상 급부 및 반대급부를 확정하고 어느 반대급부의 감액인지를 살펴 에누리 여부를 판단하는 것으로 홈쇼핑마일리지의 결제를 매개로 위탁자가 중개수수료의 일부를 부담하기로 약정하였다면 결제조건과 결부되어 공급가액을 낮춘 것이므로 위탁자 부담금 정산액은 중개수수료에 대한 에누리가 되어야 한다.

(5) 홈쇼핑마일리지로 결제 시 판매자의 공급가액 산정

가. 관련 법리

부가법령에서의 마일리지등 정의의 입법취지가 누가 적립해 주었느냐에 관계없이 구매자 입장에서 그 구입실적에 따라 부여된 것으로서 회계상이 아닌 부가법 독자적 개념으로 마일리지등을 광범위하게 규정하려는 것이었는지는 의문이지만 회계학적 의미에서 마일리지가 마일리지를 부여한 자의 충당부채 등으로 인식하고 있음에 비추어 볼 때 홈쇼핑사 입장에서는 충당부채로서 마일리지 적립과 부담의 주체이면서 비매출포인트로 봄이 타당하고, 위탁자가 직접 자기의 책임과 계산으로 홈쇼핑마일리지를 적립해주거나 마일리지 운용회사를 선정하여 운용회사로 하여금 구매고객에게 적립해 주는 것이 아니어서 위탁자의 매출 연동포인트로서 마일리지등으로 보는 것은 무리가 있다.

나. 관련 판례

공급자가 어떠한 공급과 관련하여 재화나 용역을 공급받는 자가 아닌 제3자로부터 금전 또는 금전적 가치가 있는 것을 받는 경우에 그것이 그 공급과 대가관계에 있는 때에는 부가가치세의 과세표준에 포함될 수 있을 것이나, 그것이 해당 공급과 구별되는 제3자와 공급자 사이의 다른 공급과 관련되어 있을 뿐 해당 공급과 대가관계에 있다고 볼 수 없는 경우에는 해당 공급에 관한 부가가치세의 과세표준에 포함되지 아니한다고 보는 것이 옳다. 나아가 제3자가 지급하는 금전 또는 금전적 가치가 있는 것이 해당 공급과 대가관계에 있는지 여부는 그 지급의 명목과 근거, 이와 관련하여 공급자와 제3자가 추구하는 목적과 동기, 공급자와 제3자 사이의 별도의 계약관계 등 법률관계의 존부 및 문제된 금전 등의 지급이 그러한 법률관계에 따른 이행으로 평가될 수 있는지 등을 비롯한 여러 사정을 종합하여 해당 공급과 직접적 관련성이 인정될 수 있는지에 따라 판단하여야 한다(대법원 2014두144, 2016. 6. 23.).

구매고객이 공급자(또는 수탁판매자)의 광고 등을 통하여 공급대가의 결제방식과 특정상품의 구매 시 공급대가를 감액하기로 하는 할인약정이 있었다는 것을 사전에 파악하거나 결제 당시에 인식하고, 이에 대한 묵시적 동의하에 할인된 결제대금을 매매계약상 대금으로 지급함으로써 매매계약을 체결 및 이행하였다면 할인에 대한 사전약정이 있었다고 보아야 한다(대법원 2021두31603, 2021. 5. 13.).

다. 홈쇼핑마일리지 할인액이 재화의 공급에 대한 에누리액인지

기획재정부는 2022년 1월 국세예규심사위원회를 개최하여 자기적립마일리지등과 비매출포인트는 2017. 4. 1. 전후에 관계없이 2차 거래에서 결제된 분은 에누리로 인정하면서도 2017. 4. 1. 이후 2차 거래에서 자기적립마일리지등 외의 마일리지등 사용금액 중 제3자 보전금에 대하여는 2017. 2. 7. 개정된 시행령에 따라 공급가액에 포함되는 것으로 회신하였다(회신1). 그러나 구매자는 홈쇼핑사를 통해 홈쇼핑마일리지를 무상으로 부여받고 2차 사용거래에서 재화를 구입하면서 해당 마일리지로 대가의 일부를 결제[41](재화의 할인구매에 대한 홈쇼핑사, 판매자, 구매자 간 약정에 따른 결제)하였다고 가정할 때 구매자는 홈쇼핑마일리지 사용액만큼 재화를 할인구매하고, 동 할인액에 대한 경제적 부담은 홈쇼핑사가 하며, 홈쇼핑사는 그 부담의 방법으로 판매수수료를 할인액만큼 인하하는 약정을 체결한 것이지 구매자가 홈쇼핑마일리지로 할인받은 금액을 홈쇼핑사가 구매자를 대신하여 판매자에게 그대로 대신 지급한 것으로 거래관계를 의제할 수 없다(동지 : 대법원 2014두144, 2016. 6. 23.).

즉, 판매자는 홈쇼핑마일리지의 적립주체라거나 자기의 계산으로 홈쇼핑마일리지를 2차 거래에서 회수할 의무도 없으나 홈쇼핑사와의 사이에 홈쇼핑마일리지의 회수(할인금액 발생) 시 자신의 판매가를 할인액만큼 낮추기로 하면서 동시에 동 할인금액만큼 판매수수료를 깎아주기로 하는 합의에 따른 것이다. 물론 고객도 판매자와의 사이에 재화의 공급대가를 홈쇼핑마일리지 결제분만큼 할인하기로 하는 약정에 의한 것으로 구매고객이 실제 납부한 금전이 재화의 공급가액이 되는 것이 자연스럽다.

설령 홈쇼핑마일리지가 자기적립마일리지등 외의 마일리지에 해당하더라도 판매자는

41) 구매자는 재화를 구매하면서 마일리지로 그 대가의 일부를 결제하고 잔여분은 현금등으로 결제하기로 약정(약관에 명시 또는 암묵적 · 묵시적 합의가 있거나, 홈쇼핑사의 홈페이지에 명시)되어 있다.

홈쇼핑마일리지 결제분(할인액)만큼 재화의 판매가격을 인하한다는 점에 대하여 홈쇼핑, 구매자 사이에 사전약정과 동 할인액에 대하여 판매수수료에서 차감하는 방식을 사전약정한 것이라면 동 할인액은 판매자와 고객 사이에 재화의 공급대가의 결제방법이나 그 밖의 공급조건에 따라 통상의 대가에서 직접 깎아준 금액이고 동시에 홈쇼핑과 판매자 사이에 동 할인액을 판매수수료에서 직접 차감하기로 하였으므로 역시 에누리에 해당한다.

부가령 제61조 제2항 제10호 가목에서 판매자가 할인금액을 보전받지 아니한 경우 판매자가 공급한 재화의 시가를 공급가액이라고 규정하고 있으나, 기획재정부는 고객으로부터 받은 금전에 할인금액을 포함하는 것이라고 해석하였다.[42] 동 할인금액은 판매수수료에서 공제하기로 사전약정하여 판매수수료에서 실제 공제하였음에도 홈쇼핑사로부터 보전받지 아니하였다고 볼 수 없고, 위수탁판매약정에서 매매거래와 중개용역 제공이라는 이원적 거래에서 중개용역 차감방식으로 할인금액을 보전하기로 한 약정이 개별재화용역의 개별거래를 과세단위로 하는 부가가치세의 기본원리에 비추어 경제적 합리성이 결여되었다고 볼 수 없는바, 홈쇼핑사, 판매자, 구매고객의 거래당사자 간에 맺은 각각의 법적거래형식에 따라 보전금 또는 할인금액이 에누리인지를 판단했어야 했다.

따라서 판매자(제휴사)가 사전약정에 따라 구매고객에게 받는 금전이 재화의 공급가액이 되어야 하고 동 할인액(홈쇼핑마일리지 결제분)은 부가법 제29조 제5항 제1호에 따른 에누리액에 해당하며 구매고객의 홈쇼핑마일리지 결제로 인하여 보전금을 수탁자인 홈쇼핑사로부터 지급받는다고 하더라도 이는 판매자가 구매자로부터 직접 받는 금액이 아니므로 판매자의 재화의 공급가액에 포함하지 아니하는 것이 타당하다.

만약 홈쇼핑마일리지가 자기적립마일리지등 외의 마일리지로 본다면 매매거래와 중개거래에서 부가령 제61조 제2항 제10호 가목에 따라 판매자가 공급한 재화의 시가(고객 부담액+마일리지 사용으로 인한 할인금액)가 공급가액이 되어야 하고, 판매수수료에서 할인금액을 공제(깎아준다는 에누리의 개념)하기로 한 약정은 인정할 수 없다는 결론에 이르게 되어 기재부 "회신2"의 내용과 관련 부가법령은 모순이 발생한다. 그렇다면 홈쇼핑마일리지 할인액이 판매수수료에서 공제(에누리)된다는 취지의 국세청 회신도 문제가 되고, 결국 홈쇼핑사의 재화의 판매대금 중 할인액(채무)과 판매자가 지급할 판매수수료 중 할인액 상당액(채권)을 상호 상계[43]한 것이 되어야 논리적 일관성이 유지

42) 기획재정부 예규심 결과의 회신을 보면 그 이유를 알 수 없으나 부가령 제61조 제2항 제10호 가목에 따른 시가가 아닌 할인액을 공급가액에 가산하는 것이라고 한 것으로 보아 동 부가령 규정과는 맞지 아니하는 회신을 하였다.

43) 채권과 채무의 상호상계에 해당한다면 할인액은 판매수수료 및 재화의 판매대금에서 에누리로 각각 공제되어서는 아니된다.

된다(판매수수료 및 수탁물품판매대금에서 할인액 공제 불가). 결국 기획재정부 국세예규심사위원회에서 자기적립마일리지 및 자기적립마일리지등 외의 마일리지가 무엇인지에 대한 별도 판단은 하지 않았던 점과 마일리지등에 해당한다는 전제하에서 부가령 제61조 제2항 제10호의 규정을 넘어선 해석을 할 수 없었던 기획재정부의 입장에서 볼 때, 판매자(제휴사)의 공급가액에 대한 기획재정부 해석(회신2)은 추후 소송을 통해 정리될 것으로 보인다.

기획재정부 회신에 따라 할인금액이 판매수수료에서 공제되고 판매자의 재화 공급가액에서는 공제되지 아니하는 것으로 세금계산서 수수나 판매자의 부가가치세 신고·납부가 이루어질 것[44]이고, 판매자들은 향후에 재화의 공급가액을 할인금액만큼 낮추어 달라는 취지의 경정청구가 이어질 것으로 예상된다.

| 홈쇼핑, 판매자, 구매고객 간 약정 관계 |

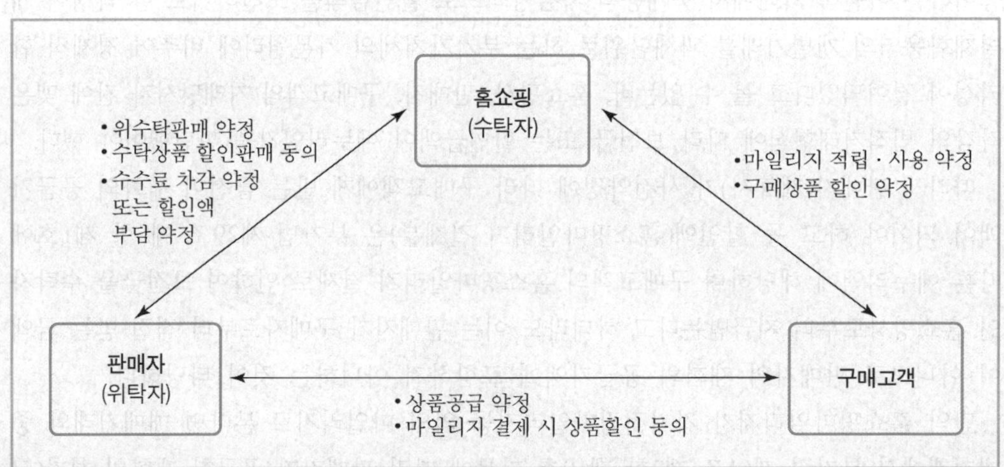

〈참고1: 기재부 국세청 해석에 따른 홈쇼핑사 및 위탁자의 공급가액등 분석〉

아래의 사례에서 보면 위 기재부 해석이나 국세청의 종전 해석에 따르면 쿠폰과 홈쇼핑마일리지가 차이가 없고, 거래관계의 변동이 없었음에도 2017. 4. 1. 전후 판매자(위탁자)의 공급가액이 달라졌음을 알 수 있다. 동 기재부 해석은 위수탁자와의 약정에 따라 홈쇼핑마일리지를 매개로 구매자의 판매가격 자체를 인하한 것으로 상법상으로나 부가법상

44) 홈쇼핑사는 2차 거래의 구매고객이 홈쇼핑마일리지로 결제된 할인액에 대하여 판매수수료의 공급가액에서 차감하지 아니한 세금계산서를 발급할 수도 있다. 판매회원이 홈쇼핑마일리지 결제액과 관계없이 홈쇼핑사로부터 받는 금액(판매금액 - 판매수수료)은 동일하고, 약정된 판매수수료율대로 산정한 판매수수료를 공급가액으로 판매회원에게 세금계산서를 발급하는 것이 편리하기 때문이다. 카드사 청구할인도 마찬가지이다.

으로 위탁자에게 할인의 효과가 귀속되는 것으로 수탁자의 계산과 책임으로 이루어진 할인으로 보지 아니한 기존 대법원 판결과 정면으로 배치된다(대법원 2014두144, 2013. 11. 27.).

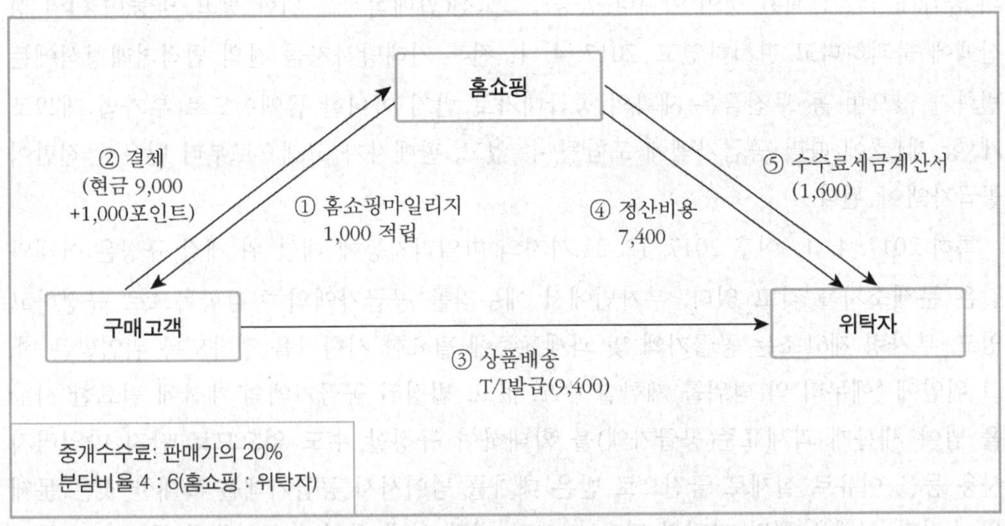

구 분		결제금액 (고객)	위탁자			홈쇼핑 매출	비 고
			매출	매입	납부세액		
비매출마일리지[1)]		9,000	9,000	1,600	**740**	1,600	쿠폰 결제
마일리지등[2)]	2017. 3. 31. 이전		9,000	1,600	**740**	1,600	홈쇼핑 마일리지 결제
	2017. 4. 1. 이후		9,400	1,600	**780**[3)]		

1) 홈쇼핑마일리지를 비매출마일리지로 보거나 쿠폰으로 결제한 경우임.
2) 홈쇼핑마일리지가 부가령 제61조 제1항의 마일리지등(구체적으로 제3자 적립마일리지)인 경우로 가정함.
3) 고객 결제금액, 수수료율, 거래당사자 등 변동이 없음에도 위탁자의 납부세액이 증가한다.

라. 제3자 적립마일리지 사용에 따른 보전이 있는 경우

홈쇼핑마일리지가 마일리지등에 해당하는지는 별론으로 하고, 다수의 판매자(또는 제휴사들)가 부가법령상의 자기적립마일지등 외의 마일리지(이하 "제3자 적립마일리지"로 칭한다)로 2차 거래에서 구매자가 대가의 일부를 결제하고 마일리지 운영사 또는 다른 제휴사들로부터 보전금을 지급받는 경우 판매자는 고객으로부터 받은 금전과 운영사 또는 제휴사들로부터 보전금을 지급받은 금전의 합계액을 공급가액으로 하고, 제3자 적립마일리지로 결제받은 부분에 대하여 재화 또는 용역을 공급받는 자 외의 자로부터 보전받았거나 보전받을 금액을 보전받지 아니한 자기생산·취득재화의 공급에 대하여는 시가를 공급가액으로 한다(부가령 §61 ② 10).

제3자 적립마일리지 보전금도 부가령 제61조 제2항 제10호에 따라 재화의 공급가액에 포함되어야 할 것이지만 종전 일관된 대법원의 판례들에 따르면 해당 보전금은 재화의 공급대가와 관계된 것이 아니라 공동프로모션(판매촉진을 위한 광고, 공동비용)의 정산액에 불과하다고 판시하였고, 2017. 4. 1. 전후 거래당사자들 간의 법적거래형식에는 변화가 없으며 동 보전금은 재화의 공급대가로 받지 아니한 금액이므로 부가법 제29조 제5항 제1호에 따라 공급가액에 포함될 수 없고, 판매자가 고객으로부터 받은 금전만이 공급가액이 된다.

특히 2017. 4. 1. 이후 2017. 12. 31.까지의 마일리지등에 대한 위 개정 규정은 아래와 같은 문제소지를 갖고 있다. 부가법에서 에누리를 공급가액의 차감항목으로 규정하고 있고, 부가령 제61조는 공급가액 및 과세표준에 필요한 사항만을 정하도록 위임받은 바, 그 위임에 '에누리'의 범위를 제한할 수도 없고, 법정된 공급가액의 계산에 필요한 사항을 넘어 새롭게 과세표준(공급가액)을 확대하여 규정할 수도 없으므로 단지 마일리지 사용 등을 이유로 실제로 금전으로 받은 대가를 넘어서서 공급가액을 확대한 것은 문제의 소지가 있었을 뿐만 아니라 당초 시행령 개정 시에 마일리지 시행령 규정을 법률로 개정하여 원천적으로 해결할 일이지 시행령만을 개정하여 납세자에게 불이익한 규정을 두는 것은 조세법률주의의 근간을 훼손하는 일이었다.

또한, 부가법은 마일리지를 금전적 가치가 없는 것으로 본 대법원 판례에 대한 근본적 해결없이 자기적립마일리지 거래만을 공급가액에서 제외하는 것으로 규정하였고 마일리지에 대한 과세는 마일리지의 다양성을 무시하고 일괄하여 하나의 조항으로 규율함으로써 불완전하고 아울러 조세중립성을 해하고 있다. 마일리지 제도가 공급자를 위한 것이 아니라 종국적으로 소비자의 구매의욕 자극과 가격혜택을 위한 것이고 적립거래에 있어 마일리지가 거래금액에서 차지하는 비중이 미미함에도 판매자(마일리지 적립 및 부담자)가 공급거래에서 얻지 못한 가액(마일리지 결제로 인한 할인금액)에까지 부가가치세를 과세하는 규정(에누리 불인정 등)을 둘 필요가 있는지는 의문이다.

결론적으로 제3자 적립마일리지 보전액은 부가령 제61조 제2항의 규정상 재화의 공급가액에 포함되더라도 재화의 공급자 입장에서는 재화의 공급에 직접 관련하여 받은 것이 아니라 제3자와의 공동광고나 판촉을 통한 비용분담의 일환이고 구매고객 입장에서도 판매자와의 사이에 공급대가를 깎아주는 매개로서 마일리지가 사용되었다는 점에서 이 부분도 다시 소송을 통하여 해결할 수밖에 없다.

▌제3자 적립마일리지 최근 판례분석

1차 거래의 구매고객이 자기적립마일리지 외의 마일리지(이하 “제3자 적립마일리지”)를 부여받아 2차 거래에서 재화의 결제수단으로 사용되고 재화의 공급자가 제3자로부터 보전받는 금액이 있더라도 구매고객이 동 마일리지로 결제한 금액 상당액은 부가법 제29조 제5항 제1호의 에누리에 해당한다.

부가법 제29조 제3항 제6호, 부가법 제29조 제5항 제1호, 부가령 제61조 제1항 및 제2항 제9호의 합목적적 해석상 위 보전받는 금액이 에누리에 해당하지 않는 마일리지 등에 해당될 때에 재화의 공급가액에 포함된다는 취지로 제한하여 해석되어야 마땅하다. 즉 부가법 제29조 제3항이 부당하게 제5항을 축소하게 되어 조세법률주의에 반하므로 그 효력을 인정할 수 없으며, 제3자 적립마일리지는 금전적 가치가 없고 제3자로부터 보전받은 금액도 별도의 업무협약 등에 근거하여 지급받은 것이어서 재화의 공급과 대가관계를 형성한다고 볼 수도 없다(수원지법 2023구합70818, 2024. 11. 13.).

에누리가 통상의 공급가액에서 직접 공제되는 것으로서 거래상대방으로부터 실제로 받은 금액이 아니어서 당연히 제외되어야 할 금액으로 부가법 제29조 제5항 제1호의 에누리 규정은 창설적 규정이 아닌 확언적 규정이라는 점에서 에누리 규정을 부당하게 축소하여서는 아니된다.[45] 동 에누리 규정에서 제시한 ‘품질, 수량, 인도조건, 결제방법’은 재화 또는 용역의 공급과 관련된 관련성을 의미하는 것으로 공급조건의 예시에 불과하며 대법원은 그 관련성을 폭넓게 인정하고 있다.

좀 더 구체적으로 보면, 2017. 2. 7. 개정된 부가령 제61조 제1항 제9호의 마일리지 등(구입실적에 따른 비례성,[46] 무상의 적립성, 결제수단으로서의 사용성을 가진 것을 말한다) 규정은 위임입법(부가법 제29조 제3항)의 한계를 일탈하여 공급가액 범위를 확대함으로써 무효(2017. 4. 1.부터 2017. 12. 31.까지를 말한다)이고, 할인쿠폰이나 카드사 청구할인, 그 밖의 다양한 할인제도와 경제적 실질이 동일함에도 에누리 인정에 있어 취급을 달리함으로써 조세형평, 실질과세의 원칙, 이중과세 및 조세중립성을 침해하였다.[47]

물론 공급가액의 범위는 정부나 국회의 입법재량의 영역으로서 경제상황 및 그 변천, 조세정책 변화 등을 고려하여 탄력적으로 확장 또는 축소할 수 있다. 그러나 마일리지제도를 비롯한 각종 할인제도가 사업자가 아닌 구매고객에게 염가에 구매할 수 있도록 혜택을 부여하는 제도이고 구매고객은 실제로 마일리지 등으로 결제함으로써 그만큼 할인하여 구매하였음은 부인할 수 없다. 그럼에도 불구하고 정부가 위 마일리지 보전금을 공급가액에 포함시키고자 한다면 부가법 제29조 제3항 제6호에 마일리지 등을 시행령에 위임하는 규정을 둘 것이 아니라 부가법 제29조 제5항 제1호의 에누리 범위를 제한한다는 단서 규정을 두거나 에누리 범위를 제한한다는 취지의 후항을 신설하는 방식으로 입법하는 것이 타당할 것이다.

45) 대법원 2015두58959, 2016. 8. 26.

46) 서울행법 2023구합68531, 2024. 9. 25.(항소심 진행 중), 구매실적에 따라 정률 또는 정액의 방식으로 적립되더라도 마일리지등으로 보는 것이 타당하다는 것이 다수의 의견임.

47) 수원지법 2022구합71388, 2023. 8. 30. ; 서울행법 2023구합62632, 2024. 7. 23. ; 서울행법 2023구합79579, 2024. 10. 1.에서는 저자의 의견에 반하는 판결을 하였다.

마. 초과할인금이 발생한 경우

홈쇼핑마일리지(비매출 쿠폰 등도 포함된다, 이하 "쿠폰등"이라 한다)를 1차 거래에서 부여하고 2차 거래에서 구매고객등이 쿠폰등을 지급함에 따라 위탁자에게 지급할 중개수수료에서 차감함에 있어 정가에 해당하는 중개수수료를 초과하는 금액(이하 "초과할인금")이 발생할 수 있다. 홈쇼핑사와 위탁자 간에 중개수수료 산정에 관하여 일, 주, 월, 분기 등이 기간 단위를 정하여 중개수수료 공급가액을 "[위탁자 에누리 반영 전 매출액 × 중개수수료율 - 쿠폰등 결제누계액]"으로 산정하기로 하면서 쿠폰등 결제누계액을 위탁자의 상품(용역)매출액에서 차감하기로 하였다면 차감 후의 금액이 위탁자의 공급가액이 되어야 할 것이다.

반면, 기간단위 정산이 아닌 구매고객의 건별 매출액과 쿠폰등 결제액을 상계하기로 약정(초과할인금은 소멸되어 중개수수료는 "0"이 된다)하였다면 홈쇼핑사의 중개수수료 매출액은 해당 중개수수료의 정가를 한도로 쿠폰등 결제액을 차감하여 공급가액을 산정하여야 한다는 것이 하급심 법원(상고심 진행 중)의 판결이다. 이때 초과할인금이 발생하여 홈쇼핑사가 위탁자에게 이를 지급한다고 하여 위탁자에게 음의 공급가액을 기재한 세금계산서를 발행하는 것은 아니다.

개별 고객에 대하여 재화 또는 용역을 공급한 위탁자의 공급가액은 고객으로부터 받은 실제 금전이 될 것이다. 또한 국세청은 초과할인금을 보전받은 경우 위탁자의 매출에 가산하여야 한다고 주장하나, 초과할인금은 위탁자가 공급대가로 받을 금액의 일부를 홈쇼핑사가 그대로 전달하는 것이 아니라 공동프로모션(판촉활동)의 일환으로 이루어지는 비용보전에 불과하여 세금계산서 수수대상이 아니라고 판단된다(에누리가 아닌 홈쇼핑사의 비용으로 볼 것인지 현재 소송 중에 있다).

숙박업소등 중개플랫폼업체의 초과할인금 소송(1심)에서 법원은 제휴업체인 숙박업소에게 숙박예약 중개용역 등을 제공하는 야놀자가 제휴업체에게 제공한 용역의 공급단위를 개별 투숙객에 대한 숙박 중개행위로 보고 에누리액은 공급가액(쿠폰등 반영 전 중개수수료)을 한도로 하며, 초과할인금은 판매부대비용으로 보았다. 아울러 초과할인액을 동일 제휴업체의 다른 고객의 수수료에서 공제할 수도 없다고 판시하였다. 그러나 공급단위는 그 용역제공의 원인이 되는 계약에 따라 누가 누구에게 무엇을 제공하는지(거래당사자와 용역의 내용), 그 공급가액 산정의 기준(에누리 발생근거, 적용사유, 공제액수 등 포함)은 무엇이며, 계약에 따라 받기로 한 때와 용역의 공급가액이 일정한 단위를 기준으로 산정하는지의 사전적 합의내용에 대한 구체적 내용을 살펴야 한다(**대법원 2001두6586, 2003. 4. 25. ; 서면-2021-법령해석부가-6673, 2021. 12. 16.**).

아울러 중개용역이 다양한 서비스(판매관리, 예약내역 관리, 고객 후기관리, 경쟁력

관리, 세무신고자료 제공 등)와 결부되어 공급단위를 구별할 수 없는 용역의 계속적 공급인지도 함께 살펴야 한다.

따라서 제휴업체별로 사전약정한 계약기간(정산기간) 동안 계속된 용역에 대하여 그 대가를 할인 전 객실요금(총 판매금액)에 수수료율을 적용하여 쿠폰할인액을 차감하여 중개수수료를 산정하기로 했다면 그 차감 후 잔액이 중개수수료의 공급가액이 되어야 하고 만약 음수가 나온다면 공급가액은 "0"이 되어야 한다(동지 : 서면-2015-부가-22386, 2015. 3. 11. ; 대법원 2011두8178, 2013. 4. 11. ; 대법원 2001두9264, 2003. 5. 16.).

중개수수료가 음수가 산정된 경우에도 다음 정산기간에 발생한 중개수수료에서 차감(또는 1차 거래에서 제휴업체에 초과할인액을 지급한 경우도 마찬가지라고 본다)하기로 약정하였다면 다음 중개수수료 공급가액에서 공제되어야 한다. 즉, 1차 거래에서의 초과할인액을 2차 거래에서 공급대가의 결제 등의 공급조건이 원인이 되어(관련성) 통상의 가액에서 직접 공제되는 것으로서 에누리가 된다(동지 : 대법원 2015두58959, 2016. 8. 26.). 이러한 점을 고려하지 아니하고 거래당사자가 아닌 개별 숙박고객의 숙박요금 건별 결제액으로 중개수수료를 산출하여 쿠폰할인액을 차감하여 발생한 초과할인금은 판매부대비용이라는 1심, 2심 판결은 문제 소지가 있다(서울고법 2022누35628, 2023 1. 10., 국승사건으로 상고 예정).

(6) 쿠폰등 비매출포인트 보전금이 있는 경우 공급가액 산정

위 카드사 청구할인[48]이나 제조사 특정상품 할인 등과 같이 마일리지등을 매개로 하지 아니한 업무제휴계약에 따라 계속적인 정산관계에 따라 할인금액을 분담하기로 하는 공동마케팅 약정에 의하여 2차 거래의 공급자에게 분담금을 지급한 경우 마일리지등 및 비매출포인트는 금전적 가치가 없다고 보는 것이 법원의 입장이고, 사업자들의 정산 여부나 정산에 따른 분담의 범위는 사적자치의 영역이고 이러한 약정이 구매고객의 2차 거래에서의 가격할인이나 공제는 고객에게 아무런 이해관계가 없다(대법원 2021두38130, 2021. 8. 26. ; 대법원 2021두31603, 2021. 5. 13.). 제휴사들 간의 마일리지의 적립과 사용에 대한 대금할인제도를 공동운영하는 것은 거래를 확대하여 고객들의 활발한 구매를 유도하여 공동의 이익증진을 위함이고, 정산금은 이 과정에서 지출한 비용의 일부를 2차 거래와는 별도로 또는 무관하게 이루어진 업무제휴계약에 따라 산정 및 지급된 것으로 2차

48) 카드사 청구할인에 있어 정산금(분담금)은 공급자들이 공동마케팅 약정을 비롯하여 제휴신용카드사와 별도로 체결한 계약에 터잡아 지급된 것일뿐 고객들에게 상품을 공급함에 따라 지급된 것이 아니므로 이를 두고 제휴카드사가 고객들로부터 원고들에게 지급할 물품대금채무를 인수하였다거나 고객들을 대신하여 지급한 상품의 공급대가라고 볼 수 없다(신세계 판결, 대법원 2022두34135, 2022. 5. 26.).

거래의 공급과 어떠한 직접적인 관련성이 없다(대법원 2019두57770, 2020. 2. 27.).

1차 거래에서 공급대가의 일부로 적립된 마일리지가 2차 거래에서 사용된 경우 1차 거래에서 적립된 마일리지가 공급가액에서 공제되지 아니하고 2차 거래에서도 공급가액에 포함하게 되면 공급자는 1차, 2차 거래에서 재화의 공급으로 공급받는 자로부터 수취하는 대가보다 공급가액 합계액이 더 커져 실질과세원칙상 부당한 결과가 발생한다(대법원 2021두38123, 2021. 8. 19.). 구매고객은 판매자로부터 특정 재화를 공급받고 사전에 제시된 공급조건에 따라 할인된 가격을 지급하였거나 특정카드(카드사 청구할인을 말함)로 결제(대금청구 시 할인금액을 차감하여 청구)하는 등의 방법으로 공급가액을 할인받는 것이다. 또한 1차 거래에서 공급한 재화나 용역이 비과세, 면세, 과세인지를 불문하고 매출과 연동되어 적립된 마일리지를 2차 거래에서 대가의 일부로 결제받는 경우에도 에누리를 인정하고, 카드사가 자사 카드이용고객에게 결제금액에 따라 마일리지(비매출포인트 성격)를 부여하고 자사가 운영하는 소매점에서 대가의 일부로 결제받는 경우에도 에누리를 인정한다(회신4).

기획재정부도 2022년 1월 국세예규심사위원회를 개최하여 자기적립마일리지등과 비매출포인트는 2017. 4. 1. 전후 사용에 관계없이 2차 거래에서 결제된 분(할인금액)은 에누리로 인정하였다.

(7) 대리점 공급이 있는 제조사등이 발행한 쿠폰 및 카드사 청구할인이 있는 경우

1) 청구할인 사례

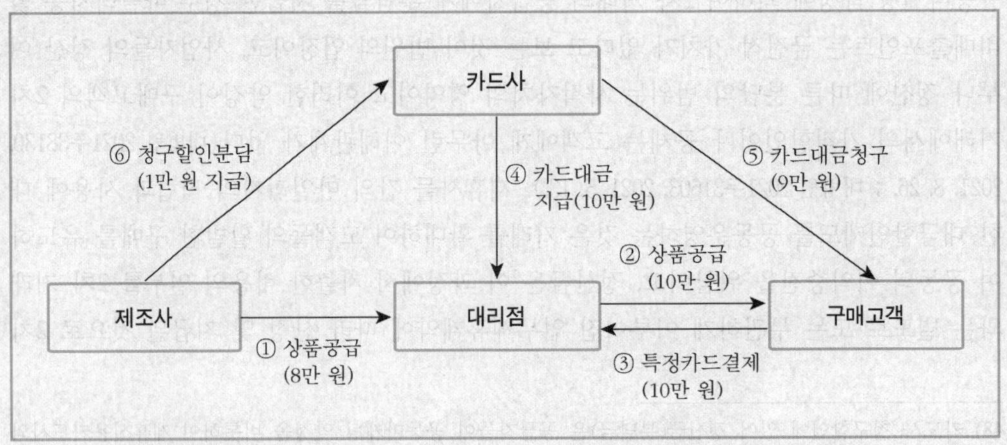

카드사 청구할인에 대하여 제조사, 카드사, 제조사의 대리점, 고객 등은 홈페이지 등을 통해 고객이 특정카드로 결제 시 승인금액의 10%를 할인받는다는 사실을 모두 인지하고 있으며, 대리점도 고객확보를 위해 특정카드사 결제를 유도하고 있다. 카드사와 제조사는 위 청구할인계약과 관련하여 비용분담하기로 약정하기도 한다(위 사례에서는 제조사가 전부 부담). 이에 따라 1만 원을 카드사에 지급하게 되고, 대리점은 판매대금 총액 10만 원을 그대로 카드사로부터 수령하고 있어 10만 원을 공급대가로 부가가치세 신고하고 있고, 제조사는 카드사에 지급한 1만 원을 비용처리하고 있다.

필자의 의견으로는 대리점의 공급가액은 9만 원이 되는 것이 기존 판례에 비추어 타당해 보이고, 제조사의 경우 대리점에 공급한 상품에 대한 공급가액을 특정카드로 결제하는 경우 제조사와 카드사의 재원으로 청구할인액 1만 원을 기존 상품공급대가에서 환급한다는 약정을 하였다면 에누리로 인정될 명분이 더 충분했을 것으로 보인다. 하지만 이러한 약정이 없다보니, 청구할인액(공동마케팅을 위한 비용발생액) 1만 원이 제조사의 에누리인지, 대리점의 에누리인지, 양 사 모두의 에누리인지 아니면 제조사의 에누리는 자기부담액, 대리점의 에누리는 1만 원이라는 해석이 가능하다.

대리점의 경정청구에 대하여 지방청은 환급결정, 다른 일선 세무서에서 경정청구 거부가 된 사례 및 인용된 사례가 있어 추후 소송을 통해 정리될 것으로 보이지만, 아래 "2)"의 사례와 "3)"의 사례 및 KT단말기 보조금 에누리 판결(대법원 2013두19615, 2013. 12. 15.)을 보면 필자의 주장과 같이 제조사 및 대리점의 에누리로 각각 1만 원을 인식하여야 하는 것이 맞다고 본다.

2) 쿠폰지급 할인액 보전 사례

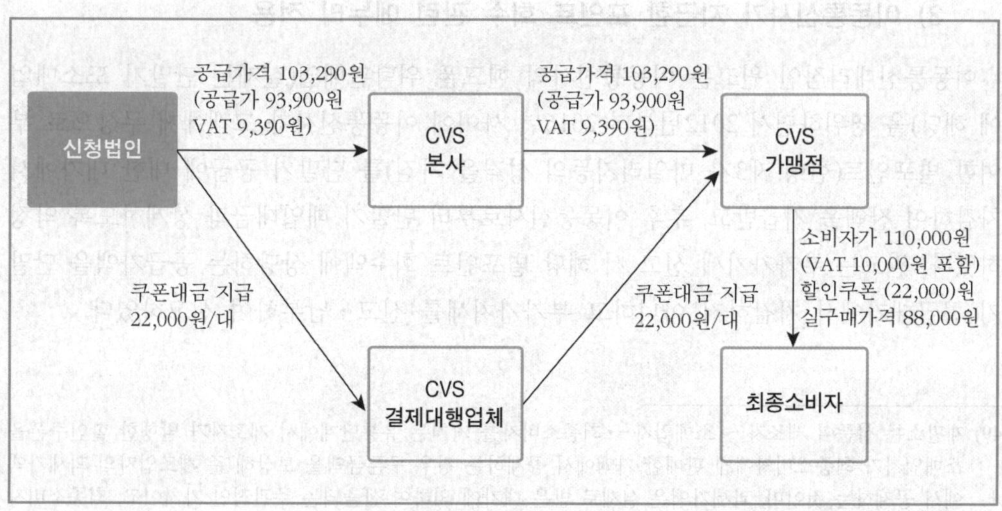

신청법인이 생산한 제품의 매출 대부분이 편의점에서 발생함에 따라 편의점 본사와의 약정을 체결하여 신청법인⇒편의점 본사⇒편의점에 공급한 특정제품이 최종적으로 각 편의점을 통해 고객에게 판매된 경우 고객은 신청법인으로부터 받은 할인쿠폰(22,000원)을 편의점에 제시하여 할인받고 신청법인은 편의점 본사, 편의점과의 약정에 따라 고객이 할인쿠폰으로 할인받은 금액을 편의점 결제대행업체를 통해 편의점에 지급함으로써 할인금액을 부담하고 있다. 이에 국세청은 신청법인이 편의점 본사, 편의점과의 제휴계약에 따라 신청법인의 특정제품을 구매하는 조건으로 고객에게 할인쿠폰을 발급함에 있어, 고객이 편의점에서 특정제품을 구입하면서 정상가격에서 해당 쿠폰에 기재된 할인액을 차감하여 결제할 때 제조사업자가 편의점에 쿠폰할인액에 상당하는 금액을 보전하기로 사전에 약정한 경우 해당 쿠폰할인액은 제조사업자 및 편의점의 특정 제품 공급가액에 각각 포함하지 아니한다고 회신하였다(서면-2022-법규부가-1286, 2022. 5. 23.).

쿠폰의 회수와 회수된 쿠폰할인액의 보전이라는 약정만 있음에도 결국 위 사례에서 "신청법인 ⇒ 편의점 본사 ⇒ 편의점 ⇒ 최종소비자"에 이르는 각 단계가 모두 에누리가 된다는 해석으로서 유럽사법재판소에서 신청법인이 발급한 쿠폰의 회수와 자금부담이 있는 경우 신청법인의 에누리가 된다는 판시(Elida Gibbs Ltd v. Commissioners of customs & Excise, 24 October 1996[49])와 유사하긴 하나, 각자(편의점을 제외한다)가 공급한 제품의 대가를 낮춘다는 약정이 없는 상태에서의 회신이라 다소 진보적 회신인 것 같다.

- 동 회신대로라면 위 "1)"의 카드사 청구할인액도 제조사, 대리점 전부의 에누리가 될 수 있는 상당한 여지를 준 회신이라는 점에서 의의가 있다.

3) 이동통신사가 지급한 포인트 회수 관련 에누리 적용

이동통신대리점인 원고는 이동통신사의 핸드폰 위탁판매업(실제는 단말기 도소매업에 해당)을 영위하면서 2012년부터 2016년 사이에 이동통신사가 고객에게 무상으로 부여한 별포인트(현행 제3자 마일리지등의 성격을 가짐)를 단말기 공급에 대한 대가에서 차감하여 잔액을 지급받고, 추후 이동통신사로부터 단말기 매입대금과 상계하도록 약정하였다. 원고는 부가가치세 신고 시 해당 별포인트 회수액에 상당하는 공급가액을 단말기 공급대가에서 차감하지 아니하고 부가가치세를 신고·납부하여 신고하였다.

---

49) 재판소는 상품이 제조자→소매업자→최종소비자를 거치는 유통단계에서 제조자가 발행한 할인쿠폰을 소매업자가 최종소비자에게 판매한 가액에서 공제하는 경우 쿠폰금액을 보상해 준 제조업자의 과세가액에서 공제하는 것이며, 과세가액은 실제로 받은 대가에 의하여 산출되는 주관적인 가치이고, 최종소비자가 실제로 지급한 금액을 넘을 수 없는 것이라고 판시함.

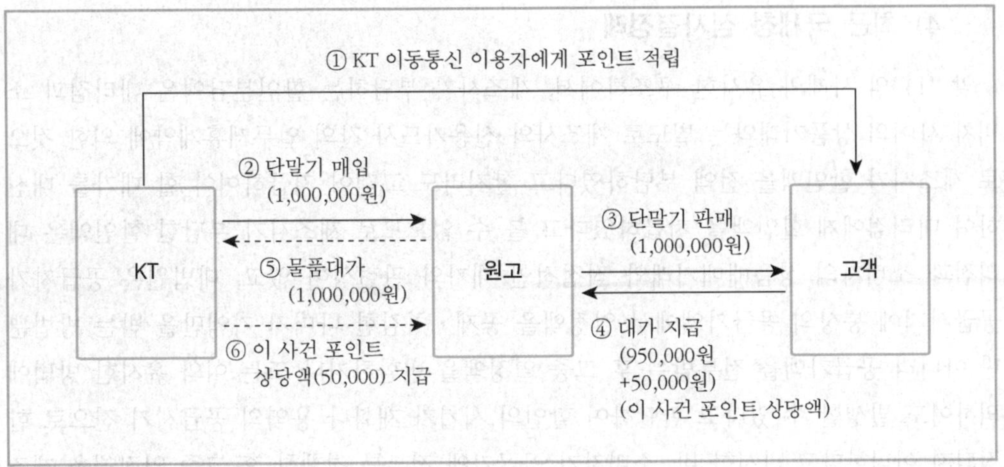

원고는 단말기 공급 시 회수한 별포인트 상당액을 단말기에 대한 에누리로 보아 관할 세무서장에게 경정청구하였으나, 관할 세무서는 이동통신사가 결제된 별포인트를 원고에게 사후보전하여 주었으므로 원고의 에누리에 해당하지 않는다고 보아 경정청구 거부처분하였다.

1, 2심 법원에서는 별포인트는 이동통신사와 고객 사이에 멤버십 약정과 관련하여 적립된 것이지만, 고객이 단말기 구입과정에서 이동통신서비스 거래를 유지하면서 단말기를 구입하는 것을 조건으로 별포인트의 사용처인 원고로부터 단말기 공급가액에서 직접 공제된 이상, 단말기 공급과 관련한 에누리에 해당한다고 판시하였다. 물론 고객이 단말기 구입 시 실제 지급한 금전과 별포인트 할인액이 있는 경우 별포인트 할인액에 대하여 이동통신사로부터 전액 보전을 받았더라도 원고의 단말기 공급에 대한 에누리라는 사실에 대하여는 이견이 없다.

즉, 원고가 이동통신사에게 지급하는 단말기 물품대금 각각에서 공제되는 것일 뿐 이동통신사가 원고에게 고객들로부터 지급받기로 한 단말기 판매대금 중 일부를 그대로 보전해 주는 것이라고 보기 어렵기 때문이다(서울행법 2019구합80343, 2020. 12. 15. ; 서울고법2021누31032, 2021. 12. 29.).

그러나 피고가 2심에서 별포인트 상당액이 에누리액에 해당한다고 하더라도 이는 실질적으로 단말기 공급대금을 할인한 이동통신사업자의 공급가액에서 차감되는 매출 에누리액으로 보아야 하고, 단말기 대리점인 원고의 에누리액에 해당한다고 볼 수 없다고 주장하여 2심에서는 인용되지 아니하였지만, 대법원 2022두33149, 2022. 11. 17.에서는 KT 단말기 사건의 보조금과 동일한 사례로 보아 별포인트 보전액은 이동통신사의 에누리(이동통신사 및 원고 각각의 에누리에 해당하여 원고는 경정청구의 실익이 없음)로 보아 파기환송하였다.

4) 최근 국세청 심사결정례

앞 "1)"의 사례와 유사한 구조하에서, 제조사가 부담하는 할인분담액은 대리점과 소비차 사이의 상품거래와는 별도로 제조사와 신용카드사 간의 업무제휴계약에 의한 것으로 제조사가 할인액을 전액 부담하였다고 할지라도 고객이 지급하여야 할 대가를 대신하여 대리점에게 할인액을 지급하였다고 볼 수 없으므로 제조사가 부담한 할인액은 대리점과 소비자의 상품매매거래와 직접적인 대가와 관련성이 없고, 대법원은 공급자가 공급시기에 통상의 공급가액에서 일정액을 공제・차감한 나머지 가액만을 받는 방법뿐만 아니라 공급가액을 전부받은 후 그중 일정액을 반환하거나 또는 이와 유사한 방법에 의하여도 발생할 수 있다고 판단하여 할인의 시기가 재화나 용역의 공급시기 전으로 한정되지 아니한다고 판시한 바, 소비자가 공급가액 전부를 결제한 후 그중 일정액을 제조사의 부담으로 카드사를 통하여 반환받는 캐시백 할인금액도 할인 후의 금액으로 대금청구되는 카드사 청구할인과 마찬가지로 에누리로 볼 수 있다고 결정하였다(심사부가 2023-0032호, 2023. 8. 30.).

(8) 항공사 마일리지[50] 경정청구

앞서 질의대상인 탑승마일리지(자기적립마일리지에 해당) 외의 제휴마일리지의 경우 그 적립시점에 제휴사로부터 업무제휴약정에 따라 적립되는 마일리지에 상응하는 일정액의 정산금을 수령하고 있다. 이후 2차 거래에서 항공사 마일리지를 사용하여 항공권을 구매한 경우 2017. 3. 31. 이전과 후의 계약내용이나 사실관계 변동이 없음에도 불구하고 항공사마일리지가 부가령 제61조의 마일리지등에 해당하는 것으로 보아 항공사의 항공운송용역대가에 정산금을 포함하여야 하는지 불복소송이 진행 중에 있다.

고객이 제휴카드사의 가맹점에서 재화나 용역을 공급받고 제휴카드로 결제를 한 후 해당 카드사로부터 무상으로 적립받은 마일리지가 제휴카드사와 고객의 입장에서 과연 마일리지등인지 의문이 든다. 제휴카드사는 자사 카드보유 고객으로부터 연회비를 받고 있는데, 그것과 카드적립 사이에 구입실적에 비례한 마일리지 적립이 있었다고 보기는 어렵다.

---

50) 대법원은 항공사가 제휴사(카드사)들로부터 지급받은 정산금은 업무제휴계약을 비롯하여 항공사와 제휴사들 간에 별도로 체결된 계약에 터잡아 지급된 것일 뿐이고 항공사가 고객들에게 항공용역을 공급함에 따라 지급받은 것이 아니며, 업무제휴계약의 진정한 목적과 동기는 동 할인제도를 공동운영함에 따른 비용을 분담하고 고객들의 활발한 구매를 유도하여 전체의 이익을 도모하는데 있고, 한편 고객은 항공사와 제휴사들 간 정산 여부나 정산액수에 대하여 어떠한 이해관계도 가지지 않는다고 판시하여 2차 거래의 항공마일리지 사용에 따른 정산 여부와 관계없이 에누리로 보았다(아시아나 판결, 대법원 2019두57770, 2020. 2. 27.).

(9) 과 · 면세재화 구입 시 사용된 유무상 포인트가 있는 경우 에누리액 계산

가. 과세 및 면세재화에 대한 포인트 결제액이 있는 경우

2차 거래에서 과세재화와 면세재화를 판매하고, 포인트로 결제받은 경우 각 개별 거래단위별로 과세재화와 면세재화에 대한 포인트 사용액이 구분된다면 그 실지귀속에 따라 과세재화의 공급대가에서 사용된 포인트를 에누리로 인식하면 될 것이다.

그러나 사업자가 개별거래의 영수증을 보관하지 아니하거나 과세 또는 면세재화에서 차감되는 포인트가 얼마인지를 거래대금 총액에서 차감하는 영수증을 발급하였거나 이를 관리하는 시스템이 미비할 경우 과세재화의 공급대가에서 차감되는 포인트를 합리적인 비율로 산정하여 경정청구 또는 처분청의 경정이 이루어져야 할 것으로 판단된다(이에 대한 해석사례나 과세기간별 과세비율을 기초로 에누리를 경정한 사례는 보이지 않는다).[51)]

그 이유는 아래 "나"에서와 같이 적립비율과 사용비율이 어느 정도 일치할 것임을 전제로 최저한의 비율로 에누리액을 산정했듯이 2차 거래에서 사용된 포인트 중 과세재화에 대한 에누리액의 산정은 해당 과세기간에 포인트로 결제된 과세 및 면세재화의 공급대가 합계액에서 과세재화의 공급대가가 차지하는 비율을 곱한 금액을 과세재화에 대한 에누리액으로 산정함이 타당할 것이다.

나. 구매 상품권 전환포인트가 2차 거래에서 사용된 경우

제품 공급자인 갑사업자의 고객이 제휴 포인트 및 상품권 전환 포인트를 사용하여 결제한 금액('이 사건 포인트 사용액'이라 한다) 중 에누리액에 포함되지 아니하는 구매 상품권(고객이 유료로 취득한 상품권을 말함) 전환 포인트 사용분이 포함되어 있는데, 경정청구일 현재 포인트 사용액 중 에누리액에 해당하는 제휴 포인트 및 증정 상품권 전환 포인트의 사용액을 정확히 산정하는 것이 사실상 가능하지 아니한 상태(적립 당시에는 꼬리표가 존재하여 포인트별 적립원인을 알 수 있으나, 사용 당시에는 꼬리표가 존재하지 아니하여 포인트 사용액의 원천을 알 수 없다)에서 과세기간별 에누리액을 어떻게 산정할 것인지에 대한 소송이 제기되었다.

이에 법원은 다음과 같은 이유를 들어, 원고의 전체 포인트 적립액 중 '제휴 포인트 및 증정용 상품권 전환 포인트가 차지하는 비율'이 가장 낮은 연도의 비율만큼은 원고의 전체 포인트 사용액 중 '제휴 포인트 및 증정 상품권 전환 포인트로 인한 사용액'에

---

51) 과세관청과의 분쟁을 줄이기 위해서라도 과 · 면세재화별 마일리지가 차감된 영수증 발행내역을 전산보관하여야 하고, 고객과의 마일리지 약관 등에 과 · 면세재화를 단일의 거래단위로 공급 시 과세재화의 공급대가에서 포인트를 선(先)차감한다고 명시하는 것도 부가세 절세를 위한 방법의 하나로 판단된다.

해당한다고 봄이 타당하다고 판시하였다(서울고법 2021누37962, 2021. 10. 15. ; 서울행법 2020구합58106, 2021. 2. 17.).

① 특별한 사정이 없는 한 갑사업자로부터 포인트를 적립받은 고객은 언젠가 결국 갑사업자의 사업장에서 해당 포인트를 전부 소진하게 될 것인바, 특정 기간에 적립된 포인트 총액 중 제휴 포인트 적립분 또는 증정 상품권 전환 포인트 적립분의 비율은 결국 그 사용분의 비율로 수렴하게 될 것인 점

② 비록 특정 과세기간별로 보면 제휴 포인트 등의 전환 비율과 사용 비율이 다를 수 있으나, 이 사건 과세기간과 같이 장기간 동안의 평균치는 그다지 큰 차이가 존재하지 아니할 것인 점

③ 처분청은 갑사업자의 포인트의 유효기간을 문제삼고 있으나, 갑사업자의 사업장에서 사용되는 모든 포인트 전체에 동일하게 유효기간이 적용되는 이상, 적립 비율에 비추어 사용 비율을 추정함이 부당하다고 보기는 어려운 점

④ 갑사업자가 제시하고 있는 연도별 최하한의 적립률로 각 포인트별 사용 비율을 적용하여 최소한의 사용액을 추정하는 방법 외에 달리 위 처분청이 합리적이라고 볼 만한 이 사건 포인트 사용액 중 에누리액 산정방법을 제시하고 있지도 아니한 점

(10) 결 론

부가법령상 자기적립마일리지를 부여한 사업자가 2차 거래에서 사용된 마일리지를 자신의 재화나 용역의 공급가액에서 차감하기로 한 할인금액(마일리지 결제액)은 에누리가 되고, 비매출포인트도 자신이 부여하고 2차 거래에서 자신의 재화 또는 용역의 공급가액에서 비매출포인트 결제액(할인금액)을 차감하기로 하였다면 에누리에 해당하며, 비매출포인트를 운영하면서 공동프로모션을 하는 다른 사업자와 발생된 비용인 할인금액을 일부나 전부를 보전하기로 한 경우에도 해당 보전금은 2차 거래의 공급자의 재화 또는 용역의 공급가액에 직접 관련되지 아니하고 사전약정에 따라 해당 공급가액에 포함되지 아니한다.

부가법령상의 자기적립마일리지등 외의 마일리지등은 사업자가 재화의 공급과 관련하여 동 마일리지 결제를 이유로 타사로부터 보전금을 지급받는 경우 고객으로부터 받은 금전에 이를 가산하고 보전금을 받지 아니한 경우 시가를 공급가액으로 한다고 규정하고 있으나, 보전금을 수수되더라도 부가법 제29조 제5항 제1호의 에누리에 해당한다는 점에 대하여는 현재 소송 중에 있다. 다만, 복지포인트, 현금구매한 마일리지의 결제와 관련된 정산금 등은 공급가액을 그대로 전달받는 것(또는 대납)에 불과하므로 에누리에 해당하지 않는다.

〈참고2: 사례별 에누리 해당 여부 요약표〉

구분	쿠폰 할인액[52]			홈쇼핑마일리지 할인액	
	홈쇼핑 부담	제휴사(위탁자) 부담	카드사/벤더사 부담[53]	홈쇼핑 부담	타사 부담
위탁판매	①	②	③	⑥	⑦
직접판매	④	-	⑤	⑧	-

① 홈쇼핑(직판, 수탁판매자, 이하 "당사"라 함)이 무상으로 고객등에게 무상제공한 쿠폰으로 2차 거래에서 수탁물품을 판매하고 그 판매대금의 일부를 쿠폰으로 결제받으면서 판매금액 및 중개수수료(위탁판매수수료)를 차감하기로 약정한 경우 중개수수료 및 제휴사(위탁자)의 재화의 공급대가에서 쿠폰할인액을 각각 차감한다(기재부 부가세제과-51, 2022. 1. 25.).

② 당사가 무상으로 고객등에게 무상제공한 쿠폰으로 2차 거래에서 수탁물품을 판매하고 그 판매대금의 일부를 쿠폰으로 결제받으면서 판매금액 및 중개수수료를 차감하기로 약정한 경우로서 쿠폰할인액의 일부를 제휴사가 부담하기로 약정한 경우, 중개수수료 및 제휴사(위탁자)의 재화의 공급대가에서 쿠폰할인액을 각각 차감한다(서면-2019-부가세과-2742, 2020. 5. 27. ; 사전-2016-법령해석부가-0233, 2016. 6. 23.).

▸ 종전 지마켓이나 큐로컴 판결에 따라 쿠폰할인액의 부담은 비용분담에 불과하여 상품판매나 중개용역의 공급과 대가관계가 없고, 쿠폰은 부가령 제61조에서 정하는 마일리지등에도 해당하지 않는다(대법원 2014두298, 2016. 6. 23. ; 대법원 2014두144, 2016. 6. 23.).

③ 위탁판매수수료 중 카드사 또는 벤더사의 쿠폰할인액 부담분으로 구매고객은 상품구입 시 쿠폰으로 할인받은 금액만큼 당사의 중개수수료가 차감되고, 이후 당사는 할인액을 카드사 또는 벤더사에 청구하여 정산받게 되는바, 쿠폰할인액은 재화 및 중개용역대가에서 각각 차감된다(기재부 부가세제과-51, 2022. 1. 25. ; 대법원 2021두38130, 2021. 8. 26.).

④ 당사가 무상으로 고객등에게 무상제공한 쿠폰으로 2차 거래에서 자기의 매입상품을 판매하고 그 판매대금의 일부를 쿠폰으로 결제받은 경우 당사가 공급한 재화의 공급대가에서 쿠폰할인액을 차감한다.

⑤ 당사가 무상으로 고객등에게 무상제공한 쿠폰으로 2차 거래에서 자기의 매입상품을 판매하고 그 판매대금의 일부를 쿠폰으로 결제받고 그 할인액의 전부나 일부를 카드사 또는 벤더사로부터 보전받는 경우에도 당사가 공급한 재화의 공급대가에서 쿠폰할인액을 차감한다(기재부 부가세제과-51, 2022. 1. 25. ; 대법원 2021두38130, 2021. 8. 26.).

⑥, ⑧ 홈쇼핑마일리지로 자사 및 수탁상품을 판매하고 대가의 일부를 결제받은 경우로서 그 할인액을 누구에게도 보전받지 아니하는 경우 "⑥"은 자기의 용역대가를 자기가 발행한 금전가치가 없는 마일리지로 결제받은 것이므로 자기가 실제 받은 금액, 즉 중개수수료에서 홈쇼핑마일리지 결제금액을 차감한 금액이 공급가액이 되며, "⑧"은 자기가 공급한 재화의 대가를 금전가치 없는 마일리지로 결제받은 것이므로 구매고객으로부터 실제 받은 금전이 공급가액이 된다(기재부 부가세제과-64, 2022. 1. 27. ; 기획재정부 부가가치세제과-128, 2022. 3. 4. ; 대법원 2021두38130, 2021. 8. 26. ; 대법원 2015두58959, 2016. 8. 26. ; 서울고법 2020누55451, 2021. 4. 9. ; 서울고법 2020누32793, 2020. 12. 23. ; 대법원 2021두31603, 2021. 5. 14. ; 서울행정법원 2020구합65777, 2021. 8. 17. ; 서면-2019-부가-2742, 2020. 5. 27.).

⑦ 쿠폰과 같이 수탁물품 판매 시 수탁물품의 공급대가에서 홈쇼핑마일리지로 결제받은 부분을 차감하고, 동시에 중개수수료도 동액을 차감하되, 사전에 약정된 분담비율에 따라 제3자(파트너사 등)로부터 일부를 보전받는 경우 당사가 보전받은 "정산금"은 비용의 분담금으로서 중개수수료 공급가액과 무관하다. 아울러 당사, 위탁자, 구매고객 사이의 사전약정에 따라 수탁물품의 공급대가에서 홈쇼핑마일리지 결제액을 차감하기로 약정하였으므로 위탁자의 재화의 공급대가에서도 동 마일리지 결제분을 차감하여야 할 것이나, **기획재정부 해석은 중개수수료에서 차감한 마일리지상당액**(당사의 중개수수료 분담액분을 말함)**을 수탁상품공급대가에서 차감**

---

52) 쿠폰할인액은 2차 거래에서 쿠폰으로 결제한 금액을 말하며, 부가령 제61조에서 정하는 마일리지등은 아닌 것으로 한다.

53) 카드사의 청구할인을 포함한다.

하지 아니한다고 회신하였다(기재부 부가세제과-64, 2022. 1. 27. 후단).

▶기재부 해석은 홈쇼핑마일리지가 부가령 제61조의 마일리지등에 해당한다는 전제하에 성립하는 것이며, 그 마저도 당사와 파트너사, 파트너사와 구매고객 간의 이원적 거래에서 각각 마일리지를 통한 할인거래가 있었음에도 이러한 해석이 가능한지와 부가법 제29조 제3항 제6호, 부가령 제61조 제1항 및 제2항 제10호가 적용되는 경우 부가법 제29조 제5항(에누리 규정) 적용을 배제하는 규정도 없다는 점에서 문제 소지가 있다.

25 | 쇼핑몰 운영에 따른 부가가치세 등 처리기준

(1) 위수탁판매 쇼핑몰 개요

1) 위수탁판매의 정의

상법에서는 자기 명의로써 타인의 계산으로 물건 또는 유가증권의 매매를 영업으로 하는 자를 위탁매매인이라 한다. 한국표준산업분류에서는 수수료 또는 계약에 의하여 타인의 명의로 타인의 상품을 거래하는 대리판매점, 상품중개인, 무역대리 또는 중개인 및 경매인, 기타 대리도매인의 활동을 상품중개업으로 보고, 이들은 통상 구매자와 판매자를 연결시켜 주어 그들의 사업을 영위하거나 상업적 거래를 대리하는 활동을 영위하게 된다. 또한, 구 부가규칙 제23조 제4호에서는 위탁매매업이란 자기의 명의로 타인의 계산에 의하여 물품을 구입 또는 판매하고 보수를 받는 사업으로 정의하였다(동지 : 상법 §101).

인터넷쇼핑몰이 판매자를 위하여 상품판매를 대리하고 그 수수료를 지급받는 사업은 상법상의 위탁매매인, 한국표준산업분류상의 상품중개업으로 분류된다.

2) 인터넷쇼핑몰의 운용

최근 경기가 어려워짐에 따라 창업자들이 자금이 많이 드는 오프라인 투자와 달리 투자비도 적게 들고 위험부담도 적은 온라인 창업에 눈을 돌리는 현상이 두드러지고 있다.

가. 오픈마켓(쇼핑몰) 서비스

오픈마켓 서비스 또는 쇼핑몰운영자가 제공하는 서비스는 판매회원(위탁자)과 구매회원 간에 거래를 할 수 있는 인터넷상의 사이트를 개설하여 판매회원이 재화 또는 용역을 구매회원에게 판매할 수 있도록 하는 서비스를 말한다.

나. 오픈마켓 서비스이용료

판매회원이 쇼핑몰, 즉 전자상거래 플랫폼 제공서비스 및 판매서비스 이용대가로 지급하는 금액을 말한다. 쇼핑몰마다 그 이용료 산정방식이 다르나 기본이용료와 판매회원 공제금 수수료(판매회원이 부담하는 할인쿠폰 외)를 합산한다.

판매가격 1만 원, 기본이용료 2천 원인(판매가의 20%로 가정) 경우 할인쿠폰 1천 원을 판매자 책임으로 발행했다면 할인쿠폰 공제 전 판매가의 20%인 2천 원이 수탁자의 수수료가 된다. 다만, 위수탁자 간 사전합의로 특정물품의 판매가격 및 판매수수료를 할인하는 경우 물품가액에서 그 할인액을 차감한 금액을 위탁자의 공급가액으로, 정상수수료에서 동 할인액을 차감한 금액을 수탁자의 공급가액으로 하여 세금계산서를 발급하고 있다.

다. 할인서비스

인터넷상에서 입점업체와 구매자 간의 물품거래의 알선 · 중개용역을 제공하고 구매자로부터 물품대금을 수취하여 중개수수료를 공제한 금액을 입점업체에 지급하는 인터넷쇼핑몰을 운영하는 수탁자는 최근 경제침체 및 경쟁업체인 인터넷쇼핑몰 운영사업자 간 경쟁이 치열해짐에 따라 판매촉진을 위하여 이용약관에 의해 구매회원 및 입점업체(판매회원)에 대해 할인정책을 시행하고 있다.

라. 판매자(위탁자)에 대한 쇼핑몰 운영자의 서비스용역

쇼핑몰 운영자는 판매 관련 업무지원, 구매 관련 지원, 매매계약의 체결, 상품 정보검색, 기타 전자상거래 관련 서비스(계산서 및 현금영수증 발행, 신용카드매출전표 발행), 광고의 집행 및 프로모션 등을 수행한다.

(2) 수탁물품 판매에 대한 부가가치세 공급가액

1) 위 · 수탁자 간 사전합의(계약)가 있었던 경우

「전자상거래 등에서의 소비자보호에 관한 법률」에 따른 수탁자(통신판매업자를 말함)가 위탁자(물품을 판매하는 자)와의 위 · 수탁 계약에 따라 자기의 회원에게 수탁물품을 판매하는 경우 수탁자가 계약에 따라 회원에게 물품 판매가격을 직접 할인하여 주고 그 할인액을 위탁자가 부담한다면, 즉 계약에 따라 수탁자가 판매가격을 직접 할인한 금액은 부가법 제29조 제5항 제1호에 따른 에누리액으로 물품판매 위탁자의 부가가치세 공급가액에 포함하지 아니한다.

2) 수탁자의 책임과 계산만으로 할인 판매한 경우

수탁자가 자신이 운영하는 쇼핑몰의 판매촉진을 위하여 고객이 상품 구매 시 일정금액을 할인하여 주는 경우로서 수탁자 단독으로 자기의 책임과 계산으로 할인판매를 하는 금액이나 수탁자가 부담하는 할인금액은 물품판매 위탁자의 부가가치세 공급가액에 포함한다(재부가-71, 2011. 2. 8.).

(3) 쇼핑몰 운영사업자의 부가가치세 공급가액

1) 일반원칙

쇼핑몰 운영사업자가 자기의 책임과 계산하에 부가가치세가 과세되는 재화나 용역을 제공하고 그 대가를 받는 경우는 그 대가의 합계액이 해당 사업자의 부가가치세 공급가액이 되는 것이나, 단순히 판매를 대리하고 그 대가로 수수료를 받는 경우에는 해당 수수료에 해당하는 금액이 부가가치세 공급가액이 되는 것으로 어느 경우에 해당하는지는 사실관계를 종합적으로 판단하여야 한다(부가 46015-103, 2001. 1. 15.).

※ 이하 "(4)~(5)"는 2017. 3. 31. 이전 거래에 대한 해석 및 판례를 기초로 작성하였다.

2) 할인판매에 따른 부가가치세 공급가액

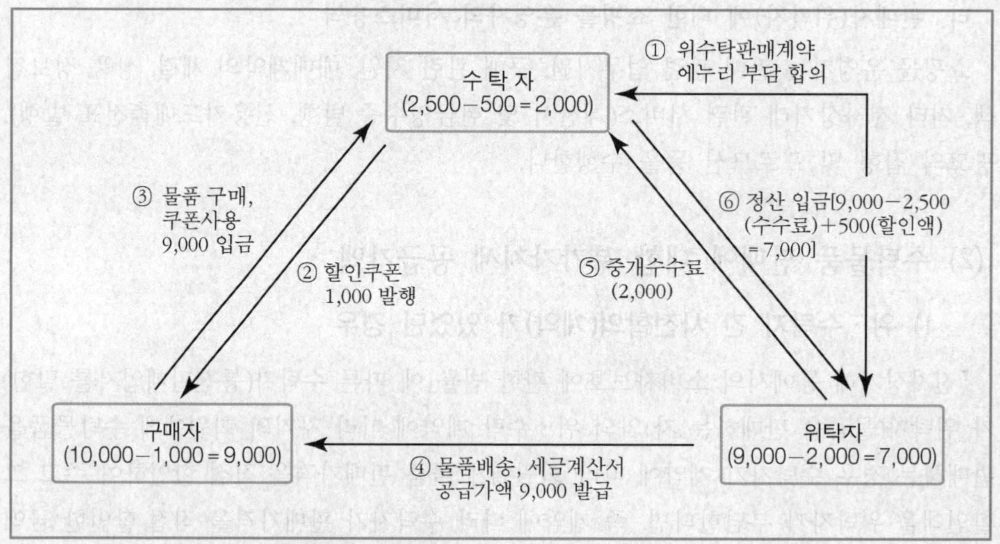

1) 할인 전 중개수수료는 매출총이익의 50%이며, 쿠폰사용으로 인한 에누리는 위탁자와 수탁자가 1/2씩 부담. 위탁자는 매출원가가 5천 원인 재화를 1만 원(할인 전 정상가)에 판매함.
2) "⑤"의 중개수수료 2,000원에 대하여 위탁자에게 세금계산서 발급(대법원 2014두298, 2016. 6. 23.)
3) "④"의 위탁자 공급가액은 9,000원이다(대법원 2014두144, 2016. 6. 23.).

가. 위·수탁자 간 판매수수료 할인에 대한 사전합의가 있는 경우

위·수탁자가 상품 등의 매출증대와 쇼핑몰 활성화를 통한 판매수수료 수입 증대를 위하여 수탁자가 위탁자와의 사전계약에 따라 할인판매하고 그 할인금액을 수탁자의 판매수수료에서 공제하기로 하는 경우(할인액의 손실부담 주체가 수탁자가 됨)에는 수탁자가 부담한 금액은 에누리액에 해당되어 부가가치세 공급가액에서 제외된다.

위 사례에서 수탁자가 할인판매에 대한 합의 및 판매수수료에 대한 공제 합의가 있었다면 매출총이익(10,000－5,000)의 50%인 2,500원에서 할인쿠폰 부담약정액 500원을 차감한 2,000원이 수탁자의 판매수수료 공급가액이 된다(재부가－71, 2011. 2. 8.).

▌쿠폰을 발행한 인터넷쇼핑몰 판매수수료의 과세표준(대법원 2014두298, 2016. 6. 23.)

○ G마켓을 통한 거래구조는 판매회원과 구매회원 사이의 판매회원이 등록한 상품에 관한 상품거래계약과 원고(G마켓)와 판매회원 사이의 용역계약이라는 두 가지 법률관계에 따라 형성되어,

- ‘아이템 할인’이나 ‘바이어 쿠폰’의 사용에 따른 거래의 실질은 판매회원의 동의 아래 원고에 의하여 프로모션이 기획 · 시행되어 상품거래계약에서 상품가격의 할인이 이루어지면 그와 연동되어 같은 금액만큼 용역계약에서 서비스이용료의 할인이 이루어진 것이다.

○ 원고와 판매회원 사이의 G마켓 판매서비스 이용약관의 내용과 거래관행 등에 비추어 보면 판매회원들은 위 약관에 대한 동의, 동 용역계약의 체결 및 그 활용을 통한 상품거래계약 등의 과정에서 원고가 ‘아이템 할인’이나 ‘바이어 쿠폰’ 등의 프로모션을 시행할 수 있고,

- 그러한 프로모션이 적용되는 구매회원과의 거래에서 해당 할인액만큼 자신의 상품 판매가격이 인하되며 다시 그에 상응하여 원고에게 지급하여야 할 서비스 이용료에서 차감된다는 데에 명시적 또는 묵시적으로 동의한 것으로 봄이 상당하므로,
- 원고와 판매회원들 사이에서 이 사건 공제액의 발생 근거, 적용사유, 공제 액수 등 용역제공의 조건에 관한 사전적 합의가 있었다고 할 것이다.

○ 장려금은 일반적으로 개별거래나 그 대가와 연계됨이 없이 사업의 진작을 위하여 거래상대방에게 지급되는 금품인데 비하여, 이 사건 공제액은 원고가 판매회원의 동의 아래 시행한 프로모션에 따라 판매회원과 구매회원 사이에서 이루어지는 상품거래에서 할인된 금액만큼 원고와 판매회원 사이에서 이루어지는 이용용역계약의 서비스 이용료에서 직접 공제되어야 한다.

○ ‘아이템 할인’과 ‘바이어 쿠폰’ 모두 결제 전의 가격 조율단계에서 할인이 적용되고, 판매회원과 구매회원 사이에서 할인된 판매대금이 G마켓 시스템상 ‘고객할인구매가’ 또는 ‘할인적용금액’으로 표시되어 이를 기초로 최종적으로 이 사건 상품거래계약의 체결 여부가 결정되며,

- 그에 따라 상품의 판매가격이 할인되고 그 금액만큼 서비스 이용료가 할인되는 등 ‘아이템 할인’과 ‘바이어 쿠폰’은 상품 판매가격 및 서비스 이용료의 할인에 미치는 과정 및 효과가 거의 동일하다.
- 인터넷 오픈마켓 운영회사는 할인쿠폰을 발행하여 입점업체로 하여금 고객에게 할인된 가격으로 상품을 공급하도록 한 대신에 자신이 입점업체로부터 받을 용역 수수료를 같은 액수만큼 할인하여 줌으로써 원고인 인터넷 오픈마켓 운영회사는 자신이 받을 수수료를 감액하여 주었을 뿐 그에 상당하는 금전을 다른 어느 누구로부터도 받은 바 없어 이를 에누리액으로 본 것이다.
- 상품 거래 시장 운영자(G마켓)와 그 시장 내 사업자(판매회원) 사이에서 사전 약정에 따라 할인쿠폰 상당의 할인액에 대해 사후적인 보상이 이루어진다 하더라도 고객과 사업자 사이에서

는 할인쿠폰 상당의 상품 가격이 직접 공제된다는 실질에 근거하여 에누리액에 해당한다고 판단하였다.

나. 위 · 수탁자 간 판매수수료 할인에 대한 합의가 없는 경우

수탁자가 물품판매 위탁자와의 위 · 수탁계약에 따라 물품을 판매하고 그 대가로 수수료를 받는 경우로서 수탁자가 자기의 책임과 계산으로 할인판매를 하거나 부담하기로 한 경우의 할인금액은 판매수수료의 부가가치세 공급가액에서 공제되지 아니한다(재부가-71, 2011. 2. 8.).

따라서 위 사례에서 쇼핑몰 운영사업자가 할인액을 부담했더라도 그 경제적 실질이 수탁자가 자기의 책임과 계산으로 구매자에게 판매촉진비 성격의 금전을 지급하고 구매자가 이를 지급받아 위탁자에게 지급한 것과 같다면 결국 구매자를 대신하여 위탁자에게 보전하는 것이고 정산규정 또한 채권과 채무를 상계하는 것에 불과한 바 에누리로 볼 수 없으므로 수탁자는 위탁자에게 당초 약정에 따라 매출총이익(10,000－5,000)의 50%인 2,500원을 공급가액 또는 공급대가로 기재하여 세금계산서를 발급하여야 한다.

다. 구매자에게 발급할 세금계산서상의 공급가액

위 · 수탁자 간 사전협의에 따라 할인판매하고 위탁자가 그 할인액의 전부 또는 일부를 부담하기로 한 경우 구매자에 대한 에누리액으로 볼 수 있으므로 사전에 할인판매에 대한 약정과 할인액의 부담주체를 위탁자로 정함에 따라 수탁자가 부담한 500원은 에누리액으로 구매자에게 발급할 세금계산서상의 공급가액은 9,500원이 된다는 것이 기획재정부의 해석이다(재부가-71, 2011. 2. 8).

그러나 구매자에게 발급한 세금계산서상의 공급가액에 대한 대법원의 판단은 9,000원이 공급가액으로, 그 이유는 아래와 같이 다르다.

1 위 · 수탁자 사이의 포괄적인 사전약정에 따른 것으로 에누리에 해당

① 원고(홈쇼핑 납품업체)가 BBB 홈쇼핑과 체결한 계약에서도 원고의 요청 또는 BBB 홈쇼핑이 원고와 협력하여 할인쿠폰, 일시불 할인 등을 통하여 상품판매가격을 변경할 수 있도록 규정하고 있는 점, ② 상품구매자가 세금계산서 발행을 요구하는 경우 원고를 공급자로 하고, 상품구매자를 '공급받는 자'로 한 세금계산서를 발행하였는데, 할인쿠폰을 사용하여 상품을 구매한 상품구매자 입장에서도 할인된 금액을 제외하고 실제 지급한 금액을 공급가액으로 인식하는 것이 자연스럽고 거래체계와 부합하는 점, ③ 이 사건 처분은 원고를 공급자로 하고 상품구매자를 '공급받는 자'로 하여 발생한 거래에 관한 부가가치세 처분인 점 ④ 위 · 수탁자 사이의 약정에 따라 상품구매자를 상대로

한 판매가격 자체의 인하(이로 인한 법률효과는 상법상으로나 부가가치세법상으로나 위탁자인 원고에게 귀속된다)와 이에 따른 수수료의 차감이 이루어진 점, ⑤ BBB 홈쇼핑, 상품구매자로 이어진 재화공급의 대가 측면에 원고와 BBB 홈쇼핑 사이의 용역공급의 대가 측면을 뒤섞어 부가가치세법상 이 사건 할인거래의 실질이 수탁자의 계산과 책임으로 이루어진 할인액이라거나 수탁자가 부담한 할인액이라고 보는 것은 타당하지 아니한 점 등을 종합하면, BBB 홈쇼핑이 발행한 쿠폰 등 할인액 ○○○원(이하 '이 사건 할인액'이라 한다)은 부가가치세법상 에누리액에 해당하고 이는 부가가치세 과세표준에 포함되지 않으므로 '할인된 매출액'을 부가가치세법상 공급가액으로 보아야 함에도 불구하고, 피고(처분청)가 '할인 전 매출액'을 공급가액으로 보아 부가가치세를 부과한 이 사건 처분은 위법함(서울행법 2012구합20854, 2013. 4. 12. ; 서울고법 2013누14254, 2013. 11. 27.).

② 쿠폰을 발행한 홈쇼핑을 통하여 공급한 재화의 공급가액(대법원 2014두144, 2016. 6. 23.)

공급자가 어떠한 공급과 관련하여 재화나 용역을 공급받는 자가 아닌 제3자로부터 금전 또는 금전적 가치가 있는 것을 받는 경우에 그것이 그 공급과 대가관계에 있는 때에는 부가가치세의 과세표준에 포함될 수 있을 것이나, 그것이 해당 공급과 구별되는 제3자와 공급자 사이의 다른 공급과 관련되어 있을 뿐 해당 공급과 대가관계에 있다고 볼 수 없는 경우에는 해당 공급에 관한 부가가치세의 과세표준에 포함되지 아니한다. 나아가 제3자가 지급하는 금전 또는 금전적 가치가 있는 것이 해당 공급과 대가관계에 있는지 여부는 그 지급의 명목과 근거, 이와 관련하여 공급자와 제3자가 추구하는 목적과 동기, 공급자와 제3자 사이의 별도의 계약관계 등 법률관계의 존부 및 문제된 금전 등의 지급이 그러한 법률관계에 따른 이행으로 평가될 수 있는지 등을 비롯한 여러 사정을 종합하여 해당 공급과 직접적 관련성이 인정될 수 있는지에 따라 판단하여야 한다.

① 원고(판매자)는 통신기기, 컴퓨터 주변기기의 제조 및 판매업 등을 영위하는 회사로서 홈쇼핑업체와 위탁판매계약을 체결하고 컴퓨터 및 주변기기 등을 판매
② 원고와 홈쇼핑업체 사이의 계약관계는 명시적인 위탁매매관계로서 수탁자인 홈쇼핑업체는 상품구매자로부터 판매대금을 교부받아 위탁자인 원고에게 지급하여야 하고 원고는 홈쇼핑업체에게 상품판매대금에 관한 소정의 판매수수료를 지급하여야 함.
③ 홈쇼핑업체는 원고와의 사전약정에 따라 할인쿠폰 등을 발행하여 당초 지정된 가격보다 할인된 가격으로 상품구매자에게 상품을 판매하기도 하고, 홈쇼핑업체는 상품구매자로부터는 할인된 판매대금만 지급받고 원고로부터도 상품할인액만큼 차감된 판매수수료만을 지급받음.
④ 동 할인액은 상품구매자를 상대로 하여 상품의 판매가격 자체를 인하한 것인 반면, 판매수수료의 차감은 원고와 홈쇼핑업체 사이에서 이루어진 용역의 공급대가를 낮춘 것임.
⑤ 원고와 홈쇼핑업체 사이에는 할인액의 발생근거, 적용 사유, 공제금액 등 용역 제공의 조건에 관한 위・수탁자 사이의 포괄적인 사전약정(합의) 또는 개별약정이 있었다고 할 것인 점
⑥ 위 쿠폰에 의한 공제액은 부가가치세 공급가액에 포함되는 판매장려금과는 성격을 달리하고, 용역제공의 조건에 따라 정하여져 원고의 위 용역 제공 대가인 서비스 이용료에서 직접 공제되는 점
⑦ 위・수탁자 사이의 약정에 따라 상품구매자를 상대로 한 판매가격 자체의 인하(이로 인한 법률효과는 상법상으로나 부가가치세법상으로나 위탁자인 원고에게 귀속된다)와 이에 따른 수수료의 차감이 이루어졌음은 앞에서 본 바와 같으므로 원고, 홈쇼핑업체, 상품구매자로 이어진 재화

공급의 대가 측면에 원고와 홈쇼핑업체 사이의 용역공급의 대가 측면을 뒤섞어 부가가치세법상 할인거래의 실질이 수탁자의 계산과 책임으로 이루어진 할인액이라거나 수탁자가 부담한 할인액이라고 보는 것은 타당하지 아니한 점

○ 이 사건 쿠폰에 의한 할인액은 상품의 공급조건에 따라 상품 판매가격 자체를 인하하는 것으로서 그 재화의 공급대가인 통상의 상품가격에서 직접 공제되는 것으로서 에누리액에 해당하고, 홈쇼핑 입점업체로서는 홈쇼핑 운영업체가 발행한 할인쿠폰으로 인하여 고객으로부터 받는 상품대금이 감액된 반면에 홈쇼핑 운영업체에게 지급할 수수료가 같은 액수만큼 감액되어 경제적으로는 변동이 없게 되었다.

- 수수료 감액으로 인한 이익은 원고의 고객에 대한 상품공급 거래가 아니라 홈쇼핑 운영업체의 원고에 대한 용역공급 거래에만 직접 관련된 것이므로 상품공급의 과세표준에는 포함되지 않는다고 판단하였다.
- 할인쿠폰 상당의 가액을 원고가 고객에게 제공한 상품공급의 과세표준에 포함되는 '금전 외의 대가'를 받은 것으로 보지 않고 홈쇼핑 운영업체가 원고에게 제공한 용역공급의 과세표준에서 제외되는 '에누리액'에 해당하는 것으로 본 것이다.
- 판매수수료의 차감은 원고와 홈쇼핑업체 사이에서 이뤄진 용역의 공급대가를 낮춘 것인바, 동 할인액의 실질이 홈쇼핑업체가 상품구매자를 대신하여 원고에게 지급한 상품판매대금이라고 보아 이를 부가가치세 과세표준에 포함시킨 과세처분은 위법하다.

○ 위 판결은 홈쇼핑업체를 통한 상품 판매에서 판매자와 홈쇼핑업체 사이의 약정에 따라 홈쇼핑업체가 할인쿠폰을 발행하고, 상품구매자들은 그 할인쿠폰을 사용하여 할인된 금액으로 상품을 구매하며, 판매자들은 그 할인된 금액만큼을 공제한 금액을 홈쇼핑업체에게 판매수수료로 지급하는 경우 위 할인 금액은 에누리액에 해당한다고 판단한 최초의 판결이고, 상품공급 거래와 용역공급 거래가 별개의 부가가치세 과세대상인 이상 각각의 거래를 단위로 하여 사업자가 그 각 거래와 관련하여 '금전적 가치 있는 것'을 받았다고 볼 수 있는지를 판단한 것이다.

- 향후 위와 같은 거래에서 할인금액이 부가가치세 과세표준에서 제외되는 에누리액으로 인정받기 위해서는 상품판매자와 홈쇼핑업체 사이에 할인쿠폰 발행과 할인쿠폰으로 인한 할인금액을 판매수수료에서 공제한다는 점에 대한 약정이 있어야 한다는 점을 유의하여야 한다.
- 이러한 약정이 없이 홈쇼핑업체가 일방적으로 할인쿠폰을 발행하여 상품을 할인 판매하는 경우에는 그 할인금액을 판매상품의 에누리액으로 인정받을 수 없을 것이다.

※ 물품의 공급자와 수탁판매자인 홈쇼핑 간에 사전약정으로 할인쿠폰을 발행하여 고객에서 할인된 쿠폰액만큼 할인판매하고 그로 인한 할인액을 판매대행수수료에서 차감하기로 한 경우 해당 할인액은 공급자의 물품 공급가액, 홈쇼핑업체의 판매대행수수료 과세표준에서 각각 공제된다.

- 다만, 홈쇼핑업체가 일방적으로 할인쿠폰을 발행하여 상품을 할인판매한 경우에는 물품의 공급가액, 판매수수료의 공급가액에서 차감할 수 없고 홈쇼핑업체의 판매부대비용이 될 뿐이다(대법원 2014두144, 2016. 6. 23. ; 대법원 2014두298, 2016. 6. 23.).

위 판례는 홈쇼핑 운영업체가 할인쿠폰을 발행하면 홈쇼핑 입점업체는 이를 사용하는 상품구매자에게 할인된 가격으로 판매하고 그대신 홈쇼핑 운영업체에게 상품할인액만큼 차감된 판매수수료를 지급한 사안에서, 그 할인액은 홈쇼핑 입점업체가 공급한 상품의 가격에서 직접 공제되는 에누리액에 해당한다고 판단하였다. 홈쇼핑 입점업체의 고객에 대한 상품공급 거래와 홈쇼핑 운영업체의 홈쇼핑 입점업체에 대한 용역공급 거래를 한꺼번에 파악함으로써 에누리액이 아니라고 판단할 수도 있었을 것이나, 상품공급 거래와 용역공급(중개용역) 거래가 별개의 부가가치세 과세대상인 이상 각각의 거래를 단위로 하여 사업자가 그 각 거래와 관련하여 '금전적 가치 있는 것'을 받았다고 볼 수 있는지 판단하여야 하고 두 개의 거래를 통틀어 판단하지 아니함으로써 홈쇼핑 입점업체의 상품공급 거래만 놓고 그 받은 대가를 공급가액으로 본 것이다.

(4) 공급시기

1) 위탁자가 재화를 수탁자에게 인도하는 경우

위탁매매인이 위탁자로부터 받은 재화를 단지 위탁판매를 위하여 위탁자에서 수탁자로 재화(위탁판매물)의 공간적 이동은 있었으나 그 소유권을 이전한 것이 아니므로 재화의 공급이 있었다고 볼 수 없다(서면3팀 - 1021, 2008. 5. 21.).

2) 수탁자가 구매자에게 수탁물품을 공급한 경우

위탁매매 또는 대리인에 의한 매매의 공급시기는 수탁자 또는 대리인의 공급을 기준으로 한다. 즉, 수탁자가 재화를 구매자에게 판매하여 인도하는 때가 공급시기이다. 다만, 위탁자 또는 본인을 알 수 없는 경우에는 위탁자와 수탁자 또는 본인과 대리인 사이에도 공급이 이루어진 것으로 보아 부가법 제15조를 적용하는 것이어서, 위탁매매에 있어 위탁자 또는 본인을 알 수 없는 경우에는 위탁자는 수탁자에게, 수탁자는 거래상대방에게 공급한 것으로 보아 세금계산서를 각각 발급한다(부가법 §10 ⑦).

3) 통신판매 위탁물품의 구체적 공급시기

구매자가 인터넷을 통하여 인터넷쇼핑몰 운영자에게 상품을 주문하고, 운영자는 위탁자인 판매자에게 주문받은 상품의 발송을 의뢰한 후, 위탁자가 구매자에게 주문한 상품을 발송하고 구매자는 상품이 도착하면 즉시 인수사실을 확인하고 인수사실 확인 즉시 '운영자가 판매자에게 상품대금을 입금하는 거래에 있어 상품판매분 공급시기는 해당 상품을 우편 또는 택배로 발송하는 때'로 보고 있다(부가가치세과 - 2555, 2008. 8. 13. ; 부가

46015-2224, 1996. 10. 24.).

4) 판매수수료의 공급시기

가. 통상적인 경우

용역의 공급시기는 통상적인 용역공급의 경우에는 역무의 제공이 완료되는 때인 것이나(서면3팀-919, 2007. 3. 28.), 그 공급단위를 구획할 수 없는 용역을 계속적으로 공급하는 경우에는 그 대가의 각 부분을 받기로 한 때로 하며 동 규정을 적용할 수 없는 때에는 용역의 제공이 완료되고 공급가액이 확정되는 때를 공급시기로 한다(서면3팀-2680, 2004. 12. 30. ; 서삼 46015-11325, 2003. 8. 19.).

나. 일정기간 단위를 정하여 정산지급하기로 한 경우

위수탁판매에 있어 수탁자가 장기간에 걸쳐 계속적으로 용역을 공급하면서 사전에 일정기간 단위로 용역의 공급대가를 정산하기로 약정된 경우에는 그 대가의 각 부분을 받기로 한 때를 용역의 공급시기로 본다(서면3팀-1072, 2008. 5. 28.).

다. 판매확정 시 수수료가 확정되고 이후 정산하기로 한 경우

위수탁판매거래에 있어 사전약정에 의하여 제품판매 시점마다 그 수수료액 산정을 명확하게 알 수 있고 동 수수료액 산정에 따른 다른 변동요인이 없다면 그 판매시점에 바로 공급가액이 확정된 것이고, 다만 지급의 편의상 확정된 대금을 다음 달 10~25일의 기한 내에서 지급한다는 약정이 있는 경우 그 판매수수료에 대한 공급시기는 그 판매시점 또는 월합계세금계산서 발급특례 규정에 따라 그 월의 말일 등이 공급시기가 된다(대법원 2007두20546, 2008. 1. 17.).

라. 판매대금 회수 등 기타조건이 있는 경우

위 "나"에서와 같이 판매계약에 따라 재화를 출고하는 시점에서 판매대행용역의 공급가액이 확정되는 것이므로 동 용역의 공급시기를 재화의 출고일로 보아 손익의 귀속시기 또는 용역의 공급시기를 산정하는 것이나, 판매물품의 특성상 출고된 이후에 최종수요자가 지정한 장소에 설치되어 시운전을 통하여 정상적으로 가동이 되는 경우 판매가 확정된다거나 판매업무대행계약서의 약정내용에 따라 물품대금을 회수할 의무를 부여하고 위탁자에게 송금하면 위탁자가 이와 관련된 판매수수료를 정산 지급하기로 한 경우에는 동 약정내용에 따른 의무가 모두 이행되어 판매수수료를 지급받을 수 있을 때가 공급시기가 된다(국심 2004서4737, 2006. 5. 3.).

(5) 할인 전 금액으로 세금계산서 수수 시 문제점

수탁자가 할인쿠폰 결제분에 대한 위탁판매수수료에 대하여 위탁자 부담분 차감 전 금액으로 세금계산서를 발급한 경우 수정세금계산서를 발급하여야 하는 문제점이 있다. G-마켓 대법원 판결 이전에는 부가령 제61조 제4항 및 국세청 유권해석에 따른 세금계산서 발급함에 따라 위탁자의 재화의 공급에 대한 공급가액은 과다계상되고, 수탁자의 위탁판매수수료 공급가액 역시 과다 계상할 수밖에 없었고 동 대법원 판결에 의해 에누리로 정리된 것이다.

법리상으로 쿠폰 할인액만큼 위탁자는 재화의 매출액이 감소되고 판매수수료에 대한 과다 매입액을 차감하여야 하며, 수탁자는 위탁자에게 감액하는 수정세금계산서 발급이 필요하다.

최근 법원은 "과세처분의 취소를 구하는 소송에서 그 과세처분의 위법 여부는 그 과세처분에 의하여 인정된 세액이 정당한 세액을 초과하는지 여부에 의하여 판단하여야 할 것이므로 과세관청이 과세표준과 세액의 산출·결정과정에서 잘못을 저질러 과세처분이 위법한 경우라도 그와 같이 하여 부과고지된 세액이 정당한 산출세액의 범위를 넘지 아니하고 잘못된 방식이 과세단위와 처분사유의 범위를 달리하는 정도의 것이 아니라면 정당세액 범위 내의 부과고지처분이 위법하다 하여 이를 취소할 것은 아니다(대법원 2004두3823, 2006. 6. 15.)."라는 판결을 인용하여, 이동통신대리점이 이동통신회사로부터 단말기 공급에 관하여 약정보조금(에누리에 해당)을 공급가액에서 차감한 수정세금계산서를 발급받지 아니한 채, 이동통신대리점이 다시 공급한 단말기 공급가액의 에누리액에 해당하는 약정보조금을 과세표준에 산입하여 신고한 경우 부가가치세의 과세표준인 공급가액에서 공제됨과 동시에 매입세액에서도 똑같이 공제되어야 하는 것이므로 결과적으로 각 부가가치세의 정당한 산출세액은 과세관청의 처분에 따라 실제 부과·고지된 세액과 차이가 없게 된다. 따라서 수정세금계산서를 발급받음이 없이 약정보조금만을 과세표준에서 제외하여 달라는 청구를 배척하여 수정세금계산서 발급이 이루어지지 않았다면 에누리에 해당하는 약정보조금의 매입세액 및 매출세액을 감액할 필요가 없다는 취지의 판결을 내렸다(서울행정법원 2015구합55257, 2016. 3. 31.).

위와 같은 판례의 입장과 그간 과세관청의 공식적 견해표명에 따라 상당한 기간 동안 이어져 온 것이고, 위탁자는 매출세액과 매입세액의 동시 감액이 이루어져 수정세금계산서 발급의 실익이 없는 점을 감안하면 위탁자와 수탁자 간 판매수수료에 대한 수정세금계산서 미발급가산세의 부과는 불가하다고 판단된다(서면-2017-법령해석부가-0328, 2017. 6. 15.).

(6) 초과에누리 쟁점과 세금계산서 수수방법

1) 초과에누리(초과할인금)에 세무처리 쟁점

중개플랫폼이나 예약플랫폼 운영사업자가 위탁자 · 판매업체(제휴업체)와 할인쿠폰 발행과 고객의 할인쿠폰 사용에 따른 판매금액 및 중개(예약)수수료의 차감 · 정산 약정이 있는 경우로서 각 개별 건별로 중개(예약)수수료를 초과하여 발생하는 경우가 있는데 중개(예약)수수료를 초과하는 에누리('초과할인액' 또는 '초과에누리'라고 하며, 이하 '초과에누리'라고만 한다)를 인정하지 아니하기로 약정한 경우를 제외하고, 일정 기간으로 정산하여 중개(예약)수수료를 산정하기로 약정하였을 때에도 중개 건별로 중개(예약)수수료를 초과하는 에누리는 판매부대비용에 불과한지에 대해 대법원의 판단을 기다리고 있다.

대법원의 판단을 기다리고 있는 사례는 다음과 같다.

예약플랫폼 운영자가 제휴업체와 이용자 사이의 숙박예약을 중개하고 제휴업체로부터 숙박요금의 일정비율을 중개수수료 지급받으면서 자사 사이트를 이용하는 이용자들에게 할인쿠폰 등을 발행하거나 포인트를 적립해 주고, 향후 이용자가 자사 사이트를 통하여 제휴업체의 숙박을 예약하면서 이를 사용할 경우 제휴업체로부터 지급받아야 하는 중개수수료에서 쿠폰 할인액 상당액을 공제한 후 잔액만을 지급받았다. 예약플랫폼 운영자는 각 계약 건별 중개수수료를 한도로 중개수수료에서 공제된 할인액 상당액을 매출에누리로 인정받았으나, 각 계약 건별 중개수수료를 초과하여 발생한 할인액 상당액(초과에누리)도 부가법 제29조 제5항 제1호에 따라 부가가치세 과세표준에서 제외되는 매출에누리에 해당한다고 주장하면서 부가가치세 경정청구를 하였으나 과세관청이 이를 거부하였다.

법원은 예약플랫폼 운영자가 제공한 주된 용역은 숙박계약의 중개(예약대행)이고, 기타 용역은 주된 용역에 부수되는 것에 불과하며 중개수수료는 각각 별개의 거래에서 별도의 공급가액을 구성하므로 해당 공급가액에서 공급조건에 따라 직접 깍아 줄 수 있는 금액은 그 공급가액을 한도로 하는 바(운영자가 제휴업체에 제공한 용역의 단위를 각 숙박계약의 중개행위로 보고, 고객 갑에서 발생한 초과에누리를 다른 고객 을의 수수료에서 공제할 수 없다는 논리도 추가하였다), 초과할인액은 자사 사이트 이용자를 증대시키기 위한 판매부대비용 성격이라고 판시하였다(서울행법 2020구합81465, 2022. 1. 18. : 서울고법 2022누35628, 2023. 1. 10., 상고중).

일반적으로 각 개별 거래에서 공급조건에 따라 직접 깍아 준 후의 금액 즉 에누리 차감 후의 금액이 "0" 또는 음수라면 재화나 용역의 무상공급에 해당할 뿐이라는 점에서는 타당성을 가질 수는 있다.

그러나 예약플랫폼 운영자는 중개용역을 제휴업체와 계속적으로 공급하면서 중개용역에 대한 대가의 산정방법을 제휴업체간 일정 기간단위(일, 주, 월, 분기 등)로 통산하기로 약정하였다면 일정 기간의 총 중개용역대가에서 할인쿠폰 사용 누계액을 차감한 후의 금액(정산액)이 중개용역대가이며, 에누리의 산정방법에는 부가법령에 특별한 제한을 두고 있지 아니하므로 사전 약정한 기간 단위별로 산정한 공급가액(정산액)이 음수가 나오지 아니하는 한 그 기간별 정산액이 중개용역의 공급가액이 되어야 한다고 본다.

특히 예약플랫폼 운영자는 숙박용역을 공급하는 자가 아니라 중개용역을 제공하는 자이므로 쿠폰 등의 사용으로 인한 중개용역에 대한 공급가액의 산정은 운영자와 제휴업체간의 계약관계만으로 판단하여야 한다. 제휴업체와 이용고객과의 관계에 있어서 쿠폰 사용 시의 숙박용역 대가의 산정방법과 제휴업체와 예약플랫폼 운영자 간의 중개용역 제공에 따른 중개수수료 산정 시 쿠폰할인액의 차감방법이 서로 다른 이원적 거래이므로 두 방법을 서로 혼동하여 판단하거나 하나의 거래인양 판단하는 것은 문제이다. 무엇보다 앞서 살펴봤듯이 중개용역에 대한 공급가액 산정은 에누리의 문제라기보다는 공급가액 산정의 문제로 보아야 한다. 또한 정산과정에서 초과에누리를 제휴업체에 지급하게 되는데 제휴업체는 고객들이 지불한 숙박용역대가를 공급가액으로 삼으면서도 매입(중개수수료)에서는 초과에누리액을 차감하지 아니하므로 사실상 초과에누리액에 대응하는 매입세액을 더 공제받는 불합리한 결과도 발생하게 됨을 간과하여서는 안된다.

따라서 예약플랫폼 운영자와 제휴업체간 중개수수료를 산정함에 있어 거래 건별로 중개수수료를 산정하기로 하면서 초과에누리액을 인정하지 않기로 약정한 경우에 한하여 초과에누리를 판매부대비용으로 봄이 타당하고, 일정 기간단위별로 총 예약수수료와 쿠폰사용액을 정산하여 예약대행용역대가를 산정하기로 하였다면 해당 정산액을 대행용역의 공급가액으로 보아야 한다.

2) 사실관계

① 상품공급자(위탁자)로부터 쇼핑몰을 운영하는 수탁자가 10,000원(부가세 별도)의 수탁물품을 제공받아 고객에게 판매대행하고 있으며, 이때 수수료율은 20%임(할인 전 공급가액 × 20% 가정).

② 수탁자는 위탁자와의 사전협의나 묵시적 약정없이 자기의 책임과 부담으로 쿠폰을 발행하고 있으며, 할인쿠폰 3,000원을 발행하여 고객으로부터 8,000원(11,000원 − 3,000원)을 수령함.

③ 수탁자는 위탁자에게 9,000원(쿠폰 차감전 판매대금 11,000원 − 수수료 2,000원)을

지급하고 3,000원은 수탁자가 부담하게 되었음.

3) 현행 세무처리

① 위탁자와 수탁자 사이에 쿠폰의 발행이나 정산과 관련된 사전 약정이나 묵시적 약정이 없는 경우 국세청 회신에 근거하여 쿠폰 결제액에 대하여 위탁판매매수수료나 상품공급대가의 에누리로 처리하지 않고 있다. 위탁자의 수탁재화의 부가가치세 공급가액은 10,000원으로, 위탁자의 판매대행수수료 공급가액은 2,000원, 기타 판매부대비용으로 1,000원을 판매부대비용으로 처리함.

② 위탁자와 수탁자 사이에 쿠폰의 발행이나 정산과 관련된 사전 약정이나 묵시적 약정이 있는 경우 위탁자의 수탁재화 공급대가는 9,000원으로, 위탁자의 판매대행수수료 공급가액은 △1,000원이 아닌 "0"원이 됨(판매부대비용 1,000원 발생).

4) 새로운 세무처리 방안

부가령 제75조 제9호 가목에 따라 위수탁판매에 대하여 일반매매거래로 보아 세금계산서를 수수하기로 위수탁자 간에 합의를 한 경우 위탁자는 수탁자에게 공급가액 8,000원을 기재한 세금계산서 발급, 수탁자는 고객에게 7,000원을 공급가액으로 기재한 세금계산서를 발급할 수 있다고 본다.

아울러 고객이 사업자가 아닌 경우로서 수탁자가 수탁자 명의로 현금영수증이나 신용카드매출전표를 발급한 경우에도 필자는 일반매매거래로 위 시행령 규정의 적용이 가능하다고 본다(동지 : 사전-2023-법규부가-0369, 2023. 10. 25.). 그러나 위 시행령 규정이 위탁자 → 수탁자 → 구매자 간 세금계산서가 수수된 경우 적용되어야 한다는 주장도 있다. 즉, 위 시행령 규정의 문구상에 세금계산서 등으로 기재되어 있지 않고 세금계산서로 기재되어 있어 신용카드나 현금영수증 발급은 이에 포함되지 않는다는 취지로 보인다. 하지만 공급시기에 신용카드매출전표나 현금영수증이 발급된 경우 세금계산서 교부의무를 면제하고 있고 신용카드매출전표나 현금영수증이 세금계산서 역할을 대신하고 있다는 점에서 추후 유권해석을 받고 위와 같이 세금계산서 등의 수수가 가능할 것으로 보인다.

필자의 의견을 긍정하는 유권해석이 나온다면 위탁자 → 수탁자로 세금계산서가 발급되고 수탁자 → 구매자 간 세금계산서, 신용카드매출전표 등이 발급된 경우에도 그 공급가액이 각각 8,000원 7,000원이 될 수 있다.

※ 이 결론은 필자의 개인적 견해로, 실무에 직접 적용하고자 하는 경우 국세청의 세법해석 사전답변신청이나 서면질의를 받도록 한다.

(7) 그 밖의 주요 해석 사례

1) 수탁자의 책임하에 할인 시 세금계산서 및 현금영수증 발급금액

인터넷쇼핑몰 운영사업자가 위탁자의 과세재화를 수탁 판매하여 주고 수수료를 지급받는 거래에 있어서 동 쇼핑몰의 판매촉진을 위하여 위탁자와 무관하게 자기계산으로 고객에게 할인쿠폰을 발행하여 고객이 상품 구매 시 판매가액에서 일정금액을 할인받을 수 있도록 하여 주는 경우 위탁자의 부가가치세 공급가액은 할인 전 「위탁판매금액」이고, 현금영수증 발급 시 기재하는 금액은 할인 후 "현금영수한 금액"으로 한다(서면3팀-2140, 2005. 11. 25.).

2) 위수탁판매 시 현금영수증 발급명의자

사업자가 상품 등을 위탁자로부터 수탁받아 소비자에게 판매하는 경우 현금영수증 발급은 재화 또는 용역의 실지 공급자인 위탁자 명의로 발급하는 것이 원칙이나, 위탁자와의 위·수탁판매에 관한 명시적인 계약내용과 수탁자가 전자적 시스템을 갖추어 위탁자별로 매출액에 대한 현금영수증 발급내역을 구분 관리하는 경우에 한하여 수탁자 명의로 발급가능하다(서면3팀-1991, 2005. 11. 10. ; 서면3팀-2652, 2007. 9. 20.).

3) 할인쿠폰 결제 시 과·면세재화를 함께 공급하는 경우

수탁자 또는 위탁자가 고객에게 상품권을 할인판매하거나 할인쿠폰을 일괄적으로 제공한 후 해당 고객에게 물품을 판매하고 그 대가의 일부를 상품권 또는 할인쿠폰으로 받음에 따라 공급가액의 일정액을 할인하여 주는 경우 해당 할인하여 준 가액이 매출에누리액에 해당되는 경우로서 해당 사업자가 고객에게 과세되는 물품과 면세되는 물품을 함께 판매하고 대가를 받으면서 일정액을 에누리액으로 공제하는 경우 공급가액은 거래 당시 당사자 간 약정에 따라 받거나 받기로 한 대가인 것이며, 이에 대한 약정이 없는 경우에는 객관적이고 합리적인 방법으로 에누리액을 과세공급가액과 면세공급가액에서 공제한다. 이때 거래 당시 할인 전 과세공급가액과 면세공급가액의 비율에 따라 산정된 가액으로 공제한다(부가가치세과-21, 2011. 1. 5.).

▌계산 사례

1. 사실관계

   쇼핑몰을 운영하는 사업자가 신규고객 유치 및 기존 고객 이탈방지를 위한 판매촉진의 일환으로 기존회원 및 신규회원을 대상으로 할인쿠폰을 일괄적으로 우편, e-mail, 문자메시지를 통해 제공하였으며, 동 쿠폰은 5만 원 이상 결제 시 1장의 쿠폰을 사용하며 그 할인액은 5천 원이 된다. 과세 또는 면세 재화 구매 시 할인방법에 대한 특약은 없는 것으로 한다.

2. 질의

   과세재화 3만 원(소매가), 면세재화 2만 원(소매가)을 구입한 고객이 현금 45,000원과 할인쿠폰으로 결제한 경우 과세재화의 부가가치세 공급가액은?

3. 풀이

   과세재화의 공급가액 = [30,000 − 5,000 × (30,000 ÷ 50,000)] ÷ 1.1
   = 24,545원(원 미만 절사함)

4) 구매자가 수탁자에게 지급받은 금액의 과세 여부

수탁자가 위수탁계약에 의하여 위탁자의 과세재화를 판매하여 주고 수수료를 지급받는 거래에 있어 수탁자가 판매촉진을 위하여 위탁자와는 무관하게 자기의 책임과 계산으로 과세재화의 구매자에게 일정금액을 지급하여 준 경우 과세재화의 구매자가 수탁자로부터 지급받는 금액에 대하여는 해당 금액이 재화 또는 용역의 공급에 대한 대가로 볼 수 없어 부가가치세가 과세되지 아니하고, 기타소득으로 보는 사례금에도 해당하지 아니한다(법규-1244, 2008. 3. 21. ; 소득 46011-21097, 2000. 8. 25. ; 재소득-386, 2013. 7. 19.).

5) 주문한 상품과 다른 상품을 배달하면 무상제공하는 경우 공급가액

판매자가 사전에 구매자에게 주문한 상품과 다른 상품이 도달되면 주문한 상품을 다시 배달하고 먼저 도달한 상품은 무상공급한다는 판매정책을 쓴다는 광고를 하면서 판매자가 이에 대한 경제적 부담을 지는 경우 구매자에게 무상공급한 주문한 상품과 다른 상품은 부가법 제10조 제5항에 따른 사업상증여로서 부가가치세가 과세된다(부가 46015-2169, 1998. 9. 24.).

6) 상품 판매 시 지급하는 상품권의 판매부대비용 해당 여부

법인이 개발한 상품, 신상품 등의 홍보 및 판매촉진을 위해 기존고객이나 잠재고객 등 불특정다수인에게 사전공시하고 공정한 기준에 의해 차등 지급하는 상품권은 판매부대비용으로 보는 것이나, 공정한 기준 없이 지급하는 현금, 상품권 등은 접대비에 해당한다(법인세과-3550, 2008. 11. 24. ; 서면2팀-2207, 2005. 12. 28.).

7) 판매수수료에서 구매고객에게 지급되는 금액의 손금산입

수탁자(당사)가 구매고객이 인터넷 사이트를 통하여 고객이 주문하는 금액에 대하여 주문 금액의 일정률을 수수료로 위탁자로부터 지급받으면서 동 수수료 중 일정률(사전에 수탁자의 인터넷 홈페이지상 주문고객에게 수취 수수료의 일부를 지급하는 것으로 공시하고 있음)에 해당하는 할인금액을 주문자에게 지급하고 있는 경우 해당 할인금액과 판매촉진을 위하여 이벤트 행사기간 동안에 당사 인터넷 홈페이지를 통하여 주문하는 고객 중 할부로 구매하고자 하는 고객에 대해 할부금융회사와 계약을 체결하고 구매고객에게 적용되는 이자율 중 일부에 해당하는 이자는 당사가 부담하기로 공지한 경우 동 금융비용 지원금의 손금산입 여부와 그 시기는 인터넷을 통하여 전자상거래업을 영위하는 당사가 수수료 수입에서 물품을 구매하는 모든 고객에게 구매금액의 일정률에 상당하는 금액을 할인·지급하거나 물품을 할부로 구매하는 모든 고객에게 대출알선 및 대출이자의 일정액을 법인이 부담해 주는 조건임을 사전에 공시한 경우 당해 지급금액은 판매부대비용으로서 그 지출한 각 사업연도 소득금액 계산상 손금에 산입한다(법인 46012-1739, 2000. 8. 10.).

26 끼워넣기(순환)거래의 판단기준

(1) 개 요

세금계산서가 '사실과 다르다'는 의미는 세금계산서의 필요적 기재사항의 내용이 거래계약서 등의 형식적인 기재 내용에 불구하고 그 재화 또는 용역을 실제로 공급하거나 공급받는 주체와 가액 및 시기 등과 서로 일치하지 아니하는 경우를 가리킨다(대법원 96누617, 1996. 12. 10.).

사실과 다른 세금계산서인지는 여러 사실을 종합하여 개별·구체적으로 사실판단하여야 하므로 사실판단이라는 성격상 획일적인 기준 정립은 어려우므로 기존 판례 분석을 통해 법원에서 인정하고 있는 공통된 기준을 정리하여 개별적으로 판단할 수밖에 없다. 따라서 각 거래별로 거래당사자의 거래 목적과 경위, 이익의 귀속 주체, 대가의 지급 관계 등 여러 사정을 종합하여 개별적·구체적으로 판단하여야 한다.

사실과 다른 세금계산서 유형 중 끼워넣기 거래(이하 "순환거래"라 한다)를 중심으로 사실관계 다툼을 관통하는 법적징표, 법원 판단의 전제가 되는 논리를 찾아 보기로 한다.

(2) 순환거래의 개념과 동기

1) 개념

'끼워넣기(순환) 거래'란 중간거래자가 대금을 지급하고 재화의 공급을 받는 것과 같은 외관을 취하고 있지만, 중간거래자의 거래가 형식적인 것에 불과하다고 볼 수 있는 거래를 의미한다. 이처럼 재화의 공급을 수반하지 아니하고 발급한 세금계산서는 사실과 다른 세금계산서에 해당한다.

2) 동기

순환거래를 통하여 그 형식적 거래선상에 있는 사업자들이 세금계산서를 수수하고 신고·납부함에 따라 부가가치세 등의 탈루가 없더라도 외형의 유지나 확대를 통한 신용유지 등 아래의 목적으로 순환거래를 선택하기도 한다.

① 중간거래자의 매출실적 내지 상품매출액을 부풀리기 위한 경우

② 중간거래자에게 시세차익을 얻게 하려는 경우

③ 특수관계에 있는 업체 간의 거래를 매출로 인정받을 수 없게 되자 공급자의 매출액을 인정받기 위해 중간 거래자를 개입시킨 경우

(3) 재화의 공급과 세금계산서 발급

1) 재화의 공급

재화의 공급은 계약상 법률상의 모든 원인에 따라 재화를 인도하거나 양도하는 것으로 한다(부가법 §9).

2) '계약의 성립' 여부의 판단

계약이 성립하기 위해서는 당사자 사이에 의사의 합치가 있을 것이 요구되고, 이러한 의사의 합치는 그 본질적 사항이나 중요사항에 관하여는 구체적으로 의사의 합치가 있거나 적어도 장래 구체적으로 특정할 수 있는 기준과 방법 등에 관한 합의는 있어야 한다. 그러나 그러한 정도의 의사의 합치나 합의가 이루어지지 아니한 경우에는 특별한 사정이 없는 한 계약은 성립하지 아니한 것으로 보는 것이 타당하다(대법원 2017다242867, 2017. 10. 26.).

3) 인도 또는 양도의 의미

'인도 또는 양도'는 그 거래과정에서 실질적으로 얻은 이익의 유무에 불구하고 궁극적으로 재화를 사용·소비할 수 있도록 그 소유권을 이전하는 것이어야 한다. 재화의 인도방법에는 민법상 현실의 인도 외에도 간이인도·점유개정·반환청구권 양도의 방법을 모두 포함한다.

4) 세금계산서의 작성과 발급

부가가치세를 납부하여야 하는 자는 공급하는 사업자 또는 공급받는 사업자와 명목상의 법률관계를 형성하고 있는 자가 아니라, 공급하는 사업자로부터 실제로 재화 또는 용역을 공급받거나, 공급받는 자에게 실제로 재화 또는 용역을 공급하는 거래행위를 한 자라고 보아야 한다(대법원 87누964, 1988. 2. 9. ; 대법원 2008도1715, 2008. 7. 24.). 이처럼 사업자와 거래상대방과의 사이에 실제 거래행위가 있는 경우 그 대가를 현실적으로 수수하지 않더라도 세금계산서를 작성·교부하여야 한다.

다음의 경우는 거래당사자 사이에 실물거래 없이 허위의 세금계산서를 수수한 경우에 해당한다.

① 거래의 목적물인 재화 자체가 아예 존재하지 않거나 재화의 이동이 처음부터 아예 존재하지 않은 경우, 재화는 존재하지만 형식적·실질적 재화의 이동 자체가 없는 경우

② 거래의 목적물인 재화가 존재하고 재화의 형식적 이동도 일부 있을 수 있지만 거래당사자 사이에 재화에 관한 권리와 의무, 책임 등이 실질적으로 이전되지 않고 단지 명목상 또는 형식상 거래에 불과한 경우

(4) 순환거래에 대한 판례의 입장

1) 판례의 입장

중간 거래자가 통상적 업무를 했는지, 거래상의 위험을 실질적으로 부담했는지, 중간 거래자가 거래 조건을 직접 결정하고 그에 따른 손익이 실질적으로 중간 거래자에게 귀속되는지, 구매자금 조달이나 거래 물품에 대한 보관 및 관리를 하였는지, 거래상대방을 결정함에 있어 이바지한 바가 있는지 및 중간 거래자가 이행하였다는 작업이 독자적 거래 단계를 형성할 정도의 실체가 있는지 등을 고려하여 순환거래가 정당한 거래인지 아니면 그 세금계산서가 사실과 다른지를 판단한다(서울행법 2019구합59806, 2020. 4. 23. 외 다수).

2) 주요 판단기준

국세청은 순환거래과정에서 조세탈루가 있는 경우 무조건적으로 또는 어느 정도의 개연성(실물공급없는 세금계산서만의 수수)만 있어도 사실과 다른 세금계산서로 보아 부가가치세 등을 과세하고 있다. 조세심판원도 관련 결정사례를 보면 부가가치세 고지세액이 고액으로 갈수록 기각률이 높고 대체로 보수적(국고주의적) 견지에서 판단하려는 성향을 갖고 있다.

반면, 행정소송에서는 국패(패소율) 40%대에 이르고 관련 형사소송에서의 패소율은 더 높다. 법원은 일련의 거래과정에서 의도적 부가가치세의 탈루가 없는 경우 법적거래형식을 존중하면서 아래 요건에 대해 과세관청에 더 엄격한 잣대를 적용하고 있다.

가. 과세요건 사실에 관한 입증책임

거래과정에서 수취한 세금계산서가 '사실과 다른 세금계산서'에 해당함을 이유로 세금부과처분 취소소송을 함에 있어 그 과세요건사실에 관한 증명책임은 원칙적으로 과세권자에게 있다. 다만, 예외적으로 과세관청이 직접 증거 또는 제반 정황을 토대로 합리적으로 수긍할 수 있을 정도의 상당한 증명을 한 경우 또는 경험칙에 비추어 과세요건사실이 추정되는 사실이 밝혀지면 납세의무자가 세금계산서가 허위가 아니라는 점을 증명하여야 한다(대법원 2009두6568, 2009. 9. 24.).

나. 재화의 공급 존부에 대한 판단

어느 일련의 거래과정 가운데 특정거래가 부가가치세법에 정한 실질적인 재화의 공급에 해당하는지 여부는 각 거래별로 거래당사자의 거래의 목적과 경위 및 태양, 이익의 귀속주체, 현실적인 재화의 이동과정 대가의 지급관계 등 여러 사정을 종합하여 개별적·구체적으로 판단하여야 하며, 그 특정거래가 실질적인 재화의 인도 또는 양도가 없는 명목상의 거래라는 이유로 그 거래과정에서 수취한 세금계산서가 매입세액의 공제가 부인되는 '사실과 다른 세금계산서'에 해당한다는 점에 관한 증명책임은 과세관청이 부담함이 원칙이다(대법원 2008두13446, 2009. 6. 23. ; 대법원 2010두8263, 2012. 11. 15.).

다. 행정소송과 형사재판의 관계

행정소송에 있어서 형사재판에서 인정된 사실에 구속받는 것은 아니라 할지라도 동일한 사실관계에 관하여 이미 확정된 형사판결이 유죄로 인정한 사실은 행정소송에서 유력한 증거자료가 되고, 해당 형사판결의 사실판단을 채용하기 어렵다고 볼 특별한 사정이 없다면 이와 배치되는 사실을 인정하기 어렵다(대법원 98두10424, 1999. 11. 26.).

3) 순환거래의 정당성을 인정한 판례

도관거래나 순환거래에 있어 당사자와 타인 간의 계약에서 개별 재화나 용역에 대하여 현실적 인도나 현실적 개입을 하지 않은 경우라도 계약의 자유 및 사적자치의 원칙에 따라 포괄적인 청약에 대한 승낙을 통하여 권리의무의 귀속변경이 일어날 수 있다. 즉, 부가법상 재화의 공급은 계약상 공급을 의미하며 그로 인한 소유권의 이전은 부가가치세 과세대상이고, 이 과세대상을 근거로 수수한 세금계산서는 정당한 세금계산서이다(대법원 2012두22485, 2017. 5. 18. ; 대법원 2017도13213, 2017. 11. 23. ; 대법원 2017도18890, 2018. 2. 13.). 하지만 대법원은 도관거래나 순환거래에 대하여 확립된 법리를 설시하고 있지 않아 하급심 등에서 여전히 다른 판결을 내리기도 한다.

① 순환거래의 과정이 거래당사자 간 계약상의 원인에 의하여 이루어지고 부가가치세가 모두 납부되어 국가손실을 초래하지 않아 해당 거래를 실제 거래로 인정한 사례
② 점유개정방식으로 소유권이 이전되어 현실적인 재화의 인도가 없었더라도 사법상 계약을 원인으로 그 권리의무의 귀속이 변경되었다면 재화의 공급이 있었다고 보아야 한다는 사례
③ 연속되는 일련의 거래에서 부가가치세 포탈을 위한 악의적 부정거래를 공모하였다는 입증없이 특정 업체의 무납부를 이유로 일련의 전체 거래를 가공거래로 부과처분하여 패소한 사례
④ 순환거래나 끼워넣기로 의심되는 거래에서 손실이 발생했더라도 해당 거래에 대한 경제적 동기가 인정되고 처분권을 이전하는 행위가 인정되어 패소한 사례
⑤ 단순히 실물의 이동이 중간자를 거치지 않았다거나, 거래처 어느 하나가 자료상이라는 이유로 추가적 조사없이 가공거래로 부과처분하여 패소한 사례
⑥ 손실을 감수한 해당 거래가 금융기관으로부터 대출을 받아 자금을 융통하거나, 순환거래를 통해 매출규모를 늘려 업체의 신용도를 제고하고, 향후 사업확장을 통한 손실보전을 하기 위한 것으로서, 각자의 위험을 감수하고 거래의 효과를 귀속시킬 의도, 즉 충분한 경제적 동기가 있고, 재화는 목적물반환청구권의 양도라는 방식으로 양도할 수 있으므로 해당 거래를 허위거래라고 단정할 수 없다고 본 사례(대법원 2020두35301, 2020. 6. 4.)

(5) 사실과 다른 세금계산서 판단 사례

법원이 그간 순환거래에서 수수된 세금계산서를 사실과 다른 세금계산서로 보거나 그렇지 아니한 주요 판단근거를 아래와 같이 10가지로 요약해 보았다. 물론 10가지 요소

중 어느 한 가지 요소만으로 정당한 세금계산서인지 여부를 판단한 것은 아니고 10가지 요소를 종합하여 판단한 것으로 보아야 할 것이다.

1) 사업에 대한 이력 및 경력이 부족함

① 해당 사업과 관련된 거래의 경험이나 지식 등을 갖고 있지 않는 등 경력 등에 비추어 볼 때, 해당 사업을 운영할 능력이 없다(대법원 2016두57304, 2017. 2. 23. 심리불속행).

② 대표자의 사회적 경력, 해당 사업에 대한 종사이력 및 그간의 사업 이력을 확인한 바 해당 사업과 관련성이 없다(대법원 2019두36988, 2019. 6. 19. 심리불속행).

③ 비록 타 업종 종사 이력이 있으나 쟁점 사업에 대한 경영이력, 근무이력, 자금능력 등이 전무하다.

2) 자금능력의 유무

① 사업자가 무재산 또는 신용불량자로서 사업을 영위할 수 있는 자금능력이 없다.

② 사업자등록 후 단기에 고액매출을 올리고 폐업하면서 고액의 부가가치세를 납부하지 않았다.

③ 회사 설립 자금(인수대금)의 출처나 거래대금의 마련과 관련된 진술에 일관성이 없고 관련 금융자료도 제출하지 않았다(서울행법 2017구합57615, 2018. 2. 2.).

3) 사업장(사업시설 등)의 유무

① 사무실이나 그 밖에 해당 사업 또는 거래에 있어 필수적인 영업시설(하치장, 계근시설, 운반차량 등 기본시설)을 갖추지 아니하였다(서울고법 2016누63131, 2017. 4. 5.).

② 전자세금계산서 발행 아이피(I.P) 주소가 거의 일치한다(다만, 매출세금계산서와 매입세금계산서가 매입처 사무실의 동일 IP 주소에서 동시에 발행되었다고 하여 무조건 가공거래라고 단정해서는 아니된다).

③ 사업장 소재지의 실입주기간과 쟁점거래기간과 상이하고 사업장 소재지의 임대인 또는 관리인의 확인 결과 사업장으로 출근하거나 컴퓨터와 관련된 물품 또는 쟁점 거래품목(사업에 필요한 물적시설과 인력 포함)이 반입되는 것을 보지 못하였다는 진술을 확보하였다(서울행법 2018구합76279, 2019. 7. 25.).

④ 법인 설립 시부터 실지 사업장이 존재하지 않는 법인임을 확인하였다.

⑤ 독립하여 별도로 부가가치를 창출해 낼 수 있는 정도의 사업형태와 조직을 갖춘 사업자라고 보기 어렵다는 것이 입증되었다.

4) 거래대금의 수수방식

① 입금된 수입금을 전액 현금으로 인출하여 최종 귀속처를 알 수 없거나 거래대금을 돌려준 정황이 구체적으로 확인되었다(대법원 2018두33869, 2018. 4. 26. 심리불속행).

- 은행 잔고가 거의 항상 "0"이어서 비정상적인 자금흐름을 띠고 있음(단순히 수입금이 현금인출되었다고 가공거래로 단정할 수는 없음).

② 관련 거래에 있어 매입단가와 매출단가의 마진이 거의 없거나, 거래 당시의 시세(고시금액 등)가 전혀 반영되지 아니한 단가로 거래되었다(시세와 차이가 많은 경우 특별한 사정(당위성)이 있는지도 추가확인 필요).

③ 계속적 거래처가 아님에도 고액거래를 하면서 아무런 담보나 안전장치가 없다.

④ 부가가치세를 탈루할 의도를 가진 소위 폭탄업체를 끼워 넣어 부당한 이익을 취하는 거래에서는 통상 탈루한 부가가치세액의 이익을 누리기 위하여 시세보다 저렴한 가격에 물품을 인도받아야 하므로 매입처들로부터 시세보다 부당하게 저렴한 가격으로 구입하였다.

⑤ 공급받는 자가 공급자와 무관한 사업자에게 거래 대금을 송금한 경우

⑥ 공급자 명의의 은행 계좌로 입금된 거래 대금 대부분이 입금 직후 공급자의 사업장 소재지로부터 거리가 먼 지역 또는 전국 각지에서 현금으로 출금되었다.

⑦ 거래대금을 입금받음과 동시에 전액 현금으로 인출되는 이례적인 자금관리 형태를 보인다(대법원 2018두64900, 2019. 3. 14. 심리불속행).

5) 물량의 흐름과 운송

① 사업자가 물품의 배송이나 검수에 실제로 관여한 바도 없었고 당시 거래상황에 대하여 설명을 하지 못하거나 진술내용이 세금계산서상의 내용과 일치하지 않는다.

② 물량흐름에 대한 구체적 거래내용에 대하여 전혀 알지 못한다(어떠한 재화 또는 용역을 언제, 어디서, 누구에게 어떻게 인도하였는지, 대금수수는 어떻게 하였는지 등)(대법원 2018두52280, 2018. 11. 8. 심리불속행).

③ 재고조사 결과 거래 당시 매출에 상응하는 재고를 가지고 있지 아니하였다. 또는 그에 대한 진술을 확보하였다(공급시기 전후의 물량 보유 여부)(서울행법 2016구합7446, 2017. 8. 18.).

④ 운송업체에 대한 확인 결과 과세기간 동안 공급자와 공급받는 자 사이에 물류 운송 사실이 없다(세금계산서 수수여부 확인)(서울고법 2016누60982, 2017. 4. 5.).

⑤ 운송 경위에 관한 관련자들의 진술이 부정확하거나 불일치·비일관된 경우

6) 거래증빙의 유무 및 진실성

① 계량전표, 차량운행일지, 통행료 영수증, 상하차 사진 등이 부실하거나 자료가 없는 경우 및 해당 전표등이 위조되었다는 객관적 증거를 확보하였다(대법원 2018두64900, 2019. 3. 14. 심리불속행).

② 사업자가 작성한 수불부의 품목, 수량, 단가 등이 공란이고, 일부 거래사실이 누락되어 있음을 증거로 확보하였다(서울행법 2016구합70550, 2017. 9. 22.).

③ 계약금액이 수억 원에 이르는 거액임에도 불구하고 매매계약서가 작성되지 아니하였다(대법원 2017두52603, 2017. 9. 28. 심리불속행).

7) 선의의 거래당사자 해당 여부

사업자가 과실이 없는 선의의 거래당사자였다고 한다면 경정 · 결정이나 또는 형사상 조세범처벌법 위반의 처벌 등 불이익한 처벌을 할 수 없음이 선의의 납세자 보호를 위하여 당연한 법리라 할 것이므로 매입세액은 모두 공제되어야 하고 나아가 신고 · 납부불성실가산세도 부담시킬 수 없다(대법원 85누478, 1985. 12. 10. ; 대법원 85누211, 1985. 7. 9.).

세금계산서에 재화 또는 용역을 공급하는 자로 기재된 자가 실제로 재화 또는 용역을 공급하는 자가 아니라는 사실을 알지 못한 때라도 알지 못한데 대하여 과실이 없는 경우에 한하여 공급받는 자는 매입세액을 공제받을 수 있는 것이지만, 재화나 용역을 공급받는 자에게는 상대방이 위장사업자인지의 여부를 적극적으로 조사할 의무는 없다고 할 것이므로 그 상대방이 거래적격자에 해당하는지의 여부를 판단하기 위한 자료를 수집하는 과정에서 밝혀진 사실관계를 기초로 하여 판단하여 볼 때 위장사업자라고 의심할 만한 충분한 사정이 있어야만 그 상대방이 위장사업자라는 사실을 알지 못한데 대하여 과실이 있다고 보아야 한다(대법원 97누7660, 1997. 9. 30.).

따라서 사업자가 거래 개시 당시, 사업장을 방문해 시설현황을 촬영하고, 사업자등록증과 명함, 인감증명서와 통장사본 등을 확인하고 재화의 인수 시마다 운송기사로부터 공급자를 확인하면서 해당 차량을 촬영하고 계근을 한 후 세금계산서와 거래명세서를 교부받고 거래단가를 송금하였으며, 거래대금의 반환이나 거래단가가 저렴하더라도 공급명의자가 다르더라도 선의의 거래당사자로 보아야 할 것이다.

8) 확인서 및 전말서 등의 효력

과세관청이 세무조사를 하는 과정에서 납세의무자로부터 일정한 부분의 거래가 가공거래임을 자인하는 내용의 확인서를 작성받았다면 그 확인서가 작성자의 의사에 반하여 강제로 작성되었거나 혹은 그 내용의 미비 등으로 인하여 구체적인 사실에 대한 입증자료로 삼기 어렵다는 등의 특별한 사정이 없는 한 그 확인서의 증거가치는 쉽게 부인할 수 없는 것이다(대법원 2001두2560, 2002. 12. 6.). 즉, 그 작성의 경위 및 내용을 검토하여 당사자나 관계인의 자유로운 의사에 반하여 작성된 것이 아니고 그 내용 또한 과세자료로서 합리적이어서 진실성이 있다고 인정되는 경우에는 실지조사의 근거가 될 수 있다(대법원 91누4997, 1991. 12. 10.).

따라서 확인서 및 전말서는 납세자의 진술내용이 구체적일 뿐만 아니라 그 내용 자체로 객관적인 합리성을 띠고 있어 세무조사 담당 공무원의 강요나 위계 등으로 사실과 다른 내용을 허위로 진술한 것으로 보이지 않아야 한다(대법원 2013두13686, 2013. 10. 31. 심리불속행).

반면, 수사기관 또는 과세관청의 조사과정에서 작성된 납세의무자 아닌 자의 진술이 기재된 전말서 등은 그 진술내용에 부합하는 증빙자료가 있거나 납세의무자에 대한 사실확인 등의 보완조사가 이루어지지 않았다면 납세의무자 아닌 자의 일방적 진술을 기재한 것에 불과하여 다른 특별한 사정이 없는 한 이를 납세의무자에 대한 과세자료로 삼을 수 없다(대법원 85누887, 1987. 1. 20.).

확인서에 가공거래의 구체적 내용이 들어 있지 아니하여 그와 같은 정도의 신빙성이 인정되지 아니하다면, 비록 납세의무자의 확인서라고 하더라도 이는 실지조사의 근거로 될 수 있는 장부 또는 증빙서류에 갈음하는 다른 자료에 해당되지 아니함에 유의하여야 한다(대법원 96누14227, 1998. 7. 10.).

9) 검찰의 무혐의 처분 및 관련 형사판결과의 관계

민·형사사건 등의 확정판결에서 인정된 사실은 특별한 사정이 없는 한 유력한 증거자료가 된다. 그러므로 유죄의 판결이 있는 경우 이를 배척할 수 있을 정도의 증거제시가 없는 한 형사판결의 취지대로 조세소송에서 그대로 채용하여야 할 것이다(대법원 95누3398, 1995. 10. 13.).

반면, 조세범처벌법 위반 등 고발사건에 대하여 검찰이 증거불충분을 이유로 '혐의없음' 처분한 경우 이는 범죄사실을 인정할 증거가 충분하지 않다는 것에 불과할 뿐이므로 무혐의 처분만을 이유로 해당 세금계산서가 사실과 다른 세금계산서가 아니라 실물거래에 따른 세금계산서에 해당한다고 인정할 수는 없을 뿐만 아니라, 조세재판에서 제출된 여러 증거내용에 비추어 관련 형사 사건의 사실 판단을 그대로 채용하기 어렵다고 인정될 경우에는 이를 배척할 수도 있는 이상, 무혐의 처분의 존재만으로 그 과세처분이 곧바로 위법하다고 볼 것은 아니다(대법원 2013두13686, 2013. 10. 31. 심리불속행).

아울러 형사사건에서 무죄판결이 선고되었다 하더라도 이는 유죄의 확신에 이를 정도로 공소사실이 증명되지 않았다는 것이지 공소사실의 부존재를 의미하는 것이 아니다.

10) 거래처 현황조사

사업자의 매입처 또는 매출처의 거래 전후의 상황을 파악하여 수수된 세금계산서가 거짓이라고 판단할 수도 있다.

① 매입처가 자료상이거나 해당 사업자와 실물거래사실이 없음을 확인하였다(다만, 매입처의 매입처에 대한 실매입 여부가 분명하지 않다고 하여 가공세금계산서라 단정할 수 없으며, 거래처가 전부자료상이 아닌 경우 처분청이 추가적 보완조사없이 그대로 과세하는 경우 패소사례가 많다).

② 공급받는 자가 거래대금을 지급한 대상은 누구이고 지급방법은 어떠했는지, 거래대금 지급내역과 세금계산서 · 입금표 등 기재가 일치하는지 여부가 확인되지 아니하였다.

③ 매입처와 매출처가 모두 가까운 거리에 있음에도 중간사업자를 거쳐 거래하였고 그 합당한 사유를 밝히지 못하고 있다.

④ 매입처는 세금계산서 발행 당시 매입신고를 한 사실이 전혀 없거나 그 매출에 비하여 적은 매입신고만을 한 반면, 그 매출은 상당한 액수로 파악되었다.

(6) 순환거래가 아니라는 소명서 제출 예시

가. 순환거래의 당사자들이 자료상이 아닌 실제 사업을 영위하는 사업자이다.

「조세범처벌법」 제10조 제3항은 "재화 또는 용역의 공급 없이" 세금계산서만 수수하는 경우, 즉 그 입법 취지상 가공세금계산서의 수수행위를 처벌하기 위한 조항으로 이는 근본적으로 소위 '자료상'과 주고받은 무자료 세금계산서를 처벌하기 위한 조문인바, 해당 거래의 당사자들은 법적실체를 가진 법인으로서 관할 세무서장으로부터 사업자등록증을 발급받았고, 물적시설과 인적시설을 갖추고 현재(또는 거래당시)까지 사업을 계속하고 있으므로 「조세범처벌법」 제10조 제3항의 처벌대상이 될 수 없다.

나. 쟁점 세금계산서와 관련된 재화 또는 용역공급은 명백히 실재(實在)한다.

용역을 수탁 또는 재위탁받아 최종적으로 해당 용역을 수행한 사실이 확인되며, 재화의 경우도 간이인도, 점유개정을 통해 수행되고 관련 대금이 수수되었는 바, 일련의 계약서와 재화나 용역제공의 실재 등을 고려할 때 쟁점 세금계산서를 가공세금계산서로 보는 것은 부당하다.

다. 쟁점 세금계산서는 재화의 위탁매매, 용역의 위수탁(중개) 또는 하도급관계를 고려할 때 부가세법령이 허용하는 방식으로 수수되었다.

재화의 위수탁뿐만 아니라 용역의 위수탁거래에 있어서도 당초 수급자의 인적·물적 시설이 부족한 당사 입장에서 인적·물적시설이 충분하고 관리경험이 있는 다른 사업자에게 (재)위탁하는 것은 충분히 있을 수 있는 사례이고 설령 수탁자 또는 재수탁자가 지배관계에 있다고 하여 달리 볼 수는 없다.

아울러 중간업체(끼워넣기 회사)가 두 사업자 사이에서 중개용역만 하였다고 하더라도 부가령 제75조 제9호 가목 내지 바목에 따라 총액을 기재한 세금계산서를 발급할 수 있는 것이므로 법령상 허용되는 방식이며, 회사 규모에 비해 고액의 세금계산서가 수수되었다고 하여 가공거래로 단정할 수는 없다.

또한, (재)위탁을 받은 사업자로서 시설물 위탁관리과정에서 발생되는 불측의 사고 등에 대하여 민형사상의 책임을 지게 된다는 점에서 공사도급거래와 같이 총액방식에 따라 수수됨이 타당하다.

라. 「조세범처벌법」 제10조 제3항 위반죄의 '범의(犯意)'가 인정되지 않는다.

「형법」은 고의범 처벌을 원칙으로 하고 과실범은 법률에 특별한 규정이 있는 경우에만 예외적으로 처벌함으로써 '범의(犯意)', 즉 고의를 범죄 성립요소로 규정하고 있는데 현행 「조세범처벌법」에는 과실범을 처벌하는 규정이 없는바, 결국 조세범처벌법 제10조 위반죄가 성립하기 위해서는 행위자의 '고의'가 필요하다(형법 제13조).

세금계산서 발행의무 위반은 고의범이므로 발행의무위반에 대한 주관적 인식이 반드시 존재하여야 하고 「조세범처벌법」 제10조 제3항 위반이 성립하려면 ① 객관적으로 '재화나 용역의 공급이 없이 세금계산서를 발급하거나 발급받은 사실'이 있어야 하고, ② 주관적으로 세금계산서를 발급하지 않아야 할 의무가 있다는 사실을 알면서도 고의로 이를 위반했어야 한다.

대법원 역시 「조세범처벌법」 위반죄로 처벌받기 위해서는 행위자에게 그 위반행위에 대한 고의가 존재할 것이 요구된다고 보고 있으며, 특히 부가가치세와 관련된 조세범처벌법 위반행위에 있어서는 고의 인정 여부를 엄격한 기준하에서 판단하고 있다(대법원 99도2358, 2001. 2. 9. ; 대법원 2007도9689, 2008. 4. 10. ; 서면3팀-1380, 2006. 7. 10.).

쟁점 세금계산서가 '사실과 다른 세금계산서'에 해당한다고 보더라도 「조세범처벌법」 제10조 제3항 위반죄가 성립하기 위한 전제인 피의자에게 '가공세금계산서'를 발행한다는 '범의'가 요구되나, 이 사건 세금계산서 수수의 거래경위 및 관련 법령 등에 비추어 볼 때 이러한 '범의'가 존재하지 않는다.

구체적으로 당사가 가공세금계산서를 수수할 경제적 동기가 전무하다는 점과, 세금계산서를 통해 매출을 부풀리기나 신용을 증대할 그 어떠한 다른 부정적 목적도 인정되지 않고, 쟁점 세금계산서 수수로 인하여 어떠한 경제적 이득을 얻은 바도 없는바, 쟁점 세금계산서 수수로 인해 조세범처벌법 위반죄가 성립할 것이라는 점을 상정하기도 어려웠다.

마. 조세탈루 등 국고손실을 초래하지 않았다.

쟁점 거래로 인하여 당사(끼워넣기 혐의자)를 비롯한 각 거래당사자는 (위탁)계약의 내용에 따라 관리용역을 공급하고 그에 따른 대금 및 세금계산서를 수수하였으며, 모든 거래당사자는 관련 부가가치세액을 성실히 납부하여 탈루된 세수는 전혀 없다. 아울러 쟁점 세금계산서 수수를 위한 계약으로 인하여 부가가치세나 법인세 등의 절세가 이루어진 것도 없고 거래당사자 모두 성실히 국세납부를 이행하여 국세 등 체납액도 없다.

27 | 광고대행 관련 세금계산서 수수문제 등 고찰

(1) 광고대행용역의 법적 성질

1) 위탁매매의 정의 및 일반매매와 구별하는 방법

위탁매매라 함은 자기의 명의로 타인의 계산에 의하여 물품을 구입 또는 판매하고 보수를 받는 것으로서 명의와 계산이 분리되는 것을 그 본질로 하는 것이므로 어떠한 계약이 일반매매계약인지 위탁매매계약인지는 계약의 명칭 내지 문언을 떠나 그 실질을 중시하여 판단하여야 한다(대법원 2005다6297, 2008. 5. 29.).

2) 위탁품 및 그 판매대금의 귀속

위탁판매에 있어서는 위탁품의 소유권은 위임자에게 있고, 그 판매대금은 다른 특약이나 사정이 없는 한 이를 수령함과 동시에 위탁자에게 귀속한다 할 것이므로 수탁자가 이를 임의 사용소비한 때에는 횡령죄가 성립된다(대법원 81도2619, 1982. 2. 23.).

3) 용역공급에 있어 준위탁매매의 적용

부가법 제10조 제7항 본문은 위탁매매에 있어서는 위탁자가 직접 재화를 공급하거나 공급받은 것으로 본다고 규정하고 있다. 여기서 위탁매매의 개념은 「상법」에 규정된 위탁매매인에 관한 규정에 비추어 볼 때 자기 명의로써 타인의 계산으로 물건 또는 유가

증권을 매매하는 것을 의미한다(상법 §101).

한편, 상법은 자기 명의로써 타인의 계산으로 하는 '매매 아닌 행위'를 준위탁매매라고 하면서 이에 대하여 위탁매매인과 관련된 규정을 준용한다고 규정하고 있는데, 부가법 제10조 제7항은 그 취지에 비추어 볼 때 준위탁매매의 용역공급의 경우에도 유추적용된다 할 것이다(상법 §113 ; 대법원 2004두12117, 2006. 9. 22. ; 대법원 2006두1098, 2008. 7. 10. ; 대법원 2007두18000, 2010. 6. 24.).

4) 광고대행용역의 법적 성질

광고대행용역의 법적 성질은 광고매체사와 광고대행사 사이에 체결된 광고대행계약의 내용, 광고용역의 제공경위, 광고료 및 광고대행수수료의 지급방법, 회계처리 등 제반 사정을 참작하여 판단하여야 하고, 광고대행사는 자기 명의로 광고매체사의 계산에 의하여 광고용역을 제공하는 것을 영업으로 하는 준위탁매매인에 해당하고, 준위탁매매인에 의한 용역 공급의 경우에도 부가법 제10조 제7항이 유추적용된다. 따라서 광고주에게 광고용역을 공급한 주체는 위탁자인 광고매체사라 할 것이며, 광고대행사가 광고주로부터 받은 광고료는 결국 광고매체사가 지급받은 것으로 보아야 한다.

(2) 광고대행용역 관련 세금계산서 발급, 공급가액, 공급시기

1) 세금계산서 발급

광고주가 위탁자로 광고대행사는 수탁자로 위수탁계약(광고업무대행계약)을 체결하고 광고대행사가 수탁자의 지위에서 광고주를 대리하여 광고매체사를 물색하여 광고용역을 광고주에게 제공하게 하고 그 광고용역 대가를 광고주로부터 받아 광고매체사로 이전시키는 역할을 수행한다면 광고용역에 대한 세금계산서는 위수탁계약의 일반 법리(부가령 §69 ①, ②)에 따라 광고매체사가 광고주를 공급받는 자로 기재한 세금계산서를 발급하여야 한다.

물론 현행 부가법은 '거래의 실질이 위탁매매 또는 대리인에 의한 매매에 해당함에도 불구하고 거래당사자 간의 계약에 따라 위탁매매 또는 대리인에 의한 매매가 아닌 거래(일반매매거래 혹은 도급계약)로 하여 세금계산서를 수수하는 경우로서 그 거래사실이 확인되고 거래당사자가 납세지 관할 세무서장에게 해당 납부세액을 신고하고 납부한 경우에는 각각의 세금계산서를 사실과 다른 세금계산서로 보지 않는다(부가령 §75 9호).

특히 2022. 2. 15.부터는 위 구 부가령 제75조 제9호 및 제10호의 규정을 더 넓혀 납세자 권익보호를 강화하기 위하여 용역의 대리 · 중개 또는 위탁용역을 용역의 직접 공급으로 착오하거나 그 반대의 경우로 세금계산서를 발급한 경우에도 거래당사자가 인식한 거래형태에 따라 정상적으로 세금계산서를 발급하고 부가가치세를 납부한 경우 위와 같이 필요적 기재사항이 사실과 다르게 적힌 경우 등에 대한 매입세액으로 보지 않도록 개정하였다. 하지만 동 개정 전이라도 개정 전 시행령의 취지에 비추어 각 거래단계별로 용역을 도급이나 하도급의 형식에 따라 세금계산서를 수수하고 부가가치세 탈루없이 신고·납부가 이루어졌다면 정당한 세금계산서로 보는 것이 타당하다고 본다(부가령 §75 9 가~바).

2) 위수탁자의 부가가치세 공급가액

광고대행사가 광고주의 의뢰를 받아 광고대행용역을 제공하고 광고주로부터 광고료와 광고대행용역에 대한 대가를 구분하여 수령한 후 해당 광고료를 광고매체사에 지급하는 경우 광고대행사의 부가가치세 공급가액은 광고대행용역을 제공하고 받은 대가이며, 광고매체사는 광고용역을 제공하고 광고대행사 또는 광고주로부터 받는 대가관계 있는 모든 금전적 가치를 부가가치세 공급가액으로 한다(서삼 46015-10097, 2001. 9. 3.).

다만, 위 부가령 제75조 제9호에 따라 광고매체사가 광고대행사에, 광고대행사는 광고주에게 각각 세금계산서를 발급하는 경우에는 광고매체사는 광고대행사에 실제 지급하는 금액을 공급가액으로, 광고대행사는 수취한 세금계산서상의 공급가액에 광고대행수수료를 더한 금액을 공급가액으로 기재한 세금계산서를 광고주에게 발급할 수 있다.

3) 공급시기

통상 용역의 공급시기는 계약에 의해 대가가 정해져 있다면 역무의 제공이 완료된 때가 된다(부가법 §16 ① 1).

다만, 광고대행용역을 제공함에 있어 대행용역의 제공이 완료되었으나 그 대가가 확정되지 아니한 경우 그 공급시기는 부가령 제29조 제2항 제1호에 따라 해당 용역의 제공이 완료되고 그 공급가액이 확정되는 때가 되며, 광고매체사의 공급시기도 이와 같다(서삼 46015-11705, 2003. 10. 31. 등).

(3) 광고대행 관련 리베이트 지급 관행

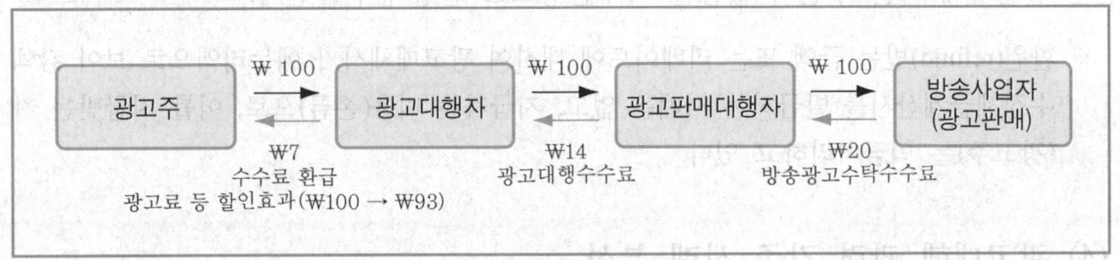

「방송광고판매대행 등에 관한 법률」은 방송사업자(방송사)가 직접 방송광고판매계약을 체결하지 못하게 하면서 위 법률에 따라 설립되는 한국방송광고진흥공사가 광고판매대행자로 하여금 방송광고판매를 대행하여 광고주나 광고대행자와 방송광고판매계약을 체결하게 하고(제5조), 이때 광고판매대행자는 광고대행자에게 방송광고판매액의 일정 비율 이상을 광고대행수수료로 지급하도록 하고 있다(제16조).

이처럼 광고대행자가 한국방송광고진흥공사(광고판매대행자)로부터 지급받게 되는 광고대행수수료의 하한이 법정되어 있어, 광고대행자는 광고대행수수료 중 일부를 광고주에게 환급하는 조건으로 광고주들과 광고대행계약을 체결하는 거래관행이 생기게 되었다. 방송광고 외의 광고에 관해서는 법령에 의하여 광고대행자가 반드시 매체사로부터 광고대행수수료를 받도록 강제되거나 그 수수료 액수의 하한이 법정되어 있지는 않지만, 매체사에게 지급되는 광고비의 액수를 정확히 파악하고자 하거나 광고대행수수료를 부풀린 후 리베이트를 발생시키려 하는 광고주의 요청이나 광고대행수수료까지도 매출에 포함시켜 매출액을 크게 보이려고 하는 매체사의 요청 등으로 인하여 방송광고 외의 광고에서도 이와 같은 거래관행이 광범위하게 존재한다.

광고대행수수료 환급의 구체적인 방식은 다음과 같다.

광고주는 광고대행자와 사이에 사전에 대행수수료가 포함된 광고비를 지급하고, 광고대행자가 광고비를 집행한 뒤 광고판매대행자로부터 지급받은 광고대행수수료 중 광고주와 광고대행자 사이에 사전에 미리 약정한 대행수수료를 초과하는 부분을 환급받거나 마일리지 등의 형식으로 적립하게 된다. 마일리지로 적립된 부분은 차후 광고주들의 요청에 따라 광고대행자가 광고대행, 광고제작대행의 용역을 제공할 경우 광고대행사 비용으로 광고비, 광고제작비를 지출한 뒤 그 금액 상당을 광고주가 미리 적립해 둔 마일리지에서 차감하는 방식으로 관리된다.

따라서 광고대행자가 광고매체사로부터 지급받는 수수료(보통 광고판매액의 14% 정도, 개별 사안에 따라 다를 수는 있다)는 우리나라 광고주라면 누구나 알고 있고, 광고주 입장에서는 한국방송광고진흥공사가 방송광고를 독점하고 있어 이 공사가 결정한 방송

단가를 낮추거나 할인받을 수 없어 광고대행자의 수수료에서 환원(refund, 보통 4%선) 받는 방법밖에 다른 수단이 없음을 거래관행으로 인정하여야 한다.

※ 환원(refund)받는 금액 또는 리베이트에 대하여 광고매체사가 에누리액으로 보아 감액 수정세금계산서를 발급하는 사례는 없고, 지급자는 비용(손금)으로, 이를 지급받는 자(광고주)는 익금처리하고 있다.

(4) 광고대행 관련 각종 사례 분석

1) 광고대행 시 광고대행사가 수수한 세금계산서(국내 거래)

가. 사실관계

광고대행사가 광고주 또는 광고매체사와 광고대행계약을 체결하고, 광고대행사는 광고주 또는 광고매체사를 발굴하여 광고매체사가 광고용역을 제공하는 거래에 있어, 부가령 제69조에 따라 광고대행계약에 의한 위수탁거래의 경우 공급자를 광고매체사로, 공급받는 자를 광고주로 하여 세금계산서를 발행하여야 함에도 광고매체사가 광고대행사에게 세금계산서를 발행한 것이 사실과 다른 세금계산서에 해당하는 것으로 보아 과세관청이 세무조사 시 세금계산서불성실가산세를 부과하였다.

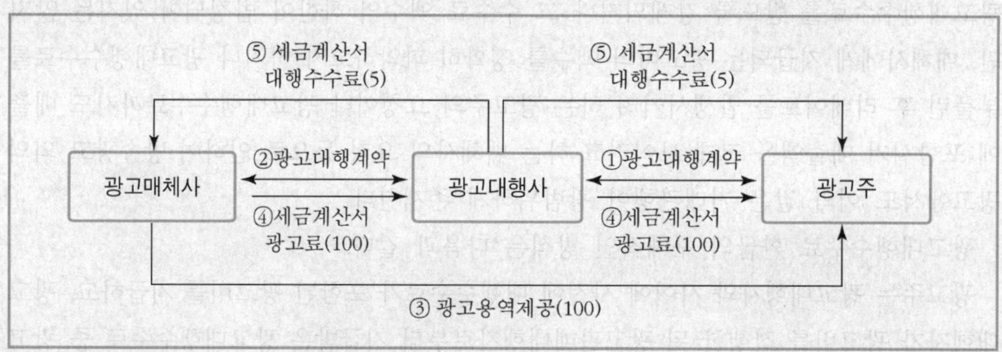

※ 대행수수료는 보통 매체사가 광고대행사에 지급한다.

나. 정당한 세금계산서로 인정한 논리

위·수탁거래에 따른 세금계산서를 발행·수수함에 있어 수탁자가 위탁자명의로 세금계산서를 발급하지 아니하고, 위탁자는 수탁자에게 수탁자는 거래상대방에게 세금계산서를 발급한 경우에도 위탁자를 알 수 없는 경우이거나 해당 세금계산서 기재내용과 거래당사자들의 부가가치세 신고내용 등에 의하여 거래과정이 누락되거나 또는 생략되지 아니하여 과세관청이 각 거래단계별로 부가가치세 등을 과세함에 있어 아무런 장애가 없는 경우에는 정당한 세금계산서로 인정함이 타당하다.

따라서 광고대행사가 상기 위·수탁거래에 의한 세금계산서를 수수함에 있어 광고대행사 명의로 광고주에게 광고게재에 따른 세금계산서를 발급하고, 동 금액에 상당하는 세금계산서를 광고매체사로부터 수취하였다 할지라도, 동 세금계산서는 정당한 세금계산서라고 인정되며, 이에 근거하여 세금계산서합계표 역시 정당한 것이라 할 것이어서 과세관청이 세금계산서 관련 가산세 부과처분은 잘못이다.

※ 2019. 2. 12. 공급분부터는 부가령 제75조 제9호 및 제10호의 규정 신설로 위와 같이 세금계산서를 발급하고 신고·납부한 경우에도 사실과 다른 세금계산서로 보아 매입세액불공제 등의 불이익을 받지 아니한다.

다. 결론

위 거래관계에서 국세청은 "④"의 세금계산서를 사실과 다른 세금계산서로 보았으나(서면3팀-1868, 2005. 10. 27.), 조세심판원은 "④"의 세금계산서(일반세율)는 모두 정당한 세금계산서에 해당되며, "⑤"의 세금계산서 또한 정당한 세금계산서로 판단하였다(국심 2002서2221, 2003. 3. 21. ; 국심 2002서2747, 2003. 1. 17. ; 국심 2003광965, 2003. 11. 28. ; 국심 2003광965, 2003. 11. 27. ; 국세청 심사부가 2002-141, 2003. 7. 14.).

2) 광고대행사와 매체사 간에 수수된 세금계산서(국외 거래)

가. 사실관계

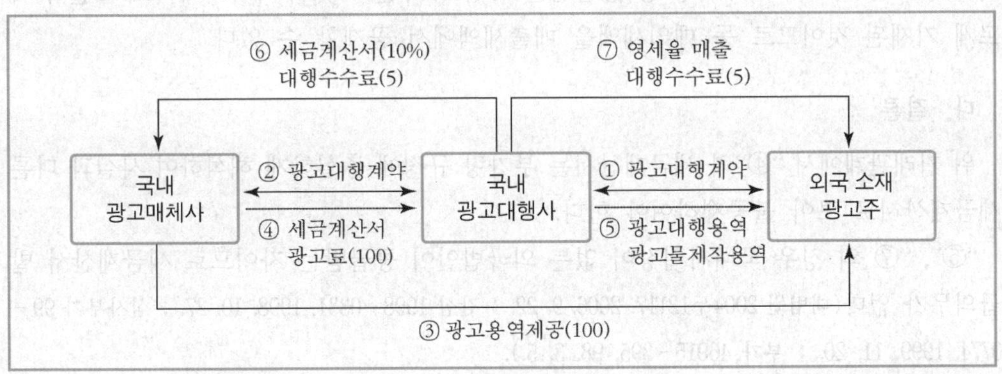

국내 광고대행사는 외국의 광고주들의 국내 광고 업무를 대행하고 외국의 광고주들로부터 광고매체사들에게 지불할 광고료를 받아 국내 광고매체사들에게 지급한 후 광고매체사가 국내 광고대행사에게 광고용역을 공급하는 것으로 하여 발급한 세금계산서상의 매입세액에 대하여 세무조사 시 불공제하여 가산세와 함께 부가가치세를 고지하였다.

나. 사실과 다른 세금계산서로 판단한 논리

위 광고대행사는 국외광고주로부터 광고의 의뢰를 받아 자유계약자의 지위에서 자기의 책임과 계산하에 국내 광고매체사에 용역의 대가를 지급한 것이 아니라 외국광고주와 국내 광고매체사 사이에서 광고를 주선하고 그 수수료를 받는 일종의 주선·중개업을 행한 것에 불과할 뿐이고, 광고매체사와 외국광고주가 각각 광고용역을 공급하는 자와 공급받는 자에 해당하며, 광고료는 광고용역을 공급하는 광고매체사의 용역공급 사업에 대한 대가이다.

위 광고대행사가 광고료를 광고매체사에 지급하면서 부가가치세 상당액을 광고대행사의 비용으로 지급하고 광고매체사로부터 발급받은 세금계산서라 하더라도 동 매입세액은 광고대행사의 사업을 위하여 지출한 매입세액이 될 수 없고, 부가가치세법상 거래당사자 간에 속하지 아니한다.

따라서 광고대행사가 국외광고주들로부터 광고료를 받아 광고매체사들에게 전달할 때에는 부가령 제69조에 따라 광고매체사를 공급자로 하고 국외광고주를 공급받는 자로 한 세금계산서를 발급하여야 하나, 국외광고주가 '국내사업장이 없는 비거주자 또는 외국법인'이므로 부가령 제71조 제1항 제5호에 따라 세금계산서 발급의무가 면제된다 할 것인데도 국외광고주로부터 받지도 않은 부가가치세액 상당액을 광고대행사 자신의 자금으로 보태어 지급하고 동액을 부가가치세액으로, 광고대행사를 공급받는 자로 하여 발급받은 동 세금계산서의 매입세액은 당사의 사업을 위한 용역의 공급에 대한 세액이 아니고 또한 필요적 기재사항 중 공급받는 자의 등록번호 및 부가가치세액도 사실과 다르게 기재된 것이므로 동 매입세액을 매출세액에서 공제할 수 없다.

다. 결론

위 거래관계에서 "④"의 세금계산서는 부가령 규정에 충실하게 해석하여 사실과 다른 세금계산서로 보아 불공제하여야 한다.

"⑤", "⑦"의 경우 국내사업장이 없는 외국법인이 공급받는 자이므로 세금계산서 발급의무가 없다(대법원 2004두12117, 2006. 9. 22. ; 감심 1998-0331, 1998. 10. 27. ; 심사부가 99-0774, 1999. 11. 20. ; 부가 46015-395, 98. 3. 5.).

3) 광고대행사를 통한 광고용역의 영세율 적용 여부

가. 사실관계

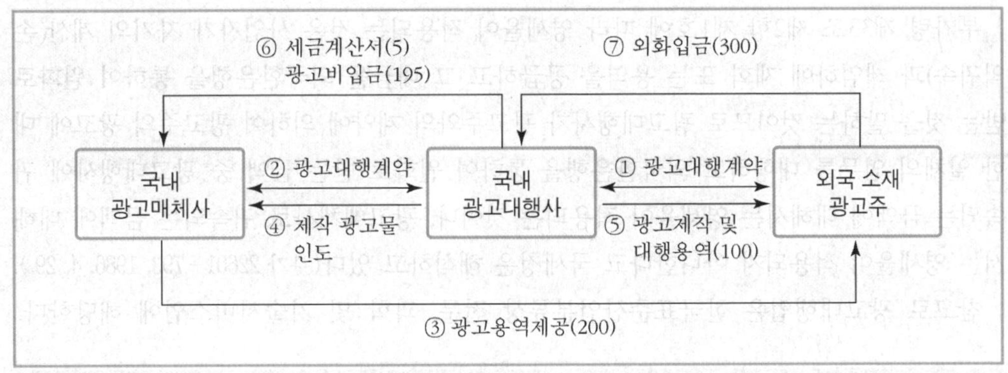

국내 광고대행사는 외국 소재 광고주의 광고업무대행계약을 체결하고 광고주가 의도하는 광고물을 제작하여 국내 광고매체사에 제작된 광고를 제공하면 광고의 게재일자, 단가 등 기타 게재에 필요한 사항을 결정하고 광고매체사들은 이에 따라 광고를 게재하였다.

광고대행사는 자체광고제작비, 광고용대가를 외국광고주에게 지급받아 광고제작비는 자신의 수입으로 광고대행수수료를 제외한 나머지 광고용역대금을 광고매체사에 지급하여 대행수수료에 대하여 광고매체사에 일반세금계산서를 발급하였다.

과세관청은 외국 소재 광고주에게 제공된 "⑤"의 광고제작 및 대행용역, "③"의 광고용역에 대하여 영세율 적용대상이 아닌 것으로 보아 부가가치세를 추징하였다.

나. 각 기관별 해석

① 국세청 해석

ⓐ 광고대행사의 책임과 계산하에 광고용역을 제공하는 경우

광고매체를 운영하는 사업자가 자기의 책임과 계산하에 외국광고주에게 광고용역을 제공하는 국내 광고대행사와 광고매체계약을 체결하고 광고용역을 제공하는 경우 그 대가를 국내 광고대행사로부터 받거나 외국광고주로부터 받는지 여부와 관계없이 영의 세율이 적용되지 아니하는 것이며, 광고대행사에게 세금계산서를 발급한다(부가-2319, 2008. 7. 29.).

동 회신의 경우 광고주가 자사제품에 대한 개괄적인 광고안만을 광고대행사에게 포괄적으로 위탁하고 광고대행사가 광고제작, 광고매체 선정, 광고시기, 횟수, 내용 등 광고와 관련된 일체의 의사결정을 전적으로 정하여 집행하는 경우에 이와 같은 해석이 가능

하고, 실제 광고대행사가 이러한 광고업무를 수행하는 경우도 다수 있다.

ⓑ 광고대행사가 광고대행만을 이행한 경우

부가령 제33조 제2항 제1호에 따라 영세율이 적용되는 것은 사업자가 자기의 계산(손익귀속)과 책임하에 재화 또는 용역을 공급하고 그 대금을 외국환은행을 통하여 원화로 받는 것을 말하는 것이므로 광고대행사가 광고주와의 계약에 의하여 광고주의 광고에 대한 일체의 업무를 대행하고 외국환은행을 통하여 원화로 받는 금액 중 광고대행사에 귀속되는 금액에 대해서는 영세율이 적용되는 것이나, 광고매체사로 귀속되는 금액에 대해서는 영세율이 적용되지 아니한다고 국세청은 해석하고 있다(부가 22601-793, 1986. 4. 29.).

참고로 광고대행업은 한국표준산업분류상 전문, 과학 및 기술서비스업에 해당한다.

▌사실관계

가. 광고대행사는 광고주와의 계약에 의하여 광고주의 광고에 관한 일체의 업무(매체집행, 광고기획, 광고물제작, 시장조사 등)를 대행

나. 국내광고주와의 거래에 있어서는 게재료인 광고비에 대하여 광고대행사는 공급자가 광고매체사(TV, 신문 등)이고 공급받는 자가 광고주인 위수탁세금계산서를 발행하며, 광고비의 수수도 광고주로부터 광고비를 받아 매체사에 지불하고 있으며, 또한 광고게재와 관련하여 발생되는 광고물제작에 대하여는 공급자가 광고대행사이고 공급받는 자는 광고주인 세금계산서를 발행하며 광고료와 함께 제작비를 받고 있음.

다. 국내에 사업장이 없는 외국광고주와의 거래에 있어서는 광고비 및 제작비에 대하여 해외에서 광고대행사 앞으로 직접 외화 송금되며, 광고용역 제공에 따른 광고비 및 제작비에 대하여는 세금계산서를 발행하지 않음.

② 광고매체사의 영세율 적용 여부에 대한 대법원 판례

준위탁매매인인 광고대행사를 통하여 위탁자인 광고매체사가 외국법인 광고주에게 광고용역을 공급한 경우, 국세청 유권해석(서면3팀-1782, 2005. 10. 17.)은 영세율 적용대상이 아닌 것으로 회신했으나, 광고대행사는 자기 명의로 광고매체사의 계산에 의하여 광고용역을 제공하는 것을 영업으로 하는 준위탁매매인에 해당하고, 준위탁매매인에 의한 용역 공급의 경우에도 부가세법 제10조 제7항이 유추적용되므로 외국법인 광고주에게 광고용역을 공급한 주체는 위탁자인 광고매체사이고, 광고대행사가 외국법인 광고주로부터 외국환은행을 통하여 원화로 받은 광고료는 결국 광고매체사가 지급받은 것으로 보아 부가법 제24조 제1항 제3호 및 부가령 제33조 제2항 제1호에 정한 영세율 적용대상거래에 해당한다는 것이 대법원의 판단이다(대법원 2010두27196, 2011. 3. 24. ; 대법원 2006두9337, 2008. 7. 10. ; 대법원 2004두12117, 2006. 9. 22.).

다. 결론

위 거래관계에서 광고대행사는 계약에 따라 광고대행수수료를 외국 광고주로부터 외국환은행을 통하여 원화로 수취하면 해당 광고대행용역은 영세율이 적용되고, 광고매체사와의 계약에 따라 광고용역대가를 받는 경우에는 광고대행사는 광고용역에 대하여 광고매체사에 일반세금계산서를 발급하여야 할 것이다.

광고용역 자체에 대하여 대법원은 반복적으로 광고대행사를 통하여 그 대가를 받더라도 외국환은행에서 원화로 대가를 수취한 것이므로 영세율이 적용되는 것으로 판결하고 있다.

4) 광고제작비에 대한 세금계산서 수취자

가. 사실관계

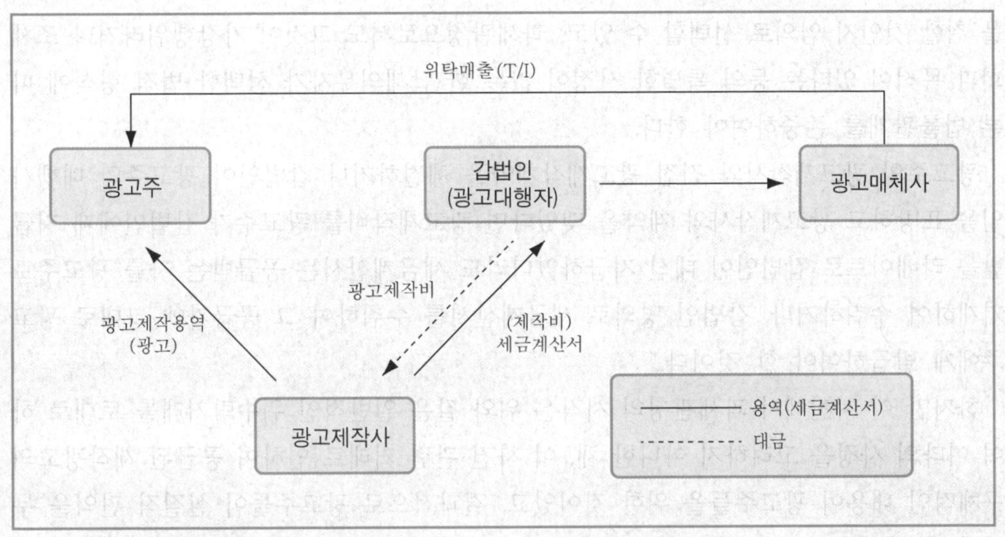

① 갑법인은 광고대행업을 영위할 목적으로 설립된 회사로서 광고주로부터 광고를 위탁받아 방송사업자 및 신문사 등의 매체사에게 광고를 의뢰하고 매체사로부터 광고대행수수료를 받는 방식으로 사업을 영위하고 있다.

② 갑법인은 광고매체사로부터 받은 광고대행수수료(약 15%) 중 광고대행계약 약정에 따라 6%를 적립하고 추후 광고주가 지정한 특정 광고는 광고주 대신 갑법인이 광고비를 적립금으로 대지급하는 거래형태로 거래가 이루어졌다.

③ 갑법인은 광고주 요청에 따라 광고제작사 또는 광고주의 협력업체에게 적립된 마일리지 범위 내에서 제작비용을 지급하면서 광고제작사 등으로부터 "제1세금계산서"를 수취하여 매입세액공제를 받고 손금계상하였다. 조사청은 용역을 공급받는

주체를 광고주로 보아 제1세금계산서를 사실과 다른 세금계산서로 판단하였다.

나. 쟁점

① 갑법인은 광고주의 요청에 따라 광고제작사 또는 광고주의 협력업체에 대금을 지급하였을 뿐 재화 또는 용역을 제공받은 사실이 없으므로 광고제작용역을 공급받은 주체가 갑법인이 아닌 광고주인지 여부

② 제1세금계산서상의 공급가액이 갑법인의 사업과 직접 관련 없는 지출에 해당하는지 여부

다. 판단

① 제1세금계산서가 정당한 세금계산서인지 여부

납세의무자는 경제활동을 할 때 특정 경제적 목적을 달성하기 위하여 어떤 법적 형식을 취할 것인지 임의로 선택할 수 있고, 과세관청으로서도 그것이 가장행위라거나 조세회피 목적이 있다는 등의 특별한 사정이 없는 한 납세의무자가 선택한 법적 형식에 따른 법률관계를 존중하여야 한다.

광고주와 광고제작사와 직접 광고제작계약을 체결하거나 갑법인이 광고주의 대행사임을 표방하고 광고제작사와 계약을 맺었다면 광고제작비를 광고주가 갑법인에게 지급받을 리베이트로 갑법인이 대신 지급하였더라도 세금계산서는 공급받는 자를 광고주로 기재하여 수취하거나, 갑법인 명의로 세금계산서를 수취하여 그 공급가액 그대로 광고주에게 발급하여야 할 것이다.

하지만 이 사건에서 과세관청의 시각은 위와 같은 일반적인 위수탁거래를 토대로 하여 여타의 사정을 고려하지 아니한 채, 이 사건 관련 거래로 인하여 공급된 제작광고의 구체적인 내용이 광고주들을 위한 것이었고, 결과적으로 광고주들이 실질적 편익을 누리게 된 것이라고 보고 광고 제작용역을 공급받는 자를 광고주라고 단정한 것으로 판단된다.

이 사건의 거래의 실질은 다음과 같으므로 과세관청의 판단은 잘못되었다.

갑법인의 광고 수수료 중 일부를 마일리지로 적립해서 그것을 광고구매 목적이나 제작비용으로 사용하게끔 계약이 되어 있어, 적립금을 소진하기 위해서 광고주가 지정하는 매체를 구매하거나 제작이 필요한 경우 갑법인이 제작업체에 제작을 의뢰해서 적립금을 소진하였다. 이러한 약정에 근거하여 매체구매를 하거나 제작한 내역을 가지고 광고주에게 내용을 보고함으로써 적립금을 차감하는 형식이라서 실제 매체구매나 제작비 사용은 갑법인이 용역거래의 주체로 판단하여야 한다. 이러한 이유로 갑법인은 제1세금계산서와 관련하여 광고 제작대행사로부터 광고제작용역을 제공받으면서 광고 제작대

행사를 공급자로, 갑법인은 공급받는 자로 하는 매입세금계산서를 발급받은 것이다.

즉, 갑법인은 광고 제작대행사에 의뢰하여 계약을 체결하는 역할을 담당하고 위 광고 제작대행 용역에 대한 비용 지급 의무를 부담하였는바, 거래 상대방인 광고 제작대행사들 입장에서도 갑법인을 거래의 당사자인 것으로 인식할 수밖에 없고, 광고주들과 광고 제작대행사들 사이에 이 부분 관련 거래에 대한 계약이 직접적으로 체결되었다고 볼만한 자료도 없다.

아울러 광고대행계약서를 보면, '의뢰인에 대한 대행사의 면책/배상'에 관하여 "대행사가 의뢰인에게 제출한 모든 광고, 판촉 또는 기타 자료와 관련하여, (의뢰인의 승인 여부를 불문하고) 대행사가 의뢰인을 위해 준비 또는 실행한 광고 또는 기타 서비스로부터 발생하는 의뢰인의 손해, 책임 또는 비용에 대하여 대행사는 의뢰인에게 면책/배상의 책임이 있다."라고 규정하고 있으므로 광고대행사인 갑법인은 광고제작사에게 광고제작을 의뢰하고 용역을 제공받는 경우 그 결과에 대하여도 스스로 책임을 부담하게 되는 것인바, 갑법인을 이 부분 세금계산서 관련 거래에 있어 형식상의 명의자에 불과하다고 볼 수 없다.

그러므로 갑법인이 수취한 제1세금계산서는 정당한 세금계산서로서 매입세액을 불공제할 수 없다.

② 갑법인의 사업과 관련없는 지출인지 여부

갑법인은 광고대행업을 영위하면서 매체사들로부터 대행수수료를 받는 것을 주된 사업목적으로 하며, 이 과정에서 광고주들과 광고대행계약을 체결하고 환급하기로 한 광고대행수수료의 일부를 마일리지 형태로 적립해 두었다가, 이후 광고대행과 관련하여 추가적인 업무를 수행하면서 위 적립금을 차감하는 방식으로 사업을 영위하고 있는바, 갑법인은 자신의 사업과 관련된 업무를 수행하는 일환으로 광고제작사들로부터 제1세금계산서(광고제작용역)를 수취한 것이다. 이처럼 이 부분 거래는 갑법인이 광고주들과 지속적인 거래 관계를 유지하여 계속해서 광고대행업을 영위하기 위하여 불가피하였던 것이므로 사업과 관련된 지출에 해당한다(조세심판원도 광고대행수수료 중 일부를 광고주에게 환원한 것은 사업과 관련하여 발생한 통상적인 것에 해당하므로 전액 손금산입함이 타당하다고 결정한 바 있다)(조심 2016서2474, 2017. 9. 20.).

또한, 갑법인이 광고대행업을 영위하면서 그와 같은 업무 수행의 일환으로 광고제작사에게 광고제작용역의 공급을 의뢰하여 이를 공급받는 대가로 제1세금계산서 관련 비용을 지출하게 된 것이고, 해당 비용이 광고주들에게 직접 지급된 것도 아니며, 갑법인이 공급받은 광고제작용역의 편익이 결과적으로 광고주들에게 귀속되게 된 것일 뿐인

바, 갑법인이 오로지 광고주들에 대한 접대 목적으로 제1세금계산서 관련 비용을 지출한 것으로 보기도 어렵다.

5) 리베이트를 지급하고 수취한 세금계산서의 공제 여부

가. 사실관계

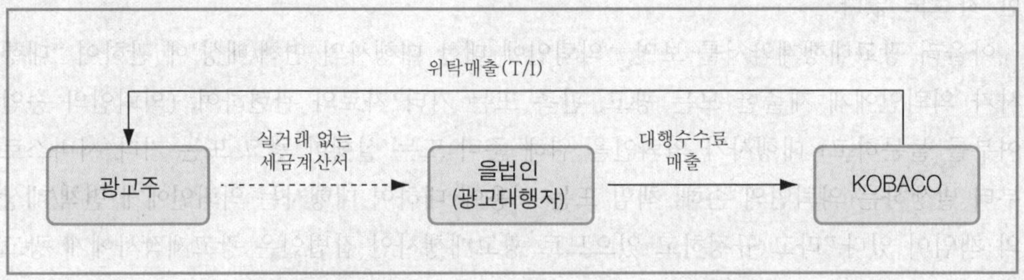

① 을법인은 갑법인과 같이 광고대행업을 영위하는 법인으로 광고주의 의뢰에 따라 방송광고를 대행하게 하고 매체사인 방송사 등으로부터 광고용역과 관련된 리베이트를 지급받아 그 금액 중 일부를 광고주에게 지급하고 있다.

② 을법인과 광고주는 매체대행 계약 시 을법인이 신문사 등으로부터 받는 수수료(광고거래금액의 9~12%)를 광고주와 을법인이 분할하여 취하기로 하고, 광고주는 을법인에게 환원(refund)받는 수수료에 대하여 세금계산서를 발행하기로 약정하였다.

③ 을법인이 광고주에 지급한 리베이트에 대하여 위 약정에 따라 광고주로부터 “제2세금계산서(위 그림상의 “실거래 없는 세금계산서”를 말함)”를 수취하였으나 조사청은 광고주로부터 을법인이 재화나 용역을 공급받은 사실이 없으므로 실물거래 없는 거짓세금계산서로 보아 관련 매입세액을 불공제하였다.

나. 쟁점

을법인이 광고주에게 지급한 리베이트에 대하여 을법인이 광고주로부터 수취한 세금계산서가 실물거래 없는 거짓세금계산서에 해당하는지 여부

다. 판단

광고주가 을법인에게 매체대행계약을 체결함으로써 을법인은 광고매체사로부터 광고대행수수료를 지급받을 수 있는 사업기회를 알선, 제공받은 것이므로 리베이트 지급과 관련하여 을법인이 발급받은 세금계산서는 적법하다고 주장하기도 한다.

그러나 을법인은 광고주에게 리베이트 금액을 현금으로 환급하면서 공급품목에 ‘○○리베이트’라고 기재된 매입세금계산서를 발급받았는바, 을법인은 광고주로부터 재화나 용

역을 공급받지 아니하였음이 분명함에도 불구하고 제2세금계산서를 발급받은 것이어서 사실과 다른 세금계산서에 해당하며, 해당 세금계산서에 적힌 매입세액은 당연히 매출세액에서 공제될 수 없다(서울고등법원 2020누31080, 2020. 8. 28. ; 대법원 2020두49607, 2021. 1. 14.).

6) 광고용역에 대한 세금계산서를 광고대행자가 수취한 경우 세금계산서 발급방법

가. 사실관계

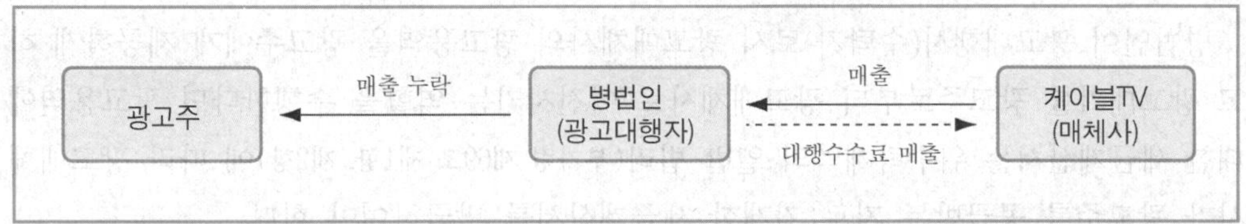

① 병법인은 갑법인과 같이 광고대행업을 영위하는 법인으로 광고주와 매체계약 당시 본래의 신문사 등으로부터 수수료 15%를 지급받으면, 지급받은 15% 중 4%를 적립하였다.

② 병법인은 광고주 몫으로 적립하였다가 광고주의 매체비용으로 사용하기로 하였으며, 케이블TV 광고 등을 집행 시 광고주의 요청에 따라 적립금을 광고 매체비로 지출하였다.

③ 병법인이 새로운 신문사 등에게 용역을 의뢰하고 4%를 지급(병법인이 광고주들에게 적립해 준 마일리지로 결제한 것임)하면서 새로운 신문사 등으로부터 이에 대한 세금계산서를 교부받았는데, 조사관서는 이 거래에 대하여 병법인이 광고주로부터 새로운 위수탁을 받은 것이라고 하면서 추가로 병법인이 광고주에게 4%의 매출세금계산서를 발급하였어야 한다고 지적하였다.

④ 즉, 병법인은 해당 광고용역에 대한 세금계산서를 자기 명의로 수취하여 매입세액 공제를 받았으나 공제받은 금액에 상응하는 공급가액에 대하여 광고주에게는 세금계산서를 발급하지 아니하였으므로 조사청은 매출누락으로 보아 익금산입 및 부가가치세 과세표준을 증액하는 경정을 하였다.

※ 이하 적립금 사용에 따른 매입세금계산서상의 금액 또는 광고주에게 동 금액에 대해 세금계산서를 발급하지 아니한 것으로 본 위 매출누락액을 “이 사건 금액”이라 한다.

나. 쟁점

① 병법인이 광고주들의 거래처인 매체사들로부터 매입세금계산서를 수취하여 매입

세액을 공제받고 매체사들로부터 제공받은 용역을 광고주들에게 다시 제공하였다면, 원고는 광고주들에게 동액의 매출세금계산서를 발행하여야 하는지?

② 병법인이 매체사들로부터 제공받은 매체용역을 광고주들에게 무상으로 제공한 것이라면, 이 사건 금액의 매입세액은 사업과 직접 관련이 없는 지출에 대한 것이거나 부가가치세가 면제되는 재화 또는 용역을 공급하는 사업에 관한 매입세액에 해당하므로 매출세액에서 공제될 수 없는지?

다. 판단

병법인이 광고대행사(수탁자)로서 광고매체사의 광고용역을 광고주에게 제공하게 하고 광고대가를 광고주로부터 광고매체사로 이전시키는 역할을 수행한다면 광고용역에 대한 세금계산서는 위수탁계약의 일반 법리(부가령 제69조 제1항, 제2항)에 따라 광고매체사가 광고주를 공급받는 자로 기재한 세금계산서를 발급하여야 한다.

한편, '거래의 실질이 위탁매매 또는 대리인에 의한 매매에 해당함에도 불구하고 거래당사자 간 계약에 따라 위탁매매 또는 대리인에 의한 매매가 아닌 거래로 하여 세금계산서를 발급받은 경우로서 그 거래사실이 확인되고 거래 당사자가 납세지 관할 세무서장에게 해당 납부세액을 신고하고 납부한 경우에는 해당 세금계산서를 사실과 다른 세금계산서로 보지 않는다'는 예외규정(부가령 §75 9호)에 따라 광고매체사가 병법인, 병법인이 광고주에게 각각 세금계산서를 발급하여도 무방하다.

통상 적립금에 관한 광고주와 병법인 사이의 약정이 존재하지 아니하고 위 사건이 유상의 거래로서 단일의 거래관계에 있다면 위 두 법리에 비추어 보면 병법인이 광고주에게 매체사로부터 수취한 세금계산서상의 공급가액만큼 세금계산서를 발급했어야 한다.

그러나 이 사건 금액은 위 법리에 관계없이 이 사건 금액의 매입세액은 공제되고, 이 사건 금액을 병법인의 매출누락으로도 볼 수 없다(서울고법 2020누31080, 2020. 8. 28. ; 대법원 2020두49607, 2021. 1. 14.).

① 병법인은 당초 광고주들과 사이에 광고대행계약을 체결하고 그에 따라 병법인이 광고판매대행자로부터 지급받게 되는 광고대행수수료 중 광고주들과 사이에 약정한 부분을 초과하는 금액을 마일리지로 적립해 두었다가 이후 광고주의 요청에 따라 병법인이 추가로 케이블TV 등 광고용역(이하 이 부분 광고거래)을 매입하는 경우 위 금액을 차감하는 형식으로 계약을 체결하였던 것인바, 이 사건 금액과 관련하여서도 병법인은 매체사들로부터 광고용역이나 광고 제작대행용역을 공급받고 광고주들 앞으로 적립되어 있던 마일리지 금액을 차감하였을 뿐이고, 병법인이 광고주들로부터 별도로 그에 대한 대가를 지급받은 것은 아니다.

② 병법인이 추가 광고용역(이 부분 광고거래) 매입과 관련하여 광고주들에게 광고대

행용역을 제공한 결과가 발생하였더라도 그에 대한 대가는 이미 당초 체결하였던 광고대행계약에 따라 병법인이 지급받게 되는 광고대행수수료에 포함되었다고 보아야 하므로, 병법인이 이 사건 금액에 관하여 광고주들에게 별도의 매출세금계산서를 발급하여야 되는 것이 아니다.

③ 이 부분 광고거래와 관련하여 병법인이 수행한 업무는 광고제작사 협력업체에 광고 제작을 의뢰하여 이를 납품받거나 또는 주로 온라인 매체, 신문사 또는 방송사 등 여러 매체사들에게 그 블로그, 신문지면이나 방송광고시간을 통한 광고를 의뢰하는 것인바, 이는 재산 가치가 있는 역무나 행위에 해당하는 '용역'이라 할 것이고, 부가법에서 규정하고 있는 '재화'에 해당하는 유체물이나 권리는 아니므로 이와 같은 용역의 공급에는 재화의 공급에 관한 특례(사업상증여로 인한 시가 과세) 규정이 적용될 수 없다.

④ 병법인이 이 사건 금액 상당 용역을 공급받은 이후 광고주에게 무상으로 용역을 제공한 것이라는 과세관청의 주장도, 병법인은 이 사건 금액 상당의 광고용역 등을 매입하면서 광고주 앞으로 적립되어 있던 기존 마일리지를 차감한 바, 설령 병법인이 광고주들에게 추가로 광고대행용역을 제공한 것이라고 보더라도 그에 대한 실질적인 대가는 종전에 광고주들과 체결하였던 광고대행계약에 따른 광고대행수수료에 이미 포함되어 있는 것이어서 광고주들에게 무상으로 광고대행용역을 공급하였다고 볼 수 없다.

⑤ 병법인은 광고대행업을 영위하고 있고 이를 위하여 공급하는 재화 또는 용역은 부가가치세법상 부가가치세가 면제되는 대상이라는 별도의 규정은 없는바, 이 사건 금액 상당의 매입세액을 병법인의 광고대행업을 위한 매입세액으로 보더라도, 이를 부가가치세가 면제되는 재화 또는 용역을 공급하는 사업에 관한 것이라고 볼 여지는 전혀 없다.

⑥ 병법인은 자신이 공급받는 자가 되어서 매체사들로부터 일정 시간이나 매체에서 광고를 해주는 용역을 공급받은 것으로 이러한 광고용역의 구체적인 내용이 광고주들을 위한 것이라고 하더라도 해당 광고용역에 따른 최종소비자는 병법인이라고 볼 수 있는바, 병법인이 매체사들로부터 공급받은 용역을 그대로 광고주들에게 다시 공급한 것이므로 이에 대한 매출세금계산서를 발급하였어야 한다는 과세관청의 주장은 타당하지 않다.

28 | (가장)공동수급체의 공동도급공사 관련 세무처리

(1) 주요 개념

1) 공동도급계약

공동도급제도는 1983년 예산회계법에 처음 도입되어 현재는 건설산업기본법, 「국가를 당사자로 하는 계약에 관한 법률」(이하 "국가계약법") 또는 지방계약법 등에서 일정 규모 이상의 공사에 대하여 공동도급 및 지역의무공동도급을 필수적 입찰조건으로 하여 의무적 공동도급을 시행하고 있으며, 구체적인 운용요령은 기획재정부 예규 및 국토교통부 예규에서 고시하고 있다.[54)]

공동도급계약이란 공사·제조·기타의 도급계약에 있어서 발주관서와 공동수급체가 체결하는 계약으로 1개의 건설공사현장에서 2 이상의 사업자(공동수급체 구성원)가 각각 자기의 지분 또는 공동의 지분에 대하여 건설공사를 수행하기 위하여 발주사업자와 공동수급체가 체결하는 도급계약의 형태이다.

공동도급의 목적은 상호보완을 통한 공사수행능력 증대, 위험의 분산, 중소업체의 보호육성, 수주목적 달성에 있다.

2) 공동수급체

공동수급체란 "구성원을 2인 이상으로 하여 수급인이 해당 계약을 공동으로 수행하기 위하여 잠정적으로 결성한 실체" 또는 "건설공사를 공동으로 이행하기 위하여 2인 이상의 수급인이 공동수급협정서를 작성하여 결성한 조직"을 말한다(공동계약 운용요령, 건설공사 공동도급운영규정). 공동수급체의 구성원 중 대표자로 선임된 자를 공동수급체 대표자로 보아 공동수급체 구성원 상호 간의 권리·의무 등 공동도급계약의 수행에 관한 중요사항(재산의 관리 및 대금청구 등)을 이행하게 할 수 있다.

공동수급체는 건설공사를 위하여 법적 실체없이 잠정적으로 결성된 공동기업체로서 조인트벤처라고 불리기도 한다.

(2) 공동수급체의 법적성격과 시공방식

1) 공동수급체의 법적성격 개요

공동수급체의 법적 성질(성격)에 대하여 조합설, 지분적 조합설, 비법인사단설, 이분

54) 공동수급체의 기업형태에 따른 과세방안에 관한 연구, 이강오, 135면 및 감사원 보고서 참조

설 또는 도급계약 경합설로 나뉘고 있다. 대체로 현재 법원은 조합설, 국세청은 도급설(공동사업자로 파악하지 않음)을 취하고 있다.

공동수급체의 법적성질을 기존 민법의 테두리 내에서 단일의 성질을 갖는다거나 독자적으로 파악할 것이 아니라, 공동수급체라는 하나의 비전형 계약(또는 단체)개념 안에서 이행방법에 따라 파생하는 개개의 특성이 조합적 또는 지분적으로 녹아있는 단체로 파악하는 것이 바람직하다.

공동수급체의 법적성질을 '공동사업을 위한 조합'으로 일의적으로 판단할 것이 아니라 단순히 '이행공동을 위한 인적 결합' 또는 단순한 공동도급계약의 체결을 통한 '다수당사자의 채권관계'에 다름이 없는 것으로 볼 여지도 있음을 인정하여야 할 것이다.

2) 공동수급체의 시공방식에 따른 분류[55)]

공동수급체를 이행방식, 존속기간, 구성원 등의 기준에 따라 다양한 유형으로 분류할 수 있으나 주로 공동이행방식, 분담이행방식, 주계약자 관리방식으로 분류하고 있다.

공동이행방식은 구성원 전원이 일정 출자비율에 따라 연대하여 공동이행하는 방식이며, **분담이행방식**은 구성원이 각자의 분담내용에 따라 전체 공사를 일정한 부분으로 나누어서 이행하는 방식이고, **주계약자관리방식**은 공동수급체의 구성원 중 주계약자를 선정하고 주계약자는 전체 건설공사 계약의 수행에 관하여 종합적인 계획·관리 및 조정을 하며 전체 계약에 대하여 공동이행방식으로 개별 구성원들은 분담이행방식으로 각각 책임을 지는 공동이행방식과 분담이행방식이 결합된 형태이다.

| 공동이행방식과 분담이행방식 비교 |

내 용	공동이행방식	분담이행방식
공동수급체의 구성내용	출자비율에 의한 구성(**실적보완**)	공사를 분담하여 구성(**면허보완**)
공동수급체 대표자의 권한	대금의 청구, 수령 및 공동수급체의 재산관리	좌동
계약이행 책임	구성원 전체가 **연대책임**	분담내용에 따른 구성원별 **각자 책임**
계약이행 요건	**구성원 각각이** 당해 계약의 이행에 필요한 면허·등록 등 요건을 갖출 것	**구성원 공동으로** 계약이행에 필요한 면허·등록 등 요건을 갖출 것
하도급	다른 구성원의 동의없이 공사일부의 하도급 불가	각 구성원은 자기책임하에 분담부분의 일부하도급 가능

55) 이춘원, 공동수급체의 법적 성격에 관한 일 고찰, 792면 외

<table>
<tr><th colspan="2">내 용</th><th>공동이행방식</th><th>분담이행방식</th></tr>
<tr><td colspan="2">대가지급</td><td>선금: 대표자
대가: 각자 지급
* 구성원의 계약이행참여의 실효성 확보를 위한 조치</td><td>선금, 대가 모두 각자 지급</td></tr>
<tr><td colspan="2">하자담보책임</td><td>공동수급체 해산 후 당해 공사에 하자발생 시 연대책임</td><td>분담내용에 따라 각 구성원별 각자 책임</td></tr>
<tr><td colspan="2">손익의 배분</td><td>출자비율에 의한 배분</td><td>• 분담공사별로 배분
• 다만, 공동비용의 경우는 분담공사금액의 비율에 의한 배분</td></tr>
<tr><td rowspan="2">중도 탈퇴에 대한 조치</td><td>연대보증인 입보</td><td>잔존구성원→잔존구성원 + 연대보증인*→잔존구성원+구성원 추가**
* 잔존구성원만으로는 잔여계약이행에 필요한 요건을 갖추지 못한 경우
** 연대보증인이 없거나 연대보증인이 계약을 이행하지 않은 경우</td><td>연대보증인→잔존구성원*→잔존구성원+구성원 추가**
* 연대보증인이 없거나 연대보증인이 계약을 이행하지 않은 경우
** 잔존구성원만으로는 잔여계약이행에 필요한 요건을 갖추지 못한 경우</td></tr>
<tr><td>공사이행 보증서 제출</td><td>잔존구성원→보증기관*
* 잔존구성원이 잔여계약이행요건을 갖추지 못한 경우/계약불이행 시</td><td>보증기관*
* 잔존구성원의 자격요건 구비 여부와 관계없이 제출</td></tr>
<tr><td colspan="2">효력기간</td><td>• 서명과 동시에 발효, 당해 계약의 이행으로 종결
• 다만, 발주자 또는 제3자에 대하여 공사와 관련한 권리의무관계가 남아있는 한 협정서의 효력은 존속</td><td>좌동</td></tr>
</table>

3) 공동수급체의 시공방식별 법적 성격[56)]

가. 공동이행방식

① 민법상 조합설

공동이행방식의 공동수급체의 법적성격은 민법상의 조합으로 본다는 것이 다수설의 입장으로 그 이유는 공동수급체는 계약에 의해서 결성되고 구성원의 변동이 예정되어 있지 않은 점, 정관이 없으며 대표자에 의해서 업무집행이 이루어지지만 그 법적효과가 각 구성원에게 귀속하는 점, 각 구성원은 대외적으로 개인재산으로 무한책임을 지는 점 등이 조합에 가깝다는 것이다. 이는 표준협정서의 내용에 기초한 판단으로 실제 계약에서 협정에 어떠한 내용이 부가 또는 수정되느냐에 따라 구체적 개별적으로 그 법적성격

56) 이춘원, 공동수급체의 법적 성격에 관한 일 고찰, 1196~1200면 요약

을 규명하여야 하며, 형식상 공동이행방식의 범주에 있다고 하여 무조건 민법상 조합이라고 단정해서는 아니될 것이다.

대법원 판례도 공동수급인 사이에 연대하여 수급의무를 이행하기로 약정되어 있는 공동이행방식의 공동수급체의 법적성격과 관련하여 민법상 조합으로 보며, 특별한 사정이 없는 한 그 법률관계에 대하여는 조합에 관한 민법의 규정이 적용된다고 판시하였다(대법원 2009다105406, 2012. 5. 17.). 이처럼 다수설 및 판례가 공동이행방식의 공동수급체를 조합으로 파악하고, 공동이행방식의 공동수급체가 조합의 성질을 다수 포함하고 있어 현행법 테두리 내에서는 가장 타당성이 있다고 보여진다.

정리하면 공동이행방식의 공동수급체에 관하여 조합의 법리를 적용하여 왔고 조합이라는 합의점이 어느 정도 형성되어 있으나, 실제 공동수급체의 결합관계는 우리 민법상의 조합 또는 사단과는 다른 점을 가지고 있으므로 그 형태를 일의적으로 조합이라고 단정할 수는 없다.

② 지분적 조합설

건설공사 실무에서 공동수급체의 각 구성원은 출자비율에 따라 각자가 전체에 대하여 시공의무를 연대하여 부담하고 출자비율에 따라 이익금을 분배하고 선급금과 공사대금은 구성원 각자가 개별적으로 정산하도록 되어 있으므로 공동수급체는 지분적 소유권을 보유하기로 합의한 지분적 조합으로 본다.

실무에서 선급금과 공사대금을 구성원 각자가 개별적으로 정산하도록 하고 있다는 점, 도급공사의 시공은 거의 구성원 상호 간에 공사구간과 공종을 나누어 시행하는 분담이행방식으로 이루어지는 점을 근거로 공동수급체를 지분적 조합으로 본다. 이는 공동수급체 구성원의 법 감정 및 실무를 적절히 반영한 것으로 비교적 현실에 접근한 이론이지만, 공동이행방식의 경우 실무상 구성원 상호 간에 분담이행방식으로 행하여지는 측면도 있으나, 도급인의 입장에서는 모든 구성원에 대하여 연대책임을 물을 수 있다는 점, 공동수급체와 거래한 제3자의 보호에 미흡한 점에서 공동수급체를 지분적 조합으로 보는 것에도 한계를 가진다.

③ 비법인사단설

조합에서는 조합원이 1명이 되면 조합의 해산사유로 보고 있는데 공동수급체의 구성원 2명 중 1명이 파산한 경우에 일반적으로 계약서에서 잔존 구성원이 공사를 시공·완성할 것을 정하고 있어, 구성원이 1명이 되더라도 공동수급체가 존속하도록 하는 바, 1인 조합은 조합의 본질에 반하기 때문에 권리능력 없는 사단으로 본다.

공동이행방식의 공동수급체의 법적성격을 비법인 사단으로 구성하면 구성원의 변동의 경우에 이론구성이 용이한 면은 있으나, 비법인사단으로 의제한다면 공동수급체의 구성원의 대금지급청구권 등을 설명할 수 없고, 공동수급체의 대표자는 정할 수 있으나 단체로서의 조직과 재산에 관한 정관이 없고, 단체성도 각 구성원을 초월하여 독자적인 존재라고 할 수 없어 비법인사단으로 보기도 어렵다.

나. 분담이행방식

① 도급계약 경합설

분담이행방식의 경우에는 여러 개의 도급계약을 형식상 1개의 계약형태로 체결하였다고 보는 견해로 계약이행의 책임 및 제3자에 대한 책임은 분담내용에 따라 구성원별로 각자 책임을 지고 각 구성원은 자기 책임으로 분담부분의 일부를 하도급 줄 수 있으며 공사대금도 각자 지급받으며 손익분배도 분담공사별로 배분하도록 되어 있다는 것을 근거로 한다.

② 조합설

분담시공의 경우에도 각 건설업자가 개개의 공사를 분할하여 수급한 경우와는 달리 구성원이 도급계약의 이행에 관하여 연대하여 책임을 부담하기로 특약하거나 또는 하자담보책임을 각 구성원이 공동으로 연대하여 책임을 지기로 하는 특약이 있는 경우에는 공동시공과 마찬가지로 하나의 사업을 행하는 것을 목적으로 한다는 구성원 사이의 인적결합이 인정될 것이고 이러한 경우에 분담시공은 공동수급체 내부에서 수급한 공사를 완성시키기 위한 역할분담의 합의에 불과하여 분담이행방식도 민법상의 조합으로 볼 수 있다는 견해이다.

분담이행방식에 관해서 판례는 법적성격을 명시하지는 않았으나 공동수급인이 분담이행방식에 의한 계약을 체결한 경우에는 공사의 성질상 어느 구성원의 분담 부분 공사가 지체됨으로써 타 구성원의 분담 부분 공사도 지체될 수밖에 없는 경우라도 특별한 사정이 없는 한 공사 지체를 직접 야기한 구성원만 분담 부분에 한하여 지체상금의 납부의무를 부담한다고 하여 분할 채무의 입장에서 판시하고 있어 조합성을 대체로 부정하는 입장이다(직접적 판례는 아직 없다).

다. 주계약자 관리방식

주계약자 관리방식의 공동수급체의 법적성격에 관하여 대다수의 학설은 언급하지 않고 조합으로 보는 견해가 소수 있을 뿐 주계약자관리방식에 의한 공동수급체에 관한 판례는 아직 없다. 소수설은 분담이행방식의 공동수급체를 여러 개의 도급계약이 체결된

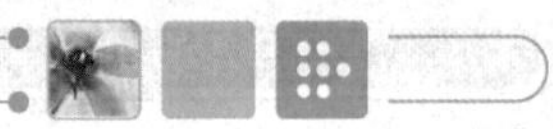

것이라고 볼 경우 주계약자 관리방식의 경우에는 주계약자가 업무집행조합원인 일종의 조합의 형태라고 본다.

라. 결어

공동수급체의 법적성격에 있어 공동계약 운용요령이 규정하는 취지가 공동이행방식이나 분담이행방식 주계약자관리방식은 공사의 이행방법의 차이로서 규정할 뿐이고 3가지를 전혀 다른 조직체로 보는 것은 아닐 것이다.

공동이행방식이나 분담이행방식, 주계약자 관리방식에 따라 공동수급체를 독자적으로 파악할 것이 아니라 공동수급체라는 하나의 비전형 계약 또는 단체 개념 안에서 이행방법에 따라 파생하는 개개의 특성이 조합적 또는 지분적으로 발현되는 것이니 만큼 공동수급체에 대한 법적성격을 민법에 별도 규정하거나, 세법 개정을 통해 일의적으로 조합으로 볼 것인지 아니면 각 구성원들의 단독사업자로 볼 것인지를 명확히 해야 한다고 본다.

4) 국세청의 입장

공동수급체라 함은 구성원을 2인 이상으로 하여 수급인이 해당 계약을 공동으로 수행하기 위하여 잠정적으로 결성한 실체로서 공동수급체의 구성원 중 대표자로 선정된 자로 하여금 발주자 및 제3자에 대하여 공동수급체를 대표하며 공동수급체의 재산의 관리 및 대금청구 등의 권한을 갖도록 할 수 있다. 국세청은 이러한 공동수급체는 「민법」상의 조합계약에 의하여 2인 이상의 거주자가 서로 출자하여 부동산임대소득, 사업소득 또는 산림소득이 발생하는 사업을 공동으로 경영하는 공동사업과는 달리 인식하면서 국기법 제13조 제1항 및 제2항에 따른 요건을 충족하지 않으므로 법인격 없는 단체에도 해당하지 않는다고 해석하고 있다.

(3) 형식적 공동수급체(가장 공동수급체)

1) 개요

공동도급은 공동수급체의 구성원 모두가 공사에 실질적으로 참여하여야 하지만 수주를 목적으로 형식적인 공동도급체를 구성하여 입찰에 참여하고 입찰된 이후에는 발주자와 공동도급계약만 체결하고, 일부 구성원(이하 "주간사"라 한다)만이 공사를 이행하고 다른 구성원(이하 "비주간사"라 한다)은 명의만 빌려주고 형식상의 출자비율에 따른 지분이익금을 받는 경우가 있는데 이러한 공동도급을 가장(형식적) 공동도급이라 한다.

2) 가장 공동수급체의 성격 등

① 중소기업이 공동수급체로 참여할 경우 입찰 평가에 가산점이 있기 때문에 공동수급체에 중소기업 등을 참여시키고 그 구성원 중 일부 업체가 또는 단독으로 수주받은 공사를 수행하되, 입찰에만 참여한 공동수급체 구성원은 명의를 빌려주는 대가를 수수료로 지급받는 것이 건설업계의 오랜 관행이다.

② 공동이행방식의 공동수급체는 기본적으로 민법상 조합의 성질을 가지는 것이므로 공동수급체가 공사를 시행함으로 인하여 도급인에 대하여 가지는 채권은 원칙적으로 공동수급체 구성원에게 합유적으로 귀속하는 것이어서 특별한 사정이 없는 한 구성원 중 1인이 임의로 도급인에 대하여 출자지분 비율에 따른 급부를 청구할 수 없다(대법원 2015다5811, 2016. 8. 29.).

③ 공동이행방식의 공동수급체와 도급인 사이의 공사도급계약에서 공동수급체의 개별 구성원으로 하여금 공사대금채권에 관하여 지분비율에 따라 직접 도급인에 대하여 권리를 취득하게 하는 약정이 이루어진 경우, 특별한 사정이 없는 한 개별 구성원들은 실제 공사를 누가 어느 정도 수행하였는지에 상관없이 도급인에 대한 관계에서 공사대금채권 중 각자의 지분비율에 해당하는 부분을 취득하고, 공사도급계약의 이행에 있어서의 실질적 기여비율에 따른 공사대금의 최종적 귀속 여부는 도급인과는 무관한 공동수급체 구성원들 내부의 정산문제일 뿐이다.

④ 공동이행방식의 공동수급체와 발주자 사이에서 공동수급체의 개별 구성원으로 하여금 공사대금채권에 관하여 지분비율에 따라 직접 도급인에 대하여 권리를 취득하게 하는 약정이 이루어진 경우에 있어서는 일부 구성원만이 실제로 공사를 수행하거나 일부 구성원이 그 공사대금채권에 관한 자신의 지분비율을 넘어서 수행하였다고 하더라도 이를 이유로 도급인에 대한 공사대금채권 자체가 그 실제의 공사비율에 따라 그에게 귀속한다고 할 수는 없다(대법원 2012다107532, 2013. 2. 28.).

3) 단독시공의 불가피성

공동수급자의 참여지분율에 의한 공동이행방식을 적용하는 경우에는 공사시공을 둘러싼 공동수급자 구성원 사이의 의견충돌이 발생하는 경우 이를 조정해야 하는 어려움이 있고 이로 인한 공사지연으로 준공기한이 도과할 위험이 있으며, 대량구매를 통한 자재비 등의 원가절감 기회상실, 동일현장에 소속이 다른 직원 등의 상주에 따른 통제문제, 공동수급자 사이의 공사진행률의 불일치로 인한 원만한 공사진행의 어려움 등 여러가지 문제점이 발생할 수 있기 때문에 효율적인 공사수행을 위하여 불가피하게 사전 약정에 의하여 주간사가 비주간사로부터 위임을 받아 단독시공을 하는 것으로 이는 오랫

동안 적용하고 있는 건설업계의 관행이다.

4) 가장 공동수급체에 적용되는 법리

① 부가법 제39조 제1항 제2호에 의하면 세금계산서의 기재내용이 사실과 다른 경우의 매입세액은 매출세액에서 공제하지 아니한다고 규정하고 있는바, 이 경우에 사실과 다르다는 의미는 과세의 대상이 되는 소득・수익・계산・행위 또는 거래의 귀속이 명의일 뿐 사실상 귀속되는 자가 따로 있는 때에는 사실상 귀속되는 자를 납세의무자로 하여 세법을 적용한다고 규정한 국기법 제14조 제1항의 취지에 비추어, 세금계산서의 필요적 기재사항의 내용이 재화 또는 용역에 관한 당사자 사이에 작성된 거래계약서 등의 형식적인 기재내용에 불구하고 그 재화 또는 용역을 실제로 공급하거나 공급받는 주체와 가액 및 시기 등과 서로 일치하지 아니하는 경우를 말한다(대법원 96누617, 1996. 12. 10.).

② 납세의무자는 경제활동을 할 때 특정 경제적 목적을 달성하기 위하여 어떤 법적 형식을 취할 것인지 임의로 선택할 수 있고, 과세관청으로서도 그것이 가장행위라거나 조세회피 목적이 있다는 등의 특별한 사정이 없는 한 납세의무자가 선택한 법적 형식에 따른 법률관계를 존중하여야 하며, 과세요건 사실의 존부 및 과세표준에 관하여는 원칙적으로 과세관청이 증명할 책임을 부담하는바, 이는 거래 등의 귀속 명의와 실질적인 귀속주체가 다르다고 다투어지는 경우에도 증명책임을 전환하는 별도의 법률 규정이 있는 등의 특별한 사정이 없는 한 마찬가지이다(대법원 2015두49320, 2017. 4. 7. ; 대법원 2011두9935, 2014. 5. 16.).

(4) 공동수급체의 사업자등록

1) 국세청 해석

국세청은 공동수급체를 2인 이상의 수급인이 해당 계약을 공동으로 수행하기 위하여 잠정적으로 결성된 실체로 인식하여 민법상 조합이라기보다는 구성원의 개성이 비교적 강한 특수한 형태의 조합으로서 공동수급체의 대표사가 비록 대가의 수령권한 등을 가지더라도 동 수급체를 공동사업으로 보지 않고 있다(부가 46015-1088, 1997. 5. 17. ; 서면3팀-986, 2006. 5. 30. ; 국심 2000구3001, 2001. 5. 1.외 다수).

다만, 대법원에서 공동수급체를 민법상의 조합으로 파악하는 판결이 나오고 어느 정도 이에 대한 공감이 형성되고 있는 이상 국세청으로서는 공동수급체(공동이행방식)를 형성하고 그 구성원과 별도의 공동사업 사업자등록신청이 있는 경우 공동사업자등록증을 발급할 수밖에 없다.

2) 조세심판원의 견해

조세심판원은 공동수급체를 구성원 내부간의 조합으로 볼 수는 있을 지라도 적어도 외부적으로는 민법상 조합으로서의 단체성을 인정하기 어렵다 할 것이고, 그 실질이 별도의 사업자등록을 하지 아니하는 공동사업자에 해당한다(국심 2000구3001, 2001. 5. 4.).

조세심판원도 공동수급체를 민법상 조합으로 파악하면서도 사업자등록이나 세금계산서 수수나 문제에 있어서는 단순한 공동수급체 구성원 간의 공동조직처럼 처리할 수 있다는 입장을 보이고 있다. 즉 별도의 사업자등록을 하지 않을 수 있으며, 건설업자인 각 구성원의 업무총괄장소인 본점에서 자신의 지분에 해당하는 세금계산서를 수수하거나 공동매입형식으로 주간사가 명의자적 지위에서 수수하여 실수요자에게 세금계산서를 발급한 경우 사실과 다른 세금계산서로 볼 수 없다고 결정하였다(국심 2006서1274, 2007. 2. 7. 외 다수).

3) 대법원 판례

대법원은 공동수급체의 대표자로 하여 구성원 상호간의 권리와 의무 등 공동도급계약의 중요사항을 이행하게 되고(공동도급계약운용요령 제3조), 공동계약의 이행방식(공동이행방식 또는 분담이행방식 공동수급표준협정서 작성)에 따라 출자비율 또는 분담내용에 따라 권리의무를 확정하게 되므로 공동수급체는 2인 이상이 서로 출자하여 공동사업을 영위할 것을 약정하는 민법상 조합개념으로 파악하고 있다(대법원 2000두8356, 2001. 10. 9. 외 다수).

(5) 공동수급체의 세금계산서 수수방법

1) 민법상 조합으로 사업자등록을 한 공동수급체의 세금계산서 수수방법

공동이행방식의 공사를 수행하는 공동수급체가 조세심판원이나 법원의 판례에 따라 민법상 조합의 요건을 충족하여 관할 세무서에 별도의 공동사업자로서 사업자등록증을 발급받은 경우 공동수급체는 구성원과는 다른 별도의 공동사업자이므로 자신(공동수급체)의 명의로 공동도급공사와 관련된 외부거래(공사매출 및 하도급체 등과의 거래 등)에 대하여 세금계산서를 수수하여야 한다. 따라서 공동수급체 구성원 간 내부 비용정리(정산금 등) 등에 대하여 별도의 세금계산서 발급은 불필요하다.

2) 공동수급체를 잠정적으로 결성된 실체로 볼 경우

공동수급체가 잠정적 실체로서 국세청 해석에 따라 공동사업으로서 별도 사업자등록을 하지 아니한 경우 부가령 제69조 제16항에서 국가계약법에 따른 공동도급계약에 의하여 용역을 공급하는 경우의 세금계산서 발급특례규정은 발주처가 민간기업인 경우에도 준용된다(부가 46015-1088, 1997. 5. 17.).

따라서 공동수급체를 잠정적으로 결성된 실체로 볼 경우 공동도급공사에 관련된 세금계산서 수수방법은 아래와 같다.

가. 공동비용

공동수급체가 해당 공사에 소요되는 공동비용에 대하여 세금계산서를 발급받음에 있어서 공동지분에 따라 각각 발급받을 수 있는 경우에는 그 지분금액대로 각각 발급받을 수 있는 것이며, 이 경우 공동수급체 중 대표사(이하 "주간사"라 한다)가 전체로 발급받아 부가령 제69조 제16항에 따라 각 공동 지분에 따라 나머지 공동수급체 구성원(이하 "비주간사"라 한다)에게 세금계산서를 발급하는 경우 해당 규정에 따라 발급한 세금계산서는 해당 주간사가 재화 또는 용역을 공급한 대가로 발급한 것이 아니므로 부가가치세 과세표준에는 포함되지 아니하는 것이나(공동수급업체 주간사의 수입금액 또는 공사원가에서 차감하여 각 사업연도 소득금액을 계산하는 것임), 수수한 세금계산서에 대해서는 매출 및 매입처별세금계산서합계표를 제출하여야 한다.

또한 해당 주간사의 면세사업과 관련된 해당 매입금액 중 비주간사에게 발급한 금액을 차감한 자기 지분금액에 해당하는 매입세액은 불공제된다(서삼 46015-10405, 2001. 10. 6. ; 법인 46012-2194, 2000. 10. 31.).

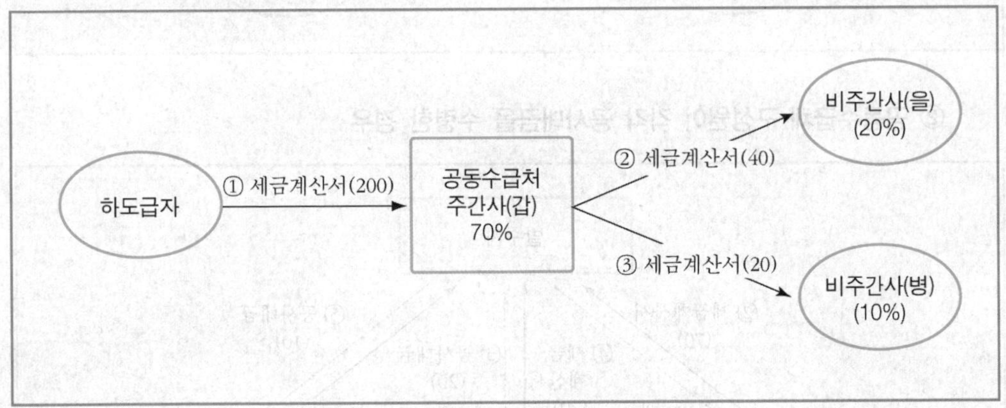

나. 공사수입

공동도급공사 매출액에 대한 세금계산서의 발급은 공동수급체의 구성원 각자가 해당 용역을 공급받는 자에게 자기가 공급한 용역에 대하여 각각 세금계산서를 발급하는 것이 원칙이다(사전-2015-법령해석부가-0445, 2015. 12. 28. ; 서면3팀-316, 2008. 2. 14. ; 서면3팀-2648, 2004. 12. 28. ; 부가 46015-1746, 1999. 6. 22. ; 부가 46015-1956, 1999. 7. 8.).

공동수급체의 주간사가 공사금액에 대한 대가 전부를 지급받는 경우에는 법인격이 없는 공동수급체가 독자적인 세금계산서를 발급할 수 없을 것이므로 해당 공동수급체의 비주간사는 각자 공급한 용역에 대하여 주간사에 세금계산서를 발급하고 그 주간사는 발주자에게 세금계산서를 일괄하여 발급한다(부가 46015-1956, 1999. 7. 8. ; 부가 46015-1746, 1999. 6. 22. 외).

① 대표사가 공사대금을 일괄 수령한 경우

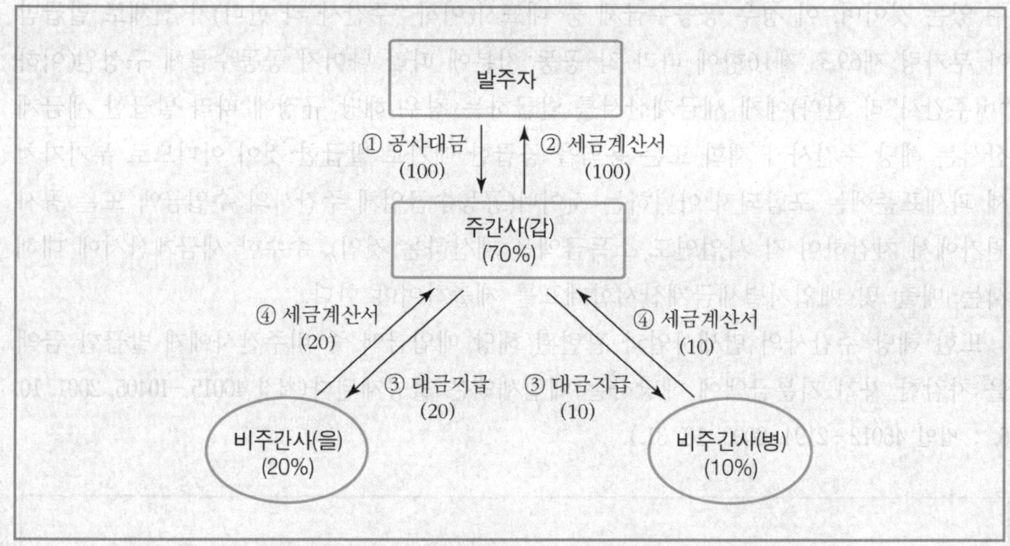

② 공동수급체 구성원이 각각 공사대금을 수령한 경우

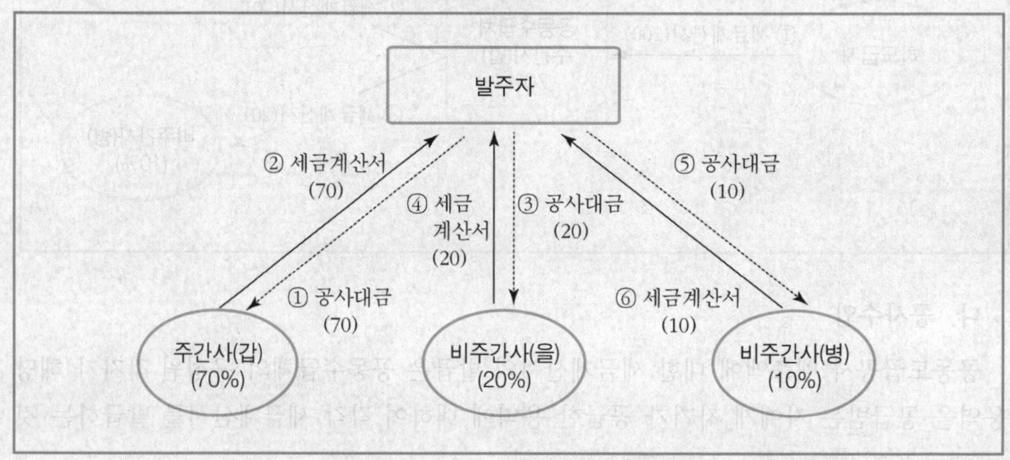

다. 공동수급 비율과 달리 용역수행이 이루어진 경우

공동수급사간 참여지분율에 따라 발주자로부터 그 대가를 받은 경우 각자 귀속되는 대가에 대하여 발주자에게 세금계산서를 발급하고 주간사가 발주자로부터 전체를 지급받아 각 수급사에게 해당 지분율에 따라 분배를 하는 경우에는 주간사가 전체 금액에 대하여 발주자에게 세금계산서를 발급하고 각 수급사는 주간사에게 자기지분에 대하여 세금계산서를 발급한다(부가 46015-1746, 1999. 6. 22. ; 법규과-67, 2007. 1. 5. ; 재소비 46015-126, 1994. 6. 11. 및 부가 46015-2716, 1996. 12. 20. ; 국심 2006서1274, 2007. 2. 7. ; 국심 2006구1097, 2007. 2. 8. ; 국심 2006구3105, 2007. 2. 9. 외 다수).

그러나 공동수급사의 참여지분율대로 세금계산서를 발급한 후, 수급사별 실지 공사진행 차이분을 정산하기로 한 경우에는 지분초과 수급사는 지분미달 수급사에게 약정지분과의 차액 정산분에 대한 세금계산서를 발급하여야 한다는 것이 국세청의 해석이다(부가 46015-235, 1995. 2. 4. ; 서삼 46015-10864, 2001. 12. 13. 등). 다만, 국세청은 발주자와의 형식적인 공동도급관계(가장 공동수급체)일 경우에는 그 실질에 따라 세금계산서를 발급하여야 하는 것으로 해석하였다(단독 시공자가 공동도급공사의 매출과 매입을 전부 인식).

요약하면 공동이행방식 공동도급계약에 따라 건설용역을 공급하고 발주자에게 세금계산서를 발급한 후 실제 공사진행에 따른 각자의 공사진행 차이분을 공동수급인간에 정산하기로 한 경우 해당 공사진행 차이에 따른 정산금액에 대하여는 부가령 제69조 제16항을 준용하여 세금계산서를 발급할 수 있다.

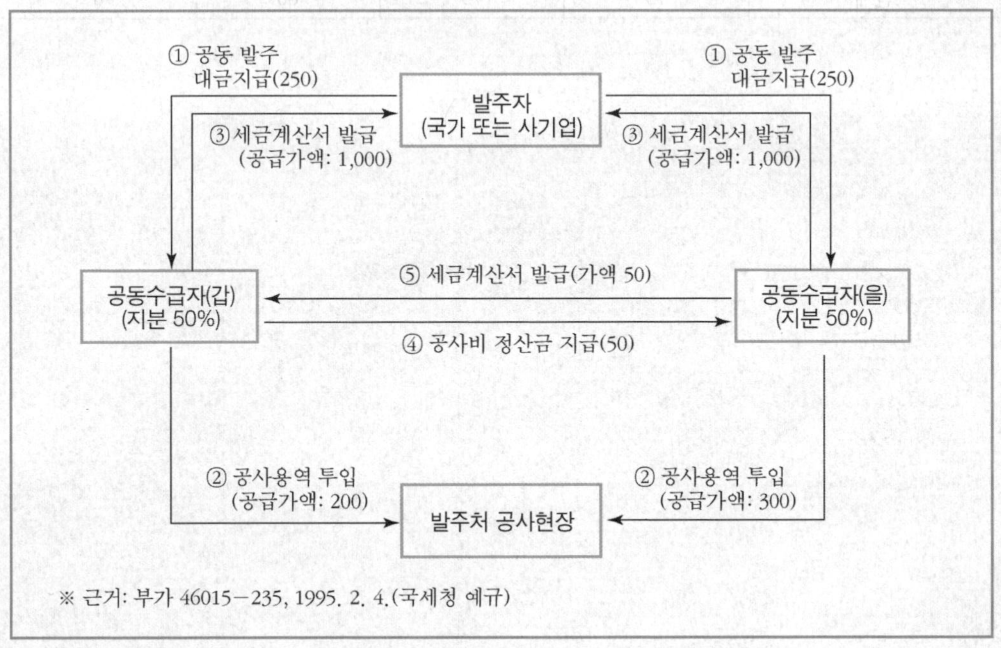

※ 근거: 부가 46015-235, 1995. 2. 4.(국세청 예규)

라. 참여지분과 다른 손익분배비율로 과 · 면세 공사 분담시공 시 세무처리

① 사건 개요

아파트건설업을 영위하는 2개 사가 발주자로부터 전체 과 · 면세비율 25 : 75의 아파트 재건축공사를 공사지분율 각각 50%의 공동이행방식으로 공동수주하면서 공사집행상의 이유로 공동수급사간 별도 약정을 체결하여 공구별 분담 시공함에 따라 A사와 B사의 실지 공사비율이 48 : 52로 변경되었고, 각 수급사별 과 · 면세비율의 차이가 발생(A사 40:60, B사 10:90)하였다. 이 경우 해당 건설용역에 대한 각 수급사의 과세표준 및 공통매입세액 안분계산시 전체 과 · 면세비율을 적용하는지 아니면 각 수급사별 해당 공구의 과 · 면세비율을 적용하는지 여부가 문제된 사건이다.

- 질의 1 : A사와 B사의 과세표준 계산시 적용되는 과 · 면세비율
- 질의 2 : A사와 B사의 공통매입세액 안분계산시 적용되는 과 · 면세비율
- 질의 3 : A사와 B사의 하도급업체 외주건설용역에 대한 과 · 면세비율
- 질의 4 : B사가 A사로부터 정산차액을 지급받고 세금계산서 및 계산서 발행 시 적용되는 과 · 면세비율

구분	전체 공사계약 기준		구분된 공구 기준	
	A사	B사	A사	B사
과세	25	25	40	10
면세	75	75	60	90

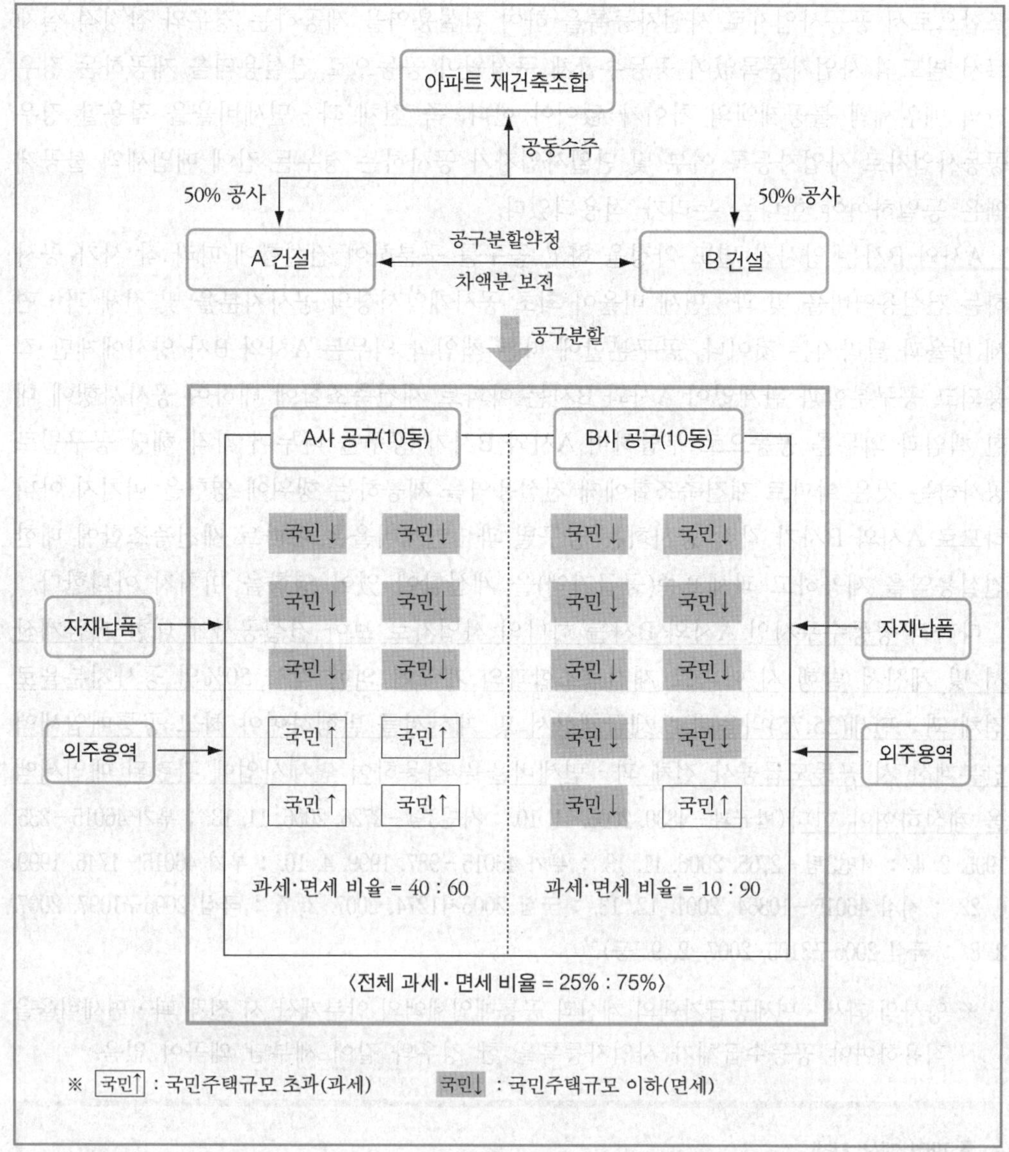

② 국세청 회신의 분석(부가가치세과-2084, 2008. 7. 18.)

A사와 B사는 공동수급사로서 발주자와 각각 50%의 공사지분율을 가지고 공사하고 대가를 수령하는 것으로 공사계약서를 작성하였는바 공동수급체는 해당 건설공사와 관련된 일체의 업무를 공동으로 담당하고 발주자 및 기타 이해당사자에게 책임과 의무를 공동으로 부담하는 조합이므로 공동수급체가 공동도급공사 이행여부도 조합의 구성원이 아닌 조합 즉 공동수급체를 기준으로 판단하여야 한다.

또한 공동도급공사를 수행함에 있어 공통매입세액 안분계산 시 공동수급체가 민법상 조합으로서 공동사업자로 사업자등록을 하여 건설용역을 제공하는 경우와 잠정적 실체로서 별도의 사업자등록없이 공동수급체 구성원이 공동으로 건설용역을 제공하는 경우 간의 매입세액 불공제액의 차이가 없어야 한다. 즉 전체 과·면세비율을 적용할 경우 공동사업자로 사업자등록 여부 및 단일사업자가 공사하는 경우든 간에 매입세액 불공제액은 동일하여야 한다는 논리가 적용되었다.

A사와 B사는 양사간 별도 약정을 하고 공구를 구분하여 건설함에 따라 각 사가 공사하는 건설용역비율 및 과·면세 비율이 최초 공사계약서상의 공사지분율 및 전체 과·면세 비율과 달라지는 것이나, 공구분할에 따른 책임과 의무는 A사와 B사 양사에게만 적용되고 공구분할과 관계없이 A사와 B사는 아파트 재건축조합에 대하여 공사시행에 대한 책임과 의무를 공동으로 부담하며 A사와 B사가 공구를 나누어 각각 해당 공구별로 공사하는 것은 아파트 재건축조합에게 건설용역을 제공하는 행위에 영향을 미치지 아니하므로 A사와 B사가 각각 공사하는 공구별 과·면세비율은 아파트 재건축조합에 대한 건설용역을 제공하고 과세표준(공급가액)을 계산함에 있어 영향을 미치지 아니한다.

따라서 공동수주사인 A사와 B사를 하나의 사업자로 보아 건설공사에 대한 세금계산서 및 계산서 발행 시 아파트 재건축조합과의 계약에 의한 각사 50%의 공사지분율로 전체 과·면세(25:75)비율대로 세금계산서 및 계산서를 발행하여야 하고 공통매입세액 안분계산 시 공동도급공사 전체 과·면세비율을 적용하여 면세사업에 관련된 매입세액을 계산하여야 한다(법규과-4830, 2006. 11. 10. ; 서면3팀-2726, 2006. 11. 13. ; 부가 46015-235, 1995. 2. 4. ; 서면3팀-2765, 2006. 11. 13. ; 부가 46015-987, 1999. 4. 10. ; 부가 46015-1746, 1999. 6. 22. ; 서삼 46015-10864, 2001. 12. 13. ; 국심 2006서1274, 2007. 2. 7. ; 국심 2006구1097, 2007. 2. 8. ; 국심 2006구3105, 2007. 2. 9. 등).

※ 양사의 과세·면세공급가액의 계산과 공통매입세액의 안분계산 시 전체 과·면세비율을 적용하여야 공동수급체가 사업자등록을 한 경우와 같이 세부담 왜곡이 없음.

▌관련 계산 사례

- 도급금액 : 1,000(공동이행방식으로 A사와 B사가 5:5 지분으로 공사)
- 전체 과·면세비율 : 25 : 75
- 공동도급 현황(공통매입세액은 매출액에 비례하여 발생하는 것으로 가정)

구분	A	B	계	비 고
도급	500	500	1,000	공동이행방식
실제시공	480	520	1,000	
과·면세비율	40 : 60	10 : 90	25 : 75	
공통매입세액	9.6	10.4	20	매출액 비례 가정

• 불공제액 비교

구분	단일 사업자	개별 과 · 면세비율			전체 과 · 면세비율		
		A	B	계	A	B	계
공통매입세액	20	9.6	10.4	20	9.6	10.4	20
면세비율	75/100	60/100	90/100	75/100	75/100	75/100	75/100
불공제액	**15**	5.76	9.36	**15.12**	7.2	7.8	**15**

(6) 가장 공동수급체의 세금계산서 발급

1) 가장(형식적) 공동도급 개요

가장 공동수급체는 공사수행능력이 없는 비주간사가 수주만을 위해 형식적으로 입찰에 참여하고 시공은 하지 않은 채 지분포기에 따른 지분이익금만을 받게 된다. 그러면서 공사실적을 인정받게 되어 국가 경제적 관점에서 많은 문제점을 안고 있다. 이러한 가장 공동도급의 비주간사(명의대여자)에 대하여는 「상법」 제24조에 따라 연대하여 변제할 책임이 면제되지 않고, 국가계약법 등에 따라 입찰참가자격 제한 등을 받게 된다.

2) 가장 공동수급체에 대한 법원의 판단

대법원은 공동수급체를 민법상 조합으로 보아 공동수급체 구성원 간의 실질적 용역제공 행위없이 지분비율에 근거하여 세금계산서를 수수한 경우 사실과 다른 세금계산서로 보지 아니하였다. 이는 공동수급체의 구성원 중 비주간사가 현실적으로 공사에 참여하지 아니함에 따라 출자의무를 이행하지 아니할 경우 비주간사가 조합원 출자의무를 불이행하였더라도 조합원의 출자채권과 이익분배청구권을 직접 상계할 수 있을뿐 공동수급협정서에 출자의무이행과 이익분배를 직접 연계시키는 특약이 없는 한 출자의무불이행을 이유로 이익분배 자체를 거부할 수 없다는 판시와도 맥락을 같이 한다(대법원 2004다7019, 2006. 6. 16. ; 대법원 2005다16955, 2006. 8. 25.).

3) 건설형 공사계약에 대한 일반기업회계기준

가장 공동도급계약으로 주간사가 단독 시행한 경우 기업회계기준은 실질에 따라 단독공사를 수행한 주간사가 공사수익과 그 원가를 총액으로 인식하여야 한다는 입장이다. 사실상 수주업무에만 참여한 비주간사는 공사와 관련된 위험이 사실상 주간사 등에 전가되어 수익의 성격의 공사수익이 아닌 용역보수 또는 수수료이므로 본인(비주간사)에게 귀속될 금액만을 수익으로 인식하여야 한다는 입장이다. 그러나 가장 공동도급은 앞서 살펴본 바와 같이 건설산업기본법 등의 제재대상으로서 공동도급의 취지와 맞지 않아 입찰참가자격 제한조치 등의 불이익이 있으므로 기업회계와 같이 경제적 실질에 따라 주간사의 단독공사로 처리하는 사례는 드물 것으로 판단된다.

4) 형식적 공동수급에 대한 세금계산서 수수

가. 국세청의 입장

국세청은 '갑'(주간사), '을'(비주간사) 사업자가 발주자와 형식적인 공동도급계약을 체결하였을 뿐 실제 공사용역은 주간사가 전부 제공하고 '비주간사는 자기 공사지분에 대한 권리를 주간사에게 양도하고 그 대가만을 받거나 또는 비주간사가 주간사에게 별도 하도급계약에 의해 용역을 제공하고 그 대가만을 받는 경우' 형식적인 공동도급계약에 관계없이 국기법상의 실질과세원칙에 따라 그 실질내용에 따라 주간사는 발주자에게 전액 세금계산서를 발급하고 비주간사는 해당 대가에 대하여만 주간사에게 세금계산서를 발급하는 것이고, '주간사와 비주간사가 공동으로 공사를 수행한 경우로서 공동도급비율과 실제 각자에게 귀속되는 도급금액 분배비율이 다른 경우'에는 주간사와 비주간사는 실제 각자에게 귀속되는 도급금액 분배비율에 따라 세금계산서를 발급하여야 하는 것으로 회신하고 있다(부가 46015-2716, 1996. 12. 20. ; 부가 46015-2201, 1994. 11. 1.).

나. 조세심판원과 법원의 입장

조세심판원과 대법원에서는 주간사와 비주간사는 업무집행자와 조합원의 관계에 있으므로 비주간사가 주간사에게 이면약정으로 시공을 위임하는 것은 당사자 사이에 효력이 있을 뿐 공동수급체의 구성원으로서 법률상 의무를 그대로 보유하게 되는바, 공동도급공사 이행 여부도 조합 구성원이 아닌 조합이 공사 이행 시 구성원 전부가 이행한 것으로 보아야 한다는 결정(판시)을 하였으므로 구성원 모두가 공사를 이행한 것으로 보아 세금계산서를 수수한 것은 사실과 다른 세금계산서로 볼 수 없다.[57]

※ 조세심판원 및 법원의 입장은 사례를 들어 후술하기로 한다.

다. 결론

당초 공동도급계약서상의 참여지분율과 다르게 손익분배비율을 정한 경우이든 관계없이 공동도급에 대한 공사수익은 참여지분율대로 주간사 및 비주간사가 발주자에게 세

57) 가장 공동도급을 단독시공으로 보아 세금계산서를 수수하도록 한 위 국세청 해석은 더 이상 유지될 수 없다고 본다.

금계산서를 발급하거나, 대표사가 일괄 수령 후 세금계산서를 발급한 경우 비주간사는 참여지분율에 따라 대표사에게 세금계산서를 발급한다. 공동도급공사와 관련된 외부매입분(하도급 등)에 대하여 세금계산서를 수취한 대표사나 비주간사는 역시 참여지분율에 따라 다른 구성원들에게 부가령 제69조 제16항에 따라 세금계산서를 발급한다.

법원과 조세심판원도 공동수급체를 민법상 조합으로 파악하면서도 공동수급체 구성원 간 또는 그 구성원들과 외부 거래처와의 세금계산서 수수를 인정하면서 참여지분율대로 세금계산서를 수수하는 것을 인정하고 있어 공동사업자로 사업자등록을 하지 아니한 이상 구성원 각각의 단독사업도 아니고 민법상 조합도 아닌 지위에서의 세금계산서 수수관행을 인정할 수밖에 없다.

이때 참여지분율과 손익분배비율 차이로 인하여 정산금(시공권 양도금액을 포함한다)이 발생한 경우에도 해당 정산금에 대하여 국세청은 이를 수령하는 구성원이 지급하는 구성원에게 세금계산서를 발급하도록 회신하고 있다. 동 회신이 실질과세의 원칙상 각 구성원이 수행한 용역의 비율에 상응하는 만큼 각 구성원이 부가가치세를 부담하도록 부가가치세액 조정차원에서 부가령 제69조 제16항을 준용하여 세금계산서를 발급하라는 취지로서 구성원간의 하도급계약에 따른 용역수행대가를 지급하는 것이 아닌지 아니면 가장공동수급체에서 공사를 전혀 수행하지 아니하고 정산금(시공권 양도대가 등)을 지급받는 구성원의 경우에는 권리의 양도로 보아 세금계산서를 발급하라고 회신에 비추어 재화나 용역의 대가로 보고 있는지는 확실하지 않다(동지 : 사전-2015-법령해석부가-0072, 2015. 4. 29.).

만약 전자의 의미라면 국세청은 동 정산금에 있어서 현행 부가령 제69조 제16항 및 다른 유권해석상 또는 기업회계 실무상 대표사가 외부 공동원가를 부담한 후 1역월을 기준으로 부가법 제34조에 따라 월합계세금계산서 등을 발행하여 공동원가를 배분하는 경우보다 다소 완화 또는 확대된 해석으로 보인다.

결론적으로 전자의 의미이든 후자의 의미이든 공동수급체의 정산금 수수에 있어 세금계산서를 발급하도록 권장하여야 할 것이며, 만약 공동사업체 구성원들 간에 정산금 수수하면서 세금계산서를 발급하지 아니하여 과세관청의 과세시도가 있을 때에는 법원이나 조세심판원 결정(조합논리에 따라 조합원 사이에서 수익의 사후정산에 대한 내부약정을 한 것에 불과)을 제시하여야 할 것이다.

아울러 법인의 소득금액계산에 있어서는 실질과세원칙에 따라 손익분배비율에 근거하여 수익과 손금을 계상할 수 있다.

(7) 가장 수급체와 관련된 사례 분석

1) 조세심판원 사례

가. 사실관계

공동수급체가 발주처에서 발주한 관급공사를 수주함에 있어 국가계약법 및 공동도급계약운용요령에 따라 컨소시엄을 구성, 공동으로 공사를 수주한 후 공동도급계약을 체결하였음에도 공동도급운영협정서라는 별도의 약정을 하여 그 중 주간사(갑법인)이 공동수급체 구성원(비주간사로서 을법인은 특수관계인, 병법인은 비특수관계인이다)으로부터 참여지분에 대한 권한을 위임받아 실제로는 단독시공하였음이 확인되었다. 이에 과세관청은,

① 갑법인이 대표사인 경우 비주간사가 발주처에 매출한 것으로 하여 신고한 분에 대하여는 갑법인이 매출 누락한 것으로, 비주간사의 원가배분과 관련하여 갑법인이 비주간사에 매출한 것으로 하여 신고한 분에 대하여는 매출이 없는 것으로 하여 과세하고

② 갑법인이 비주간사인 경우 갑법인이 발주처에 매출한 것으로 하여 신고한 분에 대하여는 매출이 없는 것으로, 다른 주간사로부터 원가배분과 관련하여 갑법인이 주간사로부터 매입한 것으로 하여 신고한 분에 대하여는 매입이 없는 것으로, 갑법인이 다른 주간사에 공동도급공사 지분위임에 따른 대가에 대하여는 매출 누락한 것으로 과세하였다.

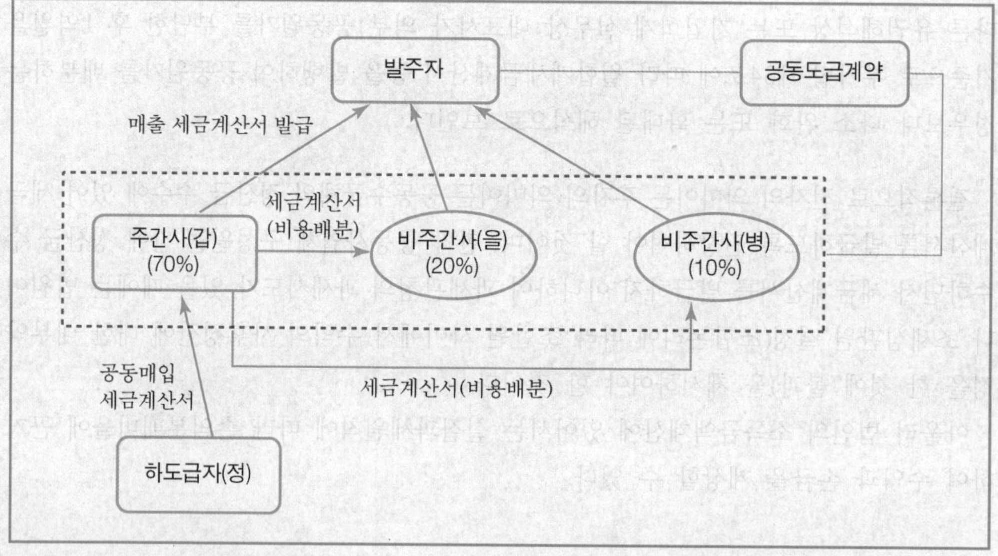

나. 쟁점

건설사가 형식상으로는 공동이행방식의 공동도급계약을 국가와 체결하였으나, 수주사 간 별도의 약정에 따라 주간사가 공사 전체(비주간사의 공사지분 포함)를 실질적으로 단독 시공하고, 매출세금계산서 등은 주간사 및 비주간사가 각자의 지분 해당분을 발급한 경우 사실과 다른 세금계산서 해당 여부

다. 조세심판원의 판단

▌개요

주간사가 이면협약에 의해 단독으로 시공을 하였다고 하더라도,

① 공동수급체는 민법상 조합이며(대법원 2004다7019, 2006. 6. 16.), 공사이행 여부도 조합원이 아닌 조합을 기준으로 판단

② 수주사 간 원가율 약정은 당사자 사이에만 효력이 발생하며 대외적(발주처, 하도급자 등)으로는 구성원이 연대하여 책임을 부담하므로 주간사 단독시공으로 볼 수 없음.

③ 거래과정에서 세금계산서 수수질서를 저해하거나 조세회피목적이 없음.

① 공동이행방식은 공동수급체구성원이 일체가 되어 공동도급공사를 시공하고 그 시공책임도 공사 전체에 대하여 구성원 전원이 연대하여 책임을 지는 것이나, 공동이행방식의 공동도급공사는 공동수급체구성원의 지분율에 의하여 공동으로 공사를 시행하는 것이 현실적으로 어려우며 가능하더라도 비효율적이어서 대부분의 공동도급공사는 공동수급체구성원이 운영위원회를 통하여 잠정적으로 실행예산율을 정하고 그 범위 내에서 대표사가 공사를 주도적으로 시행하고 있는 것이 관행이다.

② 법원은 공동도급공사의 공동수급체를 민법상의 조합이라고 판시하고 있어 주간사와 비주간사 사이에는 업무집행자와 조합원의 관계에 있는바, 공동수급체는 조합이므로 공동수급체가 공동도급공사를 이행하였는지 여부도 조합의 구성원이 아닌 조합을 기준으로 판단되어야 하고, 조합이 공사를 이행한 경우 그 효과는 구성원에게 미치는 것이므로 각 구성원도 공사를 이행한 것이 된다 할 것이고, 전 조합원이 대외적으로 연대책임도 지므로 대표사만이 공사를 이행한 것이 아니라 조합의 구성원들이 공사를 이행한 것으로 보아야 한다.

③ 시설공사도급계약서, 공동수급표준협정서, 공동도급운영협정서 및 공동도급공사와 관련하여 갑법인이 제출한 증빙서류를 보면, 공동도급운영협정서는 공동수급체구성원이 부담하여야 하는 권리와 의무를 구체화한 것이고, 비주간사가 대가를

받고 대표사에게 지분을 양도한 계약이 아니라 공사의 효율적 수행을 위해 공사를 주도적으로 수행할 업무집행조합원과 공사수행에 따른 손익분배방법을 약정하는 계약으로 보인다.

④ 공동수급체구성원 간의 손익분배비율은 당사자 간의 약정에 의하여 지분비율과 달리 정할 수 있으므로 공정한 정산을 위하여 비주간사가 주간사에게 실행예산율의 범위 내에서 모든 공사를 책임 시공하도록 약정하는 것도 조합 구성원 간의 손익분배비율 약정의 한 방법으로 보아야 하며, 대표사가 책임지고 시공하는 공동도급공사에 비주간사가 참여한 사실이 공사진행 관련 문서 등 대표사(갑법인)이 제시한 증빙서류에 일부 나타나는 점 등을 볼 때, 대표사(갑법인)이 공동도급공사를 단독으로 시공하였다고 단정하기는 어렵다.

⑤ 발주처 및 공동수급체 간의 관계에 있어서 계약사의 시공, 하자담보책임 등 공동도급계약서상의 용역제공에 대하여 공동수급체 구성원 모두가 연대하여 이행채무를 부담하므로 공동수급체 구성원에 대해 공동도급계약서상의 당사자로서의 지위를 부인할 수 없다(국심 2006서1274, 2007. 2. 7. ; 국심 2006전3230, 2007. 5. 29.).

라. 결론

위와 같이 원가율 약정은 공동수급체의 구성원으로서 법률상 의무는 그대로 보유한 채 공동수급체구성원들 사이에 내부관계를 약정한 것에 불과하고, 실행률 약정이든 원가율약정이든 비용지출은 공사 기성금에서 지출되므로 참여지분비율대로 지출된 것으로 보아야 한다.

발주처로부터 비주간사가 공사대금을 수령하면 공동도급계약운용요령에 의거 비주간사는 발주처에 세금계산서를 발급하고 대표사 또는 주간사가 공사대금을 일괄수령한 경우에는 비주간사로부터 참여지분에 해당하는 세금계산서를 수취한다. 아울러 대표사가 하도급업자 등으로부터 발급받은 매입세금계산서에 대해서는 비주간사에게 참여지분에 해당하는 공급가액을 기재하여 부가령 제69조 제16항에 따라 세금계산서를 발급할 수 있는 바, 각 거래과정에서 세금계산서 수수질서를 저해하거나 조세회피목적이 없다고 보여지므로 이러한 세금계산서를 사실과 다른 세금계산서로 보기 어렵다고 판단된다.

법원에서도 비주간사가 대표사에게 자기지분에 해당하는 시공권과 공사대금청구권을 모두 양도하여 발주처에 용역을 제공한 바가 없다는 주장에 대하여 대표사가 비주간사의 이행보조자로서 시공을 담당하되 공사대금을 내부적으로 정산한 것에 불과하고 발주처도 비주간사의 공동수급체 탈퇴를 승인한 사실도 없어 비주간사가 시공에 참여하지 않았다는 주장은 실질과세원칙에 비추어 받아들이기 어렵다고 판단한 것과도 궤를 같이 한다(서울고법 2012누2384, 2012. 11. 14.).

2) 가장 공동수급체 단독공사 시 수수한 세금계산서의 적정 여부(법원 판단)

가. 사실관계

갑법인은 을법인과 함께 공동수급체를 결성하여 발주자로부터 건설공사를 수주하였으나, 갑법인은 을법인에게 일정 수수료(지분비율에 상당하는 용역대금의 3%을 지급함. 명의를 빌려주는 대가 또는 시공권 양도대가로 불리기도 한다)를 지급받고 을법인이 공사를 전부 수행하였다.

갑법인과 을법인은 공동수급체의 구성원으로서 각자의 지분율만큼 발주자에게 각각 세금계산서를 발급하였고, 하도급업체로부터 을법인이 세금계산서를 수취한 부분 역시 지분비율에 해당하는 만큼 공동매입 세금계산 발급특례규정에 따른 세금계산서를 수수하였다(갑법인이 동 건설공사와 관련하여 직접 하도급계약을 체결하여 세금계산서를 수취하여 을법인에게 발급하기도 하였다).

나. 과세관청의 경정

과세관청은 법인세 및 부가가치세 통합조사에서 갑법인이 명의상으로만 공동수급체 구성원으로 참여하여 일정한 수수료를 지급받았음을 이유로 사실과 다른 세금계산서를 발급하거나 수취하였다고 보아 부가가치세를 증액결정 고지하였다.

다. 법원의 판결

① 갑법인은 을법인과 입찰 참가 및 도급계약의 체결 및 이행을 위하여 공동수급협정서에 따라 공동수급체를 형성하였는바, 이는 민법상 조합에 해당한다. 또한 갑법인은 공동수급체 구성원으로써 입찰에 참가하였고, 발주자는 중소기업인 갑법인이 공동수급체에 포함된다는 전제 하에 입찰점수를 평가하여 동 공동수급체 구성원들과 도급계약을 체결하고 그에 따른 용역대금을 지급한 것이므로 갑법인에게 도급계약의 계약당사자 지위가 인정된다.

② 이 사건 공사와 관련된 형사판결에서 갑법인과 을법인 사이에 실제 도급계약에 따른 이행은 모두 을법인이 담당하고, 갑법인은 공동수급체 구성의 대가로 소액의 수수료만을 취득하기로 하는 약정이 있었음이 확인되었다고 하더라도 이는 발주자의 의사와는 무관하게 조합원 사이에서 수익의 사후정산에 대한 내부약정을 한 것에 불과하다고 할 것이므로 이를 들어 발주자와의 관계에서 갑법인의 계약당사자 지위를 부정하거나 용역대금의 귀속비율이 달라진다고 볼 수는 없다.

③ 따라서 발주자는 계약당사자에 해당하는 갑법인은 공동수급체의 지분비율에 따른 용역을 공급하는 자에 해당하고, 갑법인의 하도급업체들과의 관계에서도 발주자와

맺은 공동도급계약의 계약당사자 지위에 있는 갑법인이 그 명의로 하도급계약을 체결하고 하도급대금을 지급한 이상, 이 사건 관련 형사판결에서 인정된 것과 같이 갑법인이 을법인의 내부적인 지시를 받아 하도급계약을 체결하였다고 하더라도 이는 조합원들 사이의 약정에 따른 업무분담에 불과하므로 여전히 갑법인이 하도급계약의 계약당사자로서 하도급업체들로부터 용역을 공급받는 자에 해당한다.

그렇다면 갑법인 명의로 발급하거나 수취한 세금계산서는 사실과 다른 세금계산서라고 볼 수 없다(서울고법 2020누37194, 2020. 10. 21. ; 서울행법 2019구합51673, 2020. 2. 11. 국세청의 상고 포기 소확정).

3) 가장 공동수급체의 참여지분율과 손익분배비율 차이가 부당행위계산부인 대상인지 등

가. 사실관계

① 갑법인(주간사)은 특수관계인인 을법인, 비특수관계인인 병법인(을법인, 병법인은 비주간사)과 공동수급체를 구성하여 발주자인 정법인에게 건설용역(이하 "쟁점공사"라 한다)을 제공하였다.

② 발주자와의 공개입찰 시 갑법인, 을법인, 병법인의 지분율은 각각 70%, 20% 10%(이하 "쟁점 지분율"이라 한다)였으며, 공동수급협정서(공동도급운영기준 제6조에 따라 작성)도 이와 같다.

③ 위 공동수급협정서에 따라 쟁점공사에서 발생하는 공사수익은 쟁점 지분율대로 발주자에게 세금계산서를 발급하였고, 공사원가는 갑법인이 먼저 집행하고 분기별로 비주간사에 세금계산서등을 발행하여 원가를 청구하는 방식으로 정산하였다.

④ 한편 갑법인은 발주자에게 제출한 공동수급협정서와 다르게 공동공사원가 배분 등과 관련된 내용을 담은 별도의 공사운영약정서를 작성하였는데 그 주요내용은 효율적 공사수행을 위해 갑법인이 일괄책임시공한다는 것이었다.

⑤ 공동운영약정서에 따르면 공사종료 시 공사이윤이 발생할 경우 쟁점 지분율에 따라 비주간사에 시공이윤을 지급하고 손실이 발생하면 갑법인이 전부 부담한다(갑법인이 부담한 공사원가는 분기마다 비주간사에게 공사원가율 100%로 하여 정산함).

⑥ 갑법인은 총공사원가 중 쟁점금액(공사원가 증가로 발생한 초과 공사비)을 제외한 잔액은 지분비율대로 비주간사에 배부하고, 공사원가 증가로 인하여 발생한 쟁점금액에 대하여는 위 공동운영약정서에 따라 비주간사에 배부하지 아니하고 갑법인의 공사원가로 계상하였다.

⑦ 본 공사와 관련하여 당초 예상과는 달리 경제적인 환경변화로 인하여 공사원가가 증가되어 결과적으로 공사손실이 발생하였다.

나. 과세관청의 경정

① 과세관청은 갑법인이 단독시공한 쟁점공사와 관련하여 지분율대로 공동원가를 배분하지 아니하여 과소청구(회사 계상액 - 지분율 적용 공사원가)한 2009년 사업연도에 대하여 특수관계인인 을법인분에 대하여는 부당행위계산부인규정을 적용하여 익금산입하고, 비특수관계인인 병법인분은 접대비로 보아 접대비한도초과액을 손금불산입하였다.

② 2010사업연도에는 과다청구액이 발생하였으나 손금산입하지는 않았다.

다. 갑법인의 주장

① 쟁점공사의 이행방식

쟁점공사는 공동이행방식에 의하여 시공한 것으로 형식적으로는 지분율 참여에 의한 공동도급방식이지만 그 실질내용은 공사착공 전에 '공사운영약정서'를 체결하여 비주간사의 참여지분율 모두를 실행률 100%로 위임받아 주간사인 갑법인의 책임 하에 시공한 것으로, '공사운영약정서' 제5조(손실에 대한 책임) 규정에 의하여 손실이 발생하는 경우 손실금액 전부를 갑법인이 부담하는 것으로 약정하였기 때문에 공사과정에서 경제환경 등의 변화로 인하여 공사원가가 당초보다 증가함에 따라 발생하는 공사손실 상당액을 준공 후에 비주간사에게 청구할 수 없으며, 공동이행방식을 적용하면서 공사손실액을 주간사가 모두 부담하지 않는 경우에는 공사진행 과정에서 매번 당사자 사이의 협의를 해야 하는 번거로움이 따를 뿐만 아니라, 공사수급자 사이의 공사시공을 둘러싼 책임소재의 불분명 등으로 인한 부작용이 발생함에 따라 효율적인 공사수행을 하고자 하는 본래의 의미가 퇴색되기 때문에 주간사가 공사손실액 전부를 부담한다는 약정을 하는 것으로 건설업계의 관행화된 방식이다.

② 사전약정에 대한 조세심판례 및 법원 판례의 입장

공동수급자는 민법상 조합에 해당하고 공동수급체 구성원 간의 손익분배비율은 당사자 간의 약정에 의하여 지분비율과 달리 정할 수 있으므로 공정한 정산을 위하여 비주간사가 대표사에게 실행예산율의 범위 내에서 모든 공사를 책임시공 하도록 약정하는 것도 조합구성원간의 손익분배비율 약정의 한 방법이라고 판시하고 있다(대법원 2000다68924, 2001. 2. 23. ; 국심 2006서1250, 2007. 8. 31.).

③ 손실분담규정이 비정상적인 관행인지

비주간사 또한 자신의 참여지분율에 상당하는 시공권을 공사 전에 갑법인에게 100% 위임하면서 일반적인 건설업계의 관행은 공사손익의 발생여부와 관계없이 사전에 공사이익을 보장받고 있음에 반하여, 공사 후 이익이 발생하는 경우에 한하여 공사이익이 배부되는 조건부 사후보장을 받으면서 여기에 추가하여 공사 후에 발생할지도 모르는 공사손실 위협까지 함께 부담해야 한다는 것은 갑법인에게는 유리할지 몰라도 비주간사의 입장에서는 매우 불리한 약정으로 결코 동의할 수 없는 조건이고, 효율적인 공사수행은 위하여 단독시공을 할 수 밖에 없는 갑법인은 비주간사의 시공권을 위임받기 위해서는 불가피하게 공사손실을 부담할 수밖에 없는 상황에서 발생하는 양자 간에 서로 다른 입장 차이가 있기 때문에 어느 일방의 입장만을 가지고 판단할 문제는 아니다.

④ 부당행위계산부인 적용대상인지

ㄱ. 부당행위계산부인 적용요건

쟁점금액의 배부는 법인법 제52조 제1항에서 규정하는 건전한 사회통념 및 상거래 관행과 특수관계자가 아닌 자간의 정상적인 거래에서 적용되는 가격을 기준으로 이루어진 것이고 동시에 비주간사 중 특수관계자가 아닌 병법인이나 과세관청이 특수관계자로 판단한 을법인에 대한 쟁점금액의 배부 또한 양자를 차등 적용한 것이 아니라 동일하게 적용한 것이기 때문에 부당행위계산부인의 적용요건을 충족시키지 않는다.

ㄴ. 불공정계약으로서 부당행위계산부인대상인지

과세관청은 갑법인의 손실부담은 불공정계약에 의한 이익분배로 세법에서 인정할 수 없다고 주장하나, 이는 비주간사의 지분율에 대한 시공권을 주간사에게 100% 위임함에 따라 비주간사는 공사시공에 전혀 참여하지도 않고 전적으로 주간사의 책임 하에 이루어지는 공사임에도 불구하고, 공사결과 발생할지도 모르는 공사손실에 대한 위험부담을 비주간사가 함께 부담해야만 공정한 계약에 해당된다는 것이다.

이러한 약정은 주간사의 입장에서는 유리할지 몰라도 비주간사의 입장에서는 매우 불리하여 결코 동의 할 수 없는 것으로 시공권한은 없으면서 위험부담의 책임만이 존재하는 상거래에서 있을 수 없는 일방적인 약정으로 이는 어느 일방의 유·불리를 가리는 계약의 문제이지 공정성 여부 가리는 문제는 아니다. 만약, 과세관청의 주장과 같이 어느 일방의 유·불리를 가지고 과세근거로 삼게 된다면 모든 거래는 유·불리의 양면성이 있기 때문에 어느 일방은 반드시 과세를 해야만 하는 문제가 발생한다.

나아가 불공정계약에 의한 이익분배가 세법에서 인정할 수 없다는 관련조문이 없어 과세관청이 주장하는 세법상 관련근거가 무엇을 의미하는지 알 수 없지만 부당행위계산부인을 근거로 한 주장이라면 앞서 본 바와 같이 부당행위계산부인의 적용요건이 충족되지 않아 이를 적용할 수는 없다.

ㄷ. 공사운영약정서에 따른 손실부담이 접대비인지

공사운영약정서는 공동수급자 구성원으로서 법률상 의무는 그대로 보유한 채 공동수급자 구성원 사이의 내부관계를 약정한 것으로 쟁점공사에 대한 비주간사의 참여지분율을 갑법인이 수임한 행위는 일종의 하도급계약의 형태와 유사한 성격을 갖는 약정을 한 것이고, 동 약정서 제5조에서 사후에 발생하는 공사손실을 갑법인이 부담한다고 분명하게 규정하고 있기 때문에 공사 후에 비주간사에게 공사손실 상당액을 추가적으로 청구할 수 없다.

즉, 쟁점금액을 갑법인이 비주간사에게 청구할 수 있음에도 불구하고 이를 포기한 것이 아니라 사전약정에 따라 청구할 권리가 없다는 것이며, 주간사가 공사손실을 부담한다는 사전약정에 의한 이행방식은 갑법인과 비주간사 사이에만 국한되는 것이 아니라 모든 건설업체가 수용하고 있는 상관행이다.

이러한 건설업계의 상관행을 고려치 않고 단순히 쟁점 지분율만을 유일한 것으로 보아 이를 적용한 쟁점금액의 청구권을 당연시 하여 갑법인이 비주간사에게 청구하지 않았기 때문에 이를 일종의 청구채권의 임의포기로 보아 접대비 등으로 과세한다면, 이는 사전에 약정한 '공사운영약정서'의 존재를 부인하는 것이고 나아가 과세관청의 의견과 같이 쟁점 지분율에 따라 쟁점금액을 비주간사에게 청구했다하더라도 여전히 쟁점금액을 갑법인 등이 발주자에게는 청구할 수 없기 때문에 역시 청구채권의 임의포기로 보아 접대비로 보아야 할 것인바, 이 경우 쟁점공사에 대한 공사 후 결과로 나타난 공사손실을 이유로 사전에 약정한 공동도급계약서를 고려치 않고 공사손실 상당액에 대하여 갑법인 및 비주간사가 발주자에게 청구할 수 있는 권리가 있다는 것인지 의문이다. 결과적으로 당사자 사이의 약정은 사전에 이루어지는 것이고 공사손익은 사후에 발생하는 것으로 사전약정에 의하여 이루어진 거래사실에 대하여 사후에 발생한 결과인 손익 여하를 가지고 공사이익을 반납 또는 공사손실에 대한 청구를 하지 않았다 하여 이를 접대비로 보아야 한다는 과세관청의 처분은 부당하다.

라. 국세청(과세전적부심사위원회)의 판단

갑법인은 비주간사는 공동도급공사에 형식적으로 참여한 것이고, 주간사인 갑법인이 공동수급약정서와 별도의 손익분배약정에 의하여 공사손실금액을 부담한 것이라 주장한다.

공동도급공사는 공동수급체 구성원 전원이 연대하여 시공할 책임이 있으나, 현실적으로는 공동으로 공사를 시행하는 것이 현실적으로 어렵고 가능하더라도 비효율적이어서 대부분의 경우 상관행에 따라 주간사가 주도적으로 공사를 시행하고 있으며, 법원은 공동도급공사의 공동수급체를 민법상 조합이라고 판시하고 있어 주간사와 비주간 사이에는 업무집행자와 조합원의 관계에 있다(대법원 2004다7019, 2006. 6. 16. ; 대법원 99다49620, 2000. 12. 12.).

갑법인이 제출한 공사운영약정서는 공사도급계약서 및 공동수급표준협정서에 규정된 사항에 대하여 공동수급체 구성원이 부담하여야 하는 권리와 외무를 보다 구체화한 것으로 공동수급체 구성원간의 손익분배비율은 공사운영약정서 제5조 내용을 포함하여 당사자 간의 약정에 의하여 지분비율과 달리 정할 수 있으므로 공정한 정산을 위하여 비주간사가 주간사에게 실행예산율의 범위 내에서 모든 공사를 책임시공 하도록 약정하는 것도 조합구성원 간의 손익분배비율약정의 한 방법으로 판단된다(국심 2006서1274, 2007. 2. 7. 외).

원가율 약정은 공동수급체 구성원으로서 법률상 권리·의무는 그대로 보유한 채 공동수급체 구성원들 사이에 내부관계를 약정한 것에 불과하며, 실행률약정이든 원가율약정이든 비용지출은 공사기성금에서 지출되므로 참여지분율대로 지출한 것으로 보아야 하고 이 사건의 처분근거가 된 주간사의 손실부담은 공사착공 전에 예기치 못한 경제적인 환경변화 등으로 인하여 발생한 손실에 대하여 주간사가 부담한다는 사전약정에 의하여 부담한 것이고 주간사의 단독시공에 따른 손익분배비율 약정을 수용한 사례(국심 2006서1250, 2007. 8. 31.) 등에 비추어 쟁점금액은 손금산입함이 타당하다.

이와 같은 내용을 종합하여 보면, 주간사의 손실부담에 대하여 접대비 및 부당행위계산 부인으로 손금불산입하여 법인세를 과세하겠다는 내용의 세무조사결과 통지는 취소함이 타당하다[58](국세청 적부 2011-0324, 2011. 11. 30.).

58) 이후 국세청은 "건설업을 영위하는 내국법인이 공동도급공사시 공동이행방식으로 특수관계에 있는 다른 법인과 공동수급체를 구성하여 공사를 진행함에 있어 당사자간의 손익 분배비율을 약정에 의한 출자지분비율로 하는 경우 약정에 의한 출자지분비율에 따라 공동사업의 손익을 배분하여야 한다고 회신하였다(서면-2016-법인-5607, 2016. 11. 8.).

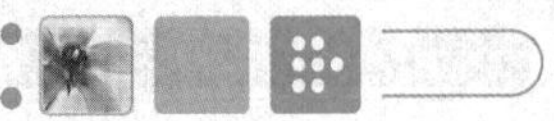

29 당사자가 선택한 법적 거래형식을 과세목적으로 재구성할 수 있는지

(1) 들어가며

거래당사자 간에 거래 시마다 또는 첫 계약이 성사되는 때에 다양한 거래방식 중 어느 하나를 선택할 수 있고 그 선택된 거래방식에 따라 각자가 그 책임과 의무를 부담하면서 그 법적 거래형식에 따른 공급주체 또는 그 거래상대방이 되어 세금계산서 등 적격증빙을 수수하였다면 그 거래형식(법적거래형식)은 존중되어야 하고 경제적 실질 또는 거래결과만을 놓고 각자에게 귀속되는 수익(소득)이나 손실이 동일하다는 이유로 배척되어서는 아니된다. 이하에서는 이러한 논리가 반영된 사례들을 분석해 보고자 한다.

(2) 부가가치세법상 납세의무자, 과세대상과 실질과세원칙과의 관계

1) 부가법상 납세의무자의 판정

부가법 제2조 제3호에서 "사업자"란 사업 목적이 영리이든 비영리이든 관계없이 사업상 독립적으로 재화 또는 용역을 공급하는 자를 말하고 국기법 제14조 제1항에서는 과세의 대상이 되는 소득, 수익, 재산, 행위 또는 거래의 귀속이 명의(名義)일 뿐이고 사실상 귀속되는 자가 따로 있을 때에는 사실상 귀속되는 자를 납세의무자로 하여 세법을 적용한다고 규정하고 있다.

우리나라의 부가가치세는 실질적인 소득이 아닌 거래의 외형에 대하여 부과하는 거래세의 형태를 띠고 있으므로 부가법상 납세의무자에 해당하는지 여부는 원칙적으로 그 거래에서 발생한 이익이나 비용의 귀속이 아니라 재화 또는 용역의 공급이라는 거래행위를 기준으로 판단하여야 한다. 그리고 부가가치세의 과세원인이 되는 재화의 공급으로서의 인도 또는 양도는 재화를 사용·소비할 수 있도록 소유권을 이전하는 행위를 전제로 하므로, 재화를 공급하는 자는 위탁매매나 대리 또는 신탁 관련 납세의무자와 같이 부가법에서 별도의 규정을 두고 있지 않는 한 계약상 또는 법률상의 원인에 의하여 그 재화를 사용·소비할 수 있는 권한을 이전하는 행위를 한 자를 의미한다고 보아야 한다.

과세관청이 실질과세의 원칙에 따라 실질적으로 해당 과세대상을 지배·관리하는 자를 납세의무자로 삼고자하는 경우 명의사용의 경위와 당사자의 약정 내용, 명의자의 관여 정도와 범위, 내부적인 책임과 계산 관계, 과세대상에 대한 독립적인 관리·처분 권한의 소재 등 여러 사정을 종합적으로 고려하여 판단하여야 하고, 아울러 과세요건사실의 존부 및 과세표준에 관하여는 원칙적으로 과세관청이 증명할 책임을 부담하는 바, 이는 거래 등의 귀속 명의와 실질적인 귀속주체가 다르다고 다투어지는 경우에도 증명책임을 전환하는 별도의 법률 규정이 있는 등의 특별한 사정이 없는 한 마찬가지이다(대법원 2011두9935, 2014. 5. 16.).

2) 다단계거래 시 실질과세원칙의 적용과 그 한계

부가법은 '재화의 공급'을 부가가치세 과세대상으로 규정하면서 '재화의 공급은 계약상 또는 법률상의 모든 원인에 따라 재화를 인도(引渡)하거나 양도(讓渡)하는 것으로 한다.'라고 규정하는바, '인도 또는 양도'는 실질적으로 얻은 이익의 유무에 불구하고 재화를 사용·소비할 수 있는 권한을 이전하는 일체의 원인행위를 모두 포함한다(부가법 §4 1호, §9 ①). 용역의 공급도 이와 궤를 같이 한다.

국기법 제14조 제3항은 "제3자를 통한 간접적인 방법이나 둘 이상의 행위 또는 거래를 거치는 방법으로 국기법 또는 세법의 혜택을 부당하게 받기 위한 것으로 인정되는 경우에는 그 경제적 실질 내용에 따라 당사자가 직접 거래를 한 것으로 보거나 연속된 하나의 행위 또는 거래를 한 것으로 보아 국기법 또는 세법을 적용한다."라고 규정하고 있다.

국기법에서 이와 같이 제14조 제3항을 둔 취지는 과세대상이 되는 행위 또는 거래를 우회하거나 변형하여 여러 단계의 거래를 거침으로써 부당하게 조세를 감소시키는 조세회피행위에 대처하기 위하여 그와 같은 여러 단계의 거래형식을 부인하고 실질에 따라 과세대상인 하나의 행위 또는 거래로 보아 과세할 수 있도록 한 것으로서, 실질과세의 원칙의 적용 태양 중 하나를 규정하여 조세공평을 도모하는데 있다(대법원 2017두57516, 2017. 12. 22.).

이 경우에도 납세의무자는 경제활동을 할 때에 동일한(특정) 경제적 목적을 달성하기 위하여 여러 가지의 법률관계 중의 하나를 임의로 선택할 수 있고 과세관청으로서는 특별한 사정이 없는 한 당사자들이 선택한 법률관계(법 형식)를 존중하고, 그 기초 위에서 형성되어야 하므로 사법상의 거래에서 실제로 행하여진 법 형식에 의하여야 하며(대법원 2000두963, 2001. 8. 21. ; 서울고등법원 2016누37265, 2017. 6. 16.), 또한 여러 단계의 거래를 거친 후의 결과에는 손실 등의 위험부담에 대한 보상뿐 아니라 외부적인 요인이나 행위 등이 개입되어 있을 수 있으므로 그 여러 단계의 거래를 거친 후의 결과만을 가지고 그 실질이 하나의 행위 또는 거래라고 쉽게 단정하여 과세대상으로 삼아서는 아니된다(대법원 2011두9935, 2014. 5. 6.).

아울러 거래당사자 사이의 약정내용에 따른 거래형태가 거래목적과 다르지 아니하고 거래의 일반적 사례 등에 비추어 그 거래의 내용과 그 이행 과정에 있어 이례적이거나 납득할 수 없는 부분이 없으며, 공급자가 동 거래로 인한 이익 귀속주체가 아니라고 볼 사정도 없고, 대가의 지급관계 등이 당초 계약 및 거래상대방과의 거래내용과 일치한다면 그 거래내용을 쉽게 부인할 수 없다(동지 : 부산고법 2021누24148, 2022. 5. 18. ; 대법원 2022두45302, 2022. 9. 29.).

국기법의 실질과세원칙은 조세법규를 다양하게 변화하는 경제생활관계에 적용함에 있어 예측가능성과 법적 안정성이 훼손되지 않는 범위 내에서 합목적적이고 탄력적으로 해석함으로써 조세법률주의의 형해화를 막고 그 실효성을 확보한다는 점에서 조세법률주의와 상호보완적이고 불가분적인 관계에 있다.

그럼에도 불구하고 과세관청이 조세의 경감이나 절세를 위하여 납세자들이 선택한 거래형식을 실질과세원칙을 내세워 오직 세금부과를 위해 거래를 재구성하려는 경향이 있는데 이는 납세자가 거래형식을 자유롭게 선택할 권리를 박탈하여 자유로운 경제활동을 저해하고 우리 헌법이 지향하는 자유민주주의나 시장경제체제의 기본이념에 반하게 된다. 또한 실질과세원칙을 지나치게 확대하여 적용하게 되면 과세관청의 과세권의 남용을 정당화시킬 수 있는 반면, 납세자들은 향후에 부과될 지도 모를 세금부과를 예측하기 어려워 법적 안정성을 해치게 된다. 이에 과세관청이 거래를 재구성하여 과세하는 경우는 그것이 가장행위로 확인되거나 처음부터 조세탈루 목적이 있는 경우로 최소화하여야 한다.

(3) 당사자가 선택한 법적 거래형식을 인정한 사례

1) 배달용역의 공급주체가 가맹점의 선택에 따라 결정됨을 인정한 사례

가. 사실관계

㉠ 청구법인은 사업자용 배달앱(이하 "플랫폼")을 개발하여 지역배달 대행업소(이하 "지역총판")와 연계하여 음식점 등 가맹점에 배달원들을 연결하는 용역을 공급한 사업자임.

㉡ 플랫폼 가입 시 가맹점은 세무처리방식을 "세금계산서 발행", "현금영수증 발급", "지역총판의 세금계산서 발행" 중에 선택할 수 있음.

㉢ **세금계산서 발행방식** 하에 청구법인은 배달원에게 지급되는 배달수당을 포함한 전체 배달대행료를 부가가치세 공급가액으로 하여 가맹점에 세금계산서를 발급하고 있으며, 그 외 세부사항은 아래 그림과 같음.

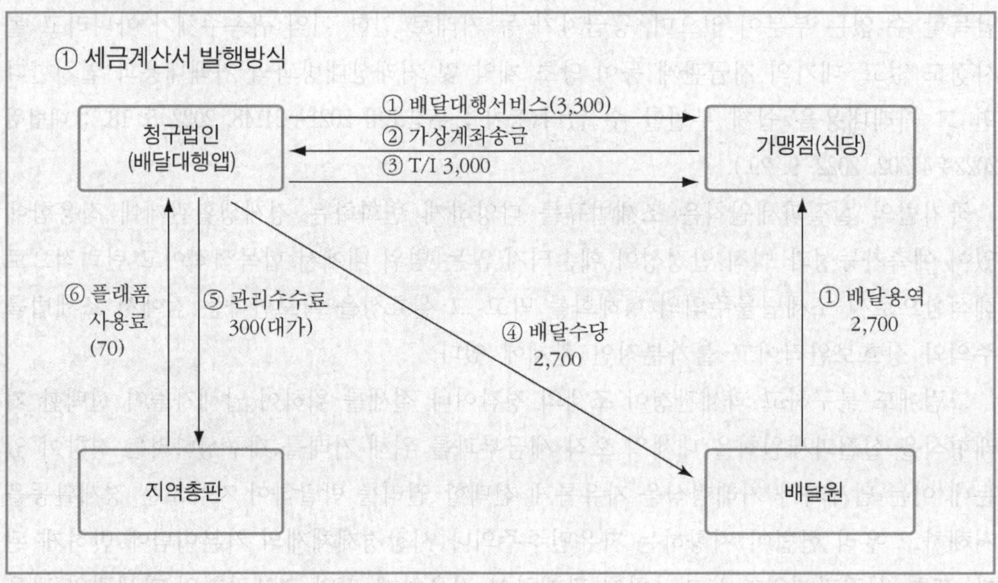

㉣ **현금영수증 발행방식**(이 경우 청구법인이 제공한 용역을 "쟁점용역"이라 한다)하에, 청구법인은 배달원의 배달수당을 '봉사료'로 구분기재하여 부가가치세 과세표준에서 제외하고, 플랫폼 이용금액만 중개수수료로 기재하여 가맹점에 현금영수증을 발행함.

- 배달 중개 서비스를 선택 · 이용한 가맹점은 청구법인에게 중개 수수료를, 배달원에게는 배달대행료(배달수당)를 지급함.
- 청구법인은 배달원이 수령하는 배달수당(2,700원)을 현금영수증의 봉사료 항목에 구분하여 기재하였는데, 이는 배달원이 자신이 수령한 배달수당에 대한 별도의 증빙을 발급하지 않으려 하여, 가맹점이 지출한 비용에 대한 증빙을 구비하는 것이 어려웠기 때문임.
- 청구법인이 가맹점으로부터 중개수수료 외에 배달대행료를 받고 있는 것처럼 보이는 것은 해당비용의 결제가 프로그램상 전자화폐의 전환과정에서 이루어지는 데에서 비롯된 착시효과에 불과하며, 배달원에게 지급된 배달수당은 청구법인에게 귀속된 적이 없고, 청구법인이 제공한 용역과도 무관함.

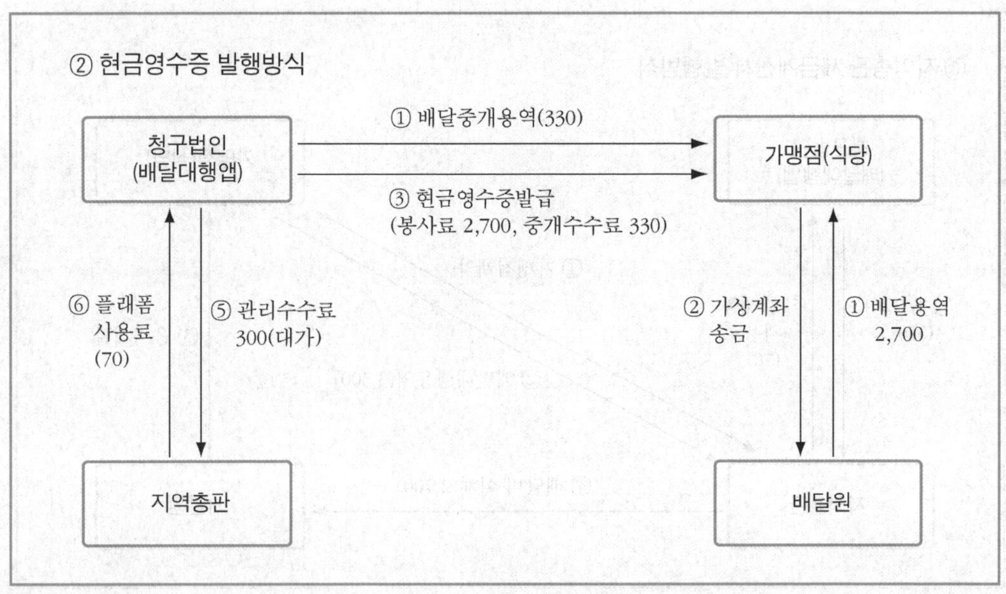

※ 세금계산서 발행방식 하에서 청구법인은 배달대행용역을 제공한 것이고(총액으로 부가가치세 신고), 현금영수증 발급방식 하에서는 배달중개용역을 제공한 것으로서 중개수수료만 부가가치세 신고함.

㉤ **지역총판 세금계산서 발행방식**도 있는데, 해당 지역에 위치한 여러 가맹점을 고객으로 둔 지역총판이 가맹점과 직접 계약하여 자기의 책임과 계산 하에 배달대행용역을 공급하고 배달원과 대가를 정산하는 구조로, 청구법인은 이들에게 플랫폼을 사용할 수 있는 권한만을 제공하고 정산 등에 개입하지 않음.

- 이러한 구조는 배달대행업 시장에서 가장 기본적인 모습으로 청구법인은 플랫폼만 제공할 뿐 배달을 직접 대행하거나 중개하지 않으며 배달 관련 위험·책임을 부담하지도 않음.
- 청구법인은 지역총판부터 "프로그램 사용료(플랫폼 사용료)"를 수취할 뿐이며, 가맹점으로부터 "중개"나 "배달 대행" 명목으로 어떠한 대가도 수취하지 않음.

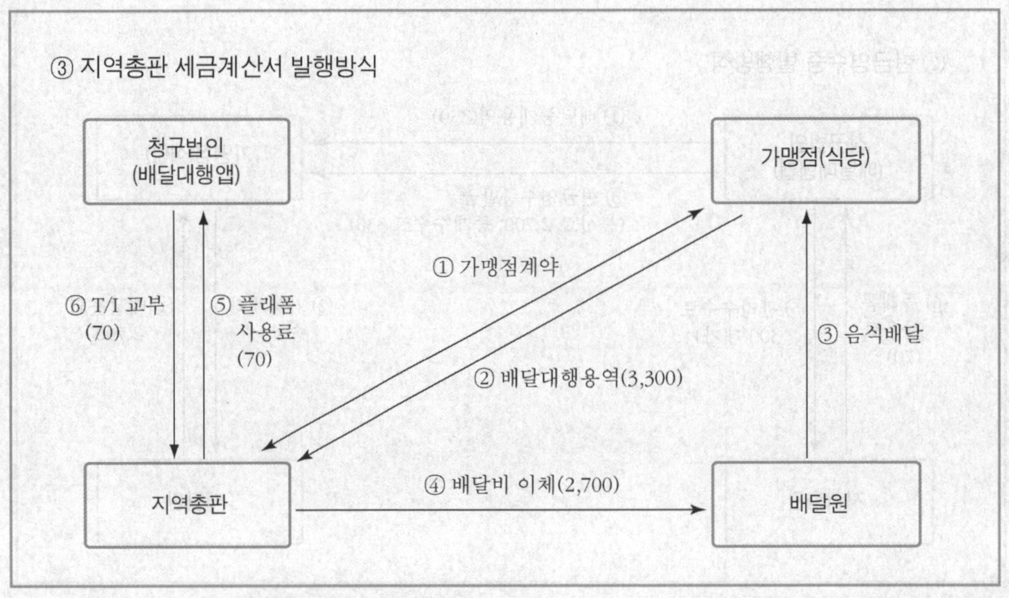

나. 조사청의 세무조사결과 통지내용

위 "② 현금영수증 발급방식"하에 제공된 쟁점용역은 청구법인이 자기의 책임과 계산하에 제공한 배달대행용역으로서 "세금계산서 발행방식" 선택 시에 제공되는 용역과 같고, "현금영수증 발급방식" 하에 쟁점용역에서 배달원에게 지급된 배달수당은 '공급가액에 포함되지 않는 봉사료'에 해당하지 아니하는 것으로 보아 부가가치세 및 가산세를 추징하겠다는 세무조사결과통지를 하였다.

세무조사결과 통지 이전 조사청은, 지방국세청 과세사실판단자문위원회에 위 "현금영수증 발급방식" 하에서 청구법인은 자기의 책임과 계산하에 배달대행용역을 제공한 것인지를 회부하였고, 동 위원회에서는 청구법인이 배달대행용역을 공급한 것으로 판단하였다.

다. 청구법인과 조사청 주장의 요지

① 청구법인 주장 요지

부가가치세는 계약에 따른 반대급부로서 소비지출의 대가를 염두에 둔 구조로서, '소비지출'과 '부가가치'를 연결하기 위한 고리에서 '계약'이 과세요건의 기반으로 설정되는 본질적 성격을 가진다. 즉 과세대상인 거래(=계약상 공급)는 사법상 계약에 따르게 되는바, '경제적 실질' 개념에 입각하여 계약상 공급이 아니거나 포함되지 않는 사실상의 공급을 과세대상 거래에 포섭하는 것은 타당하지 않다. 사법상 계약의 해석은 민사상 의사표시의 해석에 따르는 것이 원칙이므로 과세대상 거래를 판단함에 있어 계약당사자의 의사표시가 계약해석의 기본이 되어야 한다.

납세자가 선택한 사법상 거래의 형식과 실질을 존중하는 판례의 태도는 거래 자체의 담세력을 인정하는 부가가치세제에 있어서 더욱 중요한 의미를 가진다. 하나의 사업주체가 다양한 사업구조를 영위하는 사안에서 그 다양성은 인정되어야 하며 각 사업구조(또는 거래구조)에 따라 세무처리 방법이 달라지더라도 이러한 사법상 거래관계는 존중되어야 마땅하다.

대법원은 계약해석의 일반원칙과 관련하여 계약의 문언과 그 법률행위가 이루어진 동기 및 경위 등을 중요한 요소로 고려하고 있는바(대법원 2008다90095 · 90101, 2009. 5. 14.), 가맹점은 제시된 세 종류의 거래구조 중 원하는 서비스를 자유롭게 선택할 수 있었고 가맹점은 각 거래구조에서의 가맹점 지출비용이나 세무상 비용처리의 용이성, 배달 중 사고 발생 시 책임의 주체 등을 종합적으로 고려하여 쟁점용역을 공급받는 사법상 거래관계를 형성한 것에 불과하다.

배달대행 서비스(세금계산서 발급방식을 말함)에서 청구법인은 가맹점과 배달대행계약을 맺고 자기의 책임과 계산으로 배달대행용역을 공급하게 되므로 배달원에 의해 배달사고가 발생하더라도 그에 대한 책임은 청구법인이 직접 부담한다.

반면 현금영수증 발급방식하에서 청구법인은 플랫폼을 이용하여 플랫폼 가입 가맹점에게 배달원을 중개하는 중개 서비스를 제공한다. 청구법인의 중개행위는 단순한 사실행위에 불과하여 청구법인은 배달과정에 개입할 수 없으며, 배달대행 용역은 배달원의 책임 아래에서 공급되는바 청구법인은 거래당사자 사이의 법률관계에서 전혀 드러나지 않는다.

조사청은 배달원이 가맹점과 배달대행계약을 체결한 적이 없고, 청구법인을 대신하여 배달이라는 사실행위만을 수행한 것이라고 주장하나, 반드시 가맹점과 배달원이 명시적으로 계약을 체결하여야만 계약체결 사실이 인정되는 것은 아니다. 매 배송 건마다 가맹점과 배달원 사이에서 표준화된 배달요금 외 추가 협상을 거쳐 다르게 합의하기 쉽지 않으므로, 이를 두고 배달요금에 대한 협상이 없었다고 볼 것은 아니고 음식배달업은 음식의 픽업과 배달이라는 단순한 업무가 반복적으로 진행되고, 업체가 다양하며 기사수도 많기에 배달요금은 표준화되어 있는바, 가맹점과 배달원 사이에 청약과 승낙, 당사자의 쌍방 합의가 명백히 존재하기 때문에 이를 두고 계약이 체결되지 않았다고 주장하는 것은 부당하다.

조사청은 배달중개 서비스인지, 배달대행 서비스인지에 따라 배달원의 책임부담 여부가 달라짐에도 불구하고, 배달원이 수취하는 대가는 동일하므로 모순이라고 주장하나, 이는 청구법인이 사업상(경영상) 판단에서 비롯된 것에 불과하다.

② **조사청 주장 요지**

청구법인은 배달대행용역을 공급하면서도 부가가치세 회피를 위하여 '현금영수증 방식(배달중개용역)'이라는 허위의 외형을 작출하였다. 동일한 용역을 공급하고서도 단지 그 **대금수령방식의 차이**를 이유로 그 사업형태를 다른 경우와 달리 볼 것이 아닌 바, 세금계산서 또는 현금영수증은 단순히 가맹점이 수취하고자 하는 증빙서류의 종류에 불과한 것이므로 가입 시 선택한 "수취 증빙서류의 차이"만을 이유로 용역의 형태를 다른 경우와 달리 볼 것은 아니다(동지 : 서울행정법원 2017구합69618, 2018. 10. 25.).

③ **국세청 적부심 결정(국세청 적부 2023-0100, 2023. 11. 22.)**

가맹점의 플랫폼 가입 시 세무처리방식 선택은, 가맹점과 청구법인 간에 공급용역·책임소재 등에 대한 계약으로서 존중되어야 함이 원칙이고, 가맹점이 현금영수증 발행방식을 선택하는 경우 납세자는 배달원 중개·알선용역만 제공하는 사업자로 해당 법률관계를 부인할 정도의 조세회피목적·가장행위를 조사청이 입증하였다고 보기 어렵다.

국세청은 아래와 같은 이유에 비추어 청구법인이 제공한 쟁점용역의 실질이 '배달중개용역'이 아닌 자기의 책임·계산 하의 '배달대행용역'으로 단정하기에는 무리가 있다고 판단하였다. 이러한 판단은 배달용역을 제공받는 위치에 선 가맹점이 위 사실관계의 ①, ②, ③ 중 어느 방식을 선택하든 그 약정된 계약관계나 책임소재에 따라 공급자 또는 공급가액이 서로 달라질 수 있다는 것은 인정할 사례로서 그 의미가 깊다.

① 프랜차이즈업체와의 협약, 지역총판 관리·제공사항 등 '상대성'에 근거한 입증 외에, 쟁점용역 제공 시 청구법인이 책임·위험을 부담하였다는 독립적·직접적 입증이 부족하다.

② 세금계산서 발행방식과 달리 현금영수증 발행방식 선택 시 가맹점의 가상계좌에서 배달원 계좌로 배달수당이 직접 지급되었고, 청구법인에게는 중개수수료 상당액만 귀속되었던바, 쟁점용역과 세금계산서 발행 시 제공되는 용역의 대금지급 방식에 분명한 차이가 있다.

③ 또한 가맹점의 관점에서 청구법인이 위험을 부담하는 세금계산서 방식 하에서의 전체 지급대가(부가가치세 포함)가 청구법인이 위험을 부담하지 않는 현금영수증 방식 하에서의 지급대가보다 적어, 용역의 실질에 있어 차이가 있다고 볼 여지도 있다.

④ 쟁점용역 관련 부가가치세 세무처리에 있어, 배달수당 구분기재는 청구법인이 배달원의 부가가치세 납부를 단순 대행한 것에 불과하고, 배달수당이 청구법인의 공급가액에 포함되지 않는다는 것을 명확하게 할 목적에서 행하여졌다고 봄이 상당하다.

④ 국세청 적부심 결정의 의의

청구법인(공급자)은 공급받는 자(가맹점)에게 앞서 제시된 세 종류의 거래구조 중 원하는 서비스를 자유롭게 선택할 수 있었을뿐 특정 거래방식 중 하나를 강제하지 아니하였고, 가맹점이 선택한 방식을 선택한 가맹점은 각 거래구조에서의 가맹점 지출비용이나 세무상 비용처리의 용이성, 배달 중 사고 발생 시 책임의 주체 등을 종합적으로 고려하여 쟁점용역을 공급받는 사법상 거래관계를 형성함에 따라 청구법인이 가맹점에 공급하는 용역의 실질의 차이에 따라 상이한 세무처리방식이 존재하였던 것이므로 청구인과 가맹점이 자유의사에 의해 선택한 거래방식을 함부로 부인할 수 없다는 뜻을 분명히 하였다.

2) 수탁판매장에서의 판매분 매입거래를 인정한 사례

가. 통신단말기 수탁판매장 고객의 결제방식별 공급형태

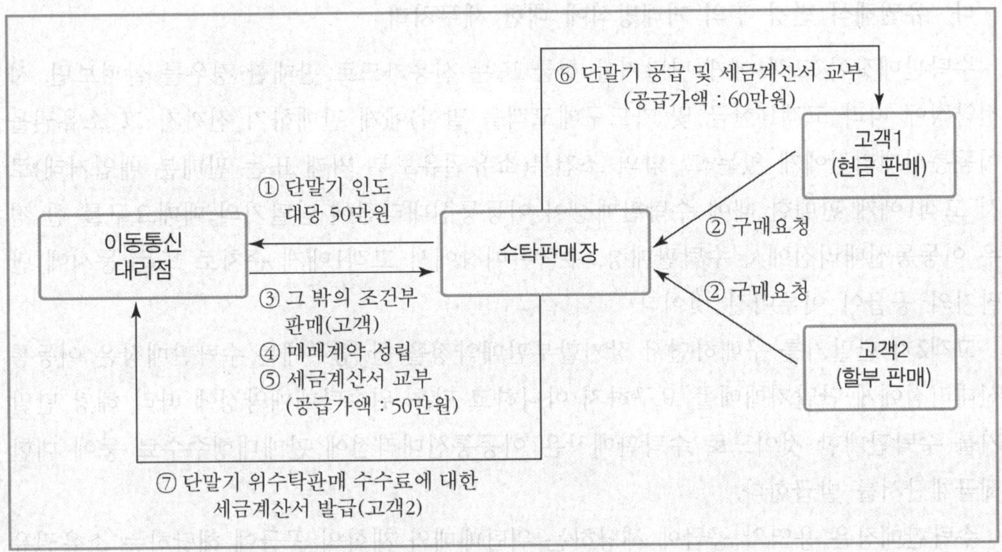

나. 소유권유보거래(판매분 매입거래)에 대한 국세청 해석 변경

종전 국세청은 납품업자가 대리점에 상품을 인도하고 납품업자가 대리점에 인도한 상품의 채권회수를 위하여 소유권이전을 대금회수시점까지 유보시키는 경우 또는 동산을 매매함에 있어 매매목적물을 인도하면서 대금 완납 시까지 소유권을 매도인에게 유보하기로 특약한 소유권유보부매매는 조건부거래로 인정하지 아니하고 부가법 제15조 제1항 제1호에 따라 **해당 상품 등을 인도하는 때를 공급시기**로 본다고 해석하였다(부가-1273, 2009. 9. 9. ; 부가 46015-918, 2000. 4. 26.). 위 해석하에 고객1, 2에 대한 단말기 판매는 모두 위탁판매거래에 불과하였다.

이동통신대리점이 수탁판매장(위수타계약의 수탁자를 말함. 이하 같음)과 위탁매매계약을 체결하여 수탁판매장을 통하여 소비자에게 단말기를 공급하여 오다 소비자가 일시불 구매를 원하는 물품에 대하여는 수탁판매장과 매매거래계약을 체결하여 수탁판매장에 단말기를 공급하는 경우로서 이동통신대리점이 수탁판매장에 물품을 반출한 후에도 소유권을 가지고 단말기 소유에 대한 위험과 책임을 부담하다 수탁판매장이 해당 단말기를 소비자에게 일시불로 판매 시 이동통신대리점에게 매매를 요청하면 이동통신대리점과 수탁판매장 간의 매매가 성립되어 판매점이 자신의 권한과 책임으로 소비자에게 단말기를 판매할 수 있는 것으로 약정한 거래는 매매거래로서 그 밖의 조건부 판매에 해당하고 이동통신대리점의 단말기 공급시기는 부가령 제28조 제2항에 따라 조건이 성취되어 판매가 확정되는 때인 수탁판매장의 소비자 판매시점이 되는 것이라고 법령심사위원회를 통해 기존 해석을 변경하였다(사전-2021-법령해석부가-0779, 2021. 8. 31.).

다. 유권해석 변경 후의 거래방식에 대한 세무처리

수탁판매장이 **고객1**에게 단말기를 현금 또는 신용카드로 판매한 경우를 살펴보면, 사전약정에 따라 고객1(현금 및 카드구매고객을 말함)에게 판매하기 전까지 그 소유권을 이동통신대리점에게 있는 그 밖의 조건부(소유권유보부 거래 또는 판매분 매입거래)로서 고객1에게 판매한 때에 수탁판매장이 이동통신대리점에 단말기의 매매요구를 한 경우 이동통신대리점에서 수탁판매장, 수탁판매장에서 고객1에게 순차로 또는 동시에 단말기의 공급이 이루어진 것이다.

고객2가 단말기를 구매하면서 장기할부판매약정을 한 경우에는 수탁판매장은 이동통신대리점에게 단말기매매를 요구하지 아니하고 당초 위수탁매매약정에 따라 해당 단말기를 수탁판매한 것이므로 수탁판매장은 이동통신대리점에 판매대행수수료 등에 대한 세금계산서를 발급한다.

수탁판매장은 용역의 공급에 해당하는 위탁매매와 재화의 공급에 해당하는 소유권유보부거래 또는 판매분 매입이 혼재된 거래를 하고 있으며 그 공급시기는 모두 수탁판매장이 고객에게 단말기를 판매한 때이다. 이 때 두 거래 중 어느 것을 적용할지는 결국 고객의 자유로운 선택(결제방식)에 따라 결정되는데, 고객이 단말기를 현금 또는 신용카드로 결제한다면 단말기의 매매거래이면서 그 밖의 조건부거래가 되고, 단말기 할부판매를 선택한 경우에는 단말기의 위탁매매로서 수탁판매장이 이동통신대리점에 판매대행용역을 공급한 거래가 된다.

3) 특수관계인간에 선택한 거래를 부인하고 거래를 재구성할 수 있는지

가. 사실관계

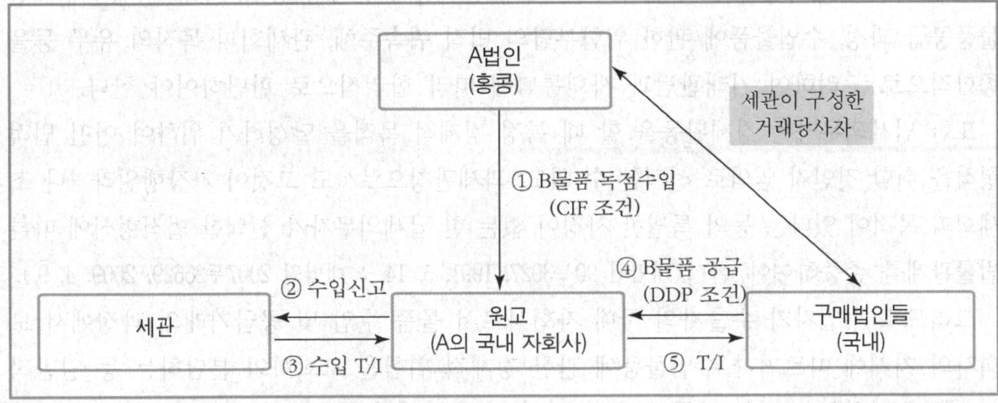

원고는 홍콩 A법인이 설립하여 지분 100%를 보유하고 있는 내국법인으로 A법인으로부터 B물품을 전량 수입하고 있다. 국내 제강사들(이하 '구매법인들')은 B물품을 구매하기 위하여 원고를 비롯한 국내외 공급자들과 경쟁입찰을 통하여 낙찰을 받은 원고가 A법인으로부터 수입하여 구매법인들에게 공급하여 왔다.

원고는 B물품을 수입하면서 A법인과 체결한 매매계약에 정한 수입가격(CIF)을 과세가격으로 하여 관세 등을 신고·납부하였다.

나. 세관장의 처분내용

세관장은 원고가 B물품의 실제 구매자가 아니라 특수관계자인 A법인의 판매대리인에 불과하고, B물품 수출입거래의 실질적인 당사자는 A법인과 국내 구매법인들이라고 보아, 국내 구매법인들이 B물품의 구매를 위하여 원고에게 지급한 가격을 실제 구매가격으로 하고 여기에서 국내 운송비 등을 차감하여 조정한 거래가격을 기초로 관세 등을 경정·고지했다.

다. 대법원 판결의 요지(대법원 2015두49320, 2017. 4. 7.)

수입물품에 대한 관세의 과세가격은 구매자가 실제로 지급하였거나 지급하여야 할 가격에 수수료, 운임 등을 조정한 거래가격으로 하므로 그 과세가격은 원칙적으로 물품의 수입자가 해외 수출자에게 지급한 수입가격을 기초로 결정하여야 한다(관세법 §30 ①).

다만, 수입자가 해외 수출자의 국내 판매대리인에 불과하여 실질적으로는 국내 구매자가 해외 수출자로부터 직접 수입한 것과 동일하게 볼 수 있는 특별한 사정이 있는 때에는 그 실질에 따라 국내 구매자가 수입자에게 지급한 가격이 과세가격 결정의 기준이 될 수 있다. 이때 수입자가 국내 구매자에 대한 독립적인 판매자의 지위에 있는지 아니면 수출자의 판매대리인으로서 단순 보조자에 불과한지는 물품 수입계약 및 국내 구매자에 대한 판매계약의 각 계약당사자, 수입가격 및 국내 판매가격의 결정 방식, 국내 구매자에 대한 물품공급 과정, 수입물품에 관한 위험부담의 법적 귀속주체, 관세회피 목적의 유무 등을 종합적으로 고려하여 거래관념과 사회통념에 따라 합리적으로 판단하여야 한다.

또한 납세의무자는 경제활동을 할 때 특정 경제적 목적을 달성하기 위하여 어떤 법적 형식을 취할 것인지 임의로 선택할 수 있고, 과세관청으로서도 그것이 가장행위라거나 조세회피 목적이 있다는 등의 특별한 사정이 없는 한 납세의무자가 선택한 법적형식에 따른 법률관계를 존중하여야 한다(대법원 90누3027, 1991. 5. 14. ; 대법원 2007두26629, 2009. 4. 9.).

그러므로 수입자가 수출자의 국내 자회사로서 물품 수입 및 공급거래의 과정에서 모회사의 지시에 따르거나 수입물품에 관한 경제적 위험을 모회사와 분담하는 등 일반적인 제3자 사이의 거래와 다른 특수한 점이 있다고 하더라도 그것이 거래통념상 모회사와 자회사 사이에서 보통 이루어지는 거래방식에서 벗어난 것이 아니라면 관련 당사자들 사이의 계약 내용을 무시하고 그 자회사를 수입물품의 구매자가 아닌 판매대리인에 불과하다고 쉽게 단정할 것은 아니다.

라. 대상판결의 의의

대상판결에서 원칙적으로 납세의무자가 선택한 법률관계(법적 거래형식)를 존중하여야 한다는 대원칙 하에서, 거래자들이 맺은 그 법적 거래형식이 '가장행위'라거나 납세의무자가 선택한 거래의 법적 형식이나 과정이 처음부터 '조세회피 목적'이 있다는 특별한 사정이 없다면 과세관청은 납세의무자가 선택한 법적 거래형식에 따른 법률관계를 존중하여야 한다고 판시함으로써 가장행위나 조세회피 목적 등의 특별한 사정이 있는 경우에만 제한적으로 거래를 재구성할 수 있다는 엄격한 태도를 취하였다(동지 : 대법원 2015두46963, 2017. 2. 15.).

부언하면 과세관청이 거래를 재구성하기 위해서는 단순히 경제적 실질을 납세자가 선택한 법적 형식과 다르게 보는 것이 타당하다는 것만으로는 부족하고, 주관적 요건으로서 '조세회피의 목적'과 객관적 요건으로서 '조세회피수단인 거래행위'가 있어야 하며 그러한 거래행위에 따라 주어지는 세제상 혜택이 부당하다는 점까지 인정되어야 실질과세를 이유로 거래를 재구성할 수 있다.

아울러 자회사가 거래과정에서 모회사의 구체적인 지시에 따르거나 경제적 위험을 사실상 모회사가 부담하는 등 일반적인 제3자 사이의 거래와 다른 특수한 점이 있더라도 그것이 모자회사간 보통적으로 일어 날 수 있는 정도의 거래라면 거래를 쉽게 재구성할 수는 없다는 판단까지 덧붙였다.

4) 재화의 위탁판매에 해당하는지 여부 및 세금계산서 발급방법 등

가. 사실관계

도매업자인 “위탁자”(또는 “신청법인”)와 수탁자 간에 체결된 상품 위탁판매 계약(이하 “쟁점계약”)에 따라 위탁자는 수탁자에게 상품을 인도하고, 수탁자는 수탁자가 벤더사(vendor company)로 등록된 롯데마트나 이마트와 같은 대형할인점과는 별도의 계약을 통해 대형할인점에서 소비자에게 상품을 판매하며, 상품의 판매가격(최종 소비자가격)은 수탁자가 결정한다. 수탁자는 소비자에게 상품 판매 시 대형할인점의 POS시스템을 이용하므로 소비자는 대형할인점으로부터 신용카드 매출전표 등을 발급받는다.

수탁자는 매월 판매한 상품에 대하여 익월 10일까지 쟁점계약에 따라 사전약정한 공급가를 기준으로 거래명세서를 작성하여 위탁자에게 교부하고, 위탁자는 수탁자에게 수탁자의 판매 수량에 사전약정한 공급가를 곱한 금액으로 세금계산서를 발급하며, 수탁자는 대형할인점에 총 판매금액에서 대형할인점에 지급해야 하는 수수료를 차감한 금액으로 세금계산서를 발급한다.

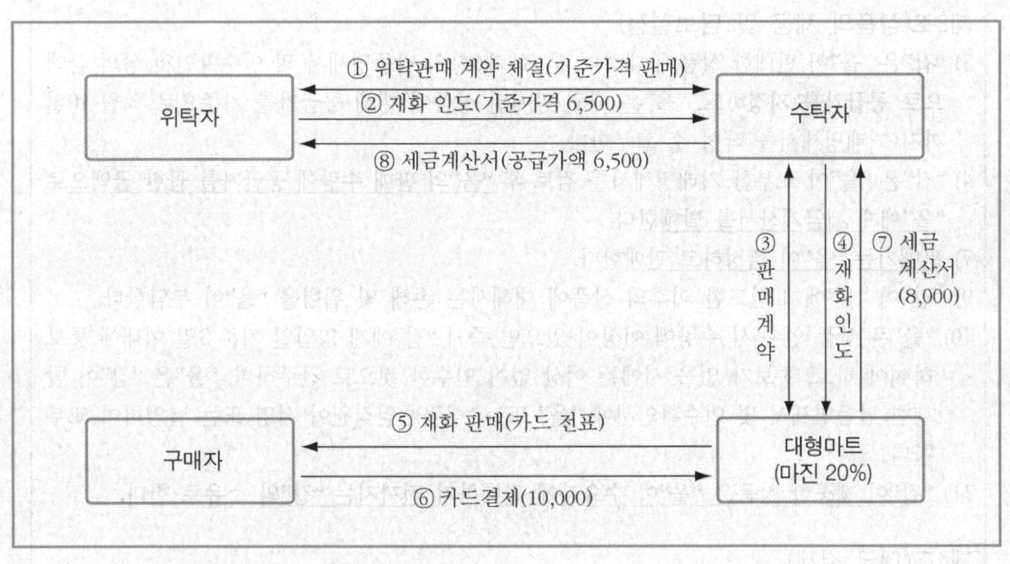

| 쟁점계약의 주요내용 |

위탁판매 계약서

위탁자(이하 "갑")와 수탁자(이하 "을")는 "갑"이 공급하는 상품을 "을"이 판매 및 관리함에 있어서 다음과 같이 위탁판매계약을 체결한다.

- 다음 -

제1조(목적)

"갑"은 "갑"의 상품을 "을"에게 판매위탁하고 을은 "갑"이 위탁한 상품을 수요자에게 판매함에 있어서, 본 계약은 "갑", "을"간의 계약에 관한 제반 사항을 규정하고 상호 협조와 신뢰로써 이를 성실히 준수하여 공동의 발전에 기여함을 그 목적으로 한다.

제2조(보장)

1) 본 계약의 형태는 "위/수탁거래"의 형태이며, 수탁자인 "을"은 위탁자인 "갑"과 협의한 사항에 따라야 한다.

4) "을"은 "갑"과 협의된 장소(롯데마트, 이마트 등)에서 판매를 할 수 있다. 그 외 판매처는 "갑"과 협의 후 추가로 진행할 수 있다.

제3조(상품의 제공 및 담보설정)

3) "갑"은 "을"이 판매한 상품에 대하여 본 조 제6항의 납품명세서 및 인수확인서 상의 금액으로 공급가를 지정하고, "을"은 매월 판매된 상품에 대해 공급가를 기준으로 익월 10일까지 거래명세서를 작성 후 교부한다.

4) "갑"은 "을"이 교부한 거래명세서를 검토 후 "을"의 판매 수량에 공급가를 곱한 금액으로 "을"에게 세금계산서를 발행한다.

7) 판매가는 "을"이 결정하고 판매한다.

9) "갑"이 "을"에게 인도한 이후의 상품에 대해서는 손해 및 위험을 "을"이 부담한다.

10) "을"은 상품 인수 시 수량에 이상이 있으면 즉시 "갑"에게 영업일 기준 3일 이내에 통보하여야 하고, 통보가 없을 시에는 이상 없이 인수한 것으로 간주하며, "을"은 "갑"이 발행한 납품명세서 및 인수확인서에 "을" 또는 "을"의 임직원이 서명 또는 날인하여 교부한다.

11) "갑"이 제공한 상품은 "을"이 수요자에 판매하기 전까지는 "갑"의 소유로 한다.

제4조(대금 결제)

1) "갑"이 "을"에게 위탁판매를 의뢰한 상품에 대해서, "을"은 익월 말일까지 당월판매 상품의 공급가를 "갑"이 지정한 통장으로 지급한다.

나. 국세청의 회신

위탁자가 수탁자와 체결한 위탁 판매계약에 따라 위탁자가 수탁자에게 재화를 인도하고 수탁자가 재화를 공급(이하 "쟁점거래")하는 경우로서

① 쟁점거래가 위탁자의 책임과 계산으로 공급되는 경우에는 부가법 제10조 제7항에

따라 위탁자가 직접 재화를 공급하는 것으로 보는 것이나, 쟁점거래가 위탁자를 알 수 없는 경우 또는 수탁자의 책임과 계산으로 공급되는 경우에는 위탁자가 수탁자에게, 수탁자가 거래상대방에게 각각 재화를 공급하는 것으로 본다. 다만, 쟁점거래가 어느 경우에 해당하는지 여부는 위탁판매 계약내용, 거래조건 등 구체적인 거래 사실관계를 종합적으로 고려하여 사실판단할 사항이다.

② 쟁점거래가 부가법 제10조 제7항(위탁매매)에 해당하는 경우 부가법 제34조 및 부가법 제32조 제6항에 따라 세금계산서를 발급(수탁자가 위탁자 명의로 발급)하는 것이고, 쟁점거래가 위탁자를 알 수 없는 경우 또는 수탁자의 책임과 계산으로 공급되는 경우에는 부가법 제34조에 따른 세금계산서 발급시기(수탁자의 재화의 공급시기 기준)에 위탁자가 수탁자에게, 수탁자가 거래상대방에게 각각 세금계산서를 발급한다.

③ 다만, 쟁점거래가 부가령 제75조 제9호 가목 및 나목에 해당하는 경우에 쟁점거래와 관련하여 수취한 세금계산서는 사실과 다른 세금계산서로 보지 아니한다(사전-2023-법규부가-0369, 2023. 10. 25.).

다. 해당 회신에 대한 검토

쟁점거래가 위탁매매인지 일반매매인지에 대하여 국세청은 판단하지 아니하였으나 만약 위탁매매라면 위탁자 명의로, 일반매매라면 위탁자 및 수탁자 각각의 명의로 세금계산서를 발급하며, 위탁자를 알 수 없는 경우라면 일반매매와 같이 세금계산서를 발급하며, 일반매매이든 위탁매매이든 위 "③"의 경우와 같이 일반매매의 형식으로 세금계산서가 발급된 경우에는 동 세금계산서를 사실과 다른 세금계산서로 보지 아니하므로 위장가공세금계산서가 아니며, 세금계산서불성실가산세 및 세금계산서질서범에 해당하지 아니한다는 국세청 입장이 정리된 회신이다.

더 나아가 위 사실관계에서 대형할인점에서 위탁자의 수탁물품을 구입한 사업자가 그 재화를 과세사업에 사용 또는 소비한다면 매입세액공제가 가능하다는 것이 유권해석 담당자의 구두상 의견이었다.

하지만 부가령 제75조 제9호 가목 및 나목에 따라 쟁점거래와 관련하여 수수한 세금계산서는 사실과 다른 세금계산서로 보지 아니한다고 하더라도 동 규정은 소득법 또는 법인법상 수입금액 및 손익의 귀속시기까지 적용되는 것은 아니어서 손익의 귀속시기 등은 별도로 판단하여야 한다.

5) 상품중개업을 도매업으로 재구성하여 과세한 사례

가. 사실관계

재화의 공급자 갑법인과 해당 재화를 최종 공급받은 병법인과의 사이에서 해당 거래를 중개 또는 관여하는 을법인이 있는 경우로서 재화의 이동과 세금계산서의 발급이 갑법인에서 병법인으로 직접 이루어진 경우 처분청이 을법인의 역할이 단순 중개나 수탁자의 역할을 넘어서 가격결정에 관여하는 등 중개(위탁)수수료가 아닌 매매차익을 얻었다고 보아 갑법인에서 을법인, 을법인에서 병법인으로 각각 공급이 이루어졌다고 보아 과세하려는 시도가 종종 있다.

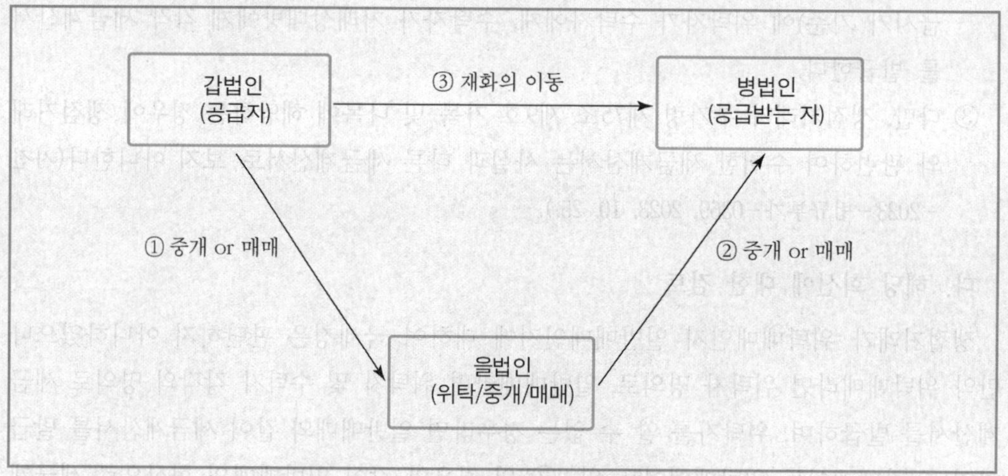

나. 상품중개업과 도매업의 판단기준과 과세 현황

상품공급자(갑법인)와 중간에 게재된 자(을법인)와의 거래가 위탁매매인지 매매인지에 대한 구별기준(도매업인지 상품중개업인지에 대한 판단도 아래와 같다)은 '타인의 위험과 계산'에 의한 것인지는 재화에 대한 가격결정권의 주체, 상품의 가격등락에 따른 손익, 멸실, 훼손 등에 대한 위험부담의 귀속주체, 거래에서 발생한 금전수수가 매매차익인지 수수료인지 여부, 관련 계약의 문언 및 거래관행 등을 종합적으로 고려하여 판단하여야 하고, 이러한 판단기준에 따라 을법인의 공급행위가 위탁자에 대한 용역의 공급이 아닌 직접 재화를 공급한 것으로서 일반매매에 해당한다는 과세요건사실에 관하여는 과세관청이 입증하여야 한다(대법원 97누20359, 1999. 4. 27. ; 인천지법 2015구합52740, 2016. 6. 9. ; 서울고법 2016누51247, 2016. 12. 22. ; 조심 2009서4182, 2010. 5. 20.).

아울러 해당 재화의 성격이나 거래관행 등도 고려하여 보관이나 수송의 어려움으로 매입처에서 매출처로 직접 인도될 수 있고 고액의 매매대금으로 인하여 비교적 단기에 수차례의 거래가 이루어질 수 있다는 사업상의 특성이나 업계의 관행도 인정되어야 하는데 과세관청은 아전인수 해석으로 과세시도가 많았다(조심 2014중4799, 2015. 1. 30.). 물론 이러한 과세가 소송과정에서 과세관청의 입증부족 등을 이유로 패소하기도 하였다(수원지법 2015구합760, 2016. 1. 28. ; 대법원 2016두54893, 2017. 1. 12.).

다. 위탁매매를 일반매매로 과세하려는 시도에 대한 대책

갑법인이 을법인에게 재화를 공급하고 을법인은 자기의 책임과 계산하에 병법인에게 공급하여 도·소매거래로 인한 매매차익을 얻는 일반매매거래임에도 갑법인이 병법인에게 직접 재화를 공급한 것으로 보아 세금계산서를 수수하였다면 갑법인은 을법인에게 세금계산서를 발급하여야 하나 병법인에게 발급하였으므로 세금계산서위장발급가산세(공급가액의 2%), 을법인은 갑법인으로부터 세금계산서미수취에 따른 증빙불비가산세와 병법인에 대한 세금계산서미발급가산세(공급가액의 2%), 병법인은 세금계산서를 을법인으로부터 수취하지 아니하고 갑법인으로부터 수취하였으므로 세금계산서위장수취가산세(공급가액의 2%)와 함께 각각 매입세액불공제 및 과소신고·납부지연가산세가 부과되고 세금계산서질서범으로 처벌될 수도 있다.

갑·을·병법인 당사자들이 고의적 조세탈루, 외형 부풀리기 등을 목적으로 사실과 다른 세금계산서를 수수하는 경우가 아니라는 조건 하에서 앞 "2)"의 위탁매매와 일반매매(도매업과 상품중개업)의 판단기준에 비추어 그 성격이 혼재되어 있다거나 구분이 모호할 때가 많다. 위탁매매등에 대한 대법원의 판단과 기업회계의 회신들을 보면 어떠한 거래행위가 위수탁거래인지 일반매매인지에 대하여 대체로 위수탁거래를 넓게 보고 있는 듯하다.

그렇다면 위탁매매와 일반매매거래에 대한 세금계산서 발급방법은 위 판단기준과 거래실질에 맞게 구분하여 부가법령 규정에 따라 발급하여야 하는 것이 원칙일 것이다.

하지만, 2019. 2. 12. 이후부터는 거래실질(일반매매거래 ↔ 위탁매매)과 다른 세금계산서 수취분에 대하여 그 거래사실이 확인되고 신고·납부가 이루어져 조세탈루가 없는 경우(이 때 을법인이 갑법인이나 병법인으로부터 저가나 무상의 중개수수료를 받는다 하여도 마찬가지이다), 매입세액공제를 허용하고 사실과 다른 세금계산서로 보지 아니하여 세금계산서불성실가산세 및 부과를 면하고 있는 바, 을법인이 상품중개인이나 수탁판매자로서의 지위를 넘어 갑법인과 을법인 사이에서 역할을 수행한 부분이 있더라도 부가령 제75조 제9호 나목이 적용되어 갑·을·병법인간의 매매거래로 재구성하여 과세할 수는 없다.

법원의 판결을 보면 위탁매매와 일반매매거래를 엄격히 구분하려는 시도가 보여지고 상법이나 앞서 살펴본 위탁매매기준을 적용하여 거래의 실질을 위탁매매로 판단하면서 거래의 실질과 다른 세금계산서를 사실과 다른 세금계산서로 판단할 사례도 있었으나(서울고법 2018누30053, 2018. 5. 15. ; 서울고법 2006누30739, 2007. 5. 22. ; 서울고법 2005누9929, 2007. 5. 31.), 이러한 판결은 모두 2019. 2. 12. 부가령 제75조 제9호 가목 및 나목이 신설되기 이전의 판결들로서 개정 이후까지 거래의 실질을 엄격하게 구분하여 사실과 다른 세금계산서인지를 판단할 실익이 없다고 본다.

6) 순환(끼워넣기)거래에 대한 법원의 판단

가. 사실관계

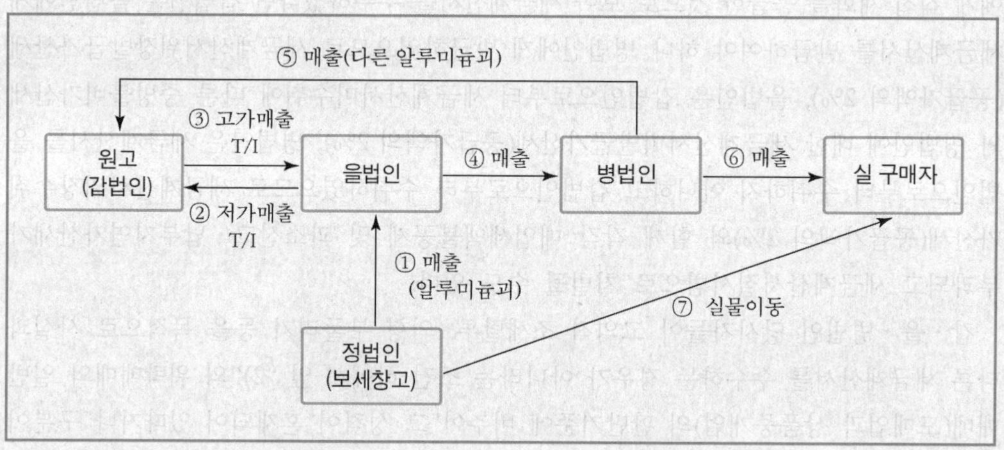

원고 갑법인은 알루미늄괴를 수입·판매하는 업체로 알루미늄괴 공급과 관련하여 을법인 등으로부터 세금계산서를 수취하고, 을법인 등에게 세금계산서를 발행(이하 두 거래를 '이 사건 거래'라 함)하여 부가가치세를 신고·납부하였다.

처분청은 을법인에 대한 세무조사에서, 갑법인 등은 이 사건 거래가 BWT방식의 정상거래라고 주장하였음에도 을법인이 외형을 부풀려 금융대출혜택을 얻기 위해 실물거래 없이 갑법인을 거래에 끼워넣은 것으로 보아 매입세액불공제 등의 부가가치세 과세처분을 하였다. 이후 감사과정에서 ①, ② 거래는 갑법인이 정법인으로부터 알루미늄을 직접 수입하였음에도 을법인을 끼워넣기한 것으로 보아 적격증빙 미수취한 것으로 보아 증빙미수취가산세까지 부과하였다.

나. 대법원 판결의 요지(대법원 2020두35301, 2020. 6. 4. ; 서울고법 2019누35918, 2020. 1. 29. ; 서울행법 2017구합72447, 2019. 1. 24.)

위 처분청에 대한 행정소송에 앞선 형사소송에서는 갑법인, 을법인 모두 혐의없음의 불기소 결정 내지 무죄의 판결을 받았다는 점에 더하여 처분청이 주장하는 사정이나 제출 증거들만으로는 아래와 같은 이유로 각 세금계산서를 사실과 다른 세금계산서라고 단정하기 어렵다고 판시하였다.

① 위 일련의 거래로 인하여, 갑법인은 을법인 등으로부터 저가로 알루미늄괴를 매입하고 이후에 고가로 매출한다는 경제적 이익이 발생하고, 을법인은 갑법인과 거래를 통하여 손실이 발생하지만 사업초기 단계에 있었으므로 매출규모를 늘려 업체의 신용도를 제고하고 자금을 융통하게 되는 이익이 존재하므로 갑법인, 을법인, 병법인과의 사이에 각자의 위험을 감수하고 거래의 효과를 각자에게 귀속시킬 의도를 가지고 동 거래를 선택할 충분한 경제적 요인이 있었다.

② 갑법인과 을법인 사이에 이 사건 거래를 하면서 실질적인 대가 지급을 위한 자금의 이동이 없었다고 단정하기 어렵다.

③ 갑법인이 판매된 이후의 거래흐름을 전산파일로 기록・관리하면서 알루미늄괴 거래의 최종 거래처를 관리하였다거나 이 사건 거래와 관련하여 갑법인이 최종적으로 출고지시를 하였다고 하여 이 사건 거래의 효력이나 실질에 어떠한 영향이 있다고 할 수 없다.

④ 갑법인과 을법인 사이에 같은 날 이루어진 매입・매출거래는 각 거래물건의 단가, 보관창고, 원산지 등이 다른 물품으로, 초단기 매매로 이루어지는 알루미늄괴 거래의 특성상 그와 같은 거래가 이루어질 가능성 내지 필요성이 없다고 보기 어렵다.

⑤ 수입 알루미늄괴는 통상 국내에 반입되어 있는 세관 보세창고에 적치되어 있다가 매입하려는 업체가 있을 경우 보세창고에 있는 알루미늄괴를 구매한 뒤 매입을 희망하는 업체에 판매하는 방법으로 거래가 이루어져 구매시점과 판매시점의 간격이 비교적 짧은 초단기거래의 특징이 있다. 재화의 공급에는 목적물반환청구권의 양도 등의 방식으로도 가능한 바, 갑법인이 최종적으로 출고지시를 하였다고 하여 이 사건 거래의 효력이나 실질에 어떠한 영향이 있다고 할 수 없다.

⑥ "①"번과 "②"번으로 이어지는 거래에서 갑법인이 알루미늄괴의 매입단가와 수량 등을 결정하였더라도 이는 갑법인이 을법인에게 수입업자를 소개하며 수입거래를 하도록 하면서 대신 갑법인이 일정비율의 저가로 매입하기로 하였던 점에서 기인한 바 이러한 사정만으로 을법인이 갑법인과 수입업자 정법인 사이에서 형식적 끼워넣기를 한 것으로 볼 수 없어 위장세금계산서에 해당한다거나 갑법인에게 증빙불비가산세를 부과한 처분은 위법하다.

⑦ 알루미늄괴가 순차 매도된 경우에 그 최종 매도인뿐만 아니라 그 최초 매도인도 최종 매도인 혹은 중간 유통업자의 협조요청 등에 따라 출고지시를 할 수 있다(이와 같은 출고지시는 알루미늄괴의 매매거래가 매우 짧은 기간 내에 수차례에 걸쳐

이루어지고 그로 인해 물품양도증의 작성이 생략되는 경우도 있다는 점, 하나의 단위로 수입된 알루미늄괴가 분할매도된 경우에는 최종 매도인이 출고지시를 하기 어렵다는 점 등에 기인한 것으로 보인다).

다. 대상판결의 의의

갑법인의 거래처인 을법인과 병법인의 경우 "①"부터 "⑤"까지의 거래와 관련하여 부가가치세 등 부과처분에 대하여 심판 내지 소송절차를 통해 다투었으나 모두 기각되어 확정되었다.

을법인은 유동성 위기로 회생절차가 개시되었고 을법인을 실질적으로 지배하면서 이 거래를 주도한 자(문○○)도 형사재판을 받고 있어 과세처분에 대한 불복절차를 진행할 여력이 없었고, 병법인도 형사사건에서 일부 무죄를 선고받고도 행정소송과정에서 소장을 제출하였지만 추가적인 서면이나 증거를 제출하지 않았다. 그러나 갑법인은 위와 같은 을법인의 사정과, 을 및 병법인의 거래와 관련하여 상당량의 관련 자료가 현출되었다면 을법인과 병법인이 행정소송절차를 통해 다투었으나 모두 기각되어 확정되었다는 이유만으로 갑법인의 거래가 무조건 위장 또는 가공거래라고 단정할 수 없다는 취지로 판시하였다.

처분청은 을법인이 이 사건 거래를 지속하면 할수록 손실을 입는 기형적인 거래구조이므로 실물거래가 존재하지 않는다고 판단하였지만 법원은 을법인이 손실을 감수하고서라도 외형을 키우기 위해 위험을 부담한 거래로서 경제적 합리성이 있다고 인정하였다. 물론 처분청이 을법인에게 손실보전약정을 하였다는 명확한 증거자료를 수집했었다면 위장·가공거래로 인정될 여지는 있어 보인다.

당사자들이 선택한 거래형식이 비합리적이라거나 통상 이루어지는 거래 방식에서 벗어났다고 보기 어렵고, 이 사건 각 세금계산서를 수수한 것이 가장행위라거나 조세회피의 목적이 있다고 볼 자료가 없다는 점을 법원이 폭넓게 인정한 판례로서 의의를 가진다.

7) 공급된 재화나 용역의 사용·수익자가 다른 경우 매입세액공제

가. 사실관계

갑법인은 필리핀에서 리조트개발사업을 하는 특수관계법인(A)에게 동 개발사업과 관련하여 인허가, 설계, 사업자금 알선 등을 제공하기로 하는 대행용역계약을 체결하여 자신이 직접 또는 외주를 받아 A법인에게 제공하였다. 갑법인은 동 대행용역을 사업지원서비스 용역으로 보아 그 대가를 외화로 송금받고 영세율 과세표준으로 신고하였고, 그에 대응되는 외주용역 관련 매입세액을 공제하였다.

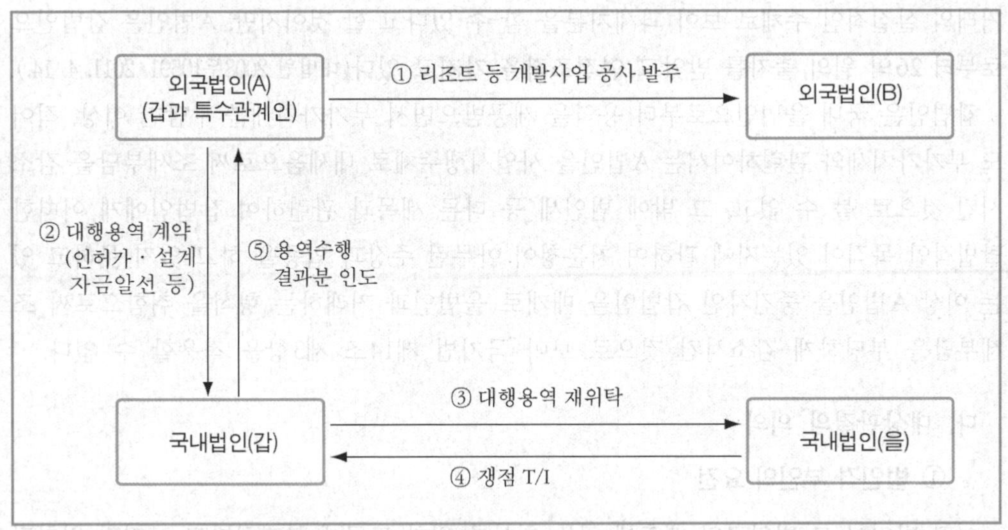

처분청은 갑법인이 명목상의 법인인 외국법인(A)을 내세움으로써 부가가치세가 적용되지 아니하는 국외에서 리조트등 부동산개발사업에 대응되는 매입세액을 공제받은 바, 조세부담을 감소시키거나 어떠한 탈법적인 목적이 있었다고 판단하여 을법인으로부터 수취한 세금계산서상의 매입세액을 불공제처분하였다.

갑법인으로부터 출자를 받아 설립된 외국법인(A)이 수십 명의 직원을 보유하고 해외 개발사업과 관련된 공사계약을 자신(A)의 명의로 외국법인(B)과 체결하고 각종 인허가의 효과가 귀속되며, 그 신축물 또한 자신의 명의로 귀속될 것이 확실시된다. 갑법인은 자신이 직접 또는 외주를 받아 외국법인(A)에게 제공한 위 사업지원서비스 용역에 대한 대가를 외화로 송금받아 영세율 과세표준으로 신고하였고, 그에 대응되는 국내의 다른 사업자 을법인으로부터 수취한 세금계산서상의 매입세액을 공제하였다.

나. 판결의 요지(서울행법 2011구합19093, 2011. 12. 23. ; 서울고법 2012누2537, 2012. 10. 19.).

갑법인이 동 외국법인(A)을 내세움으로써 조세부담을 감소시키거나 어떠한 탈법적인 목적이 있었다는 것을 과세관청이 입증하지 못하고 있다면, 갑법인은 국외에서 개발사업을 영위하는 외국법인(A)에게 해당 개발사업과 관련한 인허가, 설계, 사업자금 알선 등의 용역을 제공하기 위하여 국내의 다른 사업자로부터 해당 용역을 제공받고 수취한 세금계산서의 매입세액은 자기의 사업을 위하여 사용된 용역의 공급에 대한 매입세액으로 매출세액에서 공제될 수 있다.

어떠한 회사가 자본금이나 아무런 인적 조직과 물적시설을 갖고 있지 아니하고, 그 배후의 주체가 실제로 사업을 관장하고 있다면 그 명의상의 행위자가 아닌 그 배후자를 거래의 실질적인 주체로 보아 과세처분을 할 수 있다고 할 것이지만, A법인은 갑법인으로부터 26억 원의 출자를 받았고 인적조직을 가지고 있다(대법원 2008두10591, 2011. 4. 14.).

갑법인은 국내 을법인으로부터 용역을 제공받으면서 부가가치세를 부담한 이상, 적어도 부가가치세와 관련하여서는 A법인을 사업시행주체로 내세움으로써 조세부담을 감소시킨 것으로 볼 수 없고, 그 밖에 법인세 등 다른 세목과 관련하여 갑법인에게 어떠한 탈법적인 목적이 있는지에 관하여 처분청이 아무런 주장과 입증을 하고 있지 못하고 있는 이상 A법인을 중간자인 갑법인을 매개로 을법인과 거래하는 형식을 취함으로써 조세부담을 부당하게 감소시킨 것으로 보아 국기법 제14조 제3항을 적용할 수 없다.

다. 대상판결의 의의

① 법인격 부인의 요건

어떤 법인이 그 법인격의 배후에 있는 회사를 위한 도구에 불과하다고 보려면 원칙적으로 문제가 되고 있는 법률행위나 사실행위를 한 시점을 기준으로 하여 두 회사 사이에 재산과 업무가 구분이 어려울 정도로 혼용되었는지 여부, 주주총회나 이사회를 개최하지 않는 등 법률이나 정관에 규정된 의사결정절차를 밟지 않았는지 여부, 해당 회사 자본의 부실 정도, 영업의 규모 및 직원의 수 등에 비추어 볼 때 그 해당 회사는 이름뿐이고 실질적으로는 배후에 있는 회사를 위한 영업체에 지나지 않을 정도로 형해화된 경우로 엄격하게 보아야 할 것이다(대법원 2007다90982, 2008. 9. 11. ; 대법원 2009다73400, 2010. 1. 28. ; 대법원 2011다103984, 2013. 2. 15.).

이러한 엄격한 견지에서 법인사업자로 사업자등록만 하였을 뿐 인적·물적설비를 갖추지 아니하고 그 법인명의의 거래나 손익의 귀속자가 다른 자로 확인되는 경우 법인실체의 존부에 불구하고 그 실질귀속자를 부가가치세의 납세의무자로 볼 수도 있다(동지 : 대법원 97다21604, 2001. 1. 19.).

② 다단계거래에 있어 사실과 다른 세금계산서의 판단기준과 입증책임

부가가치세는 다단계거래세로서 부가법 제4조 제1호는 부가가치세 과세대상으로서 '재화의 공급'을 규정하고 있고, 제9조 제1항은 "재화의 공급은 계약상 또는 법률상의 모든 원인에 의하여 재화를 인도 또는 양도하는 것으로 한다"라고 규정하고 있는바, 부가법 제9조 제1항 소정의 '인도 또는 양도'는 실질적으로 얻은 이익의 유무에 불구하고, 재화를 사용·소비할 수 있는 권한을 이전하는 일체의 원인행위를 모두 포함하고, 이 경우 어느 일련의 거래과정 가운데 특정 거래가 부가법 소정의 재화의 공급에 해당하는지 여부는 각 거래별로 따로 떼어내어 거래당사자의 거래의 목적과 경위 및 태양, 이익의 귀속주체, 대가의 지급관계 등 제반 사정을 종합하여 개별적 · 구체적으로 판단하여야 하며, 그 특정 거래가 실질적인 재화의 인도 또는 양도가 없는 명목상의 거래라는 이유로 그 거래과정에서 수취한 세금계산서가 매입세액의 공제가 부인되는 부가법 제39조 제1항 제2호가 규정하고 있는 '사실과 다른 세금계산서'에 해당한다는 점에 관한 증명책임은 과세관청이 부담함이 원칙이다(대법원 99두9247, 2001. 3. 13. ; 대법원 2008두9739, 2008. 12. 11. ; 대법원 2010두8263, 2012. 11. 15.).

③ 재화나 용역의 사용 · 수익자와 매입세액공제

부가법 제38조 제1항 제1호에서 사업자가 자기의 사업을 위하여 사용하였거나 사용할 목적으로 공급받은 재화 또는 용역에 대한 부가가치세액을 공제하는 매입세액으로 규정하고 있고, '사업을 위하여'란 과세사업에 직접 또는 간접적으로 관련된 것을 말한다.

갑법인이 재화나 용역을 사용 · 소비할 수 있는 권한을 계약상 또는 법률상의 원인관계에 있는 다른 사업자 을법인에게 이전하였다면 부가가치세 과세대상이 되고 그와 관련된 매입세액이라면 당연히 갑법인의 매출세액에서 공제되며, 부가가치세가 다단계거래세라는 점에서 해당 재화나 용역을 사용 · 소비할 수 있는 권한을 을법인에게 이전한 이후에 을법인이 이를 자기의 과세사업에 직접 또는 간접으로 사용 · 소비하였는지 아니면 면세 또는 비과세사업에 사용하였는지는 당초 갑법인의 매입세액공제 여부에 영향을 미치지 않는다.

또한 갑법인이 을법인과의 계약에 따라 창출한 용역이나 재화를 을법인이 직접 수령하지 아니하고 제3자에게 인도하도록 하여 제3자가 사용하게 하였다면 갑법인과 제3자는 아무런 계약관계가 없어 갑법인은 역시 자기가 공급한 재화나 용역과 관련된 매입세액이므로 당연히 공제받을 수 있고 세금계산서도 계약의 당사자인 을법인에게 발급하는 것이다. 즉 재화나 용역의 결과물 또는 용역수행으로 인한 효익을 자신이 아닌 제3자에게 인도하거나 누리도록 허락하였다고 하여 그 공급자(갑법인)가 제3자에게 재화나 용역의 공급이 있었다고 볼 수 없고 여전히 계약상 또는 법률상의 원인관계에 있는 갑법인과 을법인만이 거래당사자가 될 뿐이다.

8) BTO, BTL방식 및 판매후 재리스에 대한 법적 형식을 존중한 해석사례

가. BTO방식 거래에 대한 해석과 판례

사업시행자가 사회기반시설(건축물 등)을 신축하여 그 준공과 동시에 국가나 지방자치단체(이하 "국가등")에 그 소유권을 원시적으로 귀속시키고 그 대가로 사업시행자에게 일정기간 동안 사용수익권이 인정되는 BTO방식(Build – Transfer – Operate)의 경우,

국세청과 기획재정부는 시회기반시설을 준공과 동시에 국가등에 귀속하는 협약을 체결하였더라도 이는 국가귀속을 예고한 것일 뿐이므로 사업자가 자기 책임과 계산하에 건축물 등을 신축한 후 기부채납 절차에 의하여 국가등에 기부서를 제출하고, 국가등이 해당 재산을 채납하는 것은 완성된 건축물 즉 재화를 공급한 것으로 판단하고 있다(재소비 46015-209, 2002. 8. 8.). 그러나 대법원은 일관되게 사회기반시설을 완공하여 자기의 소유로 된 뒤에 기부채납에 의하여 소유권이 국가등에 이전되는 경우에는 이를 재화의 공급으로 보는 것이나, 기부자가 시설물을 설치하여 국가등에 그 소유권을 원시적으로 귀속시키는 경우에는 용역의 공급으로 판시하고 있다(대법원 95누4254, 1996. 5. 31. ; 대법원 2018두54125, 2019. 10. 31.).

BTO방식의 실질은 용역의 공급이라는 대법원의 판단에 불구하고 사회기반시설의 건설용역을 제공한 것이든 사회기반시설이라는 재화를 공급한 것이든 그 공급시기에 있어서는 기부채납절차가 완료된 때로 해석하고 있다(부가가치세과-1090, 2010. 8. 19. ; 서면3팀-1867, 2005. 10. 27.). 다만, 국가등이 사업시행자에게 무상의 사용수익권을 부여할 때 국가 등이 사회기반시설의 임대용역을 제공한 것으로 본다(기재부의 입장은 여전히 BTO방식 거래의 법적 형식을 중요시하여 재화와 용역의 교환거래로 파악한다).

나. BTL방식 거래에 대한 형식과 판례

민간자금으로 건설하고 소유권은 국가등으로 이전되며 협약된 기간동안 민간이 관리운영을 하고 국가등은 민간사업자에게 시설임차(시설물 건설 대가) 및 사용료(운영서비스 제공에 대한 보상)를 지급하는 BTL방식(Build-Transfer-Lease)의 경우, 국세청과 기획재정부는 BTL방식에 대하여 기부채납단계(재화의 공급), 무상사용수익권 부여단계(용역의 공급), 그 시설을 재임대하는 단계(용역의 공급)를 각각의 거래단위로 보아 각각의 거래단계별로 세금계산서를 수수하여 부가가치세 신고·납부하도록 해석하고 있다(사전-2019-법령해석부가-0058, 2019. 2. 26. ; 부가-1240, 2010. 9. 17. ; 부가-89, 2011. 1. 21.). 이러한 해석은 그 경제적 실질 및 회계처리방법이 사업시행자가 시설물을 건설하여 국가에 기부하고 그 대가를 장기할부조건으로 수령하는 것이므로 재화의 장기할부(연불)판매와 유사함에도 불구하고 그 법적형식을 중요시 여겨 국가기관이 사업시행자에게 임대한 사회기반시설을 사업시행자가 다시 해당 국가기관에 전대하는 형식을 각각의 거래로 파악하는 것에서 기인한다.

▌사전-2019-법령해석부가-0058, 2019. 2. 26.

사업자가 「사회기반시설에 대한 민간투자법」 BTL방식을 준용하여 건설한 시설물을 준공과 동시에 의료법인에 귀속하고 그 대가로 일정기간 관리운영권을 부여받아 해당 의료법인에 임대하는 경우 시설물의 귀속은 「부가가치세법」 제9조에 따라, 관리운영권의 부여(부동산임대)는 같은 법 제11조에 따라 각각 부가가치세가 과세되는 것이며, 의료법인이 자기의 부동산임대업을 위하여 시설물을 공급받고 사업자로부터 수취한 세금계산서상 매입세액은 같은 법 제38조에 따라 매출세액에서 공제하는 것임.

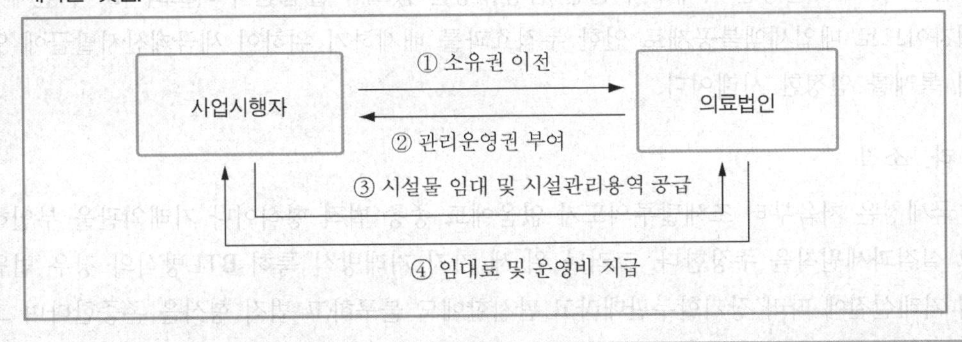

반면, 사회기반시설을 취득하는 경우 국가등이 민간사업자에게 부여된 관리운영권을 임차한 대가로 지급하는 임대료를 실질적인 자산의 취득대가로 보아 장기연불조건으로 시설물을 취득하는 회계처리를 수행한다고 회계지침에 규정하고 있고 법원도 도급용역에 대한 장기할부판매로 보고 있다(기재부 민간투자사업회계지침, 2010년 2월 ; 인천지법 2015구합50867, 2015. 8. 27.).

다. 판매 후 재리스에 대한 세금계산서 발급

국세청은 갑법인이 과세사업에 사용하던 기계장치 및 설비를 여신전문금융업법에 의하여 등록하지 아니한 을법인에 매각하고 해당 을법인으로부터 동 기계장치 및 설비 등을 임차하는 경우 갑법인의 기계장치 및 설비 등의 매각은 부가법상 재화의 공급에 해당하고, 을법인이 제공하는 기계장치 및 설비 등의 임대는 용역의 공급에 해당한다고 회신하였다.

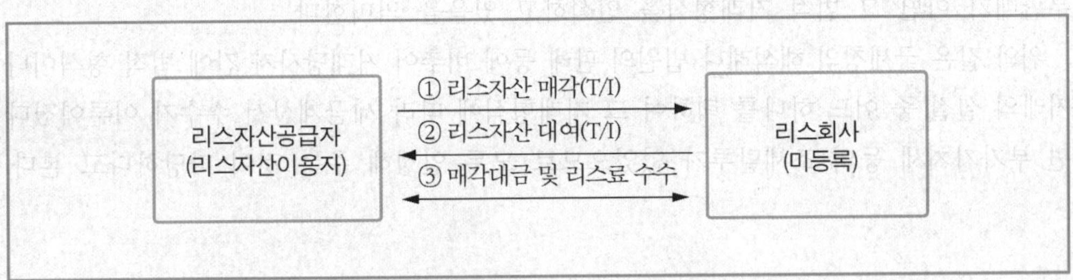

여신전문금융업법에 등록되지 아니한 리스회사와의 판매후 재리스는 사실상 자금의 차입거래에 해당함에도 각각 재화와 용역(임대용역)의 교환거래로 인정하였다(서면3팀-1558, 2005. 9. 16.). 아울러 을법인이 여신전문금융업법에 의하여 등록을 한 경우에는 갑법인과 을법인 간의 판매 후 재리스하는 경우 갑법인은 자기를 공급자 및 공급받는 자로 하여 세금계산서를 발급하는 것이라고 회신하였다(서면3팀-2222, 2004. 11. 1. ; 소비 46015-182, 1995. 8. 24.). 후자의 회신도 판매 후 리스거래가 차입거래임에도 갑법인이 재화를 공급한 것으로 인정한 사례로서 관련 법령규정은 없으나 을법인이 리스회사로서 면세사업자이므로 매입세액불공제로 인한 누적효과를 배제하기 위하여 세금계산서발급에 있어 특례를 인정한 사례이다.

라. 소결

국세청은 처음부터 조세탈루의도가 없음에도 종종 법적 형식이나 거래외관을 부인하고 실질과세원칙을 주장한다. 그러나 위 세 가지 거래방식 특히 BTL방식의 경우 법원이 거래실질에 따라 장기할부판매라고 판시함에도 불구하고 법적 형식을 존중한다며 그 각각의 거래단계별로 세금계산서 발급이 이루어져야 한다고 해석하고 있다. 판매 후 재리스거래도 그 거래의 실질 또는 경제적 실질은 차입거래임에도 재화와 용역의 교환거래를 인정하고 있어 해석에 있어 일관성이 결여되어 보인다.

법원도 BTL방식의 거래실질이 무엇인지에 대한 판단이었지 민간투자법에서 정하는 각각의 거래단계에 따라 즉 법적 형식에 따라 발급된 세금계산서를 사실과 다른 세금계산서로 판단했던 것은 아니다. 참고로 국가등의 무상의 시설관리운영권 또는 사용수익권 부여에 대하여 2007. 1. 1. 이후 부가가치세 과세대상으로 해석하다가 BTL방식의 시설관리운영권 부여는 2017. 10. 12. 기재부가 소급하여 면세하는 것으로 해석하였고(기획재정부 부가가치세제과-501, 2017. 10. 12.), BTO방식에 있어 사용수익권 부여는 2018. 2. 13.부터 면세하는 것으로 부가령 제46조 제3호 다목을 개정하였다(사용수익권 부여를 과세대상 용역에서 면세대상 용역으로 개정, 그러나 민간투자법이 적용되지 아니하는 사업, 민간기업간의 BTO, BTL방식 사업은 여전히 부가가치세가 과세된다). 시설관리운영권 부여에 대하여 면세대상으로 개정하기는 하였지만 이는 여전히 BTL방식을 장기할부판매가 아닌 그 법적 거래형식을 인식하고 있음을 의미한다.

위와 같은 국세청의 해석례나 법원의 판례 등에 비추어 거래당사자 간에 법적 형식이나 거래의 실질 중 어느 하나를 택하여 그 거래형식에 따라 세금계산서 수수가 이루어졌다면 부가가치세 등의 조세탈루가 없었으므로 모두 인정해 주는 것이 타당하다고 본다.

(4) 결어

세금계산서가 '사실과 다르다'는 의미는 세금계산서의 필요적 기재사항의 내용이 거래계약서 등의 형식적인 기재 내용에 불구하고 그 재화 또는 용역을 실제로 공급하거나 공급받는 주체와 가액 및 시기 등과 서로 일치하지 아니하는 경우를 가리킨다. 사실과 다른 세금계산서인지는 여러 사실을 종합하여 개별적 · 구체적으로 사실판단하여야 하고 여기에 실질과세원칙의 도입이 가능하지만 실질과세원칙이 그 판단기준의 전부가 될 수 없고, 각 거래별로 거래당사자의 거래 목적과 경위, 이익의 귀속 주체, 대가의 지급관계 등 여러 사정을 종합하여 개별적 · 구체적으로 판단하여야 한다.

아울러 다수의 거래당사자가 거래에 관여한 경우, 중간 거래자가 통상적 업무를 했는지, 거래상의 위험을 실질적으로 부담했는지, 중간 거래자가 거래 조건을 직접 결정하고 그에 따른 손익이 실질적으로 중간 거래자에게 귀속되는지, 구매자금 조달이나 거래 물품에 대한 보관 및 관리를 하였는지, 거래상대방을 결정함에 있어 이바지한 바가 있는지 및 중간 거래자가 이행하였다는 작업이 독자적 거래단계를 형성할 정도의 실체가 있는지 등을 고려하여 거래당사자들이 선택한 거래형식이 정당한 거래인지 아니면 단순히 조세회피를 위한 가장행위에 불과하여 그 형식이나 효력을 부인할 수 있는 정도에 이르렀는지를 판단하여야 한다(서울행법 2019구합59806, 2020. 4. 23. 외 다수).

다만, 거래당사자들이 경제활동을 하면서 선택한 법률관계(법적 형식으로서 이는 거래당시 당사자간의 합의 또는 수 개 거래행태 중 거래상대방이 그 중 하나를 선택하는 방식으로도 이루어질 수 있다)는 존중되어야 하고, 과세관청이 동 거래를 재구성하여 과세하는 경우에는 예측가능성과 법적 안정성이 훼손되지 않는 범위 내에서 그것이 가장행위로 확인되거나 처음부터 조세탈루 목적이 있는 경우로 최소화하여야 한다.

특히 무역거래에 있어서는 그 당사자들이 선택한 거래형식을 기초로 다수 이해관계자가 다양한 법률관계를 형성하게 되고, 거래당사자가 누구인지에 따라 과세대상 거래인지 여부, 영세율 적용 여부, 세금계산서 발급 여부, 조세감면 여부가 달라지는 등 부가법 적용에 있어 큰 차이가 있으므로 거래안전을 위해서도 과세대상 거래당사자 결정에 있어 거래형식과 외관의 중요성이 더 강조되지 않을 수 없다(대법원 2021두51331, 2022. 1. 14. ; 창원지법 2019구합52322, 2020. 10. 15. ; 부산고법 2020누11902, 2021. 8. 18. ; 서울고법 2021누36259, 2022. 5. 26. ; 서울행법 2019구합68718, 2021. 1. 26.).

30 | 공동조직에 투입된 노무용역의 과세 여부

(1) 도 입

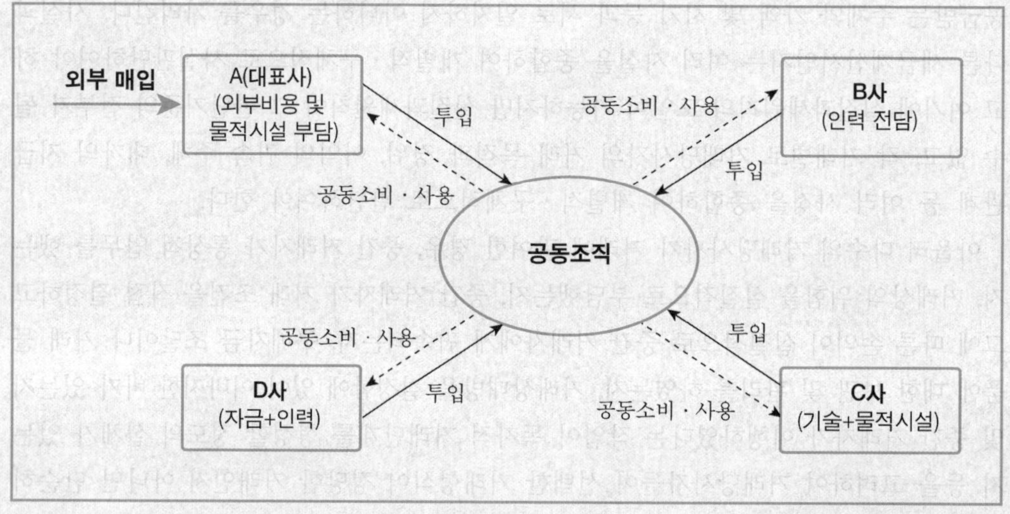

수 개의 내국법인(세법상 상호 특수관계인에 해당)이 각 법인의 업무 중 일부를 공동으로 수행하기 위하여 공동업무 전담조직(이하 "공동조직")을 만들어 각 법인이 인력을 파견하여 공동업무를 수행하고 그 급여는 소속법인에서 받는다. 이때 공동조직 구성원인 갑법인이 공동조직 운영을 위해 자기부담분 노무용역을 초과하여 제공함에 따라 발생한 자기부담분 초과비용을 다른 법인으로부터 지급받는 경우 용역공급으로 볼 수 있는지를 살펴보고자 한다.

(2) 공동조직의 실체 및 거래의 성격

질의의 "공동조직"은 그룹 내 우수 인력과 정보 등 물적시설을 공유하여 그룹 내 각 계열사의 글로벌 성장을 지원하고 M&A와 지원 등을 전담하며, 복수의 계열사가 참여하거나 그룹 차원의 역량이 동원되는 주요 사업 또는 각 계열사가 종전의 사업구조를 혁신하거나 새로운 영역으로 진출하고자 할 때 재무 · 사업적 차원의 지원을 담당하고, M&A를 비롯해 재무 지원 등 주요 솔루션을 제시하는 역할을 수행하고, 각 계열사는 공동조직의 인건비 및 제반경비에 대하여 법인령 제48조에 따른 공동경비 분담기준에 따라 매출액 비율로 분담한다.

공동조직은 그룹 전체의 이익 등을 위한 업무를 수행하고 그 비용을 각사에 분담하기 위한 임시적 조직체일 뿐 그 공동조직에서 발생한 손익을 부담하거나 부가가치를 창출하는 조직이 아니며, 대외적인 권리능력이나 연대책임을 지는 것이 아닌 내적조직으로 민법상 조합이나 부가가치세법상 별도의 사업자라 볼 수 없으며 공동조직은 특정한 사업을 영위할 목적으로 출자의 이행, 손익의 분배, 대외적으로 연대책임을 지는 공동사업자도 아니고, 특정한 공사를 공동으로 수행하기 위하여 잠정적으로 결성된 공급수급체도 아니다.

이처럼 공동조직은 민법상 조합, 세법상 공동사업자, 잠정적으로 결성된 공동수급체도 아닌 불투명조직체로서 공동조직 내의 비용분담을 외적거래로 파악할 수 없고 공동조직 구성원인 계열사 간의 내적거래로서 비용분담을 외부거래와 동일하게 파악해서는 아니 된다.

(3) 용역의 위탁 또는 도급계약인지

자기의 사업에 필요한 용역수행 결과물의 공급계약에 따라 상대방이 용역활동을 수행하고 그 용역활동 결과물을 인도받는 경우 이는 위탁 또는 도급에 해당하여 용역의 공급이다. 반면, 질의의 공동조직 활동의 경우 법적 실체가 다른 둘 이상의 법인이 협력·보완이 가능한 기능을 통합한 그룹 공통업무를 수행하면서 발생한 내부비용 중 특정법인은 연구인력, 건물, 장비 등에 대하여 자기지분비율을 초과하여 부담한 것이며, 다른 법인은 내부발생비용에서 덜 부담한 부분에 대하여 자기지분보다 현금을 더 부담한 경우가 발생한다.

공동조직 운영에 대한 약정은 법률상 둘 이상 회사 간의 공동행위로서 위임받은 법률행위 등을 수행하고 그 보수를 청구하는 방식으로 위탁계약과는 법률상의 원인이 다른 것이다. 또한, 도급계약은 당사자 일방이 어떤 일을 완성할 것을 약정하고 상대방이 그 결과물 제공에 대하여 보수를 지급할 것을 약정하는 계약형태로서 수급자가 자기비용으로 업무를 수행하고 수탁업무 실패 시 비용 및 보수청구가 원칙적으로 불가한 바 질의의 공동조직은 이러한 요건을 충족하고 있지 아니하므로 도급계약으로도 볼 수 없다.

(4) 공동조직의 활동이 독립된 사업인지 여부

부가법상 사업자란 사업 목적이 영리이든 비영리이든 관계없이 사업상 독립적으로 재화 또는 용역을 공급하는 자이므로(부가법 §2), 공동조직 운영약정, 공동기술개발약정 또는 원가분담계약에 따라 이윤 등을 가산하지 아니하고 공동으로 비용을 분담하고 결과물을 공동으로 사용하는 경우 해당 공동조직은 사업상 독립적이지 못하고 둘 이상의 법인이 공동의 과세사업 목적으로 부수되는 사업활동 또는 내부거래로서 사업상 독립적으로 용역을 공급한 것으로 볼 수 없다.

(5) 그룹 내 인력 파견이 용역의 공급인지

공동조직은 그룹 전체 계열사들의 공동의 이익을 위하여 조직되었고 그 조직을 운영하기 위해서는 각 계열사의 우수인재들을 활용할 수밖에 없으며, 이 과정에서 공동조직에 동원된 인력에 대한 급여지급은 소속된 회사에서 지급할 수밖에 없는 것이고 계열사들에게 비용을 분배하여야 한다.

국세청은 그룹 내 관계회사 간 인력교류협약에 따른 근로자 파견과 관련하여 파견회사가 지급하는 급여에 대하여 용역의 공급으로 회신하였으나, 조세심판원은 그룹 내 관계 회사 간 파견제도는 그룹사 간 체결한 그룹 인력교류협약서의 취지에 따라 그룹 인력교류 활성화를 통해 우수 인재의 적재적소 활용 및 인재 육성을 도모하고 지주회사와 자회사 간 상호 업무협조 및 이해증진을 바탕으로 그룹사 모두의 시너지 극대화를 목적으로 하고 있을 뿐 영리 목적이 없고, 원소속 회사로서는 파견회사가 파견자에게 직접 급여를 지급하므로 파견에 따른 부가가치를 창출하지 않는바, 직원을 파견한 목적이 영리 목적이 아닌 그룹사 간의 업무효율화를 도모하기 위하여 한 것이라는 점과 파견직원에 대한 부담금을 파견회사(자회사)에서 종국적으로 부담한다는 점에서 영리를 목적으로 사용사업주에게 인력(파견근로자)을 파견하여 근로를 제공하게 하고 파견직원에 대한 대가를 받는 「파견근로자 보호 등에 관한 법률」상의 '근로자파견'과 달리 파견자가 파견회사로부터 받은 급여는 영리목적으로 원소속회사가 직원을 파견하고 지급받는 대가가 아니라 사실상 파견직원으로서 지급받는 급여 등에 해당하는 것으로 보이므로 그룹 계열 간 인력교류를 파견자가 인력공급업을 영위하고 있는 것으로 보아 쟁점인건비를 부가가치세 과세대상으로 볼 수 없다고 결정하였다(조심 2014서4772, 2015. 1. 23. ; 조심 2012서696, 2014. 1. 10. ; 조심 2011서1991, 2012. 2. 17.).

조세심판원은 업무효율화를 위해 자기의 직원을 다른 계열사에 파견하여 파견기간 동안 파견회사를 위한 업무를 전적으로 수행하는 경우에도 용역의 공급에 해당하지 아니한다고 계속적으로 결정함으로써 국세청의 과세처분에 대한 유지가 사실상 어렵고 세무서에서도 과세를 하지 않고 있는 현실이며, 하물며 질의의 공동조직과 같이 특정 법인을 위한 인력파견이 아닌 그룹 전체를 위하여 공동조직에 인력을 파견하고 그 인건비만을 분담하는 경우에는 더더욱 인력공급업으로 보아 용역의 공급으로 부가가치세를 과세할 수는 없다.

> **▌위 조세심판례를 수용한 국세청 해석**
>
> 사업자가 지주회사와 체결한 '관리협약서' 및 지주회사의 '자회사 경영관리규정'에 근거하여 그룹의 실익증진 및 경영의 효율성 등을 위해 직원을 그룹 내 계열사에 파견하여 근무하게 하고, 해당 계열사로부터 파견직원의 인건비를 지급받는 경우 해당 인건비는 부가법 제4조에 따른 부가가치세 과세대상에 해당하지 아니하는 것임(기준-2020-법령해석부가-0044, 2020. 5. 26.).

다만, 계열사 간의 업무효율 극대화를 위한 목적의 공동조직 등에의 협업 인력 공급이 아닌 특정 계열사의 요구에 의하여 당사의 인력을 사전 파견근로약정에 의하여 파견하고 그 근로용역대가를 받기로 한 것이라면 용역의 공급이 아니라고 보긴 어렵다.

(6) 결 론

수 개 법인이 공동의 실익증진과 경영의 효율성 증대를 위한 공동마케팅, 기술개발 및 공유, 공동광고(대외 PR업무 등)를 위하여 공동조직을 만들어 상호 인적·물적자본을 투입하고 그 결과물을 향유(공동사용, 소비 등)하는 경우 인력의 파견과 그에 따른 초과노무용역에 대한 정산은 위탁이나 도급, 인력의 파견업 등 독립된 사업으로서의 용역대가 정산이 아니므로 용역의 공급에 해당하지 아니한다(기준-2020-법령해석부가-0044, 2020. 5. 26.).

31 공동(기술)개발을 위한 공동조직 내·외부비용정산에 대한 과세

(1) 현대·기아차 공동연구소 관련 기재부 유권해석

기획재정부는 2014년 예규심사위원회를 통해 두 법인이 공동기술개발 약정을 체결하여 그에 따른 내·외부 비용을 분담비율에 따라 부담하고 개발결과물을 공동으로 소유하는 공동기술개발을 수행하면서 어느 한 법인이 인력·시설 등 내부비용을 전액 또는 비용분담비율을 초과하여 선부담하고 정산하는 경우 용역의 공급에 해당하지 아니하는 것이나, 외부로부터 공급받은 재화나 용역 등 외부비용 관련 매입세액 중 해당 법인의 비용분담비율을 초과하는 분에 대한 매입세액은 공제받을 수 없는 것으로 회신하였다(기획재정부 부가가치세제과-402, 2014. 6. 2.).

즉, 공동연구조직을 통한 비용분담에 있어 내부비용 초과부담액 등이 용역공급에 해

당하지 아니하기 위해서는 다음의 세 가지 요건을 충족해야 하는바,

① 원가절감 및 품질개선 등을 목적으로 공동연구개발 또는 원가분담약정을 체결
② 개발비용에 대한 이윤 등의 청구 없이 발생 비용만을 공동부담하며 기술연구개발이 실패한 경우 위험을 공동 부담할 것
③ 공동연구개발 수행의 결과물을 공동소유(사용)할 것

위 현대·기아차의 기재부 유권해석의 생산과정에서의 핵심은 주로 인력이었으며, 논란의 핵심은 어느 한 법인이 인력을 수행하고 상대방이 자기가 부담해야 할 인력의 제공 없이 현금으로 지급한 경우에도 용역의 공급이 아니냐는 것으로 동일 분담비율대로 인력을 상호 공동조직에 투입하였다면 용역의 공급으로 볼 수 없지만, 어느 한 법인이 인력 투입 없이 자금만 부담한 경우 용역의 공급이라는 조사관서의 의견이 있어 기재부가 이러한 경우에도 비용과 위험을 부담하고 그 결과물의 공동소유(공동사업 포함)가 있다면 정산금에 대하여 용역의 공급이 아니라는 최종 유권해석을 내린 것이다.

이 해석으로 인하여 공동조직이 비용분담약정과 공동부담, 공동조직에서 산출된 의사결정에 대하여 그 구성원들이 공동의 이익과 위험(손실)을 부담하게 되고, 사전약정에 따라 각 계열사의 매출액 비율에 따라 비용분담을 하게 되는 구조로서 그 결과물(의사결정)이 특정 법인에 전적으로 귀속되는 것이 아니라 위 세 가지 요건을 모두 갖추었다면 용역공급이 있었다고 볼 수 없다는 입장이 확립되었다.

1) 결과물의 취득·사용에 따른 용역공급 해당 여부

원시취득이란 기존 권리와 관계없이 어떠한 권리를 타인으로부터 승계하지 아니하고 독자적(독립적)으로 취득하는 것을 말하며, 건물을 신축하면서 자기의 노력과 비용으로 건물을 취득했다면 그 사람이 건물의 소유권을 처음부터 취득한 것을 뜻하는 것으로 그 비용과 노력을 들인 자가 원시취득자가 된다.

공동조직을 통해 양사가 공동으로 부담한 인적시설, 물적시설, 자금이 체화된 결과물을 원시취득(공동으로 사용하는 것을 포함)하는 것이므로 공동조직 외의 다른 사업자로부터 승계취득(매매 등)하는 것이 아니어서 용역의 공급 또는 재화의 공급으로 볼 수 없다.

또한, 공동조직의 활동으로 인한 결과물(공동조직 활동으로 산출된 의사결정을 포함)의 사용에 있어서도 사전약정에 따라 이윤 등의 가산 없이 비용을 분담하고 그 결과물을 공동으로 사용하고 있다면 자금과 인적·물적자원과 자금을 공동투입하여 산출된 결과물을 공동조직에 소유권을 유보시킨 채 공동사용하는 것이므로 결과물의 통제권이 특정기업에 이전된 것이 아니어서 (사업상 독립적으로) 재화 또는 용역을 공급한 것으로 볼 수 없다.

▌공동기술개발 약정 및 개발결과물의 공동소유 개념

'공동기술개발 약정을 체결하여 그에 따른 내·외부비용을 분담비율에 따라 부담한다'는 것은 공동기술개발 약정을 체결하고 그 공동기술개발 약정에 따라 그 공동기술개발과 관련하여 발생한 모든 비용을 인건비, 감가상각비 등 내부비용과 재료비, 외주용역비 등 외부비용으로 구분하여 그 내부비용과 외부비용 각각을 분담비율에 따라 부담한다는 것을 의미하며, '개발결과물을 공동으로 소유한다'는 것은 개발결과물을 법률적으로 공동으로 소유하거나 개발결과물을 별도의 제한 없이 공동으로 사용하고 그 개발결과물 매각 시에는 그에 대한 대가를 배분받는 경우 등과 같이 경제적·실질적으로 공동으로 소유하는 것을 의미한다(기획재정부 부가가치세제과-361, 2015. 5. 13.).

2) 원가분담약정과 외국의 사례

원가분담약정(Cost Contribution Arrangement; "CCA")이란 둘 이상의 참여자들이 무형자산의 연구개발에 필요한 재원을 조달하기 위하여 해당 연구개발을 통해 창출될 것으로 예상되는 기대편익에 근거하여 관련 비용을 분담하기로 약정하는 일종의 계약행위를 말한다.

무형자산 등의 개발에는 장기간의 시간, 막대한 직·간접비용이 소요되고 많은 위험부담이 따르기 때문에 공동개발에 대한 효익에 대하여 합리적으로 기대하는 참여자들은 원가분담약정을 통해 비용을 절감하고, 서로 다른 자원을 공유하며, 규모의 경제를 달성하여 무형자산을 보유하고자 한다.

우리나라는 원가분담약정에 관하여 국조법 제9조에서 규정하고 있으며, 원가분담약정을 사전에 원가·비용·위험의 분담에 대한 약정을 체결하고 이에 따라 공동개발하는 경우를 지칭하고 있다.

국조법 해설에서는 자산 또는 서비스 등의 개발·생산·확보에 소요되는 비용과 위험을 분담하고 결과물인 자산 또는 서비스에 대한 개별참여자의 지분크기를 결정하기 위한 기업 간의 약정으로 설명하고 있다.

공동조직 운영과 유사한 형태의 공동기술개발약정에서는 비용과 위험을 공동부담하고 결과물을 공동으로 사용(경제적 소유권을 분담비율만큼 소유하는 경우를 포함)한다는 점에서 OECD가이드라인상의 원가분담약정과 유사한 바, 원가분담약정하에서는 구성원 간 소득이 있었던 것으로 보지 아니하고 단순 비용의 상환으로 보아 무형자산의 취득원가(원시취득)로 보고(OECD가이드라인 문단 8.3 : 국조-665, 2004. 12. 10. 외 다수), 국내외 법인 간 원가분담약정에 의하여 공동연구개발을 하여 결과물을 공동으로 소유·사용하는 경우 국내법인이 납부하는 비용분담금은 사용료소득이 아니라고 판단하고 있다(재국조-665, 2004. 12. 10. ; 대전고법 2000누1364, 2001. 11. 30.).

이처럼 공동기술개발약정, 원가분담약정 및 질의의 공동조직이 비용의 공동부담과 공동사용이라는 전제조건으로 성립하므로 두 요건이 충족되었다면 두 약정을 달리 해석할 합리적 이유가 없으므로 OECD가이드라인의 원가분담약정과 같이 인적·물적설비를 제공하는 등 직접적 공동활동에의 참여 없이 자금만을 부담한 경우라도 용역의 공급이 있었다거나 그 과정에서 이익이 발생하였다고 볼 수 없는바, 질의의 공동조직에서도 그대로 유추 적용되어야 할 것이다(재부가-402, 2014. 6. 2. ; 부가 46015-107, 1995. 1. 13. ; 부가-970, 2012. 9. 24.).

3) 단순비용정산이 용역의 공급인지

부가가치세는 재화나 용역이 생산되거나 유통될 때에 기업이 창출하는 부가가치에 대하여 부과하는 조세로서 공동조직 운영 또는 공동기술개발을 하면서 별도의 이익(부가가치)을 창출함이 없이 특정 법인은 내부비용(인력, 건물, 장비 등)을 주로 부담하고, 다른 특정 법인은 인력의 일부와 현금을 주로 부담하는 경우가 대부분으로 당사자 간에 용역제공의 범위, 공급가액, 시기 등의 구체적 약정이 없이 사후 비용 정산하는 것이다.

재화나 용역의 공급자에게 개별적·직접적인 반대급부로서 대가의 지급이 있는 경우에는 과세대상 재화 또는 용역의 공급이 있었다고 보는 것이나, 공동조직 운영에 따라 각자에게 귀속되는 비용의 분담 외에 용역의 제공에 관한 계약이 없고 각 법인은 공동조직을 운영하는 과정에서 이익이 발생하지 아니하였고 실제 발생한 비용을 약정에 따라 사후 정산한 것일 뿐 어느 일방이 부가가치를 창출하면서 계속적·반복적인 의사로 용역을 공급한 것은 아닌 것이며, 공동조직 활동으로 인한 결과물의 성패에 관계없이 비용을 공동으로 부담하는 공동계산 및 공동책임을 지고 있어 구성원 상호 간에 용역이 공급된 것으로 볼 수 없다.

4) 결론

위탁자의 요구에 따라 수탁자가 비용을 부담하여 개발된 결과물을 전적으로 위탁자에게 귀속시키는 위탁계약과 달리 공동의 계산과 공동의 책임관계로서 공동행위에 해당하고 그 결과물을 공동으로 사용하고 있어 이러한 약정하에서는 계약상 원인에 의한 위탁용역의 공급에 해당하지 아니하고, 결과물(공동의 활동과 의사결정 등)이 어느 한 법인에 전적으로 귀속되지 아니하고 공유하는 경우로서 재화 또는 용역의 공급이 있었다고 볼 수 없다.

재화나 용역의 공급자에게 개별적·직접적인 반대급부로서 대가의 지급이 있는 경우 과세대상 재화 또는 용역의 공급이 있었다고 보는 것이나, 이 건은 용역제공의 범위, 공급가액, 시기 등의 구체적 약정이 없이 사후 비용 정산하는 단순경비배분과정을 용역공급으로 보아 과세할 수 없다(서면-2016-법령해석부가-3604, 2016. 7. 8.).

(2) 외부구입비용에 대한 매입세액공제 방법

공동매입에 따라 세금계산서를 수취한 사업자는 그 공급가액 범위 내에서 비용의 실지 부담자에게 세금계산서를 발급하도록 특례규정을 두고 있는바(부가령 §69), 공동조직의 운영을 위해 다른 사업자로부터 원재료 및 부품 등(외부구입비용)을 구입하면서 수취한 세금계산서는 대표사를 정하여 그 대표사 명의로 수취하거나 자금을 선 집행한 사업자가 수취할 수 있으나, 매입세액은 각 사가 분담비율만큼 공제되는 것으로 공동조직의 한 구성원이 외부구입비용을 부담하고 세금계산서를 수취하였다면 다른 구성원의 비용분담금에 해당하는 분은 공동매입에 대한 세금계산서 발급특례규정에 따라 발급하고 그 상대방이 매입세액공제를 받을 수 있는 것이다.

그간 법원, 유권해석, 심판례에서도 외부구입비용(세금계산서 수취분) 중 자기부담은 수취한 세금계산서에 의하여 매입세액공제가 가능하고 자기분담비율을 초과한 매입세액을 불공제(실부담자에게 부담액에 상응하는 세금계산서를 발급한 경우 그 실부담자가 공제받음)한다는 것이 일관된 입장으로(부가 46015-338, 1998. 2. 25. ; 부가-970, 2012. 9. 24. ; 대법원 2005두11036, 2007. 9. 20. 외), 외부구입비용에 대한 세금계산서를 공동매입에 대한 세금계산서 발급특례를 적용한 세금계산서 수수는 정당한 세금계산서로서 매입세액공제가 가능하다(서면3팀-936, 2008. 5. 9. ; 부가 22601-1474, 1990. 11. 9.).

따라서 공동조직의 대표회사가 수취한 세금계산서는 실무상 약정된 분담비율로 다른 공동조직의 구성원에게 공동매입세금계산서 발급방법에 따라 세금계산서를 발급하고, 만약 세금계산서 발급을 하지 않았다면 대표회사는 그 초과지출액에 상당하는 공동경비는 불공제대상 매입세액이 된다(대법원 2016두57175, 2017. 3. 22.).

소속	배분 비율	공통경비		내부비용 초과부담	외부비용 초과부담
		인건비	임차료[1]		
A	60%	400	200	100[3]	80[2]
B	40%	100	–		
합계	100%	500	200	100	80

1) 임차료에 대하여 A명의로 세금계산서를 수취
2) 임차료 200 × 40%(B 분담비율) = 80
3) 정산금 280 - 100(인건비 부담분) - 80 = 100 또는 [400 - 500 × 60% = 100]
※ A는 B에게 공급가액 180(인건비 초과액+임차료)을 기재한 세금계산서 및 정산서를 발급

(3) 외국법인과 원가분담약정(공동기술연구 등) 시 외부비용의 공제 여부

1) 사실관계

국내기업 "갑"과 외국법인 "을"이 원가분담약정에 따라 공동기술연구(이하 "공동기술연구")를 "갑"이 국내에서 수행하고 그 결과물을 공동소유하기로 하면서 그 결과물에 대하여 "갑"은 국내에서 로열티 매출을 발생하고 있으며, "을"은 국외에서 로열티 매출을 발생시키고 있다("갑"과 "을"이 자국에서 그 결과물을 이용하여 제품 등을 생산·공급하는 경우를 포함한다). 이때 국내에서 발생된 내부 및 외부비용에 대하여 사전약정에 따라 비용을 분담하고 있는데 "갑"과 "을"이 각각 60 : 40씩 분담한다고 한다.

2022년 제2기에 내·외부비용으로 150억 원이 발생하여 "을"이 "갑"에게 60억 원을 지급하였고, 외부비용(세금계산서 수취금액)은 40억 원이다.

2) 매입세액 공제와 분담금에 대한 국세청의 해석 등

위 사실관계에서 갑이 공제받을 수 있는 매입세액과 "을"로부터 지급받는 비용분담금에 대하여 영세율 적용이 가능할지에 대하여 국세청은 "갑"이 받는 비용분담금은 "(1)"에서 살펴본 국내기업 간 공동기술연구와 같이 용역공급대가가 아니므로 영세율 적용이 불가하고 외부비용 지출과 관련하여 "갑"이 수취한 매입세액 중 "을"의 분담비율에 해당하는 금액은 "갑"이 "을"에게 부가령 제69조 제14항, 제16항(공동매입세금계산서 발급특례)을 적용할 수 없으므로 매입세액공제가 불가하다는 입장이다(부가가치세과-970, 2012. 9. 4. ; 적부-국세청-2021-0058, 2021. 10. 27.).

3) 문제점

위 "2)"와 같은 해석은 외국법인이 공동매입세금계산서 발급특례 적용이 불가하여 세금계산서를 수취할 수 없어 국내기업 간 원가분담약정과 비교할 때 외국법인의 비용부담액이 증가하고, 외국에서 외부비용이 발생하였을 시에는 반대로 국내기업의 비용분담액이 증가한다. 물론 불공제되는 매입세액을 각 사가 사전약정비율대로 부담하기로 한 경우에는 해당 비율액 상응하는 비용만큼 양 사의 비용이 증가할 것이다. 뿐만 아니라 공동연구로 인한 결과물이 국내에서 생산되었지만 을의 경우 국외에서 그 결과물(특허권 등 지적재산권)을 사용 또는 소비할 것임에도 "을"은 국내에서 부가가치세를 부담한 것이 되어 소비지국과세원칙에 반하고 국내외 기업 간 공동기술개발에 있어서 비용증가(매입세액불공제분)로 인한 국가 경쟁력 하락요인이 될 수 있다.

4) 역외 비용분담금에 대한 영세율 적용 가능 여부

앞서 "(1)"과 "(2)"의 해석이나 판례는 공동기술연구 결과물을 원시취득하여 그 결과물의 통제권이 국내에 유보된 채 경제적 또는 실질적으로 공동으로 소유하는 경우를 말한다(기재부 부가-361, 2015. 5. 13. ; 조심 2015중1300, 2015. 9. 25.).

위 사례에서 국내 "갑"이 결과물의 1차적 소유자가 되고 "을"이 국외에서 사용 또는 소비할 수 있도록 그 소유권을 이전하는 행위("을"이 자국에서 다시 지적재산권 등 무형자산에 대한 등록을 할 수도 있다)가 필요한데 그 과정이 재화(권리)의 수출이 된다, 따라서 "을"은 결과물을 이전받아 국외에서 로열티 매출을 발생시키게 됨으로써 소비지국과세원칙에 부응하게 된다.

"갑"이 일부나 전부를 외주를 주어 공동기술연구를 하는 경우에도 "을" 지분에 해당하는 용역(16억 원 = 40억 원 × 40%)은 공동매입의 형태로 제공받아 "을"에게 제공하고 그 대가를 외화로 수령하여 그대로 외주업체에 전달하였으므로 외주업체의 입장에서 그 밖의 외화획득용역으로 영세율 적용이 가능할 수 있다. 이는 공동매입세금계산서 발급특례 규정은 연구용역에 대한 세금계산서가 실제 공급자에서 명의자(갑)로, 명의자에서 실 수요자(을)로 발급되어 종국적으로 실수요자에게 직접 공급된 것과 동일한 효과를 발생시키기 위한 규정으로서 연구용역이 외주업체에서 을에게 공급되었지만 을이 외국법인이라서 세금계산서 발급이 생략된 것이라는 견지에서 가능할 수 있는 해석이라고 본다(부가 46015-1905, 2000. 8. 5.).

이때 "갑"이 외주업체로부터 기술연구용역과 관련하여 수취한 세금계산서상의 공급가액(40억 원)에 "을"의 비용분담금 상당액(16억 원)이 포함되었다고 하여 외주업체나 "갑" 간에 수수한 세금계산서에 대한 세금계산서 관련 가산세는 불가할 것이나, "을" 부담액에 상당하는 매입세액 1.6억 원을 "갑"이 과다공제한 것이어서 과소신고 관련 가산세나 납부지연가산세는 부과될 여지가 있다(부가령 §33 ② 1호 ; 대법원 2010두27196, 2011. 3. 24. ; 대법원 2006두9337, 2008 7. 10. ; 대법원 2004두12117, 2006. 9. 22.).

필자의 의견과 다르게 거래외관 또는 형식상 재화의 수출이나 그 밖의 외화획득용역으로 볼 수 없다고 하더라도 위 "3)"의 문제점을 해결하기 위한 국세청이나 기획재정부의 유연한 해석이나 법령개정이 반드시 필요하다.

5) 기존 유권해석하에 거래구조 선택

국내외 기업이 함께 공동기술개발업무를 수행함에 있어 국내 참여법인이 국내의 다른 법인에 외주를 주어 공동기술개발업무를 수행하는 경우 현행 국세청 및 기획재정부의 해석은 국내 공동기술연구 참여자가 다른 법인으로부터 수취한 세금계산서상 매입세액 중 자신의 분담비율을 초과하는 매입세액은 불공제한다는 입장이다.

공동기술개발을 외국법인과 수행함에 있어서 국내 다른 법인에 위탁을 주어 수행할 수밖에 없다면 아래 사례와 같이, 참여 외국법인(A법인)이 국내 다른 법인(을법인)에 위탁을 주어 국내 참여법인(갑법인)과 함께 공동기술개발업무를 수행하는 방식으로 거래구조를 변경하여야 한다. 그럼으로써 외주비용 매입세액이 줄어들어 불공제세액이 줄어들고 외주받은 법인(을법인)은 기술연구용역을 국내사업장이 없는 외국법인(A법인)으로부터 그 대가를 외국환은행에서 원화로 받는다면 영세율이 적용되므로 공동기술개발의 효과를 누리면서 불공제세액을 줄임으로써 원가절감이 가능해진다(관련 사례 : 법규부가 2012-265, 2012. 8. 24.).

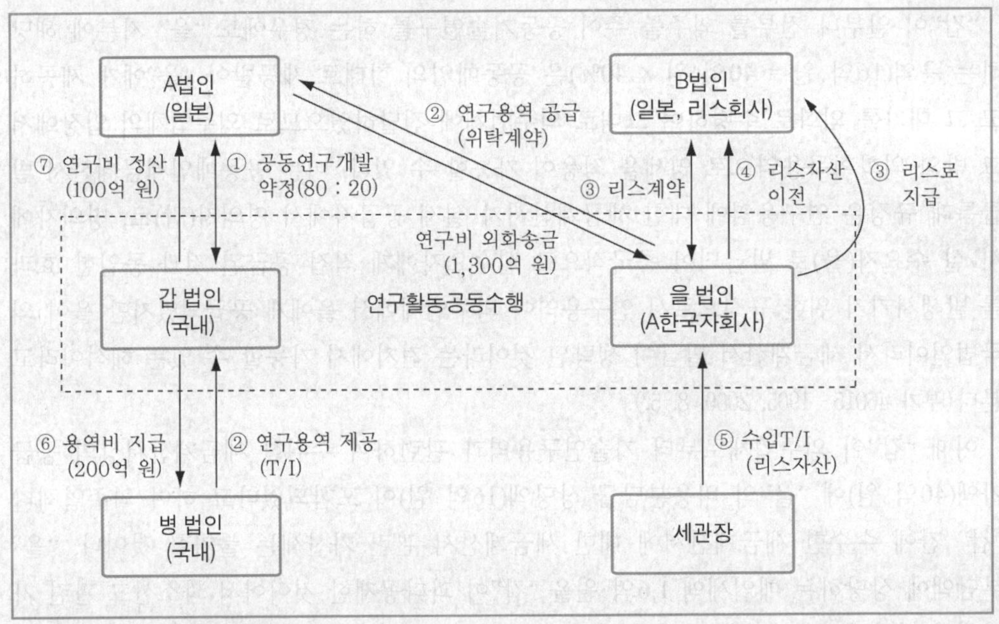

6) 최근 기획재정부의 새로운 해석

기획재정부는 국내에서 과세사업을 영위하는 국내사업자(A)가 국내사업장이 없는 국외사업자(B)와 공동으로 기술개발을 하면서 원가분담약정을 맺어 이와 관련하여 국내의 다른 사업자(C)로부터 용역을 공급받고, 관련 세금계산서 전부를 국내사업자(A)가 발급받고 국외사업자(B)로부터 지급받은 분담금액에 대하여 부가령 제69조 제15항을 준용하여 국외사업자(B)에게 세금계산서를 발급한 경우 국내사업자(A)는 국내사업자(C)로부터 발급받은 세금계산서상 매입세액 전체를 매출세액에서 공제할 수 있으며, 이 경우 국내사업자(A)가 부가령 제69조 제15항을 준용하여 국외사업자(B)에게 세금계산서를 발급할 때에 영세율을 적용할 수 있는지 여부는 해당 거래의 내용 등을 고려하여 별도로 사실판단할 사항이라고 회신하였다(기획재정부 부가가치세제과-183, 2024. 2. 23.).

위 사례는 국내사업자(A)가 부가령 제69조 제15항을 준용하여 국외사업자(B)에게 세금계산서를 발급하지 않았고 발급할 수 있는 규정도 없는데 사실관계의 전제부터 맞지 않았다. 또한 국내사업자(A)가 국외사업자(B)에게 용역을 공급한 것인지 또는 국내사업자(C)가 국외사업자(B)에게 용역을 공급한 것이어서 세금계산서 발급 및 영세율 적용 여부를 판단하라고 한 것인지도 의문이다.

여하튼 동 회신 건에 대한 국세청 과세전적부심사에서도 원가부담약정을 체결하고 원가분담비율을 초과하여 정산금을 수취하였다는 사실을 인정하면서 국내사업자(A)가 전문과학기술서비스용역을 제공하고 정산금을 수취한 사실을 들어 영세율이 적용된다고 보아 국내사업자(C)로부터 발급받은 세금계산서상 매입세액 전체를 매출세액에서 공제할 수 있다고 결정하였다.

하지만 원가분담약정에 따른 비용정산이 용역의 공급이 아니라는 국세청 및 기획재정부의 해석과 법원의 판결과 배치되는 회신임에도 국내외 기업간 원가분담약정에 따라 국내 기업에서 매입세액이 발생한 경우, 국내 기업간 원가분담약정에 따른 매입세액공제는 공동매입 세금계산서 발급특례를 통해 공제가 가능하다는 점과 비교할 때 과세불형평성의 해결과 국제경쟁력 제고라는 점에서 위 기획재정부 해석은 의의를 가질 수 있으나 그 회신내용이나 논리에 대한 보완이 요구된다.

32 | 위탁매매 또는 대리인에 의한 매매

(1) 개 요

1) 부가가치세법 개요

가. 관련 규정

위탁매매 또는 대리인에 의한 매매를 할 때에는 위탁자 또는 본인(피대리인을 말한다)이 직접 재화를 공급하거나 공급받은 것으로 본다. 즉, 재화를 공급함에 있어서 수탁자(위탁매매인을 말한다) 또는 대리인을 통하여 공급하는 경우에는 위탁자 또는 본인이 재화를 공급받는 자에게 직접 재화를 공급한 것으로 보며 재화를 공급받음에 있어서 수탁자 또는 대리인을 통하여 공급받는 경우에는 위탁자 또는 본인이 재화를 공급하는 자로부터 직접 재화를 공급받은 것으로 본다(부가법 §10 ⑦). 이는 수탁자 또는 대리인의 거래행위는 모두 재화를 공급하는 것이 아니고 위탁자 또는 본인에 대한 용역의 공급에 해당할 뿐이므로 이러한 경우 위탁자 또는 본인이 직접 재화를 공급하거나 공급받는 것으로 보게 되는 것이다(대법원 97누20359, 1999. 4. 27.).

이러한 위탁매매거래 등에 있어 위탁매매 또는 대리인에 의한 매매를 하는 해당 거래나 재화의 특성상 또는 보관·관리상 위탁자 또는 본인을 알 수 없는 경우 수탁자 또는 대리인에게 재화를 공급하거나 수탁자 또는 대리인으로부터 재화를 공급받은 것으로 본다(부가법 §10 ⑦, 부가령 §21).

예를 들어 ① 익명거래 등과 같이 위탁자 또는 본인을 알 수 없는 경우 위탁자 또는 본인과 수탁자 또는 대리인 사이에 그리고 수탁자 또는 대리인과 그 수탁자 또는 대리인으로부터 재화를 공급받거나 그 수탁자 또는 대리인에게 재화를 공급하는 자 사이에 각각 별개의 재화의 공급이 있는 것으로 보며, ② 지입차주가 차량을 구입함에 있어서 차량의 공급자로부터 직접 공급받는 경우 세금계산서도 직접 발급받을 수 있으나 지입회사를 통하여 차량을 구입하는 경우에는 차량의 공급자는 지입회사를 공급받는 자로 한 세금계산서를 발급하고 지입회사는 지입차주를 공급받는 자로 한 세금계산서를 발급하여야 한다(부가통칙 32-69-1).

▌부가가치세법 제정 당시 규정과 해설

위탁매매와 대리인에 의한 매매에 있어서는 위탁자 또는 본인이 거래상대방과 직접 재화를 공급하거나 공급받은 것으로 본다. 그러나 **위탁자나 본인을 알 수 없는 익명거래**는 위탁 또는 대리매매로 보지 않는다. 남의 위탁을 받아 물품을 팔아주거나 사주고 단순히 수수료만을 받는 경우 또는 타인을 대리하여 매매하고 수수료를 받는 경우에는 위탁자와 위탁받는 자 사이에는 사실상 재화를 공급받은 사실이 없는 것이다. 그러므로 이 경우는 부가가치세를 과세하지 아니하나 **위탁자나 본인이 불명이거나 익명인 경우에는 거래가 있는 것으로 인정과세한다**(매일경제신문 기사, 1979. 10. 17.).

나. 세금계산서 발급방법

① 위탁판매 또는 대리인에 의한 판매의 경우

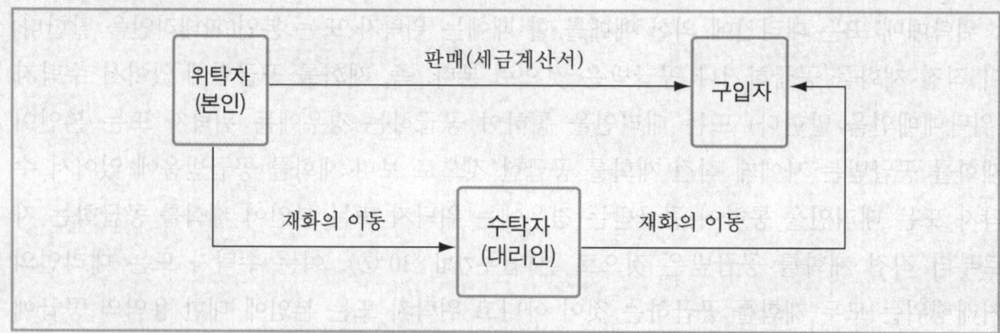

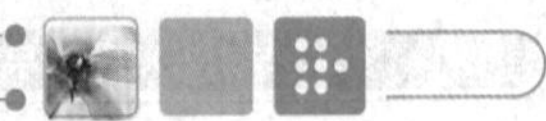

② 위탁매입 또는 대리인에 의한 매입의 경우

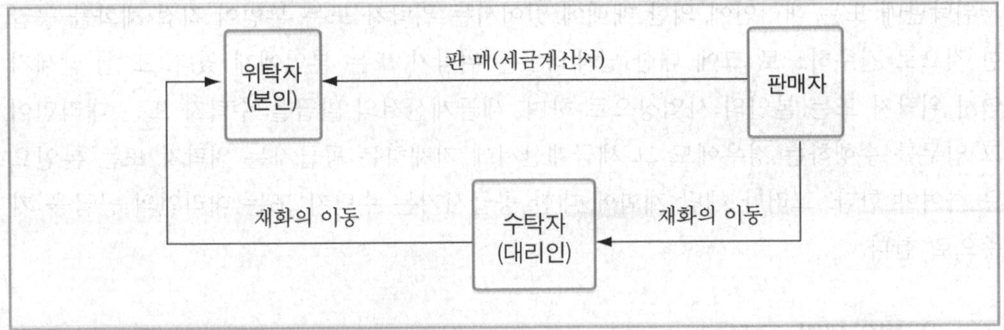

③ 익명거래에 의한 판매의 경우

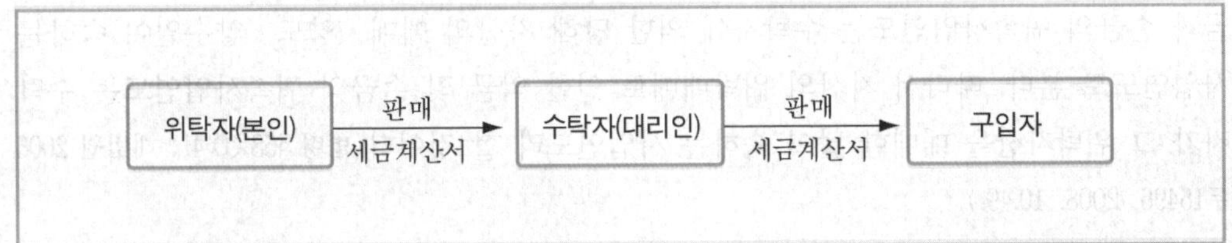

④ 익명거래에 의한 매입의 경우

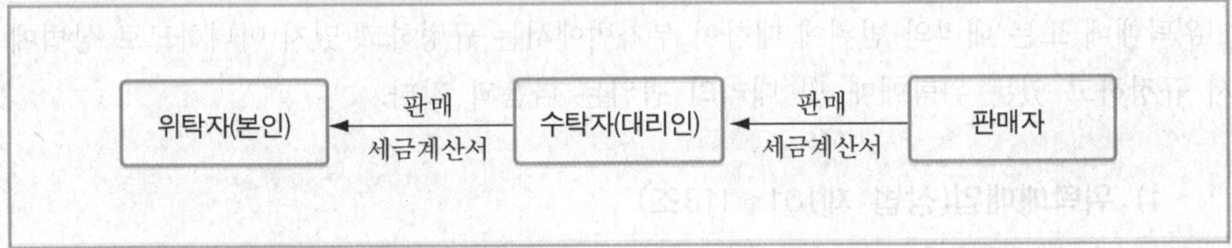

다. 이익의 발생 여부와 과세대상

사업자가 납부하여야 할 부가가치세액은 자기가 공급한 재화 또는 용역에 대한 세액에서 자기의 사업을 위하여 사용되었거나 사용될 재화 또는 용역의 공급에 대한 세액, 자기의 사업을 위하여 사용되었거나 사용될 재화의 수입에 대한 세액을 공제한 금액이다. 따라서 사업특성상 또는 특정 거래의 결과로 인하여 발생한 영업이익이 거의 없다 하더라도 중간단계의 부가가치 및 부대비용을 고려하지 않고 부가가치세를 부과한 것이 부당하다고 볼 수 없다. 따라서 위탁매매 등으로 수탁자 또는 대리인이 그 사업과정에서 이익이 얼마가 발생하였느냐 손실이 발생하였느냐는 위 "나"의 세금계산서 발급방법에 영향을 미치지 아니한다.

라. 위탁판매 또는 대리인에 의한 판매의 경우 납세의무 등

위탁판매 또는 대리인에 의한 매매에 있어서는 위탁자 또는 본인이 직접 재화를 공급한 것으로 간주하므로 그에 대한 납세의무는 위탁자 또는 본인에게 있다. 또한, 납세지 역시 위탁자 또는 본인의 사업장으로 하며, 세금계산서의 발급을 수탁자 또는 대리인이 그 업무를 수행하는 경우에도 그 세금계산서에 기재하는 공급자는 위탁자 또는 본인으로 하여야 한다. 그러나 해당 재화에 대한 공급시기는 수탁자 또는 대리인의 공급을 기준으로 한다.

2) 법인세법 규정

각 사업연도에 있어서 자산을 타인에게 위탁하여 매매·양도·양수함으로써 생긴 익금과 손금의 귀속사업연도는 수탁자에 의한 당해 자산의 매매·양도·양수일이 속하는 사업연도로 본다. 따라서 자산의 위탁매매로 인한 익금 및 손금의 귀속사업연도는 수탁자가 그 위탁자산을 매매한 날이 속하는 사업연도라 할 것이다(법령 §68 ① 4 ; 대법원 2006두16496, 2008. 10. 9.).

(2) 상법상의 규정

위탁매매 또는 대리의 범위에 대하여 부가법에서는 규정하고 있지 아니하므로 상법에서 규정하고 있는 위탁매매 및 대리의 범위는 다음과 같다.

1) 위탁매매업(상법 제101~113조)

가. 정의

위탁매매라 함은 자기의 명의로 타인의 계산에 의하여 물건(동산으로 한정) 또는 유가증권을 매매(구입 또는 판매)하고 보수를 받는 것을 말하고, 이를 영업으로 하는 자를 위탁매매인이라 한다.

위탁매매인은 행위의 결과인 권리·의무의 주체가 되고 행위의 경제적 효과는 위탁자에 속한다. 또한, 계약당사자가 된다는 점에서 대리인·대리상 및 중개인과 차이가 있다.

나. 위탁매매인의 의무

① 통지의무·계산서 제출의무

위탁매매인이 위탁받은 매매를 한 때에는 지체 없이 위탁자에 대하여 그 계약의 요령과 상대방의 주소·성명의 통지를 발송하여야 하며 계산서를 제출하여야 한다.

② 이행담보책임

위탁매매인은 위탁자를 위한 매매에 관하여 상대방이 채무를 이행하지 아니하는 경우에는 위탁자에 대하여 이를 이행할 책임이 있다. 그러나 다른 약정이나 관습이 있으면 그러하지 아니한다.

③ 지정가액 준수의무

위탁자가 지정한 가액보다 염가로 매도하거나 고가로 매수한 경우에도 위탁매매인이 그 차액을 부담한 때에는 그 매매는 위탁자에 대하여 효력이 있다. 그리고 위탁자가 지정한 가액보다 고가로 매도하거나 염가로 매수한 경우에는 그 차액은 다른 약정이 없으면 위탁자의 이익으로 한다.

④ 위탁매매인의 수탁물건 또는 채권처분의 효과

「상법」 제103조, 제113조는 위탁매매 또는 준위탁매매에서 위탁매매인이 위탁매매로 인하여 취득한 물건, 유가증권 또는 채권은 위탁자와 위탁매매인 또는 위탁매매인의 채권자 사이의 관계에서는 이를 위탁자의 채권으로 본다고 규정한다. 본 상법규정은 위탁자가 위탁매매인의 배후에 있는 경제적 주체로서 위 물건 또는 채권에 대하여 가지는 직접적 이익을 고려하고 나아가 위탁매매인이 위탁자에 대하여 신탁에서의 수탁자에 유사한 지위에 있음을 감안하여, 위탁자와 위탁매매인 사이 또는 위탁자와 위탁매매인의 채권자 사이의 관계에 있어서는 위탁매매인의 실제의 양도행위가 없더라도 위 물건 또는 채권을 위탁자의 재산으로 의제하는 것이다.

따라서 위탁매매인이 그가 제3자에 대하여 부담하는 채무를 담보하기 위하여 그 채권자에게 위탁매매로 취득한 채권을 양도한 경우에 위탁매매인은 위탁자에 대한 관계에서는 위탁자에 속하는 채권을 무권리자로서 양도하였다고 볼 것이고, 그 채권양도는 무권리자의 처분 일반에서와 마찬가지로 양수인이 그 채권을 선의취득하였다는 등의 특별한 사정이 없는 한 위탁자에 대하여 효력이 없다(대법원 2011다31645, 2011. 7. 14.).

다. 위탁매매인과 제3자 간의 관계

위탁매매인은 간접대리인이므로 제3자에 대한 관계에서 위탁자의 이름으로 거래하지 아니하고 중개인처럼 단순한 사실행위만을 하는 것도 아니다. 자신의 이름으로 등장하여 제3자와 직접 매매계약을 체결한다.

라. 위탁자와 제3자 간의 관계

위탁자와 제3자 간에는 원칙적으로 아무런 법률관계도 생기지 않는다. 따라서 제3자가 채무불이행을 하는 경우에도 위탁자는 제3자에 대하여 직접 손해배상을 청구할 수 없다. 그러나 제3자가 채무를 이행하지 않는 경우 위탁매매인은 위탁자를 위하여 이를 이행할 책임을 진다(상법 §105).

마. 위탁자의 위탁매매인에 대한 권리

위탁매매인이 위탁자로부터 받은 물건 또는 유가증권이나 위탁매매로 인하여 취득한 물건, 유가증권 또는 채권은 위탁자와 위탁매매인 또는 위탁매매인의 채권자 간의 관계에서는 이를 위탁자의 소유 또는 채권으로 보므로(상법 §103), 위탁매매인이 위탁자로부터 물건 또는 유가증권을 받은 후 파산한 경우에는 위탁자는 위 물건 또는 유가증권을 환취할 권리가 있고, 위탁매매의 반대급부로 위탁매매인이 취득한 물건, 유가증권 또는 채권에 대하여는 대체적 환취권으로서 그 이전을 구할 수 있다(대법원 2005다6297, 2008. 5. 29.).

바. 위탁매매와 횡령죄

위탁매매에 있어서 위탁품의 소유권은 위탁자(위임자)에게 있고 그 판매대금은 이를 수령함과 동시에 위탁자에게 귀속한다 할 것이므로 특별한 사정이 없는 한 위탁매매인이 위탁품이나 그 판매대금을 임의로 사용·소비한 때에는 횡령죄가 성립한다(대법원 89도813, 1990. 3. 27. ; 대법원 2012도16191, 2013. 3. 28.).

▌횡령죄 관련 판결 사례

○ 금은방을 운영하는 피고 겸 수탁자와 피해자인 위탁자가 피고인의 경험과 지식을 활용함에 따른 이익을 노리고 자신(위탁자) 소유의 금을 피고인에게 맡겨 사고팔게 하였는데, 금은방을 운영하던 피고인이 피해자에게 금을 맡겨 주면 시세에 따라 사고파는 방법으로 운용하여 매달 일정한 이익금을 지급하여 주고, 피해자의 요청이 있으면 언제든지 보관 중인 금과 현금을 반환해 주었다.

○ 이처럼 일정량의 금 또는 그에 상응하는 현금을 맡겼고, 피고인은 이에 대하여 피해자에게 매달 약정한 이익금을 지급하여 오던 중 피고인은 경제사정이 악화되자 피해자를 위하여 보관하던 금과 현금을 개인채무 변제 등에 사용하였다.

○ 그렇다면 피해자가 피고인에게 매매를 위탁하거나 피고인이 그 결과로 취득한 금이나 현금은 모두 피해자의 소유이고, 피고인이 이를 개인채무의 변제 등에 사용한 행위는 횡령죄를 구성한다(대법원 2012도16191, 2013. 3. 28.).

2) 대리인(대리상)에 의한 매매(상법 제87~92조)

대리인에 의한 매매라 함은 사용인이 아닌 자가 일정한 상인을 위하여 상시 그 사업부류에 속하는 매매의 대리 또는 중개를 하고 보수를 받는 것을 말한다. 이처럼 대리상은 상업사용인이 아니면서 일정한 상인을 위하여 상시 그 영업부류에 속하는 거래의 대리 또는 중개를 영업으로 하는 자로 특정 상인의 영업거래를 계속적으로 대리하거나 중개하여 활동을 보조하는 기능을 한다.

3) 용역공급의 주선

주선이라 함은 자기의 이름으로 타인의 계산 아래 법률행위를 하는 것을 의미하므로 용역공급의 주선계약은 용역공급의 주선인이 그 상대방인 위탁자를 위하여 용역공급계약을 체결할 것 등의 위탁을 인수하는 계약으로(결국, 주선인은 그 용역공급계약과 관련하여 위탁자로부터 위수탁수수료를 수취할 뿐 그 용역공급계약과 관련하여 최종적인 손액의 부담은 전혀 지지 않는다) 민법상 위임의 일종이다(대법원 85다카1080, 1987. 10. 13.).

4) 준위탁매매

「상법」 제113조는 자기명의로써 타인의 계산으로 '매매 아닌 행위'를 영업으로 하는 자 중 운송주선인이 아닌 자를 준위탁매매인이라 하고 있다.

위탁매매가 자기의 명의로 타인의 계산에 의하여 물품을 매수 또는 매도하고 보수를 받는 것으로서 명의와 계산의 분리를 본질로 한다. 이는 자신의 명의로써 타인의 계산으로 물건 또는 유가증권 매매 이외의 행위를 영업으로 하는 준위탁매매에 있어서도 마찬가지이다(대법원 2005다6297, 2008. 5. 29.).

▌준위탁매매로 본 판결례

- ○ 영화 배급대행계약서에서 원고(위탁자)가 독점적으로 판권을 소유하는 이 사건 영화에 관하여 국내배급을 쩜영(회사명으로 수탁자이다)에게 대행하게 한다는 것을 명확하게 하였다.
- ○ 쩜영은 이 사건 영화의 흥행 결과에 따른 이른바 '부금(극장이 그 상영의 대가로 그가 얻은 입장료 수입의 일정 비율을 배급대행사에 지급하기로 약정한 돈)'의 액수에 따라 손실이 나거나 이익을 보는 것이 아니라 미리 정하여진 수수료를 지급받음에 그치는 반면, 원고는 영화의 판권을 소유하면서 자신의 비용과 책임 아래 영화의 선전활동을 진행한 후 그 흥행의 결과에 따른 부금의 액수에 따라 수익과 손실을 부담한다.
- ○ 부금에 관하여 정산한 후 원고에게 정산서를 제출할 의무가 있는데, 이는 상법 제113조, 제104조 소정의 준위탁매매인의 통지의무, 계산서제출의무에 해당
- ○ 쩜영이 각 극장들로부터 부금계산서 및 세금계산서를 받아 처리하도록 하고 있으나, 준위탁매매의 경우에는 준위탁매매인이 자신의 명의로 상대방과 계약을 체결하여 계약상대방에 대하여 직접 권리를 취득하고 의무를 부담하게 되는 결과 상대방으로부터 직접 세금계산서 등을 받게 될 수 있다고 할 것이므로, 쩜영이 직접 각 극장들로부터 부금계산서 및 쩜영이 공급자로 표시된

세금계산서를 받는다는 점을 들어 쩜영이 자신의 계산으로 영화상영계약을 체결한 것이라고 할 수 없다.

○ 「상법」 제113조, 제105조는 준위탁매매에 있어서 거래행위의 법적 효과가 오직 준위탁매매인에게만 귀속되고 위탁자는 거래상대방에 대하여 직접적인 법률관계에 서지 못하므로 거래상대방으로 하여금 이행을 시키기 위하여는 준위탁매매인을 통하여 이행을 최고하거나 준위탁매매인으로부터 채권을 양도받아 최고를 할 수밖에 없는 점을 참작하여 위탁자를 보호하기 위하여 준위탁매매인에게 이행담보책임을 지울 필요을 인정하여, 준위탁매매인은 위탁자를 위한 계약에 관하여 상대방이 채무를 이행하지 아니하는 경우에는 위탁자에 대하여 이를 이행할 책임이 있다고 규정하고 있는데, 쩜영이 원고에게 부금의 최종 수금 책임을 지고 각 극장들로부터 부금을 지급받지 못하더라도 부금 상당의 돈을 지급하기로 약정한 것 역시 위와 같은 이행담보책임의 한 형태라고 볼 수 있으므로 이 점을 들어 준위탁매매가 아니라거나 쩜영이 자신의 계산으로 영화상영계약을 체결한 것이라고 볼 수 없다.

○ 위와 같다면 원고는 영화상영대행계약에 따른 준위탁매매계약상 위탁자의 지위에 있다고 판단하여야 한다.

5) 중개인

타인 사이의 상행위를 중개하는 것을 영업으로 하는 자를 말한다. 중개인은 널리 타인 간의 상행위를 중개하므로 특정 상인을 위하여 계속적으로 상행위를 중개하는 중개대리상과 다르고, 상행위를 중개하므로 상행위 이외의 법률행위를 중개하는 민사중개인과도 다르고 중개를 할 뿐이므로 중개하는 상행위의 당사자가 되는 것이 아닌바, 이 점에 있어서 자기의 이름으로 위탁자를 위하여 물건을 매매하는 위탁매매인과도 다르다.

※ 위 "1)"부터 "5)"까지의 거래형태를 이하 "위탁매매등"이라 한다.

(3) 일반매매거래와 도급 등

1) 일반매매

가. 재화의 공급

일반매매라 함은 자기의 책임과 계산으로 재화를 공급하는 것과 동일 또는 유사개념으로 이해된다. 부가가치세법상 재화의 공급은 매매계약, 가공계약, 교환계약 그 밖의 계약상 또는 법률상의 모든 원인에 의하여 재화를 인도 또는 양도하는 것으로 해당 재화를 종국적으로 사용·소비할 수 있도록 그 권한(소유권)을 이전하는 것을 전제로 하는 행위이다(부법 §9 ①). 이 경우 매매계약은 서류에 의하여 그 증서가 작성된 경우뿐만 아니라 구두에 의한 계약도 포함한다(부령 §18 ① 1).

나. 거래형식과 매매거래 여부

위수탁자 간의 약정이 위탁매매의 형식을 취하고 있더라도 그 내용은 위탁자가 일정한 가격에 수탁자에게 제품을 공급하고 수탁자는 거기에 다시 수익을 붙여 자신의 보수를 취하는 것으로 되어 있어 해당 매매거래에서 위탁자에게 발생하는 수익은 위탁자가 수탁자에게 제품을 공급하는 것으로 확정되고 수탁자는 그 후 자신의 계산으로 해당 제품을 판매하는 구조라면 이를 실질적인 위탁매매로 보기 어려우며, 계약의 명칭이나 형식적 문언에 관계없이 실질을 중요시하되 기업회계 등 회계학적 판단과 세법적인 판단은 다른 것임에 유의하여야 한다.

예를 들어, "갑"이 거래처의 주문을 직접 받아 "을"에게 발주하여 판매가격 및 판매조건을 결정하는 등 모든 권한과 책임을 부담하고 위탁보수 없이 매매차익을 얻는 구조라면 물품의 이동이 "을"에서 "갑"의 거래처로 직접 이동이 되었다 하더라도 일반매매거래로 보아야 한다(부가-1038, 2013. 10. 31.).

2) 도급 등

가. 도급, 하도급의 개념

「건설산업기본법」에서는 "도급"을 원도급, 하도급, 위탁 등 명칭에 관계없이 건설공사를 완성할 것을 약정하고, 상대방이 그 공사의 결과에 대하여 대가를 지급할 것을 약정하는 계약으로, "하도급"은 도급받은 건설공사의 전부 또는 일부를 다시 도급하기 위하여 수급인이 제3자와 체결하는 계약, "수급인"은 발주자로부터 건설공사를 도급받은 건설업자(하도급의 경우 하도급하는 건설업자를 포함), "하수급인"이란 수급인으로부터 건설공사를 하도급받은 자를 말한다(건설산업기본법 §2).

▌주선과 도급의 구분

사업자가 지방자치단체와 철도공사와 관련한 위수탁사업계약을 체결하고 다른 사업자와 공사도급계약을 체결한 바, 아래와 같은 사유가 있는 경우 건설용역의 주선이 아닌 도급계약에 해당한다.

① 사업자가 지자체에 공급하는 용역의 목적은 용역의 성과물의 인도이고, 원고가 공사지연 및 공사 중 발생한 사고 등으로 성과물을 인도하지 못할 경우 그에 대한 손해배상책임을 부담함.

② 사업자가 제3의 공사업자를 선정하여 공사계약을 체결하는 과정에서의 귀책사유에 의하여 발생한 손해에 대해서 배상책임을 부담함.

③ 지자체가 사업비를 궁극적으로 부담한다고 하더라도 지자체가 사업비의 실질적인 부담주체로서 부담하는 것이므로 해당 사업자가 지자체에 건설용역을 공급하는 것으로 볼 수 있음.

④ 협약서에서 도급금액이 명시되어 있지는 않았더라도 실시설계가 확정된 후에 위·수탁 변경합의서를 작성하면서 공사비를 명시함.

⑤ 위 협약서에서 지자체가 설계·감리용역 그 자체가 아니라, 설계·감리용역의 감독업무를 수행한다는 점에서 사업자가 설계·감리용역 제공의 주체라고 볼 수 있고, 도급관계에서도 도급인이 수급인에 대하여 업무에 대한 지시권을 행사하는 것이 도급관계에서도 허용되는 점에서 지자체 등이 용역을 감독하는 업무를 수행하는 것이 해당 사업자가 알선자의 지위에 있다는 근거가 되지는 않음(대법원 2007두21709, 2008. 1. 1.).

나. 주선·중개와 도급의 구별

어떠한 위수탁계약 내용이 계약상 중개인으로서는 불가능한 공사 지연 및 공사 중 발생한 사고 등에 대한 손해배상 책임, 하자보증 등을 부담하는 경우, 위수탁공사를 수행하면서 공사업자를 선정하여 공사계약을 체결하는 과정에서의 귀책사유에 의하여 발생한 손해에 대해서 배상책임을 부담하면서 그 성과물의 인도를 용역의 목적으로 둔 것이라면 이는 위임계약이 아닌 도급계약이라고 할 것이다. 사실상 도급계약에 해당한다면 자신의 명의로 시공사로부터 세금계산서를 발급받고 자신의 명의로 위탁자(발주자)에게 세금계산서를 발급하여야 한다(대법원 2007두21709, 2008. 1. 1. ; 서울행정법원 2006구합28093, 2007. 2. 1.).

다. 세금계산서 수수방법

세금계산서는 계약상 또는 법률상의 모든 원인에 의하여 재화 또는 용역을 공급하는 사업자가 재화 또는 용역을 공급받는 자에게 발급하는 것으로, 원도급자로부터 하도급 공사계약에 의하여 건설공사용역을 하도급받은 사업자가 해당 공사용역 제공에 따른 세금계산서를 「부가가치세법」상 공급시기에 원도급자에게 발급하여야 하고 원도급자는 발주자에게 하도급금액을 포함한 전체 도급금액에 대하여 세금계산서를 발급하여야 한다.

이 경우 하도급 공사대금 전부 또는 일부를 지급받지 못하여 발주처로부터 해당 공사대금을 직접 지급받는 경우에도 하도급자는 발주처를 공급받는 자로 하여 세금계산서를 발급할 수는 없다(부가-1822, 2008. 7. 7.).

3) 모작계약과 하도급계약

모작계약은 건설현장에서 주로 이루어지는 계약으로서 건설회사는 수임자(보통 현장소장)에게 일정한 공사에 투입된 자재, 인력, 장비, 기타비용 등 소요비용 내역(견적서)을 제출받고 쌍방합의하여 공사금액을 정하며, 수임자는 당초 합의하여 정한 금액 범위 내에서 공사완성을 책임지기로 하고 견적서 및 공사계획서에 따라 자재와 장비, 인력 등을 자신의 지휘와 판단하에 공사에 투입하고 소요된 공사비용을 약정된 기간단위 또는 수시로 건설회사에 청구하여 건설회사로부터 비용을 수령하고 공사를 완성한다. 보통 수임자는 공사비 지출 후 영수증, 노무비대장, 세금계산서 등 지출증빙을 건설회사 명의로 수취하여 건설회사에 지출하며 그 후 최종 공사 완료 시에 정산과정을 거쳐 잔여금액("공사금액 - 실제 지출비용")을 수익한다.

모작계약의 형태가 공사기간 중에 이루어지는 공사에 관한 모든 법률적 권리와 의무(인건비 지불 및 사고 발생 시 손해배상책임 등)가 건설회사에 귀속되고 위 잔여금액은 수임자에게 귀속되나, 실제 지출비용 초과로 인한 손실은 건설회사가 부담하며, 아울러 공사현장에서 수임자의 관리소홀이나 유용 등 책임 있는 사유로 임금이 체불된 경우에도 그에 관한 책임은 건설회사와 수임자 사이의 손해배상의 문제로서 궁극적으로는 건설회사가 임금체불에 관한 사용자로서의 책임을 가진다면 수임자는 수급자로서 공사금액이 아닌 잔여금액을 부가가치세 과세표준으로 삼을 수도 있을 것이다.

모작계약은 건설업계의 오랜 관행으로서 수임자는 공사비 절감을 통한 차익을 얻을 목적으로 목적물 완성을 위해 자재 등 투입량 결정과 거래처 등을 물색하며, 공사비 절감을 통한 차익을 가득하거나 초과공사비에 대한 부담없이 공사를 관리하는 등 단순한 관리자로서의 지위 이상을 가진다는 특성을 가지고 있어 모작계약의 수임자가 건설회사의 근로자인지 또는 독립된 사업자(하수급자, 단순 수탁자)로 볼 수 있는지는 그 실질형태에 따라 구체적으로 사실판단할 사항이다.

※ 수임자가 자기 책임과 계산하에 공사를 수행하는 하수급자의 형태를 띠었다면 공사금액 전부를 공급가액으로 삼아야 한다(국심 2005서0801, 2006. 1. 10.).

반면, 일반적인 하도급공사는 근로기준법이나 산업재해보상보험법상 원수급인의 책임에 관한 규정이 적용되는 경우 등을 제외하고는 하도급공사에서 발생하는 대부분의 책임을 하수급인이 전담하고 그 계약으로 인한 금전상의 이익과 손실을 부담한다. 예를 들면 건설산업기본법상 전문건설업자가 일반건설업자로부터 수주받은 공사의 일부를 십장(개인) 등에게 노무하도급 형태로 재하도급을 주는 경우가 있는데, 건교부에서는 불법화된 노임 모작을 양성화하기 위하여 건설산업기본법을 개정(개정일 1996. 12. 30., 구 건설산업기본법 제2조 제13호 및 동 규칙 제1조의2, 2008. 1. 1. 시공참여자 제도가 폐지됨에 따라 전문건설업자는 시공참여자와 그 소속 근로자를 고용하여야 하므로 그 법적 지위는 근로기준법상 근로자임)함에 따라 같은 법 제39조에 따라 「시공참여자」로 합법화하였고, 이 합법화된 절차에 따라 시공참여자가 건설업자와 건설공사에 대한 하도급계약을 체결한 후 해당 시공참여자가 인력을 고용하여 사업상 독립적으로 해당 공사의 시공용역을 제공하는 경우에는 부가가치세 과세대상 용역의 공급에 해당한다(부가46015-696, 1999. 3. 18.).

즉, 건설현장의 십장이라 하더라도 공사 현장에 참가한 일용근로자들 전체의 명의가 아닌 자신의 단독명의로 계약 또는 공사 관련 소를 제기하고, 그 금원의 명목도 공사대금으로 표시하며, 정산협의나 조정과정에서 십장이 시공사와 주도적이고 독자적으로 이루어졌으며, 독립된 사업자가 아닌 일용근로자들 중의 대표에 불과하며, 시공사로부터 돈을 지급받기도 전에 위험을 감수하고 미리 자신의 비용으로 다른 일용근로자들에게 노임을 지급한 경우라면 십장은 고용관계가 아니라 공사를 도급받아 자신의 계산과 책임하에 사업상 독립적으로 건설용역을 공급한 자라고 보아야 한다(서울행법 2015구합71785, 2016. 3. 17.).

시공참여자 및 시공참여자가 모집한 근로자에 대한 노임을 사업주(건설업자)가 부담하고 지방세법상 종업원은 사업주와의 직접적인 고용계약을 체결한 자 뿐만 아니라 사업주로부터 사업의 일부를 위임받은 자와의 고용계약에 의하여 해당 사업에 종사하는 자도 포함하므로 지방소득세 종업원분의 부과나 체불임금에 대한 책임을 사업주가 지는 것이라는 심판결정(조심 2016지0040, 2016. 8. 12.)이 있으나, 대법원에서는 사업주가 직접적 고용계약을 맺지 않았고 계약금액에 시공참여자가 고용에 따른 모든 비용이 포함되어 있으며, 계약금액에 대한 기성청구를 받을 시에도 작업물량 등에 따라 기성금을 청구하도록 약정되었고 근로자에 대한 고용 및 출퇴근 관리 등의 책임이 시공참여자에게 있는 점, 공사에 투입할 인력의 수를 시공참여자가 결정하는 점을 고려하여 사업주에 대한 종업원할 지방소득세 부과처분은 위법하다고 판시하였다(대법원 2010두8034, 2010. 10. 28.). 조세심판원 결정에 따르더라도 시공참여자가 모집한 근로자에 대한 지방소득세 납세의무자나 체불임금의 지급주체가 사업주인 경우에도 이를 이유로 곧바로 시공참여자가 독립적인 사업자의 지위가 없다는 것은 아니다.

| 용역 · 도급계약에 있어서의 사용자 |

계약형태	도급, 용역, 업무위탁	하도급	노무도급계약
사용자 판정	계약형식에 불구하고 수탁받은 업체의 근로자를 자기소속 근로자와 같이 직접 지시 감독하면서 노무를 제공받고 그 대가를 지급하는 관계라면 위탁업체가 사용자임.	하수급자가 독립적으로 임면권을 갖고 공사계획을 수립하며 독립된 판단으로 사업을 수행하고 자체경비로 자재와 경비를 부담하면서 자기 책임하의 임금 수준율을 정하고 잉여금을 이윤으로 취득하면 하도급인이 사용자임(하수급인의 회사에 현장소장을 상주시켜 공사를 지도감독하였다면 원도급인이 사용자임).	계약 시 목공, 미장 등과 같이 단순한 노무도급만을 준 경우 목공등(십장, 오야지)이 다시 자기 명의로 고용한 자에 대하여 고용인이 사용자 책임을 지며, 하수급인도 2차적인 사용자로서 책임을 지는 것이 원칙임.

(4) 운송주선인

자기 명의로 이 영업(물건운송을 주선하는 영업)을 하는 자를 운송주선인이라 한다(상법 §114). 운송주선인은 계약운송인으로서 운송수단(선박, 항공기, 화차, 트럭 등)을 보유하지 않으면서도 실제운송인(Actual Carrier)처럼 운송주체자로서의 기능과 책임, 즉 운송인에게는 화주 입장에서 화주에게는 운송인의 입장에서 책임과 의무를 수행한다. 운송주선인(복합운송주선업자)의 공급가액 및 세금계산서 발급방법 등에 대하여는 영세율 편의 "국제복합운송용역"을 참조하기로 한다.

(5) 영국의 중개업에 대한 세무처리

1) 중개업자의 정의

영국 국세청에 따르면 공급자에게 재화 또는 용역을 공급하기 위하여 중간에서 중개하는 자를 중개사업자로 정의하고, 중개업자는 문서 또는 구두를 통해 중개사업자가 공급자를 대신하여 특정 거래를 수행하기 위하여 계약을 체결하고 과세당국에 이를 입증할 수 있어야 한다.

중개업자는 공급자가 최종소비자에게 제공하는 재화나 용역의 가치나 성질을 변경할 수 없고, 공급자를 대리하여 매입하거나 판매하는 재화에 대한 소유권 또는 용역에 대한 사용권이 없어야 한다.

2) 중개업자의 세금계산서 발급

중개업자(일종의 수탁자를 말한다)가 거래에서 중요하지 아니한 역할(잠재고객이나 판매자를 공급자에게 소개하는 역할, 공급자 소유의 재화를 배송 또는 보관하는 역할, 공급자를 대리하여 대금을 지급하거나 지급받는 역할 수행 등)을 수행하게 되면 공급자(사업자 등록된 사업자를 말한다. 이하 같다), 중개업자(사업자 등록된 사업자를 말한다. 이하 같다), 구매자 간의 세금계산서 발급은 ① 수탁재화나 용역의 공급에 대하여 공급자가 구매자에게 발급하고, ② 중개업자는 중개용역 수수료에 대하여 공급자에게 발급한다.

다만, 중개업자 명의로 공급자가 지정한 구매자와 직접 계약을 체결하는 권한을 부여받고 공급자의 존재가 거래에 드러나지 아니하는 경우 우리나라의 익명거래와 같이 처리한다. 예를 들면, 중개업자가 재화를 100원에 구매자에게 공급하고 그에 따른 중개수수료는 20원인 경우에는 ① 공급자는 중개업자에게 80원의 세금계산서를 발급하며, ② 중개업자는 구매자에게 100원의 세금계산서를 발급한다. 이것은 영국세법이 중개업자가 자신에게 재화를 공급하고 다시 그 재화를 구매자에게 공급한 것으로 간주한 데에서 기인한다.

(6) 위탁매매등과 일반매매거래에 대한 세무처리

1) 위탁매매등과 매매거래의 구별

가. 일반 기준

상품공급자와 매수자의 중간에 게재된 자와의 거래가 위탁매매인지 매매인지에 대한 구별기준으로서 위탁매매의 정의규정에서 말하는 '타인의 명의와 계산'에 의한 것인지는 상품(재화)에 대한 가격결정권의 주체, 상품의 가격등락에 따른 손익, 멸실, 훼손 등에 대한 위험부담의 귀속주체, 거래에서 발생한 금전수수가 매매차익인지 수수료인지 여부, 관련 계약의 문언 및 거래관행 등을 종합적으로 고려하여 판단하여야 한다.

그리고 어떠한 계약이 일반의 매매계약인지 위탁매매계약인지는 계약의 명칭 또는 형식적인 문언을 떠나 그 실질을 중시하여 판단하여야 한다.

나. 입증책임

① 납세자

사업자가 일반매매거래를 할 것인지, 위탁매매등의 거래를 할 것인지는 사업자의 사적자치의 영역으로서 선택의 문제이며, 그 법적형식에 따라 세무회계처리를 하면 그만이다. 하지만, 여러 가지 이유에서 그 법적거래형식과 다르게 그 거래의 경제적 실질을 내세워 세무처리를 하는 경우도 있고 그 거래의 실질을 숨기거나 외형 부풀리기 및 조세탈루 등을 목적으로 거래실질과 다른 세금계산서를 발급하는 경우가 있다.

납세자는 조세탈루, 외형 부풀리기 등을 통한 사실과 다른 세금계산서를 발급하는 경우 외에는 세금계산서 발급내용과 계약내용 등이 일치하도록 거래증빙을 갖추어 조세쟁송에 대비하여야 할 것이다.

② 처분청

일반적으로 과세처분취소소송에 있어서 과세요건사실에 관한 입증책임은 과세관청에 있으므로 어떠한 공급행위가 위탁자에 대한 용역의 공급이 아닌 직접 재화를 공급한 것으로서 매매에 해당한다는 점에 관하여는 과세관청이 입증하여야 한다(대법원 97누20359, 1999. 4. 27. ; 인천지방법원 2015구합52740, 2016. 6. 9.).

③ 일반매매거래를 위탁매매거래로 볼 경우 세금계산서 수수 시 문제점

"갑"이 "을"에게 재화를 공급하고 "을"은 자기의 책임과 계산하에 "병"에게 공급하여 도소매 거래로 인한 매매차익을 얻는 일반매매거래임에도 "갑"이 "병"에게 직접 재화를 공급한 것으로 보아 세금계산서를 수수하였다면 "갑"은 "을"에게 세금계산서를 발급하여야 하나 "병"에게 발급하였으므로 세금계산서위장발급가산세(공급가액의 2%), "을"은 "갑"으로부터 세금계산서미수취에 따른 증빙불비가산세와 "병"에게 세금계산서미발급가산세(공급가액의 2%), "병"은 세금계산서를 "을"에게 수취하지 아니하고 "갑"에게 수취하였으므로 세금계산서위장수취가산세(공급가액의 2%)와 함께 매입세액불공제 및 과소신고·납부불성실가산세가 각각 부과된다.

2) 위탁매매에 따른 세금계산서 수수와 세부담 분석

가. 사실관계

위탁자가 소비자가 110원(원가는 80원으로 한다)의 재화를 수탁자를 통해 판매되면 수탁자에게 10원의 판매수수료를 지급하기로 약정한 경우 세금계산서 발급을 아래와 같이 세부담을 비교해 보기로 한다(금액은 모두 공급가액 기준임).

나. 세금계산서 발급 사례

① 일반 위탁매매의 경우

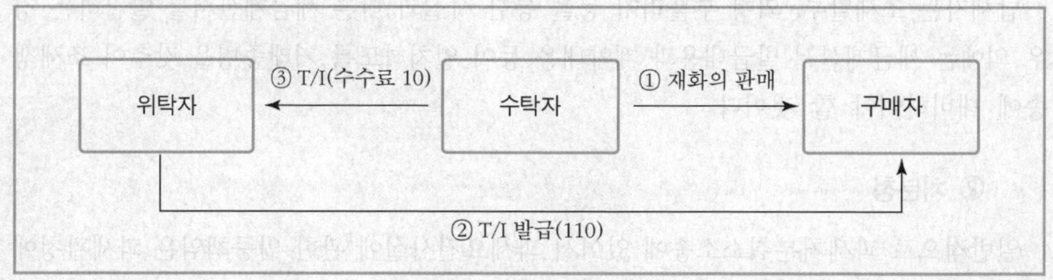

② 익명거래의 경우

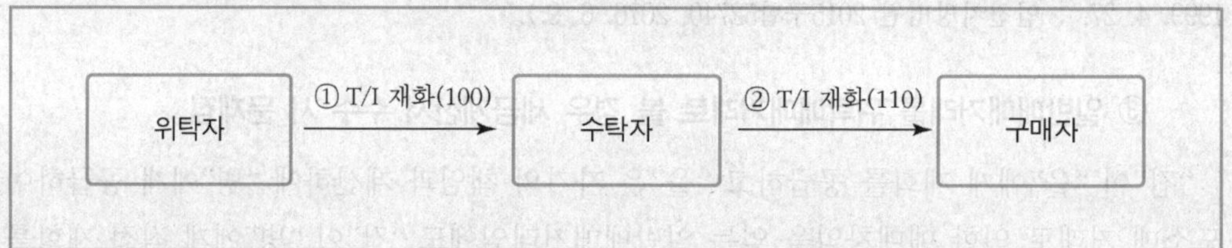

③ 위 "①"과 "②"가 혼합된 세금계산서 발급

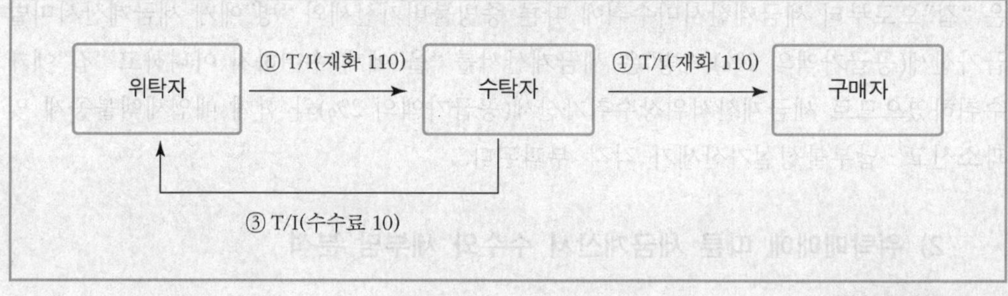

다. 세부담 비교

위 "가"와 같은 사실관계하에서 "나"와 같이 세금계산서를 발급한 사례들이 있다. "①"과 "②"는 부가령 제69조에 언급된 세금계산서 발급 방법인 만큼 과세관청에서 아무런 이의를 달지 못할 것이다. 다만, 문제가 되는 것은 단순위수탁거래임에도 "②"와 같이 세금계산서를 발급한 경우 시행령 규정에 위배되는 세금계산서 발급방법이므로 사실과 다른 세금계산서에 해당한다는 해석과 이 건에 관련한 불복에서 조세탈루가 없다는 이유 등으로 이와 같은 세금계산서 발급을 허용한 사례들도 많다.

구 분	사례 ①		사례 ②		사례 ③	
	위탁자	수탁자	위탁자	수탁자	위탁자	수탁자
과세표준	110	10	100	110	110	110
매입과표	80+10	0	80	100	80+10	100
납부세액	**2**	**1**	**2**	**1**	**2**	**1**
수입금액	110	10	100	110	110	10
필요경비	90	0	80	100	90	0
소득금액	20	10	20	100	20	10

※ 각 사례별로 부가가치세 납부세액 및 소득금액은 동일하다. 다만, "사례 ②"에서 위탁자의 수입금액(외형)이 수수료만큼 과소계상된다.

또한, 특이하게 "③"과 같이 세금계산서 발급이 이루어진 경우, 위탁판매수수료에 대한 세금계산서(10)는 정당한 세금계산서라 할 것이고, 단순위수탁거래를 일반매매거래로 보아 세금계산서를 발급한 것을 인용결정사례들에 비추어 보면 "③"에서 재화의 공급으로 의제하여 발급한 세금계산서 2건을 사실과 다른 세금계산서로 보아 부가가치세를 경정해야 하는지 의문이 든다.

라. 조세탈루없음이 사실과 다른 세금계산서 수수를 정당화시킬 수 있는지

거래사실과 일치되지 아니한 세금계산서의 적정 여부 판단이나, 매입세액의 공제 여부에 있어 조세회피의도가 없다는 이유로 정당한 세금계산서로 인정된다든지 또는 매입세액불공제의 과세요건에서 제외되는 등 장애요소가 되지 아니한다.

대법원은 형식적 끼어들기 거래를 통해 수수된 세금계산서에 대하여 설령 법인세 및 부가가치세 등의 조세탈루가 없더라도 필요적 기재사항 등이 사실과 다르게 기재된 세금계산서로서 매입세액불공제한 처분은 정당하다고 판결하였다(대법원 2013두13686, 2013. 10. 31. ; 서울고법 2012누9217, 2012. 11. 1.).

또한, 법인세법 및 상속증여세법에서 규정하는 부당행위계산부인 규정은 과세요건을 "조세의 부담을 부당하게 감소시킨 것으로 인정되는 것으로 인정되는 경우"로 명시하거나 "조세회피의 목적 없이"라고 명시하고 있어 조세의 회피나 조세부담 감소가 없다면 부당행위계산부인 규정을 적용할 수 없는 것이나 부가가치세법상 세금계산서 발급이나 매입세액공제에 있어서는 이러한 규정의 명시가 없다.

따라서 필요적 기재사항이 착오에 의한 기재로서 거래사실이 확인되는 예외적 경우가 아닌 한 조세회피 여부에 관계없이 매입세액은 불공제되어야 하는 것이 원칙이다(2000헌바50, 2002헌바56[병합], 2002. 8. 29.).

3) 위탁매매등을 일반매매거래로 세금계산서 발급 시 문제점

가. 과세관청의 입장

국세청은 3자 간의 거래가 위탁매매로 인정되는 경우 세금계산서의 수수는 앞에서 언급한 "위탁매매 시 세금계산서 등의 발급"과 같이 처리해야 함을 원칙으로 하되, 위탁매매거래임에도 매매거래와 같이 각각 세금계산서를 발급할 수 있는 경우는 부가령 제69조에서 열거된 경우로 한정한다는 것이 유권해석에서의 입장이다.

부가법이 위탁매매의 경우 수탁자가 매수인에게 재화를 공급하는 때에 위탁자가 직접 매수인에게 재화를 공급하는 것으로 보는 이유는 부가가치세는 유통과정마다 창출되는 부가가치에 대하여 과세하는 것인데, 위탁매매는 그 법적 본질이 마치 본인이 대리인을 통하여 매매하는 경우와 마찬가지로 위탁자와 수탁자 사이(대리인에 의한 매매의 경우에는 본인과 대리인 사이)에서는 별도의 부가가치가 창출되지 아니한다는 점에 있다(부법 §32 ⑥, 부령 §69 ; 부가 46015-2308, 1999. 8. 5. ; 부가 46015-1701, 1998. 7. 28.).

다만, 국세청도 기존의 심사결정, 적부심 결정, 조세탈루 여부 등을 고려하고 위탁매매와 일반매매의 구분이 어려워 일반매매거래로 세금계산서를 부득이 발급했다면 해당 세금계산서를 사실과 다른 세금계산서로 보지 아니한 합리적 해석이 있다(서면-2015-법령해석부가-2429, 2015. 12. 14.).

나. 납세의무자의 입장

납세자는 세금계산서 수수과정에서 일반매매거래와 같이 세금계산서를 발급하든 위탁매매와 같이 세금계산서를 발급하든 조세의 탈루가 없다면 불이익을 받아서는 안된다는 입장이다. 또한, 회계감사 시 회사의 세금계산서 발급과는 달리 위수탁거래라는 의견을 제시하기도 하지만 감사의견과 세금계산서 발급은 다를 수 있다고 생각하기도 한다. 그러나 부가령 제69조에 따른 위수탁거래임이 명백하다면 그에 따른 세금계산서를 발급해야지 부가가치세의 탈루가 없다 하여 그 시행령 규정을 넘어서 세금계산서를 발급하여서는 안된다는 국세청의 입장과 항상 충돌한다.

다. 조세심판원의 입장

조세심판원도 위탁매매가 인정되는 경우 세금계산서 수수는 「부가가치세법 시행령」 제69조에 따라 처리해야 한다는 것이 원칙이다. 그러나 국세청보다 더욱 유연한 입장을 보이고 있다.

위탁매매의 세금계산서의 공급받는 자를 위탁자가 아니라 수탁자로 하여 발급받고도 수탁자가 위탁자에게 세금계산서를 발급하지 아니하였거나, 위탁자가 수탁자 명의로 잘못 발급된 세금계산서의 수정을 요구하여 (수정)세금계산서를 발급받아 부가가치세를 신고하거나 경정청구하지 아니하였다면 해당 세금계산서의 기재사항만으로는 실지 공급받는 자가 누구인지를 확인할 수 없어 매입세액공제의 대상으로 보지 아니한다는 결정을 하였다(부령 §70 ① 6 ; 조심 2010서1644, 2010. 12. 23.).

같은 견지에서 거래과정에서 구매한 실물이 실제로 존재하고 이동이 있었으며 그 거래대금 또한 수수하고 정산이 있었던 경우로서 위·수탁거래에 따른 세금계산서를 발행·수수함에 있어 수탁자 또는 대리인이 위탁자 또는 본인의 명의로 세금계산서를 발행·교부하지 아니하고, 위탁자(본인)는 수탁자(대리인)에게 수탁자(대리인)는 거래상대방에게 세금계산서를 발행·교부한 경우에도 위탁자 또는 본인을 알 수 없는 경우이거나 해당 세금계산서 기재내용과 거래당사자들의 부가가치세 신고내용 등에 의하여 거래과정이 누락되거나 또는 생략되지 아니하여 과세관청이 각 거래단계별로 부가가치세 등을 과세함에 있어 아무런 문제가 없다면 정당한 세금계산서로 인정하고 있다(국심 2002서2532, 2003. 3. 17. ; 조심 2011서0719, 2012. 1. 30.).

※ 2016. 12. 9. 조세심판원 합동회의에 따라 위탁매매를 매매거래로 오인한 세금계산서 발급에 대하여 사실과 다른 세금계산서로 보아 부가가치세를 과세할 경우 처분유지가 어렵게 되었다.

라. 법원 및 기업회계의 입장

법원은 법적거래형식과 경제적 실질이 다른 경우로서 거래당사자 간 거래로 인한 경제적 목적이나 이익이 동일할지라도 그 목적을 달성하기 위한 선택 가능한 여러 법률관계 중 하나를 선택하였다면 그것이 가장행위에 해당하는 등 특단의 사정이 없는 한 당사자들이 선택한 법률관계나 거래외관은 존중되어야 하며, 법적 형식에 불구하고 당사자에게 귀속되는 경제적 이익이 동일하다는 이유 또는 실질과세의 원칙을 이유로 가장행위나 조세탈루가 입증되지 않는 한 법적 거래형식을 부인하기 위해서는 세법규정에 따라 엄격하게 해석하여야 한다고 판단하였다(대법원 2012누3916, 2011. 5. 13.).

위탁매매등에 대한 대법원의 판단과 기업회계의 회신들을 보면 어떠한 거래행위가 위수탁거래인지 일반매매인지에 대하여 대체로 위수탁거래를 넓게 보고 있는 듯하다.

법원의 판결은 위탁매매인의 수탁물건 또는 채권의 처분 효과, 횡령죄 등을 판단함에 있어 위수탁거래임을 폭넓게 인정한 것으로 조세의 탈루가 없고, 외형부풀리기를 위한 끼어들기 거래가 아니며, 세무목적 외 주주나 투자자 등 회사의 이해관계자들에게 잘못된 정보를 제공하여 이익을 얻거나 상장 등을 위한 목적이 없이 위탁매매나 일반매매의 구별의 어려움으로 일반매매거래로 세금계산서를 발급한 경우까지 매입세액을 불공제하여야 하는지에 대한 직접적인 판결 사례는 없다. 그렇지만 법원은 필요적 기재사항 등이 착오 외의 사유 등으로 인하여 잘못 기재된 세금계산서를 제외하고는 해당 세금계산서를 사실과 다른 세금계산서로 보아 매입세액을 불공제한다. 명의위장 사업자 명의로 수취한 세금계산서를 필요적 기재사항이 달리 기재된 사실과 다른 세금계산서로 보아 부가가치세 탈루 여부에 불구하고 매입세액불공제 대상으로 엄격하게 해석한 것이 그 예이다.

또한, 기업회계기준상의 수익의 순액 및 총액인식은 주요지표 및 보조지표에 따라 판단하고 있으나, 기업회계는 투자자 및 채권자 보호를 위하여 제정되어 그 목적에 따라 작성한 것으로 회계처리기준과 세무적 판단은 별개로서 세법규정에 규정이 없는 경우에 기업회계의 관행에 따르는 것이다(서울고등법원 2013누26042, 2014. 7. 23.).

■ 명목상의 끼어들기 거래 관련 세금계산서의 적정 여부 판단에 있어 세무외적 요소도 고려한 법원의 판례

손익계산서는 그 재무제표 등과 함께 회사의 재무상황과 해당 사업연도의 객관적 경영성과를 가늠할 수 있는 가장 중요한 지표로서, 그를 작성함에 있어서는 경제적 사실과 거래의 실질을 반영하여 원고의 경영성과 등을 공정하게 표시하여야 할 것인데 회사가 실물거래가 아닌 명목상의 거래에 근거한 상품매출액을 그 손익계산서에 기재한다면, 위 손익계산서가 정당하게 작성되어 공표된 것으로 믿은 투자자나 이해관계인 등 제3자로 하여금 회사의 경영성과를 실제보다 과대평가하여 불측의 손해를 입을 가능성이 충분하므로 투자자 등 제3자에게 아무런 피해가 발생하지 않는다고 쉽게 단정할 수는 없다(서울고등법원 2012누28027, 2013. 6. 13.).

4) 2019. 2. 12. 이후 위탁매매와 일반매매거래 세금계산서 발급

위탁매매와 일반매매거래에 대한 세금계산서 발급방법은 그 거래실질에 맞게 부가법령 규정에 따라 발급하여야 할 것이다.

다만, 2019. 2. 12. 이후부터는 거래실질(일반매매거래 ↔ 위탁매매)과 다른 세금계산서 수취분에 대하여 그 거래사실이 확인되고 신고·납부가 이루어져 조세탈루가 없는 경우 매입세액공제를 허용하고 세금계산서 발급자에게도 세금계산서 가산세 부과를 면하고 있다. 자세한 내용은 제4장 제6절 '납부세액' 편의 "Ⅱ. 2. (4) 4) 거래실질과 다른 위탁매매 등에 세금계산서 수취분 매입세액공제"를 참조한다.

5) 면세재화의 판매대행

가. 면세 여부 판정기준

수탁자가 위탁자로부터 매입한 면세재화의 소유권을 가지고 수탁자의 독자적인 계산과 책임 아래 면세재화를 공급(판매)하는 것이라면 면세재화의 공급에 해당하여 수탁자는 면세사업자에 해당하는 것이나, 형식상의 기록내용이나 거래명의에 불구하고 상거래 관례, 구체적인 증빙, 거래 당시의 정황 및 사회통념 등을 고려한 거래의 실질내용으로 판단하였을 때 단지 위탁자의 면세재화 판매를 대행(중개, 대리, 위탁매매 등 포함)하고 그 수수료 등의 대가를 받는 판매대행용역을 제공하였다면 해당 판매대행용역은 부가가치세 과세대상에 해당한다(서울행정법원 2007구합34866, 2010. 1. 28. ; 서울고등법원 2010누7316, 2010. 12. 22. ; 대법원 2011두2163, 2011. 5. 13.).

나. 수탁물의 판매대행 시 공급가액

① 판매대행용역의 공급가액

재화 또는 용역 공급에 관하여 금전으로 대가를 받는 경우에는 그 대가가 부가가치세 공급가액이 되므로 면세재화의 판매대행 용역공급에 대한 부가가치세 공급가액은 면세재화의 판매대행이라는 용역을 공급하고 그 대가로 받은 판매 대행수수료 상당액이다.

② 재위탁판매용역을 제공하는 경우

위탁자와 수탁자, 수탁자와 재수탁자 사이에 판매대행계약이 각각 체결되었다면 최종소매가가 위탁자의 공급가액(면세수입금액)이 될 것이고, 수탁자와 위탁자 사이에 위탁자로부터 수탁자가 받은 금전이 공급가액이 된다.

또한, 수탁자가 재수탁자에게 위탁하여 면세재화를 인도하고 재수탁자가 판매하여 재수탁자에게 판매대행수수료를 지급하는 경우, 재수탁자가 받은 판매대행수수료가 재수탁자의 공급가액이 된다.

다. 복권판매대행 여부 및 공급가액에 대한 판례 분석

① 복권판매대행용역에 해당하는지 여부

계약상 원고(수탁자)가 복권판매와 관련한 제반사항에 대해 재단(위탁자)과 협의하거나 그로부터 승인을 얻도록 규정하고, 복권대금을 추후에 정산하도록 되어 있으면서도 원고는 재단에 그 지급을 확실히 하기 위한 담보를 전혀 제공하지 아니하고, 미판매복권의 반품이 사실상 무제한으로 허용됨으로써 원고는 복권의 판매에 대하여 아무런 책임을 부담하지 않는 점에 비추어 실질적으로 살펴보면, 원고가 부가가치세 면세대상인 복권판매업을 영위한 것이 아니라 과세대상인 복권판매대행용역을 공급한 것이다(대법원 2002두10391, 2004. 1. 29.).

② 복권의 인수가액과 판매가액 차액을 복권판매대행용역 대가로 본 사례

원고(수탁자)는 재단(위탁자)으로부터 복권판매대행용역의 공급대가인 판매대행수수료를 별도로 지급받는 것이 아니라 복권을 가져다가 판매한 후 그 판매대금 중 재단으로부터의 인수가액 상당액만을 재단에 입금함으로써 그 차액만큼을 판매대행수수료 수입으로 취하게 된다. 즉, 원고와 재단은 구체적인 복권판매대행 수수료 액수를 정하지는 않았지만 최소한 소매상이 취득하는 10% 내외의 판매이익을 제외한 범위 내의 금액만을 수수료로 예정하고 있었음을 알 수 있고, 원고가 중간도매상 등에 복권을 공급하는 과정에서 원고 자신이 재단에게 공급하여야 할 복권판매대행 용역의 일부를 중간도매상 등에게 의뢰한 것이 아니라 원고는 재단으로부터 판매를 위탁받은 복권을 중간도매상 등에게 판매한 것이라고 볼 여지가 없지 않으므로 이러한 경우 원고와 중간도매상 등과의 계약의 성질에 대하여 충분히 검토한 후 그것이 복권 판매대행용역의 위탁이 아니라 단순한 복권판매계약이라면 원고의 복권판매대행용역의 공급에 대한 부가가치세 과세표준은 원고가 복권판매대행용역을 제공하고 그 대가로 받은 수수료 상당액, 즉 중간도매상 등에 대한 복권 판매가액과 재단으로부터의 인수가액과의 차액 상당이 된다(대법원 2006두2565, 2008. 12. 24.).

③ 복권의 액면가액과 인수가액 차액을 복권판매대행용역 대가로 본 사례

수탁자인 원고가 위탁자와의 사이에 위탁자가 발행하는 기술개발복권의 판매대행계약을 체결한 후, 위탁자로부터 복권을 인수하여 이를 중간도매상 또는 소매상 등(이하 '중간도매상 등'이라 하며, 이들은 원고와 판매대행계약에 따라 사업을 진행하는 것으로 한다)에게 공급하는 판매대행용역을 제공하고 위탁자로부터 그 대가로 받은 수수료 상당액은 복권의 액면가와 인수가액의 차액 전부이지 복권의 액면가와 인수가액의 차액에서 중간도매상 등으로부터 용역을 공급받고 지급한 대가를 공제한 부분에 한정되는 것이 아니다. 원고가 위탁자에게 복권판매대행의 용역공급을 하기 위하여 중간도매상 등으로부터 어떠한 용역을 공급받고 그 대가를 지급하였다면 그 지급한 대가에 대한 세액이 매입세액이 된다. 원고가 위탁자로부터 복권 액면가보다 할인된 가액으로 복권을 인수하여 다시 중간도매상 등에게 공급한 것을 원고가 중간도매상 등으로부터 복권판매대행의 용역을 공급받은 것으로 본다고 하더라도 그 공급가액과 부가가치세액 등이 정확히 기재된 세금계산서를 중간도매상 등으로부터 발급받아 매입세액을 공제받으면 된다(서울고법 2010누7316, 2010. 12. 22.).

6) 그 밖의 주요 사항

가. 위수탁 거래 시 가산세 부담의 귀속자

사업자가 위탁 또는 대리에 의하여 재화를 공급하는 경우로서 수탁자 또는 대리인이 재화를 인도하는 때에는 수탁자 또는 대리인이 위탁자 또는 본인의 명의로 세금계산서를 발급하여야 하며 그 거래의 귀속 또한 위탁자 또는 본인에게 귀속되는 것이므로 수탁자 또는 대리인이 위탁자 또는 본인을 대리하여 세금계산서를 발급하는 경우 법 제60조 제2항, 제3항 및 제6항에 따른 세금계산서기재불성실가산세는 위탁자 또는 본인에게 적용한다(부가통칙 60-108-4).

나. 수탁자 명의로 신용카드매출전표를 발행 시 수탁판매금액의 공급가액 포함 여부

사업자(수탁자)가 통신판매업자나 인터넷쇼핑몰 운영기업 등 위탁자과 위수탁계약에 의하여 신용카드 결제업무를 대행하면서 수탁자 명의로 신용카드매출전표를 발행할 수 있는 경우는 위수탁판매계약 시 명시적인 내용이 확인되고 세금계산서 및 관련 장부의 기장내용과 증빙서류에 의하여 위·수탁 매매 대가임이 확인되는 경우에 한하는 것이며, 이 경우 수탁자의 공급가액은 위탁자로부터 받기로 한 판매대행수수료가 되는 것이며, 위탁자의 공급가액은 해당 수수료를 포함한 전체 신용카드매출전표 발행금액이 된다(부가 46015-4388, 1999. 10. 29.).

다. 수탁판매자 등으로부터 수취한 신용카드매출전표 등의 매입세액공제 여부

위수탁판매계약에 따라 수탁자가 재화를 인도하고 위탁자가 아닌 수탁자 명의로 신용카드매출전표 및 현금영수증을 발급받은 경우 부가법 제46조 제3항에 따른 매입세액공제를 받을 수 없다. 이는 해당 신용카드매출전표의 발행자와 재화의 공급자가 서로 다르기 때문이다. 따라서 공급받는 자는 재화의 공급자(위탁자 등)에게 세금계산서 발급을 요구하여야 매입세액공제를 받을 수 있다는 것이 국세청의 해석이다(서면법규과-984, 2013. 9. 10.).

국세청의 해석이 일응 논리적 타당성이 인정되는 것은 아니지만 위수탁거래에 있어 재화의 공급대가를 신용카드매출전표나 현금영수증의 발행을 허용하면서 매입세액공제를 불허하고 있어 어떤 식으로든 보완이 필요한 부분이다.

※ 실무적으로는 구매자의 매입세액공제나 소득공제에 대한 관리도 어렵다.

라. 법원의 무죄판결 등이 미치는 영향

보통 위탁매매임에도 일반매매거래로 보아 세금계산서 수수가 이루어져 국세청이 검찰에 고발한 경우 조세탈루 등을 이유로 고의에 의해 그러한 세금계산서 수수가 이루어졌다는 입증이 없어 다수의 사건에서 고의에 대한 증거불충분으로 불기소 처분이나 무혐의 판결을 받는 경우가 있다.

조세의 포탈이나 세금계산서 수수질서 위반이 무혐의가 되었다 하더라도 고의나 증거불충분에 의한 것일 뿐 그것이 위탁매매가 아니라는 결정은 아니므로 부가령에 규정된 위탁매매의 세금계산서 수수방법과 달리 발급된 세금계산서에 대한 가산세 부과나 매입세액불공제가 부정되는 것은 아니다.

33 | 계약당사자 변경 시 (수정)세금계산서 수수방법

(1) 공급자 변경에 따른 수정세금계산서 발급

1) 사업양도에 따른 세금계산서 수수

주택 및 상가 등을 분양하는 사업을 영위하는 시행사 "갑"(사업양도자)과 "갑"으로부터 해당 주택 및 상가 등을 분양받기로 하면서 계약금 및 중도금을 납입하고 세금계산서(납입 분양금 관련)를 발급받은 수분양자 "을"이 있는 경우로서, 잔금 지급 이전에 "갑"이 부가법 제10조 제8항 제2호에 따른 사업양도의 방법으로 "병"에게 해당 분양사업 전부를 포괄적으로 양도하였다.

사업양도 이후에 "을"이 "병"과 분양계약을 해제하였다면 사업양도자 "갑"이 양도 이전에 발급한 세금계산서에 대하여는 영향을 미치지 아니한다. 사업양도 후 부가령 제70조에서 규정하는 수정세금계산서 발급의무가 발생한 경우 사업양수도계약으로 사업양도자의 공급가액을 추가 또는 차감하여 수정할 수 있는 권리와 의무를 사업양수자가 승계받은 것이므로 사업양수자("병")는 해당 사유가 발생하는 때에 양수자를 공급자로 하는 수정세금계산서를 발급하여야 한다(서면3팀-2858, 2006. 11. 20. ; 부가 46415-2822, 1999. 9. 16. ; 부가 46015-537, 2001. 3. 21.).

본래 수정세금계산서의 발급은 당초 세금계산서를 발급한 자가 발급하는 것이 원칙이지만, 사업양도로 수정세금계산서를 발급할 수 있는 권한이 승계된 경우 예외적으로 사업양수자가 세금계산서를 발급할 수 있다.

따라서 당초 세금계산서의 발행자와 수정세금계산서를 발급하는 사업자가 다른 경우에도 수분양자 "을"과 "병"이 당초 분양계약을 해제하는 때에는 "병"이 "을"에게 당초 "갑"이 발행한 세금계산서 공급가액을 음수로 기재하여 부가령 제70조에 따라 수정세금계산서를 발급하는 것이다.

2) 사업양도에 해당하지 아니하는 경우 세금계산서 발급

부가법 제10조 제8항 제2호에 규정된 사업양도에 해당하지 아니하는 사업의 일부만을 양·수도하는 경우에 있어 사업의 일부를 양도하는 사업자가 재화를 공급한 후 해당 재화가 사업의 일부를 양수한 양수자에게 반품되는 경우, 해당 사업양수자는 수정세금계산서를 발급할 수 없다(부가 46015-575, 2000. 3. 16.).

위 사례 "1)"이 포괄적인 사업양도에 해당되지 아니하는 경우 당초 분양계약이 취소되지 않은 경우에는 당초 양도자가 발급한 세금계산서에는 영향을 미치지 아니한다. 다만, 당초 분양계약이 취소되었다면 양도자("갑")는 분양받은 자("을")에게 당초 발급한 세금계산서를 수정(△)하여 발급하고 해당 금액 상당액(공급시기가 도래한 재화의 공급에 상당하는 금액)에 대한 세금계산서를 양수자("병")에게 발급하는 것이다(서면3팀-997, 2007. 4. 3. ; 부가 46015-575, 2000. 3. 16. ; 부가 46415-2822, 1999. 9. 16.).

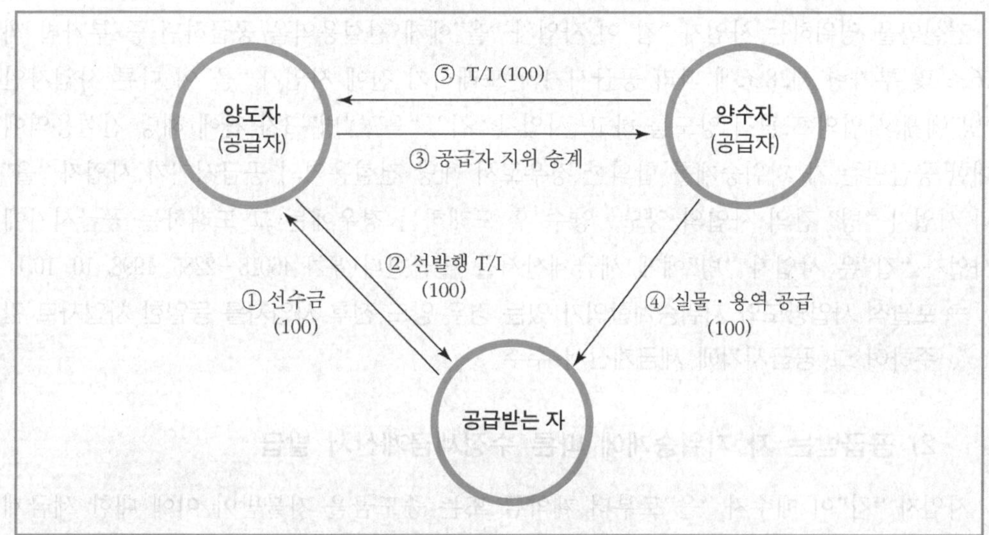

1) 양수인의 계약인수에 따른 실물 등 공급은 양도인을 대행하여 공급한 것임(일종의 하도급).
2) "②"가 선발행이 아닌 정상적 공급시기 도래에 따른 T/I 발급(중간지급조건부)이라면 "⑤"의 T/I 발급은 불필요
3) "적부 2007-0044, 2008. 10. 31."에서는 "②"의 세금계산서 발급분은 공급받는 자가 그만큼 재화나 용역을 공급받은 것으로 이미 공급받는 자의 것이므로 양도자가 양수자에게 세금계산서를 발급하면 이중과세가 된다는 논리로 양도자의 과세표준에 "②"의 금액을 포함시킬 수 없다고 결정하였다.
4) "⑤"의 세금계산서는 "②"의 선발행세금계산서만큼 과세대상이라고 본 "법규부가 2013-159, 2013. 5. 21."의 해석에 따른 것이다.
5) 재고의 경우에는 점유 이전만으로 승계가 가능하지만, 계약의 인수나 당사자 변경의 효력발생은 당초 계약상대방의 동의나 승낙을 요하고 만약 사전에 서면을 통한 계약변경을 약정한 경우 서면변경을 요함. 따라서 당사자 간 아직 계약 승계의 합의가 없는 경우, 즉 공급자의 변동이 발생하였으나 당초 공급받는 자의 동의를 받지 못하여 사업양도 및 그에 따른 계약상 지위 이전의 효력이 발생하기 전은 공급자의 지위를 양수한 양수자가 아닌 양도인이 그대로 기산성을 발급하여야 함(대법원 85다카733, 1987. 9. 8. 외).

3) 공급자 변경 이후 공급시기 도래한 경우 세금계산서 발급

위 "1)" 또는 "2)"와 같이 주택 및 상가의 공급자가 "갑"에서 "병"으로 변경되고 그것이 포괄적 사업양도에 해당한다면 "갑"과 수분양자 "을" 간에 공급시기가 도래하지 아니하여 세금계산서 발급이 이루어지지 않은 상태에서 사업양수도 이후에 공급시기가 도래하였다면 사업양수자 "병"이 공급시기 도래분에 대한 세금계산서를 "을"에게 발급한다.

다만, "갑"에서 "병"으로 공급자 변경이 포괄적 사업양도에 해당하지 아니하고 공급시기가 도래하지 아니하여 세금계산서 발급이 없었다면 공급시기가 도래한 때에 그 공급가액 전액에 대하여 "병"이 "을"에게 세금계산서를 발급한다.

(2) 공급받는 자의 변경이 있는 경우

1) 공사용역 제공 중 사업양도가 있는 경우

건설업을 영위하는 사업자 "갑"이 사업자 "을"에게 건설용역을 공급하던 중 부가법 제16조 및 부가령 제28조에 따라 공급시기가 도래하기 전에 사업자 "을"이 다른 사업자인 "병"에게 사업의 포괄적 양도를 하고, 사업자 "갑", "을", "병" 3자 간에 해당 건설용역에 대한 공급받는 자 지위승계를 합의한 경우로서 해당 건설용역의 공급시기가 사업자 "을"과 사업자 "병" 간의 사업의 양도·양수 후 도래하는 경우에는 그 도래하는 공급시기에 사업자 "갑"은 사업자 "병"에게 세금계산서를 발급한다(부가 46015-2285, 1998. 10. 10.).

⇒ 포괄적 사업양도와 지위승계합의가 있는 경우 양도 전후 사업자를 동일한 사업자로 간주하여 그 공급시기에 세금계산서 수수

2) 공급받는 자 지위승계에 따른 수정세금계산서 발급

사업자 "갑"이 매수자 "을"로부터 계약금 또는 중도금을 지불받아 이에 대한 세금계산서를 발급한 후, "을"이 "병"에게 동 건축물의 권리의무 일체를 양도하기로 하고 "을", "병" 간에 매수자 지위양도·양수에 관한 계약을 체결한 때에는 건축물을 공급하는 "갑" 사업자는 변경된 계약내용에 따라 "병"에게 나머지 중도금과 잔금에 대한 세금계산서를 발급하여야 하는 것이며, "을"은 "병"에게 지위양도에 따른 대가관계 있는 금액 전액(계약금+중도금+이윤)에 대하여 세금계산서를 발급하여야 한다(부가 46015-4866, 1999. 12. 11.).

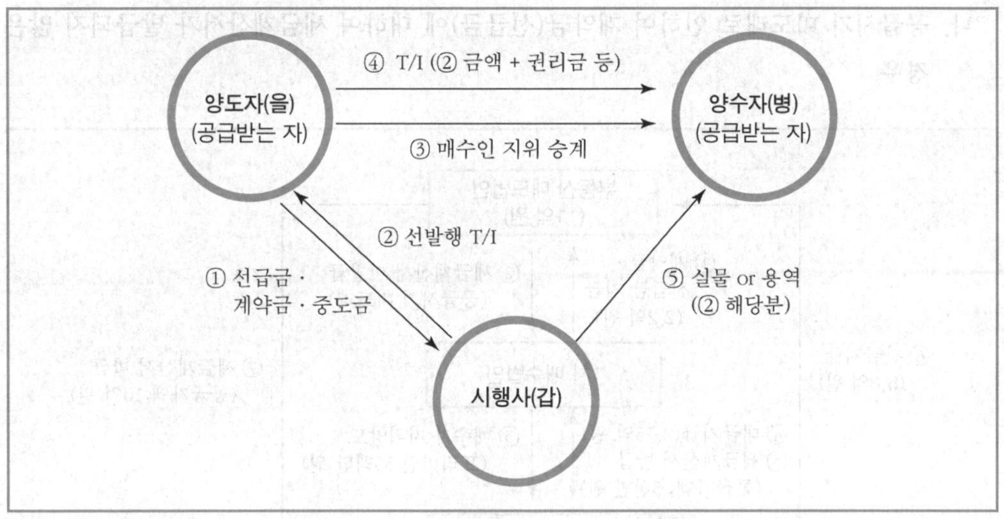

1) "④"의 공급가액은 선발행세금계산서상의 공급가액("②")+프리미엄(권리양도 대가)
2) 사례: 재소비 22601-15, 1989. 1. 12. ; 부가-720, 2009. 5. 26. ; 서면3팀-903, 2007. 9. 27.

다음 사례는 과세대상 부동산 등의 매도법인이 자기의 사업용부동산(토지가액은 없는 것으로 가정. 다만, 토지가액이 있는 경우 공급가액 안분계산은 별론으로 한다)을 11억 원(부가가치세 포함)에 양도하기로 매매계약을 체결하였으나 중도에 매수자 지위가 변경된 경우(당사자 지위변경에 대하여는 3개 법인 모두 합의가 이루어진 것으로 가정) 계약금(또는 선급금)에 대한 세금계산서가 발급되었는지에 따른 잔금부분에 대한 세금계산서 발급방법에 대하여 기술한 것이다(국세청 과세자문, 2011. 8. 16.).

가. 계약금(선급금)에 대하여 세금계산서가 발급된 경우(선발행세금계산서 또는 중간지급조건부 계약에 따른 공급시기 도래로 세금계산서 발급된 경우임)

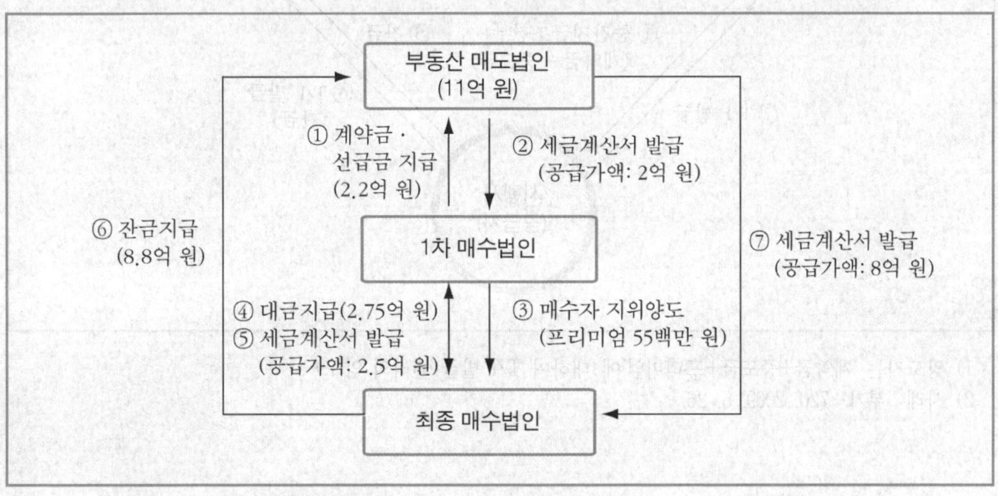

나. 공급시기 미도래로 인하여 계약금(선급금)에 대하여 세금계산서가 발급되지 않은 경우

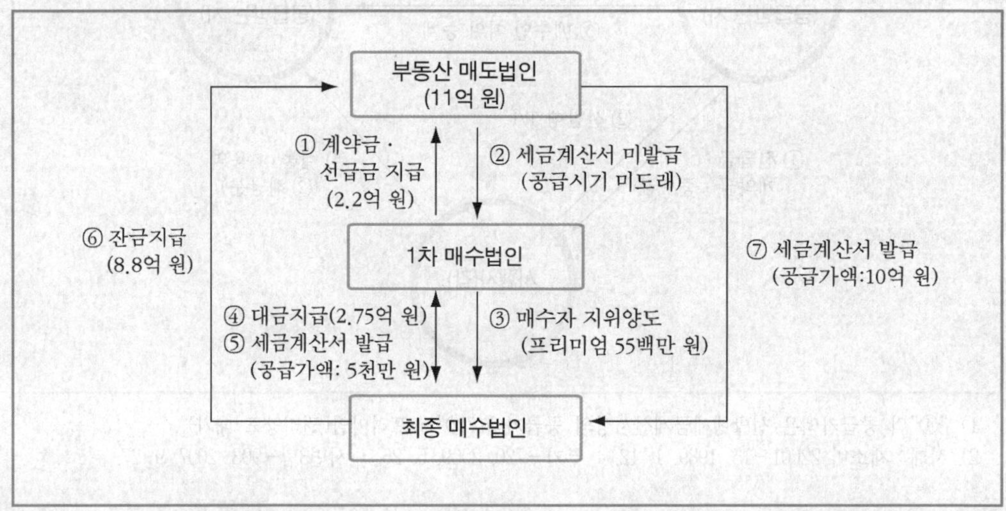

* 프리미엄 55백만 원은 재산적 가치가 있는 권리로서 과세대상임.

다. 분양권 양도(중간지급조건부 또는 선발행세금계산서 발급이 있는 경우)

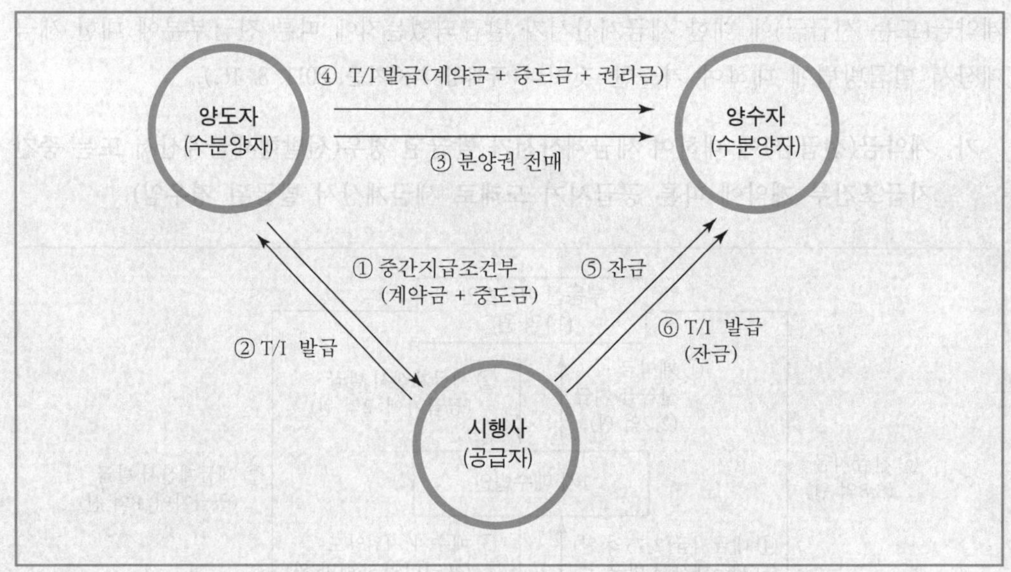

1) 양도자는 '계약금+중도금+프리미엄'에 대하여 T/I 발급(권리의 양도)
2) 사례: 부가-720, 2009. 5. 26.

라. 분양권 양도(세금계산서 발급이 없는 경우)

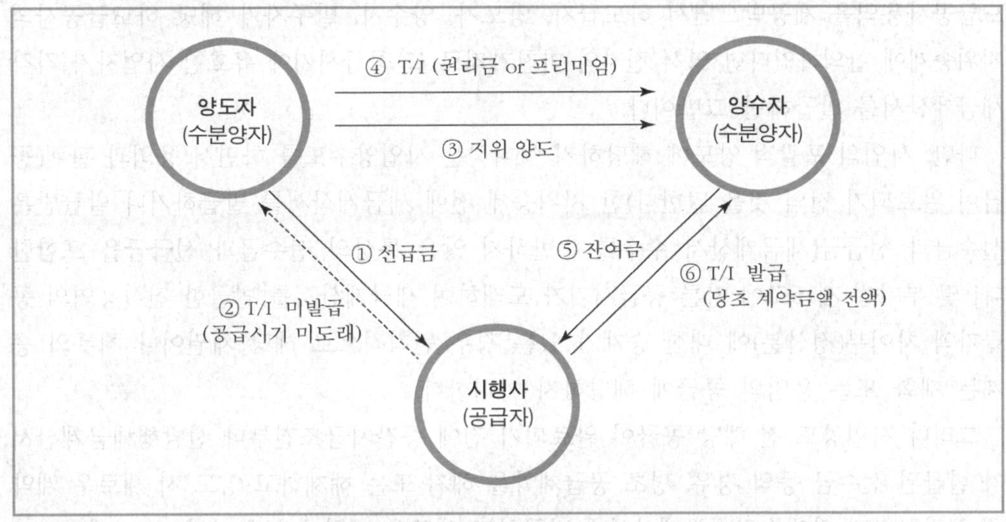

1) "①"의 선급금은 단순 채권의 양도
2) "④"는 선급금 외에 받는 대가에 대하여만 T/I 발급
3) "⑥"은 "①"의 선급금과 잔여금 합계액에 대하여 T/I 발급
4) 사례: 법규과-1052, 2011. 8. 16. ; 부가-40, 2010. 1. 11.

3) 공급받는 자 지위승계 후 계약이 해제된 경우 세금계산서 발급방법

사업자가 상가를 중간지급조건부로 분양하고 그 공급시기에 세금계산서를 발급하던 중 당초 수분양자 "갑"이 사업자의 동의를 받아 동 분양권을 다른 수분양자 "을"에게 양도하였으나, "을"의 계약불이행으로 분양계약이 해제되어 부가령 제70조에 따라 수정세금계산서를 발급하는 경우 분양권을 전매한 시점에 "갑"의 「부가가치세법」상의 제반 지위도 "을"에게 승계된 것으로 보는 것이므로 사업자가 당초 "갑"에게 발급한 세금계산서에 대한 수정세금계산서에 기재할 공급받는 자는 "을"이며 그 작성일자는 해당 계약의 해제일을 기재한다(다만, 2012. 6. 30. 이전은 "갑"이 분양권을 "을"에게 양도한 일자를 기재한다). 또한, 사업자가 분양권 양도 이후 "을"에게 발급한 세금계산서분에 대하여는 그 해제일을 작성일자로 기재(2012. 6. 30. 이전은 당초 작성일자로 기재)한 수정세금계산서를 "을"에게 발급하여야 한다(법규부가-143, 2009. 5. 8. ; 서면3팀-3428, 2007. 12. 27.).

(3) 사업 일부 매각 시 선급금, 선수금, 미청구공사 등의 승계에 따른 세금계산서 발급 방법

사업자가 공사를 진행하던 중 해당 공사가 완료되기 전에 그 공사를 포함한 사업에 관하여 포괄적 사업양도의 방법으로 양도하는 경우에는 사업양도 전후 그 공급시기에 사업양도자 또는 양수자가 각각 세금계산서를 발급하는 것이며, 해당 공사를 위하여 하도급공사용역을 제공받으면서 하도급자, 양도자, 양수자, 발주자가 해당 하도급공사의 지위승계에 합의하였다면 역시 전자와 마찬가지로 그 공급시기에 유효한 사업자가 각각 세금계산서를 발급하면 그만이다.

다만, 사업의 포괄적 양도에 해당하지 아니하는 사업양수도를 하면서 용역과 관련(공급이 완료되기 전의 것을 말한다)한 지위승계 전에 세금계산서를 발급하거나 발급받은 선수금과 선급금[세금계산서 수수를 수반하지 않은 통상의 선수금과 선급금을 포함한다] 및 부가법 제16조에 따른 공급시기가 도래하여 세금계산서를 발급한 건설용역의 공급가액 차이분(정산분)에 대한 승계가 있는 경우 원칙적으로 해당 채권이나 채무의 승계는 재화 또는 용역의 공급에 해당하지 아니한다.

그러나 사업양도 전 해당 공급이 완료되기 전에 중간지급조건부나 선발행세금계산서가 발급된 선수금 등의 경우, 당초 공급계약을 해지 또는 해제하고 양도 시 새로운 계약을 체결한다면 감액수정세금계산서를 발급하고 새로운 계약내용에 따라 그 거래당사자간에 세금계산서를 수수하면 될 것이다. 문제는 해당 계약에 대한 지위승계에 합의하고 그 공사 등을 지속한다면 재화나 용역을 실제 공급하거나 공급받은 자 및 그 공급가액이 발급한 세금계산서상의 공급가액과 공급자(공급받는 자)의 불일치가 발생하므로 이를 조정하기 위한 세금계산서 발급(공동매입 규정 준용, 정산을 위한 특례적 세금계산서 발급 등)이 필요하다. 이러한 점에서 국세청의 회신 중 이를 과세대상으로서 세금계산서 발급대상이라는 것은 문제가 있어 보인다(**법규부가 2013-159, 2013. 5. 21. ; 사전-2016-법령해석부가-0306, 2016. 8. 16.**).

구 분	거래내용(지위승계가 전제됨)	세금계산서 발급 여부	발급 주체
선급금	• "갑"이 하도급자 "을"에게 선급금을 지급하고 선발행세금계산서를 수취	• 세금계산서 발급(선발행세금계산서상의 공급가액+프리미엄)	지위승계자
미청구공사	• "갑"이 "을"에게 공사용역을 제공하였으나 대금을 청구하지 아니하여 미청구공사채권 발생	• "을"에게 세금계산서 발급으로 종결	갑(양도자)
선수금	• "을"에게 선수금을 받고 공급시기 도래 전에 세금계산서 발급	• 세금계산서 발급(선발행세금계산서상의 공급가액+프리미엄)	지위승계자
초과청구공사	• "을"에게 100을 기성청구하고 세금계산서를 발급하였으나 실제 용역제공(정산결과)은 80이 수행된 경우	• 세금계산서 발급(공급가액 조정 개념)	지위승계자

가. 초과청구공사의 승계

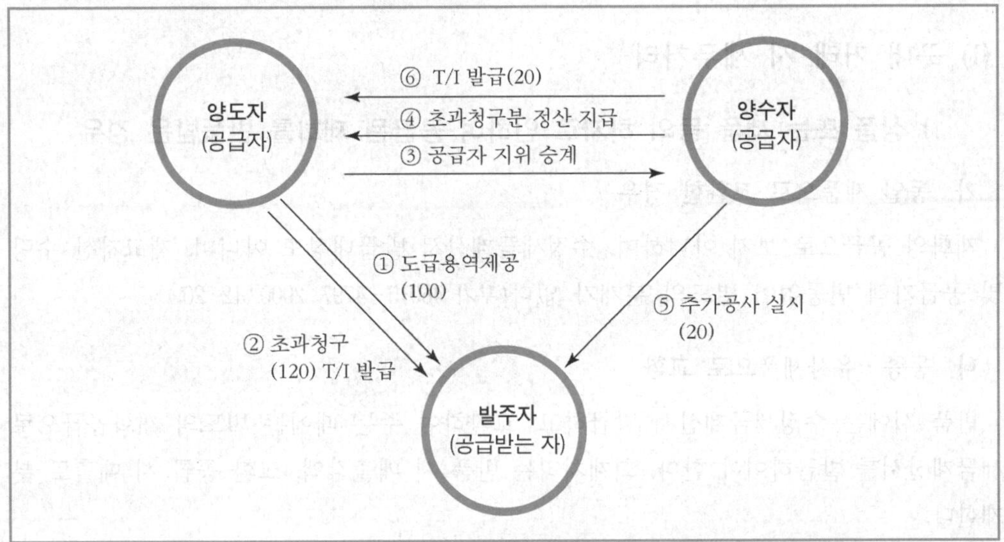

1) "⑥" T/I 발급 논리는 "(1)의 2)" 그림상의 "⑤"와 동일
2) 현실에서는 총양도대가에서 20을 차감한 금액으로 양도자가 양수자에게 T/I 발급
3) 양도: 양수자 간 정산 전에 양도자가 이미 발주자에게 Δ20수정 T/I 발급 가능
4) 사례: 법규부가 2013-159, 2013. 5. 21.

나. 미청구공사의 승계

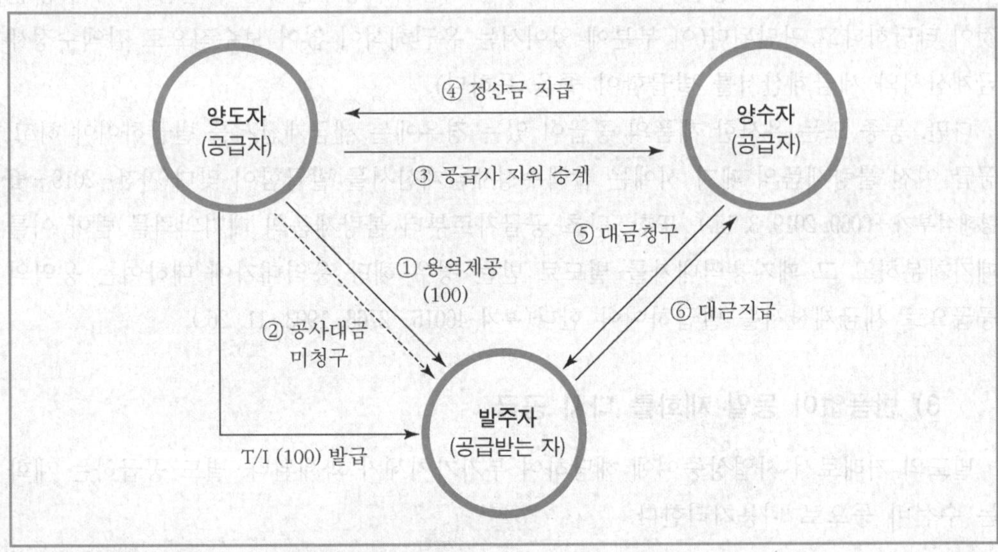

1) 양도자는 이미 제공된 용역에 대하여 세금계산서를 발급하고 종결
2) 양수자는 단순히 양도자를 대리하여 대금만 수령함.

34 | 하자 등으로 인한 반품과 (수정)세금계산서 발급

(1) 국내 거래 시 세무처리

1) 상품 또는 제품 등의 하자로 인하여 공급된 재화를 반품받은 경우

가. 동일 제품으로 교환한 경우

재화의 공급으로 보지 아니하며, 수정세금계산서 발급대상도 아니며, 재고자산 수량 및 공급가액 변동없어 별도의 분개가 없다(부가 46015-4797, 2000. 12. 20.).

나. 동종 · 유사제품으로 교환

반품 시에는 수정세금계산서 발급하고, 교환하여 주는 때에는 별도의 재화공급으로 세금계산서를 발급하여야 한다. 회계처리는 반품 시 매출감액, 교환 공급 시 매출로 분개한다.

2) 반품없이 폐기하기로 약정한 경우

이때 공급자 책임하의 폐기처분이 이루어지고 동일제품을 재공급하는 경우 감액수정세금계산서 발급과 동시에 재화의 공급에 따른 세금계산서도 각각 발급해야 하는지에 대한 해석은 없으나, 환입으로 보는 폐기와 동시에 동일제품으로의 공급이 있었던 만큼 위 “가”와 같이 재화의 공급으로 보지 아니하고 감액수정세금계산서 발급도 하지 않는 것이 타당하다고 판단된다(이 부분에 있어서는 유권해석이 없어 보수적으로 감액수정세금계산서와 세금계산서를 발급함이 좋을 듯하다).

다만, 동종 또는 유사한 제품의 공급이 있는 경우에는 세금계산서를 발급하여야 하고, 공급 이전 불량제품의 폐기 시에는 감액수정세금계산서를 발급함이 맞다(사전-2019-법령해석부가-0069, 2019. 3. 14.). 또한, 당초 공급자로부터 불량제품의 폐기의뢰를 받아 이를 폐기처분하고 그 폐기용역대가를 별도로 받는 경우 해당 용역대가에 대하여는 용역의 공급으로 세금계산서를 발급하여야 한다(부가 46015-2768, 1993. 11. 26.).

3) 반품없이 동일 재화를 다시 공급

별도의 거래로서 사업상증여에 해당하여 부가가치세가 과세된다. 별도 공급하는 재화는 수선비 등으로 비용처리한다.

4) 반품 후 현금으로 환불한 경우

환불한 금액(당초 공급가액)을 공급가액으로 하여 감액수정세금계산서를 발급한다. 다만, 당초 소매 매출로 세금계산서를 발행하지 아니한 경우에는 환불한 날이 속하는 과세기간의 과세표준에서 당초 공급가액을 차감한다. 회계처리는 현금으로 환불하는 때에 매출 차감으로 분개한다.

5) 소비자가 당초 판매한 사업자가 아닌 제조업자에게 반품한 경우

가. 소비자가 제조업자로부터 동일제품으로 교환받은 경우

제조자의 재화의 공급으로 보지 아니하므로 반품에 대한 수정세금계산서를 발급하지 않는다.

나. 소비자가 제조업자로부터 동종 · 유사제품으로 교환받은 경우

제조자는 반품 시 수정세금계산서가 아닌 재화의 공급에 따른 세금계산서를 발급하는 것이며, 소비자에게 판매한 사업자로부터 반품받는 경우 반품일이 속하는 과세기간의 과세표준에서 당초 공급가액을 차감하여 신고한다.

다. 소비자에게 현금 반환

수정세금계산서 발급없이 반품일이 속하는 과세기간의 과세표준에서 당초 공급가액을 차감하여 신고한다.

라. 위 "나"와 "다"의 처리에 대한 문제점

제조업자로부터 재화를 구입한 대리점들이 소비자에게 재화를 공급하는 구조하에서 소비자가 재화를 구입한 대리점이 아닌 제조업자에게 직접 재화를 반품하는 경우 제조업자 입장에서는 어느 대리점에서 소비자가 구입했는지를 확인할 수 없는 경우가 있다. 이러한 점에서 동종 유사제품을 교환공급하는 때에 소비자에게 세금계산서를 발급하는 것은 당연하겠지만 반품재화가 어느 대리점에서 판매된 것인지를 알 수 없어 소비자가 구입한 해당 대리점에 수정세금계산서를 발급할 수 없을 것이고 제조업자가 소비자에게 당초 세금계산서를 발급한 것도 아니어서 소비자에게 수정세금계산서를 발급할 수도 없으며, 대리점도 자기가 판매한 재화가 제조업자에 반품되었는지를 알 수 없으므로 위 "나"의 해석은 타당성이 있다. 또한, 제조업자 및 대리점 모두 반품으로 인한 부가가치세의 과다 · 과소납부 문제도 발생하지 않는다. 하지만 소비자가 대리점으로부터 세금계산서를 발급받은 경우로서 과세사업자에 해당한다면 자기가 부담한 부가가치세보다 많은 매입세액을 공제·환급받는 매입세액 이중공제 문제가 발생한다. 이러한 문제점은 "다"의 경우 및 후술하는 "6)의" "나"와 "다"에서도 동일하다.

또한, 위 "다"의 현금 반환하는 경우 제조업자는 당초 대리점 공급가액을 공급가액에서 차감한다고 해석한다. 그렇다면 제조업자는 대리점의 소비자판매가격이 아닌 대리점 공급가액을 과세표준에서 차감하게 되므로 대리점 마진액을 제조업자가 부담한다면 판매부대비용이 되겠지만 만약 대리점에 전가시킨다면 수정세금계산서 수수가 이루어져야 할 것이다.

마. 소비자의 반품에 대한 제조업자의 세금계산서 발급

소비자가 제조업자로부터 동종·유사제품으로 교환받은 경우 제조업자는 세금계산서 발급의무자이므로 소비자에게 세금계산서를 발급하여야 할 것이다. 하지만 제조업자가 반품이나 하자보수 등을 수행하는 전문부서(사업장)를 두고 소매업이나 수리서비스업 업종을 추가하여 반품업무 등을 수행하는 경우에는 제조업과 구분되는 것이어서 동종·유사제품 제공 시 영수증을 발급할 수 있다(다만, 소비자가 사업자등록증을 제시하고 세금계산서 발급을 요구하는 경우에는 세금계산서를 발급할 수 있다).

제조업자가 판매점에 공급한 재화를 판매점이 소비자에게 판매하여 소매매출이 없음에도 불구하고 위 "나"와 "다"에서와 같이 반환받은 하자물품, 현금반환금에 대하여 기타매출에서 차감토록 하여 음수의 기타매출을 기재한 부가가치세 신고를 하도록 하면서 동종·유사제품 교환공급에 대하여 세금계산서 발급을 강제하는 것은 맞지 않다고 본다.

6) 소비자가 당초 판매업자가 아닌 제3의 판매업자에게 물품을 반품하는 경우

소비자가 당초 판매업자가 아닌 제3의 판매업자에게 물품을 반품하는 경우로서 해당 물품의 제조업자와 제3의 판매업자가 위·수탁계약을 체결하고 제3의 판매업자는 단지 소비자로부터 반품물품을 수취하여 제조업자에게 인도하여 주고 제조업자로부터 환불, 동일·동종·유사제품으로 교환하여 주고 용역제공 수수료를 제조업자로부터 지급받는 때에는 다음과 같이 처리한다.

가. 소비자가 동일제품으로 교환받은 때

제3의 판매업자가 제조업자의 명의로 소비자에게 동일 제품으로 교환하여 주는 것은 재화의 공급으로 보지 아니하며, 소비자로부터 반품받은 물품에 대하여 제조업자 명의로 수정세금계산서를 발급하지 아니한다.

나. 소비자가 동종 · 유사제품으로 교환받은 때

제3의 판매업자가 소비자로부터 물품을 반품받고 제조업자 명의로 동종(유사)제품을 소비자에게 교환하여 주는 경우, 동종(유사) 제품에 대하여는 제조업자 명의로 세금계산서를 발급하여야 하며, 소비자로부터 반품받는 물품의 당초 공급가액에 대하여는 제조업자 명의로 수정세금계산서를 발급하지 아니하고 제조업자는 반품받은 날이 속하는 과세기간의 부가가치세과세표준에서 반품받는 당초 제조장 공급가액을 차감하여 신고한다.

다. 소비자가 현금으로 환불받은 경우

제3의 판매업자는 제조업자 명의로 부가령 제70조에 따른 수정세금계산서를 발급하지 아니하고, 제조업자는 환불일이 속하는 과세기간의 과세표준에서 반품받는 물품의 당초 제조장 공급가액을 차감하여 신고한다.

라. 제3의 판매자가 제조업자로부터 받은 위수탁수수료

제3의 판매업자가 제조업자로부터 위 · 수탁계약에 의한 수수료를 지급받는 경우에는 부가가치세가 과세되어 세금계산서를 발급하여야 하며, 반품으로 인하여 위탁수수료에 변동이 발생한 경우에는 수정세금계산서 발급사유에 해당한다.

※ 출처: 2006년 5월 공인회계사회 강의자료(저자: 황종대)(부가 46074-363, 1994. 12. 22.)

(2) 반품이 공급가액에서 차감될 수 있는 요건

반품 또는 환입이란 당초 공급한 재화의 품질 차이, 기타 계약조건 위반 등의 사유로 구매목적에 맞지 아니하여 공급받은 재화를 온전히 사용하지 아니한 채 다시 원 공급자에게 반환하는 것으로 당초 공급의 일부 또는 전부를 취소하는 것과 같아 반환한 과세기간의 과세표준에서 차감하게 된다. 이때 부가법 제29조 제5항 제2호에서는 반품(환입)된 재화의 가액은 공급가액에 포함하지 아니한다고 규정할 뿐 감액수정세금계산서 발급을 과세표준 감액을 필수조건으로 한다거나 그 밖의 제한규정을 두지 아니하였으므로 수정세금계산서 발급 여부에 관계없이 반품된 과세기간의 과세표준에서 차감되어야 법리상 타당한 결론이다. 다만, 수정세금계산서 미발급가산세는 부과되어야 할 것이다(동지 : 부가 46015-1466, 1998. 6. 30. ; 서면3팀-239, 2005. 2. 18. ; 부가 46074-363, 1994. 12. 22. ; 서면3팀-2958, 2007. 10. 31.).

물품 공급계약의 해지 후 법원의 화해권고 등에 따라 재화를 반환하고 대금을 돌려받게 된 경우 해당 대금은 손해배상금이 아닌 물품대금의 반환으로서 수정세금계산서 발급대상이며(서울행정법원 2013구합22628, 2014. 3. 20.), 반품을 이유로 매입자에게 돌려주는 금액은 명칭 여하에 불구하고 물품반환대금이고 원금을 초과하는 금액만 손해배상금으로 보는 것이 타당하다. 다만, 공급자가 재화를 반품받으면서 당초 공급 및 반품과정에서의 운반비, 검사비, 시운전비 명목으로 추가부대비용을 받는 금액은 용역공급대가로서 과세대상이나, 매입자의 귀책에 따른 위약금 명목의 금전은 과세대상이 아니다(부가 22601-780, 1986. 4. 28.).

매입자의 경우 반품사유 발생 시 매입세액에서 차감하여 신고하여야 하고, 감액수정세금계산서는 세금계산서합계표에 기재하여 제출하여야 하지만 감액수정세금계산서를 발급받지 못한 경우, 매입자에게는 귀책사유가 없어 세금계산서(합계표)불성실가산세가 적용되지 아니하며, 매입세액을 감액하는 부가가치세 신고·납부를 이행하였다면 과소신고·납부불성실가산세도 적용될 수 없다(부가 46015-4021, 1999. 9. 30.).

또한, 현실적 반품행위가 수반되어야 공급가액 감액사유가 되는지에 대하여 국세청은 "① 사업자가 재화를 공급함에 있어 사전약정에 의하여 당초 공급한 재화가 일정기간 내에 품질불량 등으로 하자가 발생하여 자기의 책임과 계산하에 공급받는 자가 직접 폐기처분하는 경우 해당 사업자는 당초 공급한 재화가 환입된 것으로 보아 공급받는 자에게 수정세금계산서를 발급할 수 있는 것임(부가가치세과-1030, 2013. 10. 31. ; 부가-3251, 2008. 9. 24.). ② 공급한 재화의 하자로 환입없이 공급자가 현장에서 이를 직접 폐기하였다면 재화의 환입으로 보아 수정세금계산서를 발급하는 것임(부가-3251, 2008. 9. 24.). ③ 운송편의를 위해 공급자 책임하에 반품할 재화를 당초 공급받는 자의 사업장에서 재판매할 다른 사업자에게 직접 운송하는 경우, 당초 공급받는 자에게 감액 수정세금계산서를 발급하는 것임(간세 1265.1-4324, 1979. 11. 29.)" 등으로 회신한바, 당초 공급한 재화를 공급자의 책임하에 스스로 회수하거나 경제성 등을 이유로 매입자 또는 제3자에게 폐기하도록 하는 경우, 새로운 구매자에게 불량품이나 반품될 재화를 직접 당초 매입자의 사업장에서 인도하는 경우까지 현실적 반품행위로 보고 있다.

따라서 반품사유가 발생하였다면 수정세금계산서 발급 여부와 관계없이 반품이 있는 때에 해당 과세기간의 과세표준에서 해당 반품액을 차감하는 것이 타당하고, 현실적 반품이란 공급자의 책임하에 회수, 폐기 또는 재매각하는 경우가 포함된다. 나아가 당초 공급한 재화에 현실적 하자가 존재하고, 매입자가 그 하자를 이유로 계약해지를 통보하였으며, 반품대금 미회수로 매입자가 공급자의 계좌를 압류하거나 법적 절차를 통하여 반품대상 재화를 공매를 통해 회수하였다면(미회수금이 있다면 이는 공급자의 잔존채무에 불과함) 현실적 반품이 있었던 것으로 보아야 한다.

(3) 클레임 및 수출재화 반입에 따른 세무처리

무역거래 시 손해를 입은 당사자는 손해를 유발시킨 당사자에게 무역클레임을 제기하고 구상권을 행사할 수 있다. 무역거래에 있어 클레임의 제기에 따른 클레임 해결방법에 따른 부가가치세 세무처리는 다음과 같다.

1) 클레임 제기로 매출채권 일부를 탕감하거나 변상금을 지급한 경우

가. 부가가치세 공급가액

수출업자가 부가가치세가 과세되는 재화를 수출하고 일부 수출한 재화의 하자로 인하여 수출물품은 반품되지 아니하고 하자(클레임)에 대하여 현금으로 변상한 경우 해당 변상금은 부가가치세 공급가액에서 공제하지 않는다(부가 46015-2537, 1996. 11. 28.).

나. 소득금액 계산에 있어 손금인정

탕감한 매출채권액 또는 변상금은 각 사업연도 소득금액 계산 시 손금에 산입한다(서면2팀-2698, 2006. 12. 28.).

(차변)			(대변)	
수출매출(손금)	×××	/	수출매출채권	×××

2) 수출재화의 국내 반입없이 현지에서 판매하고 수출매출채권에서 차감한 경우(법인통칙 42-78-2 ; 서면2팀-1237, 2005. 7. 28.)

가. 부가가치세 과세표준

당초 신고한 부가가치세 과세표준에는 영향이 없다.

나. 소득금액 계산에 있어 손금인정

탕감한 매출채권액 또는 변상금은 각 사업연도 소득금액 계산 시 손금에 산입한다(서면2팀-2698, 2006. 12. 28.).

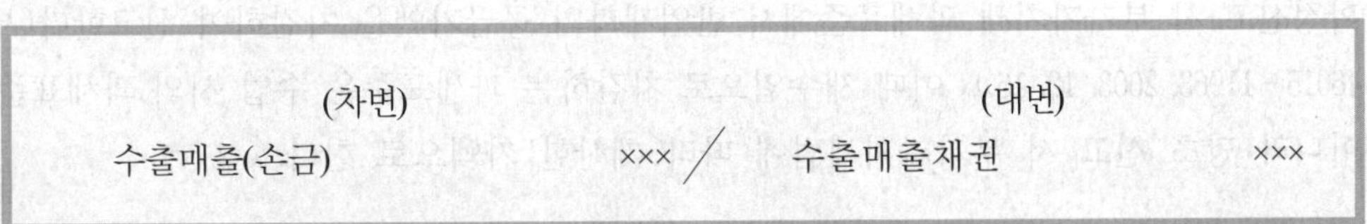

(차변)			(대변)	
수출매출(손금)	×××	/	수출매출채권	×××

3) 반품된 재화를 수리하여 재수출 또는 동일 제품으로 교환하여 재수출하는 경우(부가 46015-2148, 1998. 9. 22.)

가. 반품일이 속하는 과세기간에 대한 부가가치세 예정 또는 확정신고 시 부가가치세 과세표준에서 차감되지 아니하고, 재수출 시에는 부가가치세 과세되지 아니하므로 수출실적명세서에 기재할 필요가 없다(세관에서 수출신고필증은 발급됨).

나. 수출된 재화의 반입 시 세관장으로부터 발급받은 수입세금계산서상의 매입세액은 자기의 매출세액에서 공제 가능하다.

다. 부가가치세 신고 시 반입사실을 증명하는 서류인 수입신고서 사본을 제출한다.

4) 반품재화를 수리하여 재수출하지 않거나 동일제품으로 교환하여 재수출하지 않은 경우(부가 46015-2148, 1998. 9. 22.)

가. 반품일이 속하는 과세기간에 대한 부가가치세 예정 또는 확정신고 시 부가가치세 과세표준에서 차감하며, 수출실적명세서의 그 밖의 영세율 적용분에서 신고기간분에 대한 그 밖의 매출금액에서 차감(-)한 금액을 기재한다. 이때 부가세신고 시 반입사실을 증명하는 서류인 수입신고서를 제출한다.

나. 반품일이 속하는 과세기간 중에 다른 수출재화 등이 없는 경우는 수출실적명세서를 제출할 필요가 없으므로 반입사실을 증명하는 서류만 제출한다. 이 경우에도 세관장으로부터 발급받은 수입세금계산서상의 매입세액은 자기의 매출세액에서 공제 가능하다.

5) 반품된 재화와 다른 새로운 이종 재화를 공급하는 경우

수출한 재화가 하자로 반품(반입)되고, 새로운 재화(이종)를 무상수출하는 경우 반품 시점에는 영세율 과세표준에서 이를 차감하며, 교환하여 수출하는 때에 영세율 과세표준을 신고하며, 영세율 첨부서류는 수출실적명세서이다(서면3팀-1686, 2005. 10. 5.).

6) 수출재화가 계약내용과 상이하여 반입하는 경우

수출재화가 당초 계약내용과 상이하여 재수입하는 경우 반입일이 속하는 예정 또는 확정신고 시 부가가치세 과세표준에서 반입재화의 공급가액을 차감하여 신고한다(서삼46015-11963, 2003. 12. 16.). 이때 재수입으로 차감하는 과세표준은 수입 시의 과세표준이 아니라 당초 신고 시 부가가치세법에 따라 계산한 가액으로 한다.

7) 반입없이 동종 또는 이종의 재화를 반출하는 경우

수출한 재화의 반입없이 동종 또는 이종의 재화를 공급하는 것은 수출하는 재화(사업상증여)에 해당하여 영세율이 적용된다(서면3팀-2303, 2004. 11. 11. : 부가 46015-3533, 2000. 10. 20.).

8) 수출자 계산으로 불량품을 폐기하고 동일제품을 반출하는 경우

반품비용 절감을 위하여 공급자의 계산으로 수출된 불량제품을 현지에서 폐기토록 하고 동일 제품을 무환반출하는 경우 불량제품의 폐기에 대하여 환입으로 보는 해석사례와 동일 제품으로 교환하여 공급하는 경우 재화의 공급으로 보지 않는다는 두 사례를 적용하여 별도의 부가가치세 세무처리가 불필요하다고 봄이 타당하다고 본다(현재까지는 유권해석 사례가 없어 폐기 시 영세율과세표준 감액, 재수출 시 영세율과세표준 증액 신고가 필요하다).

다만, 불량제품 폐기 후 동종 또는 유사제품의 재수출에 대하여는 환입 및 재화의 공급(영세율 적용대상)으로 보아야 한다(부가-1030, 2013. 10. 31.).

9) 클레임으로 인한 무상수출 시 공급시기 등

① 수출품의 클레임으로 무상수출하는 경우로서 부가가치세 과세대상(영세율)에 해당하는 경우 공급시기는 선적일로 한다.

② 수출제품의 클레임으로 지출한 보상비는 실제로 클레임이 발생하여 보상금 지급이 확정된 날이 속하는 사업연도에 손금산입한다(법인 22601-281, 1990. 1. 25.).

10) 국내에서 공급받아 수출한 재화의 불량으로 무상반출

사업자 A가 사업자 B로부터 제품을 공급받아 수출한 후 제품의 불량으로 인하여 당초 공급한 제품의 반품없이 B로부터 동종의 제품 및 불량제품의 수리용 자재를 무상으로 공급받아 국외로 무상으로 반출하는 경우에는 수출하는 재화에 해당되어 영세율이 적용되는 것이며, 이 경우 B가 A에게 동종의 제품을 무상으로 공급하는 것은 재화의 공급(사업상증여)에 해당하나, 불량제품의 수리용 자재를 무상으로 공급하는 것은 재화의 공급으로 보지 아니한다(부가 46015-3533, 2000. 10. 20.).

11) 클레임 관련 영세율 첨부서류 등

① 수출품의 클레임으로 무상수출하는 경우로서 부가가치세 과세대상(영세율)에 해당

하는 경우에는 수출실적명세서를 제출하며, 과세대상에 해당하지 않는 경우에는 클레임과 관련된 계약서 및 송장 등 그 지급사실을 확인할 수 있는 객관적인 자료를 보관한다.

② 사업자가 클레임과 관련하여 보상명목으로 재화를 무상공급 시 동 클레임과 관련된 계약서, 송장 등 그 지급사실을 확인할 수 있는 객관적인 자료에 의하여 이에 상당하는 금액을 각 사업연도의 소득금액 계산 시 손금에 산입할 수 있으며 지출증빙서류의 수취 및 보관규정을 적용하지 아니한다(법인 46012-2175, 2000. 10. 26.).

12) 클레임에 따른 세무(회계)처리 요약

① 수출한 제품이 클레임으로 반품되는 경우 매출을 취소하고 매출채권을 감액하는 회계처리를 하는 것이며, 판매상품 등의 흠으로 회수한 상품 등은 법인통칙 42-78-2에 의하여 해당 재고자산을 사업연도종료일 현재 처분 가능한 시가로 평가할 수 있는 것으로 반품 시점부터 반품되는 자산이 불용품으로 자산가치가 없어 재고자산으로 계상하지 아니한 것이 재고자산폐기손실에 대한 회계처리를 한 것으로 볼 수 있는지 여부는 반품된 재고자산의 상품가치, 시장교환성 유무 및 폐기처분 사실을 객관적인 증빙을 갖추어 처리하였는지 여부 등에 따라 사실 판단한다(서면2팀-885, 2006. 5. 18.).

② 사업자가 특수관계 없는 해외거래처에 수출한 제품에 불량이 발생하여 클레임이 제기되고 클레임에 대한 귀책사유가 제조과정상의 문제점으로 확인되어 계약서 및 합의서 내용에 따라 제조사에서 부담하기로 한 경우 클레임된 제품을 현지에서 할인판매하고 매출채권에서 차감하는 금액은 제조사 법인의 각 사업연도 소득금액 계산 시 손금에 산입한다(서면2팀-1783, 2005. 11. 4. ; 법인-395, 2009. 4. 3. ; 서면1팀-102, 2006. 1. 25.).

③ 클레임 발생 등으로 수출대금을 국내로 회수하는 것이 불가능하여 한국은행총재 또는 외국환은행의 장으로부터 채권회수의무를 면제받은 경우 대손금으로 손금에 산입할 수 있다(서면2팀-9, 2006. 1. 3.).

| 반품에 대한 세무처리 요약 |

구 분	국내 거래	수출 거래
• 반품 후 환불	• △수정T/I 발급	• 과세표준 차감
• 반품 후 대체 공급 1) 동일 제품 공급 2) 동종 유사 제품 공급	1) 과세거래 아님 2) 반품 시 △수정 T/I 대체 공급 시 T/I	1) 과세거래 아님. 2) 반품 시 과세표준 차감 대체 공급 시 수출처리
• 반품이 없는 경우 1) 공급자의 계산으로 폐기한 경우 2) 실질적 반품행위없이 추가 공급	1) 반품처리(△수정T/I) 2) 사업상증여로 과세	1) 과세표준 차감 2) 사업상증여(영세율)
• 반품없는 현금보상	• 과세거래 아님.	• 과세거래 아님.
• 반품 후 손해배상금 별도 지급	• 반품시 △수정 T/I 발급 • 손배금은 과세대상 아님.	• 반품 시 과세표준 차감 • 손배금은 과세대상 아님.
• 반품 후 국내에서 수리하여 재수출	-	• 과세거래 아님.
• 반품없이 현지 매각	-	• 과세거래 아님.
• 반품비용의 매입자 부담액	• 용역대가	• 용역대가
• 하자로 인한 공급대가 인하 합의	• 에누리(△수정 T/I)	- (클레임)
• 수입재화의 반품 1) 위약물품인 경우 2) 위약물품이 아닌 경우	1) 과세거래 아님. 2) 재화의 공급(수출)	-

(4) 외국물품의 오배송으로 인한 반송에 대한 세무처리

반송과 반품은 우리나라로 반입되었던 물품이 다시 반출된다는 측면에서는 동일하지만 관세법에서 보면 다른 개념이다. 반송은 우리나라에 반입되었지만 수입신고가 되지 않고 그대로 다시 국외로 반출되는 반면, 반품은 정식 수입신고를 하고 관세 및 부가가치세를 납부했다가 재수출되는 거래형태이다. 이에 따라 반송은 반송신고로 진행되고, 반품은 수출신고로 진행된다(반송절차에 관한 고시 참조).

수입하는 물품이 오배송되었거나 하자 등이 발생하여 국외로 재반송 · 재수출하는 경우는 다음과 같은 처리방법이 있다. 아래 "①"과 "②"의 경우는 수입통관 전에 외국물품을 반출하는 경우이고, "③"과 "④"는 보통 수입통관 이후 내국물품을 반출하는 경우이다.

① **단순반송**은 관세법 제2조에서 '국내에 도착한 외국물품이 수입통관 절차를 거치지

아니하고 다시 외국으로 반출되는 것을 말한다'라고 규정하고 있다. 실무에서는 해외에서 국내 보세구역으로 도착한 화물을 다시 원 출발국으로 반송할 때 사용한다. 반송신고 시 거래유형은 78[외국에서 보세구역에 반입한 물품의 반송(중계무역 수출 제외)]을 기재하며 반송신고필증이 발행된다. 이 경우에는 자신의 수입이나 수출이 아니므로 부가가치세법상 세무처리할 내용은 없다.

② **중계무역방식 수출**은 대외무역관리규정 제2조에서 '수출할 것을 목적으로 물품 등을 수입하여 관세법 제154조에 따른 보세구역 및 같은 법 제156조에 따라 보세구역 외 장치의 허가를 받은 장소 또는 자유무역지역의 지정 등에 관한 법률 제4조에 따른 자유무역지역 이외의 국내에 반입하지 아니하고 수출하는 수출입을 말한다'라고 규정하고 있다. 국외에서 오배송된 물품이지만 국내사업자가 국외 거래처(수입처)를 찾아 해당 사업자의 책임과 계산으로 새로운 수입자에게 반출하는 경우에는 수출신고필증상 거래구분 79(중계무역 수출)로 신고하고 영세율과세표준(국외 거래처에 대한 판매금액)으로 부가가치세 신고하여야 한다.

또한, 원 출발국이 아닌 원 출발국 사업자의 지시에 의하여 정당한 도착지국으로 공장인도조건 등으로 국내사업자에게 반송을 의뢰함에 따라 제3국으로 반송하는 경우에도 거래구분 79를 사용한다. 이때에도 국내사업자의 수출하는 재화로 볼 수 없다.

③ **위약물품의 수출**로 진행하는 방법은 관세법 제106조에 따른 위약물품 환급대상으로 수출신고하는 방법으로서 수출신고필증상 거래구분이 93으로 기재된다(수입된 물품이 계약내용과 상이하여 반출하는 물품). 위약수출로 통관을 진행하게 되면 당초 수입 시 납부했던 관세와 부가가치세를 세관장으로부터 환급받게 되며 감액수정수입세금계산서가 발급된다(해당 세금계산서는 부가가치세 신고 시 반영으로 종결). 위약수출로 진행하는 경우에는 수출하는 재화(재화의 공급)에 해당하지 아니한다.

④ **기타 수출**로 진행하는 방식은 위 "③"의 위약수출은 구비하여야 할 서류나 요건도 까다롭고 관세법 제106조의 위약수출 요건에 해당하지 아니하거나 빠르게 통관을 진행하고자 하는 경우에 기타 수출로 진행하게 된다. 보통 수출신고필증상 거래구분이 94(기타 수출 승인 면제물품)로 기재한다. 수입통관을 하지 아니한 경우라도 수입신고수리 전 반출승인이나 수입신고 전 즉시반출신고를 하고 반출할 수도 있다(관세법 §2 5호, §252, §253). 이 경우로 수출신고를 하게 되면 '내국물품을 외국으로 반출하는 것'으로서 수출하는 재화에 해당하므로 시가 또는 수출신고필증상 결제금액 등을 영세율과세표준으로 하여 부가가치세 신고를 하여야 하며. 수입통관 시에 발급받은 수입세금계산서는 공제받을 수 있다(서삼 46015-11058. 2002. 6. 26.).

국세청은 세관으로부터 수집된 자료 등을 토대로 부가가치세 세원관리시스템(수출입통관자료 등이 포함)을 구축하고 영세율 신고누락자료를 생성하여 매출누락 여부 등을 체크하고 있다. 위 "②"나 "④"의 거래구분 코드를 사용하였으나 재화의 공급 해당 여부가 불분명하다면 영세율로 부가가치세 신고하였더라도 부가세법상 가산세 등의 불이익이 없다. 따라서 영세율로 신고하기를 권장한다(수입통관되지 아니한 외국물품을 국외로 반출하는 경우 부가가치세법 시행령 제31조 제1항 제6호에 따라 영세율이 적용).

35 법인실체 또는 거래사실 부인에 따른 (세금)계산서 발급과 가산세

(1) 해외지점의 재화의 공급에 대한 (세금)계산서 발급 의무

1) 국세청 유권해석과 가산세 부과 시도

세무조사 시 조사자는 "내국법인의 해외지점이 국내 거래처와 계약·발주·대금결제 등의 업무를 스스로의 책임과 계산으로 직접 수행하여 재화를 공급하는 경우 계산서 및 세금계산서 발급대상에 해당하지 아니한다(서면-2020-법인-0067, 2020. 4. 20.)"는 국세청 유권해석에 근거하여 해외지점이 독립적으로 계약·발주·대금결제, 재화의 인도까지 수행하여야 국내 본점이 계산서 발급의무가 없고 본점이 계약, 발주 등 일부 업무를 수행 또는 주도한 경우 본점에서 계산서 발급의무가 있다고 과세 시도하는 사례가 있다.

2) 국세청 유권해석 분석

법인법은 계산서의 작성 및 교부에 관하여 소득령 제211조 내지 제212조의2의 규정을 준용하도록 규정하고, 소득법상 계산서의 작성·교부는 부가법을 준용하는데, 소득령 제211조는 사업자가 재화 또는 용역을 공급하는 때 계산서를 발급하도록 규정하면서 공급자의 사업자등록번호를 기재하도록 규정하고 있다. 부가법은 국내사업장에서 재화 또는 용역이 공급되는 경우 세금계산서를 발급하여야 하므로 법인법상 계산서의 경우에도 사업자등록 대상인 국내사업장에서 재화를 공급하는 경우에 발급의무가 있는 것이다(법인령 §164 ①, 소득령 §212 ②).

부언하면 사업자등록대상인 사업자의 국내사업장에서 재화(용역 포함. 이하 같음)를 공급하는 경우에 계산서 발급의무가 있고, 국내사업자의 계산서 교부는 각 사업장별로 작성·교부하여야 한다. 사업장 소재지가 국외인 경우 사업자등록대상도 아니고 계산서의 필수 기재사항인 사업자등록번호도 존재하지 아니하므로 국외 소재 사업장이 거래당사자가 되어 국외에서 공급한 재화에 대해서는 당연히 계산서 발급의무가 없다(서면2팀-1723, 2005. 10. 27.).

부가가치세는 재화 또는 용역을 공급하는 자체가 부과하는 다단계소비세이고 다단계소비세를 구현하는 방법으로 전단계세액공제법을 채택하면서 세금계산서를 수수하도록 하고 있으며, 전단계세액공제법이 제대로 실현되기 위해서는 세금계산서를 발행·수수하는 거래당사자가 명확해야 한다.

부가법의 해석은 물론 대법원은 한발 더 나아가 사업장단위과세원칙에 따라 사업자가 둘 이상 사업장을 가진 경우 공급자 또는 공급받는 자란 계약상 또는 법률상의 원인에 따라 재화 또는 용역을 공급하거나 공급받는 사업장을 의미하며 계약당사자인 사업장을 결정할 때에는 해당 재화 또는 용역공급의 원인이 되는 계약의 체결과 대금의 지급을 어느 사업장에서 하였고, 재화 또는 용역공급이 어느 사업장을 위한 것인지, 계약체결의 경위와 각 사업장 간의 상호관계는 어떠한지 등의 제반사정을 고려하여 판단하여야 한다고 판시하였다(대법원 2007두4896, 2009. 5. 14. 외).

즉, 국내에 수 개의 사업장을 가진 사업자가 재화를 공급하는 경우 일부 사업장에서 거래에 관여하였더라도 부가가치세가 물세라는 측면에서 해당 재화를 인도한 사업장에서 (세금)계산서를 발급하도록 일관되게 해석하고 있는바, 국내외에 각각 사업장을 가진 사업자의 경우에도 이와 달리 해석할 이유가 없다. 이러한 점에서 위 회신에서 해외지점이 공급장소라는 전제하에, "스스로의 책임과 계산"이란 의미는 부가법상 사업장 또는 조약상의 (고정)사업장에서 재화를 인도하는 역할을 수행(지점의 인력으로 직접 수행하거나, 다른 법인 등에게 외주를 주어 수행한 경우를 포함)한 경우를 의미하는 것이지 국내 본점의 지시없이 지점 독자적으로 거래를 수행한 경우만을 의미하는 것은 아니다.

아울러 법인법상 계산서 발급의무 규정이 내국법인의 국외사업장에서 재화를 공급하는 경우에도 적용될 것을 염두하였다면 국외에서 재화를 공급받는 경우 계산서 등 적격증빙 수취의무 면제규정을 둘 필요가 없었다(법인규칙 §79 4호).

따라서 내국법인의 국외사업장이 공급장소로서 재화를 공급하는 경우에는 당연히 내국법인은 해당 국외 공급분에 대하여 계산서 발급의무가 없다고 봄이 지극히 타당할 것이다.

3) 실질적 관리장소가 국내에 있는 경우 (세금)계산서 발급 의무

가. 가산세 부과 시도 사례

세무조사에서 법인의 실질적 관리장소가 국내에 있는 내국법인으로 판단하여 내국법인으로 사업자등록(직권 등록)하고 해외에서 이루어진 거래를 국내거래로 보아 (세금)계산서미교부, 미수취 및 지출증빙서류미수취가산세, 영세율과세표준신고불성실가산세를 부과 또는 시도한 사례들이 있다.

나. 국세청 유권해석 및 분석

국외에 소재한 법인이 실질적 관리장소가 국내에 있는 내국법인에 해당하는 경우로서 동 법인의 국외 소재 사업장이 계약·발주·대금결제 등의 업무를 직접 수행하여 재화를 공급하는 경우 세금계산서 또는 계산서 발급대상에 해당하지 아니한다(서면-2017-법령해석법인-3240, 2017. 12. 29. ; 서면-2018-법령해석부가-0365, 2018. 3. 23.).

부가법상 납세의무자에 해당하는지 여부는 그 거래에서 발생한 이익이나 비용의 귀속이 아니라 재화 또는 용역의 공급이라는 거래행위를 기준으로 판단하여야 하는 것인 바, 이러한 점에서 부가법상의 거래당사자 및 사업장의 개념과 법인법상 거래당사자 또는 법인세 과세를 위한 중요한 관리 및 상업적 결정이 이루어진 장소가 일치하는 것이 아니다.

법인법상 실질적 관리장소가 국내에 있는 외국법인을 내국법인으로 의제하는 것은 그 재산에 관한 소득은 그 재산을 실질적으로 지배·관리하는 자에게 귀속되는 것으로 보아 그를 납세의무자로 삼아야 한다라는 실질과세의 대원칙에 따라 법인세를 부담시키기 위한 것이므로 내국법인으로 의제된 외국법인은 해당 법인의 소득이 국내의 실질적 의사결정자에게 귀속된다는 것일 뿐 해당 사실만으로 외국법인의 국외사업장에서 이루어진 재화 또는 용역의 공급거래 자체가 부인되는 것은 아니다.

부언하면 외국법인이 실질적 관리장소가 국내에 있어 법인법에 따라 내국법인으로 의제되는 경우에도 과세관청에서 그 사업활동을 부인할 수 있을 정도의 객관적 증빙서류를 확보하였다거나 국외사업장의 실체가 완전히 부인할 수 있는 증빙서류가 확보되지 아니하였다면 외국법인의 국외사업장에서 이루어진 재화 또는 용역의 공급거래는 내국법인으로 간주된 외국법인의 국외사업장이 영위한 사업활동으로 인정되는 것이므로 그 외국법인은 사업활동의 주체로서 인정되어야 한다.

따라서 법인이 실질적 관리장소가 국내에 있더라도 국외사업장이 존재하고 해당 사업장이 계약·발주·대금결제 등의 업무를 직·간접적으로 수행하여 재화를 인도하였다면 국내의 실질적 관리장소에서 계산서를 발급할 의무가 없다.

4) 국내사업자 간의 거래로서 국외에서 재화가 인도되는 경우 계산서 발급의무

가. 관련 유권해석

① 국외에서 공장인도조건으로 수입하는 물품을 국내법인에 공급

국내사업자(갑법인)가 외국사업자(A법인)로부터 공장인도조건으로 국외에서 물품을 구입함과 동시에 국내의 다른 사업자(을법인)에게 공급하고, 을법인이 해당 물품에 대한 수입절차를 이행하여 세관장으로부터 수입세금계산서를 교부받는 경우, 갑법인이 을법인에게 국외에서 인도하는 해당 재화의 공급거래에 대하여 계산서를 작성 · 교부하여야 한다(서면-2016-법인-2904, 2016. 7. 12. ; 법규과-1066, 2010. 6. 28. ; 기획재정부 법인세제과-894, 2013. 9. 12.).

② 운송인인도조건으로 국외에서 구입한 재화를 국내법인에 공급

국내 갑법인이 국외 A법인으로부터 운송인인도조건(FCA)으로 구입한 재화를 국외에서 국내 을법인에게 공급하고 국내 을법인이 해당 재화에 대한 수입 · 통관 등 수입절차를 이행하여 국내 반입하는 경우로서 선하증권 등 운송관련 서류를 국외에서 국내 갑법인이 지정한 운송사로부터 교부받는 경우, 국내 갑법인이 국내 을법인에게 공급하는 재화는 부가가치세 과세대상에 해당하지 아니하며, 이 경우 국내 갑법인은 국내 을법인에게 계산서를 작성 · 발급하여야 한다(사전-2023-법규부가-0278, 2023. 7. 18.).

나. 국내사업자 간 국외거래에 계산서를 발급해야 하는 이유

국외거래에 대하여 계산서를 발급하는 이유는 소득령 제211조 제1항에서 사업자가 재화나 용역을 공급하는 때에는 계산서를 공급받는 자에게 발급하도록 규정하고 있고, 국외거래에 대하여 제2항과 제3항에서는 영수증 발급대상으로, 제4항에서는 계산서발급의무 면제대상으로 열거하고 있지 않아 계산서를 발급하여야 한다.

5) 보세구역 내의 재화의 공급 및 선하증권 양도가 수반되는 경우

가. 부가법 규정

사업자가 보세구역 내에 보관된 재화를 다른 사업자에게 공급하고, 그 재화를 공급받은 자가 그 재화를 보세구역으로부터 반입하는 경우 그 재화의 공급가액에서 세관장이 부가가치세를 징수하고 발급한 수입세금계산서에 적힌 공급가액을 뺀 순액을 공급가액으로 기재한 세금계산서를 발급하여야 한다. 이때 순액이 "0" 또는 음수인 경우 세금계산서 발급의무는 면제된다(부가령 §61 ① 5).

아울러 국내로 운송 중이거나 보세구역에 소재한 물품에 대한 선하증권을 양도하는 경우에도 세금계산서상의 공급가액은 순액 기재가 원칙이다.

나. 관련 규정의 적용

보세구역 내에 소재하는 재화, 국외에서 선적되어 국내로 이송 중인 재화에 대한 선하증권의 소유자(갑법인)가 국내사업자(을법인)에게 매각하고 세금계산서를 발급하지 아니한 경우 과세관청은 순액을 기준으로 부가가치세를 과세하여야 한다.

또한, 갑법인이 외국법인에게 위 재화 또는 선하증권을 양도하고 그 외국법인이 다시 국내 을법인에게 양도하는 경우로서 해당 외국법인의 실체가 부인되어 갑법인이 실질적으로 해당 거래를 수행한 것으로 보아 갑법인에게 부가가치세를 과세하는 경우에도 순액을 공급가액으로 하여 부가가치세를 과세하여야 한다.

6) 해외 건설사업장 등이 고정사업장에 해당하는 경우 공급사업장

부가령 제8조 제6항은 외국법인의 경우에는 법인법 제94조에 규정하는 장소를 사업장이라고 규정하고 법인세 제94조에서는 '외국법인이 국내에 사업의 전부 또는 일부를 수행하는 고정된 장소를 가지고 있는 경우'에는 국내사업장이 있는 것으로 외국법인의 국내지점, 사무소 및 영업소는 명칭과 관계없이 사업을 수행하는 경우 국내사업장이 되는 것이며, 6월을 초과하여 지속되는 건축장소, 건설 · 조립 · 설치공사의 현장 또는 관련 감독활동을 수행한 장소는 국내사업장이 되어 부가가치세 신고 · 납부의무가 있다고 규정하고 있다.

우리나라 세법상 이러한 국내사업장 요건은 OECD모델의 국내사업장 요건을 그대로 계수한 것이며, 1981. 2. 11. 우리나라와 싱가포르 양자 간 체결된 조세조약도 OECD모델을 표준으로 하여 관리장소, 지점, 사무소, 공장, 작업장, 6월을 초과하는 건축, 건설, 설치 또는 조립공사현장은 사업장으로 보도록 규정하고 있다.

해외지점이 고정된 장소에서 수 개 과세기간 동안 국외건설공사를 시공하면서 해당 공사업무를 전담한 소속 직원이 있어 OECD모델 제5조 제1항과 조세조약에 따른 고정사업장에 해당하며, 해당 국가의 회사법에 따라 지점법인으로 설립등록을 하였다면 본점과 지점은 동일한 인격체로 본점과 해외지점(고정사업장)을 구분하는 실익은 체약국가별 과세권행사를 위한 것이며, 본점은 해외지점에서 발생된 거래에 대해 관리 · 감독하고 통제하는 기능을 갖는 것으로 해당 해외지점에서 수행한 국외건설공사가 본점의 지원 · 통제를 받았다거나, 본점의 면허로 공사를 수행하였다고 하여 국외건설용역을 해외지점이 수행한 것으로 보는데 장애가 될 수 없다.

아울러 동 해외지점이 국외 현지에서 국외건설용역을 수행하고 용역수행대가를 현지계좌로 지급받고 공사기성청구서가 해외지점 명의로 발주처에 발송되었으며, 국외건설공사계약서에 해외지점의 법인도장이 날인되었다면 더욱 국외건설용역은 해외지점의 책임과 계산하에 제공한 것으로 보아야 한다.

따라서 국외건설용역은 해외 A지점이 국외에서 제공한 용역에 해당되어 부가가치세 과세대상에 해당하지 아니하므로 국내본점의 통제와 지휘에 따라 국외건설용역이 수행된 것으로 의제하여 본점에 영세율과세표준신고불성실가산세를 부과할 수 없다(심사부가 2010-0200, 2011. 2. 25.).

(2) 국세청의 실제 부과 시도 또는 부과 사례

1) 해외지점 실체 부인 시 국내본점에 계산서미교부가산세 부과

국내 갑법인의 해외지점이 인적·물적시설을 보유하지 않고 갑법인(본점)에서 주요업무를 수행하는 것으로 보아 해외지점의 실체가 인정되지 아니하므로 해외지점이 서류상 행한 국내 다른 법인에 대한 재화의 공급(국외거래에 해당)은 갑법인(본점)이 행한 국외거래로서 계산서 의무가 있다고 보아 계산서미교부가산세 부과대상으로 보았다(해당 지점의 역할이 글로벌 회사들의 유기적 업무수행이 인정되어 과세되지 않음).

2) 국외관계사의 실체를 부인하여 중계무역방식수출을 부인

내국법인 갑법인이 외국법인으로부터 보세구역 내에 소재한 재화를 구매하여 해외 관계사 A법인에게 공급하는 계약을 체결하고 A법인은 국내 을법인에게 해당 재화를 공급하고 을법인이 수입통관한 거래와 관련하여 처분청은 A법인이 인적 또는 물적시설을 보유하지 않았다거나, A법인이 갑법인에게 중요업무를 아웃소싱하였다는 이유로 그 실체 또는 거래사실을 부인하여 을법인이 수취한 수입세금계산서를 사실과 다른 세금계산서로 보고, 갑법인이 을법인에게 국내에서 재화를 공급한 것이므로 부가가치세 및 계산서미교부가산세가산세 부과대상으로 보았다(조세심판원에서 중계무역방식수출은 인정되었으나, 아래 "(3)"에서와 같이 가산세 부과는 취소됨).

3) 해외지점 실체를 부인하고 해외건설공사를 국내본점이 수행한 것으로 의제

국내 갑법인은 싱가포르에 해외지점("A지점")을 설립하였고, A지점은 국외건설용역을 다른 외국법인으로부터 하도급받아 현지에서 건설용역을 수행하고 싱가포르 정부에 GST를 신고·납부였으나, 조사반은 해외 A지점은 독립된 사업장이 아닌 갑법인의 현장사무실에 불과하고 갑법인의 책임과 계산하에 국외건설용역을 해외에서 제공한 것이므로 국외건설용역에 대해 갑법인의 국외제공용역이어서 영세율과세표준신고불성실가산세를 적용하여 과세하였다(국세청 심사청구 결과에서 인용 결정된 사건).

4) 해외 자매회사를 거래에 끼워넣기 거래한 혐의

갑법인의 국외 관계사인 A법인이 갑법인의 재화를 구매(재화의 이동은 국내에서 이루어짐)하여 국내 병법인에게 재화를 공급한 것과 관련하여 A법인이 갑법인과 을법인

사이에 끼워넣기 거래를 한 것으로 보아 갑법인과 병법인이 직접 재화를 공급한 것으로 보아 부가가치세 및 세금계산서미교부가산세 대상이라고 지적하였다.

(3) 거래사실을 확인할 수 있는 서류를 부가가치세 신고 시 제출하였다면 계산서미교부가산세를 적용할 수 없다는 조세심판례

계산서를 교부하게 하고 이를 위반하는 경우 가산세를 징수하도록 하는 취지는 사업자로 하여금 거래사실의 확인자료를 스스로 작성·교부하게 하여 과세표준의 양성화 및 근거과세를 실현하고 공급자와 공급받은 자가 제출하는 매출·매입처별계산서합계표와의 유기적인 연관을 통한 거래관계의 상호검증을 통하여 조세포탈을 방지하고 조세행정의 원활을 구현하는데 있으므로 계산서 교부 및 제출의무는 '납세의무'에 관한 것이 아니고 그 거래상대방의 과세근거가 되는 과세자료를 얻기 위한 것으로서 조세행정상 '협력의무'라 할 것이다(대법원 2003두12820, 2006. 10. 13. ; 2004헌가13, 2006. 7. 27.).

부가법상 중계무역수출에 해당하는 것으로 착오하여 부가가치세 신고 시 영세율 첨부서류를 제출하였다면 해당 영세율 첨부서류에 의하여 쟁점거래 각 건별로 세금계산서상에 기재할 필요적 기재사항이 거의 기재되어 있어 과세관청이 쟁점거래 사실을 파악하기 위한 과세자료(거래상대방과 거래금액 등)는 충분히 확보되었다고 볼 수 있으므로 공급자가 계산서교부라는 조세행정상 협력의무를 온전하게 다하지 아니하였더라도 과세권의 행사 및 조세채권의 실현이라는 조세행정상의 목적은 달성되었으므로 계산서미발급가산세를 부과할 수 없다(조심 2019서3415, 2021. 8. 10.).

(4) 해외 본·지점의 실체가 부인되거나 도관거래 판정 시 매입세액공제

1) 자가공급에 대한 매입세액공제

자기의 과세사업이나 면세사업 등을 위한 용역의 자가공급, 용역의 무상공급은 조세정책적 목적에서 부가가치세를 과세하지 않는 것뿐이지 그 자체가 면세사업 등에 해당되거나 납세의무 성립 자체를 면제하는 것은 아니므로 부가가치세 과세사업자의 용역의 자가공급과 관련된 매입세액은 자기의 매출세액에서 공제할 수 있다(법규부가 2012-498, 2012. 12. 27. ; 재부가 22601-52, 1992. 4. 22. ; 서면2팀-2109, 2004. 10. 18. ; 부가 46015-1434, 1998. 6. 29. ; 서면-2016-부가-5008, 2016. 10. 23. ; 부가 22601-855, 1990. 7. 5.).

※ 2022년 4월 역외 본·지점 간의 용역의 자가공급은 용역의 공급이라는 기재부 해석은 별론으로 한다.

2) 수 개 사업장을 가진 사업자의 매입세액공제

수 개의 사업장을 가진 경우에도 특정 지점에서 다른 지점에 용역을 공급하여 그 다른 지점에서 면세사업 등에 일부 또는 전부 사용하는 경우 해당 용역을 자가공급한 특정 지점에서 발생한 과세 또는 면세비율에 따라 공통매입세액 안분계산하여야 한다고 판시하고 있다(동지 : 대법원 2010두23170, 2012. 5. 9.).

이러한 본·지점 간 용역의 자가공급과 관련된 매입세액 또는 공통매입세액공제의 논리는 부가법 제39조에 따른 것을 제외하고는 역외 본·지점 간에도 그대로 적용되어야 하는바, 해외지점에서 발생한 재화의 공급에 대한 수입금액이 있더라도 본점에서는 과세매출만 발생하는 경우 공통매입세액 안분계산은 필요하지 않다고 판단된다(전액 공제).

다만, 내국법인이 수취한 세금계산서상의 매입세액 중 해외지점 등에게 직접 귀속되는 매입세액은 불공제되어야 한다고 아래와 같이 국세청 및 조세심판원이 해석·결정하였다.

① 국내 내국법인 본점이 임차료 등 사무실비용과 세무자문료 등을 지출하면서 부담한 부가가치세액이 해외지점의 석유 및 천연가스 개발사업과 관련된 매입세액에 해당하는 경우 본점의 매출세액에서 공제되지 아니함(기준-2015-법령해석부가-0014, 2015. 5. 4.).

② 사업자가 국외에서 구입한 재화를 국내에 반입하지 아니하고 국외에서 국외로 인도하는 때에는 부가가치세가 과세되지 아니하는 것이며, 부가가치세가 과세되지 아니하는 거래와 관련된 매입세액은 매출세액에서 공제하지 아니하는 것임(서면3팀-1164, 2008. 6. 10. ; 부가 46015-4037, 2000. 12. 14. ; 부가 46015-736, 2000. 4. 3.).

③ 내국법인이 해외현지법인의 해외부동산개발사업과 관련하여 지급한 용역비를 자기사업과 관련없는 매입으로 보아 매입세액을 불공제하는 것으로 보았음(조심 2010서0124, 2011. 3. 17. 외).

법원의 해석도 위와 다르지 아니한데, 해외에 소재한 법인이 회사로서의 실체가 부인되는 명목법인으로 판단하여 국내 관계회사에 해당하는 내국법인(해외법인과 투자 또는 지분관계에 있음)이 해외에서 명목법인 명의로 부동산 개발, 숙박업 등의 사업(이하 "해외개발사업")을 실제 수행하였다면 해당 내국법인은 자신의 해외개발사업을 위하여 국내에서 국내의 사업자들에게 컨설팅 용역 등을 제공받고 수취한 세금계산서상의 매입세액은 대한민국이 부가가치세를 부과할 수 없는 해외에서의 재화 또는 용역공급 행위와 관련된 것이므로 국내사업장을 전제로 하는 '자기 사업을 위하여 사용된 재화 또는 용역의 공급에 대한 세액'에 해당할 여지가 없어 매입세액공제를 받을 수 없다는 취지의 판결을 한 바 있다(서울행법 2011구합19093, 2011. 12. 23. ; 서울고법 2012누2537, 2012. 10. 19.).

3) 해외 관계사를 위한 용역대행 관련 매입세액의 공제 여부

소비세인 부가가치세의 국제적인 세수분배를 어떻게 할지에 관하여 세계 전체의 소비세 가운데 각 나라가 소비하는 분량을 기준으로 소비세수를 배분하기로 하는 '소비지국 과세원칙'이 일반적으로 정착되어 있고, 이에 따를 때 재화나 용역을 생산만 하고 소비하지 않는 나라, 즉 수출하는 나라에서는 영세율 제도에 의하여 수출되기까지 해당 재화나 용역에 부과되었던 자국의 세금을 모두 돌려주어 세부담을 없애주고, 이를 수입하여 소비하는 나라에서는 국내에서 생산된 물품과 마찬가지로 과세하게 된다.

내국법인(갑)으로부터 출자를 받아 설립된 외국법인(을)이 수십 명의 직원을 보유하고 해외개발사업과 관련된 공사계약을 자신(을)의 명의로 체결하고 각종 인허가의 효과가 귀속되며, 그 신축물 또한 자신의 명의로 귀속될 것이 확실시 되며, 이 과정에서 내국법인(갑)이 동 외국법인(을)을 내세움으로써 조세부담을 감소시키거나 어떠한 탈법적인 목적이 있었다는 것을 과세관청이 입증하지 못하고 있다면, 내국법인(갑)은 국외에서 개발사업을 영위하는 외국법인(을)에게 해당 개발사업과 관련한 인허가, 설계, 사업자금 알선 등의 용역을 제공하기 위하여 국내의 다른 사업자로부터 해당 용역을 제공받고 수취한 세금계산서의 매입세액은 자기의 사업을 위하여 사용된 용역의 공급에 대한 매입세액으로 매출세액에서 공제될 수 있다(서울행법 2011구합19093, 2011. 12. 23. ; 서울고법 2012누2537, 2012. 10. 19.).

내국법인(갑)은 자신이 직접 또는 외주를 받아 외국법인(을)에게 제공한 위 사업지원 서비스 용역에 대한 대가를 외화로 송금받아 영세율 과세표준으로 신고하였을 것이고, 그렇다면 그에 대응되는 국내의 다른 사업자로부터 수취한 세금계산서상의 매입세액은 당연히 공제되는 것이다.

하지만 내국법인(갑)이 동 외국법인(을)을 내세움으로써 악의적이고 세금탈루나 조세부담 감소를 목적으로 상호통정하여 거래를 작출하였다거나 을법인의 실체가 부정될 정도의 사유가 존재한다면 내국법인(갑)이 수취한 세금계산서는 '자기 사업을 위하여 사용된 재화 또는 용역의 공급에 대한 세액'에 해당할 수 없을 것이다.

4) 사업확장 등을 위한 해외법인 주식취득 등과 관련된 매입세액의 공제 여부

매입세액의 공제 범위와 관련하여 법원은 과세사업에 직접 관련되거나 과세매출액을 발생시키는데 필요한 대응원가, 사업장의 유지, 관리비에 그치지 아니하고 사업 다각화, 시장지배, (해외)시장개척, 전문성 확보, 해외브랜드 확보, 사업확장에 필수적인 법인의 인수, 사업자금 조달, 기업가치의 증대 등과 더불어 사업실적 악화나 경영상의 판단에 의하여 사업의 축소나 폐지와 관련하여 지출된 비용과 관련된 매입세액도 공제하는 등

사업 관련성의 범위를 넓게 보고 있다(기준 - 2019 - 법령해석부가 - 0479, 2019. 7. 11. ; 대법원 2017두52320, 2017. 10. 26. ; 대법원 2010두15902, 2013. 5. 9. ; 조심 2018서1942, 2018. 10. 16. ; 서면 - 2019 - 2256, 2020. 9. 9. ; 서면3팀 - 309, 2008. 2. 12.).

아래 사례는 법원이 주식취득 관련 매입세액이 공제되는 사유와 주식취득 등과 관련하여 외국법인에게 지급하는 컨설팅 용역대가가 과세사업과 관련되었으므로 대리납부의무가 없다는 구체적 사유를 제시한 판례이다.

국내에서 과세사업자(갑법인)가 해외에서 갑법인과 동일 또는 유사한 업종을 영위하는 유명브랜드를 가진 외국법인(을법인)에 자금을 투자하여 그 을법인의 사업을 실질적으로 취득하고자 국내·외에 다음과 같은 외주용역을 주었다.

국내 외주용역(A)은 을법인의 주식을 취득하는 방법과 을법인을 양수하는 방법, 을법인을 자회사 형태로 운영하는 방법과 갑법인의 해외지점 형태로 운영하는 방법의 각 세무결과의 차이를 비교·분석하고, 을법인이 차입하는 자금을 이용하여 투자하는 구조에 대해 분석한 세무실사보고와 을법인의 손익계산서, 대차대조표, 자산가치, 매출 등을 분석하여 특이사항을 정리하고, 을법인이 체결하고 있는 경영계약, 프랜차이즈 계약, 시설 투자 및 사무실 운영 비용, 감사보고서, 손익계산서 등에 관하여 분석한 재무실사보고 업무이다.

국외 외주용역(B)은 을법인 소재 국가의 법무법인이 을법인 취득과 관련된 실사 업무, 매매계약의 협상과 계약서 초안 작성 및 계약 체결, 제3자의 동의 절차 등에 참여하고, 계약의 주요사항 및 인허가 사항을 검토하고 행정적 보고에 참여하며, 새로운 프랜차이즈 계약을 검토하고 그에 관하여 협상하는 것과 회계법인이 을법인에 대한 재무사항을 검토하여 보고하는 것이다.

갑법인은 위 A 및 B용역의 결과를 고려하여 을법인의 주식을 취득하는 방법을 택하고, 을법인이 차입하는 자금을 이용하여 동 회사의 주식을 모두 취득하였다.

이에 대하여 법원은 ① A외주용역을 제공받는 대가로 지출한 수수료는 갑법인이 국내에서 영위하는 호텔 및 숙박업의 수행에 필요한 것으로서 사업 관련성이 있으므로 해당 수수료에 대한 매입세액은 부가법 제39조에서 정한 불공제대상 매입세액에 해당하지 아니하고, ② 갑법인은 B외주용역을 갑법인의 국내 과세사업에 제공하였다고 인정함이 타당하므로 부가가치세 대리납부의무가 없다고 판시하였다. 그 사유는 다음과 같다(서울행법 2015구합56038, 2015. 10. 7. ; 서울고법 2015누64970, 2016. 5. 25.).

① 을법인 인수를 위한 갑법인의 이사회의사록에 의하면, 갑법인이 해외 유명브랜드를 가진 회사를 인수한 것은 갑법인이 국내에서 영위하는 사업의 다변화를 위한 것이다.

② 갑법인이 을법인 주식을 취득하는 방식으로 투자를 진행한 결과, 갑법인은 세계적인 체인 프랜차이즈에 가입된 자회사로 두게 되었고 동 자회사에 대표이사를 파견하여 선진 사업의 운영기법을 습득함으로써 국내에서 운영하는 사업의 서비스 품질을 향상시킬 수 있다.

③ 갑법인은 을법인 인수를 통해 을법인이 운영하는 사업과 국내에서 운영하는 사업 사이에 제휴서비스를 제공할 수 있는 기초를 마련하였다.

④ 갑법인의 홈페이지에서 을법인의 보유 사실을 홍보하고 해외 유명브랜드 로고를 표시함으로써

세계적인 브랜드 가치를 가진 해외 유명 브랜드사와의 관계를 홍보하는 것만으로도 브랜드 가치 및 소비자의 신뢰제고에 도움이 된다.

5) 해외지점 등의 실체 부인과 매입세액공제

해외지점이나 해외 관계사(이하 해외지점 및 관계사를 "해외지점등"이라 함)의 실체가 부인되어 해외지점 등에 의하여 국외에서 이루어진 재화의 공급거래를 국내본점 또는 해외 관계사의 국내 지배법인(실질적 관리장소, 이하 국내본점과 통칭하여 "국내법인"이라 함)의 거래로 재구성(귀속)시키는 경우 국내법인에서 발생한 공통매입세액에 대하여 면세공급가액에 국외거래분을 포함하여 공통매입세액 안분계산을 하여야 한다.

(5) 국내외 사업장의 실체나 거래사실 부인에 대한 소명 방안

과세관청이 법인의 실체를 부인하거나 법인의 거래당사자로서의 역할을 부인하여 해당 법인의 거래가 끼워넣기나 도관거래로 보아 국내거래인 경우에는 사실과 다른 세금계산서 수수에 따른 부가가치세 및 가산세의 부과, 국외거래에 해당하는 경우에는 계산서미발급가산세를 부과하고자 한다면, 이는 사실판단의 영역으로서 각 거래단계별로 거래당사자의 거래목적과 경위 및 태양, 재화의 존재와 현실적인 이동과정, 이익의 귀속주체, 대가의 지급 관계 등을 고려하여 개별적·구체적으로 판단할 사항으로 그 성격상 획일적 기준 정립은 어렵고 판례 등에 의존할 수밖에 없다.

거래당사자 간의 악의적이고 세금탈루를 목적으로 상호통정하여 거래를 작출하였다는 특별한 사정이 없거나 이에 대한 과세관청의 입증사실이 없는 한 과세관청은 거래당사자 간의 형식에 대한 신뢰를 기반으로 이루어지는 거래에 대하여 그 특성상 외부에서 드러나는 형식(법적거래 형식 또는 거래외관)과 서류상의 기재를 토대로 거래상대방, 공급장소(사업장) 및 거래의 성격을 파악하여야 할 것이다.

구체적으로 중간 거래자가 통상적 업무를 했는지, 거래상의 위험을 실질적으로 부담했는지, 중간 거래자가 거래 조건을 직접 결정하고 그에 따른 손익이 실질적으로 중간 거래자에게 귀속되는지, 구매자금 조달이나 거래 물품에 대한 보관 및 관리를 하였는지, 거래상대방을 결정함에 있어 이바지한 바가 있는지 및 중간 거래자가 이행하였다는 작업이 독자적 거래단계를 형성할 정도의 실체가 있는지 등을 고려하여 쟁점이 되는 거래가 정당한 거래인지 아니면 그 세금계산서가 사실과 다른지, 계산서 발급대상인지를 판단하여야 한다(대법원 2008두13446, 2009. 6. 23. ; 대법원 2010두8263, 2012. 11. 15. ; 서울행법 2019구합59806, 2020. 4. 23. 외 다수).

아래에서는 위의 일반적 기준을 토대로 행정심 및 형사소송[59] 등에서 끼워넣기 및 도관거래 판단의 기준이 될 수 있는 요소들을 모아보았다.

① 과세관청이 주장하는 끼워넣기 업체를 거래에 관여시키게 된 사업구조 개(재)편의 경위, 내용, 경제적 효과 등에 대한 사업계획서 등 내부자료 등을 제시하여 경영상의 필요에 의해 장기간 이루어진 거래 또는 다수의 기업들에 의해 진행되고 있는 보편성을 가진 거래라는 등의 거래의 적정성을 증명한다. 거래구조의 변경 또는 재편에 대한 경영상 또는 경제적 동기가 충분하였다거나 외부요인(제도나 정책, 무역거래의 제약 등) 변동에 따른 대응으로 이루어졌다는 등의 이유를 충분하게 입증하도록 한다. 또한, 변경된 거래구조가 동종 유사 업체들의 유통구조와 유사성·통상성을 갖는다든지 차별성을 갖게 된 합리적 이유도 소명할 필요가 있다.

※ 매출규모를 늘리고 자신의 신용도를 높이며 대출을 통한 자금융통의 방편으로 거래구조를 변경한 것이 부정거래라고 단정할 수 없다는 판결도 있다(대법원 2020두35301, 2020. 6. 4.).

② 거래당사자가 독립된 법적·경제적 주체(부가법 또는 조세조약상 사업장을 구성하는 경우를 포함)로서 재화의 공급에 대한 유효한 계약(거래조건으로서의 품목, 공급가액, 단가, 납품시기, 품질조건 등의 합의)을 체결하고 각자의 역할과 책임하에 그 계약내용이 모두 이행한 거래였음을 뒷받침할 수 있는 증빙서류로 제출한다(거래구조와 합치되는 계약서와 그 거래증빙은 반드시 작성·비치하여야 함).

③ 국내거래 또는 국가 간 거래를 수행함에 있어 그 공급주체가 인적자원인 직원 등을 직접 고용하여 거래의 전부나 일부를 수행할 수도 있고 인적자원의 미비로 외주(위탁 또는 아웃소싱)로 수행할 수도 있으며, 물적시설의 경우에도 직접 보유하거나 임차하여 진행할 수도 있는 것이어서 인적·물적시설의 보유정도, 즉 인적·물적시설의 미비가 곧바로 거래실체를 부인할 수 있는 요소가 될 수 없다(단, 외주위탁방식의 경우 수탁자로부터 받은 세금계산서 등 거래증빙 제출을 요구할 수 있다).

④ 단순히 거래당사자들이 동일인 또는 동일 법인에 의해 실질적 지배를 받고 있다는 사정만으로 실거래가 존재하지 않는다거나 거래사실을 부인할 근거가 될 수는 없다. 즉, 법적 실체가 있는 거래당사자가 사적자치의 원칙에 따라 실물의 공급을 위하여 유효하게 성립된 거래를 수행하고 관련 세금을 모두 납부하여 국고손실을 초

---

59) 참고 판례: 대법원 2020두35301, 2020. 6. 4. ; 서울고법 2019누35918, 2020. 1. 29. ; 서울고법 2021누42315, 2021. 12. 29. ; 대법원 2015두3270, 2017. 2. 15. ; 대법원 2017도18890, 2018. 2. 13. ; 조심 2017서1333, 2018. 11. 20. ; 조심 2017중1051, 2018. 5. 30. ; 대법원 2017도13213, 2017. 11. 23. ; 대법원 2019두37653, 2019. 7. 15. ; 대법원 92누1155, 1992. 12. 8. ; 대법원 2015두3270, 2017. 1. 25. ; 대법원 2021두51331, 2022. 1. 14. ; 창원지법 2019구합52322, 2020. 10. 15. ; 부산고법 2020누11902, 2021. 8. 18. ; 서울고법 2021누36259, 2022. 5. 26. ; 서울행법 2019구합68718, 2021. 1. 26.

래하지 않았고, 그 밖에 조세회피나 조세탈루 사실이 확인되지 아니한다면 과세관청은 해당 거래를 쉽게 부인할 수 없다.

⑤ 거래대상이 되는 재화라는 실물이 존재하고 그 사용·소비할 권리 또는 소유권이 이전되었다면, 재화의 현실적 인도나 현실적 개입이 없이 간이인도, 점유개정 및 목적물반환청구권의 양도에 의하여 소유권이 이전될 수 있다. 따라서 최초 공급자에서 최종 구매자에게 직접 인도되었다거나 최초 공급자가 최종적으로 출고지시를 하였다고 하여 일련된 거래의 효력이나 실질에 어떠한 영향이 미치는 것은 아니어서 이를 이유로 끼워넣기 또는 도관거래라고 단정할 수는 없다.

⑥ 일련의 거래가 단기에 이루어지고 대금결제가 이루어졌다거나 실물 이동이 최종 구매자에게 직접 인도되었다면 그 거래 또는 업종의 특성상 그와 같은 거래가 이루어질 수 있다는 업종 특성 등을 충분히 소명하여야 한다. 아울러 부가법상 거래당사자는 각 거래(단계)별로 계약체결의 당사자, 계약조건 협의자, 계약체결 경위, 대금지급 주체 등의 사실관계를 고려하여 특정하여야 하는 것이지 특정 거래단계 이후의 거래당사자가 누구인지, 몇 번의 거래가 더 있었는지 및 재화가 누구에 의해 어떻게 사용되었는지는 고려의 대상이 아니다.

⑦ 각 거래단계의 거래증빙, 거래대금 수수 정산 또는 수수 사실이 금융자료에 의해 증명된다는 전제하에 각 거래단계마다 적정한 유통마진을 얻었다거나, 그 거래과정에서 유통마진이 극히 적거나 손실이 발생하는 위험을 부담한 경우라도 정당한 사유(사업초기이거나 과당경쟁으로 인한 거래처 확보 및 유지, 판로개척을 위하여 부득이 일시적으로 저가 판매가 가능하고 매출실적 제고를 통한 무형의 이익 창출목적으로 이러한 거래가 발생할 수 있다)가 존재한다면 부정거래로 단정해서는 안된다.

⑧ 거래대금의 대손 등에 대한 위험, 재고위험 또는 재화의 공급 이후 하자담보책임을 공급자가 부담하였다면 특별한 사정이 없는 한 진성거래로 인정되어야 한다.

⑨ 연속되는 일련의 거래과정에서 부가가치세 포탈을 위한 악의적 부정거래를 공모한 사실이 없어야 한다.

⑩ 건설용역 등의 소비지 및 제공장소가 국외이고 국외건설용역 등을 제공하기 위한 인적자원과 물적시설을 모두 갖추고 국외에서 독립적으로 사업을 영위하는 등 부가법상 또는 조세조약상 고정사업장으로 볼 수 있다면 국외업장이 제공한 해당 용역은 국내사업장에서 부가가치세 납세의무가 없다(조심-2019-부-1546, 2019. 8. 26.).

⑪ 글로벌 다국적기업 등의 경우 특정 사업장의 거래에 관한 역할과 기능을 수 개 국가에서 분야별(물류, 재무, 회계, 견적서 작성과 제출, 주문서 수신, 추심, 주문발주, 수출입대금 계좌관리 및 대금 수수, 인보이스 작성, 수출입서류 작성 등)로 나

누어 수행하기도 하는바, 그것이 확인된다면 거래를 외주에 의하여 수행한 것이므로 해당 거래를 부인할 수 없다.

⑫ 부가법은 사업장단위원칙에 따라 공급장소가 속한 사업장을 납세단위로 하고 있고 특히 외국법인이 국내사업장을 가진 경우 국내사업장이 거래의 일부라도 관여한 경우 국내사업장을 세금계산서 수수의 주체로 일관되게 해석하고 있다(재소비 22601-16, 1989. 1. 13. ; 부가 46015-1196, 1994. 6. 15. ; 서삼 46015-11237, 2002. 7. 27. 외 다수). 이 해석은 해외지점 등의 거래에 있어서도 차별없이 그대로 적용되어야 한다.

⑬ 납세의무자는 경제활동을 할 때 동일한 경제적 목적을 달성하기 위하여 여러 가지 법률관계 중의 하나를 선택할 수 있고 과세관청으로서는 특별한 사정이 없는 한 당사자들이 선택한 법률관계를 존중하여야 하며, 특히 무역거래의 경우 그 당사자들이 선택한 거래형식을 기초로 다수 이해관계자가 다양한 법률관계를 형성하게 되고, 거래당사자가 누구인지에 따라 과세대상 거래인지 여부, 영세율 적용 여부, 세금계산서 발급 여부가 달라지는 등 부가가치세법 적용에 있어 큰 차이가 있으므로 거래안전을 위해서도 과세대상 거래당사자 결정에 있어 거래형식과 외관의 중요성이 더 강조되지 않을 수 없다.

⑭ 실질적 관리장소는 법인세 산정을 위한 개념일 뿐이고 부가가치세는 개별 사업장 단위로 개별 거래를 둘러싼 사실관계를 토대로 해당 거래의 법적거래형식(외관)에 기초하여 판단하여야 하는바, 부가가치세는 공급장소가 속한 사업장이 어딘지가 더 중요하다. 따라서 과세관청의 조사에 의해 실질적 관리장소가 국내에 있는 법인법상 내국법인에 해당한다고 판정하였더라도 그 자체만으로 부가법상 재화 또는 용역의 공급이라는 거래행위를 수행한 사업장이 될 수 없고, 공급장소가 국외인지 국내 실질적 관리장소인지는 별도이므로 재화의 경우 공급장소(재화의 이동이 개시되는 장소)가 국외지점인지 국내사업장인지를 적극 소명하여야 한다.

⑮ 끼워넣기 업체 또는 실지거래의 주체가 아니라고 보는 업체가 무역거래과정에서 자신의 명의로 수출입계약서 작성 및 신용장 개설, 선취보증서 발급, 선하증권 발급 및 명의개서, 수출입대금 수수가 이루어져 해당 거래에 따른 법률적 효과가 자신에게 귀속[해당 업무 등을 타법인 등에게 위탁(아웃소싱)을 통해 이루어진 경우를 포함]되었다면 그 법적거래형식을 부인할 수 없다.

※ "③" 및 "⑩~⑮"는 국내외 사업장 간 거래에도 적용된다.

⑯ 거래구조변경과 관련하여 정상가격산출방법사전승인(APA), 세법해석사전답변신청이나 적어도 서면질의에 대한 답변을 받아 두는 것도 필요하다(사실관계를 전부 오픈하여 질의할 것).

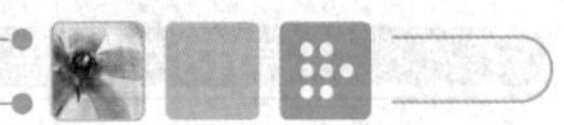

36 과세사업을 위한 주식·전환사채 등의 발행 및 취득 관련 매입세액공제

(1) 사실관계

① "갑" 법인은 주식등 유가증권을 취득, 보유, 매매를 통하여 수익을 얻는 것을 주업으로 하는 법인으로 타사 주식을 취득하는 과정에서 외부업체에 컨설팅을 의뢰함에 따라 매입세액이 발생하였다.

② "을" 법인은 일시적 자금경색이 발생하여 회사 운영자금조달 등을 목적으로 전환사채, 상환전환우선주("RCPS")를 발행하여 자금을 조달하고, 그 자금이 실제 회사 운영자금 등에 사용되었다. 이 과정에서 전환사채 및 상환우선주 발행과 관련하여 외부업체에 컨설팅을 의뢰함에 따라 매입세액이 발생하였다.

③ "병" 법인은 사업확장을 위하여 동종 업종의 타법인 주식을 인수하기 위하여 외부업체에 컨설팅을 의뢰함에 따라 매입세액이 발생하였다.

(2) 주요 쟁점

주식등 유가증권의 매매를 주업으로 하지 아니하거나 비과세 또는 면세사업과 관련없이 과세사업을 유지, 확장하기 위하여 주식을 취득 또는 발행하면서 발생하는 매입세액의 공제 여부

(3) 부가가치세법상 매입세액공제 규정의 해석

현행 부가가치세 과세방법은 원칙적으로 사업자의 자기생산 부가가치에 대해서만 과세가 이루어지도록 납부세액 산출방식에 있어 자기생산 부가가치와 매입 부가가치를 합한 금액을 공급가액으로 하고, 이에 대하여 징수할 매출세액에서 매입 부가가치에 대하여 지출된 매입세액을 공제하도록 하는 기본적 구조를 채택하고 있는데, 여기에서 매출세액에서 공제대상이 되는 매입세액에 관하여 부가법 제38조 제1항에서는 "사업자가 자기의 사업을 위하여 사용하였거나 사용할 목적으로 공급받은 재화 또는 용역에 대한 부가가치세액" 전부를 대상으로 규정함으로써 그 기준을 사업관련성에 두고 있다. 한편, 부가법 제39조에서 매입세액불공제 대상으로 삼고 있는 부가법 제39조 제1항 제4호는 "사업과 직접 관련이 없는 지출로서 대통령령으로 정하는 것"을 같은 항 제7호는 "면세사업등에 관련된 매입세액(면세사업등을 위한 투자에 관련된 매입세액을 포함한다)"을

규정하고 있다.

한편, "사업 관련성"을 판단함에 있어서는 면세되는 재화 또는 용역 자체를 기준으로 하고 있는 것이 아니라 그 재화 또는 용역을 공급하는 "사업"을 기준으로 하여 정하고 있으므로 매입세액의 공제 여부는 해당 사업이 면세사업이냐 과세사업이냐에 달려 있는 것이지 지출한 비용이 면세재화를 위한 것이냐 과세재화를 위한 것이냐에 달려 있지 않으며, 부가법 제39조 제1항 제7호의 괄호 안에 규정된 투자에 관련된 매입세액도 당연히 면세사업등을 전제로 그 투자에 관련된 매입세액으로 이해하여야 한다(대법원 94누1449, 1995. 12. 21., 전원합의체 판결 참조).

즉, 어떠한 지출이 면세사업등을 위한 지출인지는 지출의 목적과 경위, 실제 지출내역, 사업의 내용 등에 비추어 그 지출이 면세사업등(면세사업, 비과세사업)을 위한 사업수행에 필요한 것이었는지를 살펴 개별적으로 판단할 사항인 것이다(대법원 2010두15902, 2013. 5. 19.).

(4) 주식등 유가증권 발행비용 관련 매입세액의 공제

1) 국세청의 해석

국세청은 종전까지 법인설립 시 주식발행 및 법인의 설립 후 자본을 증가함에 따라 주식의 발행과 관련하여 공모대행증권사에 지급하는 공모대행 인수수수료, 신주발행을 위하여 직접 지출하는 비용(법률비용, 주권인쇄비, 우송료, 등록비, 사무처리비, 광고료 등)은 신주발행비로서 주식할인발행차금에 해당하므로 손금산입하지 아니하며, 관련 매입세액 또한 자본거래와 관련된 매입세액으로서 공제대상에 해당하지 않는다. 유가증권의 매매와 관련된 매입세액 또한 이와 같다고 회신하였다(법인통칙 20-20-1 ; 조심 2010서0547, 2010. 7. 14. ; 서면3팀-2640, 2007. 9. 19. ; 법규부가 2010-0394, 2011. 2. 12.).

그러나 법령심사위원회를 통해 위 "(3)"의 논리를 받아들여 사실관계의 "(1)의 ②" 사례와 같이 과세사업자의 운영경비 조달 등을 위한 유가증권 발행 등과 관련된 매입세액은 공제가능한 것으로 해석을 변경하였다(기준-2018-법령해석부가-0236, 2018. 10. 12.).

2) 조세심판원의 판단

조세심판원은 위 "(1)의 ②"와 유사한 성격의 매입세액에 대하여 신주 및 전환사채의 발행·유통을 위한 거래와 관련된 것으로서 사업과 직접적인 관련이 있는 지출이라고 보기 어려워 공제대상이 아니라고 보았다(조심 2014중1868, 2014. 9. 24.).

하지만 조세심판원도 이후 법원의 판결에 맞추어 상환우선주 발행 관련 금융자문용역을 통해 조달한 자금이 법인의 기계장치 구입비, 임직원 급여, 외주가공비, 원부자재 구입비, 상품구입비에 투입된 것으로 나타나고 사업활동에는 자금조달이나 자본거래 등도 포괄적으로 포함된다고 보아 관련 용역제공과 관련된 세금계산서상 매입세액을 매출세액에서 공제하여야 한다고 결정하였다(조심 2016중3427, 2017. 2. 14.).

3) 법원의 판단

부가가치세법상 부가가치세의 매입세액공제 대상이 되는 용역의 공급이라 함은 계약상 또는 법률상의 모든 원인에 의하여 역무를 제공받거나 재화·시설물 또는 권리를 사용하는 것을 의미하고, 사업자가 사업과 관련하여 계속적으로 반복하여 용역을 공급받는 것이 아니라 사업과 관련하여 우발적 또는 일시적으로 용역을 공급받는 경우에도 그 용역에 대한 세액은 매입세액으로서 공제된다고 할 것이며, 공급받은 용역이 비과세대상 재화의 취득 내지 비과세대상 재화에 관하여 사용되는 경우라고 하더라도 그 비과세대상 재화가 과세사업을 위하여 사용되는 경우에는 공급된 용역은 사업자의 과세대상 사업과 관련이 있다고 보아야 한다.

이러한 관점에서 보면, 타사에 주권 및 사채권을 발행한 것은 주주 내지 채권자의 지위에 있는 자에게 그 법적 지위를 표창하는 유가증권을 발행한 것에 불과한 것으로서 자금조달에 필연적으로 수반하는 행위일 뿐, 주권 내지 사채권을 발행하는 업무 자체가 사업자의 과세대상 사업과 관련이 없거나 과세대상 사업과는 독립된 별개의 업무가 될 수 없는 것이므로 그 과정에서 외주업체와의 용역계약에 따라 과세사업자가 지급한 자문용역수수료 관련 매입세액은 그 계정과목이 비록 사채발행비나 신주발행비로서 당기비용에 해당하지 아니하더라도 매입세액불공제 사유에 자본조정항목 관련 매입세액을 열거하지 아니하였으므로 어떠한 회사가 자금조달 및 재무구조개선을 위한 유가증권 발행 자문용역 관련 매입세액은 주식발행이 형식적으로 수반되는 행위였을 뿐 법인의 과세사업에 필요한 조달자금과 재무비율에 따라 직접적으로 영향받는 사업의 구조개선 등을 위해 투입된 비용과 관련된 매입세액이고, 실제 이를 통해 조달된 자금 전액이 직접공사비 등으로 지출하였고, 재무비율 개선에 기여한 사실 등이 확인되는 경우 쟁점거래와 관련된 매입세액은 과세사업에 관련된 매입세액으로 매출세액에서 공제되어야 하는 것이다(서울행법 2010구합38967, 2011. 4. 8.).

나아가 자금조달을 위한 주권 및 사채발행뿐만 아니라, 과세사업 확장 등을 위한 주식의 취득 관련 매입세액은 그 자체가 면세사업이나 비과세사업이 아니므로 그와 관련된 비용은 사업 관련이 있어 관련 매입세액도 공제대상이 된다(대법원 2010두15902, 2013. 5. 9. ; 서울고법 2015누64970, 2016. 5. 25.).

4) 관련 사례 모음

① 법인등기부상에 기재된 목적사업이 타 회사 주식 또는 지분의 취득, 보유, 처분을 통한 사업 및 활동이고 그 주된 사업활동의 일환으로 타사 주식을 취득, 보유, 처분하기 위한 투자사업을 하면서 그 사업의 가능성과 관련된 재무자문용역을 제공받으면서 발생한 매입세액으로 면세(비과세)사업에 관련된 매입세액으로 불공제되는 것이나, 그것이 투자사업이 아닌 과세사업의 확장 등을 위한 경영권 인수, 과세사업의 유지·확장을 위한 것으로 파악될 때에는 매입세액에서 공제되어야 한다(서울행법 2015구합73163, 2016. 7. 1.).

② 원고 정비사업조합이 시장정비사업(과세사업과 비과세사업의 겸영임)을 추진하기 위하여 시장정비구역 내 토지면적의 대부분을 소유하고 있던 타 법인의 주식을 인수할 필요가 있어 그 주식인수를 위한 실사와 자금조달 및 금융에 관한 자문 등의 용역을 제공받은 것은 시장정비사업의 수행에 필요한 것으로서 사업 관련성이 있어 그에 대한 매입세액은 공제되어야 한다(대법원 2010두15902, 2013. 5. 9.).

③ 원고가 캐나다 소재 호텔의 주식을 취득하는 방식으로 투자를 진행한 결과, 원고는 세계적인 숙박업 체인인 BB 프랜차이즈에 가입된 이 사건 회사를 자회사로 두게 되었고 이 사건 회사에 대표이사를 파견하여 정기적으로 업무보고를 받으며, 이를 통하여 선진 호텔사업의 운영 기법을 습득함으로써 국내에서 운영하는 호텔의 서비스 품질을 향상시킬 수 있을 것으로 보이며, 이 사건 호텔의 보유 사실을 홍보하고 있으며 원고가 운영하는 국내 호텔의 홈페이지에 이 사건 호텔의 로고를 표시하고 있는바, 이와 같이 원고가 세계적인 브랜드 가치를 가진 BB 사와의 관계를 홍보하는 것만으로도 원고가 국내에서 운영하는 호텔과 원고 법인 자체에 대한 브랜드 가치 및 소비자의 신뢰 제고에 도움이 될 것으로 보인다면 위 캐나다 호텔 주식인수와 관련된 컨설팅 용역 관련 매입세액은 공제되어야 한다(서울고등법원 2015누64970, 2016. 5. 25. ; 대법원 2016두42173, 2016. 9. 9.).

(5) 기업회계기준 등과의 관계

국세청은 해당 매입세액의 불공제 논리로 기업회계기준에서 지분상품을 발행하는 과정에서 등록비, 법률·회계자문 수수료 등이 발생된 경우 해당 지출은 회계상 비용으로 계상하는 것이 아니라 자본잉여금인 주식발행초과금에서 차감하거나 자본조정항목인 주식할인발행차금에 가산하는 것이고, 「법인세법」상 사업과 관련있는 비용으로 볼 수 없기 때문에 부가가치세 측면에서도 사업과 관련된 매입세액으로 보지 아니한다는 의견이나, 매입세액공제에 있어 "사업 관련성"은 면세되는 재화 또는 용역 자체를 기준으로 하고 있는 것이 아니라 그 재화 또는 용역을 공급하는 "사업"을 기준으로 판단하는 것이므로 과세사업을 위한 경우라면 비록 유가증권의 일종으로 비과세대상이거나 자본항목이어서 그 취득이나 발생과 관련된 수수료에 대한 매입세액이더라도 이를 불공제하는 것은 누적된 대법원의 판례에 정면으로 배치되는 것일 뿐만 아니라, 사채 발행을 통한 유동자금의 확보나 자본금 확충을 위한 주식등의 발행을 위한 매입세액이 "사업자가 자기의 사업을 위하여 사용하였거나 사용할 목적으로 공급받은 재화 또는 용역에 대한 부가가치세액"에 해당하지 아니한다는 해석은 부가법 제38조 제1항 제1호를 위반한 부적법한 해석이다.

(6) 결 론

부가법 제38조에서 공제하는 매입세액은 자기의 사업을 위하여 사용하였거나 사용할 매입세액을 말하고 같은 법 제39조에서 공제하지 아니하는 매입세액을 구체적으로 열거하고 있는바, 사업 관련성이 있음에도 불공제하는 비영업용소형승용차 구입과 임차, 유지 관련 매입세액, 토지의 취득이나 자본적 지출과 관련된 매입세액 및 접대비 관련 매입세액, 사업과 직접 관련이 없는 지출에 대한 매입세액으로서 소득령 제78조 또는 법인령 제48조, 제49조 제3항 및 제50조에서 정하는 지출에 대한 매입세액 그리고 과세사업이 아닌 비과세사업이나 면세사업의 투자, 유지, 확장 등을 관련 매입세액을 불공제 대상으로 삼고 있다. 그러하다면 주권 내지 사채권 등의 취득의 비과세나 면세사업의 일환으로 이루어진 것이 아니라면 이러한 매입세액불공제 사유에 해당하지 아니하며 정책적 필요에서 이를 불공제하고자 한다면 주식 등 유가증권의 취득 관련 매입세액은 불공제한다는 구체적 규정을 마련하였어야 한다.

비과세대상인 주식 등 유가증권의 취득(발행)이 그 처분 등을 통하여 수익을 창출하는 업무를 목적사업으로 하는 경우(위 "(1) 사실관계"의 "①"에 해당)에는 해당 주권 및 사채 취득 관련 매입세액은 그 자체가 면세사업이나 비과세사업이므로 그 활동과 관련된 매입세액은 당연히 불공제하는 것이나, "②"나 "③"의 경우에는 과세사업과의 직·간접적인 관련성을 부인할 수 없으므로 자기의 매출세액에서 관련 매입세액은 공제되어야 한다.

▌사업의 축소, 폐지를 위한 보유주식 매각 관련 매입세액의 공제 여부

국세청과 조세심판원은 자회사의 사업내용 지배, 경영지도, 정리 육성 및 관리를 사업 목적으로 하는 법인이 사업의 확대 및 투자유치를 통한 자회사 육성차원에서 소유 주식매각을 위한 용역수수료 관련 매입세액이더라도 쟁점주식의 매각과 별도로 법인 사업의 수행에 관련이 있는 지출로 볼 수 없어 불공제대상이라는 의견이다(조심 2017서3718, 2017. 10. 17. ; 부가가치세과-3066, 2008. 9. 16.).

그러나 매각하려는 주식이 과세사업을 위한 목적 외의 투자목적이거나 매매차익을 목적으로 보유하던 주식이 아니라, 과세사업의 유지확장을 위한 경우 그 유가증권의 취득 관련 매입세액을 앞서 설명한 바와 같이 공제해 주듯이 과세사업의 축소나 일부 폐지 등을 위하여 앞서 취득한 보유주식을 매각하는 경우라면 해당 용역수수료에 대한 매입세액도 저자의 사견으로는 당연히 공제해 주는 것이 맞다고 판단된다.

37 | 진입도로 개설 및 기부 관련 매입세액공제 여부

(1) 개 요

자기의 사업장에 진출입하기 위하여 국도나 지방도와 연계되어 진입도로를 건설하거나 가감속로, 사업장 내의 도로를 건설하여 직접 사용하거나, 기부채납 후에 소유권만 국가나 지방자치단체에 귀속될 뿐 여전히 자기의 사업을 위한 진입로용으로 사용하는 경우도 있고, 여러 가지 인허가 등의 조건으로 이러한 진입도로를 신설·증설하여 기부채납하고 기부자의 사업과는 무관하게 타인 등이 이용하는 경우가 있을 수 있다. 이러한 사례들에 대한 해석례와 그 문제점을 지적해 보기로 한다.

(2) 포장도로에 대한 자산의 구분과 매입세액공제와의 관계

가. 포장도로(진입도로 등)가 구축물로서 매입세액공제 대상인지

포장도로가 구축물에 해당하는지에 대하여 ①「법인세법 시행규칙」[별표 5]에 "구축물에는 하수도, 굴뚝, 경륜장, 포장도로, 교량, 도크, 방벽, 철탑, 터널 기타 토지에 정착한 모든 토목설비나 공작물을 포함한다"고 규정하고, ② 한국회계연구원은 "잔디식재비, 장애물 공사비 및 도로 공사비 등과 같이 사용이나 시간의 경과에 따라 경제적 효익이 감소하는 부분에 대해서는 토지와 구분하여 별도의 감가상각대상 자산으로 회계처리하고 내용연수동안 감가상각하는 것이 타당하다고 회신하고 있으며(한국회계연구원 질의회신 01-129, 2001. 9. 10.), ③ 조세심판원에서도 같은 취지로 안벽·방벽·제방·포장도로·포장노면 등은 토지와는 구분되는 별도의 구축물로서 당해 공사 관련 매입세액은 매출세액에서 공제하는 것이 타당하다고 결정하였다(국심 95중199, 1995. 6. 17.).

④ 대법원도 도로나 주차장 등 구축물이나 건물의 설치가 가능하도록 하기 위하여 필수적으로 수반되는 기반을 조성하는 기초공사의 일환인 토공사비는 토지에 대한 자본적 지출이 아닌 구축물의 취득원가에 포함되는 것으로 판결하였다(대법원 2009두5350, 2009. 9. 10. ; 대법원 2004두39, 2004. 3. 25.).

이와 같이 포장도로를 명확하게 구축물로 규정하고 있는바, 토지와 구축물 모두 동일한 고정자산의 범주에 포함되는 이상 「법인세법」 등과 달리 해석할 이유가 있다고 볼 수 없으므로 진입도로의 포장비용은 구축물에 대한 자본적 지출로 보아야 한다.

따라서 사업장 진입을 위한 포장도로(진입도로)는 감가상각대상자산인 구축물에 해당하고, 구축물에 해당한다면 토지의 취득이나 토지에 대한 자본적 지출이 될 수 없어 해당 포장도로의 개설·포장공사와 관련한 매입세액은 공제되어야 한다(법규과-1085, 2009. 8. 3. ; 서면3팀-115, 2007. 1. 11.).

나. 도로공사 관련 구체적 매입세액공제 범위

과세관청은 도로 개설시 포장도로가 구축물로서 매입세액공제대상이더라도 도로 개설 시 포장공사만이 매입세액공제대상으로 보려는 경향이 있다. 매입세액 중 토목공사, 발파암공사는 토지의 조성등을 위한 자본적 지출에 해당하므로 매출세액에서 공제되지 아니하는 것으로 판단되나, 진입도로를 설치하기 위하여는 지반공사 없이 포장공사만으로 이루어질 수 없으므로 포장공사용역과 그 지반공사용역을 분리하여 보는 것보다는 이를 하나의 구조물로 보는 것이 타당하고(국심 2007중3916, 2008. 8. 22.), 사업장 구내의 토지에 철근콘크리트포장공사, 포장도로·포장노면 등은 토지와는 구분되는 별도의 구축물로서 감가상각대상 자산으로 규정하고 있으며, 도로의 유실을 방지하기 위한 석축·옹벽·구조물 등은 토지와 구분되는 구축물로서 관련 매입세액은 공제되어야 한다(국심 95중199, 1995. 6. 17. : 서면3팀-1644, 2005. 9. 29. ; 부가 46015-1857, 1994. 9. 12.).

한국회계연구원 질의회신에서도 토지를 취득하거나 토지를 의도한 목적대로 사용할 수 있도록 준비하는 데 직접 관련되는 지출은 토지의 원가를 구성하게 되므로 골프장 조성을 위하여 발생한 토지공사원가나 개량원가 중 토지 조성, 정지, 절토 및 성토 공사비와 같이 영구적으로 경제적 효익을 제공받을 수 있는 부분에 대해서는 토지의 취득원가에 산입하고, 잔디식재비, 장애물 공사비 및 도로 공사비 등과 같이 사용이나 시간의 경과에 따라 경제적 효익이 감소하는 부분에 대해서는 토지와 구분하여 별도의 감가상각대상 자산으로 회계처리하여야 한다고 회신하고 있다[한국회계연구원 질의회신 01-129(토지투입원가의 자산분류기준에 관한 질의), 2001. 9. 10.].

기획재정부도 사업자가 목장용지, 임야, 건축물 등을 취득하여 해당 토지에 대한 표토제거, 절토, 면고르기, 흙운반 등 토목공사를 실시하여 급경사면을 평평하게 하거나 메우기 공사를 통하여 풍력발전단지 부지조성공사를 하는 경우 해당 부지조성공사와 관련된 매입세액은 토지 관련 매입세액에 해당하나, 토지와 구분되어 별도 감가상각자산이 되는 구축물에 해당하는 포장도로의 개설 및 확장과 관련된 매입세액은 토지의 자본적 지출과 관련된 매입세액으로 볼 수 없다고 회신하였다(기재부 부가-161, 2015. 2. 24.).

아래 판례와 조세심판례를 보면 부지조성 완료 후의 토공사나 지반공사가 도로나 주차장 등 구축물이나 건물의 설계가 가능하도록 하기 위하여 필수적으로 수반되는 기반을 조성하는 기초공사의 일환이라면 토지 관련 매입세액에 해당하지 아니한다.

대법원 2004두0039, 2004. 3. 25.
원고가 신공항건설을 위해 공유수면을 매립해 육지화하는 1단계 부지조성공사를 완료한 후 국제업무 및 설비지원시설 기반조성공사(1공사), 교통센터주변지역토목시설공사(2공사), 동측지원시설지역토목공사(3공사)를 실시하였는 바, 1, 2, 3공사(이하 "이 사건 공사")에 포함된 토공사비가 토지조성을 위한 자본적 지출로서 불공제대상으로 보아 부과처분한 건에 대하여, 1단계부지조성공사는 당초 공유수면을 매립하여 육지화하는 공사인데 반하여 이 사건 공사 중 토공사는 단순히 저지대를 메우기 위한 공사라고는 볼 수 없고, 도로나 주차장 등 구축물이나 건물의 설계가 가능하도록 하기 위하여 필수적으로 수반되는 기반을 조성하는 기초공사의 일환이라고 봄이 상당하므로, 이 사건 토공사비는 토지에 대한 자본적 지출이 아닌 구축물의 취득원가에 포함되는 것으로서 이 사건 토공사비에 대한 매입세액은 공제되어야 한다. 아울러 이 사건 토공사비가 도로나 주차장 등의 조성을 위한 비용으로서 토지에 구축물을 설치하기 위한 비용은 해당 구축물의 취득비용(취득원가)에 해당하는 것으로서 원칙적으로 토지의 조성을 위한 자본적 지출에 포함되지 않는다(대법원 98두15290, 1999. 11. 12.).

심사부가 99-782, 1999. 11. 20. ; 국심 2007중3916, 2008. 8. 22.
진입도로 포장비용 외에 진입도로의 개설 및 확장비용도 포장도로와 경제적 효익이 동일하며, **지반공사 없이 포장공사만으로 진입도로 개설이 이루어질 수 없으므로 지반공사 비용도 매입세액 공제대상**으로 보아야 한다.

다. 부가법상 토지 관련 매입세액의 구체적 범위 예시

(부가가치세 집행기준 39-80-1 [토지 관련 매입세액의 범위])

① 자기의 매출세액에서 공제되지 아니하는 토지 관련 매입세액을 예시하면 다음과 같다.

1. 건축물이 있는 토지를 취득하여 그 건축물을 철거하고 토지만을 사용하는 경우에는 철거한 건축물의 취득 및 철거비용에 관련된 매입세액
2. 토지의 취득을 위한 직접적인 비용으로 발생한 매출주선 수수료 등 토지의 취득에 소요된 것이 명백한 대출금 관련 매입세액
3. 사업자가 금융자문용역을 공급받고 발급받은 세금계산서상의 매입세액 중 토지의 취득과 관련된 매입세액

4. 공장건물 신축을 위하여 임야에 대지조성공사를 하는 경우 해당 공사비용 관련 매입세액
5. 토지의 조성과 건물·구축물 등의 건설공사에 공통으로 관련되어 그 실지귀속을 구분할 수 없는 매입세액 중 총공사비(공통비용 제외)에 대한 토지의 조성 관련 공사비용의 비율에 따라 계산한 매입세액
6. 토지의 취득을 위하여 지급한 중개수수료, 감정평가비, 컨설팅비, 명의이전비용에 관련된 매입세액
7. <u>과세사업을 하기 위한 사업계획 승인 또는 인·허가 조건으로 사업장 인근에 진입도로를 건설하여 지방자치단체에 무상으로 귀속시킨 경우 진입도로 건설비용 관련 매입세액</u>

② 토지 관련 매입세액으로 보지 않는 매입세액은 다음과 같다.

1. 공장 또는 건물을 신축하면서 건축물 주변에 조경공사를 하여 정원을 만든 경우 해당 공사 관련 매입세액
2. 과세사업에 사용하기 위한 지하건물을 신축하기 위하여 지하실 터파기에 사용된 중기사용료, 버팀목 및 버팀 철근 등에 관련된 매입세액
3. 토지와 구분되는 감가상각자산인 구축물(옹벽, 석축, 하수도, 맨홀 등) 공사 관련 매입세액
4. 공장 구내의 토지 위에 콘크리트 포장공사를 하는 경우 해당 공사 관련 매입세액
5. 과세사업에 사용하여 오던 자기 소유의 노후 건물을 철거하고 신축하는 경우 해당 철거비용과 관련된 매입세액

(3) 각 사례별 토지 관련 매입세액공제 여부 검토

현재까지의 진입도로 개설 등과 관련되어 자가 또는 타가 소유 토지인지, 기부채납이 있었는지, 진입도로 등의 소유권 변동 후 진입도로 등의 이용형태별로 아래와 같이 기존 해석·판례·심판결정 등을 요약해 보고 그 논리를 살펴보고자 한다.

<table>
<tr><th>토지 소유자</th><th>도로 개설 후 귀속자</th><th>공사내용</th><th>도로 이용형태</th><th>매입세액 공제 여부</th></tr>
<tr><td rowspan="6">자가 토지</td><td>사업주(구축물)</td><td>사업장 진입도로의 개설공사, 확장공사, 포장공사(카트도로 등)</td><td>사업 관련성 있음.[60]</td><td>① 가능</td></tr>
<tr><td>국가 등
(인허가조건 기부채납)</td><td>진입도로공사</td><td>타인 사용[61]</td><td>② 불가</td></tr>
<tr><td rowspan="4">국가 등
(무상 기부채납)</td><td>사업장 인입도로/출입도로</td><td>사업 관련성 있음.</td><td>③ 가능</td></tr>
<tr><td>사업장 진입을 위한 필수적 도로</td><td>사업 관련성 있음.</td><td>④ 가능</td></tr>
<tr><td rowspan="2">도로 등</td><td>토지 분양사업자(도로 등은 수분양자가 이용)</td><td>⑤ 불가</td></tr>
<tr><td>타인 사용</td><td>⑥ 불가</td></tr>
<tr><td rowspan="3">타인 토지</td><td>국가 등
(무상 기부채납)</td><td>진입도로</td><td>사업 관련성 있음.</td><td>⑦ 가능</td></tr>
<tr><td>사업자</td><td>진입도로</td><td>사업 관련성 있음.</td><td>⑧ 가능</td></tr>
<tr><td>국가 등</td><td>진입도로 등</td><td>타인 사용</td><td>⑨ 불가</td></tr>
</table>

가. 자기 토지 위에 도로 개설 후 사업용으로 사용하는 경우("①")

법인세법 및 한국회계기준원에서는 진입도로공사와 관련한 비용을 토지에 대한 자본적 지출로 보지 아니하고 별도의 구축물로 보아 감가상각이 가능한 것으로 규정하고 있으며, 국세청과 조세심판원은 이러한 취지에서 진입도로공사비는 구축물의 신축·취득비용으로 관련 매입세액은 공제대상이라고 해석(결정)한 사례들이 많다.

따라서 사업자가 토지 위에 진입도로 공사를 하고 이와 관련된 비용이 토지와 구분되는 감가상각대상자산인 별도의 구축물에 해당되는 경우 해당 비용에 대한 매입세액은 부가령 제80조에 따른 토지에 관련된 매입세액에 해당하지 아니하여 매입세액공제 가능하다(기획재정부 부가가치세제과-161, 2015. 2. 24. ; 국심 95중199, 1995. 6. 17. ; 서면3팀-115, 2007. 1. 11.).

---

60) 도로 이용형태에서 '사업 관련성이 있다'는 의미는 해당 도로가 사업장 진입을 위한 필수적인 도로로서 사업자, 사용인, 사업자의 고객들이 이용하는 경우를 말한다.

61) '타인 사용'이란 사업 관련성이 없다는 의미로 사업장 진입로 등이 아니거나, 주로 사업 관련인 외의 자(국가나 지방자치단체 또는 일반 시민들)가 사용하는 경우를 말한다.

나. 개설된 도로를 인허가조건으로 기부채납한 경우("②")

자기 또는 타인 소유 토지 위에 진입도로 등을 개설하여 기부채납하는 것이 자기사업을 위한 인허가의 조건인 경우 토지 관련 매입세액에 해당한다는 취지의 기획재정부 해석(기획재정부 부가가치세제과-801, 2011. 11. 23.)과 그 해석을 반영한 부가가치세 집행기준(부가 집행기준 39-80-1)이 있다.

그리고 기부채납한 도로가 토지에 대한 자본적 지출이라는 취지의 대법원의 판례(대법원 2006두5502, 2008. 4. 11.[62])를 들어 국세청에서는 기부채납하는 도로의 개설 등과 관련 매입세액을 불공제하고 있다.

진입도로 등을 개설하여 기부채납하는 것이 자기 사업을 위한 것이라거나, 그 진입도로 등을 기부채납 후 사업주가 사용한다고 해도 해당 매입세액불공제 처분하는 관행에 대한 문제점은 뒤에서 후술하기로 한다.

다. 개설된 도로를 자기사업에 사용하지 아니하는 경우("⑤, ⑥, ⑨")

사업 관련성이 없이 국가나 지자체에 자기 소유 토지에 진입도로를 개설하여 단순히 무상증여하는 경우로서 소유권 변동 이후에도 해당 도로의 이용형태가 사업 관련성이 인정되지 아니하는 경우 토지 관련 매입세액 또는 사업 관련성이 인정되지 아니하는 매입세액으로서 불공제될 수 있다. 아울러 국가나 지방자치단체 소유 토지 위에 진입도로를 개설하여 국가 등에 무상으로 귀속(사업 관련성 또는 대가성 없이 국가등이 무상귀속하는 사례가 많은지는 의문이다)시켜 사업 관련인 외의 자가 사용하는 경우에도 사업 관련성이 없어 매입세액이 불공제될 수 있다. 즉, 타인 소유의 토지 위에 도로를 개설하여 아무 조건없이 무상 기부하는 경우 토지에 대한 자본적 지출 관련 매입세액은 아니더라도 이후 사용현황 등에 비추어 사업 관련성이 인정되지 아니하면 그 개설 관련 매입세액은 공제되지 아니할 수 있다(대법원 98두15290, 1999. 11. 12.[63] ; 서울고등법원 2007누16181, 2007. 12. 11.[64] ; 서울행정법원 2006구합20303, 2007. 05. 18.).

라. 개설된 진입도로를 무상증여하고 사업에 사용하는 경우("③, ④")

진입도로 등을 사업자가 국가나 지방자치단체에 무상으로 기부채납한 것은 자기의 과세사업과 관련하여 생산하거나 취득한 재화를 국가·지방자치단체 등에 무상으로 공급

---

62) 위 판례내용을 인용한 "서울행정법원 2020구합55336, 2021. 9. 17."도 사업부지를 준공업지역에서 일반상업지구로 변경하기 위한 사업비 분담과 관련된 회신이었다.

63) 공업용지 조성을 위하여 도로, 배수장을 신축해 행정청에 무상귀속하는 경우로서 자가공장용지 및 공장용지조성 목적 기부채납으로 판단된다.

64) 부동산매매업자가 교환계약에 의거 토지개발 및 건물신축 등의 수행과 관련하여 무상 기증한 경우 그 토지의 가액은 잔존토지에 대한 자본적 지출임.

하는 경우에 해당되어 면세되며, 기부 이후에도 국가등이 관련 법령이나 공익의 목적상 직접 보수 및 관리하더라도 해당 도로의 소유권만 변동되었을 뿐 자기의 사업에 계속 사용·수익하는 경우라면 그 사업 관련성이 인정되므로 해당 진입도로 개설 등과 관련된 매입세액은 매출세액에서 공제되어야 한다(부가 46015-1855, 2000. 7. 29. ; 조심 2015중5435, 2016. 4. 18. ; 심사부가 2004-7026, 2005. 2. 25. ; 심사부가 2007-0053, 2008. 3. 3.).

마. 타인 토지 위에 진입도로 개설 후 무상기부하고 사용하는 경우("⑦")

국가나 지방자치단체 소유의 토지 위에 도로를 개설, 확장한 후 국가 등에 기부채납하되 그것이 사업장 진입로로서 계속 사업에 공하는 경우에는 사업 관련성을 부인할 수 없고, 타인 소유의 토지에 대한 공사이기 때문에 토지의 자본적 지출 관련 매입세액이 될 수 없다. 따라서 해당 도로 개설 등과 관련된 매입세액은 공제되어야 한다(부가 46015-1855, 2000. 7. 29. ; 심사부가 2022-0029, 2022. 7. 17. ; 대법원 2007두20744, 2010. 1. 14.).

바. 타인 토지 위에 도로를 건설 후 자기 사업에 사용하는 경우("⑧")

국가나 지방자치단체 또는 타인의 토지 위에 사업자가 도로를 개설하고 자기 사업장의 진출입로로 사용하는 등 사업 관련성이 인정되는 경우 도로 개설 관련 매입세액은 당연히 자기의 매출세액에서 공제되어야 한다.

(4) 기부채납된 진입도로가 토지의 자본적 지출로서 매입세액불공제되는지

가. 국가 등에 대한 기부채납의 의의

기부란 자진하여 무상으로 재물을 내어주는 것으로 기부행위는 강제성이 없는 순수한 자유의사에 기인한 행위라 할 것이지만, 기부행위가 승인조건에 해당하고 있어 부과조건을 받아들일 수밖에 없는 강요된 기부채납이 이루어지고 있는 것이 현실이다. 후자의 경우 기부채납은 형식은 증여계약이지만 실질은 행정청의 고권적 행위로서 사업시행자(기부자)에게는 권리나 이익을 부여하는 수익적인 인·허가권을 득하는 대가로 급부행정을 이용하려는 관계에 있기도 하다.

또한, 기부채납을 해야 하는 것을 규정한 법령은 별도 없으므로(법률에 근거하지 않고 내부적 지침, 즉 고시 등으로 운영되기도 한다) 기부행위가 자의에 의한 것인지, 각종 인허가 과정에 사실상의 강제에 의한 것인지의 구별이 쉽지는 않다.

국토교통부 고시를 보면 개발사업을 시행함에 있어 공공성 확보와 적정 수준의 개발이익의 조화될 수 있는 범위 내에서 해당 개발사업과 관련이 있는 기반시설을 개발사업자에게 기부채납할 것을 요구할 수 있도록 하되 과도한 기부채납을 지양한다고 규정하고 있고, 일부 지방자치단체에서는 개발사업 인허가와 관계없이 그동안 관급공사 수주를 많이 하였다는 이유로 기부금영수증이나 계산서의 수수없이 수억 원대의 특정 공공용 시설물의 무상건설이나 원자재 등의 무상증여를 요구한다고 한다.

행정청이 토지의 형질변경이나 그 밖의 개발사업의 허가로 그 당사자에게 일방적 행위인 부관의 부가에 의하여 기부가 이루어지는 경우와 사인의 자발적 기부에 의하여 공공시설의 기부채납이 이루어진 경우, 그것이 기부자의 개발사업 진행을 위한 불가피한 선택이었는지의 그 구분이 모호할 경우도 많다.

나. 인허가 조건의 기부채납에 대한 사업 관련성 인정 범위

사업계획의 승인 또는 인허가의 조건이 자기 소유 토지 위에 상가, 산업시설, 주택의 건설 및 건축허가 조건 또는 건물의 용적률 증가와 관련된 것이라면 도로를 포함한 기반시설 등의 기부채납은 건물 및 구축물 등의 자본적 지출에 해당한다. 아울러 사업 관련성을 폭넓게 인정하여 기부채납된 시설을 기부자가 사용·수익하는지도 불문하는 해석례에 비추어 그 기부채납하는 기반시설 관련 매입세액은 적어도 토지 관련 매입세액이라거나 사업과 관련없는 매입세액이 될 수 없다(조심 2009구1773, 2009. 9. 1. ; 법규부가 2013-244, 2013. 7. 25. ; 법규부가 2014-76, 2014. 4. 10. ; 사전-2019-법령해석부가-0363, 2019. 8. 28.).

기획재정부도 2007년 이후 사업자가 과세사업을 수행하기 위하여 기반시설 등을 신축해 지방자치단체에 기부채납하는 조건으로 인허가를 득한 경우 사업 관련성을 인정하여 그 기반시설과 관련된 매입세액은 공제되는 것으로 해석하였다(기재부 부가-534, 2007. 7. 13. ; 부가 46015-545, 1999. 2. 26. ; 부가-142, 2013. 2. 13.).

법인세법에서는 도로를 포함한 기반시설의 인허가 조건 기부채납이 토지의 취득과 토지개발을 위한 것이 아니라면 건축물 등의 자본적 지출로 일관되게 해석하고 있어 도로의 기부채납만 매입세액공제에 있어 토지에 대한 자본적 지출로 의제할 수 없다(법인세과-17, 2012. 1. 4. ; 법규법인 2014-77, 2014. 5. 15. ; 사전-2019-법령해석법인-0554, 2019. 12. 3.).

다. 사업계획승인, 인허가 조건과 관련없는 무상기부가 있는 경우

사업자가 자기의 사업과 관련없는 사업지 밖의 도로, 그 밖의 공공시설 등을 순수한 기부목적으로 취득 또는 신설하여 국가 등에 기부하고 해당 공공시설 등을 사용하는 관계에도 있지 아니하다면 사업 관련성이 인정되지 않아 그 취득 및 건설 관련 매입세액은 불공제될 수 있을 것이다.

라. 토지의 취득 및 개발을 위한 인허가 조건의 기부채납인 경우

행정청에 대한 기부채납이 사업계획의 승인 또는 인허가의 조건으로서 토지의 취득, 토지의 형질이나 지목변경 등 토지개발(임야를 택지나 산업용지로 변경, 공유수면의 매립 등) 등 용도변경을 통한 토지의 가치증가를 위한 것이라면 그 기부대상이 토지든 구축물이든 잔존 토지에 대한 자본적 지출로 보아야 할 것이다. 또한, 개발자에 의하여 행정청에 기부채납된 기반시설이 개발된 토지의 분양가에 포함되어 공급되는 경우에도 기반시설 건설 관련 매입세액은 불공제되어야 할 것이다(서울행정법원 2020구합55336, 2021. 9. 17. ; 대법원 98두15290, 1999. 11. 12. ; 서면-2016-법인-4829, 2016. 11. 30. ; 사전-2020-법령해석법인-0490, 2020. 10. 8.).

취득세 부과와 관련된 조세심판례에서도 지목변경을 위하여 사업단지 밖의 지역에 체육공원, 소공원, 체육시설 등을 조성하여 행정청에 기부체납한 경우 토지의 조성비에 해당한다는 결정도 이와 같은 취지에서 공감한다(조심 2019지1780, 2020. 7. 21.).

다만, 인허가 조건의 기부이든 조건없는 무상의 기부이든 사업장 진입을 위한 도로로 그 부담액(공사비 포함)에 상응하여 사용하거나 전적으로 기부자(건설업 또는 부동산매매업자가 아닌 경우임)가 사용한다면 도로가 이용편의를 증가시킨 것은 맞지만 잔존토지에 대한 직접적인 원가를 구성하는지는 의문이다. 이 경우 해당 도로의 개설과 기부채납은 최소한 사업 관련성은 인정된다고 본다.

(5) 인허가 조건 도로 기부채납 관련 기존 해석 및 조세심판례 검토

2011년 기획재정부에서 인허가 조건으로 도로를 개설하여 기부채납하는 경우 토지 관련 매입세액에 해당한다고 회신하였는데(기획재정부 부가가치세제과-801, 2011. 11. 23.), 도로의 기부채납 관련 원가가 잔존 토지에 대한 취득원가를 구성하여 토지 관련 매입세액으로 판단한 것이 아니라 도로개설 비용 관련 매입세액 자체가 토지 관련 매입세액에 해당한다는 논리로 회신한 것이고, 해당 논리에 대한 확인없이 해당 회신내용이 「부가가치세 집행기준」 39-80-1 제1항 제7호에 그대로 인용되었다.

이후 위 기획재정부 회신의 논리가 진입도로 등을 구축물로 보아 온 기존 회신사례나 조세심판례 및 법인세법 규정에 정면으로 반하는 바, 이를 시정하고자 기획재정부에 다시 의견조회하여 새로이 얻은 회신이 진입도로가 별도의 구축물에 해당하는 경우 매입세액공제 가능하다는 회신이다(기획재정부 부가가치세제과-161, 2015. 2. 24.). 따라서 종전 기획재정부 회신(기획재정부 부가가치세제과-801, 2011. 11. 23.)과 위 부가가치세 집행기준(39-80-1)을 진입도로의 개설 및 기부채납 관련 매입세액불공제 근거로 삼기에는 적절하지 않다.

다음으로 인허가 조건으로 진입도로의 기부채납이 있는 경우 해당 진입도로의 가액이 잔존토지에 대한 자본적 지출에 해당한다는 "대법원 2006두5502, 2008. 4. 11." 판결이 문제될 수 있다.

동 판결의 사실관계는, 골프장을 운영하는 사업자가 골프장 사업계획 승인조건에 따라 1993년부터 1997년까지 진입도로 부지의 매입비용과 도로공사비 및 기타 부대비용(이하 '이 사건 금액'이라 함)을 투입하여 골프장 진입도로를 개설한 다음 해당 지방자치단체에 기부채납(무상공여)하고 이 사건 금액을 무형고정자산인 영업권으로 계상하여 감가상각비를 손금산입한데 대하여 과세관청이 이 사건 금액은 골프장 부지인 잔존토지에 대한 자본적 지출에 해당한다는 이유로 감가상각비를 손금부인하고 법인세를 부과한 사건이다. 이에 대하여 대법원은 "통상 진입도로의 개설은 특별한 사정이 없는 한 그 진입도로에 의하여 이용편의를 제공받은 토지의 효용가치를 증가시키는데 기여한다고 할 것이므로, 이 사건 금액은 골프장 부지의 이용편의에 제공되어 그 자산가치를 현실적으로 증가시키는데 소요된 비용으로서 그 소요비용이 특정사업의 면허 또는 사업의 개시 등과 관련하여 지출된 것이라 하여 달리 볼 필요없이 골프장 부지에 대한 자본적 지출에 해당한다"고 판결하였지만,

① 위 판결은 영업권에 대한 감가상각비를 손금부인하여 법인세를 부과한 사건으로 자기의 사업과 관련하여 인허가의 조건으로 기부채납(토지 형질변경 조건 등이 아닌 과세사업 자체를 위한 경우를 포함)한 진입도로의 신축비용 관련 매입세액을 불공제하여 부가가치세를 부과한 앞의 사례들과는 처분사유와 세목이 다른 점,

② 위 판결의 경우 과세기간이 1993년부터 1997년으로서 2001. 12. 31. 부가령 제60조 제6항을 개정하여 2002. 1. 1.이후 공급분부터는 건물·구축물 등 감가상각자산의 취득과 관련된 매입세액은 토지 관련 매입세액에 해당하지 아니함을 명확히 하였으나(붙임 재정경제부 「2001 간추린 개정세법」 361쪽), 그 이전에는 토지 관련 매입세액의 범위가 명확하지 아니하여 이와 다른 해석이 나올 수도 있는 점에서 토지 관련 매입세액불공제의 기준으로서 그대로 원용하기에 적절하지 아니한 점,

▶ 2001년 개정세법 해설: 토지 관련 매입세액의 범위 명확화(영 §60 ⑥)

종 전	개 정
□ 토지 조성 등을 위한 자본적 지출에 관련된 매입세액은 불공제	□ 부가세매입세액 공제가 인정되지 않는 토지 관련 매입세액 범위 명확화 ㅇ 토지의 취득 및 형질변경·공장부지 및 택지의 조성 등에 관련된 매입세액 ㅇ 건축물이 있는 토지를 취득하여 그 건축물을 철거하고 토지만을 사용하는 경우에는 철거한 건축물의 취득 및 철거비용에 관련된 매입세액 ㅇ 토지의 가치를 현실적으로 증가시켜 토지의 취득원가를 구성하는 비용에 관련된 매입세액

(2) 개정이유

ㅇ 토지에 대한 자본적 지출의 범위를 구체적으로 규정하여 과세 관청과 납세자 간 마찰 소지 제거

* 국세심판원은 과세관청이 토지 관련 매입세액으로 불공제한 과세처분에 대해 건물 또는 구축물 등 감가상각자산으로 분류되는 비용에 관련된 매입세액은 토지 관련 매입세액에 해당하지 않는다고 반복 결정

(3) 적용시기 및 적용례

ㅇ 2002. 1. 1. 이후 최초로 공급받는 분부터 적용

③ 위 판결 전후에도 기획재정부나 조세심판원은 도로 외의 다른 기반시설에 대한 인허가 조건의 기부채납에 대하여는 과세사업과의 관련성을 인정하고 있는데 동일한 구축물인 진입도로에 대해서만 토지에 대한 자본적 지출로 보는 것은 논리적 일관성이 결여된다는 점,

④ 국세청은 발전소 신설, 주상신축아파트 신축을 위해 행정청에 진입도로, 교량, 육교를 건설하여 기부채납하는 경우 모두 건물 및 구축물에 대한 자본적 지출로 유권해석하여 왔던 점(서면2팀-1789, 2006. 9. 14. ; 서면2팀-992, 2006. 5. 30. ; 서면-2017-법인-2696, 2018. 1. 29.),

⑤ 위 판례 이후 대법원에서는 인·허가의 부관으로 건물을 신축하여 기부채납하라는 부담이 부가되었다면, 기부채납된 건물공사에 소요된 비용은 인·허가와 관련하여 지출된 비용으로서 사업용 자산을 취득하여 사업에 사용하기 위한 투자비용에 포함된다고 판시한 점(대법원 2015두42435, 2017. 11. 14.)

등에 비추어 위 대법원 판결은 도로 기부채납 관련 매입세액공제와 사안이 다를 뿐 아니라 기부채납한 공공시설에 대한 법인세, 회계처리기준과 다르게 인허가 조건 도로개

설 관련 매입세액만 무조건 토지에 대한 자본적 지출로 의제하여 불공제하는 것은 그 논리적 근거가 없다(법규과-1085, 2009. 8. 3. ; 부가 46015-1855, 2000. 7. 29.).

(6) 결 론

자기 소유의 토지 위에 도로를 개설·증설 또는 확장하여 진출입로로 사용하는 경우 동 개설 등의 비용은 구축물의 원가를 구성하고 사업 관련성이 인정되므로 관련 매입세액은 공제되어야 한다. 타인 소유의 토지 위에 진입도로 등을 개설하여 무상으로 이전하고 이전 후에도 자신의 과세사업에 계속 사용·수익하는 경우 또는 인허가(토지의 취득이나 토지의 개발을 위한 형질이나 용도변경을 제외한다)의 조건으로 해당 진입도로 등을 기부채납하는 경우에도 동 개설비용 등도 토지의 자본적 지출로 볼 수 없고 그 이용형태로 볼 때 사업 관련성이 인정되므로 관련 매입세액은 공제되어야 한다.

또한, 자기 소유의 토지에 진입도로 등을 개설하여 무상 또는 인허가 조건으로 기부채납하는 경우 진입도로 등 개설 관련 매입세액을 불공제한다는 조세심판례 등이 다수 있고, 사업장에 속한 토지의 이용편의나 그 가치를 현실적으로 증가시킨 경우로서 부가령 제80조 제3호의 자본적 지출로 볼 여지가 없는 것은 아니나 인허가의 조건이 토지개발을 위한 형질·용도변경 등이 아닌 사업장 건축물 등의 건설(건설허가 조건)과 관련된 것이라면 토지 관련 매입세액이 될 수 없고, 조건없는 무상의 기부채납일지라도 그것이 관계법령이나 국가 등의 요구에 따라 또는 도로관리의 편의나 공공목적상 국가 등에 귀속시킨 후 여전히 사업자가 자기 사업을 위하여 사용·수익하는 관계에 있다면 사업 관련성을 부인할 수 없어 관련 매입세액은 공제되어야 한다(동지 : 서면-2020-법령해석부가-4373, 2021. 10. 20.).

38 면세사업등과 관련하여 받는 국고보조금등이 있는 경우 공통매입세액 안분계산 방법 고찰

(1) 국고보조금등과 공급가액과의 관계

부가법은 재화 또는 용역의 공급과 "직접 관련되지 아니하는" 국고보조금과 공공보조금은 공급가액에 포함하지 아니하는 것으로 규정하고 있는바(부가법 §29 ⑤), 재화나 용역을 공급하고 그 대가를 국고보조금등(국고보조금, 공공보조금, 이와 유사한 보조금을 지칭한다. 이하 국고보조금등)으로 받는 경우 국고보조금등을 공급가액에 산입할 것인가에 대한 문제는 재화나 용역의 공급자에게 개별적 직접적인 반대급부로서 지급되었는지의 사실관계에 따라 판단할 사항으로 관련 법령 또는 조례, 협약서의 구체적 내용, 보조사업의 수행자 여부, 보조금 지급형태 등을 종합적으로 고려하여 사실판단할 사항이다(서삼-2429, 2006. 10. 13. ; 서삼-397, 2006. 3. 3.).

일반적으로 공급가액을 산정함에 있어 "거래와의 직접 관련성"이란 재화 또는 용역의 공급대가를 금전으로 받는 경우 그 대가를 공급가액으로 한다고 규정함에 따라 재화 또는 용역의 공급과 그 받은 대가가 대가관계를 구성하여 재산상의 이익을 득한 것이라면 부가가치세 공급가액이 된다는 의미로 그 거래상대방, 즉 대금의 지급자가 누구인지, 공급받은 재화 등의 실질적 효용을 누리는 자가 누구인지, 그 명목이 무엇인지는 따지지 않겠다는 의미로서 부가법의 규정은 재화나 용역의 공급자에게 개별적·직접적인 반대급부로서 지급하는 형태의 경우에는 재화나 용역을 제공한 사업자가 그 대가를 수령함에 있어서 그 재원에 국고보조금등이 포함되어 있다 하더라도 그 대가 전체는 공급가액에 포함된다는 의미로 해석된다(대법원 2000두369, 2004. 10. 9.).

대법원도 국고보조금등이라 함은 공공단체가 산업의 육성이나 사회공공사업의 조성 등 행정상 목적을 위하여 교부하는 현금을 말하는 것으로 그 성질상 보조금수혜자에게 반대급부 없이 무상으로 지급되는 것으로 부가가치세의 과세원리, 공공보조금의 성격, 공급가액에서 제외되는 다른 것들의 성격 등에 비추어 볼 때 공공단체에 필요하거나 유익한 산업 또는 사회공공사업 등과 관련한 재화 또는 용역을 공급하는 사업자에게 사업의 조성 또는 재정상의 원조 등을 목적으로 공공보조금이 지급되는 경우 사업자의 재화 또는 용역의 공급에 따른 부가가치세 공급가액에 동 보조금을 포함시키지 아니하고, 공공보조금이 보조금수혜자를 통하여 사업자에게 재화 또는 용역의 공급에 대한 대가로 지급되거나 보조금수혜자를 통하지 않고 직접 사업자에게 재화 또는 용역의 공급에 대한 대가로 지급되는 등 재화 또는 용역의 공급과 직접 관련하여 지급되는 경우에 한해 그 재원이 국고보조금등이라 하더라도 사업자의 재화 또는 용역의 공급에 따른 부가가치세 공급가액에 포함된다고 판시하였다(대법원 2010두12699, 2010. 10. 14. ; 기재부 부가-104, 2016. 2. 25. ; 대법원 2017두55329, 2018. 1. 25.).

(2) 부가세법상 비과세사업의 수입금액 정의와 매입세액공제

사업자가 과세사업 외에 면세사업 및 부가가치세가 과세되지 아니하는 재화 또는 용역을 공급하는 사업(비과세사업)을 "면세사업등"이라 규정하고(부가법 §29 ⑧), 공통매입세액 안분계산은 과세사업과 면세사업등을 겸영하는 경우 면세사업등에 관련되어 불공제되는 매입세액을 부가령 제81조에 그 안분계산기준을 열거하였으며, 부가규칙 제54조

제2항에서는 면세사업등의 개념을 부가법 제29조 제8항에 따른 면세사업등의 수입금액과 과세표준에 포함되지 아니하는 국고보조금등의 합계액으로 규정하고 있다(부가법 §40, 부가령 §81, 부가규칙 §54 ②).

"부가가치세가 과세되지 아니하는 재화 또는 용역을 공급하는 사업"이 비과세사업이고 비과세사업에서 발생한 수입금액이 면세사업등에 포함되며 공통매입세액 안분계산 산식의 분자인 면세공급가액과 분모인 총공급가액을 구성하게 된다.

이와 같이 "비과세사업"은 부가가치세가 과세되지 아니하는 재화 또는 용역을 공급하는 사업이므로 부가법 제12조에서 규정하고 있는 용역의 무상공급이나, 대법원 판례에서 들고 있는 부가가치를 창출하는 것이 아니어서 부가가치세 과세대상에 해당하지 아니하는 도박수입(대법원 2004두13288, 2006. 10. 27.)과 재화로 보지 아니하는 상품권을 판매하는 사업자의 상품권 판매수입 등이 포함된다.

용역의 무상공급으로 볼 수 있는 사업의 예는 한국방송공사의 방송용역(유상의 광고방송용역을 제외한 일반 방송용역의 제공, 대법원 2009두16268, 2011. 9. 8.), 독립기념관의 자료수집 · 보존 · 관리 등 기념관 본래의 업무(대전고등법원 2010누1826, 2011. 7. 7.), 한국환경공단이 직접적인 대가관계없이 보조금을 받아 무상으로 운영하는 폐비닐 재활용처리용역(대법원 2013두19875, 2016. 3. 24.) 등이 있다.

이들 사업 모두 '특정 사업'이나 '특정 용역의 제공'을 전제로 하고 있는 것으로 '비과세공급가액'에 해당하는지에 대한 여부는 과세사업뿐만 아니라 비과세영역으로 볼 만한 '특정 사업'을 영위하고 받은 대가인지에 달려 있는 것이다(적부-국세청-2015-0162, 2016. 2. 4. ; 제도 46015-12223, 2011. 7. 19.).

카지노 도박수입과 같이 비과세사업의 수입금액이 발생한 경우는 총공급가액 및 면세공급가액에 포함하여 공통매입세액 안분계산하여야 하고, 비과세사업 관련 매입세액도 면세사업 관련 매입세액과 마찬가지로 과세사업의 매출세액에서 공제될 수 없는바, 비과세사업에 실지귀속되는 매입세액이라면 비과세사업의 수입금액 발생 여부에 관계없이 전부 불공제되어야 한다(동지 : 대법원 2004두13288, 2006. 10. 27.).

(3) 공통매입세액 안분계산 시 국고보조금등의 포함 여부

1) 2018. 2. 12. 이전 거래분

과세사업과 면세사업등에 공통으로 사용하여 실지귀속을 구분할 수 없는 공통매입세액을 안분계산함에 있어서 "총공급가액" 및 "면세공급가액"이라 함은 공통매입세액에 관련된 해당 과세기간의 총공급가액 및 면세공급가액을 말하는 것으로서 공통매입세액과 관련이 없는 공급가액은 총공급가액 및 면세공급가액에 각각 포함되지 아니하므로 재화 또는 용역의 공급과 직접 관련되지 아니하는 국고보조금등을 지급받아 과세사업을 영위하는 경우 보조금등은 면세공급가액에 포함하지 아니한다(서면3팀-3088, 2007. 11. 12. ; 서면법규과-608, 2013. 5. 28.).

다만, 보조금등이 공급한 재화 또는 용역에 대한 개별적·직접적인 반대급부로 지급받는 형태로서 부가가치세 과세표준 또는 면세수입금액에 포함되는 경우, 동 보조금등은 그 사업의 귀속에 따라 과세 또는 면세공급가액에 해당하므로 각각 총공급가액 또는 면세공급가액에 각각 합산한다.

보조금등이 재화 또는 용역에 대한 개별적·직접적인 반대급부로 지급받는 형태가 아닌 재정상의 보조 등, 면세 또는 비과세사업의 수입금액에 해당하지 아니하는 경우로서 일부 과세사업을 겸영하여 과세공급가액과 공통매입세액이 발생하였다면 대법원은 공통매입세액안분계산 시 부가령 제81조 제4항 각호의 방법 등 다른 합리적인 방법을 찾아 계산하여야 한다고 판시하고 있으나, 비과세사업의 수입금액이 없는 한 비과세사업의 매입가액이나 예정공급가액의 비율을 산정할 수 있는 여타의 방법이 없어 파기환송심에서도 합리적인 공통매입세액 안분계산 방법을 제시하지 못하고 있어 공통매입세액임이 분명함에도 합리적인 안분계산 방법을 현실적으로 찾을 수 없다는 이유로 부가가치가 발생하지 않는 영역에 대한 매입세액까지 전부 환급해 주어 다른 과세사업자와의 형평이나 부가가치세의 기본이론에 반하는 결과를 낳았다. 결국 국세청은 법원의 조정권고에 따라 양 당사자가 법원의 조정권고안을 수락함으로써 동 분쟁이 종국적으로 해결될 수밖에 없는 현실이었다.

이처럼 과세관청이 합리적인 공통매입세액 안분계산 방법을 제시할 수 없다면 안분계산을 할 수 없어 불공제할 매입세액을 산정할 수 없으므로 이는 향후 입법론적으로 해결한 사항이었으나, 세법개정이 지연된 면이 있다.

2) 2018. 2. 13. 이후 거래분

2018. 2. 13. 이후 재화 또는 용역을 공급하는 분부터는 과세사업과 면세사업등을 겸영하는 경우 실지귀속을 구분할 수 없는 공통매입세액에 대한 안분계산을 함에 있어 면세공급가액은 ① 면세사업등에 대한 공급가액과 ② 사업자가 해당 면세사업등과 관련하여 받았으나 부가법 제29조의 과세표준에 포함되지 아니하는 국고보조금과 공공보조금 및 이와 유사한 금액의 합계액("① + ②")을 말한다고 규정하였다(부가령 §81 ①). 이는 국고보조금등을 받아 고유목적사업(비과세사업)을 수행하는 경우 대법원은 해당 국고보조금등을 고유목적사업의 비과세수입금액으로 보지 않아 과세사업의 공급가액이 있는 경우 공

통매입세액의 과세사업과 비과세사업에 적절히 대응하지 못해 매입세액으로 공제받는 금액이 비정상적으로 커져 과세불형평성이 발생하므로 이를 시정하기 위한 것으로 보인다.

국고보조금등을 받아 사업을 하는 경우 공통매입세액안분계산 사례를 요약하면 다음과 같다. 아래 "④"의 경우는 기재부의 입법의도로 보인다.

① 과세사업을 영위하는 사업자가 그 사업과 관련하여 국고보조금등을 받은 경우 국고보조금등이 부가가치세 과세표준에 포함되는지에 관계없이 그 사업을 위한 매입세액은 부가법 제38조에 따라 공제되어야 한다.

② 면세사업 또는 비과세사업만을 영위하는 사업자가 그 사업과 관련하여 국고보조금등을 받은 경우 국고보조금등이 수입금액(매출)에 포함되는지 여부에 관계없이 그 사업을 위한 매입세액은 부가법 제39조에 따라 불공제된다.

③ 과세사업자가 과세용역을 저가공급하면서 국고보조금등을 받은 경우에도 그 사업을 위한 매입세액은 부가법 제38조에 따라 공제되어야 한다(기획재정부 부가가치세제과-32, 2020. 1. 15.).

④ 과세사업과 비과세사업 또는 면세사업과 관련하여 해당 수입금액에 포함되지 아니하는, 즉 용역제공 등에 대한 반대급부가 아닌 국고보조금등을 받은 경우 면세사업에 대한 공급가액과 총공급가액에 국고보조금등을 포함하여 공통매입세액을 안분계산한다(기재부 부가세제과-266, 2010. 4. 22.).

⑤ 고유목적사업과 수익사업을 영위하는 비영리재단법인이 고유목적사업을 위하여 후원자들로부터 재화 또는 용역의 공급과 직접 관련되지 않는 자발적 기부금을 수취하는 경우 해당 기부금은 공통매입세액안분계산 시 총공급가액 및 면세공급가액에 포함하지 아니한다(서면-2018-법령해석부가-1888, 2018. 10. 5.).

기재부 입법의도에 따르면 면세사업과 관련하여 과세표준에 포함하지 아니하는 국고보조금등을 지급받은 한국철도공사의 공익서비스보상액, 용역을 무상공급하는 비과세사업을 영위하는 한국교육방송공사, 한국환경공단, 한국섬유개발연구원 등이 재정보조(시설 · 운영자금)로 지급받는 보조금은 면세공급가액에 포함하여여 안분계산을 하여야 한다는 결론에 이른다.

그 밖에 "이와 유사한 금액"의 범위에 대한 정의 규정이 없다. 보조금이란 국가 외의 자가 수행하는 사무 또는 사업에 대하여 국가 이를 조성하거나 재정상의 원조를 하기 위하여 교부하는 보조금, 부담금, 그 밖에 상당한 반대급부를 받지 아니하고 교부하는 급부금을 의미하고(보조금법 §2), 부담금은 그 명칭 여하에 관계없이 부과권자가 재화 또는 용역의 제공과 관계없이 특정 공익사업과 관련하여 부과하는 금전지급의무를 의미한다(부담금관리기본법 §2). 따라서 국고보조금과 공공보조금 외의 이와 유사한 금액인지를 판단함에 있어 국가나 지방자치단체가 지급주체인 경우로 한정할 것인지, 정부출연기관이나 이에 준하는 단체가 지급하는 경우까지 포함할지 아니면 종교방송 등과 같은 종교단체 등이 받는 기부금 등이나 고유목적사업과 관련해 받은 출연금까지 포함할 것인지에 대하여 다양한 해석이 가능하다고 본다.

3) 과세사업자가 정부출연금을 받는 경우 매입세액공제 등

출연금이란 국가연구개발사업의 목적을 달성하기 위해 정부가 반대급부없이 예산이나 기금에서 연구수행기관에 지급하는 연구경비로, 정부가 반대급부 없이 지출한 출연금은 재화 또는 용역의 공급에 직접 관련되지 아니한 것이므로 부가가치세 공급가액에 포함하지 아니하는 것이 타당하다. 다만, 주관기관이 정부나 전담기관과 단순히 연구개발협약에 따라 연구용역을 수행하고 해당 연구개발협약의 결과물에 대한 권리를 주관기관이 가지고 있지 않거나 전담기관 등이 전적으로 통제하여 주관기관 등이 그 소유권을 주장할 수 없는 정부출연금은 부가법 제11조에 따른 용역공급 대가로서 부가가치세 과세대상이 될 것이나, 이 경우에도 동 연구용역이 부가령 제42조 제2호 나목의 독립된 사업으로 제공되는 학술 또는 기술연구용역에 해당되는 경우 부가가치세가 면제될 것이다(부가 46015-412, 2000. 2. 24.).

부가가치세 과세사업자가 자기의 사업을 위하여 사용되었거나 사용될 재화 또는 용역의 공급에 대한 매입세액은 부가법 제39조에서 규정하는 불공제 매입세액을 제외하고는 자기의 매출세액에서 공제할 수 있는 것으로 해당 사업과 관련하여 수취한 세금계산서와 관련되어 공급대가를 지급함에 있어서 그 재원의 출처(사업주 자금인지, 타인 자금인지, 정부출연금을 재원으로 한 것인지)를 불문한다. 따라서 정부출연금을 재원으로 자기 과세사업과 관련하여 취득한 각종 연구기자재 관련 매입세액은 자기의 매출세액에서 공제되어야 하고, 자기의 과세사업 및 정부출연금으로 연구개발 등을 수행하여 그 결과물을 과세사업에 사용할 예정인 경우에도 정부출연금은 공통매입세액 안분계산을 함에 있어 비과세나 면세사업의 수입금액에 포함되지 아니한다(서삼 46015-10767, 2002. 5. 9. ; 부가 46015-1236, 1994. 6. 21.).

다만, 출연금을 받아 수행한 특정 프로젝트(연구과제)의 결과물이 면세사업에 사용되는 경우라면 해당 프로젝트 수행을 위해 부담한 매입세액은 불공제되어야 하며, 과·면세 겸영을 위해 사용된다면 매입세액이 발생한 과세기간에 발생한 과세분 공급가액과 면세분 공급가액을 기준으로 안분계산하여야 할 것이다.

(4) 현행 시행령 규정의 문제점

부가령 제81조 제1항 단서의 "면세사업등과 관련하여 받았으나 법 제29조의 과세표준에 포함되지 아니하는 국고보조금과 공공보조금 및 이와 유사한 금액의 합계액"을 공통매입세액 안분계산에 있어 면세공급가액에 포함시킨다는 규정은 부가가치세가 과세되지 아니하는 국고보조금등을 받으면서 일부 과세사업을 겸영하는 경우 공통매입세액이 전부 공제되고, 과세사업이 없는 사업자는 매입세액이 전부 불공제됨으로써 두 사업자 간 매입세액공제에 있어 불형평성이 발생하는 점을 시정하고자 했다는 점에서 의의가 있다.

그러나 과세사업자가 과세사업과 관련해 과세표준에 포함되지 아니하는 국고보조금등을 받은 경우 무상 또는 저가의 공급임에도 전액 공제가 되고, 면세 또는 비과세사업자는 동일한 국고보조금등을 받은 경우로서 과세사업을 겸영하는 경우 해당 보조금이 면세공급가액에 포함됨으로 인하여 국고보조금등을 받는 과세사업자에 비하여 공제받을 세액이 줄어드는 결과가 발생하므로 면세사업자에 대한 국고보조금등의 지원효과가 감소되는 효과가 발생하므로 향후 합리적인 안분계산방법을 찾아 부가법령에 반영시키는 것이 바람직하다고 본다.

※ 합리적 안분계산기준을 찾을 수 없다면 국고보조금등을 모두 면세사업의 공급가액에 포함시키는 방법이 있으며, 이때에도 "이와 유사한 금액"의 범위를 명확히 하여야 할 것이다.

39 | 명의위장사업자등에 대한 세무처리 요약

(1) 명의위장사업의 개념과 유형

세법에 명의위장에 대한 개념정의 규정은 없으나 「부가가치세법」상 명의위장가산세 적용대상을 규정하면서 그 가산세 적용대상에 타인의 성명을 사용하여 사업자등록을 하거나 타인명의의 사업자등록을 이용하여 사업을 영위한 자를 "명의위장사업자(실사업자)"로 하고 그 명의위장사업자의 공급가액을 가산세 적용대상으로 규정하고 있다. 반면, 명의대여자란 자신의 성명을 사용하여 타인에게 사업자등록을 할 것을 허락하거나 자신 명의의 사업자등록을 타인이 이용하여 사업을 영위하도록 허락한 자를 말한다.

계약상 또는 법률상의 원인에 의하여 '특정 재화나 용역을 공급하거나 이를 공급받는 사업자' 또는 납세의무자가 누구인가를 결정함에 있어서는 해당 공급의 원인이 된 계약의 당사자와 그 내용, 위 공급이 누구를 위하여 이루어지는 것이며, 그 대가의 지급관계는 어떠한지 등 여러 사정을 고려하여 판단하여야 한다(대법원 2007두21587, 2011. 2. 24.). 즉, 「부가가치세법」상 '공급자 또는 공급받는 자'를 누구로 확정할 것인가에 대해서는 「국세기본법」 제14조의 실질과세의 원칙이 적용된다고 보아야 한다(국기법 §14 ①；대법원 2002도4520, 2003. 1. 10.；대법원 2007두21587, 2011. 2. 24.).

명의위장과 달리 명의도용이란 타인의 명의를 타인의 승낙이나 양해없이 몰래 사용하는 것을 일컫는 바, 명의대여 혐의자는 자신의 의사와는 관계없이 실사업자의 일방적인 행위로 사업자등록이 되었다는 것, 즉 명의를 도용당했다는 것에 대한 입증책임이 있으므로 객관적인 증거와 사정 등을 제시하여야 한다. 과세관청은 명의를 도용당한 자는 실사업자를 수사기관에 신고 또는 고발하였는지, 법원의 판결로 명의도용 사실이 확정되었는지 등을 확인받아 명의도용이 확인되면 실사업자의 범칙처분은 그대로 진행하되 명의자에 대한 범칙처분이나 과세를 해서는 아니된다.

▌명의위장사업의 유형 예시

① 신용불량자, 국세 등의 체납자가 타인의 명의로 사업자등록을 한 경우
② 수입금액 등의 분산 등 조세탈루를 목적으로 타인의 명의로 사업자등록을 한 경우
③ 각종 인허가 등의 문제로 타인의 명의로 사업자등록을 한 경우
④ 법인이 누진과세 회피 등을 목적으로 직원의 명의로 사업자등록을 한 경우
⑤ 누진과세 회피를 위해 단독사업자임에도 공동사업자로 사업자등록을 한 경우
⑥ 체납처분 회피를 위해 타인명의로 사업자등록을 한 경우
⑦ 조세가 부과되지 아니하는 비영리단체 등의 명의로 수익사업을 영위하여 조세를 포탈하는 경우
⑧ 동일인이 동일 장소에서 유흥업소를 경영하면서 1층은 자신이, 2층은 타인의 명의로 사용하여 사업하는 경우
⑨ 모텔을 임대하면서 자신이 숙박업을 영위하는 것으로 사업자등록한 뒤 임대수입을 숨기고 숙박업 수입에 대한 세금은 임차인으로부터 받아 납부하는 경우
⑩ 거래상 납품물량의 제한을 회피하고 그 밖에 금융상의 편의를 얻기 위한 목적
⑪ 일괄하도급 등 사업상 위법행위가 발각될 것을 숨기기 위한 경우

(2) 명의위장사업에 대한 가산세의 부과

사업자가 타인의 명의로 부가법 제8조에 따른 등록을 하고 실제 사업을 하는 것으로 확인되는 경우 및 이미 등록된 타인 명의의 사업자등록을 이용하여 사업을 하는 것으로 확인되는 경우 그 타인 명의의 사업개시일부터 실제 사업을 하는 것으로 확인되는 날의 직전일까지의 공급가액의 합계액의 2%를 명의위장가산세로 부과한다(부가법 §60 ① 2, 부

가령 §108 ①). 다만, 타인 명의가 실사업자의 배우자이거나 상속으로 인하여 피상속인이 경영하던 사업이 승계되는 경우 그 피상속인(상속개시일부터 상속세과세표준 신고기한까지 상속인이 피상속인 명의의 사업자등록을 활용하여 사업을 하는 경우로 한정)인 경우에는 명의위장가산세를 적용하지 아니한다.

또한, 재화 또는 용역을 공급하고 실제로 재화 또는 용역을 공급하는 자가 아닌 자의 명의로 세금계산서 등을 발급한 경우에는 사실과 다른 세금계산서에 해당하여 세금계산서불성실가산세(그 공급가액의 2%)가 부과된다(부가법 §60 ③).

그 밖에 실사업자가 명의위장사업에 대한 종합소득세를 신고하지 아니하거나 과소신고한 경우에는 해당 누락 또는 과소신고된 소득금액 및 세액에 대하여 무신고가산세나 과소신고가산세 및 납부불성실가산세 등이 부과된다(국기법 §47의2, §47의3, §47의4).

(3) 명의위장사업에 대한 범칙처분과 포상금의 지급

1) 범칙처분

명의위장을 통한 조세회피나 강제집행 면탈이 확인되면 범칙처분대상이 되어 통고처분이나 고발을 진행하게 되며, 이때 명의대여 행위죄가 성립될 경우 실사업자 및 명의대여자 모두 범칙처분의 대상이 된다.

▌명의대여 행위죄 성립 요건

① 조세의 회피 또는 강제집행을 면탈할 목적이 있을 것
② 타인의 성명을 사용하여 사업자등록을 하거나 자신의 성명을 사용하여 타인에게 사업자등록을 할 것을 허락한 행위가 있을 것

명의위장사업자는 위장사업자등록 행위로 일죄가 성립하고, 타인의 명의를 사용하여 사업자등록을 한 후 조세를 포탈하거나 실물거래없이 세금계산서를 수수하는 등(위장거래 포함)의 행위를 하였다면 조세포탈죄 및 세금계산서 범죄가 각각 성립한다.

조세의 회피 또는 강제집행의 면탈을 목적으로 명의위장하여 수입금액을 분산하고 외상매출금을 현금으로 수취하고 매출액을 축소하여 거짓으로 장부에 기장하여 신고한 행위는 부정한 행위에 해당하여 공소사실 중 특정범죄가중처벌 등에 관한 법률 위반(조세) 및 조세포탈로 인한 조세범처벌법 위반의 죄가 성립될 수도 있다(대법원 2012도13112, 2013. 3. 14.).

▌명의위장에 대한 조세범처벌 규정 등

① 조세범처벌법

조세의 회피 또는 강제집행의 면탈을 목적으로 타인의 성명을 사용하여 사업자등록를 하거나 타인명의의 사업자등록을 이용하여 사업을 영위한 자는 2년 이하의 징역 또는 2천만 원 이하의 벌금에 처하고, 조세의 회피 또는 강제집행의 면탈을 목적으로 자신의 성명을 사용하여 타인에게 사업자등록을 할 것을 허락하거나 자신 명의의 사업자등록을 타인이 이용하여 사업을 영위하도록 허락한 자는 1년 이하의 징역 또는 1천만 원 이하의 벌금에 처한다(조세범처벌법 §11 ①, ②).

② 조세범처벌절차법

실사업자가 조세를 회피하거나 강제집행을 면탈한 세액에 0.5배(2차 위반 시부터는 1배)의 금액을 벌금상당액으로 하며, 명의대여자는 실사업자의 벌금상당액의 1/2로 하되 아래와 같은 최고 및 최고한도를 정하였다(조세범처벌절차법 시행령 §12 ②).

- (최저한) 벌금이 50만 원 미만 또는 회피세액이 없는 경우 50만 원
- (최고한) 벌금상당액이 2,000만 원(명의대여자 1,000만 원)을 초과하는 경우에는 2,000만 원 부과(명의대여자 1,000만 원)

③ 기수시기와 공소시효

기수(既遂)란 범죄의 실행에 착수하여 어떠한 죄가 될 사실의 전부가 실현(조세수입의 감소)된 때로 범죄가 완료된 것을 의미하며, 기수시기는 범죄의 성립시기로서 공소시효의 기산점이 된다.

- 실사업자는 타인 명의로 사업자등록을 한 경우에는 타인 명의의 사업자등록증을 발급한 날(사업자가 사업자등록증을 송달받지 않아도 사업자등록번호로 사업행위를 할 수 있음을 감안하여 사업자등록 송달여부는 불문한다), 타인 명의의 사업자등록을 이용한 경우에는 타인의 사업자등록으로 실제 사업을 시작한 날을 기수시기로 한다.
- 명의대여자는 실사업자 기수시기에 따라 명의대여자 기수시기를 판정한다.

공소시효는 검사가 어떤 범죄에 대하여 일정한 기간 동안 공소를 제기하지 않고 방치하는 경우에 국가의 소추권을 소멸시키는 제도로 범죄행위가 종료한 때(기수시기)부터 진행한다.

- 기수시기가 2015. 12. 28. 이전인 경우: 5년(조세범처벌법 부칙 제2조, 2015. 12. 29. 시행)
- 기수시기가 2015. 12. 29. 이후인 경우: 7년(조세범처벌법 제22조)

2) 포상금의 지급

타인의 명의를 사용하여 사업을 경영하는 자를 신고한 자에게 신고 건별로 200만 원을 포상금으로 지급할 수 있다. 다만, 타인의 명의를 사용하여 사업을 경영하는 자가 다음의 어느 하나에 해당하는 경우로서 조세를 회피할 목적이 없거나 강제집행을 면탈(免脫)할 목적이 없다고 인정되면 포상금을 지급하지 아니한다(국기법 §84의2 ① 5, 국기령 §64조의5 ⑯).

① 배우자, 직계존속 또는 직계비속의 명의로 사업자등록을 하고 사업을 경영하거나 배

우자, 직계존속 또는 직계비속 명의의 사업자등록을 이용하여 사업을 경영하는 경우

② 약정한 기일 내에 채무를 변제하지 아니하여「신용정보의 이용 및 보호에 관한 법률」제25조 제2항 제1호에 따른 종합신용정보집중기관에 등록된 경우

(4) 실사업자의 사업소득(명의위장분)을 명의자가 신고 · 납부하여 과세관청이 부가가치세 및 종합소득세를 경정하는 경우

1) 명의위장사업장에 대한 부가가치세 경정

명의자가 명의위장사업장에 대한 부가가치세 신고 및 납부까지 이행한 경우에는 사업자등록 명의를 실사업자로 정정(사실상 결정취소)하고 실사업자에게 명의위장가산세를 부과하는 것을 종결하고, 명의위장사업장에 대하여 무신고 또는 과소신고, 신고 후 체납이 있는 경우 명의자에 대하여는 결정취소하고 실사업자에게 부가가치세를 새로이 부과하며 일부 기납부세액(실사업자가 납부한 부분)이 있는 경우에는 실사업자의 기납부세액으로 공제한다(국기법 §51 ⑪).

2) 종합소득세의 경정

명의자의 명의위장사업에 대한 국세납부의 법률적 효과는 명의자에게 귀속되는 것이므로 실사업자의 자금으로 국세를 납부했더라도 명의자와 과세관청 간에 귀속되는 것이므로 명의자 명의로 납부된 종합소득세액의 환급청구권자는 과세관청과의 법률관계에 있어 직접적인 당사자인 명의자가 된다(부당이득반환의무 발생).

아울러 명의자가 실사업자로부터 실제로 지급받은 소득을 과세관청이 근로소득으로 보아 경정하는 경우에도 실사업자의 사업소득 등에 대한 명의자의 납부세액은 명의자의 기납부세액으로 공제되어야 하고 기납부세액에 대응하는 납부불성실가산세 부과는 위법하다(기납부세액을 초과하는 납부세액에 대하여만 납부불성실가산세가 적용되어야 한다).

또한, 거주자가 소득구분과 그 금액을 달리하여 종합소득세확정신고하였더라도 종합소득세과세표준신고서를 제출한 이상 무신고가산세를 부과하는 것은 당연 무효이므로 명의자에게 무신고가산세를 적용할 수도 없다(대법원 2013다212639, 2015. 8. 27. ; 서울고법 2017누66345, 2018. 1. 9. ; 대법원 2018두34848, 2019. 5. 16.).

※ 2020. 1. 1. 환급분부터는 실사업자가 납부한 것이 확인되면 실사업자의 기납부세액으로 하고 잔여금을 실사업자에게 환급하도록 개정하였다(국기법 §51 ⑪).

(5) 과세관청이 실사업자를 대위하여 명의자의 환급청구권을 실사업자에게 양도하고 양도의 의사표시를 구하는 청구를 할 수 있는지

명의자의 실사업자에 대한 사업소득 종합소득세 신고・납부세액이 직권취소됨을 전제로, 그로 인하여 발생한 명의자의 환급청구권을 실사업자에게 채권양도하라는 반소(채권자대위권*)를 제기한 경우, 명의대여 약정 내지 부당이득반환의 법리에 따라 명의자는 실사업자에게 국세환급채권을 양도할 의무가 있다고 판시하여 반소청구를 인용한 사례가 있다(서울고법 20나2010372, 2020. 7. 14., 2020. 8. 5. 확정).

반면, 실사업자의 납부세액은 인정되나, 그것만으로는 환급세액을 실사업자에게 돌려주기로 하는 명의대여계약이 체결되었거나, 명의자가 부당이득반환청구권을 법률상 원인없이 취득하였다고 단정하기 어려워 결국 피대위권리**가 인정되지 않으므로 반소청구는 기각되어야 한다고 판시한 사례도 있다(서울고법 20나2000122, 2020. 6. 11., 상고심 진행 예정).

* 채권자(과세관청)가 채무자(실사업자)에게 속하는 권리를 대신 행사할 수 있는 권리
** 채무자(실사업자)가 제3자(명의자)에 대하여 가지는 권리

(6) 명의위장사업장 경정 시 세금계산서 수수분에 대한 제재

공급자로부터 재화 또는 용역을 공급받고 명의자를 공급받는 자로 기재한 세금계산서를 수취한 경우 실사업자의 다른 사업장 보유 여부에 관계없이 세금계산서의 임의적 기재사항인 상호와 성명이 착오로 부실기재된 것이므로 부가가치세 경정 시 해당 세금계산서상의 매입세액은 공제된다는 것이 기획재정부 및 법원 판례에 의해 확립되었다(기재부 부가-519, 2017. 10. 12. ; 대법원 2016두62726, 2019. 8. 30.).

명의위장사업장에서 재화 또는 용역을 공급하고 명의자의 성명을 기재하여 발급한 세금계산서는 타인명의로 발급한 세금계산서로서 '공급하는 사업자(실사업자)'의 등록번호와 성명 또는 명칭은 필요적 기재사항이므로 이를 사실과 달리 기재하였으므로 사실과 다른 세금계산서(2% 가산세)에 해당한다(조심 2016구2883, 2016. 10. 12. 외 1 ; 기준-2021-법령해석부가-001, 2021. 3. 19., 현재까지 법원 판결은 없음).

또한, 해당 사업장에 대하여는 명의위장가산세 적용대상도 될 것이므로, 가산세 중복적용배제규정이 적용된다.

해당 가산세 = MAX[명의위장가산세(1%), 세금계산서위장발급가산세(2%)]

명의자가 발급한 세금계산서를 수취한 상대방의 경우 원칙적으로 불공제이나, 공급받는 자가 선의의 거래당사자에 해당하는 경우(이는 사실판단의 영역임) 매입세액공제는 가능하다(재소비-816, 2006. 7. 21. ; 부가통칙 57-103-1 ; 대법원 2015두50207, 2015. 12. 10.).

(7) 선의 · 무과실에 해당하는지 여부

공급하는 자가 사실과 다른 경우에는 세금계산서를 교부받는 자가 명의위장을 몰랐거나 모른데 대해 과실이 없어야 매입세액의 공제 내지 환급이 가능하다. 상대방 거래처의 명의위장 사실을 알지 못한 데에 과실이 없다는 점은 매입세액의 공제 내지 환급을 주장하는 자가 증명하여야 한다.

법원은 주로 ① 사업장 확인에 대한 주의의무, ② 거래사실 확인에 대한 주의의무, ③ 결제대금 수수에 대한 주의의무 등을 기준으로 선의 · 무과실 여부를 판단하고 있다.

▌선의 · 무과실 판단 시 고려요소 예시

① 공급받는 자의 지위나 경력, 인적관계에 비추어 공급자가 실제와 다르다는 것을 알았거나 알 수 있었다고 볼 수 있는지 여부
② 해당 거래 계약이 체결된 배경과 경위, 세금계산서가 발행된 과정 등을 고려할 때 공급받는 자가 공급자의 실제 여부를 의심할 정황이 있었는지 여부
③ 공급받는 자가 공급계약을 체결한 상대방의 신원과 사업자등록 등을 확인하였는지 여부
④ 매입처들로부터 사업자등록증 및 사업자등록증과 동일한 명의로 개설된 은행통장의 사본을 제공받았는지 여부
⑤ 공급받는 자가 공급자 또는 그 대표자를 만나보거나 연락을 취하거나 사무실 · 사업자를 방문하는 등 어떠한 확인조치를 취한 사정이 있는지 여부
⑥ 거래처 대표자의 신분증 사본, 법인인감증명서를 첨부한 이행각서, 사업자등록증, 법인등기부등본, 예금통장, 국세납세증명서를 교부받고 사업장을 찾아가 재고를 확인한 후에 거래를 시작하였는지 여부
⑦ 공급받는 자가 거래 대금을 지급한 대상은 누구이고 지급방법은 어떠했는지, 거래 대금 지급내역과 세금계산서 · 입금표 등 기재가 일치하는지 여부 등
⑧ 거래단가가 별다른 이유 없이 저렴한 사정, 단기에 큰 액수의 거래를 하는 사정 등이 존재함에도 더 높은 수준의 주의의무를 다하였는지 여부

(8) 명의위장사업 관련 부과제척기간

1) 경정 시 부과제척기간

명의를 위장하여 소득을 얻더라도 그것이 조세포탈과 관련이 없는 행위인 때에는 명

의위장 사실만으로 「국세기본법」 제26조의2 제2항 제2호의 ‘사기 그 밖의 부정한 행위’에 해당한다고 할 수 없으나, 명의위장사업이 누진세율 회피, 수입의 분산, 감면특례의 적용, 세금 납부를 하지 아니할 무자력자의 명의사용 등과 같이 명의위장이 조세회피의 목적에서 비롯되고 나아가 여기에 허위 매매계약서의 작성과 대금의 허위지급, 허위의 양도소득세 신고, 허위의 등기·등록, 허위의 회계장부 작성·비치 등과 같은 적극적인 행위까지 부가된다면 이는 조세의 부과와 징수를 불가능하게 하거나 현저히 곤란하게 하는 ‘사기 그 밖의 부정한 행위’에 해당하여 10년의 부과제척기간이 적용되는 것으로 이러한 적극적 행위가 부가되지 않은 경우까지 10년의 부과제척기간이 적용되는 것은 아니다(대법원 2013두7667, 2013. 12. 12. ; 대법원 2019다301623, 2020. 8. 20., 국기법 §26의2 ② 3).

명의위장사업과 관련하여 부과되는 가산세의 경우, 가산세는 본세의 납세의무와 무관하게 별도로 부과되는 것으로서 (세금)계산서미발급가산세 및 (세금)계산서등 가공·위장수수가산세의 부과제척기간은 10년으로 규정되어 있으므로 10년의 부과제척기간이 적용되나, 명의위장등록가산세는 해당 법률에 규정되어 있지 아니하므로 명의위장이 부정행위에 해당하는지에 관계없이 그 부과제척기간은 5년이 된다(대법원 2007두16974, 2009. 12. 24., 국기법 §26의2 ② 3).

그 밖에 이의신청, 심사청구, 심판청구, 「감사원법」에 따른 심사청구 또는 「행정소송법」에 따른 소송에 대한 결정 또는 판결에서 명의대여 사실이 확인된 경우에는 그 결정 또는 판결이 확정된 날부터 1년 이내에 명의대여자에 대한 부과처분을 취소하고 실제로 사업을 경영한 자에게 경정결정이나 그 밖에 필요한 처분을 할 수 있다(국기법 §26의2 ③).

2) 판결이나 결정에 따른 부과제척기간

이의신청, 심사청구, 심판청구, 「감사원법」에 따른 심사청구 또는 「행정소송법」에 따른 소송에 대한 결정이나 판결이 확정된 경우에 의하여 다음의 어느 하나에 해당하게 된 경우에는 당초의 부과처분을 취소하고 그 결정 또는 판결이 확정된 날부터 1년 이내에 다음의 구분에 따른 자에게 경정이나 그 밖에 필요한 처분을 할 수 있다(국기법 §26의2 ⑦).

① 명의대여 사실이 확인된 경우: 실제로 사업을 경영한 자

② 과세의 대상이 되는 재산의 귀속이 명의일 뿐이고 사실상 귀속되는 자가 따로 있다는 사실이 확인된 경우: 재산의 사실상 귀속자

※ 위 “②”의 개정규정은 2023. 1. 1. 위 결정이나 판결이 확정되어 재산의 사실상 귀속자가 따로 있다는 사실이 확인되는 경우(2023. 1. 1. 시행 전에 종전의 제26조의2에 따라 부과제척기간이 만료된 경우는 제외)부터 적용한다.

(9) 사무장병원 및 의료기관 이중개설에 대한 부가가치세 과세

1) 사무장 병원, 의료인과 비의료인의 공동사업에 대한 부가가치세 과세

「의료법」 제33조 제1항 및 제2항이 의료기관의 개설없이는 의료업을 할 수 없고 일정한 자격요건을 가진 자만이 의료기관을 개설할 수 있도록 정한 것은 의료기관 등의 개설 자격을 전문의료인으로 엄격히 제한하여 건전한 의료질서를 확립하고, 영리목적으로 의료기관을 개설하는 경우 발생할 수 있는 국민 건강상의 위협을 미리 막으려는 것으로서 그러한 정책목적을 고려하여 의료법상의 자격이 있는 의료인과 없는 자 사이의 동업관계에 기초한 의료보건용역은 부가가치세 면제대상에 해당하지 아니한다(대법원 2011두5834, 2013. 5. 9. ; 춘천지법 2014구합4557, 2014. 11. 21.).

2) 부가가치세 과세방법

사무장병원과 의료인과 비의료인의 공동사업에 대하여는 실사업자에게 부가가치세(소득세 포함)를 과세한다. 다만, 의료인의 의료기관을 이중개설한 경우 부가가치세 과세 여부에 대하여 2019년 감사원의 부가가치세 과세지적이 있었으나, 대법원이 그 죄의 경중이 사무장병원보다 낮아 급여비용 환수(의료급여의 미지급)는 불가하다는 대법원 확정판결이 있어 기획재정부도 부가가치세 과세는 불가한 것으로 회신하였다(대법원 2015두36485, 2019. 5. 30. ; 기재부 부가-169, 2020. 3. 27.).

3) 진료비용 환수에 대한 부가가치세 감액경정

가. 환수금액의 공급가액 제외 여부

「의료법」 제45조는 요양급여나 의료급여에서 제외하는 비급여 진료비용을 환자에게 고지하여야 하고 그 고지한 금액을 초과하여 징수할 수 없다고 규정하고 있어 해당 사업자가 부당이득 징수처분에 따라 지급받은 급여비용을 반환하여도 이를 환자에게서 지급받을 수 없는 점을 고려하면 환수에 따라 반환하는 급여비용은 결국 재화나 용역의 공급대가로 지급받은 것이 아니어서 부가가치세의 부과대상이라고 볼 수 없다(서울고법 2014누1302, 2015. 10. 21. ; 대법원 2015두56731, 2016. 3. 11.).

나. 환수액, 몰수, 추징금의 일부 납부 시 귀속연도 적용 방법

공급가액 또는 소득금액에서 차감되는 환수액 또는 추징금 중 일부가 납부된 경우 어느 부분(과세기간)에 충당되는 것인지에 관한 형사소송 내지 조세법상의 규정은 찾아볼 수 없는바, 결국 이에 대하여는 다른 특별한 사정이 없는 한 변제충당에 관한 민법의 규정(민법 §476, §477)들을 유추적용할 수 있다. 한편, 대법원은 재평가세의 과세표준계산에서 이월결손금의 공제순서에 관하여 납세자가 자신에게 유리한 방법을 선택한 경우 과세관청이 납세자의 의사를 무시한 채 다른 순서에 의하여 공제할 수 없다고 판시하여(대법원 2002두6781, 2004. 5. 27.) 과세표준계산에 있어서 다른 합리적인 사유가 없는 한 납세자의 의사를 존중하도록 하고 있는데, 변제충당에 있어 변제자의 의사를 우선 존중하는 민법의 위 규정들을 기타소득금액 산정을 위한 추징금 등의 충당에 유추적용하는 것은 납세자 의사존중의 원칙에도 부합한다.

그러므로 사업자가 납부한 추징금 등은 민법의 변제충당 규정에 따라 해당 사업자에게 변제이익이 큰 부분으로서(부과제척기간 경과분 제외) 그가 지정하는 사건(귀속 또는 과세기간)의 금원에 충당된다고 할 것이다(서울고법 2015누51349, 2018. 3. 27. ; 대법원 2018두40409, 2018. 7. 18.).

다. 몰수나 추징금 등의 소득금액 차감 여부

과세소득은 경제적 측면에서 보아 현실로 이득을 지배·관리하면서 이를 향수하고 있어 담세력이 있다고 판단되면 족하고 그 소득을 얻게 된 원인관계에 대한 법률적 평가가 반드시 적법·유효하여야 하는 것은 아니지만, 위 의료법 위반과 아울러 형법상 뇌물, 알선수재, 배임수재 등의 범죄에서 몰수나 추징을 하는 것은 범죄행위로 인한 이득을 박탈하여 부정한 이익을 보유하지 못하게 하는데 그 목적이 있으므로 이러한 위법소득에 대하여 몰수나 추징이 이루어졌다면 이는 그 위법소득에 내재되어 있던 경제적 이익의 상실가능성이 현실화된 경우에 해당한다고 보아야 하므로, 그 소득이 종국적으로 실현되지 아니한 것이므로 납세의무성립 후 후발적 사유가 발생하여 과세표준 및 세액의 산정기초에 변동이 생긴 것으로 보아 납세자로 하여금 그 사실을 증명하여 경정청구를 할 수 있도록 함이 타당하다(서울고법 2014누46340, 2015. 10. 15. ; 대법원 2014두5514, 2015. 7. 16. 전원합의체 ; 대법원 2015두56489, 2016. 8. 24. ; 서울고법 2015누51349, 2018. 3. 27. ; 대법원 2018두40409, 2018. 7. 18.).

4) 급여비용의 환수결정과 부가가치세 과세표준

「국민건강보험법」 제57조 제1항 및 「의료급여법」 제23조 제1항에 의한 급여비용의 징수처분(이하 "부당이득 징수처분")은 관련 법령상 급여비용으로 지급할 수 없는 비용임에도 지급한 급여비용을 원상회복하는 처분이므로 공단의 환수납부통지금액은 사무장병원의 의료용역 제공으로 창출한 부가가치가 없는 부분이며, 「의료법」 제45조는 요양급여나 의료급여에서 제외하는 비급여 진료비용을 환자에게 고지하여야 하고 그 고지한 금액을 초과하여 징수할 수 없다고 규정하고 있어 사무장병원이 기 지급받은 요양급여비용(환수납부통지금액)을 공단에 반환하여도 이를 환자로부터는 지급받을 수 없는 점 등에 비추어 용역의 공급대가로 볼 수 없다(대법원 2015두56731, 2016. 3. 11.). 건강보험공단은 사무장병원이 환수납부통지금액을 납부하지 아니할 경우 「국민건강보험법」 제81조에 따라 국세 체납처분의 예에 따라 이를 징수할 수 있으므로 동 병원이 공단이 통지한 환수납부통지금액을 실제로 납부하였는지 여부와 관련없이 동 병원이 환자에게 제공한 용역과 대가관계가 없는 금액은 환수결정금액으로 봄이 타당한 바, 사무장병원으로 확인된 동 병원의 부가세 과세표준에서 공제하는 금액은 공단의 환수결정금액으로 보아 환수결정금액을 귀속 과세기간별 과세표준에서 공제하는 것이 타당하다(기획재정부 부가가치세제과-178, 2021. 3. 16.).

반면, 최근 대법원에서는 위법소득을 몰수 또는 추징함으로써 범죄행위로 인한 이득을 박탈하여 부정한 이익을 보유하지 못하게 하려는 취지는 공단에 의한 요양급여비용 환수결정의 경우에도 적용하여야 함이 타당하고, 급여비용 역시 환수가 실제로 이루어지기 전까지는 의사 등 의료기관을 개설할 수 있는 자격을 갖추지 못한 자가 이미 지급받은 급여비용에 대한 경제적 이익을 향수하고 있다고 볼 수 있는 점과 일단 이에 대하여 과세하더라도 향후 실제로 해당 자가 지급받은 급여비용을 반환하는 경우 후발적 경정청구를 통해 구제받을 길이 열려있는 점, 그리고 이러한 위법행위를 통해 얻은 이익에 대해 과세하지 않으면 그 사람을 적법한 거래행위를 한 사람보다 더 우대하는 결과를 초래하게 되어 조세정의에 어긋나는 점 등을 종합하면 공단으로부터 환수결정통보를 받은 요양급여비용 역시 실제 환수가 이루어지기 전까지는 부가가치세 과세대상에 해당한다고 보아야 한다고 판시하였다(서울고법 2021누59962, 2022. 6. 24. ; 대법원 2022두50885, 2022. 11. 10.). 따라서 동 판결 이후부터는 환수납부통지금액을 납부하여야 기 고지된 부가가치세가 취소될 수 있다.

(10) 법인의 대표자를 실대표자가 아닌 자로 사업자등록을 한 경우 위장등록인지

「조세범처벌법」 제11조 제1항은 조세의 회피 등을 목적으로 타인의 성명을 사용하여 사업자등록을 하는 행위를, 동조 제2항은 그와 같이 자신의 성명을 사용하여 사업자등록을 할 것을 허락하는 행위를 각 구성요건으로 하고 있는바, 위 구성요건은 사업자등록에서의 사업자의 성명 그 자체를 다른 사람의 것을 사용하거나 이를 허락한 경우를 말하는 것일 뿐이고, 다른 특별한 사정이 없는 한 법인의 사업자등록을 하면서 단지 법인의 대표자 성명을 다른 사람의 것을 사용하거나 이를 허락한 경우는 위 구성요건에 해당하지 않으며(대법원 2016도10770, 2016. 11. 10.), 따라서 법인의 사업자등록증상 대표자가 실제 대표자와 다르더라도 해당 법인과 거래한 거래상대방이 수수한 세금계산서는 사실과 다른 세금계산서에 해당하지 아니하고 해당 법인도 명의위장사업자라고 볼 수 없다.

40 | 수 개의 사업장이 있는 경우 공통매입세액 안분계산

(1) 본·지점 간 직매장 반출이 있는 경우

1) 사업장별 과세사업자의 공통매입세액 안분계산

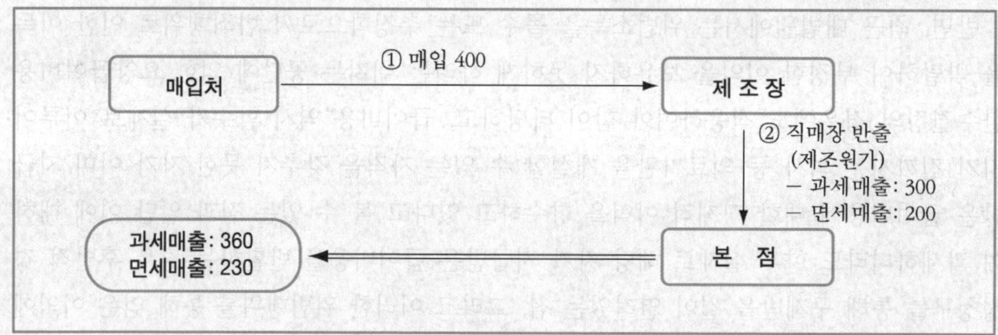

※ 제조장의 공통매입세액불공제

- 불공제 매입세액: $400 \times \frac{200}{300 + 200} = 160$
- 관련 사례: 서면3팀-3092, 2007. 11. 13.

부가가치세는 사업장과세원칙에 따라 사업장마다 납부하여야 하고 원칙적으로 각 사업장 소재지가 납세지가 되며 각 사업장은 과세상 독립된 장소적 단위가 되므로 이러한 사업장과세의 원칙상 각각의 사업장에서 과세표준 및 세액의 신고를 하여야 하고, 동일인이 수 개의 사업장을 겸영하는 경우에도 매출세액·매입세액은 각 사업장 간에 통산되지 않는다.

설령 총괄납부사업자라 하더라도 총괄납부제도는 단지 그 세액의 납부 또는 환급만은 주된 사업장에서 총괄처리하게 함으로써 사업자의 자금관리 등 편의와 세무관서의 행정능률을 제고하려는 것에 불과하므로 각 사업장의 과세표준과 매출세액 및 매입세액을 통산하는 것이 아니라 각 사업장별로 계산된 납부세액 및 환급세액을 통산한다는 의미일 뿐이므로 부가가치세는 원칙적으로 각 사업장별로 납부하는 것을 원칙으로 한다.

한편, 한 사업자의 복수 사업장들이 행하는 경제적 거래는 어떤 식으로든 그 경제적 효과가 직·간접적으로 미칠 수밖에 없어 경제적 효과라는 개념을 도입하게 되면 사업장별 과세원칙이 붕괴될 수밖에 없어 사업장별 과세원칙은 그 경제적 효과에 관계없이 해당 개별 사업장이 주체가 되어 공급한 가액과 공급받은 가액을 기준으로 그 사업장의 부가가치세 납부의무를 결정하는 것이 타당한 것으로 한 사업장이 그 자체로서 다른 사업장과 독립하여 독자적인 재화 또는 용역의 공급기능을 수행하고 특정 매입세액이 그 사업장에서 발생한 것이고 그 사업장을 유지·운영하기 위한 것이라면 그 사업장의 과세·면세공급가액비율로 공통매입세액안분계산하여야 한다는 것이 법원의 입장이다(서울행법 2005구합32989, 2006. 3. 23. 외 다수).

위와 같은 견지에서 수 개 사업장을 가진 사업자의 경우 총괄납부자이든 아니든 관계없이 직매장 반출이 있는 경우 공통매입세액안분계산은 위 사례와 같이 계산하도록 부가법 개정이 필요하다.

2) 사업자단위과세사업자의 공통매입세액 안분계산

사업장별 과세가 아닌 사업자별 과세를 적용받는 사업자단위과세사업자가 각 사업장에서 동일한 업종의 과세사업과 면세사업을 겸영하는 경우에도 사업장별 과세를 적용받는 사업자와 마찬가지로 공통매입세액의 안분계산은 각 사업장별로 계산한 후, 본점 또는 주사업장에서 이를 합산하여 신고함으로써 공통매입세액의 계산에 있어서는 사업장별 과세원칙이 그대로 적용된다(부가가치세과-814, 2009. 6. 15.).

(2) 본·지점 간 반제품 등의 반출이 있는 경우

1) 과세사업장 간의 반출이 있는 경우

지점 또는 제조장에서 생산한 원재료, 반제품 등을 판매목적 반출이 아닌 본점 등에서 사용·소비하거나 이를 원료로 하여 과세제품을 제조하여 판매할 목적으로 반출하는 경우에는 부가가치세가 과세되지 아니하고 지점, 제조장, 본점이 일체가 되어 과세재화를 생산하고 판매하므로 본점 등으로 반출 시 자가공급으로 과세되지 아니할 뿐만 아니라 과세사업에 관련된 매입세액(공통매입세액이 아님)으로서 그 전부가 공제되어야 할 것이므로 공통매입세액 안분계산 문제도 발생하지 아니한다.

2) 과세·면세 겸영사업장으로 반출하는 경우

재화의 공급은 계약상 또는 법률상의 모든 원인에 따라 재화를 인도(引渡)하거나 양도(讓渡)하는 것으로 하고, 사업자가 자기의 과세사업과 관련하여 생산하거나 취득한 재화를 자기의 면세사업을 위하여 직접 사용하거나 소비하는 것(이하 "면세전용"이라 한다)과 2 이상의 사업장이 있는 사업자가 자기 사업과 관련하여 생산 또는 취득한 재화를 타인에게 직접 판매할 목적으로 다른 사업장에 반출하는 것(이하 "직매장 반출"이라 한다)은 재화의 공급으로 의제하며 면세전용에 대하여는 세금계산서 발급의무가 면제되고 직매장 반출의 경우에는 세금계산서 발급 여부가 납세자의 선택에 달려 있다(부법 §10 ③, 부령 §71).

한편, 사업자가 과세사업과 면세사업 등을 겸영하는 경우에 매출세액에서 공제하지 아니하는 면세사업 등에 관련된 매입세액의 계산은 실지귀속에 따라 하되, 과세사업과 면세사업 등에 공통으로 사용되어 실지귀속을 구분할 수 없는 공통매입세액의 경우에는 원칙적으로 총공급가액 중 면세공급가액이 차지하는 비율에 따라 안분계산한다고 규정하고 있다.

2 이상의 사업장이 있는 사업자가 자기사업과 관련하여 생산 또는 취득한 재화를 타인에게 직접 판매할 목적으로 다른 사업장에 반출하는 것은 부가법 제9조 제1항이 규정한 '재화의 공급'에 해당하지 않지만 사업장 과세의 원칙에 따라 과세거래를 용이하게 파악하고, 납세자의 자금부담을 완화하여 주기 위하여 이를 재화의 공급으로 의제하고 있는 것일 뿐이므로 2 이상의 사업장이 있는 사업자가 자기 사업과 관련하여 생산 또는 취득한 재화를 타인에게 직접 판매할 목적이 아니라 다른 사업장에서 원료·자재 등으로 사용·소비하기 위하여 반출하는 경우 그것이 재화의 공급으로 의제되지 않는다고 하여 그 재화가 비과세사업에 사용되었다고 할 수는 없다. 따라서 지점에서 반제품을 제조하여 본점으로 반출하는 것이 재화의 공급에 해당하지 않는다는 사정만으로는 해당 지점이 과세사업과 비과세사업을 겸영하는 경우로 볼 수는 없다(대법원 2010두23170, 2012. 5. 9.).

하지만 부가가치세가 최종소비자에게 전가가 예정된 간접소비세로서 과세사업을 위하여 생산 또는 취득함으로써 취득 시 그 매입세액을 공제받은 재화를 면세사업에 전용하는 경우 부가가치세가 과세되지 않는다면 매출세액이 발생하지 아니하여 부가가치세의 전가가 중단되므로 사업자를 최종소비자의 지위에 있는 것으로 의제하여 과세함으로써 부가가치세의 기본구조를 유지하여야 하고, 아울러 다른 면세사업자는 취득 시 해당 재화를 공급받으면서 부가가치세를 부담함으로 그 사이에 과세의 형평을 유지할 필요가 있다. 그러므로 지점에서 과세재화의 하나인 반제품을 제조하여 본점으로 공급하는 행위는 원칙적으로 재화의 공급으로 보지 않으나 인도받은 반제품을 본점에서 면세사업을 위하여 사용 또는 소비하는 경우에는 자기의 사업과 관련하여 생산 또는 취득한 재화를 자기의 면세사업을 위하여 사용 또는 소비하는 것으로서 재화의 공급(면세전용)으로 보아 해당 사업자가 그에 관한 부가가치세를 부담하여야 한다.

이때 매입세액을 공제받은 반제품을 면세사업장에 반출하는 경우 재화의 공급시기는 반제품을 받은 사업장에서 해당 반제품이 면세사업에 사용 또는 소비되는 때, 그 공급가액은 반제품의 가액(제조원가 등)이 되어야 한다는 것이 법원의 일관된 입장이다(서울행정법원 2009구합8908, 2010. 2. 26. ; 대법원 2010두23170, 2012. 5. 9.).

3) 면세사업장으로 반출하는 경우

지점에서 생산된 원재료나 반제품 등(과세재화)을 면세사업만을 영위하는 본점으로 반출하는 경우 지점 사업장은 해당 재화의 제조를 위해 투입된 비용 관련 매입세액을 전액 불공제처리하거나, 매입세액을 공제받고 면세사업장으로 반출하는 때(또는 반출 후 면세사업에 사용 또는 소비되는 때)에 자가공급(면세전용)으로 부가가치세를 신고·납부하는 방식이 있을 수 있을 것이나, 사업자 입장에서는 전자가 부가가치세 부담 측면에서 유리할 것으로 판단된다.

다만, 해당 지점에서 일부의 원재료나 반제품을 외부에 직접 판매하여 과세매출이 발생하는 경우 공통매입세액 안분계산으로 과세판매분에 대응되는 매입세액을 공제받을 수 있다.

4) 관련 사례 모음

가. 주·종사업장 간 반제품의 반출이 있는 경우

사실관계

총괄납부사업자가 원재료를 구입하여 반제품을 제조하고 있으며, 반제품의 일부는 이를 제조한 종사업장에서 판매하고 대부분의 반제품은 공사현장 또는 주사업장에 반출하여 건설용역의 원가에 투입되거나 재화로 판매하기도 한다.

- 주사업장에 반출하는 반제품의 시가는 C1(과세사업용), C2(면세사업용)임.
- 종사업장 매출분에 대한 원재료의 구입원가는 A1(과세분 원가), A2(면세분 원가)임.
- 공통매입세액 A, B는 그 실지귀속을 알 수 없는 종사업장과 주사업장의 유지 및 관리를 위한 매입세액임.
- 원재료는 과세 및 면세사업에 투입되는 바, 그 실지귀속이 구분가능하다고 가정함.

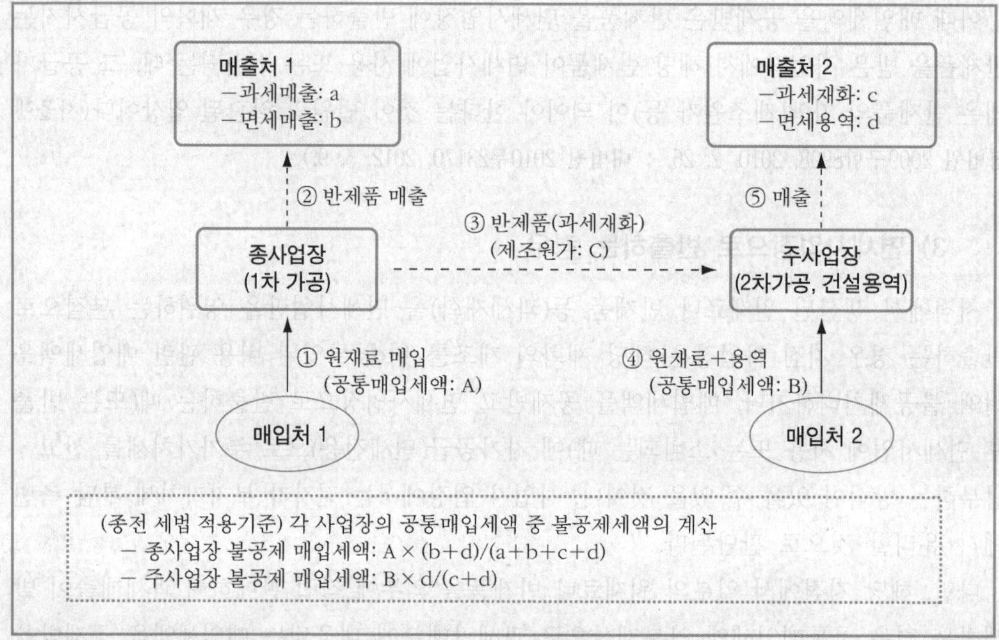

〈공통매입세액 불공제세액의 계산〉

① 종사업장의 자가공급 및 불공제매입세액 계산

㉠ 자가공급: 주사업장의 면세용역의 제공을 위하여 공급하는 반제품에 대하여 시가를 공급가액으로 면세전용으로 과세

⇒ 면세전용분 공급가액: C2

㉡ 공통매입세액 불공제세액의 계산

= A × b / (a + b + C2)

② 주사업장의 공통매입세액 등 불공제세액 계산

= B × d / (c + d)

나. 각 사업지에 공통되는 공통매입세액은 전제 공급가액으로 안분 가능

수 개의 건설현장을 운영하는 본사(부동산매매업자 또는 건설업자)의 공통매입세액은 각 사업지의 공급가액 또는 사용면적의 합계액을 기준으로 공통매입세액 안분계산 및 정산한다(현재까지 유권해석의 입장임, 재소비-1440, 2004. 12. 29.).

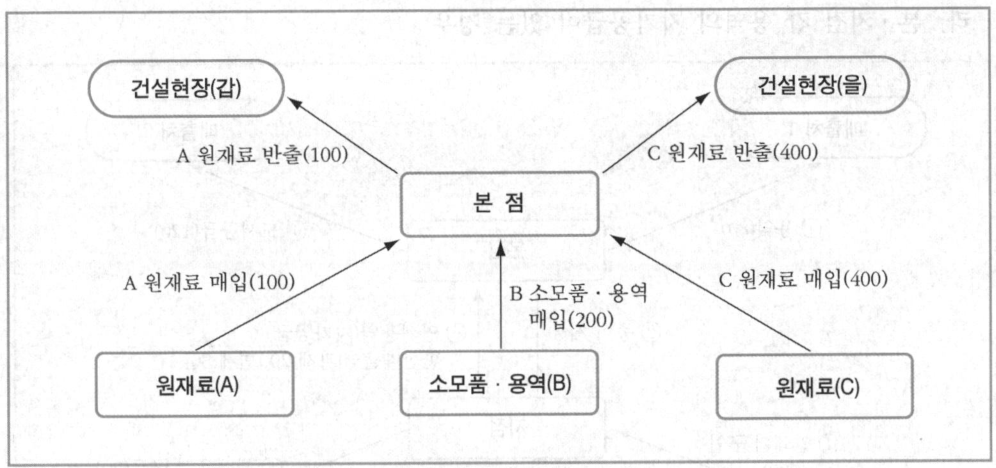

- A **원재료**: 건설현장 "갑"의 과세 · 면세공급가액비율로 공통매입세액 안분계산
- B **소모품 및 용역**: 본점, 건설현장 "갑", "을"에 공통으로 사용되는 재화 또는 용역에 대한 매입세액을 전체 사업장의 과세 · 면세공급가액을 합계하여 공통매입세액 안분계산
- C **원재료**: 건설현장 "을"의 과세 · 면세공급가액비율로 공통매입세액 안분계산

※ 위 B소모품 · 용역을 구입하여 갑, 을 건설현장을 위한 용역의 자가공급이 발생한 경우 본점은 법원의 판례에 따르면 비과세사업이나, 면세사업 관련 매출이 발생하지 않으므로 관련 매입세액은 공제되어야 한다.

다. 본점 일괄구입 재화의 반출에 대한 공통매입세액 안분계산

(간세 1235－1954, 1979. 6. 15.)

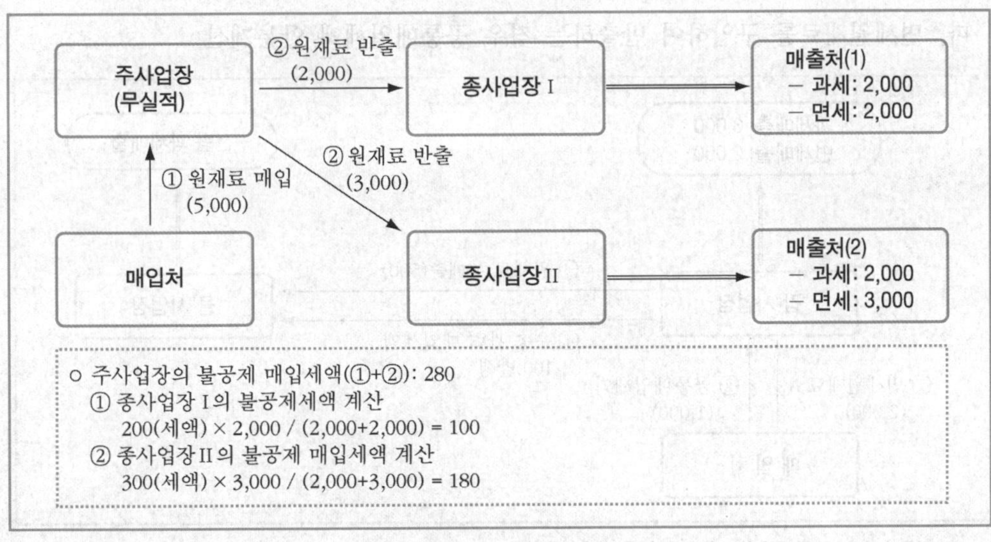

라. 본 · 지점 간 용역의 자가공급이 있는 경우

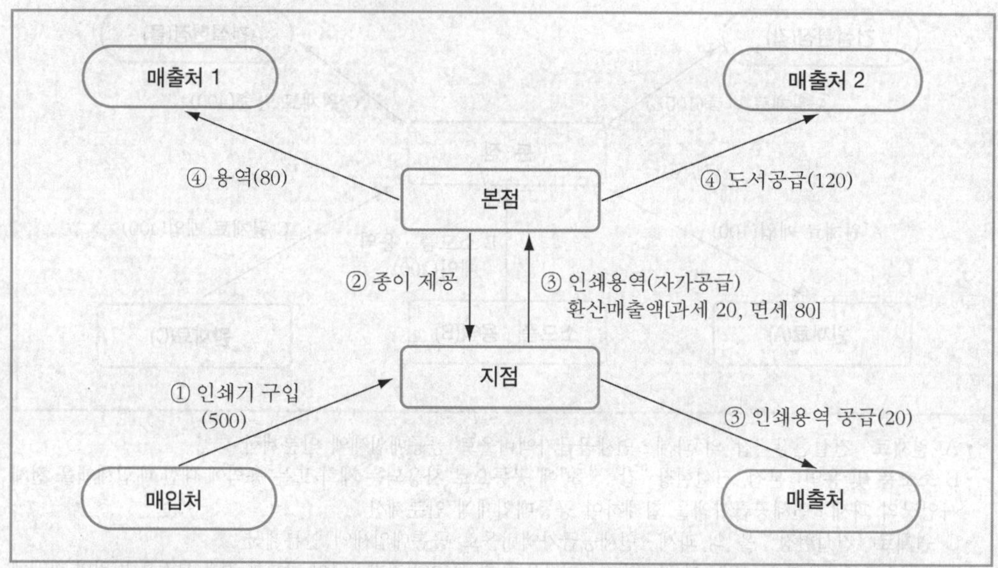

• 지점의 공통매입세액 불공제분(부가 22601-2240, 1987. 10. 24.)

※ 불공제매입세액: $50 \times \frac{80}{20 + 20 + 80} = 25$

• 지점의 "③" 인쇄용역 자가공급과 관련하여 지점은 인쇄용역(20) 과세매출과 자가공급만 발생하므로 법원의 판례에 따르면 "①"의 매입세액은 공제되어야 한다.

마. 면세원재료를 구입하여 반출하는 경우 공통매입세액 안분계산

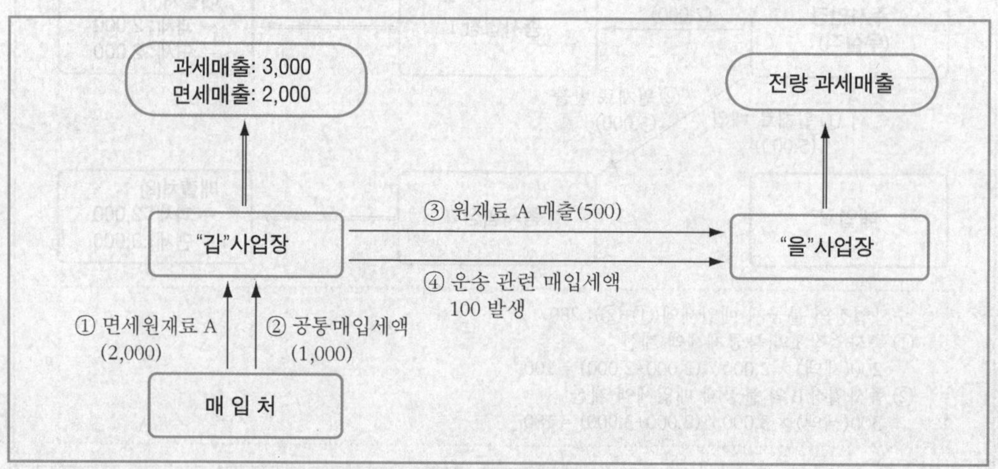

※ "갑"사업장의 공제대상 매입세액(①+②): 700

① 운송 관련 매입세액(과세사업 관련 매입세액): 100

② 본점 공통매입세액: $1{,}000 \times \frac{3{,}000}{3{,}000 + 2{,}000} = 600$

• 관련 사례: 서면3팀-351, 2006. 2. 23.

바. 사업장 간 잉여재화의 이동이 있는 경우 공통매입세액 안분계산

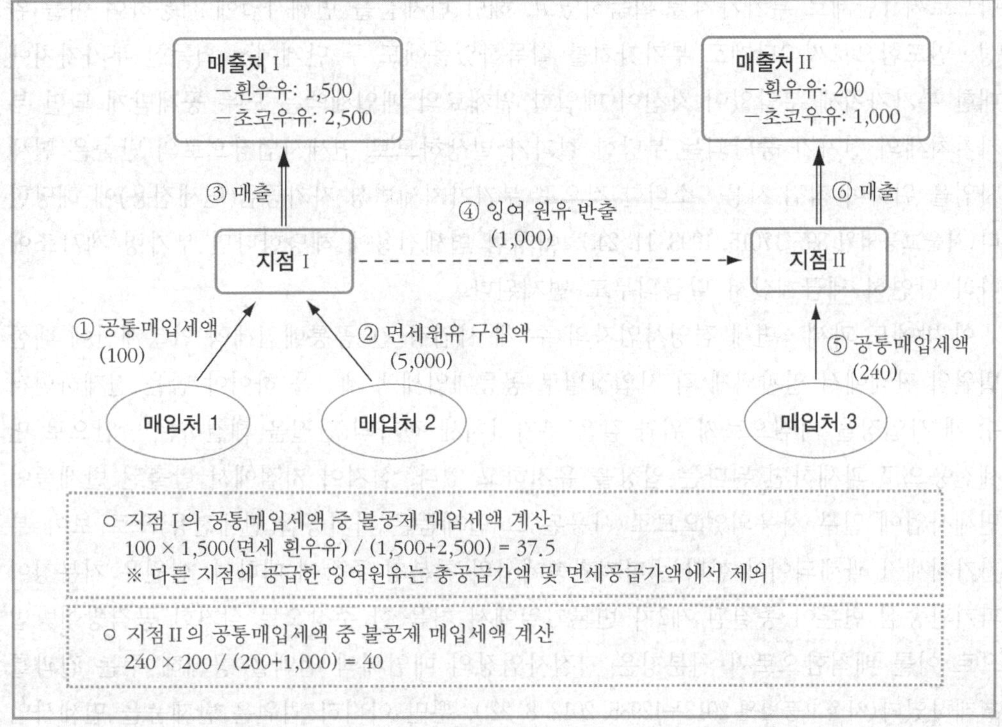

※ 관련 사례: 부가 1265-1495, 1984. 7. 19.

5) 겸영사업장 반출 시 세금계산서의 발급

국세청은 과세·면세 겸영사업자(총괄납부사업자인 경우 및 총괄납부사업자가 아닌 경우를 포함한다)가 자기의 종된 사업장에서 반제품(과세재화)을 가공하여 주된 사업장에 세금계산서를 발급하지 아니한 상태로 반출(일부는 제3자에게 판매하고 세금계산서 발급)하고 주된 사업장에서 반제품을 설치·시공하여 과세 및 면세매출이 발생된 경우 주된 사업장과 종된 사업장에서 발생한 그 실지귀속을 구분할 수 없는 매입세액은 공통매입세액 안분계산하는 것이며, 동 공통매입세액 안분계산 시 총공급가액이라 함은 종된 사업장의 경우 공통매입세액에 관련된 해당 과세기간의 주된 사업장과 종된 사업장의 과세·면세공급가액의 합계액을 말하며, 주된 사업장의 경우 주된 사업장의 과세·면세공급가액의 합계액을 말하는 것으로 해석하여 자기의 과·면세 겸영사업장에 반제품 반출 시 공통매입세액 안분계산 방식으로 면세분 매입세액을 불공제하였다(서면3팀-580, 2007. 2. 20. ; 부가 46015-450, 2001. 3. 10.).

법원은 사업자가 종된 사업장의 매입 원자재에 대하여 과세사업에 사용될 원자재와 별도 구분하지 아니하고 매입세액공제를 받고 반제품 등을 제조하여 면세사업장에 공급함으로써 1단계로 부가가치를 획득하였고, 해당 반제품을 면세사업에 사용하여 이를 완성·인도함으로써 2단계로 부가가치를 획득하였음에도 두 단계에서 획득한 부가가치에 대한 부가가치세 부담없이 자신이 매입한 원재료의 매입세액은 모두 공제받게 되면 부가가치세의 전가가 중단되는 부당한 결과가 발생하므로 면세사업장으로의 반출은 면세사업을 위하여 직접 사용·소비한 것으로 부가가치세법상 자가공급(면세전용)에 해당한다(서울고등법원 89구17015, 1993. 11. 24.). 이처럼 면세전용에 해당한다면 부가령 제71조에 따라 당연히 세금계산서 발급의무도 면제된다.

이 밖에도 과세·면세 겸영사업자의 수 개 사업장 간 공통매입세액 안분계산에 대한 법원의 판례에서 일관되게 각 사업장별로 공통매입세액 계산을 하여야 함을 전제하면서 수 개 사업장을 가짐으로써 위와 같은 부가가치세 전가의 단절을 해결하는 방안으로 면세전용으로 과세하면 된다는 입장을 유지하고 있다. 심지어 지점에서 반출된 반제품이 면세사업에 일부 사용되었으므로 사용된 그 반제품은 자가공급(면세전용)으로 보아 부가가치세가 과세되어야 한다는 파기환송에서의 처분청 주장에 대하여, 법원은 처분청이 파기환송심 변론이 종결된 제2차 변론기일에서 처음 한 주장으로 실기한 공격방어방법으로 이를 배척함으로써 처분청은 지점사업장의 매입세액 전액을 공제해 주는 결과를 초래하였다(서울고등법원 2012누12985, 2012. 8. 22.). 뿐만 아니라 법원은 반제품을 면세사업장에 반출하는 경우 재화의 공급시기는 반제품을 받은 사업장에서 해당 반제품이 면세사업에 사용 또는 소비되는 때, 그 공급가액은 반제품의 가액(제조원가 등)이 되어야 한다고 구체적 계산방법까지 제시하였는 바, 통상적 재화의 공급으로 보아 세금계산서를 발급하여야 한다는 기재부 해석은 전혀 고려되지 아니하였다(서울행정법원 2009구합8908, 2010. 2. 26. ; 대법원 2010두23170, 2012. 5. 9.).

그간 2 이상의 사업장이 있는 사업자가 다른 사업장으로 면세사업에 사용·소비하기 위하여 반출하는 경우 부가법 제9조 제1항에 따른 재화의 공급으로 세금계산서를 발급해야 한다는 기재부 회신과, 재화의 자가공급(면세전용)으로서 부가가치세가 과세되므로 세금계산서 발급의무가 면제된다는 국세청(일부)의 두 가지 해석이 있다. 필자가 이러한 회신의 사실관계를 살펴본 바, 생산한 반제품 등을 사용하여 면세재화나 면세용역만을 생산하는 면세사업장에 반출하는 경우에 해당하고, 반제품으로 과세재화(용역)와 면세재화(용역)를 생산하는 겸영사업장에 반출하는 경우의 세금계산서 발급을 명시한 회신은 "기획재정부 부가가치세제과-495, 2012. 10. 8."뿐이었고 동 회신에서 참조한 기재부 회신도 면세사업만을 영위하는 사업장으로의 반출이었다(서면3팀-1640, 2005. 9. 29.).

기획재정부의 해석은 소유권이나 처분권의 이전을 재화의 공급으로 보아 세금계산서를 발급한다는 부가가치세의 기본개념이나 자기의 사업장 간 재화의 이동에 대하여 기본적으로 과세대상이 아니지만 자가공급, 개인적 공급과 같이 간주공급을 별도 과세대상으로 규정한 부가가치세법의 규정체계와도 어긋난다. 부언하면 부가법 제10조 제5항에서 자기의 고객이나 불특정다수인에게 증여하는 경우 재화의 공급으로 정하고 있어 부가법 제9조에서와 같이 대가의 수수를 전제로 하는 재화의 공급과는 구별된다. 즉, 부가법 제10조 제1항부터 제6항까지 재화의 무상공급에 대하여는 예외적으로 과세하겠다는 취지이고, 용역의 무상공급을 과세하지 않는다는 부가법 제12조 제1항 및 제2항의 규정은 용역의 유상공급을 과세한다는 것을 명확히 선언한 주의적 규정 내지 확언적 규정으로 이해된다.

따라서 자기의 과세사업장에서 면세사업장(과세 · 면세 겸영사업장 포함)으로 재화를 반출하는 경우는 동일 사업자이어서 대가를 수수하지 아니할 것이고, 부가법 제9조에서 정하는 과세대상도 아니며, 이 경우 세금계산서는 공급시기(면세사업에 사용하는 때)에 면세사업에 사용될 분만 가려서 발급하여야 하나 반출시점에는 그 가액이 확정되지 아니하여 추후 수정세금계산서를 발급하여야 하므로 불필요한 납세협력비용만 가중되며, 과세표준의 양성화 등을 목적으로 실질공급으로 의제하여 세금계산서를 발급하여야 한다면 총괄납부사업자나 사업자단위과세자도 세금계산서를 발급하도록 하여야 할 것이므로 이 문제는 공통매입세액안분계산과 면세전용으로 부가가치세의 왜곡을 시정할 것이지 세금계산서 발급으로 볼 것은 아니라고 본다.

위와 같은 검토내용에서 볼 때 "면세사업장으로 과세재화를 반출한 경우 매입세액공제 여부에 관계없이 재화의 공급으로 보며, 이는 재화의 이동을 세금계산서에 의해 확인하기 위한 목적임"을 이유로 과세재화의 면세사업장으로의 반출에 대하여 세금계산서 발급을 인정한 조세심판원의 결정은 부가가치세의 기본논리에 배치되고, 현행 부가법 및 부가령 어느 규정을 보더라도 그 법적 근거를 찾을 수 없는 결정이다(조심 2014중4278, 2015. 3. 23.).

(3) 세금계산서의 수취와 공통매입세액 안분계산

사실관계

본점(갑) 사업장에서 각 지점사업장의 경영관리업무를 총괄하면서 물류창고 사업장(을)의 관리용역을 공급받는 계약을 체결하고 용역대가를 지급하고 본점명의의 세금계산서를 발급받았으며, 동 매입세액은 지점의 물류창고를 유지하기 위한 매입세액으로서 지점 사업장에만 귀속된다.

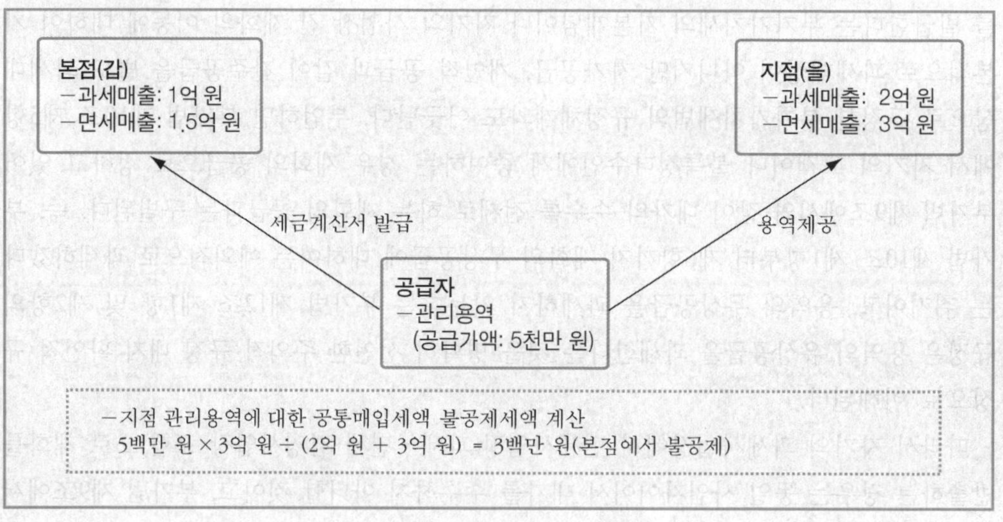

〈공통매입세액 불공제세액의 계산방법〉

총괄납부사업자가 본점(갑) 사업장에서 각 지점 사업장의 경영관리업무를 총괄하면서 물류창고 사업장(을)의 관리용역을 공급받는 계약을 체결하고 용역대가를 지급하였으며 본점 명의의 세금계산서를 발급받은 경우, 계약상 원인에 의하여 용역을 공급받는 사업장이 어느 사업장인지를 정함에 있어 계약체결의 경위와 각 사업장 간의 상호관계 등을 고려하여야 하는바, 총괄사업장[본점(갑)]에서 지점 사업장이 공급받을 용역에 대해 계약을 체결하고 대금을 지급 후 세금계산서를 발급받은 경우 사실과 다른 세금계산서에 해당하지 아니하므로 동 세금계산서는 본점에서 매입세액공제가 가능하다.

또한, 동 관리비용은 지점 사업장의 물류창고를 유지하고 운영하기 위한 것이므로 그 공통매입세액은 지점 사업장에만 귀속되는 것임이 분명하고, 동 지점 사업장만의 총공급가액에 대한 면세공급가액의 비율에 의하여 안분계산하여야 한다(대법원 2007두4896, 2009. 5. 14.).

그 밖에 특정 사업장이 다른 사업장에 용역의 자가공급이 발생하는 경우 공통매입세액 안분계산 방법에 대하여는 "제2장 제2절 Ⅱ. 1. (5) 용역의 자가공급과 매입세액공제" 편을 참조한다.

|저|자|소|개|

황 종 대 (세무사)

약력

- 호서고등학교 졸업
- 국립세무대학교 졸업
- 서울지방국세청 조사2국
- 국세청 법령해석과
- 서울지방국세청 송무국
- 현) 김앤장 세무법인

백 지 은 (국세청)

약력

- 동신여자고등학교 졸업
- 국립세무대학교 졸업
- 국세청 법무과
- 서울지방국세청 송무과
- 서울지방국세청 조사3국
- 국세청 법령해석과
- 현) 국세청 자산과세국

2025년 개정증보판 **부가가치세 실무**

2009년 2월 27일 초판 발행
2025년 3월 17일 17판 발행

저자 황종대, 백지은
발행인 이희태
발행처 **삼일피더블유씨솔루션**

저자협의 인지생략

서울특별시 용산구 한강대로 273 용산빌딩 4층
등록번호 : 1995. 6. 26 제3-633호
전 화 : (02) 3489-3100
F A X : (02) 3489-3141
I S B N : 979-11-6784-358-6 93320

※ '삼일인포마인'은 '삼일피더블유씨솔루션'의 단행본 브랜드입니다.
※ 파본은 교환하여 드립니다.

정가 100,000원